中華人民共和國國務院批准的重大文化出版工程

國家文化發展綱要的重點出版工程項目

新聞出版總署列為「十一五」國家重大工程出版規劃之首

中華大典

法律典

西南師範大學出版社
巴蜀書社

《中華大典》編纂委員會

總主編：任繼愈

副主編：席澤宗　程千帆　戴　逸　吳文俊　柯　俊
傅熹年

編　委：卞孝萱　任繼愈　李明富　余瀛鰲　林仲湘
郁賢皓　馬繼興　袁世碩　席澤宗　陳美東
黃永年　章培恒　張永言　張晉藩　葛劍雄
董治安　程千帆　傅世垣　曾棗莊　龐　樸
趙振鐸　劉家和　潘吉星　錢伯城　戴　逸
張海鵬　李根蟠　吳文俊　金正耀　戴念祖
柯　俊　金維諾　白化文　汪子春　周少川
孫培青　朱祖延　傅熹年　李　申　郭書春
熊月之　柴劍虹　吳子勇　寧　可　江曉原
王渝生　吳征鎰　尹偉倫　魏明孔

《中華大典》前言

《中華大典》是運用我國歷代漢文古籍編纂的一部大型工具書。其目的是爲學術界及願意瞭解中國古代珍貴文化典籍的人士提供準確詳實、便於檢索的漢文古籍分類資料。

中國是世界文明古國之一，幾千年來纂寫和聚集的文化典籍浩如烟海。我國歷代都有編纂類書的優良傳統，具有代表性的《永樂大典》《古今圖書集成》等大多已佚失，現存《古今圖書集成》編就距今也已數百年。爲了適應今天和以後研究和檢索的需要，一九八八年海内外三百多位專家學者和各古籍出版社同仁倡議，在已有類書的基礎上，用現代科學方法編纂一部新的類書《中華大典》。

國務院在關於編纂《中華大典》問題的批覆中指出，編纂《中華大典》「是我國建國以來最大的一項文化出版工程」。本書所收漢文古籍上起先秦，下迄清末，約三萬種，達七億多字，分爲二十四個典，近百個分典，内容廣博，規模宏大，前所未有。

《中華大典》的編纂工作堅持科學態度和百花齊放、百家争鳴方針。儘量採用古精校精刻本，優先採用我國建國後文獻學和考古學的優秀成果。對傳統文化中重要的不同學派的資料，兼收並蓄。運用現代圖書分類的方法，對收集到的資料，精選、精編，力求便於檢索、準確可信。

這項工作從開始起就受到中共中央、國務院和有關部門的重視和支持。國家主席江澤民、國務院總理李鵬分别爲《中華大典》題詞。江澤民的題詞是：「同心同德群策群力認真編好中華大典爲建設有中國特色的社會主義服務」。李鵬的題詞是：「繼承和弘揚民族優秀傳統文化」。全國政協主席李瑞環、國務委員李鐵映也作了重要指示，要求抓緊辦理。一九九零年五月，國務院批准

《中華大典》爲國家重點古籍整理項目。一九九二年九月，正式成立了《中華大典》工作委員會和《中華大典》編纂委員會，召開了《中華大典》工作、編纂會議。自此，《中華大典》的編纂工作由試點轉入正式啓動，逐步鋪開。

編纂《中華大典》，學術性很强，工作量很大，工程十分艱巨，全賴廣大專家學者和全國各有關高等院校、科研院所、圖書館、出版單位的鼎力支持與積極參與。大家本着弘揚中華民族優秀文化的心願，發揚奉獻精神，克服各種困難，團結協作，給這部巨大類書的出版提供了根本保證。在此謹表示誠摯的謝意。

對本書批評與建議，我們將十分歡迎。

《中華大典》編纂委員會

一九九七年四月

二〇〇六年十一月修訂

《中華大典》編纂通則

一、性質：《中華大典》（以下簡稱《大典》）是對漢文古籍（含已翻譯成漢文的少數民族古籍）進行全面的、系統的、科學的分類整理和彙編總結的新型類書，是在繼承歷代類書優良傳統、玫慮漢文古籍固有特點的基礎上，借鑒和參照近代編纂百科全書的經驗和方法編纂而成。編纂《大典》的目的，是爲學術界及願意瞭解中國古代珍貴文化典籍的人士提供各種分門別類的、準確詳細的古代漢文專題資料。

二、規模和體例：《大典》所收古籍的時限，上自先秦，下迄辛亥革命。全書共收各類漢文古籍三萬餘種，七億多字。全書體例，着重汲取清代《古今圖書集成》所採用的經目和緯目相交織這一統一框架結構的模式，同時參照現代科學的學科、目録分類方法，並根據各類學科内容的實際情況，一般將每一大類學科輯爲一典，也有將幾個相關學科共輯爲一典的。對各典名稱，均以現代學科命名，對於所收入的各種古籍資料，亦儘可能納入現代科學分類體系之中。

三、經目：大典共分二十四個典，即哲學典、宗教典、政治典、軍事典、經濟典、法律典、教育體育典、語言文字典、文學典、藝術典、歷史典、歷史地理典、民俗典、數學典、物理化學典、天文典、地學典、生物學典、醫藥衛生典、農業典、林業典、工業典、交通運輸典、文獻目録典。典以下以分典、總部、部、分部分級，分部之下的標目根據各學科特點由各典自行擬定。

四、緯目：共設置九項緯目，用以包容各級經目的具體内容：

①題解：對有關學科的名稱、概念、涵義、特點等作總體介紹的資料。

②論説：有關理論部分的資料。

③綜述：有關學科或事物的系統性資料，凡有關學科或事物的性狀、制度、範疇、特點及學科地位、發展情況等具體内容均編入此緯目中。

⑥著録：重要人物或文獻的有關著作資料，如專集介紹、序跋、藏書題記，以及有關著作的成書經過、版本源流等。

④傳記：有關人物的傳記資料。

⑤紀事：有關學科或事物的具體活動或事例的資料。

⑦藝文：有關屬於文學欣賞性的散文或韻文。

⑧雜録：凡未收入以上各緯目，而又有較高參攷價值的資料，均入雜録。

⑨圖表：根據有關經目的内容需要，圖與表附於相關專題之下，或集中彙總於某級經目之後。

《大典》以内容分類安排各級緯目，各級緯目的正文，一般以原書爲單位，按時代順序排列。每一條資料前標明出處，包括書名或作者名、篇名或卷次，以利讀者核對原書。

五、書目：每分典後附有該分典所收書之書目，書目包括書名、作者、時（年）代、版本等内容。時代以成書時代爲準，成書時代不詳者，以作者主要活動時代爲準，並遵從歷史習慣。

六、版本：《大典》在選用版本時儘量採用古人的精校精刻本，亦採用學術界通用的近、現代整理圈點本及現代學者校點整理本。

七、校點：爲儘可能保存古籍原貌，《大典》祇對底本中明顯的脱、訛、衍、倒進行勘正。古本中的避諱字一般不作改動，祇對缺筆字補足筆畫。後人刻書時避當朝人諱而改動的字，據古本改回。《大典》採用新式標點法。

一九九六年八月

二〇〇六年十一月修訂

《中華大典·法律典》編纂委員會

主　編：張晉藩　馬建石

副主編：楊育棠　俞榮根　朱　勇

周安平　段志洪　蔣傳光

編　委：（按姓氏筆畫排列）

丁凌華　朱　勇　汪漢卿　周安平

段志洪　侯欣一　俞榮根　郭成偉

張大元　楊永華　楊育棠　楊　堪

蔣傳光　錢大群　賴長揚　霍存福

《中華大典·法律典》序

中國是法制文明發達較早的國家之一，而且在四千餘年的發展過程中，從未中斷過，這是世界文明古國中所少有的。因此，中華法制文明的歷史具有發展的連貫性、傳承性和系統性。法文化的底藴十分豐厚，遺留下的法制資料浩如烟海。

在精蕪雜存的法文化遺産中，不乏超越時空的民主性因素，它是中華民族偉大創造力的體現，也是理想思維的結果。

中國古代農本主義的經濟形態、宗法倫常關係的社會結構、專制主義的政治體制、儒家思想爲統治思想的文化政策，構成了中國古代特有的國情，並進而决定了中國古代法制文明的特點。諸如禮法結合，法、理、情三者的統一；倫理法占有重要的地位，重視人命、法律向社會弱勢群體傾斜的人本主義；法自君出、獄由君斷的專制主義法制環境，德禮爲政教之本，道德規範對法律規範的支撑等等。這些特點構成了獨樹一幟的中華法系，影響了周邊國家達數百年之久。

中國古代自夏商起，已有成文法。歷朝具有代表性的法典，自李悝《法經》至《大清律例》，其編纂體例均爲諸法合體，民刑不分。然就法律體系而言，由於社會關係的複雜性與多樣性，以及法律調整的針對性與適應性，使得中國古代的法律體系也爲對象不同、内容有别的部門法所構成，既有行政法律、刑事法律，也有民經法律、訴訟法律，是諸法並存、民刑有分的。

中國古代雖有極其豐厚的法文化資源，但較爲分散，缺乏必要的整理。爲了使這份寶貴的法文化史料更好地服務於法學研究，同時也爲了弘揚中國法律文化史料中的民主性精華，總結它所藴藏的豐

富的治國理政的經驗，我們在《中華大典》工作委員會和編纂委員會的領導下，根據《中華大典編纂通則》的要求，彙編了《中華大典·法律典》。這是一項系統整理中國法律文化史料的大規模的文化工程。

《中華大典·法律典》分類彙集中國古代法律史料，全面反映各個歷史時期法制情況，上起堯舜，下至晚清，凡有關律令詔敕、典章制度、格式條例、司法判牘、事件案例、鄉約族規、契約文書、思想學說、人物活動等法律史料，均在收録範圍之内。

根據中華古代法律體系諸法並存、民刑有分的實際狀況，《中華大典·法律典》分爲《法律理論分典》、《刑法分典》、《民法分典》、《經濟法分典》、《行政法分典》、《訴訟法分典》等六個分典。由於中國古人並不具備現代的部門法劃分的認識，因此法制史料大多是籠統的、交錯的、界限不清的，對此加以分類，顯然是一項艱難的科學研究性質的工作。但正如爲了觀星而將滿天繁星劃分爲星座一樣，我們把史料按部門法分類歸納，也是爲了查找和使用的方便。同時也借以證明古代中國法律體系内涵的豐富，以及刑法以外的各種部門法律規範的存在和發展狀況。

自一九九四年《法律典》開始正式工作以來，我們在前人的基礎上，廣泛查閲歷代典籍與建國以來的新發現，與此同時，對於史料的真僞、記事的虚實、文字的錯漏，進行了必要的鑒別、攷訂和校勘，力求凸顯《法律典》的珍稀價值和有用性。

「以古爲鑒，可知興替」。今天的中國是歷史中國的發展，今天的法律文化是歷史的法律文化的繼受和光大。編纂和出版《中華大典·法律典》，不僅爲法學、歷史學研究者和世界各國的法學研究者提供豐富可靠的物質資料，從而奠下法學新發展的基礎，它還雄辯地昭示中國悠久法文化所具有的世界地位，這將增强中華民族的自豪感和建設社會主義强國的自信心。

盛世修典，《中華大典·法律典》力爭無愧於盛世，也無愧於後人。

《中華大典·法律典》編纂至今，已歷時十六年，期間人事變動頗多，《行政法分典》原定主編汪漢卿教授業已過世。在《訴訟法分典》、《刑法分典》和《法律理論分典》即將出版之際，《法律典》全體同仁深表悼念之忱。令人欣喜的是，在十六年時間裏，參與大典工作的一代新人，已經崛起，他們不僅是完成大典强有力的後續力量，也是弘揚與發展中華法制文明的中堅力量，我們將在總結前十六年經驗教訓的基礎上，更好地安排力量，開展工作，使各個分典均能早日問世。

從事此項具有開創性的法史類書編纂工作，掛一漏萬之處在所難免，期待讀者提出批評建議，以爲再版時修改參攷。

張晉藩

二〇一〇年七月十八日

《中華大典·法律典》編纂説明

中國法制，萌芽于堯舜時期，濫觴于夏代，源遠流長，内容豐富。反映中國四千多年法制發展變化的史料，浩如烟海，載體形式多種多樣。挖掘整理這份文化遺産，用比較恰當的組織形式編纂起來，以便學術界更好地閲覽使用，是一項十分有意義的工作。

《中華大典·法律典》是分類彙集中國古代法制史料、全面反映各個歷史時期法制情況的一部新型專科類書。上起堯舜，下至清末，凡有關律令詔敕、典章制度、格式條例、司法判牘、事件案例、鄉約族規、契約文書、思想理論、人物活動等法律史料，都在收録範圍之内。

根據中國古代法律體系的實際情況及現代部門法的理論，《法律典》分設法律理論、刑法、民法、經濟法、行政法、訴訟法六個分典。分典之下，一般設總部、部、分部三級經目。緯目主要設在分部之下。大典原設緯目有九，各分典視其史料情況，可權宜處置。有則設之，無則闕如。分典卷首有説明，卷末附引用書目。

史料分類，以其能反映的社會關係進行劃分，判罪量刑可以作為參攷依據。如户籍管理入行政法，賦税徵收入經濟法，丁男入籍獲得行為能力入民法，官吏貪贓即使未受到刑事處分，仍歸入刑法。

同一史料，見于不同載體者，選録原始文獻（如檔案實録、契約文書）。如無原始文獻，則視其典籍的權威性程度或記載的詳略，從善選擇。甲骨金文、竹簡帛書，係珍稀史料，如有可取者，自當選録。

史料涉及不同內容而又難以分割者，就其主要內容劃分歸類。如一案例，刑法、訴訟法之內容兼而有之，既不能分割，亦不宜刪減，按上述原則，側重前者的入刑法，側重後者的入訴訟法。

史料的排列順序，按其能反映的年代而定。後人記述前朝之事者，編入前朝。如是後人對前朝事實的評述，則編入後人所在的年代。

根據大典校點通則的要求，對明顯的脱漏、訛誤、增衍等文句的處理，其方法是：脱漏者、缺少者（原文没有記載，但須補入者，如詔令發佈之時間），查出補入，並括以方括號。錯誤、多餘的字句，一律用圓括號括起，不作刪除，補入的正確字句，用方括號括起。史料中刪去的内容，用「【略】」標明。

馬建石

二〇一〇年七月三十日

中華大典·法律典

刑法分典

主編：楊育棠　張大元

《中華大典·法律典·刑法分典》説明

《中華大典·法律典·刑法分典》收録有關刑法學的法律史料。所收書籍以律書、史書、政書為主，兼及經書、類書、文集及其他典籍。下設總論、修律、通例、刑名、罪名、赦宥六個總部。總部下設四十個部，其中，刑名總部死刑部、流刑部和肉刑部共設十一個分部，罪名總部各部共設三十二個分部，其他總部各部不設分部。

在部或分部下一般設三個緯目：論説、綜述、紀事（有少量的「藝文」歸紀事），刑名總部有的部有圖表。論説收録有關的論説。綜述收録有關的詔令和法規。紀事收録有關的史實和案例。總的看，紀事收録的材料多，綜述較少，論説更少。

總論總部收録的是關於古代刑法的一般性論説，内容主要是刑法的起源、刑法的性質和作用。三代時，「法」、「刑」和「刑法」這三個詞有互通之處，因此，總論總部的内容和《法律典·法律理論分典》的内容必然會有重合之處。

修律總部收録中國古代編纂和修訂各種律令的論述、詔令和史實。在史書、類書和政書中，關於某朝同一次修律的論述，内容即使大致相同，如有小異（如：參加修律的人數不同，修律起止時間有别，律令格式的條目不一等），我們也録以存之，以備參攷。

通例總部即古代律典中的《名例》部分。包含古代對某些特定身份的人犯罪量刑的規定，關於定罪量刑的原則性規定，和對律典中一些常用的重要名詞的解釋。

刑名總部中死刑部下的族刑分部、其他死刑分部和雜刑部中的刑罰，包括古代許多法外的酷刑和肉刑，漢唐的酷吏和明代的廠衛使用尤多，讀時令人髮指。

罪名總部下各部的劃分，是以刑法所調整的關係，而不是以懲罰手段來區分的。各部及分部的命名，以古代刑法的體系框架為依據。偶爾也參攷現代刑法的罪名。罪名總部是《刑法分典》的主幹，部和分部的劃分及命名，雖研討再三，仍不能盡如人意，望海內外學者不吝賜教。

部及分部下各緯目的材料，按朝代的先後順序排列。每一個朝代，則按年、月、日的先後順序排列。發生在一段時間內的材料放在事情終止的年代。時間不清的放在該年號或朝代的最後。朝代時間有交叉的，如魏晉南北朝及宋遼金兩段，我們在魏晉之下，先南朝後北朝，在宋代以後，依次為遼、金、西夏、元。

每分材料前面的書名出處，我們基本遵照《中華大典》的規定標出。有的稍作變通，以便讀者查閱。原書未標點的我們加了標點，對個別文字也按照《中華大典》的規定作了校勘。

《法律典》最初是由各分典按朝代搜集材料的，然後按法律理論、刑法、民法、經濟法、行政法、訴訟法六部份，將材料分類送交各分典。材料送來後，各朝代就多少不一。《刑法分典》分六個總部，四十個部，有的部又設幾個分部。部與分部包含的範圍大小不同，中國有幾千年的文明史，朝代有長有短，我們搜集的材料也有多有少。後來雖多次補充，仍難以均衡。中國古代的典籍浩如烟海，汗牛充棟，刑法學的史料又散見于許多典籍中，因擔任編者人員不多，學力有限，遺漏之處在所難免，望海内外方家不吝賜教補正。

《中華大典·法律典·刑法分典》的編纂歷時十幾年，長期參加工作的主要是中國政法大學法學古籍整理研究所的下列工作人員（以姓氏筆畫爲序）：

吕立人　李雪梅　沈厚鐸　沈頌金

修　建　孫　旭　徐世虹　馬建石

張大元　楊育棠　鄭　傑　劉　斌

本書的編輯工作冗繁複雜，西南師範大學出版社《中華大典·法律典·刑法分典》編輯部的劉豔强、劉英、左全琴、王仁霞、郭清梅等同志付出了艱辛的勞動。特别應當説明，本書附録《中國古代刑法圖録》是該編輯部提議並獨立完成的。在此，我謹代表《刑法分典》的參編人員對該編輯部表示衷心的感謝！

楊育棠

二〇一〇年八月七日

總目

第一冊

第二冊

第三冊

第四册

第五册

第一册目録

總論總部

刑法起源部

論説

《尚書・臯陶謨》 無教逸欲有邦，兢兢業業，一日二日萬幾。無曠庶官，天工人其代之。天敘有典，勑我五典五惇哉！天秩有禮，自我五禮有庸哉！同寅協恭，和衷哉！天命有德，五服五章哉！天討有罪，五刑五用哉！政事懋哉！懋哉！

天聰明，自我民聰明。天明畏，自我民明威。達于上下，敬哉有土！

《慎子・君人》 有虞之誅，以幪巾當墨，以草纓當劓，以菲履當刖，以艾韠當宫，布衣無領當大辟，此有虞之誅也。斬人肢體，鑿其肌膚，謂之刑。畫衣冠，異章服，謂之戮。上世用戮而民不犯也，當世用刑而民不從。

（宋）羅泌《路史》卷二一《後紀・疏仡紀・有虞氏》 水始平，姦宄衆，于是象以典刑。典，三典。刑，五刑。象以示之，所謂方施象刑，如所垂治。象，蘇軾、胡翼之謂其所犯為常法，非也。刑出不復，流以宥之。為被五刑為已重，加鞭扑為已輕者。官有慢事，檠以訊之。教或不率，扑以威之。罪疑犯誤，金以贖之。以上典刑之目。黄金古易得，故大辟罰六鍰。顥達謂古以銅器，漢始以金，少之令敵。凶荒災眚，赦以肆之。惟怙終賊，在所刑者。刑，故也。恃詐力卒袓惡與賊害三罪，律家之情重者。《康誥》曰：乃有大罪，非終，乃惟眚災，適爾，既道極厥辜，時乃不可殺。眚災，肆赦之謂也。人有小罪，非眚乃惟終。自作不典，適爾，不可不殺。怙終，賊刑之謂。叔向曰：昏、黒、賊，殺，臯陶之刑也。欽哉欽哉，惟刑之謐哉！

《尚書・多士》 惟三月，周公初于新邑洛，用告商王士。

王若曰：爾殷遺多士，弗弔旻天大降喪于殷。我有周佑命，將天明威，致王罰，勑殷命終于帝。肆爾多士，非我小國敢弋殷命。惟天不畀允罔固亂，弼我，我其敢求位？惟帝不畀，惟我下民秉為，惟天明畏。我聞曰：上帝引逸。有夏不適逸，則惟帝降格。嚮于時夏，弗克庸帝，大淫泆有辭。惟時天罔念聞，厥惟廢元命，降致罰。乃命爾先祖成湯革夏，俊民甸四方。自成湯至于帝乙，罔不明德恤祀。亦惟天丕建保乂有殷，殷王亦罔敢失帝，罔不配天其澤。在今後嗣王，誕罔顯于天，矧曰其有聽念于先王勤家？誕淫厥泆，罔顧于天顯民祗，惟時上帝不保，降若茲大喪。惟天不畀不明厥德，凡四方小大邦喪，罔非有辭于罰。

王若曰：爾殷多士，今惟我周王，丕靈承帝事，有命曰：割殷，告勑于帝。惟我事不貳適，惟爾王家我適。予其曰：惟爾洪無度，我不爾動，自乃邑。予亦念天即于殷大戾，肆不正。

王曰：猷告爾多士，予惟時其遷居西爾。非我一人奉德不康寧，時惟天命。無違，朕不敢有後，無我怨。惟爾知，惟殷先人，有册有典，殷革夏命。今爾又曰：夏迪簡在王庭，有服在百僚。予一人惟聽用德，肆予敢求爾于天邑商。予惟率肆矜爾，非予罪，時惟天命。

王曰：多士，昔朕來自奄，予大降爾四國民命。我乃明致天罰，移爾遐逖，比事臣我宗，多遜。

王曰：告爾殷多士，今予惟不爾殺，予惟時命有申。今朕作大邑于茲洛，予惟四方罔攸賓，亦惟爾多士，攸服奔走臣我，多遜。爾乃尚有爾土，爾乃尚寧幹止。爾克敬，天惟畀矜爾。爾不克敬，爾不啻不有爾土，予亦致天之罰于爾躬。

《尚書・呂刑》 惟呂命，王享國百年，耄荒，度作刑以詰四方。

王曰：若古有訓，蚩尤惟始作亂，延及于平民，罔不寇賊鴟義，姦宄奪攘矯虔。苗民弗用靈，制以刑，惟作五虐之刑曰法。殺戮無辜，爰始淫為劓、刵、椓、黥。越茲麗刑并制，罔差有辭。民興胥漸，泯泯棼棼，罔中于信，以覆詛盟。虐威庶戮，方告無辜于上。上帝監民，罔有馨香，德刑發聞惟腥。皇帝哀矜庶戮之不辜，報虐以威，遏絶苗民，無世在下。乃命重黎，絶地天通，罔有降格。羣后之逮在下，明明棐常，鰥寡無蓋。皇帝清問下民，鰥寡有辭于苗。德威惟畏，德明惟明。

乃命三后，恤功于民。伯夷降典，折民惟刑。禹平水土，主名山川。稷降播種，農殖嘉穀。三后成功，惟殷于民。士制百姓于刑之中，以教祗

德。穆穆在上，明明在下，灼于四方，罔不惟德之勤。故乃明于刑之中，率乂于民棐彝。典獄，非訖于威，惟訖于富。敬忌，罔有擇言在身。惟克天德，自作元命，配享在下。

王曰：嗟！四方司政典獄，非爾惟作天牧？今爾何監，非時伯夷播刑之迪？其今爾何懲？惟時苗民匪察于獄之麗。罔擇吉人，觀于五刑之中，惟時庶威奪貨，斷制五刑，以亂無辜。上帝不蠲，降咎于苗。苗民無辭于罰，乃絕厥世。

《左傳・昭公六年》 三月，鄭人鑄刑書。

叔向使詒子産書曰：始吾有虞於子，今則已矣。昔先王議事以制，不為刑辟，懼民之有爭心也。猶不可禁禦，是故閑之以義，糾之以政，行之以禮，守之以信，奉之以仁，制為祿位，以勸其從，嚴斷刑罰，以威其淫。懼其未也，故誨之以忠，聳之以行，教之以務，使之以和，臨之以敬，涖之以彊，斷之以剛。猶求聖哲之上，明察之官，忠信之長，慈惠之師，民於是乎可任使也，而不生禍亂。民知有辟，則不忌於上。並有爭心，以徵於書，而徼幸以成之，弗可為矣。夏有亂政，而作《禹刑》。商有亂政，而作《湯刑》。周有亂政，而作《九刑》。三辟之興，皆叔世也。今吾子相鄭國，作封洫，立謗政，制參辟，鑄刑書，將以靖民，不亦難乎？《詩》曰：儀式刑文王之德，日靖四方。又曰：儀刑文王，萬邦作孚。如是，何辟之有？民知爭端矣，將棄禮而徵於書。錐刀之末，將盡爭之。亂獄滋豐，賄賂並行。終子之世，鄭其敗乎！肸聞之：國將亡，必多制。其此之謂乎！

復書曰：若吾子之言，僑不才，不能及子孫，吾以救世也。既不承命，敢忘大惠？

《左傳・昭公二十五年》 子大叔見趙簡子，簡子問揖讓周旋之禮焉。對曰：是儀也，非禮也。簡子曰：敢問，何謂禮？對曰：吉也聞諸先大夫子産曰：夫禮，天之經也，地之義也，民之行也。天地之經，而民實則之。則天之明，因地之性，生其六氣，用其五行。氣為五味，發為五色，章為五聲。淫則昏亂，民失其性。是故為禮以奉之：為六畜、五牲、三犧，以奉五味；為九文、六采、五章，以奉五色；為九歌、八風、七音、六律，以奉五聲。為君臣上下，以則地義；為夫婦外內，以經二物；為父子、兄弟、姑姊、甥舅、昏媾姻亞，以象天明；為政事、庸力、行務，以從四時；為刑罰威獄，使民畏忌，以類其震曜殺戮；為溫慈惠和，以效天之生殖長育。民有好惡、喜怒、哀樂，生于六氣，是故審則宜類，以制六志。哀有哭泣，樂有歌舞，喜有施舍，怒有戰鬬，喜生於好，怒生於惡。是故審行信令，禍福賞罰，以制死生。生，好物也；死，惡物也。好物，樂也；惡物，哀也。哀樂不失，乃能協于天地之性，是以長久。簡子曰：甚哉，禮之大也！對曰：禮，上下之紀，天地之經緯也，民之所以生也，是以先王尚之。故人之能自曲直以赴禮者，謂之成人。大，不亦宜乎！簡子曰：鞅也，請終身守此言也。

《禮記・禮運》 大道之行也，天下為公，選賢與能，講信脩睦。故人不獨親其親，不獨子其子。使老有所終，壯有所用，幼有所長，矜寡孤獨廢疾者，皆有所養。男有分，女有歸，貨惡其弃於地也，不必藏於己，力惡其不出於身也，不必為己。是故謀閉而不興，盜竊亂賊而不作。故外戶而不閉，是謂大同。

今大道既隱，天下為家。各親其親，各子其子，貨力為已。大人世及以為禮，城郭溝池以為固。禮義以為紀，以正君臣，以篤父子，以睦兄弟，以和夫婦，以設制度，以立田里，以賢勇知，以功為已。故謀用是作，而兵由此起。禹、湯、文、武、成王、周公，由此其選也。此六君子者，未有不謹於禮者也。以著其義，以考其信，著有過，刑仁、講讓，示民有常。如有不由此者，在埶者去，衆以為殃。是謂小康。

《周易・序卦》 有天地然後有萬物，有萬物然後有男女，有男女然後有夫婦，有夫婦然後有父子，有父子然後有君臣，有君臣然後有上下，有上下然後禮義有所錯。

《國語》卷四《魯語上》 大刑用甲兵，其次用斧鉞。中刑用刀鋸，其次用鑽笮。薄刑用鞭扑，以威民也。故大者陳之原野，小者致之市朝。五刑三次，是無隱也。

《國語》卷一二《晉語六》 鄢陵之役，晉伐鄭，荆救之。大夫欲戰，范文子不欲。曰：吾聞君人者刑其民，成而後振武於外，是以內和而外威。今吾司寇之刀鋸日弊，而斧鉞不行。內猶有不刑，而況外乎。夫戰，

刑也。刑之過也，過由大，而怨由細，故以惠誅怨，以忍去過，細無怨，而大不過，而後可以武，刑外之不服者。

《管子·樞言》 人故相憎也，人之心悍，故為之法。法出于禮，禮出于治，治，禮，道也，萬物待治，禮而後定。

《管子·法法》 政者，正也。正也者，所以正定萬物之命也。是故聖人精德立中以生正，明正以治國。故正者，所以止過而逮不及也。過與不及也，皆非正也，非正則傷國一也。勇而不義傷兵，仁而不正傷法。故軍之敗也，生於不義；法之侵也，生而不正。故言有辨而非務者，行有難而非善者。故言必中務，不苟為辯；行必思善，不苟為難。規矩者，方圜之正也。雖有巧目利手，不如拙規矩之正方圜也。故巧者能生規矩，不能廢規矩而正方圜。雖聖人能生法，不能廢法而治國。故雖有明智高行，倍法而治，是廢規矩而正方圜也。

《管子·君臣下》 古者未有君臣上下之別，未有夫婦妃匹之合，獸處羣居，以力相征。於是智者詐愚，彊者凌弱，老幼孤獨不得其所。故智者假衆力以禁強虐，而暴人止。為民興利除害，正民之德，而民師之。是故道術德行出於賢人，其從義理兆形於民心，則民反道矣。名物處違是非之分，則賞罰行矣。上下設，民生體，而國都立矣。是故國之所以為國者，民體以為國，君之所以為君者，賞罰以為君。

《管子·心術上》 虛無無形謂之道。化育萬物謂之德。君臣父子人間之事謂之義。登降揖讓，貴賤有等，親疏之體謂之禮。簡物小未一道，殺僇禁誅謂之法。【略】

天之道，虛其無形。虛則不屈，無形則無所位定，無所位定，故徧流萬物而不變。德者，道之舍，物得以生，生知得以職道之精。故德者，得也。得也者，其謂所得以然也。以無為之謂道，舍之之謂德。故道之與德無間，故言之者不別也。間之理者，謂其所以舍也。義者，謂各處其宜也。禮者，因人之情，緣義之理，而為之節文者也。故禮者，謂有理也。理也者，明分以諭義之意也。故禮出乎義，義出乎理，理因乎宜者也。法者，所以同出不得不然者也。故殺僇禁誅以一之也。故事督乎法，法出乎權，權出乎道。

《管子·任法》 聖君任法而不任智，任數而不任說，任公而不任私，任大道而不任小物，然後身佚而天下治。失君則不然，舍法而任智，故民舍事而好譽；舍數而任說，故民舍實而好言；舍公而好私，故民離法而妄行；舍大道而任小物，故上勞煩，百姓迷惑，而國家不治。聖君則不然，守道要，處佚樂，馳騁弋獵，鐘鼓竽瑟，宮中之樂，無禁圉也。不思不慮，不憂不圖，利身體，便形軀，養壽命，垂拱而天下治。是故人主有能用其道者，不事心，不勞意，不動力，而土地自辟，囷倉自實，蓄積自多，甲兵自強，羣臣無詐偽，百官無姦邪，奇術技藝之人莫敢高言孟行以過其情，以遇其主矣。昔者堯之治天下也，猶埴之在埏也，唯陶之所以為；猶金之在爐，恣冶之所以鑄。其民引之而來，推之而往，使之而成，禁之而止。故堯之治也，善明法禁之令而已矣。黃帝之治天下也，其民不引而來，不推而往，不使而成，不禁而止。故黃帝之治也，置法而不變，使民安其法者也。所謂仁義禮樂者，皆出於法，此先聖之所以一民者也。《周書》曰：國法法不一，則有國者不祥；民不道法，則不祥；國更立法以典民，則不祥；羣臣不用禮義教訓，則不祥；百官服事者離法而治，則不祥。故曰：法者不可恒也。存亡治亂之所從出，聖君所以為天下大儀也。君臣上下貴賤皆發焉，故曰法。古之法也，世無請謁任舉之人，無間識博學辯説之士，無偉服，無奇行，皆囊於法以事其主。故明王之所恒者二，一曰明法而固守之，二曰禁民私而收使之，此二者主之所恒也。夫法者，上之所以一民使下也，私者，下之所以侵法亂主也。故聖君置儀設法而固守之，然故諶杵習士聞識博學之人不可亂也，衆彊富貴私勇者不能侵也，信近親愛者不能離也，珍怪奇物不能惑也，萬物百事非在法之中者不能動也。故法者，天下之至道也，聖君之實用也。

《管子·七臣七主》 夫法者，所以興功懼暴也。律者，所以定分止爭也。令者，所以令人知事也。法律政令者，吏民規矩繩墨也。夫矩不正，不可以求方，繩不信，不可以求直。法令者，君臣之所共立也，權勢者，人主之所獨守也。故人主失守則危，臣吏失守則亂。罪決於吏則治，權斷於主則威，民信其法則親。是故明王審法慎權，下上有分。

《文子·上義》 老子曰：天下幾有常法哉，當於世事，得於人理，順於天地，詳於鬼神，即可以正治矣。昔者，三皇無制令而民從，五帝有制令而無刑罰，夏后氏不負言，殷人誓，周人盟。末世之衰也，忍垢而輕

辱，貪得而寡羞。故法度制令者，論民俗而節緩急，器械者，因時變而制宜適。夫制於法者，不可與達舉，拘禮之人，不可使應變。必有獨見之明，獨聞之聰，然後能擅道而行。夫知法之所由生者，即應時而變，不知治道之源者，雖循終亂。今為學者，循先襲業，握篇籍，守文法，欲以爲治，非此不治，猶持方枘而內圓鑿也，欲得宜適，亦難矣。夫存危治亂，非智不能。道先稱古，雖愚有餘。故不用之法，聖人不行也，不驗之言，明主不聽也。

文子問曰：法安所生。老子曰：法生於義，義生於衆適，衆適合乎人心。此治之要也。法非從天下也，非從地出也，發乎人間，反己自正也。誠達其本，不亂於末，知其要，不惑於疑。有諸己，不非於人。無諸己，不責於所立。立於下者，不廢於上。禁於民者，不行於身。故人主之制法也，先以自爲檢式，故禁勝於身，即令行於民。夫法者，天下之準繩也，人主之度量也，縣法者，法不法也。法定之後，中繩者賞，缺繩者誅。雖尊貴者不輕其賞，卑賤者不重其刑。犯法者雖賢必誅，中度者雖不肖無罪。是故公道而行私欲塞也。古之置有司也，所以禁民，使不得恣也。其立君也，所以制有司，使不得專行也。法度道術，所以禁君，使無得擅斷也。人莫得恣，即道勝而理得矣。故反樸無爲。無爲者，非謂其不動也，言其莫從己出也。

《墨子·法儀》子墨子曰：天下從事者，不可以無法儀。無法儀而其事能成者無有。雖至士之為將相者，皆有法，雖至百工從事者，亦皆有法。百工為方以矩，為圜以規，直以繩，正以懸。無巧工不巧工，皆以此五者為法。巧者能中之，不巧者雖不能中，放依以從事，猶逾已。故百工從事，皆有法度。今大者治天下，其次治大國，而無法所度，此不若百工，辯也。然則奚以為治法而可，當皆法其父母奚若？天下之為父母者衆，而仁者寡，若皆法其父母，此法不仁也。法不仁，不可以為法。當皆法其學奚若？天下為學者衆，而仁者寡，若皆法其學，此法不仁也。法不仁，不可以為法。當皆法其君奚若？天下之為君者衆，而仁者寡，若皆法其君，此法不仁也。法不仁不可以為法。故父母、學、君三者，莫可以為治法。然則奚以為治法而可？故曰：莫若法天。天之行廣而無私，其施厚而不德，其明久而不衰，故聖王法之。既以天為法，動作有為，必度於天。天之所欲則為之，天所不欲則止。然而天何欲何惡者也？天必欲人之相愛相利，而不欲人之相惡相賊也。奚以知天之欲人之相愛相利，而不欲人之相惡相賊也？以其兼而愛之、兼而利之也。奚以知天兼而愛之、兼而利之也？以其兼而有之、兼而食之也。今天下無小大國，皆天之邑也，人無幼長貴賤，皆天之臣也。此以莫不犓牛羊豢犬豬，潔為酒醴粢盛，以敬事天，此不為兼而有之、兼而食之邪！天苟兼而有食之，夫奚為其不欲人之相愛相利也！故曰：愛人利人者，天必福之；惡人賊人者，天必禍之。曰：殺不辜者，得不祥焉。夫奚說人爲其相殺而天與禍乎？是以知天欲人相愛相利，而不欲人相惡相賊也。昔之聖王禹湯文武兼愛天下之百姓，率以尊天事鬼，其利人多，故天福之，使立為天子，天下諸侯皆賓事之。暴王桀紂幽厲兼惡天下之百姓，率以詬天侮鬼，其賊人多，故天禍之，使遂失其國家，身死為僇於天下，後世子孫毀之，至今不息。

《墨子·尚賢中》然則富貴為賢以得其賞者，誰也。曰：若昔者三代聖王堯舜禹湯文武者是也。所以得其賞何也。曰：其為政乎天下也，兼而愛之，從而利之，又率天下之萬民以尚尊天事鬼，愛利萬民，是故天鬼賞之，立為天子，以為民父母，萬民從而譽之曰聖王，至今不已。則此富貴為賢以得其賞者也。然則富貴為暴以得其罰者，誰也。曰：若昔者三代暴王桀紂幽厲者是也。何以知其然也。曰：其為政乎天下也，兼而憎之，從而賊之，又率天下之民以詬天侮鬼，賊傲萬民，是故天鬼罰之，使身死而為刑戮，子孫離散，室家喪滅，絶無後嗣，萬民從而非之曰暴王，至今不已。則此富貴為暴而以得其罰者也。

《墨子·尚同上》子墨子言曰：古者民始生，未有刑政之時，蓋其語人異義。是以一人則一義，二人則二義，十人則十義，其人滋衆，其所謂義者亦滋衆。是以人是其義以非人之義，故交相非也。是以內者父子兄弟作怨惡，離散不能相和合。天下之百姓，皆以水火、毒藥相虧害，至有餘力不能以相勞，腐臭餘財不以相分，隱匿良道不以相教，天下之亂，若禽獸然。夫明虖天下之所以亂者，生於無政長，是故選天下之賢可者，立以為天子。天子立，以其力為未足，又選擇天下之賢可者，置立之以為三公。天子三公既以立，以天下為博大，遠國異土之民，是非利害之辯，不

可一二而明知，故畫分萬國，立諸侯國君。諸侯國君既已立，以其力為未足，又選擇其國之賢可者，置立之以為正長。正長既已具，天子發政於天下之百姓，言曰：聞善而不善，皆以告其上。上之所是，必皆是之；所非，必皆非之。上有過則規諫之，下有善則傍薦之。上同而不下比者，此上之所賞而下之所譽也。意若聞善而不善，不以告其上，上之所是弗能是，上之所非弗能非，上有過弗規諫，下有善弗傍薦，下比不能上同者，此上之所罰而百姓所毁也。上以此為賞罰，其明察以審信。是故里長者，里之仁人也。里長發政里之百姓，言曰：聞善而不善，必以告其鄉長。鄉長之所是，必皆是之。鄉長之所非，必皆非之。去若不善言，學鄉長之善言。去若不善行，學鄉長之善行。鄉何説以亂哉！察鄉之所治者何也？鄉長唯能壹同鄉之義，是以鄉治也。鄉長者，鄉之仁人也。鄉長發政鄉之百姓，言曰：聞善而不善者，必以告國君。國君之所是，必皆是之。國君之所非，必皆非之。去若不善言，學國君之善言。去若不善行，學國君之善行。則國何説以亂哉！察國之所以治者何也？國君唯能壹同國之義，是以國治也。國君者，國之仁人也。國君發政國之百姓，言曰：聞善而不善，必以告天子。天子之所是，皆是之。天子之所非，皆非之。去若不善言，學天子之善言；去若不善行，學天子之善行。則天下何説以亂哉！察天下之所以治者何也？天子唯能壹同天下之義，是以天下以治也。天下之百姓皆上同於天子而不上同於天，則菑猶未去也。今若天飄風苦雨，溱溱而至者，此天之所以罰百姓之不上同於天者也。是故子墨子言曰：古者聖王為五刑，請以治其民，譬若絲縷之有紀，罔罟之有綱，所以連收天下之百姓不尚同其上者也。

《墨子·尚同中》 今天下之人曰：方今之時，天下之正長猶未廢乎天下也，而天下之所以亂者，何故之以也？子墨子曰：方今之時之正長，則本與古者異矣，譬之若有苗之以五刑然。昔者聖王制為五刑，以治天下。逮至有苗之制五刑，以亂天下，則此豈刑不善哉？用刑則不善也。

《墨子·天志上》 然則天亦何欲何惡，天欲義而惡不義。然則率天下之百姓以從事於義，則我乃為天之所欲也。我為天之所欲，天亦為我所欲。然則我何欲何惡，我欲福祿而惡禍祟。若我不為天之所欲，而為天之所不欲，然則我率天下之百姓以從事於禍祟中也，然則何以知天之欲義而惡不義，曰：天下有義則生，無義則死；有義則富，無義則貧；有義則治，無義則亂。然則天欲其生而惡其死，欲其富而惡其貧，欲其治而惡其亂，此我所以知天欲義而惡不義也。【略】 順天意者，兼相愛，交相利，必得賞。反天意者，別相惡，交相賊，必得罰。然則是誰順天意而得賞者，誰反天意而得罰者。子墨子言曰：昔三代聖王禹湯文武，此順天意而得賞也。昔三代之暴王桀紂幽厲，此反天意而得罰者也。然則禹湯文武其得賞何以也。子墨子言曰：其事上尊天，中事鬼神，下愛人。故天意曰：此之我所愛，兼而愛之；我所利，兼而利之。愛人者此為博焉，利人者此為厚焉。故使貴為天子，富有天下，業萬世子孫，傳稱其善，方施天下，至今稱之，謂之聖王。然則桀紂幽厲得其罰何以也。子墨子言曰：其事上詬天，中誣鬼，下賊人。故天意曰：此之我所愛，別而惡之；我所利，交而賊之。惡人者此為之博也，賤人者此為之厚也。故使不得終其壽，不殁其世，至今毁之，謂之暴王。

《墨子·天志中》 是故子墨子之有天之，辟人無以異乎輪人之有規，匠人之有矩也。今夫輪人操其規，將以量度天下之圜與不圜也，曰：中吾規者謂之圜，不中吾規者謂之不圜。是以圜與不圜皆可得而知也。此其故何，則圜法明也。匠人亦操其矩，將以量度天下之方與不方也，曰：中吾矩者謂之方，不中吾矩者謂之不方。是以方與不方皆可得而知之。此其故何，則方法明也。故子墨子之有天之意也，上將以度天下之王公大人之為刑政也，下將以量天下之萬民為文學、出言談也。觀其行，順天之意謂之善意行，反天之意謂之不善意行；觀其言談，順天意謂之善言談，反天之意謂之不善言談；觀其刑政，順天之意謂之善刑政，反天之意謂之不善刑政。故置此以為法，立此以為儀，將以量度天下之王公大人卿大夫之仁與不仁，譬之猶分黒白也。是故子墨子曰：今天下之王公大人士君子，中實將欲遵道利民，本察仁義之本，天之意不可不順也，順天之意者，義之法也。

《墨子·天志下》 是故子墨子言曰：戒之慎之，必為天之所欲，而去天之所惡。曰：天之所欲者何也，所惡者何也。天欲義而惡其不義者也。何以知其然也，曰：義者，正也。何以知義之為正也，天下有義則

治，無義則亂，我以此知義之為正也。【略】

是故古者聖人明以此說人曰：天子有善，天能賞之；天子有過，天能罰之。天子賞罰不當，聽獄不中，天下疾病禍福，霜露不時。天子必且犓豢其牛羊犬彘，絜為粢盛酒醴，以禱祠祈福於天。我未嘗聞天之禱祈福於天子也，吾以此知天之重且貴於天子也。【略】

故子墨子置天之，以為儀法。非獨子墨子以天之志為法也，於先王之書《大夏》之道之然：帝謂文王，予懷明德，毋大聲以色，毋長夏以革，不識不知，順帝之則。此誥文王之以天志為法也，而順帝之則也。且今天下之士君子，中實將欲為仁義，求為上士，上欲中聖王之道，下欲中國家百姓之利者，當天之志而不可不察也。天之志者，義之經也。

《墨子·明鬼下》　子墨子言曰：逮至昔三代聖王既沒，天下失義，諸侯力正，是以存夫為人君臣上下者之不惠忠也，父子弟兄之不慈孝弟長貞良也，正長之不强於聽治，賤人之不强於從事也。民之為淫暴寇盜賊，以兵刃毒藥水火，退無罪人乎道路率徑，奪人車馬衣裘以自利者並作。由此始，是以天下亂。此其故何以然也？則皆以疑惑鬼神之有與無之別，不明乎鬼神之能賞賢而罰暴也。今若使天下之人，偕若信鬼神之能賞賢而罰暴也，則夫天下豈亂哉！【略】是以賞于祖而僇於社。賞於祖者何也？言分命之均也；僇於社者何也？言聽獄之事也。故古聖王必以鬼神為賞賢而罰暴。是故賞必於祖而僇必於社，此吾所以知《夏書》之鬼也。【略】是故子墨子曰：嘗若鬼神之能賞賢如罰暴也，蓋本施之國家，施之萬民，實所以治國家，利萬民之道也。若以為不然，是以吏治官府之不潔廉，男女之為無別者，鬼神見之。民之為淫暴寇亂盜賊，以兵刃、毒藥、水火退無罪人乎道路，奪人車馬衣裘以自利者，由此止。

《孟子·離婁上》　離婁之明，公輸子之巧，不以規矩，不能成方圓；師曠之聰，不以六律，不能正五音；堯舜之道，不以仁政，不能平治天下。今有仁心仁聞，而民不被其澤，不可法於後世者，不行先王之道也。故曰：徒善不足以為政，徒法不能以自行。《詩》云：不愆不忘，率由舊章。遵先王之法而過者，未之有也。聖人既竭目力焉，繼之以規矩準繩，以為方圓平直，不可勝用也；既竭耳力焉，繼之以六律，正五音，不可勝用也；既竭心思焉，繼之以不忍人之政，而仁覆天下矣。故曰：為高必因丘陵，為下必因川澤。為政不因先王之道，可謂智乎？是以惟仁者宜在高位。不仁而在高位，是播其惡於衆也。上無道揆也，下無法守也，朝不信道，工不信度，君子犯義，小人犯刑，國之所存者幸也。故曰：城郭不完，兵甲不多，非國之災也；田野不辟，貨財不聚，非國之害也。上無禮，下無學，賊民興，喪無日矣。《詩》云：天之方蹶，無然泄泄。泄泄，猶沓沓也。事君無義，進退無禮，言則非先王之道者，猶沓沓也。故曰：責難於君謂之恭，陳善閉邪謂之敬，吾君不能謂之賊。

《司馬法·仁本》　古者，以仁爲本，以義治之之謂正。正不獲意則權，權出於戰，不出於中人。是故殺人安人，殺之可也；攻其國，愛其民，攻之可也；以戰止戰，雖戰可也。故仁見親，義見説，智見恃，勇見方，信見信。內得愛焉，所以守也；外得威焉，所以戰也。戰道：不違時，不歷民病，所以愛吾民也。不加喪，不因凶，所以愛夫其民也。冬夏不興師，所以兼愛民也。故國雖大，好戰必亡；天下雖安，忘戰必危。天下既平，天子大愷，春蒐秋獮。諸侯春振旅，秋治兵，所以不忘戰也。古者逐奔不過百步，縱綏不過三舍，是以明其禮也。不窮不能，而哀憐傷病，是以明其仁也。成列而鼓，是以明其信也。爭義不爭利，是以明其義也。又能舍服，是以明其勇也。知終知始，是以明其智也。六德以時合教，以爲民紀之道也，自古之政也。先王之治，順天之道，設地之宜，官民之德，而正名治物，立國辨職，以爵分祿，諸侯説懷，海外來服，獄弭而兵寢，聖德之治也。其次，賢王制禮樂法度，乃作五刑，興甲兵，以討不義。巡狩省方，會諸侯，考不同。其有失命亂常，背德逆天之時，而危有功之君，徧告于諸侯，彰明有罪，乃告於皇天上帝，日月星辰，禱于后土四海神祇，山川冢社，乃造于先王。然後冢宰徵師于諸侯曰：某國爲不道，征之以某年月日，師至於某國，會天子正刑。冢宰與百官布令於軍曰：入罪人之地，無暴神祇，無行田獵，無毁土功，無燔牆屋，無伐林木，無取六畜、禾黍、器械。見其老幼，奉歸勿傷。雖遇壯者，不校勿敵。敵若傷之，醫藥歸之。既誅有罪，王及諸侯，修正其國，舉賢立明，正復厥職。王、霸之所以治諸侯者六：以土地形諸侯，以政令平諸侯，以禮信親諸侯，以材力説諸侯，以謀人維諸侯，以兵革服諸侯。同患同利，以合諸侯，比小事大，以和諸侯。會之以發禁者九：憑弱犯寡則眚

之，賊賢害民則伐之，暴内陵外則壇之，野荒民散則削之，負固不服則侵之，賊殺其親則正之，放弒其君則殘之，犯令陵政則杜之，外内亂、禽獸行，則滅之。

《商君書·開塞》 天地設而民生之。當此之時也，民知其母而不知其父，其道親親而愛私。親親則別，愛私則險民衆，而以別險爲務，則民亂。當此之時，民務勝而力征。務勝則爭，力征則訟。訟而無正，則莫得其性也。故賢者立中正，設無私，而民説仁。當此時也，親親廢，上賢立矣。凡仁者以愛爲務，而賢者以相出爲道。民衆而無制，久而相出爲道，則有亂。故聖人承之，作爲土地貨財男女之分。分定而無制，不可，故立禁。禁立而莫之司，不可，故立官。官設而莫之一，不可，故立君。既立君，則上賢廢而貴貴立矣。然則上世親親而愛私，中世上賢而説仁，下世貴貴而尊官。上賢者，以道相出也；而立君者，使賢無用也。親親者，以私爲道也，而中正者，使私無行也。此三者非事相反也，民道弊而所重易也，世事變而行道異也。【略】

今日願啓之以效。古之民樸以厚，今之民巧以僞。故效於古者先德而治，效於今者前刑而法。此俗之所惑也。今世之所謂義者，將立民所好而廢其所惡，此其所謂不義者，將立民之所惡而廢，其所樂也。二者名貿實易，不可不察也。立民之所樂，則民傷其所惡；立民之所惡，則民安其所樂。何以知其然也，夫民憂則思，思則出度；樂則淫，淫則主佚。故以刑治則民威，民威則無姦，無姦則民安其所樂。以義教則民縱，民縱則亂，亂則民傷其所惡。吾所謂利者，義之本也；而世所謂義者，暴之道也。夫正民者，以其所惡，必終其所好；以其所好，必敗其所惡。【略】

古者民藂生而羣處，亂，故求有上也。然則天下之樂有上也，將以爲治也。今有主而無法，其害與無主同；有法不勝其亂，與不法同。天下不安無君而樂勝其法，則舉世以爲惑也。夫利天下之民者莫大於治，而治莫康於立君。立君之道，莫廣於勝法。勝法之務，莫急於去姦。去姦之本，莫深於嚴刑。故王者以賞禁，以刑勸，求過不求善，藉刑以去刑。

《商君書·修權》 世之爲治者多釋法而任私議，此國之所以亂也。先王縣權衡立尺寸而至今法之，其分明也。夫釋權衡而斷輕重，廢尺寸而意長短，雖察，商賈不用，爲其不必也。夫倍法度而任私議，皆不類者也。不以法論智、能、賢、不肖者唯堯，而世不盡爲堯。是故先王知自議私譽之不可任也，故立法明分，中程者賞之，毀公者誅之。誅賞之法不失其議，故民不爭。授官予爵不以其勞，則忠臣不進；行賞賦禄不稱其功，則戰士不用。

《商君書·畫策》 昔者昊英之世，以伐木殺獸，人民少而木獸多。黄帝之世，不麛不卵，官無供備之，民死不得用槨。事不同，皆王者，時異也。神農之世，男耕而食，婦織而衣，刑政不用而治，甲兵不起而王。神農既没，以强勝弱，以衆暴寡，故黄帝作爲君臣上下之義、父子兄弟之禮、夫婦妃匹之合，内行刀鋸，外用甲兵。故時變也。由此觀之，神農非高於黄帝也，然其名尊者，以適於時也。故以戰去戰，雖戰可也；以殺去殺，雖殺可也；以刑去刑，雖重刑可也。

《商君書·君臣》 古者未有君臣上下之時，民亂而不治，是以聖人列貴賤，制爵位，立名號，以别君臣上下之義。地廣民衆萬物多，故分五官而守之。民衆而姦邪生，故立法制爲度量以禁之。是故有君臣之義，五官之分，法制之禁，不可不慎也。處君位而令不行則危，五官分而無常則亂，法制設而私善行則民不畏刑。君尊則令行，官修則有常事，法制明則民畏刑。法制不明而求民之行令也，不可得也。民不從令而求君之尊也，雖堯、舜之知不能以治。

《商君書·定分》 法令者，民之命也，爲治之本也，所以備民也。爲治而去法令，猶欲無饑而去食也，欲無寒而去衣也，欲東而西行也，其不幾亦明矣。一兔走，百人逐之，非以兔爲可分以爲百，由名之未定也。夫賣兔者滿市，而盗不敢取，由名分已定也。故名分未定，堯、舜、禹、湯且皆如鶩焉而逐之；名分已定，貪盗不取。今法令不明，其名不定，天下之人得議之。其議，人異而無定。人主爲法於上，下民議之於下，是法令不定，以下爲上也。此所謂名分之不定也。夫名分不定，堯、舜猶將皆折而姦之，而况衆人乎？此令姦惡大起，人主奪威勢，亡國滅社稷之道也。今先聖人爲書而傳之後世，必師受之，乃知所謂之名；不師受之，而人以其心意議之，至死不能知其名與其意。故聖人必爲法令，置官也，置吏也，爲天下師，所以定名分也。名分定，則大詐貞信，民皆愿愨，而各自治也。故夫名分定，勢治之道也；名分不定，勢亂之道也。故勢治

者不可亂，勢亂者不可治。夫勢亂而治之，愈亂；勢治而治之，則治。故聖王治治不治亂。夫微妙意志之言，上智之所難也。夫不待法令繩墨而無不正者，千萬之一也。故聖人以千萬治天下。故夫智者而後能知之，不可以爲法，民不盡知。賢者而後知之，不可以爲法，民不盡賢。故聖人爲法，必使之明白易知，名正，愚知徧能知之；爲置法官，置主法之吏，以爲天下師，令萬民無陷於險危。故聖人立天下而無刑死者，非不刑殺也，行法令明白易知，爲置法官吏爲之師，以道之知，萬民皆知所避就，避禍就福，而皆以自治也。故明主因治而終治之，故天下大治也。

《莊子・天道》 夫帝王之德，以天地為宗，以道德為主，以無為為常。無為也，則用天下而有餘；有為也，則為天下用而不足。故古之人貴夫無為也。上無為也，下亦無為也，是下與上同德。下與上同德，則不臣。下有為也，上亦有為也，是上與下同道。上與下同道，則不主。上必無為而用天下，下必有為為天下用，此不易之道也。故古之王天下者，知雖落天地，不自慮也；辯雖彫萬物，不自説也；能雖窮海內，不自為也。天不産而萬物化，地不長而萬物育，帝王無為而天下功。故曰：莫神於天，莫富於地，莫大於帝王。故曰：帝王之德配天地。此乘天地，馳萬物而用人羣之道也。

本在於上，末在於下，要在於主，詳在於臣。三軍五兵之運，德之末也；賞罰利害，五刑之辟，教之末也；禮法度數，刑名比詳，治之末也；鐘鼓之音，羽旄之容，樂之末也；哭泣衰絰，隆殺之服，哀之末也。此五末者，須精神之運，心術之動，然後從之者也。末學者，古人有之，而非所以先也。君先而臣從，父先而子從，兄先而弟從，長先而少從，男先而女從，夫先而婦從。夫尊卑先後，天地之行也，故聖人取象焉。天尊地卑，神明之位也；春夏先，秋冬後，四時之序也。萬物化作，萌區有狀，盛衰之殺，變化之流也。夫天地至神，而有尊卑先後之序，而況人道乎！宗廟尚親，朝廷尚尊，鄉黨尚齒，行事尚賢，大道之序也。語道而非其序者，非其道也。語道而非其道者，安取道？是故古之明大道者，先明天而道德次之，道德已明而仁義次之，仁義已明而分守次之，分守已明而形名次之，形名已明而因任次之，因任已明而原省次之，原省已明而是非次之，是非已明而賞罰次之，賞罰已明而愚知處宜，貴賤履位，仁賢不肖襲情，必分其能，必由其名。以此事上，以此畜下，以此治物，以此脩身，知謀不用，必歸其天，此之謂太平，治之至也。

《尹文子・大道上》 大道無形，稱器有名。名也者，正形者也。形正由名，則名不可差。故仲尼云：必也正名乎，名不正，則言不順也。【略】

有形者必有名，有名者未必有形。形而不名，未必失其方圓白黑之實。名而不可不尋名以檢其差。故亦有名以檢形，形以定名，名以定事，事以檢名。察其所以然，則形名之與事物，無所隱其理矣。【略】

今萬物具存，不以名正之，則亂。萬名具列，不以形應之，則乖。故形名者，不可不正也。善名命善，惡名命惡。故善有善名，惡有惡名。聖賢仁智，命善者也。頑嚚凶愚，命惡者也。今即聖賢仁智之名，以求聖賢仁智之實，未之或盡也。即頑嚚凶愚之名，以求頑嚚凶愚之實，亦未或盡也。使善惡盡然有分，雖未能盡物之實，猶不患其差也。故曰：名不可不辨也。名稱者，別彼此而檢虛實者也。【略】

定此名分，則萬事不亂也。故人以度審長短，以量受少多，以衡平輕重，以律均清濁，以名稽虛實，以法定治亂，以簡治煩惑，以易御險難。以萬事皆歸於一，百度皆準於法。歸一者，簡之至；準法者，易之極。如此頑嚚聾瞽，可與察慧聰明同其治也。【略】

名定則物不競，分明則私不行。物不競，非無心，由名定，故無所措其心。私不行，非無欲，由分明，故無所措其欲。然則心欲人人有之，而得同於無心無欲者，制之有道也。

《荀子・勸學》 禮者，法之大分，類之綱紀也。

《荀子・榮辱》 夫貴為天子，富有天下，是人情之所同欲也。然則從人之欲則埶不能容，物不能贍也。故先王案為之制禮義以分之，使有貴賤之等，長幼之差，知愚，能不能之分，皆使人載其事而各得其宜，然後使慤祿多少厚薄之稱，是夫羣居和一之道也。

《荀子・王制》 分均則不偏，埶齊則不壹，衆齊則不使。有天有地而上下有差，明王始立而處國有制。夫兩貴之不能相事，兩賤之不能相使，是天數也。埶位齊而欲惡同，物不能澹則必爭，爭則必亂，亂則窮矣。先王惡其亂也，故制禮義以分之，使有貧富貴賤之等，足以相兼臨

者，是養天下之本也。《書》曰：維齊非齊。此之謂也。【略】

水火有氣而無生，草木有生而無知，禽獸有知而無義，人有氣，有生，有知，亦且有義，故最為天下貴也。力不若牛，走不若馬，而牛馬為用，何也。曰：人能羣，彼不能羣也。人何以能羣，曰：分。分何以能行，曰：義。故義以分則和，和則一，一則多力，多力則彊，彊則勝物，故宮室可得而居也。故序四時，裁萬物，兼利天下，無他故焉，得之分義也。故人生不能無羣，羣而無分則爭，爭則亂，亂則離，離則弱，弱則不能勝物，故宮室不可得而居也，不可少頃舍禮義之謂也。能以事親謂之孝，能以事兄謂之弟，能以事上謂之順，能以使下謂之君。君者，善羣也。羣道當則萬物皆得其宜，六畜皆得其長，羣生皆得其命。

《荀子·富國》 萬物同宇而異體，無宜而有用為人，數也。人倫並處，同求而異道，同欲而異知，生也。皆有可也，知愚同；所可異也，知愚分。埶同而知異，行私而無禍，縱欲而不窮，則民心奮而不可說也。如是，則知者未得治也，知者未得治則功名未成也，功名未成則羣衆未縣也，羣衆未縣則君臣未立也。無君以制臣，無上以制下，天下害生縱欲。欲惡同物，欲多而物寡，寡則必爭矣。故百技所成，所以養一人也。而能不能兼技，人不能兼官，離居不相待則窮，羣而無分則爭。窮者患也，爭者禍也，救患除禍則莫若明分使羣矣。彊脅弱也，知懼愚也，民下違上，少陵長，不以德為政，如是，則老弱有失養之憂，而壯者有分爭之禍矣。事業所惡也，功利所好也，職業無分，如是，則人有樹事之患，而有爭功之禍矣。男女之合，夫婦之分，婚姻聘内送逆無禮，如是，則人有失合之憂，而有爭色之禍矣。故知者為之分也。【略】

人之生不能無羣，羣而無分則爭，爭則亂，亂則窮矣。故無分者，人之大害也；有分者，天下之本利也。而人君者，所以管分之樞要也，故美之者，是美天下之本也；安之者，是安天下之本也；貴之者，是貴天下之本也。

《荀子·正論》 世俗之為説者曰：治古無肉刑，而有象刑：墨黥，慅嬰，共、艾畢，剕，對屨，殺，赭衣而不純。治古如是。是不然。以為治耶？則人固莫觸罪，非獨不用肉刑，亦不用象刑矣。以為人或觸罪矣，而直輕其刑，然則是殺人者不死，傷人者不刑也。罪至重而刑至輕，庸人不知惡也，亂莫大焉。凡刑人之本，禁暴惡惡，且懲其未也。殺人者不死，而傷人者不刑，是謂惠暴而寬賊也，非惡惡也。故象刑殆非生於治古，並起於亂今也。治古不然。凡爵列、官職、賞慶、刑罰，皆報也，以類相從者也。一物失稱，亂之端也。夫德不稱位，能不稱官，賞不當功，罰不當罪，不祥莫大焉。昔者武王伐有商，誅紂，斷其首，懸之赤斾。夫征暴誅悍，治之盛也。殺人者死，傷人者刑，是百王之所同，未有知其所由來者也。刑稱罪則治，不稱罪則亂。故治則刑重，亂則刑輕。犯治之罪固重，犯亂之罪固輕。《書》曰：刑罰世輕世重。此之謂也。

《荀子·禮論》 禮起於何也，曰：人生而有欲，欲而不得，則不能無求，求而無度量分界，則不能不爭，爭則亂，亂則窮。先王惡其亂也，故制禮義以分之，以養人之欲，給人之求，使欲必不窮乎物，物必不屈於欲，兩者相持而長，是禮之所起也。

《荀子·性惡》 人之性惡，其善者偽也。今人之性，生而有好利焉，順是，故爭奪生而辭讓亡焉。生而有疾惡焉，順是，故殘賊生而忠信亡焉。生而有耳目之欲，有好聲色焉，順是，故淫亂生而禮義文理亡焉。然則從人之性，順人之情，必出於爭奪，合於犯分亂理而歸於暴。故必將有師法之化，禮義之道，然後出於辭讓，合於文理，而歸於治。用此觀之，然則人之性惡明矣，其善者偽也。【略】

問者曰：人之性惡，則禮義惡生。應之曰：凡禮義者，是生於聖人之偽，非故生於人之性也。故陶人埏埴而為器，然則器生於工人之偽，非故生於人之性也。故工人斲木而成器，然則器生於工人之偽，非故生於人之性也。聖人積思慮，習偽故，以生禮義而起法度，然則禮義法度者，是生於聖人之偽，非故生於人之性也。若夫目好色，耳好聲，口好味，心好利，骨體膚理好愉佚，是皆生於人之情性者也，感而自然，不待事而後生之者也。夫感而不能然，必且待事而後然者，謂之生於偽。是性、偽之所生，其不同之徵也。故聖人化性而起偽，偽起而生禮義，禮義生而制法度。然則禮義法度者，是聖人之所生也。故聖人之所以同於衆，其不異於衆者，性也；所以異而過衆者，偽也。夫好利而欲得者，此人之情性也。假之有弟兄資財而分者，且順情性，好利而欲得，若是，則兄弟相拂奪矣，且化禮義之文理，若是則讓乎國人矣。故順情性則弟兄爭矣，化禮義

則讓乎國人矣。【略】

故古者聖人以人之性惡，以為偏險而不正，悖亂而不治，故為之立君上之勢以臨之，明禮義以化之，起法正以治之，重刑罰以禁之，使天下皆出於治，合於善也。是聖王之治而禮義之化也。今當試去君上之勢，無禮義之化，去法正之治，無刑罰之禁，倚而觀天下民人之相與也。

《韓非子·解老》人有欲則計會亂，計會亂而有欲甚，有欲甚則邪心勝，邪心勝則事經絶，事經絶則禍難生。由是觀之，禍難生於邪心，邪心誘於可欲。可欲之類，進則教良民為姦，退則令善人有禍。姦起則上侵弱君，禍至則人民多傷。然則可欲之類上侵弱君而下傷人民。夫上侵弱君而下傷人民者，大罪也。故曰：禍莫大於可欲。是以聖人不引五色，不淫於聲樂，明君賤玩好而去淫麗。人無毛羽，不衣則不犯寒。上不屬天，而下不著地，以腸胃為根本，不食則不能活。是以不免於欲利之心，欲利之心不除，其身之憂也。故聖人衣足以犯寒，食足以充虚，則不憂矣。衆人則不然，大為諸侯，小餘千金之資，其欲得之憂不除也。胥靡有免，死罪時活，今不知足者之憂，終身不解。故曰：禍莫大於不知足。故欲利甚於憂，憂則疾生，疾生而智慧衰，智慧衰則失度量，失度量則妄舉動，妄舉動則禍害至，禍害至則疾嬰內，疾嬰內則痛，禍薄外則苦，苦痛雜於腸胃之間，則傷人也憯，憯則退而自咎，退而自咎也生於欲利，故曰：咎莫憯於欲利。

道者，萬物之所然也，萬理之所稽也。理者，成物之文也；道者，萬物之所以成也。故曰：道，理之者也。物有理，不可以相薄，物有理不可以相薄，故理之為物之制。萬物各異理，萬物各異理而道盡。

《韓非子·五蠹》上古之世，人民少而禽獸衆，人民不勝禽獸蟲蛇，有聖人作，搆木為巢，以避羣害，而民悦之，使王天下，號曰有巢氏。民食果蓏蜯蛤，腥臊惡臭而傷害腹胃，民多疾病，有聖人作，鑽燧取火，以化腥臊，而民説之，使王天下，號之曰燧人氏。中古之世，天下大水，而鯀、禹決瀆。近古之世，桀紂暴亂，而湯、武征伐。今有搆木鑽燧於夏后氏之世者，必為鯀、禹笑矣。有決瀆於殷、周之世者，必為湯武笑矣。然則今有美堯舜湯武禹之道於當今之世者，必為新聖笑矣。是以聖人不期脩古，不法常可。論世之事，因為之備。宋人有耕者，田中有株，兔走觸株，折頸而死，因釋其耒而守株，冀復得兔，兔不可復得，而身為宋國笑。今欲以先王之政，治當世之民，皆守株之類也。古者丈夫不耕，草木之實足食也；婦女不織，禽獸之皮足衣也。不事力而養足，人民少而財有餘，故民不爭。是以厚賞不行，重罰不用，而民自治。今人有五子不為多，子又有五子，大父未死而有二十五孫。是以人民衆而貨財寡，事力勞而供養薄，故民爭，雖倍賞累罰而不免於亂。

堯之王天下也，茅茨不翦，采椽不斲，糲粢之食，藜藿之羹，冬日麑裘，夏日葛衣，雖監門之服養不虧於此矣。禹之王天下也，身執耒臿，以為民先，股無胈，脛不生毛，雖臣虜之勞不苦於此矣。以是言之，夫古之讓天子者，是去監門之養，而離臣虜之勞也。故傳天下而不足多也。今之縣令，一日身死，子孫累世絜駕，故人重之。是以人之於讓也，輕辭古之天子，難去今之縣令者，薄厚之實異也。夫山居而谷汲者，膢臘而相遺以水；澤居苦水者，買庸而決竇。故饑歲之春，幼弟不饟；穰歲之秋，疏客必食。非疏骨肉，愛過客也，多少之實異也。是以古之易財，非仁也，財多也；今之爭奪，非鄙也，財寡也。輕辭天子，非高也，勢薄也；重爭士橐，非下也，權重也。故聖人議多少、論薄厚為之政。故罰薄不為慈，誅嚴不為戾，稱俗而行也。故事因於世，而備適於事。古者文王處豐、鎬之間，地方百里，行仁義而懷西戎，遂王天下。徐偃王處漢東，地方五百里，行仁義割地而朝者三十有六國，荆文王恐其害己也，舉兵伐徐，遂滅之。故文王行仁義而王天下，偃王行仁義而喪其國。是仁義用於古而不用於今也。故曰：世異則事異。當舜之時，有苗不服，禹將伐之，舜曰：不可，上德不厚而行武，非道也。乃修教三年，執干戚舞，有苗乃服。共工之戰，鐵銛短者及乎敵，鎧甲不堅者傷乎體，是干戚用於古不用於今也。故曰：事異則備變。上古競於道德，中世逐於智謀，當今爭於氣力。

《吕氏春秋·義賞》春氣至則草木産，秋氣至則草木落，産與落或使之，非自然也。故使之者至，物無不為；使之者不至，物無可為。古之人審其所以使，故物莫不為用。賞罰之柄，此上之所以使也。其所以加者義，則忠信親愛之道彰。久彰而愈長，民之安之若性，此之謂教成。教成則雖有厚賞嚴威弗能禁。故善教者，不以賞罰而教成，教成而賞罰弗能

禁。用賞罰不當亦然。姦偽賊亂貪戾之道興，久興而不息，民之讐之若性，戎、夷、胡、貉、巴、越之民是以，雖有厚賞嚴罰弗能禁。郢人之以兩版垣也，吳起變之而見惡。賞罰易而民安樂。氐羌之民，其虜也，不憂其係纍，而憂其死不焚也。皆成乎邪也。故賞罰之所加，不可不慎。且成而賊民。

《呂氏春秋・察今》　上胡不法先王之法，非不賢也，為其不可得而法。先王之法，經乎上世而來者也，人或益之，人或損之，胡可得而法。雖人弗損益，猶若不可得而法。東、夏之命，古今之法，言異而典殊。故古之命多不通乎今之言者，今之法多不合乎古之法者。殊俗之民，有似於此。其所為欲同，其所為異。口惛之命不愉，若舟車衣冠滋味聲色之不同，人以自是，反以相誹。天下之學者多辯，言利辭倒，不求其實，務以相毀，以勝為故。先王之法，胡可得而法。雖可得，猶若不可法。凡先王之法，有要於時也，時不與法俱至。法雖今而至，猶若不可法。故擇先王之成法，而法其所以為法。先王之所以為法者何也，先王之所以為法者人也。而已亦人也，故察己則可以知人，察今則可以知古，古今一也，人與我同耳。有道之士，貴以近知遠，以今知古，以益所見，知所不見。故審堂下之陰，而知日月之行，陰陽之變。見瓶水之冰，而知天下之寒，魚鱉之藏也。嘗一脟肉，而知一鑊之味，一鼎之調。

《呂氏春秋・上德》　為天下及國，莫如以德，莫如行義。以德以義，不賞而民勸，不罰而邪止，此神農、黃帝之政也。以德以義，則四海之大，江河之水，不能亢矣；太華之高，會稽之險，不能障矣；闔廬之教，孫、吳之兵，不能當矣。故古之王者，德迴乎天地，澹乎四海，東西南北，極日月之所燭，天覆地載，愛惡不臧，虛素以公，小民皆之。其之敵而不知其所以然，此之謂順天；教變容改俗而莫得其所受之，此之謂順情。故古之人，身隱而功著，形息而名彰，說通而化奮，利行乎天下而民不識，豈必以嚴罰厚賞哉？嚴罰厚賞，此衰世之政也。

《呂氏春秋・恃君》　凡人之性，爪牙不足以自守衛，肌膚不足以扞寒暑，筋骨不足以從利辟害，勇敢不足以却猛禁悍，然且猶裁萬物，制禽獸，服狡蟲，寒暑燥濕弗能害，不惟先有其備，而以羣聚邪。羣之可聚也，相與利之也。利之出於羣也，君道立也，故君道立則利出於羣，而人備可完矣。昔太古嘗無君矣，其民聚生羣處，知母不知父，無親戚兄弟夫妻男女之別，無上下長幼之道，無進退揖讓之禮，無衣服履帶宮室畜積之便，無器械舟車城郭險阻之備，此無君之患。故君臣之義，不可不明也。自上世以來，天下亡國多矣，而君道不廢者，天下之利也。故廢其非君，而立其行君道者。君道何如，利而物利章。非濱之東，夷、穢之鄉，大解、陵魚、其、鹿野、搖山、揚島、大人之居，多無君。揚、漢之南，百越之際，敝凱諸、夫風、餘靡之地，縛婁、陽禺、驩兜之國，多無君。氐、羌、呼唐、離水之西，僰人、野人、篇笮之川，舟人、送龍、突人之鄉，多無君。雁門之北，鷹隼、所鷙、須窺之國，饕餮、窮奇之地，叔逆之所，儋耳之居，多無君。此四方之無君者也。其民麋鹿禽獸，少者使長，長者畏壯，有力者賢，暴傲者尊，日夜相殘，無時休息，以盡其類。聖人深見此患也，故為天下長慮，莫如置天子也；為一國長慮，莫如置君也。置君非以阿君也，置天子非以阿天子也，置官長非以阿官長也。德衰世亂，然後天子利天下，國君利國，官長利官，此國所以遞興遞廢也，亂難之所以時作也。故忠臣廉士，內之則諫其君之過也，外之則死人臣之義也。

（漢）陸賈《新語》卷上《道基》　於是先聖乃仰觀天文，俯察地理，圖畫乾坤，以定人道，民始開悟，知有父子之親，君臣之義，夫婦之道，長幼之序。於是百官立，王道乃生。民人食肉飲血，衣皮毛，至於神農，以為行蟲走獸，難以養民，乃求可食之物，嘗百草之實，察酸苦之味，教民食五穀。天下人民，野居穴處，未有室屋，則與禽獸同域。於是黃帝乃伐木搆材，築作宮室，上棟下宇，以避風雨。民知室居食穀，而未知功力，於是后稷乃列封疆，畫畔界，以分土地之所宜，闢土殖穀，以用養民，種桑麻，致絲枲，以蔽形體。當斯之時，四瀆未通，洪水為害，禹乃決江疏河，通之四瀆，致之於海，大小相引，高下相受，百川順流各歸其所，然後人民得去高險，處平土。川谷交錯，風化未通，九州絕隔，未有舟車之用，以濟深致遠，於是奚仲乃橈曲為輪，因直為轅，駕馬服牛，浮舟杖檝，以代人力。鑠金鏤木，分苞燒殖，以備器械，於是民知輕重，好利惡難，避勞就逸，於是皋陶乃立獄制罪，縣賞設罰，異是非，明好惡，檢奸邪，消佚亂。民知畏法，而無禮義，於是中聖乃設辟雍庠序之教，以

正上下之儀，明父子之禮，君臣之義，使强不凌弱，衆不暴寡，弃貪鄙之心，興清潔之行。

（漢）劉安《淮南子》卷九《主術訓》 法者，天下之度量，而人主之準繩也。縣法者，法不法也。設賞者，賞當賞也。法定之後，中程者賞，缺繩者誅，尊貴者不輕其罰，而卑賤者不重其刑，犯法者雖賢必誅，中度者雖不肖必無罪。是故公道通而私道塞矣。古之置有司也，所以禁民，使不得自恣也。其立君也，所以剬有司，使無專行也。法籍禮義者，所以禁君使無擅斷也。人莫得自恣，則道勝，道勝而理達矣，故反於無為。無為者，非謂其凝滯而不動也，以其言莫從己出也。夫寸生於？，稞生於日，日生於形，形生於景，此度之本也。樂生於音，音生於律，律生於風，此聲之宗也。法生於義，義生於衆適，衆適合於人心，此治之要也。故通於本者不亂於末，覩於要者不惑於詳。法者，非天墮，非地生，發於人間而反以自正。是故有諸己不非諸人，無諸己不求諸人，所立於下者不廢於上，所禁於民者不行於身。所謂亡國，非無君也，無法也。變法者，非無法也，有法者而不用，與無法等。是故人主之立法，先自為檢式儀表，故令行於天下。孔子曰：其身正，不令而行。其身不正，雖令不從。故禁勝於身，則令行於民矣。

（漢）劉安《淮南子》卷一三《氾論訓》 古者有鍪而綣領以王天下者矣，其德生而不辱，予而不奪，天下不非其服，同懷其德。當此之時，陰陽和平，風雨時節，萬物蕃息，烏鵲之巢可俯而探也，禽獸可羈而從也，豈必褒衣博帶，句襟委章甫哉！

古者民澤處復穴，冬日則不勝霜雪霧露，夏日則不勝暑蟄蟁䖟。聖人乃作，為之築土構木，以為宫室，上棟下宇，以蔽風雨，以避寒暑，而百姓安之。伯余之初作衣也，緂麻索縷，手經指挂，其成猶網羅。後世為之機杼勝複以便其用，而民得以揜形御寒。古者剡耜而耕，摩蜃而耨，木鉤而樵，抱甀而汲，民勞而利薄，後世為之耒耜耰鉏，斧柯而樵，桔皋而汲，民逸而利多焉。古者大川名谷，衝絶道路，不通往來也，乃為窬木方版，以為舟航，故地勢有無，得相委輸。乃為靻蹻而超千里，肩荷負儋之勤也，而作為之楺輪建輿，駕馬服牛，民以致遠而不勞。為鷙禽猛獸之害傷人而無以禁御也，而作為之鑄金鍛鐵，以為兵刃，猛獸不能為害。故民迫其難則求其便，困其患則造其備，人各以其所知，去其所害，就其所利。常故不可循，器械不可因也，則先王之法度有移易者矣。

古之制，婚禮不稱主人，舜不告而娶，非禮也。立子以長，文王舍伯邑考而用武王，非制也。禮三十而娶，文王十五而生武王，非法也。夏后氏殯於阼階之上，殷人殯於兩楹之間，周人殯於西階之上，此禮之不同者也。有虞氏用瓦棺，夏后氏堲周，殷人用槨，周人牆置翣，此葬之不同者也。夏后氏祭於闇，殷人祭於陽，周人祭於日出以朝，此祭之不同者也。堯《大章》，舜《九韶》，禹《大夏》，湯《大濩》，周《武象》，此樂之不同者也。故五帝異道而德覆天下，三王殊事而名施後世，此皆因時變而制禮樂者。譬猶師曠之施瑟柱也，所推移上下者，無寸尺之度，而靡不中音。故通於禮樂之情者能作音，有本主於中，而以知榘彠之所周者也。魯昭公有慈母而愛之，死，為之練冠，故有慈母之服。陽侯殺蓼侯而竊其夫人，故大饗廢夫人之禮。先王之制，不宜則廢之。末世之事，善則著之。是故禮樂未始有常也。故聖人制禮樂，而不制於禮樂。治國有常，而利民為本，政教有經，而令行為上。苟利於民，不必法古。苟周於事，不必循舊。

夫夏、商之衰也，不變法而亡。三代之起也，不相襲而王。故聖人法與時變，禮與俗化，衣服器械各使其用，法度制令各因其宜。故變古未可非，而循俗未足多也。【略】故聖人所由曰道，所為曰事。道猶金石，一調不更，事猶琴瑟，每弦改調。故法制禮義者，治人之具也，而非所以為治也。故仁以為經，義以為紀，此萬世不更者也。若乃人考其才，而時省其用，雖日變可也。天下豈有常法哉！當於世事，得於人理，順於天地，祥於鬼神，則可以正治矣。

古者人醇工龐，商樸女重，是以政教易化，風俗易移也。今世德益衰，民俗益薄，欲以樸重之法，治既弊之民，是猶無鏑銜橜策錣而御馯馬也。昔者，神農無制令而民從，唐、虞有制令而無刑罰，夏后氏不負言，殷人誓，周人盟。逮至當今之世，忍詢而輕辱，貪得而寡羞，欲以神農之道治之，則其亂必矣。伯成子高辭為諸侯而耕，天下高之。今之時人，辭官而隱處，為鄉邑之下，豈可同哉！古之兵，弓劒而已矣，槽柔無擊，脩戟無刺。晚世之兵，隆衝以攻，渠幨以守，連弩以射，銷車以鬭。古之

伐國，不殺黃口，不獲二毛。於古為義，於今為笑。古之所以為榮者，今之所以為辱也。古之所以為治者，今之所以為亂也。

夫神農、伏羲不施賞罰而民不為非，然而立政者不能廢法而治民。舜執干戚而服有苗，然而征伐者不能釋甲兵而制强暴。由此觀之，法度者，所以論民俗而節緩急也；器械者，因時變而制宜適也。夫聖人作法而萬物制焉，賢者立禮而不肖者拘焉。制法之民，不可與遠舉；拘禮之人，不可使應變。耳不知清濁之分者，不可令調音；心不知治亂之源者，不可令制法。必有獨聞之耳，獨見之明，然後能擅道而行矣。

（漢）董仲舒《春秋繁露》卷一一《王道通三》 古之造文者，三畫而連其中，謂之王。三畫者，天地與人也，而連其中者，通其道也。取天地與人之中以為貫而參通之，非王者孰能當是？是故王者唯天之施，施其時而成之，法其命而循之諸人，法其數而以起事，治其道而以出法，治其志而歸之於仁，仁之美者在於天。**【略】**

人主立於生殺之位，與天共持變化之勢。物莫不應天化，天地之化如四時。所好之風出，則為暖氣而有生於俗；所惡之風出，則為清氣而有殺於俗。喜則為暑氣而有養長也，怒則為寒氣而有閉塞也。人主以好惡喜怒變習俗，而天以暖清寒暑化草木。喜樂時而當則歲美，不時而妄則歲惡。天地人主一也。然則人主之好惡喜怒，乃天之暖清寒暑也，不可不審其處而出也。當暑而寒，當寒而暑，必為惡歲矣。人主當喜而怒，當怒而喜，必為亂世矣。是故人主之大守，在於謹藏而禁內，使好惡喜怒必當義乃出，若暖清寒暑之必當其時乃發也。人主掌此而無失，使乃好惡喜怒未嘗差也，如春秋冬夏之未嘗過也，可謂參天矣。深藏此四者而勿使妄發，可謂天矣。

（漢）董仲舒《春秋繁露》卷一二《基義》 凡物必有合。合，必有上，必有下，必有左，必有右，必有前，必有後，必有表，必有裏。有美必有惡，有順必有逆，有喜必有怒，有寒必有暑，有晝必有夜，此皆其合也。陰者陽之合，妻者夫之合，子者父之合，臣者君之合。物莫無合，而合各有陰陽。陽兼於陰，陰兼於陽。夫兼於妻，妻兼於夫。父兼於子，子兼於父。君兼於臣，臣兼於君。君臣父子夫婦之義，皆取諸陰陽之道。君為陽，臣為陰。父為陽，子為陰。夫為陽，妻為陰。陰陽無所獨行，其始也不得專起，其終也不得分功，有所兼之義。是故臣兼功於君，子兼功於父，妻兼功於夫，陰兼功於陽，地兼功於天。舉而上者，抑而下也。有屏而左也，有引而右也。有親而任也，有疏而遠也。有欲日益也，有欲日損也。益而用而損其妨。有時損少而益多，有時損多而益少。少而不至絶，多而不至溢。陰陽二物，終歲各壹出。壹其出，遠近同度而不同意。陽之出也，常縣於前而任事；陰之出也，常縣於後而守空處。此見天之親陽而疏陰，任德而不任刑也。是故仁義制度之數，盡取之天。天為君而覆露之，地為臣而持載之。陽為夫而生之，陰為婦而助之。春為父而生之，夏為子而養之，秋為死而棺之，冬為痛而喪之。王道之三綱，可求於天。天出陽，為暖以生之；地出陰，為清以成之。不暖不生，不清不成。然而計其多少之分，則暖暑居百而清寒居一。德教之與刑罰猶此也。故聖人多其愛而少其嚴，厚其德而簡其刑，以此配天。

（漢）董仲舒《春秋繁露》卷一三《四時之副》 天之道，春煖以生，夏暑以養，秋涼以殺，冬寒以藏。煖暑清寒，異氣而同功，皆天之所以成歲也。聖人副天之所行以為政，故以慶副煖而當春，以賞副暑而當夏，以罰副涼而當秋，以刑副寒而當冬。慶賞罰刑，異事而同功，皆王者之所以成德也。慶賞罰刑與春夏秋冬，以類相應也，如合符。故曰：王者配天，謂其道。天有四時，王有四政，四政若四時，通類也，天人所同有也。慶為春，賞為夏，罰為秋，刑為冬。慶賞罰刑之不可不具也，如春夏秋冬不可不備也。慶賞罰刑，當其處不可不發，若煖暑清寒，當其時不可不出也。慶賞罰刑各有正處，如春夏秋冬各有時也。四政者，不可以相干也，猶四時不可相干也。四政者，不可以易處也，猶四時不可易處也。故慶賞罰刑有不行於其正處者，《春秋》譏也。

（漢）楊雄《法言》卷四《問道》 或曰：太上無法而治，法非所以為治也。曰：鴻荒之世，聖人惡之，是以法始乎伏羲而成乎堯。匪伏匪堯，禮義哨哨，聖人不取也。

（漢）桓譚《新論》卷上《王霸》 夫上古稱三皇五帝，而次有三王五霸，此皆天下君之冠首也。故言三皇以道治，五帝用德化；三王由仁義，五霸以權智。其説曰：無制令刑罰，謂之皇；有制令而無刑罰，謂之帝；賞善誅惡，諸侯朝事，謂之王；興兵約盟，以信義矯世，謂之

霸。王者往也，言其恵澤優遊，天下歸往也。五帝以上久遠，經傳無事，唯王霸二盛之美，以定古今之理焉。夫王道之治，先除人害，而足其衣食，然後教以禮義，而威以刑誅，使知好惡去就，是故大化四湊，天下安樂，此王者之術。霸功之大者，尊君卑臣，權統由一，政不二門，賞罰必信，法令著明，百官修理，威令必行，此霸者之術。王道純粹，其德如彼，霸道駁雜，其功如此。俱有天下，而君萬民，垂統子孫，其實一也。

（漢）王充《論衡》卷八《儒增篇》 儒書稱堯、舜之德，至優至大，天下太平，一人不刑。又言文、武之隆，遺在成、康，刑錯不用四十餘年。是欲稱堯舜，褒文武也。夫為言不益，則美不足稱；為文不渥，則事不足褒。堯、舜雖優，不能使一人不刑；文、武雖盛，不能使刑不用。言其犯刑者少，用刑希疏，可也。言其一人不刑，刑錯不用，增之也。夫能使一人不刑，則能使一國不伐；能使刑錯不用，則能使兵寢不施。案堯伐丹水，舜征有苗，四子服罪，刑兵設用。成王之時，四國篡畔，淮夷、徐戎，並為患害。夫刑人用刀，伐人用兵，罪人用法，誅人用武。武、法不殊，兵、刀不異，巧論之人，不能別也。夫德劣故用兵，犯法故施刑，刑與兵，猶足與翼也，走用足，飛用翼。形體雖異，其行身同。刑之與兵，全衆禁邪，其實一也。稱兵（之）不用，言刑之不施，是猶人（耳）〔身〕缺目完，以目完稱人體全，不可從也。人桀於刺虎，怯於擊人，而以刺虎稱，謂之勇，不可聽也。身無敗缺，勇無不進，乃為全耳。今稱一人不刑，不言一兵不用；褒刑錯不用，不言一人不畔，未得為優，未可謂盛也。

（漢）王充《論衡》卷一七《治期篇》 世稱五帝之時，天下太平，家有十年之蓄，人有君子之行。或時不然，世增其美，亦或時政致。何以審之？夫世之所以為亂者，不以賊盜衆多，兵革並起，民棄禮義，負畔其上乎？若此者，由穀食乏絶，不能忍饑寒。夫饑寒並至而能無為非者寡，然則温飽並至而能不為善者希。傳曰：倉廪實，民知禮節。衣食足，民知榮辱。讓生於有餘，爭起於不足。穀足食多，禮義之心生。禮豐義重，平安之基立矣。故饑歲之春，不食親戚；穰歲之秋，召及四隣。不食親戚，惡行也；召及四隣，善義也。為善惡之行，不在人質性，在於歲之饑穰。由此言之，禮義之行，在穀足也。

《漢書》卷二三《刑法志》 夫人宵天地之貌，懷五常之性，聰明精粹，有生之最靈者也。爪牙不足以供耆欲，趨走不足以避利害，無毛羽以禦寒暑，必將役物以為養，任智而不恃力，此其所以為貴也。故不仁愛則不能羣，不能羣則不勝物，不勝物則養不足。羣而不足，爭心將作，上聖卓然先行敬讓博愛之德者，衆心説而從之。從之成羣，是為君矣；歸而往之，是為王矣。《洪範》曰：天子作民父母，為天下王。聖人取類以正名，而謂君為父母，明仁愛德讓，王道之本也。愛待敬而不敗，德須威而久立，故制禮以崇敬，作刑以明威也。聖人既躬明悊之性，必通天地之心，制禮作教，立法設刑，動緣民情，而則天象地。故曰先王立禮，則天之明，因地之性也。刑罰威獄，以類天之震曜殺戮也；温慈惠和，以效天之生殖長育也。《書》云天秩有禮，天討有罪。故聖人因天秩而制五禮，因天討而作五刑。大刑用甲兵，其次用斧鉞；中刑用刀鋸，其次用鑽鑿；薄刑用鞭扑。大者陳諸原野，小者致之市朝，其所繇來者上矣。自黄帝有涿鹿之戰以定火災，顓頊有共工之陳以定水害。唐虞之際，至治之極，猶流共工，放讙兜，竄三苗，殛鯀，然後天下服。夏有甘扈之誓，殷、周以兵定天下矣。天下既定，戢臧干戈，教以文德，而猶立司馬之官，設六軍之衆，因井田而制軍賦。【略】

故曰：善師者不陳，善陳者不戰，善戰者不敗，善敗者不亡。若夫舜修百僚，咎繇作士，命以蠻夷猾夏，寇賊姦軌，而刑無所用，所謂善師不陳者也。湯、武征伐，陳師誓衆，而放禽桀、紂，所謂善陳不戰者也。齊桓南服彊楚，使貢周室，北伐山戎，為燕開路，存亡繼絶，功為伯首，所謂善戰不敗者也。楚昭王遭闔廬之禍，國滅出亡，父老送之。王曰：父老反矣！何患無君？父老曰：有君如是其賢也！相與從之。或犇走赴秦，號哭請救，秦人（憐之謂）〔為〕之出兵。二國并力，遂走吳師，昭王返國，所謂善敗不亡者也。若秦因四世之勝，據河山之阻，任用白起、王翦豺狼之徒，奮其爪牙，禽獵六國，以并天下。窮武極詐，士民不附，卒隸之徒，還為敵讎，猋起雲合，果共軋之。斯為下矣。凡兵，所以存亡繼絶，救亂除害也。故伊、吕之將，子孫有國，與商周並。至於末世，苟任詐力，以快貪殘，爭城殺人盈城，爭地殺人滿野。孫、吳、商、白之徒，皆身誅戮於前，而（功）〔國〕滅亡於後。報應之勢，各以類至，

其道然矣。【略】

古人有言：天生五材，民並用之，廢一不可，誰能去兵？鞭扑不可弛於家，刑罰不可廢於國，征伐不可偃於天下；用之有本末，行之有逆順耳。孔子曰：工欲善其事，必先利其器。文德者，帝王之利器；威武者，文德之輔助也。夫文之所加者深，則武之所服者大；德之所施者博，則威之所制者廣。三代之盛，至於刑錯兵寢者，其本末有序，帝王之極功也。

《後漢書》卷四四《張敏傳》 臣伏見孔子垂經典，皋陶造法律，原其本意，皆欲禁民為非也。未曉輕侮之法將以何禁？必不能使不相輕侮，而更開相殺之路，執憲之吏復容其姦枉。議者或曰：平法當先論生。臣愚以為天地之性，唯人為貴，殺人者死，三代通制。今欲趣生，反開殺路，一人不死，天下受敝。記曰：利一害百，人去城郭。夫春生秋殺，天道之常。春一物枯即為災，秋一物華即為異。王者承天地，順四時，法聖人，從經律。願陛下留意下民，考尋利害，廣令平議，天下幸甚。和帝從之。

（漢）王符《潛夫論》卷四《班祿》 太古之時，烝黎初載，未有上下，而自順序，天未事焉，君未設焉。後稍矯虔，或相陵虐，侵漁不止，為萌巨害，於是天命聖人使司牧之，使不失性，四海蒙利，莫不被德，僉共奉戴，謂之天子。故天之立君，非私此人，以役民也，蓋以誅暴除害利黎元也。是以人謀鬼謀，能者處之，《詩》云：皇矣上帝，臨下有赫，監觀四方，求民之莫，惟此二國，其政不獲，惟此四國，爰究爰度，上帝指之，憎其式廓，乃睠西顧，此惟與宅。蓋此言也。言夏殷二國之政不得，乃用奢夸廓人，上帝憎之，更求民之瘼聖人，與天下四國究度而使居之也。前哲良人，疾奢夸廓，無紀極也，乃惟度法象，明著禮秩，為優憲藝，縣之無窮。

（漢）王符《潛夫論》卷五《斷訟》 先王因人情喜怒之所能已者，則為之立禮制而崇德讓；人所可已者，則為之設法禁而明賞罰。今市賣勿相欺，婚姻無相詐，非人情之不可能者也。是故不若立義順法，遏絕其原。初雖慙恡於一人，然其終也，長利於萬世。小懲而大戒，此所以全小而濟頑凶也。夫立法之大要，必令善人勸其德而樂其政，邪人痛其禍而悔其行。

（漢）王符《潛夫論》卷五《衰制》 無法制而成天下者，三皇也；畫則象而化四表者，五帝也；明法禁而和海內者，三王也。行賞罰而齊萬民者，治國也；君立法而下不行者，亂國也；臣作政而君不制者，亡國也。

是故民之所以不亂者，上有吏；吏之所以無姦者，官有法；法之所以順行者，國有君也；君之所以位尊者，身有義也。夫義者君之政也，法者君之命也。人君思正以出令，而貴賤賢愚莫得違也，則君位於上，而民氓治於下矣。人君出令而貴臣驕吏弗順也，則君幾於弑，而民幾於亂矣。【略】

議者必將以為刑殺當不用，而德化可獨任。此非變通者之論也，非淑世者之言也。夫上聖不過堯、舜，而放四子，盛德不過文、武，而赫斯怒。《詩》云：君子如怒，亂庶遄沮；君子如祉，亂庶遄已。是故君子之有喜怒也，善以止亂也。故有以誅止殺，以刑禦殘。

（漢）崔寔《政論》 夫人之情，莫不樂富貴榮華、美服麗飾、鏗鏘眩燿、芬芳嘉味者也。晝則思之，夜則夢焉。唯斯之務，無須臾不存於心，猶急水之歸下，川之赴壑。不厚爲之制度，則皆侯服王食，僭至尊，踰天制矣。是故先王之御世也，必明法度以閉民欲，崇隄防以禦水害。法度替而民散亂，隄防墮而水泛溢。頃者法度頗不稽古，而舊號網漏吞舟。故庸夫設藻棁之飾，匹豎享方丈之饌。下僭其上，尊卑無別。如使鷄鶩蛇頸龜身，五色紛麗，亦可貴於鳳乎。禮壞而莫救，法墮而不恆。斯蓋有識之士，所爲於邑而增歎者也。【略】

昔聖王遠慮深思，患民情之難防，憂奢淫之害政，乃塞其源以絕其末，深其刑而重其罰。夫善堙川者必杜其源，善防姦者必絕其萌。【略】

昔明王之統黎元，蓋濟其欲而爲之節度者也。凡人情之所通好，則恕己而足之。因民有樂生之性，故分祿以頤其士，制廬井以養其萌。然後上下交足，厥心乃靜。人非食不活，衣食足，然後可教以禮義，威以刑罰；苟其不足，慈親不能畜其子，況君能檢其臣乎！故古記曰：倉廩實而知禮節，衣食足而知榮辱。

（唐）歐陽詢等《藝文類聚》卷五四《刑法部・刑法》 魏丁儀《刑

禮論》曰：天垂象，聖人則之。天之為歲也，先春而後秋，君之為治也，先禮而後刑。春以生長為德，秋以殺戮為功，禮以教訓為美，刑以威嚴為用。故先生而後殺，天之為歲，先教而後罰，君之為治也。天不以久遠更其春冬，而人也得以古今改其禮刑哉？太古之世，民故質樸，質樸之民，宜其易化。是以中古之君子，或結繩以治，或象刑惟明。夏后肉辟，民轉姦詐，刑彌滋繁，禮亦如之。由斯言之，古之刑省，禮亦宜略。今所論辨，雖出傳記之前，天〔夫〕流東源不得西，景正形不得傾，自然之勢也。後世禮刑，俱失於前，先後之宜，故自有常，今夫先刑者，用其末也。由禮禁未然之前，謂難明之禮，古人不能行也，按如所云禮嫂叔不親之屬也，非太古之禮也，所云禮者，豈此也哉。古者民少而獸多，未有所爭，民無患則無所思，故未有君焉。後民禍多，強暴弱，於是有賢人焉，平其多少，均其有無，推逸取勞，以身先之，民獲其利，歸而樂之，樂之得為君焉。夫刑之記君也，精具筋力，民畏其強而不敢校，得為君也。恐上古未具刑罪之品，設逋亡之法，懼彼為我，而以勇力侵暴，於己能與則校，不能歸奉之，明矣。且上古之時賊耳，非所謂君也，上古雖質，宜所以為君。會當先別男女，定夫婦，分土地，班食物，此先以禮也。夫婦定而後禁淫與，貨物正而後止竊，此後刑也。

（唐）歐陽詢等《藝文類聚》卷五四《刑法部·刑法》　晉楊乂《刑禮論》曰：覽眾所抵，精思構微。迭為先後，文若榮繁。翩然相反，豈彼繫未存厥中。嘗試稽之天地，考之人事，旁貫品物，綜覈彝倫。而刑禮之旨，可略言也，蓋刑禮之本，經緯陰陽，擬則乾坤。先王所以化民理物，興國濟治也，或者取證於春秋，有意乎尋本以綜末，然猶未離於先後，亦速難之始也。夫陰陽異制，化物則鈞。萬物本一，變而殊形。故王者去彼而適此，于此為生，而於彼為死。夫死者去此而適彼，於此為死，而於彼為生矣。禮生於讓，刑生於爭。讓者割己以與人，是刑加於己，而禮加於人也。爭者奪人以崇己，是刑施於人，而禮施於己也。由此言之，讓非純禮，爭非純刑也。慶賞以勸善，而為惡者懲，如有所懲，刑亦存矣。刑罰以懲惡，而為善者勸，如有所勸，禮亦存矣，故亡刑則禮不獨施。大道廢焉，則刑禮俱錯。大道行焉，則刑禮俱興。不合而成，未之有也。

《晉書》卷三〇《刑法志》　傳曰：齊之以禮，有恥且格。刑之不可犯，不若禮之不可踰，則昊歲比於犧年，宜有降矣。若夫穹圓肇判，宵貌攸分，流形播其喜怒，稟氣彰其善惡，則有自然之理焉。念室後刑，衢樽先惠，將以屏除災害，引導休和，取譬琴瑟，不忘銜策，擬陽秋之成化，若堯舜之為心也。郊原布肅，軒皇有轡野之師；雷電揚威，高辛有觸山之務。陳乎兵甲而肆諸市朝，具嚴天刑，以懲亂首，論其本意，蓋有不得已而用之者焉。是以丹浦興仁，羽山咸服。而世屬僥倖，事關攸蠹，政失禮微，獄成刑起，則孔子曰：聽訟吾猶人也，必也使無訟乎！及周氏襲行，却收鋒刃，祖述生成，憲章堯禹，政有膏露，威兼禮樂，或覿辭以明其趣，或傾耳以照其微，或彰善以激其情，或除惡以崇其本。至夫取威定霸，一匡九合，寓言成康，不由凝網，此所謂酌其遺美，而愛民治國者焉。若乃化蔑彝倫，道睽明慎，則夏癸之虔劉百姓，商辛之毒痡四海，衞鞅之無所自容，韓非之不勝其虐，與夫甘棠流詠，未或同歸。【略】

傳曰：三皇設言而民不違，五帝畫象而民知禁，則書所謂：象以典刑，流宥五刑，鞭作官刑，扑作教刑者也。然則犯黥者皁其巾，犯劓者丹其服，犯臏者墨其體，犯宮者雜其屨，大辟之罪，殊刑之極，布其衣裾而無領緣，投之於市，與衆棄之。舜命皋陶曰：五刑有服，五服三就，五流有宅，五宅三居。方乎前載，事既參倍。夏后氏之王天下也，則五刑之屬三千。殷因於夏，有所損益。周人以三典刑邦國，以五聽察民情，左嘉右肺，事均鎔造，而五刑之屬猶有二千五百焉。乃置三刺、三宥、三赦之法：一刺曰訊羣臣，再刺曰訊羣吏，三刺曰訊萬民；一宥曰不識，再宥曰過失，三宥曰遺忘；一赦曰幼弱，再赦曰老旄，三赦曰蠢愚。司馬法：或起甲兵以征不義，廢貢職則討，不朝會則誅，亂嫡庶則縶，變禮刑則放。

傳曰：殷周之質，不勝其文。及昭后徂征，穆王斯耄，爰制刑辟，以詰四方，姦宄弘多，亂離斯永，則所謂夏有亂政而作禹刑，商有亂政而作湯刑，周有亂政而作九刑者也。古者大刑用甲兵，中刑用刀鋸，薄刑用鞭扑。自茲厥後，狙詐彌繁。武皇帝並以為往憲猶疑，不可經國，乃命車騎將軍、守尚書令、魯公徵求英俊，刊律定篇云爾。

《魏書》卷一一一《刑罰志》　二儀既判，彙品生焉，五才兼用，廢

一不可。金木水火土，咸相愛惡。陰陽所育，稟氣呈形，鼓之以雷霆，潤之以雲雨，春夏以生長之，秋冬以殺藏之。斯則德刑之設，著自神道。聖人處天地之間，率神祇之意。生民有喜怒之性，哀樂之心，應感而動，動而逾變。淳化所陶，下以惇朴。故異章服，畫衣冠，示耻申禁，而不敢犯。其流既銳，姦黠萌生。是以明法令，立刑賞。故書曰：象以典刑，流宥五刑，鞭作官刑，扑作教刑，金作贖刑，怙終賊刑，眚災肆赦。舜命咎繇曰：五刑有服，五服三就，五流有宅，五宅三居。夏刑則大辟二百，臏辟三百，宮辟五百，劓墨各千。殷因於夏，蓋有損益。周禮：建三典，刑邦國，以五聽求民情，八議以申之，三刺以審之。左嘉石，平罷民；右肺石，達窮民。宥不識，宥過失，宥遺忘；赦幼弱，赦耄耋，赦惷愚。周道既衰，穆王荒耄，命呂侯度作祥刑，以詰四方，五刑之屬增矣。夫疑獄汜問，與衆共之，衆疑赦之，必察小大之比以成之。先王之愛民如此，刑成而不可變，故君子盡心焉。

《隋書》卷二五《刑法志》 夫刑者，制死生之命，詳善惡之源，翦亂誅暴，禁人為非者也。聖王仰視法星，旁觀習坎，彌縫五氣，取則四時，莫不先春風以播恩，後秋霜而動憲。是以宣慈惠愛，導其萌芽，刑罰威怒，隨其肅殺。仁恩以為情性，禮義以為綱紀，養化以為本，明刑以為助。上有道，刑之而無刑；上無道，殺之而不勝也。記曰：教之以德，齊之以禮，則人有格心。教之以政，齊之以刑，則人有遁心。而始乎勸善，終乎禁暴，以此字人，必兼刑罰。至於時逢交泰，政稱忠厚，美化與車軌攸同，至仁與嘉祥間出，歲布平典，年垂簡憲。昭然如日月，望之者不迷，曠乎如大路，行之者不惑。

刑者甲兵焉，鈇鉞焉，刀鋸鑽鑿，鞭扑榎楚，陳乎原野而肆諸市朝，其所由來，亦已久矣。若夫龍官之歲，鳳紀之前，結繩而不違，不令而人畏。五帝畫象，殊其衣服，三王肉刑，刻其膚體。若重華之眚災肆赦，文命之刑罰三千，而都君卹刑，尚奉唐堯之德，高密泣罪，猶懷虞舜之心。殷因以降，去德滋遠。若紂能遵成湯，不造炮格，設刑兼禮，守位依仁，則西伯斂轡，化為田叟。周王立三刺以不濫，弘三宥以開物，成、康以四十二年之間，刑厝不用。薰風潛暢，頌聲遐舉，越裳重譯，萬里來歸。若乃魯接燕、齊，荊鄰鄭、晉，時之所尚，資乎辯舌，國之所恃，不在威刑。是以繩鼓夷蒐，宣尼致誚，既鑄刑辟，叔向貽書。夫勃澥之浸，沾濡千里，列國之政，豈周之膏潤者歟！

（唐）長孫無忌等《唐律疏議》卷一《名例》 夫三才肇位，萬象斯分。稟氣含靈，人為稱首。莫不憑黎元而樹司宰，因政教而施刑法。其有情恣庸愚，識沈愆戾，大則亂其區宇，小則睽其品式，不立制度，則未之前聞。故曰：以刑止刑，以殺止殺。刑罰不可弛於國，笞捶不得廢於家。時遇澆淳，用有衆寡。於是結繩啓路，盈坎疏源，輕刑明威，大禮崇敬。《易》曰：天垂象，聖人則之。觀雷電而制威刑，覩秋霜而有肅殺，懲其未犯而防其未然，平其徽纆而存乎博愛，蓋聖王不獲已而用之。古者大刑用甲兵，其次用斧鉞；中刑用刀鋸，其次用鑽笮；薄刑用鞭扑。其所由來，亦已尚矣。昔白龍、白雲，則伏犧、軒轅之代；西火、西水，則炎帝、共工之年。鷞鳩筮賓於少皡，金政策名於顓頊。咸有天秩，典司刑憲。大道之化，擊壤無違。逮乎唐虞，化行事簡，議刑以定其罪，畫象以媿其心，所有條貫，良多簡略，年代浸遠，不可得而詳焉。堯舜時，理官則謂之為士，而臯陶為之，其法略存，而往往概見，則《風俗通》所云《臯陶謨》：虞造律，是也。

（唐）長孫無忌等《唐律疏議》卷一《名例·死刑二》 絞。斬。贖銅一百二十斤。

疏議曰：古先哲王，則天垂法，輔政助化，禁暴防姦，本欲生之，義期止殺。絞、斬之坐，刑之極也。死者魂氣歸於天，形魄歸於地，與萬化冥然，故鄭註《禮》云：死者，澌也。消盡為澌。《春秋元命包》云：黃帝斬蚩尤於涿鹿之野。《禮》云：公族有死罪，磬之于甸人。故知斬自軒轅，絞興周代，二者法陰數也。陰主殺罰，因而則之，即古大辟之刑是也。

（唐）韓愈《韓昌黎全集》卷一一《原道》 古之時，人之害多矣。有聖人者立，然後教之以相生相養之道，為之君，為之師，驅其蟲蛇禽獸，而處之中土。寒然後為之衣，飢然後為之食。木處而顛，土處而病也，然後為之宮室。為之工以贍其器用，為之賈以通其有無，為之醫藥以濟其夭死，為之葬埋祭祀以長其恩愛，為之禮以次其先後，為之樂以宣其壹鬱，為之政以率其怠勌，為之刑以鋤其強梗。相欺也，為之符璽斗斛權

衡以信之；相奪也，為之城郭甲兵以守之。害至而為之備，患生而為之防。今其曰：聖人不死，大盜不止；剖斗折衡，而民不爭。嗚呼！其亦不思而已矣。如古之無聖人，人之類滅久矣。何也？無羽毛鱗介以居寒熱也，無爪牙以爭食也。

（唐）柳宗元《柳宗元集》卷三《封建論》 天地果無初乎，吾不得而知之也。生人果有初乎，吾不得而知之也。然則孰為近，曰：有初為近。孰明之，由封建而明之也。彼封建者，更古聖王堯、舜、禹、湯、文、武而莫能去之。蓋非不欲去之也，勢不可也。勢之來，其生人之初乎。不初，無以有封建。封建，非聖人之意也。彼其初與萬物皆生，草木榛榛，鹿豕狉狉，人不能搏噬，而且無毛羽，莫克自奉自衛，荀卿有言：必將假物以為用者也。夫假物者必爭，爭而不已，必就其能斷曲直者而聽命焉。其智而明者，所伏必衆。告之以直而不改，必痛之而後畏，由是君長刑政生焉。故近者聚而為羣，羣之分，其爭必大，大而後有兵有德，又有大者，衆羣之長又就而聽命焉，以安其屬。於是有諸侯之列，則其爭又有大者焉，德又有大者，諸侯之列又就而聽命焉，以安其封。於是有方伯、連帥之類，則其爭又有大者焉，德又有大者，方伯、連帥之類又就而聽命焉，以安其人。然後天下會於一。是故有里胥而後有縣大夫，有縣大夫而後有諸侯，有諸侯而後有方伯、連帥，有方伯、連帥而後有天子，自天子至於里胥，其德在人者死，必求其嗣而奉之，故封建非聖人意也，勢也。

（宋）李覯《盱江集》卷一八《安民策》 古先哲王之制刑法，非期殺人，乃以生人也。非欲作威，乃以作福也。夫物生有類，類則有羣，羣則相爭，爭則相害。是以强者脅弱，衆者暴寡，智者詐愚，勇者苦怯。或則以殺，或則以傷，不有王者作，人之相食且盡矣。故先王立禮，則天之明，因地之性，刑罰威獄，以類天之震曜殺戮也。温慈惠和，以效天之生殖長育也。大刑用甲兵，其次用斧鉞，中刑用刀鋸，其次用鑽鑿，薄刑用鞭扑。大者陳諸原野，小者致之市朝，殺人者死，然後人莫敢殺，傷人者刑，然後人莫敢傷。弱寡愚怯之民，有所賴矣。故曰：鞭扑不可弛於家，刑罰不可廢於國，征伐不可偃於天下也。

（明）楊士奇等《歷代名臣奏議》卷二一〇《法令》 （宋仁宗時夏竦爲刑部侍郎）竦又議刑書狀，曰：臣聞先王象震耀而行殺戮，法五材而用法辟。刑書之設，有自來矣。虞舜定五流之罪，皋陶制三尺之法，禹刑興於有夏，湯刑作於商世，吕命陳三千之屬，李悝創六篇之制，衛鞅之行變法，酇侯之約九章，漢景之定箠令，應劭之習駁議，陳群之著魏法，賈充之刊晉律，陳氏則徐陵之因損，元魏則伯泉之校覈，後周則拓拔之詳定，隋室則高熲之評議，李唐損益其科，多所釐革，皆以恢張憲綱，表正隄防，欲姦吏盡絶於析言，齊民不憂於悞陷。

（宋）王安石《臨川文集》卷三九《上仁宗皇帝言事書》 所謂養之之道何也，饒之以財，約之以禮，裁之以法也。何謂饒之以財，人之情，不足於財，則貪鄙苟得無所不至。先王知其如此，故其制禄，自庶人之在官者，其禄已足以代其耕矣。由此等而上之，每有加焉，使其足以養廉恥而離於貪鄙之行。猶以爲未也，又推其禄以及其子孫，謂之世禄，使其生也，既於父子兄弟妻子之養，婚姻朋友之接，皆無憾矣。其死也，又於子孫無不足之憂焉。何謂約之以禮，人情足於財，而無禮以節之，則又放僻邪侈無所不至。先王知其如此，故爲之制度。婚喪祭養燕享之事，服食器用之物，皆以命數爲之節，而齊之以律度量衡之法。其命可以爲之，而財不足以具，則弗具也。其財可以具，而命不得爲之者，不使有銖兩分寸之加焉。何謂裁之以法，先王於天下之士，教之以道藝矣，不帥教，則待之以屏弃遠方終身不齒之法。約之以禮矣，不循禮，則待之以流殺之法。《王制》曰：變衣服者其君流。《酒誥》曰：厥或誥曰，羣飲，汝勿佚，盡執拘以歸于周，予其殺。夫羣飲、變衣服小罪也，流殺大刑也。加小罪以大刑，先王所以忍而不疑者，以爲不如是，不足以一天下之俗而成吾治。夫約之以禮，裁之以法，天下所以服從無抵冒者，又非獨其禁嚴而治察之所能致也。蓋亦以吾至誠懇惻之心，力行而爲之倡。凡在左右通貴之人，皆順上之欲而服行之。有一不帥者，法之加必自此始。夫上以至誠行之，而貴者知避上之所惡矣，則天下之不罰而止者衆矣。故曰：此養之之道也。

（宋）蘇軾《東坡全集》卷四三《韓非論》 自老聃之死百餘年，有商鞅、韓非，著書言治天下無若刑名之賢。及秦用之，終於勝、廣之亂。教化不足而法有餘，秦以不祀，而天下被其毒。後世之學者，知申韓之

罪，而不知老聃、莊周之使然，何者，仁義之道起於夫婦父子兄弟相愛之間，而禮法刑政之原出於君臣上下相忌之際。相愛則有所不忍，相忌則有所不敢。夫不敢與不忍之心合，而後聖人之道得存乎其中。今老聃、莊周論君臣父子之間，汎汎乎若萍浮於江湖而適相值也。夫是以父不足愛，而君不足忌，不忌其君，不愛其父，則仁不足以懷，義不足以勸，禮樂不足以化。此四者皆不足用，而欲置天下於無有。夫無有，豈誠足以治天下哉，商鞅、韓非求為其説而不得，得其所以輕天下而齊萬物之術，是以敢為殘忍而無疑。今夫不忍殺人，而不足以為仁，而仁亦不足以治民。則是殺人不足以為不仁，而不仁亦不足以亂天下。如此，則舉天下唯吾之所為，刀鋸斧鉞，何施而不可。

（宋）張耒《柯山集》卷三二《論法上》 夫法之所生，不生于無事，事起而不可理，則法從而經之。事日益多，法日益周，事日益新，政日益工。並起而相制，則不勝者受其患。故法不勝事，則天下之亂紛然而起。故治天下者，非無法之尚也，為其無事之可貴也。非法備之可制也，為其事變之可慮也。【略】

夫法度之弊，起于德不足而求勝其民，而敗于敵民之邪心而多怨。夏之繼舜也，豈不知舜之為不可及也，商周之繼夏也，豈不知弊之將不勝也。然而明見其弊而為不已，何也。豈其世變日繁而德有所不足故耶。德不足以還民之初，熟視其亂而莫之禁，則將以智加之。故曰：法起于德不足而求勝其民，夫上以智勝其下，則下亦以智勝其上，不絡馬首，則毀御竊轡之馬終身而不知；不立門户，則穿窬竊發之盜終身而不為。法之于民，常制其一而開其一，制之者易見，而開之者難防，上下以智相勝，而姦邪詭偽不可勝究。故天下之人始忘其歡欣戴君之心，而有怨怒忌上之仇。故曰：敗于敵民之邪心而多怨。

（宋）羅泌《路史》卷一二《後紀·禪通紀·炎帝》 虛素以公，希聲若退。樂與政為政，樂與治為治，是故威厲而不試。謂賞在于成民之生，賞誠設矣，然施于人而天下化。謂政亡有棄法而成治，法誠立矣，然刑罰不施于人而俗善。

（宋）朱熹《晦庵集》卷六七《舜典象刑説》 聖人之心，未感於物，其體廣大而虛明，絕無毫髮偏倚，所謂天下之大本者也。及其感於物也，則喜怒哀樂之用，各隨所感而應之，無一不中節者，所謂天下之達道也。蓋自本體而言，如鏡之未有所照，則虛而已矣，如衡之未有所加，則平而已矣。至語其用，則以其至虛而好醜無所遁其形，以其至平而輕重不能違其則，此所以致其中和而天地位、萬物育。雖以天下之大，而舉不出乎吾心，造化之中也。以此而論，則知聖人之於天下，其所以為慶賞威刑之具者，莫不各有所由。而《舜典》所論敷奏以言，明試以功，車服以庸，與夫制刑明辟之意，皆可得而言矣。雖然，喜而賞者，陽也，聖人之所欲也。怒而刑者，陰也，聖人之所惡也。是以聖人之心，雖曰至虛至平，無所偏倚，而於此二者之間，其所以處之者，亦不能無小不同者。故其言又曰：罪疑惟輕，功疑惟重。此則聖人之旨意也。然其行之也，雖曰好賞，而不能賞無功之士。雖曰惡刑，而不敢縱有罪之人。而功罪之實，已曉然而無疑，則雖欲輕之重之，而不可得。是又未嘗不虛不平，而大本之立，達道之行，固自若也。故其賞也，必察其言而審其功，而後加以車服之賜。其刑也，必曰象以典刑者，畫象而示民以墨、劓、剕、宮、大辟五等，肉刑之常法也。其曰流宥五刑者，放之於遠，所以寬夫犯此肉刑而情輕之人也。其曰鞭作官刑，扑作教刑者，官府學校之刑，所以馭夫罪之小而未麗於五刑者也。其曰金作贖刑，使之入金而免其罪，所以贖夫犯此鞭扑之刑而情之又輕者也。此五者刑之法也。其曰眚災肆赦者，言不幸而觸罪者，則肆而赦之。其曰怙終賊刑者，言有恃而不改者，則賊而刑之。此二者，法外之意，猶今律令之名例也。其曰欽哉欽哉，惟刑之恤哉者，此則聖人畏刑之心，閔夫死者之不可復生，刑者之不可復續，惟恐察之有不審，施之有不當，又雖已得其情，而猶必矜其不教無知，而抵冒至此也。嗚呼！詳此數言，則聖人制刑之意可見，而其於輕重淺深出入取舍之際，亦已審矣。雖其重者，或至於誅斬斷割而不少貸。然本其所以至此，則其所以施於人者，亦必當有如是之酷矣。是以聖人不忍其被酷者之銜冤負痛，而為是以報之，雖若甚慘，而語其實，則為適得其宜，雖以不忍之心畏刑之甚，而不得赦也。惟其情之輕者，聖人於此乃得以施其不忍畏刑之意，而有以宥之，然亦必投之遠方，以禦魑魅。蓋以此等所犯，非殺傷人則亦或淫或盜，其情雖輕，而罪實重，若使既免於刑而又得便還鄉里，復為平民，則彼之被其害者寡妻孤子將何面目以見之。而此幸免之人，髮膚

支體，了無所傷，又將得以遂其前日之惡，而不知悔。此所以必曰：流以宥之。而又有五流有宅，五宅三居之文也。若夫鞭扑之刑，則雖刑之至小，而其情之輕者亦必許其入金以贖，而不忍輒以真刑加之，是亦仁矣。然而流專以宥肉刑而不下及於鞭扑，贖專以待鞭扑而不上及於肉刑，則其輕重之間，又未嘗不致詳也。至於過誤必赦，故犯必誅之法，則又權衡乎五者之內。欽哉，欽哉，惟刑之恤之旨，則常通貫乎七者之中，此聖人制刑明辟之意，所以雖或至於殺人，而其反復表裏至精至密之妙，一一皆從廣大虚明心中流出，而非私智之所為也。而或者之論，乃謂上古惟有肉刑，舜之為流，為贖，為鞭，為扑，乃不忍民之斬戮，而始為輕刑者，則是自堯以上，雖犯鞭扑之刑者，亦必使從墨、劓之坐，而舜之心乃獨不忍於殺傷淫盜之凶賊，而反忍於見殺見傷為所侵犯之良民也。聖人之心其不如是之殘賊偏倚而失其正，亦已明矣。又謂周之穆王五刑皆贖，為能復舜之舊者，則固不察乎舜之贖，初不上及於五刑，又不察乎穆王之法，亦必疑而後贖也。且以漢宣之世，張敞以討羌之役兵食不繼，建為入穀贖罪之法，初亦未嘗及夫殺人及盜之品也。而蕭望之等猶以為如此則富者得生，貧者獨死，恐開利路，以傷治化。曾謂三代之隆，而以是為得哉。嗚呼！世衰學絶，士不聞道，是以雖有粹美之資，而不免一偏之弊，其於聖人公平正大之心有所不識，而徒知切切焉飾其偏見之私，以為美談，若此多矣，可勝辨哉？若夫穆王之事，以予料之，殆必由其巡遊無度，財匱民勞，至其末年，無以為計，乃特為此一切權宜之術以自豐，而又託於輕刑之説以違道而干譽耳。夫子存之，蓋以示戒，而程子會試，嘗發問焉，其意亦可見矣。或者又謂四凶之罪不輕於少正卯，舜乃不誅而流之，以為輕刑之驗。殊不知共兜朋黨，鯀功不就，其罪本不至死，三苗拒命，雖若可誅，而蠻夷之國，聖人本以荒忽不常待之，雖有負犯，不為畔臣，則姑竄之遠方，亦正得其宜耳，非故為是以輕之也。若少正卯之事則予嘗竊疑之，蓋《論語》所不載，子思、孟子不言，雖以《左氏春秋》内外傳之誣且駁，而猶不道也。乃獨荀況言之，是必齊魯陋儒憤聖人之失職，故為此説以夸其權耳。吾又安敢輕信其言，而遽稽以為決乎？聊并記之，以俟來者。

（宋）陳亮《龍川集》卷四《問答下》 昔者聖人別人類於禽獸之中，而去其爭奪戕殺之患。蓋必執生殺之權，而後謂之刑政也。則肉刑固已草具，而未有其法耳。苗民始多為戕人之具以淫用之。堯懼其為世訓也，故取而次第品節之，使必若苗民者然後罹此刑耳。故曰：報虐以威。舜又多為之法以出之，而夏於贖刑為尤詳。商人執刑罰以督姦，傷肌膚以懲惡，蓋嚴其所當用者耳。夫既多為之塗以出之，而不嚴其所當用者，是教人以輕犯法也，豈聖人制刑之本意哉！文武尤謹於庶獄，而成康措而不用，至於四十餘年。穆王耄荒，而訓刑以詰四方，使知刑者聖人愛民之具，而非以戕民也。漢興，承秦之餘烈，先王之法度盡廢，而肉刑塊然獨存。文帝感一女子之言而慨然除之，於是可與語通變之道矣。

（明）丘濬《大學衍義補》卷一〇〇《慎刑憲・總論制刑之義》 蓋天地生人，而人得以為生，是人之生也，莫不皆欲其生。然彼知己之欲生，而不知人之亦莫不欲其生也，是以相爭相奪，以至於相殺，以失其生生之理。人君為生人之主，體天地之大德，為生靈之父母，於凡天下之人，無不欲其生，於凡有生者，苟可以為其養生之具者，無不為之處置營謀，俾之相安相樂，以全其生生之天。苟於其中有自戕其生，而逆其生生之理者，則必為之除去，此所以有刑法之制焉。所以然者，無非欲全民之生而已，聖人欲全民之生如此，一言以蔽之曰：好生。吁，天地之大德曰生，聖人之大德曰仁，仁者，好生之謂也。

（明）丘濬《大學衍義補》卷一〇一《慎刑憲・總論制刑之義》 天地之大德曰生，人得天地之德以為生，莫不好生，聖人體天地之德以為生人之主，故其德亦惟在於好生也。惟其好人之生，故其存心治政，莫不以生人為本。人見其德教之施，恩澤之布，以為生人也，而不知其刑罰之加，兵戈之舉，亦皆所以為生人焉耳。蓋死之所以生之也，苟非其人實有害於生人，決不忍致之於死地，死一人所以生千萬人也，是故無益於生人，必不輕致人於死。

（明）張居正《張文忠公全集》奏疏五《論決重囚疏》 春生秋殺，天道所以運行。雨露霜雪，萬物因之發育。若一歲之間，有春生而無秋殺，有雨露而無雪霜，則歲功不成，而化理或滯矣。明王奉若天道，其刑賞予奪，皆奉天意以行事。《書》曰：天命有德，五服五章哉，天討有罪，五刑五用哉。若棄有德而不用，釋有罪而不討，則刑賞失中，慘舒異

用，非上天所以立君治民之意矣，臣等連日詳閱法司所開重犯招情，有殺祖父母父母者，有强盗劫財殺人者，有鬬毆逞兇登時打死人命者。據其所犯，皆絶滅天理，傷敗彝倫，仁人之所痛惡，覆載之所不容者，天欲誅之，而皇上顧欲釋之，其無乃違上天之意乎。《康誥》曰：惟弔兹，不於我政人得罪，天惟與我民彝大泯亂。曰乃其速由文王作罰，刑兹無赦。言彼寇攘姦宄，不孝不友之人，所犯至於如此，若為政者不加之以刑，則天與我民之常道，將至於泯滅而壞亂。必須速依文王所作之法，刑之而無赦。

（清）龔自珍《龔自珍全集》第一輯《農宗》　龔子淵淵夜思，思所以撢簡經術，通古近，定民生，而未達其目也。曰：古者未有后王君公，始有之而人不駭者何。古者未有禮樂刑法，與禮樂刑法之差，始有之而人不疑懼者何。古者君若父若兄同親者何。君若父若兄同尊者何。尊親能長久者何。古之為有家，與其為天下，一以貫之者何。古之為天下，恒視為有家者何。生民之故，上哉遠矣，天穀沒，地穀茁，始貴智貴力，有能以尺土出穀者，以為尺土主，有能以倍尺若十尺、伯尺出穀者，以為倍尺、十尺、伯尺主，號次主曰伯。帝若皇，其初盡農也，則周之主伯歟。古之輔相大臣盡農也，則周之庸次比耦之亞旅歟。土廣二穀衆，足以芘其子，力能有文質祭享報本之事，力能致其下之稱名，名之曰禮，曰樂，曰刑法。

（清）甘韓等《清朝經世文新編續集》卷四馬建忠《原法》　國始於家，家始於人。欲明人聚爲家，家聚爲國之原，當知國維乎家，家維乎人之法原。夫人之生也，必群居萃處，相聚成會，方有以適其性。蓋天生人而予以口舌，發爲語言，使與他人得以通情達意。如必離群索居，入深山，伍木石爲得其性也，則語言何用？此相聚者之出乎性也。饑食寒衣人之情也，然食必待耕、衣必待織，使人人散處而不能通工易事，則稼穡織紝必身自爲之得乎？此相聚者之限於力也。且也人有嗜慾，嗜慾者爭之萌。使人自爲人，家自爲家，則爭競不已，故必就其智而明者取夬焉。其智而明者，所伏必衆，於是聚人成群，聚群爲會，有會始有國焉。此各國史乘皆有神靈首出之君，以爲國祖，希臘、羅瑪信史之先故爲荒誕不經之説，以夸其開創之君之功德，職此故耳。此相聚者之因乎勢也。夫人之不能外家國而居，本無疑義，而故爲證辨者，以解之者，未能一轍而法之原遂大昧。英人好勃斯云：人求自利，性也。夫利於己即不利於人，於是糾合同利者，以敵夫不利於己者，而國立焉。法人羅沙云：人欲自主，性也。然我自主之事或有損他人自主之權，於是各爲要約，舍人人自主之權成一共主，而國立焉。二子謂立國之原，一主乎利，一主乎約，是國之立也，出乎事之不容己而非發乎性之固然，外乎性而言維繫家國之法，無惑乎？其以違法爲不足重輕，而一切法治刑名之權，皆因之而墮矣。原夫草昧之初，人與萬物俱生，榛榛狉狉，未有君臣上下之分，政教號令之頒。惟見我秉靈明，人亦秉焉，我能自主，人亦能焉。雖分人己而同此心性，己即人之對，待人即己之同儔，利己因以利人，敬人實以敬己，利以生各人之分，敬以定各人之責，責分攸着而法立焉。蓋法者所以聯屬衆庶，以均責分者也。故曰：法治外行。然今之講法者與理相混。夫法與理相似而實相懸。法治外行所以約束形體，使不侵他人之權利，理治内行所以約束心思，使無違良知之固然。買物價值是彼以物予我，責我以償之之分，此兼責分而言，則爲法。救灾恤鄰，是我體好生之理而有德於彼，彼無責，我以必施之分是爲理。理可賅法，而法難賅理，此法家與理學家不容不審辨也。理學家逆戒於未意之先，正心誠意使不失爲君子，法家則繩約於既念之後，杜漸防微，使不流爲小人。難期人人之爲君子，故制之以法，使各盡其分，各盡其責。如必責人人以君子期之，雖殷，未免責之太苛。一念之萌而善惡分焉，極一日之念，有不知其幾千萬億。使欲士師執三尺法以一一繩之，此必不可得之數也。自來立法者，張弛之難協乎中，寬嚴之難得其正者，皆未審理法之辨耳。理法辨斯，立法有準矣。法有與人俱生者曰性，法有爲人所刊定者曰律。法其原或異，而其用則同，皆所以治人也。

（清）沈家本《寄簃文存》卷三《法學盛衰説》　孔子言，道政齊刑，而必進之以德。禮是制治之原，不偏重乎法，然亦不能廢法而不用。虞廷尚有臯陶，周室尚有蘇公，此古之法家，並不是專門之學。故法學重焉。自商鞅以刻薄之資行其法，寡恩積怨，而人心以離；李斯以督責之令，而二世以亡。人或薄法學爲不足尚，然此用法之過，豈法之過哉！漢改秦苛法，蕭何修律，雖以李悝之法爲本，而秦法亦採之。然惠帝除夷族之

法，文帝除誹謗妖言之法，除肉刑，景帝減笞法，其時人民安樂，幾致刑措。用法而行之以仁恕之心，法何嘗有弊？嘗考法學之盛衰，而推求其故矣。

紀　事

（宋）羅泌《路史》卷五《前紀·因提紀·庸成氏》　實有季子，其性喜淫，晝淫于市，帝怒，放之于西南。季子儀馬而産子，身人也，而尾蹏馬，是為三身之國。

（宋）羅泌《路史》卷六《前紀·禪通紀·栗陸氏》　栗陸氏是為栗睦，敖昏勤民愎諫自用，于是乎民始攜，東里子者，賢臣也，諫不行而醳之。栗陸氏殺之，天下叛之，栗陸氏以亡。後有栗氏睦氏。

（宋）羅泌《路史》卷八《前紀·禪通紀·祝誦氏》　祝誦氏，一曰祝龢，是為祝融氏，未有耆谷無所造作師于廣壽以毓其德，刑罰未施而民勸化，三綱正，九疇序，是以天下洽和，萬物咸若。

（宋）羅泌《路史》卷一四《後紀·疏仡紀·黃帝紀上》　置左右大監，監于萬國，侯牧交獻而朝聘之事備，茄豐違命，于是刑而放之，而萬國服。

《國語》卷四《魯語上》　黃帝能成命百物以明民共財，帝嚳能序三辰以固民，堯能單均刑法以儀民，舜勤民事而野死，鯀鄣洪水而殛死，禹能以德修鯀之功，契為司徒而民輯。

（漢）劉安《淮南子》卷一一《齊俗訓》　帝顓頊之法，婦人不辟男子於路者，拂之於四達之衢。今之國都男女切踦肩摩於道，其於俗一也，故四夷之禮不同，皆尊其主而愛其親，敬其兄，獫狁之俗相反，皆慈其子而嚴其上。

《墨子閒詁·墨子佚文》　畫衣冠，異章服，而民不犯。

《尚書·舜典》　象以典刑，流宥五刑，鞭作官刑，扑作教刑，金作贖刑。眚災肆赦，怙終賊刑。欽哉，欽哉，惟刑之恤哉！流共工于幽州，放驩兜于崇山，竄三苗于三危，殛鯀于羽山，四罪而天下咸服。【略】

帝曰：皋陶，蠻夷猾夏，寇賊姦宄，汝作士。五刑有服，五流有宅，五宅三居。惟明克允。

《竹書紀年》帝舜三年　命皋陶作刑。

《左傳·昭公十四年》《夏書》曰：昏、墨、賊，殺。皋陶之刑也。

《呂氏春秋·君守》　奚仲作車，蒼頡作書，后稷作稼，皋陶作刑，昆吾作陶，夏鯀作城，此六人者，所作當矣。然而非主道者，故曰作者憂，因者平，惟彼君道，得命之情，故任天下而不彊，此之謂全人。

《尚書·甘誓》　王曰：嗟！六事之人，予誓告汝：有扈氏威侮五行，怠棄三正，天用勦絕其命，今予惟恭行天之罰。

《尚書·湯誓》　王曰：格爾衆庶，悉聽朕言。非台小子，敢行稱亂。有夏多罪，天命殛之。今爾有衆，汝曰：我后不恤我衆，舍我穡事，而割正夏。予惟聞汝衆言，夏氏有罪，予畏上帝，不敢不正。今汝其曰：夏罪其如台，夏王率遏衆力，率割夏邑。有衆率怠弗協，曰：時日曷喪？予及汝皆亡！夏德若茲，今朕必往。爾尚輔予一人，致天之罰，予其大賚汝。爾無不信，朕不食言。爾不從誓言，予則孥戮汝，罔有攸赦。

《尚書·泰誓》　商罪貫盈，天命誅之。予弗順天，厥罪惟鈞。予小子夙夜祗懼，受命文考，類于上帝，宜于冢土，以爾有衆，底天之罰。

（唐）杜佑《通典》卷一六三《刑法·刑制上》　黃帝以兵定天下，此刑之大者。陶唐以前，未聞其制。虞舜聖德聰明，建法曰：象以典刑，象，法也。法用常刑，用不越法。流宥五刑，宥，寬也。以流放之法寬五刑。鞭作官刑，以鞭為治官事之刑。扑作教刑，扑，榎楚也，不勤道業則撻之。金作贖刑。誤而入刑，出黃金以贖。眚災肆赦，怙終賊刑。眚，過也。災，害也。賊，殺也。過而有害，當緩赦也。怙姦自終，當刑殺之。欽哉，欽哉，惟刑之恤哉！舜陳典刑之義，勑天下敬之，憂不得其中也。於是流共工於幽洲，幽洲，北裔。水中可居者曰洲。放驩兜於崇山，黨於共工，故放之崇山。崇山，南裔。竄三苗於三危，三苗，國名，縉云氏之後，時為諸侯。三危，西裔。殛鯀於羽山，羽山，東裔也，在海畔。按司馬遷曰：舜流四凶於四裔，以禦魑魅。此一明四凶不死也。又《舜典》云流宥五刑者，五刑中有死，既以流放代死。此二明四凶不死也。又《舜典》言，舜美皋陶作士曰：五流有宅。孔安國注云：五流有宅者，謂不忍加刑，則流放之，若四

凶。此三明四凶不死也。按《洪範》：鯀則殛死，禹乃嗣興。或者謂便殺之，所以辨鯀至羽山而自死者也。四罪而天下咸服。又五流有宅，五宅三居。謂不忍加刑，則流放之，若四凶也。五流各有所居之差，有三等之居，大罪四裔，次九州之外，次千里之外也。惟明克允。言咎繇能明五刑，施之遠近。前古五帝之代，據《左氏》載晉叔向所言，夏有亂政而作《禹刑》，商有亂政而作《湯刑》，周有亂政而作《九刑》，三辟之興，皆叔世也。言九刑，以墨一、劓二、刵三、宫四、大辟五，又流六、贖七、鞭八、扑九，故曰九刑也。三辟者，言三王始用五刑之法，故謂之三辟也。班固又云：五帝畫象而人知禁。禹承堯舜之後，自以德衰，始制肉刑。湯武順而行之，以俗薄於唐虞故也。而《孝經緯》亦云：五帝畫象，三王肉刑。畫象者，上罪黑蒙赭衣，中罪赭衣雜故屨，下罪雜屨而已。若如三家之言，則前五帝皆同畫象，不用肉刑矣。佑以為不然。何也？按《舜典》云：流宥五刑。五刑者，以傷刻肌肉，亦謂之肉。蓋《書》美大舜以流放之寛，代刀鋸之毒。若如三家之言，五帝不用五刑矣，則帝舜何得言以流放代之？足明帝舜以前行五刑，明矣。其後舜又贊美皋陶曰：汝作士，五刑有服。又知帝舜初立之時，暫廢五刑，後又用耳。且《尚書》經正聖哲所傳，《左氏》、《班書》向恐而不據，其讖緯之言，固不足徵也。荀卿曰：肉刑者，蓋百王之所同，未有知其所由來者矣。誠哉是言。夏啓即位，有扈不道，誓衆曰：不用命，戮於社。載社主，有奔北者，則戮之主前。以社主陰，陰主殺。後又作《禹刑》。

（宋）王應麟《玉海》卷六五《詔令·律令》《淮南子》：神農無制令而民從，唐虞有制令而無刑罰。《氾論訓》：黄帝治天下，法令明而不闔。《管子》：黄帝治天下，置法而不變。堯之治也，善明法察令而已。《漢·張敏傳》：建初中，上疏曰駁經侮法：孔子垂經典，皋陶造法律。原其本意，皆欲禁民為非。注：史游《急就篇》曰：皋陶造獄，法律存也。劉向曰：今之刑非皋陶之法也，而有司請定法，削則削，筆則筆。《左傳》：《夏書》曰昏、墨、賊、殺，皋陶之刑也。《風俗通》《皋陶謨》：虞始造律。《國語》展禽曰：堯能單均刑法以儀民，舜之命：官先播穀，次敷教，而後及於刑。蓋有以養民之身，善民之心，不獲已乃置刑焉。欽恤者，聖人用刑之心；明允者，聖人用刑之法。【略】《隋志》：《書》述唐虞之世，五刑有服。夏后氏正刑有五，科條三千。《左傳》晉叔向曰：夏有亂政，而作禹刑。《法言》：唐虞象刑惟明，夏后肉辟三千，不膠者卓矣。《吕刑》穆王訓夏贖刑。注：穆王訓暢夏禹贖刑之法，更從輕。疏：夏法行於前代，廢已久矣，今復訓暢夏禹贖刑之法，以周法傷重，更從輕，以布告天下。《尚書大傳》：夏刑三千條。見唐長孫無忌《律疏序》。《荀子·君道篇》：禹之法猶存，而夏不世王，得其人則存。法者，治之端。君子者，法之原。有君子則法雖省足以徧矣。

刑法性質和作用部

論說

（宋）羅泌《路史》卷一四《後紀・疏仡紀・黃帝紀上》 命豎亥通道路，里候命風后方割，萬里畫埜分疆。班固云分州，周公《職録圖》云：黃帝受命，風后受圖割地，始布九州，置十二圖。又見太乙或占割定之也。得小大之國萬區，而神靈之封隐焉。《後漢書》云：昔在皇唐，經畧萬國，燮定東西，疆里南北，傳言神靈之封七千。此公孫卿假為申公說，妄也。劉恕《外紀》辨百里之國萬區。非是。詳《國名記》。命匠營國，國中九經九緯五置，而有市，市有館，以竢朝聘之需。班固賦分州土，立市朝，軒轅氏所以載帝功。徐帖云：經途九軌，環途七軌，野途五軌。置左右大監，監於萬國，《大戴禮》及《史記》本作四監。周大司馬建牧立監，是也。太宰乃施典于邦國，乃建其牧，立其監。牧以侯伯有功德者加命州長，是。侯牧交獻，而朝聘之事備《禮記外傳》：夫黃帝之九牧倡教，即周之六卿分職以倡九牧也。《禮記正義》以《論語》譔考黃帝阮有九州之牧，則有朝聘，是賔禮也。茄豐違命，于是刑而放之，而萬國服。茄，楚地。昔楚子州城州屈以復茄人，是也。或作茹豐，誤。《元中記》云：黃帝軒之臣茄豐氏有罪，刑而放之，扶伏而去。是為扶伏民玉門外【略】置法而不變，俾民得以安其法，是以不使而成，不扈而止，築天命而治天下，故天報眉壽，唐裴舜云：黃帝顓頊堯舜禹湯□以功濟生人，德配天地，故天報之以眉壽。德澤深後世，故子孫皆以有土，黃祚衍於天下，於今未忩也。見《申子》、《文子》、《子華子》。自即位百年，履地戴天，循機提象，不就物，不違害，不善求，不緣道法，中宿而要繆乎。太祖之下，職道義，經天地，別雌雄，等貴賤，不使不仁者加乎天下。故用武勝殘而百姓以濟，紀人倫，叙萬物，以信與仁為天下先。是故法令明，而上下無尤。百年者號數，帝在位七十八年，《列子》曰：帝立有十五年，喜天下之戴己，又有十五年而大治，又四十八年而登遐世。云百年坤監、百一十年俱妄。

（宋）羅泌《路史》卷二一《後紀・疏仡紀・有虞氏》 帝即致以昭華之玉曾而尚之，三載程功。亡乖疇策，民安其為。帝覆其聖，謂以天下授舜，則天下幸，而朱福授朱，則天下病。而朱利曰：予終不以天下之病利一人。乃放朱於丹而卒。禪舜，舜讓於德，弗嗣弗可，遂致天下於大麓之野屬諸侯焉。崇鯀非之，曰：不祥哉，誰以天下予人哉。帝乃殛之羽山，共工又訕，乃流之幽州。必以禪舜，而天下莫有非者。【略】

臯陶爲士，士，理官也。故史云：爲大理。《周官》典刑謂之士師。士者，事人之謂，事人則事事當察。《爾雅》：士，察也。刑官獨曰士，見用刑尤當致察。以五服三次，五宅三居之法政五刑，以消寇賊姦宄。帝命臯陶：蠻夷猾夏，寇賊姦宄，此司寇詰姦慝刑暴亂者。夫二帝時，民淳俗阜，自無寇賊姦宄。今因蠻夷猾夏而起，故命士師治之。說者乃以爲唐虞士官兼司馬，而王安石、蘇軾等遂謂以五流三居治蠻夷，疎矣。刑有五，必服其罪；流有五，必使有所宅。所謂有服、有宅、三就、三居，王氏之說爲近。蓋教之原情定罪，不爲執一之說。或以五服爲要荒，三就爲朝市原野。原野之說蓋本國語，止是大辟一刑要荒，亦惟流蔡，豈墨劓亦流之哉？孔又以三居爲四夷與九州外、千里外，亦非。密勿淑問，制百姓於刑之中，以教只德，惟明克允。刑法也，惟明足以察，故《易》每以雷電爲用刑之象，凡以動而明也。臯陶方施象刑，惟明可見，允信當也。子曰：舜選於衆，舉臯陶，不仁者遠矣。昔揚賜稱尚書令，數日出爲廷尉，自以世非法家，固辭，謂三后成功，惟殷於民，臯陶不預，蓋容之也。帝曰：臯陶，惟茲臣庶，罔或干予正。汝明五刑，以輔五教，刑期於亡刑，民協於中，是乃功。以刑教中，陶乃只陳九德之序，以刑備繆，是故畫衣異服而姦不犯，其醇。

（宋）羅泌《路史》卷二二《後紀・疏仡紀・夏后氏》 罪疑從輕。死者千鍰，中罪五百，下鍰二百。罰有罪而民不輕，罰輕而貧者不致於散。故不殺不刑。罰弗及彊而天下治。《大傳・甫刑傳》云：禹之君，民也。罰弗及强而天下治。一鍰六兩，鄭云所出金鐵也，死罪出三百七十五斤。用財少爾。命孟涂爲理，刑正訟從，以爲神主。【略】

防風氏後至，戮之以徇於諸侯。伐屈驁，攻曺魏，而萬國定。舜之初，正四罪。末年分三苗。禹初治水，誅相繇。至是四十年，戳一防風。天下可大治。蓋始之刑以立我之綱，後之誅以立後世之紀。後代聖王不可不知也。

《尚書・大禹謨》 臯陶曰：帝德罔愆。臨下以簡，御衆以寬，罰弗及嗣，賞延於世。宥過無大，刑故無小，罪疑惟輕，功疑惟重，與其殺不

辜，寧失不經。好生之德，治於民心，茲用不犯於有司。

（宋）**蔡沈《書經集傳》卷一《虞書·舜典》** 帝曰：皋陶，蠻夷猾夏，寇賊姦宄，汝作士，五刑有服，五服三就，五流有宅，五宅三居，惟明克允。宄，音軌。猾，亂。夏，明而大也。曾氏曰：中國，文明之地，故曰華夏。四時之夏，疑亦取此義也。劫人曰寇，殺人曰賊，在外曰姦，在內曰宄。士，理官也。服，服其罪也。《呂刑》所謂上服下服是也。三就，孔氏以爲大罪於原野，大夫於朝，士於市，不知何據。竊恐惟大辟棄之於市，宮辟則下蠶室，餘刑亦就屏處。蓋非死刑，不欲使風中其瘡，誤而至死，聖人之仁也。五流，五等象刑之當宥者也。五宅三居者，流雖有五，而宅之但爲三等之居，如列爵惟五，分土惟三也。孔氏以爲大罪居於四裔，次則九州之外，次則千里之外，雖亦未見其所據，然大槩當略近之。此亦因禹之讓而申命之，又戒以必當致其明察，乃能使刑當其罪，而人無不信服也。

（宋）**蔡沈《書經集傳》卷一《虞書·大禹謨》** 帝曰：皋陶，惟茲臣庶，罔或干予正，汝作士，明於五刑，以弼五教，期於予治。刑期於無刑，民協於中，時乃功，懋哉。干，犯。正，政。弼，輔也。聖人之治，以德爲化民之本，而刑特以輔其所不及而已。期者，先事取必之謂。舜言惟此臣庶，無或有干犯我之政者，以爾爲士師之官，能明五刑以輔五品之教，而期我以至於治，其始雖不免於用刑，而實所以期至於無刑之地，故民亦皆能協於中道，初無有過不及之差，則刑果無所施矣。凡此皆汝之功也。懋，勉也。蓋不聽禹之讓，而稱皋陶之美以勸勉之也。

皋陶曰：帝德罔愆，臨下以簡，御衆以寬，罰弗及嗣，賞延於世，宥過無大，刑故無小，罪疑惟輕，功疑惟重，與其殺不辜，寧失不經。好生之德，洽於民心，茲用不犯於有司。愆，過也。簡者，不煩之謂。上煩密，則下無所容。御者急促，則衆擾亂。嗣世，皆謂子孫，然嗣親而世疎也。延，遠及也。父子罪不相及，而賞則遠延於世，其善善長而惡惡短如此。過者，不識而誤犯也。故者，知之而故犯也。過誤所犯，雖大必宥，不忌故犯，雖小必刑，即上篇所謂眚災肆赦，怙終賊刑者也。罪已定矣，而於法之中有疑，其可重可輕者，則從輕以罰之。功已定矣，而於法之中有疑其可輕可重者，則從重以賞之。辜，罪。經，常也。謂法可以殺，可以無殺。殺之，則恐陷於非辜，不殺之，恐失於輕縱，二者皆非聖人至公至平之意，而殺不辜者，尤聖人之所不忍也。故與其殺之而害彼之生，寧姑全之而自受失刑之責，此其仁愛忠厚之至，皆所謂好生之德也。蓋聖人之法有盡，而心則無窮，故其用刑行賞，或有所疑，則常屈法以申恩，而不使執法之意有以勝其好生之德，此其本心所以無所壅遏而得行於常法之外。及其流衍洋溢，漸涵浸漬，有以入於民心，則天下之人無不愛慕感悦興起於善而自不犯於有司也。皋陶以舜美其功，故言此以歸功於其上，蓋不敢當其褒美之意而自謂己功也。

（宋）**蔡沈《書經集傳》卷二《夏書·胤征》** 惟時羲和，顛覆厥德，沈亂於酒，畔官離次，俶擾天紀，遐棄厥司。乃季秋月朔，辰弗集於房，瞽奏鼓，嗇夫馳，庶人走。羲和尸厥官，罔聞知，昏迷於天象，以干先王之誅。《政典》曰：先時者，殺無赦；不及時者，殺無赦。次，位也。官以職言，次以位言。畔官，則亂其所治之職。離次，則舍其所居之位。俶，始。擾，亂也。天紀，則《洪範》所謂歲月日星辰歷數是也。蓋自堯舜命羲和歷象日月星辰之後，爲羲和者，世守其職，未嘗紊亂，至是始亂其天紀焉。遐，遠也。遠棄其所司之事也。辰，日月會次之名。房，所次之宿也。集，《漢書》作輯，集、輯通用，言日月會次，不相和輯，而掩蝕於房宿也。按，《唐志》日蝕在仲康即位之五年。瞽，樂官，以其無目而審於音也。奏，進也。古者日蝕，則伐鼓用幣以救之。《春秋傳》曰：惟正陽之月則然，餘則否。今季秋而行此禮。夏禮與周異也。嗇夫，小臣也。漢有上林嗇夫。庶人，庶人之在官者。周禮庭氏救日之弓矢。嗇夫、庶人，蓋供救日之百役者。曰馳曰走者，以見日蝕之變，天子恐懼於上，嗇夫、庶人奔走於下，以助救日如此其急。羲和爲歷象之官，尸居其位，若無聞知，則其昏迷天象，以干先王之誅，豈特不恭之刑而已哉。《政典》，先王政治之典籍也。先時、後時，皆違制失時，當誅而不赦者也。今日蝕之變如此，而羲和罔聞知，是固干先王后時之誅矣。

《尚書·盤庚》 王若曰：【略】無有遠邇，用罪伐厥死，用德彰厥善。邦之臧，惟汝衆；邦之不臧，惟予一人有佚罰。凡爾衆，其惟致告：自今至于後日，各恭爾事，齊乃位，度乃口。罰及爾身，弗可悔！

《尚書·康誥》 王曰：嗚呼！封，有叙時，乃大明服，惟民其勑懋和。若有疾，惟民其畢棄咎。若保赤子，惟民其康乂。非汝封刑人殺人，無或刑人殺人。非汝封又曰劓刵人，無或劓刵人。

（宋）**蔡沈《書經集傳》卷四《周書·康誥》** 王曰：嗚呼！封，敬明乃罰。人有小罪，非眚，乃惟終自作不典，式爾，有厥罪小，乃不可不殺。乃有大罪，非終，乃惟眚災，適爾，既道極厥辜，時乃不可殺。此下謹罰也。式，用。適，偶也。人有小罪，非過誤，乃其固爲亂常之事，用意如此，其罪雖小，乃不可不殺，即《舜典》所謂刑故無小也。人有大罪，非是故犯，乃其過誤，出於不幸，偶爾如此，既自稱道，盡輸其情，不敢隱匿，罪雖大，時乃不可殺，即《舜典》所謂宥過無大也。諸葛孔明治蜀，服罪輸情者，雖重必釋，其既道極厥辜，時乃不可殺之意歟。【略】

王曰：汝陳時臬，事罰蔽殷彝，用其義刑義殺。勿庸以次汝封。乃

汝盡遜，曰時敘。惟曰未有遜事。義，宜也。次，次舍之次。遜，順也。申言敷陳是法與事。罰斷以殷之常法矣。又慮其泥古而不通，又謂其刑其殺，必察其宜於時者而後用之。既又慮其趨時而徇已，又謂刑殺不可以就汝封之意，既又慮其刑殺雖已當罪，而矜喜之心乘之，又謂使汝刑殺盡順於義。雖曰是有次叙，汝當惟謂未有順義之事。蓋矜喜之心生，乃怠惰之心起，刑殺之所由不中也。可不戒哉。

（清）孫星衍《尚書今古文注疏》卷一五《康誥》 惟乃丕顯考文王，克明德慎罰。《大傳》說：子夏曰：昔者，三王慤然欲錯刑遂罰，平心而應之，和，然後行之。然且曰：吾意者以不平，慮之乎？吾意者以不和，平之乎？如此者三，然後行之。此之謂慎罰。〔疏〕《釋詁》云：丕，大也。顯，光也。克者，《釋言》云：能也。明聲近孟，故明都即孟諸。《釋詁》云：孟，勉也。《大學》引此經，說之云：皆自明也。亦謂自勉。《大傳》引作克明俊德，《楚語》中公巫臣曰：《周書》曰：明德慎罰，文王所以造周也。明德，務崇之之謂也。慎罰，務去之之謂也。《荀子·正論篇》引經克明明德，說之以主道宣明，不當以玄而難知者使人疑，此非經本旨也。慎者，《釋詁》云：靜也，《堯典》所謂惟刑之謐，言文王尚德緩刑也。《大傳》說引子夏之言，蓋今文夏侯引前賢之義以解經也。鄭注云：錯，處也。遂，行也。此解慎爲謀慎。《說文》慎，謹也。古文作昚。

王曰：汝陳時臬，事罰蔽殷彝，用其義刑義殺。勿庸以次汝封。乃汝盡遜，曰時敘。惟曰未有遜事。次，一作即。事，一作順事。〔疏〕《荀子·宥坐》篇云：孔子曰：《書》曰義刑義殺，勿庸以即予。維曰未有順事。言先教也。《致仕》篇引《書》同，予作汝，楊氏注云：言周公命康叔，使以義刑義殺，勿用以就汝之心，不使任其喜怒也。惟刑殺義，猶自謂未有使人可順守之事。故有抵犯者，自責其教之不至也。案《釋詁》云：時，是也。彝，法常也。義者，《中庸》云：宜也。《詩傳》云：庸，用也。即，就也。《詩箋》云：遜，順也。時，善也。《釋詁》云：敘，緒也。惟，思也。言汝既陳是臬，事罰斷用殷法矣。當用其刑殺之合義者，勿用以就汝之意，乃汝盡其順道，言當以善敘之。又自思曰：未有順事，以先教民也。下車泣罪，得情勿喜，古人責躬，不以罪當其罰，而惡於民也。經文次，荀子爲即者，即、次聲之緩急，義皆得爲就也。次汝封，猶言恣汝封，謂順如其心。鄭注《堯典》柔遠能爾云：能，恣也。高誘注《呂氏春秋》云：恣，從也。鄭箋《詩》柔遠能爾云：能，猶伽也。又云：順如。則此言順如其心也。下文云未其有若汝封之心若亦順也。。

（宋）蔡沈《書經集傳》卷五《周書·多方》 慎厥麗乃勸，厥民刑用勸。湯深謹其所依，以勸勉其民，故民皆儀刑而用勸勉也。人君之於天下，仁而已矣。仁者，君之所依也。君仁，則莫不仁矣。

以至於帝乙，罔不明德慎罰，亦克用勸。明德，則民愛慕之。謹罰，則民畏服之。自成湯至於帝乙，雖歷世不同，而皆知明其德，謹其罰，故亦能用以勸勉其民也。明德謹罰，所以謹厥麗也。明德，仁之本也。謹罰，仁之政也。

要囚，殄戮多罪，亦克用勸；開釋無辜，亦克用勸。德，明之而已。罰，有辟焉，有宥焉，故再言辟而當罪，亦能用以勸勉；宥而赦過，亦能用以勸勉。言辟與宥皆足以使人勉於善也。

（宋）蔡沈《書經集傳》卷六《周書·君陳》 殷民在辟，予曰辟，爾惟勿辟；予曰宥，爾惟勿宥，惟厥中。有弗若於汝政，弗化於汝訓，辟以止辟，乃辟。辟，毘亦反。上章成王慮君陳之徇己，此則慮君陳之徇君也。言殷民之刑辟者，不可徇君以爲生殺，惟當審其輕重之中也。

（宋）蔡沈《書經集傳》卷六《周書·呂刑》 上刑適輕，下服；下刑適重，上服。輕重諸罰有權，刑罰世輕世重，惟齊非齊，有倫有要。事在上刑，而情適輕，則服下刑。舜之宥過無大，《康誥》所謂大罪非終者是也。事在下刑，而情適重，則服上刑。舜之刑故無小，《康誥》所謂小罪非眚者是也。若諸罰之輕重，亦皆有權焉。權者，進退推移以求其輕重之宜也。刑罰世輕世重者，《周官》：刑新國、用輕典，刑亂國、用重典，刑平國、用中典，隨世而爲輕重者也。輕重諸罰有權者，權一人之輕重也。刑罰世輕世重者，權一世之輕重也。惟齊非齊者，法之權也。有倫有要者，法之經也。言刑罰雖惟權變是適，而齊之以不齊焉，至其倫要所在，蓋有截然而不可紊者矣。此兩句總結上意。

（宋）羅泌《路史》卷四二《餘論·上帝·商周之際》 昔文王侵盂、克莒、舉酆，三舉事而紂兵之。文王懼，請入洛西地赤壤之國方千里，以贖炮烙之刑。仲尼曰：仁哉，文王輕千里之國而請炮烙之刑！智哉，文王出千里之地而得天下之心！

（宋）王應麟《玉海》卷六五《詔令·律令》 《秋官·大司寇》以圜土聚教罷民。注：鄭司農云：圜，圜土也，今獄城圜。疏：東方主規，規主仁恩，凡斷獄以仁恩求出之，故圜也。凡害人者，置之圜土而施職事焉，以明刑恥之。其能改者，反於中國，不齒三年。其不能改而出圜土者，殺。以兩造禁民訟，入束矢於朝，然後聽之。注：矢取其直，一弓百矢。束矢，其百個與。《詩》：其直如矢。《泮水詩》：束矢其搜。以兩劑禁民獄，入鈞金，三日，取其堅。乃致於朝，然後聽之。以嘉石平罷民。注：嘉石，文石也。疏：嘉，善也，有文乃稱嘉。欲使罷民思其文理以改悔自修，樹之外朝門左。凡萬民之有罪

過，而未麗於法而害於州里者，桎梏而坐諸嘉石，役諸司空。重罪，旬有三日坐，朞役。其次，九日坐，九月役。其次，七日坐，七月役。其次，五日坐，五月役。其下罪，三日坐，三月役。使州里任之，則宥而舍之。以肺石達窮民，注：肺石，赤石也。肺屬南方火，火色赤，故肺石是赤石也。使之赤心不妄告。

凡遠近惸獨老幼之欲有復於上而其長弗達者，立於肺石三日，士聽其辭以告於上，而罪其長。

朝士掌建邦外朝之法。左嘉石，平罷民焉；右肺石，達窮民焉。司圜中士六人，下士十二人。掌收教罷民，任之以事。注：若今時罰作。圜士所收教者，過失害人，已麗於法者。

《史記》卷六八《商君列傳》 孝公既用衛鞅，鞅欲變法，恐天下議己。衛鞅曰：疑行無名，疑事無功。且夫有高人之行者，固見非於世；有獨知之慮者，必見敖於民。愚者闇於成事，知者見於未萌。民不可與慮始而可與樂成。論至德者不和於俗，成大功者不謀於衆。是以聖人苟可以彊國，不法其故；苟可以利民，不循其禮。孝公曰：善。甘龍曰：不然。聖人不易民而教，知者不變法而治。因民而教，不勞而成功；緣法而治者，吏習而民安之。衛鞅曰：龍之所言，世俗之言也。常人安於故俗，學者溺於所聞。以此兩者居官守法可也，非所與論於法之外也。三代不同禮而王，五伯不同法而霸。智者作法，愚者制焉；賢者更禮，不肖者拘焉。杜摯曰：利不百，不變法；功不十，不易器。法古無過，循禮無邪。衛鞅曰：治世不一道，便國不法古。故湯武不循古而王，夏殷不易禮而亡。反古者不可非，而循禮者不足多。孝公曰：善。以衛鞅為左庶長，卒定變法之令。令民為什伍，而相牧司連坐。不告姦者腰斬，告姦者與斬敵首同賞，匿姦者與降敵同罰。民有二男以上不分異者，倍其賦。有軍功者，各以率受上爵；為私鬭者，各以輕重被刑大小。僇力本業，耕織致粟帛多者復其身。事末利及怠而貧者，舉以為收孥。宗室非有軍功論，不得為屬籍。明尊卑爵秩等級，各以差次名田宅，臣妾衣服以家次。有功者顯榮，無功者雖富無所芬華。令既具，未布，恐民之不信，已乃立三丈之木於國都市南門，募民有能徙置北門者予十金。民怪之，莫敢徙。復曰能徙者予五十金。有一人徙之，輒予五十金，以明不欺。卒下令。令行於民朞年，秦民之國都言初令之不便者以千數。於是太子犯法。衛鞅曰：法之不行，自上犯之。將法太子。太子，君嗣也，不可施刑，刑其傅公子虔，黥其師公孫賈。明日，秦人皆趨令。行之十年，秦民大說，道不拾遺，山無盜賊，家給人足。民勇於公戰，怯於私鬭，鄉邑大治。秦民初言令不便者有來言令便者，衛鞅曰此皆亂化之民也，盡遷之於邊城。其後民莫敢議令。

（唐）李鼎祚《周易集解》卷一〇 《象》曰：上六失道，兇三歲也。

《九家易》曰：坎爲叢棘，又爲法律。案：《周禮》王之外朝，左九棘，右九棘，面三槐。司寇公卿議獄於其下。害人者，加明刑，任之以事，上罪三年而舍，中罪二年而舍，下罪一年而舍也。案：坎於木堅而多心，叢棘之象也。坎下巽爻，巽爲繩直，係用徽纆也。馬融云：徽纆，索也。劉表云：三股爲徽，兩股爲纆，皆索名。以繫縛其罪人矣。

（宋）程顥等《二程集·周易程氏傳》卷二《周易上經·噬嗑》 噬嗑，《序卦》：可觀而後有所合，故受之以噬嗑。嗑者，合也。既有可觀，然後有來合之者也。噬嗑所以次觀也。噬，齧也。嗑，合也。口中有物間之，齧而後合之也。卦上下二剛爻而中柔，外剛中虛，人頤口之象也；中虛之中，又一剛爻，爲頤中有物之象。口中有物，則隔其上下，不得嗑，必齧之，則得嗑，故爲噬嗑。聖人以卦之象，推之於天下之事，在口則爲有物隔而不得合，在天下則爲有强梗或讒邪間隔於其間，故天下之事不得合也，當用刑罰，小則懲戒，大則誅戮以除去之，然後天下之治得成矣。凡天下至於一國一家，至於萬事，所以不和合者，皆由有間也，無間則合矣。以至天地之生，萬物之成，皆合而後能遂，凡未合者皆爲間也。若君臣父子親戚朋友之間，有離貳怨隙者，蓋讒邪間於其間也，除去之則和合矣。故間隔者，天下之大害也。聖人觀噬嗑之象，推之於天下萬事，皆使去其間隔而合之，則無不和且治矣。噬嗑者，治天下之大用也。去天下之間，在任刑罰，故卦取用刑爲義。在二體明照而威震，乃用刑之象也。

噬嗑，亨，卦自有亨義也。天下之事所以不得亨者，以有間也，噬而嗑之，則亨通矣。利用獄：噬而嗑之之道，宜用刑獄也。天下之間，非

刑獄何以去之？不云利用刑，而云利用獄者，卦有明照之象，利於察獄也。獄者，所以究察情僞，得其情則知爲間之道，然後可以設防與致刑也。

（唐）杜佑《通典》卷一六九《刑法・赦宥》 《易・蒙卦》曰：初六：發蒙，利用刑人，用脱桎梏，以往吝。《象》曰：利用刑人，以正法也。又《解卦》曰：雷雨作，解，君子以赦過宥罪。《虞書》曰：宥過無大，刑故無小。過誤所犯，雖大必宥。不忌故犯，雖小必刑。罪疑惟輕，功疑惟重。刑疑附輕，賞疑從重，忠厚之至也。與其殺不辜，寧失不經。《周官・司寇》曰：三刺、三宥、三赦之法，一曰訊羣臣，二曰訊羣吏，三曰訊萬民。刺，殺也。三訊罪定，則殺之。聽民之所刺宥，以施上服下服之刑。宥，寬也。人言殺，殺之；言寬，寬之。上服，劓、墨；下服，宮、刵之刑。一宥曰不識，再宥曰過失，三宥曰遺亡。不識，謂愚人無識。過失，謂若律過失殺人不坐死者。遺忘，若仇讎當報甲，見乙，誠以爲甲而殺。一赦曰幼弱，再赦曰老耄，三赦曰惷愚。又國君過市，刑人赦。

《吕刑》云：五刑之疑有赦，五罰之疑有赦，其審克之。刑疑赦從罰，罰疑赦從免。其當精察，能得其理。墨辟疑赦，其罰百鍰；刑疑，則赦從罰。六兩曰鍰。鍰，黄鐵也。劓辟疑赦，其罪惟倍；倍百爲二百鍰。剕辟疑赦，其罰倍差；倍差，謂倍之又半，爲五百鍰。宮辟疑赦，其罰六百鍰；宮，次死之刑。序五刑，先輕，轉至重者，事之宜。大辟疑赦，其罰千鍰。死刑也。五刑疑，各入罰，不降相因，古之制也。《禮》曰：疑獄，汎與衆共之，衆疑，赦之。

（明）丘濬《大學衍義補》卷一〇四《慎刑憲・制刑獄之具》 《易・蒙》，初六。發蒙。利用刑人，用説吐活反。桎梏。以往吝。

程頤曰：發下民之蒙，當明刑禁以示之，使之知畏然後從而教導之。自古聖王為治，設刑罰以齊其衆，明教化以善其俗，刑罰立而後教化行。雖聖人尚德而不尚刑，未嘗偏廢也。

臣按：桎梏，刑具也。《六經》言刑具始於蒙之初六。坎，上六，繫用徽索三股曰徽。纆。兩股曰纆。寘於叢棘，三歲不得凶。

程頤曰：上六以陰柔而居險之極，其陷之深者也。以其陷之深，取牢獄為喻，如繫縛之以徽纆，囚寘於叢棘之中，陰柔而陷之深，其不能出矣。

臣按：坎為刑獄，荀九家《易》：坎為叢棘。《傳》曰：叢棘如今之棘寺。蒙、坎二卦，聖人作《易》皆取象於刑獄，是知聖人為治，不能以不用刑。此蓋天地自然之理，本諸陰陽，合諸爻象，非人為之私也。雖若不得已而為之，而為之亦自不容已。蓋人生不能無欲，欲勝而理微，教之而不從，而不繼之以刑，則人欲肆矣。聖人作易以扶陽抑陰，而取象於刑獄，豈無意哉。

噬嗑。初九，屨校滅趾，无咎。

程頤曰：九居初，最在下无位者也。下民之象，為受刑之人。當用刑之始，罪小而刑輕。校，木械也。其過小，故屨之於足，以滅傷其趾。人有小過，校而滅其趾，則當懲懼不敢進於惡矣。

上九，何去聲。校滅耳，凶。

程頤曰：上過乎尊位，无位者也。故為受刑者，居卦之終，是其間大噬之極也。《繫辭》所謂惡積而不可掩，罪大而不可解者也。故何校而滅其耳，凶可知矣。何，負也，謂在頸也。

丘富國曰：初上无位，為受刑之人，初過小而在下，為用獄之始，故以屨校滅趾為象。上惡極而怙終，為用獄之終，故以何校滅耳為象。

臣按：《易》之作以道陰陽，而於天下之事無不備。刑之用非為政之先務，而《易》之於刑，屢屢言之，非徒言其理，而刑之具亦無不有焉。蒙之初六以桎梏言，械其手足者也。坎之上六以徽纆言，繫縛其身者也。噬嗑之初與上以校言，械其頸與足者也。是知天下之物，人世之用，無一不出於陰陽之理，非但十三卦之制器尚象也。

（明）丘濬《大學衍義補》卷一〇一《慎刑憲・總論制刑之義》 王曰：吁，來，有邦有土，告爾祥刑。在今爾安百姓，何擇非人，何敬非刑，何度非及。

蔡沈曰：有民社者，皆在所告也。夫刑，凶器也。而謂之祥者，刑期無刑，民協于中，其祥莫大焉。及，逮也。漢世詔獄所逮，有至數萬人者，審度其所當逮者，而後可逮之也。曰何，曰非，問答以發其意，以明三者之決不可不盡心也。

吳徵曰：刑而曰祥刑，蓋慈良惻怛，詳審謹重，主之以不忍，行之以不得已，所以謂之祥也。在今日欲安百姓，何者當擇，非人乎，何者當

敬，非刑乎，何者當揆度，非及乎。人謂用刑之人，及謂刑之所加，猶罰及爾身之及。

輕重諸罰有權，刑罰世輕世重，惟齊非齊，有倫有要。

蔡沈曰：罰之輕重，亦皆有權。權者，進退推移，以求其輕重之宜也。刑罰世輕世重者，《周官》：刑新國用輕典，刑亂國用重典，刑平國用中典，隨世而為輕重者也。輕重諸罰有權者，權一人之輕重也。刑罰世輕世重者，權一世之輕重也。惟齊非齊者，法之權也。有倫有要者，法之經也。言刑罰雖惟權變，是適而齊之以不齊焉。至其倫要所在，蓋有截然而不可紊者矣。【略】

子曰：五刑之屬三千，而罪莫大於不孝。要君者無上，非聖人者無法，非孝者無親。此大亂之道也。

臣按：刑以弼教，教之大者倫理也。人君者生民之主，聖人者道德之主，父母者生身之主。親為一家之主，孝其親則人道以立。君為一世之主，忠其君則治道以成。聖人為萬世之主，尊聖人則世教以明。先王制為刑法以弼世教，世教之大，在此三者。人人孝其親、忠其君、尊夫聖人，則天下大治矣。否則大亂之道焉。然是三者，其根本起於一家。家積而國，國積而世，故尤嚴於不孝之罪，以為天下事無有不起於近而後及於遠，始於微而後至於著也。故律文著不孝之罪，而所謂要君非聖人者則略焉。非略之也，不可言也。著其可言者，以示微意。萬一有是獄焉，準此以權度之也。【略】

《孟子》曰：以生道殺民，雖死不怨殺者。

程頤曰：以生道殺民，謂本欲生之也，除害去惡之類是也。蓋不得已而為其所當為，則雖咈民之欲而民不怨，其不然者反是。

朱熹曰：彼有惡罪當死，吾求所以生之者而不得，然後殺之，以安其衆而厲其餘，此以生道殺之也，亦何怨之有？【略】

《荀子》曰：世俗之為説，以為治古者無肉刑，有象刑、墨黥之屬，菲屨赭衣而不純。菲，草屨也。純，緣也，衣不加緣以恥之也。是不然矣。以為治古，則人莫觸罪耶。豈獨無肉刑哉？亦不待象刑矣。為人或觸罪戾而直輕其刑，是殺人者不死，而傷人者不刑也。罪至重而刑至輕，民無所畏，亂莫大焉。凡制刑之本，將以禁暴惡，且懲其末也，殺人者不及，傷人者不刑，是惠暴而寬惡也。故象刑非生於治古，竝起於亂今也。夫征暴誅悖治之威也，殺人者死，傷人者刑，百王之所同也。未有知其所由來者也，故治其刑重，亂則刑輕，犯治之罪固重，犯亂之罪固輕也。《書》曰：刑罰時輕時重。此之謂也。

洪邁曰：《虞書》：象刑惟明。象者，法也。漢文帝詔始云，虞之時畫衣冠異章服以為戮，而民弗犯。武帝詔云：唐虞畫象而民不犯。《白虎通》云畫象者，其衣服象五刑也。犯墨者蒙巾，犯劓者赭其衣，犯髕者以墨其髕，犯宮者屝。屝，草屨也。大辟者，布衣，無領。

臣按：《虞書》云象以典刑。即繼以流宥五刑，及鞭作官刑，扑作教刑，若如畫衣冠之説，象以典刑為之象設，可也。若夫流與鞭扑，若何而為之制耶。意者當時有犯者，其人在可議可矜之辟。偶為此制耳。不然，古無此制，而好事者見後世之刑慘刻，矯其枉而為此言歟？

（明）**丘濬《大學衍義補》卷一〇七《慎刑憲·議當原之辟》**

《禮記·曲禮》曰：刑不上大夫。

陳澔曰：大夫或有罪，以八議定之，議所不赦，則受刑。《周官·掌囚》凡有爵者與王之同族，奉而適甸師氏。而此云不上大夫者，言不制大夫之刑，猶不制庶人之禮也。

胡寅曰：庶人貧賤不能備禮，故不責以行禮。大夫尊貴不可加刑，故不使之受刑。非故欲然，因其勢也。賈誼得聖人之意，故引投鼠忌器之論以警文帝。自是漢不加刑於大臣，大臣有罪，皆自殺。而王安石反此義為之説曰：禮不可以庶人為下而不用，刑不可以大夫為上而不施，其意非為化民成俗而興禮教也，直欲殺戮故老以制異已耳，豈非邪説害義之大乎。

（明）**丘濬《大學衍義補》卷一〇九《慎刑憲·慎眚災之赦》**

《易》解大象曰：雷雨作解，君子以赦過宥罪。

程頤曰：天地解散而成雷雨，故雷雨作而為解也。赦，釋之。宥，寬之。過失則赦之可也。罪惡而赦之，則非義也，故寬之而已。君子觀雷雨作解之象，體其發育，則施恩仁，體其解散，則行寬釋也。

張子清曰：雷雨交作則為解，雷者天之威，雨者天之澤，威中有澤，刑獄之有赦宥也。有過者赦而不問，有罪者宥而從輕，此君子所以推廣天

地之仁心也。

臣按：雷雨作解，君子以赦過宥罪，蓋言易卦之象如此爾。人君於人之有過者而赦之，有罪者而宥之，亦猶《易》之有是象也。然過有小大，過失之小者固不必問，若事雖過失而事體所關則大，如失火延燒陵廟、射箭誤中親長之類，其罪有不可釋者，原其情則非故也，故因時赦其罪以宥之。宥，如流宥五刑之宥也。所謂罪者，過失而入於罪者耳，若夫大憝極惡之罪，殺人不死，則死者何辜？攫財不罪，則失者何苦？雷雨作解，豈為如是之人哉。

《周禮注疏》卷一四《地官司徒·司救》 掌萬民之衺惡過失而誅讓之，以禮防禁而救之。注：衺惡，謂侮慢長老，語言無忌而未麗於罪者。過失，亦由衺惡酗醟好訟，若抽拔兵器，誤以行傷害人麗於罪者。誅，誅責也。古者重刑，且責怒之，未即罪也。音義，救，如字。劉，音拘。衺，似嗟反，注作邪同。酗，況付反。醟，音詠。好，呼報反。

〔賈公彥〕釋曰：云掌萬民之衺惡過失而誅讓之者，此經與下文二經爲總目也。則云衺惡，謂坐嘉石之罷民，不入圜土者。過失，謂不坐嘉石入圜土者也。云而誅讓之者，即下二文三讓是也。云以禮防禁而救之者，此衺惡及過失皆去冠飾，其過失者，又使入圜土耳。云救之者，皆使困苦而令改惡從善，是救之也。注釋曰：衺惡，云未麗於罪者，謂未附於圜土之罪也。云酗醟者，孔注《尚書》曰：以酒爲凶曰酗，此據字酒旁爲凶，是因酒爲凶者也，若然。醟者，禜下作酉，小人飲酒一醉曰富，亦因酒爲禜，俱是酒之省水之字也。云麗於罪者，謂附圜土罪者也。云古者重刑，且責怒之，未即罪也者。鄭云古者重刑者，據周時爲古，云責解經誅怒之解經罰也。云未即罪者，各有所對，此圜土，對五刑之刑人則是未即罪也，以其未入五刑之罪且役之耳。鄭必知過失亦由衺惡者，司寇職云，以嘉石平罷民，又云圜土收教罷民，二者同名罷民以其爲惡大者，皆因小以致大，故知過失之重，亦因衺惡之輕也。

《禮記·曲禮》 禮不下庶人，刑不上大夫。

《禮記·樂記》 禮以道其志，樂以和其聲，政以一其行，刑以防其姦，禮樂刑政，其極一也。

《禮記·服問》 《傳》曰：罪多而刑五，喪多而服五。上附下附，列也。

（清）孫希旦《禮記集解》卷一四《王制》 刑者，侀也。侀者，成也。一成而不可變，故君子盡心焉。釋文：侀音刑。孔子曰：刑是刑罰，侀是侀體。訓刑罰爲侀體，言刑罰之刑加人侀體也。侀體是人成就形貌，形貌一成之後，若以刀鋸凿之，斷者不可續，死者不可生，故云不可變。君子盡心以聽刑，則上云悉其聰明，致其忠愛是也。陳氏祥道曰：無赦，則民不至於犯罪；盡心，則吏不至於濫刑。在無赦之法以禁於未然之前，有盡心之法以應於已然之後，此民之所以畏罪而親上也。

（清）王聘珍《大戴禮記解詁》卷一二《朝事》 古者天子，為諸侯不行禮義，不修法度，不附于德，不服于義，故使射人以射禮選其德行，職方氏、大行人以其治國，選其能功。《周禮》：射人，下大夫二人，以射法治射儀。職方氏，中大夫四人，辨九州之國，使同貫利。諸侯之得失治亂定，然後明九命之賞以勸之，明九伐之法以震威之。尚猶有不附于德不服于義者，則使掌交説之，故諸侯莫不附于德服于義者。此天子之所以養諸侯，兵不用而諸侯自為政之法也。《盛德》曰：古者天子常以季冬考德，以觀治亂得失。凡德盛者治也，德不盛者亂也，德盛者得之也，德不盛者失之也。是故君子考德，而天下之治亂得失可坐廟堂之上而知也。九合者，大宗伯職曰：以九儀之命，正邦國之位。壹命受職，再命受服，三命受位，四命受器，五命賜則，六命賜官，七命賜國，八命作牧，九命作伯。九伐之法者，大司馬職曰：以九伐之法正邦國。馮弱犯寡則眚之，賊賢害民則伐之，暴內陵外則壇之，野荒民散則削之，負固不服則侵之，賊殺其親則正之，放弑其君則殘之，犯令陵政則杜之，外內亂、鳥獸行則滅之。震威者，《左氏》襄十一年傳曰：武震以攝威之。《周禮》掌交，中士八人，掌以節與幣，巡邦國之諸侯及其萬民之所聚者，道王之德意志慮，使咸知王之所惡，辟行之。

《管子·法禁》 法制不議則民不相私，君出法制下不敢議，則人奉公不相與為私。刑殺毋赦則民不偷於為善，有過必誅則善惡明，故不為苟且之善。爵祿毋假則下不亂其上。爵必有德，祿就有功，不妄假人，則人知君義者必賢德，故不亂其上。三者藏於官則為法，施於國則成俗，其餘不彊而治矣。三者，謂法、刑、罪也。藏於官，謂下不得攬其用，如此則法施俗成，自斯之外雖不勉强，莫不從理矣。君壹置其儀則百官守其法。上明陳其制則下皆會其度矣。君之置其儀也不一則下之倍法而立私理者必多矣。是以人用其私廢上之制而道其所聞。故下與官列法，而上與君分威。國家之危必自此始矣。下謂無人，上謂權臣，則亦分也。昔者聖王之治其民也不然，廢上之法制者必負以恥。負猶被也，廢法制者必被之以恥辱也。厚財博惠以私親於民者，正經而自正矣。臣厚財而作福則正禮義以示之，其人自正矣。聖王既歿，受之者衰【略】亂國之道，易國之常，賜賞恣於己者，聖王之禁也。賜賞者，人君所獨用也。臣為君

事，故須禁之也。

《管子・法法》令未布而民或為之，而賞從之，則是上妄予也。未布而為，所謂先時者也，當刑而賞，故曰妄與也。上妄予則功臣怨，功臣怨，而愚民操事於妄作。愚民操事於妄作，則大亂之本也。令未布而罰及之，所謂不令而罰。則是上妄誅也。上妄誅則民輕生，民輕生則暴人興，輕生故為暴亂。曹黨起而亂賊作矣。令已布而賞不從，則是使民不勸勉、不行制、不死節。民不勸勉、不行制、不死節，則戰不勝而守不固。戰不勝而守不固，則國不安矣。令已布而罰不及，則是教民不聽。民不聽則彊者立，彊者立則主位危矣。故曰：憲律制度必法道，號令必著明，賞罰必信密。此正民之經也。凡大國之君尊，小國之君卑。大國之君所以尊者，何也？曰：為之用者衆也。小國之君所以卑者，何也？曰：為之用者寡也。然則為之用者衆則尊，為之用者寡則卑，則人主安能不欲民之衆為己用也？使民衆為己用，奈何曰：法立令行，則民之用者衆矣。法不立令不行，則民之用者寡矣。故法之所立、令之所行者多，而所廢者寡，則民不誹議。民不誹議，則聽從矣。法之所立，令之所行，與其所廢者鈞，則國毋常經，國毋常經則民妄行矣。法之所立，令之所行者寡，而所廢者多，則民不聽。民不聽，則暴人起而姦邪作矣。計上之所以愛民者，為用之愛之也。為愛民之故，不難毀法虧令，則是失所謂愛民矣。夫以愛民用民，則民之不用明矣。夫用人者當以法令以愛人，廢法而用之則人不可用也。夫至用民者，殺之、危之、勞之、苦之、饑之、渴之、用民者將致之此極也。而民毋可慮害己者。

《管子・任法》故曰：法者不可恒也。法數則當變，故不恒。存亡治亂之所從出，法順則存治，法違則亂亾。聖君所以為天下大儀也。君為天下之儀表也。君臣上下貴賤皆發焉。莫不取法於君臣。發，行也。故曰法。古之法也。立法者必師古。世無請謁任舉之人。任，保也。以法取人，則無請謁之保舉。無間識博學辯說之士，間，雜亂也。法行則博學辯說之人不敢間亂識事也。無偉服，無奇行。偉服奇行皆遇越法則者令止息者畏法故也。皆囊於法以事其主。囊者所以斂藏也，謂人皆斂藏過行以順於法，上事其主。故明王之所恒者二：一曰明法而固守之。二曰禁民私而收使之。謂以法收斂而使之。此二者主之所恒也。廢此二者則政亂。夫法者，上之所以一民使下也。私者，下之所以侵法亂主也。故聖君置儀設法而固守之。然故諶杵習士聞識博學之人不可亂也。杵所以毀碎於物者也，謂姦詐之人僞託於諶以毀君法。習士謂習法之士，聞識謂多聞廣識。君守法堅，故此等莫能亂也。衆彊富貴私勇者不能侵也。信近親愛者不能離也。離猶違也。珍恠奇物不能惑也。萬物百事非在法之中者，不能動也。珍恠奇物此正法為恠僻。故法者，天下之至道也，道無越於法者。聖君之實用也。用法為理國之實。今天下則不然，皆有善法而不能守也。然故諶杵習士聞識博學之士，能以其智亂法惑上，衆彊富貴私勇者能以其威犯法侵陵，謂侵陵於君也。鄰國諸侯能以其權置子立相，鄰國恃權能廢置君之子侯立國相。大臣能以其私附百姓，謂用私恩誘百姓使附也。剪公財以祿私士。謂剪公財以祿私士，此皆以君不守法故也。凡如是而求法之行，國之治，不可得也。謂從失法之後國不可得理也。聖君則不然，卿相不得翦其私，群臣不得辟其所親愛。聖君亦明其法而固守之，群臣修通輻輳謂各得自通於君，如輻之輳也。以事其主。百姓輯睦聽令道法以從其事。道，從也。故曰：有生法，有守法，有法於法。夫生法者君也。君始制法，故曰生法。守法者臣也。臣則守法而行。法於法者民也。人則法君之法。君臣上下貴賤皆從法。此謂為大治。

（明）朱長春《管子榷》卷六《法法第十六》不法法，則事毋常。不設法以法下，故事無常。法不法，則令不行。雖後設法，不得法之宜，故令不行。令而不行，則令不法也。法而不行，則修令者不審也。法既得宜而猶不行，則以修令者未審之故也。審而不行，則賞罰輕也。修令者既審而猶不行，則以上輕於賞罰也。重而不行，則賞罰不信也。賞罰既重而猶不行，則以重賞罰而不信也。信而不行，則不以身先之也。賞罰既信而猶不行，則以身不先自行其法也。故曰：禁勝於身。身便禁也。則令行於民矣。聞賢而不舉，殆。聞賢不舉不若不聞，所以有殆。聞善而不索，殆。見能而不使，殆。親人而不固，殆。同謀而離，殆。危人而不能，殆。危人不能，不若不危。廢人而復起，殆。既廢更起或發其宿嫌。可而不為，殆。可為而不為，多生後悔。足而不施，殆。足而不施，怨疾必生。幾而不密，殆。幾事不密則害成。人主不周密，則正言直行之士危。所謂君不密則失臣。正言直行之士危，則人主孤而毋內。不謀毋自入也。人主孤而毋內，則人臣黨而成羣。君子道消則小人道長也。使人主孤而毋內，人臣黨而成羣者，此非人臣之罪也，人主之過也。君不密之過。民毋重罪，過不大也。有大過，然後有重罪。民毋大過，上毋赦也。不赦則懼而

修德。上赦小過，則民多重罪，積之所生也。所謂積小以成高大。故曰：赦出則民不敬，有罪不誅則安用敬？惠行則過日益。恃恩不恭，非退而何。惠赦加於民，而囹圄雖實。殺戮雖繁，姦不勝矣。繁姦以待赦也。故曰：邪莫如蚤禁之。無使滋蔓，蔓難圖之。凡赦者，小利而大害者也。苟悅衆心，故曰小利。人則習而易犯法，故曰大害。故久而不勝其禍。犯法漸廣，轉欲危君，故曰不勝其禍。毋赦者，小害而大利者也，人初不悅。故曰小害。創而修德，故曰大利也。故久而不勝其福。家正而天下定，則太平可致，故曰不勝其福也。故赦者犇馬之委轡，必致覆佚也。毋赦者痤徂禾切，痈也。疽之矼石也。疾可瘳也……爵不尊祿不重者，不與圖難犯危，以其道為未可以求之也。以其道未可求，故不與尊爵重祿。既與之尊爵重祿，則可與之圖難犯危也。是故先王制軒冕，所以著貴賤，不求其美。設爵禄，所以守其服，不求其觀也。演禮以辨非以華，苟辨之而足為侈，何為輕哉。云軒冕不求美，爵祿不求觀，宗廟室榭不求美大，曰儉其道，有意乎？二代之遐思乎？覺周文公之于文過矣，周帝王之盛帝王之極也。極則思反，是以曰何知禮意，曰寧儉，又曰少損周之文，致用夏之忠。赦過遺善，則民不勵。善即惠也。有過不赦，有善不遺，勵民之道。於是乎用之矣。故曰：明君者，事斷者也。君有三欲於民，三欲不節則上位危。三欲者何也？一曰求，二曰禁，三曰令。求必欲得，禁必欲止，令必欲行。求多者其得寡，無厭則難供，故其得寡。禁多者其止寡，法令滋章，盜賊多有。令多者其行寡。再三則瀆，故其行寡。求而不得，則威日損。獨唱莫和，非損而何。禁而不止，則刑罰侮。愈禁愈犯，非侮而何。令而不行，則下凌上。不禀其命，非凌而何。故未有能多求而多得者也，未有能多禁而多止者也，未有能多令而多行者也。故曰：上苛則下不聽，下不聽而彊以刑罰，則為人上者衆謀矣。為人上而衆謀之，雖欲無危，不可得也。號令已出又易之，禮儀已行又止之，度量已制又遷之，刑法已廢又移之。如是，則慶賞雖重，民不勸也；殺戮雖繁，民不畏也。故曰：上無固植，植，志。下有疑心，國無常經，民力不竭，數也。數，理也。國無常經，人力必竭，而曰不竭者，此非理之言也。通：必然之数也，如景与響。明君在上位，民毋敢立私議自貴者，立私議者，常自恃為貴也。國毋怪嚴，詭行自亢。毋雜俗，毋異禮，士毋私議，國不作奇怪，則嚴肅而無雜俗，有常禮，士皆公議。倨傲易令、錯儀畫製，作議者盡誅。易令謂變令，錯儀謂別置儀，畫制謂更畫制，凡此，盡以法誅之。故彊者折，銳者挫，堅者破。引之以繩墨，繩之以誅僇，故萬民之心皆服而從上。推之而往，引之而來，彼下有立其私議自貴，分爭而退者，則令自此不行矣。立議分爭退而不誅，從此之後令不從行。故曰：私議立，則主道卑矣。況主倨傲易令、錯儀畫制、變易風俗，詭服殊説猶立？立私説尚能卑主。況其倨傲易風俗而猶有立者乎？上不行君令，下不合於鄉里，變更自為，易國之成俗者，命之曰不牧之民。於上不行君令，於下不合鄉里，但率意自為，易國之俗，故曰不牧之民。言其不可養也。不牧之民，繩之外也。繩之外誅。使賢者食於能，鬬士食於功。賢者食於能，則上尊而民從；鬬士食於功，則卒輕患而傲敵。上尊而民從，卒輕患而傲敵，二者設於國，則天下治而主安矣。

《論語・為政》子曰：道之以政，齊之以刑，民免而無恥；道之以德，齊之以禮，有恥且格。

《商君書・靳令》行罰：重其輕者，輕者不至，重者不來，此謂以刑去刑，刑去事成；罪重刑輕，刑至事生，此謂以刑致刑，其國必削。

《商君書・説民》行刑，重其重者，輕其輕者，輕者不止，則重者無從至矣。此謂治之於其亂也。故重輕，則刑去事成，國强；重重而輕輕，則刑至而事生，國削。

《商君書・賞刑》聖人之爲國也，一賞，一刑，一教。一賞則兵無敵，一刑則令行，一教則下聽上。夫明賞不費，明刑不戮，明教不變，而民知於民務，國無異俗。明賞之猶至於無賞也，明刑之猶至於無刑也，明教之猶至於無教也。所謂一賞者，利祿官爵，摶出於兵，無有異施也。夫固知愚、貴賤、勇怯、賢不肖，皆盡其胸臆之知，竭其股肱之力，出死而爲上用也。天下豪傑賢良從之如流水，是故兵無敵而令行於天下。萬乘之國，不敢蘇其兵中原；千乘之國，不敢捍城。萬乘之國，若有蘇其兵中原者，戰將覆其軍；千乘之國，若有捍城者，攻將凌其城。戰必覆人之軍，攻必凌人之城。盡城而有之，盡賓而致。雖厚慶賞，何匱之有矣。昔湯封於贊茅，文王封於岐周，方百里。湯與桀戰於鳴條之野，武王與紂戰於牧野之中，大破九軍，卒裂土封諸侯。士卒坐陳者，里有書社，車休息不乘，縱馬華山之陽，縱牛於農澤，縱之老而不收。此湯武之賞也。故曰：贊茅岐周之粟，以賞天下之人，不人得一升。以其錢賞天下之人，

不人得一錢。故曰：百里之君而封侯，其臣大其舊。自士卒坐陳者，里有書社，賞之所加寬於牛馬者，何也？善因天下之貨，以賞天下之臣，故曰：明賞不費。湯武既破桀紂，海内無害，天下大定，築五庫，藏五兵，偃武事，行文教，倒載干戈，搢笏作爲樂，以申其德。當此時也，賞祿不行而民整齊，故曰：明賞之猶至於無賞也。所謂一刑者，刑無等級，自卿相、將軍以至大夫、庶人，有不從王令，犯國禁，亂上制者，罪死不赦。有功於前，有敗於後，不爲損刑；有善於前，有過於後，不爲虧法。忠臣孝子有過，必以其數斷。守法守職之吏，有不行王法者，罪死不赦，刑及三族。周官之人，知而謂之上者，自免於罪。無貴賤，尸襲其官長之官爵田祿。故曰：重刑，連其罪，則民不敢試。民不敢試，故無刑也。夫先王之禁刺殺，斷人之足，黥人之面，非求傷民也，以禁姦止過也。故禁姦止過，莫若重刑。刑重而必得，則民不敢試，故國無刑民。國無刑民，故曰：明刑不戮。晋文公將欲明刑以親百姓，於是合諸侯大夫於侍千宮，顛頡後至，請其罪。君曰：用事焉。吏遂斷顛頡之脊以殉。晋國之士稽焉皆懼，曰：顛頡之有寵也，斷以殉，况於我乎？舉兵伐曹五鹿，及反鄭之埤，東徵之畝，勝荆人於城濮。三軍之士，止之如斬足，行之如流水。三軍之士，無敢犯禁者。故一假道重刑於顛頡之脊而晋國治。昔者周公旦殺管叔，流霍叔，曰：犯禁者也。天下衆皆曰：親昆弟有過不違，而况疏遠乎？故天下知用刀鋸於周庭而海内治。故曰：明刑之猶至於無刑也。所謂一教者，博聞、辯慧、信廉、禮樂、修行、羣黨、任譽、清濁，不可以富貴，不可以評刑，不可獨立私議以陳其上。堅者被，鋭者挫，雖曰聖智、巧佞、厚樸，則不能以非功罔上利，然富貴之門，要存戰而已矣。彼能戰者，踐富貴之門，强梗焉。有常刑而不赦，是父兄、昆弟、知識、婚姻、合同者，皆曰：務之所加，存戰而已矣。夫故當壯者務於戰，老弱者務於守，死者不悔，生者務勸，此臣之所謂一教也。民之欲富貴也，共闔棺而後止，而富貴之門，必出於兵，是故民聞戰而相賀也。起居飲食所歌謠者，戰也。此臣之所謂明教之猶至於無教也。此臣所謂參教也。聖人非能通知萬物之要也，故其治國，舉要以致萬物，故寡教而多功。聖人治國也，易知而難行也，是故聖人不必加，凡主不必廢，殺人不爲暴，賞人不爲仁者，國法明也。聖人以功授官予爵，故賢者不憂，聖人不宥過，不赦刑，故姦無起。聖人治國也，審一而已矣。

《孟子・離婁上》 孟子曰：上無道揆也，下無法守也，朝不信道，工不信度，君子犯義，小人犯刑，國所以存者，幸也。

秦商鞅著刑名書，大畧曰：晋文將欲明刑，於是合諸卿大夫於冀宮。顛頡後至，吏請其罪，遂斷顛頡之脊。人皆懼曰：顛頡之有寵也，斷脊以狥，而况於我乎！乃無犯禁者，晋國大治。昔周公殺管叔，放蔡叔，流霍叔，曰：犯禁者也。天下皆曰：親屬昆弟有過不違，而况疎遠乎！故外不用甲兵於天下，内不用刀鋸於周庭，而海内治。故曰：明刑之猶至於無刑也。

《荀子・君子》 故刑當罪則威，不當罪則侮；爵當賢則貴，不當賢則賤。古者刑不過罪，爵不踰德。故殺其父而臣其子，殺其兄而臣其弟。刑罰不怒罪，爵賞不踰德，分然各以其誠通。是以爲善者勸，爲不善者沮。刑罰綦省而威行如流，政令致明而化易如神。《傳》曰：一人有慶，兆民賴之。此之謂也。亂世則不然：刑罰怒罪，爵賞踰德，以族論罪，以世舉賢。故一人有罪而三族皆夷，德雖如舜，不免刑均，是以族論罪也。先祖當賢，後子孫必顯，行雖如桀、紂，列從必尊，此以世舉賢也。以族論罪，以世舉賢，雖欲無亂，得乎哉！《詩》曰：百川沸騰，山冢崒崩，高岸爲谷，深谷爲陵，哀今之人，胡憯莫懲！此之謂也。

《韓非子・奸劫弑臣》 夫嚴刑者，民之所畏也；重罰者，民之所惡也。故聖人陳其所畏以禁其衺，設其所惡以防其姦。是以國安而暴亂不起。吾以是明仁義愛惠之不足用，而嚴刑重罰之可以治國也。無捶策之威，銜橛之備，雖造父不能以服馬。無規矩之法，繩墨之端，雖王爾不能以成方圓。無威嚴之勢，賞罰之法，雖堯、舜不能以為治。今世主皆輕釋重罰、嚴誅，行愛惠，而欲覇王之功，亦不可幾也。

《韓非子・二柄》 明主之所導制其臣者，二柄而已矣。二柄者，刑、德也。何謂刑德？曰：殺戮之謂刑，慶賞之謂德。為人臣者，畏誅罰而利慶賞，故人主自用其刑德，則羣臣畏其威而歸其利矣。故世之姦臣則不然，所惡則能得之其主而罪之，所愛則能得之其主而賞之。今人主非使賞罰之威利出於己也，聽其臣而行其賞罰，則一國之人皆畏其臣而易其君，歸其臣而去其君矣，此人主失刑德之患也。夫虎之所以能服狗者，爪牙

也。使虎釋其爪牙而使狗用之，則虎反服於狗矣。人主者，以刑德制臣者也。今君人者，釋其刑德而使臣用之，則君反制於臣矣。【略】人主將欲禁姦，則審合刑名者，言不異事也。為人臣者陳事而言，君以其言授之事，專以其事責其功。功當其事，事當其言，則賞；功不當其事，事不當其言，則罰。故羣臣其言大而功小者則罰，非罰小功也，罰功不當名也。羣臣其言小而功大者亦罰，非不説於大功也，以為不當名也，害甚於有大功，故罰。昔者韓昭侯醉而寢，典冠者見君之寒也，故加衣於君之上。覺寢而説，問左右曰：誰加衣者？左右對曰：典冠。君因兼罪典衣與典冠。其罪典衣，以為失其事也；其罪典冠，以為越其職也。非不惡寒也，以為侵官之害甚於寒。故明主之畜臣，臣不得越官而有功，不得陳言而不當。越官則死，不當則罪。守業其官，所言者貞也，則羣臣不得朋黨相為矣。

《韓非子·心度》 聖人之治民，度於本，不從其欲，期於利民而已。故其與之刑，非所以惡民，愛之本也。刑勝而民靜，賞繁而姦生。故治民者，刑勝，治之首也。賞繁，亂之本也。夫民之性，喜亂而不親其法。故明主之治國也，明賞則民勸功，嚴刑則民親法。勸功則公事不犯，親法則姦無所萌。故治民者禁姦於未萌，而用兵者服戰於民心。禁先其本者治，兵戰其心者勝。聖人之治民也，先治者强，先戰者勝。夫國事務先而一民心，專舉公而私不從，賞告而姦不生，明法而治不煩，能用四者强，不能用四者弱。夫國之所以强者，政也；主之所以尊者，權也。故明君有權有政，亂君亦有權有政，積而不同，其所以立異也。故明君操權而上重，一政而國治。故法者，王之本也；刑者，愛之自也。

《韓非子·詭使》 聖人之所以爲治道者三：一曰利，二曰威，三曰名。夫利者所以得民也，威者所以行令也，名者上下之所同道也。非此三者，雖有不急矣。今利非無有也，而民不化上。威非不存也，而下不聽從。官非無法也，而治不當名。三者非不存也，而世一治一亂者，何也？夫上之所貴，常與其所以爲治相反也。夫立名號所以爲尊也，今有賤名輕實者，世謂之高。設爵位所以爲賤貴基也，而簡上不求見者，世謂之賢。威利所以行令也，而無利輕威者，世謂之重。法令所以爲治也，而不從法令，爲私善者，世謂之忠。官爵所以勸民也，而好名義不進仕者，世謂之烈士。刑罰所以擅威也，而輕法不避刑戮死亡之罪者，世謂之勇夫。民之急名也，甚其求利也。如此，則士之飢餓乏絶者，焉得無巖居苦身以爭名於天下哉！故世之所以不治者，非下之罪，上失其道也。常貴其所以亂而賤其所以治，是故下之所欲常與上之所以爲治相詭也。今下而聽其上，上之所急也。【略】守法固、聽令審則謂之愚，敬上畏罪則謂之怯，言時節，行中適，則謂之不肖。無二心私學、聽吏從教者，則謂之陋。難致謂之正，難予謂之廉，難禁謂之齊。有令不聽從謂之勇，無利於上謂之願，寬惠行德謂之仁，重厚自尊謂之長者，私學成群謂之師徒。閑靜安居謂之有思。損仁逐利謂之疾。險躁反覆謂之智。先爲人而後自爲，類名號，汎愛天下，謂之聖。言大不稱而不可用，行乖於世者，謂之大人。賤爵祿，不撓上者，謂之傑。下之漸行如此，入則亂民，出則不使也。上宜禁其欲，滅其迹而不止也，又從而尊之，是教下亂上以爲治也。凡所治者刑罰也，今有私行義者尊。社稷之所以立者安靜也，而躁險讒諛者任。四封之内所以聽從者，信與德也，而陂知傾覆者使。令之所以行，威之所以立者，恭儉聽上，而巖居非世者顯。倉廩之所以實者，耕農之本務也，而綦組錦繡刻畫爲末作者富。名之所以成，城池之所以廣者戰士也，今死戰之孤飢餓乞於道，而優笑酒徒之屬乘車衣絲。賞祿所以盡民力易下死也。今戰勝攻取之士勞而賞不霑，而卜筮視手理狐蠱爲順辭於前者日賜。上握度量，所以擅生殺之柄也，今守度奉量之士，欲以忠嬰上而不得見，巧言利辭行姦軌以倖偷世者數御。據法直言，名刑相當，循繩墨，誅姦人，所以爲上治也，而愈疏遠。諂施順意從欲以危世者近。習悉租稅，專民力，所以備難充倉府也，而士卒之逃事伏匿，附託有威之門以避徭賦，而上不得者萬數。夫善田利宅，所以厲戰士卒也，而斷頭裂腹播骨乎原野者，無宅容身，身死田奪。而女妹有色、大臣左右無功者，擇宅而受，擇田而食。賞利一從上出，所擅制下也。而戰介之士不得職，而閑居之士尊顯。上以此爲教，名安得無卑，位安得無危？夫卑名危位者，必下之不從法令、有二心、務私學、反逆世者也，而不禁其行，不破其群，以散其黨，又從而尊之，用事者過矣。上之所以立廉恥者，所以屬下也。今士大夫不羞汙泥醜辱而宦，女妹私義之門不待次而宦，賞賜所以爲重也，而戰鬬有功之士貧賤，而便辟優徒超級。名號誠信，所以通威也，而主揜障。近習女謁

並行，百官主爵遷人，用事者過矣。大臣官人比周不法，行威利在下，則主卑而大臣重矣。夫立法令者以廢私也，法令行而私道廢矣。私者所以亂法也，而士有二心私學，巖居窞處，託伏深慮，大者非世，細者惑下。上不禁，又從而尊之以名，化之以實，是無功而顯，無勞而富也。如此，則士之有二心私學者，焉得無深慮，勉知詐，誹謗法令以求索，與世相反者耶？凡亂上反世者，常士有二心私學者也。故《本言》曰：所以治者法也，所以亂者私也，法立則莫得爲私矣。故曰：道私者亂，道法者治。上無其道，則智者有私詞，賢者有私意。上有私惠，下有私欲，聖智成群，造言作辭，以非法令於上。上不禁塞，又從而尊之，是教下不聽上，不從法也。是以賢者顯名而居，奸人賴賞而富，是以上不勝下也。

《韓非子·難三》 法者，編著之圖籍，設之於官府，而布之於天下者也。術者，藏之於胸中，以偶衆端，而潛禦羣臣者也。故法莫如顯，而術不欲見。是以明主言法，則境內卑賤莫不聞知也，不獨滿於堂。用術，則親愛近習莫之得聞也，不得滿室。而管子猶曰：言於室滿室，言於堂滿堂。非法術之言也。

《韓非子·內儲說上》 殷之法刑弃灰於街者，子貢以為重，問之仲尼。仲尼曰：知治之道也。夫弃灰於街必掩人，掩人，人必怒，怒則鬭，鬭必三族相殘也。此殘三族之道也，雖刑之可也。且夫重罰者，人之所惡也；而無弃灰，人之所易也。使人行之所易，而無離所惡，此治之道。**【略】**公孫鞅之法也重輕罪。重罪者人之所難犯也，而小過者人之所易去也。使人去其所易無離其所難，此治之道。夫小過不生，大罪不至，是人無罪而亂不生也。

《韓非子·八經》 凡治天下，必因人情。人情者，有好惡，故賞罰可用。賞罰可用則禁令可立，禁令可立而治道具矣。君執柄以處勢，故令行禁止。柄者，殺生之制也；勢者，勝衆之資也。廢置無度則權瀆，賞罰下共則威分。**【略】**刑之煩也，名之繆也，賞譽不當則民疑。民之重名與其重賞也均。賞者有誹焉，不足以勸；罰者有譽焉，不足以禁。明主之道，賞必出乎公利，名必在乎為上。賞譽同軌，非誅俱行。然則民無榮於賞之內。有重罰者必有惡名，故民畏。罰，所以禁也，民畏所以禁，則國治矣。

《韓非子·六反》 聖人之治也，審於法禁，法禁明著則官法；必於賞罰，賞罰不阿，則民用。民用官治則國富，國富則兵强，而霸王之業成矣。霸王者，人主之大利也。人主挾大利以聽治，故其任官者當能，其賞罰無私。使士民明焉，盡力致死，則功伐可立，而爵祿可致，爵祿致而富貴之業成矣。富貴者，人臣之大利也。人臣挾大利以從事，故其行危至死，其力盡而不望。此謂君不仁、臣不忠，則不可以霸王矣。

夫姦，必知則備，必誅則止；不知則肆，不誅則行。夫陳輕貨於幽隱，雖曾、史可疑也；懸百金於市，雖大盜不取也。不知，則曾、史可疑於幽隱；必知，則大盜不取懸金於市。故明主之治國也，衆其守而重其罪，使民以法禁而不以廉止。母之愛子也倍父，父令之行於子者十母；吏之於民無愛，令之行於民也萬父。母積愛而令窮，吏威嚴而民聽從，嚴愛之筴亦可決矣。且父母之所以求於子也，動作則欲其安利也；行身則欲其遠罪也。君上之於民也，有難則用其死，安平則盡其力。親以厚愛，關子於安利，而不聽；君以無愛利，求民之死力，而令行。明主知之，故不養恩愛之心，而增威嚴之勢。故母厚愛處，子多敗，推愛也；父薄愛教笞，子多善，用嚴也。

今家人之治產也，相忍以饑寒，相强以勞苦，雖犯軍旅之難、饑饉之患，溫衣美食者，必是家也。相憐以衣食，相惠以佚樂，天饑歲荒，嫁妻賣子者，必是家也。故法之為道，前苦而長利；仁之為道，偷樂而後窮。聖人權其輕重，出其大利，故用法之相忍，而弃仁人之相憐也。學者之言皆曰輕刑，此亂亡之術也。九賞罰之必者，勸禁也。賞厚則所欲之得也疾，罰重則所惡之禁也急。夫欲利者必惡害，害者利之反也。反於所欲，焉得無惡？欲治者必惡亂，亂者治之反也。是故欲治甚者，其賞必厚矣；其惡亂甚者，其罰必重矣。**【略】**且夫重刑者，非為罪人也，明主之法揆也。治賊，非治所揆也；治所揆也者，是治死人也；刑盜，非治所刑也，治所刑也者，是治胥靡也。故曰：重一姦之罪，而止境內之邪，此所以為治也。重罰者，盜賊也；而悼懼者，良民也。欲治者奚疑於重刑！若夫厚賞者，非獨賞功也，又勸一國。受賞者甘利，未賞者慕業，是報一人之功而勸境內之衆也，欲治者何疑於厚賞！今不知治者皆曰：重刑傷民。輕刑可以止姦，何必於重哉？此不察於治者也。夫以重止者，

未必以輕止也，以輕止者，必以重止矣。是以上設重刑者而姦盡止，姦盡止則此奚傷於民也！所謂重刑者，姦之所利者細，而上之所加焉者大也；民不以小利加大罪，故姦必止者也。所謂輕刑者，姦之所利者大，上之所加焉者小也；民慕其利而傲其罪，故姦不止也。故先聖有諺曰：不躓於山，而躓於垤。山者大，故人順之；垤微小，故人易之也。今輕刑罰，民必易之；犯而不誅，是驅國而弃之也；犯而誅之，是為民設陷也。是故輕罪者，民之垤也。是以輕罪之為民道也，非亂國也，則設民陷也，此則可謂傷民矣。

（唐）杜佑《通典》卷一七〇《刑法·峻酷》 秦孝公納衛鞅説，變法令，舍人無驗者坐之，棄灰於路者刑，步過六尺者罰。初，令之作也，一日臨渭決囚七百餘人，渭水盡赤。具《刑制上》。

始皇專任獄吏，燕人盧生竊嘆曰：帝親幸獄吏，樂以行殺爲威，天下畏罪持禄，莫敢盡忠。上不聞過而日驕，下攝伏謾欺以取容。始皇聞之，怒曰：諸生在咸陽者，吾使廉問，或爲妖言以亂黔首。於是使御史悉按問諸生。諸生傳相告引，乃自誣，犯禁者四百六十餘人，皆坑之。三十六年，有星墜下東郡，至地爲石。或刻其石曰：始皇死而地分。帝聞之，遣御史逐問，莫服，盡取石旁居人誅之，因燔其石。胡亥以趙高爲郎中令，更法律令，有罪者相坐収族，胡亥從之。羣臣諸公子有罪，令高治之。殺大臣蒙毅等，公子十二人戮死屍於市，十公主磔死於杜，財物没入縣官，餘相連坐者不可勝數。時山東羣盜大起，不能禁。胡亥責李斯，斯懼，乃阿意，以書對曰：夫賢主必能行督責之術，則人不犯。故韓子曰：慈父有敗子，而嚴家無格虜。胡亥悦，行督責益嚴，刑者相半，死屍成積於市。以殺人多者爲忠臣。丞相去疾及李斯，與將軍馮劫諫胡亥，以寇盜並起，皆苦於轉戍，且止阿房作者。胡亥曰：君不能禁盜，又欲罷先帝所爲，何以在位？遂下之吏。去疾、劫曰：將相不辱。皆自殺。高因譖李斯子由爲三川守與盜通。令高按問斯。高詐為御史十輩，往訊斯，斯以實對，輒令榜掠。斯急，上書，高令棄之不奏。後胡亥使人驗斯，斯懼如前使者，乃誣伏。遂具斯五刑，腰斬咸陽市，夷三族。

（漢）陸賈《新語·至德》 天地之性，萬物之類，儴道者衆歸之，恃刑者民畏之，歸之則附其側，畏之則去其域。故設刑者不厭輕，為德者不厭重，行罰者不患薄，布賞者不患厚，所以親近而致遠也。

夫形重者則身勞，事衆者則心煩，心煩者則刑罰縱横而無所立，身勞者則百端迴邪而無所就。是以君子之為治也，塊然若無事，寂然若無聲，官府若無吏，亭落若無民，閭里不訟於巷，老幼不愁於庭，近者無所議，遠者無所聽，郵驛無夜行之吏，鄉閭無夜名之征，犬不夜吠，烏不夜鳴，老者息於堂，丁壯者耕耘於田，在朝者忠於君，在家者孝於親。於是賞善罰惡而潤色之，興辟雍庠序而教誨之。然後賢愚異議，廉鄙異科，長幼異節，上下有差，强弱相扶，小大相懷，尊卑相承，鴈行相隨，不言而信，不怒而威。豈恃堅甲利兵、深刑刻法，朝夕切切而後行哉？

昔晋厲、齊莊、楚靈、宋襄，秉大國之權，杖衆民之威，軍師横出，陵轢諸侯，外驕敵國，内克百姓，隣國之讐結於外，臣下之怨積於内，而欲建金石之功，終傳不絶之世，豈不難哉！故宋襄死於泓水之戰，三君死於臣子之手，皆輕用師而尚威力，以至於斯。故《春秋》重而書之，嗟嘆而傷之。是三君皆强其盛而失國，急其刑而自賊。斯乃去事之戒，來事之師也。

（漢）賈誼《賈誼集·治安策》 夫禮者禁於將然之前，而法者禁於已然之後，是故法之所用易見，而禮之所為生難知也。若夫慶賞以勸善，刑罰以懲惡，先王執此之政，堅如金石，行此之令，信如四時，據此之公，無私如天地耳，豈顧不用哉？

《漢書》卷二三《刑法志》 聖人取類以正名，而謂君為父母，明仁愛德讓，王道之本也。愛待敬而不敗，德須威而久立，故制禮以崇敬，作刑以明威也。聖人既躬明悊之性，必通天地之心，制禮作教，立法設刑，動緣民情，而則天象地。故曰：先王立禮，則天之明，因地之性也。刑罰威獄，以類天之震曜殺戮也；溫慈惠和，以效天之生殖長育也。《書》云：天秩有禮，天討有罪。故聖人因天秩而制五禮，因天討而作五刑。

【略】

昔周之法，建三典以刑邦國，詰四方：一曰刑新邦用輕典，二曰刑平邦用中典，三曰刑亂邦用重典。五刑，墨罪五百，劓罪五百，宫罪五百，刖罪五百，殺罪五百，所謂刑平邦用中典者也。凡殺人者踣諸市，墨者使守門，劓者使守關，宫者使守内，刖者使守囿，完者使守積。其奴，

男子入於罪隸，女子入春槁。凡有爵者，與七十者，與未齔者，皆不為奴。周道既衰，穆王眊荒，命甫侯度時作刑，以詰四方。墨罰之屬千，劓罰之屬千，髕罰之屬五百，宮罰之屬三百，大辟之罰其屬二百。五刑之屬三千，蓋多於平邦中典五百章，所謂刑亂邦用重典者也。

春秋之時，王道寖壞，教化不行，子産相鄭而鑄刑書。晉叔向非之曰：昔先王議事以制，不爲刑辟，懼民之有争心也。猶不可禁禦，是故閑之以誼，糾之以政，行之以禮，守之以信，奉之以仁。制爲禄位，以勸其從；嚴斷刑罰，以威其淫。懼其未也，故誨之以忠，竦之以行，教之以務，使之以和，臨之以敬，莅之以强，斷之以剛。猶求聖哲之上、明察之官、忠信之長、慈惠之師。民於是乎可任使也，而不生禍亂。民知有辟，則不忌於上，并有争心，以徵於書，而僥幸以成之，弗可爲矣。夏有亂政而作《禹刑》，商有亂政而作《湯刑》，周有亂政而作《九刑》。三辟之興，皆叔世也。今吾子相鄭國，制參辟，鑄刑書，將以靖民，不亦難乎！《詩》曰：儀式刑文王之德，日靖四方。又曰：儀刑文王，萬邦作孚。如是，何辟之有？民知争端矣，將棄禮而徵於書，錐刀之末，將盡争之，亂獄滋豐，貨賂並行，終子之世，鄭其敗虖！子産報曰：若吾子之言，僑不材，不能及子孫，吾以救世也。媮薄之政，自是滋矣。孔子傷之，曰：導之以德，齊之以禮，有耻且格；導之以政，齊之以刑，民免而無耻。禮樂不興，則刑罰不中；刑罰不中，則民無所錯手足。孟氏使陽膚爲士師，問於曾子，亦曰：上失其道，民散久矣。如得其情，則哀矜而勿喜。

陵夷至於戰國，韓任申子，秦用商鞅，連相坐之法，造參夷之誅；增加肉刑、大辟，有鑿顛、抽脅、鑊亨之刑。

至於秦始皇，兼吞戰國，遂毁先王之法，滅禮誼之官，專任刑罰，躬操文墨，晝斷獄，夜理書，自程决事，日縣石之一。而姦邪並生，赭衣塞路，囹圄成市，天下愁怨，潰而叛之。

漢興，高祖初入關，約法三章曰：殺人者死，傷人及盗抵罪。蠲削煩苛，兆民大説。其後四夷未附，兵革未息，三章之法不足以禦姦，於是相國蕭何攈摭秦法，取其宜於時者，作律九章。

當孝惠、高后時，百姓新免毒蠚，人欲長幼養老，蕭、曹為相，塡以無為，從民之欲，而不擾亂。是以衣食滋殖，刑罰用稀。【略】

善乎！孫卿之論刑也，曰：世俗之為説者，以為治古者無肉刑，有象刑墨黥之屬，菲履赭衣而不純，是不然矣。以為治古，則人莫觸罪邪，豈獨無肉刑哉，亦不待象刑矣。以為人或觸罪矣，而直輕其刑，是殺人者不死，而傷人者不刑也。罪至重而刑至輕，民無所畏，亂莫大焉。凡制刑之本，將以禁暴惡，且懲其末也。殺人者不死，傷人者不刑，是惠暴而寬惡也。故象刑非生於治古，方起於亂今也。凡爵列官職，賞慶刑罰，皆以類相從者也。一物失稱，亂之端也。德不稱位，能不稱官，賞不當功，刑不當罪，不祥莫大焉。夫征暴誅悖，治之威也。殺人者死，傷人者刑，是百王之所同也，未有知其所由來者也。故治則刑重，亂則刑輕，犯治之罪固重，犯亂之罪固輕也。《書》云刑罰世輕世重，此之謂也。所謂象刑惟明者，言象天道而作刑，安有菲履赭衣者哉？

孫卿之言既然，又因俗説而論之曰：禹承堯舜之後，自以德衰而制肉刑，湯武順而行之者，以俗薄於唐虞故也。今漢承衰周暴秦極敝之流，俗已薄於三代，而行堯舜之刑，是猶以鞿而御駻突，違救時之宜矣。且除肉刑者，本欲以全民也，今去髡鉗一等，轉而入於大辟。以死罔民，失本惠矣。故死者歲以萬數，刑重之所致也。至乎穿窬之盗，忿怒傷人，男女淫佚，吏爲姦臧，若此之惡，髡鉗之罰又不足以懲也。故刑者歲十萬數，民既不畏，又曾不恥，刑輕之所生也。故俗之能吏，公以殺盗爲威，專殺者勝任，奉法者不治，亂名傷制，不可勝條。是以網密而姦不塞，刑蕃而民愈嫚。必世而未仁，百年而不勝殘，誠以禮樂闕而刑不正也。豈宜惟思所以清原正本之論，删定律令，籑二百章，以應大辟。其餘罪次，於古當生，今觸死者，皆可募行肉刑。及傷人與盗，吏受賕枉法，男女淫亂，皆復古刑，為三千章。詆欺文致微細之法，悉蠲除。如此，則刑可畏而禁易避，吏不專殺，法無二門，輕重當罪，民命得全，合刑罰之中，殷天人之和，順稽古之制，成時雍之化。成康刑錯，雖未可致，孝文斷獄，庶幾可及。《詩》云：宜民宜人，受禄於天。《書》曰：立功立事，可以永年。言為政而宜於民者，功成事立，則受天禄而永年命，所謂一人有慶，萬民賴之者也。

《漢書》卷五六《董仲舒傳》臣謹案《春秋》之文，求王道之端，

得之於正。正次王，王次春。春者，天之所為也；正者，王之所為也。其意曰，上承天之所為，而下以正其所為，正王道之端云爾。然則王者欲有所為，宜求其端於天。天道之大者在陰陽。陽為德，陰為刑；刑主殺而德主生。是故陽常居大夏，而以生育養長為事；陰常居大冬，而積於空虛不用之處。以此見天之任德不任刑也。天使陽出布施於上而主歲功，使陰入伏於下而時出佐陽，陽不得陰之助，亦不能獨成歲。終陽以成歲為名，此天意也。王者承天意以從事，故任德教而不任刑。刑者不可任以治世，猶陰之不可任以成歲也。為政而任刑，不順於天，故先王莫之肯為也。今廢先王德教之官，而獨任執法之吏治民，毋乃任刑之意與！孔子曰：不教而誅謂之虐。虐政用於下，而欲德教之被四海，故難成也。【略】

臣聞聖王之治天下也，少則習之學，長則材諸位，爵祿以養其德，刑罰以威其惡，故民曉於禮誼而恥犯其上。武王行大誼，平殘賊，周公作禮樂以文之，至於成康之隆，囹圄空虛四十餘年，此亦教化之漸而仁誼之流，非獨傷肌膚之效也。至秦則不然。師申商之法，行韓非之説，憎帝王之道，以貪狼為俗，非有文德以教訓於〔天〕下也。誅名而不察實，為善者不必免，而犯惡者未必刑也。是以百官皆飾〔空言〕虛辭而不顧實，外有事君之禮，內有背上之心，造偽飾詐，趣利無恥；又好用憯酷之吏，賦斂亡度，竭民財力，百姓散亡，不得從耕織之業，羣盜並起。是以刑者甚衆，死者相望，而姦不息，俗化使然也。故孔子曰導之以政，齊之以刑，民免而無恥，此之謂也。【略】

臣聞《論語》曰：有始有卒者，其唯聖人虖！今陛下幸加惠，留聽於承學之臣，復下明冊，以切其意，而究盡聖德，非愚臣之所能具也。前所上對，條貫靡竟，統紀不終，辭不別白，指不分明，此臣淺陋之罪也。

冊曰：善言天者必有徵於人，善言古者必有驗於今。臣聞天者羣物之祖也，故徧覆包函而無所殊，建日月風雨以和之，經陰陽寒暑以成之。故聖人法天而立道，亦溥愛而亡私，布德施仁以厚之，設誼立禮以導之。春者天之所以生也，仁者君之所以愛也；夏者天之所以長也，德者君之所以養也；霜者天之所以殺也，刑者君之所以罰也。繇此言之，天人之徵，古今之道也。孔子作《春秋》，上揆之天道，下質諸人情，參之於古，考之於今。故《春秋》之所譏，災害之所加也；《春秋》之所惡，怪異之所施也。書邦家之過，兼災異之變，以此見人之所為，其美惡之極，乃與天地流通而往來相應，此亦言天之一端也。古者修教訓之官，務以德善化民，民已大化之後，天下常亡一人之獄矣。今世廢而不脩，亡以化民，民以故棄行誼而死財利，是以犯法而罪多，一歲之獄以萬千數。以此見古之不可不用也，故《春秋》變古則譏之。天令之謂命，命非聖人不行；質樸之謂性，性非教化不成；人欲之謂情，情非度制不節。是故王者上謹於承天意，以順命也；下務明教化民，以成性也；正法度之宜，別上下之序，以防欲也：脩此三者，而大本舉矣。人受命於天，固超然異於羣生，入有父子兄弟之親，出有君臣上下之誼，會聚相遇，則有耆老長幼之施，粲然有文以相接，驩然有恩以相愛，此人之所以貴也。生五穀以食之，桑麻以衣之，六畜以養之，服牛乘馬，圈豹檻虎，是其得天之靈，貴於物也。故孔子曰：天地之性人為貴。明於天性，知自貴於物；知自貴於物，然後知仁誼；知仁誼，然後重禮節；重禮節，然後安處善；安處善，然後樂循理；樂循理，然後謂之君子。故孔子曰不知命，亡以為君子，此之謂也。

冊曰：上嘉唐虞，下悼桀紂，寖微寖滅寖明寖昌之道，虛心以改。臣聞衆少成多，積小致鉅，故聖人莫不以晻致明，以微致顯。是以堯發於諸侯，舜興虖深山，非一日而顯也，蓋有漸以致之矣。言出於己，不可塞也；行發於身，不可掩也。言行，治之大者，君子之所以動天地也。故盡小者大，慎微者著。《詩》云：惟此文王，小心翼翼。故堯兢兢日行其道，而舜業業日致其孝，善積而名顯，德章而身尊，此其寖明寖昌之道也。積善在身，猶長日加益，而人不知也；積惡在身，猶火之銷膏，而人不見也。非明虖情性察虖流俗者，孰能知之？此唐虞之所以得令名，而桀紂之可為悼懼者也。夫善惡之相從，如景鄉之應形聲也。故桀紂暴謾，讒賊並進，賢知隱伏，惡日顯，國日亂，晏然自以如日在天，終陵夷而大壞。夫暴逆不仁者，非一日而亡也，亦以漸至，故桀、紂雖亡道，然猶享國十餘年，此其寖微寖滅之道也。

冊曰：三王之教所祖不同，而皆有失，或謂久而不易者道也，意豈異哉？臣聞夫樂而不亂復而不厭者謂之道；道者萬世亡弊，弊者道之失

也。先王之道必有偏而不起之處，故政有眊而不行，舉其偏者以補其弊而已矣。三王之道所祖不同，非其相反，將以捄溢扶衰，所遭之變然也。故孔子曰：亡為而治者，其舜虖！改正朔，易服色，以順天命而已；其餘盡循堯道，何更為哉！故王者有改制之名，亡變道之實。然夏上忠，殷上敬，周上文者，所繼之捄，當用此也。孔子曰：殷因於夏禮，所損益可知也；周因於殷禮，所損益可知也；其或繼周者，雖百世可知也。此言百王之用，以此三者矣。夏因於虞，而獨不言所損益者，其道如一而所上同也。道之大原出於天，天不變，道亦不變，是以禹繼舜，舜繼堯，三聖相受而守一道，亡救弊之政也，故不言其所損益也。繇是觀之，繼治世者其道同，繼亂世者其道變。今漢繼大亂之後，若宜少損周之文致，用夏之忠者。

陛下有明德嘉道，愍世俗之靡薄，悼王道之不昭，故舉賢良方正之士，論（誼）〔議〕考問，將欲興仁誼之休德，明帝王之法制，建太平之道也。臣愚不肖，述所聞，誦所學，道師之言，厪能勿失耳。若乃論政事之得失，察天下之息秏，此大臣輔佐之職，三公九卿之任，非臣仲舒所能及也。然而臣竊有怪者。夫古之天下亦今之天下，今之天下亦古之天下，共是天下，古（亦）〔以〕大治，上下和睦，習俗美盛，不令而行，不禁而止，吏亡姦邪，民亡盜賊，囹圄空虛，德潤草木，澤被四海，鳳皇來集，麒麟來游，以古準今，壹何不相逮之遠也！安所繆盭而陵夷若是？意者有所失於古之道與？有所詭於天之理與？試迹之〔於〕古，返之於天，黨可得見乎。

夫天亦有所分予，予之齒者去其角，傅其翼者兩其足，是所受大者不得取小也。古之所予祿者，不食於力，不動於末，是亦受大者不得取小，與天同意者也。夫已受大，又取小，天不能足，而況人乎！此民之所以囂囂苦不足也。身寵而載高位，家溫而食厚祿，因乘富貴之資力，以與民爭利於下，民安能如之哉！是故衆其奴婢，多其牛羊，廣其田宅，博其產業，畜其積委，務此而亡已，以迫蹵民，民日削月朘，寖以大窮。富者奢侈羨溢，貧者窮急愁苦；窮急愁苦而上不救，則民不樂生；民不樂生，尚不避死，安能避罪！此刑罰之所以蕃而姦邪不可勝者也。故受祿之家，食祿而已，不與民爭業，然後利可均布，而民可家足。此上天之理，而亦太古之道，天子之所宜法以為制，大夫之所當循以為行也。故公儀子相魯，之其家見織帛，怒而出其妻，食於舍而茹葵，慍而拔其葵，曰：吾已食祿，又奪園夫紅女利虖！古之賢人君子在列位者皆如是，是故下高其行而從其教，民化其廉而不貪鄙。及至周室之衰，其卿大夫緩於誼而急於利，亡推讓之風而有爭田之訟。故詩人疾而刺之，曰：節彼南山，惟石巖巖，赫赫師尹，民具爾瞻。爾好誼，則民鄉仁而俗善；爾好利，則民好邪而俗敗。由是觀之，天子大夫者，下民之所視效，遠方之所四面而內望也。近者視而放之，遠者望而效之，豈可以居賢人之位而為庶人行哉！夫皇皇求財利常恐乏匱者，庶人之意也；皇皇求仁義常恐不能化民者，大夫之意也。易曰：負且乘，致寇至。乘車者君子之位也，負擔者小人之事也，此言居君子之位而為庶人之行者，其患禍必至也。若居君子之位，當君子之行，則舍公儀休之相魯，亡可為者矣。

《春秋》大一統者，天地之常經，古今之通誼也。今師異道，人異論，百家殊方，指意不同。是以上亡以持一統，法制數變，下不知所守。臣愚以爲諸不在六藝之科、孔子之術者，皆絶其道，勿使並進。邪辟之說滅息，然後統紀可一而法度可明，民知所從矣。

（漢）桓寬《鹽鐵論》卷六《後刑》　大夫曰：古之君子善善而惡惡。人君不畜惡民，農夫不畜無用之苗。無用之苗，苗之害也；無用之民，民之賊也。鉏一害而衆苗成，刑一惡而萬民說。雖周公、孔子不能釋刑而用惡。家之有鉏子，器皿不居，況鉏民乎！民者教於愛而聽刑。故刑所以正民，鉏所以別苗也。

賢良曰：古者篤教以導民，明辟以正刑。刑之於治，猶策之於御也。良工不能無策而御，有策而勿用。聖人假法以成教，教成而刑不施。故威厲而不殺，刑設而不犯。今廢其紀綱而不能張，壞其禮義而不能防，民陷於網，從而獵之以刑，是猶開其闌牢，發以毒矢也，不盡不止。曾子曰：上失其道，民散久矣。如得其情，則哀矜而勿喜。夫不傷民之不治，而伐己之能得姦，猶弋者覩鳥獸挂罻羅而喜也。今天下之被誅者不必有管、蔡之邪，鄧晳之僞，恐苗盡而不別，民欺而不治也。孔子曰：人而不仁，疾之已甚，亂也。故民亂反之政，政亂反之身，身正而天下定。是以君子嘉善而矜不能，恩及刑人，德潤窮夫，施惠說爾，行刑不樂也。

（漢）桓寬《鹽鐵論》卷九《論菑》　文學曰：兵者凶器也，甲堅兵利，為天下殃。以母制子，故能久長。聖人法之，厭而不陽。《詩》云：載戢干戈，載櫜弓矢。我求懿德，肆于時夏。衰世不然，逆天道以快暴心，僵尸流血以爭壤土。牢人之君，滅人之祀，殺人之子，若絶草木，刑者肩靡於道。以己之所惡而施於人。是以國家破滅，身受其殃，秦王是也。

大夫曰：金生於巳，刑罰小加，故薺麥夏死。《易》曰：履霜堅冰至。秋始降霜，草木隕零，合冬行誅，萬物畢藏。春夏生長，利以行仁。秋冬殺藏，利以施刑。故非其時而樹，雖生不成。秋冬行德，是謂逆天道。《月令》：涼風至，殺氣動，蜻蛚鳴，衣裘成。天子行微刑，始貙膢以順天令。文學曰：同四時，合陰陽，尚德而除刑。如此，則鷹隼不鷙，猛獸不攫，秋不蒐獮，冬不田狩者也。

文學曰：天道好生惡殺，好賞惡罰，故使陽居於實而宣德施，陰藏於虛而為陽佐輔。陽剛陰柔，季不能加孟。此天賤冬而貴春，申陽屈陰。故王者南面而聽天下，背陰向陽，前德而後刑也。霜雪晚至，五穀猶成，雹霧夏隕，萬物皆傷。由此觀之，嚴刑以治國，猶任秋冬以成穀也。故法令者，治惡之具也，而非至治之風也。是以古者明王茂其德教而緩其刑罰也。網漏吞舟之魚，而刑審於繩墨之外，反臻其末而民莫犯禁也。

（漢）桓寬《鹽鐵論》卷一〇《刑德》　大夫曰：令者所以教民也，法者所以督姦也。令嚴而民慎，法設而姦禁。網疏則獸失，法疏則罪漏。罪漏則民放佚而輕犯禁。故禁不必，怯夫徼倖，誅誠，蹠、蹻不犯。是以古者作五刑，刻肌膚而民不踰矩。

文學曰：道德衆，人不知所由；法令衆，人不知所辟。故王者之制法，昭乎如日月，故民不迷；曠乎若大路，故民不惑。幽隱遠方，折手知足，室女童婦，咸知所辟。是以法令不犯，而獄犴不用也。昔秦法繁於秋荼，而網密於凝脂。然而上下相遁，姦僞萌生，有司治之，若救爛撲焦不能禁。非網疏而罪漏，禮義廢而刑罰任也。方今律令百有餘篇，文章繁，罪名重，郡國用之疑惑。或淺或深，自吏明習者不知所處，而況愚民乎！律令塵蠹於棧閣，吏不能偏覩，而況於愚民乎！此斷獄所以滋衆，而民犯禁也。宜犴宜獄，握粟出卜，自何能穀？刺刑法繁也。親服之屬甚衆，上附下附而服不過五。五刑之屬三千，上殺下殺而罪不過五。故治民之道，務篤其教而已。

大夫曰：文學言王者立法，曠若大路。今馳道不小也，而民公犯之，以其罰罪之輕也。千仞之高，人不輕凌；千鈞之重，人不輕舉。商君刑棄灰於道，而秦民治。故盜馬者死，盜牛者加，所以重本而絶輕疾之資也。武兵名食，所以佐邊而重武備也。盜傷與殺同罪，所以累其心而責其意也。猶魯以楚師伐齊，而《春秋》惡之。故輕之為重，淺之為深，有緣而然。法之微者，固非衆人之所知也。

文學曰：《詩》云：周道如砥，其直如矢。言其易也。君子所履，小人所視。言其明也。故德明而易從，法約而易行。今馳道經營陵陸，紆周天下，是以萬里為民穽也。罻羅張而縣其谷，辟陷設而當其蹊，繳弋飾而加其上，能勿離乎？聚其所欲，開其所利，仁義陵遲，能勿踰乎？故其末途至於攻城入邑，損府庫之金，盜宗廟之器，豈特千仞之高、千鈞之重哉！《管子》曰：四維不張，雖皋陶不能為士。故德教廢而詐僞行，禮義壞而姦邪興，言無仁義也。仁者，愛之效也；義者，事之宜也。故君子愛人以及物，治近以及遠。《傳》曰：凡生之物，莫貴於人；人主之所貴，莫重於人。故天之生萬物以奉人也，主愛人，以順天也。聞以六畜禽獸養人，未聞以所養害人者也。魯廄焚，孔子罷朝，問人不問馬，賤畜而重人也。今盜馬者罪死，盜牛者加。乘車馬馳行道中，吏舉苛而不止，以為盜馬，而罪亦死。今傷人，持其刀劍而亡，亦可謂盜武庫兵而殺之乎？人主立法而民犯之，亦可以為逆而輕主約乎？深之可以死，輕之可以免，非法禁之意也。法者，緣人情而制，非設罪以陷人也。故《春秋》之治獄，論心定罪，志善而違於法者免，志惡而合於法者誅。念傷民未有所害，志不甚惡而合於法者，謂盜而傷人者耶？將執法者過耶？何於人心不厭也！古者，傷人有創者刑，盜有贓者罰，殺人者死。今取人兵刃以傷人，罪與殺人同，得無非其至意與？

大夫俛仰未應對。

御史大夫曰：執法者國之轡銜，刑罰者國之維檝。故轡銜不飭，雖王良不能以致遠；維檝不設，雖良工不能以絶水。《韓子》曰：疾有國者不能明其法勢，御其臣下，富國彊兵以制敵禦難，惑於愚儒之文詞以疑

賢士之謀，舉浮淫之蠹加之功實之上，而欲國之治，猶釋階而欲登高，無銜橛而御騁馬也。今刑法設備而民猶犯之，况無法乎？其亂必也！

文學曰：轡銜者，御之具也，得良工而調。法勢者，治之具也，得賢人而化。執轡非其人，則馬奔馳。執軸非其人，則船覆傷。昔吴使宰嚭持軸而破其船，秦使趙高執轡而覆其車。今廢仁義之術，而任刑名之徒，則復吴、秦之事也。夫為君者法三王，為相者法周公，為術者法孔子，此百世不易之道也。韓非非先王而不遵，舍正令而不從，卒蹈陷穽，身幽囚，客死於秦。夫不通大道而小辯，斯足以害其身而已。

(唐)魏徵等《羣書治要》卷四二桓寬《鹽鐵論》 道徑衆，民不知所由也。法令衆，人不知所避也。故王者之制法也，昭乎如日月，故民不迷；曠乎若大路，故民不惑。幽隱遠方，折乎知之，愚婦童婦，咸知所避，是故法令不犯，而獄犴不用也。昔秦法繁於秋荼，而網密於凝脂。然而上下相遁，姦僞萌生，有司治之，若救爛撲焦不能禁，非網疏而罪漏，禮義廢而刑罰任也。方今律令百有餘篇，文章繁，罪名重，郡國用之疑惑，或淺或深，自吏明習者不知所處，而况愚民乎？律令塵蠹於棧閣，吏不能偏覩，而况愚民乎？此斷獄所以滋衆，而民犯禁滋多也。親服之屬甚衆，上附下附，而服不過五。五刑之屬三千，上殺下殺，而罪不過五。故治民之道，務篤於教也。法能刑人，而不能使人廉；能殺人，而不能使人仁。所貴良醫者，貴其審消息而退邪氣也，非貴其下鍼石而鑽肌膚也。所貴良吏者，貴其絶惡於未萌，使之不爲非，非貴其拘之囹圄，而刑殺之也。今之所謂良吏者，文察則以禍其民，强力則以厲其下，不本法之所由生，而專己之殘心，文誅假法，以陷不辜，累無罪，以子及父，以弟及兄，一人有罪，州里驚駭，十家奔亡，若癰疽之相漫，色淫之相連，一節動而百枝搖。詩云：舍彼有罪，既伏其辜；若此無罪，淪胥以鋪。傷無罪而累也。非患銚鉏之不利，患其舍草而芸苗也。非患無準平，患其舍枉而繩罰也。故親近爲過不必誅，是鉏不用也；疏遠有功不必賞，是苗不養也。故世不患無法，而患無必行之法也。古者周其禮，而明其教，禮周教明不從者，然後等之以刑。刑罰中，民不怨矣。故舜施四罪，而天下咸服，誅不仁也。輕重各伏其誅，刑必加而無赦。赦維疑者，若此，則世安得不軌之人而罪之乎？今廢其德教，而責之禮義，是虐民也。《春秋》傳曰：子有罪執其父，臣有罪執其君，聽失之大者也。今以子誅父，以弟誅兄，親戚相坐，什伍相連，若引根本而及華葉，傷小指而累四體也。如此，則以有罪及誅無罪，及誅無罪，則天下之無罪者寡矣。故吏不以多斷爲良，醫不以多刺爲工。子産殺一人刑二人，道不拾遺，而民無誣心。故爲民父母，似養疾子，長恩厚而已。自首匿相坐之法立，骨肉之恩廢，而刑罪多矣。聞父母之於子，雖有罪猶匿之，其不欲服罪爾，子爲父隱，父爲子隱，未聞父子之相坐也。聞兄弟能緩追以免賊，未聞兄弟之相坐也。聞惡惡止其人，疾始而誅首惡，未聞什伍而相坐也。紂爲炮烙之刑，而秦有收孥之法，趙高以峻文決罪於内，百官以峭法斷割於外，死者相枕蓆，刑者相望，百姓側目重足，不寒而慄。方此之時，豈特冒火蹈刃哉？然父子相背，兄弟相嫚，至於骨肉相殘，上下相殺，非刑輕而罰不必，令太嚴而仁恩不施也。故政寬則下親其上，政嚴則臣謀其主。晋厲以幽，二世以弑，惡在峻法之不犯，嚴家之無挌虜也。聖人知之，是以務和而不務威。故高皇帝約秦苛法，以慰怨毒之人，而長和睦之心，唯恐刑之重，而德之薄也。是以恩施無窮，澤流後世。商鞅吴起以秦楚之法爲輕而累之，上危其主，下沒其身，或非特慈母乎？民之仰法，猶魚之仰水，水清則静，濁則擾。擾則不安其居，静則樂其業。樂其業則富，富則仁生，贍則爭止。是以成康之世，賞無所施，法無所加，非可刑而不刑，民莫犯禁也。非可賞而不賞，民莫不仁也。若斯則吏何事而可理乎？今之治民者，若拙御之御馬也，行則頓之，止則擊之，身創於棰，吻傷於銜，而求其無失，何可得也。故疲馬不畏鞭棰，疲民不畏刑法，雖增而累之，其有益乎？古者明其仁義之誓，使民不踰。不教而殺，是虐民也。與其刑不可踰，不若義之不可踰也。聞禮義行而刑罰中，未聞刑罰任而孝悌興也。高墻狹基，不可立也。嚴刑峻法，不可久也。二世信趙高之計，深督責而任誅斷，刑者半道，死者日積，殺人多者爲忠，斂民悉者爲能，百姓不勝其求，黔首不勝其刑，海内同憂，而俱不聊生。故過任之事，父不得於子；無已之求，君不得於臣，知死不再生。窮鼠齧狸，匹夫奔萬乘，舍人折弓，陳勝吴廣是也。聞不一朞而社稷爲虚，惡在其能長制羣下，而久守其國也。

(唐)魏徵等《羣書治要》卷四三劉向《說苑·政理》 政有三品：

王者之政化之，霸者之政威之，强國之政脇之。夫此三者，各有所施，而化之爲貴矣。夫化之不變，而後威之；威之不變，而後脇之；脇之不變，而後刑之。夫至於刑者，則非王者之所貴也。是以聖王先德教而後刑罰，立榮恥而明防禁。崇禮義之節以示之，賤貨利之弊以變之，則下莫不慕義禮之榮，而惡貪亂之恥。其所由致之者，化使然也。【略】治國有二機，刑德是也。王者尚其德，而稀其刑；霸者刑德並湊；强國先其刑而後其德。夫刑德者，化之所由興也。德者，養善而進闕者也；刑者，懲惡而禁後者也。故德化之崇者至於賞，刑罰之甚者，至於誅。夫誅賞者，所以別賢不肖，而列有功與無功也。誅賞繆，則善惡亂矣。夫有功而不賞，則善不勸矣；有過而不誅，則惡不懼矣。善不勸，而能以行化乎天下者，未嘗聞也。

（漢）王充《論衡》卷一二《謝短》 古禮三百，威儀三千。刑亦正刑三百，科條三千。出於禮，入於刑，禮之所去，刑之所取，故其多少同一數也。

（漢）王符《潛夫論》卷五《斷訟》 五代不同禮，三家不同教。非其苟相反也，蓋世推移而俗化異也。俗化異則亂原殊，故三家符世，皆革定法。高祖制三章之約，孝文除克膚之刑，是故自非殺傷盜賊，必罪之法，輕重無常，各隨時宜，要取足用勸善消惡而已。夫制法之意，若爲藩籬溝壍以有防矣。擇禽獸之尤可數犯者，而加深厚焉。今姦宄雖衆，然其原少；君事雖繁，然其守約。知其原少，姦易塞；見其守約，政易治。塞其原，則姦宄絶；施其術，則遠近治。今一歲斷獄，雖以萬計，然辭訟之辨，闞賊之發，鄉部之治，獄官之治者，其狀一也。

《後漢書》卷四六《陳寵傳》 寵以帝新即位，宜改前世苛俗，乃上疏曰：臣聞先王之政，賞不僭，刑不濫，與其不得已，寧僭不濫。故唐堯著典，眚灾肆赦；周公作戒，勿誤庶獄，伯夷之典，惟敬五刑，以成三德。由此言之，聖賢之政，以刑罰為首。往者斷獄嚴明，所以威懲姦慝，姦慝既平，必宜濟之以寬。陛下即位，率由此義。數詔羣僚，弘崇晏晏。而有司執事，未悉奉承，典刑用法，猶尚深刻。斷獄者急於篣格酷烈之痛，執憲者煩於詆欺放濫之文，或因公行私，逞縱威福。夫為政猶張琴瑟，大弦急者小絃絶。故子貢非臧孫之猛法，而美鄭喬之仁政。《詩》云：「不剛不柔，布政優優。」方今聖德充塞，假于上下，宜隆先王之道，蕩滌煩苛之法，輕薄箠楚，以濟羣生，全廣至德，以奉天心。帝敬納寵言，每事務於寬厚，其後遂詔有司，絶鉆鑽諸慘酷之科，解妖惡之禁，除文致之請讞五十餘事，定著于令。是後，人俗和平，屢有嘉瑞。

《後漢書》卷五八《桓譚傳》 又見法令決事，輕重不齊，或一事殊法，同罪異論，奸吏得因緣為市，所欲活則出生議，所欲陷則與死比，是為刑開二門也。今可令通義理明習法律者，校定科比，一其法度，班下郡國，蠲除故條。如此，天下知方，而獄無怨濫矣。

《後漢書》卷四九《仲長統傳》 《損益篇》曰：【略】肉刑之廢，輕重無品，下死則得髡鉗，下髡鉗則得鞭笞。死者不可復生，而髡者無傷於人。髡笞不足以懲中罪，安得不至於死哉。夫雞狗之攘竊，男女之淫奔，酒醴之賂遺，謬誤之傷害，皆非值於死者也。殺之則甚重，髡之則甚輕，不制中刑以稱其罪，則法令安得不參差，殺生安得不過謬乎。今患刑輕之不足以懲惡，則假臧貨以成罪，托疾病以諱殺，科條無所準，名實不相應，恐非帝王之通法，聖人之良制也。或曰：過刑惡人可也，過刑善人，豈可復哉？曰：若前政以來，未曾枉害善人者，則有罪不死也。是為忍於殺人也，而不忍於刑人也。今令五刑有品，輕重有數，科條有序，名實有正，非殺人逆亂鳥獸之行甚重者，皆勿殺。嗣周氏之祕典，續吕侯之祥刑，此又宜復之善者也。

（唐）魏徵等《羣書治要》卷四五仲長統《仲長子昌言》 德教者，人君之常任也，而刑罰爲之佐助焉。古之聖帝明王，所以能親百姓，訓五品，和萬邦，蕃黎民，召天地之嘉應，降鬼神之吉靈者，寔德是爲，而非刑之攸致也。至於革命之期運，非征伐用兵，則不能定其業，姦宄之成羣，非嚴刑峻法，則不能破其黨。時勢不同，所用之數，亦宜異也。教化以禮義爲宗，禮義以典籍爲本。常道行於百世，權宜用於一時，所不可得而易者也。故制不足，則引之無所至；禮無等，則用之不可依；法無常，則綱羅當道路；教不明，則士民無所信。引之無所至，則難以致治；用之不可依，則無所取正；羅網當道路，則不可得而避；士民無所信，則其志不知所定，非治理之道也。誠令方來之作，禮簡而易用，儀省而易行，法明而易知，教約而易從。篇章既著，勿復刊剟；儀故既定，

勿復變易。而人主臨之以至公，行之以忠仁，壹德於恆久，先之用己身。又使通治亂之大體者，總綱紀而爲輔佐；知稼穡之艱難者，親民事而布惠利。政不分於外戚之家，權不入於宦豎之門，下無侵民之吏，京師無佞邪之臣，則天神可降，地祇可出。大治之後，有易亂之民者，安寧無故，邪心起也；大亂之後，有易治之勢者，創艾禍災，樂生全也。刑繁而亂益甚者，法難勝避，苟免而無恥也；教興而罰罕用者，仁義相厲，廉恥成也。任循吏於大亂之會，必有恃仁恩之敗；用酷吏於清治之世，必有殺良民之殘。此其大數也。我有公心焉，則士民不敢念其私矣；我有平心焉，則士民不敢行其險矣；我有儉心焉，則士民不敢放其奢矣。此躬行之所徵者也。開道塗焉，起隄防焉，舍我塗而不由，踰隄防而橫行，逆我政者也。誥之而知罪，可使悔遏於後矣；誥之而不知罪，明刑之所取者也。教有道禁不義，而身以先之，令德者也；身不能先，而聰略能行之，嚴明者也；忠仁爲上，勤以守之，其成雖遲，君子之德也。譎詐以御其下，欺其民而取其心，雖有立成之功，至德之所不貴也。

廉隅貞潔者，德之令也；流逸奔隨者，行之汚也。風有所從來，俗有所由起。疾其末者，刈其本；惡其流者，塞其源。夫男女之際，明別其外內，遠絶其聲音，激厲其廉恥，塗塞其虧隙。猶尚有胷心之逸念，睇眄之過視，而況開其門，導其徑者乎？今嫁娶之會，捶杖以督之戲謔，酒醴以趣情欲。宣淫佚於廣衆之中，顯陰私於族親之間。汚風詭俗，生淫長姧，莫此之甚，不可不斷者也。

漢興以來，皆引母妻之黨爲上將，謂之輔政。而所賴以治理者甚少，而所坐以危亂者甚衆。妙采於萬夫之望，其良猶未可得而遇也。況欲求之妃妾之黨，取之於驕盈之家，徼天幸以自獲其人者哉。夫以丈夫之智猶不能久處公正，長思利害，耽榮樂寵，死而後已。又況婦人之愚，而望其遵巡正路，謙虛節儉，深圖遠慮，爲國家校計者乎？故其欲關豫朝政，恇快私願，是乃理之自然也。昔趙綰白不奏事於太后，而受不測之罪；王章陳日蝕之變，而取背叛之誅。夫二后不甚名爲無道之婦人，猶尚若此，又況吕后、飛燕、傅昭儀之等乎？夫母之於我，尊且親，於其私親，亦若我父之欲厚其父兄子弟也；妻之於我，愛且媟，於其私親，亦若我之欲厚我父兄子弟也。我之欲盡孝順於慈母，無所擇事矣；我之欲効恩情於愛妻妾，亦無所擇力矣。而所求於我者，非使我有四體之勞苦，肌膚之疾病也。夫以此欬唾盼睇之間至易也。誰能違此者乎？唯不世之主，抱獨斷絶異之明，有堅剛不移之氣，然後可庶幾其不陷没流淪耳。宦豎者，傳言給使之臣也。拚埽是爲，超走是供。傳延房臥之內，交錯婦人之間，又亦實刑者之所宜也。孝宣之世，則以弘恭爲中書令，石顯爲僕射。中宗嚴明，二豎不敢容錯其姧心也。後暨孝元常抱病，而留好於音樂，悉以樞機委之石顯，則昏迷霧亂之政起，而仇忠害正之禍成矣。嗚呼！父子之間，相監至近，而明暗之分若此，豈不良足悲耶？孝桓皇帝起自蠡吾，而登至尊。侯覽張讓之等，以亂承亂，政令多門，權利並作，迷荒帝主，濁亂海內。高命士惡其如此，直言正諭，與相摩切，被誣見陷。謂之黨人。靈皇帝登自解犢，以繼孝桓。中常侍曹節、侯覽等，造爲維綱，帝終不寤，寵之曰隆。唯其所言，無求不得。凡貪淫放縱，僭凌横恣，撓亂內外，螫噬民化，隆自順桓之時，盛極孝靈之世，前後五十餘年。天下亦何緣得不破壞耶？古之聖人，立禮垂典，使子孫少在師保，不令處於婦女小人之間。蓋猶見此之良審也。

和神氣，懲思慮，避風濕，節飲食，適嗜欲，此壽考之方也。不幸而有疾，則鍼石湯藥之所去也；肅禮容，居中正，康道德，履仁義，敬天地，恪宗廟，此吉祥之術也。不幸而有災，則克己責躬之所復也。然而有禱祈之禮、史巫之事者，盡中正、竭精誠也。下世其本而爲姦邪之階，於是淫厲亂神之禮興焉，俜張變怪之言起焉，丹書厭勝之物作焉。故常俗忌諱可笑事，時世之所遂往，而通人所深疾也。且夫堀地九仞以取水，鑿山百步以攻金。入林伐木，不卜日；適野刈草，不擇時。及其構而居之，制而用之，則疑其吉凶，不亦迷乎？簡郊社，慢祖禰，逆時令，背大順，而反求福祐於不祥之物，取信誠於愚惑之人，不亦誤乎？彼圖家畫舍，轉局指天者。不能自使室家滑利、子孫貴富，而望其能致之於我，不亦惑乎？今有嚴禁於下，而上不去，非教化之法也。諸厭勝之物，非禮之祭，皆所宜急除者也。情無所止，禮爲之儉；欲無所齊，法爲之防。越禮宜貶，踰法宜刑，先王之所以紀綱人物也。若不制此二者，人情之縱横馳騁，誰能度其所極者哉？表正則影直，範端則器良。行之於上，禁之於下，非元首之教也。君臣士民，並順私心，又大亂之道也。頃皇子皇女有

夭折，年未及殤，爵加王主之號，葬從成人之禮，非也。及下殤以上，已有國邑之名，雖不合古制，行之可也。王侯者，所與共受氣於祖考，幹合而支分者也。性類純美，臭味芬香，孰有加此乎？然而生長於驕溢之處，自恣於色樂之中。不聞典籍之法言，不因師傅之良教。故使其心同於夷狄，其行比於禽獸也。長幼相効，子孫相襲，家以爲風，世以爲俗。故姓族之門，不與王侯婚者，不以其五品不和睦，閨門不潔盛耶。所貴於善者，以其有禮義也；所賤於惡者，以其有罪過也。今以所貴者教民，以所賤者教親，不亦悖乎？可令王侯子弟，悉入大學。廣之以他山，肅之以二物，則腥臊之汚可除，而芬芳之風可發矣。

（唐）魏徵等《羣書治要》卷四六荀悦《申鑒》 賞罰，政之柄也。明賞必罰，審信慎令，賞以勸善，罰以懲惡。人主不妄賞，非徒愛其財也。賞妄行則善不勸矣。不妄罰，非徒矜其人也，罰妄行則惡不懲矣。賞不勸，謂之止善；罰不懲，謂之縱惡。在上者，能不止下爲善，不縱下爲惡，則國治矣。是謂統法。四患既蠲，五政既立，行之以誠，守之以固，簡而不怠，疏而不失，無爲爲之，使自施之，無事事之，使自憂之，不肅而成，不嚴而治，垂拱揖讓，而海内平矣，是謂爲政之方。

《三國志》卷一《魏志·武帝紀》 夫刑，百姓之命也。而軍中典獄者或非其人，而任以三軍死生之事，吾甚懼之。其選明達法理者，使持典刑。

《三國志》卷四七《吴志·吴主權傳》 陸遜陳便宜，勸以施德緩刑，寬賦息調。【略】權報曰：夫法令之設，欲以遏惡防邪，儆戒未然也，焉得不有刑罰以威小人乎？此為先令後誅，不欲使有犯者耳。君以為太重者，孤亦何利其然，但不得已而為之耳。今承來意，當重諮謀，務從其可。且近臣有盡規之諫，親戚有補察之箴，所以匡君正主明忠信也。

（三國蜀）諸葛亮《諸葛亮集》卷四《威令》 夫一人之身，百萬之衆，束肩斂息，踵足俯聽，莫敢仰視，法制使然也。若乃上無刑罰，下無禮義，雖貴有天下，富有四海，而不能自免者，桀、紂之類也。夫以匹夫之刑令之以賞罰，而人不能逆其命者，孫武、穰苴之類也，故令不可輕，勢不可逆。

《晉書》卷三〇《刑法志》 世祖武皇帝接三統之微，酌千年之範，乃命有司，大明刑憲。于時詔書頒新法於天下，海内同軌，人甚安之。條綱雖設，稱為簡惠，仰昭天眷，下濟民心，道有法而無敗，德俟刑而久立。及晉圖南徙，百有二年，仰止前規，挹其流潤，江左無外，蠻陬來格。孝武時，會稽王道子傾弄朝權，其所樹之黨，貨官私獄，烈祖惛迷，不聞司敗，晉之綱紀大亂焉。【略】

其後，明法掾張裴又注律，表上之，其要曰：律始於《刑名》者，所以定罪制也；終於《諸侯》者，所以畢其政也。王政布於上，諸侯奉於下，禮樂撫於中，故有三才之義焉，其相須而成，若一體焉。

《刑名》所以經略罪法之輕重，正加減之等差，明發衆篇之多義，補其章條之不足，較舉上下綱領。其犯盜賊、詐僞、請賕者，則求罪於此，作役、水火、畜養、守備之細事，皆求之作本名。告訊爲之心舌，捕繫爲之手足，斷獄爲之定罪，名例齊其制。自始及終，往而不窮，變動無常，周流四極，上下無方，不離於法律之中也。

其知而犯之謂之故，意以爲然謂之失，違忠欺上謂之謾，背信藏巧謂之詐，虧禮廢節謂之不敬，兩訟相趣謂之鬥，兩和相害謂之戲，無變斬擊謂之賊，不意誤犯謂之過失，逆節絶理謂之不道，陵上僭貴謂之惡逆，將害未發謂之戕，唱首先言謂之造意，二人對議謂之謀，制衆建計謂之率，不和謂之强，攻惡謂之略，三人謂之群，取非其物謂之盜，貨財之利謂之贓：凡二十者，律義之較名也。

夫律者，當慎其變，審其理。若不承用詔書，無故失之刑，當從贖。謀反之同伍，實不知情，當從刑。此故失之變也。卑與尊鬥，皆爲賊。鬥之加兵刃水火中，不得爲戲，戲之重也。向人室廬道徑射，不得爲過，失之禁也。都城人衆中走馬殺人，當爲賊，賊之似也。過失似賊，戲似鬥，鬥而殺傷傍人，又似誤，盜傷縛守似强盜，呵人取財似受賕，因辭所連似告劾，諸勿聽理似故縱，持質似恐猲。如此之比，皆爲無常之格也。

五刑不簡，正於五罰，五罰不服，正於五過，意善功惡，以金贖之。故律制，生罪不過十四等，死刑不過三，徒加不過六，囚加不過五，累作不過十一歲，累笞不過千二百，刑等不過一歲，金等不過四兩。月贖不計日，日作不拘月，歲數不疑閏。不以加至死，并死不復加。不可累者，故有並數；不可並數，乃累其加。以加論者，但得其加；與加同者，連得

其本。不在次者，不以通論。以人得罪與人同，以法得罪與法同。侵生害死，不可齊其防；親疏公私，不可常其教。禮樂崇於上，故降其刑；刑法閑於下，故全其法。是故尊卑敍，仁義明，九族親，王道平也。

律有事狀相似而罪名相涉者，若加威勢下手取財爲强盗，不自知亡爲縛守，將中有惡言爲恐猲，不以罪名呵爲呵人，以罪名呵爲受賕，劫召其財爲持質。此六者，以威勢得財而名殊者也。即不求自與爲受求，所監求而後取爲盗臟，輸入呵受爲留難，斂人財物積藏於官爲擅賦，加毆擊之爲戮辱。諸如此類，皆爲以威勢得財而罪相似者也。

夫刑者，司理之官；理者，求情之機；情者，心神之使。心感則情動於中，而形於言，暢於四支，發於事業。是故姦人心愧而面赤，内怖而色奪。論罪者務本其心，審其情，精其事，近取諸身，遠取諸物，然後乃可以正刑。仰手似乞，俯手似奪，捧手似謝，擬手似訴，拱臂似自首，攘臂似格鬥，矜莊似威，怡悦似福，喜怒憂歡，貌在聲色。姦真猛弱，候在視息。出口有言當爲告，下手有禁當爲賊，喜子殺怒子當爲戲，怒子殺喜子當爲賊。諸如此類，自非至精不能極其理也。

律之名例，非正文而分明也。若八十，非殺傷人，他皆勿論，即誣告謀反者反坐。十歲，不得告言人，即奴婢捍主，主得謁殺之。賊燔人廬舍積聚，盗臟五匹以上，棄市，即燔官府積聚盗，亦當與同。毆人教令者與同罪，即令人毆其父母，不可與行者同得重也。若得遺物强取强乞之類，無還臟法隨例畀之文。法律中諸不敬，違儀失式，及犯罪爲公爲私，臟入身不入身，皆隨事輕重取法，以例求其名也。

夫理者，精玄之妙，不可以一方行也；律者，幽理之奥，不可以一體守也。或計過以配罪，或化略以循常，或隨事以盡情，或趣舍以從時，或推重以立防，或引輕而就下。公私廢避之宜，除削重輕之變，皆所以臨時觀釁，使用法執詮者幽於未制之中，採其根牙之微，致之於機格之上，稱輕重於豪銖，考輩類於參伍，然後乃可以理直刑正。

夫奉聖典者若操刀執繩，刀妄加則傷物，繩妄彈則侵直。梟首者惡之長，斬刑者罪之大，棄市者死之下，髡作者刑之威，贖罰者誤之誡。王者立此五刑，所以實君子而逼小人，故爲敕慎之經，皆擬《周易》有變通之體焉。欲令提綱而大道清，舉略而王法齊，其旨遠，其辭文，其言曲而中，其事肆而隱。通天下之志唯忠也，斷天下之疑唯文也，切天下之情唯遠也，彌天下之務唯大也，變無常體唯理也，非天下之賢聖，孰能與於斯！

夫刑而上者謂之道，刑而下者謂之器，化而裁之謂之格。刑殺者是冬震曜之象，髡罪者似秋雕落之變，贖失者是春陽悔吝之疵也。五刑成章，輒相依準，法律之義焉。

《晋書》卷三四《杜預傳》 （杜預）與車騎將軍賈充等定律令。既成，預爲之注解，乃奏之曰：法者，蓋繩墨之斷例，非窮理盡性之書也。故文約而例直，聽省而禁簡。例直易見，禁簡難犯。易見則人知所避，難犯則幾於刑厝。刑之本在於簡直，故必審名分。審名分者，必忍小理。古之刑書，銘之鐘鼎，鑄之金石，所以遠塞異端，使無淫巧也。今所注，皆網羅法意，格之以名分，使用之者執名例，以審趣舍，伸繩墨之直，去析薪之理也。詔班於天下。

（唐）魏徵等《羣書治要》卷四九傅玄《傅子》 民富則安，貧則危。明主之治也，分其業而壹其事。業分則不相亂，事壹則各盡其力而不相亂，則民必安矣。重親民之吏而不數遷，重則樂其職，不數遷則志不流於他官。樂其職而志不流於他官，則盡心恤其下。盡心以恤其下，則民必安矣。附法以寬民者賞，尅法以要名者誅。寬民者賞，則法不虧於下；尅民者誅，而名不亂於上，則民必安矣。量時而置官，則吏省而民供。吏省則精，精則當才而不遺力，民則供順，供順則思義而不背上。上愛其下，下樂其上，則民必安矣。篤鄉閭之教，則民存知相恤，而亡知相救。存相恤而亡相救，則鄰居相恃，懷土而無遷志。鄰居相恃，懷土無遷志，則民必安矣。度時宜而立制，量民力以役賦。役賦有常，上無横求，則事事有儲，而并兼之隙塞。事有儲，并兼之隙塞，則民必安矣。圖遠必驗之近，興事必度之民。知稼穡之艱難，重用其民，如保赤子，則民必安矣。職業無分，事務不壹，職荒事廢，相督不已，若是者民危。親民之吏不重，有資者無勞而數遷，競營私以害公，飾虚以求進，仕宦如寄，視用其民，如用路人，若是者民危。以法寬民者不賞，尅民爲能者必進。下力盡矣，而用之不已，若是者民危。吏多而民不能供，上下不相樂，若是者民危。鄉閭無教，存不相恤，而亡不相救，若是者民危。不度時而立制，不量民

而役賦無常。橫求相仍，弱窮迫不堪其命，若是者民危。視遠而忘近，興事不度於民。不知稼穡艱難，而轉用之，如是者民危。安民而上危，民危而上安者，未之有也。《虞書》曰：安民則惠，黎民懷之。其爲治之要乎！今之刺史，古之牧伯也。今之郡縣，古之諸侯也。州總其統，郡舉其綱，縣理其目，各職守不得相干，治之經也。夫彈枉正邪，糾其不法，擊一以警百者，刺史之職也。比物校成，考定能否，均其勞逸，同其得失，有大不可，而後舉之者，太守之職也。親民授業，平理百事，猛以威吏，寬以容民者，令長之職也。然則令長者，最親民之吏，百姓之命也。國以民爲本，親民之吏，不可以不留意也。

（唐）魏徵等《羣書治要》卷五〇袁准《袁子正書·禮政》　治國之大體有四：一曰仁義，二曰禮制，三曰法令，四曰刑罰。四本者具，則帝王之功立矣。所謂仁者，愛人者也。愛人，父母之行也。爲民父母，故能興天下之利也。所謂義者，能辨物理者也。物得理，故能除天下之害也。興利除害者，則賢人之業也。夫仁義禮制者，治之本也。法令刑罰者，治之末也。無本者不立，無末者不成。夫禮教之治，先之以仁義，示之以敬讓，使民遷善日用而不知也。儒者見其如此，因謂治國不須刑法，不知刑法承其下，而後仁義興於上也。法令者，賞善禁淫，居治之要會。商、韓見其如此，因曰治國不待仁義。不知仁義爲之體，故法令行於下也。是故導之以德，齊之以禮，則民有恥；導之以政，齊之以刑，則民苟免，是治之貴賤者也。先仁而後法，先教而後刑，是治之先後者也。夫遠物難明，而近理易知，故禮讓緩而刑罰急，是治之緩急也。夫仁者使人有德，不能使人知禁。禮者使人知禁，不能使人必仁。故本之者仁，明之者禮也，必行之者刑罰也。先王爲禮，以達人之性理，刑以承禮之所不足。故以仁義爲不足以治者，不知人性者也，是故失教，失教者無本也。以刑法爲不可用者，是不知情僞者也，是故失威，失威者不禁也。故有刑法而無仁義，久則民忽，民忽則怒也。有仁義而無刑法，則民慢，民慢則奸起也。故曰：本之以仁，成之以法，使兩通而無偏重，則治之至也。夫仁義雖弱而持久，刑殺雖强而速亡，自然之治也。

（唐）魏徵等《羣書治要》卷五〇袁准《袁子正書·刑法》　禮法明則民無私慮，事業專則民無邪僞，百官具則民不要功。故有國者，為法欲其正也，事業欲其久也，百官欲其常也。天下之事以次為，爵祿以次進，士君子以精德顯。夫德有次則行修，官有次則人靜，事有次則民安。農夫思其疆畔，百工思其規矩，士君子思其德行，羣臣百官思其分職，上之人思其一道，侵官無所由，離業無所至。夫然，故天下之道正而民壹。夫變化者，聖人之事也。非常者，上智之任也。此人於權道，非賢者之所窺也。才智至明，而好為異事者，亂之端也。是以聖人甚惡奇功，天下有可赦之心，而有可赦之罪；無可赦之心，而無可赦之罪。明王之不赦罪，非樂殺而惡生也。以為樂生之實，在於此物也。夫思可赦之法，則法出入。法出入，則姦邪得容其議。姦邪得容其議，則法日亂，犯罪者多，而私議並興，則雖欲無赦不可已。夫數賞則賢能不勸，數赦則罪人徼幸。明主知之，故不為也。夫可赦之罪，千百之一也。得之於一，而傷之於萬，治道不取也。故先王知赦罪不可為也。故所俘虜，壹斷之於法，務求所以立法，而不求可赦之法也。法立令行，則民不犯法。法不立令不行，則民多觸死。故曰：能殺而後能生，能斷而後仁立。國之治亂，在於定法。定法則民心定，移法則民心移。法者所以正之事者也。一出而正，再出而邪，三出而亂。法出而不正，是無法也。法正而不行，是無君也，是以明君將有行也，必先求之於心，慮先定而後書之於策，言出而不可易也，令下而不反也。如陰陽之動，如四時之行，如風雨之施，所至而化，所育而長。夫天之不可逆者，時也；君之不可逆者，法也。使四時而可逆，則非天也。法令而可違，是非君也。今有十人，彍弩於百萬之衆，未有不震怖者也。夫十矢之不能殺百萬人可知也。然一軍皆震者，以為唯無向則人必死，一矢可以懼萬人。有罪必誅，一刑可以禁天下，是以明君重法慎令。

（唐）歐陽詢等《藝文類聚》卷五四《刑法部·刑法》　晉郭璞奏曰：臣聞上古象刑，而民不犯；中古明刑，以致刑措。故立刑以禁刑，立殺以去殺。重之以死，所以求其生；峻之以刑，所以輕其死；死由於法輕，生存乎法重。此亡防之成標也。然則刑無輕重，用之唯平。非平法之為難，思在斷之為難。是以子臯行戮，刖者忘痛；釋之典刑，民無怨

色。何者？積之於誠也。

（晉）楊泉《物理論》 漢太宗除肉刑，匹夫之仁也，非天下之仁也。不忍殘人之體而忍殺人，故曰匹夫。救嬰孩之疾而不忍鍼艾，更加他物，以至死也。今除肉刑，死者更衆，何異服他藥也。肉刑雖斬其足，猶能生育也。張蒼除肉刑，每歲所殺萬計。鍾繇復肉刑，歲生三千人也。肉刑名者，猶鳥獸登俎而作肉。

今有弱子，當陷大辟，問其慈父，必乞以肉刑代之，苟可以生易死也。有道之君，能不以此加百姓乎。蛇螫在手，壯夫斷其腕，謂其雖斷不死也。

（晉）葛洪《抱朴子外篇》卷一《用刑》 抱朴子曰：莫不貴仁，而無能純仁以致治也；莫不賤刑，而無能廢刑以整民也。咸云：明后御世，風向草偃。道洽化醇，安所用刑？餘乃論之曰：夫德教者，黼黻之祭服也。刑罰者，捍刃之甲冑也。若德教治狡暴，猶以黼黻御剡鋒也。以刑罰施平世，是以甲冑昇廟堂也。故仁者養物之器，刑者懲非之具。我欲利之，而彼欲害之。加仁無悛，非刑不止。刑爲仁佐，於是可知也。譬存玄胎息，呼吸吐納，含景内視，熊經鳥伸者，長生之術也。然艱而且遲，爲者尠成，能得之者，萬而一焉。病篤痛甚，身困命危，則不得不攻之以鐵石，治之以毒烈，若廢和、鵲之方，而慕松、喬之道，則死者衆矣。仁之爲政，非爲不美也。然黎庶巧僞，趨利忘義。若不齊之以威，糾之以刑，遠羨羲、農之風，則亂不可振，其禍深大。以殺止殺，豈樂之哉！八卦之作，窮理盡性，明罰用獄，著於《噬嗑》；係以徽纆，存乎《習坎》。然則用刑其來尚矣。逮於軒轅，聖德尤高，而躬親征伐，至於百戰，僵屍涿鹿，流血阪泉，猶不能使時無叛逆，載戢干戈，亦安能使百姓皆良。民不犯罪而自治者，未之有也。唐虞之盛，象天用刑，竄、殛、放、流，天下乃服。漢文玄默，比隆成、康，猶斷四百，鞭死者多。夫匠石不舍繩墨，故無不直之木。明主不廢戮罰，故無凌遲之政也。蓋天地之道，不能純仁。故青陽闡陶育之和，素秋厲肅殺之威，融風扇則枯瘁攄藻，白露凝則繁英雕零。是以品物阜焉，歲功成焉。温而無寒，則蠆動不蟄，根植冬榮。寬而無嚴，則姦宄並作，利器長守。故明賞以存正，必罰以閑邪。勸沮之器，莫此之要。勸民設教，濟其寬猛，使懦不可狎，剛不傷恩。五刑之罪，至於三千，是繩不可曲也；司寇行刑，君爲不舉，是法不可廢也。繩曲則姦回萌矣，法廢則禍亂滋矣。亡國非無令也，患於令煩而不行；敗軍非無禁也，患於禁設而不止。故衆慝彌蔓，而下黷其上。夫賞貴當功而不必重，罰貴得罪而不必酷也。鞭朴廢於家，則僮僕怠惰；征伐息於國，則羣下不虔。愛待敬而不敗，故制禮以崇之；德須威而久立，故作刑以肅之。班、倕不委規矩，故方圓不戾於物。明君不釋法度，故機詐不肆其巧。唐、虞其仁如天，而不原四罪。姬公友於兄弟，而不赦二叔。仲尼之誅正卯，漢武之殺外甥，垂淚惜法，蓋不獲已也。故誅一以振萬，損少以成多。方之櫛髮，則所利者衆；比於割疽，則所全者大。是以灸刺慘痛而不可止者，以痊病也。刑法凶醜而不可罷者，以救弊也。六軍如林，未必皆勇。排鋒陷火，人情所憚。然恬顔以勸之，則投命者尠；斷斬以威之，則莫不奮擊。故役歡笑者，不及叱咤之速；用誘悦者，未若刑戮之齊。是以安于感深谷而嚴其法，衛子疾棄灰而峻其辟。夫以其所畏，禁其所玩。峻而不犯，全民之術也。明治病之術者，杜未生之疾；達治亂之要者，遏將來之患。若乃以輕刑禁重罪，以薄法衛厚利，陳之滋章，而犯者彌多，有似穿穽以當路，非仁人之用懷也。善爲政者，必先端此以率彼，治親以整疏，不曲法以行意，必有罪而無赦。若石碏之割愛以滅親，晉文之忍情以斬頡。故仁者爲政之脂粉，刑者御世之轡策。脂粉非體中之至急，而轡策須臾不可無也。肅恭少怠，則慢惰已至；威嚴暫弛，則羣邪生心。當怒不怒，姦臣爲虎；當殺不殺，大賊乃發。水久壞河，山起咫尺；尋木千丈，始於毫末。鑽燧之火，勺水所滅；鵠卵未孚，指掌可靡。及其乘冲飈而燎鉅野，奮六羽以凌朝霞，則雖智勇不能制也。故明君治難於其易，去惡於其微。不伐善以長亂，不操柯而猶豫焉。然則刑之爲物，國之神器，君所自執，不可假人，猶長劍不可倒捉，巨魚不可脱淵也。乃崇替之所由，安危之源本也。田常之奪齊，六卿之分晉，趙高之弑秦，王莽之篡漢，履霜逮冰，由來漸矣。或永歎於海濱，或拊心乎望夷，禍延宗祧，作戒將來者，由乎慕虚名於往古，忘實禍於當己也。

或又曰：刑辟之興，蓋存叔世。立人之道，唯仁與義。我清静而民自正，我無欲而民自樸。烹鮮之戒，不欲其煩。寬以愛人則得衆；悦以

使人則下附。故孟子以體仁爲安，揚子云謂申韓爲屠宰。夫繁策急轡，非造父之御。嚴刑峻罰，非三五之道。故有虞手不指揮，口不煩言，恭己南面，而治化雍熙矣。宓生政以率俗，彈琴詠詩，身不下堂，而愚智整肅矣。必能厚惠薄斂，救乏擢滯，舉賢任才，勸穡省用，招攜以禮，懷遠以德，陶之以成均，治之以庠序。化上而興善者，必若靡草之逐驚風；洗心而革面者，必若清波之滌輕塵。朝有德讓之羣後，野無犯禮之軌躅。圜土可以虚無，楚革可以永格。何必賞罰可以爲國乎？抱朴子答曰：《易》稱明罰敕法，《書》有哀矜折獄，爵人於朝，刑人於市，有自來矣。豈從叔世？多仁則法不立，威寡則下侵上。夫法不立，則庶事汩矣；下侵上，則逆節萌矣。至醇既澆於三代，大樸又散於秦、漢，道衰於疇昔，俗薄乎當今，而欲結繩以整姦欺，不言以化狡猾，委轡策而乘奔馬於險塗，舍柁櫓而汎虚舟以凌波，盤旋以逐走盜，揖讓以救災火，斬晁錯以却七國，舞干戈以平赤眉，未見其可也。蓋三皇步而五帝驟，霸王以來，載馳載騖，當其弊也。吏欺民巧，寇盜公行，髡鉗不足以懲無耻，族誅不能以禁覬覦。重目以廣視，累耳以遠聽，抗燭以理滯事，焦心以息姦源，而猶市朝有吁嗟之音，邊鄙有不聞之枉。作威作福者，或發乎瞻視之下；凶家害國者，或構乎蕭墻之內。而欲以太昊之道，治婾薄之俗；以畫一之歌，救鼎沸之亂，非識因革之隨時，明損益之變通也。所謂刻舟以摸遺劍，絭天而射五步，擐犀兕之甲以涉不測之淵，袗却寒之裘以御鬱隆之暑，踵之解結，頤之搔背，其爲憒憒，莫此之劇矣。但當先令而後誅，得情而勿喜，使伯氏無怨於失邑，虞、芮知耻而無訟耳。若强暴掩容，操繩而不憚；誘於含垢，草蔓而不除。恃藏疾之大言，忘膏肓之近急，何異焦喉之渴切身，而遥指滄海於萬里之外。滔天之水已及，而方造舟於長洲之林，安得免夸父之禍，脱淪水之害哉！世人薄申、韓之實事，嘉老、莊之誕談。然而爲政莫能錯刑，殺人者原其死，傷人者赦其罪，所謂土拌瓦胾，無救朝饑者也。道家之言，高則高矣，用之則弊，遼落迂濶，譬猶干將不可以縫線，巨象不可使捕鼠，金丹不能淩陽侯之波，玉馬不任騁千里之迹也。若行其言，則當燔桎梏，隳囹圄，罷有司，滅刑書，鑄干戈，平城池，散府庫，毁符節，撤関梁，掊量衡，膠離朱之目，塞子野之耳，汎然不係，反乎天牧，不訓不營，相忘江湖，朝廷闃爾若無，人民則至死不往來，可得而論，難得而行也。俗儒徒聞周以仁興，秦以嚴亡，而未覺周所以得之不純仁，而秦所以失之不獨嚴也。昔周用肉刑，刖足劓鼻，盟津之令，後至者斬。畢力賞罰，誓有孥戮。考其所爲，未盡仁也。及其叔世，罔法玩文，人主苛虐，號令不出宇宙，禮樂征伐，不復由己。羣下力競，還爲長蛇。伐本塞源，毁冠裂冕，或沉之於漢，或流之於彘。失柄之敗，由於不嚴也。秦之初興，官人得才，衛鞅、由餘之徒，式法於內；白起、王翦之倫，攻取於外。兼弱攻昧，取威定霸，吞噬四鄰，咀嚼羣雄，拓地攘戎，龍變虎視，實賴明賞必罰，以基帝業。降及叔季，驕於得意，窮奢極泰，加之以威虐，築城萬里，離宮千餘，鐘鼓女樂，不徙而具。驪山之役，太半之賦，閭左之戍，坑儒之酷，北擊獫狁，南征百越，暴兵百萬，動數十年。天下有生離之哀，家户懷怨曠之歎。白骨成山，虚祭布野。徐福出而重號咷之仇，趙高入而屯豺狼之黨，天下欲反，十室九空。其所以亡，豈由嚴刑。此爲秦以嚴得之，非以嚴失之也。且刑由刃也，巧人以自成，拙者以自傷，爲國有道而助之以刑者，能令慝僞不作，凶邪改志。若綱絶網紊，得罪於天，用刑失理，其危必速。亦猶水火者，所以活人，亦殺人，存乎能用之與不能用。夫症瘕不除，而不修越人之術者，難圖老彭之壽也。姦黨實繁，而不嚴彈違之制者，未見其長世之福也。但當簡于、張之徒，任以法理世，選趙、陳之屬，委以案刻。明主留神於上，忠良盡誠於下，見不善則若鷹鸇之搏鳥雀，覩亂萌則若薙田之芟蕪薉。慶賞不謬加，而誅戮不失罪，則太平之軌不足廸，令而不犯可庶幾，廢刑致治，未敢謂然也。

或曰：然則刑罰果所以助教興善，式遏軌忒也。若夫古之肉刑，亦可復與？抱朴子曰：曷爲而不可哉！昔周用肉刑，積祀七百。漢氏廢之，年代不如。至於改以鞭笞，大多死者。外有輕刑之名，内有殺人之實也。及於犯罪，上不足以至死，則其下唯有徒謫鞭杖。或遇赦令，則身無損，且髡其更生之髮，撾其方愈之創，殊不足以懲次死之罪。今除肉刑，則死罪之下，無復中刑在其間，而次死罪不得不止於徒謫鞭杖，是輕重不得不適也。又犯罪者希而時有耳，至於殺之則恨重，而鞭之則恨輕，犯此者爲多。今不用肉刑，是次死之罪常不見治也。今若自非謀反大逆，惡於君親，及用軍臨敵犯軍法者，及手殺人者，以肉刑代其死，則亦足以懲示

凶人。而刑者猶任坐役能有所爲，又不絶其生類之道。而終身殘毁，百姓見之，莫不寒心，亦足使未犯者肅栗以彰示將來，乃過於殺人。殺人非不重也，然辜之三日，行埋棄之，不知者衆，不見者多也。若夫肉刑者之爲標戒也多。昔魏世數議此事，諸碩儒達學，洽通殷理者，咸謂宜復肉刑。而意異者駁之，皆不合也。魏武帝亦以爲然。直以二陲未賓，遠人不能統至理者，卒聞中國刖人肢體，割人耳鼻，便當望風，謂爲酷虐，故且權停，以須四方之並耳。通人揚子云亦以爲肉刑宜復也。但廢之來久矣，坐而論道者未以爲急耳。

《晉書》卷三〇《刑法志》《傳》曰：齊之以禮，有耻且格。刑之不可犯，不若禮之不可踰，則昊歲比於犧年，宜有降矣。若夫穹圓肇判，肖貌攸分，流形播其喜怒，禀氣彰其善惡，則有自然之理焉。念室後刑，衢樽先惠，將以屏除災害，引道休和，取譬琴瑟，不忘銜策，擬陽秋之成化，若堯舜之為心也。郊原布肅，軒皇有轡野之師；雷電揚威，高辛有觸山之務。陳乎兵甲而肆諸市朝，具嚴天刑，以懲亂首，論其本意，蓋有不得已而用之者焉。是以丹浦興仁，羽山咸服。而世屬僥幸，事闕攸蠹，政失禮微，獄成刑起，則孔子曰：聽訟吾猶人也，必也使無訟乎！及周氏龔行，却收鋒刃，祖述生成，憲章堯禹，政有膏露，威兼禮樂，或觀辭以明其趣，或傾耳以照其微，或彰善以激其情，或除惡以崇其本。至夫取威定覇，一匡九合，寓言成康，不由凝網，此所謂酌其遺美，而愛民治國者焉。若乃化蔑彜倫，道睽明慎，則夏癸之虔劉百姓，商辛之毒痡四海，衛鞅之無所自容，韓非之不勝其虐，與夫《甘棠》流詠，未或同歸。秦文初造參夷，始皇加之抽脅，囹圄如市，悲哀盈路。漢王以三章之法以吊之，文帝以刑厝之道以臨之，於時百姓欣然，將逢交泰。而犴逐情遷，科隨意往，獻瓊杯於闕下，徙青衣於蜀路，覆醢裁刑，傾宗致獄。況乃數因於京兆之夜，五日於長安之市，北闕相引、中都繼及者，亦往往而有焉。而將亡之國，典刑咸棄，刊章以急其憲，適意以寬其網，桓靈之季，不其然歟！魏明帝時，宮室盛興，而期會迫急，有稽限者，帝親召問，言猶在口，身首已分。王肅抗疏曰：陛下之所行刑，皆宜死之人也。然衆庶不知，將為倉卒，願陛下下之於吏而暴其罪。均其死也，不汙宮掖，不為搢紳驚惋，不為遠近所疑。人命至重，難生易殺，氣絶而不續者也，是以聖王重之。孟軻云：殺一不辜而取天下者，仁者不為也。【略】

漢自王莽篡位之後，舊章不存。光武中興，留心庶獄，常臨朝聽訟，躬決疑事。是時承離亂之後，法網弛縱，罪名既輕，無以懲肅。梁統乃上疏曰：

臣竊見元帝初元五年，輕殊刑三十四事，哀帝建平元年盡四年，輕殊死者刑八十一事，其四十二事，手殺人皆減死罪一等，著為常法。自是以後，人輕犯法，吏易殺人，吏民俱失，至於不羈。

臣愚以為刑罰不苟務輕，務其中也。君人之道，仁義為主，仁者愛人，義者理務。愛人故當為除害，理務亦當為去亂。是以五帝有流殛放殺之誅，三王有大辟刻肌之刑，所以為除殘去亂也。故孔子稱仁者必有勇，又曰理財正辭，禁人為非曰義。高帝受命，制約令，定法律，傳之後世，可常施行。文帝寬惠温克，遭世康平，因時施恩，省去肉刑，除相坐之法，他皆率由舊章，天下幾致昇平。武帝值中國隆盛，財力有餘，出兵命將，征伐遠方，軍役數興，百姓罷弊，豪杰犯禁，姦吏弄法，故設遁匿之科，著知縱之律。宣帝聰明正直，履道握要，以御海内，臣下奉憲，不失繩墨。元帝法律，少所改更，天下稱安。孝成、孝哀，承平繼體，即位日淺，聽斷尚寡。丞相王嘉等猥以數年之間，虧除先帝舊約，穿令斷律，凡百餘事，或不便於政，或不厭人心。臣謹表取其尤妨政事、害善良者，傳奏如左。

伏惟陛下苞五常，履九德，推時撥亂，博施濟時，而反因循季世末節，衰微軌迹，誠非所以還初反本，據元更始也。願陛下宣詔有司，悉舉初元、建平之所穿鑿，考其輕重，察其化俗，足以知政教所處，擇其善者而從之，其不善者而改之，定不易之典，施之無窮，天下幸甚。

事下三公、廷尉議，以為隆刑峻法，非明王急務，不可開許。統復上言曰：有司猥以臣所上不可施行。今臣所言，非曰嚴刑。竊謂高帝以後，至於宣帝，其所施行，考合經傳，比方今事，非隆刑峻法。不勝至願，願得召見，若對尚書近臣，口陳其意。帝令尚書問狀，統又對，極言政刑宜改。議竟不從。及明帝即位，常臨聽訟觀録洛陽諸獄。帝性既明察，能得下姦，故尚書奏決罰近於苛碎。【略】

永元六年，寵又代郭躬為廷尉，復校律令，刑法溢於《甫刑》者，奏

除之，曰：臣聞禮經三百，威儀三千，故《甫刑》大辟二百，五刑之屬三千。禮之所去，刑之所取，失禮即入刑，相為表裏者也。今律令犯罪應死刑者六百一十，耐罪千六百九十八，贖罪以下二千六百八十一，溢於《甫刑》千九百八十九，其四百一十大辟，千五百耐罪，七十九贖罪。《春秋保乾圖》曰：王者三百年一蠲法。漢興以來，三百二年，憲令稍增，科條無限。又律有三家，說各駁異。刑法繁多，宜令三公、廷尉集平律令應經合義可施行者，大辟二百，耐罪、贖罪二千八百，合為三千，與禮相應。其餘千九百八十九事，悉可詳除。使百姓改易視聽，以成大化，致刑措之美，傳之無窮。未及施行，會寵抵罪，遂寢。寵子忠。忠後復為尚書，略依寵意，奏上三十三條，為決事比，以省請讞之弊。又上除蠶室刑，解贓吏三世禁錮，狂易殺人得減重論，母子兄弟相代死聽赦所代者，事皆施行。雖時有蠲革，而舊律繁蕪，未經纂集。

獻帝建安元年，應劭又刪定律令，以為《漢議》，表奏之曰：夫國之大事，莫尚載籍也。載籍也者，決嫌疑，明是非，賞刑之宜，允執厥中，俾後之人永有鑒焉。故膠東相董仲舒老病致仕，朝廷每有政議，數遣廷尉張湯親至陋巷，問其得失，於是作《春秋折獄》二百三十二事，動以經對，言之詳矣。逆臣董卓，蕩覆王室，典憲焚燎，靡有孑遺，開闢以來，莫或茲酷。今大駕東邁，巡省許都，拔出險難，其命惟新。臣竊不自揆，輒撰具《律本章句》、《尚書舊事》、《廷尉板令》、《決事比例》、《司徒都目》、《五曹詔書》及《春秋折獄》，凡二百五十篇，蠲去復重，為之節文。又集《議駁》三十篇，以類相從，凡八十二事。其見《漢書》二十五，《漢記》四，皆刪敘潤色，以全本體。其二十六，博採古今瓌瑋之士，德義可觀。其二十七，臣所創造。左氏云：雖有姬薑，不棄憔悴；雖有絲麻，不棄菅蒯。蓋所以代匱也。是用敢露頑才，厠於明哲之末，雖未足綱紀國體，宣洽時雍，庶幾觀察，增闡聖德。惟因萬機之餘暇，游意省覽。獻帝善之，於是舊事存焉。

《陳書》卷三三《儒林傳·沈洙》〔都官尚書周弘正議曰〕：凡小大之獄，必應以情，正言依準五聽，驗其虛實，豈可全恣考掠，以判刑罪。且測人時節，本非古制，近代已來，方有此法。起自晡鼓，迄於二更，豈是常人所能堪忍？所以重械之下，危懼之上，無人不服，誣枉者多。【略】夫與殺不辜，寧失不經，罪疑惟輕，功疑惟重，斯則古之聖王，垂此明法。

《魏書》卷五四《高閭傳》高祖曰：百揆多途，萬機事猥，未周之闕，卿等宜有所陳。尚書中書監高閭對曰：臣伏思太皇太后十八條之令，及仰尋聖朝所行，事周於百揆，理兼於庶務。孔子至聖，三年有成；子產治鄭，歷載乃就。今聖化方宣，風政驟改，行之積久，自然致治。理之必明，不患事闕。又為政之道，終始若一，民可使由之，不可使知之。政令既宣，若有不合於民者，因民之心而改之。願終成其事，使至教必行。臣反覆三思，理畢於此，不知其它。但使令之法度，必理、必明、必行、必久，勝殘去殺，可不遠而致。高祖曰：刑法者，王道之所用。何者為法？何者為刑？施行之日，何先何後？閭對曰：臣聞刑制立會，軌物齊衆，謂之法；犯違制約，致之於憲，謂之刑。然則法必先施，刑必後著。自鞭杖已上至於死罪，皆謂之刑。刑者，成也，成而不可改。高祖曰：《論語》稱：冉子退朝，孔子問曰：何晏也？對曰：有政。子曰：其事也。如有政，雖不吾以，吾其與聞之。何者是政？何者是事？閭對曰：臣聞政者，君上之所施行，合於法度，經國治民之屬，皆謂之政。臣下奉教承旨，作而行之，謂之事。然則天下大同，風軌齊一，則政出於天子；王道衰，則政出於諸侯；君道缺，則政出於大夫。故《詩序》曰：王道衰，政教失，則國異政，家殊俗。政者，上之所行；事者，下之所奉。高祖曰：若君命為政，子夏為莒父宰問政，此應奉命而已，何得稱政？尚書游明根曰：子夏宰民，故得稱政。帝善之。

《魏書》卷六〇《韓麒麟傳》夫帝皇所以居尊以御下者，威也；兆庶所以徙惡以從善者，法也。是以有國有家，必以刑法爲治，生民之命，於是而在。有罪必罰，罰必當辜，則雖棰撻之刑，而人莫敢犯也。有制，人得僥幸，則雖參夷之誅，不足以肅。自太和以來，多坐盜棄市，而遠近肅清。由此言之，止姦在於防檢，不在嚴刑也。今州郡牧守，邀當時之名，行一切之法；臺閣百官，亦咸以深酷爲無私，以仁恕爲容盜。迭相敦厲，遂成風俗。陛下居九重之內，視人如赤子；百司分萬務之要，遇下如讎仇。是則堯舜止一人，而桀紂以千百。和氣不至，蓋由於此。《書》曰：與其殺不辜，寧失不經。實宜勑示百寮，以惠元元之命。

《魏書》卷一一《刑罰志》 孝昌已後，天下淆亂，法令不恒，或寛或猛。及尒朱擅權，輕重肆意，在官者多以深酷為能。至遷鄴，京畿羣盜頗起。有司奏立嚴制：諸强盜殺人者，首從皆斬，妻子同籍，配為樂戶；其不殺人，及贓不滿五匹，魁首斬，從者死，妻子亦為樂戶；小盜贓滿十匹已上，魁首死，妻子配驛，從者流。侍中孫騰上言：謹詳，法若畫一，理尚不二，不可喜怒由情，而致輕重。案律，公私刼盜，罪止流刑。而比執事苦違，好為穿鑿，律令之外，更立餘條，通相糺之路，班捉獲之賞。斯乃刑書徒設，獄訟更煩，法令滋彰，盜賊多有。非所謂不嚴而治，遵守典故者矣。臣以為昇平之美，義在省刑；陵遲之弊，必由峻法。是以漢約三章，天下歸德；秦酷五刑，率土瓦解。禮訓君子，律禁小人，舉罪定名，國有常辟。至如眚災肆赦，怙終賊刑，經典垂言，國朝成範。隨時所用，各有司存。不宜巨細滋煩，令民豫備。恐防之彌堅，攻之彌甚。請諸犯盜之人，悉准律令，以明恒憲。庶使刑殺折衷，不得棄本從末。詔從之。

《魏書》卷一九《元澄傳》 （元）澄又奏曰：臣聞賞必以道，用防淫人之姦；罰不濫及，以戒良士之困。刑者，侀也。每垂三宥，秉律執請，不得已而用之。是故小大之獄，察之以情，一人呼嗟，或虧王道。刑罰得失，乃興廢之所由也。

《周書》卷二三《蘇綽傳》 人受陰陽之氣以生，有情有性。性則為善，情則為惡。善惡既分，而賞罰隨焉。賞罰得中，則惡止而善勸；賞罰不中，則民無所措手足。民無所措手足，則怨叛之心生。是以先王重之，特加戒慎。夫戒慎者，欲使治獄之官，精心悉意，推究事源，先之以五聽，參之以證驗，妙覩情狀，窮鑒隱伏，使姦無所容，罪人必得。然後隨事加刑，輕重皆當，赦過矜愚，得情勿喜。又能消息情理，斟酌禮律，無不曲盡人心，遠明大教，使獲罪者如歸。此則善之上也。然宰守非一，不可人人皆有通識，推理求情，時或難盡，唯當率至公之心，去阿枉之志，務求曲直，念盡平當。聽察之理，必窮所見，然後栲訊以法，不苛不暴，有疑則從輕，未審不妄罰，隨事斷理，獄無停滯。此亦其次。若乃不仁恕而肆其殘暴，同民木石，專任捶楚。巧詐者雖事彰而獲免，辭弱者乃無罪而被罰。有如此者，斯則下矣，非共治所寄。今之宰守，當勤於中科，而慕其上善。如在下條，則刑所不赦。

《隋書》卷二五《刑法志》 定訖，詔頒之曰：帝王作法，沿革不同，取適於時，故有損益。夫絞以致斃，斬則殊形，除惡之體，於斯已極。梟首、轘身，義無所取，不益懲肅之理，徒表安忍之懷。鞭之為用，殘剝膚體，徹骨侵肌，酷均臠切，雖云遠古之式，事乖仁者之刑。梟轘及鞭，並令去也。貴礪帶之書，不當徒罰；廣軒冕之蔭，旁及諸親。流役六年，改為五載。刑徒五歲，變從三祀。其餘以輕代重，化死為生，條目甚多，備於簡策，宜班諸海內，為時軌範，雜格嚴科，並宜除削。先施法令，欲人無犯之心。國有常刑，誅而不怒之義。措而不用，庶或非遠，萬方百辟，知吾此懷。自前代相承，有司訊考，皆以法外。或有用大棒、束杖、車輻、鞵底、壓踝、杖桄之屬。楚毒備至，多所誣伏。雖文致於法，而每有枉濫，莫能自理。至是盡除苛慘之法，訊囚不得過二百，枷杖大小，咸為之程品，行杖者不得易人。帝又以律令初行，人未知禁，故犯法者衆，又下吏承苛政之後，務鍛鍊以致人罪。乃詔申敕四方，敦理辭訟，有枉屈縣不理者，令以次經郡及州，至省仍不理，乃詣闕申訴，有所未愜，聽撾登聞鼓，有司録狀奏之。

《隋書》卷二〇《刑法志》 夫刑者，制死生之命，詳善惡之源，翦亂除暴，禁人為非者也。聖王仰視法星，旁觀習坎，彌縫五氣，取則四時，莫不先春風以播恩，後秋霜而動憲。是以宣慈惠愛，導其萌芽，刑罰威怒，隨其肅殺。仁恩以為情性，禮義以為綱紀，養化以為本，明刑以為助。上有道，刑之而無刑；上無道，殺之而不勝也。《記》曰：教之以德，齊之以禮，則人有格心；教之以政，齊之以刑，則人有遁心。而始乎勸善，終乎禁暴，以此字人，必兼刑罰。至於時逢交泰，政稱忠厚，美化與車軌攸同，至仁與嘉祥間出，歲布平典，年垂簡憲。昭然如日月，望之者不迷；曠乎如大路，行之者不惑。

（唐）虞世南《北堂書鈔》卷四三《刑法部·刑總一》 刑者，法五行，《白虎通》云刑者所以云云。今案《白虎通·五刑》篇同。法者象四時，《管子》云，法者，法天地之位，象四時之行，以治天下。今案《管子》版注解六十六，法者作版法者，陳俞本無注。象天道而作刑，《刑法志》云，《書》所謂象刑也。今案陳俞本作刑作行刑，非也，考《漢書·刑法志》象刑也，作象刑惟明者。餘同。因天討而

作刑，《刑法志》云。今案《漢書・刑法志》作下有五字，陳本標目亦無五字，小注引有五字。五刑者五常之鞭策，《白虎通》云。今案《御覽》卷六百三十六引同。刑罰威獄，《漢書・刑法志》云。孫氏校法改罰。今案見《漢書》卷二十三。刑罰威獄使民畏忌，《左傳》云，太叔對趙簡子曰，刑云云。孫氏校法改罰。今案見《昭二十五年傳》。刑者成也，一成不變，《禮記・文王世子篇》。孫氏校刑字旁著圈，並云，按刑字今本《禮記》作侀，可據此正之。今案，近本《禮記・文王世子篇》無此二句，《王制篇》有云，刑者侀也，侀者成也，一成而不變。刑者教也，質罪示終，《孝經・鉤命訣》云云。孫氏校例改教。今案，陳俞本亦作教。《玉函山房輯》鉤命訣只據《書鈔》，一引亦同。

刑以正刑，臧榮緒刑法志云云。今案本鈔緒誤序，以音近而訛，此臧《晉書》之《刑法志》也，陳俞本皆法誤德，俞又正作止。刑以輔教，《尸子》云為刑者云云服不聽也。今案平津館本《尸子輯佚》。此條只據《書鈔》一引。陳俞本僅得標目一句。刑以明威，《漢書》云作刑云云罰以法惡。今案近本《漢書》卷二十三《刑法志》只有上句，陳俞本刪下句改引制禮以崇敬句，在作刑上。刑期無刑，《書・大禹謨》篇云。刑以正邪，《左傳》云，晉伐鄭，楚子救鄭。今案《成十六年》救鄭下有申叔時曰句。設刑罰者，明有懼也，《白虎通》云云，故天下順從，皆所以全民命。今案見《五刑》篇。懼也下接故天二句，《漢魏叢書》本脱下二句。嚴斷刑罰，以威其淫，《左傳》云云。孫氏校法改罰。今案見《左傳》昭公七年傳。刑罰所以懲過，《書・吕刑》篇云云。今案《吕刑》罰懲非死，孔安國傳云，刑罰所以懲過陳本罰作法。刑罰所以助治，《白虎通》云，聖人治天下，必有刑罰者所云云。今案王謨本《白虎通》卷四《五刑篇》者作何助上有佐德二字，陳俞本罰皆作法，餘同王謨本。明于五刑，以弼五教，《書・大禹謨》篇云云。惟敬五刑以成三德，《書・吕刑》篇云云，糺之以刑，《國語》云，賜管子，對曰，勸之以賞賜，糺之以刑罰，為民紀統。今案《國語・齊語》糺作糾。餘同。本鈔糺誤紀，又凡糾皆作糺，故易誤紀，陳俞本皆誤紀。齊之以刑，孔藂云仲弓問古之刑教云云。今案裘校《孔叢子・刑論》篇同。明慎用刑，《周易》旅卦象辭也。今案《周易》以下七字，永興自注也。明慎刑罰，《後漢書》□，永傳云為青州刺史，務在旌表賢良云云。今案范書劉永鮑永傳及謝書許永第五永傳皆無。聖君任法，《管子》曰，聖君任法而不任智。嚴氏校改《管子》為《申子》，並附注云，按申子聖君任法而不任智，見《類聚》五十四及《御覽》六百三十八，今案此實見《管子・任法》篇嚴校據《類聚》《御覽》以為出《申子》，但《管子》遠在《申子》之前，嚴氏改引之，不特非舊鈔面目，抑亦數典忘祖矣。聖人立法，《韓子》云云，今案《類聚》卷五十四引下有賞足以勸善三句，近本《韓子》脱。正法直道，《管子》曰云云，罪煞不疑。今案見《版法》篇，近本疑作赦，陳本亦作疑。明法正義，《申子》云，君子必有明法正義。今案《類聚》卷五十四引《申子》同。下有若懸權衡以稱輕重，所以一羣臣也二句。法立則私善不行，《慎子》曰有道之國云云。今案守山閣本《慎子》佚文謂《類聚》卷五十四《御覽》卷六百三十八引故有道之國，法立則私議不行。又云，《書鈔》四十三引作私善，陳本亦作善。使法民莫之犯，《韓子》董安於為趙上地之守，行石邑山中，使法無赦，民莫之犯。今案《韓子・内儲上》篇安作閼，餘同。陳本亦作閼。《類聚》卷五十四引趙上地句仍作安邑作阜。有道之君而重變法，《韓子》曰，治大國而數變法則民苦之。貴虛靜。今案《韓非子・解老》篇靜下接標目句，近本而作不。陳本及《類聚》卷五十四引皆無不字，與本鈔同。置法不變，《管子》曰，黄帝之治天下，置法不變，使民安泰。孫氏校吏改使。今案見《任法》篇。近本《管子》作使民安其法者也，無泰字。以道變法，《慎子》云，守法不變則衰，以道變法者，君長也。孫氏校注内補法字。今案守山閣本《慎子》佚文從《類聚》卷五十四引同。刑德制臣，《韓子》曰人主者治法不變云云。孫氏校民改臣。今案標目句見《二柄》篇近本《韓非》已脱小注治法不變句，陳本無注。刑令制民，《商君書》，立法令者，民之命。今案陳仁錫校本《商子・畫策》篇云，以刑制刑，能制天下者，必先制其民者也，又《定分篇》云，必行法令者，民之命也，據此《商子》既分二篇，則本鈔標目與小注亦似應分二條，陳本改標目為法令治民下注商子二字。齊民以綜真僞，傅玄《七社》云，善惡相蒙，故齊之以刑。今案陳俞本皆刪七社二字，傅節子輯《傅鶉觚集》云，社當作謨。張法以制陸梁，《阮子》云，漁人張羅於淵以制吞舟之魚，明主張法天下以致陸梁之士。今案《御覽》卷六百二十八引《阮子》羅作網，法下有於字，致陸作制强，士作人。考《意林》卷四引《阮子》與《御覽》同，惟陳本與本鈔同。敬宗廟，尊社稷，《韓子》云，荊王有茅門者法曰：羣臣大夫公子入朝馬蹄踐溜者。今案《韓非・外儲説右上》荊下有莊字，者作之，夫下有諸字，者下有斬其輈，戮其御所以云云，又本鈔卷三十六《守職篇》亦引此事。立朝廷，《管子》云，欲民之可御，則法不可不重。孫氏校以御上衍其不二字，重下衍之字，刪之。今案倭刻明本《管子・權修》篇不重下，接法者將立朝廷者也句，惟重字仍作審，與近本同。王氏《讀書雜誌》引《書鈔》重字以正，今刻《管子》之誤，陳本刪注。理人情，劉恭嗣難丁敬曰，夫人以禮興，刑以律治，人情也。今案陳本刪注，俞本與本鈔同。國之脂澤，《韓子》云，賞罰者國之脂澤粉黛也。今案《韓非・顯學》篇同，陳俞本亦同，本鈔卷二十七亦引國之粉黛四字。國之大信，《馮奉世傳》云。

今案《漢書·馮奉世傳附子野王傳》云，刑賞大信，不可不慎。民之鞭策，《尸子》云，刑罰者民之鞭策。今案孫校本《尸子輯佚》云見《後漢書·虞詡傳》注又《意林》卷一，又《御覽》刑法部，今考鮑刻《御覽》六百三十六引竟訛作尹子。法嚴如火，傳玄《七社》云，法嚴如火烈。今案陳俞本小注法下加之字，亦刪七社二字。傳節子輯本謂社當作謨，亦補之字。罰擬秋霜，《抱朴子》云，人君云云而無詭時之嚴。今案平津本《抱樸》外三十九《廣譬》云，故人君賞猶春雨而無霖淫之失，下接本鈔二句，但人字與陳俞本皆作明。抑暴扶弱，難犯易避，《刑法志》云，元帝詔曰，夫刑罰者，所以云云。今案近本《漢書》卷二十三《刑法志》刑罰作法令，餘同。陳俞本已照近本改。釋法思治，堯不能正一國，《韓子·用人》篇云。今案近本《韓子》上句作釋法術而心治思，誤心，陳本亦作思。同罪異罰非刑也，《左傳》云，曹伯之豎曰，不與衛皆復非信也。今案見《僖八年傳》。夏有亂政，而作禹刑，又云，鄭人鑄刑書，今案見《昭六年傳》。商有亂政，而作湯刑，又云，鄭人鑄刑書，叔向使詒書曰，今案同上。周有亂政，而作九刑，又傳云。今案同上。三辟之興，皆叔世也，同上注。為禁令者，急於未然，《物理論》云云，寬於已發，譬之於河隄千里憂在蟻穴。今案俞本同陳本無譬之二句。為法者宜舉其要，《傅子》云，塞一蟻孔而河決息，掩一車轄而覆乘止。今案陳俞本同，嚴輯《傅子》文據《意林》引《傅子》，法下有全字，掩作施，又注云《書鈔》作掩。鞭樸不可施於家，刑罰不可廢於國，又云。今案注又云二字應是《傅子》而聚珍輯本並無此條，陳本俞本則皆注《刑法志》，今考《漢書·刑法志》同。刑肅俗弊，《禮用》篇云刑云云則民不歸。今案見《傅子·禮用篇》。法重民惡《說苑》云，殷法棄灰於街者刑云云。孫氏校威改灰，是也。今案近本《說苑》脫，考《韓子·內儲上》篇有此文。德薄任刑。《文子》曰道狹任智云云。孫氏校補狹字。今案守山閣本《文子》卷下《自然篇》狹下薄下皆有然後二字。强國爭刑，《管子》云，夫强國者云云。今案俞本作爭强國爭刑令。惟刑之卹，《書·舜典》篇云云，五帝有流殛放殺之誅，三王有大辟刻肌之法，《東觀·梁統傳》云云，是以五帝三王之刑，除殘去亂。今案聚珍本《東觀漢記》卷十二《梁統傳》殺作竄，餘同，姚輯本脫，陳俞本亦作殺，法作刑。皋陶作刑，《呂氏春秋》云云。今案見《審分覽》。伯夷作刑，《世本》云，伯夷作五刑。今案《御覽》卷六百三十六引同。二酉叢書《張輯世本》作篇謂據《書鈔》引無五字，御覽有五字，抑知標目與小注有詳略不同耳。八刑糾萬民，《周禮》曰，大司徒職云，以鄉八刑糾萬民，一曰不孝之刑，二曰不睦之刑，三曰不媚之刑，四曰不弟之刑，五曰不任之刑，六曰不恤之刑，七曰造言之刑，八曰亂民之刑。孫氏校補造言四字，今案見司徒職，五刑糾萬民。《周禮》大司寇職云，以五刑糾萬民，一曰野刑上功糾力，二曰軍刑上令糾守，三曰鄉刑上德糾孝，四曰官刑上能糾職，五曰國刑上願糾暴。孫氏校徒改寇，舒改野，公改功，會改令，議改願，恭改暴。今案《周禮·秋官》同司刑掌五刑之法以麗萬民之罪。《周禮》司刑職云，司刑云云。今案見《秋官》。五服三就。《書·舜典》篇云。五刑五用。《咎繇謨》篇云。大刑用斧鉞。《漢書·刑法志》云。今案《漢書》卷二十三《刑法志》云，大刑用甲兵，其次用斧鉞，大罪陳原野。《刑法志》云。今案《漢書·刑法志》罪作者，陳下有諸字。出入不以道義者其刑墨，《書·大傳》云。非事而事之云云，而誦不詳之辭者其刑墨。今案以下五條，見《周禮·司刑》注引《大傳》，同《御覽》卷百四十八引及俞本詳作祥。革輿服制度者其刑劓，《書·大傳》云。今案詳上。踰城郭而盜者其刑臏，又云。今案詳上。男女不以義交者其刑宮，又云。孫氏校補以字。今案陳俞本無以字，餘詳上。降叛寇賊劫掠者其刑死，《書》又云。今案詳上，但《周禮·司刑》注引《大傳》掠作略，陳俞本仍作掠。煞王親者辜之，《周禮》掌戮職云云，親為緦麻也。今案見《秋官》，陳本煞改殺。言僞而辨，學非而博，以疑衆，煞，《禮記·王制》篇云云。鄭玄注云，皆謂虛華捷給。孫氏校志改煞。今案陳本刪注言，上添引行僞而堅句。析言破律，亂名改作，以亂政，煞，《禮記·王制》篇注云，左道若巫蠱及俗禁也。今案本鈔以字上脫執左道三字。假於鬼神，時曰卜筮，以疑衆，煞，《禮·王制篇》云。淫聲異服，奇伎奇器，以疑衆，煞。《王制篇》云。【略】今案平津館本《尸子》罪下接擅立八字，鬭作闕，幽下有改衣服易禮刑則放八字。俞本擅立作大夫，餘與平津本同。陳本只引改衣八字，餘脫。有爵者煞之以甸師，《周禮》掌戮職云，凡煞人者戮諸市，惟王同族與有爵者煞之於甸師氏。今案近本《秋官》常戳職戳諸作踣諸。公族有罪，磬於甸人，《禮·文王世子》篇云云。孫氏校聲改磬。今案陳俞本亦誤。刑人於市。《禮記·王制》篇云，爵人於朝，與衆共之云云，與衆棄之。

（唐）虞世南《北堂書鈔》卷四五《刑法部·律令十三》

律者，以罪名。杜預《律序》云：律者八，正罪名，令者八，序事制，二者，相須為用也。令者，令民知事，《管子》曰：令者令民知事也。今案《管子·七臣七主》篇者下作所以令人知事也。定分止爭，《管子》曰：律者，定分止爭也。今案同上者，下仍有所以兩字。使不相犯。《釋名》云：令者，領也。領理使不相犯之。咎繇遺訓，《傅子》云：律，咎陶遺訓也。百王不易。《風俗通》云：皋陶謀，虞始造律。蕭何成九章，此關諸百王不易之道也。黃帝五法，《素王妙論》云：黃帝設五法，布之天

下。漢祖三章，《高祖紀》云高祖入咸陽召諸縣豪傑曰：父老若秦苛法久矣，吾當與關中約法法三章耳。今案《史記·高祖紀》豪傑上有父老二字與作王約上有與父老三字。《漢書·高紀》亦然。或當時節引字句微異，而陳本竟改引《刑法志》。每每如此誠不可解。鄭鑄刑書，晉作執秩，張裴《律序》云：鄭注刑書，晉作執祑，申韓之徒，各自立制。今案《類聚》卷五十四引祑作秩。陳本亦作秩。二字本通，陳并脱申韓二句。政事之經，萬機之緯，張斐《律序》云：律合者，政事之經萬機之緯也。今案亦見《類聚》五十四引《律序》。陳本脱云下律字。金科玉條，揚雄《劇秦美新》：懿律嘉量，金科玉條。注曰：科條，謂所犯施法律也。金玉者，珍之也。今案此揚雄集舊注在清以前者。今文選李善注與此微異。陳本照《文選》改謬矣。未清本末，杜預《奏事》云：被敕以臣造新律事，律吏杜景、李覆等造律，皆未清本末之意也。王石華校，秦改奏，破改被。今案百三家杜焦及陳本嚴輯《全晉文》據《類聚》卷五十四引皆作李復。餘同。由此知本鈔覆字必是轉寫之譌。懸之象魏，劉劭云：刪言舊科採漢律為魏律懸之象魏。今案陳本脱刪言句。考《御覽》六百三十八引劉劭律略無言字。餘同。銘之鍾鼎。杜預《奏記》云：古之刑書，銘之鍾鼎，刊之金石，所以塞異端絕異理也。今案俞本但注見杜預《奏》事五字。陳本作法，云記不知何書。又脱刑字。鍾誤。中刊又誤鍾。餘同。考《御覽》卷六百三十八引《晉書》云杜預定律令為之注解，乃奏之曰，古之邢書云云，惟刑作鑄。餘同。蕭何次律令，《漢書·高祖紀》云：漢興，蕭何次律令，韓信申軍法。今案見《漢書》卷一下。蕭何九章。《風俗通》云如上言也。今案陳本同考。近本《風俗通》脱。惟見《類聚》五十四及《御覽》六百三十八引，亦見《論衡·謝短》篇。取宜於時，《刑法志》云：高祖人關蕭何捃摭秦法，取其宜於時者，作律令九章。今案見《漢書》卷二十三捃作攈無令子。陳本已照改。班下施用，王隱書云：荀勗與賈充共定律令，班下施用，各加祿賜。今案《類聚》卷五十四引王書與陳本皆同。是繩墨之斷，非窮理之書。杜預云：帝王法書者，蓋是為繩墨之斷。今案百三家杜集上，律令注解奏斷下有例字，理下有盡生二字。律見兩科，是失省刑之意。《漢書》云：一律見南科，是失省刑之意。今案見《漢書·馮野三傳》，陳本俞本皆同。輕重不齊，姦吏因緣爲市，□□上疏云：法律令輕不齊。今案陳俞本均刪注文。明君愼令。申子云：君之所以尊者，令。令之不行，是無君也，故明君慎之。今案《類聚》卷五十四引申子慎之作慎令。三尺律令，人事出其中，朱博云：博遷廷尉，典職決疑，恐為官屬所輕，曰三尺律令，人事出其中也。今案《漢書》卷八十三《朱博傳》輕作誣。陳本中作内無注。古今一也。《鹽鐵論》云：夫善言天者令之於人，二尺四寸之律令古一也。今案《鹽鐵論·詔聖第五十八》令作合。餘同。南昌萬校本附注云：漢武帝曰善言天者，必有徵於人。陳本令改合，增引頗多。。

(唐)歐陽詢等《藝文類聚》卷五四《刑法部·刑法》

《爾雅》曰：律，法也。

又，律，法銓也。

《管子》曰：正月之朔，百吏在朝，君乃出令，布憲于國，五鄉五師五屬大夫，皆受憲于君矣。

又曰：法者，所以興功懼暴，律者，所以定分止争也。

又曰：凡國無法則衆不知所為，無度則事無儀。有法不正，有度不直，則治僻，治僻則國亂。故曰：正法直度，罪殺無赦，殺戮必信，民畏而懼，武威既明，令不再行。

又曰：法者，天地之位，象四時之行，以治天下。四時之行，有寒有暑，聖人法之，故有文有武。天地之位，有前有後，有左有右，聖人法之，以建經紀。春生於左，秋殺於右，夏長於前，冬藏於後，生長之事文也，收藏之事武也。是故文事在左，武事在右，聖人法之，以行法令，以治事理也。

《申子》曰：君必有明法正義，若懸權衡以稱輕重，所以一羣臣也。

又曰：堯之治也，善明法察令而已。聖君任法而不任智，任數而不任說。黃帝之治天下，置法而不變，使民安不安，樂其法也。【略】

《韓子》曰：治大國而數變法，則民苦之。是以有道之君，貴虛靜而重變法。

又曰：聖人立法，賞足以勸善，威足以勝暴，備足以必完。

又曰：釋法術而心治，堯不能正一國，使中主守法術，拙匠執規矩尺寸，則萬不失一。

又曰：董安于行石阜山中，見深澗峭如牆，深百仞，因問其鄉左右曰：人嘗有入者乎？對曰：無有。安于喟然嘆曰：吾能治矣。使吾法之無赦，猶入澗之必死也，則民莫之犯，何為不治？

又曰：越王問於大夫種曰：吾欲伐吳，可乎？對曰：可矣。君賞厚而信，罰嚴而必，君欲知之，何不試焚宮室？於是遂焚宮室，民莫救火，乃下令曰：人救火而死者，比敵死之賞；勝火而死者，比勝敵之

賞，不救火者，比降北之罪。民之塗其體、被濡衣、走火者，左三千人，右三千人，此知必勝之勢也。

《文子》曰：文子問老子，法安所生？曰：法生於義，義生於衆，適合乎人心，此治之要也。法非從天下，非從地出，發於人間，及己自正。

《申子》曰：君子之所以尊者令，令不行，是無君也，故明君慎令。

《慎子》曰：堯為匹夫，不能鄰家至西南面而王，則令行禁止。由此觀之，賢未足以服不肖，而勢位足以屈賢也。

又曰：法之功莫大使私不行，君之功莫大使民不爭。今立法而行私，是與法爭，其亂甚於無法。立君而尊賢，是賢與君爭，其亂甚於無君。故有道之國，法立則私善不行，君立則賢者不尊。民一於君，斷於法，國之大道也。

又曰：故治國無其法則亂，守法而不變則衰，有法而行私，謂之不法。以力役法者，百姓也；以死守法者，有司也；以道變法者，君長也。

《漢書》曰：漢興，高祖初入關，約法三章。曰：殺人者死，傷人及盜抵罪，蠲削煩苛，兆民大悦。其後四夷未附，兵革未息，三章之法，不足以禦姦，於是相國蕭何捃摭秦法，取宜於時者作律九章。

又曰：杜周為廷尉，其治獄倣張湯，而善伺候。上所欲擠者，因而陷之，上所欲釋，久繫待問，而微見其寃狀。客有謂周曰：君為天下決平，不修三尺法，專以人主指為獄，獄者固如是也？周曰：三尺安出哉？前主所以著為律，後主所是疏為令，當時為是，何古之法？

又曰：時上方向文學，張湯決大獄，欲傅古議，乃請博士弟子治《尚書》《春秋》，補廷尉使，平疑法，奏讞疑，事必奏。先為上分別其原，上所是，受而著讞法，廷尉挈令，揚主之明。【略】

《鹽鐵論》曰：昔秦法繁於秋荼而網密於凝脂，然上下相遯，姦偽萌生。

又曰：夫善言天者，合之於人，善言古者，考之於今。二尺四寸之律，古今一也。

《風俗通》曰：咎陶謨虞，始造律，蕭何成九章，此關諸百王，不易之道也。時所制曰令。《漢書》著于甲令。夫吏者治也，當先自正，然後正人。故文書下如律令，言當承憲履繩，動不失律令也。

王隱《晉書》曰：荀勗與賈充，共定律令，班下施用，各加禄賜。【略】

晋傅玄《釋法篇》曰：釋法任情，姦佞在下，多疑少決，譬執腐索，以御奔馬。專任刑名，民不聊生，通儒達道，政乃升平。浩浩大海，百川歸之，洋洋聖化，九服仰之。春風暢物，秋霜肅殺，同則相濟，異若胡越。

〔贊〕梁昭明太子《爾雅制法則贊》曰：惟斯法則，信如四時，嚴此刑政，刑輕罪疑，霜威已振，民不敢欺。【略】

〔難〕漢張敞議入穀贖罪。蕭望之難曰：國兵在外，軍以夏發。隴西以北，安定以西，吏民並給轉輸，田事頗廢，素無餘積。雖羌虜以破，來春必乏，窮僻之處，買無所得，縣官穀度不足以振之。願令諸有罪非盜受財殺人及犯法不得赦者，得以差入穀。此八郡贖罪，務益致穀，以豫備百姓之急。事下有司，望之與少府李彊議，以為民含陰陽之氣，有仁義欲利之心，在教化之所助，雖堯在上，不能去民欲利之心，而能令其欲利不勝其好義也。雖桀在上，不能去民好義之心，而能令其好義不勝其欲利也。故堯、桀之分，在於義、利而已，導民不可不慎也。今欲令民量粟以贖罪，如此則富者得生，貧者獨死，是貧富異刑，而法不一也。人情貧窮，父兄囚執，聞出財得以生活，為人子弟者，將不顧死亡之患，敗亂之行，以赴財利，夫親戚一人得生，十人以死。如此，伯夷之行壞，公綽之名滅，政教一傾，雖有周召之佐，恐不能復。古者藏於民，不足則取，有餘則予。《詩》曰：爰及矜人，哀此鰥寡。上惠下也。【略】

晋曹志議曰：嚴刑以殺，犯之者寡；刑輕易犯，蹈惡者多。臣謂玩常苟免，犯法乃衆，黥刖彰罪，而民甚恥。且創制墨則，見者知禁，彰罪表惡，聞者多服。假使惡多，尚不至死，無妨產育，苟能殺以止殺，為惡縱寡，積而不已，將至無人。天無以神，君無以尊矣。故古人寧過不殺，是以為上，寧寬得衆，不寧急積殺。若及于張聽訟，刑以止刑，可不革舊，過此以往，肉刑是宜。假令漢文于張，承大亂之後，創基七十，國寡民稀，止禁刑書，鞭杖為治也。

晉程咸女適人，不從坐，議曰：夫司寇作典，建三等之制；甫侯修刑，通輕重之法。叔世多變，秦立重辟，漢因循之，大魏承襲，未革其弊。大逆之誅，不差已出之女者，誠欲絶惡類於一族。然法貴得中，刑慎過制，臣以為女人有三從之義，無自專之道，出適他族，還喪父母，降其服紀，所以明外成之節，異在室之恩。父母有罪，追刑已出之女，夫黨見誅，又隨異姓之戮，一人之身，内外受辟，男不衍禍於他族，女獨嬰罰於二門，非所以哀矜蒙弱，立法之本分也。今女既嫁，則為異姓之妻，如或産育，則為他族之母。此為元惡之所輕忽，戮無辜之所重，於恩則傷孝子之心，而興嫌怨之路。臣以為在室之女，宜從父族之誅；既醮之婦，使就夫家之罰。宜定齊科，以為永制。

〔表〕晉盧諶理劉司空表曰：臣聞經國之體，在於崇明典刑；立政之務，在於固慎關塞。典刑不明，則人情歴措；閉塞乏慎，則逆節滋萌。竊見故司空廣武侯琨，在東皇帝擾攘之際，值羣臣鼎沸之難，戮力皇家，義誠彌厲，躬統華夷，親受矢石。王彌授首於河南，吕朗面縛於滎陽，社稷克寧，鑾輿反旆，奉迎之勲，琨効忠之一驗也。琨授并州，屬承其弊，到官之日，遺户無幾，荆棘茂於街里，豺狼居於府舍，既無句踐甲楯之卒，又無衛文共滕之民，當易危之勢，處難濟之中，鳩集傷夷，撫和戎狄，會遭京都失守，孝懷版蕩，羣逆縱逸，充斥王畿。咸以為并州之地，四塞為固，東阻井陘，西限藍谷，前有太行之嶺，後有句注之關。琨抗辭厲聲，忠亮奮發，以為天子沉辱，而不隕身死節。言情則非所能安，言罪則不容於誅。遂乃鞠誓百姓，修繕甲兵，跋履山川，東征西討，以喪氣之衆，當天下嚴敵。蟣虱生於甲冑，燕雀巢於帷幕，雖不能摧殄聰勒，且得據其心腹。琨破家為國之二驗也。琨乃稽民神之旨，通天下之意，唱上尊號，歸重聖躬，令南北萬里，若合符契，此又琨乃心本朝之三驗也。比未遇害，知匹磾必有禍心，唯恨不能効節於一方，上不得歸誠於陛下，辭旨慷慨，動於左右，聽其言者，莫能仰視。昔子囊垂終，遺言城郢，古人稱之，以為忠貞。琨匪躬之操，義實茂之，此琨沒不忘國之四驗也。取亂侮亡，仲虺之遺言也；兼弱攻昧，隨季之善經也。匹磾之狹謀，踊躍一隅，無以自展，精卒勁騎，不得致力，以一人之身，妨一國之用。當今二賊未殄，方難尚殷，而使殊俗疆國，懷怨自相疑懼，非國家靜難之遠術也。伏惟陛下以淑聖之姿，隆中興之緒，方將平章典刑，以序萬邦。而琨受害，悲哀寃痛已甚也，未聞朝廷有以甄論。昔壺關三老訟衛太子之罪，谷永劉向辯陳湯之功，下足以明功罪之分，上足以寤主上之懷。【略】

齊孔稚珪上新定法律表曰：臣聞匠萬物者，以繩墨為政；馭大國者，以法理為本。故定國釋之，聲著漢臺，元常文慧，績應魏閣。則皋陶之謨，指掌可致，杜鄭之業，鬱焉何遠？然後姦人無所逃其刑，惡吏無所窮其詐，如身手之相驅，弦括之相接矣。

梁任昉為梁公請刊改律令表曰：臣聞淳源既遠，天討是因，畫衣象服，以致刑厝，草纓艾韠，民不能犯。及淳德下衰，運距澆季，湯刑禹政，不足禁姦；九法三章，無以息訟。所以赭衣塞路，囹圄成市，凝脂已疎，秋荼非苦，姦吏為市，生殺並用，可為慟哭，豈徒一緒？夫肖貌天地，稟靈川岳，受體愛敬，髮膚為重，流矢影風，顧有憂色，而當妄加刳斮，金木為伍。且夫刻木不對，畫地不入，畏避若是，而動貽非命，王道為虧，良在於此。法開二門，為政之蠹，生殺多緒，誰其適政？

〔書奏〕漢杜欽奏記於王鳳曰：切見令曰：吏二千石告，過長安，謁，不分別予賜。今有司以為予告得歸賜，告不，賜告詔恩也。今告則得，詔恩不得，失輕重之差。又二千石病，賜告得歸，有故事，不得去郡，亡著令。傳曰：賞疑從予，所以廣恩勸功也。罰疑從去，所以慎刑，闕難知也。今釋令與故事，而假不敬之法，甚違闕疑從去之意。即以二千石守千里之地，任兵馬之重，不宜去郡，將以制刑。為後法者，則馮野王之罪，在未制令前也。賞罰大信，不可不慎。鳳不聽，竟免野王。郡國二千石病，賜告不得歸家，自此始也。

漢貢禹上書曰：孝文皇帝時，貴廉潔，賤貪汙。賈人贅壻及吏坐贓者，禁固不得為吏，無贖罪之法。故令行禁止，海内大化。武帝始臨天下，尊賢用士，自見功大，遂從嗜欲，廼行一時之變，使犯法贖罪，入穀者補吏，是以官亂民貧，盜賊並起。故俗皆曰：何以孝悌為？財多而官榮，使黥劓髡鉗者，猶復攘臂為政。俗之壞敗，乃至於此。今欲興至治、致太平，宜除贖罪之法。

漢張俊上書曰：臣幸恩負義，自陷重刑，情斷意訖，無所復望。廷尉鞫遺，毆刀在前，絮棺在後，魂魄飛揚，形容已枯。陛下聖澤，以臣嘗

在近密，識其狀貌，傷其眼目，留心曲慮，特加偏覆，喪車復還，白骨更肉，披棺發槨，起見白日。天地父母，能生臣俊，不能使臣俊當死復生。陛下德過天地，恩重父母，誠非臣俊破碎骸骨，舉宗肉爛，所報萬一。

【略】

晉杜預奏事曰：古之刑書，銘之鼎鍾，鑄之金石，斯所以遠塞異端，絕異理也。法出一門，然後人知恒禁，吏無淫巧，政明於上，民安於下。

晉劉頌刑獄奏曰：君臣之分，各有所司。法欲必奉，故令主者守文；理有窮塞，故使大臣釋滯；事有時宜，故人主權斷。主者守文，若釋之執犯蹕之平也。大臣釋滯，公孫弘斷郭解之獄也。人主權斷，若漢祖戮丁公之為也。天下萬事，自非斯格，不得以出意妄議，其餘皆以律令從事，然後法信於下。民聽不惑，吏不容姦，可以言理，人主執斯格以責羣下，大臣小吏，各守其局，則法一矣。上古議事以制，不為刑辟，夏殷及周，禮法象魏，三代之君，咸棄典常之妙鑒，而任微文之直準，非聖有殊，所遇異也。今論時勢敦弊，不及中古，而執平者，欲適情之所安，自託於議事以制。臣竊以為聽言則美，論理則違。至如非常之斷，出法賞罰，若漢祖戮楚臣之私己，封趙氏之無功，唯人主專之，非奉職之臣所得擬議。然後情求傍請之迹絕，似是而非之奏塞，此蓋齊法之大準也。

晉郭璞奏曰：臣聞上古象刑而民不犯，中古明刑，以致刑措。故立刑以禁刑，立殺以去殺。重之以死，所以求其生；峻之以刑，所以輕其死。死由於法輕，生存乎法重，此立防之成標也。然則刑無輕重，用之唯平，非平法之為難，思在斷之為難。是以子皐行戮，刖者忘痛，釋之典刑，民無怨色。何者？積之於誠也。按癸酉詔書之旨，專為邊城，實之裔土，濟當時一切之用，非為經遠之法，亦是中夏全平之時，威御足指控制，故可得行之矣。欲役無賴子弟，驅不逞之人，聚之於空荒四維之地，將以扞固牧圉，未見其利也。且濵接鯨猾，密邇姦藪，退未絕其丘窟之顧，進無以塞其逋逃之門，五流三居，誡古之犯刑，論之於今，事實難行。且律令以跨三代，歷載所遵，未易輕改者也。是以刑法不專，則名幸者興；政令驟變，則人志無繫。子產患其如此，故矯先王議事之制，而立刑書之辟，皆所以弼民心而正羣惑者也。

〔啓〕梁簡文帝啓囚徒配役事，啓曰：伏以明慎三典，寬簡八刑，宸鑒每以垂心，國誥是焉攸切。臣比時奉勅旨，權視京師雜事，切見南北郊等處，並啓請四五歲以下輕囚，助充使役，優令聽獄官詳其可否。侮文之路自此而生，將恐玉科重輕，全關墨綬，金書去取，更由丹筆。愚謂宜詳五條，制以為永準。【略】

梁任昉為王金紫謝齊武帝未皇太子律序啓曰：臣聞化澄上葉，草纓垂典，教清中世，艾服懲刑。自禮失宗周，俗反炎漢，張馮導其迹，賈杜浚其流，仲舒之得情，孔子之博約，故以義該往哲，盡美前王。而年世寖遠，篇牘訛誤，朽編落簡，見誣前淑，侮文擅議，取弊後昆，立不倚衡。遂均鴻毛之殞，傷足居憂，忘貽髮膚之痛，豈所以臨河永歎，合育最靈者也。伏惟陛下施博天地，澤深禹湯，溫舒之策，優遊虛授，衛展之議，寧失弗經，削秋荼之法，解凝脂之網。【略】

晉張斐《律序》曰：律令者，政事之經，萬機之緯。

又曰：鄭鑄刑書，晉作執秩，趙制國律，楚造僕區，兹述法律之名。申、韓之徒，各自立制。【略】

魏曹羲《肉刑論》曰：夫言肉刑之濟治者，荀卿所唱，班固所述。隆其趣，則曰像天地，為之惟明。察其用，則曰死刑重而生刑輕。其所馳騁，極於此矣。治則刑重，亂則刑輕。

又曰：殺人者死，傷人者刑，是百王之所同，固未達夫用刑之本矣。夫死刑者，不唯殺人，妖逆是除，天地之道也。傷人者不改，斯亦妖逆之類也。如其可改，此則無取於肉刑也。且傷人殺人，皆非人性之自然也，必有由然者也。夫有由而然者，激之則淫，敦之則一。激之也者，動其利路；敦之也者，篤其質樸。故在上者議兹本要，不營奇思，行之以簡，守之以靜，大則其隆足以侔天地，中則其理可以厚民萌，下則刑罰可以無殘虐。民靜理則其化，成為惡之尤者，衆之所棄。衆之所棄，則無改之驗著矣。夫死不可以有生，而欲增淫刑以利暴刑，暴刑所加，雖云懲慢之由興，有使之然，謂之宜生，生之可也，舍死析骸，又何辜耶？猶稱以滿堂而飲，有向隅哀泣，則一堂為之不樂。在上者洗濯其心，靜而民足，各得其性，何懼乎姦之不勝，乃欲斷截防轉而入死乎？

（唐）陳子昂《陳拾遺集》卷九《書·諫刑書》 承務郎守右衛曹參軍臣陳子昂謹頓首昧死上言。臣聞昔者聖人理天下者美在太平，太平之美

者在於刑措。臣伏見陛下務太平之理而未美太平之功。賤臣頑微，竊惑下列，臣前蒙天恩召見，恩制賜臣曰：既遇非常之主，何不進非常之策。臣草木微品，天恩降休，伏刻肌骨，不敢忘舍。今陛下創三皇之業，務三皇之理，大統已集，神化光明。雖伏羲神農昔有天下，誠未足比。臣敢不竭節以効愚忠。臣聞自古聖王謂之大聖者，皆云尚德崇禮，貴仁賤刑。刑措不用，謂之聖德，不稱嚴刑猛制，用獄為理者也。故周有天下八百餘歲而惟頌成康，漢有天下四百餘歲而獨稱文景，皆由幾致刑措者也。何者？刑政之末節，非太平之資。臣竊考之於天，天貴生成。驗之於人，人愛生育。旁稽於聖，聖務勝殘，皆不云以刑為德者。然則聖王養天下者，固當上務順天，下務濟人，不天不人，不可謂理。故曰：惟天為大，唯堯則之。又曰：天地萬物，父母唯人；萬物之靈，亶聰明作元後，元後作民父母。然則為民父母，固當貴於德養，不可務於刑殺。臣伏惟陛下聖德至大矣，應天受命有三皇之功，順天正位有三皇之業，拜圖巡洛有三皇之符，尊名顯號有三皇之業，明堂神構，萬象宣威，風雨順時，百谷昌熟，可謂足為萬代之規也。今天下百姓抱孫弄子，鼓腹以望太平之政矣，陛下為天地父母，固將務德以順養之，登於太和，以協皇極。今陛下之政雖盡善矣，然太平之理猶屈於獄官，何以言之？太平之朝，務上下樂化，不宜亂臣賊子，自犯天誅。比者大獄增多，逆徒滋廣，愚臣頑昧，初謂皆實。乃去月十五日陛下特察，詔囚李珍等無罪，明魏真宰有功，召見高正，臣又重推元萬頃，百寮慶悅，皆賀聖明，臣乃知亦有無罪之人掛於疎網者。陛下務在寬典，獄官務在急刑，以傷陛下之仁，以誣太平之政。臣竊私恨之。賴陛下又獨決天斷，寬蕩羣刑，死囚張楚金、郭正一、弓彭祖、王令基等以兇惡之罪，特蒙全活，朽骨更肉，萬死再生，天地人祇，實用同慶。何以知之？臣伏見去年八月已來，天苦霖雨，自陛下赦李珍等罪，天朗氣清，萬品咸觀，宇宙同慶。又某月二十一日，恩勅免楚金等死，初有風雨，變為景雲，司刑官屬，皆所共見。臣聞陰慘者刑也，陽舒者德也，慶雲者喜氣也。臣伏考之《洪範》，驗之六經，聖人法天，天亦助聖，休咎之應，必不虛來。陛下法天垂仁，天助陛下仁化。獄吏急法，則慘而陰雨。陛下赦罪，則舒而陽和。君臣歡娛，則喜而見慶雲。天意如此，陛下豈可不承順之？夫刑者怒也，可以承喜氣，今又陰雨，臣恐過在獄官。況陛下明堂之理，本以崇德配天之業，不以務刑。今垂拱法宮，且猶議殺，布政衢室，而未措刑，賤臣頑愚，尚疑未可，況巍巍大聖，光宅天下哉。今者繫獄囚徒多極法者，道路之議或是或非，陛下何不悉召見之，自詰其罪，罪真實者顯示明刑，罪有濫者嚴誅獄吏，使天下咸服，人知政刑，以清太平之基，用登仁壽之域，豈非至德克明哉？昔鄧太后以天降旱，親決洛陽獄囚徒，良史書之，而以為德，況陛下大聖億萬超於鄧后者乎。夫獄吏不可信，多弄國權，自古敗亡，聖王所誡。陛下萬代之業，千載之名，故不可使竹帛書之有虧於此也。伏願熟察，以美太平之風，賤臣不勝愚懇忠憤之至，輒投諫匭，昧死上聞（云云）。

（唐）陳子昂《陳拾遺集》卷九《書·諫用刑書》　將仕郎守麟臺正字臣陳子昂謹頓首冒死詣闕上疏。臣本蜀之匹夫，官不望達，陛下過意擢臣草莽之下，昇在麟臺之閣，光寵自天，卓若日月。微臣固陋，將何克負。然臣聞忠臣事君，有死無二，懷佞不諫，罪莫大焉。況在明聖之朝，當不諱之日，方復鉗口下列，俛仰偷榮，非臣之始願也，不勝愚惑，輒奏狂昧之說，伏惟陛下少加察焉。臣聞古之御天下者，其政有三：王者化之，用仁義也；霸者威之，任權智也；强國脅之，務刑罰也。是以化之不足，然後威之。威之不變，然後刑之。故至於刑則非王者所貴矣。況欲光宅天下，追功上皇，專任刑殺，以為威斷，可謂策之失者也。伏觀陛下聖德聰明，遊心太古，將制靜宇宙，保乂黎民，發號施令，出於誠慊，天下蒼生，莫不想望聖風，冀見神化，道德為政，將待於陛下矣。且臣聞之，聖人出，必有驅除天人之符，應休命也。日者東南微孽敢謀亂常，陛下順天行誅，罪惡咸服，豈非天意欲彰陛下神武之功哉。而執事者不察天心，以為人意，惡其首亂倡禍，法合誅屠，將息姦源，窮其黨與，遂使陛下大開詔獄，重設嚴刑，冀以懲創勸於天下，逆黨親屬及其交遊，有跡涉嫌疑，辭相逮引，莫不窮捕考訊，枝葉蟠拏，大或流血，小禦魑魅，至有姦人熒惑，乘險相誣，糺告疑似，冀圖爵賞，叫於闕下者，日有數矣。於時朝廷皇皇，莫有自固，海內傾聽，以相驚恐，賴陛下仁慈，憫斯危懼，賜以恩詔，許其大功已上，一切勿論，時人獲泰，謂生再造。愚臣竊亦欣然，賀陛下聖明得天下之機也。不謂議者異見，又執前圖，比者刑獄紛紛復起，陛下不深思天意以順休期，尚以督察為理，威刑為務，使前者之詔

不信於人，愚臣昧焉，竊恐非三皇五帝伐罪吊人之意也。臣竊觀當今天下百姓思安久矣，曩屬北狄侵塞，西戎冦邊，兵革相屠，向歷十載，闗、河自北，轉輸幽、燕，秦、蜀之西，馳騖湟、海，當時天下疲極矣，重以大兵之後，屢遭凶年，流離飢餓，死喪畧半，幸賴陛下以至聖之德撫寧兆人，邊境獲安，中國無事，陰陽大順，年谷屢登，天下父子始得相養矣。故揚州搆禍，殆踰五旬，而海内晏然，纖塵不動，豈非天下蒸庶厭兇亂哉？臣以此卜之，知百姓思安久矣。今陛下不務玄默，以救疲人，而反任威刑以失其望，欲察察為政，肅理寰區，臣愚暗昧，竊有大惑。且臣聞刑者政之末節也，先王以禁暴整亂，不得已而用之。今天下幸安，萬物思泰，陛下乃以末節之法察理平人，臣愚以為非適變隨時之議也。頃年以來，伏見諸方告密，囚累百千輩，大抵所告皆以揚州為名，及其窮究，百無一實。陛下仁恕，又屈法容之，傍訴他事，亦為推劾，遂使姦惡之黨，決意相仇，睚眦之嫌，即稱有密，一人被訟，百人滿獄，使者推捕，冠蓋如雲。或謂陛下愛一人而害百人，天下喁喁，莫知寧所。臣聞自古聖人，不有外患，必有内憂，物理之自然也。臣亦不敢以遠古言之，請借隋而況，臣聞長老言，隋之末代，天下猶平，煬帝不龔，窮毒威武，厭居皇極，自總元戎，以百萬之師，觀兵遼海，天下始騷然矣。遂使楊玄感挾不臣之勢，有大盗之心，欲因人謀，以竊皇業，乃稱兵中夏，將據洛陽，哮闞之勢，傾宇宙矣。然亂未踰月而首足異處，何者？天下之弊未有土崩，蒸民之心猶望樂業。煬帝不悟，闇忽人機，自以為元惡既誅，天下無巨猾也，皇極之任，可以刑罰理之，遂使兵部尚書樊子蓋專行屠戮，大窮黨與，海内豪士，無不罹殃，遂至殺人如麻，血流成澤，天下靡然，始思為亂矣。於是蕭銑、朱粲起於荆南，李密、竇建德亂於河北，四海雲摇，遂並起而隋族亡矣，豈不哀哉？長老至今談之，委曲如是。臣竊以此上觀三代夏、殷、周興亡，下逮秦、漢、魏、晉理亂，莫不皆以毒刑而致敗壞也。夫大獄一起，不能無濫，何者？刀筆之吏，寡識大方，斷獄能者，名在急刻，文深網密則共稱至公，爰及人主亦謂其奉法，於是利在殺人，害在平恕，故獄吏相誡，以殺為詞，非憎於人也，而利在已。故上以希人主之旨，下以圖榮身之利，徇利既多，則不能無濫，濫及良善則淫刑逞矣。夫人情莫不自愛其身，陛下以此察之，豈能無濫也？寃人吁嗟，感傷和氣。和氣悖亂，羣生癘疫。水旱隨之，則有凶年。人既失業，則禍亂之心怵焉而生矣。頃來亢陽愆候，密雲而不雨，農夫釋耒，瞻望嗷嗷，豈不由陛下之有聖德而不降澤於下人也。倘旱遂過春，廢於蒔種，今年稼穡必有損矣。陛下何不敬承天意，以澤恤人。臣聞古者明王重慎刑罰，蓋懼此也。《書》不云乎，與其殺不辜，寧失不經。陛下奈何以堂堂之聖猶務彊霸之威哉？愚臣竊為陛下不取也。且愚人安則樂生，危則思變，故事有招禍，而法有起姦，倘大獄未休，支黨日廣，天下疑惑，相恐無辜，人情之變，不可不察。昔漢武帝時，巫蠱獄起，江充行詐，惑亂京師，致使太子奔走，兵交宫闕，無辜被害者以千萬數，劉氏宗廟幾傾覆矣。賴武帝得壺闗三老上書，廓然感悟，夷江充三族，餘獄不論，天下以安爾。臣每讀《漢書》至此，未嘗不為戾太子流涕也。古人云：前事之不忘，後事之師。伏願陛下念之。臣不避湯鑊之罪，以螻蟻之命，輕觸宸嚴，臣非不惡死而貪生也，誠恐負陛下恩遇。臣不敢以微命蔽塞聰明，亦非敢欲陛下頓息刑罰，望在恤刑爾，乞與三事大夫圖其可否。往者不可諫，來者猶可追，無以臣微而忽其奏，天下幸甚。臣子昂誠惶誠恐，死罪死罪。

（唐）陳子昂《陳拾遺集》卷八《雜著・請措刑科》

臣聞言有順君意而害天下者，有逆君意而利天下者，唯忠臣能逆意，唯聖君能從利。恩勑不以臣愚微，降問當今政要。臣伏惟當今之政，大體已備矣，但刑獄尚急，法網未寬，恐非當今聖政之要者。臣觀聖人用刑，貴適時變，有用舍不專任之。且聖人初制天下，必有兇亂之賊、叛逆之臣而為驅除，以顯聖德。聖人誅兇殄逆，濟人寧亂，必資刑殺以清天下，故所以務用刑也。兇亂既滅，聖道既昌，則必順人施化，赦過宥罪，所以致措刑也。然則聖人用刑，本以禁亂，亂靜刑息，不為昇平所設，何者？太平之人悦樂於德，不悦樂於刑，以刑窮於人，人必慘怛，故聖人貴措刑，不貴煩刑。今神皇應運授圖，臨御天下，逆臣賊子，頓伏嚴誅，所以虺貞羣黨，同惡就戮，此蓋天意將顯神皇威靈，豈此兇徒所能自亂。今魁首已滅，朋黨已屠，聖政惟昌，天下咸服，神皇又降，文昌鴻恩，滌盪羣罪，天下昭慶，企望日新。措刑崇德，正在今日，實聖政之至要者也。臣伏見近來詔獄推窮，稍復滋長，追捕支黨，頗及遠方，天下士庶，未敢安止。臣伏惟神皇聖意，務在措刑，安恤天下，不務察法以損昇平。然今刑獄未息者，應是獄吏未

識天意，所以至於此也。伏願神皇垂愷悌之德，務仁壽之恩，勑法慎罰，以省刑典。臣伏見當今天下士庶思願安寧，途謡巷歌皆稱萬歲，此其懷樂聖化，願保永年，欲與子孫同此仁壽。今神皇不以此時崇德務仁，使刑措不用，乃任有司明察，專務威刑，臣竊恐非神皇措刑之道。且臣聞殺一人則千人恐，濫一罪則百夫愁。人情大端畏懼於此。今天下至廣，萬國至繁，神皇雖妙察獄，固不可門告户説，令一一知者。若使有一不知，以神皇好任刑法，則非太平安人之務，當今聖政之要者也。此是臣赤心至誠，敢言其實，冒死犯奏，所冀天鑒，務求措刑，察臣所言，非敢苟順。

（唐）吴兢《貞觀政要》卷五《公平》 〔魏徵上疏曰〕貞觀之初，志存公道，人有所犯，一一於法。縱臨時處斷，或有輕重，但見臣下執論，無不忻然受納。民知罪之無私，故甘心而不怨；臣下見言無忤，故盡力以効忠。頃年以來，意漸深刻，雖開三面之網，而察見淵中之魚，取捨在於愛憎，輕重由乎喜怒。愛之者，罪雖重而强為之辭；惡之者，過雖小而深探其意。法無定科，任情以輕重；人有執論，疑之以阿偽。故受罰者無所控告，當官者莫敢正言。不服其心，但窮其口，欲加之罪，其無辭乎！又五品已上有犯，悉令曹司聞奏。本欲察其情狀，有所哀矜。今乃曲求小節，或重其罪，使人攻擊，惟恨不深。事無重條，求之法外所加，十有六七，故頃年犯者懼上聞，得付法司，以為多幸。告訐無已，窮理不息，君私於上，吏姦於下，求細過而忘大體，行一罰而起衆姦。此乃背公平之道，乖泣辜之意。欲其人和訟息，不可得也。故《體論》云：夫淫佚盜竊，百姓之所惡也。我從而刑罰之，雖過乎當，百姓不以我為暴者，公也。怨曠饑寒，亦百姓之所惡也，遁而陷之法，我從而寬宥之，百姓不以我為偏者，公也。我之所重，百姓之所憎也；我之所輕，百姓之所憐也。是故賞輕而勸善，刑省而禁姦。由此言之，公之於法，無不可也，過輕亦可。私之於法無可也，過輕則縱姦，過重則傷善。聖人之於法也，公矣，然猶懼其未也，而救之以化，此上古所務也。後之理獄者則不然，未訊罪人，則先為之意，及其訊之，則驅而致之意，謂之能。不探獄之所由，生為之分，而上求人主之微旨以為制，謂之忠。其當官也能，其事上也忠，則名利隨而與之，驅而陷之，欲望道化之隆，亦難矣。凡聽訟理獄，必原父子之親，立君臣之義，權輕重之序，測淺深之量。悉其聰明，致其忠愛，疑則與衆共之。疑則從輕者，所以重之也，故舜命咎繇曰：汝作士，惟刑之恤。又復加之以三訊，衆所善，然後斷之。是以為法，參之人情。故《傳》曰：小大之獄，雖不能察，必以情。而世俗拘愚苛刻之吏，以為情也者取貨者也，立愛憎者也，右親戚者也，陷怨讐者也。何世俗小吏之情，與夫古人之懸遠乎！有司以此情疑之羣吏，人主以此情疑之有司，是君臣上下通相疑也，欲其盡忠立節，難矣。凡理獄之情，必本所犯之事，以爲主。不嚴訊，不旁求，不貴多端，以見聰明，故律正其舉劾之法，參伍其辭，所以求實也，非所以飾實也。但當參伍明聽之耳，不使獄吏鍛鍊飾理成辭於手。孔子曰：古之聽獄，求所以生之也；今之聽獄，求所以殺之也。故析言以破律，任案以成法，執左道以必加也。又《淮南子》曰：澧水之深十仞，金鐵在焉，則形見於外。非不深且清，而魚鱉莫之歸也。故為上者以苛為察，以功為明，以刻下為忠，以訐多為功，譬猶廣革，大則大矣，裂之道也。夫賞宜從重，罰宜從輕，君居其厚，百王通制。刑之輕重，恩之厚薄，見思與見疾，其可同日言哉！且法，國之權衡也，時之準繩也。權衡所以定輕重，準繩所以正曲直。今作法貴其寬平，罪人欲其嚴酷，喜怒肆志，高下在心，是則捨準繩以正曲直，棄權衡而定輕重者也。不亦惑哉？諸葛孔明，小國之相，猶曰：吾心如秤，不能為人作輕重。况萬乘之主，當可封之日，而任心棄法，取怨於人乎？

（唐）吴兢《貞觀政要》卷八《刑法》 貞觀十一年，特進魏徵上疏曰：臣聞《書》曰：明德慎罰，惟刑恤哉。《禮》云：為上易事，為下易知，則刑不煩矣。上人疑，則百姓惑；下難知，則君長勞矣。夫上易事，則下易知，君長不勞，百姓不惑。故君有一德，臣無二心。上播忠厚之誠，下竭股肱之力，然後太平之基不墜，康哉之詠斯起。當今道被華戎，功高宇宙，無思不服，無遠不臻。然言尚於簡文，志在於明察，刑賞之用，有所未盡。夫刑賞之本，在乎勸善而懲惡，帝王之所以與天下為畫一，不以貴賤親疏而輕重者也。今之刑賞，未必盡然。或屈伸在乎好惡，或輕重由乎喜怒。遇喜則矜其情於法中，逢怒則求其罪於事外；所好則鑽皮出其毛羽，所惡則洗垢求其瘢痕。瘢痕可求，則刑斯濫矣；毛羽可出，則賞因謬矣。刑濫，則小人道長；賞謬，則君子道消。小人之惡不

懲，君子之善不勸，而望治安刑措，非所聞也。且夫暇豫清談，皆敦尚於孔、老；威怒所至，則取法於申、韓。直道而行，非無三黜，危人自安，蓋亦多矣。故道德之旨未弘，刻薄之風已扇。夫刻薄既扇，則下生百端。人競趍時，則憲章不一。稽之王度，實虧君道。昔州犂上下其手，楚國之法遂差；張湯輕重其心，漢朝之刑以弊。以人臣之頗僻，猶莫能申其欺罔，況人君之高下，將何以措其手足乎！以睿聖之聰明，無幽微而不燭，豈神有所不達，智有所不通哉？安其所安，不以恤刑為念；樂其所樂，遂忘先笑之變。禍福相倚，吉凶同域，惟人所召，安可不思？【略】貞觀十六年，太宗謂大理卿孫伏伽曰：夫作甲者欲其堅，恐人之傷；作箭者欲其銳，恐人不傷。何則？各有司存，利在稱職故也。朕常問法官刑罰輕重，每稱法網寬於往代，仍恐主獄之司，利在殺人，危人自達，以釣聲價。今之所憂，正在此耳。深宜禁止，務在寬平。

（唐）杜佑《通典》卷一六三《刑》〔杜佑曰〕夫人，有生萬物之最靈者也，然而爪牙不足供其欲，趨走不足避其害，無毛羽以禦其寒暑，必役物以為養，任智而不恃力者也。故不仁愛則不能羣，不能羣則不能勝物；（羣而聚之是為君矣，歸而往之是為王矣。）人既羣居，不能無喜怒交爭之情，乃有刑罰輕重之理興矣。刑於百度，其最遠乎？又曰：聖人因天討而作五刑。大刑用甲兵，次用斧鉞；中刑用刀鋸，次用鑽鑿；薄刑用鞭扑。大者陳諸原野，小者致之市朝。又曰：鞭扑無弛於家，刑罰無廢於國，征伐無偃於天下。但用之有本末，行之有次第爾。歷觀前躅，善用則治，不善用則亂；在乎無私絕濫，不在乎寬之與峻。又病斟酌以意，變更屢作，今捃摭經史，該貫年代。若前賢有誤，雖後學敢言，亦庶幾成一家之書爾。前代搢紳之徒，多設三皇之言，又不載其刑法，故以五帝為首。

（唐）柳宗元《柳宗元集》卷三《斷刑論》 夫聖人之為賞罰者非他，所以懲勸者也。賞務速而後有勸，罰務速而後有懲。必曰賞以春夏而刑以秋冬，而謂之至理者，偽也。使秋冬為善者，必俟春夏而後賞，則為善者必怠；春夏為不善者，必俟秋冬而後罰，則為不善者必懈。為善者怠，為不善者懈，是敺天下之人而入於罪也。敺天下之人入於罪，又緩而慢之，以滋其懈怠，此刑之所以不措也。必使為善者不越月踰時而得其賞，則人勇而有勸焉；為不善者不越月踰時而得其罰，則人懼而有懲焉。為善者日以有勸，為不善者日以有懲，是敺天下之人而從善遠罪也。敺天下之人而從善遠罪，是刑之所以措而化之所以成也。

（唐）柳宗元《柳宗元集》卷四《駁復讎議》 臣聞禮之大本，以防亂也，若曰無為賊虐，凡為子者殺無赦；刑之大本，亦以防亂也，若曰無為賊虐，凡為治者殺無赦。其本則合，其用則異，旌與誅莫得而並焉。誅其可旌，茲謂濫，黷刑甚矣！旌其可誅，茲謂僭，壞禮甚矣！果以是示於天下，傳於後代，趍義者不知所向，違害者不知所立，以是為典可乎？

（唐）呂溫《呂衡州集》卷一〇《雜著・人文化成論》 寬則人慢，糾之以猛。猛則人殘，施之以寬。寬以濟猛，猛以濟寬，此刑政之文也。

（唐）白居易《白氏長慶集》卷六五《策林四・止獄措刑 在富而教之》 問：成、康御宇，囹圄空虛；文、景繼統，刑罰不用；太宗化下，而人不犯。成此功者，其効安在？桀、紂在上，比屋可誅；秦氏為君，赭衣滿道。致此弊者，其故安在？今欲鑒桀、紂、秦氏之弊，繼周、漢、太宗之功，使人有恥且格，刑措不用。備詳本末，著之于篇。

臣聞仲尼之訓也：既庶矣，而後富之；既富矣，而後教之。《管子》亦云：倉廩實，知禮節；衣食足，知榮辱。然則食足財豐，而後禮教所由興也。禮行教立，而後刑罰所由措也。蓋前事之不忘，後事之元龜。臣請以前事明之。當周成、康之時，天下富壽，人知恥格，故囹圄空虛四十餘年。當漢文、景之時，節用勸農，海內殷實，人人自愛，不犯刑法，故每歲決獄，僅至四百。及我太宗之朝，勤儉化人，人用富庶，加以德教，至于升平，故一歲斷刑，不滿三十。雖則明聖慎刑，賢良恤獄之所致也，然亦由天下之人，生厚德正而寡過也。當桀、紂之時，暴征讐斂，萬姓窮苦，有怨無恥，奸宄並興，故是時也，比屋可戮。及秦之時，厚賦以竭人財，遠役以殫人力，力殫財竭，盡為寇賊，羣盜滿山，赭衣塞路，故每歲斷罪，數至十萬。雖則暴君淫刑，姦吏弄法之所致也，然亦由天下之人貧困思奸而多罪也。由是觀之，刑之繁省，繫於罪之衆寡也；教之廢興，繫於人之貧富也。聖王不患刑之繁，而患罪之衆；不患教之廢，而患人之貧。故人苟富，則教斯興矣；罪苟寡，則刑斯省矣。是以財產不均，

貧富相併，雖堯、舜為主，不能息忿爭而省刑獄也。衣食不充，凍餒並至，雖皋陶為士，不能止姦宄而去盜賊也。若失之於本，求之於末，雖聖賢並生，臣竊以為難矣。至若察小大之獄，審輕重之刑，定加減於科條，得情偽於察色，此有司平刑之要也，非王者卹刑之德也。至若盡欽卹之道，竭哀矜之誠，使生者不怨，死者不恨，此王者卹刑之法也，非聖人措刑之道也。必欲端影於表，澄流於源，則在乎富其人，崇其教，開其廉恥之路，塞其寃濫之門，使人內樂其生，外畏其罪，則必過犯自省，刑罰自措。斯所謂致羣心於有恥，立大制於不嚴。古者有畫衣冠、異章服，而人不犯者，由此道素行也。

（唐）白居易《白氏長慶集》卷六四《策林三・刑禮道迭相為用》 人之性情者，君之土田也。其荒也，則薙之以刑；其闢也，則蒔之以禮；其植也，則穫之以道。故刑行而後禮立，禮立而後道生。始則失道而後禮，中則失禮而後刑，終則修刑以復禮，修禮以復道。故曰：刑者，禮之門；禮者，道之根。知其門，守其根，則王化成矣。

（唐）白居易《白氏長慶集》卷六五《策林四・使人畏愛悅服理大罪赦小過》 問：政不可寬，寬則人慢；刑不可急，急則人殘。故失於恢恢，則漏網而為弊；務於察察，則及泉而不祥。將使寬猛適宜，疏密合制，上施畏愛之道，下有悅服之心：刑政之中，何者為得？

臣聞：聖人在上，使天下畏而愛之，悅而服之者：由乎理大罪，赦小過也。《書》曰：宥過無大，况小者乎？刑故無小，况大者乎？故宥其小者，仁也。仁以容之，則天下之心愛而悅之矣。刑其大者，義也。義以糾之，則天下之心畏而服之矣。臣竊見國家用法，似異於是。何則？急察之政，急於朝官，而寬於外官；懲戒之刑，加於小吏，而縱於長吏。是則權輕而過小者，或反繩之；寄重而罪大者，或反捨之。臣復思之，恐非先王宥過刑故之道也。然則小大之喻，其猶魚耶？魚之在泉者，小也，察之不祥；魚之吞舟者，大也，漏之不可。刑煩猶水濁，水濁則魚喁；政寬猶防決，防決則魚逝。是以善為理者，舉其綱，疎其網，綱舉則所羅者大矣，網疎則所漏者小也。伏惟陛下舉其綱於長吏，疎其網於朝官，舍小過以示仁，理大罪而明義，則畏愛悅服之化，闇然而日彰於天下矣。

（唐）白居易《白氏長慶集》卷六五《策林四・論刑法之弊 升法科選法吏》 問：今之法，貞觀之法；今之官，貞觀之官，昔何為而太和？今何為而未理？事同効異，其故何哉？將刑法不便於時耶？抑官吏不得其人耶？

臣伏以今之刑法，太宗之刑法也；今之天下，太宗之天下也。何乃用於昔，而俗以寧壹？行於今，而人未休和？臣以為非行法不便於時，是官吏不循其法也。此由朝廷輕法學，賤法吏，故應其科與補其吏者，率非君子也，甚多小人也。蓋刑者，君子行之，則誠信而簡易。簡易則人安。小人習之，則詐偽而滋彰。滋彰則俗弊。此所以刑一而用二，法同而理殊者也。矧又律令塵蠹於棧閣，制勑堆盈於案几，官不徧覩，法無定科。今則條理輕重之文，盡詢于法直：是使國家生殺之柄，假在於小人。小人之心，孰不可忍？至有黷貨賄者矣，有怙親愛者矣，有陷讎怨者矣，有畏權豪者矣，有欺賤弱者矣。是以重輕加減，隨其喜怒；出入比附，由乎愛憎。官不察其所由，人不知其所避。若然，則雖有貞觀之法，苟無貞觀之吏，欲其刑善，無乃難乎？陛下誠欲申明舊章，剗革前弊，則在乎高其科，重其吏而已。臣謹按：漢制以四科辟士，其三曰明習律令，足以決狐疑，能按章覆問，文中御史者，辟而用之。伏惟陛下：懸法學為上科，則應之者必俊乂也；升法直為清列，則授之者必賢良也。然後考其能，奬其善，明察守文者，擢為御史；欽卹用情者，遷為法官。如此，則仁恕之誠，廉平之氣，不散於簡牘之間矣。掊刻之心，舞文之弊，不生於刀筆之下矣。與夫愚詐小吏，竊而弄之者，功相萬也。臣又聞：管仲奪伯氏之邑，没無怨言；季羔刖門者之足，亡而獲宥；孔明黜廖立之位，死而垂泣。三子者，可謂能用刑矣。臣伏思之，亦何代無其人哉？在乎求而用之，考而奬之而已。伏惟陛下再三察焉。

《舊唐書》卷一〇〇《王志愔傳》 〔志愔為大理正〕奏言：法令者，人之隄防，隄防不正，則人無禁。竊見大理官僚，多不奉法，以縱罪為寬恕，以守文為苛刻。臣濫執刑典，實恐為衆所謗。遂表上所著《應正論》以見志，其詞曰：臣嘗讀《易》，至萃，利見大人，亨，聚以正也。六二，引吉无咎。注曰：居萃之時，體柔當位。處坤之中，已獨處正。異操而聚，獨正者危，未能變體，以遠於害。故必見引，然後乃吉而无

咎。王肅曰：六二與九五相應，俱履貞正，引由迎也，為吉所迎，何咎之有。未嘗不輟書而歎曰：居中履正，事之常體。見引无咎，道亦宜然。

有客聞而惑之，因謂僕曰：今主上文明，域中理定，君累司典憲，不務和同。處正之志雖存，見引之吉誰應。行之不已，余竊懼焉。

僕斂衽降階，揖而謝曰：補遺闕於衮職，用忠讜為己任。以蒙養正，開物成務。是以五流有宅，五宅三居。怙終賊刑，刑故無小。於是舜美其事曰：汝明於五刑，以弼五教。期於予理，刑期於無刑，人協於中，時乃功，懋哉。故孔子歎其政曰：舜舉咎繇，不仁者遠。此非明辟執法，大人見引之應乎。季孫行父之事君也，舉竊寶之愆，黜授邑之賞，明善惡而糾慝，議僭賞以塞違。在虞舜之功，居二十之一，主司得行其道，時君不以為嫌，此非已獨處正，應正而无咎。矢魚於棠，臧伯正色，賂鼎在廟，哀伯抗詞。言者得盡其忠，聞之不加其罪。故《春秋》稱臧氏之正曰：積善之家，必有餘慶。此非異操而聚，引吉之所致乎。魏絳理直，晉侯乃復其位；郟人辭順，趙盾不伐其國。此非正體未變，為吉所迎者乎。夫在上垂拱，臣下守制，若正應乎上，乃引吉於下。而中士聞道，若存若亡，交戰於譎正之門，懷疑乎語默之境，懼獨正之莫引，忘此正之必亨。於嗟乎，行已立身，居正踐義，其動也直，其止也方。維正直而是與，何往而非攸利。何以明之。《坤》六二，直方大，不習無不利。《文言》曰：直其正也，方其義也，君子敬以直，內義以方外。敬義立而德不孤，直方大而則不疑其所行也。嵇康撰《釋私論》，曹羲著《至公篇》，皆以崇公激俗，抑私事主，一言可以蔽之，歸於體正而已矣。《禮記》曰：刑者，侀也。侀者，成也。一成而不可變，故君子盡心焉。若以喜怒制刑，輕重設比，是則橋前驚馬，用希旨論人，苑中獵兎，以從欲廢法。理有違而合道，物貴和而不同。不同之和，正在其中矣。昔任延為武威太守，漢帝誡之曰：善事上官，無失名譽。延對曰：臣聞忠臣不私，私臣不忠，上下雷同，非國家之福。善事上官，臣不敢奉詔。任延雅奏，漢帝是其言。此則歸正不回，乖旨順義，不以忤懷見忌，斯亦違而合道。《晏子春秋》：景公見梁丘據曰：據與我和。晏子曰：此同也。和者，君甘則臣酸，君淡則臣咸。今據也，君甘亦甘，所謂同也，安得為和？是以濟鹽梅以調羹，乃適平心之味。獻可否而論道，方恢政體之節。俟引正而遵度。故曰：物貴和而不同。劉曼山辨和同之義，有旨哉。若以不同見譏，未敢聞誨。

客曰：和同乖訓，則以聞之。援法成而不變者，豈恤獄之寬憲耶？《書》曰：御衆以寬。《傳》曰：寬則得衆。若以嚴統物，異乎寬政矣。

對曰：刑賞二柄，惟人主操之，崇厚任寬，是謂帝王之德。慎子曰：以力役法者，百姓也。以死守法者，有司也。以道變法者，君上也。然則非人臣所操。後魏游肇之為廷尉也，魏帝嘗私勑肇有所降恕，肇執而不從，曰：陛下自能恕之，豈可令臣曲筆也。是知寬恕是君道，曲從非臣節。人或未達斯旨，不料其務，以平刑為峻，將曲法為寬，謹守憲章，號為深密。內律：釋種虧戒，一誅五百人，如來不救其罪。豈謂佛法為殘刻耶？老子《道德經》云：天網恢恢，踈而不漏。豈謂道教為凝峻耶？《家語》曰：王者之誅有五，而竊盗不預焉。即心辨言僞之流。《禮記》亦陳四殺，破律亂名之謂。豈是儒家執禁，孔子之深文哉。此三教之用法者，所以明真諦，重玄猷，存天綱，立人極也。然則乾象震曜，天道明威。齊衆惟刑，百王所以垂範。折人以法，三后於是成功。所務掌憲決平，斯廷尉之職耳。《易》曰：家人嗃嗃，无咎。婦子嘻嘻，終吝。嚴於其家，可移於國。昔崔寔達於理而作《政論》，仲長統曰：凡為人主，宜寫《政論》一通，置諸坐側。其大抵云：為國者以嚴致平，非以寬致平者也。然則稱嚴者不必喻條越制，凝網重罰，在於施隱括以矯枉，用平典以禁非。刑故有常，罰輕無捨，人不易犯，防之難越故也。但人慢吏濁，偽積贓深，而曰以寬理之，可以無過，何異乎命王良御駻，舍銜策於奔踶。請俞跗攻疾，停藥石於膚腠。適見秋駕轉逸，膏肓更深，醫人僕夫，何功之有。

又謂僕曰：成法之變，唯帝王之令歟？

對曰：何為其然也，昔漢武帝甥昭平君殺人，以公主子，廷尉上請論。左右為言，武帝垂涕歎曰：法令者，先帝之所造也。用親故誣先帝之法，吾何面目入高廟乎？又下負萬人。乃可其奏。近代隋文帝子秦王俊為并州總管，以奢縱免官，僕射楊素奏言：王，陛下愛子，請捨其過。文帝曰：法不可違。若如公意，我是五兒之父，非兆人之父，何不別制

天子兒律乎？我安能虧法！卒不許。此是帝王操法，協於禮經不變之義。況於秋官典職，司寇肅事，而可變動者乎。我皇睿哲登宸，高視巖廊之上。辛衡明允就列，輯穆廟堂之下。乾坤交泰，日月光華，庶績其凝，衆工咸理，聚以正也。僕幸利見大人，引其吉焉。斯養正於下位，中正是托，子何懼乎。夫君子百行之基，出處二途而已。出則策名委質，行直道以事人，進善納忠，仰太階而緝政。諤諤其節，思為社稷之臣。蹇蹇匪躬，願參柱石之任。處則高謝公卿，孝友揚名，是亦為政。烟霞尚志，其用永貞，行藏事業，心跡斯在。至如水中汎汎，天下悠悠，執取為榮，掃門自媚，拜塵邀勢，括囊守禄，從來長息，以為深耻。

客乃逡巡不對，遂無以間僕也。

（唐）羅隱《羅昭諫集》卷八《愛憎第十》　法以禁非，刑以懲惡。

《舊五代史》卷一四七《刑法志》（開運）三年十一月丁未，左拾遺竇儼上疏曰：臣伏覩《名例律》疏云：死刑者，古先哲王，則天垂象，本欲生之，義期止殺。絞斬之坐，皆刑之極也。又準天成三年閏八月二十三日勑，行極法日，宜不舉樂，減常膳；又刑部式，決重杖一頓處死，以代極法，斯皆人君哀矜不舍之道也。竊以蚩尤為五虐之科，尚行鞭樸；漢祖約三章之法，止有死刑。絞者筋骨相連，斬者頭頸異處，大辟之目，不出兩端，淫刑所興，近聞數等。蓋緣外地，不守通規，肆率情性，或以長釘貫篸人手足，或以短刀臠割人肌膚，乃至累朝半生半死，俾冤聲而上達，致和氣以有傷。將弘守位之仁，在峻推行之令，欲乞特下明勑，嚴加禁斷者。勑曰：文物方興，刑罰須當，有罪宜從於正法，去邪漸契於古風。竇儼所貢奏章，實裨理道，宜依所奏，准律令施行。

（宋）蘇舜欽《蘇學士集》卷一一《五事景祐四年五月七日閤門下》　臣聞巨壑雖深，獸知所避。烈火至猛，人無蹈死。故歷塊而蹶者皆是，玩水而溺者有之。古垂此言，以諭刑辟。昔者聖人惡殘賊之害良民也，故明設嚴刑，大張憲網，必使易避而難犯，防微而杜原，約之不至煩苛，威之以令畏懼。奸兇之輩，翻然革心。固而行之，自然刑省，苟務矜貸，則冒禁者繇。竊見官吏多犯贓污，乃由朝廷法制稍寬，貪鄙因緣為弊。凡中人之性，本非大兇，皆以禁約不嚴，是為貨利所汲。手提刑憲，人不敢言。心恣誅求，下受其困。夫殺人者死，傷人者刑，古今之制也。殺傷之害，不過數人。今貪官在官，民皆受苦，雖有轉運提刑，位皆尊崇，罕與民接，詢訪官吏，鮮得實情，苟無訟端，莫肯發摘。知者或欲陳告，又非干己。臣欲乞今後官典犯入已贓，許諸色人陳論，得實者，以其贓充賞。如此，則必畏多言之人，亦防十目之視。荀卿所謂：威厲而不試，刑嚴而不用。此其得之矣。

（宋）李覯《旴江集》卷一八《安民策》　民之所從，非從君也，從其令也。君之所守，非守國也，守其令也。君端冕乎奥阼之位，而民被堅執鋭，履腸涉血，赴死萬里者，令使之也。君夙駕乎囿游之中，而民居處笑語如不知者，令不及故也。是民從令，非從君也。封疆有固，山川有險，人猶踰之。比閭小吏，執三尺之法，則老姦大豪無敢違者，是君守國不如守令也。君以令用民，民以令事君。令之所取，民亦取之；令之所去，民亦去之。故令可一而不可變也。是萬物之四時也。天之於物也，春夏以出，秋冬以内，兹四時之常也。如使柔風既扇，疾雷既奮，植者向榮，動者起蟄，而革之以沈陰，亂之以繁霜，則勾萌者傷而蠉蝡者死矣。唯其鈍而晚出者相賀得計也。至秋冬則亦然。是則勾芒再至而品物不以為春，黃落在兹而智者不以為秋也。是故令之於民也，與其出而中廢，不若勿出之愈也。善人見勸而莫肯進，懼其令變而不必賞也；惡人見禁而莫肯改，幸其令變而不必罰也。朝一命焉，夕一命焉，群吏奉承之弗暇，愚民惶惑而失圖，出令如此，不若勿出之愈也。先王慎乃出令，謂審之於内而後行之於外也。其不可乎，雖稷契之言，皋陶之謨，不宜於時，不足試也。其可乎，雖士傳言焉，庶人謗焉，志之先定，不足疑也。夫民可與樂成，難與慮始。昔子產治鄭，其始也，民疾之曰：孰殺子產，吾其與之。及其久也，民愛之曰：子產而死，誰其嗣之？載使子產聞謗遽改，小國之政，將何如哉？《洪範》曰：庶民惟星，星有好風，星有好雨。日月之行，則有冬有夏。月之從星，則以風雨。謂衆民所好不同，而君臣政治，各有常法，不可失政教之常以從民欲也。何者？善人少而惡人多也。明明後誡能謹令之所以出，則群心洗濯，知所適從矣。

（宋）李覯《直講李先生文集》卷二《禮論第二》　或人不諭曰：節其和者謂之樂，行其怠者謂之政，威其不從者謂之刑，信然矣。其所以統於禮者，願聞其指。曰：昔者聖人之制禮也，因十二月之氣分而為律吕，

因六律六吕作為十二管，因其清濁與其輕重配而為五聲，因其五聲變而雜之以為八音。或為歌詩，或被於金石絲竹匏土革木之器，爰及干戚羽旄，以導人之和心，以舞人之手足。小大有所，終始有經，倡和有秩，節奏有差。詘伸俯仰，必有齊也；綴兆行列，必有正也。宫軒特縣，各當其位；四六八羽，各昭其數。以範五行，以調八風，以均百度，以象德行，以明功業，以觀政治，以和人神。此禮之一支，樂著矣。出號令，立官府，制軍旅，聚食貨。號令所以明約束，官府所以正職掌，軍旅所以待不虞，食貨所以贍不足。是故為之符璽節旄，以信號令；為之掾属胥徒，以備官府；為之甲冑五兵，以成軍旅；為之井田賦貢，以興食貨。為之城郭溝池，所以限内外也；為之度量權衡，所以平多少也；為之書契版圖，所以窮變詐、備遺忘也；為之圄犴桎梏，所以嚴推劾、禁犇逸也。官各有守，事各有程。先後有次，遲速有檢。以辨國之大事，以平天下之民，以躋至治。此禮之二支，政成矣。伐不義，侵不庭，刺有罪，或以鈇鉞，或以刀鋸，為大辟，為宫，為刖，為墨，為劓，為剕，為鞭，為扑，為流，為贖。輕有其等，重有其常。用之有地，決之有時。所以懲天下之人，使皆遷善而遠罪。此禮之三支，刑行矣。夫所謂禮者，為而節之之謂也。是三者，其自成乎？果有為之者乎？其自治乎？果有節之者乎？苟不為也，不節也，則十二管不作，五聲不辨，八音之器不具，干戚羽旄不設。小大無其所，終始無其經，倡和無其秩，節奏無其差。詘伸俯仰不齊也，綴兆行列不正也，縣之面不殊也，羽之數不分也。如此，則何以見樂哉！不為也，不節也，則號令不出，官府不立，軍旅不制，食貨不聚，符璽節旄不作，掾屬胥徒不備，甲冑五兵不成，井田賦貢不興，城郭溝池不修，度量權衡不均，書契版圖不著，圄犴桎梏不嚴，官無其守，事無其程，先後無其次，遲速無其檢。如此，則何以見政哉？不爲也，不節也，則不義不伐，不庭不侵，有罪不刺，鈇鉞無其準，刀鋸無其平，大辟、宫、刖、墨、劓、剕、鞭、扑、流、贖，皆無其法，輕無其等，重無其常，用之無其地，決之無其時。如此，則何以見刑哉！由是而言，故知三者果有爲而節之者，然後能成也，能治也。爲乎飲食、衣服、宫室、器皿、夫婦、父子、長幼、君臣、上下、師友、賓客、死喪、祭祀，而節之者，既謂之禮矣。爲乎十二管、五聲、八音、干戚、羽旄、號令、官府、軍旅、食貨、符璽節旄、掾屬胥徒、甲冑五兵、井田賦貢、城郭溝池、度量權衡、書契版圖、圄犴桎梏、鈇鉞刀鋸、大辟、宫、刖、墨、劓、剕、鞭、扑、流、贖，而節之者，反不謂之禮可乎？若是，則三者果禮之支也，而强其名者也。

（宋）釋契嵩《鐔津文集》卷五《刑法》 問曰：在古法寬刑省，而民之過姦者庸寡，後世法謹刑繁，而民之過姦者滿多，斯何故？爾曰：古之以刑法者存其本，故民過者鮮也。後之以刑法者存其末，故民過者多也。曰：何謂本末乎？曰：政教者，其本也。刑法者，其末也。苟輕本而重末也，與夫灑油救焚，用之雖甚，而其焚愈熾，何由熄哉？或曰僕也，故不識政教之旨，以爲本者也，幸吾子盡言之。曰：人之善惡，豈其性之素爾？是物移之而然也。故開之利則喜焉，推之害則怒焉。自古聖人知其如是也，制田里以通其安所生養，致庠塾以導其爲相孝悌，澤梁交通教其不相争利，闞譏市平教其不相欺，負十一之賦教其效私奉公，爲之禮以莭其哀樂之情，爲之樂以正其遺風舊俗，號令以定其言，刑法以防其失。不幸有一坐法當刑，而聖人猶求諸己，曰：使民如此，蓋朕教之未至，政之未脩，而寬之不以刑爲。禹南狩至蒼梧，視其市，以罪殺人，泣而下車，問之左右，曰：若罪人也，不順而至，然君王何以傷之？禹曰：堯舜之人，皆以堯舜心爲其心。今朕爲君，而人自其心，是以痛之也。文王之時，有虞、芮兩國争封而訟扵文王，文王詞而釋之，既而曰：政之不明，使其然也。而篤務政，虞、芮由是息訟。夫人情孰不愛好而憎惡，貪生而懼傷。苟同有以得安樂，其生得和同，其族類得遂性，人得美稱，豈肯恝然不相所而爲之也。雖夷貊之人，必不能如此之不變也。斯古聖人之所以力推扵教化者也。故古之人鮮過者，善其俗者也。蓋其政教之致也，政教致故無所用其刑法者矣。君子不得已而用之，非專之也。孔子曰：道之以德，齊之以禮，有恥且格。道之以政，齊之以刑，民免而無恥。故曰：刑也者成也，上古一切而成之者也。刑不預章，故民不知法。民不知法，則無所生其訟端。有虞氏知其後世益薄，懼吏巧法苟陳，故制五刑扵其書，曰：流宥五刑，鞭作官刑，朴作教刑，金作贖刑，眚災肆赦，怙終賊刑，後世其德益衰，而書其刑名，不可勝數。刑愈繁而民愈惡，蓋其本末倒持故也。逮韓非、申子、商鞅輩，苟作慘酷之

刑，秦人用之，未終世而其滅亡不暇，然若甫侯之刑，鄭侯之法，以至公而持，尚可以救一世之敝。柰何又後之俗吏僥倖，文法從其心以淺深，刑罰從其情以輕重。夫法者，先王所以務禁姦也。及其敝也，爲姦。刑者，先王所以制沮暴也。及其敝也，爲暴。非特爲暴，亦所以引人生暴。非特爲姦，亦所以引人生姦。是故君子之論刑法者，重其本而不重其末也。或曰：子之言可謂迂矣，非適時變也。如子之論宜古而非宜於今也，今之民滋惡，非刑法不能治，古之民尚淳必教化而可勸。苟尚以教化於今世，則獄犴益豐，而殺人者罔。問曰：子誠通於時，而乃塞於道也，謂時則古猶今也，謂道則善猶惡也。古之民淳，蓋得其道也。今之民僞，蓋失其道也。予患道德之不能，不患其民之不速化。患政教之不臻，不患其民之不淳。《詩》曰：伐柯伐柯，其則不遠。執斧以伐柯，睨而眎之，猶以爲遠。言道之不遠可脩而至之也。孔子曰：德之流行，速於置郵而傳命。言政教化民之疾也。漢文帝脩縣默爲之政，務於寬厚，恥語人之過失，化行而世無告訐之俗。命張釋之爲廷尉，欲其持法甚輕，於是刑罰大省，歲卒斷獄四百，天下有刑錯之風。唐太宗平世禍亂欲以文治天下，引房喬、杜如晦諸儒輔相，力興王道，天下遂大治。貞觀三十年，民家外戶不閉，嶺表行旅而不裹糧，歲卒斷獄不過三十人，肆之還家，而其人應期畢至。當是時也，天下亦幾乎刑錯之風，然漢唐二世，各接乎秦隋舊俗，其民也豈唯雅善乎？而其教治之如此也。豈非在其道，而不在其時乎？古語曰：治天下顧其力行如何耳？或人默然，再拜而去。

（宋）周敦頤《周子全書》卷二《通書·刑》　天以春生萬物，止之以秋。物之生也，既成矣，不止則過焉，故得秋以成。聖人之法天，以政養萬民，肅之以刑。民之盛也，欲動情勝，利害相攻，不止則賊滅無倫焉，故得刑以治。情僞微曖，其變千狀，苟非中正明達果斷者不能治也。訟卦曰：利見大人，以剛得中也。噬嗑曰：利用獄，以動而明也。嗚呼！天下之廣，主刑者民之司命也，任用可不慎乎！

（宋）程顥等《二程集·河南程氏遺書》卷一〇《二先生語·洛陽議論》　正叔言：今責罪官吏，殊無養士君子廉恥之道。必斷言徒流杖數，贖之以銅，便非養士君子之意。如古人責其罪，皆不深指斥其惡，如責以不廉，則曰俎豆不脩。

（宋）程顥等《二程集·河南程氏遺書》卷二五《伊川先生語·暢潛道録》　聖人所知，宜無不至也；聖人所行，宜無不盡也。然而《書》稱堯、舜，不曰刑必當罪，賞必當功，而曰罪疑惟輕，功疑惟重，與其殺不辜，寧失不經，異乎後世刻核之論矣。

（宋）文彦博《潞公文集》卷九《何以措刑論》　夫刑法之制，有自來矣。然歷代沿襲，其制頗異。夫刑之用，小則禁姦邪，大則戡暴亂。考諸上古，又亦不然。夫上古之時，世質民淳，上布希夷之化，俗無争競之心，故結繩而為政，畫衣而為刑，政甚簡而民自治，刑至薄而人不犯也。其後聖人因於天討，遂制五刑，上至兵甲，下及鞭扑，列五等之輕重，乃刑罰之大端也。自茲以降，源流實繁，然夏商周之代，漢魏晋之朝，或以此而興盛，或以此而陵夷，其故何哉？蓋刑者不可久用，久用則民殘。民者邦之基，邦基既弱，國將若之何？斯則其猶兵之不戢，將自焚乎。其鑒不遠，在秦皇之世矣。然刑之欲措，必將有道，以撫其俗，則庶幾於太古之風矣。且人之所懼者，刑也；所慕者，化也；當主上無為致治，革煩弊之政，敦清淨之風，行仁愛以及下，布善教以懷民，國泰時阜，無遠不服。蓋上之好善，民必從之。故孔子云：為政焉用殺，子欲善而民從矣。君子之德風，小人之德草，草上之風必偃也。又曰：善人為邦，百年可以勝殘去殺矣。又孟子云：善政不如善教。善政則民畏之，善教則民愛之；善政得民財，善教得民心。以是而言，則措刑之道，其用善教乎。故周之成康，世稱其治。漢之文景，代美其能者，蓋遵用於斯道也。是以周漢之歷祚遐永者亦由是矣。今我國家連衡五帝，方軌三王，股肱惟良，朝綱具舉，民躋富壽之域，時返淳樸之風，六合晏然，四海寧謐，中外奉職，咸為外臣，時平俗泰，國富刑清，雖周之成康，漢之文景，固不可同年而語也，斯所謂得善教之良術矣。

（宋）劉攽《彭城集》卷二三《朝散郎大理卿杜紘可朝請郎奉議郎試侍御史王覿可承議郎餘並如故制》　刑罰所以輔治，法令在于便民，惟將明之材，知所筆削，而哀矜之澤，由是布宣，嘉其成畫，用推懋賞，具官杜紘，通知法意，詳練時務，具官王覿，天質精敏，儒業該茂，而皆持心居厚，觀物能察，討論五刑之中，究極三典之要，輕重適宜，簡易難犯，新令肇布，大綱粲明，疇其恪居，錫之異數，加秩進等，是爲寵光，益圖

報稱。

（宋）蘇洵《嘉祐集》卷五《衡論下・議法》 古者以仁義行法律，後世以法律行仁義。夫三代之聖王，其教化之本出於學校，蔓延於天下，而形見於禮樂。下之民被其風化，循循翼翼，務爲仁義，以求避法律之所禁。故其法律雖不用，而其所禁亦不爲不行於其間。下而至於漢、唐，其教化不足以動民，而一於法律。故其民懼法律之及其身，亦或相勉爲仁義。唐之初，大臣房、杜輩爲《刑統》，毫氂輕重，明辨别白，附以仁義，無所阿曲，不知周公之刑何以易此？但不能先使民務爲仁義，使法律之所禁不用而自行如三代時。然要其終亦能使民勉爲仁義。而其所以不若三代者，則有由矣，政之失，非法之罪也。是以宋有天下，因而循之，變其節目而存其大體，比閭小吏奉之以公，則老姦大猾束手請死，不可漏略。然而獄訟常病多，盗賊常病衆者，則亦有由矣，法之公而吏之私也。夫舉公法而寄之私吏，猶且若此，而況法律之間又不能無失，其何以爲治？

今夫天子之子弟、卿大夫與其子弟，皆天子之所優異者，有罪而使與甿隸並笞而偕戮，則大臣無恥而朝廷輕，故有贖焉，以全其肌膚而厲其節操。故贖金者，朝廷之體也，所以自尊也，非與其有罪也。夫刑者，必痛之而後人畏焉，罰者不能痛之，必困之而後人懲焉。今也，大辟之誅，輸一石之金而免。貴人近戚之家，一石之金不可勝數，是雖使朝殺一人而輸一石之金，暮殺一人而輸一石之金，金不可盡，身不可困，況以其官而除其罪，則一石之金又不皆輸焉，是恣其殺人也。且不笞、不戮，彼已幸矣，而贖之又輕，是啓姦也。夫罪固有疑，今有人或誣以殺人而不能自明者，有誠殺人而官不能折以實者，是皆不可以誠殺人之法坐。由是有減罪之律，當死而流。使彼爲不能自明者邪，去死而得流，刑已酷矣；使彼爲誠殺人者邪，流而不死，刑已寛矣，是失實也。故有啓姦之釁，則上之人常幸，而下之人雖死而常無告。有失實之弊，則無辜者多怨，而僥倖者易以免。

今欲刑不知重，赦不加多，独於法律之间变其一端，而能使不啓姦、不失實，其莫若重贖。然則重贖之説何如？曰：古者五刑之尤輕者止於墨，而墨之罰百鍰。逆而數之，極於大辟，而大辟之罰千鍰。此穆王之罰也。周公之時，則又重於此。然千鍰之重，亦已當今三百七十斤有奇矣。方今大辟之贖，不能當其三分之一。古者以之赦疑罪而不及公族，今也貴人近戚皆贖，而疑罪不與。《記》曰：公族有死罪，致刑於甸人。雖君命宥，不聽。今欲貴人近戚之刑舉從於此，則非所以自尊之道，故莫若使得與疑罪皆重贖。且彼雖號爲富强，苟數犯法而數重困於贖金之間，則不能不斂手畏法；彼罪疑者，雖或非其辜，而法亦不至殘潰其肌體，若其有罪，則法雖不刑，而彼固亦已困於贖金矣。夫使有罪者不免於困，而無辜者不至陷於笞戮，一舉而兩利，斯智者之爲也。

（宋）蘇洵《嘉祐集》卷五《衡論下・申法》 古之法簡，今之法繁。簡者不便於今，而繁者不便於古。非今之法不若古之法，而今之時不若古之時也。先王之作法也，莫不欲服民之心。服民之心，必得其情。情然邪，而罪亦然，則固入吾法矣。而民之情又不皆如其罪之輕重大小，是以先王忿其罪而哀其無辜，故法舉其略，而吏制其詳。殺人者死，傷人者刑，則以著於法，使民知天子之不欲我殺人傷人耳。若其輕重出入，求其情而服其心者，則以屬吏。任吏而不任法，故其法簡。今則不然，吏姦矣，不若古之良；民偷矣，不若古之淳。吏姦則以喜怒制其輕重而出入之，或至於無蓺；民偷則吏雖以情出入，而彼得執其罪之大小以爲辭。故今之法纖悉委備，不執於一，左右前後，四顧而不可逃。是以輕重其罪，出入其情，皆可以求之法，吏不奉法，輒以舉劾。任法而不任吏，故其法繁。古之法若方書，論其大槩，而增損劑量則以屬醫者，使之視人之疾，而參以己意。今之法若鬻屨，既爲其大者，又爲其次者，又爲其小者，以求合天下之足。故其繁簡則殊，而求民之情以服其心則一也。然則，今之法不劣於古矣，而用法者尚不能無弊。何則？律令之所禁，畫一明備，雖婦人孺子皆知畏避，而其間有習於犯禁而遂不改者，舉天下皆知之而未嘗怪也。先王欲杜天下之欺也，爲之度，以一天下之長短；爲之量，以齊天下之多寡；爲之權衡，以信天下之輕重。故度、量、權衡，法必資之官，資之官而後天下同。今也，庶民之家刻木比竹、繩絲縋石以爲之，富商豪賈内以大，出以小，齊人適楚，不知其孰爲斗，孰爲斛，持東家之尺而校之西鄰，則若十指然。此舉天下皆知之而未嘗怪者一也。先王惡奇貨之蕩民，且哀夫微物之不能遂其生也，故禁民採珠貝；惡夫物之僞而假眞，且重費也，故禁民麇金以爲塗飾。今也，採珠貝之民溢於海

濵，麋金之工肩摩於列肆。此又舉天下皆知之而未嘗怪者二也。先王患賤之淩貴，而下之僭上也，故冠服器皿皆以爵列爲等差，長短大小莫不有制。今也，工商之家曳紈錦，服珠玉，一人之身循其首以至足，而犯法者十九。此又舉天下皆知之而未嘗怪者三也。先王懼天下之吏負縣官之勢以侵劫齊民也，故使市之坐賈，視時百物之貴賤而錄之，旬輒以上。百以百聞，千以千聞，以待官吏之私儥；十則損三，三則損一以聞，以備縣官之公糴。今也，吏之私儥而從縣官公糴之法，民曰公家之取於民也固如是，是吏與縣官斂怨於下。此又舉天下皆知之而未嘗怪者四也。先王不欲人之擅天下之利也，故仕則不商，商則有罰；不仕而商，商則有征。是民之商不免征，而吏之商又加以罰。今也，吏之商既幸而不罰，又從而不征，資之以縣官公糴之法，負之以縣官之徒，載之以縣官之舟，關防不譏，津梁不呵。然則，爲吏而商，誠可樂也，民將安所措手？此又舉天下皆知之而未嘗怪者五也。若此之類，不可以悉數，天下之人耳習目熟，以爲當然，憲官法吏目擊其事，亦恬而不問。夫法者，天子之法也。法明禁之，而人明犯之，是不有天子之法也，衰世之事也。而議者皆以爲今之弊，不過吏胥骩法以爲姦，而吾以爲吏胥之姦由此五者始。今有盜白晝持挺入室，而主人不知之禁，則踰垣穿穴之徒，必且相告而恣行於其家。其必先治此五者，而後詰吏胥之姦可也。

（宋）蘇軾《蘇東坡全集》卷四七《應詔集》　臣聞為治有先後，有本末，嚮之所論者，當今之所宜先，而為治之大凡也。若夫事之利害，計之得失，臣請得列而言之。蓋其總四，其別十七：一曰課百官，二曰安萬民，三曰厚貨財，四曰訓兵旅。課百官者，其別有六：一曰厲法禁。昔者聖人制為刑賞，知天下之樂乎賞而畏乎刑也，是故施其所樂者，自下而上，民有一介之善，不終朝而賞隨之，是以上之為善者，足以知其無有不賞也。施其所畏者，自上而下，公卿大臣有毫髮之罪，不終朝而罰隨之，是以下之為不善者，亦足以知其無有不罰也。《詩》曰：剛亦不吐，柔亦不茹。夫天下之所謂權豪貴顯而難令者，此乃聖人之所借以狥天下也。舜誅四凶而天下服，何也？此四族者，天下之大族也。夫惟聖人為能繫天下之大族，以服小民之心，故其刑罰至於措而不用。周之衰也，商鞅、韓非峻刑酷法，以督責天下。然其所以為得者，用法始於貴戚大臣，而後及於疏賤，故能以其國霸。由此觀之，商鞅、韓非之刑，非舜之刑，而所以用刑者，舜之術也。後之庸人，不深原其本末，而猥以舜之用刑之術，與商鞅、韓非同類而棄之。法禁之不行，姦宄之不止，由此其故也。今州縣之吏，受賕而鬻獄，其罪至於除名，而其官不足以贖，則至於嬰木索，受笞箠，此亦天下之至辱也。而士大夫或冒行之，何者？其心有所不服也。今夫大吏之為不善，非特簿書米鹽出入之間也。其位愈尊，則其所害愈大；其權愈重，則其下愈不敢言。幸而有不畏彊御之士，出力而排之，又幸而不為上下之所抑，以遂成其罪，則其官之所減者，至於罰金，蓋無幾矣。夫過惡暴著於天下，而罰不傷其毫毛，鹵莽於公卿之間，而纖悉於州縣之小吏。用法如此，宜其天下之不心服也。用法而不服其心，雖刀鋸斧鉞，猶將有所不避，而況於木索、笞箠哉。方今法令至繁，觀其所以防姦之具，一舉足且入其中。而大吏犯之不至於可畏，其故何也？天下之議者曰：古者之制，刑不上大夫，大臣不可以法加也。嗟夫！刑不上大夫者，豈曰大夫以上有罪而不刑歟？古之人君，責其公卿大臣至重，而待其士庶人至輕也。責之至重，故其所以約束之者愈寬；待之至輕，故其所以隄防之者甚密。夫所貴乎大臣，惟不待約束而後免於罪戾也。是故約束愈寬，而大臣益以畏法，何者？其心以為人君之不我疑，而不忍欺也。苟幸不疑而輕犯法，則固已不容於誅矣。故夫大夫以上有罪，不從於訊鞫論報，如士庶人之法。斯以為刑不上大夫而已矣。天下之吏，自一命以上，其涖官臨民苟有罪，皆書於其所謂歷者，而至於館閣之臣出為郡縣者，則遂罷去。此真聖人之意，欲有以重責之也。奈何其與士庶人較罪之輕重，而又以其爵減耶。夫律有罪而得以首免者，所以開盜賊小人自新之塗。而今之卿大夫有罪，亦得以首免，是以盜賊小人待之歟？天下惟無罪也，是以罰不可得而加。如知其有罪而特免其罰，則何以令天下？今夫大臣有不法，或者既以舉之，而詔曰勿推，此何為者也？聖人為天下，豈容有此曖昧而不決？故曰：厲法禁自大臣始，則小臣不犯矣。

（宋）李燾《續資治通鑑長編》宋哲宗元祐元年三月　詔御史中丞劉摯右正言王覿刑部郎中杜紘，將元豐敕令格式重行刊修。先是摯言：法者，天下之大命也。先王制法，其意使人易避而難犯，故至簡至直，而足

以盡天下之理。後世制法，惟恐有罪者之或失也，故多張綱目，而民於是無所措其手足矣。世輕世重，唯聖人為能變通之。祖宗之初，法令至約，而行之可久。其後，大較不過十年一變法。豈天下之大，民物之衆，事日益滋，則法不可以不密歟？臣竊以謂非事多而後法密也，殆法繁而後姦生也。神宗皇帝達因革之妙，慎重憲禁。元豐中命有司編脩勅令，凡舊載於勅者多移之於令，蓋違勅之法重，違令之罪輕，此足以見神宗皇帝仁厚之恵，哀矜萬姓，欲寬斯人之所犯，恩施甚大也。而所司不能究宣主恵，推廣其問，乃增多條目，離析舊制，用一言之偏而立一法，因一事之變而生一條，其意煩苛，其文晦隱，不足以該萬物之理，達天下之情，行之幾時，蓋已屢變。今所謂續降者，每半年一頒，每次不減數帙矣。夫法者，天下之至公也。造之而不能通，故行之而不能久，其理然也。又續降多不顯言其所衝改，故官司州縣承用從事參差牴牾，本末不應，非所謂講若畫一通天下之志者也。臣愚以謂宜有所加損潤澤之，去其繁密，合其離散，要在簡易明白，使民有所避而知所謂遷善遠罪之意。伏望聖慈酌時之宜，完法之用，選擇儒臣一二有經術，明於治體，練達民政者，將慶曆、嘉祐以來舊敕與新敕參照去取，略行刪正，以成一代之典，施之無窮。

（明）楊士奇等《歷代名臣奏議》卷二一三《法令》〔宋徽宗時〕

李復論謹權量劄子曰：臣聞王者，齊天下之不一必以法。而律度量衡，乃其法也。先王廵守所至，必參考焉。防其敗法異政，殊俗所自而起。故孔子曰：謹權量，審法度，四方之政行焉。古者幅帛不中度不鬻於市，斛龠不中量不列於市。破律改作，皆有誅。其法嚴而不敢少弛，所以無有不一，而天下平治也。臣竊知今南方之權衡，北地之斛量，比之中州，十增二三。雖中州民間，亦多用私造倉庫增損，官器出納作弊，諸處客商所齎物帛來陝西，紗絹輕者不及三四兩，長不及二丈八尺，闊不及一尺五寸。其他物帛，盡類此。又多濫以粉藥，非以欺罔愚弱，以取高價。而與官吏交結，平賣入官，將充衣賜，於春秋給散軍兵，不肯請領，屢曾起事。專吏售之，換易官物，亦累敗露。其弊偏於陝西，近年尤甚，縱而不治，極於人情不便。恭惟陛下智高神禹而權衡度量，頒於天下，姦弊偽濫不法盡合屏絶。今乞下有司立法，應逐色物帛各立定長闊、輕重；粉藥偽濫，皆嚴立法禁，許為告賞。其舊日短狹纖具，並令納官毀除；見在不中度幅帛，並令送官，量支其價，官收以備賞給。如有違犯，物皆没官。使守陛下之法，以絶天下之弊。

復又論刑法劄子曰：臣聞上有道揆，下有法守。道揆在上，朝廷之事也。法守在下，有司州縣之事也。今之更改條法、令式，道揆、法守具在是矣。夫條法所立刑賞，何為而然哉？蓋本之於禮義也。禮義之當否，豈在下之可專，朝廷揆之而已。朝廷揆之，然後著之為法，頒之天下，遵而行之，敢有違者，乃犯禮畔義，而必有罪也。所謂禮義豈常人所能知哉？必博通古今，深於經術，識其理之所歸，乃可與議。臣竊見修勅局前後所差官多以明法入仕，或曾試斷案、或曾任刑法職事之人，此等只是曾學舊條，與諸處法吏無異，安知禮義予奪？若任而修立條法，頒而行之，即便是勅，豈足施行？臣欲乞應有更改及有創立並逐事上朝廷，具聲說所以立法之意。朝廷揆其當否，使中於理，然後俾條而修之。可以成忠厚之政，而流愷悌之風，不勝幸甚。

（宋）沈括等《沈氏三先生文集》卷四《大理寺丞充本寺詳斷官王彭可太子右賛善大夫》　勅某：夫法者，國之防；獄者，民之命也。蓋一失其平，則天下無所措其手足矣。故自唐虞三代莫不重之。書不云乎：欽哉欽哉，惟刑之恤哉！夫以舜為君，而皋陶為士，尚且丁寧飭戒如是之勤，況後之不及乎？恭惟先帝審刑之意，協于唐虞，故朕于法官之任，益不敢輕，以尔明察忠恕，通律家之本。

（宋）張耒《柯山集》卷三四《憫刑論下》　立法以糾天下之過者，必欲天下行之而不敢逆。然而常至於沮而不行者，何也？是其立法非人之情故也。何謂非人之情？夫天下之所共惡者而時輕之，天下之所共怒者而時重之，不當恕而彊爲之仁，不必惡而過爲之罰。凡此者，天下之情所不安者也。今夫天下之情有極，很惡而不逞，舉國皆惡之者，幸而入於刑，而考於法則輕，而不足以懲之，則夫行法者必有不平之心，故必入而處之於重，夫如是則是好爲輕者之有所不行也。夫人固有不幸而入於刑者，有誠犯而其心無他者，不幸而遇刑而考於法則重，則行法者必有不忍之心焉，是故有出而寘之輕。夫如是則好爲重者之有所不行也。昔者聖人之於天下，其言無不聽，其令無不信。然卒不可變者，天下之好惡也。惟其然，故天下之所惡者，聖人不彊恕以爲仁。天下之所哀者，聖人之不深

治也。故法立而天下安之，傳之後世久而不敢易。夫犯天下之所惡，當天下之所怨，而吾寬之以所欲，則天下之吏雖不如吾法之所爲，而人固已陰服之矣，吾之法因彼之情故也。故欲吾之法立於天下者，莫若原天下之情而無所出入，使天下無不樂之心，而後可也。後之惑者，不深求先王之意，而求夫恩威之名，而不究其實，以爲恩主於貸，而有罪者舍之以爲恩。思有所禁則小過者刑之以威，行之者不快而被之者不服，則何怪乎吾法之不立哉。或曰吾之法過於威耶。則不惟行吾法者有不樂於其心而固取亂於民，使過於輕耶，民將懷我，彼行吾法者之不快，是何怪也。嗚呼！是大不然也。天下之情，自顧其所爲，誠有拂於人而人不加怒，彼固以爲可欺而罔人之心至矣。故人之不察其過而知德者，君子也，尚何懷之有哉？夫治天下者，何必苟爲惠以諂天下之情也，殺之而當其罪，雖日殺而天下悦服矣。

（宋）**劉安世《盡言集》卷一《論命令數易》**　臣嘗考載籍，以推先王之道，雖禮樂刑政號爲治具，而所以行之者，特在於命令而已。昔之善觀人之國者，不視其勢之盛衰，而先察其令之弛張；未論其政之醇疵，而先審其令之繁簡。惟其慮之既熟，謀之已臧，發之不妄，而持以必行，則堅如金石，信如四時。敷天之下莫不傾耳承聽，聳動厭服，此聖人所恃以鼓舞萬民之術也。《書》曰：慎乃出令，令出惟行，弗惟反。《易》曰：渙汗其大號。《傳》曰：令重則君尊。又曰：國之安危，在出令。凡此皆聖人慎重之意也。臣伏見朝廷命令變易頻數，遠不過一二歲，近或期月而已，甚者朝行而夕改。亦有前詔未頒，而後令蠲除者。吏不知所守，民不知所從。求其弊原，蓋由講議未精，思慮未審，人情有所未盡，事理有所未通，或牽於好惡之私，或溺於迎合之説，是非無所辨，取舍無所宗，故一人言之，而遽爲之紛更也。方平居無事之時，輕嫚多變之如此，緩急有事之際，何以取信於人？伏望聖慈深鑒前古之戒，謹爲今日之慮。至於法度之廢置，政事之因革，必使大臣公心協謀，博極利病，廣覽詳擇，務當義理。更其所可更，則不嫌於違俗。守其所可守，則無憚於襲故。申敕門下，無使徒爲審讀，以應故事。其有措置失當，前後謬戾者，必舉封駮之職，庶幾詔令清簡，吏民信服，事可久行，不致反汗。取進止。

（宋）**崔敦禮《宮教集》卷五《劄子十五首·論法制劄子》**　臣竊惟立國之權，惟法度政令而已。祖宗之法度，要使天下遵之而不敢議，人主之政令，要使天下信之而不敢疑。若夫因一事而立一法，因一人而刱一令，則天下竊議而人心益疑矣。仰惟陛下剛健，出於天縱，宏規遠畧，冠古未有，甚盛德也。然比年以來，祖宗舊法或變於小臣之獻言，而朝廷出令或徇於一夫之私意，爲之特降指揮，如此等類，不勝其多。臣姑以到江東州郡所見一二言之。夫巡轄遞鋪自有司存，若其稽違，行法可也。今乃因有闕誤，特令守倅入銜，夫州郡之事孰非隸守倅者可盡入銜乎？此亦未免爲文具也。豈非因一事而立一法乎？路分鈐轄與轉運判官、提舉、常平茶鹽官、序官，著在乾道新書，所至未嘗不遵守。今忽特降指揮申明如此，則乾道一書每事皆當降指揮，然後遵守，何其繁也！豈非因一人而下一令乎？此特其小者，猶未至於害政也。至於兵戎之職，各有臨制階級，自都捴管而下，又有副捴管，乃有路鈐、鈐轄、路分都監，亦猶諸軍之有都統制、副都統、統制、統領之屬。今乃許路鈐因訓練得以專奏，則諸路副捴管、路分都監及諸軍統制、統領，苟有爲之地者，皆當援例而降指揮矣。平居無事，未計利害緩急之際，軍政不一，豈不乖亂？況其間挾勢妄作之人，必至率意生事。帥臣不敢號令，監司不敢誰何，紊亂常制，莫甚於此。此令一下，輿議讙然，知必有謂良由結交植黨，苟相崇重，欺罔聖聰，變亂法制，充其類而長之將何所不至？外議以爲，權要近習有主其人者，臣在遠方不得而知。但觀近數年，凡權要近習所主之人，所立之事，號令一出，無敢執奏論駁者，而士大夫顧望如此，豈不負國？昔趙充國有言：吾年老矣，不以餘命爲國家言之，誰當言者？況臣蒙恩最厚，非充國比，年將七十，方欲乞骸以歸。若隱默不言，徒與天下竊議，實負陛下。伏望斷自宸衷，自今以往，凡小臣獻説，必察其所由來，詳之重之，毋輕立法。凡朝廷出命，必合天下之公心，毋徇一夫之私意，俾天下咸知王言之大、王心之一，則綏先王之祿底，蒸民之生端。自此也，臣無任惓惓。

（宋）**胡宏《知言》卷一**　生刑輕則易犯，是教民以無恥也。死刑重則難悔，是絕民自新之路也。死刑生刑輕重不相懸，然後民知所避，而風化可興矣。

（宋）呂祖謙《宋文鑑》卷四二錢易《請除非法之刑》 臣竊聞聖人之為政也，太上以仁，其次以智。仁智不行，上下無信。是故刑之設也，蓋國家不得已而用之。約禮從輕，察罪肆赦，聖人實有憫傷之心焉。是以刑之用期於無刑爾，非欲毒於民也。凡有罪之獄，則五辭五聽，無有疑屈，然後擇其時而行之。又痛其不可盡行，乃施許贖之典，則君之省刑愛民斷可知矣。堯之時誅四罪，止曰殛鯀於羽山，竄三苗於三危，放驩兜於崇山，流共工於幽州，何獨不言殺鯀、誅三苗、戮驩兜、斬共工於其處然？此四者皆殺戮滅絶之典也。蓋堯之仁聖，而四者雖凶，尚惡言殺。是故國之慎者莫先乎刑，刑之傷者無甚於殺，乃修其法式以節其用。貴刑踰法，法有所據。不本於法則刑黷，刑黷則法無據，法無據則國政暴，國政暴則臣不敢言，臣不敢言則一人專善惡之心以獨理天下，獨理不及則幾於亂矣。秦任商鞅，仁智不行而厚於法，天欲喪秦而始皇復酷於民，棄三代之法，恣一時之威，行肉刑族誅之例，爲秦民者皆寃之。殘害父母之體，令受苦痛，一人有過而九族遭誅戮。漢祖既入關，蕭何以文無害，居宰相，故約秦之法爲三章。文帝有德，詔除肉刑。此蓋秦、漢是非，明在簡策。夫古之肉刑者，劓、椓、黥、刖之類，然此刑者，非死刑也，以其身命尚存，令受是刑，後代尚以虐而絶之。死刑者有二焉，大斬、小絞，絞者以首領猶全，故分二等，百代奉之以爲常法，有司承式罔敢增變。竊見近代以來，非法之刑異不可測，不知建於何朝，本於何法，律文不載，無以證之，亦累代法吏不敢言而行之。至於今日，或行劫、殺人、白日奪物、背軍逃越與造惡逆者，或時有非常之罪者，不從法司所斷，皆支解臠割，斷截手足，坐釘、立釘、懸背、略筋及諸雜受刑者，身具白骨而口眼之具獨動，四體分落而呻痛之聲未息，置之闤闠以圖示衆四方之外。長吏殘暴，更加增造，取心活剝，所不忍言。十五年前，杭州妖僧爲變，數歲前，蜀部兩回作亂，事敗之後，多用此刑。亦恐仁聖之朝不能除之，則永爲訛法。今蓋以已死復加臠割斷截，此即古之五虐之刑，不酷於今矣。凡罪當死，故重矣。刑至於殺，則絞斬行焉，復使先受苦痛，臠截割斷，然後就刑，然亦非欲黷於刑，所貴誡於後人，令無犯者。臣淳化中寄居壽春縣，見廵檢使生釘一賊於集衆之際，有盗人物者，此豈嚴刑可誡乎？若無秦刑不可誡，則秦之天下無一黔首爲盗賊矣，漢文措刑亦亂國矣，三代以來躋民仁壽當先刑矣，齊之以刑亦不當言免而無恥矣。臣愚見以爲一人愛民，民誡則懼，雖未至而怨已深。伏惟陛下仁理天下，德感中外，事天地如父母，愛百姓如赤子，僭僞悉蕩，祥瑞疊見，古帝王不能行之者皆行之，近代未復古者皆復之，臣恐近世非法之刑，非陛下能除之，則近代相承，益爲常行矣。

（宋）楊萬里《誠齋集》卷八九《刑法》 臣聞聖人之仁必有所止，仁而無止則將以仁天下適以殘天下，仁而至於殘，非仁之罪也，仁而無止之罪也。事固有所極，有所反。仁而無止，則其極不得不反而爲殘。殘非出於仁之外也，而生於仁之中，然則與其無止以殘吾仁，孰若有止以全吾仁也哉？是故聖人之心憂天下則無止，而其仁則與天下爲有止。溥之以無止之心而約之以有止之仁，故仁則有止矣，而所以仁則無止也。古者司寇當獄之成也，以告於王，王命三公參聽之，至於將刑也。王曰：宥之。司寇曰：不可。王又曰：宥之。司寇又曰：不可。宥至於三，而司寇卒不從，於是焉而殺之。王則爲之徹膳，爲之不舉樂。且夫以天子之尊，而三拒於司寇，天子欲活一夫而卒坐視其死，三宥不從何不四宥之也？四宥不從何不屢宥不一宥也？不一宥而猶不從，何不自宥之，而必聽於司寇也？且彼罪人者，吾君不能活其死而徒徹膳以致無益之憐，則亦幾於不仁矣。然三代行之未之有改，何也？蓋宥之者，聖人之仁也。宥之於三者，固有所止也。今夫天地之之仁萬物也，春而萬物欣欣焉，夏而萬物油油焉，夫欣欣油油，萬物之至願也。天地既仁夫萬物矣，則何不與萬物旦旦而春，旦旦而夏也？而必摧之以風霜，毒之以冰雪，使夫欣欣者悲，油油者瘁，何奪其所願而與其所不願也？聞之曰：冬閉之不固則春生之不茂，使天地而與物旦旦春夏也，則無來歲可也。有來歲，則何以繼也？仁而無止，天地不能不窮也，而聖人能之歟？國朝之法，獄成而罪人以寃告者，則改命他郡之有司而鞫焉，鞫止於三而同焉，而罪人猶以寃告也，亦不聽，此得古者三宥之意也。而議者以爲聖人之仁當盡天下之情，而勿限以三鞫，其説聽之可樂也。然自朝廷行之十有餘年，獄訟日滋，蠹弊日積，奸民得策而無辜者代之死，則議者之説之爲害也。臣請言其害：殺人者一夫也，而連逮者十之焉，不惟十也，有再其十，有三其十者焉，捕同捕也，繫同繫也，訊同訊也，獄吏豈曰彼有罪汝無罪也哉？

幸而獄成矣，連逮者得釋矣，而殺人者臨刑不伏，則又鞫也，則連逮者釋未畢也，而捕又繼之。又伏而又不伏，則又鞫也，而連逮者復與焉。鞫至於三，至於五，至於十，而連逮者皆與焉。連逮者家破矣，瘐死矣，而獄未竟也。大抵一獄有十年不決者焉，獄決矣，不殺人者俱死，而殺人者獨生焉，其勢連逮者死不盡，則獄不決。何其仁於一罪人，而不仁於十百平民也？其害一也。罪人之不伏也，其爲擾也，至於百郡有浮費而數路無寧居，外路之官吏被命而往鞫者，所居則有給，所過則有給，所至則有給，不則居者，行者交病於飢寒，給則縣官不勝其費。其鞫之一，其里之所費，錢萬者亡慮三數十焉；其鞫之十，其里之所費錢萬者，亡慮三數百焉。此其費何名者耶，猶曰：推仁不計費也。而官吏之行者，若江淮之間，道里之遠，飢寒之恤，猶忍言也；至於二廣，則風土之惡，瘴癘之禍，不忍言也。父母妻子哭其去，又哭其歸，去則人也，其哭猶忍聞也，歸則喪也，其哭不忍聞也。大抵去而人者十焉，歸而鬼者七八焉，而人者二三焉。二三人者雖不死而死矣，何也？病也。病而全者又十而一二焉，外路之官吏，何辜而使之至於此也？其害二也。夫議者之初，則曰：鞫不限於三者，仁也。而仁之害，一至於此，豈非仁而無止則仁反而爲殘哉？然則古之聖人，仁止於三宥，其所慮詳也。臣願朝廷深詔有司少增三鞫之舊法而止於五，使天下之無罪而死者還其生，而有罪以生者還其死，此不亦三代之至仁也哉？

（宋）楊萬里《誠齋集》卷九〇《刑法》 臣聞古之立法不惟懲天下之已犯，亦以折天下之未犯，蓋已犯之必懲，未犯之所以必折也。是故懲之者法之義，折之者法之仁，義行故仁不窮，仁行故義不數，仁義相有而不相無，此法之利也。後之法非無仁義也，利未見而害先焉者，義數仁窮而已。義不可數，數則民怨。仁不可窮，窮則民狎。狎則犯者衆，衆則刑者數，然則刑至於數者，不生於刑之數，而生於仁之窮。民至於怨者，不生於怨其刑，而生於狎其法。今夫民之情固喜温而惡寒，欲涼而畏熱也，然冬不寒夏不熱，則民病而死矣。人知夫法之仁也，不知夫狎之而死也。是故愛極者惠之所從銷，寬甚者猛之所自起。古之聖人，其法初不及後世之備也，惟不使仁之窮而民之狎也，是以法立而刑不試。後之法蓋詳且密矣，然文詳而舉之也略，網密而漏之也疎。天下之民窺其略也，則知其詳必至於不舉。習其疎也，則知其密必至於甚漏。知其不舉則犯之也易，知其甚漏則犯之也頻，刑安得不數，而民安得不怨哉？嗟乎！求用刑之疎者，必至於用刑之數；求天下之喜者，必反以得天下之怨，理固然也。然則所謂舉之略而漏之疎者，何也？一曰法不執而多爲之歧，二曰法徒設而自廢其禁。罪莫大於殺人，罪至於殺人何以議爲也，則亦殺之而已。漢高帝如此其寬仁也，入關之初欲結天下之心如此其亟也，欲除秦法之苛如此其鋭也，而其與民約法亦曰：殺人者死。帝不以爲疑，民亦不以爲請，何則？上下皆便其當然也。殺人而法不死，孰不相殺以至於大亂哉？此豈所謂當然而天下何便於此也？故雖高帝欲取天下之速，而不敢宥殺人之罪以謟天下之心。雖秦民之苦於秦，而不以高帝之不宥殺人爲帝之虐，然則古之立法之意可知已矣。而今之法不然，殺人一也，則有曰盗，曰鬭之目焉，則有曰故，曰誤之别焉。曰盗，曰謀，曰故者，法之所必死也，曰鬭則死生之間也，曰誤則生矣。果誤也而殺人也，又况所謂誤者未必誤，而所謂非謀非故者未必非謀非故也，何則？法不執則吏可賣，吏可賣則民可遁。有司取具獄而讀之，曰：此真誤殺也。不知夫吏之竊笑也，此之謂法不執而多爲之歧。夫民之所以畏法者，何也？非畏法也，畏刑也。法不用則爲法，法用之則爲刑，民不犯則爲法，民犯之則爲刑，是以畏之也。有法而不用不如無法，何則？無法，則民未測其罪之所當，有法而不用，則民知其法之不足忌。有法而民不忌，是故布之號令不曰號令，而曰空言；垂之簡書不曰簡書，而曰文具。法至於爲空言、文具，是無法賢於有法也。古之法始乎必用，而終乎無所用。今之法始乎不用而終乎不勝用。夫法不求民之入而拒民之入者也。古之法民不入也，不招以入；而民之入也，不縱以出。夫惟不出，是以不入，故始乎必用，而終於無所用。今之法有曰誣人以罪而不實者罪之以其罪，自大辟以降皆是物也，而用法者不然，以一夫之片紙而興大獄，鞫大罪也。卒之所謂大獄者，初無獄之可興，所謂大罪者，亦無罪之可鞫。上之人則俱釋之而已矣，受誣者至於破家亡身，而誣人者其極不過杖而遣之，則奸民何憚於不屢誣善良以求利也哉？獄訟何時而可清也？故始乎法不用而終乎法不勝用，此之謂法徒設而自廢其禁。蓋人有野於宅而盗於防者，其始峻其墻而止出於一門，又從而衛之以兵，非以制其出者也，以制其入者也。夫是以

盜不敢過。未幾而慮夫樵牧者出入之迂也，則鑿其東而門焉，又鑿其西而門焉，門多其徑而不能皆衛也，則至於有門而不扃焉，門多其徑則盜從其徑者而入之矣。有門不扃則羣盜掉臂而入矣。法不執而多爲之歧，孰不從其徑而入哉？法徒設而自廢其禁，孰不掉臂而入哉？臣願朝廷詳慮而審處之，如殺人者不死此法可以更議，而誣訴者罪以其罪，此法可以必行。議其所當議而行其所必行，則成康不試之事雖未易致也，而漢文幾措之風其猶可及也歟。

（宋）陳亮《龍川集》卷四《問答》　義利之分，孟子辨之詳矣。而賞以勸善，刑以懲惡，聖人所以御天下之大權者，猶未離於利乎？有所利而爲善，有所畏而不爲惡，則其入人也亦淺矣。堯舜之治天下，不賞而民勸，不怒而民威，故罪疑惟輕，功疑惟重，豈亦知其效入人之淺乎？然臯陶之陳謨，以典禮賞罰同出於天，而非有輕重之别也。苟無所事乎其用，則賞罰亦自外來耳，安在其爲天乎？三代之用賞罰，大槩猶法唐虞，而記禮者載其先後之用甚詳，又以爲至周而窮，豈世變之極而賞罰之用始重乎？抑其出於天而三代始賴其用也？春秋聖人經世之志而獨以代天子之賞罰，則聖人起而治天下必不能以易此矣，亦何怪於漢宣帝之專恃賞罰以爲治乎？惟辟作福，惟辟作威，《洛書》之所明載，而儒者終以爲治天下者不取必於賞罰，亦知夫勸懲之效淺也。謂賞罰不取必於勸懲，則無以御天下；謂其爲勸懲而設，則賞罰亦利耳。利者，人道之末也，則臯陶之所謂天者，豈誣乎？

耳之於聲也，目之於色也，鼻之於臭也，口之於味也，四肢之於安佚也，性也，有命焉。出於性，則人之所同欲也，委於命，則必有制之者而不可違也。富貴尊榮則耳目口鼻之與肢體皆得其欲，危亡困辱則反是。故天下不得自徇其欲也，一切惟君長之爲聽，君長非能自製其柄也，因其欲惡而爲之節而已。叙五典，秩五禮，以與天下共之。其能行之者，則富貴尊榮之所集也，其違之者，則危亡困辱之所並也。君制其權謂之賞罰，人受其報謂之勸懲，使爲善者得其所同欲，豈以利而誘之哉？爲惡者受其所同惡，豈以威而懼之哉？得其性而有以自勉，失其性而有以自戒，此典禮刑賞所以同出於天，而車服刀鋸非人君之所自爲也。天下以其欲惡而聽之人君。人君乃以其喜怒之私而制天下，則是以刑賞爲吾所自有，縱橫顛倒而天下皆莫吾違。善惡易位而人失其性，猶欲執區區之名位以自尊，而不知天下非名位之所可制也。孔子之作《春秋》，公賞罰以復人性而已。後世之用賞罰，孰爲己有以驅天下之人而已，非賞罰入人之淺而用之者其效淺也。故私喜怒者，亡國之賞罰也。公欲惡者，王者之賞罰也。外賞罰以求君道者，迂儒之論也。執賞罰以驅天下者，霸者之術也。

（宋）陳亮《龍川集》卷一一《廷對》　臣願陛下盡君道以幸天下，禮樂刑政並出而用之。凡天下奏讞之事，長案碎款，盡使上諸刑寺。其情之疑輕者，駁就寬典，至其無可出而後就極刑，皆據案以折之，不得自爲輕重。

（宋）朱熹《晦庵集》卷一四《戊申延和奏劄一》　臣聞昔者，帝舜以百姓不親，五品不遜，而使契爲司徒之官，教以人倫：父子有親，君臣有義，夫婦有别，長幼有序，朋友有信。又慮其教之或不從也，則命臯陶作士，明刑以弼五教而期於無刑焉。蓋三綱五常，天理民彜之大節，而治道之本根也。故聖人之治，爲之教以明之，爲之刑以弼之，雖其所施或先或後，或緩或急，而其丁寧深切之意未嘗不在乎此也。乃若三代王者之制，則亦有之，曰：凡聽五刑之訟，必原父子之親，立君臣之義，以權之。蓋必如此，然後輕重之序可得而論，淺深之量可得而測，而所以悉其聰明，致其忠愛者，亦始得其所施而不悖。此先王之義刑義殺，所以雖或傷民之肌膚，殘民之軀命，然刑一人而天下之人聳然不敢肆意於爲惡，則是乃所以正直輔翼，而若其有常之性也，後世之論刑者，不知出此，其陷於申商之刻薄者，既無足論矣。至於鄙儒姑息之論，異端報應之説，俗吏便文自營之計，則又一以輕刑爲事，然刑愈輕而愈不足以厚民之俗，往往反以長其悖逆作亂之心，而使獄訟之愈繁，則不講乎先王之法之過也。臣伏見近年以來，或以妻殺夫，或以族子殺族父，或以地客殺地主，而有司議刑，卒從流宥之法。夫殺人者不死，傷人者不刑，雖二帝三王不能以此爲治於天下，而況於其繫於父子之親，君臣之義，三綱之重，又非凡人之比者乎。然臣非敢以此之故遂勸陛下深於用法，而果於殺人也，但竊以爲諸若此類涉於人倫風化之本者，有司不以經術義理裁之，而世儒之鄙論、異端之邪説、俗吏之私計，得以行乎其間，則天理民彜幾何不至於泯滅？而舜之所謂無刑者，又何日而可期哉？故臣伏願陛下深詔中外司政典獄

之官，凡有獄訟必先論其尊卑上下、長幼親疎之分，而後聽其曲直之辭，凡以下犯上，以卑凌尊者，雖直不佑，其不直者罪加凡人之坐。其有不幸至於殺傷者，雖有疑慮可憫，而至於奏讞，亦不許輒用擬貸之例。又詔儒臣博采經史以及古今賢哲議論及於教化刑罰之意者，删其精要之語，聚爲一書，以教學古入官之士，與凡執法治民之官，皆使畧知古先聖王所以勑典敷教、制刑明辟之大端，而不敢陰爲姑息、果報、便文之計，則庶幾有以助成世教，而仰稱陛下好生惡死，期於無刑之本意。取進止。

（宋）陸九淵《象山先生全集》卷二二《張釋之謂今法如是》　張廷尉當渭橋下驚乘輿馬者以罰金，文帝怒，張廷尉爭以為不可更重，是也。然謂法者，天子所與天下公共也。今法如是，而更重之，是法不信於民也。方其時，上使立誅之則已。今既下廷尉，廷尉，天下平也，一傾天下用法皆為輕重，則非也。廷尉固天下平也，天子獨可不平乎？法固所與天下公共也，苟法有不當，為廷尉者，豈可不請之天子而修之，而獨曰今法如是，可乎？《虞書》曰：宥過無大。周書曰：乃有大罪，非終，乃為眚災，適爾，既道極厥辜，時乃不可殺。縣人聞蹕，匿橋下，久謂乘輿已過而出，至於驚馬，假令有敗傷，亦所謂有大罪，非終，乃為眚災適爾，是固不可殺。釋之不能推明此義，以祛文帝之惑，乃徒曰法如是。此後世所以有任法之弊，而三代政刑所從而亡也。

（宋）葉適《葉適集·水心别集》卷二《進卷·國本下》　臣惟歷代用刑，各有輕重，不能盡舉。然大要其君賢而所任者仁人也，則用刑常輕；其君不賢而所任者非仁人也，則用刑常重。非惟用刑為然也，而歷代之議刑者亦莫不然。蓋其人君子也，則議刑常輕；其人小人也，則議刑常重。故觀其所用，可以知其國；觀其所議，可以知其人。然而未也。蓋其君賢君也，而用刑不免於過重；其人君子也，而議刑亦不免於過重。以為重刑所以致治，非重刑而天下不可治者，是可嘆也。

天下苦秦之刑重而欲輕之久矣，然而随其時之輕重，而終於不能輕一代之刑。夫後世有天下之長者，莫若漢與唐，其能求所以輕刑之意者，亦莫若漢與唐，而卒之能輕一代之刑者，莫若吾宋也。【略】參刑、具五刑、相收、連坐之刑，皆漢、唐之所常用者，此亦今天下之所未嘗見聞也。夫以前世用刑之重，而民亦無畏刑之心，滋長其悍虐，視性命生死如旦暮。【略】惟至仁可以柔之。雖其自棄於盗賊者，亦非重法之所能治。此今日之所以用刑獨輕於前世，而民之自愛而畏法亦遠過於前世也。

（宋）徐元杰《楳埜集》卷一《經筵講義》　臣聞政者法制禁令之謂，刑者所以誅姦慝而威暴亂也。故引道而先之以政，齊一而限之以刑，民知所畏避，而不至自罹於譴呵之域，是則政刑乃爲治之具，固不可一日弛。然治之大本有不止是，苟恃其具而不探其本，則無以格民心善民俗，徒有苟免刑罰之意，而未必有愧恥改過之心，蓋雖不敢爲惡而爲惡之心實未嘗忘也！故聖人之論政刑而曰民免而無恥，繼言德禮動民之效，乃至於有恥而且格，誠謂羞惡之心，人皆有之，世蓋有不畏刀鋸斧鉞而凛凛乎清議之畏者，本然之善，何可誣也。人主之治天下，使民有懼心，不若使民有愧心，驅之而後從，不若化之而不忍犯。蓋德著於躬行踐履，所以率先乎民者也。禮者，皆天秩之自然，分之所由定，國之所與立者也。格之爲言至也，所以使民日遷善遠罪而不知爲之者，夫人主端本於深宫隱微之間，表正於四方遠近之衆，即大學所謂明明德於天下，必先之以治國齊家，本之以修身正心，其道則愈反而愈約，故推之化天下，自有愈用愈博者存，斯民豈有不知所觀感而興起者？然其俗化有淺深厚薄之不一者，又必有禮以齊之，則民耻於不善而有以至乎善。是豈屑屑政刑所能感動如此哉？晦庵朱熹曰：政者爲治之具，刑者輔治之法，德禮則所以出治之本，而德又禮之本也。臣謂世降俗末，政弊於瑣碎，刑困於苛虐，既不足以語古之政刑，至於修身謹行之謂德，苟不知終始惟一，時乃日新，則未免誘於外而動於内，縱欲有時而敗度，禮之爲禮始蕩然矣。孝經曰：安上治民，莫善於禮，禮敬而已矣。是徹上下惟一敬也。又言：君臣父子兄弟之間，因敬而得感悦之要道。然則君臣上下，不徒恃政刑以爲道齊之具，而必交修其德，以爲政刑之本者，其可一日不知禮哉！

（宋）黎靖德《朱子語類》卷四二《論語·仲弓問仁章》　以刑罰加人，其人實有罪，其心亦自以為當然，故以刑加之，而非强之以所不欲也。其不欲被刑者，乃其外面之私心。若其真心，既已犯罪，亦自知其當刑矣。今人只為不理會忠，而徒為恕，其弊只是姑息。張子韶《中庸》有云：聖人因己之難克，而知天下皆可恕之人。即此論也。今人只為不能盡己，故謂人亦只消如此，所以泛然亦不責人，遂至於彼此皆自恕而已。

璘。可學録云云：如刑人殺人之事，己亦不欲，到其時為之則傷恕，如何？可學云：但觀其事之當理，則不欲變為欲。曰：設如人自犯罪，至於死。到刑時，其心欲否？問諸友皆無以答。曰：此當合忠字看。忠者，盡己之謂。若看得己實有是罪，則外雖不欲，而亦知其當罪。到此，則不欲字使不着。若不看忠字，只用一恕字，則似此等事放不過，必流而為姑息。張子韶解《中庸》云：以己之難克，而知天下皆可恕之人。因我不會做，皆使天下之人不做，如此則相為懈怠而已。此言最害理！

（宋）黎靖德《朱子語類》卷三七《論語·可與共學章》 叔重問：程子云：權者，言秤錘之義也。何物以爲權？義是也。然也只是説到義。義以上更難説，在人自看如何。此意如何看？曰：此如有人犯一罪，性之剛者以爲可誅，性之寬者以爲可恕，槩之以義，皆未是合宜。時舉。

（宋）黎靖德《朱子語類》卷四四《論語·子貢曰管仲非仁章》 安卿問：伊川言：仲始與之同謀，遂與之同死，可也。知輔之争爲不義，將自免以圖後功，亦可也。竊謂天下無兩可之理，一是則一非，如兩可之説，恐亦失之寬否？曰：雖無兩可，然前説亦是可。但自免以圖後功，則可之大者。淳曰：《孟子》：可以死，可以無死。是始者見其可以死，後細思之，又見其可以無死，則前之可者爲不可矣。曰：即是此意。安卿又問：《集注》謂：王魏先有罪而後有功，不可以相掩。只是論其罪則不須論其功，論其功則不須論其罪否？曰：是。堯卿問：管仲功可掩過否？曰：他義不當死。久之，又曰：這般處也説得不分曉。大抵後十篇不似前十篇。如子路問成人處，説得也麤。安卿云：只是臧武仲之知等，皆不是十分底事。亦曰：是。義剛、淳録同。

問：《集解》云：管仲有功而無罪，故聖人獨稱其功。王魏先有罪而後有功，則不以相掩可也。其視程子説，固平實矣。然人之大節已失，其餘莫不足觀否？曰：雖是大節已失，畢竟他若有功時，只得道他是有功，始得。廣。

管仲不死子糾，聖人無説，見得不當死。後又有功可稱，不是後功可以償前不死之罪也。伊川有此意，亦恐看得不曾仔細。魏鄭公則是前仕建成矣，不當更仕太宗，後却有功。溫公論嵇紹、王裒，謂紹後有死節之功，須還前不是。後既策名委質，只得死也，不可以後功掩前過。王魏二公謂功可以補過，猶可。管仲則前無過而後有功也。揚。

管仲，孔子自有説他過處，自有説他功處，過不能以揜功。如唐之王魏亦然。或問：設有弑父弑君不可贖之罪，雖有功，亦在所不説矣。曰：如此，則無可言者。文蔚。

（宋）黎靖德《朱子語類》卷六二《中庸·綱領》 謂如有人似有功，又似無功，不分曉，只是從其功處重之。有人似有罪，又似無罪，不分曉，只是從其罪處輕之。若是功罪分明，定是行賞罰不可毫髮輕重。明作。

（宋）黎靖德《朱子語類》卷七八《尚書·大禹謨》 法家者流，往往常患其過於慘刻。今之士大夫耻爲法官，更相循襲，以寬大爲事，於法之當死者，反求以生之。殊不知明於五刑以弼五教，雖舜亦不免。教之不從，刑以督之，懲一人而天下人知所勸戒，所謂辟以止辟，雖曰殺之，而仁愛之實已行乎中。今非法以求其生，則人無所懲懼，陷於法者愈衆，雖曰仁之，適以害之。道夫。

聖人亦不曾徒用政刑；到德禮既行，天下既治，亦不曾不用政刑。故《書》説刑期於無刑，只是存心期於無，而刑初非可廢。又曰：欽哉！惟刑之恤哉！只是説恤刑。賀孫。

罪疑惟輕，豈有不疑而强欲輕之之理乎？王季海當國，好出人死罪以積陰德，至於奴與佃客殺主，亦不至死。人傑。

（宋）黎靖德《朱子語類》卷一一〇《朱子·論刑》 今之法家，惑於罪福報應之説，多喜出人罪以求福報。夫使無罪者不得直，而有罪者得幸免，是乃所以爲惡爾，何福報之有！《書》曰：欽哉！欽哉！惟刑之恤哉！所謂欽恤者，欲其詳審曲直，令有罪者不得免，而無罪者不得濫刑也。今之法官惑於欽恤之説，以爲當寬人之罪而出其死；故凡罪之當殺者，必多爲可出之塗，以俟奏裁，則率多減等；當斬者配，當配者徒，當徒者杖，當杖者笞。是乃賣弄條貫，舞法而受賕者耳！何欽恤之有？罪之疑者從輕，功之疑者從重，所謂疑者，非法令之所能決，則罪從輕而功從重，惟此一條爲然耳；非謂凡罪皆可以從輕，而凡功皆可以從重也。今之律令亦有此條，謂法所不能決者，則俟奏裁。今乃明知其罪之當死，亦莫不爲可生之塗以上之。惟壽皇不然，其情理重者皆殺之。僩。

（宋）黎靖德《朱子語類》卷一一一《朱子·論民》 直卿言：辛幼

安帥湖南，賑濟榜文秖用八字，曰：劫禾者斬！閉糶者配！先生曰：這便見得他有才。此八字，若做兩榜，便亂道。又曰：要之。只是粗法。道夫

（宋）王應麟《玉海》卷六五《詔令·律令》 釋名：律，累也。累，人心使不得放肆也。令，領也。理領之，使不得相犯也。

（宋）潛説友《咸淳臨安志》卷四一《寧宗皇帝·獎諭獄空開禧二年二月》 夫刑，所以輔治也。教之未孚，民不幸而入於刑，非吾有司蔽斷不留，審克亡濫，則刑者乃將以厲民，豈輔治之意哉。卿履潔抱公，化流京邑，憫兹有衆，或底罪辜，能罩厥心，濟以明恕。俾狴犴毋瘐死之苦，而國家廣好生之仁，任吾牧守之事者，不當如是乎，覽奏嘉嘆，曷維其已。守臣趙善防恭跋曰，開禧再禩春二月，府曹掾言三院無留獄，臣待罪守吏以其事聞，越五日，有詔嘉奬，申諭至意，臣既祇惕受賜，則拜手稽首而爲之言曰，竊惟刑辟疏密，吏治清濁，其原在乎人主一心而已。蓋念慮所發，教令出焉，風俗繫焉。堯舜成康之盛遠矣，若漢距秦未久，理官法士尚在，豪家右姓猶故，而跡其當時斷獄，希簡幾及周世矣。後稍變革，科條益增，儆爲繩切，重報瘐死不可勝計，豈吏之良暴，民之姦愿，遽異於前日耶？要其感動之機，必有以爲之先者。仰惟皇帝陛下恭儉仁恕，根於天性，確守憲度，責成股肱與一世相安於簡易。自踐祚至今垂十三年，德流道洽，元元蒙被恩厚，不忍輕犯。郡國長吏審克奏讞，亦即哀矜欽恤是體是承，至若都内王化所先，故獄屢以空告。如臣無狀久當用疲軟罷免，然猶得爲寬大，坐以無事，復竊龍光以自榮，可謂幸矣，獨念璽書之頒，將以勸厲，在臣豈得私有，是敢刻諸堅石以顯示九牧諸道，且見臣子歸美報之義。

（元）程端學《積齋集》卷四《瑞州路推廳記》 夫刑者，弼五教之具，古之聖人，教民父子親，君臣義，夫婦别，長幼序，朋友信，不率則刑以一之。非恃刑以明，亦非恃刑以治也。有民不教，則五品不遜而有訟，訟而刑末矣。孔子曰：必也使無訟乎？又曰：刑期於無刑。夫聽訟而使無訟，用刑而期無刑，其道安在？亦曰：以吾真實无妄之心，達之於彼，彼將誠服，而凡隱微潛伏之狀，自不可掩。故始不免訟而卒無訟，始不免刑而卒無刑，無訟無刑，教法乃洽。唐虞三代刑措不用，非以是哉。秦漢以降，舍教任刑，自申韓倡刑名之學，天下宗之，律愈嚴而弊愈生，刑愈濫而姦愈作，深文危法，民無措躬。廷尉如張釋之天下無寃民，于定國民自以不寃。大理如楊注曲盡人情，唐臨折中稱意，可謂善用刑矣。然而不得方諸大舜、孔子者，何也？明雖盡而誠未孚也，矧用刑於不教之世哉。故明出於誠，誠則自明，明誠相資庶矣，兹名其廳，抑有意於斯乎。因書於壁，尚俾來者，有同此心者云。

（元）蘇天爵《滋溪文稿》卷二七《章疏·建言刑獄五事》 蓋聞刑者輔治之具，非恃刑以爲治者也！欽惟國家列聖臨御，其用刑也，本之以寬仁，施之以忠厚，内則論議付之刑曹，外則糾察責之風紀，故治功表著，德澤涵濡。然法之所立，或有所未周，吏之奉行，或有所未至，當職猥以譾材，竊食重禄，粗有聞見，畧具敷陳。

（元）蘇天爵《元文類》卷三六富珠哩翀《大元通制序》 惟聖人之治天下，其為道也，動與天準，其為法也，粲如列星，使民畏罪遷善，而吏不敢舞智御人。鞭笞斧鉞，禮樂教化，相為表裏。及其至也，民協于中，刑措不用，二帝三王之盛，盡於此矣。雖刑罰世輕世重，而士制百姓于刑之中，以教祗德，古之制也。聖朝因事制宜，因時立制，時有推遷，事有變易，謀國之臣，斟酌損益，以就中典，生民之福也。仁廟開本於先，皇上繼志于今，萬世慮也。雖然，明罰勑法，朝廷之道揆在焉。惟良折獄，哀敬折獄，有司之法守親焉。源則濬矣，流斯承之，可不慎歟？

（元）蘇天爵《元文類》卷四二《憲典總序》 皇朝《憲典》之作，其篇二十有二焉，而各以其序也。法緣名興，令自近始，故名例為法之本，衛禁居令之先。百官有司，守法以奉上，布令以御下，故職制次之。敬莫大於事神，畏莫大於知義，故祭令學規次之。刑以弼教，威以戢暴，故軍律次之。禍亂式遏，生聚易爭，故户婚食貨次之。爭起於無厭，無厭者好犯上，故大惡次之。惡之初稔，非淫即貪，故姦非盗賊次之。淫貪之作，始於自欺，故詐偽次之。偽作於心，徵於詞氣，故訴訟次之。辭窮則鬬，氣暴則殘，故鬬毆殺傷次之。庶獄備矣，庶慎興焉，示為法者，非罔民也，故禁令雜犯次之。知禁者罪可遠，觸禁者罪不可逃，故捕亡次之。君子立法之制嚴，用法之情恕，無求民於死，寧求民於生，故恤刑平反赦宥又次之。至於終之以獄空，則辟以止辟之效成，刑期無刑之德至矣。此其為序如是。槩而論其為書，則固五典之法書也。治典非憲，無以明黜陟；賦典非憲，無以吝出内；禮典非憲，無以儆傲惰；兵典非憲，無以律驕盈；工典非憲，無以懲濫惡。其事散殊，其法周密，故必隨事以

分類，隨類以表年，綱以著其約，目以致其詳，初若因目以立綱，久乃從綱而知目，綱舉目張，吏易遵行，民易趨避，而是書之體用，庶乎其為得矣。綱之所不能該，目之所不能悉，則有附録焉。作憲典總序。

名例篇：名例者，古律舊文也，五刑、五服、十惡、八議，咸在焉。政有沿革，法有變更，是數者之目，弗可改也。《傳》曰：不愆不忘，率由舊章。作名例篇第一。

五刑：國初立法以來，有笞、杖、徒、流、死之制，即後世之五刑也。【略】

五服：昔者，先王因親立教，以道民厚，由是服制興焉。法家者，用之以定輕重，其來尚矣。然有以服論而從重者，諸殺傷姦私是也；有以服論而從輕者，諸盗同屬財是也。大要不越於禮與情而已。【略】

十惡：人之罪，無大於十惡者矣，王法之所必誅也，故歷代之律，著之首篇。國家任子之法，舉人之條，皆曰：不犯十惡者，始得預列。【略】

八議：八議者，先王用法，忠厚之至情也，故自《周官》至於《唐律》具載之。國家待國人異色目，待世族異庶人，其有大勳勞於王室者，則固當有九死無與之賜，十世猶宥之恩歟。若夫官由制授者，必聞奏而論罪，罰從吏議者，許功過之相贖，豈非八議之遺意乎。【略】

捕亡篇：凡囚之在獄而亡，在流而亡，軍士之臨陣而亡，舉家而亡，奴婢之背主而亡，凡有罪而在亡者，捕之各有律，作捕亡篇。

恤刑篇：不教而民從之，上也，以身教之也。教之而後從，次也，以言教之也。不教而强之從，下也，既不能以身，又不能以言，而以威迫之也。迫之而猶有弗從者焉，乃從而刑之。刑之而當罪，民固無憾，又從而虐之，苦之，誣之，抑之，飢而不為之食，寒而不為之衣，疾而不為之藥，有罪無罪，同歸於非命而死，不亦大可哀乎？故《書》曰：欽哉欽哉！惟刑之恤哉！作恤刑篇。

平反篇：天下之至窮，其惟寃獄乎！干天和，傷王化，莫此為甚，故或三年而致旱，或六月而飛霜。此于定國、雋不疑之徒，日以平反為務，而子孫世食其報也。夫平反，有司之職也，宜不待賞勸而為之者。而國家慎之重之，著于賞令，作平反篇。

赦宥篇：赦宥者，權事之宜可也。列聖以來，或以初政更新，或以大禮行慶，或以捄災卹眚，或以懷遠招攜，事既不同，赦亦有異。至於釋京畿繫囚，則或以特敕，或以佛事，有司往往以罪輕而疑者應之，然所釋有數，故又有幸不幸存焉。本忠厚，示欽恤，作赦宥篇。

獄空篇：《傳》曰：刑期于無刑。又曰：必也使無訟乎。無訟斯無刑矣，雖聖人為政，不能不為之刑，所貴刑措而不用耳。是故獄空者，化行俗美，無訟而獄空者，上也。有司廉明，隨事裁決而獄空者，次也。苟不得其上，得其次，斯亦可矣。今所紀獄空，内自京畿，外止山東河北諸郡，天下獄空，未必止此，有司載之，弗能詳也。嗚呼！彼獄空者，其無刑乎，其無訟乎，使天下皆得賢有司，致此非難也。作獄空篇。

户婚篇：井田廢而廉讓之道缺，爭敚之俗興，民無恒居，田無恒主，婚姻不以其時，而獄訟作矣。教化不足，然後制之以刑，而非得已也。法常典，原人情，作户婚篇。

食貨篇：治財之道，厚民為本，民者財之府，財者民之命也。故治財者，先義而後利，教民順；先利而後義，教民爭。故治財者，先民而後國，國常富；先國而後民，國常貧。治財而有刑，所以防姦欺，制期程，非治財之本也，作食貨篇。

大惡篇：天地之道，至仁而已，國以仁固，家以仁和。故國不仁則君臣疑，家不仁則父子離，父子離無所不至矣，君臣疑亦無所不至矣。故《易》著履霜之戒，孟子有仁義之對。審哉幾乎，去仁惡足為國家哉？作大惡篇。

姦非篇：王化始於閨門，故《關雎》之化行，則天下無犯非禮。桑間濮上之音作，則男女相奔，强暴相陵，尊卑無别，而上下失序矣。文武道在，施之則行。古者聖人，以禮防民，制刑以輔其不及，後世因之。作姦非篇。

盗賊篇：夫盗賊豈人情哉？或迫於飢寒，或驅於苛政，或誅於誘脅，出於不得已者，十常八九。至於白晝攫金於市，略人以為貨，皆有司不能其政所致，使人人各得其所，烏有盗賊哉？作盗賊篇。

詐偽篇：霸代王而淳樸散，利勝義而詐偽生，其來亦久矣。夫孔子曰：上好禮，則民莫敢不敬，上好義，則民莫敢不服，上好信，則民莫

敢不用情。明王道，辨義利，崇廉恥，固去詐去偽之本，然刑者聖人有不能廢也，作詐偽篇。

訴訟篇：《易》著訟卦，《書》稱嚚訟，則雖五帝三王之世，不能無訟。人有不平，形之於訟，情也。然至於誣人以訟，謂之情可乎？孔子曰：聽訟吾猶人也，必也使無訟乎。夫無訟，聖人所難也。然郡縣得一賢守宰，苟能行之以道，雖無訟可也，作訴訟篇。

鬭毆篇：古者父母之讐，不與共戴天，兄弟之讐，不反兵，交游之讐，不同國，居父母兄弟朋友之讐，止如是。後世一言睚眦，輒起而鬭，鬭而至於傷，至於殺，其有司之政不舉，風俗之日偷且薄可見已。甚而食祿共位，比肩事主，爭毫髮利，即攘臂相向，飛文相抵，所以令於下者，皆自上犯之，欲以化民得乎？懲將來，鑒已往，作鬭毆篇。

殺傷篇：禍而至於殺人極矣。然情有謀、故、誤、戲之異，而罰亦有死、杖、流、贖之殊。研之，窮之，審之，覆之，古人所以深致慎焉者，哀民死之易，而生之難也。敬之敬之，毋淫於刑哉，作殺傷篇。

（元）蘇天爵《滋溪文稿》卷二七《論近年無辜被害之家宜昭雪改正》 欽惟聖天子臨御天下，仁澤及於臣民，然猶遣使宣佈德意，而明詔有曰：和氣未臻，災眚時作。夫政化既布於多方，而災異尚軫於聖慮，蓋天人之間其理本一。故人氣和平則禎祥斯格，人心憂鬱則災異疊見。東海殺一孝婦，枯旱三年，及表其墓祭之，天立大雨。斯其已往之明徵，可爲後世之規監。我國家承平百年，中外無事，爰自近歲屢興大獄，或值誣枉陷於極刑，或涉嫌疑輒被流竄，多出一時之好惡，孰思天下之至公？伏覩至正五年二月初四日詔書，内一欵：近年無辜被害之家，仰中書省分揀昭雪改正，欽此。中外聞之咸曰：聖天子一視同仁，無間於親疎遠邇，則臣民之家或誣枉於人言，或橫罹於非命，某家今當昭雪，某人今當改正，若家貲已散當叙復其官職，若子孫或亡當嗣續其宗族，或在遠方當召歸於鄉里，或人已没當追贈其封謚。庶幾生死之無憾，必致瑞應之鼎來。夫詔令既頒於九有，分揀責在於中書，然惟至公可以服人心，惟至平可以召和氣，當自某年以後其未昭雪改正者，早爲從公取勘，一一仔細分揀，使聖恩普洽於幽明，公道大伸於天下。然後和氣斯臻，災眚不作，年穀豐稔，黎民雍熙，不勝幸甚！

（元）徐元瑞《吏學指南·法例》 刑法：刑者罰也，例者成也。刑是刑罰之刑，例是例體之例，言刑罰之法加之例體也。如人之成就容貌，容貌一成之後，若以刀鋸鑿之，斷者不可續，死者不可生也。法者，國家所以布大信於天下者也。

《元史》卷一七五《張珪傳》 人有寃抑，必當昭雪，事有枉直，尤宜明辨。【略】德以出治，刑以防姦。若刑罰不立，姦宄滋長，雖有智者，不能禁止。

《元史》卷一五七《劉秉忠傳》 天下之民未聞教化，見在囚人宜從赦免，明施教令，使之知畏，則犯者自少也。教令既設，則不宜繁，因大朝舊例，增益民間所宜設者十數條足矣。教令既施，罪不至死者皆提察然後決，犯死刑者覆奏然後聽斷，不致刑及無辜。

（元）孟奎《粗解刑統賦·刑統賦序》 規矩者，刑法之體，刑法者，規矩之用。夫人外規矩則罹於刑法矣。蓋執法者可不知所畏哉。大抵古人用心於刑法者，莫非齊人於規矩之域歟。律學博士傅先生擇律為賦，舉綱立法，列韻分條，對偶問荅而律法可尋，贓罪輕重而尊卑易曉。使人熟讀玩味，久則自然貫通，其用心也不淺矣。前輩律士詳論精微，發明藴奥，或文或歌，無不備具，惜乎泥於傍蹊曲徑，巧於贅辭强解，殊使初學之士驟不能知展轉，昏晦難明而失其本意。

（元）佚名《別本刑統賦解》 親故乞索，不論於挾勢。

部民之官，有恃其統屬設計取人之財者，法不可容，然親故往復理亦難禁，故雖居官而乞索，亦不論挾勢部民之財也。

噫，吏之於法也，知非艱而用為艱，宜用心於用刑之際。夫聖人為賞罰，所以勸善懲惡。天道好生，人命至重，自古用刑非得已也。蓋知者不過知識事意，何為難乎。其用為艱者，蓋緣法律一定，人情萬端，以一定之法不足以盡萬情，故不可泥於紙上之文而不察人之情，至於鞫刑聽訟，必須慎詳真偽，推究事理，要在曲直輕重，各得其宜，民無枉濫，此為難矣。倘不盡心留意，恣一已之喜怒，或循一時之私言，縱情穿鑿，使斷者不復續，死者不復生，陰騭非輕，報應甚重，豈可忽哉。《書》曰，欽哉欽哉，惟刑之恤哉。又曰，義刑義殺，勿庸以即汝心。故曰知非艱而用艱也。

（元）沈仲緯《刑統賦疏・第一韻》立萬事之準繩，使民易避。準者，則也。繩者，約也。古先哲王明著《刑書》，爲萬世準則繩約，使民曉然，知禁易避而難犯也。

直解：律，爲萬世準則繩約，使人知而不敢違犯。

通例：元統二年六月，刑部呈：刑者，馭民之銜轡；法者，輔治之準繩。

（元）胡祗遹《紫山大全集》卷二一《論治法》 法者，人君之大權，天下之公器，法立則人君之權重，法不立則人君之權去矣！何以言之，國之立法曰殺人者當某刑，傷人及盜者當某刑，使爲惡者畏法而不敢犯，犯之則必當以法，雖有奸臣老吏不能高下其手，摭罪舉法，或失之輕，或失之重，則官吏抵罪。是以善人有法可倚，良吏有法可守，奸惡有法可恐、可怖、可殺，小大貴賤惟法之是視而不敢干越，不怒而威，死而不怨，茲非人君之大權，天下之公器歟？法不立則權移於臣下，小則一縣一邑，大則一州一郡，無法可守，選官擇吏既不精粹，多非公清循廉之人，民有犯罪，漫無定法，或性情寬猛之偏，或好惡不公之弊，或惑於請謁，或殉於賄賂，或牽於親戚故舊之情，或逼於權勢，或爲奸吏之執持恐逼舞智弄文，或爲佞言之說誘欺詐。曖昧之間，固不勝其屈抑，公明之下亦鮮有不失其平者也。今既無法，邑異政，縣異法，州異文，郡異案，六曹異議，三省異論，寃枉之情，無所控訴，生殺禍福，一出於文深之吏，比獲叩九重而申明，則枉死者已十九矣。民知畏吏而不知畏法，知有縣邑而不知有朝廷。故曰，法不立則權移於下吏，而人君之權去矣。余所謂法者，非止刑法而已也，百度百法皆是也。故正人喜其法立，奸人樂其無法，有法則權在君，無法則權在已，權在君則奉而行之，畏而遵之。權在已則輕重高下，以是爲非，以非爲是，放肆縱恣，惟我所欲爲而莫之禁，使民惟我。畏在一邑則勢傾一邑，在朝廷則勢傾天下，其原蓋出於無法而以法授人也。梓匠輪輿不以規矩不能成方圓，君天下而不立法，使臣下人自爲之，誠未見其可也。後世法令，刑政繁多細密於古百倍，而於天性人倫畧不加意。孝友睦婣任恤美德也，反是則國有常刑。今之薄俗皆犯此六惡，執政者恬不知問有所厚者薄，則何以爲人，人失本心，則虎狼之不若，何以爲治？又曰：法可恃乎，無法則上下無所守據，恃法則久無不弊，弊則奸生，故古人爲治，無無法之政，無不變之法，一弛一張，相時救弊，使奸不能生，法不致弊，使賢者創物，不肖者守法，此聖人明義達權。法以情立，亦以情廢，慮遠議公，人存政舉，兩盡其美也。今日之弊，法所以不能立者，其原有五：慮之不遠，見之不明，論之不公，信之不篤，用之不重。議法者徇末而不知本，泥古而不相時，自以爲是，一人沮之，則卷舌而莫之能辯，豈非慮之不遠、見之不明乎？一念私起，創置一法，趨利避害，鬻恩媚勢，自相矛盾，爲人據摭，莫之敢言，以爵塞謗，補苴罅漏，譬若破釜壞舟，彌縫固塞，左完而右裂，前止而後泄，愈救之而愈壞，豈非論不以公，曲盡私意，人得而攻之者乎？遂令上之人疑惑失恃，曰：汝等建議立法，何不堅定也？若是人斥其瑕而不能辯，自叛其說而伏其罪，朕之任卿也，未嘗不誠。卿等負朕也，動必以僞，朕誰適從矣！卿等既不可倚，我自有以處之，是用求之於道，謀無稽之言，弗詢之謀。自售自鬻者，踵踵而來前。以致春令而秋改，夏命而冬廢，豈非信之不篤，用之不重乎？所以致此者，議法者之罪也，而猶不悟，不能擴示大公，一洗曲弊，俛從衆論。又刀筆俗吏，小智自喜之人，沾沾筆削，將見窺間伺隙，攻瑕好訐，利口長舌，數倍於前日矣吁！法果何時而定乎？法之不立，其原在於南不能從北，北不能從南。然則何時而定乎？莫若南自南而北自北，則法自立矣。以南從北則不可，以北從南則尤不可。南方事繁，事繁則法繁；北方事簡，事簡則法簡。以繁從簡則不能爲治，以簡從繁則人厭苦之，設或南北相關者，各從其重者定，假若婚姻男重而女輕，男主而女賓，有事則各從其夫家之法論，北人尚續親，南人尚歸宗之類是也。

（明）蘇伯衡《蘇平仲文集》卷二《問刑》 或問曰：聖人尚德不尚刑，信歟？曰：信！然則帝舜何爲殛鯀、流共工、放驩兜、竄三苗？周公何爲戮蜚廉、殺武庚、致辟管、蔡？孔子何爲誅少正卯？曰：德其本也，刑其末也。是故不得已而後用刑，初未嘗以之專造天下也，而聖人至於無已而用刑也，必本之以欽恤，行之以哀矜。欽恤，仁也；哀矜，恕也。恕故不喜刻而致深也，仁故不加之罪而求其死也。是故聖人之刑不徒曰刑，而曰義刑。聖人之殺不徒曰殺，而曰義殺。義者宜也，在下者非不宜於天理，不宜於人情，不見刑見殺也。在上者非宜於天理，宜於人

情，不刑之殺之也。宜於天理人情而後刑之殺之，雖刑之殺之而無愧焉。不宜於天理人情而後見刑見殺，雖見刑見殺而不怨焉。是故義殺舉而天下莫不畏威矣，義刑施而天下莫不遠罪矣。帝舜在位所殛竄流放者，鯀、共工、驩兜、三苗而已，不聞他有所殛竄流放也；周公相周所殺戮致辟者，蜚廉、武庚、管蔡而已，不聞他有所殺戮致辟也；孔子相魯所誅者少正卯而已，不聞他有所誅也。蓋德以刑而輔，刑以德而去，此所謂聖人尚德而不尚刑也。不尚刑，體天也。故曰：天齊於民哉？俾我一日不尚刑保國也。故曰：式敬爾由獄，以長我王國。周道既衰，判爲十二，析爲七國，而刑日非古矣。至於秦而極焉，商鞅倡之，李斯和之，趙高從臾之，吕政力行之，胡亥成就之。有棄灰之刑，有偶語之刑，有腹誹之刑，有督責之刑，有相收同坐之刑，有見知故縱之刑，刑人半於道上，而屍積於市成陵。自是以來，有國家者，耳目習熟，謂刑不重奸慝不息也，謂刑不重號令不行也，謂刑不重紀綱不存也，謂刑不重遠近不肅也，故雖仁人之議刑寧過於重，雖仁君之用刑寧失於重，往往以刑而鼓其勢，以刑而作其威，以刑而濟其怒，以刑而繩其下。甚者則以刑爲嬉，而廟堂之上，郡邑之間，朝夕之所務，無非刑者。夫刑，故聖人之所不廢也，曷嘗以專造天下，而後世奈何獨盡心焉？喜刻而致深，加之罪而求其死，其刑其殺果義乎？果非義乎？果無愧乎？果無怨乎？曰：然則三代以上刑愈省而犯者愈寡，三代以下刑愈繁而犯者愈衆，何歟？曰：古之刑，用必得其當。無罪有罪，生死殊塗。人心灼然，知所好惡，則安得不愛重其性命如泰山也。後之刑用不得其當，有罪無罪同歸於戮。人心惛然莫知所趍舍，則安得不輕視其死生猶朝暮也。是故人之重性命於泰山而重犯法者，由在上者視之重，故亦自重也。人之輕死生於朝暮而輕犯法者，由在上者視之輕，故亦自輕也。夫不此之思而戾戾焉有疾，視其臣民之心，而惟恐其刑之不勝也，前刀鋸而後鼎鑊，左鞭棰而右桎梏，使無辜之徒駢首接迹以就死，豈刑期無刑之道哉？孔子曰：道之以政，齊之以刑。民免而無恥。道之以德，齊之以禮，有恥且格。則人之善惡顧所以道之者何如耳，又安用多殺爲？且牛羊犬彘雞豚魚鼈，人資焉以養生者也。其於人也異類。聖人之殺之，猶有所不忍也，而用之必以禮焉，殺之必以時焉，何至爲民父母視其同類曾牛羊犬彘雞豚魚鼈之不若，而忍於旦旦劓之、刖之、誅之，夷之也？雖能使人屏氣股慄，不能自必其性命，而於國脈亦已傷矣，獸窮則噬，鳥窮則攫，況於人乎？或者不堪其毒而羣起恣肆，以決性命於斯須，不識能盡誅之否也。昔人有云：刑以勢行，其濫也甚；勢以刑張，其亡也速。故嬴秦以刑懼天下，傳國二世。成周刑措不用，歷年八百，此往事之驗也。自古有國者，其於社稷之靈長，則皆欲同周之歷。其於刑之輕用，則不免效秦之尤。此吾每觀前史，未嘗不嘆其何心也。曰：然則如之何而用刑？曰：明德義以訓之，謹好尚以儀之，旌善良以勸之，申命令以敕之，而猶有不率不悛者焉，於是擇其尤無賴者，誅一以儆百，是之謂張其勢以德不以刑，用其刑以義不以勢。

（明）何棟如《皇祖四大法》卷三《治法》〔吴元年〕夏六月丙午朔甲戌，上謂憲臣曰：任官不當，則庶事不理。用刑不當，則無辜受害。辟之薅草萊者，施鎛不謹，必傷良苗；繩姦慝者，論法不當，必傷善類。故刑不可不慎也。夫置人於捶楚之下，屈抑頓挫，何事不伏？何求不得？古人用刑，蓋不得已，懸法象魏，使人知而不敢犯。譬之水火，能焚溺人，狎之則必傷，遠之則無害，水火能生人，亦能斃人，刑本生人，非求殺人也。苟不求其情而輕用之，受枉者多矣。故欽恤二字，用刑之本也。

（明）劉基《郁離子》卷上《刑赦》郁離子曰：刑，威令也，其法至于殺，而生人之道存焉。赦，德令也，其意在乎生，而殺人之道存焉。《書》曰：刑期于無刑。又曰：眚災肆赦。此先王之心也。是故制刑，期于使民畏，刑有必行，民知犯之之必死也，則死者鮮矣。赦者，所以矜舂愚，宥過誤。知罪不避而輒原焉，是啓僥幸之心，而教人犯也。至于禍稔惡積，不得已而誅之，是以恩爲穽也，然則赦令卒不可行與。曰法有二：有古今之通禁，有一代之私禁。古今之通禁，惡逆也，殺人、傷人及盗之類也，而釋勿治，是代之爲賊也；一代之私禁，茶鹽錢幣之類也，民無以爲生，而官不能恤，於是乎有犯，雖難以爲常，原情而貸之可也。

（明）丘濬《大學衍義補》卷一〇一《總論·制刑之義下》刑，天討也。天以是而齊亂民，不得已而為一日之用爾，非常用以為治之具也。人君奉天道以出治，所以為治者德也。刑非所先也，民有不齊者，不得已而用刑以治之，姑以為一日齊民之用也。所以為治者，不顯顯在是也。典

獄之官，必當敬逆天之命，以奉承乎君，過之當宥者，則承天之命以宥之，不當宥者，君雖宥之不宥也。過之當辟者，則奉天之命以辟之，不當辟者，君雖辟之不辟也。所以然者，守君之法，所以奉君也，順天之理，所以敬天也，奉君之法，而不奉君之意，則是能敬迎天命矣。所以敬迎天命者，敬五刑以成三德而已矣。敬五刑以為一日之用，成三德以立萬世之則，刑用而即已，德立而無窮，所以為國家之慶者，容有既乎！兆民以之而永賴，國祚由是而延長。

（明）何棟如《皇祖四大法》卷四《治法》 洪武四年五月辛巳，上與廷臣論刑法，御史中丞陳寧曰：法重則人不輕犯，吏察則下無遁情。上曰：不然。法重則刑濫，吏察則政苛。鉗制下民而犯者必衆，鈎索下情而巧僞必滋。夫壘石之岡，勢非不峻，而草木不茂；金鐵之溪，水非不清，而魚鼈不生。古人立法置刑，以防惡衛善，故唐虞畫衣冠、異章服以爲戮，而民不犯；秦有鑿顛抽脅之刑，參夷之誅，而囹圄成市，天下怨叛。所謂法正則民慤，罪惡當則民從。今施重刑而又委之察吏，則民無所措其手足矣。朕聞帝王平刑緩獄而天下服，從未聞用商韓之法可致堯舜之治也。寧慚而退。

《明太祖實録》洪武十六年二月 辛丑，賜刑部尚書開濟實授誥曰：制刑之道，聖王所以發至仁輔禮教也，才非王佐，衷非惻隱，則不克斯任。若官得其人，則海嶽奠安，星緯順軌，商樂懋遷，農樂耕種，百工技藝，各安其業，所以盡寰宇人皆居於壽域。蓋謂司刑者，制百姓於刑之中，强不淩弱，衆不暴寡，致彝倫之攸敘，而仁惠布流，至聖之道行焉。朕嘗命官職，古司寇之任，必欲仁有施，而法中罪；何小人無知，倒持仁義，法加善良，病國殃民？甚乖法紀之意。今授爾濟資善大夫刑部尚書。爾其宣佈條章，使仁法並施，以成善治，《書》不云：欽哉欽哉，惟刑之恤哉！爾念之勿怠。

《明太祖實録》洪武二十二年五月 昔聖人以德化天下，則民樂從者衆，違者寡，天下治矣。然聖人之心，必欲使天下之人皆爲善而無惡，共樂天之樂。有不然者，故又張刑制具以齊之，既而法刑，則賞當其功，罰當其罪，民日遷善而去惡。於是上下相安，和氣充溢，天地清寧，可謂咸亨，於乎！相繼之君臣，罔知大道，務小惠而傷大德，特簡刑以治之，法縱民玩，故姦者得以恣肆，良者含冤而受暴，雖欲善治，返不可得矣。以斯君臣言之，非爲心不仁，蓋慮淺而見薄，亦欲天下治耳，不期爲世之大病也。此鄭子産所以有政猶水火之喻，而焚溺之戒，可爲周於人情，而熟於事理者也。故治國者，必擇仁人以治刑，蓋非仁人執治，國務之繁由此而生。

（明）余繼登《典故紀聞》卷三 太祖與群臣論刑法，或曰：法重則人不輕犯，吏察則下無遁情。曰：不然。法重則刑濫，吏察則政苛，鉗制下民，而犯者必衆；鈎索下情，而巧僞必滋。夫壘石之岡，勢非不峻，然草木不茂；金鐵之溪，水非不清，然魚鱉不生。古人立法制刑，以防惡衛善，故唐虞畫衣冠異章服以爲戮，而民不犯；秦有鑿顛抽脅之刑、慘夷之誅，而囹圄成市，天下怨叛。所謂法正則民慤，罪當則民從，今施重刑而又委之察吏，則民無所措其手足矣。朕聞帝王平刑緩獄而天下服從，未聞用商韓之法可以致堯舜之治也。

（明）余繼登《典故紀聞》卷四 太祖謂刑部臣曰：刑者，人君用之以防民。君之於民，如天之於物。天之道，春生秋斂，而論天之德，則曰生。君之道，仁育義制，而論君之德，則曰仁。夫王良善御，豈在於策？周公善治，豈在於刑？所謂刑者，輔治之具，是以用之不可不詳。故每令三審五覆，無非求其生而已。

（清）孫承澤《春明夢餘録》卷四四《刑部一·大明律令》 洪武三十年，詔刊大明律，將大誥内條目附其中。御制序言：朕有天下，倣古爲治，明禮以導民，定律以繩頑，刊著爲令，行之已久，然而犯者猶衆，故於聽政之暇，作大誥昭示民間，使知趨吉避兇之道。古之人謂刑爲祥刑，豈非欲民並生於天地間哉？然法在有司，民不周知。故命刑官取大誥條目，撮其要畧，附載於律，凡榜文禁約悉除之。除謀逆并律誥該載外，其雜犯大小之罪，悉依贖罪之例論斷。今編次成書，刊布中外，令天下知所遵守，刑期無刑，庶稱朕恤刑之意。

（明）黄訓《名臣經濟録》卷一桂彦良《上太平治要十二策》 審刑罰。刑罰一事，人命所係，不可不審。《書》曰：與其殺不辜，寧失不經。欽哉！欽哉！惟刑之恤哉！蓋死者不可復生，刑者不可復屬。苟不欽恤而詳讞之，則傷人必多，傷人既多，必損和氣，非所以善治也。

（明）孫旬《明疏鈔》卷六四李錫《正刑法以服人心疏》 臣等仰觀陛下大禮告成，載頒新詔，內外臣工，咸與更始。有云今後有官守者修其職，有言責者盡其忠。臣等竦聽之餘，不勝忭幸。以爲陛下含弘之度，其啓誘臣下者至矣，于此不言，負陛下也。臣等待罪刑科，刑法不中，臣之責也，敢不昧死上陳。臣等窃惟刑法者，所以齊天下之動，大公至正之制也，一有偏枉，天下敝矣。人君不可以尊而亂，臣下不可以卑而撓。故曰：三尺法，王者與天下共者也。又曰：惟刑之中。中之爲言，不偏與枉之謂也。是以大舜不奪皋陶之守法中才，漢文于張釋之之守法未嘗不屈意從之，蓋謂此也。洪惟陛下德侔大舜，量陋漢文，踐祚以來，于刑法一節，尤加慎重，矜恤之詔屢頒，審判之臣再造，幽谷回春，冤獄清雪，天下臣敢不勝慶幸。夫何二三小臣，自罹恢恢之網，陛下所以哀矜者，容有未盡，是以不避斧鉞，爲陛下言之。且如掌欽天監事、光祿寺少卿樂全，華湘，易州兵備任忠，一則奏于屬官馬卿，一則呈稟欽免人犯，固皆不能以無罪也。法司據法拟議，陛下依拟處斷，罪斯當矣，顧乃徑批降調，聖斷雖審，恐無以服數臣之心。至于浙江布政馬卿、杭州府知府查仲道、南京主事侯廷訓，一則督過于使臣，一則訪奏于東廠，亦皆不能以無罪也。鎮撫司已行問報，陛下付之廷評，法斯宜矣，顧乃由中徑批，聖憲雖詳，恐有以拂本朝之制。臣等考之，《禮》曰：刑者，侀也，侀者，成也，一成而不可變者也。今樂全等推情于鎮撫，擬罪于刑部大理寺，又從而詳允，刑已成矣，陛下烏得而變之？夫不變者，公也，變者，私也。舍公就私，將焉用之？又曰：大司寇以獄之成告於王，王命三公參聽之，言獄不可專也。今陛下于馬卿等徑行批斷，不付法司，似與此禮之意不同也。又如御史甌珠，已蒙免提，今複提問，不幾于食言反汗矣乎？凡此皆背經傳之訓，戾祖宗之法，違中外之願，孕禍亂之胎，其所繫夫豈淺哉？伏望陛下益廓弘仁之度，克充無我之公，念古訓之宜從，思國法之當守，將樂全等並依原拟，馬卿等付之法司，甌珠速賜釋放，則明刑足以弼教，大法可以服人，大舜之德可匹，漢文之風斯下矣，天下幸甚。

（明）商輅《商文毅疏稿·修德弭災疏》 慎刑罰。聖人不得已而用焉。用之貴在得中，一失其中，則邪氣積蓄，陰陽繆盭，妖孽滋興，可不慎歟！

（明）王恕《王端毅奏議》卷一一《論不可內外異法奏狀》 臣竊聞古人有言：國無賞罰，雖堯舜不能為治。臣謂賞罰不當，與無賞罰同，何以勸善懲惡、服天下心？天下不心服，則萬事瓦解，雖有智者不能善其後矣。諸葛武侯有見於此，故告後主有曰：宮中府中俱為一體，陟罰臧否不宜異同。若有作姦犯科及為忠善者，宜付有司，論其刑賞，以昭陛下平明之治，不宜偏私，使內外異法也。斯言也，實公天下之格言，服人心之要道也。雖為後主告，實所以為萬世人主告也。臣伏覩昨者發落南京御史姜綰等聖旨，似與武侯之言不同，大駭物情，誠恐天下聞之，謂今聖明之時，內外異法，豈不有傷陛下平明之治乎？臣實不忍，敢不昧死言之！且姜綰等與太監蔣琮交相訐奏，互有虛實。姜綰等既降調其職，侍郎黃孔昭等被其連累，亦各罰俸三箇月，豈宜獨宥蔣琮之罪而不為之處置乎？夫為此一人遂廢天下之公論，壞國家之政體，豈陛下之本心？蓋未之思耳。臣荷聖恩起於既退之餘，加以一品之職，非徒富貴之也，蓋欲朝夕納誨，匡輔至治。臣知此事未宜，而不言是不忠也。倘異日陛下自覺其非，豈不以不忠責臣乎？縱使陛下終不覺悟，臣亦安忍坐視乎？昔子思言於衛侯曰：君之國事將日非矣。君出言自以為是，而卿大夫莫敢矯其非；卿大夫出言自以為是，而士庶人莫敢矯其非。君臣既自賢矣，而羣下同聲賢之，賢之則順而有福，矯之則逆而有禍，如此則善安從生？由是言之，是君不可以不聽言，臣不可以不進言也。臣伏願陛下追還前旨，另行裁處，務合公論，使彼此心服，天下無得而議。將見盛德大業，可以與天地相為悠久矣。若以臣言為狂妄而不之省，乞將臣罷歸田里，以為多言者之戒。臣干冒天威，不勝戰慄待罪之至。具題。 弘治三年正月二十五日 奉聖旨：這事已發落了罷。欽此。

（明）王恕《王端毅奏議》卷一一《再論不可內外異法奏狀》 臣昨發落太監蔣琮及南京御史姜綰等，聖旨以為蔣琮、姜綰等俱是有罪人犯。姜綰等降調外任侍郎，黃孔昭等被其連累亦皆罰俸。蔣琮獨蒙恩宥，又不為之處置，人皆不平。是以昧死上言，欲望陛下追還前旨，另為裁處，以昭公道，以服人心，且免天下後世內外異法之議。是臣惓惓為國之心，非敢徇情妄言以惑聖聽，自取誅殛之罪。伏奉聖旨：這事已發落了罷。欽此。臣惟人之大倫有二：君臣也，父子也。《傳》曰：事君有犯而無隱，

事親有隱而無犯。此言事君，事親，諫諍之道不同也。又曰：事父母幾諫，見志不從，又敬不違，勞而不怨。此言為子者當諫於父母也。又曰：君子之事上也，進思盡忠、退思補過，將順其美、匡救其惡。此言為臣者當諫於君也。臣讀聖賢書，所學者忠君孝親之道也。今臣已老矣，親已去世矣，雖欲孝，誰為孝？幸有聖天子在上，且又身居臣隣之地，匡輔諫諍是其職也。是以於政治闕失，知無不言，言無不盡，期於補其缺、成其美，以圖萬一之報而已。若陛下曰可，臣亦曰可；陛下曰否，臣亦曰否，則非陛下起臣之意，亦非臣之志也。然而此事雖小，關係治體甚大，設未得其當，雖十易之不為過，要於其當而後已。若發落了不可易。古之所謂從諫如流者，所從者豈皆未發落事乎？漢文帝欲重犯蹕之罪，張釋之曰：當罰金。欲族盜高廟器者，張釋之曰：當棄市。文帝雖發怒，終從其言，未嘗以不合已意而不從也。伏願陛下昭日月之明，察芻蕘之言，弘天地之量，赦狂瞽之罪。乞將前事再加檃括，別作處置，使內外無分彼此，而人心服，治體不至虧損，而朝廷尊矣。臣不勝至願。弘治三年正月二十八日具題。次日，奉聖旨：朕意以蔣琮守備重任，不宜輕動，如何又這等來說？不准，再不許來奏擾。該衙門知道。欽此。

（明）馬文升《馬端肅奏議》卷二《講明律意以重民事》 臣伏覩大明律一款，凡國家律令，叅酌事情輕重，定立罪名，頒行天下，永為遵守。百司官吏務要熟讀，講明律意，剖決事務。每遇年終，在內從都察院，在外從分巡御史、提刑按察司官，按治去處考校，若不能講解、不曉律意者，初犯罰俸錢一月，再犯笞四十附過，三犯於本衙門遞降叙用。欽此欽遵外，竊惟國家大事，莫先於刑獄。刑獄所重，莫先於人命。蓋以死者不可復生，斷者不可復續，一女含寃，三年不雨，匹夫結怨，六月飛霜，以其寃抑之氣，有以傷天地之和，召水旱之災。自古帝王莫不慎之，古《舜典》有欽恤之言，《周書》有敬慎之戒，下至漢唐，法家多取專門，趙宋刑官設科取士，皆所以慎刑獄而重民命也。仰惟我太祖高皇帝膺天眷命，奄有萬方，臨御之初，屢詔大臣更定新律，至于五六，為之弗倦，以求至當。復命刑官重會衆律，親御宸翰，為之裁定，務協厥中，而於人命尤致意焉。是以當時司刑官員多所用心，而於律意務為講明，鞫讞之際，少有失平，陰陽以和，風雨以時，而天下無寃民矣。近年以來，兩京法司官員，或由進士初除寺正、寺副、評事、主事，或由知州行人就陞員外郎、郎中，而御史亦多知縣所除。到任之後，未經問刑，就便斷獄公差，所以律條多不熟讀，而律意亦未講明。所問囚人，不過移情就律，將就發落。且笞杖徒流，縱有所枉，為害未大。至於人命，一有所寃，關係匪輕。且如强盜窩主，重在造意，若窩藏强盜而不造意，亦難問擬斬罪。又如官吏懷挾私讎，故勘平人，因而致死，重在懷挾私讎。若因事到官，但有笞罪，雖勘致死，亦止可問擬因公毆人致死，徒罪。又如故殺、鬬毆殺人：若兩人相爭，互相毆打，毆死一人，則名鬬毆殺人。一人未曾動手，一人於彼致命去處有意致死，則名故殺。此等律意，人多忽略。有將强盜、窩主未曾造意同謀止是分贜，及官吏因公事毆人至死，本無私讎故勘情由，而俱問斬罪者。有本係鬬毆而問擬故殺斬罪者。有本係故殺而却擬鬬毆殺人絞罪者。甚至謀殺故殺，無屍檢驗，而問擬斬罪，輒取情真罪當，奏請處決者。或本因與人妻妾通奸，其夫別項身死，而問擬本婦因奸同謀殺死親夫，淩遲處死，奸夫斬罪者。其他以非為是，以重作輕者非一。查得數年之間，天下布按二司等衙門呈詳死罪重囚，本院并刑部詳擬明白，大理寺復詳合律該科，覆奏處決。幸蒙憲宗皇帝慈愛仁厚，不忍殺人，止令監著。恭遇皇上嗣登寶位，重念刑獄，屢下明詔，强盜無贜、仗人命無屍檢驗者，具奏定奪。其節年原監該決重囚。近日辨理寬宥者亦多。若使當時就令處決，則含寃而死者不知幾人矣。其所傷和召灾者，果誰之咎歟？法司尚然，則其餘府州縣衛所囚犯枉抑而死者，又不知其幾何矣。此皆原問官員律學未講，律意未明之故也。況府州縣官員多有不曉刑名、不知律意者，遇有刑名事務，多有不能剖決問理，而惟聽於主文之人。蓋由巡按御史按察司官按治去處，不行考校之故也。如蒙乞勑兩京法司堂上官，督令所屬官，天下都布按三司督令斷事理問及浙江等按察司官并各府推官，各要將大明律條熟讀講解，深明其意，不許似前忽略，置而不講。其問囚之時，叅錯訊鞫，務在得其真情，方纔取招。議罪之時，尤須原情定擬，不許輕易，致有寃抑，獄成之後，難以辨明。及通行天下大小衙門，并兩京部屬官吏各置大明律一本，朝夕熟讀，用心講解，務曉其意，仍通行各處。巡按御史按察司分司官按治去處，遵依大明律內事理，從公考校，若有不能講解、不曉律意者，依律施行。當奏請并降用者，徑

自具奏發落。仍乞勑吏部行移法司將撥去進士，就令與見任官員一同問刑。以後該選之時，兩京法司有缺，先儘各衙門刑進士除授。如果法司無缺，方令除授別部等衙門，是亦前代刑官設科取士之意也。庶使人精法律而刑鮮濫施之弊，獄無寃抑，而世底刑措之美。緣係講明律意以重人命事理，未敢擅便，謹題請旨。

（明）何孟春《餘冬序録摘抄内外篇》卷六《外篇》 古者，禮以爲教，教有弗帥，刑始用焉。虞廷命官，典禮、典樂，任人雖二，爲教則一。降及三代，《周官》宗伯之任，遂得兼之。《周官》宗伯掌邦禮，司寇掌邦禁，其治神人和，上下視，詰姦慝，刑暴亂之爲職，宜不可以一；而明刑弼教，爲致治化之具，則又未嘗睽乎其視爲二也。《書》曰：朴作教刑，刑未嘗不用於教。《傳》曰：太上以德教民，以禮齊之，其次以政事導民，以刑禁之。夫齊之以刑，視齊之以禮者，效固較然殊矣。漢董生有言：禮者人之防也，刑防其末，禮防其本。用刑非聖人之得已，不教而殺謂之虐。是故聖人在位，必先教而後刑焉。古之宗伯，今禮部之長；司寇，刑部之長，是也。刑部與都察院、大理寺鼎立，稱三法司，皆司刑之官。然弼教題坊古意，自在禮部，内而國學，外而府州衛縣學，規制之興創，條格之宣佈，生徒科貢之考試，行留公移，必經焉。此外王朝鄉國，冠婚喪祭，貢獻燕享，凡禮樂之所有事，何莫而非教也。而顔公自爲監察御史，被選擢大理左少卿，連擢都察院右僉都御史、副都御史，拜刑部右侍郎，進左，至南京禮部尚書。所謂三法司者，已遍歷，人皆望其當正西臺，以長風憲，而出專南宮，不能無脱繁就簡，去勞趨逸之疑。而春以爲，此我朝聖天子，先教而後刑，先本後末，復古之深意。道德仁義，非禮不成；教訓正俗，非禮不備；分争辯訟，非禮不決。公平生，嘗優爲於法司矣。而今日欲禮以爲教，以副我聖天子復古之意，不殆有餘力乎。

（明）何景明《大復集》卷三〇《法行篇第三》 夫爲人君者法不可以有已，爲人臣者法不可以有已，法者非甘物也，有國者之藥石繩墨也。夫諱病之人無不疾藥石矣，不直之木亡不疾繩墨矣，小人之徒亡不疾刑法矣。夫奸邪者小人之爲，而暴亂者小人之行也。正奸律邪誅暴刑亂者，法之務也。故法者小人之所不利者也，小人忌正律之典，懼刑誅之罪，必務以敝其法。援勢者爲之沮，行貨者爲之誘，怙强者爲之撓，造詐者爲之竊，法無不敝矣。故法不可以有已也。法不以有已，則上不得賣而下不得請賣，請不行則上自天子之門，侯王之宫，太子之家，公主之室，下至貴戚之臣，近幸之人，驁横之吏，豪俠之民，亡不得行其法者矣。故賣請不行則法行如流，是故法不可以有已也，千金之寶可以借客，十金之寄不可以與人也。非愛十金反不愛千金也，寄也有所受也，已不得有也。夫法者人臣受之天子，非人臣有之也，天子受之天，非天子有之也，已不得與而人不得辭，故有没公主車馬則后弗敢怨，邀太子車駕則君弗敢怒，罪戲弄之臣則天子不得私，執豪俠之民則公卿不得關説，此法之行也。昔者漢高斬丁公，武侯斬馬謖，皆垂泣焉。夫丁公於漢高至恩也，馬謖於武侯至暱也，垂泣者至私情也，然而必誅之者，法也。故法不可以恩暱而私情忍也！昔者石奢爲楚王相，父殺人，縱父而以身請罪，王赦之，石奢曰：不可，不縱父不孝，賣國之法，以縱父不忠。乃伏劍死。李離爲晋文公理，過聽殺人，曰：君以臣爲理，乃不明，而過聽殺人，臣當死也。公曰：子休矣，下吏有罪，非子之過也。離曰：失刑則刑，失死則死，臣之有失，何以罪下吏也？遂自死也。夫死者人情之所愛，而二子不然者，所以顯君而明法也。由是觀之，法非不得以釋人，雖自釋亦不得矣。夫法清則政寛而人威，法亂則政煩而人玩，威者刑中而不可逭，玩者刑不中而可幸也。夫刑不中者上亂之也，上不以法爲可，愛而與已則亂，故以之飾喜怒行愛憎矣。復恩仇制毁譽矣，持辯以變約束，舞智以易章程，文之以深辭，鞫之以巧詆，則法令滋章而事不循其實，對簿繁委而人不得其情。上下相遁，公私混淆，盗賊多有而奸僞蠭起矣。夫炎鑪遁於頑鐵，利刄衂於輭毛，密網漏於吞舟，故法本禁亂，而其極也亂生焉，此執法之弊也。故法不可使人有幸之者，法可幸則良民懼，於是平居之衆，造善之人，睹蝮鷙之吏，搏擊之廝，岸獄之地，掩耳而不敢聽，側目而不敢視，束手足而無所措矣。故清法之國，人畏法而不畏吏；亂法之國，人畏吏而不畏法。夫使人至不畏法而畏吏者，非國之美也。

（明）黄訓《名臣經濟録》卷五三黄綰《論刑獄疏》 伏我朝太祖高皇帝肇跡民間，享國特久，備歷艱難，飽諳物態。故立制定法，準今酌古，周備無遺，視漢唐宋爲過之。至刑獄一事，尤在所慎。既設刑部以掌

邦禁，又設都察院以司糾察兼之問刑，又設大理寺以專審録。凡問過罪囚具照送審，凡招不協情，情不合律者，駁回再問，若駁回三次，改擬不當，將當該官吏具奏送問，謂之照駁。照者，照其情律也。若問有冤枉，囚自翻異不服，則取供行移，改調隔別衙門問擬。二次翻異不服，則具奏，會同九卿圓審。詳載《諸司職掌》與《大明會典》，爲制甚密，及查現行條例，遇有重囚稱冤，原問官員輒難辨理者，許該衙門移文，會同三法司、錦衣衛堂上官就於京畿道會問辨理，果有冤枉及情可矜疑者，奏請定奪。蓋使彼此精研，互相覺察。故爲問刑審録之司者敢不積誠竭慮，據情法以議其平哉！法得其平，人皆易知易守而不犯。故刑罰得中，民獲措其手足。所謂辟以止辟，刑可期于無刑也。

（明）海瑞《備忘集》卷五《督撫條約》 嚴行峻法，用之恰當，爲愛中之勞；差之毫釐，爲勞而無愛之毒。各官念之，各官慎之。

（明）高拱《本語》卷六 聖人制刑，所以詰姦禁亂，安天下之民也。固不可流於苛刻，亦不可流於放縱。乃今司刑者，鹵莽草略，既不盡心，却又每以出人罪爲長者，雖盜賊皆曲意放之，以爲陰騭，若然，是謂明刑者爲不仁也。縱惡長姦，殘害良善，敗壞國事，莫大於此。

（明）王文禄《策樞》卷五《申刑律》 制律之心，至仁之心也。非欲殺人，而正以生人。蓋兵凶戰危，不得已而用之以戡亂。是以無輕縱之律，惟嚴之而使之畏，欲其盡心焉。以圖之而不至於敗亡。故有主將不固守失陷城寨之律，嚴之者所以生之也。今人多死於寇，當嚴以律之也，非可輕縱之也。失今不究，將誰懲乎？是謂養亂。夫黄岩陷矣，不究也，遂及霩衢。又不究也，遂及昌國、象山、臨山。又不究也，遂及乍浦、嘉善、崇德。又不究也，攻海鹽，掠平湖，據石墩，擣嘉禾，逼湖州，窺杭州，兩浙亂矣。亦不究也，是以上海破而松江擾，昆山困而蘇州焚，延蔓於通泰，南直隸亂矣。亦不究也，太倉、嘉定、常熟、江陰，爲寇往來聚泊之藪，東南之亂，恐無休息之期，況國儲全賴東南。東南惟蘇松、嘉湖爲最，今則戶口日耗，財賦日損，田野日荒。外患不除，內變將作，非一明刑律以申之，未有能戡亂也。若概以姑息未減，而列爲帶罪剿寇之名，以望其後效，但恐人心玩愒，必至論胥以亡而無救。不意堂堂天朝，而惕於蠢茲之小醜，何無人之甚乎？非無人也，不體聖祖制律之心，明見之遠，而輕縱之，一切養成萎靡之俗，惟賈寬厚之譽而不顧荼毒之慘也。或曰：失陷城寨，指失印信毀倉庫而言。答者曰：民惟邦本。今一邑一城死者數千，燒房千間，寇屯數日，非失陷而何？況律例曰：殺人數十以上，燒房數多，不分有無城寨與失陷同。烏可輕縱之而巧爲解釋也。噫，明刑以申律，更何望哉！

（明）于慎行《穀山筆麈》卷七《經子》 申、韓刑名之學。刑者，形也，其法在審合刑名，故曰：不知其名，復修其形，形名參同，用其所生。又曰：君操其名，臣效其形，形名參同，上下和調也。蓋以事考言，以功考事，所謂施於名實者耳。形，或作形，或作刑，其意一也。今直以爲刑法之刑，過矣。所謂本於道德者，韓子之書有之，其言曰：道者，萬物之始，是非之紀也。明君守始以知萬物之原，治紀以知善敗之端，故虛静以待令。又曰：道在不可見，用在不可知。又曰：虛静無爲，道之情也。又曰：道不同於萬物，德不同於陰陽。至如《解老》、《喻老》諸篇，大抵本虛静無爲之指，第其言專主於用，非道之本體也。

（明）鄺露《赤雅》卷上《法制》 土司法極嚴肅，鞭笞殺僇，其人死無二心，民怯於私憤，勇於公鬬。似秦嚴刑峻法，嫻於文司。似鄭商販人其境，以二槍交植境上曰關，稅未輸而越關者，許射之；既輸，暮行露宿，貨物狼籍，無敢睨者。

（明）丘濬《大學衍義補》卷一〇三《慎憲刑·定律令之制下》 蓋刑法雖有一定不易之常，而事情則有世輕世重之異。方天下初定之時，人稀事簡，因襲前代之後，政亂人煩。今則承平日久，生齒日繁，事久則弊生，世變則俗改。是以周人象魏之法，每歲改懸，三典之建，隨世輕重。蓋前日之要策，乃今日之芻狗，此必然之勢，亦自然之理也。今法司於律文之中，往往有不盡用者，律文如此，而所以斷罪者如彼，罪無定科，民心疑惑。請下明詔，會官計議，本之經典，酌諸事情，揆之時宜，凡律文於今有窒礙者，明白詳著於本文之下。若本無窒礙而所司偶因一事有所規避遂為故事者，則改正之。仍敕法司，自時厥後，內外法司斷獄，一遵夫成憲，若事有窒礙，明白具奏集議，不許輒引前比，違者治以專擅之罪。如此，則法令畫一，情罪相當，而民志不惑矣。

（明）李贄《續焚書·書匯·與馬伯時》 朝廷之法：死有死律，軍

有軍律，邊遠充軍有邊遠充軍律，口外爲民有口外爲民律。非軍非民，只是遞解回籍，則有遞解回籍律，年老收贖則又有收贖律。我今只知恭奉朝廷法律也。要如律，我乃聽。如律必須奏上請旨，雖有司道官，不請旨而敢自擅天子之權乎？

（明）黄宗羲《明夷待訪録·原法》 三代以上有法，三代以下無法。何以言之？二帝、三王知天下之不可無養也，為之授田以耕之；知天下之不可無衣也，為之授地以桑麻之；知天下之不可無教也，為之學校以興之，為之婚姻之禮以防其淫，為之卒乘之賦以防其亂。此三代以上之法也，固未嘗為一己而立也。後之人主，既得天下，唯恐其祚命之不長也，子孫之不能保有也，思患於未然以為之法。然則其所謂法者，一家之法，而非天下之法也。是故秦變封建而為郡縣，以郡縣得私於我也；漢建庶孽，以其可以藩屏於我也；宋解方鎮之兵，以方鎮之不利於我也。此其法何曾有一毫為天下之心哉！而亦可謂之法乎？

三代之法，藏天下於天下者也。山澤之利不必其盡取，刑賞之權不疑其旁落，貴不在朝廷也，賤不在草莽也。在後世方議其法之疏，而天下之人不見上之可欲，不見下之可惡，法愈疏而亂愈不作，所謂無法之法也。後世之法，藏天下於筐篋者也。利不欲其遺於下，福必欲其斂於上；用一人焉則疑其自私，而又用一人以制其私；行一事焉則慮其可欺，而又設一事以防其欺。天下之人共知其筐篋之所在，吾亦鰓鰓然日唯筐篋之是虞，故其法不得不密。法愈密而天下之亂即生於法之中，所謂非法之法也。

論者謂一代有一代之法，子孫以法祖為孝。夫非法之法，前王不勝其利欲之私以創之，後王或不勝其利欲之私以壞之。壞之者固足以害天下，其創之者亦未始非害天下者也。乃必欲周旋於此膠彼漆之中，以博憲章之餘名，此俗儒之剿説也。即論者謂天下之治亂不繫於法之存亡。

夫古今之變，至秦而一盡，至元而又一盡，經此二盡之後，古聖王之所惻隱愛人而經營者蕩然無具，苟非為之遠思深覽，一一通變，以復井田、封建、學校、卒乘之舊，雖小小更革，生民之戚戚終無已時也。

即論者謂有治人無治法，吾以謂有治法而後有治人。自非法之法桎梏天下人之手足，即有能治之人，終不勝其牽挽嫌疑之顧盼，有所設施，亦就其分之所得，安于苟簡，而不能有度外之功名。使先王之法而在，莫不有法外之意存乎其間。其人是也，則可以無不行之意；其人非也，亦不至深刻羅網，文害天下。故曰有治法而後有治人。

（清）孫承澤《春明夢餘録》卷四五《刑部二·慎刑》 崇禎三年，御史吴履中《朝審疏》：近日者，復朝審獄囚矣。今日之獄囚非尋常比，駢首藁項率皆公卿大臣。《淮南子》曰：庶女叫天而雷下擊，景公臺殞。《漢書》載：建和二年六月乙卯，雷震憲陵寢室，是梁太后聽兄冀枉誅杜喬也。蓋用刑一失其中，則邪氣積蓄，陰陽謬盭，妖孽滋興，不可不慎。古者人君不親刑獄，而悉付之理官。《書》所謂予曰辟，爾惟勿辟；予曰宥，爾惟勿宥，惟厥中。蓋恐喜怒有所輕重於其間，以致刑失其中也。向者見人情玩弛日甚，積習難破，大加懲艾，嘉與更始，誠救寬以嚴而化枉為直之妙用。乃法司所上獄狀，一奉嚴旨，不敢執奏，改輕從重，輒經屢更，皇上益以法官所擬原未蔽罪；若留餘地以俟駁勘，遂至堅於從重。而訊鞫之際又多有所觀望，以希合聖意，不能無枉。《書》曰：與其殺不辜，寧失不經。聖人好生之本心如是也。

皇上敬天勤民，同符堯舜。臣下奉法無狀，平反失宜，習慣積獄之苦，至屢煩明旨森切，而無奈其漠然，何也？臣又稽《會典》載，問刑衙門，供招之外，不許妄加參語。謂口供既明，何須蛇足，意念深矣。近者，供招多不出囚口，但彫琢為工，犯人難解，殊非刑名之體。此又以煩文而掩律意。不思獄以得情為主，律以至中為法，情溢乎法，法踰乎情，皆非確议。

嘗讀《書》，見成王之命君陳：予曰辟，爾惟勿辟；予曰宥，爾惟勿宥，惟厥中。夫成王，君也，不難降志，令臣勿就君，以就中。中之為言，不偏無枉之謂也。況内外法司當思法律者祖宗之法律，民命者朝廷之民命，而可不明制律之意，體欽恤之仁，任臆强合以屑越於其間哉。夫一女含冤，三年不雨。匹夫結怨，六月飛霜。其冤抑之氣，有以干天地之和，召水旱之災，關係非渺小也。

兹值聖主當陽，多男應索，凝祥集慶，千古罕儔者，正惟寬仁之性上符天地，即不得已而用刑輔治，猶以清繫釋冤，惓惓申諭，諸臣何復妄為揣摩，不仰體我皇上好生之德哉。伏乞嚴勅問刑衙門，一切讞獄，俱要明

律意，不許少為增減，上干天譴。所當矜疑，解网以施法外之仁。此則刑罰為生死斷續之關，未必非天心所憫惻而示。皇上以儆懼者也。

（清）何良棟《清朝經世文四編·刑政律例》卷四一吴鋌《論律法》

古之立法第論其大者，而損益調劑屬於人，不以着之於律，後世之法，論其一端推之千百端而不止；論其一事，推之千百事而不止；論其一言推之千百言而不止。畫其一明，備舉纖委，毫黍而無一不具，可謂煩且重矣。唐宋罷肉刑不用，第事鞭扑，如是則法輕矣。而吾謂煩且重者何也？蓋用法之具則輕，而所以立法之意則煩且重也。一舉手不當，則有刑。一舉足不當，則有刑。一舉耳目不當，則有刑。如是則民安所措其身？一人之身，自耳目以至手足，而入於法者常八九。不獨小人，君子亦有一或不當，刑輒及之。孔子曰：君子懷刑。蓋謂此也。先王嚴以待天下之君子，寬以待天下之小人，故立法一以中人爲準。今之法不論其爲何人，而一以君子之道待之，君子不得於什一，而爲中人與小人者，以什九數，强天下之中人小人而俱爲君子。猶是盲而欲知黑白之情，聾而欲審清濁之聲也，必不可得矣。刑一人，天下孰不可刑？天下無不可刑之人，而人皆有可刑之法，從而誅之，是殘也，且有不可勝誅。黠者巧爲之避，愚者輕爲之犯，如是，則天下之民不亂於避法，則亂於犯法矣。犯法者多，不能不有所縱舍，則誅不必，誅不必則法弛而民玩，而玩之所及者，無幾矣。法之煩且重也，固期於必行也，及其敝，不至於無法不止。予謂立法惟依舊律，一以中人爲準，情罪俱重者仍之，情罪俱輕者删之。法輕而情重者酌之，如是，則法輕矣，法輕則民寬，民寬則誅必。夫誅必非獨罰罪也，又使未誅者畏懼，未誅者畏懼，是刑一人而一國之人皆勸也。國奚爲而不治？今之議者皆曰：法一輕則吏易爲姦。夫法煩且重，則上下軒輊，皆可以求諸法而無不得，吏之易爲姦，豈必獨在法之輕也哉？三代時仲春會，男女奔者不禁，夫死聽其嫁。由今而論之，則固不合於理道之言也。而先王且着爲法而不改，其故可思也矣！

（清）何良棟《清朝經世文四編·刑政律例》卷四一蔣彤《刑論》

三代以上，禮與刑合。故禮行而刑措，而民相樂趨於聖賢。三代以下，禮與刑離，故禮壞而刑繁，而民無所措其手足。譬今有坦途於此，昭然爲愚不肖所共，乃爲之深溝鉅壑以承其下，執行人，而誥之曰：必慎謹而步趨，毋隕越於中以自絶。而人未有不聳然以從者也。有深溝鉅壑，而後可禁人之横行徑逾，有昭然坦途之可由，則横行徑逾自殞於深溝鉅壑中，而後可以無所恨，禮之與刑猶是也。然而古之聖人略於刑而詳於禮，隱於刑而着於禮。理獄不必繁其官，法律不必着於書。聖人曰：吾顯有禮以導民，又顯設刑以防民，是不以先生長者之道待天下，而使之内喪其廉耻也。且民亦將勃然曰：上之爲此具，是以盗賊慮我，而不以聖賢期我也。是古唐虞之時，禮樂分二官，而兵刑爲一職。欽恤之意，君臣相與私論於廟堂之上，而禮則集瑞方修飾發揮無曠歲，五服三居，略設其科，而禮則黼黻絺綉致詳於衣服之間。至於夏商之季，成周之時，刑稍繁矣。大至於衆棄，微至於圜土，懸之象魏，布之閭閻，深切着明之。於有司百職事，似乎法令滋章矣，而盗賊戢而百姓安者，何也？其刑不□而禮愈詳，刑不隱而禮彌著。其制刑也，即議禮之精微也。其用刑也，即用禮之準繩也。三千三百無體之刑，三刺八辟無刑之禮。故二帝三代刑之繁簡不同，而同歸於措，以有禮在故也。禮既亡矣，則制刑之繁與簡，用刑之嚴與寬，舉不足以安天下。其繁且嚴也，賊民命，剥元氣，有人心者皆知其不可。其簡且寬也，親戚有罪而不問，大臣失事而不誅，民之極惡大罪一切彌縫，而與之輕典，是非聖人之所爲忠厚，是乃末世之所爲縱肆也。忠厚之至則從容於道德，饜飫於仁義，遷善遠罪而不自知。縱肆之至則明不足發奸，法不可制暴，將逆芽亂萌而不可止。勝廣之刑，發於狹隘酷烈之朝，未必不伏於因循叢（脞）〔脞〕之世也。然則將嚴刑乎？曰：嚴刑而無禮，是速其禍而已矣。孔子曰：禮樂不興，則刑罰不中。曰：能以禮讓爲國乎？何有有國者。三復斯言，則三代上之所以治且安，三代下之所以亂且亡者，不煩言而解矣。

（清）孫承澤《春明夢餘録》卷四五《刑部二·慎刑》

刑科鍾斗《慎刑疏》臣按：國家設官，一事止屬一部。而特於用刑一節，有刑部以專理之，而又有都察院同鞫問，大理寺平反，總之一稟承於律，必使情麗於法，罪恊其情而後已。可見祖宗重刑之意，較他事尤為拳拳曲切，此羣下不得以恩怨為出入，天子不得以喜怒為重輕者。良法美意，豈不炳若日星哉！何獨於今刑愈煩，律意愈晦耶？總惟問刑衙門於律意毫不講究，所以一當斷獄，條例茫然，再經旨駁，便爾牽合矣。大半移情就律，何嘗

按律定辜。即不然而中無確見，不敢成招，或先後延挨，或彼此推諉，以致初終異詞，証佐改口。一獄而淹禁數月，傳染漸入瘴鄉；一案而沉滯年餘，磨累幾登鬼録。諸如此類，實可涕零。職非不嚴催，因循終是，謬為牽合。倘有游移附合者，罪勿宥。庶刑得其平，而太和在宇宙間矣。

《清聖祖實録》康熙二十年辛酉春正月〔辛巳〕帝王以德化民，以刑弼教，莫不敬慎庶獄，刑期無刑。故讞決之司，所關最重，必聽斷明允，擬議持平，乃能使民無冤抑，可幾刑措之風。

《清聖祖實録》康熙五十五年丙申冬十月〔戊戌，論大學士等曰〕人命案件關係重大，不可稍有疏忽。朕御極以來，於奏讞刑獄之事，必極其慎重，細察情罪，反復披閲，幾可成誦，如此詳勘，毫無疑竇，方分別輕重，批發施行。

《清世宗實録》雍正十二年甲寅九月〔癸巳〕諭刑部：爾等職司邦禁，弼教明刑，惟一秉至公，庶幾大小獄訟，歸於平允。夫胸中不存一物，但存一片公心，猶恐人之情僞難窮，未必事事協於至是，何況先存一從寬從嚴之見，横據胸中，以待事至，是則纖塵著眼，泰山在前而不能睹，豈能得其實情？又況挾私徇情，顛倒是非乎？至於用刑，不可視爲習慣。人情乍見，則心怵目驚，相習則安之若素。朕在藩邸時，奉聖祖仁皇帝諭旨審理事件，初見夾訊，竟至戰慄悲涕，迨經數次辦理之後，便視爲尋常。人情熟習薰染之爲害如此。爾等日日習見，未免臨事輕率，務須保守此心，常如初見之怵惕。更須將面前聽訊之人之心，詳細體量，委曲追求，則不特不敢輕易用刑，且心誠求之，何患情實之不得？夫事之情形不一，如人之面目不同。雖極相似之案件，若細心推求，必有不同之處，非律例之所能該。縱使加倍增添律例，亦斷不能全該未來之案件。若非實心辦理，秉公衡量，其輕重之間，豈能無失？爾等如肯以至公之心，求其平允，則刑貪戮暴，正所以爲集福之基。如其寬嚴任意，輕重失衡，或且以婦寺之仁，曲貸姦宄之命，以爲求福之道。斯則自求其禍，有何福之可得？朕於此理見之甚明。爾等深信力行，自有效驗，勉之慎之！

（清）紀昀《紀文達公遺集》卷六《擬修訂科律詔》朕聞弼教者因以明刑，而議獄者不忘緩死，奉天出治，每一肅而一溫，與時偕行，當世輕而世重。古帝王刑期無刑，而王道蕩平，風俗醇美，揆厥所以，豈曰無因？自文武澤遙，申韓術起，嬴秦以降，書列法家。炎漢以來，傳多酷吏，干和召沴，仁者傷之。隋文平定江南，混一天下，鋭於求治，峻於用刑，盜一瓜者抵大辟，竊一錢者罹重慘，而上下相遁，民氣益偷。煬帝以還，尤爲操切，急同束濕，刻甚吹毛，爲民父母，其謂之何？

（清）崔述《崔東壁遺書·考古續説》卷一《刑法同異考》刑所以弼教，非以示威，故論其事，尤論其情。眚災而不赦，則人無所措其手足；怙終而不殺，則奸猾之人恃法之止於此而恣行無所忌。聖人所以分別而宥之懲之也。堯、舜以此立法，而武王復以之誥康叔，信乎先聖後聖其揆一也。後世不復論心而但據其跡以定罪，於是刑網日密，眚災者不得赦，而怙終者不必殺，强暴得以長其惡，而賢哲或反罹於法。至於里巷之間，横逆之人，欺良懦，陵孤寡，爲一方之大害，然按其罪皆不至於死，而他人之爲所困厄、飢寒、憂病以致隕其生者，不可以枚舉；而且一人行之，衆人效之，閭閻由此日窮，風俗由此日壞。況於官吏之弄權竊柄而上下其手者乎！甚矣，聖人之制之寬猛各得其宜也！

（清）沈淮《陵縣志》卷一三《金石志·建修漢相國祠碑記道光四年》古者，刑以弼教，雖聖帝明王，皆不能略。唐虞設立士官，刑期無刑；三代建官，以司寇掌邦禁，詰奸慝，平暴亂，然而法制未若後世之密。漢初約法三章，制猶爲未詳，至蕭曹當國，斟酌經營，而漢之法制始定，後世講刑法者宗之。歷傳以來，各府州縣皆於刑科後建立祠宇以祀二公，爲其法制之祖也。陵邑地居偏僻，書吏貧苦，無力建祠，以祀二公。嘉慶戊寅年，戶科劉英奇爲倡募資創修祠宇，一時官紳吏書莫不踴躍輸將，不閲月而祠宇告成，劉英奇身非刑科事理，首先急公，官吏莫不嘉尚，共襄盛事，俾二公有專祠，刑法有師承，皆可謂趨事功不怠厥志者矣。祠宇既成，倩生員邢鈞請記于余，余以弟子之請弗忍辭也，爰綽筆而爲之記。

中國第一歷史檔案館《咸豐同治兩朝上諭檔》咸豐六年五月二十六日該侍郭原奏稱，承平日久，法網太寬。近年理刑之官狃於失出以致釀患縱兇，請嗣從辦案從嚴懲用重典，並推原於刑官用法過寬。由於規避失入處分，請將失入定例變通改輕等語。臣等公同悉心詳議，竊惟致治固貴於因時，而立法總期於無弊，《虞書》謂刑期無刑，民協於中。中者無過不及，寬嚴得當之謂也。當寬而寬，當嚴而嚴，各有至當不易之則。故立法

有因時以爲寬嚴，而用法無任意以爲出入。刑部爲刑名總滙之區，律例繭絲牛毛千頭萬緒，而細考立法之意，總不外情理之平。其間錙銖毫厘無不斟酌盡善，誠使問刑衙門就案辦案，悉心校核。一案有一案之真情，即一犯有一犯之本罪，既無畸輕畸重之差。何至或出或入之失。至出人於罪而法爲之曲，已不得謂之寬矣。入人於罪而法爲之枉，更不得謂之嚴矣。故律於人命賊盜鬥毆後，即繼以斷獄，復嚴定官司出入人罪之條，蓋欲使執法者，盡吾法而不敢爲非法之求。則犯法者死於法而非死於用法之人，其用意爲甚深也。有心謂之故，無心謂之失。失出失入者，不過審斷偶偏，引律未當，或一時無心之誤耳。故出故入則心有所爲，故意開脱，深文周内，較之失出失入，公私迥別，故輕重懸殊。查刑律載：官司故出入人罪，全出全入者以全罪論，若增輕作重減重作輕以所增減論，至死者坐以死罪。若斷罪失於入者，各減三等。失於出者，各減五等，各等語。刑部於審斷出入只有治罪之條，並無處分之例，其辨別全罪增減減等例文，極爲詳備。夫同一出入，而故與失所爭在有心無心之分，即罪之等差判然各別，同一失出失入而失入之必重於失出者，良以失出之案與犯人無所傷損，一經平反不難仍加從重。失入則縱使昭雪，已罹毒苦，況或誤入斬絞重辟，死者不可復生，刑者不可復贖，勢有不能不加重者。律於故入至死者，罪坐至死，已無可加，所謂恤民命也。又況失入之與故入，所爭公私在隱微之間，情雖不侔而迹則易混。無心之失入，既可原諒以從輕。有心之故入，何難假託以避重？儻竟混故入爲失入，而爲之開脱倖免，俾治獄者，競以深刻爲能，操切從事，必至草菅人命，而有所不恤。又其甚者，聽情受賄，有意故勘，轉或籍口從嚴，託名失入以自文其奸，是此例一開不特使天下問刑者，敢於失入而無所忌憚，亦且敢於故入而無以嚴懲，玩民命而廢刑章，流弊殆有不可勝言者。該侍郎又稱刑部爲天下刑名總匯之地，刑部認真則天下失出之病不禁自止，請嗣後凡遇重大之案或有定擬過重者，甯由皇上再爲改輕，並請勿加責刑官，則執法諸臣無所顧慮乃能盡法懲辦等語，查案情即使重大，自有定律可遵，豈可有意定擬過重，失過重則非故入，即係失入，原審官自有應得之咎，若因其有所顧慮請勿加責，必致問刑之官一意從嚴，毫無顧忌，而律例幾爲虛設。皇上爲天下守法，内外諸臣爲朝廷執法，皇上日理萬幾，用刑乃其一事，必令部臣遇案從重，再由皇上改輕，似亦無此政體，惟有責成各直省理刑地方官隨時認真審辦，各省大吏果能督飭所屬，隨案嚴懲兇徒，無漏網之誅，愚民自有革心之效，其爲辟以止辟之道，似不在彼而在此。要未可以不論案情之輕重而概予從嚴，又未便因從嚴之故而遽改失入之例，致滋流弊也。所有該侍郎奏請將失入舊例酌改之處應毋庸議。再該侍郎奏稱，嗣後凡失入之案，處分仍應降調，惟係無心之過擬請作爲公罪，准其抵銷。失入三案以上，不准抵銷，並稱刑官避重就輕，願擔失出，不擔失入，惟究係自顧功名起見，與營私受賄曲爲開脱者不同，此等處分較失出加重一等，作爲私罪不准抵銷等語。吏部查問官原讞情罪果與律例脗合，自無畸重畸輕之弊，若引律不當，失入失出，即將承審、審轉各官，照例議處，而失入之咎較失出爲尤重，是以失入處分自罰俸以至降調，雖有加級紀録，不准抵銷，失出處分凡有加級紀録俱准其抵銷。歷經遵辦在案。臣等查引律不當，錯擬失入，其處分不准抵銷，例義原指公罪而言。特以失入罪名所關尤重，是以承審審轉各官應得罰俸降留降調革職，雖係錯誤公罪，例俱不准抵銷。若專舉降調處分改爲准其抵銷，轉致兩歧，殊多窒礙。至秋審爲明刑大典，如原擬情實經刑部改入緩決者，臬司巡撫乃兼及兼管巡撫之總督，每案俱各降一級調用，係照錯擬失入一律不准抵銷，且例内凡有失入處分均係不准抵銷，自未便紛紛更議，均應仍照定例辦理。該侍郎所請失入降調分別准抵不准抵之處，應毋庸議。至所稱請增失出加重，私罪不准抵銷等語，臣等伏思承問官營私受賄，故出人罪，應行按律定擬，即或有願擔失出，不擔失入，實因自顧功名起見，避重就輕，惟既屬有心即係故出，應由該上司奏參審明，分別案情辦理。若就失出上預增加重私罪一條，立法雖嚴，而營私受賄者轉得籍此爲消弭罪名地步，實屬易滋流弊。該侍郎請增失出加等處分作爲私罪之處，亦毋庸議。

（清）金匱闕鑄補齋《清朝新政文新編》卷六《律法·論刑律寬嚴異同》

刑期於無刑，民協乎中，堯舜之制也。非佞折獄，惟良折獄，《呂刑》之意也。大司寇以兩造禁民訟，小司寇斷五聲聽獄訟，《周官》之法也。夏有禹刑，商有湯刑，周有九刑。刑罰者所以佐禮樂之不及，律例者所以定刑罰之準繩。考之前史，蕭何造律，《九章律》之名蓋始此，叔孫通益以十八篇。武帝時張湯作《越官律》二十七篇，趙禹作《朝律》六

篇，共前凡死罪決事比至一萬三千餘條，文日益繁而罪同論異之弊生，宣帝乃寘廷尉四人以平之，其近古而便人者，惟成帝一人而已，應劭刪定《漢儀》凡二百五十篇。魏初馬融、鄭元諸儒，各爲章句，凡十餘家，斷罪所用凡二萬六千餘條。文帝更定新律十八篇，明帝則用鄭氏章句。晋初令羊祜、杜元凱諸人就漢《九章》而增之，分條三百六十。自漢以來，皆有贖刑，至南北朝則專以贖矣。蓋自梁武帝創其始也，是時王亮等定律二十條，制刑十五等，皆以議贖爲主。周制大例，宣帝更撰刑書，名曰《刑經》，聖制而殘忍之過彰矣。唐高祖盡除苛法，約法十二條，後增至五十三條。太宗於古死刑去其半，存七百條爲格。開元時漸增至三千五百餘條，大抵唐之刑書有四，一曰律、二曰令、三曰格、四曰式。令者，尊卑貴賤之等數，國家之制度也。格者，百官有司所常行也。式者，所常守之法也。其有所違而入於罪戾者，則斷之於律。宋元豐又改律爲勅，其説曰：禁於未然之謂勅，禁於已然之謂令，設於此以待彼之至之謂格，設於此而使彼效之之謂式。而律則存乎勅之外，蓋自漢而後求於刑者甚詳，講於律者甚精，而於先王刑期無刑之意，或少微矣。古來慎刑之主，若漢高祖令疑獄皆獄，景帝令理獄務寬，文帝除肉刑，成帝議減死，宣帝置廷尉四人以置獄訟而決事於宣室。梁武帝令三官察斷枉直，陳霸先令三公録察冤獄，唐太宗奏必五覆，宋太宗親録繫囚，明太祖戒諭憲臣無得濫刑，欽恤之心，尚可想也。我朝承明舊制，以律立法，以例審情，比事屬辭，慎之又慎，而且寬仁，屢下減等矜疑，禁天下於未然，登一世於仁壽，至矣哉！莫可尚矣。今夫律一定而不變，律與時而更張，故法不貴於多，而貴於當，獄不貴於善聽，而貴於不留。夫矜智巧以爲聰明，持姑息以惠姦慝，張栻爲宋發也。失入則無辜而失出爲大罪，劉德威爲唐發也。深者獲公名，平者多後患，路温舒爲漢發也。雖然昔人謂尚德緩刑，書上於孝宣，嚴刻之時所以爲善，若在元成，便非所宜。可見刑罰無輕無重，與時而遷，重典，中典，輕典，隨地而準，若徒以姑息爲養奸，正不如以精嚴而懲惡，此《鹽鐵論》所謂世不患無法，而患無必行之法也，仁人在位，無大奸大惡決不至刑律失當，治世所以見忠貞也。若國家當危疑震撼八方多事之秋，文不能運籌帷幄，武不能效命疆場，徒使喪師失地，國人交唾，朝旨逮問，百口不承，歲月駸尋，尚稽顯戮，此何罪也。而猶主漢高輩慎刑之意，竊恐刑律亦自此而窮，將何以誅天下不法之心，而杜天下不肖之口也哉？今之執三尺法者，盍斟酌此寬嚴異同之故，而還三代之遺制也。

（清）陳忠倚《清朝經世文三編》卷六〇《刑政四・律例・治法在嚴刑賞議》 法果可恃乎？何以周公官禮之精，未千祀而壞？法果不可恃乎？何以管仲商鞅之才，不數載而興？然則法者治之具，而尚有所以濟法者。道何在？在法天之刑德，以嚴賞罰而已。春氣至則草木産，秋氣至則草木落，氣使之也。古之人審其所以使，故物莫不爲用。棄灰徙木之信僞矣，而秦可霸。烹阿封即墨之舉晚矣，而齊亦治。其霸也，其治也，皆以能行其法也。舟行而致吳越，車行而適燕秦，人有所利，而吾乃可裹足而至。藏鏹在窖不敢攫，遺糧栖畝不敢拾，人有所懾，而吾乃可高枕而卧。賞罰者，馭世之大權，國勢盛衰係焉。市集之墟，貿易無方，里塾之師，功課不立，猶不能以有成，況國乎？國不必其强弱，法存則張。人不必其聖否，法行則理。考之古今，參之中外，固有歷歷其不爽者。國家忠厚開基，失在有賞而無罰，宜大申禁令，一持以法，有不次之賞，然後可以奔走天下之豪杰；有不測之誅，然後可以駕馭天下英雄。漢宣帝之詔膠東相曰：有功不賞，有罪不誅，雖堯舜猶不能以化天下。夫宣帝非真能求治者，而言則是。皋陶之《謨》曰：天命有德，五服五章哉，天討有罪，五刑五用哉，命、討皆稱天而行，明人主之不得而私也。息息爲天地贊化育，事事爲民生謀利病，廓然大公，奉三無私，故王者一喜而天下春，一怒而天下秋，亦法天下之刑德，嚴賞罰而已。其於治也幾。

（清）嚴復《嚴復集・〈法意〉按語三三》 吾國治獄之用刑訊，其慘酷無人理，傳於五洲，而爲此土之大詬久矣。然而卒不廢者，吏爲之乎？法爲之乎？曰：法實爲之，吏特加厲之而已。故不變其法，雖上有流涕之詔，下有大聲之呼，彼爲吏者，終自顧其考成，無益也。且吾聞西土之論矣，聽訟治獄，刑訊與不刑訊，所爭者在煩簡、紆直、難易、遲速之間而已。夫不欲煩其心慮，勞其精力，爲吏者與常人同也。【略】彼上之獄，所以能由無刑訊而法行者，而根源所由，至盛大也。所由於教化，所由於法制，所由於生計，實缺其一，皆不必能。不揣其本，而齊其末，此無異見彼之富以商，而立商部；見彼之强以兵，而言練兵。吾見

富强之效之日遠也，可哀也已。

（清）嚴復《嚴復集・〈法意〉按語六一》　夫中國刑獄之平，至於虞廷之皋陶極矣，然皆以貴治賤。以貴治賤，故仁可以爲民父母，而暴亦可爲豺狼。若夫公聽平觀，其被刑也，如其法而正，民終不可以是爲天直，以責其上，使雖欲不如是而不能也。是故天下雖極治，其刑罰終不能以必中，而僥幸之人，或可與法相遁，此上下之所以失交，而民德之所以終古不蒸也。夫民德不蒸，雖有堯舜爲之君，其治亦苟且而已。何則？一治之餘，猶可以亂也。

（清）嚴復《嚴復集・〈法意〉按語一〇三》　近者中國嘗飭有司，更定刑律，乃去凌遲、梟示諸極刑，而飭司法之官無刑訊。此誠聖主如天之仁，身爲斯民，所當感激歌頌於無已者。顧言事者，則以刑訊爲不可除，除且無以治獄，而寇賊姦宄滋熾。彼爲此議，無豈不仁？蓋亦有見其不可行，而後言此。夫泰西之所以能無刑訊而情得者，非徒司法折獄之有術，而無情者不得盡其辭也。有辨護之律師，有公聽之助理，抵瑕蹈隙，曲證旁搜，蓋數聽之餘，其獄之情，靡不得者。而吾國治獄，無此具也。又況譸張之民，誓言無用，鶻突之宰，惟勘不明，則捨刑訊，幾無術矣。今夫獄未定而加人以刑，天下至不仁之政也。欲去至不仁之政，而事之難如此。此吾民之所以可哀，而吾化之所以不足道也。且又知善政必全而用之，取其一而遺其餘，即其一不可得也。論者其勿言復刑訊，而言其所以行此無刑訊者，仁者用心，政如是爾。

《東方雜誌》第四年第五期《論道德與法律之關係》　人類社會，萬有不齊，欲求所以整齊而統治之，固不可不有其道矣。然政治上進行之方針，其所恃以爲圖治之具者，往往不同。有以道德爲統治之具者，有以法律爲統治之具者。以道德爲重者，其最終之目的，欲養成民德，使風俗純良，主治者可不勞而理，社會間無爭奪相殺之事，翕然見太平之風。昔人所稱教化流行，德澤大洽，人人有士君子之行。此以道德爲治者最終之目的也。然但偏重道德，而無健全之法律以輔之，則外部之組織不强固，不能納人民於一定之範圍內。强制之而使服從，而政治上往往流於放任。此其蔽也。又以道德爲治，則不能無統治者與被治者之關係，欲養成被治者之道德，則統治者不可不先自尊重其道德，所謂本身作則，躬行以爲天下先者，胥此義也。故統治者得其人，則政治上之現象，未嘗不卓有可觀焉。統治者而非其人，則殘賊虐害，民不堪命，而革命之事起矣。夫但言道德，則强制力已薄弱矣，以統治者對於被治者，有上下之關係，勢力懸絶，猶不能以統治者能尊重其道德，而强使被治者同化於我也。況統治者之上，更無有權力高出於其右者，欲使其尊重道德，躬行以爲天下先，此必不可能之事也。乃不得已而稱天以治之，春秋之義，所謂以天統君是也。雖然，其效力亦不過以天災地變，警懼之而已，警懼之而不修省，天亦無如之何，此以道德爲治之窮也。

若夫近日所謂法治國者，以法律爲治者也，以法律爲治，則君民上下，同率由於法律之中。其活動之範圍，各有其界限，不相逾越，不相侵犯。此法律之精神也。然但言法律，而不注重於道德，則民俗漓薄，民免無恥，欲養成國民高尚之人格，殆有所不能。蓋法律者，國家外部組織之有强制力者也。其外部組織之若何健全，强制力之若何宏大，只能及於人民之外部。其心理上作用之如何，固不能入於其中而監視之也。今如有人於此。獨居一室，偶萌殺人之惡念。夫殺人大罪也，然但萌殺人之念，而非真有殺人之事，在刑法上只可謂之有其意思，而無其行爲。蓋意思與行爲合一，而犯罪始成立，有意思而無行爲，刑法上不能加以罰則也。若從道德上觀之，當然加以制裁，大學所謂慎獨，中庸所謂不愧屋漏，春秋所謂誅意，繩以道德，則絶對的不相容也。蓋道德所以範圍人之精神，得入於其内部而監察之，所以濟法律之窮也。然法律與道德，有極相差異之點，如父子相控，道德上所不許也，而法律許之。蓋世界文明，最重者所有權。若父奪子之所有，至無以爲生，或子奪父之所有，尤爲悖逆不道。社會上不堪設想矣，故法律許其相控以救濟之。又如救濟貧民，法律所不許也，而道德許之。蓋人貴自立，最忌者倚賴性。在與之者固屬好行其德，而受之者有所倚賴，而耽於安逸，則社會將日趨於頹惰。法律之所以不許者，欲使貧民皆求自立，而絶其倚賴之根性也。故道德與法律雖相差異，而實適相成也。中國數千年來，以道德爲重，爲西洋諸國所無，能組織健全之法律以輔佐之，匡其所不逮，而成爲法治國，則我國之特色，又何遽讓於西洋耶！

紀事

(漢)劉向《説苑》卷七《政理》 武王問於太公曰：爲國而數更法令者，何也？太公曰：爲國而數更法令者，不法法，以其所善爲法者也。故令出而亂，亂則更爲法，是以其法令數更也。

(唐)杜佑《通典》卷一六九《刑法・守正》 周代，晉悼公之弟揚干，亂行於曲梁，行，陣次也。魏絳戮其僕。僕，御。晉侯怒，謂羊舌赤曰：合諸侯以爲榮也。揚干爲戮，何辱如之？必殺魏絳。言終，絳至，授僕人書，僕人，晉侯僕御。曰：日君乏使，使臣斯司馬。斯，此也。臣聞師衆以順爲武，順，莫敢違。軍事有死無犯爲敬。守官行法，雖死不敢有違。君合諸侯，臣敢不敬？君師不武，執事不敬，罪莫大焉。臣懼其死，以及揚干，無所逃罪。懼自犯不武、不敬之罪。不敢致訓，至於用鉞，用鉞斬揚干之僕也。臣之罪重，請歸死於司寇。致身於司寇，使戮也。公跣而出，曰：寡人之言，親愛也；吾子之討，軍禮也。寡人有弟，不能教訓，使干大命，寡人之過也。子無重寡人之過。聽絳死，爲重過。晉侯以魏絳爲能以刑佐民矣，反役，與之禮食，使佐新軍。羣臣旅會，今欲明絳，故爲特設禮食。

(南朝宋)裴駰《史記集解》卷一〇二《張釋之傳》〔漢文帝時〕拜張釋之爲廷尉。上行出中渭橋，張晏曰：在渭橋中路。瓚曰：中渭橋，兩岸之中。有一人從橋下走出，乘輿馬驚，於是使騎捕，屬之廷尉。釋之治問，曰：縣人來，如淳曰：長安縣人。聞蹕，匿橋下，久之，以爲行已過，即出。見乘輿車騎即走耳。廷尉奏當：一人犯蹕，當罰金。如淳曰：已令蹕先至，而犯者罰金四兩。蹕，止行人。文帝怒曰：此人親驚吾馬，吾馬賴柔和，令他馬，固不敗傷我乎！而廷尉乃當之罰金！釋之曰：法者，天子所與天下公共也。今法如此，而更重之，是法不信於民也。且方其時，上使立誅之則已。今既下廷尉，廷尉，天下之平也，一傾而天下用法皆爲輕重，民安所錯其手足！唯陛下察之！良久，上曰：廷尉當是也。其後有人盜高廟坐前玉環，捕得。文帝怒，下廷尉，廷尉治。釋之案律盜宗廟服御物者爲奏，奏當棄市。上大怒曰：人之無道，乃盜先帝廟器！吾屬廷尉者，欲致之族。而君以法奏之，非吾所以共承宗廟意也。釋之免冠頓首謝曰：法如是，足也。徐廣曰：足，一作止也。且罪等，如淳曰：俱死罪也，盜玉環不若盜長陵土之逆也。然以逆順爲差。今盜宗廟器而族之，有如萬分之一，假令愚民取長陵一抔土，張晏曰：不欲指言，故以取土譬也。陛下何以加其法乎？久之，文帝與太后言之，乃許廷尉當。

《後漢書》卷四四《張敏傳》 有人侮辱人父者，而其子殺之，肅宗貰其死刑而降宥之，自後因以爲比。是時遂定其議，以爲輕侮法。敏駁議曰：夫輕侮之法，先帝一切之恩，不有成科班之律令也。夫死生之決，宜從上下，猶天之四時，有生有殺。若開相容恕，著爲定法者，則是故設姦萌，生長罪隙。孔子曰：民可使由之，不可使知之。《春秋》之義，子不報讎，非子也。而法令不爲之減者，以相殺之路不可開故也。今托義者得減，妄殺者有差，使執憲之吏得設巧詐，非所以道在醜不爭之義。又輕侮之比，寖以繁滋，至有四五百科，轉相顧望，彌復增甚，難以垂之萬載。臣聞師言：救文莫如質。故高帝去煩苛之法，爲三章之約。建初詔書，有改於古者，可下三公、廷尉蠲除其敝。議寢不省。敏復上疏曰：【略】臣伏見孔子垂經典，皋陶造法律，原其本意，皆欲禁民爲非也。未曉輕侮之法將以何禁？必不能使不相輕侮，而更開相殺之路，執憲之吏復容其姦枉。議者或曰：平法當先論生。【略】殺人者死，三代通制。今欲趣生，反開殺路，一人不死，天下受敝。《記》曰：利一害百，人去城郭。夫春生秋殺，天道之常。春一物枯即爲災，秋一物華即爲異。王者承天地，順四時，法聖人，從經律。願陛下留意下民，考尋利害，廣令平議，天下幸甚。和帝從之。

(明)余永麟《北牕瑣語》 漢文帝入涖大統，首問每歲決獄幾何，每歲錢穀出入幾何。陳平對曰：有主者。司馬氏謂平所對爲非，非也。大臣惟擇夫主刑獄錢穀而已，責大臣知刑獄錢穀之數，非也。或者又云，謂文帝非所宜問，亦非也。蓋知刑獄之數，可以觀風化；知錢穀之數，可以知經費。此文帝之問，實人君初政之首務也。

《新唐書》卷九九《戴冑傳》〔貞觀時戴冑爲大理少卿〕時選者盛集，有詭資蔭冒牒取調者，詔許自首；不首，罪當死。俄有詐得者，獄具，冑以法當流。帝曰：朕詔不首者死，而今當流，是示天下不以信，

卿賣獄邪？胄曰：陛下登殺之，非臣所及。既屬臣，敢虧法乎？帝曰：卿自守法，而使我失信，奈何？胄曰：法者，布大信於人；言乃一時喜怒所發。陛下以一朝忿將殺之，既知不可而寘於法，此忍小忿、存大信也。若阿忿違信，臣爲陛下惜之。帝大感寤，從其言。胄犯顔據正數矣，參處法意，至析秋毫，隨類指擿，言若泉涌，帝益重之。遷尚書左丞。矜其貧，特詔賜錢十萬。

（唐）王方慶《魏鄭公諫録》卷三《對周孔儒教商韓刑法》　太宗曰：周孔儒教非亂代之所行，商韓刑法實清平之秕政。道既不同，固不可一槩也。公對曰：商鞅、韓非、申不害等，以戰國縱横，間諜交錯，禍亂易起，譎詐難防，務深法峻刑，以遏其患，所以權救於當時，固非致化之通軌。

（宋）司馬光《資治通鑑》唐高祖武德元年八月　有犯法不至死者，上特命殺之，監察御史李素立諫曰：三尺灋，王者所與天下共也，法一動揺，人無所措手足，陛下甫創鴻業，奈何棄法，臣忝法司，不敢奉詔。上從之，自是特承恩遇，命所司授以七品清要官。

（宋）司馬光《資治通鑑》唐太宗貞觀六年十二月　上曰：法令不可數變，數變則煩，官長不能盡記。又前後差違，吏得以爲姦，自今變法皆宜詳慎而行之。

（宋）司馬光《資治通鑑》唐太宗貞觀十五年七月　丙子，上指殿屋謂侍臣曰：治天下如建此屋，營構既成，勿數改移，苟易一榱，正一瓦，踐履動揺，必有所損，若慕奇功，變法度，不恒其德，勞擾實多。

（清）陸增祥《八瓊室金石補正》卷五二張九齡《襄州刺史靳恒遺愛幢開元十一年》　公庭績，盡境賴全。至扵是邦也政實〔有素，今〕也惟〔行〕，不〔違其方，以索其極，莫〕不教之誨之，〔優〕之柔〔之〕，從者善之，否則威之，先德後刑，端本肇末，物知所勸，事則有經，〔率〕訓者衆多，變薄爲厚；感惠者深遠，既和且均。夫然人斯耻格，〔庭〕少爭訟，〔參〕佐閑〔拱〕，屬城晏如。其始也，一年而政成；其終也，三年而頌盈。愛之如父母，畏之如神明。

（宋）李攸《宋朝事實》卷一六《兵刑》　淳化三年，太宗謂宰相曰：治國之道，在乎寬猛得中，寬則政令不成，猛則民無所措手足，有天下者可不慎之哉！吕蒙正曰：老子稱治大國如烹小鮮。夫魚，擾之則亂。近日内外皆來上封，求更制度者甚衆，望陛下漸行清浄之化。上曰：朕不欲塞人言路。至若愚夫之言，賢者擇之，亦古典也。趙昌言曰：今朝廷無事，邊境謐寧，正當力行好事之時。上喜曰：朕終日與卿等論此事，何愁天下不治。苟天下親民之官皆如此留心，則刑清訟息矣。【略】

上聞汴水輦運卒有私貨市者，謂侍臣曰：幸門如鼠穴，何可塞之，但去其尤者可矣。篙工楫師苟有少販鬻，但無妨公，不必究問。冀官物之入，無至損折可矣。吕蒙正曰：水至清則無魚，人至察則無徒。小人情僞，在君子豈不知之，若以大度兼容，則萬事兼得。曹參不擾獄市者，以其兼受善惡，窮之則姦慝無所容，故慎勿擾也。聖言所發，正合黄老之道。

（明）趙文華《嘉興府圖記》卷一《麗安》　麗安，洪武中通判，是時鹽禁殊嚴，安獲鹽徒械送京師，而以鹽賞捕獲者。户部以安違例取罪狀。安上書曰：律者，萬世之常；例者，一時之旨。昔唐太宗以選人多詐冒，勑自今不首者死。未幾，有犯者，詔罪如勑，大理卿戴胄執奏曰：法應流。太宗怒曰：卿欲守法，令朕失信耶？胄曰：法者，國家所以布大信於天下也，陛下忿選人之詐，勑欲殺之，出於一時之怒，知其不可，復斷以法，此忍小忿而存大信也。今之律即胄所謂法，而例則一時之命，勑之謂也。今欲准例而行，則與給賞應捕之律相違而使陛下失大信於天下也。上是其言，詔如律。是時太師李善長等方賜死。上用法嚴，群臣震恐，而安獨奮身□訴，卒得所請。

（清）楊世沅《句容金石記》卷七《刑部郎中謝君墓表正統五年》　擢刑部主事。滿九載，陞兵部郎中，丁繼母憂，起復改刑部，進階奉政大夫，修正庶尹，賜誥命，封贈及父母家室。君性分直，外若嚴厲，其中坦然，持己廉慎，治刑不尚苛刻，犯有輕重，必原情定罪，獄有疑似，必推究至再。又密爲咨訪，必得其實，寃抑多平反。同列或以其過於詳察，君曰：刑者，人命所係，焉可不慎？用刑僭濫，罪及無辜，則有傷和氣，災□必至，吾惟此夙夜是懼。聞者愧服。

修律總部

先秦兩漢部

論說

《商君書·更法》　孝公平畫，公孫鞅、甘龍、杜摯三大夫御於君，慮世事之變，討正法之本，求使民之道。君曰：代立不忘社稷，君之道也。錯法務明主張，臣之行也。今吾欲變法以治，更禮以教百姓，恐天下之議我也。

公孫鞅曰：臣聞之，疑行無成，疑事無功。君亟定變法之慮，殆無顧天下之議之也。且夫有高人之行者，固見負於世；有獨知之慮者，必見驁於民。語曰：愚者闇於成事，知者見於未萌。民不可與慮始，而可與樂成。郭偃之法曰：論至德者不和於俗，成大功者不謀於衆。法者所以愛民也。禮者所以便事也。是以聖人苟可以彊國，不法其故；苟可以利民，不循其禮。

孝公曰：善！

甘龍曰：不然。臣聞之，聖人不易民而教，知者不變法而治。因民而教者，不勞而功成。據法而治者，吏習而民安。今若變法，不循秦國之故，更禮以教民，臣恐天下之議君，願孰察之。

公孫鞅曰：子之所言，世俗之言也。夫常人安於故習，學者溺於所聞。此兩者所以居官而守法，非所與論於法之外也。三代不同禮而王，五霸不同法而霸。故知者作法，而愚者制焉。賢者更禮，而不肖者拘焉。拘禮之人不足與言事，制法之人不足與論變，君無疑矣。

杜摯曰：臣聞之，利不百，不變法。功不十，不易器。臣聞法古無過，循禮無邪。君其圖之！

公孫鞅曰：前世不同教，何古之法？帝王不相復，何禮之循？伏羲、神農教而不誅。黃帝、堯、舜誅而不怒。及至文、武，各當時而立法，因事而制禮。禮法以時而定。制令各順其宜。兵甲器備，各便其用。臣故曰：治世不一道。便國不必法古。湯、武之王也，不循古而興。殷、夏之滅也，不易禮而亡。然則反古者未必可非，循禮者未足多是也。君無疑矣。

孝公曰：善！吾聞窮巷多怪，曲學多辨。愚者笑之，智者哀焉。狂夫之樂，賢者喪焉。拘世以議，寡人不之疑矣。於是遂出《墾草令》。

《商君書·開塞》　聖人不法古，不脩今。法古則後於時，脩今則塞於勢。周不法商，夏不法虞，三代異勢，而皆可以王。故興王有道，而持之異理。武王逆取而貴順，爭天下而上讓，其取之以力，持之以義。今世彊國事兼并，弱國務力守，上不及虞、夏之時，而下不脩湯、武，湯、武〔之道〕塞，故萬乘莫不戰，千乘莫不守。此道之塞久矣，而世主莫之能廢也，故三代不四。非明主莫有能聽也。

今日願啓之以效。古之民樸以厚，今之民巧以僞。故效於古者先德而治，效於今者前刑而法。此俗之所惑也。今世之所謂義者，將立民之所好，而廢其所惡。此其所謂不義者，將立民之所惡，而廢其所樂也。二者名貿實易，不可不察也。立民之所樂，則民傷其所惡。立民之所惡，則民安其所樂。何以知其然也？夫民憂則思，思則出度；樂則淫，淫則生佚。故以刑治則民威，民威則無姦，無姦則民安其所樂。以義教則民縱，民縱則亂，亂則民傷其所惡。吾所謂利者，義之本也。而世所謂義者，暴之道也。夫正民者以其所惡，必終其所好；以其所好，必敗其所惡。

治國刑多而賞少，故王者刑九而賞一，削國賞九而刑一。夫過有厚薄，則刑有輕重；善有大小，則賞有多少。此二者，世之常用也。刑加於罪所終，則姦不去。賞施於民所義，則過不止。刑不能去姦而賞不能止過者，必亂。故王者刑用於將過，則大邪不生；賞施於告姦，則細過不失。治民能使大邪不生，細過不失，則國治。國治必彊。一國行之，境內獨治。二國行之，兵則少寢。天下行之，至德復立。此吾以殺刑之反於德，而義合於暴也。

古者，民藂生而群處，亂，故求有上也。然則天下之樂有上也，將以爲治也。今有主而無法，其害與無主同。有法不勝其亂，與無法同。天下不安無君，而樂勝其法，則舉世以爲惑也。夫利天下之民者莫大於治，而

治莫康於立君，立君之道莫廣於勝法，勝法之務莫急於去姦，去姦之本莫深於嚴刑。故王者以賞禁，以刑勸，求過不求善，藉刑以去刑。

（漢）劉安《淮南子》卷二一《要略》 秦國之俗，貪狼强力，寡義而趨利，可威以刑，而不可化以善；可勸以賞，而不可厲以名。被險帶河，四塞以爲固，地利形便，畜積殷富。孝公欲以虎狼之勢，而吞諸侯。故商鞅之法生焉。

（漢）劉安《淮南子》卷二〇《泰族訓》 商鞅爲秦立相坐之法，而百姓怨矣。吴起爲楚減爵禄之令，而功臣畔矣。商鞅之立法也，吴起之用兵也，天下之善者也。然商鞅之法亡秦，察於刀筆之跡，而不知治亂之本也。吴起以兵弱楚，習於行陳之事，而不知廟戰之權也。

《史記》卷六八《商君列傳》 《集解》：駰案，《新序》論曰：秦孝公保崤、函之固，以廣雍州之地，東並河西，北收上郡，國富兵彊，長雄諸侯，周室歸籍，四方來賀，爲戰國霸君。秦遂以彊，六世而並諸侯，亦皆商君之謀也。夫商君極身無二慮，盡公不顧私，使民内急耕織之業以富國，外重戰伐之賞，以勸戎士。法令必行，内不阿權寵，外不偏疏遠。是以令行而禁止，法出而姦息。故雖《書》云：無偏無黨，《詩》云：周道如砥，其直如矢，《司馬法》之勵戎士，周后稷之勸農業，無以易此。此所以並諸侯也。故孫卿曰：四世有勝，非幸也，數也。然無信，諸侯畏而不親。夫霸君若齊桓、晉文者，桓不倍柯之盟，文不負原之期，而諸侯畏其彊而親信之。存亡繼絶，四方歸之。此管仲、舅犯之謀也。今商君倍公子卬之舊恩，棄交魏之明信，詐取三軍之衆。故諸侯畏其彊而不親信也。藉使孝公遇齊桓、晉文，得諸侯之統將，合諸侯之君，驅天下之兵以伐秦，秦則亡矣。天下無桓、文之君，故秦得以兼諸侯。衛鞅始自以爲知霸王之德，原其事，不諭也。昔周、召施善政，及其死也，後世思之。《蔽芾》《甘棠》之詩是也。嘗舍於樹下，後世思其德，不忍伐其樹，況害其身乎。管仲奪伯氏邑三百户，無怨言。今衛鞅内刻刀鋸之刑，外深鈇鉞之誅，步過六尺者有罰。棄灰於道者被刑。一日臨渭而論囚七百餘人，渭水盡赤，號哭之聲動於天地。畜怨積讎，比於丘山。所逃莫之隱，所歸莫之容，身死車裂，滅族無姓。其去霸王之佐亦遠矣。然惠王殺之亦非也，可輔而用也。使衛鞅施寬平之法，加之以恩，申之以信，庶幾霸者之佐哉！

《荀子·儒效篇》 法後王，一制度，隆禮義而殺《詩》《書》，其言行以有大法矣。然而明不能齊法教之所不及聞見之所未至。則知不能類也，知之曰知之，不知曰不知。内不自以誣，外不自以欺，以是尊賢畏法而不敢怠傲：是雅儒者也。法先王，統禮義，一制度，以淺持博，以古持今，以一持萬，苟仁義之類也，雖在鳥獸之中，若别白黑；倚物怪變，所未嘗聞也，所未嘗見也，卒然起一方，則舉統類而應之，無所儗怍；張法而度之，則闇然若合符節，是大儒者也。

《韓非子·定法》 問者曰：申不害、公孫鞅，此二家之言，孰急於國？

應之曰：是不可程也。人不食十日則死，大寒之隆不衣亦死，謂之衣食孰急於人？則是不可一無也，皆養生之具也。今申不害言術而公孫鞅爲法。術者，因任而授官，循名而責實，操生殺之柄，課群臣之能者也。此人主之所執也。法者，憲令著於官府，刑罰必於民心，賞存乎慎法，而罰加乎姦令者也。此臣之所師也。君無術則弊於上，臣無法則亂於下，此不可一無，皆帝王之具也。

問者曰：徒術而無法，徒法而無術，其不可，何哉？

對曰：申不害，韓昭侯之佐也。韓者，晉之别國也。晉之故法未息，而韓之新法又生；先君之令未收，而後君之令又下。申不害不擅其法，不一其憲令，則姦多。故利在故法前令則道之，利在新法後令則道之。故新相反，前後相悖，則申不害雖十使昭侯用術，而姦臣猶有所譎其辭矣。故託萬乘之勁韓，十七年而不至於霸王者，雖用術於上，法不勤飾於官之患也。公孫鞅之治秦也，設告相坐而責其實，連什伍而同其罪，賞厚而信，刑重而必。是以其民用力勞而不休，逐敵危而不卻，故其國富而兵强。然而無術以知姦，則以其富强也資人臣而已矣。及孝公、商君死，惠王即位，秦法未敗也，而張儀以秦殉韓、魏；惠王死，武王即位，甘茂以秦殉周；武王死，昭襄王即位，穰侯越韓、魏而東攻齊，五年而秦不益尺寸之地，乃城其陶邑之封；應侯攻韓八年，成其汝南之封。自是以來，諸用秦者，皆應、穰之類也。故戰勝則大臣尊，益地則私封立，主無術以知姦也。商君雖十飾其法，人臣反用其資。故乘强秦之資，數十年而

不至於帝王者，法雖勤飾於官，主無術於上之患也。

問者曰：主用申子之術，而官行商君之法，可乎？

對曰：申子未盡於法，商君未盡於術也。申子言：治不踰官，雖知弗言。治不踰官，謂之守職也可；知而弗言，是不謁過也。人主以一國目視，故視莫明焉；以一國耳聽，故聽莫聰焉。今知而弗言，則人主尚安假借矣？商君之法曰：斬一首者爵一級，欲爲官者爲五十石之官；斬二首者爵二級，欲爲官者爲百石之官。官爵之遷與斬首之功相稱也。今有法曰：斬首者令爲醫、匠，則屋不成而病不已。夫匠者手巧也，而醫者齊藥也，而以斬首之功爲之，則不當其能。今治官者，智能也；今斬首者，勇力之所加也。以勇力之所加而治智能之官，是以斬首之功爲醫、匠也。故曰：二子之於法術，皆未盡善也。

《呂氏春秋·察今》 上胡不法先王之法？非不賢也，爲其不可得而法。先王之法，經乎上世而來者也，人或益之，人或損之，胡可得而法？雖人弗損益，猶若不可得而法。東夏之命，古今之法，言異而典殊。故古之命多不通乎今之言者，今之法多不合乎古之法者。殊俗之民，有似於此。其所爲欲同，其所爲異。口惛之命不愉，若舟車衣冠滋味聲色之不同。人以自是，反以相誹。天下之學者，多辯言利辭，倒不求其實，務以相毀，以勝爲故。先王之法，胡可得而法？雖可得，猶若不可法。

凡先王之法，有要於時也。時不與法俱至，法雖今而至，猶若不可法。故擇先王之成法，而法其所以爲法。先王之所以爲法者，何也？先王之所以爲法者，人也。而己亦人也，故察己則可以知人，察今則可以知古。古今一也，人與我同耳。有道之士，貴以近知遠，以今知古，以益所見知所不見。故審堂下之陰，而知日月之行，陰陽之變；見瓶水之冰，而知天下之寒，魚鱉之藏也；嘗一脟肉，而知一鑊之味，一鼎之調。

荆人欲襲宋，使人先表澭水。澭水暴益，荆人弗知，循表而夜涉，溺死者千有餘人，軍驚而壞都舍。嚮其先表之時可導也，今水已變而益多矣，荆人尚猶循表而導之，此其所以敗也。今世之主法先王之法也，有似於此。其時已與先王之法虧矣，而曰此先王之法也，而法之，以此爲治，豈不悲哉？

故治國無法則亂，守法而弗變則悖，悖亂不可以持國。世易時移，變法宜矣。譬之若良醫，病萬變，藥亦萬變。病變而藥不變，嚮之壽民，今爲殤子矣。故凡舉事必循法以動，變法者因時而化，若此論則無過務矣。夫不敢議法者，衆庶也；以死守者，有司也；因時變法者，賢主也。是故有天下七十一聖，其法皆不同。非務相反也，時勢異也。故曰良劍期乎斷，不期乎鏌鋣；良馬期乎千里，不期乎驥驁。夫成功名者，此先王之千里也。

楚人有涉江者，其劍自舟中墜於水，遽契其舟，曰：是吾劍之所從墜。舟止，從其所契者入水求之。舟已行矣，而劍不行，求劍若此，不亦惑乎？以此故法爲其國，與此同。時已徙矣，而法不徙，以此爲治，豈不難哉？

有過於江上者，見人方引嬰兒而欲投之江中，嬰兒啼。人問其故，曰：此其父善游。其父雖善游，其子豈遽善游哉？此任物，亦必悖矣。荆國之爲政，有似於此。

（漢）孔鮒《孔叢子》卷四《對魏王》 齊王行車裂之刑，羣臣諍之弗聽。子高見於齊王曰：聞君行車裂之刑，無道之刑也，而君行之。臣竊以爲下吏之過也。王曰：寡人以民多犯法，爲法之輕也。子高曰：然，此誠君之盛意也。夫人含五常之性，有喜怒哀樂，喜怒哀樂無過其節，節過則毀於義，民多犯法，以法重無所措手足也。今天下悠悠，士無定處，有德則住，無德則去，欲規霸王之業，與衆大國爲難，而行酷刑以懼遠近，國內之民將叛，四方之士不至，此乃亡國之道。君之下吏不具以聞，徒恐逆主意以爲憂，不慮不諫之危亡，其所矜者小，所喪者大，故曰下吏之過也。臣觀之，又非徒不諍而已也。心知此事之爲不可，將有非議在後，則因曰君忿意實然，我諫諍必有龍逄比干之禍，是爲虛自居於忠正之地，而暗推君主使同於桀紂也。且夫爲人臣見主非而不諍，以陷主於危亡，罪之大者也。人主疾臣之弼己而惡之，資臣以箕子比干之忠，惑之大者也。齊王曰：謹聞命。遂除車裂之法焉。

《漢書》卷五一《路温舒傳》 臣聞齊有無知之禍，而桓公以興；晉有驪姬之難，而文公用伯。近世趙王不終，諸吕作亂，而孝文爲太宗。繇是觀之，禍亂之作，將以開聖人也。故桓文扶微興壞，尊文武之業，澤加百姓，功潤諸侯，雖不及三王，天下歸仁焉。文帝永思至德，以承天心，

崇仁義，省刑罰，通關梁，一遠近，敬賢如大賓，愛民如赤子，内恕情之所安，而施之於海内，是以囹圄空虚，天下太平。夫繼變化之後，必有異舊之恩，此賢聖所以昭天命也。往者，昭帝即世而無嗣，大臣憂戚，焦心合謀，皆以昌邑尊親，援而立之。然天不授命，淫亂其心，遂以自亡。深察禍變之故，乃皇天之所以開至聖也。故大將軍受命武帝，股肱漢國，披肝膽，決大計，黜亡義，立有德，輔天而行，然後宗廟以安，天下咸寧。

臣聞《春秋》正即位，大一統而慎始也。陛下初登至尊，與天合符，宜改前世之失，正始受之統，滌煩文，除民疾，存亡繼絶，以應天意。

臣聞秦有十失，其一尚存，治獄之吏是也。秦之時，羞文學，好武勇，賤仁義之士，貴治獄之吏。正言者謂之誹謗，遏過者謂之妖言。故盛服先生不用於世，忠良切言皆鬱於胸，譽諛之聲日滿於耳。虚美熏心，實禍蔽塞。此乃秦之所以亡天下也。方今天下賴陛下恩厚，亡金革之危，飢寒之患，父子夫妻勠力安家，然太平未洽者，獄亂之也。夫獄者，天下之大命也，死者不可復生，絶者不可復屬。《書》曰：與其殺不辜，寧失不經。今治獄吏則不然，上下相敺，以刻爲明，深者獲公名，平者多後患。故治獄之吏皆欲人死，非憎人也，自安之道在人之死。是以死人之血流離於市，被刑之徒比肩而立，大辟之計歲以萬數，此仁聖之所以傷也。太平之未洽，凡以此也。夫人情安則樂生，痛則思死。棰楚之下，何求而不得？故囚人不勝痛，則飾辭以視之；吏治者利其然，則指道以明之；上奏畏却，則鍛練而周内之。蓋奏當之成，雖咎繇聽之，猶以爲死有餘辜。何則？成練者衆，文致之罪明也。是以獄吏專爲深刻，殘賊而亡極，婾爲一切，不顧國患，此世之大賊也。故俗語曰：劃地爲獄，議不入；刻木爲吏，期不對。此皆疾吏之風，悲痛之辭也。故天下之患，莫深於獄；敗法亂正，離親塞道，莫甚乎治獄之吏。此所謂一尚存者也。

臣聞烏鳶之卵不毁，而後鳳凰集；誹謗之罪不誅，而後良言進。故古人有言：山藪藏疾，川澤納污，瑾瑜匿惡，國君含詬。唯陛下除誹謗以招切言，開天下之口，廣箴諫之路，掃亡秦之失，尊文武之德，省法制，寬刑罰，以廢治獄，則太平之風可興於世，永履和樂，與天亡極，天下幸甚。

（唐）杜佑《通典》卷一六三《刑法·刑制》　景帝制：改定律：笞五百曰三百，笞三百曰二百。猶尚不全。自今吏及諸有秩，受其官屬所理、所行、所將，行，謂按察。夏孟反。其與飲食計償費，勿論。計所費而償其直，勿論罪。他物，若買故賤，賣故貴，皆坐贓為盗。他物，論非飲食。吏遷徙免罷，受其故官屬所將監治財物，奪爵為士伍，免之。謂奪其爵，令為士伍，又免其官職，即今律所謂除名也。士伍者，言從士卒之伍。無爵，罰金二斤，没入所受。有能捕告，畀其所受贓。畀，與也。以所受之贓與捕告者。其後，罷磔曰棄市。先此，諸死刑皆磔之於市，今罷之。若妖逆，則磔之。磔謂張其尸也。具《寬恕篇》。復下詔曰：長老，人所尊敬也；鰥寡，人所哀憐也。其著令：年八十以上，八歲以下，孕者未乳，師、侏儒，樂師，瞽者，侏儒，短人，不能走。當鞠繫者，頌繫之。頌讀曰容。容寬不桎梏。罪死欲腐者，許之。如腐木不生實矣。六年，定鑄錢偽黄金棄市律。又以笞者或至死未畢，復減笞三百曰二百，笞二百曰百。其定箠令，箠，策也，所以擊者也。箠長五尺，其本大一寸，其末薄半寸，皆平其節也。笞臀，先時笞背。畢一罪乃得更人。更人，更易行笞人。自是笞者得全。然死刑即重，而生刑又輕，人易犯之。

孝武徵發煩數，人窮犯法，遂令張湯、趙禹條定法令，作見知故縱，監臨部主之法，緩深故之罪，孝武欲急刑，吏深害乃故入人罪者，皆寬緩之。急縱出之誅。吏釋罪人，疑以為縱出，則急誅之。律令凡三百五十九章，蕭何、叔孫通、張湯、趙禹合撰律六十篇。大辟四百九條，千八百八十二事，死罪決事比萬三千四百七十二事。比，以例相比況。文書既繁，主者不能偏覩，或罪同而論異。

《漢書》卷九《元帝紀》　〔元帝為太子時〕柔仁好儒，見宣帝所用多文法吏，以刑名繩下，大臣楊惲、蓋寬饒等刺譏辭語爲罪而誅。嘗侍燕從容言：陛下持刑太深，宜用儒生。宣帝作色曰：漢家自有制度，本以霸王道雜之。奈何純用德教，用周政乎！且俗儒不達時宜，好是古非今，使人眩於名實，不知所守，何足委任。乃歎曰：亂我家者，太子也！

（明）丘濬《大學衍義補》卷一〇三《慎刑憲·定律令之制》　光武時，桓譚上疏曰：今法令決事，輕重不齊。或一事殊法，同罪異論。姦吏得因緣爲市，所欲活則出生議，所欲陷則予死比，是爲刑開二門也。今可令通義理。明習法律者，校定科比，一其法度，班下郡國，蠲除故條。如此，天下知方而獄無冤濫矣。

臣按：成帝之詔，令博士及明律令者議。桓譚之請，亦欲令通義理，明法律者校定。蓋博士，明經者也。經者，禮義之所自出。人必違於禮義，然後入於刑法。律令者，刑法之所在也。議而校定，必禮義法律兩無歉焉。本是以立天下之法，用是以酌生民之情，無間然矣。後世乃謂儒生迂拘，止通經術而不知法意，應有刑獄之事止任柱後惠文冠，而冠章甫衣縫掖者，無與焉。斯人也，非獨不知經意，而其所謂律意者，蓋有非先王之所謂者矣。漢世去古未遠，猶有古意，此後世所當取法者也。

（宋）徐天麟《東漢會要》卷三五《刑法上・法令》 〔建武〕十四年，羣臣上言：古者肉刑嚴重，則人畏法令；今憲律輕薄，故姦軌不勝。宜增科禁，以防其源。詔下公卿。杜林奏曰：古之明王，深識遠慮，動居其厚，不務多辟，周之五刑，不過三千。大漢初興，詳覽失得，破矩為圜，斲彫為樸，蠲除苛政，更立疏網，海內歡欣，人懷寬德。及至其後，漸以滋章，吹毛索疵，詆欺無限。果桃菜茹之饋，集以成臧，小事無妨於義，以為大戮，故國無廉士，家無全行。至於法不能禁，令不能止，上下相遁，為敝彌深。臣愚以為宜如舊制，不合翻移，帝從之。十八年四月，詔曰：今邊郡盜穀五十斛，罪至於死，開殘吏妄殺之路。其蠲除此法，同之內郡。

（唐）杜佑《通典》卷一七〇《刑法・寬恕》 後漢章帝初，尚書陳寵上疏曰：今斷獄者急於篣格酷烈之痛，執憲者繁於詆毀放濫之文，或因公行私，以逞威福，帝納寵言，每事務於寬厚。其後遂詔有司，絕鉆鑽諸慘酷之科，《說文》曰：鉆，鐵鋷也。其炎反。鋷音陟葉反。鑽，臏刑，謂鑽去臏骨也。解妖惡之禁，除文致之請讞五十餘事。文致，謂前人無罪，文飾致於法中。是後人俗和平，屢有嘉瑞。初，寵曾祖父咸，成、哀間以律令為尚書，王莽篡位，父子相與歸鄉里，閉門不出入。乃收藏其家律令書文，皆壁藏之。咸性仁恕，常戒子孫曰：為人議法，當依於輕，雖有百金之利，慎無與人重比。故世謂陳氏持法寬平也。

《後漢書》卷三四《梁統傳》 〔梁〕統在朝廷，數陳便宜。以爲法令既輕，下姦不勝，宜重刑罰，以遵舊典，乃上疏曰：

臣竊見元哀二帝輕殊死之刑以一百二十三事，手殺人者減死一等，自是以後，著爲常準，故人輕犯法，吏易殺人。

臣聞立君之道，仁義爲主，仁者愛人，義者政理，愛人以除殘爲務，政理以去亂爲心。刑罰在衷，無取於輕，是以五帝有流、殛、放、殺之誅，三王有大辟、刻肌之法。故孔子稱仁者必有勇，又曰理財正辭，禁民爲非曰義。高帝受命誅暴，平蕩天下，約令定律，誠得其宜。文帝寬惠柔克，遭世康平，唯除省肉刑、相坐之法，它皆率由，無革舊章。武帝值中國隆盛，財力有餘，征伐遠方，軍役數興，豪桀犯禁，姦吏弄法，故重首匿之科，著知從之律，以破朋黨，以懲隱匿。宣帝聰明正直，總御海內，臣下奉憲，無所失墜，因循先典，天下稱理。至哀、平繼體，而即位日淺，聽斷尚寡，丞相王嘉輕爲穿鑿，虧除先帝舊約成律，數年之間，百有餘事，或不便於理，或不厭民心。謹表其尤害於體者傅奏於左。

伏惟陛下包元履德，權時撥亂，功踰文武，德侔高皇，誠不宜因循季末衰微之軌。回神明察，考量得失，宣詔有司，詳擇其善，定不易之典，施無窮之法，天下幸甚。事下三公、廷尉，議者以爲隆刑峻法，非明王急務，施行日久，豈一朝所釐。統今所定，不宜開可。

統復上言曰：有司以臣今所言，不可施行。尋臣之所奏，非曰嚴刑。竊謂高帝以後，至乎孝宣，其所施行，多合經傳，宜比方今事，驗之往古，聿遵前典，事無難改，不勝至願。願得召見，若對尚書近臣，口陳其要。帝令尚書問狀，統對曰：

聞聖帝明王，制立刑罰，故雖堯舜之盛，猶誅四凶。經曰：天討有罪，五刑五庸哉。又曰：爰制百姓於刑之衷。孔子曰：刑罰不衷，則人無所厝手足。衷之爲言，不輕不重之謂也。《春秋》之誅，不避親戚，所以防患救亂，全安衆庶，豈無仁愛之恩，貴絕殘賊之路也？

自高祖之興，至於孝宣，君明臣忠，謨謀深博，猶因循舊章，不輕改革，海內稱理，斷獄益少。至初元、建平，所減刑罰百有餘條，而盜賊浸多，歲以萬數。間者三輔從橫，羣輩並起，至燔燒茂陵，火見未央。其後隴西、北地、西河之賊，越州度郡，萬里交結，攻取庫兵，劫略吏人，詔書討捕，連年不獲。是時以天下無難，百姓安平，而狂狡之執，猶至於此，皆刑罰不衷，愚人易犯之所致也。

由此觀之，則刑輕之作，反生大患；惠加姦軌，而害及良善也。故臣統願陛下采擇賢臣孔光、師丹等議。

《後漢書》卷四四《張敏傳》 張敏字伯達，河間鄚人也。建初二年，舉孝廉，四遷，五年，爲尚書。

建初中，有人侮辱人父者，而其子殺之，肅宗貰其死刑而降宥之，自後因以爲比。是時遂定其議，以爲《輕侮法》。敏駮議曰：夫《輕侮》之法，先帝一切之恩，不有成科班之律令也。夫死生之決，宜從上下，猶天之四時，有生有殺。若開相容恕，著爲定法者，則是故設姦萌，生長罪隙。孔子曰：民可使由之，不可使知之。《春秋》之義，子不報讎，非子也。而法令不爲之減者，以相殺之路不可開故也。今託義者得減，妄殺者有差，使執憲之吏得設巧詐，非所以導在醜不爭之義。又《輕侮》之比，寖以繁滋，至有四五百科，轉相顧望，彌復增甚，難以垂之萬載。臣聞師言：救文莫如質。故高帝去煩苛之法，爲三章之約。建初詔書，有改於古者，可下三公、廷尉蠲除其敝。議寖不省。敏復上疏曰：臣敏蒙恩，特見拔擢，愚心所不曉，迷意所不解，誠不敢苟隨衆議。臣伏見孔子垂經典，臯陶造法律，原其本意，皆欲禁民爲非也。未曉《輕侮》之法將以何禁？必不能使不相輕侮，而更開相殺之路，執憲之吏復容其姦枉。議者或曰：平法當先論生。臣愚以爲天地之性，唯人爲貴，殺人者死，三代通制。今欲趣生，反開殺路，一人不死，天下受敝。《記》曰：利一害百，人去城郭。夫春生秋殺，天道之常。春一物枯即爲災，秋一物華即爲異。王者承天地，順四時，法聖人，從經律。願陛下留意下民，考尋利害，廣令平議，天下幸甚。和帝從之。

《後漢書》卷四九《仲長統傳》 《損益篇》曰：作有利於時，制有便於物者，可爲也。事有乖於數，法有翫於時者，可改也。故行於古有其迹，用於今無其功者，不可不變。變而不如前，易而多所敗者，亦不可不復也。漢之初興，分王子弟，委之以士民之命，假之以殺生之權。於是驕逸自恣，志意無厭。魚肉百姓，以盈其欲；報蒸骨血，以快其情。上有篡叛不軌之姦，下有暴亂殘賊之害。雖藉親屬之恩，蓋源流形執使之然也。降爵削土，稍稍割奪，卒至於坐食奉禄而已。然其洿穢之行，淫昏之罪，猶尚多焉。故淺其根本，輕其恩義，猶尚假一日之尊，收士民之用。況專之於國，擅之於嗣，豈可鞭笞叱咤，而使唯我所爲者乎？時政彫敝，風俗移易，純樸已去，智惠已來。出於禮制之防，放於嗜慾之域久矣，固不可授之以柄，假之以資者也。是故收其奕世之權，校其從横之勢，善者早登，否者早去，故下土無壅滯之士，國朝無專貴之人。此變之善，可遂行者也。

井田之變，豪人貨殖，館舍布於州郡，田畝連於方國。身無半通青綸之命，而竊三辰龍章之服；不爲編户一伍之長，而有千室名邑之役。榮樂過於封君，執力侔於守令。財賂自營，犯法不坐。刺客死士，爲之投命。至使弱力少智之子，被穿帷敗，寄死不斂，冤枉窮困，不敢自理。雖亦由網禁疏闊，蓋分田無限使之然也。今欲張太平之紀綱，立至化之基趾，齊民財之豐寡，正風俗之奢儉，非井田實莫由也。此變有所敗，而宜復者也。

肉刑之廢，輕重無品，下死則得髡鉗，下髡鉗則得鞭笞。死者不可復生，而髡者無傷於人。髡笞不足以懲中罪，安得不至於死哉！夫雞狗之攘竊，男女之淫奔，酒醴之賂遺，謬誤之傷害，皆非值於死者也。殺之則甚重，髡之則甚輕。不制中刑以稱其罪，則法令安得不參差，殺生安得不過謬乎？今患刑輕之不足以懲惡，則假臧貨以成罪，託疾病以諱殺。科條無所準，名實不相應，恐非帝王之通法，聖人之良制也。或曰：過刑惡人，可也；過刑善人，豈可復哉？曰：若前政以來，未曾枉害善人者，則有罪不死也，是爲忍於殺人〔也〕，而不忍於刑人也。今令五刑有品，輕重有數，科條有序，名實有正，非殺人逆亂鳥獸之行甚重者，皆勿殺。嗣周氏之祕典，續吕侯之祥刑，此又宜復之善者也。

《易》曰：陽一君二臣，君子之道也；陰二君一臣，小人之道也。然則寡者，爲人上者也；衆者，爲人下者也。一伍之長，才足以長一伍者也；一國之君，才足以君一國者也；天下之王，才足以王天下者也。愚役於智，猶枝之附幹，此理天下之常法也。制國以分人，立政以分事，人遠則難綏，事總則難了。今遠州之縣，或相去數百千里，雖多山陵洿澤，猶有可居人種穀者焉。當更制其境界，使遠者不過二百里。明版籍以相數閱，審什伍以相連持，限夫田以斷并兼，定五刑以救死亡，益君長以興政理，急農桑以豐委積，去末作以一本業，敦教學以移情性，表德行以厲風俗，覈才藝以敘官宜，簡精悍以習師田，修武器以存守戰，嚴禁令以防僭差，信賞罰以驗懲勸，糾遊戲以杜姦邪，察苛刻以絶煩暴。審此十六

者以爲政務，操之有常，課之有限，安寧勿懈墮，有事不迫遽，聖人復起，不能易也。

向者，天下户過千萬，除其老弱，但户一丁壯，則千萬人也。遺漏既多，又蠻夷戎狄居漢地者尚不在焉。丁壯十人之中，必有堪爲其什伍之長，推什長已上，則百萬人也。又十取之，則佐史之才已上十萬人也。又十取之，則可使在政理之位者萬人也。以筋力用者謂之人，人求丁壯；以才智用者謂之士，士貴耆老。充此制以用天下之人，猶將有儲，何嫌乎不足也？故物有不求，未有無物之歲也；士有不用，未有少士之世也。夫如此，而後可以用天性，究人理，興頓廢，屬斷絶，網羅遺漏，拱柙天人矣。

或曰：善爲政者，欲除煩去苛，并官省職，爲之以無爲，事之以無事，何子之言云云也？曰：若是，三代不足摹，聖人未可師也。君子用法制而至於化，小人用法制而至於亂。均是一法制也，或以之化，或以之亂，行之不同也。苟使豺狼牧羊豚，盜跖主征稅，國家昏亂，吏人放肆，則惡復論損益之閒哉！夫人待君子然後化理，國待蓄積乃無憂患。君子非自農桑以求衣食者也，蓄積非横賦斂以取優饒者也。奉禄誠厚，則割剥貿易之罪乃可絶也；蓄積誠多，則兵寇水旱之灾不足苦也。故由其道而得之，民不以爲奢；由其道而取之，民不以爲勞。天灾流行，開倉庫以稟貸，不亦仁乎？衣食有餘，損靡麗以散施，不亦義乎？彼君子居位爲士民之長，固宜重肉累帛，朱輪四馬。今反謂薄屋者爲高，藿食者爲清，既失天地之性，又開虚僞之名，使小智居大位，庶績不咸熙，未必不由此也。得拘絜而失才能，非立功之實也。以廉舉而以貪去，非士君子之志也。夫選用必取善士。善士富者少而貧者多，禄不足以供養，安能不少營私門乎？從而罪之，是設機置穽以待天下之君子也。

盜賊凶荒，九州代作，饑饉暴至，軍旅卒發，横稅弱人，割奪吏禄，所恃者寡，所取者猥，萬里懸乏，首尾不救，徭役並起，農桑失業，兆民呼嗟於昊天，貧窮轉死於溝壑矣。今通肥饒之率，計稼穡之入，令畝收三斛，斛取一斗，未爲甚多。一歲之間，則有數年之儲，雖興非法之役，恣奢侈之欲，廣愛幸之賜，猶未能盡也。不循古法，規爲輕稅，及至一方有警，一面被灾，未逮三年，校計鶩短，坐視戰士之蔬食，立望餓殍之滿道，如之何爲君行此政也？二十稅一，名之曰貊，況三十稅一乎？夫薄吏禄以豐軍用，緣於秦征諸侯，續以四夷，漢承其業，遂不改更，危國亂家，此之由也。今田無常主，民無常居，吏食日稟，（禄）班〔禄〕未定。可爲法制，畫一定科，租稅十一，更賦如舊。今者土廣民稀，中地未墾；雖然，猶當限以大家，勿令過制。其地有草者，盡曰官田，力堪農事，乃聽受之。若聽其自取，後必爲姦也。

綜　述

《尚書·堯典》慎徽五典，五典克從。

《尚書·舜典》象以典刑，流宥五刑，鞭作官刑，扑作教刑，金作贖刑。眚災肆赦，怙終賊刑。欽哉，欽哉，惟刑之恤哉！

《尚書·舜典》帝曰：皋陶，蠻夷猾夏，寇賊姦宄。汝作士，五刑有服，五服三就。五流有宅，五宅三居。惟明克允。

流共工于幽洲，放驩兜于崇山，竄三苗于三危，殛鯀于羽山，四罪而天下咸服。

《尚書·皋陶謨》天敘有典，勑我五典五惇哉。天秩有禮，自我五禮有庸哉！同寅協恭，和衷哉！天命有德，五服五章哉！天討有罪，五刑五用哉！政事懋哉，懋哉！

《尚書·大禹謨》帝曰：皋陶！惟兹臣庶，罔或干予正。汝作士，明于五刑，以弼五教，期于予治。刑期于無刑，民協于中，時乃功，懋哉！

皋陶曰：帝德罔愆，臨下以簡，御衆以寬；罰弗及嗣，賞延于世；宥過無大，刑故無小；罪疑惟輕，功疑惟重；與其殺不辜，寧失不經；好生之德，洽于民心，兹用不犯于有司。

帝曰：俾予從欲以治，四方風動，惟乃之休。

《尚書·甘誓》大戰於甘，乃召六卿。王曰：嗟，六事之人，予誓告汝。有扈氏威侮五行，怠棄三正，天用勦絶其命。今予惟恭行天之罰。【略】用命賞於祖，弗用命戮於社。

《尚書・湯誓》　王曰：格爾衆庶，悉聽朕言。非台小子，敢行稱亂。有夏多罪，天命殛之。今爾有衆，汝曰：我后不恤我衆，舍我穡事，而割正夏。予惟聞汝衆言，夏氏有罪，予畏上帝，不敢不正。今汝其曰：夏罪其如台？夏王率遏衆力，率割夏邑，有衆率怠弗協，曰：時日曷喪，予及汝皆亡。夏德若兹，今朕必往。爾尚輔予一人，致天之罰。予其大賚汝。爾無不信，朕不食言。爾不從誓言，予則孥戮汝，罔有攸赦。

《尚書・盤庚》　盤庚遷於殷，民不適有居，率籲衆戚出矢言。【略】盤庚斆于民，由乃在位，以常舊服，正法度，曰：無或敢伏小人之攸箴。王命衆悉至於庭。

王若曰：格汝衆，予告汝訓，汝猷黜乃心，無傲從康。【略】汝不和吉言于百姓，惟汝自生毒。乃敗禍姦宄，以自災于厥身。乃既先惡于民，乃奉其恫，汝悔身何及？相時憸民，猶胥顧于箴言，其發有逸口，矧予制乃短長之命。汝曷弗告朕，而胥動以浮言，恐沈于衆？若火之燎于原，不可嚮邇，其猶可撲滅？則惟汝衆自作弗靖，非予有咎。遲任有言曰：人惟求舊，器非求舊，惟新。

古我先王，暨乃祖乃父，胥及逸勤，予敢動用非罰？世選爾勞，予不掩爾善。兹予大享于先王，爾祖其從與享之。作福作災，予亦不敢動用非德。

予告汝于難，若射之有志。汝無侮老成人，無弱孤有幼。各長于厥居，勉出乃力，聽予一人之作猷。無有遠邇，用罪伐厥死，用德彰厥善。邦之臧，惟汝衆；邦之不臧，惟予一人有佚罰。

凡爾衆，其惟致告：自今至于後日，各恭爾事，齊乃位，度乃口，罰及爾身，弗可悔。【略】古我先后，既勞乃祖乃父，汝共作我畜民。汝有戕，則在乃心。我先后綏乃祖乃父。乃祖乃父乃斷棄汝，不救乃死。兹予有亂政同位，具乃貝玉。乃祖乃父，丕乃告我高后，曰：作丕刑于朕孫。迪高后，丕乃崇降弗祥。

嗚呼！今予告汝不易：永敬大恤，無胥絶遠。汝分猷念以相從，各設中于乃心。乃有不吉不迪，顛越不恭，暫遇姦宄；我乃劓殄滅之，無遺育，無俾易種于兹新邑。

《左傳・昭公十四年》　已惡而掠美爲昏，貪以敗官爲墨，殺人不忌爲賊。《夏書》曰：昏、墨、賊，殺。皋陶之刑也。

《尚書・呂刑》　惟呂命，王享國百年，耄荒，度作刑，以詰四方。

王曰：若古有訓，蚩尤惟始作亂，延及于平民。罔不寇賊鴟義，姦宄奪攘矯虔。苗民弗用靈，制以刑，惟作五虐之刑曰法。殺戮無辜，爰始淫爲劓、刵、椓、黥，越兹麗刑并制，罔差有辭。

民興胥漸，泯泯棼棼，罔中于信，以覆詛盟。虐威庶戮，方告無辜于上。上帝監民，罔有馨香德，刑發聞惟腥。皇帝哀矜庶戮之不辜，報虐以威，遏絶苗民，無世在下。乃命重黎，絶地天通，罔有降格。群后之逮在下，明明棐常，鰥寡無蓋。

皇帝清問下民，鰥寡有辭于苗。德威惟畏，德明惟明。乃命三后，恤功于民：伯夷降典，折民惟刑；禹平水土，主名山川；稷降播種，農殖嘉穀。三后成功，惟殷于民。士制百姓于刑之中，以教祗德。

穆穆在上，明明在下，灼于四方，罔不惟德之勤，故乃明于刑之中，率乂于民棐彝。典獄，非訖于威，惟訖于富。敬忌，罔有擇言在身，惟克天德，自作元命，配享在下。

王曰：嗟！四方司政典獄，非爾惟作天牧？今爾何監？非時伯夷播刑之迪？其今爾何懲？惟時苗民匪察于獄之麗，罔擇吉人，觀于五刑之中，惟時庶威奪貨，斷制五刑，以亂無辜。上帝不蠲，降咎于苗。苗民無辭于罰，乃絶厥世。

王曰：嗚呼！念之哉。伯父、伯兄、仲叔、季弟、幼子、童孫，皆聽朕言，庶有格命。今爾罔不由慰日勤，爾罔或戒不勤。天齊于民，俾我一日。非終惟終在人。爾尚敬逆天命，以奉我一人。雖畏勿畏，雖休勿休，惟敬五刑，以成三德。一人有慶，兆民賴之，其寧惟永。

王曰：吁！來！有邦有土，告爾祥刑。在今爾安百姓，何擇非人，何敬非刑，何度非及？

兩造具備，師聽五辭。五辭簡孚，正于五刑。五刑不簡，正于五罰。五罰不服，正于五過。五過之疵：惟官，惟反，惟內，惟貨，惟來。其罪惟均，其審克之。

五刑之疑有赦，五罰之疑有赦，其審克之。簡孚有衆，惟貌有稽。無簡不聽，具嚴天威。

墨辟疑赦，其罰百鍰，閲實其罪。劓辟疑赦，其罰惟倍，閲實其罪。剕辟疑赦，其罰倍差，閲實其罪。宫辟疑赦，其罰六百鍰，閲實其罪。大辟疑赦，其罰千鍰，閲實其罪。墨罰之屬千，劓罰之屬千，剕罰之屬五百，宫罰之屬三百，大辟之罰其屬二百，五刑之屬三千。上下比罪，無僭亂辭。勿用不行，惟察惟法，其審克之。上刑適輕，下服。下刑適重，上服。輕重諸罰有權。刑罰世輕世重，惟齊非齊，有倫有要。罰懲非死，人極于病。非佞折獄，惟良折獄，罔非在中。察辭于差，非從惟從。哀敬折獄。明啓刑書，胥占，咸庶中正，其刑其罰，其審克之。獄成而孚，輸而孚，其刑上備，有并兩刑。

王曰：嗚呼！敬之哉，官伯，族姓，朕言多懼，朕敬于刑，有德惟刑。今天相民，作配在下，明清于單辭，民之亂，罔不中聽獄之兩辭。無或私家于獄之兩辭。獄貨非寶，惟府辜功，報以庶尤。永畏惟罰，非天不中，惟人在命。天罰不極，庶民罔有令政在于天下。

王曰：嗚呼！嗣孫，今往何監？非德于民之中，尚明聽之哉！哲人惟刑。無疆之辭，屬于五極，咸中有慶。受王嘉師，監于兹祥刑。

《尚書·康誥》 惟三月哉生魄，周公初基，作新大邑于東國洛。四方民大和會。侯甸男邦采衛，百工播民和，見士于周。周公咸勤，乃洪大誥治。

王若曰：孟侯，朕其弟，小子封。惟乃丕顯考文王，克明德慎罰，不敢侮鰥寡，庸庸，祗祗，威威，顯民。用肇造我區夏，越我一二邦，以修我西土。惟時怙冒，聞於上帝，帝休，天乃大命文王，殪戎殷，誕受厥命越厥邦厥民。惟時叙，乃寡兄勗，肆汝小子封，在兹東土。

王曰：嗚呼！封，汝念哉！今民將在祗遹乃文考，紹聞，衣德言。往敷求于殷先哲王，用保乂民。汝丕遠，惟商耇成人，宅心知訓。别求聞由古先哲王，用康保民。弘于天，若德，裕乃身，不廢在王命。

王曰：嗚呼！小子封，恫瘝乃身，敬哉！天畏棐忱，民情大可見。小人難保，往盡乃心，無康好逸豫，乃其乂民。我聞曰：怨不在大，亦不在小。惠不惠，懋不懋。

已！汝惟小子，乃服惟弘。王應保殷民，亦惟助王宅天命，作新民。

王曰：嗚呼！封，敬明乃罰。人有小罪，非眚，乃惟終，自作不典，式爾，有厥罪小，乃不可不殺。乃有大罪，非終，乃惟眚災，適爾，既道極厥辜，時乃不可殺。

王曰：嗚呼！封，有叙時，乃大明服，惟民其勑懋和，若有疾。惟民其畢棄咎，若保赤子。惟民其康乂。非汝封刑人殺人，無或刑人殺人。非汝封又曰劓刵人，無或劓刵人。

王曰：外事，汝陳時臬，司師，兹殷罰有倫。又曰：要囚，服念五六日，至于旬時，丕蔽要囚。

王曰：汝陳時臬，事罰蔽殷彝，用其義刑義殺，勿庸以次汝封。乃汝盡遜，曰時叙，惟曰未有遜事。

已！汝惟小子，未其有若汝封之心，朕心朕德，惟乃知。

凡民自得罪，寇攘姦宄，殺越人于貨，暋不畏死，罔弗憝。

王曰：封，元惡大憝，矧惟不孝不友。子弗祗服厥父事，大傷厥考心；于父不能字厥子，乃疾厥子。于弟弗念天顯，乃弗克恭厥兄；兄亦不念鞠子哀，大不友于弟。惟吊兹，不于我政人得罪。天惟與我民彝大泯亂。曰：乃其速由文王作罰，刑兹無赦。

不率大戛，矧惟外庶子，訓人，惟厥正人，越小臣諸節，乃别播敷，造民大譽，弗念弗庸，瘝厥君，時乃引惡，惟朕憝。已！汝乃其速由兹義率殺。

亦惟君惟長，不能厥家人，越厥小臣，外正。惟威惟虐，大放王命，乃非德用乂。汝亦罔不克敬典，乃由裕民，惟文王之敬忌，乃裕民，曰：我惟有及則。予一人以懌。

《尚書·酒誥》 王若曰：明大命于妹邦。乃穆考文王，肇國在西土。厥誥毖庶邦庶士越少正、御事，朝夕曰：祀兹酒。惟天降命，肇我民，惟元祀。天降威，我民用大亂喪德，亦罔非酒惟行，越小大邦用喪，亦罔非酒惟辜。

文王誥教小子，有正、有事，無彝酒。越庶國，飲惟祀，德將無醉，惟曰我民迪小子。惟土物愛，厥心臧，聰聽祖考之彝訓。越小大德，小子惟一。

妹土嗣爾股肱，純其藝黍稷，奔走事厥考厥長。肇牽車牛，遠服賈，

用孝養厥父母。厥父母慶，自洗腆，致用酒。

庶士有正越庶伯君子，其爾典聽朕教。爾大克羞耇，惟君，爾乃飲食醉飽。丕惟曰：爾克永觀省，作稽中德。爾尚克羞饋祀，爾乃自介用逸，茲乃允惟王正事之臣，茲亦惟天若元德，永不忘在王家。

王曰：封！我西土棐徂邦君御事小子，尚克用文王教，不腆于酒。故我至于今，克受殷之命。

王曰：封！我聞惟曰：在昔殷先哲王迪畏天顯小民，經德秉哲，自成湯咸至于帝乙，成王畏相。惟御事，厥棐有恭，不敢自暇自逸，矧曰其敢崇飲？越在外服，侯、甸、男、衛、邦伯；越在内服，百僚、庶尹、惟亞、惟服、宗工，越百姓里居，罔敢湎于酒。不惟不敢，亦不暇。惟助成王德顯，越尹人祗辟。

我聞亦惟曰：在今後嗣王酣身，厥命罔顯于民，祗保越怨不易。誕惟厥縱淫泆于非彝，用燕喪威儀，民罔不盡傷心。惟荒腆于酒，不惟自息乃逸，厥心疾很，不克畏死。辜在商邑，越殷國滅，無罹。弗惟德馨香，祀登聞于天。誕惟民怨，庶群自酒，腥聞在上，故天降喪于殷，罔愛于殷，惟逸。天非虐，惟民自速辜。

王曰：封！予不惟若茲多誥。古人有言曰：人無于水監，當于民監。今惟殷墜厥命，我其可不大監撫于時。

予惟曰：汝劼毖殷獻臣，侯、甸、男、衛，矧太史友、内史友，越獻臣、百宗工，矧惟爾事服休、服采，矧惟若疇圻父，薄違農父，若保宏父，定辟，矧汝剛制於酒。

厥或誥曰：群飲。汝勿佚，盡執拘以歸於周，予其殺。又惟殷之迪諸臣，惟工乃湎於酒，勿庸殺之，姑惟教之，有斯明享。乃不用我教辭，惟我一人弗恤，弗蠲乃事，時同于殺。

王曰：封！汝典聽朕毖，勿辯乃司民湎于酒。

《尚書·梓材》 王曰：封！以厥庶民暨厥臣，達大家，以厥臣達王惟邦君。汝若恒，越曰：我有師師，司徒、司馬、司空、尹、旅，曰：予罔厲殺人。亦厥君先敬勞，肆徂厥敬勞。肆往，姦宄殺人，歷人宥，肆亦見厥君事，戕敗人宥。

王啓監，厥亂爲民。曰：無胥戕，無胥虐。至于敬寡，至于屬婦，合由以容。王其效邦君越御事，厥命曷以？引養引恬。自古王若茲監，罔攸辟。惟曰：若稽田，既勤敷菑，惟其陳修，爲厥疆畎；若作室家，既勤垣墉，惟其塗塈茨；若作梓材，既勤樸斲，惟其塗丹雘。

今王惟曰：先王既勤用明德，懷爲夾，庶邦享作，兄弟方來，亦既用明德。后式典集，庶邦丕享。皇天既付中國民，越厥疆土，于先王肆，王惟德用，和懌先後迷民，用懌先王受命。已若茲監。惟曰：欲至於萬年惟王，子子孫孫永保民。

《尚書·多士》 惟三月，周公初于新邑洛，用告商王士。

王若曰：爾殷遺多士，弗弔，旻天大降喪于殷。我有周佑命，將天明威，致王罰，勑殷命終于帝。

肆爾多士，非我小國敢弋殷命。惟天不畀允罔固亂，弼我，我其敢求位？惟帝不畀，惟我下民秉爲，惟天明畏。

我聞曰：上帝引逸。有夏不適逸，則惟帝降格，嚮于時夏，弗克庸帝，大淫泆，有辭。惟時天罔念聞，厥惟廢元命，降致罰，乃命爾先祖成湯革夏，俊民甸四方。

自成湯至於帝乙，罔不明德恤祀。亦惟天丕建，保乂有殷。殷王亦罔敢失帝，罔不配天其澤。在今後嗣王，誕罔顯于天，矧曰其有聽念于先王勤家，誕淫厥泆，罔顧于天顯民祗。惟時上帝不保，降若茲大喪。

惟天不畀不明厥德，凡四方小大邦喪，罔非有辭于罰。

王若曰：爾殷多士，今惟我周王丕靈承帝事，有命曰：割殷。告勑於帝。惟我事不貳適，惟爾王家我適。予其曰：惟爾洪無度，我不爾動，自乃邑。予亦念天即于殷大戾，肆不正。

王曰：猷，告爾多士，予惟時其遷居西爾。非我一人奉德不康寧，時惟天命。無違，朕不敢有後，無我怨。

惟爾知，惟殷先人有册有典，殷革夏命。今爾又曰：夏迪簡在王庭，有服在百僚。予一人惟聽用德，肆予敢求爾于天邑商？予惟率肆矜爾，非予罪，時惟天命。

王曰：多士，昔朕來自奄，予大降爾四國民命。我乃明致天罰，移爾遐逖，比事臣我宗，多遜。

王曰：告爾殷多士！今予惟不爾殺，予惟時命有申。今朕作大邑于

茲洛，予惟四方罔攸賓，亦惟爾多士，攸服奔走臣我，多遜。

爾乃尚有爾土，爾乃尚寧幹止。爾克敬，天惟畀矜爾。爾不克敬，爾不啻不有爾土，予亦致天之罰于爾躬。

今爾惟時宅爾邑，繼爾居，爾厥有幹有年于茲洛。爾小子乃興，從爾遷。

王曰：又曰時予，乃或言，爾攸居。

《尚書·多方》 惟五月丁亥，王來自奄，至於宗周。

周公曰：王若曰：猷告爾四國多方。惟爾殷侯尹民，我惟大降爾命，爾罔不知。

洪惟圖天之命，弗永寅念於祀。惟帝降格於夏，有夏誕厥逸，不肯慼言於民，乃大淫昏，不克終日勸於帝之迪，乃爾攸聞。

厥圖帝之命，不克開於民之麗，乃大降罰，崇亂有夏，因甲於內亂，不克靈承於旅，罔丕惟進之恭，洪舒於民。亦惟有夏之民叨懫日欽，劓割夏邑。天惟時求民主，乃大降顯休命於成湯，刑殄有夏。

惟天不畀純，乃惟以爾多方之義民，不克永於多享。惟夏之恭多士，大不克明保享於民，乃胥惟虐於民，至於百爲，大不克開。

乃惟成湯，克以爾多方，簡代夏作民主。慎厥麗乃勸，厥民刑用勸。以至于帝乙，罔不明德慎罰，亦克用勸。要囚，殄戮多罪，亦克用勸。開釋無辜，亦克用勸。今至于爾辟，弗克以爾多方，享天之命。

嗚呼！王若曰：誥告爾多方，非天庸釋有夏，非天庸釋有殷，乃惟爾辟，以爾多方，大淫圖天之命，屑有辭。乃惟有夏圖厥政，不集於享，天降時喪，有邦間之。乃惟爾商後王，逸厥逸，圖厥政，不蠲烝，天惟降時喪。

惟聖罔念作狂，惟狂克念作聖。天惟五年須暇之子孫，誕作民主，罔可念聽。天惟求爾多方，大動以威，開厥顧天。惟爾多方，罔堪顧之，惟我周王，靈承于旅，克堪用德，惟典神天。天惟式教我用休，簡畀殷命，尹爾多方。

今我曷敢多誥，我惟大降爾四國民命。爾曷不忱裕之于爾多方？爾曷不夾介乂我周王，享天之命？今爾尚宅爾宅，畋爾田，爾曷不惠王熙天之命？爾乃迪屢不靜，爾心未愛，爾乃不大宅天命，爾乃屑播天命。爾乃自作不典，圖忱于正。我惟時其教告之，我惟時其戰要囚之，至于再，至于三。乃有不用我降爾命，我乃其大罰殛之。非我有周秉德不康寧，乃惟爾自速辜。

王曰：嗚呼！猷告爾有方多士暨殷多士，今爾奔走臣我監五祀，越惟有胥伯小大多正，爾罔不克臬。

自作不和，爾惟和哉；爾室不睦，爾惟和哉。爾邑克明，爾惟克勤乃事，爾尚不忌於兇德。亦則以穆穆在乃位，克閱于乃邑謀介，爾乃自時洛邑，尚永力畋爾田。天惟畀矜爾，我有周惟其大介賚爾，迪簡在王庭，尚爾事，有服在大僚。

王曰：嗚呼！多士，爾不克勸忱我命，爾亦則惟不克享，凡民惟曰不享。爾乃惟逸惟頗，大遠王命，則惟爾多方探天之威，我則致天之罰，離逖爾土。

王曰：我不惟多誥，我惟祗告爾命。又曰：時惟爾初，不克敬于和，則無我怨。

（唐）杜佑《通典》卷一六三《刑法·刑制》 虞舜聖德聰明，建法曰：象以典刑，象，法也。法用常刑，用不越法。流宥五刑，宥，寬也。以流放之法寬五刑。鞭作官刑，以鞭為治官事之刑。扑作教刑，扑，榎楚也。不勤道業則撻之。金作贖刑。誤而入刑，出黄金以贖。眚災肆赦，怙終賊刑。欽哉！欽哉！惟刑之恤哉！舜陳典刑之義，勑天下敬之，憂不得其中也。於是流共工於幽洲，幽洲，北裔，水中可居者曰洲。放驩兜於崇山，黨於共工，故放之崇山。崇山，南裔。竄三苗於三危，三苗，國名，縉雲氏之後，時為諸侯。三危，西裔。殛鯀於羽山，羽山，東裔也，在海畔。按司馬遷曰：舜流四凶於四裔，以禦魑魅。此一明四凶不死也。又，云《舜典》流宥五刑者，五刑中有死，既以流放代死，此二明四凶不死也。又《舜典》言，舜美臯陶作士曰：五流有宅。孔安國注云：五流有宅者，謂不忍加刑，則流放之，若四凶。此三明四凶不死也。按《洪範》：鯀則殛死，禹乃嗣興。或者謂便殺之，所以辨鯀至羽山而自死者也。四罪而天下咸服。又五流有宅，五宅三居。謂不忍加刑，則流放之，若四凶也。五流各有所居之地，有三等之居，大罪四裔，次九州之外，次千里之外也。惟明克允。言咎繇能明五刑，施之遠近。前古五帝之代，據《左氏》載晉叔向所言，夏亂政而作九刑，三辟之刑興皆叔世也。所謂九刑，以墨一、劓二、剕三、宮四、大辟五、又流六、贖七、鞭八、扑九，故

曰九刑也。三辟者，言三王始用五刑之法，故謂之三辟也。班固又云：五帝畫象而人知禁。禹承堯、舜之後，自以德衰，始制肉刑，湯、武順而行之，以俗薄於唐、虞故也。而《孝經緯》亦云：五帝畫象，三王肉刑。畫象者，上罪黑蒙赭衣，中罪赭衣雜故屨，下罪雜屨而已。若如三家之言，則前五帝皆同畫象，不用肉刑。其後以為不然，何也？按《舜典》云：流宥五刑。五刑者，以傷刻肌肉，亦謂之肉。蓋《書》美大舜以流放之寬，代刀鋸之毒。若如三家之言，五帝不用五刑矣，則帝舜何得言以流放代之？足明帝舜以前行五刑，明矣。其後舜又贊美皋陶曰：汝作士，五刑有服。又知帝舜初立之時，暫廢五刑，後又用耳。且《尚書經》正聖哲所傳，《左氏》、《班書》何忽而不據，其讖緯之言，固不足徵也。荀卿曰：肉刑者，蓋百王之所同，未有知其所由來者矣。誠哉是言。

（唐）杜佑《通典》卷一六三《刑法·刑制》 周《秋官》之職建三典，正月之吉，始合布刑於邦國都鄙。乃懸刑象之法於象魏，使萬民觀之，浹旬而斂。正月朔日布五刑於天下，又懸書，重之。浹旬，十日也。又執旌節以宣布於四方，而憲邦之刑禁。憲，表也。刑禁者，國之五禁，所以左右刑罰者。司寇正月布刑於天下，又懸其書於象魏，布憲則以旌節出宣令之，亦懸書於門閭及都鄙邦國。刑者王政所重，故丁寧焉。一曰刑新國，用輕典；新國，新闢土，立君之國。用輕法，為其未習教也。二曰刑平國，用中典；承平守成之國。用中典者，常行之法也。三曰刑亂國，用重典。亂國，篡弑叛逆。凡盜賊軍，鄉邑及家人殺之無罪。謂盜賊羣輩若軍，共攻盜鄉邑家人者，殺之無罪。若今無故入人室宅廬舍，上人車船牽引人，欲犯法者，其時格殺無罪。凡報仇讎者，書於士，殺無罪。謂同國不避者，將報之，必先言於士，無罪也。士，主獄官也。凡殺其親者，焚之；殺王之親者，辜之。親，緦服以內。焚，燒也。辜之言枯也，謂磔之。殺人者，踣諸市，肆之三日。踣，謂斃之，音妨付反。傷人見血不以告者，攘獄者，遏訟者，告而誅之。謂吏人相殺傷見血耳。攘獄者，距不受也。遏訟者，遏止訟者也。坐為賊盜者，其孥，男子入於罪隸，女子入於舂槀。舂人、槀人，此二官之役。今之奴婢，古之罪人，箕子為之奴。罪隸，奴也，從坐没入縣官者。凡有爵者，與七十者，與未齔者，皆不為奴。有爵，謂命士以上也。齔，毀齒也。五刑之法，墨罪五百，劓罪五百，宮罪五百，刖罪五百，髡罪五百。凡二千五百，所謂刑平邦用中典者也。墨者使守門，黥面人，無妨禁衛也。劓者守關，以醜貌遠之也。宮者守内，人道既絶，於事便也。刖者守囿，驅禽獸，無急行。髡者守積。王之同族，不處宮刑，是不剪其類也。但髡頭而已。凡王族皆於隱處罰之，故使守積。音恣。穆王享國百年，耄荒，孔安國曰：王即位過四十年，而耄亂忽荒。言百年大期，雖老而能用賢以揚名。命呂侯度作刑。度時代所宜也。訓夏贖刑：穆王命呂侯作書，訓暢夏禹贖刑之法。從輕也。墨罰之屬千，劓罰之屬千，剕罰之屬五百，宮罰之屬三百，大辟之罰其屬二百，五刑之屬三千。多於初制五百章。其後，又作九刑。正刑五及流、贖、鞭、扑。孔子曰：大罪有五，而殺人為下。逆天地者，罪及五代，誣鬼神者，罪及四代，逆人倫者，罪及三代，亂教化者，罪及二代；手殺人者，罪止其身。又曰：析言破律，亂名改作，執左道以亂政者，殺；作淫聲，造異服，設怪伎奇器以盪上心者，殺；行偽而固，言偽而辯，學非而博，順非而澤，以惑衆者，殺；假於鬼神、時日、卜筮以疑人者，殺。此四誅者，不待時，不以聽。春秋時，子產相鄭，國鑄《刑書》。鑄刑法於鼎。晉叔向遺書以非之，子產報曰：吾以救世弊也。具《雜議篇》上。

（明）丘濬《大學衍義補》卷一〇二《慎刑憲·定律令之制》 《呂刑》曰：墨罰之屬千，劓罰之屬千，剕刖足也罰之屬五百，宮罰之屬三百，大辟死刑之罰其屬二百。五刑之屬三千。上下比罪，無僭亂辭，勿用不行，惟察惟法，其審克之。

蔡沈曰：三千，總計之也。《周禮》司刑所掌，五刑之屬二千五百。刑雖增舊，然輕罪比舊爲多，而重罪比舊爲減也。比，附也。罪無正律，則以上下刑而比附其罪也。亂辭，辭之不可聽者。不行，舊有是法而今不行者。戒其無差誤於僭亂之辭，弗用今所不行之法，惟詳明法意而審克之也。【略】

臣按：先儒謂三千已定之法，載之刑書者也。天下之情無窮，刑書所載有限，不可以有限之法而盡無窮之情，又在用法者斟酌損益之。古者任人不任法。法所載者任法，法不載者參以人，上下比罪是也。以其罪而比附之上刑，則見其重；以其罪而比附之下刑，則見其輕。故於輕重之間裁酌之。然必以辭爲主，辭若僭亂，情與罪不相合，是不可行者也。當勿用其不可行之法，惟當察其情，求之法，二者合而後允當乎人情法意，是乃可行者也。在審克之而已。是説雖以解經，然而萬世之下，律文所不該載者，比附之法莫切於此。所謂察之情，求之法，比之上刑不重，比之下刑不輕，而參酌於輕重之間，必允當乎人情法意，可謂得審克之意矣。

（明）董説《七國攷》卷一二《楚刑法・雞次之典》 《國策》：吳與楚戰於柏舉，蒙穀奔入大宮，負《雞次之典》，逃於雲夢之中。昭王反郢，蒙穀獻《典》，而楚國大治。劉向《別録》曰：楚法書曰《雞次之典》，或曰《離次之典》。離次者，失度之謂也。秦滅楚，書遂亡矣。

（明）董説《七國攷》卷一二《韓刑法・刑符》 劉臻《孟子注》引韓昭侯《刑符》曰：一罪謂之犯，二罪謂之干，三罪大逆曰凶人。按《論衡》云：韓用申不害，行其三符，兵不侵境，蓋十五年。其後不能用之，又不察其書，兵挫軍破，國并于秦。昭侯《刑符》者，即申不害三符之一也。《史記》云：申不害者，京人也。故鄭之賤臣，學術以干韓昭侯，昭侯用為相。內脩政，外應諸侯，十五年。終申子之身，國治兵強，無侵韓者。申子之學本于黃老而主刑名，著書二篇，號曰《申子》。劉向《別録》云：今民間所有上下二篇，中書六篇，皆合二篇，已備，過太史公所記也。阮孝緒《七略》云：《申子》三卷。《新序》云：申子之書，言人主當執術以督責臣下，其責深刻，故號曰術。商鞅所為書號曰法。王應麟《通鑑或問》云：秦之李斯阿二世以求容，其書引《申子》曰：有天下而不恣睢，命之曰以天下為桎梏。于是行督責嚴，一言喪邦，秦之亡也忽焉。韓非子定法，問者曰：申不害、公孫鞅，此二家之言孰急于國？應之曰：是不可程也。人不食十日則死，大寒之隆，不衣然亦死。謂之衣食孰急于人，則不可一無也，皆養生之具也。今申不害言術，而公孫鞅為法。術者因任而授官，循名而責實，摻生殺之柄，課羣臣之能者也，此人主之所執也。法者憲令著于官府，刑罰必于民心，賞存乎慎法，而罰加乎姦令者也，此臣之所師也。又曰：申不害，韓昭侯之佐也。韓者，晉之别國也。晉之故法未盡，而韓之新法又生。先君之令未收，而後君之令又下。申不害不擅其法，不一其憲令則姦多。故利在故法前令則道，利在新法後令則道之，利在故新相及，前後相悖，則申不害雖十使昭侯用術，而姦臣猶有所譎其辭矣。故託萬乘之勁韓，七十年而不至于霸王者，雖用術于上，法不勤飾于官之患也。公孫鞅之治秦也，設告相坐而責其實，連什伍而同其罪，賞厚而信，刑重而必，是以其民用力勞而不休，逐敵危而不却，故其國富而兵強。然而無術以知姦，則以其富強也資人臣而已矣。及孝公、商君死，惠王即位，甘茂以秦循國。周武王死，昭襄王即位，穰侯越韓魏而東攻齊，五年而秦不益尺寸之地，乃城其陶邑之封。應侯攻韓八年，城其汝南之封。自是以來，諸用秦者皆應穰之類也。故戰勝則大臣尊，益法則私封立，主無術以知姦也。商君雖十飾其法，人臣反用其資，故乘強秦之資，數十年而不至于帝王者，法雖勤飾于官，主無術于上之患也。又曰：申子未盡于法也。申子言：治不踰官，雖知弗言。治不踰官，謂之守職可也。知而弗言，是謂過也。人主以一國目視，故視莫明焉。以一國耳聽，故聽莫聰焉。今知而弗言，則人主安用假借矣？

（明）董説《七國攷》卷一二《魏刑法・大府之憲》 《國策》：安陵君曰：吾先君成侯受詔襄王以守此地也，手受《大府之憲》。《憲》之上篇曰：子弑父，臣弑君，有常刑。國雖大赦，降城亡守不得與焉。按此是李悝以前魏國相仍之法。又《淮南子》云：惠子為惠王為國法，已成而示之諸先生，先生皆善之，奏之惠王，惠王甚悅之，以示翟璜，曰：善。可行乎？翟璜曰：不可。惠王曰：善而不可行，何也？翟璜對曰：今夫舉大木者，前呼邪許，後必應之，此舉重勸力之歌也，豈無鄭衛激楚之音哉？然而不用者，不若是其宜也。

（明）董説《七國攷》卷一二《魏刑法・法經》 桓譚《新書》：魏文侯師李悝著《法經》，以為王者之政莫急于盜賊，故其律始于《盜》、《賊》。盜賊劾捕，故著《囚》、《捕》二篇。其輕狡、越城、博戲、假借、不廉、淫侈、踰制為《雜律》一篇。又以《具律》具其加減，所著六篇而已。衛鞅受之，入相于秦，是以秦魏二國深文峻法相近。《正律》略曰：殺人者誅，籍其家，及其妻氏。殺二人，及其母氏。大盜戍為守卒，重則誅。窺宮者臏，拾遺者刖，曰為盜心焉。其《雜律》略曰：夫有一妻二妾，其刑馘。夫有二妻則誅，妻有外夫則宮，曰淫禁。盜符者誅，籍其家。盜璽者誅。議國法令者誅，一作法禁。籍其家，及其妻氏，曰狡禁。越城一人則誅，自十人以上夷其鄉及族，曰城禁。博戲罰金三市，太子博戲則笞，不止則特笞，不止則更立，曰嬉禁。羣相居一日以上則問，三日四日五日則誅，曰徒禁。丞相受金，左右伏誅。犀首以下受金則誅。金自鎰以下罰，不誅也，曰金禁。大夫之家有侯物，自一以上者族。其《減律》略曰：罪人年十五以下，罪高三減，罪卑一減。年六十以上，小罪情減，大罪理減。武侯以下，守為魏法矣。唐長孫無忌《律疏序》云：周衰刑

重，戰國異制。魏文侯師于李悝，集諸國刑典造《法經》六篇，一、《盜賊》，二、《賊法》，三、《囚法》，四、《捕請之法》，五、《雜法》，六、《具法》。商鞅傳授，改《法經》為《律》。漢相蕭何更加李悝所造《户》、《興》、《廐》三篇，謂之《九章之律》。《書·微子》疏：

漢魏以箸律，皆曰敢盜郊祀宗廟之物，無多少皆死。

《周官·司寇》誓民。注，誓以犯田之罰，誓曰：無干車，無自後射。疏，此據漢《田律》而言。士師注，野有《田律》。

以邦成弊之。注，鄭司農云，謂若今決事比。疏，若今律其有斷事，皆依舊事斷之，其無條取比類以決之，故云決事比。《晉志》，漢時決事，集爲《令甲》以下三百餘篇。

（清）汪之昌《青學齋集》卷二四《漢律逸文》

殺之無罪。注，若今時無故入人室宅廬舍，上人車船，牽引人，欲犯法者，其時格殺之，無罪。疏，舉漢《賊律》而言。

詔刑罰，法處其所應否。注，如今律家所署法。

司刺三宥。注，若今律過失殺人，不坐死。

三赦。注，若今時律令年未滿八歲，八十以上，非手殺人，他皆不坐。

庶氏。注，《賊律》曰，敢蠱人反教令者，棄市。

大胥。注，《漢大樂律》曰，卑者之子，不得舞宗廟之酎，除吏二千石到六百石，及關内侯到五大夫子，先取適子，高七尺已上，年十二到年三十，顏色和順，身體修治者，以爲舞人。

《禮記·内則》用蓤。注，《漢律》會稽獻蓤。

《説文》：《漢律》祠祉司命。《漢律》會稽獻蓤一斗。《漢律令》簟，小筐也。《漢律》能捕豺貀，購百錢。《漢律》會稽獻鮚醬三斗。《漢律》曰，婦告威姑。揚雄以爲《漢律》祠宗廟丹書告。《漢律》民不繇貲錢二十二。《漢律》曰，綺絲數謂之絩，布謂之總，綬組謂之首。《漢律》曰瞟田茠草。《漢律》曰，及其門首灑湆。《漢律》曰，賜衣者，縵表白裏。《漢律》名船方長爲舳艫。《漢律》齊人予妻婢姦曰姘。《漢律》曰，見姅變不得侍祠。亦見《史記·長沙定王世家》注。

《説文叙》：尉律學僮十七已上，諷籀書，九千字乃得爲史。又以八體試之郡，移大史，并課最者，以爲尚書史，書或不正輒舉劾之。

《獨斷》：乘輿出於律。《律》曰：敢盜乘輿服御物。亦見《史記·吕后紀》注。

《初學記·政理部》假條：《漢律》使二千石有予告，有賜告。亦見《史記·高紀》注。

《集韵》：《漢律》捕虎購錢三百其豹半之。

《蕭望之傳》：受所監臧二百五十以上。注二百五十已上，當時坐罪之次。

《匡衡傳》：監臨盜所主守直十金以上。注十金已上，當時律定罪之次。

《孔光傳》：各以法時律令論之。

《貢禹傳》：除其租銖之律。

《薛宣傳》：律曰鬬以刃傷人，完爲城旦，其賊加一等，與謀者同罪。

《史記·趙奢傳》注：江遂曰，《漢令》稱完，而不髡曰耐。

《後漢·章紀》：元和元年詔，《律》云掠者，唯得榜笞立，又《令丙》箠長短有數。又二年詔，《律》十二月立春不以報囚。三年詔，其嬰兒無父母親屬，及有子不能養食者，稟給如律。

《史記·高紀》注：《漢律》吏二千石，有予告，賜告。予告者，在官有功最法所當得者也。賜告者，病滿三月當免，天子優賜復其告，使得帶印紱，將官屬，歸家治疾也。又《文紀》注：《漢律》三人已上，無故羣飲，罰金四兩。又引崔浩《漢律序》，又《漢書·文紀》注，又《文紀》除收帑諸相坐律令。又《外戚傳》，容華秩比二千石。注，《漢律》真二千石，俸月二萬。又《蕭相國世家》注，律有無害都吏。又，律，郡卒史書佐各十人也。

《夏侯嬰傳》注：律有故乞鞠。

《周昌傳》注：《諸侯王表》有左官之律，又《申屠嘉傳》注，律有蹶張士。亦見《張丞相傳》注。

《靳歙傳》：子亭代侯，坐事國人過律。

《張釋之傳》：案律盜宗廟服御物者爲奏，奏當棄市。

《吴王濞傳》注：律，春曰朝，秋曰請，如古諸侯朝聘也。又《漢律》卒更有三，踐更、居更、過更也。又天下人皆直戍邊三月，亦各爲

《更律》，所謂繇戍也。雖丞相子亦在戍邊之調，不可人人自行三月戍。又行者出錢三百入官，官給戍者，是爲過更。此漢初因秦法而行之，後改爲謫，乃戍邊一歲。

《魏其傳》注：律，諸侯春朝天子曰朝，秋曰請。又，律，司空主水及罪人。

《匈奴傳》：律，近塞郡皆置尉百里一人，士史尉史各二人也。

《衛大將軍傳》注：律，都軍官長史一人也。

《秦始皇紀》集解：如湻曰：《律説》鬼薪作三歲刑。又《律説》，論決爲髡鉗，輸邊築長城，晝日伺寇虜，夜暮築長城，城旦四歲刑。

《項羽紀》集解：如湻曰：律，年二十三，傅之疇官，各從其父疇内學之。高不滿六尺二寸以下爲罷癃。

又《文紀》如湻曰：律，四馬高足爲傳置，四馬中足爲馳置，下足爲乘置，一馬二馬爲軺置，如置急者，乘一馬曰乘也。

又《武紀》索隱：《漢律》皮幣，率庶皮方，尺直黄金一斤。

《傅靳蒯成傳》集解：《律》謂勒兵而守曰屯。

《張釋之傳》集解：如湻曰：乙令蹕先至，而犯者罰金四兩，蹕止行人。

《淮南傳》集解：如湻曰：《律》有罪失官爵，稱士五者也。又《漢律》所謂廢格。又如湻曰：《律》耐爲司寇，耐爲鬼薪白粲，耐猶任也。

《汲鄭列傳》集解：如湻曰：《律》太守都尉諸侯内史史各一人，卒史書佐各十人。

《游俠傳》集解：《律説》，卒更、踐更者，居縣中五月，乃更也。後從《尉律》，卒踐更一月休十一月也。

《漢書·高紀》注：金布令曰不幸死，死所爲櫝，傳歸所居，縣賜以衣棺也。

《惠紀》注：如湻曰：《律》有斗食，佐史。又《漢律》人出一筭，筭百二十錢，唯賈人與奴婢倍筭，今使五筭罪謫之也。

《文紀》注：如湻曰：《律説》，都吏，今督郵是也。閑惠曉事，即爲文無害都吏。

《羣書拾補·風俗通佚文》：《户律》：漢中巴蜀廣漢自擇伏日。

《吕覽·開春論》高誘注：律坐父兄，没人爲奴。

《三國·魏志·毛玠傳》：漢律，罪人妻子，没爲奴婢，黥面。漢法所行。《陳書·沈洙傳》述《漢律》云，死罪及除名罪證明白，考掠已至而抵隱不服者，處當列上。杜預注云處當證驗之狀，到其抵隱之意。

《漢書》卷三《高后紀》〔高后〕元年春正月，詔曰：前日孝惠皇帝言欲除三族辠、妖言令，議未決而崩，今除之。

(唐) 杜佑《通典》卷一六三《刑法·刑制》 文帝制：人有犯法已論，其父母妻子同産坐之及收孥，律令宜除之。孥，子也。秦法，一人有罪收其家。罪疑者與人。從輕斷之。於是刑法大省，斷獄四百。具《寬恕篇》。又感齊女淳于緹縈之言，除肉刑，定律曰：諸當完者，完為城旦舂，以完易髡，以笞代劓，以釱左右趾代刖。今既曰完矣，不復云以完代完，此當言髡者完之矣。當黥者，髡鉗為城旦舂；當劓者，笞三百；當斬左趾者，笞五百，當斬右趾，及殺人先自告，謂殺人而自首得免罪者。及吏受賕枉法，謂曲法而受賂者。守縣官財物而即盗之，今律所謂主守自盗者。已論命復有笞罪者，皆棄市。命者，名也，成其罪也。殺人害重，受贓、盗物，贓汙之身，故此三罪，已被論名而又犯笞，亦皆棄市。罪人獄已決，完為城旦舂，滿三歲為鬼薪白粲。鬼薪白粲一歲，為隷臣妾。隷臣妾一歲，免為庶人。男子為隷臣，女子為隷妾。鬼薪白粲滿三歲，為隷臣妾。隷臣妾滿二歲，為司寇。司寇一歲，及作如司寇二歲，皆免為庶人。罪降為司寇故一歲。正司寇，故二歲。其亡逃及有罪耐已上，不用此令。在本罪，中又重犯者也。具《肉刑議篇》。是後，外有輕刑之名，内實殺人。斬右趾者又當死。斬左趾者笞五百，當劓者笞三百，率多死。斬右趾者棄市，故入於死。以笞五百代斬左趾，笞三百代劓，笞數既多，亦不活也。

(明) 丘濬《大學衍義補》卷一〇二《慎刑憲·定律令之制》 文帝元年，詔曰：法者，治之正，所以禁暴而衛善人也。今犯法者已論，而使無罪之父母妻子同産坐之，及爲收帑子也，朕甚弗取。其議除收帑諸相坐律令。

臣按：虞廷罰不及嗣，周室罪人不孥。秦法，一人有罪，并坐其室家。仁暴之心既殊，國祚所以有長短之異也。文帝即位之初，即除去秦人之苛刑。漢祚之延，幾於三代，未必不基於斯。

《漢書》卷四《文帝紀》〔文帝二年〕五月，詔曰：古之治天下，

朝有進善之旌，誹謗之木，所以通治道而來諫者也。今法有誹謗訞言之罪，是使衆臣不敢盡情，而上無由聞過失也。將何以來遠方之賢良？其除之。民或祝詛上，以相約而後相謾，吏以爲大逆，其有他言，吏又以爲誹謗。此細民之愚，無知抵死，朕甚不取。自今以來，有犯此者勿聽治。

《漢書》卷二三《刑法志》　漢興之初，雖有約法三章，網漏吞舟之魚，然其大辟，尚有夷三族之令。令曰：當三族者，皆先黥，劓，斬左右止，笞殺之，梟其首，菹其骨肉於市。其誹謗詈詛者，又先斷舌。故謂之具五刑。彭越、韓信之屬皆受此誅。至高后元年，乃除三族罪、袄言令。孝文二年，又詔丞相、太尉、御史：法者，治之正，所以禁暴而衛善人也。今犯法者已論，而使無罪之父母妻子同産坐之及收，朕甚弗取。其議。左右丞相周勃、陳平奏言：父母妻子同産相坐及收，所以累其心，使重犯法也。收之之道，所由來久矣。臣之愚計，以爲如其故便。文帝復曰：朕聞之，法正則民慤，罪當則民從。且夫牧民而道之以善者，吏也；既不能道，又以不正之法罪之，是法反害於民，爲暴者也。朕未見其便，宜孰計之。平、勃乃曰：陛下幸加大惠於天下，使有罪不收，無罪不相坐，甚盛德，臣等所不及也。臣等謹奉詔，盡除收律、相坐法。其後，新垣平謀爲逆，復行三族之誅。由是言之，風俗移易，人性相近而習相遠，信矣。夫以孝文之仁，平、勃之知，猶有過刑謬論如此甚也，而況庸材溺於末流者乎？

《漢書》卷二三《刑法志》　及孝文即位，躬修玄默，勸趣農桑，減省租賦。而將相皆舊功臣，少文多質，懲惡亡秦之政，論議務在寬厚，恥言人之過失。化行天下，告訐之俗易。吏安其官，民樂其業，畜積歲增，户口寖息，風流篤厚，禁罔疏闊。選張釋之爲廷尉，罪疑者予民。是以刑罰大省，至於斷獄四百，有刑錯之風。即位十三年，齊太倉令淳于公有罪當刑，詔獄逮繫長安。淳于公無男，有五女，當行會逮，罵其女曰：生子不生男，緩急非有益！其少女緹縈，自傷悲泣，乃隨其父至長安，上書曰：妾父爲吏，齊中皆稱其廉平，今坐法當刑。妾傷夫死者不可復生，刑者不可復屬，雖後欲改過自新，其道亡繇也。妾願没入爲官婢，以贖父刑罪，使得自新。書奏天子，天子憐悲其意，遂下令曰：制詔御史：蓋聞有虞氏之時，畫衣冠異章服以爲戮，而民弗犯，何治之至也！今法有肉刑三，而姦不止，其咎安在？非乃朕德之薄，而教不明與！吾甚自愧。故夫訓道不純而愚民陷焉。《詩》曰：愷弟君子，民之父母。今人有過，教未施而刑已加焉，或欲改行爲善，而道亡繇至，朕甚憐之。夫刑至斷支體，刻肌膚，終身不息，何其刑之痛而不德也！豈稱爲民父母之意哉？其除肉刑，有以易之；及令罪人各以輕重，不亡逃，有年而免。具爲令。

丞相張蒼、御史大夫馮敬奏言：肉刑所以禁姦，所由來者久矣。陛下下明詔，憐萬民之一有過被刑者終身不息，及罪人欲改行爲善而道亡繇至，於盛德，臣等所不及也。臣謹議請定律曰：諸當完者，完爲城旦舂；當黥者，髡鉗爲城旦舂；當劓者，笞三百；當斬左止者，笞五百；當斬右止，及殺人先自告，及吏坐受賕枉法，守縣官財物而即盜之，已論命復有笞罪者，皆棄市。罪人獄已決，完爲城旦舂，滿三歲爲鬼薪白粲。鬼薪白粲一歲，爲隸臣妾。隸臣妾一歲，免爲庶人。隸臣妾滿二歲，爲司寇。司寇一歲，及作如司寇二歲，皆免爲庶人。其亡逃及有罪耐以上，不用此令。前令之刑城旦舂歲而非禁錮者，如完爲城旦舂歲數以免。臣昧死請。制曰：可。是後，外有輕刑之名，内實殺人。斬右止者又當死。斬左止者笞五百，當劓者笞三百，率多死。

（明）丘濬《大學衍義補》卷一〇二《慎刑憲・定律令之例》　〔文帝〕十三年下令曰：蓋聞有虞氏之時，畫衣冠，異章服，以爲戮，而民弗犯，何治之至也。今法有肉刑三而姦不止，其咎安在？非乃朕德薄而教不明歟。吾甚自愧，故夫訓道不純而愚民陷焉。《詩》曰：愷悌君子，民之父母。今人有過，教未施而刑已加焉。或欲改行爲善而道亡無同。繇至，朕甚憐之。夫刑至斷支體，刻肌膚，終身不息。生也。何其刑之痛而不德也。豈爲民父母之意？其除肉刑，有以易之。及令罪人各以輕重，不亡逃，有年而免。其不亡逃者，滿其年數，免爲庶人。具爲令。

馬端臨曰：古者五刑，皆肉刑也。孝文詔謂今有肉刑三而姦不止，注謂黥，劓，斬趾三者。遂以髡鉗代黥，笞三百代劓，笞五百代斬趾，獨不及宫刑。至景帝元年詔言孝文皇帝除宫刑，出美人，重絶人之世也。則知文帝并宫刑除之。至景帝中元年，赦徒作陽陵者，死罪欲腐者許之。而武帝時李延年、司馬遷、張安世、況賀，皆坐腐刑，則是因景帝中元年之

後，宮刑復用，而以施之死罪之情輕者，不常用也。

臣按：後世以笞箠爲刑，始此。夫三代以前所謂肉刑者，墨、劓、剕、宫、大辟也。至漢初僅有三焉。黥、劓、斬趾而已。文帝感淳于公少女緹縈之言，始下詔除之。遂以髡鉗代黥，笞三百代劓，笞五百代斬趾。自是以來，天下之人犯法者，始免斷支體，刻肌膚。百世之下，人得以全其身，不絶其類者，文帝之德大矣。

《漢書》卷二三《刑法志》 景帝元年，下詔曰：加笞與重罪無異，幸而不死，不可爲人。其定律：笞五百曰三百，笞三百曰二百。猶尚不全。至中六年，又下詔曰：加笞者，或至死而笞未畢，朕甚憐之。其減笞三百曰二百，笞二百曰一百。又曰：笞者，所以教之也，其定箠令。丞相劉舍、御史大夫衛綰請：笞者，箠長五尺，其本大一寸，其竹也，末薄半寸，皆平其節。當笞者笞臀。毋得更人，畢一罪乃更人。自是笞者得全，然酷吏猶以爲威。死刑既重，而生刑又輕，民易犯之。

《漢書》卷五《景帝紀》 〔景帝元年〕秋七月，詔曰：吏受所監臨，以飲食免，重；受財物，賤買貴賣，論輕。廷尉與丞相更議著令。廷尉信謹與丞相議曰：吏及諸有秩受其官屬所監、所治、所行、所將，其與飲食計償費，勿論。它物，若買故賤，賣故貴，皆坐臧爲盜，没入臧縣官。吏遷徙免罷，受其故官屬所將監治送財物，奪爵爲士伍，免之。無爵，罰金二斤，令没入所受，有能捕告，畀其所受臧。

《漢書》卷五《景帝紀》 〔景帝五年〕九月，詔曰：法令度量，所以禁暴止邪也。獄，人之大命，死者不可復生。吏或不奉法令，以貨賂爲市，朋黨比周，以苛爲察，以刻爲明，令亡罪者失職，朕甚憐之。有罪者不伏罪，姦法爲暴，甚亡謂也。諸獄疑，若雖文致於法而於人心不厭者，輒讞之。

《漢書》卷五《景帝紀》 〔景帝六年〕五月，詔曰：夫吏者，民之師也，車駕衣服宜稱。吏六百石以上，皆長吏也，亡度者或不吏服，出入閭里，與民亡異。令長吏二千石車朱兩轓，千石至六百石朱左轓。車騎從者不稱其官衣服，下吏出入閭巷亡吏體者，二千石上其官屬，三輔舉不如法令者，皆上丞相御史請之。先是吏多軍功，車服尚輕，故爲設禁。又惟酷吏奉憲失中，乃詔有司減笞法，定箠令。

《漢書》卷五《景帝紀》 後元年春正月，詔曰：獄，重事也。人有智愚，官有上下。獄疑者讞有司。有司所不能決，移廷尉。有令讞而後不當，讞者不爲失。欲令治獄者務先寬。

《漢書》卷五《景帝紀》 〔景帝後元二年〕夏四月，詔曰：雕文刻鏤，傷農事者也；錦繡纂組，害女紅者也。農事傷則飢之本也，女紅害則寒之原也。夫飢寒並至，而能亡爲非者寡矣。朕親耕，后親桑，以奉宗廟粢盛祭服，爲天下先；不受獻，減太官，省繇賦，欲天下務農蠶，素有畜積，以備災害。彊毋攘弱，衆毋暴寡，老耆以壽終，幼孤得遂長。今歲或不登，民食頗寡，其咎安在？或詐僞爲吏，吏以貨賂爲市，漁奪百姓，侵牟萬民。縣丞，長吏也，姦法與盜盜，甚無謂也。其令二千石各修其職，不事官職耗亂者，丞相以聞，請其罪。布告天下，使明知朕意。

《漢書》卷二三《刑法志》 及至孝武即位，外事四夷之功，内盛耳目之好，徵發煩數，百姓貧耗，窮民犯法，酷吏擊斷，姦軌不勝。於是招進張湯、趙禹之屬，條定法令，作見知故縱、監臨部主之法，緩深故之罪，急縱出之誅。其後姦猾巧法，轉相比況，禁罔寖密。律令凡三百五十九章，大辟四百九條，千八百八十二事，死罪決事比萬三千四百七十二事。文書盈於几閣，典者不能徧睹。是以郡國承用者駁，或罪同而論異。姦吏因緣爲市，所欲活則傅生議，所欲陷則予死比，議者咸冤傷之。

《漢書》卷六《武帝紀》 元朔元年冬十一月，詔曰：公卿大夫，所使總方略，壹統類，廣教化，美風俗也。夫本仁祖義，褒德禄賢，勸善刑暴，五帝三王所繇昌也。朕夙興夜寐，嘉與宇内之士臻於斯路。故旅耆老，復孝敬，選豪俊，講文學，稽參政事，祈進民心，深詔執事，興廉舉孝，庶幾成風，紹休聖緒。夫十室之邑，必有忠信；三人並行，厥有我師。今或至闔郡而不薦一人，是化不下究，而積行之君子雍於上聞也。二千石官長紀綱人倫，將何以佐朕燭幽隱，勸元元，厲蒸庶，崇鄉黨之訓哉？且進賢受上賞，蔽賢蒙顯戮，古之道也。其與中二千石、禮官、博士議不舉者罪。有司奏議曰：古者，諸侯貢士，壹適謂之好德，再適謂之賢賢，三適謂之有功，乃加九錫；不貢士，壹則黜爵，再則黜地，三則黜爵地畢矣。夫附下罔上者死，附上罔下者刑，與聞國政而無益於民者斥，在上位而不能進賢者退，此所以勸善黜惡也。今詔書昭先帝聖緒，令

二千石舉孝廉，所以化元元，移風易俗也。不舉孝，不奉詔，當以不敬論。不察廉，不勝任也，當免。奏可。

《漢書》卷二三《刑法志》　宣帝自在閭閻而知其若此，及即尊位，廷史路溫舒上疏，言秦有十失，其一尚存，治獄之吏是也。語在《溫舒傳》。上深愍焉，乃下詔曰：間者吏用法，巧文寖深，是朕之不德也。夫決獄不當，使有罪興邪，不辜蒙戮，父子悲恨，朕甚傷之。今遣廷史與郡鞫獄，任輕祿薄，其爲置廷平，秩六百石，員四人。其務平之，以稱朕意。於是選于定國爲廷尉，求明察寬恕黄霸等以爲廷平，季秋後請讞。時上常幸宣室，齋居而決事，獄刑號爲平矣。時涿郡太守鄭昌上疏言：聖王置諫爭之臣者，非以崇德，防逸豫之生也；立法明刑者，非以爲治，救衰亂之起也。今明主躬垂明聽，雖不置廷平，獄將自正；若開後嗣，不若删定律令。律令一定，愚民知所避，姦吏無所弄矣。今不正其本，而置廷平以理其末也，政衰聽怠，則廷平將招權而爲亂首矣。宣帝未及修正。

《漢書》卷八《宣帝紀》〔地節四年〕夏五月，詔曰：父子之親，夫婦之道，天性也。雖有患禍，猶蒙死而存之。誠愛結於心，仁厚之至也，豈能違之哉！自今子首匿父母，妻匿夫，孫匿大父母，皆勿坐。其父母匿子，夫匿妻，大父母匿孫，罪殊死，皆上請廷尉以聞。

《漢書》卷八《宣帝紀》〔黄龍元年二月〕詔曰：蓋聞上古之治，君臣同心，舉措曲直，各得其所。是以上下和洽，海内康平，其德弗可及已。朕既不明，數申詔公卿大夫務行寬大，順民所疾苦，將欲配三王之隆，明先帝之德也。今吏或以不禁姦邪爲寬大，縱釋有罪爲不苛，或以酷惡爲賢，皆失其中。奉詔宣化如此，豈不謬哉！方今天下少事，繇役省減，兵革不動，而民多貧，盜賊不止，其咎安在？上計簿，具文而已，務爲欺謾，以避其課。三公不以爲意，朕將何任？諸請詔省卒徒自給者皆止。御史察計簿，疑非實者，按之，使眞僞毋相亂。

《漢書》卷二三《刑法志》　至元帝初立，乃下詔曰：夫法令者，所以抑暴扶弱，欲其難犯而易避也。今律令煩多而不約，自典文者不能分明，而欲羅元元之不逮，斯豈刑中之意哉！其議律令可蠲除輕減者，條奏，唯在便安萬姓而已。

（明）丘濬《大學衍義補》卷一〇三《慎刑憲・定律令之制》　元帝初，下詔曰：夫律令者，所以抑暴扶弱，欲其難犯而易避也。今律煩多而不約，自典文者不能分明，而欲羅元元之不逮，斯豈刑中之意哉。其議律令可蠲除輕減者，條奏。惟是使安百姓而已。

臣按：律令之設，蓋懸法以示人，使人知所避而不犯，非故欲爲是以待天下之罪人，如人設網羅以待禽獸也。後世之律，往往文深而義晦。比擬之際，彼此可以旁通，下人不知所守，而舞智之吏，得以輕重其罪。誠有如此詔所謂今律煩多而不約，自典文者不能分明，而欲羅元元之不逮者。所謂不逮者，解者謂不逮，言意識所不及也。噫，蚩蚩之民，不能皆讀律令，及其讀之又有所不逮者。則其不幸而陷於罪者，豈非上之人之過哉。然則後世有制律者，當何如，亦曰淺易其語，顯明其義，使人易曉，知所避而不犯。可也。

《漢書》卷二三《刑法志》　至成帝河平中，復下詔曰：《甫刑》云五刑之屬三千，大辟之罰其屬二百，今大辟之刑千有餘條，律令煩多，百有餘萬言，奇請它比，日以益滋，自明習者不知所由，欲以曉喻衆庶，不亦難乎！於以羅元元之民，夭絶亡辜，豈不哀哉！其與中二千石、二千石、博士及明習律令者議減死刑及可蠲除約省者，令較然易知，條奏。《書》不云乎惟刑之恤哉！其審核之，務準古法，朕將盡心覽焉。有司無仲山父將明之材，不能因時廣宣主恩，建立明制，爲一代之法，而徒鉤摭微細，毛舉數事，以塞詔而已。是以大議不立，遂以至今。議者或曰，法難數變，此庸人不達，疑塞治道，聖智之所常患者也。故略舉漢興以來，法令稍定而合古便今者。

《漢書》卷二三《刑法志》　《周官》有五聽、八議、三刺、三宥、三赦之法。五聽：一曰辭聽，二曰色聽，三曰氣聽，四曰耳聽，五曰目聽。八議：一曰議親，二曰議故，三曰議賢，四曰議能，五曰議功，六曰議貴，七曰議勤，八曰議賓。三刺：一曰訊群臣，二曰訊群吏，三曰訊萬民。三宥：一曰弗識，二曰過失，三曰遺忘。三赦：一曰幼弱，二曰老眊，三曰惷愚。凡囚，上罪梏拲而桎，中罪梏桎，下罪梏；王之同族拲，有爵者桎，以待弊。高皇帝七年，制詔御史：獄之疑者，吏或不敢決，有罪者久而不論，無罪者久繫不決。自今以來，縣道官獄疑者，各

讞所屬二千石官，二千石官以其罪名當報之。所不能決者，皆移廷尉，廷尉亦當報之。廷尉所不能決，謹具爲奏，傅所當比律令以聞。上恩如此，吏猶不能奉宣。故孝景中五年復下詔曰：諸獄疑，雖文致於法而於人心不厭者，輒讞之。其後獄吏復避微文，遂其愚心。至後元年，又下詔曰：獄，重事也。人有愚智，官有上下。獄疑者讞，有令讞者已報讞而後不當，讞者不爲失。自此之後，獄刑益詳，近於五聽三宥之意。三年復下詔曰：高年老長，人所尊敬也；鰥寡不屬逮者，人所哀憐也。其著令：年八十以上，八歲以下，及孕者未乳，師、朱儒當鞠繫者，頌繫之。至孝宣元康四年，又下詔曰：朕念夫耆老之人，髮齒墮落，血氣既衰，亦無暴逆之心，今或罹于文法，執于囹圄，不得終其年命，朕甚憐之。自今以來，諸年八十非誣告殺傷人，它皆勿坐。至成帝鴻嘉元年，定令：年未滿七歲，賊鬭殺人及犯殊死者，上請廷尉以聞，得減死。合於三赦幼弱老眊之人。此皆法令稍定，近古而便民者也。

《漢書》卷一二《平帝紀》〔元壽二年〕帝年九歲，太皇太后臨朝，大司馬莽秉政，百官總己以聽於莽。詔曰：夫赦令者，將與天下更始，誠欲令百姓改行絜己，全其性命也。(性)〔往〕者有司多舉奏赦前事，累增罪過，誅陷亡辜，殆非重信慎刑，洒心自新之意也。及選舉者，其歷職更事有名之士，則以爲難保，廢而弗舉，甚謬於赦小過舉賢材之義。對諸有臧及內惡未發而薦舉者，皆勿案驗。令士厲精鄉進，不以小疵妨大材。自今以來，有司無得陳赦前事置奏上。有不如詔書爲虧恩，以不道論。定著令，布告天下，使明知之。

《漢書》卷一二《平帝紀》〔平帝元始四年春正月〕詔曰：蓋夫婦正則父子親，人倫定矣。前詔有司復貞婦，歸女徒，誠欲以防邪辟，全貞信。及眊悼之人刑罰所不加，聖王之所制也。惟苛暴吏多拘繫犯法者親屬，婦女老弱，構怨傷化，百姓苦之。其明敕百寮，婦女非身犯法，及男子年八十以上七歲以下，家非坐不道，詔所名捕，它皆無得繫。其當驗者，即驗問。定著令。

(清) 杜貴墀《漢律輯證》卷一 讀鞫已乃論之。《秋官・小司寇》讀書則用法，注：鄭司農引漢法疏云：鞫謂劾囚之要辭，行刑之時讀已乃論其罪也。《尚書・吕刑》注謂上其鞫劾之辭。正義：漢世問罪謂之鞫，斷罪謂之劾。《宋書・謝莊傳》漢文傷不辜之罰，除相坐之令，孝宣倍深文之吏，立鞫訊之法。《後書・袁敞傳》張俊者，蜀郡人，《蔡邕集》俊坐漏洩事當伏重刑，已出穀門復聽讀鞫，詔書馳赦一等輸左校。

《漢書》卷九九中《王莽傳》〔始建國〕三年，莽曰：百官改更，職事分移，律令儀法，未及悉定，且因漢律令儀法以從事。

《後漢書》卷一上《光武帝紀》〔建武二年〕三月乙未，大赦天下，詔曰：頃獄多冤人，用刑深刻，朕甚愍之。孔子云：刑罰不中，則民無所措手足。其與中二千石、諸大夫、博士、議郎議省刑法。

《晉書》卷三〇《刑法志》 漢自王莽篡位之後，舊章不存。光武中興，留心庶獄，常臨朝聽訟，躬決疑事。是時承離亂之後，法網弛縱，罪名既輕，無以懲肅。梁統乃上疏曰：

臣竊見元帝初元五年，輕殊刑三十四事，哀帝建平元年盡四年，輕殊死者刑八十一事，其四十二事，手殺人皆減死罪一等，著爲常法。自是以後，人輕犯法，吏易殺人，吏民俱失，至於不羈。

臣愚以爲刑罰不苟務輕，務其中也。君人之道，仁義爲主，仁者愛人，義者理務。愛人故當爲除害，理務亦當爲去亂。是以五帝有流殛放殺之誅，三王有大辟刻肌之刑，所以爲除殘去亂也。故孔子稱仁者必有勇，又曰理財正辭，禁人爲非曰義。高帝受命，制約令，定法律，傳之後世，可常施行。文帝寬惠温克，遭世康平，因時施恩，省去肉刑，除相坐之法，他皆率由舊章，天下幾致升平。武帝值中國隆盛，財力有餘，出兵命將，征伐遠方，軍役數興，百姓罷弊。豪桀犯禁，姦吏弄法，故設遁匿之科，著知縱之律。宣帝聰明正直，履道握要，以御海內，臣下奉憲，不失繩墨。元帝法律，少所更改，天下稱安。孝成、孝哀，承平繼體，即位日淺，聽斷尚寡。丞相王嘉等猥以數年之間，虧除元帝舊約，穿令斷律，凡百餘事，或不便於政，或不厭人心。臣謹表取其尤妨政事、害善良者，傅奏如左。

伏惟陛下苞五常，履九德，推時撥亂，博施濟時，而反因循季世末節，衰微軌迹，誠非所以還初反本，據元更始也。願陛下宣詔有司，悉舉初元、建平之所穿鑿，考其輕重，察其化俗，足以知政教所處，擇其善者而從之，其不善者而改之，定不易之典，施之無窮，天下幸甚。

事下三公、廷尉議，以爲隆刑峻法，非明王急務，不可開許。統復上言曰：有司猥以臣所上不可施行。今臣所言，非曰嚴刑。竊謂高帝以後，至於宣帝，其所施行，考合經傳，比方今事，非隆刑峻法。不勝至願，願得召見，若對尚書近臣，口陳其意。帝令尚書問狀，統又對，極言政刑宜改。議竟不從。及明帝即位，常臨聽訟觀録洛陽諸獄。帝性既明察，能得下姦，故尚書奏決罰近於苛碎。

（明）孫世芳《宣府鎮志》卷一九《法令考·漢》 世祖建武十二年詔邊吏料敵戰守不拘以逗留法。尹起莘曰：遇敵不進則法有逗留之罪，然兵有利鈍事究緩急。要在隨機應變可也。光武當四海平定之後，詔邊吏料敵戰守不拘以逗留法，不獨知用兵之要，亦足見不貪功之意，宜乎《綱目》詳書以美之也。

（宋）王欽若等《册府元龜》卷六〇九《刑法部·定律令》 元和元年七月丁未詔曰：律云掠者唯得榜笞立。榜，擊也，音彭。立謂立而考訊之。又《令丙》箠長短有數。令丙，爲篇之次也。令有先後，有《令甲》、《令乙》、《令丙》。箠長一寸，本大一寸。其竹也，末薄半寸，其平去節。故云長短有數也。自往者大獄已來，掠考多酷，鉆鑽之屬，慘苦無極，念其痛毒，怵然動心。《書》曰：鞭作官刑，豈云若此？宜及秋冬理獄，明爲其禁。帝初即位，尚書陳寵上疏，乞改前世苛俗，輕薄箠楚以濟群生，全廣至德以奉天心。帝納寵言，每事務於寬厚。至是遂詔有司，絶鉆鑽諸慘酷之科，《蒼頡篇》曰：鉆，持也。《說文》曰：鉆，鐵銸也，其炎切。銸，音陟葉切。鑽，鑚刑，謂鑽去其髕骨也。鑽，音作喚切。解惡妖之禁，除文致之請讞五十餘事，定著於令。

《後漢書》卷三《章帝紀》 〔元和元年〕十二月壬子，詔曰：《書》云：父不慈，子不祗，兄不友，弟不恭，不相及也。往者妖言大獄，所及廣遠，一人犯罪，禁至三屬，莫得垂纓仕宦王朝。如有賢才而没齒無用，朕甚憐之，非所謂與之更始也。諸以前妖惡禁錮者，一皆蠲除之，以明棄咎之路，但不得在宿衛而已。

（宋）王欽若等《册府元龜》卷六〇九《刑法部·定律令》 〔元和〕二年七月庚子詔曰：《春秋》於春每月書王者，重三正、慎三微也。律十二月立春，不以報囚。報猶論也，立春陽氣正可以施生故不論囚。《月令》冬至之後，有順陽助生之文，《月令·仲冬》：是月也，日短至陰陽爭，諸生蕩，君子身欲寧，事欲靜，以待陰陽之所定也。而無鞫獄斷刑之政。朕咨訪儒雅，稽之典籍，以爲王者生殺，宜順時氣，其定律無以十一月十二月報囚。

（宋）王欽若等《册府元龜》卷六一〇《刑法部·定律令》 後漢和帝永元十五年初，令郡國以日北至按薄刑，而州郡好以苛察爲政，因此盛夏斷獄。鄧太后臨朝，以章帝詔斷獄皆在冬至前，自後論者互多駁異，故詔公卿以下會議。司徒魯恭議奏曰：夫陰陽之氣，相扶而行，發動用事，各有時節，若不當其時則物隨而傷。王者雖質文不同而兹道無變，四時之政行之若一。《月令》，周世所造，而所據皆夏之時也，其變者惟正朔服色犧牲徽號器械而已。故曰殷因於夏禮，周因於殷禮，所損益可知也。《易》曰：潛龍勿用。言十一月二月陽氣潛藏，未得用事。雖煦嘘萬物，養其根荄，而猶盛陰在上，地凍水冰，陽氣否隔閉而成冬，故曰履霜堅冰，陰始凝也。馴致其道，至堅冰也。言五月微陰始起，至十一月堅冰至也。夫王者之作，因時爲法。孝章皇帝深惟古人之道，助三正之微，定律著令，冀承天心，順物性命，以致時雍，然後變改以來年歲不熟，穀價常貴，人不安寧，小吏不與國同心者，率入十一月得死罪，賊不問曲直便即格殺，雖有疑罪不復讞正，一夫吁嗟，王道虧損，況於衆乎？易十一月，君子以議獄緩死，可令疑罪使詳其法，大辟之科盡冬月乃斷，其立春在十二月中，勿以報囚如故事，後卒施行。安帝永初元年九月詔曰：自今長吏被考竟未報，考謂考問其狀也，報未報決也。自非父母無故輒去職者，劇縣十歲，平縣五歲以上乃得次用。是時陳忠爲尚書，自以世典刑法，用心務在寬詳。初父寵在廷尉，上除漢法溢於《甫刑》者未施行。上，音時掌切。及寵免，後遂寢。而苛法稍繁，人不堪之，忠略依寵意，奏上二十三條爲決事比，比，列也，必寐也。以省請讞之弊，又上除蠶室刑，解贓吏三世禁錮、狂易殺人得減重論、母子兄弟相代死，聽赦所代者，事皆施行。

《後漢書》卷六《質帝紀》 本初元年春正月丙申，詔曰：昔堯命四子，以欽天道，《鴻範》九疇，休咎有象。夫瑞以和降，異因逆感，禁微應大，前聖所重。頃者，州郡輕慢憲防，競逞殘暴，造設科條，陷入無罪。或以喜怒驅逐長吏，恩阿所私，罰枉仇隙，至令守闕訴訟，前後不絶。送故迎新，人離其害，怨氣傷和，以致災眚。《書》云：明德慎罰。

方春東作，育微敬始。其勑有司，罪非殊死，且勿案驗，以崇在寬。

《後漢書》卷七《桓帝紀》〔建和元年四月〕壬辰，詔州郡不得迫脅驅逐長吏。長吏臧滿三十萬而不糾舉者，刺史、二千石以縱避爲罪。若有擅相假印綬者，與殺人同棄市論。

丙午，詔郡國繫囚減死罪一等，勿笞。唯謀反大逆，不用此書。又詔曰：比起陵塋，彌歷時歲，力役既廣，徒隸尤勤。頃雨澤不沾，密雲復散，儻或在兹。其令徒作陵者減刑各六月。

（宋）王欽若等《册府元龜》卷六一〇《刑法部·定律令》 獻帝建安元年，太山太守應劭删定律令以爲《漢儀》，表奏之曰：夫國之大事，莫尚載籍者也。決嫌疑，明是非，賞刑之宜，允獲厥中，俾後之人永有監焉。故膠東相董仲舒老病致仕，朝廷每有政議，數遣廷尉張湯親至陋巷，問其得失，於是作《春秋折獄》二百三十二事，動以經對，言之詳矣。逆臣董卓蕩覆王室，典憲焚燎，靡有孑遺，開闢以來莫或兹酷。今大駕東邁，巡省許都，拔山險難，其命維新。臣累世受恩，榮祚豐衍，切不自揆，輒撰具《律本章句》、《尚書舊事》、《廷尉板令》、《決事比例》、《司徒都目》、《五曹詔書》臣欽若等曰，《司徒都目》鮑昱所作也，五曹謂嘗待二千石户曹主客三公也。及《春秋折獄》，凡二百五十篇，蠲去復重，爲之節文。復音復。重，直客切。又集《議駁》三十篇，以類相從，凡八十二事。其見《漢書》二十五，《漢記》四，即《東觀記》。皆删敘潤色，以全本體。其二十六博採古今瓌瑋之事，德義可觀。其二十七臣所創造，左氏云：雖有姬姜，不棄憔悴，雖有絲麻，不棄管蒯，蓋所以代匱也。是用敢露頑才，厠于明哲之末。雖未足綱紀國體，宣洽時雍，庶幾觀察，增闡聖德。惟因萬機之餘暇，游意省覽。帝善之，於是舊事存焉。

紀事

《漢書》卷二三《刑法志》 自黄帝有涿鹿之戰以定火災，顓頊有共工之陳以定水害。唐、虞之際，至治之極，猶流共工，放讙兜，竄三苗，殛鯀，然後天下服。夏有甘扈之誓，殷、周以兵定天下矣。天下既定，戢臧干戈，教以文德，而猶立司馬之官，設六軍之衆，因井田而制軍賦。地方一里爲井，井十爲通，通十爲成，成方十里；成十爲終，終十爲同，同方百里；同十爲封，封十爲畿，畿方千里。有税有賦。税以足食，賦以足兵。故四井爲邑，四邑爲丘。丘，十六井也，有戎馬一匹，牛三頭。四丘爲甸。甸，六十四井也，有戎馬四匹，兵車一乘，牛十二頭，甲士三人，卒七十二人，干戈備具，是謂乘馬之法。一同百里，提封萬井，除山川沈斥，城池邑居，園囿術路，三千六百井，定出賦六千四百井，戎馬四百匹，兵車百乘，此卿大夫采地之大者也，是謂百乘之家。一封三百一十六里，提封十萬井，定出賦六萬四千井，戎馬四千匹，兵車千乘，此諸侯之大者也，是謂千乘之國。天子畿方千里，提封百萬井，定出賦六十四萬井，戎馬四萬匹，兵車萬乘，故稱萬乘之主。戎馬車徒干戈素具，春振旅以搜，夏拔舍以苗，秋治兵以狝，冬大閱以狩，皆於農隙以講事焉。五國爲屬，屬有長；十國爲連，連有帥；三十國爲卒，卒有正；二百一十國爲州，州有牧。連帥比年簡車，卒正三年簡徒，群牧五載大簡車徒，此先王爲國立武足兵之大略也。

（唐）杜佑《通典》卷一六三《刑法·刑制》 黄帝以兵定天下，此刑之大者。陶唐以前，未聞其制。

（宋）王應麟《玉海》卷六五《詔令·律令》 唐虞制令，臯陶法律，黄帝李法。見《兵法》。《淮南子》：神農無制令而民從，唐虞有制令而無刑罰。《氾論訓》。《管子》：黄帝治天下，置法而不變。堯之治也，善明法察令而已。漢《張敏傳》建初中上疏曰：駁輕侮法。孔子垂經典，臯陶造法律，原其本意，皆欲禁民爲非。注：史游《急就篇》曰：臯陶造獄，法律存也。劉向曰：今之刑非臯陶之法也，而有司請定法，削則削，筆則筆。《左傳》、《夏書》曰：昬墨賊殺，臯陶之刑也。《風俗通》：《臯陶謨》：虞始造律。《國語》展禽曰：堯能單均刑法以儀民。

舜之命官先播穀，次敷教，而後及於刑。蓋有以養民之身，善民之心，不獲已乃置刑焉。欽恤者，聖人用刑之心。明允者，聖人用刑之法。

《竹書紀年》帝舜三年 命臯陶作刑。

（宋）程大昌《考古編》卷四《象刑一》 《舜典》曰：象以典刑。

《臯陶謨》曰：方施象刑惟明。是唐虞固有象刑矣。而去古既遠，説者不一，荀況記時人之語曰，象刑：墨黥，慅嬰。共，艾畢。葑，對屨。殺，赭衣而不純也。漢文帝詔除肉刑曰：有虞氏畫衣冠、異章服，以爲戮，而民不犯，今法有肉刑三而姦不止。武帝之策賢良曰：唐虞畫象而民不犯。應劭曰：二帝但畫衣冠、異章服，而民不犯也。《孝經緯》曰：三皇無文，五帝畫象，三王肉刑。畫象者，上罪墨象赭衣雜屨，中罪赭衣雜屨，下罪雜屨而已。《白虎通》曰：畫象者，其衣服象五刑也，犯墨者蒙巾，犯劓者以赭著其衣，犯髕者以墨蒙其髕象而畫之，犯宮者扉扶未反，犯大辟者布衣無領。凡此數説，雖不能會歸於一，要其大致，皆謂別異衣服以愧辱之，而不至於用刑。此遠古而譌傳也。禹之稱舜曰：與其殺不辜，寧失不經。特不殺不辜耳，而未嘗去殺也。怙終賊刑，刑故無小，是未嘗置刑不用也。戰國之時，未經秦火，凡謂象刑者，示辱而已，無所事於刀鋸斧鉞也。荀況既知其不然，而亦不能別援古典，以審其有無，特能推理以辨，而曰以爲治耶。則人固不觸罪，非獨不用肉刑，亦不用象刑矣。人或觸罪矣，而直輕其刑，是殺人者不死，傷人者不刑也。此數語者，雖堯舜復出，無以易也。揚雄曰：唐虞象刑惟明，夏后肉辟三千，不膠者卓矣。雄以肉辟始夏，則真謂堯舜之刑，無刀鋸斧鉞也。此蓋漢世之所通傳，故文武二帝詔語，亦以爲然也。肉刑之制，孔穎達輩集會傳記，皆不能知其所起。然而劓刵椓黥，苗民固已有之，帝舜斥數其虐，特以不能差罪，而遂至於淫用耳。則肉辟所起，豈復待夏后氏之世哉？且舜之刑五服五用，明有所施，而此時未有笞杖徒，若無肉刑，其閱罪而五服之法，服罪而五用，其刑以何器具，而行其論決也。況象刑之次，每降愈下者，方有流鞭扑撻，若謂象刑止於示辱，則是正麗五刑者，反可以異服當刑，而惡未入刑者，乃真加之流鞭扑撻焉，是何其不倫也？此自可以理料也。

（宋）**程大昌《考古編》卷四《象刑二》** 孔安國之傳象刑曰：象，法也，法以用刑也。以象爲法，於義既迂，而法以用刑，似非六經語度，故世以爲疑。至荀況氏出，疑異冠服之不足以懲也，遂作意直詆，以爲無有。故其言曰：象刑不生於治古，起於亂今也。象刑《虞書》嘗兩出，又親紀舜語，若舍之不據，則堯舜不足祖，《典》《謨》不作經矣。然則何以曰古無全制，則當參其類而求之，類既相比，則當推其理以究之。待其彼此交質，相説以解，則古制見矣。夫既謂象，則必有形可繪，有狀可示也。既其可繪可示，則凡謂爲象者，其必於形象焉求之，豈容泛言也？曆象日月星辰，雖書其軌度於歷，然璿璣玉衡，正是模寫天形星晷，以致之於書。故夏誅羲和，謂其昏迷於天象也。觀象作服，則誠以日月山龍加采色而繪之於衣，後世宗本其制而差降之，其最下者，亦以象服爲名，則象刑云者，是必模寫用刑物象，以明示民，使知愧畏，而可他求泛説哉？第世言象刑者，不究其本，而直謂畫象可以代刑，則人不信耳。

（宋）**程大昌《考古編》卷四《象刑三》** 周之闕名象魏。魏者，取其巍巍然也。象者，實有六典事物之象畫著其上也。司寇之職，正月則垂刑象之法於象魏，使萬民觀刑象，挾日而斂之，此其爲制，正本有虞也。既名爲象，且又可垂可斂，則不止巍然徒闕而已。其觀之上，必有具焉，則畫刑爲象者其是矣。周言刑象，命其形也。虞言象刑，著其成也。其實一也。六官皆有職，六職皆有具，治教政禮刑工，隨其事物而圖寫之。其繪事屬刑者，則刑官取而垂之魏闕，是爲刑象。由刑象以推唐虞，則象刑云者，以有象而名可類推也。魯哀公二年，火踰公宮，公立於象魏之外，命藏象魏，曰舊章不可亡也。夫指象魏之象，以爲舊章而可取藏焉，則凡周禮在魯者，尚皆有象也。管仲對齊威公曰：昔吾先王，世法文武，設象以爲民紀，式權以相應，比綴以度。韋昭曰：設象者，設教象於象魏也。夫象設於魏，而遺魏可以自見，是象不附魏，自得名象魏，而無象則觀闕耳。象可離魏而言設，則刑之可以循象而爲職守，是殆一制也。況仲之所言，象也度也權也，皆形器也。則象刑之爲畫象，又何疑哉？聖人之設刑也，蓋期人之不犯，而其有以不犯者，非有畏焉，則有恥也。道之以德，齊之以禮，世之知義者，固遂有恥且格，不待致警矣。上之不入於德禮，而下之未至於無顧藉，則墨劓剕宮大辟之用，刀鋸斧鉞椎鑿之具，先事繪象以昭示之，使其觀具生警以不及犯，則唐虞之象刑，象魏之刑象，是皆以其昭昭，使人昭昭也，不愚其民，忠厚之至者也。

（宋）**程大昌《考古編》卷四《象刑四》** 夫子之言曰：不教而殺謂之虐。莊周曰：懕爲物而愚不識，皆咎世之教飭無素者也。蓋周人布刑象之法，大司寇垂之象魏，小司寇宣之四方，則既詳矣，猶以爲未也，則

有執木鐸以警者，執旌節以達者，屬民而讀者，書五禁於門閭者，論刑罪於邦國者，其上下相承，極其重複，正慮不知者之誤觸也。以此言之，則藉藻色以暴昭其可愧可畏者，正聖人忠厚之意也。經之言曰：象以典刑，流宥五刑，鞭作官刑，扑作教刑，金作贖刑。象流鞭扑，皆士師致刑之具也。自流以下，不獨出五刑之外，亦皆加輕焉。故惟象之所繪，是其一代刑辟之大者也。典之爲言，與典三禮之典同，舜之致戒，蓋曰循象以掌常刑，用流以宥輕罪，鞭以警有位，扑以懲不率，金以贖其可恕，眚災而應赦，怙終而不改，則皆隨其麗法者，加操縱焉，則舜之刑於此數者，皆相須而不可相無也。然至於制中弼教，帝以其功歸之，皋陶特曰，方施象刑惟明，而流鞭扑贖，皆不在數，則象刑者，其一代刑典之大者也。雖然有刑而後有象，刑者，實用也；象者，假設也。從假設者以名其刑，似舉影明形，不本其本，何也？曰此所以見聖人期無刑之意也。及其未用而設警以先，則不待入畏而後知畏也。世之有魑魅魍魎，人固不願與之相直也，然天地間不能無此種物怪也。聖人范金肖物，著諸鼎以示之，則山行草茇者，知畏而預爲之避也。此其鑄鼎象物之意，與畫象而期不犯之意同也。以期不犯者名其刑，而使見者不及於犯，則刀鋸斧鉞椎鑿，皆付之不用，聖人之欲也，示之以畏，而民應之以不畏，則其假設者爲實用矣。故曰方施象刑惟明也。其後成王之刑，以義斷制，則自名其刑曰義刑。穆王之訓夏明贖，則聖人本其制而命之曰贖刑，亦各賓其實而已矣。

（宋）程大昌《考古編》卷四《象刑五》 謂異衣冠之爲象刑，不足以得其實矣，而不無所本也。《司圜》：掌收教罷民，凡害人者，弗使冠飾而加明刑焉。《大司寇》：凡萬民之有罪過，未麗於法，而害於州里者，桎梏而坐諸嘉石。夫秋官所掌，既有三典五刑，以明正糾詰矣。而又有加桎梏而坐石以恥者，又有去冠飾而書板以辱者，則於其起居服用，實有意乎以別異行懲艾矣。而又古者典册希簡，傳政不詳，戰國之時，刑辟滋衆。已有傷時慕古者，曰古能以畫衣代刑，而今獨不能，其在荀況，固已聞之。至漢而傳益訛，諸儒遂附和其說，以爲誠然。鄭玄之於司圜，因有弗使冠飾之文，而遂用以證實其語，曰不冠而著墨幪，若古之象刑也。夫象以典刑，揆諸《舜典》，則在流贖之先。而加桎梏，去冠飾，質之《司寇》，顧在五刑糾慝之外，設使其制誠嘗輔刑以行，則不過若畢命之殊異井疆也。秦人之赭衣，徒隸也；漢世之胥靡，且舂也。本非正在用刑之數，則安可以刑餘之輕者，而證古制大典也哉？且夫舜命皋陶作士，而授以制刑之則，類皆差五刑而三其服，即五服而三其就，其所以測淺深綦嚴密，無不曲盡，而概謂示恥可以去殺，固無惑乎？後世之不信也，於是結繩理暴秦之赭，干戚解平城之圍，遂爲迂古者之口實，抑不思有太古之民，則結繩雖簡，豈不足以立信？有舜禹之德，則干戚非武，亦豈有不能屈服强梗之理哉？彼其結繩舞干，特致其至，而非其所從致也，苟以民頑俗薄，而疑象刑之無能有懲，是特不究其所從致者耳。三后恤功，以期多賴；伯夷降典，以折未然。民日遷善遠罪，既與刑忘矣，而猶時有不肅，故畫象以示，而發其愧畏之機。是畫象者，可以昭愧畏，而非以致其愧畏也。欲知畫象之爲刑助，其必循本以觀，乃有得哉。

《竹書紀年》殷祖甲二十四年 重作湯刑。

《竹書紀年》殷帝辛四年 作炮烙之刑。

《史記》卷三《殷本紀》 成湯，自契至湯，八遷。湯始居亳，從先王居，作《帝誥》。

湯征諸侯。葛伯不祀，湯始伐之。湯曰：予有言：人視水見形，視民知治不。伊尹曰：明哉！言能聽，道乃進。君國子民，爲善者皆在王官。勉哉，勉哉！湯曰：汝不能敬命，予大罰殛之，無有攸赦。作《湯征》。【略】百姓怨望而諸侯有畔者，於是紂乃重刑辟，有炮格之法。以西伯昌、九侯、鄂侯爲三公。九侯有好女，入之紂。九侯女不憙淫，紂怒，殺之，而醢九侯。鄂侯爭之彊，辨之疾，并脯鄂侯。西伯昌聞之，竊嘆。崇侯虎知之，以告紂，紂囚西伯羑里。西伯之臣閎夭之徒，求美女奇物善馬以獻紂，紂乃赦西伯。西伯出而獻洛西之地，以請除炮格之刑。紂乃許之，賜弓矢斧鉞，使得征伐，爲西伯。

《竹書紀年》周成王二十一年 除治象。

《竹書紀年》周穆王五十一年 作《呂刑》。

（清）孫星衍《尚書今古文注疏》卷三〇《書序》 呂命，穆王訓夏贖刑，作《呂刑》。

（唐）杜佑《通典》卷一六三《刑法·刑制》 周秋官之職，建三典。正月之吉始合，布刑于邦國都鄙，乃懸刑象之法于象魏，使萬民觀之，浹

旬而斂。又執旌節以宣布于四方。而憲邦之刑禁，一曰刑新國用輕典，二曰刑平國用中典，三曰刑亂國用重典。凡盜賊，軍鄉邑及家人殺之無罪。凡報仇讎者，書於士，殺無罪。凡殺其親者焚之，殺王之親者辜之，殺人者踣諸市三日，傷人見血不以告者，攘獄者遏訟者，告而誅之。坐為盜賊者，其孥男子入于罪隸，女子入于舂稾。凡有爵者，與七十者，與未齔者，皆不為奴。五刑之法，墨罪五百，劓罪五百，宮罪五百，刖罪五百，髡罪五百，凡二千五百，所謂刑平國用中典者也。墨者使守門，劓者守關，宮者守內，刖者守囿，髡者守積。

《史記》卷四《周本紀》 諸侯有不睦者，甫侯言於王，作脩刑辟。王曰：吁，來！有國有土，告汝祥刑。在今爾安百姓，何擇非其人，何敬非其刑，何居非其宜與？兩造具備，師聽五辭。五辭簡信，正於五刑。五刑不簡，正於五罰。五罰不服，正於五過。五過之疵，官獄內獄，閱實其罪，惟鈞其過。五刑之疑有赦，五罰之疑有赦，其審克之。簡信有衆，惟訊有稽。無簡不疑，共嚴天威。黥辟疑赦，其罰百率，閱實其罪。劓辟疑赦，其罰倍灑，閱實其罪。臏辟疑赦，其罰倍差，閱實其罪。宮辟疑赦，其罰五百率，閱實其罪。大辟疑赦，其罰千率，閱實其罪。墨罰之屬千，劓罰之屬千，臏罰之屬五百，宮罰之屬三百，大辟之罰其屬二百：五刑之屬三千。命曰《甫刑》。

《竹書紀年》周平王二十五年 秦初用族刑。

《史記》卷四《周本紀》 公季卒，子昌立，是爲西伯。西伯曰文王，遵后稷、公劉之業，則古公、公季之法，篤仁，敬老，慈少。禮下賢者，日中不暇食，以待士，士以此多歸之。伯夷、叔齊在孤竹，聞西伯善養老，盍往歸焉。太顛、閎夭、散宜生、鬻子、辛甲大夫之徒皆往歸之。

崇侯虎譖西伯於殷紂曰：西伯積善累德，諸侯皆嚮之，將不利於帝。帝紂乃囚西伯於羑里。閎夭之徒患之，乃求有莘氏美女，驪戎之文馬，有熊九駟，他奇怪物，因殷嬖臣費仲而獻之紂。紂大説，曰：此一物足以釋西伯，況其多乎！乃赦西伯，賜之弓矢斧鉞，使西伯得征伐。曰：譖西伯者，崇侯虎也。西伯乃獻洛西之地，以請紂去炮格之刑。紂許之。

【略】〔武王〕聞紂昏亂暴虐滋甚，殺王子比干，囚箕子。太師疵、少師彊抱其樂器而犇周。於是武王偏告諸侯曰：殷有重罪，不可不畢伐。乃遵文王，遂率戎車三百乘，虎賁三千人，甲士四萬五千人，以東伐紂。十一年十二月戊午，師畢渡盟津，諸侯咸會，曰：孳孳無怠！武王乃作《太誓》，告于衆庶：今殷王紂乃用其婦人之言，自絕于天，毁壞其三正，離逷其王父母弟，乃斷棄其先祖之樂，乃爲淫聲，用變亂正聲，怡説婦人。故今予發維共行天罰。勉哉夫子，不可再，不可三！

（宋）王應麟《玉海》卷六五《詔令・律令》 唐《韓仲良傳》：武德初建言：周律其屬三千，秦漢後約爲五百。《管子》：周鄭之禮移則周律廢矣。《左傳・昭七年》：楚芋尹無宇曰：周文王之法曰：有亡，荒閱。所以得天下也。吾先君文王，作僕區之法，曰：盜所隱器，與盜同罪。所以封汝也。注：有亡人，當大蒐其衆。《僕區》，刑書。服虔云：隱匿亡人之法。張斐《律序》曰：鄭鑄《刑書》，晉作《執秩》，楚造《僕區》，趙制《國律》。《漢志》：儒家周法九篇，法天地，立百官。《公羊傳・文九年》云：繼文王之體，守文王之法度。注：文王始受命，制法度。《周頌》：儀式刑文王之典，維清緝熙文王之典。

（宋）王應麟《玉海》卷六五《詔令・律令》 《秋官・司刑》，中士二人掌五刑之法，以麗萬民之罪。墨罪五百，劓罪五百，宮罪五百，刖罪五百，殺罪五百。若司寇斷獄弊訟，則以五刑之法詔刑罰，而以辨罪之輕重。注：《書》傳云云此二千五百罪之目略也，其刑書則亡。《夏刑》：大辟二百，臏辟三百，宮辟五百，劓、墨各千。周則變焉，所謂世輕世重。詔刑罰者，處其所應不如今律家所署法。《大司寇》：縣刑象之法。《小司寇》：正歲帥屬觀刑象，令以木鐸，令群士，乃宣布于四方憲刑禁。士師之五禁，杜子春曰：憲謂幡書以明之。士師下大夫四人。以木鐸徇于朝，書而縣於門閭，正歲憲禁令于國及郊野。訝士中士八人。讀誓禁。布憲中士二人，下士四人。掌憲邦之刑禁，正月之吉，執旌節宣令于四方。《管子・七法第六》注：謂則、象、法、化、決塞、心術、計數。此七法之目也。《任法第四十五》：堯之法也，善明法禁之令而已。黄帝之治也，置法而不變，使民安其法者也。《周書》曰：國法法不一，則有國者不祥；民不道法，則不祥；國更立法以典民，則祥。生法者，君也。守法者，臣也。法於法者，民也。《漢・鼂錯傳》：對策曰：三王爲法令，合於人情而後行之。《晉志》：汝南王亮奏，周縣象魏之書，漢詠畫一之法。熊遠奏曰：

周建象魏之制。

（宋）王應麟《玉海》卷六七《詔令·赦宥》《地官·州長》：正月之吉，各屬其州之民而讀法，以考其德行道藝而勸之。若歲時祭祀州社，則屬其民而讀法亦如之。歲終，會其州之政令。正歲，則讀教法如初。

《黨正》：四時之孟月吉日，屬民讀邦法，以糾戒之。注：彌親民者，於教亦彌數。春秋祭禜，亦如之。正歲屬民讀法，書其德行道藝。《族師》：月吉，屬民讀邦法。書其孝弟睦婣，有學者。春秋祭酺，亦如之。《閭胥》：凡聚衆庶，既比，則讀法，書其敬敏任恤者。

法者，大司徒所頒之三物也。州長讀法四，黨正七，四閭爲族，則歲之讀法者十有四，近民者教彌數，閭胥則無時矣。《夏官·大司徒》：讀書契。《秋官·訝士》：讀誓禁。

（宋）王應麟《玉海》卷六七《詔令·赦宥》《周書序》周公爲太師，告成王以五則，作《本典》。《本典解第五十七》：維四月既生魄，王在東宮，召公告周公曰：今朕不知明德所則，政教所行，字民之道，禮樂所生，非不念而知，故問伯父。周公再拜，稽首曰：臣聞之，文考能求士者，智也。與民利者，仁也。能收民獄者，義也。能督民過者，德也。爲民犯難者，武也。王拜曰：允哉，敬守以爲《本典》。

（宋）王應麟《玉海》卷六七《詔令·赦宥》《周書·文政解三十八》：惟十有三祀，順九典：一、祇道以明之，二、稱賢以賞之，三、典師以教之，四、四戚以勞之，五、伍長以遵之，六、群老以老之，七、羣醜以移之，八、什長以行之，九、戒卒以將之。仲長統《昌言》曰：嗣周氏之祕典，續吕侯之祥刑。

《穆天子傳》：丙寅天子屬官効器，乃命正公際父受敕憲。己酉，天子飲于滆水之上，乃發憲令。《周書·謚法》：惟三月既生魄，周公旦太師望相嗣王發，既賦憲，受臚于牧野。將葬，乃制作謚。謚者，行之迹也。號者，功之表也。車服者，位之章也。劉熙注曰：憲，法也。賦，治國之法，於諸侯而受其貢養也。《孟子》注：孔子之門徒，頌述宓戲以來至文武周公之法制耳。

（唐）杜佑《通典》卷一六三《刑法·刑制》穆王享國百年，耄荒，命吕侯度作刑，訓夏贖刑，墨罰之屬千，劓罰之屬千，剕罰之屬五百，宫罰之屬三百，大辟之罰其屬二百，五刑之屬三千。其後又作九刑。孔子曰：大罪有五，而殺人為下。逆天地者罪及五代，誣神鬼者罪及四代，逆人倫者罪及三代，亂教化者罪及二代，手殺人者罪止其身。

《漢書》卷二三《刑法志》周道衰，法度墮，至齊桓公任用管仲，而國富民安。公問行伯用師之道，管仲曰：公欲定卒伍，修甲兵，大國亦將修之，而小國設備，則難以速得志矣。於是乃作内政而寓軍令焉，故卒伍定虖里，而軍政成虖郊。連其什伍，居處同樂，死生同憂，禍福共之，故夜戰則其聲相聞，晝戰則其目相見，緩急足以相死。其教已成，外攘夷狄，内尊天子，以安諸夏。齊桓既没，晉文接之，亦先定其民，作被廬之法，總帥諸侯，迭爲盟主。然其禮已頗僭差，又隨時苟合以求欲速之功，故不能充王制。二伯之後，寖以陵夷，至魯成公作丘甲，哀公用田賦，搜狩治兵大閱之事皆失其正。《春秋》書而譏之，以存王道。於是師旅亟動，百姓罷敝，無伏節死難之誼。孔子傷焉，曰：以不教民戰，是謂棄之。故稱子路曰：由也，千乘之國，可使治其賦也。而子路亦曰：千乘之國，攝虖大國之間，加之以師旅，因之以饑饉，由也爲之，比及三年，可使有勇，且知方也。治其賦兵教以禮誼之謂也。

《漢書》卷二三《刑法志》春秋之時，王道寖壞，教化不行，子産相鄭而鑄刑書。晉叔嚮非之曰：昔先王議事以制，不爲刑辟。懼民之有爭心也，猶不可禁禦，是故閑之以誼，糾之以政，行之以禮，守之以信，奉之以仁；制爲禄位以勸其從，嚴斷刑罰以威其淫。懼其未也，故誨之以忠，悛之以行，教之以務，使之以和，臨之以敬，莅之以强，斷之以剛。猶求聖哲之上，明察之官，忠信之長，慈惠之師。民於是乎可任使也，而不生禍亂。民知有辟，則不忌於上，並有爭心，以徵於書，而徼幸以成之，弗可爲矣。夏有亂政而作禹刑，商有亂政而作湯刑，周有亂政而作九刑。三辟之興，皆叔世也。今吾子相鄭國，制參辟，鑄刑書，將以靖民，不亦難乎！《詩》曰：儀式刑文王之德，日靖四方。又曰：儀刑文王，萬邦作孚。如是，何辟之有？民知爭端矣，將棄禮而徵於書。錐刀之末，將盡爭之，亂獄滋豐，貨賂並行。終子之世，鄭其敗虖！子産報

曰：若吾子之言，僑不才，不能及子孫，吾以救世也。婾薄之政，自是滋矣。孔子傷之，曰：導之以德，齊之以禮，有耻且格；導之以政，齊之以刑，民免而無耻。禮樂不興，則刑罰不中；刑罰不中，則民無所錯手足。孟氏使陽膚爲士師，問於曾子，亦曰：上失其道，民散久矣。如得其情，則哀矜而勿喜。

《魏書》卷一一一《刑罰志》　二儀既判，彙品生焉，五才兼用，廢一不可。金木水火土，咸相愛惡。陰陽所育，稟氣呈形，鼓之以雷霆，潤之以雲雨，春夏以生長之，秋冬以殺藏之。斯則德刑之設，著自神道。聖人處天地之間，率神祇之意。生民有喜怒之性，哀樂之心，應感而動，動而逾變。淳化所陶，下以惇朴。故異章服，畫衣冠，示耻申禁，而不敢犯。其流既鋭，姦黠萌生。是以明法令，立刑賞。故《書》曰：象以典刑，流宥五刑，鞭作官刑，扑作教刑，金作贖刑，怙終賊刑，眚災肆赦。舜命咎繇曰：五刑有服，五服三就，五流有宅，五宅三居。夏刑則大辟二百，臏辟三百，宫辟五百，劓墨各千。殷因於夏，蓋有損益。《周禮》：建三典，刑邦國，以五聽求民情，八議以申之，三刺以審之。左嘉石，平罷民，右肺石，達窮民。宥不識，宥過失，宥遺忘；赦幼弱，赦耄耋，赦蠢愚。周道既衰，穆王荒耄，命吕侯度作祥刑，以詰四方，五刑之屬增矣。夫疑獄氾問，與衆共之，衆疑赦之，必察小大之比以成之。先王之愛民如此，刑成而不可變，故君子盡心焉。

《左傳·昭公六年》　夏有亂政而作禹刑，商有亂政而作湯刑。夏商之亂著禹湯之法，言不能議事以制。疏：注夏商至以制。正義曰：夏商之有亂政，在位多非賢哲，察獄或失其實，斷罪不得其中，至有以私亂公，以貨枉法，其事不可復治，乃遠取創業聖王當時所斷之獄，因其故事，制爲定法亦如鄭鼎所鑄，遵舊施行，言不能臨時議事以制刑罪也。周有亂政而作《九刑》。周之衰亦爲刑書謂之《九刑》。疏：注周之至《九刑》。正義曰：準夏商所作當爲文武周公之制，不以聖王名刑而謂之《九刑》者，蓋周公别爲此名，故稱之耳。三辟之興，皆叔世也。言刑書不起於始盛之世。疏：注言刑至之世。正義曰：三辟謂《禹刑》、《湯刑》、《九刑》也。辟，罪也。三者斷罪之書，故爲刑書皆是叔世所爲，言刑書不起於始盛之世。議事制罪，叔世不復能，然采取上世決事之比作書，以爲後法，其事是始盛之世，作書於衰亂之時。服虔云：政衰爲叔世，叔世踰於季世，季世不能作辟也。

《國語》卷六《齊語》　比至，三釁、三浴之。桓公親逆之于郊，而與之坐問焉，曰：昔吾先君襄公築臺以爲高位，田、狩、罼、弋，不聽國政，卑聖侮士，而唯女是崇。九妃、六嬪，陳妾數百，食必粱肉，衣必文繡。戎士凍餒，戎車待遊車之裂，戎士待陳妾之餘。優笑在前，賢材在後。是以國家不日引，不月長。恐宗廟之不掃除，社稷之不血食，敢問爲此若何？管子對曰：昔吾先王昭王、穆王世法文、武遠績以成名，合群叟，比校民之有道者，設象以爲民紀，式權以相應，比綴以度，竱本肇末，勸之以賞賜，糾之以刑罰，班序顛毛，以爲民紀統。桓公曰：爲之若何？管子對曰：昔者，聖王之治天下也，參其國而伍其鄙，定民之居，成民之事，陵爲之終，而慎用其六柄焉。

《國語》卷六《齊語》　桓公曰：吾欲從事於諸侯，其可乎？管子對曰：未可。國未安。桓公曰：安國若何？管子對曰：修舊法，擇其善者而業用之；遂滋民，與無財，而敬百姓，則國安矣。桓公曰：諾。遂修舊法，擇其善者而業用之；遂滋民，與無財，而敬百姓。國既安矣，桓公曰：國安矣，其可乎？管子對曰：未可。君若正卒伍，修甲兵，則大國亦將正卒伍，修甲兵，則難以速得志矣。君有攻伐之器，小國諸侯有守禦之備，則難以速得志矣。君若欲速得志於天下諸侯，則事可以隱令，可以寄政。桓公曰：爲之若何？管子對曰：作内政而寄軍令焉。桓公曰：善。

《國語》卷六《齊語》　正月之朝，鄉長復事。君親問焉，曰：於子之鄉，有居處好學、慈孝於父母、聰慧質仁、發聞於鄉里者，有則以告。有而不以告，謂之蔽明，其罪五。有司已於事而竣。桓公又問焉，曰：於子之鄉，有拳勇股肱之力秀出於衆者，有則以告。有而不以告，謂之蔽賢，其罪五。有司已於事而竣。桓公又問焉，曰：於子之鄉，有不慈孝於父母、不長悌於鄉里、驕躁淫暴、不用上令者，有則以告。有而不以告，謂之下比，其罪五。有司已於事而竣。是故鄉長退而修德進賢，桓公親見之，遂使役官。

《左傳·文公六年》　六年春，晋蒐于夷，舍二軍。使狐射姑將中軍，趙盾佐之。陽處父至自温，改蒐于董，易中軍。陽子，成季之屬也，故黨

於趙氏，且謂趙盾能，曰：使能，國之利也。是以上之。宣子於是乎始爲國政，制事典，正法罪，辟刑獄，辟猶理也。董逋逃，董，督也。由質要，治舊洿，治理洿穢。本秩禮，貴賤不失其本。續常職，修廢官。出滯淹，拔賢能也。既成，以授大傅陽子與大師賈佗，使行諸晉國，以爲常法。賈佗以公族從文公，而不在五人之數。

〔唐·孔穎達〕疏：宣子至常法。正義曰：制事典者，正國之百事，使有常也，正法罪者，準所犯輕重豫爲之法，使在後依用之也。辟獄刑者有事在官，未決斷者令於今理治之也。董逋逃者，舊有逋逃負罪播越者，督察追捕之也。由質要者，謂斷爭財之獄用券契正定之也。治舊洿者，國之舊政洿穢不絜，理治改正之也。本秩禮者，時有僭踰，貴賤相濫，本其次秩，使如舊也。續常職者，職有廢闕，任賢使能令續故常也。出滯淹者，賢能之人沈滯田里，拔出而官爵之也，此謂所爲制作法式者，豫爲將來使案而遵行，臨時決斷者，將爲故事使後人放習，故得行諸晉國，以爲常法也。注：辟，猶理也。正義曰：辟訓爲法，依法斷決，是理治之也。此與上句所以爲異者正法罪，謂準狀制罪爲將來之法，若今之造律令也。辟獄刑謂有獄未決斷，當時之罪，若昭十四年韓宣子命斷舊獄之類是也。注：董，督也。正義曰：《釋詁》云，董，督正也。俱訓爲正，是董得爲督，謂督察之也。注：由，用也。質要契券。正義曰：《周禮·小宰》以官府之八成經邦治，四曰聽稱責以傅別，六曰聽取予以書契，七曰聽賣買以質劑。鄭衆云：稱責謂貸予也，傅別謂券書也，聽訟責者以券書決之，傅，傅著約束於文書也。別，別爲兩，兩家各得一也。鄭玄云：傅別，謂爲大手書於一札中字別之。書契謂出予受人之凡要也。質劑，謂兩書一札，同而別之，長曰質，短曰劑，傅別、質劑皆今之券書也，事異其名耳。如彼禮文知質要是契券也。注：治理洿穢。正義曰：洿者，穢之別名，不絜之稱也。法有不便於民，事有不利於國，是爲政之洿穢也，治理改正使絜清也。注：賈佗至之數。正義曰：《晉語》宋公孫固云，晉公子長事賈佗。又曰，賈佗，公族也，而多識以共敬公子，居則下之，動則咨焉，是以公族從文公也。《尚書》《周官》大師、大傅、大保，天子三公也。宣十六年《傳》，晉侯請于王命，士會將中軍且爲大傅。則大傅尊於中軍之將，與大師皆爲孤卿也。《周禮》：上公之國有孤一人。《王制》：諸侯三卿，晉侯爵也，而有三軍六卿，復有孤二人者，晉爲霸主，多置羣官，共時所須不能如禮，孤尊於卿法由在上，故宣子法成，授二孤使行之。

《左傳·襄公九年》 使樂遄庀刑器亦如之。〔晉·杜預注〕樂遄，司寇。刑器，刑書。

〔唐·孔穎達〕疏：注樂遄至刑書。正義曰：此人掌具刑器，知其爲司寇也。恐其爲火所焚，當是國之所重，必非刑器爲刑書也。哀三年，魯人救火，云出禮書御書，書不名器，此言刑器必載於器物。鄭鑄刑書而叔向責之，晉鑄刑鼎而仲尼譏之，彼鑄之於鼎以示下民，故譏其使民知之，此言刑器必不在鼎，當書於器物，官府自掌之，不知其在何器也。或書之於版，號此版爲刑器耳。

（明）董説《七國攷》卷一二《楚刑法·僕區之法》 《左傳》〔昭公七年〕：楚文王作《僕區〔之法〕》。刑書名。僕，隱也。區，匿也。作爲隱匿亡人之法。

（明）丘濬《大學衍義補》卷一〇二《愼刑憲·定律令之制》 昭公二十九年，晉鑄刑鼎，著范宣子所爲刑書焉，仲尼曰：晉其亡乎。失其度矣。夫晉國將守唐叔之所受法度，以經緯其民。卿大夫以序守之，民是以能尊其貴，貴是以能守其業。貴賤不愆，所謂度也。今棄是度也，而爲刑鼎，民在鼎矣。

孔穎達曰：范宣子制作刑書，施於晉國。自使朝廷承用，未嘗宣示下民。今荀寅謂宣子之書可爲國法，故鑄鼎而銘之，以示百姓，猶如鄭鑄刑鼎。仲尼譏之，其意與叔向譏子產同。

又曰：子産鑄刑書而叔向責之，趙鞅鑄刑鼎而仲尼譏之，如此，則刑之輕重不可使民知也。而李悝作法，蕭何造律，頒於天下，懸示兆民。秦漢以來，莫之能革，不可一日無也。蓋古者分地建國，作邑命家，諸侯則奕世相承，大夫亦子孫不絶。皆知國爲吾土，衆實我民，自有愛吝之心，不生殘賊之意，故得設法以待刑，臨事而議罪，不須預以告民，故仲尼叔向所以譏其鑄刑書也。秦漢以來，天下爲一。長吏以時遷代，其民非復己有。懦弱則爲殿負，强猛則爲稱職。且疆域闊遠，户口滋多，大郡境餘千里，上縣數以萬計。豪横者陵蹈邦邑，桀徤者雄張閭里。酷吏專任刑誅，或乃肆情好殺，違衆用己。至有積骸滿穽，流血丹野。若復信其殺伐，任其縱舍，必將喜怒變常，愛憎改度，不得不作法以齊之，宣衆以令之。所犯當條，則斷之以律。疑不能決，則讞之上府。故得萬民以察，天下以治。聖人制法，非不善也，古不可施於今。今人所作，非能聖也，足以周於用。所謂觀民設教，遭時制宜，謂此道也。

臣按：鄭晉鑄刑書。蓋以其前世所用以斷獄者之法比，而鑄於器以示民於久遠也。考《周官·司寇》建三典。正月之吉，縣于象魏，使萬民觀之，挾旬而斂。夫國之常刑，而又歲歲布之于邦國都鄙，何哉？刑雖

有常，亦當量時而爲之輕重。然恐民之不知其所以然也，故既布其制，又懸其象，所以曉天下之人，使其知朝廷原情以定罪。因事以制刑，其故如是也。皆知所畏避，而不敢犯焉，非謂刑之輕重不可使人知也。先儒謂詳左氏所載夫子之説，第令守晋國舊法，以爲范宣子所爲非善耳，非謂聖王制法不可使人知也。或曰：鄭晋二國，所謂《刑書》，皆先世所有，臨時處置者。固已載於方策。至是，子産、范鞅，始鑄於器，則爲一定之制，無復古人酌量之制。故仲尼、叔向譏之，非謂《刑書》不可有，特謂不可鑄耳。後世以律令録於木以頒行天下，其亦鑄之之意歟。但是時未有律之名，而謂之書耳。

《左傳・定公九年》 鄭駟歂殺鄧析，而用其《竹刑》。〔晋・杜預注：〕鄧析，鄭大夫。欲改鄭所鑄舊制，不受君命而私造刑法，書之於竹簡，故云《竹刑》。君子謂，子然於是不忠。苟有可以加於國家者，棄其邪可也。《静女》之三章，取彤管焉。《竿旄》何以告之，取其忠也。故用其道，不棄其人。《詩》云：蔽芾甘棠，勿翦勿伐，召伯所茇。思其人，猶愛其樹，況用其道而不恤其人乎！子然無以勸能矣。

〔唐・孔穎達〕疏：注鄧析至竹刑。正義曰：昭六年，子産鑄刑書於鼎，今鄧析別造《竹刑》，明是改鄭所鑄舊制。若用君命遣造，則是國家法制。鄧析不得獨專其名，知其不受君命而私造刑書。書之於竹，謂之《竹刑》。駟歂用其《刑書》，則其法可取，殺之不爲作此書也，下云棄其邪可也。則鄧析不當私作《刑書》，而殺蓋别有當死之罪，駟歂不矜免之耳。

疏：君子至可也。正義曰：《周禮・小司寇》，以八辟麗邦法附刑罰，三曰議賢之辟，四曰議能之辟。鄭玄云：賢謂有德行者，能謂有道藝者，《春秋傳》曰夫謀而鮮過，惠訓不倦者，叔向有焉，社稷之固也，猶將十世宥之，以勸能者，今壹不免其身，以棄社稷，不亦惑乎？是賢能之人當明其罪狀，可赦則赦之。今鄧析制刑有益於國，即是有能者，殺有能之人是不忠之臣，君子謂子然於是爲不忠也。國之臣民誠有可以加益於國家者，取其善處，棄其邪惡可也。雖知其邪當棄而不責，所以勸勉人使學爲善能也。

《左傳・昭公六年》 三月，鄭人鑄刑書。〔晋・杜預注〕鑄刑書於鼎，以爲國之常法。

〔唐・孔穎達〕疏注：鑄刑書於鼎。正義曰：《傳》直言鑄刑書，知鑄之於鼎者。二十九年《傳》云：晋趙鞅荀寅賦晋國一鼓鐵以鑄刑鼎，著范宣子所爲刑書焉，彼是鑄之於鼎，知此亦是鼎也。

《左傳・昭公二九年》 冬，晋趙鞅、荀寅帥師城汝濱，遂賦晋國一鼓鐵，以鑄刑鼎，著范宣子所爲刑書焉。

《國語》卷四《魯語上》 大刑用甲兵，其次用斧鉞，中刑用刀鋸，其次用鑽笮，薄刑用鞭扑，以威民也。故大者陳之原野，小者致之市朝，五刑三次，是無隱也。

《漢書》卷二三《刑法志》 春秋之後，滅弱吞小，並爲戰國，稍增講武之禮，以爲戲樂，用相夸視。而秦更名角抵，先王之禮没於淫樂中矣。雄桀之士因勢輔時，作爲權詐以相傾覆，吴有孫武，齊有孫臏，魏有吴起，秦有商鞅，皆擒敵立勝，垂著篇籍。當此之時，合從連衡，轉相攻伐，代爲雌雄。齊愍以技擊彊，魏惠以武卒奮，秦昭以鋭士勝。世方爭於功利，而馳説者以孫、吴爲宗。時唯孫卿明於王道，而非之曰：彼孫、吴者，上勢利而貴變詐；施於暴亂昏嫚之國，君臣有間，上下離心，政謀不良，故可變而詐也。夫仁人在上，爲下所卬，猶子弟之衛父兄，若手足之扞頭目，何可當也？鄰國望我，歡若親戚，芬若椒蘭，顧視其上，猶焚灼仇讎。人情豈肯爲其所惡而攻其所好哉？故以桀攻桀，猶有巧拙；以桀詐堯，若卵投石，夫何幸之有！《詩》曰：武王載旆，有虔秉鉞，如火烈烈，則莫我敢遏。言以仁誼綏民者，無敵於天下也。若齊之技擊，得一首則受賜金。事小敵脆，則媮可用也；事鉅敵堅，則焕然離矣。是亡國之兵也。魏氏武卒，衣三屬之甲，操十二石之弩，負矢五十個，置戈其上，冠胄帶劍，贏三日之糧，日中而趨百里，中試則復其户，利其田宅。如此，則其地雖廣，其税必寡，其氣力數年而衰。是危國之兵也。秦人，其生民也陿阸，其使民也酷烈，劫之以勢，隱之以阸，狃之以賞慶，道之以刑罰，使其民所以要利於上者，非戰無由也。功賞相長，五甲首而隸五家，是最爲有數，故能四世有勝於天下。然皆干賞蹈利之兵，庸徒鬻賣之道耳，未有安制矜節之理也。故雖地廣兵彊，鰓鰓常恐天下之一合而共軋己也。至乎齊桓、晋文之兵，可謂入其域而有節制矣，然猶未本仁義之統也。故齊之技擊不可以遇魏之武卒，魏之武卒不可以直秦之鋭士，秦之鋭士不可以當桓、文之節制，桓、文之節制不可以敵湯、武之仁義。

故曰：善師者不陳，善陳者不戰，善戰者不敗，善敗者不亡。若夫

舜修百僚，咎繇作士，命以蠻夷猾夏，寇賊姦軌，而刑無所用，所謂善師不陳者也。湯、武征伐，陳師誓衆，而放擒桀紂，所謂善陳不戰者也。齊桓南服彊楚，使貢周室，北伐山戎，爲燕開路，存亡繼絶，功爲伯首，所謂善戰不敗者也。楚昭王遭闔廬之禍，國滅出亡，父老送之。王曰：父老反矣！何患無君？父老曰：有君如是其賢也！相與從之。或奔走赴秦，號哭請救，秦人爲之出兵。二國并力，遂走吴師，昭王返國，所謂善敗不亡者也。若秦因四世之勝，據河山之阻，任用白起、王翦豺狼之徒，奮其爪牙，禽獮六國，以并天下。窮武極詐，士民不附，卒隸之徒，還爲敵讎，猋起雲合，果共軋之。斯爲下矣。凡兵，所以存亡繼絶，救亂除害也。故伊、吕之將，子孫有國，與商周並。至於末世，苟任詐力，以快貪殘，爭城殺人盈城，爭地殺人滿野。孫、吴、商、白之徒，皆身誅戮於前，而國滅亡於後。報應之勢，各以類至，其道然矣。

（明）丘濬《大學衍義補》卷一〇二《慎刑憲·定律令之制》 魏文侯時，李悝著《法經》六篇：一、《盗法》，二、《賊法》，三、《囚法》，四、《捕法》，五、《雜法》，六、《具法》。

臣按：刑法之著爲書，始於此。成周之時，雖有禁法著于《周官》，然皆官守之事，分繫於其所職掌，未有成書也。然五刑之目其屬各有多少，五等之刑各以類而相從焉，著之篇章，分其事類，以爲詮次，則於此乎始焉。

《史記》卷五《秦本紀》 孝公元年，河山以東彊國六，與齊威、楚宣、魏惠、燕悼、韓哀、趙成侯並。淮、泗之間，小國十餘。楚、魏與秦接界。魏築長城，自鄭濱洛以北有上郡。楚自漢中，南有巴、黔中。周室微，諸侯力政，爭相併。秦僻在雍州，不與中國諸侯之會盟，夷翟遇之。孝公於是布惠，振孤寡，招戰士，明功賞。下令國中曰：昔我繆公自岐雍之間，修德行武，東平晉亂，以河爲界，西霸戎翟，廣地千里，天子致伯，諸侯畢賀，爲後世開業，甚光美。會往者厲、躁、簡公、出子之不寧，國家内憂，未遑外事。三晉奪我先君河西地，諸侯卑秦，醜莫大焉。獻公即位，鎮撫邊境，徙治櫟陽，且欲東伐，復繆公之故地，脩繆公之政令。寡人思念先君之意，常痛於心。賓客群臣有能出奇計彊秦者，吾且尊官，與之分土。於是乃出兵東圍陜城，西斬戎之獂王。衛鞅聞是令下，西入秦，因景監求見孝公。二年，天子致胙。三年，衛鞅説孝公，變法修刑，内務耕稼，外勸戰死之賞罰，孝公善之。甘龍、杜摯等弗然，相與爭之。卒用鞅法，百姓苦之。居三年，百姓便之。乃拜鞅爲左庶長。其事在《商君》語中。七年，與魏惠王會杜平。八年，與魏戰元里，有功。十年，衛鞅爲大良造，將兵圍魏安邑，降之。十二年，作爲咸陽，築冀闕，秦徙都之。并諸小鄉聚，集爲大縣，縣一令，四十一縣。爲田開阡陌。東地渡洛。十四年，初爲賦。十九年，天子致伯。二十年，諸侯畢賀。秦使公子少官率師會諸侯逢澤，朝天子。二十一年，齊敗魏馬陵。二十二年，衛鞅擊魏，虜魏公子卬。封鞅爲列侯，號商君。二十四年，與晉戰鴈門，虜其將魏錯。孝公卒，子惠文君立。是歲，誅衛鞅。鞅之初爲秦施法，法不行。太子犯禁。鞅曰：法之不行，自於貴戚。君必欲行法，先於太子。太子不可黥，黥其傅師。於是法大用，秦人治。及孝公卒，太子立，宗室多怨鞅，鞅亡，因以爲反，而卒車裂以徇秦國。

《史記》卷六八《商君列傳》 商君者，衛之諸庶孼公子也，名鞅，姓公孫氏，其祖本姬姓也。鞅少好刑名之學，事魏相公叔座，爲中庶子。公叔座知其賢，未及進。會座病，魏惠王親往問病，曰：公叔病有如不可諱，將奈社稷何？公叔曰：座之中庶子公孫鞅，年雖少，有奇才，願王舉國而聽之。王嘿然。王且去，座屏人言曰：王即不聽用鞅，必殺之，無令出境。王許諾而去。公叔座召鞅謝曰：今者王問可以爲相者，我言若，王色不許我。我方先君後臣，因謂王即弗用鞅，當殺之。王許我。汝可疾去矣，且見禽。鞅曰：彼王不能用君之言任臣，又安能用君之言殺臣乎？卒不去。惠王既去，而謂左右曰：公叔病甚，悲乎！欲令寡人以國聽公孫鞅也，豈不悖哉！

公叔既死，公孫鞅聞秦孝公下令國中求賢者，將修繆公之業，東復侵地，迺遂西入秦，因孝公寵臣景監以求見孝公。孝公既見衛鞅，語事良久，孝公時時睡，弗聽。罷而孝公怒景監曰：子之客妄人耳，安足用邪！景監以讓衛鞅。衛鞅曰：吾説公以帝道，其志不開悟矣。後五日，復求見鞅。鞅復見孝公，益愈，然而未中旨。罷而孝公復讓景監，景監亦讓鞅。鞅曰：吾説公以王道而未入也。請復見鞅。鞅復見孝公，孝公善之而未用也。罷而去。孝公謂景監曰：汝客善，可與語矣。鞅曰：吾説

公以霸道，其意欲用之矣。誠復見我，我知之矣。衛鞅復見孝公。公與語，不自知厀之前於席也。語數日不厭。景監曰：子何以中吾君？吾君之驩甚也？鞅曰：吾説君以帝王之道比三代，而君曰：久遠，吾不能待。且賢君者，各及其身顯名天下，安能邑邑待數十百年以成帝王乎？故吾以彊國之術説君，君大説之耳。然亦難以比德於殷、周矣。

孝公既用衛鞅，鞅欲變法，恐天下議己。衛鞅曰：疑行無名，疑事無功。且夫有高人之行者，固見非於世；有獨知之慮者，必見敖於民。愚者闇於成事，知者見於未萌。民不可與慮始，而可與樂成。論至德者不和於俗，成大功者不謀於衆。是以聖人苟可以彊國，不法其故；苟可以利民，不循其禮。

孝公曰：善。

甘龍曰：不然。聖人不易民而教，知者不變法而治。因民而教，不勞而成功；緣法而治者，吏習而民安之。

衛鞅曰：龍之所言，世俗之言也。常人安於故俗，學者溺於所聞。以此兩者居官守法可也，非所與論於法之外也。三代不同禮而王，五伯不同法而霸。智者作法，愚者制焉；賢者更禮，不肖者拘焉。

杜摯曰：利不百，不變法；功不十，不易器。法古無過，循禮無邪。

衛鞅曰：治世不一道，便國不法古。故湯武不循古而王，夏殷不易禮而亡。反古者不可非，而循禮者不足多。

孝公曰：善！以衛鞅爲左庶長，卒定變法之令。

令民爲什伍，而相牧司連坐。不告姦者腰斬，告姦者與斬敵首同賞，匿姦者與降敵同罰。民有二男以上不分異者，倍其賦。有軍功者，各以率受上爵；爲私鬭者各以輕重被刑大小。僇力本業，耕織致粟帛多者復其身。事末利及怠而貧者，舉以爲收孥。宗室非有軍功論，不得爲屬籍。明尊卑爵秩等級，各以差次名田宅，臣妾衣服以家次。有功者顯榮，無功者雖富無所芬華。

令既具，未布，恐民之不信，已乃立三丈之木於國都市南門，募民有能徙置北門者，予十金。民怪之，莫敢徙。復曰：能徙者，予五十金。有一人徙之，輒予五十金，以明不欺。卒下令。

令行於民期年，秦民之國都言初令之不便者以千數。於是太子犯法。衛鞅曰：法之不行，自上犯之。將法太子。太子，君嗣也，不可施刑。刑其傅公子虔，黥其師公孫賈。明日，秦人皆趨令。行之十年，秦民大説，道不拾遺，山無盜賊，家給人足。民勇於公戰，怯於私鬭，鄉邑大治。秦民初言令不便者有來言令便者。衛鞅曰：此皆亂化之民也。盡遷之於邊城。其後，民莫敢議令。

於是以鞅爲大良造，將兵圍魏安邑，降之。居三年，作爲築冀闕宮庭於咸陽，秦自雍徙都之。而令民父子兄弟同室内息者爲禁。而集小都鄉邑聚爲縣，置令、丞，凡三十一縣。爲田開阡陌封疆，而賦税平。平斗桶權衡丈尺。行之四年，公子虔復犯約，劓之。居五年，秦人富彊，天子致胙於孝公，諸侯畢賀。

其明年，齊敗魏兵於馬陵，虜其太子申，殺將軍龐涓。其明年，衛鞅説孝公曰：秦之與魏，譬若人之有腹心疾，非魏并秦，秦即并魏。何者？魏居領阨之西，都安邑，與秦界河，而獨擅山東之利。利則西侵秦，病則東收地。今以君之賢聖，國賴以盛。而魏往年大破於齊，諸侯畔之，可因此時伐魏。魏不支秦，必東徙。東徙，秦據河山之固，東鄉以制諸侯，此帝王之業也。孝公以爲然，使衛鞅將而伐魏。魏使公子卬將而擊之。軍既相距，衛鞅遺魏將公子卬書曰：吾始與公子驩，今俱爲兩國將，不忍相攻，可與公子面相見，盟，樂飲而罷兵，以安秦魏。魏公子卬以爲然。會盟已，飲，而衛鞅伏甲士而襲虜魏公子卬，因攻其軍，盡破之以歸秦。魏惠王兵數破於齊秦，國内空，日以削，恐，乃使使割河西之地獻於秦以和。而魏遂去安邑，徙都大梁。梁惠王曰：寡人恨不用公叔座之言也。衛鞅既破魏，還，秦封之於、商十五邑，號爲商君。

商君相秦十年，宗室貴戚多怨望者。趙良見商君。商君曰：鞅之得見也，從孟蘭皋，今鞅請得交，可乎。趙良曰：僕弗敢願也。孔丘有言曰：推賢而戴者進，聚不肖而王者退。僕不肖，故不敢受命。僕聞之曰：非其位而居之曰貪位，非其名而有之曰貪名。僕聽君之義，則恐僕貪位貪名也。故不敢聞命。商君曰：子不説吾治秦與？趙良曰：反聽之謂聰，内視之謂明，自勝之謂彊。虞舜有言曰：自卑也尚矣。君不若道虞舜之道，無爲問僕矣。商君曰：始秦戎翟之教，父子無別，同室而

居。今我更制其教，而爲其男女之别，大築冀闕，營如魯、衛矣。子觀我治秦也，孰與五羖大夫賢？趙良曰：千羊之皮，不如一狐之掖；千人之諾諾，不如一士之諤諤。武王諤諤以昌，殷紂墨墨以亡。君若不非武王乎，則僕請終日正言而無誅，可乎？商君曰：語有之矣，貌言華也，至言實也，苦言藥也，甘言疾也。夫子果肯終日正言，鞅之藥也。鞅將事子，子又何辭焉。趙良曰：夫五羖大夫，荆之鄙人也。聞秦繆公之賢而願望見，行而無資，自粥於秦客，被褐食牛。期年，繆公知之，舉之牛口之下，而加之百姓之上，秦國莫敢望焉。相秦六七年，而東伐鄭，三置晋國之君，一救荆國之禍。發教封内，而巴人致貢；施德諸侯，而八戎來服。由余聞之，款關請見。五羖大夫之相秦也，勞不坐乘，暑不張蓋，行於國中，不從車乘，不操干戈，功名藏於府庫，德行施於後世。五羖大夫死，秦國男女流涕，童子不歌謡，舂者不相杵。此五羖大夫之德也。今君之見秦王也，因嬖人景監以爲主，非所以爲名也。相秦不以百姓爲事，而大築冀闕，非所以爲功也。刑黥太子之師傅，殘傷民以駿刑，是積怨畜禍也。教之化民也深於命，民之效上也捷於令。今君又左建外易，非所以爲教也。君又南面而稱寡人，日繩秦之貴公子。《詩》曰：相鼠有體，人而無禮，人而無禮，何不遄死。以《詩》觀之，非所以爲壽也。公子虔杜門不出已八年矣，君又殺祝懽而黥公孫賈。《詩》曰：得人者興，失人者崩。此數事者，非所以得人也。君之出也，後車十數，從車載甲，多力而駢脅者爲驂乘，持矛而操闟戟者旁車而趨。此一物不具，君固不出。《書》曰：恃德者昌，恃力者亡。君之危若朝露，尚將欲延年益壽乎？則何不歸十五都，灌園於鄙，勸秦王顯巖穴之士，養老存孤，敬父兄，序有功，尊有德，可以少安。君尚將貪商於之富，寵秦國之教，畜百姓之怨，秦王一旦捐賓客而不立朝，秦國之所以收君者，豈其微哉。亡可翹足而待。商君弗從。

後五月而秦孝公卒，太子立。公子虔之徒告商君欲反，發吏捕商君。商君亡至關下，欲舍客舍。客人不知其是商君也，曰：商君之法，舍人無驗者坐之。商君喟然歎曰：嗟乎！爲法之敝一至此哉！去之魏。魏人怨其欺公子卬而破魏師，弗受。商君欲之他國。魏人曰：商君，秦之賊。秦彊而賊入魏，弗歸，不可。遂内秦。商君既復入秦，走商邑，與其徒屬發邑兵北出擊鄭。秦發兵攻商君，殺之於鄭黽池。秦惠王車裂商君以徇，曰：莫如商鞅反者！遂滅商君之家。

太史公曰：商君，其天資刻薄人也。跡其欲干孝公以帝王術，挾持浮説，非其質矣。且所因由嬖臣，及得用，刑公子虔，欺魏將卬，不師趙良之言，亦足發明商君之少恩矣。余嘗讀商君開塞耕戰書，與其人行事相類。卒受惡名於秦，有以也夫。

《史記》卷八七《李斯列傳》　孝公用商鞅之法，移風易俗，民以殷盛，國以富彊，百姓樂用，諸侯親服，獲楚、魏之師，舉地千里，至今治彊。

《戰國策》卷三《秦策一》　衛鞅亡魏入秦。孝公以爲相，封之於商，號曰商君。商君治秦，法令至行，公平無私，罰不諱强大，賞不私親近，法及太子，黥劓其傅。期年之後，道不拾遺，民不妄取，兵革大强，諸侯畏懼。然刻深寡恩，特以强服之耳。孝公行之十八年，疾且不起，欲傳商君，辭不受。孝公已死，惠王代後，莅政有頃，商君告歸。人説惠王曰：大臣太重者國危，左右太親者身危。今秦婦人嬰兒皆言商君之法，莫言大王之法。是商君反爲主，大王更爲臣也。且夫商君固大王仇讎也，願大王圖之。商君歸還，惠王車裂之，而秦人不憐。

《戰國策》卷五《秦策三》〔應侯曰：〕夫公孫鞅事孝公，極身毋二，盡公不還私，信賞罰以致治，竭智能，示情素，蒙怨咎，欺舊交，虜魏公子卬，卒爲秦禽將破敵軍，攘地千里。【略】〔蔡澤曰：〕夫商君爲孝公平權衡，正度量，調輕重，決裂阡陌，教民耕戰。是以兵動而地廣，兵休而國富，故秦無敵於天下，立威諸侯，功已成，遂以車裂。

（明）董説《七國攷》卷一二《秦刑法・什伍之法》　《史記》〔《商君列傳》〕：秦孝公既用衛鞅，鞅欲變法，恐天下議己。衛鞅曰：疑行無名，疑事無功。且夫有高人之行者，固見非於世；有獨知之慮者，必見敖於民。愚者闇於成事，知者見於未萌。民不可與慮始，而可與樂成。論至德者不和於俗，成大功者不謀於衆。是以聖人苟可以强國，不法其故；苟可以利民，不循其禮。孝公曰：善。甘龍曰：不然。聖人不易民而教，知者不變法而治。因民而教，不勞而成功；緣法而治者，吏習而民安之。衛鞅曰：龍之所言，世俗之言也。常人安於故俗，學者溺於所聞。

以此兩者居官守法可也，非所〔與〕論於法之外也。三代不同禮而王，五伯不同法而霸。智者作法，愚者制焉；賢者更禮，不肖者拘焉。杜摯曰：利不百，不變法；功不十，不易器。法古無過，循禮無邪。衛鞅曰：治世不一道，便國不法古，故湯、武不循古而王，夏、殷不易禮而亡。反古者不可非，而循禮者不足多。孝公曰：善。以衛鞅爲左庶長，卒定變法之令。令民爲什伍而相收司連坐。不告姦者腰斬，告姦者與斬敵首同賞，匿姦者與降敵同罰。民有二男以上不分異者，倍其賦。有軍功者，各以率受上爵；爲私鬭者，各以輕重被刑大小。僇力本業，耕織致粟帛多者復其身。事末利及怠而貧者，舉以爲收孥。宗室非有軍功，論不得爲屬籍。明尊卑爵秩等級，各以差次名田宅，臣妾衣服以家次。有功者顯榮，無功者雖富無所芬華。令既具，未布，恐民之不信也，乃立三丈之木於國都市南門，募民有能徙置北門者，予十金。民怪之，莫敢徙。復曰：能徙者五十金。有一人徙之，卒予五十金，以明不欺。卒下令，謂之《什伍之法》。《淮南子》〔《泰族篇》〕：商鞅之啓塞。許慎注云：啓之以令，塞之以禁，商鞅之術也。杜甫詩：秦時任商鞅，法令如牛毛。按連坐者，一家有罪，什伍皆相連坐罪也。至漢文帝元年，除收孥諸相坐律令。

（明）董説《七國攷》卷一二《秦刑法·棄灰之法》　《鹽鐵論》注云：衛鞅之法，步過六尺者有罰，棄灰於道者被刑。按《韓非子》：殷之法，刑棄灰於道者。

（明）董説《七國攷》卷一二《秦刑法·同室之禁》　《通鑑》：秦孝公十九年，令民父子兄弟同室內息者為禁。胡三省云：息，止也。秦俗，父子兄弟同室居止，商鞅始更制，禁之。堯教民以人倫，教之有序有別。秦用西戎之俗，至於男女無別，長幼無序。商君令為之禁，止古道也，烏可以例言之。

（唐）杜佑《通典》卷一六三《刑法·刑制》　始皇即位，遣將成蟜擊趙，反死屯留，軍吏皆斬及戮其屍。士卒死，皆戮其屍。其後嫪毒作亂，敗其徒二十人，皆梟首車裂徇，滅其宗，輕者為鬼薪。取薪給宗廟為鬼薪。《律》曰：鬼薪，作二歲。後又體解荆軻。及平六國，制曰：人臧詩書及偶語，棄市。以古非今者，族。吏見知不舉，與同罪。令下三十日不燒，黥為城旦。髠髮，輸邊，築長城。城旦，四歲刑也。燕人盧生，竊言始皇樂以刑殺為威，因亡去。始皇聞之，怒，諸生在咸陽者四百六十餘人，皆坑之。其後東郡星隕為石，或刻其石曰：始皇死。始皇盡誅石旁人。胡亥立，以趙高為郎中令，更變律令，有罪者相坐收族。又羣盜起，胡亥責李斯，斯懼，上書請行督責，刑者相半。其後趙高譖斯，具五刑，腰斬，夷其三族。

（明）董説《七國攷》卷一二《楚刑法·憲令》　《史記》〔《屈原傳》〕：楚懷王使屈平爲憲令，草藁未定。上官大夫見欲奪之，不與，乃讒曰：平爲令，衆莫不知。王怒，疏平。憲令者，法令也。

《史記》卷六三《老子韓非列傳》　韓非者，韓之諸公子也。喜刑名法術之學，而其歸本於黄老。非爲人口吃，不能道説，而善著書。與李斯俱事荀卿，斯自以爲不如非。非見韓之削弱，數以書諫韓王，韓王不能用。於是韓非疾治國不務脩明其法制，執勢以御其臣下，富國彊兵，而以求人任賢，反舉浮淫之蠹，而加之於功實之上。以爲儒者用文亂法，而俠者以武犯禁。寬則寵名譽之人，急則用介胄之士。今者所養非所用，所用非所養。悲廉直不容於邪枉之臣，觀往者得失之變，故作《孤憤》、《五蠹》、《内外儲》、《説林》、《説難》十餘萬言。【略】人或傳其書至秦。秦王見《孤憤》、《五蠹》之書，曰：嗟乎！寡人得見此人與之游，死不恨矣！李斯曰：此韓非所著書也。秦因急攻韓。韓王始不用非，及急，迺遣非使秦。秦王悦之，未信用。李斯、姚賈害之，毀之曰：韓非，韓之諸公子也。今王欲并諸侯，非終爲韓不爲秦，此人之情也。今王不用，久留而歸之，此自遺患也。不如以過法誅之。秦王以爲然，下吏治非。李斯使人遺非藥，使自殺。韓非欲自陳，不得見。秦王後悔之，使人赦之，非已死矣。申子、韓子，皆著書，傳於後世，學者多有。余獨悲韓子爲《説難》而不能自脱耳。

《史記》卷八七《李斯列傳》　二世燕居，乃召高與謀事，謂曰：夫人生居世間也，譬猶騁六驥過決隙也。吾既已臨天下矣，欲悉耳目之所好，窮心志之所樂，以安宗廟而樂萬姓，長有天下，終吾年壽，其道可乎？高曰：此賢主之所能行也，而昏亂主之所禁也。臣請言之，不敢避斧鉞之誅，願陛下少留意焉。夫沙丘之謀，諸公子及大臣皆疑焉，而諸公

子盡帝兄，大臣又先帝之所置也。今陛下初立，此其屬意怏怏皆不服，恐爲變。且蒙恬已死，蒙毅將兵居外，臣戰戰栗栗，唯恐不終。且陛下安得爲此樂乎？二世曰：爲之奈何？趙高曰：嚴法而刻刑，令有罪者相坐誅，至收族，滅大臣而遠骨肉；貧者富之，賤者貴之。盡除去先帝之故臣，更置陛下之所親信者近之。此則陰德歸陛下，害除而姦謀塞，群臣莫不被潤澤，蒙厚德，陛下則高枕肆志寵樂矣。計莫出於此。二世然高之言，乃更爲法律。於是群臣諸公子有罪，輒下高，令鞠治之。殺大臣蒙毅等，公子十二人僇死咸陽市，十公主矺死於杜，財物入於縣官，相連坐者不可勝數。【略】李斯子由爲三川守，群盜吴廣等西略地，過去弗能禁。章邯以破逐廣等兵，使者覆案三川相屬，誚讓斯居三公位，如何令盜如此。李斯恐懼，重爵禄，不知所出，乃阿二世意，欲求容，以書對曰：

夫賢主者，必且能全道而行督責之術者也。督責之，則臣不敢不竭能以徇其主矣。此臣主之分定，上下之義明，則天下賢不肖莫敢不盡力竭任以徇其君矣。是故主獨制於天下而無所制也。能窮樂之極矣，賢主之主也，可不察焉！

故申子曰有天下而不恣睢，命之曰以天下爲桎梏者，無他焉，不能督責，而顧以其身勞於天下之民，若堯、禹然，故謂之桎梏也。夫不能修申、韓之明術，行督責之道，專以天下自適也，而徒務苦形勞神，以身徇百姓，則是黔首之役，非畜天下者也，何足貴哉！夫以人徇己，則己貴而人賤；以己徇人，則己賤而人貴。故徇人者賤，而人所徇者貴，自古及今，未有不然者也。凡古之爲尊賢者，爲其貴也；而所爲惡不肖者，爲其賤也。而堯、禹以身徇天下者也，因隨而尊之，則亦失所爲尊賢之心矣，夫可謂大繆矣。謂之爲桎梏，不亦宜乎？不能督責之過也。

故韓子曰：慈母有敗子而嚴家無格虜者，何也？則能罰之加焉必也。故商君之法，刑棄灰於道者。夫棄灰，薄罪也，而被刑，重罰也。彼唯明主爲能深督輕罪。夫罪輕而督深，而況有重罪乎？故民不敢犯也。是故韓子曰布帛尋常，庸人不釋，鑠金百溢，盜跖不搏者，非庸人之心重，尋常之利深，而盜跖之欲淺也；又不以盜跖之行，爲輕百鎰之重也。搏必隨手刑，則盜跖不搏百鎰；而罰不必行也，則庸人不釋尋常。是故城高五丈，而樓季不輕犯也；泰山之高百仞，而跛牂牧其上。夫樓季也而難五丈之限，豈跛牂也而易百仞之高哉？峭塹之勢異也。明主聖王之所以能久處尊位，長執重勢，而獨擅天下之利者，非有異道也，能獨斷而審督責，必深罰，故天下不敢犯也。今不務所以不犯，而事慈母之所以敗子也，則亦不察於聖人之論矣。夫不能行聖人之術，則舍爲天下役何事哉？可不哀邪！

（唐）杜佑《通典》卷一六三《刑法·刑制》 漢高帝初入咸陽，約法三章，曰：殺人者死，傷人及盜抵罪。傷人有曲直，盜賊有多少，故言抵。抵，至也，當也。蠲削秦法，兆人大悦。然大辟尚有三族之誅，三族，注已具上。先黥、劓，斬左右趾，笞殺，梟其首，菹其骨肉於市。菹，為醢也。其誹謗詈詛，又先斷舌。故謂之具五刑。彭越、韓信之屬，皆受此戮。其後又制曰：有耐罪以上請之。應劭曰：此輕罪不髡，其耏鬢曰耐。杜林以為法度之字當從寸，故改耏為耐。言耐罪以上，皆當先請也。顏師古曰：耐，頰傍毛也，音而。後以三章之法，不足禦姦，禦，止。遂令蕭何攈摭秦法，攈摭謂收拾。攈音九問反。摭音之石反。取其宜於時者，作律九章。漢承秦制，蕭何定律，除叅夷連坐之罪，增部主見知之條，益事律擅《興》、《廄》、《户》三篇，合為九篇。叔孫通益律所不及，傍章十八篇。又制：獄疑者，各讞所屬官長，皆移廷尉，廷尉不能決，具為奏，附所當比律令以聞。

《史記》卷八《高祖本紀》 漢元年十月，沛公兵遂先諸侯至霸上。秦王子嬰素車白馬，係頸以組，封皇帝璽符節，降軹道旁。諸將或言誅秦王。沛公曰：始懷王遣我，固以能寬容；且人已服降，又殺之，不祥。乃以秦王屬吏，遂西入咸陽。欲止宮休舍，樊噲、張良諫，乃封秦重寶財物府庫，還軍霸上。召諸縣父老豪桀曰：父老苦秦苛法久矣，誹謗者族，偶語者棄市。吾與諸侯約，先入關者王之，吾當王關中。與父老約，法三章耳：殺人者死，傷人及盜抵罪。餘悉除去秦法。諸吏人皆案堵如故。凡吾所以來，爲父老除害，非有所侵暴，無恐！且吾所以還軍霸上，待諸侯至而定約束耳。乃使人與秦吏行縣鄉邑，告諭之。秦人大喜，爭持牛羊酒食獻饗軍士。沛公又讓不受，曰：倉粟多，非乏，不欲費人。人又益喜，唯恐沛公不爲秦王。

（唐）杜佑《通典》卷一六三《刑法·刑制》 呂太后初，除三族罪。

（宋）鄭樵《通志》卷六〇《刑法略·歷代刑制》 惠帝二年，制

曰：今法有誹謗妖言之罪，過誤之言以爲妖言。是使衆臣不敢盡情，而上無由聞過失也。其除之。又制：上造以上及内外公孫、耳孫，有罪當刑及當城旦舂者，皆耐爲鬼薪白粲。上造，爵滿十六者也。耳孫，元孫之子也。今以上造有功勞，内外孫有骨肉屬連，故事從其輕也。城旦舂，旦起行治城。舂者，婦人不參外徭，但舂作米。皆四歲刑也。今皆就鬼薪白粲，鬼薪，已具上。白粲，坐擇米使正白爲粲，皆三歲刑也。人年七十以上若不滿十歲，有罪當刑者，全之。除《挾書律》。挾，藏也。秦律敢挾書者棄市。

（明）丘濬《大學衍義補》卷一〇二《慎刑憲·定律令之制》 漢高祖初入咸陽，與民約法三章：殺人者死，傷人及盗抵罪。餘悉除去秦苛法。後以三章之法不足以禦姦，遂令蕭何攟摭秦法，定律令。除參夷連坐之法，增部主見知之條。於李悝所造六篇，益《事律》、《擅興》、《厩庫》三篇，合爲九篇。叔孫通益律所不及傍章十八篇。

臣按：律之名，始見於此。春秋之時，子産所鑄者謂之《刑書》。戰國之世，李悝所著者謂之法經。未以律爲名也。《禮記》雖有加地進律之文，析言破律之誅。解者謂進律爲爵命之等，破律雖以去律言，然《王制》漢文帝時博士刺經所作，固已出蕭何之後也。律之言昉於《虞書》。蓋度量衡受法於律，積黍以盈，無錙銖爽。凡度之長短，衡之輕重，量之多寡，莫不於此取正。律以著法，所以裁制群情，斷定諸罪，亦猶六律正度量衡也。故制刑之書，以律名焉。

《漢書》卷二《惠帝紀》〔漢惠帝〕元年冬十二月，趙隱王如意薨。民有罪，得買爵三十級以免死罪。賜民爵，户一級。【略】〔四年〕三月甲子，皇帝冠，赦天下。省法令妨吏民者；除《挾書律》。

（唐）杜佑《通典》卷一六三《刑法·刑制》 高帝定法，傳之後代。文帝遭代康平，因時施恩，省去肉刑、相坐之法，天下幾平。武帝值中國全盛，征伐遠方，百姓罷弊，豪傑犯禁，姦吏弄法，故重首匿之科，著知縱之律。

《漢書》卷五《景帝紀》〔中三年〕夏旱，禁酤酒。

《漢書》卷二三《刑法志》 孝武即位，外事四夷之功，内盛耳目之好，徵發煩數，百姓貧耗，窮民犯法，酷吏擊斷，姦軌不勝。於是招進張湯、趙禹之屬，條定法令，作見知故縱、監臨部主之法，緩深故之罪，急縱出之誅。其後姦猾巧法，轉相比況，禁罔寖密。律令凡三百五十九章，大辟四百九條，千八百八十二事，死罪決事比萬三千四百七十二事。文書盈於几閣，典者不能徧睹。是以郡國承用者駮，或罪同而論異。姦吏因緣爲市，所欲活則傅生議，所欲陷則予死比，議者咸冤傷之。

（宋）王應麟《玉海》卷四《天文·儀象》 或問：張湯趙禹所定律令亦可考其科條歟？曰：古者刑期于無刑，天討有罪，非人也。文王罔敢知，非君也。以欽恤之心，行簡寬之法，縣於象魏，讀於州黨族閭，日星之著明，江河之易避也。鄭鑄《刑書》，叔向譏之；晉鑄鼎，仲尼非之；《竹刑》作於鄧析，而法益繁矣。魏李悝著《法經》六篇，商鞅受之以相秦，漢蕭何定律，除參夷連坐之罪，增部主見知之條，益《事律》三篇，合爲九篇，叔孫通益傍章十八篇，張湯《越宫律》二十七篇，趙禹《朝律》六篇，合爲六十篇，此秦漢律之大略也。商鞅有不告姦之罰，蕭何因以爲見知之條，張湯趙禹又作見知故縱監臨部主之法，緩深故之罪，急縱出之誅，其後禁罔寖密，律令凡三百五十九章，郡國承用者駮，或罪同而論異，姦吏因緣爲市。杜周謂前王所是著爲律，後主所是疏爲令，當時爲是，何古之法乎？蓋酷吏不師古，始峻文深憲，罔民而納之死，秋荼凝脂之慘，去秦無幾矣。高帝順民心作三章之約，蕭何爲法斠若畫一；孝文化行天下，告訐之俗易，選張釋之爲廷尉，罪疑者予民；武帝不惟舊典時式，始以佳兵，繼以聚斂，又繼以嚴刑，取高文之法紛更之。張湯厲刀筆之鋩，戕忠厚之脈，聚斂嚴刑，兼而有之，小大之至不仁者也。顔異微反脣而論以腹誹，秦法無是也。自昔好殺人者必及其身，商鞅、張湯可以監矣。《書》曰：乃變亂先王之正刑。其武帝之謂乎！

（宋）徐天麟《西漢會要》卷六一《刑法·律令》 自公孫弘以《春秋》之義繩臣下，張湯以峻文決理，于是見知之法生，而廢格沮誹窮治之獄用矣。湯奏當異九卿見令不便，不入言而腹誹，論死。是後有腹非之法比。

《漢書》卷一四《諸侯王表》 然諸侯原本以大，末流濫以致溢，小者淫荒越法，大者睽孤横逆，以害身喪國。故文帝采賈生之議分齊、趙，景帝用鼂錯之計削吳、楚。武帝施主父之册，下推恩之令，使諸侯王得分户邑以封子弟，不行黜陟。而藩國自析。自此以來，齊分爲七，趙分爲

六，粱分爲五，淮南分爲三。皇子始立者，大國不過十餘城。長沙、燕、代雖有舊名，皆亡南北邊矣。景遭七國之難，抑損諸侯，減黜其官。武有衡山、淮南之謀，作左官之律，設附益之法，諸侯惟得衣食稅租，不與政事。

《漢書》卷九〇《酷吏傳·咸宣》 是時郡守尉諸侯相二千石欲爲治者，大抵盡效王温舒等，而吏民益輕犯法，盜賊滋起。南陽有梅免、百政，楚有段中、杜少，齊有徐勃，燕趙之間有堅盧、范主之屬。大群至數千人，擅自號，攻城邑，取庫兵，釋死罪，縛辱郡守都尉，殺二千石，爲檄告縣趨具食；小群以百數，掠鹵鄉里者不可稱數。於是上始使御史中丞、丞相長史使督之，猶弗能禁，乃使光祿大夫范昆、諸部都尉及故九卿張德等衣繡衣持節，虎符發兵以興擊，斬首大部或至萬餘級。及以法誅通行飲食，坐相連郡，甚者數千人。數歲，乃頗得其渠率。散卒失亡，復聚黨阻山川，往往而群，無可奈何。於是作沈命法，曰：群盜起不發覺，發覺而弗捕滿品者，二千石以下至小吏主者皆死。其後小吏畏誅，雖有盜弗敢發，恐不能得，坐課累府，府亦使不言。故盜賊寖多，上下相爲匿，以避文法焉。

（明）丘濬《大學衍義補》卷一〇八《慎刑憲·謹詳讞之議》 武帝時，兒寬爲廷尉史，以古法義決疑獄，張湯甚重之。時上方向文學，湯決大獄，欲傅古義，乃請博士弟子治《尚書》《春秋》補廷尉，湯雖文深意忌不專平，然得此聲譽。而深刻吏爲爪牙用者，依於文學之士。

臣按：漢人去古未遠，其斷大獄猶必傅古義，不顓顓於律也。後世但知有律令爾，不復有言及古義者矣。

（明）吴訥《棠陰比事續編·張湯深文》 張湯，武帝時以善治獄補侍御史，遷太中大夫，與趙禹定律令，務在深文。及爲廷尉，舞智以御人，所治即上意所欲罪，予監史所深禍者，而深刻吏多爲爪牙。其治獄巧排大臣，自以爲功。遷御史大夫，會伐匈奴，山東水旱，縣官空虚，湯承上旨，排富商大賈，出《告緡令》，舞文巧詆，百姓不安其生。李文爲御史中丞，與湯有却，數從中文書事可以傷湯者，湯史魯謁居知湯意，使人告文，湯論殺之，及他奸利事，詞頗聞。帝問湯，湯不謝。又陽驚曰：固宜有。減宣亦奏謁居事，帝以湯懷詐面欺，使使八輩簿責，湯遂自殺。

《漢書》卷二三《刑法志》 至孝宣元康四年，又下詔曰：朕念夫耆老之人，髮齒墮落，血氣衰微，亦無暴逆之心，今或罹于文法，拘于囹圄，不得終其年命，朕甚憐之。自今以來，諸年八十，非誣告殺傷人，它皆勿坐。

《漢書》卷二三《刑法志》 時涿郡太守鄭昌上疏言：聖王置諫爭之臣者，非以崇德，防逸豫之生也；立法明刑者，非以爲治，救衰亂之起也。今明主躬垂明聽，雖不置廷平，獄將自正；若開後嗣，不若删定律令。律令一定，愚民知所避，姦吏無所弄矣。今不正其本，而置廷平以理其末也，政衰聽怠，則廷平將招權而爲亂首矣。宣帝未及修正。至元帝初立，乃下詔曰：夫法令者，所以抑暴扶弱，欲其難犯而易避也。今律令煩多而不約，自典文者不能分明，而欲羅元元之不逮，斯豈刑中之意哉！其議律令可蠲除輕減者，條奏。

（宋）王應麟《玉海》卷六五《詔令·律令》 《志》略舉漢興以來法令稍定合古便今者：高后元年正月，除三族罪祅言令；孝文二年，除父母妻子同産相坐及收法；高帝七年、景中五年九月詔獄疑者讞之；後元年正月又詔定讞法近於五罰三宥之意；後三年著令老弱朱儒皆頌繫；宣元康四年正月詔，年八十非誣告殺傷人他皆勿坐；成鴻嘉元年定令，年未滿七歲賊鬭殺人及犯殊死者，上請廷尉以聞，得減死合於三赦幼弱老眊之人。此皆法令稍定，近古便民者也。《敘傳》：漢章九法，太宗改作輕重之差，世有定籍。後漢元初四年，選通儒讎校漢家法令。

（宋）王欽若等《册府元龜》卷六〇九《刑法部·定律令》 〔元帝〕初元五年，省刑罰七十餘事，又除光祿大夫以下至郎中保父母同産之令。舊時相保，一人有過皆當坐之。時爲郎中以上除此令者，所以全之也。同産謂兄弟也。

《漢書》卷二三《刑法志》 成帝鴻嘉元年定令：年未滿七歲，賊鬭殺人及犯殊死者，上請廷尉以聞。得減死，合於三赦幼、弱、老眊之人。此皆法令稍定，近古而便民者也。

《漢書》卷七三《韋玄成傳》 初，高后時患臣下妄非議先帝宗廟寢園官，故定著令，敢有擅議者棄市。至元帝改制，蠲除此令。成帝時以無繼嗣，河平元年復復太上皇寢廟園，世世奉祠。昭靈后、武哀王、昭哀后

并食於太上寢廟如故，又復擅議宗廟之命。

《漢書》卷四七《梁孝王武傳》　鴻嘉中，太傅輔奏：立一日至十一犯法，臣下愁苦，莫敢親近，不可諫止。願令王，非耕、祠，法駕毋得出宮，盡出馬置外苑，收兵杖藏私府，毋得以金錢財物假賜人。事下丞相、御史，請許。奏可。後數復驅傷郎，夜私出宮。傅相連奏，坐削或千户或五百户，如是者數焉。

《史記》卷一二二《酷吏列傳》　前主所是著爲律，後主所是疏爲令。

（唐）杜佑《通典》卷一六三《刑法·刑制》　孝元、孝哀即位日淺，丞相王嘉等便以數年之間，虧除先帝舊約，定令斷律，凡百餘事。臣取其尤妨政者，條奏。請擇其善者而從之，定不易之典。時廷尉議，以為崇刑峻法，非明王急務，遂罷之。

《漢書》卷一一《哀帝紀》　〔綏和二年六月〕又曰：制節謹度以防奢淫，爲政所先，百王不易之道也。諸侯王、列侯、公主、吏二千石及豪富民多畜奴婢，田宅亡限，與民爭利，百姓失職，重困不足。其議限列。有司條奏：諸王、列侯得名田國中，列侯在長安及公主名田縣道，關内侯、吏民名田，皆無得過三十頃。諸侯王奴婢二百人，列侯、公主百人，關内侯、吏民三十人。年六十以上，十歲以下，不在數中。賈人皆不得名田、爲吏，犯者以律論。諸名田畜奴婢過品，皆没入縣官。齊三服官、諸官織綺繡，難成，害女紅之物，皆止，無作輸。除任子令及誹謗詆欺法。掖庭宫人年三十以下，出嫁之。官奴婢五十以上，免爲庶人。禁郡國無得獻名獸。益吏三百石以下奉。察吏殘賊酷虐者，以時退。有司無得舉赦前往事。博士弟子父母死，予寧三年。

（唐）杜佑《通典》卷一六三《刑法·刑制》　哀帝綏和二年，除誹謗詆欺法。

平帝元始中，制曰：前詔有司復貞婦，歸女徒，誠欲以防邪僻，全貞信。及眊悼之人刑罰所不加，聖王之所制也。惟苛暴吏多拘繫犯法者親屬婦人老弱。其明敕百僚，婦女非身犯法，及男子年八十以上七歲以下，非坐不道，詔所名捕，他皆無得繫。名捕，謂下詔特所捕也。其當驗者，即驗問。就所居而問之。定著令。王莽居攝，翟義、劉信起兵討莽，為莽敗之，夷三族。其後陳良、終帶叛入匈奴，莽求得，行焚如之刑，具《峻酷篇》。

（宋）王應麟《玉海》卷六五《詔令·律令》　《唐·藝文志》：《漢建武律令故事》三卷。《隋志》三卷。《漢名臣奏》二十九卷。《廷尉決事》二十卷。《廷尉駁事》十一卷。《廷尉雜詔書》二十六卷。《南臺奏事》二十二卷。應劭《漢朝議駁》三十卷。陳壽《漢名臣奏事》三十卷。

建武二年五月，詔民欲歸父母者，敢拘執，論如律。三月，議省刑法。三年七月，詔吏有罪，先請。五年五月出繫囚，非殊死，勿案。六年五月，赦隴西殊死以下。十一年二月，詔殺奴婢不得減罪。八月，詔炙灼論如律。十八年蠲邊郡殺盗之法，同之内郡。二十二年九月地震，減繫囚罪一等。

《後漢書》卷一下《光武帝紀》　〔建武二十四年秋七月〕詔有司申明舊制阿附蕃王法。

（宋）徐天麟《東漢會要》卷三五《刑法上·法令》　甲令皇后紀序令丙章紀注云：令丙，為篇之次也。《前書音義》曰：令有先後，有令甲、令乙、令丙。初，光武長於民間，頗達情僞，見稼穡艱難，百姓病害，至天下已定，務用安静，解王莽之繁密，還漢世之輕法。

（明）丘濬《大學衍義補》卷一一三《慎刑憲·戒濫縱之失》　章帝時，陳寵上疏曰：陛下即位，數詔群僚，弘崇晏晏，而有司執事，未悉奉承，典刑用法，猶尚深刻。斷獄者，急於箠格酷烈之痛；執憲者，煩於詆欺放濫之文。或因公行私，逞縱威福。今宜蕩滌煩苛之法，輕薄箠楚，以濟群生。帝納寵言，詔有司絶鉆鑽諸慘酷之科，解妖惡之禁，除文致之請讞五十餘事，定著于令。

（唐）杜佑《通典》卷一六三《刑法·刑制》　章帝時，郭躬條奏，請重文可從輕者四十一事，著於令。陳寵又代躬為廷尉，帝納寵言，制，除鉆鑽諸慘酷之科，解妖惡之禁，又除文致請讞五十餘事，著於令。寵復鉤校律令，條法溢於《甫刑》者，奏除之，曰：今律令，犯死刑者六百一十，耐罪千六百九十八，贖罪以下二千六百八十一，溢於《甫刑》千九百八十九，其四百一十大辟，千五百七耐罪，七十九贖罪。請令三公、廷尉集，平律令可施行者，大辟二百，耐罪、贖罪二千八百，合為三千，其餘千九百八十九事，悉可詳除。會寵得罪，遂罷。

（宋）王應麟《玉海》卷六四《詔令·律令》　《張敏傳》，建初中定

議爲輕侮法，敏駁議曰：輕侮之比寖以繁滋，至有四五百科。高帝去煩苛之法爲三章之約，建初詔書有改於古者，可下三公、廷尉，蠲除其敝。議寢不省，復上疏，和帝從之。

（宋）王應麟《玉海》卷六五《詔令·律令》　《刑法志》：武帝招張湯趙禹之屬條定法令，死罪決事比萬三千四百七十二事。朱博傳遷廷尉令，掾吏試正監共撰前事決事，更議難知者數十事，持以問廷尉，爲平處其輕重，十中八九，官屬咸服。博之疏略，材過人也。《後·陳寵傳》：和帝永元六年代郭躬爲廷尉，寵鉤校律令條法溢於《甫刑》者除之，曰：臣聞《禮經》三百，《威儀》三千，故《甫刑》大辟二百，五刑之屬三千，禮之所去，刑之所取，失禮則入刑，相爲表裏者也。今律令死刑六百一十，耐罪一千六百九十八，贖罪以下二千六百八十一，溢於《甫刑》者千九百八十九，其四百一十大辟，千五百耐罪，七十九贖罪。《春秋保乾圖》曰：王者三百年一蠲法，漢興以來三百二年，憲令稍增，科條無限，又律有三家，其說各異，宜令三公廷尉平定律令，應經合義者，可使大辟二百，而耐罪二千八百，共爲三千悉刪除，其餘令與禮相應，以易萬人視聽，以致刑措之美。傳之無窮，未及施行，及寵免，後遂寢，而苛法稍繁，人不堪之。寵子忠略依寵意奏上三十三條爲決事比，以省請讞之弊，又上除蠶室刑解臧吏三世禁錮，狂易殺人得減重論，母子兄弟相代死聽赦，所代者事皆施行。《桓譚傳》：世祖時因上疏陳時政所宜，又見法令決事輕重不齊，或一事殊法，同罪易論，今可令通理義明習法律者較定科比，一其法度，班下郡國，蠲除故條，如此天下知方而獄無冤濫矣。書奏不省。《晉志》：章帝時陳寵上疏曰，唐堯著典，曰流有五刑，眚災肆赦。舜命皋陶以五宅三居，惟明克允。文王重易六爻，而列叢棘之聽。周公作立政，戒成王勿誤庶獄，宜蕩滌煩苛，輕薄箠楚，以濟群生，帝納寵言。永元六年寵代郭躬爲廷尉，復校律令刑法，溢於《甫刑》者奏除之，忠依寵意奏上三十三條爲決事比。餘同《漢傳》。《禮·大司寇》：庶民獄訟，以邦成弊之。注：鄭司農云，若今時決事比也。《士師》八成注：若決事比。《唐志》有《廷尉決事》二十卷，《駁事》十一卷。

（宋）徐天麟《東漢會要》卷三五《刑法上·法令》　元初四年，帝詔謁者劉珍及博士良史詣東觀，各讎校漢法令。

（宋）王應麟《玉海》卷六五《詔令·律令》　《宣紀》：本始四年四月壬寅詔曰：律令有可蠲除以安百姓條奏。元康二年夏五月詔曰：獄者萬民之命，今用法或持巧心，析律貳端，深淺不平，增辭飾非，以成其罪，奏不如實，二千石各察官屬吏務平法。地節四年令甲文穎注蕭何承秦法所作爲《律令》，《律經》是也。《元紀》見宣帝所用多文法，吏以刑名繩下。注師古云劉向《别録》云申子學號刑名，以名責實，尊君卑臣，崇上抑下。宣帝好觀其《君臣篇》。初元五年四月省刑罰七十餘事，除光禄大夫以下至郎中保父母同産之令。《刑法志》：漢興，初入關約法三章，蠲除煩苛，兆民大說。其後四夷未附，兵革未息，三章之法不足以禦姦，於是蕭何攈摭秦法，取其宜於時者作《律九章》。孝武事外四夷，内盛耳目之好，調發煩數，百姓貧耗，窮民犯法，酷吏擊斷，姦軌不勝，於是招進張湯趙禹之屬條定法令，作見知故縱監臨部主之法，緩深故之罪，急縱出之誅。其後姦猾巧法轉相比況，禁罔寖密，律令凡三百五十九章，大辟四百九條，千八百八十二事，死罪決事比萬三千四百七十二事，文書盈於几閣，典者不能徧睹，郡國承用者駁，或罪同而論異，姦吏因緣爲市，所欲活則傅生議，所欲陷則與死比，議者咸冤傷之。宣帝時路温舒上疏云云，鄭昌上疏言不若删定律令，律令一定，愚民知所避，姦吏無所弄矣。今不正其本而置廷平以理其末，宣帝未及修正。元帝初立，詔曰：律令煩多不約，自典文者不能分明，其議律令可蠲除輕減者條奏，惟在便安萬姓而已。至成帝河平中復下詔曰：今大辟之刑千有餘條，律令煩多，百有餘萬言，奇請他比日以益滋，其與中二千石、二千石、博士及明習律令者議減死刑，及可蠲除約省者令較然易知條奏有司，無仲山父將明之才，徒鉤摭細微，毛舉數事，以塞詔而已，必世而未仁，百年而不勝殘，宜惟思清原正本之論，删定律令，纂二百章以應大辟，其餘罪次於古當生今觸死者皆可募行，肉刑及傷人與盜受賕淫亂皆復古刑，爲三千章，詆欺文致微細之法悉蠲除，則刑可畏而禁易避。班固之言謂刑本不正。《酷吏傳序》：法令者治之具而非制治清濁之原也。《藝文志·小學》：蕭何草律亦著其法，曰：太史試學童能諷書九千字以上乃得爲史。《禮志》禮儀與律令同録，臧於理官，法家又復不傳。《功臣表》：蕭何定諸侯法令。《列傳》：蕭何收秦丞相御史律令圖書藏之，蕭何爲法顜若畫一，曹參代之守而勿失。張蒼吹律調樂，入之音聲及

以比律令。若百工，天下作程品。注，師古曰：言吹律調音以定法令，及百工程品皆取則也。賈誼文帝諸律令所更定，其説皆自誼發之文翁選小吏詣京師學律令。晁錯所更令三十章，諸侯皆讙譁錯言，宜削諸侯事及法令可更定者凡三十篇，孝文不盡聽。景帝即位，以錯爲內史，法令多所更定。錯曰令法律賤商人尊農夫。張湯遷太中大夫，與趙禹共定諸律令，務在深文拘守職之吏。《通鑑綱目》：元光五年七月詔，太中大夫張湯、中大夫趙禹定律令。趙禹曰：前王所是著爲律，後王所是疏爲令。杜周客謂周曰：君不循三尺法，周曰：三尺安出哉？前王所是著爲律，後王所是疏爲令，當時爲是，何古之法乎？子延年，明法律。

主父偃上書闕下，朝奏，暮召入見，所言九事其八事爲律令。兒寬以古法義決疑獄。蓋寬饒封事曰：儒術不行，以法律爲《詩》《書》。嚴延年學法律，丞相府。丙吉治律令。孔光明習漢制及法令。淮陽王欽好法律。《朱博傳》：太守漢吏奉三尺律令以從事耳，三尺律令人事出其中。掾史試與正監共撰前世決事，吏議難知者數十事，持以問廷尉，《薛宣傳》廷尉以爲律曰云云。揚雄曰：甫刑靡敝，秦法酷烈，聖漢權制，而蕭何造律宜也，造蕭何律於唐虞之世則誖矣。《鹽鐵論》文學曰：秦法繁於秋荼而網密於凝脂。方今律令百有餘篇，文章繁，罪名重，郡國用之疑惑，或淺或深，自吏明習者不知所處，而況愚民乎？律令塵蠹於棧閣，吏不能徧覩。《陳寵傳》：聖漢初興，改從簡易，蕭何草律季秋論囚，俱避立春之月，而不計天地之正，二王之春，實頗有違。《崔實傳》政論曰：蕭何作九章之律，有夷三族令。云云謂之具五刑，文帝除肉刑。景帝元年下詔乃定律減笞輕捶。《梁統傳》疏曰：元哀二帝輕殊死之刑，以一百二十三事。自是以後著爲常準，故人輕犯法，吏易殺人。高帝受命誅暴，約令定律，文帝唯除省肉刑相坐之法。哀平繼體，丞相王嘉輕爲穿鑿，虧除先帝舊約成律表，其尤害於體者傳奏。《晉志》：光武中興，梁統乃上疏曰：臣竊見元帝初元五年，輕殊死刑三十四事，哀帝建平元年盡四年，輕殊死刑八十一事，丞相王嘉等虧除先帝舊約穿令斷律凡百餘事。其四十二事手殺人皆減死罪一等，著爲常法。自是以後，人輕犯法，吏易殺人。

《通鑑》：建武十四年梁統上疏，願詔有司詳擇定不易之典，事下公卿，杜林奏宜如舊制。統復上言：臣之所奏，非曰嚴刑，《經》曰爰制，百姓于刑之衷。衷之爲言，不輕不重之謂也。刑輕反生大患，惠加姦軌，害及良善，事寢不報。《郭躬傳》：永平中以明法律，召入議，元和三年爲廷尉，多所矜恕，乃條諸重文可從輕者四十一事奏之，事皆施行，著于令。《郎顗傳》：陽嘉二年正月對曰：文帝改法，除肉刑之罪，至今適三百載，宜因斯際大蠲法令官名稱號輿服器械，事有所更，王者之法，譬猶江河，當使易避而難犯。《和帝紀》永元十二年三月丙申詔曰：巧法析律，飾文增辭，貨行於言，罪成乎手，朕甚病焉。《宋志》：治書御史漢東京使明法律者爲之，天下讞疑事以法律當是非。《禮·司刑》注：詔刑罰者處其所應，不如今律家所書法。《小宰》注：憲謂表垂之，若今新有法令。《高紀》注孟康曰：《漢律》：吏二千石有予告有賜告。《文紀》注文穎曰：《漢律》：三人以上無所群飲，罰金四兩。如淳曰：《律説》：郡吏，今督郵是也。《諸侯王表》注張晏曰：《律》鄭氏説，封諸侯過限曰附益。《周禮·秋官》疏：先鄭舉漢賊律云。長孫無忌《律疏》序：魏文侯師李悝，集諸國刑典造《法經》六篇，一、《盗法》，二、《賊法》，三、《因一作囚法》，四、《捕請法》，五、《雜法》，六、《具法》。《商鞅傳》：受改《法經》爲律，漢相蕭何更加李悝所造《户》、《興》、《廐》三篇，謂之九章之律。

（宋）王應麟《玉海》卷六五《詔令·律令》

《章紀》：元和二年正月乙酉，詔三公曰：方春生養，萬物莩甲，宜助萌陽，以育時物。其令有司，罪非殊死，且勿案驗。立秋如故。秋七月庚子，詔曰：《春秋》每月春王者，重三正慎，三微也。《律》十二月立春，不以報囚。《月令》冬至之後有順陽助生之文，而無鞫獄斷刑之政。朕咨訪儒雅，稽之典籍，以爲王者生殺，宜順時氣。其定律，無以十一月、十二月報囚。《魯恭傳》：初，和帝下令：麥秋得按驗薄刑，而州郡好以苛察爲政，因此遂盛夏斷獄。恭上疏諫曰：舊制，至立秋乃行薄刑。自永元十五年以來，改用孟夏。《月令》：孟夏斷薄刑，出輕繫。又曰仲夏挺重囚，益其食。夫斷薄刑者，謂其輕罪已正，不欲令久繫，故時斷之也。臣愚以爲孟夏之制，可從此令。其決獄案考，皆以立秋爲斷。初，肅宗時，斷獄皆以冬至之前，自後論者互多駁異。鄧太后詔公卿以下會議，恭議奏曰：《易》曰：潛龍勿用。言十一月、十二月陽氣潛藏，未得用事。孝章皇帝深惟

古人之道，助三正之微，定律著令，冀承天心，順物性命，以致時雍。《易》曰：君子以議獄緩死，可令疑罪使詳其法，大辟之科，盡冬月乃斷。其立春在十二月中者，勿以報囚如故事。安帝永初元年五月，恭爲司徒。《樊儵傳》：永平元年，拜長水校尉，議刑辟宜須秋月，以順時氣。從之。《襄楷傳》：楷上疏言：永平舊典，諸當重論，皆須冬獄，先請後刑，所以重人命也。《和帝紀》：永元十五年十二月庚子，有司奏：以爲夏至則微陰起，靡草死，可以決小事。是歲，初令郡國以日北至按薄刑。《陳寵傳》：肅宗初，寵爲尚書。是時承永平故事，吏政尚嚴切。尚書決事，率近於重。寵以帝新即位，宜改前世苛俗。帝納寵言，每事務於寬厚。其後，遂詔有司：絶鉆鑽諸慘酷之科，解妖惡之禁，除文致之請讞五十餘事，定著于令。元和元年七月，詔考獄多酷，及秋冬，明爲其禁。十二月，蠲除妖惡禁錮。元年七月，定《報囚律》。是後人俗和平，屢有嘉瑞。漢舊事，斷獄報重，常盡三冬之月。是時，帝始改用冬初十月而已。元和二年，寵奏曰：稽《春秋》之文，當《月令》之意。

《後漢書》卷四六《陳忠傳》 〔陳〕忠字伯始，永初中辟司徒府，三遷廷尉正，以才能有聲稱。司徒劉愷舉忠明習法律，宜備機密，於是擢拜尚書，使居三公曹。忠自以世典刑法，用心務在寬詳。初，父寵在廷尉，上除漢法溢於《甫刑》者，未施行，及寵免後遂寢。而苛法稍繁，人不堪之。忠略依寵意，奏上二十三條，爲《決事比》，以省請讞之敝。又上除蠶室刑；解臧吏三世禁錮；狂易殺人，得減重論；母子兄弟相代死，聽，赦所代者。事皆施行。

（宋）王應麟《玉海》卷六五《詔令·律令》 《紀》文帝元年三月，養老具爲令。師古曰使備爲條制。景帝元年七月詔曰：吏所監臨以飲食免重，受財物賤買貴賣論輕，廷尉與丞相更議著令。後三年著令年八十以上、八歲以下頌繫。成帝著令，令太子得絶馳道。哀帝元壽二年九月詔，有司無得陳赦前事，定著令。平帝元始四年正月，婦女老弱無得繫，定著令。《吴芮傳》：高帝制詔，御史長沙王忠其定著令，著于甲令稱忠。《韋玄成傳》：高后時患臣下妄非議，先帝宗廟寢園官，故定著令，元帝蠲除此令，成帝又復擅議宗廟之命。《馮野王傳》：杜欽奏記曰，三最予告，令也。二千石賜告得歸有故事，不得去郡亡著令。《史記·平準書》：著令，令封君以下以差出牝馬。太常著功令。著廷尉挈令。并見後。《霍去病傳》：定令，令票騎將軍秩禄與大將軍等。《薛宣傳》：以令奏尹賞與薛恭換縣。《後紀》：肅宗著《胎養令》，定律著令，助三正之微。順帝永建四年，詔宦官襲封爵，定著令。《郭躬傳》：元和三年，躬條重文可從輕者四十一事，著于令。《郎顗傳》：陽嘉二年正月，顗條便宜七事，漢興以來三百三十九歲，於時三朞，宜大蠲法令，有所變更，王者之法猶江河，當使易避難犯。《風俗通》曰：律者，法也。《皋陶謨》虞公始造律。時主所制曰令，《漢書》著《甲令》。

（宋）徐天麟《東漢會要》卷三五《刑法上·法令》 蔡邕請除三互法。

（唐）杜佑《通典》卷一六三《刑法·刑制》 獻帝初，應劭又刪定律令，撰具《律本章句》、《尚書舊事》、《廷尉板令》、《決事比例》、《司徒都目》、《五曹詔書》及《春秋折獄》，凡二百五十篇。又集《議駁》三十篇，以類相從，凡八十二事。於是舊事存焉。

《後漢書》卷五一《橋玄傳》 玄乃詣闕謝罪，乞下天下：凡有劫質，皆并殺之，不得贖以財寶，開張姦路。詔書下其章。

魏晉南北朝部

論說

《三國志》卷二三《魏志・陳群傳》　魏國既建，〔陳羣〕遷為御史中丞。時太祖議復肉刑，令曰：安得通理君子達於古今者，使平斯事乎？昔陳鴻臚以為死刑有可加於仁恩者，正謂此也。御史中丞能申其父之論乎？羣對曰：臣父紀以為，漢除肉刑而增加笞，本興仁惻而死者更衆，所謂名輕而實重者也。名輕則易犯，實重則傷民。《書》曰：惟敬五刑，以成三德。易著劓、刖、滅趾之法，所以輔政助教，懲惡息殺也。且殺人償死，合於古制，至於傷人，或殘毀其體，而裁翦毛髮，非其理也。若用古刑，使淫者下蠶室，盜者刖其足，則永無淫放穿窬之姦矣。夫三千之屬，雖未可悉復，若斯數者，時之所患，宜先施用。漢律所殺殊死之罪，仁所不及也。其餘逮死者，可以刑殺。如此，則所刑之與所生足以相貿矣。今以笞死之法易不殺之刑，是重人支體而輕人軀命也。時鍾繇與群議同，王朗及議者多以為未可行。太祖深善繇群言，以軍事未罷，顧衆議，故且寢。

《三國志》卷二三《魏志・和洽傳》　魏國既建，為侍中。後有白毛玠謗毀太祖，太祖見近臣，怒甚。洽陳玠素行有本，求案實其事。罷朝，太祖令曰：今言事者白玠不但謗吾也，乃復為崔琰觖望，此損君臣恩義，妄為死友怨歎，殆不可忍也。昔蕭、曹與高祖並起微賤，致功立勳，高祖每在屈笮，二相恭順，臣道益彰，所以祚及後世也。和侍中比求實之，所以不聽，欲重參之耳。洽對曰：如言事者言，玠罪過深重，非天地所覆載。臣非敢曲理玠以枉大倫也。以玠出羣吏之中，特見拔擢，顯在首職，歷年荷寵，剛直忠公，為衆所憚，不宜有此。然人情難保，要宜考覈，兩驗其實。今聖恩垂含垢之仁，不忍致之于理，更使曲直之分不明，疑自近始。太祖曰：所以不考，欲兩全玠及言事者耳。洽對曰：玠信有謗上之言，當肆之市朝。若玠無此，言事者加誣大臣以誤主聽，二者不加檢覈，臣竊不安。太祖曰：方有軍事，安可受人言便考之邪！狐射姑刺陽處父於朝，此為君之誡也。

《三國志》卷二二《魏志・盧毓傳》　文帝為五官將，召毓署門下賊曹。崔琰舉為冀州主簿。時天下草創，多逋逃，故重士亡法，罪及妻子。亡士妻白等，始適夫家數日，未與夫相見，大理奏棄市，毓駁之曰：夫女子之情，以接見而恩生，成婦而義重。故《詩》云：未見君子，我心傷悲，亦既見止，我心則夷。又《禮》，未廟見之婦而死，歸葬女氏之黨，以未成婦也。今白等生有未見之悲，死有非婦之痛。而吏議欲肆之大辟，則若同牢合卺之後，罪何所加？且《記》曰：附從輕，言附人之罪，以輕者為比也。又《書》云：與其殺不辜，寧失不經，恐過重也。苟以白等皆受禮聘，已入門庭，刑之為可，殺之為重。太祖曰：毓執之是也。

《三國志》卷五八《吳志・陸遜傳》　〔黃龍元年陸〕遜雖身在外，乃心於國，上疏陳時事曰：臣以爲科法嚴峻，下犯者多。頃年以來，將吏罹罪，雖不慎可責，然天下未一，當圖進取，小宜恩貸，以安下情。且世務日興，良能爲先，自〔不〕〔非〕姦穢入身，難忍之過，乞復顯用，展其力效。此乃聖王忘過記功，以成王業。昔漢高舍陳平之愆，用其奇略，終建勳祚，功垂千載。夫峻法嚴刑，非帝王之隆業；有罰無恕，非懷遠之弘規也。

《三國志》卷五二《吳志・步騭傳》　〔步騭上疏〕曰：縣賞以顯善，設刑以威姦，任賢而使能，審明於法術，則何功而不成，何事而不辨，何聽而不聞，何視而不覩哉？

《三國志》卷四七《吳志・吳主傳》　〔嘉禾〕六年春正月，詔曰：夫三年之喪，天下之達制，人情之極痛也；賢者割哀以從禮，不肖者勉而致之。世治道泰，上下無事，君子不奪人情，故三年不逮孝子之門。至於有事，則殺禮以從宜，要經而處事。故聖人制法，有禮無時則不行。遭喪不奔非古也，蓋隨時之宜，以義斷恩也。前故設科，長吏在官，當須交代，而故犯之，雖隨糾坐，猶已廢曠。方事之殷，國家多難，凡在官司，宜各盡節，先公後私，而不恭承，甚非謂也。中外羣僚，其更平議，務令

得中，詳爲節度。又顧譚議，以爲奔喪立科，輕則不足以禁孝子之情，重則本非應死之罪，雖嚴刑益設，違奪必少。若偶有犯者，加其刑則恩所不忍，有減則法廢不行。愚以爲長吏在遠，苟不告語，勢不得知。比選代之間，若有傳者，必加大辟，則長吏無廢職之負，孝子無犯重之刑。將軍胡綜議，以爲喪紀之禮，雖有典制，苟無其時，所不得行。方今戎事軍國異容，而長吏遭喪，知有科禁，公敢干突，苟念聞憂不奔之恥，不計爲臣犯禁之罪，此由科防本輕所致。忠節在國，孝道立家，出身爲臣，焉得兼之？故爲忠臣不得爲孝子。宜定科文，示以大辟，若故違犯，有罪無赦。以殺止殺，行之一人，其後必絶。丞相雍奏從大辟。其後吴令孟宗喪母奔赴，已而自拘於武昌以聽刑。陸遜陳其素行，因爲之請，權乃減宗一等，後不得以爲比，因此遂絶。

《晉書》卷五二《阮種傳》 〔武帝〕又問經化之務。〔阮種〕對曰：夫王道之本，經國之務，必先之以禮義，而致人於廉耻。禮義立，則君子軌道而讓於善；廉耻立，則小人謹行而不淫於制度。賞以勸其能，威以懲其廢。此先王所以保乂定功，化洽黎元，而勳業長世也。故上有克讓之風，則下有不爭之俗；朝有矜節之士，則野無貪冒之人。夫廉耻之於政，猶樹藝之有豐壤，良歲之有膏澤，其生物必油然茂矣。若廉耻不存，而惟刑是御，則風俗彫弊，人失其性，錐刀之末，皆有爭心，雖峻刑嚴辟，猶不勝矣。其於政也，如農者之殖磽野，旱年之望豐穡，必不幾矣。此三代所以享德長久，風醇俗美，皆數百年保天之禄。而秦二世而弊者，蓋其所由之塗殊也。

《晉書》卷三〇《刑法志》 夫律者，當慎其變，審其理。若不承用詔書，無故失之刑，當從贖。謀反之同伍，實不知情，當從刑。此故失之變也。卑與尊鬭，皆爲賊。鬭之加兵刃水火中，不得爲戲，戲之重也。向人室廬道徑射，不得爲過，失之禁也。都城人衆中走馬殺人，當爲賊，賊之似也。過失似賊，戲似鬭，鬭而殺傷傍人，又似誤，盜傷縛守似强盜，呵人取財似受賕，囚辭所連似告劾，諸勿聽理似故縱，持質似恐猲。如此之比，皆爲無常之格也。

五刑不簡，正于五罰，五罰不服，正于五過，意善功惡，以金贖之。故律制，生罪不過十四等，死刑不過三，徒加不過六，囚加不過五，累作不過十一歲，累笞不過千二百，刑等不過一歲，金等不過四兩。月贖不計日，日作不拘月，歲數不疑閏。不以加至死，并死不復加。不可累者，故有并數；不可并數，乃累其加。以加論者，但得其加；與加同者，連得其本。不在次者，不以通論。以人得罪與人同，以法得罪與法同。侵生害死，不可齊其防；親疏公私，不可常其教。禮樂崇於上，故降其刑；刑法閑於下，故全其法。是故尊卑叙，仁義明，九族親，王道平也。

律有事狀相似而罪名相涉者，若加威勢下手取財爲强盜，不自知亡爲縛守，將中有惡言爲恐猲，不以罪名呵爲呵人，以罪名呵爲受賕，劫召其財爲持質。此六者，以威勢得財而名殊者也。即不求自與爲受求，所監求而後取爲盜贓，輸入呵受爲留難，斂人財物積藏於官爲擅賦，加毆擊之爲戮辱。諸如此類，皆爲以威勢得財而罪相似者也。

夫刑者，司理之官；理者，求情之機；情者，心神之使。心感則情動於中，而形於言，暢於四支，發於事業。是故姦人心愧而面赤，内怖而色奪。論罪者務本其心，審其情，精其事，近取諸身，遠取諸物，然後乃可以正刑。仰手似乞，俯手似奪，捧手似謝，擬手似訴，拱臂似自首，攘臂似格鬭，矜莊似威，怡悦似福，喜怒憂歡，貌在聲色。姦真猛弱，候在視息。出口有言當爲告，下手有禁當爲賊，喜子殺怒子當爲戲，怒子殺喜子當爲賊。諸如此類，自非至精不能極其理也。

律之名例，非正文而分明也。若八十，非殺傷人，他皆勿論，即誣告謀反者反坐。十歲，不得告言人；即奴婢捍主，主得謁殺之。賊燔人廬舍積聚，盜贓五匹以上，棄市；即燔官府積聚盜，亦當與同。毆人教令者與同罪，即令人毆其父母，不可與行者同得重也。若得遺物强取强乞之類，無還贓法隨例畀之文。法律中諸不敬，違儀失式，及犯罪爲公爲私，贓入身不入身，皆隨事輕重取法，以例求其名也。

夫理者，精玄之妙，不可以一方行也；律者，幽理之奥，不可以一體守也。或計過以配罪，或化略以循常，或隨事以盡情，或趣舍以從時，或推重以立防，或引輕而就下。公私廢避之宜，除削重輕之變，皆所以臨時觀釁，使用法執詮者幽於未制之中，采其根牙之微，致之於機格之上，稱輕重於豪銖，考輩類於參伍，然後乃可以理直刑正。

夫奉聖典者若操刀執繩，刀妄加則傷物，繩妄彈則侵直。梟首者惡之

長，斬刑者罪之大，棄市者死之下，髡作者刑之威，贖罰者誤之誡。王者立此五刑，所以實君子而逼小人，故爲敕慎之經，皆擬《周易》有變通之體焉。欲令提綱而大道清，舉略而王法齊，其旨遠，其辭文，其言曲而中，其事肆而隱。通天下之志唯忠也，斷天下之疑唯文也，切天下之情唯遠也，彌天下之務唯大也，變無常體唯理也，非天下之賢聖，孰能與於斯！

夫刑而上者謂之道，刑而下者謂之器，化而財之謂之格。刑殺者是冬震曜之象，髡罪者似秋彫落之變，贖失者是春陽悔吝之疵也。五刑成章，輒相依準，法律之義焉。是時侍中盧珽、中書侍郎張華又表：抄新律諸死罪條目，懸之亭傳，以示兆庶。有詔從之。

《晉書》卷三四《杜預傳》 與車騎將軍賈充等定律令，既成，〔杜〕預爲之注解，乃奏之曰：法者，蓋繩墨之斷例，非窮理盡性之書也。故文約而例直，聽省而禁簡。例直易見，禁簡難犯。易見則人知所避，難犯則幾於刑厝。刑之本在於簡直，故必審名分。審名分者，必忍小理。古之刑書，銘之鍾鼎，鑄之金石，所以遠塞異端，使無淫巧也。今所注皆綱羅法意，格之以名分。使用之者執名例以審趣舍，伸繩墨之直，去析薪之理也。詔班於天下。

《晉書》卷四六《劉頌傳》 元康初，從淮南王允入朝。會誅楊駿。〔劉〕頌屯衛殿中。其夜，詔以頌爲三公尚書。又上疏論律令事，爲時論所美。久之，轉吏部尚書，建九班之制，欲令百官居職希遷，考課能否，明其賞罰。賈、郭專朝，仕者欲速，竟不施行。【略】

頌在郡上疏曰：臣昔忝河內，臨辭受詔：卿所言悉要事，宜大小數以聞。恒苦多事，或不能悉有報，勿以爲疑。臣受詔之日，喜懼交集，益思自竭，用忘其鄙，願以螢燭，增暉重光。到郡草具所陳如左，未及書上，會臣嬰丁天罰，寢頓累年，今謹封上前事。臣雖才不經國，言淺多違，猶願陛下垂省，使臣微誠得經聖鑒，不總棄於常案。如有足採，冀補萬一。【略】

伏惟陛下雖應天順人，龍飛踐阼，爲創業之主。然所遇之時，實是叔世。何則？漢末陵遲，閹豎用事，小人專朝，君子在野，政荒衆散，遂以亂亡。魏武帝以經略之才，撥煩理亂，兼肅文教，積數十年，至於延康之初，然後吏清下順，法始大行。逮至文、明二帝，奢淫驕縱，傾殆之主也。然內盛臺榭聲色之娛，外當三方英豪嚴敵，事成克舉，少有愆違，其故何也？實賴前緒，以濟勳業。然法物政刑，固已漸頹矣。自嘉平之初，晉祚始基，逮於咸熙之末，其間累年。雖鈇鉞屢斷，翦除兇醜，然其存者咸蒙遭時之恩，不軌於法。泰始之初，陛下踐阼，其所服乘皆先代功臣之胤，非其子孫，則其曾玄。古人有言：膏粱之性難正，故曰時遇叔世。當此之秋，天地之位始定，四海洗心整綱之會也。然陛下猶以用才因宜，法寬有由，積之在素，異於漢魏之先；三祖崛起易朝之爲，未可一旦直繩御下，誠時宜也。然至所以爲政，矯世衆務，自宜漸出公塗，法正威斷，日遷就肅。譬由行舟，雖不橫截迅流，然俄向所趣，漸靡而往，終得其濟。積微稍著，以至於今，可以言政。而自泰始以來，將三十年，政功美績，未稱聖旨，凡諸事業，不茂既往。以陛下明聖，猶未及叔世之弊，以成始初之隆，傳之後世，不無慮乎！意者，臣言豈不少概聖心夫！【略】

今閻閭少名士，官司無高能。其故何也？清議不肅，人不立德，行在取容，故無名士。下不專局，又無考課，吏不竭節，故無高能。無高能，則有疾世事；少名士，則後進無準。故臣思立吏課而肅清議。夫欲富貴而惡貧賤，人理然也。聖王大諳物情，知不可去，故直同公私之利，而詭其求道，使夫欲富者必先由貧，欲貴者必先安賤。安賤則不矜，不矜然後廉耻厲；守貧者必節欲，節欲然後操全。以此處務，乃得盡公。盡公者，富貴之徒也，爲無私者終得其私，故公私之利同也。今欲富者不由貧自得富，欲貴者不安賤自得貴，公私之塗既乖，而人情不能無私，私利不可以公得，則恒背公而橫務。是以風節日頹，公理漸替，人士富貴，非軌道之所得。以此爲政，小大難期。然教頹來既久，難反一朝。又世放都靡，營欲比肩，群士渾然，庸行相似，不可頓肅，甚殊黜陟也。且教不求盡善，善在抑尤，同侈之中，猶有甚泰。使夫昧適情之樂者，損其顯榮之貴，俄在不鮮之地；約己潔素者，蒙儉德之報，列於清官之上。二業分流，令各有蒙。然俗放都奢，不可頓肅，故臣私慮，願先從事於漸也。

天下至大，萬事至衆，人君至少，同於天日，故非垂聽所得周覽。是以聖王之化，執要而已，委務於下而不以事自嬰也。分職既定，無所與

焉，非憚日昃之勤，而牽於逸豫之虞，誠以政體宜然，事勢致之也。何則？夫造創謀始，逆闇是非，以別能否，甚難察也。既以施行，因其成敗，以分功罪，甚易識也。易識在考終，難察在造始。故人君恒居其易則安，人臣不處其難則亂。今陛下每精事始而略於考終，故群吏慮事懷成敗之懼輕，飾文采以避目下之譴重，此政功所以未善也。今人主能恒居易執要以御其下，然後人臣功罪形於成敗之徵，無逃其誅賞。故罪不可蔽，功不可誣。功不可誣，則能者勸；罪不可蔽，則違慢日肅，此爲國之大略也。臣竊惟陛下聖心，意在盡善，懼政有違，故精事始，以求無失。又以衆官勝任者少，故不委務，寧居日昃也。臣之愚慮，竊以爲今欲盡善，故宜考終。何則？精始難校故也。又群官多不勝任，亦宜委務，使能者得以成功，不能者得以著敗。敗著可得而廢，功成可得遂任。然後賢能常居位以善事，闒劣不得以尸禄害政。如此不已，則勝任者漸多，經年少久，即群司徧得其人矣。此校才考實政之至務也。今人主不委事仰成，而與諸下共造事始，則功罪難分。下不專事，居官不久，故能否不別。何以驗之？今世士人決不悉良能也，又決不悉疲軟也。然今欲舉一忠賢，不知所賞；求一負敗，不知所罰。及其免退，自以犯法耳，非不能也。登進者，自以累資及人間之譽耳，非功實也。若謂不然，則當今之政未稱聖旨，此其徵也。陛下御今法爲政將三十年，而功未日新，其咎安在？古人有言：琴瑟不調，甚者必改而更張。凡臣所言，誠政體之常，然古今異宜，所遇不同。陛下縱未得盡仰成之理，都委務於下，至於今事應奏御者，蠲除不急，使要事得精可三分之二。

古者六卿分職，冢宰爲師。秦漢已來，九列執事，丞相都總。今尚書制斷，諸卿奉成，於古制爲重，事所不須，然今未能省并。可出衆事付外寺，使得專之，尚書爲其都統，若丞相之爲。惟立法創制，死生之斷，除名流徙，退免大事，及連度支之事，臺乃奏處。其餘外官皆專斷之，歲終臺閣課功校簿而已。此爲九卿造創事始，斷而行之，尚書書主，賞罰繩之，其勢必愈考成司非而已。於今親掌者動受成於上，上之所失，不得復以罪下，歲終事功不建，不知所責也。夫監司以法舉罪，獄官案劾盡實，法吏據辭守文，大較雖同，然至於施用，監司與夫法獄體宜小異。獄官唯實，法吏唯文，監司則欲舉大而略小。何則？夫細過微闕，謬妄之失，此人情之所必有，而悉糾以法，則朝野無全人，此所謂欲理而反亂者也。

故善爲政者綱舉而網疏，綱舉則所羅者廣，網疏則小必漏。所羅者廣則爲政不苛，此爲政之要也。而自近世以來，爲監司者，類大綱不振而微過必舉。微過不足以害政，舉之則微而益亂；大綱不振，則豪强橫肆。豪强橫肆，則百姓失職矣。此錯所急而倒所務之由也。今宜令有司反所常之政，使天下可善化。及此非難也，人主不善碎密之案，必責犯强舉尤之奏，當以盡公，則害政之姦自然禽矣。夫大姦犯政而亂兆庶之罪者，類出富强。而豪富者其力足憚，其貨足欲，是以官長顧勢而頓筆。下吏縱姦，懼所司之不舉，則謹密網以羅微罪，使奏劾相接，狀似盡公，而撓法不亮固已在其中矣。非徒無益於政體，清議乃由此而益傷。古人有言曰：君子之過，如日之蝕焉。又曰：過而能改。又曰：不貳過。凡此數者，皆是賢人君子不能無過之言也。苟不至於害政，則皆天網之所漏；所犯在甚泰，然後王誅所必加，此舉罪淺深之大例者也。

故君子得全美以善事，不善者必夷戮以警衆，此爲政誅赦之準式也。何則？所謂賢人君子，苟不能無過，小疵不可以廢其身，而輒繩以法，則愧於明時。何則？雖有所犯，輕重甚殊，於士君子之心受責不同而名不異者，故不軌之徒得引名自方，以惑衆聽，因名可亂，假力取直，故清議益傷也。凡舉過彈違，將以肅風論而整世教，今舉小過，清議益頹。是以聖人深識人情而達政體，故其稱曰：不以一眚掩大德。又曰：赦小過，舉賢才。又曰：無求備於一人。故冕而前旒，充纊塞耳，意在善惡之報必取其尤，然後簡而不漏，大罪必誅，法禁易全也。何則？害法在犯尤，而謹搜微過，何異放兕豹於公路，而禁鼠盜於隅隙。古人有言：鈇鉞不用而刀鋸日弊，不可以爲政。此言大事緩而小事急也。時政所失，少有此類，陛下宜反而求之，乃得所務也。

《晉書》卷三〇《刑法志》　時劉頌爲三公尚書，又上疏曰：自近世以來，法漸多門，令甚不一。臣今備掌刑斷，職思其憂，謹具啓聞。

臣竊伏惟陛下爲政，每盡善，故事求曲當，則例不得直；盡善，故法不得全。何則？夫法者，固以盡理爲法，而上求盡善，則諸下牽文就意，以赴主之所許，是以法不得全。刑書徵文，徵文必有乖於情聽之斷，而上安於曲當，故執平者因文可引，則生二端。是法多門，令不一，則吏

不知所守，下不知所避。姦僞者因法之多門，以售其情，所欲淺深，苟斷不一，則居上者難以檢下，於是事同議異，獄犴不平，有傷於法。

古人有言：人主詳，其政荒；人主期，其事理。詳匪他，盡善則法傷，故其政荒也。期者，輕重之當，雖不厭情，苟入於文，則循而行之，故其事理也。夫善用法者，忍違情不厭聽之斷，輕重雖不允人心，經於凡覽，若不可行，法乃得直。又君臣之分，各有所司。法欲必奉，故令主者守文；理有窮塞，故使大臣釋滯；事有時宜，故人主權斷。主者守文，若釋之執犯蹕之平也；大臣釋滯，若公孫弘斷郭解之獄也；人主權斷，若漢祖戮丁公之爲也。天下萬事，自非斯格重爲，故不近似此類，不得出以意妄議，其餘皆以律令從事。然後法信於下，人聽不惑，吏不容姦，可以言政。人主軌斯格以責群下，大臣小吏各守其局，則法一也。

古人有言：善爲政者，看人設教。看人設教，制法之謂也。又曰隨時之宜，當務之謂也。然則看人隨時，在大量也，而制其法。法軌既定則行之，行之信如四時，執之堅如金石，群吏豈得在成制之内，復稱隨時之宜，傍引看人設教，以亂政典哉！何則？始制之初，固已看人而隨時矣。今若設法未盡當，則宜改之。若謂已善，不得盡以爲制，而使奉用之司公得出入以差輕重也。夫人君所與天下共者，法也。已令四海，不可以不信以爲教，方求天下之不慢，不可繩以不信之法。且先識有言，人至愚而不可欺也。不謂平時背法意斷，不勝百姓願也。

上古議事以制，不爲刑辟。夏殷及周，書法象魏。三代之君齊聖，然咸棄曲當之妙鑒，而任徵文之直準，非聖有殊，所遇異也。今論時敦朴，不及中古，而執平者欲適情之所安，自託於議事以制。臣竊以爲聽言則美，論理則違。然天下至大，事務衆雜，時有不得悉循文如令。故臣謂宜立格爲限，使主者守之，死生以之，不敢錯思於成制之外，以差輕重，則法恒全。事無正據，名例不及，大臣論當，以釋不滯，則事無閡。至如非常之斷，出法賞罰，若漢祖戮楚臣之私已，封趙氏之無功，唯人主專之，非奉職之臣所得擬議。然後情求傍請之迹絶，似是而非之奏塞，此蓋齊法之大準也。主者小吏，處事無常。何則？無情則法徒克，有情則撓法。積克似無私，然乃所以得其私，又恒所岨以衛其身。斷當恒克，世謂盡公，時一曲法，乃所不疑。故人君不善倚深似公之斷，而責守文如令之奏，然後得爲有檢，此又平法之一端也。

夫出法權制，指施一事，厭情合聽，可適耳目，誠有臨時當意之快，勝於徵文不允人心也。然起爲經制，終年施用，恒得一而失十。故小有所得者，必大有所失；近有所漏者，必遠有所苞。故諳事識體者，善權輕重，不以小害大，不以近妨遠。忍曲當之近適，以全簡直之大準。不牽於凡聽之所安，必守徵文以正例。每臨其事，恒御此心以決斷，此又法之大概也。

又律法斷罪，皆當以法律令正文，若無正文，依附名例斷之，其正文名例所不及，皆勿論。法吏以上，所執不同，得爲異議。如律之文，守法之官唯當奉行律令。至於法律之内，所見不同，迺得爲異議也。今限法曹郎令史，意有不同爲駁，唯得論釋法律，以正所斷，不得援求諸外，論隨時之宜，以明法官守局之分。

詔下其事，侍中、太宰、汝南王亮奏以爲：夫禮以訓世，而法以整俗，理化之本，事實由之。若斷不斷，常輕重隨意，則王憲不一，人無所錯矣。故觀人設教，在上之擧；守文直法，臣吏之節也。臣以去太康八年，隨事異議，周懸象魏之書，漢詠畫一之法，誠以法與時共，義不可二。今法素定，而法爲議，則有所開長，以爲宜如頌所啓，爲永久之制。於是門下屬三公曰：昔先王議事以制，自中古以來，執法斷事，既以立法，誠不宜復求法外小善也。若常以善奪法，則人逐善而不忌法，其害甚於無法也。案啓事，欲令法令斷一，事無二門，郎令史已下，應復出法駁案，隨事以聞也。

《宋書》卷八五《謝莊傳》　大明元年，〔謝莊〕起爲都官尚書，奏改定刑獄，曰：臣聞明慎用刑，厥存姬典；哀矜折獄，實暉吕命。罪疑從輕，既前王之格範；寧失弗經，亦列聖之恒訓。用能化致升平，道臻恭已。逮漢文傷不辜之罰，除相坐之令，孝宣倍深文之吏，立鞫訊之法，當是時也，號稱刑清。陛下踐位，親臨聽訟，億兆相賀，以爲無冤民矣。而比囹圄未虛，頌聲尚缺。臣竊謂五聽之慈，弗宜於宰物；三宥之澤，未洽於民謠。頃年軍旅餘弊，劫掠猶繁，監司討獲，多非其實，或規免身咎，不慮國患，楚對之下，鮮不誣濫。身遭鈇鑕之誅，家嬰孥戮之痛，比伍同閈，莫不及罪，是則一人罰謬，坐者數十。昔齊女告天，臨淄臺殞，

孝婦冤戮，東海愆陽，此皆符變靈祇，初感景緯。臣近兼訊，見重囚八人，旋觀其初，死有餘罪，詳察其理，實並無辜。恐此等不少，誠可怵惕也。

舊官長竟囚畢，郡遣督郵案驗，仍就施刑。督郵賤吏，非能異於官長，有案驗之名，而無研究之實。愚謂此制宜革。自今入重之囚，縣考正畢，以事言郡，並送囚身，委二千石親臨覈辯，必收聲吞釁，然後就戮。若二千石不能決，乃度廷尉。神州統外，移之刺史，刺史有疑，亦歸臺獄。必令死者不怨，生者無恨。庶鬻棺之諺，輟歎於終古；兩造之察，流詠於方今。臣學闇申、韓，才寡治術，輕陳庸管，懼乖國憲。

（明）楊士奇等《歷代名臣奏議》卷二〇九《法令》　宋武帝時，司徒王弘與八座丞郎上疏曰：同位犯法，無士人不罪之科。然每至詰謫，輒有請訴。若垂恩宥，則法廢不可行，依事糾責，則物以為苦怨，宜更為其制，使得憂苦之衷也。又主守偷五匹，常偷四十匹，並加大辟，議者咸以為重，宜進主偷十匹，常偷五十匹死，四十匹降以補兵。既得小寬民命，亦足以有懲也。想各言所懷。

左丞江奧議曰：士人犯盜贓不及棄市者，刑竟，自在贓汙淫盜之目，清議終身，經赦不原。當之者足以塞愆，聞之者足以鑒誡。若復雷同羣小，謫以兵役，愚謂為苦。符伍雖比屋鄰居，至於士庶之際，實自天隔，舍藏之罪，無以相關。奴客與符伍交接，有所藏蔽，可以得知，是以罪及奴客。自是客身犯愆，非代郎主受罪也。如其無奴，則不應坐。

右丞孔默之議曰：君子小人，既雜為符伍，不得以相檢為義。士庶雖殊，而理有聞察，譬百司居上，所以下不必躬親而後同坐。是故犯違之日，理自關。今罪其養子、典討者，蓋義存戮僕。如此，則無奴之室，豈得宴安！但既云復士，宜令輸贖。常盜四十匹，主守五匹，降死補兵，雖大存寬惠，以紓民命。然官及二千石及失節士大夫，時有犯者，罪乃可戮，恐不可以補兵也。謂此制可施小人，士人自還用舊律。

尚書王淮之議曰：昔為山陰令，士人在伍，謂之押符。同伍有愆，得不及坐，士人有罪，符伍糾之。此非士庶殊制，實使即刑當罪耳。夫東修之胄，與小人隔絕，防檢無方，宜及不逞之士，事接羣細，既同符伍，故使糾之。於時行此，非唯一處。左丞議奴客與鄰伍相關，可得檢察，符中有犯，使及刑坐。即事而求，有乖實理。有奴客者，類多使役，東西分散，住家者少。其有停者，左右驅馳，動止所須，出門甚寡，典計者在家十無其一。奴客坐伍，濫刑必衆，恐非立法當罪本旨。右丞議士人犯偷，不及大辟者，宥補兵。雖欲弘士，懼無以懲邪。乘理則君子，違之則小人。制嚴於上，猶冒犯之，況其宥科，犯者或衆。使畏法革心，乃所以大宥。不免士庶異制，意所不同。

殿中郎謝元議謂：事必先正其本，然後其末可言。本所以押士大夫於符伍者，將以檢小人邪？為使受檢於小人邪？案左丞議士庶天隔，則士無知庶之由，以不知而押之於伍，則是受檢於小人也。然則小人有罪，士人無事，僕隸何罪，而令坐之。若以實相交關，貴其聞察，則意有未因。何者？名實殊章，公私異令，奴不押符，是無名也。民之貲財，是私賤也，以私賤無名之人豫公家有實之任，公私混淆，名實非允。由此而言，謂不宜坐。還從其主，於事為宜。無奴之士，不在此例。若士人本檢小人，則小人有過，已應獲罪，而其奴則義歸戮僕，然則無奴之士，未合宴安，使之輸贖，於事非謬。二科所附，惟制之本耳。此自是辯章二本，欲使各從其分。至於求之管見，宜附前科，區別士庶，於義為美。盜制，按左丞議，士人既終不為兵革，幸可同寬宥之惠，不必依舊律，於議咸允。

吏部郎何尚之議曰：按孔右丞議，士人坐符伍為辜，有奴辜奴，無奴輸贖。既許士庶緬隔，則聞察自難，不宜以難知之事，定以必知之法。夫有奴不賢，無奴不必不賢。今多僮者傲然於王憲，無僕者怵迫於時網，是為恩之所露，恒在程、卓；法之所設，必加顏、原，求之鄙懷，竊所未愜。謝元謂奴不隨主，於名分不明，誠是有理。然奴僕實與閭里相關，今都不問，恐有所失。意同左丞議。弘議曰：尋律令既不分別士庶，又士人坐同伍罹謫者，無處無之，多為時恩所宥，故不盡親謫耳。吳及義興適有許、陸之徒，以同符合給，二千石論啟丹書。已未問，會稽士人云十數年前，亦有四族坐此被責，以特恩獲停。而王尚書云人舊無同伍坐，所未之解。恐蒞任之日，偶不值此事故邪。聖明御世，士人誠不憂至苦，然要須臨事論通，上干天聽為紛擾，不如近為定科，使輕重有節也。又尋甲符制，蠲士人不傳符耳，令史復除，亦得如之。共相押領，有違糾列，了

無等衰，非許士人閭里之外也。諸議云士庶緬絶，不相參知，則士人犯法，庶民得不知。若庶民不許不知，何許士人不知。小民自非超然簡獨，永絶塵粃者，比門接棟，小以為意，終自聞知，不必須日夕來往也。右丞百司之言，粗是其況。如襄陵士人，實與里巷關接，相知情狀，乃當於冠帶小民。今謂之士人，便無小人之坐；署為小民，即輒受士人之罰。於情於法，不其頗歟？且都令不及士流，士流為輕，則小人令使徵預其罰，便事至相糾，閭伍之防，亦為不同。謂士人可不受同伍之謫耳，罪其奴客，庸何傷邪？無奴客，可令輸贖，又或無奴僮為衆所明者，官長二千石便當親臨列上，依事遣判。偷五匹、四十匹，謂應見優量者，實以小吏無知，臨財易昧，或由疏慢，事蹈重科，求之於心，常有可愍，故欲小進匹數，寬其性命耳。至於官長以上，荷蒙祿榮，付以局任，當正已明憲，檢下防非，而親犯科律，亂法冒利，五匹乃已為弘矣。士人無私相偷四十匹，理就使至此，致以明罰，固其宜耳，並何容復加哀矜。且此輩士人，可殺不可謫，有如諸論，本意自不在此也。近聞之道路，聊欲共論，不呼乃爾難精。既衆議糾紛，將不如其已。若呼不應停寢，謂宜集議奏聞，決之聖旨。

（明）楊士奇等《歷代名臣奏議》卷二〇八《法令》 南齊世祖留心法令，數訊囚徒，詔獄官詳正舊注。永明七年，尚書刪定郎王植撰《定律章表》奏之，曰：臣等晉律，文簡辭約，旨通大綱，事之所質，取斷難釋，張斐、杜預同注一章。而生殺永殊，自晉泰始以來，唯斟酌參用。是則吏挾威福之勢，民懷不對之怨，所以温舒獻辭於失政，絳侯忼慨而興歎。皇運革祚，道冠前王，陛下紹興，光開帝業。下車之痛，每惻上仁，滿堂之悲，有矜聖思。爰發德音，刪正刑律，敕臣集定張杜二注。謹礪愚蒙，盡思詳撰，削其煩害，録其允衷，取張注七百三十一條，杜注七百九十一條。或二家兩釋，於義乃備者，又取一百七條。其注相同者，取一百三條。集為一書。凡一千五百三十二條，為二十卷。請付外詳校，摘其違謬。從之。於是公卿八座參議，考正舊注。有輕重處，竟陵王子良下意，多使從輕。其中朝議不能斷者，制旨平決。至九年，廷尉孔稚珪上表曰：臣聞匠萬物者以繩墨為正，馭大國者以法理為本。是以古之聖王，臨朝思理，遠防邪萌，深杜奸漸，莫不資法理以成化，明刑賞以樹功者也。伏惟陛下躡歷登皇，乘圖踐帝，天地更築，日月再張，五禮裂而復縫，六樂頹而爰緝。乃發德音，下明詔，降恤刑之文，申慎罰之典，敕臣與公卿八座共刪注律。謹奉聖旨，諮審司徒臣子良，禀受成規，創立條緒。使兼監臣宋躬、兼平臣王植等抄撰同異，定其去取。詳議八座，裁正大司馬臣嶷。其中洪疑大議，衆論相背者，聖照玄覽，斷自天筆。始就成立《律文》二十卷，《録叙》一卷，凡二十一卷。今以奏聞，請付外施用，宣下四海。臣又聞老子、仲尼曰：古之聽獄者，求所以生之；今之聽獄，求所以殺之。與其殺不辜，寧失有罪。是則斷獄之職，自古所難矣。今律文雖定，必須用之；用失其平，不異無律。律書精細，文約例廣，疑似相傾，故誤相亂，一乖其綱，枉濫横起。法吏無解，既多謬僻，監司不習，無以相斷，則法書徒明於帙裏，冤魂猶結於獄中。今府州郡縣千有餘獄，如令一獄歲枉一人，則一年之中，枉死千餘矣。冤毒之死，上干和氣，聖明所急，不可不防。致此之由，又非但律吏之咎，列邑之宰亦亂其經。或以軍勳餘力，或以勞吏暮齒，獷猜濁氣，忍并生靈，昏心狠態，吞剥氓物，虐理殘其命，曲文被其罪，冤積之興，復緣斯發。獄吏雖良，不能為用。使於公哭於邊城，孝婦冤於遐外。陛下雖欲宥之，其已血濺九泉矣。尋古之名流，多有法學。故釋之、定國，聲光漢臺；元常、文惠，績映魏閣。今之士子，莫肯為業，縱有習者，世議所輕。良由空勤永歲，不逢一朝之賞，積學當年，終為閭伍所蚩。將恐此書永墜下走之手矣。今若弘其爵賞，開其勸慕，課業宦流，班習胄子；拔其精究，使處内局，簡其貞良，以居外任；方岳咸選其能，邑長並擢其術，則皋繇之謀，指掌可致；杜鄭之業，鬱焉何遠！然後奸邪無所逃其形，惡吏不能藏其詐，如身首之相驅，若弦括之相接矣。臣以疎短，謬司大理。陛下發自聖衷，憂矜刑網，御延奉訓，遠昭民瘼。臣謹仰述天官，伏奏雲陛。所奏繆允者，宜寫律上，國學置律助教，依五經例，國子生有欲讀者，策試上過高第，即便擢用，使處法職，以勸士流。詔報從納，事竟不施行。

（梁）簡文帝《梁簡文帝集》卷二《愍囚徒疏》 伏以明慎三典，寬簡八刑，宸鑒每以垂心，國誥是焉攸切。臣以此時奉勑權視京師雜事，切見南北郊壇、材官、車府、太官下省、左裝等處上啓，並請四五歲以下輕囚，助充使役，自有刑均罪等，愆目不異，而甲付錢署，乙配效壇。錢署

三所，於辛爲劇，郊壇六處，在役則優。今聽獄官詳其可否，舞文之路，自此而生。公平難遇其人，流泉易啓其齒，將恐玉科重輕全關墨綬，金書去取更繇丹筆。愚謂宜詳立條制，以爲永準。

（唐）歐陽詢《藝文類聚》卷五四《刑法部·刑法》梁任昉爲梁公請刊改律令表曰：臣聞淳源既遠，天討是因，畫衣象服，以致刑厝，草纓艾韠，民不能犯。及淳德下衰，運距澆季。湯刑禹政，不足禁姦；九法三章，無以息訟。所以赭衣塞路，囹犴成市，凝脂已疎，秋荼未苦，姦吏爲市，生殺並用，可爲慟哭，豈徒一緒。夫肖貌天地，稟靈川岳，受體愛敬，髮膚爲重，流矢影風，顧有憂色。而當妄加剞斷，金木爲伍，且夫刻木不對，畫地不入，畏避若是。而動貽非命，王道爲虧，良在於此。法開二門，爲政之蠹，生殺多緒，誰其適從？

《魏書》卷一一一《刑罰志》〔宣武帝〕永平元年秋七月，詔尚書檢枷杖大小，違制之由，科其罪失。尚書令高肇、尚書僕射清河王懌、尚書邢巒、尚書李平、尚書江陽王繼等奏曰：臣等聞王者繼天子物，為民父母，導之以德化，齊之以刑法，小大必以情，哀矜而勿喜，務於三訊五聽，不以木石定獄。伏惟陛下子愛蒼生，恩侔天地，疏網改祝，仁過商后，以枷杖之非度，愍民命之或傷，爰降慈旨，廣垂昭恤。雖有虞慎獄之深，漢文惻隱之至，亦未可共日而言矣。謹案獄官令：諸察獄，先備五聽之理，盡求情之意。又驗諸證信，事多疑似，猶不首實者，然後加以拷掠。諸犯□年刑已上枷鎖，流徙已上，增以杻械。迭用不俱。非大逆外叛之罪，皆不大枷高杻重械，又無用石之文。而法官州郡因緣增加，遂為恒法。進乖五聽，退違令文，誠宜案劾，依旨科處。但踵行已久，計不推坐。檢杖之小大，鞭之長短，令有定式。但枷之輕重，先無成制。臣等參量，造大枷長一丈三尺，喉下長一丈，通頰木各方五寸，以擬大逆外叛，杻械以掌流刑已上。諸臺寺州郡大枷，請悉焚之。枷本掌囚，非拷訊所用。從今斷獄，皆依令盡聽訊之理，量人彊弱，加之拷掠，不聽非法拷人，兼以拷石。自是枷杖之制頗有定準。未幾，獄官肆虐，稍復重大。

《魏書》卷六二《李彪傳》〔李彪又表曰〕其四曰：昔帝舜命咎繇惟刑之恤，周公誥成王勿誤於庶獄，斯皆君臣相誡，重刑之至也。今二聖哀矜罪辜，小大二情，讞決之日，多從降恕，時不得已，必垂惻隱，雖前王之勤聽肆赦，亦如斯而已。至若行刑犯時，愚臣竊所未安。漢制，舊斷獄報重，常盡季冬，至孝章時改盡十月，以育三微。後歲旱，論者以十月斷獄，陰氣微，陽氣泄，以故致旱。事下公卿，尚書陳寵議：冬至陽氣始萌，故十一月有射干、芸、荔之應，周以爲春；十二月陽氣上通，雉雊雞乳，殷以爲春；十三月陽氣已至，蟄蟲皆震，夏以爲春。三微成著，以通三統，三統之月，斷獄流血，是不稽天意也。《月令》：仲冬之月，身欲寧，事欲靜。以起隆怒，不可謂寧；以行大刑，不可謂靜。章帝善其言，卒以十月斷。今京都及四方斷獄報重，常竟季冬，不推三正以育三微。寬宥之情，每過於昔；遵時之憲，猶或闕然。豈所謂助陽發生、垂奉微之仁也？誠宜遠稽周典，近採漢制，天下斷獄，起自初秋，盡於孟冬，不於三統之春，行斬絞之刑。如此，則道協幽顯，仁垂後昆矣。

綜述

《晉書》卷三〇《刑法志》是時天下將亂，百姓有土崩之勢，刑罰不足以懲惡，於是名儒大才故遼東太守崔寔、大司農鄭玄、大鴻臚陳紀之徒，咸以爲宜復行肉刑。漢朝既不議其事，故無所用矣。及魏武帝匡輔漢室，尚書令荀彧博訪百官，復欲申之，而少府孔融議以爲：古者敦厖，善否區別，吏端刑清政簡，一無過失，百姓有罪，皆自取之。末世陵遲，風化壞亂，政撓其俗，法害其教。故曰上失其道，人散久矣。而欲繩之以古刑，投之以殘棄，非所謂與時消息也。紂斮朝涉之脛，天下謂爲無道。夫九牧之地，千八百君，若各刖一人，是天下常有千八百紂也，求世休和，弗可得已。且被刑之人，慮不念生，志在思死，類多趨惡，莫復歸正。夙沙亂齊，伊戾禍宋，趙高、英布，爲世大患。不能止人遂爲非也。雖忠如鬻拳，信如卞和，智如孫臏，冤如巷伯，才如史遷，達如子政，一罹刀鋸，没世不齒。是太甲之思庸，穆公之霸秦，陳湯之都賴，魏尚之臨邊，無所復施也。漢開改惡之路，凡爲此也。故明德之君，遠度深惟，棄短就長，不苟革其政者也。朝廷善之，卒不改焉。【略】

是時承用秦漢舊律，其文起自魏文侯師李悝。悝撰次諸國法，著《法

經》。以爲王者之政，莫急於盜賊，故其律始於《盜》、《賊》。盜賊須劾捕，故著《網》、《捕》二篇。其輕狡、越城、博戲、借假不廉、淫侈、踰制以爲《雜律》一篇，又以《其律》具其加減。是故所著六篇而已，然皆罪名之制也。商君受之以相秦。漢承秦制，蕭何定律，除參夷連坐之罪，增部主見知之條，益事律《興》、《廄》、《户》三篇，合爲九篇。叔孫通益律所不及，傍章十八篇，張湯《越宫律》二十七篇，趙禹《朝律》六篇，合六十篇。又漢時決事，集爲《令甲》以下三百餘篇，及司徒鮑公撰嫁娶辭訟決爲《法比都目》，凡九百六卷。世有增損，率皆集類爲篇，結事爲章。一章之中或事過數十，事類雖同，輕重乖異。而通條連句，上下相蒙，雖大體異篇，實相採入。《盜律》有賊傷之例，《賊律》有盜章之文，《興律》有上獄之法，《廄律》有逮逋之事，若此之比，錯糅無常。後人生意，各爲章句。叔孫宣、郭令卿、馬融、鄭玄諸儒章句十有餘家，家數十萬言。凡斷罪所當由用者，合二萬六千二百七十二條，七百七十三萬二千二百餘言，言數益繁，覽者益難。天子於是下詔，但用鄭氏章句，不得雜用餘家。

衛覬又奏曰：刑法者，國家之所貴重，而私議之所輕賤；獄吏者，百姓之所懸命，而選用者之所卑下。王政之弊，未必不由此也。請置律博士，轉相教授。事遂施行。然而律文煩廣，事比衆多，離本依末，決獄之吏如廷尉獄吏范洪受囚絹二丈，附輕法論之，獄吏劉象受屬偏考囚張茂物故，附重法論之。洪、象雖皆棄市，而輕枉者相繼。是時太傅鍾繇又上疏求復肉刑，詔下其奏，司徒王朗議又不同。時議者百餘人，與朗同者多。帝以吴蜀未平，又寢。

其後，天子又下詔改定刑制，命司空陳群、散騎常侍劉邵、給事黄門侍郎韓遜、議郎庾嶷、中郎黄休、荀詵等删約舊科，傍採漢律，定爲魏法，制《新律》十八篇，《州郡令》四十五篇，《尚書官令》、《軍中令》，合百八十餘篇。其序略曰：舊律所難知者，由於六篇篇少故也。篇少則文荒，文荒則事寡，事寡則罪漏。是以後人稍增，更與本體相離。今制新律，宜都總事類，多其篇條。舊律因秦《法經》，就增三篇，而《具律》不移，因在第六。罪條例既不在始，又不在終，非篇章之義。故集罪例以爲《刑名》，冠於律首。

（清）錢儀吉《三國會要》卷三三《刑·雜録》〔黄初五年〕十月癸酉，詔廣議輕刑，以惠百姓。

《三國志》卷三《魏志·明帝紀》〔青龍〕二年春二月乙未，太白犯熒惑。癸酉，詔曰：鞭作官刑，所以糾慢怠也，而頃多以無辜死。其減鞭杖之制，著於令。

《三國志》卷三《魏志·明帝紀》〔青龍二年〕十二月，詔有司删定大辟，減死罪。

《三國志》卷三《魏志·明帝紀》〔青龍四年〕六月壬申，詔曰：有虞氏畫象而民弗犯，周人刑錯而不用。朕從百王之末，追望上世之風，邈乎何相去之遠？法令滋章，犯者彌多，刑罰愈衆，而姦不可止。往者按大辟之條，多所蠲除，思濟生民之命，此朕之至意也。而郡國斃獄，一歲之中尚過數百，豈朕訓導不醇，俾民輕罪，將苛法猶存，爲之陷穽乎？有司其議獄緩死，務從寬簡，及乞恩者，或辭未出而獄以報斷，非所以究理盡情也。其令廷尉及天下獄官，諸有死罪具獄以定，非謀反及手殺人，亟語其親治，有乞恩者，使與奏當文書俱上，朕將思所以全之。其布告天下，使明朕意。

（宋）王應麟《玉海》卷六五《詔令·律令》《晉志》：魏國建，鍾繇爲相國，定甲子科。《六典》云：造甲子科條。又議肉刑。初，魏文侯師李悝著《法經》六篇，商君受之以相秦。蕭何定《漢律》，益爲九篇，稍增至六十篇。又有三百餘篇決事比九百六卷，世有增損，錯揉無常，後各爲章句，馬、鄭諸儒十有餘家，以至於三國魏所當用者，合二萬六千二百七十二條，七百七十三萬餘言，覽者益難明。帝乃詔，但用鄭氏章句，不雜用餘家。尚書衛覬奏曰：刑法者，國家之所貴重，而私議之所輕賤。獄吏者，百姓之所懸命，而選用者之所卑下。王政之弊，未有不由此也。請置律博士，帝從之。《通鑑綱目》：大和三年十月立聽訟觀，置律博士。又詔改定刑制，命司空陳群、散騎常侍劉邵，給事黄門侍郎韓遜、議郎庾嶷、中郎黄休、荀詵等，删約舊科，傍採漢律，定爲魏法，制新律十八篇，州郡令四十五篇，尚書官令軍中令，合一百八十餘篇。其序略曰：舊律所難知者，由於六篇篇少故也。篇少則文荒，文荒則事寡，事寡則罪漏。是以後人稍增，更與本體相離。今制新

律，宜都總事類，多其篇條。舊律因秦法經，就增三篇，而具律不移，因在第六。罪條例既不在始，又不在終，非篇章之義。故集罪例以爲刑名，冠於律首。盜律有劫略、恐猲、和買賣人，科有持質，皆非盜，故分爲劫略律。賊律有欺謾、詐僞、踰封、矯制，囚律有詐僞、生死，令景有詐自復免，事類衆多，故分爲詐律。賊律有賊伐樹木、殺傷人畜産及諸亡印，金布律有毁傷、亡失縣官財物，故分爲毁亡律。囚律有告劾、傳覆，厩律有告反逮受，科有登門道辭，故分爲告劾律。囚律有繫囚、鞫獄、斷獄之法，興律有上獄之事，科有考事報讞，宜别爲篇，故分《繫訊》、《斷獄律》。《春秋疏》云：漢世名斷獄爲劾。盜律有受所監臨、受財枉法，《雜律》有假借不廉，《令乙》有呵人受錢，科有使者驗賂，其事相類，故分爲《請賕律》。《盜律》有勃辱强賊，《興律》有擅興徭役，《具律》有出賣呈科，有擅作修舍事，故分爲《擅興律》。《興律》有乏徭稽留，《賊律》有儲峙不辦，《厩律》有乏軍之典，及舊典有奉詔不謹、不承用詔書，漢氏施行有小愆之反不如令，輒劾以不承用詔書乏軍腰斬，又減以《丁酉詔書》，漢文所下，不宜復以爲法，故别爲之《留律》。秦世舊有厩置、乘傳、副車、食厨，漢初承秦不改，後以費廣稍省，故後漢但設騎置無車馬，而律猶著其文，則爲虚設，故除《厩律》，取其可用合科者以爲《郵驛令》。其告反逮驗，别入《告劾律》。上言變事，以爲《變事令》。以驚事告急，與興律烽燧及科令者，以爲《驚事律》。《盜律》有還贓畀主，《金布律》有罰贖入責。以呈黄金爲價，科有平庸坐贓事，以爲《償贓律》。律之初制，無免坐之文，張湯、趙禹始作監臨部主見知故縱之例。其見知而故不舉劾，各與同罪。失不舉劾，各以贖論。其不見知，不坐也。是以文約而例通。科之爲制，每條有餘科，不覺不知，從坐之免，不復分别，而免坐繁多，宜總爲免例，以省科文，故更制其田例，以爲免坐律。諸律令有其教訓制，本條無從坐之文，皆從此取法也。凡所定增十三篇，就故五篇，合十八篇，於正律九篇爲增，於旁章科令爲省矣。改漢舊律不行於魏者，皆除之。更依古義制爲五刑。其死刑有三，髡刑有四，完刑作刑各三，贖刑十一，罰金六，雜抵罪七，凡三十七名，以爲律首。又改贖律。云云。斯皆魏世所改，其大略如是。其後正始之間，天下無事。於是征西將軍夏侯玄、河南尹李勝、中領軍曹羲、尚書丁謐又追議肉刑，卒不能決，其文甚多不載。及景帝輔政云云，程咸上議曰：司寇作典建三等之制，甫侯修刑通輕重之法。叔世多變。秦立重辟，漢又修之，大魏承秦漢之弊，未及革制。然則法貴得中，刑慎過制，六典魏命陳羣等採漢律爲魏律十八篇，增漢蕭何律，劫掠、詐僞、毁亡、告劾、繫訊、斷獄、請賕、驚事、償贓等九篇也。《劉劭傳》：與議郎庾嶷等定科令，作新律十八篇，著《律略論》。《唐志》五卷，《隋》五卷，法家《梁有法論》十卷，劉劭撰。《盧毓傳》：青龍二年爲侍中，先是劉劭受詔定律未就，毓上論古今科律之意，以爲法宜一正，不宜有兩端，使姦吏得容情。《隋志》魏廷尉決事十卷。

（宋）王欽若等《册府元龜》卷六一〇《刑法部·定律令》 吴大帝黄武七年，將軍翟丹叛如魏，帝恐諸將畏罪而亡，乃下令曰：自今諸將有重罪三，然後議。

嘉禾六年正月詔曰：夫三年之喪，天下之達制，人情之極痛也。賢者割哀以從禮，不肖者勉而致之，世治道泰，上下無事，君子不奪人情，故三年不逮孝行之門。至於有事則殺禮以從宜，要經而處事，故聖人制法，有禮無時則不行，遭喪不奔非古也。蓋隨時之宜，以義斷恩也。前古設科，長吏在官，當須交代，而故犯之，雖隨科坐，猶已廢曠。方事之殷，國家多難，凡在官司宜各盡節，先公後私而不恭承，甚非謂也。中外群僚其更平議，務令得中，詳爲節度。顧譚議以爲奔喪立科，輕則不足以禁孝子之情，重則本非應死之罪，雖嚴刑益設，違奪必少。若偶有犯者，加其刑則忍所不忍，有減則法廢不行。愚以爲長吏在遠，苟不告語，勢不得知此。選代之間，若有傳者必加大辟，則長吏無廢職之負，孝子無犯重之刑。將軍胡綜議以爲喪紀之禮雖有典制，苟無其時，所不得行。方今戎事，軍國異容，而長吏遭喪，知有科禁，公敢干突，苟念聞憂不奔之耻，不計爲臣犯禁之罪，此由科防本輕所致。忠節在國，孝道立家，出身爲臣，焉得兼之，故爲忠臣不得爲孝子，宜定科文，示以大辟。若故違犯，有罪無赦，以殺止殺，行之一人，其後必絶。丞相雍奏從大辟。

（宋）王應麟《玉海》卷六五《詔令·律令》 《文紀》：魏常道鄉公咸熙元年，文帝爲晉王。秋七月，帝奏：司空荀顗定禮儀，中護軍賈充正法律，尚書僕射裴秀議官制，太保鄭冲總而裁焉。武泰始四年春正月

丙戌律令成，封爵賜帛各有差。《刑法志》：文帝爲晉王，患前代律令本注煩雜，陳羣、劉劭雖經改革，而科網本密，又叔孫、郭、馬、杜諸儒章句，但取鄭氏，又爲偏黨，未可承用。於是令賈充定法律，令與大傅鄭冲、司徒荀顗、《賈充傳》以司徒爲司空。中書監荀勖、中軍將軍羊祜、中護軍王業、廷尉杜友、守河南尹杜預、散騎侍郎裴楷、潁川太守周雄、齊相郭頎、騎都尉成公綏、尚書郎柳軌及吏部令史榮劭等十四人典其事，就漢九章增十一篇，仍其族類，正其體號，改舊律爲《刑名》、《法例》，辨《囚律》爲《告劾》、《繫訊》、《斷獄》，分《盜律》爲《請賕》、《詐僞》、《水火》、《毁亡》，因事類爲《衛宫》、《違制》，撰《周官》爲《諸侯律》，合二十篇，六百二十條，二萬七千六百五十七言。蠲其苛穢，存其清約，事從中典，歸於益時。其餘未宜除者，若軍事、田農、酤酒未得皆從人心，權設其法，太平當除，故不入律，悉以爲令。施行制度，以此設教，違令有罪。則入律。其常事品式章程，各還其府，爲故事。減梟斬族誅從坐之條，除謀反適養母出嫁女皆不復還坐父母棄市，省禁固相告之條，去捕亡亡沒爲官奴婢之制，輕過誤老少女人當罰金杖罰者，皆令半之。重姦伯叔母之令，棄市。淫寡女，三歲刑。崇嫁娶之要，一以下娉爲正，不理私約。峻禮教之防，準五服以制罪也。凡律令合三千九百二十六條，十二萬六千三百言，六十卷，故事三十卷。泰始三年，《通鑑》從《紀》在四年。事畢，表上。武帝詔曰：昔蕭何以定律令受封，叔孫通制儀爲奉常，賜金五百斤，弟子百人皆爲郎中。夫立功立事，古人之所重，宜加禄賞。詔簡弟子百人，隨材品用，賞帛萬餘疋。《武紀》泰始四年正月丙戌律令成，封爵賜帛各有差。武帝親自臨講，使裴楷執讀。四年正月戊子，大赦天下，乃班新律。其後，明法掾張斐又注律，表上之。是時侍郎盧珽、中書侍郎張華又表：抄新律諸死條目，掛之亭傳，以示兆庶。有詔從之。《唐・藝文志》：晉駁事四卷。晉彈事九卷。《隋志》十卷。賈充、杜預《刑法律》本二十一卷。賈充等撰令四十篇，《户令》至《雜法》。晉令四十卷。張斐律解二十卷。《隋志》二十一卷。《隋志》：杜預律本二十一卷。《晉雜議》十卷。《晉雜制》六十卷。晉初，甲令已下至九百餘卷，武帝命賈充引羣儒刪采其要，增律十篇。其餘不足經遠者爲法令，施行制度者爲令，品式章程者爲故事，各還其府。《列傳》：鄭冲爲魏太保，平蜀之後，命賈充、羊祜等分定禮儀律令，皆先諮於冲，然後施用。裴楷，字叔則。賈充改定律令，以楷爲定科。即事畢，詔楷於御前執讀，平議當否。叔則，元凱併名家。杜預，字元凱，與車騎將軍賈充等定律令。既成，預爲之注解，乃奏之曰：法者，蓋繩墨之斷例，非窮理盡性之書也。故文約而例直，聽省而禁簡。古之刑書，銘之鍾鼎，鑄之金石，所以遠塞異端使無淫巧也。今所注者，皆網羅法意，格之以名分，使用之者執名例以審趨舍，伸繩墨之直，去析薪之理也。詔班於天下。賈充所定新律既班於天下，百姓便之。又有荀煇同典正其事。餘同《志》。續咸修陳杜律，明達刑書，永嘉中遷廷尉平。《六典》：晉命賈充等十四人，損增漢魏律爲二十篇：一《刑名》，二《法例》，三《資律》，四《賊律》，五《詐僞》，六《請賕》，七《告劾》，八《捕律》，九《繫訊》，十《斷獄》，十一《雜律》，十二《户律》，十三《典律》，十四《毁亡》，十五《衛宫》，十六《水火》，十七《厩律》，十八《關市》，十九《違制》，二十《諸侯》，凡一千五百三十條。《齊百官志》：荀勖欲去事煩，唯論並省，定制成文，本之晉令。《文選》注引晉令。《宋・禮志》引晉令。齊王植曰：晉律文簡辭約，旨通大綱，事之所質，取斷難釋，張斐、杜預同注一章，而生殺永殊。自晉泰始以來，唯斟酌參用。江左相承用晉世張杜律二十卷，齊世祖詳正舊注。

《晉書》卷三〇《刑法志》 及景帝輔政，是時魏法，犯大逆者誅及已出之女。毋丘儉之誅，其子甸妻荀氏應坐死，其族兄顗與景帝姻，通表魏帝，以匄其命。詔聽離婚。荀氏所生女芝，爲潁川太守劉子元妻，亦坐死，以懷妊繫獄，荀氏辭詣司隸校尉何曾乞恩，求設爲官婢，以贖芝命。曾哀之，使主簿程咸上議曰：夫司寇作典，建三等之制；甫侯修刑，通輕重之法。叔世多變，秦立重辟，漢又修之。大魏承秦漢之弊，未及革制，所以追戮已出之女，誠欲殄醜類之族也。然則法貴得中，刑慎過制。臣以爲女人有三從之義，無自專之道，出適他族，還喪父母，降其服紀，所以明外成之節，異在室之恩。而父母有罪，追刑已出之女；夫黨見誅，又有隨姓之戮，一人之身，内外受辟。今女既嫁，則爲異姓之妻；如或産育，則爲他族之母，此爲元惡之所忽，戮無辜之所重。於防則不足懲姦亂之源，於情則傷孝子之心。男不得罪於他族，而女獨嬰戮於二門，非所以哀矜女弱，蠲明法制之本分也。臣以爲在室之女，從父母之誅；既醮

之婦，從夫家之罰，宜改舊科，以爲永制。於是有詔改定律令。

文帝爲晋王，患前代律令本注煩雜，陳羣、劉邵雖經改革，而科網本密，又叔孫、郭、馬、杜諸儒章句，但取鄭氏，又爲偏黨，未可承用。於是令賈充定法律，令與太傅鄭冲、司徒荀顗、中書監荀勖、中軍將軍羊祜、中護軍王業、廷尉杜友、守河南尹杜預、散騎侍郎裴楷、潁川太守周雄、齊相郭頎、騎都尉成公綏、尚書郎柳軌及吏部令史榮邵等十四人典其事，就漢九章增十一篇，仍其族類，正其體號，改舊律爲《刑名》、《法例》，辨《囚律》爲《告劾》、《繫訊》、《斷獄》，分《盜律》爲《請賕》、《詐僞》、《水火》、《毀亡》，因事類爲《衛宮》、《違制》，撰《周官》爲《諸侯律》，合二十篇，六百二十條，二萬七千六百五十七言。蠲其苛穢，存其清約，事從中典，歸於益時。其餘未宜除者，若軍事、田農、酤酒，未得皆從人心，權設其法，太平當除，故不入律，悉以爲令。施行制度，以此設教，違令有罪則入律。其常事品式章程，各還其府，爲故事。減梟斬族誅從坐之條，除謀反適養母出女嫁皆不復還坐父母棄市，省禁固相告之條，去捕亡、亡没爲官奴婢之制。輕過誤老少女人當罰金杖罰者，皆令半之。重姦伯叔母之令，棄市。淫寡女，三歲刑。崇嫁娶之要，一以下娉爲正，不理私約。峻禮教之防，準五服以制罪也。凡律令合二千九百二十六條，十二萬六千三百言，六十卷，故事三十卷。泰始三年，事畢，表上。武帝詔曰：昔蕭何以定律令受封，叔孫通制儀爲奉常，賜金五百斤，弟子百人皆爲郎。夫立功立事，古今之所重，宜加禄賞，其詳考差叙。輒如詔簡異弟子百人，隨才品用，賞帛萬餘匹。武帝親自臨講，使裴楷執讀。四年正月，大赦天下，乃班新律。【略】

及於江左，元帝爲丞相時，朝廷草創，議斷不循法律，人立異議，高下無狀。主簿熊遠奏曰：禮以崇善，法以閑非，故禮有常典，法有常防，人知惡而無邪心。是以周建象魏之制，漢創畫一之法，故能闡弘大道，以至刑厝。律令之作，由來尚矣。經賢智，歷夷險，隨時斟酌，最爲周備。自軍興以來，法度陵替，至於處事不用律令，競作屬命，人立異議，曲適物情，虧傷大例。府立節度，復不奉用，臨事改制，朝作夕改，至於主者不敢任法，每輒關諮，委之大官，非爲政之體。若本曹處事不合法令，監司當以法彈違，不得動用開塞，以壞成事。按法蓋粗術，非妙道也，矯割物情，以成法耳。若每隨物情，輒改法制，此爲以情壞法。法之不一，是謂多門，開人事之路，廣私請之端，非先王立法之本意也。凡爲駁議者，若違律令節度，當合經傳及前比故事，不得任情以破成法。愚謂宜令録事更立條制，諸立議者皆當引律令經傳，不得直以情言，無所依準，以虧舊典也。若開塞隨宜，權道制物，此是人君之所得行，非臣子所宜專用。主者唯當徵文據法，以事爲斷耳。

是時帝以權宜從事，尚未能從。而河東衛展爲晋王大理，考擿故事有不合情者，又上書曰：今施行詔書，有考子正父死刑，或鞭父母問子所在。近主者所稱《庚寅詔書》，舉家逃亡家長斬。若長是逃亡之主，斬之雖重猶可。設子孫犯事，將考祖父逃亡，逃亡是子孫，而父祖嬰其酷。傷順破教，如此者衆。相隱之道離，則君臣之義廢；君臣之義廢，則犯上之姦生矣。秦網密文峻，漢興，掃除煩苛，風移俗易，幾於刑厝。大人革命，不得不蕩其穢匿，通其圮滯。今詔書宜除者多，有便於當今，著爲正條，則法差簡易。元帝令曰：禮樂不興，則刑罰不中，是以明罰敕法，先王所慎。自元康已來，事故薦臻，法禁滋漫，大理所上，宜朝堂會議，蠲除詔書不可用者，此孤所虛心者也。

及帝即位，展爲廷尉，又上言：古者肉刑，事經前聖，漢文除之，增加大辟。今人户彫荒，百不遺一，而刑法峻重，非句踐養胎之義也。愚謂宜復古施行，以隆太平之化。詔内外通議。於是驃騎將軍王導、太常賀循、侍中紀瞻、中書郎庾亮、大將軍諮議參軍梅陶、散騎郎張嶷等議，以：肉刑之典，由來尚矣。肇自古先，以及三代，聖哲明王所未曾改也。豈是漢文常主所能易者乎！時蕭曹已没，絳灌之徒不能正其義。逮班固深論其事，以爲外有輕刑之名，内實殺人。又死刑太重，生刑太輕，生刑縱於上，死刑怨於下，輕重失當，故刑政不中也。且先王之造刑也，非以過怒也，非以殘人也，所以救姦，所以當罪。今盜者竊人之財，淫者好人之色，亡者避叛之役，皆無殺害也，則加之以刑。刑之則止，而加之斬戮，戮過其罪，死不可生，縱虐於此，歲以巨計。此乃仁人君子所不忍聞，而況行之於政乎！若乃惑其名而不練其實，惡其生而趣其死，此畏水投舟，避坎蹈井，愚夫之不若，何取於政哉！今大晋中興，遵復古典，率由舊章，起千載之滯義，拯百殘之遺黎，使皇典廢而復存，黔首死而更

生，至義暢於三代之際，遺風播乎百世之後，生肉枯骨，惠侔造化，豈不休哉！惑者乃曰，死猶不懲，而況於刑？然人者冥也，其至愚矣，雖加斬戮，忽爲灰土，死事日往，生欲日存，未以爲改。若刑諸市朝，朝夕鑒戒，刑者咏爲惡之永痛，惡者覩殘刖之長廢，故足懼也。然後知先王之輕刑以御物，顯誡以懲愚，其理遠矣。

尚書令刁協、尚書薛兼等議，以爲：聖上悼殘荒之遺黎，傷犯死之繁衆，欲行刖以代死刑，使犯死之徒得存性命，則率土蒙更生之澤，兆庶必懷思以反化也。今中興祚隆，大命惟新，誠宜設寬法以育人。然懼群小愚蔽，習翫所見而忽異聞，或未能咸服。愚謂行刑之時，先明申法令，樂刑者刖，甘死者殺，則心必服矣。古典刑不上大夫，今士人有犯者，謂宜如舊，不在刑例，則進退爲允。

尚書周顗、郎曹彦、中書郎桓彝等議，以爲：復肉刑以代死，誠是聖王之至德，哀矜之弘私。然竊以爲刑罰輕重，隨時而作。時人少罪而易威，則從輕而寬之；時人多罪而難威，則宜化刑而濟之。肉刑平世所應立，非救弊之宜也。方今聖化草創，人有餘姦，習惡之徒，爲非未已，截頭絞頸，尚不能禁，而乃更斷足劓鼻，輕其刑罰，使欲爲惡者輕犯寬刑，蹈罪更衆，是爲輕其刑以誘人於罪，殘其身以加楚酷也。昔之畏死刑以爲善人者，今皆犯輕刑而殘其身，畏重之常人，反爲犯輕而致囚，此則何異斷刖常人以爲恩仁邪！受刑者轉廣，而爲非者日多，踴貴屨賤，有鼻者醜也。徒有輕刑之名，而實開長惡之源。不如以殺止殺，重以全輕，權小停之，須聖化漸著，兆庶易威之日，徐施行也。

議奏，元帝猶欲從展所上，大將軍王敦以爲：百姓習俗日久，忽復肉刑，必駭遠近。且逆寇未殄，不宜有慘酷之聲，以聞天下。於是乃止。

咸康之世，庾冰好爲糾察，近於繁細，後益矯違，復存寬縱，疏密自由，律令無用矣。

至安帝元興末，桓玄輔政，又議欲復肉刑斬左右趾之法，以輕死刑，命百官議。蔡廓上議曰：建邦立法，弘教穆化，必隨時置制，德刑兼施。長貞一以閑其邪，教禁以檢其慢，灑湛露以流潤，厲嚴霜以肅威，雖復質文迭用，而斯道莫革。肉刑之設，肇自哲王。蓋由曩世風淳，人多惇謹，圖像既陳，則機心直戢，刑人在塗，則不逞改操，故能勝殘去殺，化隆無爲。季末澆僞，設網彌密，利巧之懷日滋，恥畏之情轉寡。終身劇役，不足止其奸，況乎黥劓，豈能反於善。徒有酸慘之聲，而無濟俗之益。至於棄市之條，實非不赦之罪，事非手殺，考律同歸，輕重均科，減降路塞，鍾陳以之抗言，元皇所爲留愍。今英輔翼贊，道邈伊周，誠宜明慎用刑，愛人弘育，申哀矜以革濫，移大辟於支體，全性命之至重，恢繁息於將來。而孔琳之議不同，用王朗、夏侯玄之旨。時論多與琳之同，故遂不行。

（唐）杜佑《通典》卷一六四《刑法·刑制》 宋文帝時，蔡廓為侍中，建議以為鞫獄不宜令子孫下辭明言父祖之罪，虧教傷情，莫此為大。自今，但令家人與囚相見，無乞鞫之詞，便足以明，伏罪，不須責家人下辭朝議。咸以為允，從之。時王弘上疏曰：主守偷五匹，常偷四十匹，並死太重。請加主守至十匹，常偷至五十匹。劉秀之為尚書右僕射，請改定制，令疑部人殺長吏科議者，謂值赦，宜加徒。秀之謂：律文雖不明，部人殺官長之旨，若值赦，但止徒送，便與悠悠殺人曾無一異。人敬官長，比之父母，行害之身，雖遇赦，謂宜付尚方，窮其天命家口，令補兵從之。謝莊為都官尚書，奏改定州獄曰：舊官長竟囚，畢郡遣督郵案驗，仍就施行，督郵賤吏非能異於官長，雖有案驗之名，而無研究之實。愚謂此制宜革，自今入重之囚，縣考正畢，以事言郡，并送囚身，委二千石親臨覆辯，必收聲吞釁，然後就戮。若二千石不能決，乃度廷尉，神州統外移之刺史，刺史有疑，亦歸臺。獄必令死者不怨，生者無恨。

《宋書》卷六《孝武帝本紀》 （大明三年）九月己巳，詔曰：夫五辟三刺，自古所難，巧法深文，在季彌甚。故沿情察訟，魯師致捷；市獄勿擾，漢史飛聲。廷尉遠邇疑讞，平決攸歸，而一蹈幽圄，動逾時歲。民嬰其困，吏容其私。自今囚至辭具，並即以聞，朕當悉詳斷，庶無留獄。若繁文滯劾，證逮遐廣，必須親察，以盡情狀。自後依舊聽訟。

《宋書》卷八《明帝本紀》 （明帝泰始四年）九月戊辰，詔曰：夫愆有小大，憲隨寬猛，故五刑殊用，三典異施，而降辟次網，便暨鉗撻，求之法科，差品滋遠。朕務存欽恤，每有矜貸。尋劫制科罪，輕重同之大辟，即事原情，未爲詳衷。自今凡竊執官仗，拒戰邏司，或攻剽亭寺及害吏民者，凡此諸條悉依舊制。五人以下相逼奪者，可特賜黥刖，投畀四

遠，仍用代殺，方古爲優，全命長戶，施同造物。庶簡惠之化，有孚群萌，好生之德，無漏幽品。

（宋）王欽若等《册府元龜》卷六一〇《刑法部・定律令》 南齊武帝永明七年，尚書删定郎王植撰定律章，表奏之曰：臣尋晉律，文簡辭約，旨通大綱，事之所質，取斷難釋。張斐、杜預同注一章而生殺永殊。自晉泰始以來，唯斟酌參用。是則吏挾威福之勢，民懷不對之怨。所以温舒獻辭於失政，絳侯慷慨而興歎。皇運革祚，道冠前王，陛下紹興，光開帝業。下車之痛，每惻上仁，滿堂之悲，有矜聖思。爰發德音，删正刑律，勑臣集定張杜二注。謹礪愚蒙，盡思詳撰，削其煩言，録其允衷，取張注七百三十一條，杜注七百九十一條。或二家兩釋，於義乃備者又取一百七條，其注相通者取一百三條，集爲一書，凡一千五百三十二條，爲二十卷。請外詳校，擿其違謬，從之。

先是江左相承，用晉世張杜律三十卷，帝留心法令，乃詔獄官詳正舊法。是時公卿八座參議考正舊法輕重，竟陵王子良下意多使從輕，其中朝議不能斷者制旨平決。至九年，廷尉孔稚珪上表曰：臣聞匠萬物者以繩墨爲政，馭大國者以法理爲本。是以古之聖王臨朝思治，遠防邪萌，深杜姦漸，莫不資法。理以成化明刑，賞以樹功者也。伏惟陛下躡歷登皇，乘圖踐帝，天地更築，日月再張，五禮裂而復縫，六樂頹而爰緝。乃發德音，下明詔，降恤刑之文，申慎罰之典，勑臣與公卿八座共删注律。謹奉聖旨，諮審司徒，臣子良稟受成規矩，創立條緒，使兼監臣宋躬兼平臣王植等抄撰同異，定其去取。詳議八座，裁正大司馬臣嶷。其中洪疑大議，衆論相背者聖照玄覽，斷自天筆。始就成立律文二十卷，録敘一卷，凡二十一卷。今以奏聞，請付外施用，宣下四海，詔報從納事，竟不施行。東昏侯初即位，詔删省科律。

《隋書》卷二五《刑法志》 梁武帝承齊昏虐之餘，刑政多僻。既即位，乃制權典，依周、漢舊事，有罪者贖。其科，凡在官身犯，罰金。鞭杖、杖督之罪，悉入贖停罰。其臺省令史士卒欲贖者，聽之。時欲議定律令，得齊時舊郎濟陽蔡法度，家傳律學，云齊武時，删定郎王植之，集注張、杜舊律，合爲一書，凡一千五百三十條，事未施行，其文殆滅。法度能言之。於是以爲兼尚書删定郎，使損益植之舊本，以爲《梁律》。天監元年八月，乃下詔曰：律令不一，實難去弊。殺傷有法，昏墨有刑，此蓋常科，易爲條例。至如三男一妻，懸首造獄，事非慮內，法出恒鈞。前王之律，後王之令，因循創附，良各有以。若遊辭費句，無取於實録者，宜悉除之。求文指歸，可適變者，載一家爲本，用衆家以附。丙丁俱有，則去丁以存丙。若丙丁二事，注釋不同，則二家兼載。咸使百司，議其可不，取其可安，以爲標例。宜云：某等如干人同議，以此爲長，則定以爲《梁律》。留尚書比部，悉使備文，若班下州郡，止攝機要。可無二門侮法之弊。法度又請曰：魏、晉撰律，止關數人，今若皆諮列位，恐緩而無決。

於是以尚書令王亮、侍中王瑩、尚書僕射沈約、吏部尚書范雲、長兼侍中柳惲、給事黄門侍郎傅昭、通直散騎常侍孔藹、御史中丞樂藹、太常丞許懋等，參議斷定，定爲二十篇：一曰《刑名》，二曰《法例》，三曰《盜劫》，四曰《賊叛》，五曰《詐僞》，六曰《受賕》，七曰《告劾》，八曰《討捕》，九曰《繫訊》，十曰《斷獄》，十一曰《雜》，十二曰《户》，十三曰《擅興》，十四曰《毁亡》，十五曰《衛宫》，十六曰《水火》，十七曰《倉庫》，十八曰《廄》，十九曰《關市》，二十曰《違制》。其制刑爲十五等之差：棄市已上爲死罪，大罪梟其首，其次棄市。刑二歲已上爲耐罪，言各隨伎能而任使之也。有髡鉗五歲刑，笞二百，收贖絹，男子六十疋。又有四歲刑，男子四十八疋。又有三歲刑，男子三十六疋。又有二歲刑，男子二十四疋。罰金一兩已上爲贖罪。贖死者金二斤，男子十六疋。贖髡鉗五歲刑笞二百者，金一斤十二兩，男子十四疋。贖四歲刑者，金一斤八兩，男子十二疋。贖三歲刑者，金一斤四兩，男子十疋。贖二歲刑者，金一斤，男子八疋。罰金十二兩者，男子六疋。罰金八兩者，男子四疋。罰金四兩者，男子二疋。罰金二兩者，男子一疋。罰金一兩者，男子二丈。女子各半之。五刑不簡，正於五罰，五罰不服，正於五過，以贖論，故爲此十五等之差。又制九等之差：有一歲刑，半歲刑，百日刑，鞭杖二百，鞭杖一百，鞭杖五十，鞭杖三十，鞭杖二十，鞭杖一十。又有八等之差：一曰免官，加杖督一百；二曰免官；三曰奪勞百日，杖督一百；四曰杖督一百；五曰杖督五十；六曰杖督三十；七曰杖督二十；八曰杖督一十。論加者上就次，當減者下就次。

凡繫獄者，不即答款，應加測罰，不得以人士爲隔。若人士犯罰，違扞不款，宜測罰者，先參議牒啓，然後科行。斷食三日，聽家人進粥二升。女及老小，一百五十刻乃與粥，滿千刻而止。因有械、杻、斗械及鉗，並立輕重大小之差，而爲定制。其鞭，有制鞭、法鞭、常鞭，凡三等之差。制鞭，生革廉成；法鞭，生革去廉；常鞭，熟靻不去廉。皆作鶴頭紐，長一尺一寸。梢長二尺七寸，廣三分，靶長二尺五寸。杖皆用生荆，長六尺。有大杖、法杖、小杖三等之差。大杖，大頭圍一寸三分，小頭圍八分半。法杖，圍一寸三分，小頭五分。小杖，圍一寸一分，小頭極杪。諸督罰，大罪無過五十、三十，小者二十。當笞二百以上者，笞半，餘半後決，中分鞭杖。老小於律令得鞭杖罰者，皆半之。其應得法鞭、杖者，以熟靻鞭、小杖。過五十者，稍行之。將吏已上及女人應有罰者，以罰金代之。其以職員應罰，及律令指名制罰者，不用此令。其問事諸罰，皆用熟靻鞭、小杖。其制鞭制杖，法鞭法杖，自非特詔，皆不得用。詔鞭杖在京師者，皆於雲龍門行。女子懷孕者，勿得決罰。其謀反、降叛、大逆已上皆斬。父子同産男，無少長，皆棄市。母妻姊妹及應從坐棄市者，妻子女妾同補奚官爲奴婢。貲財没官。劫身皆斬，妻子補兵。遇赦降死者，黵面爲劫字，髡鉗，補冶鎖士終身。其下又讁運配材官冶士、尚方鎖士，皆以輕重差其年數。其重者或終身。

士人有禁錮之科，亦有輕重爲差。其犯清議，則終身不齒。耐罪囚八十已上，十歲已下，及孕者、盲者、侏儒當械繫者，及郡國太守相、都尉、關中侯已上，亭侯已上之父母妻子，及所生坐非死罪除名之罪，二千石已上非檻徵者，並頌繫之。

丹陽尹月一詣建康縣，令三官參共録獄，察斷枉直。其尚書當録人之月者，與尚書參共録之。大凡定罪二千五百二十九條。

《梁書》卷二《武帝本紀》〔武帝天監元年四月〕癸酉，詔曰：商俗甫移，遺風尚熾，下不上達，由來遠矣。升中馭索，增其懔然。可於公車府謗木肺石傍各置一函。若肉食莫言，山阿欲有横議，投謗木函。若從我江、漢，功在可策，犀兕徒弊，龍蛇方縣；次身才高妙，擯壓莫通，懷傅、吕之術，抱屈、賈之歎，其理有皦然，受困包匭；夫大政侵小，豪門陵賤，四民已窮，九重莫達。若欲自申，並可投肺石函。

《梁書》卷二《武帝本紀》〔梁武帝天監元年四月〕甲戌，詔斷遠近上慶禮。又詔曰：禮闈文閣，宜率舊章，貴賤既位，各有差等，俯仰拜伏，以明王度，濟濟洋洋，具瞻斯在。頃因多難，治綱弛落，官非積及，榮由幸至。六軍尸四品之職，青紫治白簿之勞。振衣朝伍，長揖卿相，趨步廣闈，並驅丞郎。遂冠履倒錯，珪甑莫辨。静言疚懷，思返流弊。且翫法惰官，動成逋弛，罰以常科，終未懲革。夫檟楚申威，蓋代斷趾，笞捶有令，如或可從。外詳共平議，務盡厥理。【略】〔八月〕丁未，詔中書監王瑩等八人參定律令。

《梁書》卷二一《柳惲》天監元年，柳惲除長兼侍中，與僕射沈約等共定新律。

《隋書》卷二五《刑法志》〔梁天監〕二年四月癸卯，法度表上新律，又上《令》三十卷，《科》三十卷。帝乃以法度守廷尉卿，詔班新律於天下。

三年八月，建康女子任提女，坐誘口當死。其子景慈對鞫辭云，母實行此。是時法官虞僧虬啓稱：案子之事親，有隱無犯，直躬證父，仲尼爲非。景慈素無防閑之道，死有明目之據，陷親極刑，傷和損俗。凡乞鞫不審，降罪一等，豈得避五歲之刑，忽死母之命！景慈宜加罪辟。詔流於交州。至是復有流徒之罪。其年十月甲子，詔以金作權典，宜在蠲息。於是除贖罪之科。

《隋書》卷二五《刑法志》陳氏承梁季喪亂，刑典疏闊。及武帝即位，思革其弊，乃下詔曰：朕聞唐、虞道盛，設畫象而不犯，夏、商德衰，雖孥戮其未備。洎乎末代，綱目滋繁，矧屬亂離，憲章遺紊。朕始膺寶曆，思廣政樞，外可搜舉良才，删改科令，群僚博議，務存平簡。於是稍求得梁時明法吏，令與尚書删定郎范泉，參定律令。又勑尚書僕射沈欽、吏部尚書徐陵、兼尚書左丞宗元饒、兼尚書左丞賀朗參知其事，制《律》三十卷，《令律》四十卷。採酌前代，條流冗雜，綱目雖多，博而非要。其制唯重清議禁錮之科。若縉紳之族，犯虧名教，不孝及内亂者，發詔棄之，終身不齒。先與士人爲婚者，許妻家奪之。其獲賊帥及士人，惡逆，免死付治，聽將妻入役，不爲年數。又存贖罪之律，復父母緣坐之刑。自餘篇目條綱，輕重簡繁，一用梁法。其有贓驗顯然而不款，則上測

立。立測者，以土爲垛，高一尺，上圓，劣容囚兩足立。鞭二十，笞三十訖，著兩械及杻，上垛。一上測七刻，日再上。三七日上測，七日一行鞭。凡經杖，合一百五十，得度不承者，免死。其髡鞭五歲刑，降死一等，鎖二重。其五歲刑已下，並鎖一重。五歲四歲刑，若有官，準當二年，餘並居作。其三歲刑，若有官，準當二年，餘一年贖。若公坐過誤，罰金。其二歲刑，有官者，贖論。一歲刑，無官亦贖論。寒庶人，準決鞭杖。囚並著械，徒並著鎖，不計階品。死罪將決，乘露車，著三械。加壺手。至市，脱手械及壺手焉。當刑於市者，夜須明，雨須晴。晦朔、八節、六齊、月在張心日，並不得行刑。廷尉寺爲北獄，建康縣爲南獄，並置正監平。又制，常以三月，侍中、吏部尚書、尚書、三公郎、部都令史、三公録冤局，令史、御史中丞、侍御史、蘭臺令史，親行京師諸獄及冶署，理察囚徒冤枉。

《陳書》卷二《高祖本紀》〔永定二年〕三月甲午，詔曰：罰不及嗣，自古通典，罪疑惟輕，布在方策。沈泰反覆無行，遐邇所知。昔有微功，仍荷朝寄，剖符名郡，推轂累藩，漢口班師，還居方岳，良田有逾於四百，食客不止於三千，富貴顯榮，政當如此。鬼害其盈，天奪之魄，無故猖狂，自投獯醜。雖復知人則哲，惟帝其難，光武有蔽於龐萌，魏武不知於于禁，但令朝廷無我負人。其部曲妻兒各令復業，所在及軍人若有恐脅侵掠者，皆以劫論。若有男女口爲人所藏，並許詣臺申訴。若樂隨臨川王及節將立效者，悉皆聽許。

《陳書》卷五《宣帝本紀》〔太建十一年〕夏五月乙巳，詔曰：昔軒轅命於風后、力牧，放勛咨爾稷、契、朱武，冕旒垂拱，化致隆平。爰逮漢列五曹，周分六職，設官理務，各有攸司，亦幾期刑措，卜世彌永，並賴羣才，用康庶績。朕日昃劬勞，思弘治要，而機事尚擁，政道未凝，夕惕於懷，罔知攸濟。方欲仗兹舟楫，委成股肱，徵名責實，取寧多士。自今應尚書曹、府、寺、内省監、司文案，悉付局參議分判。其軍國興造、徵發、選序、三獄等事，前須詳斷，然後啓聞。凡諸辯決，務令清乂，約法守制，較若畫一，不得前後舛互，自相矛盾，致有枉滯。紆意舞文，糾聽所知，靡有攸赦。

《陳書》卷五《宣帝紀》〔宣帝太建十一年五月〕甲寅，詔曰：舊律以枉法受財爲坐雖重，直法容賄其制甚輕，豈不長彼貪殘，生其舞弄？事涉貨賄，寧不尤切？今可改不枉法受財者，科同正盜。

《魏書》卷一一一《刑罰志》二儀既判，彙品生焉，五才兼用，廢一不可。金木水火土，咸相愛惡。陰陽所育，稟氣呈形，鼓之以雷霆，潤之以雲雨，春夏以生長之，秋冬以殺藏之。斯則德刑之設，著自神道。聖人處天地之間，率神祇之意。生民有喜怒之性，哀樂之心，應感而動，動而逾變。淳化所陶，以下淳朴。故異章服，畫衣冠，示耻申禁，而不敢犯。其流既鋭，奸黠萌生。是以明法令，立刑賞。故《書》曰：象以典刑，流宥五刑，鞭作官刑，扑作教刑，金作贖刑，怙終賊刑，眚灾肆赦。舜命咎繇曰：五刑有服，五服三就，五流有宅，五宅三居。夏刑則大辟二百，臏辟三百，宫辟五百，劓墨各千。殷因於夏，蓋有損益。《周禮》：建三典，刑邦國，以五聽求民情，八議以申之，三刺以審之。左嘉石，平罷民；右肺石，達窮民。宥不識，宥過失，宥遺忘；赦幼弱，赦耄耋，赦蠢愚。周道既衰，穆王荒耄，命吕侯度作祥刑，以詰四方，五刑之屬增矣。夫疑獄泛問，與衆共之，衆疑赦之，必察小大之比以成之。先王之愛民如此，刑成而不可變，故君子盡心焉。

逮於戰國，競任威刑，以相吞噬。商君以《法經》六篇，入説於秦，議參夷之誅，連相坐之法。風俗凋薄，號爲虎狼。及於始皇，遂兼天下，毁先王之典，制挾書之禁，法繁於秋荼，網密於凝脂，奸僞并生，赭衣塞路，獄犴淹積，囹圄成市。於是天下怨叛，十室而九。漢祖入關，蠲削煩苛，致三章之約。文帝以仁厚，斷獄四百，幾致刑措。孝武世以奸宄滋甚，增律五十餘篇。宣帝時，路温舒上書曰：夫獄者天下之命，《書》曰：與其殺不辜，寧失有罪。今治獄吏，非不慈仁也。上下相毆，以刻爲明，深者獲公名，平者多後患。故治獄吏皆欲人死，非憎人也，自安之道，在人之死。夫人情安則樂生，痛則思死，捶楚之下，何求而不得。故囚人不勝痛，則飾辭以示人。吏治者利其然，則指導以明之；上奏畏却，則鍛煉而周内之。雖咎繇聽之，猶以爲死有餘罪。何則？文致之罪明也。故天下之患，莫深於獄。宣帝善之。痛乎！獄吏之害也久矣。故曰，古之立獄，所以求生；今之立獄，所以求殺人。不可不慎也。于定國爲廷尉，集諸法律，凡九百六十卷，大辟四百九十條，千八百八十二事，死罪

決比，凡三千四百七十二條，諸斷罪當用者，合二萬六千二百七十二條。後漢二百年間，律章無大增減。魏武帝造甲子科條，犯鈦左右趾者，易以斗械。明帝改士民罰金之坐，除婦人加笞之制。晉武帝以魏制峻密，又詔車騎賈充集諸儒學，刪定名例，爲二十卷，并合二千九百餘條。

《魏書》卷一一一《刑罰志》 太祖幼遭艱難，備嘗險阻，具知民之情僞。及在位，躬行仁厚，協和民庶。既定中原，患前代刑網峻密，乃命三公郎王德除其法之酷切於民者，約定科令，大崇簡易。是時，天下民久苦兵亂，畏法樂安。帝知其若此，乃鎮之以玄默，罰必從輕，兆庶欣戴焉。然於大臣持法不舍。季年災異屢見，太祖不豫，綱紀褫頓，刑罰頗爲濫酷。

（宋）司馬光《資治通鑑》宋文帝元嘉四年春正月 周主命司憲大夫拓跋迪《唐六典》：御史大夫，秦官。歷晉、宋、齊、梁、陳、後魏、北齊，後周，並不置大夫，而以中丞爲臺主。後周秋官置司憲中大夫二人，掌丞司寇之法，以左右刑罰，蓋比御史中丞之職也。造《大律》十五篇。〔章：十二行本篇下有二月庚子頒行之七字，乙十一行本同，孔本同，張校同；退齋校同。〕《五代志》：周造《大律》凡二十五篇：一《刑名》，二《法例》，三《祀享》，四《朝會》，五《婚姻》，六《户禁》，七《水火》，八《興繕》，九《衛宫》，十《市廛》，十一《鬭競》，十二《刼盜》，十三《賊叛》，十四《毁亡》，十五《違制》，十六《關津》，十七《諸侯》，十八《厩牧》，十九《雜犯》，二十《詐僞》，二十一《請求》，二十二《告言》，二十三《逃亡》，二十四《繫訊》，二十五《斷獄》。當從《志》作二十五篇。 其制罪：一曰杖刑，自十至五十；二曰鞭刑，自六十至百；三曰徒刑，自一年至五年；四曰流刑，自二千五百里至四千五百里；五曰死刑，磬、絞、斬、梟、裂；古者公族有罪，磬於甸人。鄭玄曰：懸縊殺之曰磬。絞者，全其身首。斬者，殊死。梟者，掛其首於木上。裂者，車裂。梟，堅堯翻。凡二十五等。五刑之屬各有五，合二十五等。

《魏書》卷一一一《刑罰志》 世祖即位，以刑禁重，神䴥中，詔司徒崔浩定律令。除五歲四歲刑，增一年刑。分大辟爲二科死，斬死，入絞。大逆不道腰斬，誅其同籍，年十四已下腐刑，女子没縣官。害其親者轘之。爲蠱毒者，男女皆斬，而焚其家。巫蠱者，負羖羊抱犬沉諸淵。當刑者贖，貧則加鞭二百。畿内民富者燒炭於山，貧者役於圊溷，女子入舂槁；其固疾不逮於人，守苑囿。王官階九品，得以官爵除刑。婦人當刑而孕，産後百日乃決。年十四已下，降刑之半，八十及九歲，非殺人不坐。拷訊不逾四十九。論刑者，部主具狀，公車鞫辭，而三都決之。當死者，部案奏聞。以死不可復生，懼監官不能平，獄成皆呈，帝親臨問，無異辭怨言乃絶之。諸州國之大辟，皆先讞報乃施行。闕左懸登聞鼓，人有窮冤則撾鼓，公車上奏其表。是後民官瀆貨，帝思有以肅之。太延三年，詔天下吏民，得舉告牧守之不法。於是凡庶之凶悖者，專求牧宰之失，迫脅在位，取豪於閭閻。而長吏咸降心以待之，苟免而不耻，貪暴猶自若也。

時興駕數親征討及行幸四方，真君五年，命恭宗總百揆監國。少傅游雅上疏曰：殿下親覽百揆，經營内外，昧旦而興，諮詢國老。臣職忝疑承，司是獻替。漢武時，始啓河右四郡，議諸疑罪而謫徙之。十數年後，邊郡充實，并修農戍，孝宣因之，以服北方。此近世之事也。帝王之於罪人，非怒而誅之，欲其徙善而懲惡。謫徙之苦，其懲亦深。自非大逆正刑，皆可從徙，雖舉家投遠，忻喜赴路，力役終身，不敢言苦。且遠流分離，心或思善。如此，奸邪可息，邊垂足備。恭宗善其言，然未之行。六年春，以有司斷法不平，詔諸疑獄皆付中書，依古經義論決之。初盜律，贓四十匹致大辟，民多慢政，峻其法，贓三匹皆死。正平元年，詔曰：刑網大密，犯者更衆，朕甚愍之。其詳案律令，務求厥中，有不便於民者增損之。於是游雅與中書侍郎胡方回等改定律制。盜律復舊，加故縱、通情、止舍之法及他罪，凡三百九十一條。門誅四，大辟一百四十五，刑二百二十一條。有司雖增損條章，猶未能闡明刑典。

高宗初，仍遵舊式。太安四年，始設酒禁。是時年穀屢登，士民多因酒致酗訟，或議主政。帝惡其若此，故一切禁之，釀、沽飲皆斬之，吉凶賓親，則開禁，有日程。增置内外侯官，伺察諸曹外部州鎮，至有微服雜亂於府寺間，以求百官疵失。其所窮治，有司苦加訊惻，而多相誣逮，輒劾以不敬。諸司官贓二丈皆斬。又增律七十九章，門房之誅十有三，大辟三十五，刑六十二。和平末，冀州刺史源賀上言：自非大逆手殺人者，請原其命，謫守邊戍。詔從之。

《魏書》卷一一一《刑罰志》 顯祖末年，尤重刑罰，言及常用惻愴，每於獄案，必令覆鞫，諸有囚繫，或積年不斷。群臣頗以爲言。帝曰：

獄滯雖非治體，不猶愈乎倉卒而濫也。夫人幽苦則思善，故囹圄與福堂同居。朕欲其改悔，而加以輕恕耳。由是囚繫雖淹滯，而刑罰多得其所。又以赦令屢下，則狂愚多僥幸，故自延興，終於季年，不復下赦。理官鞫囚，杖限五十，而有司欲免之則以細捶，欲陷之則先大杖。民多不勝而誣引，或絶命於杖下。顯祖知其若此，乃爲之制。其捶用荆，平其節，訊囚者其本大三分，杖背者二分，撻脛者一分，拷悉依令。皆從於輕簡也。

《魏書》卷二四《張白澤傳》 顯祖詔諸監臨之官，所監治受羊一口、酒一斛者，罪至大辟，與者以從坐論。糾告得尚書已下罪狀者，各隨所糾官輕重而授之。白澤上表諫曰：伏見詔書，禁尚書以下受禮者刑身，糾之者代職。伏惟三載考績，黜陟幽明，斯乃不易之令軌，百王之通式。今之都曹，古之公卿也，皆翊扶萬幾，讚徽百揆，風化藉此而平，治道由兹而穆。且周之下士，尚有代耕，況皇朝貴仕，而服勤無報，豈所謂祖襲堯舜，憲章文武者乎？羊酒之罰，若行不已，臣恐姦人闚望，忠臣懈節。而欲使事静民安，治清務簡，至於委任責成，下民難辯。如臣愚量，請依律令舊法，稽同前典，班祿酬廉，首去亂群，常刑無赦。苟能如此，則升平之軌，期月可望，刑措之風，三年必致矣。顯祖納之。

《魏書》卷一一一《刑罰志》 高祖馭宇，留心刑法。故事，斬者皆裸形伏質，入死者絞，雖有律，未之行也。太和元年，詔曰：刑法所以禁暴息姦，絶其命不在裸形。其參詳舊典，務從寬仁。司徒元丕等奏言：聖心垂仁恕之惠，使受戮者免裸骸之耻。普天感德，莫不幸甚。臣等謹議，大逆及賊各棄市袒斬，盜及吏受賕各絞刑，踣諸甸師。又詔曰：民由化穆，非嚴刑所制。防之雖峻，陷者彌甚。今犯法至死，同入斬刑，去衣裸體，男女媟見。豈齊之以法，示之以禮者也。今具爲之制。

三年，下詔曰：治因政寬，弊由網密。今候職千數，姦巧弄威，重罪受賕不列，細過吹毛而舉。其一切罷之。於是更置謹直者數百人，以防諠鬥於街術。吏民安其職業。

先是以律令不具，姦吏用法，致有輕重。詔中書令高閭集中秘官等修改舊文，隨例增減。又敕群官，參議厥衷，經御刊定。五年冬訖，凡八百三十二章，門房之誅十有六，大辟之罪二百三十五，刑三百七十七；除群行剽劫首謀門誅，律重者止梟首。時法官及州郡縣不能以情折獄。乃爲重枷，大幾圍；復以縋石懸於囚頸，傷内至骨；更使壯卒迭搏之。囚率不堪，因以誣服。吏持此以爲能。帝聞而傷之，乃制非大逆有明證而不款辟者，不得大枷。

律：枉法十匹，義贓二百匹大辟。至八年，始班祿制，更定義贓一匹，枉法無多少皆死。是秋遣使者巡行天下，糾守宰之不法，坐贓死者四十餘人。食祿者跼蹐，賕謁之路殆絶。帝哀矜庶獄，至於奏讞，率從降恕，全命徙邊，歲以千計。京師決死獄，歲竟不過五六，州鎮亦簡。

十一年春，詔曰：三千之罪，莫大於不孝，而律不遜父母，罪止髡刑。於理未衷。可更詳改。又詔曰：前命公卿論定刑典，而門房之誅猶在律策，違失《周書》父子異罪。推古求情，意甚無取。可更議之，删除繁酷。秋八月詔曰：律文刑限三年，便入極默。坐無太半之校，罪有生死之殊。可詳案律條，諸有此類，更一刊定。冬十月，復詔公卿令參議之。

《魏書》卷一一一《刑罰志》 世宗即位，意在寬政。正始元年冬，詔曰：議獄定律，有國攸慎，輕重損益，世或不同。先朝垂心典憲，刊革令軌，但時屬征役，未之詳究，施於時用，猶致疑舛。尚書門下可於中書外省論律令。諸有疑事，斟酌新舊，更加思理，增減上下，必令周備，隨有所立，別以申聞。庶於循變協時，永作通制。【略】

《法例律》：五等列爵及在官品令從第五，以階當刑二歲；免官者，三載之後聽仕，降先階一等。延昌二年春，尚書刑巒奏：竊詳王公已下，或析體宸極，或著勛當時，咸胙土授民，維城王室。至於五等之爵，亦以功錫，雖爵秩有異，而號擬河山，得之至難，失之永墜。刑典既同，名復殊絶，請議所宜，附爲永制。詔議律之制，與八座門下參論。皆以爲：官人若罪本除名，以職當刑，猶有餘資，復降階而叙。至於五等封爵，除刑若盡，永即甄削，便同之除名，於例實爽。愚謂自王公以下，有封邑，罪除名，三年之後，宜各降本爵一等，王及郡公降爲縣公，公爲侯，侯爲伯，伯爲子，子爲男，至於縣男，則降爲鄉男。五等爵者，亦依此而降，至於散男。其鄉男無可降授者，三年之後，聽依其本品之資出身。詔從之。

其年秋，符璽郎中高□賢、弟員外散騎侍郎仲賢、叔司徒府主簿六珍

等，坐弟季賢同元愉逆，除名爲民，會赦之後，被旨勿論。尚書邢巒奏：案季賢既受逆官，爲其傳檄，規扇幽瀛，遘兹禍亂，據律準犯，罪當孥戮，兄叔坐法，法有明典。賴蒙大宥，身命獲全，除名還民，於其爲幸。然反逆坐重，故支屬相及。體既相及，事同一科，豈有赦前皆從流斬之罪，赦後獨除反者之身。又緣坐之罪，不得以職除流。且貨賕小愆，寇盜微戾，贓狀露驗者，會赦猶除其名。何有罪極裂冠，釁均毀冕，父子齊刑，兄弟共罰，赦前同斬從流，赦後有復官之理。依律則罪合孥戮，準赦例皆除名。古人議無將之罪者，毀其室，洿其宫，絶其踪，滅其類。其宅猶棄，而況人乎？請依律處，除名爲民。詔曰：死者既在赦前，又員外非在正侍之限，便可悉聽復仕。【略】

先是，皇族有譴，皆不持訊。時有宗士元顯富，犯罪須鞫，宗正約以舊制。尚書李平奏：以帝宗磐固，周布於天下，其屬籍疏遠，廕官卑末，無良犯憲，理須推究。請立限斷，以爲定式。詔曰：雲來綿遠，繁衍世滋，植籍宗氏，而爲不善，量亦多矣。先朝既無不訊之格，而空相矯恃，以長違暴。諸在議請之外，可悉依常法。

其年六月，兼廷尉卿元志、監王靖等上言：檢除名之例，依律文，獄成謂處罪案成者。寺謂犯罪逕彈後，使復檢鞫證定刑，罪狀彰露，案署分昞，獄理是成。若使案雖成，雖已申省，事下廷尉，或寺以情狀未盡，或邀駕撾鼓，或門下立疑，更付別使者，可從未成之條。其家人陳訴，信其專辭，而阻成斷，便是曲遂於私，有乖公體。何者？五詐既窮，六備已立，僥幸之輩，更起異端，進求延罪於漏刻，退希不測之恩宥，辯以惑正，曲以亂直，長民奸於下，隳國法於上，竊所未安。大理正崔纂、評楊機、丞甲休、律博士劉安元以爲：律文，獄已成及決竟，經所綰，而疑有奸欺，不直於法，及訴冤枉者，得攝訊覆治之。檢使處罪者，雖已案成，御史風彈，以痛誣伏；或拷不承引，依證而科；或有私嫌，强逼成罪；家人訴枉，辭案相背。刑憲不輕，理須訊鞫。既爲公正，豈疑於私。如謂規不測之澤，抑絶訟端，則枉滯之徒，終無申理。若從其案成，便乖覆治之律。然未判經赦，及覆治理狀，真僞未分。承前以來，如此例皆得復職。愚謂經奏遇赦，及已覆治，得爲獄成。尚書李韶奏：使雖結案，處上廷尉，解送至省，及家人訴枉，尚書納辭，連解下鞫，未檢遇宥者，不得爲案成之獄。推之情理，謂崔纂等議爲允。詔從之。

《隋書》卷二五《刑法志》 齊神武、文襄，並由魏相，尚用舊法。及文宣天保元年，始命群官刊定魏朝《麟趾格》。是時軍國多事，政刑不一，決獄定罪，罕依律文，相承謂之變法從事。清河房超爲黎陽郡守，有趙道德者，使以書屬超。超不發書，棒殺其使。文宣於是令守宰各設棒，以誅屬請之使。後都官郎中宋軌奏曰：昔曹操懸棒，威於亂時，今施之太平，未見其可。若受使請賕，猶致大戮，身爲枉法，何以加罪？於是罷之。即而司徒功曹張老上書，稱大齊受命已來，律令未改，非所以創制垂法，革人視聽。於是始命群官，議造《齊律》，積年不成。其決獄猶依魏舊。是時刑政尚新，吏皆奉法。自六年之後，帝遂以功業自矜，恣行酷暴，昏狂酗醟，任情喜怒。爲大鑊、長鋸、剉碓之屬，並陳於庭，意有不快，則手自屠裂，或命左右臠噉，以逞其意。時僕射楊遵彦，乃令憲司先定死罪囚，置於杖衛之中，帝欲殺人，則執以應命，謂之供御囚。經三月不殺者，則免其死。帝嘗幸金鳳臺，受佛戒，多召死囚，編籧篨爲翅，命之飛下，謂之放生。墜皆致死，帝視以爲歡笑。時有司折獄，又皆酷法。訊囚則用車輻獨杖，夾指壓踝，又立之燒犁耳上，或使以臂貫燒車釭。既不勝其苦，皆致誣伏。七年，豫州檢使白檦爲左丞盧斐所劾，乃於獄中誣告斐受金。文宣知其姦罔，詔令按之，果無其事。乃敕八座議立案劾格，負罪不得告人事。於是挾姦者畏糾，乃先加誣訟，以擬當格，吏不能斷。又妄相引，大獄動至千人，多移歲月。然帝猶委政輔臣楊遵彦，彌縫其闕，故時議者竊云，主昏於上，政清於下。

《隋書》卷二五《刑法志》 孝昭在藩，已知其失，即位之後，將加懲革，未幾而崩。武成即位，思存輕典，大寧元年，乃下詔曰：王者所用，唯在賞罰，賞貴適理，罰在得情。然理容進退，事涉疑似，盟府司勳，或有開塞之路，三尺律令，未窮畫一之道。想文王之官人，念宣尼之止訟，刑賞之宜，思獲其所。自今諸應賞罰，皆賞疑從重，罰疑從輕。又以律令不成，頻加催督。河清三年，尚書令、趙郡王睿等奏上《齊律》十二篇：一曰《名例》，二曰《禁衛》，三曰《婚户》，四曰《擅興》，五曰《違制》，六曰《詐僞》，七曰《鬥訟》，八曰《賊盜》，九曰《捕斷》，十曰《毀損》，十一曰《廄牧》，十二曰《雜》。其定罪九百四十九條。又上《新

令》四十卷，大抵採魏晋故事。其制，刑名五：一曰死，重者轘之，其次梟首，並陳尸三日；無市者列於鄉亭顯處。其次斬刑，殊身首。其次絞刑，死而不殊，凡四等。二曰流刑，謂論犯可死，原情可降，鞭笞各一百，髡之，投於邊裔，以爲兵卒。未有道里之差。其不合遠配者，男子長徒，女子配舂，並六年。三曰刑罪，即耐罪也。有五歲、四歲、三歲、二歲、一歲之差。凡五等。各加鞭一百。其五歲者又加笞八十。四歲者，六十。三歲者，四十。二歲者，二十。一歲者，無笞。並鎖輸左校而不髡。無保者，鉗之。婦人配舂及掖庭織。四曰鞭，有一百、八十、六十、五十、四十之差，凡五等。五曰杖，有三十、二十、十之差，凡三等。大凡爲十五等。當加者上就次，當減者下就次。贖罪舊以金，皆代以中絹。死一百匹，流九十二匹，刑五歲七十八匹，四歲六十四匹，三歲五十匹，二歲三十六匹。各通鞭笞論。一歲無笞，則通鞭二十四匹。鞭杖每十，贖絹一匹，至鞭百，則絹十匹。無絹之鄉，皆準絹收錢。自贖笞十已上至死，又爲十五等之差，當加減次，如正決法。

合贖者，謂流内官及爵秩比視、老、小、閹、癡並過失之屬。犯罰絹一匹及杖十已上，皆名爲罪人。盜及殺人而亡者，即懸名註籍，甄其一房配驛户。宗室則不注盜，及不入奚官，不加宫刑。自犯流罪已下合贖者，及婦人犯刑已下，侏儒、篤疾、癃殘非犯死罪，皆頌繫之，罪刑年者鎖，無鎖以枷。流罪已上，加杻械。死罪者桁之。決流刑鞭笞者，鞭其背。五十一易執鞭人。鞭鞘皆用熟皮，削去廉稜，鞭瘡長一尺，笞者笞臂，而不中易人。杖長三尺五寸，大頭徑二分半，小頭徑一分半。決三十已下杖者，長四尺，大頭徑三分，小頭徑二分。在官犯罪，鞭杖十爲一負。閑局六負爲一殿，平局八負爲一殿，繁局十負爲一殿。加於殿者，復計爲負焉。赦日，則武庫令設金鷄及鼓於閶闔門外之右。勒集囚徒於闕前，撾鼓千聲，釋枷鎖焉。又列重罪十條：一曰反逆，二曰大逆，三曰叛，四曰降，五曰惡逆，六曰不道，七曰不敬，八曰不孝，九曰不義，十曰内亂。其犯此十者，不在八議論贖之限。是後法令明審，科條簡要，又勅仕門之子弟常講習之。齊人多曉法律，蓋由此也。

其不可爲定法者，别制《權令》二卷，與之並行。後平秦王高歸彦謀反，須有約罪，律無正條，於是遂有《别條權格》，與律並行。大理明法，上下比附，欲出則附依輕議，欲入則附從重法，姦吏因之，舞文出没。至於後主，權幸用事，有不附之者，陰中以法。綱紀紊亂，卒至於亡。

《隋書》卷二五《刑法志》　周文帝之有關中也，霸業初基，典章多闕。大統元年，命有司斟酌古今通變，可以益時者，爲二十四條之制，奏之。七年，又下十二條制。十年，魏帝命尚書蘇綽，總三十六條，更損益爲五卷，班於天下。其後以河南趙肅爲廷尉卿，撰定法律。肅積思累年，遂感心疾而死。乃命司憲大夫託拔迪掌之。至保定三年三月庚子乃就，謂之《大律》，凡二十五篇：一曰《刑名》，二曰《法例》，三曰《祀享》，四曰《朝會》，五曰《婚姻》，六曰《户禁》，七曰《水火》，八曰《興繕》，九曰《衛宫》，十曰《市廛》，十一曰《鬥競》，十二曰《劫盜》，十三曰《賊叛》，十四曰《毁亡》，十五曰《違制》，十六曰《關津》，十七曰《諸侯》，十八曰《廄牧》，十九曰《雜犯》，二十曰《詐僞》，二十一曰《請求》，二十二曰《告言》，二十三曰《逃亡》，二十四曰《繫訊》，二十五曰《斷獄》。大凡定罪一千五百三十七條。其制罪：一曰杖刑五，自十至五十。二曰鞭刑五，自六十至於百。三曰徒刑五，徒一年者，鞭六十，笞十。徒二年者，鞭七十，笞二十。徒三年者，鞭八十，笞三十。徒四年者，鞭九十，笞四十。徒五年者，鞭一百，笞五十。四曰流刑五，流衛服，去皇畿二千五百里者，鞭一百，笞六十。流要服，去皇畿三千里者，鞭一百，笞七十。流荒服，去皇畿三千五百里者，鞭一百，笞八十。流鎮服，去皇畿四千里者，鞭一百，笞九十。流蕃服，去皇畿四千五百里者，鞭一百，笞一百。五曰死刑五，一曰磬，二曰絞，三曰斬，四曰梟，五曰裂。五刑之屬各有五，合二十五等。不立十惡之目，而重惡逆、不道、大不敬、不孝、不義、内亂之罪。凡惡逆肆之三日。盜賊群攻鄉邑及入人家者，殺之無罪。若報讎者，告於法自殺之，不坐。經爲盜者，注其籍。唯皇宗則否。凡死罪枷而拲。流罪枷而梏，徒罪枷，鞭罪桎，杖罪散以待斷。皇族及有爵者，死罪已下鎖之，徒已下散之。獄成將殺者，書其姓名及其罪於拲，而殺之市。唯皇族與有爵者隱獄。

其贖杖刑五，金一兩至五兩。贖鞭刑五，金六兩至十兩。贖徒刑五，一年金十二兩，二年十五兩，三年一斤二兩，四年一斤五兩，五年一斤八兩。贖流刑，一斤十二兩，俱役六年，不以遠近爲差等。贖死罪，金二

斤。鞭者以一百爲限。加笞者，合二百止。應加鞭笞者，皆笞後鞭。婦人當笞者，聽以贖論。徒輸作者，皆任其所能而役使之。杖十已上，當加者上就次，數滿乃坐。當減者，死罪流蕃服，蕃服已下俱至徒五年，五年以下，各以一等爲差。盜賊及謀反、大逆、降叛、惡逆罪當流者，皆甄一房配爲雜户。其爲盜賊事發逃亡者，懸名注配。若再犯徒、三犯鞭者，一身永配下役。應贖金者，鞭杖十，收中絹一匹。流徒者，依限歲收絹十二匹，死罪者一百匹。其贖刑，死罪五旬，流刑四旬，徒刑三旬，鞭刑二旬，杖刑一旬。限外不輸者，歸於法。貧者請而免之。大凡定法一千五百三十七條，班之天下。其大略滋章，條流苛密，比於齊法，煩而不要。

又初除復讎之法，犯者以殺論。時晋公護將有異志，欲寬政以取人心，然闇於知人，所委多不稱職。既用法寬弛，不足制姦，子弟僚屬，皆竊弄其權，百姓愁怨，控告無所。武帝性甚明察，自誅護後，躬覽萬機，雖骨肉無所縱捨。用法嚴正，中外肅然。自魏晋相承，死罪其重者，妻子皆以補兵。魏虜西凉之人，没入名爲隸户。魏武入關，隸户皆在東魏。後齊因之，仍供厮役。建德六年，齊平後，帝欲施輕典於新國，乃詔凡諸雜户，悉放爲百姓。自是無復雜户。其後又以齊之舊俗，未改昏政，賊盜姦宄，頗乖憲章。其年，又爲《刑書要制》以督之。其大抵持仗群盜一匹以上，不持仗群盜五匹以上，監臨主掌自盜二十匹以上，盜及詐請官物三十匹以上，正長隱五户及十丁以上，及地三頃以上，皆死。自餘依《大律》。由是澆詐頗息焉。

《隋書》卷二五《刑法志》 宣帝性殘忍暴戾，自在儲貳，惡其叔父齊王憲及王軌、宇文孝伯等。及即位，並先誅戮，由是内外不安，俱懷危懼。帝又恐失衆望，乃行寬法，以取衆心。宣政元年八月，詔制九條，宣下州郡。大象元年，又下詔曰：高祖所立《刑書要制》，用法深重，其一切除之。然帝荒淫日甚，惡聞其過，誅殺無度，疏斥大臣。又數行肆赦，爲姦者皆輕犯刑法，政令不一，下無適從。於是又廣《刑書要制》，而更峻其法，謂之《刑經聖制》。宿衛之官，一日不直，罪至削除。逃亡者，皆死，而家口籍没。上書字誤者，科其罪。鞭杖皆百二十爲度，名曰天杖。其後又加至二百四十。又作礔礰車，以威婦人。其決人罪，云與杖者，即一百二十，多打者，即二百四十。帝既酣飲過度，嘗中飲，有下士楊文祐白宮伯長孫覽，求歌曰：朝亦醉，暮亦醉，日日恒常醉，政事日無次。鄭譯奏之，帝怒，命賜杖二百四十而致死。後更令中士皇甫猛歌，猛歌又諷諫。鄭譯又以奏之，又賜猛杖一百二十。是時，下自公卿，内及妃后，咸加棰楚，上下愁怨。及帝不豫，而内外離心，各求苟免。隋高祖爲相，又行寬大之典，删略舊律，作《刑書要制》。既成奏之，静帝下詔頒行。諸有犯罪未科決者，並依制處斷。

紀事

（唐）杜佑《通典》卷一六三《刑法·刑制》 魏文帝受禪後，有大女劉朱，撾子婦酷暴，前後三婦自殺，論朱減死作尚方，因是下怨毒殺人減死之令。

明帝改士庶罰金之令，男聽以罰代金，婦人加笞，還從鞭督之例，以其形體裸露故也。【略】

司馬景王輔政時，犯大逆者，其法誅及已出之女。毌丘儉之誅，其子甸妻荀氏應坐死，其族兄顗通表魏帝，以乞其命，詔聽離婚。荀氏所生女芝，為潁川太守劉子元妻，亦坐死，以懷妊繫獄。荀氏辭詣司隸校尉何曾乞恩，求沒為官婢，以贖芝命。曾哀之，使主簿程咸上議曰：臣以為女人有三從之義，無自專之道。出適他族，降父母之服，所以明外成之節也。而父母有罪則追刑，夫黨見誅又隨戮，一人之身，内外受辟。女既產育，則他族之母，無辜受戮，傷孝子之心。且男既不得罪於他族，而女獨嬰戮於二門。臣以為在室宜從父之誅，既醮可隨夫之罰。於是詔有司改定律令。

司馬文王繼秉魏政，患前代律令煩雜，陳羣、劉邵雖經改革，而科網太密，於是命賈充、鄭沖、荀顗、荀勗、羊祜、王業、杜友、杜預、裴楷、周雄、郭頎、成公綏、柳軌、榮邵等定法令。就漢九章增十一篇，仍其族類，正其體號，合三十篇，六百三十條，二萬七千六百五十七言。蠲其苛穢，歸於益時。其餘未宜除之者，若軍事、田農、酤酒，未得皆從人心，權設其法，太平當除，故不入律，悉以為令。施行制度，以此設教，

違令有罪，則入律也。其常事品式章程，各還其府，為故事。減梟斬族誅從坐之條，除謀反適養母出女嫁皆不復還坐父母棄市，省禁錮相告之條。去捕亡，亡沒為官奴婢之制。輕過誤老小女人當罰金杖者，皆令半之。重姦伯叔母之令，棄市。淫寡女，三歲刑。崇嫁娶之要，一以下娉為正，不理私約。峻禮教之防，準五服以制罪也。凡律令合二千九百二十六條，十二萬六千三百言，六十卷。故事三十卷。

《魏書》卷一一一《刑罰志》 晉室喪亂，中原蕩然。魏氏承百王之末，屬崩散之後，典刑泯棄，禮俗澆薄。自太祖撥亂，蕩滌華夏，至於太和，然後吏清政平，斷獄省簡，所謂百年而後勝殘去殺。故權舉行事，以著於篇。

魏初，禮俗純樸，刑禁疏簡。宣帝南遷，復置四部大人，坐王庭決辭訟，以言語約束，刻契記事，無囹圄考訊之法，諸犯罪者，皆臨時決遣。神元因循，亡所革易。

《三國志》卷二四《魏志・高柔傳》 魏國初建，〔高柔〕爲尚書郎。轉拜丞相理曹掾，令曰：夫治定之化，以禮爲首。撥亂之政，以刑爲先。是以舜流四凶族，臯陶作士。漢祖除秦苛法，蕭何定律。掾清識平當，明於憲典，勉恤之哉！鼓吹宋金等在合肥亡逃。舊法，軍征士亡，考竟其妻子。太祖患猶不息，更重其刑。金有母妻及二弟皆給官，主者奏盡殺之。柔啓曰：士卒亡軍，誠在可疾，然竊聞其中時有悔者。愚謂乃宜貸其妻子，一可使賊中不信，二可使誘其還心。正如前科，固已絕其意望，而猥復重之，柔恐自今在軍之士，見一人亡逃，誅將及己，亦且相隨而走，不可復得殺也。此重刑非所以止亡，乃所以益走耳。太祖曰：善。即止不殺金母、弟，蒙活者甚衆。【略】

文帝踐阼，以柔爲治書侍御史，賜爵關内侯，轉加治書執法。民間數有誹謗妖言，帝疾之，有妖言輒殺，而賞告者。柔上疏曰：今妖言者必戮，告之者輒賞。既使過誤無反善之路，又將開兇狡之群相誣罔之漸，誠非所以息姦省訟，緝熙治道也。昔周公作誥，稱殷之祖宗，咸不顧小人之怨。在漢太宗，亦除妖言誹謗之令。臣愚以爲宜除妖謗賞告之法，以隆天父養物之仁。帝不即從，而相誣告者滋甚。帝乃下詔：敢以誹謗相告者，以所告者罪罪之。於是遂絕。校事劉慈等，自黄初初數年之間，舉吏民姦罪以萬數，柔皆請懲虛實；其餘小小挂法者，不過罰金。四年，遷爲廷尉。

魏初，三公無事，又希與朝政。柔上疏曰：天地以四時成功，元首以輔弼興治，成湯仗阿衡之佐，文、武憑旦、望之力，逮至漢初，蕭、曹之儔並以元勳代作心膂，此皆明王聖主任臣於上，賢相良輔股肱於下也。今公輔之臣，皆國之棟梁，民所具瞻，而置之三事，不使知政，遂各偃息養高，鮮有進納，誠非朝廷崇用大臣之義，大臣獻可替否之謂也。古者刑政有疑，輒議於槐棘之下。自今之後，朝有疑議及刑獄大事，宜數以咨訪三公。三公朝朔望之日，又可特延入，講論得失，博盡事情，庶有裨起天聽，弘益大化。帝嘉納焉。

帝以宿嫌，欲枉法誅治書執法鮑勛，而柔固執不從詔命。帝怒甚，遂召柔詣臺；遣使者承指至廷尉考竟勛，勛死乃遣柔還寺。

（唐）許嵩《建康實録》吳太祖嘉禾六年春正月 夏，用左執法胡綜、左節度顧譚議定法，長吏不許奔喪。詔曰：遭喪不奔，法非古也。蓋隨時之宜，以義斷恩。自今以後，長吏不得奔喪廢職，有犯者，大辟行治。

《晉書》卷二《文帝紀》 〔咸熙元年〕秋七月，帝奏司空荀顗定禮儀，中護軍賈充正法律，尚書僕射裴秀議官制，太保鄭沖總而裁焉。始建五等爵。【略】〔二年五月〕諸禁網煩苛及法式不便於時者，帝皆奏除之。

《晉書》卷三《武帝紀》 〔咸熙二年〕八月辛卯，文帝崩，太子嗣相國、晉王位。下令寬刑宥罪，撫衆息役，國內行服三日。

（唐）杜佑《通典》卷一六四《刑法・刑制》 晉武帝太始三年，賈充等修律令成，帝親自臨講，使裴楷執讀。四年正月，大赦天下，乃班新律。其後明法掾張裴又注律，表上之，其要曰：律始於《刑名》者，所以定罪制也。終於《諸侯》者，所以畢其政也。是以經略罪法之輕重，正加減之等差，明發衆篇之多義，補其章條之不足，較舉上下綱領。其犯盜賊、詐偽、請賕者，則求罪於此，作役、水火、畜養、守備之細事，皆求之作本名。告訊為之心舌，捕繫為之手足，斷獄為之定罪，名例齊其法制。自始及終，往而不窮，變動無常，周流四極，上下無方，不離於法律之中。其知而犯之謂之故，意不以為然謂之失，違忠欺上謂之謾，背信藏巧謂之詐，虧禮廢節謂之不恭，兩訟相趣謂之鬭，兩和相害謂之戲，無變

斬擊謂之賊，不意誤犯謂之過失，逆節絶理謂之不道，陵上僭貴謂之惡逆，將害未發謂之戕，唱首先言謂之造意，二人對議謂之謀，制衆建計謂之率，不和謂之彊，攻惡謂之略，三人謂之羣，取非其物謂之盜，貨財之利謂之贓：凡二十者，律義之較名也。五刑不簡，正於五罰，五罰不服，正於五過，意善功惡，以金贖之。故律制，生罰不過十四等，死刑不過三，徒加不過六，囚加不過五，累作不過十一歲，累笞不過千二百，刑等不過一歲，金等不過四兩。【略】夫奉聖典者操刀執繩，刀妄加則傷物，繩妄彈則侵直。梟首者惡之長，斬刑者罪之大，棄市者死之下，髡作者刑之威，贖罰者誤之誡：王者立此五刑，所以實君子而逼小人也，故為敕慎之經，皆擬周易有變通之體焉。夫形而上者謂之道，形而下者謂之器，推而行之謂之通，舉而措之謂之格。刑殺者是冬震曜之象，髡罪者似秋彫落之變，贖失者是春陽悔吝之疵也。五刑成章，輒相依準，法律之義也。

（宋）王欽若等《册府元龜》卷六一〇《刑法部・定律令》　晉武帝泰始三年，賈充等上律令六十卷，故事三十卷。四年班行之。

《晉書》卷五《孝懷帝紀》　永嘉元年春正月癸丑朔，大赦，改元，除三族刑。

《晉書》卷六《明帝紀》　〔太寧〕三年春二月戊辰，復三族刑，惟不及婦人。【略】夏四月，詔曰：大事初定，其命惟新。其令太宰司徒已下，詣都坐參議政道，諸所因革，務盡事中。又詔曰：餐直言，引亮正，想群賢達吾此懷矣。予違汝弼，堯舜之相君臣也。吾雖虚闇，庶不距逆耳之談。稷契之任，君居之矣。望共勖之。

（宋）王欽若等《册府元龜》卷四八六《邦計部・户籍》　哀帝興寧二年三月庚戌朔，大閲户人，嚴法禁稱爲庚戌制。一説天下所在土著。

《魏書》卷一一一《刑罰志》　逮於戰國，競任威刑，以相吞噬。商君以《法經》六篇，入説於秦，議參夷之誅，連相坐之法。風俗凋薄，號爲虎狼。及於始皇，遂兼天下，毁先王之典，制挾書之禁，法繁於秋荼，網密於凝脂，姦僞並生，赭衣塞路，獄犴淹積，囹圄成市。於是天下怨叛，十室而九。漢祖入關，蠲削煩苛，致三章之約。文帝以仁厚，斷獄四百，幾致刑措。孝武世以姦宄滋甚，增律五十餘篇。宣帝時，路温舒上書曰：夫獄者天下之命，《書》曰：與其殺不辜，寧失有罪。今治獄吏，非不慈仁也，上下相毆，以刻爲明，深者獲公名，平者多後患。故治獄之吏皆欲人死，非憎人也，自安之道，在人之死。夫人情安則樂生，痛則思死，捶楚之下，何求而不得。故囚人不勝痛，則飾辭以示人。吏治者利其然，則指導以明之；上奏畏卻，則鍛煉而周内之。雖咎繇聽之，猶以爲死有餘罪。何則？文致之罪明也。故天下之患，莫深於獄。宣帝善之。痛乎！獄吏之害也久矣。故曰，古之立獄，所以求生；今之立獄，所以求殺人。不可不慎也。於定國爲廷尉，集諸法律，凡九百六十卷，大辟四百九十條，千八百八十二事，死罪決比，凡三千四百七十二條，諸斷罪當用者，合二萬六千二百七十二條。後漢二百年間，律章無大增減。魏武帝造甲子科條，犯釱左右趾者，易以鬥械。明帝改士民罰金之坐，除婦人加笞之制。晉武帝以魏制峻密，又詔車騎賈充集諸儒學，删定名例，爲二十卷，并合二千九百餘條。

《魏書》卷一一一《刑罰志》　穆帝時，劉聰、石勒傾復晉室。帝將平其亂，乃峻刑法，每以軍令從事。民乘寬政，多以違命得罪，死者以萬計。於是國落騷駭。平文承業，綏集離散。

《南史》卷三六《羊玄保傳》　玄保兄子希字泰聞，少有才氣，爲尚書左丞。時揚州刺史西陽王子尚上言：山湖之禁，雖有舊科，人俗相因，替而不奉，熂山封水，保爲家利。自頃以來，頽弛日甚，富强者兼嶺而占，貧弱者薪蘇無託，至漁採之地亦又如兹。斯實害人之深弊，爲政所宜去絶。損益舊條，更申恒制。有司檢壬辰詔書：占山護澤，强盜律論。贓一丈以上皆棄市。希以壬辰之制，其禁嚴刻，事既難遵，理與時弛。而占山封水，漸染復滋，更相因仍，便成先業。一朝頓去，易致嗟怨。今更刊革，立制五條：凡是山澤先恒熂爐，養種竹木雜果爲林芿，及陂湖江海魚梁鰌鮆場，恒加功修作者，聽不追奪。官品第一第二聽占山三頃；第三第四品二頃五十畝；第五第六品二頃；第七第八品一頃五十畝；第九品及百姓一頃：皆依定格，條上貲簿。若先已占山，不得更占；先占闕少，依限占足。若非前條舊業，一不得禁。有犯者，水土一尺以上，並計贓依常盜律論。停除咸康二年壬辰之科。從之。

《宋書》卷六〇《王韶之傳》　有司奏東冶士朱道民禽三叛士，依例放遣，韶之啓曰：尚書金部奏事如右，斯誠檢忘一時權制，懼非經國弘

本之令典。臣尋舊制，以罪補士，凡有十餘條，雖同異不紊，而輕重實殊。至於詐列父母死，誣罔父母淫亂，破義反逆，此四條，實窮亂抵逆，人理必盡，雖復殊刑過制，猶不足以塞莫大之罪。既獲全首領，大造已隆，寧可復遂拔徒隸，緩帶當年，自同編户，列齒齊民乎。臣懼此制永行，所虧實大。方今聖化惟新，崇本棄末，一切之令，宜加詳改。愚謂此四條不合加贖罪之恩。侍中褚淡之同韶之三條，却宜仍舊。詔可。

《晉書》卷三〇《刑法志》　安帝元興末，桓玄輔政，又議欲復肉刑斬左右趾之法，以輕死刑，命百官議。蔡廓上議曰：【略】肉刑之設，肇自哲王。蓋由曩世風淳，人多惇謹，圖像既陳，則機心直戢，刑人在塗，則不逞改操，故能勝殘去殺，化隆無為。季末澆偽，設網彌密。【略】至於棄市之條，實非不赦之罪，事非手殺，考律同歸，輕重均科，減降路塞。鍾、陳以之抗言，元皇所為留愍。今英輔翼贊，道邈伊周，誠宜明慎用刑，愛人宏育，申哀矜以革濫，移大辟於支體，全性命之至重，恢繁息於將來。而孔琳之議不同，用王朗、夏侯玄之旨。時論多與琳之同，故遂不行。

《宋書》卷三《武帝本紀》　〔永初元年七月〕壬子，詔曰：往者軍國務殷，事有權制，刼科峻重，施之一時。今王道惟新，政和法簡，可一除之，還遵舊條。反叛淫盜三犯補冶士，本謂一事三犯，終無悛革。主者頃多並數衆事，合而爲三，甚違立制之旨，普更申明。【略】〔八月〕辛酉，開亡叛赦，限内首出，蠲租布二年。先有資狀、黄籍猶存者，聽復本注。諸舊郡縣以北爲名者，悉除；寓立於南者，聽以南爲號。又制有無故自殘傷者補冶士，實由政刑煩苛，民不堪命，可除此條。【略】〔永初〕三年春正月甲辰朔，詔刑罰無輕重，悉皆原降。

《南史》卷二九《蔡廓傳》　宋臺建，〔蔡廓〕爲侍中，建議以爲：鞫獄不宜令子孫下辭，明言父祖之罪。虧教傷情，莫此爲大。自今但令家人與囚相見，無乞鞫之訴，便足以明伏罪，不須責家人下辭。朝議，從之。

《宋書》卷三《武帝本紀》　〔永初二年〕六月壬寅，詔曰：杖罰雖有舊科，然職務殷碎，推坐相尋。若皆有其實，則體所不堪；文行而已，又非設罰之意。可籌量觕爲中否之格。車駕又於華林園聽訟。甲辰，制諸署敕吏四品以下，又府署所得輒罰者，聽統府寺行四十杖。【略】冬十月丁酉，詔曰：兵制峻重，務在得宜。役身死叛，輒考傍親，流遷彌廣，未見其極。遂令冠帶之倫，淪陷非所。宜革以弘泰，去其密科。自今犯罪充兵合舉户從役者，便付營押領。其有户統及謫止一身者，不得復侵濫服親，以相連染。

《宋書》卷六四《何承天傳》　〔永初末，何承天爲南蠻長史。〕時有尹嘉者，家貧，母熊自以身貼錢，爲嘉償責。坐不孝當死。承天議曰：被府宣令，普議尹嘉大辟事，稱法吏葛滕籤，母告子不孝，欲殺者許之。法云，謂違犯殺令，敬恭有虧，父母欲殺，皆許之。其所告惟取信於所求而許之。謹尋事原心，嘉母辭自求質錢，爲子還責。嘉雖虧犯教辭，而熊無請殺之辭。熊求所以生之而今殺之，非隨所求之謂。始以不孝爲劾，終於和賣結刑，倚旁兩端，母子俱罪，滕籤法文，爲非其條。嘉所存者大，理在難申，但明教爰發，矜其愚蔽。夫明德慎罰，文王所以恤下；議獄緩死，《中孚》所以垂化。言情則母爲子隱，語敬則禮所不及。今捨乞宥之評，依請殺之條，責敬恭之節，於飢寒之隸，誠非罰疑從輕，寧失有罪之謂也。愚以謂降嘉之死，以普春澤之恩；赦熊之愆，以明子隱之宜。則蒲亭雖陋，可比德於盛明；豚魚微物，不獨遺於今化。事未判，值赦並免。

《宋書》卷五四《羊玄保傳》　〔文帝以羊玄保補宣城太守〕先是，劉式之爲宣城，立吏民亡叛制，一人不禽，符伍里吏送州作部；若獲者賞位二階。玄保以爲非宜，陳之曰：臣伏尋亡叛之由，皆出於窮逼。今立殊制，於事爲苦。【略】又尋此制，施一邦而已，若其是邪，則應與天下爲一，若其非邪，亦不宜獨行一郡。【略】由此制得停。

《南史》卷一五《傅亮傳》　〔元嘉初，傅隆轉司徒左長史。〕會稽剡縣人黄初妻趙打殺息載妻王遇赦，王有父母及男稱女葉，依法徙趙二千里外。隆議曰：禮律之興，本之自然。求之情理，非從天墮，非從地出。父子至親，分形同氣，稱之於載，即載之於趙。雖言三世，爲體猶一。稱雖創鉅痛深，固無讎祖之義。向使石厚之子，日磾之孫，砥鋒挺鍔，不與二祖同戴天日，則石碏、秺侯何得流名百代。舊令言殺人父母，徙之二千里外，不施父子孫祖明矣。趙當避王朞功千里外耳。令亦雲凡流徙者，同

籍親近欲相隨者聽之。此又大通情體，因親以教愛也。趙既流移，載為人子，何得不從？載從而稱不行，豈名教所許？如此，稱、趙竟不可分。趙雖内愧終身，稱沈痛没齒，孫祖之義，自不得以永絶，事理然也。從之。

《南史》卷二一《王弘傳》〔六年，衛將軍王弘〕與八座丞郎疏曰：同伍犯法，無人士不罪之科，然每至詰謫，輒有請訴。若常垂恩宥，則法廢不行，依事糾責，則物以爲苦。恐宜更爲其制。時議多不同，弘以爲：謂之人士，便無庶人之坐；署爲庶人，輒受人士之罰，不其頗歟？謂人士可不受同伍之謫，取罪其奴客，庸何傷邪？無奴客，可令輸贖。有修身閭閻，與羣小實隔，又或無奴僮，爲衆所明者，官長二千石便親臨列上，依事遣判。又主守偷五匹，常偷四十匹，並加大辟。議者咸以爲重。弘以爲：小吏無知，臨財易昧。或由疎慢，事蹈重科。宜進主守倫十疋，常偷五十疋死，四十疋降以補兵。至於官長以上，荷蒙榮禄，冒利五疋乃已爲弘，士人至此，何容復加哀矜。且此輩人士可殺不可謫，謂宜奏聞，決之聖旨。文帝從弘議。

《宋書》卷六四《何承天傳》〔十六年，何承天除著作佐郎〕時丹陽丁況等久喪不葬，承天議曰：禮所云還葬，當謂荒儉一時，故許其稱財而不求備。丁況三家，數十年中，葬輒無棺櫬。實由淺情薄恩，同於禽獸者耳。竊以爲丁寶等同伍積年，未嘗勸之以義，繩之以法。十六年冬，既無新科，又未申明舊制，有何嚴切，欻然相糾。或由鄰曲分争，以興此言。如聞在東諸處，此例既多，江西淮北尤爲不少。若但謫此三人，殆無整肅。開其一端，則互相恐動，里伍縣司，競爲奸利。財賂既逞，獄訟必繁，懼虧聖明亨鮮之美。臣愚謂況等三家，且可勿問，因此附定制旨，若民人葬不如法，同伍當即糾言，三年服除之後，不得追相告列，於事爲宜。

《宋書》卷一〇〇《自序》〔文帝時，孝武鎮歷陽〕民有盜發冢者，罪所近村民，與符伍遭劫不赴救同坐。〔參征虜軍事沈〕亮議曰：尋發冢之情，事止竊盜，徒以侵亡犯死，故同之嚴科。夫穿掘之侣，必銜枚以晦其迹；劫掠之黨，必歡呼以威其事。故赴兇赫者易，應潛密者難。且山原爲無人之鄉，丘壟非恒塗所踐，至於防救，不得此之村郭。督實劾名，理與劫異，則符伍之坐，居宜降矣。又結罰之科，雖有同符伍之限，而無遠近之斷。夫冢無村界，當以比近坐之，若不域之以界，則數步之内，與十里之外，便應同罹其責。防民之禁，不可頓去，止非之憲，宜當其律。愚謂相去百步内赴告不時者，一歲刑，自此以外，差不及罰。

《宋書》卷五一《臨川烈武王道規傳》〔元嘉中，臨川王義慶爲丹陽尹〕時有民黄初妻趙殺子婦，遇赦應徙送避孫讎，義慶曰：案《周禮》父母之仇，避之海外，雖遇市朝，鬭不反兵。蓋以莫大之寃，理不可奪，含戚枕戈，義許必報。至於親戚爲戮，骨肉相殘，故道乖常憲，記無定準，求之法外，裁以人情。且禮有過失之宥，律無讎祖之文。況趙之縱暴，本由於酒，論心即實，事盡荒耄。豈得以荒耄之王母，等行路之深讎。臣謂此孫忍愧銜悲，不違子義，共天同域，無虧孝道。

《宋書》卷六四《何承天傳》〔元嘉中〕吴興餘杭民薄道舉爲劫。制同籍期親補兵。道舉從弟代公、道生等並爲大功親，非應在補謫之例，法以代公等母存爲期親，則子宜隨母補兵。承天議曰：尋劫制，同籍期親補兵，大功不在此例。婦人三從，既嫁從夫，夫死從子。今道舉爲劫，若其叔尚存，制應補謫，妻子營居，固其宜也。但爲劫之時，叔父已没，代公、道生並是從弟，大功之親，不合補謫。今若以叔母爲期親，令代公隨母補兵，既違大功不謫之制，又失婦人三從之道。由於主者守期親之文，不辨男女之異，遠嫌畏負，以生此疑，懼非聖朝恤刑之旨。謂代公等母子並宜見原。

《宋書》卷八五《謝莊傳》大明元年，起為都官尚書，奏改定刑獄，曰：【略】舊官長竟囚畢，郡遣督郵案驗，仍就施行。督郵賤吏，非能異於官長，雖有案驗之名，而無研究之實。愚謂此制宜革。自今入重之囚，縣考正畢，以事言郡，并送囚身，委二千石親臨覆辯。必收聲吞釁，然後就戮。若二千石不能決，乃度廷尉。神州統外，移之刺史，刺史有疑，亦歸臺獄。必令死者不怨，生者無恨。

（宋）司馬光《資治通鑑》宋孝武帝大明二年春正月〔丙午朔〕增置内外候官，伺察諸曹及州、鎮，或微服雜亂於府寺間，以求百官過失，有司窮治，訊掠取服；百官贓滿二丈者皆斬。又增律七十九章。

《宋書》卷八一《顧覬之傳》〔大明二年，顧覬之轉吏部尚書〕四

年〕時，沛郡相縣唐賜往比邨朱起母彭家飲酒還，因得病，吐蠱蟲十餘枚。臨死語妻張，死後刳腹出病。後張手自破視，五歲悉糜碎。郡縣以張忍行刳剖，賜子副又不禁駐，事起赦前，法不能決。律傷死人，四歲刑，妻傷夫，五歲刑，子不孝父母，棄市，並非科例。三公郎劉勰議：賜妻痛遵往言，兒識謝及理，考事原心，非存忍害，謂宜哀矜。顗之議曰：法移路尸，猶爲不道，況在妻子，而忍行凡人所不行。不宜曲通小情，當以大理爲斷，謂副爲不孝，張同不道。詔如顗之議。

《宋書》卷八一《劉秀之傳》〔大明三年，劉秀之遷尚書右僕射〕四年，改定制令，疑民殺長吏科，議者謂值赦宜加徙送，秀之以爲：律文雖不顯民殺官長之旨，若值赦但止徙送，便與悠悠殺人曾無一異。民敬官長，比之父母，行害之身，雖遇赦，謂宜長付尚方，窮其天命，家口令補兵。從之。

《宋書》卷六《孝武帝本紀》〔五年二月癸巳〕詔曰：【略】近籍改新制，在所承用，殊謬實多，可普更符下，聽以今爲始。若先已犯制，亦同蠲然。

《宋書》卷五四《孔季恭傳》〔大明中，孔淵之爲尚書比部郎〕時安陸應城縣民張江陵與妻吴共駡母黄令死，黄忿恨自經死，值赦。律文，子賊殺傷毆父母，梟首，駡詈，棄市，謀殺夫之父母，亦棄市。值赦，免刑補冶。江陵駡母，母以之自裁，重於傷毆。若同殺科，則疑重，用毆傷及駡科，則疑輕。制唯有打母，遇赦猶梟首，無駡母致死值赦之科。淵之議曰：夫題里逆心，而仁者不入，名且惡之，況乃人事。故毆傷咒詛，法所不原，詈之致盡，則理無可宥。罰有從輕，蓋疑失善，求之文旨，非此之謂。江陵雖值赦恩，故合梟首。婦本以義，愛非天屬，黄之所恨，情不在吴，原死補冶，有允正法。詔如淵之議，吴免棄市。

《宋書》卷六《孝武帝本紀》〔七年四月〕甲子，詔曰：自非臨軍戰陳，一不得專殺。其罪甚重辟者，皆如舊先上須報，有司嚴加聽察。犯者以殺人罪論。

（清）朱銘盤《南朝宋會要·刑·律令》八月丁巳，詔議省律令。

八年閏五月，太子卽位。七月乙卯，罷孝建以來所改制度，還依元嘉。

《宋書》卷五七《蔡廓傳》〔孝武時，蔡興宗爲廷尉卿〕有解士先者，告申坦昔與丞相義宣同謀。時坦已死，子令孫時作山陽郡，自繫廷尉。興宗議曰：若坦昔爲戎首，身今尚存，累經肆眚，猶應蒙宥。令孫天屬，理相爲隱。況人亡事遠，追相誣訐，斷以禮律，義不合關。若士先審知逆謀，當時卽應聞啓，苞藏積年，發因私怨，況稱風聲路傳，實無定主，而干黷欺罔，罪合極法。又有訟民嚴道恩等二十二人，事未洗正，敕以當訊，權繫尚方。興宗以訟民本在求理，故不加械，卽若繫尚方，於事爲苦。又司徒前劾送武康令謝沈及郡縣尉還職司十一人，坐仲良鑄錢不禽，久已判結。又送郡主簿丘元敬等九人，或下疾假，或去職已久。又加執啓，事悉見從。

《宋書》卷六三《沈演之傳》〔大明中〕世祖詔曰：自頃幹僮，多不祗給，主可量聽行杖。得行幹杖，自此始也。

《宋書》卷八二《周朗傳》〔中軍參軍周朗上書〕法雖有禁殺子之科，設蚤娶之令。

（清）朱銘盤《南朝宋會要·刑·律令》明帝泰始元年十二月丙寅，詔昏制謬封，並皆刊削。

四年九月戊辰詔定黥刖之制。有司奏：自今凡劫竊執官仗、拒戰邏司、攻剽亭寺及傷害吏人，並監司將吏自爲劫，皆不限人數，悉依舊制斬刑。若遇赦，黥及兩頰劫字，斷去兩脚筋，徙付交、梁、寧州。五人以下止相逼奪者，亦依黥作劫字，斷去兩脚筋，徙付遠州。若遇赦，原斷徒猶黥面，依舊補冶士。家口應及坐，悉依舊結讁。及上崩，其例乃寢。

（宋）司馬光《資治通鑑》宋明帝泰始六年六月 是時，魏百官不給禄，少能以廉白自立者。魏主詔：吏受所監臨羊一口、酒一斛者，死；與者以從坐論；有能糾告尚書已下罪狀者，隨所糾官輕重授之。張白澤諫曰：昔周之下士，尚有代耕之禄。今皇朝貴臣，服勤無報；若使受禮者刑身，糾之者代職，臣恐姦人闚望，忠臣懈節，如此而求事簡民安，不亦難乎！請依律令舊法，仍班禄以酬廉吏。魏主乃爲之罷新法。

（唐）許嵩《建康實録》宋太宗明皇帝泰始七年四月 辛丑，減天下死罪一等，凡敕繫滯悉讉之。

《宋書》卷四二《王弘傳》〔王〕弘博練治體，留心庶事，斟酌時宜，每存優允。與八座丞郎疏曰：同伍犯法，無士人不罪之科。然每至

詰謫，輒有請訴。若垂恩宥，則法廢不可行；依事糾責，則物以爲苦怨。宜更爲其制，使得優苦之衷也。又主守偷五匹，常偷四十匹，並加大辟，議者咸以爲重，宜進主守偷十匹、常偷五十匹死，四十匹降以補兵。既得少寬民命，亦足以有懲也。想各言所懷。

左丞江奥議：士人犯盜贓不及棄市者，刑竟，自在贓汙淫盜之目，清議終身，經赦不原。當之者足以塞愆，聞之者足以鑒誡。若復雷同羣小，謫以兵役，愚謂爲苦。符伍雖比屋鄰居，至於士庶之際，實自天隔，舍藏之罪，無以相關。奴客與符伍交接，有所藏蔽，可以得知，是以罪及奴客。自是客身犯愆，非代郎主受罪也。如其無奴，則不應坐。

右丞孔默之議：君子小人，既雜爲符伍，不得不以相檢爲義。士庶雖殊，而理有聞察，譬百司居上，所以下不必躬親而後同坐。是故犯違之日，理自相關。今罪其養子、典計者，蓋義存戮僕。如此，則無奴之室，豈得宴安！但既云復士，宜令輸贖。常盜四十匹，主守五匹，降死補兵。雖大存寬惠，以紓民命，然官及二千石及失節士大夫，時有犯者，罪乃可戮，恐不可以補兵也。謂此制可施小人，士人自還用舊律。

尚書王准之議：昔爲山陰令，士人在伍，謂之押符。同伍有愆，得不及坐，士人有罪，符伍糾之。此非士庶殊制，實使即刑當罪耳。夫束修之冑，與小人隔絶，防檢無方，宜及不逞之士，事接群細，既同符伍，故使糾之。於時行此，非唯一處。左丞議奴客與鄰伍相關，可得檢察，符中有犯，使及刑坐。即事而求，有乖實理。有奴客者，類多使役，東西分散，住家者少。其有停者，左右驅馳，動止所須，出門甚寡，典計者在家十無其一。奴客坐伍，濫刑必衆，恐非立法當罪本旨。右丞議士人犯偷，不及大辟者，宥補兵。雖欲弘士，懼無以懲邪。乘理則君子，違之則小人。制嚴於上，猶冒犯之，以其宥科，犯者或衆。使畏法革心，乃所以大宥也。且士庶異制，意所不同。

殿中郎謝元議謂：事必先正其本，然後其末可理。本所以押士大夫於符伍，所以檢小人邪？爲使受檢於小人邪？案左丞稱士庶天隔，則士無弘庶之由，以不知而押之於伍，則是受檢於小人也。然則小人有罪，士人無事，僕隸何罪，而令坐之。若以實相交關，責其聞察，則意有未因。何者？名實殊章，公私異令，奴不押符，是無名也。民乏貲財，是私賤也。以私賤無名之人，豫公家有實之任，公私混淆，名實非允。由此而言，謂不宜坐。還從其主，於事爲宜。無奴之士，不在此例。若士人本檢小人，則小人有過，已應獲罪，而其奴則義歸戮僕，然則無奴之士，未合宴安，使之輸贖，於事非謬。二科所附，惟制之本耳。此自是辯章二本，欲使各從其分。至於求之管見，宜附前科，區別士庶，於義爲美。盜制，按左丞議，士人既終不爲兵革，幸可同寬宥之惠，不必依舊律，於議咸允。

吏部郎何尚之議：按孔右丞議，士人坐符伍爲罪，有奴罪奴，無奴輸贖。既許士庶緬隔，則聞察自難，不宜以難知之事，定以必知之法。夫有奴不賢，無奴不必不賢。今多僮者傲然於王憲，無僕者怵迫於時網，是爲恩之所霑，恒在程、卓，法之所設，必加顔、原，求之鄙懷，竊所未愜。謝殿中謂奴不隨主，於名分不明，誠是有理。然奴僕實與閭里相關，今都不問，恐有所失。意同左丞議。

弘議曰：尋律令既不分別士庶，又士人坐同伍罹謫者，無處無之，多爲時恩所宥，故不盡親謫耳。吳及義興適有許、陸之徒，以同符合給，二千石論啓丹書。已未間，會稽士人云十數年前，亦有四族坐此被責，以時恩獲停。而王尚書云人舊無同伍坐，所未之解。恐莅任之日，偶不值此事故邪。聖明御世，士人誠不憂至苦，然要須臨事論通，上干天聽爲紛擾，不如近爲定科，使輕重有節也。又尋甲符制，蠲士人不傳符耳，令史復除，亦得如之。共相押領，有違糾列，了無等衰，非許士人閭里之外也。諸議云士庶緬絶，不相參知，則士人犯法，庶民得不知。若庶民不許不知，何許士人不知。小民自非超然簡獨，永絶塵粃者，比門接棟，小以爲意，終自聞知，不必須日夕來往也。右丞百司之言，粗是其況。如衰陵士人，實與里巷關接，相知情狀，乃當於冠帶小民。今謂之士人，便無小人之坐；署爲小民，輒受士人之罰。於情於法，不其頗歟？且都令不及士流，士流爲輕，則小人令使徵預其罰，便事至相糾，閭伍之防，亦爲不同。謂士人可不受同伍之謫耳，罪其奴客，庸何傷邪？無奴客，可令輸贖，又或無奴僮爲衆所明者，官長二千石便當親臨列上，依事遣判。又主偷五匹、常偷四十匹，謂應見優量者，實以小吏無知，臨財易昧，或由疏慢，事蹈重科，求之於心，常有可愍，故欲小進匹數，寬其性命耳。至於

官長以上，苟蒙禄榮，付以局任，當正己明憲，檢下防非，而親犯科律，亂法冒利，五匹乃已爲弘矣。士人無私相偷四十匹理，就使至此，致以明罰，固其宜耳，並何容復加哀矜。且此輩士人，可殺不可謫，有如諸論，本意自不在此也。近聞之道路，聊欲共論，不呼乃爾難精。既衆議糾紛，將不如其已。若呼不應停寢，謂宜集議奏聞，決之聖旨。太祖詔：衛軍議爲允。

（宋）司馬光《資治通鑑》齊武帝永明九年五月　已亥，魏主更定律令於東明觀，親決疑獄；命李冲議定輕重，潤色辭旨，帝執筆書之。李冲忠勤明斷，加以慎密，爲帝所委，情義無間；舊臣貴戚，莫不心服，中外推之。【略】丁未，魏濟陰王鬱以貪殘賜死。

《梁書》卷二《武帝本紀》〔天監元年八月〕丁未，詔中書監王瑩等八人參定律令。

（宋）王應麟《玉海》卷六五《詔令·律令》　武帝天監元年秋八月丁未，命尚書删定郎蔡法度損益王植集注舊律爲梁律，命尚書王亮侍中王瑩、僕射沈約、吏書范雲等九人同議定。二年四月癸卯法度上《梁律》三十卷，《令》三十卷，《户令》至《軍賞》三十篇，録一卷，隋唐志同。《刑名》至《違制》制刑爲十五等之差。《科》三十卷，《隋·志科》三十卷。梁時取故事之宜於時者爲梁科。《唐·志》：梁科二卷。詔班行之。自《刑名》至《違制》二十篇，大凡定罪二千五百二十九條。陳永定元年冬十月，置删定郎治律令。范泉、徐陵等參定律令，律二十卷，令三十卷，科三十卷，又陳新制六十卷。《隋·志》：晉、宋、齊、梁律二十卷，蔡法度撰。

《梁書》卷二一《柳惲傳》　天監元年，〔柳惲〕除長兼侍中，與僕射沈約等共定新律。

（清）朱銘盤《南朝梁會要·刑·律令》　〔天監〕二年四月癸卯，尚書删定郎蔡法度上《梁律》二十卷、《令》三十卷、《科》四十卷。

《隋書》卷二五《刑法志》　三年八月，建康女子任提女，坐誘口當死。其子景慈對鞫辭云，母實行此。是時法官虞僧虬啓稱：案子之事親，有隱無犯，直躬證父，仲尼爲非。景慈素無防閑之道，死有明目之據，陷親極刑，傷和損俗。凡乞鞫不審，降罪一等，豈得避五歲之刑，忽死母之命！景慈宜加罪辟。詔流於交州。至是復有流徒之罪。其年十月甲子，詔以金作權典，宜在蠲息。於是除贖罪之科。

武帝敦睦九族，優借朝士，有犯罪者，皆諷羣下，屈法申之。百姓有罪，皆案之以法。其緣坐則老幼不免，一人亡逃，則舉家質作。人既窮急，姦宄益深。後帝親謁南郊，秣陵老人遮帝曰：陛下爲法，急於黎庶，緩於權貴，非長久之術。誠能反是，天下幸甚。帝於是思有以寬之。舊獄法，夫有罪，逮妻子，子有罪，逮父母。

十一年正月壬辰，乃下詔曰：自今捕謫之家，及罪應質作，若年有老小者，可停將送。十四年，又除黥面之刑。帝鋭意儒雅，疎簡刑法，自公卿大臣，咸不以鞫獄留意。姦吏招權，巧文弄法，貨賄成市，多致枉濫。大率二歲刑已上，歲至五千人。是時徒居作者具五任，其無任者，著斗械。若疾病，權解之。是後囚徒或有優劇。

（清）朱銘盤《南朝梁會要·刑·律令》　十四年正月辛亥，詔前以墨刑用代重辟者，除其條。

（唐）杜佑《通典》卷一六四《刑法·刑制》　十四年，又除黥面之刑。帝優借朝士，有罪多屈法申之，百姓有犯則按法。

《梁書》卷三《武帝本紀》〔大同七年〕十二月壬寅，詔曰：【略】州牧多非良才，守宰虎而傅翼，楊阜是故憂憤，賈誼所以流涕。至於民間誅求萬端，或供廚帳，或供廐庫，或遣使命，或待賓客，皆無自費，取給於民。又復多遣遊軍，稱爲遏防，姦盜不止，暴掠繁多，或求供設，或責脚步。又行劫縱，更相枉逼，良人命盡，富室財殫。此爲怨酷，非止一事。亦頻禁斷，猶自未已。外司明加聽採，隨事舉奏。又復公私傳、屯、邸、冶，爰至僧尼，當其地界，止應依限守視；乃至廣加封固，越界分斷水陸採捕及以樵蘇，遂致細民措手無所。凡自今有越界禁斷者，禁斷之身，皆以軍法從事。若是公家創內，止不得輒自立屯，與公競作以收私利。至百姓樵採以供煙爨者，悉不得禁；及以採捕，亦勿訶問。若不遵承，皆以死罪結正。

《隋書》卷二五《刑法志》　大同中，皇太子在春宮視事，見而愍之，乃上疏曰：臣以比時奉勅，權親京師雜事。切見南北郊壇，材官、車府、太官下省，左裝等處上啓，並請四五歲已下輕囚，助充使役。自有刑均罪等，愆目不異，而甲付錢署，乙配郊壇。錢署三所，於事爲劇，郊壇六

處，在役則優。今聽獄官詳其可否，舞文之路，自此而生。公平難遇其人，流泉易啓其齒，將恐玉科重輕，全關墨綬，金書去取，更由丹筆。愚謂宜詳立條制，以爲永準。帝手勅報曰：頃年已來，處處之役，唯資徒讁，逐急充配。若科制繁細，義同簡絲，切須之處，終不可得。引例興訟，紛紜方始，防杜姦巧，自是爲難。更當別思，取其便也。竟弗之從。是時王侯子弟皆長，而驕蹇不法。武帝年老，厭於萬機，又專精佛戒，每斷重罪，則終日弗懌。嘗游南苑，臨川王宏，伏人於橋下，將欲爲逆。事覺，有司請誅之。帝但泣而讓曰：我人才十倍於爾，處此恒懷戰懼。爾何爲者？我豈不能行周公之事，念汝愚故也。免所居官。頃之，還復本職。由是王侯驕横轉甚，或白日殺人於都街，劫賊亡命，咸於王家自匿，薄暮塵起，則剥掠行路，謂之打稽。武帝深知其弊，而難於誅討。十一年十月，復開贖罪之科。

（宋）王欽若等《册府元龜》卷六一五《刑法部・議讞》　梁蕭琛仕齊爲尚書左丞，明帝用法嚴峻，尚書郎坐杖罰者皆即科行。琛乃密啓曰：郎有杖起自後漢，爾時郎官位卑，親王文案與令史不異，故郎三十五人，令史二十人。是以古人多耻爲此職。自魏晋已來，郎官稍重，今方參用高華，吏部又近於通貴，不應官高昔品而罰遵曩科，所以從來彈舉，雖在空文，而許以推遷，或逢赦恩，或入春令，便得息停。宋元嘉大明中，經有被罰者，别繇犯忤主心非關常準。自泰始建元已來，未經以施行，事廢久，人情未習。自奉勅之後已行倉部郎江重欣杖督五十，皆無不人懷慙懼，兼有子弟成長彌復難爲儀適，其應行罰，可特賜輸贖，使與令史有異，以彰優緩之澤。帝納之，自是應受罰者依舊不行。

《隋書》卷二五《刑法志》　及〔梁〕元帝即位，懲前政之寬，且帝素苛刻，及周師至，獄中死囚且數千人，有司請皆釋之，以充戰士。帝不許，並令棒殺之。事未行而城陷。敬帝即位，刑政適陳矣。

《陳書》卷二《高祖本紀》　〔永定元年冬十月辛巳〕立删定郎，治定律令。

（清）朱銘盤《南朝陳會要・刑・律令》　文帝嗣位，王冲領丹陽尹，參撰律令。

天嘉元年十二月乙未，詔自今孟春迄於夏首，罪人大辟事已款者，宜且申停。

《陳書》卷三三《儒林傳・沈洙》　〔廢帝即位，沈洙遷輕車衡陽王長史，行府國事。〕梁代舊律，測囚之法，日一上，起自晡鼓，盡于二更。及比部郎范泉删定律令，以舊法測立時久，非人所堪，分其刻數，日再上。廷尉以爲新制過輕，請集八座丞郎並祭酒孔奂、行事沈洙五舍人會尚書省詳議。時高宗録尚書，集衆議之，都官尚書周弘正曰：未知獄所測人，有幾人款？幾人不款？須前責取人名及數並其罪目，然後更集。得廷尉監沈仲由列稱，别制已後，有壽羽兒一人坐殺壽慧，劉磊渴等八人坐偷馬仗家口渡北，依法測之，限訖不款。劉道朔坐犯七改偷，依法測立，首尾二日而款。陳法滿坐被使封藏，阿法受錢，未及上而款。弘正議曰：凡小大之獄，必應以情，正言依準五聽，驗其虚實，豈可全恣考掠，以判刑罪，且測人時節，本非古制，近代已來，方有此法。起自晡鼓，迄於二更，豈是常人所能堪忍？所以重械之下，危墮之上，無人不服，誣枉者多。朝晚二時，同等刻數，進退而求，於事爲衷。若謂小促前期，致實罪不伏，如復時節延長，則無愆妄款。且人之所堪，既有彊弱，人之立意，固亦多途。至如貫高榜笞刺爇，身無完者，戴就熏針並極，困篤不移，豈關時刻長短，掠測優劣？夫與殺不辜，寧失不經，罪疑惟輕，功疑惟重，斯則古之聖王，垂此明法。愚謂依范泉著制，於事爲允。舍人盛權議曰：比部范泉新制，尚書周弘正明議，咸允《虞書》惟輕之旨，《殷頌》敷正之言。竊尋廷尉監沈仲由等列新制以後，凡有獄十一人，其所測者十人，款者唯一。愚謂染罪之囚，獄官宜明加辯析，窮考事理。若罪有可疑，自宜啓審分判，幸無濫測；若罪有實驗，乃可啓審測立；此則枉直有分，刑宥斯理。范泉今牒述《漢律》，云死罪及除名，罪證明白，考掠已至，而抵隱不服者，處當列上。杜預注云處當，證驗明白之狀，列其抵隱之意。竊尋舊制深峻，百中不款者一，新制寬優，十中不款者九，參會兩文，寬猛寔異，處當列上，未見釐革。愚謂宜付典法，更詳處當列上之交。洙議曰：夜中測立，緩急易欺，兼用晝漏，於事爲允。但漏刻賒促，今古不同，《漢書・律曆》，何承天、祖冲之、暅之父子《漏經》，並自關鼓至下鼓，自晡鼓至關鼓，皆十三刻，冬夏四時不異。若其日有長短，分在中時前後。今用梁末改漏，下鼓之後，分其短長，夏至之日，各十七

刻，冬至之日，各十二刻。伏承命旨，刻同勒令，檢一日之刻乃同，而四時之用不等，廷尉今牒，以時刻短促，〔到〕〔致〕罪人不款。愚意願去夜測之昧，從晝漏之明，斟酌今古之間，參會二漏之義，捨秋冬之少刻，從夏日之長晷，不問寒暑，並依今之夏至，朝夕上測，各十七刻。此之古漏，則上多昔四刻，即用今漏，則冬至多五刻。雖冬至之時，數刻侵夜，正是少日，於事非疑，庶罪人不以漏短而爲捍，獄囚無以在夜〔之〕〔而〕致誣，求之鄙意，竊謂允合。衆議以爲宜依范泉前制，高宗曰：沈長史議得中，宜更博議。左丞宗元饒議曰：竊尋沈議非頓異范，正是欲使四時均其刻數，兼斟酌其佳，以會優劇。即同牒請寫還刪定曹詳改前制。高宗依事施行。

《陳書》卷五《宣帝本紀》〔宣帝太建十一年五月〕甲寅，詔曰：舊律以枉法受財爲坐雖重，直法容賄其制甚輕，豈不長彼貪殘，生其舞弄？事涉貨財，寧不尤切？今可改不枉法受財者，科同正盜。

〔唐〕杜佑《通典》卷一六四《刑法·刑制》 後魏起自北方，屬晉室之亂，部落漸盛，其主乃峻刑法，每以軍令從事。人乘寬政，多以違令得罪，死者以萬計。於是國落騷然。其後，當死者，聽其家獻金馬以贖。犯大逆者，親族男女無少長皆斬。男女不以禮交，皆死。人相殺者，聽與死家牛馬四十九頭及送葬器物以平之。無繫訊連逮人坐。盜官物一備五，私物一備十。及道武既平定中原，患舊制太峻，命三公郎王德除其酷法，約定科令。

《北史》卷一《魏本紀·穆帝》〔魏穆帝八年〕先是國俗寬簡，至是明刑峻法，諸部人多以違命得罪。凡後期者皆舉部戮之，或有室家相攜，悉赴死所，人問何之，曰當就誅。其威嚴若此。

《魏書》卷一一一《刑罰志》 昭成建國二年：當死者，聽其家獻金馬以贖；犯大逆者，親族男女無少長皆斬；男女不以禮交皆死；民相殺者，聽與死家馬牛四十九頭，及送葬器物以平之；無繫訊連逮之坐；盜官物，一備五，私則備十。法令明白，百姓晏然。**【略】**

太宗即位，修廢官，恤民隱，命南平公長孫嵩、北新侯安同對理民訟，庶政復有叙焉。帝既練精庶事，爲吏者浸以深文避罪。

〔宋〕司馬光《資治通鑑》宋文帝元嘉八年九月〔北魏〕患前代律令峻密，命三公郎王德刪定，務崇簡易。季年被疾，刑罰濫酷；太宗承之，吏文亦深。冬，十月，戊寅，世祖命崔浩更定律令，除五歲、四歲刑，增一年刑；巫蠱者，負羖羊、抱犬沉諸淵。

《魏書》卷一一一《刑罰志》 時輿駕數親征討及行幸四方，真君五年，命恭宗總百揆監國。少傅游雅上疏曰：殿下親覽百揆，經營內外，昧旦而興，諮詢國老。臣職忝疑承，司是獻替。漢武時，始啓河右四郡，議諸疑罪而謫徙之。十數年後，邊郡充實，並修農戍，孝宣因之，以服北方。此近世之事也。帝王之於罪人，非怒而誅之，欲其徙善而懲惡。謫徙之苦，其懲亦深。自非大逆正刑，皆可從徙，雖舉家投遠，忻喜赴路，力役終身，不敢言苦。且遠流分離，心或思善。如此，姦邪可息，邊垂足備。恭宗善其言，然未之行。

六年春，以有司斷法不平，詔諸疑獄皆付中書，依經義論決之。初盜律，贓四十疋致大辟，民多慢政，峻其法，贓三匹皆死。

〔宋〕司馬光《資治通鑑》宋文帝元嘉二十八年六月〔壬戌〕魏主命太子少傅游雅、中書侍郎胡方回等更定律令，多所增損，凡三百九十一條。

〔唐〕杜佑《通典》卷一六四《刑法·刑制》 正平初，又令胡方回、游雅改定律制，凡三百七十條，門房之誅四，大辟百四十五，刑二百二十一。

《魏書》卷一一一《刑罰志》 高宗初，仍遵舊式。太安四年，始設酒禁。是時年穀屢登，士民多因酒致酗訟，或議主政。帝惡其若此，故一切禁之，釀、沽飲皆斬之，吉凶賓親，則開禁，有日程。增置內外候官，伺察諸曹外部州鎮，至有微服雜亂於府寺間，以求百官疵失。其所窮治，有司苦加訊惻，而多相誣逮，輒劾以不敬。諸司官贓二丈，皆斬。又增律七十九章，門房之誅十有三，大辟三十五，刑六十二。和平末，冀州刺史源賀上言：自非大逆手殺人者，請原其命，謫守邊戍。詔從之。

《魏書》卷一一一《刑罰志》 顯祖即位，除口誤，開酒禁。帝勤於治功，百僚內外，莫不震肅。及傳位高祖，猶躬覽萬機，刑政嚴明，顯拔清節，沙汰貪鄙。牧守之廉潔者，往往有聞焉。

〔唐〕杜佑《通典》卷一六四《刑法·刑制》 文成帝太安中，以庶

士多因酒致酗訟，制禁釀酒，沽、飲皆斬。吉凶賓親則開禁，有日程。增置候官，伺察諸違。犯贓二丈皆斬。又增律七十九章。門房之誅十有三，大辟三十五，刑六十二。至獻文帝，除口誤，開酒禁。故事，斬皆裸形伏櫝，孝文太和初，制，不令裸形。又令高閭修改舊文，隨例增減，凡八百三十二章，門房之誅十有六，大辟之罪二百三十五，刑三百七十七，除羣行剽劫首謀門誅，律重者止梟首。時法官及州縣多為重枷，復以縋石懸於囚頸，傷肉至骨，勒以誣服，吏以為能。帝聞而傷之，乃制：非大逆有明證而不款辭者，不得大枷。【略】宣武帝正始初，尚書令高肇等奏曰：杖之小大，鞭之長短，令有定式，但枷之輕重，先無成制。請造大枷，長丈三尺，喉下長丈，通頰木各方五寸，以擬大逆外叛。自是枷杖之制，頗有定準。法例律：五等爵及在官品令從第五，以上皆當刑二歲。免官者，三載之後聽仕，降先階一等。邢巒奏：官人若有罪本除名，以職當刑，猶有餘資，得降階而敘。至於五等封爵，除刑若盡，永即甄削，便同之除名，於例實爽。愚謂自王公以下，有封邑，罪除名，三年之後，宜各降本爵一等，王及郡公降為縣公，公為侯，侯爲伯，伯為子，子為男，至於縣男則降為鄉男，五等爵者，并依此而降，至於散男。其鄉男散男無可降授者，三年之後，聽依其本品之資出身。從之。

《魏書》卷一一一《刑罰志》 顯祖末年，尤重刑罰，言及常用惻愴。每於獄案，必令覆鞫，諸有囚繫，或積年不斷。群臣頗以爲言。帝曰：獄滯雖非治體，不猶愈乎倉卒而濫也。夫人幽苦則思善，故囹圄與福堂同居。朕欲其改悔，而加以輕恕耳。由是囚繫雖淹滯，而刑罰多得其所。又以赦令屢下，則狂愚多僥幸，故自延興，終於季年，不復下赦。理官鞫囚，杖限五十，而有司欲免之則以細捶，欲陷之則先大杖。民多不勝而誣引，或絕命於杖下。顯祖知其若此，乃爲之制。其捶用荊，平其節，訊囚者其本大三分，杖背者二分，撻脛者一分，拷悉依令。皆從於輕簡也。

《魏書》卷一一一《刑罰志》 延興四年，詔自非大逆干紀者，皆止其身，罷門房之誅。自獄付中書覆案，後頗上下法，遂罷之，獄有大疑，乃平議焉。先是諸曹奏事，多有疑請，又口傳詔敕，或致矯擅。於是事無大小，皆令據律正名，不得疑奏。合則制可，失衷則彈詰之，盡從中墨詔。自是事咸精詳，下莫敢相罔。

《魏書》卷五三《李冲傳》〔後魏李冲爲尚書〕疑元拔、穆泰罪事。冲奏曰：前彭城鎮將元拔與穆泰同逆，養子降壽宜從拔罪，而太尉、咸陽王禧等以爲，律文養子而爲罪，父及兄弟不知情者不坐，謹審律意，以養子於父非天性，於兄弟非同氣，敦薄既差，故刑典有降，是以養子雖爲罪，而父兄不預。然父兄爲罪，養不知謀，易地均情，豈獨從戮乎？理固不然。臣以爲依據律文，不追戮於所生則從坐於所養，明矣。又律唯言父不從子，不稱子不從父，當是優尊厲卑之義。臣禧等以爲，律雖不正見，互文起制，於乞也舉父之罪，於養也見子坐，是爲互起。互起兩明，無罪必矣。若以嫡繼養與生同，則父子宜均，祇明不坐。且繼養之注云，若有別制，不同此律。又令文云：諸有封爵，若無親子，及其身卒，雖有養繼，國除不襲。是爲有福不及已，有罪便預坐。均事等情，律令之意，便相矛盾。伏度律旨，必不然也。臣冲以爲：指例尋條，罪在無疑，準令語情，頗亦同式。詔曰：僕射之議，據律明矣。太尉等論，於典矯也，養所以從戮者，緣其已免所生，故不得復甄於所養。此獨何福，長處吞舟？於國所以不襲者，重列爵，特立制，因天之所絕，推而除之耳，豈復報對刑賞？於斯則應死，可特原之。

《北史》卷三《魏本紀・高祖孝文帝》〔魏太和十六年〕夏四月丁亥朔，頒新律令，大赦。甲寅，幸皇宗學，親問博士經義。五月癸未，詔羣臣於皇信堂更定律條，流徙限制，帝親臨決之。

《魏書》卷五七《崔挺傳》 時以犯罪配邊者多有逃越，遂立重制，一人犯罪逋亡，合門充役。挺上書，以為周書父子罪不相及。天下善人少，惡人多，以一人犯罪，延及合門。司馬牛受桓魋之罰，柳下惠嬰盜跖之誅，豈不哀哉？辭甚雅切，高祖納之。

《魏書》卷六四《郭祚傳》〔郭祚爲吏部尚書〕世宗詔以姦吏逃刑，懸配遠戍，若永避不出，兄弟代之。祚奏曰：慎獄審刑，道煥先古；垂憲設禁，義纂惟今。是以先王沿物之情，爲之軌法，故八刑備於昔典，姦律炳於來制，皆所以謀其始迹，訪厥成罪，敦風厲俗，永資世範者也。伏惟旨義博遠，理絕近情，既懷愚異，不容不述。誠以敗法之原，起於姦吏，姦吏雖微，敗法實甚。伏尋詔旨，信亦斷其逋逃之路，爲治之要，實在於斯。然法貴止姦，不在過酷，立制施禁，爲可傳之於後。若法猛而姦

不息，禁過不可永傳，將何以載之刑書，垂之百代。若以姦吏逃竄，徙其兄弟，罪人妻子復應從之，此則一人之罪，禍傾二室。愚謂罪人既逃，止徙妻子，走者之身，懸名永配，於眚不免，姦途自塞。詔從之。

《北史》卷三四《高閭傳》　是年冬至，大饗群官，孝文親舞於太后前，群臣皆舞。帝乃長歌，仍率群臣再拜上壽。閭進曰：臣聞大夫行孝，行合一家；諸侯行孝，聲著一國；天子行孝，德被四海。今陛下敦行孝道，臣等不勝慶踴，謹上千萬歲壽。帝大悦。又議政於皇信堂，閭曰：伏思太皇太后十八條之令，及仰尋聖朝所行，事周於百揆，願終成其事。帝曰：刑法者，王道所用。何者爲法？何者爲刑？施行之日，何先何後？對曰：創制之會，軌物齊衆，謂之法；犯違制約，致之於憲，謂之刑。然則法必先施，刑必後著。帝曰：《論語》稱：冉子退朝，孔子曰：何晏也？曰：有政。子曰：其事也，如其有政，雖不吾以，吾其與聞之。何者爲政？何者爲事？對曰：政者，上之所行；事者，下之所綜。

《魏書》卷一一一《刑罰志》　熙平中，有冀州妖賊延陵王買，負罪逃亡，赦書斷限之後，不自歸首。廷尉卿裴延儁上言：《法例律》：諸逃亡，赦書斷限之後，不自歸首者，復罪如初。依《賊律》，謀反大逆，處買梟首。其延陵法權等所謂月光童子劉景暉者，妖言惑衆，事在赦後，亦合死坐。正崔纂以爲：景暉云能變爲蛇雉，此乃傍人之言。雖殺暉爲無理，恐赦暉復惑衆。是以依違，不敢專執。當今不諱之朝，不應行無罪之戮。景暉九歲小兒，口尚乳臭，舉動云爲，并不關己，月光之稱，不出其口。皆奸吏無端，横生粉墨，所謂爲之者巧，殺之者能。若以妖言惑衆，據律應死，然更不破□惑衆。赦令之後方顯其事；律令之外，更求其罪。赦律何以取信於天下，天下焉得不疑於赦律乎！《書》曰：與殺無辜，寧失有罪。又案《法例律》：八十已上，八歲已下，殺傷論坐者上請。議者謂悼耄之罪，不用此律。愚以老智如尚父，少惠如甘羅，此非常之士，可如其議，景暉愚小，自依凡律。靈太后令曰：景暉既經恩宥，何得議加横罪，可謫略陽民。餘如奏。

時司州表：河東郡民李憐生行毒藥，案以死坐。其母訴稱：一身年老，更無期親，例合上請。檢籍不謬，未及判申，憐母身喪。州斷三年服終後乃行決。司徒法曹參軍許琰謂州判爲允。主簿李瑒駁曰：案《法例律》：諸犯死罪，若祖父母、父母年七十已上，無成人子孫，旁無期親者，具狀上請。流者鞭笞，留養其親，終則從流。不在原赦之例。檢上請之言，非應府州所決。毒殺人者斬，妻子流，計其所犯，實重餘憲。準之情律，所虧不淺。且憐既懷酖毒之心，謂不可參鄰人伍。計其母在，猶宜闔門投畀，況今死也，引以三年之禮乎？且給假殯葬，足示仁寬，今已卒哭，不合更延。可依法處斬，流其妻子。實足誡彼氓庶，肅是刑章。尚書蕭寶夤奏從瑒執，詔從之。

舊制，直閣、直後、直齋，武官隊主、隊副等，以比視官，至於犯譴，不得除罪。尚書令、任城王澄奏：案諸州中正，亦非品令所載，又無禄恤，先朝已來，皆得當刑。直閣等禁直上下，有宿衛之勤，理不應異。靈太后令準中正。

神龜中，蘭陵公主附馬都尉劉輝，坐與河陰縣民張智壽妹容妃、陳慶和妹慧猛，奸亂耽惑，毆主傷胎。輝懼罪逃亡。門下處奏：各入死刑，智壽、慶和并以知情不加防限，處以流坐。詔曰：容妃、慧猛恕死，髡鞭付宫，餘如奏。尚書三公郎中崔纂執曰：伏見旨募若獲劉輝者，職人賞二階，白民聽出身進一階，厮役免役，奴婢爲良。案輝無叛逆之罪，賞同反人劉宣明之格。又尋門下處奏，以容妃、慧猛與輝私奸，兩情耽惑，令輝挾忿，毆主傷胎。雖律無正條，罪合極法，并處入死。其智壽等二家，配敦煌爲兵。天慈廣被，不即依決，雖恕其命，竊謂未可。夫律令，高皇帝所以治天下，不爲喜怒增減，不由親疏改易。案《鬭律》：祖父母、父母忿怒，以兵刃殺子孫者五歲刑，毆殺者四歲刑，若心有愛憎而故殺者，各加一等。雖王姬下降，貴殊常妻，然人婦之孕，不得非子。又依永平四年先朝舊格：諸刑流及死，皆首罪判定，後決從者。事必因本以求支，獄若以輝逃避，便應懸處，未有舍其首罪而成其末愆。流死參差，或時未允。門下中禁大臣，職在敷奏。昔邴吉爲相，不存鬭斃，而問牛喘，豈不以司别故也。案容妃等，罪止於奸私。若擒之穢席，衆證分明，即律科處，不越刑坐。何得同宫掖之罪，齊奚官之役。案智壽口訴，妹適司士曹參軍羅顯貴，已生二女於其夫，則他家之母。《禮》云婦人不二夫，猶曰不二天。若私門失度，罪在於夫，釁非兄弟。昔魏晋未除五族之刑，

有免子戮母之坐，何曾諍之，謂：在室之女，從父母之刑；已醮之婦，從夫家之刑。斯乃不刊之令軌，古今之通議。律，期親相隱之謂凡罪。況奸私之醜，豈得以同氣相證。論刑過其所犯，語情又乖律憲。案律，奸罪無相緣之坐。不可借輝之忿，加兄弟之刑。夫刑人於市，與衆棄之，爵人於朝，與衆共之，明不私於天下，無欺於耳目。何得以非正刑書，施行四海。刑名一失，駟馬不追。既有詔旨，依即行下，非律之案，理宜更請。尚書元脩議以爲：昔哀姜悖禮於魯，齊侯取而殺之，《春秋》所譏。又夏姬罪濫於陳國，但責徵舒，而不非父母。明婦人外成，犯禮之愆，無關本屬。況出適之妹，釁及兄弟乎？右僕射游肇奏言：臣等謬參樞轄，獻替是司，門下出納，謨明常則。至於無良犯法，職有司存，劾罪結案，本非其事。容妃等奸狀，罪止於刑，并處極法，準律未當。出適之女，坐及其兄，推據典憲，理實爲猛。又輝雖逃刑，罪非孥戮，募同大逆，亦謂加重。乖律之案，理宜陳請。乞付有司，重更詳議。詔曰：輝悖法亂理，罪不可縱。厚賞懸募，必望擒獲。容妃、慧猛與輝私亂，因此耽惑，主致非常。此而不誅，將何懲肅！且已醮之女，不應坐及昆弟，但智壽、慶和知妹奸情，初不防禦，招引劉輝，共成淫醜，敗風穢化，理深其罰，特敕門下結獄，不拘恒司，豈得一同常例，以爲通準。且古有詔獄，寧復一歸大理。而尚書治本，納言所屬。弗究悖理之淺深，不詳損化之多少，違彼義途，苟存執憲，殊乖任寄，深合罪責。崔纂可免郎，都坐尚書，悉奪禄一時。

孝昌已後，天下淆亂，法令不恒，或寬或猛。及尒朱擅權，輕重肆意，在官者，多以深酷爲能。至遷鄴，京畿群盜頗起。有司奏立嚴制：諸强盜殺人者，首從皆斬，妻子同籍，配爲樂户；其不殺人，及贓不滿五匹，魁首斬，從者死，妻子亦爲樂户；小盜贓滿十匹已上，魁首死，妻子配驛，從者流。侍中孫騰上言：謹詳，法若畫一，理尚不二，不可喜怒由情，而致輕重。案律，公私劫盜，罪止流刑。而比執事苦違，好爲穿鑿，律令之外，更立餘條，通相糾之路，班捉獲之賞。斯乃刑書徒設，獄訟更煩，法令滋彰，盜賊多有。非所謂不嚴而治，遵守典故者矣。臣以爲升平之美，義在省刑；陵遲之弊，必由峻法。是以漢約三章，天下歸德；秦酷五刑，率土瓦解。禮訓君子，律禁小人，舉罪定名，國有常辟。至如眚灾肆赦，怙終賊刑，經典垂言，國朝成範。隨時所用，各有司存。不宜巨細滋煩，令民預備。恐防之彌堅，攻之彌甚。諸犯盜之人，悉準律令，以明恒憲。庶使刑殺折衷，不得棄本從末。詔從之。

天平後，遷移草創，百司多不奉法，貨賄公行。興和初，齊文襄王入輔朝政，以公平肅物，大改其風。至武定中，法令嚴明，四海知治矣。

《北史》卷九《周本紀・太祖文帝》〔大統元年〕三月，帝命有司爲二十四條新制，奏行之。

（唐）杜佑《通典》卷一六四《刑法・刑制》 後周文帝秉西魏政令，有司斟酌今古通變，修撰新律。

《北史》卷九《周本紀・太祖文帝》〔大統七年〕十一月，帝奏行十二條制，恐百官不勉於職事，又下令申明之。

《北史》卷九《周本紀・太祖文帝》〔大統九年〕七月，魏帝以帝前後所上二十四條及十二條新制，方爲中興永式，命尚書蘇綽更損益之，總爲五卷，班於天下。於是搜簡賢才爲牧、守、令，習新制而遣焉。數年間，百姓便之。

（宋）王應麟《玉海》卷六五《詔令・律令》 《隋志》兼《唐六典》等書。太和十五年五月己亥更定律令，先是太和五年新律成八百三十三章。於東明觀親決疑獄。十六年四月丁亥朔班新律令，大赦。《隋志》後魏律二十卷。北齊文宣天保元年，始命群臣刊定魏《麟趾格》。李渾、邢邵等修撰。時政刑不一，罕依律文，謂之變法，於是議造齊律。武成大寧元年督修律令，河清三年，尚書令、趙郡王叡等奏上《齊律》十二篇，《名例》至《雜律》隋、唐《志》十二卷，目一卷。定罪九百四十九條，又上新令四十卷，《隋志》五十卷。《唐志》八卷。採魏晋故事，以尚書二十八曹爲篇名。其制刑名五，重罪十條。其不可爲定法者别制權令二卷，《隋志》北齊權令二卷。與之並行，三月辛酉班行之。是後法令明審，科條簡要。又敕仕門子弟常講習之，故齊人多曉法律。

西魏大統元年，宇文泰以軍旅未息，令有司酌古今爲二十四條新制行之。七年九月，度支尚書蘇綽爲六條詔書：一曰修心，二曰厚教化，三曰盡地利，四曰擢賢良，五曰恤獄訟，六曰均賦役。泰置坐右，令百官習誦之，牧、守、令長非通六條及計帳不得居官。尋又益新制十二條。十

年七月更權衡度量，命綽損益三十六條之制頒之。《六典》注損益爲五卷，謂之大統式，《志》後周太祖命綽撰，隋、唐《志》大統式三卷，崇文目蘇綽六條一卷。十五年以泰前後所上二十四條及十二條新制爲《中興永式》。周以趙肅爲廷尉卿，定律，保定三年三月庚子乃就。《紀》三月庚子初頒新律。凡二十五篇，謂之大律，《刑名》至《斷獄》。定罪一千五百三十七條，比於齊律，煩而不要。隋、唐《志》趙肅等《後周律》二十五卷。建德二年十一月行刑書要制。宣政元年八月詔制九條，宣下州郡。大象元年除高祖所立刑書。

（唐）杜佑《通典》卷一六四《刑法·刑制》 宣帝虐忍無度，令撰刑書，謂之《刑經聖制》。

《北史》卷一〇《周本紀·靜帝》〔大象元年八月〕初，武帝作《刑書要制》，用法嚴重。及帝即位，恐物情未附，除之。至是，爲《刑經聖制》，其法深刻，大醮於正武殿，告天而行焉。壬午，以上柱國、雍州牧畢王賢爲太師，上柱國、郇公韓建業爲大左輔。

隋唐五代部

論説

《舊唐書》卷五〇《刑法志》〔敕尚書左僕射裴寂等撰定律令〕武德七年五月奏上，乃下詔曰：古不云乎：萬邦之君，有典有則。故九疇之叙，興於夏世，兩觀之法，大備隆周。所以禁暴懲奸，弘風闡化，安民立政，莫此為先。自戰國紛擾，恃詐任力，苛制煩刑，於茲競起。秦并天下，隳滅禮教，恣行酷烈，害虐烝民，宇内騷然，遂以顛覆。漢氏撥亂，思易前軌，雖復務從約法，蠲削嚴刑，尚行菹醢之誅，猶設錙銖之禁。宇民之道，寔有未弘，刑措之風，以兹莫致。爰及魏晋，流弊相沿，寬猛乖方，綱維失序。下淩上替，政散民凋，皆由法令湮訛，條章混謬。自斯以後，宇縣瓜分，戎馬交馳，未遑典制。有隋之世，雖云釐革，然而損益不定，踈舛尚多，品式章程，罕能甄備，加以微文曲致，覽者惑其淺深。異例同科，用者殊其輕重，遂使奸吏巧詆，任情與奪，愚民妄觸，動陷羅網，屢聞釐革，卒以無成。朕膺期受籙，寧濟區宇，永言至治，興寐為勞，補千年之墜典，拯百王之餘弊，思所以正本澄源，式清流末，永垂憲則，貽範後昆，爰命羣才，修定科律，但今古異務，文質不同，喪亂之後，事殊曩代，應機適變，救弊斯在。是以斟酌繁省，取合時宜，矯正差遺，務從體要，迄兹歷稔，撰次始畢，宜下四方，即令頒用，庶使吏曹簡肅，無取懸石之多，奏讞平允，靡競錐刀之末，勝殘去殺，此焉非遠。

（唐）吴兢《貞觀政要》卷八《赦令》　貞觀十年太宗謂侍臣曰：國家法令，惟須簡約，不可一罪作數種條。格式既多，官人不能盡記，更生姦詐，若欲出罪，即引輕條，若欲入罪，即引重條。數變法者，數言朔。實不益道理，宜令審細，令，平聲。毋使互文。毋，無通。

貞觀十一年，太宗謂侍臣曰：詔令格式若不常定，則人心多惑，姦詐益生。《周易》稱：渙汗其大號。《易》渙卦九五爻辭。言發號施令，施，平聲。若汗出於體，一出而不復也。《書》曰：慎乃出令，令出惟行，弗爲反。《周書·周官》之辭。且漢祖日不暇給，蕭何起於小吏，制法之後，猶稱畫一。今宜詳思此義，不可輕出詔令，必須審定，以爲永式。

愚按，唐之刑書有四，曰律、令、格、式，令者，尊卑貴賤之等數，國家之制度也。格者，百官有司之所常行之事也。式者，其所常守之法也。凡邦國之政，必從事於三者，其有所違，及人之爲惡而入於罪戾者，一斷之以律，律之書凡十二篇，所以使民遷善遠罪而無犯也。皆太宗詔房玄齡等，與法司因隋之舊，而更定增損，多降重爲輕，迄貞觀用之無所變改。夫律、令、格、式，皆所以用法也。太宗謂貴簡約，貴常定，此最爲知法意者。夫不簡約，則出入輕重，吏因之而作弊。不常定，則朝行夕改，民莫知所信從。太宗取則於蕭何畫一之法，而不輕於數變，法必須審定，以爲永式，能致刑措，實由此也。

（宋）李昉等《文苑英華》卷四九七《刑法·用刑寬猛》　問：獄市之寄，自昔爲難。寬猛之宜，當今不易。緩則物情恣其詐，急則姦人無所容。曹相國所以殷勤，路廷尉於焉太息。韋弦折衷，歷代未聞，輕重淺深，佇承嘉議。

對　上官儀

對：攘袂九流，披懷萬古，覽七書一作玉録。之粵義，覩金簡之遺文。覩皇王臨御之迹，詳政術樞機之旨，莫不則乾綱而張禮樂，法霆震而置威刑。縱使軒去鼎湖，非無涿鹿之戮。舜辭雷澤，遂有崇山之誅。自皐繇不嗣，怨擬忿。生長徃，甫侯設法，徒有説於輕重。子産鑄書，竟無救於衰敗。是知風淳俗厚，草艾而可懲；主僻時昏，黥鑿而猶犯。我君出震繼天，承國一作圖。宰化，孕十堯而遐舉，吞九舜而上征。猶以爲《周書》三典，既疏遠而難從；漢律九章，已偏雜而無準。方當採韋弦於徃古，施折衷於當今。若能詔彼刑章，定金科之取舍，徵其張趙，平册書之去留，必使楚國受金，不爲莊生所責。長陵盜土，必用張子之言。謹對。

（宋）宋敏求《唐大詔令集》卷八二《政事·刑法·頒行新律詔》

象服畫冠，化隆上乘。道德齊禮，刑清中代。暨乎大道既隱，淳風已衰，桁楊所以實煩，手足為之無措。自斯以降，禁網愈密。太宗文皇帝撥亂反

正，恤獄慎刑，杜澆弊之大源，削煩苛之峻法，道臻刑措，二十三年，玉几遺訓，皇令刊改。朕仰遵先旨，旁求故實，乃制太尉、楊州都督無忌、開府儀同三司勣、尚書左僕射行成、光禄大夫侍中高季、輔右丞段寶玄、太常少卿令狐德棻、吏部侍郎高敬言、刑部郎中賈名行等爰逮朝賢，詳定法律。酌前王之令典，考列辟之舊章，適其輕重之宜，採其寬猛之要，使夫畫一之制，簡而易從，約法之章，疎而不漏。再移期月，方始勒成。宜頒下普天，垂之來葉，設而不犯，均被上皇，凡在羣臣，逮於列岳，其務在審慎，稱朕意焉。永徽二年九月。

(宋)李昉等《文苑英華》卷四六四《條理·删定刑書制》 門下：蓋大帝臨下，覆燾之德彰焉。聖人在上，財成之跡著焉。然則統天理運，微政令不能通其道。經國訓人，非渙汗無以宣其化。故羲爻演繇，后以施命誥四方。虞典記言，帝乃敷文備九域。豈惟遒人振鐸，理存乎闡教；象闕懸書，義在於垂法。雖時分步驟，必脩詔令作循先甲之規；代變驪騵，無革達名之軌。既而淳源已往，澆風漸扇，姦宄於是萌生，譎詐以之飈起。相彼群俗，頗乖於信義；顧之庶尹，罕嗣於忠勤。尺一交馳，徒有書亭之弊；五條間出，猶招掛壁之譏。非所謂光闡帝圖，作爲人極者也。由此綠綈爰降，尤慎於繁冗；黄素所施，彌崇於曉喻。皇家創業，抑揚前古，粤在貞觀，大啓憲章。浹聲教於幽遐，燭文明於區宇。鴻池衍誥，統理詳審，螭鈕騰文，規模弘遠。固以貽厥將來，懸諸日月。朕祇肅鴻業，恭臨寶位，握千載之禎符，承百王之末緒。凝神閑館，托軒夢以憂人；深誦康衢，用堯心而拯物。然以萬機事揔，恐聽覽之或遺；四海務殷，慮綏緝之多闕。南宮故事，綜覆已殫，内史舊章，搜羅殆盡。自御宸扆，一作居每懷氷谷，身雖處於巖廊，情實係於億兆。比者在外州府，數陳表疏，京下諸司，亦多奏請。朕以爲帝命多緒，範圍之旨載弘；王言如絲，彌綸之道斯洽。前後處分，因事立文，歲序既淹，條流遂積。覽之者滋惑，行之者愈詔令作逾怠。但政貴有恒，詞務體要，道廣則難備，事簡則易從，故自永徽已來詔勅，揔令沙汰，詳稽得失，甄别異同，原始要終，捐華摭實，其有在俗非便，事縱省而悉除，於時適宜，文雖繁而必録。隨義删定，類别詔令作以類區分，上稟先規，下齊庶政，導生靈之耳目，闢風化之户牖。俾夫施之萬祀，周知訓夏之方；布之八埏，共識司南之路。仍令所司編次，具爲卷帙施行。此外並停，自今以後，諸有表奏，事非要切，並準勅令，各申所司，可頒示普天，使知朕意，主者施行。儀鳳元年十二月五日。

(宋)李昉等《文苑英華》卷四六四《條理·定刑法制》 門下：朕聞唐虞膺録畫象而人知禁，夏商御圖設刑而罪不息。周秦以降，沿革罕同。漢魏而還，條流浸廣，雖或輕或重，一弛一張，義在於訓人，事期於肅物。然則刑辟勿用，見稱於昔典；法令滋章，貽譏於前哲。朕情在愛育，志切哀矜，踈網恢恢，寔素懷之所尚，苛政察察，良夙心之所鄙。方冀化致無為，業先刑措，近見所司進律、令、格、式，一一自觀。至於經邦成務之規，訓俗懲違之範，萬目咸舉，一事無遺。但能奉以周旋，守而勿失，自可懸諸日月，播之黎庶，何事不理，何化不成？先聖憂勤萬務，遺念庶績，或慮須有弛張，所以泛令删定。今既綱維脩舉，法制弘通，理在不刊，義歸無改，豈可更有異同，别加撰削。必年月久遠，於時用不便，當廣延羣議與公卿等謀之，今未有疑，無容措筆，其先定律、令、格、式之本，宜早宣布，凡厥在職務須遵奉。輙造異端，妄踰軌躅者，咸禁除之。庶用刑符於畫一，守法在於無二，内外寮寀，知朕意焉。文明元年四月二十六日。

《新唐書》卷一二八《王志愔傳》 〔神龍中，大理正王志愔〕嘗奏言：法令者，人之隄防，不立則無所制。今大理多不奉法，以縱罪為仁，持文為苛，臣執刑典，恐且得謗。遂上所著《應正論》以見志，因規帝失。大抵以《易·萃》之六二曰引吉無咎，謂處萃之時，己獨居正，異操而聚，獨正者危，未能以遠害。惟九五應之，乃履正迎吉，由己居下位而中正是託，期於上應之，不括囊以守祿也。又言：刑賞二柄，惟人主操之。故曰：以力役法者，百姓也；以死守法者，有司也；以道變法者，君上也。魏游肇為廷尉，帝私勑肇有所降恕，肇執不從，曰：陛下自能恕之，豈可令臣曲筆也。又言：為國當以嚴致平，非以寬致平。嚴者，非凝網重罰，在人不易犯而防難越也。故捨銜策以奔踶，則王良不能御馹；停藥石於膚腠，則俞附不能攻疾。又言：漢武帝甥昭平君殺人，以公主子，廷尉上議，帝垂涕曰：法令者，先帝之所造也，用親故誣先帝法，吾何面目入高廟乎？卒可其奏。隋文帝子秦王俊為并州總管，以奢

縱免官。楊素曰：王，陛下愛子，請赦之。帝曰：法不可違，若如公意，我乃五兒之父，非兆人之父，何不別制天子律乎？故天子操法有不變之義。凡數千言，帝嘉之。

（唐）杜佑《通典》卷一六七《刑法·雜議》〔中宗時〕趙冬曦上書曰：【略】故著律曰，犯罪而律無正條者，應出罪則舉重以明輕，應入罪則舉輕以明重。立夫一言而廢其數百條。自是迄今，竟無刊革。遂使死生罔由乎法律，輕重必因乎愛憎。【略】夫立法者，貴乎下人盡知，則天下不敢犯耳。何必飾其文義，簡其科條哉。夫科條省則下人難知，文義深則法吏得便。下人難知，則暗陷機穽矣。安得無犯法之人哉。法吏得便，則比附而用之矣，安得無弄法之臣哉。臣請律令格式，復更刊定，其科條言罪，直書其事，無假飾文。其以準、加減、比附、原情，及舉輕以明重，不應爲而爲之類，皆勿用之。使愚夫愚婦，聞之必悟，則相率而遠之矣。亦安肯知而故犯哉。苟有犯者，雖貴必坐，則宇宙之內，肅然咸服矣。故曰：法明則人信，法一則主尊。

《舊唐書》卷五〇《刑法志》〔憲宗元和六年，富平人梁悅為父報仇殺人，投縣請罪。〕職方員外郎韓愈獻議曰：伏奉今月五日勅：復讎，據禮經則義不同天，徵法令則殺人者死。禮法二事，皆王教之端，有此異同，必資論辯，宜令都省集議聞奏者。伏以子復父讎，見於《春秋》，見於《禮記》，又見於《周官》，又見諸子史，不可勝數，未有非而罪之者也。最宜詳於律，而律無其條，非闕文也。蓋以為不許復讎，則傷孝子之心，而乖先王之訓；許復讎，則人將倚法專殺，無以禁止其端矣。夫律雖本於聖人，然執而行之者，有司也。經之所明者，制有司也。丁寧其義於經，而深沒其文於律者，其意將使法吏一斷於法，而經術之士，得引經而議也。《周官》曰：凡殺人而義者，令勿讎，讎之則死。義，宜也，明殺人而不得其宜者，子得復讎也。此百姓之相讎者也。《公羊傳》曰：父不受誅，子復讎可也。不受誅者，罪不當誅也。又《周官》曰：凡報仇讎者，書於士，殺之無罪。言將復讎，必先言於官，則無罪也。今陛下垂意典章，思立定制。惜有司之守，憐孝子之心，示不自專，訪議群下。臣愚以為復讎之義雖同，而其事各異。或百姓相讎，如《周官》所稱，可議於今者；或為官吏所誅，如《公羊》所稱，不可議於今者。又《周官》所稱，將復讎，先告於士則無罪者。若孤稚羸弱，抱微志而伺敵人之便，恐不能自言於官，未可以為斷於今也。然則殺之與赦，不可一例。宜定其制曰：凡有復父讎者，事發，具其事由，下尚書省集議奏聞。酌其宜而處之，則經律無失其指矣。

《舊唐書》卷七四《崔仁師傳》仁師獨駁曰：自羲、農以降，爰及唐、虞，或設言而人不犯，或畫象而下知禁，三代之盛，泣辜解網，父子兄弟，罪不相及，咸臻至理，俱為稱首。及其叔代，亂獄滋煩，周之季年，不勝其弊，烈火原於子產，峭澗起於安于。韓、李、申、商，爭持急刻，參夷相坐，始於此也。秦用其法，遂至土崩。漢高之務寬大，未為盡善，文帝之存仁厚，仍多涼德，遂使新垣族滅，信、越菹醢，見譏良史，謂之過刑。魏晉至隋，有損有益，凝脂猶密，秋荼尚煩。皇上爰發至仁，念茲刑憲，酌先王之令典，探往代之嘉猷，革弊蠲苛，可大可久，仍降綸綍，頒之九區。故得斷獄數簡，手足有措，刑清化洽，未有不安。忽以暴秦酷法為隆周中典，乖惻隱之情，反惟行之令。進退參詳，未見其可。且父子天屬，昆季同氣，誅其父子，足累其心，此而不顧，何愛兄弟。既欲改法，請更審量。

《新唐書》卷一六五《權德輿傳》〔憲宗嘗問政之寬猛孰先，禮部侍郎、同中書門下平章事權德輿〕對曰：唐家承隋苛虐，以仁厚為先。太宗皇帝見明堂圖，始禁鞭背。列聖所循，皆尚德教。故天寶大盜竊發，俄而夷滅，蓋本朝之化感人心之深也。帝曰：誠如公言。

《新唐書》卷一八三《韓偓傳》〔昭宗時，韓全誨誅，宫人多坐死。〕帝欲盡去餘黨。偓曰：禮，人臣無將，將必誅。宫婢負恩，不可赦。然不三十年不能成人，盡誅則傷仁。願去尤者，自内安外，以靜羣心。帝曰：善。

（唐）杜佑《通典》卷一七〇《刑法·寬恕》論曰：聖唐刑名，極於輕簡。太宗文皇帝降隋氏大辟刑百六十三條入流，入徒免死，其下遞減唯輕。開闢以來，未有斯比。如罪惡既著，制命已行，愛惜人命，務在哀矜，臨於勦絶，仍令數覆。獲罪自然引分，萬姓由是歸仁，感茲煦嫗，藏於骨體。雖太后革命二紀，安禄山傾陷兩京，西戎侵軼，賊泚竊發，皇輿巡狩，宇内憂危，兆億同心，妖氛旋廓，刑輕故也。國家深仁厚德，固可

侔於堯舜，夏殷以降，無足徵矣。

《宋史》卷二六三《竇儀傳》〔後晋出帝開運中，諸鎮恣用酷刑，左拾遺竇儼〕上疏曰：案名例律，死刑二，絞斬之謂也。絞者，筋骨相連。斬者，頭頸異處。大辟之目，不出兩端。淫刑之興，近聞數等。蓋緣外地不守通規，或以長釘貫人手足，或以短刀臠人肌膚，遷延信宿，不令就死。冤聲上達，和氣有傷。望加禁止。從之。

（明）楊士奇等《歷代名臣奏議》卷二一三《法令》 博士周行已論增修法度，上奏曰：臣竊惟國朝受命，民不易肆，祖宗相承，以聖繼聖，基本之厚，太平之久，三代以來，所未有也。陛下紹承七聖之丕基，恢張先帝之丕業，法度至此而大備，禮樂至此而大興，風俗至此而大定，人材至此而大成，自古未有今日之至治極盛者也。然而太平既久，民安無事，內外恬熙，官吏媮惰。臣竊過計，恐其法度漸弛，奸弊漸生。蓋人情無事則安，安則無深遠之思；人情無事則忽，忽則無憂虞之念。故無事者，有事之所起也。雖堯舜三代盛時，未嘗不兢兢業業以相戒慎。臣愚欲望陛下先之以沈幾，照之以遠慮，察媮惰於無事，止奸弊於未萌，斷自淵衷，委之大臣，因時損益，增脩法度，振其所或廢，補其所未全，調而一之，持而定之，以懋官吏，以休四海，以固祖宗，甚盛無疆之業。

綜　述

《隋書》卷二五《刑法志》 高祖既受周禪，開皇元年，乃詔尚書左僕射渤海公高熲、沛公鄭譯、上柱國清河郡公楊素、大理寺前少卿平源縣公常明、刑部侍郎保城縣公韓濬、比部侍郎李諤、兼考功侍郎柳雄亮，更定新律，奏上之。其刑名有五：一曰死刑二，有絞，有斬。二曰流刑三，有一千里、千五百里、二千里。應配者，一千里居作二年，一千五百里居作二年半，二千里居作三年。應住居作者，三流俱役三年。近流加杖一百，一等加三十。三曰徒刑五，有一年、一年半、二年、二年半、三年。四曰杖刑五，自五十至於百。五曰笞刑五，自十至於五十。而蠲除前代鞭刑及梟首、轘裂之法。其流徒之罪皆減從輕。唯大逆、謀反叛者，父子兄弟皆斬，家口没官。又置十惡之條，多採後齊之制，而頗有損益。一曰謀反，二曰謀大逆，三曰謀叛，四曰惡逆，五曰不道，六曰大不敬，七曰不孝，八曰不睦，九曰不義，十曰內亂。犯十惡及故殺人獄成者，雖會赦，猶除名。

其在八議之科，及官品第七已上犯罪，皆例減一等。其品第九已上犯者，聽贖。應贖者，皆以銅代絹。贖銅一斤爲一負，負十爲殿。笞十者銅一斤，加至杖百則十斤。徒一年，贖銅二十斤，每等則加銅十斤，三年則六十斤矣。流一千里贖銅八十斤，每等則加銅十斤，二千里則百斤矣。二死皆贖銅百二十斤。犯私罪以官當徒者，五品以上，一官當徒二年；九品以上，一官當徒一年。當流者，三流同比徒三年。若犯公罪者，徒各加一年，當流者，各加一等。其累徒過九年者，流二千里。

定訖，詔頒之曰：帝王作法，沿革不同，取適於時，故有損益。夫絞以致斃，斬則殊刑，除惡之體，於斯已極。梟首、轘身，義無所取，不益懲肅之理，徒表安忍之懷。鞭之爲用，殘剥膚體，徹骨侵肌，酷均切臠。雖云遠古之式，事乖仁者之刑，梟轘及鞭，並令去也。貴礪帶之書，不當徒罰，廣軒冕之蔭，旁及諸親。流役六年，改爲五載。刑徒五歲，變從三祀。其餘以輕代重，化死爲生，條目甚多，備於簡策。宜班諸海內，爲時軌範，雜格嚴科，並宜除削。先施法令，欲人無犯之心。國有常刑，誅而不怒之義。措而不用，庶或非遠，萬方百辟，知吾此懷。自前代相承，有司訊考，皆以法外。或有用大棒、束杖，車輻、鞵底，壓踝、杖桄之屬。楚毒備至，多所誣伏。雖文致於法，而每有枉濫，莫能自理。至是盡除苛慘之法，訊囚不得過二百，枷杖大小，咸爲之程品，行杖者不得易人。帝又以律令初行，人未知禁，故犯法者衆。又下吏承苛政之後，務鍛鍊以致人罪。乃詔申勑四方，敦理辭訟，有枉屈縣不理者，令以次經郡及州，至省仍不理，乃詣闕申訴，有所未愜，聽撾登聞鼓，有司録狀奏之。

【略】

五年，侍官慕容天遠，糾都督田元，冒請義倉，事實而始平縣律生輔恩，舞文陷天遠，遂更反坐。帝聞之，乃下詔曰：人命之重，懸在律文，刊定科條，俾令易曉。分官命職，恒選循吏，小大之獄，理無疑舛。而因襲往代，別置律官，報判之人，推其爲首，殺生之柄，常委小人。刑罰所

以未清，威福所以妄作。爲政之失，莫大於斯。其大理律博士、尚書刑部曹明法、州縣律生，並可停廢。自是諸曹決事，皆令具寫律文斷之。六年，勑諸州長史已下，行參軍已上，並令習律，集京之日，試其通不。又詔免尉迥、王謙、司馬消難三道逆人家口之配没者，悉官酬贖，使爲編户。因除孥戮相坐之法。又命諸州囚有處死，不得馳驛行決。

《隋書》卷二《高祖紀》 〔開皇九年夏四月〕壬戌，詔曰：往以吳、越之野，群黎塗炭，干戈方用，積習未寧。今率土大同，含生遂性，太平之法，方可流行。凡我臣僚，澡身浴德，開通耳目，宜從兹始。喪亂已來，緬將十載，君無君德，臣失臣道，父有不慈，子有不孝，兄弟之情或薄，夫婦之義或違，長幼失序，尊卑錯亂。朕爲帝王，志存愛養，時有臻道，不敢寧息。內外職位，遐邇黎人，家家自修，人人克念，使不軌不法，盪然俱盡。兵可立威，不可不戢，刑可助化，不可專行。禁衛九重之餘，鎮守四方之外，戎旅軍器，皆宜停罷。代路既夷，群方無事，武力之子，俱可學文，人間甲仗，悉皆除毁。有功之臣，降情文藝，家門子姪，各守一經，令海內翕然，高山仰止。京邑庠序，爰及州縣，生徒受業，升進於朝，未有灼然明經高第。此則教訓不篤，考課未精，明勒所由，隆兹儒訓。官府從宦，丘園素士，心迹相表，寬弘爲念，勿爲跼促，乖我皇猷。

朕君臨區宇，於兹九載，開直言之路，披不諱之心，形於顔色，勞於興寢。自頃逞藝論功，昌言乃衆，推誠切諫，其事甚疏。公卿士庶，非所望也。各啓至誠，匡兹不逮。見善必進，有才必舉，無或噤默，退有後言。頒告天下，咸悉此意。

《隋書》卷二五《刑法志》 煬帝即位，以高祖禁網深刻，又勑脩律令，除十惡之條。時斗稱皆小舊二倍，其贖銅亦加二倍爲差。杖百則三十斤矣。徒一年者六十斤，每等加三十斤爲差，三年則一百八十斤矣。流無異等，贖二百四十斤。二死同贖三百六十斤。其實不異。開皇舊制，釁門子弟，不得居宿衛近侍之官。先是蕭巖以叛誅，崔君綽坐連庶人勇事，家口籍没。巖以中宫故，君綽緣女入宫愛幸，帝乃下詔革前制曰：罪不及嗣，既弘至孝之道，恩由義斷，以勸事君之節。故羊鮒從戮，彌見叔向之誠，季布立勛，無預丁公之禍，用能樹聲往代，貽範將來。朕虚己爲政，恩遵舊典，推心待物，每從寬政。六位成象，美厥含弘，一眚掩德，甚非謂也。諸犯罪被戮之門，期已下親，仍令合仕，聽預宿衛近侍之官。

三年，新律成。凡五百條，爲十八篇。詔施行之，謂之《大業律》：一曰名例，二曰衛宫，三曰違制，四曰請求，五曰户，六曰婚，七曰擅興，八曰告劾，九曰賊，十曰盜，十一曰鬥，十二曰捕亡，十三曰倉庫，十四曰廄牧，十五曰關市，十六曰雜，十七曰詐僞，十八曰斷獄。其五刑之内，降從輕典者二百餘條。其枷杖決罰訊囚之制，並輕於舊。是時百姓久厭嚴刻，喜於刑寬。後帝乃外征四夷，內窮嗜慾，兵革歲動，賦斂滋繁。有司皆臨時迫脅，苟求濟事，憲章遐棄，賄賂公行，窮人無告，聚爲盜賊。帝乃更立嚴刑，敕天下竊盜已上，罪無輕重，不待聞奏，皆斬。百姓轉相群聚，攻剽城邑，誅罰不能禁。帝以盜賊不息，乃益肆淫刑。九年，又詔爲盜者籍没其家。自是群賊大起，郡縣官人又各專威福，生殺任情矣。及楊玄感反，帝誅之，罪及九族。其尤重者，行轘裂梟首之刑。或磔而射之，命公卿已下，臠啖其肉。百姓怨嗟，天下大潰，及恭帝即位，獄訟有歸焉。

（宋）王應麟《玉海》卷六五《詔令·律令》 隋則律令格式並行。文帝開皇元年以周法繁而不要，命高熲、鄭譯及上柱國楊素、率更令裴政等七人更加修定。政練習典故，達於從政，乃參魏晋舊律，下至齊梁，沿革重輕，取其折衷。時同修者十餘人，凡有凝滯皆取決於是，去前世梟轘及鞭法，自非謀叛以上無收族之罪。始制死刑二：絞、斬。流刑三：自二千里至三千里。徒刑五，自一年至三年。杖刑五，自六十至一百。笞刑五，自十至五十。又制議請減贖官當之科，以優士大夫，除前世訊囚酷法。開皇元年冬十月戊子始行新律。《唐志》云：高熲等隋律十二卷。二年七月甲午行新令。高熲等撰令三十卷，官品至雜令。《唐志》：牛弘等隋開皇令三十卷。三年，文帝覽刑部奏斷獄數猶至萬，以爲律尚嚴密，人多陷罪，敕蘇威、牛弘等删定新律，除死罪八十一條，流罪一百五十四條，徒杖等千餘條，惟定留五百條，凡十二篇。《名例》至《斷獄》。自是刑制簡要，疏而不失。乃制律博士弟子員斷獄，先牒明法定罪。五年廢大理律博士、刑部曹明法、州縣律生。六年，敕諸州長史已下行參軍已上，普令習律，集京之日試其通不。煬帝以開皇律令猶重，大業二年十月更制《大業律》。牛弘等

造。三年四月甲申頒行，凡十八篇，五百條。《名例》至《斷獄》，五刑降從輕典者二百餘條。《隋志》《大業律》十一卷，《唐志》十八卷，又《大業令》三十卷，四年十月乙卯頒新式。

《舊唐書》卷五〇《刑法志》　高祖初起義師於太原，即布寬大之令。百姓苦隋苛政，競來歸附。旬月之間，遂成帝業。既平京城，約法爲十二條。惟制殺人、劫盜、背軍、叛逆者死，餘並蠲除之。及受禪，詔納言劉文静與當朝通識之士，因開皇律令而損益之，盡削大業所用煩峻之法。又制五十三條格，務在寬簡，取便於時。尋又敕尚書左僕射裴寂、尚書右僕射蕭瑀及大理卿崔善爲、給事中王敬業、中書舍人劉林甫顔師古王孝遠、涇州別駕靖延、太常丞丁孝烏、隋大理丞房軸、上將府參軍李桐客、太常博士徐上機等，撰定律令，大略以開皇爲準。於時諸事始定，邊方尚梗，救時之弊，有所未暇，惟正五十三條格，入於新律，餘無所改。至武德七年五月奏上。

（宋）王欽若等《册府元龜》卷六一二《刑法部·定律令》　武德元年，既受隋禪，詔納言劉文静與當朝通議之士，因開皇律令而損益之，盡削大業所用繁峻之法。是時大理少卿韓仲良言於帝曰：周代之律，其屬三千，秦法以來，約爲五百。若遠依周制，繁紊更多，且官吏至公，自當奉法，若苟徇己，豈顧刑名。請崇寬簡，以允惟新之望。帝然之。於是採定開皇律行之。時以爲便。

〔武德二年〕正月詔：自今已後，每年正月、五月、九月及每月十齋日，並不得行刑。

〔武德二年〕二月制：官人枉法受財及諸犯盜詐請倉庫隱藏官物者，罪無輕重，皆不得赦原。

（清）沈家本《歷代刑法考·律令四·武德律》　已而又詔僕射裴寂等十五人更撰律令，凡律五百，麗以五十三條。流罪三皆加千里，居作三歲至二歲半者悉爲一歲。餘無改焉。《藝文志》：《武德律》十二卷，又《式》十四卷，《令》三十一卷。尚書左僕射裴寂、右僕射蕭瑀、大理卿崔善爲，給事中王敬業、中書舍人劉林甫，顔師古、王孝（達）〔遠〕、涇州別駕靖延、太常丞丁孝烏、隋大理丞房軸、天策上將府參軍李桐客、太常博士徐上機等奉詔撰定。以五十三條附新律，餘無增改。武德七年上。《高紀》：七年四月庚子，大赦。班新律令。給復江州道二年、揚越一年。《唐六典》：武德中，裴寂、殷開山等定律令，其篇目一準隋開皇之律，除苛細五十三條。《唐會要》：武德元年六月一日，《通鑑》：五月壬申。詔劉文靖等因隋開皇律令而損益之，遂制爲五十三條，務從寬簡，取便於時。其年十一月四日，頒下，仍令裴寂、殷開山、郎楚之、沈叔安、崔善爲等更撰定律令。十二月十二日，又加蕭瑀、李綱、丁孝烏等同撰之。至七年三月二十九日成，詔頒於天下。四月庚子朔。大略以開皇爲準，正五十三條，凡律五百條，格入於新律，無所改。《韓瑗傳》：父仲良，武德初，與定律令，建言：周律，其屬三千，秦、漢約爲五百。依古則繁，請從寬簡，以示維新。於是採《開皇律》宜於時者定之。《劉林甫傳》：武德初，撰定律令，著《律議》萬餘言。《郎餘令傳》：祖穎，字楚之。武德初，以大理卿與李綱、陳叔達定律令。《舊書·高紀》：武德元年五月壬申，命相國長史裴寂等修律令。六月甲戌，廢隋《大業律令》，頒新格。十一月，詔頒五十三條格，以約法緩刑。

按：武德之律，實本開皇，觀七年頒律詔有云：有隋之世，雖有釐革，然而損益不定，疏舛尚多，品式章程，罕能甄備。加以微文曲致，覽者惑其淺深，異例同科，用者殊其輕重。遂使姦吏巧詆，任情與奪，愚民妄觸，動陷羅網，屢開釐革，卒以無成。又云是以斟酌繁省，取合時宜，矯正差遺，務從體要。是當時頗有所釐正，不全用開皇也。其條五百，與隋正同。《志》言麗以五十三條，《六典》言除苛細五十三條，一麗一除，其數相當，此損益之可考者。至爾時修律之人，《刑法志》言十五人，《藝文志》但列十二人，闕其三。據《六典》有殷開山，《會要》於殷開山之外有郎楚之、沈叔安、李綱，《韓瑗傳》又有韓叔良，《郎餘令傳》又有陳叔達，十二人之外，共得五人，其數又不止十五，或諸人非一時所命，或未始終其事，故諸書所述不盡相同。《藝文志》所列十二人，當爲書成奏上時所列，銜名悉具，其餘五人，疑已不在位，故名不列焉。

（唐）杜佑《通典》卷一六九《刑法·守正》　貞觀元年三月，蜀王府法曹、參軍裴宏獻駁律令不便於時者三十事。宏獻於是與房玄齡建議，以為古者五刑，刖居其一，及肉刑既廢，制為死、流、徒、杖、笞五等，以備五刑。今復設刖，是謂六刑。然減死意在於寬，刖足又加煩峻，乃與

八座定議奏聞。於是又除斷趾法，改為加役流三千里，作三年。又舊條：兄弟分後，蔭不相及，連坐俱死，祖死孫配流。會有同州人房强弟任統軍於岷州，以謀反伏誅，强從坐。太宗嘗録囚徒，閔其將死，令百寮詳議。玄齡等復定議曰：按禮，孫為王父尸，案令，祖有蔭孫之義。然則祖孫親重，而兄弟屬輕，應重反流，合輕反死。據理論情，深為未愜，請定律祖孫與兄弟緣坐，俱配流。其以惡言犯法，不能為害者，情狀稍輕，兄弟免死配流為允。從之。

（唐）吴兢《貞觀政要》卷八《刑法》　貞觀二年，太宗謂侍臣曰：比有比，音鼻。奴告主謀逆，此極弊法，特須禁斷。假令平聲，後同。有謀反者，必不獨成，終將與人計之。衆計之事，必有他人論之，豈借奴告也？自今奴告主者，不須受，盡令斬決。

《舊唐書》卷五〇《刑法志》〔太宗貞觀十一年正月頒新律令於天下。〕及太宗即位，又命長孫無忌、房玄齡與學士法官更加釐改，戴胄、魏徵又言舊律令重，於是議絞刑之屬五十條，免死罪，斷其右趾，應死者多蒙全活。太宗尋又愍其受刑之苦，謂侍臣曰：前代不行肉刑久矣，今忽斷人右趾，意甚不忍。諫議大夫王珪對曰：古行肉刑以爲輕罪，今陛下矜死刑之多，設斷趾之法，格本合死，今而獲生，刑者幸得全命，豈憚去其一足？且人之見者甚足懲戒。上曰：本以爲寬，故行之。然每聞惻愴，不能忘懷。又謂蕭瑀、陳叔達等曰：朕以死者不可再生，思有矜愍，故簡死罪五十條，從斷右趾。朕復念其受痛，極所不忍。叔達等咸曰：古之肉刑乃在死刑之外，陛下於死刑之内，改從斷趾，便是以生易死，足爲寬法。上曰：朕意以爲如此，故欲行之。又有上書言此非便，公可更思之。其後蜀王法曹參軍裴弘獻又駁律令不便於時者四十餘事，太宗令參掌刪改之。弘獻於是與玄齡等建議，以爲古者五刑，刖居其一。及肉刑廢，制爲死流徒杖笞，凡五等，以備五刑。今復設刖足，是爲六刑。減死在於寬弘，加刑又加煩峻，乃與八座定議奏聞。於是除斷趾法，改爲加役流三千里，居作二年。又舊條疏，兄弟分後，蔭不相及，連坐俱死，祖孫配沒。會有同州人房强，弟任統軍於岷州，以謀反伏誅，强當從坐。太宗嘗録囚徒，憫其將死，爲之動容，顧侍臣曰：刑典仍用，蓋風化未洽之咎，愚人何罪，而肆重刑乎？更彰朕之不德也。用刑之道，當審事理之輕重，然後加之以刑罰。何有不察其本而一槩加誅，非所以恤刑重人命也。然則反逆有二，一爲興師動衆，一爲惡言犯法。輕重有差，而連坐皆死，豈朕情之所安哉？更令百寮詳議。於是玄齡等復定議曰：案禮，孫爲王父屍。案令，祖有蔭孫之義。然則祖孫親重而兄弟屬輕，應重反流，合輕翻死，據禮論情，深爲未愜。今定律，祖孫與兄弟緣坐，俱配沒。其以惡言犯法不能爲害者，情狀稍輕，兄弟免死，配流爲允。從之。自是比古死刑，殆除其半。玄齡等遂與法司定律五百條，分爲十二卷：一曰名例，二曰衛禁，三曰職制，四曰户婚，五曰廄庫，六曰擅興，七曰賊盜，八曰鬥訟，九曰詐僞，十曰雜律，十一曰捕亡，十二曰斷獄。有笞杖徒流死，爲五刑。笞刑五條，自笞十至五十。杖刑五條，自杖六十至杖一百。徒刑五條，自徒一年，遞加半年，至三年。流刑三條，自流二千里，遞加五百里，至三千里。死刑二條，絞、斬。大凡二十等。又有議請減贖當免之法八：一曰議親，二曰議故，三曰議賢，四曰議能，五曰議功，六曰議貴，七曰議賓，八曰議勤。八議者，犯死罪者，皆條所坐及應議之狀奏請，議定奏裁，流罪已下，減一等。若官爵五品已上及皇太子妃、大功已上親，應議者周以上親，犯死罪者上請，流罪已下，亦減一等。若七品以上官，及官爵得請者之祖父母、父母、兄弟、姊妹、妻、子孫，犯流罪以下，各減一等。若應議請減及九品已上官，若官品得減者之祖父母、父母、妻、子孫，犯流罪已下，聽贖。其贖法：笞十，贖銅一斤，遞加一斤，至杖一百，則贖銅十斤。自此已上，遞加十斤。至徒三年則贖銅六十斤。流二千里者贖銅八十斤，流二千五百里者贖銅九十斤，流三千里者贖銅一百斤。絞、斬者，贖銅一百二十斤。又許以官當罪。以官當徒者，五品已上犯私罪者，一官當徒二年，九品已上，一官當徒一年。若犯公罪者，各加一年。以官當流者，三流同比徒四年，仍各解見任。除名者比徒三年，免官者比徒二年，免所居官者比徒一年。又有《十惡》之條：一曰謀反，二曰謀大逆，三曰謀叛，四曰謀惡逆，五曰不道，六曰大不敬，七曰不孝，八曰不睦，九曰不義，十曰内亂。其犯十惡者，不得依議請之例。年七十以上、十五以下及廢疾，犯流罪以下，亦聽贖。八十已上、十歲以下及篤疾，犯反逆殺人應死者，上請，盜及傷人亦收贖，餘皆勿論。九十以上、七歲以下，雖有死罪，不加刑。比隋代舊律，減大辟者九十二

條，減流入徒者七十一條。其當徒之法，惟奪一官，除名之人，仍同士伍。凡削煩去蠹，變重爲輕者不可勝紀。又定令一千五百九十條，爲三十卷。貞觀十一年正月，頒下之。又刪武德、貞觀已來勅格三千餘件，定留七百條，以爲格十八卷，留本司施行。斟酌今古，除煩去弊，甚爲寬簡，便於人者。以尚書省諸曹爲之目，初爲七卷。其曹之常務，但留本司者，別爲《留司格》一卷。蓋編録當時制敕，永爲法則，以爲故事。《貞觀格》十八卷，房玄齡等刪定。《永徽留司格》十八卷，《散頒格》七卷，長孫無忌等刪定，永徽中，又令源直心等刪定，惟改易官號曹局之名，不易篇目。《永徽留司格後本》，劉仁軌等刪定。《垂拱留司格》六卷，《散頒格》三卷，裴居道刪定。《太極格》十卷，岑羲等刪定。《開元前格》十卷，姚崇等刪定。《開元後格》十卷，宋璟等刪定。皆以尚書省二十四司爲篇目。凡式三十有三篇，亦以尚書省列曹及秘書、太常、司農、光禄、太僕、太府、少府及監門、宿衛、計帳名其篇目，爲二十卷。《永徽式》十四卷，《垂拱》、《神龍》、《開元式》並二十卷，其刪定格令同。

（宋）王溥《唐會要》卷三九《議刑輕重》 天寶六年正月十三日勅：自今已後，所斷絞斬刑者，宜削除此條，仍令法官約近例詳定處分。乾元元年十二月十四日，刑部奏：準名律法云獄成，謂贓狀露驗。及尚書省斷訖未奏，疏曰：贓，謂所犯之贓，見獲本物。狀，謂殺人之類，得狀為驗。雖在州縣，並為獄成。若尚書省斷訖未奏，即刑部覆訖未奏，亦為獄成。今法官商量，若款自承伏，已經聞奏，及有勅付法，刑名更無可移者，謂同獄成。臣今與法官審加詳議，將為穩便。如天恩允許，仍永為常式。勅旨依。乾元二年六月十四日，刑部奏：謹按五刑，笞、杖、徒、流、死是也。今準勅，除削絞死，唯有四刑。每定罪，須降死刑，不免還計斬絞。勅律平用，法理難明。又應決重杖之人，令式先無分析，京城知是蠹害，決者多死，外州見流嶺南，決不至死。決有兩種，法開二門。勅旨：斬絞刑宜依格律處分。至寶應元年九月八日，刑部、大理奏：準式，制勅處分與一頓杖者，決四十，至到與一頓及重杖一頓，並決六十，無文至死者，為準式處分。又制勅，或有令決痛杖一頓者，式文既不載杖數，請準至到與一頓決六十，並不至死。勅旨依。至建中三年八月二十七日刑部侍郎班宏奏，其十惡中，惡逆已上四等罪，請準律用刑，其餘犯別罪應合處斬刑。自今已後，並請決重杖一頓處死以代極法，重杖既是死刑。諸司使不在奏請決重杖限。勅旨依。

（宋）王溥《唐會要》卷三九《定格令》 大和四年十二月，刑部員外郎張諷、大理少卿崔玘等奏議親、議貴事。其一議親曰：皇帝至太皇太后皇后親，有内外服同者，皆在議條。伏以親疎之序，既有等衰，即雨露之恩，皆宜沾洽。此實皇王大猷，自家刑國，親九族，叶萬邦之旨也。近者，絳州刺史裴銳所犯贓罪至深，陛下以太皇太后之親，下尚書省集議，此乃陛下知刑賞之理重，與衆共之。伏請今後親有任刺史監臨主守，犯贓罪得蒙減死者，必重其過，直以贓罪為汚累，定刑流決外。其後子孫並不得任理人官及為監臨主守。庶得家知其耻，人革非心。其一議貴曰：謹按禮經，貴謂近於君也，非獨高秩厚俸之為貴。今後刺史，非在朝文武，職事三品官任者，於所部犯贓抵死罪，並不得以刺史品秩議貴，徵司議條免所犯罪。如先任在朝三品，合在議條者，即準議親條，決流外。子孫皆不得任理人官及監臨主守。如有法官及本官推官不詳官品，妄有引議，請科違勅罪，其功勤賓故等。有犯贓罪同者，並請準親貴之法，勅官必任賢，親貴無宜輕，授罰不及嗣。經訓具有明文，若坐子孫，慮傷事理。此一節宜且仍舊。餘依。【略】

開成三年五月，刑部奏：準今年三月八日赦書，官典犯罪，不在此限者。伏以律載贓名，其數有六。官典有犯，並列刑科。其間有入己者，罪即懸別。今請監臨主守將官物私自貸用，并借貸人及百端欺詐等，不在赦限，如將官物還充公用，文記分明者，並請原免。勅旨宜依。

會昌元年十二月，都省奏，準開成五年十二月十四日中書門下奏，準律：竊盜五匹已上，加徒流。今自京兆河南尹逮於牧守，所在為政，寬猛不同，或以百錢以下斃踣，至數十千不死。輕重既違法律，多以收禁為名，法自專行，人皆異政。然禁嚴則盜賊屏息，閭里皆安；政緩則攘竊盜行，平人受弊，定其取捨，在峻典刑。自今已後，天下州府竊盜賊，計贓幾貫，須處極法。臣等商量，望委中書門下五品已上、尚書省四品已上、御史臺五品已上，與京兆尹同議奏聞，仍編入格令。所冀巽懦者政無寬縱，剛戾者刑不至殘，各奉朝章，法歸畫一。其強盜賊法律已重，不在

此限。仍委出使郎官、御史，及度支鹽鐵巡院察訪，務令遵守，不得隳違者。伏以竊盜本無死刑，遂使刑法不一，臣等既奉詔旨，敢不盡心？臣請自今已後，大不應竊盜、賊贓至絹三匹，即處極法，如未滿三疋，即任節級科處，不失罪人。其計贓數，即請準律以所在上估絹為定。其兩京及軍府浩穰之地，或事繁一時，制斷有異，則請許量情定罪，務在得中。然後法禁不虧，刑名可守。勑旨：朝廷施令所貴必行，合於事情，方可經久。自今以後，竊盜計贓至錢一貫已上處極法。抵犯者，便準法處分，不得以收禁為名。其奴婢、本主及親戚同居行盜，並許減等，任長使酌度輕重處分。如再四抵犯，及有徒黨須懲，不在此例。【略】

五年正月三日制，節文：據律，已去任者，公罪流已下勿論。公罪之條，情有輕重，苟涉欺詐，豈得勿論？自後，公罪有情狀難恕，並不在勿論之限。

大中四年正月勑：攘竊之興，起於不足。近日，刑法頗峻，竊盜益煩，贓至一千，便處極法。輕人性命、重彼貨財，既多殺傷，且乖教化，況非舊章，自應議改。其會昌元年二月二十六日勑：宜令所司重詳定條流。聞奏時刑部及大理卿同議奏請，依建中三年三月十四日勑：每有盜賊贓估價自絹三疋已上，决殺，設數不充，量情科處。

五年十月勑：今後有官典犯贓及諸色取受，但是全未發覺已前，能經陳首，即準律文與減等。如知事發，已有萌兆，雖未被追捕勘問，亦不許陳首之限。

乾符四年正月五日勑：法律有去任勿論之條，頗為僥倖，今後應删。吏所犯諸罪，五年之後，去任勿論；五年內，同見任官例追收，據事定刑。

（清）沈家本《歷代刑法考・律令四・貞觀律》 太宗即位，詔長孫無忌、房玄齡等復定舊令，議絞刑之屬五十，皆免死而斷右趾。其後貞觀元年三月。蜀王法曹參軍裴弘獻駁律令四十餘事，乃詔房玄齡與弘獻等重加删定。於是除斷趾法，為加役流三千里，居作二年。玄齡等遂與法（苛）〔司〕增損隋律，降大辟爲流者九十二，流爲徒者七十一，以爲律；定令一千五百四十六條以爲令。又删武德以來敕三千餘條爲七百條，以爲格；又取尚書省列曹及諸寺、監〔門、宿〕衛、計帳以爲式。《藝文志》：《貞觀律》十二卷，又《令》二十七卷，《格》十八卷，《留司格》一卷，《式》三十三卷。中書令房玄齡、右僕射長孫無忌、蜀王府法曹參軍裴弘獻等奉詔選定。凡律五百條，令一千五百四十六條，格七百條。以尚書省諸曹爲目，其常務留本司者，爲《留司格》。

《舊書・太宗紀》：貞觀十一年正月庚子，頒新律令於天下。《唐會要》：貞觀十一年正月十四日，頒新格於天下。凡律五百條，分爲十二卷；令爲三十卷二十七篇，一千五百九十條；格七百條，以爲通式。

《玉海》六十六：崔融云：《貞觀律》唯有十卷，《捕亡》、《斷獄》乃永徽二年長孫無忌等奏加。

按：《唐律》以貞觀所修爲定本，貞觀本於武德，武德本於開皇，然武德已非全用開皇之制，貞觀又重加删定。《舊志》云凡削繁去蠹，變重爲輕者，不可勝紀，其删定之大致可見矣。今《唐律》全書具在，自宋已後，修律莫不奉爲圭臬，此蓋承隋氏變革之後而集其成者也。後之定律者，或於其重者輕之，輕者重之，往往有畸輕畸重之失，細心推究，方知《唐律》之輕重得其中也。

《唐六典》：貞觀初，減開皇大辟入流者九十三條，比古死刑，殆除其半。

《舊志》：今定律，祖孫與兄弟緣坐，俱配沒。其以惡言犯法不能爲害者，情狀稍輕，兄弟免死，配流爲允。從之。自是比古死刑，殆除其半。

按：《唐律》死刑，《衛禁》斬五、絞十六，《職制》斬一、絞九，《廏庫》絞一，《擅興》斬八、絞八，《賊盜》斬三十四、絞四十二，《鬥訟》斬二十五、絞四十三。《詐僞》斬三、絞六，《雜律》斬五、絞一，《捕亡》斬五、絞四，《斷獄》斬三、絞四，凡斬八十九條，絞一百四十四條。其減死入流者祇九十三條，除半之語，殊不可解，豈以隋開皇律雖減死刑八十一條合而言之，故云比古歟？若以《舊志》之文推之，則所云除半但就緣坐一項而言，非統括全律也。唐之加役流皆由死減，計律內《衛禁》三、《職制》三、《戶婚》一、《擅興》一、《賊盜》九、《雜律》一、《捕亡》三、《斷獄》二，凡二十五，不獨與九十三條之數不合，與減絞五十之數亦不合，是其減死入流必三流並有，不盡爲加役流矣。

（清）**沈家本《歷代刑法考·律令四·貞觀格》** 《舊志》：又删定武德、貞觀已來敕格三千餘件，定留七百條，以爲格十八卷，留本司施行。斟酌古今，除煩去弊，甚爲寬簡，便於人者。以尚書省諸曹爲之目，初爲七卷。其曹之常務但留本司者，别爲《留司格》一卷，蓋編録當時制敕，永爲法則，以爲故事。《貞觀格》十八卷，房玄齡等删定。《藝文志》見上。《唐六典》：凡格二十有四篇。

《舊唐書》卷五〇《刑法志》 〔高宗〕永徽初，敕太尉長孫無忌、司空李勣、左僕射于志寧、右僕射張行成、侍中高季輔、黄門侍郎宇文節、柳奭、左丞段寶玄、太常少卿令狐德棻、吏部侍郎高敬言、刑部侍郎劉燕客、給事中趙文恪、中書舍人李友益、少府丞張行實、大理丞元紹、太府丞王文端、刑部郎中賈敏行等，共撰定律、令、格、式。舊制不便者，皆隨删改。遂分格爲兩部：曹司常務爲《留司格》，天下所共者，爲《散頒格》。其《散頒格》下州、縣，《留司格》但留本司行用焉。

（元）**馬端臨《文獻通考》卷一六六《刑考·刑制》** 永徽以後，武氏得志而刑濫。當時大獄以尚書刑部御史大理寺雜按，謂之三司。而法吏以慘酷爲能，至不釋枷而笞捶以死者，皆不禁。律有杖百，凡五十九條，犯者皆至死而杖未畢。乃詔内有盜竊及蠹害尤甚者，量留一十二條。自餘四十七條，竟宜停，然無益也。

（宋）**李昉等《文苑英華》卷四六四《詔敕·詳定刑名詔》** 門下：朕聞大德曰生，肖天地而爲貴，大寶曰位，體宸極以居貞，所以經緯三才，彌綸萬物，順人心以敷化，因天討而立刑。《易》稱明罰，哀矜之志愈遠；《書》云肆眚，簡惠之道斯崇。故能象服畫冠，化隆上葉，道德齊禮，刑清中代。暨乎大道既隱，淳風已衰，元首司契，狥驕奢以臨下，股肱贊道，用深刻爲奉公。罪名積於簡書，滋章被於率土。姬訓夏法，峻網備於三千。秦革周科，深文加於九族。漢祖約法，後嗣不勝其弊。晋武蠲刑，末流竟致一作臻。其酷。遂使茫茫區寓，囹圄所以寔繁；蠢蠢黔黎，手足爲之無措。自斯以降，禁網愈密，雖深袁準之書，事切劉弘之奏。太宗文皇帝至道難名，玄功不測，撥亂反正，恤獄慎刑，杜澆弊之餘源，削繁苛之峻法。道臻刑措，二十餘年，恥恪之義斯隆，惻隱之懷猶切。玉几遺訓，重令刊改，瞻奉隆規，興言感咽。朕以虛寡，夙嗣寶圖，寅畏上玄，憂勤庶類，乗奔履薄，懼一物之未安，旰食宵衣，慮萬方之多罪。雖解網之德有慙列聖，而好生之惠無愧伊心。於是仰遵先旨，旁求故實，詔太尉揚州都督監脩國史上柱國趙國公無忌、開府儀同三司上柱國英國公勣、尚書左僕射監脩國史上柱國燕國公志寧、尚書右僕射監脩國史上護軍北平縣開國公行成、光禄大夫侍中監脩國史上護軍蓨縣開國公高季輔、銀青光禄大夫行黄門侍郎平昌縣開國公宇文節、中書侍郎柳奭、右丞段寶玄、太常少卿令狐德棻、吏部侍郎高敬言、刑部侍郎劉燕客、給事中趙文恪、中書舍人李友益、少府丞張行實、大理丞元紹、太府丞王文端、刑部郎中賈敏行等，爰建朝賢，詳定法律，酌前王之令典，考列辟之舊章，適其輕重之宜，採其寬猛之要，使夫畫一之制，簡而易從，約法之文《詔令》作章。疏而不漏。再移期月，方乃撰《詔令》作始勒。成，宜班下普天，垂之來葉，庶設而不犯，均被皇恩《詔令》作均彼上皇。凡在群司《詔令》作臣。逮於列岳，其務在審慎，稱朕意焉。永徽二年閏九月十四日。

《舊唐書》卷五〇《刑法志》 〔永徽〕三年詔曰：律學未有定疏，每年所舉明法，遂無憑準，宜廣召解律人條義疏奏聞，仍使中書門下監定。於是太尉趙國公無忌、司空英國公勣、尚書左僕射兼太子少師監修國史燕國公志寧、銀青光禄大夫刑部尚書唐臨、大中大夫守大理卿段寶玄、朝議大夫守尚書右丞劉燕客、朝議大夫守御史中丞賈敏行等，參撰《律疏》，成三十卷。四年十月奏之，頒於天下。自是斷獄者皆引疏分析之。

《舊唐書》卷五〇《刑法志》 永徽六年七月，上謂侍臣曰：律通比附，條例太多。左僕射志寧等對：舊律多比附斷事，乃稍難解。科條極衆，數至三千。隋日再定，惟留五百。以事類相似者，比附科斷。今日所停，即是參取隋律修易。條章既少，極成省便。

（清）**沈家本《歷代刑法考·律令四·永徽律　式　式本　令　散頒格　留司格》** 《唐志》：高宗初即位，詔長孫無忌等增損格敕，其曹司常務曰《留司格》，頒之天下曰《散頒格》。龍朔、儀鳳中，司刑太常伯李敬玄、左僕射劉仁軌相繼又加刊正。

《藝文志》：《永徽律》十二卷，又《式》十四卷，《式本》四卷，《令》三十卷，《散頒天下格》七卷，《留本司行格》十八卷。太尉無忌、司空李勣、左僕射于志寧、右僕射張行成、侍中高季輔、黄門侍郎宇文節

柳奭、右丞段寶玄、太常少卿令狐德棻、吏部侍郎高敬言、刑部侍郎劉燕客、給事中趙文恪、中書舍人李友益、少府丞張行實、大府丞王文端、大理丞元紹、刑部郎中賈敏行等奉詔撰定。分格爲二部，以曹司常務爲行格，天下所共爲散頒格。永徽二年上。至龍朔二年，詔司刑太常伯源直心、少常伯李敬玄、司刑大夫李文禮復刪定，唯改官曹局名而已。《題行格》曰留本司格中本，《散頒格》曰天下散行格中本。《舊志》：永徽初，敕太尉長孫無忌等共撰定律令格式。舊制不便者，皆隨刪改。《舊紀》：永徽二年閏九月辛未，頒新定律令格式於天下。

按：永徽時有刪改之語，似律令亦有刪改矣。而《新志》但云增損格敕，《唐六典》亦無永徽刪改律令之文，疑永徽時律令二書不過小有更變，故諸書不言。其時永徽律令别自爲書，故《藝文》另列其目。式本猶律本也，乃舊所無者，其名僅見於此。

《舊唐書》卷五〇《刑法志》　龍朔二年，改易官號，因敕司刑太常伯源直心、少常伯李敬玄、司刑大夫李文禮等重定格式，惟改曹局之名，而不易篇第。麟德二年奏上。至儀鳳中，官號復舊。又敕左僕射劉仁軌、右僕射戴至德、侍中張文瓘、中書令李敬玄、右庶子郝處俊、黄門侍郎來恒、左庶子高智周、右庶子李義琰、吏部侍郎裴行儉馬載、兵部侍郎蕭德昭裴炎、工部侍郎李義琛、刑部侍郎張楚、金部侍郎盧律師等，刪緝格式。儀鳳二年二月九日，撰定奏上。先是詳刑少卿趙仁本撰《法例》三卷，引以斷獄，時議亦爲折衷。後高宗覽之，以爲煩文不便，因謂侍臣曰：律、令、格、式，天下通規，非朕庸虚所能創制。並是武德之際，貞觀已來，或取定宸衷，參詳衆議，條章備舉，軌躅昭然。臨事遵行，自不能盡，何爲更須作例，致使觸緒多疑。計此因循，非適今日，速宜改轍，不得更然。自是，《法例》遂廢不用。

（清）沈家本《歷代刑法考・律令四・永徽留本司格後》　《藝文志》：《永徽留本司格後》十一卷，左僕射劉仁軌、右僕射戴至德、張文瓘、中書令李敬玄、右庶子郝處俊、黄門侍郎來恒、左庶子高智周、右庶子李義琰、吏部侍郎裴行儉、馬載、兵部侍郎蕭德昭、裴炎、工部侍郎李義琛、刑部侍郎張楚金，金部郎中盧律師等奉詔撰，儀鳳二年上。

《舊唐書》卷五〇《刑法志》　〔則天臨朝〕又勅内史裴居道、夏官尚書岑長倩、鳳閣侍郎韋方質與刪定官袁智弘等十餘人，刪改格式，加計帳及勾帳式，通舊式成二十卷。又以武德已來、垂拱已前詔勅便於時者，編爲《新格》二卷，則天自製序。其二卷之外，别編六卷，堪爲當司行用，爲《垂拱留司格》。時韋方質詳練法理，又委其事於咸陽尉王守慎，又有經理之才，故《垂拱格》、《式》議者稱爲詳密。其律令惟改二十四條，又有不便者，大抵依舊。

《舊唐書》卷五〇《刑法志》　中宗神龍元年，制以故司僕少卿徐有功，執法平恕，追贈越州都督，特授一子官。又以丘神勣、來子珣、萬國俊、周興、來俊臣、魚承曄、王景昭、索元禮、傅遊藝、王弘義、張知默、裴籍、焦仁亶、侯思止、郭霸、李敬仁、皇甫文備、陳嘉言、劉光業、王德壽、王處貞、屈貞筠、鮑思恭二十三人，自垂拱已來，並枉濫殺人，所有官爵，並令追奪。天下稱慶。時既改易，制盡依貞觀、永徽故事。敕中書令韋安石、禮部侍郎祝欽明、尚書右丞蘇瓌、兵部郎中狄光嗣等，刪定《垂拱格》後至神龍元年已來制敕，爲《散頒格》七卷。又刪補舊式，爲二十卷，頒於天下。

（清）沈家本《歷代刑法考・律令四・垂拱格式刪垂拱式》　《唐志》：武后時，内史裴居道、鳳閣侍郎韋方質等，又刪武德以後至於垂拱詔敕爲新格，藏於有司，曰《垂拱留司格》。神龍元年，中書令韋安石又續其後至於神龍，爲《散頒格》。

《藝文志》：《垂拱式》二十卷，又《格》十卷，《新格》二卷，《散頒格》三卷，《留司格》六卷，秋官尚書裴居道、夏官尚書同鳳閣鸞臺三品岑長倩、鳳閣侍郎同鳳閣臺平章事韋方質、刪定官袁智弘、咸陽尉王守慎奉詔撰。加計帳、勾帳二式，垂拱元年上新格，武后制序。《刪垂拱式》二十卷，又《散頒格》七卷，中書令韋安石、禮部尚書同中書門下三品祝欽明、尚書右丞蘇瓌、兵部郎中狄光嗣等刪定，神龍元年上。

《舊志》：則天又勅内史裴居道、夏官尚書岑長倩、鳳閣侍郎韋方質與刪定官袁智弘等十餘人，刪改格式，加計帳及勾帳式，通舊式成二十卷。又以武德已來、垂拱已後詔勅便於時者，編爲《新格》二卷，則天自製序。其二卷之外，别編六卷，堪爲當司行用爲《垂拱留司格》。時韋方質詳練法理，又委其事〔及〕〔於〕咸陽尉王守慎，又有經《會要》：經作

法。理之才，故《垂拱格》、《式》，議者稱爲詳密。其律令惟改二十四條，又有不便者，大抵依舊。中宗神龍元年，依貞觀、永徽故事，敕中書令韋安石、禮部侍郎祝欽明、尚書右丞蘇瓌、兵部郎中狄光嗣等删定《垂拱格》，後至神龍元年已來制敕，爲《散頒格》七卷。又删補舊式，爲二十卷，頒於天下。《武后紀》：垂拱元年三月辛未，頒《垂拱格》。《會要》：三月二十六日。

《唐會要》：神龍元年六月二十七日，又删定《垂拱格》及《格後敕》，左僕射唐休璟、韋安石、散騎李懷遠、祝欽明、蘇瓌、郎中姜師度、狄光嗣等同删定，至神龍二年正月二十五日前制敕，爲《散頒格》七卷，又删補舊式，爲二十卷，表上之，制令頒於天下。

（唐）杜佑《通典》卷一六五《刑法·刑制》 麟德二年，重定格式行之。儀鳳二年，又删輯格式行之。及文明元年四月，勅：律令格式，内外官人退食之暇，各宜尋覽。仍以當司格令，書於廳事之壁，俯仰觀瞻，庶免遺忘。貞元二年七月，刑部侍郎韓回奏：刑部掌律令刑名，按覆大理及諸州應奏之事，並無爲諸司尋檢式文。比年諸司每有予奪，悉出檢頭，下吏得以生姦，法直因之輕重。又先有勅：當司格令並書於廳事之壁。此則百司皆合自有程式，不惟刑部獨有典章。訛弊日深，事須改正。勅旨：宜委諸曹，各以本司雜錢，置所要律令格式。其中要節，仍準舊例，録郎官廳壁。左右臣勾當事畢，日奏其所請，諸司於刑部檢事，待本司寫格令等了日停。

武太后臨朝，又令有司删定格式，加計帳及勾帳式，通舊式成二十卷。又以武德以來、垂拱以前詔勅便於時者，編爲《新格》二卷，太后自製序。其二卷之外，別編六卷，堪爲當司行用爲《垂拱留司格》。時韋方質詳練法理，又委其事咸陽尉王守慎，又有經治之才，故垂拱格、式，議者稱爲詳密。其律唯改二十四條。

神龍中，又删定垂拱格及神龍元年以來制勅，爲《散頒格》七卷。又删補舊式爲二十卷，頒於天下。景龍三年八月勅：應酬功賞，須依格式，格式無文，然始比例。其制勅不言自今以後及永爲常式者，不得舉引爲例。

《舊唐書》卷五〇《刑法志》 景雲初，睿宗又勅戶部尚書岑羲、中書侍郎陸象先、右散騎常侍徐堅、右司郎中唐紹、刑部員外郎邵知與、删定官大理寺丞陳義海、右衛長史張處斌、大理評事張名播、左衛率府倉曹參軍羅思貞、刑部主事閻義顓凡十人，删定格式律令。太極元年二月奏上，名爲《太極格》。

《舊唐書》卷七《睿宗本紀》 （景雲三年二月）己巳，頒新格式於天下。夏四月辛丑，制曰：

朕聞措刑由於用刑，去殺存乎必殺。明罰峻典，自古而然；立制齊人，於是乎在。自我朝建國，僅將百年，天下和平，其來已久。徃承隋季，守法頗專；比襲時安，持綱日緩。況朕薄德，甚莫逮先；惟人難理，遠不如昔。粤從守位，三載於兹，庶務煩勞，不損晷景。嘗謂自我作則，感而成化；痛乎迷俗忘返，不威罔懲。將至純風，先歸重典。比者贓賄不息，渝濫公行，放心未寧，禁犯無懼。此焉暫革，期於承平，遂割小慈，以崇大體。自今已後，造僞頭首者斬，仍没一房資財，同用曆者並停奪。非頭首者絞。其承前造僞人，限十日内首使盡。官典主司枉法受贓一匹已上，先決杖一百。其緣贓及惡狀被解及與替者，非還時不得輒入京城。縱家貫在京，不得輒至朝堂，妄有披訴。如有此色，並決杖仍加貶斥。其先在京城者，限三日内勒還。上下官僚輒緣私情相囑者，其受囑人宜封狀奏聞。成器已下，朕自決罰。其餘王公已下，並解見任官，三五年間不須齒録。其進狀人別加褒賞。御史宜令分察諸司。

《舊唐書》卷八《玄宗本紀》 （開元十年九月）甲戌，秘書監、楚國公姜皎坐事，詔杖之六十，配流欽州，死於路。都水使者劉承祖配流雷州。乙亥，制曰：朕君臨宇内，子育黎元。内修睦親，以敘九族；外協庶政，以濟兆人。勳戚加優厚之恩，兄弟盡友於之至。務崇敦本，克慎明德。今小人作孽，已伏憲章，恐不逞之徒，猶未能息。凡在宗屬，用申懲誡：自今已後，諸王、公主、駙馬、外戚家，除非至親以外，不得出入門庭，妄説言語，所以共存至公之道，永協和平之義，克固藩翰，以保厥休。貴戚懿親，宜書座右。又下制，約百官不得與卜祝之人交遊來往。

《舊唐書》卷五〇《刑法志》 （開元）二十二年，戶部尚書李林甫又受詔改修格令。林甫遷中書令，乃與侍中牛仙客、御史中丞王敬從，與明法之官前左武衛胄曹參軍崔見、衛州司戶參軍直中書陳承信、酸棗尉直刑部俞元杞等，共加删緝舊格式律令及敕，總七千二十六條。其一千三百二十四條於事非要，並删之。二千一百八十條隨文損益，三千五百九十四條仍舊不改，總成《律》十二卷，《律疏》三十卷，《令》三十卷，《式》

二十卷。《開元新格》十卷。又撰《格式律令事類》四十卷，以類相從，便於省覽。二十五年九月奏上，敕於尚書都省寫五十本，發使散於天下。其年刑部斷獄，天下死罪惟有五十八人。大理少卿徐嶠上言：大理獄院，由來相傳殺氣太盛，鳥雀不棲，至是有鵲巢其樹。於是百僚以幾至刑措，上表陳賀。玄宗以宰相燮理、法官平允之功，封仙客爲邠國公，林甫爲晋國公，刑部大理官共賜帛二千匹。

（清）沈家本《歷代刑法考・律令四・開元新格　格式律令事類》

《藝文志》：《開元新格》十卷，《格式律令事類》四十卷，中書令李林甫、侍中牛仙客、御史中丞王敬從、左武衛胄曹參軍崔晃、衛州司户參軍直中書陳承信、酸棗尉直刑部俞元杞等刪定，開元二十五年上。

《舊志》：〔開元〕二十二年户部尚書李林甫又受詔改修格令。林甫遷中書令，乃與侍中牛仙客、御史中丞王敬從，與明法之官前左武衛胄曹參軍崔晃、《新志》崔晃。衛州司户參軍直中書陳承信、酸棗尉直刑部俞元杞等，共加刪緝舊格式律令及敕，總七千二十六條。其一千三百二十四條於事非要，並刪之。二千一百八十條隨文損益，三千五百九十四條仍舊不改，總成〔律〕十二卷，《律疏》三十卷，《令》三十卷，《式》二十卷，《開元新格》十卷。又撰《格式律令事類》四十卷，以類相從，便於省覽。二十五年九月奏上。敕於尚書都省寫五十本，發使散於天下。

《舊紀》：二十五年九月壬申，頒新定《令》、《式》、《格》及《事類》一百三十卷於天下。

（元）馬端臨《文獻通考》卷一六六《刑考・刑制》　玄宗開元三年，黄門監盧懷慎等著《開元格》。其後李林甫又著《新格》。凡所損益數千條。宋璟著《後格》，皆以開元名書。天寶初，又詔刑部尚書蕭炅稍增損之。

（清）沈家本《歷代刑法考・律令四・開元格　後格》　《唐志》：玄宗開元三年，黄門監盧懷慎等又著《開元格》。至二十五年，中書令李林甫又著新格，凡所損益數千條。明年，吏部尚書宋璟又著《後格》，皆以開元名書。天寶四年，又詔刑部尚書蕭炅稍復增損之。《藝文志》：《開元前格》十卷，兵部尚書兼紫微令姚崇、黄門監盧懷慎、紫微侍郎兼刑部尚書李乂、紫微侍郎蘇頲、舍人吕延祚、給事中魏奉古、大理評事高智静、韓城縣丞侯郢璡、瀛州司法參軍閻義顓等奉詔刪定，開元三年上。《開元後格》十卷，又《令》三十卷，《式》二十卷，吏部侍郎兼侍中宋璟、中書侍郎蘇頲、尚書左丞盧從愿、吏部侍郎裴漼、慕容珣、户部侍郎楊滔、中書舍人劉令植、司直高智静、幽州司功參軍侯郢璡等刪定，開元七年上。《舊志》：開元初，玄宗敕黄門監盧懷慎云云，刪定格式令，至三年三月奏上，名爲《開元格》。六年，玄宗又敕吏部侍郎兼侍中宋璟云云等九人，刪定律令格式，至七年三月奏上，律令式仍舊名，格曰《開元後格》。

《祥刑典》按語云：黄門監盧懷慎等刪定格式令，《册府元龜》作開元元年，而《通鑑綱目》云三年正月以盧懷慎爲黄門監，則開元二年盧懷慎固未爲黄門監也。按《盧懷慎傳》，開元元年，進同紫微黄門平章事；三年，改黄門監。是此書始修於開元二年，奏上於三年，故懷慎書其新官也。《會要》言三年正月，而《舊志》作三月，互異。至七年之書，《會要》稱三月十九日，仍不殊也。

（宋）王欽若等《册府元龜》卷六一二《刑法部・定律令》　天寶四載，詔曰：刑之所設，將以閑邪！法不在嚴，貴於知禁。朕自臨萬國，向踰三紀，思弘至道之化，實務好生之德。比者，應犯極法，皆令免死配流，所以市無刑人，獄無寃繫。哀矜勿喜，冀洽於生靈，大小以情，寧忘於鑒寐。至於徒罪，雖非重刑，力役之外，不免拘繫，載罹寒暑，誠可矜量。自今以後，其犯罪應合徒者，並宜配諸軍効力。庶感激之士，因以成功。寬大之恩，叶於在宥，且本置杖罪，是代肉刑，將以矜人，非重爲法。今官吏決罰，或有生情，因兹致斃，深可哀憫。其犯杖罪，情非巨蠹者，量事亦令効力，宜令所司作載限，仍立條例處分。

（宋）王欽若等《册府元龜》卷六一二《刑法部・定律令》　〔天寶〕六載正月詔曰：朕承大道之訓，務好生之德，於今約法已去極刑，議罪執文猶存舊目。既措而不用，亦惡聞其名。自今以後，所斷絞、斬刑者，宜除削此條。仍令法官，約近例詳定處分。今斷極刑云：決重杖以代極刑，法始于此也。

（宋）王欽若等《册府元龜》卷六一二《刑法部・定律令》　〔天寶〕八載詔曰：唐虞省刑，畫冠不犯。秦漢制法，密網惟煩。理亂之機，得

失斯在。朕嘗想淳古，務崇敦樸，刑期不濫，政叶無爲，豈惟守於升平，庶有臻於大道。頃者，詳諸條目，已從推究。至於結斷，尚慮深刻，所貴從寬，示其知禁。宜令中書門下與刑部大理法官審更詳定法律之間，有所便者，具條目奏聞。

（宋）王欽若等《册府元龜》卷六一二《刑法部·定律令》 天寶十四年正月，勅府縣務煩，事須速決，若一一皆待勘覆，即必有稽留。伏準今年正月勅，自今以後，諸司應有決殺，囚若不承，正勅並不在行決之限。如跡涉兇險，須速決遣，並特勅處分者，亦宜一度覆奏者，伏以京邑浩穰，庶務煩劇，擒姦戮盜，事實尋常。若一罪一刑，動須覆奏，不惟懼於留獄，實亦煩於聖覽。況畿甸之内，尤須肅清，其强盗竊盗並犯徒以下罪情，準建中三年及天寶十四載勅處分。其餘罪犯，經有司準按者，請準今年正月勅處分。從之。

（宋）王欽若等《册府元龜》卷六一二《刑法部·定律令》〔乾元〕二年三月，詔曰：刑獄之典，以理人命，死無再生之路，法有哀矜之門。是以訟必有孚，刑期不用，周窮五聽，天下所以無寃。漢約三章，萬人以之胥悦，言念欽恤，用諧不變。自今以後，諸色律令，殺人、反逆、姦、盜及造僞、十惡外，自餘煩冗一切删除，仍委中書門下與刑部大理法官共詳定，具件奏聞。

（宋）王欽若等《册府元龜》卷六一二《刑法部·定律令》 代宗寶應元年九月，刑部侍郎盧元裕奏：準式，制勅與一頓杖者，決四十。重杖一頓者，決六十。無文至死，式内自有殺却、處盡等文，即明重杖，只合加數。京城先因處分決殺者多，一死不可復生，望準式文處分，或決痛杖一頓者，式文既不載，亦請準重杖六十例，不至死。許之。

《舊唐書》卷五〇《刑法志》 代宗大曆十四年六月一日，德宗御丹鳳樓大赦。赦書節文： 律令格式條目有未折衷者，委中書門下簡擇理識通明官共删定。自至德已來制敕，或因人奏請，或臨事頒行，差互不同，使人疑惑。中書門下與删定官詳決，取堪久長行用者，編入格條。三司使，準式以御史中丞、中書舍人、給事中各一人爲之，每日於朝堂受詞，推勘處分。建中二年，罷删定格令使並三司使。先是，以中書門下充删定格令使，又以給事中、中書舍人、御史中丞爲三司使。至是中書門下奏請復舊，以刑部、御史臺、大理寺爲之，其格令委刑部删定。

（宋）王欽若等《册府元龜》卷六一二《刑法部·定律令》 貞元八年十一月，詔曰：比者，所司斷罪，拘守科條。或至死刑，猶先決杖，處之極法，重此傷殘，非惻隱也。自今罪至死者，勿決先格。

（宋）宋敏求《唐大詔令集》卷八二《政事·刑法·頒行新定律令格式勅》 敕：簡而易從，疏而不漏，二者之義，良有旨哉。朕思正國綱，舉爲大化，至於律令格式，正之堤防。豈非沿襲，亦致增損。條流既廣，繁冗遂多，或輕重不倫，或交互相背。舞法之吏，因以情坐；得罪之人，何妨誤入。觸類而長，頗乖折中，永言於此，是用興懷。先令中書門下及明法人等，商量刊定，兼亦採諸群議，遍示其論。洎乎畢功，已淹歲序，近者親覽，又歷旬時，如此再三，事亦詳慎。不刊之典，固亦庶乎；適時之方，斯其宜矣。可頒告天下。貞元八年十一月。

（宋）王欽若等《册府元龜》卷六一二《刑法部·定律令》 憲宗元和二年七月，命刑部侍郎許孟容，大理少卿柳登，吏部郎中房式，兵部郎中蔣武，户部郎中熊執易，度支郎中崔元，禮部員外郎單貫之删定開元格後敕。

《舊唐書》卷五〇《刑法志》 元和四年九月敕：刑部大理決斷繫囚，過爲淹遲，是長姦倖。自今已後，大理寺檢斷，不得過二十日；刑部覆下，不得過十日。如刑部覆有異同，寺司重加不得過十五日；省司量覆不得過七日。如有牒外州府勘節目及於京城内勘，本推即日以報，牒到後計日數，被勘司却報不得過五日。仍令刑部具遣牒及報牒月日，牒報都省及分察使，各準勅文勾舉糾訪。

（宋）王欽若等《册府元龜》卷六一三《刑法部·定律令》〔元和八年二月〕又準開元十二年八月二十四日勅，比來小有訴競，即自刑割。自今已後，犯者先決四十，然後依法勘當。伏以先自毁傷，律令所禁，近日此類稍多，不至甚傷，徒驚物聽。請連勅牓白獸門，如進狀又務耳者，準前勅處分。又鞫讞已具，便合就行刑，皆近歲時，覬望恩澤，或緣一人稱寃，即十數人停決，囚繫淹久，姦吏用情。自今後，同罪人並伏，雖一兩人稱寃，不相連者，並先科決。稱寃者依前收禁聞奏。從之。

（宋）王欽若等《册府元龜》卷六一二《刑法部·定律令》〔元和〕

八年九月詔：減死戍邊。前代美政，量其遠邇，亦有便宜。自今已後，兩京及關内河南、河東、河北、淮南、山東西道州府，有犯罪繫囚，除大逆及殺人外，其餘應入死罪，並免死，配流天德五城諸鎮。有妻兒者，亦任自隨。又緣頃年以來，所有配隸，或非重辟，便至遠遷，有司上陳，又煩年限。向後，如有輕犯，更不得配流五城。先是，天德流人與諸州異，無歸還之限。刑部侍郎王播奏以七年放還爲限，著爲定令。

（宋）王欽若等《册府元龜》卷六一二《刑法部·定律令》〔元和〕十二年七月己酉，勅：左降官等，考滿量移，先有勅命，因循日久，都不舉行。遂使幽遐之中，恩澤不及。自今以後，左降官及量移未復資官，亦宜準此處分。如是，本犯十惡，五逆及指斥乘輿、妖言不順、假託休咎、反逆緣累及贓賄數多，情狀稍重者，宜具事由奏聞。其曾任刺史、都督、郎官、御史並五品以上常參官，刑部檢勘，具所犯事由聞奏，並申中書門下商量處分。如未滿五考已前遇恩者，準當時節文處分。其復資度數，準元和二年六月二十七日勅文處分。

（宋）王欽若等《册府元龜》卷六一三《刑法部·定律令》〔元和十二年〕九月，刑部奏準今年七月二十一日勅：諸左降官等經五考滿許量移者，其貶降日授正員官，或無責授，並請至五考滿，然後許本任處申闕並餘。左降官緣任去州府多在遐遠，至考滿日，其中有申牒稽遲致使留滯者，其刺史本判官、録事參軍、參軍等並請與下考。如考滿後，雖已申牒未量移間，其禄料並準天寶貞元兩度勅文，依舊支給。其本犯十惡等罪，已有正名，請依舊從之。

（清）沈家本《歷代刑法考·律令四·元和格敕　元和删定制敕》

《藝文志》：《元和格敕》三十卷，權德輿、劉伯芻等集。《元和删定敕》三十卷，許孟容、韋貫之、蔣乂、柳登等集。《舊志》：元和十三年八月，鳳翔節度使鄭餘慶等詳定《格後勅》三十卷，右司郎中崔郾等六人修上。其年，刑部侍郎許孟容、蔣乂等奉詔删定，復勒成三十卷。刑部侍郎劉伯芻等考定，如其舊卷。《唐會要》：元和二年七月，詔刑部侍郎許孟容、少卿柳登、郎中房式、熊執易、崔光禮、員外郎韋貫之等删定《開元格後勅》。至十年十月辛丑，刑部尚書權德輿奏，其元和三年準制删定，至元和五年删定畢，所奏三十卷。歲月最近，望且送臣本司。其五年以後有勅文合長行者，望令諸司録送刑部，臣請與本司侍郎郎官參詳錯綜，隨司編入本續，具聞奏。至十三年八月，鳳翔節度使等詳定《格後勅》三十卷，郎中崔郾、陳諷及庾敬休、王長文、元從質、林寶同修上進。其年，刑部侍郎許孟容、蔣乂等奏詔删定《格後勅》，勒成三十卷，刑部侍郎劉伯芻等考定，脩爲三十卷。《權德輿傳》：先是，詔許孟容、蔣乂刊彙格敕，既成，上之，留禁中；德輿請出其書，與侍郎劉伯芻參復研考，定三十篇奏上。《舊紀》：元和十年十月庚子，刑部尚書權德輿奏請行用新删定《敕格》三十卷，從之。

按：許孟容等所删定《開元格後敕》見《刑法志》，而《藝文志》不列其目，《藝文志》之《元和格敕》《刑法志》亦不及之。觀於《權德輿傳》，知孟容等所修之本留禁中未行，至詔輿等復修之，始奏請行用。《藝文志》之《元和格敕》，德輿所修，即元和删定制敕，孟容等初修之本也。至十三年詳定《格後敕》當又是一事。《舊志》及《會要》於十三年之下接云：其年刑部侍郎許孟容云云，孟容於四年遷京兆，十二年四月卒，豈得是年尚爲刑部侍郎？其年二字必有譌奪。

《舊唐書》卷五〇《刑法志》　元和十三年八月，鳳翔節度使鄭餘慶等詳定《格後勅》三十卷，右司郎中崔郾等六人修上。其年，刑部侍郎許孟容、蔣乂等奉詔删定，復勒成三十卷。刑部侍郎劉伯芻等考定，如其舊卷。

（元）馬端臨《文獻通考》卷一六六《刑考·刑制》　憲宗時，刑部侍郎許孟容等删天寶以後勅爲《開元格後勅》。

時李吉甫李絳爲相，吉甫言治天下必任賞罰，陛下頻降赦令，蠲逋賑饑，恩德至矣，然典刑未舉，中外有懈怠心。絳曰：今天下雖未大治，亦未甚亂，乃古平國用中典之時。自古欲治之君，必先德化。至暴亂之世，始專任刑法。吉甫之言過矣。帝以爲然。司空于頔亦諷帝用刑，以收威柄，帝謂宰相曰：頔懷姦謀，欲朕失人心也。

（宋）王欽若等《册府元龜》卷六一二《刑法部·定律令》　穆宗以元和十五年正月即位。閏正月，鹽鐵使柳公綽奏：當使監院場官及專知納給並吏人等有負犯合結罪者，比依推問聞奏，只罪本犯所由，其監臨主守都無科處。伏請從今舉名例律，每有官吏犯贓，監臨主守同罪，及不能

覺察者並請準條科處。所冀刑章具舉，貪吏革心。從之。

（宋）王欽若等《册府元龜》卷六一二《刑法部・定律令》 長慶元年五月，御史中丞牛僧孺奏：天下刑獄，苦於淹滯，請立程限。大事，大理寺限三十五日詳斷畢，申刑部，限三十日聞奏。中事，大理寺三十日，刑部二十五日。小事，大理寺二十五日，刑部二十日。一狀所犯十人已上，斷罪二十件已上，爲大事；所犯六人已上，所斷罪十件已上，爲中事；所犯五人已下，所斷罪十件已下，爲小事。其或所抵罪狀若所結刑名並同者，則雖人數甚多，亦同一人之例。比來刑獄淹滯，亦緣官吏人稀。今請刑部四覆官並大理六丞，每月常二十日入其厨料，牒户部準例加給。又近日所斷刑獄，多稱緣元推節目不盡，移牒勘覆，致此淹滯。今日以後，如臺推覆節目不盡，致令所司須更盤勘，元推官書下考，本典轉選日量殿三選。從之。

（宋）王欽若等《册府元龜》卷六一二《刑法部・定律令》 〔長慶元年〕十月，御史臺奏：應十惡及殺人、鬬毆，官典犯贓並詐僞訴良，劫盜，竊盜，及府、縣推斷訖，重論訴人等皆是姦惡之徒，推鞫之時，盡皆伏罪。臨刑之次，即又稱寃。或冀有動摇，或貴延日月，每度稱屈，皆須重推。遂使知證平人，常被追擾，經涉時歲，獄具無期。一姦人自犯刑章，數十家因緣破散，若無懲革，爲弊實深。伏請自今已後，有此色賊，臺及府縣並外州縣，但通計二度，推官不同，人皆有伏欵，及經三度斷結者，更有論訴，一切不在重推問限。其中縱有進狀，勅下如是，已經三度結斷者，亦請受勅處聞奏執論。庶得公務肅清，姦源杜絶。如是告本推官典受賄賂，推斷不平，及有寃濫事狀，言訖便可立驗者，即請與重推。如所告及稱寃，推勘又虚妄，及依前無理者，除本犯是死刑外，餘罪於本條更加一等科罪。如官典取受有實者，亦請於本罪更加一等。如有所寃屈不虚者，其第三度推官典，伏請本法外更加一等貶責。其第二度官典，亦請節級科處，冀使下無寃人，上無濫法。

（宋）宋敏求《唐大詔令集》卷八二《政事・刑法・删定制勅》 元和、長慶之中，皆因用兵，且欲濟事，所具制條，或是權宜。今四方少寧，庶政須理，每有司檢舉行下，則諸道援引申論，所執不同，遂成舛駁者。若不刊定，則無準憑。宜令尚書省諸行郎官，各取本司元和以來敕，參詳定訖送都省。令左丞重與尚書侍郎覆視，更加裁度，送中書門下議定奏聞。大和元年六月。

（宋）王欽若等《册府元龜》卷六一三《刑法部・定律令》 唐文宗大和元年六月，勅文武常參官：承前朝參不到，臺司皆據品秩書罰，其中班位雖同，俸入懸隔，一例書罰，事未得中。宜自今已後，檢點不到，據所請料錢每貫罰二十五文，其疾病爲衆所知者，不在罰限。餘任準臺司往例處分。

（宋）王欽若等《册府元龜》卷六一三《刑法部・定律令》 〔大和三年〕六月壬申中書門下奏：元和四年閏三月四日，勅應有鈆錫錢并合納官，如有人糾得一錢，賞百錢。當時勅條貴在峻切，今詳事實，必不可行。則有人告一百貫錫錢，須賞一萬貫銅錢，執此而行，是無畔際。今請令以鈆錫錢交易者，一貫以下，州府行常杖，決脊杖二十；十貫以下決六十，徒三年；過十貫已上，集衆決殺。其受鈆錫交易者亦準此。其鈆錫錢並納官。其能糾告者，一貫賞五千，不滿貫者準此。計賞累至三百千，仍且取當處官錢給付。其所犯人罪不至死者，徵納家資，充填賞錢。可之。

（宋）王欽若等《册府元龜》卷六一三《刑法部・定律令》 〔大和七年〕七月大理寺奏：準今年五月二十九日御史臺奏。勅大事限二十日、中事限十五日、小事限十日奏畢。詳臺司所奏即大理、刑部兩司俱炤詳具獄，未經刑部覆，一則失聖朝慎恤刑獄意，二則未合以生事上黷聖聰。伏請依舊程限，大理寺斷了，申刑部覆，同訖方奏。可之。餘準今年五月二十九日勅處分。

（宋）王欽若等《册府元龜》卷六一三《刑法部・定律令》 〔大和〕七年九月乙卯御史臺奏：準大和四年十月二十五日勅，大理寺決斷刑獄，大事二十日，中事十五日，小事十日奏畢。刑部詳覆，大事十五日，中事十日，小事八日奏畢。近日省寺詳斷，有踰勅限七十餘日者，抑由條奏之間未盡事理，舞文之吏得以遷延，徃徃決斷未下，瘐死獄中。臣請自今已後，刑獄本曹詳覽奏狀，有節目未具者大事七日内，小事五日内，條流事由只行一牒再勘，本推官三日内具事由牒報省寺。如情狀要節已具，省寺不得以小小節目移牒徃來，四遠州府牒勘本推後，事有不具結罪不得者，

請具事由奏聞，不得更逾勅限。又準貞觀三年七月十七日勅，允推狀内錢物大段事狀已具，小小節目未盡不妨詳斷者，省寺更不要移牒盤勘。又準《名例律》，二罪俱發以重者論。臣深詳勅文律意，惟懼刑獄淹延，使無辜者拘繫囹圄，罪惡者潛啓倖門。臣請勅下後御史臺嚴加察訪。如或踵前廢格知彈御史臺不舉，又省寺可斷不斷，不具可結斷事情聞奏，使結斷不得須便牒本處，致其稽遲，並請臨時量事大小論罪按罰。可之。

《舊唐書》卷五〇《刑法志》 大和七年十二月，刑部奏：先奉勅詳定前大理丞謝登《新編格後勅》六十卷者。臣等據謝登所進，詳諸理例，參以格式，或事非久要，恩出一時，或前後差殊，或書寫錯誤，並已落下及改正訖。去繁舉要，列司分門，都爲五十卷。伏請宣下施行。可之。

（宋）王欽若等《册府元龜》卷六一三《刑法部・定律令》〔大和〕八年二月中書門下奏：準貞元二十一年六月六日勅，訴事人不得越州縣臺府便經中書門下陳狀者。近日狡猾論競皆不待州府推斷，便來詣闕。非惟煩黷天聽，實亦頗啓幸門。請自今已後有此類先科越訴罪，然後推勘。

《舊唐書》卷五〇《刑法志》〔大和八年〕四月，詔：應犯輕罪人，除情狀巨蠹，法所難原者，其他過誤罪愆，及尋常公事違犯，不得鞭背，遵太宗之故事也。

《新唐書》卷五六《刑法志》 文宗命尚書省郎官各删本司敕，而丞與侍郎覆視，中書門下參其可否而奏之，爲《大和格後敕》。開成三年，刑部侍郎狄兼謩採開元二十六年以後至於開成制敕，删其繁者，爲《開成詳定格》。

（宋）王欽若等《册府元龜》卷六一三《刑法部・定律令》〔唐〕武宗以開成五年正月即位。十月，勅配流囚人行李所在州縣，申報到發時刻月日頗甚違遲。今再條流其遞過流囚，準律日行五十里。所在州縣，各具月日時刻，相承申報。自今更或停滯囚徒，有淹申發，其本判官罰五十直，縣令罰三十直，本典決脊杖五十。

（宋）王欽若等《册府元龜》卷六一三《刑法部・定律令》 會昌元年正月詔曰：朝廷典刑，理當畫一，官吏贓坐，不宜有殊。内外文武官犯入已贓絹三十疋盡處極法，惟鹽鐵度支户部等司官吏破使物數雖多，只遣塡納盜使之罪，一切不論。所以天下官錢悉爲應在姦吏，贓汚多則轉安，此弊最深，切要杜塞。自今以後度支鹽鐵户部等司官吏及行綱脚家等，如隱使官錢計贓至三十疋並處極法，除估納家産外，並不使徵納。其取受贓亦準此一條，從鹽鐵使柳公綽所奏也。

《舊唐書》卷五〇《刑法志》 會昌元年九月，庫部郎中、知制誥紇干泉等奏：準刑部奏，犯贓官五品已上，合抵死刑，請準獄官令賜死於家者，伏請永爲定格。從之。

（宋）王欽若等《册府元龜》卷六一三《刑法部・定律令》〔會昌〕四年七月，京兆府奏：擒盜賊並鬬行鬬毆人等，被姦惡所由，與府縣人吏同情欺罔，因緣卜射，求取恣爲，不顧典刑，隱藏愆犯。臣見今推鞫須立條科，應府縣所由。輒因事取錢，及恐嚇平人遣重囚，典引坊市人户，推問得實，贓至十貫以上者，從今後，伏請集衆決殺。十貫以下者，即量情科斷。如捕賊所由，捉搦賊贓至五十貫，請賞三十貫文。如贓至一百貫以上，取本贓一半以上充賞，庶賞罰必行，姦欺止息。從之。

（宋）王欽若等《册府元龜》卷六一三《刑法部・定律令》〔會昌〕五年正月，據律已去任者，公罪流以下勿論。公罪之條情有輕重，苟涉欺詐，豈得勿論？向後公罪情狀難恕，並不在勿論之限。

（宋）王欽若等《册府元龜》卷六一三《刑法部・定律令》〔大中〕四年正月詔：此後有故殺傷偶得免者，並同已殺人處分。又曰：攘竊之興，起于不足，近日刑罰頗峻，盜賊益煩，贓至一千便處極法，輕人性命，重彼貨財，既多殺傷，且乖教化，況非舊制，須議改更。其會昌元年二月二十六日勅：宜委所司，重詳定條流聞奏。

三月，户部奏：監臨主守，應將官物私自貸使，並借貸人，及以已物中納官司者，並專知別當。主掌所由，如有犯贓，並同犯入已贓，不在赦原之限。從之。

五月，御史臺奏，準今年正月二日節文，據會昌元年二月二十六日勅，盜贓至一百文，處死，宜委所司重詳定條目聞奏者，臣檢勘並請準建中三年三月二十四日勅，每有盜賊贓滿三疋以上，決殺。如贓數不充，量事科決。從之。

《舊唐書》卷一八《宣宗本紀》〔大中四年〕七月丙子，大理卿劉濛奏：古者懸法示人，欲使人從善遠罪，至於不犯，以致刑措。準大和

二年十月二十六日刑部侍郎高鉞條疏，準勘節目一十一件，下諸州府粉壁書於録事參軍食堂，每申奏罪人，須依前件節目。歲月滋久，文字湮淪，州縣推案，多違漏節目。今後請下諸道，令刻石置於會食之所，使官吏起坐觀省，記憶條目，庶令案牘周詳。從之。

《舊唐書》卷五〇《刑法志》 大中五年四月，刑部侍郎劉瑑等奉勅修《大中刑法總要格後勅》六十卷，起貞觀二年六月二十日，至大中五年四月十三日，凡二百二十四年雜勅，都計六百四十六門，二千一百六十五條。七年五月，左衛率倉曹參軍張戣進《大中刑法統類》一十二卷，勅刑部詳定奏行之。

《舊唐書》卷一八《宣宗本紀》 〔大中七年〕五月，左衛率府倉曹張戣集律令格式條件相類一千二百五十條，分一百二十一門，號曰《刑法統類》，上之。

《新唐書》卷五六《刑法志》 高宗初即位，詔律學之士撰《律疏》。又詔長孫無忌等增損格敕，其曹司常務曰《留司格》，頒之天下曰《散頒格》。龍朔、儀鳳中，司刑太常伯李敬玄、左僕射劉仁軌相繼又加刊正。武后時，内史裴居道、鳳閣侍郎韋方質等又删武德以後至於垂拱詔敕爲新格，藏於有司，曰《垂拱留司格》。神龍元年，中書令韋安石又續其後至於神龍，爲《散頒格》。睿宗即位，戶部尚書岑羲等又著《太極格》。

玄宗開元三年，黄門監盧懷慎等又著《開元格》。至二十五年，中書令李林甫又著新格，凡所損益數千條。明年，吏部尚書宋璟又著後格，皆以開元名書。天寶四載，又詔刑部尚書蕭炅稍復增損之。

肅宗、代宗無所改造。至德宗時，詔中書門下選律學之士，取至德以來制敕奏讞，掇其可爲法者藏之，而不名書。

憲宗時，刑部侍郎許孟容等删天寶以後敕爲《開元格後敕》。

文宗命尚書省郎官各删本司敕，而丞與侍郎覆視，中書門下參其可否而奏之，爲《大和格後敕》。開成三年，刑部侍郎狄兼謩採開元二十六年以後至於開成制敕，删其繁者，爲《開成詳定格》。

宣宗時，左衛率府倉曹參軍張戣以刑律分類爲門，而附以格敕，爲《大中刑律統類》，詔刑部頒行之。

此其當世所施行而著見者，其餘有其書而不常行者，不足紀也。《書》曰：慎乃出令。蓋法令在簡，簡則明，行之在久，久則信，而中材之主，庸愚之吏，常莫克守之，而喜爲變革。至其繁積，則雖有精明之士不能徧習，而吏得上下以爲姦，此刑書之弊也。蓋自高宗以來，其大節鮮可紀，而格令之書，不勝其繁也。

（清）嵇璜等《續通志》卷一四四《刑法略·歷代刑制》 唐之刑書有四，曰：律、令、格、式。令者，尊卑貴賤之等數，國家之制度也。格者，百官有司所常行之事也；式者，其所常守之法也。凡邦國之政，必從事於此三者。其有所違及人之為惡而入於罪戾者，一斷以律。律之為書，因隋之舊，為十有二：第一曰《名例》，二曰《衛禁》，三曰《職制》，四曰《戶婚》，五曰《廄庫》，六曰《擅興》，七曰《賊盜》，八曰《鬬訟》，九曰《詐偽》，十曰《雜律》，十一曰《捕亡》，十二曰《斷獄》。以笞、杖、徒、流、死為五刑。笞刑五，自十至五十。杖刑五，自六十至百。徒刑五，自一年至三年。流刑三，自二千里至三千里。死刑二，絞、斬。又有議請減贖當免之法。【略】流罪三，皆加千里；居作三歲至二歲半、二歲者，悉為一歲，餘無改焉。案：《刑志》二歲半下，漏二歲字，今據《唐六典》增入。又詔：每年正月、五月、九月及每月十齋日不行刑，吏受賕及犯盜、詐冒府庫物者，皆不原赦。按：《册府元龜》不行刑詔在正月，不原赦詔在二月，《志》倒置，今改正。

太宗即位，以古者斷獄，訊於三槐九棘之下，乃詔：死罪，中書、門下五品以上及尚書等平議之；三品以上，犯公罪流、私罪徒，皆不追身。又詔長孫無忌、房玄齡等復定舊令。帝嘗覽明堂針灸圖，見人之五藏皆近背，針灸失所則其害致死，歎曰：夫棰者，五刑之輕；死者，人之所重，安得犯至輕之刑而或致死？遂詔罪人無得鞭背。河内李好德，坐妖言下獄。大理丞張蘊古，以為好德病狂瞀，法不當坐。治書侍御史權萬紀，劾蘊古奏不以實。太宗怒，遽斬蘊古，既而大悔。因詔，死刑雖令即決，皆三覆奏。久之，又令二日五覆奏。決日，尚食勿進酒肉，教坊太常輟教習。諸州死罪三覆奏，其日亦蔬食。故時律，兄弟分居蔭不相及，而連坐則俱死，祖孫則配沒。帝以為未愜。乃令反逆者，祖孫與兄弟緣坐，皆配沒。惡言犯法者，兄弟配流而已。玄齡等遂與法司增損隋律，降大辟為流者九十二，流為徒者七十一，以為律，定令一千五百九十條，以為

令；按：定令條數《舊唐書》作一千五百九十條，《通典》同。《新唐書》作一千五百四十六條，《通考》同，今從《通典》。人〔又〕删武德以來勑三千餘條為七百餘條，以為格；又取尚書省列曹及諸寺監、十六衛計帳，以為式。凡州縣皆有獄，而京兆、河南獄治京師，其諸司有罪及金吾捕者，又有大理獄。京師之囚，刑部月一奏，御史巡行之。每歲立春至秋分，及大祭祀、致齋、朔望、上下弦、二十四氣、雨及夜未明，假日、斷屠月，皆停死刑。京師決死，蒞以御史、金吾，在外則上佐，餘皆判官蒞之。五品以上罪論死，乘車就刑，大理正蒞之，或賜死於家。凡囚已刑，無親屬者，將作給棺，瘞於京城七里外，壙有磚銘，上揭以榜，家人得取以葬。諸獄之長官，五日一慮囚。夏置漿飲，月一沐之。疾病給醫藥，重者釋械，其家一人入侍，職事散官三品以上，婦女、子孫二人入侍。天下疑獄讞大理寺不能決，尚書省衆議之，録可為法者，送秘書省。奏報不馳驛，經覆而決者，刑部歲以正月遣使巡覆，所至，閲獄囚杻校糧餉，治不如法者。杻校鉗鎖，皆有短長、廣狹之制，量囚輕重用之。囚二十日一訊，三訊而止，數不過二百。凡杖，皆長三尺五寸，削去節目。訊杖大頭徑三分二氂，小頭二分二氂；常行杖，大頭二分七氂，小頭一分七氂；笞杖大頭二分，小頭一分有半。死罪，校而加杻，官品勳階第七者，鎖禁之。輕罪及十歲以下至八十以上者、廢疾、侏儒、懷姙，皆頌繫以待斷。居作者著鉗若校，京師隸將作，女子隸少府縫作，旬給假一日，臘、寒食二日，毋出役院。病者釋鉗校、給假，疾差倍役。謀反者，男女奴婢沒為官奴婢，隸司農，七十者免之。凡役，男子入於蔬圃，女子入於廚饎。流移人在道疾病，婦人免乳，祖父母、父母喪，男女奴婢死，皆給假，授程糧。非反逆緣坐，六歲縱之，特流者，三歲縱之；有官者，得複仕。自張蘊古之死，法官以失出為誡，有失入者，反不加罪。自是吏法稍密。帝以問大理卿劉德威，得其故，遂命失出入者，皆如律。自此吏亦持平。詔流罪，無遠近皆徙邊要州。其後犯者寖少。又詔徙死罪以實西州，流者戍之，以罪輕重為更限。

高宗永徽初，勑太尉長孫無忌等共撰定律令格式。舊制不便者，皆隨有無更改。遂分格為兩部，其曹司常務曰《留司格》，留本司；天下所共者曰《散頒格》，下州縣。又以律學未有定疏，每年所舉法無準憑。遂詔無忌等參撰律疏。自是斷獄者，皆引疏分析之。龍朔間，改易官號，因勑司刑太常伯源直心等復位，格式惟改曹局之名，不易篇第案：《藝文志》及《册府元龜》皆作司刑太常伯源直心、少常伯李敬玄，《刑志》作太常伯李敬玄，殊誤，今改正。儀鳳初，官號復舊，又勑左僕射劉仁軌等删輯格式。當是時，大獄以尚書刑部、御史臺、大理寺雜案，謂之三司。而法吏以慘酷為能，至不釋枷而笞捶以死者，皆不禁。律有杖百，凡五十九條，犯者或至死而杖未畢。乃詔内有盜竊及蠱害尤甚者，量留十二條，自餘四十七條，並宜停。

武后垂拱中，内史裴居道、鳳閣侍郎韋方質、咸陽尉王守慎等删改格式，加計帳、勾帳二式，又以武德以來、垂拱以前詔勑便於時者，編為《新格》。《新格》之外別編六卷，堪為當司行用者，為《垂拱留司格》。其律惟改二十四條，文有不便者，大抵依舊。後自徐敬業起兵，疑天下人多圖已，乃修後周告密之法，詔官司受訊有言密事者馳驛奏之。又引酷吏周興、來俊臣輩，數興大獄，天下仄足。及周、來等伏誅，狄仁傑等相與論垂拱以來酷濫之寃，太后感悟。大足元年，乃詔法司及推事使敢多作辨狀而加語者，以故入論。中宗神龍初，詔左僕射唐休景等定《垂拱格》，又續其後至神龍元年正月二十五日以前制敕，為《散頒格》。又删補舊式。

睿宗景雲初，敕戶部尚書岑羲等删定格式律令，至太極元年成，名《太極格》。

玄宗開元初，紫微令姚崇、黄門監盧懷慎等删定格式令，名為《開元前格》按：《開元前格》、《藝文志》及《唐會要》俱作姚崇、盧懷慎等删定，《刑志》但舉盧懷慎而遺姚崇似非體例，今從《藝文志》改正。詔令後總管以下私使兵士，計庸以受所監臨財物論。又敕吏部尚書兼侍中宋璟等删定律令格式，律令式仍舊名，格曰《開元後格》。按：宋璟所撰《開元後格》，《會要》及《藝文志》皆云開元七年上，《刑志》以為二十六年，殊誤，今改正。於時，犯盜者先決一百，大半殞斃。乃詔令後抵罪人合杖、勑杖者並決杖六十。又詔曰：訴競之人即自刑害耳目者，先決四十，然後依法。又御史中丞李林甫奏：天下定贓估絹互有高下，如山南絹賤，河南絹貴。賤處計贓不至三百即入死刑，貴處至七百以上方至死刑，即輕重不侔，刑典安寄？請天下定贓估絹，每匹計五百五十價為限。從之。其後，侍中裴光庭、中書令蕭嵩，

以格後制敕行用之後，頗與格文相違，於事非便，奏令所司刪撰為《格後長行勅》。尋，又詔戶部尚書李林甫等修輯格令。舊格、式、律、令及敕，總七千九十八條，其一千三百二十四條於事非要並刪之，二千一百八十條隨事損益，三千五百九十四條仍舊不改，按：總七千九十八條，《刑志》誤作七千二十六條，與所刪所存條數不符，今據《唐律義疏》改正。總成律及律疏令式《開元新格》，共一百二卷。又撰《格式律令事類》四十卷，便於省覽。二十五年，上之。敕令尚書都省寫五十本頒於天下。天寶初，李林甫為相，數起大獄以誣陷忠良。天子亦自喜邊功，公私交困，盜賊起而獄訟繁。乃下詔曰：徒非重刑，而役者寒暑不釋械繫。杖，古以代肉刑也，或犯非巨蠹，而官吏生情捶以至死，其皆免，以配諸軍自効。民年八十以上及重疾有罪，皆勿坐。侍丁犯法，原之，俾終養。

肅宗即位，詔官吏枉法犯贓者，終身勿齒。既而廣平王俶，克復東京。百官受安祿山父子偽命者，以等定罪，重者刑於市，次賜自盡，次重杖一百死，次三等流貶，獨達奚珣及韋恒腰斬。初，史思明、高秀岩自拔歸命，聞珣等被誅，懼，乃復叛去。而三司用刑連年，流貶相繼。河北叛人畏誅不降，兵連不解。肅宗後亦悔，詔今後諸色律令，殺人、反逆、奸盜及偽造十惡外，自餘煩冗一切刪除。臨崩，詔天下流人皆釋之。

代宗常以至德以來用刑為戒，即位五年，府縣等獄無重囚，故時別敕決人捶無數。有司言：應決重杖之人，令式先無分別。京城知是蠹害決者多死，外州見流嶺南，決不至死。決有兩種，法開二門，請詳處分。乃詔：凡制敕與一頓杖者，其數止四十，至到與一頓及重杖一頓、痛杖一頓者，皆止六十，並不至死。

德宗即位，詔中書門下選理識通明官，共刪定律令格式條目。又取至德以來制敕奏讞，掇其可為法者，編入條格而不名書。建中時，刑部侍郎班宏，言謀反大逆及叛惡逆四者、十惡之大，犯者宜如律。其餘當斬絞刑者，請決重杖一頓處死，以代極法。從之。故時死罪皆先決杖，其數或百或六十。德宗以為既處極法，重此傷殘，實所不忍。詔今後罪至死者，勿先決杖。

憲宗元和時，命刑部侍郎許孟容等，刪天寶以後敕，為《開元格後敕》刑部奏改《律》卷第八，為《鬥競》。詔坐贓及他罪當贖者，諸道委觀察判官一人專勾當，及時申報。又詔：刑部大理決斷繫囚，過為淹遲，是長奸幸。今後，大理檢斷，不得過二十日，刑部覆下，不得過十日。如刑部覆有異，同寺司重斷，不得過十五日，省司重覆，不得過七日。其有獄情可疑須再三詳審，非限內可畢者，即別狀分析中書門下奏請。常參官所舉人，如到任後，刑罰寃濫及有贓犯者，其薦舉官削階及停見任。其諸司奏官屬及有狀論薦人，如有贓犯過惡，亦請具名奏聞，量加殿罰。從之。詔兩京及關內、河南、河東、河北、淮南、山東西道州府，除大逆及殺人外，其餘死罪並配流天德五城諸鎮，有妻兒者，亦任自隨。又頃年配隸，或非重辟，便至遠遷，有司上陳又煩年限。向後如有輕犯，更不得配流五城。按：此詔《河南志》作山南，《山東西道志》脫山字。大逆殺人下，《志》有鑄錢造印若強盜持杖刼京兆界中及它盜贓踰三匹者二十二字。妻兒，《志》作父祖子孫，考之原詔皆非。今刪。先是，天德流人與諸州異，無歸還之限。刑部侍郎王播奏以七年放還為限。著為定令。鳳翔節度使鄭餘慶等奏上《詳定格後敕》。詔刑部左侍郎許孟容、蔣乂等刪定，復勒成三十卷。刑部侍郎劉伯芻等考定之。

穆宗時，每有司斷大獄，令中書舍人一人參酌而輕重之，號參酌院。其後大理少卿崔杞以為予奪繫於人情，而法官不得守其職，宜廢。乃罷之。又以御史中丞牛僧孺言立申奏程限：大事，大理寺限三十五日詳斷畢，申刑部，限三十日聞奏。一狀所犯十人已上，斷罪二十件已上，為大事；中事，大理寺三十日，刑部二十五日。所犯六人，所斷罪十件已上，為中事；小事，大理寺二十五日，刑部二十日。所犯五人，所斷罪十件已下，為小事。如元推節目不盡，致令所司須更盤勘者，元推官轉選日量殿三選。

文宗大和中，命尚書省郎官各刪本司敕，而丞與侍郎覆視，中書門下參其可否而奏之，為《太和格後敕》。詔犯輕罪人，除情狀巨蠹法所難原者，其他過誤罪愆及尋常公事違犯，不得鞭背。開成中，令刑部侍郎狄兼謩採開元二十六年以後至於開成制敕，刪其繁者，為《開成詳定格》。故時竊盜無死，所以原民情迫於饑寒也。

至武宗時，詔竊盜贓滿千錢者死。又律已去任者，公罪流已下勿論。武宗以為公罪之條情有輕重，苟涉欺詐，豈得勿論？乃詔向後公罪情狀難恕者，並不在勿論之限。

宣宗大中初，詔：持杖行刼並故殺人者，勿論已傷、未傷、已死及生，並以殺人法處分，不在赦原之限。欺冒老小以取財物者，意欲殺傷偶得免者，準此。仍編如令、格。又詔攘竊之興，起於不足，贓至一千便處極法，輕人性命，重彼財貨，既多殺傷，且乖教化，況非舊制，須議更改。乃準建中三年敕，贓滿三匹以上決殺，不滿者量事科決。又敕刑部侍郎劉瑑等修《大中刑法總要格後敕》。取貞觀二年至大中五年雜敕二千一百六十五條，分六百四十門，訂其輕重，名曰《大中刑法統類》。其後，左衛率府倉曹參軍張戣，又集律令格敕條件相類者一千二百五十條，分為一百二十門，號曰《刑律統類》。上之，詔刑部頒行。按：劉瑑之《刑法統類》止於雜敕，張戣之《刑律統類》則律令格敕皆有之，門類既殊，條數亦異，其為二書無疑，《新唐書・刑志》祇載張書而無劉書，今增正。又敕官吏犯贓及諸色取受，但是全未發覺已前能經官陳首，即準律文與減等，如知事發已有萌肇，雖未被追捕勘問，亦在不許陳首之限。法司會罪每脊杖一下折法杖十下，臀杖二下折笞杖五下。估絹結贓，天下一例，依上都以一千一百文（九十為陌）計贓絹一匹。

僖宗乾符時，又以法律去任勿論之條，頗為僥倖。敕今後州縣官吏所犯諸罪，五年之後去任勿論，五年內見任官吏追收據事定例。

臣等謹按：有唐一代，刑制論者，皆痛恨武后之任酷吏。此其說固然，然未若天寶之為禍更烈也。夫自武后開告密之門，周興、來俊臣等紛紛羅織，自宗室大臣至刺史、郎將莫不被其毒害，酷刑極矣。然當時，上則有狄仁傑、魏元忠等為之匡弼，下則有徐有功、杜景儉等存其平恕。周、來之黨又皆不久伏誅，故唐祚復寧。李林甫之奸，甚於周、來，吉網羅鉗，甚於侯萬，其所誣陷數十百人，如韋堅、李邕等皆一時名臣。而玄宗獨畀林甫為宰輔，任以終身，使開元之治蕩然無餘，其播遷也不亦宜哉。肅宗目覩安史之亂，宜存殷鑒，而信任深刻之吏不異玄宗，以故藩鎮叛人，兵連不解，使非代宗濟以仁恕，天下其能少靖乎？若夫文宗之時，政由宦寺。甘露之變，李訓、鄭注、王涯、舒元輿等悉腰斬、族誅。文宗心知其冤而不能救，其事益無足論矣！

《舊五代史》卷一四七《刑法志》 梁太祖開平三年十一月，詔太常卿李燕、御史蕭頃、中書舍人張衮、户部侍郎崔沂、大理卿王鄯、刑部郎中崔誥，共删定律令格式。

四年十二月，宰臣薛貽矩奏：太常卿李燕等重刊定律令三十卷，式二十卷，格一十卷，併目録一十三卷，律疏三十卷，凡五部一十帙，共一百三卷。勅中書舍人李仁儉詣閣門奉進，伏請目爲《大梁新定格式律令》，仍頒下施行。從之。原注：是時，大理卿李保殷進所撰《刑律總要》十二卷。

《舊五代史》卷六《梁書・太祖本紀》〔乾化元年正月二日〕制曰：戎機方切，國用未殷，養兵須藉於賦租，税粟尚煩於力役。所在長吏，不得因緣徵發，自務貪求，苟有故違，必行重典。立法垂制，詳刑定科，傳之無窮，守而勿失。中書門下所奏新定格式律令，已頒下中外，各委所在長吏，切務遵行。盡革煩苛，皆除枉濫，用副哀矜之旨，無違欽恤之言。

（清）嵇璜等《續通志》卷一四四《刑法略・歷代刑制》 後唐莊宗同光元年，御史臺奏本朝法書，自朱溫篡逆，删改事條，今見在三司收貯皆無舊本節目，只定州敕庫本朝法書具在。請敕定州節度使速寫副本進納。從之。未幾，定州王都進納《唐朝格式律令》，凡二百八十六卷。二年，刑部尚書盧質奏，纂集《同光刑律統類》，凡一十三卷，上之。又敕：應御史臺河南府行臺馬步司左右軍巡院，見禁囚徒，據罪輕重，限十日內並須決遣申奏，仍委諸道州府。見禁囚徒速宜疏理，不得淹停。其有內外形勢官員私事寄禁者，務要絶止，俾無冤滯。三年，敕在京及諸道州府所禁罪人，如無大過，速令疏決。又詔：諸司囚徒，罪無輕重，並宜各委本司，據罪詳斷申奏。罪輕者即時疏理，重者候至秋分，然後行法。如事繫軍機，須行嚴令，或謀逆惡，或蓄奸邪，或行殺刼人，難於留滯，並不在此限。

明宗天成中，勅：應天下州使繫囚，除大辟罪以上，委所在長史速推勘決斷，不得旁追證對，經過食宿之地，除當死刑外，並仰釋放，不許懲治。大理寺少卿王鬱奏請：死罪囚，近年全不覆奏，乞敕在京決前日各一覆奏，有凶逆犯軍令者，亦許臨時一覆奏。諸州府乞別降敕指揮。從之。又詔：諸州官員，如有善推疑獄及曾雪冤濫兼有異政者，具姓名聞奏，別加甄奬。長興中，令：凡關賊徒，若因推勘而致死者，有故，以故殺論，無故，減一等。如因拷決別增疾患，候驗分明。如無他故，雖辜

内致死，亦以減一等論。又令贓罪條件，或是監臨，或因公事，凡取與若顯涉貨財，並宜為贓罪。其餘不是監臨，不因公事，不在此限。又敕：州縣官僚能雪寃獄活人生命者，許非時選仍加階，超資注官與轉服色，已著緋者與轉兼官。又詔：自今後，逐處官吏，凡關推究，速與剸裁。如敢故縱依違，遂成枉濫，其元推官並當責罰，其逐處觀察使、刺史，別議朝典。前濮州録事參軍崔琮奏：諸道獄囚，恐不依法拷掠，或不勝苦致斃，翻以病聞，請置病囚院。敕委隨處長史，專切經心，凡有病囚，當時遣醫人診候療治，據所犯輕重決斷。並令五日一度，差人洗刷枷匣。又敕録《六典法書》，分為二百四十卷。自夏徂冬，令御史臺每日遞轉勘讀。京百司各於律令格式六典内，録出本司事，裁成卷軸，或粉壁寫在衙署，其後，又敕御史中丞龍敏等詳定《大中刑法統類》。末帝清泰初，勑：在本司官常宜省覽，以備顧問。諸道州縣亦有六曹内合行公事條件，抄録粉壁，官吏長宜觀省。其後，以法書盜竊條，量情量罪之文不定，乃令贓一匹，杖脊十八；不滿者，杖十五；不得財，杖臀十五。又天雄軍節度使范廷光上言：天成三年敕，應山林羣盜害物殘人者，全家處置。長興四年敕父母、兄弟、妻女小兒一切不罪，臣當管盜賊屢發，蓋因用法太寬，今後捕盜權行重條。詔曰：凡盜賊劫掠鄉村，依長興四年敕條，處斷。攻刼城鎮依天成二年敕，處斷。三年，御史中丞盧損等進清泰元年以前十一年内制敕，可久遠施行者，凡三百九十四道，編為三十卷，其不中選者，各令本司分閉，不得行用。詔付御史臺頒行。

《舊五代史》卷一四七《刑法志》　唐莊宗同光元年十二月，御史臺奏：當司刑部、大理寺本朝法書，自朱温僭逆，删改事條，或重貨財，輕入人命，或自狗枉過，濫加刑罰。今見在三司收貯刑書，並是僞廷删改者，兼僞廷先下諸道追取本朝法書焚燬，或經兵火所遺，皆無舊本節目。只定州勑庫有本朝法書具在，請勑定州節度使速寫副本進納，庶刑法令式，并合本朝舊制。從之。未幾，定州王都進納唐朝格式律令，凡二百八十六卷。

二年二月，刑部尚書盧價奏，纂集《同光刑律統類》凡一十三卷，上之。

（元）馬端臨《文獻通考》卷一六六《刑考·刑制》　後唐莊宗同光二年，刑部及御史臺奏廢僞梁新格，行本朝舊章。今集衆商量，《開元格》多是條流公事，《開成格》關於刑獄，今欲且請行《開成格》。從之。

《舊五代史》卷一四七《刑法志》　〔後唐莊宗同光三年〕六月甲寅，敕：刑以秋冬，雖關惻隱，罪多連累，翻慮滯淹。若或十人之中，（正）〔止〕爲一夫抵死，豈可以輕附重，禁錮逾時。言念哀矜，又難全廢，其諸司囚徒，罪無輕重，并宜各委本司據罪詳斷申奏。輕者即時疏理，重者候過立春，至秋分然後行法。如是事繫軍機，須行嚴令，或謀惡逆，或畜姦邪，或行劫殺人，難於留滯，並不在此限。

（清）沈家本《歷代刑法考·律令四·後唐同光刑律統類》　《五代會要》：後唐同光三年二月，刑部尚書盧質上新集《同光刑律統類》十三卷。《五代史》三年作二年，盧質作盧價。

（清）沈家本《歷代刑法考·律令四·開成格》　《五代會要》：天成元年九月二十八日，御史大夫李琪奏：奉八月二十八日勅，以大理寺所奏見管四部法書内有《開元格》一卷、《開成格》一十一卷，故大理卿楊遘所奏行僞梁格並目録一十一卷，與《開成格》微有舛誤，未審祗依楊遘先奏施行，爲復別頒聖旨，令臣等重加商較刊定奏聞者。今莫若廢僞梁之新格，行本朝之舊章，遵而行之，違者抵罪。至其年十月二十一日，御史臺、刑部、大理寺奏：奉九月二十八日勅：宜依李琪所奏，廢僞梁格，施行本朝格令者。伏詳勅命，未該律令。伏以開元朝與開成隔越七帝，年代既深，法制多異，且有重輕。律無二等，若將兩朝格文並行，伏慮重疊舛誤。況法者天下之大理，非一人之法，天下之法也，故爲一代不變之制。又勅：立後格合破前格。若將《開元格》與《開成格》並行，實難檢舉。又有《大和格》五十二卷、《刑法要録》一十卷、《格式律令事類》四十卷、《大中刑法格後勅》六十卷，共一百六十一卷，久不檢舉，伏請定其予奪。奉勅：宜令御史臺、刑部、大理寺同評定一件格施行者。今集衆商量，《開元格》多定條流公事，《開成格》關於刑獄，今欲且使《開成格》。從之。大理，《册府》作大信。

按：《開成格》即狄兼謩之《開成詳定格》也，後唐名紹唐祀，故云本朝舊章。

（宋）王欽若等《册府元龜》卷六一三《刑法部·定律令》　〔後唐

明宗天成〕二年六月，大理少卿王鬱奏：準貞觀五年八月二十一日勑。極刑雖令即決，仍三覆奏，在京五覆奏，決前三奏，次日兩奏。惟犯惡逆者一覆奏，著於格令。又準建中三年十一月十四日勑，應決大辟罪，在京者宜令行決之司三覆奏，決前兩奏，決日一奏，又謹按斷獄律，諸死罪囚不待覆奏報下而決者，流二千里，即奏報應決者，聽。三日乃行刑，若限未滿而行刑者，徒一年。伏以人命至重，死不再生。近年以來全不覆奏，或蒙赦宥，已被誅夷。伏乞勑下所司應在京有犯極刑者，令決前決日各一覆奏，聽進止。有兇逆、犯軍令者，亦許臨時一覆奏。應諸州府乞別降勑指揮，奏勑宜依。是時，少府少監申屠奏，請禁責情狀。皆從之。

（宋）王溥《五代會要》卷九《喪葬》〔後唐明宗〕長興二年四月，大理正劇可久奏，準開成格，應盜賊須得本贓，然後科罪。如有推勘因而致死者，以故罪論。臣請起今以後，若因而致死無故，即請減一等。別增患病而死者，從辜限，正贓減本罪五等。中書門下復奏：今後凡關賊徒，若推勘因而致死者，有故以故殺論，無故減一等。如拷決，因增疾患，候驗分明。如無他故，雖辜內致死，亦以減一等論。

（宋）王欽若等《册府元龜》卷六一三《刑法部·定律令》〔後唐明宗長興二年四月〕刑部郎中周知微奏：臣每詳覆案文，静究贓罪條件。或有因緣勘鞫滋蔓，告陳雖廣，詆論漸異根本。其間有物關獻遺，事同情異，或果實紙筆之徒，或絲履茶藥之類，逐色目計錢不及三二百，聚都數不過四五千，爲案牘之微贓，傷朝廷之大體。引律，二罪俱發，以重者論，不累輕以加重。請非正論事條外，定贓之時，並許除落。中書覆奏云：周知微踐揚華省，獻納明廷，所貢讜言，深符治道。蓋慮細微之物，便爲贓賄之名，遂致刑章，過行深刻。須知撙節，務守廉隅，或是監臨之司，或因公事之際，凡關取與，便涉阿私物。若顯屬貨財，並宜爲贓罪。其餘不是監臨，不因公事，不在此限。應推同科條，不得有違格律。

《舊五代史》卷一四九《職官志》〔後唐明宗長興二年閏五月詔〕律令、格式、六典，凡關庶政，互有區分，久不舉行，遂至隳紊。宜準舊制，令百司各於其間録出本局公事，巨細一一鈔寫，不得漏落纖毫，集成卷軸，兼粉壁書在公廳。若未有廨署者，文書委官主掌，仍每有新授官到，令自寫録一本披尋。或因顧問之時，須知次第，無容曠闕。每在執行，使庶僚則守法奉公，宰臣則提綱振領，必當彝倫攸叙。所謂至道不繁，何必期年，然後報政。宜令御史臺遍加告諭催促，限兩月内鈔録及粉壁書寫須畢，其間或有未可便行，及曾釐革事件，委逐司旋申中書門下，當更參酌，奏覆施行。

（宋）王欽若等《册府元龜》卷六一三《刑法部·定律令》〔後唐明宗長興二年〕六月勅：諸道州府推斷刑獄，或慮所司因循，仍以赦令前事輒有申治，紊亂刑罰，宜令盡舉。中興已來，所降赦書，德音釐革，恩勅曉示。王者應天順人，發號施令，布絲綸於遠邇，示恩信於華夷。儻隱而不行，則主者有罪。須重提舉，免致因循。宜令御史臺兼三京及諸道州府，應受詞狀及推勘詳斷之所，須將此令文牓壁，各令詳審，無至逾違。如或公然以赦書德音及恩勅前事，輒敢受而違理者，應狀案經過，處宜當勘，責以故違勅令律格科罪。兼自此後，凡有詳斷刑獄，並須先編坐律令格式條件及新勅釐革，次第施行。

（清）沈家本《歷代刑法考·律令五·詳定大中刑法統類》《册府》六百十三：長興四年六月，敕御史中丞龍敏，給事中張鵬，中書舍人盧導，刑部侍郎任贊，大理卿李延範詳定《大中刑法統類》。

按：《大中刑法統類》，不言何人之書，晋天福二年大理寺見管《統類》一十二卷，與張戣之書卷數相符，是五季時張書實相沿行用，此時所詳定必亦張書也。

（清）沈家本《歷代刑法考·律令五·天成長定格》宋《藝文志》：《天成長定格》一卷。《崇文目》：《後唐長定格》三卷。

按：《後唐長定格》與《天成長定格》似是一書，惟卷數不符。

（清）沈家本《歷代刑法考·律令五·天成雜敕》《宋志》：《天成雜敕》三卷。《崇文目》同。《通志略》：《後唐詔敕》，僞，蜀人編。

（宋）王溥《五代會要》卷九《定格令》清泰二年四月，御史中丞盧損等進清泰元年已前十一年内制勅，可久遠施行者凡三百九十四道，編爲三十卷，其不中選者各令本司封閉，不得行用。勅付御史臺頒行。

（宋）王欽若等《册府元龜》卷六一三《刑法部·定律令》〔清泰三年〕五月，中書門下奏：刺史位列公侯，縣令爲人父母，只合倍加乳哺，豈合自至瘡痍！一昨張宗裔胥吏詆論，合當極典。法司據律，罪止

徒流。向來此法極嚴，纔可存其軀命，即二十年不復還鄉，却緣近日赦宥稍頻，遷易頗數，致其兇物不顧嚴刑。臣竊惟立法稍嚴，則人不敢犯。其見行法律，望下所司，更加詳酌。及下御史臺刑部大理議云：舊律枉法贓十五疋絞。天寶元年加至二十疋，請今後犯枉法贓十五疋，準律絞；不枉法贓，舊律三十疋加役流；受所監臨五十疋，流二千里。今請依《統類》，不枉法贓過三十疋；受所監贓過五十疋。從之。

（宋）王欽若等《册府元龜》卷六六《帝王部·發號令》〔天福〕二年二月勅：古之用兵，必先立法，等第既分於將領，高卑自有於規繩。或聞近年，多踰此制，至於行間，士卒罔遵都内指揮，既侮國章，且乖師律。適當開創，要整紀綱，宜示條流，免于法制。應在京及諸道馬步諸軍將領、節級、長行等，今後仰並依階級次第，凡事制禦區分。如是長行或有違犯，即副將便可據罪處理。如是副將十將違犯，即便勒本指揮使據罪科處。指揮使違犯不出軍時，即委都指揮使具録事繇騰奏，當行勘斷。如是行營在外，即便委行營統領依軍法施行。其餘諸道軍都見在本處者，或有違犯，便委本處節級防禦團練使、刺史據罪科處。事要整齊，法宜遵守，分明告諭，咸使聞知。

（宋）王欽若等《册府元龜》卷六一三《刑法部·定律令》　晋高祖天福二年三月勅，大理寺奏《見管統類》一十三卷，《編勅》三卷，《散勅》七十六道，宜差侍御史李遐、刑部郎中鄭觀與本寺官員同爲參詳。今踏逐到静僧坊便欲删定再候進止者，勅李遐改官，鄭觀去世，更候差遣，轉慮稽延，宜令大理寺其合改正國號、廟諱等文字，如是不動格條，不礙理義，便可集本寺斷官員檢尋改正。如或顯繫重輕，須要商議，别具奏聞。其御史臺、刑部所有法書，改正文字者，亦宜準此。

（宋）王欽若等《册府元龜》卷六一三《刑法部·定律令》〔天福二年〕四月，勅應在京及諸道監臨主當倉庫官吏等，當受納時，例破加耗。及交替日，豈合虧懸！自今後，如得替交割及非時點檢，無故妄稱欠少者，並準唐長興二年勅條，計贓，絹五十疋，決重杖一頓處死。所有錢物，家業盡底通納，餘外不徵。其有自盗及私專用擅借，各依格律本條處分。

（清）沈家本《歷代刑法考·律令五·後晋天福編敕》《五代會要》：晋天福三年六月，中書門下奏：伏覩天福元年十月勅節文，唐明宗朝勅命法制，仰所在遵行，不得改易。今諸司每有公事，現執清泰元年十月十四日編勅施行，稱明宗朝勅，除編集外，並已封鎖不行。臣等商量，望差官將編集及封鎖前後勅文並再詳定，其經久可行條件，别録奏聞。從之。遂差左諫議大夫薛融、秘書監丞吕琦、尚書駕部員外郎知雜事劉皞、尚書刑部郎中司徒詡、大理正張仁瑑同參詳。至四年七月，薛融等上所詳定編勅三百六十八道，分爲三十一卷，令有司寫録，與格式參用。

左諫議大夫薛融，《册府》左作右，融一作馳。

《宋志》：《天福編敕》三十一卷。《崇文目》三十卷。

按：三十一卷與《會要》同，内一卷當是目録，《崇文目》作三十卷者，不數目録也。石晋所行用唐法爲多，此書亦多採後唐也。

（清）嵇璜等《續通志》卷一四四《刑法略·歷代刑制》　晋高祖天福二年，《敕統類》十二卷，《編敕》三卷，《散敕》七十六道。令大理寺改正國號、廟諱，如或顯繫重輕，須要詳議，别具奏聞。八月敕：今後，或有繫囚染疾者，並令逐處軍醫看候，於公廨錢内，量支藥價，或事輕者仍許家人候看。三年，中書門下，以天福元年十月敕，唐明宗朝，敕受法制，仰所在遵行，不得更易，而明宗朝敕除清泰間編集外，盡已封鎖不行。奏請將編集及封鎖前後敕文，並請詳定。從之。四年，上詳定《編敕》三百六十八道，分為十二卷，詔令百司寫録，與格式參用。九月，相州節度使桑維翰，奏管内所獲賊人，從來籍沒財產，云是鄴都舊例，格律未見明文。敕今後凡有賊人準格定罪，不得沒納家貲。五年，詔：自大中以來，務耳稱寃，決杖流配，訴雖有理，不在申明。今後宜據其所陳與為勘斷，準例別科。又詔竊盗贓滿五匹處死，三匹以上決杖配流，以盗論者，依律文處分。

（宋）王欽若等《册府元龜》卷六一三《刑法部·定律令》〔天福〕四年七月，右諫議大夫薛馳等上疏，詳定編勅三百六十八道，分爲十二卷。詔令百司寫録，與格式參用。九月，相州節度桑維翰上言，管内獲賊人，從來籍没財產。云是鄴都舊例，格律未見明文。勅桑維翰佐命功全，臨戎寄重，舉一方之往事，合四海之通規。況賊盗之徒，律令俱載，此爲撫萬姓而安萬國，豈忍罪一夫而破一家。聞將相之善言，成國家之美事，

既資王道，實契人心。今後凡有賊人，準格律定罪，不得没納家資。天下諸州皆準此處分。

（宋）王欽若等《册府元龜》卷六一三《刑法部・定律令》〔天福〕五年十月癸丑，詔曰：朕自臨區夏，每念生靈惡殺，爲心實慈是務。凡於獄訟，嘗切哀矜，況時漸興文，民皆知禁，宜伸輕典，用緩峻刑。今後竊盗贓滿五疋，處死；三疋以上，決杖配流。以盗論者，依律文處分。

（宋）王欽若等《册府元龜》卷六一三《刑法部・定律令》〔天福〕六年五月，尚書刑部員外郎李象奏請，今後凡是散官不計高低，若犯罪，不得當贖，亦不得上請詳定院覆奏。應内外文武官有品官者，自依品官法。有散試官者，應内外帶職廷臣賓從。有功將校等，並請同九品官例。其京都軍巡使及諸道州府衛前職員，内外雜任，鎮將等，並請準律不得上請當贖。其巡司，馬步司判官雖有曾歷品官者，亦請同流外職，準律杖罪已下，依決罰例。徒罪已上，仍依當贖法。

（宋）王欽若等《册府元龜》卷六一三《刑法部・定律令》少帝天福七年十二月詔：四京諸道州府決大辟罪，起今後宜令遇大祭祀、正冬、寒食、立春夏、雨雪未晴，已上並不得行極刑。如有已斷案，可取次日及雨雪定後施行，仍付所斷。

（宋）王欽若等《册府元龜》卷六一三《刑法部・定律令》漢高祖即位，稱天福。十二年八月勅：應天下凡關盗賊捕獲，不計贓物多少，按驗不虚，並宜處死。俾其重法，斯爲愛民。

《舊五代史》卷一一〇《周書・太祖本紀》〔周太祖廣順元年正月即位，制曰：〕古者用刑，本期止辟。今兹作法，義切禁非。蓋承弊之時，非猛則姦宄難制。及知勸之後，在寬則典憲得宜，相時而行，庶臻中道。今後應犯竊盗贓及和姦者，並依晋天福元年已前條制施行。應諸處犯罪人等，除反逆罪外，其餘罪並不得籍没家産，誅及骨肉。一依格令處分。

《宋史》卷二六四《盧多遜傳》周初，爲侍御史。漢末兵亂，法書亡失。至是，大理奏重寫律令格式，統類編敕。乃詔億與刑部員外郎曹匪躬、大理正段濤同加議定。舊本以京兆府改同五府，開封、大名府改同河南府，長安、萬年改爲次赤縣，開封、浚儀、大名、元城改爲赤縣。又定東京諸門薰風等爲京城門，明德等爲皇城門，啓運等爲宫城門，昇龍等爲宫門，崇元等爲殿門。廟諱書不成文，凡改點畫及義理之誤字二百一十有四。又以晋、漢及周初事關刑法敕條者，分爲二卷，附編敕，目爲《大周續編敕》，詔行之。

《舊五代史》卷一四七《刑法志》〔廣順〕二年二月，中書門下奏，準元年正月五日赦書節文，今後應犯竊盗贓及和姦者，並依晋天福元年已前條制施行。諸處犯罪人等，除反逆罪外，其餘罪並不籍没家産，誅及骨肉，一依格令處分者。請再下明勅，頒示天下。乃下詔曰：赦書節文，明有釐革，切慮邊城遠郡未得審詳，宜更申明，免至差誤。其盗賊，若是强盗，並準自來格條斷遣。其犯竊盗者，計贓絹滿三疋已上者，並集衆決殺。其絹以本處上估價爲定。不滿三疋者，等第決斷。應有夫婦人被强姦者，男子決殺，婦人不坐。其犯和姦者，並準律科斷，罪不至死。其餘姦私罪犯，準格律處分。應諸色罪人，除謀反大逆外，其餘並不得誅殺骨肉、籍没家産。先是，晋天福中勅，凡和姦者，男子婦人並處極法。至是，始改從律文焉。

（宋）王溥《五代會要》卷一〇《刑法雜録》顯德元年十月勅：應諸司賊盗，宜委本州府節度防禦團練等使、刺史專切斷除。其部内凡有賊盗及逃走軍健、諸色亡命之人，並須覺察，設計差人收拏，不計遠近，以獲爲限。

（宋）王應麟《玉海》卷六六《詔令・律令》周顯德四年五月二十四日，中書門下奏，朝廷所行用者《律》十二卷，《律疏》三十卷，《式》二十卷，《令》三十卷，《開成格》十卷，《大中統類》十二卷，後唐以來至漢末編三十二卷，廣順元年六月，侍御史盧億等以勅條二十六件編爲二卷，名爲《續編勅》。及制敕等。律令文辭古質，覽者難明，格敕條目繁多，閲者疑誤。於是，命侍御史張湜等十人訓釋删定爲《大周刑統》。五年七月丙戌初行，凡二十卷。别有目録，凡二十一卷，與律疏令式通行。

《舊五代史》卷一四七《刑法志》〔顯德〕五年七月，中書門下奏：侍御史知雜事張湜等九人，奉詔編集刑書，悉有條貫。兵部尚書張昭等一十人參詳旨要，更加損益。臣質、臣溥據文評議，備見精審。其所編集者，用律爲主；辭旨之有難解者，釋以疏意；義理之有易了者，略

其疏文。式令之有附近者次之，格勅之有廢置者又次之。事有不便於令、該説未盡者，別立新條於本條之下。其有文理深古、慮人疑惑者，別以朱字訓釋。至於朝廷之禁令，州縣之常科，各以類分，悉令編附。所冀發函展卷，綱目無遺。究本討源，刑政咸在。其所編集，勒成一部，別有目録，凡二十一卷。刑名之要，盡統於兹，目之爲《大周刑統》。欲請頒行天下，與律疏令式通行。其《刑法統類》、《開成格》、《編勅》等，採掇既盡，不在法司行使之限，自來有宣命指揮公事及三司臨時條法，州縣見今施行，不在編集之數。應該京百司公事，逐司各有見行條件，望令本司刪集，送中書門下詳議聞奏。勅宜依，仍頒行天下。乃賜侍御史知雜事張湜等九人各銀器二十兩，雜綵三十疋，賞刪定《刑統》之勞也。

《宋史》卷二七〇《劇可久傳》 世宗以刑書深古，條目繁細，難於檢討。又前後勅格重互，亦難詳審，於是中書門下奏曰：伏以刑法者，御人之銜勒，救弊之斧斤，有國家者不可一日而廢也。雖堯、舜之世，亦不能捨此而致治。今奉制旨，刪定律令，有以見明罰敕法之意也。竊以朝廷之所用者，《律》十二卷、《律疏》三十卷、《式》二十卷、《令》三十卷、《開成格》一十卷、《大中統類》一十二卷，後唐以來至漢末編勅三十三卷，及國朝制勅等。律令則文辭古質，或難以詳明；格勅則條目繁多，或有所疑誤。將救舞文之弊，宜伸畫一之規。所冀民不陷刑，吏有所守。臣等商議，望準制旨施行。仍命侍御史知雜事張湜、太子右庶子劇可久、殿中侍御史率汀、職方郎中鄧守中、倉部郎中王瑩、司封員外郎賈玭、太常博士趙礪、國子博士李光贊、大理正蘇曉、太子中允王伸等十人編集新格，勒成部秩。律令之有難解者，就文訓釋；格勅之有繁雜者，隨事刪削；其有矛盾相違、輕重失宜者，盡從改正，無或拘牽。候畢日，委御史臺、尚書省四品以上及兩省五品以上官參詳可否，送中書門下議定。從之。自是湜等於都省集議刪定，仍令大官供膳。五年，書成，凡三十卷，目曰《刑統》。宰相請頒天下，與律疏令式並行。

（清）沈家本《歷代刑法考・律令五・周續編敕》 《舊五代史・刑法志》：周太祖廣順元年六月，勅侍御史盧億、刑部員外郎曹匪躬、大理正段濤同議定重寫法書一百四十八卷。先是，漢隱帝末，因兵亂法書亡失，至是大理奏重寫律令格式、統類編勅，凡改點畫及義理之誤字凡二百一十有四，以晉、漢及國初事關刑法勅條，凡二十六件，分爲二卷，附於編敕，目爲《大周續編敕》，命省、寺行用焉。

按：《玉海》言宋初用周廣順類敕，當即此書。

（清）嵇璜等《續通志》卷一四四《刑法略・歷代刑制》 周太祖廣順初，以漢隱帝末年法書亡失，敕大理寺重寫，以晉、漢及國初，事關刑法勅條二十六件，分為二卷，附於《編敕》，目為《大周續編敕》。命省、寺行用焉。二年，詔：凡強盜，並準自來格條斷遣。其犯竊盜者，計贓絹滿三匹以上者，並集眾決殺。不滿三匹者，等第決斷。應有夫婦人被強姦者，男子決殺，婦人不坐。其犯和奸者，並準律科斷，罪不至死。又諸色罪人，除謀反、大逆外，餘並不得誅殺骨肉、籍沒家產。先是晉天福中，敕凡和奸者，男子、婦人並處極法，至是始改從律文焉。又敕：承前所立鹽麯條法，每犯至少盡處極刑。近年以來抵罪甚重，兼以邑居人戶隨稅請鹽，既不許將入城隍，又不容向外破賣。立法之弊一至於此。自後，凡鹽麯，犯一斤以下至一兩，杖臀十七，配役一年。五斤以下，一斤以上，杖脊二十，役三年。五斤以上，杖死之。煎鹻鹽犯一斤以下，杖脊二十，役三年。一斤已上，杖死之。凡城郭人戶，後屋稅鹽，並於城內請給。若外縣鎮郭下人戶，亦許將所請鹽歸家供食。又敕：民有訴訟，必先歷縣州及觀察使處決，不直乃聽詣臺省。世宗顯德四年，中書門下奏：準宣法書，行用多時，文意古質，條目繁細，使人難會，並前後敕格，互換重疊，亦難詳定，宜令中書門下並重刪定。從之。五年七月，編集成部，別有目録，凡二十一卷，因為《大周刑統》，與疏律令式通行。又敕：州縣自長官已下，因公事行責情杖，量情狀輕重，用不得過臀杖十五，因責情杖致死者，具其事由聞奏。又敕：諸盜前後三犯，曾經官司推問伏罪者，不問赦前後、贓多少，並決殺。

臣等謹按：五代之君，其最仁恕者莫如唐明宗，其最殘酷者莫如漢高祖。若梁，若晉，則介乎二者之間焉。周世宗英毅雄傑，可謂一時賢主。然考其行事，若竹奉璘、孟漢卿之流，往往以小事而遽罹大辟，嗜殺之機，亦所不免焉。夫時當五季，藩鎮專殺，百姓已遭塗炭，朝廷方覆露之不暇，而乃以草菅視之，其何以建不拔之基哉！

紀事

（宋）司馬光《資治通鑑》陳宣帝太建十三年九月 初，周法比於齊律，煩而不要，隋主命高熲、鄭譯及上柱國楊素、率更令裴政等更加修定。政練習典故，達於從政，乃採魏、晉舊律，下至齊、梁，沿革重輕，取其折衷。時同修者十餘人，凡有疑滯，皆取決於政。於是去前世梟、轘及鞭法，自非謀叛以上，無收族之罪。始制死刑二，絞、斬；流刑三，自二千里至三千里；徒刑五，自一年至三年；杖刑五，自六十至百；笞刑五，自十至五十。又制議、請、減、贖、官當之科以優士大夫。除前世訊囚酷法，考掠不得過二百；枷杖大小，咸有程式。民有枉屈，縣不爲理者，聽以次經郡及州省；若仍不爲理，聽詣闕伸訴。

（宋）司馬光《資治通鑑》陳宣帝太建十三年冬十月 戊子，始行新律。詔曰：夫絞以致斃，斬則殊形，除惡之體，於斯已極。梟首、轘身，義無所取，不益懲肅之理，徒表安忍之懷。鞭之爲用，殘剥膚體，徹骨侵肌，酷均臠切。雖云往古之式，事乖仁者之刑。梟、轘及鞭，並令去之。貴帶礪之書，不當徒罰；廣軒冕之蔭，旁及諸親。流役六年，改爲五載；刑徒三歲，變從三祀。其餘以輕代重，化死爲生，條目甚多，備於簡策。雜格、嚴科，並宜除削。自是法制遂定，後世多遵用之。

（宋）司馬光《資治通鑑》陳後主至德元年十一月 隋既班律令，蘇威屢欲更易事條，內史令李德林曰：修律令時，公何不言？今始頒行，且宜專守，自非大爲民害，不可數更。

（宋）司馬光《資治通鑑》陳後主至德元年十二月 帝以李穆功大，詔曰：法備小人，不防君子。太師申公，自今雖有罪，但非謀逆，縱有百死，終不推問。

《隋書》卷二五《刑法志》 〔開皇〕十二年，帝以用律者多致踳駁，罪同論異。詔諸州死罪不得便決，悉移大理案覆，事盡然後上省奏裁。十三年，改徒及流並爲配防。十五年制，死罪者三奏後決。十六年，有司奏合川倉粟少七千石，命斛律孝卿鞫問其事，以爲主典所竊。復令孝卿馳驛斬之，没其家爲奴婢，鬻粟以填之。是後盜邊糧者，一千已上皆死，家口没官。上又以典吏久居其職，肆情爲姦。諸州縣佐史，三年一代，經任者不得重居之。十七年，詔又以所在官人，不相敬憚，多自寬縱，事難克舉。諸有殿失，雖備科條，或據律乃輕，論情則重，不即決罪，無以懲肅。其諸司屬官，若有愆犯，聽於律外斟酌決杖。

《隋書》卷二五《刑法志》 〔開皇〕三年，〔隋文〕帝因覽刑部奏，斷獄數猶至萬條，以爲律尚嚴密，故人多陷罪。又敕蘇威、牛弘等更定新律，除死罪八十一條，流罪一百五十四條，徒杖等千餘條，唯定留五百條，凡十二卷。一曰《名例》，二曰《衛禁》，三曰《職制》，四曰《戶婚》，五曰《廄庫》，六曰《擅興》，七曰《賊盜》，八曰《鬭訟》，九曰《詐僞》，十曰《雜律》，十一曰《捕亡》，十二曰《斷獄》。自是刑網簡要，疏而不失。於是置律博士弟子員。

（宋）司馬光《資治通鑑》隋文帝開皇十二年二月 〔文〕帝以天下用律者多踳駁，罪同論異，八月，甲戌，制：諸州死罪，不得輒決，悉移大理按覆，事盡，然後上省奏裁。

（宋）司馬光《資治通鑑》隋文帝開皇十七年二月 帝以所在屬官不敬憚其上，事難克舉，三月，丙辰，詔諸司論屬官罪，有律輕情重者，聽於律外斟酌決杖。於是上下相驅，迭行捶楚，以殘暴爲幹能，以守法爲懦弱。

帝以盜賊繁多，命盜一錢以上皆棄市，或三人共盜一瓜，事發即死。於是行旅皆晏起早宿，天下懍懍。有數人劫執事而謂之曰：吾豈求財者邪！但爲枉人來耳。而謂我奏至尊：自古以來，體國立法，未有盜一錢而死者也。而不爲我以聞，吾更來，而屬無類矣！帝聞之，爲停此法。

《隋書》卷二五《刑法志》 是時〔文〕帝意每尚慘急，而姦回不止，京市白日，公行掣盜，人間强盜，亦往往而有。帝患之，問群臣斷禁之法。楊素等未及言，帝曰：朕知之矣。詔有能糾告者，没賊家產業，以賞糾人。時月之間，內外寧息。其後無賴之徒，候富人子弟出路者，而故遺物於其前，偶拾取則擒以送官，而取其賞。大抵被陷者甚衆。帝知之，乃命盜一錢已上皆棄市。行旅皆晏起早宿，天下懍懍焉。此後又定制，行署取一錢已上，聞見不告言者，坐致死。自此四人共盜一榱桷，三人同竊

一瓜，事發即時行決。有數人劫執事而謂之曰：吾豈求財者邪？但爲枉人來耳。而爲我奏至尊，體國正法，未有盜一錢而死也。而不爲我以聞，吾更來，而屬無類矣。帝聞之，爲停盜取一錢棄市之法。

（唐）杜佑《通典》卷一六四《刑法·刑制》 隋文帝初，令高熲等更定新律，其刑名有五：一曰死刑二，有絞，有斬。二曰流刑三，有千里、千五百里、二千里。應配者，千里居作二年，千五百里居作二年半，二千里居作三年。三曰徒刑五，有一年、一年半、二年、二年半、三年。四曰杖刑五，自六十至於百。五曰笞刑五，自十至於五十。而蠲除前代鞭刑及梟首轘裂之法。其流徒之罪皆減從輕。流役六年改為五年，徒刑五年改為三年。唯大逆、謀反、叛者，父子兄弟皆斬，家口没官。又置十惡之條，多採齊之制，而頗有損益。一曰謀反，二曰謀大逆，三曰謀叛，四曰惡逆，五曰不道，六曰大不敬，七曰不孝，八曰不睦，九曰不義，十曰內亂。十惡及故殺人獄成者，雖會赦，猶除名。

其在八議之科及官品第七以上犯罪，皆例減一等。其品第九以上犯者，聽贖。應贖者，皆以銅代絹。銅一斤為負，負十為殿。笞十者銅一斤，加至杖百，則十斤，徒一年，贖銅二十斤。每等則加銅十斤，三年則六十斤矣。流千里，贖銅八十斤，每等則加銅十斤，二千里則百斤矣。二死皆贖銅百二十斤。犯私罪以官當徒者，五品以上，一官當徒二年；九品以上，一官當徒一年。當流者，三流同，皆比徒三年。若犯公罪者，徒各加一年，當流者各加一等，其累徒過九年者，流二千里。

自前代相承，有司訊考皆法外，或有用大棒、束杖、車輻、鞵底、壓踝、杖桄之屬，盡除之。訊囚不得過二百，枷杖大小咸為之程品，行杖者不得易人。又勅四方辭訟，有枉屈縣不理者，令以次經郡及州，至省仍不理，乃詣闕申訴。有所未愜，聽撾登聞鼓，有司録狀奏之。帝又每季親録囚徒。常以秋分之前省閲諸州申奏罪狀，後因覽刑部奏，斷獄數猶至萬條，以為律尚嚴密，故人多陷罪。又勅蘇威、牛弘等更定新律，除死罪八十一條、流罪百五十四條、徒等千餘條，定留唯五百條，凡十二卷。一曰《名例》，二曰《衛禁》，三曰《職制》，四曰《戶婚》，五曰《廄庫》，六曰《擅興》，七曰《賊盜》，八曰《鬬訟》，九曰《詐偽》，十曰《雜律》，十一曰《捕亡》，十二曰《斷獄》。自是，刑網簡要，疏而不失。於是置律博士弟子員。斷決大獄，皆先牒明法，定其罪名，然後依斷。其後，帝以用律者多致踳駁，罪同論異，詔諸州死罪不得便決，悉移大理按覆，事盡，然後上取奏裁。十三年，改徒及流並為配防。十五年制，死罪者三奏而後決。帝無學，以文法繩下。諸州有主典盜倉粟者，差人馳驛斬之。又於殿前決人，或有盜一錢，亦死。

煬帝即位，以文帝禁網深刻，又勅修律令，除十惡之條。時斗秤皆小舊二倍，其贖銅亦加三倍為差，杖百則三十斤矣。徒一年者六十斤，每等加三十斤為差，三年則百八十斤矣。流無異等，贖二百四十斤。死同贖三百六十斤。舊制：釁門子弟不得居宿衛近侍之官。帝下制曰：諸犯罪被戮之門，周以下親，仍令合仕，聽參宿衛近侍之官。三年，新律成，凡五百條，為十八篇。詔施行之，謂之《大業律》。一曰《名例》，二曰《衛宮》，三曰《違制》，四曰《請求》，五曰《戶》，六曰《婚》，七曰《擅興》，八曰《告劾》，九曰《賊》，十曰《盜》，十一曰《鬬》，十二曰《捕亡》，十三曰《倉庫》，十四曰《廄牧》，十五曰《關市》，十六曰《雜》，十七曰《詐偽》，十八曰《斷獄》。其五刑之內，降從輕典二百餘條。其枷杖、決罰、訊囚之制，並輕於舊。是時，百姓久厭苛刻，喜於刑寬。其後，帝外征四夷，內窮嗜慾，兵革歲動，賦斂繁滋，盜賊蜂起，更為嚴制。

（清）沈家本《歷代刑法考·律令三·隋律》 《裴政傳》：開皇元年，轉率更令。詔與蘇威等修定律令。政採魏、晉刑典，下至齊、梁，沿革輕重，取其折衷。同撰著者十有餘人，凡疑滯不通者，皆取決於政。

《鄭譯傳》：詔譯參撰律令。

《文紀》：開皇元年冬十月戊子，行新律。

《蘇威傳》：隋承戰爭之後，憲章踳駁，上令朝臣釐改舊法，爲一代通典。律令格式，多威所定，世以爲能。

《李德林傳》：開皇〔元年〕，敕令與太尉任國公于翼、高熲等同修律令。事訖奏聞，別賜九環金帶一腰，駿馬一匹，賞損益之多也。格令班後，蘇威每欲改易事條。德林以爲格式已頒，義須畫一，縱令小有踳駁，非過蠹政害民者，不可數有改張。

《玉海》六十五：隋則律令格式並行。文帝開皇元年，以周法繁而不

要，命高熲、鄭譯及上柱國楊素、率更令裴政等更加修定，政練習典故，達於漢政，乃參魏、晉舊律，下至齊、梁，沿革輕重，取其折衷。時同修者十餘人，凡有滯礙，皆取決於政。開皇元年冬十月戊子始行新律，二年七月甲午行新令。

《經籍》：《隋律》十二卷。

《唐志》：高熲等《隋律》十二卷。

按：開皇律初修於元年，已刪除梟轘等酷刑，三年復刪除死罪八十一條，流徒杖一千一百數十條，又除孥戮相坐之法，輕重得中。唐律本之，此律法之一大變更也。惜隋文意尚慘急，不能慎守此節圍也。

（宋）王欽若等《册府元龜》卷六一二《刑法部·定律令》 武德元年，既受隋禪。詔納言劉文靜與當朝通議之士，因開皇律令而損益之，盡削大業所用繁峻之法。是時，大理少卿韓仲良言於帝曰：周代之律，其屬三千。秦法以來，約為五百。若遠依周制，繁紊更多，且官吏至公，自當奉法。若苟徇己，豈顧刑名。請崇寬簡，以允惟新之望。帝然之，於是採定開皇律行之，時以為便。

（唐）杜佑《通典》卷一七〇《刑法·寬恕》 及太宗初，令公卿更議絞刑之屬五十條，免死，唯斷其右趾，應死者多蒙全活。太宗尋又矜其受刑之苦，謂蕭瑀曰：前代不行肉刑久矣，今斷人右趾，意甚不忍。瑀曰：古之肉刑，乃死刑之外。陛下於死刑之內，降從斷趾，便是以生易死，足為寬法。上曰：朕意以為如此，故欲行之。又有上書言此非便，公可更思之。其後，蜀王府法曹參軍裴弘獻上疏駁律令，遂令參軍刪改之。於是與房玄齡等建議，以為古肉刑既廢，制為死、流、徒、杖、笞凡五等，以備五刑，今復設刖足，則是為六。刑減死意在於寬，加刑又殊煩峻。與八座定議奏聞。於是又除斷趾法，改為加役流三千里，居作二年。殿中監盧寬持私藥入尚食厨，所司議當重刑。上曰：止是錯誤不解。遂赦之。二年三月，大理少卿胡演進每月囚帳，上覽焉。問曰：其間罪亦有情可矜，何容皆以律斷？對曰：原情宥罪，非臣下所敢。上謂侍臣曰：古人云，鬻棺之家，欲歲之疫。非欲害於人，利於棺售故耳。今法司覆理一獄，必求深刻，欲成其考。今作何法，得使平允？王珪曰：今但選良善平恕人，斷獄允當者，賞之，即姦偽自息。上曰：古者斷獄，必訊於三槐九棘之官。今三公九卿，即其職也。自今大辟罪，皆令中書、門下四品以上及尚書議之。後大理引囚過，次列岐州刺史鄭善果。上謂演曰：如鄭善果，官位不卑，縱令犯罪，不可與諸囚同例。自今三品以上犯罪，不須將身過朝堂，聽進止。又舊條，兄弟分後，蔭不相及，連坐俱死，祖坐罪死，孫配流。會有同州人房强，弟任統軍於岷州，以謀反伏誅，强當從坐。太宗嘗録囚徒，憫其將死，為之動容，顧謂侍臣曰：刑典仍用，蓋風化未洽之咎。愚人何罪，而肆重刑乎？用刑之道，當審事理之輕重，然後加之以刑。何有不察其本而一概加誅，非所以恤刑重人命也。然反逆有二：一為興師動衆，二為惡言犯法。輕重有差，而連坐皆死，豈朕情之所安哉！更令百僚詳議。於是玄齡等復定議曰：按禮，孫為王父尸，按令，祖有蔭孫之義。然則祖孫親重，兄弟屬輕。應重反流，合輕翻死，據理論情，深為未愜。今定律：祖孫與兄弟緣坐，俱配役。其以惡言犯法不能為害者，情狀稍輕，兄弟免死，配流為允。從之。自是比古死罪，殆除其半。據隋代舊律，減入徒者七十一條。其當徒之法，唯奪一官。除名之人，仍同士伍。凡削苛去慘，變重為輕者，不可勝紀。又制：在京見禁囚，刑部每月一奏。從立春至秋分，不得奏決死刑。其大祭祀及致齋日、期朔望、上下弦、二十四氣、雨未晴、夜未明、斷屠、日月蝕及假日，並不得奏決死刑。因大理丞張蘊古、交州都督盧祖尚並以忤旨被誅斬。帝尋追悔，遂下制，凡決死刑，雖令即殺，二日中五覆奏，下諸州三覆奏。初，河内人李好德風疾瞀亂，有妖妄之言，詔大理丞張蘊古按其事。蘊古奏好德顛病有徵，法不當坐。治書侍御史權萬紀劾蘊古貫屬相州，好德兄厚德為其刺史，情在阿縱。又，盧祖尚固辭交州，並處斬。既而悔之，遂有此制。上又曰：古之行刑，君為徹樂減膳。朕廷無恒設之樂，莫知何徹，然對食即不啖酒肉。自今以後，令供御官知，刑人日勿進酒肉。教坊及太常，並宜停教。曹司斷獄，多據律令，雖情在可矜，而不敢違法，守文定罪，或恐有寃。自今門下覆理，有據法合死而情在可宥者，宜録狀奏。自是全活者甚衆。其五覆奏，決以前一日一覆奏，決日又三覆奏。唯犯惡逆者，一覆而已。著之於令。四年十一月，制：決罪人不得鞭背。太宗以暇日觀明堂圖，見五藏之系，皆附於背，乃嘆曰：夫箠者，刑之最輕者也。死者，生之至重者也。豈容犯最輕之刑而或致死？自古帝王不悟，不亦悲夫！即日隨有此制。五年十二

月，上親録囚徒，放死罪三百九十人歸於家，令明年秋來就刑。其後，應期畢至，下詔悉原之。

（宋）王溥《唐會要》卷三九《定格令》 貞觀十一年正月十四日，頒新格於天下。凡律五百條，分爲十二卷，大辟者九十二條，減流入徒者七十一條。合爲三十卷，二十七篇，一千五百九十條，格七百條，以爲通式。

《舊唐書》卷五六《刑法志》 高宗初即位，詔律學之士撰《律疏》。又詔長孫無忌等增損格敕，其曹司常務曰《留司格》，頒之天下曰《散頒格》。龍朔、儀鳳中，司刑太常伯李敬玄、左僕射劉仁軌相繼又加刊正。

（宋）王溥《唐會要》卷三九《定格令》 永徽二年閏九月十四日，上新刪定律令格式，太尉長孫無忌，開府儀同三司李勣，尚書左僕射于志寧，尚書右僕射張行成，侍中高季輔，黄門侍郎宇文節、柳奭，尚書右丞段志玄，吏部侍郎高敬言，刑部侍郎劉燕客，太常少卿令狐德棻，給事中趙文〔恪〕，中書舍人李友益，刑部郎中賈敏行，少府監丞張行實，大理丞元紹，太府丞王文端等同修。勒成律十二卷，令三十卷，式四十卷，頒於天下。遂分格爲兩部：曹司常務者爲《留司格》，天下所共者爲《散頒格》。《散頒格》下州縣，留司格本司行用。至三年五月，詔律學未有定疏，每年所舉明法，遂無定賃準，宜廣召解律人按義疏奏聞，仍使中書門下監定。參撰《律疏》，成五十卷。太尉長孫無忌、司空李勣、尚書左僕射于志寧、刑部尚書唐紹、大理卿段志玄、尚書右丞劉燕客、御史中丞賈敬行等同撰，四年十一月九日上之，詔頒於天下。龍朔二年二月，改易官名，勑司刑太常伯源直心等，重定格式，唯改曹局之名，不易篇第。至麟德二年，奏上之。至儀鳳二年，官號復舊，又勑刪輯，三月九日，刪輯格式畢，上之。尚舊左僕射劉仁軌、尚書右僕射戴至德、侍中張文瓘、中書令李敬玄、太子右庶子赦處俊、黄門侍郎來恆、太子左庶子高智周、吏部侍郎裴行儉馬戴、兵部侍郎蕭德〔昭〕裴炎、工部侍郎李義琰、刑部侍郎張楚金、右司郎中盧律師等，至垂拱九年三月二十六日，刪改格式，加計帳及勾帳式，通舊式成三十卷。又以武德以來，垂拱已前詔勑便於時者，編爲新格二卷。內史裴居道，夏官尚書岑長倩，鳳閣侍郎韋方質，與刪定官袁智宏等十餘人同修，則天自製序。其二卷之外，別編六卷，堪爲當司行用，爲《垂拱留司格》。時韋方質詳練法理，又委其事於咸陽縣尉王守慎，有經理之才，故垂拱格式，議者稱爲詳密。其律唯改二十四條，又有不便者，大抵仍舊。至神龍元年六月二十七日，又刪定《垂拱格》及《格後勑》。尚書左僕射唐休璟，中書令韋安石，散騎常侍李懷遠，禮部尚書祝欽明，尚書右丞蘇瓌，兵部郎中姜師度，户部郎中狄光嗣等同刪定，至神龍二年正月二十五日已前制勑，爲《散頒格》七卷。又刪補舊式爲二十卷，表上之，制令頒於天下。

《舊唐書》卷五〇《刑法志》 太尉趙國公無忌、司空英國公勣、尚書左僕射兼太子少師監修國史燕國公志寧、銀青光禄大夫刑部尚書唐臨、太中大夫守大理卿段寶玄、朝議大夫守尚書右丞劉燕客、朝議大夫守御史中丞賈敏行等，參撰《律疏》，成三十卷，四年十月奏之，頒於天下。自是斷獄者皆引疏分析之。

《舊唐書》卷六《則天皇后本紀》 〔垂拱元年三月〕頒下親撰《垂拱格》於天下。

（宋）李昉等《太平御覽》卷六三八《刑法部·律令》 《隋書》曰：李德林開皇元年勑令，與太尉任國公于翼、高熲等同修律令，事訖別賜九環金帶一腰，駿馬一疋，賞損益之多也。

又曰：劉行本爲侍御史，雍州別駕元肇言於上曰：有一州受人餽錢二百文，依律令合杖一百，然臣下車之始與其爲約，此吏故違，請加徒一年。行本駮之曰：律令之行，已發明詔，與民約束。今肇乃敢重其教命，輕忽憲章，欲申乞，言之必行，忌朝廷之大信，虧法取罪，非人臣之體。上嘉之。

（宋）王溥《唐會要》卷三九《定格令》 景龍元年十月十九日，以神龍元年所刪定格式漏略，命刑部尚書張錫，集諸明於法理人，重加刪定。至景雲元年，勑又令刪定格令，太極元年二月二十五日，奏上之，名爲《太極格》。户部尚書岑義，中書侍郎陸象先，左散騎常侍徐堅，右司郎中唐紹，刑部員外郎邵知新，大理丞陳義〔海〕、左衛長史張處盛、大理評事張名播，左衛倉曹參軍羅思直，刑部主事閻顗等同修。

（宋）王欽若等《册府元龜》卷六一二《刑法部·定律令》 景龍二年九月，勑鳥雀昆蟲之屬不得擒捕，以求贖生。犯者先決三十。

(宋)王溥《唐會要》卷五四《定格令》 景龍三年八月九日勅，應酬功賞，須依格式。格式無文，乃始比例。其制勅不言自今以後及永爲常式者，不得攀引爲例。文明元年四月十四日勅，律令格式，爲政之本，內外官人，退食之暇，各宜尋覽，仍以當司格令書於廳事之壁，俯仰觀瞻，使免遺忘錯誤。

(清)沈家本《歷代刑法考·律令四·太極格》 《唐志》：睿宗即位，戶部尚書岑義等又著《太極格》。《藝文志》：《太極格》十卷，戶部尚書同中書門下三品岑羲、中書侍郎同中書門下三品陸象先、右散騎常侍徐堅、右司郎中唐紹、刑部員外郎邵知新、大理寺丞陳義海、評事張名播、右衛長史張處斌、右衛率府倉曹參軍羅思貞、刑部主事閻義顓等刪定，太極元年上。《舊志》：景雲初，睿宗又敕岑羲等凡十人，刪定格式律令。太極元年二月奏上，名爲《太極格》。《會要》：正月二十五日奏上。《舊紀》：太極三年春二月己巳，頒新格式於天下。

(唐)杜佑《通典》卷一六五《刑法·刑制》 唐高祖起義，至京師，約法十二條。唯制殺人、劫盜、背軍、叛逆者死，餘並蠲除之。及受禪，又制五十三條格，入於新律。武德七年，頒行之。至太宗即位，制絞刑之屬五十條，免死，斷右趾。其後，蜀王府法曹參軍裴弘獻又駁律令不便者四十餘事，太宗遂令刪改之，除斷趾法，加役，流三千里，居作二年。比古死刑，殆除其半。據有司定律五百條，分為十二卷，於隋代舊律，減大辟入流九十二條，減入徒者七十一條。又定令千五百九十條，為三十卷。貞觀十一年正月，頒行之。刪武德、貞觀以來勅格三千餘件，定留七百條，以為格十八卷。七年十二月，詔：三品以上犯公罪，流；私罪，徒。送問日不須追身。高宗永徽初，又令長孫無忌等撰定格式，舊制不便者皆隨有無刪改，遂分格為兩部，曹司常務為《留司格》，天下所共者為《散頒格》。四年，有司撰《律疏》三十卷，頒天下。麟德二年，重定格式，行之。儀鳳二年，又刪緝格式，行之。及文明元年四月，勅：律令格式，內外官人退食之暇，各宜尋覽。仍以當司格令，書於廳事之壁，俯仰觀瞻，庶免遺忘。武太后臨朝，又令有司刪定格式，加計帳及勾帳式、通舊式成二十卷。又以武德以來、垂拱以前詔勅便於時者，編為《新格》二卷，太后自制序。其二卷之外新編六卷，堪為當司行用，為垂拱留司格。時韋方質詳練法理，又委其事咸陽尉王守慎，又有經治之才，故垂拱格式，議者稱為詳密。其律唯改二十四條。神龍中，又刪定垂拱格及神龍元年以來制勅，為《散頒格》七卷，又刪補舊式為二十卷，頒於天下。景雲初，又勅刪定舊格式令。太極元年二月奏上，名《太極格》。開元初，玄宗又令刪定格式，令名為《開元律》，又刪定律令，名為《開元後格》。至二十五年，又令刪緝舊格式律令及勅，總七千四百八十條。其千三百四條於事非要，並刪除之。二千一百五十條隨文損益，三千五百九十四條仍舊不改，總成律十二卷，疏三十卷，令三十卷，式二十卷。《開元新格》十卷，又《格式律令事類》四十卷，以類相從，便於省覽。二十五年九月，奏上之，勅於尚書都省寫五十本，發使散於天下。略件文要節如後：開元十四年九月勅：如聞用例破勅及令式，深非道理。自今以後，不得更然。二十五年九月，兵部尚書同中書門下三品李林甫奏，今年五月三十日已前勅制，不入新格式者，望並不在行用。名例律曰：笞刑五。自十至五十。贖銅從一斤至五斤。杖刑五。自六十至百，其贖銅從六斤至十斤。徒刑五。自一年至三年，其贖從二十斤至六十斤。流刑三。自二千里至三千里，其贖從八十斤至百斤。

《舊唐書》卷五〇《刑法志》 開元初，玄宗敕黃門監盧懷慎、紫微侍郎兼刑部尚書李乂、紫微侍郎蘇頲、紫微舍人呂延祚、給事中魏奉古、大理評事高智靜、同州韓城縣丞侯郢璡、瀛州司法參軍閻義顓等，刪定格式令，至三年三月奏上，名爲《開元格》。六年，玄宗又勅吏部侍郎兼侍中宋璟、中書侍郎蘇頲、尚書左丞盧從願、吏部侍郎裴漼慕容珣、户部侍郎楊滔、中書舍人劉令植、大理司直高智靜、幽州司功參軍侯郢璡等九人，刪定律令格式，至七年三月奏上，律令式仍舊名，格曰《開元後格》。十九年，侍中裴光庭、中書令蕭嵩，又以格後制勅行用之後，頗與格文相違，於事非便，奏令所司刪撰《格後長行敕》六卷，頒於天下。

《新唐書》卷五六《刑法志》 玄宗開元三年，黃門監盧懷慎等又著《開元格》。至二十五年，中書令李林甫又著新格，凡所損益數千條。明年，吏部尚書宋璟又著後格，皆以開元名書。天寶四載，又詔刑部尚書蕭炅稍復增損之。

(唐)杜佑《通典》卷一七〇《刑法·寬恕》 開元十年六月勅：自今以後，準格勅應合決杖人，若有便流移左貶之色，杖訖，許一月內將

息，然後發遣。其緣惡逆指斥乘輿者，則臨時發遣。十五年，刑部斷獄，天下死罪唯有五十八人。大理少卿徐嶠上言：大理獄院，由來相傳殺氣太盛，鳥雀不棲，至是有雀巢其樹。於是百僚上表賀，以為幾至刑措。

（宋）王溥《唐會要》卷三九《定格令》 開元十四年九月三日勅，如聞用例破勅及令式，深非道理，自今以後，不得更然。

（唐）杜佑《通典》卷一七〇《刑法·寬恕》 天寶元年二月勅：官吏準律應犯枉法贓十五疋合絞者，自今以後，特加至二十疋。仍即編諸格律，著目不刊。六載正月勅：自今以後，所斷斬、絞刑者，宜削除此條，仍令法官約近例，詳定處分。

《舊唐書》卷五〇《刑法志》 建中二年，罷删定格令使并三司使。先是，以中書門下充删定格令使，又以給事中、中書舍人、御史中丞爲三司使。至是，中書門下奏請復舊，以刑部、御史臺、大理寺爲之，其格令委刑部删定。

《舊唐書》卷五〇《刑法志》 元和十三年八月，鳳翔節度使鄭餘慶等詳定《格後勅》三十卷，右司郎中崔郾等六人修上。其年，刑部侍郎許孟容、蔣乂等奉詔删定，復勒成三十卷。刑部侍郎劉伯芻等考定，如其舊卷。

（宋）王溥《唐會要》卷三九《定格令》 寶曆二年十月，大理卿裴向，進前本寺丞盧紓所撰《經法要録》十卷。

（宋）王溥《唐會要》卷三九《定格令》 大和四年七月，大理卿裴誼奏，當寺《格後勅》六十卷，得丞謝登狀，準御史臺近奏。從今以後，刑部大理寺詳斷刑獄，並以最後勅爲定。

《舊唐書》卷五〇《刑法志》 開成四年，兩省詳定《刑法格》一十卷，勅令施行。

《舊唐書》卷五〇《刑法志》 大中五年四月，刑部侍郎劉瑑等奉勅修《大中刑法總要格後敕》六十卷，起貞觀二年六月二十日，至大中五年四月十三日，凡二百二十四年雜勅，都計六百四十六門，二千一百六十五條。七年五月，左衛率倉曹參軍張戣進《大中刑法統類》一十二卷，勅刑部詳定奏行之。

（清）沈家本《歷代刑法考·律令四·大中刑法總要格後敕》 《藝文志》：《大中刑法總要格後敕》六十卷，刑部侍郎劉瑑等纂。《舊志》：大中五年四月，刑部侍郎劉瑑等奉勅修《大中刑法總要格後勅》六十卷，起貞觀二年六月二十日，至大中五年四月十三日，凡二百二十四年雜勅，都計六百四十六門，一千一百六十五條。《舊紀》：大中五年四月癸卯，刑部侍郎劉瑑奏：據今年四月十三日已前，凡二原作三似誤。百四十四年，雜制勅計六百四十六門，二千一百六十五條，議輕重，名曰《大中刑法統類》，欲行用之。新《劉瑑傳》：大中五年，遷刑部侍郎，乃裒彙敕令可用者，由武德訖大中，凡二千八百六十五事，類而析之，參訂重輕，號《大中刑律統類》以聞，法家推其詳。舊《瑑傳》：大中初，轉刑部侍郎。瑑精於法律，選大中以前二百四十四年制勅可行用者二千八百六十五條，分爲六百四十六門，議其輕重，别爲一家法書，號《大中統類》，奏行用之。

按：劉瑑《大中刑法總要格後敕》，《舊志》與《藝文志》同，《會要》亦同，《舊紀》則曰《刑法統類》，新《傳》則曰《刑律統類》，舊《傳》則曰《大中統類》，遂與張戣之書相亂。《五代會要》後唐天成元年，御史臺、刑部、大理寺奏内所舉舊格敕有《大中刑法格後敕》六十卷，當即瑑書，但省去總要二字耳。《舊志》六月二十日，《會要》作二十八日，或《志》文奪八字。二十四年，《舊紀》及《會要》作四十四年，考貞觀二年戊子至大中五年辛未，實二百二十四年，《紀》及《會要》傳譌也。

《新唐書》卷八一《孝敬皇帝弘傳》 會有司以征遼士亡命及亡命不即首者，身殊死，家屬沒官。弘諫以爲士遇病不及期，或被略若溺、壓死，而軍法不因戰亡，則同隊悉坐，法家曰亡命，而家屬與真亡者同沒。《傳》曰：與殺不辜，寧失不經。臣請條别其科，無使淪胥。詔可。帝幸東都，詔監國。時關中饑，弘視廡下兵食有榆皮、蓬實者，悄然命家令寺給米。

《新唐書》卷九九《崔仁師傳》 時有司以律反逆者緣坐兄弟没官爲輕，詔八坐議。咸言漢、魏、晋誅反夷三族，請改從死。仁師曰：父子天屬，足累其心，此而不卹，何愛兄弟？房玄齡曰：祖有蔭孫義，則孫祖親重，而兄弟屬輕。今應重者流而輕者死，非用刑意。遂不改。

《新唐書》卷一〇五《韓瑗傳》 韓瑗字伯玉，京兆三原人。父仲良，

武德初，與定律令，建言：周律，其屬三千，秦漢後約爲五百。依古則繁，請崇寬簡，以示惟新。於是採《開皇律》宜於時者定之。終刑部尚書，秦州都督府長史，潁川縣公。

《新唐書》卷一〇六《劉祥道傳》　劉祥道字同壽，魏州觀城人。父林甫，武德時爲内史舍人，典機密，以才稱。與蕭瑀等撰定律令，著《律議》萬餘言。

《新唐書》卷一九八《敬播傳》　有司建言：謀反大逆，惟父子坐死，不及兄弟，請更議。詔群臣大議，播曰：兄弟雖孔懷之重，然比於父子則輕，故生有異室，死有别宗。今高官重爵，本蔭唯逮子孫，而不及昆季，烏得榮隔其蔭，而罪均其罰。詔從播議。

（清）沈家本《歷代刑法考・律令四・大中刑律統類》　《唐志》：宣宗時，左衛率府曹參軍張戣以刑律分類爲門，而附以格敕，爲《大中刑律統類》，詔刑部頒行之。《藝文志》：張戣《大中刑律統類》十二卷。

《舊志》：七年五月，左衛率倉曹參張戣進《大中刑法統類》一十二卷，敕刑部詳定奏行之。

《舊紀》：大中七年五月，左衛率倉曹參軍張戣集律令格式條件相類一千二百五十條，分一百二十一門，號曰《刑法統類》，上之。

《五代會要》：長興四年，詳定《大中統類》。詳後。顯德四年，中書門下奏所行用者《大中統類》十二卷。

按：張戣《刑律統類》，《舊志》刑律作刑法，與劉瑑之書名遂相混。《五代會要》於六十卷者名《大中刑法格後敕》，於十二卷者名《大中統類》，雖一無刑律字，而卷數則（與）劉、張之書相符，可以見在五代時劉書不以統類名也，不知何以劉書亦蒙張書之名，致不可辨。《崇文目》劉書曰《大中刑法總要格後敕》六十卷，張書曰《大中刑律統類》十二卷，與《唐志》合，知宋時二書具在，其書名本不相混，作史者不加别白，致有差互耳。

《玉海》六十六：唐詔令曰《刑書統類》十篇，獨著元結縣令箴。

按：《刑書統類》又是何書，未詳。《玉海》附於張戣書之後。

（元）柳贇《唐律疏議序》　《故唐律》十二篇，非唐始有是律也。自魏文侯以李悝爲師，造《法經》六篇，至漢蕭何定加三篇，總謂《九章律》，而律之根荄已見。曹魏作新律十八篇，晉賈充增損漢魏爲二十篇，北齊後周或並苞其類，或因革其名，所謂十二篇云者，裁正於唐。而長孫無忌等十九人承詔制疏，勒成一代之典，防範甚詳，節目甚簡，雖總歸之唐可也。蓋姬周而下，文物儀章，莫備於唐。始太宗因魏徵一言，遂以寬仁制爲出治之本，中書奏讞，常三覆五覆而後報可，其不欲以法禁勝德化之意，皦然與哀矜慎恤者同符。史言有司定律五百條，分十二卷，即篇爲卷是已。今定次三十卷者，長孫制義疏時，固已增多。義疏出永徽初，去貞觀應未遠。其後定令、删格，編式，各隨世損益，科條無藝，大抵皆原於律矣。

然則律雖定於唐，而所以通極乎人情法理之變者，其可畫唐而遽止哉？國家立經陳紀，迪德踐猷，較諸近世之中，稽合唐制爲多，故凡垂之爲甲令，著之爲事比，無非忠厚惻怛之所形，累聖重光，何其甚似乎太宗也。予嘗備數禮官，陪在廷末議，見吏抱成法寘前，曰律當如是，不當如彼。雖辯口佞舌，莫不帖帖順聽，無敢出一語爲異。及按而視之，則本之唐以志其常，參之祖宗睿斷以傅其變。非常無古，非變無今。然而必擇乎唐者，以唐之揆道得其中，乘之則過，除之即不及，過與不及，其失均矣。嗚呼！法家之律，猶儒者之經。五經載道以行萬世，十二律垂法以正人心。道不可廢，法豈能以獨廢哉！彼謂除參夷連坐之罪，作見知部主之條，爲蕭、張控制天下之一術，其論抑淺末矣。予何足以知之？因其理之在人心者而竊窺之耳。

（清）勵廷儀《唐律疏議序》　昔皋陶爲士師，五刑有服，五服三就，五流有宅，五宅三居，其法僅存大槩而已。即《尚書》所紀，《周禮》所載，條目具在，亦不過得其體要而已。迨里悝造《法經》六篇，而漢蕭何又成《九章》之律，較之前代有所增加矣，然猶不得大修也。由漢魏迄隋，因革相承，代有成書，然俱不足爲後世法律之章程也。維唐太宗，覽明堂針灸圖，詔毋得鞭背，其於刑名法律之書，殆惓惓乎三致意焉；又有瀛洲諸學士從事鉛槧，分任纂修，而唐律於是乎大修。惜乎世遠年湮，散失已久，訪之中土藏書家，竟不可復得，余亦常以未獲寓目爲恨。

今年春杪，有友人至京，出《唐律疏議》鈔本示余，並述是書之所由來，乃在文學之邦，欲屬余爲序。余因翻閱數次，知董其事者，元江西儒

學提舉柳君贇也，發帑金以佐其用者，廉訪師公也；出善本以贊其成者，檢校王君長卿也。其書凡五百條，共三十卷。其疏義則條分縷別，句推字解，闡發詳明，能補律文之所未備；其設爲問答，互相辨難，精思妙意，層出不窮，剖析疑義，毫無遺剩。至於《盜賊》、《鬥訟》，各計數十條，刑期無刑，辟以止辟，杜鍛鍊之深文，絕鉗網之虐政，處置曲當，輕重平允，尤於刑名大有裨益，其灌溉來學者不淺。然則是書洵可爲後世法律之章程矣。余職司聽棘，究心刑名之學有年，忽得是書，見所未見，珍如拱璧，不忍釋手，爰欣然握管而爲之序。雍正乙卯仲夏經筵講官起居注刑部尚書厲廷儀撰。

（清）孫星衍《重刻故唐律疏議序》 律出於禮。《書·呂刑》曰：伯夷降典，折民惟刑。班固以爲制禮以止刑。《今文尚書》家說，唐虞象刑而民不犯，三王始制刑辟，荀子不信之。然夏刑條目，僅見《尚書大傳》；周公寓刑於禮，不制刑書。則知孔子言道德齊禮，謂上古之世，善人爲邦，勝殘去殺，未可以疑象刑之説矣。秦焚經籍，醫、律幸存。蕭何入關，先收律令。《藝文志》載有《李子》三十二篇，即李悝《法經》，其目有六，略具《唐律》。蓋蕭何、張蒼、晁錯、于定國及魏晉六朝名臣之所增定也。兵法、醫學之書，皆有淵源。律令治體所關，豈得不知沿革？國家輯《四庫全書》，《唐律疏議》入於史部法令，祕府所藏，世人罕見。偶得元刻本，字畫精緻，鐫梓傳之。附宋《提刑洗寃録》於後，知檢驗濫觴之有本。

漢時，董仲舒、倪寬皆以經義決疑獄。後漢郭躬、陳寵世傳法律，馬、鄭諸儒爲之章句。法者，天下之平。刑律不據經守古，則以吏爲師，專阿意指，三尺之法一傾，使民手足無所措，有司不通律學，則姦吏因緣爲市，典文者無從別白禁抑，或且變亂舊章，損傷元氣。是以漢課尉律，魏置博士，始知蘇軾讀書不讀律之言非通論也。

自唐永徽定律已後，宋元皆因其故，惟明代多有更改，又增《姦黨》一章，以陷正士，而輕其輕罪，重其重罪。或言輕罪愈輕則易犯，重罪加重則多冤，非善政也。我朝積德累仁，與民休息，幾致時雍刑措之治。列聖務行寛大之政，故有改共盜爲原情免死之條，增宮刑代從坐死刑之重。今上至仁天錫，久道化成，特禁雖但從重之文，復侵盜準徒之例，合於哀矜折獄之義，而舞文文致之風漸絕。夫不讀《唐律》，不能知先秦歷代律令因革之宜，不足彰聖朝立法之仁、折衷之當。

星衍由翰林改官比部，故公相阿文成曾厭例文繁複，屬令删除；故司寇胡莊敏公遇疑難之獄，手授平議，宣布曹司，嘗約爲《大清律音義》，蹉跎未就。及權臬外臺，頗平冤濫，年逾五十，智慮衰頽，日從事尋章摘句之學，思刊有用之書，以貽同志，賢於博弈，義比餼羊。若夫蠲除删定，而擇近古便民者以爲法程，是在山甫、蘇公明允之才，宣主恩以立明制，非愚所及也。太歲戊辰六月四日書於安德道署之平津館。

（清）沈家本《重刻唐律疏議序》 《唐律疏義》三十卷，唐長孫無忌等奉敕撰。國朝《四庫全書》所收録，並附見於名家書目中。惟坊間傳本甚希，讀律之士艱於購覓，敘雪同人爰鳩貲重刻，以廣傳布。工既竣，而序之曰：

律者，民命之所繫也。其用甚重，而其義至精也。根極於天理民彝，稱量於人情事故，非窮理無以察情僞之端，非清心無以祛意見之妄。設使手操三尺，不知深切究明，而但取辦於臨時之檢按，一案之誤，動累數人；一例之差，貽害數世。豈不大可懼哉！是今之君子所當深求其源，而精思其理矣。

自魏李悝著《法經》六篇，漢蕭何、叔孫通、張湯、趙禹遞相增益，馬融、鄭康成以海內巨儒皆嘗爲之章句，豈非以律意精微，俗吏所不能通曉歟？魏晉以降，漸趨繁密。隋律簡要，而唐實因之。史稱高祖詔裴寂等更撰律令，凡律五百，麗以五十之條，流罪三皆加千里，居作三歲至二歲半者悉爲一歲，餘無改焉。太宗又詔房玄齡等復定舊令，議絞刑之屬五十，皆免死而斷右趾，既而又哀其斷毀支體，除其法，爲加役流三千里，居作二年。其後玄齡等遂與法司增損隋律，降大闢爲流者九十二，流爲徒者七十一。高宗又命長孫無忌等偕律學之士，撰爲疏議，即是書也。名疏者，發明律及注意；云議者，申律之深義及律所不周不達，若董仲舒《春秋決獄》、應劭《決事比》及《集駁議》之類。蓋自有疏議，而律文之簡質古奥者，始可得而讀焉。

嘗考元魏太和中，置律博士，時儒説十餘家，詔但用鄭氏章句，不得雜用餘家。唐律本隋，由魏而周而隋，淵源具在。然則唐律之疏議，雖不

純本太和，而鄭義多在其中。漢律雖亡，其意猶賴以考見，深可寶貴。況我朝定律，監古立法，損益歸於大中，而所載律條與唐律大同者四百一十有奇，其異者八十有奇耳。今之律文，與唐律合者，亦什居三四。沿波討源，知其所從來者舊矣，則是書非即功令之椎輪，法家之津筏歟？至由是書而深求乎古今異同之原，講明乎世輕世重之故，晰奇闡微，律無遺蘊，庶幾傳古亭疑，情罪相準，無銖黍毫髮之爽，是又在善於讀律者。光緒十有六年十二月，歸安沈家本撰於秋曹之敘雪堂。時董成其事者，漢陰張麟閣郎中成勳、武進馮申甫郎中鍾岱也。

（清）顧廣圻《唐律疏議跋》　右至正辛卯崇化余志安刻本。其律及疏議，整繕略無譌錯，抹子亦完備靡漏，非尋常傳鈔者比也。唯《釋文》頗有難讀處，今年淵如先生見屬摹刊於江寧，細爲尋繹，見其序有云：此山貰冶子治經之暇，得覽金科，遂爲《釋文》。此山貰冶子未詳何人，序又無年月並撰序人名氏，然必在王元亮以前，故元亮於第一卷下自署重編也。柳侍制序言王君長卿以《釋文》、《纂例》二書來，即指重編《釋文》，而不復追述元撰者耳。又，考第三卷義寧下有云隋末年號，第十七卷出繼同堂即不合緣坐，下有云釋曰：出繼，謂伯叔父及兄弟之子、己之子內有出繼同宗者，同堂，謂伯叔父之子，今俗呼爲親堂兄弟者，第廿六卷或注冷熱遲駛下有云疏吏反，第廿八卷即停家職資下有云停家職資，謂前職、前官，皆所謂此山貰冶子《釋文》，而重編刪併有未盡也，證之以元亮廿八卷釋中詳其釋意之語，尤確無可疑矣。蓋其初是子注而釋甚詳，如今在長孫無忌《進表》下及《名例》一疏議下者；後所重編，乃總退入卷末，而自第二卷以下釋往往簡焉。其所以難讀，則有應別自爲條而連他條者，有應屬一條而分數條者，有標其字而佚其釋者，有釋尚在而遺標字者，有前後互換其處者，有釋所據本不同而牴牾者：則未知王元亮重編而如此與？抑余志安刻之乃如此與？今守前人慎下雌黃之戒，悉依舊文，弗敢輕加改易，意欲請先生更撰考定釋文，都爲一編，與此兩行，爰舉其大槩以書於後。世有善讀者，引類以求，探端知緒，或且不難於所欲考定者自多闇同也夫！嘉慶丁卯八月元和顧廣圻書於思適寓齋。

（清）潘祖蔭《滂喜齋藏書記》　宋刻《唐律疏義》三十卷，題太尉、揚州都督、監修國史、上柱國、趙國公長孫無忌等撰。孫刻此書，據影元泰定本，每卷後附《纂例》、《釋文》，元王元亮所編也，此本無之。卷二犯十惡，故殺人，反逆緣坐條，理務疏通疏字下注云：犯宣祖上一字廟諱，改爲疏。孫所據本竟改作宏。以此證之，此本爲宋槧無疑矣。元本有無名氏《序》云：此山貰冶子治經之暇，得覽金科，遂爲釋文，以辨其義。此山貰冶子未詳何人？顧澗薲云：第十七卷出繼同堂即不合緣坐下有云，釋曰：出繼，謂伯叔父及兄弟之子、己之子內有出繼同宗者；同堂，謂伯叔父之子，今俗呼爲親堂兄弟者。第廿六卷或注冷熱遲駛下有云疏吏反。第廿八卷即停家職資下有云停家職資，謂前職前官。皆所謂此山貰冶子釋文，而王元亮重編刪並有未盡也。今檢此刻，顧舉三條，一一在內。惟前一條謂伯叔父至親堂兄弟者三十五字，內兄弟之下脫子字，誤作正文，並無釋曰出繼四字，亦舊注耳，非此山貰冶子釋文也。其有釋曰字者，元人妄增，顧氏引以爲證，誤矣。又，孫刻目廿二鬥訟下注云凡一十六條，此作十五條，蓋少毆兄姊弟妹一條，然卷中實有之，疑是後人羼入而未改其目，及元人覆刻，則並其目增之，非有宋刻，末由辨其誤也。又，卷廿三告小事虛誣、告人流罪引虛二條，孫目誤倒。其他異同，不悉著。每葉十八行，行十八字，楮墨精好，大字悅目，洵爲宋槧之上乘。孫氏影鈔祖刻，季滄葦有一本，今歸虞山瞿氏。使見此刻，走且僵矣。

《四庫全書總目唐律疏議提要》　《唐律疏義》三十卷，唐太尉、揚州都督、趙國公長孫無忌奉勅撰。《風俗通》稱《皋陶謨》：虞造律，《尚書大傳》稱夏刑三千，周刑二千五百，是爲言律之始。其後魏李悝著《法經》六篇：一《盜法》，二《賊法》，三《囚法》，四《捕法》，五《雜法》，六《具法》，商鞅受之以相秦。漢蕭何益《戶》、《興》、《廐》三篇爲九篇，叔孫通又益《旁章》十八篇，張湯《越宮律》二十七篇，趙禹《朝律》六篇，合六十篇，馬融、鄭康成皆嘗爲之章句。魏世刪約漢律，定增十九篇，就故五篇，合十八篇。晉復增損爲二十篇。南北朝互有更改，漸近繁密。隋文帝開皇三年，勅蘇威、牛宏等更制新律，除死罪以下千餘條，定留五百條，凡十二卷：一《名例》，二《衞禁》，三《職制》，四《戶婚》，五《廐庫》，六《擅興》，七《盜賊》，八《鬭訟》，九《詐僞》，十《雜律》，十一《捕亡》，十二《斷獄》。史稱其刑網簡要，疏而不失。

唐太宗詔房玄齡等增損隋律，降大辟爲流者九十二，流爲徒者七十一，而大旨多仍其舊。高宗即位，又命長孫無忌等偕律學之士，撰爲義疏行之，即是書也。論者謂唐律一準乎禮，以爲出入得古今之平，故宋世多採用之。元時斷獄，亦每引爲據。明洪武初，命儒臣同刑官進講唐律。後命劉惟謙等詳定明律，其篇目一準於唐；至洪武二十二年刑部請編類頒行，始分吏、户、禮、兵、刑、工六律，而以名例冠於篇首。本朝折衷往制，垂憲萬年，欽定《大清律例》，明簡公平，實永爲協中弼教之盛軌。臣等嘗伏讀而紬繹之，凡唐律篇目，今所沿用者，有《名例》、《職制》、《賊盗》、《詐僞》、《雜犯》、《捕亡》、《斷獄》諸門；其唐律合而今分者，如《户婚》爲《户役》、《婚姻》，《廄庫》爲《倉庫》、《廄牧》，《鬭訟》爲《鬭毆》、《訴訟》諸門。其名稍異而實同者，如《衛禁》爲《宫衛》，《擅興》爲《軍政》諸門。其分析類附者，如關津留難諸條，唐律入《衛禁》，今析入《關津》。乘輿服御物，事應奏不奏，驛使稽程，以財行求諸條，唐律俱入《職制》，今分析入《禮律》之《儀制》，《吏律》之《公式》，《兵律》之《郵驛》，《刑律》之《受贓》。謀殺人諸條，唐律入《賊盗》，今析入《人命》。毆罵祖父母父母諸條，唐律並入《鬭訟》，今析爲兩條，分入《鬭毆》、《罵詈》。又姦罪，市司平物價，盗決隄防，毁大祀丘壇，食田園瓜果諸條，唐律俱入《雜律》，今分析入《刑律》之《犯姦》，《户律》之《市廛》、《田宅》，《工律》之《河防》，《禮律》之《祭祀》。蓋斟酌畫一，權衡允當，迨今日而集其大成。而上稽歷代之制，其節目備具，足以沿波而討源者，要惟唐律爲最善。故著之於録，以見監古立法之所自焉。其書爲元泰定間江西儒學提舉柳贇所校刊，每卷末附以江西行省檢校官王元亮《釋文》及《纂例》，亦頗可以資參訂也。

（清）張英等《淵鑑類函》卷一四七《政術部二十六·刑法總載下》

增唐玄宗天寶六載勅：自今以後，所斷絞斬刑者，宜削除此條，仍令法官約近例，詳定處分。又詔曰：徒非重刑而役者，寒暑不釋械繫杖。古以代肉刑，或犯非巨蠹，而捶以至死，其皆免，以配諸軍自効。民年八十以上及重疾有罪，皆勿坐。侍丁犯法，原之，俾終養。德宗建中三年，刑部侍郎班宏奏：其十惡中，謀反、大逆、叛、惡逆四等，請準律用刑；其餘犯別罪合處斬者，今後並請重杖一頓處死，以代極法。重杖既是死刑，諸司使不在奏請決重杖限。勅旨。依貞元八年勅，比來所斷罪俱守科條，或至死刑，猶先決杖，處之極法，實所不忍。今後罪至死者，先決杖，宜停。憲宗元和八年詔：兩京、關内、河東、河北、淮南、山南東西道死罪，十惡、殺人、鑄錢、造印，若強盜持仗劫京兆界中，及他盗贓，踰三疋者，論如故。其餘死罪，皆流天德五城。武宗時，詔竊盗贓滿千錢者，死。宣宗大中五年勅：今後有官典犯贓及諸色取受，但是全未發覺已前能經官陳首，即準律文與減等。如知事發，已有萌肇，雖未被追捕勘問，亦不許在陳首之限。七年勅：法司斷罪，每脊杖一下折法杖十下，臀杖一下折笞杖五下，則吏無逾判法守常規。僖宗乾符四年勅：法律有去任勿論之條，頗為僥倖。今後應州縣官吏所犯諸罪五年之後去任，勿論。五年内，同見任官例追收，據事定例。梁太祖開平四年，中書門下奏：新删定《令》三十卷，《式》二十卷，《格》一十卷，《律》并目録十三卷，《律疏》三百卷，共一百三卷，請目為大梁新定格式律令。後唐莊宗同光二年，刑部及御史臺奏：廢偽梁新格，行本朝舊章，請使開成格，從之。三年，大理寺奏準斷獄律，諸立春後秋分以前，不得奏決死刑。違者，徒一年。今寺、司相次有按牘，若準律文，候秋分後申奏，必慮刑獄遲滯者。詔曰：刑以秋分，雖關惻隱，罪多連累，翻慮淹延，若或十人之中，止於一夫抵死，豈可以輕附重，禁錮逾時？言念哀矜，又難全廢。其諸司囚徒罪無輕重，並宜各委本司據罪詳斷，輕者即時疏理，重者候過立春至秋分，然後行法。如事繫軍機，須行嚴令，或謀為逆惡，或蘊蓄姦邪，或行劫殺人，難於留滯，並不在此限。明宗天成二年，大理寺奏：按斷獄律，諸死罪不待覆奏報而決者，流二千里，即奏報應決者聽三日乃行刑。若限未滿而行刑者，徒一年。有犯極刑者，令決前決日各一覆奏聽進止。有凶逆犯軍令者，亦許臨時一覆奏奉勅依。晋高祖天福十二年勅：應天下凡關強盜捉獲，不計贓物多少，按驗不虛，並宜處死。周太祖廣順二年勅：民有訴訟，必先歷縣州及觀察使處決，不直，乃聽詣臺省。或自不能書牒倩人者，必書所倩姓名、居處，若無可倩，聽執素紙，所訴必須已事，無得挾私妄訴。世宗顯德四年，中書門下奏準宣法書行用多時，文意古質，條目繁細，使人難會，兼前後勅格，差謬重疊，亦難詳究，宜令中書門下並行删定，務從簡要，所貴天下易為頒行。奉勅宜依。五年

勅：州縣自長官已下，因公事行責情杖，量情狀，輕重用不得過臀杖十五。因責情杖致死者，具事由聞奏。又勅：諸盜經斷後，仍更行盜，前後三犯，並曾經官司推問伏罪者，不問赦前後贓少多，並決殺。

（宋）王溥《五代會要》卷九《定格令》 梁開平三年十月，勅太常卿李燕、御史司憲蕭頃、中書舍人張袞、尚書户部侍郎崔沂、大理寺卿王鄯、尚書刑部郎中崔誥，共刪定律令格式。至四年十二月，中書門下奏新刪定令三十卷，式二十卷，格一十卷，律并目録一十三卷，律疏三十卷，共一百三卷，請目爲大梁新定格式律令，頒下施行。從之。

《舊五代史》卷三〇《唐書·莊宗本紀》〔同光元年十二月〕庚辰，御史臺上言：請行用本朝律令格式，今訪聞唯定州有本朝法書，望下本州寫副本進納。從之。

（宋）王溥《五代會要》卷九《定格令》 後唐同光三年二月，刑部尚書盧質上新集《同光刑律統類》十三卷。

（宋）王溥《五代會要》卷九《定格令》 天成元年九月二十八日，御史大夫李琪奏，奉八月二十八日勅，以大理寺所奏見管四部法書，内有《開元格》一卷，《開成格》一十一卷，故大理卿楊遘所奏行僞《梁格》并目録一十一卷，與《開成格》微有舛誤，未審只依楊遘先奏施行。爲復別頒聖旨，令臣等重加商較刊定奏聞者。今莫若廢僞梁之新格，行本朝之舊章，遵而行之，違者抵罪。至其年十月二十一日，御史臺刑部大理寺奏，奉九月二十八日勅，宜依李琪所奏，廢僞《梁格》，施行本朝格令者。伏詳勅命，未該律令，伏以開元朝與開成，隔越七帝，年代既深，法制多異，且有重輕，律無二等，若將兩朝格文並行，伏慮重疊舛誤。況法者天下之大理，非一人之法，天下之法也。故爲一代不變之制。又準勅立後格，合破前格。若將《開元格》與《開成格》並行，實難檢舉。又有《大和格》五十二卷，《刑法要録》一十卷，《格式律令事類》四十卷，《大中刑法格後勅》六十卷，共一百六十一卷，久不檢舉，伏請定其予奪。奉勅：宜令御史臺刑部大理寺，同詳定一件格施行者，今集衆商量，《開元格》多定條流公事，《開成格》關於刑獄，今欲且使《開成格》。從之。

《舊五代史》卷四三《唐書·明宗本紀》〔長興三年春正月〕大理正張居琭上言：所頒諸州新定格式、律令，請委逐處各差法直官一人，專掌檢討。從之。

（宋）王溥《五代會要》卷九《定格令》 長興四年六月，勅御史中丞龍敏、給事中張鵬、中書舍人盧導、尚書刑部侍郎任贊、大理卿李延範等，詳定《大中統類》。

（宋）王溥《五代會要》卷九《定格令》 晉天福三年六月，中書門下奏，伏覩天福元年十一月勅節文：唐明宗朝勅命法制，仰所在遵行，不得改易。今諸司每有公事見，執清泰元年十月十四日編勅施行，稱明宗朝勅。除編集外，並已封鎖不行。臣等商量，望差官將編集及封鎖前後勅文，並再詳定，其經久可行條件，刪録奏聞。從之。遂差左諫議大夫薛融，秘書監丞吕琦，尚書駕部員外郎知雜事劉皞，尚書刑部郎中司徒詡，大理正張仁瑑，同參詳。至四年七月，薛融等上所詳定編勅三百六十八道，分爲三十一卷，勅令有司寫録，與格式參用。

（宋）王溥《五代會要》卷九《定格令》 周廣順元年六月，命侍御史盧億等，以晉漢及國初事關刑法勅條一十六件，編爲二卷，目爲《大周續編勅》。

（宋）王溥《五代會要》卷九《定格令》 顯德四年五月二十四日，中書門下奏：準宣，法書行用多時，文意古質，條目繁細，使人難會，兼前後勅格，差謬重疊，亦難詳究，宜令中書門下，並行刪定，務從簡要。所貴天下易爲頒行者。伏以刑法者，御人之銜勒，救弊之斧斤，故鞭扑不可一日弛於家，刑罰不可一日廢於國。雖堯舜淳古之代，亦不能舍此而致理矣。今奉制書，刪律令之書。竊以律令之書，致理之本，經聖賢之損益，爲今古之章程，歷代以來，謂之彝典。朝廷之所行用者，《律》一十二卷，《律疏》三十卷，《式》二十卷，《令》三十卷，《開成格》一十卷，《大中統類》一十二卷，及皇朝制勅等，折獄定刑，無出於此。律令則文辭古質，看覽者難以詳明。格勅則條目繁多，檢閱者或有疑誤。加以邊遠之地，貪猾之徒，緣此爲姦，寖以成弊。方屬聖明之運，宜申畫一之規，所冀民不陷刑，吏知所守。臣等商量，望準施行，仍差侍御史知雜事張湜、太子右庶子劇可久、殿中侍御史率汀、職方郎中劉守中、倉部郎中王晉、司封員外郎賈玭、太常博士趙礪、國子博士李光贊、大理寺正蘇曉、太子中允王伸等十人，編集新秩，勒成簿帙。律令之有難解者，就文

訓釋。勅格之有繁雜者，隨事删除。止要諳理省文，兼且直書易會，其中有輕重未當便於古而不便於今，矛盾相攻，可於此而不可於彼，盡宜改正，毋或牽拘。候集編畢日，委御史臺尚書省四品已上官，及兩省五品已上官，參詳可否，送中書門下議定，奏取進止。從之。至五年七月七日，中書門下及兵部尚書張昭遠等，奏所編集，勒成一部，别有目録凡二十一卷，目之爲《大周刑統》。伏請頒行天下，與律疏令式通行。其《刑法統類》、《開成編勅》等，採掇既盡，不在法司行使之限。自來有宣令指揮公事，三司臨時條法，州縣見今施行，不在編集之數。應該京百司公事，各有見行條件，望令本司删集，送中書門下詳議奏聞者，奉勅宜依。

《宋史》卷二四九《范質傳》 顯德四年夏，從征壽州還，加爵邑。質建議以律條繁冗，輕重無據，吏得因緣爲姦。世宗特命詳定，是爲《刑統》。

《舊五代史》卷一一八《周書·世宗本紀》〔顯德五年秋七月〕丙戌，中書門下新進删定《大周刑統》，奉勅班行天下。

宋遼金元部

論說

（宋）李燾《續資治通鑑長編》宋真宗景德三年六月戊子，知制誥朱巽上言：朝廷命令，不可屢改。自今有陳述利害，更張法制者，請先付有司議其可否，如經久可行者行之，不可者止之。苟罔辨是非，一切頒布，恐失重謹之道。上謂宰相曰：此甚識治體，卿等志之。且事有可否，執政者所宜盡言，無有隱也。

（宋）夏竦《文莊集》卷一五《洪州請斷妖巫奏》 臣聞左道亂俗，妖言惑衆，在昔之法，皆殺無赦。蓋以奸臣逆節，狂賊亂規，多假鬼神搖動耳目。漢之張角，晋之孫恩，偶失防閑，遂至屯聚。國家宜有嚴制以肅多方。竊以當州東引七閩，南控百粵，編氓右鬼，舊俗尚巫。在漢欒巴，已嘗翦理，爰從近歲，傳習滋多，假託禨祥，愚弄黎庶，勦絶性命，規取貨財。皆於所居塑畫魑魅，陳列幡幟，鳴擊鼓角，謂之神壇。嬰孺襁褓，已令寄育，字曰壇留壇保之類。及其稍長，則傳習袄法，驅為童隸。民之有病，則門施符術，禁絶往還，斥遠至親，屏去便物，家人營藥則曰：神不許服。病者欲食則云：神不聽飧。率令疫人死於飢渴。洎至亡者，服用又言：餘祟所憑，人不敢留，規以自入。若幸而獲免，家人所資，假神而言，無求不可。其間有孤子單族，首面幼妻，或絶户以圖財，或害夫而納婦，浸淫既久，習熟為常，民被非辜，了不為怪。奉之愈謹，信之益深，從其言甚於典章，畏其威重於官吏。奇神異像，圖繪歲增，邪籙袄符，傳寫日夥。小則雞豚致祀，斂以還家；大則歌舞聚人，餕其餘胙。婚葬出處，動必求師，劫盜鬬爭，行須作水蠱，耗衣食，眩惑里閭。設欲扇搖，不難連結。在於典憲，具有章條，其如法未勝奸，藥弗瘳疾，宜頒峻典，以革袄風。當州師巫一千九百餘户，臣已勒令改業歸農，及攻習鍼灸之脉。所有首納到袄妄神像、符籙、神衫、神杖、魂巾、魂帽、鍾角、刀笏、紗羅等一萬一千餘事，已令焚毁，及納官訖。伏乞朝廷嚴賜條約，所冀屏除巨害，保有羣生，杜漸防萌，少裨萬一。

（宋）趙汝愚《宋名臣奏議》卷九九燕肅《上仁宗乞天下死罪皆得一覆奏》 臣竊考唐大理卿胡演進月囚帳，太宗曰：其間有可矜者，豈宜一以律斷。因詔：凡大辟罪，令尚書九卿讞之。又詔：凡決死刑，京師五覆奏，諸州三覆奏。自是全活甚衆。貞觀四年，斷死罪二十九。開元二十五年，斷五十八。今天下生齒，未加於唐，而天聖二年斷大辟二千四百三十六，視唐幾至百倍。京師大辟，雖待覆奏，而州郡之獄有疑及情可憫者，至上請而法守多所舉駁，官吏率得不應奏之罪，故皆增飾事狀，移情就法，失朝廷欽恤之意。望准唐故事，天下死罪，皆得一覆奏。議者必曰待報淹延。臣則以為，漢律皆以季秋論囚，又唐自立春至秋分，不決死刑，未聞淹延，以害漢唐之治也。

（宋）趙汝愚《宋名臣奏議》卷九九吴育《上仁宗乞今後詳審庶事毋輕置詔獄》 臣聞先王凝旒黈纊，不欲聞見人之過失。有犯典憲，即屬之有司，按文處斷，情可矜者，猶或特從寛典。如此，則恩歸主上，而法在有司，人被誅殛，死亦無憾。祖宗以來，不許刑獄司狀外求罪，是以人人自安。近傳三司判官楊儀下獄，自御史臺移勘都亭驛，械縛過市，萬目隨之，咸共驚駭，不測為何等大獄。及文案具，乃止坐請求常事，非有枉法贓賄。又傳所斷罪名，法不至此，而出朝廷特旨。恐非恩歸主上，法在有司之意也。且儀身預朝行，職居館閣，任事省府，使有大罪，雖加誅斬，自有憲章。苟不然者，一旦至此，使士大夫不勝其辱，下民輕視其上，非所以養廉耻，示敦厚也。自古刑獄滋彰之時，誅家滅族寃枉大半，大抵雷霆方振，人莫敢言。有司以深就深，各圖自免，或因而為利，以希進取，使君恩不得下達，人情不得上通，感傷至和，灾變百出。陛下為四海愛戴之主，忽使道路之口，紛紛竊議，朝廷之士，人人自危，此臣所以深為陛下痛惜之也。若儀罪未斷，臣不敢言。今事已往，且無救解之嫌，止祈聖神此後詳審庶事，毋輕置詔獄。具案之上，自非情涉巨蠹，且從有司論讞，不必法外重行。如此，足以安人心，静風俗，養廉耻，召和平，天下之幸也。慶曆八年上時知陝州。

（宋）張方平《樂全集》卷一二《詔獄之弊》

臣聞刑罰不中，則民無所措手足。夫刑者，治之末路也。然古帝明王所以輔德教，非必刑人、殺人、剿刖人，而後為刑也。故舜稱皋陶曰：汝作士，明於五刑，以弼五教，期於予治，刑期於無刑，民協於中。惟兹臣庶，罔或干予正。時乃功，懋哉。而皋陶歸美於帝，曰：帝德罔愆，臨下以簡，御衆以寬，罰弗及嗣，賞延於世，宥過無大，刑故無小，罪疑惟輕，功疑惟重，與其殺不辜，寧失不經。好生之德，洽於民心。兹用不犯於有司。此言君能以德撫民，臣能將順其美，乃大明服致時雍熙，故至於無為而治也。三代之王，歷世治主，孰不慎求理官之良，以決刑法之平哉。在周文王則曰：罔攸兼於庶獄庶慎，惟有司之牧。夫武則蘇公式罰，穆則甫侯訓刑。西漢則釋之，定國以寬平，名於文宣之朝，東都則郭躬、陳寵以矜恕，稱於明章之際。凡人主存慮於欽恤，則有司盡心於讞。當夫刑者，有滔有濫，有破家覆族，人命之所繫，可不重歟。夫刑者，有生有殺，有亂邦危國主柄之所在，可不慎歟。未有不由寬慈惠和以得衆，未有不由慘虐酷毒以失民。立官選才，蔽要處當，兩造備具，五辭簡孚，小大之情，鰥寡無蓋，一成之法，三尺具存，而舞文巧詆之人，曲致希合之吏，猶或高下其手，輕重在心，鈎摭鍛磨，罔用靈制。又況多張網穽，旁開詔獄，理官不得而議，廷臣不聞其辯，事成近習之手，法有二三之門哉。是人主示天下以私，而大柄所以失於下，亂所由生也。漢唐之覆車軌迹猶在。漢有亂政，而立黄門北寺之獄；唐有亂政，而起神策北軍之獄。二辟之興，皆弊世也。夫凡强臣擅命，女君臨朝，率多作為刑獄，以威制天下。而官有二辟，流虐尤甚，濟其賊害，鴟義姦宄，奪攘矯虔，誣染善良，屠陷吉士，邪枉熾結，寃横棼淪，惟詐惟内，惟貨惟來。漢自黨事之起，芟夷俊乂，邦國殄瘁，朝野分離，泯泯板蕩，而至頽亡。唐自晚節，雖將相大獄，亦成於閹寺，更復羅滅豪人，没取財貨。《書》云：典獄非訖於威，惟訖於富。言當先絶乎賕賂也。於後南北乖刺，民庶怨愁，陵遲鬱否，以成危亂。故知刑罰者，人主大柄，天下公器，非所以假人者也。法一傾，而上下危矣。我國家襲仁重熙，明德慎罰，震曜乾斷，具嚴天威，平康正直，審用中典，惟良折獄，何擇非人，慎測淺深之量，必附寬平之比，忠愛恩惠，在人骨髓，可謂祥刑寬法，率人無濫矣。然頃歲王府鞫獄，或以中人臨訊，有司承旨，頗復侵急，於時識者，懼履霜之漸，已有寒心者矣。而陛下神斷英發，天德剛健，威福不假雷霆，自然遠暨，躬攬萬機，首為辨洗，斥遠招權之孽，擯去陰佞之猾，明明棐常，白日開照，可謂立法垂制之大智，聰明叡武之英主哉。臣愚伏願陛下顯示明制，垂戒無窮，俾刑罰之權，非有司不得專，無容自外干預，庶屬于五極，咸中有慶，永貽百世，監于我祥刑。《詩》曰：宜民宜人，受禄于天。《書》曰：一人有慶，兆民賴之。夫受天之休，為民之福，德之甚盛，其惟慎刑乎。

（宋）趙汝愚《宋名臣奏議》卷六一吴及《上仁宗乞禁止輒宫童幼》

臣聞《書》云：官師相規，工執藝事以諫。臣不肖親逢寬仁之主，為執法吏。輒原刑罰之本，願効愚忠。惟陛下幸憐赦臣，以畢其説。竊惟前世肉刑之設，斷肢體，刻肌膚，使終身不忘，以至履賤踊貴，有鼻者醜。刑罰之濫乃如此。漢文感緹縈之意，謂刑者不可復屬，雖欲改行為善，其道無由，故於肉刑易之以鞭笞。曰斬左趾者，笞五百；劓者，笞三百。雖然已死，而笞未止。外有輕刑之譽，内實殺人。景帝益寬之僅有存者。祖宗覽既往之弊，蠲除煩苛，顧我細民，愛同赤子，始用折杖之法，新天下之耳目。兹蓋曠古聖賢思所未至，一旦決而行之，海隅元元，如被父母之教，惠澤之厚，淪於骨髓矣。陛下至明如日，廣覆如天，高拱法宫，深惻民隱，何嘗不申勅羣吏親覽庶獄，而疑讞屢報，罔不蒙生，歷代用刑未嘗如本朝之清宜乎。天報之佳瑞，錫以純嘏，陛下方當隆盛之際，未享繼嗣之慶者。臣竊惑焉。臣聞天地之性，人為貴。王者之治，故當上調陰陽，下順萬物，一蟲魚之細，一草木之微，不當其宜，則執政者有罪焉耳。況乎肖方圓之貌，稟精粹之靈乎。天其意者，宦官太衆而陛下未悟也。何者？古者肉刑之一曰宫。聖人除之，所以重絶人之世。今陛下不以為意，宦官之家，競求他子，剿絶人理，希望爵賞為門户之芘。童幼何罪，陷於刀鋸，因而夭死者未易具數。夫有疾而夭者，治世所羞，況無疾乎。有罪而宫者，前王不忍，況無罪乎。臣又聞漢永平之際，中常侍四員，小黄門十人耳。唐太宗定制無逾百員。臣不敢遠引漢唐，取必於當世，請以祖宗近事較之。陛下試觀祖宗時宦官凡幾何人，今凡幾何人。衆寡之差，不待臣言而陛下可見。臣愚以為胎卵傷而鳳凰未至，宦官盛而繼嗣未育。伏望陛下順陽春施生之令，濬發德音，詔巖廊大臣詳為條禁，進獻為宦官者一

切權寵。進獻寵則不足任，使臣謂非不足也，弊在掌典他務之過也。陛下若令宦者兼領外事，則雖多而不足，如令專守中禁，則雖少而有餘。且宣傳聖旨，分幹職任，則有外廷三班之臣，在外何必區區於中人哉。今三班使臣待闕都下率三二歲未能補吏，至於出妻鬻子，嗟怨道途，和氣既傷，廉隅都盡抑。亦內臣侵牟員闕所致。今既罷去進獻，絶領他務。姑可許養子得以為後，但勿去其勢耳。於內臣之計，則不至傷恩；於陛下之私，則不為害物。若然，天心必應，聖嗣必廣，召福祥安社稷之策，無先於此。孟子有言：老吾老以及人之老，幼吾幼以及人之幼。惟陛下留意中外，不勝幸甚。

（宋）趙汝愚《宋名臣奏議》卷九九范鎮《上仁宗皇帝論開封府公事不經糾察司引問》 臣等奏陳開封府勘到桑達公事，不經本司引問，便行處斷。雖攀援近例，即元無正條，乞今後一切編勑施行。今月十九日準密院劄子節文：右開封府緣有上件體例所乞，今後一依編敕施行。已奉聖旨，不行。臣等未曉此理。檢會開封府前後承受特旨勘鞫公事，本非因聖意有所喜怒，皆是府縣失職不能禁姦，姦發之後，尚未舉覺，致煩聖聰，旁加采聽。正是其救過苟免之際，然則結案之後，一行密問，略辨白黑，宜無所害，何必深自蔽匿，偷欲了當。或內懷不辜，無所申吐，恐此但可以成獄吏侮文之弊，而未足副朝廷恤刑之意也。先帝聖德仁明，欽恤庶獄，以京師浩穰刑獄最繁，故建設糾察一司。令澄審真偽，欲使凡受罪者，自以不冤從。建置以來，每有大辟，倍加精密，此則先帝不敢兼於庶獄，庶慎惟有司之任，聖鑒卓然與文王等矣。若以奉聖旨并中書密院所勘，公事即不録問，無乃非先帝之意，亂有司之守。大凡設法者，必闕盛衰，以立制防，因循以杜漸。今既曲許聖旨，中書密院所勘公事不復審察，未見所以尊朝廷重刑罰之理，而適足啟府縣弛慢不勤其職，獄吏侵侮無所忌憚，罪人銜冤不得告訴之弊。此臣所不諭也。又竊見朝廷舊法，中外通制官府常守皆不許用例破條。今或於四方承平之日，京師取則之地，刑獄極審之司，人命至重之際，特許廢條用例，事理乖舛。又臣所不諭也。臣等蒙朝廷選委不敢不盡心，誠望萬分有一可補聖政。非欲採摭錯失以為己能，但先帝所謹者，亦望陛下謹之。刑不可濫，弊不可啓。條不可廢，苛不可廣。乞今後府司及左右軍巡大辟公事，內雖係奉聖旨及中書密院勘送者，案成之後，一依編勑施行，貴得允當。

（宋）歐陽修《文忠集》卷一〇〇《奏議・論慎出詔令劄子慶曆三年》

臣伏以朝廷每出詔令，必須合於物議，下悦民情。真宗皇帝初置諫官詔書內條列六事，首言詔令不便者，許諫官論列。蓋朝廷慎於出令之意也。近見詔書褒美陝西轉運使卞咸。風聞咸在陝西爲買百姓青苗及轉般大麥，此兩事，大與西人爲（一作大爲西人）患，逃移卻人戶（一無此三字）極多，至今西人怨謗不已。賴吴遵路減得轉般一事人獲稍寧。今所降詔書，兩人一時（一作例）褒美善惡不分，無所激勸。使陝西人見者必謂朝廷咫尺，絶不卹念西人，不知西事，誤下詔書，美此與民爲害之人，必轉生怨謗。臣竊料朝廷必因邊臣奏舉咸等能積糧儲，故賜（一作此）獎諭。蓋失於採訪，不知咸處置乖方之事，致西民流移怨謗之因。欲乞今後戒此失誤，慎出詔令，及戒勵羣臣今後薦舉人不得妄有稱美。其已出之詔，既不可追，臣又恐朝廷因此遂待卞咸爲材（一作能）吏別有任用，卻致敗事。臣職在諫諍，不可不言。

（宋）韓琦《安陽集》卷二七《進嘉祐編勑表》 臣某等言恭聞古先哲王議事以制，不為刑辟。蓋人情萬端，法制一定，夫以一定之法，而制萬端之情欲，輕重得宜，古今無易，不其難哉。國家睿聖相繼，承平百年，立法本通，務歸至當。故自建隆以來，迄於慶歷之初，凡詔令所下，綱條既繁，則必建局命官一加删定者，豈欲紛更而數變哉，亦慮乎執定制而失人情也。今之論次，所付匪輕，夙夜以思，懼不稱職。臣竊以律設大法不能委曲而生意，國用中典，至於治平而後詳。上既極於哀矜，下無容於壅塞。凡於闕漏，皆得指陳。前書之載或疎後令之明。寖密平亭，差惑牴牾，且多觸禁之民，幾不知其所避。舞文之吏，足緣之而為奸。不有刊裁，詎能永久。恭惟皇帝陛下法天任德，本道無為，恢陶唐畫象之仁，隆天乙弛罟之惠。永惟庶俗，期底大中，謂制禮以禁未然，豈嘗忘教明刑而使無犯，自亦知方，顧茲請比之文，日益煩苛之敝，几閣之盈，難於徧睹，錐刀之末，虞乎盡爭，時合當更政其先務。乃詔臣等特新編葺，得盡詳度。於是取《慶歷編勑》暨嘉祐三年終以前續降條貫，凡四千三十一道，求中而議，就約以書，存所便安，汰其重複。至於名篇而附律，先例以舉。凡會數勑而同一科，參舊文而發新意，事並出則分從其類，禁當立

則特為之條。皆明著大防，稽合前式。臣等又以四海之廣，獨見莫周，雖當局之勤，謂所思之已至，及約情而用，或在理以猶差，必欲成本朝之善經，固當合天下之公論，首祈博訪亟奉俞音，果衆説之畢伸，亦寸長而備採，復詳慶歷編勑每條之後，必書元降宣勑年月，雖云舊體，其實文煩。今並改注於目録逐條之下，以從簡便。又《刑統》所附諸勑及參詳條件凡一百三十四道，事雜前朝，率多衝改，審核之際，典者為勞。今取其見今可行者已入逐門收載外，其《刑統》内諸勑并參詳條件，伏請更不行用。應中書樞密院聖旨劄子批狀合行編録者，悉改為宣勑。共刪修成一千八百三十四條，離為一十二卷。内有條目繁多者，即分為上、中、下，共一十八卷。總例一卷，目録五卷。凡勑内但行約束，不立刑名事理輕者，析為續附，令勑三卷，目録一卷。犯者止從違令之坐。及録到慶歷四年正月一日後來赦書德音二卷，總三十卷，合為一部。如得允當，即乞特降勑命與《刑統》律令格式。及建隆以來，赦書德音天聖中先編附令勑兼行，其《慶歷編勑》及《慶歷續附令勑》并嘉祐三年終以前應係海行條貫，除今來已編載外，各更不行用。四年正月一日後續降自為後勑施行。自來榷茶之法，今已刪除。其通商之後所立條約，自從詳定茶法，所條次頒降應未降，新《嘉祐編勑》以前，已用舊勑斷遣與奪過公事，不在援引新勑訴理之限。其一司一務一路一州一縣并在京海行及三司見行條貫，自依逐處元編定，及續降勑條行用外，内有係新編勑兼載與逐司舊制不同者，並依新編勑處分。蓋以敦崇寬大，蠲滌細微，較然使其易知。欽哉本乎惟恤，譬夫江河紀地。狎玩者誠稀震曜發天威。明之共仰，其或多方謹飭，庶務持循，臨文參考於治宜決事，深求於法意自然，訟平以息，氣感而和，能致太平。豈獨稱於周禮，終成徼幸，兹奚取於鄭書。臣等道鄙，少恩志希，無害被詔，徒知於竭慮訖功，殊愧於淹期，或許頒行，仍乞以《嘉祐詳定編勑》為目，其新編勑等共三十卷，謹隨表上進以聞。臣無任。

（宋）王珪《華陽集》卷一五《乞除民事一條劄子》　臣聞立法所以防姦，法既具矣，又增益之，則條目苛碎，而猾吏得以舞文，姦必愈甚。臣竊見祖宗以來，愛養生民，唯恐貪殘之吏有以傷之，故立公私贓罪三等之法，俾吏部量其所犯而限其注擬，行之既久，輕重咸得其當，頃因臣寮建議，遂增置民事之科，應緣民事被罪者並不得注。知州軍通判知縣差遣太守令，通判親民之官，苟有所犯，未有不干涉於民者，使其人實由姦貪，而犯贓私之罪，則坐以重法，固不足卹萬一。素行廉勤偶陷公過，而或傅致於民事，遂令終身不入親民之選，則人才必有廢棄者，豈不重可惜哉！又況刀筆之吏，因此執疑似之跡，故生沮難，或致交通賄賂，為害不細。臣嘗取吏部民事條令觀之，始於紹興六年，而相繼申明衝改，議論紛紜，至今猶未止也。蓋天下皆知其不便，唯一時權臣欲專予奪之柄，故不肯遽罷，但令申取朝廷指揮，殊不以紊亂祖宗法度爲意，臣愚欲望陛下特降睿旨，將吏部民事一條早賜蠲除，所有百官注擬及公私贓罪格法，並依舊制施行，庶幾法令簡明，易於遵守。取進止。

（宋）司馬光《溫國文正公文集》卷二一《論上元令婦人相撲狀》

臣愚竊以宣德門者，國家之象魏，所以垂憲度，布號令也。今上有天子之尊，下有萬民之衆，后妃侍旁命婦縱觀，而使婦人贏戲於前，殆非所以隆禮法，示四方也。陛下聖德溫恭，動遵儀典，而所司巧佞獻奇技，以汚瀆聰明。竊恐取議四遠，愚臣區區，實所重惜。若舊例所有，伏望陛下因此斥去，仍詔有司嚴加禁約，今後婦人不得於街市以此聚衆爲戲。若今次上元始預百戲之列，即乞取勘管勾臣僚因何置在籍中，或有臣僚援引奏聞，因此宣召者，並重行譴責，庶使巧佞之臣，有所戒懼，不敢導上爲非禮也。謹具狀奏聞，伏候勑旨。

（宋）司馬光《溫國文正公文集》卷二一《論以公使酒食遺人刑名狀》

臣聞聖王之教，尚忠厚而貴愷悌。故《詩》有《鹿鳴》、《伐木》、《既醉》、《行葦》，美宴好之相樂，刺乾糇之失德。禮有幣帛饔餼，行於邦國，贊獻飲酒，施於鄉黨，是以風俗純和，協氣流通。漢景帝詔曰：吏受所監臨以飲食免，重其更議，著令丞相廷尉議。曰：吏及諸有秩，受其官屬所監所治所行所將飲食，計償費勿論。卓茂爲密令，民有言，部亭長受其米肉遺者。茂曰：凡人所以貴於禽獸者，以有仁愛也，鄰里饋遺，此乃人道所以相親，汝獨不欲修之，寧能高飛遠走，不在人間邪？民曰：然則律何故禁之。茂曰：律設大法，禮順人情。今我以禮教汝，汝必無怨惡，以律治汝，汝一門之内，小者可刑，大者可殺也。近歲以來，中外有司喜以微文刺舉苛細，至於宴飲相從，酒食相饋，皆集累成過，詆以峻法。竊聞知鎮戎軍曹脩，受鄜州所送公用酒，已而自首，法官處以贓罪。

陝西都轉運使彭思永奏，據密院劄子賈漸起請除舊例，送酒食外，不得買置金帛，作土風贈遺，并省司參詳今後以公使錢買置珍異等物，及見錢送與人者，並從違制定斷。其收受人坐贓論，其有公使錢人受還荅之物，入己準盜論。今曹脩因陳首，雖免書罰，尚負贓名，使人疑惑，乞明立條約，朝廷命有司參議，至今未決。臣竊詳舊條之意，明許以酒食相遺，其有公使錢人受還荅之物，正謂珍異見錢。今曹脩所受，止於樽酒，隨而自首，已爲刻薄。法官又以贓罪加之，剖析一條以爲二事，不察人情，不顧大體。若朝廷因之，遂爲著令。臣恐忠厚之俗益衰，媮薄之風遂長，百司庶尹，無所措其手足，虧損聖朝堂堂之化，非細故也。臣今所言，非爲曹脩除雪贓名，欲望朝廷申明舊條，應以公使錢及財物贈遺人及受者，各坐贓論。其監臨之官，受所監臨，或因使於使所及經過處，受取者，並準律文處分。即贈遺人而受其還荅入己者，準盜論，並須贓滿五匹以上，方得科罪。其不滿五匹，及以飲食之物相饋餉者，皆勿論。如此則人情有以相接，貪吏不能爲姦，百司有所循守矣。謹具狀奏聞，伏候敕旨。

（宋）司馬光《傳家集》卷五五《章奏三十八·乞令六曹刪減條貫白劄子》 勘會近歲法令尤為繁多，凡法貴簡要，令貴必行，則官吏易為檢詳，咸知畏避。近據中書門下後省修成尚書六曹條貫共計三千六百九十四册，寺監在外。又據編修諸司勅式所申，修到勅令格式一千餘卷册。雖有官吏强力勤敏者，恐不能遍觀而詳覽，況於備記而必行之。其間條目，苛密牴牾難行者，不可勝數，昨者條貫初下，吏部侍郎左選，差注不行者，數日不免再有奏陳，復依舊法。必料諸曹條貫，皆有似此拘礙難行者。今欲特降指揮下尚書六曹委長貳郎官，同共看詳本曹新舊條貫，內有海行已有及全無義理，於事無益，防禁太繁，難為遵守者，盡令刪去，惟取紀綱大體，切近事情，朝夕不可無者，方始存留，作本司條貫，限兩月申奏施行。

（宋）李燾《續資治通鑑長編》宋哲宗元祐元年三月 詔御使中丞劉摯、右正言王覿、刑部郎中杜紘，將《元豐敕令格式》重行刊修。先是，摯言：法者，天下之大命也，先王制法其意使人易避而難犯，故至簡至直，而足以盡天下之理；後世制法，惟恐有罪者之或失也，故多張綱目，而民於是無所措其手足矣。世輕世重，惟聖人爲能變通之。祖宗之初，法令至約，而行之可久，其後大較不過十年一變法。豈天下之大，民物之衆，事日益滋，則法不可以不密歟？臣竊以謂非事多而後法密也，殆法繁而後姦生也。神宗皇帝達因革之妙，尤重憲禁。元豐中，命有司編修敕令，凡舊載於敕者多移之於令。蓋違敕之法重，違令之罪輕，此足以見神宗仁厚之德，哀矜萬方，欲寬斯人所犯，恩施甚大也。而所司不能究宣主德，推廣其間，乃增多條目，離析舊制，用一言之偏而立一法，因一事之變而生一條，其意煩苛，其文隱晦，不足以該萬物之理，達天下之情，行之幾時，蓋以屢變。今所謂續降者，每半年一頒，每次不減數帙矣。夫法者，天下之至公也。造之而不能通，故行之而不能久，其理然也。又續降多不顯言其所衝改，故官司州縣承用從事，參差牴牾，本末不應，非所謂講若畫一，通天下之志者也。臣愚以謂宜有所加損潤澤之，去其繁密，合其離散，要在簡易明白，使民有所避，而知所謂遷善遠罪之意。伏望聖慈酌時之宜，明法之用，選擇一二儒臣有經術，明於治體，練達民政者，將慶曆、嘉祐以來舊敕與新敕參照去取，略行刪正，以成一代之典，施之無窮。

又言：常平差役法及罪人就配法，今已更改，於敕內關涉不少，以此須至刪修。正任刺史以上致仕，於《嘉祐祿令》，料錢衣賜依分司官例，分司官依現任官例支給。至熙寧四年五月聖旨指揮，致仕正任給金吾衛大將軍俸，則是已衝改嘉祐令。今來元豐敕卻依《嘉祐祿令》立文，即不知熙寧七年及元豐六年編敕日，因何漏落熙寧四年續降指揮？訪聞在京支正任致仕俸料，並依熙寧四年指揮，其外路多依嘉祐令支給。內外法令如此不同，慮其間更有此類，不可不行增修。

右諫議大夫孫覺亦言：臣竊聞中外之議，以爲今日之患，切於人情者，莫甚於《元豐編敕》細碎煩多，難以檢用。而因事立法，不可通行者，其間不一。雖有老於爲吏習於用法者，亦或莫能通曉。至有一條分爲四五，緩急不相照會，其細碎如此，豈所謂王者之法如江河，使人易避而難犯也？臣愚竊以謂，今者朝廷務爲簡易，使就寬平，法當使人人通曉，不難了知，累朝編敕是也。至於引用斷罪，先據律文，後乃鋪編敕、格、令。今敕條如律，即是律可廢也。伏乞聖慈特置一修敕局，格、令、式附之，擇取臣僚中曉經術義理，法律詳明，不至深刻者五七人，依故事大臣

典領，應省、寺修敕令格式者並付之，事有損益卽可施行者，先次行之。如此，則朝廷仁厚愛育之意可以宣布四方，而刻薄之風浸以衰息矣。於是有刊定修立之命。

（宋）蘇頌《蘇魏公文集》卷一八《奏乞今後衝改條例貫並委法官詳定》 臣竊以國家承平百年，遺文墜典，罔不修舉，固已跨越漢唐，規模宏遠矣。而於法令之間，猶有所未盡者，豈非前後論議之臣不能推原其本，苟徇一時之便遂著而為令，後之有司用之，小或乖戾又復更易，是致朝廷憲章未得一定。夫聖王之法，欲其簡約而明白，使人易避而難犯。然後垂之久遠，為不刊之典。如唐之十二律，本朝之《刑統》是也。雖歷數百年，其間勑條之更改者多矣，而二書獨不廢者，以其得簡明之意故也。自編勑之興，號為繁密，而中間衝改，率不過一二十年，又復重定。蓋文繁則易改，事密則難悉。只如《嘉祐編勑》，頒行未數年，而續降散勑，又增於前日。以此無知之民，至有輕犯於法；舞文之吏，得以高下其手。其敝蓋在乎更改不常耳。臣去歲任淮南轉運使，日承準三司行下當年九月三日中書劄子：爲據江西轉運司及江淮發運司起請虔吉等州新船借裝一運上京東排岸司等處，不得擅行截撥條約一道，計四千七百餘字。臣看詳大抵只是約束不得截撥新船往不係指定路，分則編勑已有留納，州府違之者，自當嚴斷矣。其添入兵梢等候，合納處朱鈔回歸梢工科，違制兵士嚴斷。若是創立上項刑名只當於本條下添入此一節可矣，不必具載行遣使州郡煩費抄録。若欲出榜曉示，則數千餘言，有司看覽尚或不悉，豈庸愚兵卒能盡曉邪。以此言之，備録行遣，徒有惑亂，都無所益。臣欲乞今後應有臣寮等起請刑名，並委法寺及三司等處同共檢詳編勑，果有未備，即於門目内意相附近處添減裁定，明言於某條内添減計若干字。或是創立新條，亦明言於某條後添入一條，計若干字。其衝改者，即云某條自某字至某字，計若干，更不行用。然後奏請頒行諸路，便令諸州軍於編勑内添入逐件事節訖奏，其先行下，自降《嘉祐編勑》以後，續降散勑，亦乞委法官將逐件事節與編勑相叅，重行删定，候了畢日依此頒行。仍明言多少條件，各合附在某門目中，或增減，或衝改，别立條目，共計多少事件，若干字數，分明别白。頒降諸路，使州郡用法知所適從，免令法吏檢坐之際，有所隱漏，致出入刑名。其散勑即乞更不行用。所冀三尺之法，無前後之差，畫一之規，載清静之美，實治道之所先急者也。

（宋）蘇頌《蘇魏公文集》卷一八《請重議加役流法》 臣聞曩歲嘗有議者欲復肉刑，將以寬減重辟，而以此法久廢，難以猝行。又聞頗患配隷之人轉徙遠方，監驅促迫，經涉寒暑，强者有奔亡之虞，弱者有疲羸之困。思革其弊，宜求厥中。昔漢文帝感一女子之言，而制髡鉗代肉刑，則有城旦、鬼薪、司寇之差。唐太宗納裴洪獻之議，而立加役流代斬趾，則有三歲居作之限。今欲寬省嚴誅，又憫配隷轉徙之勞。臣愚以謂莫如重議加役流法，取當黥貸者，依條斷罪，髡髮鉗足，晝則居作，夜則置之圜土，實滿三歲，然後釋之。中間雖逢恩宥，未滿歲則不在原免之限。其初釋放者，仍送所居鄉貫，譏察其出入。又三歲不犯故為之罪，乃得聽從便。其無鄉貫者，隣近州縣拘管譏察。如前雖有兇頑之人，而更三歲勞役之苦，且足以懲艾矣。復有鄉保譏察之嚴，又足以戒懼也。如其性實兇暴，放釋之後，不知悛改，復為人患，則誅之可也，投之四裔可也。如此措置，不惟省遠道奔亡之患，又足以開其自新之路，化暴惡為良民，使愚俗知教化，亦省刑止殺之一端也。臣才識短淺，不周世務。姑奉詔旨，勉强罄竭所見，如此非敢謂是。然禮刑之論，實繫朝廷事體。伏望聖慈寬其罪戾，特賜裁擇，庶幾塵露，少裨山海。

（宋）趙汝愚《宋名臣奏議》卷一五〇梁燾《上哲宗論政事之要五》 陛下必欲命令堅明，莫若謹於更張，審於施設，無以淺事輒廢遠慮，無以辯言輕動成法。蓋條法頻改則人情惑而不安，命令二三則主威玩而不重。凡造令立事，必先謀於大臣，使之講究，雖大臣以為是，亦未可也。又示於近臣，使之參考，雖近臣以爲是，亦未可行也。又行於百官，使之合議，須羣臣皆以為是，議論詳熟，曲盡人情而不疑也。然後可以行之，一定而不可復變。必使中外上下謹守敬信，如日星之燦然可仰也。《書》曰：敬乃攸司，慎乃出令。令出惟行，弗惟反。謂作命，所以示信於天下必謹之，於初既行而不可改也。又曰：慮善以動，動惟厥時。謂不善不時者，不可輕舉也。

（明）楊士奇等《歷代名臣奏議》卷二一二《法令》 〔殿中侍御史吕〕陶又奏乞早降私使役人條法事疏曰：臣竊以人之情偽無窮，而國家之法令有限。以有限之法令，防無窮之情偽，則固不能周盡。及其弊從而

生，則必曲折委細事為之制，而濟之庶幾，詳密備具，行之可久，理勢宜如此也。昔嘉祐之差役，務從寬厚，而條禁太略，貪吏猾胥，幸農夫之在官而鋭意侵漁，害端百出，人甚苦之。至熙寧之免役，止令出錢，官為雇募。凡所謂侵漁於農夫者，一切有禁，毫釐不敢違縱。然而有司斂入過重，民間錢貨遂至乏絶。陛下深恤元元，復行差法，以救其弊。因時設施，一出仁厚，天下幸矣。臣愚以謂法不相須則惠有未至，既以嘉祐之制差之，而不以熙寧之令禁之，則雖無近年出錢之勞，復有昔日應役之害。今推行差法，將及一年。其約束條貫，猶未頒下四方郡縣。愚夫俗吏意謂朝廷務行寬大之政，既許差役則其他細故不復檢察。坐視役者，已萌貪心，委使將迎，動涉侵擾。若不早立憲度，力行禁約，則農民漸見受弊。伏請申命有司，嚴責期限，不候諸路役帳齊足，疾速裁定，使役人條制，先次頒行，以完差役之法。

（宋）范祖禹《范太史集》卷一九《乞復降詔恤刑狀》 右臣近準中書省録黄節文：尚書省檢準元祐勑諸獄，暑月五日一次湯刷枷杻，其罪人以時沐浴。五月二十五日奉聖旨令刑部遍下諸路、開封府界，今後每歲暑月，依上條施行者。臣檢會祖宗舊制，每歲冬夏降詔恤刑，自太宗皇帝雍熙三年以來，累聖遵行，未之有改。至熙寧三年，編修中書條例，所奏委逐路提點刑獄司每歲於四月十月檢舉牒，逐州長吏訖奏。臣竊惟祖宗欽恤庶獄，特從朝廷降詔，蓋當盛暑大冬之月，使溥天之下至於海隅，狴牢圄圄之中，皆知聖主深居九重而憫念及之，此所以為仁恩也。今令刑部遍下諸路，雖重於提刑司檢舉，然州縣奉承宣布及書之史册，猶未若恤刑之詔。臣竊惜之。欲乞依祖宗舊制，令學士院每歲冬夏降詔，仍自今年十月為始，以副陛下仁恤刑獄之意。

（宋）范祖禹《范太史集》卷一九《乞踈決劄子》 臣伏見陛下以久旱，踈決在京及三京繫囚，聖心焦勞，欽恤庶獄。祖宗以來，赦過宥罪，多蒙嘉應。然今溥天不雨，旱災甚廣，恐刑獄寃滯，以傷和氣者，不止於四京。臣願陛下因推惠澤，以及四方，詔諸路轉運提刑司官疾速分詣所屬州縣，引問見禁罪人，踈理決遣，仍先偏行指揮疾速結絶，無令淹延，深戒官吏，務察寃枉，使朝廷德意及遠，感動人心，庶可消弭大略。

（宋）劉安世《盡言集》卷一《論命令數易》 臣嘗考載籍，以推先王之道，雖禮樂刑政，號為治具，而所以行之者，特在於命令而已。昔之善觀人之國者，不視其勢之盛衰，而先察其令之弛張，未論其政之醇疵，而先審其令之繁簡。惟其慮之既熟，謀之已臧，發之不妄，而持以必行，則堅如金石，信如四時，敷天之下，莫不傾耳承聽，聳動厭服，此聖人所恃以鼓舞萬民之術也。《書》曰：慎乃出令，令出惟行，弗惟反。《易》曰：渙汗其大號。《傳》曰：令重則君尊。又曰：國之安危，在出令。凡此皆聖人慎重之意也。臣伏見朝廷命令，變易頻數，遠不過一二歲，近或期月而已，甚者，朝行而夕改，亦有前詔未頒，而後令蠲除者。吏不知所守，民不知所從，求其弊原，蓋由講議未精，思慮未審，人情有所未盡，事理有所未通。或牽於好惡之私，或溺於迎合之説，是非無所辨，取舍無所宗，故一人言之，而遽爲之紛更也。方平居無事之時，輕嫚多變之如此，緩急有事之際，何以取信於人。伏望聖慈，深鑒前古之戒，謹爲今日之慮。至於法度之廢置，政事之因革，必使大臣公心協謀，博極利病，廣覽詳擇，務當義理，更其所可更，則不嫌於違俗，守其所可守，則無憚於襲故。申敕門下，無使徒爲審讀，以應故事。其有措置失當，前後謬戾者，必舉封駁之職，庶幾詔令清簡，吏民信服，事可久行，不致反汗。取進止。

（明）楊士奇等《歷代名臣奏議》卷二一三《法令》 欽宗靖康元年，監察御史余應求上奏曰：臣伏覩近年以來，凡有中旨皆降御筆施行，期限嚴促，稍有稽違，寘以不恭之罪。三省有司奉行不暇，雖有違戾法憲，前後重複者，不敢執奏。或被受即行，不申三省，事之甚微，亦煩宸翰。其始因中人領事，內中奏陳而為之，其後士大夫倚中人以進，欲興功利，而於法不可者，亦為之。最後執政大臣或行事有戾於法，或差除不允僉議，或為親知私謁干請者，亦為之。由是號令日紊，綱紀日壞矣。夫三省、樞密院，是之謂朝廷。陛下與謀議大事，出命之所也。人君擇賢而任之，固當委以庶事。若宰執不才，易之可也。豈可自攬細務，悉降御筆而可以為治哉。陛下初政清明，委用宰輔，宜無此弊。然竊聞尚有臣寮直達奏陳，內中批降施行者，此與前日御筆何異哉。臣以謂內侍與臣寮，所陳獻利害，措置事宜，皆可付三省樞密院商議進呈取旨而行。庶幾不戾於法憲，不惑於異同。人主大權不移於中，可以杜多門之政，可以絶近習僥倖

之原，政事之大，無先於此，惟陛下財擇。

（宋）許翰《襄陵文集》卷四《論御筆手詔不由三省而下者取旨方行劄子》 臣聞天下之法，當與天下共之，有司守之以死，雖天子不得而私也，而後天下之大公立。比年以來，有司阿意撓法，以徇一時，是以條約文具而不守。伏願陛下明詔内外，今後指揮若有害事病民，違戾條制，並令有司具析執奏。御筆手詔不由三省而下者，官司被受審復取旨乃得施行。必使法嚴，信如四時，而後令一而民定，可以立政矣。

（宋）熊克《中興小紀》紹興六年十一月 起居舍人吕本中言： 自古中興必有根本之地，以制四方之地；有根本之兵，以制四方之兵。今根本之地，不過江浙福建，而諸路凋殘，民力已困。若根本之兵，則禁衛是也，而單弱不可用。令大臣先求二者之要而行之，時本中權中書舍人，有益階州倉草場苗豆者，以贓獲罪，詔黥之。本中繳奏曰： 近歲官吏犯贓，多抵黥罪，且既名士人，行法之際，宜有所避，况四方之遠，或有枉濫，何繇盡知？若遽施此刑，異時察其非辜，雖欲深悔，亦無所及矣。論者以嚴刑上法祖宗。夫祖宗之時，臨機制變，事有不得已者。然自仁宗而降，寛大之政，久已成風，累聖相承，不敢輒易。今一旦盡改成法，欲用祖宗權宜之制，則將重失人心，臣未見其可也。又此刑既用，臣恐後世不幸姦臣弄權，必且借之及無罪，直言私議，亦不能免。何者？用之已熟，彼得藉口不以爲異也。使國家此刑不絶，則紹聖以來，憸人盜柄，晉紳遭此殆將無遺類矣。願酌處恆罰，以稱陛下仁厚之意。凡兩奏，從之。

（明）楊士奇等《歷代名臣奏議》卷二一七《慎刑》 周林奏推司不得與法司議事劄子曰： 虞舜恤刑，文王慎獄，陛下用舜文之心，賜哀矜之治，遣平反之使，議殿最之法，可謂至矣。然而州郡之間，刑獄之地，尚有循習舊態，因仍故事，爲民大害，未能仰稱天地寛厚之德。臣竊惜之。獄司推鞫，法司檢斷，各有司存，所以防姦也。然而推鞫之吏，獄案未成，先與法吏議其曲折，若非欵狀顯然如法吏之意，則謂難以出手，故於結案之時，不無高下遷就，非本情去處。臣願嚴立法禁，推司公事未曾結案之前，不得輒與法司商議，重立賞格，許人首告。臣又見獄吏慘刻，動以縲紲捶楚為能，常在圜扉，毒猶不廣，至於使之預追呼之事，則虎而翼矣。出入閭里既無忌憚，罪無輕重，理無曲直，例遭侵鑠。每見獄卒追呼，必持縲索，挾鐐械，攜杖箠，以示威力，用求賄賂。且以一夫犯刑，干證之人多或數十少或三四，一概被毒，無得免者。又以入獄之後，捶楚為戒，無敢告訴，故其追呼擾民之患，尤非其他走吏之比。臣欲令州郡追呼赴獄之人，在州則付廂界，在縣則委令佐，遣詣郡治，然後付之獄司，庶幾獄吏不能為惡於囹圄之外，上廣陛下愛惜黎元之意。如臣言可採，即乞付有司立法施行。

林又奏疑獄劄子曰： 《書》載帝舜之德曰： 罪疑惟輕，功疑惟重。與其殺不辜，寧失不經。而國家勑令，亦以失入之罪為重於失出，先聖後聖用心仁恕，其實一也。竊見諸路疑獄，不應奏而奏者未免科罪之。大理寺既厭案牘之多，而州郡復慮刑名之累，所以不應奏而奏之，律至今未除。雖有疑似之獄，輕重遷就，往往臨時決遣，無繇得被仁聖之澤，其可憫之情，可疑之罪，不從輕貸，甚非好生之德。臣願陛下推廣寛恩，刪除舊律，不應奏而奏者並不科罪。使廷尉之官，不以簡牘之繁為勞；州郡之吏，不以請讞之責為慮。天地大德，洽於民心，豈勝幸甚。

（明）楊士奇等《歷代名臣奏議》卷二一三《法令》 〔章〕誼又上奏曰： 臣伏見朝廷比修紹興勑、令、格、式，其忠厚之意則悉本於祖宗，其綱條之舉則悉仍於舊貫。惟是除苛解嬈，救弊補偏，頗資討論，時有筆削。然當是之時，簡編浩博而難稽，衆議紛紜而不一。書責速成，論靡專決，是以去取之間，不無舛錯。厥今頒在有司，為日既久，州縣推行，時見牴牾。欲承疑行用，則衆聽惑而不孚；欲因事申明，則法屢變而難守。豈所以為一定之制哉。臣愚伏望睿慈明詔郡守監司與夫承用官司，參考祖宗之舊典，各摭新書之闕遺，悉隨所見，條具以聞。然後命官審訂，刪去訛謬，著為定法，庶幾一時憲章，坦然明白。若江河之有隄防，梓匠之有繩墨。使民易避而難犯，不勝幸甚。

（宋）洪適《盤洲文集》卷四一《乞勿繫大獄干證人劄子》 臣仰惟陛下哀矜庶獄，視民如傷，丁寧欽恤前後曲盡。而州縣之吏未能盡體好生之德，不無寃滯以干和氣。臣伏見諸縣徒以上罪雖有結解期限，而吏胥利於追逮求覓，或一年或數月始以解州，又數月或半年方能結案，或因徒畨異則又未可預料。其因以身犯法，禁繫固宜，獨是事發之處，或在邸店，或在道路，一時偶與，相逢之人見其鬭毆死傷便爲證左，相隨入獄。雖供

責已具，而獄吏或以無保識，或以別州縣慮其再追不至，例皆同拘牢户，同解本州，直候結案，無畨異，方得釋放。蓋證左之人多是他州商賈與村落農夫，或有老親弱子，別無他丁，必候其人營販作業始可生活，一遭禁繫，動繇歲月，其家啼飢號寒，遂擠溝壑其身，或苦疾病因而瘐死，無罪隕命，深爲可憐。臣愚欲乞聖慈嚴下州郡應諸縣所追證左若供責已具，限一月先與召保，知在或村落農夫，在市無人保識，即令押下本都，知在或他州縣人，即傳押付本土，隨其鄉部召保施行，皆不得別爲苛留，聽令從便，經營日食。若罪囚到州辭情異同，或移獄別州鞠勘，必須再追證左，並委長吏取緊要人，量行點追。如或違戾常令，提刑司覺察，按劾重寘於罪，提刑失察者，諸司互舉之，庶使無罪之人，不致久留縲絏，其家不致窮餓就死，以副陛下愛民止辟之意。取進止。

（宋）洪邁《容齋三筆》卷一六《勑令格式》 法令之書，其別有四，勑令格式是也。神宗聖訓曰：禁於未然之謂勑；禁於已然之謂令；設於此以待彼之至，謂之格；設於此使彼效之，謂之式。凡入笞杖徒流死，自例以下至斷獄十有二門，麗刑名輕重者，皆爲勑；自品官以下至斷獄三十五門，約束禁止者，皆爲令；命官庶人之等，倍全分釐之給，有等級高下者，皆爲格；表奏帳籍關牒符檄之類，有體制模楷者，皆爲式。元豐編勑用此，後來雖數有修定，然大體悉循用之。今假寧一門，實載於格，而公私文書行移，並名爲式假，則非也。

（宋）黎靖德《朱子語類》卷一二八《本朝·法制》 今之法，大概用唐法。

問：今三代之法，或可見於律中否？曰：律自秦漢以來，歷代修改，皆不可得而見矣。如漢律文簡奥，後代修改，今亦不可見矣。

律是歷代相傳，勑是太祖時修，律輕而勑重。如勑中刺面編配，律中無之，只是流若干里，即今之白面編管是也。勑中上刑重而下刑輕，如律中杖一百，實有一百，勑中則折之爲二十。今世斷獄只是勑，勑中無，方用律。

因言：律極好。律即《刑統》。後來勑令格式，罪皆太重，不如律。《乾道淳熙新書》更是雜亂。一時法官不識制法本意，不合於理者甚多。又或有是計囑妄立條例者。如母已出嫁，欲賣産業，必須出母著押之類。此皆非理，必是當時有計囑而創此條也。孝宗不喜此書，嘗令修之，不知修得如何。

《刑統》大字是歷代相傳，《注》字是世宗時修。

舊來勑令文辭典雅，近日殊淺俗。

宋莒公曰：應從而違，堪供而闕，此《六經》之亞文也。謂子不從父不義之命，及力所不能養者，古人皆不以不孝坐之。義當從而不從，力可供而不供，然後坐以不孝之罪。

或問：勑、令、格、式，如何分別？曰：此四字乃神宗朝定法時綱領。本朝止有編勑，後來乃命羣臣修定。元豐中，執政安燾等上所定勑令。上喻燾曰：設於此而逆彼之至謂之格，設於此而使彼效之謂之式，禁於未然謂之令，治其已然謂之勑。修書者要當如此。若其書完具，政府總之，有司守之，斯無事矣。神廟天資絶人，觀此數語，直是分別得好。格，如五服制度，某親當某服，某服當某時，各有限極，所謂設於此而逆彼之至之謂也。式，如磨勘轉官，求恩澤封贈之類，只依箇樣子寫去，所謂設於此而使彼效之之謂也。令，則條令禁制其事不得爲，某事違者有罰之類，所謂禁於未然。勑，則是已結此事，依條斷遣之類，所謂治其已然者。格、令、式，在前，勑在後，則有教之不改而後誅之底意思。今但欲尊勑字，以勑居前，令、格、式在後，則與不教而殺者何異？殊非當時本指。又問：伊川云，介甫言，律是八分書。是他見得如此。何故？曰：律是《刑統》，此書甚好，疑是歷代所有傳襲下來。至周世宗，命竇儀注解過，名曰《刑統》，即律也。今世却不用律，只用勑令。大概勑令之法，皆重於《刑統》。《刑統》與古法相近，故曰八分書。

某事合當如何，這謂之令。如某功得幾等賞，某罪得幾等罰，這謂之格。凡事有箇樣子，如今家保狀式之類，這謂之式。某事當如何斷，某事當如何行，這謂之勑。今人呼爲勑、令、格、式，據某看，合呼爲令、格、式、勑。勑是令、格、式所不行處，故斷之以勑。某在漳州，曾編得户、婚兩門法。

本合是先令而後勑，先教後行之意。自荆公用事以來，方定爲勑、令、格、式之序。

（宋）楊萬里《誠齋集》卷九〇《刑法》 臣聞古之立法，不惟懲天

下之已犯，亦以折天下之未犯。蓋已犯之必懲，未犯之所以必折也。是故懲之者法之義，折之者法之仁，義行故仁不窮，仁行故義不數，仁義相有而不相無，此法之利也。後之法非無仁義也，利未見而害先焉者，義數仁窮而已。義不可數，數則民怨，仁不可窮，窮則民狎，狎則犯者衆，衆則刑者數。然則刑至於數者，不生於刑之數，而生於仁之窮，民至於怨者，不生於怨其刑，而生於狎其法。今夫民之情固喜溫而惡寒，欲涼而畏熱也。然冬不寒夏不熱則民病而死矣。人知夫法之仁也，不知夫狎之而死也，是故愛極者惠之，所從銷寬甚者猛之，所自起古之聖人，其法初不及後世之備也，惟不使仁之窮而民之狎也，是以法立而刑不試。後之法，蓋詳且密矣，然文詳而舉之也略，網密而漏之也踈。天下之民窺其略也，則知其詳必至於不舉，習其踈也，則知其密必至於甚漏。知其不舉，則犯之也易，知其漏，則犯之也頻。刑安得不數，而民安得不怨哉！嗟乎！求用刑之踈者，必至於用刑之數，求天下之喜者，必反以得天下之怨，理固然也。然則所謂舉之略而漏之踈者，何也？一曰法不執而多為之歧。二曰法徒設而自廢其禁。罪莫大於殺人，罪至於殺人，何以議為也，則亦殺之而已。漢高帝如此，其寬仁也，入關之初，欲結天下之心，如此其亟也，欲除秦法之苛，如此其鋭也，而其與民約法，亦曰殺人者死，帝不以為疑，民亦不以為請，何則？上下皆便，其當然也，殺人而法不死，孰不相殺，以至於大亂哉。此豈所謂當然，而天下何便於此也。故雖高帝欲取天下之速，而不敢有殺人之罪，以諂天下之心，雖秦民之苦於秦，而不以高帝之不宥殺人為帝之虐，然則古之立法之意可知已矣。而今之法不然，殺人一也，則有曰盜曰鬭之目焉，則有曰故曰誤之別焉。曰盜曰謀曰故者，法之所必死也。曰鬭則死生之間也，曰誤則生矣，果誤也，而殺人也，又況所謂誤者未必誤，而所謂非謀非故者未必非謀非故也，何則？法不執則吏可賣，吏可賣則民可遁，有司取具獄而讀之曰，此真誤殺也，不知夫吏之竊笑也。此之謂法不執，而多為之歧。夫民之所以畏法者，何也？非畏法也，畏刑也。法不用則為法，法用之則為刑，民不犯則為法，民犯之則為刑，是以畏之也。有法而不用，不如無法，何則？無法則民未測其罪之所當有，法而不用則民知其法之不足忌。有法而民不忌，是故布之號令不曰號令而曰空言，垂之簡書不曰簡書而曰文具，法至於為空言文具，是無法賢於有法也。古之法始乎必用，而終乎無所用，今之法始乎不用，而終乎不勝用。夫法不求民之入而拒民之入者也。古之法民不入也，不招以入，而民之入也，不縱以出，夫惟不出，是以不入，故始乎必用，而終乎無所用。今之法有曰誣人以罪而不實者罪之，以其罪自大辟以降，皆是物也，而用法者不然，以一夫之片紙而興大獄鞫大罪也。卒之所謂大獄者，初無獄之可興，所謂大罪者，亦無罪之可鞫，上之人則俱釋之而已矣。受誣者至於破家亡身，而誣人者其極不過杖而遣之，則姦民何憚於不屢誣善良以求利也哉，獄訟何時而可清也。故始乎法不用而終乎法不勝用，此之謂法徒設而自廢其禁。蓋人有野於宅而盜於防者，其始峻其墻而止出於一門，又從而衛之以兵，非以制其出者也，以制其入者也。夫是以盜不敢過，未幾而慮夫樵牧者出入之迂也，則鑿其東而門焉，又鑿其西而門焉，門多其徑而不能皆衛也，則至於有門而不扃焉。門多其徑則盜從其徑者而入之矣，有門不扃則羣盜掉臂而入矣。法不執而多為之歧，孰不從其徑而入哉，法徒設而自廢其禁，孰不掉臂而入哉。臣願朝廷詳慮而審處之，如殺人者不死，此法可以更議，而誣訴者罪以其罪此法可以必行。議其所當，議而行其所必行，則成康不試之事，雖未易致也，而漢文幾措之風其猶可及也歟。

（宋）樓鑰《攻媿集》卷二二《論諸州奏案》 臣竊惟獄者，天下之大命也。歷代聖帝明王之所甚謹，若夫欽恤忠厚，又未有如本朝列聖之極致者也。臣區區愚忠懷此久矣，敢先極論古今之事，而後備陳當今之宜，惟陛下垂聽。夫殺人之事，世所不免，使甲能殺乙，而乙之子若孫殺甲以報之可也，如此則將交仇而不已。故先王制之刑辟，命之士師，以爾之仇，麗吾之法，而後大定。然甲之殺乙則既殺之矣，士師取甲而誅之，雖以伸乙之冤，而士師實以生者就死地。死者不可復生，脫有錯誤悔之無及，又況箠楚之下，何求不得，間有誣服，遂致冤濫。此先王所以戒謹詳審，惟恐其不至也。自古平治之世，必以省刑罰為先，嘗求其故矣。唐虞畫衣冠而民不犯，則曰罪疑惟輕，功疑惟重。與其殺不辜，寧失不經，而後好生之德，洽於民心。成康囹圄空虛，凡四十年，則《秋官司寇》之書極其詳備。三代以還，享國之久者，無如漢唐。漢四百年始於約法三章，唐三百年基於太宗歲斷死刑二十九人，惟我國家太祖以不殺而得天下，高

宗以不殺而啟中興，累朝仁厚，度越千古。太祖嘗讀《堯典》，歎曰：堯舜之世，四凶之罪，止從投竄，何近代憲網之密耶。蓋有意於措刑也。故自開寶以來，犯大辟非情理深害者多貸其死，有司言自二年至八年詔所貸死罪凡四千一百八人。仁宗凡有疑慮奏裁者，率貸其死，歲至活千餘人，國祚靈長，民心固結，凡以此也。今之士夫不深察其故，論重囚則曰，漢高祖約法三章，殺人者死，安有殺人而不死者乎。論强盜則曰，太祖立法，强盜贓滿三貫，足皆處死。今强盜之法為太輕，臣又嘗求其故矣。秦之苛酷，以微罪而坐死者甚衆，如曰誹謗者族，偶語者棄市之類，不知其幾。商鞅論囚渭水盡赤，豈皆殺人者乎。天下愁怨，相率而叛之，故高祖約之曰殺人者死，蓋言惟殺人者死，爾其下云餘悉除去，秦法則其他死罪皆去之矣。此秦民所以大悦，亦非曰殺人者必死也。律文諸强盜及傷人者絞，殺人者斬，古之中制也。而唐元和之敕京兆府奏，應擒獲强盜不論有贓無贓，並集衆決殺，則已重矣。周顯德之敕應持杖行劫不問有贓無贓並處死，則又重矣。本朝制法，日趨於厚，由今視之，故以太祖之法為重，不知其時，正欲革五代之弊法而務輕之也，是二者不知深求其故反以藉口，可乎。今日朝廷清明，刑罰當罪，雖州郡以案乞奏裁，有司皆詳處，既不濫及無辜，又不至縱奸太甚。然臣每疑州郡成案，恐未必一一是其本情。近有乞奏裁之獄，悉以原勘始末，案款繳申大理寺，使之反覆閱實，然後奏聞報決。臣竊是之。然恐事至太煩，又從而講究其說，欲望睿慈明詔有司奏裁之，案合貸命中自依見行條法，遇有情理無可憫行下依斷者，仍下本路提刑司，取索本州原案併碎款一一詳審。若無可疑則行下依斷，隨即回申，或見得碎款情節，與成案不同，則當懲治官吏情弊，或鹵莽之罪。庶幾間有冤者，得以平反，實有罪者，無所幸免，獄吏知畏，不至文致重辟，益廣陛下好生之德，比之盡取碎款者，既得大體，而於朝廷明謹之意，益為詳盡，天下幸甚！

貼黄：臣竊見諸州奏案，惟是蜀中州郡者盡録原情，碎款列於成案之前，若陛下更欲詳盡，乞下刑部擇蜀中奏案碎款詳備者，鏤板行下諸州，令依此式樣備録碎款奏聞，尤為幸甚。

（宋）許應龍《東澗集》卷七《論法例劄子》 臣聞有法之弊，有例之弊。法之弊易見，例之弊難革，舍法而用例，此今日之大患也。夫著而為律，疏而為令，編次成書，各有條目，蓋截然而不可易也。是雖有旁照，有通用舞文弄法者，固未免輕重出入於其間，然使有司精明詳考而熟究之，其奸莫能逃也。豈不曰法之弊易見乎？乃若例者，或出於一時之特恩，或出於一時之權宜，有徇親故而開是例者，有迫於勢要而創是例者，揆之於法，大相牴牾，而後來者扳援不已，案牘在胥吏之手，有司不可得而知也。求者執已行之，比有司不可得而拒也，豈不曰例之弊難革乎？今日之弊，百司庶府，凡所施行，固未嘗無一定之法。然未免循積習之弊，舍法而用例焉。非不知三尺之背違也，執而不行，恐至於拂人情，非不知冒濫之滋甚也，抑而不予慮，至於召衆怨，遂使胥吏得以執其柄而容其私，厚賂以買之，則以為有例之可行，請求之未至，則匿其例而不用。長吏知之而不能禁，天下交病之而不敢言。昔富弼有言曰：近年綱紀甚紊，隨事變更便為成例，至使民力單竭，國用匱乏，所以然者法制不立而習為例者，淪胥至此也。是則用例者，豈非壞法之尤者乎？今日之弊亦已極矣。一切禁戢而惟法是用，固為拔本塞源之論，然循習之久，遽爾盡革，恐事勢有扞格而難行者，若聽其冗濫而不為之捄止，則轉相因仍必至於蕩然而無法矣。昔韓琦每事用例，吏持例在手，惟視金錢之多寡以為去取，琦目擊其弊，取其可用者而刪其冗謬者。是以吏無所容其奸事，以職舉今，莫若明詔有司搜求前後已用之例，公共參酌可行者留之，不可行者去之，使之輕重得宜，於法意不相違戾，編為成書，藏之有司。凡有陳乞，據此施行。若是書之所不載者，皆抑而不予，庶幾權不在吏，而奔競妄求者無所容其巧矣。此亦因時施宜之一策也。惟陛下與大臣熟議而行之。取進止。

（宋）陳耆卿《篔窗集》卷四《奏請罪健訟疏》 臣聞民俗之不媺，非一端也。而健訟之禍，為大夫州縣所以平天下之不平者也。民有不得其平而求於州縣，州縣不能平之則於臺於省，蓋其情不獲已，誰得而忿疾之哉！然觀今日州縣之訟，未必皆不得其平者也。良民以訟為恥，頑民以訟為喜。夫以訟為恥，藉有不得其平，非至慘烈有茹苦不言者矣。不幸而至於訟，有未幾而中輟者矣。頑民幸其然也，故常以强籠弱，以富撼貧，既侵奪之，懼其直於官也，則先粉澤其辭以自媒於訟。故今天下之不直者，多為詞主，而直者起應之爾。夫其樂競好爭如嗜飲食，而又能高貲以

啗胥吏，强辭以瞽官曹，未及書判，則已欲預持其長短，而曰不勝不止矣。所較者不數緡，而其求勝之心雖竭産不靳，稍不如意則鑿空越訴，不遺餘力。故官吏聞風畏之，往往含容黑白，而天下多不決之訟，由是喜訟日熾矣。喜訟者日熾，則天下之不得其平者日廣矣。夫告訐者有法，自刑者有法，不干己者有法，告上而不以實者亦有法。今未必盡行也。是以奸民勇無所忌而風俗益媮。臣愚乞降睿旨，申諭省部臺郡，凡民訟小大，其已經剖斷得實而輒枝蔓誣訴者，各以其罪罪之，毋俾倖免，彼知喜訟之為無益也，則相率而歸於無訟，惡草去則良苗殖，此自然之理，臣不勝惓惓。

（宋）魏了翁《鶴山集》卷二一《論感民莫先詔令當如唐德宗痛自咎責》 唐陸贄入翰林，嘗居中參裁可否，時號内相，嘗為帝言。今盜徧天下，宜痛自咎悔，以感人心。昔成湯罪己以興邦，楚昭王出奔以一言善復國。陛下誠不吝改過，以言謝天下，使臣持筆無所忌，庶叛者革心。帝從之。故奉天所下制書，雖武人悍卒無不感動流涕。後李抱真入朝為帝言，陛下在奉天山南，時赦令至山東，士卒聞者皆感泣思奮。臣是時知賊不足平議者，謂興元戡難功，雖爪牙宣力，蓋贄有助焉。奉天改元，詔曰：致理興化，必在推誠；忘己濟人，不吝改過。朕嗣守丕緒，君臨萬方，失守宗祧，越在草莽。不念率德，誠莫追於既往；永言思咎，期有復於將來。明譴厥初，以示天下。惟我烈祖邁德庇人，致裕化於和平，拯生靈於塗炭。重熙積慶垂二百年，伊爾卿尹庶官洎億兆之衆代受亭育以迄於今。功存於人，澤垂於後。肆予小子獲纘鴻業，懼德不嗣，罔敢怠荒。然以長於深宮之中，暗於經國之務，積習易溺，居安忘危，不知稼穡之艱難，不察征戍之勞苦，澤靡下究，情不上通，事既壅隔，人懷疑阻。猶昧省已，遂用興戎，召師四方，轉餉千里，賦車籍馬，遠近騷然，行齎居送，衆庶勞止，或一日屢交鋒刃，或連年不解甲冑。祀奠乏主，室家靡依，生死流離，怨氣凝結，力役不息，田萊多荒。暴命峻於誅求，疲甿空於杼軸，轉死溝壑，離去鄉閭，邑里丘虛，人烟斷絶。天譴於上而朕不悟，人怨於下而朕不知，循致亂階，變興都邑，賊臣乘釁，肆逆滔天，曾莫愧畏，敢行淩逼，萬品失序，九廟震驚，上辱於祖宗，下負於黎庶。痛心靦貌，罪實在予，永言愧悼，若墜深谷。賴天地降祐，神人叶謀，將相竭誠，爪牙宣力，屏逐大盜，載張皇維，將弘永圖，必布新令。

（宋）周密《癸辛雜識後集・律文去避來》 律云去避來之文，最爲難曉。太宗嘗問孔恭承曰：令文中貴賤少長輕重，各有相避，何必又云去避來，此義安在？恭承曰：此必戒於去來者，互相回避耳。上不然，曰：借使去來相避，此義止是憧憧於通衢之大路，人密如交蟻，烏能一一相避，但恐律者別有他意耳。余嘗扣之棘寺老吏云：所謂去避來者，蓋避自我後來者，以其人自後奔走而來，此必有急事故耳，故當避之也。此語亦甚有理。

（明）楊士奇等《歷代名臣奏議》卷二一七《慎刑》 元世祖時，趙天麟上策曰：臣聞天降命以興王，王法天而立政，定陰陽之消息，明生殺之樞機，事無大於斯焉，道由之而立也。兩儀肇判，四象爰分，天道莫大於生。故春居歲首，而王者法之以立禮部。其次，莫貴於長，故夏居春次，而法之以立兵部。又其次方及於殺，故秋居夏次，而法之以立刑部。至如法冬立工部，法上立吏部，法下立户部。上者，天也；下者，地也。地乃天中之積塊，而其實六者皆法乎天也。京府司縣亦設六曹，既以彌綸庶政之夥繁，又以式體一元之坱圠也。此皆正名之事。自周公之後，名號世變，而其理莫之能改。方今名已正而其實有未之盡者。竊見方今大罪囚徒鞫訊既成，司縣具詞以申於路，路覆鞫之以申達於上司，上司遣理官要察，既審而後刑之，慎之至也。或有及立春之後，所在行刑，此亦似乎失天本意也。夫罪人繫獄，文卷未完未得即決，或有至於十餘年而猶繫者。其言下招伏，事情昭灼，又適遇理官出審而不停滯者，萬無一二焉。繫之已久，及一旦決而不能待乎秋冬，何前之太緩而後之太急哉。方春之月，勾芒御辰，萬殊有榮，滋舒暢之容而無枯瘁蕭條之理。故王者順之，於是乎掩骼埋胔，禁止伐樹，無覆巢，無殺孩蟲胎夭飛鳥，毋焚山林，凡羅網之類，餧獸之藥，毋出九門。但當安萌芽，養幼少，存諸孤，命有司省囹圄，毋四掠，止獄訟可也。以卉草鳥獸之微尚令被澤，而況於人乎。以獄訟四掠猶禁止，而況於刑人乎。乃所以盡生生之至道，慎其始以存終也。及乎商風振起，少皞司天，鷹乃祭鳥，霜飛蕭艾，於是乎審斷戮罪，乃所以順陰氣之嚴凝，助陽律之不逮也。如是，則天道克常而王猷昭立矣。昔丙吉不問横道死傷之人而問牛喘，蓋以事作乎顯者，機達乎微者，吉凶現

於顯也。且春夏行刑，則是春夏二時行秋冬之令，灾殃之效具見古書，非臣所能盡言也。頃者連年變異，蔬穀不登，或隕霜不殺草而桃李開華，或地震日月食而動静不一，斯皆陰陽反覆。而意欲有以致之也，此事革之甚易而所關甚大，天下官吏莫肯啓一言者，臣又不知其何也。伏望陛下面稽天意，載審刑章，凡有罪當死以上，命省部秋冬遣理官出而報之。凡罪不至死及非常之事，宜速決者，不在此限外，依上施行。庶幾休徵洊至氣候相協，天人一致而表裏相通，體用一源而顯微無間矣。

（元）胡祗遹《紫山大全集》卷二一《論定法律》　即今上自省部下至司縣，皆立法官，而無法可檢。泰和舊律不敢憑倚，蒙古祖宗家法漢人不能盡知，亦無頒降明文，未能遵依施行。去歲風聞省部取《泰和律》伺聖上燕閑擬定奏讀，愚料聖人萬幾，豈能同書生老儒縷縷聽聞，若復泛而不切，聞之必致倦怠。一與上意不合，爲臣子者不敢塵瀆，不能早定，愚者不自揆。竊謂宜先選必不可廢急切者一二百條，比附祖宗成法，情意似同者，注以蒙古字蒙古語，解釋粗明，庶可進讀，庶幾時定。上有道揆，下有法守，則天下幸甚。

（元）王惲《秋澗先生大全文集》卷九〇《便民三十五事・定法制》　自古圖治之君，必立一定之法。君操於上，永作成憲。吏行於下，視爲準式。民知其法，使之易避而難犯，若周之三典，漢之九章，一定不易，故刑罰省而治道成。今國家有天下六十餘年，大小之法尚未定議，内而憲臺天子之執法，外而廉訪州郡之刑司也。是有司理之官而闕所守之法，至平刑議獄輾轉爲理，不免有酌量準擬之差，彼此重輕之異，合無將奉敕删定到律令，頒爲至元新法，使天下更始永爲成憲，豈不盛哉。若中間或有不通行者，取國朝扎撒，如金制别定敕條，如近年以來審斷一切姦盜，省部略有條格者，州縣擬行，特爲安便，此法令當亟定之明驗也。如此，則法無二門，輕重當罪，吏無以高下其手，天下幸甚。

綜　述

《宋史》卷一《太祖本紀》　建隆二年二月己丑，定竊盜律。

（宋）李燾《續資治通鑑長編》宋太祖建隆二年四月　上又以前朝鹽法太峻，是日，定令：官鹽闌入禁地貿易至十斤，煑鹻至三斤者，乃坐死。民所受蠶鹽以入城市，三十斤以上者，奏裁。《太宗實録》太平興國二年云：先是，官貨鹽與民，蠶事既畢，即以絲絹償官，謂之蠶鹽，令民隨夏秋賦租納其直。《食貨志》云：唐有蠶鹽，皆賦於民，隨夏税收錢絹。與《實録》少異，當考。

（宋）佚名《宋大詔令集》卷二〇〇《政事・刑法・改竊盜贓計錢詔建隆三年二月己亥》　王者禁人爲非，莫先於法令。議事以制，必務於哀矜。世屬亂離，則糾之以猛。人知耻格，宜濟之以寬。竊盜之徒，本非巨蠹。奸生不足，罪抵嚴科。今條法重於律文，財賄輕於人命。俾寬禁網，庶合舊章，今後犯竊盜贓滿五貫文者處死，其錢以一百文足爲陌，不滿者降罪有差。

（清）徐乾學《資治通鑑後編》宋太祖建隆三年十二月　庚子，班捕盜令：給以三限，限各二十日。第一限内獲者，令、尉各減一選；獲踰半者，減兩選。第二限内獲者，各超一資；踰半，超兩資。第三限内獲者，令、尉各加一階；踰半，加兩階。過三限不獲，尉罰一月俸，令半之。尉三罰，令四罰，皆殿一選；三殿，停官。令、尉與賊鬥而盡獲者，並賜緋，尉除令，仍超兩資，令别加升擢。

（宋）李燾《續資治通鑑長編》宋太祖建隆三年十二月　舊制，强盜贓滿十四者絞。庚寅，詔改爲錢三千足陌者處死。

《宋史》卷一《太祖本紀》〔乾德元年七月〕己未，詔民有疾而親屬遺去者罪之。

（宋）李燾《續資治通鑑長編》宋太祖乾德三年四月　壬子，令京城夜漏未及三鼓，不得禁止行人。

（宋）竇儀《進刑統表》　臣聞虞帝聰明，始恤刑而御物；漢高豁達，先約法以臨人。蓋此丹書輔於皇極，禮之失則刑之得，作於凉而弊於貪，百王之損益相因，四海之準繩斯在。如御勒之持逸駕，猶郛郭之域羣居，有國有家，其來尚矣。伏惟皇帝陛下寶圖攸屬，駿命是膺，象日之明，流祥光於有截；繼天而王，垂洪覆於無疆。乃聖乃神，克明克類。《河圖》、《八卦》，惟上德以潛符；《洛書》、《九章》，諒至仁而默感。哀矜在念，欽恤爲懷。網欲自密而疏，文務從微而顯。乃詔執事，明啓刑

書，俾自我朝，彌隆大典。貴體時之寬簡，使率土以遵行，國有常科，吏無敢侮。

伏以《刑統》，前朝創始，羣彦規爲，貫彼舊章，采綴已於撮要；屬兹新造，發揮愈合於執中。臣與朝議大夫、尚書屯田郎中、權大理少卿、柱國臣蘇曉，朝散大夫、大理正臣奚嶼，朝議大夫、大理寺、柱國臣張希遜等，恭承制旨，同罄考詳；刑部大理法直官陳光乂、馮叔向等俱效檢尋，庶無遺漏。夙宵不怠，綴補俄成。舊二十一卷，今並目録增爲三十一卷。舊疏議節略，今悉備文，削出式令宣敕一百九條别編，或歸本卷，又編入後來制敕一十五條，各從門類，又録出一部律内餘條準此四十四條，附《名例》後。字稍難識者，音於本字之下；義似難曉者，并例具别條者，悉注引於其處。又慮混雜律文，本注並加釋曰二字以别之。務令檢討之司，曉然易達。其有今昔浸異，輕重難同，或則禁約之科，刑名未備，臣等起請捴三十二條，其格令宣敕削出及後來至今續降要用者，凡一百六條，今别編分爲四卷，名曰《新編敕》。凡釐革一司一務一州一縣之類，非干大例者，不在此數。

草定之初，尋送中書、門下請加裁酌，盡以平章。今則可否之間，上繫宸鑒。將來若許頒下，請與式令及《新編敕》兼行，其律并疏，本書所在，依舊收掌。所有《大周刑統》二十一卷，今後不行。

臣等幸偶文明，謬參憲法，金科奥妙，比虧洞達之能；丹筆重輕，徒竊討論之寄。將塵睿覽，唯俟嚴誅。

（宋）李燾《續資治通鑑長編》宋太祖乾德四年四月 禁荆湖諸州造蠱厭。

（宋）李燾《續資治通鑑長編》宋太祖乾德五年四月 丙戌，詔：比者强盜持仗，雖不傷人者皆棄市。自今雖有杆棒，但不傷人者，止計贓以論其罪。

（宋）李燾《續資治通鑑長編》宋太祖乾德五年四月 有司言：朝廷自削平川、峽，即頒《刑統》、《編敕》於管内諸州，具載建隆三年三月丁卯詔書及結狀條様。而州吏弛怠，靡或遵守，所決重罪，祇作單狀，至季末來上。狀内但言爲某事處斬或徒、流訖，皆不録罪款及夫所用之條，其犯者亦不分首從，非惡逆以上而用斬刑。此蓋兵興以來，因寇盜之未静，率從權制，以警無良。今既謐寧，豈可弗革？望嚴敕州、峽諸州，遵奉公憲，敢弗從者，令有司糾舉。從之。

《宋史》卷二《太祖本紀》〔開寶元年六月〕癸亥，詔：荆蜀民祖父母、父母在者，子孫不得别財異居。

（宋）李燾《續資治通鑑長編》宋太祖開寶元年九月 壬午，詔曰：舊禁銅錢無出化外，乃聞沿邊縱馳，不復檢察。自今五貫以下者，抵罪有差；五貫以上，其罪死。

《宋史》卷二《太祖本紀》〔開寶二年〕八月丁亥，詔川峽諸州察民有父母在而别籍異財者，論死。

（宋）李燾《續資治通鑑長編》宋太祖開寶四年三月 庚子，禁嶺南民買良人黥面爲奴婢庸雇取直。

（清）徐松《宋會要輯稿・刑法一・格令》 國初用唐律令格式外，又有元和《删定格後勅》、太和《新編後勅》、開成《詳定刑法總要格敕》、後唐同光《刑律統類》、清泰《編敕》、天福《編敕》、周廣順《續編敕》、顯德《刑統》，皆參用焉。

太祖建隆四年二月五日，工部尚書判大理寺竇儀言：周《刑統》科條繁浩，或有未明，請别加詳定。乃命儀與權大理少卿蘇曉、正奚嶼、承張希讓及刑部大理寺法直官陳光（又）〔乂〕、馮叔向等同撰集。凡削出令或宣勅一百九條，增入制十五條，又録律内餘條準此者凡四十四條，附於《名例》之次，并目録成三十卷。别取舊削出格令宣勅及後來續降要用者凡一百六條，爲《編勅》四卷。其釐革一司一務一州一縣之類不在焉。至八月二日上之，詔並模印頒行。乾德四年三月十八日，大理正高繼申言：《刑統・職制律》準周顯德五年勅，受所監臨財及乞取贓過百匹，奏取勅裁。伏緣準律，若是頻犯及二人以上之物，仍合累併倍論。元勅無累倍之文，致斷案有取裁之語。今後犯者，望依律累倍，過百疋奏取勅裁。如累倍不過百疋，依律文處分。又《刑統・斷獄律》，有八十字，誤作十八字，伏請下諸處令法官檢尋判正。仍修改大理寺印板。

又《刑統・名例律》，三品、五品、七品以上官，親屬犯罪，各有等第減贖。伏恐年代已深，不肖自恃光蔭，不畏刑章。今後犯罪之人，身無

官者，或使已亡祖父親屬之廕減贖其罪，即須是已亡人曾在皇朝官，據品秩得使，如有不曾任皇朝官者，須是前代有功惠爲時所推，歷官至三品以上者，亦得上請，伏乞永爲定制。從之。

太宗太平興國三年六月，詔有司取國朝以來勑條，纂爲編敕頒行，凡十五卷，曰《太平興國編敕》。端拱二年十月，詔翰林學士宋白等，詳定端拱以前詔勅，至淳化二年三月，白等上《淳化編敕》二十五卷，赦書德音目録五卷。帝閲之，（調）〔謂〕宰相曰：其間賞罰條目，頗有重者，難於久行，宜命重加裁定。即詔翰林學士承旨蘇易簡右諫議大夫知審刑院許驤，職方員外郎李範同别詳定，至五年八月二十一日，驤範上《重删定淳化編敕》三十卷。至道元年十二月十五日，權大理寺陳彭年言：法寺於刑部寫到令式，皆題僞蜀廣政中校勘，兼列僞國官名銜，云奉勑付刑部，其帝號、國諱、假日、府縣、陵廟名悉是當時事，伏望重加校定改正，削去僞制。詔直昭文館勾中正直集賢院胡昭賜、直史館張復、祕閣校理吴淑舒雅、崇文院檢討杜鎬於史館校勘，翰林學士承旨宋白、禮部侍郎兼秘書監賈黄中、史館修撰張佖詳定。

（宋）李燾《續資治通鑑長編》宋太宗太平興國四年十二月　是歲，命有司取國初以來敕條纂爲《太平興國編敕》十五卷，行於世。

（宋）王應麟《玉海》卷六六《詔令·淳化編敕》　端拱二年十月，詔翰林學士宋白等詳定端拱以前詔敕。至淳化二年三月，白等上《淳化編敕》二十五卷，赦書、德音，目録五卷。帝閲之，謂宰相曰：其間賞罰條目頗有重者難於久行，宜重加裁定。即詔翰林承旨蘇易簡、右議諫大夫知審刑院許驤、職方員外郎李範同詳定，至五年八月二十一日庚子，驤範上言重删定《淳化編敕》三十卷。一本淳化二年八月庚子，右諫議大夫判審刑院許驤以《新定編敕》一部三十卷上獻，編敕與《刑統》竝行。上以其滋章煩碎，因命重删定，至是畢付有司頒行天下。《稽古録》淳化五年八月初行《淳化編敕》。

太宗以開元二十六年所定令式修爲淳化令式，太宗録繫囚至日旰。

（宋）李燾《續資治通鑑長編》宋真宗咸平元年十二月　先是，詔給事中柴成務等重詳定《新編敕》。丙午，成務等上言曰：自唐開元至周顯德，咸有格敕，並著簡編。國初重定《刑統》，止行《編敕》四卷。洎方隅平定，文軌大同，太宗臨朝，聲教彌遠，遂增後敕爲《太平編敕》十五卷，淳化中又增後敕爲《淳化編敕》三十卷。編輯之始，先帝親戒有司，務存體要。當時臣下，不能申明聖意，以去繁文。今景運重熙，孝心善繼。自淳化以後，宣敕至多。命有司别加删定，取刑部、大理寺、京百司、諸路轉運使所受《淳化編敕》及續降宣敕萬八千五百五十五道，徧共披閲。凡敕文與《刑統》令式舊條重出者及一時機宜非永制者，並删去之；其條貫禁法當與三司參酌者，委本部編次之，凡取八百五十六道，爲《新删定編敕》。其有止爲一事前後累敕者，合而爲一；本是一敕，條理數事者，各以類分取。其條目相因，不以年代爲次，其間文繁意局者，量經制事理增損之；情輕法重者，取約束刑名削去之。凡成二百八十六道，準律分十二門，並目録爲十一卷，又以儀制、車服等十六道别爲一卷，附儀制令，違者如違令法，本條自有刑名者依本條。又以續降赦書、德音九道别爲一卷，附淳化赦書合爲一卷。其釐革一州一縣、一司、一務者，各還本司，令敕稱依法及行朝典勘斷，不定刑名者，並準律、令、格、式；無本條者，準違制敕，分故失及不躬親被受條區分。臣等重加詳定，衆議無殊，伏請鏤板頒下，與律令格式、《刑統》同行。優詔褒答之。

（宋）王應麟《玉海》卷六六《詔令·咸平新定編敕　祥符重定編敕》

元年十二月二十三日丙午，給事中柴成務上删定編敕、儀制車服敕、赦書、德音十三卷，詔鏤版頒行。先是，十二月詔户部尚書張齊賢專知删定淳化後盡至道末續降宣敕。十一月，齊賢等上新編敕，又詔成務等重詳定。

《實録》十二月丙午，成務等上言其表曰：臣聞王者發號施令，誕告萬方，先德後刑，大賚四海，故《書》曰：慎乃出令，令出惟行。又曰：刑期無刑，民協於中，蓋拯邦之典也。自夏商之際訓誓聿興，隋唐已還律令兼著。自唐開元至周顯德，咸有格敕兼著簡編。國初重定《刑統》止行編敕四卷，纔百有六條，洎方隅平定，文軌大同，太宗臨朝，聲教彌達，遂增《太平編敕》十五卷。淳化中又增後敕爲《淳化編敕》三十卷。編緝之始，太宗親戒有司務存體要，當時臣下不能申明聖意，以去繁文。又自淳化元年六月以後，止至道三年終，續降宣敕至多，頗爲繁密，

乃命權判刑部李範等七人同加刪定，取刑部大理寺在京百司諸路轉運司所受湻化編敕，及續降敕一萬八千五百五十五道，徧共披閲。凡敕文與舊條重出者，及一時機宜非永制者，竝刪去之。凡取八百五十六道爲新編敕。有止爲一事，前後累敕者，今聚爲一本。元是一敕，條理數事者，各以類分取。其條目相因，不以年代爲次，其間文繁意局者，量理制事增損之。情輕法重者，取約束刑名削去之，皆條奏以聞，降敕方定，凡成二百八十六條，準律分十二門，並目録爲十一卷。又以儀制車服等敕一十六道，別爲一卷，附儀制令。又以續降敕書德音九道，别爲一卷，附湻化中赦書，合爲四卷。又詔成務等共九人，重加詳定。衆議無殊，謹詣閤門上進。詔曰：國家創業以來，詔令所下年紀浸久，科條實繁，爰命有司重定厥要，宜頒下諸路。《會要》咸平二年七月三十日，户部使索湘上三司刪定編敕六卷。景德二年八月戊子，詔咸平編敕後續降宣敕，令諸郡置籍二本，具數以聞，轉運使亦如之。

（宋）佚名《宋大詔令集》卷一五〇《政事·經史文籍·頒編敕赦書德音詔咸平元年十二月丙午》 國家開創以來，詔令所下，年祀寖久，科條寔繁，爰命有司，重定厥要，去其重複，分以部門，著爲定規，允協中典。宜下頒諸路，與律令格式刑統同行，其雕造印板，委監館閣書籍劉崇起管。

（清）徐松《宋會要輯稿·刑法一·格令》 真宗咸平元年十二月二十三日，給事中柴成務上《删定編敕》《儀制勅》《赦書德音》十三卷，詔鏤版頒行。先是，二月詔户部尚書張齊賢專知删定淳化後盡至道末續降宣敕，權判刑部李範、職方員外郎馬襄、同知審刑院劉元吉、權判大理寺尹玘、直集賢院趙安仁、監察御史王濟、大理寺丞劉去華同知删定。十一月，齊賢等上新敕，又詔成務與知制師頑、侍御史宗慶、直祕閣潘慎修、直史館曾致堯、晁迥、楊嵎、張庶凝、史館檢討董元亨重詳定。至是，成務等上言：自唐開元至周顯德咸有格敕，並著簡編。國初重定《刑統》，止行《編敕》四卷。太宗朝遂增後敕，爲《太平興國編敕》三十卷。淳化中又增後敕，爲《淳化編敕》三十卷。自淳化以後，宣勅至多，乃命有司別加删定，取刑部、大理寺、在京百司、諸路轉運司所受淳化編敕及續降宣勅萬八千五百五十道，徧共披閲。凡敕文與《刑統》令式舊條重出者，及一時權宜非永制者，並刪去之。其條貫禁法當與三司參酌者，委本部編次之。凡取八百五十六道爲《新删定編敕》。其有止係一事前後格敕者，合而爲一。本是一勅條理數事者，各以類分，取其條目可相因，不以年代爲次。其間文繁意局者，量經制事理增損之。情輕法重者，取約束刑名削去之。凡成二百八十六道，律分十一門，并自録爲十二卷。又以儀制車服等勅十六道，別爲一卷，附儀制令。違者，如違令法。本條自有刑名者依本條。又以續降赦書德音（凡）〔九〕道别爲一卷，附《淳化赦書》合爲四卷。其釐革一州一縣一司一務者，各還本司。令勅稱依法及行朝典勘斷不定刑名者，並準律令格式。無本條者，準違制勅分故失及不躬親被受條區分。臣等重加詳定，衆議無殊，伏請鏤版頒下諸路，與律令格式《刑統》同行。優詔褒答，從之。

成務等加階勳，又請定諸司使至三班有罪當續條例。諸司使以上領遥郡者從本品，諸司使同六品，副使至内殿崇班同七品，閤門祇候供奉言侍禁同八品，殿直内品同九品，奉職借職同九品下。詔著於令。舊條持伏行劫得財不得財並處死，張齊賢以爲太重。議貸不得財者，濟堅執乃詔尚書省集議，卒用。成務等言：强竊盗刑若比例文用一年半法，及《配軍條例》品官犯五流不得減贖，徐名配流如法。臣等詳定並行用，欲編入勅文。詔諸司使臣至三班使臣所犯情重者奏裁，餘並從之。

二年七月三十日，户部使右諫議大夫索湘上《三司删定編敕》六卷，詔頒行。先是詔湘與鹽鐵使陳恕、度支使張雍、三部判官取三司咸平二年三月以前逐部宣勅，分二十四案爲門删定，至是上之。

（宋）李燾《續資治通鑑長編》宋真宗咸平六年七月 丙午，詔軍士因將校科責，挾恨訴訟，推勘虚妄者，並禁錮奏裁。先是，上謂近臣曰：累有人言，軍士不畏將校。蓋不逞之徒，自爲過惡，及被懲罰，即掎摭訴訟，請行極斷，使不復然。朕熟思之，如此處分，恐亦未當。蓋近者繼有訴訟，驗問，皆將校不法。若遽加嚴刑，不復省報，它時或遂結成禍逆，因莫敢告發，則所繫非輕矣。故有是命。

上又曰：近復有告將校斂軍士緡錢，賂樞密院吏，請求出軍及屯戍等事。洎令鞫實，皆小人託名規財耳，致軍士枉有費用，遂成貧之，因踰越以陷罪戾。雖累行禁止，猶未斷絶。可再諭詔諸軍，朝廷所發師旅，皆

先進入兵籍，朕躬自點定。所去之處，非可請求，貴其稟信，不犯刑辟也。

（宋）李燾《續資治通鑑長編》宋真宗咸平六年十二月　甲申，日加午，雷暴震。司天言，占主國家發號布德，未及黎庶。上謂輔臣曰：豈所議赦書，小惠未徧，上天以雷警朕耶？今河北、關西，戍兵未息，民甚勞苦，而三司、轉運使賦斂益繁。卿等宜悉取民弊，著爲條目，大者隨事減省，小者卽爲蠲免。又諸道罪人，爲惡情重，須令並其家屬赴闕，委棄資産，流離道路，斯可憐憫，自今止送正身。臣僚負私過情輕，終身爲累者，委刑部特與洗滌。其它，卿等皆盡心講求之。

（宋）李燾《續資治通鑑長編》宋真宗景德二年六月　詔自今僮僕盜主財五貫，配本州牢城，十貫配五百里外，二十貫以上奏裁。改咸平六年之制，慮其淹繫也。

（宋）李燾《續資治通鑑長編》宋真宗大中祥符六年正月　令審刑院、大理寺、三司詳定配隸法。既而取犯茶、鹽、礬、麴，私鑄錢，造軍器，市外蕃香藥，挾銅錢，誘漢口出界，主吏盜貨官物，夜聚爲妖等二十條，悉減從輕焉。

（宋）王應麟《玉海》卷六六《詔令・大中祥符編敕》　六年四月，判大理寺王曾等言：咸平後詔敕其三千六百餘道，宜删定。詔曾與陳彭年等九人詳定，止六年終。又以三司編敕條目煩重，令彭年等重詳定增損。九年八月己卯，上之，名重定編敕。翰林學士彭年等詳定新舊編敕，並三司文卷續降宣敕，盡祥符七年六千二百二道，千三百七十四條，分爲三十卷，儀制、赦書、德音別爲十卷，目録二卷。九月乙巳，彭年等三人加階勳。轉運司編敕二十卷，陳彭年等編。

《會要》九年九月二十一日編敕所上删定，編敕、儀制、赦書、德音、目録四十三卷，詔頒行。《稽古録》八月己卯行新編敕。天禧元年七月壬寅，判寺李虚己請以新編敕，鏤板頒行，從之。

（宋）李燾《續資治通鑑長編》宋真宗大中祥符七年五月　癸卯，知襍御史王隨請以御史臺新降條目編爲儀制，從之。

（宋）李燾《續資治通鑑長編》宋真宗大中祥符八年閏六月　癸巳，編敕所言：監臨主守自盜及盜所監臨財物者，舊自五匹徒二年，遞加至二十五匹流二千五百里，三十匹卽入絞刑。緣法律凡加重刑，皆須循次，今獨此條頓至大辟，望改三十匹爲流三千里，三十五匹絞。從之。

（宋）李燾《續資治通鑑長編》宋真宗大中祥符九年八月　翰林學士陳彭年等言：先準詔看詳新舊編敕，及取已删去並林特所編三司文卷續降宣敕，盡大中祥符七年，總六千二百道，《會要》云二千七百九十一道，今從本志。千三百七十四條，分爲三十卷。其儀制、敕書、德音別爲十卷，與《刑統》、《景德農田敕》同行。其止是在京及三司本司所行宣敕，別具編録。若三司例册，貢舉、國信條制，仍舊遵用。上謂宰相曰：彭年等删去繁文，甚爲簡便。然有本因起請，更相難詰，衝改前後，特留一敕者，今既删去，恐異日或須證驗，卽無從得之。宜令録所删敕一本，別付館閣，以備檢詳。

（宋）李燾《續資治通鑑長編》宋仁宗天聖二年十月　辛巳，詔自今赦書，令刑部摹印頒行。時判部燕肅言，舊制，集書吏分録，字多舛誤，四方覆奏，或致稽違，因請鏤版宣布。或曰：版本一誤，則誤益甚矣。王曾曰：勿使一字有誤可也。遂著於法。王子融云：寇萊公嘗議模印赦書以頒四方，衆不可而止。其後四方覆奏赦書字誤，王沂公始用寇議，令刑部鎖宿雕字人模印宣布。因之日官亦乞模印曆日，舊制，歲募書寫費三百千，今模印，止三十千。或曰：一本誤則千百誤矣。沂公曰：不令一字有誤可也。自爾遂著於令。子融稱議初出於萊公，不知何據，今但取正史、《實録》稍增益之。

（宋）李燾《續資治通鑑長編》宋仁宗天聖四年九月　壬申，命翰林學士夏竦蔡齊、知制誥程琳等重删定編敕。時有司言編敕自大中祥符七年至今復增及六千七百八十三條，請加删定。帝問輔臣曰：或謂先朝詔令不可輕改，信然乎？王曾曰：此憸人或上之言也。咸平中，删太宗詔令，十存一二。蓋去繁密之文以便於民，何爲不可。今有司但詳具本末，又須臣等審究利害，一一奏稟，然後施行也。上然之。

《宋史》卷二〇〇《刑法志》　司馬光時知諫院，言曰：臣聞敕下京東、西災傷州軍，如貧户以饑偷盜斛斗因而盜財者，與減等斷放，臣竊以爲非便。《周禮》荒政十有二，散利、薄征、緩刑、弛力、舍禁、去幾，率皆推寬大之恩以利於民，獨於盜賊，愈更嚴急。蓋以饑饉之歲，盜賊必多，殘害良民，不可不除。頃年嘗見州縣官吏，有不知治體，務爲小仁。

遇凶年，劫盜斛斗，輒寬縱之，則盜賊公行，更相劫奪，鄉村大擾，不免廣有收捕，重加刑辟，或死或流，然後稍定。今若朝廷明降赦文，豫言與減等斷放，是勸民爲盗也。百姓乏食，當輕徭薄賦、開倉振貸以救其死，不當使之自相劫奪。今歲府界、京東、京西水災極多，嚴刑峻法以除盗賊，猶恐春冬之交，饑民嘯聚，不可禁禦，又況降赦以勸之。臣恐國家始於寛仁，而終於酷暴，意在活人而殺人更多也。事報聞。

（宋）王應麟《玉海》卷六六《詔令·天聖新修令》 七年五月己巳，詔以新修令三十卷，又《附令敕》頒行。初，修令官修令成，又録罪名之輕者五百餘條，爲《附令敕》一卷，志令文三十卷，《附令敕》一卷。乃下兩制看詳，既上頒行之。先是，詔參政吕夷簡等參定令文，乃命龐籍宋郊爲修令官，取唐令爲本，參以新制，七年五月十八日上删修令三十卷。十年三月十六日戊子，以《天聖編敕》十三卷，崇文目《天聖編敕》十三卷，目一卷。（敕）〔赦〕書、德音十二卷，令三十卷，下崇文院鏤板頒行。先是，四年九月壬申，命學士夏竦蔡齊知制誥程琳重删定編敕，合《農田敕》爲一書。五年五月，詔以祥符七年止。天聖五年續降宣敕，增及六千七百八十三條，辛酉命宰臣吕夷簡等詳定。依律分門十二卷，定千二百餘條。七年六月，上之賜器幣，進勳階。九月，詔下諸路閲視聽言未便者。《書目》天聖令文三十卷，時令文尚依唐制。夷簡等據唐舊文斟酌衆條益以新制，天聖十年行之，《附令敕》十八卷。夷簡等撰。官品令之外，又案敕文録制，度罪名輕簡者五百餘條，依令分門附逐卷之末。又有《續附令敕》一卷，慶曆中編。

（清）嵇璜等《續通志》卷一四五《刑法略·歴代刑制》 宋法制因唐及五代之律令格式而隨時損益按《玉海》云，國初用唐律令格式外，有後唐《同光刑律統類》、《清泰編敕》、晋《天福編敕》、周《廣順類敕》、《顯德刑統》皆參用焉。太祖懲五代藩鎮專殺之弊，建隆中詔天下，斷大辟録案牘及判官法直官等名聞奏，下刑部覆視。諸州獄則録事參軍與司法掾參斷之。按《宋史·刑志》此下又有懼刑部大理寺用法之失，别置審刑院讞之。考審刑院之設，《太宗本紀》及《通考》皆云淳化二年八月置，並無太祖置審刑院之文，《宋志》蓋襲汪應辰疏而誤者，今删。詔竊盜贓滿五貫足陌者死。舊法：强盗持杖雖不傷人皆棄市。又詔但不傷人者，止計贓論，令諸州獲盜非狀驗明白未得掠治，其當訊者，先具白長吏得判乃訊之。凡有司擅掠囚者論罪。四年始定折杖法，按《稽古録》云，乾德元年三月癸酉始定折杖法。考乾德之改元在建隆四年十一月，則折杖實建隆四年三月事也。《宋史》載於太祖受禪之初，固非；《通考》載於建隆三年，亦非。凡流刑四，加役流，脊杖二十，配役三年；流三千里，脊杖二十；二千五百里，脊杖十八；二千里，脊杖十七，並配役一年。凡徒刑五：徒三年，脊杖二十；徒二年半，脊杖十八；二年，脊杖十七；一年半，脊杖十五；一年，脊杖十三。凡杖刑五：杖一百，臀杖二十；九十，臀杖十八；八十，臀杖十七；七十，臀杖十五；六十，臀杖十三。凡笞刑五：笞五十，臀杖十下；四十、三十，臀杖八下；二十，臀杖七下。常行官杖制：杖三尺五寸，大頭濶不過二寸厚，及小頭徑不得過九分，徒流笞用常行杖。徒罪決而不役。命工部尚書、判大理寺竇儀等詳定《顯德刑統》，乃削出令式宣敕一百九十條，增入制敕十五條，又録律内餘條。準此者凡四十四條，附於名例之次，號《建隆新定刑統》。又取舊削去格令宣敕及後來續降要用者凡一百六條，為《新編敕》。詔模印頒行。開寶二年五月，帝以暑氣方盛，詔令兩京諸州令長吏督獄掾五日一檢視，灑掃獄户，洗滌杻械，貧者給飲食，病者給醫藥，輕繫小罪即時決遣，自是歲以為常。六年始以士人為司寇參軍，改諸州馬步院為司寇院，天下巨鎮得置左右兩院者十有六。太宗太平興國三年，改司寇參軍為司理參軍，以司寇院為司理院，又置判官一員。命有司取國初以來敕條，纂為《太平興國編敕》。六年，詔諸州長吏，每五日一慮囚，情得者即決之。復制聽獄之限：大事四十日，中事二十日，小事十日，不須逮捕而易決者不得過三日。後又定令決獄違限，準官書稽程律論，踰四十日則奏裁。然州縣禁繫猶以根究為名，追擾輒至破家。江西轉運副使張齊賢以為言，乃令外縣罪人五日一具禁，放數白州。州獄别置歴長吏檢察，三五日一引問疏理，月具奏上。刑部閲其禁多者即命官往決遣，寃滯則降黜。既而長吏懼朝廷詰其淹滯，輒隱落囚數，妄言獄空，乃詔妄奏獄空及隱落者加深譴。雍熙初，令諸州十日一具囚帳及所犯罪名繫禁日數以聞。俾刑部專意糾察，時所奏獄狀有繫三百人者，帝乃令門留寄禁、取保在外，并邸店養疾人等咸準禁囚例，件析以聞，其鞫獄違限及可斷不斷、事小而禁繫者有司駁奏之。既又遣御史十四人分往江南、兩浙、四川、荆湖、嶺南等道審決劾吏之弛怠者。令諸州十日一慮囚。帝又聞臺中鞫獄，御史多不躬親委任

胥吏，詔飭止。又令諸州笞杖罪不須證逮者，長吏即決之，勿復付所司。羣臣受詔鞫獄，獄既具，騎置來上。有司斷已，復騎置下之州。凡上疑獄覆無疑狀者，官吏同違制論。其應奏疑案，亦騎置以聞。二年，令竊盜滿十貫者奏裁；七貫決杖、黥面、隸牢城；五貫配役三年；三貫二年；一貫一年；他如舊制。八月，復分遣使臣按巡諸道，詔京朝幕職州縣並須習讀律令格式，秩滿至京者，當加試問，其全不明習者，量加殿罰。三年始用儒士為司理判官，令諸州訊囚不須衆官共視，申長吏得判乃訊囚。刑部張佖言：官吏枉斷死罪者，請稍峻條章，以責其明慎。始定制，應斷獄失入死刑者，官吏停削不得減贖。淳化初，置刑部詳覆官六員，專閱天下所上案牘，勿復遣鞫獄。又置御史臺推勘官二十人，皆以京朝官為之。凡諸州有大獄則乘傳就鞫臨遣，賜以裝錢，還必召問，所推事狀著為定令。自是大理寺杖罪以下須刑部詳覆。又所駁天下案牘未具者，亦令詳覆乃奏。二年，始置諸路提點刑獄司，凡管内州府十日一報囚帳，有疑獄未決，即馳傳往視之。州縣稽留不決，按讞不實，并官吏用情者，長吏則劾奏。佐史、小吏許便宜按劾從事。帝又慮大理、刑部吏胥舞文，始置審刑院於禁中，以樞密直學士李昌齡知院事，兼置詳議官六員。凡獄上奏先達審刑院，印訖付大理寺、刑部詳覆奏聞。復下審刑院裁決訖，以付中書省。當即下之，其未允者宰相覆以聞，始命論決。令諸州決死刑有呼號不伏及親屬稱寃者，即以白長吏移司推鞫，既而諸路提點刑獄司未嘗有所平反，詔悉罷之，歸其事於轉運司。【略】三年，詔御史臺鞫徒以上罪，獄具，令尚書丞郎兩省給舍以上一人親往慮問。尋又詔：獄無大小，自中丞以下，皆臨鞫問，不得專責所司。按《玉海》《通考》，諸路提點之罷在淳化四年，大理寺限詔在至道二年。《宋志》倒置，殊非。又大理寺限詔正至道二年事，而《宋志》序於至道二年前，亦非，今悉改正。真宗即位，聞諸州所斷大辟情可疑者，懼為諸司所駁，不敢上，迺詔：死事有可疑者，具獄申轉運司，擇部内詳練格律者決之，須奏者乃奏。按此詔《玉海》以為真宗事，《宋史》以為太宗至道二年事，今從《玉海》。詔户部尚書張齊賢刪定。淳化後盡至道未續降宣敕。咸平元年，張齊賢等上《新編敕》。又詔給事中柴成務重詳定，名《咸平新定編敕》。四年，從黄州守王禹偁之請，諸路置病囚院，持杖刼賊徒流以上有疾者處之，餘責保於外。按病囚院之設，《通考》在咸平四年，《宋史》在元年，今從《通考》。六年，詔有盜主財者，五貫以上，杖脊、黥面、配牢城；十貫以上奏裁，勿得私黥涅。景德初，詔諸道州軍斷案，内有宣敕不定刑名止言當行極斷者，所在即寘大辟，頗乖平允。自今凡言處斷、極斷、決配、朝典之類未得論決，具獄以聞。按斷案詔，《通考》在景德元年，《宋史》作三年，今從《通考》。四年，復置諸路提點刑獄官，仍以使臣副之，知審刑院朱選言官吏因公受財，許為曲法，決遣之際依法科刑以規避枉法之罪者，望以枉法論。至死者加役流，從之。按此條《宋志》作官吏因公事受財，証左明白者，望論以枉法。考官吏因公受財，律文早有明條。朱選此疏，特為枉法規避者言耳，今從《通考》。定枷制以十五斤為準，大中祥符中，詔御史臺、開封府及在京凡有刑案之處，特置司糾察決杖，令衆者舊十日減為三日，半月以上勿過五日，暑月免之。初，景德間，三司上《新編敕》及《農田編敕》。大中祥符六年，詔判大理寺王曾及陳彭年等刪定三司編敕及咸平後至祥符七年詔敕。九年上之，名《大中祥符新編敕》。天禧四年，詔天下犯十惡、刼殺、謀殺、故殺、鬬殺、放火、强刼、正枉法贜、偽造符印、厭魅呪詛、造妖書妖言、傳授妖術、合造毒藥、禁軍諸軍逃亡為盜罪至死者，每遇十一月，權住區斷，過天慶節即決之。餘犯至死者，十二月内及春夏未得區遣禁錮奏裁。按過天慶節始決死刑條，咸平中殿中侍御史趙湘曾以為言，故有是詔。仁宗天聖四年，以冒法者情有輕重，而有司一切寘之重辟，乃令天下死罪情理可矜及刑名疑慮者，具案以聞，有司毋得舉駁。其後雖法不應奏，吏當坐罪者，審刑院貼奏，率以恩釋為例，名曰貼放。六年，集賢校理聶冠卿請罷覆笞杖，而徒以上雖不繫獄，皆附奏。從之。又詔杖之輕重毋得過十五兩。

（宋）李燾《續資治通鑑長編》宋仁宗明道二年六月　先是，配隸非人皆奏待報。既而繫獄淹久，奏請煩數，壬寅，詔有司參酌輕重，著爲令。

（宋）王應麟《玉海》卷六六《詔令・景祐編敕》　二年六月乙亥二十四日，翰林學士承旨章得象上一司一務編敕，在京編敕，並目録四十四卷。先是詔以祥符八年止明道二年宣敕，命司徒昌運等與得象刪定，至是上之。十一月詔審刑大理別減定配隸刑名，五年十月四日上《刑名敕》五卷。

（宋）李燾《續資治通鑑長編》宋仁宗景祐二年十一月　令審刑院、大理寺別減定配隸刑名，爲敕五卷。

《宋史》卷一九九《刑法志》〔景祐二年〕是歲，改强盜法。不持杖，不得財，徒二年；得財爲錢萬及傷人者，死。持杖而不得財，流三千里；得財爲錢五千者，死；傷人者，殊死。不持杖得財爲錢六千，若持杖罪不至死者，仍刺隸千里外牢城。能告羣盜劫殺人者第賞之，及十人者予錢十萬。既而有司言：竊盜不用威力，得財爲錢五千，即刺爲兵，反重於强盜，請減之。遂詔至十千始刺爲兵，而京城持杖竊盜，得財爲錢四千，亦刺爲兵。自是盜法惟京城加重，餘視舊益寬矣。

（宋）李燾《續資治通鑑長編》宋仁宗寶元元年五月　甲寅，右司諫韓琦言：大中祥符八年敕，犯銷金者斬。比下詒申警，其捕獲者固宜準敕從事。而審刑院創意定罪止徒三年，恐壞先朝之法，啓奢僭之漸，請復用祥符舊敕。詔御史臺、刑部與審刑院、大理寺詳定以聞。

（清）徐松《宋會要輯稿·刑法一·格令》　景祐元年閏六月十九日，詔翰林侍讀學士范楓、御史中丞韓億詳定奏取勅裁及配罪人等條貫於理檢院置司，仍命審刑院詳議官齊廓同詳定。二年六月九日上之。二年六月二十四日，翰林學士承旨章得象上《一司一務編敕》並目録四十四卷，詔崇文院抄寫頒行。先是，詔以大中祥符八〔月〕〔年〕止明道二年所降宣勅，命判大理寺司徒昌運，判刑部李逐與得象等同删定。五年十月四日，審刑院大理寺上《減定諸色刺配刑名勅》五卷，詔依奏施行。先是，二年十一月十五日赦書：應犯罪人，條禁尚繁配隸尤衆。離工鄉土，奔追道途，有惻朕懷。特申寬典，宜令審刑院大理寺別減定諸色刺配刑名，委中書門下詳酌施行。至是上之。

慶曆二年九月二十一日，知開封事賈昌朝言：檢會在府迎頒，下令頗多，欲令檢法官類聚編次，以便檢閱。從之。慶曆四年五月十二日，司勳員外郎呂紹寧請以見行編敕年月以後續降宣勅，令大理寺檢法官依律門類分十二卷，以頒天下，庶便於檢閱而無誤出入刑名。從之。八年四月二十八日，提舉管勾編敕宰臣賈昌朝、樞密副使吴育上《删定編敕》《赦書德音》《附令勅》目録二十卷，詔崇文院鏤版頒行。

（宋）王應麟《玉海》卷六六《詔令·慶曆編敕》　自景祐二年至慶曆三年，又增四千七百六十五餘條，八月丁酉復命官删定。戊戌，宰臣殊參政昌朝提舉，十月丁巳命王質曾公亮詳定。七年正月己亥編敕成，凡十二卷，定千七百五十七條。別爲總例一卷，目録三卷，視《天聖敕》增五百條，詳定官張方平等賜器幣。慶曆之書有參詳新立之例。八年四月二十八日，宰臣賈昌朝樞副吴育上删定編敕、赦書德音、附令敕、目録二十卷，詔崇文院鏤板頒行。初命陳大素等删定，張方平等詳定，昌朝育提舉。七年九月丁酉詔删定一州一縣敕，皇祐中並一司一路敕修定上之。先是四年五月癸酉，司勳郎呂紹寧請以見行編敕，續降定敕令，大理檢法官依律門分十二編，頒天下以便檢閱，無誤出入刑名，從之。志《續附令敕》一卷，續降赦書、德音三卷。

（宋）李燾《續資治通鑑長編》宋仁宗慶曆三年九月　上既擢范仲淹、韓琦、富弼等，每進見，必以太平責之，數令條奏當世務。仲淹語人曰：上用我至矣，然事有後先，且革弊於久安，非朝夕可能也。上再賜手詔督促曰：比以中外人望，不次用卿等，今琦暫往陝西，仲淹、弼宜與宰臣章得象盡心國事，毋或有所顧避。其當世急務有可建明者，悉爲朕陳之。既又開天章閣，召對賜坐，給筆札使疏於前。仲淹、弼皆皇恐避席，退而列奏曰：【略】十曰重命令。臣聞《書》曰慎乃出令，令出惟行。準律文，諸被制書有所施行而違者，徒二年；失錯者，杖一百。又監臨主司受財而枉法者，十五匹，絞。蓋先王重其法令，使無敢動摇，將以行天下之政也。今覩國家每降宣敕條貫，煩而無信，輕而弗稟。上失其威，下受其弊。蓋由朝廷采百官起請，率爾頒行，既昧經常，即時更改，此煩而無信之驗矣。又海行條貫，雖是故違，皆從失坐，全乖律意，致壞大法，此輕而弗稟之甚矣。臣請特降詔書，今後百官起請條貫，令中書、樞密院看詳，會議，必可經久，方得施行。如事干刑名者，更於審刑、大理寺，勾明會法律官員參詳起請之詞，删去繁冗，裁爲制敕。然後頒行天下，必期遵守。其衝改條貫並令繳納，免至錯亂，誤有施行。仍望別降敕命，今後逐處當職官吏，親被制書及到職後所受條貫，敢故違者，不以海行，並從違制，徒二年。未到職已前所降條貫，失於檢用，情非故違者，並從本條失錯科斷，杖一百。餘人犯海行條貫，不指定違制刑名者，並從失坐。若條貫差失，於事有害，逐處長吏別見機會，須至便宜而行者，並須具緣由

聞奏，委中書、樞密院詳察。如合理道，即與放罪。仍便相度，别從更改。

（宋）李燾《續資治通鑑長編》宋仁宗慶曆四年五月 癸酉，司勳員外郎吕紹寧請以見行編敕年月後續降宣敕，令大理寺檢法官，依律門分十二編，以頒天下，庶便於檢閲而無誤出入刑名。從之。

《宋史》卷一一《仁宗本紀》 〔慶曆五年〕九月庚寅，詔：文武官已致仕而舉官犯罪當連坐者，除之。

（宋）李燾《續資治通鑑長編》宋仁宗慶曆七年九月 丁酉，詔删定一州一縣敕。

（宋）李燾《續資治通鑑長編》宋仁宗慶曆八年十一月 己未，命翰林學士錢明逸、翰林侍讀學士張錫同詳定一州一縣編敕。

《宋史》卷一九九《刑法志》 凡在京班直諸軍請糧，斗斛不足，出戍之家尤甚。倉吏自以在官無禄，恣爲侵漁。神宗謂非所以愛養將士之意，於是詔三司，始立《諸倉丐取法》。而中書請主典役入，歲增禄至一萬八千九百餘緡。凡丐取不滿百錢，徒一年，每百錢則加一等；千錢流二千里，每千錢則加一等，罪止流三千里。其行貨及過致者，減首罪二等。徒者皆配五百里，其賞百千；流者皆配千里，賞二百千；滿十千，爲首者配沙門島，賞三百千，自首則除其罪。凡更定約束十條行之。其後内則政府，外則監司，多倣此法。内外歲增吏禄至百餘萬緡，皆取諸坊場、河渡、市利、免行、役剩息錢。久之，議臣欲稍緩倉法，編敕所修立《告捕獲倉法給賞條》，自一百千分等至三百千，而按問者減半給之。中書請依所定，詔仍舊給全賞，雖按問，亦全給。吕嘉問嘗請，行貨者宜止以不應爲坐之，刑部始減其罪。及哲宗初，嘗罷重禄法，而紹聖復仍舊。

（宋）王應麟《玉海》卷六六《詔令・嘉祐編敕》 二年八月丁未，樞密使韓琦言：天下見行編修敕，自慶曆四年以後距今十五年，續降四千三百有餘條，前後多牴牾，請删定爲嘉祐敕。從之。壬子以宰臣富弼、參政曾公亮、提舉錢象先等三人詳定，齊恢等六人删定官。七年四月壬午九日提舉宰臣韓琦曾公亮上删定編敕、赦書德音、附令敕、總例、目録三十卷，取敕在刑統而行於今者附益，總一千八百三十四條，視慶曆初有所增減，詔編敕所鏤板頒行。七年四月，宰臣琦等上言：所修《嘉祐編敕》起慶曆四年冬盡嘉祐三年，凡十二卷，總例一卷，目録五卷，其元降敕但行約束，不在刑名者又折爲續降附令敕三卷，目録一卷。《稽古録》七年四月壬子，行《嘉祐編敕》。熙寧二年三月壬寅，命蔡延慶孫永修《嘉祐編敕》。

（清）徐松《宋會要輯稿・刑法一・格令》 嘉祐二年十月三日三司使張方平上《新修禄令》十卷，詔頒行。

（宋）王應麟《玉海》卷六六《詔令・嘉祐審官院編敕》 王珪以審官院皇祐一司敕，至嘉祐七年以前續降敕劄一千二十三道，編成條貫並總例共四百七十六條，爲十五卷，以嘉祐審官院編敕爲目。熙寧三年五月，以審官院爲東院。七年十二月編敕二卷，成上之，凡一百十四條。

（宋）李燾《續資治通鑑長編》宋仁宗嘉祐五年秋七月 庚寅，詔河北兩地供輸人輒過黄河南者，以違制論。初，邊臣言，兩地供輸人，舊條私出本州界，并坐徒，後乃更從杖，恐漸入近南州軍刺事，難以辨姦詐。故復著此條。

（清）徐松《宋會要輯稿・刑法一・格令》 〔嘉祐〕七年四月九日，提舉管勾編敕宰臣韓琦、曾公亮上《删定編敕》《赦書德音》《附令勑》《總例》目録二十卷，詔編勑所鏤版頒行。

（宋）李燾《續資治通鑑長編》宋仁宗嘉祐七年夏四月 宰相韓琦等上所修《嘉祐編敕》，起慶曆四年，盡嘉祐三年，凡十二卷。其元降敕但行約束而不立刑名者，又析爲續附，合帙凡五卷。視《慶曆敕》，大辟增六，流減五十，從增六十有一，杖增七十三，笞增三十有八，配隸增三十，大辟而下奏裁聽旨增四十五云。

（清）徐松《宋會要輯稿・刑法一・格令》 〔嘉祐〕八年四月十六日編定（録）〔禄〕令所奏：將諸道州軍至京程數分爲三卷，望頒降天下。從之。以馹程爲名。英宗治平二年六月十四日，提舉在京諸司庫務王珪、尚書都官郎中許遵上新編提舉司並三司額例一百三十冊。詔頒行。以《在京諸司庫務條式》爲名。

治平四年十月九日，神宗即位，未改元。審刑院大理寺言：知汀州周約起，請《編敕》内諸軍年老病患揀充剩員中小分者，若願放停並聽從便。其雜犯軍人，須及七十以上或有篤疾，方許依此施行。若元犯情輕，即奏

取指揮。既云年及七十或身有篤疾，依此施行。即不應更云：若元犯情輕，即奏取指揮。檢會元起請，係嘉祐六年閏八月樞密院劄子：應看驗諸軍人年老疾病不堪徵役人數，有已係半分人，如後來更合減充半分中小分者，若本人願要放停，並從情願。其雜犯軍人合減充小分，願放停者，即須年及七十以上，或身負篤疾，即依此施行。未及此者如元犯情輕即奏取指揮，顯是修勑時，於劄子内節去未及此者四字，是致語意不貫，引作疑惑。寺司參詳依元劄子添入。詔於《編敕》内依此施行字下添入年未及七十或身無篤疾一十字，仍仰刑部遍牒施行。

（宋）李燾《續資治通鑑長編》宋英宗治平元年五月　學士院奏詳定改律、敕、官文書與御名同者凡二十字，餘令依此以音義改避。從之。

（宋）王應麟《玉海》卷六六《詔令・治平諸司條式》　二年六月十四日壬寅，學士提舉諸司庫務王珪等上提舉司並三司額例一百五册，及都册二十五册，共一百三十册，志一百三十卷。詔以在京諸司庫務條式爲名。珪等言：四海貢賦漕輓以輸京師，又建官寺、府庫、委積、苑囿、關市、工冶之局以謹出納。雖調用係之三司，然綱領一總於提舉司，與三司所部，凡一百二處，其額例自嘉祐七年秋許遵重修，迄今三年始成。書官吏之數，金布之籍，監臨賞罰之格，工器良窳之程，舟車受納之限，筦權虧贏之比，轉補之資敘，招收之等式，皆迹舊便，今芟繁之要。熙寧三年十二月庚辰，命宰臣安石提舉編修三司令式，學士元絳三司使李肅之詳定。

（清）徐松《宋會要輯稿・刑法一・格令》　神宗熙寧元年二月六日詔，近年諸司奏辟官員就本司編録條例簿書，文字顯爲煩冗，今後應係條貫體例，仰本司官依編敕，分門逐時抄録入册，不得積留，別差辟官。如續降宣敕歲久數多，合行刪修，即依祖宗朝故事，奏朝廷差官修定。見今諸司有官編録處，如替移更不差塡。

（明）丘濬《大學衍義補》卷一〇八《慎刑憲・謹詳讞之議》　神宗熙寧初，登州有婦阿云母服中嫁韋氏，一作聘。惡其夫陋，謀殺不死。按問欲舉自首，審刑院大理寺論死，用違律爲婚奏裁敕貸其死。知登州許遵奏引律因犯殺傷而自首，得免所因之罪，仍從故殺傷法以謀爲所因，當用按問欲舉條減二等。刑部定如審刑大理，遵不服，請下兩制詳。詔翰林學士司馬光王安石同議。二人議不同，遂各爲奏。光議是刑部，安石議是遵。詔從安石所議。而御史中丞滕甫請再議。詔送翰林學士呂公著，知制誥錢公輔重定。公著等議如安石。詔曰可。法官齊恢等皆以公著所議爲不當，又詔安石與法官集議。恢等益堅其說。明年二月詔今後謀殺人自首，並奏聽（敵）〔敕〕裁判。刑部劉述奏：詔書未盡，封還中書。王安石時爲叅知政事，又奏，與唐介等數争議帝前。卒從安石議。劉述等又請中書樞密院合議。中丞呂誨、御史劉琦皆請如述奏，下之二府。文彦博以爲殺傷者，欲殺而傷也，即已殺者不可首。呂公弼以爲殺傷於律不可首，請自今已殺傷依律。其從而加功自首，即奏裁陳升之。韓絳議與安石略同。司馬光曰：執條據例者，有司之職也。原情制獄者，君相之事也。分争辨訟，非禮不決。禮之所去，刑之所取也。阿云之事，以禮觀之，豈難決之獄哉？彼謀殺爲一事爲二事，謀爲所因，不爲所因。此苛察繳繞之論，乃文法俗吏之争，豈明君賢相所當留意邪？今議論歲餘，而後成法，終爲棄百代之常典悖三綱之大義，使良善無告，姦宄得志，豈徇其枝葉而忘其本根之致耶？

臣按：宋朝制刑有律有敕，阿云之獄既經大理、審刑、刑部，又經翰林、中書、樞密，名臣如司馬光、王安石、呂公著、公弼、文彦博、唐介，法官如劉述、呂誨、劉琦、錢顗、齊恢、王師元、蔡冠卿，議論紛紜，迄無定說。推元所自皆是争律敕之文，謀與殺爲一事爲二事，有所因無所因而已。由是以觀國家制爲刑書，當有一定之制。其立文之初，當須斟酌穩當，必不可以移易，然後著於簡牘，使執其文而施之，用者如持衡量。然輕重多寡，不可因人而上下，斯爲得矣。然則阿云之獄何以處之？曰：司馬氏固云分争辨訟，非禮不決，臣請決之以禮。夫夫婦三綱之一，天倫之大者，阿云既嫁與韋，則韋乃阿云之天也，天可背乎？使韋有惡逆之罪，尚在所容隱。今徒以其貌之醜陋之故，而欲謀殺之，其得罪於天，而悖於禮也甚矣。且妻之於夫，存其將之之心固不可，況又有傷之之迹乎？諸人之論未有及此者，司馬氏始是刑部，其後有棄常典悖三綱之說，然隱而未彰也。臣故推衍其義，以斷斯獄。

《宋史》卷二〇一《刑法志》　韓絳嘗請用肉刑，曾布復上議曰：先王之制刑罰，未嘗不本於仁。然而有斷肢體，刻肌膚以至於殺戮，非得已也。蓋人之有罪，贖刑不足以懲之，故不得已而加之以墨、劓、剕、宮、

大辟，然審適輕重，則又有流宥之法。至漢文帝除肉刑而定笞箠之令，後世因之以為律。大辟之次，處以流刑，代墨、劓、剕、宫，不惟非先王流宥之意，而又失輕重之差。古者鄉田同井，人皆安土重遷。流之遠方，無所資給，徒隸困辱，以至終身。近世之民，輕去鄉井，轉徙四方，固不為患，而居作一年，即聽附籍，比於古亦輕矣。況折杖之法，於古為鞭扑之刑，刑輕不能止惡，故犯法日益衆，其終必至於殺戮，是欲輕而反重也。今大辟之目至多，取其情可貸者，處之以肉刑，則人之獲生者必衆。若軍士亡去應斬，賊盗贓滿應絞，則刖其足；犯良人於法應死，而情輕者處以宫刑。至於劓、墨則用刺配之法。降此而後，為流、徒、杖、笞之罪則制刑有差等矣。

（清）徐松《宋會要輯稿·刑法一·格令》 〔熙寧〕三年五月，羣牧判官王誨上《馬政條貫》，行之。【略】

〔熙寧三年〕八月二十一日，中書門下言：下項刑名有義理未妥，欲並送編敕所詳議立法：一天下死刑，大抵一歲幾及二千人，比之前代，其數殊多。自古殺人者死，以殺止殺也。不當曲減定法，以啓兇人僥倖之心。自來奏請貸死之例，頗有未盡理者，致失天下之平。至如彊劫盗並有死法，其間情狀輕重有絶相遠者，使之一例抵死，良亦可哀。若據爲從輕之人特議貸命，別立刑等，如前代斬右趾之比，足以止惡而除害。自餘兇盗，較之無赦。禁軍非在邊防屯戍而逃者，亦可更寬首身日限，以活壯夫之命，收其勇力之効。一徒流折杖之法，久來緣事立法，禁網加密，抵冒者殊甚。良民偶有違犯，便致杖脊，衆所醜棄，爲終身之辱。愚頑之輩，雖坐此刑，其瘡不遇累旬而平，既平則忘其痛楚，又無愧恥之心，豈肯遂便悛改所爲，是不足以懲其惡也。今若詳定徒流罪，情理不致巨蠹者，復古居作之心，如遇赦降，止可次第減月日，彼良民則免毁傷肌膚，但苦之使思咎而知悔。至歲滿則爲完人，可以回心而自新。彼頑民則囚之徒官，經歷年歲不能恣其狡惡，侵擾善良，庶幾來者懷懼而姦黨自衰。如此，則俗有恥格之期，官有給使之利。一刺配之法，大抵二百餘件。愚民冒犯，罕能知畏，使其骨肉離散而道路死亡者甚衆，防送之卒，勞費尤苦。其間情理輕者，亦可復古徒流之坐移鄉之法，俟其再犯，然後決刺充軍。諸配軍並減就本處，或與近地。兇頑之徒，自從舊法。所有編管之人，亦與免送他所。量立後作時限，不得髡鬝。一令州縣考察，士民有能孝悌力田爲衆所知者，委鄉里耆宿典令佐保明，州給付身帖，偶有遇犯，杖以下情輕可恕者，特議贖罰。如敢再犯，顯是故爲，復行科決。一奏聽勅裁貫繁多，致有淹延，刑部亦合重行删定。從之。

（宋）李燾《續資治通鑑長編》宋神宗熙寧四年正月 詔開封府東明、考城、長垣縣，京西滑州，淮南宿州，河北澶州，京東應天府、濮齊徐濟單兖鄆沂州，淮陽軍別立賊盗重法。從檢正中書刑房公事李承之請也。

《宋史》卷一九九《刑法志》 熙寧四年，立《盗賊重法》。凡劫盗罪當死者，籍其家貲賞告人，妻子編置千里；遇赦若災傷減等者，配遠惡地。罪當徒、流者，配嶺表；流罪會降者，配三千里，籍其家貲之半爲賞，妻子遞降等有差。應編配者，雖會赦，不移不釋。凡囊橐之家，劫盗死罪，情重者斬，餘皆配遠惡地，籍其家貲之半爲賞。盗罪當徒、流者，配五百里，籍其家貲三之一爲賞。竊盗三犯，杖配五百里或隣州。雖非重法之地，而囊橐重法之人，以重法論。其知縣、捕盗官皆用舉者，或武臣爲尉。盗發十人以上，限内捕半不獲，劾罪取旨。若復殺官吏，及累殺三人，焚舍屋百間，或羣行州縣之内，劫掠江海船栰之中，非重地，亦以重論。

（宋）李燾《續資治通鑑長編》宋神宗熙寧四年二月 詔編敕所：應删定官衆議有不同，即各具所見，令詳定官參詳。如尚未案，申中書裁下。

（清）徐松《宋會要輯稿·刑法一·格令》 〔熙寧〕四年二月五日，檢正中書户房公事曾布言：近以《刑統》刑名義理多所未安，乞加刊定。準詔令臣看詳。今逐一條析，《刑統疏義》繁長鄙俚，及其間條約今所不行可以删除外，可駁《〔疏〕義》乖繆舛錯凡百餘事，離爲三卷，上進。詔布更切看詳，《刑統》内如有未便事理，續其條析以聞。【略】五年二月四日，太宗正司上《編修條貫》六卷。

（宋）李燾《續資治通鑑長編》宋神宗熙寧五年七月 庚寅，編敕所奏諸禁軍逃走捉獲斬，在七日内者減一等，刺配廣南牢城；首身者杖一百。從之。舊法五百料錢禁軍，逃者滿三日處死，初改爲十日，上疑其寬，曰：祖宗立法恐有意，蓋收拾天下無賴，教之武藝，若不重法繩之，

卽生亂故也。王安石曰：所以重法繩之，懼生亂也。今所懼者，相結逃亡爲亂而已。緣二者又已有重法，若不相結逃亡，又非逃亡爲亂，而逃者雖貸其死，必不能生亂，況又滿十日卽不免死耶？且禁軍所以逃走，欲免爲軍也，其心必不欲止逃十日而已。然則，雖加七日然後死，軍人必不肯以此競逃走；而臣愚以謂無生亂長姦之實，且足以寬可矜之人。文彦博曰：祖宗時，才逃走一日卽斬，仁宗放改作三日，當時議者已恐壞軍法。安石曰：仁宗改法以來，全人命甚衆，然於軍人走比舊不聞加多也。上曰：祖宗時用兵，故須嚴立法。仁宗時天下無事，自當改之。在眞宗時，已當如仁宗時立法矣。安石曰：誠如此。國初接五代，四方皆畔渙之國，山澤多亡命不從招喚之人，則逃亡禁軍易以投匿。今逃亡亦自易爲捉獲，卽立法不當如國初時也。彦博固言：軍法臣等所當總領，不宜輕改，恐如前代消兵或能致變。安石曰：肅俛時天下兵至多，民力不給，不得不議消滅，但當時措置失當，又幽州送朱克融等，乞各與一州，勿令歸幽州扇衆爲亂，而朝廷乃令克融等漂泊京師，久之不調復遣歸，此克融所以復亂河北也，亦何預消兵事？上乃令減爲滿七日，故有是詔。

（清）徐松《宋會要輯稿·刑法一·格令》〔熙寧五年〕十二月六日，審刑院沈立上《新修本院條貫》十卷，《經例》一卷。詔遵行。六年八月七日，提舉編敕宰臣王安石上《刪定編敕》《赦書德音》《附令敕》《申明敕》目録共二十六卷，詔編敕所鏤版，自七年正月一日頒行。

《宋史》卷一九九《刑法志》 武臣犯贓，經赦敘復後，更立年考升遷。帝曰：若此，何以戒貪吏？故命改法。熙寧六年，樞密都承旨曾孝寬等定議上之，大概倣文臣敘法而少增損爾。

（宋）李燾《續資治通鑑長編》宋神宗熙寧六年九月 提舉詳定編敕宰臣王安石等言：新修編敕，雖已經審刑、刑部、大理寺、殿前馬步軍司等看詳，尚慮事理未盡，欲更送中書、樞密院再看詳籤貼，及付在京刑法司、律學官吏等各具所見，申中書，送提舉詳定官看詳。如當改正，卽改正刊印頒行。從之。

（宋）李燾《續資治通鑑長編》宋神宗熙寧六年十月 詔中書：自今命官過犯及編配人所犯情理，分輕、重、次輕、次重四等刑名，著爲定例。

（宋）李燾《續資治通鑑長編》宋神宗熙寧六年十二月 中書言：增開封府等處吏祿，以行重法。上曰：異時吏不賦祿，而受賕輒被重劾，今朝廷賦祿而責人，可謂忠恕矣。它日，上又稱祿法忠恕，馮京曰：天下無事乃可以行此。太宗時嘗宣諭州縣官，有道理少取錢，無道理莫取。上曰：當是時接五代財用不足。王安石曰：縱財用不足，吏亦人，非不衣不食而治公事，既衣食，卽必有所出，自可以法收斂，以此賦給。上曰：當是時亦自未可正法也。

（宋）李燾《續資治通鑑長編》宋神宗熙寧七年四月 詔中書自熙寧以來創立改更法度，令具本末，編類進入。

（宋）李燾《續資治通鑑長編》宋神宗熙寧七年六月 審刑院詳議官賈士彦，乞差官以熙寧以來得旨改例爲斷，或自定奪，或因比附，辦定結斷公案，堪爲典刑者編爲例。又乞委官以諸州奏獄格式及敕律令文斷獄之事，裁損編載，立爲案式，頒之天下。詔刑部編定。

（宋）李燾《續資治通鑑長編》宋神宗熙寧七年六月 己卯，詔在京、一司、一路、一州、一縣敕編修訖，並上中書。在京、一司敕送檢正官，餘送詳定一司敕令所再詳定。

（宋）李燾《續資治通鑑長編》宋神宗熙寧七年七月 丙辰，詔諸房創立或刪改《海行一司敕》，可並送法司及編敕所詳定訖。方取旨頒行。

（清）徐松《宋會要輯稿·刑法一·格令》〔熙寧七年〕十月十四日，編敕所言：刪定諸上禁軍逃走，情狀未明，因被盤問，不曾隱拒，即自首服罪，至死者，減一等。初，大理寺檢法官劉賡，以法寺近斷滄州兵士王信逃走，信名秀，被捕時即別通所隸州北會問，至無秀名者，方實招通，原情猶可矜。如鄆州成江已灸了字號，直稱素非黥者，用法斬寬，恐未爲便，因賡之請而詳修之。

（宋）李燾《續資治通鑑長編》宋神宗熙寧八年閏四月 知黔州、内殿崇班張克明言，領思、費、夷、播四州，又新籍蠻人部族不少，語言不通，習俗各異，若一概以敕律治之，恐必致驚擾，乞別爲法。下詳定一司敕所，請黔南獠與漢人相犯，論如常法；同類相犯，殺人者罰錢自五十千，傷人折二支已下罰自二十千至六十千；竊盜視所盜數罰兩倍，强盜視所盜數罰兩倍，其罰錢聽以畜産器甲等物計價準當。從之。

（清）徐松《宋會要輯稿・刑法一・格令》〔熙寧八年〕五月十二日詔請功賞，未經酬叙。逢格改者，新格賞輕，聽依立功時；若重，聽從重賞。詳定修入《編敕》。

（宋）李燾《續資治通鑑長編》宋神宗熙寧八年九月　辛酉，詔併令式及内諸司敕式入一司敕令所。

（宋）李燾《續資治通鑑長編》宋神宗熙寧八年十月　編修内諸司勑式向宗儒言，面奉德音，所修文字干賞格刑名爲勑，指揮約束爲令，人物名數、行遣期限之類爲式，今俱草編成勑、式、令各一事。詔沈括兼編修内諸司式，仍罷詳定一司勑。

（宋）李燾《續資治通鑑長編》宋神宗熙寧八年十一月　乙亥，詔一司、一務、一路、一州、一縣勑有稱當行、亟斷、決配之類，並改爲徒二年。以舊一司等勑參用嘉祐海行勑，如此之類，並以違制論，而熙寧勑乃删去其文，法官無刑名可守，至是，三司檢法官王振爲言，而降是詔。

（宋）李燾《續資治通鑑長編》宋神宗熙寧九年六月　辛亥，詔：自今應删立海行條貫，專委官詳定訖，中書、樞密院同進呈取旨，類聚半年，一覆奏頒行。事應亟行者，取旨，中書委檢正五房并本房檢正與制敕庫官，樞密院委都副承旨并本房檢詳提舉宣旨庫官司詳定。以詔令數易故也。先是，中書同日奏修令式二事，上批：如上二事，既非不得已須當改定，可俟歲終或半年一次類聚頒行。自今海行條式，宜半年一修定進呈，取旨頒降，毋使紛紛改易，疑擾四方。故有是詔。

（清）徐松《宋會要輯稿・刑法一・格令》〔熙寧九年〕八月十六日，樞密使吴充言：檢會大中祥符五年十月赦書，應掌獄詳刑之官，累降詔條，務從欽恤，今後按鞫罪人，不得妄加逼迫，致有冤誣。其執法之官所定刑名，必先平允。内有情輕法重理合哀矜者，即仰審刑院、刑部、大理寺具事狀取旨，當議寬貸。治平四年九月，詔開封府三司殿前馬步軍司，今後遵處所斷刑名，内有情輕法重，許用赦書，取旨寬貸。《在京海行勑》諸犯流以上罪，若情重可爲懲戒及情理可降者，並奏裁。竊詳赦書之易，初無中外之别，祇緣立文有礙，遂致推擇未均，何則？審刑院、大理寺、刑部等處，若非於法應奏，無繇取旨從寬。雖是命官使官等合奏公案，若有情輕法重，方得應用赦書施行，其餘一無該及。後來在京刑獄官司亦得換以取旨，其爲德澤不爲不厚。然天下至廣，囹圄實繁，豈無情輕法重之人，而官吏苟避不應奏之罪，一切以重法繩之，恐未副。

甲乙二人所犯略同，甲以於法該奏，法寺得引情輕法重取旨寬貸。乙以於法不該奏，遂獲全罪，殆非均當，有幸不幸爾。朝廷欽慎仁憫之意。欲今後天下罪人犯徒流罪或該編配者，情輕法重，並許本處具犯狀，申提點刑獄司看詳。委是依得赦書，即繳連以聞。可貴罪法相當，中外一體。如恐地遠淹繫，其川廣福建或乞委安撫鈐轄司詳酌指揮，斷訖聞奏，仍委中書樞密院點檢。詔送重修編敕所詳定以聞。本所看詳，緣天下州郡日有該徒流及編配罪人，若更立情輕法重奏裁之法，不惟淹繫刑獄，兼恐案牘繁多，未敢立法，乞朝廷更賜指揮。

九月二十五日編修令式所上諸司敕式二十四卷，詔頒行。先是命官修令式。至是，先成閤門摤賜式一、支賜式二、支贈式十五、問疾澆奠支〔賜〕式一、御厨食式三、炭式二，上之。

（宋）李燾《續資治通鑑長編》宋神宗熙寧九年十二月　詔自今頒降條貫，並付刑部雕印行下。

（宋）李燾《續資治通鑑長編》宋神宗熙寧九年十二月　甲申，詔權三司使沈括、知制誥熊本詳定重修編敕。重修編敕所言：勘會《熙寧編敕》昨來編修之時，係兩制以上官詳定，宰相提舉。本所昨奉朝旨重行編修，今來雖有次第，竊慮不曾經近上官詳定，將來頒行，於體未便。伏乞依例差官詳定。故有是詔。

（宋）李燾《續資治通鑑長編》宋神宗熙寧十年正月　權御史中丞鄧潤甫言：應不以赦降去官原減，乞令重修編敕所、司農寺擇可删除者先詳定。從之。

（清）徐松《宋會要輯稿・刑法一・格令》〔熙寧〕十年正月二十七日，權御史中丞鄧潤甫言：乞將應係不以赦降去官原減條令重修編敕所及司農寺擇其中可以删除者先次詳定。從之。二月二十七日詳定編修諸司敕式所上所修《敕令格式》十二卷，詔頒行。

翰林醫官院五，廣聖宮一，慶寧宮一，入内鑰匙庫一，資善堂一，後苑東門藥庫一，提點軍器等庫，入内内侍省使臣差遣。

八月三日館閣校勘范鏜上準詔修到《貢舉敕式》十一卷，詔頒行。十

一月四日，詳定編修諸司勑式所上所修《勑令格式》三十卷，詔頒行。

（宋）李燾《續資治通鑑長編》宋神宗熙寧十年十二月　詔南劍、汀、建、邵武四州軍自今爲重法地，從轉運使蹇周輔請也。

（清）徐松《宋會要輯稿·刑法一·格令》〔熙寧十年〕十二月六日詳定一司勑令所言：準送下刑部勑二卷，今將所修條並後來勑劄一處看詳，其間事係別目者，則悉歸本司，若兩司以上通行者，候將來修入。在京通用勑已有條式者，更不重載。文義未安者就加損益。其後來聖旨劄子批送中書頒降者悉名曰勑，樞密院班降者悉名曰宣，共修成一卷，分九門，總六十三條，乞降勑命，以《熙寧詳定尚書刑部勑》爲名。從之。

（宋）王應麟《玉海》卷六六《詔令·熙寧詳定尚書刑部勑》〔熙寧〕十年十二月六日壬午，詳定敕令所言準送下刑部敕二卷，今將所修條并後來敕劄一處看詳，其間事係別司者，悉歸本司。若當司以上通行者，候將來復入。在京通用敕已有條式者，更不重載。又義未安者，就損益。其後來聖旨劄子批狀中書頒降者，悉名曰敕。樞密頒降者，悉名曰宣，共修成一卷，分九門，總六十三條，乞降敕旨以《熙寧詳定刑部敕》爲名，從之。九年十二月癸未朔，吴充等上詳定軍馬司敕五卷。政和二年十月丙戌，敕令格式成，詔來年頒之。

（宋）李燾《續資治通鑑長編》宋神宗熙寧十年十二月　詳定一司敕所以《刑部敕》來上，其朝旨自中書頒降者皆曰敕，自樞密院者皆曰宣，凡九門，共六十三條。從之。中書《時政記》：十二月六日，詳定一司敕所言：準朝旨送下編到《刑部敕》二卷，共七十一條，今將所修條并後來敕劄一處看詳。其間事屬別司者，則悉歸本司；若兩司以上通行者，候將來修入《在京通用敕》；已有條式者，更不重載；文義未安者，就加損益；合與《海行敕》相照者，已申中書及牒重修編敕所。兼詳《皇祐一司敕》係皇祐四年九月八日頒降，今於逐條後目爲降敕日，其後來聖旨、劄子、批狀，中書頒降者悉名曰敕，樞密院頒降者悉名曰宣。共修成一卷，分九門，總六十三條，已送刑部、審刑院、大理寺、律學看詳後，申中書門下看詳訖。其更改條件，屬樞密院內事體大者，亦已申稟。如得允當，乞降敕命，以《熙寧詳定尚書刑部敕》爲名，下本部雕印頒降，仍乞與《律令格式編敕》兼行。如與本部敕文意相仿者，許依本部敕，未降新敕日前已用舊敕與奪之事，並不得援引新敕追改，其熙寧十年六月終已前條貫已經編載者，更不行用，內本部見用舊法升補出官入吏，新敕無文者，並依舊條施行，候無合用舊法人吏，其條更不行用；舊條內合入別敕、不係衝改者，未頒降新條間，且依舊施行。所有熙寧十年七月一日以後條目爲後敕。詔刑部依此施行。《時政》太詳，《實録》太略，《會要》當用。

（清）徐松《宋會要輯稿·刑法一·格令》〔元豐元年〕九月六日，刪定在京當直所修成敕令式三卷。乞以《元豐新定在京人從敕令式》爲目頒降。從之。

十月四日，詔兵部以《貢舉赦式》內武舉敕條，再於諸處索文字刪類成《武舉敕式》以聞。

十三日，御史中丞判司農寺蔡確言：常平舊敕，多已衝改，免役等法，素來編定。今除合刪修爲敕外，所定約束小者爲令，其名數式樣之類爲式。乞以《元豐司農敕令式》爲目。從之。

（宋）李燾《續資治通鑑長編》宋神宗元豐元年閏正月　詔：編修明堂式所併歸提點南郊事務所，比較熙河財利所併歸經制熙河財利司，其詳定編修令式及詳定一司敕並併歸修內諸司式所，一路一州一縣敕併歸重修編敕所，詳定閑冗文字所令孔目房檢正官結絶。以上除見存外，並罷局，餘並依限了畢，限外官吏罷添給。

（宋）李燾《續資治通鑑長編》宋神宗元豐元年閏正月　辛卯，中書禮房習學公事蔡京言：御寶批降指揮，未經編録成册，恐歲月滋久，本末不全，乞委官編録。從之，仍命京管勾。

（清）徐松《宋會要輯稿·刑法一·格令》元豐元年三月二十三日，詳定諸司勑式所言，今修定學士院龍圖天章寶文閣等處敕令式，如得旨施行，後續降朝旨乞從本所詳定編入。見修內諸司令式事於有司奉行者，並分入諸司，從之。

（宋）李燾《續資治通鑑長編》宋神宗元豐元年九月　刪定在京當直所修成敕式三卷，乞以《元豐新定在京人從敕式》爲目頒降。從之。

（宋）李燾《續資治通鑑長編》宋神宗元豐元年十一月　上批：重修編敕所修《海行敕令》未成書，又將委官刪定《一司敕》，不惟次序失倫，二書交舉，亦廣占官吏，去取難於照類，或致遺落切要事，或與《海行敕令》相妨，則人功廩賜，亦所宜惜。可令且併力修《海行敕令》，俟成書，以《一司敕》相繼照會編修。

（宋）李燾《續資治通鑑長編》宋神宗元豐二年六月　左諫議大夫安

燾等上《諸司敕式》，上諭燾等曰：設於此而逆彼之至曰格，設於此而使彼效之曰式，禁其未然之謂令，治其已然之謂敕，修書者要當知此。有典有則，貽厥子孫，今之格式令敕，即典則也。若其書完具，政府總之，有司守之，斯無事矣。又閲《講筵式》，至開講申中書，上曰：此非政事，何預中書，可刊之。

（宋）李燾《續資治通鑑長編》宋神宗元豐二年八月　上批：見修敕令格式，諸所析正，自朝廷立法付有司者，委樞密承旨司詳定聞奏，付諸房遵行。

（宋）李燾《續資治通鑑長編》宋神宗元豐二年八月　壬寅，詔諸修敕式局看詳合釐正朝廷與有司相照立式事，委檢正中書户房畢仲衍編修。

（宋）李燾《續資治通鑑長編》宋神宗元豐二年十二月　詔御史臺重修《一司敕》。

（宋）李燾《續資治通鑑長編》宋神宗元豐三年正月　龍圖閣直學士韓縝言：伏以爲治之法，圖籍爲本。臣竊覩陛下臨御以來，内則講求典禮，總一制度，流輸財幣，審核庶獄；外則團結兵將，討伐違傲，開拓疆境，經制邊用。凡所措置，悉該聖慮，一有奏稟，皆出宸斷。及緣邊州軍與外界移文，往往執爲争端，而官司奉行之外，初無編録之法，官吏一易，不知本末。臣愚欲乞應朝廷置局及專使被受朝廷措畫行遣事節，可遵守檢用者，并緣邊州軍與外界移文，各令元差或見任官，分門編類，責以期限，投進中書、樞密院。檢舉嚴立漏落之法，置籍拘管收貯。詔嚴立中書、樞密院諸房遺失官文書法。縝又言：乞以分定地界、壕堠、鋪舍照用文字，降付河東路經略司。從之。

（宋）李燾《續資治通鑑長編》宋神宗元豐三年五月　詳定重修編敕所言：見修敕，令與格、式兼行，其《唐式》二十卷，條目至繁。又古今事殊，欲取事可通行及一路、一州、一縣在外一司條件照會編修，餘送定諸司敕式所。從之。

（宋）李燾《續資治通鑑長編》宋神宗元豐三年八月　中書奏：詳定重修編敕所修立《告捕獲倉法給賞條》，欲依所定。上批：不行，可並依舊給全賞，雖係案問亦全給。時議者欲漸弛倉法，故修敕官先寬其告賞，自一百貫分等至三百貫，而按問者減半給之。中書以熟狀進，而有是命。

（宋）李燾《續資治通鑑長編》宋神宗元豐三年八月　丁巳，詔中書：以所編刑房并法寺斷例，再送詳定編敕所，令更取未經編修斷例與條貫同看詳。其有法已該載而有司引用差互者，止申明舊條。條未備者，重修正；或條所不該載，而可以爲法者，創立新條；法不能該者，著爲例。其不可用者，去之。

（宋）李燾《續資治通鑑長編》宋神宗元豐三年閏九月　樞密院檢詳官潘良器等，編録與有司相干照用條六册進呈，上批：其間頗有已經衝革不用者，若付之臺察，令憑以糾治所謂廢法者，乃是奉令於罪否之際，極爲不便。宜更送都承旨以下通檢詳官節貼進呈。

（宋）李燾《續資治通鑑長編》宋神宗元豐五年七月　辛卯，考功員外郎蔡京言：奉詔編《中書御筆手詔》，凡千三百四十六事，自治平四年抵熙寧十年，爲二十一册，乞頒付中書省。從之。元豐元年正月十六日辛卯，京初建言。

（宋）李燾《續資治通鑑長編》宋神宗元豐六年三月　詔：開封府界、五路保甲輒投軍者，杖八十，還充本色。立告賞法。餘丁投軍而應充保甲者準此。其五路保甲餘丁願充弓箭手者，不在破丁之限。熙寧舊條杖止六十，於是增爲八十，并立告賞法。提舉保甲言投軍者多，乞申明約束故也。

（宋）王應麟《玉海》卷六六《詔令・元豐諸司敕式》　〔元豐〕六年三月十七日，詔門下中書後省詳定六曹條貫。給事韓忠彦同詳定，名中書門下外省。上謂忠彦等曰：法出於道，人能體道則立法足以盡事。又曰：著法者，欲簡於立文詳於該事。七年三月乙巳六日詳定重修編敕書成。書目元豐敕令式七十一卷，七年刑部侍郎崔台符等撰，元祐中劉摯等刊修。元豐約束爲令，刑名爲敕，酬賞爲格，熙寧敕據嘉祐舊文，元豐敕用熙寧前例。

（宋）李燾《續資治通鑑長編》宋神宗元豐六年九月　詔：内外官司見行敕、律、令、格、式文，有未便於事理應改者，並申尚書省議奏。輒晝旨衝革者，徒一年。即面得旨，若一時處分應著爲法，及應衝改者，隨所屬申中書省、樞密院奏審。傳宣内降若需索，並隨處覆奏，得旨施行。即本司官親承處分須索，仍晝所得旨録奏請實奏行。於是上宣諭執政曰：傳宣内降及面得旨覆奏法，屢付有司討論，終未允當。今通内外爲一法，

可更看詳。乃行之。

（宋）李燾《續資治通鑑長編》宋神宗元豐六年十月 詔：潭州瀏陽縣永興場采銀銅礦所集坑丁，皆四方浮浪之民，若不聯以什伍，重隱姦連坐之科，則惡少藏伏其間，不易幾察，萬一竊發，患及數路，如近者詹遇是也。可立法選官推行。尋詔舉京朝官一員監場，管勾本場煙火公事，許斷杖以下罪。又詔：坑户限一月首納所藏兵器，限滿不首，依私有法。其保内有犯强盗殺人、放火、居停强盗，及逃軍私藏兵器、甲弩，知而不告，各減犯人二等，並押出場界；情重者鄰州編管；不知情，又減二等。有該説不盡事，令提點坑冶鑄錢司立法。其本場地分排保慮未如法，令朱初平依條編排。癸亥置監官，十一月甲戌禁私藏兵器、編排保甲，今並書。

（宋）李燾《續資治通鑑長編》宋神宗元豐七年正月 吕公著自定州徙揚州，請覲，許之。是日入封，言邊境無虞，不宜生事，又以前歲上嘗屬疾，勸上以宗社自謹重。已而言：定州官吏，坐小法皆奪官衝替。如臣忝竊已厚，固無其害，自餘小官，皆失所宜。定州以禁卒護重役人，而議獄者以爲犯編管人用遞鋪法，豈非舞文耶？若於法明審，則理官不當復引不應爲律矣。上意悟，諭公著曰：朝廷姑欲法行耳，然此法誠未明，當更增修之。公著既辭，未行，卽除資政殿大學士，且謂執政曰：仁皇侍從，所餘無幾。咨嗟久之。尋又復光禄大夫。其後，定州官吏被譴者自列於朝，詔卽御史臺詳定。既而明其非辜，悉除之。

（宋）李燾《續資治通鑑長編》宋神宗元豐七年三月 自嘉祐六年，始命開封府諸縣盗賊囊橐之家立重法，後稍及曹、濮、澶、滑等州。熙寧中，諸郡或請行者，朝廷從之，因著爲令。至元豐，更定其法，於是河北、京東、淮南、福建等路用重法，郡縣浸益廣矣。凡劫盗罪當死者，籍其家貲以賞告人，妻子編置千里。遇赦若災傷減等者，配遠惡處。罪當徒、流者，配嶺表；流罪會降者，配三千里，籍其家貲之半爲賞，妻子遞降等有差。應編配者，雖會赦，不移不釋。囊橐之家，劫盗死罪，情重者斬，餘皆配遠惡處，籍其家貲之半爲賞。盗罪當徒、流者，配五百里，籍其家貲三之一爲賞。竊盗三犯，杖配五百里或鄰州。雖非重法之地，而囊橐重法之人，並以重法論。其知縣、捕盗官皆用舉者，或以武臣爲縣尉，盗發十人以上者，限内捕不獲半，劾罪取旨。若復殺官吏，及累殺三人，焚舍屋百間，或羣行於州縣之内，劫掠於江海船栰之中，雖非重法之地，亦以重法論。

（宋）李燾《續資治通鑑長編》宋神宗元豐七年八月 權國子司業朱服言：天下郡縣之學皆隸本監，四方之士多出太學。將來禮部試，慮諸路舉人羣集京師，自以不在學籍，無糾禁稽察之法，循緣舊習，浮縱寡耻，兼本學生交雜相爲掩蔽，難以辨究。乞應舉人到京，或有顯過虧損行義，若博奕、鬥訟、酗酒、不檢、造爲飛語、謗訕朝政，委本監檢察聞奏，比附學規殿舉。從之。

（宋）李燾《續資治通鑑長編》宋神宗元豐七年十月 乙未，御史中丞黄履言：御史黄降彈察編敕所受者朝旨兩項不依條録報。其編敕所稱一時所受事不爲條貫，開封府定奪乃以爲當。臣伏詳若以一時指揮爲暫行事，誠有未安。詔門下外省定奪。

（宋）李燾《續資治通鑑長編》宋神宗元豐八年四月 又詔：諸官司見行條制，文有未便，於事理應改者，並具其狀隨事申尚書省、樞密院。卽面得旨。若一時處分，應著爲法，及應衝改條制者，申中書省、樞密院審奏。傳宣或内降，若須索及官司奏請，雖得旨而元無條貫者，並隨事申中書省、樞密院覆奏取旨。

（宋）李燾《續資治通鑑長編》宋神宗元豐八年七月 詔開封府，盗合配者，依舊條。餘令立法。

（宋）李燾《續資治通鑑長編》宋神宗元豐八年八月 丙寅，刑部言：敕令格式有更造，春秋都省付下者，并先下條，並準式雕印，限四月、十月頒畢。其已頒者，歲以二月、八月録目行下。從之。

（宋）李燾《續資治通鑑長編》宋神宗元豐八年九月 資政殿學士韓維奏：錢幣闌出邊關，則足以資敵國，舊法爲禁甚嚴，今每貫税錢五十文，恣聽其出中國，臣請復禁如舊法。詔：依《嘉祐編敕》施行。其熙寧《申明敕》，更不施行。仍令河北沿邊安撫司契勘，自删定《嘉祐編敕》後來，沿邊如何施行，今來卻行禁絶，有無合隨宜措置事件，仰具事理聞奏。

《宋史》卷一九九《刑法志》 宋法制因唐律、令、格、式，而隨時損益則有《編敕》，一司、一路、一州、一縣又別有《敕》。建隆初，詔判

大理寺竇儀等上《編敕》四卷，凡一百有六條，詔與新定《刑統》三十卷並頒天下，參酌輕重爲詳，世稱平允。太平興國中，增《敕》至十五卷，淳化中倍之，咸平中增至萬八千五百五十有五條，詔給事中柴成務等芟其繁亂，定可爲《敕》者二百八十有六條，準律分十二門，總十一卷。又爲《儀制令》一卷。當時便其簡易。大中祥符間，又增三十卷，千三百七十四條。又有《農田敕》五卷，與《敕》兼行。

仁宗嘗問輔臣曰：或謂先朝詔令不可輕改，信然乎？王曾曰：此憸人惑上之言也。咸平之所删，太宗詔令十存一二，去其繁密以便於民，何爲不可？於是詔中外言《敕》得失，命官修定，取《咸平儀制令》及制度約束之在《敕》者五百餘條，悉附《令》後，號曰《附令敕》，天聖七年《編敕》成，合《農田敕》爲一書，視《祥符敕》損百有餘條。其麗於法者，大辟之屬十有七，流之屬三十有四，徒之屬百有六，杖之屬二百五十有八，笞之屬七十有六。又配隸之屬六十有三，大辟而下奏聽旨者七十有一。凡此，皆在律令外者也。

既頒行，因下詔曰：敕令者，治世之經，而數動摇，則衆聽滋惑，何以訓迪天下哉？自今有司毋得輒請删改。有未便者，中書、樞密院以聞。然至慶曆又復删定，增五百條，别爲《總例》一卷。後又修《一司敕》二千三百十有七條，《一路敕》千八百二十有七條，《一州》、《一縣敕》千四百五十有一條。其麗於法者，大辟之屬總三十有一，流之屬總二十有一，徒之屬總百有五，杖之屬總百六十有八，笞之屬總十有二。又配隸之屬總八十有一，大辟而下奏聽旨者總六十有四。凡此，又在《編敕》之外者也。

嘉祐初，因樞密使韓琦言，内外吏兵奉禄無著令，乃命類次爲《禄令》。三司以驛料名數，著爲《驛令》。琦又言：自慶曆四年，距嘉祐二年，敕增至四千餘條，前後牴牾。請詔中外，使言《敕》得失，如天聖故事。七年，書成。總千八百三十四條，視《慶曆敕》大辟增六十，流增五十，徒增六十有一，杖增七十有三，笞增三十有八。又配隸增三十，大辟而下奏聽旨者增四十有六。又别爲《續附令敕》三卷。

神宗以律不足以周事情，凡律所不載者一斷以敕，乃更其目曰敕、令、格、式，而律恒存乎敕之外。熙寧初，置局修敕，詔中外言法不便者，集議更定，擇其可采者賞之。元豐中，始成書二十有六卷，復下二府參訂，然後頒行。帝留意法令，每有司進擬，多所是正。嘗謂：法出於道，人能體道，則立法足以盡事。又曰：禁於已然之謂敕，禁於未然之謂令，設於此以待彼之謂格，使彼效之之謂式。修書者要當識此。於是凡入笞、杖、徒、流、死，自名例以下至斷獄，十有二門，麗刑名輕重者，皆爲敕。自品官以下至斷獄三十五門，約束禁止者，皆爲令。命官之等十有七，吏庶人之賞等七十有七，又有倍、全、分、釐之級凡五等，有等級高下者，皆爲格。表奏、帳籍、關牒、符檄之類凡五卷，有體制模楷者，皆爲式。

《宋史》卷一九九《刑法志》 元祐初，中丞劉摯言，元豐編修敕令，舊載敕者多移之令，蓋違敕法重，違令罪輕，此足以見神宗仁厚之德。而有司不能推廣，增多條目，離析舊制，因一言一事，輒立一法，意苛文晦，不足以該事物之情。行之幾時，蓋已屢變。宜取慶曆、嘉祐以來新舊敕參照，去取删正，以成一代之典。右諫議孫覺亦言煩細難以檢用，乃詔摯等刊定。哲宗親政，不專用元祐近例，稍復熙寧、元豐之制。自是用法以後衝前，改更紛然，而刑制紊矣。

（宋）李燾《續資治通鑑長編》宋哲宗元祐元年正月 御史中丞黄履言，乞修正不用去官赦降原減條。詔刑部大理寺看詳合去留以聞。

（宋）李燾《續資治通鑑長編》宋哲宗元祐元年閏二月 樞密院言：元豐四年，陝西、河東兵進討，權宜重立賞格，誘激將士，以備大敵。自獲級，重傷等第轉資外，重加賜絹，及捕獲分釐功五等之賞，並特優厚，所以酬大陣之功。昨自還塞後來，凡遇巡綽、探事之類，逢賊鬥敵，因循尚用此格，顯涉僥倖。看詳除所立功狀尤異，合臨時取旨推恩外，今别修立捕獲賞格。從之。

（宋）李燾《續資治通鑑長編》宋哲宗元祐元年閏二月 先是，給事中范純仁言：臣竊見熙寧後來用案問欲舉條，雖曾隱諱，終因罪人説出，並得減等。所以容姦太多，至强賊兇徒易爲幸免，不肯改過，卻致良民受害。遂至元豐八年四月二十六日别立條制，諸强盜已殺人、强姦，或犯强盜貸命者，若持杖三人以上，知人欲告、案問欲舉而自首，及因人首告應減者，並不在減等之例。又至當年十一月四日，續降敕文，添入餘犯强

盜，雖案問欲舉而首不減一十三字。以臣看詳，除已殺人、强姦，於法自不合首，不應更用案問減等外，其貸命及持杖强盜，一例不得減等，深爲太重。竊緣贓滿强盜，能告别火死罪，卽得奏貸。今因案問，通出本火徒伴數目更多，亦須坐死。舉重明輕，於理未當。至於一名獨行强盜，若非卽時捕獲，則更無他人照證。因疑被執，贓物雖明，賊若隱拒，則官司無由用刑。今於贓證未明之間，其人便自招説，豈得不行減等？臣謹按《嘉祐編敕》：應犯罪之人，或因疑被執，贓證未明，或徒黨從就擒，未被指説，但因盤問，便具招承，如此之類，皆從律案問欲舉首減之科。若曾經盤問，隱拒本罪，更不在首減之例。此敕於理最當。所以仁宗朝用之，天下號爲刑平。臣今乞應天下案問欲舉，除於法不首不得原減外，其犯罪，並取《嘉祐編敕》内上條定斷。其後來敕條，更不施行。如此，則不破敕律，用法當情，上以廣陛下好生之德，下則無一夫不獲之冤。

又言：近因王震在假，權管勾刑房公事。竊見四方奏到大辟刑名疑慮及情理可憫公案，並用去年十一月二十三日敕，只委大理寺並依法定奪，更委刑部看詳，如實有疑慮可憫，方奏取旨，餘皆依法處死。臣體問未降此條以前，自前年十一月二十三日至去年十一月二十三日，一年之内，四方奏到大辟案共計一百四十六人，内只有二十五人處死，其餘並蒙貸配，所活將及九分。自去年十一月二十三日降敕，後來至今年二月終，不及百日，奏案共一百五十四人，卻有五十七人處死，計所活纔及六分已上。臣固知去年十一月未降敕已前，全活數多，其間必有曲貸，然猶不失罪疑惟輕之仁。自降敕之後，所活數少，其間或有濫刑，則深虧寧失不經之義。臣乞今後四方奏到大辟疑慮可憫公案，並仰刑部、大理寺再行審覆，節略罪人所犯及本處原奏因依，令執政將上，乞自聖意裁斷。如所奏或有不當，並與免罪。如此，則刑不濫施，死無冤人矣。是日詔大辟刑名疑慮情理可憫公案，令刑部看詳，不得致有枉濫。從純仁之請也。

(宋) 李燾《續資治通鑑長編》宋哲宗元祐元年三月 壬午，刑部修立到重禄條，從之。

(宋) 李燾《續資治通鑑長編》宋哲宗元祐元年三月 判大名府韓絳言：公使供饋條禁太密，乞删去監司賣酒及三路餽遺。從之，令刑部先次立法。

(宋) 王應麟《玉海》卷六六《詔令·元祐編敕令格式》 元年三月己卯二十四日詔中丞劉摯等以元豐敕令格式并續降條貫六千八百七十六道刊修。先是，摯言先王制法，其意使人易避難犯，至簡至直而盡天下之理。二年十二月二十四日，蘇頌等上敕十二卷，二千四百四十條，計一十七卷，名件多者分爲上下。令二十五卷，一千二十條。式六卷，一百七十七條。申明例各一卷，赦書德音一卷，并目録總五十六卷，詔頒行。頌等奉詔詳定成書，表上之曰：以元豐敕令格式，取《嘉祐熙寧編敕》、《附令敕》等，講求本末合二紀，所行約三書，大要隨門標目，用舊制也，以義名篇，倣唐律也，簡而易從久而無敝。考東都之議，詳劭有臣所創造之言，案慶曆之書，羣官有參詳新立之例，今依慶曆故事。注云：臣等參詳新立魏律，則尚書州郡著令自殊唐格則留司散頒，立名亦異，便於典掌，不使混殽。

(宋) 李燾《續資治通鑑長編》宋哲宗元祐元年四月 吏部言：衝替大小使臣，經昨來三赦遞減，有只用一赦或兩赦減至輕者，尚有展年。昨來申請，隨所減至重輕展年，聲説未盡，見妨磨勘。欲將大小使臣，三赦前犯贓私公罪衝替，事理稍重及私罪輕用三赦各遞減至便與差遣之人，只將本罪條添展，便與磨勘。内私罪差替之人，該今來三赦，無可遞減，更不添展。並從之。

(宋) 李燾《續資治通鑑長編》宋哲宗元祐元年四月 庚戌，刑部言：立在京監臨官私使重禄人法。從之。

(宋) 李燾《續資治通鑑長編》宋哲宗元祐元年四月 三省、樞密院言：犯罪因疑被執，如因詰問，能自首服，並依案問欲舉自首法；卽經問不承，不在減例。從之。

(宋) 李燾《續資治通鑑長編》宋哲宗元祐元年四月 刑部言，立聚集生徒教授辭訟文書編配法及告獲格。從之。

(宋) 李燾《續資治通鑑長編》宋哲宗元祐元年四月 看詳訴理所言：本所胥吏雖行倉法，尚慮别有傳達漏泄，乞並依漏泄察案事條施行。從之。

(宋) 李燾《續資治通鑑長編》宋哲宗元祐元年五月 尚書省言：舊制以贓抵罪，重輕有等。今又立重法，則是罪均刑異，未稱朝廷矜恤之意，請罷諸路重禄法，犯者自依常法，及復熙寧已前吏禄。從之。《舊録》

云：嘉祐已前吏不給禄，貨賂請託公行，以貨之多寡輕重爲事之枉直，先帝閔焉。庶人之在官者，受贓一錢抵罪。以故刑不濫，民受賜，至此改之。《新録》辨曰：既復熙寧已前吏禄，則改熙寧已後吏禄法自可見，不必更載，今删去。

（宋）李燾《續資治通鑑長編》宋哲宗元祐元年五月　詳定重修敕令所言：應官吏民庶等如見得見行條貫有未盡未便合行更改，或别有利害未經條約者，並許陳述。從之。

（宋）李燾《續資治通鑑長編》宋哲宗元祐元年七月　門下省言：刑部删修到不以去官赦降條件，看詳當職官以職事墮曠，雖去官不免，猶可言；至於赦降大恩，與物更始，雖劫盗殺人亦蒙寬宥，豈可以一事差失，負罪終身？竊謂不以去官赦降原減條内，所留尚多，所删尚少，今欲更删改存留。從之。

（宋）李燾《續資治通鑑長編》宋哲宗元祐元年八月　司馬光劄子：勘會近歲法令尤爲繁多，凡法貴簡要，令貴必行，則官吏易爲檢詳，咸知畏避。近據中書、門下後省修成《尚書六曹條貫》，共計三千六百九十四册，寺監在外；又據編修諸司敕式所，申修到敕令格式一千餘卷册。雖有官吏彊力勤敏者，恐不能遍觀而詳覽，況於備記而必行之？其間條目苛密，牴牾難行者不可勝數。昨者條貫初下，吏部侍郎左選差注不行者數日，不免再有奏陳，復依舊法。必料諸曹條貫皆有似此拘礙難行者。今將特降指揮下尚書六曹，委長貳郎官同共看詳本曹新舊條貫，内有海行已久及全無義理，於事無益，防禁太繁難爲遵守者，盡令删去。惟取紀綱大體切近事情，朝夕不可無者，方始存留作本司條貫，限兩月申奏施行。從之。《舊録》云：三省言：中書、門下後省修成《六曹條貫》及看詳共三千六百九十四册，寺監在外；又據編修諸司敕式所修到敕令格式一千餘卷。其間條目苛密，牴牾難行者，不可勝數。欲下尚書六曹，委長貳郎官同共看詳。删去本曹舊條已有及防禁太繁，難爲遵守者。惟取紀綱大體切近事情者，存留作本司法。限兩月以聞。從之。先帝分釐六官，下逮寺監諸司，咸有職責，法守未備，人無遵承，故分兩局，立敕令格式。《新録》依此，但削去先帝分釐以下等語，今專取司馬光劄子具載。左選差注不行事，當考。

（宋）李燾《續資治通鑑長編》宋哲宗元祐二年七月　復課利場務虧額科罰不以去官赦降原減法。

（宋）李燾《續資治通鑑長編》宋哲宗元祐二年八月　詔：創立改法並先次施行，應修條者，類聚半歲一進呈，以正條入册頒行。若非海行法，即書所入門目，裁去繁文，行下所屬，仍類奏。六曹季輪郎官點檢删節，具事目申尚書省、樞密院，令左右司、承旨司看詳當否，甚者取旨賞罰。從樞密院言也。

（宋）李燾《續資治通鑑長編》宋哲宗元祐二年十一月　壬戌，户部尚書李常轉封，陳七事，曰崇廉恥，存鄉舉，别守宰，廢貪贓，審疑獄，擇儒師，修役法。【略】其廢貪贓，欲乞詔有司，凡以正贓抵罪者，一切廢置弗復用；其才能卓異，不幸詿誤，許卿大夫二人以名上之，付有司議其狀。或可收也，降等而官之；終弗變也，卿大夫同其罪。其審疑獄，凡獄訟不得無可疑，可愍之情，官吏畏罪，或取疑、愍者遷情就法而殺之。望降詔開示，引列郡疑、愍之獄皆以實情上，請付有司議之。或失於誤妄，亦如昔者，貼放其罪。詔：廢贓貪、審疑獄令刑部立法。

（宋）李燾《續資治通鑑長編》宋哲宗元祐二年十二月　詔頒《元祐詳定編敕令式》。先是，蘇頌等奉詔詳定，既成書，表上之曰：臣等今以《元豐敕令格式》并元祐二年十二月終以前海行續降條貫，共六千八百七十六道，取嘉祐、熙寧《編敕》、《附令敕》等，講求本末，詳究源流，合二紀之所行，約三書之大要，彌年捃摭，極慮研窮，稍就編謄，龘成綱領。隨門標目，用舊制也，以義名篇，倣唐律也。其間一事之禁，或有數條，一條之中，或該數事，悉皆類聚，各附本門，義欲著明，理宜增損，文有重復者削除之，意有闕略者潤色之，使簡而易從，則久而無弊。

又按熙寧以前編敕，各分門目，以類相從，約束賞刑，本條具載，以是官司便於檢閲。元豐敕則各隨其罪，釐入諸篇，以約束爲令，刑名爲敕，酬賞爲格，更不分門，故檢用之際，多致漏落。今則並依熙寧以前體例删修，更不别立賞格。

又以古之議刑，必詢於衆，漢以《春秋》斷疑獄，發自仲舒；唐以居作代肉刑，成於弘獻；復有因人奏請，隨事立條，讞報實繁，去取尤謹。曩時修熙寧敕，止據嘉祐舊文，元豐敕亦只用熙寧前例增損删定，更不修考日前創法改作之意。今則斷自嘉祐，至今凡二十餘年，海行宣敕及

四方士庶陳述利害，參酌可否，互有從違。

又以人情多辟，法意未周，須藉增裨，乃爲詳密。考東都之議，應邵有臣所創造之言；按慶曆之書，羣官有參詳新立之例。今來敕令式內，事有未備，與删定官等共同討論具爲條目者，即依慶曆故事，注曰臣等參詳新立。

又以法令所載，事非一端，郡、縣、省、臺，紀綱繁委，前紀所述，皆有別書。魏律則尚書、州、郡，著令自殊；唐格則留司散頒，立名亦異。皆所以便於典掌，不使混淆。其元豐敕以熙寧敕令中合尚書六曹在京通用，并一路、一州、一縣事並釐歸逐處，若盡收還，慮致業脞。今合以該五路以上者，依舊敕修入敕令，其餘有事節相須，條制相類，可以隨事生文，不須別立條法者，雖止該一路、一司，並附本條編載。

又有專爲一事特立新書，若《景德農田》、《慶曆貢舉》，皆別爲條敕，付在逐司。今《元祐差役敕》先已成書，并近歲專爲貢舉、出使立條者，既不常行，遇事即用，並已釐出，不使相參。其有一時約束，三省奉行，廢置、改更、蠲除、省約，既關治體，須俟僉同，大則奏稟於清衷，次則諮議於執政，既有定論，咸用著篇。又按《刑統》録出律內餘條準此附《名例》後，旁舉諸條，各以類見，今亦以敕令中如此例者六十四件，別爲一篇。

凡删修成敕二千四百四十條，共一十二卷，內有名件多者，分爲上下，計一十七卷，目録三卷；令一千二十條，共二十五卷；式一百二十七條，共六卷，令式目録二卷，申明一卷，餘條準此例一卷，《元豐七年以後赦書德音》一卷。一總五十六卷，合爲一部。於是雕印行下。

（宋）李燾《續資治通鑑長編》宋哲宗元祐三年五月　癸酉，詔罷元豐八年十一月二十三日奏讞大辟不當及用例破條法。《舊録》云：先是，司馬光執政，始立法：應諸路州軍奏到大辟罪人，稱刑名疑慮及情理可憫者，令大理寺並依法定斷，并坐疑慮可憫條送刑部看詳。如刑名有疑，情實可憫，並具疑慮可憫因依，申奏取旨。若看詳得刑名無疑慮及可憫者，即具抄奏，下本處法施行，不得將舊例貸配破條。委三省點檢，如有不當及用例破條，奏乞取勘施行。自是州郡不復敢以疑獄爲讞，歲斷大辟加多，天下以爲非也，故有是詔。《新録》辨曰：司馬光立奏讞之法，所以正朝廷之綱紀，若患歲斷大辟之多，遂欲以奏讞出之使減少，則天下犯大辟者，豈有悉是疑獄之理？今删去蕪辭。

（宋）李燾《續資治通鑑長編》宋哲宗元祐三年八月　中書省勘會新敕已禁出賣。詔內外吏人、衙前及試斷案並罷，其許試斷案條更不施行。《舊録》云：詔罷係官之人試斷刑法，罷吏人試刑法。熙寧中，以吏不知法，乃設校試之令，使之閲習，至是罷之。《新録》辨曰：罷試吏法，此元祐政事中至細者耳，史臣之記，必曰熙寧所立法至是罷之。蓋當時假紹述之名，以脅持上下，事無巨細，皆以爲説耳，今删去。《王嚴叟集》論試案人不當入等，可參考。

（宋）李燾《續資治通鑑長編》宋哲宗元祐三年閏十二月　癸卯朔，尚書省言：未行官制以前，凡定功賞之類，皆自朝廷詳酌，自行官制，先從六曹用例擬定。其一事數例，輕重不同，合具例取裁，事與例等，不當輒加增損。若不務審察事理，較量重輕，惟從減損，或功狀微小，輒引優例，亦當分別事理輕重及已未施行，等第立法。今以舊條例增修，凡事與例同而輒增損漏落者杖八十，內事理重，已施行者徒二年，如數例重輕不同或無例而比類他例者，並具例勘當擬定奏裁。從之，仍增三省、樞密院相干事，並同取旨。詔頒《元祐敕令格式》。

（宋）李燾《續資治通鑑長編》宋哲宗元祐四年四月　開封府言：本府流以下公事，內有刑名疑慮，情法不稱，並依久例及《一司敕令》奏斷。近修到户部《開封府敕》，並斷定罪名報刑部。尋申明乞依舊法令，準敕御史臺看詳，內有所犯委是情重，乞特行刺配之人，不得直乞降付本府斷遣，依大理寺右治獄條，降付尚書省施行。若便改已行之法，慮囚禁壅滯，請將新條止入户部《一司敕》，其本府奏斷公事，悉依舊法。從之。

丁卯，詔：開封府申奏公案，除刑名疑慮及未約定刑名者，並降付大理寺外，其已約定刑名案，只刑部擬例定斷，仍令本府狀內貼説乞降付去處。户部公案準此。以尚書省言，自官制行，並由大理寺奏請，類皆迂枉故也。

（宋）李燾《續資治通鑑長編》宋哲宗元祐四年八月　癸卯，詔：自今應修條，除法意小有不足當修補外，其更易增損，並須類聚申尚書省，候得指揮，方得編修。其尚書省所修條，先經左右司看詳，執政官筆削，方許更改。

（清）徐松《宋會要輯稿·刑法一·禁約》　〔元祐四年〕十一月二十六日，尚書省言，改正發運轉運提刑預伎樂宴會徒二年法。從之。

（宋）李燾《續資治通鑑長編》宋哲宗元祐五年七月　庚午，户部言：曾犯私假香人，法當勒出行，其有易姓名借本合賣雇人，及改牌額再買販者，乞立賞許人告，并坐不應爲重罪再犯，鄰州編管。從之。

（宋）李燾《續資治通鑑長編》宋哲宗元祐五年七月　禮部言：凡議時政得失、邊事軍機文字，不得寫録傳布；本朝《會要》、《國史》、《實録》，不得雕印。違者徒二年，許人告，賞錢一百貫。内《國史》、《實録》仍不得傳寫，即其他書籍欲雕印者，納所屬申轉運使、開封府，牒國子監選官詳定，有益於學者方許鏤板。候印訖，以所印書一本，具詳定官姓名，申送祕書省。如詳定不當，取勘施行。諸戲褻之文，不得雕印，違者杖一百。凡不當雕印者，委州縣、監司、國子監覺察。從之。以翰林學士蘇轍言，奉使北界，見本朝民間印行文字多已流傳在彼，請立法故也。

（宋）李燾《續資治通鑑長編》宋哲宗元祐六年五月　尚書省言：監臨主司受乞投人財物者，許人告，枉法，杖罪賞錢十貫，徒罪二十貫，流罪三十貫。不枉法者減半。杖罪主典勒停，永不收敘。徒罪仍鄰州編管。從之。

（宋）李燾《續資治通鑑長編》宋哲宗元祐六年五月　刑部言：一路等條有不以去官赦降原減條，合行删去。熙寧八年九月，應密院奏請，鳳翔府揀中保寧兵士不許投换及改刺别軍，如違法，依擅行差遣例，不以去官赦降原減。元豐四年，中書省言，請熙河蘭岷路蕃部司公使錢，依額定每年轉運司分作兩科支撥，除于邊事應副支費外，輒支用者並徒二年，不以去官赦降原減。元豐六年五月，詔坐倉收糴請軍糧斛不取軍人情願，以違制論，不以赦降去官原減。並合删去。從之。

（宋）李燾《續資治通鑑長編》宋哲宗元祐六年六月　丁亥，尚書省言：門下、中書後省詳定諸司庫務條貫，删成敕令格式，共二百六册，各冠以元祐爲名。從之。

（宋）李燾《續資治通鑑長編》宋哲宗元祐六年八月　〔户部〕又言：河東路都轉運司奏請，一路條敕有不以去官赦降原減條，如本路州軍和糴糧草等，諸縣典押書手作弊，移減石束之類，其犯人並依二税條斷遣，雖該赦降，更不原免。寧和橋寨坐兵士衷私差占役使，並科違制私罪，赦降去官不免。如此太重，並乞删去該赦降去官不原免之文。從之。

（宋）李燾《續資治通鑑長編》宋哲宗元祐六年八月　甲辰，河北路轉運司言：一路等條有不以去官赦降原減太重者，如黄河諸埽修護隄道不得侵掘民田等罪，雖該德音降慮，並不原減。黄河隄岸不至危急，妄有勾集人夫，並科違制罪，不以赦降去官原減、原免。其雖該德音降慮並不原減，不以赦降去官原免之文，乞删去。從之。

（宋）李燾《續資治通鑑長編》宋哲宗元祐六年閏八月　大理寺言：配軍並不許特行投换。在京已投换者，但犯杖以上罪，並依元罪重數配出。若自首并已投换，充作坊工匠，而犯杖以上罪，非犯盗及餘犯情重者，聽免。從之。

（宋）李燾《續資治通鑑長編》宋哲宗元祐八年正月　刑部言：私自披剃及度人爲僧道者徒三年，僞冒同。本師知情減二等，主首又減三等，並還俗。即以度牒乞賣與人、及受買、及盗詐取而欲冒之者，雖未度，各徒三年，並許人告，賞錢五十貫。未度者並減半。赦書到後三十日不改，復罪如初。從之。

（宋）李燾《續資治通鑑長編》宋哲宗元祐八年五月　壬戌，門下中書省言：準朝旨，編修在京通用條貫，取到在京諸司條件，修爲一書。除係海行一路、一州、一縣及省、曹、寺、監、庫、務法皆析出關送所屬，内一時指揮，不可爲永法者，且合存留依舊外，共修成敕令格式若干册。所有元祐三年十月終以前條貫，已經删修收藏者，更不施行。其十一月一日以後續降，自爲後敕，及雖在上件月日以前，若不經本省去取，并已行關送者，並合依舊施行。仍乞隨敕令格式名，冠以元祐爲名。從之。

（宋）李燾《續資治通鑑長編》宋哲宗元祐八年五月　丙寅，刑部言：修立到司門條，内陳請廢置移復城門、關津、橋道，並申刑部，及部送官物出入晝時，具部送人姓名，申所屬寺監及尚書本部。從之。

（宋）李燾《續資治通鑑長編》宋哲宗紹聖四年四月　丁酉，樞密副都承旨宋球等言：近詔自元豐八年五月後至元祐九年四月十一日終，臣僚章疏及申請事件逐名編類，修寫成册，申納樞密院，今共編類到一百四十三册。詔令録本進入。三月二十八日，元符三年四月二十五日罷。

（宋）李燾《續資治通鑑長編》宋哲宗元符元年正月　刑部言，逃亡軍人捕獲斷罪條，乞著於法。從之。

（宋）李燾《續資治通鑑長編》宋哲宗元符元年正月　己酉，刑部言，欲於編敕巡檢、縣尉應承告强盗而故不申條徒二年字下，添入重法地分，係結集十人以上者，仍不以赦降去官原減。從之。

（宋）李燾《續資治通鑑長編》宋哲宗元符二年四月　辛巳，左司員外兼提舉編修《刑房斷例》曾旼等奏：準尚書省劄子編修《刑房斷例》，取索到元豐四年至八年。紹聖元年二年斷草，并刑部舉駁諸路所斷差錯刑名文字共一萬餘件，并舊編成《刑部大理寺斷例》。將所犯情款看詳，除情法分明，不須立例外，其情法可疑，法所不能該者，共編到四百九件。許依元豐指揮，將諸色人斷例內可以令內外通知，非臨時移情就法之事，及諸處引用差互，曾被刑部等處舉駁者，編爲《刑名斷例》，共一百四十一件，頒之天下，刑部雕印頒行。其命官將校依條須合奏案，不須頒降天下，并諸色人斷例內不可頒降者，并編爲《刑名斷例》共二百六十八件，頒降刑部大理寺檢用施行。勘會申明，頒降斷例係以款案編修刑名行下檢斷，其罪人情重法輕，情輕法重，有蔭人情不可贖之類，大辟情理可憫並疑慮，及依法應奏裁者自合引用奏裁，慮恐諸處疑惑，欲乞候頒降日令刑部具此因依申明，遍牒施行。從之。

（宋）李燾《續資治通鑑長編》宋哲宗元符二年五月　丁未，刑部言：驅磨告發出失陷錢物，合推賞者，令上戶部參驗。如有請屬冒賞，各杖一百；賞錢五十貫文。又乞立僞造文鈔及知情者流配，告賞等條。並從之。

（宋）李燾《續資治通鑑長編》宋哲宗元符二年八月　丙子，章惇等言：請將申明《刑統》、律令，事已收載衝改者，更不用外敕令。事未經去取衝改者，合依舊施行。乃請自二月後至頒降前，續降相照添入。或尚有未盡，及令删修事件，類聚以聞。至來年正月一日施行。從之。

《宋史》卷一九九《刑法志》　先是，曾布建言：盗情有重輕，贓有多少。今以贓論罪，則劫貧家情雖重，而以贓少減免；劫富室情雖輕，而以贓重論死。是盗之生死，係於主之貧富也。至於傷人，情狀亦殊。以手足毆人，偶傷肌體，與夫兵刃湯火，固有間矣，而均謂之傷。朝廷雖許奏裁，而州郡或奏或否，死生之分，特幸與不幸爾。不若一變舊法，凡以贓定罪及傷人情狀不至切害者，皆從罪止之法。其用兵刃湯火，情狀酷毒，及汙辱良家，或入州縣鎮砦行劫，若驅虜官吏巡防人等，不以傷與不傷，凡情不可貸者，皆處以死刑，則輕重不失其當矣。及布爲相，始從其議，詔有司改法。

未幾，侍御史陳次升言：祖宗仁政，加於天下者甚廣。刑法之重，改而從輕者至多。惟是强盗之法，特加重者，蓋以禁姦宄而惠良民也。近朝廷改法，詔以强盗計贓應絞者，並增一倍；贓滿不傷人，及雖傷人而情輕者奏裁。法行之後，民受其弊。被害之家，以盗無必死之理，不敢告官，而鄰里亦不爲之擒捕，恐怨仇報復。故賊益逞，重法地分尤甚。恐養成大寇，以貽國家之患，請復行舊法。布罷相，翰林學士徐勣復言其不便，乃詔如舊法，前詔勿行。

《宋史》卷一九九《刑法志》　崇寧元年，臣僚言：有司所守者法，法所不載，然後用例。今引例破法，非理也。乃令各曹取前後所用例，以類編修，與法妨者去之。尋下詔追復元豐法制，凡元祐條例悉毁之。

（清）徐松《宋會要輯稿·刑法一·格令》　崇寧元年五月十二日臣寮言：三省六曹，所守者法。法所不載，然後用例。今顧引例而破法，此何理哉。且既用例矣，則當編類條目，與法並行。今或藏之有司，吏得並緣引用，任其私意，或至煩瀆聽聰，甚無謂也。欲將前後所用例以類編修，與法防者去之，庶幾可以少革吏姦。詔吏部七司已編類外，令他曾依奏編修。

六月十六日尚書省言：檢會吏部尚書趙挺之等言，準條引倒破法及擇用優例者役三年。蓋爲有司，常守法，法所不載，然後用例。今有正條不用而用例，例有輕重而止從優者，此胥吏欲廢法而爲姦也。朝廷已立法禁，欲自今決事實無正條者，將前後衆例列上，一聽朝廷裁決。從之。

二十一日中書省尚書送到白劄子，元符三年七月二十四日敕檢會《元祐編敕》諸海行勅內，不以赦降原減事件，除傳習妖教託幻變之術及故決盗決江河隄堰已決外，餘犯若遇非次赦或再遇大禮赦者，聽從原免。勘會勅內諸條並不以赦降原減者，蓋謂禁約指望恩赦故作罪犯之人，既遇非次赦宥或兩該大禮，事體輕者理合原免。今元符新敕諸條內增添不以赦降原減，比舊甚多，又更將上條删去，遂使一有所犯，雖累該恩沛，終身無以自新。奉聖旨：依舊條仍先次施行，所有犯在今年四月十五日赦前之人，

亦依上條施行，勘會元犯既不以赦原，雖再遇大禮赦亦難從原免。其減降即並係非次推恩，若盡從原免，其不以赦降原減遂成空文，詔元符三年七月二十四日指揮更不施行。

（清）徐松《宋會要輯稿・刑法二・禁約》〔大觀二年〕八月十四日信陽軍言：契勘夜聚曉散，傳習妖教及集經社香會之人，若與男女雜處，自合依條斷遣外，若偶有婦女雜處者，即未有專法。乞委監司，每季一行州縣，覺察禁止，仍下有司立法施行。從之。

（清）徐松《宋會要輯稿・刑法一・格令》〔大觀二年〕九月十八日，詔名不正則言不順，言不順則事不成，名不可以亂實，久矣。比閲《軍馬司敕例》，有敕令格式之名而混淆，敕中有令，令中有格，甚失先帝設此逆彼禁於已然未然之訓。殆未足以稱揚功遵制之意。可令有司重加判正。十一月二十九日，御筆批閲近奏以六曹事修例爲條，且法有一定之制，而事有無窮之變。苟事一爲之法，則法不勝事，又其輕其重，其予其奪，或出於一時處斷，概爲定法，則事歸有司，而人主操柄失矣。宜令詳定一司敕令所應於六曹已施行事爲永制者，修爲敕令格式外，其出自特旨，或輕或重，非有司所決可以垂憲者，編爲定例，以備稽考。餘悉删去，庶使官吏不得高下其手。

（清）徐松《宋會要輯稿・刑法二・禁約》〔政和二年〕六月二十二日臣僚言：訪聞入蕃海商自元祐後來押販海船人，時有附帶曾經赴試士人及過犯停替胥吏過海放蕃，或名爲住冬，留在彼國，數年不回，有二十年者，取妻養子，轉於近北蕃國，無所不至。元豐年中，停替編配人自有條禁，不許過海，及今歲久，法在有司，未常檢舉。又有遠僻白屋士人，多是占户爲商，趨利過海，未有法禁，欲乞睿斷指揮。檢會元豐編配人不許過海條，重別增修，及創立今日已後，曹預貢解及州縣有學籍士人不得過海條賞，明示諸路沿海次海州軍。詔依。有條令者，坐條申明行下，其曾預貢解及學籍士人不得過海一節，於元條内添入。

（清）徐松《宋會要輯稿・刑法二・禁約》〔政和二年〕七月三日，宣州布衣臣吕堂上書：東南數州之地，尚有安於遺風，狃於故習，忮害不悛，公然殺人，賊父子之仁，傷天性之愛。男多則殺其男，女多則殺其女，習俗相傳，謂之薅子，即其土風，宣歙爲甚，江寧次之，饒信又次之。願委守以禁戒之，聯保伍以督察之，立重賞以收捕之。有不變者，寘以極刑。殺一警百，使人有畏懼之心，則所活人命不可勝計矣。詔依福建已得指揮，仍委監司按察，如有違犯，重寘於法。

（清）徐松《宋會要輯稿・刑法二・禁約》〔政和三年〕十一月十九日，臣僚言：江南逐年秋夏之交，深僻溪澗，往往有人卒暴死亡者，皆因取魚之患。愚民採毒藥置於水中，魚食之而死，因得捕之。蓋止知取魚之利，而不知害人之命也。欲望嚴立罪賞禁止。詔以毒藥捕魚者杖一百，因食魚飲水而殺人者，減鬬殺罪一等。

（清）徐松《宋會要輯稿・刑法一・格令》〔政和四年〕十二月二十四日，中書省言：政和四年十月二十日勑，諸以民功被賞轉官者，遷任在戰功之上，仍依戰功法。諸有戰功人有贓罪者，不得親民。勘會民功人犯罪，合追降及準例入重者，除因農田水利賑濟居養安濟漏澤違慢外，並合依戰功法。取旨施行。

《宋史》卷一九九《刑法志》 政和間，詔：品官犯罪，三問不承，即奏請追攝；若情理重害而拒隱，方許枷訊。邇來有司廢法，不原輕重，枷訊與常人無異，將使人有輕吾爵禄之心。可申明條令，以稱欽恤之意。又詔：宗子犯罪，庭訓示辱。比有去衣受杖，傷膚敗體，有惻朕懷。其令大宗正司恪守條制，違者以違御筆論。又曰：其情理重害，別被處分。若罪至徒、流，方許制勘，餘止以衆證爲定，仍取伏辨，無得輒加捶考。其合庭訓者，並送大宗正司，以副朕敦睦九族之意。中書省言：《律》：在官犯罪，去官勿論。蓋爲命官立文。其後相因，掌典去官，亦用去官免罪，有犯則解役歸農，幸免重罪。詔改《政和敕》掌典解役從去官法。

（清）徐松《宋會要輯稿・刑法一・格令》〔宣和元年八月〕二十五日，成都府路提刑司奏：乞今後有盜昊天玉皇上帝諸州天慶觀聖祖殿及神霄玉清萬壽宫殿内供獻之物，未有專一斷罪條法。刑部大理寺今具下項諸盜大祀神御之物者流三千三百里，謂供神御，凡其餘儀仗亦同。其擬供神御，謂營造未成者。及供而廢闕，若饗薦之具已饌呈者，徒二年。饗薦謂幣牲牢之屬，饌呈謂已入於所經祀官省視。未饌呈者，徒一年半。已闋者，杖一百。已闋所□神御。若盜釜甑刀匕之屬，並從常盜之法。勘會盜昊天玉皇上帝及聖祖殿内供獻之物，自合引用盜大祀神御之物斷罪外，神霄玉清萬壽宫内

供獻之物，雖未有明文，理當比附前項條令斷罪。欲申明行下。從之。

【略】

十月三日刑部尚書王革奏：契勘鞫獄，干證無罪之人，依《政和令》合責狀先釋。自來不曾立限，遂致縱留，動經旬月。伏覩開封府令有不得過兩日之文，其餘所司與外路理合一體立法。若違限不放，亦未有專一斷罪條約，欲望付有司參詳，以開封府令修立海行。并違限刑名頒下在京刑獄官司并諸路遵守。詔令尚書省立法，今增修下條諸鞫獄干證人無罪者，限二日責狀允放。其告捕及被侵指人唯照要切情節，聽暫追不得闕留證訖，仍不得隨司即證。徒以上罪犯人未録問者，告示不得遠出。衝改本條不行者，鞫獄干證人罪應責狀先放而於令有違者，論如官文書稽程律計日，罪者杖六十。從之。

（清）徐松《宋會要輯稿·刑法一·格令》〔宣和〕二年八月二十七日，刑部狀詳定一司勑令所修立到諸綱運緣路官司輒截留附搭官物者，於行程內批書兩相情願附搭者同。當職官吏並徒二年。命官先次衝替人吏勒停即乞衝改拘戲附帶他物者，以違制論。發運司常加覺察等條。本部已議定立訖，從之。

（清）徐松《宋會要輯稿·刑法一·格令》〔宣和〕五年八月十四日，刑部增修下條：諸重禄案吏人輒引罪本宗同居緦麻以上親罷役火人雖親亦同。在案及書寫文書者，并引人犯贓與同罪。從之。

《宋史》卷一九九《刑法志》徽宗每降御筆手詔，變亂舊章。靖康初，群臣言：祖宗有一定之法，因事改者，則隨條帖說，有司易於奉行。蔡京當國，欲快己私，請降御筆，出於法令之外，前後牴牾，宜令具録付編修勑令所，參用國初以來條法，删修成書。詔從其請，書不果成。

《宋史》卷二三《欽宗本紀》〔靖康元年九月〕乙亥，詔：編修敕令所取靖康以前蔡京所乞御筆手詔，參祖宗法及今所行者，删修成書。

《宋史》卷一九九《刑法志》高宗播遷，斷例散逸，建炎以前，凡所施行，類出人吏省記。三年四月，始命取嘉祐條法與政和敕令對修而用之。嘉祐法與見行不同者，自官制、役法外，賞格從重，條約從輕。紹興元年，書成，號《紹興敕令格式》，而吏胥省記者亦復引用。監察御史劉一止言：法令具在，吏猶得以爲姦，今一切用其所省記，欺蔽何所不至。十一月，乃詔左右司、敕令所刊定省記之文頒之。時在京通用敕內，有已嘗衝改不該引用之文，因大理正張柄言，亦詔删削。十年，右僕射秦檜上之。然自檜專政，率用都堂批狀、指揮行事，雜入吏部續降條册之中，修書者有所畏忌，不敢删削，至與成法並立。吏部尚書周麟之言：非天子不議禮，不制度，不考文。乃詔削去之。

《宋史》卷三一《高宗本紀》〔紹興二十六年九月〕戊辰，命吏、刑二部修條例爲成法。

（清）嵇璜等《續通典》卷一〇九《刑·雜義》徽宗宣和六年臣僚言：元豐舊法，有情輕法重，情重法輕。若大辟刑名疑慮並許奏裁，比來諸路以大辟疑慮決於朝廷者，大理寺類以不當劾之，恐天下無復以疑獄奏矣。請詔大理寺並依元豐法。詔從之。高宗紹興三年，宣州民葉全二盜檀偕窖錢，偕令佃人阮授、阮捷殺全二等五人，棄屍水中，罪當斬。有司以屍以不經驗，奏裁。詔授、捷並杖脊，流三千里。偕貸死，杖脊，配瓊州。中書舍人孫近駁之，命更擬。而近嘗提點浙東刑獄，紹興民俞富捕盜而併殺盜妻，近奏富與盜別無私讎，願貸死，詔從之。法寺因援以爲比，執前擬不變。近乃言：富執本縣判狀，捕劫盜殺拒捕之人并及妻。偕乃私用威力，被殺者五人，所犯不同。乃詣御史臺看詳，侍御史辛炳等言：偕係故殺，衆證分明，以近降申明條法，不應奏輔臣進呈。朱勝非曰：若疑獄不當奏而奏者，法不論罪。近以宣州有觀望，欲併罪之。帝曰：罪宣州，則實有疑慮者亦不復奏陳。於是，法寺刑部止罰金。二十六年右正言凌哲上疏曰：漢高入關，悉除秦法，與民約法三章耳。所謂殺人者死，實居其首。司馬光有言，殺人者不死，雖堯舜不能以致治。斯言可謂至當矣。臣竊見諸路州軍勘到大辟，雖刑法相當者，類以可憫奏裁。自去歲郊後距今，大辟奏裁者五十餘人，中有實犯故殺鬥殺常赦所不原者，法既無疑，情無可憫，刑寺並皆奏裁貸減，彼殺人者可謂幸矣。被殺者銜恨九原，何時已耶？臣恐强暴之風滋長，良善之人莫能自保，其於刑政，爲害非細。應令今後大辟情法相當，本無可憫，而所司輒奏裁減貸者，臺臣彈劾。按高宗南渡之初，法官濫用奏裁之例，給事中陳與義嘗以爲言，雖獲申嚴立法，而有司妄奏如故。及凌哲上疏，高宗覽奏，仍恐諸路滅裂，一例不奏，有失欽恤之意。僅令刑部坐條行下，馴至乾道，讞獄之弊，日益滋甚。孝宗乃詔有司緣情引條定

斷，更不奏裁。而其後又從刑部侍郎方滋之議，於敕律條令内分别註明合用奏裁事件，又從臣僚之請，只許奏裁爲首應死之罪，其爲從不坐死及流徒等罪，概不許奏。終南宋之世，刑法廢弛。理宗朝甚讞不時報，往往因多瘐死，蓋於明慎用刑而不留獄之意失之遠矣。二十七年十月，盗發烏江縣王公袞母冢，有司釋之，公袞手殺盗事聞。其兄佐爲吏部員外郎，乞納官以贖公袞罪。詔令給舍議，時給舍楊椿等議，大略謂：發冢開棺者，律當絞。公袞始獲盗，不敢殺，而歸之吏。獄成而吏出之，使揚揚出入閭巷，與齊民齒，則地下之辱，沈痛鬱結，終莫之伸，爲人子者，尚得自比於人？椿等謂：公袞殺掘冢法應死之人，爲無罪。納官贖弟之請，當弗許。故縱失刑，有司之罪，宜如律。詔依椿等議，公袞降一官佐，依舊供職。紹興府當職官皆抵罪。孝宗淳熙十三年，中書舍人葛邲言：乾道六年指揮强盗並依舊法，議者以爲，持杖脅人以盗財者亦死，是脅人與殺人等死，恐非所以爲良民地，後來遂立六項，一爲首，二下手傷人，三下手放火，四因而行姦，五殺人加功，六已曾貸命再犯。並依舊法處斷外，餘聽依，刑名疑慮奏裁。自此指揮已行之後，非特刑名疑慮者不死，而在六項者亦爲不死。法出姦生，徒爲胥吏受贓之地，若犯强盗者，不别輕重，而一於死，則死者必多，又非所以示好生之德也。乞下有司詳議。其後言者又謂：强盗苟不犯六項，雖累行劫至十數次以上，並贓至百千貫，皆可以貸命，謂宜除六項指揮外，其間行劫至兩次以上，雖是爲從，亦合依舊法處斷。詔從之。

《宋史》卷二〇一《刑法志》　紹興六年，令諸鞫勘有情款異同而病死者，提刑研究之，如冤，申朝廷取旨。十二年，令諸推究翻異獄，毋差初官，蔭子及新進士，擇曾經歷任人。二十七年，令監察御史每冬夏點獄，有鞫勘失實者，照刑部郎官，直行移送。二十九年，令殺人無證，屍不經驗之獄，具案奏裁，委提刑審問。如有可疑及翻異，從本司差官重勘，案成上本路，移他監司審定，具案聞奏。否則監司再遣官勘之，又不伏，復奏取旨。先是，有司建議：外路獄三經翻異，在千里内者移大理寺。三十一年，刑部以爲非祖宗法，遂釐正之。乾道中，諸州翻異之囚，既經本州，次檄隣路，或再翻異，乃移隔路，至有越兩路者。官吏旁午於道，逮繫者困於追封。四年，乃令：鞫勘本路累嘗差官猶稱冤者，惟檄隣路，如尚翻異，則奏裁。

（明）楊某《寧波府志》卷四《汪大猷》　權刑部侍郎。取建炎以後指揮二萬餘條，删其繁重，編爲條册。同列以强盗請依舊法贓滿三貫者皆斬。大猷曰，太上與民吏始非以刃殺人者一切貸死，六項犯者，依死取斷。但得財再犯者死，可謂寬嚴得中矣。

（宋）王應麟《玉海》卷六六《詔令・乾道敕令格式》　〔乾道〕四年十一月二十八日，詔删修紹興建炎法令，以重修敕令所爲名。六年八月癸丑，復置敕令所，乙亥進海行法。六年八月二十八日，虞允文言：將紹興敕與嘉祐敕及建炎四年至乾道四年續旨參酌删修，今成敕十二卷，令五十卷，格三十卷，式三十卷，目録百二十二卷，存留照用指揮二卷，會稡法令至二萬二千有奇，煩複者刊，踳駁者正。詔以乾道重修爲名，自八年正月朔行之。淳熙三年，以乾道新書編削未盡，多有牴牾，詔刊修，明年書成，一百四十八卷。

（清）徐松《宋會要輯稿・刑法一・格令》　乾道六年三月二十五日指揮，應强盗贓滿内爲首及下手傷人，若下手放火，或因而行姦，或殺人加功，並已曾貸命再犯之人，已上六項並依舊法處斷，餘聽依《刑名疑慮》奏裁。

（宋）留正等《中興兩朝聖政》乾道六年閏五月　甲申，刑部狀據建康府司法參軍趙善寅申準勑節：今後權將勑律内應以絹定罪之法，更遞增一貫通四貫，足斷罪外，有勑内以錢數定罪，擬欲一例遞增一貫，乞備申朝廷。又刑部狀據太平州申，亦爲上件事並送部看詳，本部乞將紐絹定罪，更增一貫，通作四貫。其以錢定罪者，亦合一體，更與遞增一貫。詔從之。

（清）徐松《宋會要輯稿・刑法一・格令》　〔乾道〕八年八月十八日，大理少卿兼同詳定一司勑令莫濛言：契勘中書門下省樞密院法係大觀間修立，尚書省法係崇寧間修立，並未嘗審訂，去取止是引用省記。今乞將崇觀以後至乾道八年終重加修緝，并三省通用法，三省樞密院通用法，一槩修立。從之。

《宋史》卷一九九《刑法志》　至乾道時，臣僚言：紹興以來，續降指揮無慮數千，牴牾難以考據。詔大理寺官詳難，定其可否，類申刑部，以所隸事目分送六部長貳參詳。六年，刑部侍郎汪大猷等上其書，號《乾

道敕令格式》，八年，頒之。當是時，法令雖具，然吏一切以例從事，法當然而無例，則事皆泥而不行，甚至隱例以壞法，賄賂既行，乃爲具例。

（清）**徐松**《**宋會要輯稿·刑法一·格令**》〔乾道〕九年二月六日，右丞相梁克家、參知政事曾懷上中書門下省勑二卷，令二十二卷，一十三卷，式一卷，申明一卷。尚書省勑二卷，令七卷，格二卷，式三卷，申明二卷。樞密院勑四卷，令二十四卷，格十六卷，申明二卷。三省通用勑一卷，令五卷，格一卷，式一卷，申明一卷。三省樞密院通用勑二卷，令三卷，格一卷，式一卷，申明三卷，目録二十卷，並元修看詳愚義五百册，乞冠以《乾道重修逐省院勑令格式》爲名，從之。

（清）**徐松**《**宋會要輯稿·刑法一·格令**》淳熙元年四月二十八日，勑令所言：喫菜事魔，或夜聚曉散，因而傳習妖數，州縣不行督察，自當坐罪。緣係內令丞巡尉都監知通監司既有分立等第斷罪，其後徒黨已成者，若從言命官，即是監司知通令丞等皆合衝替，致無以分別。兼巡尉都監職專警捕，欲將命官字改爲巡尉都監字，及於衝替字下云於五百里編管，不顯餘係是何色目人所以删去餘字，却照得條內上文添入厢耆等人四字，在五百里字上爲文。庶幾罪責有以區別。從之。

（宋）**留正等**《**中興兩朝聖政**》**淳熙二年十二月** 是月，更定强盜贓法，詔比舊法增一倍定罪。

（宋）**王應麟**《**玉海**》**卷六六**《**詔令·淳熙條法事類 保法樞要**》〔淳熙〕三年十月己卯，通判潭州潘燾進祖宗以來因革法令并修法樞要，詔遷秩。四年八月三日戊子，進重修勑令格式，御筆圈去户令一條，捕亡令一條，及無額上供賞，竝令删去。六年正月庚午，趙雄奏士大夫罕通法律，吏得舞文。今若分門編次，聚於一處，則遇事悉見，吏不能欺。乃詔勑局取勑令格式申明，體倣吏部七司條法。總類，隨事分門，纂爲一書，七年五月二十八日成書，四百二十卷。爲總門三十三，別門四百二十，以明年三月一日頒行，賜名條法事類。六年七月六日，進一州一路酬賞法。自乾道後新修之書，其三千一百二十五卷。

（清）**徐松**《**宋會要輯稿·刑法一·格令**》〔淳熙〕三年正月十三日，勑令所言：本所近修《吏部七司·尚右》從龍四色人犯贓許蔭補並致仕推恩條，已於內删去犯贓一節，係犯贓人不許蔭補。其旁照海行法內第二條與此相關，當時得旨：令照上條删去犯贓一節。今來勑令所除將第二條係從龍等四色人既已删去曾犯贓及四字，若第二條內，歷任有入己贓字删去外，尚恐引用疑惑。本所今重別看詳，中大夫、武功大夫以下條內，除依舊法外，仍於化外人字下添入除犯入己贓外六字在聽奏乞字上立文，所有元申前項海行法第二條乞更不施行。從之。

《**宋史**》**卷三五**《**孝宗本紀**》〔淳熙五年〕十一月丙寅，詔：軍民喧者，並從軍法。史浩言民不宜律以軍法，不聽。

（宋）**留正等**《**中興兩朝聖政**》**淳熙六年九月** 丙寅，進呈捕亡令：諸捕盜公人不獲盜，應決而願罰錢者，聽。上曰：公人捕盜不獲，許令罰錢而不加之罪，是使之縱盜受財也，此等條令可令删去。

（清）**畢沅**《**續資治通鑑**》**宋孝宗淳熙十一年六月** 辛酉，勑令所上《編類寬卹詔令》，乞頒降，帝曰：凡事在人，斟酌輕重，盡之矣。

（清）**徐松**《**宋會要輯稿·刑法一·格令**》〔淳熙十一年〕十月二十七日，勑令所看詳臣僚奏，《紹興勑》節文，諸因事呼萬歲者徒二年，其不因事者杖一百。紹興五年刑部看詳，乞將因事到官實負冤（仰）〔抑〕，官司欲加刑禁，避怕一時鍛鍊輒呼者，依不因事法。乾道敕於不因事者杖一百之下，注云：雖因事到官，實負冤（仰）〔抑〕，避免刑禁而輒呼者，同。研究前項看詳及補注，其於裁酌輕重切當事情。今淳熙重定敕止云：諸輒呼萬歲者，徒二年。所有紹興勑及刑部看詳二項悉皆删者，不復區別。乞下勑令所遵用舊法及已看詳事理施行。本所令重別參酌改修，諸輒呼萬歲者徒二年，兵級配本城，再犯配五百里。若因怨嫌者，諸軍對本本人依階級法，餘人對本轄官配本城。其實負冤抑者杖一百。詔令刑部遍牒。從之。

（清）**徐松**《**宋會要輯稿·刑法一·格令**》淳熙十三年指揮節文，强盜苟不犯六項，雖累行劫至十數次以上，併贓至百千貫，皆可貸命。謂宜除六項指揮外，其間有行劫至兩次以上，雖是爲從亦合依舊法處斷。律，諸强盜無首從。勑，諸强盜十貫若持仗五貫者絞。

《**宋史**》**卷二〇一**《**刑法志**》南渡後，諸配隸，《祥符編敕》止四十六條，慶曆中增至百七十餘條。至於淳熙，又增至五百七十餘條，則四倍於慶曆矣。配法既多，犯者日衆，黥配之人，所至充斥。淳熙十一年，校

書郎羅點言其太重，乃詔刑、寺集議奏聞。至十四年，未有定論。其後臣僚議，以爲：若止居役，不離鄉井，則幾惠姦，不足以懲惡；若盡用配法，不恤黥刺，則面目一壞，誰復顧籍？强民適長威力，有過無由自新。檢照《元豐刑部格》，諸編配人自有不移、不放及移放條限；《政和編配格》又有情重、稍重、情輕、稍輕四等。若依做舊格，稍加參訂，如入情重，則做舊刺面，用不移不放之格；其次稍重，則止刺額角，用配及十年之格；其次稍輕，則與免黥刺，用不刺面、役滿放還之格；其次最輕，則降爲居役，别立年限縱免之格。儻有從坐編管，則置之本城，減其放限。如此，則於見行條法並無牴牾，且使刺面之法，專處情犯凶蠹，而其他偶麗於罪，皆得全其面目，知所顧藉，可以自新。省黥徒，銷姦黨，誠天下之切務。即詔有司裁定，其後迄如舊制。

《宋史》卷二〇〇《刑法志》　孝宗究心庶獄，每歲臨軒慮囚，率先數日令有司進款案披閱，然後決遣。法司更定律令，必親爲訂正之。丞相趙雄上《淳熙條法事類》，帝讀至收騾馬、舟舡、契書稅，曰：恐後有算及舟車之譏。《户令》：户絶之家，許給其家三千貫，及二萬貫者取旨。帝曰：其家不幸而絶，及二萬貫乃取之，是有心利其財也。又《捕亡律》：公人不獲盜者，罰金。帝曰：罰金而不加罪，是使之受財縱盜也。又，監司、知州無額上供者賞。帝曰：上供既無額，是白取於民也，可賞以誘之乎？並令削去之。其明審如此。

《宋史》卷一九九《刑法志》　淳熙初，詔除刑部許用乾道刑名斷例，司勳許用獲盜推賞例，并乾道經置條例事指揮，其餘並不得引例。既而臣僚言：乾道新書，尚多牴牾。詔户部尚書蔡洸詳定之，凡删改九百餘條，號《淳熙敕令格式》。帝復以其書散漫，用法之際，官不暇遍閱，吏因得以容姦，令敕令所分門編類爲一書，名曰《淳熙條法事類》，前此法令之所未有也。四年七月，頒之。淳熙末，議者尤以新書尚多遺闕，有司引用，間有便於人情者。復令刑部詳定，迄光宗之世未成。慶元四年，右丞相京鏜始上其書，爲百二十卷，號《慶元敕令格式》。

《宋史》卷二〇〇《刑法志》　淳熙初，浙西提刑鄭興裔上《檢驗格目》，詔頒之諸路提刑司。凡檢覆必給三本：一申所屬，一申本司，一給被害之家。紹興法，鞫獄官推勘不得實，故有不當者，一案坐之。乾道法，又恐有移替事故者，即致淹延，乃令先決罪人不當，官吏案後收坐。至是，所司請更定死罪依紹興法，餘依乾道施行，從之。其後，有司以覆勘不同，則前官有失入之罪，往往雷同前勘。帝知其弊，十四年，詔特免一案推結一次。於是小大之獄，多得其情。二廣州軍獄吏，畏憲司點檢送勘之害，凡有重囚，多斃於獄。臣僚以爲請，乃詔二廣提刑司詳覆公事，若小節不完，不須追逮獄吏，委本州究實保明。遇有死者，必根究其所以致死。

（清）徐松《宋會要輯稿・刑法一・格令》　〔紹熙二年〕八月三日，詔勑令局明立法禁，應屍雖經驗，妄將傍人屍首告論到官，致拷掠縣罪人誣服，因而在囚致死者，依誣告罪人法。其家屬妄認者，以不應爲重坐之。至死者，加以徒刑。其承勘官司依故入人論罪。先是臣僚言：處州何强因罵人力何念四，别無毆擊責狀，忽逃而之他。有何閏勝者，於溪淤内尋得一不識名屍首，遂誣告何强，以爲毆殺其僕。檢驗妄有致命痕傷，而僕之父亦妄行識認，官司禁勘，逼勒虚招，何强竟死於獄。後何念四生存復還，使何强不死於獄，必死於法。治獄之官可非其人，推鞫讞議之際，可不致其審哉。昨來臣僚申請下大理寺看詳，一時止具檢驗不實條法申嚴行下，而妄告妄認妄勘者竟不施行，其冤濫豈無所歸。即乞行下删修，故有是詔。

（清）徐松《宋會要輯稿・刑法一・格令》　慶元二年十一月十八日，刑部言，臣僚劄子乞將强盜除貸命再犯依元項指揮處斷外，并强盜已經斷配，再犯兩次以上，照淳熙十三年二月六日已降指揮施行。餘並照元項指揮擬斷。本部措置除曾犯强盜斷配，謂未貸命者。再犯行刼兩次以上、自依已降指揮處斷外，其初犯百姓行刼，欲增作四次以上，謂未曾事發者，方許照應淳熙十三年指揮施行。知不及今來所增次數，即聽依乾道六年三月二十五日指揮施行。從之。

（清）徐松《宋會要輯稿・刑法一・格令》　〔嘉定〕十二年十二月二十二日，臣僚言：京官知縣在法按罷，如曾經推勘體究，罪狀顯著，滿二年後參用。有不經取勘體究而贓證明白，着滿一年半後參選。其有按章内無贓濫實跡，止因職事曠弛，放罷後半年參選，此臺部見遵守之法也。臣竊謂於近地者，除道塗日月之外，猶有三兩月閑廢。官於湖廣福建

江東西等處，則治裝般挈與道塗之程必須數月，洎至中都，則半年之限已滿，到即參部詣臺，初無拘礙，則是雖經按罷，而罰不治其毫毛。況有當敗壞之邑，日欲求脱，以罷爲幸，換授注闕，反爲得計。乞行下臺部，如二年、一年半爲限者，仍舊限。半年者，自今後令展作一年，須絶無贓濫，方許參選。如有違法科斂之人，仍舊以年半爲限，不許援一年之例。庶幾遣論而歸者，略使家居循省，伺候限滿，不敢遽萌僥倖之望。從之。

（清）徐松《宋會要輯稿·刑法一·格令》〔嘉定〕十三年九月十八日，大理評事趙善發言：伏覩命官，因臣僚論列，監司按發，不曾經有推勘體究之人，並免約法。乾道元年二月二十二日指揮也。命官因州軍按發，不曾經所司推勘體究之人，並免約法。此乾道二年十月九日指揮也。至紹熙四年七月八日指揮，則又謂按章内雖曾追勘干連人，止泛言本官贓汙罪犯，無的確犯由贓數證佐驗白之人，並用免約法指揮。且臣僚之論列，監司郡守之按發，豈得已哉。往往審訂事迹，考察情狀而後剌來上，然慮其間有未盡實者，所以立此三條，是亦寧失不經之意也。士大夫不能仰體此意，至有不自愛重，冒禁觸辜，迺借是而覬免。一至銓曹，百計求脱，經營關節，緘封事目，交結胥徒，扳援非例，過犯狼籍，而欲免約法者有之，情本涉私而欲約以公罪者有之，甚而約罪經涉歲久而欲改約者又有之，不恤其法之不可行，惟欲徇情以屈吾法。乞自今臣僚、監司、州部按發官吏，每遇省部符關刑寺之時，其合該前項指揮，並免約法；其當約法之人，大理寺先約罪，附籍中省部照會，省部亦附籍符寺照應，俟犯人到選，省部關會，照籍告示。庶幾法令明信，人知不可幸免，皆為君子長者之歸。從之。

（清）嵇璜等《續通志》卷一四五《刑法略·歷代刑制》　明道二年，令天下凡上具獄，大理寺詳斷，大事期三十日，小事遞減十日，審刑院詳議，又各減半，其不待期滿而斷者謂之急，按官吏議刑有失者坐之。景祐二年，判大理寺司徒昌運請自四月至六月減期日之半，兩川廣南福建湖南如急按奏其後，猶以為淹滯。又詔：月上斷獄數，列大中小事，期日以相參考。翰林學士章得象上一司一務及在京編敕。【略】元祐二年，上之刑部大理寺定制。凡斷讞奏獄，每二十緡以上為大事，十緡以上為中事，十緡以下為小事。大事以十二日，中事九日，小事四日為限。若在京八路，大事十日，中事五日，小事三日。臺察及刑部舉劾約法狀並十日，三省樞密院再送各減半，有故量展不得過五日。凡公案日限，大事以三十五日，中事二十五日，小事十日為限，在京八路大事以三十日，中事半之，小事參之一。臺察及刑部並三十日，每十日，斷用七日，議用三日。三年，罷大理寺右治獄。五年，詔命官犯罪事，干邊防軍政，文臣申尚書省，武臣申樞密院。中丞蘇轍請並歸三省，其事干邊防軍政者，令樞密院同進取旨。乃詔文武官有犯同按干邊防軍政者，刑部定斷，仍三省樞密院同取旨。刑部言佃客犯主加凡人一等。主犯之杖以下勿論，徒以上減凡人一等，謀殺盜詐有所規求避免而犯者，不減。因毆致死者，不剌面，配鄰州，情重者奏裁。凡命士死於官或去位，其送徒道亡，則部轄將校節級與首率衆者，徒一年，情輕則杖百。雖自首不免。從之。哲宗親政，稍復熙寧元豐舊制。元符三年，詔强盜計贓應絞者，贓數並增一倍。贓滿不傷人，及雖傷人而情輕者，奏裁。其用兵仗湯火之類傷人及殘虐主家，情狀酷毒，或汚辱良家或入州縣鎮寨行刧不在奏裁之限。若驅虜官吏巡防人等，罪不至死，仍奏裁。凡重法地，嘉祐中，始於開封府諸縣後稍及諸州，以開封府東明考城長垣縣、京西滑州、淮南宿州、河北澶州、京東應天府、濮、齊、徐、濟、單、兖、鄆、沂州淮陽軍，亦立重法，著為令。至元豐時，河北、京東、淮南、福建等路，皆用重法。郡縣寖廣，元豐敕重法地，分刼盜五人以上凶惡者方論。紹聖後有犯即坐，不計人數。至是，改依元豐舊敕。徽宗崇寧元年詔，追復元豐法制，凡元祐條例悉燬之。時臣僚言，三省六曹所守者法，法所不載，然後用例。今顧引例而破法，非理也。乃令取前後所用例以類編修，與法妨者去之。宰臣蔡京請令諸州築圜土以居强盜貸死者。大觀中詔計贓之律，以一貫五百定罪。又更定笞法，自今並以小杖行決笞，十為五，二十為七，三十為八，四十為十五，五十為二十。不以大杖比折，永為定制。政和中，詔立聚問審録之限，死囚五日，流罪三日，杖笞一日。又詔宗子犯罪，庭訓示辱，比有去衣受杖，傷膚敗體，有惻朕懷，其令大宗正恪守條制，違者以違御筆論。中書省言律在官，犯罪去官，勿論。蓋為命官立文。其後相因，掌典解役亦用去官免罪例，有犯則解役歸農，幸免重罪。詔改政和敕，掌典解役聽從去官法。重和中，定折杖數：徒二年半杖九十者折十七，徒二年杖八

十者十五，以是為差。宣和中，詔州縣官不親聽囚而使吏鞫訊者，徒二年。是時蔡京當國，欲快己私，請降御筆多出於法令之外，前後牴牾。靖康初，羣臣請參用國初以來條法，刪修成書，詔從其請，書不果成。高宗南渡，著令諸獄具當職官依式檢校，枷以乾木為之，輕重長短刻識其上，笞杖不得留節目，亦不得釘飾，及加筋膠之類，仍用官給火印。暑月每五日一洗濯枷杻，刑寺輪官一員躬親監視。諸獄司並旬申禁狀，品官命婦在禁別具單狀。合奏案者，具情欵招伏奏聞，法司朱書檢坐條例、推司録問、檢法官吏姓名於後。各州每年開收編配羈管奴婢人及斷過編配之數，各置籍。各路提點刑獄司，歲具本路州軍斷過大辟，申刑部，諸州申提刑司。其應書禁歷而不書，應申所屬而不申，奏案不依式，檢坐開具違令，回報不圓致妨詳覆，與提刑司詳覆大辟而稽留、失覆大辟致罪有出入者，各抵罪。舊以絹計贓者，千三百為一匹，竊盜至二十貫者，徒。建炎元年以二千為一匹，盜至三貫者，徒一年。三年，復詔以三千為一匹，竊盜及凡以錢定罪遞增五分。四年，又詔特旨處死情法不當者，許大理寺奏審。凡靖康元年以前所降御筆有壞正法者，悉釐正之。贓罪至死者籍其家。按《通考》以絹定罪條，在建炎元年，除徽宗御筆條，在四年，《宋志》倒置，今改正。先是，高宗播遷，斷例散逸，建炎以前凡所施行，多出吏省記。至建炎三年，始命取嘉祐條法與政和敕令對修而用之。嘉祐法與見行不同者，自官制、役法外，賞格從重，條約從輕。紹興元年，書成，號《紹興重修敕令格式》，而吏胥省記者亦復引用。尋因監察御史劉一正言，詔左右司敕令所，刋定省記。二年，秘書少監傅崧卿言軍國異容，刑亦殊制，不可槩以軍法從事。乃詔知州兼統兵者，非出師臨陣，毋得輕用重刑。按知州毋用重刑詔，《通考》在紹興二年，而《宋史》在建炎元年以絹計贓條前，殊誤，今改正。三年，詔捕獲强盜，雖無被主姓名，贓滿已經論決者，許推賞。五年，尚書省以獄吏慘酷，囚垂死者皆託疾患殺之，未嘗依條醫治，乞舉行歲終比較計分斷罪法。是歲，比較得宣州、衢州、福州無病死囚，當職官各轉一官。舒州病死及一分，惠州二分六釐，當職官各降一官。六年，令刑部體量公事，邵州、廣州、高州勘命官淹繫至久不報。詔知州降一官，當職官展二年磨勘，當行吏永不收叙。德慶府勘封川縣令事七月不報，詔知州、勘官各抵罪。十年，詔諸獄並一更三點下鎖、五更五點開鎖定牢，違者杖八十。獄官令佐不親臨及縣令輒分輪餘官，並徒一年，知通監司覺察按劾，著為令。先是，在京通用敕內有已衝改不該引用之文，大理正張柄言之，乃詔刪削。至是，右僕射秦檜上之，然自檜專政，率用都堂批狀，指揮行事，雜入吏部續降條册之中，修書者不敢刪，至與成法並立。其後，因吏部尚書周麟之言，乃詔削去之舊法。刑部郎官四人分左右廳，或以詳覆，或以叙審，同僚而異事，有防閑覆考之意。南渡以來務從簡省，大理少卿止一員，刑部郎中初無分異，獄有不得其情，法有不當於理者，無所平反追改。二十六年，右司郎中汪應辰言之，詔刑部郎官依元豐法分左右廳治事。二十七年，詔四川以錢引科罪者，準銅錢。孝宗乾道二年，刑部侍郎方滋上乾道新編特旨斷例，其後臣僚言：紹興以來，續降指揮無慮數千，牴牾難以考據。詔大理寺官詳定其可否，類申刑部，以所隷事日分送六部長貳參詳。六年，刑部侍郎汪大猷等上其書，號《乾道重修敕令格式》。又詔以絹計贓者更增一貫，以四千為一匹。議者又言犯盜以敕計錢定罪，以律計絹，今律以絹定罪者，遞增一千，敕內以錢定罪，亦合例增一千，從之。臨安府左右司理、府院三獄杖直獄子以無所給，至為無藉。七年，詔人月給錢十貫，米六斗，每院止許置一十二人。淳熙初，浙西提刑鄭興裔上《檢驗格目》，詔頒之諸路提刑司。當是時法令雖具，然吏一切以例從事，法當然而無例，則事皆泥而不行，甚至隱例以壞法。至是，詔除刑部許用乾道所修刑名斷例，司勳許用編類獲盜推賞例，其餘並不得引例。又刪改乾道新書號《淳熙敕令格式》。帝讀至收驃馬舟船契書稅曰，恐後世有算及舟車之譏。《户令》絶户之家，許給其家三千貫，及二萬貫者取旨。帝曰，其家不幸而絶，及二萬貫乃取之，是有心利其財也。又《捕亡律》：公人不獲盜者，罰金。帝曰，罰金而不加罪，是使之受財縱盜也。又監司知州無額上供者賞，帝曰，上供既無額，是白取於民也，可賞以誘之乎！並令削去之，又令敕令所分門編類名曰《淳熙條法事類》。按《玉海》云，淳熙三年，以乾道新書編削未盡，詔刊修。四年進重修敕令格式，御筆圈去户令一條、捕亡令一條，及無額上供賞並令刪去。六年詔敕局取勅令格式，隨事分門，纂為一書。七年書成，賜名條法事類，是帝讀一條，乃敕令格式也，《宋志》以為條法事類，殊誤，今改正。是時有司以覆勘不同，則前官有失入之罪，往往雷同前勘，帝知其弊，十四年，詔特免一案推結一次。於是大小之獄，多

得其情。二廣州軍獄吏，畏憲司點檢送勘之害，凡有重囚多斃於獄。臣僚以為請，乃詔二廣提刑司詳覆公事，若小節不完，不須追逮獄吏，委本州究實保明。遇有死者，必根究其所以致死。三衙及江上諸軍各有推獄，謂之後司。獄成，決於主帥，不經屬官，故軍吏多受財為奸。光宗時乃詔通曉條制屬官兼管之。廣東路瘴癘，惟英德府為最甚，謂之人間生地獄。諸司公事欲速成者，多送之，自非死罪，至即誣伏，亟就刑責以出。紹熙五年，臣僚言之，詔本路諸司公事應送別州者，無送英德府。寧宗慶元時，敕令所上《重修敕令格式》。嘉泰二年，上《慶元條法事類》。是年，天下上死案千八百一十一人，而斷死者纔一百八十一人，餘皆貸之。乃詔，諸憲臺歲終檢舉州軍有獄空并禁人少者，申省取旨。嘉定四年，詔以絹計贓定罪，則江北鐵錢依四川法，二當銅錢一。江西提刑徐似道言檢驗官指輕作重，以有為無，差訛交互，以故姦吏出入人罪。乞以湖南廣西見行刋印正背人刑隨《格目》給下，令於傷損去處，依樣朱紅書畫，唱喝傷痕，衆無異詞，然後署押。詔從之，頒天下。五年，詔三衙及江上、四川諸軍，以武舉人主管後司公事。理宗寶慶初，敕令所言：自慶元新書之行，今二十九年，前指揮殆非一事，或舊法該括未盡，文意未明，須用續降參酌者；或舊法元無而後因事立為成法者；或已有舊法而續降不必引用者；或一時權宜而不可為常法者。條目滋繁，無所遵守，乞考定之。淳祐二年四月，敕令所上其書，名《淳祐敕令格式》。十一年，又取慶元法與淳祐新書删潤。其間修改者百四十條，刱入者四百條，增入者五十條，删去者十七條，自此書出，至度宗以後悉遵行之，無所更定。其餘一司一路一州一縣敕，前後時有增損不可勝紀也。詔獄本以糾大奸慝，故其事不常見。熙豐之間權臣欲藉此以威縉紳，逞私忿，故詔獄特盛。祖無擇之獄，王安石私怨所誣也。鄭俠、蘇軾之獄，杜絶忠言也。趙世居之獄，則吕惠卿欲文致李士寧以傾王安石也。陳世儒之獄，則賈稚民欲文致世儒妻母吕以傾吕公著也。王安石欲報吕惠卿，而特勘張若濟之獄，蔡確欲撼吴充而特勘潘開之獄。紹聖間，章惇蔡卞用事，元祐舊臣悉遭貶黜，至南渡後，婁寅亮岳飛等獄悉出秦檜私意，名曰詔獄，實非詔旨也。其後所設詔獄大率類此故，不備録云。

臣等謹案：宋自建隆初，釐定刑統律令格式，屢有更改置省刑之官，定折杖之法，嘗有意於恤刑矣。然崇寧以後，大獄屢興，臣僚士庶之枉抑者，嚴刑曲法，史不絶書。蓋其時上無燭姦聽直之智，而臣下互結黨援，迭相傾軋。法吏之舞文悉奉權臣之意指，徒欲以删定律文託於寬厚，豈非好其名而不求其實哉！南渡偷安一隅，條規未立而詔獄之改善更甚於崇寧以前，諸路提刑多曠其職，守令專恣，以武健為能。好刑者國削，濫刑者國危。信矣。惟孝宗之删除苛政，猶知以慎刑為重焉。

（明）孫世芳《宣府鎮志》卷一九《法令考・宋》 太祖建隆元年，契丹詔有司以律令斷漢人罪。上謂侍臣曰，凡國家庶務鉅細各殊，若憲度不明則何以爲治，群下亦何由知禁。乃詔大臣定治契册及諸夷之法。漢人則斷以律令，仍置鍾院以達民寃，是後治渤海一依漢法，餘無改焉。

（清）李有棠《遼史紀事本末》卷一《太祖肇興》 〔神册六年〕夏五月丙戌朔，詔定法律，

《刑法志》云，遼制，刑凡四：死、流、徒、杖，及籍没、黥刺之法。重熙五年新定條制成，頒行諸道。本太祖以來法令，參考古制，凡五百四十七條。咸雍六年，命伊遜更定，續增既繁，犯者日衆。大安五年，詔復舊法。又，開泰八年，以竊盗贓十貫者死爲太重，增至二十五貫，後增至五十貫。三犯黥額，徒三年；四黥面，徒五年；五則處死。吴曾《能改齋漫録》云，遼法，爲盗者，一犯黥其腕，爲賊字，再犯文其臂，三犯文其肘，四犯文其肩，五犯則斬。不須按籍，而辜不可掩。武珪《燕北雜記》云，正月十三日放契丹人做賊三日，盗及十貫上者，依法行遣。洪皓《松漠紀聞》云，金治盗最嚴，每捕獲治罪外，皆十倍責償，唯正月十六日，則縱偷以爲戲。亦有與室女私約，至期竊去，女願留則聽之。自契丹以來皆然，今燕亦如此。所載較詳。正班爵。

《遼史》卷六一《刑法志》 〔神册六年〕詔大臣定治契丹及諸夷之法，漢人則斷以律令，仍置鐘院以達民寃。至太宗時，治渤海人一依漢法，餘無改焉。【略】穆宗應曆十二年，國舅帳郎君蕭延之奴海里強陵拽剌秃里年未及之女，以法無文，加之宮刑，仍付秃里以為奴。因著為令。

（清）李有棠《遼史紀事本末》卷一八《穆宗之暴》 〔應曆十六年〕秋七月壬午，諭有司，凡行幸之所，必高立標識，令民勿犯，違以死論。

〔考異〕《刑法志》云，是年諭有司，自先朝行幸頓次，必高立標識以禁行者，比聞緯呼輩故低置其標深草中，利人誤入，用之取財。自今有復然者，以死論！所載不同，未知孰是。

（清）嵇璜等《續文獻通考》卷一三七《刑考・徒流》 〔遼聖宗〕

開泰八年詔：竊盜贓滿二十五貫，其首處死，從者決流。先是，竊盜贓滿十貫，爲首者處死。其法太重，故有此令。時耶毋古犯竊盜者十有三次皆以情不可恕論棄市，因詔：自今三犯竊盜者黥額，四則黥面，徒五年，至於五，則處死。

《遼史》卷六一《刑法志》〔太平〕七年，詔中外大臣曰：《制條》中有遺闕及輕重失中者，其條上之，議增改焉。

（清）嵇璜等《續通典》卷一一〇《刑·雜議》 遼興宗重熙二年，有司奏言：元年詔曰：犯重罪徒終身者，加以捶楚，而又黥面，是犯一罪而具三刑。宜免黥。其職事官及宰相，節度使世選之家子孫犯姦罪至徒者，未審黥否？帝諭曰：犯罪而悔過自新者，亦有可用之人。一黥其面，終身爲辱，朕甚憫焉。遂定刺臂、刺頸之制，分別施之。具《刑制》篇。按遼世於刑罰未嘗專設科條，其時執政大臣與司刑官屬亦鮮有建議執奏者。故終遼之世別無雜議可述云。

（清）嵇璜等《續文獻通考》卷一三五《刑考·刑制》〔遼興宗重熙〕五年四月頒新定條制。

初樞密直學士耶律庶成與樞密副使耶律德修定法令，上詔庶成曰：方今法令，輕重不倫。法令者，爲政所先，人命所繫，不可不慎。卿其審度輕重，從宜修定。於是纂修太祖以來法令，參以古制。其刑有死、流、杖及三等之徒，凡五百四十七條。至是成，上之。詔有司凡朝日執之，仍頒行諸道。

《遼史》卷二〇《興宗本紀》〔重熙二十年〕九月，詔更定條制。

《遼史》卷六二《刑法志》〔道宗清寧〕六年，帝以契丹、漢人風俗不同，國法不可異施，於是命惕隱蘇、樞密使乙辛等更定《條制》，凡合乎律令者，具載之；其不合者，別存之。時校定官即重熙舊制，更竊盜贓二十五貫處死一條，增至五十貫處死，又刪其重複者二條，爲五百四十五條，取《律》一百七十三條，又創增七十一條，凡七百八十九條，增重編者至千餘條。皆分類例。以大康間所定，復以《律》及《條制》參校，續增三十六條。其後因事續校，至大安三年止，又增六十七條。條約既繁，典者不能遍習，愚民莫知所避，犯法者衆，吏得因緣爲姦。故五年詔曰：法者所以示民信，而致國治。簡易如天地，不忒如四時，使民可避而不可犯。比命有司纂修刑法，然不能明體朕意，多作條目，以罔民無罪，朕甚不取。自今復用舊法，餘悉除之。

《金史》卷四五《刑志》 熙宗天眷元年十月，禁親王以下佩刀入宮，衛禁之法，實自此始。三年，復取河南地，乃詔其民，約所用刑法皆從律文，罷獄卒酷毒刑具，以從寬恕。至皇統間，詔諸臣，以本朝舊制，兼採隋、唐之制，參遼、宋之法，類以成書，名曰《皇統制》，頒行中外。時制，杖罪至百，則臀、背分決。及海陵庶人以脊近心腹，遂禁之，雖主決奴婢，亦論以違制。又多變易舊制，至正隆間，著爲《續降制書》，與《皇統制》並行焉。然二君任情用法，自有異於是者矣。

（宋）宇文懋昭《大金國志》卷一〇二《熙宗孝成皇帝》 頒行《皇統新律》千餘條。

《新律》之行，大抵依倣大宋，其間亦間有創立者，如毆妻至死，非用器刃者，不加刑。他率類此。徒自一年至五年，杖自百二十至二百，皆以荆決臀，仍拘役之，使之雜作。惟僧尼犯姦及强盜，不論得財不得財，並處死，與古制異矣，大概國法酷嚴。

《金史》卷四五《刑志》 上以正隆《續降制書》多任己意，傷於苛察。而與皇統之《制》並用，是非淆亂，莫知適從，姦吏因得上下其手。遂置局，命大理卿許移剌慥總中外明法者共教正。乃以皇統、正隆之《制》及大定《軍前權宜條理》、後《續行條理》，倫其輕重，刪繁正失。制有缺者以律文足之。制、律俱闕及疑而不能決者，則取旨畫定。《軍前權宜條理》內有可以常行者亦爲定法。餘未應者亦別爲一部存之。參以近所定徒杖減半之法，凡校定千一百九十條，分爲十二卷，以《大定重修制條》爲名，詔頒行焉。

（明）孫世芳《宣府鎮志》卷一九《法令考·宋》 高宗紹興三十二年，金頒軍前權宜條制。時命官參皇統正隆之制，及軍前所常行者，倫其輕重刪繁正失，制如有闕以律文足之，制律俱闕疑不能決者，則取旨畫定，別爲一部，以《大定重修軍前權宜條制》爲名，頒行諸部族及燕雲諸路。

《金史》卷六《世宗本紀》〔大定五年十一月〕癸亥，立諸路通檢地土等第稅法。

《金史》卷四五《刑志》　及世宗即位，以正隆之亂，盜賊公行，兵甲未息，一時制旨多從時宜，遂集爲《軍前權宜條理》。大定四年，尚書省奏，大興民男子李十、婦人楊仙哥並以亂言當斬。上曰：愚民不識典法，有司亦未丁寧誥戒，豈可遽加極刑？以減死論。五年，命有司復加删定《條理》，與前《制書》兼用。

《金史》卷六《世宗本紀》〔大定七年九月〕詔吏人但犯贓罪，雖會赦，非特旨不叙。

《金史》卷四五《刑志》〔大定〕八年，制品官犯賭博法，贓不滿五十貫者其法杖，聽贖。再犯者杖之。且曰杖者所以罰小人也。既爲職官，當先廉恥，既無廉恥，故以小人之罰罰之。

（宋）宇文懋昭《大金國志》卷一七《世宗聖明皇帝》〔大定八年秋七月〕詔以疎決繫囚例爲文具諸路，淹獄動二三年在京者，朕當親決，不以暑月爲拘。其諸路獄案經久者，取其尤而罰之。

（清）嵇璜等《續通典》卷一〇七《刑·刑制》〔大定〕九年，以法官各執所見，或覩望宰執之意，詔自今制無正條者，皆以律文爲準。先是，杖罪至百，則臀背分決。海陵時以脊近心腹，禁之。至是命復如舊法，嗣謂宰臣曰：罪人杖不分受，恐至深重。今聞民間有不欲者。其令罷之。

《金史》卷六《世宗本紀》〔大定九年十二月〕丙午，制職官犯公罪，在官已承伏者，雖去官，猶論。

《金史》卷六《世宗本紀》〔大定十年〕四月丁酉，制命婦犯姦，不用夫廕以子封者，不拘此法。

《金史》卷七《世宗本紀》〔大定十八年正月〕壬寅，定殺異居周親奴婢、同居卑幼，輒殺奴婢及妻無罪而輒毆殺者罪。

《金史》卷七《世宗本紀》〔大定十八年〕七月丙子，上謂宰臣曰：職官始犯贓罪，容有過誤，至於再犯，是無改過之心。自今再犯不以贓數多寡，並除名。

《金史》卷七《世宗本紀》〔大定十九年三月〕己卯，制糾彈之官知有犯法而不舉者，減犯人罪一等科之，關親者許回避。

（清）嵇璜等《續文獻通考》卷一三五《刑考·刑制》〔金世宗大定十九年〕六月，詔更定制條。

先是，皇統間，詔諸臣以本朝舊制兼採隋唐之制，參遼宋之法，類以成書，頒行中外，名《皇統制》。海陵時，變易舊制，爲《續降制書》，與《皇統制》並行。是非混亂，莫知適從。世宗初即位，一時制旨多從時宜，遂集爲《軍前權宜條理》。五年，命有司復删定《條理》，與前《制書》並用。至是置局，命大理卿伊喇慥總中外明法者共校正，乃以皇統正隆之制及大定《軍前權宜條理》，後《續行條理》，論其輕重，删煩正失，制有缺者，以律文足之。制律俱缺，又疑而不能決者，則取旨畫定。《軍前權宜條理》內有司以常行者，亦爲定法。餘未應者，亦別爲一部存之。參以近所定徒杖減半之法，凡校定千一百九十條，分爲十二卷，以《大定重修制條》爲名，詔頒行焉。

《金史》卷七《世宗本紀》〔大定二十年三月〕己未，詔凡犯罪被問之官，雖遇赦，不得復職。

《金史》卷一九《世紀補》〔大定二十四年五月〕帝謂徒單克寧曰：車駕巡幸，以國事見屬。刑名最重，人之死生繫焉。凡有可議，當盡至公。比主上還都，勿有廢事。自是，凡啓稟刑名，帝自披閱，召都事委曲折正，移晷忘倦，或賜之食。

《金史》卷八《世宗本紀》〔大定二十六年〕四月壬子，尚書省奏定院務監官虧兑陪納法及横班格。

《金史》卷八《世宗本紀》〔大定二十六年〕十月戊寅，定職官犯贓同職相糾察法。

《金史》卷四五《刑志》〔大定〕二十八年，上以制條拘於舊律，間有難解之詞，命删修明白，使人皆曉之。

《金史》卷八《世宗本紀》〔大定二十八年十一月〕戊申，上謂宰臣曰：制條以拘於舊律，間有難解之辭。夫法律歷代損益而爲之，彼智慮不及而有乖違本意者，若行删正，令衆易曉，有何不可。宜修之，務令明白。

（清）嵇璜等《續通典》卷一一〇《刑·雜識》金世宗大定間，濟南梁肅上疏曰：刑罰世輕世重，自漢文除肉刑，罪至徒者，帶鐐居役，歲滿釋之。家無兼丁者，加杖准徒。今取遼季之法，徒一年者杖一百，是

一罪二刑也。刑罰之重，於斯爲甚。臣實痛之。自今徒罪之人，止宜居作，更不決杖。時朝廷以爲今法已輕於古，恐滋姦惡，不從。金初定法，禁民不得收制書，恐滋告訐之弊。至是，言事者乞許民藏之。平章政事張汝霖言：昔子産鑄刑書，叔向譏之者，蓋不欲使民預測其輕重也。今著不刊之典，使民曉然知之，猶江河之易避而難犯，足以輔治，不禁爲便。帝以衆議多不欲，姑令仍舊禁之。按此條止據《金史·刑志》原文録入，蓋是時民間原未嘗藏制書，亦未因汝霖言而弛禁，而汝霖本傳則云：時有司言民間收藏制文，恐因而滋訟，乞禁之。汝霖因言不禁爲便，詔從之。志傳所載蓋互異云。

（清）嵇璜等《續通典》卷一一〇《刑·雜識》 章宗明昌元年，命置詳定所審定律令。時章宗問宰臣，謂今何不專用律文？張汝霖奏言：前代律與令各有分，其有犯令，以律決之。今國家制律混淆，固當分也。遂有是命。已而詳定官言：若依重修制文爲式，則條目增減，罪名輕重當異於律，新律既定，復與舊同頒，則使人惑而易爲姦矣。臣等謂用今制條，參酌時宜，準律文修定。歷採前代刑書宜於今者，以補遺闕。取《刑統》疏文以釋之，著爲常法。名曰《明昌律義》。別編榷貨邊部權宜等事集爲《敕條》。宰臣謂：先所定令文，尚有未完，俟皆通定，然後頒行。若律科舉人，則止習舊律。五年尚書省奏，在制《名例》內，徒年之律無決杖之文，便不用杖。緣先爲流刑，非今所宜。且代流役四年以上俱決杖，而徒三年以下復不用。婦人比之男子雖差輕，亦當例減。按《金史·刑志》，因省臣此奏，遂定制：徒二年以下者，杖六十。二年以上者，杖七十。婦人犯者，並決五十。而大定閒梁肅疏請徒刑免決，史又稱恐滋姦惡，不從其請。意大定之後，中閒別有變更，徒不決杖。至是復用舊法，而杖數則視大定以前稍從輕減，特史文未詳耳。承安五年翰林修撰楊庭秀言：州縣官往往以權勢自居，喜怒自任，聽訟之際，鮮克加審。但使罪人往來傳詞，罪之輕重，成於其口，貨賂公行，冤枉有至三二十年不能正者。帝遂命立州縣官聽訟條約，違者，按察司糾之。又命編先後條制書之於册，以備將來考驗。

《金史》卷九《章宗本紀》 〔明昌元年〕六月己丑，制定親王家人有犯，其長史府掾失覺察，故縱罪。

《金史》卷九《章宗本紀》 〔明昌二年二月〕戊戌，更定奴誘良人法。

《金史》卷九《章宗本紀》 〔明昌二年四月〕戊子，制諸部内災傷，主司應言而不言及妄言者杖七十，檢視不以實者罪如之，因而有傷人命者以違制論，致枉有徵免者坐贓論，妄告者户長坐詐不以實罪，計贓重從詐匿不輸法。

《金史》卷九《章宗本紀》 〔明昌二年九月〕己未，定詐爲制書未施行制。

十一月丙午朔，制諸女直人不得以姓氏譯爲漢字。甲寅，禁伶人不得以歷代帝王爲戲，及稱萬歲，犯者以不應爲事重法科。甲子，制投匿名書者，徒四年。

《金史》卷九《章宗本紀》 〔明昌三年六月〕丁巳，定提刑司條制。辛酉，詔定内外所司公事故作疑申呈罪罰格。

《金史》卷九九《孫鐸傳》 〔承安四年金户部尚書孫鐸〕曰：比年號令，或已行而中輟，或既改而復行，更張太煩，百姓不信。乞自今凡將下令，再三講究，如有益于治則必行，無恤小民之言。國子司業紇石烈善才亦言頒行法令，絲綸既出，尤當固守。上然之。

《金史》卷一一《章宗本紀》 〔承安五年四月〕丙午，尚書省進《律義》。五月乙卯朔，定猛安謀克鬪毆殺人遇赦免死罷世襲制。

《金史》卷一一《章宗本紀》 〔承安五年五月〕敕諸路按察司，糾察親民以大杖箠人者。**【略】**詔定進納官有犯決斷法。

《金史》卷一一《章宗本紀》 〔承安五年七月〕癸亥，定居祖父母喪婚娶聽離法。**【略】**〔八月〕戊申，更定鎮防軍犯徒配役法。

《金史》卷一一《章宗本紀》 〔承安五年九月〕定皇族收養異姓男爲子者徒三年，姓同者減二等，立嫡違法者徒一年。**【略】**〔十二月〕乙未，定管軍官受所部財物輒放離役及令人代役法。**【略】**癸卯，定造作不如法，三年内有損壞者罪有差。

《金史》卷一一《章宗本紀》 〔泰和元年正月〕尚書省奏：今杖式輕細，民不知畏，請用大杖。詔不許過五分。

《金史》卷一一《章宗本紀》 〔泰和元年〕二月壬辰，去造土茶律。**【略】**〔八月〕壬寅，制猛安謀克並隸按察司，監察御史止按部糾舉，有罪則併坐監臨之官。

《金史》卷一一《章宗本紀》〔泰和元年五月〕戊寅，削尊長有罪卑幼追捕律。

《金史》卷四五《刑志》〔泰和元年〕十二月，所修律成，凡十有二篇：一曰《名例》，二曰《衛禁》，三曰《職制》，四曰《户婚》，五曰《厩庫》，六曰《擅興》，七曰《賊盗》，八曰《鬭訟》，九曰《詐僞》，十曰《雜律》，十一曰《捕亡》，十二曰《斷獄》。實《唐律》也，但加贖銅皆倍之，增徒至四年、五年爲七，削不宜於時者四十七條，增時用之制百四十九條，因而略有所損益者二百八十有二條，餘百二十六條皆從其舊，又加以分其一爲二、分其一爲四者六條，凡五百六十三條，爲三十卷，附注以明其事，疏義以釋其疑，名曰《泰和律義》。自《官品令》、《職員令》之下，曰《祠令》四十八條，《户令》六十六條，《學令》十一條，《選舉令》八十三條，《封爵令》九條，《封贈令》十條，《宫衛令》十條，《軍防令》二十五條，《儀制令》二十三條，《衣服令》十條，《公式令》五十八條，《禄令》十七條，《倉庫令》七條，《厩牧令》十二條，《田令》十七條，《賦役令》二十三條，《關市令》十三條，《捕亡令》二十條，《賞令》二十五條，《醫疾令》五條，《假寧令》十四條，《獄官令》百有六條，《雜令》四十九條，《釋道令》十條，《營繕令》十三條，《河防令》十一條，《服制令》十一條，附以年月之制，曰《律令》二十卷。又定《制敕》九十五條，《榷貨》八十五條，《蕃部》三十九條，曰《新定敕條》三卷，《六部格式》三十卷。司空襄以進，詔以明年五月頒行之。

《金史》卷一一《章宗本紀》〔泰和元年十二月〕丁酉，司空襄等進《新定律令》、《勅條格式》五十二卷，辛丑，詔頒行之。

《金史》卷四五《刑志》〔泰和二年〕初，詔凡條格入制文内者，分爲別卷。復詔制與律文輕重不同，及律所無者，各校定以聞。

（清）嵇璜等《續通典》卷一一〇《刑·雜議》 泰和二年監察御史肅言：大定條理自二十年十一月四日以前，奴娶良人女爲妻者，並準已娶爲定。若夫亡，拘放從其主。離夫摘買者，令本主收贖，依舊與夫同聚。放良從良者，即聽贖换。如未贖换間，與夫所生男女，並聽爲良。而泰和新格復以夫亡服除準良人例，離夫摘賣及放夫爲良者，並聽爲良。若未出離再配與奴、或雜姦所生男女，並許爲良。如此不同，皆編格官妄爲增減，以致隨處訴訟紛擾，是涉違枉。敕付所司正之。三年亳州醫者孫士明，擅用黄紙，大書敕賜神鍼先王等十二字，紙尾年月摹作實樣朱篆青龍二字，以誑市人。有司捕治。欵伏。值赦，大理寺議：宜準僞造御寶，雖會赦，不應原。參知政事賈鉉奏，天子八寶，其文各異。若僞造，不限用泥及黄蠟。今用筆描成青龍二字，既非八寶文，論以僞造御寶，非本法意。遂以赦原。

《金史》卷一二《章宗本紀》〔泰和四年〕夏四月丙申，詔定縣令以下考課法。

《金史》卷一二《章宗本紀》〔泰和四年八月〕丁未，以安州軍事判官劉常言，諸按察司體訪不實，輒加糾劾者，從故出入人罪論，仍勒停。若事涉私曲，各從本法。

《金史》卷一二《章宗本紀》〔泰和五年二月〕癸巳，定鞫勘官受飲宴者罪。甲寅，制盗用及僞造都門契者罪，視宫城門減一等。

《金史》卷一二《章宗本紀》〔泰和五年六月〕丁酉，制定本朝婚禮。更定鬻米麫入外界法。己酉，制鎮防軍逃亡致邊事失錯、陷敗户口者罪。甲寅，詔拜禮不依本朝者罰。

《金史》卷四六《食貨志》 泰和六年，上以舊定保伍法，有司滅裂不行，其令結保，有匿姦細、盗賊者連坐。宰臣謂舊以五家爲保，恐人易爲計搆而難覺察，遂令從唐制，五家爲鄰，五鄰爲保，以相檢察。京府州縣郭下則置坊正，村社則隨户衆寡爲鄉置里正，以按比户口，催督賦役，勸課農桑。村社三百户以上則設主首四人，二百户以上三人，五十户以上二人，以下一人，以佐里正禁察非違。置壯丁，以佐主首巡警盗賊。猛安謀克部村寨，五十户以上設寨使一人，掌同主首。寺觀則設綱首。凡坊正、里正，以其户十分内取三分，富民均出顧錢，募强幹有抵保者充，人不得過百貫，役不得過一年。

《金史》卷一二《章宗本紀》〔泰和八年四月〕甲戌，制諸州府司縣造作，不得役諸色人匠。違者準私役之律，計傭以受所監臨財物論。

《金史》卷一二《章宗本紀》〔泰和八年秋七月〕庚子，詔更定蝗蟲生發坐罪法。

《金史》卷四五《刑志》 金初，法制簡易，無輕重貴賤之別，刑、

贖並行，此可施諸新國，非經世久遠之規也。天會以來，漸從吏議，皇統頒制，兼用古律。厥後，正隆又有《續降制書》。大定有《權宜條理》，有《重修制條》。明昌之世，《律義》、《勑條》並修，品式寖備。既而《泰和律義》成書，宜無遺憾。然國脉紓蹙，風俗醇醨，世道升降，君子觀一代之刑法，每有以先知焉。

（清）嵇璜等《續文獻通考》卷一三五《刑考・刑制》〔金宣宗貞祐三年〕詔宰臣曰，自今監察官犯罪，其事關軍國利害者，並笞決之。

尋又詔，凡監察失糾劾者，從本法論。外使入國私通本國事情，宿衛近侍官承應人出入親王、公主、宰執家，災傷乏食有司檢覆不實致傷人命，轉運軍儲而有私載，考試舉人而防閑不嚴，其罰並決。在京犯至兩次者，臺官減監察一等治罪，論贖，餘止坐專差。任滿日議定升降，若任內曾以漏察被決，依格雖爲稱職，止從平常。平常者，從降罪。

臣等謹按：金待朝士有禮，未嘗輕用刑罰。大定間，惟品官賭博，再犯決杖而已。承安五年，始詔定進納官有犯決斷法。至宣宗喜用刑罰，朝士往往被箠楚，至用杖，乃決殺言者。高琪用事，定職官犯罪決斷百餘條。時左司諫穆延呼喇勒上言曰：禮義廉恥以治君子，刑罰威獄以治小人，此萬世不易之論也。近者朝廷急於求治，有司奏請從權立法。應贖者亦多的決。夫爵禄所以馭貴也，貴不免辱，則卑賤者又何加焉？車駕所駐，非同征行，而凡科徵小過，皆以軍期罪之，不已甚乎！且百官皆朝廷遴選，多由文行、武功、閥閲而進，乃與凡庶等，則享爵禄者，亦不足爲榮矣。抑又有大可慮者，爲上者將曰：官猶不免，民復何辭。則苛暴之政日行。爲下者將曰：彼亦既然，吾復何恥？則陵犯之心益肆。其弊可勝言哉！伏願依元年恩赦刑不上大夫之文，削此一切之法，幸甚。帝初欲行之，而高琪固執以爲不可，遂寢。相沿至哀帝正大元年十二月，始從右丞張行信言，凡高琪所定的決之法，一切改除，復依舊制，而金國已亡矣。

《金史》卷一四《宣宗本紀》〔貞祐三年七月〕詔職官吏兵亡失告身，見任者保識即重給之，妄冒者從詐僞法。

《金史》卷一四《宣宗本紀》〔貞祐三年八月〕丙申，諭尚書省，職官犯罪，大者即施行之，小者籍之，事定始論其罪。

（清）嵇璜等《續通典》卷一一〇《刑・雜議》宣宗貞祐三年三月，禁州縣置刃於杖，以決罪人。初，左諫議大夫賈鉉上書言：親民之官，任情立威。所用決杖，分徑長短，不如法式。甚者以鐵刃置於杖端，因而致死。間者陰陽愆戾，和氣不通，未必不由此也。願下州郡，申明舊章，檢量封記，按察官其檢察不如法者，具以名聞。內庭敕斷，亦依已定程式。制可。至是，復詔禁之。七月詔宰臣，自今監察官犯罪，其事關軍國利害者，並笞決之。左司諫穆延和囉羅上言曰：禮義廉恥以治君子，刑罰威獄以治小人，此萬世不易論也。近者朝廷急於求治，有司奏請從權立法，應贖者亦多的決。夫爵禄所以馭貴也，貴不免辱，則卑賤者又何加焉？車駕所駐，非同征行，而凡科徵小過，皆以軍期罪之，不已甚乎。且百官皆朝廷遴選，多由文行武功閥閲而進，乃與凡庶等，則享爵禄者亦不足爲榮矣。抑又有大可慮者，爲上者將曰：官猶不免，民復何辭！則苛暴之政日行。爲下者將曰：彼既亦然，吾復何恥，則陵犯之心益肆。其弊可勝言哉！伏願依元年赦恩刑不上大夫之文，削去此法，幸甚。按是時宣宗欲從其言，而高琪用事，固執不可。因定職官犯罪決斷百餘條，沿至哀宗正大元年，始從右丞張行信言，一切改除，復行舊制，乃廢琪所定之法。

《金史》卷一五《宣宗本紀》〔興定元年八月〕乙丑，制增定擒捕逃軍賞格及居停人罪。

《金史》卷一五《宣宗本紀》〔興定元年〕九月丁丑，更定監察御史失察法。【略】〔十月〕丙寅，定職官不求仕及規避不赴任法。

《金史》卷四八《食貨志》〔興定〕三年十月，省臣奏：向以物重錢輕，犯贓者計錢論罪則太重，於是以銀爲則，每兩爲錢二貫。有犯通寶之贓者直以通寶論，如因軍興調發，受通寶及三十貫者，已得死刑，準以金銀價，纔爲錢四百有奇，則當杖。輕重縣絶如此。遂命准犯時銀價論罪。四年三月，參知政事李復亨言：近制，犯通寶之贓者並以物價折銀定罪，每兩爲錢二貫，而法當贖銅者，止納通寶見錢，亦乞令依上輸銀，既足以懲惡，又有補於官。詔省臣議，遂命犯公錯過誤者，止徵通寶見錢，贓汙故犯者輸銀。

《金史》卷一六《宣宗本紀》〔興定四年〕癸丑，更定安泊逃亡、出征軍人罪及捕獲賞格。

《金史》卷一六《宣宗本紀》〔興定五年九月甲申〕更定監察御史違犯的決法。

《金史》卷一六《宣宗本紀》〔元光元年二月〕壬寅，權定行省、樞府、元帥府輒杖左右司、經歷司官罪法。

《金史》卷一六《宣宗本紀》〔元光元年八月〕甲申，增定藏匿逃亡親軍罪及告捕賞格。

《金史》卷一七《宣宗本紀》〔元光二年十二月〕壬辰，詔大赦，略曰：朕述先帝之遺意，有便於時欲行而未及者，悉奉而行之。國家已有定制，有司往往以情破法，使人罔遭刑憲，今後有本條而不遵者，以故入人罪罪之。草澤士庶，許令直言軍國利害，雖涉譏諷無可采取者，並不坐罪。

（清）嵇璜等《續通志》卷一四六《刑法略·歷代刑制遼金》〔大定〕十二年，命凡守令科部内錢者，雖遇赦仍追還其主，惟應入官者免徵。二月，詔自今官長不法，其僚佐不能糾正，又不言上者並坐之。定告捕盜發塚者賞格。十三年【略】更定盜宗廟祭器法。十五年，詔改竊盜贓至八十貫者處死。十七年，設提刑司以糾諸路刑獄之失。又詔審録官失糾察官吏罪者，嚴加懲斷，不以贖論。十月，更獲送罪人逃亡制。【略】二十二年三月，詔頒重修制條。十二月，立强取諸部羊馬法。【略】〔明昌〕三年三月，更定强盜徵贓，品官及諸人親獲强盜官賞制。七月，詳定所進所校律，帝復命中都路轉運使王寂、大理卿董師中等重校之。四年三月，制定民習角觝槍棒罪。五年正月，復令鈎校制律，即付詳定所，時詳定官言當用今制條，參酌時宜，準律文修定，歷採前代刑書宜於今者，以補遺闕，取《刑統》疏文以釋之，著為常法，名曰《明昌律義》，别編榷貨、邊部、權宜等事，集為《敕條》。遂以知大興府事尼瑪哈鑑等為校定官，大理卿閻公貞等為覆定官，重修新律焉。按明昌三年七月，詳定所進所校律及明昌五年正月復令鈎校制律二條，《刑志》誤作泰和三年五年事。考三年七月，詳定所進所校律條，命大理卿董師中等重校之。據《師中傳》，師中為大理卿時在明昌初年，至泰和二年已薨，則《志》所載三年七月進律條其為明昌三年，無疑。又考五年正月，重修新律條名曰《明昌律義》則為明昌時所修，可知。且云知大興府事尼瑪哈鑑為校定官，據《尼瑪哈鑑傳》，章宗立，累遷尚書户部侍郎，改知大興府事，明昌五年拜參知政事，薨。則《志》所載五年正月重修新律事為明昌五年，亦顯而易見。今悉改正。又令，徒二年以下者，杖六十，二年以上，杖七十，婦人犯者並決五十，著於敕條。承安二年，制軍前受財法，一貫以下，徒二年；以上，徒三年；十貫，處死。三年三月，敕隨處盜賊，毋以强為竊，以多為寡，以有為無，嘯聚三十人以上，奏聞，違者杖百。十一月，定屬託罪法。四年四月，尚書省請再覆定令文。五月，帝以法不適平，常行杖樣，多不能用。遂定分寸，鑄銅為杖式，頒之天下。六月，定宮中親戚非公事傳達語言、轉遞諸物及書簡出入者罪。五年三月，定妻亡服内婚娶聽離制。四月，尚書省進律義。五月，詔定進納官有犯決斷法。七月，定居祖父母喪婚娶聽離法。九月，定皇族收養異姓男為子者，徒三年，姓同者，減二等，立嫡違法者，徒一年。十二月，定管軍官受所部財物，輒放離役及令人代役法。定造作不如法，三年内有損壞者罪有差。又命編前後條制書之於册，以備將來考証。【略】〔泰和〕三年五月，定擅增減宮門鎖鑰罪。九月，詔定千戶穆昆受隨處捕盜官公移，盜急，不即以衆應之者罪有差。四年四月，增定關防姦細格。五月，定省吏闕決公務，詭稱已稟，擅退六部、大理寺法狀及妄有所更易者罪。七月，定申報盜賊制。十月，定私鬻法。五年二月，定鞫勘官受飲宴者罪，制盜用及偽造都門契者罪，視宮城門減一等。六月，更定鬻米麵入外界法，制鎮防軍逃亡，致邊事失錯陷敗户口者罪。七月，宣撫使布色揆奏定姦細罪賞格，定圍場誤射中人罪。六年六月，定軍前差發受贓罪，除飛蝗入境雖不損苗稼亦坐罪法。七月，詔禁賣馬入外境，但至界欲賣而為所捕，即論死。七年三月，定蝗蝻生發地主及隣主首不申之罪。六月，以山東盜制，同黨能自殺捕出首免罪加賞法。九月，更定受制忘誤，及誤寫制書事重加等罪。八年閏四月，制諸州府司縣造作，不得役諸色人匠。違者準私役之律，計傭以受所監臨財物論。七月，詔更蝗蟲生發坐罪法。九月，更定安泊强竊盜罪格。宣宗貞祐元年，定亡失告身文凴格。三年【略】十一月，定毁防城器具法。興定元年八月，制增定擒捕逃軍賞格，及居停人罪。十月，制定州府司縣官失覺姦細罪。二年十一月，定京師失火罪。三年六月，制沿河戍兵逃亡罪，並同征行軍人例。十月，定贓吏計罪以銀為則。四年九月，更定安泊逃亡出征軍人罪，及捕獲賞格。五年九月，更定監察御史違犯的決法。十月，尚

書省言，司縣官貪暴不法，部民逃亡，既有決罰，他縣藏匿亦宜定罪，從之。十二月，定詐誘征防軍人逃亡罪法。元光元年八月，增定藏匿逃亡親軍罪。哀宗正大元年，詔刑部，登聞、檢鼓院，毋鎖閉防護，聽有寃者陳訴。十二月，左丞張行信言，先帝詔國初刑不上大夫，治以廉恥，丞相高琪所定職官犯罪的決百餘條，乞改依舊制，從之。

臣等謹按：金源刑制，務尚寬平，開國之初，法制簡易。及世宗御宇，尤重刑章，或諏律援經，或揆義制法，大定之治，洽於人心，雖三代盛時，曷以加焉！章宣二宗，嘗親民事，當寧裁決，期於平允，庶乎克紹祖風矣！夫任法不若任人，豈獨用刑為！然顧人不易得，不若詳立法制，使可遵守之為愈也。觀其一代條制律義，屢經更定可謂詳矣，惜末季弗能盡守其法，以致於敝壞，豈前人立法之過哉。

（明）孫世芳《宣府鎮志》卷一九《法令考·宋》　度宗咸淳元年，元禁從征官軍擾民。凡蒙古部及上都大都路諸處軍馬，有久遠營屯或時暫經過並從官給糧食輒妨害農民阻滯客旅者，禁之。凡軍馬征伐虜掠良民兇徒射利略賣人口，或自賊緣或以病亡，棄屍道路，暴骸溝壑者，嚴行禁止。

（清）嵇璜等《續文獻通考》卷一三五《刑考·刑制》　〔元世祖至元十五年〕五月，定諸職官犯罪處置法。

受宣者聞奏，受敕者從行臺處之，受省札者按察司治之。其宣慰司官吏應有死罪，有司勘問明白，提刑按察司覆審無冤，依例結案，類奏待命。其後泰定元年，又敕武官坐罪，制授者以聞，敕受者從行省處決。外官有不法，行臺監察御史劾之。順帝至正三年三月，詔作新風憲，內官不法者，監察御史劾之。歲以一月終出巡。

（清）嵇璜等《續文獻通考》卷一三五《刑考·刑制》　〔元世祖至元〕二十八年五月，頒行《至元新格》。元初尚未有法守，百官斷理獄訟，循用金律。至元八年，始禁行金泰和律。尋諭安圖等曰：近史天澤、姚樞纂定新格，朕已親覽，皆可行之典也。汝等亦當留心參酌，豈無一二可增減者。各令紀録，促議行之。

《元史·刑法志》所載：名例四條，衛禁八條，職制三百七條，祭令五條，學規十三條，軍律十二條，户婚六十九條，食貨二十六條，大惡五十一條，姦非五十九條，盜賊一百十四條，詐僞五十條，訴訟二十二條，鬪毆四十二條，殺傷一百六條，禁令一百十一條，雜犯十四條，捕亡九條，恤刑十五條，平反四條。五刑之制：笞刑六，自七下遞加十，至五十七。杖刑五，自六十七遞加十，至一百七。徒刑五，自一年遞加半年，至三年。凡徒一年者杖六十七，遞加十，至一百七。流刑三，曰遼陽，曰湖廣，曰迤北。死刑二，曰斬，曰凌遲處死。獄具：枷長五尺以上，六尺以下，闊一尺四寸以上，一尺六寸以下。死罪重二十五斤，徒流二十斤，杖罪一十五斤，皆以乾木爲之。長闊輕重名刻誌其上。手杻長一尺六寸以上，二尺以下，橫三寸，厚一寸。脚鐐長八尺以上，一丈二尺以下，連環重三斤。笞，大頭徑三分七釐，小頭徑一分七釐，罪五十七以下用之。杖，大頭徑三分二釐，小頭徑二分二釐，罪六十七以上用之。訊杖大頭徑四分五釐，小頭徑三分五釐，長三尺五寸，並刊削節目，無令筋膠諸物裝釘。應決者，並用小頭。其決笞及杖者，臀受。拷訊者，臀若股分受，務令均停。又《刑法志》曰：古者以墨、劓、剕、宮、大辟爲五刑。後世除肉刑，乃以笞、杖、徒、流、死備五刑之數。元因之，更用輕典，蓋亦仁矣。世祖謂宰臣曰：朕或怒有罪者，使汝殺，必遲回一二日，乃覆奏。斯言也，雖古仁君何以過之。自後繼體之君，惟刑之恤，凡郡國有疑獄，必遣官覆讞而從輕。死罪審録無冤者，亦必待報，然後加刑。而大德間，王約復上言：國朝之制，笞杖十減爲七。今之杖一百者，宜止九十七，不當又加十也。此其君臣之間惟知輕典之爲尚，百年之間，天下寧，亦豈偶然而致哉！然其弊也，南北異制，事類繁瑣，挾情之吏，舞弄文法，出入比附，用譎行私，而兇頑不法之徒，又數以赦宥獲免。至於西僧，歲作佛事，或恣意縱囚以售其姦，俾善良者喑啞而飲恨，識者病之。然則元之刑法，其得在仁厚，其失在乎弛緩而不知檢也。

臣等謹按：元有天下數十年，始定律令。以前雖未有成法，然較之遼金末代，已無非法之刑。惟世祖治姦臣阿哈瑪特，則發塚戮屍，縱犬食之，四子皆誅戮，或醢或剥皮以徇。其誅盧世榮，則封其肉以食禽獺，二事出於五刑之外。豈以阿哈瑪特等罪惡甚大，非此不足以示懲乎。

（明）姚應龍等《徐州志》卷一二《曾伯啓》　至元三年，奉命同完顏納丹纂集累朝格例，名曰皇元通制，頒行天下。又上言五刑者，刑異五

等，令黥杖徒役於千里之外，百無一生還者，是一人身被五刑，非五刑各底於一人也。法當改。

（明）孫世芳《宣府鎮志》卷一九《法令考・宋》　成宗元貞二年，申明代替官軍之罪。諸管軍官吏受錢代替軍空名者，驗人已錢數以枉法科罪除名，令兄弟子姪驅丁代替者，驗名數多寡論罪，解降諸軍户告乏求替者，從有司覆實。其詐妄者在兩都從御史臺，在各處從廉訪司究之。

（清）嵇璜等《續文獻通考》卷一三五《刑考・刑制》（元英宗至治三年）二月頒行《大元通制》。

初，成宗即位。翰林學士王暉上書曰：法者，補治之具，一日闕則不可。君操於上，永作成憲。吏承於下，遵爲定式。民曉其法，易避而難犯。若周之三典、漢之九章是也。今國家有天下六十餘年，小大之法，尚無定議，至平刑議斷，未免有酌量準擬之差，彼此輕重之異。臣愚謂，宜將累朝聖訓與中統迄今條格通行議擬，參而用之，與百姓更始，如是則法無二門，輕重適當，吏安所守，民知所避，而天下治矣。帝曰：善。大德三年命何榮祖更定法令。十一年十二月武宗即位，中書省奏請，自世祖即位以來所行條格，校讎歸一，遵而行之。制可。至大二年九月，尚書省言：國家地廣民衆，古所未有。累朝格例，前後不一。執法之吏，輕重任意。請自太祖以來所行政令九千餘條，删除繁冗，使歸於一，編爲定制。從之。四年三月，仁宗即位，諭省臣曰：卿等裒集中統至元以來條章，擇曉法律老臣斟酌輕重，折中歸一，頒行天下。俾有司遵行，則抵罪者庶無冤抑。於是以格例條畫有關風紀者號曰《風憲宏綱》。至是，復命宰執儒臣取前書而損益焉，定爲格例，凡二千五百三十九條，内斷例七百一十七條，格千一百五十一，詔赦九十四，令類五百七十七，名曰《大元通制》，頒行天下。

《元史》卷二九《泰定帝本紀》（泰定元年正月）甲辰，敕譯《列聖制詔》及《大元通制》，刊本賜百官。

《元史》卷一八四《陳思謙傳》（元統二年）六月，召（陳思謙）爲中書省員外郎，上言：强盗但傷事主者，皆得死罪，而故殺從而加（功）之人，與鬭而殺人者，例杖一百七下，得不死，與私宰牛馬之罪無異，是視人與牛馬等也，法應加重。因奸殺夫，所奸妻妾同罪，律有明文，今止坐所犯，似失推明。遂令法曹議，著爲定制。

（清）嵇璜等《續文獻通考》卷一三五《刑考・刑制》（元順帝）至正六年四月，頒《至正條格》於天下。先是，至元四年三月，命中書平章政事昂吉爾監修《至正條格》。六年七月，又命翰林學士承旨達罕奎章閣學士庫庫等删修《大元通制》。及至正五年十一月《至正條格》成。至是，始頒行之。

王圻《續通考》曰：監察御史蘇天爵奏，國家自太祖勘定中夏，法尚寬簡。世祖混一海宇，肇立制度。列聖相承，日圖政治。雖法令之未行，皆因事以立法，歲月既久，條例滋多。英宗始命中書定爲通制頒行，多方官吏遵守。然自延祐至今，又幾二十年矣，夫人情有萬狀，豈一例之能拘？加以一時官曹材識有高下之異，以致諸人罪狀，議擬有輕重之殊，繁條碎目，與日俱增。每罰一辜，或斷一事，有司引用，不能通舉。若不類編，頒示中外，誠恐遠方之民，或未識而誤犯，姦貪之吏，獨習知而舞文，事至於斯，深爲未便。宜從都督省早爲奏聞，精選文臣學通經術明於治體練達民政者，圖坐聽讀，定擬去取，續爲通制，刻板頒行。中間或有與先行通制參差牴牾，本末不應，悉當會同講貫畫一。要在詳書情犯，顯言法意，通融不滯於一偏，明白可行於久遠，庶幾列聖之制度，合爲一代之憲章，民知所避，吏知所守矣。

臣等謹按：《大元通制》，頒自英宗，至帝始命重加損益，以其頒於至正之時，故名曰《至正條格》。其先改元至正及未定名爲《至正條格》之先，必仍以通制名之無疑也。是以至元六年之紀尚云，命學士等删修通制。而乃於至元四年即云監修《至正條格》，取後日始定之名，冠先時方修之稿，史筆之疏，不無遺議矣。

《元史》卷一八四《崔敬傳》（至正）十四年，（崔敬）遷刑部尚書。廣東府憲讎殺，以沙加班處大逆，敬詳憲府以私相害，致有是變，殺人者自有典章，得坐一人，大逆非謀反，則不科得坐一家。敬立論全重而就輕，朝廷咸以爲然。

《元史》卷一〇二《刑法志》　元興，其初未有法守，百司斷理獄訟，循用金律，頗傷嚴刻。及世祖平宋，疆理混一，由是簡除繁苛，始定新律，頒之有司，號曰《至元新格》。仁宗之時，又以格例條畫有關於風紀

者，類集成書，號曰《風憲宏綱》。至英宗時，復命宰執儒臣取前書而加損益焉，書成，號曰《大元通制》。其書之大綱有三：一曰詔制，二曰條格，三曰斷例。凡詔制爲條九十有四，條格爲條一千一百五十有一，斷例爲條七百十有七，大概纂集世祖以來法制事例而已。其五刑之目：凡七下至五十七，謂之笞刑；凡六十七至一百七，謂之杖刑；其徒法，年數杖數，相附麗爲加減，鹽徒盜賊既決而又鐐之；流則南人遷於遼陽迤北之地，北人遷於南方湖廣之鄉；死刑，則有斬而無絞，惡逆之極者，又有陵遲處死之法焉。

（元）沈仲緯《刑統賦疏・第一韻》 立萬世之准繩使民易避。准者，則也。繩者，約也。古先哲王明著刑書爲萬世准則繩約，使民曉然知禁，易避而難犯也。

直解：律爲萬世准則繩約，使人知而不敢違犯。

通例：元統二年六月刑部呈，刑者馭民之銜轡，法者輔治之准繩。

撮諸條之機要觸類周知。機，樞機也，要會也。類，事類也，周徧也。刑統總律有七百一十一條，此賦非其全文，乃宋律學博士傅霖撮取諸條之機要事，有相類者乃觸其類，而徧可知矣。

直解：此賦撮諸條之機要事有相類者，可觸類而周知。

通例：條格，祭祀，戶令，學令，選舉，宮衛，軍房，儀制，衣服，公式，祿令，倉庫，廄牧，關市，捕亡，賞令，醫藥，田令，賦役，假寧，獄官，雜令，僧道，營繕，河防，服制，站赤，権貨。

斷例卽唐律十二篇名，令提出獄官入條格，衛禁，職制，戶婚，廄庫，擅興，賊盜，鬬訟，詐僞，雜律，捕亡，斷獄。

（元）沈仲緯《刑統賦疏・第五韻》 制不必備也立例以爲總。制者詔旨條劃之文，例者爲格爲例之事。蓋律有例條有制，不知例無以見法之所同，不知制無以見法之所異。故一部律總三十卷，內有五刑、十惡、八議、六贓、七殺，合告不合告，應首不應首，合加不合加，合減不合減。然制不備細止該大節，俱在名例卷內，以爲總要也。故自有各斷例生於諸條以總其事，則制豈必備哉，立例而已矣。

直解：律有條例有制，不備止該大節，俱在名例卷內，以爲總要。自有各斷例，生於諸條以總其事故，制不必備，止立例而已。

通例：至元元年，准江西省咨，但該有罪名欽依施行聖旨依例洎都省明文檢擬外，有該載不盡罪名，不知憑何例定罪。都省議得，遇罪名先送法司檢擬有無情法相應，更爲酌古准今量情爲罪。

紀事

《宋史》卷一《太祖本紀》 〔建隆三年二月〕己亥，更定竊盜律。

（清）畢沅《續資治通鑑》 宋太祖建隆三年十月 癸巳，班《循資格》及《長定格》、《編敕格》各一卷。

（宋）王應麟《玉海》卷六六《詔令・建隆新定刑統》 建隆三年十月癸巳，初定《編敕》二十條。乾德元年八月辛巳行新定《刑統》。

《宋史》卷一《太祖本紀》 〔建隆三年十二月〕庚子，班捕盜令。

（宋）李燾《續資治通鑑長編》 宋太祖乾德元年七月 己卯，判大理寺事竇儀等上《重定刑統》三十卷，《編敕》四卷，詔刊板模印頒天下。先是，頗有上書言《刑統》條目之不便者，儀因建議請別商榷，即命儀及權少卿武功蘇曉、正奚嶼、丞張希遜與刑部大理法直官陳光乂、馮叔向等同撰集之。儀等參酌輕重，時稱詳允。希遜、光乂、叔向，未見。

（宋）李燾《續資治通鑑長編》 宋太祖開寶八年十二月 詔有司重詳定推狀條樣，頒於天下，凡三十三條。御史臺、開封府、諸路轉運司或命官鞫獄，即録一本付之。州府軍監長吏及州院、司寇院悉大字揭於板，置聽事之壁。《本紀》云二事皆在八月，今並繫之歲末。

（清）徐松《宋會要輯稿・刑法一・格令》 〔咸平〕二年七月三十日，戶部使右諫議大夫索湘上三司刪定編勑六卷，詔頒行。

（宋）李燾《續資治通鑑長編》 宋真宗景德二年正月 除河北諸州姦人因巡幸輒謀搖動所在斬決之條。

（宋）李燾《續資治通鑑長編》 宋真宗景德二年八月 戊子，詔咸平編敕後續降宣敕，所在編録二本，一長吏主之，一法司行用，轉運使檢察，無漏落。

（宋）李燾《續資治通鑑長編》 宋真宗景德二年九月 癸亥，權三司

使丁謂等上《三司新編敕》十五卷，詔雕印頒行之。

（清）徐松《宋會要輯稿·刑法一·格令》〔景德二年〕十月九日，三司鹽鐵副使林特上《三司新編勑》三十卷，詔依奏施行。

（宋）李燾《續資治通鑑長編》宋真宗大中祥符三年六月 辛酉，定持仗劫盜本無强意傷人者罪，上以舊條未適，申令法官參議而差減之。

（宋）李燾《續資治通鑑長編》宋真宗大中祥符四年十一月 法官言準赦詳律令制書，有失於重者四條，請減定，從之。

（宋）李燾《續資治通鑑長編》宋真宗大中祥符五年二月 詔開封府所遣胥役巡邏，多因緣擾人，宜著爲條制，犯者懲之。

（宋）李燾《續資治通鑑長編》宋真宗大中祥符六年正月 庚子，詔自今凡更定刑名、邊防軍旅、茶鹽酒稅等事，並令中書、樞密院參詳施行，以上封者言二府命令互出，或有差異故也。

《宋史》卷八《真宗本紀》〔大中祥符六年春正月〕庚子，詔減配隸法十二條。

（宋）李燾《續資治通鑑長編》宋真宗大中祥符六年四月 判大理寺王曾言，自《咸平編敕》後，續降宣敕千一百餘道，及雜行者又三千六百餘道，條件既衆，檢視尤難，望遣官删定。乃詔曾與翰林學士陳彭年等同加詳定。

（宋）王應麟《玉海》卷七六《詔令·天禧編敕》〔天禧〕元年六月甲戌十日，上在京三司敕共十二卷。四年二月辛卯九日，參政李迪等上一州一縣新編敕五十卷。

壬辰，盛度等加階勳。十一月甲子十七日，迪等上删定一司一務編敕三十卷，賜銀帛。皇祐中修定《一司敕》二千三百十七條，《一路敕》千八百二十七條，《一州一縣敕》千四百五十一條。

（宋）李燾《續資治通鑑長編》宋真宗天禧四年二月 辛卯，參知政事李迪等上《一州一縣新編敕》三十卷。

（宋）李燾《續資治通鑑長編》宋仁宗天聖四年十一月 甲辰，詔見行編敕及續降宣敕，其未便者聽中外具利害以聞。

（宋）李燾《續資治通鑑長編》宋仁宗天聖七年五月 己巳，詔以新令及附令頒天下。始，命官删定編敕，議者以唐令有與本朝事異者，亦命官修定成三十卷，有司又取咸平《儀制令》及制度約束之。在敕，其罪名輕者五百餘條，悉附令後，號曰《附令敕》。

〔九月〕編敕既成，合《農田敕》爲一書，視《祥符敕》損百有餘條。其麗於法者，大辟之屬十有七，流之屬三十有四，徒之屬百有六，杖之屬二百五十有八，笞之屬七十有六，又配隸之屬六十有三，大辟而下奏聽旨七十有一，凡此皆在律令外者也。於是，詔下諸路閱視，聽言其未便者。尋又詔盡一年無改易，然後鏤版頒行。

（清）畢沅《續資治通鑑》宋仁宗明道元年三月 戊子，始行《天聖編敕》。

（宋）李燾《續資治通鑑長編》宋仁宗景祐三年六月 乙亥，章德象等上所修《一司一務》及《在京編敕》四十四卷，並賜階、勳及器幣有差。

（清）徐松《宋會要輯稿·刑法一·格令》〔景祐〕五年十月四日，審刑院大理寺上《減定諸色刺配刑名勑》五卷，詔依奏施行。

（宋）李燾《續資治通鑑長編》宋仁宗慶曆三年三月 戊辰朔，詔刑部、大理寺，以前後所斷獄及定奪公事編爲例。《王子融傳》：判大理寺，建言：法寺讞疑獄，前此猥多，艱於討閱，乃取輕重可爲準者，類次爲斷例。當即是此事也。子融前月已除待制、知荆南，更考之。

（宋）李燾《續資治通鑑長編》宋仁宗慶曆三年八月 《天聖編敕》既施行，自景祐二年至今，所增又四千七百餘條，丁酉，復命官删定。翰林學士吴育、侍御史知雜事魚周詢、權判大理寺杜曾、知諫院王素、歐陽修並爲詳定官，宰臣晏殊、參知政事賈昌朝提舉。既而修言曾嘗盜父妾生子，遂出知曹州，皇恐暴卒。

（宋）李燾《續資治通鑑長編》宋仁宗慶曆三年十月 丁巳，史館修撰王質，集賢校理、天章閣侍講曾公亮同詳定編敕。

（宋）李燾《續資治通鑑長編》宋仁宗慶曆七年正月 己亥，《慶曆編敕》成，凡十二卷，別爲總例一卷。視《天聖敕》增五百條，大辟增八，流增五十有六，徒減十有六，杖減三十有八，笞減十有一。又配隸減三，大辟而下奏聽旨者減二十有一。詳定官張方平、宋祁、曾公亮並加勳及賜器幣有差。

（宋）李燾《續資治通鑑長編》宋仁宗嘉祐二年八月　丁未，韓琦又言：天下見行《編敕》，自慶曆四年以後，距今十五年，續降四千三百餘件，前後多抵牾，請加刪定。乃詔宰臣參知政事曾公亮同提點詳定《編敕》。

（清）畢沅《續資治通鑑》宋仁宗嘉祐七年夏四月　壬午，宰臣韓琦等上所修《嘉祐編敕》，起慶曆四年，盡嘉祐三年，凡十二卷，其元降敕但行約束而不立刑名者，又析爲《續附令敕》，凡五卷。詔頒行。

（宋）李燾《續資治通鑑長編》宋神宗熙寧三年七月　詔編修敕所，見編續降宣敕、刪定嘉祐編敕，仰候修成一卷日，於逐條上鋪貼增損之意，先赴中書門下看詳，候書成日同進呈。

《宋史》卷一五《神宗本紀》（熙寧四年春正月）丁未，立京東、河北賊盜重法。

（宋）李燾《續資治通鑑長編》宋神宗熙寧五年十月　庚子，御史劉孝孫言：臣聞二蜀去朝廷絶遠，而成都府路又爲劇繁，俗習柔良，小事輒駭，故平日守帥嘗許便宜以應緩急之變，蓋以消伏彊禦，鎮静一方。而近歲守臣任或非人，資以爲暴。如王素、張燾輩，多非理黥流，欲立名譽。緣此，詔令軍機、邊防方許便宜從事。然臣以爲因噎廢食，古人深戒。儻朝廷妙選循良，付以事權，託之何害。況且兵鬬民訟，變故不常，或有急難，理當懲艾。近聞趙抃嘗有所請，未即允俞。然遠方之事，勢難中覆。臣愚欲乞成都一路，且依舊例施行，使得隨事弛張，應機彈壓，以消未萌之患。不報。

先是，議諸路經略、鈐轄不得便宜斬、配百姓，趙抃時在中書，乃言當獨許成都四路，王安石執不可，曰：成都與諸路遠處何異？會安石齋祠，中書、樞密院同立法，許之。其後，謝景初奏：成都從來妄以便宜從事，所釋誅多不當，乃至有年十五已下、犯法至輕，皆先刺配，候其長之配所。於是，中書復刪定敕文，惟軍人犯罪及邊防并機速許特斷。已而知太原府劉庠言：弓箭手在極邊守望，有犯乃不敢特斷，奏乞改法。安石曰：極邊即是邊防明甚，庠不應妄奏。及抃移成都，又請重立法。編敕官曾布言：止當申明云，事合從權爲機，事出倉卒爲速。於是，孝孫奏繼至。安石曰：孝孫既稱蜀人柔良，則以常法治之足矣，何故反欲彈壓？又言事在倉卒，倉卒即是速，何用改法爲也！

（宋）李燾《續資治通鑑長編》宋神宗熙寧六年九月　辛丑朔，判司農寺曾布、權御史中丞鄧綰、權知審刑院崔台符，並兼詳定《一州》、《一縣》、《一司》、《一務敕》。

（宋）李燾《續資治通鑑長編》宋神宗熙寧九年十月　辛卯，權御史中丞鄧潤甫詳定《一司》、《一務》、《一路》、《一州》、《一縣敕》。

（宋）李燾《續資治通鑑長編》宋神宗熙寧十年十一月　詳定編修諸司敕式所上所修《敕令格式》三十卷，詔頒行之：龍圖、天章、寶文閣四，延福宮一，起居院一，四方館一，玉牒所一，入内内侍省合同憑由司二，翰林圖畫院二，提點内弓箭南庫并内外庫二，後苑御弓箭庫一，入内内侍省使臣差遣四，内侍省使臣差遣三，御藥院二，在内宿直人席薦一。

（宋）李燾《續資治通鑑長編》宋神宗元豐元年九月　乙酉，端明殿學士兼翰林侍讀學士、寶文閣學士、户部侍郎呂公著，樞密直學士、工部侍郎薛向，並同知樞密院事。公著既就職，與同列奏事畢，獨留謝，因言：臣老於閑外，蒙陛下收之桑榆，惟知拳拳納忠，以報恩遇。自熙寧以來，因朝廷論議不同，端人良士，例爲小人排格，指爲沮壞法度之人，不可復用，此非國家之利也，願陛下加意省察。上曰：然，當以次收用之。上初即位，韓絳即建議復肉刑，至是，復詔執政議。公著以爲後世禮教未備，而刑獄繁，肉刑不可復，將有踴貴屨賤之譏。吴充議復置圜土，衆以爲難行。王珪欲取開封死囚罪，試以劓刖。公著曰：刖而不死，則肉刑遂行矣。議竟得寢。

（清）徐松《宋會要輯稿・刑法一・格令》（元豐）二年五月十二日，成都府等路茶場司上茶法敕式，詔行之。

（清）徐松《宋會要輯稿・刑法一・格令》（元豐二年）九月二十九日，司農寺上元豐司農敕令式十五卷，詔行之。

（宋）李燾《續資治通鑑長編》宋神宗元豐三年五月　詔詳定重修編敕所詳律意，先詳定案問欲舉條以聞。其後詳定所奏犯罪因疑被執贓證未明，經問具狀者，聽準自首減等法，至今行之。

（清）徐松《宋會要輯稿・刑法一・格令》（元豐三年）六月十八日，武學上《新修敕令格式》，詔行之。

（清）徐松《宋會要輯稿・刑法一・格令》〔元豐五年九月〕二十二日，入内供奉官馮宗道上景靈宮供奉敕令格式六十卷。

（清）徐松《宋會要輯稿・刑法一・格令》〔元祐二年〕十二月二十四日，詳定重修敕令，書成，以《元祐詳定勅令式》爲名，頒行。

（清）畢沅《續資治通鑑》宋哲宗元祐三年十二月閏 癸卯朔，頒《元祐敕令格式》。

（清）徐松《宋會要輯稿・刑法一・格令》〔紹聖〕二年正月五日，提點京東東路刑獄趙屼言：乞於蔭補條内删去長幼爲序字，從之。

（宋）李燾《續資治通鑑長編》宋哲宗紹聖四年九月 甲午，詔樞密院，於刑部及軍馬司取索見用斷例，及熙寧、元豐年以來斷過體例，選差官兩員逐一看詳分明，編類成書，以備檢斷。令都副承旨兼領。其應干本院見編修文字，仍委今來所差官看詳删定。以宣德郎陳瓘、承事郎張庭堅充樞密院編修文字。己亥布、希云云，又見月末。從曾布、林希請也。布因白上：臣等稱引人才，皆天下公議所與，不敢上欺聖聽。上然之。布初欲用庭堅及王涣之，希以謂涣之乃元祐黄本，恐爲人所媒孽，遂易以瓘。已而蔡卞言瓘及庭堅皆異論者，瓘常教孫諤言事，三省所惡，西府必收之。政如熙寧中王安石有所爲，則吴充等未嘗不立異也。時瓘通判滄州，有奏，乞滿任，辭編修不赴。布與希不敢可否，上不許辭。布因言：瓘學識趣操，爲衆所稱，但不爲執政所悦。上曰：章惇亦言其當作館職。布曰：如瓘何止館職，臺諫、侍從，皆其所宜。只如館職，衆所願得，世之士人奔走執政之門，求之而不可得，瓘辭之而去。及爲西府所召，又亦力辭，此其操守可見。如此等人，乃力加排抑，臣所未喻也。先朝欲更修政事，創立法度，在廷之臣多以爲不可，故當時指爲異論之人。今陛下修復熙寧法度，竄斥元祐有罪之人，士大夫孰敢以爲不可？但與章惇、蔡卞議論不同之人，便指爲異論，尤爲無謂。若使立朝者，人人不敢與惇、卞不同，此豈得穩便？陛下欲聞外事，何可得邪？上諦聽，色甚悦。

（清）徐松《宋會要輯稿・刑法一・格令》〔元符元年〕四月二十九日，詳定删修軍馬司勑例成書。

（宋）李燾《續資治通鑑長編》宋哲宗元符二年八月 癸酉，宰臣章惇、翰林學士承旨蔡京、大理少卿劉賡進呈新修海行敕令格式。惇於上前讀所進表畢，取敕令格式一帙進讀。其間有元豐所無而用元祐敕令修立者，上問惇等：元祐亦有可取乎？惇等對：取其是者修立。上又問：所取元祐條幾何？惇等對：有數。遂進呈新書所取元豐、元祐，並參詳新立件數。上曰：可於册内逐條貼出。上又問：元祐敕令何人修？惇等對：蘇頌提舉。惇等又讀太學生聽贖，上問：新條耶，舊條耶？京對：臣等參詳新立。蓋州縣醫生尚得聽贖，太學生亦當許贖。又讀祀令致齋條。上問：新文舊文？惇等對：皆舊文。次進呈格式件數。上曰：元豐止有賞格，元祐都無。惇等對曰：然。惇又言：所進看詳册稍多，乞止進净條入内，餘付有司。上令皆進入。

《宋史》卷一九九《刑法志》凡重法地，嘉祐中，始於開封府諸縣，後稍及諸州。以開封府東明、考城、長垣縣，京西滑州，淮南宿州，河北澶州，京東應天府、濮齊徐濟單兖鄆沂州，淮陽軍，亦立重法，著爲令。至元豐時，河北、京東、淮南、福建等路皆用重法，郡縣寖益廣矣。元豐敕，重法地分，劫盗五人以上，凶惡者，方論以重法。紹聖後，有犯即坐，不計人數。復立《妻孥編管法》。至元符三年，因刑部有請，詔改依舊敕。

（清）徐松《宋會要輯稿・刑法一・格令》〔元符〕三年七月二十四日，徽宗已即位，未改元。中書省言：元祐編勑，諸海行勑内不以赦降原減事件，除傳習妖教、託幻變之術及故決、盗決江河隄堰已決外，餘犯若遇非次赦或再遇大禮赦者，聽從原免。後來删去上條，遂使一有所犯，雖累皆恩沛，無以自新。詔以元祐舊法。

《宋史》卷一九《徽宗本紀》〔徽宗建中靖國元年六月〕己未，詔班《鬭殺情理輕重格》。

《宋史》卷二〇《徽宗本紀》〔崇寧四年十月〕甲申，以左右司所編紹聖、元符以來申明斷例班天下，刑名例班刑部、大理司。

《宋史》卷二〇《徽宗本紀》〔崇寧五年二月〕丁丑，以前後所降御筆手詔，模印成册，班之中外。州縣不遵奉者監司按劾，監司推行不盡者諸司互察之。

（清）徐松《宋會要輯稿・刑法一・格令》〔政和〕六年閏正月二十九日，詳定一司勑令王韶奏：修到勑令格式共九百三卷，乞冠以政和

爲名，鏤版頒行。從之。

（清）**徐松《宋會要輯稿・刑法一・格令》**〔重和元年十二月十三日，殿中省編修《六尚法》書成。

《宋史》卷一九九《刑法志》 徽宗每降御筆手詔，變亂舊章。靖康初，羣臣言：祖宗有一定之法，因事改者，則隨條貼説，有司易於奉行。蔡京當國，欲快己私，請降御筆，出於法令之外，前後牴牾，宜令具録付編修勅令所，參用國初以來條法，删修成書。詔從其請，書不果成。

（清）徐松《宋會要輯稿・刑法一・格令》〔紹興元年〕八月四日，參知政事同提舉重修勑令張守等上紹興新勑一十二卷，令五十卷，格三十卷，式三十卷，目録一十六卷，申明刑統及隨勑申明三卷，政和二年以後赦書德音一十五卷及看詳六百四卷，詔自紹興二年正月一日頒行，仍以《紹興重修勑令格式》爲名。

（宋）王應麟《玉海》卷六四《詔令・紹興恤刑手詔》〔紹興〕三年正月十一日，詔恤刑手詔，委尚書左右司刻石頒降天下。其親札候刻石畢，置大理廳事，既而以碑刻賜從臣及寺官。綦崇禮爲詔，曰：三年正月乙丑，内出手詔，戒刑獄之吏，付臣頤浩等施行。丁卯，命尚書左右司刻詔於石，以墨本頒天下，親札賜大理，庚午，宣示六曹兩省侍從官。

（宋）王應麟《玉海》卷六七《詔令・紹興士師龜總》〔紹興〕三年九月六日丁巳，大理卿李與權以聖賢之訓與謹獄之事，分章取義，類聚條分，凡三百事，列十門，總爲一書，上之。繕寫成五册，名曰《士師龜總》，詔録副本申尚書省。

（清）徐松《宋會要輯稿・刑法一・格令》〔紹興三年九月〕二十七日，尚書右僕射同中書門下平章事朱勝非等上吏部勑五册，令四十一册，格三十二册，式八册，申明一十七册，目録八十一册，看詳司勳獲盗推賞刑部例三册，勳臣職位姓名一册，共一百八十八册，詔自紹興四年正月一日頒行，仍以紹興重修尚書吏部勑令格式并通用勑令格式爲名。

（宋）王應麟《玉海》卷六四《詔令・紹興七朝制誥録》〔紹興〕四年五月丙子二十七日，詔館閣以累朝實録中制誥等，各以門類編爲七朝制誥録，用劉大中請也。其後不克成。

（清）徐松《宋會要輯稿・刑法一・格令》〔紹興五年〕九月二十一日，尚書右僕射同中書門下平章事提舉詳定一司勑令張浚等上禄秩新書，海行勑一卷，在京勑一卷，海行令二卷，在京令一卷，海行格一十一卷，在京格一十二卷，申明一十五卷，目録一十三卷，修書指揮一卷，看詳一百四十七卷，詔鏤版施行。

（清）徐松《宋會要輯稿・刑法一・格令》〔紹興八年〕十月三日，尚書右僕射同中書門下平章事提舉詳定一司勑令秦檜等續上禄勑一卷，禄令二卷，禄格一十五卷，在京禄勑一卷，禄令一卷，禄格一十二卷，中書門下省尚書省令一卷，樞密院一卷，格一卷，尚書六曹寺監通用令一卷，大理寺右治獄令一卷，目録六卷，申明六卷，詔自紹興九年正月一日頒行，仍以《紹興重修禄秩勑令格》爲名。

（宋）王應麟《玉海》卷六四《詔令・紹興編元符以來詔旨》〔紹興〕八年十一月丁未，龍圖閣直學士汪藻與鮑延祖孟處義準詔編修元符庚辰至宣和乙巳以來詔旨，書成上之，降付史館。先是，紹興二年十一月壬午，藻守湖州，請以太上道君皇帝逮上登極所降御筆手詔，賞功罰罪文字，自元符庚辰至建炎己酉，凡三十年事，分年編類，至六年編成。庚辰以後凡十三年詔旨，詔藻轉一官。至是藻悉以所編詔旨六百六十五卷上之。《繫年録》紹興四年三月癸酉，藻上元符以來詔旨二百卷。

（清）徐松《宋會要輯稿・刑法一・格令》〔紹興〕十年十月七日，尚書右僕射同中書門下平章事提舉詳定一司勑令秦檜等上在京通用勑一十二卷，令二十六卷，格八卷，式二卷，目録七卷，申明一十二卷，詔自紹興十一年正月一日頒行，仍以《紹興重修在京通用勑令格式》爲名。

（清）徐松《宋會要輯稿・刑法一・格令》〔紹興〕十七年十一月六日，太師尚書左僕射同中書門下平章事提舉詳定一司敕令秦檜等上常平免役勑五卷，目録二卷，令二十卷，目録六卷，格三卷，目録一卷，式五卷，目録一卷，申明六卷，釐析條三卷，對修令一卷，修書指揮一卷，詔自本年三月一日頒降，仍以《紹興重修常平免役勑令格式》爲名。

（清）徐松《宋會要輯要・刑法一・格令》〔紹興〕十九年六月八日，太師尚書左僕射同中書門下平章事提舉詳定一司勑令秦檜等上吏部七司並七司通判、續降共二百五十六卷，目録三卷，脩書指揮一卷，其事干有司及一司一路一州等指揮，並行釐出，分爲二十七卷。所有專爲一名，

或一事一時申請不該條入七司條司者，並作別編一百四十八卷，共四百三十五卷，詔頒降，仍以《紹興看詳編類吏部續降》爲名。

（清）徐松《宋會要輯稿·刑法一·格令》〔紹興〕二十一年七月二十八日，太師尚書左僕射同中書門下平章事提舉詳定一司勑令秦檜等上鹽法勑一卷，令一卷，格一卷，式一卷，目録一卷，續降指揮一百三十卷，目録二十卷，茶法勑令格式並目録共一卷，續降指揮八十八卷，目録一十五卷，詔頒行。

（清）徐松《宋會要輯稿·刑法一·格令》〔紹興〕二十三年十一月九日，詳定一司勑令所上《大宗正司勑》一十卷，令四十卷，格一十六卷，式五卷，申明一十卷，目録五卷，詔頒行。

（宋）王應麟《玉海》卷六四《詔令·紹興淳熙紹熙慶元寬恤詔令》紹興二十五年九月十三日丁巳，宰臣上寬恤詔令一百六十八卷，目録三十一卷，修書旨揮一卷，共二百卷五十門，詔名曰《紹興編類寬恤詔令》頒行之。孝宗踐阼之始，未及三月内出寬恤事十八條，頒行郡國。淳熙十年九月六日詳定賈選言參修隆興以來俟成門目審覆訖乃進上，曰官名删定，須有去取。十一年六月一日上《淳熙寬恤詔令》三百卷，戊午頒行。光宗改元二年，議臣請編類紹熙寬恤詔條，鏤板班降。慶元二年三月四日，敕局自淳熙十六年二月至紹熙五年七月五日編爲三百餘卷，十一月十一日進紹熙寬恤詔令三百四十六卷，慶元續修淳熙寬恤詔令一百七十五卷。五年三月二十四日又請纂輯慶元寬恤詔令，六年四月十五日進慶元四百二十六卷，頒布郡國。五月二十八日置寬恤局，選侍從郎官各二人，臺諫二人領之。嘉定六年五月二十八日，兵部尚書李大性請纂輯慶元六年以後，十四年五月二十二日乙巳上《續修慶元詔令》七百五十八卷。

（清）徐松《宋會要輯稿·刑法一·格令》〔紹興二十六年〕十二月十五日，尚書左僕射同中書門下平章事提舉詳定一司勑令萬俟等上御試貢舉勑一卷，令三卷，式一卷，目録一卷，申明一卷。省試貢舉勑一卷，令一卷，式一卷，目録一卷，申明一卷。府監發解勑一卷，令一卷，式一卷，目録一卷，申明一卷。御試省試府監發解通用勑一卷，令一卷，格一卷，式一卷，目録一卷。省試府監發解通用勑一卷，令二卷，格一卷，式一卷，目録二卷。內外通用貢舉勑二卷，令五卷，格三卷，式一卷，目録四卷，申明二卷。釐正省曹寺監內外諸司等法三卷，修書指揮一卷，詔可頒降，仍以《紹興重修貢舉勑令格式》爲名。

（清）徐松《宋會要輯稿·刑法一·格令》〔紹興〕三十年八月十一日，尚書右僕射同中書門下平章事兼提舉詳定一司勑令陳康伯等上尚書左選令二卷，格二卷，式一卷，申明一卷，目録三卷。尚書右選令二卷，格二卷，申明二卷，式一卷，目録三卷。侍郎左選令二卷，格一卷，申明一卷，目録三卷。侍郎右選令二卷，格二卷，式一卷，申明二卷，目録三卷。尚書府侍郎左右選通用勑一卷，令二卷，格一卷，式一卷，申明二卷，目録一卷。司封勑一卷，令一卷，格一卷，申明一卷，目録一卷。司勳勑一卷，令一卷，格一卷，申明一卷，目録一卷。考功勑一卷，目録一卷，改官申明一卷，修書指揮一卷，釐析八卷，詔下本所頒降，仍以《紹興參附尚書吏部勑卷格式》爲名。

（宋）熊克《中興小紀》紹興四年三月 癸亥，以侍御史辛炳爲中丞，時宣州奏疑獄不當奏而輒奏者，不論罪。而給事中孫近因疏駁大理寺之失，論宣州有觀望，乞並罪之。甲子，上謂宰執曰：宣州可貸，今若加罪，則諸郡後有疑獄不復奏矣。趙鼎曰：此正國家立法之意也。

（宋）熊克《中興小紀》紹興七年十一月 丁酉，宰執奏臨安府火禁，放火者行軍法，遺火延燒數多者亦如之。上曰：放火遺火，豈可同罪？大凡立法太重，往往不能行。趙鼎曰：遺火延燒者，取旨可也。上曰：止於徒足矣，庶可以必行，兼刑罰太重，非朝廷美事。

（宋）熊克《中興小紀》紹興十四年春正月 殿前都指揮使楊存中請刺本軍人以防諸處互招，仍乞嚴賜約束。丙子，太師左僕射秦檜奏：舊有二法，一招別軍人並依軍法，此太重難行；一立賞，許人告以犯人所請計贓坐罪，將校取旨，此法可行。上曰：善立法不貴太重，而貴必行，法必行則人莫敢犯矣。

（宋）熊克《中興小紀》紹興二十二年十二月 直祕閣前知太平州韓膺胄言：州縣小吏，喜怒自私，驅無罪之人，不白長官而禁於獄，或終不加罰，徒繫以苦之，望詔有司嚴禁。甲子，詔刑部立法。

《宋史》卷三三《孝宗本紀》〔隆興二年九月〕丁酉，嚴贓吏法。

《宋史》卷三四《孝宗本紀》〔乾道六年八月〕是月，虞允文上

《乾道敕令格式》。

《宋史》卷三四《孝宗本紀》 〔乾道〕八年春正月庚午朔，班《乾道敕令格式》。

（清）徐松《宋會要輯稿・刑法一・格令》 〔淳熙三年〕三月二十九日，參知政事龔茂良等上《吏部修法總類》四十卷。

（宋）王應麟《玉海》卷六六《詔令・淳熙吏部條法總類》 二年十二月二日，上重修吏部格式敕令申明二千一百五册，參政茂良等撰。三年三月二十九日，工吏部條法總類四十卷，爲類六十八，爲門三十。

（清）徐松《宋會要輯稿・刑法一・格令》 〔淳熙六年七月〕六日，右丞相趙雄等上諸路州軍賞法二百三十九卷，目録一十七卷。諸路監司酬賞法四十七卷，目録五卷。通用賞法一十三卷，目録四卷。西北州軍獎賞一卷，詔以《淳熙一州一路酬賞法》爲名。

（清）畢沅《續資治通鑑》宋孝宗淳熙六年二月 癸卯，帝曰：朕欲將見行條法，令敕令所分門編類，如律與《刑統》、敕、令、格、〔試〕〔式〕及續降指揮，每事皆聚載一處，開卷則盡見之，庶使胥吏不得舞文。趙雄等曰：士大夫少有精於法者，臨時檢閱，多爲吏輩所欺。若分門編類，則遇事悉見，吏不能欺。乃詔敕令所，將見行敕、令、格、式，倣吏部七司條法總類，隨事分門修纂，別爲一書。若數事共條，即隨門釐入，以《淳熙條法事類》爲名。

（清）徐松《宋會要輯稿・刑法一・格令》 〔淳熙七年五月〕二十八日，右丞相趙雄等上《淳熙條法事類》四百二十卷，目録二卷。

《宋史》卷三五《孝宗本紀》 〔淳熙十一年，四月〕癸未，重班《紹興申明刑統》。

（宋）王應麟《玉海》卷六六《詔令・慶元重修敕令格式》 〔慶元〕二年二月丙辰，復置編修敕令所，遂抄録乾道五年正月至慶元二年十二月終續降指揮，得數萬事，參酌淯熙舊法五千八百條刪修爲書，總七百二册，敕令格式及目録各百二十二卷，申明十二卷，看詳四百三十五册，四年九月丙申十一日上之。

（清）畢沅《續資治通鑑》宋寧宗慶元四年九月 丁未，京鏜上《重修敕令格式》，詔頒天下。

（清）畢沅《續資治通鑑》宋寧宗慶元五年十二月 是冬，編《慶元寬卹詔令》。

（清）畢沅《續資治通鑑》宋寧宗嘉泰元年三月 戊辰，頒《慶元寬卹詔令》、《役法撮要》。

《宋史》卷三八《寧宗本紀》 〔嘉泰二年八月〕甲午，謝深甫等上《慶元條法事類》。

（宋）王應麟《玉海》卷六六《詔令・條法事類》 嘉泰二年八月二十三日，上《慶元條法事類》四百三十七卷。《書目》云八十卷，元年詔編是書。

《宋史》卷三八《寧宗本紀》 〔嘉泰三年〕秋七月辛未，頒《慶元條法事類》。

《宋史》卷三八《寧宗本紀》 〔嘉泰四年二月〕己未，立《試刑法避親格》。

《宋史》卷三八《寧宗本紀》 〔開禧二年〕八月丙寅，有司上《開禧刑名斷例》。

（清）畢沅《續資治通鑑》宋理宗淳祐十一年四月 鄭清之等上敕令所《淳祐條法事類》。

《宋史》卷一九九《刑法志》 理宗寶慶初，敕令所言：自慶元新書之行，今二十九年，前指揮殆非一事，或舊法該括未盡，文意未明，須用續降參酌者；或舊法元無，而後因事立爲成法者；或已有舊法，而續降不必引用者；或一時權宜，而不可爲常法者。條目滋繁，無所遵守，乞考定之。淳祐二年四月，敕令所上其書，名《淳祐敕令格式》。十一年，又取慶元法與淳祐親書刪潤。其間修改者百四十條，創入者四百條，增入者五十條，刪去者十七條，爲四百三十卷。度宗以後，遵而行之，無所更定矣。其餘一司、一路、一州、一縣敕，前後時有增損，不可勝紀云。

（清）嵇璜等《續文獻通考》卷一三五《刑考・刑制》 〔遼興宗重熙元年〕更定銷錢及盗失火家物罪例。

先是，南京三司銷錢作器皿三斤，持錢出南京十貫，及盗遺火家物五貫者，處死。至是，銅逾三斤、持錢及所盗物二十貫以上處死。

《遼史》卷六二《刑法志》 〔重熙〕五年，《新定條制》成，詔有司

凡朝日執之，仍頒行諸道。蓋纂修太祖以來法令，參以古制。其刑有死、流、杖及三等之徒，而五凡、五百四十七條。

（清）畢沅《續資治通鑑》宋高宗紹興十八年十二月〔金皇統八年十二月〕是歲，夏復建內學，選名儒主之，增修律成，賜名曰《新律》。

（清）畢沅《續資治通鑑》宋高宗紹興二十二年春正月〔金天德四年〕，立捕盜賞格。

（清）畢沅《續資治通鑑》宋高宗紹興二十九年春正月〔金正隆四年〕庚申，金更定私相越境法，並論死。

（清）畢沅《續資治通鑑》宋孝宗淳熙九年三月　癸巳，金頒重修制條。

《金史》卷四五《刑志》　明昌三年七月，右司郎中孫鐸先以詳定所校《名例篇》進，既而諸篇皆成，復命中都路轉運使王寂、大理卿董師中等重校之。

《金史》卷四五《刑志》（明昌）五年正月，復令鈎校制、律，即付詳定所。時詳定官言：若依重修制文爲式，則條目增減，罪名輕重，當異於律。即定復與舊同頒，則使人惑而易爲姦矣。臣等謂，用今制條，參酌時宜，準律文修定，歷採前代刑書宜於今者，以補遺闕，取《刑統》疏文以釋之，著爲常法，名曰《明昌律義》。別編榷貨、邊部、權宜等事，集爲《勅條》。宰臣謂：先所定令文尚有未完，俟皆通定，然後頒行。若律科舉人，則止習舊律。遂以知大興府事尼厖古鑑、御史中丞董師中、翰林待制奥屯忠孝、提點司天臺張嗣、翰林修撰完顔撒剌、刑部員外郎李庭義、大理丞麻安上爲校定官，大理卿閻公貞、户部侍郎李敬義、工部郎中賈鉉爲覆定官，重修新律焉。

《金史》卷四五《刑志》　明昌五年，尚書省奏：在制，《名例》內徒年之律，無決杖之文便不用杖。緣先謂流刑非今所宜，且代流役四年以上俱決杖，而徒三年以下難復不用。婦人比之男子雖差輕，亦當例減。遂以徒二年以下者杖六十，二年以上杖七十，婦人犯者並決五十，著於《敕條》。

（清）畢沅《續資治通鑑》宋光宗紹熙五年十二月〔金明昌五年十二月〕時金有國七十年，禮樂政刑，因遼、宋舊制，雜亂無貫，金主欲更定修正，爲一代法，其儀式條約，多守貞裁定，故明昌之治，號稱清明。

（清）畢沅《續資治通鑑》宋寧宗慶元六年八月〔金承安五年八月〕戊申，金更定鎮、防軍犯徒配役法。

《金史》卷四五《刑志》〔承安五年〕十二月，翰林修撰楊庭秀言：州縣官往往以權勢自居，喜怒自任，聽訟之際，鮮克加審。但使譯人往來傳詞，罪之輕重，成於其口，貨賂公行，冤者至有三、二十年不能正者。上遂命定立條約，違者按察司糾之。且謂宰臣曰：長貳官委幕職及司吏推問獄囚，命中御史臺聞奏之制，當復舉行也。又命編前後條制，書之于册，以備將來考驗。

《金史》卷一四《宣宗本紀》〔貞祐四年十一月〕己丑，定毁防城器具法。

（清）畢沅《續資治通鑑》元世祖至元二十年二月　辛丑，定軍官選法及官吏贓罪法。

（明）陳邦瞻《元史紀事本末》卷一一《律令之定補》世祖至元二十八年夏五月，頒行《至元新格》。元初未有法守，百司斷理獄訟，循用金律，頗傷嚴刻。右丞何榮祖，家世業吏，習於律令，乃以公規、治民、禦盜、理財等十事緝為一書，名曰《至元新格》，上之。帝命刻板頒行，使百司遵守。既而王暉上政事書，首言議憲章以一政體，曰：法者，輔治之具，一日闕則不可。君操於上，永作成憲。吏承於下，遵為定式。民曉其法，易避而難犯。若周之三典，漢之九章是也。今國家有天下六十餘年，小大之法，尚無定議。內而憲臺天子之執法，外而廉司州郡之法吏，是皆司理之官，而無所守之法，猶有醫而無藥也。至平刑議斷，旋施為理，未免有酌量準擬之差，彼此輕重之異。臣愚謂宜將累朝聖訓，與中統迄今條格，通行議擬，參而用之，與百姓更始。如是則法無二門，輕重適當，吏安所守，民知所避，而天下治矣。帝曰：善。

（元）蘇天爵《元朝名臣事略》卷四《丞相順德忠獻王》〔大德戊戌九月〕癸卯秋，拜中書右丞相，王常言治道先守令，至是選掄益詳。時號得人，定官吏贓罪十二章及丁憂婚聘盗賊等制，禁獸戶專山澤之利。

（明）陳邦瞻《元史紀事本末》卷一一《律令之定補》成宗大德三年春二月，命何榮祖更定律令。榮祖上書：臣所定者三十餘條，一條

有該三四事者。帝曰：古今異宜，不必相沿，但取宜於今者。召元老大臣聚聽之。未及頒行而榮祖卒。既而鄭介夫上言：律者，至公大定之制也。皋陶作士，明於五刑。穆王訓書，罰屬三千。綱舉目張，井然不紊，故百官奉法，各知所守而不敢踰。百姓視法，各知所避而不敢犯。自三代而下，國家立政，必以刑書為先。歷觀古今，未有無法而能一朝居者也。今天下所奉以行者，有例可援，無法可守，官吏因得以並緣為欺。如甲乙互訟，甲有力則援此之例，乙有力則援彼之例，甲乙之力俱到則無所可否，遷調歲月，名曰撒放。使天下黔首蚩蚩然狼顧鹿駭，無所持循。始之所犯，不知終之所斷，是陷之以刑也。欲强其無犯，得乎？內而省部，外而郡守，抄寫格例至數十册，遇事而難決則檢尋舊例，或中無所載則旋行議擬，是百官莫知所守也。民間自以耳目所得之勑旨條令，雜採類編，刊行成帙，曰斷例條章，曰仕民要覽，各家収置一本，以為準繩。試閱二十年間之例，校之三十年前，半不可用矣。更以十年間之例，校之二十年前，又半不可行矣。是百姓莫知所避也。孔子曰：刑罰不中，則民無所措手足。今者號令不常，有同兒戲，或一年二年前後不同，或綸音初降隨即泯沒，遂致民間有一緊、二慢、三休之謡。上無道揆，下無法守，不聞如是可以立國者。京都為四方取則之地，法且不行，况四方之外乎？如往年禁酒，而私醞者比屋有之，酒益薄，價益高，而民益困。又如禁牛，而私宰者愈多，輦轂之下，十家而八。又如奸盗殺人必不可赦，而每歲放圖嚕木，以此人心輕於犯法。又如婚姻聘財，明有官庶高下折鈔之例，而今之嫁女者重要財錢，品官富人或索七十錠、市庶之家不下二三十錠，更要表裏、頭面、羊酒等物，與估賣軀口無異。又如買賣田宅，舊有先親後隣之例，而今民業多歸勢要，雖親與隣不得占執，告到官府，無力與辨，業在豪家，終為所有。推此數端，天下槩可知矣。

今有司每視刑名為重，而婚田錢債略不省察，殊不知百姓負寃，上無所訴，是開官吏受贓之路也。審囚決獄官每臨郡邑，惟具成案行故事，出斷一二，便為盡職，不知大辟以下刑名公事甚不少也。路縣官吏未飽其欲，每聞上司官至，則將囚徒保候，審録既畢，仍復収禁，此皆無法之弊也。又兼衙門紛雜，事不歸一，十羊九牧，莫之適從。普天率土皆為王民，豈可家自為政，人自為國？今正宮位下自立中政院，匠人自隷金玉府，校尉自歸拱衛司，軍人自屬樞密院，諸王位下自有宗正府、內史府，僧則宣政院，道則道教所，又有宣徽院、徽政院、都護府、白雲宗所管户計。諸司頭目，布滿天下，各自管領，不相統攝，凡有公訟，並須約會。或事涉三四衙門，動是半年，虚調文移，不得一會。或指日對問，則各司所管，互相隱庇，至一年二年，事無杜絶。遂至於强凌弱，衆暴寡，貴抑賤，無法之弊，莫此為甚。

昔先帝時嘗命修律，未及成書。近議大德律，所任非人，訛舛尤多。今宜於臺、閣、省、部內，選擇通經術、明治體、練達時宜者，酌以古今之律文，參以先帝建元以來制勑命令，採以南北風土之宜，修為一代令典。使有司有所遵守，生民知所畏避。國有常科，吏無敢侮，永為定制，子孫萬世之利也。諸色衙門，投下頭目，除管領錢糧造作外，無問大小詞訟，俱涉約會者，並令有司歸問。庶使政歸一體，獄無久淹，可謂成物之簡能，太平之要道矣。

（明）陳邦瞻《元史紀事本末》卷一一《律令之定補》　仁宗皇慶元年三月，詔以格例條畫有關於風紀者，類集成書，名曰《風憲紀綱》。

（明）陳邦瞻《元史紀事本末》卷一一《律令之定補》　英宗至治二年十一月，御史李端言：世祖以來所定制度，宜著為令，使吏不得為奸，治獄者有所遵守。從之。

三年二月，命完顔納丹、曹伯啟等纂集累朝格例而損益之，凡為條三千五百三十有九，名曰《大元通制》，頒行天下。其書之大綱有三：一曰詔制，二曰條格，三曰斷例。凡詔制為條九十有四，條格為條一千一百五十有二，斷例為條七百十有七。其五刑之目，凡七至五十七，謂之笞刑，凡六十七至一百七，謂之杖刑，其徒法，年數杖數相附麗為加減，鹽徒盗賊既決而又鐐之，流則南人遷於遼陽迤北之地，北人遷於南方湖廣之鄉，死刑則有斬而無絞，惡逆之極者又有凌遲處死之法焉。伯啟又言：五刑者，刑異五等。今黥、杖、徒役於千里之外，百無一生還者，是一人身被五刑，非五刑各底於一人也。法當改。丞相雖是之，卒不果行。

（清）畢沅《續資治通鑑》元英宗至治三年二月　拜珠患法制不一，有司無所守，請詳定舊典以爲通制。於是命樞密副使完顔納坦、集賢學士侍御史曹伯啓纂集累朝格例而損益之。書成，辛巳，奏上，凡二千五百三

十九條，名曰《大元通制》，頒行天下。伯啓言：「五刑者，刑異五等。今黥、杖、徒役於千里之外，百無一生還者，是一人身備五刑，非五刑各底於人也，法當改易。」丞相雖是之而不果行。

（清）畢沅《續資治通鑑》元順帝至正五年九月　辛丑，以中書右丞達實特穆爾舊作達識帖睦邇。爲翰林學士承旨，中書參知政事綽斯戩舊作搠思監。爲右丞，資政院使多爾濟巴勒舊作朵兒直班。爲中書參知政事。旋命多爾濟巴勒同知經筵事、提調宣文閣。時纂集《至正條格》，多爾濟巴勒曰：「是書上有祖宗制誥，安得獨稱今日年號！又律中條格，乃其一門耳，安可獨以爲書名！」時相不能從，唯除制誥而已。

（清）畢沅《續資治通鑑》元順帝至正五年十一月　甲午，《至正條格》成。

明代部

論說

《明太祖寶訓》卷五《恤刑》〔吴元年〕十月甲寅，命中書省定律令。初太祖以唐宋皆有成律斷獄，惟元不倣古制，取一時所行之事爲條格，胥吏易爲姦弊。自平武昌以來，卽議定律。至是臺諫已立，各道按察司將巡歷郡縣，欲頒成法，俾内外遵守。乃命丞相李善長等詳定，諭之曰：立法貴在簡當，使言直理明，人人易曉。若條緒繁多，或一事而兩端，可輕可重，使姦貪之吏得以寅緣爲姦，則所以禁殘暴者反以賊良善，非良法也。務去適中，以去煩弊。夫網密則水無大魚，法密則國無全民。卿等宜盡心參究，凡刑名條目，逐日來上，吾與卿等面議斟酌之，庶可以爲久遠之法。

《明太祖寶訓》卷三《守法》〔吴元年〕十一月壬寅，太祖謂省臺官曰：近代法令極繁，其弊滋甚。今之法令，正欲得中，毋襲其弊。如元時條格煩冗，吏胥緣出入爲姦，所以其害不勝。且以七殺言之，謀殺、故殺、鬭毆殺既皆死罪，何用如此分析，但誤殺有可議者，要之與戲殺、過失殺亦大不相遠。今立法正欲矯其舊弊，大槩不過簡嚴。簡則無出入之弊，嚴則民知畏而不敢輕犯，爾等其體此意。

（明）黄訓《名臣經濟録》卷四五宋濂《進大明律表》 臣聞天生烝民不能無欲，欲動情勝，詭偽日滋，强暴縱其侵凌，柔懦無以自立，故聖人者出因時制，治設刑罰，以為之防，欲使惡者知懼，而善者獲寧。《傳》所謂獄者萬民之命，所以禁暴止邪，養育羣生者也。譬諸禾黍，必刈稂莠而後苗始茂，方於白粲，必去沙礫而後食可飡。苟梗化敗俗之徒，不有以誅之，雖堯舜不能以為治。夫自軒轅以來代有刑官，而五刑之法漸著，其詳弗可復知。逮魏文侯師於李悝，始採諸國刑典，造《法經》六篇。漢蕭

何加以三篇，通號九章，曹魏劉劭又衍漢律為十八篇，晋賈充又參魏律為二十篇，唐長孫無忌等又取漢魏晋三家，擇可行者定為十二篇，大槩皆以九章為宗。歷代之律至於唐亦可謂集厥大成矣。洪惟皇帝陛下，受億兆君師之命，登大寶位，保乂臣民，孜孜弗怠，其訓迪羣臣，諄復數千言，惟恐其有犯慈愛仁厚之意。每見於言外，是大舜惟刑之恤之義也。矜憫愚民無知，陷於罪戾，法司奏讞，輒惻然弗寧，多所寛宥，是神禹見辜而泣之心也。惟貪墨之吏，承踵元弊，不異白粲米中之沙礫，禾黍中之稂莠，乃不得已假峻法以繩之。是以臨御以來，屢詔大臣更定新律，至五六而弗倦者，凡欲生斯民也。今又特勑刑部尚書劉惟謙重會衆律，以協厥中。而近代比例之繁，奸吏可資為出入者，咸痛革之。每一篇成，輒繕書上奏，揭於西廡之壁，親御翰墨，為之裁定。由是仰見陛下仁民愛物之心，與虞夏帝王同一哀矜也。《易》曰：山上有火，旅，君子以明慎用刑，而不留獄，言獄不可不謹也。《書》曰：刑期於無刑，辟以止辟，而民自不敢犯也。陛下聖慮淵深，上稽天理，下揆人情，成此百代之准繩，實有易書之奥旨，行見好生之德，洽於民心，凡日月所照，霜露所墜，有血氣者莫不上承神化，改過遷善，而悉臻雍熙之治矣。何其盛哉！臣惟謙以洪武六年冬十一月受詔，明年二月書成，篇目一准之於唐，曰《名例》、曰《衞禁》、曰《職制》、曰《户婚》、曰《廄庫》、曰《擅興》、曰《賊盜》、曰《鬬訟》、曰《詐僞》、曰《捕亡》、曰《斷獄》，採用已頒舊律二百八十八條，續律百二十八條，舊令改律三十六條，因事制律三十一條，掇《唐律》以補遺一百二十三條，合六百有六，分為三十卷，其間或損或益，或仍其舊務，合輕重之宜云。俯伏闕廷投進，奉表以聞。臣等誠惶誠懼，稽首頓首，上言。洪武七年月日具官臣等上表。

《明太祖寶訓》卷五《恤刑》 洪武九年十月辛酉，太祖覽《大明律》，謂中書左丞相胡惟庸、御史大夫汪廣洋等曰：古者風俗厚而禁網疎，後世人心灕而刑法密，是以聖王貴寬而不貴急，務簡而不務煩。國家立法，貴得中道，然後可以服人心而傳後世。昔蕭何作漢律九章，甚爲簡便。後張湯猶得以私意亂之。况未盡善，其能久無弊乎。今觀律條，猶有議擬未當者。卿等可詳議更定，務合中正，仍具存革者以聞。於是，惟庸、廣洋等復詳加考訂，釐正者凡十有三條。

（明）何楝如《皇祖四大法》卷一六《治法》（洪武十六年四月）庚寅，刑部尚書開濟議法巧密，上覽而惡之，曰：刑罰之設，本以禁民爲非，使之遠罪耳，非以陷民也。汝張此密法，以罔無知之民，無乃用心太刻。夫竭澤而漁，害及鯤鮞；焚林而田，禍及麛鷇。巧密之法，百姓其能免乎？此非朕所以望汝也。濟大慚。

《大誥·大誥後序》 皇上有天下以來，海宇之廣，生齒之衆，幾務之繁，思得賢才，與圖治道。若稽古典，内設六卿，外建十有三道，道有所屬府、州、縣。雖職任大小，其上爲朝廷分憂，下爲生民造福，則一而已。日者中外臣庶，罔體聖心，大肆貪墨。原弊所由，起於六曹。爲罪之魁，莫甚郭桓。六曹端本澄源之地，而乃贓貪不法，交通所屬，重爲民害。其或根株蔓延，能卓然自拔，密緘上聞可也，乃一槩剝民，涇渭淆矣。何尤乎人！上弗忍生人之無辜也，不得已施之五刑，致使有生之命，代彼當死之命。設若守分，則俸如井泉之不竭，顧乃貪婪，譬猶潢潦，斯涸可立而待。斯玉音日夕所宣諭也，聞者宜惕然矣，而犯者自若，復不忍棄絶之，載勞聖慮，條畫成書，頒示中外臣民，家傳人誦，否者罪之。罪之者，以其玩法。雖罪之，實所以生之也。題曰《大誥》。臣三吾竊惟皇上圖治，不遑暇食，猶乃營繕是書，以爲世戒，其愛民之意深矣。臣謹請序其後記。臣頃在田野，欽覩犯諭、戒諭、榜諭，悉象以刑，不無駭焉。暮年有幸得依日月之光，親見罪犯者繼，乃信向所象刑，不徒象矣。是《誥》也，成周乃洪《大誥》治之《誥》，非直州長黨正歲時所讀之法之比也。玉音所臨，莫不曰：大哉皇言乎！一哉皇心乎！自今官欽遵之爲官箴，不敢非法以擾害乎民。民欽守之爲彝訓，不敢違法以交通乎官。將見比屋可封，堯舜之治復見於今日矣。洪武十八年十月望日，承務郎左春坊左贊善臣劉三吾謹序。

《明太祖寶訓》卷五《諭將士》 洪武二十一年七月丙戌賜天下武臣《大誥》，令其子弟肄習。太祖謂兵部左侍郎沈溍等曰：曩因武臣有違法厲軍者，朕嘗著《大誥》昭示訓戒，格其非心，開其善道。今思其子孫，世襲其職，若不知教，他日承襲，撫馭軍士，或蹈覆轍，必至害軍，不治則法不行，治之又非保全功臣之意。蓋導人以善行，如示之以大路，訓人以善言，如濟之以舟楫，爾兵部其申諭之。

《明太祖寶訓》卷三《守法》 洪武二十八年一月戊子，刑部臣奏：律條與條例不同者，宜更定，俾所司遵守。太祖曰：法令者，防民之具，輔治之術耳，有經有權。律者，常經也，條例者，一時之權宜也。朕御天下，將三十年，命有司定律久矣，何用更定。

《明太祖實録》洪武三十年三月〔甲戌〕刑部署尚書夏恕，都察院署左僉都御史司中等奏，請加反逆法，以爲漢法反者夷三族，宜改《大明律》依漢法，不分異姓同居，三族應坐者，男子無長幼皆磔於市，婦人入官爲婢，没其貲。上曰：古者父子兄弟罪不相及，漢用秦法，故謀反逆者皆夷三族，其法大重。且夫明刑定律，務在公平，使加之於人，其人雖死不怨。傳之後世，雖有仁聖之君必不能有所變更矣。恕等曰：不軌，大惡也，重刑以治之，所以使民不敢犯也。上不允，但令如律。

黄彰健《明代律例彙編》卷首《御製大明律序》 朕有天下，倣古爲治，明禮以導民，定律以繩頑，刊著爲令，行之已久，奈何犯者相繼。由是出五刑酷法以治之，欲民畏而不犯，作《大誥》以昭示民間，使知所趨避，又有年矣。然法在有司，民不周知。特勑六部督察院官，將《大誥》内條目，撮其要略，附載於律。其遞年一切榜文禁例，盡行革去。今後法司只依律與《大誥》議罪。合黥刺者，除黨逆家屬並律該載外，其餘有犯，俱不黥刺。雜犯死罪並徒流、遷徙、笞杖等刑，悉照今定贖罪條例科斷。編寫成書，刊布中外，使臣民知所遵守。洪武三十年五月。

《明史》卷九三《刑法志》（洪武）三十年作《大明律》、《誥》成。御午門，諭群臣曰：朕倣古爲治，明禮以導民，定律以繩頑，刊著爲令。行之既久，犯者猶衆，故作《大誥》以示民，使知趨吉避兇之道。古人謂刑爲祥刑，豈非欲民並生於天地間哉。然法在有司，民不周知，故命刑官取《大誥》條目，撮其要略，附載於律。凡榜文禁例悉除之，除謀逆及《律》、《誥》該載外，其雜犯大小之罪，悉依贖罪例論斷，編次成書，刊佈中外，令天下知所遵守。

《明史》卷九三《刑法志》 太祖諭太孫曰：此書首列二刑圖，次列八禮圖者，重禮也。顧愚民無知，若於本條下即注寬恤之令，必易而犯法，故以廣大好生之意，總列《名例律》中。善用法者，會其意可也。太孫請更定五條以上，太祖覽而善之。太孫又請曰：明刑所以弼教，凡與

五倫相涉者，宜皆屈法以伸情。乃命改定七十三條，復諭之曰：吾治亂世，刑不得不重。汝治平世，刑自當輕，所謂刑罰世輕世重也。二十五年，刑部言，律條與條例不同者宜更定。太祖以條例特一時權宜，定律不可改，不從。

（明）方孝孺《遜志齋集》卷二《深慮論六》 智者立法，其次守法，其次不亂法。立法者，非知仁義之道者，不能守法者，非知立法之意者，不能不知立法之意者，未有不亂法者也。古之聖人既行仁義之政矣，以爲未足以盡天下之變，於是推仁義而寓之於法，使吾之法行而仁義亦陰行其中，故望吾之法者，知其可畏而不犯。中乎法者，知法之立，無非仁義，而不怨用法，而誅其民，其民信之，曰是非好法行也，欲行仁義也。故堯舜之世，有不誅誅而海内服其公，以其立法善而然也。夫法之立，豈爲利其國乎，豈以保其子孫之不亡乎，其意將以利民爾。故法苟足以利民，雖成於異代，出於他人，守之可也，誠反先王之道，而不足以利民，雖作於吾心，勿守之可也。知其善而守之，能守法者也，知其不善而更之，亦能守法者也，所惡乎變法者，不知法之意，而以旨意紛更之，出於己者以爲是，出於古之人者以爲非，是其所當非，而非其所宜是，舉天下好惡之公皆棄而不用，而一准其私意之法，甚則時任其喜怒，而亂予奪之平，由是法不可行也。蕭何、曹參世所謂刀筆吏，其功業事爲君子恥稱焉。然何之立法，參之善守法，後世莫及也。當秦之亡，其患不在乎無法，而患乎法之過嚴，不患乎法廢而不舉，而患乎自亂其法，故蕭何既損益一代之典，曹參繼之，即泊然無所復爲。參之才，何之所畏，非不能有爲者也，特恐變更，而或致於亂，不如固守之，爲萬全爾。夫天下譬之寶玉，然法譬則韜藏之器，然善爲寶玉計者，器既成則藏，而置之勿動可也。日持而弄之，攜之以示人，挾之以出遊，失手而墮地，不碎則缺璺矣。故國有治於疎略，而亂於過爲之計，過計者未嘗不笑疎略者，爲愚而不知，疎略者，爲智大也。故用智之爲智，衆人之所知，而不用其智之爲智，非君子不能。孟子曰：禹之治水也，行其所無事也。豈止治水哉，治天下者亦行其所無事而已。

（明）余繼登《典故紀聞》卷八 洪熙元年三月，詔曰：朕恭承大統，爲天下生民之主，惟我皇祖皇考愛民之仁，祇率不怠，旦夕思念，人命甚重，哀矜庶獄，惓惓在懷。夫刑以禁暴止邪，導民於善，豈專務誅殺哉？故律令之制，善善長而惡惡短，罰之輕重，咸適厥中。顧執法之吏，不能皆平，有虚飾其情，傅致死罪，而比附謬妄，尤甚枉人，朕深憫之。夫五刑之條，莫甚大辟，大辟之施，身首異處，斯已極矣。自今有犯死罪律該凌遲者，依律科決，其餘死罪止於斬絞，法司並勿傅會，昧情失實，以致寃濫。若朕一時過於嫉惡，律外用籍没及凌遲之刑者，法司再三執奏，三奏不允，至於五奏，五奏不允，同三公及大臣執奏，必允乃已，永爲定制。文武諸司，自今亦不許恣肆暴酷，於法外用鞭背等刑，以傷人命，尤不許加人宫刑，絶人嗣續，有自宫者，以不孝論。人之爲非固有父子不相爲謀者，肆虞舜爲君，罰弗及嗣，文王之世，罪人不孥。自今惟犯謀反大逆者，依律連坐，其餘有犯，止坐本身，毋一概處以連坐之法。古之盛時，恒採民言，用資戒警，今兇險之徒，往往摭拾，誣爲誹謗，法吏刻深，鍛鍊成獄。刑之失中，民則無措，今後但有告誹謗者，一切勿治。爾中外文武羣臣，宜端乃志，悉乃心，畏天愛人，務崇寬恕，庶有以佐朕父母斯民之治。有或違者，必罰不貸。

（明）何孟春《餘冬序録摘抄内外篇》卷四《外篇》 律，聖人制刑，刑官以用法之書也。律不明，則上之仁義隱，而滋下之弊，低昂其手，一惟吏，罹辜者之手足無措矣。故律，皇祖有命，百司官吏不可不讀。讀用晉、唐舊文，文深而旨奥。士大夫乍讀，或有所不逮，而況於諸吏胥。斯，求以明之，誰謂明習律法，非吾儒事哉？我皇祖欽定律條，大抵承故大學士丘文莊公嘗言，律須儒臣通法意者爲之解釋，必使人人易曉，不待思索考究而自悉，則愚民各知所守，奸吏不得容情賣法，春竊感其言，欲取疏義等作，從通法意者相討論，弗果。就日未湞，得巡按陳侍御原習所刻，以資刑官書相示，而未及爲之序，乃因原習所刻者，廣編爲《恤刑書》十二卷，配脩過《備荒書》，統名曰《體民存録》。録成，序之。原習已代去，至今未有以答原習也。乃得見九峰胡侍御貴陽所刻《律集解》，爲之躍然。凡可以資刑官用法之書，蓋於是乎備。而深者睹，奥者露，原習之所屬，自兹無用乎？余言，使丘公有知於地下，當爲此書撫掌，爲斯民幸。而九峰自序顧曰，以資遐陬吏胥傳寫講讀之便，此豈獨爲一方三尺告而已邪。

（明）陳子龍等《明經世文編》卷八九屠勳《為應制陳言疏》　茲者天道亢旱，人民失業，特降敕諭，文武羣臣，共加修省，且令條奏軍民利病、時政得失以聞。臣伏讀聖諭，有以知皇上敬天恤民之心，修德勤政之實，直欲究循而行之，非徒姑應故事而已。臣備員法曹，謹以刑政一二有當舉革者，膚見條陳，伏惟聖明採擇。【略】

一、參情法以公比附。蓋律之所載有限，人之所犯無窮。故罪無正律，則以上下刑而比附其罪，即《吕刑》所謂上下比罪者也。近年以來，在外問刑衙門，多有不究情實，比附過當，誠如聖諭中所謂議擬比附不合律條，姑以一二言之。且如姦義子妻，先年比依姦緦麻以上親之妻，止該杖一百、徒三年，以其終與親子有間也。今則往往比依姦子之婦處斬，則與姦親子妻無異。若姦義子妻可斬，則姦親子妻者更將何法以治之？此其不合律條之大者也。又如官吏給由，律稱若公私過名隱漏不報者，以所隱之罪坐之，止坐其罪，不該罷職役不敘，以其無他規避故也。若有增減月日，更易地方，改換出身，蔽匿過名者，並杖一百，罷職役不敘，以其有所規避故也。今則有犯隱漏不報者，亦或坐以蔽匿過名，有誤犯增減年月者，亦或比依增減月日，俱罷職役不敘，此其不合律條之小者也。殊不知情有故誤，法有輕重，苟不究其律章之全意，而偶因一事，仿佛一句而摘用之，而比擬之，所謂毫釐之差，千里之謬者矣。乞敕刑部通行兩京內外問刑衙門，今後遇有人犯罪無正律應該比附者，務要斟酌情罪相當，必使罪合律條，方才奏請定奪。至於比擬死罪之際，尤不可不慎，而摘引律文，亦要詳究律意所在，不可妄自摘擬比附，庶幾刑不枉濫，而和氣可召矣。

一、慎立法以革繁例。蓋律乃萬世之程，例乃一時之變，以例附律，如運炭運灰做工等項，此例之不可無者也。然情重法輕，則又不可無充軍枷號等例，以附律之不及。近年以來，言例者多有一事而二三其例者，輕重之間各有一例，事體不一，人難遵守。故有枷號而不充軍者，有充軍而不枷號者，有枷號而又充軍者，有枷號無月日而充軍無地方者，有行於京而不行於外者。如三五成羣白晝搶奪人財物、包攬錢糧、坑陷納戶、打攪倉場、略誘子女、邊軍逃回，不首假印、批迴爲從、私宰耕牛、開場賭博、僞造銀知情行用、寄藏盜贓、接買頭畜、縱容賣姦、開印子鋪等項名色，其例至爲繁瑣。中間亦有不論其情之輕重，犯之次數，贓之多少而概施之者，或枷號三個月，或發遣極邊衛分充軍，甚非聖明欽恤之意。且人之所犯，莫重於死，而枷號充軍次之，蓋憐於死者也，豈可不分別而差等之乎？乞敕刑部會同都察院備查見行事例，除常例外，其前項充軍枷號等例，務須斟酌其首從之輕重，所犯之數次，得贓之多少，議處停當，何者當存存之，何者當革革之，何者未備增損之，何者例該不分親屬，何者例該親屬殊科，必使情法相當，允協於中，明白開欵，具奏定奪，通行問刑衙門遵守。其餘繁瑣難行者，並宜革去。

一、遵律令以止深刻。文武官吏除受贓枉法滿貫充軍，並不枉法求索等項爲民外，如聽許財物，律稱凡官吏聽許財物雖未接受，事若枉者，準枉法論，事不枉者，准不枉法論。謂之准者，但准其罪，不在除名刺字之例。今在外問刑衙門，遇有此等人犯，都擬以行止有虧，發遣爲民，是與已行接受者無異。雖以禁貪，律果如是乎？又如監臨官因公毆人致死，律該杖一百、徒三年，追埋葬銀十兩，初無罷職之條，今則往往擬照酷刑事例爲民。又軍職有犯，亦照民職酷刑革職，是皆不究律意，而以苛刻爲能也。又如武職犯該枉法、監守盜、常人盜至斬絞罪名者，例該立功等項滿日帶俸差操，至於不滿貫，並求索等項，滿貫至減等杖一百、徒三年者，方才革去管事，帶俸差操，其餘俱各照舊管事。其犯該姦所部妻女、宿娼挾妓飲酒，例該爲民，調衛帶俸差操外，其犯指姦，一切勿論，係先年尚書王槩擬奏事例，經久可行。今則受贓，又有不滿貫而帶俸差操之例，犯該指姦而又有送兵部收查發落者，兩京問斷，往往不一。乞敕刑部通行兩京內外問刑衙門，今後遇有前項，聽許因公毆人至死囚犯，務要依律擬斷，不許引用行止有虧，酷刑等項名色發落。武職犯該前項罪名者，俱照王槩奏行事例。其間果有情重法輕，要行比照重例者，臨時明白擬奏定奪。至於充軍降級等項，具有見行條例，中間果有不常者，亦聽法司查擬奏聞裁處。

（明）黃訓《名臣經濟録》卷四五尹直《論條例》　予觀《問刑條例》，蓋弘治中尚書白昂等所定擬，朝廷初亦慎重詔諭，詳審至於再三。然諸大臣刑名欠精，不無窒礙。如殺一牛罪至罰十，行之數月，邊將奏稱軍需缺乏，蓋牛禁過重，人莫敢殺，皮骨觔角，無處可買。朝廷悔而難

改，乃諭東廠官校莫加刺訪，以此益見祖宗之法不可少更，更則有弊。

（明）丘濬《大學衍義補》卷一〇三《慎刑憲・定律令之制》　臣按：漢之律百有餘萬言，可謂煩多矣。而大辟之刑，至千有餘條，視成周時蓋數倍焉。元成之世，奇請他比，又日益滋多。成帝下詔令中二千石、二千石博士及明習律令者，議減死刑，及可蠲除省約者，可謂知所先務矣。所謂奇請他比者，奇請謂常文之外別有所謂以定罪也，他比謂引他類以比附之，不主正律也，分破律條，妄生端緒，舞弄文法，巧詆文致，意所欲生即援輕比，意欲其死即引重例，上不知其奸，下不明其故，此民所以無所措手足，網密而奸不塞，刑繁而犯愈多也。我朝律文比前代為省約，其條止四百六十，其死罪止二百二十，用之百餘年於兹。其中固有不用者矣，未聞有所加增也。特所謂例者，出於一時之建請權宜以救時弊者也。歲月既久，積累日多，朝廷未聞公有折衷，是以刑官猶得以意為去取。伏乞特下明詔，如漢人所云者，命在廷大臣及翰林儒臣會三法司官，將洪武元年以來至於成化丁未以前事例，通行稽考，會官集議，取其可為萬世通行者，節其繁文，截其要語，分類條列以為一書，頒布中外，與《大明律》並行。其成化丁未以後有建請者，或救時弊，或達民情，則別為一書，以俟他日之裁擇。如此則民知所遵守，吏不能為奸矣。

（明）丘濬《大學衍義補》卷一〇三《慎刑憲・定律令之制》　臣按：自魏李悝作《法經》六篇，蕭何加以三篇為九章。後世作律者本以為宗，劉劭衍漢律為魏，賈充參魏律為晋，唐長孫無忌等聚漢、魏、晋三家，擇可行者，定為十二篇，自名例至斷獄是也。本朝洪武六年，命刑部尚書劉惟謙等重定諸律，以協厥中，而近代比例之繁，奸吏可資以出入者，咸痛革之，每一篇成，輒繕寫上奏，揭於西廡之壁，聖祖親御翰墨為之裁定。明年書成，篇目一準於唐之舊，採用已頒舊律二百八十八條，續律百二十八條，舊令改律三十六條，因事制律三十一條，掇唐律以補遺一百二十三條，合六百有六，分為十三卷。其間或損或益，或仍其舊，務合輕重之宜。其後以其比類成篇，分合無統，復為釐正，定為吏、户、禮、兵、刑、工六類，析十八篇以為二十九，約六百六條以為四百六十。析户婚以為户役、婚姻，分鬭訟以為鬭毆、訴訟，廄庫一也，則分廄牧於兵，倉庫於户焉，職制一也，則分公式於吏，受贓於刑焉。名例舊五十七條，今止存其十有五，賊盜舊五十三條，今止存其二十八名，雖沿於唐而實皆因時以定制。緣情以制刑，上稽天理，中順時宜，下合人情，立百世之准繩，為百王之憲度，自有法以來，所未有也。且又分為六部，各有攸司，備天下之事情，該朝廷之治典，統宗有綱，支節不紊，無比附之勞，有歸一之體，吏知所守而不眩於煩文，民知所避而不犯於罪戾，誠一代之良法。聖子神孫，所當遵守者也。然臣於此竊有見焉。蓋刑法雖有一定不易之常，而事情則有世輕世重之異，方天下初定之時，人稀事簡，因襲前代之後，政亂人煩。今則承平日久，生齒日繁，事久則弊生，世變則俗改，是以周人象魏之法，每歲改懸，三典之建，隨世輕重，蓋前日之要策，乃今日之芻狗，此必然之勢，亦自然之理也。今法司於律文之中，往往有不盡用者，律文如此，而所以斷罪者如彼，罪無定科，民心疑惑。請下明詔會官計議，本之經典，酌諸事情，揆之時宜。凡律文於今有窒礙者，明白詳著於本文之下。若本無窒礙而所司偶因一事有所規避，遂為故事者，則改正之。仍勅法司，自時厥後，内外法司斷獄，一遵成憲，若事有窒礙，明白具奏集議，不許輒引前比，違者治以專擅之罪。如此，則法令畫一，情罪相當，而民志不惑矣。

（明）丘濬《大學衍義補》卷一〇三《慎刑憲・定律令之制》　臣按：冬曦之言，謂立法貴乎下人盡知，何必飾其文義，簡其科條。請更定科條，直書其事，毋假文飾，以其准加減比附量情，皆勿用之，使愚夫愚婦聞之必悟，切中後世律文之弊。臣愚以為，今之律文，多蒙於唐，唐之律則蒙隋也。冬曦所論者，雖曰隋唐之失，然自隋以至於今，古今一律。竊考今律為卷三十，為條四百六十。必欲不簡其科條，不飾其文義，惟直書其事，顯明其義，用世俗淺近之言，備委曲詳盡之義。所謂以準加減等文，皆即實以書，明白著其文曰：該得某罪，該杖幾十，所加者何罪，所減者幾何，使天下有目者所共見，有耳者所共聞，粗知文義者，開卷即了其義，不待思索議擬，而皆瞭然於心目之間，昭然於見聞之頃，則民知所趨避，不陷於機穽矣。說者若謂祖宗成憲不敢有所更變，臣非敢欲有所更變也。特欲於本文之下分書其所犯之罪，所當用之刑，或輕或重，或多或少，或加或減，皆定正名，皆著實數，使讀律者不用講解，用律者不致差誤爾。倘以臣言為可採，乞命法官集會儒臣，同加解釋標註，其於

四百六十之條，不敢一毫有所加減，惟於卷帙稍加增耳。夫制為一代之律，以司萬人之命，垂萬世之憲，非他書比。今天下書籍，支詞蔓語，費楮何啻千萬，顧於律書，簡約如此，無乃詳於古而略於今，重乎詞而輕乎法哉。迂儒過慮，死罪死罪，伏惟聖明矜察。

（明）丘濬《大學衍義補》卷一〇三《慎刑憲・定律令之制》 臣按：唐有律，律之外又有令、格、式。宋初因之，至神宗更其目曰：勑、令、格、式。所謂勑者，兼唐之律也。我聖祖登極之初，洪武元年，即為《大明令》一百四十五條，頒行天下，制曰：惟律令者，治天下之法也。令以教之於先，律以齊之於後。古者律令至簡，後世漸以煩多，甚至有不能通其義者，何以使人知意而不犯哉。民既難知，是啟吏之奸而陷民於法。朕甚閔之，今所定律令，芟繁就簡，使之歸一，直言其事，庶幾人人易知而難犯。《書》曰：刑期於無刑。天下果能遵令而不蹈於律，刑措之效，亦不難致。茲命頒行四方，惟爾臣庶體予至意。斯令也，蓋與漢高祖初入關約法三章，唐高祖入京師約法十二條，同一意也。至六年，始命刑部尚書劉惟謙等造律文，又有《洪武禮制》、《諸司職掌》之作，與夫《大誥三編》及《大誥武臣》等書，凡唐宋所謂律、令、格、式與其編勑，皆在是也，但不用唐宋之舊名爾。夫律者，刑之法也，令者，法之意也，法具則意寓乎其中。方草創之初，未暇詳其曲折，故明示以其意之所在，令是也。平定之後，既已備其制度，故詳載其法之所存，律是也。伏讀皇祖訓告之詞，有曰：子孫做皇帝時，止守律與《大誥》，而不及令，而《諸司職掌》於刑部都官科下具載死罪，止載律與《大誥》中所條者可見也，是誥與律乃朝廷所當世守，法司所當遵行者也。事有律不載而具於令者，據其文而援以為證，用以請之於上可也。此又明法者之所當知。

（明）陳子龍等《明經世文編》卷三七九孫丕揚《約束郡縣省刑罰疏》

該浙江等十三司案呈：司寇職掌邦禁，郡縣分理刑名，必須守令，刑罰能省，然後郡縣冤民可無。國初民淳刑省，郡縣尚樹戒石以儆官邪，自今淫刑濫罰，强半海內，可無約束，以求無辜等因到部。臣惟天下之治平，貪酷之吏害之也。吏治之貪酷，刑罰之過使之也。故善圖治者先省刑罰而已，所據各司等呈，委於邦禁有裨。顧今天下刑罰最害民者，不在大辟遠戍之重刑，而在過撻過罰之輕施。重則動必掣肘，禍人也恒難，輕則欲可從心，禍人也恒易。故鞭作官刑，刑之輕者也，聽訟者誰不易之，然酷吏借此每以制人之命，故或有過志忘倫而刑者，情流喜怒而刑者，時違天人而刑者，遇可矜疑而刑者，一不省約而任法，即令罪不至死之人無故而就死地，此與決不待時何異焉？天下之傷民生者孰大於此？金作贖刑，罰之輕者也。聽訟者誰不易之，然貪吏籍此，每以利人之財，故或有罪內罪外而罰者，錢糧里甲而罰者，公用上司而罰者，克扣錢穀而罰者，一不省減而任情，即使犯非破家之人，忽令無立錐地，此與沒産入官何異焉？天下之傷民財者孰大於此？如是而欲其民樂畎畝，野寧雞犬，難矣哉。昔仲尼論從政之屏惡，以不教而殺爲虐，孟軻氏論禦人之諸侯，必教之不改而治。茲欲遏貪酷接踵之風，俾盡海內而刑清政舉，約束之教容可已乎。先臣丘濬嘗請禁於孝宗朝矣，彼其時條教未布，民到於今思之。臣叨掌邦禁，僭採諺言，稽律例之未有，借人利已，察閭閻之共患，守令假以虐民者，各擬約束，以立教範刑罰兩端，共一十六條，直陳民情，逐欵後列。固不敢輕於律例，以防民而縱民，亦不敢重於律例，任禁暴以爲暴。合無通行天下撫按，各令所轄郡縣書置座側，俾海內冤民曉然知皇上覆載深仁，不欲吏之濫刑也如此，不欲吏之濫罰也如此，庶幾明命照臨，一顧諟間。其在官也，接目警心，有所畏而斂迹。其在野也，家傳人誦，有所恃而安枕。率天下之守令而革心革面，必此刑罰之約束爲首務。夫撫按諸臣，專制一方，即身督守令，親省刑罰，爲天子肩治平之任者也。刑罰約束，欲從省矣，貪酷者不察而入薦，何術懼天下之貪酷。刑罰約束惡不中矣，廉能者或棄而不録，何術興天下之廉能。此猶吏治名實之辨，民隱休戚之端，朝廷嘉隆治迹，遠讓弘治，其機皆決於此。是在察吏之撫按，彰善癉惡，舉直剌枉，肯覈實耳。如此，則條教迪之於先，導天下群吏，遏未然之刑罰。激勸督之於後，懼天下群吏，遏已然之貪酷。即能任刑任罰，豈得暴彼民哉？皇上欲爲生民立命脈，爲海內隆治平，舍此適治之路，似無由也。伏乞皇上再加裁酌，如果蒭蕘可採，恭候命下，容臣通行撫按諸臣，即將後開省刑罰諸約束狀，照依國初戒石事例，各書守令公署，以示遵守。其撫按舉剌獎戒，務考刑罰，計寬嚴，有無破敗人産、有無殘害人命、有無貪酷形狀，而覈否之，以示激勸。仍先將各郡縣遵依緣繇咨部知會，郡縣不省刑罰者，聽撫按查考。撫按不覈實守令省刑罰

者，聽部院查考。將見仁心仁政，沛然海宇，斯民永賴無疆矣。臣不勝懇切祈望之至。計開省刑約束，一、律例原無，宜省刑四條：勿用磨骨、釘釘，枷號，勿用數百斤三四人立枷，勿用帶根板、水缸杖、生樹棍，勿用腦箍，竹簽，嘴掌、背花。二、倫理當重，宜省刑四條：父子兄弟告者恕父兄刑，夫妻尊長告者恕夫與尊長刑，妻妾替夫誣告者省妻妾刑，子弟替父兄誣告者省子弟刑。三、刑流防過，省四條：先加撻者後莫加撻，人加撻者我莫加撻，已刑下體莫刑上體，已撻輸者莫撻贏家。四、情偏防過，省刑四條：勿偏聽原被告加刑，勿過疑證佐加刑，勿出我聰明加刑，勿怒人强項加刑。五、避天時，省刑罰四條：旱荒宜省刑，寒暑宜省刑，霜雪宜省刑，節令宜省刑。六、體人情，省刑四條：屍親宜省刑，救尊長者宜省刑，訴冤枉者宜省刑，口訥宜省刑。七、人可矜者，省刑四條：老少者宜省刑，飢寒者宜省刑，病初愈者宜省刑，殘廢篤疾者宜省刑。八、人可疑者，省刑四條：官員宜省刑，生儒宜省刑，婦女宜省刑，贓情曖昧宜省刑。省罰約束，一、省罪內罰四條：勿輕罪已擬而又罰，勿重罪輕擬而加罰，勿改無力贖爲有力贖，勿改輕罪贖爲重罪贖。二、省罪外罰四條：勿因事白罰富民，勿脅短明取罪民，勿罰紙穀收折價，勿受賄賂故出入罪。三、省錢糧罰四條：勿取常例寬限，勿取重收秤頭，勿染投櫃拆封，勿嗇多派大戶。四、省里甲罰四條：勿明徵會銀暗用里甲，勿里甲輪支又派殷實，勿用銀多而累管支包補，勿用銀少而令行戶出物。五、省指公費罰四條：勿指迎送科罰，勿指來朝科罰，勿指士夫科罰，勿指截糧科罰。六、省指上司罰四條：勿指上司取無碍銀罰，勿指上司送長夫銀罰，勿指上司發獎勵銀罰，勿指上司送節壽禮罰。七、省克扣罰四條：勿克扣船車官銀，勿克扣各役工銀，勿克扣各行稅銀，勿派取地方土宜。八、省紙穀罰四條：勿克上司官銀，食穀抵數；勿克自理贖銀，餘穀作正；勿克賑濟銀兩，發倉欺人；勿克修理工銀，勸借肥己。

（明）黃訓《名臣經濟録》卷四五《奏行問刑條例疏》 本部等衙門會題前事，先該委官，監察御史王鼎，署郎中事員外郎楊茂仁、項亨明，署左寺正事左寺副朱華呈各奉本部院寺劄帖。弘治十一年十二月二十一日，節該欽奉詔書內一款，法司問囚近來條例太多，人難遵守，中間有行者，三法司查議停當，條陳定奪，其餘冗雜難行者，悉皆革去。欽此。欽遵。備將法司歷年見行及申明問刑條例查出開呈，以憑會議等因奉此。依奉查呈前來，會同太子少保、都察院左都御史等官閔珪等，大理寺卿等官王軾等，通行查議停當，除冗瑣難行，遵奉明詔革去者不開外，將情法適中，經久可行者，條陳上請定奪等因開坐具題。奉聖旨，你每還會同各該衙門再議停當來說。欽此。欽遵。會同吏部等衙門，太子太傅尚書等官屠滽等，將前項條例查照明白，再加議處停當，理合開陳具奏，伏候命下之日，刊行內外問刑衙門，問擬罪囚，悉照此例施行，永為遵守等因開坐具題。奉聖旨：是，有點的六條，還再議停當來說。欽此。欽遵。續該本部等衙門會同，將今奉欽依旨出六條舊例再議明白具題。弘治十三年三月初二日，奉聖旨：都照舊行。

（清）孫承澤《春明夢餘録》卷四四《刑部・大明律令》 孫承宗《律例集解序》律之詁曰矩曰率。律者，天子與天下共以爲矩而率之也。樂有律，師出有律。師之律不爽進止而主容民，樂之律不爽損益而主相生，刑之律不爽輕重而主容如師。主生如樂，三者一不得其平，而統干天地之和，故謂之律。然律求所以生之，而用律者求所以殺之，故古之知律者省刑，而今之知律者不失罪耳。

太祖重念民命，詔定律令凡六，經聖裁爲四百六十條，而列聖相承，復有餘條例以補律之所不及。蓋至世宗之乙卯，漸積爲五百八十五條。我皇上欽恤庶獄，命刑臣重加酌議，其仍者半，删定者半，凡殊旨、別旨、詔例、榜議，非經議請著令者，不得引比。然律文沿晋、唐之舊，愚者既懵不知守，而姦者且依法舞文。邱文莊濬議令儒臣通法意者爲解，而陳御史察等如其解成書，於是一代之大法，字析句分，不獨令天下曉然，知法意難犯，而實令士大夫深念民命，無進慱斷棺之利，退抱仰屋之憂也。

蓋自古國家之運，莫不與法爲存亡。故罪匿則民勝法，罪窮則法勝民，民勝法國亂，法勝民國殘，是以願治者相與共率爲矩，如樂之鐸，如師之符，而不敢以意用。然今天下郡縣之於律患不明，而朝廷之於律患不守。不明者，監司直指，間有駁正。其不守者，上既用意以屈法，而下且屈法以奉意。嘗怪漢廷尉釋之號知法，而曰當是時天子殺之則已，豈以天子而可獨失律乎？唐權善才法不得死，高宗欲殺之；王本立法在必死，高宗欲原之。狄仁傑兩執法以爭而兩得其法，雖以高宗之主，終不敢以意

與，而況治朝乎。

高皇帝當律成而曰：非但一代當遵，雖萬世當守也。豈非聖子神孫所當共以爲矩而率之與？又嘗恭讀序律之言曰：明禮以導民，定律以繩頑。夫禮之所去，刑之所取，失禮則入刑，而明刑以輔禮。乃賈生有曰：禮防於未然之前，法禁於已然之後。嗟乎！安得輕徭薄賦，以導民於禮，而無輕試法乎？然而不得已也，終願明律典者，無失其相容相生之意，爲朝廷守之爾。

（明）孫旬《明疏鈔》卷一九何孟春《陳萬言以裨修省疏》 臣惟今文武途二，食君之禄寔一，世襲既優諸武矣，則法度之所繩於文武者，豈容復異？今問刑衙門，文職犯贓必罷職，枉法滿貫必充軍，而軍職犯該監守常人盜賣，犯侵欺枉法滿該絞斬者，止降級調衛。枉法不滿貫該徒流者，止原衛帶俸。犯均而罪不同，科甚不倫。臣質之律：軍官有犯私罪該笞者，附過收贖，杖罪解任，降等叙用。該罷職不叙者，降充總旗。該徒流者，發各衛充軍。皇祖制律，未嘗不與罪文職者等，而刑官乃特遵近年條例。近例又有載犯該竊盜掏摸、盜官畜產、白晝搶奪、姦宿軍妻，行止有虧、敗倫傷化者，俱發原籍爲民，子孫承襲。噫！敗倫傷化者罪死而得爲民，法已弱於懲惡之典。而其子孫即得承襲，是其職特舉此付彼，有爲民之名，無罷職之實，其罪豈不且輕於降級調衛不得即替者哉？或謂降級調衛者猶存其職，爲民者其職亡矣。職乃其先人之功所得，職亡於其身，故即承襲於其子孫，以報其先人也，湛恩汪濊，固如是夫。臣以爲：今之陞世襲者，不皆祖宗時開國佐命之舊。至其罪，又每從寬貰之。其源不清，其流不節，爵禄益濫，如之何名器之足爲其重也？乞勑該部計議：今後各邊有警，守臣上請興師，勢果緊急，該部即行文彼處，出榜以示從征。官軍臨陣，若能奮先擒斬首級，回轡之際，徑赴鎮巡官處辯驗，以俟具奏陞賞。其中官軍貧苦，當陞而願賞者，鎮巡官辯驗明白，厚與賞犒。敢復奏報依阿，爲人首告，及該部或彼處巡按御史異日廉察得出，凡闕節所通，俱坐欺罔。又乞該部會同法司議定：軍職前項所犯罪名，一斷以律，成化年間事例不得引用，仍通行各處問刑衙門知會。有問該罷職爲民者，必候本犯身死，方許子孫承襲。其先人非開國佐命之舊，承襲之日，革去一級，於原衛所帶俸差操。庶幾彼知慮後，不敢褻上之名器，而來不檢之輕於蹈罪也。

綜　述

（清）張英等《淵鑑類函》卷一四七《政術部二十六·刑法總載下》

明制，主執法者，刑部、都察院、大理寺，謂之三法司。刑部掌刑名，凡宗室、勳戚、官吏、軍民、蠻夷，有犯必麗律例以成獄，遂移大理寺讞而評焉，都察院得糾劾之而辯其寃枉。象刑之名五：曰笞，曰杖，曰徒，曰流，曰絞。斬死二等，流三等，徒、杖、笞並五等。死刑最重曰凌遲，徒流之重曰遷徙、曰充軍。大惡凡十：曰謀反，曰謀大逆，曰謀叛，曰惡逆，曰不道，曰大不敬，曰不孝，曰不睦，曰不義，曰内亂。宥議凡八：曰親，曰故，曰功，曰賢，曰能，曰勤，曰貴，曰賓。墨贓凡六：曰監守盜，曰常人盜，曰竊盜，曰枉法，曰不枉法，曰坐贓。獄具凡七：曰笞，曰杖，曰訊，曰枷，曰杻，曰索，曰鐐。凡兩京十三省，死刑歲讞平之，奏上請裁曰：應減者下就輕，一死三流一徒，加者上就重，重不得至死。凡律例外有殊旨、別旨、詔例、榜議，非經議請著令者不得引比。凡死刑即決及秋決，並三覆奏，菹戮於市。凡重囚，京師歲霜降，五府九卿科道官會審於朝堂，慮而上請曰：朝審情真者決，矜疑者戍邊，有詞者調司再問，比律者監候五歲。請勑遣官出京府、兩京、十三省審録，減釋寃濫者。凡重囚，款服則決之，否則駁訊，必服乃決。若駁再擬改正曰照駁，三擬不當糾問官曰參駁，牾律寃甚者，移調問曰審異，則請下九卿會問曰圓審。凡已平允而猶未當者，移再問曰追駁，凡屢駁不改者，徑請發落，曰制決。凡贖罪有力者，視罪輕重為差，絞斬雜犯亦聽收贖。凡録俘囚配没給賜官司奴婢，必籍產，不得及其先墳塋。贓罰諸物，本值時估參計之，易銀歲杪類入内府。凡夏月録囚免笞刑，減徒流以下，刑辯重刑。凡提牢月更主事在京之獄一人，葺囹圄、固械繫，而時飲食有病醫藥之。凡官有過犯録之，凡大祭祀止刑，凡四方有大獄則受命而往成之，以名例攝科條，以八字括詞議，以五服參情法，以墨涅識盜竊。宗人不即市，宮人不即獄，悼耄癃殘不即訊。凡各省三司直隸，死刑並讞。上

已乃聽決按察、巡按、巡撫，惟死刑呈部院轉讞，凡笞杖罪移審，徒流以上奏審。凡律例無正條，上下比請曰類，奏平反刑獄狀，法備而情通，仁至而義盡。洪武六年閏十一月，命刑部尚書劉惟謙、學士宋濂等更定《大明律》在京之獄。先是李善長等詳定律令，輕重頗乖，上乃命濂等同刑部官凡四人講唐律，每一篇成，輒繕寫以奏，上親為裁定，務協厥中。明年成律，其篇目一准之於唐，曰《名》，曰《例》，曰《衛禁》，曰《職制》，曰《戶婚》，曰《廄庫》，曰《擅興》，曰《賊盜》，曰《鬬訟》，曰《詐僞》，曰《雜律》，曰《捕亡》，曰《斷獄》。採用已頒舊律二百八十八條，續律百二十八條，舊令改律三十六條，因事制律三十一條，綴唐律以補遺一百二十三條，合六百有六條。分為三十卷，宋濂撰表以進。至二十二年秋七月，又命翰林同刑部官將比年例律條參考折衷，以類編附，凡三百七十有六條，曰名《例律》，仍載於律書之首，頒行之。宣德十五年閏十月，南直隸巡撫王恕奏：律乃治天下大法。我太祖高皇帝斟酌歷代律條，定為《大明律》，凡四百六十條，頒示天下。而近日在京書坊刊行大明律，後有會定見行律一百八條，不知何時定者，在內法官老於刑名者，必不依附，但恐流傳四方，未免有誤新進之士，略舉其兵律多支廩給條，及刑律罵制使及本管長官條，皆輕重失倫，不可行於天下。乞以其板毀之，至是法司會議，且以恕言通行內外，法司官自後斷罪，悉依《大明律》，并奏准見行事例，敢有再稱會定律條，比擬出入人罪者，以故出入人罪論，仍行書坊，即將所刻本燒毀，違者並治，以罪從之。

（清）嵇璜等《續通志》卷一四八《刑法略·歷代刑制》 明之刑制：理刑之官，內則有三法司，曰刑部，曰都察院，曰大理寺。刑部受天下刑名，都察院司糾察，大理寺主駁正。刑部有十三清吏司，治各布政司，刑名而陵衛、王府、公侯伯府，在京諸曹及兩京州郡亦分隸之。按察名提刑，蓋在外之法司也，參以副使僉事分治各府縣事。凡詞訟必自下而上，有事重而迫者許擊登聞鼓，四方有大獄則受命往鞫之。凡決獄，歲疏其名數以聞，曰歲報。月上其拘釋存亡之數，曰月報。獄成，移大理寺覆審，必期平允。凡提牢，月更主事一人修葺囹圄，嚴固扃鑰，省其酷濫，給其衣糧。囚病，許家人入視，脫械鎖醫藥之。簿録俘囚，配沒官私奴婢，咸籍知之。官吏有過並紀録之，歲終請湔滌之。以名例攝科條，以八字括辭議以、準、皆、各、其、及、即、若，以五服參情法，以墨涅識盜賊。籍產不入塋墓，籍財不入支度，宗人不即市，宮人不即獄，悼耄疲癃不即訊。凡死刑即決及秋後決，並三覆奏。兩京、十三布政司死罪囚，歲讞平之。五歲遣官審録冤滯。霜降，録重囚犯，五府、九卿、科道官共録之。矜疑者戍邊，有詞者調所司再問，比律者監候。夏月，熱審，免笞刑，減徒流，出輕繫。遇歲旱，特旨録囚亦如之。凡贖法有二，有律得收贖者，有例得納贖者。律贖無敢損益，而納贖之例，則因時權宜。先後互異其法，初嘗納銅，又嘗納馬，後皆不行，惟納鈔，納錢，納銀嘗並行焉，而以初制納鈔為本，故律贖者曰收贖律鈔，納贖者曰贖罪例鈔。凡獄囚已審録應決斷者，限三日，應起發者，限十日，逾限，計日以笞。囚淹滯至死者，罪徒。停刑之月，自立春以後至春分以前。停刑之日，初一、初八、十四、十五、十八、二十三、二十四、二十八、二十九、三十，凡十日。檢驗屍傷，照磨司取部印屍圖一幅，委五城兵馬司如法檢驗；府則通判、推官，州縣則長官親檢，毋得委下僚。其法之不衷古制者，有廷杖，有錦衣衛鎮撫司，有東、西廠。廷杖始於太祖，然非定制，後世因之不廢。錦衣衛者，世所稱詔獄也。凡天下重罪逮京師者，收繫其中，其全刑有械、有鐐，有棍，有拶，有夾棍，五毒備具。鎮撫司職理獄訟，初置一司與外衛等，後添設北司，而以軍匠諸職掌屬之南鎮撫司，於是北司專理詔獄。東廠者，立於東安門北，令中官提督之，緝訪謀逆、妖言、大奸惡等，與錦衣衛均權勢。後又別設西廠，所領緹騎倍東廠，勢遠出衛上。初，太祖以唐、宋皆有成律斷獄，惟元不仿古制，取一時所行之事為條格，胥吏易為奸弊。吳元年十月，命左丞相李善長，參知政事楊憲、傅瓛，御史中丞劉基，翰林學士陶安等二十人詳定律令。每御西樓，召諸議律官及儒臣賜坐講論，以求至當。十二月書成，凡為令一百四十五條，《吏令》二十、《戶令》二十四，《禮令》十七，《兵令》十一，《刑令》七十一，《工令》二。律則準唐之舊而增損之，計二百八十五條，《吏律》十八，《戶律》六十三，《禮律》十四，《兵律》三十二，《刑律》一百五十，《工律》八，命有司刊布中外。又恐小民不能周知，命大理卿周楨等作《律令直解》頒行郡縣，使家喻戶曉焉。洪武元年，詔曰：頃因戡亂以軍律用刑，未為平允，中書省宜重講究，務從中典，決重囚須待秋後，毋非時以傷生。又諭

省臣鞫獄當平恕，古者非大逆不道，罪止及身，民有犯者毋得連坐。尚書夏恕常引漢法請著律反者夷三族。太祖曰：古者父子兄弟罪不相及，漢仍秦舊法太重。卻其奏不行。又令自反叛外，其餘罪犯止沒田產孥畜。十二月，置登聞鼓於午門外，一御史日監之。非大寃及機密重情不得擊，擊即引奏，後移置長安門外，六科、錦衣衛輪收以聞旨，下校尉領駕帖，送所司問理，蒙蔽阻遏者罪之。三年六月，詔自今武官有犯，非奏請不得逮問。四年十一月，命自今官吏犯贓者，罪無貸。五年二月，命有司於內外府州縣及鄉之里社，皆建申明亭，凡境內人民有犯者書其過名榜於亭上，使人有所懲戒。六月，定宦官禁令：凡內使於宮城內相罵詈者，先發理屈，笞五十，後發理直者不坐，其不服本管鈐束而詆罵者，杖六十。內使罵奉御者，杖六十，罵門官、監官者，杖七十。內使於宮城內相鬭毆者，先鬬理屈，杖七十，毆傷者加一等，後應理直而無傷者，笞五十，其有不服本管鈐束而毆之者，杖八十，毆傷者加一等。毆奉御者，杖八十；毆門官、監官者，杖一百，傷者各加一等。其內使有心懷惡逆出不道之言者，淩遲處死，有知情而蔽之者同罪，知其事而不首者斬，首者賞銀三百兩。又慮公侯之家奴、僕人等冒犯國典，乃作鐵榜申明禁令，除親屬別議外，凡奴僕一犯即用究治。六年正月，工部尚書王肅坐法當笞。太祖曰：六卿貴重，不宜以細故辱。命以俸贖罪。後羣臣罣悞，許以俸贖，始此。八月，更定《親屬相容隱律》。按：更定《親屬相容隱律》，《刑志》作洪武五年，《實録》作六年八月，今從《實録》。閏十一月，詔刑部尚書劉惟謙詳定《大明律》，其篇目一准於唐，曰《衛禁》，曰《職制》，曰《戶婚》，曰《廄庫》，曰《擅興》，曰《賊盜》，曰《鬬訟》，曰《詐偽》，曰《雜律》，曰《捕亡》，曰《斷獄》，曰《名例》。採用舊律二百八十八條，續律百二十八條，舊令改律三十六條，因事制律三十一條，掇《唐律》以補遺一百二十三條，合六百有六條，分為三十卷。其間損益務合輕重之宜，每進一篇，帝親加裁定。七年二月，書成，詔頒行之。十四年二月，詔武官三品以上有犯者，奏請得旨乃鞫之，四品以下有犯，所司逮問定罪議功，請旨裁決，若文職有犯干涉武官三品以上者，亦須奏請，毋得擅問。四月，敕刑部自今官吏有犯宥罪複職，榜示其過於門，果能省身改過則除之，不悛者論如律。十五年三月，置錦衣衛及鎮撫司掌侍衛、巡捕等事，若有重囚，下衛司推勘。八月，詔自今天下郡邑申明亭，惟犯十惡、姦盜、詐偽干犯名義、有傷風俗及犯贓至徒者，書於亭，其餘雜犯、公私過誤、非干風化者悉除之，其有私毀亭舍、除所懸法令及塗抹姓名者，監察御史、按察司官以時按視，罪如律。十月，敕刑部申明越訴之律，凡軍民訴戶婚、田土、作奸犯科諸事，悉由本屬官司自下而上陳告，毋得越訴，輒赴京師，亦不許家居上封事，違者罪之。又詔自今有以繁文出入人罪者，罪之，仍命刑科會諸司官定議成式，榜示中外。十六年，命刑部尚書開濟等，定詐偽律條及五六日旬時三審五覆之法。又敕天下州縣官，凡民有犯笞杖罪者，縣自斷決，具實以聞，犯徒流罪者，縣擬其罪，申州若府以達布政司定擬，其有犯死罪者，縣擬其罪，申州若府以達布政司達刑部定擬，或準工贖罪，或奏聞遣官審決。凡諸司獄訟，當詳審按律決遣，毋得淹禁。按：明初，有司決獄笞五十者，縣決之，杖八十者，州決之，一百者，府決之，其徒罪以上具獄送行省。由是或州縣受賕或省府弄法，出入輕重，文移駁議，動多淹滯。洪武九年，乃命中書省、御史臺詳議，革月報為季報，以季報之數類為歲報。凡府州縣獄囚，依律斷決，毋須轉發，其有違枉者，御史臺、按察司糾劾之。然罪無輕重，州縣皆得專決，一時雖便，久必滋弊，殊非慎刑之意，至是因有此命。十七年十月，定《土官犯罪律》，凡土官選用者有犯，依《流官律》定罪，世襲者所司不許擅問，先以干證之人推得其實，定議奏聞，杖以下則紀録在職，徒流則徙之北平，著為令。閏十月，詔天下罪囚刑部、都察院詳議，大理寺覆讞奏決。又建三法司於太平門外鐘山之陰，命之曰貫城。十八年，命刑部録內外諸司職官犯法罪狀明白者，揭於申明亭，以示懲戒。十月，頒《大誥》於天下，上患民狃元習，徇私滅公，乃輯官民過犯條為《大誥》。其目有十，曰攬納戶，曰安保過付，曰詭寄田糧，曰民人經該不解物，曰灑派拋荒田土，曰倚法為奸，曰空引偷軍，曰黥刺在逃，曰官吏長解賣囚，曰寰中士夫不為君用，其罪至抄劄。次年，複為《續編》、《三編》，皆頒學宮以課士，里置塾師教之，囚有藏《大誥》者，罪減等。二十年正月，以治錦衣衛者多非法淩虐，命取刑具焚之，出繫囚送刑部審録。詔內外獄咸歸三法司，詹徽言軍人有犯當杖，其人嘗兩得罪而免，宜並論前罪誅之。太祖曰：前罪既有複論之，則不信矣，杖而遣之。二十一年二月，命自今有司官凡入流品以上犯罪者，皆須奏聞，方許逮問。又詔謀逆奸黨及造偽鈔

者沒貲產、丁口，以農器、耕牛給還之。凡應合抄劄者，曰奸黨，曰謀反大逆，曰奸黨惡，曰造僞鈔，曰殺一家三人，曰採生拆割人為首。其《大誥》所定十條，後未嘗用也。複讎惟祖父被毆條見之，曰祖父母、父母為人所殺，而子孫擅殺行兇人者，杖六十。其實時殺死者勿論，其餘親屬人等被人殺，而擅殺之者，杖一百。按律罪人應死已就拘，執其捕者擅殺之，罪亦止此。凡決囚，每歲朝審畢，法司以死罪請旨，刑科三覆奏得旨，行刑在外者奏決，單於冬至前會審決之。二十二年八月，命翰林院同刑部官更定《大明律》。按：更定《大明律》、《刑志》及《本紀》俱作洪武二十二年事，惟《藝文志》作二十八年，考王圻《續通考》亦係其事於三十年五月，彼此互異。按《刑志》云，太祖之於律令也，革創於吳元年，更定於洪武六年，整齊於二十二年，至三十年始頒行天下。然則《續通考》所載乃頒行之日，《藝文志》所載或成書之年耳，今並識於此。取比年所增者以類附入，改《名例律》冠於篇首。凡三十卷，為條四百有六十，《名例》一卷四十七條。《吏律》二卷，曰職制十五條，曰公式十八條。《戶律》七卷，曰戶役十五條，曰田宅十一條，曰婚姻十八條，曰倉庫二十四條，曰課程十九條，曰錢債三條，曰市廛五條。《禮律》二卷，曰祭祀六條，曰儀制二十條。《兵律》五卷，曰宮衛十九條，曰軍政二十條，曰關津七條，曰廄牧十一條，曰郵驛十八條。《刑律》十一卷，曰盜賊二十八條，曰人命二十條，曰鬭毆二十二條，曰罵詈八條，曰訴訟十二條，曰受贓十一條，曰詐僞十二條，曰犯奸十條，曰雜犯十一條，曰捕亡八條，曰斷獄二十九條。《工律》二卷，曰營造九條，曰河防四條。又為五刑之圖二。首圖五，曰笞，曰杖，曰徒，曰流，曰死。笞刑五，自一十至五十，每十為一等加減。杖刑五，自六十至一百，每十為一等加減。徒刑五，徒一年，杖六十，一年半，杖七十，二年，杖八十，二年半，杖九十，三年，杖一百，每杖十及徒半年為一等加減。流刑三，二千里，二千五百里，三千里，皆杖一百，每五百里為一等加減。死刑二，絞，斬。五刑之外，有總徒四年，遇例減一年者。有准徒五年。斬、絞、雜犯減等者。流有安置，有遷徙，去鄉一千里，杖一百，准徒二年。有口外為民。徒流之外有充軍，絞斬之外有淩遲，皆非五刑之正，故圖不列。次圖七，曰笞，曰杖，曰訊杖，曰枷，曰杻，曰索，曰鐐。笞大頭徑二分七釐，小頭減一分。杖大頭徑三分二釐，小頭減如笞之數。笞杖皆以荊條為之，皆臀受。訊杖大頭徑四分五釐，小頭減如笞杖之數，以荊條為之，臀腿受。笞杖、訊杖皆長三尺五寸，用官降式較勘，毋以筋膠諸物裝釘。枷自十五斤至二十五斤止，刻其上為長短輕重之數，長五尺五寸，頭廣尺五寸。杻長尺六寸，厚一寸，男子死罪者用之。索鐵為之以繫輕罪者，其長一丈，鐐鐵連環之以縶足，徒者帶以輸作，重三斤。又為喪服之圖，凡八。族親有犯，視服等差定刑之輕重，其因禮以起義者，養母、繼母、慈母皆服三年，毆殺之與毆殺嫡母同罪，兄弟妻皆服小功，互為容納者罪得遞減。舅姑之服皆斬衰三年，毆殺、罵詈之者，與夫毆殺罵詈之律同。姨之子、舅之子、姑之子皆緦麻，是曰表兄弟不得相為婚姻。大惡十，曰謀反，曰謀大逆，曰謀叛，曰惡逆，曰不道，曰大不敬，曰不孝，曰不睦，曰不義，曰內亂。雖常赦不原貪墨之贓六，曰監守盜，曰常人盜，曰竊盜，曰枉法，曰不枉法，曰坐贓。當議者八，曰議親，曰議故，曰議功，曰議賢，曰議能，曰議勤，曰議貴，曰議賓。其惻隱之意散見於各條者，如罪應加者必贓滿數乃坐，如監守自盜，贓至四十貫，絞。若止三十九貫九十九文，欠一文不坐也。加極於流三千里，以次增重，終不得至死。而減至流者，自死而之生，無絞、斬之別。即唐律稱《加就重》條。稱日者以百刻，稱年者以三百六十日。如人命辜限各文書，違限雖稍不及一時刻，仍不得以所限之年月科罪，即唐例稱《日以百刻》條。未老疾犯罪而事發於老疾，以老疾論，幼小犯罪而事發於長大，以幼小論。即唐律《老小廢疾》條。犯死罪非常赦所不原，而祖父母、父母老無養者，得奏聞取上裁。犯徒流者餘罪得收贖，存留養親。即唐律《罪非十惡》條。功臣及五品以上官禁獄者，許令親人入侍，徒流者並聽隨行，違者罪杖。同居親屬有罪，得互相容隱，即唐律《同居相容隱》條，奴婢不得首主。凡告人者，告人祖父不得指其子孫為證，弟不證兄，妻不證夫，奴婢不證主。文職責在奉法，犯杖則不敘。軍官至徒流，以世功猶得擢用。凡若此類，或間採唐律，或更定新制，書成，太祖以諭太孫，太孫請更五條以上，太祖覽而善之。又請凡與五倫相涉者，定宜皆屈法以伸情，乃命改定七十三條。二十三年十二月，諭刑部尚書楊靖，自今惟犯十惡並殺人者論死，餘死罪皆令輸粟北邊以自贖。二十四年，禁罪人誣引善良。二十六年，定制布政司及直隸府州縣，笞杖就決，徒流、遷徙、充軍、雜犯、死罪解部審録行下，具死囚所坐罪名上部

詳議。如律者，大理寺擬覆平允，監收候決，其決不待時，重囚報可即奏，遣官往決之。情詞不明或失出入者，大理寺駁回，改正再問，駁至三改，擬不當，將當該官吏奏問，謂之照駁。若停疑讞決而囚有審異，則改調隔別衙門問擬，二次審異不服，則具奏，會九卿鞫之，謂之圓審。至三四訊不服而後請旨決焉。又制應充軍者，大理寺審訖，開付陝西司本部置立文簿，注姓名、年籍、鄉貫，依南北籍編排，為二册，一進內府，一付該管百戶領去充軍，如浙江、河南、山東、陝西、山西、北平、福建、直隸、應天、廬州、鳳陽、淮安、揚州、蘇州、松江、常州、和州、滁州、徐州人發雲南、四川屬衛，江西、湖廣、四川、廣東、廣西、直隸、太平、甯國、池州、徽州、廣德、安慶人發北平、大寧、遼東屬衛，有逃故按籍勾補其後，條例有發煙瘴地面極邊沿海諸處者，例各不同。而軍有終身，有永遠者，罰及子孫，皆以實犯死罪減等者充之。二十八年九月，頒《皇明祖訓》，禁用黥、刺、剕、刖、閹割之刑，臣下敢以請者置重典。

按：《本紀》禁用黥、刺、剕、刖之刑，作六月事。頒《皇明祖訓》作九月事，考《祖訓》首篇具載禁用黥、刺條，似不應分隸。從《志》為優。

三十年，命部院定贖罪事例，凡內外官吏犯笞杖者記過，徒流、遷徙者俸贖之，三犯罪之如律。五月，作《大明律誥》成。上以法在有司，民不周知，因命刑官取《大誥》條目，撮其要略附載於律。凡榜文禁例悉除之，除謀逆及律誥該載外，其雜犯大小之罪悉依贖罪例論斷。又定會官審録之例，初制有大獄必面訊。十四年，命法司論囚擬律以奏，從翰林院給事中及春坊正字司直郎會議平允，然後覆奏論決。至是置政平訟理二旛審論罪囚。諭刑部自今論囚惟武官死罪親審之，餘俱以所犯奏，然後引至承天門外，命行人持訟理旛傳口諭之。其無罪應釋者，持政平旛宣德意，遣之。繼令五軍都督府、六部、都察院、六科、通政司、詹事府間及駙馬雜聽之，録冤者以狀聞，無冤實犯死罪以下，悉論如律。惠帝建文三年十二月，詔中官奉使侵暴吏民者，所在有司繫治。成祖即位，詔法司問囚一依《大明律》擬議，毋妄引榜文條例為深文。又定《功臣死罪減祿格》。永樂元年二月，命法司五日一引奏，罪囚凡死囚百人以上者，差御史審決。又定《誣告法》，凡誣告三四人者，杖一百，徒三年，五六人者，杖一百，流三千里，所誣重者從重論，誣告十人以上者，凌遲處死，梟首其鄉，家屬遷化外。三年三月，定制文職官及中外旗校軍民人等，凡犯重條，依律科斷，輕者免決記罪，其有不應侵損於人等項及情犯重者，臨時奏請。四年十一月，法司進月繫囚數，凡數百人，大辟僅十之一。上諭呂震曰：此等既非死罪而久繫不決，天氣沍寒，必有聽其冤死者，凡雜犯死罪以下約二百，悉準贖發遣。八年七月，申棄子不育禁，有犯者兩鄰並罪之。九年九月，諭法司凡死罪必五覆奏。十一月，刑科曹潤等言，昔以天寒審釋輕囚，或囚或淹一年以上且一月間瘐死者，九百三十餘人。乃詔徒流以下，三日內決放，重罪當繫者恤之，無令死於饑寒。十一年正月，諭通政司、禮科給事中，凡朝覲官境內災傷不以聞，為他人所奏者，罪之。又令除公罪依律紀録收贖及死罪情重者依律處治，其情輕者，斬罪八千貫，絞罪及榜例死罪六千貫，徒流、杖笞納鈔。有差無力者，發天壽山種樹。十月，遣副都御史李慶齎璽書命皇太子録南京囚，贖雜犯、死罪以下。十二年七月，詔六師入闕有踐田禾、取民畜產者，以軍法論。十六年十月，下令京師凡盜馬者斬。十二月，嚴官吏犯贓之禁。十七年十二月，令自今在外諸司死罪重囚，悉送京師審録，三覆奏，然後行刑。十八年二月，諭甘肅總兵官、陝西行都司所屬軍士有犯笞杖、徒流、遷徙罪者，就發本地極邊處瞭守煙墩，其為事官以下犯死罪者送京師。是年始設東廠，命中官刺事。仁宗即位，敕自今官司所用物料於所產地計直市之，科派病民者罪不赦。十月，命三法司會大學士府部、通政、六科於承天門録囚，著為令。十一月，詔有司凡被災不即請賑者，罪之。立赦條三十五，盡除永樂年間弊政。凡先朝不便於民者，皆援遺詔或登極詔革除之，凡以赦前罪告言人罪者，即坐以所告者罪。洪熙元年三月，詔自今論囚悉依律擬罪，或有朕過於嫉惡，法外用刑者，法司執奏，五奏不允，同三公大臣執奏，必允乃已。文武諸司亦毋得暴酷，用鞭背等刑，及擅用宮刑絕人嗣續。有自宮者，以不孝論。除謀反及大逆者，餘犯止坐本身，毋一切用連坐法，告誹謗者勿治。

按：仁宗此旨命學士楊士奇等以詔書行之，永為定制。似亦知慎刑之道，伏讀《通鑒》輯覽御批法令之當否，詳審至於再三，斯已可矣，必令法司往復五奏，徒滋煩冗。且詳求庶獄，輕重本無遁情，即介於蒙曖疑似之間，或覆勘以得其平，或集議以衷於是，自不致猶有枉縱，如必待臣下執奏乃允，則明慎之謂何，而權勢下移，又開其漸云云。仰見鑒空衡平，得欽恤之要領，若仁宗者則未知赦法之本矣。

宣宗宣德元年五月，定

貴州土人斷罪例，雜犯死罪就彼役作終身，徒流、遷徙者依年限役之，應笞者役五月，應杖者役十月，畢日釋放。二年，定笞杖，罪囚每十贖鈔二十貫，徒流罪名每徒一等折杖二十三，流並折杖百四十，其所罰鈔悉如笞杖所定，無力者發天壽山種樹，死罪、終身徒流各按年限，杖五百株，笞一百株。又令多官覆閲重囚，毋致枉死。江西按察司黄翰言民間無賴之徒，好興詞訟，輒令老幼殘疾，誣告平人，必更議涉虚，加罰乃可。因定老幼殘疾男婦罰鈔贖罪例。三年八月，令犯姦婦女照例用刑。四年二月，諭三法司：凡犯不孝及烝父妾，收兄弟之妻為妻，一切敗倫傷化者，在外有司毋擅斷決，悉送京師如律訊治。若武官及其子弟有犯此者不許復職承襲，永為定制。六月，罷文職犯贓贖罪例。十月，以天氣冱寒，敕南北刑官悉録繫囚以聞，不分輕重。五年五月，命追奪贓吏誥敕，著為令。閏月，敕内外諸司久淹獄囚者，罪之。六年十一月，分遣御史往逮貪暴中官袁琦等十一人，尋命棄市，榜其罪示天下。七年二月，親閲法司所進繫囚罪狀，決遣千餘人，減等輸納，春審自此始。六月，又以炎署命自實犯死罪外，悉早發遣且馳諭中外，刑獄悉如之。八年三月，諭内外優恤軍士，違者風憲官察奏罪之。九月，遣官録天下重囚。

《明太祖實録》〔吴〕元年十二月　甲辰，律令成，命頒行之。初命李善長等詳定律令，上每御西樓，召諸議律官及儒臣，皆賜坐講論，以求至當。謂起居注熊鼎曰：吾適觀羣臣所定律令，有未安者，吾特以一己意見決之，而衆輒以爲然，鮮有執論。蓋刑法重事也，苟失其中，則人無所措手足，何以垂法後世？鼎對曰：主上參於羣議，斷以睿見，誠爲允當。請俟書成，更與廷臣看詳，而後頒之。上然其言。及是始成，上與廷臣復閲視之，去煩就簡，減重從輕者居多。凡爲令一百四十五條：吏令二十，户令二十四，禮令十七，兵令十一，刑令七十一，工令二。律準唐之舊而增損之，計二百八十五條：吏律十八，户律六十三，禮律十四，兵律三十二，刑律一百五十，工律八。命有司刊佈中外。善長等賜物有差。

上又諭羣臣曰：讀書所以窮理，守法所以持身，故吏之稱循良者，不在於威嚴，在於奉法循理而已。卿等既讀書，於律亦不可不通。大抵人之犯法者，違理故也。君子守理，故不犯法，小人輕法，故陷重罪。今卿等各有官守，宜知所謹。

〔清〕譚瑄《續刑法敘略》　明太祖洪武元年，即定爲律令一百四十五條，頒行天下。諭之曰：律令者，治天下之法也。令以教之於先，律以齊之於後。天下果能遵令而不犯於律，刑措其何難哉。六年命刑部尚書劉惟謙等造律文，明年書成。其篇目一准於唐，曰《名例》，曰《衛禁》，曰《職制》，曰《户婚》，曰《厩庫》，曰《擅興》，曰《賊盗》，曰《鬬訟》，曰《詐僞》，曰《雜律》，曰《捕亡》，合六百有六條。又有《大誥三篇》及《大誥武臣》等書。唐宋所謂律、令、格、式，與其編勑皆在是也。太祖御制序云：今後法司只依律與大誥議罪。合黥刺者，除黨逆家屬併律該載外，其餘有犯，俱不黥刺。雜犯死罪併徒流、遷徙、笞杖等刑，悉依今定贖罪條例斷，刊布中外，臣民咸使聞知。時帝懲元氏以寬縱失天下，立法甚嚴，臣民有犯必誅，無輕貸者。凡有貪酷縣令，許里老解赴京師剝皮問罪。弘治十三年，頒所爲《問刑條例》於天下。嘉靖三十四年又續增之，共三百八十五條事例。萬曆十三年，命刑部尚書舒化等重加修定。時臣僚言律有重而難行，故例常從輕，不無過輕而失之縱。律有輕而易犯，故例常從重，不無過重而近於苛。如强盗傷人與殺人者，其情自異，難同梟示之條。私賣軍器比出境者，其罪既同，原無各斬之律，人命出辜限而通擬抵償，恐多冤獄。略賣至三犯而照前發遣，未足懲奸。冒籍生員非買文頂替之比，何以俱發口外。賣放軍犯有終身永遠之别，豈容一槩代當。至於加死爲重，不引律而即引律。梟示尤重，律無斬而例即梟。凡此據文，既有可訾於律，不無相礙，必求經久之議，以協情法之中。敖英嘗論曰：國朝之律，可謂情與法併行而不悖者也。如十惡不原法也，八義未減情也。干名犯義者，法也，得相容隱者，情也。自首免罪者，情也，猶追贓證者，法也。罪有加者，法也，有減者，情也。有從重者，法也，有免科者，情也。凡法之所在而不姑息者，盡之義也。凡情之所在而必體悉之者，仁之至也。邱濬論律令亦云：律者，刑之法令者，法之意，法具則意寓乎其中。方草創之初，未暇詳其曲折，故明示以其意之所在令是也。平定之後，既以備其制度，故詳載其法之所存，律是也。伏讀祖訓，止命子孫守法與《大誥》，而不及令。是誥與律乃朝廷所當世守，法司所當遵行者也。事有律不載而具於令者，據其文而援以爲請，用以證之

於上可也。萬曆之季，王肯堂纂爲《律例箋釋》一書。凡見行條例及會典諸書有資互考者，悉附焉。其言曰：以律繩人，即古懸法象魏之意。蓋禁之於未然，而非欲不失刑於已然也。今之仕宦者，多不體此意，爲經生時既目不知律，及有民社之寄又漫不經心，一切倚辦吏書而已。其不任吏書者，又於原籍攜帶訟師罷吏同至任所，用爲主文，招權納賄，無所不至，已多冤民矣。又鍛鍊以爲能，鉤距以示察，奈何草菅千百命以莊嚴一官也哉。夫小民無知而犯法，猶赤子無知而入井。不能仰體聖祖之心，教詔無素，即使刑當其罪，已爲不教而誅。況移情就律，枉濫實多乎。問刑官溺職若此，皆由内外風憲官員不行考校之過也。所以冤抑不平之氣，上干天地之和，下爲水旱災沴。夫律意必講而後始明，非獨詞旨簡嚴奥博，不易討究。而刑期無刑，用主不用。上帝好生之心，虞廷欽恤之意，三十卷中時隱時見，非俗吏桎梏章句者所知，是不可不細講也。崇禎時，蔡懋德患讞獄者都不知律意，乃精注《明律》。又有《讀律源頭》如明明德格物絜矩，及去所去辟去驕泰，併《周易》《尚書》等經籍中律語，以冠於先。又有輔律詳節如《大誥條例》之類，以續於後。此二書者，誠足與《明律》相附而行也。

《明史》卷九三《刑法志》 洪武元年，又命儒臣四人同刑官講《唐律》，日進二十條。五年，定宦官禁令及親屬相容隱律。六年夏，刊《律令憲綱》，頒之諸司。其冬，詔刑部尚書劉惟謙詳定《大明律》。每奏一篇，命揭兩廡，親加裁酌。及成，翰林學士宋濂爲表以進，曰：臣以洪武六年冬十一月受詔，明年二月書成。篇目一准於唐，曰《衛禁》，曰《職制》，曰《戶婚》，曰《廄庫》，曰《擅興》，曰《賊盜》，曰《鬥訟》，曰《詐僞》，曰《雜律》，曰《捕亡》，曰《斷獄》，曰《名例》。採用舊律二百八十八條，續律百二十八條，舊令改律三十六條，因事制律三十一條，掇《唐律》以補遺百二十三條，合六百有六條，分爲三十卷。或損或益，或仍其舊，務合輕重之宜。九年，太祖覽律條猶有未當者，命丞相胡惟庸、御史大夫汪廣洋等詳議，釐正十有三條。十六年，命尚書開濟定詐僞律條。二十二年，刑部言：比年條例增損不一，以致斷獄失當。請編類頒行，俾中外知所遵守。遂命翰林院刑部官，取比年所增者，以類附入。改《名例律》冠於篇首。

《明史》卷九五《刑法志》 洪武六年，工部尚書王肅坐法當笞，太祖曰：六卿貴重，不宜以細故辱。命以俸贖罪。後群臣罣誤，許以俸贖，始此。然永嘉侯朱亮祖父子皆鞭死，工部尚書薛祥斃杖下，故上書者以大臣當誅，不宜加辱爲言。廷杖之刑，亦自太祖始矣。宣德三年，怒御史嚴皚、方鼎、何傑等沈湎酒色，久不朝參，命枷以徇。自此言官有荷校者。至正統中，王振擅權，尚書劉中敷，侍郎吳璽、陳瑺，祭酒李時勉率受此辱，而殿陛行杖習爲故事矣。成化十五年，汪直誣陷侍郎馬文升、都御史牟俸等，詔責給事御史李俊、王浚輩五十六人容隱，廷杖人二十。正德十四年，以諫止南巡，廷杖舒芬、黄鞏等百四十六人，死者十一人。嘉靖三年，群臣爭大禮，廷仗豐熙等百三十四人，死者十六人。中年刑法益峻，雖大臣不免笞辱。宣大總督翟鵬、薊州巡撫朱方以撤防早，宣大總督郭宗皋、大同巡撫陳燿以寇入大同，刑部侍郎彭黯、左都御史屠僑、大理卿沈良才以議丁汝夔獄緩，戎政侍郎蔣應奎、左通政唐國相以子弟冒功，皆逮杖之。方、燿斃於杖下，而黯、僑、良才等杖畢，趣治事。公卿之辱，前此未有。又因正旦朝賀，怒六科給事中張思静等，皆朝服予杖，天下莫不駭然。四十餘年間，杖殺朝士，倍蓰前代。萬曆五年，以爭張居正奪情，杖吳中行等五人。其後盧洪春、孟養浩、王德完輩咸被杖，多者至一百。後帝益厭言者，疏多留中，廷杖寢不用。天啓時，太監王體乾奉敕大審，重笞戚畹李承恩，以悦魏忠賢。於是萬燝、吳裕中斃於杖下，臺省力爭不得。閣臣葉向高言：數十年不行之敝政，三見於旬日，萬萬不可再行。忠賢乃罷廷杖，而以所欲殺者悉下鎮撫司，士大夫益無噍類矣。

《明太祖實録》洪武六年閏十一月 庚寅，詔刑部尚書劉惟謙詳定《大明律》。先是，上既命頒行律令，又恐小民不能周知，命大理卿周禎等直解其義，頒行民間。既而又令儒臣同刑官共講唐律，日録二十餘條進覽。上爲〔斟〕酌，〔量〕擇其可行者從之。至是，重命惟謙詳定《大明律》，篇目皆準於唐。其〔形〕〔刑〕五，一曰笞〔形〕〔刑〕五，自一十至五十，每一十爲一等加減。二曰杖〔形〕〔刑〕五，自六十至一百，每一十爲一等加減。三曰徒〔形〕〔刑〕五，徒一年杖六十，一年半杖七十，二年杖八十，二年半杖九十，三年杖一百。自一年至三年爲五等，每杖一十及半年爲一等加減。四曰流刑三，二千里杖一百，二千五百里杖一百，

三千里杖一百，自二千至三千里爲三等，每五百里爲一等加減。五曰死（形）〔刑〕二，絞、斬。其篇目曰《名例》，曰《衛禁》，曰《職制》，曰《户婚》，曰《廄庫》，曰《擅興》，曰《盜賊》，曰《鬥訟》，曰《詐僞》，曰《雜律》，曰《捕亡》，曰《斷獄》。採用舊律二百八十八條，續律一百二十八條，舊令改律三十六條，因事制律三十一條，掇唐律以補遺一百二十三條，合六百有六，分爲三十卷。其間損益，務合輕重之宜，每成一篇，輒繕寫以進。上命揭於兩廡之壁，親加裁定。及成，翰林學士宋濂爲表以進。命頒行天下。

（明）焦竑《玉堂叢語》卷四《纂修》 吴元年，初置翰林院，首召陶安爲學士，時方召四方宿儒集闕下議禮，命安總之，詔修律令，安爲議律官。十二月甲辰，律令成，命刊布中外。洪武元年正月，《大明令》刊修，分吏、户、禮、兵、刑、工，《大明律》亦如之。儒臣奉二書以進，上曰：律令者，治天下之法也，令以教之於先，律以齊之於後。今所定律令，芟繁就簡，使之歸一，直言其事，庶幾人人易知而難犯。八月己卯，上念律令尚有輕重失宜，有乖大典，命儒臣四人同刑部官講唐律，日寫二十條取進，上擇其可者從之。其或輕重失宜，則親爲損益，務求至當。六年十月，復命刑部與本院審定《大明律》，七年二月律成，學士宋濂撰表以進。二十二年八月，更定《大明律》，初命本院同刑部官將比年律條參考折衷，以類編附，曰《名例律》，附於斷獄下。至是特載諸篇首，頒行之。

《明史》卷九四《刑法志》 犯罪籍没者，洪武元年定制，自反叛外，其餘罪犯止没田産孳畜。二十一年，詔謀逆姦黨及造僞鈔者，没貲産丁口，以農器耕牛給還之。凡應合鈔劄者，曰姦黨，曰謀反大逆，曰姦黨惡，曰造僞鈔，曰殺一家三人，曰採生拆割人爲首。其《大誥》所定十條，後未嘗用也。復讎，惟祖父被毆條見之，曰：祖父母、父母爲人所殺，而子孫擅殺行兇人者，杖六十。其即時殺死者勿論。其餘親屬人等被人殺而擅殺之者，杖一百。按律罪人應死，已就拘執，其捕者擅殺之，罪亦止此。則所謂家屬人等，自包兄弟在内，其例可類推也。

《明史》卷九三《刑法志》 太祖之定律文也，歷代相承，無敢輕改。其一時變通，或由詔令，或發於廷臣奏議，有關治體，言獲施行者，不可以無詳也。

洪武元年，諭省臣：鞫獄當平恕，古者非大逆不道，罪止及身。民有犯者，毋得連坐。尚書夏恕嘗引漢法，請著律，反者夷三族。太祖曰：古者，父子兄弟罪不相及，漢仍秦舊，法太重。却其奏不行。民父以誣逮，其子訴於刑部，法司坐以越訴。太祖曰：子訴父枉，出於至情，不可罪。有子犯法，父賄求免者，御史欲並論父。太祖曰：子論死，父救之，情也，但論其子，赦其父。十七年，左都御史詹徽奏民毆孕婦至死者，律當絞，其子乞代。大理卿鄒俊議曰：子代父死，情可矜。然死婦係二人之命，犯人當二死之條，與其存犯法之人，孰若全無辜之子。詔從俊議。二十年，詹徽言：軍人有犯當杖，其人嘗兩得罪而免，宜並論前罪，誅之。太祖曰：前罪既宥，復論之則不信矣。杖而遣之。二十四年，嘉興通判龐安獲鬻私鹽者送京師，而以鹽賞獲者。户部以其違例，罰償鹽入官，且責取罪狀。安言：律者萬世之常法，例者一時之旨意。今欲依例而行，則於律内非應捕人給賞之言，自相違悖，失信於天下也。太祖然其言，詔如律。

（清）查繼佐《罪惟録》志卷二一《刑法志》 〔洪武〕五年，禮部尚書陶凱言：古違令者加以律，律與令相表裏。今律已行，而令仍缺略未備。隨定《大明令》，不果行。上嘗令圖大辟諸囚人罪狀於錦衣衛外垣，使人觀省。仍黜五刑酷法。有特詔：官吏犯贓罪者不貸。曰：元末賄行，此弊不革，善政必不可行。於是郡縣貪酷吏律外存有膚刑，贓至六十兩以上者梟示。各立土神廟於堂皇之左，於此告神施刑，相傳皮場廟即此。或取皮覆公座如褥，嘗疊六七不止。後官坐此心戰。

六年，更定親屬互容隱律，惟謀反惡逆如故。詔刑部詳定《大明律》，隨成隨進。每篇上親加裁定。其篇目一準於唐，合六百有六條，分爲十三卷。

九年，重訂《大明律》，諭胡惟庸、汪廣洋等曰：古昔風俗淳，禁網疎闊。後世人心漸漓，刑法積以益密。漢蕭何律九章，至張湯猶復亂之，況乎初未盡善，安能永遠不敝，其更詳議。時奉命釐正者十有三條。

十四年，詔論囚必從翰林院、給事中及春坊正字司直郎會議平允，覆奏乃決。

十五年，頒定軍法，凡二十九條。內載軍職宿娼最嚴，雖赦終身勿敘。議三審五覆之法。更令刑部議定詐僞律條，以尚書開濟言，禁奏劄毋繁文，惑出入人罪。有犯，以其罪罪之，榜示。

十六年，與刑部論囚，有曰：獄必原情，人命至重，心存平恕，猶恐失之，况益以深文乎？

十八年，定《大誥》三篇，内姦犯科，凡被誅賄敗官吏，具列姓名無隱，令朝野臣民家傳口誦，仍頒學校出題考貢。即有他犯，藏此書者，得減等論，無此書加等。以後止有減等，不問藏書。偶吏部奏庶官罪黜，宜除廣東儋崖等處，上曰：前代儋崖在化外，今天下一家，何乃爲此？彼地俗未淳，正宜擇良吏化導之，豈宜罪人居此，以長其不肖？

十九年，左都御史詹徽，以所上獄上多所矜恤，特請重法，使人知畏。上曰：律貴得中，縱不可，濫亦未是，貴乎刑清而已，勿多求。

二十年，軍人犯罪宜杖，詹徽欲並前已宥之罪合論之，坐死。上曰：吾前宥而今復論，是吾言不信於前也。此係故入，定罪者不免矣。止於杖。【略】律犯雕青有罪，罪戍。雕青者，古吴文身法也，兩臂股皆刺龍鳳花鳥，以繁細者爲貴。元時豪俠子弟皆務此，夸炫成俗。時與種煙同禁，以示中國之别於外彝。尋以錦衣衛非法淩虐，立毁刑具，盡以所繫囚送刑部。先是，上屢示明刑，而錦衣衛猶沿非法，如刷洗、沃沸、湯剝，及梟鈎、脊□、竿挑、墜石、穀道鈎腸、挑膝肋、錫蛇游等，間或私行，是後列朝遂無溢五刑之外者。詔有司犯輕罪者議宥，定有戴罪復職及録過復官之例。

（明）談遷《國榷》太祖洪武十八年十月　己丑朔，作《大誥》。頒示天下。

何喬遠曰：高皇帝本淮右布衣，幼苦孤貧，長遭兵亂，人之情僞，無不盡知。自平武昌以來，即與群臣議定律令，損益更改不計數。即位之初，首頒《大明令》百四十五條於天下。次爲直解，使愚民盡知。蓋疏節闊目，欲以簡以嚴，共期無刑之化。而物態多端，律文不載，比例繁多，姦吏因得出入。至六年重定，明年律成。篇首準於唐律，條令六百有六，可謂詳矣。而貪墨之吏，姦頑之民，尚未格心。帝乃大召天下耆德高年之人，禮於有司，使得執貪吏，禽奸民面奏，奏實者加非常之誅。於是有挑筋、剁指、刖足、斷手、刑臏、鈎腸、去勢，以止大憝。府州衛所，右廨右廟，名曰皮場。吏受贓至六十金者，引入場中，梟首剝皮，更代之官設皮坐。造淮清樓，令校尉下瞰城内，有吹彈、蹴踘、賭博、無作務者，捕置樓中僅許水飲。游手逋賦之僧，欲地埋軀，以行鏟頭之會。其他徙邊實都，墾田築城，自贖罪者，不可勝計。於是揭著文武臣民罪由，布於天下，而《大誥》之篇出矣。所以人人惴慄，吏畏民馴。其時徵辟之士，有司督趣，如捕罪囚。仕於朝者，多詐死佯狂，求解職事。自非剛敏博達之士，溫恭毖畏之臣，烏能勝其任而遇合乎。然原高帝之意，皆以革元人姑息之政，洗故俗污染之非，非爲訓於後王。故祖訓首章，特戒守成之君，黥、刺、腓、劓、閹割之刑，永不可用。臣下不匡者，磔其身，誅其家。誠恐嗣君宫生内長，人情真僞善惡，示必灼然無疑，一時不當，悮傷良善也。末年更定，吏、戶、禮、兵、刑、工分爲六類，析十二篇爲二十九，約六百六條爲四百六十。異日權宜法外之法，盪滌湔除，與天下更始矣。是以高皇帝雖昭威顯辟，誅殺大張，而天命永眷，人心不移。延及建文，餘教未衰，二三碩士，投火愈烈，擠淵彌厲，若自附於不貳有終之臣。天地神靈，知高皇帝無淫威之意。海内臣民，諒其有德愛之實也。

《大誥三編·序》　朕爲臣民有不善者，往往造罪淵深。及其犯也，法司究問，情弊顯然。以其弊也，弊甚多端。以其情也，情甚姦深。由是法司原情擬弊，凡律所該載者，各隨所犯，備施五刑，如此者非一年矣。其姦頑之徒，未嘗肯格心向善，良民君子每被擾害，終無一歲優閒。朕才疏德薄，控馭之道竭矣。遂於洪武十八年冬十一月，首出《大誥》前編，以示臣民。其《誥》一出，良民君子欣然遵奉。惡人以爲不然，仍蹈前非者叠叠，不旋踵而發覺。發覺速者爲何？爲良民君子，知前《誥》之精微，一心欽遵，有所怙恃，乃與姦惡辨。所以强淩人者，衆暴人者，以計量致賺人者，設諸不正邪謀之徒，專以此爲良善之害者，一施即爲良善之所擒。所以發覺之疾也，所以良善之志伸矣，含冤者漸少。然無籍姦頑尚不知善良秉《大誥》以除姦頑，設心無知，輕生易死，犯若尋常，上累朝廷用刑之慘，下滅身家，若此者又非一二人。朕慮不忍，以《續編》再出，警省愚頑，使毋仍蹈。《誥》出，良民一見，欽敬之心，如流之趨下。巨惡之徒，尚以爲不然。中惡之徒，將欲遷善而不能。云何？以其惡已

及人，盈於胸懷，著於耳目矣，終被善良所擒，朕觀若是。斯二《誥》於民間，良民君子坦然無憂，伸於諸惡之上。其姦頑之徒，屈於善良之下，雖不死者，終是囚徒。以前二《誥》，良民君子欽遵有益，人各獲安。邇來兇頑之人，不善之心，猶未嚮化，朕復出《誥》以三示之。姦頑敢有不欽遵者，凡有所犯，比《誥》所禁者治之。嗚呼！良民君子之心，言不在多，其心善矣。兇頑之徒，雖數千萬言，終不警省，是其自取也。此《誥》三頒，良民君子，家傳人誦，以爲福壽之實，不亦美乎！洪武十九年冬十有二月望日序。

《大誥三編·後序》 臣聞昔列聖之馭宇，必明綱常，正法度，使號令賞罰粲然布於天下。是以民無少長，皆知教化之當從，法度之當守，所以民淳俗厚，罔罹刑憲。於是上契天心，三光明，寒暑時，海宇寧謐，民樂雍熙，至今照耀簡册，何其盛哉！奈何三代以降，漢、晉、唐、宋之君，因循爲治，先王之教，日衰月替，俗漸澆漓。降及胡元，以夷風制治先王之教，華夏之風，於是掃蕩無餘，民俗愈偷，可勝歎哉！欽惟皇上，神聖文武，受天眷命，統有天下，十九年於茲。深慕二帝三王之治，宵旰不遑，欲丕變胡俗，復我中國先王之治。奈乏賢爲輔，所以治之雖嚴，而犯者自若。皇上深念從古至今，無有不可變之俗，無有不可化之民，故於機務之隙，特將官民過犯，條成二《誥》，頒示中外，使民知所勸懲。未幾，民有從命者，將所在姦惡之徒，擒獲至京，以除民患。於是皇上知斯民有從命之誠，有可化之機，所以至者特加賞勞，以激勸之。然而民狃於污習，雖暫革面，猶未格心。其中因法爲弊者，姦詐百生，異乎尋常。神明鑒察，其情其罪，卒莫能逃。皇上復慮天下官民傚效成風，自取刑戮，特撥機務，復條此《誥》，使其知此姦此計罔能欺誑，徒自殺身。天下官民誠能體皇上惓惓之心，鑒此非爲，格心從化，庶幾至治可興，華風復振。將見人有士行，比屋可封，享五福於悠久，豈不美歟！臣叨備侍從，目覩皇上憂勤圖治之切，恐官民弗能悉知，不揣蕪陋，謹拜手稽首書此於後云。洪武十九年冬十有二月二十五日，承務郎左春坊左贊善臣劉三吾謹序。

《大誥武臣·序》 洪武二十年十二月，爲管軍衙門，在京都督府首領官，十二衛各衛指揮、千戶、百戶、鎮撫、知事、衛令史、典吏、軍吏、總旗、小旗；在外各都司首領官，各衛指揮、千戶、百戶、鎮撫、知事、衛令史、典吏、軍吏、總旗、小旗；中都留守司經歷、知事，並陳州、穎州二衛，苦軍妄支錢糧。指揮胡璉、陳勝等，遼東梅都指揮，廣西耿都指揮，平陽千戶所千戶彭友文等二員，魯府護衛蔡指揮，毛千戶等，這等官人，上壞朝廷的法度，下苦小軍，略不有些哀念，將那小軍每苦楚，也不如猪狗。且如人家養箇雞狗及猪羊，也等長成然後用，未長成，怎麽說道不餵食，不放。必要餵食，看放有條理，這等禽獸畜生方可用。如今軍官全家老小，喫着穿着的，這見受的職事，都是軍身上來。這軍便似他家裏做飯的鍋子一般，便似倉裏米一般，又似莊家種的田一般。這軍官每如今害軍呵，他那心也那裏是箇人心，也趕不上禽獸的心，若比草木也不如。草木知春秋，當春便生，當秋便死。似他這般害軍呵，卻便似自家打破鍋子要飯喫麽道。却似露天地裏放着米，眼前喫一頓，別的都爛了，明日再要米喫，有也無？卻如莊家種田，本是一百畝，足本家食用，內賣去十四五畝，荒了數畝，尚且要飽飯喫，得也不得？如今做總兵官，貪財殺降，科斂出征頭目。守衛管軍指揮、千百戶、鎮撫、旗首人等，如此害軍呵，却不似打破鍋子，爛了米，荒了田，賣了田。似這等爲總兵的，望有功封公、封王、封侯，這等名爵裏想着要呵，得也不得？那內外衛分指揮、千百戶、鎮撫、旗首，害得軍十分苦楚。望長遠受用，如何能勾。這等害人的人，這個不有天災，必有人禍。似這等災禍應呵，應則有遲有疾。且如在京的管軍官吏人等，我每日早朝晚朝，說了無限的勸戒言語，若文若武，於中聽從者少，努目不然者多，其心專一害衆成家。及其犯法到官，多有懷恨，說朝廷不肯容，又加誹謗之言，爲這般凌遲了這誹謗的人若干。及自有一等不誹謗，甘心受貶，做軍三二年、五七年、十數年，纔可憐他，召回復職，到任都無兩月，其害軍尤甚前日，更加姦騙軍婦。似此等愚下之徒，我這般年紀大了，說得口乾了，氣不相接，也說他不醒。我將這備細緣故，做成一本書，各官家都與一本。這話直直地說。軍官有父母的，父母每教誡。有兄弟妻子的，便教生些仁義之心。則把那小軍身上穿的衣服，口裏喫的飯，下的那箇小房子兒都看了，自家心裏尋思，把做自家做軍，似這等過活，受得將去，也受不將去？若是將心比心，情意度量到根前，果實過不去呵！那做父母妻子兄弟，

怎麼可憐小軍，發些仁慈心，教那爲官的休害小軍。我許大年紀，見了多，擺佈發落了多，從小受了苦多。軍馬中，我曾做軍來，與軍同受苦來，這等艱難備細知道。這般比並着説，這愚頑貪財不怕死的，説了乾無事。似這等難教難化，將了怎地好？這文書各家見了呵，父母、妻子、兄弟、朋友，怎麼勸誡，教休做這等惡人，合着天理仁心了行，却不好？有一等官人家，父母、妻子、兄弟一同害人，滿家兒並無一箇發仁心的。似這等全家兒壞了的，也好些箇。這文書裏説得明白，一件件開得分曉。若還再如此害軍，便是自己犯了又犯一般，難説你不曾見文書，不知道這文書，又不是吏員話，又不是秀才文，怕不省得呵！我這般直直地説着，大的小的都要知道，賢的愚的都要省得。這書與管軍的人造福，不是害他的文書。不聽不信呵，家裏有小孩兒每不記呵，犯法到官，從頭兒計較將來，將家下兒男都問過，你記得文書裏幾件？若還説不省得，那其間長幼都治以罪。爲此，特將不才無籍、殺身亡家亡名之徒，條陳於後，仁者智者覩之。管軍人員，毋違我訓，毋蹈前非，故勑序爾。

《明史》卷九三《刑法志》　爲卷凡三十，爲條四百有六十。《名例》一卷，四十七條。《吏律》二卷，曰職制十五條，曰公式十八條。《户律》七卷，曰户役十五條，曰田宅十一條，曰婚姻十八條，曰倉庫二十四條，曰課程十九條，曰錢債三條，曰市廛五條。《禮律》二卷，曰祭祀六條，曰儀制二十條。《兵律》五卷，曰宫衛十九條，曰軍政二十條，曰關津七條，曰厩牧十一條，曰郵驛十八條。《刑律》十一卷，曰盜賊二十八條，曰人命二十條，曰鬥毆二十二條，曰罵詈八條，曰訴訟十二條，曰受贓十一條，曰詐僞十二條，曰犯姦十條，曰雜犯十一條，曰捕亡八條，曰斷獄二十九條。《工律》二卷，曰營造九條，曰河防四條。

爲五刑之圖凡二。首圖五：曰笞，曰杖，曰徒，曰流，曰死。笞刑五，自一十至五十；每十爲一等加減。杖刑五，自六十至一百；每十爲一等加減。徒刑五，徒一年杖六十，一年半杖七十，二年杖八十，二年半杖九十，三年杖一百；每杖十及徒半年爲一等加減。流刑三，二千里，二千五百里，三千里，皆杖一百；每五百里爲一等加減。死刑二，絞、斬。五刑之外，徒有總徒四年，遇例減一年者。有准徒五年，斬、絞、雜犯減等者。流有安置，有遷徙，去鄉一千里，杖一百，准徒二年。有口外爲民，其重者曰充軍。充軍者，明初唯邊方屯種，後定制，分極邊、烟瘴、邊遠、邊衛、沿海、附近。軍有終身，有永遠。二死之外，有凌遲，以處大逆不道諸罪者。充軍、凌遲，非五刑之正，故圖不列。凡徒流再犯者，流者於原配處所，依工、樂户留住法。三流並決杖一百，拘役三年。拘役者，流人初止安置，今加以居作，即唐宋所謂加役流也。徒者於原役之所，依所犯杖數年限決訖，應役無得過四年。

次圖七：曰笞，曰杖，曰訊杖，曰枷，曰杻，曰索，曰鐐。笞，大頭徑二分七釐，小頭減一分。杖，大頭徑三分二釐，小頭減如笞之數。笞、杖皆以荆條爲之，皆臀受。訊杖，大頭徑四分五釐，小頭減如笞杖之數，以荆條爲之，臀腿受。笞、杖、訊，皆長三尺五寸，用官降式較勘，毋以筋膠諸物裝釘。枷，自十五斤至二十五斤止，刻其上爲長短輕重之數。長五尺五寸，頭廣尺五寸。杻長尺六寸，厚一寸。男子死罪者用之。索，鐵爲之，以繫輕罪者，其長一丈。鐐，鐵連環之，以縶足，徒者帶以輸作，重三斤。

又爲喪服之圖凡八：族親有犯，視服等差定刑之輕重。其因禮以起義者，養母、繼母、慈母皆服三年。毆殺之，與毆殺嫡母同罪。兄弟妻皆服小功。互爲容隱者，罪得遞減。舅姑之服皆斬衰三年，毆殺罵詈之者，與夫毆殺罵詈之律同。姨之子、舅之子、姑之子皆緦麻，是曰表兄弟，不得相爲婚姻。

大惡有十：曰謀反，曰謀大逆，曰謀叛，曰惡逆，曰不道，曰大不敬，曰不孝，曰不睦，曰不義，曰内亂。雖常赦不原。貪墨之贓有六：曰監守盜，曰常人盜，曰竊盜，曰枉法，曰不枉法，曰坐贓。當議者有八：曰議親，曰議故，曰議功，曰議賢，曰議能，曰議勤，曰議貴，曰議賓。

《明太祖實録》洪武二十二年八月　是月，更定《大明律》。先是，刑部奏言，比年律條增損不一，在外理刑官及初入仕者不能盡知，致令斷獄失當，請編類頒行，俾知所遵守。遂命翰林院同刑部官取比年所增者參考折衷，以類編附。舊律《名例律》附於斷獄下，至是特載之篇首，凡三十卷，四百六十條。《名例》一卷，四十七條。《吏律》二卷，曰職制十五條，曰公式十八條。《户律》七卷，曰户役十五條，曰田宅十一條，曰婚

姻十八條，曰倉庫二十四條，曰課程十九條，曰錢債三條，曰市廛五條。《禮律》二卷，曰祭祀六條，曰儀制二十條。《兵律》五卷，曰宫衛十九條，曰軍政二十條，曰關津七條，曰廄牧十一條，曰郵驛十八條。《刑律》十一卷，曰盗賊二十八條，曰人命二十條，曰鬥毆二十二條，曰罵詈八條，曰訴訟十二條，曰受贓十一條，曰詐僞十二條，曰犯姦十條，曰雜犯十一條，曰（補）〔捕〕亡八條，曰斷獄二十九條。《工律》二卷，曰營造九條，曰河防四條。書成，命頒行之。

（清）查繼佐《罪惟録》志卷二一《刑法志》　〔洪武〕二十八年，引《大誥》減等例，令法司重訂祖訓。有曰：朕自起兵四十餘年，只因情犯深重，特令法外加刑，此特權宜處置，非守成之君所遵守。以後止守律與《大誥》，並不許用黥、刺、腓、劓、閹割之刑。

三十年，節略《大誥》要條，附於律，名曰《大明誥律》。刑部都察院請加逆案三族法，不許。又置政平、訟理二旛，諭刑部曰：武臣死罪，朕親審之。其餘但以所犯來奏於承天門外，有未服者，行人持訟理旛諭之。訟理其應釋者，持政平旛宣德意遣之。實犯死罪如律，雜犯死罪準贖。

按洪武初，日炤民江伯兒刲脅療母疾，至於殺其三歲子食母，母愈，有司請旌。上以法無賊性，杖伯兒百，戍之以示戒。

民有隨母改嫁，割股愈後父病，事聞，上曰：母再嫁，與民父何親？傷其父遺體，以活父之非親，不孝。寘諸法。

李秉者，坐戍赦歸，歸無貲，鬻其四歲女中道。上以爲忍，腐之。

十六年，有子犯法當死，其父行賄求免，露，御史執之，並欲罪其父，以聞。上曰：父子至情，不知爲犯法。但論其子，赦父。

《明會典》卷一七三《刑部·罪名》　按洪武間所定，真雜犯死罪，並工役終身。及永樂間定遷發種田，與律不無異同。今問刑衙門，俱遵依弘治十年所定。其嘉靖間奏定條例内斬絞罪名，近又酌議奏準，俱附入本律下。今並載舊例於此，以備參考。

洪武初，定真犯死罪，律令：十惡，變亂成法，朦朧奏啓，棄毁制書印信，漏泄軍情大事，强佔良家妻女，背夫在逃改嫁，收父祖妾及伯叔母嫂弟婦，失誤軍機，殺傷來降人及逼勒逃竄，拒捕，激變良民失陷城池，造妖書妖言，盤詰奸細，强盗，盗制書印信，誣執翁姦，刦囚，白晝搶奪傷人，發塚見屍，略人略賣人因而傷人，謀故鬥毆等項殺人，奴婢毆罵家長，威逼期親尊長致死，妻妾毆夫篤疾，姦家長妻女，强姦，竊盗三犯，詐僞，誣告故入人罪已決，告謀逆不受理以致攻陷城池，罪因反禁在逃，故禁故勘平人致死，放火故燒人房屋盗財物者，邀取實封公文，從軍征討私逃再犯，秋糧違限一年之上不足，三犯逃軍，師巫假降邪神及妄稱彌勒佛會，軍人私出外境擄掠傷人，死囚之子孫爲父母等自殺。《大誥》：僧道不務祖風，説事過錢，冒解罪人，逸夫，濫設吏卒，耆民赴京面奏事務阻當者，擅立幹辦等項名色，閒民同惡，官吏下鄉，擅差職官，魚課擾民，經該不解物，不對關防勘合，關隘騙民，居處僭上用，市民爲吏卒，造作買辦不與價，慶節和買，空引偷軍，臣民倚法爲姦，官吏長解賣囚，寰中士夫不爲君用，鄉民除患，阻當耆民赴京。雜犯死罪。律令：盗倉庫錢糧，官吏受贓過滿，稱訴冤枉借用印信封皮，私赴冒渡關津出外境，私將人口軍器出外境及下海，投匿名文書告人罪，毆制使及本管長官折傷，遞送逃軍妻小出京城，凌虐罪囚致死者。《大誥》：官民犯罪買重作輕或盡行買免，攬納户，安保，斷指誹謗。洪武三十年定，決不待時：十惡，强盗，刦囚，激變良民，失陷城池，罪囚反獄在逃，告謀逆不受理以致攻陷城池，僞造制書寶鈔印信曆日等。秋後處決：詐僞，强姦，越皇城者，失誤軍機，朦朧奏啓，朋姦欺罔，背夫在逃因而改嫁，收祖父妾及伯叔母嫂並弟婦，棄毁卷宗，説事過錢，更名易諱，盤詰奸細，發塚見屍，向宫殿射箭，奴婢毆家長，妻妾毆夫篤疾，誣執翁姦，竊盗三犯，拒捕傷人，造妖書妖言，盗制書印信，拒捕，姦黨，從軍征討私逃再犯，守禦軍逃三犯，大臣專擅選官，强佔良家妻女，經斷人朦朧充當近侍及宿衛，漏泄軍情大事，邀取實封公文，放火故燒人房屋盗取財物，殺傷來降人及逼勒逃竄，持杖入宫殿門，略人略賣人因而傷人，軍人私出外境擄掠傷人，阻當耆民赴京，誣告一二十人，從車駕而逃百户以上，謀故鬥毆等項殺人，棄毁制書印信，威逼期親尊長致死，交結近侍官員，故禁故勘平人致死，宫殿造作罷不出，在京偷盗詐騙犯姦，擅入御膳御在所，死罪工役充軍在逃，白晝搶奪傷人，擅開閉皇城門，故入人死罪已決，誣告人死罪已決。工役終身：逸夫，變亂成法，朝見留難，私鑄銅錢，交結安置，

居處僭用，空引倫軍，閒民同惡，官吏下鄉，受財故縱，鄉民除惡，擅差職官，冒解罪人，慶節和買，關隘騙人，濫設吏卒，興販番貨，長解賣囚，不立文案，盜内府財物，市民爲吏卒，經該不解物，盜倉庫錢糧，僧道不務祖風，臣民倚法爲姦，師巫假降邪神，官吏受贓過滿，軍官犯死罪不請旨論功上擬，妄立幹辦等名，造作買辦不與價，内府交納餘剩金帛擅將出外，私將人口軍器出外境及下海，秋糧違限一年之上，稱訴寃枉借用印信封皮，容留恩軍撥置寫發，私越冒渡關津出外境，投匿名文書告人罪，毆制使本管長官折傷，遞送逃軍妻女出京城，衝突儀仗並訴事不實，姦家長妻女，死囚之子孫爲祖父母等自殺。永樂元年定，遷發種田：棄毁官文書，漏泄事情，脱漏户口，人户以籍爲定，收留迷失子女，隱蔽差役，主保小里長，逃避差役，欺賣田糧，檢踏災傷田糧，盜賣田宅，盜種官民田，棄毁器物稼穡等，男女婚姻，僧道娶妻，典雇妻女，出妻，逐壻嫁女，居喪嫁娶，强佔良家妻女，良賤爲婚姻，嫁娶違律主婚媒人，鈔法，攬納税糧官物，隱匿入官家財，鹽法，舶商匿貨，違禁取利，費用受寄財物，把持行市，服色違式，私賣戰馬，私藏應禁軍器，私越冒度關津，詐冒給路引，關津留難，遞送逃軍妻女出京城，私出外境及違禁下海，宰殺牛馬，隱匿孳生官畜産，邀取實封，盜各衙門官文書，盜關防印記，盜園陵樹木，常人盜倉庫錢糧，竊盜，恐嚇取財，詐欺官司取財，發塚，盜賊窩主，採生拆割人，造畜蠱毒殺人，同謀共毆人因而致死，殺子孫及奴婢圖賴人，威逼人致死，尊長爲人殺私和，拒毆追攝人，威力制縛人，奴婢毆家長，罵制使及本管長官，奴婢罵家長，越訴，誣告，干名犯義，教唆詞訟，受贓，有事以財請求，在官求索借貸人財物，家人求索，因公擅科斂，克留盜贓，詐爲制書，詐病死傷避事，詐傳三品四品衙門官言語，教誘人犯法，犯姦，縱容妻妾犯姦，親屬相姦，賭博，囑托公事，放火燒燬人房屋，罪人拒捕，獄囚脱監及反獄在逃，知情贓匿罪人，囚應禁而不禁，獄囚誣指平人，盜決河防，侵佔官街。

《明史》卷九三《刑法志》 蓋太祖之於律令也，草創於吴元年，更定於洪武六年，整齊於二十二年，至三十年始頒示天下。日久而慮精，一代法始定。中外決獄，一準三十年所頒。其洪武元年之令，有律不載而具於令者，法司得援以爲證，請於上而後行焉。凡違令者罪笞，特旨臨時決罪，不著爲律令者，不在此例。有司輒引比律，致罪有輕重者，以故入論。罪無正條，則引律比附，定擬罪名，達部議定奏聞。若輒斷決，致罪有出入者，以故失論。

大抵明律視唐簡覈，而寬厚不如宋。至其惻隱之意，散見於各條，可舉一以推也。如罪應加者，必贓滿數乃坐。如監守自盜，贓至四十貫絞。若止三十九貫九十九文，欠一文不坐也。加極於流三千里，以次增重，終不得至死。而減至流者，自死而之生，無絞斬之别。即唐律稱加就重條。稱日者以百刻，稱年者以三百六十日。如人命辜限及各文書違限，雖稍不及一時刻，仍不得以所限之年月科罪，即唐例稱日以百刻條。未老疾犯罪，而事發於老疾，以老疾論。幼小犯罪，而事發於長大，以幼小論。即唐律老小廢疾條。犯死罪，非常赦所不原，而祖父母、父母老無養者，得奏聞取上裁。犯徒流者，餘罪得收贖，存留養親。即唐律罪非十惡條。功臣及五品以上官禁獄者，許令親人入侍，徒流者並聽隨行，違者罪杖。同居親屬有罪，得互相容隱。即唐律同居相容隱條。奴婢不得首主。凡告人者，告人祖父不得指其子孫爲證，弟不證兄，妻不證夫，奴婢不證主。文職責在奉法，犯杖則不敘。軍官至徒流，以世功猶得擢用。凡若此類，或間採唐律，或更立新制，所謂原父子之親，立君臣之義以權之者也。

（清）沈家本《寄簃文存》卷七《大誥跋》 《大誥前編》一卷，《續編》一卷，《三編》一卷，《大誥武臣》一卷。《前編》成於洪武十八年十月，《續編》成於十九年三月，《三編》成於十九年十二月，《大誥武臣》成於二十年十二月。《明史·刑法志》：三十年，作《大明律誥》成，御午門，諭羣臣曰：朕倣古爲治，明禮以道民，定律以繩頑，刊著爲令。行之既久，犯者猶衆，故作《大誥》以示民，使知趨吉避兇之道。古人謂刑爲祥刑，豈非欲民並生於天地間哉。然法在有司，民不周知，故命刑官取《大誥》條目，撮其要略，附載於律。凡榜文禁例悉除之，除謀逆及《律誥》該載外，其雜紀大小之罪，悉依贖罪例論斷。編次成書，刊布中外，令天下知所遵守。《大誥》者，太祖患民狃元習，徇（欲）〔私〕滅公，戾日滋，十八年採輯官民過犯，條爲《大誥》。其目十條：曰攬納户，曰安保過付，曰詭寄田糧，曰民人經該不解物，曰灑派抛荒田土，曰倚法爲姦，曰空引倫軍，曰黥刺在逃，曰官吏長解賣囚，曰寰中士夫不爲君用。

其罪至抄劄。次年復爲《續編》、《三編》，皆頒學宫以課士，里置塾師教之。囚有《大誥》者，罪減等。於時，天下有講讀《大誥》師生來朝者十九萬餘人，並賜鈔遣還。自《律誥》出，而《大誥》所載諸峻令未嘗輕用。其後罪人率援《大誥》以減等，亦不復論其有無矣。

按《大誥前編》七十四條，《續編》八十七條，《三編》四十三條，《大誥武臣》三十二條。《明志》所舉十條，攬納戶見《前編》第十九、三十七二條，安保過付爲三十八條，其文云：所在府州縣安保之家，並說事過錢人，皆以口舌便利說誘云云。是安保、過付爲二事，特不知安保於今爲何項人？詭寄田糧爲三十九條，民人經該不解物見《續編》五十三、五十五二條，其目一曰經該解物，一曰民拏經該不解物。經該謂各府州縣正官、佐貳官、首領或該吏，皆監臨主守者，非謂民人也。《志》言民人恐有誤。灑派抛荒田土見四十五條，其目曰灑派包荒。灑派，以自己科差灑細民。包荒者，本無積年荒田，買囑官吏，當科糧之際，作包荒名色，徵納小戶，將田灑派，移坵換段，作詭寄名色，以此靠損小民。《志》作抛荒與《誥》意不符，似亦有誤。倚法爲姦爲《三編》第一條，空引偷軍爲第五條，逃囚爲第十六條，此條言黥刺在逃。官吏長押賣囚爲第十九條，寰中士夫不爲君用見《續編》第七十九斷指誹謗、《三編》第十條秀才剁指、第十三條蘇州人才三條之内，殆即所謂取《大誥》條目，撮其要略，附載於律者歟？第律内祇有詭寄田糧、攬納稅糧、說事過錢、押解人故縱罪囚各罪名，餘並無文，未詳其故。至《志》所稱《律誥》，似當别爲一書，而《藝文志》不載，他書亦未見有稱述之者，亦未詳也。

《明史》卷九四《刑法志》 有明一代刑法大概。太祖開國之初，懲元季貪冒，重繩贓吏，揭諸司犯法者於申明亭以示戒。又命刑部，凡官吏有犯，有罪復職，書過榜其門，使自省。不悛，論如律。累頒犯諭、戒諭、榜諭，悉象以刑，誥示天下。及十八年《大誥》成，序之曰：諸司敢不急公而務私者，必窮搜其原而罪之。凡三《誥》所列凌遲、梟示、種誅者，無慮千百，棄市以下萬數。貴溪儒士夏伯啓叔侄斷指不仕，蘇州人才姚潤、王謨被徵不至，皆誅而籍其家。寰中士夫不爲君用之科，所由設也。其《三編》稍寬容，然所記進士、監生罪名，自一犯至四犯者猶三百六十四人。幸不死還職，率戴斬罪治事。其推原中外貪墨所起，以六曹爲罪魁，郭桓爲誅首。郭桓者，戶部侍郎也。帝疑北平二司官吏李彧、趙全德等與桓爲奸利，自六部左右侍郎下皆死，贓七百萬，詞連直省諸官吏，繫死者數萬人。覈贓所寄借徧天下，民中人之家大抵皆破。時咸歸謗御史余敏、丁廷舉。或以爲言，帝乃手詔列桓等罪，而論右審刑吴庸等極刑，以厭天下心，言：朕詔有司除姦，顧復生姦擾吾民，今後有如此者遇赦不宥。先是十五年空印事發。每歲布政司、府州縣吏詣戶部覈錢糧、軍需諸事，以道遠，預持空印文書，遇部駁即改，以爲常。及是，帝疑有姦，大怒，論諸長吏死，佐貳榜百戍邊。寧海人鄭士利上書訟其冤，復杖戍之。二獄所誅殺已過當。而胡惟庸、藍玉兩獄，株連死者且四萬。

（清）沈家本《寄簃文存》卷六《重刻明律序》 《易·繫傳》曰：變通者，趣時者也。《記》曰：禮時爲大，刑與禮相表裏。《書》曰：輕重諸罰有權，刑罰世輕世重。惟其變之所適，而權必因乎時，時之義，大矣哉。明太祖平武昌，即議律令。吴元年，命左丞相李善長爲律令總官，日具條目以上。十二月，書成，凡爲令一百四十五條，律二百八十五條。洪武六年，又詔刑部尚書劉惟謙詳定《大明律》。七年二月，書成，篇目一準於唐。採用已頒舊律二百八十八條，吴元年定律二百八十五條，而此多三條者，殆其後有所增也。續律百二十八條，舊令改律三十六條，因事制律三十一條，掇《唐律》以補遺一百二十三條，合六百有六，分爲三十卷。九年，又釐正十三條。十六年，又定《詐僞律》條。二十二年，復命翰林官同刑部官取比年所增條例，以類附入。其篇目以《名例》冠首，而分吏、戶、禮、兵、刑、工爲六，自此始。考律書之篇目，自李悝造《法經》六篇，蕭何增事律三篇，是爲《九章之律》。魏、晋以下，篇目增多，而大綱不越乎此。北齊定爲十二篇，隋《開皇律》稍變通之，唐、宋下迄明初，皆遵用其篇目。蓋六部本屬中書，故律書未嘗以六部分。迨洪武十三年，懲胡惟庸亂政，罷中書省而政歸六部，律目亦因之而改。千數百年之律書，至是而面目爲之一大變者，實時爲之也。律之外又有條例，洪武初即有之。三十年，又命刑官取《大誥》條目，撮要附載於律。弘治十三年，刑官言：法外遺姦，列聖因時推廣之而有例，例以輔律，非以破律也。乃中外巧法吏，或借便己私，律浸格不用。於是下尚書白昂等會卿議，增歷年《問刑條例》經久可行者二百九十七條。嘉靖二十九、三十四等年，復重修續增。萬曆十三年，刑部尚書舒化等重定爲三百八十二條，

附於律文之後。此有明一代律例隨時增損之大凡也。

太祖懲元之時法度縱馳，刑用重典，故《明律》往往重於唐，其《大誥》諸峻令尤出乎律之外。然其初李善長等論歷代之律，以《漢九章》爲宗，而唐集其成，僉謂今制宜遵唐舊，太祖從其言。洪武元年，又命儒臣六人同刑官講《唐律》，日進二十篇。是《明律》大旨亦本於唐，特其中有因時變通者耳。到三十年後，《大誥》諸峻令未嘗輕用，太孫嘗改定律七十餘條，太祖善之。復諭之曰：我治亂世，刑不得不重。汝治平世，刑自當輕。又嘗諭省臣鞫獄當平恕。尚書夏恕嘗引漢法，請著律，反者夷三族，卻奏不行。前之偏於重者因乎時，後之由重而漸輕者亦因乎時。惠帝諭刑官曰：《大明律》皇祖所親定，命朕細閱，較前代往往加重，蓋刑亂國之典，非百世通行之道也。朕前所改定，皇祖已命施行，然罪可矜疑者尚不止此。夫律設大法，禮順人情，齊民以刑，不若以禮。其諭天下有司，務崇禮教，赦疑獄。此蓋其祖孫一堂討論所及。至嗣位後爲是言以詔天下，深得《易傳》趣時之義，惜所謂罪可矜疑者，未詳爲何條？成祖務反惠帝之政，用刑慘毒，後之人亦遂無討論及此者。世謂《明律》偏主乎重者，固非公論。而後之立法者尚以重爲宗旨，豈得爲知時者哉？

方今環球各國，刑法日趨於輕，廢除死刑者已若干國，其死刑未除之國，科目亦無多。此其故，出於講學家之論説者半，於出刑官之經驗者半，亦時爲之也。今刑之重者，獨中國耳。以一中國而與環球之國抗，其優絀之數，不待智者而知之矣。當此時而講求刑法，其亦惟尋繹《易傳》趣時之義乎！余謬承修律之令，開館纂輯，復奏辦法律學堂，方將與講律諸君子，參考古今，博稽中外。既廣譯東西各國法律之書，復甄録我國舊文。若《唐律疏議》，余於庚寅歲曾覆孫氏元至正本，棄其版於館中。於宋，則《刑統》，訪有天一閣藏本，遠道傳鈔，甫至也。於元，則重印《元史・刑法志》，並假武林丁氏所藏《元典章》鈔本，醵資重刻之。《明律》所見，有嘉靖本、隆慶本、萬曆本，皆舊刊不易傳，無以應講學者之蒐討也。此本爲桐鄉沈氏所藏，刻於萬曆三十八年，乃所見《明律》最後之本，假付手民，以公諸世。所願誦是書者，尋繹乎變通趣時之義，而無惑乎偏重之説，斯可與知人論世矣。

（明）王恕《王端毅公奏議》卷一《申明律令奏狀》 臣備員棘寺，叨司審録，常愧無分寸之補，奚敢有出位之思？竊見法司中日逐擬斷之事，揆之律例，雖無不合推之人情，亦有未宜，今略舉一二昧死妄言，伏望聖明少賜裁決，著為定例，庶幾事得其宜而人易遵守，開坐具本謹題請旨。

一件祛除凶德事。臣惟姦盗凶德也，凡人有一於身，人皆賤之，恥與為伍，況堂堂清朝，豈可容此之徒承襲世禄，而玷辱聖化乎。竊照軍職中間守分盡職者固多，而為姦作盗者不少，且姦與盗名雖不同，實則相等。查得見行事例，軍職犯縱容及抑勒妻女與人通姦者，俱照敗倫傷化事例，革職為民，許令應襲弟男子姪替職。其犯竊盗、掏摸、搶奪，盗官畜産者，法司因無事例，止照常例發落，仍令還職，實是玷辱名爵，有傷風化。如蒙准言，乞勑該部，同三法司計議，除已發落外，合無將今後軍職有犯竊盗、掏摸、搶奪，盗官畜産者，如律罪之，亦照敗倫傷化事例，革職為民，許令應襲弟男子姪替職。如此，則世禄及忠良之士在官無凶德之人矣。

一件抑勒為娼事。伏覩《大明律》內一款，抑勒妻妾及乞養女與人通姦者，本夫義父各杖一百，姦夫杖八十，婦女不坐，並離異歸宗，其抑勒子孫之婦與人通姦者，罪亦如之，欽此。竊照有等無廉恥之徒，抑勒妻妾及乞養女并子孫之婦與人通姦，討錢使用，其妻妾及乞養女并子孫之婦堅執不從，被其逼打不過，纔方將情具告法司，因見不曾成姦，律不該載，止坐不應杖罪，仍令婦人隨住。竊詳此等婦女思係良家，不肯從伊為娼，志節貞潔，誠為可嘉。今既具告到官，意在脱免汚辱。若謂未曾成姦，仍令隨住，彼必得志仍前抑勒，稍有不從，輒加捶楚，以此婦女剛强不屈者必至死地，柔善軟弱者終被汚辱，實是敗壞人倫，有傷風化。如蒙准言，乞勑三法司計議，合無將今後但係抑勒妻女及乞養女并子孫之婦與人通姦，雖未成姦，取問明白，就令婦女離異歸宗，若婦女誣告亦依律罪之，如此則凶徒不得肆姦，而良善庶免汚辱矣。

一件囚人納紙事。照得法司見行事例，除真犯死罪竊盗并逃軍逃匠逃囚不納紙劄外，其餘一應囚徒各納紙一分入官。竊詳立法初意，蓋謂逃軍、逃匠、逃囚多是窮苦小人，以此免其納紙。今照報效義勇、民壯、舍餘、勇士、力士人等，名雖與軍不同，其實與軍一般操備征進為事，一般

照例發遣守哨，法司因見前例不曾除豁，亦令納紙，未免破費盤纏，實是窮苦不堪。及有一家同居人口被人牽告，三兩口在官者有之，五七口者亦有之，發落之時，每人各納紙一分，且民紙一分直銀三四錢，官紙一分直銀一兩，富實者固不為事，貧難者從何措辦，甚至傾家破産鬻男賣女，若此窮苦實可矜憐。如蒙准言，乞勑三法司計議，合無將今後問擬在逃報效義勇、民壯、舍餘、勇士、力士人等，俱照逃軍事例免其納紙，及一家同居人口有犯，不分人數多少，只令納紙一分，如此則窮苦小人不致失所矣。

一件囚徒會赦事。伏覩景泰三年五月初二日詔書内一欵，官吏軍民人等為事問發運米做工等項，悉行放免，欽此。該衙門因見詔書不曾開有煎鹽炒鐵充軍伴儀從膳夫之類，止運米、做工等項放免，却將煎鹽、炒鐵之類，仍前拘役。竊詳運米、做工與煎鹽、炒鐵等項囚徒俱係犯該徒流，并雜犯死罪人數，止是一時發落有此頭項不一，矧詔書明開運米、做工等項，竊恐煎鹽、炒鐵之類，亦在其中，若止將運米、做工囚徒放免，其餘煎鹽、炒鐵等項不行放免，非惟有違詔書事意，且使囚徒不得均霑曠蕩之恩。况煎鹽、炒鐵等項多是窮苦軍民，在工日久，未免逃躲，及至挨拏，又不出官工役處所，既不得其出力原籍原衛，又不得伊當差，兩相擔閣，俱不得用，徒有虛名，實未便益。如蒙准言，乞勑三法司計議，合無將曾經赦煎鹽炒鐵充儀從軍伴膳夫等項囚徒，悉與運米、做工等項一體放免，如此，則赦無彼此之分，囚徒霑均一之恩矣。

一件除奸革弊事。竊照在京五府并各衛軍職官員俸糧折支銀絹椒米等物，每季俱係各衙門差委指揮千户等官赴内府總領，出外分散，中間有等無知委官，不以錢糧為重，惟務貪圖肥己，多方侵漁，略無忌憚。有指以置買什物件而侵欺者，有假以抵還私債而剋落者，或見彼軟弱而全不給與，或因人不在而就不送還，宿弊百端，難以枚舉。及至事發到官，依法追問，却乃展轉支吾，不服招認，錢糧被其侵剋，官府被其攪擾，蓋緣給散之際無有文職糾察，得以縱意，自由故也。照得年例賞賜軍士冬衣布花，俱差給事中、御史并户兵部官親臨該衛，同委官逐一唱名給散，以此委官無由侵欺，軍旗受其實惠，弊源既塞，詞訟自息。此法最善，實為便益。如蒙准言，乞勑該衙門計議，合無今後每季關領軍職折俸、銀絹、椒米之時，照舊各差委官赴府關領到衛，仍照給散冬衣布花事例，差給事中、御史并户兵部官分投督令委官將銀兩照數分鑿成塊，絹疋每分細作一束，椒米每分包作一處，如法封記，眼同委官逐一唱名給散，如此則侵欺之弊可革，而告訐之風自息矣。

一件僧道犯罪事。伏覩《大明律》内一款僧道犯罪，曾經決罰者並令還俗，欽此。切照法司日逐問過僧道，但犯一應大小罪名，不分故失并曾否決罰者，悉令還俗。其僧道官有犯，因見律不該載，止照常例運糧、運灰等項發落，仍令還職。臣惟僧道官主典教門，表率叢林，比之僧道，戒行尤宜精嚴，持身尤宜端謹。僧道有犯既令還俗，僧道官有犯，豈可仍令還職？且人誰能無過，若將過誤犯罪及因人連累致罪并犯罪不曾決罰僧道一槩令其還俗，竊恐禁網太密，下無全人。如蒙准言，乞勑該部三法司計議，除已發落外，合無將今後僧道官并僧道有犯公罪，并過誤犯罪及因人連累致罪者，俱照常例運糧、運灰等項發落，仍令還職復業，其犯奸盜、詐偽并一應故犯罪名，俱照常例運糧、運灰決罰等項發落，不分僧道官與僧道，一體罷職還俗，如此則事例得適中之宜，僧道少故犯之徒矣。

景泰五年九月初日題，奉聖旨，三法司計議停當行。

《明史》卷九三《刑法志》　永樂二年，刑部言河間民訟其母，有司反擬母罪。詔執其子及有司罪之。三年，定文職官及中外旗校軍民人等凡犯重條，依律科斷，輕者免決，記罪。其有不應侵損於人等項及情犯重者，臨時奏請。十六年，嚴犯贓官吏之禁。初，太祖重懲貪吏，詔犯贓者無貸。復敕刑部：官吏受贓者，並罪通賄之人，徙其家於邊。著爲令。日久法弛，故復申飭之。二十九年，大理卿虞謙言：誑騙之律，當杖而流，今梟首，非詔書意。命如律擬斷。宣德二年，江西按察使黄翰言：民間無籍之徒，好興詞訟，輒令老幼殘疾男婦誣告平人，必更議涉虛加罰乃可。遂定老幼殘疾男婦誣告人罰鈔贖罪例。其後孝宗時，南京有犯誣告十人以上，例發口外爲民，而年逾七十，律應收贖者，更著令，凡年七十以上、十五以下及廢疾者，依律論斷。例應充軍瞭哨、口外爲民者，仍依律發遣。若年八十以上及篤疾有犯應永戍者，以子孫發遣，應充軍以下者免之。

（清）嵇璜等《續通志》卷一四九《刑法略・歷代刑制》　英宗正統

元年正月，命自今各處奸徒以婦女殘疾老幼誣告平民者，追坐壯丁。又令重囚三覆奏畢，仍請駕帖，付錦衣衛，監刑官領校尉詣法司，取囚赴市。又令臨決時，囚有訴冤者，直登聞鼓，給事中取狀封進，仍批校尉手，馳赴市曹，暫停刑。二年九月，令盜賊株連者勿捕。三年三月，令婦女非犯奸惡、殺人及毆罵舅姑不孝等罪，並毋提問。四年八月，勑令後法司論獄有妄援重律者，以變亂成法罪之。又定直省決遣之制，徒流就彼決遣死罪以聞。五年，行在三法司言：洪武定律時，鈔貴物賤，所以枉法贓至百二十貫者，免絞充軍。今鈔賤物貴，若以物估鈔，至百二十貫枉法贓俱發充軍，則輕重失倫。今後文職官吏人等，受枉法贓比律該絞者，估鈔八百貫以上，俱發北方邊衛充軍。其受贓不及前數者，視見行例發落。從之。六年正月，命六品以下官有犯，聽分巡御史、按察司並分司取問。四月，以災異頻見，勑遣三法司官詳審天下疑獄。時評事馬豫言：臣奉勑審刑，竊見各處捉獲强盗多因讐人指攀，拷掠成獄，不待詳報，死傷甚多。今後宜勿聽妄指，果有贓證，御史、按察司會審，方許論決，若未審録有傷死者，毋得准例陞賞，詔從之。八年七月，定竊盜已刺遇赦再犯者，依常例擬不論赦，仍通具前後所犯以聞。九年，山東副使王裕言囚當會審，而御史及三法司官或踰年一會，因多瘐死。因命審例仍舊復如詳審例，選按察司官一員與巡按御史同審，失出者姑勿問，涉贓私者究如律。十二年，命民以後妻所携前夫之女為子婦及以所携前夫之子為壻者，並依同父異母姊妹律減等科斷。景帝景泰元年，令問擬笞杖罪，囚有力者納鈔，笞十，二百貫，每十以二百貫遞加，至笞五十為千貫，杖六十，千八百貫，每十以三百貫遞加，至杖百三千貫，其官吏贓物亦視今例折鈔。五年二月，大理少卿薛瑄言法司發擬罪囚多加參語奏請，變亂律意，刑罰失中。請勑自今法司問獄一依律令，不許妄加參語。從之。英宗天順三年，令每歲霜降後，三法司同公侯伯會審重囚，謂之朝審。歷代遂遵行之。五年，令罪囚納鈔，每笞十，鈔二百貫，餘四笞遞加百五十貫。至杖六十增為千四百五十貫，餘杖各遞加二百貫。又戒法司：凡錦衣衛所行事枉人者，許與辯理。時帝召李賢屏左右，問時政得失，賢因極論官校提人之害。帝然其言，陰察皆實。又緝弋陽王事虛，乃深戒之。然是時指揮門達鎮撫逯杲怙寵，賢亦數為羅織。達遣旗校四出，杲又立程督並以獲多為主，千户黃麟之廣西，執御史吴禎，至索獄具二百餘副。天下朝覲官陷罪者甚衆。杲死，達兼治鎮撫司，搆指揮使袁彬繫訊之，五毒更下。僅免朝官楊瑄、李蕃、韓祺、李觀、包瑛、張祚諫、萬鍾輩，皆銀鐺就逮，冤號道路者，不可勝記。憲宗即位，勑三法司中外文武羣臣，除贓罪外所犯罪名紀録在官者，悉與前滌。其後歲以為常。成化二年，令婦人犯法贖罪。四年二月，命分別賭博輕重等差。時獲賭博者四十餘人。命枷項示衆，仍榜禁之，已而犯者復三十餘人，有不勝苦至死者。刑科給事中毛宏等奏：其中情犯亦有輕重，怙終之徒固不足惜，愚民不知榜例，一時誤犯致死可憫，乞勑法司分為三等。從之。五年，南大理評事張鈺言：南京法司多用嚴刑迫囚誣服，其被糾者亦止改正而無罪，甚非律意。乃詔申大理寺參問刑部之制。六年，刑科給事中白昂言：凡盜處決例，於行刼所在梟首示衆，其在京城關廂行刼則免。然輦轂之下情犯尤為深重，亦須梟首，於京城百里外衝要處示衆，庶令嚴知警。部院議從之。七年，勑今後官司於軍民詞訟悉依律問擬，毋許罰物。十年，都御史李賓言：錦衣衛鎮撫司，累獲妖書、圖本，皆誕妄不經之言，小民無知，輒被幻惑。乞備録其書名目，榜示天下，使知畏避，免陷刑辟。報可。又當決囚，冬至節近，特命過節行刑。既而給事中言，冬至後行刑非時，遂詔俟來年冬月。山西巡撫何喬新劾奏遲延獄詞，僉事尚敬、劉源因言：凡二司不決斷詞訟者，半年之上，悉宜奏請執問。帝曰：刑獄重事，《周書》曰要囚，服念五六日，至於旬時，特為未得其情者言耳。苟得其情，即宜決斷。無罪拘幽，往往瘐死，是刑官殺之也。故律特著淹禁罪囚之條，其即以喬新所奏，通行天下。又定制，凡盜賊贓仗未真、人命死傷未經勘驗，輒加重刑致死獄中者，審勘有無故失明白，不分軍民職官，俱視酷刑事例為民。十三年正月，置西廠，令官校刺事。初成祖起北平，刺探宫中事，多以建文左右為耳目，故即位後專倚宦官，立東廠於東安門北，令嬖暱者提督之。至是時，尚銘領東廠，又別設西廠刺事，以汪直督之。自京師及天下旁午偵事，雖王府不免。伏讀《御批通鑑輯覽》曰：自永樂設立東廠，寄宦官以訪緝之任，固已作法於涼。至憲宗信任汪直，復為特置西廠，其勢益横，甚且擅行逮問，易置近臣。其初不過因汪直舉發覃力明殺人事，嘉其摘奸，孰知此正若輩先為小忠、小信以成其大不忠、大不信之故智。憲宗竟墮其術中，深相倚毗。自此廠、衛乘時竊柄，日漸恣肆，以底危

亡。憲宗豈得辭作俑之咎，聖訓煌煌，可為萬世人君信任宦官者戒矣！十四年，增鑄北司印信，一切刑獄毋關白本衛，即衛所行下，亦徑自上請可否，衛使毋得與聞。故鎮撫職卑而其權日重。又定諱盗罪例：凡盗賊竊發，所司隱匿一二次不報者，停俸。三次者，戴罪俱，捕盗如故。若四次以上者，奉請降等叙用。十五年，南京巡撫王恕言：在京書坊刊行《大明律》，後有《會定見行律》百有八條，不知所起。如《兵律》多支廩給，《刑律》駡制使及駡本管長官條，輕重失倫，流傳四方，有誤官守，乞追板焚燬。命即焚之，有依此律出入人罪者，以故論。十七年，命司禮太監一員會同三法司堂上官，於大理寺審録，謂之大審。南京則命内守備行之。自此定例每五年輒大審。案：內官同法司録囚，始於正統六年，命刑部侍郎何文淵、大理卿王文審行在疑獄，勑同内官興安、巡撫侍郎周忱、刑科給事中郭瑾往南京，勑亦如之。時雖未定五年大審之制，而南北内官得與三法司刑獄矣。成化八年，命司禮太監王高、少監宋文毅兩京會審，而各省亦有恤刑之使，至是命太監懷恩同法司録囚。嗣後，五年一舉大審之例乃定。凡大審録齎，勑張黄蓋於大理寺為三尺壇，中坐三法司，左右坐御史，郎中以下捧牘立唯諾，趨走唯謹。三法司視成案，有所出入輕重，俱視中官，意不敢違忤。伏讀《御批通鑑輯覽》曰：中涓録囚，濫觴於正統，體統陵夷已非一日，但會審朝審之制，自永樂以來守而不變，何至憲宗竟盡改舊章而以會讞大典專任宦官，廷臣遂無由過問，紀綱倒置甚矣。權勢既崇法司，惟視其意指，則其所寬者必其通苞苴者也，不然必甚流離貧賤與彼無涉者也。而其所嚴者，必其有仇隙，或受屬託而欲置之於死者也。國法尚可問乎，至九卿乃朝廷重職，其與閹寺序次尊卑，有關國體。乃以刑餘醜豎，竟令其張蓋倨中，抑尚書以下使列坐，亦竟無一人敢與抗爭，駭觀聽而褻班聯，更不可問。聖訓昭垂，可見為人君者詒謀不善，禍且不可勝言。若英、憲二宗者，寧得辭作俑之咎耶？十九年十月，定竊盗三犯罪例，法司以南京有三犯竊盗，計贓至百貫者，當絞斬。罪雖係雜犯，其情頗重，三犯前罪，即累惡不悛之人，難準常例。其不滿貫犯，徒流以下罪者，雖至三犯，原情實輕，宜特依常例治之。議上，報可。案：定竊盗三犯罪例條，《實録》作成化十九年事，《刑志》隸弘治十三年，誤，今據《實録》改正。孝宗弘治元年，刑部尚書何喬新言：舊制提人，所在官司必驗精微，批文與符號相合，然後發遣。近者中外提人，止憑駕帖，既不用符，真偽莫辨，姦人矯命，何以拒之？請給批文，如故命復行之。時有呂梁山等四人坐竊盗殺人死，遇赦，都御史馬文升請宥死戍邊，帝特命依律斬之。又知州劉槩坐妖言罪斬，以王恕爭得長繫。六年五月，令審録錯誤者以失出入人論罪，其受賄及任已見者，以故出入人論罪。閏五月，太常少卿李東陽言：五刑最輕者笞杖，今在外諸司笞杖之罪往往致死。縱令事覺，不過以因公還職，以極輕之刑，置之不可復生之地，多者數十，甚者數百，積骸滿獄，流血塗地，可為傷心。請凡拷訊輕罪即時致死，累二十或三十人以上，本律外仍議行降調，或病死不實者，並治其醫。詔從之。十二年正月，巡撫彭禮言：各府州縣預備倉糧，凡遇盤查每石準開耗一升，三年准三升，三年之外不準開耗，若虧折不及百石者，從常論罪，責償其侵盗等項。虧折百石以上者，從重論罪。帝從之。十三年二月，刑部上言：洪武末，定《大明律》，後又申明《大誥》，有罪減等，累朝遵用，其法外遺奸，列聖因時推廣之，而有例，例以輔律，非以破律也。乃中外巧法吏多引例，以便己私，而律寖格不用。於是命尚書白昂等會九卿，議增歷年《問刑條例》經久可行者二百九十七條以聞。帝從之。十四年，定贖罪折收銀錢之制，例難的決人犯並婦人有力者，每杖百，應鈔二千二百五十貫，折銀一兩，每十以二百貫遞減，至杖六十，為銀六錢。笞五十，應減為鈔八百貫，折銀五錢，每十以百五十貫遞減，至笞二十，為銀二錢。笞十，應鈔二百貫，折銀一錢。十七年，吏部尚書馬文升言，會審重囚坐妖書惑衆者甚多，與其誅於已犯，不若禁於未然。乞勑榜諭有收藏者，許半月内首告，官司有私録厥罪，惟均從之。又定訐告原問官罪例。先是成化間，定議凡訐告原問官司者，覈究得實，然後逮問。至是南京御史王良臣按指揮周愷等，怙勢黷賄。愷等遂訐良臣，詔下南京法司逮繫會鞫。侍郎楊守隨言：此與舊章不合。請今後官吏軍民奏訴，牽緣別事，摭拾原問官者，立案不行。所奏事仍令問結，虛詐者擬罪，原問官枉斷亦罪。詔如所請。十八年二月，南京刑部奏，決不待時者三人，大理寺已審允，下法司議，謂：在京重囚，間有決不待時者，審允奏請，至刑科三覆奏，或蒙恩仍監候會審。南京無覆奏例，乞俟秋後審竟，類奏定奪。如有巨熟難依常例者，更具奏處決，請著為令。從之。武宗正德元年，掌大理寺工部尚書楊守隨言：每歲熱審事例，行於北京而不行於南京。五年一審事例行於在京，而略於在外。今宜通行南京，凡審囚，三法司皆會審，其在外審録，亦依此例。詔可。又命邱聚領東廠，復設西廠以命谷大用，按成化十三年設立西

廠，行之數年，大學士萬安奏請革去，帝從之，至是復設焉。皆劉瑾黨也，兩廠爭用事，遣邏卒刺事四方，於是無賴子乘機為奸，天下皆重足立。三年，改惜薪司外薪廠為辦事廠，榮府舊倉地為内辦事廠，命劉瑾領之。京師謂之内行廠。雖東西廠皆在伺察，中加酷烈焉！且創例罪無輕重皆决杖，永遠戍邊或枷項發遣，枷重至百五十斤，不數日輒死。尚寶卿顧濬、副使姚祥等俱不免瀕死，而後謫戍，御史柴文顯、汪澄以微罪致凌遲，官吏軍民非法死者數千。五年，瑾以謀反伏誅，西廠、内行廠俱革，獨東廠如故。時寃獄衆多，大學士李東陽等因風霾，上言請王府逃校窩主，隣右連累者，乞釋放，傾使假銀，偽造印信，舉放私債，乞照本律問罪，餘皆放免。充軍正犯已故無子，婦人一應家屬乞免遣死罪。重訴三次者，乞免加罪。婦人無夫者，乞免配邊軍。凡犯罪家産除重罪外，乞免入官。兩京見監罪囚，乞照熱審事例奏奪，文武官罰米，家貧者乞展限，仍免倍納。各處獲盜數多不無寃抑，乞令研審，無得妄希陞職免罪。從之。十年六月，詔凡侵盜部解官物，照侵盜倉庫科斷。十六年十二月，禁武臣濫刑。御史姚謨言各將於所轄官軍，除臨陣退縮許用軍法外，其餘有犯只用常刑，如酷用非刑致損人命，聽撫按糾舉論罪。世宗即位，因日精門災疏理寃抑。又革錦衣衛傳奉官十六，汰旗校十五，復諭緝事官校，惟察不軌妖言、人命强盜重事，他詞訟及外州縣事，毋得與。嘉靖元年，錦衣衛千户白壽等賫駕帖詣科，給事中劉濟謂當以御批原本送科，使知其事。兩人相爭並列，上命檢成、弘事例以聞。濟復言自天順時例即如此。帝入壽言，責濟以狀對。二年十月，令决囚務於未刻前畢事。凡决囚前期一日，該科覆奏畢，即給駕帖，取囚赴市行刑。限未刻前畢事，如有鳴鼓訴寃，許三覆奏，前封進奏，後無得輒受，違者坐罪。五年九月，申明訴寃之例，凡民人寃抑，止許赴通政司或登聞鼓下投遞，有擅入禁門叫訴及攄拾辱罵原問官及挾制官吏者，並主使之人，俱重治其罪。六年，侍郎張璁等言，祖宗設三法司以糾官邪，平獄訟，設東廠、錦衣衛以緝盜賊，詰奸宄，自今貪官寃獄仍責法司，其有徇情曲法，乃聽廠、衛覺察，盜賊奸宄，仍責廠、衛，亦必送法司擬罪。詔如議行。又勑有司：凡獄囚逮繫日月，並已竟未竟疾病死亡者，各載文册申報。長吏較其結竟之遲速，病故之多寡而黜陟之。且命中外有用法深刻致戕民命者，即斥為民，雖才守可觀，不得推薦。凡内外問刑官，惟死罪竊盜重犯，始用拷訊，餘止鞭扑常刑。酷吏輒用挺棍、夾棍、腦箍、烙鐵及一封書、鼠彈筝、攔馬棍、燕兒飛，或灌鼻、釘指，用徑寸嫩杆、不去稜節竹片，或鞭脊背、兩踝，致傷以上者，俱奏請，罪至充軍。七年，罷官校提人之例，詔偽造印信及竊盜三犯者，不得用可矜例。又刑部尚書胡世寧請編斷獄新例，命止依律文及弘治十三年所欽定者。八年，詔：今後官吏犯枉法贓者，追贓入官仍問軍發遣。酷刑致死人命，雖因公，亦照例為民。其故禁、故勘者，論如律。十年，令每年熱審，並五年審録之期，雜犯、死罪，準徒五年者皆減一年。十五年，時有以手足毆人傷重，延至辜限外死者，部議鬭毆殺人，論絞。大理寺執嘉靖四年例，謂當以毆傷論笞。部臣言：兇器傷人，雖平復，例亦充軍，豈有實毆人致死，偶死限外，遂不當一兇器傷人之罪乎？請仍如條例。詔依部議。自今有犯辜限外人命者，俱遵律例擬議奏請定奪。二十二年，定制：文書以印信為重，押字次之。今後盜用印信，即無押字，俱坐杖流，若止犯押字，不必槩用前律。如有詐為衙門關防，俱比各衙門印信擬罪。凡盜用、棄毁、偽造，悉與同科。二十三年，刑科羅崇奎言：五六月間，笞罪應釋放，徒流應減等者，亦宜如成化時欽恤枷號例，暫與蠲免，至六月終止，南京法司亦如之。報可。案：熱審始於永樂二年，止決遣輕罪，命出獄聽候，尋并寬及徒流以下。成化時始有重罪、矜疑、輕罪減等、枷號疏放諸例。其例每年自小滿後十餘日，司禮監傳蒙下刑部，即會同都察院、錦衣衛題請通行。南京法司一體審擬，具奏京師，自命下之日至六月終止，南京自部移至日為始，亦滿兩月而止。二十八年，刑部尚書喻茂堅言：自弘治間定例，垂五十年，乞勑臣等會同三法司申明問刑條例及嘉靖元年後欽定事例，永為遵守。弘治十三年以後嘉靖元年以前事例，雖奉詔革除，顧有因事條陳，擬議精當可採者，亦宜詳檢會。茂堅去官，詔尚書顧應祥等定議，增至二百四十九條，詔有任情妄引者，重治。二十九年，定制：凡軍民諸色人役及舍餘審有力者，與文武官吏、監生、生員、冠帶官、知印、承差、陰陽生、醫生、老人、舍人，不分笞、杖、徒、流、雜犯、死罪，俱令運灰、運炭、運甎、納米、納科等項贖罪。若官吏人等，例應革去職役，與軍民人等審無力者，笞杖罪的决，徒、流、雜犯、死罪，各做工、擺站、哨瞭、發充儀從，情重者煎鹽、炒鐵。死罪五年，流罪四年，徒按年限。四十三年，

定坐贓不及百兩產絕者，免監追。穆宗隆慶二年，勅買休、賣休本屬姦條，今後有犯非係姦情者，不得引用。五年，定贓銀止十兩以上監久產絕或身故者，熱審免追，釋其家屬。又命以《大明律》諸家注解折中定論，纂輯成書，參以續定事例，附列條例之後，刊布中外，以明法守，併勅中外有司及今科進士各熟讀之。神宗萬曆二年，罷歲遣清軍御史并於巡按，民獲稍安。又命法司定例奉特旨處發叛逆家屬子孫，止於本犯親枝內，勾補盡絕，即與開豁，若未經發遣而病故，免其勾補。其實犯死罪，免死充軍者，以著伍，後所生子孫替役不許勾原籍子孫，其他充軍及發口外者，俱止終身三年。命今後三營官軍有犯非命、盜事，情須關白總協大臣，不許巡城御史竟自勾攝。四年，勅雜犯、死罪，準徒五年者，並兩犯徒律，應總徒。四年者，各減一年，其他徒流等罪，俱減等。五年，勅有司有隱匿盜情反累失主者，參奏重治。六年，詔京城內外錢法壅滯，重困小民，今再行申飭，各地方有犯私鑄及倡言阻撓者，除為首依律論死，餘各問罪不貸。七年，改侵盜錢糧加侵盜邊海錢糧一倍者，罪照邊海事例，著為令。十二年，嚴私行披剃之禁，凡披剃年四十以下并無度牒者，放歸農或遞還本籍，或收入里户，私會者坐以左道惑衆之律。十三年，命刑部尚書舒化等輯嘉靖三十四年以後詔令及宗藩軍政條例、捕盜條格、漕運議單與刑名相關者，律為正文，例為附註，凡三百八十二條，刊布中外。又申明刺字事例：凡盜賊犯徒罪以下者，不問贓數多寡，並從刺字，監守常人盜二條，據律各載刺字之文，而滿貫罪至斬、絞者，從無刺字之例。勅今後除各盜犯該徒罪以下刺字外，其雜犯、斬、絞、準徒者，俱照舊免刺。十五年，因御史吴時來言，令在外兇惡至於殺父者，御史單詳到院，院寺單奏決，單一到即時處決，其死者，下府州縣戮其屍。熹宗天啟時，魏忠賢以秉筆領廠事，用衛使田爾耕、鎮撫許顯純之徒，專以酷虐鉗中外。東廠之屬無專官，掌刑千户一，理刑百户一，亦謂之貼刑，皆衛官。其隸役悉取給於衛，最輕黠獧巧者乃撥充之。每月旦，廠役數百人，掣籤庭中，分瞰官府。其視中府諸處會審大獄、北鎮撫司考訊重犯者曰聽記，他官府及各城門訪緝曰坐記，某官行某事，某城門得某奸，胥吏疏白坐記者，上之廠曰打事件。至東華門，雖夤夜，投隙中以入，即屏人達至尊。以故事無大小，天子皆得聞之。衛之法亦如廠，然須具會，乃得上聞。愍帝即位，誅魏忠賢，而王體乾、王永祚、鄭之惠、李承芳等相繼領廠事，告密之風未嘗息。崇禎十一年冬，以彗見，停刑。其事關封疆及錢糧勦賊者，詔刑部五日具獄。又諭兵部編遣事，宜以千里為附近，二千五百里為邊衛，三千里外為邊遠，其極邊、烟瘴以四千里外為率，拘本妻，無妻則已，不許擅勾親隣，如衰癇老疾，準發口外為民。十四年，刑部尚書劉澤深復請議定《問刑條例》。帝以律應恪遵，例有上下，事同而二三其例者，刪定畫一為是。然時方急法，有司救過不暇，議未及行。十五年，御史楊仁願，極陳廠衛之害，復切言緹騎不當遣。帝為諭東廠言所緝止謀逆、亂倫，其作奸犯科自有司存，不宜緝并戒錦衣衛校尉之横索者，然帝倚廠衛益甚，以訖於亡。臣等謹案：明之刑制，太祖懲元季廢弛，用重典以矯時之弊，厥後定《大明律例》亦頗詳盡，然胡、藍之獄株連四萬餘人，得毋已甚乎！成祖初立，因忠正不附，大肆誅戮，吏尚深刻，蓋欽恤之意渺矣。仁宣之世，頗事寬厚。英憲而後，任用中官，如王振、劉瑾、汪直、魏忠賢之徒相繼擅權，廠、衛恣横專事，羅織戕害善類，延及無辜，刑罰不中，皆委任非人之故也。

（明）戴金《明條法事類纂》卷一一《吏部類・制書有違・分別偽造印信〔印〕記及盜支冒支並問刑不許引用遠年革去條例》 成化十四年二月初九日，刑部等衙門尚書等官林等題爲陳言事。河南清吏司案呈，奉本部送刑科抄出本科給事中趙良題：臣聞君有欲治之心，臣當思夫致君之策。君有聽言之德，臣當盡夫獻君之誠。此古之人臣遭逢大有爲之君，所以隨時獻可，因事納忠者，良有以也。恭惟皇上以聖德臨天下，宵旰靡寧，圖惟至理，道洽致治，言聽諫從，此誠愚臣遭逢之盛也。臣鄙濫預言官，遇有具題。奉聖旨：該衙門知道。欽此。欽遵。將所言數內詳律意以議罪名、酌中制以定條例二件，鈔送到司，案呈到部。會同都察院、大理寺、掌都察院事太子少保、兵部尚書兼左都御史等官王等查議明白，各立前件，（被）〔備〕行南京刑部、都察院並內外問刑衙門，一體遵奉施行。緣係陳言及奉欽依該衙門知道事理，未敢擅便，具題。次日奉聖旨：是。欽此。

計開：

詳律意以議罪名。詔令法司問擬罪囚，一依《大明律》科斷。蓋以律

準人情，有若權衡不可少有毫髮輕重於其間也。然律意中有可疑處者，法司但欲使人不輕犯法，而一以重處之，若笞、杖、徒、流猶之可也。至於絞、斬雖有真犯雜犯之别，而均之爲死罪也。罪（之）〔至〕斬、絞，罪之重者。（杖）況人命至重，死者不可復生，斷者不可復續，於此不加之意可乎？《書》曰：罪疑惟輕。又曰：與其殺不辜，寧失不經焉。（是故而）臣愚不能多舉，姑即一二言之。如僞造衙門印信者斬。僞造印記者，杖一百徒三年。所謂印信，乃一品至九品方印。而印記則未入流、雜職衙門條記也。品官印信，關係甚重，故僞造者斬。雜職條記關係稍輕，故僞造者坐徒。如有盜用印信，五府、六部等衙門者絞。布、按二司衙門者坐流。其餘衙門者坐徒，律（之）意（故）〔固〕有輕重者也。今僞〔造〕雜職條記者，亦擬僞造印信者坐斬，不知印記（既）〔概〕作印信，而律所謂印記者果何物耶？況盜用者既分輕重，坐罪豈有僞造而一以處死之（耶）〔理〕。又如管軍官吏，總小旗冒支軍糧入己者，計贓準竊盜論，杖一百、徒流三千里，今則問擬以常人盜倉糧至八十貫者絞，或擬監（檢）守自盜倉糧四十貫者斬，若此之類，則皆過於重矣。雖曰使人不敢輕犯，然恐終非律意也。《書》曰：刑期無刑，辟以止辟。蓋言輕重適中，刑當其罪，刑一人而千萬人知懼，而自不犯於有司耳。豈有故違加重（加）而不恤人之惟命乎！臣雖愚疏，忝在該科，每見此等，未嘗不深爲之嘆息也。如蒙乞敕三法司，通行南京三法司並天下問刑衙門，今後問擬罪囚，不問輕重，務須詳究律意，（故）〔固〕不可易於科斷，亦不可妄於（此）〔比〕附。若有可疑，則從輕處之。如是，則庶幾上不傷乎皇上好生之德，下不失乎制〔律〕之初意，而天下無冤民矣。前件，伏覩《大明律》内一款：僞造諸衙門印信者斬，僞造關防印記者杖一百、徒三年。又一款：凡管軍官吏、總旗、小旗冒支軍糧入己者，計贓準竊盜論，免刺。又一款：凡監（監）〔臨〕主守自盜倉庫錢糧等物，不分首從，並贓論罪，至四十貫斬。又一款：常人盜倉庫錢糧等物，不得財，杖六十，免刺。但得財，不分首從，並贓論罪，至八十貫絞。又《名例律》一款内開：其職雖非統屬，但臨時差遣管領提調者，亦是監臨主守。欽此。且律乃祖宗成法，萬世不刊之典，内外法司遵行已久。如有僞造司府州縣等衙門印信者，則依律坐以斬罪。僞造倉庫（馹）〔驛〕遞等衙門條記者，則依律坐以徒罪。如管軍官吏並總〔旗〕、小旗冒頂見在軍人姓名，關支月糧入己者，依冒支官糧律科斷。若將逃亡事故軍人捏作見在，造報實支册内，盜支月糧者，依常人盜支倉糧律科斷。又如承委放糧官吏人等，正係臨時差遣管領提調人數，若通同作弊，侵欺收支官軍月糧者，依監守自盜倉糧律科斷。今給事中趙良奏言前因，係干《大明律》條事理，合無準言，通行内外問刑衙門，今後問擬僞造諸衙門印信並關防印記，及管軍官吏、總旗、小旗冒支，與放糧委官人等盜支官軍月糧，並一應輕重罪囚，悉依《大明律》科斷，照見行事例發落。如律無正條，務要斟酌比附停當，使罰不失中。果有情重法輕或情輕法重及可矜可疑者，開具所犯招罪，奏聞區處。

酌中制以定條例。臣伏以律者國之常刑，例者時之變法。刑貴得中，法宜歸一。然律有五等之刑，而陽舒陰慘，無以寓夫至仁。例無一定法則，先後損益，不能盡合乎中制。例之不一，刑之（所）〔則〕不可無中正一定之準以示乎人也。且法司天下之權衡所在，爲例不一，使在外有司或有過舉，將何所析理乎？因循久之，又安保其不變哉！如蒙乞敕三法司，查從洪武三十五年五月以後所增條例，通行會議，較量輕重，斟酌取舍，撮其要節，定爲中制。如敕諭内所言，編寫成書，刊佈中外，永爲遵守。如是，則典獄者有所持循，而刑法無不平矣。

前件，查得正統四年九月二十二日，該都察院節該欽奉聖旨：私宰牛馬驢騾，俱有禁例。今無籍軍民人等不守法度，往往將牛馬驢騾私自宰殺貨賣，好生不便！恁都察院便出榜去張掛禁約，敢有無故仍前將馬牛驢騾私自宰殺的，正犯處死，（戸下）〔餘犯〕邊遠充軍。欽此。又查得正統八年七月十一日，該刑部等衙門具題，節該奉聖旨：今後竊盜初犯已刺右臂的，赦後再犯，刺左臂。若〔兩〕臂俱刺，赦後又犯的，準三犯論。還將他所犯赦前赦後明白開奏定奪。欽此。天順八年正月二十二日，節該欽（此）〔奉〕詔書内開：凡問囚犯，今後一依《大明律》科斷。照例運磚、做工、納米等項發落，所有條例並宜革去，及不許深文妄引參語，濫及無辜。欽此。本年三月初三日，又節該欽奉詔書内開：耕牛所賴尤重，不許軍民（等）〔宰〕殺。如有犯者，枷號半年，依律問罪。欽此。成化元年九月二十日，又該都察院左都御史李東等題稱，凡問竊盜，

倶要查照革後三犯者方坐絞罪，永遠遵守等因。奉聖旨：是。欽此。成化五年四月二十七日，該刑部尚書陸瑜等題稱，今後問擬竊盜，查其所犯次數。如民人革前初犯，刺右臂，革後再犯，刺左臂。若兩臂倶（竊）〔刺〕又犯，通作三犯議擬絞罪。明白將革前革後所犯次數開奏定奪。軍人爲盜，免刺字，三犯一體論罪。節該奉聖旨：是。欽此。成化六年二月二十五日，該吏部等衙門尚書等官姚夔等題稱，舊例宰殺耕牛枷號半年，不無太過。今後有犯者，枷號三個月，滿日依律照例發落。奉聖旨：是，欽此。成化七年十二月十四日，該英國公等官張懋等題，私宰牛隻，枷號三個月發落，用刑不無太過。今後枷號一個月，滿日照例發落。又經奏準通行禁約外，令給事中趙良〔奉奏〕要查從洪武三十年五月以後所增條例，通行會議較量輕重，斟酌取舍，撮其要節，定爲中制，編寫成書，刊佈中外，永爲遵守一節。緣例乃隨事制宜，或因或革，先後損益不一。況自天順八年正月二十二日以前，一應條例，倶奉有詔書革去不行，難以遍定刊佈。其成化元年以後，凡有議奏條例，倶已通行。並竊盜曾經兩臂刺字，革後革前通算三犯者，問擬絞罪，將所犯次數開奏定奪。私宰耕牛者，依律問罪，枷號一個月，滿日照例發落，倶係見行事例。合再申明通行內外問刑衙門遵守，不許引用遠年革去條例科斷。（支）今後遇有當行條例，務要通行內外〔問刑〕衙門，一體遵守施行。

（明）戴金《明條法事類纂》卷四八《刑部類·斷罪引律令·陳言干礙法司條例須要會議例》 成化十一（日）〔年〕六月二十九日，大理寺卿宋等題爲清理條例事。據右寺案呈，準禮部祠祭司手本，兵科抄出兵科給事中祝瀾題稱：條例經年累歲，一事三四其例者有之，隨事更張，每年再變其例者有之。（馴）〔訓〕致條例浩瀚，其中得失混雜，諸司官員施行中間，有酌量事體而據此扶善抑惡者多〔人〕，有任情緩引而假此縱容出入者不少。蓋緣無一定之規，以致如此。若不會議清理，深爲未便等因，具本。成化十年六月初三日奏，奉聖旨：該衙門看了來說。欽此。欽遵。看得給事中祝瀾所言，要將五府六部都察院大理寺等衙門，備查在京在外遠年近日節次條例開具揭帖，會同內閣重臣，精選符合律意，允協與情，明白簡約者歸類條陳。伏乞聖明裁決，定爲見行條例，或刊印（或）〔成〕帙。通行兩京大小衙門及在外府州縣，俾各官吏遵守一節。合無行移五府六部都察院大理寺等衙門，照依本官所奏查議，奏請定奪施行。本年六月初十日該本部奏，奉聖旨：是。著各衙門斟酌整理，務要停當。欽此。欽遵備行，案呈到寺。照得法司見行條例，倶是發落囚犯。彼先奏準之時，或因一時之宜，或因一己之見，以此施行之間，有可經久而行者，有止暫時而行者。或有甲可而（已）〔乙〕否者，或有發落不一者，或有輕重失宜者。今給事中祝瀾所言誠切其弊。竊緣本寺與刑部都察院事同一體，若不會議停當，仍各（比）〔彼〕〔此〕陳奏，不無事不歸一，尤恐仍蹈前弊。如蒙乞敕刑部，將見行事例，逐一查寫，會同都察院與臣等從公斟酌，可因可革，或增或減，議允通類，奏請定奪。及今後凡有陳言，干礙法司條例者，亦要照例會議，才許具奏施行。庶乎事體歸一而〔新〕故不分，更輕重得宜而人易遵守。緣係修（理）〔定〕條例事理，具題。奉聖旨：是。欽此。

皇帝敕諭文武群臣：朕以（京）〔菲〕德，嗣守鴻圖，夙夜憂勤，臻治理案。上天示戒，亢旱踰時，田苗枯槁，民庶驚惶，朕甚憫焉。已嘗寬恤刑獄，遍禱神祇，而雨澤未降，豈冤抑未伸，財用未節，困苦未蘇，而致然歟？抑爾百官奉公守法之心懈，而罔上厲下之私朦歟？茲朕省躬自飭，節減用度，疏放宮人，及條亦合行事宜，令內外衙門，從實舉行。爾等具各體朕心，痛自修省，盡心職業，務致實効，以回天心，以蘇民困。以纖朕憂憫元元，其欽承之。故諭。

計開：

一該部查在京文武官員罰俸住俸緣由，具奏處置。

一在京文武官員爲事欽發充軍爲民緣由，法司查來看。

一兩京法司見監重囚情罪有可矜疑者，再審問來說。

一各處內外鎮守官員貢獻，除常例外，其餘不急之物，暫且停止。

一在京官員軍民之家一應齋醮，及冠婚喪祭服飾，悉從禁例，不許侈會僭用，違者治〔罪〕。

一各處輪班京操官軍，有因災傷來遲的，都免問罪，送營補操。

一淨身人見發各處充軍者，該衛起送赴部，發南京海子種菜。

一各營倒死騎操馬匹，並民間買補四戶馬，該衙門都查數來看。

成化二十三年四月二十五日。

（明）戴金《明條法事類纂》附編《斟酌條例》 弘治三年二月二十五日，刑部等衙門尚書等官何等題，該禮科給事中王綸題內，一件定法制以爲用刑之實。臣惟古之詰姦慝而治暴亂者，莫不用刑。而其用刑也，莫不以子産鑄刑書，蕭何定律令，而唐之長孫無忌者，又從而集成之，雖皆隨時因革，然或輕重失宜。惟我太祖高皇帝真知刑獄不可不慎也，故斟酌乎古今輕重之法，損益乎太過不及之制，欽定爲《大明律》焉。且敘之曰：近年一切榜文禁例，盡行革去。欽此。奈何近年以來，舊法雖守，新例頗多，例雖因時制宜，原請設法，然該刑諸奏牘未嘗定爲程式以頒天下，是以語近則遺其遠，朝出而夕或變，法無定（在）〔制〕，人無定奪，馭舍恣情，輕重失當。如蒙乞敕法司（詐）〔計〕議，凡內外議擬情罪者，合無只遵律令，其不議載者，（奉）〔奏〕聞取自上裁，惟復將見行事例制定程式頒行天下，庶幾法有一定之制，人有一定之守，輕重當而人心服。等因具題。奉聖旨：該衙門看了來說。欽此。欽遵。會同都察院左僉都御史李、大理寺卿馮等看得：給事中王綸題稱，近年以來新例頗多，欲要只遵律令，其不載者，奏請上裁，及要將見行事例，删定程式，頒行天下，使法有定制，人有定守一節。查得：先該刑部給事中趙題，爲陳言事內開酌中制以定條例。欲將洪武年間以來，所增例條通行會議，斟酌取舍，定爲中制等因。本部會同都察院、大理寺官查得：近年奏行事例乃隨時制宜，先後損益不一，況自天順八年正月二十二日以前，一應條例俱欽奉詔書，革去不行，難以編定。其成化元年以後，凡有議奏條例，俱已通行。成化十四年二月初九日，該本部等衙門尚書等官林聰等題。奉聖旨：是。欽此。及查得：先該山西道監察御史吴裕奏，爲興利除害、安養軍民等事。要將成化年間一應條例斟酌輕重，於律令所不載及存留先運磚、做工、納米等項條例量爲存留，其餘條例，盡行革去。該本部等衙門會議得：成化年間修例雖出於臣下之建言，實本於先帝之裁處，其間亦有深意，難以一概革去，已經通行斟酌，除輕重適中參諸律意而不孛，察諸輿情而可行者，照舊遵守外，其有輕重失倫，或矛盾不一，及重復難以適從者，合行革去等因。弘治元年九月十四日，具題。節該奉聖旨：是。欽此。欽遵。臣等（切）〔竊〕惟律者，百世之定法。例者，一時之（奉）〔權〕宜。《書》云：慎乃出令。《易》曰：涣汗其大號。故人君體天地之道，立法定例不可不慎也。欽惟太祖高皇帝定律，以垂萬世之法，信如四時不可易也，例則輔律，而貴在得中，難以執一。是以列聖繼統，因人情之變態不常，定事例之輕重不一，有情重律輕者，雖徒流而發充軍，有情輕而律重者，雖絞斬而準其收贖，其間有可弼世教、正人心者。自洪武年間行之以至今，雖百世可守也。其或因姦玩法而議從重，後因民俗稍變而復議從輕者有之。或矜哀民命，而初議從輕，後因人〔不〕知懼，而復議從重者，亦有之。凡此之類沿革損益因時制定，難以盡行革去，亦難以删定頒行。合無今後凡有參議刑獄條例者，法司會議斟酌須要熟思審處，務在精當，上可合於祖宗律意，（不）〔下〕可通乎天下民情，然後明白條陳奏請上裁，著爲事例。則刑獄以清，人心以服，而和氣致祥矣。奉聖旨：是。欽此。

《明孝宗實録》弘治三年十二月 甲戌，禮科給事中王綸奏：近年問刑新例滋多，人難遵守，維今請一據律令，其律令所不載者，奏請上裁。如見行事例有可行之久遠者，請令法司删定，頒示天下。下三法司覆議，謂：律者百世之定法，例者一時之權宜，例所以輔律也。人情變態不常，事例輕重不一。有情重律輕者，雖徒流而發遣充軍。有情輕律重者，雖絞斬而準其收贖。或初議從重，後因民俗稍變而復議從輕。或初議從輕，後因人不知懼而復議從重。沿革損益，因時制宜，難以盡革，亦難删定。繼今凡有奏議刑獄條例者，但令法司會議斟酌，務上合律意，下通民情，然後條陳，奏請上裁，著爲事例。從之。

（明）戴金《明條法事類纂》附編《法司會議條例務要斟酌停當奏請》

弘治三年十二月二十五日，刑部等衙門題，爲修實德以謹天戒事。河南清吏司案呈，奉本部送禮科抄出給事中王綸題前事內，一件定法制，以爲用刑之實。臣惟古之詰姦惡而治暴亂者，莫不用刑，而其用刑也，莫不以實。子産鑄刑書，蕭何定律令，而唐之長孫無忌者，（人）〔又〕從而集成之，雖皆隨時因革，然或輕重失宜。惟我太祖高皇帝真知刑獄不可不慎也，故斟酌乎古今輕重之法，損益乎太過不及之制，欽定爲《大明律》焉。且敘之曰：近年一切榜文禁約，盡行革去。欽此。奈何近年以來，舊法雖守，新例頗多，雖因時制宜，原請設法，然（皆）〔該〕刑諸奏牘，未曾定爲程式以行天下。是以語近則遺其遠，朝出而夕或變，法無定

(在)〔制〕，人無定奪，取舍恣情，輕重失當。如蒙乞敕法司計議，凡內議擬情罪者，合無只遵律令，其不該載者奏聞，取自上裁。惟復將見行事例刪定程式，頒行天下。庶幾法有一定之制，人有一定之守，輕重當而人心服。等因具題。奉聖旨：該衙門看了來說。欽此。欽遵。抄出到部。除得恩宥以爲好坐之實等事係别部掌行外，其言定法制以爲用刑之實，隸三法司掌行，會同都察院左都御史臣李、大理寺卿臣馮等看得：給事中王綸題稱，近年以來，新例頗多，欲要只遵律令，不該載者，奏請上裁。及要將見行事例刪定程式，頒行天下，使法有定制，人有定守一節。查得：先該刑科給事中趙良題爲陳言事内，間酌中以定條例，欲將洪武年間以來所增條例通行會議，斟酌取舍，定爲中制等因。本部會同都察院、大理寺官查得：近年奏行事例，乃隨時制宜，先後制〔定〕，損益不一，況自天順八年正月二十二日以前，一應條例俱欽奉詔書革去不行，難以編定刊行。其成化元年以後，凡有議奏條例具已通行。成化十四年二月初九日，該本部等衙門尚書等官林聰等具題。次日奉聖旨：是。欽此。欽遵。及查得山西道監察御史吴裕具奏，爲興利除害安養軍民事。要將成化年間一應條例，斟酌輕重，於令律所不該載，及先存留運磚、做工、納米等項條例，量爲存留，其餘則盡行革去。又該本部等衙門會議得：成化年間條例雖出於臣下之建言，實本於先帝之裁處，其間亦有深意，難以一概革去。已經通行(科)〔斟〕酌，除輕重適中，參諸律意，懷察輿情而可行者，照舊遵守外，其有輕重失(論)〔倫〕，或矛盾不一，及垂覆難以適從者，合行革去等因。弘治元年九月十四日，具題。次日節該奉聖旨：是。欽此。欽遵。臣等(切)〔竊〕惟律者，百世之定法；例者，一時之(孝)〔權〕宜。《書》云：慎乃出令。《易》曰：涣汗其大號。故人若體天地之道，立法定例不可不慎也。欽惟太祖高皇帝定律，以垂萬世之法，信如四時不可易也。例則輔律而行，貴在得中也，難以執一。是以列聖繼統，因人情之變態，不常定事例之輕重者，雖絞斬而準其收贖，其間有可弼世教、正人心者。自洪武年間行之以至今，雖有百世可守也。其或因姦頑玩法而初議從重，後因民俗稍變而復議從輕者有之。或哀矜民命而議從輕，後因人不知懼而復議從重者亦有之。凡此之類，沿革損益，因(而)〔時〕制宜，難以盡行革去，亦難以刪定程式頒行天下。合無今後凡有奏議刑獄條例者，法司會議斟酌，須要熟思審處務在精當，上可合於祖宗律意，(不)〔下〕可通於天下民情，然後明白條陳，奏請上裁，著爲事例，則刑獄以靖，人心以服，而和氣致祥矣。具題。本月二十七日，奉聖旨：是。欽此。

（明）戴金《明條法事類纂》附編《立儲詔條》 奉天承運，皇帝詔曰：帝王統御天下，必立儲副，以定國本，繫人心，斯能長治久安，而綿鴻業於無疆也。朕繼祖宗天序，登極五年，夙夜憂勤，恭膺天眷。元子厚照，軒龍毓秀，資表異常，福慶修鍾，率類均戴。茲者，皇親、公侯(駬)〔駙〕馬、伯、文武群臣，累表率籲，勸(情)〔請〕立儲。朕(脯)〔俯〕鑒悃誠，仰承慈訓，皆謂主器不可以久虛，輿情不可以固拒。事在當舉，理難終辭。爰擇吉日，祗告上下神祇，授厚照以册寶，立爲皇太子，正位東宮，益增九廟之光，丕衍萬年之祚。國家大典，中外同歡，宜敷茂恩，用慰顒望。所有合行寬恤事條，開示於後：

一、自弘治五年三月初八日昧爽以前，官吏軍民人等，有犯除謀反叛逆子孫，謀殺祖父母父母，妻妾殺夫，奴婢殺主，蠱毒魘魅，毒藥殺人，强盗人命，黨惡及十惡至死罪不赦外，其餘已發覺未發覺，已結正未結正，罪無大小，〔咸〕赦除之。敢有以赦前事相告言者，以其罪罪之。

一、文武官吏、監生、知印、承差、生員、旗校、軍民人等，有爲事見發立功運磚、運灰、運炭、納米、拘役，及枷號、罰馬、做工、擺站、煎鹽、炒鐵、瞭哨及充軍、伴儀、從膳夫等項，悉皆放免，各還職役寧家。隨住軍職，例該帶俸差操者，悉照原擬，不許管軍管事。文職官吏人等，有犯貪淫酷暴及行止有虧者，悉發原籍爲民。凡被提問該替立功等項者，仍候歸結，一體免罪發落。

一、文武官吏、軍民人等，自成化二十三年九月初六日以後，有爲事問發充軍，編發爲民者，除黨逆、强竊、盗搶、降、失機、人命、贓私、左道亂正，盗關内府財物，撥置王府及真犯死罪者不赦外，其餘悉與宥免，各還原衛、原籍，率家隨住。其爲民者，文職非脱逃犯贓及行止有虧，武職非懼罪在逃、敗倫傷化者，俱與冠帶閑住。

一、各處拖欠税糧、馬草、秋青、草束、屯田子粒、農桑絲絹、門攤、商税、户口、鹽鈔、魚課、茶課、差發銀兩、折糧諸色顔料，並供用

廚料、果品等項，除已徵在官外，其餘小民拖欠未徵者，自弘治二十年十二月以前，盡行蠲免。現今差去催攢主事等官就着迴京。其去歲各處奏報災傷，曾經覆勘明白，戶部奏準，照例遞減，仍令徵納者，俱照巡撫、巡按等官，勘定分數，悉與除豁，以蘇民困。其有已徵在官者，準戶部下年之數，有司官吏，敢有已徵提作未徵者，治以重罪。弘治元年十二月以前，各鹽運司、提舉司拖欠鹽課，悉與除豁。若有被水消折，曾經風憲官勘實及折罰鹽糧，年久追徵未完，或客商失落，截角退引，並皆免進。其竈戶煎辦難苦，有司不許科派雜泛差役。

一、在京各營、在外各邊並順天、應天、南北直隸、河南、山東各處軍衛、有司，騎操孳收寄養走遞馬騾驢牛並種馬駒，自弘治元年十二月以前一應虧欠、例失被盜、埋沒等項，並有例停候買補者，悉蠲免。若有已補在官之數，照例起解交收。該管人員，敢有通同作弊者，事發，治以贓罪。

一、各處煩辦、派辦物料，除單需供應器（血）〔皿〕外，其餘（珠）〔朱〕漆、油麻、銅絲、銅、青銅、鐵等，線翎、鰾、（抱）〔鬆〕子、槐花、烏梅、藍靛、翠毛、箬葉、圓膝、芒苗、笤、竹掃等，（蒂）〔地〕黃穰、棕毛、荊條、〔秫〕秸、蘆葦、蒲草、麥（穩）〔穗〕、稻皮、松香、沙葉、紵麻、西茜草、白水通草、杉、松柏、榆、槐、櫄、椴、棗等木。貓水長節、苦實心笛等竹，葴、板防、白硝、雜皮、水牛（底）〔皮〕等，早蠶紗、水膠、墨、煤、雜草、羊毛、羊角、牛筋、牛角、煤砟、瀛沙、炭末、毛纓、白豬鬃、雲母石、缾罈、高頭欒、白榜等紙，白墡、礬紅、燒造缸釉等，上油椿磨板、黑鉛、紅黃銅、向鋼、生熟鐵、金銀錫箔、青碌等顏料，野味並運河椿草、灰石等項，自弘治二年十二月以前拖欠未徵者，俱悉蠲免。已徵在官者，仍解本部並本處收貯，以備別用。

一、內外衙門，近年坐派柴炭數多，軍民出解艱難，明年以十分爲率，量減三分，有司衛所解到大價，止收正數，不許分外多收。

一、各處先年爲因災傷，小民拖欠稅糧、草束、馬匹物料等項，有司畏罪揑作已徵，及虛文起解後，雖遇赦例，以在前之數仍官追徵不與分豁者，詔書到日，巡撫、巡按官務要（用）心查勘是實者，悉免追徵。

一、在京在外各衙門見監犯人，有監追贓物未完者，除侵盜包攬係官錢糧及誆騙强索人財物，應該給還官主者，照舊監追外，其餘一應贓物不多者，悉免追徵。果係家道貧乏，別無産業追陪者，所司覈查其實，具奏請定奪。

一、在京宣課司監收商稅官員，近年收授太重，以致商販阻滯，人情不堪。今後只照舊例監收，不許分外搜求，有傷治體。

一、山東、河南、陝西等處人民，近年以來，有因饑荒逃往荆襄等深山潛住，不行復業者，詔書到日，聽俱各迴原籍復業。其撫治、都御史行令沿途有司量給口糧，原籍官司，務加存恤，優免糧差三年，公私債負，不許追取，違者罪之。

一、各處衛所歲造軍器並有司該造弓箭弦條，自弘治三年十二月以前拖欠未完者，悉皆停免。其（閑）〔間〕遇並已徵在官物料，聽巡按、分巡官查盤，見數行令如法收貯，準作以後年分成造之數。

一、成化二十三年九月初六日以後，給事中、御史，有因言事及公錯詿誤降調外住者，各巡撫、巡按官查勘，如果有不改初心，別無違犯者，具名奏行吏部，仍照原任京職事例，量加擢用。

一、武職總小旗，自成化二十三年九月初六日以後爲事調衛者，除盜（關）〔官〕府財物，撥置內親王及事（官）〔關〕邊情，特旨降調者不宥外，其餘悉以原職並降定職役迴還原衛，帶俸差操。係（近時）〔腹裏〕衛分者，改註在京衛分。

一、光祿寺供應牲口，各該司府州縣有近年拖欠，除徵見係官者，仍令解納，其餘未完者，自弘治元年十二月以前，悉免追徵。及順天府磨戶拖欠光祿寺白麵，見奏監返未完，果係只身貧難並逃亡死絕者，悉皆蠲免。

一、浙江、福建等歲辦糧課，近年以來，曠昧徵納，亦有盡絕者，累及百姓，辦（細）〔納〕十分〔貧〕難。若詔書到日，所（有）〔司〕踏勘明白：應除豁者，即與除豁，應減免者，量數減免。仍將新舊礦穴堵塞，禁約私採，以弭弊端。

一、各處王府及鎮守、巡撫並司府州縣，但有私自僉報菜戶、魚戶、柴夫、屠夫等項終歲供辦，負累小民者，詔書到日，即便放免。若有例該僉者，所司具（奉）〔奏〕定奪。順天府所屬人民，多有私充自投陵戶、

海戶，及勇士校尉、廚軍，（朵）〔躲〕避糧〔課〕，負累見在人戶貧難者，所司查出，除本投外，其戶下人丁，悉照舊納糧當差，以後不許私自投充。

一、各處分守、守備等官，中間有指揮以都指揮一體統行事者，量與署職，以（使）〔便〕行事。太廟配享開國（公）〔功〕臣追封王爵者，俱係輔（住）〔佐〕太祖高皇帝定天下，有大勳勞之人，今其子孫自不霑太司祿與編外無異者，該部查勘明白，具實以聞，量加恩典，（件）〔許〕奉其祀。

一、住生軍伍、民匠在逃，詔書到日，限三個月以裏者，官與免本罪，俱送原役衙門上工。若有軍丁年六十以上及未六十而篤疾廢不堪工作者，所司驗實（迹）〔疏〕放。丁盡戶絶者，即與具奏除豁。輪班人匠，除假班外，成化二十三年十二月以前失班者，悉皆寬免。弘治四年十二月以前失班者，俱免罰工，止當正班。

一、近年來以來，內外營造土木之工，大係勞人傷財，軍民嗟怨，今後除不得已，土程責限，循理共餘，但得已並不急工作，俱暫停止。

一、兩京文職，五品以上，以理致仕，年及七十者，進散官一階，三品以上，被劾閑住，年及七十，令致仕。

一、文武官，試職署職，年半以上者，與實授，不及年半者，加至年半，亦許照例實授。以後試署者，不在此限。

一、各處土官子孫襲替，除十年之外，才方具告不準外，若十年之內，曾在本處上司具告，展轉駁勘以致遲延，雖在十年之外，公文到部，如果保勘明白，别無詐冒者，亦準承襲。其不準承襲掌印土官、應改設流官、（鎮）〔鎮守〕巡按司等官，會奏定奪。

一、內外各衙門，問發重歷吏典，詔書到日，悉免重歷，起送該部，照例辦事滿日，撥補京考，以後違限者，仍照例重歷。

一、內外衛所在逃官軍人等，限三個月以裏赴官自首，與免本罪，復還職役差操，有應罰班補操者，悉與寬免。

一、勳戚勢要之家有例不許霸佔關廟、渡口、橋梁、水陂，及開設鋪店，（敗）〔販〕賣鈔貫，抽要柴薪，勒掯擺牙，保水利等錢，侵害小民。違者，許巡城巡按並該管地方官員，參奏治罪。行之年久，人心玩（易）〔忽〕，其再與申明，嚴加禁約。兩京甲子等十庫，各有額設庫夫使用，今後遇有交監庫藏，進納寶鈔並夏月曬晾物件等項，止許照舊例，於各庫見在庫夫內互相借用，不許再行順天等府，僉派人夫，科擾害民。

一、在京在外文武官員，總小旗、吏典，有因事住支俸糧者，悉照舊開支。

一、民七十以上者，與免一丁侍養，八十以上者，有司給與綿布二疋、綿花二斤，九十以上者，給與冠帶榮身，仍一體優免一丁侍養。若有鰥寡孤獨之民，有司依例存恤，毋致失所。在京養濟院收養者，給米四斗。

一、各處孝子、順孫、義夫、節婦，曾給旌表。人在者，所司各賜米一石、布一疋。其孝子有出任者除在任外，若有致仕、閑住等項及坐監監生，各衙門吏典人等，亦照例給賜。見在聽選官、監生內，有係旌表孝子者，吏部查勘是實，不拘資次，即與選用，後不爲例。

一、各處納粟義官，有司傾要以禮相待，不許擅便差使及肆行淩虐，多般勸罰擾害，以致人心不肯尚義。如或有犯，除重罪外，其餘徒杖以下，止問以應得罪名，不許革去冠帶，以勵將來。

一、福建、兩廣、雲南、貴州等處，近年有未獲賊徒逃避山澤者，許出官自首，悉免其罪。有司仍加撫恤，俾安生理。其執迷不復者，聽鎮守、總兵等官剿殺。

一、天下軍民利病，許諸人直言無隱。

於戲！元良建，而萬邦以真治。降熙皞，解澤降，而率土所潤化，洽洪纖。詔告多方，咸使知悉。

弘治五年三月初八日。

《明孝宗實録》弘治五年七月　壬午，刑部尚書彭韶等，以鴻臚寺少卿李鐩請刪定《問刑條例》，議曰：刑書所載有限，天下之情無窮，故有情輕罪重，亦有情重罪輕，往往取自上裁，斟酌損益，著爲事例。蓋此例行於在京法司者多，而行於在外者少，故在外問刑多至輕重失宜。宜選屬官，彙萃前後奏準事例，分類編集，會官裁定成編，通行內外，與《大明律》兼用，庶事例有定，情罪無遺。從之。

《明孝宗實録》弘治六年閏五月　甲辰，太常寺少卿兼翰林院侍講學

士李東陽奏：【略】一、孟子曰：省刑罰。今之五刑最輕者爲杖、爲笞，然杖有分寸，數有多寡，極爲詳慎。獄訟既多，人苦難制，乃有矯輕以從重者。在京法司密邇輦轂尚少過差，在外諸司或倚法立威，笞杖之罪往往至死，補立卷案，旁引醫證，縱令事覺，不過以因公還職。於是箠人重者爲能吏，殺人多者爲好官，以極輕之刑，置之不可復生之地，傷天地之和，壞國家之法，莫有大於此者！假令以一時之暫、一二人之少，諉諸過誤，理或有之，而多者數十，甚者數百，乃槩以因公自觧，豈復有所懼哉！今故勘平人者有抵命之律，刑具非法者有除名之例，偶不出此，則謂之因公，一以公名，雖多無害。此則情重而律輕者，不可以不議也。臣請除已往不究外，自今以後，凡拷訊輕罪即時至死，累二十或三十人以上，本律外仍令吏部法司議行降調，或病死不實者，醫證人等並治以罪。且律不可易而例可增，今科罰銀物不至殺人尚有降調之例，以此罪當此情似不爲過，亦可以爲殘民者之戒也。

（明）黃訓《名臣經濟録》卷四五白昂《奏行問刑條例疏》 本部等衙門會題前事。先該委官監察御史王鼎、署郎中事員外郎楊茂仁、項亨明，署左寺正事左寺副朱華呈，各奉本部院寺劄帖：弘治十一年十二月二十一日，節該欽奉詔書內一款：法司問囚，近來條例太多，人難遵守，中間有行者，三法司查議停當，條陳定奪。其餘冗雜難行者，悉皆革去。欽此。欽遵。備將法司歷年見行，及申明問刑條例查出開呈，以憑會議等因。奉此。依奉查呈前來，會同太子少保都察院左都御史等官閔珪等，大理寺卿等官王軾等通行查議停當，除冗瑣難行，遵奉明詔革去者不開外，將情法適中，經久可行者，條陳上請定奪等因，開坐具題。奉聖旨：你每還會同各該衙門再議停當來說。欽此。欽遵。會同吏部等衙門太子太傅尚書等官屠滽等，將前項條例查照明白，再加議處停當理合開陳具奏，伏候命下之日刊行內外問刑衙門，問擬罪囚，悉照此例施行，永為遵守等因，開坐具題。奉聖旨：是有點的六條，還再議停當來說。欽此。欽遵。續該本部等衙門會同，將今奉欽依旨出六條舊例再議明白，具題。弘治十三年三月初二日，奉聖：都照舊行。

（明）黃訓《名臣經濟録》卷四五何喬新《陳脩省疏》 節該太監韋〔闕〕傳奉聖旨，近日京城雨水為災，南京又奏大風雷雨之異，朕當檢身飭行，祇謹天戒爾，文武百官尤當各加脩省，勉圖報稱，毋事因循，各衙門政事有缺失，當舉行改正的斟酌停當來說，欽此。欽遵。臣等備員法司，所掌者刑，所講者律，不敢泛及他事。竊惟刑律之制，肇自虞之象刑，其後夏有政典，商有官刑，周之三典以及漢唐宋，而律書日繁。我太祖高皇帝肇造區夏，本諸欽恤之心，旁採漢唐之制，定《大明律》以為輔治之具，輕重適中，度越前代矣。列聖相承，因時制宜，又有事例以輔律之不及，內外法司，遵守惟謹，迨今百有二十餘年，罔敢違越。然律文深奥，百司官吏講解未明，或以一字之文而害一條之義，及其引律斷罪，往往有乖律意，承訛踵謬，不知其非，此乃有司因襲之弊，非聖祖制律之本意也。夫律意不明則刑罰不當，刑罰不當則民有不得其死者矣。臣等謹條今之擬罪有當改正者於後，伏乞聖明裁處，叅酌輕重，著於典章，頒行天下，永為遵守，臣民幸甚。等因具本。奉聖旨：這本恁還會都察院、大理寺詳議停當來說。欽此。欽遵。會同都察院右都御史屠等、大理寺卿馮等詳議得，凡告子孫及子孫之婦不孝，并監臨官因公毆人至死及因事威逼人致死，律例甚明。近來有司遇有告子孫及婦不孝者，不問虛實即坐重罪，因公毆人致死者，雖不曾用慘酷刑具，俱作酷刑官員起送吏部，奏請降調。愚民或因忿爭小故致令自盡者，俱坐以威逼致死，此皆有司因襲之弊，殊失律意，合依本部所擬改正，通行內外法司，永為遵守，庶幾不失聖祖制律之意。其邊遠充軍江南等處，發西北衛分江北等處，發東南衛分，律有坐定地方。但近年兵部奏稱，內外法司問該充軍人犯俱要就近編發，以便勾取，合無照依見行事例發遣，中間有係降人等類者，或發兩廣、雲貴衛分充軍，以防意外之虞。其言國初定律之時，鈔重而物輕，經今百有餘年，鈔輕而物重，要將銀每一兩銅錢每一千文各估鈔四十貫，揆之時估，固為有理，但銀錢估鈔行之已久，合仍依原估，其他一應貨物，委有估計失當，臣等再行斟酌計議，務在輕重得中，另行具奏定奪，緣節該奉，欽依。還會都察院大理寺詳議停當來說，事理未敢擅便。今將議過緣由開具謹題，計開。一節該伏覩《大明律》內一款，凡罵祖父母、父母及妻妾罵夫之祖父母、父母者，並絞。註云：須親告乃坐。又一款其祖父母、父母誣告子孫、子孫之婦者各勿論。欽此。竊詳律意，蓋謂祖父母之於孫，父母之於子，天性之至親也，子孫孛戾至於毀罵，故坐以絞，然

恐人誣告致罪，故曰須親告乃坐，謂之親告乃坐者，以見他人雖告不坐也。近見問刑衙門遇有祖父母、父母告子孫及子孫之婦罵者，不問虛實，輒坐以絞，是乃親告即坐，非親告乃坐矣。使凡親告即坐，何以有誣告子孫之律乎？凡人之誣告子孫及子孫之婦者，多出於愛憎之偏，有因後妻之譖而憎前妻之子者，有溺愛少子而惡其長子者，有欲奪孫之貲産以歸其子者，有憎其孫遂及其婦者，使親告即坐，則雖恭順如薛包，孝友如王祥者，父母一有誣告，將不免於死，況其他乎？合無通行內外問刑衙門，今後若祖父母、父母告子孫及子孫婦不孝者，必須追究得實，然後坐罪如律。若祖父母、父母偏私誣告，仍依誣告子孫律擬斷，庶無乖聖朝制律之意，而克全天性之恩矣。前件會議得，合依所擬。一節該伏覩《大明律》內一款，凡官司決人不如法者笞四十，因而致死者杖一百，均徵埋葬銀一十兩。若監臨官因公事於人虛怯去處非法毆打，及自以大杖或金刃手足毆人至折傷以上者，減凡鬬傷罪二等，至死者杖一百徒三年，追埋葬銀一十兩。若於人臀腿受刑去處依法決打，邂逅致死及自盡者，各勿論。欽此。查得見行事例，各處有司及問刑官有用腦箍、夾棍、烙鐵、闌馬棍等項酷刑，官員問罪起送吏部，奏請定奪，或降雜職或廢為民，蓋所以懲戒殘忍之徒也。近見內外官司或因督理公事，或因考訊獄囚，依法決打致死人命者，問刑衙門一槩議作酷刑黜罷，殊與律例不合，且鞭作官刑，扑作教刑，自古有之，但不當肆為殘忍，以毒其民耳。若因公事決打致死，輒黜為民，非律例之意也。合無通行內外問刑衙門，今後有犯除腦箍、夾棍、烙鐵、闌馬棍等項慘酷刑具，及於虛怯去處毆打致死者，照例問罪為民，其餘如因公事或笞或杖於臀腿去處決打致死者，各依本律科斷，不在起送降調之例，庶於情法得中。前件會議得，合依所擬。一節該伏覩《大明律》內一款，凡因事威逼人致死者杖一百，追埋葬銀一十兩，欽此。竊詳律意，蓋謂諸色人等或逼取田園，或强索財物，或見愚弱而恐之以罪，或因其卑賤而脅之以威，其人畏威懾勢以致自殺者，坐以前罪，仍追埋葬之貲給與死者之家。近見街市愚夫愚婦或一時語言忿爭，或偶因酒醉戲罵，本無用威挾勢淩逼情由，而愚民輕生輒便自盡者，官司往擬威逼罪名追給銀兩，殊非律意。其罪雖止於杖，然監追銀兩有力者隨即送官，貧窘者淹禁連月，甚至於鬻子女典房屋而後完納，深為可憫，合無通行內外問刑衙門，今後遇有此等囚犯，研審明白，果係因事威逼人致死者，依本律科斷。若因一時忿爭或因醉戲謔互鬬等項致人輕死自盡，別無逼迫之情者，止依不應毆罵人等項律條科斷，不必追銀，庶幾情法相當，而死生無憾。前件會議得，合依所擬。一伏覩《大明律》邊遠充軍條，內開江南并浙江、江西等布政司府，分發定遼、山西等都司所轄衛分充軍，江北、山西、陝西等布政司府，分發廣東、廣西等都司所轄衛分充軍。竊見近來編發充軍囚犯不分南北，多發西北邊衛充軍，蓋以西北用兵，故欲填邊衛也。然此等囚犯多是原問斬、絞罪名饒死，及一應奸頑梗化輕於犯法之徒，往往隨到隨逃，仍復為惡。雖有仍問死罪處決之例，然逃者接踵，終不知警。況中間又有原係戎狄種類，諳知邊情，慣習夷語，恐其乘隙逃入敵中，為之謀主，啓釁邊陲，不可不防。漢之衛律，宋之張元，可為永鑑。合無今後編發充軍囚徒，仍照律內所定地方，原係北人者，編發江南衛分，原係南人者，編發江北衛分。庶可革其屢逃之弊，亦可免意外之虞。前件會議得，充軍囚犯就近編發，照兵部見行事例，中間係戎狄者，發兩廣、雲南、貴州充軍。一伏覩《大明律》凡四百六十條，其間計贓科罪者，律也，律一定而不易。以贓估鈔者，例也，所以輔律，可隨時損益之。但國初制律之時，每銀一兩值鈔一貫，今則值鈔八十貫，是國初常人盜銀八十兩方得絞罪，監守盜銀四十兩方得斬罪。今常人盜銀一兩，監守盜銀五錢即坐絞斬罪名，雖曰民俗澆灕，恐人易犯，故重以繩之，然非祖宗制律之本意。查得正統、成化年間，都御史陳智，監察御史李志剛等各有論奏，或欲照依國初估鈔，常人盜銀八十兩方坐絞罪，或欲照今時估常人盜銀一兩即坐絞罪，合而論之，贓輕罪重者似過於刻，贓重罪輕者似失於縱。況陳智等擬奏時估止稱銀兩銅錢，而貨物因之，及其後估計貨物，雖有定規一向遵行，就中輕重失倫者亦多，如綿被一件值銀不過七八錢，乃估以一百貫，金一兩值銀不下五六兩，止估以一百六十貫，大車一輛值銀十餘兩，而以七十貫估之，柴草一大車值銀五六錢，而以一百貫估之，其他估計失常者，不可枚舉。依此論罪，刑罰豈能得中。合無今後估計鈔貫銀每一兩銅錢每一千文各值鈔四十貫，其餘馬騾等畜并諸般貨物，本部會同都察院大理寺從公斟酌估計，務在合乎人情，宜於時俗，定擬停當，通行內外問刑衙門，遵依折錢擬罪，庶幾得輕重之中，而不失制律之意

矣。前件會議得銀錢估鈔照舊，其餘貨物另行估計。弘治二年九月十八日，刑部尚書何等具題。本月二十一日奉聖旨這本内罵祖父母、父母一條，係干倫理，還著吏部，會同户、禮、兵、工四部，及通政司、六科再詳律意，講明來説，其餘准議。欽此。

（清）查繼佐《罪惟録》志卷二一《刑法志》 成化元年，以大理卿王概言，嚴軍民詞訟越奏京師之律。

七年，録洪武以來凡一切獄訟奏議，榜通政司門。災異録囚有例，時恐差官擾費，姑以敕行。在外官司科罰，始則寄庫爲名，究則入己，假立文簿支銷，是教貪也，詔嚴革之。

十一年，詔除重刑外，餘不許夾棍傷人，違者入酷。孝選進士楊茂元等二十人，同刑部現任官問刑，以儲他日主事之缺，所謂觀政者是也，後以其名矣。【略】十三年，凡武職侵克月糧，依律擬，不許仍前管事立功自贖爲名，須帶俸差操，滿日，降一級。

十五年，毁刊行會定現行律條一百八款。按《大明律》四百六十條，名例律者，以斷罪而無正律須比附，應加應減，始爲允當。此會定不知始何時？内兵律，多支廩給，刑律，罵制使及本管長官，皆輕重失倫。上以巡撫王恕奏，詔擅用會定者以故出入人罪論。

按：成化末年，京城外有軍民葉紀、靳鸞等，夜發人墓，取髑髏及項骨，僞爲葛巴剌椀，稱西番所産，愚人市利。番僧知其僞，嘗買以惑内官，致獻宫中，事覺，坐大辟，緝捕其黨盡。禮部致仕郎楊宣妻王氏已受封誥，妬悍甚，杖殺使婢十餘人，宣不能制。東廠廉其事以聞，逮治王氏，並及宣，各擬合坐者律，宣贖杖，仍致仕，王氏送刑部決杖五十。太監勸上設西廠，遂有琶刑。每上琶，遍身骨節離寸許，汗雨下。

弘治二年，刑部尚書何喬新以《大明律》其間計贓科罪者多，請計贓，並估鈔，方可定罪。以鈔有貴賤，如國初制銀一兩，準鈔一貫，今準鈔八十貫，宜以時損益之。不果行。

十三年，命法司删定《問刑條例》。以累朝條例繁多，難以畫一，於是刑部尚書白昂會九卿大臣删正頒行。

按原條例中，如殺耕牛一，罪償十。未幾，邊將奏皮骨筋角，軍需缺用，於是不得已縱殺牛，令東廠勿刺訪。如寡婦立嗣，以其所愛，論者謂他日暱所愛，情不可知。又私役、軍役及當田地，本利已足，許還田主，諸大不便。

黄彰健《明代律例彙編》卷首《問刑條例題稿》 刑部等衙門太子太保尚書等官臣白昂等謹題爲開讀事。本部等衙門會題前事。先該委官監察御史王鼎，署郎中事員外郎楊茂仁、項亨明，署左寺副朱華呈：各奉本部院寺劄帖，弘治十一年十二月二十一日節該欽奉詔書内一款：法司問囚，近來條例太多，人難遵守。中間有可行者，三法司查議停當，條陳定奪。其餘瑣雜難行者，悉皆革去。欽此。欽遵。備嘉靖三十三年汪宗元刊本《大明律例》備下有仰字。將法司歷年見行及申明問因條例，查出開呈，以憑會議，等因奉此，依奉查呈前來。會同太子少保都察院左都御史等官閔珪等，大理寺卿等官王軾等，通行查議停當。除冗瑣難行，遵奉明詔革去者不開外，將情法適中，經久可行者，條陳上請定奪，等因開坐具題，奉聖旨：你每還會同各該衙門再議停當來説。欽此。欽遵。

會同吏部等衙門太子太傅尚書等官屠滽等，將前項條例查照明白，再加議處停當，理合開陳具奏，伏候命下之日刊行。内外問刑衙門，問擬罪囚，悉照此例施行，永爲遵守。等因開坐具題。奉聖旨：是，有點的六條，還再議停當來説。欽此。欽遵。

續該本部等衙門會同將今奉欽依點出六條舊例再議明白具題。弘治十三年三月初二日，奉聖旨：都照舊行。欽此。欽遵。

一奉詔查議：太子太保刑部尚書臣白昂、左侍郎臣屠勳、臣陳道、右侍郎臣何鑑、太子少保都察院左都御史臣閔珪、右都御史臣佀鍾、右副都御史臣顧佐、大理寺卿臣王軾、左少卿臣王鑑之、臣劉瓛、右少卿臣何鈞、左寺丞臣劉憲、右寺丞臣吴一貫。

一奉旨會議：太子太傅吏部尚書臣屠滽、左侍郎臣林瀚、右侍郎臣韓文、太子少保户部尚書臣周經、左侍郎臣許進、右侍郎臣李三暘、太子少保禮部尚書臣徐瓊、左侍郎臣張升、右侍郎臣焦芳、少保兼太子太傅兵部尚書臣馬文升、左侍郎臣王彝、右侍郎臣楊謐、太子太保工部尚書臣徐貫、左侍郎臣曾鑑、右侍郎臣史林、通政使司掌司事禮部左侍郎臣元守道、通政使臣沈祿、左通政臣王敞、右通政臣陳瑤、左參議臣姜清、右參議陳勗，臣李浩。

黃彰健《明代律例彙編》卷首《重修問刑條例題稿》 刑部等衙門尚書等官臣顧應詳等謹題：爲申明條例，以一法守事。

該委官先任湖廣道監察御史、今陞大理寺右寺丞胡植，雲南清吏司郎中劉松，山東清吏司署郎中事主事吴維嶽，先任左寺署左寺正事左評事、今陞福建邵武府知府羅時霖，呈：各奉本部院寺劄帖：

先該本部尚書喻茂堅等題，爲奉命陳言以實修省事，内開一欵前事。竊惟我國家稽古定律，以詰姦慝，而刑暴亂。又以民多法外之姦，律有未該之罪，累朝節有禁例，以輔律之不及。至弘治十三年，該多官會奏，欽定《問刑條例》，與《大明律》一體頒佈，天下問刑衙門永爲遵守，法紀備矣。但自考定《問刑條例》，迄今將五十年，世變風移，自應通變，以宜於民。節該法司議奏，及我皇上欽定條例數多，在京法司已知遵行，天下有司猶未通曉，中間有不諳例文，妄自摘引，或拘泥全例，添情就獄，以致引擬欠當，民多冤死，甚非慎重民命以召和氣也。伏乞勑下臣等，會同三法司堂上官，將《問刑條例》並我皇上嘉靖元年以後欽定事例，通再申明，除簡切易曉，引用無差者，照舊遵行外，中間如有例意本明，或罪狀未合本例，妄自摘引，或例意有所專指，難以牽合者，容臣等逐一查議明白，刊示内外百司，通行講讀，永爲遵行。其弘治十三年以後，嘉靖元年以前事例，雖係奉詔革除，中間有係因事條陳，議擬精當，有難盡廢者，通加檢查條件，並官司妄引條例，故入人罪者，明議黜罰之條，通行開具，奏請裁定施行。等因具題。節奉聖旨：近年有司非法用刑，妄引條例，故入人罪，小民怨抑何伸。便會官備查各年問刑事例，定議來説。欽此。

續該本部會同都察院大理寺覆題前事。照得弘治十三年奉詔議刊《問刑條例》，三法司各委官備查節年事例明白，各呈本部院寺會議定擬上請，仍勑下九卿衙門各堂上官會議刊行。誠以事關法紀，必須集衆思以定國是，方可通行。即今欲將各年事例查議，必須通行檢閱，方得明悉。但事在各衙門者，文移各有職掌。合候命下，咨行吏部等部及通政使司，各將歷年題准事干《問刑事例》，開具情法適中，經久可行，條件咨送臣等酌議定擬，仍會同九卿衙門各堂上官會議，奏請刊行。等因。奉聖旨：是。依擬行。欽此。欽遵。行準戶部等衙門先後查檢見行事例，不次開送前來。已經行委原任監察御史王紳，郎中盧夢陽、杜拯，左寺正胡堯臣、周整，備將各衙門及本部院寺各年題準事干問刑事例，查呈。間緣本部尚書喻茂堅，劉訒，李士翱，及各委官陸續去任。復該本部院寺，備仰職等，遵照原題事理，逐一查檢明白，通行開呈，以憑會議。等因奉此。職等依奉，會同備查明白，呈乞會議，題請施行，案呈前來。

臣等會同都察院左都御史臣屠僑等，大理左少卿臣沈良才等，逐一查得弘治十三年以後，及我皇上節年欽定各事例，悉皆情法適中，經久可行。其間一二，或議擬雖詳，而語意未明，或處斷已當，而事體未盡者，通行斟酌，稍加損益。其見行條例中，間或情法該載未盡，或事體偏滯難行，已經各衙門申明者，今並爲一款，以便遵守。其或雖經申明，而擬議未詳，或未經申明，而引用易差，與一切姦弊，例所未備者，亦斟酌損益，因事推廣。皆務求文義簡切，而人俱易曉，情罪適均，而法可久行。及將官司妄引條例故入人罪者，明議黜罰之條。仍照原題事理，會同吏部等衙門尚書等官臣夏邦謨等，各再加議處停當。理合開陳具奏，伏乞皇上特賜裁定。恭候命下之日，將見行與今查議過新舊條例，倫次參付，總成一書，刊佈内外問刑衙門，一體永爲遵守。其餘弘治十三年以後一切事例，窒礙難行，未經收入者，悉皆除去，不許援引比附。仍將新刊條例，各發一部，兩直隸行順天應天二府，浙江等十三省行各布政使司，照式翻刻，給發各府州縣衛所，以便遵照施行。復乞天語叮嚀，今後凡問刑官，自此條例申明頒佈之後，敢有仍前任情妄引，輕視民命者，定照今議事例，黜罰有差。庶法守畫一，刑獄明允，民無冤苦，而和氣充溢矣。

緣係申明條例以一法守，及節奉聖旨，便會官備查各年問刑事例定議來説事理，未敢擅便，謹題請旨。

嘉靖二十九年十二月二十二日刑部尚書臣顧應祥、左侍郎臣楊行中、右侍郎臣彭黯，都察院左都御史臣屠僑、左副都御史臣商大節、大理寺左少卿臣沈良才、右少卿臣倪嵩、左寺丞臣陶謨、右寺丞臣胡植、吏部尚書臣夏邦謨、左侍郎臣李默、右侍郎臣應大猷、戶部尚書臣孫應奎、左侍郎臣駱顒、總督倉場督理西苑農事戶部左侍郎臣端廷、太子太保禮部尚書兼翰林院學士臣徐階、左侍郎臣王用賓、右侍郎臣程文德、兵部尚書臣王邦

瑞、左侍郎臣王道、右侍郎臣聶豹、協理京營戎政兵部侍郎兼都察院右僉都御史臣趙錦、工部尚書臣胡松、左侍郎臣龔輝、右侍郎臣梁尚德、兵部左侍郎掌通政使司事臣孫禬、左通政臣陳時、右通政臣趙文華、右參議臣李登雲。

十二月二十五日奉天門奏，奏聖旨：這《問刑條例》，你每既會議停當，著刊佈内外衙門，一體遵行。今後問刑官敢有任情妄引、故入人罪的，依擬查參降黜。欽此。

《明史》卷九五《刑法志》 凡中官掌司禮監印者，其屬稱之曰宗主，而督東廠者曰督主。東廠之屬無專官，掌刑千户一，理刑百户一，亦謂之貼刑，皆衛官。其隸役悉取給於衛，最輕黠猥巧者乃撥充之。役長曰檔頭，帽上銳，衣青素𧝓褶，繫小條，白皮靴，專主伺察。其下番子數人爲幹事。京師亡命，誆財挾仇，視幹事者爲窟穴。得一陰事，由之以密白於檔頭，檔頭視其事大小，先予之金。事曰起數，金曰買起數。既得事，帥番子至所犯家，左右坐曰打樁。番子即突入執訊之。無有左證符牒，賄如數，徑去。少不如意，搒治之，名曰乾醡酒，亦曰搬罾兒，痛楚十倍官刑。且授意使牽有力者，有力者予多金，即無事。或靳不予，予不足，立聞上，下鎮撫司獄，立死矣。每月旦，廠役數百人，掣簽庭中，分瞰官府。其視中府諸處會審大獄、北鎮撫司考訊重犯者曰聽記。他官府及各城門訪緝曰坐記。某官行某事，某城門得某姦，胥吏疏白坐記者上之廠曰打事件。至東華門，雖夤夜，投隙中以入，即屏人達至尊。以故事無大小，天子皆得聞之。家人米鹽猥事，宫中或傳爲笑謔，上下惴惴無不畏打事件者。衛之法亦如廠。然須具疏，乃得上聞，以此其勢不及廠遠甚。有四人夜飲密室，一人酒酣，謾罵魏忠賢，其三人噤不敢出聲。罵未訖，番人攝四人至忠賢所，即磔罵者，而勞三人金。三人者魄喪不敢動。

《明史》卷九三《刑法志》 弘治中，去定律時已百年，用法者日弛。五年，刑部尚書彭韶以鴻臚少卿李鐩請，刪定《問刑條例》。至十三年，刑官復上言：洪武末，定《大明律》，後又申明《大誥》，有罪減等，累朝遵用。其法外遺姦，列聖因時推廣之而有例，例以輔律，非以破律也。乃中外巧法吏或借便已私，律浸格不用。於是下尚書白昂等會九卿議，增歷年《問刑條例》經久可行者二百九十七條。帝摘其中六事，令再議以聞。九卿執奏，乃不果改。然自是以後，律例並行，而網亦少密。王府禁例六條，諸王無故出城有罰，其法尤嚴。嘉靖七年，保定巡撫王應鵬言：正德間，新增《問刑條例》四十四款，深中情法，皆宜編入。不從。惟詔僞造印信及竊盜三犯者不得用可矜例。刑部尚書胡世寧又請編斷獄新例，亦命止依律文及弘治十三年所欽定者。至二十八年，刑部尚書喻茂堅言：自弘治間定例，垂五十年。乞敕臣等會同三法司，申明《問刑條例》及嘉靖元年後欽定事例，永爲遵守。弘治十三年以後、嘉靖元年以前事例，雖奉詔革除，顧有因事條陳，擬議精當可採者，亦宜詳檢。若官司妄引條例，故入人罪者，當議黜罰。會茂堅去官，詔尚書顧應祥等定議，增至二百四十九條。三十四年又因尚書何鰲言，增入九事。萬曆時，給事中烏昇請續增條例。至十三年，刑部尚書舒化等乃輯嘉靖三十四年以後詔令及宗藩軍政條例、捕盜條格、漕運議單與刑名相關者，律爲正文，例爲附注，共三百八十二條，刪世宗時苛令特多。崇禎十四年，刑部尚書劉澤深復請議定《問刑條例》。帝以律應恪遵，例有上下，事同而二三其例者，刪定畫一爲是。然時方急法，百司救過不暇，議未及行。

《明史》卷九五《刑法志》 莊烈帝即位，忠賢伏誅，而王體乾、王永祚、鄭之惠、李承芳、曹化淳、王德化、王之心、王化民、齊本正等相繼領廠事，告密之風未嘗息也。之心、化淳叙緝姦功，廕弟侄錦衣衛百户，而德化及東廠理刑吴道正等偵閣臣薛國觀陰事，國觀由此死。時衛使慴廠威已久，大抵俯首爲所用。崇禎十五年，御史楊仁願言：高皇帝設官，無所謂緝事衙門者。臣下不法，言官直糾之，無隱訐也。後以肅清輦轂，乃建東廠。臣待罪南城，所閲詞訟，多以假番故訴冤。夫假稱東廠，害猶如此，況其真乎？此由積重之勢然也。所謂積重之勢者，功令比較事件，番役每懸價以買事件，受買者至誘人爲姦盜而賣之，番役不問其從來，誘者分利去矣。挾忿首告，誣以重法，挾者志無不逞矣。伏願寬東廠事件，而後東廠之比較可緩，東廠之比較緩，而後番役之買事件與賣事件者俱可息，積重之勢庶幾可稍輕。後復切言緹騎不當遣。帝爲諭東廠，言所緝止謀逆亂倫，其作姦犯科，自有司存，不宜緝，並戒錦衣校尉之横索者。然帝倚廠衛益甚，至國亡乃已。

黄彰健《明代律例彙編》卷首《重修問刑條例題稿》 刑部等衙門尚

書等官臣舒化等謹題，爲重修《大明會典》事。

山西清吏司郎中沈九疇，會同浙江清吏司署郎中主事王炳璿、陝西清吏司員外郎章潤、福建清吏司主事詹思謙案呈：萬曆四年六月二十三日，該河南清吏司準禮部祠祭清吏司手本，該內閣題稱：會典一書，先該科臣建議，該部題覆，欽奉明旨續修，相應及時舉行，乞敕禮部行文各該衙門，選委司屬官，將節年題準事例，分類編輯，堂上官校勘明白，送館備録等因，奉聖旨：是。禮部知道。欽此。抄部送司，隨準該司手本前來，相應遵照施行。

案查萬曆二年四月內，該刑科都給事中烏昇等題：爲仰遵先帝成命，懇乞嚴敕當事法臣，早定刑書等事。奉聖旨：刑部知道。欽此。該本部具覆，節奉聖旨：是。《問刑條例》依擬參酌續附。欽此。

萬曆三年七月內，該刑科給事中光懋題：爲修明舊典，刊定章程，以清宿弊，以備臣工永遠遵守事。奉聖旨：該部知道。欽此。覆奉聖旨：是。欽此。

隨該本部移咨吏部等衙門，自嘉靖三十四年以後，節次詔令及題奉欽依，但與刑名相關事例，查咨過部，等因去後，各該衙門陸續咨送前來。委官議修間，各因陞遷去任，未經完輯。

萬曆四五等年，該原任本部尚書王崇古陸續劄委原任四川清吏司郎中須用賓，湖廣清吏司員外郎王貽德，河南清吏司員外郎王鏻，主事余國賓、謝良弼，山西清吏司主事鄒德涵，四川清吏司主事劉東屋，廣東清吏司主事朱衣、王泮、張一坤，山東清吏司主事高文炳、劉禹謨，陝西清吏司主事張振先，雲南清吏司主事沈思孝，接管纂修，具稿甫完，俱各陞遷及因事去任訖。

萬曆六年二月內，該原任本部尚書嚴清劄委本職及原任湖廣清吏司主事李伯春、方範，將各條例及《大明令》、《大明會典》、累朝詔敕、宗藩軍政條例、漕運議單，並節年各衙門題準事例，凡有關於刑名者，各查照本律，參酌事情，逐一呈堂，再三校勘，裒集成帙，仍謄寫三十餘部，咨送各部院衙門堂上官及該科，公同酌議，未經回覆。

十一年三月內，該巡按陝西監察御史陳薦題，爲捕盜法嚴，獄滋冤濫等事。奉聖旨：該部看了來説。欽此。該原任本部尚書潘季馴具覆，節奉聖旨：捕盜條格，你部裏會同兵部議擬停當來行。欽此。該本部行委本職，將條格逐一查議，分列六款呈部，覆奉聖旨：這《捕盜條格》並各事例，既參酌議擬停當，著纂入《問刑條例》，刊佈遵行。欽此。

本年五月內，該刑科都給事中戴光啓題，爲請修《問刑條例》以飭法守事。內開稱：要將條例逐一詳議停當，仍集九卿衙門堂上官會議，等因。奉聖旨：法司知道。欽此。該本部覆，奉聖旨：是。欽此。

本年十一月內，該戶科給事中蕭彥題，爲會典垂成，事例未一，乞賜詳議，以定萬世法守事。奉聖旨：著法司便會同戶部議擬歸一，纂入《會典》。欽此。該本部仍委本職，將漕運議單中係刑名者，逐一酌議，呈部覆。奉聖旨：這侵盜漕糧事例，既議擬停當，著纂入《會典》遵守。欽此。通抄到部送司，案呈到部。該本部仍委本職，會同原任河南清吏司郎中馮孜，原任山東清吏司郎中施夢龍，重加詳議，仍謄寫三十餘部，咨送各部院衙門堂上官及該科，隨據吏、戶、禮、兵、工等部，都察院，大理寺同咨前來，查其中少有異同，即行酌改，及將本部題準《捕盜條格》並漕運議單，與一應欽奉明旨有關刑名者，通行查載。見今蒙本部崔督仍委本職，會同郎中王炳璿、員外郎章潤、主事詹思謙，再行逐條評議，編輯已完，呈乞題請施行等因，案呈到部。

臣等看得，《問刑條例》一書，先定於弘治十三年，重修於嘉靖二十九年，續增於嘉靖三十四年，共三百八十五條，事例稽之累朝，損益成於列聖，遵行已久，固非臣等所敢輕議。但法因時變，情以世殊，其中或有舉其一而未盡其詳，亦有宜於前而不便於後，事本一類，乃分載於各條，罪本同科，或變文以異斷。至若繁詞冗議，未盡芟除，甲是乙非，未經歸一，蓋立例以輔律，貴依律以定例。律有重而難行，故例常從輕，不無過輕而失之縱。律有輕而易犯，故例常從重，不無過重而失於苛。諸如此類，亦略可言。

如强盜傷人，與殺人者，其情自異，難同梟示之條。私賣軍器，比出境者，其罪既同，原無各斬之律。人命出辜限，而通擬抵償，恐多冤獄。略賣至三犯，而照前發遣，未足懲姦。冒籍生員，非買文頂替之比，何以俱發口外。賣放軍犯，有終身永遠之别，豈容一概代當。至於加死爲重，不引律而即引例。梟示尤重，律無斬而例即梟。凡此據文既有可訾，於律

不無相礙。

今臣等所議，必求經久可行，明白易曉，務袪苛縱之弊，以協情法之中。校勘多年，粗有端緒。臣等再照《大明律》共四百六十條，今條例亦多至三百八十餘條。民之情僞既該，法之防範亦密。我皇上欽恤庶獄，命臣等重加酌議，蓋將使上有畫一之法，民知趨避之途。若題準頒佈之後，敢有恣任喜怒，妄行引擬，及將已前未經採入事例，輒擅比照，容臣等及該科參奏，照舊例分別重處，仍將本例增改，移附末簡，以示申飭。庶法紀嚴而刑罰當，清淨寧一之化，復見於今日矣。臣等遵奉前旨，仍會同吏部等衙門尚書等官臣楊巍等，公同議擬，除各例妥當，相應照舊者，共一百九十一條。其應刪應並應增者共一百九十一條，逐條開列前件，擬議上請，伏乞皇上特賜裁定。恭候命下本部，容臣等將前例開送史館，以憑纂入《大明會典》。仍將《大明律》逐款開列於前，各例附列於後，刊刻成書，頒佈問刑衙門，永永遵守。仍各發一部，兩直隸行順天、應天二府，浙江等十三省行各布政司，照式翻刻，給發各府州縣衛所，以便遵照施行。仍將所翻刻本呈送一部前來，以憑查封。更乞申飭內外問刑官，務要遵奉新定條例，不許任情妄引，以致罪有出入。緣係重修《大明會典》及節奉欽依參酌《問刑條例》事理，未敢擅便，謹題請旨。

萬曆十三年四月初四日，刑部尚書臣舒化，吏部尚書臣楊巍，左侍郎臣李世達，右侍郎兼翰林院侍讀學士臣沈一貫，戶部署部事總督倉場左侍郎臣宋纁，禮部尚書兼翰林院學士臣沈鯉，左侍郎兼翰林院侍讀學士臣朱賡，右侍郎兼翰林院侍讀學士臣王弘誨，兵部尚書臣王遴，左侍郎臣陰武卿，右侍郎臣石星，協理京營戎政左侍郎臣辛應乾，太子少保工部尚書臣楊兆，左侍郎臣何起鳴，右侍郎臣王友賢，太子少保都察院左都御史臣趙錦，左副都御史臣耿定向，右僉都御史臣張岳，工部尚書仍管通政使事臣倪光薦，右通政臣陳瓚，左參議臣杜其驕，右參議臣田蕙，大理寺卿臣曾同亨，左少卿臣何源，右少卿臣王用汲，左寺丞臣敖鯤，右寺丞臣羅應鶴。四月十一日於皇極門奏奉聖旨：是。這《問刑條例》，既會議詳悉允當。著刊佈內外衙門，永爲遵守。仍送史館，纂入《會典》。各該問刑官如有妄行引擬，及故入人罪的，法司及該科參奏治罪。欽此。

黃彰健《明代律例彙編》卷首《進新刻大明律附例題稿》 刑部題，爲重修《大明會典》事。河南清吏司案呈：奉本部送刑科抄出，該本部等衙門題稱，萬曆四五等年，節該欽奉明旨，將《問刑條例》重加纂修，已經會同吏部等衙門堂上官，逐條參酌，於十三年四月內纂修已完，伏乞聖明裁定，仍要將律例合刻頒行等因題。奉聖旨：是。這《問刑條例》既會議詳悉允當，着刊佈內外衙門，永爲遵守。仍送史館，纂入《會典》。問刑官如有妄行引擬，及故入人罪的，法司及該科參奏治罪。欽此。欽遵，抄部送司。

該本部仍行原委官山西清吏司郎中沈九疇等，遵將內府所刻律文，與在外衙門刻本再三磨勘，逐條開載於前，各例附載於後。中間查得：內府律與在外刻本律文，增減差誤共五十五字，遵照改正，刊刻成書。及將弘治十年題準真犯雜犯罪名，及節年題準見行納贖事例，並收贖錢鈔，細加查考，編寫成圖，一並附刻。見今刊刻已完，相應先進御覽，然後頒佈中外等因，案呈到部。臣化、臣定向等竊惟《大明律》一書，我聖祖參酌損益，至洪武三十年而後定，萬世所宜遵守，一字不容差誤。只因傳寫多訛，翻刻互異，尚習歲久，莫覺其非。今據五十五字，其中除字雖同異，罪無出入者，徑行改正外，至若文武官犯私罪條，凡文官誤作凡文武官；老小廢疾收贖條，謀叛緣坐應流，誤作謀反逆叛緣坐應流；殺人應死，誤作反逆殺人應死；公事失錯條，失出人罪誤作失出入人罪；親屬相容隱條，減凡人三等誤作減犯人三等；隱蔽差役條，住支俸給一半，誤作一年；盜賣田宅條，虛錢實契典買，誤作典賣；良賤爲婚姻條，娶良人女爲妻，誤作娶良人爲妻；造畜蠱毒殺人條，造畜者財產入官，誤作造意；詐僞制書條，詐僞誤作詐爲；老幼不考訊條，違者以故失入人罪論，誤作故出入人罪。凡此字皆緊關，情因輕重，不可不亟爲改正者也。既經遵奉內府刻本，改定刊刻，理合先呈御覽。謹將刻過律例，裝釘成帙，具本投進。恭候命下，頒布施行。仍乞申敕內外問刑衙門，今後問擬刑名，俱要照依今次所刻律例，以昭畫一之法。緣係重修《大明會典》及奉欽依刊佈遵守事理，未敢擅便，謹題請旨。萬曆十三年九月初二日。

刑部尚書臣舒化左侍郎臣耿定向

本月初四日於皇極門奏奉聖旨：是。律例著留覽。欽此。

録自美國國會圖書館藏《大明律附例》新刻本。玄覽堂叢書第三集本

左侍郎臣耿定向下有右侍郎臣蕭廩六字。

紀事

《明太祖實録》吳元年冬十月〔甲寅〕命中書省定律令，以左丞相李善長爲總裁官，參知政事楊憲、傅瓛，御史中丞劉基，翰林學士陶安，右司郎中徐本，治書侍御史文原吉、范顯祖，經歷錢用壬，監察御史盛原輔、吳去疾、趙麟、崔永泰、張純誠、謝如心，大理卿周禎，少卿劉惟敬，大理寺丞周湞，評事陳敏、孫忠，按察使李祥、潘黼、滕毅，僉事程孔昭、傅敏學、王藻、逯永貞、張引、吳彤爲議律官。初，上以唐宋皆有成律斷獄，惟元不倣古制，取一時所行之事爲條格，胥吏易爲姦弊。自平武昌以來，即議定律，至是臺諫已立，各道按察司將巡歷郡縣，欲頒成法，俾内外遵守，命善長等詳定。諭之曰：立法貴在簡當，使言直理明，人人易曉。若條緒繁多，或一事而兩端，可輕可重，使姦貪之吏得以夤緣爲姦，則所以禁殘暴者反以賊良善，非良法也。務求適中，以去煩弊。夫網密則水無大魚，法密則國無全民，卿等宜盡心參究。凡刑名條目，逐日來上，吾與卿等面議，斟酌之，庶可以爲久遠之法。

《明史》卷九三《刑法志》 明太祖平武昌，即議律令。吳元年冬十月，命左丞相李善長爲律令總裁官，參知政事楊憲、傅瓛，御史中丞劉基，翰林學士陶安等二十人爲議律官，諭之曰：法貴簡當，使人易曉。若條緒繁多，或一事兩端，可輕可重，吏得因緣爲姦，非法意也。夫網密則水無大魚，法密則國無全民。卿等悉心參究，日具刑名條目以上，吾親酌議焉。每御西樓，召諸臣賜坐，從容講論律義。十二月，書成，凡爲令一百四十五條，律二百八十五條。又恐小民不能周知，命大理卿周禎等取所定律令，自禮樂、制度、錢糧、選法之外，凡民間所行事宜，類聚成編，訓釋其義，頒之郡縣，名曰《律令直解》。太祖覽其書而喜曰：吾民可以寡過矣。

《明太祖實録》洪武元年閏七月 己亥，行在刑部尚書金純、都察院左都御史劉觀、大理寺卿虞謙等奏，前奉詔書内一欵：今後一應罪悉依《大明律》科斷，法司不許深刻，妄引榜文及諸條例比擬。今照《大明律》内京城一應經斷之人，並不得宿衛，守把皇城京城門禁。緣京衛、旗軍、舍人、餘丁、校尉、力士、京民、厨役，俱是守衛供應之人，有犯笞杖者，斷決並不得宿衛供應，杖八十以上，軍調外衛，民調外郡。今依科斷，恐姦詐之徒畏避在京差使，故犯罪名，希求出外，已嘗具奏，有旨令會議。今議得，除偷盜毆鬥傷人，及威逼人致死、犯姦，依律斷决外，其餘俱照例準工贖罪，滿日疎放還役，三犯則依律，厨子從本役。又監生生員有犯公罪紀録，私笞，監生罰贖。歷刑一年，依律考用。生員罰贖送原學讀書，杖罪的決充吏。又緣海邊衛旗軍有犯徒流罪者止杖一百，不調總小旗軍罷充軍。上曰：太祖定律，蓋欲萬世常行，朕亦以爲人所共知，庶幾不犯。卿等乃慮小人徼幸，故設此權宜亦是，但更須詳明，不可過於深刻。

（明）何棟如《皇祖四大法》卷三《治法》〔洪武元年八月〕上念律令尚有輕重失宜，有乖中典，命儒臣四人同刑部官講唐律，日寫二十條取進止，擇其可者從之。其或輕重失宜，則親爲損益，務求至當。

《明太祖實録》洪武元年十二月 戊午，命頒《律令直解》。先是上以律令初行，恐民一時不能盡知法意，或有誤罹於法者，乃謂大理卿周禎等曰：律令之設，所以使人不犯法。田野之民，豈能悉曉其意，有誤犯者，赦之則廢法，盡法則無民。爾等前所定律令，除禮樂、制度、錢糧、選法之外，凡民間所行事宜，類聚成編，直解其義，頒之郡縣，使民家喻户曉。至是書成以進，上覽而喜曰：前代所行《通制條格》之書，非不繁密，但資官吏弄法，民間知者絶少，是聾瞽天下之民，使之不覺犯法也。今吾以《律令直解》徧行，人人通曉，則犯法者自少矣。

（明）龍文彬《明會要》卷三一《職官・刑部尚書侍郎》 洪武元年，置刑部，以周楨爲尚書，盛元輔、張仁爲侍郎。《弇山集》。帝初即位，用法太嚴，奉行者重足立。楨定律令，吏士始知循守。其後數有釐正，皆以楨書爲權輿云。

《明太祖實録》洪武三年五月〔乙未〕上以元末之君不能嚴宮闈之政，至宮嬪女謁私通外臣而納其賄賂，或施金帛於僧道，或番僧入宮中攝持受戒，而大臣命婦亦往來禁掖，〔淫〕瀆褻亂，禮法蕩然，以至於亡。

遂深戒前代之失，著爲令典，俾世守之。皇后之尊，止得治宮中嬪婦之事，即宮門之外，豪髪事不預焉。自后妃以下，至嬪侍女使，小大衣食之費，金銀、錢帛、器用、百物之供，皆自尚宮奏之，而後發內使監官覆奏，方得赴所部關領。若尚宮不及奏而朦朧發內官監，監官不覆奏而輒擅領之部者，皆論以死。或以私書出外者，罪亦如之。宮嬪以下，遇有病，雖醫者不得入宮中，以其證取藥而已。群臣命婦於慶節朔望朝見中宮而止，無故即不得入宮中。人君亦無有見外命婦之禮。天子及親王、后妃、宮嬪等，必慎選良家子而聘焉，戒勿受大臣所進，恐其夤緣爲姦，不利於國也。至於外臣請謁，寺觀燒香，禳告星斗之類，其禁尤嚴。

（明）龍文彬《明會要》卷三二《職官·刑部尚書侍郎》〔洪武〕四年正月，以刑部郎中劉惟謙爲尚書。諭曰：仁義者，養民之膏粱也。刑罰者，懲惡之藥石也。舍仁義而專用刑罰，是以藥石養人，豈得謂善治乎？遂命惟謙詳定《大明律》，每奏一篇，命揭兩廡，親加裁酌。《昭代典則》。互見六十四卷引《聖政記》，命删諸定律，在六年十一月。

（明）談遷《國榷》太祖洪武五年六月〔丙子〕定宦官禁令。

（明）龍文彬《明會要》卷六四《刑·律令》〔洪武〕六年夏，刊《律令憲綱》頒之諸司。《刑法志》。八月，定親屬相容隱律。《通典》。

（明）談遷《國榷》太祖洪武六年八月〔辛巳〕更定親屬相容隱律。

（明）何棟如《皇祖四大法》卷五《治法》 洪武六年十一月庚寅，詔刑部尚書劉惟謙詳定《大明律》。先是，上既命頒行律令，又恐小民不能周知，命大理卿周禎等直解其義，頒行民間。既而又令儒臣同刑官共講唐律，日録二十餘條進覽，上爲斟酌，擇其可行者從之。至是重命惟謙詳定《大明律》，篇目皆準於唐。其間損益，務合輕重之宜。每成一篇，輒繕寫以進。上命揭於西廡之壁，親加裁定，及成，翰林學士宋濂爲表以進，命頒行天下。

（明）何棟如《皇祖四大法》卷五《治法》〔洪武十二年二月〕丁巳，命登州府於海口設官船渡軍士遺骸。初，遼東軍士死者，家人歸其遺骸，每渡海輒爲舟人所棄，都指揮使司以聞，故有是命。違者論如棄屍律。

（清）查繼佐《罪惟録》志卷五《藝文志》〔洪武〕十三年三月，翰林應奉陳溥，編修張美和還鄉，御製詩文賜之。六月，《臣戒録》成。帝懲相惟庸之悞，命纂歷代諸侯宗戚宦官悖逆不道者，得一百十二人，備録其行事，頒天下。又有《姦黨録》、《逆臣録》，咸冠以御製。《姦黨録》中顧時、陳德、王志、楊璟、薛顯、金朝興、郭子興贈謚弗削，吴禎猶塑像功臣廟。《逆臣録》以藍玉爲反，而曹泰善終，常昇後尚領兵。兩録中，在實録或稱犯禁死，或稱不謹，或稱已死，或略言其逆，或甚言其逆，或反揚其功，或遺不載。

（明）談遷《國榷》太祖洪武十三年六月《臣戒録》成因胡惟庸，命儒臣纂古宗戚宦官悖逆二百十二人。頒天下。

（明）龍文彬《明會要》卷六一《兵·軍法》〔洪武〕十五年三月乙丑，頒軍法，定律凡二十九條。《大政記》。

（明）何棟如《皇祖四大法》卷六《治法》〔洪武十五年十月〕壬寅，刑部尚書開濟奏曰：欽惟聖明，治在復古，凡事務從簡要。今內外諸司議刑奏劄，動輒千萬言，泛濫無紀，失其本情。況至尊一日萬幾，似此煩瑣，何以悉究？此皆胥吏不諳大體，苟非禁格，習以成弊。上曰：虚詞失實，浮文亂真，朕甚厭之。自今有以繁文出入人罪者，罪之。於是，命刑科會諸司官定議成式，榜示中外。

（明）龍文彬《明會要》卷六四《刑·律令》〔洪武六年〕十一月，命刑部尚書劉惟謙更定新律。每一篇成，繕書上奏，上爲之裁定，務協厥中，而後頒降。七年二月，新律成。其篇目一準於唐，採用舊律二百八十八條，續律一百二十八條，舊令改律三十六條，因事制律三十一條，綴唐律以補遺一百二十三條，合六百有六條，分爲三十卷。《聖政記》。

九年十月辛酉，太祖覽《大明律》猶有未當者，命胡惟庸、汪廣洋詳議，釐正十有三條。《世法録》。

十六年三月，定詐僞律。《大政記》。

（明）談遷《國榷》太祖洪武十九年正月 庚辰，頒《大誥》於國子生及各儒學。

（明）談遷《國榷》太祖洪武十九年三月 辛未，《大誥續編》成。

《大誥續編·後序》 曩爲天下臣民不從教者多，朕於機務之隙，特將臣民所犯，條成二《誥》，頒示中外，使家傳人誦，得以懲戒而遵守之。

《誥》行既久，近監察御史丘野奏，所在翻刻印行者，字多訛舛，文不可讀，欲窮治而罪之。朕念民愚者多，況所頒二《誥》字微畫細，傳刻之際，是致差訛。今特命中書大書重刻頒行，使所在有司，就將此本，易於翻刻，免致傳寫之誤。敢有仍前故意差訛，定拿所司提調及刊寫者，人各治以重罪。洪武十九年冬十有一月二十五日諭。

（明）談遷《國榷》太祖洪武十九年十二月　甲辰，都察院左都御史詹徽上言：陛下理刑，每存欽恤，今莫若嚴刑，使人知畏而重犯法。上曰：用刑之道，貴於得中，得中則刑清，失中則刑亂。卿言非也。

（明）談遷《國榷》太祖洪武十九年十二月　癸巳，《大誥三編》成，頒天下。

（清）查繼佐《罪惟録》志卷五《藝文志》〔洪武〕十八年十月，編災異之應於臣下者，爲《省躬録》，與《存心録》並行。御製《大誥》成，共三編，帝親爲之序。踰年復有《續編》。上覽輿地圖，曰：地廣則教化難周，人衆則撫摩難徧，此當戒慎。凡後宮屏障垣壁俱畫耕織之像，頒《志戒録》於天下。

二十年二月，御注《洪範》書成。十二月，頒《武臣大誥》凡十二篇。浙江、蘇州等處監生武淳等，核丈田畝，上魚鱗册。

（明）談遷《國榷》太祖洪武二十一年五月　丁酉，定雲南官吏軍民犯罪條律。

（明）談遷《國榷》太祖洪武二十一年七月　丙戌，頒天下《武臣大誥》，俾子弟誦習。

（清）龍文彬《明會要》卷六四《刑·律令》〔洪武十八年十月〕採輯官民過犯，條爲《大誥》，其目有十：曰攬納戶，曰安保過付，曰詭寄田糧，曰民人經該不解物，曰灑派抛荒田土，曰倚法爲姦，曰空引偷軍，曰黥刺在逃，曰官吏長解賣囚，曰寰中士夫不爲君用，罪至抄劄。次年，復爲《續編》、《三編》，皆頒學宮，以課士；里置塾師教之。囚有能讀《大誥》者，罪減等。《刑法志》。

二十二年八月戊午，更定《大明律》。《大政記》。時太孫請更定五條以上，太祖覽而善之。又請：凡與五倫相涉者，宜皆屈法以伸情。乃命改定七十三條，復諭之曰：吾治亂世，刑不得不重，汝治平世，刑自當輕。所謂世輕世重也。《刑法志》。

是年八月，刑部言：比年條例增損不一，以致斷獄失當。請編類頒行，俾中外知所遵守。遂命翰林院同刑部官取比年所增者以類附入，改《名例律》冠於篇首，爲卷凡三十，爲條四百有六十。同上

（明）談遷《國榷》太祖洪武二十二年八月　戊午，更定《大明律》書成。

（明）談遷《國榷》太祖洪武三十年五月　甲寅，議定贖罪事例。

（明）談遷《國榷》太祖洪武三十年五月〔甲寅〕《大明律誥》成，罷除即位以來禁例榜文。

（明）談遷《國榷》惠宗建文三年七月　乙酉，禁執無辜人幸賞者抵罪。

（清）龍文彬《明會要》卷六四《刑·律令》〔洪武〕三十年五月，作《大明律誥》成。自《律誥》出，而《大誥》所載諸峻令，未嘗輕用。蓋太祖之於律令也，草創於吴元年，更定於洪武六年，整齊於二十二年。至是，命刑官取《大誥》條目，撮其要略，附載於律。既成，上御午門，諭廷臣曰：古人謂刑爲祥刑，欲民並生於天地間也，朕作《大誥》以示民，使知趨吉避兇之道，而行之既久，犯者猶衆，故令刑官撮要附於律文各條下，凡榜文禁例悉除之。除謀逆及《律誥》該載外，其雜犯大小罪，悉依贖罪例論斷。令編次成書，刊佈中外，俾天下知所遵守。

惠帝即位，諭刑官曰：《大明律》，皇祖所親定，命朕細閱，較前代往往加重。蓋刑亂國之典，非百世通行之法也。朕前所改定，皇祖已命施行。然罪可矜疑者，尚不止此。夫律設大法，禮順人情。齊民以刑，不若以禮。其諭天下有司務崇禮教，赦疑獄，稱朕嘉與萬方之意。

成祖即位，詔：法司問囚，一依《大明律》擬議，毋妄引榜文條例爲深文。已上《刑法志》。

《明史》卷九四《刑法志》　洪武時，有告謀反者，勘問不實，刑部言當抵罪。帝以問秦裕伯。對曰：元時若此者罪止杖一百，蓋以開來告之路也。帝曰：姦徒不抵，善人被誣者多矣。自今告謀反不實者，抵罪。學正孫詢訐稅使孫必貴爲胡黨，又訐元參政黎銘常自稱老豪杰，謗訕朝廷。帝以告訐非儒者所爲，置不問。永樂間定制，誣三四人杖徒，五六人

流三千里，十人以上者凌遲，家屬徙化外。

（明）談遷《國榷》惠宗建文四年七月〔丙申〕諭兵部，榜諭軍民安業，入城之日，市不易肆，令豈濫及無辜。有詆衆者，罪之。

（明）談遷《國榷》惠宗建文四年八月〔己未〕定罪人輸作例。

（明）談遷《國榷》惠宗建文四年八月 定罪人輸粟北平自贖。

（明）談遷《國榷》惠宗建文四年九月 甲午，宥罪人，携家佃北平。流罪三年、死罪五年，後釋爲氓。定功臣死罪減祿例，武官軍士贖罪例。

（明）談遷《國榷》惠宗建文四年十二月 詔奉使中官，毋得外横。國初約束中官，不得與士民交易，至是頗暴横，許所在有司械送京師，於是中人奪氣。

（清）查繼佐《罪惟録》紀卷三《太宗紀》〔洪武三十五年冬十月〕定功臣死罪減祿例。詔從征將士所掠婦女悉還其家。

（明）談遷《國榷》成祖永樂元年二月 丁丑，定捕盜賞格。金五十，幣四，鈔二千貫。

（明）談遷《國榷》成祖永樂元年八月 己巳，定罪囚謫佃北京例。犯杖給牛種，五年後賦役如民田。犯徒流不給直，三年後如民田。

（明）陳子龍等《明經世文編》卷一四蹇義《上言十事疏》 其十曰：各處犯罪，問發北京爲民。及充軍種田者，或有逃逸，例皆全家起發。若有原籍丁多糧重，應當別差。及充軍等項，全家起發，似亦未宜。今後如有此等，止取一丁，連家小先發赴屯，如得原逃正身，依律斷遣，免其全家起發。

（明）談遷《國榷》成祖永樂七年正月 癸丑，元宵節，賜假十日。張燈，弛夜禁。著爲令。

《明太宗實録》永樂八年冬十月 庚子，交阯布政司言，先頒降刑名事例，交阯土人有雜犯死罪，徒流遷徙者，發丘温，抵交阯充驛夫遞運夫，雜犯死罪者服役終身，徒流遷徙者各以所犯重輕爲限，官吏犯笞杖罪，吏斷決還役，官降用，應解見任別叙，及雜職於邊遠叙用者皆斷決還職。今新例流徒遷徙杖罪皆發北京爲民種地，先後例不一。皇太子曰：交阯在萬里外，宜從先例。今刑部移文知之。

（明）談遷《國榷》成祖永樂九年八月 石康縣典史陰鎰言：各布政司設照磨、檢校各一，浙江獨照磨四，宜裁。又竈丁歲支工本煎鹽，犯罪不得支，其罰甚輕，請發別場充役。上從之。

（明）談遷《國榷》成祖永樂十一年五月 庚辰，更定運糧贖罪例，力鮮者發天壽山種樹。

（明）余懋學《仁獄類編》卷二九《不許置重法》 永樂十一年，行在刑部奏決囚，其間有於律雖輕而論情即重者，請置重法。上曰：律者法之平，今欲輕重之法，雖重民弗信矣。其如律。

《明史》卷九四《刑法志》 成祖起靖難之師，悉指忠臣爲姦黨，甚者加族誅、掘冢，妻女發浣衣局、教坊司，親黨謫戍者，至隆、萬間猶勾伍不絶也。抗違者既盡殺戮，懼人竊議之，疾誹謗特甚。山陽民丁鈺訐其鄉誹謗，罪數十人。法司迎上旨，言鈺才可用，立命爲刑科給事中。永樂十七年復申其禁。而陳瑛、吕震、紀綱輩先後用事，專以刻深固寵。於是蕭議、周新、解縉等多無罪死。然帝心知苛法之非，間示寬大。千户某灌桐油皮鞭中以决人，刑部當以杖，命並罷其職。法司奏冒支官糧者，命即戮之，刑部爲覆奏。帝曰：此朕一時之怒，過矣，其依律。自今犯罪皆五覆奏。

（明）余繼登《典故紀聞》卷六 成祖慮内外將校不能撫卹軍士，以致逃亡者衆，敕兵部：自今計逃亡之數論罰，如百户逃一人者，減其俸之半，逃十人者全不給，至三十人者降充總旗，四十人者降充小旗，五十人者發充軍。其千户逃軍十倍於百户，指揮逃軍五倍於千户者，並減俸及遞降一等，皆如百户之例。【略】國朝最重誣告之法，永樂初年，凡誣告三四人者，杖一百，徒三年，五六人者，杖一百，流三千里。所誣重者，從重論。誣告十人以上者，凌遲處死，梟首其鄉，家屬遷化外。【略】成祖宥都督程遠罪，令隨西平侯沐晟立功自贖。因顧侍臣曰：君人之道，犯極惡則不宥，有小善亦不棄。人孰無過？論小過而廢大善，則爲善者怠。亦孰無才？録小才而免大惡，則爲惡者肆。故惡之難容者，乃不論其才，才有可用者，乃可略其過。如此則善善惡惡，皆不失矣。【略】奉天征討官有以罪繫獄者，刑部請論功定議。成祖曰：朝廷大公至正之道，有功則賞，有過則刑。刑賞者，治天下之大法，不以功掩過，不以私廢公。此輩征討之功，既酬以爵賞矣，今有犯而不罪，是縱惡也，縱惡何以

治天下？其論如律。

《明史》卷九四《刑法志》 至仁宗性甚仁恕，甫即位，謂金純、劉觀曰：卿等皆國大臣，如朕處法失中，須更執奏，朕不難從善也。因召學士楊士奇、楊榮、金幼孜至榻前，諭曰：比年法司之濫，朕豈不知？其所擬大逆不道，往往出於文致，先帝數切戒之。故死刑必四、五覆奏，而法司略不加意，甘爲酷吏而不愧。自今審重囚，卿三人必往同讞，有冤抑者，雖細故必以聞。洪熙改元，二月諭都御史劉觀、大理卿虞謙曰：往者，法司以誣陷爲功。人或片言及國事，輒論誹謗，身家破滅，莫復辨理。今數月間，此風又萌。夫治道所急者求言，所患者以言爲諱，奈何禁誹謗哉？因顧士奇等曰：此事必以詔書行之。於是士奇承旨，載帝言於己丑詔書云：若朕一時過於嫉惡，律外用籍没及凌遲之刑者，法司再三執奏，三奏不允至五，五奏不允同三公及大臣執奏，必允乃已，永爲定制。文武諸司亦毋得暴酷用鞭背等刑，及擅用宫刑絶人嗣續。有自宫者以不孝論。除謀反及大逆者，餘犯止坐本身，毋一切用連坐法。告誹謗者勿治。在位未一年，仁恩該洽矣。

（明）談遷《國榷》宣宗宣德元年五月 〔丁巳〕定貴州斷罪例，視輕重輸役。

（明）孫世芳《宣府鎮志》卷一九《法令考・明》 〔宣德三年〕令吏人逃役者坐罪。吏部奏準吏役滿擇其年五十以下堪用者存留，五十以上不堪用者俱罷爲民。有赦前在逃能自首者，仍令爲民，隱而不首，事覺發隆慶州爲民。凡考滿吏歇役在家過違例限不行給由，或丁憂侍親，託故在閑，及越關在逃行提解京者，俱參問其倉場攢典，以守支盡絶之日爲始，依例給由，違者亦坐罪。

（明）談遷《國榷》宣宗宣德四年二月 甲午，定陝西寧夏諸衛納贖例。

（明）孫世芳《宣府鎮志》卷一九《法令考・明》 〔宣德〕四年令軍卒逃侵者坐罪。凡逃軍三犯者，監候，申詳依律處決，先以户丁觧補。凡居庸、山海等關隘引送口外邊衛，逃軍過關，并守把盤詰之人賣放者，俱問發邊衛充軍。凡問發充軍人犯逃回原處，真犯死罪免死充軍者，照依原問死罪處決。雜犯死罪以下充軍者，問罪枷號三箇月，改發極邊衛分充軍。

《明史》卷九四《刑法志》 宣宗承之，益多惠政。宣德元年，大理寺駁正猗氏民妻王骨都殺夫之冤，帝切責刑官，尚書金純等謝罪，乃已。義勇軍士閻群兒等九人被誣爲盜，當斬，家人撃登聞鼓訴冤。覆按實不爲盜，命釋群兒等，而切責都御史劉觀。其後每遇奏囚，色慘然，御膳爲廢。或以手撤其牘，謂左右曰：説與刑官少緩之。一日，御文華殿與群臣論古肉刑，侍臣對：漢除肉刑，人遂輕犯法。帝曰：此自由教化，豈關肉刑之有無。舜法有流宥金贖，而四凶之罪止於竄殛。可見當時被肉刑者，必皆重罪，不濫及也。況漢承秦敝，挾書有律，若概用肉刑，受傷者必多矣。明年著《帝訓》五十五篇，其一《恤刑》也。武進伯朱冕言：比遣舍人林寬等送囚百十七人戍邊，到者僅五十人，餘皆道死。帝怒，命法司窮治之。帝寬詔歲下，閱囚屢決遣，有至三千人者。諭刑官曰：吾慮其瘐死，故寬貸之，非常制也。是時，官吏納米百石若五十石，得贖雜犯死罪，軍民減十之二。諸邊衛十二石，遼東二十石，於例爲太輕，然獨嚴贓吏之罰。命文職犯贓者俱依律科斷。由是用法輕，而貪墨之風亦不甚恣，然明制重朋比之誅。都御史夏迪催糧常州，御史何楚英誣以受金。諸司懼罪，明知其冤，不敢白，迪竟充驛夫憤死。以帝之寬仁，而大臣有冤死者，此立法之弊也。

《明宣宗實録》宣德十年三月 〔丁亥〕舊例吏犯笞杖罪每一十納鈔二千貫，一百納鈔二萬貫，完日撥對品衙門叅用。至是人有言吏有貧富，贓難再役。請自今犯公私笞杖無贓者準律斷決著役，有贓者納鈔，完日俱發爲民。從之，遂著爲令。

《明宣宗實録》宣德十年秋七月 己丑，嚴私下海捕魚禁。時有奏豪頑之徒私造船下海捕魚者，恐引倭寇登岸。行在户部言：今海道正欲隄備，宜勅浙江三司諭沿海衛所核爲禁約，敢有私捕及故容者，悉治其罪。從之。

《明英宗實録》正統元年二月 〔壬寅〕浙江平陽縣知縣章惠奏：沿海富豪官軍多倚法爲姦，蠻横生事，虐害善良，排陷官長，及誆騙兆攬，爲民患。上詔自今沿海衛所官軍有犯該徒流，納米完日，俱以三千里程爲則，調沿海別衛所。

《明英宗實録》正統元年二月　丙午，嚴逃民不復業之禁。先是累詔逃民復業者，厚加優䘏，而民多匿隣境州縣閑住，間有復業者，有司又不善加撫䘏，被人擾害，由是逃者如故。湖南等布政司右參議邢旭等官屢以爲言，至是行在户部諸揭榜曉諭，督令復業。其親管州縣給帖開寫應免糧役，並毋令軍民糧里人等逼取私債，及陪納過税糧等項，有違犯者，聽持帖告理。其不復業者，如律治罪。若有逃久附籍應辦糧差者，審覆無礙，存留，及令在京在外官員軍民之家書揭於門壁，毋得隱藏逃户，仍令巡撫巡按官比較復業人户，按季報數。有司怠慢者，悉聽究治。上從之。

《明英宗實録》正統二年二月〔壬戌〕初宿衛都指揮林叢用千户姜敏書辦，已而不用，敏銜之，輒誣奏叢過失，有旨原之。時有發敏嘗盗本營糧料者，敏疑爲叢所嗾，復摭訴叢過，詿誤者數十人。刑部尚書魏源論敏姦險，當法外處之。上命杖遣邊郡立功，仍著爲令，以懲後來。

《明英宗實録》正統元年二月　壬戌，大理寺左寺正李從智言：雜犯死罪納贖未完又犯雜死罪者，律無定例。詔三法司定議。刑部言宜決杖一百，再收贖銀三十六貫，仍照先犯原擬落，三犯奏請區處。從之。

《明英宗實録》正統元年閏六月　辛未，行在四川等道監察御史郭原等奏：法司鞫問雜犯死罪以下，有力者運磚，無力者輸作贖罪。其軍職受賕贖死者運磚畢，調衛。今畏調，惟欲輸作，遷延希免，遂致缺官辦事。上以爲然。命軍職運磚贖死者，依限運畢調衛，勿庸輸作。無力運磚者，死罪於甘肅守備五年，徒流罪於赤城、獨石依限守備，畢日，兵部查究處之。

《明英宗實録》正統元年閏六月　己丑，寧夏總兵官都督同知史昭奏：邊衛武職犯罪納米贖還職，軍人不調衛，用是姦頑之徒故犯納米，延緩歲月，以避操遣。乞自今官定年限守瞭邊關，俟滿復職，軍調邊衛，庶有所警。上命所司議。於是定例：官犯罪納米者死罪限一月，流徒二十日，杖笞十日，不能完，發邊衛守瞭，死罪五年，流四年，徒五等、杖一年，笞半年，有功者就令還職，無功者限滿還職，軍人倚法爲姦，怙終故犯者，徒流遷徙，俱杖一百，調極邊守瞭。

《明英宗實録》正統元年秋七月　丁酉，行在户部奏：內府天財庫鈔匠有連逮者，例發他所工役，以致鈔匠不敷，請勑法司自今犯流罪而下者，俱的決，發本庫罰工爲便。從之。

《明英宗實録》正統二年三月　癸巳，行在兵部奏：在京衛所旗軍多因管軍頭目虐害，以致逃徙，及至勾取，又被解人沿途剥削，比至京，例該送問罰工，仍復逃回。有司被其勾攝，衛所不得其用。請自今以後，逃軍一次二次者，記罪，免其工作，發原衛着役，三犯不悛者，依律處決，仍勾户丁調發外衛充軍。從之。

《明英宗實録》正統二年三月　戊申，行在兵部奏：天下勾軍官旗例以半年爲限，過者發戍極邊。今旗手等衛原差官旗人等四百五十人已經一年未回，宜先將户丁一人發戍宣府衛，仍移文清軍御史等官逮治之。上曰：户丁且勿發，其即榜示，限一月出首，發戍宣府。若仍不遵，移文捕獲全家，戍遼東極邊。

《明英宗實録》正統二年夏四月　己卯，有逃吏詐死，事覺，罪當徒，贖工滿日發直隸爲民。行在刑部言：吏發爲民，往往逃避工役。上詔自今犯徒逃吏，俱決杖一百，即編發配所，免其工役。

《明英宗實録》正統二年夏四月　丙戌，行在刑部奏：大興左等衛百户王寧等酷法，挾取軍士財物，律止徒罪。然比來軍職貪暴日肆，宜示重罰。上命俱杖之，發戍邊衛。著爲令。

《明英宗實録》正統二年夏四月　壬午，先是巡視鹽場監察御史尹鏜言：揚州等衛所自狼山至鹽城舊設烽堠八十六座，大河等衛張網、海口、迤北烽數尤多，初用民守瞭，以侍郎成均言易以軍，今各衛軍少，欲將問擬犯私鹽者編充哨卒，限滿釋之。事下行在刑部右侍郎何文淵、左副總兵官都督王瑜等集議。至是文淵等奏：鹽徒編戍，難於鈐束，不無逋逃，且軍得以因緣脱籍，合於官軍户下有犯當徒者撥充，仍於附近衛所管領，通行南京法司並南直隸衛所撥發，以足爲度。從之。

《明英宗實録》正統二年六月　甲戌，命都察院出榜，禁罷閑吏及奸民結攬寫發，把持官府，起滅詞訟，違者杖一百，謫戍遼東，再犯處死。時有舊吏撥置大興知縣李觀等以一科十，剥民蠹政。右都御史陳智請通行禁止，故有是命。

《明英宗實録》正統二年冬十月　乙亥，行在刑部右侍郎何文淵言二事：一、罪人父母老疾孤獨無養者，律許奏裁收贖，此實聖朝哀矜無告

至意。比者内外法官殊不及此，宜勑其斟酌此類罪之輕重，重者奏裁，輕者收贖，則老疾不致失所。一、給罪人衣糧亦具有律文，惟有錦衣衛行之。夫罪人有去家久且遠者，有孑然一身者，有貧且老疾者，此其衣食何自仰給？故往往有因飢寒而死，當死者猶可哀憫，况不當死者乎？宜勑内外法司舉律如錦衣衛。上命法司議行。

《明英宗實録》正統三年春正月　丁酉，舊例邊軍雜犯死罪者杖一百復役，萬全都司永寧衛軍受新軍財物，導令越山脱逃。巡撫僉都御史盧睿請嚴加禁治。行在都察院覆奏。上命斬其爲首者示衆，其逃軍及爲從者俱鎖鐐守烽堠，仍著爲令。

《明英宗實録》正統三年二月　〔己巳〕山東按察司副使王憲言：舊例旗軍軍餘雜犯死罪，調極邊衛分充軍守瞭，近者遼東屯田旗軍軍餘利在推免屯種，假罪調衛，得給守瞭糧廩，又不納所遺子粒。宜令今後有犯前罪旗軍照例納米贖罪，不能納者革役充軍，軍餘俱決杖一百，不必他調。事下法司議，以憲言爲是。從之。

《明英宗實録》正統三年三月　〔乙巳〕嚴罪人運米令。行在户部奏：金吾右衛千户高禮等三人犯斬，當運米四十四石赴邊，告無車輛裝運，乞減米數，願於附近自買上納，又有逃避不運者一百一十人，俱請定奪。上以邊陲急用糧餉，若聽其自買米納，必至遷延妨事，第令如例關運，其奸猾逃避者期以一月内自首，運米免罪，頑梗不遵者，悉發戍大同威遠衛。

《明英宗實録》正統三年夏四月　壬戌，巡按貴州監察御史邢端奏：貴州邊衛多缺官守御，其指揮等官因比試襲職及公差者多逗遛他郡，以避征操，乞程遞回衛。詔曰：今赦後違限三年者降爲事官，邊衛主功，逗遛不還者依律治罪。

《明英宗實録》正統三年秋七月　庚寅，時有言各衛所運糧軍官比試違限問罰，運糧米磚灰多有遲滯，誤下年儹運。刑部議，將各官定擬罪名，並該罰米數，住俸作爲事官，送户部，令領軍回還儹運該罰糧米，就行淮安府倉關領，自備船脚赴京，納完復職，及先次擒治運糧官見罰工者，請查取照令例發遣。上俱從之。仍詔其餘比試違限罰運米灰等項者，俱限一月納完復職，無力罰工者請查取照令例發遣。上俱從之。仍詔其餘比試違限罰運米灰等項者俱限一月納完復職，無力罰工者俱放免，違限三年以上者住俸二年半，二年以上者住俸一年半，一年以上者住俸一年，未滿一年者宥之。永爲定制。

《明英宗實録》正統三年冬十月　〔丙戌〕民有收義女爲妻者，法司論姦。大理寺評事王亮奏：諸行勘原賣與媒合人，果係義女，罪之如律。若通房使女收爲妾，而立約明白，兩相弱者，不治罪，不離異。從之。遂著爲令。

《明英宗實録》正統三年十一月　辛卯，浙江杭州府知府潜溟問擬雜犯死罪人匠終身工役，刑部言舊無事例，請依在京人匠犯笞杖罪的決，徒罪照年限，流罪四年，雜死罪五年，役滿日當匠，仍行各布政司一體遵守。從之。

《明英宗實録》正統三年十一月　丙申，上御奉天門，諭右都御史陳智曰：今武臣子弟多不思祖父立功得官之難，惟事淫蕩，不演武藝，及赴京比試，多有過期及覓人代者，所司俱不詳審，甚或受其賂而容之，違法殊甚，其即揭榜禁之。自今有犯者，全家謫邊衛充軍，受賂及不審實官吏亦一體治罪。

《明英宗實録》正統三年十二月　丙寅，命都察院出榜禁江西瓷器窑場燒造官様青花白地瓷器，於各處貨賣及饋送官員之家。違者正犯處死，全家謫戍口外。

《明英宗實録》正統四年二月　己未，上諭行在都察院臣曰：比聞大寧都司所屬及河間等衛所馬步官軍輪班來京操備者，多假牧放私自回家，合得糧料皆爲親管官旗侵冒，其總領又不鈐束，如此之弊不可不革。爾等即揭榜責限，許其自新，如仍不悛，皆發戍邊。其把總首領及親管官旗一體治罪。

《明英宗實録》正統四年閏二月　乙酉，山東按察司僉事薛瑄言：各處儒學生員多有屢犯刑憲，全無忌憚，蓋緣例許納米贖罪還學，不但刁頑無耻，終難教養，抑且良善同居，被其染污。况考試不中者皆發充吏爲民，姦惡犯法者却得贖刑復業。輕重失宜，何以勸懲？上以瑄言良是，命行在刑部議。於是侍郎何文淵等覆奏：自今生員有犯除註誤聽贖，被人侵損者，許家人訴，其餘廩膳追米解京，增廣發附近軍民衙門充吏。從

之。

《明英宗實録》正統六年十二月　己酉，廣西按察司僉事何自學奏：比聞在外問理刑名，俱依刑部、都察院奏準事例，官吏犯贓者解京。緣廣西去京萬餘里，軍民多蠻悍，眷戀鄉土，其犯罪吏解京者往往逃入蠻峒，累及解人，亦多逃竄。間有起解者中途又多捏作詐死逃回，其解到京者亦止運磚做工，完日發回爲民。查得廣西平樂等府昭平等遞運所俱係發囚擺遞，今遇納米事例缺人數多。乞將廣西吏典、知印、承差有犯贓罪者，就發昭平等遞運所擺遞，死罪五年，流罪四年，徒各照年限，笞杖納米，完日疏放寧家。其官員有犯贓罪仍解京，庶文卷易完，驛遞不乏。上命法司行之。

（明）孫世芳《宣府鎮志》卷一九《法令考·明》〔正統〕六年令出兵帥臣留將卒居守。凡出境勦賊鎮守總兵官將參將所統官軍，止遣一二員領營聽用，仍留一二員居守城池，以備不虞。按己巳年土木之師，英皇敕宣大總兵各自居守，其征勦夷虜者專用隨駕官軍，其隨駕官軍亦不許擅入城市擾民，守此令也。近數年來邊報一至，鎮巡大臣倉皇失措，將鎮城官軍盡數領出城中，僅有婦女童稚令之乘城，萬一虜人襲之，我土人無噍類矣。愚嘗度其爲心，不過欲擁重兵爲自全計，不知城或失守尚得自全否耶。雖然彼之不能自全也，無足惜也，其如國事何，君子於此不能無徹桑之慮云。

《明英宗實録》正統八年春正月　庚辰，先是機密重事許軍民奏聞，其餘私事以次陳告，違者及主使教唆捏寫本狀者，不分虛實，杖一百，發戍邊衛，已著爲令。近因赦後前弊復作，都察院請備榜申明禁約。從之。

《明英宗實録》正統八年二月　丙午，調南京留守後衛帶俸都指揮僉事胡寬於邊鎮。寬守把石城門，以貪賄被逮。都察院擬寬徒罪，如方面官例送調。大理寺言寬係帶俸官，宜贖。都御史王文以爲寬雖未任都司，終係方面職事，請京衛帶俸管操都指揮有犯徒以上者俱合如寬例。從之。

《明英宗實録》正統八年秋七月　乙丑，大理寺言：律載竊盜初犯刺右臂，再犯刺左臂，三犯絞。今法吏鞫竊盜遇赦，再犯者咸坐以初犯，或重刺右臂，或不刺，請定例。章下三法司議，刺右遇赦再犯者刺左，刺左遇赦，又犯者不刺，立案備炤赦後三犯者絞。上曰：律爲常法，赦乃一時恩典。自今竊盜已刺，遇赦再犯者，依常律擬，不論赦，仍通具前後所犯以聞。

《明英宗實録》正統八年十一月　戊辰，直隷平定州千户所副千户王信坐監守自盗、克減軍糧二罪，自盗例贖斬復職，克減例降爲事官，滿所坐徒年限，復職調衛。刑部請裁決。上命降爲事官，於緣邊立功，除該徒年限外，再立功二年，復職近衛。定爲令。

《明英宗實録》正統九年三月　丁卯，遼東遼海等衛百户舍人戈勝等坐罪當杖輸贖，屢言生長邊衛，稱貸無從，願的決。刑部爲請，百户如山東官吏例輸米原衛，舍人如邊衛軍餘例的決，各還職役。具爲令。上從之。復命後有犯者，仍具以聞。

《明英宗實録》正統九年六月　庚寅，上御奉天門，諭都察院臣曰：諸土達之在寧夏靈州諸處者，邊適有警，朝廷亦藉其力，彼所以爲生，惟馬牛羊諸畜耳。比聞各衛所官軍有亡藉者，往往假名巡捕詐取之，不嗛，輒肆禁辱。又有横者，既盗之，復從而奪其器械，不容追求。爾都察院其揭榜爲沿邊多人言，往者悉置不究，後此敢有復爾者，寧夏參贊軍務官收治之，軍官降調，軍旗調守邊墩，民舍發充軍，參贊官如徇勢不理，罪亦不宥。

《明英宗實録》正統十一年九月　丙子，時民有姦義男之妻未成者，法司擬强姦緦麻以上親斬。大理寺卿俞士悦駁奏：義男於律與禮俱無服，於例義男女十五歲過房，不蒙恩養，準雇工人科斷。今本男十五歲過房，年已長大，若告不孝，尚依雇工人論，况姦未成乎。上詔本犯與義男既恩情已疎，又强姦未成，決杖一百，發口外充軍。著爲令。

《明英宗實録》正統十二年秋七月　癸卯，舊例，僞造金銀等貨誆騙財物者，軍餘決杖戍邊，匠拘役，民發充軍伴儀從。至是多逃避罰役，屢惡不悛，刑部請俱發邊衛充軍。從之。

《明英宗實録》正統十二年八月　癸亥，定軍官赴京操備得罪者例，其赴操不如期者，停俸，發邊衛立功。當贖徒者，加杖百。贖死者，亦杖百，發邊衛瞭哨，俱一年還職，仍令操備。

《明英宗實録》正統十三年夏四月　庚辰，湖廣江陵縣歲貢生員張桀以内府考試懷挾文字，贖杖運石畢，法司以聞。上曰：此輩若處以常律，

不足以警後。其謫戍邊衛，逃則殺之。仍著爲令。

《明英宗實録》正統十三年六月　己未，刑部尚書金濂奏：姦義男婦者，洪武永樂以來有論依姦子孫之婦應斬，有論依姦妻前夫之女應徒者，情犯相同，議擬不一。伏乞聖斷，永爲遵守。三法司奉詔議：親男與義男情有親踈，若將姦義男婦與姦親男婦同罪，恐親踈之情不分。今後有犯前罪者，宜比姦妻前夫之女徒罪科斷。上曰：通姦者準擬徒，其男與婦仍斷還本宗，强姦者處斬。

《明英宗實録》正統十三年秋七月　辛丑，四川按察司奏：舊制各井竈丁坐事止於本井加役，是以輕於犯法。請自今有犯者或調别井，或發擺站，或責充囚兵。事下，户部請但重加之。坐雜犯死罪者罰役五年，流以下遍減年月，俱於本井上工，日煎鹽三斤，仍令煎辦常課，則法行而不違舊章矣。從之。

《明英宗實録》正統十三年十二月　庚戌，會同館大使姬堅奏：近者采林山等衛野人女直朝貢到館，不循門禁，徑出街市，强奪民貨，其日給薪炭不俟均分，輒肆搶奪。館夫人等縄之以法，及被毆傷。乞加禁治。上曰：朝廷懷柔遠人，加恩優待，此輩不體恩意，違法擾人，令都指揮昌英等於會同館追問，違法者人杖三十。今後來朝貢者，賞賜後方令於街市買賣五日，永爲定制。敢有恃恩玩法者，重罪不宥。

《明英宗實録》正統十四年五月　辛巳，初貴州有百户坐以軍糧賣銀，因而侵易，當贖斬。是時遇有新例：克減軍糧俱邊衛充軍。其人以廢疾及親老訴，願如舊例輸贖。巡按御史陳鑑爲請，且乞今後克減軍糧數踰五十石者，如新例充軍，以軍糧賣銀因而侵易者，如舊例輸贖。上命今後以軍糧賣銀因而侵易者贖罪還職，於本衛帶操聽調，當先殺賊，毋得仍前管軍，果有情重及姦詐不服者，具聞處之。

《明英宗實録》正統十四年冬十月　己酉，定運米則例：通州運至京倉，雜犯斬絞三百六十石，三流並杖一百徒三年者二百八十石，餘四等遍減四十石，杖每一十八石，笞每一十四石。通州運至居庸關隆慶衛等倉，雜犯斬絞九十石，三流並杖一百、徒三年七十石，餘四等遍減十石，杖每一十二石，笞每一十一石。

《明英宗實録》景泰三年閏九月　乙酉，巡按雲南監察御史柳春奏：先奉詔條革例從律，然軍職犯贓，律應輸贖還職，故肆無忌憚。請復舊例，令革職立功，庶有所警。二法司謂舊例頗過嚴，乃斟酌定新例以上，凡官旗軍、吏人等犯克減糧賞者，糧至五十石，布至五十疋，綿花至百斤，官革冠帶立功，旗軍、吏人等充軍守瞭，有擊賊功即奏聞復職役。糧布花不及前數，犯當死者，官爲事官立功，旗軍、吏人等充軍守瞭。軍官有犯受財枉法，因公科斂及監守自盗，竊發銀礦，常人盗倉庫錢糧俱計贓，犯當死者亦爲事官立功，滿五年各復職役。期内有功者亦即請復之，俱仍帶操於原衛所，不得管軍。其犯徒流杖罪者照常例斷。有誣構者宜各抵以所誣罪，槩令立功守瞭。如係賣放操軍三名以上，自都督下至指揮奏聞，聽裁處。千百户所鎮撫即降三等，調邊衛哨守，有功以聞，所發地方宜仍如舊例，北京、北直隸、河南發大同宣府緣邊，南京、南直隸、江西發浙江並直隸金山等衛緣海，廣東發廣西緣邊，其餘福建、浙江、山東、遼東、宣府、貴州、四川、廣西、雲南、陝西、山西、湖廣俱發本處緣邊緣海，各押送總兵及把總守備官處置。從之。

《明英宗實録》景泰五年四月〔癸卯〕先是禮部祠祭司主事周發奏：順天府中式舉人尹誠等十二人冒〔籍〕，下錦衣衛獄鞫罪，終身不録用。至是禮科都給事中張軾等言，立法不可以不嚴，待人不可以不恕，貴乎張馳得宜而輕重適均也。竊詳此等冒籍之人，其間固多避難就易，欲希僥倖，然亦有因地里遥遠，盤費弗給而不能回者，有因從親在外生長，不識鄉里而難以回者，是以冒籍鄉試，以圖出身，冀得升斗之禄以爲養親之需，其初心不過如斯，究其所犯亦非甚重。今既問罪而不容會試，固爲當矣。至若終身不許録用，則將終身罹罪之人竟無自新之路，待人無乃未恕乎。乞敕禮部通查此等冒籍之人，已經問發者給引照回原籍，如遇開科鄉試，仍許本地入場，如此則犯小過者得以自新，負才藝者不終至於沮抑矣。從之。

《明英宗實録》景泰五年三月　戊寅，巡按陝西監察御史姚哲奏：各布政司有蠻夷去處，遇蠻夷人有犯，若係真犯死罪依律處決，笞杖罪的決，發還本部簇。徒流並雜犯死罪，乞照工匠樂户及婦人犯罪律例各決杖一百，餘罪收贖，亦發還本部簇收管。如此，庶刑罰可施，政務逼當，而夷俗亦蒙其化。從之。

比者山西按察司副使章繪奏準，凡各處守邊及在京見操官軍坐罪，果證佐已明，即行原衛住其俸糧，以候春暖逮問。臣切思沿邊備御官軍多係河南、山東、山西調來，其在大同者一年一班，在宣府、甘肅等處者半年一班，往回資用俱自取給，而況各官妻子之在任者全資奉給養贍，今若不論情之公私，罪之大小，未經奏請一槩住其俸給，將使在邊之官無效力之心，而在任之妻子有凍餒之虞。乞今後各邊及在京見操軍人職，除賣放軍人，克減糧賞，監守自盜，受財枉法，因公科斂，徒罪以上，一切私罪聽住其俸給。其餘户婚田土，奏事不實，鈐束不嚴，赴操違限，被人詿誤，流罪以下，一切公罪仍依舊例，聽其關支俸給，俱候春暖逮問爲宜。從之。

《明英宗實録》景泰六年正月 丙寅，巡按山西監察御史馬文升奏：

《明英宗實録》景泰六年四月 己卯，先是有例，軍職竊盜，仍納贖還職，以故犯盜者多。大理寺左寺副王恕請仍照舊例革職。刑部請並軍職不孝烝父妾、收兄弟妻、竊盜、掏摸、搶奪、盜官畜産者俱革職，令子孫承襲，嫡長子孫有犯，令嫡次子孫承襲，正犯家口發原籍爲民。從之。

《明英宗實録》景泰七年六月 癸亥，初有例禁，包攬納户錢糧及騙其財物者，正犯枷號一月，滿日杖一百，全家謫戍極邊。尋以灾異議罷，而犯者滋多。至是太子太保兼刑部尚書俞士悦等請申明之，以警姦頑，安良善。從之。

《明英宗實録》景泰七年八月 辛丑，都察院左副都御史年富言：伏覩《大明律》，凡文官犯私罪，笞四十以下，附過還職，五十解見任別叙，六十至九十遞降叙用，惟杖一百，罷職不叙。若軍官有犯私罪，笞者附過收贖，杖罪解見任，降等叙用，該罷職者降充總旗，該徒流者各决杖一百，徒五等俱發二千里内衛分充軍，流三等照依地方遠近發各衛充軍，該發邊遠充軍者依律發遣，若建立事功不次擢用。此太祖高皇帝經始遠圖，所以使後世法官不得任情徇私，有所低昂輕重也。豈近年以來朝變夕更，文職犯贓，輕者爲民，重者充軍。軍官犯贓，輕者復職，重者立功。恃此輕典，略無忌憚，前者未還，後者繼至，是皆法官之過也。奏下六部、都察院、大理寺、六科十三道議，今後内外大小軍職旗甲軍吏人等，若犯自監守盜、常人盜倉庫錢糧該死罪者并發遣立功，守瞭五年，滿日復職役，有功者不拘年限。奏請放免，俱在本衛帶操聽調，不許管軍。其犯該誆騙科斂求索，該徒流者照舊做工納贖還職役，亦各帶操聽調。從之。

《明英宗實録》天順元年三月 乙亥，時赦免運磚等項官吏各還職役。有建言欲將犯贓伸訴者俱還職役。刑部奏：犯贓官吏問擬明白，已經送發爲民，雖不曾給引，已與是民數，若復職役，恐中其姦計，宜免在逃遷延之罪，照原問擬議，仍發爲民。從之。

《明英宗實録》天順二年八月 丙寅，兵部奏，景泰間凡軍官犯竊盜、掏摸、搶奪、盜官畜産者，俱照敗倫傷化例革職爲民，別取子孫替職。上曰：惟犯敗倫傷化者如舊例，其餘俱發邊上守哨，竊盜者一年半，掏摸者二年，搶奪者二年半，盜官畜産者三年，滿日還職。

《明英宗實録》天順八年夏四月 甲申，刑部都察院大理寺議，今後捕獲强盜者，宜以臨時擒獲，事後緝訪及首從人數，事之難易，盜之多寡爲陞賞差等。從之。

《明憲宗實録》成化元年五月 丙寅，大理寺卿王槩奏：舊例邊衛旗軍等有犯竊盜，掏摸，搶奪，盜官畜産，問該雜犯死罪並徒流罪者，俱决杖一百，遞號本處墩臺守瞭。近會議申明舊例，竊盜搶奪等罪，情罪頗重乃不開决杖，止發守瞭，其餘情罪稍輕，乃行决杖，仍發巡哨，不免輕重失倫。自今問該徒罪以上者，宜悉决杖，然後遞發，日滿復役，庶得允當。從之。

《明憲宗實録》成化元年八月 壬午，監察御史趙敔言二事。其一，革詐冒。言近奉詔書，文職有因權姦排陷及緝訪坐贓問發爲民者，許之冠帶。文武官以禮致仕者，五品以上許進階一級。今爲事爲民者，雖非權姦排陷緝訪，亦一槩朦朧。冠帶致仕者，文職則易服色，武職則改官稱，殊非恩詔本意，乞嚴加禁止，以警將來。其二，禁姦頑。言近見各處文武職官，有因犯罪事發理屈者，多即逃匿，僥幸恩宥，俾證佐淹禁，事難完結。此等姦頑，豈可復任，乞勑法司擬議通行，凡文武職官，犯罪逃匿者，照依律例就據衆證定罪，證佐先行發落，不得淹禁。文職行原籍官司，武職行原任衛所。當追贓物，就其家屬取之。當爲民帶俸者，就彼施行。若係真犯重情，必獲正身承受。其未經問結、未行原籍原衛而遇赦宥者，但免問罪追贓，仍擬爲民帶俸。庶使法度嚴明，姦頑知懼。章下法司

會議，刑部都察院各上奏如其言。惟行原籍原任追贓發落不可從。奏上，上是其言，許進階者易服色，文武官得罪逃匿者，俱奪其職，著爲令。然刑部都察院實未嘗會議，故奏語頗有異同。刑科給事中叅駁之。於是，尚書陸瑜、都御史李秉等合詞認罪。上皆宥焉。

《明憲宗實録》成化元年十一月壬申，三法司會奏：竊觀新頒詔條，内開人命不赦。然人命有故殺、故勘、故禁、鬥毆並屏去人服食，威力制縛人致死等斬絞罪，該載不盡。又十惡條内有徒流、杖罪，問發運磚、守哨等類，未完滿者，應否釋放？及文職官吏有犯貪淫，事有顯跡，固合除名。然中有事發而無實跡，其於赦例，應否寬宥？其邊遠爲民者，數内有年久已成家業者，請定自何年爲始？内外法司問完罪囚，已蒙赦宥，其該追贓物多有未完，伏乞聖斷。上曰：人命故殺者，不宥。其餘皆宥之。犯在十惡者，罪雖輕亦不可宥。官吏貪淫，事無顯跡證佐者，且奏區處。爲民者，自天順元年爲始，於謫所成家業不願回者，聽。其犯贓有未追完者，悉免之。仍命通行各處知會。

（明）戴金《明條法事類纂》附編《申明詔書條例》 成化元年十一月二十八日，刑部尚書陸題爲開讀事。欽奉詔書恩例，除欽遵施行外，其有未敢擅便發落囚犯事理，看會明白，開呈具題。次日奉聖旨：故殺人命，不宥。其餘人命，赦了。十惡，輕罪也不宥。貪淫未結事無顯跡證佐者，具奏發落爲民的，自天順元年爲始，若住成家業，不願迴者，聽。追贓未完的，俱免退。便通行知會。欽此。

計開

一、節該伏睹詔書内一款：官吏、官民人等有犯，除十惡、强盗、謀殺人命不宥外，其餘已發覺、未發覺，已結正、未結正，罪無大小，咸赦除之。欽此。臣等看得：人命，又有故殺、故勘、鬥（歐）〔毆〕殺人、同謀共毆人致死，故屏去人服食，威力制縛人至死等項絞斬署罪者，該載未盡，未敢擅便〔發〕落。

一、官吏、軍民人等，爲事運磚、運米、運炭做工等未完，擺站、煎鹽、炒鐵、充軍、伴儀從、斗級、膳夫，拘彼立功守哨年限未滿，詔書到日，悉宥其罪，各還職役。欽此。臣等看得十惡内，除有徒流杖罪問發運磚、做工、擺站、守哨等項未滿完者，合無一體釋放。伏乞聖斷。

《明憲宗實録》成化二年二月〔己卯〕定納豆贖罪例。初户部以京倉豆少，官馬宜給價以爲飼秣。御史魏瀚言其弊，請別爲措置，遂定雜犯死罪而下納豆收贖有差。

（清）龍文彬《明會要》卷六七《刑・贖罪》 成化二年二月，定納豆贖罪例。八月，定納馬贖罪例。

（明）王陽明《陽明先生集要經濟編》卷五《申諭十家牌法》 本院所行十家牌諭，近來訪得各處官吏類多視爲虚文，不肯著實奉行查考，據法卽當究治，尚恐未悉本院立法之意，故今特述所以，再行申諭。凡置十家牌，須先將各家門面小牌挨審的實，如人丁若干，必查某丁爲某官吏，或生員，或當某差役，習某技藝，作某生理，或過某房出贅，或有某殘疾，及户籍田糧等項，俱要逐一查審的實。十家編排既定，照式造册，一本留縣，以備查考。及遇勾攝及差調等項，按册處分更無躱閃脱漏，一縣之事，如視諸掌。每十家各令挨報甲内，平日習爲偷竊，及喇唬教唆等項不良之人同具不致隱漏，重甘結狀，官府爲置舍，舊圖新簿，記其姓名。姑勿追論舊惡，令其自今改行遷善。果能改化者，爲除其名。境内或有盗竊，卽令此輩自相挨緝。若係甲内漏報，仍並治同甲之罪。又每日各家照依牌式，輪流沿門曉諭覺察。如此卽奸僞無所容，而盗賊亦可息矣。十家之内，但有爭訟等事，同甲卽時勸解和釋，如有不聽勸解，恃强凌弱，及誣告他人者，同甲相率禀官，官府當時量加責治省發，不必收監淹滯。凡遇問理詞狀，但涉誣告者，仍要查究同甲不行勸禀之罪。又每日各家照牌互相勸諭，務令講信修睦，息訟罷爭，日漸開導，如此則小民益知爭鬥之非，而詞訟亦可簡矣。凡十家牌式，其法甚約，其治甚廣。有司果能著實舉行，不但盗賊可息，詞訟可簡，因是而修之，補其偏而救其弊，則賦役可均。因是而修之，連其伍而制其什，則外侮可禦。因是而修之，警其薄而勸其厚，則風俗可淳。因是而修之，導以德而訓以學，則禮樂可興。凡有司之有高才遠識者，亦不必更立法制，其於民情土俗，或有未備。但循此而潤色修舉之，則一邑之治眞可以不勞而致。今特略述所以立法之意，再行申告，言之所不能盡者，其各爲我精思熟究而力行之，毋徒紙上空言搪塞，竟成掛壁之虚文，則庶乎其可矣！

《明憲宗實録》成化四年二月辛丑，命法司第賭博囚犯輕重論罪。

時獲市井賭博者四十餘人，命枷項示衆，仍榜禁之。已而犯者復三十餘人，有不勝苦致死者。刑科左給事中毛弘等奏：今法司所論囚犯，律應死罪決不待時者，朝廷猶待霜降後命官會審，稍有矜疑，即從末減，以此全活者多。竊見近犯賭博枷項者幾百人，然其中情犯亦有輕重，被怙終之徒固不足卹，恐愚昧小民不知榜例，一時悮犯致罪，深可矜憫。乞勑法司並錦衣衛官審勘，分爲三等，庶幾刑當其罪。於是命見犯者枷項止一月，依舊例論罪。後有犯者如弘奏。

《明憲宗實録》成化六年二月　丙子，南京河南道監察御史吴禮奏：南京兩法司處決重囚，或一次止決一人，或二三人，俱要原委決囚御史、主事並錦衣衛官三員同赴京復命，水陸應付，民力艱難，乞將絞決重囚仍舊會官處決，止令御史一員復命，或具疏來聞，庶免下人勞擾。上以處決囚人數少，只具奏聞。如十人以上，仍如舊例行。

《明憲宗實録》成化六年二月　戊午，刑科左給事中白昂言二事：其一，嚴盜禁。以强盜處決例於其行劫所在梟首示衆，其在京城關廂行劫者則免。然强盜敢於輦轂之下行劫，其情犯尤爲深重，亦須梟首於京城百里之外，軍民往來衝要之處示衆，庶法令嚴明，人心知警。其二，平法律。以律文在京軍民犯杖八十以上者，軍發外衛充軍，民發別省爲民。今兩京校尉勇士軍民人等犯罪，該發遣者俱留京師，居人日衆，姦惡日多。乞將其間過惡尤重者如律發遣出外，庶京師肅清，政教易行。下刑部都察院議，從之。

《明憲宗實録》成化六年夏四月　丙子，南京守備等官成國公朱儀等奏：據律，竊盜三犯刺臂者絞。軍雖免刺，罪同。後以赦，凡犯在赦前者不問。正統間有旨，律爲常法，赦乃一時恩例，當以前後三犯通論，歲久奉行。至成化元年，法司蓋以舊例奏革，仍不問赦前事。今南京有盜王阿童者，其技巧捷，群盜皆師之。二十餘年已嘗五犯，每以犯在赦前得免。今復被獲，如仍擬初犯，益長其惡，且南京重地，盜賊爲害尤甚。乞依律條並正統間例處罪，庶姦頑知警，而盜賊不致於滋蔓。事下刑部覆奏，請如所言。上曰：赦所以許人自新，而小人乃倚赦爲姦，是豈可縱？夫僻以止僻，虞周之刑也。王阿童其審實，處決。今後問擬竊盜，仍以赦前後通論三犯，著爲令。

《明憲宗實録》成化十一年二月　甲申，申明酷刑之禁。國子監祭酒周洪謨〔所〕言：天下有司於百姓，（少）〔稍〕有過失即用夾棍等刑具，不勝苦楚。請勑法司出榜禁約，除人命、强竊盜、雜犯死罪須用嚴刑，其餘止用鞭扑。違者許風憲官察訪，録其酷暴以備考劾。章下，法司言：近以都給事中白昂言，已行禁約，恐問刑衙門奉行不至，請申明嚴禁爲宜。詔可。

《明憲宗實録》成化十一年十月　丁亥，刑部奏：邊軍犯雜犯死罪、徒流、笞杖罪者，例免工役，悉發墩臺哨瞭，如忠義中衛、興州前屯、山海衛、營州中右二屯衛、寬河守御千户所、白洋沿河等口，紫荆、倒馬等關，與永平、撫寧、盧龍、薊州、鎮朔、遵化、開平、中屯、密雲、中後、東勝左右等衛，皆臨邊境，俱有墩臺，自今旗軍舍餘人等犯罪，宜如前例擬斷，及採燒灰石、修理關口的決處治者，仍行巡關御史稽考。從之。

《明憲宗實録》成化十一年十一月　壬申，南京監察御史任英建言五事：法司以除姦弊、清刑獄三事，皆人所屢奏，但歷歲既久，人不遵守，宜申明舊例，通行天下巡撫、巡按並按察司官，嚴加禁約。自後遇有公廨倉庫損壞當修造者，聽設法處置，或出給官錢籍記支用，凡科斂罰取者，許其人具實陳告，坐以贓罪。至於荒年賑濟，宜悉預備倉糧給散，不足則設法補用，不許勸借侵克及以逃户冒支。其官司問理詞訟，如非己事及越奏者，宜依例問罪。內誣十人以上及謀逆、機密等情，官吏侵盜係官錢糧並無主人命不實者，其代寫疏狀與教唆之人，悉如例發遣，或內外守備官率意妄爲，濫受詞訟，致良善受害者，許巡撫、巡按官具實劾奏。議上，從之。

《明憲宗實録》成化十二年春正月　甲戌，法司會議兵擬奏：內外軍民奏除軍伍者，其中多有應觧軍丁，假以辯理冤枉爲名，故行犯法受罪，遷延歲月，以致軍伍空乏，姦頑得計。宜著爲定例，除真犯死罪外，如盜官錢糧、畜産，竊盜，掏摸，搶奪至斬絞徒罪者，決杖一百畢，錮觧收伍，轉發守哨，其餘徒罪止杖一百，笞杖罪依數的決觧發，則軍伍易清，姦頑可革矣！從之。

《明憲宗實録》成化十二年二月　戊子，命都察院榜示禁戢盜賊。先

是錦衣衛奏：京城内外盗賊生發，前後已捕獲七百餘人，其中强盗多係僧人。今歲例該開度，如僧行道童不給有司文憑先期來京者，緝出俱發邊徼居住，並罪其所主之家。或四方無籍之人至京，假名潜蹤放恣爲非者，亦宜治之。其軍士、達官、舍餘因操練往回每肆劫掠，自後非操練之日，不許騎馬挾兵群行途中。又京城尤多惡少，沿街索食，號爲化子，夜遇盗賊招引即從劫掠，並宜治之。凡擒獲强盗非應捕人，宜分首從，定其多寡，量爲陞賞，但以讎嫌妄指冒功圖利者，俱治以罪，乞行都察院揭榜嚴禁。奏上，故有是命。

《明憲宗實録》成化十二年三月　癸亥，南京大理寺右評事高銓奏優致仕、中比附、廣收贖三事。謂老疾致仕官支過俸糧，舊例俱免還官，今則問擬常人盗倉糧罪，仍行追還，其情可矜。及推問罪囚，有律無明條援引比附，多偏執己見，以出入人罪，宜詳審情犯，務使適中。又老幼癈疾之人，雜犯死罪俱宜依徒杖罪收贖爲便。法司會議，以前二事皆可行，其不可行者廣收贖一事，蓋律初無真犯雜犯之分，於例俱應處決，後始令雜犯者以工役運納贖罪，此實從輕處治之典，若復依徒杖例則法令愈輕，人將易犯矣，議上，從之。

《明憲宗實録》成化十二年秋七月　庚戌，定京操官軍逃亡罪例。總兵官英國公張懋等奏：比者南北直隸及河南、山東都司屬衛京操番上官軍，有累年缺班拘攝不至，間有至者俱宥從輕典，是以轉相傚尤，逃亡接踵。乞視景泰初年事例，量其逃亡日月久近，或發邊衛罰操，或發遠邊墩堡哨瞭，及督令所司住俸責限押解。事下，兵部言：京操官軍，承平日久，雖存調集之名，曾無教練之實，加以工役煩勞，侵漁刻剥，箠辱逼迫，多致逃亡。況習故安常，人不知懼，誠有如懋等所言者。但時有緩急，事有經權。景泰初，虜警方熾，内外驚疑，邊城缺守，禁旅乏人，於時事急，宜用重典，從權以嚴軍令。自後夷虜革心，内外按堵，此例難行，或問罪罰工，或補操罰班，事例不一，於時事緩，宜從輕典，守經以安人心。今若立法太嚴，恐難遵守，宜量爲損益，使可常行。凡缺一班者，仍準近例罰班半年，官一班、軍兩班不到者，發附近居庸、密雲、山海等關罰班半年，餘各量其久近，遞發大同、宣府等邊衛有差。其既上班而逃自一次至三次，準缺班三等定數，遞減一等科斷，其逃亡不獲者，移文清軍御史，督令所屬住俸，責限並勾丁解補。從之。

《明憲宗實録》成化十二年九月　辛亥，兵部復定京操官軍違限例：除軍人用近例究問補操外，其管隊等官違限一月以上者，俱奏付法司究問，仍送營補操，其間有非原操官員該衛所撥補撥逃亡之類，違限兩月以上者，通將解人一體究問後，如例行之。報可。

《明憲宗實録》成化十三年閏二月　乙巳，禁通報旨意。故事章奏既得旨，諸司抄出奉行，亦互相傳報，使知朝政。至是，錦衣衛千户吴綬以爲漏泄機密，宜嚴禁之。詔可。

《明憲宗實録》成化十三年八月　甲子，巡撫雲南右都御史王恕奏：雲南地方，蠻夷雜處，家藏兵器，動輒百十爲羣，肆行殺掠。【略】凡官軍死於敵愾者，厚賞以恤其家，將校督戰者，有功則賞，無功勿罪，其有退避及坐視不救者，俱以軍法從事，土官並莊户縱賊爲非者，重罪之，盗賊佐驗得情，即押赴市曹梟首示衆。如此則賞罰當而人知勸，法令嚴而賊自弭矣。乃下兵部議，請視賊衆寡與功之高下以爲賞格，其退避縱賊與當奏處者，咸如律例，詔從之。

《明憲宗實録》成化十三年九月　甲戌，巡撫陝西右都御史余子俊等奉勅言備邊事：【略】延慶一帶舊立界石爲限，不許越地屯種，近年貪利之徒占田出界石至有七八十里者，招釁納寇，實此之由，乞加禁約。【略】兵部具擬其便，從之。

《明憲宗實録》成化十三年九月〔壬申〕詔逐罷閒官吏人等匿京師者。監察御史許進言：文武官及旗校吏人有犯罪爲民、並冠帶閑住、立功充軍者，多匿京師，或妄訴冤枉，或夤緣請託，議造時政，謗毁朝臣，無所不至，請一切逐之。有旨：此輩潜住京城，造言生事，非止一端，錦衣衛並巡城御史其督同兵馬司，推究姓名，發遣還家，如是容隱，俱重罪不宥。

《明憲宗實録》成化十三年十一月　丙戌，太監汪直言：近日累獲盗賊，多四方逋逃軍民潜往京師者，詐冒投託，游蕩爲非，無所不至，因無籍貫，難以查考，欲令官校訪執，未免驚疑擾衆。乞勅都察院移文該管官司，聽其一月之内，赴官首告者，仍發原衛所州縣著役，免究其罪，若隱匿不報，緝訪得出，還發極邊，罪連所主之家，果有貧難不能還鄉者，審

其來歷無礙，編注京衛軍食糧，使其得所，詐充內官家人游蕩無籍之徒，聽所主之家及隣佑人首報。都察院議其所言當理，乞通行曉諭。從之。

《明憲宗實録》成化十三年十一月 戊子，上以天下諸司官吏朝覲至京，姦詐之徒，或緣私仇妄相告訐，嚇騙財物，及陰構以事，中傷善良，大傷治體，其朝覲官賢否不同，朝廷黜陟自有常典，亦不許與京官往來交通賄賂營求作弊，命都察院揭榜通行禁約，違犯者槩治以罪。

《明憲宗實録》成化十四年春正月 丁亥，禁革倉場積弊。上諭都察院臣曰：京通二倉並各場糧草，俱國用所係，近各衛監吏官多不守法度，私立大小把總名色，不肯依期守放，故爲刁蹬遷延，以致軍士到倉，日久不得關支。其貪婪委官通同官攢人等，以斛面高低爲名，就中扣除者有之，軍吏人等指以答應爲由，於內克減者有之，及關糧到營十不得七，以致軍士多饑窘失所。及有官旗倉餘人等，倚勢用强，攪擾倉場，需索財物者，似此姦弊，非止一端，事覺之日，從重處治，巡視御史及管糧委官，坐視不理者，一體治罪，其出榜禁約之。

《明憲宗實録》成化十四年五月 庚辰，户部奏：本部郎中郝晃往遼東計議糧儲上言，【略】欲行遼東二十五衛，凡有囚犯，除赦罪及真犯死罪外，雜犯死罪以下，俱定則例納草贖罪。【略】各衛所調去𡌴陽等堡戰守官軍，騎操馬匹有老病傷損者，【略】事皆可行。詔從之。

《明憲宗實録》成化十四年九月 辛酉，定隱匿賊情罪例。監察御史屠濂等奏：今饑荒之後，盜賊竊發，軍民職官因有停俸戴罪之例，往往隱匿不報。自後有犯者，宜送吏部降等叙用。都察院議，以其法太嚴，定爲罪例：一、二次不報者，停俸，三次者，戴罪，俱捕盜如故。若四次以上者，始監候，奏請降等叙用。從之。

《明憲宗實録》成化十五年閏十月 甲戌，命毁刊行《會定見行律》條。巡撫南直隸兵部尚書兼都察院左副都御史王恕奏：律乃治天下大法，我太祖高皇帝斟酌歷代律條，定爲《大明律》，凡四百六十條，頒示天下，而《名例律》有曰：凡律令該載不盡事理，若斷罪而無正律者，引律比附，應加應減，定擬罪名。近在京書坊刊行《大明律》後，有《會定見行律》一百八條，不知何時而會定者，內之法官老於刑名者，必不依此比附。但恐流傳四方，未免有誤，新進之士略舉其兵律多支廪給條，及刑律罵制使及本管長官條，皆輕重失倫，不可行於天下，乞以其板毁之。至是，法司會議宜以恕言通行內外法官，自後斷罪悉依《大明律》並奏準見行事例，敢有再稱《會定律》條比擬出入人罪者，以故出入人罪論，仍行書坊即將所刻本燒燬，違者並治以罪，從之。

《明憲宗實録》成化十六年六月 〔癸丑〕詔禁貴戚勢家侵佔民田者。時皇親王源占田事發，差官勘實。上命舊賜源地仍給管業，餘俱還官給民牧種，家奴首惡者二人，俱杖五十，械送原籍當差。户部請備榜通行禁革，從之。

《明憲宗實録》成化十六年秋七月 〔乙巳〕逐自宫以求進者。禮部奏自宫者至千餘人，喧擾官府，散滿道路，乞照舊例，令巡城御史、錦衣衛、五城兵馬等官逐回原籍寧家。制可，限五日外再有喧擾並容留潛住者，一體逮治不宥。

《明憲宗實録》成化十七年五月 癸卯，定挾詐得財罪例。刑部等官奏：據南京刑部移文，以近例有指京官名誆財滿貫犯該徒流以上罪者，俱發充軍。見有事發在官之人，但有《大誥》及遇恩例減二等，爲首從者止得徒杖之罪，難於處治。今會議近例乃通行禁姦之常法減等，是一時欽恤之特恩。自前法司所問囚犯，凡遇恩例其應贖罪工役者，俱各以《大誥》通減二等，若律應仍盡本法及例該充軍爲民立功，調衛，雖遇恩例，仍依律例發遣。其指名誆財之人，雖嘗問擬適無減等事例，且此等情犯頗重，如復減等，恐見發者展轉異詞，覬圖幸免，人相傚尤，姦僞日滋，殊爲不便。是宜通行兩京法司並在外刑官，凡指京官並三司以下官名，及以官府使用爲詞誆財者，俱計贓不分首從，悉連家屬發邊衛充軍。原係邊衛者，發極邊守哨。職官有犯，依律議擬奏請區處，仍依律例，一體發遣。若所犯與律應仍盡本法者，罪雖遇例減等，其計贓犯該杖罪以下者，仍依常例擬斷，則法令歸一，人易遵守。從之。

《明憲宗實録》成化十八年十二月 戊寅，定僧道犯公罪不還俗之令。巡撫南直隸兵部尚書兼左副都御史王恕奏言：律法僧道犯罪曾經決罰者，並令還俗，而江南僧道多因被人侵佔田土，負欠租糧，詿誤致罪者，請同常人收贖法，勿令還俗。都察院會六部議覆奏，從之。著爲令。

《明憲宗實録》成化十八年十二月 己卯，申明犯罪充軍不勾丁補役

之例。監察御史姜昂言：天下官民犯罪充軍者，宣德十年詔令止終本身，今有司遇凡逃亡事故，率多勾丁補役，殊失罰弗及嗣之義，並違舊制。章下兵部言：比因巡撫陝西都御史阮勤之言，已嘗如例禁止，今宜再加申明，通行天下。從之。

《明憲宗實録》成化二十年二月　辛巳，南京都察院奏：南京沿江上下，多兇惡之徒，爲道路患。乞如舊例禁治。下都察院議，以舊例兩京城内外並通州等處，有稱刺虎等名者，犯笞杖罪如常處罪，徒罪以下，初犯免枷項，軍發邊遠，民發口外。原係邊軍邊民，杖一百，發極邊常年守哨。其職官議擬奏請定奪，若出犯累次搶奪及再犯累犯者，枷項一月，各發充軍爲民守哨。今南京沿江上下之人有犯，依此禁治爲是。奏上，從之。

《明憲宗實録》成化二十年三月　壬子，上諭兵部曰：邇來官軍、民匠多有姦頑之人，逃伍缺工，潛住京城内外，已寬宥，令一月内首役者免罪。其有違犯不悛者，令巡城御史、錦衣衛官督同五城兵馬挨捕，初犯者杖七十，再犯一百，俱各還職役。三犯者，官軍押發邊衛差操，工匠枷項三月復役。地方、隣佑容隱者，一體治罪不宥。其即出榜諭之。

（明）戴金《明條法事類纂》卷四八《刑部類・婦人犯罪・老幼殘疾婦女連累在官不許一概監禁》　成化二十年十二月二十三日，禮部等衙門尚書等官周等題，爲建言民情事。該禮部辦事官何現言一件：在外各府州縣及問刑衙門，多將老幼殘患婦女，不論所犯事情輕重，一概監禁，又不分男女監房。如蒙乞敕該部，轉行各都布按三司，分行各屬，但有婦女老幼連累指證者，取供明白，先行疏放。有司如無女監房，即便起解。前件會議得合準所言，宜從吏部等衙門查勘施行。奉聖旨：照例。欽此。

《明憲宗實録》成化二十一年三月　乙未，錦衣衛軍靳璽奏：京城内外，邇來姦惡之徒日滋月盛，三五成群，日則在街行兇害人，夜則荒淫賭博，甚至占人妻女，及爲人報復私仇，爲害不可枚舉。强竊盜賊多起於此，乞令巡城等官緝捕爲便。都察院覆奏，上諭之曰：昔漢郭解，一豪俠之雌耳。武帝因公孫弘之言，殺之以懲不逞。論者謂其有關治體。今羣惡少相倚爲姦，恐將來傚尤者無所不至，宜榜禁之，仍令保伍互相覺察，有怙終不悛知而不告者，各治以罪。

《明憲宗實録》成化二十二年八月〔癸酉朔〕改調巡撫江西都察院右僉都御史閔珪爲廣西按察使。時南安、贛州等府，盜賊竊發，珪及鎮守太監鄧原，巡按御史張鼐，各奏其事。下法司會議，以江西多豪右之家，藏匿流移之人以充家奴、佃僕，結構爲盜，相與分贓，頃年事發者止依常例處罪，以此人無警省。今著爲例，自後有結構爲盜者，即時送官追問，或仍逼迫故縱者，除犯斬罪，依律究治。其流徒罪者，藏匿三人以上，軍官、舍餘發戍邊方，軍民並罷閒官吏人等發戍近衛。不及三人並不知情者，止於田主名下追捕，其人仍依常例處罪。奏上，從之。且命原、鼐嚴禁捕盜之人，不得誣害平民，違者重治。仍通究盜所殺掠之時巡守巡捕等官名來，上以珪不能弭盜安民，改調別任。

《明憲宗實録》成化二十三年六月〔庚辰〕定武職隱匿舍餘立功久近之法。初，兵部奏揀選各衛所舍餘送操，其間有匿少壯而以老弱報選者，有借老弱而代少壯赴選者，有詐稱老疾給引逃亡病故者。事覺，官發邊方立功，總小旗改調邊衛，漏報之家罪亦如之，而未定立功輕重久近之期。至是兵部議：官旗人等，凡坐前弊不行覺察改正，罪犯絞斬者，如例立功五年。三流者依準徒法，立功四年。其減至徒罪五等，俱立功三年。杖罪五等俱立功二年。笞罪五等俱立功一年。議上，從之。

《明憲宗實録》成化二十三年十二月　丙子，命太保兼太子太傅襄城侯李瑾，太子太保兵部尚書余子俊等曰：茲者奉梓宮安厝山陵，凡防護及執役官旗軍校夫匠人等，俱宜遵守法度，不許沿途傷人田麥，及縱放驢馬作踐。亦不許假以做飯等項名色，擅到人家攪擾，搶奪柴草及爭競喧鬧。或姦懶逃躲，不來赴役，躭誤事務，兵部其出榜曉諭之，仍差御史、給事中暗行緝捕，並許受害之人首告，但有犯者，拿來處以重罪。其該管人員鈐束不嚴，一體罪之。

《明孝宗實録》弘治元年四月　丁未，都察院覆議右評事魯永清所言三事：一謂刑官問囚，擬議不當，處斷不一。或舞弄條貫，或組合文法，或律有正條而擬以不應，或畏避權勢而拘於成案，或信憑參語定罪而不論招情，皆可資爲出入，刑獄用是不平，請悉依律例擬議。科斷重罪，律無正條，比律上請，毋槩議不應。若畏避權勢，止拘成案，信憑參語，定擬罪名，及供招之外，妄加參語，變亂成規者，從給事中、御史舉劾，御史

有違，從都察院查究。一謂三法司建設總門，所以防姦弊，慎獄情。近來法司送審囚徒，家屬男婦競入門内與囚交接，諠譁，群飲，請嚴加禁約。今後囚人發審之時，許親屬一人入供飲食，若仍縱容濫入，守門吏重加懲治，受財則取問如律，濫入者亦就送問。一謂近日刑官，不問罪囚輕重、獄事大小，動委所司勘問，或數月而後報，貪緣顛倒，害不可言，有淹禁多或五六年，往往連及無辜死於犴獄，請申明律令，除應檢踏者，其餘悉照諸司職掌行提緊關干證之人，親自問理，有仍前故違，展轉行勘者，從給事中、御史舉劾，御史有違，從都察院查究。議上，悉從之。

（明）戴金《明條法事類纂》卷四八《刑部類·婦人犯罪·婦人懼罪自盡外不許用强生事》 一件建言民情等事。弘治元年八月内，該刑部尚書何等題準：各處軍民之家婦女，被翁姑訓責，或因夫毆罵，輒便自縊、投河。此乃有罪之人，律勿論，許令夫家告官相埋，所司明文立案備照。若女家用强生事，聚衆毆打，搶奪財物，捏詞誣告者，依律治罪。中間果有無故威逼打傷身死者，檢驗明白，依律究治。

《明孝宗實録》弘治元年十一月 己卯，命吏典犯罪應革役者，即發原籍爲民。舊例吏典犯有贓、盜用印信、説事過錢毁罵官、誣告本管官，及犯姦、詐喪匿喪、求索恐嚇、聽許財物，枉法不枉法、監守自盗、偷盗財物，曾充隷兵之人，俱不許入考，即發爲民。而近者又擬，聽許財物未曾入己，偷盗財物自首，及誣告毁罵本管官者，仍發邊役，俟三考滿，方發爲民。吏部議其非便，請定爲令例，從之。

（明）孫世芳《宣府鎮志》卷一九《法令考·明》 敬皇帝弘治元年令邊鎮上險易圖志。查得《諸司職掌》，凡天下要衝及險阻去處，各書圖本并軍人版籍，須令所司成造送部，務知險易。今將該造圖本及管軍户口馬騾文册定爲限期，在京並北直隷衛所大寧、萬全二都司限二月終，其餘各都司俱量遠近定限一體造報。違者問罪，著爲令甲。

《明孝宗實録》弘治二年正月 丙戌，巡撫宣府都御史張錦言：近歲沿邊守備等官，不以邊事爲重，或縱令軍餘還家耕種，或令辦納工作，出境樵採，以致胡虜乘虚，多被殺虜。况四海冶壂審逼山陵，所係尤重，而各官曾不究心，樵牧如故。請嚴爲之禁，今後一應官員，有使令軍餘出境樵獵，啓寡招寇者，杖一百，罷職，充軍瞭望。軍餘脱走回家者，比守御城池在逃律論，三犯者絞。提調等官私役賣放墩軍三名以上者，縱無失機，亦降一級，調極邊帶俸。其在陵寢禁山之後樵採林木者，從重問。遣下都察院覆奏，請行各邊禁約。賣放墩軍者一名以上降一級，禁山樵採，依正統二年欽降榜例行。從之。

《明孝宗實録》弘治二年七月 己卯，户部尚書李敏等以災異上疏言：臣惟災異之來，率由民心積怨所致。切見畿内之地，皇莊有五，共地一萬二千八百餘頃，勳戚、太監等官莊田三百三十有二，共地三萬三千一百餘頃。比來管莊官校人等，往往招集無賴群小，稱爲莊頭、伴當、佃户、家人名目，占民地土，斂民財物，奪民孳畜，甚至污人婦女，戕人性命。民心傷痛入骨，少與分辯，輒被誣奏，至差官校拘拏，舉家驚憾，怨聲交作，災異之興，皆由於此。且皇莊之設，在祖宗時未有，正統間以諸王未封，供用浩繁，不欲重征小民，又見彼時地廣民稀，因其閑地立莊以資供用，諸王之國，地仍歸官。其後因襲，遂有皇莊之名。且普天之下，莫非王土，若以此地爲皇莊，則其餘者非朝廷之土乎！今若革去管莊之人，撥付小民耕種，畝征銀三分，歲可得銀三萬八千餘兩，比之官校掌管，所得尤多。以此銀歸之内帑，充各宫用度，則不顯立皇莊之名，而有實用之效矣！其勳戚、太監等官，下役充管莊家人，亦宜盡革，就於居民佃户，擇其年高有行者掌管，如例征銀，有司收完，聽各官家人領用，則受田之家享自然之利，佃田之人免剥害之苦，尚何天意之不可回哉！上曰：皇莊留與朕弟諸王，其餘功臣等項田土，管業已定，難令有司督辦，俱如舊。今後管莊之人，敢有生事害人者，聽巡按御史指實參奏，從重治之。

（明）戴金《明條法事類纂》附編《保舉方面正官犯贓連坐舉主以貢舉非其人論罪》 一件脩實德以謹天戒事。弘治三年十二月内，太子太保本部尚書王等題準，今後官所舉方面，日後犯贓者，照依前例，連坐贓舉主。所舉名不副實，才不充位，而曠缺官者，事發，以貢舉〔非〕其人論罪。

（明）孫世芳《宣府鎮志》卷一九《法令考·明》 〔弘治〕三年定增減户籍之罪。凡各處大造黄册，經該官吏不用心查對，里書故將原册改株，致有丁口減增，田糧飛走，户籍錯亂者，本犯發附近衛所充軍，里書

發口外隆慶、保安爲民，若干礙監造官員亦治以枉法重罪。其黄册字俱照題本字樣真楷書寫，事完，選委司府官員率領各屬經該官吏定限年終到部查考，中間查有洗改字樣過違限期，先將差人問罪，若干軍伍税糧重情，照例處治。

《明孝宗實録》弘治四年四月　戊申，秦王誠泳奏：署令王府軍職有犯徒杖等罪者，俱調衛管事。各府官厭地任散漫，多托小過以圖改用，積久恐侍衛多缺，抑亦中小人自便之計。自今有犯公過者，乞準文官例罰贖還職。從之。

《明孝宗寶訓》卷三《恤刑》　弘治五年七月壬午，刑部尚書彭韶等，以鴻臚寺少卿李鐩請，删定《問刑條例》，議曰：刑書所載有限，天下之情無窮。故有情輕罪重，亦有情重罪輕，往往取自上裁，斟酌損益，著爲事例。蓋此例行於在京法司者多，而行於在外者少，故在外問刑，多至輕重失宜，宜選屬官，彙萃前後奏準事例，分類編集，會官裁定成編，通行内外，與《大明律》兼用，庶事例有定，情罪無遺。從之。

（明）孫世芳《宣府鎮志》卷一九《法令考·明》　〔弘治〕五年定倉場官叙用則例。奏準宣府等處各倉場官俱以九年爲期，或八年前後遇例差官，經盤堆垜如法數目不少，準令起送。凡倉場官收糧千石草十萬束以上無過，陞一級，有笞杖罪本等用徒罪降用。收糧不及十石草不及十萬束本等用過降用，係雜職降邊遠雜職内用。若民糧不及千石草不及十萬束者，歷俸周歲許交盤給由，其在宣府者守支盡絶。其盤收前官糧草，該減俸如支盡絶給由，到任半年，無糧收受者，起送赴部行户部查勘明白，付文選司別用。若初到之時，雖曾盤收不係經收者，亦起送。其正糧守支盡絶，即當減俸，若收候二年之上放支不盡絶者，仍聽全支本等俸給，不及二年不許仍支前俸，或守支間奉上司委署別衙門印信，亦不許詐遷延，過違年限、丁憂復除或改除河泊所官，千户所吏目俸月不準通理，違者皆送問。

《明孝宗實録》弘治六年閏五月　己亥，禮部覆奏：刑科右給事中季源所言嚴厨役事，謂光禄、太常二寺厨役，今後有逃回原籍者，許里用人等首告，所司即差人起解。逃至三次以上者問罪，發口外爲民，仍將本户親丁解補。從之。

《明孝宗實録》弘治六年六月　壬申，兵部覆奏：監察御史周琰言各邊失機，欲乞不連坐内臣、都御史，宜令主將或副參等官，統領軍馬追殺虜寇，不能料敵制勝，輕率寡謀，以致失機者，則罪止各官，内臣、都御史不及，同行者不坐。若各路分守守備官不能設備，被虜入境，或貪功啓釁，亦鎮巡總兵官威令不行所致，厥罪惟均。從之。

《明孝宗實録》弘治六年八月　丁亥，刑部奏：自今文武官，因公考訊，輕罪而用酷刑，致殘人命，因而傍引醫證，詭作病死，或旋補獄詞誣以重罪者，但及三人以上，檢問得實，比律上請醫證扶同者，治以重罪。從之。用太常寺少卿兼翰林院侍講學士李東陽奏也。初，以在外諸司非法殺人，牽以因公自解，故此上奏，欲令犯者從降調之例，以爲復戒。法司覆議不見依違，蓋卒拘於例云。

《明孝宗實録》弘治七年二月　〔癸酉〕陜西漢中衛舍人陳添福，故殺孤姪，謀奪其財産，獄具，都察院覆議，以爲律止於徒，例止於充軍，恐不足以懲姦惡，請旨。上命併當房家口盡發遼東三萬衛充軍，永不宥，仍著爲令。

《明孝宗實録》弘治七年三月　癸丑，都察院擬上榜禁天下十事：一、縱容盜賊。一、罰害軍民。一、淹禁罪囚。一、虐害小民。一、科差姦弊。一、不遵信牌。一、積年民害。一、濫罰紙劄。一、兇徒害人。一、賭博爲非。仍責令所在巡按御史舉行，無事具文。從之。

《明孝宗實録》弘治七年五月　〔壬寅〕命今後有年七十以上、十五以下，及廢疾人真犯死罪者，奏發充軍。徒流以下合充軍者，本身自犯聽收贖，有壯丁主使者，罪坐主使之人。從三法司議也。

《明孝宗實録》弘治七年八月　庚申，兵部覆奏兵科給事中周旋所奏：近各邊失機止罪其下，而鎮巡官每蒙矜宥。且奏報多隱匿，以致將驕卒惰，夷狄無所畏忌。請自今邊方殺虜人口積至二十以上，劫掠孳畜二百以上者，鎮巡官當任其罪。若隱匿及奏報不實者，鎮巡以下俱論以欺罔。從之。

《明孝宗實録》弘治七年十月　癸未，刑科給事中王淯言：聞盧溝河迤西開窑之家，或誘略良家子女，或收留迷失幼童，驅之入窑，日常負煤出入，斷其歸路，如墮眢井，有逃出者，必追獲殺之，細人之姦無踰於

此。乞勅都察院榜諭，仍移文巡山給事中、巡城御史、錦衣衛巡捕官，督五城兵馬親詣其地研審，有犯者許自首，隱匿及再犯者枷號充軍。從之。

《明孝宗實録》弘治七年十二月　丙子，南京刑部以有犯誣告十人以上，例發口外爲民者，而年逾七十律應收贖，慮其未允，移文刑部議處。於是刑部言：天下之情無窮，刑書所載有限。若以年老而免發遣，則姦人得志，故匿其丁壯而令老疾者奏告，以祈脱罪矣！請著令：凡年七十以上、十五以下及廢疾者，除所犯罪名依律論斷外，其例應充軍瞭哨口外爲民者，仍依例發遣。若年八十以上及篤疾者有犯如應子孫永遠充軍者，以本犯子孫發遣，其應口外爲民及瞭哨並十歲以下者，則依律收贖，免其發遣。從之。

《明孝宗實録》弘治八年十一月　己酉，刑部覆奏：前會議量定拘繫、寬恤追贓二事，請自今囚犯除情重及婦人犯死罪者如舊監繫，餘情罪輕者，及雖犯徒流而情不甚重者，並婦人非樂婦及身自犯罪者，俱準羈候。其追贓則雖還官給主，及埋葬銀止一二十兩以下久禁無措者，除充軍立功外，餘皆許召保營辦。軍職犯徒流以下無力納米運炭者，兩京準做工，在外問發還職，所該納米將月糧扣除還官，餘如前擬。有旨：命寬恤追贓，再議以聞。於是，復請以該追贓物十兩以上者，所司變賣家産以充，家産不足及全無者，具其情罪並監追年月贓物數上請，若止直九兩以下及埋葬銀監追一年以上無家産者，令召保營辦。若犯人已故，贓多情重者，奏請裁處，餘仍前擬，從之。

《明孝宗實録》弘治九年八月　壬寅，三法司會議監察御史榮華所言禁約兇徒事：請今後凡執持兇器毆人成傷，或誤傷旁人，并聚衆攘奪財物、計贓至徒罪以上者，及殘傷人耳目口鼻肢體、髠人鬚髮者，不分首從，發邊衛永遠充軍。在邊衛者，發極邊。在極邊者，常令守哨。若未傷人，但棄毁器物計贓杖罪以上，並穢污人面口，碎婦女衣服者，爲首者軍發邊衛守哨，民發口外，遇革不宥。其爲從及止因一時小忿而毆傷人、毁器物，未嘗持兇器者，俱照常例發落。又省祭官來德進所奏遞送之弊，請令沿途轉遞衙門，除法司文移合用刑具外，其餘不許擅用刑具，非法棰楚，索其財物，以致死傷。亦不得受財縱放，事發，若徒罪以上者，軍發邊衛守哨，民發口外，其官吏通同知而不舉者，一體治罪。議上，從之。

（明）孫世芳《宣府鎮志》卷一九《法令考·明》〔弘治〕十年禁革倉庾弊政。各邊一應收放糧草處，若職官子弟、積年光棍、跟子買頭、小脚〔歇家〕、跟官伴當人等三五成群搶奪、籌斛、占堆、行槩等項，打攪倉場及欺凌官攢，或挾詐運納軍民財物者，杖罪以下於本處倉場門首枷號一個月發落，徒罪以上與再犯杖罪以下免其枷號，屬軍衛者發邊衛，屬有司者發附近，俱求遠充軍。凡邊倉小脚歇家營求在官指稱公用爲由，索取囤基等項錢物及别項求索，許被害之人赴鎮巡并該營官陳告，就於本倉門首枷號一箇月，軍發邊衛充軍，民發口外爲民，干礙内外官員奏請定奪。凡内外倉場糧草併各處軍需等項不拘起運存留，但有包攬誆騙不行完納，事發問罪，責限三箇月以裏完納者，照常發落。過期不完者，儘其財産陪納，發邊衛充軍，經年不完者仍枷號一箇月，照前發遣。各邊武職主使家人、伴當、跟隨交結人員，挾勢攬納作弊者，參問降二級，聽使之人仍照前例問發。各邊掌印官將所屬起解一應錢糧批文妄作人情攬與内外勢要官豪者，問發爲民，干礙勢豪參究治罪。

《明孝宗實録》弘治十一年四月　癸未，南京燕山前衛千户韓鋭，坐不分俸養贍繼祖母，及毁罵小功以下兄。南京刑部擬贖杖還職，爲大理寺所駁。刑部因奏請申明條例，謂：軍職有犯敗倫傷化者，成化八年有發原籍爲民之例。干犯外姻尊屬，如毆傷妻母該革職者，十一年有發本衛隨住之例，俱别取相應子孫承襲。本部今會同都察院、大理寺詳議，以爲韓鋭罵兄，既非親告，律不坐罪，但承襲祖職已有俸米，與極貧無力供養者不同，正係敗倫傷化，宜如例發原籍爲民。但前例止稱敗倫傷化，不曾明具其目，以致人難遵守，乞通行内外問刑衙門，今後武職，凡奉養有缺，須祖父母、父母親告乃坐，若子孫告祖父母、父母，例不行勘。若不奉養繼祖母、繼母，及毆本宗大功以上尊長小功尊屬，並毆傷外祖父母，及妻之父母者，俱行勘明白，方許論罪。其有縱容抑勒女及妻妾，並子孫之婦妾與人通姦，及姦内外有服親屬，及典雇妻女者，俱係敗倫傷化，請俱依律問罪，照例發原籍爲民。如原無籍貫者，發本衛隨住，若有一時違犯教令，不係十惡重情，並其餘服制恩義稍輕者，如有所犯，止照常例施行，俱不在革職爲民之例。從之。

《明孝宗實録》弘治十二年五月　乙酉，刑部覆奏南京吏部尚書倪岳

等所言：其曰慎重刑獄者，比歲差官審録，往往便道過家，故獄事不及致詳。請自今南人差北，北人差南，庶彼專心詳審。其曰申明舊例者，新例南京跟子歇家、滿貫徒罪以上者，枷號三月，發邊衛充軍，法似太重，請命跟子有犯指稱官吏誆騙財物滿貫、與坑陷納户及遇官攢虚出通關者，如例充軍，免其枷號。若止因曬晾、馱載、糴買等事，多取傭錢價直至滿貫者，枷號一月，與不滿貫者俱以常法處之。其曰祛除民病者，近年各處有司官濫罰紙劄，民被其害，請嚴加禁約。議上，從之。

《明孝宗實録》弘治十二年六月　壬辰，監察御史王哲奏：臣巡按廣東，見有犯罪遷發口外爲民者，以跋涉萬里，且風土不宜，往往疾病道死，是以家人聚哭如臨刑之苦，管解人役亦悲怨無已。請今後兩廣及雲南、貴州、四川、福建犯應遷發口外者，悉改撥本處附近衛所充軍。兵部議謂：充軍之罪甚於遷發，如以邊遠之遷發易近地之充軍，恐人情亦有所不堪，請下所司，自今問斷遷發罪人，有自願本地充軍者，聽。不欲者，仍口外爲民。從之。

《明孝宗寶訓》卷三《恤刑》　弘治十三年二月庚寅，三法司奉詔看詳歷年《問刑條例》定經久可行者，條具奏請。上以獄事至重，下諸司大臣同議之。議上二百七十九條，請通行天下，永爲常法。上從之。內禁濫報邊功，私騎宫馬，黄船販鬻私貨，漕船附帶勢要貨物，及鎮守等官頭目非奏帶者不得報功，皇城守衛官旗故縱直軍十名以上降級六條，命再議以聞。衆復奏謂，此六條禁例乃累朝所定，且皇上即位之初嘗申明者，今不可輕變，以撓成法。從之。

《明孝宗實録》弘治十三年二月〔己亥〕　先是，會同館夷人考郎兀衛都指揮早哈，與成討温衛都指揮婁得會飲争坐，早哈手刃婁得，斃之。禮部以聞，下法司會議禁約事宜：今後進貢夷人到邊，鎮巡等官收其兵器，不許藏帶。仍選差通事伴送，務要謹慎約束，不許擾置各夷生事及索取有司財物。到京之後，伴送人員與同通事俱要用心鈐束，其禮部原委主事，遵依原擬職掌事例，逐一舉行。大通事每五日一次到館戒諭夷人，各令守分，所有禮部等衙門各年事例，會議斟酌，逐一開陳。一、兵部委官點閘，夫牌、式諭，伴送仍巡察一應姦弊。工部委官點視器用、房屋，毋容損失。一、今後但遇夷人筵宴，光禄寺堂上官提調，務在豐潔整齊，其朔望見辭酒飯，行該日侍班監察御史巡視，但有菲薄，聽其舉奏。一、今後夷人進貢到京，軍民人等敢有在街聚觀嬉戲、抛擲瓦礫打傷夷人者，枷號示衆。一、禮部主事令專一在館提督，凡遇夷人到館，務俾舍止得宜，出入有節，鈐束下人無致侵盜，貿遷日期，估計時價，無令姦詐之徒巧取夷人財物。一、今後有違例將軍器貨與夷人者，問擬斬罪。在京在外軍民人等與朝貢夷人私通往來，投託買賣，及撥置害人，因而透漏事情者，俱發邊衛充軍，軍職調邊衛，通事、伴送人等有犯，係軍職者如例，係文職者除名。一、夷人朝貢到京，例許貿易五日，有司拘集鋪行，令將帶不係違禁貨物，兩平交易。若原來伴送及館夫通事人等，引領各夷潛入人家私相交易者，没入價值私貨。夷人未給賞者，量爲遞減，通行守邊官員，不許將曾經違犯夷人起送。若夫牌、鋪行人等違例私相買賣，枷號示衆。一、在京及沿途官吏一應人等，敢有將引夷人收買違禁之物，及引誘宿娼，就於各該地方枷號示衆，其夷人回還，禮、兵二部各委官盤點行李，驗無夾帶違禁之物，方許起程。議入，上命通行榜諭禁約，違者重罪不宥。

（清）查繼佐《罪惟録》紀卷一〇《孝宗紀》　弘治十三年二月庚寅，定《問刑條例》。乙未，嚴旌舉連坐之法。

（清）龍文彬《明會要》卷六四《刑·律令》　〔弘治〕十三年二月，詔更定律例。初洪、永間定制，法司斷獄，一依律擬議。英、憲以後，巧法吏往往舍律用例，條例由此日繁。前八年，以鴻臚少卿李鐩請，命刑部尚書彭韶刪定《問刑條例》。及是，給事中楊廉復言：高皇帝肇造之初，特命劉基、陶安等詳定律例。百三十年來，律行既久，條例漸多。近令法司詳議，革其繁瑣。臣以爲非深於經者，不足以議律，非深於律者，不足以議例。望特選素有經術深明律意者，專理其事，以太祖立法貴簡之心爲主，一切近代冗雜之例悉爲革去，俾以例通律之窮，不以例淆律之正。庶刑官有所遵守。帝嘉納之。乃下尚書白昂，會九卿定議，擇條例可行者二百九十餘條，與律並行。詔如所請，頒之中外。

《明孝宗實録》弘治十三年七月　乙亥，户部覆議本部左侍郎許進所奏計處邊儲事例，在京及山東等處，軍職犯罪立功五年者準贖，三品一百兩，四品八十兩，五品以下俱六十兩，已立而未滿者照品遞減。納米一百

五十石或銀一百兩者充知印，納米一百三十石或銀八十兩者充承差。陰陽醫學僧道官之缺堪補者，納銀六十兩即入選，其納銀七十、五十、四十兩者，授七、八、九品散官，二十兩者冠帶，指揮、千百户所、鎮撫、總旗、小旗。納豆自六十石遞減至十石，或銀自四十兩遞減至五兩，免比試並鎗。諸銀米俱於大同管糧官交納。從之。

（明）孫世芳《宣府鎮志》卷一九《法令考·明》〔弘治〕十四年頒問擬罪則例。凡文武官吏人等犯該爲民等項罪名，不分已未結正，伸訴冤枉者，準行辦理，其有妄奏冤枉掇拾原問，官員勘問涉虚，原問爲民者，發口外爲民，原問充軍者，發極邊衛所充軍。凡將本狀用財顧寄與人赴京奏訴者，并兜攬受顧受寄之人，屬軍衛者俱發邊衛充軍，屬有司者俱發口外爲民，原詞立案不查。凡軍民詞訟，除叛逆機密等項重事許赴京奏告，其有親隣全家被人殘害及無主人命，官吏侵盗係官錢糧併一應干己事情，俱要自下而上陳告。若有驀越奏告者，俱問罪。凡在外刁徒身背黄袱頭插黄旗，自稱奏訴，直入衙門，挾制官吏者，所在官司就拿送問，若係干己事情，及有冤枉者，照常發落，不係干己事情，别無冤枉，并追究主使之人，一體問罪，屬軍衛者發邊衛充軍，屬有司者俱發口外爲民。凡代人捏寫本狀，教唆或扛，幫赴京及赴撫按法司官處各奏告叛逆等項機密强盗人命重事不實，並全誣十人以上者，俱問發邊衛充軍，其原屬有司者發口外爲民。凡各處大户家人佃僕結構爲盗，殺官刼庫，刼獄放火，許大户隨即送官追問。若大户知情故縱，除真犯死罪外，其徒流杖罪，及窩賊三名以上，屬軍衛者發邊衛，屬有司者發附近各充軍。凡官司差人催徵錢糧勾結公事併捕獲罪人，但聚衆至十人以上中途打奪，爲從者知係親屬併同居家人照常發落，若是異姓同惡相濟，及搥師打手俱發邊衛充軍。凡各處軍衛有司衙門主文、書筭、快手、皂隸、總甲、門禁、庫子人等，久戀衙門，説事過錢，把持官府，飛詭税糧，起滅詞訟，隱害良善，及賣放强盗，誣執平人。爲從事發，有顯跡情重者，旗軍問發邊衛，民弁、軍丁發附近俱充軍。情輕者問罪枷號二月，縱容官員作罷軟黜退，失覺察者，照常發落。凡各争家財田産但係五年之上並未及五年，驗有親族寫立分書已定，出賣文契是實者，斷令照舊營業，不許重分再贖，告詞立案不行。凡兇徒因事忿争，執持兇器，但傷人及誤傷傍人，與剜人眼睛，折跌人肢體，全抉人耳鼻口唇，斷人舌，毀敗人陰陽者，俱問發邊衛充軍。若聚衆執持兇器傷人，及圍繞房屋搶撿家財，棄毀器物，姦淫婦女，除真犯死罪外，徒罪以上俱不分首從，發邊衛永遠充軍。凡知强竊盗賊而接買受寄，若馬騾等畜至二頭匹以上，銀貨坐贓至滿貫者，俱問罪，不分初犯再犯，枷號一月發落。若三犯以上不拘贓數多寡，與知强盗後，而分贓至滿貫者，俱免枷號，發邊衛充軍。凡詐冒内官，恐嚇官司，誆騙財物者，除真犯死罪外，其餘枷號一月，發邊衛充軍，所在官司阿諛故縱，不行擒拿者，各治以罪。凡假充大臣家人名目，豪横鄉村，生事害民，强占田土房屋，招集流移住種者，許所在官司拏問，發邊衛充軍。若隱瞞不舉者，各治以罪。凡真犯死罪免死，併叛逆家屬子孫，及例該永遠充軍者，止在本房勾補，盡絶即與分豁，其餘雜犯死罪，并徒流等罪，照例充軍，及口外爲民者，俱止終本身。凡官吏問發充軍及口外爲民者，免其運炭、納米等項，併律該决杖，就拘當房家小起發隨住，其餘人口存留原籍，辦納糧差。若發邊衛充軍者，原係邊衛發極邊，原係極邊常川守哨發口外爲民者，原係口外併邊境民人發到處極邊。凡問發直隸隆慶、保安二州爲民人犯，但有在逃及違限不赴配所者，俱行提問罪，仍改發遼東自在、安樂二州爲民。

《明孝宗實録》弘治十五年四月〔丙辰〕兵部議覆陝西按察司副使王雲鳳所陳邊務，請通行西北各邊將各衛所失機降級官，若年力未衰者，盡發邊操。其間不係首將、失機事情頗輕者，仍令管隊，有功準贖其罪。若有餘功，照例陞賞，如再失誤，一體降級。又各邊旗軍所領馬匹倒死數多，中間或有災疫暴死者，一槩追補，其情可憫。請將邊軍每五人編成一伍，戰則彼此相救，居則互相覺察，若有克減草料、非法騎駄以致馬死者，五人均賠。本軍及該管總小旗，仍問以罪。從之。

《明孝宗實録》弘治十五年九月〔丁酉〕命各處問刑衙門：自明年爲始，徒流並雜犯死罪囚犯，係有力並官吏人等，俱照舊納米折殺贖罪，於各縣預備倉上納。從户部奏請也。

《明孝宗實録》弘治十六年六月〔壬子〕時勳戚之家大興土木，多於民居或隙地取土，長或二三十丈，深或見泉，已而復據附近街巷起土塞坑，致地見形高下，溝渠壅塞。錦衣衛指揮余寘以爲言，因命凡於京城穴

地取土，及街巷起土填坑者，皆罪之。

《明孝宗實録》弘治十六年七月〔己卯〕法司會議吏科給事中徐昂所奉更條例事，謂：主文書筭久在衙門，果有説事過錢、把持官府、飛詭税糧、起滅詞訟及賣放强盗爲從有顯迹者，問擬充軍，官員縱容，果有交通賄賂實跡，方坐罷軟，若止書寫文案，及無遇故縱情弊者，照常發遣。又倉場人役果係無籍之徒，三五成群，搶奪籌斛，欺凌官攢，挾詐財物犯徒以上者，方擬充軍，若止跟官應役、運納收買，別無重情者，照常發遣。又兇徒忿争果係手持兇器傷人，與剜人眼目，折人肢體，乃至剜耳鼻，已成篤廢者，方擬充軍，若原非兇徒，亦無兇器，一時鬥毆，偶爾折傷者，照常發落。問刑衙門不許指以風聞訪察，及有所嫌恨，槩行傳會，以致濫枉。從之。

《明孝宗實録》弘治十六年八月〔戊午〕法司議覆巡撫江西都御史林俊，所言備羅本以復常平事，謂：犯罪爲民充軍者，縱使逃回猶知歛迹，如聽其自贖，則無復忌憚。況於本罪之外，勸令出粟，是又涉於重科。其言窒礙難行。上是之，命充軍爲民逃回者，改發極邊，永遠不宥。所司並四鄰容隱者，皆治以重罪。

《明孝宗實録》弘治十六年十一月〔辛巳〕命有司官科罰修理不係經手及出納明者，止依科歛律論罪。近例有司犯科罰者，問罪畢，送吏部降用，所司或以科歛財物者，概作科罰起送。江西按察司僉事任漢以爲言，法司覆議，故有是命。

《明孝宗實録》弘治十六年十二月〔辛丑〕户科給事中孫禎言：新頒《問刑條例》比之律令過嚴，如律縱放軍人歇役者，一名杖八十，每一名加一等，例則額設軍律之外，多占五名以下者降一級。律私借官馬，或轉借與人，及借之者，各笞五十，驗日追雇賃錢入官，計錢重者坐贓論，加一等。例則私借及轉借與人五匹以下降一級，既曰自五以下，則占役一軍，占乘一馬，皆當從降級例科斷矣！以此繩人，將無所措其手足，請重加校定，俾協於中。法司覆議，謂：條例皆奉有成命，難以改更，其借占人馬數不及五者，請如所奏，仍依律論斷。從之。

《明孝宗實録》弘治十七年正月〔癸未〕申嚴誣告之禁。刑科都給事中于瑨等言：比者會問犯人李道明，止以一人無知，妄捏妖詞，文致百十平人皆罹隱禍，非多官爲之辯明，則誣陷死地者竟皆何辜。由此推之，恐内外誣枉受害者尤多，灾異頻仍，或由於此。本朝律例，凡誣告平人者，坐罪有差。乞敕法司，通行内外問刑衙門，明諭禁約。今後本狀止許直言所告之事，不許牽引平人不干己事，以圖展轉。其各該官司必先叅詳，該論及干己者，速爲理斷，内有旁引律該勿論，及例應立案者，勿與準理，敢有不遵及與施行者，皆治以罪。法司覆奏：請令天下諸司，各以此意刊榜諭衆。從之。

《明孝宗實録》弘治十七年二月〔己未〕吏部尚書馬文昇言：法司每秋後會審重囚，其中坐收藏妖書惑衆，問擬重刑者甚多。傳信妖言多係愚民，與其誅於已犯，不若禁於未然。乞勅都察院出榜，下各巡撫、巡按官，翻刊諭衆，但有收藏讖緯妖書者，許半月内首官，其書即許燒燬。官司有私録者，厥罪惟均。仍命地方人等，訪有以妖術、妖言惑衆者，即捕送於官。都察院覆奏，從之。

《明孝宗實録》弘治十七年閏四月〔辛巳〕命南京罪囚應枷號者，至暑月照例暫免枷號。强佔屯田至五十畝以上者，依新例，軍改發邊衛，民遷發口外爲民。其侵種不及數者，照常律。從給事中楊褫奏也。

《明孝宗實録》弘治十七年五月〔辛卯〕刑部奏上革弊弭災事宜：一、京城勢家，或邀奪解户而兜攬錢糧，或威執小民而追逼私債，或受小投獻地土，或用强平治墳壟，或乘勢侵奪田園，或低價强買物貨，或毆死平人而恣意焚燬，或窩藏盗賊而坐地分贓。至於事發，則又抗拒官司，使受害之人，經年係累。今後有犯此者，令錦衣衛執送所司，從重究治。一、在京法司問擬罪囚，大理寺三審不服者，在外撫巡官問結罪囚有赴京奏訴者，俱改調別問，係是舊例。而近歲法官多拘成案，有明訴巡按枉問，而巡撫官仍委有司，有明訴按察司枉問，而巡按官仍委該道，其巡撫、巡按問結罪囚，南京法司亦多置之不問。請令内外法官，凡罪囚所訴果有冤枉，即與辯理。一、在外衙門，重囚俱送巡按御史會審，由都布二司並府州縣衛所送者申刑部，由巡按及按察司送者申都察院，各轉詳大理寺審擬，亦係定例。而近歲外官每遇重囚，止申巡按御史，更不會審轉詳，以致輕重任情，淹禁無度。請通行天下，凡巡按御史會審重囚，俱照例申詳待報，有枉濫及可矜疑者，即與辯理。一、近歲京城奸民包攬錢

糧，勒取貨財，代爲關節，而各倉監局廠庫内外管事並勢要之人，交通受納，事發止坐攬頭，而得財之人略不窮究。請令緝事衙門，今後緝獲攬頭，須追究得財之人，並送法司明正其罪。議入，俱從之。

《明孝宗實録》弘治十七年五月〔己酉〕大理寺條上弭災革弊事宜：一、每歲暑月，矜疑重囚，止從原問衙門録奏，情或有偏。今後請令刑部、都察院會本寺公同具奏。一、在外官司問刑，有笞杖輕罪加杻鐐，有重刑用大枷號令，因而致死者。今後有犯者，請參問如律，至死者，依酷刑例爲民。一、在外官司，因公挾私淹禁平人，及應遣罪囚有至死者，往往旋補獄詞以爲患病。今後有犯，請亦照酷刑問斷。一、充軍人犯，或中途而返，或到衛即還，皆以賄脱，及事覺止坐本軍，而受賄之人不問。今後請照例問斷外，仍查原解批文，及該衛所糧賞，追究賣放及盜支之人，從重參問。一、土人奏訴詞訟，問擬越關送審，本寺每事具題，近於煩瑣。今後請照軍職徒杖罪名，先行回報發落，候半月類奏。一、誣告平人至徒流罪，因而致死隨行親屬一人者，絞。其致死被誣之人，律所未載。近日刑官槩以誣輕爲重，及所誣之人在外病死者，俱問絞罪，殊非適中。今後請令誣告平人因考禁而死者，依本律，其餘止照常刑例。一、舊例王府文職希圖改調故意犯贓者，調邊遠叙用，蓋指令人誣告，或科斂不入己者。而近來凡受贓者，法官皆擬調用，似非立法初意。今後請犯入己贓者，並依律罷職。一、子於繼母有三年之喪，女於嫁母有期年之服，同居繼父有齊衰之制。而近來婦人再嫁，以前夫之女與後夫之子成婚，人倫風化由此以乖，自今有犯此者，請依娶同母異父姊妹律斷罪。一、操備舍餘、勇士、力士人等，有犯笞杖罪名，俱令贖鈔，中間有無力者，監繫累月，不得歸結，其該操在逃及在衛旗舍人等，犯罪無力者，皆許的决。今後前項贖鈔之人，審係無力，請並從此例。奏下刑部、都察院會議，皆以爲可行。從之。

《明孝宗實録》弘治十七年五月〔丁巳〕户部覆議提督糧儲户部右侍郎陳清所言革弊事宜：一、十九馬房倉及在外御馬倉新添内臣數多，草一萬束取納户銀百五十兩，甚者二百兩，豆一千石，亦然又多報馬數以圖侵漁，所支草料又不盡用，所以馬多瘦死，宜命御馬監太監同料道官稽其實數，每月主事同内官放支草料。一、京通倉尚書太監等官隨從軍斗俱有欽定之數，近來各縱私意，每員少者不下百名辦納月錢，宜令巡倉監察御史撥給如舊，違者奏聞治罪。一、通州倉近添海巡斗子三十餘名，運糧到倉，百計擾害，宜令革罷。上曰：清所言弊政，爾等出榜禁約，犯者重罪之。今後提督巡視倉場官員，指實糾舉，狥情容隱者，連坐不貸。

《明孝宗實録》弘治十七年五月〔丁巳〕申嚴勳戚家人倚勢擾民之禁。先是，刑科給事中楊褫言：方今之弊所最急而宜先革者，莫如貴戚家人之害人，或毆死平人，或霸佔田土，或截橋梁、阻舟楫，以取人財，或攬稅糧，列邸店，以罔市利，往來河道，需求百端，出入官司，紊亂政體，少不如意，凌虐隨之。計其所得，歸家長者十不一二，充私橐者十常八九。至於軍民怨讟，有司論列，則必歸之家長，然則爲勳戚者亦何利於此輩哉！請勑法司重爲禁約。凡皇親家人所招無籍之人有犯者，依詐冒投充例論罪，法司遂通檢舊條，請今後生事害人者，除真犯死罪外，徒以上於所犯地方枷一月，發邊衛充軍。情重並逃回再犯者，枷三月，發遣家人名數，該府立案以憑稽考，家長知而故縱，或回護占恡，及官司畏避不舉覺者，通行參奏，仍榜於通衢以示。上從之，故有是命。且令犯者悉依擬重治之。

《明孝宗實録》弘治十七年十月〔庚午〕巡撫蘇松等處都御史魏紳奏：在外有司，凡問故殺、鬭殺，其助殺之人俱擬爲從，坐以流罪。又竊盜臨時拒捕不得財者，止作犯罪拒捕科斷，其拒捕不係臨時者，或及坐斬罪，皆與律意不合。乞通行天下問刑衙門，凡故殺、助殺之人，若知故殺之情者，宜引謀殺人從而加功律，坐以絞。鬭殺、助殺之人，若同謀者，引用同謀共毆傷人律，罪止杖一百。若初不知故殺之情，本無同謀之意，而偶助之者，俱止問不應杖罪。竊盜拒捕在臨時，不問得財與否，皆坐以斬。若棄財逃去，事主追捕因而拒之者，則止依罪人拒捕科斷。蓋竊盜臨時拒捕情類乎強，故附於強盜律内。律意重在臨時二字，初不論其財之得否也。於是，刑部會都察院、大理寺覆議謂：律稱謀者，率二人以上，故謀殺人，有造意、從而加功、不加功之分，同謀共毆人，有下手、原謀、餘人之别，若乃故殺、鬭殺止由一人一時忿怒所發，故不言首從。其竊盜拒捕，自有臨時及追逐之異，律意皆已明備。但在外有司奉行未至，宜令各處問刑衙門，今後凡故殺、鬭殺，正犯坐擬斬絞，其有同行之

人，本非同謀而但不勸阻者，止問不應杖罪。竊盜若臨時拒捕，雖不得財，亦坐以斬。庶律意不違，而刑罰得中。從之。

（明）陳洪謨《治世餘聞》上篇卷四《問刑條例》成於弘治庚申。先是有詔，謂：近例太多，人難遵守，三法司查議停當刊布。於是尚書白昂，侍郎屠勛、何鑒，都御史閔圭、侶鐘，大理卿王軾等，會委御史王鼎，王恩，郎中楊茂仁等，查出會議，開例以上。再命會同吏部等衙門覆議。皆已停當，白刑書又題請刊行，永爲遵守。未幾，白去位，閔代之。議者紛紛，給事中孫禎、葛嵩、徐昂等則謂私役軍伴，立嗣擇立賢能及所親愛、典當田地已勾本利交還原主等項是起争端，而王府又奏郡王、將軍妾媵定數及冒支官糧之類，皆非所以待宗室，將示與庶民無異，要行革去。奏下，多以爲宜改。而致仕閣老尹直復貽書當道，以爲前日諸臣刑名欠精，率多窒礙，徒爲誨淫長奸之地。時諸司議亦不同。予同年沈員外文華時管章奏，爲閔所重。予謂沈曰：今若改一條，其餘皆不可存矣。豈永爲遵守之意哉？衆以爲然。乃質諸閔公，遂覆奏云：前例數條，委皆停當，但近年奉法者率多拘泥牽合，以致有言。乃申明數語，稍加增潤上請，遂得俞允。其覆宗支繁衍，與國初不同。與其犯之而後治以法，非惟無益於事，而傷恩亦多矣。固欲先事豫防，其保全敦睦，皆深意所存，是古先宮中府中一體之義，尤爲親切。群議乃寢。

《明史》卷九五《刑法志》 東廠之設，始於成祖。錦衣衛之獄，太祖嘗用之，後已禁止，其復用亦自永樂時。廠與衛相倚，故言者並稱廠衛。初，成祖起北平，刺探宮中事，多以建文帝左右爲耳目。故即位後專倚宦官，立東廠於東安門北，令嬖暱者提督之，緝訪謀逆妖言大姦惡等，與錦衣衛均權勢，蓋遷都後事也。然衛指揮紀綱、門達等大幸，更迭用事，廠權不能如。至憲宗時，尚銘領東廠，又别設西廠刺事，以汪直督之，所領緹騎倍東廠。自京師及天下，旁午偵事，雖王府不免。直中廢復用，先後凡六年，冤死者相屬，勢遠出衛上。會直數出邊監軍，大學士萬安乃言：太宗建北京，命錦衣官校緝訪，猶恐外官徇情，故設東廠，令內臣提督，行五六十年，事有定規。往者妖狐夜出，人心驚惶，感勞聖慮，添設西廠，特命直督緝，用戒不虞，所以權一時之宜，慰安人心也。向所紛擾，臣不贅言。今直鎮大同，京城衆口一辭，皆以革去西廠爲便。伏望聖恩特旨革罷，官校悉回原衛，宗社幸甚。帝從之。尚銘專用事，未幾亦黜。弘治元年，員外郎張倫請廢東廠。不報。然孝宗仁厚，廠衛無敢横，司廠者羅祥、楊鵬奉職而已。

《明史》卷九五《刑法志》 正德元年，殺東廠太監王岳，命丘聚代之，又設西廠以命谷大用，皆劉瑾黨也。兩廠争用事，遣邏卒刺事四方。南康吴登顯等戲競渡龍舟，身死家籍。遠州僻壤，見鮮衣怒馬作京師語者，轉相避匿。有司聞風，密行賄賂。於是無賴子乘機爲姦，天下皆重足立。而衛使石文義亦瑾私人，廠衛之勢合矣。瑾又改惜薪司外薪廠爲辦事廠，榮府舊倉地爲內辦事廠，自領之。京師謂之內行廠，雖東西廠皆在伺察中，加酷烈焉。且創例，罪無輕重皆決杖，永遠戍邊，或枷項發遣。枷重至百五十斤，不數日輒死。尚寶卿顧璿，副使姚祥，工部郎張瑋，御史王時中輩並不免，瀕死而後謫戍。御史柴文顯、汪澄以微罪至凌遲。官吏軍民非法死者數千。瑾誅，西廠、內行廠俱革，獨東廠如故。張鋭領之，與衛使錢寧並以緝事恣羅織。廠衛之稱由此著也。

（明）孫世芳《宣府鎮志》卷一九《法令考·明》〔正德元年〕禁勢要侵占官民財產。凡鹽糧接濟邊餉，國用所急，近年以來各邊開中鹽引及糴買糧草，多被內外勢要官員之家一意罔利求討占窩，領價上納，因而作弊多端，虧損軍餉。今後巡撫管糧等官狥情受囑，仍踵舊弊者，許巡按御史指實糾舉。凡內外連年災傷去處，軍民甚是艱窘，近來有等無藉之徒將軍民祖業徵糧地土捏作抛荒無主及水渰沙壓不堪耕種等項名目，朦朧投獻，勢要之家聽信，奏討占奪，以致貧苦失業。自今限一月以內退還改正，如違，許被害之人赴官陳告，從公斷理。若係用價典買，契書明白者，不在此例。

《明武宗實録》正德三年六月〔壬辰〕大學士李東陽等奏：皇上比來勵精圖治，威令大行，中外臣民罔不悚懼。但霜雪之後，必有陽春，雷電之餘，必有甘雨，此固上天之道，君人所當法者。臣姑舉一二，上塵睿覽。如逃軍及拐馬人犯謫令戍邊，而馬主鄰佑火甲發戍近衛，雖亦懲姦至意，然罪有差等，請量情擬之，或責限令其自首。如各衙門有犯，通查歷年經該僉書職名追究懲治，雖亦除姦至意，但以一時之失而窮一二十年之遠，以一事之差而累數十人之衆，非惟人才難得，抑且情有可矜。請於侵

盗錢糧並受財人命重情不宥外，其犯公錯者罪坐本犯，經手者止坐該年，遷官去任者，依律發落。如各處查盤糧草虧折浥爛者，罪逮巡撫，甚至加倍追償，雖亦慎重錢穀至意，然職有大小，責有專否，陪補虧折，律有明條，管糧管屯等官固難辭責，若巡撫之職督理欠嚴，別無侵盗情節，請從輕罷黜。如各處見差官校真僞莫分，問有假名撓法，罪逮各官，雖亦杜絶時弊至意，但遠邇驚疑，請於輕犯責令撫按問擬，前項官校罷其差出。真者不差，則僞者無由而入。疏入，上嘉其深爲國計，切於輔治，然以見逃官軍並虧折糧草皆重事，猶令該部斟酌以聞。

《明武宗實録》正德五年正月〔乙亥〕兵部以例奏，軍職有以不孝革爲民及永遠充軍者，不得承襲，其以行止有虧爲民並失機充軍者，子孫乃仍襲焉。但邇來軍職坐事降級者，子孫止襲見降品職，而爲民充軍者，顧襲祖職如故，輕重失倫。請自今宜議所襲爲民者，子孫於原衛降祖職二級。充軍者，子孫於謫所降三級，誥勅俱免追奪，若降至旗役與永遠充爲民者，一體追奪。從之。

《明武宗實録》正德五年三月〔丙寅〕詔今後僞造印信者，除本犯外，爲人雕刻者，全家發邊衛永遠充軍，財産沒官，著爲令。

《明武宗實録》正德五年八月〔己酉〕詔官員犯罪充軍應放免者，不分永遠字樣，悉皆放釋。已放釋者，免赴伍，其爲民不犯贓者，仍冠帶閑住。內遷發爲民者，仍查原犯事情以聞，從都察院奏請，改正瑾之弊法也。

（明）孫世芳《宣府鎮志》卷一九《法令考·明》〔正德五年〕免官商賠補邊餉。凡邊方錢糧、馬疋、課税、物料、屯糧、秋草，歷年拖欠，應該追徵帶徵者，悉皆停免。待豐收年歲，每季帶徵一分。文武官吏倉攬人等除侵盗外，查出浥爛虧折，監追賠補者，並皆寬免。凡各邊商人先年報中糧草已納在官，未給鹽銀者，照數給與，見監未結者，悉皆釋免，並免追賠，仍照舊例報中上納，官糴糧米盡行停止。凡河南、山東、山西、北直隸應該觧納宣府一應錢糧，先因價銀不敷，各於本布政司并各府州縣借過修河香錢寄庫銀兩，未還官者，悉與蠲免，並不許追納。

《明武宗實録》正德六年三月〔己巳〕初兵部奏：盗久不平，緣賞罰太輕，人無激勵，乃請會法司詳議條格，榜諭有賊地方曰：凡府州縣衛所爲賊所破，殺掠焚燬數多者，掌印及職專守備捕盗者，皆斬。雖無城池，罪亦如之。府衛掌印分管及兵備官每一起降一級，分守、分巡官及三司掌印官遞降，其甚者各謫戍，士卒臨陣不用命者，斬。鎮巡參將等官，許以軍法從事。所轄地方盗發，匿不以報者，罷職。因而失事重者，亦斬。兵備、守備、守巡等官聞賊退縮，貽患地方，及鎮守巡撫官不能弭盗、巡按御史不能督捕糾舉者，俱黜之。凡有爲賊鄉道，以復私仇及爲賊耳目令得奔逸者，斬，仍罪及其孥。凡就陣擒斬有名劇賊一人者，如邊方例陞一級，世襲。擒斬從賊三人及陣亡者，亦如之。若非對敵緝捕三人及三人以下者，只如舊例陞賞。其有捕斬功應陞級而不欲者，每劇賊一人賞銀三十兩，從賊一人半之，緝捕一人減三之二。若盗賊能自相擒斬者，得貰其罪，仍如例一體給賞。脅從自首者，亦貰其罪，毋令捕盗者追詰之。守巡以下官有督捕保障顯績者，鎮巡等官舉奏擢用。制可。

《明武宗實録》正德七年十月〔壬戌〕太監蔣貴傳旨：直隸、山東、河南、江西、四川等處，頃年盗起，殘害地方，皆因賊首數人糾合，徒衆中間多是良民，畏避糧差，被其脅從，朝廷命將出兵，又再三降旨榜諭，許其解散自首，俱宥其死，仍令有司存恤。今各路官軍，將賊首藍五、鄢老人、趙風子、陳翰、李茂、賈勉兒等俱生擒，凌遲。汪澄二、胡雪二、劉三、楊虎、邢老虎、劉六等俱剿殺。劉七、齊彦名剉屍，梟首示衆。其窩藏交通之人如王欽、王五等，俱凌遲處斬。已勅各處鎮巡三司官，曉諭軍民：爲惡者，自取其死。爲善者，得保身家。猶恐府州縣衛所官不能用心撫恤，領軍官失事懼罪，殺降報功，使人心驚疑不安。又令兵部嚴行各官解散投首者，令依前旨免其糧差三年。田地被侵者追還原主，無牛具種子者，措置給之。失事官量情輕減，不許妄殺，務使人人爲善，同享太平，朝廷屈法伸恩如此。其四川殘賊廖麻子一黨昏迷不省，已別遣將督兵勦殺，除廖麻子不赦，其餘鮮散自歸，一體寬恤，惟既散之後，不改前非，仍復爲盗者，所在擒執，重治不宥。中外有司通行、榜諭知之。

《明武宗實録》正德八年正月〔癸酉〕命都察院右副御史俞諫提督江西軍務。初都御史陳金、副總兵張勇討姚源之亂，狼兵受賂縱賊，乃主招撫，賊王浩八僞聽復叛。下廷臣議，乃以諫代金，自鎮巡三司及福建、

浙江三司守巡、守備等官，悉聽節制，臨陣不用命者，都指揮以下府州縣領兵官俱以軍法從事。擒斬首惡並撫散者，陞賞如近例，脅從自首者釋之，復三年。通賊者死，家徙邊。仍以浙江都司指揮李隆充參將，守衢州及福建徽池諸要害。選京軍二千人，暨鎮守徐邳、總兵官李鋐所部邊軍，待報往剿。

（清）查繼佐《罪惟録》志卷二一《刑法志》 正德元年，凡三法司讞獄，必司禮監一人主之，破祖制，後遂沿習爲例，吏部尚書始有坐罪死戍者。

六年，州縣管經賊破城者，比邊將例死。

按：太監劉瑾與天順朝石彪，皆非叛律，緣吏部尚書張彩以瑾黨詞引東陽，太監張永改瑾謀反律，並誅彩等，杜交口。上南巡，以國姓故，禁宰豬，犯者戍。【略】十一年，荊州知府孫存集《大明律讀法書》，刊行。

《明武宗實録》正德十五年九月（辛未）申嚴捕盗之禁。先是東城民爲盗所劫，錦衣衛及給事中等官劾巡捕等官罪。兵部覆奏：近例，三月不獲始奪俸，罰太輕，請自今五城並錦衣衛團營捕盗官，盗起限外不獲者，如千户姚安例各奪俸兩月，把總巡捕官一月，總甲校卒俱逮治。若一月内賊三四發者，參奏逮問。又夜禁不嚴，窩主不治，盗終難息，宜申明舊例。犯夜禁者，執送法司問罪。職官奏請所獲之盗，若無名籍，則追治窩主，罪至充軍。詔如擬行之。

《明世宗寶訓》卷四《釐弊政》（正德十六年七月）己巳，兵部覆御史張仲賢陳守衛宿弊疏，請嚴革皇城各門守門忝設内官内使，其額内應留者嚴示禁約，勿令科害衛士。有不如令及覬復用者，逮治之。上命禁約如成化十八年例，仍飭守門官及衛官，有犯者論以重罪。

《明世宗實録》正德十六年十二月（乙未）兵部覆巡撫延綏都御史姚鏌條陳邊務奏：一、嚴禁例以除宿獘。言：今後各鎮守太監、總參等官，有犯役占科歛等事者，太監取回，宜炤文職犯贓事例，不許推用。將官革任降級，重者拿問，其奏帶撥置之人，發極邊衛分充軍。一、聯邊堡以壯聲勢。請將新安邊營分守參將並千户所查帶原該兵馬仍於舊安邊營駐劄，於十字澗築城，將把都、永清二堡官軍移調操守，於甎井築城，將石澇、新興二堡官軍移調操守，於花馬池、鹽場堡城，亦量增築，添設守備官，移調三山、饒陽二堡官軍操守。又營堡旁地膏腴千頃，均給官軍，聽其開種，四五年後乃可徵租。又於鎮城至波羅堡適中之地，增築平夷舊城，撥軍操守，以遏虜冲。一、止濫刑以重人命。言：各將領以所轄官軍，除臨陣退縮，許用軍法外，其餘有犯，止用常刑。其情罪稍重者，行撫按參治。如有酷用非刑致損人命者，聽各該撫按糾舉論罪。一、明軍功以勸武勇。凡各邊官軍斬獲首級，先行兵備官研審的確，開載明白，送巡撫再審奏報。一面行巡按御史炤例覆勘，以候陞賞。若兵備官審報不公，坐以徇私罪名。一、減煩瑣以便節制。請今後軍職有犯，除徒流以上炤舊奏請外，其餘笞杖罪名，乞炤雲貴事例，聽巡撫官炤罪罰治，年終類奏，以備查考。一、利器械以備戰陣。請行四川、廣西、雲貴、福建等處，但有一應器械可以破虜殺賊，如强弩、紙甲、神鎗、藤牌等類，俱炤頒式樣製造，或撥委工匠及善於用使之人赴各邊演習。議上，俱報可。

《明世宗實録》嘉靖元年十二月（甲申）詔嚴夜禁，巡視郎中以時按閲各門籍，該巡衛官如有姦頑規避者，具奏擬罪。

《明世宗實録》嘉靖二年四月 辛卯，吏部尚書喬宇等以奉諭條省陳吏治事宜：一言國家律例所以警戒貪殘甚備，宜申明禁約。自今有司不得巧取紙贖，妄用刑具。一言本部所黜陟惟撫按舉劾是據。今佞諛者取容，持法事獲罪，遂使勸懲不足以服人。自今刺舉不當者，宜並罪之。一言外官才力不及，例止更調，法太輕，宜皆降叙，與京官等。一言及任之法，今勢不得行，宜師其意。自方面以下遷轉，必於本省或隣省，可以損送故迎新之費，銷簿書緣絶之姦。一言今御史條格甚密，而姦吏舞文愈深，甚有詐造文移參撥起送者。宜令都察院以編印劄付下之御史，每撥吏則人給一紙，疏其實歷於姓名之後，執以爲告身。疏奏。上令諸司督所屬從實舉行。

（清）查繼佐《罪惟録》紀卷一二《世宗紀》 重舉主連坐法，申訟牒株連之禁。

《明史》卷九五《刑法志》 嘉靖二年，東廠芮景賢任千户陶淳，多所誣陷。給事中劉最執奏，謫判廣德州。御史黃德用使乘傳往。會有顔如環者同行，以黄袱裹裝。景賢即奏，逮下獄，最等編成有差。給事中劉濟

言：最罪不至戍。且緝執於宦寺之門，鍛煉於武夫之手，裁決於內降之旨，何以示天下。不報。是時，盡罷天下鎮守太監，而大臣狃故事，謂東廠祖宗所設，不可廢，不知非太祖制也。然世宗馭中官嚴，不敢恣，廠權不及衛使陸炳遠矣。

（清）查繼佐《罪惟録》紀卷一二《世宗紀》〔嘉靖五年十一月〕焚匿名帖二，敕所司嚴禁。

（明）卜世昌等《明通紀述遺》丁亥嘉靖六年正月　初，南京御馬監太監牛宣以需索解户鋪墊銀被劾，宣訴稱舊規。於是南刑部言：鋪墊之名，乃正德以來積弊，非舊規也。今若聽宣妄引爲解，則自今內而郡縣有如昔之科斂貧民，外而邊帥有如昔之扣除糧料，詰之則皆曰此舊規也，並從分豁，可乎？夫東南者府藏也，百姓者元氣也，宣等盜府藏而損元氣者也。幸陛下察之。疏下法司。

（明）孫世芳《宣府鎮志》卷一九《法令考·明》〔嘉靖〕六年禁上官法外擾民。凡撫按等官遇屬官不職事發，先拘緊關干證人犯從公審勘，供招明白，然後指實參拿，如事涉風聞，未得詳實者，毋輒參奏。其所屬官亦不許擅行奏辯。近年上司喜事官員多要舉行丈地均糧之法，但所屬官員不能沿坵履畝，逐一查勘丈量，其勢必委之里書，姦人賄賂交通，遂致那移等則，增減分數，作弊多端。且軍民册籍已定，一旦紛更變亂，田未及清而人被其擾。官司終年造册，小民日費供應。該部通行撫按衙門轉行各司府州縣衛所官，悉照册籍應當糧差，查出姦弊，即爲究治改正，不許一槩丈量改科，自立新法，生事擾民。近年上司官員多以訪察拿人發處，所屬官員問罪，既無原告又無指證，逼令犯人自行想像供招，中間固有得實者，而被誣者亦多。甚至有枉問死罪充軍者，姦人乘機報復私讎，刁徒緣此肆行誆詐，承委官員奉承意向，明知虧枉，不敢辯理。今後撫按及二司官員問理詞訟，止據告發提問，若採訪有土豪大户害衆成家，欺隱田糧，暴横鄉人，實跡顯著者，方可拿問，毋得輕信傳聞之言，不論虚實輕重，一槩訪拿。其近年訪拿問過犯人已發落者，除輕罪外，事干死罪及充軍不係告發，事無證佐者，許其訴告，即與辯理，勿得拘泥成案。見提見問未結者，即便釋放。

（明）孫世芳《宣府鎮志》卷一九《法令考·明》〔嘉靖六年〕詔糾官邪。各處鎮巡以下官員不能持廉秉公，或剥削軍士，或侵害小民，或占奪莊田，或擅作威福，或把持民利，或濫受民詞，或交通關節，或鑽投倖門，以致政體紊亂，人怨天怒。文官着吏部、都察院，武官着兵部嚴加查訪，責治罷黜。果有害人實跡，聽科道官糾奏。今日之弊，患在賄賂公行，請託無忌，以致職戎伍者，剥削軍士，司民社者，剥削編民，上下交征，貪饕無厭，閭閻之下，十室九空。宜著都察院得行各處鎮巡及文武職官，各宜守分，若有仍前夤緣納賄者，在內從科道官，在外從巡按御史及按察司糾劾。凡司府州衛衙門或因公務，往往差人下屬催儹未完行提人犯，所在官司痛被擾害，今後撫按官務要嚴加禁約，違者從重治罪。若司府州衛官員有縱容等情，一併指名參奏。

（明）孫世芳《宣府鎮志》卷一九《法令考·明》〔嘉靖六年〕詔革邊方弊政。凡臨邊城堡居民先年被賊虜去，一時得脱，到邊來降者，守邊將官及守邊官軍不該誘殺報功，以冒陞賞，違者撫按官查究重治。凡各鎮奇遊兵調用防守，經年不得返回，比之正兵，尤爲勞苦，宜着鎮巡官議處，奇遊兵遇警照舊征守，無警掣回原衛，或與正兵輪派撥用，以均勞逸。凡各邊軍職有因繳册遲悮，限期催徵，不逮原額，馬疋不及分數，一切住支俸米十乃八九，遠者已逾十餘年，近亦不下五七歲，父母妻子無所顧忌，以致嗟怨之聲上干和氣。兵部便與查議，奏請凡因公事住俸年久者，候命下之日，悉與明支，違者治罪。凡各邊屯種多以管屯官貪污，或侵受入己，或追徵不時，以致累不能完，軍士月糧欠缺數多。著撫按官嚴督管屯僉事巡歷催併，如次年三月不完，各衛所管屯官聽該管僉事參提問罪，五月以後不完，撫按將管屯僉事一體參究。凡各邊雖設有預備倉，多無積蓄，撫按督賞有司照依見行事例設法預穀，以待歲凶，仍倣古人平糴常平之法。

（明）談遷《國榷》世宗嘉靖八年三月　癸亥，定貪酷例。貪官追贜遣戍。酷斃者，雖因公亦削籍。故入論死。

（清）查繼佐《罪惟録》紀卷一二《世宗紀》十一月，嚴殺降之禁。

（明）孫世芳《宣府鎮志》卷一九《法令考·明》〔嘉靖〕九年詔遣官來審罪囚。詔自元年以後，有爲事問發充軍，除原係真犯死罪饒死，及事干謀犯、黨逆、失機強盜、人命併大禮大獄情最重者不赦外，其餘放

回原衛原籍，寧家隨住。除有限□□□□，不及審者，還著在內法司會官，在外法司差官，併錦衣衛官各一人前去各處，會同彼處，經該官員審録罪囚，如果有冤抑經年不得出者，即行開具情節，作速奏報發落，勿得視如故常。

（明）孫世芳《宣府鎮志》卷一九《法令考·明》〔嘉靖〕二十年禁邊臣戕害軍民。各邊軍民男婦或被搶擄，或有罪逃陷入異域，年遠走回的，鎮巡總兵及管軍等官民與收留安撫，加意存恤。若有誣以姦細，妄殺報功者，抵死。各邊守巡、兵備、分守、守備等項官員分駐地方，除本等廩給之外，索要各州縣、衛所、里甲、旗軍供應下程，設置筵宴，低價强買貨物等項，爲費多端，着各該撫按官嚴加禁革，察訪參問。各邊節被災傷軍民困苦，該管官司如有不行撫摩愛護，恣其貪酷取名，違例科罰，非法用刑，破人家産，殘害人命者，撫按官指實奏來，處以重罪。撫按官亦要以身率下，如或坐視不舉，事發連坐。

（清）查繼佐《罪惟録》紀卷一二《世宗紀》嘉靖二十一年七月，首禁掊克，命刊佈中外。

（清）龍文彬《明會要》卷六四《刑·律令》嘉靖二十八年，刑部尚書喻茂堅言：自弘治間定例，垂五十年，乞敕臣等會同三法司，申明《問刑條例》，及嘉靖元年後，欽定事例，永爲遵守。弘治十三年以後，嘉靖元年以前事例，雖奉詔革除，有因事條陳擬議，精當可採者，亦宜詳檢。若官司妄擬條例，故入人罪者，當議黜罰。會茂堅去官，詔尚書顧應祥等定議，增至二百四十九條。三十四年，又因尚書何鼇言，增入九事。

隆慶五年四月，令以律書諸家注解折衷定論，參以續定事例，附條例後，刊佈中外。六年正月，令刑部申飭諸司，參酌律令，可矜可疑，剖析情罪，毋致牽混。

《明史》卷九三《刑法志》弘治六年，太常少卿李東陽言：五刑最輕者笞杖，然杖有分寸，數有多寡。今在外諸司，笞杖之罪往往致死。縱令事覺，不過以因公還職。以極輕之刑，置之不可復生之地，多者數十，甚者數百，積骸滿獄，流血塗地，可爲傷心。律故勘平人者抵命，刑具非法者除名，偶不出此，便謂之公。一以公名，雖多無害。此則情重而律輕者，不可以不議也。請凡考訊輕罪即時致死，累二十或三十人以上，本律外，仍議行降調，或病死不實者，並治其醫。乃下所司議處。嘉靖十五年，時有以手足毆人傷重，延至辜限外死者，部擬鬥毆殺人論絞。大理寺執嘉靖四年例，謂當以毆傷論笞。部臣言：律定辜限，而《問刑條例》又謂鬥毆殺人，情實事實者，雖延至限外，仍擬死罪，奏請定奪。臣部擬上，每奉宸斷多發充軍，蓋雖不執前科，亦僅末減之耳。毆傷情實至限外死，即以笞斷，是乃僥幸兇人也。且如以兇器傷人，雖平復，例亦充軍，豈有實毆人致死，偶死限外，遂不當一兇器傷人之罪乎？矧四年例已報罷，請諭中外仍如《條例》便。詔如部議。自後有犯辜限外人命者，俱遵律例議擬，奏請定奪。

（清）龍文彬《明會要》卷三二《職官·刑部尚書侍郎》嘉靖中，喻茂堅長刑部，上言：自弘治間定例，垂五十年，乞會同三法司，申明《問刑條例》，及嘉靖元年以後欽定事例，永爲遵守。其弘治十三年以後，嘉靖元年以前，奉詔革除事例，有因事例條陳擬議，精當可採者，亦宜詳檢。若官司妄引條例，故入人罪者，當議黜罰。會茂堅去官，尚書顧應祥等定議，增至二百四十九條。《刑法志》。

鄭曉爲刑部尚書。故事：在京軍民訟，俱投牒通政司，送法司問勘。諸司有應鞫者，亦參送法司，無自決遣者，後諸司不復遵守，獄訟紛拏。曉奏循故事。帝報許。於是刑部間捕囚畿府。而巡按御史鄭存仁謂：訟當自下而上。檄州縣：法司有追取，無輒發。曉聞，牽侍郎赴大祐、傅頤守故事爭。存仁亦據律執奏。章俱下都察院，會刑科平議。議未上，嚴嵩激帝怒，落曉職。《鄭曉傳》。

《明穆宗寶訓》卷二《慎刑罰》隆慶三年正月己巳，大理寺左少卿王諍言：我朝設刑部以掌刑名，又設大理寺以平審之，本以相濟而非以相病也。今問刑官多不能輸心服善，各務求勝，每每違背律例，獨任意見。或曰難以照常發落，或曰合比某事擬罪，自創一例，略無顧忌。臣請以近事一二證之。一、律文所謂凡奉制書有所施行而違者杖一百，本指制詔而言，今則操軍違限，守備官軍不入直，開場賭博，概用此律。臣嘗駁之，則執稱律例皆制書也。然則《大明律》皆不必用，獨用制書有違一句足矣。臣竊謂其舛也。一、律文犯姦條下所謂買休賣休和娶人妻者，本指用財買求其又使之休賣其妻而因以娶之者言也，故律應離異歸宗、財禮入

官。至若夫婦不合者，律應離異，婦人犯姦者，律從嫁賣，則後夫憑媒用財娶有爲妻者，原非姦情，律所不禁矣。今則概引買休賣休和娶之律，悉令離異，財禮入官。臣嘗駁之，則又執稱買休賣休和娶人妻原不係姦情，然則買休賣休之律何爲載於犯姦條下也？一、律文所謂不應得爲而爲者，笞四十，重者杖八十，蓋爲律文該載不盡者，方用此律也。若所犯明有正條，自當依本條科斷。今人之所犯有手足毆人成傷者應笞三十，以他物成傷者應笞四十，此其罪名之當得者也。今之議罪則曰某除毆人成傷，輕罪不坐外，合依不應得爲而爲之事理重者律，杖八十。夫既除毆人輕罪不坐則無罪可坐矣，而又坐以不應得爲，臣不知其所謂不應得爲者何事也？人命至重，憲典昭然，恐不宜附會偏執如此。

上曰：邇來問刑官不諳律例，至多虧枉，所奏令刑部都察院分議以聞。先是，諍以刑部尚書毛愷屢以議獄不合，故疏中及之，愷不能平，執奏部擬皆是。又謂買休賣休乃本夫賣無罪之妻爲義絶，本婦從嫁賣之命爲失節，買休人娶爲有夫之婦爲苟婚，故彼此俱罪，本婦歸宗也。若犯姦自有正律，不當傳此。京操班軍違限乃題準事例，非制書有違，而何事變無窮，律文有限，則有不應得爲而爲之。律，蓋成法也，事有情重律輕者，則難以照常發落，罪有律無正條者則比附律條奏請，亦成法也。而曰自創一例，略無顧忌，何耶？於是議久不決。都察院左都御史王廷，刑科左給事中陳行健等皆以諍議爲是。

上乃令更議買休賣休律，而戒愷等，今後問擬評駁，務虛心詳審，以副朝廷欽恤之意。已而左都御史王廷覆言，買休賣休律分列犯姦條下，上承縱容抑勒通姦之條，下接用計逼勒休棄之罪，會意明屬姦情。但律文止曰本夫本婦及買休人，原無姦字，故部寺各執所見，大抵該部則謂夫婦大倫，不可輒賣，當一切裁之以法。該寺則以律用正條罪難概擬，欲將圖財嫁賣者問以不應，量追財禮入官。其貧病嫁賣及後夫用財買娶别無比情者，不坐。於情雖便，頗屬紛更，惟上加裁定。得旨：買休賣休本屬姦條，今後有犯，非係有姦情者不得引用。

《明史》卷九三《刑法志》 隆慶三年，大理少卿王諍言：問刑官每違背律例，獨任意見。如律文所謂凡奉制書，有所施行而違者杖一百，本指制誥而言。今則操軍違限，守備官軍不入直，開場賭博，概用此例。律文犯姦條下，所謂買休、賣休，和娶人妻者，本指用財買求其妻，又使之休賣其妻，而因以娶之者言也。故律應離異歸宗，財禮入官。至若夫婦不合者，律應離異，婦人犯姦者，律從嫁賣，則後夫憑媒用財娶以爲妻者，原非姦情，律所不禁。今則概引買休、賣休、和娶之律矣。所謂不應得爲而爲者，笞四十，重者杖八十，蓋謂律文該載不盡者，方用此律也。若所犯明有正條，自當依本條科斷。今所犯毆人成傷，罪宜笞，而議罪者則曰除毆人成傷，律輕不坐外，合依不應得爲而爲之事理重者律，杖八十。夫既除毆人輕罪不坐，則無罪可坐矣。而又坐以不應得爲，臣誠不知其所謂。刑部尚書毛愷力爭之。廷臣皆是諍議。得旨：買休、賣休，本屬姦條，今後有犯，非係姦情者，不得引用。他如故。

（清）查繼佐《罪惟録》紀卷一三《穆宗紀》 隆慶四年秋七月，刑部尚書葛守禮論用刑故勘、故禁，故入人死，必律抵。上是之。

《明穆宗實録》隆慶五年十月（辛丑） 先是，《問刑條例》有盗決故決河防之〔律〕〔例〕，在河南、山東者俱問發充軍，而南直隸徐、邳一帶罪止徒配。至是，河道都御史潘季馴言：徐、邳每歲河決之由，河流冲射居十之四，而居民盗決居十之六，皆以法輕易犯故也。請著令：自徐、邳上下爲河流所經行處，凡有貪水利，避水患，盗決故決河防者，一如山東、河南例，俱發充軍。仍增入條例中。刑部復，從其議。

《明神宗實録》萬曆十一年六月（甲子） 刑部會同兵部各衙門，查將捕盗例條格五款，京城内外捕盗一款，失囚例一款，參酌時宜，稍加删改。上令入《問刑條例》，刊佈遵行。

《明神宗實録》萬曆十一年六月（乙卯） 刑部覆禮科給事中陳燁疏言：律文内侵盗錢糧者，監守四十貫，斬，常人八十貫，絞。然皆準徒五年，非真犯死罪比也。後因輕易犯，包侵日多，復設條例：監守自盗四十兩，常人盗八十兩者，俱永遠充軍。而沿邊沿海，盗至二百兩以上者，斬首。近應天巡撫胡執禮援例爲請，欲將腹裏錢糧侵至四百兩以上者，照邊海事例處斬。行之數年，斬刈頗慘，上干天和。臣等竊謂充軍下死罪一等，而永遠世世勾補，與死埒矣。宜仍照原定條例，欽遵施行。再照監守自盗一節，罪不專在侵盗之輩，而在司府使、藩司、郡牧，將每年應解錢糧起數，先後編次在册，起程之日，先期報部以憑查催。違限三

月，即逮家屬追問。如此而有侵克者，鮮矣。追贓一節，其弊甚多。贓事發，肆行扳害，枝連蔓引，原贓未補分毫，而侵犯之家肥矣。宜通行嚴禁，不許撥擾。上曰：侵盗腹裏錢糧新例，既非祖宗成法，着停止，照舊例行。以後侵盗事發，務將本犯財産追並盡絶，監至一年以上不完，即將正犯發遣，拘家屬代比，毋容隱漏扳指，累及無辜。各司府掌印官僉尾，起解錢糧，務要的當員役，若聽囑濫差，稽查不審，以致侵盗數多的，撫按官一體參究。

巡視南城御史黄鍾言：錦衣衛與兵馬司各有巡緝之責，原非以兵馬司隸之錦衣衛，而使爲千、百户，爲旗較者，皆得以奔走而奴隸之也。乞亟賜禁革，俾各循職守，毋得相侵，以滋擾害。上曰：錦衣衛嚴督五城兵馬，晝夜巡邏等項事宜，原開載敕内，如何説職守相侵。章下所司。

《明神宗實録》萬曆十三年四月 〔辛亥〕《問刑條例》書成。先是，禮部修《大明會典》，移咨刑部。於是尚書化與吏部尚書魏輯嘉靖三十四年以後詔令及《宗藩條例》、《軍政條例》、《捕盗條格》、《漕運議單》與刑名相關者律爲正文，例爲附注，凡三百八十二條，刊佈中外，問刑衙門，奉書從事。

《明神宗實録》萬曆十四年八月 〔甲子〕除《問刑條例》所載撫按會行查盤之文，復巡按御史專職，從左都御史趙錦之議也。

《明神宗實録》萬曆十五年冬十月 〔丙寅〕都察院左都御史吴時來等申明律例未明未盡條件：一、律稱庶人之家，不許存養奴婢。蓋謂功臣家方給賞奴婢，庶民當自服勤勞，故不得存養，有犯者皆稱雇工人。初未言及縉紳之家也，且雇工人多有不同，擬罪自當有間。至若縉紳之家，固不得上比功臣，亦不可下同黎庶，存養家人，勢所不免。合令法司酌議，無論官民之家，有立券用值工作有年限者，皆以雇工人論。有受值微少，工作止計月日者，仍以凡人論。若財買十五以下，恩養已久，十六以上，配有室家者，照例同子孫論。或恩養未久，不曾配合者，在庶人之家，仍以雇工人論，在縉紳之家，比照奴婢律論。一、律稱僞造諸衙門印信者斬，惟銅鐵私鑄者是已，故斬。若削木、磨石、團泥、鎔蠟等項，描畫印文，用力雕刻，其篆文雖印其形，質非印也，不可以謂之僞造。故例又起描摸充軍之條，以後僞造印信人犯，必須獲有銅鐵印信，方坐以斬，其木石泥蠟，如刑文雖全，覆試雖同者，止引描摸之例，如慮不置重典，則僞不止，合無描摸者引例問發，若再犯擬斬。其行使止一次而贓不滿徒者，準竊盗論。如再犯，引例，三犯，引律，如此，則姦僞懲而用刑適中矣。一、律稱竊盗三犯者絞。以曾經刺字爲坐，但贓有多寡，即擬有輕重。《問刑條例》内載，英宗皇帝聖旨，今後竊盗初犯、再犯，赦後又犯的，準三犯論，還將所犯赦前赦後開奏明白定奪，以後凡遇竊盗三犯俱在赦前俱在赦後者，依律論絞。或赦前一次，赦後二次，或赦前二次，赦後一次者，皆得酌情擬斷，奏請定奪。審録官附入矜疑辯問疏内，並與改遣。一、强盗明火執杖，肆行劫殺，創首者在前，接踵者在後，按贓擬辟，決不待時。但就擒論罪之時，有人贓並獲者，有獲後得贓，有贓費無存者，其中豈無羅織讐扳，妄拿抵罪者乎？以後務加意參詳，贓跡未確續緝報扳名姓未真者，不得遽戮，仍行問刑衙門，或贓證未明，遽難懸斷者，俱問擬秋後斬罪。一、律稱同謀共毆人以致命傷重，下手者論絞，原謀餘人各得其罪，其有兩三人共毆一人，各成重傷，難定下手及係造謀主令之人，遇有在監禁斃者，即以論抵。今恤刑官矜疑題奏内，有發配發落之後，在家病故，且在數年之後，即云某人之死，亦可抵某人之命，將見監下手之人，擬從矜宥，是以病亡之軀而抵毆死之命，殊屬縱濫。以後毋得一槩準抵，將見監者幸免，庶生與死兩無憾也。一、在京惡逆與强盗實犯，雖遇停刑之年，亦不時處決，乃兇惡至於殺父，即時凌遲，猶有餘減。而在外此類及得遷延歲月，是謂失刑。臣看福建有揭羅生兄弟謀殺其父，殺後將首領皮肉綫縫，塗以七人，不覺心寒毛竦，發道送寺，擬可單奏，迨查之故事，當待類奏，無單奏例。夫單奏，急詞也。類奏，緩詞也。如此獄在外數年，方轉詳到院，道寺徘徊，輒復年餘，使其在獄尚可正典刑，如或瘐死，將何以快神人之憤哉。合無今後在外，凡有此者，御史單詳到院，院寺單奏，決單一到，御史在處，或分巡住劄處，即時處決，其死者下府、州、縣，戮其屍，庶典刑以正而可以懼天下之賊子矣。得旨：律例未盡條件，還會同部寺酌議來看。

（明）談遷《國榷》神宗萬曆十六年正月 庚戌，刑部尚書李世達、左都御史吴時來、大理寺卿孫鑨，申明律例未盡者六事：一、奴婢。凡官民家倩人限年者，從傭工論。其買配年久，同子孫論。買暫未配，士庶

家以僱工論。縉紳家以奴婢論。一、竊盜三犯。或赦前一赦後二，或赦前二赦後一，俱入矜疑。一、强盜。一、殺人。一、子孫殺祖父母、父母者，單具即决。斃獄亦僇其屍。一、僞印者斬。不論何物成造。上允行。

《明史》卷九三《刑法志》 萬曆中，左都御史吴時來申明律例六條：

一、律稱庶人之家不許存養奴婢。蓋謂功臣家方給賞奴婢，庶民當自服勤勞，故不得存養。有犯者皆稱僱工人，初未言及縉紳之家也。縉紳之家，存養奴婢，勢所不免。合令法司酌議，無論官民之家，立券用值，工作有年限者，以僱工人論。受值微少、工作計日月者，以凡人論。若財買十五以下，恩養日久，十六以上，配有室家者，視同子孫論。或恩養未久，不曾配合者，庶人之家，仍以僱工人論；縉紳之家，視奴婢律論。

一、律稱僞造諸衙門印信者斬。惟銅鐵私鑄者，故斬。若篆文雖印，形質非印者，不可謂之僞造，故例又立描摸充軍之條。以後僞造印信人犯，如係木石、泥蠟之類，止引描摸之例，若再犯擬斬。僞造行使止一次，而贓不滿徒者，亦準竊盜論。如再犯引例，三犯引律。

一、律稱竊盜三犯者絞，以曾經刺字爲坐。但贓有多寡，即擬有輕重。以後凡遇竊盜，三犯俱在赦前，俱在赦後者，依律論絞。或赦前後所犯並計三次者，皆得奏請定奪。録官附入矜疑辨問疏内，並與改遣。

一、强盜肆行刼殺，按贓擬辟，决不待時。但其中豈無羅織讎扳，妄收抵罪者？以後務加參詳。或贓證未明，遽難懸斷者，俱擬秋後斬。

一、律稱同謀共毆人，以致命傷重，下手者論絞，原謀餘人各得其罪。其有兩三人共毆一人，各成重傷，難定下手及係造謀主令之人，遇有在監禁斃者，即以論抵。今恤刑官遇有在家病故，且在數年之後者，即將見監下手之人擬從矜宥。是以病亡之軀，而抵毆死之命，殊屬縱濫。以後毋得一概準抵。

一、在京惡逆與强盜真犯，雖停刑之年，亦不時處决。乃兇惡至於殺父，即時淩遲，猶有餘憾。而在外此類反得遷延歲月，以故事當類奏，無單奏例耳。夫單奏，急詞也。類奏，緩詞也。如此獄在外數年，使其瘐死，將何以快神人之憤哉！今後在外，凡有此者，御史單詳到院，院寺單奏，决單一到，即時處决。其死者下府州縣戮其屍。庶典刑得正。旨下部寺酌議，俱從之。惟僞造印文者，不問何物成造，皆斬。報可。

（清）查繼佐《罪惟録》紀卷一四《神宗紀》 萬曆二十九年春正月壬子，除官民詿誤罪。

《明神宗實録》萬曆四十八年五月〔乙巳〕 禮部右侍郎孫如游上言：竊惟徼福免禍者，人情也，而巧言禍福以中人心者，左道也。此在白蓮、無爲等教已兩經臣部具題嚴禁驅逐，近又有紅封、大成等教，則避白蓮之名而傳其鉢，逃無爲之號而廣其派。四方各有教者，謬稱佛祖，羅致門徒。甚至皇都重地輒敢團坐談經，十百成群，環觀聚聽，且以進香爲名，踵接於路，無論輿仗擅龍鳳，爲王法所不容。而旌旗蔽日，金鼓喧天，萬一草澤姦盜，或景附以潛藏，奴穴細人，或竄入以内應，是玩視之以爲緇衣、黄冠之流者，正醖釀之以成緑林、黄巾之變者也。方今天不悔禍，人皆幸災，凡枵腹亡命之輩，方苦棲身無處，而在道適爲之窟，歸附愈多，勢焰愈熾，未必無劉福通其人者，生心窺伺，而四海兵餉又爲遼左徵調殆盡，誠恐變出不虞，未易撲也。矧值母后梓宫指日發引，都門内外倍宜周防。竊計烏合匪類必有窩藏，寺廟庵觀更爲匿姦之藪，而城坊廠衛皆有詰姦之司，除臣行文在京、在外地方，但有白蓮諸教潛住，即加嚴緝究遣，金鼓旗幟等物追發營伍備用，其遊食僧道並窩家嚴逐連坐，更乞天語申飭中外臣工，一體遵行，庶法紀肅而人心正，亂萌清而世界清矣。上是之。

《明光宗實録》泰昌元年八月〔己未〕 御史張潑言：京師姦宄叢集，游手成群，於是有把棍之説：結群棍爲群毆，而被毆者亦結棍以來勝，以把勝把，而把遂不可勝窮。有白討債之説：誘解官客商予僻處，逼立文契，公然討取，愚民一入牢籠，便難展脱。又有拏訛頭之説：偵知一人作姦，則尾隨其後，陷人於罪，從而嚇詐金錢。兼以兵牌因事勒取，大夫嚅嗦鋪行，皆因臺臣差委不常，班行偶缺，或一人而兼幾差，一日而下幾署。管城不過三月，新命或改别城。收拾未成，另有新政，安能事事有法、人人遵守。今應將巡城改爲中差，一年一代，庶吏胥有常，不致姦宄之日滋也。章下都察院。

《明光宗實録》泰昌元年八月〔庚申〕 御史劉有源疏言：京都首善

之地，邇來習氣益澆，惡棍結把害人，一呼百和。假會茶之名，積聚銀錢，或數千，或數百。若把惡事犯，即有此打點官司，以必勝制人。如林之勢方張，履霜之漸當戒。目今白蓮、無爲等教妖術惑人，糾合無賴，所在而是。萬一嘯聚省府，能保此輩不齎資響應？恐久則難圖，銀錢日積，勾連不已，必經追沒而後可杜其端。近於東城緝獲結把，追沒過銀四千三十六兩四分，於南城緝獲結把，追沒過贓罰銀二千七百一十三兩三錢一分。皆經查算造册封貯各庫訖。乞勑下户部查照支取前銀，或以備援兵犒賞之用，或以給練兵修造之需。更乞嚴督五城兵馬指揮職司捍禦，須以禁治把棍爲第一義。奉旨，下所司。

《明熹宗實録》天啓元年閏二月（壬寅）巡視皇城御史徐揚先、王一中，主事黄文星，目擊踈虞，且因盜賊生發，議欲嚴啓閉以防姦盜，勑内使以清弊源，定發匙鑰以防晨昏之出入，禁革包侵以杜軍人之籍口，更老弱以實禁衛，明賞罰以示勸懲，設公署以便住宿，拆蓆棚以防火燭，造盔甲以壯羽林，禁筐箱以防挾帶，酌問聲冤小民以伸冤枉，研審見獲賊犯以究根因，責實上直官員以定薦革，鑄給巡視問防以一事權。部覆允行。

《明熹宗實録》天啓元年四月　丁亥，左都御史張問達言：京師根本重地，五方雜處，姦宄易生。况遼左多事，尤宜立保甲之法，嚴加整飭。相應劄行各城御史嚴督各兵馬司，逐户編集，十家一甲，十甲一保，互相稽查。凡一家之中，名姓何人，原籍何處，作何生理，有無父子兄弟，曾否寄寓親朋，開載明白，具造花名清册呈報。仍各躬親巡歷地方，不時點閘。或有商賈來往不嘗，即於往來之期消添名姓，每立期限投遞，不違甘結。間有形影面生可疑等人，即時研訊根繇，直窮下落，務期稽察嚴明，地方清肅。庶使幾甸之内得保無虞。

《明熹宗實録》天啓二年三月　甲辰，上諭兵部都察院：東事方急，警備宜嚴，京城内外倍當安輯。其勳臣武職各官募兵，自是急公大義，須實有才略、知兵、能馭衆不擾的，方行委任，仍各分派都城外離遠處所，出示招募，就彼安插訓練。應募新兵查覈貫址，互相保任。潰卒流民中雜奸細，真僞難辨，不得溷行收用，各門把守，内外各官嚴加盤詰，凡軍裝挾帶兵器、異色可疑諸人，不許放入。有指稱各家兵丁，三五成羣，白晝奪用酒食，黑夜竊掠衣物，占住民居、寺觀，槩行禁處。其傳布流言、匿名黏帖，煽惑觀聽，即係奸民，擒拏重治。奉旨：城守門禁保甲諸類，派行既定，該管員役亦不得假以查點，恣行需擾。一切巡警事宜刊示曉諭，務令軍民商賈人等各循生業，保身寧家，安固人心以靖地方。該部院便行與巡視緝捕各該衙門一體遵奉施行。故諭。

《明熹宗實録》天啓二年四月（庚午）上諭吏部、都察院：朕自御極以來，日夕冰兢，守我祖宗之法，惟恐失墜。每見科道各官屢次紛囂，前有旨不許擅出私揭，昨覽報又見揭帖，顯是不遵，全無爲國爲民，肆行狂譟，囂訟弗已，是何景象？其中是非公論難泯。自奴酋發難以來，征兵轉餉，軍民塗炭已極，皆因偏見黨論，致使經撫不和，故將遼左疆土盡行失陷，未見恢復奇謀，朕深痛恨。新進後輩，遽司耳目，全無秉公，專行報復，逞意妄言，淆亂國政，本當杖褫，姑從輕薄懲。已後科道各官，俱要虚心盡職，共襄國事。再有結黨排誣的，朕遵祖制憲章，决不姑息，爾各部院大臣勿畏鑠金之口，勿徇面孔之私，務求從公劾奏，定行重處不宥。故諭。

《明熹宗實録》天啓二年七月（甲寅）御史劉徽言：經撫熊廷弼、王化貞詞罪已明，宜及時正法。上是之，下内閣擬票。大學士葉向高等言：二臣問擬久定，一時人心振肅。若欲逮正刑章，須待三法司覆奏，未有就言官之疏而閣中徑票出者也。夫三尺法者，太祖高皇帝之法也，非言官所得專，亦非閣臣所敢與。在法言法，各有司存。伏望嚴飭所司從公覆請，則刑一人而千萬人服。報聞。

《明熹宗實録》天啓二年八月（甲子）署刑部事侍郎楊東明言：佟卜年一獄，臣等參之。衆論咸謂奸細之情無有的據，特以反叛同族，故酌情定罪，擬二千里安置。而臣等私憂過計，佟氏之族作叛者已六七人，卜年即無反側之心，亦處嫌疑之地，宜服罪囹圄，遲遲請命皇上，遠歸流所，如急欲出脱其身，人心難量，臣等萬萬不敢保也。上以重獄，法宜畫一，乃奏内贍顧兩端，豈稱執法？還著覆審確奏。會議多官，有偏持庇護的，參來重處。

《明熹宗實録》天啓二年九月（戊午）刑部署部事右侍郎楊東明疏辯言：舊例凡遇朝審，在霜降二十日前具題請期，得旨方具審册送部院、寺科道，而所送者皆大部刊册，非吏書可得而加損也。略節之説，惟吏部

掌筆官與三法司各送一册，便於覽觀，如謂臣堂上官未知經目否，此何言也？趙士焕擬多罰米，此係三法司共議，臣不能專佟卜年之獄。臣等曲擬流罪，三具不見，非臣等怠緩之過也。至於總兵李秉誠與達奇勛並被參劾，奇勛逮到，故法司得以行其法，秉誠爲經臣留用，故刑官不能加其刑。今欲借秉誠爲奇勛開一面之網，宜問經臣，不宜責部臣。年來人心不古，結黨行私，如近日參臣者，非趙士焕之通家，則佟卜年之同年，黨乎？非乎？不問而可知矣。得旨：刑官執法，豈得以人言引避？趙士焕罰米既經法司共議，還照原擬比追，本内通家同年的是何人，著明白具奏。

《明熹宗實録》天啓二年十一月〔辛酉〕御史劉建宣疏言：今海内困窮已極，當以固結人心爲第一義。顧誰爲皇上收拾人心者，非有司乎？乃有司朘削無狀，日甚一日。以臣所聞，剥脂充廉在在有之，而宦臣鄉者尤甚，總緣懲貪不嚴，罔所顧忌。乞責成撫按法在必行，凡貪墨之吏不時參提，務要追贓正法，勿止以量處了事。至撫臣關係尤重，乃始進率多不正。若近日王紹徽疏内所稱，假託要津，公單討保，囁嚅道欵，呈身自薦者。先自不正，安能正人？乞勅銓臣主持公道，爲國擇人，勿沿門問信，致綫索得以公行，奔競因而得志。上曰：海内民窮已極，多因有司朘削。以後撫按官論劾，有贓私狼籍的，都着提問追贓，不得以罷官了事。這本内所説貪官，還指名具奏。巡撫官着從公推用，不得濫及。

《明熹宗實録》天啓三年正月〔壬辰〕兵部尚書董漢儒覆御史陳保泰疏：禁召募、禁紅夷及保甲鄉兵事宜。言古者民即爲兵，地自爲守，未有强虜在前，索兵數千里外者，則已事之失策也。各色姦弁借勤王之名，集不逞之衆，動至千百，釀亂啓寡，當行各處撫按，但有托言募兵者即係姦僞，立梟正法，已合徒衆即曉諭解散，臣部除科目外更不給劄，以生事端。若紅毛番攻城作殺，悉由奸民引誘，但擒通番之盗，則夷謀自奪，在撫臣相機制禦耳。鄉兵聯絡，父子兄弟自捍室廬，勝客兵萬萬。但當倡以鄉紳，不應束以官法，使胥役攘臂其間，擾害不細。保甲嚴則人各有生業，姦宄自無所藏。惟皇上以此二事殿最撫按，撫按以此二事殿最郡邑，吏治飭而民生安，變故何從起哉？上然之。

《明熹宗實録》天啓六年二月〔癸卯〕上傳與刑部堂上官：凡係大姦、大惡、大逆，及强盗、劫賊、傷人者，俱限五日内問結具奏，如違，即將該司指名參來重處。

《明熹宗實録》天啓六年四月〔壬辰〕工科給事中虞廷陛言：要典集成，昭如日星。從前枝葉斬盡，葛滕向後牽纏，統歸融釋。迺邇日相傳，名類種種，有所謂《天鑒録》，又聞有《點將録》、《初終録》、《同心録》、《石碣録》、《爲鑒録》等本，不一而足，非書非傳，恣其筆端。皇上治保平明，禁嚴浮議，自今以後，悉以《三朝要典》爲憑。凡有私集如前列諸種，盡令燬絶，則僉壬及中之計窮，而臣僚公忠之益廣，於以培植正人，并力疆場，未必無小補矣。得旨：這本説的是。妖言惑衆，禁令甚嚴，世道清明，豈容魑魅魍魎横行於白晝。《天鑒録》諸書，誣撫不根，意在報復恩仇，傾陷異己，本當追究重處，恐致株連，姑且不究。今後凡係此等私書，一見即爲焚燬，毋得抄傳談説，溷亂是非。有不遵的，著緝事衙門訪拏治罪。目今時事多艱，大小臣工俱當并力和衷，共圖安攘，朝廷用人，但以職業修廢課其功罪，一切葛藤悉宜掃絶，不許妄起事端，自分畛域，該部知道。

《明熹宗實録》天啓六年四月〔癸巳〕上傳與禮部：近有奸民，希圖重利，將鐵器等物賣與進貢夷人，大屬違禁，四夷館提督官職掌何在？著設法密拶，轉置他處，毋令帶去。又聞三河縣等處居民私造兵器，待夷人事過，公然賣與，此係地方官之責，作速移文順天巡撫嚴行禁約，有司縱容者參奏重治。

《明清徽州社會經濟資料叢編》崇禎十二年歙縣玫盛等賣山赤契

《大明律》一款，凡典買田宅不税契者，笞五十，追田宅價錢一半入官。今奉前因，相應刊印契紙，編定上、中、下號簿，呈送巡按御史印鈐，給發該州、縣。責成現年坊長、里長，凡遇典買房産、田、地、山、灘、蕩、垟等項，無論鄉紳士庶，該坊里長一人，將所領契紙轉給受業人户，使出業人將價值數目，眼同填注，隨同受業人赴州、縣照例納税，每兩三分，即將價目税數填寫原頒院印號簿，仍用州、縣印鈐，蓋以便稽查。

一頒式後，有用白頭文約，不用部頒契紙者，不論被人告發及推收編審時驗出，即以隱漏科罪，照律追半價入官。坊長中見等役，一并連坐。

一私用州縣印鈐，而非巡按號印者，官吏以侵欺論罪。

一吏胥勒措，不即印發，不即收銀者，依律重治。

一稅銀每兩三分之外，如有加耗重者，官吏以贓論。

一契紙用清水綿料，以便久長。每張納紙價銀三釐，多索者重治。

一領有契紙，納過稅銀者，不許賣主告增價值。

一部文未到以前，無契紙者，但查已經納這稅銀，給有契尾，即免其重稅，不得指稱漏隱苛索，違者重治。

清代部

論説

(清)吳壇《大清律例通考·諭旨·聖祖仁皇帝上諭》康熙十八年九月十四日奉上諭：國家設立法制，原以禁暴止姦，安全良善。故律例繁簡，因時制宜，總期合於古帝王欽恤民命之意。向因人心滋僞，輕視法網，及强暴之徒陵虐小民，故於定律之外復設條例，俾其畏而知警，免罹刑辟。乃近來犯法者多而姦僞未見衰止，人命關係重大，朕心深用惻然。其定律之外所有條例，如罪不至死而新例議死，或情罪原輕而新例過嚴者，應去應存，著九卿、詹事、科道會同詳加酌定，確議具奏。特諭。

(清)吳壇《大清律例通考·奏疏》刑部等衙門尚書臣圖納等謹題，爲律例須歸一貫，舊刻未爲全書，謹陳應補應删之事宜，仰乞重加考定以垂法守事。該臣等會議得：據廣西道試監察御史盛符昇條奏疏稱，民生之大命係於刑獄，歷朝之大法載在律書。皇上誠恐正律之外條例過嚴，特諭刑部會同九卿、詹事、科道詳加酌議，刊爲現行則例。查職制等目悉依舊律編次，則凡屬新例皆可分入各條，並載正律之内。至若《大清律》一書所載諸事，有仍襲前代之舊文而於本朝之法制絶不相蒙者，如郡王、將軍、中尉親自赴京者治罪等項，其類尚多。明載律中，實非遵行正法，所當删定改正，以成善本。伏乞將律例之分别者合之，新舊之不符者通之，輕重之可議者酌之，務期盡善，然後刊刻全書，勒成定本等語。先經刑部議覆：律文乃係遞沿成書，例乃因時酌定。凡現行則例，或遇事而定，或遵旨而定，若將此等陸續定例事件附入律内，則律文難以告成。其律内所有郡王、將軍、中尉親自赴京治罪等項，雖非遵行正法，若將此等條件删去，恐以後比照定擬者無憑查考，將御史盛符昇條奏之處俱毋庸議等因具題。奉旨：九卿、詹事、科道會議具奏。欽此。查康熙九年將律文滿、漢文義復行校正。二十七年，又將現行則例會同九卿、詹事、科道詳加酌定，具題刊佈，但律文條例乃將歷代所行之條有摭拾匯輯者，現行則例係因時著定者，若使重復繁多，倘詳查不周，則情罪雖一而輕重或異。又，往代所擬罪名有與今不相符合者，其不用之條如不盡行删除，則律文條例反致繁冗，舛錯參差，均未可定。應如臺臣盛符昇所奏，將現行則例載入《大清律》條例内，其律例内有滿、漢文義互相參差，或律文内已有各罪本律而定例重復浮贅，或官員、衙役名色及所擬罪條於今不便引用等項及應删之條，均爲畫一，各歸各款删除。所有關係纂修事宜，應聽該部另行具題等因。於康熙二十八年八月二十八日題，九月十九日奉旨：依議。

刑部尚書臣圖納等謹題，爲請旨事。據廣西道試監察御史盛符昇條奏一疏，經九卿會議，應如所奏，將現行則例載入《大清律》條例内，均爲畫一等因具覆，奉旨依議，欽遵在案。今將律文則例删定改正，匯爲一書，體皇上好生之德，垂萬世不易之規。相應遺官監修，所有堂官職名開列具奏，伏候聖裁，謹題請旨。康熙二十八年九月三十日題，十月初八日奉旨：圖納、蘇赫、張玉書、杜臻，西安郭世隆，顧汧著爲總裁官。

律例館總裁，户部尚書、文華殿大學士臣張玉書等謹題，爲恭繕律文名例先呈御覽，仰祈睿鑒裁定事。竊惟帝王好生，首重民命，國家垂憲，務定刑書。臣等奉命重修律例，自顧才識譾陋，夙夜凜凜，懼不勝任。欽惟我聖上至仁如天，羣生率育，凡有刑獄奏讞，聖心輒加矜憫，時於無可寬釋之中，曲求格外生全之路。每一歲之内，特旨免死寬減者甚多。湛恩汪濊，洽於海隅。歷稽前史，實所罕覯。臣等敬體皇上明慎用刑至意，詳閲全律，逐條辯晰，以刑部現行例分别載入律内，有滿漢文義互相參差者，通加改正。或罪有本律而例係重復者，即行删除。或名目事款舊有今無及舊無今有者，酌量增删。或一款應分兩條或數條同屬一類者，悉與分並。其今雖不行而宜備參考者，仍照例附載以備引證。别部事例間有與律義相合者，亦照刑部現行例採入。如律例内有應具題請旨者，俟另題請旨。至於律文，仿自唐律，辭簡義該，誠恐講晰未明，易致訛舛。臣等匯集衆説，於每篇正文後，增用總注疏解律義，期於明白曉暢，使人易知。今酌定名例四十六條，已會集九卿、詹事、科道面同勘閲。謹録滿、漢文各六本，遵照前題，先呈御覽，伏冀皇上睿鑒裁定。俾立一代之章程，示

萬世以法守。俟命下後，即將全律依式纂成，次第繕寫恭進。臣等不勝悚慄之至。謹題請旨等因。於康熙三十四年二月初九日題，三十六年十一月十二日奉旨：新纂律書名例，朕已覽閱。奏聞後又有更改處，發回刑部，將更改之處增入，著九卿看閱具奏。

中國第一歷史檔案館《雍正朝滿文硃批奏摺全譯·輔國公普照奏請剔除刑名錮弊摺雍正二年七月二十五日》 竊臣未嘗身任一日地方事務，何敢輕言刑名利弊，然唯局外旁觀，愈覺是非真切。臣查刑名案件，莫重於命盜，而其中多有情節相似，而罪名則生死懸殊者，如白晝搶奪罪，止杖徒，白晝截劫，一概梟斬。而糾衆之中途搶奪，實仿佛於白晝截劫也。謀殺人，因而得財，首從皆斬。鬥毆故殺人，因而得財，則一人抵命。而鬥故殺之，因而得財，又仿佛於謀財害命也。威力主使毆打人致死，則下手者擬流，主使者抵命。同謀共毆人致死，則元謀者擬流，下手者抵命。而元謀之揚威喝令，實有似於威力主使也。鬥毆殺人，則秋後絞，逢熱審必請緩決，遇恩赦即邀減等。故殺人，則監候斬，熱審必列情真，恩赦亦祈不宥。而鬥毆之致命傷，多立時身死，又無異於有心故殺也。諸如此類，難以枚舉。雖《大清律》所載，固明白詳盡，而地方外吏不能親加體認，悉委於幕客胥吏之手，而此輩沾沾於一條一句之文義，膠執牽扯，援律每多未協，審解常致駁詰，甚有上下顛倒，互相舛錯。知府以州縣審擬爲非，駁飭改正，而臬司又照州縣所擬，而駁飭知府，巡撫又照知府所擬，而駁飭臬司。兼之外省積習，以爲刑名題案不細加推求，恐有滲漏，萬一部駁，便難挽回。所以吹毛索疵，過爲搜求，甚有一層衙門駁詰至於三四次者，究其罪名，多照原議，層層駁詰，不過叠加文致，以使其上下前後一轍而已。倘偶有寃抑之事，則鍛煉已周，莫可指摘，及至法司核擬，不過依樣完結。况駁詰往返，耽延時日，不獨州縣徒受無辜之遲延參罰，而人犯之跋涉淹禁，更多拖累，瘐斃之慘，此上司之故爲駁詰，實刑名中第一錮弊也。伏查新例，已改定承審限期，如有舛錯之案，委員另審，似可免駁詰拖累矣。然總不能除其錮弊者，皆由於事情初發覺，人犯甫到官之時，州縣不過草率摘取口供，并不細加究問，及至定案時，延挨日久，變態叢生，始備審情由，細録供招，已難免欺僞，及解上司復審，不無供情互異，不得不細加駁詰，互相鍛煉矣。此州縣録報初供之法，不可不定。况上司之駁詰，非因口供前後互異，即緣情節與罪名不符。然口供出自犯人，如前後口供互異，應向犯人詰訊，不應駁飭問官。如情節歷審相同，僅止罪名舛錯，則錯擬例有處分，更宜附招揭參，何須又行駁詰？是上司之駁詰，原可禁止。臣請嗣後凡屬命盜，及一切斬絞重案，無論原被干證一經告發，即將現在到案人犯細加究問，再四推求。若有游移，必追究明白，即叙明到案日期，備録口供，通報上司存案。俟人犯拘齊，審定罪名，一面解府，一面即録叙供招，聲明解府日期，通報臬司巡撫。其州縣承審限期，務以人犯到齊之日起，扣一個月，即招解送府。若州縣遲延，仍參州縣。倘州縣已於一月之内審解，而知府臬司疲玩遲延，致逾承審例限，則知府遲延，竟參知府，臬司遲延，竟參臬司，不得如從前毋論司府遲延，獨將州縣枉參，以受無辜之處分。至知府親審之時，如有供情互異，則向人犯細心駁詰，再四追究。果審出另有真情，則照依新例，另委能員就近確審，妥擬招解。俟知府親審無異，則將錯誤州縣職名，附招送司。其知府承審限期，務在人犯到案十五日之内，即批解送司。如應委員另審者，即報明院司，以再審之時，人犯到案日扣限。至臬司親審之時，如與知府相同，即據實轉解，或與知府所審不同，亦照新例另委能員調赴省城，就近確審，不得將人犯發就委員地方，致滋往返拖累。俟委員審明之後，臬司再加親審，解送巡撫審題。即將錯誤各官，隨招附參。其前後審擬舛錯之處，不許私行删改。如有徇情删改者，照删改口供例議處。若有審擬舛錯，而上司不委員另審，仍故爲駁詰者，即照刑獄供招不行速結例議處。如巡撫將應擬死罪之犯，而不擬死罪，不應擬死罪之犯，而錯擬死罪，則刑部必叙其舛錯不合之情節，指出其錯擬之罪名，具題請旨，令該撫委員另審，不得僅以情節可疑，顯有情弊等語，含糊混駁。若只以斬誤絞，以絞誤斬，以秋後誤立決，以立決誤秋後，及軍流等罪錯誤者，照例刑部改正，將錯擬官員職名，交吏部議處，不必駁詰，致滋拖累。如此立法，庶寃抑之真情易吐，問官無文致鍛煉之弊，案件易於速結，人犯免拖累瘐斃之慘，而駁詰玩延之錮弊，均剔除矣。臣查斬絞重案，民命攸關，是以例必具題完結。我皇上好生爲心，猶敕法司核擬具奏之後，始行定罪，至詳至慎，所以重民命也。乃邊省地方，歷來刑名案件，題報者少，皆因督撫專擅私行，外結罪人生死，全由督撫一時之喜怒，總無一定

之刑法，或從寬枷徒了局，或嚴刑設法致死，甚有立斃杖下，處命獄中，更有掀枷杻項致死之法，慘不可言者。全憑督撫威福，不遵朝廷律例，此外結之錮弊也。臣請嗣後凡外省督撫有將命盜，及各項死罪重案，匿不題報，私行外結者，不論曾否致死人命，一有發覺，將督撫革職。若致死人命者，照謀殺律擬罪。如司府州縣隱匿不報，仍照舊例議處。其已經照例詳報者，則司府州縣一概免議。若致死人命，其聽從指使之衙役家人，有能自首者，準其免罪。倘巡撫將重案外結，而總督徇情不行題參，總督將重案外結，而巡撫不據實題明者，毋論同城與不同城，知情與不知情，均各降三級調用，加級紀録，概不準抵。如是，則專擅外結之錮弊，可以剔除矣。臣查國家設立刑法，原以懲姦止暴。然刑具之輕重大小，律例備載樣式，豈可違例混造蒙無如，歷來外省刑具，多違定式，夾棍之粗細長短，雖有部頒舊式，而不專責上司稽查，難免私造混用。至於行杖之竹板，則有連根帶節，分别一號、二號、三號名色。又有皮巴掌、木巴掌一項刑具，不知創自何年，動輒掌嘴數十，口耳眼鼻，鮮血横流，最爲慘毒。此刑具違式之錮弊也。臣請嗣後夾棍、桚指、竹板等項刑具，必照律例之定式制造，送按察使驗看之後，加以印烙，始準動用。竹板不許分作三號，皮、木巴掌永行禁革。如有違式混造，無按察使印烙而擅用者，照非刑例議處，則刑具違式之錮弊剔除矣。臣聞俗諺云，三木之下，何求不得，蓋甚言刑之不可濫用也。所以定例内開，夾棍、桚指非重罪不許擅用。即枷責之罪，律必指出條款，杖責多寡，亦分罪之重輕。是一切刑具，原不許官員任意濫用也。無如外官行杖，多寡全憑一時之喜怒，枷號人犯，并不查對其罪名，且無論巨細曲直，正犯干連供吐一有枝梧，即非桚則夾。至若監牢之設，原以禁斬絞軍流之重犯，非以收牽連波及之無辜也。所以擅禁，故禁律例之處分甚嚴。無如外官，無論將命盜牽連多有發監收禁，即一應細小事務，所犯不過杖罪，亦有任意監禁者。其獄卒之勒索凌辱，姑不具論，而小民一入監獄，不無憂愁抑鬱，加以饑飽不時，穢氣蒸逼，疾病易生，難免瘟疫。不分有罪無罪，均化獄憐，深屬可憫。此濫刑濫禁之錮弊也。雖律例明有禁條，而外官仍然故違，所以稽查之法，不可不立。伏思臬司一官，原屬刑名，總匯一省之刑法，正宜責之稽察。臣請嗣後凡道府州縣審事，有用夾桚刑具者，無論欽部案件，以及院批自理，必將某人因某事犯某項罪名，或用某項刑訊，或發監收禁，俱令報明臬司。其人犯進監之日，仍令獄官開明人犯年貌名姓，申報臬司。除府監外，凡州縣衛所之監原無獄官，向係吏目、典史等官兼理，應即令吏目等官申報。如各官審事，有濫刑濫禁，及不報明臬司者，按察使即照例揭報。如按察使徇庇隱匿，或失於覺察，經督撫查出，將按察使從重議處。倘督撫通同隱匿，經科道糾參得實，即將督撫照徇庇劣員例議處。如此，則濫刑濫禁之錮弊，可以剔除矣。臣查州縣自理詞論，其所審斷，不過户婚田土口角鬥毆等項，本屬閭閻細務，何可上瀆宸聰。然因州縣積習玩延，而小民實受害無窮。我皇上宵旰勤勞，求言若渴，無非念切恫瘝，軫恤民瘼，祇期去民間之疾苦，原不計事情之大小。故臣冒昧爲我皇上陳之，天下人情，尚□争勝者多。一切户婚田土口角細事，總皆小民之所不能免，一時偶受屈抑，便思鳴官伸理。又有一等訟師惡棍，專以教唆詞訟爲活計，且以出入衙門爲體面，良民本不樂於構訟，而此輩爲之慫恿挑唆，代寫詞狀，及墜其彀中，受盡涉訟之苦累，未嘗不自怨自悔，而已噬臍莫及矣。甚有一種健訟棍徒，因人細事，捕風捉影，架題嚇詐，不遂其欲，即妝砌虚詞，平空提告，以圖拖累。州縣據其一詞，難辨真假，勢不得不批準查訊。一批準查，必須拘喚，而差役下鄉之惡習不可勝言。視小民爲魚肉，以索詐爲長技，估計家道貧富，講究差規多寡，哄堂鬧舍，鷄犬不寧。鄉鄰親友，莫敢鮮紛少一拂意，不曰拒捕，即曰毆差，膚訴本官，極易聳聽，輾轉牽累，禍害立至。更有一種善於勒索之差役，毋論事情之大小真假，動曰奉官拘拏，將詞内牽連男女老幼，概用鐵繩拴頸，遍鄉牽行，穢地由其安頓，步趨隨其遲速，故爲磨折，多方羞辱，令人不得不傾囊倒篋，飽填蠹壑。及至到官之時，勢必發保候審，鄉民多乏城郭親友不得不費錢懇浼，始有人出名具結，保領候審。至訟師干證之規禮，往來□□之盤纏，此又其小焉者也。是州縣未經一審，而案犯已拖累不堪，猶望州縣秉公執法，速爲審結，庶冤抑猶能伸洩。是以定例内凡州縣自理詞訟，必限二十日之内完結。如遲延逾限，該督撫查參。若督撫徇情不參，嚴加議處，正冀免百姓之拖累也。無如各省督撫將州縣自理詞訟絶不查問，任其遲延。我聖祖六十一年以來，并未見各省督撫有將州縣自理詞訟，以逾限查參者，故州縣明知督撫積習，所以自理詞訟，并不肯加意

辦理，依限速結，以致小民經年累月，守候無期，甚有數載未審，終任不結。及至新官到任，又將前官自理詞訟，不分是非皂白，一概束之高閣，名曰注銷。而□民之廢時失業，破産傾家者，已不可數計矣。亦有因守候日久，仍苦冤抑不伸，而奔控上司者。上司恐長越告刁風，所以斷不準理。即或偶有批準，亦不過發令州縣查覆，從無嚴催速結，查參遲延之事。所以州縣一任批發，仍然沉擱。即偶有審結詳覆者，亦不過鮮紛逐釋，并不按律究擬。雖明知健訟刁徒，亦只薄責示儆，總不按律坐誣，以致刁風愈熾，而良民之苦累更深。甚有州縣，厭於聽斷，將詞狀交佐貳代審者。印官以批交爲送情，而佐貳以得批爲發財，原被干連一概需索，計青蚨自鏹之多寡，定兩造審案之曲直，錙銖較量，行同市販，是非出於微員，豪强愈肆凶焰，或夤緣鈐制，或賄賂囑托，魚肉小民，荼毒鄉愚，些微尤甚。所以，小民深痛涉訟之害，常有因些小屈抑無可審訴，輒服毒投河，自刎自縊，以冀拖累仇家而洩忿者。至於謀殺、故殺、鬥毆殺等項人命重案，又無一不因户婚田土口角細事而起。此皆緣州縣自理詞訟之錮弊，而釀成小民無窮之禍害也。伏查定例，州縣詞訟限期，亦曾兩次申飭，而至今并無一人遵行。推原其故，總因歷來僅定處分之嚴例，不立稽查之善法，而人心不古，獄訟繁興，案牘紛紜。稽查之術，督撫亦因無可如何，故將定例目爲具文，是詞訟册報之法，不可不定。臣查外省官員，凡放告之先，必頒狀式，此舊規也。臣請嗣後凡外官所頒狀式，開明條款，只許陳告一事，不許牽扯多端。庶一案之頭緒，清楚審斷，既便稽查更易，其審理限期，務照定例，必於二十日之内完結，總不許委交佐貳代審。其上司批詞，必照定例於一個月之内詳覆結案。如果有要犯不到，隔地提人，則預爲詳明，俟人犯到案之日，扣二十日，一個月之限完結。若有逾限，專責巡撫查參。倘若徇隱失察，匿不咨參，將巡撫照徇庇例議處。自司府以至州縣，凡遇上司批發及自理詞訟，俱用申文報明。督撫審結之後，亦摘由録報。每年四季，自督撫起至州縣，止將準過詞狀作何審斷，據實造册。除總督自行咨送刑部查核外，其餘各册，俱由巡撫送部。如所造册内有不秉公審斷，及將健訟棍徒不依律坐誣者，即照故出故入議處。如此，則不獨詞訟易於稽查，而巡撫既屬專責，便不致定例爲虛文。誠可免良民詞訟之拖累，息訟棍誣告之刁風，而外官自理詞訟之錮弊，盡行剔除矣。第恐此法一立，州縣懼遲延之參處，遇小民冤抑具控，意不爲準理，亦未可定。如有發覺照民之苦情不報上司例議處，巡撫知而不參，照徇庇例議處。庶劣員不致藐視民瘼，此又不可不一併申飭者也。抑臣更有請者，贓罰贖鍰一項，以一州一縣而論，爲數固少，通直隸各省而計，爲數甚多，絲毫關係錢糧，豈容侵匿。所以，定例每年令督撫確查有無自理贖鍰，具題查核，正以杜侵欺隱匿也。乃外官除具題案内之贓罰贖鍰，勢難隱匿，故照例解部。其餘自理案件，則不獨入官，贓物一概侵匿，且往往覘兩造之貧富，定罰贖之多寡，盈千累百，假公濟私，不曰修城垣，則曰葺祠廟，花費無幾，干没居多。而總督巡撫總相沿故習，每年概以併無自理贖鍰題報。臣思，外官自理詞訟，既令按季册報，則自理之贓罰贖鍰數目，亦應造入册内，一并送部查核，或解充餉。如有以多報少，隱匿漏造，及將所審事情，改换情節，不據實造報者，或本人告發，或科道糾參，一有發覺，將私改漏造之員，照溺職例議處。如此立法，則小民固免苛濫枉罰之苦，而朝廷錢糧不致干没侵欺，督撫題報亦不敢仍前蒙混矣。以上種種諸弊，沿習日久，牢不可破。是以臣參訂律例，細加體察，不可不逐件立法，速爲剔除。雖審報初供，稽察刑獄，以及季報詞訟諸條，事當創始，外官因增案牘之累，然累於官者甚小，利於民者甚多也。

（清）吳壇《大清律例通考·諭旨·世宗憲皇帝上諭》 雍正三年五月二十七日奉上諭：朕自臨御以來，欽恤刑獄。每遇法司奏讞，必再三覆核，惟恐稍有未協。又念律例一書爲用刑之本，其中條例繁多，若不校訂畫一，有司援引斷獄，得以意爲輕重，貽誤非小。特命纂修館刻期告竣。今據將所纂全稿進呈朕逐一詳覽，其有應行駁正者，已一一批示。但明刑所以弼教，關係甚大，著九卿會同細看，務期斟酌盡善，以副朕慎重刑名之意。特諭。

（清）吳壇《大清律例通考·諭旨·世宗憲皇帝御制大清律集解序》

《周禮》大小司寇之職，以三典詰四方，以五刑聽獄訟。正歲帥其屬而觀刑象。不用法者，國有常刑。月吉始和，布刑於邦國都鄙，乃懸刑象之法於象魏，使萬民聚而觀之，是知先王立法定制，將以明示朝野，俾官習之而能斷，民知之而不犯，所由息爭化俗而致於刑措也。恭惟我皇考聖祖仁皇帝，大德如天，以至仁涵育羣生，法司上奏，率多全宥，停刑肆赦，

屢沛恩綸。臨御六十一年，厚澤周浹乎宇内，血氣心知之倫熙然，安處於仁壽之域。朕紹守丕圖，深懷繼述。雍正元年八月，乃命諸臣將律例館舊所纂修未畢者，遴簡西曹，殫心搜輯稿本進呈。朕以是書民命攸關，一句一字，必親加省覽。每與諸臣辯論商榷，折中裁定。或析異以歸同，或删繁而就約。務期求造律之意，輕重有權；讞獄之情，寬嚴得體。三年八月，編校告竣，刊佈内外，永爲遵守。《易》曰：先王以明罰敕法。漢鄭昌言：律令一定，愚民知所避，姦吏無所施。是書也，豈惟百爾有位宜精思熟習，悉其聰明，以查小大之比；凡士之註名吏部將膺民社之責者，講明有素，則臨民治事不假於幕客胥吏而判決有餘。若自通都大邑至僻壤窮鄉，所在州縣倣《周禮》布憲讀法之制時爲解説，令父老子弟遞相告戒，知畏法而重自愛。如此，則聽斷明於上，牒訟息於下，風俗可正，禮讓可興，於以體皇考好生之德而追虞廷從欲之治不難矣。朕實有厚望焉。雍正三年歲次乙巳九月初九日。

《清仁宗實録》嘉慶二十五年十一月〔壬申〕又諭：吏部奏請開館纂修則例摺内聲明官員緣事處分，有因公因私之别。因公者不必盡屬公罪，因私者不必盡屬私罪，請於例内各條下添註。凡註明公罪而案情係屬營私者，仍照私罪定議。所奏殊未明晰。部頒律令，原示人以信守，公罪私罪，判然攸分，斷不容稍有牽混。即如失察疏防，事屬因公，徇飾諱匿，迹涉營私，自應各科各罪，豈得以註明公罪之條，仍照私罪定議，復予書吏以高下其手之柄。著吏部堂官督率該司員等，將應修則例，悉心確覈，删其煩苛。其所註公罪私罪，務令判若列眉，俾援引時確有遵守，不得互相淆混，仍啟弊端。

《大清法規大全·法律部》卷首《恭録法律諭旨》 上諭：現在通商交涉事益煩多，著派沈家本、伍廷芳，將一切現行律例，按照交涉情形，參酌各國法律，悉心考訂，妥爲擬議，務期中外通行，有裨治理。俟修定呈覽，候旨頒行。欽此。光緒二十八年四月初六日。

《大清法規大全·法律部》卷三《變通舊律例一·修訂法律大臣奏請變通現行律例内重法數端摺》 光緒二十八年四月初六日奉上諭：現在通商交涉事益繁多，著派沈家本、伍廷芳將一切現行律例，按照交涉情形，參酌各國法律，悉心考訂，妥爲擬議，務期中外通行自裨治理。等因。欽此。仰見聖謨宏遠，欽佩莫名。當經臣等酌擬大概辦法，并遴選諳習中西律例司員分任纂輯，延聘東西各國精通法律之博士律師，以備顧問。復調取留學外國卒業生從事繙繹，請撥專款以資辦公，刊刻關防以昭信守。各等因。先後奏明在案。計自光緒三十年四月初一日開館以來，各國法律之譯成者：德意志曰刑法、曰裁判法，俄羅斯曰刑法，日本曰現行刑法、曰改正刑法、曰陸軍刑法、曰海軍刑法、曰刑事訴訟法、曰監獄法、曰裁判所構成法、曰刑法義解，校正者，曰法蘭西刑法。至英美各國刑法，臣廷芳後前遊學英國，夙所研究，該二國刑法雖無專書，然散見他籍者不少，飭員依類輯譯，不日亦可告成。復令該員等比較異同，分門列表，展卷瞭然，各國之法律已可得其大略。臣等以中國法律與各國參互考證，各國法律之精意固不能出中律之範圍，第刑制不盡相同，罪名之等差亦異。綜而論之，中重而西輕者爲多。蓋西國從前刑法，較中國尤爲慘酷。近百數十年來，經律學家幾經討論，逐漸改而從輕，政治日臻美善。故中國之重法，西人每訾爲不仁，其旅居中國者，皆藉口於此，不受中國之約束。夫西國首重法權，隨一國之疆域爲界限，甲國之人僑寓乙國，即受乙國之裁判。乃獨於中國不受裁判，轉予我以不仁之名，此亟當幡然變計者也。方今改訂商約，英美日葡四國，均允中國修訂法律，首先收回治外法權，實變法自强之樞紐。臣等奉命考訂法律，恭繹諭旨，原以墨守舊章授外人以口實，不如酌加甄採，可默收長駕遠馭之效。現在各國法律既已得其大凡，即應分類編纂，以期尅日成書。而該館員等僉謂宗旨不定，則編纂無從措手。臣等竊維治國之道以仁政爲先，自來議刑法者，亦莫不謂裁之以義而推之以仁。然則刑法之當改重爲輕，固今日仁政之要務，而即修訂之宗旨也。現行律例款目極繁而最重之法亟應先議删除者，約有三事：一曰凌遲梟首戮屍。查凌遲之刑，唐以前無此名目，始見於《遼史·刑法志》。遼時刑多慘毒，重刑有車轘礮擲諸名，而凌遲列於正刑之内。宋自熙寧以後，漸亦沿用。元明至今，相仍未改。梟首在秦漢時惟用諸夷族之誅，六朝梁陳齊周諸律，始於斬之外别立梟名，至隋而删除其法。自唐迄元，皆無此名。今之斬梟，仍明制也。戮屍一事，惟秦時成蟜軍反，其軍吏皆斬戮尸，見於《始皇本紀》，此外無聞。歷代刑志并無此法，明律亦無戮屍之文。至萬歷十六年始定此例，亦專指謀殺祖父母父母

者而言。國朝因之，後更推及於强盗案件。凡斬梟之犯，監故者無不戮屍矣。凡此酷重之刑，固所以懲戒凶惡。第刑至於斬，身首分離，已爲至慘。若命在頃忽，菹醢必令備嘗，氣久消亡，刀鋸猶難倖免，揆諸仁人之心，當必慘然不樂。謂將以懲本犯，而被刑者魂魄何知？謂將以警戒衆人，而習見習聞轉感召其殘忍之性。故宋真宗時，御史臺請臠剮殺人賊，帝曰：五刑自有常刑，何爲慘毒也。陸游嘗請除凌遲之刑，亦謂肌肉已盡而氣未絶，肝心聯絡而視聽猶存，感傷至和，虧損仁政，實非聖世所宜遵。隋時頒律詔云：梟首義無所取，不益懲肅之理，徒表安忍之懷。洵皆仁人之言也。且律刑以唐爲得中，而唐律并無凌遲梟首戮屍諸法。國初律令，重刑惟有斬刑，準以爲式，尤非無徵。擬請將凌遲梟首戮屍三項一概刪除，死罪至斬決而止。凡律内凌遲斬梟各條俱改斬決，絞決俱改絞候，入於秋審情實，斬候俱改絞候，與絞候人犯仍入於秋審，分别實緩。將來應否酌量變通，再由臣等妥議核定。或謂此等重法，所以處窮凶極惡之徒，一旦裁除，恐無以昭炯戒。顧有唐三百年不用此法，未聞當日之兇惡者獨多。且貞觀四年斷死罪二十九，開元二十五年方五十八，其刑簡如此。乃自用此法以來，兇惡者仍接踵於世，未見其少，則其效可睹矣。化民之道，固在政教，不在刑威也。一曰緣坐。緣坐之制，起於秦之參夷及收司連坐法。漢高后除三族令，文帝除收孥相坐律，當時以爲盛德，惜夷族之誅，猶間用之。故魏晋以下仍有家屬徒坐之法。唐律惟反叛惡逆不道律有緣坐，他無有也。今律則姦黨交結近侍諸項俱緣坐矣，反獄邪教諸項亦緣坐矣，一案株連動輒數十人。夫以一人之故而波及全家，以無罪之人而科以重罪，漢文帝以爲不正之法反害於民。北魏崔挺嘗曰：一人有罪，延及闔門，則司馬牛受桓魋之罰，柳下惠膺盗跖之誅，不亦哀哉。其言皆篤論也。罰弗及嗣，虞書所美。罪人以族，周誓所譏。今世各國，咸主持刑罰止及一身之義，與罪人不孥之古訓實相符合，洵仁政之所當先也。擬請將律例緣坐各條，除知情者仍治罪外，其不知情者悉予寬免，餘條有料及家屬者准此。一曰刺字。刺字乃古墨刑，漢之黥也。文帝廢肉刑而黥亦廢。魏晋六朝雖有逃奴劫盗之刺，旋行旋廢。隨唐皆無此法。至石晋天福間始創刺配之制，相沿至今。其初不過竊盗逃人，其後日加繁密。刺事由，刺地名，刺改發，有例文不著而相承刺字者，有例文已改而刺字未改者，其事極爲紛糅。在立法之意，原欲使莠民知恥，庶幾悔過遷善。詎知習於爲非者，適予以標識，助其兇横，而偶罹法網者，則黥刺一膺，終身僇辱。誠如《宋志》所謂，面目一壞，誰復顧籍，强民適長威力，有過無由自新也。夫肉刑久廢而此法獨存，漢文所謂刻肌膚痛而不德者，正謂此也。未能收弼教之益，而徒留此不德之名，豈仁政所宜出此。擬請將刺字款目概行刪除，凡竊盗皆令收所習藝，按罪名輕重定以年限。俾一技能嫻，得以餬口，自少再犯、三犯之人。一切遞解人犯，嚴令地方官認真僉差押送，果能實力奉行，逃亡者自少也。以上三事，皆中法之重者。參諸前人之論説，既多議其殘苛，而考諸今日環球各國，又皆廢而不用。且外人訾議中法之不仁者，亦惟此數端爲最甚。此而不思變通，則欲彼之就我範圍，不猶南轅而北轍乎。查各國修訂法律，大率於新法未布，設單行法，或淘汰舊法之太甚者，或參考外國之可行者，先布告國中，以新耳目。是以略採其意，請將重法數端先行刪除，以明示天下宗旨之所在。此外或因或革，端緒繁多，俟臣等隨時釐訂，陸續奏聞。惟更張之始，度必有議其後者。竊思法律之爲用，宜隨世運爲轉移，未可膠柱而鼓瑟。昔宋咸平時，删太宗詔令，十存一二，史志稱之。我朝雍正乾隆年間，修改律例，於康熙時現行條例，删汰不知凡幾。即臣等承詔之初，亦以祖宗成憲未敢輕議更張，第環顧時局，默驗將來，實不敢依遠模稜，致令事機坐失。近日日本明治維新，亦以改律爲基礎。新律未頒，即將磔罪、梟首、籍没、墨刑先後廢止。卒至民風丕變，國勢駸駸日盛，今且爲亞東之强國矣。中日兩國，政教同，文字同，風俗習尚同，借鑑而觀，正可無庸疑慮也。伏惟我皇太后皇上深念時艱，勤求上理，特詔考訂法律，期於通行中外，法權漸可挽回。用敢擇其至要者披瀝上陳，倘蒙俞允，并請明降諭旨，宣示中外，俾天下曉然於朝廷宗旨之所在，而咸欽仁政之施行，一洗從來武健嚴酷之習，即宇外之環伺而觀聽者，亦莫不悦服而景從。變法自强，實基於此。謹奏。光緒三十一年三月二十日。

《清末籌備立憲檔案史料》第二編《修訂法律大臣沈家本奏旗人犯罪宜照民人一體辦理摺光緒三十三年八月初二日》　修訂法律大臣法部右侍郎臣沈家本跪奏，爲遵旨妥議化除滿漢切實辦法，擬請將旗人犯遣軍流徒各罪，照民人實行發配，現行律例折枷各條，概行刪除，恭摺具陳，仰祈聖

鑒事。

本年七月初二日内閣奉上諭：伏讀之下，仰見我皇太后、皇上一視同仁，懲前毖後之至意，曷勝欽佩。

竊維爲政之道，在立法以典民，法不一則民志疑，斯一切素隱行怪之徒，皆得乘瑕而蹈隙。故欲安民和衆，必立法之先統於一，法一則民志自靖，舉一切奇衺之説自不足以惑人心。《書》：無偏無黨，王道蕩蕩，無黨無偏，王道平平，正謂此也。查律載：凡旗人犯罪，笞杖各照數鞭責，軍流徒免發遣，分別枷號，徒一年者枷號二十日，每等遞加五日，總徒准徒亦遞五日，流二千里者，枷號五十日，每等亦遞加五日，充軍附近者枷號七十日，近邊者七十五日，邊遠沿海邊外者八十日，極邊煙瘴者九十日等語。此乃犯罪免發遣律文，係因明律軍官、軍人免徒流一條，仿照編纂。考明代軍官軍人隸於各衛以充什伍，各衛所差務，亦極殷繁，故犯流徒者，仍發各衛充軍當差。旗人犯罪折枷，與此意實相符合。

方我朝入關之初，八旗生齒未臻繁盛，軍伍有空虚之慮，差務有延誤之虞，故凡八旗之人犯軍流徒者，特設此折枷之制，免其發配，原爲供差務、實軍伍起見，初非區滿人與漢人而歧視之。其時盛京所招之民，有犯徒流軍者，亦照旗下分別枷號，此尤滿漢並無歧視之明證也。迨乾隆二十一年，始定有旗人毆死有服卑幼情節慘甚者，不准枷責完結之例。三十二年，又有旗人罪名，實係寡廉鮮恥，有玷旗籍，削去户籍，依律發遣之例。三十七年，又有莊頭、鷹户、海户人等，如犯軍遣流徒等罪，照民人定擬，不得折枷完結之例。四十二年，又有莊屯旗人並駐防無差使者，軍遣流徒照民人一例辦理之例。道光五年，又定有旗人窩竊、窩娼、窩賭，及誣告訛詐，行同無賴，不顧行止等項，銷除本身旗檔，分別發配，不准折枷之例。自以上各例通行以後，旗人犯罪照民人一體定擬者，日見其多，並不一例折枷矣。本年三月二十七日，法部議覆前順天府府尹孫寶琦請將枷號人犯比照笞杖贖金折罰摺内聲明，旗人折枷仍循其舊在案。此在變法伊始，不得不加以慎重，現既欽奉明詔化除滿漢畛域，若舊日兩歧之法，仍因循不改，何以昭大信而釋羣疑。

伏思今日八旗丁口日益蕃昌，與昔日情形迥異，若將旗人犯罪應發配者，概與民人一體辦理，亦無慮軍伍差務之乏人。如謂新章之監禁期長，舊律之折枷期短，重輕懸絶不甚相宜，抑知畛域之未能化除，正在此等重輕懸絶之處，盡人在覆幬之内，而一輕一重，此成見之所以未能盡融，似未可拘泥舊規，政法權不能統一。臣默覘世運，慨念時艱，欲籌挽救之方，不得不變通辦理，擬請嗣後旗人犯遣軍流徒各罪，照民人一體發配，現行律例折枷各條，概行删除，以昭統一而化畛域，請旨飭下廷臣會請施行，天下幸甚。

所有化除滿漢畛域實籌辦法緣由，謹恭摺具陳，伏乞皇太后、皇上聖鑒。謹奏。

《清末籌備立憲檔案史料》第二編《修訂法律大臣沈家本奏刑律草案告成分期繕單呈覽并陳修訂大旨摺光緒三十三年八月二十六日》

修訂法律大臣，法部右侍郎臣沈家本跪奏，爲刑律草案告成，分期繕具清單，恭呈御覽，並敬陳修訂大旨，恭摺祈聖鑒事。

竊臣恭膺簡命修訂法律，材疏任重，深懼弗勝，本年五月奏請將法律館歸併，請限三箇月清理交代等因。仰蒙俞允，欽遵在案。伏查臣自開館以來三閲寒暑，初則專力繙譯，繼則派員調查，而各法之中，尤以刑法爲切要，乃先從事編輯。上年九月間法律學堂開課延聘日本法學博士岡田朝太郎主講刑法，並令該教習兼充調查員幫同考訂，易稿數四，前後編定總則十七章，分則三十六章，共三百八十七條。考泰西十九世紀，學者稱爲法典革新時代，創之者爲法蘭西，繼之者爲希臘、奥大利。近如比利時、德意志、意大利、荷蘭、瑞士，尤聲價之卓著者。君相協謀於上，國民討論於下，學列專科，人兢選述。統計法系，約分法、德、英爲三派。若日本則又折衷法國與唐明律暨我朝刑律，一進而爲模範德意志者也。風氣所趨，幾視爲國際之競爭事業。而我中國介於列强之間，迫於交通之勢，蓋有萬難守舊者，敬爲我皇太后、皇上縷析陳之。

國家既有獨立體統，即有獨立法權，法權向隨領地以爲範圍。各國通例，惟君主大統領，公使之家屬從官，及經承認之軍隊、軍艦有治外法權，其餘僑居本國之人民，悉遵本國法律之管轄，所謂屬地主義是也。獨對於我國藉口司法制度未能完善，予領事以裁判之權，英規於前，德踵於後，日本更大開法院於祖宗發祥之地，主權日削，後患方長。此毖於時局不能不改也。

方今各國政治日躋於大同，如平和會、赤十字會、監獄協會等，俱以萬國之名組織成之。近年我國亦有遣使入會之舉，傳聞此次海牙之會，以我國法律不同之故，抑居三等，敦槃減色，大體攸關。此鑒於國際不能不改者也。

景教流行，始於唐代，有大秦、摩尼、祆神之別，言西教者喜爲依託。自前明以至國初，利瑪竇、熊三拔、湯若望、南懷仁之流，藉其數學傳教中國，雖信從者衆，而與現在情形迥異。教案爲禍之烈，至今而極，神甫、牧師勢等督撫，入教愚賤氣淩長官，凡遇民教訟案，地方閽於交涉，絀於因應，審判既失其平，民教之相仇益亟。蓋自開海禁以來，因鬧教而上貽君父之憂者，言之滋痛。推原其故，無非因内外國刑律之輕重失宜，有以釀之。此又懲於教案而不能不改者也。

職是數者，修訂之難什倍曩時，臣審察現時之民俗，默驗大局之將來，綜覈同異，絜校短長，竊以爲舊律之宜變通者，厥有五端：

一曰更定刑名。自隋開皇定律，以笞、杖、徒、流、死爲五刑，歷唐至今因之。即泰西各國初亦未能逾此範圍，迄今交通日便，流刑漸失其效，僅俄、法二國行之，至笞、杖亦惟英、丹留爲懲戒兒童之具。故各國刑法，死刑之次，自由刑及罰金居其多數。自由刑之名稱，大致爲懲役、禁錮、拘留三種。中國三流外，有充軍、外遣二項。近數十年以來，此等人犯逃亡者，十居七八，安置既毫無生計，隱匿復慮滋事端。歷來議者，百計圖維，迄無良策。事窮則變，亦情勢之自然。光緒二十九年，刑部奏請删除充軍名目，奉旨允准。衹以新律未經修定，至今仍沿用舊例。是年刑部又議准升任山西巡撫趙爾巽條奏，軍遣、流徒酌改工藝。三十一年，復經臣與伍廷芳議覆前兩江總督劉坤一等條奏，改笞、杖爲罰金，均經通行在案。是已與各國辦法無異。茲擬改刑名爲死刑、徒刑、拘留、罰金四種，其中徒刑分爲無期、有期。無期徒刑懲役終身，以當舊律遣軍。有期徒刑三等以上者，以當舊律三流，四等及五等以當舊律五徒。拘留專科輕微之犯，以當舊律笞、杖。罰金性質之重輕，介在有期徒刑與拘留之間，實亦仍用贖金舊制也。

一曰酌減死罪。死罪之增損代各不同，唐沿隋制，太宗時簡絞刑之屬五十，改加役流，史志稱之。宋用刑統，而歷朝編敕麗於大辟之屬者，更僕難數，頗傷繁細。元之刑政廢馳，問擬死罪者，大率永繫獄中。明律斬、絞始分立決、監候，死刑階級，自茲益密。歐美刑法，備極單簡，除意大利、荷蘭、瑞士等國廢止死刑外，其餘若法、德、英、比等國，死刑僅限於大逆、内亂、外患、謀殺、放火等項。日本承用中國刑法最久，亦止二十餘條。中國死刑條目較繁，然以實際論之，歷年實決人犯以命盜爲最多，況秋審制度詳覈實緩，倍形慎重，每年實予勾決者，十不逮一，有死罪之名，而無死罪之實，持較東西各國，亦累黍之差爾。茲擬準唐律及國初并各國通例，酌減死罪，其有因囿於中國之風俗，一時難予驟減者，如强盜搶奪、發冢之類，别輯暫行章程，以存其舊。視人民程途進步，一體改從新律。顧或有謂罪重法輕，適足召亂者，不知刑罰與教育互爲消長，格免之判，基於道齊，有虞畫象，亦足致垂拱之治。秦法誅及偶語，何能禁勝、廣之徒起於草澤。明洪武時所頒《大誥》，至爲峻（誥）〔酷〕，乃棄市之屍未移，新犯大辟者即至。懲諸載籍，歷歷不爽。況舉行警察爲之防範，並設監獄爲之教養，此弊可無顧慮也。

一曰死刑唯一。舊律死刑以斬、絞分重輕，斬則有斷脰之慘故重，絞則身首相屬故輕，然二者俱屬絶人生命之極刑，謂有重輕者，乃據炯戒之意義言之爾。查各國刑法，德、法、瑞典用斬，奥大利、匈牙利、西班牙、英、俄、美用絞，俱係一種，惟德之斬刑通常用斧，亞魯沙斯、盧連二州用機械，蓋二州前屬於法，而割界德國者，猶存舊習也。惟軍律所科死刑俱用銃殺，然其取義不同，亦非謂有輕重之別。茲擬死刑僅用絞刑一種，仍於特定之行刑場所密行之。如謀反大逆及謀殺祖父母、父母等條，俱屬罪大惡極，仍用斬刑，則别輯專例通行。至開戰之地頒佈戒嚴之命令，亦可聽臨時處分，但此均屬例外也。

一曰删除比附。考《周禮・大司寇》有縣刑象於象魏之法，又《小司寇》之憲刑禁，士師之掌五禁，俱徇以木鐸。又布憲執旌節，以宣布刑禁，誠以法者與民共信之物，故不憚反覆申告，務使椎魯互相警誡，實律無正條不處罰之明證。《漢書・刑法志》：高帝詔獄疑者廷尉不能決，謹具奏附所當比律令以聞，此爲比附之始。然僅限之於疑獄而已。至隋著爲定例，即唐律出罪者舉重以明輕，入罪者舉輕以明重是也。明律改爲引律比附加減定擬，現行律同。在唐神龍時，趙冬曦曾上書痛論其非，且曰死

生罔由於法律，輕重必因乎愛憎，受罰者不知其然，舉事者不知其法，誠爲不刊之論。況定例之旨，與立憲尤爲抵捂，立憲之國，立法、司法、行政三權鼎峙，若許署法者以類似之文致人於罰，是司法而兼立法矣。其弊一。人之嚴酷慈祥，各隨稟賦而異，因律無正條而任其比附，輕重偏畸，轉使審判不能統一。其弊又一。兹擬删除此律，而各刑酌定上下之限，憑審判官臨時審定，並别設酌量減輕、宥恕減輕各例，以補其缺。雖無比附之條，而援引之時亦不致爲定例所縛束。論者謂有人情萬變，斷非科條數百所能賅載者。不知法律之用，簡可馭繁，例如謀殺應處死刑，不必問其因姦因盜，如一事一例，恐非立法家逆臆能盡之也。

一曰懲治教育。犯罪之有無責任，俱以年齡爲衡，各國刑事丁年自十四以迄二十二不等，各隨其習俗而定。中國幼年犯罪，向分七歲、十歲、十五歲爲三等，則刑事丁年爲十六歲以上可知。夫刑罰爲最後之制裁，丁年以内乃教育之主體，非刑罰之主體。如因犯罪而拘置於監獄，薰染囚人惡習，將來矯正匪易，如責付家族，恐生性桀驁，有非父兄所能教育，且有家本貧窶無力教育者，則懲治教育爲不可緩也。按懲治教育始行之於德國，管理之法略同監獄，實參以公同學校之名義，一名强迫教育，各國倣之，而英尤勵行不懈，頗著成績。兹擬採用其法，通飭各直省設立懲治場，凡幼年犯罪改用懲治處分拘置場中，視情節之重輕，定年限之長短，以冀漸收感化之效，明刑弼教，蓋不外是矣。

編輯蒇事，復命館員逐條詳考沿革，詮述大要，並著引用之法，以析疑義。除分則續行呈進外，謹將總則一編，先行繕具清單，恭呈御覽。伏祈飭下憲政編查館，照章考核請旨施行。

抑臣更有請者，作事艱於謀始，徒法不能自行，修訂法律，就時局而論，至爲密切，而殊不便於畏難苟安之州縣，蹈常襲故之刑幕。將欲實行新律，必先造就人材。近年各省遵旨設立法政學堂，疊見奏報，擬請明諭各督撫認真考覈，力籌推廣，務使闔省官紳均有法律知識，則一切新政可期推行無弊，實與豫備立憲大有關係，此尤臣一得之愚，旦夕企望者也。所有進呈刑律草案陳明編輯宗旨緣由，謹恭摺具陳，伏乞皇太后皇上聖鑒。謹奏。

《大清法規大全・法律部》卷三《變通舊律例二・修訂法律大臣奏遵議滿漢通行刑律摺》

九月初三日奉上諭，朕奉慈禧端佑康頤昭豫莊誠壽恭欽獻崇熙皇太后懿旨：禮教爲風化所關，刑律爲紀綱所係。滿漢沿襲舊俗，如服官守制以及刑罰輕重，間有參差，殊不足以昭畫一。除宗室本有定制外，著禮部暨修訂法律大臣議定滿漢通行禮制刑律，請旨施行，俾率土臣民咸知遵守，用彰畫一同風之治。欽此。跪聆之下，仰見皇太后皇上覆載無偏，一視同仁之至意，欽佩莫名。除通行禮制應由禮部議定具奏外，竊維率土之濱，莫非王臣，自來帝王御宇，未有歧視臣民者。我朝入關之初，八旂刑制，視漢人有不同者。原以八旂户口未臻蕃盛，丁壯俱隸軍籍，若犯罪概照民人實發軍伍，即虞缺額，差務亦因之稽延，故將前明軍人犯罪免徒流之律，改爲旗人犯罪免發遣之條。凡滿洲蒙古漢軍犯該徒流軍遣，分别改折枷號，不與漢人一例實發。其時盛京所招民人有犯徒流等罪，亦照旗下分别枷號，可見折枷之制，全爲軍伍差務起見，初非歧視旗民也。且當時約束旗人較民人尤爲嚴肅，一賭博也，而旗人獨擬絞候。一秋審也，而旗人概擬情實。嘉慶以後，始將此等例文删除，與民人一體辦理。然未删之例，如吃酒行兇即行送部發遣，金刃傷人即永不准食糧，如此之類，皆旗人治罪之重於民人者，更可見旗人治罪舊律，世俗以爲優待旗人者，皆未識定律之本意也。乾隆年間，疊次纂定旗人不准折枷各例。道光五年，復分别情節輕重，凡不在寡廉鮮恥之列者，准其折枷。如係不顧行止有玷旗籍者，俱照民人一體實發，纂爲通例。蓋凡身隸旗籍者，人人有軍人之責任，即人人當有軍人之資格。一經有玷旗籍，即銷除旂檔，永遠不准挑差。在東西各國之剥奪公權有軍籍資格一項，頗與此例之意隱相符合。自此例頒行以後，旂人犯罪之與民人一體辦理者，日見其多，與從前情形已不相同。此由生齒日繁，人類即難一致，法令與人情風俗互爲消息，自不得墨守成規。況乾隆十二年有八旂漢軍准改民籍之例，道光五年又有八旗滿洲蒙古准改民籍之例，是化除畛域，早示端倪。方今中外交通，法律思想日趨新異，儻仍執舊律，劃分滿漢之界，不惟啟外人輕視之心，尤與立憲前途諸多阻礙。臣等於現行律例詳加查考，其滿漢歧異之處：同一決責用刑，而民人用笞、用杖，旗人獨用鞭責。同一發遣定地，而民人應發雲貴兩廣新疆者，旗人則發黑龍江甯古塔等處。其他旗人犯罪，或較民人爲輕，或較民人爲重者，相歧之處尚多。誠如聖諭，不

足以昭畫一。雖定例之初，原各有因時制宜之道，但綱紀所繫，若仍彼此殊異，不足以化畛域而示大公。臣等公同商酌，凡律例之有關罪名者，固應改歸一律。即無關罪名而辦法不同者，亦應量爲變通。除笞杖已改罰金，旗人鞭責業經一體辦理外，擬請嗣後旗人犯罪，俱照民人各本律本例科斷，概歸各級審判廳審理。所有現行律例中旗人折枷各制並滿漢罪名畸輕畸重及辦法殊異之處，應刪除者刪除，應移改者移改，應修改者修改，應修併者修併，共計五十條。開列清單，恭呈御覽。如蒙俞允，即由臣等通行内外問刑衙門一體遵行，庶法權歸於統一，足以彰聖主同仁之治，而憲政立有根基，亦可奠萬年不拔之業矣。再在外蒙古案件應按蒙古例問擬者，事隸理藩部，此時未便遽議更張，應仍照舊章辦理，合併聲明。謹奏。光緒三十三年十二月初七日奉旨：依議。欽此。再查例載：一、凡旂人謀故鬬殺等案，仍照例令地方官會同理事同知審擬外，其自盡人命等案，即令地方官審理。如果情罪已明，供證已確，免其解犯，仍由同知衙門核轉。倘恃旂狡賴，不吐實供，將案内無辜牽連人等先行摘釋，只將要犯解赴同知衙門審明。如該同知事外苛駁借應質名色濫差提擾，該上司立即題參。一、各省理事廳員，除旂人犯命盜重案仍照例會同州縣審理外，其一切田土、户婚、債負細事，赴本州縣呈控審理。曲在民人，照常發落，曲在旂人，録供加看，將案内要犯審解該廳發落。至控告在官人犯，不論原被，經州縣兩次拘傳別無他故抗不到案者，將情虚逃避之犯嚴拿治罪。一、各處理事同知遇有逃人案件并旂人與民人争角等事，俱行審理，不必與旂員會審各等語。此三條，在刑律軍民約會詞訟門内。前二條均係旗人案件歸理事同知會同地方官審擬之例，後一條係理事同知自行審理之例。又例載：一、各省駐防旂人犯該斬絞者，毋庸解部，即在理事同知衙門收禁。如有應入秋審人犯，令將軍、都統等悉心確核，分别情實、緩決、可矜造册，題達刑部，九卿會核具題，至勾到時，禁省駐防即另册同各省應勾人犯一體辦理等語。此條在有司決囚等第門内，係旂人犯死罪秋審專歸將軍都統之例，此辦理旂人案件與民人之不同者也。查奉天省旂人詞訟向俱歸州縣審理，並不由旗員會審，遵行已久，並無窒礙。現在新定官制，京師及各直省設立各級審判廳，一切詞訟俱歸審判廳審理，旂民自毋庸區别。至秋審案件皆係駐防旂人，今駐防規制正議變通，則此項秋審事宜自應統歸督撫辦理，以免歧異。擬請嗣後旂人詞訟案件，統歸各級審判廳審理。其審判廳尚未設立省分，概歸各州縣審理，毋庸再由理事同知通判等官會審。至各省理事同知通判等員缺可否裁撤，應請由各該督撫酌量情形奏明辦理。至駐防旗人應入秋審人犯，亦請改歸各督撫彙入民人秋審册内一體辦理，毋庸再由各將軍都統核審，以昭畫一而免歧異。謹奏。光緒三十三年十二月初七日奉旨：依議。欽此。

再，旗下家奴各條例亦多與民人辦法不同，上年據前署兩江總督周馥奏請禁革買賣人口一摺，由政務處知照法律館參考辦法，當經議定辦法咨覆去後，嗣因政務處裁撤，一切案卷輾轉移交憲政編查館經理，尚未覆奏，所有旗下家奴各條例，應俟議覆周馥一摺定議奏准之後，再議去留，理合附片具陳，謹奏。光緒三十三年十二月初七日奉旨：知道了。欽此。

《清末籌備立憲檔案史料》第二編《修訂法律大臣沈家本等奏請編定現行刑律以立推行新律基礎摺光緒三十四年正月二十九日》 修訂法律大臣法部右侍郎臣沈家本等跪奏，爲擬請編定現行刑律，以立推行新律基礎，恭摺仰祈聖鑒事。

竊維新政之要，不外因革兩端，然二者相衡，革難而因易，誠以慣習本自傳遺，損益宜分次第，初非旦夕所能責望也。方今瀛海交通，儼同比伍，權力稍有參差，强弱因之立判，職是之故，舉凡政令、學術、兵制、商務，幾有日趨於同一之勢。是以臣家本上年進呈刑律，專以折衝樽俎，模範列强爲宗旨。惟是刑罰與教育互爲盈朒，如教育未能普及，驟行輕典，似難收弼教之功，且審判之人才，警察之規程，監獄之制度，在在與刑法相維繫，雖經漸次培養設立，究未悉臻完善。論邅遞之理，新律固爲後日所必行，而實施之期，殊非急迫可以從事。考日未行新刑法以前，折衷我國刑律，頒行《新律綱領》，一洗幕府武健嚴酷之風，繼復酌採歐制，頒行改定律例三百餘條，以補綱領所未備，維持於新舊之間，成效昭著。故臣等陳奏開館辦事章程摺内，擬請設編案處，刪訂舊有律例及編纂各項章程，並額設總纂、纂修、協修等職，分司其事。等因。均仰蒙俞允，欽遵在案。伏查乾隆年間定章，修例年限，五年小修一次，又五年大修一次，大致分修改、修併、續纂、刪除四項，依次編訂。自同治九年而後未能依限纂修。光緒二十九年，臣家本在刑部左侍郎任内，奏請刪訂，嗣於

三十一年先將刪除一項，綜計三百四十五條，分期繕單進呈。其修改、修併、續纂三項，未及屬稿，適值更改官制，從前提調總纂各員，有擢升外任者，有調赴他部者，暫行中止。現在新律之頒布，尚須時日，則舊律之刪訂，萬難再緩，臣等公同商酌，擬請踵續其事，以竟前功，並酌擬辦法四則，敬爲我皇太后、皇上陳之。

一、總目宜刪除也。刑律承明之舊，以六曹分職，蓋沿用《元聖政典章》及《經世大典》諸書，揆諸名義，本嫌未安，現今官制或已改名，或經歸併，與前迥異，自難仍繩舊式，茲擬將吏、户、禮、兵、刑、工諸目一律刪除，以昭劃一。

一、刑名宜釐正也。律以笞、杖、徒、流、死爲五等，而例則於流之外，復增外遣、充軍二項。自光緒二十九年刑部奏（諸）〔請〕刪除充軍名目，改爲安置，是年刑部又於議覆升任山西巡撫趙爾巽條奏，軍、流、徒酌改工藝。三十一年，臣家本與伍廷芳議覆前兩江總督劉坤一等條奏，改笞、杖爲罰金。三十二年，奏請將秋審可矜人犯隨案改流。三十三年，臣等遵旨議定滿漢同一刑制，是年法部覆奏請將例緩人犯，免入秋審等因各在案。叠届變通，漸趨寬簡，質言之，即死刑、安置、工作、罰金四項而已，而定案時因律例未改，仍復詳加援引，偶一疏忽，舛迕因之，似非循名覈實之義。茲擬將律例内各項罪名，概從新章釐訂，以免紛歧。

一、新章宜節取也。新章本爲未纂定之例文，惟自同治九年以來垂四十年，通行章程，不下百有餘條，閲時既久，未必盡合於今。茲擬分别去留，其爲舊例所無，如毁壞電杆、私鑄銀圓之類，擇出纂爲定例，若係申明舊例，或無關議擬罪名，或所定罪名復經加減者，無庸編輯。

一、例文宜簡易也。律文垂一定之制，例則因一時權宜量加增損，故列代文法之名，唐於律之外有令及格式，宋有編敕，自明以大誥會典問刑條例附入律後，律例始合而爲一。歷年增輯，寖而至今，幾及二千條以下，科條既失之浩繁，研索自艱於日力，雖經節次刪除，尚不逮十之二三。其中與現今情勢未符者，或另定新章，例文已成虚設者，或係從前專例無關引用者，或彼此互見，小有出入者，不勝縷舉。凡此之類，擬請酌加刪併，務歸簡易。

以上四者係就大體言之，其餘應行改之處，臨時酌覈辦理。如蒙俞允，即定其名曰《現行刑律》，由該總纂等，按照修改、修併、續纂、刪除四項，逐加案語，分門編録，並責令剋期告成，分别繕具清單，恭候欽定。一俟新律頒布之日，此項刑律再行作廢，持之以恒，行之以漸，則他日推暨新律，不致有扞格之虞矣。

所有擬請編訂現行刑律緣由，謹恭摺具陳，伏乞皇太后、皇上聖鑒。

謹奏。

《清末籌備立憲檔案史料》第二編

《署郵傳部右丞李稷勳奏新纂刑律草案流弊滋大應詳加釐訂摺光緒三十四年三月初四日》

署郵傳部右丞右參議臣李稷勳跪奏，爲新纂刑律分則草案，輕重失宜，流弊滋大，擬懇詳加釐訂，以維政體而弭亂端，恭摺仰祈聖鑒事。

竊維政與教相維，而後上下無歧志，刑與禮相應，而後出入有大防，君父之倫與天無極，此中國數千年禮治之精神，所謂懸諸日月百世不刊者也。自頃五洲交通，列强環跱，凡號稱東西文明國者，無不競騖於新，而慎保其舊。一時法學名家，謂宗教、歷史、慣習爲國家立法三要素，誠以法制因革，關係至鉅，泥新戾舊，流弊滋多。此次修訂法律大臣沈家本等撰進《刑律草案》，原奏内稱是編修訂大旨，折衷各國大同之良規，兼採近世最新之學説，而仍不戾乎我國歷代相沿之禮教民情，誠爲洞見本原之論。我皇太后、皇上鋭意圖强，毅然乾斷，特置法律專官，開館纂訂，以爲實行立憲統一法權之預備，薄海臣庶，喁喁企踵想望太平，甚盛事也。惟是新法大意，固以參合中西適於政體爲宗旨，中國舊政，首重明倫，司徒五教，尤我立國之根本。近年人心不戢，詖言日滋，往往誤認自由平權之範圍，而恣爲無父無君之謬論，朝廷詔民讀法，萬目具瞻，苟輕重一或不當，竊恐不逞之徒益得援之以爲口實，狂流所極，後患安窮，此則臣所鰓鰓過慮者也。

查現訂刑律分則草案，計分三十五章，第一章曰關於帝室之罪，意在尊君，義至當也。自第二章至二十四章，大若内亂國交，洩漏機務，瀆職害公，水火危險，僞造貨幣、文書，小若騷擾逃匿，僞證誣告，鴉片賭博，姦非污穢，各項罪刑，無不森然羅列，纖悉咸具。獨至殺害祖父母、父母及期功親屬，乃僅附見於二十五章。關於殺傷條内之三百節至三百十一節，不惟弒逆大惡與殺傷平人，略無區别，已堪駭異，而前後寥寥數

條，復與尋常各罪犯交互錯出，尤足令亂臣賊子睥睨生心，以爲祖孫父子一切平等，固法律所公認也。

夫刑制之設，原藉以維持禮教，保衛治安，若轉以長惡生姦，虧禮害俗，是召天下之亂也，揆之立法初意，或亦慮不及此。擬懇飭下會議政務王大臣，公同披閱，悉心詳議，凡逆倫大罪及殺傷期功以下親屬，應請別爲專條，移置第二章，題曰關於親屬之罪。至於罪名輕重，應仍責成修訂法律大臣權衡情事，折衷學理，俾歸一律。據該大臣等原奏，謂舊律死刑，以斬絞分輕重，二者俱絶人生命之極刑，謂有輕重者，乃據炯戒之意義言之耳。茲擬死刑僅用絞刑一種，如謀反大逆及謀殺祖父母、父母等條，俱屬罪大惡極，仍用斬刑，別輯專例通行等語。是該大臣等於倫紀攸關，案情重大諸條，方擬別申嚴典，倘蒙天恩採納，允如臣議，不過將原書次第，酌加改移，於第一、第二兩章微示立法之意。尊尊所以勸忠，親親所以明孝，當此邪説紛歧，禮教絶續之秋，其裨於政治，實非淺鮮。

如謂改訂新律，意在收回治外法權，不宜過繩以舊例。臣愚以爲法權外失，誠足礙我統治，然一時能否收回，固賴有開明之法律，尤恃有强實之國力，萬一空文無效，不獨無補外交，徒先亂我内治，甚非計也。況中外政俗，雖有不同，而天親之愛，生人同具，立法既臻平恕，決不因重親親屬，致生阻難，此尤可斷言者也。

臣區區之意，實爲慎防流弊起見，所有擬請釐訂刑律分則緣由，謹繕摺瀝陳，伏乞皇太后、皇上聖鑒訓示。謹奏。

《清末籌備立憲檔案史料》第二編《著京外各衙門簽註新訂刑律草案諭宣統元年正月二十六日》　宣統元年正月二十六日内閣奉上諭：戴鴻慈等奏請飭催京外各衙門簽注新訂刑律案一摺。法律爲憲政始基，亟應修改以備頒布。所有新訂刑律草案，著京外各衙門照章簽注，分別咨送，毋稍延緩，以憑覈訂而昭畫一。欽此。

《清末籌備立憲檔案史料》第二編《山東巡撫袁樹勛奏刑律實行宜分期籌備摺宣統元年閏二月初一日》　頭品頂戴山東巡撫臣袁樹勛跪奏，爲刑律實行，宜分期籌備，敬抒管見，仰祈聖鑒事。

竊臣伏讀本年正月二十六日上諭：戴鴻慈等奏，請飭催京外各衙門簽註新訂刑律草案一摺，著京外各衙門照章簽註咨送，以憑核訂而昭畫一等因。欽此。仰見慎重刑律，圖進文明之至意。查原奏我國刑律不能不改之故有三：曰毖於時局，曰鑒於國際，曰懲於教案。無非以我國法律未備，輕重失宜爲藉口，三者之中，或誤以領事裁判權爲治外法權，文義上之解釋，原奏已明，或更誤以教案爲交涉，遇民教兩造訴訟之案，往往牽入國際，外人亦利用而愚弄之。數十年來，不特外國住居之人民，不受我國所屬地法律之支配，尋至我國内地人民，恃外國住居人一二爲護符，亦將不受我國法律之支配。原奏所謂人教愚賤，氣凌長官，闇於交涉，絀於因應。臣愚以爲此非闇於交涉也，本非交涉而誤爲交涉則闇矣，非絀於因應也，無可因應而與之因應則絀矣。何怪裁判權之移於領事，保和會之抑居三等，桁楊改色，槃敦無光，羞朝廷而重蹙吾民之生命耶。故居今日而言刑律，變固變，不變亦變，但變在我，則或有桑榆晚景之收，變不在我，將愈釀塗炭生靈之厄。觀於通商各埠對於中國罪犯，請復笞責，刑罰不中，民無所措手足，嗟言及此，可爲痛心。

臣細繹修律大臣所訂刑律草案，變通之事例凡五，内如酌減死罪，或議其太輕，删除比附，或疑其太渾。其所以酌減及删除之理由，實皆採取歐美列邦之學説，參以中國舊時之習慣，斟酌損益，頗具苦心，原奏均已詳言之，無可議亦無可疑也。臣之竊竊然議且疑者，則不在枝葉上之討論，而在根本上之解決。根本維何？中國如不改訂法律，尚能適存於列强競争之世紀否？尚能範圍此住居衣食之人民否？原奏所稱不能不改之故，固不待智者而自明也。此所謂根本之解決也。

雖然，我國現用之刑律，已成何等之時代，我國今日之時代，應適用何等之刑律，原奏於不可適用之處，則別爲暫行章程。又恐暫行章程之或有窒礙也，則曰舉行警察爲之防範，普及監獄爲之教養，罪重法輕之弊，可無顧慮等語。蓋臣之顧慮，即在此矣。

夫各省舉辦警察，僅存形式耳，或並形式而未備耳。上年民政部始頒行警察學堂及巡警教練所章程，按照九年籌備期限，今届甫在舉辦，若監獄爲籌備清單内所未及，似不能即屬於籌辦審判之一部分。其實監獄如不改良，則雖受極文明之裁判，而仍處以極不文明之監獄，與新訂刑律，乃真有直接之關係，其弊尤甚於巡警之不完備也。

刑律枝葉之討論，縱極完密，事實之障礙，固已多矣。臣聞刑法之沿

革，先由報復時代進於峻刑時代，由峻刑時代進於博愛時代。我國數千年來相承之刑律，其爲峻刑時代，固無可諱，而外人則且持博愛主義，馴進於科學主義，其不能忍讓吾國以峻刑相殘也，非惟人事爲之，亦天道使然也。原奏所謂警察爲之防範，監獄爲之教養，即由峻刑而進於博愛之證也。論者不揣改訂刑律主義之所在，而毛舉峻刑時代之習慣，瑕指而瘢索之，毋怪格不相入也。故爲我國今日計，既不能自狃於峻刑主義，則不能不採取博愛主義。警察所以强制未犯罪之人不得爲非，監獄則並教養已犯罪之人復歸於善，亦曰感化主義。是二者在刑法上爲旁義，而在新刑律實行之先，則非有切實之籌備，至某年巡警辦有規模，某年監獄均已設立，則新刑律終不可得而施。

我國新政，變甲而不變乙，並甲亦無效，大都然也。就東省情形而論，曹、兖數府，以强悍聞，殺人于貨，相習成風。治斯土者，亦惟以嗜殺爲能，殺愈多而盗亦並不減少。夫刑罰者，最後之制裁也，日以刑罰加諸民，則制裁之道窮，而樂生之意少。老子曰：民不畏死，奈何以死畏之。故峻刑主義之不得不轉入博愛，理有固然，亦勢有必至也。如是則今日京外衙門，對於新刑律不必從枝葉上討論，仍當從根本上解決。既如原奏，刑律不能不改，則惟有預籌未施行此項刑律之先，應用何種助長之方法，使之易峻刑而進博愛，易威嚇而用感化，似非僅如原奏空言法律知識所能辦此。

臣疆寄忝膺，不敢爲苟且之圖，亦不敢存凌躐之見，擬在東省擇地先辦一寬大之監獄，經營伊始，難在籌款，尤難在得人。蓋必須擇宅心公正，具有慈善之願力，而尤樸實耐勞有監獄之經驗學職者綜理其事，始不至視爲例差，有如傳舍。微臣智短材疏，不敢謂辦理必有效果，而默察施行新刑律之入手，非經此階級不可。無論東省財政如何支絀，然上體天心之仁愛，下傷民命之顛連，蕩滌瑕垢，咸與維新，臣斷不敢不勉爲其難。一俟計畫稍有端倪，另摺奏報。其刑律草案，經飭知按察使胡建樞查照分别簽註，兹據詳覆，並簽註各條，臣察閲之餘，亦係從枝葉上討論，聊備千慮一得之用。

除分咨查照外，芻蕘之見，是否有當，伏乞皇上聖鑒訓示，並敕下修訂法律大臣，一併核議施行。謹奏。

《大清法規大全·法律部》卷三《變通舊律例二·憲政編查館奏核議**沈家本等奏編定現行刑律摺》** 奏爲遵旨核議具奏恭摺，仰祈聖鑒事。本年八月二十九日欽奉諭旨：沈家本等奏，編定現行刑律告竣，繕具黃册，恭候欽定一摺，著憲政編查館核議具奏。欽此。臣等檢閲原奏及案語，大致彙輯新章，删約舊例，統計律文四百十四條，例文一千六十六條，並於每條博考源流，詮識要義。該大臣等以年餘歲事程功迅速，具見苦心，惟其中尚有應行斟酌者數端。一、五刑名目照新章更定，本綜核名實之道，乃罰金之名改爲罰刑，似尚未協。查罰金始於漢律，沿於六朝，其源最古。自笞杖改制以來，久已中外通行，今並省其詞，轉滋疑義，且罰之與刑，文義相類，各刑初莫非懲罰之用也，自應仍用罰金標目爲宜。一、再罰金之刑施之於輕罪人犯，全其廉恥，即以啟其羞惡，而於有關十惡及犯姦等條，恐不足以昭儆戒，應另輯專條，實罰工作不准以罰金完結，以嚴風紀。一、買賣人口久爲環球所指摘，而與立憲政體保護人民權利之旨尤相背馳。此次編訂，未經議及，良以屬稿在未奉明詔之先。本月臣等議覆前署兩江總督周馥、監察御史吴緯炳等條奏，業經奉旨禁革，欽遵在案，自應將律内有關買賣人口及奴僕奴婢諸條一律删除改定，以昭仁政。一、舊律以六曹分類，多摭拾各部則例，取盈篇幅，已於體例不符，且庶政日新，今昔迥異，而存此條文於例内，轉致引斷失宜。現既删除總目改稱現行刑律，則所附之條自當以有刑名者爲斷。原本於無關引用諸條，雖經删除，尚有未盡，自應再行酌核芟薙。惟此項附存之例，未知各部則例有無正文，現在是否有資援引，應俟命下後由臣館繕具清單，咨行各衙門量加甄擇，輯入則例，庶免遺漏。一、典章制度隨人世而殊，損益變通宜循時尚，律文沿自前明，其中，如文官不許封公侯，朝見留難多與今制不合。至稱乘輿車駕，制書有違，詐傳詔旨等條内，兼及皇太子，尤背列聖相傳家法，以上各律宜從删削。一、律文詞旨簡嚴，故死刑不註監候字樣者概爲立決，原本凡凌遲所改各條概大書立決，其絞決所改各條概大書監候入實，雖爲詳著本罪起見，究乖義例，仍宜分别節删，或改小註，以期全體一貫。一、流徒等刑從前襲用遷徙之制，自改工藝概須於監獄執行，即與獄囚無殊，凡有逃亡自應以在監人論。考各國獄制，分既決、未決二種，既決者收容服役之犯，未決者收容逮捕之刑事被告人，名稱雖有不同，其

爲監獄則一。原本仍沿舊日辦法，並以晝夜分別輕重，揆諸法理，多所未安。茲採用唐律加役之法，藉資懲肅而杜紛歧。一、梟磔等刑久經停止，死刑僅分斬決、絞決、絞候情實、絞候四種，決罰之如何應權衡情罪之重輕，乃原本於殺一家三人門內增入請旨即行正法各條。查此項罪名，舊例專用於强盜條內遣流脱逃之犯，本一時權宜之計，其餘如逞忿支解及卑幼因姦盜拒斃緦尊等條，大率因一時一事而加重究，非法定常刑，不足據爲典要。且絞候入實與絞決相去僅止一間，似不宜於二者之間復設等差。果其情節較重，不妨予以立決，若罪有所止，亦可援名例從重或從一之例擬以監候，今監候其名立決，其實未免治絲而棼。凡此之類，宜予逐一釐正刪減，以歸畫一。一、本年十二月法部議覆郵傳部奏請定竊毁鐵路要件治罪專條，奉旨允准，係在編訂以後自應續行纂入，以資引用。以上就其大者言之。此外文義未協及罪名繁複之處，督飭館員分篇勘正，統計二百六十一條，原本體例分脩改、脩併、移併、續纂、刪除各類，今查有原本刪除而體察情刑仍應列入者數條，因又增脩復一類共爲六類，逐條加具案語。臣等復加審訂，謹繕黄册籤，分裝二函，並將原書凡脩正之處黏貼黄籤，一並敬呈御覽，恭候欽定。如蒙俞允，即由臣館將前後黄册咨交修訂法律大臣，將律例正文依類排比，向章另繕黄册，會同臣館請旨刊印頒行，以資遵守。所有遵旨核議緣由，理合恭摺具陳，伏乞皇上聖鑒。謹奏。宣統元年十二月二十四日奉旨依議。欽此。

《大清法規大全·法律部》卷三《變通舊律例二·又奏請飭修訂法律大臣另編重訂現行律片》 再本年十一月十八日欽奉諭旨，高等檢察廳檢查長徐謙奏：編定現行刑律，應遵憲政籌備清單，預爲規畫，以便逐漸施行新律一摺，著憲政編查館知道，欽此。查閲原奏内開：當奏請編定現行刑律之時，憲政籌備清單尚未具奏，新律實行年限未經宣布，故其辦法僅依修例向章，大抵刪移歸併爲多，於新律少所印證。今則薄海臣民心目中莫不有一未來之新律，雖次第見諸實行，尚在數年以後，而此數年中無論何項規制，均當力求完善，以助籌備事宜之進行。蓋新法未實行，舊法未遽廢之時，其間必應編定經過法以調和之。編定之法即於舊法中定明何者改從新法，何者仍從舊法是也。其大端有五：一、分别民刑；一、重罪減輕，輕罪加重；一、停止贖刑；一、婦女有罪應與男犯同一處罰；一、次第停止秋審、覆核。請旨飭下憲政編查館，將現行刑律參照新刑律妥爲核訂，以臻完善，而資進步等語。伏查所奏係爲溝通新舊畫一規制起見，列舉五端均屬確有見地，惟此次編訂現行刑律係因舊律多年未修，新章疊出，端緒紛繁，引用不便，是以按照現在通行章程改其不合，補其未備，刪其已廢諸條，以便援引，故謂之現行刑律，并未能遽與新律相接近也。新舊遞嬗之際，本非一蹴可幾，日本刑法前後改正，凡經四次，始由舊制而純歸新派，我國當此籌備期内自亦當逐漸進行，以免凌躐之弊。臣等因現在内外問刑各衙門急待現刑律應用，不便久稽，是以即就原本體裁，酌加核正，以應急需。至該檢察長所奏各節洵屬新舊經過之交不可少之制作，擬請旨飭下，修訂法律大臣按照所奏諸端再行考核中外制度，參酌本國情形，詳加討論，悉心審訂，另定體例，編爲《重訂現行律》一編進呈請旨，飭交臣館覆核頒行，以期與各新律漸相比附，俟籌備届期即可逕行新律，以免扞格而饜人心。再，現在京外地方各級審判廳亟須一律開辦，各該廳内應分民事爲專科，所有民事案件業經法部於光緒三十三年會奏，各級審判廳試辦章程内聲明，以審定理之曲直者爲民事案件等因業已奉旨允准，欽遵在案。此項重訂現行律未頒行以前，其現行刑律户役内承繼分産以及男女婚姻、典買田宅、錢債違約各條應屬民事者，自應遵照奏定章程，毋庸再科罪刑。其查封拍賣及應判決執行者，仍照定章辦理，以符名實，是否有當理合附片具陳，伏乞聖鑒訓示。謹奏。宣統元年十二月二十四日奉旨，依議。欽此。

《清末籌備立憲檔案史料》第二編《憲政編查館大臣奕劻等奏現行刑律刊印告竣裝潢呈覽摺宣統二年九月初二日》 憲政編查館大臣和碩慶親王臣奕劻等跪奏，爲刊印現行刑律告竣，敬謹裝潢，上備乙覽，恭摺仰祈聖鑒事。

竊臣等於本年四月初七日會奏，呈進現行刑律黄册定本，並聲明兩館公同刊印頒發。等因。是日内閣奉上諭：上年據修律大臣奏進編定現行律，當經諭令憲政編查館覆核奏準。茲據該館及該大臣等將現行刑律黄册並按新章修改各條，繕具進呈，朕詳加披覽，尚屬妥協，著即刊刻成書，頒行京外，一體遵守。國家律令，因時損益，此項刑律爲改用新律之預備，内外問刑各衙門務當悉心講求，依法聽斷，毋得任意出入，致滋枉

縱，以副朝廷慎刑協中之至意。欽此。欽遵。分飭兩館印刷工役，仿武英殿聚珍板式排印原書，凡四十卷，删約舊文，一歸簡要，自名例以下按照舊律次第釐爲三十六卷，律目、服制圖並服制合爲一卷，列於卷首，而以禁煙條例、秋審條款附列於後，仍恭摹高宗純皇帝序文，弁冕卷端，以昭聖代之法守。

查向章，頒行法律，京師自奉旨之日起，外省自奉文之日起，自經明詔頒布之後，各省督撫、都統、將軍承領新律，函電交至，待用孔殷。臣家本等公同商酌，因科條推暨，信守攸關，未便以刊印需時，致稽定限，當將已印行之現行刑律案語，並兩次清單，先行通咨各省，以備援引。惟案語全帙浩繁，本爲研索因革而設，其中不無魯魚亥豕之訛，而修訂核訂，出於衆手，間有未能覼一者，嚴飭館員精密校讎，期歸至善，凡四閱月始克成書，敬謹分裝二函，上備乙覽。仍由臣等一面通行各省，酌量多寡，備價承領。嗣後凡內外問刑各衙門，悉照此次刊定之本爲憑，其坊間射利之徒，翻印小本，概不得引用，致令解釋疑誤，聽斷有出入之弊。所有呈進刊印現行刑律緣由，謹恭摺會陳，伏乞皇上聖鑒。再，此摺係法律館主稿，會同憲政編查館辦理，合併聲明。謹奏。

《清末籌備立憲檔案史料》第二編《憲政編查館大臣奕劻等奏刑律黄册繕寫告竣裝潢進呈折宣統二年十二月二十五日**》** 資政院會奏議決新刑律總則，請旨裁奪一摺。又憲政編查館奏新刑律分則並斬行章程，資政院未及議決，應否遵限頒布，繕單呈覽，請旨辦理一摺。同日奉上諭：資政院議決新刑律總則會同軍機大臣具奏，繕單呈覽，請旨裁奪一摺。新刑律總則第十一條之十五歲著改爲十二歲，第五十條或滿八十歲人之上，著加入或未滿十六歲人字樣。餘依議。又據憲政編查館奏，新刑律分則並暫行章程，資政院未及議決，應否遵限頒布，繕單呈覽，請旨辦理一摺。新刑律頒布年限，定自先朝籌備憲政清單，現在設議院之期已經縮短，新刑律尤爲憲政重要之端，是以續行修正清單，亦定爲本年頒布，事關籌備年限，實屬不可緩行，著將新刑律總則、分則暨暫行章程，先爲頒布，以備實行。俟明年資政院開會仍可提議修正，具奏請旨，用符協贊之義，並著修訂法律大臣，按照新刑律，迅即編輯判決例及施行細則，以爲將來實行之預備，餘照所議辦理。欽此。仰見朝廷鄭重法典，執兩用中之至意，欽服莫名。

臣等當即督率館員，遵照諭旨改定各節，逐條校勘，繕寫黄册，並將現行刑律舊有服制各圖，及歷次奏摺弁諸卷首，茲經一律告竣，謹裝潢成帙，恭呈御覽。另由臣等刋刻成書，頒行京外，俾執法之官得以先事研求，期援引之無誤，而承學之士亦得隨時講習，識新舊之相通，庶届將來實行之期，可免臨事倉猝之患，實於憲政前途關係匪淺。所有進呈刑律黄册緣由，謹合詞恭摺具陳，伏乞皇上聖鑒。謹奏。

《清末籌備立憲檔案史料》第二編《大學堂總監督劉廷琛奏新刑律不合禮教條文請嚴飭删盡摺宣統三年二月二十三日**》** 大學堂總監督臣劉廷琛跪奏，爲新律關係重要，請朝廷申明宗旨，以定國是而正綱常，恭摺仰祈聖鑒事。

竊維政治與時變通，綱常萬古不易，故因世局推移而修改法律可也，因修改法律而毀滅綱常則大不可。蓋政治壞禍在亡國，有神州陸沈之懼，綱常壞禍在亡天下，有人道滅絶之憂，宗旨不可不慎也。宣統元年正月二十七日，奉上諭：刑法之源，本乎禮教，中外各國禮教不同，故刑法亦因之而異。中國素重綱常，故於干犯名義之條，立法特爲嚴重。良以三綱五常，闡自唐虞，聖帝明王，兢兢保守，實爲數千年相傳之國粹，立國之大本。今寰海大通，國際每多交涉，固不宜墨守故常，致失通變宜民之意，但祇可採彼所長，益我所短。凡我舊律義關倫常諸條，不可率行變革，庶以維天理民彝於不敝，該大臣等務本此意，以爲修改宗旨，是爲至要。等因。欽此。仰見我皇上推崇禮教，嚴明剴切，薄海同欽。修訂法律大臣自當謹秉聖謨，曷敢稍有違越。

乃查法律館所修新刑律，其不合吾國禮俗者，不勝枚舉，而最悖謬者，莫如子孫違犯教令及無夫姦不加罪數條。去年資政院議員彼此爭持，即以其不合人心天理之公，稍明大義者，皆未肯隨聲附和也。今年爲議民律之期，臣見該館傳鈔稿本，其親屬法中有云，子成年能自立者，則親權喪失，父母或濫用親權及管理失當，危及子之財産，審判廳得宣告其親權之喪失。又有云，定婚須經父母之允許，但男逾三十，女逾二十五歲者，不在此限各等語，皆顯違父子之名分，潰男女之大防。管子曰：禮義廉恥，國之四維，四維不張，國乃滅亡。此等法律使果得請施行，竊恐行之

未久，天理民彝澌滅寖盡，亂臣賊子接踵而起，而國家隨之矣。蓋天下至大，所恃以保治安者，全賴綱常隱相維繫，今父綱、夫綱全行廢棄，則人不知倫理爲何物，君綱豈能獨立，朝廷豈能獨尊，理有固然，勢所必至。伏維皇上孝治天下，而新律導人不孝，皇上旌表節烈，而新律導人敗節。該法律大臣受恩深重，會習詩書，亦何至畔道離經若此。臣反覆推求其故，則仍以所持宗旨不同也。外國風教攸殊，法律宗旨亦異，歐美宗耶教，故重平等，我國宗孔孟，故重綱常。法律館專意摹倣外人，（值）〔置〕本國風俗於不問，既取平等，自不復顧綱常，毫釐千里之差，其源實由於此。故憲政編查館修改，只在字句之間，資政院議員争論，亦在條文之末，而於大本大原無當也。

臣今請定國是者，不論新律可行不可行，先論禮教可廢不可廢，禮教可廢則新律可行，禮教不可廢則新律必不可盡行，興廢之理一言可決。法律館既取平等，似以禮教可廢，則當奏明禮教不能存立之故。此事關係至重，應請召集大小臣工詳議，朝廷許可，然後遵照纂擬。斷未有朝廷明崇禮教，該館陰破綱常，擅違諭旨，自行其是，天命未改，豈容抗命之臣，該大臣恐不能當此重咎。若矇請頒布，天下譁然，謂朝廷已廢禮教，是皇上無廢禮教之意，該大臣陷皇上以廢禮教之名，後世史册書之曰，中國廢禮教，自我皇上始，臣竊痛之。如朝廷以禮教實不可廢，則是非不能兩存，禮律必期一貫，羣言淆亂，折衷聖人，應請明諭中外，申明宗旨，以定國是。嚴飭該館，凡新律草案中，此等條文概行删除净盡，不准稍有存留，悉本中國禮教民情，妥爲修正，服制圖尤關重要，不得率行變革。如仍陽奉陰違，即重治以違旨之罪，庶天下曉然於朝廷宗旨所在，人心有所維繫，以存國粹而保治安，天下萬世之幸。臣忝領國學，日以禮教導率生徒，已不能遏滄海横流之勢。今該館所修新律，顯與禮教背馳，深恐風俗人心一經潰敗，不可挽救，非我皇上力賜主持，無以杜干紀亂常之漸也。

所有擬請諭旨申明宗旨，以定國是緣由，謹繕摺具陳，伏乞皇上聖鑒訓示。謹奏。

（清）沈家本《寄簃文存》卷六《刑案匯覽三編序》　《刑案匯覽前編》六十卷，《續編》十六卷，纂訂者會稽松祝菴，刊行者歙縣鮑季涵也。《前編》所集，有説帖、成案、通行、邸抄以及《所見集》、《平反節要》諸書，而以説帖爲最多，約居四之二，成案居四之一。《續編》所集，惟説帖、成案、通行、邸抄而無他書，成案居四之三，説帖僅十之一。其中有道光十三、十四年等年交館之案，當時核覆未具説帖者五十九件，此兩編纂訂之不同也。

從前刑部遇有疑似難決之案，各該司意主義駁，先詳具説帖呈堂。如堂上官以司議爲是，由司再擬，稿尾覆外省之語曰稿尾，分别奏咨施行。若堂上官於司議猶有所疑，批交律例館詳核，館員亦詳具説帖呈堂。堂定後仍交本司辦稿，亦有本司照覆之稿。堂上官有所疑而交館者，其或准或駁，多經再三商榷而後定，俱之至也。道光中，漸有館員隨時核覆不具説帖之事，去繁就簡，説貼遂少。光緒庚辰以後，凡各司疑難之案，一概交館詳核。於是各司員憚於煩也，遂不復具説帖。館員亦不另具説帖，徑代各司擬定稿尾，交司施行。自是館事日繁，而各司多不講求，因有人才牢落之歎。雖經堂上官諄諄告誡，而積習相沿，未之能改。故説帖亦寥寥罕覯，所可採者，惟成案矣。

余官西曹三十年，癸未秋，在奉天司主稿，凡議駁之案，必先具説帖，或擬定稿尾，再請交館。奉天轄東三省，該省官吏多不知刑名事，每年應駁之稿，有多至百餘件者。余固不敢憚煩，而同司僚友，亦互相講求，頗獲切磋之益。夫刑名關係重要，其事之蕃變，每千頭萬緒，其理之細密，如繭絲牛毛，使身膺斯責而不尋繹前人之成説，參考舊日之案情，便憑一己之貽害無窮，豈不殆哉。心思一時之見解，心矜則愎，氣躁則浮，必至差以毫釐，謬以千里。往往一案之誤，一例之差，而貽害無窮，豈不殆哉。《匯覽》一書，固所以尋繹前人之成説以爲要歸，參考舊日之案情以爲依據者也。晰疑辨似，回惑祛而游移定，故法家多取決焉。顧或者曰：今日法理之學，日有新發明，窮變通久，氣運將至，此編雖詳備，陳迹耳，故紙耳。余謂：理固有日新之機，然新理者，學士之論説也。若人之情僞，五洲攸殊，有非學士之所能盡發其覆者。故就前人之成説而推闡之，就舊日之案情而比附之，大可與新學説互相發明，正不必爲新學説家左袒也。

鮑之《續編》説帖，訖於道光十七年冬季，成案訖於道光十四年，通行訖於道光十八年秋季，邸抄訖於道光十八年九月。自是以後，無人續

纂，以接其緒。鄂省刻有一編，所採僅咸豐、同治兩朝，亦未完備，與鮑書不能相接。余嘗得抄本《駁案集成》一書，起道光十八年，訖三十年，凡三十二卷，係律例館原本，不知爲何人所編，實可以接鮑書之緒。又得抄本道光十八年以後之《館稿》八册，可以補《集成》之未備。光緒戊子秋，余承乏律例館，復得裒集咸豐、同治、光緒年事，如是者五年。癸巳秋，擢守天津，不復與館事，爾後見聞遂寡。間采通行數件，他未及也。丁酉夏，調守保定，省中諸幕僚見此書，咸慫恿付梓。因復手自校訂，除繁去複，排比成書，凡一百二十四卷，顔之曰《三編》，志與鮑書相接也。官事冗迫，暇晷難得，燈炧飯罷，搦管吮毫，輒自笑曰：何不憚煩也。光緒己亥秋日。此編抄撮於京邸，編訂於天津，保定兩郡署，見者謂宜公諸世。余方籌剞劂之資，旋值庚子之變，事遂中輟，忽忽又八九年矣。今日修訂法律之命，屢奉明詔，律例之删除變通者，已陸續施行。新定刑法草案，雖尚待考核，而事機相迫，施行恐亦不遠。此編半屬舊事，真所謂陳迹故紙也。芟薙之功，待諸來日。姑記其緣起於此。丁未仲冬。

（清）金匱闕鑄補齋《清朝新政文編》卷六《律法·論中國宜變通律例》

前閲西字報見有曾劼剛、侯少司徒在外洋時致外部大臣一函，皆言中西交涉各事件，洋洋灑灑多至數萬言。本欲譯發於報以供衆覽，惟恐輾轉翻譯語氣或有訛誤，魯魚亥豕，反失其真，以是不敢輕録，然細玩其中意旨大都皆有益於中國，而又深裨乎外洋，善哉言乎。所謂務其大者遠者，深謀遠慮無過於斯，即如就中所言律例一節，已足令人擊節稱賞，不置大略謂萬國公法，無論何國之人寓居，於是國則當從是國之律，令英人居法，則從法律，美人居俄，則從俄律，推而至於火奴魯魯之小國，而泰西之人在彼者亦必遵其律令，蓋以公法所在不敢有違也。夫所謂律令者，則刑政之所見端也。一國有一國之刑政，外人不得參預其間，一國有一國之法令，他人不得紊亂其序。設因他國之人而改律以就之，則固有所不可，然必强他國之人，而據律以斷之，亦恐有所不平。此其道在乎持之以平而已。昔者日本欲行此道，而泰西人初至東瀛者，頗不以爲然，既而日人知其故，謂西人之所以不服我律者，以律有未盡善之故也。於是斟酌損益，取日本律法與泰西參而考訂之。雖仍不失本國之規模，稍稍通以泰西之制度，不數年而西人亦願從其律。今則不允者，只有數國，獨我中國旅居之西人則猶不能循中國之律例，殊不可解。夫泰西規例至一國則從一國之律，惟南洋各小島及阿非利加等處國小，地僻荒絶，無政令者，乃不能從之耳。中國爲文物聲名之邦，禮義之所自出，泰西各國之來中國者，自應守中國之律令，遵中國之政教，乃不失乎外國公法。即此一端，足以見曾侯之所見，誠有超出乎尋常萬萬者已。雖然，泰西人之所以不能勉從中國律令者，非不願從也，殆亦有不能從者在也。何則，泰西之律最輕者，不過罰鍰，稍重則判令監禁作苦工，最重者則繯首，如是而已。中國之刑律則不然，其極重者有凌遲大辟，而繯首尚在第三等，徒流之刑則雖與監禁苦工有間，而尚不甚遠，杖與笞，則外洋之所無也。彼泰西之人寓居中國，偶然犯法，如曰必科以中國刑章，則不但凌遲大辟足以駭人聽聞，即笞杖等刑亦且未必能受，此非謂必强中以就西，蓋强人以所難則從之也，亦不易矣。且中國之律法固不同於泰西，而其聽訟更不同於外洋。外洋之聽訟也，兩造各延狀師爲之據理以辯，而問官則静以聽之，直至兩造狀師無可再，然後秉公斷决，故其定罪也，尚有古時與衆共之之意。中國之聽訟則又不然，初不知其曲直之所在，而動加刑訊，所謂三木之下何求不得，其冤抑者，在所不免。即使所刑者而果曲，而訊明之後仍須定罪，則前之受者爲非刑矣。設訊至數堂，水落石出，曲直顯然，冤枉盡雪，坐曲者以罪，而釋直者使出。然先時所受者則不可以復洗，所謂死者不可復生，刑者不可復贖，振古爲然，先後同慨。至今日而此風尤盛，更有承審委員不審是非，不辨黑白，但知迎合上司之意，以圖博其歡心，偶有札飭查辦之案，雖事甚微細，罪無憑準，而動輒笞責，數百數千板，此等情形西人見之方且大爲不平，又豈肯俯從我律也乎。夫日本之爲國也，不過中國兩省之地，與泰西通商往來亦不過二十年，而西人之寓其地者將欲謹遵日律而無異詞，此其故何哉。因變通其律令，而不拘於成法也。當未變律法之前，西人亦未即從，迨更律法之後，西人莫不唯命，則其故可知矣。律例之爲物也，非果一定而不可易者也。律例常有纂修之舉，律則不改而例亦常更，誠以律設大法，例順人情，凡取其便民，而足以防奸斯已耳。泰西初無凌遲大辟之刑，而叛逆作亂之事亦不常見。蓋西人最重名聲，一經犯法，雖僅判禁數日，而必登新聞紙以聲其罪，聲名即由是而壞，縱輕釋出，不復有人信之，小者如此，大者可知，故人人有懷刑之懼。中國雖

有重刑，轉有所不能禁，然則人何憚而不稍變通哉。漢文帝除肉刑，天下莫不仰其仁，唐太宗讀醫書知人之五臟皆系於背，於是除鞭背刑，至今人艷稱之。中國此時而苟能稍變刑律，俾不至與泰西各國大相懸殊，則彼泰西各國之人旅居中華者，又孰不願就中國之律令，以恪遵萬國公法，而曾侯之所言，庶幾其可以行矣。或曰近來中國盜賊繁多，會匪潛煽，方且用重典以杜絕其根株，若變通律法改而從輕，若輩不復畏懼，其猖獗將益滋甚，又將奈何？則應之曰：齊之以刑，不如齊之以禮，聖人已先我言之。

（清）金匱闕鑄補齋《清朝新政文編》卷六《律法·中國宜參用泰西律法論》 中西刑律迥乎不同，西人每謂中國刑法太嚴，自殊死以至笞杖枷責在上者，大率皆逞刑以求，而下情不得婉曲上達，以致獄訟類多冤抑，而不得其平。此雖由司牧者任情枉法，然亦未始非立法之未能盡善也。泰西則聽訟不專主一人，而亦無刑求之事，故下皆得盡其情，而上不能枉其法。同異之間，優劣以判，西人之爲此言者，要亦非揚西抑中之談。顧余謂西人律法之美善，自近百年來始耳。當英人初時刑法，甚爲酷虐，贓滿英金二磅者論死，乞人偶竊微物，悉木籠。俄國於一千八百六十二年刑法極壞，竟有定案不在公堂而在私室者，賄賂公行，權勢相壓，俄主亞立山德憫之，乃創立陪審之員，訟得其平，而上控亦遂以少。法國於一千七百十九年，國人攻破巴士大獄，於是昔之苛政盡行刪除。可知西人律法其始亦甚繁，可自後屢經刪定，寬嚴乃得其當。中國刑法上古其簡，而後世則繁，間嘗考之史冊，魏晉之律密於兩漢，唐之律又密於魏晉，明之律又密於唐，至於我大清律例則又密於明，積世愈多立法愈密，世變所趨，蓋亦有不得不然之勢也。雖然中國之律密矣，密則不免失之於嚴，而因此反有所屈抑。《語》曰：泰山不讓土壤，河海不擇細流，又曰：芻蕘之言，聖人採焉。是則泰西律法有足輔我不逮者，不妨一爲取法也。一曰設立陪審人員。夫中國定讞，必以犯人之自招爲斷，原其故，蓋恐問官之語不足憑信也。不信問官之語，西律亦爾，惟中國不信問官而問官得法外行威，以求其自招。西國則不信問官，而以陪審員判案，故冤獄少而犯人亦難肆其狡展翻供之謀。今宜選立公正人員數人爲陪審人員，遇有重案分別傳審，或本地紳士或鄉閭耆老皆可充之。問官聽訟畢，將案中情節申論明白，令陪審員判之，是非曲直，視陪審員可否之人數多寡以爲定。是猶《孟子》國人皆曰可殺，然後殺之之意也。雖西法而實古義也，一曰延訂律師。夫鄉愚畏見官長，公庭對簿大都囁嚅不出，委曲不能盡陳。而桀黠狡詐者，雖三尺前猶能詭辯。以故問官半爲所愚，而奸胥劣幕又得以問官不甚熟諳律法，輒肆上下之手，以行其賄賂謀。今宜延明於律法者，以爲律師代兩造申訴，按律辯論，辯而得直，訟自理長，律師不居功也，辯而不直，訟自理短，律師不任咎也。似此則案情不揣摩於斗室之中，而顧達於公堂之上，賄賂之弊既可以除，而挑唆之風亦不能肆，此足以昭公允也。一曰酌定罰工。按中國律法除死罪外有軍、流、徒、杖及監禁等罪名，而無罰鍰之例，惟或準出資贖罪，西例則贖鍰及軍流等犯，依其所限年，分罰作苦工以自贖，而無出資贖罪者，其有素習工藝，如捆屨織席等，使各理舊業，其頑蠢罪重者，則充一切勞苦卑賤，如除穢、築路、修橋、營壘等役。今宜仿照此法將各犯貫以鐵索，策以健役，使之工作，則除穢、築路、修橋、營壘等事既可無須雇役，而各犯亦得有自贖之方。且復酌給薪工，俾將來釋放之日，稍有蓄積，不至重蹈故轍，爲非作歹。既治以應得之罪，復予以遷善之資，其法最爲美善。凡此三者皆俯採西律有利於民，而爲中國所宜仿行者也。至笞責刑求，則既設陪員以聽訟，復延律師以申辯，是濫用非刑，屈抑成招之事，固無庸爲之顧慮矣。質之當世之操政柄者，其亦以斯言爲可採否。

（清）金匱闕鑄補齋《清朝新政文編》卷六《律法·論嚴反坐亦息訟之法》 自來堯舜之世，不能無訟。宣聖曰：必也使無訟乎，亦虛擬之詞耳。雖然不能無訟者，乃林林總總之恒情，而務在息訟者，實在位當官之美意，特是期其息而終無息訟之日，重其息而終無息訟之期，豈聽訟之不得其道耶。抑訐訟之愈出愈奇耶，就而考之，二者均不得免焉。夫治術必資學術，未有不讀書不讀律而能聽訟者。律可讀於臨事，書必讀於平日。雍正三年，《御制大清律解序》云：先王立法定制，將以明示朝野，俾官習之，而能斷民知之而不犯，所由息爭化俗，而致於刑措也。刊布內外，永爲遵守，豈惟百爾。有位宜精思熟習，悉其聰明，以察小大之比。凡士之注名吏部將膺民社之責者，講明有素，則臨民治事不假手幕友書吏，而決判有餘。若至通都大邑，以至窮鄉僻壤所在州縣，仿《周禮》布

憲讀法之制，時爲解說，令父老子弟遞相誥誡，知畏法而重自愛，則聽斷明於上，訟牒息於下，風俗可正，禮讓可興矣。煌煌天語，可不遵哉。且官之讀律與幕不同，幕須全律於熟，官則庶務紛乘，勢有不暇，律例之不關聽訟者，原可聽之幕友，若田宅婚姻，錢債盜賊，人命鬭毆，訐訟詐僞，犯奸雜犯斷獄諸條，非了然於心，則兩造對簿，猝難質諸幕友者，勢必游移莫決，爲訟師所窺測。惟熟之於平時，則因傳例訟端，百變不難，立時折斷，使訟師畏服，誑狀自少，即獲訟減刑清之益，或能於公餘留心一二條，不過數月便可得其要領。苟憚而不爲是，安於怠情，甘心作孽，聽訟且無才，息訟安有法乎。若論世風日下，民俗日偷，詐僞之變，千變萬化，而莫察其民蘊，常見狡黠之徒，身犯重罪而詐稱親老丁單，妄希留養，聽者不察，或意姑息，有心開脫，書吏窺知意旨，因而乘機訛索通保，部人等扶同具結，在被害之家，或不悉底裹，或不知例義，既經官爲審辦，亦遂不聽置喙，上司據結，勘轉難察，遂循例聲請，此種事或謂可種陰德，殊不知殺人之人，幸逃法網，則被殺之人舍冤地下，爲生者計，獨不爲死者計乎？至於尋常事故，智巧者流，好事喜争，理曲者强詞奪之，尚易辨白，或將無作有，或欲抑先揚，或欲取姑與聽之者，急則不暇致詳，輕喜易怒，稍有失平。且將持柄以摇之，緩則日久變生，狡詐百出，莫可究詰，以致一案化爲數案，小事釀成大事。如料其不可信，而置諸不理，則虚實難明，繁者益見其繁，刁者愈逞其刁矣。且也善打點者有之，工營求者有之。夜長則夢多，事久則弊生，民情之譸張如此，而欲其息訟也，不又戛戛乎？其難之哉。爲今之計，既難得息訟之人，又不能求息訟之法，則惟有嚴申反坐之條。何也？奸人之心以爲吾之訟勝固可以害人，吾之訟負亦不致損己，則亦何憚而不試其長技乎？縱有神明宰官，審虚怒發，始雖惡其無實，旋復憫其無知，亦僅薄責示懲，不肯依律重擬，故奸人之心以爲訟成固可以直，尋訟敗亦祇於枉尺，則又誰不幸其偶中乎？此所以息訟之勸雖殷，而好訟之風不減，亦徒勞慈父母之諄諄訓誨矣。惟當日王湯谷先生按浙時，揭示於民曰：凡前來赴告者，必要一字不虚，言言可質，方可投遞，如所告人命三命内二命情實，一命情虚，自擬二命以應二抵之罪，必加一命以反坐之條。所告贓私百兩内九十兩爲真，十兩爲假，自追九十兩已得之贓，亦必坐十兩以虚誣之罪。本院言不妄發，爾等務加三思，可已則已，慎勿輕舉，一時遺累後日，如此則有所勸于前而知感，復有所懲於後而知畏，庶幾於訟心可以革，訟庭可以清矣。非然者，徒抱惜同身家惜性命之苦心，作爲勸息争訟之文，情詞愷惻，計慮周詳，不啻垂泣涕而道之，即使舌敝脣焦而亦無益於事是。是古昔聖王辟以止辟，刑期無刑之意，然則息訟既不能矣。而嚴反坐一條，仍是馴求息訟之意，所世之司刑罰之權者，設身處地而一思之，勿視爲老生之常談也可。

（清）何良棟《清朝經世文四編·刑政律例》卷四一王憲成《請飭刑部增改條例疏》 竊惟明刑所以弼教，立法貴乎持平。查刑部每届纂脩條例之年，增删出入必逐條釐正，務期寬嚴協中，輕重得所。茲當修例之時，有應行參酌者。謹以臣愚見，所及臚陳四條伏候聖裁。一、辨理盜犯新章宜稍加區別也。查舊章尋常盜之案，分别法無可貸，情有可原，將法無可貸者正法，情有可原者發遣，此係雍正五年九卿遵旨定議，纂入成例，歷久奉行。欽惟世宗憲皇帝剛健神武，政貴嚴肅，豈不念稍存寬宥，近於姑息養奸，蓋於法外施曲貸之仁，而於法中嚴必誅之律，意至深也。近來輦轂重地屢有明火搶之案，朝廷因時制宜，不得不繩以重典，惟比年以來京外拏獲盜犯，不分首從，悉予駢誅。其中豈無迫於饑寒，被人誘脅者，原其情節，實可哀矜。伏讀歷次諭旨，用兵省分，被脅從逆之犯，許以自新。仰見皇太后、皇上好生之德，洽於民心，所以逆衆投誠，渠魁授首，蓋德化若是之速也。伏查盜伙犯迫於饑寒，被人誘脅，并無凶惡情狀者，較之被脅從逆之犯情事，尤爲可憫，若不定以等差，概從斬決，似不足以昭一視同仁之意。況情有可原者，例應發遣，亦非縱釋有罪也。竊思辦理盜案，其爲首者固應以得財不得財爲重輕，爲從者則應以傷人不傷人爲區别。除例載殺人放火等各項大盜及響馬江洋大盜老瓜賊，俱照定例辦理外，其餘盜之案，如得財又傷人，自應照章從重不論首從，一并斬決。如得財而未傷人，爲首者依律斬決，其爲從之犯，審系迫於饑寒，被人誘脅，在外瞭望接贓者，仍照舊例分晰聲明辦理，并嚴定承審官將正犯曲爲開脱處分，如此稍爲變通，則法無可貸者，不得幸逃顯戮，而情有可原者，亦不至概罹重誅，用刑益昭明慎矣。一、辦理綽號人犯，尚未允協也，查著名棍徒擾害，歷經嚴拏重辦在案。近來步軍統領衙門，將素有綽

號之人俱目爲棍徒，拏送刑部，其中有情罪尚輕者，刑部以其素有綽號，從重將該犯依棍徒擬軍例，或并無不法重情，亦比照棍徒，擬減徒罪。臣伏思，綽號系屬空言，擾害必求實據，如該犯爲害閭閻，即無綽號者，亦安得不謂之棍徒？如無擾害實迹，又豈可憑一綽號遽作重罪。且綽號每出於他人之口，設使刁徒與人有隙故，爲起一綽號，即不難從而傾陷之，甚至狀貌丑陋，性情戇拙，皆可因此得名，又何足爲棍徒之據。查例載凡凶惡棍徒，屢次生事行凶，無故擾害良人，確有實據者，發極邊足四千里安置。如并無凶惡實迹，偶然挾詐逞凶者，仍照所犯之罪本律本例定擬，不得濫引此例等語。是例文剖析甚明，應請嗣後遇有綽號人犯，但尚問其罪犯輕重，各依本律本例科斷，不得因有綽號率行從重問擬，庶不致稍有抑矣。一、親老留養之條，宜準例推也。查例載軍犯徒犯未經發配以前，告稱祖父母，父母老病應侍及其母係屬孀婦，守節二十年，家無以次成丁者，俱準存留養親，或到案時非例應留養之人，迨成招時其祖父母、父母已成老疾，兄弟子侄死亡者，亦準聲請留養等語。詳繹例意非以正犯之罪有可寬，實不忍其親之煢獨無依，特加矜恤，此蓋盛朝之曠典也。臣思外遣軍流各犯，非躬逢恩詔例不查辦，其有發配時非例應留養之人，到配後數年或十餘年，其祖父母、父母已成老疾，其母係屬孀婦，守節二十年，家無以次成丁侍養者，在該犯永遠放流，原屬罪所應得，獨念其親同一煢無依，其子到配有年，不得與未經發配隨案聲請之犯一體邀恩留養，未免向隅。擬請嗣後外遣軍流徒犯，犯案時非例應留養之人，到配後數年或十餘年，該犯之祖父母、父母已成老疾，其母係屬孀婦，守節已二十年，家無以次成丁侍養者，亦照未發配時親已老疾之例，準該犯之祖父母、父母在本籍呈報，由地方官查明核其情節，準留養者，取給報部行知該犯配所，如并無爲匪不法情事，準其釋回留養，以此量爲推廣，則我國家錫類推仁之意，益覺無微不至矣。一、軍流人犯到配後，其年老篤疾者宜隨時查辦也。查律載年七十以上，及篤疾犯流以下收贖，又犯罪時未老疾事發時老疾者，依老疾論各等語。未犯罪時未老疾，事發時老疾者，尚得以老疾收贖，則發配時未老疾，到配後老疾者，辦理似宜畫一。且徒犯在徒年限內老疾，例準收贖，則流犯罪類推。若謂徒犯罪輕流犯罪重，然流罪以下律俱準老疾收贖矣。老疾在未發配以前，準其收贖，老疾在既發配以後，即不可收贖，似未足以持平，可否飭下各直省督撫、將軍，每屆年終查辦一次，除常赦所不原，及在配復行爲匪等犯不準收贖外，如有到配年已七十或已成篤疾者，一體援以老疾收贖之例，準其收贖，或徑行釋回，則所以曲全老疾者，仍不背乎律義也。以上四條臣爲慎重刑章起見，可否飭下刑部核議，并於此次該部纂修條例内酌爲增改，伏乞聖鑒。

綜述

（清）嵇璜等《清朝通典》卷八〇《刑》 臣等謹按：有虞氏肇始象刑，其用之道，則曰惟明克允。《周禮·秋官》之職建三典，而《吕刑》則曰：上刑適輕下服，下刑適重上服。蓋皆因時準情以用法，而輕重胥得其平也。我朝自太祖太宗肇造東方，民湻法簡。世祖章皇帝撫寧中夏，修明舊章，頒行《大清律》，仁育義正，各得其宜。聖祖仁皇帝大德涵濡，化成久道，增定律例，益詳且盡。世宗憲皇帝重熙浹洽，振起作新，親定《大清律集解》，刊佈中外，永垂法守。我皇上體列聖好生之德，明慎用刑，懋著協中之治，欽頒《大清律例》四十七卷。凡五年一修，因時損益，悉稟聖裁，折中至當。洵用法之權衡，制刑之準則也。臣等謹從杜氏之例，編輯刑典，於舊目稍爲增删更定，凡分八門：曰刑制，曰詳讞，曰褋議，曰寬恕，曰囚繫，曰考訊，曰赦宥，曰贖刑，詳著於篇。

（清）嵇璜等《清朝通典》卷八〇《刑·刑制》 本朝國初著爲律令者，重罪有斬刑，輕罪用鞭扑。天命五年六月，命豎二木於門外，凡下情不得上達者，書訴牒懸諸木。六年五月，諭凡遇應死應笞應罰之罪，如係勤勞有功之人，則當死者贖，當罰者免，當笞者戒飭而釋之。十一年八月，申禁貝勒大臣屬下人等，有事往屯，毋得擅取莊民牲畜供給，至田獵採捕，不許逐殺麏鹿，并禁止邊外行獵，違者均治以罪。其通商爲市漏税及私往外國交易者，并罪之。又定告訐不實反坐之例。又設十六大臣，每旗二人，聽斷獄訟。十二月，嚴私鬻軍器於蒙古諸國之禁。天聰元年六月，嚴稽察盜賊之令。三年二月，嚴使臣需索之禁，凡出差之人有科取民間食物者，除凡人照常處分外，若係管糧官筆帖式及巡臺人等處死。十

月，定殺降及刦掠降民者罪。凡殺降淫婦女者斬，毁廬舍祠宇、伐果木、掠衣服者，鞭一百。四年四月，定藏匿姦細者罪。十月，定隱匿壯丁者罪。五年七月，設刑部承政參政啓心郎等官，定家僕訐告諸貝勒離主條例。一、除八分外，有私行採獵者，其所得之物入官。訐告者，准其離主。一、除八分外，出征所獲私行隱匿者，以應分之物給衆人。訐告者，准其離主。一、擅殺人命者，原告准其離主。被害人近支兄弟並准其離主，仍罰銀千兩。一、諸貝勒有姦屬下婦女者，原告准其離主，本夫近支兄弟並准離主，仍罰銀六百兩。一、諸貝勒有將屬下從征效力戰士隱匿不報，乃以並未效力之私人冒功濫薦者，許效力之人訐告，准其離主，仍罰銀四百兩。一、本旗人欲訐告該管之主，而貝勒以威鉗制不許申訴，有告發者，准其離主，仍罰銀三百兩。閏十一月，定詐稱喇嘛及私造廟宇者罪，並嚴巫覡星士之禁。六年二月，定首領索取旅次旗人財物之罪。三月，諭凡有訐告諸貝勒者，斷離主與否，前已詳諭定例。其餘彼此訐告者，如告兩事以上，重者審實，輕者審虛，免坐誣告罪，仍准原告離主。如告數欵，輕重相符，審實一欵，亦免坐誣告罪。如所告多實及虛實相等，原告准離主。所告多虛，原告不准離主。所告兩事以上，而輕者實重者虛，與告一事而情輕訴重者，審實坐被告以應得之罪。其原告仍坐誣告罪，不准離主。若子告父妻告夫及同胞兄弟相告，果係反叛逃亡，許告。其餘不許。若有告者，被告者照常辦擬，原告罪亦同，不准離主。四月，定軍中擅奪人物者罪。爲首者死。爲從者，鞭一百，貫耳、鼻。五月，諭凡臨陣退縮者，貝勒等奪其部衆，軍士處死，妻子没爲奴。十月，定行獵爲盗者罪。七年八月，頒欽定法律於科爾沁土謝圖濟農。十月，復宣示外藩蒙古諸國。八年正月，定各蒙古貝勒擅奪有夫之婦給配他人及姦拐有夫之婦投別貝勒者罪。二月，定喪葬焚衣及殉葬違例者罪。崇德元年五月諭，凡傳佈訛言者處死。二年二月，諭刦掠降民者，該管章京及小撥什庫等一併治罪。刦掠之人置之重典，爲首者斬以徇。三年正月，定擅奪俘獲婦女者罪。二月，嚴出境貨買烟草之禁。六年三月，定私縱家人貿易致爲盗者罪。七年五月，嚴善友邪教之禁。除僧道外，凡從善友邪教者，不論老少男女，殺無赦。該管牛録章京撥什庫及本主不行察究者，一例治罪。八年七月，定衝突儀仗者處死。

順治元年五月，嚴姦民假託搜捕賊孽互相仇告之禁。諭旗人有强取民間一切細物者，鞭八十，貫耳。六月，定問刑衙門准依明律治罪。七月，諭諸王官民人等，有將歸順人民徑充役使及給資貿易占踞行市虧損税額者，置之重典。八月，命法司會同廷臣詳譯明律，參酌時宜，集議允當，裁定成書。

臣等謹按：明季律文雖具，率以意爲輕重，至是特命廷臣詳譯律意，參酌時宜，裁定成書，惟平惟允，斯天討之用彰而明刑弼教之道得矣。九月，命嚴緝姦細及煽惑百姓者，治以重罪。見聞不首者，一體治罪。刑部侍郎提橋疏言：五刑之設，死刑居二，曰絞，曰斬。明律分别差等，我朝法制，罪應死者，俱用斬刑。請自今以後麗於重典者，仍分别絞、斬，按律引擬。至於應笞之人，罪不至死，若以板易鞭，或傷民命。宜酌減笞數，以三鞭准一板。從之。定每年元旦令節七日，上元令節三日，端陽中秋重陽令節各一日，恭遇萬壽聖節七日，各壇廟祭饗齋戒以及忌辰素服等日，并封印日期四月初八每月初一初二日，皆不理刑名。

敕問刑諸官，凡有以赦前事告訐者，坐以違旨處分。二年二月，敕修律官參酌滿漢條例，分别輕重差等，定杖流絞斬之律。三月，嚴民人犯罪投旗之禁。四月，嚴旗人逼脅民人投充爲奴之禁。又嚴旗人市買民物短價强逼多買及莊頭人等擾害村民之禁。五月，敕法司詳察覆奏朝審、熱審，停刑舊例。又敕刑部修律，但宜參酌同異，删除繁冗，不必過爲紛更。十二月，嚴姦民託名滿洲之禁。三年二月，嚴漢人雜處旗下之禁。又嚴漢人濫投旗下之禁。四月，除貫穿耳鼻之刑。舊例，凡死罪減等者，鞭一百，貫穿耳鼻。至是停止。五月，大清律成，命頒示中外。定五刑之制：一曰笞刑，自一十至五十，每十笞爲一等，凡五等。用小竹板折責，每十笞，責四板。旗人犯笞者，以鞭代之。二曰杖刑，自六十至一百，每十杖爲一等，凡五等。用大竹板折責，折數與笞刑等。三曰徒刑，發本省驛遞，自一年至三年，每半年爲一等，凡五等。各依年限應役，役滿回籍。五徒各予以杖，自六十至一百有差，到配折責。四曰流刑，安置遠方，終身不返。分二千里，二千五百里，三千里爲三等，並杖一百，到配折責。五曰死刑，曰斬，曰絞，皆有立決、監候之别。五刑之外，有較流徒加重者，曰充軍，發邊遠安置。謹按：康熙年間復定爲五等，曰附近，曰邊遠，曰極

邊，曰邊衛，曰煙瘴。曰邊外爲民，發邊外安置。曰雜犯流罪，准徒四年。曰雜犯斬絞，准徒五年。死刑之最重者，爲凌遲，爲梟示。又定獄具之圖：一曰板，以竹篦爲之。大頭徑二寸，小頭徑一寸五分，長五尺五寸，重不得過二斤。一曰枷，以乾木爲之。長三尺，徑二尺九寸，重二十五斤。一曰杻，以乾木爲之。長一尺六寸，厚一寸。一曰鐵索，以鐵爲之。長七尺，重五斤。一曰鐐，以鐵爲之，連環重一斤。徒罪以上用之。命盜重案，供辭不實，男子用夾棍，以梃木三根，中木長三尺四寸，旁木各長三尺。上圓徑一寸八分，下方闊二寸。自下而上至六寸，於三木四面相合處，合鑿圓窩，徑一寸六分，深七分。婦人用桚指，以圓木五根爲之，各長七寸，徑圓各四分五釐。定刺字之法，凡重囚應刺字者，旗人刺臂，奴僕刺面。民犯徒罪以上刺面，杖罪以下刺臂。再犯者亦刺面。逃犯刺左，餘犯刺右。初犯刺左者，再犯、累犯刺右。初犯刺右者，再犯、累犯刺左，字方一寸五分，畫闊一分有半。六月，定耆民連坐之法。四年九月，命嗣後夥盜誅其尤者。二人獨行攘竊者，斬無赦。五年五月，嚴私藏兵器之禁。七月，敕各官於該管地方嚴察盜賊，失舉報者，俱治以罪。窩盜之家處斬，鄰佑十家長概不姑宥。七年二月，定章京以下披甲人等買喀爾喀厄魯特駝馬禁例。四月定隱匿錢糧者，殺無赦，仍籍没家産人口入官。八年七月，敕在京問刑衙門滿漢諸臣，有犯必奉旨革職，毋得徑行提審。定投充旗人生事害民者，本犯正法，妻子家産入官。本主及該佐領知情，連坐。本主不知情，本犯罪不至死者，不在此例。八月，增設刑部理事官十四員。九年十二月，命旗下莊頭及投充人等窩盜者，一體依律治罪。定職官交通姦盜律。十年正月，停大臣犯罪鎖禁發門之例。三月，定宗室有犯，除大罪請旨定奪外，餘皆斟酌輕重，永除鞭鎖之條。十一年四月，刑部奏：旗下武職官員犯罪，重大者先交兵部議革，後交刑部辦理。緣事應贖身者，照漢官例改爲罰俸。從之。十二月，始置督捕衙門，專理緝逃捕寇事務。設督捕司獄司，置司獄二員。十二年正月，命有司講説律令。八月，定地方官擅取監犯病呈致死者，依謀殺人律擬斬。獄官禁卒聽從指使下手者，依從而加功律擬絞。十月，定滿洲世職官員犯罪降革之例。

諭刑部曰：朕覽參劾貪官本章，贓私盈千累萬，及問結擬罪，往往脱卸於衙役。官既以贓輕免死，而該役又止坐無禄輕條。案墨未乾，伊等即鑽營别衙門充役，縱横盤踞，播惡無窮。不加嚴處，何以除民害而肅紀綱。嗣後内外問刑衙門，審究蠹役，計贓定議，不許援引無禄輕條。凡情罪重大者，分别絞斬，其餘俱流徙。該部即載律例内，仍飭通行。又諭：每年六月内審定立決重犯，俟七月具題正法，永著爲例。十二月，頒行《滿文大清律》。十三年正月，嚴衙門蠹役之禁。四月，諭有擅入禁地聲冤抹項捏欵誣告者，概不准行，照律從重治罪。五月，定隨征軍士私自逃回，初次者，鞭一百，遞發往軍前。二次者，正法。六月，刑部條奏四事：一、旗下人犯充軍流徒罪，止行鞭責，以致姦宄無所懲創。今後犯軍罪者，枷三月。犯流徙者，枷兩月。犯徒罪者，枷一月。仍照數鞭責。職官本身及妻子俱照例准贖。一、竊盜例應刺字，因久未舉行，盜不知警。今後應照例刺字。三犯者，絞監候，秋後處決。一、旗下人白晝搶奪者，應枷號鞭責。初犯刺一臂，再犯又刺一臂，三犯即行正法。一、滿洲家人私結夥黨，指稱隱匿逃人，索詐民間財物，三人以上，爲首者，以光棍律正法。爲從者，係民人，責四十板，邊衛充軍。旗人枷三月，鞭一百。如止二人，依爲從律。得旨：永著爲例。八月，定惡棍設法索詐之罪。不分得財與未得財，爲首者立絞。爲從係民人，責四十板，邊衛充軍；旗人枷三月，鞭一百。九月，山東巡按劉允謙奏，斬犯蠹書周一聘、絞罪犯官張暉多贓未完，請監候追完處決。得旨：貪官污吏問擬秋決，即按期處決，何得以追贓未完又請監候，以後凡係貪污應秋決者，不許再請停決，著爲例。十一月，嚴地方官隱諱盜賊之罪。十四年二月，更定滿洲隱匿逃人之律。七月，刑部審擬盜犯塞秦等應斬決，援祖父伯叔兄弟陣亡例請從末減，得旨：盜案所犯重大，豈可以祖父伯叔兄弟陣亡減死，以後强盜不得援免。十一月，申定私鑄錢文律。十二月，宗人府議定，郡王以上，有大罪赴衙門審問，小罪就其府第問之。十五年五月，定行財説事及番役私拷之罪。諭近聞姦徒假冒逃人，詐害百姓，或借名告假還家，結連姦惡，將殷實之家指爲窩主，或原非逃人，冒稱旗下，在外嚇詐轉騙不已，或有告到督捕，買主冒認指詭名作真者，或有聲言赴告在地方官處稟拿嚇詐良民者，或告假探親肆行指詐，及領本貿易縱夥攀害，種種詐僞，深爲可惡。今後凡有逃人，本主即報明本固山額真梅勒章京牛彔等官，將逃人之主及逃人姓名具印結投部，如逃後日久方報及獲逃人稱係伊

家人者，不准給主，著入官。直省地方有旗下告假私出妄爲及冒稱旗下羣姦橫行者，著該督撫嚴行訪拿，解部查明，並將家主從重治罪。八月，定理藩院《大辟條例》：凡發貝子塚者，截殺降人爲首者，刦奪死罪人犯爲首者，公行搶奪財物者，與逃人通謀給馬匹遣行者，挾仇行害放火燒死人畜者，臨陣敗走者，故殺人者，俱處斬。夫私殺其妻者，盜人口及駝馬牛羊者，誤傷人命無中證可據有應坐故殺償命者，俱處絞。又鬬毆傷重五十日内死者，行毆之人處斬。十二月，定旗下投充人等有犯强盜者，該撫按親審具題，請旨正法。其餘罪犯，仍令解部審理。十六年閏三月，申定誣告之罪。九月，嚴禁積蠹棍徒窩訪賣訪，犯者以光棍律治罪。兵部以京城被盜傷人，擬該管扎蘭達奪俸，撥什庫鞭責，上以所議太輕，命將扎蘭達革職，撥什庫送部擬罪。十月申定查解逃人事例。十七年三月，定訟師訟棍串通衙役詭名誣告詐財者，照光棍例，三人以上，爲首者立絞，爲從者責戍。鑄稽察刑部送審。告訐等事關防給在差刑科官。四月，校定律例，以盛京定例及屢奉諭旨並刑部定例，分晰應入律各欵，繕寫滿漢文册進呈。七月，嚴問刑官濫用夾訊之禁。臣等謹按：始和布令典，則昭垂世祖章皇帝肇造區夏，深仁厚澤，丕冒無疆，於刑制之重輕尤權衡至當，萬非小臣所得而窺。謹依年編次，伏見因時損益，酌古準今，革勝朝緐尤之苛文，嚴酷吏非刑之慘虐，以蘇民命，則五刑之外，輔以放流，以警官邪，則三尺之條不矜貪墨，姦徒懲而告訐不聞，蠹胥除而善良攸慶。勵大臣之廉恥，永停發門鎖禁之條。杜子弟之姦回，禁援先世功勳之請。有倫有要，惟恤惟欽，本大公之心，行至仁之法，齊以刑而實齊以禮，革其面而即革其心，此刑措之風所以邁三代而紹唐虞也。十八年二月，聖祖仁皇帝御極，定光棍招搖嚇騙挾詐官民，以强盜律擬罪。三月，嚴姦民隔屬赴控之禁，定盜犯引線者罪。十二月，諭向來死罪重犯，因定有祖父伯叔兄弟陣亡及身有重傷者，免死一次之例，以致惡人預知定例，希圖倖免。以後死罪犯人，該部不得論功議免，著照應得之罪擬定題請，應否准其論功，候旨定奪。定審問官有擅用匣床，捕獲强盜有妄用腦箍、毛竹、連根大板及竹籤、烙鐵等刑致斃人命者，從重治罪。

（清）嵇璜等《清朝通典》卷八〇《刑·刑制》　康熙元年正月，定追贓不完之例。二年二月，定流犯身死妻子免遣之例。三年二月，申定過失殺人之律。先是國初舊制，凡過失殺人者，鞭一百，賠人一口。至是刑部議準：凡旗下過失殺者，仍照盛京定制：鞭責，賠人。民人責四十板，追銀四十兩。給死者之家。旗民有彼此過失殺者，俱照給銀四十兩之例，免其賠人。謹按：康熙七年定例，旗下亦免賠人，照律追埋葬銀十二兩有奇，給死者之家。五月，定致死流犯之例。妻家冀免女僉發致死其壻者，以謀殺論。惡棍冀得犯人妻設謀致斃本犯者，照光棍例立斬。七月，定例凡私行買贖發遣逆犯家屬者，官員革職。旗人枷兩月，鞭一百。民人杖一百，流三千里。十二月，兵部督捕侍郎馬希納請嚴姦民誣告逃人之禁。得旨：嗣後，首告逃人在某處某家者，將首告之人拿送地方官，止令窩隱之人出質。若無逃人而挾仇控告或牽引妄扳，加等治罪。四年二月，諭凡死罪非常赦所不原者，若祖父母父母老疾，家無次丁，開具所犯罪名奏聞。律文有者，著照律行。其犯贓等罪、流徒人犯，取具地方官印結，或照律留養，或仍流徒，請旨定奪。五年三月，諭凡搶奪婦女、拐騙幼童，本犯從重治罪。如係旗人，將佐領及伊主一併治罪。所屬地方不行查拿，該管巡捕官亦并治罪。五月，定奴僕行盜處分家主、照旗人犯盜議處撥什庫之例。六年四月，諭嗣後逃人及解役若於所過地方騷擾者，鎖拿送京，治以重罪。若原起解官不嚴禁解役，經過地方官不行查拿，事發嚴治其罪。六月，敕禁採捕鷹鶻騷擾地方。七月，嚴强佔關津之禁。七年二月，停止叩閽之例。先是長安門外竪立石碑，凡有寃抑者令其伸訴。後以姦人希圖報復，捏詞詐害平民，或僱人頂告，或夥告，或夥證，屢經敕部嚴禁，違者治罪。至是永停叩閽之例，倘有寃抑，令照例於通政司登聞鼓衙門控理。八月，命刑部酌定現行則例，詳晰分欵，陸續進呈。八年六月，嚴投充人等控理前事及代親屬告訐之禁。八月申嚴在京文武官緝盜不力之令。九年二月，刑部題請，嗣後凡隱瞞反叛抄札入官人口者，不分男女大小，五口以上，照隱匿財物至五百兩例，杖一百、流徒寧古塔。四口以下，杖徒。旗下有犯者，枷號發落。從之。四月，嚴犯夜之禁。十年二月，兵科給事中王曰温疏言：京中五方輳會之地，姦宄叢生，無賴刁民多嚇詐告訐及告後潛逃等弊，嗣後有原告逃遁者，行文本籍嚴拿解京，除原坐不議外，照所告之罪反坐。若曾經使人説合詐索者，照光棍爲首例治罪。其説合起滅詞訟之人照爲從例。從之。七月，嚴屬員被劾揭告上司之禁。十月，刑

部提旗下官員犯罪重大，其親父伯叔兄弟陣亡，俱免死一次。至軍民人等犯重罪者，亦照此例。從之。十二月，定凡滿漢文武官員用非刑者，俱革職，免其提問。定凡强盜投首，如止刦財，不曾殺人，許令自新。其傷人者，仍治以殺人之罪。十一年正月，定逃人二罪俱發以重者論之例。十一月，定刑官妄議株連之禁。十二年七月，定交代錢糧徇隱侵挪之例。九月定贓犯産絶具題豁免及先參婪贓審無入己之例。十四年十月，申嚴匿名揭帖之禁。十六年正月，敕部改定方術誘取良人及略賣良人子女之律。凡誘取典賣或爲妻妾等事，不分所誘良賤、已賣、未賣，爲首者，立絞。爲從者，旗人枷責，民人杖流。如止一人，即以爲首論。被誘之人和同者，俱如爲從之罪。非和同者，不坐。其以藥物誘取者，罪如略誘例。十八年二月，嚴投營人挾制家主并發人塚墓之禁。八月，定衙役詐贓之罪，十兩以上者，僉妻安插奉天，一百二十兩以上，擬絞。九月，諭國家設立法制，原以禁暴止姦，安全良善。向因人心滋僞，輕視法網，故於定律之外，復設條例，俾其畏而知儆，免罹刑辟。乃近犯法者多，朕心深用惻然。其定律之外，所有新例過嚴者，著九卿、詹事、科道詳加酌定。尋遵定。尋遵旨更改條例，繕册奏準，刊刻通行，名曰《現行則例》。謹按：順治元年八月，敕修大清律。二年律成。十七年四月，復取盛京定例并刑部定例，分晰入律，各欵進呈。康熙八年，命刑部酌定現行則例，詳晰分欵進呈。至是，上復命刑部於定律之外，有新例過嚴者，更改通行。恭繹聖訓於戢姦禁暴之中，寓惻怛哀矜之意。仁至義盡，視古聖王解網泣罪之心，誠異世而同揆者矣。十九年十月，嚴旗人私往外省之禁。藉端挾詐，囑託行私，擾累小民者，枷三月，鞭一百。係官革職，鞭一百，不準折贖。失察之佐領，罰俸三月。驍騎校罰俸六月。其差遣家僕之人，鞭一百。係官，革職。差去之僕，枷一月，鞭一百。又定鑪頭匠役包攬買銅交納者，枷責，並妻子流徙尚陽堡。十一月，定被參官員訐告上司之例。二十年八月，嚴刑具不一之禁。二十一年六月，嚴賣身旗下，仍留原住地方擾害之禁。八月，嚴巡邏私參官兵誣拿無辜之禁。二十二年三月，申定旗人略賣人口處分之例。七月，定在京監斃人犯處分之例。八月，定發掘歷代帝王、名臣、先賢墳墓者罪。發掘開棺見屍，爲首者，立斬；爲從者，立絞。發掘見棺，爲首者，立絞；爲從者，監候絞。發掘未至棺槨，爲首者，監候絞；爲從者，充發。九月定旗下家人及莊頭倚勢害民、該管官及家主處分之例。申定旗下官兵隱匿入官人口之罪。二十三年十二月，申嚴窩盜之禁，定誣良爲盜嚇詐財物者，發寧古塔例。旗人發遣本身，民人僉妻，俱追銀入官。定强盜殺人案内，如無下手、主謀情由，準其自首，免死發邊衛充軍。二十四年四月，定凡有司誣良爲盜，本官照故入平人例，從重治罪。督撫審出題參者，免議。或部院衙門審出、或被誣之人告發者，將督撫一併嚴議。九月，嚴定貪官不入緩決之例。十月，理藩院題，厄魯特噶爾丹博碩克圖汗下沙裏巴圖爾臺吉來使特木把，於北館中毆死正白旗人王治民，應論死，上命傳諭厄魯特曰：爾等進貢來使，沿途擾害民生，搶掠牲畜。朕以爾等遠方之人，不諳中國法紀，未遽加罪，屢從寬免，曾經頒旨曉諭。今爾進貢頭目，並不嚴束傔從，任其擾害，將内地人毆死，干紀甚矣。將特木把依律處斬，令爾等識之觀之。此後，其謹遵成法，毋得妄行。二十五年閏五月，嚴土司番蠻交界地方販賣軍器之禁。十一月，定凡蒙古人有擅殺内地民人者，不論幾人，俱斬。其妻子牲畜入官。竊盜民人牲畜者，爲首二人俱絞。仍將妻子牲畜入官。餘鞭一百，罰三九牲畜。又，凡蒙古私入邊遊牧，雖不爲盜，臺吉罰三九牲畜，寨桑罰一九，平人鞭五十，仍將所騎馬匹入官。其攜帶家口牲畜入邊遊牧者，不論幾户，俱入官。至民人往邊外伐木刈草，蒙古有奪其食物者，不論幾人，將所乘馬匹盡行給還民人，仍鞭三十。其屬下每犯一次，並罰濟農五九牲畜。謹按：康熙三十六年，又議準凡蒙古食俸王公官員等有罪，應議罰牲者，免其罰牲九數量罪，革俸。民人無牌票私出邊口者，將妻子一併發往山海關外遼陽等處安插。二十六年四月，申嚴解役凌虐犯人及教唆搶奪之禁。二十七年十一月，禁止有司官審案律例兩引十二月定讎家遇赦、復藉口報讎者，杖一百，流三千里。二十八年十一月，命察流犯發遣之弊，定强盜自首，如傷人不死者，擬戍。如不曾傷人者，擬徒。謹按：十年冬，凡强盜投首，如止刦財不曾殺人，許令自新。其傷人者，仍定以殺人之罪。定强盜年未及歲者，被脅同行、贓無入己者，免死，杖流。三十一年五月，刑部議太監錢文才毆死民人徐二，應絞監候。諭大學士等曰：凡太監犯罪，斷不可宥。朕觀古來太監，善良者少。要在人主防微杜漸，慎之於始，縱容姑息，侵假事權。迨其勢既張，雖欲制之，亦無可如何。如漢之十常侍、唐之北司，竊弄威權，甚至人主起居

服食，皆爲所制，此非一朝一夕之故，由積漸使然也。朕聞明代諸君，將本章批簽委之司禮太監，司禮太監委之名下内監，此輩素無學問，不知理義，委之以事，其能免於舛謬耶。錢文才此案爾等記之，至秋審時，勿令幸免。謹按：宦寺之害，自漢唐以來，迄於明季，無代無之。其始皆由於愛克厥威，其後遂至於難制，我朝綱紀肅清，恭繹聖訓，防微杜漸，凡贄御近侍，止許供掃除之役，誠億萬斯年之良法也。十月，申拘訊婦女之禁。三十六年五月，刑部以内監劉進忠逃出訛詐議罪，奉旨：劉進忠照光棍例治罪。嗣後，太監有與同罪者，以此爲例。三十七年，申嚴酷刑之禁。三十八年六月，嚴蒙古盜馬之例。三十九年二月，定地方官挪移銀兩至五千兩以上，或糧米至六千石以上者，革職，仍擬滿流，不準折贖援赦。四十一年四月，定父子同犯不準留養之例。十二月，禮部議覆，朝鮮國之李焞將其國越境殺人之金禮進等擬立斬，該管人員擬革職徒流具題，應如所請。

上曰：朝鮮國人越境殺人行刦，法所不宥，應立斬。其該管官李有白等，俱從寬免罪。樸錫昌等俱革職，免其流徙。

四十四年，嚴姦胥删改供詞之禁。四十七年七月，定私鑄錢文及工匠人等，分别首從斬絞。其糧艘鹽船私裝販賣，運弁船户等照私鑄爲首例治罪。定免死減等流犯逃回復犯罪案，不論輕重，即行正法。又充發人犯在配毆死人者，即行正法。四十八年，定兩次竊盜發黑龍江爲奴。五十二年八月，定民人控告州縣官，暫免解任，交布按兩司審明情實，再行題參。定在部審結事例。凡在京旗人，在外民人，爲地畝、房産、主僕名分等事册籍在户者，歸户部審理。其中有互相鬬毆重傷或搶奪等情，户部會同刑部審理。十月，定養子開户及本旗原主互相欺詐之禁。五十二年四月，定造作刻印淫詞小説者，官員革職，軍民杖一百、流三千里。市賣者，杖一百、徒三年。十二月，定追賠贓銀及分賠等項，限一年通完。死罪減二等，軍流等犯俱免罪。如不完，承追及督催官罰俸有差。再限一年，追完減等，若仍不完，軍流充發，死罪監追。承追官降級留任，督催罰俸有差。再限一年，著落妻子追賠。限内能完，承追官開復，若不完，調用。督催知府直降級留任，司道督撫俱罰俸。如果家産盡絶，保題豁免後，另有房産、錢財、人口，俱入官，出結官革職。督催知府、直隸州降調，司道降留，督撫罰俸，所欠銀米，出結官賠補。武職亦照此例。旗人犯死罪，仍監追。軍流等犯，暫停枷責，亦限年追比。其佐領驍騎校照承追官，參領照知府直隸州，都統照督撫布按例。五十五年七月，定八旗命案，該旗大臣會同刑部審擬，定糾衆搶奪稻穀者，發三姓給披甲人爲奴。五十六年正月，定海船禁例。沿海小船偷載米糧剥運出洋大船者，嚴拿治罪。如將船賣與外國者，造船與賣船之人皆立斬。所去之人留在外國，將知情同往者，枷號三月。該督行文外國，將留下之人令其解回，立斬。沿海文武官員隱匿不報者，從重治罪。二月，定强盜分首從例。五十七年八月，定徒罪以下概免監禁，交該佐領及地方官保出候審，刑部具題後，即行發落。定冒充兵丁生事擾民，照光棍例治罪。十一月，定鬬毆傷輕因傷風及他病死者之例。五十八年，定沿海濱江用鎗棍格鬬者，爲首杖流，爲從杖徒，附和未傷人者枷責。五十九年二月，定鹽梟就撫復行私販，本犯充發科布多烏蘭固木地方。六十年，定造言訛詐者，發科布多烏蘭固木地方。

臣等謹按：德威兼濟，治化聿昭，聖祖仁皇帝御極六十餘年，重民命，除暴虐，息詐僞，厚風俗，懲貪污之吏，除酷刻之刑，絶訐告之風，息株連之累，厚澤深仁，淪肌浹髓，而於内寺宵人，偶干法紀，則立致典刑，尤足昭千古之炯戒而遠邁百王者矣。

（清）嵇璜等《清朝通典》卷八一《刑·刑制》 雍正元年三月，嚴八旗科派之禁。更定蒙古盜牛治罪之例。七月，定僞造假銀爲首絞候，爲從及知情買使枷杖之例。二年閏四月，定私刨人參審結之例。定銷毁刺字枷責之例。嚴禁運丁私忿持戈放箭殺傷及搶奪民間衣物，奉旨：嗣後有似此者，該督撫即行奏聞，於彼處正法。五月，命刊刻《毆殺律》，頒示儆衆。六月，定八旗毆死家僕處分之例。凡官員違法責打致死及殺死者，分三等，定以罰俸、降革、鞭責。平人犯者，分三等，鞭責、枷號。有致死族中家僕者，均從重擬。定命案留養追銀給屍親之例。十一月，嚴私開奏摺之禁。十二月，論殺人之犯，因親老家無次丁奏請留養，然亦須查被毆之家有無父母，是否獨子，若親老又是獨子，一旦被殺以致無人贍養，而殺人之人反得免死留養，於情理未協。應行文直省督撫，務將被殺之人有無父母以次成丁之處，一併聲明。謹按：康熙四年二月，定凡死罪非常赦不原者，若親老家無次丁，準開具所犯奏聞。又按：六年，申定斬絞人犯，父母年未七

十者，不準援請留養。三年三月，定被逼行竊將强逼之人殺傷，分别流徒之例。五月，嚴僧人犯法之例。六月，定笞杖輕犯及牽連人速結之例。十月，頒行大清律集解，共三十卷，律文四百三十六條，律後附例八百二十四條。分爲三項：曰原例，曰增例，曰欽定例。謹按：順治元年，敕修《大清律》，二年成，頒示中外。十二年頒行滿文大清律，康熙八年頒發現行則例，至是復頒行是書。四年正月，定官犯侵欺錢糧一千兩以上者，照監守自盜律擬斬，準徒五年。二月，定收書侵蝕漕米之例，定捕盜無分疆界之例。四月，嚴糧船私帶火砲鳥鎗之禁。定盜犯越獄，其未殺人之首盜與傷人之夥盜，原擬斬決者越獄，於犯事地方斬決梟示。其免死發遣之夥盜，越獄斬決。若殺傷兵役，斬決梟示。六月，嚴鬭毆重傷擡赴衙門驗看之禁。九月，申嚴賭博之禁，造賣爲首者軍，爲從杖流。販賣爲首者杖流，爲從杖徒。隱匿不報，杖。失察，奪俸三月。誘賭及放頭，杖流。官員犯，革職永不敘用。上司與屬員聚賭，罰如之，仍枷杖，不準折贖。十月，定逃人在外生事，被人毆死，不用擬抵之例。十一月，定漢人奴僕干犯家主，照滿洲家人例治罪。定包攬錢糧，士人發遣黑龍江，民人聽人包攬滿杖例。五年二月，嚴稽察兇苗漢姦之令。三月，嚴勒索外地人財物之例。凡官弁勒索，應分别數目治罪，贓追還主。得旨：此等應追入官銀兩，即限内全完，亦不寬免其罪，著爲例。定虧空錢糧官吏一同監追例。閏三月，定監犯病斃獄官處分例。嚴匪類惑民之禁。七月，嚴旗下家奴結黨生事之禁。八月定，凡罪犯關係軍機兵餉事不準援赦例。十一月，嚴演習拳棒之禁。定强盜拒捕傷官兵例。奉上諭：凡强盜拒捕將官兵傷死之案，除同夥傷人之時該犯不在一處者仍照例議罪外，同在一處或三五成羣，雖非下手之人，既在旁目睹即係同惡共濟，法所難寬，嗣後應照舊例立決。十二月，定因姦殺本夫復計娶姦婦者，立斬。謹按：七年，又定姦夫殺死本夫後，將姦婦拐逃嫁賣及帶逃子女賣與人爲奴婢者，皆斬決。六年二月，諭披甲人查書夫妻父子弟妹及叔祖母九人，俱被賞伊爲奴之紀二殺死，甚可駭異。凡屬免死發遣爲奴之犯，皆係秉性兇惡之徒，發遣之後，往往恣意妄行，不服管束。此等人已犯死罪格外寬免，嗣後仍有兇暴者，不論有應死不應死之罪，伊主便置之於死，不必治罪，但將實在情節報明該管官咨部存案。發遣當差之犯，不守法度，被該管官打死者，該管官亦免議，但將情由報部存案。若當差爲奴人等與平人鬭毆被打身死者，平人從寬減等，則兇惡之徒有所畏懼，不敢爲非矣。六月，定假冒職官發遣之例，嚴旗兵買民爲奴之禁，定斬絞等犯父母年未七十者，不準援請留養。七年四月，申嚴符咒之禁。自明年爲始，犯者爲首立斬，爲從絞候。又更定盜竊鞘銀，除贓至八十兩者仍照律定擬，至一百兩者，擬以立絞。謹按：向例照常人盜倉庫例，至八十兩者，絞。係雜犯，準徒五年。贓數雖多，亦仍照例定擬。五月，申定盜犯親屬禁例。閏七月，嚴官員互揭之禁。八月，定歸旗人員逾限逗遛，按其年月之多寡，以爲枷號之限期例。九年三月，嚴廢鐵出境照販硝磺同科之例。七月，嚴私出口之禁。十年五月，定秋審應決人犯，因文書遲悮已過冬至者仍決之例。謹按：乾隆十年奉旨，改定適值冬至者，著於冬至七日以後行刑。八月，定奉天人命盜案，旗員所轄地方有民人失事者，將該管旗員查參疏防，限緝民官免參，仍令協緝。其民官管轄地方有旗人失事者，亦照此例處分。人命等案會同查驗，仍照該管地址分别議處。十一年四月，復直隸省盜案分别首從例。謹按：雍正八年，以直隸盜案多於他省，奉旨：不分首從，皆行正法。至是特頒恩諭，仍照各省分别辦理。嚴邪術避刑之禁。申定强盜同居親屬等，有知情而又分贓者，分别流徒。得財而不知情者，照本犯減二等。竊盜同居父兄等，不分贓而知情者杖，得財而不知情者，照本犯減三等，知情而又分贓者減二等。其竊盜罪止杖刺，知情而不分贓者笞，不知情分贓、知情分贓，各照本犯遞減。五月，申定書役僞造印信誆騙財物，其自行雕刻者，仍照原律。其倩人雕刻者，銀十兩以内、錢十千以内，杖一百流三千里。十兩十千以外，發黑龍江。五十兩以上照枉法贓應流二千里者，擬絞監候。餘人仍照舊例。十月，諭因姦致死本婦，向來例無正條。俱引因姦威逼人致死之律，擬斬監候。但其閒情事不同，如係强姦既成本婦羞忿自盡者，擬以斬候，固屬允當。若强姦不遂將本婦立時殺死，如此淫兇之犯，非立決不足蔽辜。至於强姦未成，或但經調戲，本婦即羞忿自盡者，非引照擬抵固無以慰貞魂，而一概擬斬監候，又覺未爲平允。應擬絞監候，至秋審時，俱以情實請旨，如此庶爲輕重得宜。十二月，改定竊盜誣扳，除積匪慣盜有意陷人者，仍照本犯贓數目一兩至九十兩俱發邊衛充軍外，如初次爲匪畏罪混扳者，計其贓數，一兩至四十兩，俱加等徒三年。五十兩至九十兩應徒者，俱加等，發邊衛充軍。謹按：雍正七年，

定竊盜有意誣扳良人者，應加等比照三犯竊盜例，分別贓數多寡擬罪，至是改定。十二年四月，諭宗室犯枷責罪者，俱準折贖。覺羅犯枷責罪者，照平人例完結。朕思覺羅亦係宗室，照平人例，則宗室覺羅迥然各別。如概令折贖，伊等亦不知儆懼。嗣後，宗室覺羅犯枷責之罪，應酌其罪犯輕重，即在宗人府，或拘禁，或鎖禁，分別年限期滿釋放，以抵其罪。其如何酌定年限之處，著宗人府會同該部定議。尋定有職宗室覺羅仍照例降罰，其閒散宗室覺羅分別鞭笞之數，革去每月應領錢糧。犯徒者，照旗人應折枷號日期，在宗人府分別拘禁。犯軍流者，在宗人府鎖禁，滿日釋放。六月，嚴煎挖窩頓販賣硝磺附近苗疆五百里以內之禁，十斤以下杖一百，計等遞加，其百斤以上者擬軍。七月，嚴强姦服親例。凡强姦內外緦麻以上親及緦麻以上親之妻，並妻前夫女、同母異父姊妹未成，本婦羞忿自盡者，斬監候。已成，本婦羞忿自盡者，斬立決。九月，定凡因姦致死人命，除以手足行强已成未成，仍照凡姦本律，如執金刃戳傷本婦及拒捕致傷旁人，已成姦者斬候，未成者絞候。十月，改定遣犯逃後爲匪，即於拿處正法，不必解回遣所例。又定白晝搶奪財物者，杖一百徒三年。計贓重於徒者，加竊盜二等，贓至百二十兩以上者，照竊盜滿貫律絞候例。又定保舉賢良方正出身人員，犯軍流以下罪名加等科斷例。又申定因姦同謀殺死親夫之案，有姦夫起意殺死本夫者，無論有無謀娶，擬斬立決。姦婦知情同謀，殺死本夫，本夫不知通姦情事，即雖知通姦情事迫於姦夫之强悍非係有心縱容者，姦婦仍照例凌遲。其有縱容抑勒妻妾與人通姦，審得確據，或被妻妾起意，或知情同謀，姦婦皆擬絞決。十一月，定另户旗丁潛匿照逃人治罪例。又定逃兵拐帶餉糧馬匹及知情容隱者，分別邊衛附近充軍例。十三年二月，諭官兵駐劄外邊，原爲防衛蒙古而設。若盜取蒙古馬匹，是不能防衛而轉行擾害，應加重懲。嗣後官兵及跟役等有偷盜蒙古馬匹者，訊實即在本地正法。五月，定兵丁犯竊盜，審明即移回本營綑打，插箭游營之後，再送有司照例發落。六月，定刨墳夥犯計次數加重之例。三次以外者，照三犯竊盜例擬絞候。二次者，照三犯竊盜贓數不多例改遣。一次者，照定例發附近充軍。八月，定因戲謔殺旁人例，將本犯免死減等，僉妻流三千里，至配杖一百，仍追埋葬銀二十兩給屍親。又嚴官吏賑災不力之令。時黔省逆苗掠入內地，旋經勦撫，上念逼近苗疆州縣不無被其荼毒，特敕辦理苗疆事務大臣竭力撫綏，勿惜公帑。並諭：若稽查不力，董率無方，以救災之資飽汚吏貪官之腹，不令窮民得霑實惠，朕必將大小官員在該省即時正法以示衆。九月，皇上御極特諭：本年恩詔赦款甚多，但奴僕告家主之案，名分攸關，情罪可惡，毋得援恩赦免。嗣後遇有奴僕首告家主者，雖告皆實，亦必重治其罪，著爲令。十月，定文武生員犯賭，加常人一等治罪例。嚴衙役逼詐例，凡索詐貧民致賣子女者，均照蠹役恐嚇詐贓科斷。臣等謹按：道濟寬嚴，刑臻明允，世宗憲皇帝懋纘鴻圖，單心民瘼，十有三年，姦暴革心，黎民徧德，我皇上敬承大統，率由舊章，罪視其人，不爲已甚。復於每歲秋審時，彙天下大吏所進讞詞，命部臣研窮再四，期於無枉無縱，仍恭呈御覽。凡經指示，惟允惟平，伊古以來，政刑之當，未有如今日者也。

（清）吴壇《大清律例通考·奏疏》　該總理事務王大臣會同九卿會議得，刑部尚書傅鼐奏稱：竊惟刑罰世輕世重，乃帝王宜民宜人之權。我朝律例刊佈於順治三年，酌議於康熙十八年，重刊於雍正三年，固已法度修明，紀綱整飭矣。臣伏讀我世宗憲皇帝遺詔，有曰：國家刑罰禁令之設，所以詰姦除暴，懲貪黜邪，以端風俗，以肅官方者也。然寬嚴之用，又必因乎其時。從前朕見人情淺薄，官吏營私，相習成風，罔知省改，勢不得不懲治整理，以戒將來，令人心共知警惕矣。凡各衙門條例有從前本嚴而朕改易從寬者，此乃從前部臣定議未協，朕與廷臣悉心斟酌，而後更定以垂永久者，應照更定之例行。若從前之例本寬而朕改易從嚴者，此乃整飭人心風俗之計，原欲暫行於一時，俟諸弊革除之後，仍可酌復舊章，此朕本意也。向後遇此等事件，則再加斟酌，若有應照舊例者，仍照舊例行。欽此。欽遵。臣思聖心惓惓於此，蓋心有所軫念而未及更正者也。我皇上御極以來，凡事皆以世宗憲皇帝之心爲心，每遇奏讞之時，斟酌詳慎，好生之德固已洽於民心矣。伏查《大清律集解附例》一書係雍正三年刊刻之板，現今不行之例猶載其中。如竊盜三犯已經改議分別贓物十兩上下，遞爲輕重，而例內所載，乃係贓數不多，奏請改遣。如遣犯脱逃行兇爲匪，已經改議，分別所犯情罪遞爲重輕，而例內所載乃係即行正法。如此之類頗多，恐問刑之員援引舛錯，吏胥因緣爲姦。且與其臨時斟酌，時時上廑聖懷，不若先事精詳，事事立之準則。應請皇上特降諭旨，

簡命通達治體，熟諳律例之大臣爲總裁，將雍正三年刊行律例詳加核議。除律文律注仍舊外，其所載條例有先行而今已斟酌定議者，改之，或有因時制宜應行斟酌而未逮者，亦即欽遵世宗憲皇帝遺詔，酌照舊章，務期平允。逐款繕摺，恭請皇上欽定。勒限纂輯，繕寫成書，進呈御覽。請旨刊刻，頒行各省，俾知遵守，以昭畫一之會。則世宗憲皇帝義盡仁至之心，我皇上善繼善述之政，接欽恤之傳而養萬年之福。等語。查律爲一定不易之良法，例爲因時制宜之良規，故凡律所不備，必藉有例，以權其大小輕重之衡，使之纖悉比附，歸於至當。我世宗憲皇帝臨御十有三年，宵旰勵精，勤求至治，而於刑獄，尤加詳慎。凡有所降諭旨及諸臣條奏經由廷議者，必悉心斟酌，然後頒行。猶慮愚民一時未能遍知，每行一例，必定以年限，使之家喻户曉，再有所犯，方始照例問擬。仰惟聖心哀矜惻怛，慎重周詳，洵足昭億萬年之法守矣。第刑罰世輕世重，自昔爲然，而寬嚴之道，遂如温肅之異用而同功。時而崇尚惇大，禁令漸弛，道在整飭，不得不濟之以嚴。時而振興明作，百度具張，道在休養，不得不濟之以寬。寬嚴合乎大中，而用中本乎因時，蓋所謂中無定體，隨時而在。是以世宗憲皇帝遺詔，惓惓于條例之寬嚴，有宜再加斟酌之訓諭，深有望於我皇上繼志述事，敷時繹思，紹執中建極之謨，永臻於蕩平正直之治也。伏讀《大清律集解附例》一書所刊原例、增例、欽定例三項，非盡現行之條，而自刊刻後至今，前例又多酌改。若不加以叅訂，歸於畫一，恐内外問刑之員易於援引舛錯，而胥吏因得高下其手，足滋任意輕重之弊。應如刑部尚書傅鼐所奏，恭請皇上特簡大臣爲總裁官，將以前刊刻律例並自刊刻後至今通行各例，統加檢查覈議，有宜因時變通，如先經定例而後經改易者，或前例未協而後亦未經改易者，應作何斟酌損益，寬嚴得中，逐一縷析條分，務期平允。其應删除者即行删除，應增入者即行增入，應更正者即行更正，應仍照舊例行者亦即酌復舊章。除律文、律注仍舊外，其刊入之例，必將某條附載某律之處確切不移。使宏綱細目，大小咸該，仁育義正，折衷盡善。敬謹擬議，恭請皇上欽定。纂輯繕寫成書，進呈御覽，請旨刊刻頒行。則因時用中，先後同揆，以彰紹庭罔斁之孝思，益垂世守不愆之令典矣。至作何揀選、分修及定限一切事宜，恭候命下之日另行奏聞，請旨遵行。等因。乾隆元年六月十九日題。二十一日奉旨：依議。欽此。隨經刑部將應開列總裁官列名奏請，奉硃筆點出三泰、徐本、慶復、楊超曾爲總裁官。

律例館總裁臣三泰等謹查大清律目，世祖章皇帝定鼎之初，即命刑部尚書吴達海等詳譯明律，叅以國制，書成奏進，刊佈中外。聖祖仁皇帝康熙九年，命大學士管刑部尚書事對喀納等復行校正。十八年，特諭刑部：將定律之外所有條例，應去應存，詳加酌定，刊刻通行，名爲《現行則例》。二十八年準臺臣盛符昇奏請，將《現行則例》載入《大清律》條例内，命尚書圖納、張玉書等爲總裁，至四十六年繕寫進呈，留覽未發。世宗憲皇帝雍正元年，復命大學士朱軾、尚書查郎阿等爲總裁，於應增應減之處再行詳加分晰，作速修完，至雍正五年奏準頒行。我皇上御極之元年，允尚書傅鼐陳奏，特命臣三泰等爲總裁，臣等奉命遴選提調臣何瞻、纂修臣岳泰等逐條考正，重加編輯，又詳校定例，纂入一千四十九條，節次恭繕進呈，蒙皇上親加鑒定，間有未協之處，悉經諭旨改正。特命刊佈中外，永遠遵行。臣等幸生盛世，仰見典章之大成。謹拜手稽首敬録世祖章皇帝御制原序一篇，聖祖仁皇帝上諭一道，世宗憲皇帝御制序文一篇、諭旨一道，冠諸卷首。其諸臣章奏附録於後云。臣三泰等恭紀。

中國第一歷史檔案館《歷史檔案》二〇〇八年第一期《清代上諭軍令條約・行軍紀律》 軍令。雍正九年八月内奉上諭：自古用兵之道，首以申明號令爲務。《周易》曰：師出以律。《周書》曰：不愆於六步、七步，不愆於四伐、五伐，乃止齊焉！可知進退步驟之間，尺寸不可違越，方爲節制之師。而平日必須申明號令，使三軍之士無不熟知深曉。倘其中或有不遵者，則按軍律置之於法。是其獲罪，乃本人之自取，無所歸咎。雖領兵將帥不能以己意一毫輕重於其間，此大公之道也。我國家武備精强，超越往古，歷來軍行之際，紀律嚴明，信賞必罰，是以天戈所指，迅奏膚功，此中外臣民所共知者。今承平日久，新進少壯之人未曾親歷戎行，則於從前規制未必一一諳練，若不詳悉申明宣諭，以致官弁、兵丁等或因陷於不知而遽罹罪譴，朕心實爲不忍。今特命大臣等酌議軍令條約，經朕親加覽定，凡大端細務莫不備載其中者。蓋以軍機關係至重，必使事事合於紀律，人人祇奉章程，勿犯重罰而妄冀從輕，勿因事小而不遵成法。將來荷天眷佑，奏凱言旋，凡我弁兵等數十萬人，有大功而無小過，

此則朕心所厚望者也。著即刊刻，交與兩路大將軍通行頒布，咸使凛遵。特諭。

一、臨陣進止，以鳴螺及金鼓爲號。如有官員、兵丁違令，聞號不進及聞號不止者，皆斬。

一、官員、兵丁臨陣，俱須勇往直前。如有回顧、畏縮，交頭接耳者，皆斬。

一、掌管鳴螺金鼓之人，令鳴即鳴，令止即止。違者，滿洲、蒙古責四十鞭，緑旗兵丁捆責三十棍。如臨陣對敵時有犯者，斬。

一、凡關係軍務，大將軍密傳一應軍令，所傳之人，如敢擅自增減緊要言語及添造疑似之令諭者，斬。

一、凡大將軍有機密軍令吩咐本人，而本人私自轉告他人以致泄漏貽誤者，斬。

一、官員，兵丁殺良冒功者，斬。

一、官員、兵丁人等將他人戰功冒爲己功，以及捏造實績，以無作有，以輕報重者，斬。

一、官兵在途有欺壓百姓、番、蠻人等，並搶奪什物、柴薪以及恃强買賣，毁壞他人房屋，污辱民間子女者，皆斬。

一、妄言夜夢見鬼見神，無故造言生事，妖言惑衆者，斬。

一、軍士在途遇有疾病，該署專達、領催、管旗隊即同專達、驍騎校、千把總，驗實禀明，該管官將撥醫調治。如不行驗看、醫治，將該署專達、領催責五十鞭，管旗隊捆責四十棍。專達、驍騎校、千把官插箭。倘兵丁係詐稱疾病，捏詞推避者，斬。

一、凡大將軍與副將軍議政，領兵提、鎮密議軍情，如有潜身竊聽，此即係洩漏軍機之人，犯者斬。

一、差遣探聽賊人情形信息畏避不前，詐稱已到彼處及彼處人少妄言人多，人多妄言人少，探聽不實，此即大誤軍機之人，犯者斬。

一、他人失馬，牧馬之人應即回明本營官員。如敢隱匿不回，私自乘騎不給還失馬原主者，滿洲、蒙古兵丁責五十鞭，緑旗兵丁捆打四十棍，仍俱插箭游營。如敢擅自宰殺或盗賣與他人者，皆斬。

一、兵丁人等有偷盗馬匹潜逃者，該管官即派兵目追趕拿獲。如係臨敵之際，斬首傳示。若尚在駐扎之所，滿洲、蒙古兵丁責一百鞭，緑旗兵丁捆打八十棍。

一、軍營駐扎，每夜坐卡兵丁必須輪班整肅，留心伺察。設有夜警，一面密傳禀報，一面整肅以待。如有妄動奔走驚駭喧呼，以致驚營者，斬。

一、兵丁人等故意自言自怨，長吁短嘆者，滿洲、蒙古責七十鞭，緑旗兵丁捆責六十棍。若已責復犯，並臨陣故違者，以摇惑人心例，斬。

一、兵丁人等不守營規，無故喊叫，並營中亂走，大聲言語，日間有犯者，滿洲、蒙古兵丁責五十鞭，緑旗兵丁捆責四十棍。如遇定更以後喊叫亂走以致驚營者，斬。

一、兵丁人等，該管官吩咐言語口應心非詞色傲慢者，滿洲、蒙古兵丁責五十鞭，緑旗兵丁捆責四十棍。若頑拗不遵，故意違抗致誤軍機者，照不遵約束令，斬。

一、兵丁於草廠内不小心火燭，致有遺失焚燒草廠者，滿洲、蒙古兵丁責一百鞭，緑旗兵丁捆責八十棍。倘在臨敵緊要之處失火燒廠者，斬。

一、兵丁人等不小心火燭燒毁衣物器械者，滿洲、蒙古兵丁責五十鞭，緑旗兵丁捆責四十棍。若遺失於存貯火藥之處，滿洲、蒙古兵丁責一百鞭，緑旗兵丁捆責八十棍。該管專達、驍騎校、署專達、領催、千把、旗隊俱插箭游營。倘在臨陣對敵營盤之内，致有遺誤者，兵及該管署專達、領催、旗隊俱斬。

一、兵丁夜間或有夢魘，左右及同帳之人不許附和答應，急宜推醒。如有妄行答應，以致驚擾闔營者，將答應之人，係滿洲、蒙古兵丁責七十鞭，緑旗兵丁捆責六十棍，該管署專達、領催、旗隊插箭游營。若敵壘臨近之時有犯者，皆斬。

一、營門宜嚴查出入。如無故擅放人入營，將看守營門者，滿洲、蒙古兵丁責七十鞭，緑旗兵丁捆責六十棍。臨陣有犯者，斬。

一、奉差遣察探事務人員或遇有投誠賊人，該員不先赴領兵官處回明者，滿洲、蒙古責七十鞭，緑旗兵丁捆責六十棍。攔阻者，係滿洲、蒙古責一百鞭，緑旗捆責八十棍。若因而漏洩軍中虚實者，照漏泄軍機令治罪。

一、大兵進剿，賊衆敗遁，所有牲畜、財物，必俟大將軍有令分派官兵收取，如有不俟軍令擅往搶掠者，插箭游營。若有因搶掠以致紊亂行陣者，斬。

一、凡有以强壓弱、醉酒行凶不聽該管官弁約束者，分别鞭責、捆打，插箭。

一、營中所挖吃水井泉毋許污穢。其飲馬之泉必須另爲開挖，不得任牲畜踐踏。如違者，滿洲、蒙古責一百鞭，緑旗捆責八十棍。

一、軍中口糧最宜珍惜，兵丁人等於支放之時以及領出之後，敢有狼籍抛灑者，滿洲、蒙古責一百鞭，緑旗捆責八十棍。該管署專達、領催、旗隊不行出首者，插箭。

一、兵馬行走草地，俱當步踪接續，銜尾而進。倘敢不接隊伍，左右參差，混亂行走，以致踐踏路旁好草者，滿洲、蒙古兵丁責一百鞭，緑旗兵丁捆責八十棍。扎營處所，牧放馬、駝、羊隻不遵指定草廠任意游牧作踐者，滿洲、蒙古兵丁責一百鞭，緑旗兵丁捆責八十棍，仍俱插箭游營，該管官插箭。

一、兵丁人等沿途牽運糧馱，如私自偷盗升合以及竊取同伴兵丁口糧，及糧袋破損任其抛撒不行收拾者，滿洲、蒙古責一百鞭，緑旗捆責八十棍。

一、軍器什物内，如撒袋繫、刀繫不收拾堅固以致遺失，并應帶之器械不隨身常帶者，滿洲、蒙古兵丁責一百鞭，緑旗兵丁捆責六十棍。該管署專達、領催責四十鞭，旗隊捆責三十棍，專達、驍騎校、千把官插箭。

一、兵丁凡遇見他人遺失刀箭等物，應即行（檢）〔撿〕起，禀明該管官查問交還。如見有物件不行（檢）〔撿〕起，雖經（檢）〔撿〕起而不交還者，除滿洲、蒙古兵丁責四十鞭。緑旗兵丁捆責三十棍外，仍插箭游營。

一、並未奉有緊急差使擅行跑馬者，滿洲、蒙古兵丁責五十鞭，緑旗兵丁捆責四十棍，仍摘馬步行。

一、行軍隊伍各按次序行走，遇有道路寬窄險峻，亦不得以後攙前。如違，滿洲、蒙古兵丁責五十鞭，緑旗兵丁捆責四十棍。仍俱插箭游營。

一、扎營之後，各營兵丁每帳房派出一人，看藍旗出營各兵採薪，黑旗出營各兵汲水。如兵丁出營解手，各營門弁目驗明腰牌，準其出入。若定更以後，非奉派撥差遣，一概不許出營。違者，滿洲、蒙古兵丁責四十鞭，緑旗兵丁捆責三十棍，該管署專達、領催、旗隊不行約束稽查者，插箭。

一、夜傳號令怠慢不遵及巡邏坐卡貪睡偷安，致更籌錯亂有誤班次者，滿洲、蒙古兵丁責一百鞭，緑旗兵丁捆責八十棍。該管旗隊不行查報者，滿洲、蒙古兵丁責五十鞭，緑旗兵丁捆責四十棍。臨降對敵之時有犯者，斬。

一、兵丁在營，於本營官員前舉動輕肆、傲忽無禮者，耳鼻插箭游營。

一、各營馬、步槍炮手兵將所帶火藥，如安置不如法，以致潮濕點放不靈，並備帶疏忽致有抛灑，以及取用之時任意狼藉者，滿洲、蒙古兵丁責五十鞭，緑旗兵丁捆責四十棍，該管旗隊插箭游營。若漫不小心致有遺失者，滿洲、蒙古兵丁責一百鞭，緑旗兵丁捆責八十棍，該管署專達、領催、旗隊插雙箭游營。

一、兵丁所帶鉛彈，務須照依槍口大小一式制造。如有鉛彈不合槍口者，於平常操練之時驗出，若本兵係滿洲、蒙古，責五十鞭，係緑旗，捆責四十棍，仍俱插箭游營。該管署專達、領催、旗隊插箭游營。專達、驍騎校、千把總插箭。倘臨陣之時，帶用此等不合槍口之鉛彈者，兵丁立斬，該管署專達、領催責一百鞭，旗隊捆責一百棍，專達、驍騎校、千把總插箭游營，夸蘭達、參領將備記大過一次。

一、行走栓吊馬駝，及牧放各項牲畜羊隻，俱經給發令單，官兵自當遵照栓吊牧放。如有栓吊不如法及牧放不及時者，若經管兵丁係滿洲、蒙古，責一百鞭，係緑旗，捆責八十棍，該管專達、驍騎校、署專達、領催、守備、千把總插箭。

一、沿途行走及駐扎之處所有井泉，牲畜飲水必須挨次前進，不得攙越擁擠。如敢故違以致踏陷污濁井泉者，滿洲、蒙古責一百鞭，緑旗捆責八十棍。

中國第一歷史檔案館《歷史檔案》二〇〇八年第一期《清代上諭軍令條約·行軍紀律》 前因甘省剿捕逆回時，緑營官兵於馬家堡打仗，因軍

裝火器被雨潮濕，俟烘烤完妥再爲前進，並有懦怯退縮者。當經降旨通飭各督撫，務宜隨時加意整頓。今逆回之事雖完，但思整肅營伍，固在督、撫、提、鎮之實心督飭，而平時操演講習，更在將弁之面爲指導，兵丁之明曉軍律。國家累洽重熙，承平無事。兵可百年不用，不可一日無備。與其臨時告誡，不若先事講求。著軍機大臣會同該部，將行軍紀律，擇其緊要數條，務須簡切明當，使兵丁人人知曉，盡成勁旅，以示朕整飭戎行之至意。欽此。

臣等跪讀之下，仰見我皇上整飭戎行、有備無患之至意。竊惟用兵之道，貴於紀律嚴明，而將兵之法，要在申明號令。國家承平日久，各省營伍屢奉諭旨，隨時訓勵，偶遇調遣出征，該弁兵等自當奮勇争先，以期致果克敵。第恐該將弁等平日不能善爲指導，兵丁等又係武夫，不曉文義，以致行軍規制，無由諳習。是整飭營伍，在於訓練兵丁，而訓練之方，誠如聖諭，當使人人知曉。臣等悉心稽核，除戰陣之際擊鼓鳴金以爲進止最關緊要機宜，已於雍正九年議定條約頒行，應仍令該管將弁遵照舊規隨時訓習，毋得視爲具文外，謹遵旨酌擬行軍紀律易於明曉者數條，開列清單，恭呈御覽，恭候訓示。俟命下之日，行知各省將軍、都統、副都統、督、撫、提、鎮及新疆駐扎大臣等，通飭所屬，遍行曉諭，並令載入營制交盤册内，永遠遵行。

爲此謹奏請旨。

計開

一、兵丁隨征剿賊，俱應奮勇直前，其見賊退走者，不過各惜身命，心懷畏怯。試思臨陣退走，律應斬首示衆，若能殺賊立功，必蒙升賞。即或陣亡，國家自有恤典，子孫俱得邀恩。兵丁等與其臨陣畏葸，難逃國法，何如争先殺賊，奮不顧身。況勇往向前，未必即死，一經退後，斷不得生，此理甚明。該管將備等平時將此諄切告誡，務令兵丁等咸知大義，臨陣時自必勇氣百倍，可期殺賊立功。

一、鳥槍、弓箭最爲行軍利器，若兵丁等臨陣時，尚未見賊，遠將槍箭施放，及至交戰，火藥、箭枝俱已用完，無以禦敵，即同束手待斃，關係甚重。凡領兵將備，平日務須時加講習，令兵丁於臨陣遇賊，槍箭可及之處，不先不後一齊施放，庶槍箭隨聲應手，皆獲實用。

一、行軍携帶軍裝火藥，俱應在帳房收貯，毋令潮濕。即或途中遇雨，亦須嚴密遮護，庶遇賊緩急可用。凡帶兵將備等，須嚴加曉諭，勿致潮濕，或需烘烤，以致臨時貽誤。至弓箭、槍刀等項，平時尤須修整堅利，不得廢弛。

一、臨陣對敵，倘遇將領受傷，隨從兵丁更當奮勇直前，竭力救護。若兵不顧將，各惜身命，觀望退阻，最爲惡習，亟應申明軍紀，俾衆知悉。凡有將領受傷，兵丁不即時救護，竟致潰散脱逃者，立即查明，按名處斬。其能奮勇保護者，立即議功優賞，以示鼓勵。該管將備等，平日尤當愛恤士卒，臨時賞罰公平，庶兵將同心合力，所向無敵。

一、兵丁對敵，乘勝追趕，刻不容遲。若兵丁等有貪搶賊人遺棄財物，以致賊衆逃遁，貽誤不小。該將備等於領兵臨陣時，務須通行曉諭，違者立即依律治罪，庶兵丁等各知儆畏。

一、營卡最關緊要。凡領兵將備等，務須嚴飭坐卡兵丁，輪班防守，留心偵探，毋得怠惰偷安。即探察有事，只須選派明干一二人，密行飛禀，餘仍嚴整坐守，毋許輕動。無事時，不許高聲叫喊，致亂營規。違者俱照軍法處治。

一、兵丁遇有調撥，自當恪守軍令，即時遄行。如敢騷擾地方、欺壓良民、蹂躪田禾，搶掠財物等事，應即按律從重治罪。該管將備等，平日加意教誡，臨時尤當嚴行約束，無許違犯。

一、兵丁奮勇殺賊，應予獎賞。但恐兵丁等希圖冒功，任意朦混，不可不豫爲防範。凡軍法將他人戰功冒爲己功，及謊稱實在效力、將無作有，以輕報重者，斬。該管將備等應隨時曉諭，親自稽查，俾立功者得賞，冒功者治罪，以期核實。

一、行軍馬駝，最宜愛惜。凡兵丁等牧放，須揀擇水草。吊膘，須按照時候，遇有疲乏，加意調養。夜間尤宜小心看守，偶有遺失，須立時尋獲。至所挖井泉，不許污穢。飲馬各挨次序，無許争先，以致壅塞。如有違犯，立即重懲不貸。

一、扎營後，巡邏防守，毋得疏懈。夜間不許無故行走，帳房内更要小心火燭。遇有警報，静聽將令，不得輕舉妄動。若奉有密令，須各自遵守，毋得私相漏泄。該領兵將備等尤宜申明號令，隨時曉諭，不得疏懈。

等因。

（清）嵇璜等《清朝通典》卷八一《刑・刑制》　乾隆元年三月，諭：姦宄不鋤，不可以安良善，風俗不正，不可以興教化。閭閻之大惡有四：一曰盜，三代聖王不待教而誅者也。二曰賭博，干犯功令，貽害父兄，以視《周官》之罷民，未麗於法，而繫諸嘉石收之圜土者，罪有甚矣。三曰打架，即《周官》所謂亂民，《孟子》所謂賊民也。四曰娼妓，則自周以前人類中未嘗有此。此四惡者，刼人之財，戕人之命，傷人之肢體，破人之家，敗人之德，爲善良之害者，莫大於此。是以我皇考愛民之深，憂民之切，嚴申糾禁，積歲月之久，然後道路少響馬及老瓜賊，而商旅以寧。賭博及造賭具者漸次改業，而家室以安。聚黨打架者斂跡而城市鄉鎮鮮聞鬭囂。娼妓遠藏，不敢淹留客店。此皇考十有三年政教精神所貫注，而海内臣民顯見其功效、實享其樂利者也。朕嗣位以來，增廣赦條，惠保良民，使得從容休息。而無識諸臣誤謂朕一切寬容，不事稽察，民間訛言諸禁已開，風聞直省四惡皆微露其端倪，是守土之官敢悖世宗憲皇帝之明旨，墮十有三年之成功，而戕賊善良傷敗風俗也。自後州縣官有政令廢弛，使四惡復行於境内者，該督撫即行嚴參。督撫司道郡守有不能董率州縣殫心輔治者，必以溺職治罪，與通苞苴受賄賂者等，決不輕貸。禁止喪祭演唱佛戲。四月，定聚衆械鬭，分別首從科斷流徒例。嚴禁仵作妄報匿傷之弊。五月，嚴私斃人命之禁。六月，分別光棍定擬例，申嚴番役嚇詐騙害之禁，申定施用刑具務照定式之例。八月，定遣犯逃後爲匪行兇者，其斬絞均改爲立決，徒以上改爲絞候。其計贓傷人甚輕止於杖者，加枷一月。九月，諭：律載兄故殺弟者，杖一百流二千里，故殺妻者絞。朕思兄弟乃手足之親，較妻爲重，今殺妻擬抵而於弟轉輕，其情理未協，其如何更定律例之處，著九卿會議。尋議故殺期親弟妹照故殺大功弟律均擬斬候，其毆至死者，亦改照本律滿徒加一等，杖一百流二千里。更定生監包攬錢糧侵收入己者，計贓科罪。包攬交納至八十兩以上者，杖八十，其不及八十兩者，仍如原律。十月，設立循環監簿。二年三月，定犯人已就拘執捕役致死者，以鬭殺論。賄屬謀殺者以謀殺論。又定鹽徒十人以下，傷一人不得照傷二人例。五月，停族人致死族匪免抵之例。六月，定本宗爲人後者之子孫，於本生親屬有犯，俱照所後服制定擬。異姓義子犯所生親屬，仍依本宗服制科斷，照律歸宗。七月，定圖財害命分首從例。十月，定私越番地之例。十二月，嚴借盜銷案之禁。三年二月，定考試聚衆爲首從者罪。三月，改定窩逃例，其知情逾三月者，杖九十徒二年半，不知情逾半年者，杖一百。年久者遞加。四月，改定毆斃奴僕例。凡家主將奴僕之妻占辱或圖姦不遂致斃者，均發黑龍江當差。奴僕罪不至死應照故殺例問擬。降調者，雖有加級不準抵銷。七月，定旗人竊盜三犯，枷責後復犯竊，雖五十兩以下，不準計贓，俱發寧古塔當差。定制賣賭具描畫者減一等科罪之例。定捕役誣良不準援赦例。十月，定强姦不遂毆傷本婦越日身死者，照因姦威逼致死律。十一月，定成案未著爲例者，不得援引。十二月，定辦賑侵漁不得概準限内完贓減免。四年正月，定運丁潛逃，照守禦官軍在逃正律治罪，仍刺逃丁二字於面。二月，定非登時殺死姦婦，本夫擬徒，姦夫仍科以犯姦之罪。定繼母毆死前母之子，分別定擬之例。凡傷重身死，審明委無欲殺之心者，將本生偏愛之子杖流。前子受虐情急自盡者，將本生偏愛之子杖徒。三月，嚴各部吏書需索之禁。定停訟時仍行審斷事例。禁止道官差法員潛往各省考選道士及開壇傳度受籙，犯者照違禁例。五月，定年幼被脅爲盜俱擬滿流，不準收贖。定殺功服以下卑幼一家非死罪二命擬絞決例。五年三月，申定免死人犯爲匪計贓科罪例。六月，定强奪良家妻女未成姦者，杖一百流三千里例。閏六月，定旗差協同緝逃之例。七月，定兩家互毆各斃一命例。九月，申嚴佐貳官不許夾訊之例。頒行《大清律例》，凡四十有七卷，律文四百三十六條，悉仍集解舊本，删律總注。其注内有與律義相發明者，別立一條例，著爲成例。附例計千有四十二條，删原例增例各名目。凡乾隆四年十二月以前奏準通行之例，俱逐條以次附列。其五年以後之例，依元年奏準，五年一次陸續增修，附律例之後。頒行直省，永著爲例。謹按：雍正三年，頒大清律集解三十卷，律文四百三十六條，律後附例八百二十四條，分爲三項，曰原例，曰增例，曰欽定例。六年四月，定販私鹽誣扳平人照律加等例。五月申嚴誣告越訴例，定私鑄例。六月，申定遞回原籍人犯，潛逃來京二次以外，從重歸結，地方官分別議處。七月，定原毆傷輕，保辜餘限因風致死，照毆人至廢疾例，杖一百徒三年。十月，敕律例毋得輕議紛更，嚴捕役分地坐緝之禁。十二月，更定打死贖身家人非死罪而剉骨燒埋之罪犯者，絞決。八年

十二月，嚴盛京驛站餽遺之禁。九年九月，申定發遣在配爲奴人犯，不服伊主管束或欺凌別人，被伊主及平人斃命者，伊主免罪，平人減等發落。定陣亡子孫免死一次，分別是否因公獲罪之例。十月，定尊長毆卑幼至篤疾者，斷給財產之例。十二月，定夥盜自首分別定擬之例。十年七月，定人夫領帑脱逃，照常人盜倉庫錢糧律，計贓治罪。十月，定强盜不同居父兄一體處分例。又定書吏燒燬册籍之罪，犯者以故燒公廨律全科。十一年四月，定毆死大功以下尊長，雖有尊長使令毆打情事，而輒行疊毆傷多情重者，不得照律減等例。十二年六月，定姦夫拒捕刃傷應捉姦人擬絞候例。十三年四月，定毆死一應有服尊長，不得濫請承祀例。九月，定親屬相盜，其外姻尊長親屬非律圖内載明者，不準一概援引。十四年六月，奉旨更定凡滿洲互相殺傷概入情實例。謹按：舊例滿洲互相殺傷俱擬斬決。雍正年間，按律以謀鬬分別斬絞，亦即正法。乾隆二年，以旗民條例輕重懸殊，酌歸畫一，俱擬監候。至秋審時，除謀故重情概入緩決，至是以法輕易犯，故有是命。更定民人行竊蒙古牲畜，照蒙古治罪例。更定鬬殺案内實係理曲，或金刃傷，及雖非金刃而連毆多傷致死情重之犯，不準留養例。十一月，定强姦十二歲以下幼女未成發遣例。十二月，定姦夫臨時拒捕殺死本夫，姦婦在場並不喊阻救護，事後又不首告者，擬絞候例。十七年十二月，分別留養人犯，若在他省獲罪，即屬忘親不孝之人，不準援請例。十八年二月，定斬絞重犯在監行兇致斃人命例。五月，諭：嗣後各省有毆差奪犯致斃人命者，俱著不分首從即行正法。其但經聚衆奪犯，無論曾否毆傷差役，即照因而傷人律從重擬絞。若數年後此等案漸少，再爲酌量降旨仍復舊例。謹按：舊例只坐首犯，其未傷人者，即首犯亦不致死，故有是命。定鬬毆誤傷尊長，不準聲請減等之例。六月，定殺三人以上之案，速審題達，不得照限完結。九月，定御駕巡幸地方，民人具呈妄控者，照衝突儀仗例杖戍。定聚衆械鬬一命一抵，俱入秋審情實册内，請旨勾決。十月，河南巡撫蔣炳審奏，禁卒賄縱重犯擬絞候。奉諭：禁卒典守監獄，乃於斬絞重犯受財故縱，此非尋常因事受財可比，自應按照本律與囚同罪。但則例又載有擬絞緩決，候逃囚得獲審豁之條，未免法輕易犯。嗣後監犯脱逃，審出禁卒得賄情節，即視所縱囚罪全律科斷。如本犯應入秋審情實者，亦入情實。應絞決者，亦擬絞決。應斬決以上者，亦即擬以斬決。著爲例。十二月，定旗人跑迷，如十五以上，俱照逃人例。幼孩跑迷，至十五歲不自行投回，逾十五歲外即自行投回，亦照逃人例治罪。謹按：向例旗人跑迷，著該旗止於年底彙奏，無議罪定條。至是議準，其有年未至十五者，仍照舊例辦理。十九年閏四月，定情罪重大案犯遇停勾另奏之例。二十一年正月，定旗下家奴告主，徒滿後交與各該旗照例官賣，仍令爲奴，價給原主。

（清）嵇璜等《清朝通典》卷八一《刑·刑制》

〔乾隆二十二年九月〕諭：官犯審題結案在該省行刑之日以前者，皆補疏題請，或情實，或緩決。其情實予勾，即行刑之日已過，亦著行刑。其在行刑以後審結者，乃入下年册内。又奉諭：嗣後除農忙停訟外，不得再沿隆冬停訟陋習，應準理者即行準理，應完結者即行完結，以免稽滯。二十三年五月，定絞犯秋審三次緩決者，均照强盜免死減等發遣例科斷。其年老有疾者，仍入秋審具題。九月，奉諭：限内完贓發往軍臺效力，此雖向例，但思完贓減等之例實屬未協，苟其因公挪移，尚可曲諒，若監守自盜，肆行無忌，豈可以贓完限内，遂從末減耶。且律令之設，原以防姦，非以計帑，或謂不予減等，則孰肯完贓，是視帑項爲重，而弼教爲輕也。使人果知犯法在所不赦，孰肯以身試法，其所全當更多耳。嗣後除因公挪移及倉穀霉浥情有可原等案仍照舊例外，所有實係侵虧入己者，限内完贓之例著永行停止。十月，定嘓匪結黨輪姦，俱照强盜律不分首從皆斬。但經同行尚未同姦者，仍依本律絞候，因而殺死人命者，無論成姦與否，俱照强盜殺人例斬決梟示。又嘓匪止一二人在曠野攔搶者，分別首從，犯該徒罪以上者，俱發巴裏坤等處種地，其有潛逃他省仍行結黨犯法，即照新例懲治。二十四年七月，申定罪人拒捕至殘廢篤疾，在折傷以上者，均照律絞候。其但係刃傷，仍照本律加本罪二等問擬。九月，申定僞造憑劄自爲假官例。僞造憑劄並將有故官員憑劄賣與他人者，及買受憑劄冒名赴任者，俱擬斬監候。知情説合者，杖一百流三千里。又凡無官而詐稱有官，並冒稱現任官員姓名，並未造有憑劄，止於圖騙一人行一事，犯在徒罪以下者，發邊衛充軍。軍流罪者，擬絞監候。又假冒頂帶，自稱職官，止圖鄉里光榮，無所求爲，亦無憑劄者，杖六十徒一年。假冒生監頂帶者，杖一百。十月，更定蒙古偷盜四項牲畜滿十四以上者，首犯擬絞監候，秋審時入於情實。九匹以下者，計匹數多寡，分別烟瘴、邊遠、附近等處驛地充當苦

差。其民人在蒙古地方偷盜九匹以下者，照此例分別一體充軍。行圍巡幸地方，如有偷竊馬匹者，不分蒙古、民人，五匹以上擬絞立决。四匹以下，分別發往烟瘴、邊遠地方充軍，俱交驛地充當苦差。爲從及知情故買者，係民人減本犯一等，係蒙古仍照蒙古辦理。十一月，申定白契奴婢殺傷家長及家長緦麻以上親，均照紅契奴婢一體治罪。家長殺奴婢，仍分紅白契辦理。又雇倩工作之人立有文契年限，及雖無文契而議有年限，或計工受值已滿五年以上者，於家長有犯，均依雇工人定擬。若隨時短雇受值無多者，仍同凡論。二十五年二月，定斬絞軍流重犯在監及解審發遣，俱給衣赭色布服，與鎖杻互爲標式，易於識認，弗致有疏脱漏網之虞。三月，同定代刻假印，審係同謀分贓者，將起意與雕刻之人俱擬斬監候，爲從減等擬流。若僅受些微價值代刻並未分贓者，以爲從論。四月，定解役開放重犯鎖杻，以致脱逃，將解役嚴禁，俟拿獲逃犯，究明賄縱情節，即照本犯罪名一律全科。如僅係疏脱，並無別故，仍照例發落。十一月，定犯人假冒土苗，定案時，取具地保隣里各結，如流徒軍遣等犯捏稱土苗者，各依本律發配外，先於本犯地方枷號一月，捏結之隣保分別治罪。又申定壓寳誘賭及同賭之人，俱照開場賭博例一體治罪。又生監兵役人等，窩頓土娼，照窩賭治罪。如係偶然存留，爲日無多，枷號三月，杖一百。若日月經久，杖徒再犯，杖流。其得受娼家財物者，仍照枉法計贓從重論。又僧道尼僧犯姦、和姦，照軍民相姦律加一等，於本寺觀門首枷號兩月，杖一百。其犯有夫之婦及刁姦者，分別杖徒，仍於本寺觀門首枷號二月。二十六年三月，諭：凡有發遣巴裏坤等處逃犯，經原籍及過路省分盤獲，即由各省督撫奏聞，於拿獲處所正法示衆。四月，定强盜爲首傷人，傷輕平復拘贓自首者，改爲應斬監候。又定，刦盜夥犯，審係得財，與盜首一律擬斬立决之例。七月，定刦奪江海商船，但經得財而未經傷人者，首犯杖一百流三千里，從犯杖一百徒三年之例。又定子孫誣告蒸檢祖父母父母屍，如係挾讐妄控，擬斬監候。其有並無挾讐誤執傷痕告官蒸檢者，杖一百流三千里，加徒役三年。二十七年三月，定旗人造賣賭具，初犯照例發落。再犯，加枷號一月，三犯擬以實遣，不準折枷。該管官隱匿不報者，嚴加議處。四月，定誘拐案内婦人爲首者，所犯軍流一概的决，不準收贖例。又定鬬毆誤殺旁人，審係被毆者之祖孫父子，均依鬬毆律科斷。其餘親屬，仍照定例辦理。五月，申定奉天等處偷竊馬匹民人，俱照盜牛及宰殺例治罪。旗人盜竊牛馬不及十匹者，按律科罪，仍折枷責完結。至十匹以上及盜殺者，照定例枷號，應得軍流，予以實遣。其黑龍江吉林各將軍，一體遵照辦理。又定得受賄賂，頂認正兇，按本犯斬絞之罪一律全科。代爲説合之犯，減正犯一等。其本犯買人頂兇者，如原應入情實者，即擬爲立决。應入緩決者，秋審擬入情實。軍流等犯，照軍犯脱逃加徒調遣例，從重治罪。徒杖以下，按律加一等。六月，更定旗人犯軍流徒罪，非係尋常事故，不準枷責完結之例。又申定窩留積匪，除造意及同行，分贓代賣，照本犯一律科斷外，其未經造意又不同行者，酌減本犯一等治罪例。七月，增定發塚開棺見屍者，於面上刺發塚字，爲從及發塚見棺與未見棺罪，在軍流以下者，初次刺臂，再犯刺面，其盜未殯未埋屍柩者，刺盜棺字亦如之。十月，旗人六十七賣身爲奴，盜取什物，審擬發遣回城中途脱逃，該管官奏請拿獲，即行正法。其解送疏忽之弁兵，照例治罪。奉諭：六十七即行正法，嗣後此等罪犯脱逃拿獲，即行奏明正法，無庸候旨。把總等解送罪犯，致令中途疏脱，雖無故縱情弊，若僅照例治罪，無以示懲，著從重治罪。凡解送發往各回城罪犯，如有中途脱逃者，除將該犯嚴拿外，解送官兵人役問擬死罪監候，俟逃犯拿獲，再治伊應得之罪。若經年不獲，將正法之處奏聞請旨，即著爲例。十一月，定旗民盜圍場木植牲畜，初次二次發往烏嚕木齊等處種地，三次發往烏嚕木齊等處，給種地兵丁爲奴之例。謹按：刑部於二十八年奏準，私入圍場未得牲畜木植之犯，均以已得罪上量減一等，杖一百徒三年。再犯即未得牲畜木植，亦與已得者同擬外遣。又定逃人妄扳窩主，先將本犯加等治罪之處，改爲發遣。再有妄扳，即發巴裏坤等處種地兵丁爲奴。窩家分別於舊例應得罪上加一等治罪。至旗僕爲匪，畏罪逃走，初次枷號兩月，二次即發烏嚕木齊等處，給賞綠旗官兵爲奴。十二月，定回民行竊結夥在三人以上情狀可惡者，不分首從，不論贓數次數，照積匪猾賊例科斷。如有本地回民窩藏者，照窩留積匪例分別治罪。二十八年正月，定命案内因追埋葬銀兩，勒限三月追完。如係十分貧難，照例量追一半，若限滿勘實力不能完者，即取具隣族州縣官甘印各結，咨請豁免。四月，增定派往伊犁等處滿漢兵丁遇有脱逃者，拿獲發原派地方枷號兩月，游營示衆，充當苦差。十年無過，查奏準回旗籍，

再犯逃者，即行正法。並議，無論京内京外，在伍緑營兵丁脱逃，俱杖一百，枷號一月，永不許入伍。又定職官負罪潛逃，除應斬決絞決毋庸另議外，其犯該監候者改爲立決，軍流滿流改爲絞監候。徒罪以下，改發邊遠充軍。杖笞者，改爲杖一百、徒三年，遇赦不準援減。又定竊盜倉庫錢糧未經得財者，即照得財充軍例，首犯量減一等，杖一百徒三年。從犯仍減一等，杖九十、徒二年半。五月，改定親屬受財，私和命案，應計贓準枉法論，從重科斷。又定，殺一家非死罪二人者，除照例治罪外，仍將該犯財産酌斷一半，給付死者之家。若係毆死一家二命，原無必殺之心者，不得援引此例。七月，申明搶奪財物聚至十人以上，及雖不滿十人但經執持器械，依糧船水手例，分别首從問擬。十月，定採參工人偷竊人參，照偷參已得例，不論多寡，杖一百、流三千里，仍刺竊盜字。十二月，定販賣私鹽在三百斤以上，不將窩頓透漏之家供出者，於本罪上加一等定擬。二十九年二月，增定殺一家非死罪三人者之妻子，審定未同謀加功者，發往伊犁等處，給駐防索倫等兵丁爲奴。定期親尊長故殘卑幼，照兄姊毆死弟妹，杖一百流二千里例，減一等，杖一百徒三年。伯叔姑外祖父母，照毆死姪孫外孫杖一百徒三年例，減一等，杖九十徒二年半。三月，定禁卒將斬絞重犯松放獄具，以致脱逃者，將禁卒監禁，俟拿獲正犯之日，究明賄縱屬實，照律全科。如係徇情或擅離以致潛逃者，亦照故縱律治罪。又定子殺人而父認兇者，除斬決絞決，照所犯罪名科斷，犯擬斬候絞候者，改斬決絞決。軍流徒杖照例遞加。四月，定承辦城工，應追核減銀兩未完者，照知府代州縣官分賠侵蝕錢糧未完計分數治罪例。五月，定命盜案内斬絞等犯，於具題之日概先刺字例。六月，更定拿獲重犯，供出他省曾犯行刼者，行文關查，毋庸解往質審。如贓迹必須研訊，或失事地方有夥犯待質者，即照解送重囚新例辦理。七月，定匪船誘賭，審係一二次者，仍照開場誘賭例杖徒。如三次以上及再犯者，照積匪猾賊例科斷，並將首犯於拿獲地方再枷號一月。其船户知情分贓者，初犯照爲從論，再犯與犯人同罪，船隻變價入官。九月，部議朝鮮國王咨覆越江偷打貂皮之樸厚贊等十犯，例擬斬決，應照所請。得旨改爲監候，秋審法司仍照前咨奏請，即行正法。復奉旨：令入緩決。並諭：向來此等罪犯，曾邀格外從寬，然中朝字小之恩不妨過厚，而藩服越邊之例禁，又豈可稍弛。嗣後遇有似此罪犯，應將首惡明正典刑。其屬在脅從者，仍令分别議緩，庶情法皆無偏任，此案不即照此處分者，以未經申諭，於前事同，不教而殺，所不忍爲耳。刑部可即行文該國王知之。十一月，更定論功免死條例，凡已經優免一人一次者，不準再行聲請。又定苗人圖財害命，照强盜殺人例斬決梟示。十二月，定指引逃匪偷越出口，照故縱律與犯人同罪。至再犯、三犯，各按本罪以次遞加。得財故縱者，計贓從重論。又增定糧艘縴夫勒價攢毆，將爲首及下手傷人之犯，俱發邊衛充軍。餘俱杖一百，枷兩月，河干示衆。三十年四月，增定侵盜倉庫錢糧入己一百兩以上，至三百三十兩，即於徒罪上加一等，杖一百流二千里。三百三十一兩至六百六十兩，加二等，杖一百流二千五百里。六百六十一兩至一千兩，加三等，杖一百流三千里。一千兩以上，照舊例斬監候。六月，諭：毆打宗室覺羅人之例較毆打平人較重者，原係優待宗室覺羅之意，伊等當自知尊貴。嗣後凡宗室覺羅若繫黄帶紅帶被毆者，仍照舊例辦理。其不繫帶被毆者，即照毆打平人例辦理。八月，增定售賣毒藥致死人命，雖不知情，亦照不應重律治罪例。又增定派往各省駐防兵丁，中途脱逃，拿獲日即銷除旗籍，責八十板，帶鎖發往伊犁，充當步甲苦差。如再脱逃，拿獲即奏明正法。九月，定奴婢毆死家長之期親及外祖父母，擬斬立決例。十一月，增定盛京旗下家奴莊頭人等盜賣田産至五十畝者，依子孫盜賣祖遺祀産例發邊遠充軍。不及前數者，照盜賣官田例治罪。謀買人與串通説合之中保，均與盜賣之人同罪。田産給還原主，賣價入官。又定軍流官犯脱逃，無論本罪重輕，拿獲日俱改擬絞監候。秋審時，將原犯情罪聲明具奏。又定婦女通姦，致本夫父母羞忿自盡，姦婦比照姦夫自殺其夫姦婦擬絞律擬絞監候，姦夫比照姦婦因姦情敗露愧迫自盡姦夫擬徒例，杖一百徒三年。若本夫縱妻通姦，後因姦情敗露愧迫自盡者，姦夫姦婦止科姦罪。十二月，增定租賃船隻出洋爲匪，犯流罪以上者，船户雖不知情，照夾帶違禁貨物接濟外洋，原保結之人治罪例科斷，失察官議處。三十一年七月，申定卑幼毆傷緦麻尊屬，保辜餘限内身死，果係本傷死者，仍擬斬監候。如蒙恩準減等，比限外身死者酌加爲邊遠充軍，仍追埋葬銀給屍親收領。九月，奉旨：伊犁係新設駐防之處，非内地可比，法必從嚴而後衆知儆懼，可免妄行逃避之事。嗣後伊犁駐防兵丁，内有逃避者，即行正法。十二月，增

改奴僕過失殺家長，絞監候改爲絞立決。妻過失殺夫，妾過失殺家長律，亦如之。又增改强佔良家妻女中途奪回，尚未姦污者，照已被姦占減一等定擬。若已被姦污而婦女自盡者，照强姦已成本婦羞忿自盡例擬斬監候。若未被姦污而自盡者，照强姦未成本婦自盡例，擬絞監候。三十二年二月，定新疆人犯未滿年限身故，其妻子即準爲民，如中途病故之妻子分別遞籍安插例。四月，定管解新疆人犯，中途疏脱，應問絞候。監禁一年無獲之兵役，内有爲首情重者，改發伊犁等處。爲從情輕之兵役，仍以杖流問擬。又簽解原應改發新疆今仍改發内地人犯之兵役，如有疎虞，與疎縱新疆遣犯一例辦理。七月，定發新疆改遣内地人犯，毋庸簽妻。其自願攜帶者，不得官爲資送例。閏七月，定新疆改發内地十六項人犯，隆冬盛暑，仍照舊例毋庸停遣例。八月，定新疆改發内地遣犯，一概停刺清字例。十月，奉諭：據熊學鵬奏，拿獲應發烏嚕木齊改發烟瘴之脱逃監犯孫耀周，即於該處正法等語。此等積匪猾賊，本係免死發遣之犯，在烏嚕木齊等處如有脱逃被獲，本應即行正法。今既改發烟瘴，乃於監禁時伺隙潛逃，其情罪與發遣烏嚕木齊之犯無異。熊學鵬所辦甚是，著傳諭各省督撫，嗣後凡遇此等改發之犯，再有脱逃被獲者，均照此例辦理，毋得稍有寬縱。即至配所，亦應照烏嚕木齊之例。十二月，定湖南省隣近苗疆之沅陵等縣，仍行派發軍流，解交巡撫衙門，酌發其道州永明等縣，照向例解交該府酌發例。三十三年正月，定免死發遣盜犯在配脱逃，無論有無行兇爲匪，照新疆遣犯脱逃例，拿獲日即請正法。二月，定原犯滿流及免死減流人犯，在配脱逃，即按配所地方定地充發例。五月，定東三省出口之人收買奴婢，票上無名，令守關兵弁即時拿送，分別治罪。八月，申定例得承祀之犯定案時，止將應行承祀緣由聲叙。並毆妻致死情輕留養之犯，遇有父母先存後故，與承祀之例相符者，俟秋審時確查取結，另行聲明。又定回民行竊刺回賊二字例應改發者，仍再刺改遣二字。又定私鑄銅錢不及十千之案，毋庸具題，即咨部完結例。九月，駁定秋審人犯，無論新舊次數，仍應概行勘審。十一月，奉諭：昨直隸省查出保安州逆犯孫顯富等妄布逆詞，希圖復興邪教一案，審擬時究出，該犯於乾隆十五六年間即有人教之事，該州僅取改過甘結從輕完案，實屬姑息養姦，因交該督查參。今據楊廷璋將前任保安州知州喬湏參奏，已交部察議矣。邪教煽惑愚民，最爲人心風俗之害，久經嚴禁，地方遇有此事，州縣官一經訪聞，即稟明該上司徹底查辦，督撫等亦即當據實具奏，按律重懲，庶可盡絶根株，共知儆畏。若僅從輕完結，姦徒毫無顧忌，怙惡不悛，日久必復相煽誘，借邪教以圖斂錢財，深爲閭閻擾累，而無識愚民，亦以獲罪甚輕，仍易被其簧鼓。如保安州一案，即有司輕縱釀成之明驗也。嗣後著各該督撫通飭所屬州縣，如有潛倡邪教之案，立即查拿，報明上司，據實具奏，嚴行按法懲治，以靖姦匪而安善良。若州縣諱飾不報，私自完結，即著該督撫查明參處。督撫等若存化有事爲無事之見，匿不上聞，或徇庇劣員，不行糾劾，將來別經發覺，惟該督撫是問。將此通諭知之。十二月，奉諭：據彰寶奏，審擬江陰縣保正沈添益等欲圖熟田緩徵聚衆哄堂一摺，已批三法司核擬速奏矣。摺内有詢據該犯糾約四鎮保正同衆挾制縣官，其下墅、桃花、利城三鎮均已隨同赴縣，獨前周一鎮並無一人聽從入城等語。鄉民散處村落，良莠本屬不齊，犯法者必懲，安分者賞獎，刑賞一秉大公，各隨其人自取。此等不法姦民，已按律定擬。其並未隨行附和之前周鎮保正民人等，奉法不敢爲匪，實屬可嘉，著彰寶即行確查，將保正酌量加賞。該鎮民人所有本年應完漕米，加恩特予緩徵。仍將此出示曉諭，使知滋事匪徒，不能倖逃憲典。此外能知大義，皆吾良善赤子，原不惜格外施恩，優加體恤，庶衆人共知激勸，並將此通諭知之。

中國第一歷史檔案館《咸豐同治兩朝上諭檔》咸豐六年八月初五日

御史王德固奏請將秋審朝審緩決三次以上人犯查辦減等，並請嗣後歸入年例減等，一併彙奏等語，著刑部查議具奏。

中國第一歷史檔案館《光緒宣統兩朝上諭檔》光緒三年二月二十五日

給事中郭從矩奏京控發審案件，請飭明定章程一摺。據稱近來京控案件往往有濫列多名，意存傾陷，並有頂替包攬教唆等弊，此等刁風斷不可長。嗣後各省督撫於京控發回案件，呈内牽連之人，務須詳慎分別提訊，不得濫及無辜，致滋拖累。其在京各衙門收呈後，照例解回者，應如何將原告被告，年貌供招，查訊確實之處，著該部明定章程，以杜弊端。至京控發交各省之案，該督撫等往往仍交原問官審訊，該員意存回護，輒照原審擬結，致多寃抑。嗣後該督撫等於京控各案，不得仍交原問官覆審，倘承審之員有意瞻徇，即行從嚴參辦，以重刑讞。

《光緒朝黑龍江將軍奏稿·豐紳奏為盜匪未靖竊賊頻仍私造省垣城門鑰匙情罪重大擬請暫行權宜嚴立刑章摺》 竊奴才查黑龍江省邊陲重地，住户率多，旗兵以養馬務農爲本分，近因呼蘭巴彦蘇蘇一帶，招民開墾，其間良莠不齊，奸宄劣跡搶劫竊盜之案，已指不勝屈。況值青黑兩山馬賊山匪出没靡常。近年奸民勾結旗丁蒙古白晝在各處草甸竊牛馬，少則一二十匹，動輒三五十匹，趕往界外售賣，難保不招濟盜匪，縱使犯案枷杖刺臂軍流徒遣，一案未及，定讞報案者又不凡幾。奴才查乘馬持械强盜搶劫，新例不分首從立予駢首，係屬因時制宜，而江省之盜竊牛馬者日甚一日，大半始而始行，竊維則行劫聚夥即成股匪，如不因時制宜嚴立刑章，盜匪根株斷難净盡。奴才擬以除昏夜盜竊者仍照例法辦外，其白晝盜竊牛馬者，無論丁民蒙古初犯十匹以内者，面刺竊盜二字，再犯無論首從即行正法。若初犯十匹以上者，無論首從立行正法。統俟年終，摘叙簡明，供備造册，送部備查。若掏摸偷竊財物者，初犯即面刺盜賊二字，再犯解送奉省定地充徒，計贓遞加，科斷如此，暫行權宜辦理。雖於律例實有未符，而於江省地方大有裨益，一俟馬賊山匪剿捕肅清，仍請遵照本律本例擬辦。

（清）張之洞《張文襄公全集》卷九八《公牘·札江漢道照覆英領事剖釋案情律義》 前據英領事照稱，竊照武穴一案内有緊要關鍵二則。一、懲辦犯人應照律例比擬，二、當體中外兩國交誼爲重，其應如何辦理，方與中外交誼相孚，且俟將來再爲議論。現在惟有援引律例而言，以昭核實。一、本領事察看貴國律例，有分别謀殺故殺之條，此案若是預先圖謀是爲謀殺，若是當夜釀成亦爲故殺。本領事揆度實爲預謀，貴部堂以爲故殺，亦應將滋事各犯悉數按名拏獲，照故殺例辦理。查貴國律例凡鬥毆殺人者不問手足他物金刃並絞，故殺者斬。此案殺英人金柯二命，非止二人下手逞凶，計有多人，亟應全行拏獲審問，分别是否故殺。故殺照例科以絞斬罪名。二、毆傷婦人包任白三姓之人犯，亦應全行拏獲審問。查刑律載鬥毆分别輕重治罪，又後咐毁敗人陰陽者，以致不能生育之語，應詳細推。該婦人等受傷輕重，將來能否生育，然後將該犯照例辦理。三、燒毁房屋一節。查刑律放火故燒人房屋，中國官員應逐細查問，是否故燒分别辦理。四、搶英人物件之犯，亦應全數緝拏，照律辦理。查律例凡白晝搶奪人財物者，杖一百徒三年。若因失火而乘時搶奪人財物，罪亦如之。五、武穴同知暨馬口巡檢之罪。查貴國律例凡知同伴人欲行謀害他人，不即阻擋救護，當杖一百六，該犯人尚有多名，至今未獲。查貴國律例有盜賊捕限一條，本領事請煩貴部堂嚴飭地方官，並印委各員按照以上所引貴國律例認真辦理。除申陳駐京大臣外，相應具文照請俯賜鑒核，飭知施行等情。據此查文内所稱緊要關鍵二則。一、懲辦犯人應照中國律例比擬，二、當體兩國交誼爲重等語。具見該領事明白事理，所謂要言不煩，本部堂深以爲是，極堪嘉許。本部堂辦理此案，懲匪徒之凶暴，執法從嚴，憫無辜之殞傷，體卹從厚，無非重兩國之交誼。案牘具在，可考而知。至按照律例比擬一節，該領事來文所引例文多有誤會，自應將案情律義分條剖釋，以解其疑。

一曰此案非謀殺也。查謀殺之律造意者斬，加功者絞，擬抵者不止一人，然必情節符合，乃能引辦。若情事絶不相涉，則斷不能牽引故入人罪。蓋凡謀殺人必與所殺之人素有仇怨，或圖得其人財物，蓄意欲致其死，其欲殺何人皆有專指，先謀殺人之計，後行殺人之事，或設計陷害，或伺於隱僻，必須謀狀顯著明白者，方可謂之謀殺。武穴之案事起倉猝，一唱百和，閧鬧混毆，不惟被毆者不及料，即滋事者當閧鬧之時，此事聚集幾人，鬧至如何情形，其間有無殺傷或殺傷幾人，亦唱首滋事及附和滋事者所不及料，何謀之有。查武穴教堂有教士二名，人所共識，如有預謀，何不於在武穴之時定期伺隙殺之，而乃於二教士一赴興國一赴漢口之後，始行滋事，且毆斃者，非武穴福音堂之人，又係外來之金教士，及無干之洋關扦子手，更與本處教堂無涉。柯金兩人以由江邊前往救火之故，致被共毆，亦非住在教堂内之人，使當日歐陽理然不挑幼孩赴武穴，或挑幼孩而不遇郭六壽，均不至於生事，使柯金二人不救火則亦無後被毆殞命。救火雖無不合，然柯金之來救火與否，豈衆人滋鬧時所能預料，其非預謀殺害，毫無疑義。況歷觀印委文武各員，疊次稟報，覆加各處訪查，及該領事送來洋婦洋僕供詞參考，各犯口供均無預謀證據。至跟隨幼孩啼哭之婦女，乃歐陽理然之妻媳被街衆毆打，以致啼哭，隨即遠避，有供可證，已録交觀審教士。該領事如平心細考，當必釋然。

一曰此案與故殺無涉也。查律例故殺即在鬥毆條内，律註謂兩相對而

毆，一時逞凶，欲致其死，而逕情殺之，謂之故殺，故坐斬罪。中國辦案凡鬥毆殺人，或臨時起意致死，或傷多且重者，則以故殺論。蓋故殺乃一人所爲，亦只有一人擬抵，若多人共毆一人，因而毆傷致死者，是謂同謀共毆定律，係將下手致命傷重之一人擬抵，加功之餘人罪名較輕，無論加功者，所傷輕重，不能將幫毆之餘人，全謂之故殺，而令其抵償，向來辦法如此。武穴一案，柯金二洋人自係共毆致斃，與一人故殺之條無涉，且故殺罪亦止斬候。今已將郭戴兩犯擬抵，并從重即行正法梟示，較之故殺治罪已重，若在場幫毆之從犯，當看其凶器情節，自有治罪專條，不能將從犯人人皆辦故殺也。

一曰此案應照共毆人律辦理也。查例載同謀共毆人因而致死者，以致命傷爲重，下手致命傷重者，絞。原謀者杖一百流三千里，餘人各杖一百不計人數多寡。及傷之輕重，又例載若原謀共毆亦有致命重傷，以原謀爲首，又截除下手致命傷重者，依律處絞外，其共毆之人，審係執持槍刀等項凶器傷人者，發近邊充軍。此案郭戴二犯因訛傳剜眼蒸食諸事，深恨育嬰堂，而誤以教堂爲育嬰之處，糾衆鬨鬧，即係原謀，又用刀連砍頭上前後，即是例所謂原謀共毆，亦有致命重傷，照律應坐絞監候。本部堂批飭就地正法，梟首示衆，係遵旨重治其罪，就死罪上從嚴辦理。然中國定例加重亦有等差，其應軍流者不得加入死罪，此係一定之辦法也。其共毆致斃餘人，常例罪僅滿杖，此案胡東兒所持並非槍刀，雖係鐵尺凶器，然據供云往頭上打了一下，黑夜不知打在何處，其傷之輕重皆不可知，現從重擬近邊充軍。胡視生呂二弟因本案有搶奪傷人情事，均擬杖一百流三千里，亦係從重科斷，不可不知。

一曰致傷婦女之犯已重辦也。查鬥毆律載傷人令至篤疾，以致不能生育者，杖一百流三千里。律註云毀敗人陰陽，乃指如古之宮刑割勢幽閉而言，自非手足毆傷者可比。此案洋婦三人被毆，惟包氏一人受傷較重，許洪春自供碰撞婦女不知有無受傷，自係致傷洋婦之正犯，且又兼檢拾零物，因洋婦女流從寬免其查驗，且將來醫治如何，亦難懸案以待。應從重杖一百流三千里，以示嚴懲。呂二弟供認擠碰洋婦，其是否成傷，該犯自無從得知，是以比照許洪春一律，擬以滿流。許洪春因兼搶奪罪名，并刺搶奪二字，不爲不嚴。

一曰焚毀房屋，非放火故燒也。查洋婦包氏供稱有大石由餐房窗門擊入，登時擊破盤盞，將出屋時，見儲食物房火勢已起，石塊飛入如雨，參閲各犯口供，僅見擲石入屋，並無放火，故燒情節。自以包氏所稱以火起爲石擊破窗間油火燈所致，應無疑義。

一曰攫取零物非搶刦也。搶刦志在圖財，此案起於公憤，擲石教堂因洋油燈失火延燒，匪徒於教堂既毁，乘人亂之際，攫取零物，事之所有然，非糾夥刦財，顯然易見。試思强盗刦財何分中外可刦，則刦如係圖財，行刦何以沿街舖户居民並未搶刦一物，且何以教堂內存放鐵櫃向係內裝緊要物件，誰人不知，何以並未擄去，只取零物耶。自有失火乘機搶奪，本例專條不得照强盗搶刦例辦理。

一曰地方官非不拏人，亦非不傳訊要證也。查此案起事之時，聚衆至千餘人之多，黑夜模糊未易辨識，若妄拏無辜，濫加刑典，不惟中國無此律例，即外國亦無此。人情廣濟，縣於事後，竭力訪緝，五日之內即獲正犯首要二名，從犯八名，辦理可謂認真迅速。除無辜省釋外，當時實無故縱之犯，迨後數十日，查無端倪，又無人告發，該領事及教士所指如教民范修興、朱懷友、程有餘、曾顯明及陶春燦、歐陽理然、王七賢等目爲要證者，皆已逐一提訊，無有能指證一人者，所有審問首犯從犯要證各供皆觀審教士在旁親見親聞，此即地方官實無知匪不拏，有證不訊之明證也。該領事又疑爲會匪而不敢拏，絶無此理。會匪有干例禁，除匪正以安良，地方官豈有不願拏辦之理。況屢奉諭旨，何至尚不敢拏乎。

一曰武穴同知馬口可巡檢不得指爲同行，知有謀害不即阻擋救護也。律文同行係指同伴而言，同知巡檢皆係職官，豈得謂爲同伴。此案事起倉卒，即在場滋事各匪，事前本犯亦不能預知，官豈能知。該同知向係專管江防，素無緝捕之責，並無兵勇捕役，況聚衆過多，其勢無從阻止，且閲包任白三洋婦供詞，皆藉同知救護至署内，故洋婦洋孩得護生全。此即是保護之實，據至巡檢尤屬職小力微，惟因人衆，洶洶不敢收留洋婦，已經撤任矣。且現因查緝餘犯已將該同知調省，另委幹員接署，飭令會同廣濟縣查拏。

一曰餘犯只能隨時認真查緝也。該領事照會稱應將滋事各犯悉數按名拏獲，又稱該犯尚有多名至今未獲等語。此案鬨鬧人數雖多，然多係從旁

喧嚷觀看之人，不下千餘，豈有一一拏辦之理。至真係動手毆人搶物之犯，誰能知其確數。中國辦案重在首犯正凶，今首凶二名已經拏獲，加等嚴辦，從犯亦分別軍流徒杖，重辦八名，實爲不少。此外餘犯只有隨時訪查訊辦，果有確實指證，即當查拏審明辦理。現已飭地方官懸賞購緝，若能續得真犯，無論係幫毆兩洋人，及毆傷洋婦，乘機攫取物件之人，自必分別等差按律科罪，隨獲隨辦，絶不寬縱，惟不能限定人數，預計時日，更不能妄拏無辜，總以無枉無縱爲主。

（清）張之洞《張文襄公全集》卷三二《奏議·酌議嚴懲會匪章程摺》

各省哥老會匪最爲地方之害，迭經降旨查拏。並經各該督撫先後獲案，奏明懲辦。惟此等匪徒行蹤詭秘，往往與游勇地痞暗相勾結，動輒糾集黨與乘機煽亂，甚至造謡惑衆潛謀不軌，近來江蘇、安徽、湖北、江西等省屢有焚毁教堂之事，其拒捕逞凶搶劫衙署等案，更層見迭出，半由會匪從中主謀，游手之徒相率附和，以致愈聚愈多，動成巨案。犯事以後，四散逃逸，真犯十不獲一，若不先事籌辦，絶其根株，則涓涓不息將成江河後患，何堪設想。著各直省將軍督撫嚴飭地方文武，隨時留心實力查緝，如有訪獲，會匪首犯，一面嚴行懲辦，一面準將出力員弁照異常勞績隨案奏請優獎。但須查有確實證據，不得因希圖保獎妄拏無辜，致滋擾累。凡地方良民有誤買匪徒保家僞票呈繳地方官者，免其治罪。其有向充會匪自行投首，密報匪首姓名因而拏獲者，亦一律宥其既往，準予自新。該將軍督撫務即出示曉諭，俾衆咸知。總期嚴懲首要，解散脅從，以除奸宄，而安良善，慎毋養廱成患，貽害地方，是爲至要。將此通諭知之，欽此。當即恭録咨行，欽遵辦理在案。臣等自上年春夏以來，因湖南及沿江會匪屢次蠢動滋事，迭經嚴飭地方文武水陸防營懸立重賞購綫密緝，奉旨後通飭各屬剴切示諭，嚴密查拏，先後拏獲長江會匪首要高德華葉坤山等，及襄河會匪李朝奎等，當將拏獲訊明懲辦各情形恭摺具奏，並札飭前署按察使惲祖翼，詳繹例意參考。近年成案妥議懲辦章程，通飭州縣遵辦去後，嗣據該署司詳稱，鄂省爲南北衝要，游匪素多，往來無定，最易潛匿會匪，幾至無地無之，始則長江上下游一帶，近則襄河上下游一帶，隨處皆有，根株盤結，消息靈通。該匪等開立山堂，散放飄布，分授僞職僞號，往往與教匪游勇地痞暗相勾結，乘機煽亂。各屬所獲會匪各案，起到飄布印章板片及所訊名目口號，詞意悖逆，顯然謀爲不軌。上年沿江一帶會匪蓄謀滋事，動成巨案。若非先事捕其渠魁，散其夥黨，誠如聖諭所云養癰貽患，必致有關大局。亟應明定章程，從嚴懲辦，以遏亂萌，擬請嗣後責成州縣隨時訪查，如有會匪溷跡境内，立即會督勞汛，嚴密拏獲，悉心研審，如係會匪爲首開堂放飄者，及領受飄布輾轉糾夥散放多人者，或在會中名目較大，充當元帥、軍師、坐堂、陪堂、刑堂、禮堂等名目者，與入會之後雖未放飄輾轉糾人，而有夥同搶劫情事者，及勾結教匪煽惑擾害者，一經審實，即開録詳細供摺，照章稟請覆訊，就地正法。此外如有雖經入會，並非頭目，情罪稍輕之犯，或酌定年限監禁，或在籍鎖帶鐵桿石墩數年，俟限滿後，查看是否安静守法，能否改過自新，分別辦理。其無知鄉民被誘被脅誤受匪徒飄布，希冀保全身家，並非甘心從逆之人，如能悔罪自首，呈繳飄布者，一概寬免究治。其有向充會匪自行投首，密報匪首姓名，因而拏獲，亦一律宥其既往，準予自新。若投首後又能作綫，引拏首要各犯到案究辦，除免罪之外，仍由該地方官酌量給賞。總期嚴懲首要，解散脅從，以除奸宄，而安善良。地方文武員弁能拏獲會匪著名首要，審實懲辦，即將尤爲出力員弁核其情節，照異常勞績，隨案請給優獎。如有希圖保獎妄拏無辜，或姑息徇縱不拏不辦，以及曲爲開脱，一經查出，即行嚴參。如此明定章程，各州縣有所遵循，自必隨時留心，實力查緝，不敢輕縱玩忽。該匪黨亦各知所儆懼，地方可期安謐等情，詳經核定，並由按察使陳寶箴詳請具奏前來。臣等伏查近年會匪日熾，沿江沿海爲尤甚，滋蔓愈廣，蓄謀愈險，若不及早懲遏，將來終恐爲大局之憂。查光緒八年刑部奏定通行章程，各省會匪本有就地正法之條，無如州縣狃於積習，毫無遠慮，往往牽引異姓結拜弟兄舊例，曲爲開脱，以致伏莽日滋，寖成巨患。湖北所議章程自應奏明，通行各屬，俾有遵守。該司所擬首悔免罪，及分別輕重辦法，於懲奸弭亂之中，仍不失宥過持平之意。消除巨患即所以保全善良，文武員弁如能拏獲著名首要，自應酌核案情，欽遵諭旨，隨案奏請。

《大清法規大全·法律部》卷三《變通舊律例二·刑部奏變通竊盜條款摺》 竊臣等議復，兩江總督劉坤一等卹刑獄各條。於本年三月二十日具奏，奉旨：依議。欽此。復於二十一日，恭讀嚴諭，責令各督撫認真

清理，實力奉行。仰見朝廷矜恤庶獄之至意，悚佩莫名。竊維立政之本，綱紀不容或寬，而化民之方，教養尤難刻緩。是以周官圜土職等施及罷民，漢代律章輸作獨詳城旦，於罪隸之中猶加以陶育，冀其因悔，法至美意至善也。查近來直省各案以竊盜爲最多，定律竊盜贓四十兩以下科罰，僅止杖笞折責發落，亦等具文。犯者以身嘗試，習知國法不足畏，釋放之後再犯三犯者有之，積猾迭竊者有之，結伙持械行劫者有之。推原其故，半由於地方官不知教養，半由於定律過輕難昭懲創。現在笞杖改折罰金，自係曲予矜全，啟發其羞惡之心，第此第刑制宜於輕罪人犯及無知犯罪者，獨竊盜以攘取爲事，犯罪之念蓄於平日，論贓雖有多寡之殊，誅心實無輕重之别。而此項人犯大率游蕩無業，本難期罰金之可以照納，況竭彼盜泉充茲贓罰，揆之於理尤未適也。罰金無力完繳，代以習藝。泰西各國名爲換刑，換刑之習藝與流徒之習藝性質雖一，究有久暫之分，歷時未久，既難望其舊染之祓除，且恐倉遽之間技藝亦未易嫻熟，刑期滿後雖保不復蹈故轍。考今世各國刑法，竊盜之罪，法蘭西處懲役，德意志處禁錮或十年以下之懲役，比利時處一月以上五年以下之禁錮，英吉利處五年以下之懲役或六年以下之禁錮，附加苦役及黑牢，日本處一月以上四年以下之重禁錮，其餘各國大致相同，間有并科罰金者，非通例也。臣等公同商酌，擬請嗣後凡竊盜應擬笞罪者改擬工作一月，杖六十者因擬工作二月，杖七十至杖一百每等遞加二月，徒罪以上仍照向章辦理。此外，以竊盜論、准竊盜論及各項因盜問擬笞杖并搶奪强盜案內擬杖者，俱准此。至各省習藝所如有尚未設立者，即將現犯照應得工作期限暫予監禁，仍令通飭各屬，一律從速舉辦，并將已立各所奏報分咨刑部備查。似此量爲變通，藉刑罰代教養頑冥可收率化之功，以教養清盜源，閭閻自獲乂安之慶，似於公安私益兩有裨也。再各國刑法竊盜從無問擬死刑者，即唐律不過加役，依明律亦罪止滿流。贓重人犯應否酌減之處，容臣等於新律內酌量核定，合併聲明。謹奏。光緒三十年月。奉旨：依議。欽此。

《大清法規大全・法律部》卷二《變通舊律例一・修訂法律大臣奏請先將例內應删各條分次開單進呈摺》 竊臣部於光緒二十九年十一月間酌擬修改條例大概辦法，并擬請一面由臣部將中例修改完善，一面由臣家本與伍廷芳參酌各國法律另行辦理。等因奏。奉諭旨允准在案。臣等隨督同提調、總纂等官，悉心參考，分類纂修，并將全部條例反復講求，復查歷屆修例章程，應分别删除、修改、修并、移改、續纂五項，俟全書告竣時，敬繕黄册進呈，恭候欽定。其例內應删除一項，如定例係一時權宜，今昔情形不同者，或經奏定新章而舊例無關引用者，或本條業已賅載而别條另行復敘者，或舊例久經停止而例內仍行存載者，凡此皆在應删之列。惟此次年久未修，考查倍覺不易。即此删除一項，綜計共有三百四十四條之多。若必拘泥舊章，俟全書告成始行繕寫進呈，不特卷帙繁多，編次有需時日，且删增并列，眉目轉覺不清，似應酌量變通，以歸簡易。臣等公同商酌，擬請先將删除一項逐細摘出，分爲三次開單進呈。今將名例及吏户禮兵刑工并比引各律例內擬請删除者共一百二十一，一百三十七，八十六。條，逐一加具按語，另行開列清單，敬呈御覽。如蒙聖明鑒定，將來全書告竣，繕寫黄册，此項删除之例，應請毋庸載入，以省繁瀆。再，此外如查明尚有應删之條，當隨時奏明辦理。謹奏。光緒三十一年三月十三等日具奏，奉旨：依議。欽此。

《大清法規大全・法律部》卷首《恭録法律諭旨》 上諭：伍廷芳、沈家本等奏，考訂法律，請先將律例內重刑變通酌改一摺。我朝入關之初，立刑以斬罪爲極重。順治年間修訂律例，沿用前明舊制，始有凌遲等極刑。雖係懲儆兇頑，究非國家法外施仁之本意。現在改訂法律，嗣後凡死罪至斬決而止，凌遲及梟首、戮屍三項，著即永遠删除。所有現行律例內，凌遲斬梟各條俱改爲斬決，其斬決各條俱改爲絞決，絞決各條俱改爲斬監候，入於秋審情實，斬監候各條俱改爲絞監候，與絞候人犯仍入於秋審，分免實緩辦理。至緣坐各條，除知情者仍治罪外，餘著悉予寬免。其刺字等項亦著概行革除。此外，當因當革應行變通之處，均著該侍郎等悉心甄採，從速纂訂，請旨頒行。務期酌法準情，折衷至當，用副朝廷明刑弼教之至意。將此通諭知之。欽此。光緒三十一年三月二十日。

（清）徐世昌《退耕堂政書》卷一一《擬請酌復遣犯舊例藉圖實邊摺》 竊查遣犯一項，與日本之無期流刑相倣，泰西各國亦皆有之，而尤以俄羅斯發遣之法爲最善。考俄國發遣一往西伯利亞，一往高加索山，均作無限苦工十年，始準編入農籍，並無釋回之文。蓋因兩處皆地土荒寒，居人稀少，即藉此以爲殖民之用，立法命意具有深心。迄今黑龍江左岸一帶，

凡屬俄地者，屯户較多，居民櫛比，其故半由於此江省幅幀太廣，從前邊禁未開，山荒未放，旗屯聚族而處，平民不容雜居，是以罪犯發遣到江，不得不留於各城安置，歷年既久，積聚過多。節經嘉慶十七年奏準，將遣犯分别改發減發，致到配之犯陸續解回，二十五年，刑部又奏準停止發遣。道光年間發遣官犯尚多，常犯極少，一時壅積爲之疏通，當時邊吏以鎮静爲主義，固未嘗計及實邊，抑情勢有不得不然者也。嗣咸豐二年酌復舊例，給披甲爲奴者八條，又因新疆遣犯壅滯改發黑龍江者十三條，此外情節較重之犯，應發新疆者亦酌量改發黑龍江。同治四年，刑部復因遣犯過多，將應發黑龍江爲奴安置人犯改發各省駐防，及極邊足四千里充軍。九年，修例時特指明十八條改發極邊烟瘴，凡此成例類皆因時變通，互爲消息。臣等伏念以江省土地之廣，人民之稀，二百餘年間，坐棄膏腴，不謀生聚，今則强鄰偪處，他族濳滋，就黑龍江左右兩岸觀之，已不免有興廢之感，爲目前計，舍殖民實邊，殆無他策，現在雖極力籌畫，實難見功。因思發遣之犯每歲當復不少，邇來籌邊之策與前既已不同，似不如另籌辦法，即將應遣人犯擇其情節稍輕者，規復舊例，仍發黑龍江，其家屬願隨者聽之，爲奴人犯改爲充當苦工五年，安置人犯則充當苦工一年，均於到配時，酌撥各地方官嚴加管束，俟年滿後察其人尚安静，酌撥邊境設官處所編入農籍計口授田，俾其墾種。是國家不費一錢，數年之後，增出邊氓，當可漸期繁盛。其實發煙瘴及常赦所不原應發極邊各犯，亦可一律辦理，各犯所帶家屬悉由官爲資送，凡犯屬及押解員役經過沿江沿海乘坐輪船及關内外火車均請免價，以紓官力，如此一轉移間，内地可省解配之勞，邊疆可得殖民之益，辦法似爲妥善。或慮此輩罔悍性成，置之邊界，深恐滋生事端，不知近日中俄交通已久，彼此尚屬相安，且該犯既有田畝可耕，又復室家完聚，自可化其囂凌之氣，勉爲安分之民，即間有梗法之徒，亦不難隨時懲辦。臣等爲省費實邊起見，籌計及此，事關刑制，未敢妄議更張。相應請旨，飭下法部及修律大臣核議遵行。

(清)卞寶第《卞制軍政書》卷一《曉諭通省示》 本部院下軍以來，於通省民情風俗周諮博訪，竟有相沿陋俗出於情理之外者，是豈憚於政過歟，抑意存苟免，未睹利害之切身歟。誠恐爾等生長偏隅，未諳例禁，致輕罹夫憲網，無末路以自新，陷民於罪而刑之。匪惟可矜，抑亦不忍爲此，剴切勸諭，於每條示禁後分載律例各文，爾等觸目驚心，當可翻然改悟。經此一番曉諭，如敢仍前怙惡，復轍相尋，則是不畏王法，甘蹈刑章，本部院不能爲爾等寬一綫之恩也。凛之戒之，計開示禁及各律例如左。

一、禁健訟以息刁風也。閩省不法棍徒恃刀筆爲生涯，與胥吏爲狼狽，捕風捉影，逞忿肆誣，一紙到官，數家立破。人益拖而益衆，案旋結而旋翻。風聞各屬有上八洞下八洞神仙，及灌水案各名目，此等積慣訟棍，除本部院明查密訪，務獲究懲外，其間無知鄉愚亦復飾詞瀆控，往往以睚眦之衅，積訟成仇，報復不休，家産兩敗，損人而已仍不利，洩忿而仇且滋，深愚悖如斯，誠堪痛恨。在唆訟者，極力慫恿，不過從中簸弄，攫微利以肥身家，豈知不義之錢財悖，而人亦悖而出，幾見訟師之後裔昌其子以及其孫，報應昭彰，是宜猛省，況國法之森嚴乎。查律載誣告加三等治罪，受雇誣告者，與自誣告同雇人誣告之人，照設計教誘人犯法，律與犯法人同罪。原告之人未起意誣告，係教唆之人起意，主令者以主唆人爲首，聽從之人爲從，如本人起意欲告，而教唆之人從旁慫恿者，依律與犯人同罪。有贓者計贓從重論。

一、禁溺女以重生命也。閩省土瘠民貧，生女往往溺死，推原其故，一由家道之貧苦，撫養無貲。一由風俗之奢華，賠奩過費。不知孩提衣食需費幾何，婚嫁有無，惟家是稱。況生女而孝，得力且勝於男，抑天道好生，殘忍必降之罰。查各屬設立育嬰堂，收養棄孩，雇人乳哺，誠爲閩省之一大善舉。第恐辦理不善，流弊滋多，更虞經費有常，搜羅未廣，爾等公正紳士所當實力化導，痛挽頹風。倘能量力捐輸，添設分局，本部院當隨時給予獎叙，其實在辦有成效捐貲數多者，立即奏請賞給官階職銜，以示鼓勵。夫禽獸尚知舐犢，螻蟻亦且貪生，嬰孩何辜而輒置之於死地，是即律文中之故殺子孫矣。查律載故殺子孫者，杖六十徒一年。

一、禁火葬以懲凶悖也。葬者，藏也，終也，所以藏幽魄終大事，仁人孝子之用心其如何周密也。乃閩省陋俗，有格於葬費而遷延者矣，有惑於風水而移掘者矣，其尤甚者，惜一棺之地，焚已死之屍，火烈上炎，枯骸迸散，死屍於火中起坐，筋骨爆裂，劈拍有聲，子若孫夷然旁觀，以爲相習成風，無足怪也。誰非人子，誰無父母，試思爾父母在日，爾身之疾

痛痌癢何等操心，爾身之肢體髮膚何等愛惜，而乃以殘酷之行酬罔極之恩，以梟獍之心冀渺茫之福，實神人所共憤，王法所必誅也。查例載愚民惑於風水，擅稱洗筋檢筋名色，將已葬父母及五服以內尊長骸骨發掘，檢視占驗吉凶，均照服制以毀棄坐罪，幫同洗檢之人俱以爲從論，地保扶同隱匿，照知人謀害他人不卽阻首律，杖一百，子孫毀棄祖父母父母屍骸者，皆凌遲處死，毀棄緦麻以上尊長死屍者，斬。

一、禁淫祀以正人心也。閩俗好巫，所在有廟，其所祀之神不見經文，不列祀典，不識是何名姓，不知創始何時，如張八公、五顯神、齊天大聖等類，怪誕離奇，荒唐悠渺，鄉愚酷信，崇奉奔走，若雷一疾痛之微，而謂遭神譴，一飲食之細而慮瀆神威。每逢賽會之時，酒醴、犧牲、旗幟、儀仗各競新巧，務極奢華，其間男女雜沓，曳袂連肩，濫供佈施之錢，實啓盜淫之漸，傷風敗俗，有害於人心世道者，豈淺鮮哉。亟宜禁絶，以遏異端。查律載不當奉祀之神而致祭者，杖八十，婦女入廟燒香笞四十，罪坐夫男，無夫男者罪坐本婦師婆等項。燒香聚衆僞修善事，煽惑人民爲首者，絞。端公道士異端法術醫人致死者，絞。未致死者杖一百。

一、禁賭博以務正業也。開場放賭，無賴成羣，設局抽頭，引人爭利，自來壞心術而敗家貲者，惟賭爲最甚。此間外來茶客及他貿易各商，去鄉井逐負販，求什一之利，爲事畜之資，乃一入賭場，咸遭局騙，及至孤注旣空，罄貲本以償博債，繼以饑寒迫體，結敗類而啓非心，於是流爲乞丐，爲盜賊者有之矣。惟此賭局實爲禍階，亟宜嚴拏，痛加懲創。查例載閩省花會起意爲首者，發邊遠充軍。夥同開設者杖一百流二千里。在場幫收錢文等犯杖一百徒三年，仍各盡本法，先行枷號三個月，被誘入會之人，俱枷號三個月杖一百。如另立名色誘賭，聚衆三十人以上，與花會名異而實同者，均照此例辦理。造賣紙牌骰子者，發邊遠充軍。販賣者，杖一百流二千里。開場誘賭者，初犯杖一百徒三年，再犯杖一百流三千里。輸錢者，據實出首免罪，仍追所輸之錢給還賭博者，財物房産均入官。

一、禁營棍以肅戎行也。各屬分立汛地，專設營兵，所以盤詰奸人，護送行旅，無事則操演技藝，武備常修，有事則邏察巡防，守望相助，定制何等妥密。風聞各屬營汛往往有庇賭、包娼、架訟、訛詐等事，及至告發有人，又復抗傳藐法。推原營規之不肅，實由營弁之包徇，似此倚勢横行，實屬大干法紀。除行文各地方官不時查拏外，併責成該管將弁認真操防，嚴加約束，倘仍犯有前項情弊，一經發覺，定將該兵照例懲辦，併將該管將弁從重參劾。查例載閩省花會汛兵庇賭問擬邊遠充軍，贓重於本罪者，計贓從重論。

一、禁窩主以清盜源也。閩地山路崎嶇，草木叢雜，灘河湍急，上水行遲，匪徒藪伏爲奸搶劫之案，層見疊出，其濱海各屬洋面，賊船盜艇嘯聚出没，飄忽無常，大爲行旅之害。顧念盜風之日熾，實由窩盜之人多。窩以盜爲財利之源，坐地分贓，事事必爲其接濟，盜以窩爲逋逃之藪，宵行晝伏，在在皆可以潛身。是在地方文武密訪窩藏，隨時搜捕，與夫公正紳耆力行保甲，挨户稽查，凡有外來面生可疑之人，立卽驅逐出境，絶其托足之區，遏其銷贓之路，無匪不獲，有犯必懲，庶幾盜風其永靖矣。查咸豐十一年刑部奏定章程，凡窩藏强盜之家，造意其謀行而不分贓，及分贓而不行，照本律擬斬。若雖非造意亦不同行分贓，但知係强盜而窩藏，不論窩留人數多寡，並不上盜。未得財但爲賊探聽事主消息，通綫引路者，亦均照强盜窩主本律問擬斬决。如有窩留聚衆，持械入室搶劫，并在途在野江河湖港持械肆掠者，均照此嚴定章程辦理。

一、禁械鬬以息争端也。睦旨任卹，理所宜然，好勇鬬狠，古稱不孝，乃閩省惡俗往往以田土細故，口角微嫌，彼此糾衆逞凶，兩造互傷多命。地方官彈壓不服，甚則敢於反戈，及至大兵捕拏，自知情罪重大，挈家亡命，終身不還鄉土，産業盡付他人。其實在不能遠離者，又或買囑頂凶，上下打點，就使倖逃法網，而耗於衙門費用及棍徒訛索錢文，家資業已蕩然，後悔已無及矣。况今日仇殺之人，非其鄉黨，卽其宗族，人情於離鄉背井，遇故舊而倍覺情親，祖宗於遠裔傍支，一回溯而無非同體，何以日在目前而忍推刃相向，窮凶極惡，喪心病狂，伊戚自貽，誰之咎歟。查例載福建糾衆互鬬之案，審係預先斂費，約期械鬬，糾衆仇殺者，主謀糾鬬之犯絞立决，以次遞加，至斬决梟示。以上示禁八則並援引律例明文。

（清）陳夔龍《庸盦尚書奏議》卷七《試辦刑事民事訴訟法情形摺》

竊承準軍機大臣字寄，光緒三十二年四月初二日奉上諭，法律大臣沈家本等奏，刑事民事訴訟各法擬請先行試辦一摺。法律關繫重要，該大臣等

所纂各條，究竟於現在民情風俗能否能行，著該將軍督撫都統等體察情形，悉心研究，其中有無扞格之處，即行縷晰條分，據實具奏，原摺單均著發給閱看，將此各諭令知之。欽此。遵旨寄信前來，並鈔發原奏及刑事民事訴訟法一本。仰見朝廷與民更始，實事求是之至意，跪誦之餘，曷勝欽佩。查中律訴訟斷獄分爲二門，一以著越訴捏控之罪，一以明官吏辦理之法。雖無專書，散見於刑律之中，固已具有條目，持制尚簡括，問官幕友逐得以任情判斷，高下其手，而胥役之朦蔽留難，訟棍之唆使播弄，奸僞百出，尤難究詰，枉濫拖累，誠所不免。今奉頒刑事民事訴訟各法，憑衆證以杜狡詐，責賠償以防損害，延律師以代辯護，設陪審以剖曲直，而又各明其權限，各守其責，務費有定數，票有定式，控告拘傳有定限，網舉目張，洵屬斟情酌理，煞費經營。臣等按照所纂各條體察蘇省目前情形，逐加研究，竊以爲法制改良，原冀範圍於百世，而風氣所囿，或難推行於一時。蓋聽訟所以息爭，息爭惟憑公理，公理之晦明，視民智之通塞爲消息，其間因革損益必權衡於風俗習尚，利弊得失，制之以宜，行之以漸，始無扞格之虞。若根基未立，驟事更張，恐效未著，而弊或先滋甚，非計之得也。考日本維新原以改纂法典爲收回法權之先聲，然其官民一心，孜孜求治，實行巡警之法，預培裁判之才，固已幾經粗識，誠非一朝一夕之故。中國近年來疊受外界之激刺，與夫文明之灌輸，聖明鼓勵於上，臣民咸奮於下，風會所趨，駸駸乎有日上之勢。江蘇據江海之衝要，爲東南之繁區，開通原較他省爲早，第普通之教育未徧，國民之程度尚低。在省會上海等處，一切新政業已次第設施，學界商界以及各項社會理想日新，進化尚速，而內地偏僻州縣仍多遮蔽。況警察規則未盡美備，偵緝不能得力，則巡捕難恃法律，學堂甫經開辦，員生未能卒業，則律師難恃，紳士自愛者，每不肯任事，任事者未必盡公正，則陪審員又難恃。現在新章屢頒，刑訊已停，不改訴訟之法，體用原未完全，而無此輔成之人，奉行亦多缺點。此揆諸官紳民三者皆有扞格一時，未能通行之實在情形也。惟值茲時艱孔亟，國家力圖自强，以期早日收回治外法權，立憲之明詔已宣，官民之疆界宜化，江蘇又非內地各省可比，尤不能不先樹風聲，何敢因噎廢食，畏難苟安。臣等往復咨商，並與司道一再講議，惟有如法律大臣所奏，先就省會商埠，而後及於內地，江甯蘇州係省會而兼商埠，上海一埠通商最久，交涉最繁，均宜酌量度辦，海州甫經開埠，鎮江雖亦通商口岸並非巨埠，尚未設有會審公堂，應與內地各屬俱俟試辦之處，行之有效，逐漸推行。至陪審員律師二項，律師固須專精斯業，陪審員亦須受過普通法律教育之人方足以別是非而加斷制，一時實難其選，亦惟暫從緩設，擇新章之可行者行之，其有涉於陪審律師各條，均擬緩行，一面將法政學堂設法擴充，以宏造就，俟有合格之人，再行設立。如此變通辦理庶已行者，可求其實驗，未行者亦有所模範矣。

（清）張之洞《張文襄公全集》卷六九《奏議·遵旨覆議新編刑事民事訴訟法摺》 臣將原發摺單，督同司道屢次悉心研究，反復討論，似有礙難通行之處。綜核所纂二百六十條，大率採用西法，於中法本原似有乖違，中國情形亦未盡合。誠恐難挽法權，轉滋獄訟，謹爲我皇太后皇上剴切陳之。《書》曰：士制百姓於刑之中，以教祗德。漢臣班固有言，名家者流原於禮官，蓋法律之設所以納民於軌物之中。而法律本原，實與經術相表裏，其最著者爲親親之義，男女之别，天經地義，萬古不刊，乃閲本法所纂父子必異財，兄弟必析産，夫婦必分資，甚至婦人女子責令到堂作證，襲西俗財産之制，壞中國名教之防，啓男女平等之風，悖聖賢修齊之教，綱淪法斁，隱患實深。至於家室婚姻爲人倫之始，子孫嗣續爲宗法所關，古經今律皆甚重之。中國舊日律例中，如果審訊之案爲條例所未及，往往援三禮以證之。本法皆闕焉不及無論，勉强驟行，人情惶惑，且非聖朝明刑弼教之至意。此臣所謂於中法本原似有乖違者也。恭繹諭旨，殷殷以現在民情風俗爲念，仰見聖慮周詳，曷勝欽服。夫立法固貴因時，而經國必先正本，值此環球交通之世，從前舊法自不能不量加變易，東西各國政法可採者，亦多取其所長，補我所短，揆時度勢，誠不可緩。然必須將中國民情風俗法令源流通籌熟計，然後量爲變通，庶免官民惶惑，無所適從。外國法學家講法律關係，亦必就政治宗教風俗習慣歷史地理一一考證，正爲此也。在法律大臣之意，變通訴訟制度，以冀撤去治外法權，其意固亦甚善，惟是各國僑民所以不守中國法律者，半由於中國裁判不足以服其心，半由於中國制度之不能保其身家財産。外國商民冒險遠至，其本國欲盡保護之職分，不得不計其身家性命之安危，乃因各省伏莽充斥，盜賊横行，官吏雖多而不能保民，警察雖設而不能偏及，致爲外人竊笑，而

謂變通訴訟之法即可就我範圍，彼族能聽命乎。縱使所定訴訟法條理完密，體例精詳，亦必指瑕索瘢，借端責難，又安能盡饜其欲耶。矧所纂各條，按之西律不無疏漏混淆之處。近年與英美日本訂立商約，彼國雖允他日棄其治外法權，然皆聲明俟查悉中國律例情形，審斷辦法，及一切相關事宜皆臻妥善等語。是已失之法權，不能僅恃本法爲挽救，其理甚明。所謂一切相關事宜皆臻妥善十字包括甚廣，其外貌則似指警察完備，盜風歛戢，税捐平允，民教相安等事，其實則專視國家兵力之强弱，戰守之成效，以爲從違。觀於日本實行管束外國商民，實在光緒二十年以後，可以曉然。若果不察情勢，貿然舉行，而自承審官陪審員，以至律師證人等無專門學問，無公共道德，驟欲行此規模，外人貌合神離之法，勢必良懦冤抑，强暴縱恣，盜已起而莫懲，案久懸而不結，此臣所謂難挽法權而轉滋獄訟者也。且西洋各國皆先有刑法民法，然後有刑事民事訴訟法，即日本維新之初，亟於編纂法典，亦未聞訴訟法首先頒行，如刑法及治罪法俱施行於明治十五年，舊民法及民事訴訟法俱公布於明治二十三年是也。有訴訟之法尤須有執法之官，故必裁判官權限分明，而後訴訟法推行盡利，如德國之舊訴訟法與裁行是也。中國律例詳刑事而略民事，即以刑事而論，與西律懸殊。綜觀本法所編各條，多編纂刑法民法以後之事，或與釐定裁判官制相輔之文，此時驟議通行，非特大礙民理，枘鑿不合。臣惟編纂法律有體乃行，現行律例以吏户禮兵刑工官制改後，名實已乖。近年新政新涉日益繁重，實非舊例所能賅括，郵政、印花、鈔票，在外國莫不嚴妨信用之防。又如殺傷外國使臣，勾通外國軍隊，僞造外國通行貨幣，違背戰時中立條規，有一於此，足礙邦交，在外國莫不特設專條預爲防範，至於商務合條之别，有商法軍政各項之别，有海陸軍刑法，各國已爲通例，未有與刑法相混者，而民法一項尤爲法律主要，與刑法並行。蓋東西諸國法律，皆分類編定，中國合各項法律爲一編，是以參伍錯綜，委曲繁重。今日修改法律自應博採東西諸國律法，詳加參酌，從速釐訂，而仍求合於國家政教大綱，方爲妥善辦法。律條訂定以後，再將刑事民事訴訟法妥爲議定，則由本及支次第秩然矣。至目前審判之法，祇可暫訂訴訟法試辦章程，亦期於民情風俗一無阻礙，而後可擬請敕下法律大臣，先就所纂各條内擇其相宜者，暫爲修訂章程，請旨遵行。一面速將各項法律，選集精於各門律學大小臣工分門修纂，各編專書，頒行遵守。然後再議刑事民事訴訟法，庶可收變法而不廢法之效。謹將新編訴訟法礙難通行各條，加具按語彙開清單恭呈御覽。

硃批：法部議奏單片併發，欽此。

謹將刑事民事訴訟法扞格難行各條，摘録原文，加具按語開單，恭呈御覽。

第一條 凡公堂審訊案件，分爲二項，一刑事案件，二民事案件。

按中國法律向以刑律户律爲大綱，而外國律則必先有刑法民法，然後刑事民事訴訟法有所附麗。現欲分析刑事民事，則必將現行律例釐然分開，詳加訂定裁判，官方有準繩可循。本法第二第三兩條雖指明何項爲刑事，何項爲民事，實則裁判之時，每有介於刑事民事之間，不能强爲分析者。又有因刑事而關涉民事，因民事而發覺刑事者，是以中國於牽涉之案，有會同辦理之時，外國裁判所有公訴附私訴之法，況外國民法不涉刑罰範圍，中律如户役婚姻錢債等項本屬民事，而律例於每條之下各繫罪名，則人於刑事由斯以言，則今日不分刑法民法，而分刑事民事訴訟法，譬如無圭之景，無本之泉，司法者必窮應付矣。

第四條 凡刑事案件控訴之期限，如左逾限，不得復控，一違禁罪六月，二輕罪三年，三重罪十年。

按刑事案件皆叛逆，强盜，謀殺，故殺等重情，自來叛逆之徒近如發逆遠如教匪，皆積久始發，其死罪以下盜犯，隔數年而始獲者甚多，即謀殺之案，間有首犯造意不行，當時無從查知，歷久敗露，始經屍親指控，以及船户店家圖財害命，或佔其妻妾，而迫於强悍含忍年久，而昭雪或脅其子女，而撫爲螟蛉，比至年長而出首見諸成案者纍纍。且祖父被毆例内，其子孫志切復讐，因凶犯脱逃日後撞遇，擅殺致死，或其子孫於祖父母、父母被殺時年幼，不共之讐，逮壯盛而始復手刃正凶，事雖隔已多年，殺實於出義忿。若囿於期限，而置其從前祖父母、父母被殺於不問，則何解於復讐之例。又如迷拐幼孩並奴，及雇工賣家長之妻女及子等項，此皆事後未易發覺者，甚有罪犯極惡，而當時竟未查知名姓，本犯遠避一過十年，犯即回籍，不得復控，凶徒倖免，法紀何存。查重罪輕罪違禁罪，乃日本法律罰罪所分之三種。日本刑法改用西律以後，案以證定，蓋

慮年月久遠，證據不齊，故有期限之分。中國現行警察偵探緝捕尚未大著明效，安得有犯即獲。本法所謂重罪係指軍流以上，而言其軍流罪限以十年，徒罪限以三年，違警罪限以六月，尚不妨稍示寬仁，獨罪犯應死，則萬不能以十年之後即置諸不議，轉使匪徒無所忌憚，顯弛道齊之治。

（清）張之洞《張文襄公全集》卷六九《奏議·虛擬死罪改為流徒各項請仍存死罪之名片》 上年準刑部咨開，法律大臣沈家本等奏，現行律內虛擬死罪之戲殺、誤殺、擅殺三項分別改爲流徒一摺。經部會同都察院議奏，凡秋審不準一次減等者，仍照向例辦理，其準緩決一次即予減等者，如該大臣等所奏分別改爲流徒。等因。又今年準法部咨開議覆，前兩江督臣周馥咨秋審應入可矜人犯援戲誤擅新章，分別改爲流徒。等因。先後奏準鈔單，通行前來詳繹，部議意在綜覈名實，删除繁文，而於法律大臣原奏前兩江督臣原咨，或準或駁，蓋於變通之中，仍寓限制之意。臣惟孔子爲政必先正名，皋陶明刑所以弼教，名法名教義取相資。現行律內虛擬死罪，各項就實際而論，誠如法律大臣原奏所云雖名絞罪，實與流罪無殊。然存一絞罪之名，猶不失明刑之旨。定例之所以必俟秋審減等者，蓋衡情執法，必如是而始平，故不惜多費一番文牘，非名實不符也。恭值聖朝仁恕寬厚，刑罰各項，節次減輕。臣前年覆奏變法摺內，亦會以恤刑獄爲請，豈聖主寬仁之德，反不知實心仰體，特是國家綱紀與主上恩施，本自並行不悖，若以省併繁文之故，竟除虛擬死罪之條，則不獨情法不得其平，且恐各省民風强悍地方，誤謂殺人罪不至死，逞其好勇鬥狠之習，無所顧忌，動犯王章，殘殺之風由斯而熾，則是朝廷本施法外之仁，而愚民轉生玩法之念，此必有議者所不及料者矣。然以奏準通行之案，遽議規復舊章，政體所關，容或未便。臣愚以爲既改徒流，以後不妨仍標絞罪之名。查定例斬絞軍流各犯，俱著赭衣，按照新章徒流人犯應入罪犯習藝所工作，擬請嗣後凡由絞改流之犯於工作時，令衣赭衣，即由絞改徒者，其原犯本係死罪，亦宜於衣服量加區別，以別於尋常徒犯。並擬於衣上揭示罪名，由絞改流者，即書曰絞罪改流之犯，由絞改徒者即書曰絞罪改徒之犯。儻果工作勤奮有心向善，俟滿一二年後，酌予銷除，如此則雖無囹圄之苦，尚有死罪之名。庶觀者可觸目驚心，即本犯悚於罪名之重，愧悔之良，亦易激發，似於舊例新章均無妨礙，而名義亦正。至工作年限，若與尋常流徒各犯一律，未免漫無區別，擬請於新章習藝期限外流罪加苦工一年，徒罪加工作六月，似此酌量變通，仍於生死出入無關，而足彰聖世協中之治，合無請旨，飭下法司核議辦理。

《清末籌備立憲檔案史料》第二編《法部尚書戴鴻慈等奏擬修訂法律辦法摺光緒三十三年六月初九日》 所有修訂法律，著法部大理院詳覈妥擬具奏。欽此。初二日又準軍機處交片，本日兩廣總督岑春煊陳請修訂法律以伸法權一節，奉旨：該衙門議奏。欽此。等因。仰見朝廷鄭重法權，恢張治理之至意。查原奏各摺片稱：組織立法機關，明定法律宗旨，講明法律性質，編纂法律成典，以及陳請欽派大臣，並延聘外國法律名家，以備詢問等語。振興法治，實屬當今切要之圖，立憲之預備，此爲最急，臣等再三循繹，謹就原有各節，籌擬辦法，敬爲我皇太后、皇上縷晰陳之。

夫立憲爲國家之利，薄海臣民莫不周知，然必須十年、二十年而後能實行者，則以各法成典未能確定故也。蓋立憲之精意，即以國家統治之權，分配於立法、行政、司法之三機關，並保障國民之公權及私權，而後國家之土地、人民、政事三者於以相維相繫而永固。夫國家機關之組織作用及國民公私之權，非依法律規定之，不能得應用之依據，及保民之實效，而法律之規定，因世界之進步而日增，苟非編纂成文，不能洪纖畢舉，此則編纂法典，乃預備立憲最要之階級也。惟是編纂之事，關係重大，必有主事之政策，行事之機關，議事之方式，又必有先事之預備，臨事之秩序，已事之設施，而後持之以毅力，運之以精心，廣之以衆長。夫如是期之十年或二十年，朝野上下，一志同心，民度日高，國是以定。迨夫法典告成，憲政卓立，國家億萬年有道之長，實基於此。臣等考之東西各國，所以能臻於强盛者，莫不經歷法典編纂時期，而其政策則各有不同。普魯士之編纂普通國法，以守成爲主，置法典改正事務局，閱三十一年之久，逮普法戰爭以還，德意志有統一聯邦之心，設立法曹協會，而帝國法律卒竟厥功，其民法一編，乃閱十三年之久而後有成。英吉利於本國不爲法典編纂，而一握印度政權，銳意發布印度法典，亦閱十有三年。意大利編纂法典，於歐洲爲最著，其調和各國法典而整齊之，使歸於一，蓋閱十有四年。日本變政，百度維新，自明治八年司法大臣江藤新平建議各

法同時編纂，於二十年間次第公布。其民法、商法、訴訟法等，或委法人，或委德人，用之起草，而改正則委諸本國人。當時機關，或屬司法省，或屬內閣，大率以高等行政官、高等裁判官、大學法科教習及在野法律家組織之。伏維我朝，自開國以來三百餘年，民心擁戴，昔因立法精詳，故能卜世永久。今我皇太后、皇上天亶聰明，講求新政，以長駕遠馭之資，任啓後承先之重，允宜採取各國之法，編纂大清國法律全典，於守成、統一、更新三主義兼而有之。此臣等所謂主事之政策也。

若夫編纂之事，委諸一二人，固覺精神不能專注，即增加數人，亦未足當此重任。現在司法所需，其關爲未修者如法院編制法、民法，修而未備者如商法，舊法尚待改正者如刑法，新法未能適於用者如民刑訴訟法。此外如陸海軍治罪法，以及各法之附屬法，實屬體大思精，非特設立法機關，不足以資修訂。應請特開修訂法律館，以示全國法律之所從出，將來無論何種法律，皆須由法律館編纂及提議改正，以期法律之統一。其組織之法，原奏請以法部、大理院專司其事，自係爲便於管理起見。臣等職掌攸關，何敢自寬其責。持事當創始，不厭求詳，所有修訂法律，除由臣等詳慎辦理外，應請欽派王大臣爲總裁，其各部院堂官，應如原奏請旨特派會訂法律大臣。至各督撫、將軍，有推行法律之責，亦應一律請旨特派參訂法律大臣。此下編纂員等，應請設提調、一二三等纂修、總校、分校、內外調查、翻譯、書記、會計各員，容臣等擇尤開單請派，仍以原官選充，酌定津貼，以資鼓勵。此外延聘東西法律名家，比照各學堂外國教習之待遇，按私法契約之類，以一私人資格訂立合同，使之繙譯各國法律條文及有名之判決例，解釋法律正當理由，比較各國法律異同優劣，著之於書，以備採用，不得干預立法之事。此臣等所謂行事之機關也。

方今世界文明日進，法律之發達，已將造乎其極，有趨於世界統一之觀。中國編纂法典最後，以理論言之，不難採取各國最新之法而集其大成，爲世界最完備之法典。然以實際言之，蓋非立法之難，乃立法而能適於用之爲難也。夫立法而無理由，則不適於用，有理由而非正當者，亦不適於用。乃若理由雖屬正當，而猶不能適用者，則有數端：安常守故，見小欲速，此其一。舊法積久弊生，新法弗便於私，此其二。法理精微，莫明解釋，此其三。外國擴屬人主義與內國屬地主義相衝突，此其四。故法之實施，每多扞格。大抵編纂法典，必有實施派及延期派之紛議生乎其間，然法律之真理，亦於是乎出。按各國法律皆須經議會之協贊，乃由君主裁可而公布之，然後法律之效力始生。此次編纂法律，應由修訂大臣督同纂修員起草，無論何種法律，凡未經議決者，皆謂之法律草案，草案之後，各附理由書。每草案成，由會訂大臣逐條議之，其各督撫、將軍有參訂之責，亦應隨時持派司道大員來京會議，參照議院法，分議決爲認可及否決兩種，皆從多數爲斷。其否決者，必須聲明正當理由，修訂大臣應令纂修員改正再議，議決後由修訂大臣奏請欽派軍機大臣審定，再行請旨頒布。此臣等所謂議事之方式也。

至若先事之預備，則在調查習慣，臨事之秩序，則在分配職務，已事之設施，則在實行方法，及撤去領事裁判權，改正條約等。要之此舉關係國家法權，實屬不朽之盛業，非網羅人才，不能贊襄其事。臣等非敢稍涉張皇，然編纂法典，爲各國之所注視，欲求公認，自不宜草率從事。此臣等所擬辦法之大略也。

以上各節，如蒙俞允，合無仰懇天恩明降諭旨，分飭臣等遵照辦理，以後開辦事宜，容臣等陸續具奏。

所有識覆緣由，是否有當，謹繕摺會陳，伏乞皇太后、皇上聖鑒訓示。

再，原奏大臣張仁黼因係遵旨詳覈，是以仍應會銜，合併聲明。謹奏。

《清末籌備立憲檔案史料》第二編《修訂法律大臣沈家本奏酌擬法院編制繕單呈覽摺光緒三十三年八月初二日》　竊維東西各國憲政之萌芽，俱本於司法之獨立，而司法之獨立，實賴法律爲之維持，息息貫通，捷於形影，對待之機，固不容偏廢也。恭讀本年五月二十七日上諭：故按察使爲提法使，分設審判廳，增易佐治員，著由東三省先行試辦。此外直隸、江蘇兩省，擇地先爲試辦，其餘各省，統限十五年一律通行。等因。欽此。爲憲政之預備，莫自強之初基，睿謨宏遠，欽佩莫名。

伏查我朝官制等書，會典至詳，然以行政而兼司法，揆諸令制，稍有未符。至如吏部處分則例以六曹分職，審斷雖立專門，而旨在懲戒，於治事之規程，權界之斠畫，蓋缺如也。臣曩膺簡命修訂法律，上年在大理院

正卿任内，適值構締伊始，深以審判官制諸多未備，非特輯專例，不足統一事權。乃飭館員考古今之沿革，訂中外之異同，分門纂輯，並令法律學堂日本教習法學博士岡田朝太郎幫同審查。該教習學識宏富，於泰西法制靡不洞徹，隨時考證，足資甄擇，逐條由臣折衷刊定，閱八月始克屬稿。兹奉明詔渙布中外，復據法部、大理院，暨考察政治王大臣各官制清單，詳加對勘，剥膚存貞，釐定十五章，共一百四十條。凡機體之設備，審級之制度，官吏之職掌，監督之權限，一一賅載，名曰《法院編制法》。惟其中有爲各國之通則，而於今日之實際及中國之風習未宜因襲者，厥有數事。

一曰定額。查各國審判制度，分初級審判、地方審判、高等審判、最高審判爲四級。初級審判以判事一人專任，名單獨制，地方審判爲三人，高等審判爲五人，最高審判爲七人，名合議制。最新學説，頗主倡高等宜三人，最高宜五人者，蓋一則可節省經費，一則可精選讞員。况開庭事宜，向責之審判長一人，定額過多，非惟鄰於尸位，復恐羣議紛如，意見各執，於裁判反致阻滯。兹擬採用其説，於初級審判廳用單獨制，地方審判廳用折衷制。其事係初審者，仍用推事一人，若經預審或再審，增爲三人。高等審判廳以上俱用合議制，惟每級按照各國酌減二人，以杜濫竽。此徵於今日實際，未宜因襲者也。

一曰巡審。即巡迴裁判，日本用之於區裁判之出張所，臨時道員裁判其事，大致與明之巡按御史及遣官審録之制相似。中國現在審判人材尚未儲備，凡供帳之繁苛，胥吏之婪索，在所不免，利弊倚伏，無資補救。兹擬地方審判廳以上多設分廳，以分其責，必不得已，或於大理院臨時酌量派遣，但仍以特別事件且關係重要者爲限，高等審判廳以下不得援用也。

一曰休假。約在中曆自八月迨十月之間，其制仿於德國，於此時期適值收刈小麥、葡萄，故停止裁判，以免召集人證，日本因之，與中國農忙舊制同，本爲恤農而設。然吾國農忙之制，未能實行。且休假之時仍須組立休假部，審理款項財産，登記建築，及其他急迫不容稍緩者，屢事更張，徒形周折，日本近亦擬廢其制矣。此二者揆諸國之風俗，未宜因襲者也。

再，大理本古官，於東漢時爲廷尉，凡郡國疑讞，皆處當以報，所謂廷尉天下之平是也。逮後厥名互更，要皆專司決劾奏獄，與今日東西各國大審院，帝國裁判所，最高法院等之審理終審事件者，階級相等。顧名思義，乃全國唯一之最高法庭，宜設於京師首善之地，斯崇體制。惟各省幅員廣袤，什倍外國，如事事責令來京上告，川陸修阻，交通不便，適形拖累。查德國乃聯邦集合而成，各聯邦自爲風氣，習慣所囿，至今未能刊改。帝國裁判所設立於沙格遜國之拉布基地方，今各聯邦之高等裁判所，均有代表帝國裁判所之權。若法律問題關涉聯邦者，即於聯邦中之高等裁判所定之，關涉全國者，始於帝國裁判所定之。如巴維利亞之民事訴訟，不於帝國裁判所裁判，即其例也。兹擬折衷德制，凡距京較遠等省，即於高等審判廳内附設大理分院，視事之繁簡，酌分庭數，各庭推事强半之數，由大理院遴派，餘由該廳推事兼充。一切審判制度，俱準大理院辦理，既免遷延時日，且可省小民跋涉之勞。此又限於我國今日特別情形，而未可以各國普通之例例之也。

《清末籌備立憲檔案史料》第二編**《憲政編查館大臣奕劻等奏議覆修訂法律辦法摺光緒三十三年九月初五日》**本年六月初九日，準軍機處片交本日法部、大理院會奏，妥擬修訂法律辦法一摺，奉旨：著考察政治館議奏。欽此。等因。鈔交前來。

臣等伏查原奏内稱：編纂法典，爲預備立憲最要之階級，編纂之事，必有主事之政策，行事之機關，議事之方式各等語。造端宏大，自係爲鄭重立法起見。所稱主事之政策，在兼用守成、統一、更新三主義，參酌古今，以期蔚成大清法律全典，洵屬至當之論，允宜定爲準則，昭示中外，爲他日收回法權地步。

又所稱行事之機關，請特開修訂法律館，以法部、大理院專司其事，并請欽派王大臣爲總裁，各部院堂官爲會訂法律大臣，各督撫將軍爲參訂法律大臣各節。查編纂法典，與訂立單行法不同，法典之大者，如民法、商法、刑法、民事訴訟法、刑事訴訟法諸種，考之各國成例，大率多或千餘條，少亦數百條，取材宏富，定例精嚴，非如單行法之可以剋日成事。蓋單行法不過爲一事或一地方而設，法典則包含一切關涉全國之事。故各國編纂法典，大都設立專所，不與行政官署相混，遴選國中法律專家，相與討論，研究其範圍，率以法典爲限，而不及各種單行法。誠以編纂法

典，事務浩繁，故不能不專一辦理。原奏所請特開修訂法律館，無論何種法律，均歸編纂一節。範圍太廣，擬請仿照各國辦法，除刑法一門，業由現在修訂法律大臣沈家本奏明草案不日告成外，應以編纂民法、商法、民事訴訟法、刑事訴訟法諸法典及附屬法爲主，以三年爲限，所有上列各項草案，一律告成。其餘各項單行法，應仍由各該管衙門，擬具草案，遵照臣館奏定章程，於草案成後，奏交臣館，統歸臣館考覆，請旨施行，以期統一。其所請欽派王大臣爲總裁一節。查修訂法律館之設，專爲編纂法典草案起見，將來尚須由臣館覈定，該館似可無庸再由王大臣管理，免致重復。又所請以法部、大理院專司其事一節。查立憲各國，以立法、行政、司法三項分立爲第一要義。原奏亦謂立憲之精義，在以國家統治之權，分配於立法、行政、司法三機關。今若以修訂法律館歸該部院管理，是以立法機關混入行政及司法機關之内，殊背三權分立之義。近世憲法學家，嘗謂立法之事，必宜獨立，若隸屬行政或司法機關之内，必致徒徇行政及司法上之便利，而有任意規定之弊，於法律之進步實多妨礙。臣等公同商酌，擬照原奏，變通辦法，請將修訂法律館仍歸獨立，與部院不相統屬。所有修訂大臣，擬請旨專派明通法律之大員二三人充任。應修各項法典，先編草案，奏交臣館考覈，一面由臣館分咨在京各部堂官，在外各省督撫，酌立限期，訂論參考，分别籤註，咨覆臣館，彙擇覈定，請旨頒行。又所請以各部堂官爲會訂法律大臣，各督撫將軍爲參訂法律大臣一節。查各國編纂法典，草案成後，大都由議院議決。現在資政院已奉旨設立，俟將來該院辦法完全，各部、各省明通法政人員，均列院中，自無庸分送各部、各省討論，即由臣館逕送資政院集議取決後，移交臣館，覆加覈定，請旨頒布，以期簡捷而昭鄭重。所請另加會訂，及參訂各名目，應毋庸議。至所請分派提調、纂修等員，及延聘東西法律名家各節。自係應有之義，應俟開館後，由該大臣等擬具章程，奏明辦理。

《大清法規大全·法律部》卷一《新定專律·法部會奏議覆蘇撫奏請定販賣嗎啡等治罪專條摺》 光緒三十三年十一月初十日，内閣抄出江蘇巡撫陳啟泰奏請定販賣嗎啡及製造施打嗎啡針治罪專條一摺，奉硃批：該衙門議奏。欽此。欽遵。抄出到部。臣等查閲原奏内稱，嗎啡含有毒質，性能殺人，外國化煉此物，製入藥餌，籍以療疾。流入中國，竟至配用筒針，籍以代癮，功用既與鴉片相等，然鴉片尚有戒除之望，獨嗎啡針一經打用，非打不休，一針一孔，日積月累，勢必遍體潰腐，死而後已，其流毒實較鴉片爲尤烈。是以中國與英美續議通商條約，均聲明不因醫治使用販運來華未領海關專單者，一概不准進口。上年政務處議奏禁煙章程第十條内載明，應查照條約分飭各税關，切實申明，並嚴禁鋪户，無論華人洋人均不准製煉嗎啡及製造此項之針。無如貪利之徒仍有以嗎啡針誘人打用者，當兹實行禁煙之際，煙館業已盡閉，窮民無力製具，既有嗎啡針可以打用抵癮，且一針之費不及十文，可以抵數十文之癮，蚩蚩者罔知利害，鮮不爲其所愚。江蘇情形如此，他省當亦相同。亟宜明定科條，爲懲一儆百之計。查置造藏畜蠱毒堪以殺人，及教令造畜者，例應擬斬，若用毒藥殺人知情賣藥者，應與犯人同罪。今以製煉有毒之嗎啡針，賣與人打用抵癮，使有癮者不打不休，死而後已，實與造畜蠱毒殺人無異。從前鴉片舊例尚有應死之條，而嗎啡尤非鴉片可比，即照造畜蠱毒之律予以死罪，亦不爲過。惟原其本意究係圖利而不願殺人，且由於有癮者之自甘取死，其情形似稍有間，究應如何酌訂專條，請飭法部會同法律大臣議定頒行。等因。奏奉諭旨，交臣等議奏。臣等竊維嗎啡質料含於鴉片之内，爲鴉片之精華，本鹽質類之一種。西人用化學提取，煉爲藥品，療人疾病，以其能令人昏睡，名爲嗎啡。嗎啡譯言夢神也。論其提動之力，尤甚於鴉片之功。上年欽奉諭旨：將洋土藥之害一律革除，藉清痼習，是以政務處議定章程内，有商禁洋藥進口以遏來源一條，並稱嗎啡一名莫啡鴉，及剌入肌膚之嗎啡針，損體傷生，較之鴉片尤甚。應查照《中英續議通商行船條約》第十一款、《中美續議條約》第十六款，切實申明，分飭各税關，如查有不因醫治使用販運來華者，一概不准進口。並嚴禁中國鋪户，無論華人洋人，均不准製煉嗎啡及製造此項之針，以期弊絶風清。等因。奏准通行在案。無如禁令雖極嚴明，而貪利之徒仍有以嗎啡針誘人打用者，是興販之未嘗盡絶，於此可見。現當實行禁煙之際，煙館業已查封，貧民別無正癮之方，姑籍嗎啡針爲嘗試。始則貪其價賤，愈用愈多，繼則中毒已深，不打不止。殆至瘡孔百出，無處容針。虧體傷生，莫此爲甚。是窮其弊，恐鴉片未除，已難免嗎啡之害。鴉片既除，必更罹嗎啡之毒。逃楊歸墨，流禍安窮。茲據該撫擬請倣照造畜蠱毒律，酌中訂立專條，係爲力祛

沈痼保全生命起見。查造畜蠱毒律，不論殺人與否，應皆擬斬。原以此等匪徒，專以殺人爲事，故科罪較尋常謀命爲重。今製煉有毒之嗎啡針，賣與人打用抵癮，固與造畜蠱毒無異，惟窺其用意祇在射利，並非用以殺人，且由於有癮者之自蹙其生，並非業此者之故置於死。若遽與造畜蠱毒一律同科，誠如原奏所稱，情形似稍有間，則欲酌中定制，自非比律量減不足示立法之平。至販賣嗎啡之鋪户，英美通商條約内，既有不因醫治使用及未領專單者一概不准進口之文，自應嚴飭海關按約辦理。其果有内地奸民人等勾引私販，即屬蔑視典章，非預定罪名亦無以示懲創。按知毒害之情而賣藥者律與犯人同罪，則知嗎啡爲有毒之物而輒賣與人者，即應照製造此項藥針之犯問擬可知。況從前刪除鴉片舊例，凡製造煙土及興販圖利者均係絞候，並無差等可分。似製煉嗎啡針及販賣嗎啡各犯，雖不必遽擬死刑，其情罪要無二致。臣等公同商酌擬請嗣後拏獲製造施打嗎啡針之犯，不論殺人與否，應比依造畜蠱毒律斬罪上酌減極邊煙瘴安置。其販賣嗎啡之鋪户，如查係未領海關專單者，亦照知情賣藥律與犯人同罪，仍將該鋪户即行查封，并請飭下各海關申明條約，嚴杜私販而絕根株。似此明定章程，庶奸民知所懲肅，而禁煙可冀實行矣。如蒙俞允，即由臣部行文該撫並通行各直省將軍、督撫、都統，暨稅務處、大理院、順天府府尹，一體遵照。再此摺係法部主稿會同修訂法律大臣辦理，因往返咨商，是以具奏較遲，合併聲明。謹奏。光緒三十四年六月十八日奉旨依議。欽此。

中國第一歷史檔案館《光緒宣統兩朝上諭檔》宣統元年正月二十七日

前據修訂法律大臣奏呈刑律草案，當經憲政編查館分咨内外各衙門討論參考，以期至當。嗣據學部及直隸兩廣安徽各督撫先後奏請，將中國舊律與新律詳慎互校，再行妥訂，以維倫紀，而保治安。復經諭令修訂法律大臣會同法部詳慎斟酌，修改刪併，奏明辦理。上年所頒立憲籌備事宜，新刑律限本年核定，來年頒布，事關憲政，不容稍事緩圖。著修訂法律大臣會同法部迅遵前旨修改刪併，剋日進呈，以期不誤核定頒布之限。惟是刑法之源，本乎禮教，中外各國禮教不同，故刑法亦因之而異。中國素重綱常，故於干犯名義之條，立法特爲嚴重。良以三綱五品闡自唐虞，聖帝明王兢兢保守，實爲數千年相傳之國粹，立國之大本。今寰海大通，國際每多交涉，固不宜墨守故常，致失通變宜民之意。但祇可採彼所長，益我所短。凡我舊律義關倫常諸條，不可率行變革，庶以維天理民彝於不敝。該大臣等務本此意以爲修改宗旨，是爲至要，至該大臣前奏請編訂現行刑律，已由憲政編查館核議，著一併從速編訂，請旨頒行，以示朝廷變通法律，循序漸進之至意。

《大清法規大全·法律部》卷三《變通舊律例二·法部奏議覆御史吴緯炳奏尋常盗犯請一律照例解勘摺》 宣統元年正月十六日，軍機大臣欽奉諭旨：御史吴緯炳奏，尋常盗犯請一律照例解勘等語。著法部議奏。欽此。當將原奏抄交到部。查閲原奏内稱，近來各省州縣視教養爲迂談，不清盗賊之源，盗風因以日熾，迨案發飭緝，而著名劇盗類多漏網，其就獲者半皆伙盗。檢查舊例，本以入室搜贓者爲法無可貸擬斬，在外把風接贓者爲情有可原擬遣。咸豐初年軍務倥偬，始將把風接贓等犯同處死刑，原係辟以止辟之意。軍事平定後，此例仍復沿用。光緒二十四年欽奉孝欽顯皇后懿旨：向來各衙門辦理强劫盗犯，俱係不分首從，自屬照律辦理。惟從前猶分别法無可貸、情尚可原兩層，應如何網開一面，稍施法外之仁，著軍機大臣會同三法司妥議具奏。欽此。大哉聖謨，仁至義盡。嗣經禮親王世鐸等會議，以强劫之案臨時不行及時後分贓者均分别減擬，並非概予駢誅，聲明除現有軍務省分及實係土匪馬賊會匪游勇暫准就地正法外，其餘尋常之案一律規復舊制解勘等情奏覆。第懿旨内所指之情尚可原係舊例擬遣續改斬決之犯，並非指臨時不行者而言，然改定重決已歷五十餘年，徒齊以刑，盗仍未熄，可見弭盗在教養不在嚴刑也。同治初年，給事中王憲成、國子監司業孫詒經先後奏請規復擬遣舊例，皆格於部議。近年凌遲、梟首等刑，已由法律大臣奏奉諭旨刪除，而前因軍務改重之法仍未改復，似不足以示區别而廣皇仁。自應分别案情，凡首盗把風及伙盗執持火器金刃在盗所要路把風者，應請仍照例擬斬。其伙盗聽囑瞭望徒手把風與在外接贓各犯其情不無可原，應請均照舊例擬遣。等因。奏奉諭旨：交臣部議奏。臣等查强盗得財不分首從皆斬之文，原係前明舊律，較諸唐宋元懲治强盗之法，仍計贓數多寡及有無殺傷分别擬斷者科罪獨嚴。我朝定鼎之初，權用重典，故於此項律文因仍未改。迨康熙年間，海宇敉平，幾至刑措。五十四年，欽奉諭旨：凡强盗重案，著大學士會同三法司將此内造意爲首及殺傷人者於各本案内一二人正法，餘均照例減等發遣。欽

此。雍正五年，經九卿定議，分别法所難宥、情有可原二項，隨於乾隆八年纂入例册。内載强盗重案，除殺人放火姦人妻女、打劫牢獄、倉庫，干係城池衙門並積至百人以上及響馬强盗、江洋大盗、老瓜賊均照定例遵行外，其餘盗劫之案，各該督撫嚴行究審，將法所難宥及情有可原者一一分别於疏内敍明，大學士會同三法司詳議，將法所難宥者正法，情有可原者發遣。嗣於二十六年，大學士會同臣部議覆兩江督臣尹繼善條奏，又於例内載明：尋常盗劫未經傷人之伙犯，如曾經轉糾黨羽，執火持械，塗臉入室，助勢搜贓，架押事主逃路，到案誣扳良民，並行劫已至二次及濱海沿江行劫遇船搜贓者，一經得財，俱擬斬立決，不得以情有可原聲請。其止其外瞭望接遞財物並未入室過船搜贓並被人誘脅隨行上盗或行劫止此一次並無兇惡情狀者，仍以情有可原免死發遣新疆給官兵爲奴。節經改定續纂在案。是强盗本律雖應不分首從悉擬斬決，而原情減等改擬發遣，既出列聖法外之仁，即爲盛世祥刑之典。至咸豐初年，逆匪竄擾，盗風甚熾，臣部深恐輕易犯，復會同王大臣等議，將劫盗之案仍依定律俱擬斬立決。其中把風接贓之犯，亦屬同惡相濟，應照爲首之犯一律問擬，不得以情有可原量爲末減等因，於同治九年奏准，定例通行，即將前例删除。推原改訂之由，自以軍務煩興，不得不重加懲儆，而當時勦辦土匪復定有就地正法章程，自此各省相沿，趨於簡便。即尋常盗案，嘗有不待審轉覆勘概行就地懲辦者。光緒七八年間，迭據言官奏請規復舊例，當由臣部議飭各省先停就地正法，以便逐漸推行。嗣據先後奏覆，不曰游勇馬賊根除未淨，即稱鹽梟會匪奸宄潛滋，究之嚴刑雖所以遏奸，而徒法亦終難弭盗。司馬遷云：法網之密，姦僞萌起。斯語蓋洞見瘕結也。夫刑法之用，與世運爲轉移。現在各省軍務久已肅清，舉凡講求實業，振興教育等事，亦多次第實行，而憲政初基尤以改良監獄、設所習藝以進規司法獨立之故，是盗源可冀漸清，即盗風無難少息。溯自光緒三十一年以來，所有反逆緣坐淩遲梟首諸重刑，均奉特旨悉予删除。此外減輕之法，不獨戲誤擅殺及可矜人犯一律隨案改爲流徒，即强姦發塚情節稍輕之案，亦經臣等仰體恩綸奏准援赦酌緩，若獨於强盗伙犯仍一體依律問擬，是以軍興改重之法久施諸舊例可原之人，實不足以示欽恤而昭平允。茲據該御史奏請，分别案情，仍照舊例定擬，係爲慎刑獄重民命起見。惟所稱首盗把風及伙盗執持火器金刃在盗所要路把風者仍照例擬斬等語，查首盗爲糾劫之人，雖自認把風，豈能寬其爲首之罪。盗所本行劫之地，若一經上盗，即應科以入室之條，至在外把風伙盗，如有執持火器金刃者，其情既屬兇暴，其罪即無可原，自應於寬典之中酌加限制。惟何者爲要路，何者非要路，此間最難區别。若先時不能確定，斯臨案易涉紛歧。臣等公同商酌擬請，嗣後京外問刑衙門審辯尋常盗劫之案，除起意爲首與拒捕各犯有犯殺傷及未經傷人之伙盗，如曾經轉糾黨羽入室過船搜贓或行劫已至二次，並執持火器金刃在外把風情形兇暴者，一經得財，均仍照定例定章辦理外，其止聽囑在外瞭望接遞財物並未入室過船搜贓及實係被脅同行尚非甘心爲盗，或聽糾止一次並無執持火器金刃情兇勢惡者，均係舊例情有可原之犯，應一併免死，減等發遣新疆，酌撥種地當差。如地方有司有心姑息曲爲開脱不研者，該督撫即據實奏參，交部嚴加議處。如此量爲區分，似於規復成憲之中仍不失嚴懲匪類之意。如蒙俞允，應由臣部咨行修訂法律大臣纂入現行例内，俾資引用。其臣部未經核覆各案，如實有情節可原者，亦即照新章辦理。

該御史原奏又稱：盗犯就地正法章程，本屬一時權宜，現在各省並無軍務，所有尋常盗案，一律照律解勘，以昭核實等語。查就地正法章程，即經臣部迭次奏明，通飭停止。誠恐各該省狃於積習，復以轄境不靖未能悉復舊制爲言，而地方官憚於解勘，樂從簡易，其有不問供詞，妄拏充數，仇扳刑逼，良莠不分，州縣但顧考成，督撫僅憑稟報，推其所極，流弊安窮。應如該御史所奏，嗣後各省拏獲盗案，除東三省爲根本重地，現尚勦辦鬍匪，以及各省實係土匪馬賊會匪游勇嘯聚藪澤，抗拒官兵形同叛逆者，仍照光緒二十四年臣部奏定通行暫准就地正法隨時具奏，備録供招，咨部查核外，其餘尋常盗案，均應一律照例解由該管上司覆勘。倘距省窵遠地方，長途慮有疏失，亦可酌照秋審事例，將人犯解赴該管巡道訊明，詳由督撫分别具奏，不得仍援就地正法章程先行處決，庶案犯情節輕重臣部亦得據咨核辦，而刑章益形矜慎矣。恭俟命下，臣部即行文大理院各省督撫將軍順天府尹一體欽遵辦理。再盗案章程向由王大臣大學士會同臣部核辦，此次係奉特旨交臣部議奏，應否飭下政務處覆核以昭詳慎之處，恭候欽定，謹奏。宣統元年四月十九日奉旨：著會議政務處議復具奏。欽此。

《大清法規大全·法律部》卷三《變通舊律例二·法部奏遵議科布多辦理命盗案件酌擬章程片》 再據科布多辦事大臣錫恒奏稱，軍營向未辦過秋審，即如岳淙武一案，係一工一商，未便繩以軍法。嗣後商民日增，刑名日繁。未設地方官以前，遇有命盗案件，應入秋審情實及緩決可矜人犯，應如何辦理，其減等及流徙各犯應如何定地解配，抑照新章酌改習藝所工作，事關庶獄，應由部定章遵行，或准咨取新疆開設行省時及現行變通刑案各章程，酌量地方情形分别妥議，簡章辦理。等因。奏奉諭旨，交臣部議奏。臣等竊查：科布多地方界在阿爾太山，控馭蒙旗，幅員寥闊，該辦事大臣以防戍而兼地方之責，遇有命盗各案向歸審理。近年中外交通，商民麕集，案件增多，勢所不免，既未便繩以軍法，則舉辦秋審及設立習藝所諸事均應次第仿行。該大臣所奏係爲慎重庶獄起見，惟查臣部秋審舊事，凡科布多監候人犯，無論情實緩決，向俱歸入新疆省秋審招册，歷經遵辦在案。至新疆開設行省時變通章程，係光緒十二年由前撫臣劉錦棠一再奏請，經臣部酌核，初則議令舉辦秋審，繼則議令除强刦盗犯，暫准就地正法，其命案罪應凌遲斬絞立決監候人犯俱專摺奏明請旨，俟奉部覆後將凌遲立決及例實入勾人犯再行處決，其緩決人犯酌量減爲軍流，分撥南北兩路種地安插，最後始議令該省除情罪重大，例應恭請王命，及實係決不待時人犯暫准就地正法外，其服制凌遲斬絞立決至尋常命案問擬斬絞監候各犯，仍由該撫等詳叙供勘，專摺奏明請旨，俟奉部覆後，仍照臣部前定章程辦理，先後奏准遵行在案。邇來新疆建立行省垂三十年，於秋審一事迄未認真舉辦，且於應行具奏請旨之件，亦率予就地正法，殊不足以慎刑章而重人命。臣等業於另摺奏陳辦法，請旨遵行。科布多事同一律，且向既舉辦秋審，自未便援照新疆章程致滋流弊，臣等公同商酌，嗣後科布多辦理强盗案件，應照本年四月政務處議准解勘新章。除實係土匪、馬賊、會匪、游勇嘯聚藪澤，抗拒官兵形同叛逆者，暫准就地正法外，其餘尋常盗案應一律照章解勘，與人命案内問擬凌遲改斬及斬絞立決監候各犯，均令該大臣取具詳細供招按律定擬，專摺具奏請旨，俟奉准部覆立決者，再行處決。應監候者無論情實緩決統歸入秋審核辦，仍俟每年欽奉勾到將入實予勾者即行處決。如逢恩停勾或聲叙免勾之犯，仍行牢固監禁，其緩決人犯應俟一次後，核其情節分别減爲軍流，與戲誤擅殺及可矜減等人犯並尋常遣軍流徒各犯一體辦理。若有案關營務應以軍法從事者，仍准按軍律，不在解勘之限。至收所習藝章程既足懲戒罪囚，兼可擴充工藝，揆之邊地，尤爲適宜，科布多如已設立，則凡有軍流徒等犯自應遵照奏定年限一律仿行，如尚未完備，擬暫仿新疆辦法，各路互相調發分撥種地，以助屯政。似此明定章程，於矜恤罪犯之中，仍不失變通宜民之意，且與慎重民命整頓刑章均有實在裨益。如蒙俞允，即由臣部行文，該辦事大臣遵照辦理。此外如有未盡事宜，或於地方情形尚有窒礙之處，仍令該大臣隨時陳奏並咨行臣部説細商榷，以利推行，而昭畫一。謹奏。宣統元年七月初六日奉旨：依議。欽此。

《大清法規大全·法律部》卷三《變通舊律例二·法部奏遵議署理兩廣總督袁樹勛奏廣東盗風甚熾仍請照歷年變通章程辦理等摺》 宣統元年十月初一日，内閣抄出署理兩廣總督袁樹勛奏，廣東盗風尚熾擬仍照歷年變通章程就地正法一摺，奉硃批：法部議奏。欽此。欽遵抄出到部。臣等正在核議間，復於十一月十六日准軍機處交出護理雲貴總督沈秉堃奏，審辦匪盗各案請暫照向章辦理一摺，奉硃批：法部妥議速奏。欽此。並將原奏抄送前來，查該署督等原奏，粤省則稱盗匪醜類甚多，凡會匪、土匪、游勇，無一不備，近且有革黨竄入其中。一經規復舊制，則接奉部覆，正法總在半年之外，匪徒何由知儆，近如猪頭山江浦高唐各行營盗犯，每月營縣獲解多者二三百名，少者數十名，今盡歸地方官審轉，非數月之久不能懲辦一犯。此輩異常狡滑，解勘時必多翻供。駁回之後，又須解審。往返之間，更恐疏虞滋事，種種窒礙。倘各牧令因循諱飾，營員亦不免鬆懈，於捕務深有關係。擬請凡盗匪之罪應立決，與現定部章相符者，一律就地正法，俟將來盗風稍息，再行奏明，規復舊制。滇省則稱地居邊徼，五方雜處，非腹省可比。目前滇越鐵路告成，華洋商販絡繹於道，其間匪類溷跡，乘機劫掠，實繁有徒。微特臨安、開廣、蒙自、阿迷一帶，盗劫之案，層見迭出，且迤南之普洱、順甯，迤東之東川、昭通、曲靖、鎮雄，迤西之永昌、麗江、大理、楚雄、永北、蒙化等府廳州屬，痞徒麕集，搶劫時聞，盗匪充斥，甲於他省。懲辦稍寬，貽害匪輕。現在滇省審辦匪盗各案，請仍暫照向章，凡會匪游勇並聚衆持械肆意搶劫殺人，罪干斬絞立決之犯，覆審得實，從權先行就地正法。一俟盗風少息，

即當遵照部咨，奏明辦理各等因。臣等查就地正法章程，原係軍興以來一時權宜之計，溯自軍務肅清以後，迄今垂五十年，若長此變通辦理，不惟羣趨簡便，時有草菅人命之虞，而各省狃於積習，試問年復一年，盜風果何時止息。是以本年正月間欽奉諭旨，交議御史吴緯炳奏，尋常盜犯請一律照例解勘一摺，臣等悉心詳議，謹遵奉光緒二十四年孝欽顯皇后懿旨，並檢核迭次言官條奏，擬令各省拿獲盜案，除東三省爲根本重地，現尚勦辦鬍匪，以及各省實係土匪、馬賊、會匪、游勇嘯聚藪澤，抗拒官兵形同叛逆者，仍暫准就地正法外，其餘尋常盜案，一律照例解勘，不得仍援就地正法章程先行處決等因。奉旨：飭交會議政務處覆核。嗣經王大臣等再三審慎議，將距省及該管道較遠川縣并准解赴該管知府覆勘詳辦以歸簡易等因。奏奉諭旨允准，通行在案。推原定議之初，其不憚鄭重分明者，良以嚴刑雖所以遏奸，而徒法亦終難弭盜，旋據湖南巡撫岑春蓂於七月間片奏，審辦匪盜各案，請暫照向章辦理等因。復經臣等奏稱：殘殺不足清亂源，嚴酷適以傷元氣。若新章並未實行，仍准沿向來辦法，不惟有乖政體，亦覺紊亂刑章。且值憲政初基，若徑聽該省從權辦理，萬一各省效尤，益不足重法權而昭統一。擬再請旨飭下該撫，仍遵臣部原奏辦理。並聲明該管道府倘再藉詞違誤，應由臣部查取職名，照例參處等因。復經奉旨允准，並通行各直省遵照，亦在案。茲據該署督等所奏，或稱盜匪鴟强，伏莽未净，或稱痞徒麕集，搶劫時聞，均以礙難規復舊制爲辭。在該署督等身任地方，自應以除暴安善爲念。惟治盜雖極利便，而流弊正復繁多。如粵省所稱，正法一停，牧令即相率因循，營員亦不免鬆懈。不知諱盜之習，全在上司之整頓，並不視辦法爲轉移。至謂營縣獲解，多至二三百名。夫數至二三百人，其中豈無尋常盜劫之案。自應分別案情輕重，妥慎辦理。豈得概以土匪目之。其香港澳門各處，但使事關交涉，尤應專摺奏陳。臣部更無難妥速覆奏。但使多一番詳審，即可保一人生命。觀於近年廣西上思廳朦禀枉殺勇丁黄遠南等五名一案，雖經該撫自行檢舉，而死者不可復生，斷者不可復續，覆轍匪遥，似不能不引爲殷鑒也。再滇省雖地居邊徼，華洋雜處，其情形固與腹省不同。然盜源不清，盜風豈能遽息？即如該護督此次所奏，幾於無地無盜。前此而未嘗就地正法也，猶可曰水懦者民玩。前此固時時就地正法矣，何以火烈而民不畏乎。誠如該御史吴緯炳所奏，改定重法已歷五十餘年，徒齊以刑，盜仍未止，可見弭盜在教養，不在刑威。洵爲洞見本源之論。若必爲懲一儆百之計，其中土匪、馬賊、會匪、游勇等項，仍得查照向章辦理，以靖閭閻。至欲以尋常罪干斬絞盜犯，一律不待覆勘，即行就地駢誅，是不獨朝令夕更，徒煩文誥，亦深慮彼援此引，仍襲故常。恐於立憲前途，大有阻礙。臣部爲執法衙門，刑章必歸畫一。臣等公同商酌，擬仍請旨飭下該署督等，仍遵臣部及王大臣等原奏。凡不在正法之列者，如尋常搶劫盜案，均一律照例解勘。不得禀請先行處決，以符定章而免紛歧。嗣後有再請暫照就地正法章程辦理者，以違制論。并隨時奏請，交部議處。所有該署督等奏陳各節，未便驟予更張，請毋庸置議。如蒙俞允，即由臣部行文該署督等，並再通行各直省督撫將軍都統一體遵照辦理。臣等爲統一法權，慎重人命起見，謹奏。宣統元年十二月初四日奉旨：依議。欽此。

《大清法規大全·民政部》卷一二《禁煙·憲政編查館奏核訂禁煙條例摺》　奏爲核訂禁煙條例另繕清單，恭摺具陳，仰祈聖鑒事。准軍機處鈔交，本年九月二十二日欽奉諭旨，民政部修訂法律大臣會奏酌擬禁煙條例，繕單呈覽一摺，著憲政編查館核覆具奏，欽此。原奏内稱：鴉片之禁始自雍正，歷嘉慶、道光法網益密，迨海禁大弛，舊例删除殆盡。今昔情形既殊，輕重自難脗合，當即督飭館員並會同臣部詳參新舊，彙擇各項章程，凡關涉禁煙事例者，如種植、製造煙具、煙館吸食，以及巡警稅關之賄縱，地方官吏之匿飾，依次編輯。復因此項條例乃適用於新陳遞嬗之交，一切刑制尤應變通，並酌仿報律集會條例違警律，採用新定刑名，以求一貫而利推行。屬稿初定，臣等往復簽商，期歸至當，公同審定，爲禁煙條例十四條，並每條酌增按語，詮釋大要，謹繕清單，請飭照章考核，請旨施行等語。查禁煙要政迭奉嚴旨，責成京外實行，自非明定懲戒之方，不足以肅人心而挽痼習。臣等詳核原擬各條，參稽中外法律，在道光以前，中國固於販運吸食鴉片各項罪名，迭定嚴科，即近來各國於販賣吸食各項亦皆著爲厲禁。該大臣等權衡新舊，擬議重輕，於禁煙應行懲罰諸端頗稱周備，惟原單第三條稅關官吏，第七條巡警官吏，兩條意在禁絶販運，嚴行警察而於違章吸食栽種各項之該管官吏皆未議及，似嫌疎略。現將第七條改爲第六條，删第三條，入之凡有違以上各條禁例者，官吏知而

故縱，皆與犯人同罪，以期完密。原單第八條編立煙籍係政務處奏明定章，原屬人民戒煙未浄，以前暫行之法既無關於刑律，且吸食已著爲厲禁。將來全國更無吸食之人，未便著於條例，使國民永遠難滌舊染之污。其餘各條均屬妥協，擬請照行。至原奏所陳罪名用新刑律一節，亦係因憲政重在法律，先仿違警等律試辦，現當豫備立憲之時，法律必通諸中外，乃可養人民之程度，壹司法之政權，擬即照原奏辦理。至條例之文重在簡要，應將原奏按語删除，以免枝葉，謹另繕清單，恭呈御覽。抑臣等更有請者，中國受鴉片之害歷年既久，傳染尤多，實爲環球所未有。現既擬嚴定條例，明罰勑法，冀滌從前舊染之污，而收雷厲風行之效，必須内地栽種及吸食者早爲禁絶，乃可期政令之畫一，奉行之嚴整。現在各省奏報種植禁絶者，已有奉天、黑龍江、直隸、江蘇、山東、山西、河南、廣西、雲南等省，足見疆吏果能認真辦理，並不爲難。就吸煙人數而論，平民實居多數，但使種植日少，則平民購買不易，吸食必可因之而稀。今以罰金者杜吸食之端，即應以禁種者圖廓清之益，否則違章遵章夾雜牽混，作奸者易於影射，行法者慮其參差，禁煙要政妨礙實多，擬請飭下各省督撫嚴飭地方官，各將查禁種植罌粟辦理，總期一律縮短年限，以袪蠹害。即已報禁絶之奉天等省尤當隨時查察，如果毒卉復萌，即屬違背定章，仍按條例施以懲戒。其京師各衙門歷次奏定禁煙章程並各省督撫奏請變通年限暨關係禁吸禁運各事宜，凡屬奉旨允行者，均應作爲定章，違背者一體照現行條例治罪，尤不可始勤終怠，以致禁煙前途多有阻礙。如蒙俞允，即由臣館咨行京外各衙門欽遵一體實行，所有核訂禁煙條例各緣由謹摺具陳，伏乞皇上聖鑒。謹奏。宣統元年十二月二十日奉上諭，已録前。謹將核訂禁煙條例繕具清單恭呈御覽。

計開

第一條　凡違背定章栽種罌粟、製造鴉片煙及興販圖利者，處四等有期徒刑。

第二條　凡製造及販賣吸食鴉片煙器具者，處五等有期徒刑。

第三條　凡開設鴉片煙館供人吸食者處四等有期徒刑，或一千元以下之罰金。房主知情者房屋入官，不知者不坐。其茶肆、酒館、娼寮等處附設煙鋪者，罪同。

第四條　凡違背定章吸食鴉片煙者，處二十元以上、五百元以下之罰金。

第五條　凡在禁門以内及陵寢等處吸食鴉片煙者，處一等或二等有期徒刑。

第六條　凡該管官吏知有犯前數條之罪而故縱者與犯人同罪，贓重者仍從重論。其僅止失察者，交部嚴加議處。

第七條　凡犯第一條至第五條之罪者，停止選舉權及一切榮譽之權。係官吏，並革職永不叙用。

第八條　凡已處本條例之刑而又犯者，各依本條加一等。

第九條　凡謀犯本條例之罪而未遂者，各依本條減一等或二等，因本人之意而中止者減二等或三等，或寬免其刑。

第十條　凡徒刑，依左列年限，收本地習藝所工作，一等有期徒刑十年以上十五年以下。二等有期徒刑十年未滿五年以上。三等有期徒刑五年未滿三年以上。四等有期徒刑三年未滿一年以上。五等有期徒刑一年未滿二月以上。

第十一條　凡處徒刑應加減者依前條之次序加減之。其處一等有期徒刑，應加重者，長期可延至二十年。處五等有期徒刑，應加輕者，可減入違警律之拘留。其處罰金刑應加減者，以本條定數四分之一爲一等。

第十二條　凡罰金於判結後限一月完納，逾限不納，以一日折算半元易以徒刑，但日數雖長不得逾三年。如計日數在二月以下，易以違警律之拘留。已易徒刑或拘留者於刑期内完納，餘賸罰金准將已役之日數折算抵銷。

《大清法規大全·法律部》卷一《新定專律·憲政編查館會奏彙案會議禁革買賣人口舊習酌擬辦法摺》

奏爲彙案會擬禁革買賣人口舊習，酌擬辦法，恭摺仰祈聖鑒事。光緒三十二年三月初一日，署兩江總督周馥奏，買賣人口，有傷天地之和，未洽文明之化，請旨禁革以昭仁政一摺。奉硃批：政務處會同各該部議奏單併發。欽此。宣統元年正月十六日，陝西道監察御史吴緯炳奏，置買奴婢惡習宜除，請旨嚴行禁革，以昭仁政而重憲法一摺。欽奉諭旨：著憲政編查館知道。欽此。查周馥原摺内稱，中國三代盛時，無買賣人口之事，惟罪人乃爲奴隸，周衰始有鬻身之説。

秦漢以後，變而加厲，以奴婢與財物同論，不以人類視之，生殺悉憑主命。我朝定例逐漸從寬，白契所買奴婢與僱工同論，奴婢有罪不告官司而毆殺者治罪。疊次推恩，有加無已。然仍准立契買賣，本源未塞，從挽末流，補救終屬有限。貧家子女，一經賣入人手，虐使等於犬馬，苛待甚於罪囚。呼籲無門，束手待斃，慘酷有不忍言者。泰西歐美各邦，近年治化日進，深知從前競尚蓄奴爲野蠻陋習。英國糜數千萬金幣贖免全國之奴，美國則以釋奴之令兵争累歲，卒盡釋放，義聲所播，各國從風。我朝振興政治，改訂法律，百度維新，獨買賣人口一端，既爲古昔所本無，又爲環球所不題，擬請特沛殊恩，革除此習。嗣後無論滿漢官員、軍民人等，永禁買賣人口。如違，買者賣者均照違制律治罪。其使用奴婢祇准價僱，仍議定年限，以本人過二十五歲爲限。限滿聽歸本農，無家可歸者，男子聽其自立，女子由主家婚配，不得收受身價。納妾祇准媒説，務須兩相情願，不能抑勒，母家准其看視，仍當恪守妾媵名分，不許僭越。又吴緯炳原摺内稱，天地有好生之心，帝王以仁民爲本。方今預備立憲，全國人民其俊秀者，固宜隨時培養，其微賤者，亦須一視同仁。若以窮苦無造之民，聽其互相買賣，淪於殘役，致令虐使苛待，慘無人理，非仁政所宜有也。查徽寧世僕，嘉慶年間早經開豁。浙江墮民，近已設立學堂，准其出業。新民善政，薄海交稱，而奴婢一項同居人類之中，竟列良民以外，在憲法固無偏枯之理，則皇仁方以普及爲公，應請置買奴婢一事永遠革改。嗣後滿漢官員軍民人等，需人工作，祇准價僱作工，不准買爲奴婢。凡納妾者，祇准媒説，不准立契價買。其從前原有奴婢皆以僱工論，有犯照僱工科斷。所有律例内關涉奴婢各條，均予删除。庶國無賤民，皆歡欣鼓舞於聖仁之世。擬請敕下憲政編查館會同修律大臣連同周馥原奏一併核議，妥訂條例，請旨施行各等語。臣等伏查周馥前奏，政務處未及議覆旋即裁撤，今吴緯炳奏請一併核議，自應彙案辦理。竊維立憲政體，首重人權，凡屬圓顱方趾之儔，皆有特立獨行之性，若互相買賣，奪其自由，視同犬馬，與朝廷頒行憲法之宗旨顯相違背，非所以廣皇仁、示列邦也。是買賣人口一事自應禁革，毫無疑義。而論者每多慮其不便，若不詳加推究，終無以釋衆人之疑，立率由之準。今試綜而論之，不便之故，約有數端：一、謂諸王府中有不便也。查王府包衣人向准考試出仕，既非尋常奴僕可比，又世居户下，亦非罪隸之徒，本與買賣人口之案無涉。惟奴婢律例若有變革，則王府屬下人亦應一體遵辦，所關係者此耳。在王府屬下人，其中多有品官，初不若尋常奴僕之淪於賤役，按之唐律，其隸屬之情事與部曲約略相似。唐律殺奴婢與毆部曲罪有差等，則此項屬下人本不當與奴婢同科，今量予變通，法理自當如是，此未可拘牽舊制者也。一、謂滿蒙官員之家有不便也。查國初旗下家奴，於賞給投充之外，半由契買，故定例有分别紅白契之專條。近數十年來，賞給功臣之法早已停止，投充契買，亦久無聞。大抵因爲奴者易逃難育，相戒不用，其所驅使之人亦多出於傭僱。惟世家大族從先遺留家奴之子孫尚不乏人，猶累世不能脱離奴籍。漢世免官奴婢爲庶人，《本紀》屢書。唐代官奴婢年七十者，免爲良人，載在《六典》。古人良法班班可考，初無世世爲奴之理。即現行例内，亦有數輩勤勞情願聽贖及累代出力放出爲良諸條，以功令而論，亦未嘗令其世世爲奴也。此輩跟隨主家必皆數輩，後之子孫閲時一二百年，徒以未放未贖，世世被以奴名，其情亦殊可憫。今朝廷既沛殊恩，天下人民不復再有奴籍，此輩亦未可獨令向隅，但概令放免，亦不易行，惟一律以僱工相待，則主僕之名分仍存，於主家毫無所礙，而此輩得霑國家一視同仁之澤，獲與齊民爲齒，實變通之良法也。一、謂鬻婢之家有不便也。今買奴之風久熄，而鬻婢之家不獨滿漢官員大族，即中人小康之户莫不有之，蓋以使用婢女較之傭婦爲便，此等習慣，勢難禁斷。若改買賣爲價僱，恐此輩恃係傭賃，不聽指揮，或親屬人等常來看視，致有勾串逃盗等情事。不知價買之婢無從驅逐，或慮其不聽教令難於管束，若本係傭僱，則不聽指揮盡可遣去另僱，何難之有？至於婢女逃走，係因賣身不能自便，是以潛逃，若由傭僱而來，如有不合，可以明言告退，何必私逃。世間但聞有婢女逃走，未聞有傭婦逃走，其明證也。自來鬻婢之家，在良善者相待既寬，及年之後，嫁人爲妻妾，必得其所，原與使奴之惡俗迥殊。若遇殘忍之人，或非法毆打，戕賊其生命，或衣食缺乏，凍餓其體膚，種種凌虐，慘不可言。如改買賣爲價僱，此風庶可少殺，洵王者好生之仁政也。以上諸端，實屬均無窒礙。至奴婢僱工雖有區别，而律例内罪名從同之處本屬不少，惟鬭毆故殺則定罪輕重攸殊。在奴僱於家長，奴重僱輕。第僱工毆家長死者絞決，謀故斬決，罪名已特重於凡人。當此減輕刑法之時，照此

科罪，實亦不爲寬縱。若家長於奴僱，奴輕僱重。故殺奴婢不過徒一年，毆死僱工者已擬滿徒，故殺者即擬絞抵，人或以此爲疑議，不知奴亦人也，豈容任意殘害，生命固應重，人格尤宜尊，正未可因仍故習，等人類於畜產也。方今朝廷頒行憲法，疊奉諭旨，不啻三令五申，凡與憲法有密切之關係，尤不可不及時通變。買賣人口一事，久爲西國所非笑，律例內奴婢各條，與買賣人口事實相因，此若不早圖禁革，迨實行憲政之時，將有格不相入之勢。臣等公同商酌，擬請准如該督該御史所奏，將買賣人口之事特旨禁革，嗣後無論滿漢官員，軍民人等，不准以人口互相買賣，違者治罪。其使用奴婢祇准價僱，納妾祇准媒説，從前原有之奴婢一律以僱工論，身體許其自主，有犯按僱工科斷，並不輕縱。所有律例內關涉奴婢諸條，悉予删除，以廣皇仁而符政體。至其辦理條款，謹就周馥原奏清單，悉心參核，酌擬十條，開具清單，恭呈御覽。此事掃除數千年積弊，爲曠古未有之盛舉，足以感薄海之人心，動環球之觀聽，應請明降諭旨，宣布德音，敕下各省，刊刻謄黄，徧行張貼，俾衆周知。其律例內關涉奴婢諸條，臣等正在核訂現行刑律，即當查明删改，以昭核實而便引用。所有臣等遵照彙案會同核議緣由，現合恭摺具陳，伏乞皇上聖鑒。再此摺係憲政編查館主稿，會同修訂法律大臣辦理，合並聲明，謹奏。宣統元年十二月二十一日奉旨：著依議。欽此。

謹將酌擬禁革買賣人口條款十條，開具清單，恭呈御覽。

計開

一、契買之例宜一律删除也。價買家人婢女，例內分别旗民，赴該管佐領及本地方官鈐蓋圖記印信，其情願用白契價買者，從其便。遇有相犯，以紅契白契分别科斷。又，買賣人口不僅奴婢一項，亦有爲妻妾子孫者。今既以不准買賣爲宗旨，自應一律禁止。擬請嗣後買賣人口，無論爲妻妾，爲子孫，爲奴婢，概行永遠禁止，違者治罪。舊時契買之例，一律作廢。

一、買賣罪名宜酌定也。查略賣和賣治罪，各律例已極周備。惟買者不知情律不坐罪，因貧而賣子女及買者，律例內亦無科罪之文。今既禁止買賣人口，則此等情節雖輕，未便置諸勿論。擬請嗣後除略賣和賣各律例於新律未頒以前照舊遵行外，如有因貧而賣子女者，於略賣子孫處八等罰律上減一等處七等罰，買者處八等罰，身價入官，人口交親屬領回。其略賣和買案內，不知情之買者，亦照此辦理。律內買者不知情不坐之文即行删除。

一、奴婢罪名宜酌定也。律內奴婢干犯家長罪名綦重，今既禁買奴婢，改爲僱工，此後即永無奴婢名目，自不便沿用舊法。查康熙年間，原有旗人白契所買之人以僱工論之例，準此定擬，尚非無所依據。擬請嗣後契僱貧民子女及從前舊有之奴婢均以僱工人論，仍存主僕名分。有犯即按僱工人本律本例科斷。其與家長之親屬人等有犯，亦照此辦理。

一、貧民子女准作僱工也。荒歲貧民乏食，無力養贍子女，勢將流爲餓莩，即尋常境遇艱窘者，亦有不能存活之時。若禁止買賣而不籌一善法，亦非兩全之道。擬請除尋常傭僱仍照舊各聽其便毋庸議定年限外，嗣後貧民子女不能存活者，准其議定年限，立據作爲僱工。先給僱值多少，彼此面訂。僱定之時，不問男女長幼，總以扣至本人二十五歲爲限。祇准減少，不准加多。如僱時十歲，不得過十五年，九歲不得過十六年之類。願減少者，聽，限滿聽歸本家。其限滿後無家可歸者，男子聽其自立。若欲再僱，彼此情願，准另立據訂僱，按年論值。女子如母家無人，交其至近親屬領回婚配。無親屬者，由主家爲之擇配，不得收受身價。此等僱工與契賣奴婢不同，主家當以僱工之例相待，不得凌虐。該僱工仍當遵守主僕名分，不准違犯。倘僱限以内主家有虐待情事，准本家繳還未滿工值領回。

一、旗下家奴之例宜變通也。查八旗家奴，先年有賞給者，有投充者，有契買者，其名目不一，人亦衆多。户律内則有放出爲民之例，有贖身爲民之例，原未嘗令其世世爲奴。惟未經贖放者，其子孫仍須在主家服役。偶犯軍流等罪，則發駐防爲奴。若犯徒罪，徒滿後仍歸伊主，不能銷除旗檔。其或潛入民籍，即干例擬。近來，不獨賞給一項早經停止，即投充契買之事，亦不復多見。惟從前未經贖放之人以及莊頭看坟等項，其賴伊主養贍已非一世，與本身契買者不同。如果伊主情願放出，或准其贖身，仍可照定例辦理。若未經贖放，而必以二十五歲爲限，限滿聽其自由，則此項人等皆有經管田廬産業事宜，亦未必盡願舍去，辦理恐多窒礙。此項罪名今既擬悉照僱工人科斷，則奴僕之名已可永遠豁除，似不必

再以年歲爲限。擬請旗下家奴概以僱工人論，不必限定年歲。伊主情願贖放者，聽。

一、漢人世僕宜酌量開豁也。現在漢人之畜婢者，各省皆有，而畜奴者實已罕睹。從前安徽省世僕，早於嘉慶十四年奏明開豁爲良。第恐他省尚有昔年遺留之世僕未經開豁者，自應酌量辦理。擬請嗣後漢人世僕及其子孫概行開豁爲良，如仍在主家服役者，俱以僱工論。其向係僱工及嗣後傭僱男女工人，無論滿漢人家，均仍遵守主僕名分，不得違越。

一、舊時婢女限年婚配也。民間契買婢女，大抵經媒人之手，真正親屬，無從查考。又或歷年已久，或遠道攜歸，若必責令還親屬，匪特窒礙難行，亦徒滋紛擾。定例婢女不行婚配致令孤寡者，照不應重律擬杖。自應明定年限，勒令婚配。擬請嗣後舊時婢女，照定例，年二十五歲以上無至近親屬可歸者，由主家婚配，不得收受身價。違者照例治罪。

一、納妾祇許媒説也。泰西各國，無論何人不准置妾。日本近從西例，亦無准令置妾明文。但中國禮俗民情與東西各國不同，未便遽加禁止。惟向來習俗，有憑媒説合者，有用錢價買者，自應明定辦法，庶與此次宗旨相符。查唐律娶妾本有婚契名目，擬請嗣後凡納妾者，應憑媒説合，祇用財禮接娶，由妾之母家寫立爲妾婚契，不得再以買賣字樣立寫賣契，母家准令看視，以順人情。至爲妾名分仍當嚴恪遵守，不許稍有僭越。

一、良賤爲婚姻之律宜删除也。向來奴婢之於家長名義至嚴，故有犯罪名獨重，而與良人爲婚姻，不能謂家長無責，故知情則亦坐罪。律内特設專條，預防流失。重在壓良爲賤，冒賤爲良，而以良從賤次之。其於良賤之分，秩序判然，殆如涇渭之不可合流，東西之莫能易位，正始所以正名也。然定律雖嚴，而良賤爲婚仍各循其風氣，人情所習慣，法亦莫得而加之。今既禁止買賣人口，則以後奴婢名目自當永遠革除。同是齊氓，似不應再分階級，擬請將此律删除。凡僱工人與良人爲婚，一概不加禁阻，並於主家與涉，庶與重視人類之意有合。至良賤相毆相姦各條及律例内分别良賤之處，擬請一概删除，以歸一律。

一、買良爲娼優之禁宜切實執行也。奴婢雖爲賤役，尚得齒於人羣。若降至娼優，託業愈卑，品類污下，蕩然無復廉恥之存。故例於買良家之女爲娼及買良家之子爲優者，皆科以枷號，滿徒罪名。無如奉行既久，官吏視爲具文。買良爲娼之案尚或偶然一見，買良爲優則終年不見一案，亦未聞有經官舉發者。若不嚴申禁令，實力執行，恐奴婢之名目易除，娼優之根株難絶。流弊所至，將有不爲奴婢或轉而爲娼優者。擬請責成地方官嚴密稽查，遇有買良爲娼優案件，務須盡法懲治，勿事姑息。

（清）陳夔龍《庸盦尚書奏議》卷一〇《分注新訂刑律草案摺》

戴鴻慈等奏請飭催京外各衙門籤注新訂刑律草案一摺，法律爲憲政治基，亟應修改，以備頒布。所有新訂刑律草案，著京外各衙門照章籤注，分别咨送，毋稍延緩，以憑覈訂而昭畫一。欽此。臣遵查此案前準憲政編查館先後咨送刑律總則分則各草案，均經前督臣行司飭屬一體參考，妥加籤注。臣到任後又經專札行催在案，伏查新訂刑律草案原爲憲政始基，自應從速核辦，未便稍事延緩，除又督飭臬司反復推求以資考訂。竊惟律設大法，制貴因時，方今列强環伺，每以中外刑律互異，奪我主權，亟應與時變通，以爲收回治外法權之計。總覈新訂草案，詳稽博考，類晰條分，大要在改異從同，删繁就簡。其强盜搶奪發塚等項，一時驟難輕減者，原奏亦擬别輯暫行章程以存其舊，參訂本已詳盡。惟是中外風俗不無異宜，人民程度亦多差等，似有不得不就政教民情再加討論者，如删除比附以杜意爲輕重，而情僞萬殊條目，不足以賅事變。且審判人才缺乏，如憑審判官就各刑上下之限臨時審定，恐程度不及，亦不免援引失當，出入人罪。他如刑事丁年斷自十六歲以上，礙難施諸，强迫教育未行以前，徒罪囚人雖得許假出獄，亦應按其所犯重輕酌示限制。五倫首重君親，設有殺傷，不得以過失而寬減，叛逆大干法紀，若係首要，應處以惟一之死刑。至强姦不科死罪，親屬相姦未著專條，亦無以維名教之大防。其餘如反獄劫囚詐僞等項，亦多從輕減，恐不免水懦民玩之虞，似應與强盜搶奪發塚諸條同輯暫行章程以懲凶暴，而保治安，並聲明此項章程專爲治本國痞匪淫凶而設，不在總則第一章範圍之内，以免改正條約時，爲外人所藉口。俟人民程度進步，再行一體改從新律，庶於斟酌輕重之中，仍寓權衡緩急之意，蓋此次改訂憲章，固應博採東西各國律法，詳加參酌，而仍求合於國家政教大綱，乃可收變法而不廢法之效。據湖北按察使楊文鼎詳請具奏前來，臣覆核無異，除咨法部暨憲政編查館查照外，理合分條籤注，彙繕清單，

恭摺具陳，伏乞皇上聖鑒，謹奏。

謹將刑律總則分則各草案逐加詳覈分條籤注開單，恭呈御覽。

計開

刑律總則草案

第二章　不論罪。

第十條　凡律例無正條者，不論何種行爲，不得爲罪。

謹按法制有限，情變無窮，故舊律斷罪無正條者，援引他律比附本律，以律無正條，不得爲罪。蓋恐比附失當，不免出入人罪，故删除此律。而於各刑酌定上下之限，憑審判官臨時審定，並設減輕各條以補其缺。惟審判人才現尚缺乏，各條所載罪名頗多死刑與徒刑並列之處，設審判官程度不及，援引失當，即難免罪有出入，恐亦不能無弊，此條似應修訂。

第十一條　凡未滿十六歲之行爲不爲罪，但因其情節得命以感化教育。

謹按幼年犯案，現行律例分别十五以下，十歲以下，七歲以下。日本刑法十二歲以下犯罪不論。十二歲以上十六歲以下，則視其有無辯别是非知識，分别減等不論。嗣後改正草案乃定爲未滿十四歲者，皆絶對無責任。中國變法伊始，教育尚未普及，步趨日本猶恐不逮，若未滿十六歲概不爲罪，是較日律更寬，恐不免失之輕縱，轉以長其桀驁之習，似應酌量改訂。

第十三條　凡不出於故意之行爲，不爲罪。但應以過失論者，不在此限。

謹按本條於矜恤無心過犯之中，仍使損害社會之徒，不得倖逃法網，用意至爲深遠。惟是故意非故意辯别甚難，非若現行律載犯時不知，可以就案定斷。如以不爲罪，著爲定例，恐刁狡之徒，皆將諱有意爲無意，冀圖倖免。刑章似應再加修訂。

第十三條第二節　不知律例，不得爲非故意，但因其情節得減本刑一等或二等。

謹按律例既已頒布，人民即有應知之義務，似未便因其不知律例，曲予末減。

第十五條　凡對於現在不正之侵害，出於防衛自己，或他人權利之行爲，不爲罪。

謹按防衛侵害，至於殺傷，現行律例，如因姦因盜，主家將其登時殺死，勿論。其親屬鄰佑幫同捉姦，或追捕賊犯，致有殺傷，各有應得罪名。誠以侵害之來，事出横逆，在已勢難任其所爲，一時倉猝，致有殺傷，則固律得勿論。若他人遇此發見之人，雖得代爲執行防衛，究與身受侵害有間，倘有殺傷，似不能與主家相提並論。如不問親族知交與否，概不爲罪，恐轉長擅殺之風，似應酌量區别。

第六章　共犯罪。

第二十九條第二節　加功於實施犯罪之行爲中者，準正犯。

第三十條第二節　教唆造意犯者，準造意犯。

第三十一條第二節　幫助從犯者，準從犯。

謹按準者，以此準彼之謂，現行律例如竊盜罪，由笞杖徒流以至於死。準竊盜者，雖所犯甚重，罪至於流而止，均不入於死罪。以示稱準之犯，與爲所準者，各有區别。本條所載正犯、造意犯、從犯三項，係屬本犯準正犯、準造意犯、準從犯三項，係稱準之犯如本犯，罪至於死，其稱準之犯是否即與同科，抑仍遵舊例，不入於死，似應解釋明晰，以便援引。

第七章　刑名。

第三十八條　凡死刑用絞，於獄内執行。

謹按死刑用絞，各國多尚密行，意在不示民以殘忍，立法良善。中國人民良莠不齊，教育現未普及，桀驁之徒，每多越貨殺人之案，鄂省民風强悍，刁匪痞盜，所在多有動輒持械搶劫殺人，若不明正國法，僅於獄内執行，恐無以昭炯戒，似應俟教育普及，國民程度漸高，再以密行，著爲定例。

第八章　宥恕減輕。

第四十九條　凡十六歲以上二十歲未滿之犯，罪者得減本刑一等。

謹按自十六歲以上至二十歲，知識已具，已非幼稚可比，且正在血氣未定，易於有犯之時，若得減等問擬，未免失之輕縱，似應酌改。

第十三章　假出獄。

第六十六條　凡受徒刑之執行者，有悛悔實據時，無期徒刑逾十年後，有期徒刑逾刑期二分之一後，由監獄官申達法部，得許假出獄。但有期徒刑之執行未滿三年者，不許假出獄。

謹按本條以使人改過遷善爲宗旨，立法甚善。查日本假出獄例，徒刑之囚雖得許假出獄，仍使居住島地，又已許假出獄者，本刑期限内，仍付以特別所定監視，定例尤較周密。惟無期徒刑在舊例大率應死之犯，改爲終身懲役，已屬從寬，若再許假出獄，未免輕縱，似應以有期無期分別許假出獄不許假出獄，以示限制。其有期徒刑得許假出獄者，亦應參仿日律不準擅離該管地方，並嚴定監視官處分，庶免乘間脱逃，或另行滋事。

刑律分則草案

第一章　關於帝室之罪。

第八十九條　凡因過失致生前條所揭危害者，處二等或三等有期徒刑，或三千元以下三百元以上罰金。

謹按憲法大綱載明，君上神聖尊嚴不可侵犯。現行律例於大逆無道亦不論列過失，本條謂因過失致生危害，與大逆有間，僅擬處以二等或三等有期徒刑，已非尊君弭患之意，若再得以罰金處斷，尤屬輕縱，似應改訂。

第二章　關於内亂之罪。

第一百條　凡以顛覆政府，僭竊土地，或紊亂國憲爲宗旨，起暴動者，從左列分別處斷。

一、首魁死刑或無期從刑。

二、執重要之事務者死刑，或無期徒刑，或一等有期徒刑。

謹按顛覆政府，僭竊土地，或紊亂國憲，即現行律例十惡之謀反首魁及執重要之事務者，罪大惡極，均應處以死刑，似不必再以無期徒刑，或有期徒刑攙入。本條致啟援引失當，及故出輕縱之弊。

第一百零二條　凡豫備或陰謀爲内亂者，處三等以上有期徒刑。

第一百零三條　凡知豫備内亂之情，而供給兵器、彈藥、船艦、錢糧及其餘軍需品者，處無期徒刑或二等以上有期徒刑。

謹按以上二條豫備或陰謀爲内亂者，係屬主謀，知豫備而供給各項軍需品者，非僅知情可比，實屬同惡相濟，二者相較，厥罪惟均，若主謀之罪轉較知情供給軍需者爲輕，似欠平允。

第四章　關於外患之罪。

第一百二十二條　凡通謀於外國使對中國開戰端，或與敵國抗敵中國者，處死刑或無期徒刑，或一等有期徒刑。

謹按本條即現行律例之謀叛罪，均應死。今以處死刑或無期徒刑有期徒刑併列，恐援引時，易啟輕縱之弊，第一百二十三條同。

第六章　關於瀆職之罪。

第一百四十五條　凡行檢察或警察之職務者，於應受理或不應受理之刑事，告訴告發或自首而不正受理，或不受理，或不爲必要之處分者，處四等以下有期徒刑，拘留，或三百元以下罰金。其裁判官不正受理，或不受理民事，或刑事之訴訟，或不審判者，亦同。

謹按本條規定，於應受理或不應受理民刑訴訟等項，有職務者，或不正受理，或不受理，或不爲必要之處分，處四等以下有期徒刑或拘留、罰金。自係按事理輕重，分別定擬。惟查現行律例，告狀不受理，如告謀反叛逆不即受理掩捕，以致聚衆作亂攻城劫掠者，處分甚嚴，所以杜萌亂而儆溺職。現在沿江一帶伏莽甚多，甚或昌言作亂，肆無忌憚，設或有以此等重情告發，不即受理捕治，致生厲階貽害治安，實非淺鮮。本條罪僅四等徒刑，而止未免輕縱，似應酌量加重。

第九章　關於騷擾之罪。

第一百六十四條　凡聚衆爲暴行，或脅迫者，從左列分別處斷。

一、首魁無期徒刑，或二等以上有期徒刑。

二、執重要之事務者，二等至四等有期徒刑，或一千元以下一百元以上罰金。

三、附和隨行而助勢者，五等有期徒刑，拘留，或一百元以下罰金。

謹按現行律例，刁民假地方公事强行出頭，約會抗糧，斂錢構訟，罷市或聚衆閧堂，塞署逞凶毆官等項，即本條所揭暴行脅迫之行爲，罪干斬絞。誠以地方暴動率由狡黠之徒誘惑煽亂，冀肇巨衅。近來民氣囂張，動輒糾約横行，挾制官長，若得減輕其刑，適足鼓其氣，而益其燄，重貽社會之憂，此條似難驟行。

第十章　關於監禁者脱逃罪。

第一百六十七條　凡既决未决之囚人脱逃者，處四等以下有期徒刑或拘留。

謹按本條，既決未決囚人，自係專指有期徒刑以下人犯而言，設有脱逃，應於原處徒刑期限外，再處以四等以下徒刑或拘留。蓋本舊律仍依原犯徒年從新拘役之意，酌量變通。此外如應死之犯，尚未經法部奏報回覆，暫行監禁，或所犯係無期徒刑罪名，已無可復議者，自不在此限。惟本律詞意不甚明顯，似應聲明以便援引。

第一百六十八條　凡既決未決之囚人，及其餘按律監禁者，若損壞監禁處所械具，或以暴行脅迫，或三人以上共同脱逃者，處二等至四等有期徒刑。

謹按囚人敢以暴行脅迫，或三人以上共同脱逃，即舊律罪囚反獄罪名，似應加重。

第一百六十九條　凡盗取按律監禁人者，處二等至四等有期徒刑。

謹按本條盗取二字，係包竊取强取而言，竊取情節尚輕，强取即係劫囚，現行律例罪應至死，僅處以二等至四等有期徒刑，似涉輕縱。

第十二章　關於僞證及誣告之罪。

第一百七十九條　凡欲使人受刑事或懲戒處分，而爲虚僞之告訴告發，或報告者，處二等至四等有期徒刑。

謹按現行律例，誣告罪名向視所誣事實輕重，並被誣之人已未論決，分別坐罪。本條於虚誣之告訴告發或報告者，處二等至四等有期徒刑。如所誣情輕已足示罰。若誣告人叛逆及他項死罪，業已論決死者，本屬無辜誣告之人，僅科以有期徒刑似非平允。

第十六章　關於秩序之罪。

第二百一十九條　凡從事同一業務之工人同盟，拒絶執業者，其首謀處四等以下有期徒刑，拘留或三百元以下罰金。餘人處十元以下罰金，聚衆爲暴行脅迫或將爲者，以一百六十三條至一百六十六條論。

謹按新律法若犯罪實行以後，已生結果，方爲其罪成立。如工人同盟拒絶執業，聚衆爲暴行脅迫其已行者，固當懲處。若行爲者僅有意思表示，危害尚未及於社會，情節較輕，似未可論。

第一百六十三條至一百六十六條，同其處分。

第二十三章　關於姦罪及重婚之罪。

第二百七十四條　凡用暴行脅迫，或用藥及催眠術，並其餘方法至使不能抗拒，而姦淫婦女者，爲强姦罪，處二等以上有期徒刑。

謹按名節爲吾國數千年之積粹，無論貧富貴賤，皆知恪守，治化之所以隆，風俗之所以美，權輿於此現行律例，强姦者處以死罪，故敢用暴行脅迫，迷藥種種强硬手段汚辱婦女之案，尚不多見，若遽減輕其罪，恐大防一決，强暴生心，轉爲風俗人心之害。

第一百七十八條　凡和姦有夫之婦，處四等以下有期徒刑，其相姦者亦同。

謹按現行律例犯姦一門，類分條別，而於親屬相姦擬罪尤重，蓋以事關内亂，不容稍涉寬縱也。本章和姦僅載此條，於親屬相姦並未論列，而又指明有夫之婦，若姦處女孀婦或雞姦亦未賅載，事關風化，中外政教不同，似未便削足就履，强與相合，致長淫亂之風。

第二百八十二條　第二百七十八條之罪，待其本夫之告訴始論其罪，若本夫事前縱容，或事後得利而私行和解者，雖告訴不爲審理。

謹按舊律縱容妻妾與人通姦，本人、姦夫、姦婦各杖九十，厥罪惟均，所以懲無恥而重風化，似未便因本夫縱容，或事後得利和解，即不爲之審理。

第二十六章　關於殺傷之罪。

第三百零十條　凡傷害尊親屬之身體者，從左列分别處斷。

一、因而致死或篤疾者，死刑或無期徒刑，或一等有期徒刑。

二、因而致廢疾者，無期徒刑或二等以上有期徒刑。

三、因而致單純傷害者，二等至四等有期徒刑。

謹按尊親屬包括祖父母、父母在内，現行律例毆祖父母、父母者，處以斬決。但毆即坐其期親以下尊長，乃得按服制遠近，已未成傷，或至折傷，分别輕重定擬。今於傷害尊親身體，僅以致死或篤疾者，處死刑或無期徒刑或一等有期徒刑，其致廢疾與致單純傷害者，僅處無期徒刑或二等以上及二等至四等有期徒刑，施之於傷害祖父母、父母之犯，似覺過輕，恐啟蔑視倫常之漸。

第三百零八條　凡教唆或幫助他人，使之自殺，或受人之囑託承諾而

殺之者，處三等或四等有期徒刑。其對於尊親屬者，處三等以上有期徒刑。

謹按對於尊親乃敢教唆幫助使之自殺，或竟因其囑託承諾而殺之，均屬蔑視綱常，忍心害理，處以三等以上有期徒刑，殊涉輕縱，似應修訂。

第三百十一條　凡因過失致尊親屬於死或篤疾者，處三等以下有期徒刑，或一千元以下一百元以上罰金。

謹按現行例，子孫過失殺祖父母、父母者，罪應絞決。如實係耳目所不及，思慮所不到，則夾籤請旨改爲絞候。非不知過失殺一項，犯者並無欲殺之意，然因過失而殺害及於尊親，殊非尋常過失可比。如僅處以三等以下有期徒刑，似非教民尊親之義。至罰金之律，吾國卑幼，不能私擅用財，尤屬不便實行。

第三百三十二條　凡用暴行脅迫或僞計拐取未滿二十歲男女者，爲略誘罪處二等或三等有期徒刑。若係和誘者，處三等以下有期徒刑，和誘未滿十六歲之男女者，仍以略誘論。

謹按本條及三百三十三四五等條，所載略誘和誘等罪均指拐取未滿二十歲男女而言，蓋以幼穉可欺，成人難罔。東西各國婦女與男子同受教育程度較高，年至二十已不至爲人略誘，故不言拐取二十歲以上男女之罪。中國誘拐案件，雖以拐取幼小子女爲多，而略賣和誘二十歲以上婦女之案，亦所恒見，若置之不論，恐刁徒因此生心，轉使二十歲以上婦女不能安室，似不必以年歲限制。

《清末籌備立憲檔案史料》第二編《內閣總理大臣奕劻等奏請飭各衙門編纂現行法規及具奏辦法摺宣統三年閏六月二十九日》　竊查內閣法制院官制第一條內載各項法規整理編纂事件，法規者即包含法律命令及一切章程規則而言，質言之，即向來律例館之編纂律例及各部之編纂則例是也。向例律例編纂之法，有大修、小修之殊，其各部則例，則每届十年纂修一次。自光緒二十五年重修會典告成以後，迄今又十餘年，所有各部欽奉諭旨及內外臣工條奏，經部議準者，積案已多。又近年籌備立憲，新政繁興，或由京部奏準通行，或由各省奏準施行，成案紛繁，亟應另行整頓，續爲編纂，以期劃一。

查內閣辦事暫行章程第六條第三項稱：前項重要事件及尋常事件，應由內閣總理大臣、協理大臣會同各部大臣，分別規定，奏請聖裁。又第八條稱：內外行政各衙門，應奏不應奏事件，除陸軍部、海軍部外，由內閣總理大臣、協理大臣另擬章程，奏請聖裁等語。查律稱應奏不應奏事件，範圍雖寬，而標準究有一定，蓋應不應之區別，純以法令有無明文爲限，非隨時隨事而於法令外有所重輕也。此項章程，若但臚舉事例，終有挂一漏百之虞。現正遵照內閣辦事暫行章程，將應奏事件分別規定，另擬章程。然欲澈底劃清，必一面整理現行例案，釐爲法規，務使辦法各有一定，庶大權不致下移，而政令可期一貫。此修訂現行法規與內閣辦事章程實行之關係一也。

又查欽定修正逐年籌備事宜清單，宣統三年頒布行政審判院法，設立行政審判院。此項法制，業由臣等督飭法制院迅速釐訂。惟查各國通例，行政審判事件，皆以法令分別指定，而此項事件必係法令著有明文，定有辦法者，起訴之時方有所遵循，審判之時亦有所依據。現在例案紛如牛毛，臨事比引，未能劃一。不惟何項事件應許行政訴訟，尚難規定，即强爲規定，而審判之際，法令未能劃一，評定亦無所適從。設或意爲重輕，適啓官民猜疑之漸，流弊將不可勝言。此修訂現行法規與行政審判法編訂之關係二也。

又查日本憲法第七十六條內載：憲法施行之日，所有現行法令，無論用何名稱，但與憲法不相矛盾者，一律有遵由之効力等語。此爲新舊過渡時代必不可少之辦法，蓋非是則憲法實行以後，所有向來法令若全歸廢止，則國家政令將不能舉，我國憲法雖未頒布此條，似應仿行。然若現在各項法令，不及時整理編纂，則形式不具，將來勢不能以摺片所陳指爲法令，蓋摺片所陳往往有同此一事，而前後奏擬辦法，不免抵觸，並存則適用之日抉擇爲難，並廢則事機之來應付無術。凡此皆法令之形式不完，必至憲法行而舊日各項奏案難於適用，窒礙且因而環生。此修訂現行法規與憲法施行之關係三也。

查光緒二十七年四月欽奉上諭：各衙門事務，積久生弊，屢經降旨整頓。京師兵燹之後，各部案卷散失不全，復諭掃除銷毀，原以歧出之案牘甚多，亟應力除積弊。若有關考察及舊例所無，隨時新增成案，應由各部堂官，派出司員逐一查明，分別開單咨送政務處覆核。其應存者，一併

纂入則例，以歸劃一而杜兩歧，其應去者，即一律銷除，務使損益得中，俾中外昭然共守，不至再蹈從前積習，用副朝廷孜孜求治之意。等因。業經前政務處大臣將各部妥定簡明章程覆核奏準，通行在案。仰見先朝注重法規，允爲憲政推行之所本。惟纂例之事，現又將及十年，今昔情勢不同，尤宜與時變通，茲既擬就新舊例案，統釐爲現行法規，則編纂體裁，應求與新頒法令一律。查律例有新置，故會典定有明文，實符立憲各國法令從新之義，惟從前每次編纂，率多新舊雜陳，一事而有兩例之不同，引用殊多不便。此次編纂體裁，應即力矯前失，凡一事而有兩例者，則以後例爲準，一事而有兩奏者，則以後奏爲準。由各部及各衙門分任編纂，各就主管事務，酌量分類，每件例案，以類相從，均冠以各項法令名稱。無論從前通行例案，或歷年奏咨成案，概將所定辦法列爲條文，凡有重復抵觸之處，悉予銷除，以昭畫一。其有認爲應行及時增改者，得隨時另案辦理，其未經改定以前，仍應一律纂入，俾免遺漏。至編纂人員及編纂期限，均關重要，亦應量爲規定，庶通力合作，可免稽延之弊。其在此項法規未經編定以前，各衙門應辦事宜，及隨時應以法令規定之件，仍應照常辦理。茲擬定編纂現行法規章程十五條，繕單恭呈御覽。如蒙俞允，應即通行，欽遵辦理。

抑臣等更有進者，立憲國家，凡主權者對於臣民公布之文告，必具有法律或命令之形式，而後遵守之力乃强。我國向來除律令外，多不臚列條款，歷查近年以來，內外臣工遇有應以法令規定之件，或循用摺奏體裁，或逕以附片具陳請旨，辦法與理由雜陳并舉，殊於立法體例多有未合。查內閣法制院官制所稱法律命令，考其性質，凡從前業有定例須改定辦法，或向無定例應行新定辦法者，不惟明定章程臚列條款之件，應屬法令範圍，即以摺奏或附片具陳，亦應在法令範圍以內，性質本極分明，則體裁自應劃一。擬請嗣後京外各衙門，除現應循例奏報奏聞事件外，所有關於法令性質應具奏請旨者，無論新定辦法，或改定辦法，係特旨交由內閣會議事件，及內閣主管事件，或內閣總協理大臣認爲應以法令規定事件，由內閣法制院撰擬。其屬於一部主管，或他部兼管者，由各該部分別擬具草案，均應逐款臚列，定爲條文。不論條數之多寡，均須按照此次章程所定，冠以法律、條例、章程、規則等名稱，一律咨送內閣，由法制院審查覆核，均由該院具案呈經臣等查核，分別會同繕單具奏。其摺片所陳，只應申明條款之理由，不得或紊體例，致滋歧誤。此項條款奉旨施行之後，即應一律欽遵辦理，即由該管大臣逐件交登官報公布，以利施行，並由內閣隨時增訂於《法令全書》之內，庶幾國家政令，薄海得以周知，昭代典章，來許於焉遵守，法治之精義不外於此。

臣等爲整理法規劃一辦法起見，所有請飭各衙門編纂現行法規，并釐訂具奏辦法各緣由，是否有當，謹恭摺具陳，伏乞皇上聖鑒訓示。謹奏。

附清單

謹將編纂現行法規章程繕具清單，恭呈御覽。計開：

第一條　現行法規由閣部及其他各衙門按照現行例案編纂辦法，依照本章程辦理。

第二條　各部編纂法規以各部向來主管事務爲限，會奏事件由各該部分別辦理，其屬於內閣總理大臣所掌事務，由內閣法制院編纂。不屬閣部主管事務另有主管衙門者，由該衙門自行編纂，照章送交內閣法制院覆核。

第三條　編纂人員除前條規定外，各部由參議、參事等官及主任人員會同辦理，其他各衙門酌派主任人員辦理。

第四條　各衙門編纂法規應就各主管事務酌量分類，逐類分件，其每件標目所用名稱如左：

一、法，二、律，三、條例，四、章程，五、規則。

第五條　編纂時無論何件法規，均用第某條字樣，其僅能列爲一條者，則用一某某等字樣。

第六條　編纂時凡欽奉諭旨關係法令者，及各衙門定例或通行成案並歷年奏咨案件，均只摘敍辦法列爲條文，其原案聲敍理由之處，概從刪節。前項原案所敍理由如應作爲本件法規按語者，得摘要附入本件或各本條之後，但不得攙入正條。

第七條　各衙門依類編成之法規，應逐件編立號數，其次第以施行先後爲準。

第八條　每件法規應將奏準施行年月日揭載於本件標目之下，其係咨案編入者亦同。

第九條　凡事件有新例者，舊例概從删除，奏咨各案亦同。前項有新置故之件，應將新舊沿革敍入按語。

第十條　凡例辦事件現已奏改辦法者，均從奏案，其與該奏案歧異之例，一律删除。咨案與奏案抵觸者，仍從奏案。凡從奏案之件應將舊例及咨案沿革敍入按語。

第十一條　關係每件法規之表式及文書格式，均附編於本件之後。

第十二條　奏咨案之編入法規以定有辦法者爲限，其尋常奏報、咨報事件無關引用者不得編入。

第十三條　編纂期限以宣統四年七月爲止。自本章程奏準一月後，各衙門應於每月上旬將上月已編成之件咨送内閣，由法制院審查。

第十四條　此項法規未經編竣以前，各衙門所有新頒法令均應依類編入。

第十五條　各衙門編纂完畢，由内閣法制院彙齊覆核具案呈經閣議後，即將此項現行法規繕册進呈欽定頒行。

《清末籌備立憲檔案史料》第二編《憲政編查館大臣奕劻等奏核議順天府奏陳各級審判廳制度及現行清訟辦法摺宣統三年三月二十九日》　宣統二年二月三十日軍機大臣欽奉諭旨：順天府奏臚陳第三屆憲政事宜，並各級審判制度暨現行清訟辦法，請飭詳議一摺，著該衙門議奏。等因。欽此。由軍機處遵旨將原摺鈔交到臣館臣部，所有該府尹臚陳第三屆籌備憲政事宜，業由臣館照章彙案辦理。其原奏所陳順天府屬各級審判制度，尚有不能不詳加研求者四端，並陳明順天清訟辦法，分别請飭詳議各節。臣等按照原奏，反覆審核，撮其要義，不過劃分司法區域及劃分司法權限兩大端。在該府尹衡量時宜，於籌備審判力事研求，尚係循名責實之意。惟司法制度既奉特旨頒行，雖京府、外府情形各有不同，然法院編制究應以整齊畫一爲主。若於京畿首善之區，先紊審判獨立之制，似非所以重憲政而促進行。臣等謹就該府尹原奏，逐加核議，敬爲我皇上一一陳之。

原奏内稱：京師高等審判廳既與各省同級，而監督之權，於各省則有提法司，於京師則直隸法部，在審判遞級上行，原無窒礙，而法部監督及於初級，不免繁瑣。且今日之籌辦，不能不責成地方行政長官，即各廳之行政，未嘗不關涉地方行政權限。若以下級歸府尹，則上級行政與下級行政不一貫，若並下級歸法部，則各廳行政與地方行政必兩妨。自非别有明文，凡法令之能通行各省者，轉不便於順天等語。查京師特設高等審判一廳，轄及順天全府，已與外府審判制度辦法不同。直省提法司之設，誠以我國疆域遼闊，事屬改制，端緒紛繁，無論邊腹省分，司法、行政之權，既非中央一部所能遥領，故目前辦法，不能不以其司法監督權委任於該司，而仍令受成於臣部。至順天府屬州縣僅二十有四，體制雖崇於外府，而轄境則小於省區，且近在京畿，一切司法行政事務，實臣部監督權所能及，是以未設提法專司，原以爲省節財力，統一事權之計。至司法、行政監督權之施行，法院編制法業已詳悉規定。京師高等審判廳廳丞，對於順天府屬地方以下各級審判廳司法、行政事務，京師地方審判廳廳丞及其他順天府屬地方審判分廳監督推事，對於各該下級審判廳司法、行政事務，均各有監督之權，而皆依法應受臣部之監督。層遞而上，系統釐然，初級既非僅直接監督於部，自無繁瑣之虞，司法又復與地方行政分權，尤無不便之弊。至於今日之籌辦，本地方行政長官應有之責成，各廳司法、行政關係地方行政，此在法律上當然有共助之義，斷難以監督不屬之故，而有此疆爾界之嫌。況京師高等以下審判各廳，成立已歷數年，向由臣部直接監督，事理並無窒礙，此時若必議歸府尹，不惟有乖定制，恐亦妨礙法權。查臣館前次奏進法院編制法摺内聲明，各級審判廳，凡屬司法、行政監督權限，一以法院編制法爲準繩。其餘行政各官與司法各官，事權既不相統屬，即不得互相侵越，倘有故違本法者，由法部查明據實糾參等語。業經奉特旨，照議辦理通行。欽遵在案。該府尹所稱，自非别有明文，轉不便於順天之處，法院編制法既有明文，應仍令欽遵辦理。其籌辦審判一節，查修正逐年籌備事宜清單内載，本年爲續辦各級審判廳之年，明年爲直省府、廳、州、縣城治各級審判廳一律成立之年。順天府屬除京師各級審判廳已由臣部於光緒三十三年一律籌設外，其餘各州縣應如何趕緊籌辦之處，應請旨飭下該府尹，迅速擬具本年應行籌備辦法，隨時咨報臣部核辦。

原奏又稱：京師地方審判廳，其管轄區域祇及京師内外城及京營地面，是大、宛兩縣所轄餘境應劃屬他分廳。在各國司法、行政，各分區域，不必相符，以案牘全在法庭，而裁判各有定籍也。詳覽司法區域章程

各條，皆以不與行政區域相歧爲主，原以司法獨立之初，尚多關涉地方行政之事，區域相歧，則條理易紊，執行多阻。今破兩縣轄境，使城外遠隸他分廳，既不便於赴訴之人，且於户婚田土案件，尤多轇轕，以兩縣合隸一廳，則首善之地慮其太繁，以一縣分屬兩廳，則牽連之事慮其多糾。或移兩縣於城外，而劃京師爲特區，或分審判爲兩廳，而依舊界爲轄境等語。查《欽定司法區域分劃暫行章程》第五條内載，順天府各州縣應設地方審判分廳，其詞訟簡少者，得合鄰近州縣共設一分廳，其距府最近者，即由該府地方審判廳管轄之，不另設分廳等語。又臣館會奏遵議山東巡撫袁樹勛等奏，變通府、廳、州、縣地方審判廳辦法摺内聲明，嗣後各府直隸州之有同城州縣者，應照章共設一地方審判廳，或一分廳等語。又《欽定司法區域分劃暫行章程》第九條内載，所有本章程内各級審判廳未定區域者，順天府所屬，由該府核明分别咨送法部奏定等語。查大、宛兩縣行政區域，將來應否變更，應俟釐定外省官制時，再行核明彙案辦理。現在京師地方審判廳，既奏定以京師内外城及京營地面，以外之屬於大、宛兩縣轄境者，應否别立一地方審判分廳，或援距府最近之條，即由京師地方審判廳管轄，而於内外城以外之屬於該兩縣轄境及京營地面，酌設初級審判廳若干所。除京營地面由臣部自行籌辦，另案請旨遵行外，其在内外城及京營地面以外之屬於該兩縣轄境者，應否别立分廳，或即由京師地方審判廳管轄。並其餘州縣，應如何分别專設分廳，或共設分廳及酌設初級審判廳之處，應由該府尹遵照定章，迅速核明咨部核辦。其順天府屬應需司法經費，應由該府尹遵照歷次奏案，籌擬辦法，咨由臣部遵旨會同度支部奏明辦理。該府尹所請或移兩縣於城外，或分審判爲兩廳，均應毋庸置議。

原奏又稱：順天一府其屬二十有四，地大訟繁，自非直省一府之比，章程既以一高等審判廳專轄順天，又以一地方審判廳專轄内外城，本與外府審判編制有别，而獨於所屬州縣建設分廳，仍從外府與直隸州之例。夫外府之得設分廳者爲便民也，得不設分廳者爲省費也。順天轄境遼闊，且爲首善觀瞻所繫，規模不宜儉於外府。外府以一地方審判廳轄全境，其所設分廳皆在轄境以内，今京師地方審判廳亦包括二十四屬，是於總廳轄境以外設分廳，而京城以外無地方審判廳矣等語。查京師地方審判廳管轄區域，照章本有一定，並無包括二十四屬明文。其餘順天府屬州縣所以定爲僅設地方審判分廳者，原以國家財力有限，地方繁簡不同，若每一州縣必設地方審判一廳，規制必力求完備，經費恐多有不敷。故臣館核定法院編制法時，特立地方分廳之制，不外乎便民省費之謀。且管轄區域，順天府屬州縣與直省州縣所設分廳辦法一律，並無一在本廳轄境以内，一在本廳轄境以外之别，原奏似不足誤會。況地方審判分廳，所有管轄民刑案件之權，按照《欽定初級暨地方審判廳管轄案件暫行章程》，其權限與地方審判廳同，規模雖儉，審級不殊，似無庸斤斤以外府爲比例。順屬州縣既多貧瘠之區，而國家財政又有困難之患，籌設分廳，尚不免左支右絀，而必謂京城以外多設地方審判廳，規模始爲不儉，恐非折衷緩急輕重之道。至謂首善觀瞻所繫，然既特設高等、地方各廳於京師，所有建築法庭等事，臣部業經請撥專款，尅日經營，似不致猶嫌簡陋。惟順天府屬州縣情形究有不同，如果審量財力，能於繁盛地方再設地方審判廳一二處，未爲不可，仍應由該府尹切實通籌，擬定辦法，照章咨報臣部核辦。

原奏又稱：順天州縣旗民雜處，凡詞訟所自起皆外府所不聞，雖受治於法權者同等，而法庭行政與地方行政之交涉，實與外府迥殊。遵内務府去年奏案，以詞訟分歸慎刑司、審判廳，而順天州縣又仍有訊辦案件，其範圍當若何，權限當若何，必法令有明文而後規畫可預定。蓋民刑分庭之締構有闊狹，即籌辦經費之多寡有增損等語。查旗民案件，既非大理院特别權限之比，自應按照律例，一律辦理。順天府屬州縣地方，各該審判廳成立後，凡向由該州縣訊辦之案及照《欽定初級暨地方審判廳管轄案件暫行章程》各該廳有管轄權者，皆歸各該廳審判，範圍本有一定，權限不患不明。至民刑酌分廳數，此爲籌辦時亟須詳核之事，應由該府尹分别擬具辦法，咨報臣部核辦。

以上四端，臣等係謹遵頒行法令及歷次奏案以爲之引伸證明，其於順天府現在情形，亦復詳加體察，應令一律遵辦，以期京畿審判早日觀成，用副朝廷注重憲政之至意。原奏所稱順天清理積訟，爲目前要事，而辦法尤難，京畿數百里中，内府莊園，王公圈地，所在皆是，一紙文書，便成原告，屢經追究，完結無期。論司法獨立，既有成立之高等審判廳，應即以各屬上訴案件悉隸該廳，行政官吏亦樂委卸責成。惟是清界催租，每在

地方行政範圍之内，即審判歸廳，而辦理仍不能不責諸州縣。況積年案牘，散在各州縣衙門，舊例新律，勢難盡出一貫，驟以委諸法庭，案情猝難了解，審查仍歸州縣，判斷即多周折，而法官復不得侵地方行政之權，則禁格既生，傳集更累。將來司法一律成立，新案必歸法庭，決無疑義，現當籌備限内，審判權與行政監督權應如何暫行變通，冀能刻期蕆事等語。查順天府屬未設審判廳地方各州縣，照例仍負問刑之責，積訟如何清理，應由該府尹行查各該州縣，自奉文之日起，究有積案若干，分别勒限完結，係刑事案件，凡例應解勘者，均於定擬後，遵照臣部上年十二月會奏該府尹奏拏獲盗犯請變通咨交審判摺内所定辦法，將供勘人犯報由該府尹咨送京師高等審判廳覆鞫。其各州縣判結之案，有不服上訴者，均令逕赴京師高等檢察廳呈控，由高等審判廳審理，以廣人民伸訴之途，而符司法獨立之制。至舊例新律，雖難盡出一貫，然既係現行，無論地方官司或審判官吏，訊辦案件，均應以法令爲範圍，何致委諸法庭，即有猝難了解之弊。此外清界催租事件，果屬行政範圍，自應概由地方官辦理，如其涉及訴訟，應歸民刑審判者，定章具在，勢不能聽令權限混淆。凡在已設審判廳地方，俱歸該廳辦理，其有執行判決，應須地方官爲之協助者，彼此以法令爲準繩，當無互相侵權之事。

《各省審判廳判牘》第三編《公牘類・**雲南高等檢察廳擬請廳判死罪人犯在獄内用刑咨呈提法司文**》 竊查憲政編查館復議法部酌擬死罪施行辦法摺開，京外高等地方審判各廳所定死罪案件，係立決人犯，法部具奏，奉旨後劄行各該檢察廳遵依奉行等語。是死罪執行改由檢察廳辦理，新章已有明文，滇省各級審判廳業經成立，所判死罪案件已有數起，先後由廳遵章咨呈貴司報部在案，此項死罪人犯，不日部復到滇，自應遵照新章，由各檢察廳分别執行。惟滇省行刑之地，向在教場，係取刑人於市與衆共之主義，而東西學者均謂此種主義，實不足以減少犯罪，且益以養成殘酷之風，是以各國均採秘密行刑主義。現在刑律改良，斬、梟均改爲絞，則執行主義似亦宜示變通。查京師由法部建造行刑場，附於模範監獄之則，以符秘密之意，滇省似應仿照辦理。嗣後行刑之法，即在省城模範監獄照例處決，則手續較爲便利，而與新理亦甚吻合，是否有當，理合咨呈貴司酌核，詳定施行。

《各省審判廳判牘》第三編《公牘類・**奉天高等廳咨呈提法司擬請法部編訂律師暫行試辦各項章程及考取律師分奉任用文**》 查審判制度，各國雖略有不同，而利用律師以保障訴訟人之權利，徵之東西各國，殆無不一致。我國省城及商埠審判廳業於年前次第成立，自應及時籌設律師，以爲人民辯護之資而補助檢審之不逮。查憲政編查館核該法院編制法第六十四、六十六、六十八各條，於律師之辯護案件及其處分制服早經規定。又法部奏定實行籌備事宜清單内載：《律師注册章程》限於年内擬訂，是律師之不可緩設，館部均已先見及此。況奉省高等及省城地方初級各審判、檢察廳開辦之期，先於各省者已有三載，一切法制事事遵照館部所頒實行，現均大致就緒，則律師一項正宜及時試辦，以爲各省之向導而資改良之借鏡。擬請詳院咨請法部編訂律師暫行試辦各項章程，並請法部招集京師法律畢業學員考取律師，於本年秋初先行分發二十員來奉，以便任用。一俟分發人員到奉後，擬請司使，即將律師養成所成立，俾資練習，以三個月爲期，滿期即分派高等及省城地方初級各廳先行試辦，辦有成效，再以三個月推廣各廳，以期畫一。

《各省審判廳判牘》第三編《公牘類・**又咨呈提法司請札各府州轉飭所屬遇有命盗案件報明本廳以便檢察文**》 竊以按律定罪者，審判上之事，而依法執行者，檢察上之事。故檢察各廳，監察判決之執行，於引斷錯誤提起非常上告，於事實有極端錯誤，提起再審，所以防冤濫重民命也。陝省外府、州、縣審判、檢察各廳尚未一律開辦，地方命盗案件，例應報明高等檢察廳，以便隨時查核。計自本廳開辦以來，各廳、州、縣命盗案件，並不直接而與訟事，或牽涉而作證人身分既有不同，則手續似難劃一。開辦伊始，遇有此種事實發現，苦於無所持循，爰就研究所及，凡於現在釐定之條，有未便奉爲依據者，謹爲憲臺縷細陳之。謹按現行律職官有犯條云：凡在京、在外大小官員有犯公私罪名，所司開具事由，實封禀聞請旨，不得擅自勾問。若許準推問，依律議擬，禀聞區處，仍候復準，方許判決。又例載：文職道府以上，武職副將以上，有犯公私罪名應審訊者，仍照例禀參，奉到諭旨，再行提訊。其餘文武官員於禀參之日，即將應質人民拘齊審究。查現行律係根據舊律，均指上司對於下屬而言，實即爲督撫對於僚屬而設，曰禀聞、曰禀參，明係有專禀權者方能辦

到。從前職官有犯，概皆提省審訊，督撫體制崇隆，自可照辦，而與現在司法衙門即多不合，且律文命意係專指刑事而言。而民事原、被告，凡證人、關係人既與稟參之例不符，即屬不能援據。此現行律所載之條，未便引用也。又按《各級審判廳試辦章程》第五十二條云：職官、婦女、老幼廢疾爲原告者，得委任他人代訴，但審判時，有必須本人到庭者，仍可傳令到庭。夫原告可傳，被告自可傳，有委任人可傳，無委任人更可傳，類推解釋原爲法學家所許，但職官體制攸關，解釋易生歧異，明條未揭，誤會且多。且抗傳不到者，例應拘究者，均未規定，則律議既不完全，即效力難期充足。第六十八條云：不論何人，凡於審判廳受理之民刑案件有關係，或知其情形者，除後條規定之制限外，皆有爲證人之義務。第七十條：審判廳須訊問證人時，得發傳票傳訊，但證人有特别身分者，應就其所在地問之。前條明言不論何人，後條又言特别身分，此特别身分四字尚未有明白小注。據《日本刑事訴訟法》百三十條，則爲皇族、大臣及議員在開會期間内。中國是否包括各項職官，無從懸擬。條文既易滋疑，推行即難盡利，此試辦章程所載之條未便引用也。又按《檢察廳調度司法警察章程》第十八條云：凡現行犯得由司法警察逕行逮捕，帶交該管長官，先行訊問，由警署備文録供，派警送交檢察廳辦理，但宗室覺羅須送交該管檢察廳，職官須由警署送交該管檢察廳。條文所指司法警察，即係警署警察，故由警署轉送，而駐廳司法警察直接由檢察廳指揮者，對於現行犯即可逕拘，毫無疑義。職官由警署拘送者，既不須訊問録供，略示優異，則由檢察廳逮捕者，應如何辦理，似亦未便等於平民。且只規定現行犯，若非現行犯而情罪重大者，可否逮捕，尚無明文揭示，亦頗難推闡律意，見俱施行，是《司法警察章程》之未便引用也。又按憲政編查館咨復吉林巡撫職官有犯一節云：宗室覺羅案件，分屬大理院高等審判廳，謀僅大逆及國事犯屬於大理院。此大别管轄，非通例也。職官仍在普通審判範圍以内，與宗室覺羅之有特别規定者不同，報明本廳，以致上控者無案可稽，於提起非常上告，提起再審各要務，諸多窒礙，擬請貴司通飭各府、州轉飭所屬各廳、州、縣，嗣後遇有命盜案件，務須迅速報明本廳，庶考核有案而冤濫以防，所有各廳、州、縣命盜案件不報本廳，無從檢察情形。理合咨呈貴司鑒核，可否札飭各府、州轉飭所屬各廳、州、縣一體遵辦之處，請煩查照施行。

《各省審判廳判牘》第三編《公牘類・杭州府地方檢察廳為轉飭仁和縣遇本廳移緝案件實力緝捕事詳請撫法憲文》 查閲本月初六日杭報所載，仁和縣沈令禀請劃清行政、司法權限文内有：閲報載：杭州地方檢察廳上詳憲臺文内有本廳以行使科刑權爲目的，及緝捕之事，本廳未便越俎代庖等語。乃歷證《法院編制法》第九十條，《審判廳試辦章程》第九十七條所規定之搜查、逮捕各節，所謂搜查者，是否即係偵查證據及犯人之處分。所謂逮捕犯罪者，是否即包盜劫案犯在内。此爲疑問等語。夫所謂搜查者，不觀夫《警察職務章程》第十條，《調度司法警察章程》第三十二條，凡左列各項司法警察各員經本管長官之許可，得逕行搜查：一、現行犯在警廳區訊問時發覺之證據。二、在警廳區告訴、告發或自首應行查取之證據。三、巡警偵探所得之證據。又《各級審判廳試辦章程》第一百四條，凡起訴時須指明一定之被告人，其有不知姓名而或知其形狀及犯罪形迹或遺物足資憑證者，均可請求搜查。據此則搜查誠包括證據，犯人在内，但試觀以上所引各條，凡着手搜查者必有一定之證據，一定之人犯，或一定之證據，犯人之所在地。極言之，必有遺物足資憑證者，方可搜查。如上月仁、錢兩縣盜劫之案有十三起之多，證據全無，人犯逃逸，則搜查手續應何着手，於是承緝者即不得辭其責，該縣不知此係承緝範圍以内之事，遽將承緝與搜查混而爲一，此疑問之所以發生也。杭縣愚民前因不知承緝之意義，致五月間演出人民毆辱檢察官之舉動，此其實例也。又所謂逮捕者，即按《司法警察職務章程》第六條及《調度司法警察章程》第十七條同一規定之法文而言，凡逮捕人犯，除現行犯外，應以檢察廳印票爲憑，其業經起訴案件，應以審判廳印票爲憑。所謂印票者，即指《審判廳試辦章程》所規定之傳票、拘票而言。在本廳發票時，必指明一定之被告人之姓名、住址、年齡、職業，其犯罪之人疑及人犯所在地有不甚明確者，隨時摘録事由，移知警署，轉飭偵探拘捕，此皆《各級審判廳試辦章程》及《司法警察職務》第六條、又《調度司法警察章程》第十六條有明文規定。據此，則法律章程所謂逮捕人犯者，指現在確知犯人之姓名、住址，然後發票捕獲逮案而言。其不明確者，仍在警署偵知拘捕範圍之内，該令誤緝捕與逮捕爲一事，牽連解釋，此又疑問之所以發生也。又

依該令原稟引《試辦章程》第一百條第三項，又《各級審判廳編制大綱》第十一條有補助、協助字樣，遂生主體、客體問題各節。夫命盜案件之承緝處分，既明明有法部電示，則誰任承緝之處分者，即誰負承緝之責任，自不待言。大部既爲積極之規定，行政官須任承緝處分，則本廳即爲消極之解釋，司法官不負承緝責任，似此類推解釋，何待再訂明文。況原稟所謂主體、客體之説，查現奉撫憲會議廳議決《補助檢察官辦法》第七條，有緝捕之事爲地方印捕各官專責等語。又本廳呈報踏勘大略情形事，迭奉各憲批飭分别移行主管衙門辦理等語。業經通飭遵行在案。所謂專責者，所謂主管者，參照以上各項議案及歷次批示，確係原稟所請另有新章諒爲行政官廳所共見者，毋待贅言。夫法令一端，解釋紛歧，非貫通各項法典，不能剖晰詳明，若僅舉一二條文，借資佐證，即不免有誤會之處。原稟所謂法文别有精義，洵不誣也。本廳不憚許子之煩，爲此詳細陳明者，蓋因本廳原屬司法行政機關，與行政官廳補助司法機關之權限不易區别，前此所謂越俎代庖一語，驟觀之似不免故甚其詞，其實亦竊見人民生命財産任人剥奪無人顧問，而專員保護公共安寧責任之州縣移緝等於具文，部電幾歸無效，恨不能越我職權以外而代人謀緝捕之方也。故曰不便越俎代庖，特以明責任之有在耳，良以本廳因解釋法令界限過嚴之故，致該令發生種種疑問，無怪其然。今該令既有稟請憲臺劃清權限之文，本廳深表同意。擬請嗣後如遇移緝案件，一經本廳移會後，務遵巡警道衙門辦法，隨時實力緝捕，獲到人犯，送廳究辦，以保治安而免推諉，一面仍照章逐案申報憲臺，以專責任而明權限。

《各省審判廳判牘》第三編《公牘類·撫順地方審判廳咨呈高等兩廳解釋買休賣休案件以符審級文》 竊查《法院編制法》、《審判廳管轄案件章程》，婚姻案件爲地方審判廳之管轄，罪該罰金刑以下者，爲初級審判廳之管轄。復查《現行刑律》犯姦門載：若用財買休、賣休因而和同娶人妻者，本夫、本婦及買休人各處十等罰，婦人離異歸宗，財禮入官各等語。是買休賣休之案以罪名言，則應歸初級廳審理，以婚姻言，則應歸地方廳審理。現有發生買休、賣休一案，本廳以管轄未明，經匯齊四廳討論，當以各據一説，未能解決。其主張屬於地方者，則謂買休、賣休雖事同犯姦，然律文不曰姦婦而曰本婦，不曰姦夫而曰休人，顯與犯姦有别，且離異歸宗又有解除婚姻之關係，核與婚姻門典雇妻女事異而情同，不得謂與婚姻極無聯屬。而主張屬於初級者，則謂買休、賣休係純粹犯罪行爲，蓋賣休者，自棄其妻，已失夫婦之倫，買休者，謀娶人妻，亦非婚之正，其情實同於犯姦，故與縱容妻妾犯姦並列一條，罪止罰金。況縱容妻妾犯姦之案，業向歸初級審理，照律亦應離異歸宗，未嘗無解除婚姻之關係，何以不認其爲婚姻，而獨於買休、賣休則認爲婚姻，豈有情乎相等而審級可以不同乎？本廳以二説各有理由，雖罪名無所出入，究與審級有關。理合呈請憲廳解釋示遵。

《各省審判廳判牘》第三編《公牘類·法部咨各省高等審判廳業已成立之處如遇有呈送上訴大理院案應由高等檢察廳徑送京師總檢察廳核辦文》 前準東三省總督徐咨，據奉天提法使呈稱，竊奉天省城各級審判廳並附設各檢察廳業已一律開辦，惟查奏準檢察廳通則，凡不服審判廳之判決，於上訴期限内聲明不服之理由呈請上訴者，檢察官廳即申送京師總檢察廳。惟京外情形不同，京師審判廳可以直達於大理院，外省民、刑案件向俱由司轉詳督撫核咨。此次奉省創設審判、檢察各廳，統歸提法司監督，是本司有管理全省司法上行政之責，檢察官介在司法、行政之間，其申送上訴與檢察判決專歸司法者不同，似應隸入行政部分，遇有應行上訴於大理院之案，仍由提法司承轉，專送京師總檢察廳較爲詳慎。又申送於上訴大理院之案應否專送卷宗，不送人證，查大理院爲全國最高裁判之所，除特别裁判以第一審爲終審者仍爲事實解決外，其餘上訴皆爲法律上之解釋。蓋各廳於開庭審判之際，有檢察官之監督，有證人環質，有報館之記載，有局外之參觀，耳目環周，自不致將原、被供詞改易失實，且經過地方、高等一再推求，情僞一出事實，已無煩再爲解決。惟案情百出不窮，法律義取賅括，往往渾言大意，問官解釋，難免意見偶歧，其應準上訴之理由亦即在是。但將卷宗申送即可詳核案情，參稽律意，立予解釋，似毋庸申送人證，徒令往返拖延。惟部章均未明定，無憑遵守，應咨候核示。等因前來。查奏定檢察廳通則：凡不服審判廳之判決，於上訴期内聲明不服之理由呈請上訴者，檢察官應即申送上級檢察官等語。雖專指京師各級檢察廳而言，惟原奏業經聲明，俟憲政編查館核議復奏後，再行通咨試辦審判省分，一體遵照。定章之初本已統籌及此，第《法院編制法》

既未頒定實行，而司法分權，各省又多未舉辦，以致民、刑案件有不服高等審判廳判決，應上訴於大理院者，除京師外，各省應如何申解，尚無規定明文。茲據咨稱，奉省創設審判、檢察各廳，統歸提法司監督，檢察官申送上訴與檢察判決專歸司法者不同，似應隸入行政部分，遇有應行上訴於大理院之案，仍由該司衙門承轉，專送京師總檢察廳，自係爲慎重訟獄起見。惟查提法司一官本司法之範圍，握行政之綱要，舉凡考察法官，核辦秋審，改良監獄以及未立審判州縣地方仍須照舊勘轉案件，事體極爲繁重，若不服高等審判上訴大理院之案，亦由該司承轉，恐案據之調查，既涉煩勞，斯文牘之往來必多延宕。況高等檢察廳與高等審判廳同在一區，同辦一事，所有已得之證據，適用之法律，必已詳記靡遺，則或有上告之案，即由該廳申送，尚不至窒礙難行，但提法司爲一省司法行政總匯，應令高等檢察廳將上告理由分報備案，俾一事權而資稽考。至大理院爲全國之最高裁判所，若有赴院上控之案，自以法律上之解釋爲最重，原咨稱但送卷宗即可詳核案情，參稽律意，立予解釋，毋庸申送人證，徒令道途遥遠，往返拖延，洵爲扼要之論。蓋上告裁判所不以調查事實爲職權，既爲各國通例，且查現行例章，外省人民赴京控訴，先經歷控本省各衙門已據審擬咨部者，現控呈詞核與達部案情迥不相符，將該犯暫行監禁，提取該省案卷來京核對質訊等語。比例參觀，是事實尚未確定者，且毋庸申送人證，則經地方、高等一再推求，事實可認爲確定者，更毋庸申送人證，可以類推。以上兩項皆係試辦審判省分亟應規定之件，既據該督等之請核示，自非明定辦法，不足以資遵守。本部院公同商酌，嗣後奉天省人民如有不服高等審判廳判決上告於大理院之案，應由該省高等檢察檢全案卷宗，備文徑送京師總檢察廳，仍録報提法司備案，毋庸送人證，以免拖累。若總檢察廳移院後，經審判官詳核實，認爲必須調集人證始能定讞者，再行關提來京，以憑質訊。其呈請上告之人，即聽其自行赴院投案陳訴，惟不得變易之中前供，添砌情節，違者不與受理。未其設審判地方應仍照舊辦理，庶於簡易之中，猶寓詳慎之意。等因會咨該督在案。現在各省高等審判、檢察廳業經成立，如遇有呈送上訴大理院案件，自應仿照前項辦法辦理，應相補行通咨該督撫轉飭遵可也。

現在各省省城商埠審、檢各廳陸續成立，所有法官均係照章考試任用分發，以後叠經通咨報部在案。本部所以斷斷催報者，良以兹事體大，事關係憲政前途甚鉅。該法官等經驗無多，驟膺重任，既恐上官不用，致等閑曹，又慮法官不才，莫孚輿論，不得不憑各省册報，藉爲考核之資。乃者各省甫告開庭，紛紛被人指摘，或以爰書未曉，騰之報章，或以私德多慚，形諸公牘，席未（煖）〔暖〕而上官特請罷免，案未結而外間播爲笑談，甚至同官時致交攻，議局電詢糾舉，種種事實縷指難勝，其中豈乏賢能？而徵諸見聞，毀多於譽，輕朝廷而羞當世，實爲該法官等耻之。且爲司法前途危也，顧念朝廷以時事艱難，實行立憲，司法、行政劃然分途，原其與民更始之意，實以司法獨立爲憲政之權輿。法官得人，對内則有保持公安，清理庶獄之時，對外則有改正條約，收回法權之望。該法官等學優則仕，職在平亭，當亦孰聞之而仰體之矣。乃一見任用而怨仇隨之，致使人人有才者弗至，至者弗才之嘆，名曰司法，先不守法，名曰獨立，先不自立。舊學以之藉口，新學聞而灰心，長此滔滔，江流不轉，則國家不惜重帑，增設法官，果何謂乎？前年欽奉特旨，予法官以獨（執法立）〔立執法〕之權，獨立云者，謂獨立行其職務，非謂免人干涉，可以爲所欲爲。該法官等正宜思任專責重，勉副期許，轉瞬府、廳、州縣各廳將次成立，既可爲引遵之資，亦足覘成績之著。若始基不慎，一再蹉跌，則舊室已毀，新室未成，靡費擾民，豈堪設想？究其所極，豈止駢枝贅疣已也。抑又聞之，外國法官最爲尊重，蓋以法權所寄，尊重法官即所以尊重國家也。現值新舊過渡之際，該法官等就令勤慎自愛，猶恐招求全之毀，況以人民生命財産之重而竟輕心掉之，影響所及遍於全國，其又孰尊之而孰重之歟？伏讀宣統元年十二月上諭，審判官吏遇有民刑訴訟案件，尤當屬遵國法，聽斷公平，設或不知檢束，或犯有贓私各款，一經覺察，必當按律治罪，以示懲儆而維法紀。等因。欽此。又編制法有先行儆告之條，復有分别去職、罷免之規定，邇者編查館奏劃分行政審判、司法審判權限一片，聲明懲戒法尚未頒行，其官吏違法之案，如係法官，暫照《現行處分則例》辦理各等語。該法官等務當懔遵朝旨，細察條文，振刷精神，力顧大局，勿存成見，勿便私圖，既執司法獨立之權，宜知司法獨立之義。本部監督全國司法行政，爲此申明定章，爲該法官等剴切告

諭，倘查有不遵訓誡之員，則功令森嚴，斷不能爲該法官等恕也。

《各省審判廳判牘》第三編《公牘類·法部通行各省將司法收入各費切實整頓文》 查近年籌辦審判，改良監獄，省會商埠均已具有規模，惟財政支出，各省皆同。而嗣後續應籌備事宜諸待擴張，需款益衆，是關於司法各項收入，亟應設法整頓，庶足以資補助而利推行。本部前經擬訂《訴訟暫〔行〕章程》，將民、刑訴訟各費重行加規定，奏交前憲政編查館覆核，除仍俟內閣法制院核奏施行外，查現行章制，凡審判事項應有之收入，計分三類：一、罰金。如《現行刑律》所定十等罰及例準收贖捐贖各條。各省無論已設審判廳暨未設審判廳地方，所有此項判決征收之案，約計當亦不少，自應切實查核通飭，悉數歸公，毋任隱漏。其光緒三十一年六月，本部奏明應行酌提解部辦公銀兩，仍遵奏案辦理，以重部務。一、訟費。按照光緒三十三年十月本部奏定《審判廳試辦章程》第八十四條至九十六條所載，征收訴訟費用大致俱已賅括，其民事財産訴訟及録事鈔録案卷各費，皆屬公家收入，尤應涓滴歸官。除《訴訟暫行章程》改定各條尚待核辦外，凡現設審檢各廳，亟應申明前項定章，分別遵行，惟如有需索情弊，一經查實，必按法嚴懲不貸。一、狀紙費。本部前因各省省城、商埠審判廳定期成立，業於宣統元年十二月將各項狀紙程式奏定頒行在案，各省領用狀面售出各價，照章將制造工料各資提成解部，及由該省加配紙尾費用一律開除外，所有盈餘自應撥補司法各用。惟目前設廳無多，而狀紙售價原以事屬創辦，取費極廉，收入有限。查山東、浙江等省現均將各項狀紙推行各屬，既免吏胥需索之擾，而以盈餘撥濟公用，屬籌款之一，各省可仿辦，藉廣行銷，期於官民交益。以上三端，所取雖微，而積之則鉅，應責成提法司詳擬稽核整頓之法，行令各屬切實遵行，并飭將所收款目，如訴訟費之旅資，狀紙之工料各費等類闕費，於本項用款，均準聲明列入開支外，其餘應盡數作爲司法歲入，查照預算案辦理。一面仍由提法司按半年將收入各款分類造具簡明册報，呈部備案，至此項收入或留歸各該州縣改良司法之用，或撥補司廳經費不足之需，一應支擬各款，亦應與各項預算司法經費並案分類開列，毋庸自爲收支，以重出納而免歧異。現各省預算册均以送部，將來即歸入追加案內辦理，亦無不可。此外有無可以增籌款項之處，並飭提法司通籌設法，連同前項應行稽核整頓各事，一並擬具辦法，分呈該督撫暨本部核辦。

《各省審判廳判牘》第三編《公牘類·又咨覆湖廣總督解釋審判廳章程文》 據湖廣總督真電稱，上年因館咨核覆東撫文內有未設審廳地方尋常招解到省之案，不論翻供與否，均歸高等廳勘轉報司等語。疑與《欽定死罪施行辦法》有所抵觸，迭經電請館部解釋，未蒙核示，嗣奉館部頒行奏定變通解勘事宜摺，未設審判廳地方解勘案件改歷道府直隸州覆審，則前疑已不解而釋。原奏所云覆審無異詳司核辦一語，詞義間未甚明晰，第細核原奏總結處，有凡經由高等審判廳審理之案，均毋庸督撫奏咨之語，則凡未經高等審判廳審理之案，仍由督撫奏咨，自可舉隅而反。玆奉館咨奏覆東督解釋法令摺内又云：未設審判廳地方，道府直隸州覆審判案件據報到司後，由司逕達部院，前後奏案，雖復互異，然而揆諸〔然〕司法獨立，性質固當如此。惟此後無論輕罪、重罪案件，既歸法司直接報部，其如何定讞，督撫無權過問，則各屬案件雖仍禀詳督撫，而督撫準之駁〔之〕，亦無足見重於牧令，似可毋庸禀詳，徒滋繁文。其命盗開參亦屬司法之行政事項，似可由司直接達部，以一事權。與館部前奏所云，督撫若再疲勞於案牘，一省最高行政必致曠廢之意，亦正相同。至大理院覆判之制，係檢於督〔撫〕奏咨而生，今督撫既不奏咨，大理院覆判之制，似亦可以取消。當否，請核示等因前來。查館部屢次奏章均爲劃清司法，行政權限起見，解勘舊制業經變通，審判事宜行政長官自未便照前管理，以合司法獨立之制。但承緝命盗重案，事關司法警察，仍屬行政範圍，府廳州縣官應負緝捕之責，逐案仍須詳報督撫，所有承緝處分，無論已、未設審判廳地方，均照舊由督撫辦理，其未設審判廳地方，各官承審處分則由法司報，由法部核辦。至大理院覆判一節，係經過審判廳案件，自毋庸由院覆判。其餘道府直隸州覆審案件，仍應由院覆判，以符今制。

《各省審判廳判牘》第三編《公牘類·又咨覆湖廣總督所有已設審判廳各處緝捕事項仍應責成州縣辦理文》 準咨開準湖廣總督咨開據提法使詳稱案，據高等檢察廳咨呈，案查向例，各州縣遇有命盗案犯，屆限無獲，查取各該管官職名按限開參，歷經辦理在案。現武、漢、沙、宜四處各級廳業於宣統二年十二月開庭成立，嗣後凡在設廳區域内之命盗案犯，不能依限緝獲，是否由上級長官援例查取職名開參，應開何官職名，有無

別項辦法，現尚未奉規定明文，無所遵循等情，據詳咨請部示前來，應如何規定辦法之處應請核覆。等因到館。查已設審判廳地方所以分州縣之權者，僅承審一端，並非承緝之責而亦不屬於州縣也。緝捕爲關係司法之行政事宜，與純粹司法事務不同，州縣地方責重，巡警既歸其管理，所有命盜重案及一切刑事人犯，自應由該地方官負承緝之責。在《文官懲戒章程》未頒行以前，凡已設審判廳地方州縣，例得承緝處分，其查取職名開參各辦法，應仍由督撫遵照向例辦理。該檢察廳既非州縣上級長官所有，援例開參等事，該廳自毋庸干預。相應咨覆貴部查照逕覆該督並通咨遵照辦理可也。

《各省審判廳判牘》第三編《公牘類・又咨覆四川總督解釋律例文》

前準咨開準在四川總督電開，據提法司詳，未設審判廳地方招解到省之案，均歸高等審判廳勘轉報司，是否死罪分別專申、匯申，遣流、徒由省依法執行後，分別按月、按季匯報，並是否仍由該管府州審轉解省，川東、建昌兩道徒犯，向道勘轉者，應否照舊辦理？又死罪施行辦法內開，監候人犯在外，由法司照例分別實緩，匯案申報，法部照例核辦，是否指匯辦秋審而言，抑隨案即應分別實緩匯申？又未設審判廳地方命盜開參，是否仍循向辦等核辦到咨請核覆，以便照咨。等因前來。查解勘之例，業經本館會同貴部奏準變通，改爲覆審。所有覆審案件報司報部各辦法，復經本館奏定通行在案。該督來電所詢勘轉報司及由道勘轉應否照舊各節，自應查照館部奏案辦理。其《死罪施行辦法摺》內開，監候犯人犯在外由法分別實緩，匯案申報，在法部照例核辦等語，不僅專指核辦秋審，其照定例隨案酌緩之案，亦應隨案匯申。至未設審判廳地方命盜開參，本有定例，其如何變通辦法之處，應於釐訂文官懲戒各章程時分別核議。在《文官懲戒章程》未頒行以前，一應處分事宜，均仍其舊。所有地方官吏例得承審、承緝各處分查辦之法，應按照本館奏定劃分行政審判暨司法審判權限暫行辦法，係承緝處分，由該管司道詳由督撫照例辦理，係承審處分，即由提法司比照法官之例，報由法部覆核，照例匯案奏明辦理。此外查取職名一切，仍循向辦。

《各省審判廳判牘》第三編《公牘類・又咨覆吉林巡撫解釋律例文》

嗣後招解到省之案，均歸高等廳勘轉報司，分別照章辦理。等因到司。當經通飭各屬遵照在案。惟查原咨僅指解勘之案而言，此外一切辦法尚有爲原章所未及者。一、招解案件既概歸高等勘轉報司申部咨，後各屬遇有前項案件，是否改爲分呈提法司及高等檢察廳。二、嗣後遇有盜雜各案擬遣流徒者，是否仍照舊章先行稟報院司批飭詳辦，免其解勘，抑造具供勘清册，徑送高等廳復核報司。三、院司既無復勘之權，嗣後發配案件，是否改爲由高等審判廳復勘後，送高等檢察廳定地，呈司復核，由司逕發文牌，一面申報，一面咨明該省提法司查照。其已設審判廳地方，則由該處檢察廳定地呈司辦理。四、吉林，府、廳、州縣不相統轄，遇有案件直接院司解勘之案，既悉以高等爲歸，則定章移牒之文，似難通用。擬嗣後各該屬行文高等廳用呈，高等廳行文各屬用劄各等因，分電到部請示飭遵，相應咨請主稿會復。等因前來。查該撫電咨第一、第二、第三各項，（經業）〔業經〕館部先後奏定復審及報司報部各辦法通行在案。至分稟院司一層，現在辦法應將該管地方所出刑事重案，一應勘驗緝捕情形，分別稟報該管上司，以資考核。其第四項係請變通行文之制，查本館《會奏遵議變通府廳州縣地方審判廳辦法》摺內，業經聲明司法衙門別釐訂，一俟議定後，再行具奏請旨遵行。在未經奏定以前，仍照貴部前次通行互相行文公式辦理。

《各省審判廳判牘》第三編《公牘類・又咨覆四川總督解釋審判廳章程文》

查《審判管轄章程》第五條：刑事及他法令令罪該罰金二百元以下歸初級，二百元以上歸地方。又查各例章，凡稱以下、以上，均連本數計算。是此項界限應視原犯法令所規定爲準，如原法以二百元爲終數目，歸初級。原法以二百元爲起數，或非終數，即歸地方。况案發生時，罰數原難預定，若一達終數即不歸管轄辦理，殊覺不便。川初級廳近審一違報律十一條之案，因情較重，照本罪終數處罰二百元，現由地方廳照章判結，故咨議局前呈及此，究竟此項上下界限作何解釋，呈請電咨示復等情，應請酌核速復以資遵守。等因前來。查《審判管轄章程》二百元上下爲初級及地方審判廳管轄之區別，定章本意稱二百元以下者，指至本數而言，稱以上者指逾本數而言。《現行刑律》計財之法即係如此計算，來電所稱違報律之案，照章應屬初級審判廳。惟據稱已由地方廳判結，可查照《各級審判廳試辦章程》第九條第二項辦理，除電復該督外，相應咨行貴

部查照，希即通行直省，一體遵照可也。

《各省審判廳判牘》第三編《公牘類・安徽提法司批潁州府長守詳擬改良監獄辦法十三條呈請核示文》 據詳並摺均悉，所稱四宜六忌實爲獄政改良扼要之圖，東西各國監獄規則至詳且密，其大旨亦不外此數端。擬呈改良辦法十三條即係本此旨趣，切實可行，應即照準。查本司自上年抵任以來，對於此事已不啻三令五申，諄諄誥誡，該管各屬詳報監獄改良情形者，仍屬寥寥無幾，來詳稱各屬詳報監犯病故之案甚多，有由來矣。當此司法改良之時，獄政至關緊要，斷不容因仍故習，致司法前途有礙進行。仰即如擬各條通飭該屬州縣及管獄官，一體切實遵辦，毋得視爲具文，仍隨時嚴密稽查，倘有陽奉陰違者，指名揭參，毋得徇隱並録批轉飭，知照切切。此繳摺存。

附原詳：爲詳明事。竊知府前以各屬詳報監犯病故之案甚多，通飭改良監獄，業已詳明憲鑒在案。查近來文明之國無不注重監獄學，有專門監獄之建，有四宜六忌：宜潔以資衛生，宜整以便瞭望，宜分以絶引誘，宜堅以防破越。忌穢，疾病傳染，死亡必多。忌囂，人聲嘈雜，易滋事端。忌暗，深夜昏黑，艱於巡察。忌近市，囚犯之地四圍，必須隔絶，勿使惡習染人。忌引火之物，冬爐夜燭當置監門之外。忌與潴水池沼相接，夏秋霖雨，墻壁易於傾倒。故建築監獄必須擇地，其圖式有扇面形、十字形、八角形、星光形各種圖式，於巡察宜於衛生者，以十字形、扇面形爲善，惟規模過於宏壯，州縣籌款維艱，力微〔難以〕辦到，依然陽奉陰違。知府以爲辦理獄政，但其能收實效，不必徒耀外觀，似宜規定簡便辦法，使其輕而易舉，庶不致延不遵辦。今酌擬改良監獄辦法十三條呈請憲臺核示，爲此具詳，伏乞照詳施行。須至詳者。計呈清摺一扣。

計開：一、監獄房屋宜過爽，不宜過低，各州縣或照舊式改良，或就地籌款添設，惟在體察情形辦理。

二、獄犯室内多以木板鋪地寢臥其上，以故感受濕氣患病者多，以後宜改置木床，高約一尺五寸。鋪床夏用蘆席，冬用粗牛毛氈，庶凉暖適宜，不受濕症。每日清晨飭禁卒將各室内外打掃，務期潔净。

三、浴室置木盆四五具，熱天三四日一浴，冷天半月、二十日一浴，各犯分期輪浴以免擁擠，禁卒亦易於照料。

四、病室宜分木床數具，令病犯各寢一床，以免傳染。

五、住室、浴室、養病室三處，宜酌量房間大小，開闢窗牖外安設鐵柵，以防疏虞。

六、獄犯獲病，禁卒報知有獄、管獄各官，當即撥居病室，延醫調治，小心照料，勿任瘐斃，病愈即歸原屋。

七、獄犯口糧宜足數發給，禁卒不得克扣，儻坐此弊，照例嚴懲。

八、獄犯暖衣，各州縣向至極冷時始行發給，詎知受病已成，半多痢症，殊堪憫惻，以後宜立冬前發給暖衣，俾霑實惠。

九、所用禁卒，宜改選强壯、勤慎、不染嗜好者，看守獄犯，掃除室地，洗滌刑具，照料病室，均其責任，不得怠惰。

十、夏日備設緑豆湯，冬日備姜湯，俾各隨時取飲以禦酷熱、嚴寒。

十一、獄内更夫宜徹夜巡守，不可貪睡。倘若仍前玩忽，一經查出，立即斥退。

十二、厠所宜造數小間，每隔用木板，每晨飭禁卒，將宿糞打掃運出，勿令積聚，致生癘氣，并宜將厠坑添換沙土，以解惡臭。

十三、獄門外安設小木房一座，可添巡兵二三名，日夜輪守，以昭慎重。

《大清法規大全・法律部》卷一一《法典草案一・刑律草案》第二條至第八條　總説

沿革：按唐律云：諸化外人，同類自相犯者，各依其俗處置。異類相犯者，以法律論。此種規則，似用屬人主義。然明律改爲凡化外人犯罪，并依律擬斷。我朝因之。於蒙古則有專例，是又類屬地主義。惟以上各律，本國人在國外犯罪，皆未有處分之法也。

理由：自第二條至第八條，所以定刑律效力關於人者，關乎本題之制有三：一、屬人主義。不問犯地在國内國外，但使犯罪係本國臣民，即得用本國刑法，古代法律往往如此。二、屬地主義。不問犯人國籍之如何，但係犯罪於本國領域以内，即用本國刑法。中世法律往往如此。三、折衷主義。本國刑法，非第國内犯罪之内外國人所得一律適用，即本國人之在國外者及外國人之犯一定之罪者亦適用之。近今歐美及日本各國皆取此主義，揆之法理，亦最相符。本案故採用之。

第二條　凡本律，不問何人，於在中國内犯罪者適用之。

理由：本條所以表示第二條至第八條總説，第三號所謂折衷主義之一端，即本國刑律爲國内犯罪之内外國人一律適用是也，是仍不外乎主權普及於國内之效力耳。其第二項規定亦係世界通例，或謂今各國多半依條約得領事裁判權矣，是本條且類具文，然實不思之甚也。本條之適用蓋如左：

第一、無國籍之外國人。第二、無特别條約之外國人。第三、條約改正後之外國人。

注意：第一項雖不問何人，然國内公法之原則至尊，爲神聖不可犯侵，則刑律不能一律適用，自不待言。又國際公法之原則，有治外法權之人不能適用本律，如第六條所定者是。

第三條　凡本律於在中國外對於中國事物犯左列各罪者適用之。

一、第八十八條至九十二條第一項、第九十三條關於行在所、第九十四條及第九十五條之罪。二、第一百條及第一百零三條之罪。三、第一百二十條及第一百二十二條至第一百二十五條之罪。四、第一百五十二條及第一百五十三條之罪。五、第二百二十四條及第二百二十六條第一項之罪。六、第二百三十三條、第二百三十四條、第二百三十五條第二項、第二百三十六條及第二百三十七條之罪。七、第三百八十條第二項之罪。

理由：本條列舉各罪於中國之存立、信用、財政、經濟等有重大之損害或危險，故採用國外犯罪亦適用本律之主義。

注意：本條無内外國人之别，在國外犯中國之罪者，雖非中國臣民，仍須據本條處斷。國外犯罪據本律處斷者，此其犯人或係自行回國，或由外國交付，或爲缺席裁判，三者必居其一。其自行回國，係事實上之問題，法律不必爲之規定。交付之要件，定自國際條約，不屬刑法範圍，缺席裁判之事，宜另詳刑事訴訟法。

第四條　凡本律於在中國外犯左列各罪之中國吏員適用之。

一、第一百三十一條及第一百三十三條之罪。二、第一百三十九條及第一百四十條之罪。三、第一百四十七條之罪。四、第一百七十一條之罪。五、第二百十三條之罪。六、第二百二十一條之罪。七、第二百三十五條之罪。

理由：此條列舉各罪，皆直接或間接污辱吏員之職務及名譽者，故中國吏員犯此種罪，雖在外國爲之，仍不可不適用此律。

第五條　凡本律於在中國外犯左列各罪之中國臣民適用之。

一、第一百七十八條及第一百七十九條之罪。二、第一百八十二條至第一百八十四條及應照第一百八十二條至第一百八十四條之例處斷之第一百八十七條之罪，并第一百八十八條及第一百八十九條之罪。三、第二百零八條至第二百十二條之罪。四、第二百三十五條第二項第二百三十六條及第二百三十八條至第二百四十條之罪。五、第二百五十一條至第二百五十三條之罪。六、第二百七十二條至第二百七十六條及第二百七十九條之罪。七、第二百九十九條至第三百零二條及第三百零八條至第三百十二條之罪。八、第三百十九條第三百二十條第一項及第三百二十一條之罪。九、第三百二十四條之罪。十、第三百二十八條及第三百二十九條之罪。十一、第三百三十二條至第三百三十六條之罪。十二、第三百四十條至第三百四十三條之罪。十三、第三百四十九條至第三百五十七條之罪。十四、第三百六十二條至第三百六十五條之罪。十五、第三百六十九條至第三百七十一條之罪。十六、第三百七十五條之罪。十七、第三百八十條第一項及第三百八十一條之罪。其外國人對於中國臣民犯前項各款之罪時，亦同。

理由：本條第一項列舉各罪：害人生命、身體、自由、名譽及財産，皆破廉恥之事，故中國臣民在外國犯此種之罪，仍適用此律，所以整飭臣民規律也。第二項，中國臣民在外國因此種犯罪而被其害時，其加害者雖爲外國人，亦適用此律，所以保護中國臣民之權利也。

第六條　凡在外國犯罪者，雖經審判後，仍得依本律處斷。但於外國受刑之宣告而得免除執行或已執行刑之全部或一部者，得免除本律之刑或減輕一等至三等。

理由：外國裁判，其對於中國不過爲一種事實，不能與中國裁判同視，故本條特設規定：凡在外國受確定裁判之行爲，得再依本律處分。本人在外國曾受全部或一部刑之執行者，不必再因中國裁判而執行本律所定刑之全部。本條末語之意在是。

注意：於外國已受刑之全部執行者，若中國審判官認其所執行之刑，

核之中國法律，不足以昭懲肅，可仍命執行中國法律所定刑之全部。其在外國僅受刑之一部執行，若審判官認爲已足者，即可免除中國法律所定刑之全部。若其情節在中國法律可減爲一等至三等者，亦可由此理推之。凡此情節，必實際上有一定之案件，乃得以外國裁判及其刑之執行與中國法律上相當之規定互相比較，而後得之，非法文所能豫定。故本條於此，一任審判官之查勘爲準。

第七條　凡可爲罪之行爲或結果之一部，在中國領地或船艦内者，以在中國内犯罪論。

理由：行爲者，發生結果之身體舉動。結果者，本於行爲之外界影響也。凡一切犯罪，未有不本於行爲與結果而成立者。惟可以爲罪之行爲，例如放鎗。與可以爲罪之結果，倘異地而發生，究以何地爲犯地，亟應定明也。解決本題之議論有三：一、以行爲之地爲犯地。一、以結果之地爲犯地。一、以行爲之地、結果之地并認爲犯地。夫行爲與結果并屬犯罪成立之要件，無捨此取彼之理，故本條取第三種之議，凡行爲與結果苟有一於中國國内，即認爲在中國犯罪者。

注意：設有自中國境外或自外國船艦放鎗殺傷在中國境内或船艦内之人，是犯一罪，界於兩國之間而成立。若是者，在中國既有本條規定，則犯人須照中國法律處斷，而犯人係在外國，其逮捕探訪致罰等事務，應照第三條注釋第二欵所述之例辦理。反是，若犯人在中國境内或船艦内放鎗殺傷外國境内或船艦内之人，在中國因本條規定即有致罰之權，故其犯人雖係外國之人而無庸更俟外國交付也。本國臣民無因處罰之故交付外國者，是爲今日各國之通例。

第八條　第二條第三條及第五條至前條之規定，如國際上有特別條約、法規或慣例，仍從條約法規或慣例辦理。

理由：本條乃本於國内法不得變更國際條約及慣例之原則而定。

注意：本條之制限有隨於全體刑法者，有限於一定之犯罪事宜者。

因國際條約而制限刑法全體之適用者，即領事裁判權。是中國司法制度尚待整飭，故暫准各國領事有裁判之權，此不得已之辦法，非常制也。

因國際條約而制限刑法全體之適用者，惟在中國之外國代表人及其家族隨員與住宅内及經承認而來之軍隊軍艦之類，凡此等人及其區域，不待特別條約即有治外法權，此爲今日各國通例。

因國際條約而於本律認以爲罪之一定事宜制限其適用者，例如分則第二十一章輸入及買賣鴉片煙之類，是此類必須條約改正之後，乃得完全適用也。

因國際條約而於一定之事宜制限本律之適用者，例如：國有外患，凡居於敵人占據地界内之中國臣民，應敵國正當之徵發不能處罰之類。是此乃出於戰時之國際慣例，并非特別條約之結果。以上各種事宜，不可不詳察國際條約法規及慣例，以昭慎重。纖忽之差，國際之復雜問題即因此而起矣。

《大清法規大全·法律部》卷二一《法典草案一·刑律草案》第十五章　時效云者，乃泰西舊語，惟本案則新採用也。凡既經過律例所豫定之時限，則生取得權利或免除義務之效力，此制度謂之時效。而前者謂之得權時效，或謂之取得時效。後者謂之免責時效。

按：權利、義務，若因人之地位而於法律上永無確定者，必於國家社會多有不便。例如，家藏珍寶，歷傳數世，忽有人稱此物數世前屬於伊祖所持，有證據，攫之以去，此豈人情所能甘心。故於一定之時限内有持其珍寶之事實者，在法律不可不確定其取得之方法，亦因此故，凡負有義務者，若既過履行期限而權利亦已拋棄遺忘，閲時既久，則亦不可無免除之法。歐美各國及日本行政法、民法、商法、訴訟法等一切律法，采設時效之規定而未嘗竟無此事，即中國實際亦有此習慣也。

時效有得權時效、免責時效二種，然在刑事法之範圍内，無有與得權時效相匹者，惟有屬於免責時效一部之公訴時效與行刑時效二種而已。

公訴云者，要求審判廳決定其嫌疑之人是否有罪，如有罪，則科以一定之刑之謂。此種詞訴，應使國家機關即檢察官執行之，不能一任私人之取捨，是爲現今之原則，故通例稱之爲公訴。

公訴提起之權，自犯罪行爲既終之日起算。若已空過本案第六十九條所定之期限，則時效即因而消滅。蓋在該條所定年月之間而不爲起訴及第七十二條訴訟之行爲，則有罪之證據與嫌疑人有利之證據均已散逸，勢不得不以確實之證據而審理判決不確實之人，曖昧科罰，最爲刑事所忌，故本案特以第六十九條確定公訴提起權之時效期限也。

第六十九條所揭者，係犯罪行爲既終後對於國家未有訴訟行爲而方始起訴者之時效期限也。若遇有第七十二條所揭之處分，則必其處分已止之後該條之時效期限方始進行，故遇有元惡大憝罪無可逭者，仍得因第七十二條處分，致起訴權永不消滅，所以杜逃刑之弊也。

行刑權之時效第七十四條與起訴權之時效不同，須俟有罪之事實既明，刑之宣告已經確定之後方始適用，故不虞證據散逸，是以其期限較起訴權時效期限延長一倍。有罪之事實既明，刑之宣告已經確定，雖經易數年仍應執行，然使犯人在第七十四條之長年月之間不受執行而照常生計於社會，其因此所生之普通生計關係必已不勝枚舉。例如：人於二十歲時受死刑宣告乃脱逃，後經三十年，是其人年歲已滿五十，此其時或已立家室，或已就正業，得有相當之地位。倘於此際以三十年前之罪致之大辟，是直破壞三十年間普通生計關係，犯人以外之人雖未身被其刑，而所受惡果或更有甚者，是使人忘刑之威嚴而但覺刑之殘酷，實非刑事政策所宜。死刑如此，其餘可類推矣。故行刑權者，倘自宣告確定後已過法定之期限，其權即爲消滅。蓋法律上於人之地位，亦不可無確定之法也。如因其人之惡萬無可恕，可合天下之警察以逮捕之。既經捕獲，則既往之時效期限即屬消滅。第七十六條。若歷二十九年方始捕獲，而再脱逃者，非仍逾三十年不得爲時效，搜查三十年不獲，始行廢止。搜查機關非爲一人而設者也。關於刑事法上時效規定之地位有左列三種：

第一主義以時效全部屬於刑事訴訟法之中，例法國刑訴法第六百三十五條以下。蓋起訴權固不待論，即行刑權亦屬裁判執行權之一，皆訴訟法之事也。

第二主義以起訴權之時效屬於刑事訴訟法之中，而行刑權之時效則以刑法定之。例日本《現行刑事訴訟法》第八條同《改正草案》第二百四條以下《現行刑法》第五十八條以下《改正刑法》第三十二條。蓋以起訴訟權之時效雖屬訴訟法上之關係，然行權之時效關乎科刑之時限，故爲關係於刑法也。

第三主義以其全部屬於刑法之中。蓋以刑法雖爲各種犯罪定其所科之刑而設，然入起訴權及行刑權之時效者，其科刑不必實施，故其時效即屬刑法上一種科刑之制限矣。

以上三種主義之中，其第三最爲適於條理。故德意志刑法第六十三條以下，匈牙利刑法第一百零六條以下，荷蘭刑法第七十條以下、布加利亞刑法第七十二條以下，墨西哥刑法第二百六十二條以下，意大利刑法第九十一條以下，芬蘭刑法第八章之七條，那威刑法第六十七條以下，凡此多數之立法例皆採此主義，故本案亦然。

第六十九條　凡提起公訴權，自犯罪行爲既終之日起算，於左列期限不行者，則因時效消滅。

一、應死刑者十五年。二、應無期徒刑或一等有期徒刑者十年。三、應二等有期徒刑者七年。四、應三等有期徒刑者三年。五、應四等有期徒刑者一年。六、應五等有期徒刑以下刑者六月。

第七十條　凡二罪以上之提起公訴權，據最重刑從前條之區別定其時效期限。

第七十一條　凡本刑雖應加重或減輕者，提起公訴權之時效期限仍據本刑計算。

第七十二條　凡提起公訴權之時效因左列之行爲中斷，俟行爲停止，另行起算。

一、豫審上訴訟行爲。二、公判上訴訟行爲。三、搜查上强制行爲。

前項行爲對於一切共犯者有同一之效力。

第七十三條　凡被告人因罹精神病其他重病停止公判間，提起公訴權之時效即行停止。

第七十四條　凡刑之宣告確定後，於左列期限内未受執行者，則因時效消滅其執行權。

一、死刑三十年。二、無期徒刑二十五年。三、一等有期徒刑二十年。四、二等有期徒刑十五年。五、三等有期徒刑十年。六、四等有期徒刑五年。七、五等有期徒刑三年。八、拘留罰金一年。

第七十五條　凡執行權之時效，依律例停止執行間，即行停止。

注意：依律例停止執行者，指因第六十三條以下所定猶豫行刑、第六十六條以下所定假出獄、及其他訴訟法等一切律例之各規定停止執行刑罰之情形而言。於此等情形，則係律例定爲不應執行，非第七十四條所謂不受執行者，故於此期限内，執行權之時效亦停止之，名曰行刑時效之停止。

行刑時效之停止與次條所定行刑時效之中斷有異。停止者，通算停止先後之時間以充第七十四條所定期限之數。中斷者，惟以中斷後之時間充第七十四條所定期限之數。

第七十六條　凡執行權之時效，因執行而逮捕犯人即行中斷，但餘未發覺刑不在此限。

罰金及没收之時效因執行行爲即行中斷。

紀事

中國第一歷史檔案館《滿文老檔》天命八年二月　十三日，廢止七條之事，更爲五條。

查點新來人口，給以田、舍、席、器、斧及鍋，妻、奴、衣諸物，使之築房並登記徵收與賑濟庫糧等。此一條也。

巡查卡倫、臺站、槍炮、蹤跡，及赴各屯查問天花、婦孺及逃人等。此一條也。

羈押擒獲之人，刑戮應殺之人。築高木柵及造舟船，架橋梁，繁殖牛隻，殺豬，飼養牲畜等。此一條也。

送往迎來，收管所獲之牲畜，於橋頭徵收交易稅賦，清理街道污穢，管理茅厠，祭掃死者，傳遞信息，安排筵宴等。此一條也。

甲盔、刀槍、弓矢、鞍、轡、簑衣及箭罩、弓套、帳房、梯子、檔牌，車子，拖床，綿甲，每隊十人出行十五日所帶之物，查視騎乘、養肥馬匹等。此一條也。

（清）吴壇《大清律例通考・諭旨・世祖章皇帝御制〈大清律〉原序》

朕惟太祖、太宗創業東方，民淳法簡，大辟之外，惟有鞭笞。朕仰荷天休，撫臨中夏，人民既衆，情僞多端，每遇奏讞，輕重出入，頗煩擬議。律例未定，有司無所稟承。爰敕法司官，廣集廷議，詳譯明律，參以國制，增損劑量，期於平允。書成奏進，朕再三覆閲。仍命内院諸臣校訂妥確，乃允刊佈，名曰《大清律集解附例》。爾内外有司官吏，敬此成憲，勿得任意低昂，務使百官萬民畏名義而重犯法，冀幾刑措之風，以昭我祖宗好生之德。子孫臣民，其世世守之。順治三年五月。

（清）吴壇《大清律例通考・奏疏》　刑部等衙門題，爲請旨事。該刑部題前事内開：律内未譯小字業經譯完，但閲大字内有滿字不符漢字者，亦有漢字未譯滿字者。查係順治三年内院校定，譯發臣部，其不符及未譯之處，臣等不便即爲改正。况律文一代大典所關，應仍請敕内院，將滿漢文義不符及未詳之處，校定畫一，交發臣部之日，刊刻遵行可也。等因具題。奉旨：前因爾部無翻譯人員，故令内院校定。律文係爾部職掌，既翻譯有人，爾部既應校正畫一，刊刻遵行。欽此。該臣部隨將滿漢字義不符及未譯之處逐一翻譯校定，刊刻已完。但細查漢律内，或注解參差，字句訛誤、遺落者尚多。滿字係照漢字譯出，今滿字雖已刊完，而漢文内有參差、遺漏等處，若不請明校正，恐定擬罪名致有輕重不符，難以遵行。原係内院照舊律參酌校正，請敕内院將舊律頒發臣部之日，其參差遺漏等處詳酌校正可也。等因具題。奉旨：爾部會同都察院、大理寺看閲爾部見在律文，將不符及參差、遺漏之處詳酌校正具奏。欽此。該臣等會同都察院、大理寺磨對舊律校正。於康熙九年十二月十二日題，十六日奉旨：依議。

（清）吴壇《大清律例通考・奏疏》　律例館總裁臣朱軾等謹查，《大清律》自世祖章皇帝定鼎之初，即命刑部尚書吴達善等，詳譯明律，參以國制，增損期於平允。書成奏進，又命内院諸臣校訂妥確，刊布中外。聖祖仁皇帝於康熙九年命大學士管刑部尚書事對喀納等，將律文復行校正。十八年九月特諭刑部：定律之外，所有條例，應去應存，著九卿、詹事、科道會同詳加酌定，確議具奏。欽此。經九卿等遵旨會同將更改條例繕册奏准，刊刻通行，名爲《現行則例》。二十八年，臺臣盛符昇以律例須歸一貫，乞重加考定以垂法守爲請，經刑部以無庸議議奏。奉特旨交九卿議復，准其所請，將《現行則例》載入《大清律》條例内，均爲畫一。隨命圖納、張玉書等爲總裁。諸臣以律文仿自唐律，辭簡易致訛舛，於每篇正文後，增用總注疏解律義。次第酌定名例四十六條，於三十四年先行繕呈。三十六年發回刑部，命將奏聞後更改之處補入，至四十六年六月輯成四十二本，恭繕進呈，留覽未發。我皇上纘承大統，御極之元年，特命臣朱軾等爲總裁，於應增應減之處，再行詳加分晰，作速修完。臣等奉命遴

選纂修臣納海、金瑛等，逐條考正，重加編輯。其律後總注，會萃舊文，刊訂訛誤，期於簡切著明。又詳校定例，纂入四百八十六條，恭繕進呈。皇上親加鑒定，其中詳略輕重未協之處，悉蒙硃批一一改正。又念是書關係甚大，特諭九卿會同細看，務期斟酌盡善。大矣哉！聖謨洋洋。虞舜之欽恤，文王之慎罰，何以加兹。九卿詳閱，僉云盡善，乃允刊布中外，永遠遵行。臣等幸生盛世，仰見典章之大成。謹拜首稽首，敬録世祖章皇帝御制原序一篇，聖祖仁皇帝上諭一道，皇上諭旨一道，冠諸卷首。其諸臣章奏附録於後云。臣朱軾等恭紀。

（清）吴壇《大清律例通考·奏疏》 刑部等衙門尚書臣宗室佛格等謹題，爲請修定例以照法守以光聖治事。該臣等會議得，據巡視東城陝西道監察御史湯之旭奏稱：律例最關緊要。今《六部現行則例》或有從重改輕，從輕擬重，有先行而今停，事同而法異者，未經畫一昭著。伏乞特簡諳練律例大臣，專掌律例館總裁，將康熙六十一年以前之例並《大清會典》逐條互參，考訂畫一例款等語。查先據原任廣西道試監察御史盛符昇條奏，將律例之分别者合之，新舊之不符者通之，輕重之可議者酌之，務期盡善等語。經九卿議覆，將現行則例載入《大清律》條例内，其律例内有滿、漢文義互相參差，或律文内已有各罪本條而定例重復，均爲畫一删除等因具題。奉旨：依議。欽此。於康熙二十八年十月内，欽點總裁，開館纂輯，匯成一書。經九卿將原舊律例並續增現行例逐款校閲，參酌考訂。繕寫清、漢各四十二本，於四十六年六月初二日進呈，未蒙頒發。自康熙四十七年起，至六十一年止，現在纂輯之新增定例一百一十五條内，或有應删應改者，相應請旨，令律例館總裁速行審定，並前纂成四十二本，一並交與九卿，互相參酌，考訂畫一，繕寫清、漢進呈御覽。統候皇上欽定，交與刑部刊刻，頒發遵行。今律例館現有總裁、提調、纂修等官修輯，其該御史所奏特簡大臣管掌律例館總裁之處，毋庸議。再，凡奉上諭，臣等欽奉遵行。嗣後雍正元年起，每年仍令律例館陸續咨取，逐一纂修增入。應將該御史所奏：令科臣年底造册進呈，發與律例館纂修之處，亦毋庸議。雍正元年八月二十三日題，九月十七日奉旨：朱軾、盧詢、阿錫鼐、伊都立著充爲總裁官，其應增應減之處，再行詳加分晰，作速修完。至纂修、謄録官，著派出總裁於各部官員内酌取，指名具奏。餘依議。

中國第一歷史檔案館《雍正朝滿文硃批奏摺全譯·監察御史傅色訥奏報滿州命案依法擬罪摺雍正元年四月初九日》 竊查滿洲命案交該旗正法，此蓋爲禁舊俗而定之新例也。自此例頒布以來，滿州俱知畏法，鬭毆案件已爲少矣。竊惟皇帝如天好生，人命之事，極爲慎重，故滿洲毆殺案件，爲示寬仁，尚有改擬減等發落之處。嗣後祈請凡滿洲命案，該部審核罪情後，仍援成法擬罪請旨。如此聖主法外鴻恩普被。奴才本一介庸愚，孤陋寡聞，兹謬陳管見，應否施行，伏乞上裁。

中國第一歷史檔案館《雍正朝滿文硃批奏摺全譯·刑部侍郎阿錫鼐奏陳禁止佩帶小刀以弭命案事摺雍正元年十月初八日》 該臣看得，人命案件，兩造彼此鬭毆，拳打脚踢，以致致命之處受傷殞命者猶少，而拔出小刀戳殺人命者甚多。惟滿洲殺死滿洲，因一時忿怒，拔出小刀，頓時戳死者爲尤多。以臣愚見，小刀之爲物，不過便於割肉，此外毫無有用之處。其在有官職者，猶以此爲佩服之飾；而微賤不肖之徒，即恃此以爲殺人行竊之械。〔硃批：除官員外。〕倘不論旗民，一概禁止，不許身帶小刀，則凶惡之流，彼此角口之時，手無金刃，僅有拳手相加，則從旁之人，易於近前勸解，何難力爲攔阻，令其分散。如此則人命案件，庶可稍減。再滿洲殺死滿洲，有處分該管大臣佐領之例。至於家奴打死人命，并無罪及伊主之條。以至平日毫不管束，甚至縱其凶惡家奴，恣意强梁打死人命者，往往有之。嗣後，如有家奴打死人命，即將伊主官則罰俸，若係布衣，議以鞭責之罪。再人命案件，如在家宅之内殺死者，除堆子步兵不議外，如在街衢鬭毆致命者，看其與何堆子相近，即將堆子步兵治以鞭責之罪。直隸各省之命案，即將鄉長、里長，并凶犯之家長、父親治以平日不行管束之杖罪。如此則人人畏懼干連，自行約束家奴子弟。庶幾人命案件，更可漸致減少。我聖主慎重人命，刑期無刑，宵旰不遑，勵精圖治。凡一切政事，無不萬錯萬當。臣受高厚鴻恩，竭盡愚衷條陳之心雖切，但大綱已舉，細目畢張，莫不條分縷析。且臣才識本疏，學問尤淺，實難得其款要。臣愚以爲，禁止小刀，處分家長，事雖瑣屑，但定例禁止之後，人命案件稍減，亦可仰副聖主刑期無刑之至意。是以敬抒一得。

中國第一歷史檔案館《雍正朝滿文硃批奏摺全譯·刑部尚書阿爾鬆阿

等奏請處置拒捕殺人案事摺雍正二年二月十三日》該臣等查得，福建巡撫黄國材將拒捕毆死事主陳攀之竊賊馬伯，照罪人拒捕殺人律擬斬監候，具題。臣部議復，將馬伯改照竊盜拒捕殺人新例，擬斬立決。於雍正元年十二月十四日題，十七日奉旨：竊盜拒捕傷人所定新例，始行曉諭，人未盡知，馬伯改爲應斬監候，秋後處決，餘依議。欽此。欽遵。

仰見我皇上聖慮周詳，不忍遽加刑戮之至意。臣等伏查，例內凡命下之日，咨行各省，雖有部文到省之定限，但於文到之日，未必即能遍行曉諭，除行令各省督撫，於部文到後，作速轉飭所屬，遍行曉諭軍民人等，咸使聞知外，如雲南、貴州、四川、廣東、廣西、福建等遠省，於臣部行文後，以五個月爲期，盛京、江南、江西、浙江、湖廣、陝西、河南，以四個月爲期，山西、山東、直隸，以三個月爲期。過其月期，有犯竊盜拒捕殺人者，照依新例具擬。俟命下之日，通行直隸各省督撫遵行。

中國第一歷史檔案館《雍正朝滿文硃批奏摺全譯・刑部主事薩哈廉奏陳律文管見二條摺雍正二年十二月十二日》奴才係一愚陋卑賤之人，蒙聖主格外揀選，於雍正元年二月由舉人挑補實録館中書，旋又加施洪恩，授爲刑部主事。於是，日夜惶悚，絲毫未得以報效。今奏上諭，命刑部司員輪流條陳。是誠聖而不以聖自居，訪至草艾之人之至意。所有微見，何敢不敬陳。竊惟審理案件應按律例辦理，然而亦應尋求切合情理之處。故將律書内稍有不妥之處，敬謹陳之。

一項竊盜，抄搶律中，不論財物輕重之處，理應修正。查得律載：竊盜偷一兩以下，杖六十。每銀十兩，增加一等。至九十兩，杖百，徒三年等語。此爲竊盜之法。凡光天化日之下抄搶他人財物，不論所取財物，杖百，徒三年等語。此爲强盜之法。將竊盜擬罪時，論所取財物之輕重，而將抄搶者擬罪時並不論所取之財。蓋白晝抄搶、肆意行惡者，近乎强盜，故特以其罪重於竊盜。此頗有道理。又查得竊盜律載：竊盜偷銀百兩，杖百，流二千里。每銀十兩，增加一等。若一百二十兩以上，則擬絞監候等語。抄搶律載：計所取之財，重則比竊盜罪加二等，杖百，流三千里而止等語。竊以爲竊盜之罪輕於抄搶之罪，而一百二十兩以上則擬絞。抄搶之罪重於竊盜之罪，理應罪加二等，而反使杖百，流三千里，並不致於絞罪，則所謂加二等者又何。詳閲律書，稍有不妥。伏乞嗣後請定：遇有抄搶他人財物者，若在七十兩以下，則杖百，徒三年。自七十兩計，直至百兩，每銀十兩較竊盜罪加二等。百兩以上，則擬絞監候。今夫乘人未料而搶曰抄，以力相争曰搶。抄、搶也者，行乎强盜、竊盜之間，因未執凶器，故不作爲强盜擬罪，因不怕人之發現，故不只作爲竊盜擬罪。如照此定罪處理，庶情法相宜。

一項親戚彼此偷盜律中，宜明他人之情罪。查得律書載：同住晚輩引來他人，偷盜其家中財物時，若有殺傷，他人雖不知情，亦如强盜論。若他人殺傷，則照竊盜當時殺人、傷害處斬等語。查得强盜本律載：若未獲財，皆杖百，流三千里。若獲財，不論主從，皆立斬等語。竊盜本律載：當時拒捕及殺人、傷害，皆斬監候等語。竊惟晚輩自行殺傷，他人雖不知情，而擬以强盜之罪者，乃引來之人罪重，故重其罪。此以人倫名教計者，亦是。然而，他殺、自殺之處，亦務應區分。今晚輩自行殺傷，他人不知而立斬，他人自行殺傷，轉而擬斬監候，此乃不知情者愈較自殺罪重矣。伏乞嗣後請定：他人若不知情，只照竊盜當時殺傷之例，擬斬監候。如此則他殺、自殺之罪皆合於理，而情法庶平。

中國第一歷史檔案館《雍正朝滿文硃批奏摺全譯・署正藍旗滿洲都統濟星奏報該旗因罪廢黜未準承襲人員事摺雍正三年七月十九日》署理正藍旗滿洲都統，鑲白旗護軍統領臣濟星謹奏：爲欽遵上諭事。

雍正二年十月，吏部尚書公隆科多、都統拉錫傳奉旨：查吏部定例載，世襲官因罪廢黜後，不準子孫承襲，而同胞兄弟承襲。若同胞兄弟無子，而原設官之人既有其他子孫，亦加廢黜。於廢黜人員中，若有男爵以上至子爵、公、侯、伯等較大官員，則僅具奏其一人，等語。看得世襲官因罪廢黜後，若無同胞兄弟，則準兄弟子嗣承襲者有之，不準承襲者亦有之。其中世襲罔替者有之，承襲幾代者亦有之。世襲官者，皆係原設官之人爲國效力而所得之官，倘若由旗含混廢黜，以致有遺漏，亦難逆料。罪有輕重，官有源流，均應明白辦理。嗣後八旗世襲官，若因罪而廢黜，除不準其子孫承襲外，又無同胞兄弟，則準同胞兄弟之子孫承襲。若又無同胞兄弟之子孫，以致必須廢黜，則其官不論大小，將原效力之處、獲罪情由，又其原官，效力人子孫等，俱行查明奏請。可否準許承襲，由朕裁定。如此辦理，彼等實爲國家效力官員，不致於泯没。欽此。欽遵。由辦

理正白滿洲、蒙古、漢軍三旗事務多羅貝勒滿都呼等，將原副都統鄂三獲罪情由、伊父效力所得官源流，俱行奏聞。奉旨：鄂三爲臣而溺職，理應廢黜鄂三自己效力所得之官。而鄂三之父鄂泰巴圖魯效力所得拜他喇布勒哈番再一拖沙喇哈番，係效力卓異所得，此官不得廢黜，著鄂三子鄂海承襲。鄂三之蔭生，亦著廢黜。著鄂三仍在軍營自力耕地效力。若從軍營返回，仍遣回軍營贖罪效力。著諭鄂海，此官理應廢黜，但念爾祖效力卓異，故準爾承襲。爾若以爲廢黜爾父之官，因而不竭誠效力，亦不償還爾父之債，届時爾祖之官亦難保留，反而倍加治罪。再八旗中若有類此世襲官，因罪而不準子嗣承襲，亦因無人承襲而廢黜者，著陸續核查，於來年二月具奏。欽此。欽遵。

竊臣查得，本旗因罪而又無同胞兄弟，故不準承襲官有二名，因軍罪而廢黜，故不準承襲官有一名。將伊等之原官效力之處、獲罪情由及該效力官員子孫，已經具摺，同家譜一併奏聞。

中國第一歷史檔案館《雍正朝滿文硃批奏摺全譯·吉林將軍哈達等奏請發遣三姓罪犯分送他處摺雍正三年十二月初七日》 臣等前次所奏三姓地方發遣之犯人，自康熙五十三年至雍正二年六月，發遣當差之人共計一百三十九人，賞給貧窮披甲爲奴之人共計八百七十八人。三姓地方兵丁僅有二百八十人，加之官員，尚不足三百，而發配之犯人高出官兵數倍，日久其舊習復發，亦未可料等情一摺內，奉硃批：著總理事務王大臣、兵部、刑部會議具奏。欽此欽遵。據王大臣會議得：三姓地方官兵雖少，但各處散户甚多。嗣後凡應發遣三姓地方之犯人，除新編佐領披甲人内若有願領者仍準賞給外，可分給各處散户爲奴。等情具奏。奉旨：依議。欽此。欽遵在案。此後該部陸續發送當差及賞賜爲奴之犯人共有八百零六人，其中除賞給願領兵丁者外，賞給散户三百餘人。臣等因三姓地方狹小，官兵不足三百，而發遣當差及賞給爲奴之犯人數達到上千，臣等不無臆度，冒瀆具奏。聖主恤念新募之丁，降旨每人準立家業，將發遣犯人均分伊等爲奴。欽此。所諭甚重。兹一年多由部發遣之犯人又增加八百餘人。此等犯人本係作惡匪犯，詭計多端，集中於新建之所，何不敢爲？而新丁之主皆甚昏愚，不但不能管制伊等，反爲伊等所欺。加之官兵又少，極難管束。況且聖主盛世，懷柔遠夷，素以使隨教化，漸入國家法紀之軌者也。此等匪惡境内容納過多，每日與其厮混，沾染惡習，則傷地方風化，亦無何益。再者散户之人不事農業，其三五户爲伍分散各處漁獵爲生，雖賞給奴才，亦用不上，反添喂養之憂。且此等遣犯素不知主僕之理，飲食起居混在一起，主人一旦外出捕貂打漁，將少婦幼子交付伊等，委實不便。臣等查得，吉林烏拉、寧古塔、白都訥地方駐防官兵多，法紀森嚴，足以震懾伊等。嗣後若將應發三姓地方之犯人酌量賞給此三處披甲人等爲奴，且將目下已發三姓地方之人内滋事妄爲甚爲猖狂者查出，亦酌量送往此三處賞給披甲爲奴，則三姓地方則會寧謐，地方風俗漸至良善也。

中國第一歷史檔案館《雍正朝漢文諭旨》雍正四年正月初二日 今委曲設法搜其宦橐，查其族黨親戚平日分用宦資者，多方爲彌補之計，以寬本人之誅。然此不過一時權宜，非可久行，且恕奉行不善者，違朕本意，或有株連，尤爲可惡。夫此等侵帑殃民之人，若不明正國法，終於無所畏懼。今化誨三年不爲不久，倘仍然侵蝕，恣意妄爲，不惟國法難宥，情理亦斷斷不容。自雍正四年以後，凡遇虧空，其實係侵欺者，即行正法無赦。督撫大吏務須悉心查究，不可寃抑，亦不可寬縱，期於核實具奏，毋得以侵爲那，使若單漏網。凡殺人及盜律皆抵罪，然命案盜案其害不過一人一家，而止若侵帑殃民者，在一縣則害被於一縣，在一府則害被於一府，豈止殺人及盜之比。該督撫何得拘庇，容隱不伸，國家之法以爲地方除害乎。且從前一切權宜設法，原欲委曲以全其性命。今既將侵蝕國帑之員正法，則搜其宦橐，查及親黨之事，俱不必行矣。今年未完之項，仍照舊追賠，從雍正四年正月爲始，著遵照此旨，以彰國法。該督撫如或扶同徇隱，以侵爲那，亦必嚴加處分，朕所以先降諭旨者，與具及今知所儆懼，不可悛改以免重罪也。

中國第一歷史檔案館《雍正朝滿文硃批奏摺全譯·監察御史楊安奏陳發配充軍罪案亦應奏報結案摺雍正七年九月初六日》 竊惟聖主撫養萬民，凡事皆欲使之平順，唯恐天下有一人不得生所。刑名案件，尤勞聖心，所奏案内若稍有與案情不符者，必詳細核查，無不使之平允。臣竊惟五刑之内，笞罪杖罪較輕，比此稍重者，則發配本省，期滿之後，返回原籍。若係發配充軍之罪，距誅殺之罪唯差一級，理應與斬首、絞決之重犯一樣奏聞了結。兹刑部現審發配充軍之罪，十日匯奏一次，直隸各省唯將欽命案

件，由部所行案件及人命强盗案内擬發配充軍之罪者具奏完結。除此之外，其自行審擬發配充軍之罪，按例俱不奏聞。故此地方惡霸豪强若欺凌柔弱，或霸占田畝，或巧奪妻子，結下仇怨，又妄加誣告，賄賂不肖之地方官吏，教唆陷害其人致罪，而後禀報上司，該所屬上司又因非屬奏案而不予詳查，苟且批復以行，則無權無勢之人，無辜受冤，而又無處申訴。伏乞嗣後各省自審案件内，凡擬以杖笞之罪者，仍由地方官員審理擬罪，報所屬上司查明批復結案外，凡擬發配充軍之罪者，俱予具奏，俟降旨之後再事發遣。如若總督巡撫不事奏報，擅自發配，或爲圖省事，將充軍發遣之罪改擬爲輕，一旦於另案查出，或由旁人首告，則將該督撫以應奏不奏之例議處，將改判擬罪之員，以故意開脱罪犯之例議處。如此則可杜絶外省官員擅專之弊，且天下亦無無辜受冤之民也。

中國第一歷史檔案館《雍正朝滿文硃批奏摺全譯·鑲白漢軍旗參領庫爾聞奏請官兵之軍功木牌可抵罪摺雍正十二年九月二十九日》 奴才查得，武官内奉恩詔加級及捐納有級之人獲罪後，俱由部計算伊等加之級抵罪，惟於軍前效力所得之木牌並未算於内。奴才謹查得，主子降特旨，於虧欠銀兩獲罪之人内，倘有伊祖、父立大功，卓異效力之人，奏聞後，酌量寬罪免銀。等因。衆奴才既然感激主子無窮之恩，奴才愚意，倘將官弁兵丁於軍前效力所得尚不够賞，世職之木牌亦如所加之級抵罪，則官兵均沾主子仁恩，益加鼓舞，各自發奮效力。倘可以，伏祈將奴才之摺留内廷，主子睿鑒後交部，視效力之木牌大小、罪之輕重，議後復奏施行。

中國第一歷史檔案館《雍正朝滿文硃批奏摺全譯·理藩院郎中伯達色奏請會辦蒙漢之案摺雍正十三年閏四月二十六日》 承蒙聖主施恩，欽派奴才巡查游牧地方以來，奴才每日加意巡查，於察哈爾旗耕田之漢民内，倘若與蒙古等同爲盗賊，則該同知會同屬旗官員審結。若係蒙古人，則照蒙古例，罰贖牲畜，鞭責了結，唯漢民因總管處無定罪之律，俱由該同知等酌情定罪，解回各自地方衙門治罪，因卑賤蒙古等不得而知，難免不存疑心，而有力之漢民，難免行賄不肖書辦、皂隸等。今邊外居住之漢民衆多，無數蒙漢雜居，即有會審之案。奴才伯達色愚意，伏乞賞給察哈爾八旗滿洲律法一套，承審官員等誦習，若遇上同知會審之案，除蒙古仍照蒙古例治罪了結外，漢民若有罰笞責、杖責之罪者，即於官所會同處罰了結，若擬枷號者，則亦於官所會同監督枷號，各自封條，期滿之日，仍解來官所監看釋之，則免蒙古疑心而令其心服。再，避免有力之漢民行賄不肖書辦、皂隸等，照律相互監督懲辦，則審辦官員不致誤判受冤，嚴懲不肖漢民，以示儆尤，與辦案大有裨益。奴才伯達色巡查之時所聞所見，豈敢不奏，可否施行，謹請聖主睿鑒施行。

中國第一歷史檔案館《雍正朝滿文硃批奏摺全譯·總理事務和碩果親王允禮等奏請停止今年秋審摺雍正十三年九月十六日》 臣查得歷年秋審照例於八月初旬至九月初旬，裁決各省罪犯情實、緩決、可矜等，相續具奏，斟酌各省遠近，分編勾決，次第以路途遠近，務須於冬至前行文各省。今雍正十三年秋審，會勘招册，俱已刊刻，攢本封套，俟秋審黄册具奏御覽。後臣等於八月初五日始會同九卿、詹事、科道等員審核，至八月二十二日，審結雲南、貴州、四川、廣西、廣東、福建、盛京、陝西、湖廣、浙江、江西、安徽等十二省，江蘇省尚未審結，山東、山西、直隸尚未審理，於九月十九日後，方可會勘上奏。故此，於冬至前，各省斷難全部行文，今九月初三日續辦聖主大禮，將頒恩詔，天下普沐恩澤，即是重犯内，仍有可以緩赦者，臣部今欽遵辦理匯奏。查得於康熙五十八年六月降旨：重犯於去歲大赦頒詔後特赦甚多，今内外所餘罪犯既然不多，本年會審、秋審暫停。欽此。欽遵在案。今本年秋審、會審，照例似應暫停，故此，理應具奏請旨。爲此謹奏。

中國第一歷史檔案館《雍正朝滿文硃批奏摺全譯·都統訥親奏請犯罪被革官員子孫世襲事摺雍正十三年十月初十日》 竊查雍正三年將三等侍衛兼佐領亞圖因妻自縊身亡革職，不準伊子承襲一案具奏。奉旨：亞圖之罪，係毆斃家下奴才，妻自縊身亡，此係伊家中私事，不可牽涉其子，倘係公罪方可。故爾等公同會議，將何等罪準襲，何等罪不準襲之處，議明具奏。欽此。欽遵。經領侍衛内大臣與八旗都統會議復奏：凡承襲官員，因私事治罪，倘屬十惡之内，伊子不準襲。倘因命案擬斬、擬絞，雖逢恩詔寬免，伊子仍不準襲，由親兄弟之子襲之。倘親兄弟又無子，則由該旗將原設官緣由查明，連同家譜具奏，請旨可也。此外，倘係因私事治罪枷號，鞭笞之罪革職者，將伊子孫、親兄弟一并引見。倘係只革職者，仍準伊子孫襲職。等因具奏。奉旨準行。在案。今八旗都統分别襲職之人，辦

理襲職時，並未遵行原議定之處，倘係惟治枷號、鞭笞之罪革職之人子孫，即裁汰不準入者甚多。欽惟治以枷號、鞭笞之罪，革職之人內憐憫罪輕者，仍準伊子孫入襲職之列，此特爲惠愛原設官之人爲國家效力之處之至意。臣愚以爲，嗣後除因家私事治以枷號、鞭笞之罪革職之人子孫，仍照所定入襲職之列處，凡因違法，貪污侵吞財物、盜竊、行賄等本人所犯之罪革職，治以枷號、鞭笞之罪之人子孫，俱不準入襲職之列。因牽連公事而治以枷號、鞭笞之人，亦照因家私事治以枷號、鞭笞之罪之人例，將子孫、親兄弟一併分別，帶領引見。如此則現革職治罪之人可蒙聖主重恩，而世襲官因懼日後不準伊子孫襲職，自然不敢犯重罪，各望善爲。

中國第一歷史檔案館《雍正朝滿文硃批奏摺全譯・內務府奏請永禁脊杖刑法摺雍正十三年十月二十四日》 據打牲烏拉值年乾清門二等侍衛索靈阿、內府護軍參領兼驍騎參領佐領七十奏稱：奴才等來至打牲烏拉值年，查得打牲烏拉總領衙門內，有審訊人犯之脊杖，長二尺餘，凡承審時，以此杖脊訊問犯人。問此刑具制自何年，據署理總領達揚阿稱：此棍制立年久，我未曾補授翼領以前已有，在此起初衙門制立此棍時，亦未具奏等語。又查衙門內既有審事所用鞋底及應行送部案件，俱咨盛京刑部審理。奴才等竊思，人之肺腑經絡均貼背，若以木棍箠楚，不惟人不能受其苦，偶爾傷重，必致殘疾廢物，且國法中亦並無此脊杖審人刑具。奴才等仰見皇上恩恤，罪犯日賜飯食，冬給暖衣，病令醫治，是皆皇上至仁如天好生之至意也。奴才等既知衙門有此法外之刑，焉敢不恭聞皇上？今衙門中既有審事所用鞋底，及應行送部案件，移咨盛京刑部審理，請將此項脊杖銷毀，因係向有刑具，奴才等未敢擅專裁革，理合謹具奏聞。等因具奏。奉旨：著交內務府總管等。欽此。欽遵。查凡問刑衙門審訊案件，若不得實情，除掌嘴、夾拶外，例內並無脊杖。今烏拉值年侍衛索靈阿、參領七十既奏請將總領衙門原有脊杖銷毀，應照索靈阿等所奏，將此項刑具即交與該總領銷毀，永不許用。再該處總領及前任派往打牲烏拉值年侍衛官員，見此與例不合刑具，理應查出，即行銷毀，乃並未查出銷毀之歷任總領及值年侍衛官員，均應議處，此案係在赦前，應無庸議。

中國第一歷史檔案館《雍正朝滿文硃批奏摺全譯・監察御史色魯奏請制定宗室覺羅與庶人不同法律摺雍正十三年十一月十六日》 臣色魯伏思原定宗室覺羅等獲謀叛、逃兵等真正重大死罪，以法處以絞殺。宗室獲格殺、貪贓死罪，縛以繩索，永囚於高墻。若屬覺羅，則同庶人擬以死罪，入會審冊審理。宗室獲枷鞭罪，俱皆收贖。若屬覺羅，等同庶民枷號杖鞭。雍正十二年四月，奉旨：原定例內開：宗室等犯枷號杖鞭罪，俱皆收贖。覺羅等犯枷號、杖鞭罪，等同庶人照例完結。朕思之，覺羅者，亦同於宗室，俱照庶人之例治罪，宗室、覺羅微有區別，似與庶人不分。宗室等犯有枷號、杖鞭之罪，俱皆收贖，伊等亦不知儆誡，嗣後宗室、覺羅倘犯有枷號、杖鞭之罪，按罪情輕重，酌情區分年限，即或關押宗人府，或繫以鐵索關押，期滿釋放，抵還伊等之罪。將覺羅等治罪，以區分庶人，且宗室等亦知儆誡。如何按罪情輕重，酌情分定年限之處，由宗人府會同該部議定具奏。欽此。欽遵。

宗人府會同刑部議定：宗室覺羅爲武職獲輕罪，俱幽於高墻，期滿釋放。將普通死罪並未等同，議定宗室獲死罪，不循普通法律，惟按宗室，縛以鐵索，幽於高墻等因。覺羅獲死罪，仍同庶人擬罪，入會審冊審理。覺羅亦天潢繁衍之一支，嗣後請將覺羅等入會審冊後停止審理，將宗室、覺羅治罪之例，俱規定一致。若係宗室、覺羅武職犯有輕罪，照定例議以幽禁外，已至死罪宜永幽者，務循刊刻之法律，擬以死罪。既爲宗室，縛以鐵索永幽禁。等因議奏。若未至死罪，則亦循刊刻法律陳奏。

中國第一歷史檔案館《雍正朝滿文硃批奏摺全譯・鑲紅滿洲旗副都統龔元奏請八旗獲罪兵丁給以出路摺雍正十三年十一月二十四日》 謹思聖主以八旗奴才爲根本，務使每人得以生計，頻勞聖心。八旗奴才亦仰賴聖主教養之恩，各於錢糧上當差，以養家口。若無錢糧，竟不能生。惟於八旗因故罷差，有因獲罪治以枷鞭之罪者，或旗視革除伊等治罪情由較輕，復授伊等護軍、披甲者，亦有或旗以爲伊等業已革除，乃治罪之人，不可復用，竟不授護軍、披甲，以至身爲末等無用之人甚窘迫者亦有。

伏查革職治罪者內，既然罪情輕重不等，亦應區分用舍。況伊等內或有功年少、人俊秀者，悔恨本身被革治罪，改正先過，身願復歸護軍、披甲贖罪效力者，若復授與護軍、披甲，得以迎合其心效力，亦得以蒙受聖主之恩，食餉撫養家口。

臣愚意，被革治罪兵丁內，伊犯罪在十惡內，以及獲軍機之罪，殺人

減刑治以枷鞭之罪，携帶軍器逃遁者，不準復授於護軍、披甲外，其餘被革犯罪者之罪，既然均在雍正十三年九月初三日恩赦前，請聖主施鴻恩，諭八旗大臣、護軍統領，凡因公事無意之罪過，被革治罪之兵丁内，揀選年少、人俊秀、騎射可以者，復授予護軍、披甲效力。誠有改惡效力卓著者，仍在伊應升之缺留名。若不改惡盡能效力，倘復犯罪，則治以重罪。如此，此等人均獲重新效力之路，不至窘迫，亦仰副聖主仁教八旗奴才之至意。

中國第一歷史檔案館《雍正朝滿文硃批奏摺全譯・刑部督捕司主事常原奏報懲治逃跑人員事摺雍正十三年十一月二十七日》竊奴才欽惟督捕司律例，父携子逃循被拿，惟將父刺字責之。免刺被拿之子，杖責百鞭等語。以此並無伯父、叔父携帶兄弟子逃遁，兄携弟逃遁之語，數人併逃被拿俱刺字責打。聖主仁愛治理天下，諸事務分主次，視輕重而定。奴才欽惟嗣後伯父、叔父携帶兄弟之子逃遁，兄携弟逃遁被拿，惟將伯父、叔父、兄爲首人刺字杖百鞭，被携之子弟爲從人，免刺字而杖百鞭。故此，從人荷蒙聖主之恩，悔其惡而爲善人，不可逆料。

《西寧青海番夷成例・頒發番例原奏》乾隆二年九月内，川陝總督查咨，准總理夷情副都統保文，〔内〕開准川撫咨，據撫番同知詳稱，查雍正十一年九月二十三日，奉松茂道牌，爲遵旨議奏事。案内雍正十一年八月十七日，奉撫院牌，准兵部咨，〔内〕開大學士鄂等會議：得據達奏稱，番人等愚蒙不知法度，應請照頒發玉書納克舒番人等《番子律例》之例，頒發松潘口外住牧番人等三十六套，化道曉諭伊等，令其知所畏懼，違法之事，禁其仿效行爲等語。應請如達所奏，頒給番子等三十六套《律例》，令番人通曉遵行之處，亦照玉書納克舒之例散給。但款項甚多，若將全部繙譯頒發，甚屬繁冗，且有係番人無用之條。應行文達鼐等，令於《蒙古律例》内將關係番人緊要條款選出，移送到日，交與譯番寫字頒發。等因。雍正十一年五月二十七日，奉旨：依議。欽此。又雍正十二年八月二十二日，准總理西海夷番事務侍郎馬咨，准軍機大臣咨，稱：頒發《番人律例》一案，令將番人頭目之等次改正，其罰服牲畜數目，酌量删除，均不得過九五之數定擬。再番人地方馬匹孳生甚少，犏牛孳生甚多，應將罰服馬匹改爲犏牛。相應咨請示覆等語。查侍郎馬等駐劄西寧年久，其番地情形深所熟悉，例内條款與番人果否相符之處，令其公同酌議妥當，均照所議開載，繙譯唐古特字，通行曉諭番人。仍將《律例》報部存案可也。

《西寧青海番夷成例・番例展限原案》乾隆元年，川陝總督劉條奏：甘屬番民向化未久，如遇番民自相盜殺案件，暫停《律》擬，寬限五年，准照《番例》完結。等因。奏准。遵奉在案。乾隆五年，經前按察司色因五年之限屆期，又奏請寬。既奉旨依議欽此。嗣於乾隆八年，經前司鄂又奏准寬限，自乾隆甲子年爲始，再展限五年。等因。遵奉在案。

《清高宗實録》乾隆十年六月〔丙辰〕刑部奏：老幼及折一肢之廢疾，嗣後仍照例收贖外，其瞎一目者，不得以廢疾論。有犯軍流徒杖等罪，皆照所犯罪名充配的決。仍請於各例老幼廢疾收贖條内，删去瞎一目三字。再查鬭毆律内載，折跌人肢體及瞎一目者，小註云：皆成廢疾，杖一百、徒三年等語。蓋以壞人面目，與折人手足，厥罪維均，故皆滿擬城旦。應請仍照律辦理。但小註皆成廢疾四字，應請移於折人肢體一句之下。從之。

《西寧青海番夷成例・番民命盜照番例完結毋庸復請展限原案》刑部爲番民野性未馴等事。據甘肅按察使顧濟美條奏，《番例》展限一折到部。查殺人者死，原爲遵行成律。但番民僻處蠻方，各因其俗，於一切《律例》素不通曉，未便全以内地之法繩之。不若以番治番，竟於夷情妥協。嗣後番民自相戕殺命盜等案，似應仍以《番例》罰服完結，毋庸如該臬司所奏，再行展限。其有夷漢互相犯命盜案件，仍照《律例》辦理遵行。等因。乾隆十三年五月十二日奉旨：依議。欽此。

《清高宗實録》乾隆十四年六月〔壬午〕定滿洲相殺例。諭：八旗滿洲互相殺傷案件，向例俱從斬決。至雍正年間，乃按律以謀殺鬭毆，分別斬絞，亦即行正法。自朕御極之後，以旗民條例輕重懸殊，特諭九卿八旗會同定議一切命案，俱著監候。至秋審時，苟非謀故重情，概爲緩決。但思立法之道，與其狎而易犯，不若使知所畏而不敢蹈。向來立法從嚴，具有深意，惟是旗民事例，既經畫一，今又改從斬決舊制，朕心有所不忍。嗣後滿洲與滿洲毆殺案件，著於秋審時俱入情實。庶旗人咸知警惕，不犯有司。著八旗都統通傳知悉，務使各該旗人等惜身畏法，不罹罪譴，

以副朕好生之至意。

《清高宗實録》乾隆二十一年五月 刑部議覆，福建按察使史奕昂奏稱：外省秋録所擬情實，係督撫同司道於會審時密定，并不先行明示。倘於定案時，部文先聲明情實，外省鈔案轉行，人人共曉。秋決期遠，致有自戕免脱等事。請於行文時，將應擬情實一節另行密咨等語。嗣後此等案件，臣部仍於題覆時，照前聲請，另行密記檔案。俟秋審時遵照辦理。其咨該督撫文内，將應入情實一節，無庸叙入。并令提塘不得鈔發，亦無庸另行密咨。從之。

（清）吴壇《大清律例通考·奏疏》 經筵日講、起居注官、太子太保、東閣大學士、禮部尚書管理刑部事務臣劉統勳等謹奏，爲請旨事。臣等伏查乾隆十一年七月内，經内閣衙門於遵旨議覆御史戴章甫條奏案内議定，刑部律例雖奏明三年一次纂修，而三年内或酌改無多，不必拘定三年之限，應以五年爲期纂修一次。等因。奏準遵行。臣部於十六、二十一、二十六等年俱届期請旨纂修在案。今計自乾隆二十六年至三十一年，已届五年之期，理合奏請將五年以來所奉上諭，以及議準内外臣工條奏應纂爲定例者，並加參考，分類編輯，繕寫進呈，恭候欽定。再查《律例全書》自乾隆五年纂修告成以來，迄今二十餘載，條例日繁，增改不一。雖每届五年修輯一次，亦止就現定新例依類編入，其從前舊例有與新例未合，以及輾轉比附，文義倒置，應行增添删改之處，積久漸多，引用窒礙。臣等節年欽遵聖訓，改正條例，曾將緣由奏明在案。今將全書所載條例逐一較對，悉心參酌改正，務歸畫一。隨時繕寫黄册，陸續進呈。俟欽定奉旨之日，臣部將續纂新例並二十六年所纂條例，各按門類歸入《律例全書》，附刊於原本各條之後。其改正舊例，亦即於全書内逐一改刊，則翻閲既易，引用不致互岐。至纂修日期，向年編輯新例，俱係定限十個月。今全書所載舊例多有應須改正之處，應請展限四個月，以便悉心參核，俟命下之日，臣部遵照辦理。爲此謹奏請旨。乾隆三十一年正月二十七日奏，本日奉旨：知道了。欽此。

臣劉統勳等謹奏，爲奏聞事。竊查臣部於乾隆三十一年正月内，奏準開館纂修律例。因全書自乾隆五年至今二十餘載，條例增改不一，雖經五次修輯，止就現定新例依類編入，其從前舊例與新例不合之處，俱未增删改並，請定限十四個月告竣，陸續繕寫黄册進呈。等因。奉旨：知道了。欽此。欽遵。臣等隨督率提調、纂修等官上緊趕辦，所有歷年欽奉上諭及議準内外臣工條奏，並吏、户、禮、兵、工等部議準有與刑名交涉應纂爲例者，各詳細覆核，分類編輯。並將全部條例逐一比較，其中或新舊不符，或詞意重復，或文義未甚明晰，俱詳加酌核，增删改並，以歸畫一。今已依限辦就，督令供事繕寫黄册。緣此次卷帙繁多，臣等分爲三次陸續進呈。今將名例上、下兩卷及吏律、户律、禮律、兵律四卷纂修條例，先行進呈。内除照例纂輯修改以及節删重復字句閑文，即於各條下謹按語内分晰陳明，毋庸另爲聲叙外，如於罪名適輕適重，臣等參酌律例遇有增改之處，即於本條例上黏貼黄簽，恭呈御覽，伏候欽定。統候命下之日，臣館另繕清、漢樣册進呈，並將前次續纂條例一並歸入全書，照例送交武英殿刊刻，頒發内外問刑衙門一體遵行。此後或奉有諭旨及臣工條奏準行應入例册者，於未經刊刻以前仍行添纂，合併聲明。爲此謹奏請旨。乾隆三十二年五月初六日奏，本日奉旨：知道了，册留覽。欽此。

臣劉統勳等謹奏，爲奏聞事。竊臣部纂修全部律例，前經奏明分爲三次進呈，所有名例、吏律、户律、禮律兵律並刑律賊盜、人命、鬬毆共十二卷，已於本年五月初六日及六月初九日具摺進呈御覽，均蒙欽定。今將第三次纂修刑律訴訟、受贓、詐僞、犯姦、雜犯、捕亡、斷獄，工律共八卷，《督捕則例》一卷，並《毋庸纂輯條例》一卷，謹繕黄册，進呈御覽，恭候欽定。俟命下之日，臣館將此次及前兩次纂修條例另繕清、漢樣册進呈，照例送交武英殿刊刻。臣館一面先行刊刻草本，通行各省督撫、將軍一體遵行。爲此謹奏請旨。乾隆三十二年七月初六日奏，初七日奉旨：知道了。欽此。

經筵日講、起居注官、太子太保、東閣大學士、禮部尚書管理刑部事務臣劉統勳等謹奏，爲奏明律例清、漢全書告竣事。竊查臣部於乾隆三十一年奏準開館，纂修律例。經臣等將歷年欽奉上諭及議準内外臣工條奏應纂爲例者，詳細覆核，敬謹編輯，恭繕漢字黄册進呈。並聲明欽定後，臣部按照漢文次第繙譯，匯繕清、漢黄册，恭呈御覽。並此後或奉有諭旨及臣工條奏準行應入例册者，於未經刊刻以前，仍行添纂等因，奏準在案。今臣等督率提調、纂修、翻譯等官，謹遵欽定黄册，先行刊刻草本，頒發

各省，遵照辦理。仍逐條重加謄寫，分門別類，翻譯清文，恭繕清、漢黄册進呈。並將續奉諭旨暨臣工奏準事件應行添纂、修改、删除之處，詳加酌核，按類編輯，一體繕寫清、漢黄册，裝訂成帙。並於各條例後加具謹按，黏貼黄簽，恭呈御覽。俟欽定後，將補纂各條仍先刊刷草本，頒行各省，督撫將軍一體遵行。再查律例全書自乾隆二十年以後，雖經兩次修輯，均只就現纂新例另爲一編，並未歸入全書，不第艱於翻閲，而援引亦恐疏漏。此次增删改並既經釐正，應請將前次續纂並此次編輯各條以及總類，均按照律目逐一歸入清、漢全書，以便查閲引用。俟命下之日，臣部即將新舊條例俱按門歸入，繕寫清、漢樣本，送交武英殿刊刻，頒發遵行。臣等更有請者，此次歸入全書新例，清文俱已遵照欽定新語翻譯，惟舊例各條因係已刻舊板，其清語尚屬舊文，前後似未畫一。應請將全部清書内舊語，俱用清書房翻譯新語逐一釐正，抽換刊刻，庶免參差，合併聲明。爲此，謹奏請旨，等因。乾隆三十三年六月二十九日奏，七月初一日奉旨，知道了。欽此。

（清）琴川居士《清奏議》卷五九歐陽永琦《請定例禁疏乾隆三十七年》

江西按察使臣歐陽永琦跪奏：爲敬陳江右民間陋習，請定例禁，仰祈睿覽事。竊照江右民風素稱勤樸，惟習俗相沿，尚有數端于倫常風化殊有關係，非酌定限制，明立科條，難以望悛改。臣敬爲我皇上陳之。一、請立遷延不葬之禁以厚倫常也。竊查殯葬一事，古人以三月爲期，乃臣體訪江右地方，無論紳衿庶民之家，竟有停棺至數十年之久，一家之中積至數口之多而不葬者，皆由土人略知地理，率號專家，妄謂禍福窮通，地操其券。于是有力者多方購取，無力者惟事因循，相習成風，迷而不悟。伏查雍正十三年十二月二十四日奉上諭：朕聞漢人多惑于堪輿之説，購求風水，以致累年停柩，漸至子孫貧乏，數世不得舉葬，愚悖之風至此爲極。嗣後守土之官必多方勸導，俾得按期埋葬，以妥幽靈，以盡子職，此厚人倫美風俗之要務也。各遵毋忽。欽此。聖諭煌煌，至爲剴切。再查律載有喪之家必須依禮安葬，若惑于風水托故停柩，在家經年暴露不葬者，杖八十等語。是無故停棺不葬有干罪戾，乃歷經勸諭查禁，而此風終未改革。臣愚以爲欲挽其習，必定限而嚴其罰，應請嗣後殯葬之期定以期歲，遲亦不過二十七個月。倘過期不葬，如係舉人貢監生員，不許應鄉會試，應補應升人員，不准請咨選補。倘敢諱匿應試選補，一經發覺，除照例治罪外，舉貢生監斥革，官員罷職不用。其閭閻小民，著地方官于公出之便隨時查看，勸限舉葬，故違不遵即照律杖懲。庶士民咸知儆惕而錮弊可冀挽回矣。一、請定溺女治罪之專條，以懲殘忍也。父母之于子女，毛裏原無彼此之分，乃江右素有溺女惡習，或因家計貧乏，慮目前之撫養維艱，即家計稍豐，亦慮將來之遣嫁滋累，並或急望生男，恐爲乳哺所誤，遲其再孕，往往甫經産育，旋即溺斃，恬不爲怪。歷經嚴禁，終未革除，總由弊俗相因，于舉發懲創之例未有專條。應請嗣後凡有生女溺斃者，照故殺子孫之罪杖八十，徒一年。族鄰保甲知情不行救阻，照知人謀害不即阻當律治罪。如此明立科條，俾愚民共知儆懼，不敢輕犯，所全生命寔多矣。一、請嚴錮婢之禁，以維風化也。男婚女嫁，人倫肇始，良賤雖殊，情無二致。乃江右士庶之家所蓄婢女有至老不得配偶者，饒州、贛州二郡爲多。蓋緣婢女自幼購養，及其長成，利于指使熟習，遂至指留不嫁。查定例：紳衿庶民之家如有將婢女不行婚配致令孤寡者，照不應重律杖八十。是錮婢雖有治罪之條，而不爲定立年限，終得揑混遷延。臣請嗣後遣嫁婢女以二十五歲爲限，如逾期不嫁，許婢女之父母及他隣人等隨時舉報，除照例治罪外，將婢女勒令婚配，追銷身契，原買主不許索還身價。庶使蓄婢之家不致任意錮留，似于風化之防不無裨益矣。以上三條，臣爲江西一省積習起見，不揣冒昧，臚列瀆陳，其他省有似此者，亦請一體查禁。

（清）嵇璜等《清朝通典》卷八六《刑·雜議》乾隆三十六年七月部定删除三條：一、因事聚衆將本管官及公差勘事催收錢糧等項一應監臨官毆打綁縛者，不分首從，屬軍衛者發極邊充軍，屬有司者發邊外爲民，若止毆打，爲首者照前問發，爲從與毀駡者，武職並總隊文職並監生、生員、冠帶官、吏典、承差，俱革去職役，依律問擬爲民。軍民人等，各枷號一個月，仍照例擬斷發落。其本管並監臨官與軍民人等飲酒、賭博，宿娼自取凌辱者，不在此例。查此條與現行例内，刁民因事哄堂塞署，聚衆逞兇毆官，照光棍例分別治罪各條相同。原例僅發充軍，與現行之例不符。至本管並監臨官與軍民飲酒賭博宿娼，另有治罪專條，此例應删。一、各邊將官並管軍頭目私役及軍民人等私出境外釣豹、捕鹿、砍木、掘鼠等項，並把守之人知情故縱，該管理長兵目軍吏扶同隱蔽者，除

實犯死罪外，其餘俱發烟瘴地面，民發爲民，軍發爲軍。查此條專重各邊將官頭目私役及軍民私出境外之罪，今私度緣邊關塞及潛出外境，例內俱有治罪專條，此條係相沿舊例，應刪。一、凡勢豪舉放私債，交通運糧官，挾勢擅拏官軍綁打凌辱，强將官糧官糧與運糧不同，官糧者，漕運赴京上納正糧也。運糧，行月二糧也。準還私債者，問罪。屬軍衛者，發近邊充軍。屬有司者，發邊外爲民。交通、綁打、準糧三項有一未合，仍照律發落。該管運糧官參究治罪。查此條所關情罪，有職者則係强梁勢官，無職者則係土豪光棍，均屬不法已極，有犯自當查照律例，從重定擬。未便僅擬近邊充軍，邊外爲民，原例應刪。修改十條：一、應試舉監生儒及官吏人等，越舍與人換寫文字，或臨時換卷，並用財僱倩夾帶傳遞，與夫匠軍役人等但有懷挾文字銀兩當場搜出者，枷號一個月，滿日杖一百，革去職役。其受財代替夾帶傳遞，及知情不舉察捉拏者，俱發近邊充軍。若計贓重於本罪者，從重科斷。官縱容者，交部議處。受財者，以枉法論。其武場有犯懷挾等弊，俱照此例擬斷。查舉監人等懷挾文字銀兩，與越舍換寫文字情罪不同，其受財代替夾帶傳遞，與者亦應同科。原例分晰未明，斷獄恐致歧誤。今擬將懷挾文字銀兩當場搜出者，定以杖枷，革去職役。其越舍與人換寫文字或臨時換卷並用財僱倩夾帶傳遞之人，一體改發近邊充軍。若計贓重於本罪者，從重科斷。原例發邊外爲民字樣刪除。一、將妻妾作姊妹及將親女並姊妹嫁賣與人作妻妾，使女名色，騙財之後，設詞托故，公然領去者，照誆騙例治罪。若瞰起程，中途聚衆行兇邀搶人財者，除實犯死罪外，其餘俱發近邊充軍。媒人知情，罪同。查凡將妻妾作姊妹嫁與人，律內僅止杖責。此條係專重騙財之後公然領去與聚衆搶奪之罪，原例內俱分屬軍民，但查公然領去與聚衆行兇邀搶者，所犯情罪輕重不同，似應分別定罪，以昭平允。今酌擬如騙財之後公然領去者，改照誆騙例治罪。聚衆邀搶者，發近邊充軍。原例屬軍衛有司又邊外爲民字樣刪除。一、凡總甲快手應捕人等指以巡捕勾攝爲由，毆打平人搶奪財物者，除實犯死罪外，犯該徒罪以上，不分人多人少，若初犯一次，發邊衛充軍。節次搶奪笞杖以上者，俱發原搶奪地方枷號兩個月，照前發遣。里老鄰佑知而不舉、所在官司縱容不問者，各治以罪。里老鄰佑依同行知有謀害而不救阻律，杖一百。官司照故出入罪律科斷。查甲捕人等膽敢將平人毆打復行搶奪財物及節次搶奪者，情罪較重，僅擬近邊充軍及枷號一個月，不足示懲。今酌擬加等，改爲邊遠充軍。節次搶奪者，加枷號兩個月，照前發遣。原例屬軍衛者發遣近邊充軍，屬有司者發邊外爲民字樣刪除。一、在內法司問發程遞人犯，在外問刑衙門程遞解來京及遞解別省人犯，原有杻鐐照舊外，其押解人役，若擅加杻鐐非法亂打，搜檢財物，剥脱衣服，逼至死傷，及受財故縱並聽憑狡猾之徒買求殺害者，除實犯死罪外，徒罪以上俱枷號兩個月，發烟瘴充軍。查解役在途，擅敢將管解之犯凌辱毆打，搜檢財物，逼至死傷，及受財故縱，得贓殺害，殊屬兇惡，自應加等懲治。除實犯死罪外，徒罪以上枷號兩個月，發烟瘴充軍。原例屬軍衛者發近邊充軍，屬有司者發邊外爲民字樣刪除。一、凡驀越赴京及赴督撫按察使官處，各奏告機密重事不實並全誣十人以上者，發邊遠充軍。如有干係重大事情，臨時酌量辦理。查此條奏告機密重事不實並全誣十人以上，僅擬近邊充軍，無以示懲。今酌擬發邊遠充軍，如有干係重大事情，臨時酌量辦理。原例屬軍衛有司及發邊外爲民字樣刪除。一、凡苗人有伏草捉人橫加枷肘勒銀取贖者，初犯爲首斬監候，爲從者俱枷號三個月，臂膊刺字。再犯者，不分首從，皆斬立決。其土哨姦民勾通取利，造意者，不分初犯再犯，並斬立決。附和者各枷號兩個月，發邊遠充軍。查此條附和之犯，原例擬以邊外爲民，今酌擬將發邊外爲民字樣改爲發邊遠充軍。一、凡左道惑衆之人，或燒香集徒夜聚曉散，爲從者發邊遠充軍。若稱爲善友求討布施，至十人以上，並軍民人等，不問來歷，窩藏接引，或寺觀住持容留披剃冠簪者，俱發近邊充軍。查此條所關左道惑衆爲從，與稱爲善友求討布施至十人以上，並窩藏接引之人，情罪稍有區別。今擬左道惑衆爲從者，發邊遠充軍。若稱爲善友求討布施至十人以上，並窩藏接引，寺觀容留簪剃等項，俱發近邊充軍。將原例屬軍衛有司及發邊外爲民字樣刪除。至所稱探聽境內事情，另有盤詰姦細本律。其被誘軍民舍給應禁鐵器等項，查應禁鐵器，例內止載有人馬甲、火砲、火筒等物，軍民之家不應有此，如有藏匿私造，亦有治罪本條，均應刪去。一、凡將本狀用財僱寄與人上京奏訴者，並受僱受寄之人，俱發近邊充軍。贓重者，從重論。查此條將本狀僱寄與人並受僱受寄之人，情罪相同，均應發近邊充軍。將原例屬軍衛有司發邊外爲民字樣刪除。至在京匠役並因事至京人員，將原籍詞訟因便

奏告，情節輕重不同，則問擬罪名亦異，自有妄奏誣告本條，此段應節删。一、在外刁徒身背黄袱，頭插黄旗，口稱奏訴，直入衙門挾制官吏者，所在官司就拏送問，若干己事情及有冤者，照例審斷，仍治以不應重罪。其不係干己事情，别無冤枉，並追究主使之人，一體治罪，發近邊充軍。查此條内照常發落四字，不甚明晰，礙難援引，今擬改爲照例審斷，仍治以不應重罪。其不係干己事情，别無冤枉，並追究主使之人一體發近邊充軍。將原例屬軍衛有司及發邊外爲民字樣删除。一、各處官吏軍民僧道人等來京，妄稱諳曉扶乩、禱聖，書符、咒水一切左道異端邪術煽惑人民爲從者及稱燒煉丹藥出入内外官家，或擅入皇城夤緣作弊希求進用者，發近邊充軍。若事關重大，臨時酌量辦理。其容留潛住及薦舉引用，鄰甲知情不舉，並皇城各門守衛官軍不行關防搜拏者，各叅究治罪。查此條所開出入内外官家或擅入皇城夤緣作弊等語，若止希求進用，擬軍已足蔽辜。倘事關重大，自應另行辦理。今擬添入若關重大臨時酌量辦理，將原例屬軍衛有司等字樣删除。一、用强佔種屯田五十畝以上不納籽粒者，照數追納，完日發近邊充軍。其屯田人等將屯田典賣與人，至五十畝以上，與典主買主各不納籽粒者，俱照前問發。若不滿數及上納籽種不缺，或因無人承種而侵佔者，照常發落。管屯田等官不行用心清查者，叅奏治罪。查此條止係一罪，而分别軍民，今擬一體改發近邊充軍，原例軍字及民發邊外爲民字樣删除。三十八年三月，部議，甘肅按察使圖桑阿奏稱：回民恃强搶奪，均比照回民行竊例，分别人數多少，問擬杖徒充軍。伏思行竊與搶奪情形迥别，若僅比照行竊辦理，予以杖徒軍罪，情重法輕，似不足以蔽辜。嗣後凡有回匪搶奪之案，除罪應斬絞者仍照例辦理，其搶奪在三人以上，俱發黑龍江給兵丁爲奴，照例刺字。倘有脱逃，請旨即行正法等語。應如所請。至搶奪數在三人以下，其間或預謀持械肆行强搶，或一時起意徒手攫奪，所犯既有重輕，則懲治亦宜分差等，若概擬遣戍，於情法尚有未協。嗣後如回民搶奪數在三人以下，審有糾謀持械逞强情形者，即照三人以上犯竊例，發極邊烟瘴充軍，照例刺字。若係乘閑徒手奪取尚無逞兇情狀者，仍照搶奪本例擬徒。奉旨：依議。四月，路南州賊犯周新茂、孫必元得遺犯杜成傳授，以藥迷人取財，雲南巡撫李湖將周新茂孫必元按律斬決。杜成前在文山縣用藥迷人被獲，審未得財，已行發遣。部查律内，以藥物迷人圖財與强盜同罪。杜成前案雖未得財，按例擬遣，但將迷人藥方傳授孫必元，致孫必元轉傳周新茂，貽害善良，爲患非淺，應將杜成改擬斬候，行文黑龍江照瘋病殺人例永遠監禁。嗣後遇有此等案犯，俱照此例辦理。奉旨：依議。十二月，江西省流犯羅亞二，因戀姦不遂，持刀砍傅氏五傷未死，江西巡撫海成以律内已流而又犯罪者，依律定科，及犯不在從重科斷之限，而該犯淫兇，實屬怙惡不悛。若僅照刃傷本律擬徒，是初犯殺人既已援減，而再犯傷人罪僅加徒，且或他物毆人致廢疾篤疾在平人罪至滿流者，亦不過徒役四年，殊非禁暴戢兇之意。請嗣後凡命案減流之犯，若在配復犯姦殺及毆人至廢疾以上者，俱發黑龍江，分别當差爲奴，使其驅遣折磨，以挫其兇鋒。部議以該撫所請固爲戢兇起見，但查在配復犯之案，情事百出，不第姦淫兇鬬毆人至篤疾一二事，宜加重懲。且免死減等人犯，尚有擬軍擬遣及改發新疆爲奴等項，其原犯情罪俱比減流人犯尤重。今獨於減流人犯請定發遣黑龍江之例，所有原減罪重於流而復犯前項情罪者，轉致無可議加，亦不足以昭平允。嗣後免死減等各項人犯在配復犯他罪者，除尋常案件仍照律定擬外，其有情節兇惡非定例所能賅括者，即照比擬加減之例隨時議擬，以使情罪適平，無庸另立專條，所有羅亞二砍傷傅氏一案，俟該撫審明妥擬，咨部覆核辦理。又江蘇按察使胡季堂奏稱：例載犯罪未發而自首者免罪，其知人欲告而自首者，減罪二等坐之，誠以未經發覺先自出首，悔過畏法出於本心，即知人欲告猶未告也，雖有將發之端，尚在未發之前，故一經出首，並得分别減免。若聞拏投首，則事已告發，原應嚴緝追拏之犯，與未發欲告者情節不符。第查未傷人之盜首能於未發時自首者，發近邊充軍。至聞拏投首與悔過自首者不同，照情有可原例發遣。窩家盜線如有自首及聞拏投首者，亦照未傷人之盜首分别充軍發遣。又夥盜行刼二次以上事未發而自首，照未傷人之盜首事未發自首例，發近邊充軍。若聞拏投首，亦照未傷人之盜首聞拏投首者，發黑龍江給披甲人爲奴。是聞拏投首例載各條，俱專指盜犯而言，餘因例無明文，向照知人欲告而自首律減罪二等科斷。查聞拏投首，雖無悔過之心，尚存畏法之念，固與未發及知人欲告而自首者不同，究與猾匪遠揚者有間。請嗣後凡有聞拏投首之犯，除律不準首及盜案按律分别查辦外，餘俱照應得之罪準減一等。是事未發自首者免罪，知人欲告

而自首者減罪二等，聞拿投首者減罪一等。如此層遞而下，或減或免之中各有專條，適如其人之所自取，部議從之。又山東巡撫徐績審題，樂陵縣臨時行强竊犯案内在逃之丁直安，將行刼壽光縣之夥盗張公培捕獲，自行投首一案，將張公培依律擬斬立决，丁直安比例擬遣。刑部會同大學士院寺會議得：丁直安行竊，事主喊叫，即起意行强，用言嚇禁，更夫追捕，復用木桿打傷脱逃。因聞東省嚴拏之信，希圖捕獲本夥等投首贖罪。適遇張公培，知係行刼强盗，誆至滄州，將張公培拿獲投首。查例載强盗爲首傷人，傷平復自行投首者，擬斬監候。又例載强盗除殺死人命罪犯深重不準自首外，其餘雖曾傷人隨即平復者，亦姑準自首，照兇徒執持兇器傷人例問邊遠充軍。又律載，强竊盗若能捕獲同伴解官者免罪，依常人一體給賞各等語。伏思例載犯罪自首各條，原係予人悔悟自新之路，而能捕同伴解官並得免罪給賞，猶欲激勵匪犯同歸善良。其傷人盗犯自首而又捕獲另案盗犯解官作何治罪之處，律内雖無明文，但查捕獲同伴與捕獲另案强盗情事相同，自應一體辦理。惟丁直安曾經拒傷更夫，若因其自首而又捕獲他盗，即照捕獲同伴例竟予免罪，又似與並未傷人之犯漫無區别。臣等悉心酌核，傷人平復之犯既已姑準自首，減等擬軍，則傷人自首又能捕獲他盗者，自應再從酌減，丁直安應改照傷人自首擬軍例酌減一等，杖一百徒三年。則既不泯其捕獲他盗之功，而仍懲其傷人之罪，似於情法較爲平允，並請嗣後遇有此等案件，俱照依此案酌核情罪辦理。奉旨：依議。

（清）嵇璜等《清朝通典》卷八二《刑·刑制》 乾隆三十五年三月改定，行竊衙署雖未得財擬徒，及事主追賊身死並窘迫自盡，照因姦釀命例問擬杖徒。四月，申嚴被毆傷重違例擡驗不行阻止之親屬地保分别治罪。又奉諭：吴達善等奏審擬梓桐縣刁民聚衆一摺，已批三法司核擬速奏矣。此次承辦兵差，俱係官爲發帑，不令絲毫累及閭閻，且唸經過地方應用夫役，不無稍資民力，復格外加恩賞賚，並無勒派軍需之事。即或有司辦理不善，縱容胥役人等藉端科歛，甚至不肖官吏婪索侵蝕，該民人何難赴上司控告，一經勘訊得實，自必盡法嚴懲，以除民累。乃此案刁民輒敢糾集多人入城，肆横折毁民房，甚至擁赴衙署，勒放枷犯，直是目無法紀。此等莠民之尤，孽由自作，於情理難以姑寬，業將首惡各犯按律駢誅，用示炯戒。至摺内稱該縣里民聚衆不法者，惟蘆溪、東芝、溱溪三處，其妻化、夜郎二里並未約會等語，可見梓桐百姓不盡姦頑。雖據首犯供，此二里地處窵遠，一時未及糾約，但匪衆因趕集入城，滋事三次，號召多人，其事已哄傳合縣，而妻化夜郎二里，獨無一人隨同附和，是該二里民人，尚知守分奉法，具有天良，不可掩没其善。朕惠愛黎元，無所不至，而彰善癉惡，一秉大公。其有藐視國法者，斷不肯姑息長姦，而馴謹良民，則深所嘉予。刑賞悉視其人之自取，隨事具有權衡。著該撫宫兆麟即行確查二里里長、民人，量加獎賞，仍出示曉諭，俾衆人知所激勸，並將此通諭知之。五月，定委員審理案件，究出實情，聲請議敘，其故意苛求，一並題參，案件重大，委審多員，亦應仿照刑部，衹將主駁之員聲請敘録。閏五月，奉旨：刑部等衙門題覆，盛京刑部侍郎朝銓等審擬齊了其等行刼花義相家一摺，該侍郎等原擬以法所難宥之齊了其戚七里請照律正法，而以遞送財物及把風之蘇薩勒噶、齊小胖、老各即、拴得力、郭七等爲情有可原，請免死發遣。經部改擬，削去户籍，發烏嚕木齊等處爲奴。雖係按例核擬，於情法尚未允協，該犯等身係旗人，乃竟甘心爲盗，實屬從來所未有，閲之不勝駭愕。豈得僅照尋常盗案爲之差等科罪，况强盗已行得財，律皆擬斬，原屬不分首從。經我皇祖聖祖仁皇帝法外施仁，分别情有可原一條，量爲末減，此以加之民人犯法，尚可云憫其愚氓無知。若我滿洲素風湻樸，今以百餘年來未有之事，而忽見此下流敗類，實爲愧憤難釋，即我八旗聞之，亦當切齒痛心，安得不力挽澆風，大加懲創。我皇考世宗憲皇帝嘗以旗人殺死旗人，情罪最爲可惡，特命秋審入於情實予勾，用昭炯戒。自後鬬狠之風，因之歛戢。今該犯等不知顧惜顔面，畏法自愛，至於身犯盗案，無論原擬不足蔽辜，即部議削籍改遣新疆爲奴，亦不足以示儆。此本著交刑部，另行定例，會同法司核擬具奏。並將朕明罰敕法，正所以保全愛護滿洲臣僕之苦心，通諭八旗知之。尋議嗣後如滿洲旗人有犯盗刼之案，俱照强盗本律定擬，不得以情有可原聲請。奉旨：依議。十一月，定造意分贓之窩主，不得照竊盗律以一主爲重，應統計各主之贓數，在一百二十兩以上者，擬絞候。在滿貫以下者，亦統計各贓科斷。十二月，奉諭：據從泰奏稱，發往巴里坤效力贖罪之原任知縣奇善、原任佐領李陶、原任筆帖式托恩多，自到巴里坤以來，在清漢檔房效力行走。奇善著賞空銜，李陶、托恩多或再留一二年，或即送京，

將伊等原犯情罪開單請旨前來。查奇善所犯係婪贓之罪，此等貪員斷不行復用，今豈可奏請賞給空銜。至李陶、托恩多乃喫酒行卑獲罪，部擬發拉林阿勒楚喀，加等改發巴里坤之重犯，向使李陶托恩多如不加等治罪，徑發拉林阿勒楚喀，則又何如奏請免罪回京？惟因伊等所犯之罪，不足以蔽其辜，始行加等改發巴里坤之人，今反奏請免罪回京，有是理乎？況發遣拉林阿勒楚喀及發遣伊犁人等，俱令一體在彼種地，其發往拉林阿勒楚喀人等，由邇年以來，並無因其效力奏請回京之例。惟發往伊犁等處之人，彼處往往將此輩令於印房行走數年，該處大臣輒行邀譽，稱其出力，代爲奏請，僥倖者甚多。此皆非是其發遣人内原犯罪輕情有可原者，果能效力行走，尚可奏請邀恩，似此該犯貪卑重罪，加等改發巴里坤等處，不應開復之輩，斷不可代爲請恩具奏。從泰所奏，甚屬非是。從泰著交部議處。但此等擬發拉林阿勒楚喀加等發往巴里坤人等，俱係重罪之人，非別項發遣新疆人等之可比，從前刑部辦理之時，並非分晰重輕，亦屬未周。嗣後似此發遣拉林阿勒楚喀加等發遣巴里坤人等，永行居住配所，不準奏請發回。將此著交刑部爲例遵行。三十六年四月，改定偷刨人參人百名以上，改爲四十名以上，五百兩以上，改爲五十兩以上，俱擬絞監候。五月，定盜牛二十隻以上及二十隻以下計贓滿貫者，均擬絞監候。又奉諭：據何煟奏，内黄縣緝獲隣省賊匪劉老、張花子、張五和尚、李二楷子四名，訊出糾夥在直隸靜海縣境行劫，並將同夥劉四淹斃。各案經直督楊廷璋以靜海縣所獲該犯同夥張二未認致死劉四情節，咨提劉老、張花子等質審，現將該二犯解直等語。劉老等係節次强劫盜犯，且係謀命重案，均爲法無可逭之人。今同夥之張二既在直狡供，計圖脱卸，自不能不將該犯轉解質證，使無遁情。著傳諭何煟即行遴選妥幹員弁，小心護解赴直，毋令稍有疎虞。楊廷璋於質審明確後，將應行正法要犯即在直省辦理，毋庸再行解回豫省。其在豫同獲之張五和尚等，該撫於提到訊取確供後，即行定擬題結，亦無庸再解直省並案審辦。此等稔惡貫盈之犯，居心狡險，每因案連隣省，冀輾轉關查解審，得以稍延顯戮，或於中途乘間脱逃，其情最爲可惡。前曾諭令各督撫，或有逃盜要犯，核其情罪重大者，一面移查本省原案，審訊得實，即在該處照擬辦結，毋庸往來解送，致滋疎誤。著再傳諭各督撫，嗣後各省遇有盜劫逃遣及悖逆等重案犯，一經審確，仍遵照前旨，即於本省按例辦理。倘有必需移解質訊方能定案之犯，該督撫等即慎簡妥幹之員，沿途加意隄防，管押遞解，毋任少有疎虞。倘視爲解犯具文，致該犯在途兔脱及情急自戕等事，除將管解人等從重治罪外，仍惟辦理之督撫是問，並於各督撫奏事之便通行諭令知之。八月，奉諭：海明奏萬載縣緝獲湖南逸盜徐明宗，該犯拒捕傷人，因供詞與楚省原案不符，已移解瀏陽縣質審等語。所辦非是，各省拿獲强劫要犯，如情節重大，即就所獲之處審明辦理，不必輾轉解質，致有疎虞，節經通諭甚明。其實係供情不符，罪關出入，必須解赴原犯省分質訊定讞者，係專指本案情節未明，並無別項重罪者而言。今徐明宗係陳大魁等糾同行竊臨時行强案内取緝捆縛事主之犯，業經楚省審確定案，情節已無可疑。或該犯因首犯已經正法，希圖狡卸，楚省原案具在，無難關查指詰，自不容有遁情，並無所用其轉解。即果如所供，止係在外接贓，而該犯於巡檢往拿時，尚敢拒捕逞强，用刀劃傷弓役，自應即照强盜拒捕傷人之本例擬以斬決，何得又因供詞不合原案，咨解往來，致稽顯戮，海明甚屬不曉事體。著傳旨申飭。但據奏，徐明宗已經解赴湖南，著傳諭永德，即速審明，嚴固監禁，毋庸再行解回江西，致中途或有疎誤。海明接奉此旨後，即將該犯拒捕案情速行定擬具奏，以便交永德就近辦理。並著通諭各督撫，嗣後凡有此等逸盜，於臨捕時敢有拒傷兵役之事，均照此從重問擬，毋得拘泥解質之例，致失罪名輕重。著將此於各省督撫奏事之便傳諭知之。三十七年四月，定發往各處駐防當差之另户旗人並犯罪發往新疆當差旗人，三年改過，編入本地丁册，年終彙題。又奉旨：三法司核擬阜寧縣民陳有茂與胞弟陳有盛爭鬧致伊母葛氏服滷身死一案，照子威逼父母致死例擬以斬決。陳有茂因田價細故，與弟連次爭鬧，復逼妻尋死圖賴其弟，以致伊母愛憐少子，忿激自盡。核其情罪較重，自屬法所難逭。惟所引子威逼父母例文，於義實爲未協。明刑所以弼教，若以威逼二字屬之子孫，於父母祖父母言之不順，豈可著爲法令。此等準情定罪，當改爲子孫不孝致父母自盡，定爲例條，庶足以飭倫常而示懲儆。所有此案，即著照此改正。第子孫不孝其親情節輕重不同，亦有未可概擬斬決者，並著刑部詳悉酌議具奏。尋議嗣後凡子孫不孝致祖父母父母自盡之案，如審有觸忤干犯情節，以致其親忿激輕生窘迫自盡者，即擬以斬決。其本無觸忤情節，但違犯教令，以致其親

抱忿輕生自盡者，酌擬絞候。律例内威逼字様，應改爲因事逼迫字様，奉旨：依議。六月，定文職承緝竊案功過，不得將上次彙奏之案並入新案計算。七月，定改發新疆爲奴人犯，雖成篤疾，仍應改發。其軍流人犯加等問擬黑龍江等處爲奴分別刺字及隆冬盛寒停遣例。又定蠹役犯贓，以蠹犯二字分別刺臂刺面例。又定蠹役不刺字及刺後復充該管官分別降革例。八月，定加倍重利收當軍器分別遣徒。九月，奉諭：向來旗下家奴有酗酒行兇者，一經本主報明，該旗即行送部發遣，其妻室有年老殘廢及不願隨帶者，俱不同發。定例未爲周密，如近日秦璜即有將發遣家奴之妻留占爲妾之事，不可不另立章程，以防流弊。蓋家奴犯法，其妻亦屬有罪之人，自當一體發遣。但此等犯罪旗奴妻室，自不值官爲資送。若其中果有實在不能隨帶者，或令於親屬依棲，或聽本婦另嫁，自不便仍留服役，以杜嫌疑。嗣後該部旗遇有發遣家奴之案，俱照此辦理，著爲例。十月，定停柩在家限一年安葬例。定溺女依故殺子孫律，杖六十、徒一年。又奉諭：據熊學鵬奏，參革河東鹽運使吴雲從捏報虚數鹽斤案内，應賠銀六萬六千三百六十餘兩。前於吴雲從任所查出並估變銀五百三十餘兩，又續增查估銀僅三千二百二十餘兩，所追不及二十分之一，請將吴雲從解部嚴加治罪等語。吴雲從名下現有應賠鹽價銀六萬六千餘兩，其未完銀兩甚多，即不應準其贖罪。此等獲罪人員，本身既有應追銀兩，自應盡數全完，或尚有餘力，再行贖罪，方爲合理。從前兵部辦理此案時，不知吴雲從名下有應追未完之項，遂爲據呈奏請，是向來贖免坐臺舊例，原未允協，吴雲從應不準贖罪，其已交贖臺銀一萬二千兩即劃入未完數内扣抵，仍著將吴雲從即行解交刑部，按伊現在未完銀數核擬定罪具奏。嗣後凡遇此等贖臺贖罪各項人員，著咨查户刑工等部，如有本名下應行追賠未完銀兩，概不得準其奏請贖罪，著爲令。十二月，定通緝人犯已逾四十年者，即予查銷，毋庸彙奏。三十八年二月定漕船舵工水手勾匪趕集及失事不爲救護，分別照窩主不行不分贓例減一等治罪。糧船入境，派捕盜廳二員協拿盜賊，如有失事，照盜賊經過不行窮追例，降一級留任。五月，定族隣捏結留養，照本犯罪名減二等。贓重者，以枉法論。十二月，定聞拿投首之犯，除律不準首及盜案人犯仍按本例分別辦理外，餘俱減一等。三十九年三月，定民間私製藤牌，照鳥鎗例治罪，失察文武各官處分。九月，定改遣重犯脱逃，通咨奉天等各遠省查緝例。十月，定僞造護道榜文限半年首繳，逾限治罪。地方官搜查不浄，照失察邪教例處分。又定打射禽獸不期殺人，比照捕户於深山曠野安置窩弓，不立望竿，因而殺人致死律，擬徒。十一月，定新疆改發欵内，回民結夥三人以上等六項應發四省烟瘴人犯，老幼殘疾及年逾五十免刺改遣字様，仍依原罪科斷。又申明改發内地人犯，年在五十以上及成殘廢者，不得刺改遣二字。又定處決重囚部文到省，如州縣近而道府遠者，派委在省之同知等官前往監決。又奉諭：三法司進呈賊犯程文錢丢包竊賊滿貫一案，擬以絞候，雖云按例，但此等賊犯夥衆肆竊，竄跡稽誅，情罪甚爲可惡。且其犯案已越六七年之久，若彼時早能捕得，已早入情實予勾。是該犯係倖逃法網之人，一經弋獲，即應立行正法，豈可復令監候稽遲。嗣後凡有罪應入情實人犯，經二三年後始行就獲到案，其本罪如係應擬斬絞監候，均著改爲立決，以昭平允。此案即著三法司另行改擬具奏。四十年正月，奉諭：前據弘晌等奏，查審逆犯吕留良之孫吕懿兼、曾孫吕敷先捐納監生一事，係户部辦理錯誤，現已另降諭旨，至檢閲刑部原議作爲另户之案，竟係錯會朕旨。朕前諭令將發遣之曾爲職官及舉貢生監出身者免其爲奴，於戍所另編入旗，出户當差，係指尋常爲奴遣犯而言。其真正反叛及强盜免死減等人犯，原旨即在開除不辦之列。若吕留良子孫係大逆重犯緣坐，即屬反叛，豈可援輕罪有職人員概免爲奴出户，致令逆惡餘孽，得仍竄籍良民，實不足以示懲創而申法紀。即如此次王倫之族，設有舉貢生監，亦免其爲奴出户乎？著交刑部存記。嗣後如遇辦理此等大逆緣坐之案，不特舉貢生監不應減免，即官職甚大者，既爲逆犯子孫罪在不赦，亦不當復爲區別。所有吕懿兼吕敷先二犯，前既倖爲開户，今復妄思混厠衣冠，情罪尤爲可惡。若僅照該將軍所擬永遠枷號，罪及其身而止，尚不足以蔽辜，著將該二犯及其家屬俱發往黑龍江給與披甲人爲奴。二月，定盜竊連犯兩案罪名相等者，一案具題，一案咨部。四月，定先曾和姦後因拒絶殺死，仍照謀故鬬殺問擬，秋審入情實。又定遣犯隨帶之妻，在主家倚食，被主毆死，依毆死雇工人論。自行謀生者，以凡論。八月，定兵丁閒散等項由軍流改發新疆之犯，永遠不準回籍。閏十月，奉上諭：今日御史王寛奏請將各省秋審經九卿改輕改重之案酌定處分一摺，所奏甚屬非是。朕辦理庶獄，一秉大公至正，即有

更改，惟在準情酌理，務得其平，從不存絲毫成見。至每年辦理秋審，俱經細閲數次，其中，稍有一線可原者，臨時即不予勾。或各督撫有問擬失當經九卿改正者，朕量其改駁案件少者傳旨申飭，多者或交部察議，其事亦止可如是而止。即如今年四川省改駁多至五案，亦止將署臬司顧光旭嚴加議處，而署督文綬尚因其承辦軍糈，特予從輕，此衆所共知者。乃該御史欲請將秋審改多之案明定處分，此必私心揣測，妄以朕爲有意從嚴，若果行其説，其無知之督撫，自皆避寬縱之名，共思從重以免過，勢必至失入者多，於民命所關甚鉅。國家設立刑章，辟以止辟，聞尚德緩刑，未聞尚刑緩德。王寬此奏，斷不可行。向來御史每遇給事中缺出時，多有封奏事件，希冀轉科。朕用人自有權衡，豈以一言爲去取。況身爲言官，藉以干進，亦爲諸臣恥之。同日李殿圖奏請陸續刊刻《國家方略》一摺，此書現在纂輯，告成後自當敬謹刊行，若纂辦未完，豈可零星刊佈。然其言不過書生迂見，尚不足深責，是以止將原摺發還。而王寬之奏爲明刑大體所繫，不應妄陳若此，著交部議處，並將此通行傳諭知之。臣等謹按：刑章輕重，各視其人所自取。我皇上明察庶獄，惟允惟平。每當秋審案件，詳慎再三，務使天下無冤民。故於失入失出過多之省分，交部察議，而於請定處分之奏，則嚴行諭禁，誠恐啓酷吏過嚴之漸也。恭繹聖訓，欽恤民命，尚德緩刑，好生之仁，與天合德矣。十二月，定徒罪有關人命者，解司審轉，專案咨部。尋常徒罪議結後，議敍供招按季報部。四十一年十二月，定因瘋殺死二命擬絞監候例。

（清）吴壇《大清律例通考・奏疏》　經筵日講、起居注官、太子太保，武英殿大學士、文淵閣領閣事兼翰林院掌院教習庶吉士、管理吏部刑部户部三庫事務兼管鑲黄旗滿洲部統、雲騎尉臣舒赫德等謹奏，爲請旨事。臣等伏查乾隆十一年七月内，經内閣等衙門於遵旨議覆御史戴章甫條奏案内議定，刑部律例雖奏明三年一次纂修，而三年内或酌改無多，不必拘定三年之限，應以五年爲期纂修一次等因，奏准遵行。臣部届期俱照例請旨纂修在案。今計自乾隆三十七年至四十二年已届五年之期，理合奏請，將五年内所奉上諭，以及議准内外臣工條奏應纂爲定例者，詳加參考，分類編輯。再查《律例全書》自乾隆三十三年纂修告成，至四十二年已届十載，條例加多，增改不一，雖經三十七年修輯一次，亦止就現定新例依類編入，其從前舊例有與新例未合，以及輾轉比附，文義倒置，應行增添删改之處，積久漸多，引用窒礙。臣等將全書所載條例逐一較對，悉心參酌改正，務歸畫一。繕寫黄册，陸續進呈。俟欽定奉旨之日，臣部將續纂新例并三十七年所纂條例，各按門類歸入律例全書内，刊於原本各條之後。其改正舊例亦即於全書内逐一改刊，則翻閲既易，引用不致互歧。至纂修日期，向年編輯新例俱係定限十個月，以開印之日爲始。今全書所載舊例内有應須改正之處，請展限兩個月，以便悉心參核。爲此謹奏請旨。乾隆四十一年十二月初三日奏，本日奉旨：知道了。欽此。

經筵日講、起居注官、議政大臣、協辦大學士、户部尚書兼管刑部事務、管理三庫兼翰林院掌院學士事、教習庶吉士、正黄旗滿洲都統、總管内務府大臣臣英廉等謹奏，爲奏明纂修律例告竣事。竊查臣部於乾隆四十一年十二月内，奏明開館纂修事例，并因三十三年所修律例至今已届十載，條例加多，增改不一。其間三十七年雖經修輯一次，亦止就現定新例依類編輯，其從前舊例與新例不合之處，俱未釐定删改，請定限十二個月趕辦告竣，繕寫黄册進呈等因。奉旨：知道了。欽此。臣等遵即率提調、纂修等官，分派供事，上緊辦理。所有歷年欽奉上諭及議準内外臣工條奏，并吏、户、禮、兵、工等部議準有與刑名交涉應纂爲例者，詳細復核，分類編輯。并將全部條例逐一比較，其中或有新舊不符及詞意重復并文義未甚明晰者，俱詳加參考，酌量修改，以期引用無訛。其舊例内有業已奏準不行及與新例上不符合者，俱酌擬删除，以歸畫一。至條奏準行事件内，有與律例無涉者，酌擬無庸編輯，以省繁瑣。今已依限辦竣。所有續纂新例及修改舊例，如增删字句無多者，即於本條下添具按語，分晰陳明。其有罪名輕重新舊不符者，謹先叙原例，次列修改本條，仍於各條之首粘貼黄簽，分别續纂、修改字樣，繕寫黄册，裝成二函。又纂修《督捕則例》并《毋庸纂輯》及《删除條例》各一函，共計裝璜五函，敬呈御覽，恭候欽定。俟命下之日，臣館謹將纂修條例翻譯清文，另繕清、漢黄册進呈後，再將現在纂修各例與上届續纂條例一并歸入全書，刊刻頒發。臣館仍照向來舊例，一面先行刊刷草本通行，内外問刑衙門一體遵照。爲此謹奏請旨。乾隆四十三年二月十三日奏，十四日奉旨：知道了。欽此。

（清）嵇璜等《清朝通典》卷八二《刑・刑制》　〔乾隆〕四十二年

三月奉諭，江蘇巡撫楊魁題請將桃源縣民孫謀掌毆伊父孫尚文並咬落指節擬以斬決一疏，已批法司核奏矣。查閱本内孫尚文供伊子孫謀平昔不孝，屢次違犯，曾於三十七年九月稟縣枷責等語。彼時辦理，殊屬非是，該犯孫謀忤逆，既經伊父稟縣，即應嚴行懲治，或發烟瘴或發他省，使伊父得安居守業，豈可僅以枷責從輕發落？此等不孝之徒，所謂下愚不移，何得留於其家，致將來釀成事端。向來刑部辦理呈告忤逆之案，皆按律科斷，即從輕亦擬發遣，此日孫尚文控告伊子時，地方官若照此辦理，何致尚留敗類，任其回家肆行狂悖。幸而孫尚文被咬未死，設使因傷致斃，或竟有逆倫之事，則是因一時姑息之心留此梟獍，使得肆毒於其父母，於倫紀風教大有關係。所有從前辦理此案之府縣，實屬疎縱，至臬司刑名總滙巡撫察吏安民何俱漫不經心若此，著查明一並交部議處，嗣後各省似此忤逆之案俱應照例，坐以發遣，著交刑部定議具奏。尋議嗣後祖父母父母呈告忤逆之案，如係屢次違犯逆蹟顯然者，即將伊子發烟瘴充軍，若係旗人發往黑龍江。奉旨依議。四月，奉諭：刑部題覆直隸省毛成因圖姦殺死張興問擬斬決一本，已依議行矣。閱本内毛成於乾隆三十九年七月犯案，旋即脱逃，至四十年十月始行緝獲，業已稽誅一載有餘，而承審之知州又以隣境會審檢驗辦差等事公出，以致更易三任，輾轉稽延，直至本年三月始行結案題達，殊屬非是。此等淫惡之徒一經就獲，自應速行審辦，早正刑誅，俾兇頑知所懲儆，死者得以伸冤，方合辟以止辟之義，乃遲至兩年始行審結。設該犯有監斃自戕等事，轉得倖逃顯戮。即此可見外省吏治廢弛，積習相沿於地方，緊要案件全不依限速辦，爲上司者又不實力督催，至扣限時，輒以會審辦差紛紛藉口尚復，成何政體？況州縣既有本任應審要件，即不應復差會審别縣之案，以致反遲其應審之本案也。督撫等何漫不經心若此？周元理著嚴行申飭，達爾吉善著交部議處。嗣後各省審辦重犯案件，尤須上緊審轉依限題結，不得托故稽遲。倘有仍似此遲滯者，定將該管上司交部從重議處，將此通諭知之。六月，定原謀共毆，必有致命重傷，方行擬抵。又奉諭，據國泰審擬竇十調姦拒捕逞兇斃命一案，據稱竇十乘張氏之夫夏三與子夏喜外出，用言調戲，當經夏三邀同妻弟張禄等及子夏喜赴竇家理論，竇十即持刀開門將夏喜砍傷斃命，並砍傷夏三張禄等四人，畏罪逃逸，旋於熱河地方拿獲，審明定擬，並稱該犯情罪可惡，僅按律擬斬監候不足蔽辜，請旨即行正法等語。此等淫惡兇犯情節固爲可惡，但按律擬以斬候於法已無可加，若因其情罪較重，只須趕入本年秋審情實，不使久繫稽誅，尚非決不待時之犯，乃聲敘以爲不足蔽辜，請即正法，恐無識者轉疑爲有意從嚴所辦，未免過當。朕辦理庶獄，惟期公當，不肯稍存畸重畸輕之見。内外問刑衙門均當體朕此意，著傳諭各督撫，嗣後如遇此等案犯按律定擬後，即夾片聲明趕入本年秋審情實，較之尋常案件歸入下年秋審者已屬從嚴，毋庸將不足蔽辜字樣聲敘。此案除交刑部存記辦理外，並著傳諭國泰及各督撫，奏事之便諭令知之。八月，定逃旗發遣赦回交旗管束五年後，酌量挑差，如不悛改，仍行發遣。十月，定鄰佑捕賊於拒捕時先毆重傷，拿獲後毆輕傷，比擬杖徒。十一月，定竊犯攜贓逃回家内，刃傷事主，並非獲贓格鬭，按例擬絞，知情未經同竊之犯幫同拒捕擬流。又部議廣東將軍永瑋等奏，駐防鑲紅旗滿洲前鋒克什布之妻楊氏違犯教令，致令伊姑王氏自行投井身死，將楊氏審擬絞候。奉旨：楊氏依擬應絞著監候，秋後處決，餘依議。至摺内稱楊氏係駐防旗人之妻，例應解部監禁，令該將軍等派員選人伴解等語，固屬照例辦理，但各駐防旗人内應入秋審亦所常有，若俱派人伴送，不勝其煩。向來東三省秋審常犯並不解京辦理，各省駐防何獨不然。況各駐防將軍都統拘禁一二人犯亦非難事，而理事同知衙門各有監獄，即可令其收禁，何必多此一番跋涉耶？嗣後各駐防遇有秋審人犯，即令將軍都統等悉心確核，分别情實、緩決、可矜三種，造册題達，交刑部九卿會核具題。至勾到時某省駐防，即令另册同該省應勾人犯一體辦理。著爲令。四十三年五月，定竊盜再犯，雖遇赦得免並計仍應刺臂。六月，奉諭：據明善奏，正月間由科布多派在屯之宣化中營馬兵何澤洪隨同筆帖式三陽泰進京公幹，該員行至宣化地方，何澤洪即託病潛逃，請旨飭下宣化鎮嚴行查拿，俟拿獲時由驛解至科布多治罪示衆等語。緑營兵丁派往新疆換班耕種，乃因奉差進京，經由原籍輒敢託病潛逃，情節甚爲可惡，雖不至如軍營征兵脱逃拿獲即行正法，亦當按律重擬。候朕酌量定奪，若如明善所奏，仍解至科布多治罪，不足以示懲儆，而僅交該鎮總兵查緝，亦恐未能迅獲。宣化係直隸所屬，其地與晉省毗連，著傳諭周元理巴延三嚴飭所屬，於宣化張家口一帶地方將該犯何澤洪設法跴緝務獲，解交刑部嚴審，究擬具奏。再新疆

各處耕屯日闢，綠營兵在彼駐防者甚多，脱逃之事諒亦不免，著各該管大臣將此旨嚴切曉諭，如該兵等再有脱逃者即照此例辦理。俾各知凜遵，毋致輕蹈法網，將此一並傳諭知之，並交刑部存記。閏六月，定駐防滿兵出城閒遊居住查拿治罪。九月，定爲奴之厄魯特酗酒滋事，發往烟瘴地方，給與兵丁爲奴。又定毆傷父母逆犯，審明即行處斬，不得請旨。十月，定撥給外省駐防將軍都統發遣爲奴人犯，俱令其在所定之地存留，毋得隨任遷移。十一月，定押解斬絞立決、秋審情實重犯，如有違例僱替等弊縱因脱逃者，簽差之知縣千總比照管獄官減等治罪。又定白役詐贓斃命之案，正役分別擬罪。又奉諭：據觀音保奏，奉旨勾決官犯吴龍光時，因臬司周元理公出未回，觀音保即親往監視行刑一摺，所辦甚是。藩臬均駐省城，事同一體，原不應稍存彼此之見，嗣後各省官犯勾到時，如臬司現在省城，自當遵旨親往監視，專摺覆奏，或因公出省即著藩司代辦，仍行具摺奏聞。著爲令。將此遇便傳飭各省藩臬知之。四十四年三月，定十歲並十五歲以下幼童致斃人命非死者，長於本犯四歲以上，不得援例案雙請。又定因捉姦致死外姻小功尊長，夾簽申請減流成案。四月，定問擬五軍及總徒準徒各案，均於擬罪處聲明，杖一百折責發落字樣。八月，定捐納官生貢監逾限不行改歸原籍者，斥革治罪。九月，定和誘改嫁之婦即照犯姦問擬杖罪的決不準收贖。十月，定爭繼釀命之案，聽房族另行議立，其爭奪各房不準承繼。又定審辦案件犯病公出，毋許重扣之例。四十五年二月，定婦人故殺子孫婦，殘酷狠毒，流罪不準納贖。六月，定江洋大盜屢行搶刼，復拒捕致斃弁兵，從重問擬凌遲，並將親屬發遣爲奴。又奉旨：巴延三奏拿獲肆刼多案、拒捕殺傷官兵之海洋盜犯胡友南等，審擬分别斬決梟示一摺，已批交三法司核擬速奏，海洋大盜雖常有，未若此案。盜犯於洋面屢行搶刼，及至官兵往捕，盜犯韓廣石竟敢用鎗抵拒，將把總譚瑞昌鎗傷墮海，兵丁陳元秀等戳傷落水淹溺，情罪重大，非尋常江洋大盜搶刼傷人者可比。此等爲首盜犯竟應從重問擬凌遲，其親屬亦應發遣，以昭懲儆。其把總譚瑞昌、兵丁陳元秀等奮勇捕賊受傷淹斃，應照出兵陣亡例賞恤，著該督查明辦理。至該犯等先在沙灣河面見有雙桅舊船，即起意糾買修理偷越出口，已屬人所共見，而摺内復稱原籍牌頭保甲無從覺察，均無庸議辦理，尤爲未協。至失察私藏軍器及偷漏出口之疎防文武各員，雖係聲明，除此案拿獲各犯出力之兵弁仍著加恩獎賞外，巴延三到任未久，此次姑寬其處分，章紳著交部嚴加議處。其未獲各犯著該督撫等嚴飭跴緝，剋期務獲，歸案嚴辦。其沿海省分並著各該督撫等實力稽查，遇有此等案件即照此辦理。並將此通行各省沿海地方，出示曉諭，俾匪徒咸知儆惕，而出力官兵有所勸勉。再此案係本年二三月間之事，且糾衆至八十七人之多，又復拒傷官兵，不法已極，何以李質穎署總督時僅飭查拿，並不據實奏報，著李質穎明白回奏。十一月，定妻妾逼迫夫死擬絞立決。四十六年二月，奉旨：刑部因經朕看出核覆山西省梁崇禄圖姦竇生宜之妻，被竇生宜毆傷身死，將竇生宜漫照罪人不拒捕而擅殺律擬絞監候一本，另請立罪人雖拒捕而並未傷人之例。此案梁崇禄實亦拒捕，但未傷事主，向來辦理此等案件俱有成例可援，如罪人不拒捕而擅殺者，自應照例緩決，數年後遇赦再行減等。若罪人既有拒捕確實證據，致被捕者殺死，則捕者無論已未受傷，均當於本年列入可矜，刑部止須於秋審時就案核辦，不必另立科條。竇生宜一案即照此辦理。四月，定新案：斬絞人犯病故，概行通詳委員相驗，其離省及道府所駐之處遠者，關移隣封相驗，一面具詳。五月，奉諭：阿桂等奏，查明甘省新舊教番回起釁讎殺緣由一摺，據稱撒拉爾番回約有六千多户，分爲十二工，各工俱有掌教。韓哈濟係世傳總掌教，乾隆二十六年，韓哈濟與賀麻六乎因唸經不和，彼此爭閙，賀麻六乎新起禮拜寺三座，韓哈濟韓武等在按察司衙門互相控訴，案内即有蘇阿渾即四十三之名，經地方官會同審明，將賀麻六乎韓武均照誣告人死罪未決律擬以杖流。賀麻六乎首先生事，冀陷無辜，從重發往烏嚕木齊爲奴，韓哈濟擬以枷杖，蘇四十三訊不知情，均予免議，當經咨部完結等語。此等番回在該處煽惑愚人，妄言禍福，甚至設立掌教及總掌教之名，以至無知回民被其愚惑入教，指揮聽令。現在逆番蘇阿渾四十三等即其餘黨，竟敢於率衆抗拒官兵，總由當日養癰貽患所致。然尚因舊教與新教相爭，不致合爲一事，若聽其仍存總掌教之名，俾回衆悉聽其號令，設彼總掌教者肆爲不法，更何事不可爲。此事關係甚大，不可不設法妥辦，早爲消弭。著李侍堯於辦理撒拉爾番回善後事宜内，將總掌教名目不動聲色令其裁去，並各省有無似此回教名目者亦令一體妥爲裁革。至韓哈濟與賀麻六乎等爭教互訐，非尋常案犯可比，皆當據實奏聞，按律嚴辦，以示懲

儆。乃當日該督僅以咨部完結，刑部亦照咨率覆，或入於奏，朕實不知，均屬錯誤。但查此案係陝甘總督明山任内之事，其時刑部堂官劉統勳、官保吴紹詩、四達、錢維城等均已物故，毋庸再行查辦。嗣後各省督撫遇有此等邪教爭控、聚衆唸經之案，即應親提案犯，嚴審究擬，據實具奏，以净根株，不得顢頇了事，率行咨部完結，致復蔓延滋事。刑部堂官遇有此等外省咨結之案，亦即具實特奏，從重定擬，不得咨覆完案。至邪教案内凡有發遣之犯，不得發往奉天吉林及新疆等處，致將邪教復行煽惑，民人被其愚誘。將此傳諭李侍堯及各省督撫，入於交代，遵照辦理，並交刑部堂官存記，一體遵照。九月，定竊盗被追拒殺及臨時拒捕殺人並搶奪殺人，從犯如幫同拒捕，有傷不論他物金刃，俱改擬絞候。四十七年九月，定發遣新疆年滿之員，除本犯不至軍流者仍照舊例辦理外，其本犯軍流改發者，即由陝甘總督照例解配，旗人解部折枷。十月，奉諭：民間私鑄鳥鎗，向有明禁，嗣因口外蒙古地方及内地民人防禦盗賊打取牲畜不能無需用之處，是以降旨免其交官銷燬，致滋煩擾，仍令編立字號以備稽查。乃近閲各省招册及題奏案件，常有火器傷人鳥鎗拒捕之案，皆因各省督撫平日不能飭屬實力查辦，即編號嚴查，出示曉諭，亦不過奉行故事，致任民間私行製造，而不逞之徒得以藉端滋事。著傳諭各省將軍督撫府尹，嗣後務須督飭各屬實力嚴查，毋許工匠私行鑄造售賣，並令道府州縣時於因公巡察之便，留心稽查，諄切曉諭。如有民間私藏者即行隨時繳銷，總須不動聲色，設法辦理，此即不禁而自禁之法也。著將此各傳諭知之，並將如何設法查辦之處於年終彙奏一次。十一月，奉諭：前因各省題奏審辦事件内常有火器傷人鳥鎗拒捕之案，因諭令各督撫將民間私鑄鳥鎗一事實力查禁，毋許工匠再行鑄造，並曉諭民間有私藏者即令隨時繳銷。昨因袁守侗奏審擬民人樊瑶呈控革監王烈父子一案摺内，有村民王文興等在堤看守，各持鳥鎗等械上前攔阻，致將民人郜見等鎗打受傷之語。可見民間鑄造鳥鎗私行售賣者不一而足，地方官平日並未留心查察，著再傳諭各督撫，接奉前旨，務須遵照飭屬嚴密稽查，並須不動聲色，設法妥協辦理，毋許任聽屬員視爲具文奉行塞責也。將此傳諭袁守侗，並令各督撫知之。四十八年二月，定姦婦悔過，拒絶有據，復被姦夫逼姦，因而殺死，擬以杖流。三月，奉諭：刑部奏毆傷親母之張朝元一犯按律擬斬決一摺，已

依議行矣。此等滅倫逆犯，行同梟獍，該部於審明後即應奏請正法，使悖逆倫理之人知毆傷伊母即決不待時，庶足以昭懲儆。乃刑部定擬摺内稱飭令伊母養傷平復，隨提該犯嚴加審訊等語。在刑部之意以爲設或其母因傷身死即當問擬凌遲，殊不知斬決凌遲同爲一死，該部拘泥律文，轉令兇逆之徒得稽顯戮，而無知者以爲未必即死，是不孝犯法者之無所儆畏，未始非此等遲回婦寺之仁之見有以釀成也。嗣後遇有子毆父母案件，無論傷之輕重，該部於審明後即行奏請斬決。設或其親因傷身死，自應將該犯剉屍示衆，亦與凌遲等耳。將此通諭内外問刑衙門一體遵照，著爲令。又奉諭：據富勒渾奏，福建泉州府海洋盗犯黄旦黄由劉愛三犯解審發回收禁，該犯等擰斷鐐拷，毆傷禁卒，實屬肆横無忌，當於審明後先行正法梟示一摺。所辦是，已批交該部知道矣。此等海洋行劫盗犯素性兇悍，自知罪在不赦，逞兇肆横，非一二禁卒及押解兵役所能制，自應於解審具題之時，即在省城按察使監牢固收禁，庶免疎虞，何得又發回原監，致令重復滋事，防範殊欠周密。嗣後各省除尋常謀故殺情實之犯，率多庸懦之人仍照向例辦理外，其逆匪劫盗案情重大立決之要犯，該督撫於審明題奏後，即飭交按察使監嚴行收禁，俟奉旨後即於省城正法。其應行梟示者於正法後傳首犯事地方示衆。著爲令。四月，定以藥迷人救醒未得財者，傳方及下手均擬斬候，甫經合藥敗露人未受累者給厄魯特爲奴，再犯及脱逃即正法。十月，定盗匪聚衆滋事蔓延數省，情罪重大，首犯比照大逆緣坐，仍於摺内聲明。此外劫盗各案俱依本律科斷，毋庸比照大逆辦理。十二月，奉諭：據提督衙門審究行竊人等内程章等六名俱係旗人，因程章爲罪魁，請銷旗檔，擬發伊犁等處爲奴，大柱兒、杜二格、杜三兒、花沙布、蘇冲阿請擬枷責刺字，完結具奏，雖已按例辦理，但旗人向皆誠實，並無此等無恥不肖事件，迨後漸不學好，遂有此等不肖行竊逃匿之人。其犯案兩三次後銷除旗檔發遣者，欲旗人知所愧辱治罪，俱皆悔戒，痛改前非。今程章等六人竟不顧旗人顔面，甘爲鼠竊而行不肖之事，情屬可惡，如僅以罪魁照例銷除旗檔發遣伊犁等處爲奴，其餘只枷責刺字完結，則不肖匪徒不能儆戒。程章等六人俱著銷除旗檔，分發伊犁等處，嗣後旗人内如犯不肖無恥之罪致干刺字，彼即全不知羞辱，未足憫惜似此者，即銷除旗檔，照民例辦理。朕如斯嚴行定例，並非只以嚴治旗人之罪，專欲旗人知所羞

辱，各改陋習，守分而行之意，將朕此旨著通行刑部八旗各滿兵駐防處所，曉諭知之。

（清）佚名《治浙成規》卷三《藩政・浙省外結之贜令事主備半價回贖之舊議刪除》　浙省外結之贜令事主備半價回贖之舊議刪除，仍遵定例畫一辦理。

浙江等處承宣布政提刑按察使司爲援例陳情等事，準江蘇臬司咨稱：案於嘉慶六年九月十三日，據長元吳三縣典商黄潤泰等赴司具呈，以竊盜當贜，浙省頒發成規，均令事主備半本免息取贖，現各遵行。兩省近在咫尺，浙則事主備半本取贖，蘇則全行吊起，苦樂既屬不均，且恐賊人將一案之贜分當兩省典鋪，事主認領，或贖或吊，亦不畫一。鈔粘榜案，請照浙省一體半本免息取贖，刊榜永遵等情詞投司。據經前陞司批飭蘇州府查議詳奪去後，兹據該府詳稱遵即關準浙江杭州府鈔移原案，榜示通飭各屬妥議詳轉去後。兹據崑山、新陽二縣會詳，内稱查例載諸色人典當收買盜賊贜物，不知情者勿論，止追原贜，其價于犯人名下追征給主等語。是定例盜贜先行給發，無典鋪措留待贖之理。况典商皆屬富饒，平時獲利累萬盈千，即或誤當一二賊贜，稍虧資本，亦無損於錐刀之末。若如該商等所請，令事主半本取贖，實於定例有違。該事主被竊一空，控官追比獲賊，究出原贜所在，仍須措備半本，方獲被失之贜。在有力之家已屬累而又累，設貧户一時無可措辦，承審官勢難向其追比當本，定至案懸莫結。况當贜與買贜者事同一例，若當贜定以半價取贖，則買贜之人亦必措贜勒贖，勢必訐訟不休。若事主再以違例具訴，更屬難以辦理。此與定例顯違，未便以鄰省有此成議，本省踵而行之。所請半本取贖一款，斷不能行等情詳府。卑府查：應起盜贜例得先行吊給，内結外結事同一例。若以内結當贜照定例吊起，而外結之贜即令事主半本取贖，不特一事兩歧，辦理未能畫一，抑且與定例顯違，該二縣所議半本取贖未可仿照之處，已屬妥協。但浙省與江境壤地相連，時有互相吊贜之案，應請咨明浙省一體遵照定例辦理，以免兩歧等情到司。據此，本司查核所議，甚屬妥協，除經批飭移明本省各屬一體遵照外，移明查照通飭畫一辦理過司，準此該布政使清按察使文卷，查是案前於乾隆五十九年據仁和縣典商陳生生赴前撫憲吉轅下具呈，賊犯當贜，務須失主認明物件，再行辦本取贖，毋許空提，有虧商本等情。奉批：該商等所呈似近情理，事屬可行。但當本若令失主全給，未免苦累，應減半給本回贖，庶昭平允。批司會同臬司妥議詳奪。等因。當經前藩司田會同前臬司謝核議具詳：外結竊案，供出當贜，經事主赴典認明，將原贜封記存儲，即令事主措備一半本銀交典回贖，一面嚴提贜犯勒比，一經追出，先儘失主，後歸典商，分別當堂給領，嚴飭各州縣不得假手經捕。如此酌予變通，商民兩便，不致全歸烏有，而經差亦可絶其措索之端矣。所有内結當贜，及民間偶致誤買，或貪賤收押賊贜，仍照定例辦理等情，詳奉前督憲伍批如詳飭照核議規條遵行，仍候撫部院批示繳。又先奉前撫憲吉批如詳轉飭遵照，仍將給發榜示各典造册送查，并候督部堂批示繳等因，奉經刊刷成規，轉行各州縣遵照在案。兹準前因，本司等覆加確核，查例載强竊盜賊現獲之贜，各令事主認領，若諸色人典當收買盜贜及竊贜，不知情者勿論，止追原贜，其價於犯人名下追征給主等語。蓋因閭閻從容力不足者少，艱難貧窶者多，饔存瓶儲，有朝靡夕。一旦爲竊匪所盜，數口即凍餒可傷，是以定例當買盜贜，如不知情，止追原贜，原爲被失之家宜憫，而誤當之咎可寛，法至平也。乾隆六十年，浙省前兩司曾議酌請嗣後外結竊案供出當贜，經事主赴典認明，將原贜封記存儲，即令事主措備一半本銀交典回贖。内結當贜，仍照定例辦理。不但一事兩行有違定例，抑且情理不順，倒置偏枯。内結之案贜重，乃係有力之家。外結之案贜輕，多係窘乏之户。在有力者備半價回贖尚屬易辦，窘乏者即起贜給領已難補創，豈可轉令半價取贖，而使有力者得以起贜，原議本不足以昭平允。而且典商素擁厚資，其平日子母相權，取利於貧民，生生不已。即間遇誤當盜贜，照例起給，亦爲無傷。况其價仍應於犯人名下追征給領，並非全歸烏有。至稱典鋪提贜，地方官膜視商本，不實力查追，而經差又百計扣侵，斯又似是而非之論。經差百計侵扣，應責地方官嚴辦。地方官之膜視不追，即非良吏，該管上司自當考察，奚容執此一端，衹知矜商而不知恤民，更非公正之議。江浙毗鄰，有在江省被失之贜當在浙典者，亦有浙省之贜當在江典者，彼此均須互起。今江省既遵定例移明，在浙省似未便違例，仍援舊議咨覆。是浙省舊議外結之贜，令事主措備半價回贖一案，應請刪除。嗣後當贜仍遵定例畫一辦理，交通並各屬一體遵照相應會核，詳請憲臺察核批示衹遵。除呈撫督憲外，爲此

備由，呈乞照詳施行。

嘉慶九年五月二十九日，奉總督部堂玉批：據議甚屬平允，自應將舊議删除，仍遵定例畫一辦理。但浙省報竊之案幾同山積，在失竊者往往徒有起贓給主之名，而實則盡飽經胥之橐，更須嚴飭地方官實心查察，該管上司不時察訪，庶民免苦累，贓歸實領。仰即通飭各屬一體遵照，並出示曉諭閭閻，盡令知悉。仍候撫部院批示繳。又先於五月初八日奉巡撫部院阮批：如詳通飭，遵照飭令，各屬出示曉諭，毋令少有抗違，仍刊載治浙成規備考，並候督部堂批示繳。

《西寧青海番夷成例·番民尋常命盜仍照番例辦理原案》爲遵旨等事。嘉慶十四年五月初二日，蒙總督陝甘部堂和憲牌，本年四月二十六日，准西寧辦事大臣文咨，本年四月十五日，准刑部咨，陝西司案呈粘單内開：內閣抄出西寧辦事大臣文奏呈進《番例》一摺，嘉慶十三年十一月十六日奉硃批：軍機大臣會同刑部、理藩院詳議具奏。欽此。本部會議，得據西寧辦事大臣文奏稱：竊查前任西寧辦事大臣貢因覆奏審結蒙古番子積案，嗣後蒙古番子尋常命盜搶刼等案，仍照《番例》罰服辦理，如有情節可惡者，隨時奏聞懲辦。等因。奉硃批：所奏《番例》，有何册檔可憑？情節可惡者隨時奏辦，是何情節，方爲可惡？所奏尚欠妥協。應將《番例條例》開單具奏。至何罪名具奏，何罪名咨部，一并詳議奏聞。欽此。貢楚克札布旋經離任。接任辦事大臣那彦成抵寧，正值番賊搶掠，統領滿漢官兵剿辦之時，嘗以番案無從另立條款，仍照向來此案辦理，抑或即請部臣另奏條例遵辦，咨請部示。海蒙准刑部咨覆，令西寧辦事大臣查看情形，詳細妥議，自行專摺具奏。等因。奴才到任後細查：青海蒙古番子大約重財輕命，習尚相同，向來命盜等案，一經罰服，兩造欣然完結，即深夙怨亦皆冰解。若按律懲辦，不特犯事之家仇隙相尋，即被害之家，亦以不得罰服，心懷觖望。此種積習不可化誨。伏查番子内附之始，雍正十一年間，經大學士鄂等會議，令西寧辦事大臣達鼐於《蒙古例》内摘選關係番民易犯條款，纂成《番例》，頒發遵行。聲明俟五年後，再照内地《律例》辦理。乾隆元年、五年、八年、十三年，節經奏請展限。嗣准刑部議覆：番民僻處要荒，各因其俗，於一切《律例》素不通曉，未便全以内地之法繩之。不若以番治番，竟於夷情妥恊。嗣後自相戕殺命盜等案，仍照《番例》罰服完結，毋庸再請展限。等因具奏。奉旨：依議。欽遵在案。奴才伏思，番民等如敢糾約多人，肆行刼掠，或竟擾及内地邊氓，情同叛逆，以及肆意搶刼蒙古牲畜，兇惡顯著，關係邊疆大局之案，自應懾以兵威，嚴拿首從，隨時奏明請旨辦理，以彰國典。其止於自相戕殺及偷盜等案，該蒙古番子等向係罰服完結，相安已久，一旦繩以内地法律，恐愚昧野番群滋疑懼，轉非撫戢邊夷之意。可否俯順夷情，仍照舊例，出自皇上天恩。所有原頒《番例》，奴才謹遵旨繕寫清單，恭呈御覽。至原例内或有應改、應删之處，仰懇敕部核定頒發，永遠遵行。等因。具奏前來。查番民有犯情節重大之案，自應嚴示懲創，不得因有罰服之例，稍有寬容，以致法輕易犯。其尋常案件，該蒙古番子等一經罰服，兩造既屬樂遵，亦未便率事更張，致啓番民疑懼。今據該辦事大臣奏稱：番民等如敢糾約多人，肆出刼掠蒙古牲畜，凶惡顯著，關係邊疆重案，即行嚴拿，奏明請旨辦理。其止於自相戕殺及偷盜等案，該蒙古番子等向係罰服完結，相安已久，一旦繩以内地法律，恐愚昧野番群滋疑懼，轉非撫戢邊夷之意。可否俯順夷情，仍照舊例等語，自係詳查該處確實情形，分别定議。應如該辦事大臣所奏，嗣後番民有犯前項情罪重大之案，隨時嚴拿，奏明辦理。其尋常命盜等案，仍照罰服舊例完結。至該辦事大臣奏稱原頒《番例》内或有應改、應删之處，仰懇敕部核定等語，查此項《番例》係番子内附之始，雍正十一年間，經西寧辦事大臣於《蒙古例》内摘選番民易犯條款，纂成頒發，行之至今，七十餘載，既據奏稱相安已久，自可毋庸復行删改。等因。嘉慶十四年三月初九日發報具奏，十一日報到。奉旨：依議。欽此。

《回疆則例·原修回疆則例原奏》理藩院謹奏，爲請旨事。竊查本年四月，經臣院奏請纂修《蒙古則例》，以期永遠遵行。等因具奏。奉旨：依議。欽此。欽遵在案。臣等當即督率司員，將應行纂輯歷年檔案，逐一檢閲。查得：臣院承辦回疆事件内，所有欽奉諭旨，及臣工條奏積案繁多，未便纂入《蒙古則例》，以致條款混淆，應請另行編纂成帙，以便頒發遵行。臣等公同商議，即於現在承辦《蒙古則例》司員内，選派本院通曉繙譯、熟悉例案之主事尼克通阿、岳禧二員，承辦所有回疆應行纂入則例事件，詳查檔案，編輯條款，先行繕寫清單進呈，恭候欽定。臣等

未敢擅便，理合奏聞請旨，爲此謹奏。於嘉慶十六年七月十一日，具奏。本日奉旨：依議。欽此。

《回疆則例・原修回疆則例原奏》 理藩院謹奏，爲請旨事。竊查嘉慶十六年七月內，由臣院奏辦《回疆則例》，請於承辦蒙古則例司員內，選派通曉繙譯、熟悉例案之主事尼克通阿、岳禧二員，派令承辦將應入《回疆則例》事件，悉心詳查，酌定條款，先行繕寫清單具奏。奉旨允行在案。伏查臣院承辦回疆事件之徠遠司，自乾隆二十七年設立以來，所有應行載入則例事件，俱經臣等督同原派承辦之主事尼克通阿、岳禧并添派司員、筆帖式逐案詳查，編纂條目，謹繕清字、蒙古字清單各一分，恭呈御覽。再查此次辦書官員，俱係自備資斧，并未動用公項，且辦理迅速妥協，俱極奮勉。除臣等暨提調官郎中岳祥、熙昌不敢仰邀議除外，其承辦《回疆則例》之主事尼克通阿、岳禧，應請將試俸作爲年滿應昇之處，即行坐補。承辦纂修學習筆貼式熙慶、榮保，請俟補缺日，作爲臣院額外題署主事。校對官額外主事承光、謄録官學習筆貼式西拉布，請照各該員應補班次儘先補用。如蒙俞允，臣等將現在繕妥《回疆則例》清字、蒙古字清單，仍著落該員等予限二年，照《蒙古則例》繕寫滿、蒙、漢三份，至此次繕寫漢本所需筆墨紙張等項，即於《蒙古則例》館供事內選派章甫等八名，著落該供事等捐資辦理，果能於二年限內趕繕完竣，應請將辦書官員暨該供事等，交吏部分別議叙，以示鼓勵。臣等愚昧之見是否有當，伏候命下敬謹遵行。謹奏請旨。於嘉慶十七年二月初五日具奏。本日奉旨：依議。欽此。

《回疆則例・原修回疆則例原奏》 理藩院謹奏，爲奏聞請旨事。竊臣等恭查回疆自乾隆二十四年平定後，仰承欽定回疆則例原奏高宗純皇帝撫綏教育，共樂昇平。舉凡回部納貢，及大小伯克昇轉一切事件，俱由該處將軍、大臣等報部轉奏。因事務繁多，專設徠遠一司，承辦第查辦理回疆一切事件。目前不過查照舊案比議而行，並無纂定則例永遠遵循。臣等公同妥議於嘉慶十六年七月，奏請由本院派員立館添纂則例，奉旨允行，嗣因應須繕寫清字、蒙古字清單進呈，照依纂修《蒙古則例》繕寫清字、蒙古字、漢字黃冊之例，於司員、筆帖式內，擇其通曉繙譯，善書清字、蒙古字體者八員，承辦清字、蒙古字黃冊，並於《蒙古則例》館內選擇漢字端楷、行走勤慎供事章甫等八名，自備資斧效力行走，承辦黃漢字黃冊，俱勒限二年告成。茲查滿洲、蒙古、漢字三體黃冊，現於二年限內趕內趕辦完竣，恭呈欽定。至此次《回疆則例》告成，除臣等及提調官不敢仰邀議叙外，所有承辦司員尚屬奮勉，至供事章甫等八名，自開館以來，一切需用筆墨紙張並裝訂黃冊，俱係損資趕辦。臣等伏查：此次《回疆則例》係初次編纂告成，與各部院衙門續纂則例有間，可否將該員及供事等，照依辦理《蒙古回部王公表傳》告成例，給予議叙之處，出自皇上天恩。如蒙俞允，臣等將該司員及供事等，分別咨送吏部照例辦理。再查此項則例，如另行抄録，送交武英殿動用庫項刊刻，未免有需時日，合無請照各部院衙門纂辦則例之例，將刊刻板片、需用紙張，以及飯食等項，均著落該供事等捐資備辦。原派供事章甫等八名實不敷用，現又添派供事十二名，令其隨同一體辦理，并予限一年刊刻刷印，恭呈御覽後，再行頒發回疆各該處永遠遵行。再刊刻板片時，遇有應行增纂事件，即行奏請增入，合併聲明。爲此，謹奏請旨。於嘉慶十九年二月初四日具奏。本日奉旨：依議。欽此。

《回疆則例・原修回疆則例原奏》 理藩院謹奏，爲《回疆則例》板片告成，恭呈御覽事。臣等竊查：回疆自乾隆二十四年平定後，事務紛繁，專設徠遠一司承辦一切事件，並未纂定則例，是以於嘉慶十六年七月，由臣院立館派員詳細查辦，具奏。准行在案。嗣於十九年二月，繕寫清字、蒙古字、漢字三體黃冊進呈，並聲明此項則例板片不必動用庫帑，照依各部院衙門捐資刊刻一律辦理，所有一切飯食、工料，均令該供事章甫等二十名捐辦，勒限一年刊刻刷印，恭呈御覽。具奏。奉旨：依議。欽此。欽遵亦在案。臣等當即督率承辦司員、筆貼式及供事等，另行繕寫清字、蒙古字、漢字三體板樣各一份，校對妥協，嚴飭工匠細心刊刻，錯訛之處，隨時更正，令該員及供事等於內校修板樣完竣，三體各印一份，裝潢成帙，恭呈御覽。俟命下，將板片存於臣院徠遠司，刷印頒發回疆等處永遠遵行。再查《回疆則例》，係初次纂辦，事務紛繁，捐資刊刻工料不無多費，較諸各部院之續纂則例，實相懸殊，除提調官不敢仰邀議叙外，請將纂修官額外題署主事榮保、校對官主事承光、筆帖式阿勒精阿、謄録官筆帖式岳保、學習筆帖式嵩音，遇有陞補缺出先行陞補。繙譯官筆

貼式瑞齡、椿年作爲額外題署主事。再此次《回疆則例》板片，係供事等捐資刊刻，可否照嘉慶七年《蒙古回部王公表傳》板片告成之例，給予議叙之處，出自皇上天恩。如蒙俞允，臣等將該員及供事等，分別咨送吏部辦理。嗣後如再有臣工條奏應入例事件，請旨定爲十年一次開館增纂，以免遺漏，合并聲明。是否有當，伏乞聖裁。爲此，謹奏請旨。於嘉慶二十年二月二十七日具奏。本日奉旨：依議。欽此。

《清仁宗實録》嘉慶二十三年二月〔甲申〕諭内閣，向來蒙古風氣淳樸，遇有過犯，情節本不甚重，是以蒙古條例較刑律爲輕。近來内地無賴游民，潛赴蒙古地方，引誘蒙古人肆行不法，盜劫之案日多。嗣後蒙古人犯事，如無民人在内者，仍照蒙古例辦理。若案内有一民人，均照刑律問擬。著理藩院通行傳諭各蒙古部落，俾知儆戒。

《清仁宗實録》嘉慶二十四年正月〔乙卯〕又諭：伯麟等奏籌辦臨安江外善後事宜條款一摺，朕詳加披閱，内江外夷民，責成土司掌寨嚴密稽查一條，夷民村寨，良莠不齊，惟土司掌寨，耳目最近。著即責令該土司等，督同村寨伙頭招壩等，倣照保甲之法，設立户口清册，取具連環保結，按季呈報州縣官查覈。如有窩留匪類，將該土司掌寨等分別斥革遷徙，以專責成。其土司掌寨帶練會哨一條，江外地方遼闊，著責令該土司等各帶所管土練，於要隘處所及接壤地方，往來會哨，如有匪徒，立即查拏，儻有疏懈，將該管土司掌寨等嚴加懲處。其叛絶各産報撥充公一條，新設江内要隘，派兵常川防守，冒瘴奔馳，自應量加獎賞。著即將二十二三兩年臨安軍務，叛絶各産，房屋招變，田畝佃種，每年租息除完納錢糧外，同房屋變價銀兩俱解貯臨安府庫，以供賞需。仍將動用收存數目，報明督撫司道查覈。其砍伐山木以杜藏奸一條，夷地山林叢雜，易於藏奸，應聽夷民樵採，以供日用。該土司等不得私行禁止，仍於農隙時嚴行搜查，以絶奸宄。至收繳鳥鎗器械一條，夷民自備鎗械，或用以捕捉牲獸，或用以抵禦盜賊，若一概收繳淨盡，使夷民等防身無具，恐亦勢所難行。該督等當飭屬查明應收繳者給價收繳，不得籍端訛索，致滋紛擾。又嚴禁夷民私置軍器一條，内稱除民間常用之物，一切兇器概行銷毀，軍器與兇器有何區别，同一刀矛，以之禦侮則爲軍器，以之戕人則爲兇器。此事總在約束夷民，使消其桀傲之氣，不徒在查禁器械之末。若夷民家收有刀矛，即責以違禁之罪，轉非綏輯之道。該督等應飭屬妥爲經理，勿涉煩苛。其嚴禁土司苛派一條，夷地民人亦與編氓無異，該土司等科派擾累，致令饑寒，不免易滋事端。嗣後著嚴行誡飭，不准額外誅求，儻有不遵，將該土司等查參治罪。其嚴禁漢民私入夷地一條，最關緊要，夷民滋事，總由漢奸多方盤剝，並從中簸弄，除舊住各户，責令土司等嚴行稽查外，此後漢民概不准私入夷地。貿易者亦發給腰牌，勒限回繳，如逾限不回，查拏治罪。其命盜案件隨時懲辦一條，夷民各有該管地方，其争奪仇殺案件，地方官原應速爲判斷，以杜釁端，如土司等不行稟報，將土司等革究。若稟報之後州縣官不爲審理，即將州縣官參辦。其廣宣教化以易夷俗一條，夷俗雖獷悍成風，亦有讀書識字之人，該督等出示勸化，並發給各土司廣爲曉諭，俾知安分畏法，行之日久，自可收移風易俗之效。其土司土舍案件改歸附近州縣辦理一條，著照所請，納更土司，及稿吾卡土把總所屬案件，改歸蒙自縣承辦。左能、恩陀、落恐、瓦渣四土舍所屬案件，改歸石屏州承辦。溪處土舍所屬案件，改歸建水縣承辦。一遇命盜案件，該土司土舍一面報明臨安府，一面即就近呈報該管州縣前往查辦，俾免稽遲。其沿江渡口責成土司掌寨稽察一條，沿江一帶渡口本係土司地方，著即責令各土司掌寨等，派撥土練常川駐劄，如有漢奸匪徒私行越渡，立即拏報究辦，儻有疏漏，查參重懲。以上各款，朕逐加訓示，該督等惟當行之以實，持之以久，以期綏安夷衆，永靖邊疆。

《鴉片戰争資料》卷一《刑部摺奏酌加買食鴉片煙罪名》 太子少保大學士管理刑部事務臣盧蔭溥等謹奏，爲遵旨議奏事。内閣抄出兵科給事中巡視西城御史劉光三奏，請酌加食鴉片煙罪名等情一摺。道光十一年五月十六日奉旨：給事中劉光三奏，酌加食鴉片煙罪名，並各衙門有鴉片煙之人，本官徇隱不究，從嚴參處一摺。著刑部查議具奏。欽此。臣等議得，據兵科給事中劉光三奏稱，竊照直省督撫遵旨具奏，嚴禁鴉片煙各摺，歷經欽奉上諭，飭令認真查拿，不得日久視爲具文，仰見我皇上嚴禁食煙，塞源遏源流之至意。臣聞凡食鴉片煙之人，日久中病者爲有引，應時而食，名爲過引，倘當過引之時，不得食煙，則四肢委頓，涕泗交下，刻不可支，吸煙數口，則精神倍異尋常，是食鴉片煙之人，直以煙爲性命。故拿獲到官，甘受重責，不肯供認買自何人，致拿私販，斷其來路。

而地方官或規避處分，或聽受囑託，不復嚴追，亦所時有。且近年以來，挑販廣貨各商，大半挾帶鴉片煙，地方官拿獲食煙之人，其供稱買自不知姓名挑上，原非盡屬子虛，勢亦無從究辦，此近日各衙門承審食煙各案，僅將本犯懲治之大概情形也。

臣愚以爲鴉片煙之害，倍甚於賭具，則食煙之罪，不應輕於賭博。查例載拿獲賭博人犯到案，務向各犯嚴追賭具來歷，如不將造賣之人，據實供出，即將出有賭具之人，照販賣爲從例，杖一百，徒三年。又凡賭博者，皆杖八十，職官加一等各等語。而食煙人犯，不將買煙之人供出，仍照枷杖本律定擬，未免輕縱，不足示懲。應請嗣後地方官，拿獲食煙人犯，除指出販賣之人，照例查拿治罪外，其供稱買自不知姓名之手，應照賭博例，將販賣爲從罪名，即坐食煙之人，如係職官，及在官人役，仍加等治罪，庶法嚴而人儆畏，已食者不敢不戒，未食者不敢效尤矣。抑臣更有請者，除惡務本，而法行自近。竊查鴉片煙，來自外洋，其始間有劣幕奸商，私自買食，浸浸而貴介子弟，城市富豪，轉相煽誘，乃沿及於平民。臣每遇士大夫留心訪查，據云：現今直省地方，俱有食鴉片煙之人，而各衙門爲尤甚，約計督撫以下，文武衙門上下等，絕無食鴉片煙者，甚屬寥寥。今直省嚴禁鴉片煙，而不先自衙門始，尤不先自大吏衙門始，是猶坐視同室之人，晝夜聚賭，曾不之問，而諄諄告誡衆百姓曰：有造賣賭具者，重責不貸，庸有冀乎？且州縣等官，即出示曉諭，嚴禁私賣鴉片煙，而各衙門官親、幕友、長隨食煙者如故，彼奸商牟利，更將借嚴禁之名，以爲居奇，而該兵役深畏官署人等，必不敢認真巡緝，甚至迎合討好，反代官署偷賣者有之，則一切章程，皆屬具文，安在其能查拿也？應請勅下直省督撫，破除情面，首先查出本署向來食煙之人，嚴行處治，並飭所屬文武衙門，一律查辦。仍令各官出具該衙門並無食煙之人，切實印結，具文詳報。如有隱匿，或經訪聞，或被訐告，即從重參處，然後通行各州縣，嚴拿種賣鴉片煙等犯，按律懲治，則法行自近，罪無少貸，可以塞奸商牟利之心，可以作兵緝匪之氣，而直省軍民罔弗慄慄畏懼，不敢以身試法，而食煙之弊積，可以盡絕。等因。具奏前來。

查例載興販鴉片煙，照收買違禁物例，枷號一個月，發近邊充軍，爲從杖一百，徒三年。侍衛官員等買食鴉片煙者，革職，照違制律，杖一百，枷號兩個月。軍民人等買食者，俱杖一百，枷號一個月。內廷太監買食者，枷號兩個月，改發各省駐防，給官員兵丁爲奴等語。誠以鴉片煙，產自外洋，毒於砒鴆，最爲風俗人心之害，興販及買食者，例禁本嚴。前經御史邵正笏奏，近年內地奸民，漸多種賣，欽奉諭旨，令各督撫確查嚴禁。現據各該督撫先後覆奏，嚴定種賣之罪，並熟籌查察之方，洵爲拔本塞源之善策。惟欲絕其流，必須盡拿私販，而私販行踪詭密，甚或兵役得規包庇，破案較難，止有向買食之人，嚴切根究，易得端緒。向來審理買食鴉片之案，多有究出販賣之人，嚴拿歸案辦理，而供係買自不識姓名之人，無從究辦者，亦復不少。若非明定科條，恐買食者不肯斷其來路，必猶代爲隱瞞，仍難期净絕根株。至於職官及在官人役，尤宜守法，如敢買食，其治罪亦應加嚴。茲據該給事中奏，請將買食鴉片煙，不能指出賣煙人姓名之犯，仿照賭博人犯，不將造賣之人供出例擬徒，職官及在官人役，加等治罪，徇隱之本官，從嚴參處。等因。係爲因時懲創起見，應如所奏辦理。惟查鴉片煙之害，甚於賭具，則食煙之罪，不應輕於賭博，其將販賣人姓名供出者，亦應照賭博例治罪。

臣等公同酌議，應請嗣後軍民人等，買食鴉片煙者，杖一百，枷號兩個月，仍令指出販賣之人，查拿治罪。如不將販賣之人指出，即將食煙之人，照販賣爲從例，杖一百，徒三年。職官及在官人役買食者，俱加一等治罪。仍令各該督撫及地方道府州縣等官，出具署內並無買食鴉片煙各甘結，於年終彙奏一次。如本官徇隱不究，從嚴參處，以期核實。如蒙俞允，臣部移咨吏兵二部查照辦理，並通行各直省督撫一體遵照。查此案於五月二十日抄出到部，合并聲明。所有臣等核議緣由，理合恭摺具奏。請旨。

《回疆則例·現修回疆則例原奏》 理藩院謹奏，爲臣院《回疆則例》應行補纂、《蒙古則例》應行修輯，恭摺奏聞請旨事。竊臣院綜理內外蒙古、回部事務。凡蒙古、回部昇降襲替、户婚田土、年班朝覲、倉糧軍政，以及議處議敘並命盗案件，均關緊要。所有奉行則例，允宜確定簡明專條，以期賅備。前於嘉慶十六年、道光三年，均經奏明開館辦理在案。嗣於道光十年二月奉上諭：御史王瑋慶奏六部重修則例，宜率由舊章。如有更改，應專摺奏明通行一摺。各衙門頒行律令，原期垂諸久遠，其有

今昔異宜者，固應隨時酌改，然不必定限十年即開館重修一次，嗣後各部已頒成例，毋庸輕議更張，如有因時制宜必應更正之處，隨時專摺奏明改定，立即通行各省一體遵照。欽此。仰見我皇上於因時制宜之中，仍寓率由舊章之意。惟查臣院近年辦理外藩案件，較前實爲增繁，現在奉行條例既多，今昔情形不同，更有例無專條，無可遵循，多係援引稿案，查例未明備，意見難免參差，律無專條定案，易滋輕重。且臣院《回疆則例》，向係另彙一部，案查上屆辦理則例時，因適值西陲不靖，曾於《蒙古則例》書成摺内聲明，俟大功底定，歸入下屆辦理則例時再行修辦。奉旨：依議。欽此。欽遵在案。今回疆久臻大定，不特原存舊例全應刪改，即新定章程亦須纂入。臣等公同酌議，所有臣院《回疆則例》，應請咨行葉爾羌參贊大臣等處，將自大功告蒇以後，奏定各條全數詳細查明，咨覆臣院查覈：應纂入者，增修纂入，應刪改者，酌加刪改。其《蒙古則例》中如例文不備、例意兩歧、例語含溷、例句虛冒等處，一體妥爲修輯。其有案可稽者，欽遵原奉上諭，及臣工條奏援案纂輯。其無案可遵，應行增纂者，擬比照六部則例，仍體察蒙古情形，量爲變通，縷晰條分、詳酌確定，繕寫黄册，恭呈御覽。如蒙俞允，臣等督率提調等官敬謹辦理，惟查此次係蒙古、回疆二體同時修辦，内應增纂刪改條例甚多，卷帙浩繁、頭緒紛冗，請除去咨查各處行文程限，上緊趕辦，勒限完竣。所需供事，請照臣院歷次開館名數酌爲增減，於書吏貼寫内挑取六十名，行文吏部取結，令其自備資斧效力當差。其應用工費、紙張、筆墨及繕寫、裝潢各項，均責成該供事等捐資備辦。如有差使懶惰者，隨時革除。果能始終奮勉，俟全書告成，循照舊章奏明請旨，賞給議叙。謹恭摺奏聞，伏乞皇上聖鑒，訓示遵行。謹奏請旨。於道光十三年三月初五日具奏。本日奉旨：依議。欽此。

《回疆則例·現修回疆則例原奏》 理藩院謹奏，爲修改續纂臣院《蒙古》、《回疆則例》漢字正本全函告成，恭繕黄册敬呈御覽事。竊臣院綜理内外蒙古、回部事務，凡該王公等陞降襲替、户婚田土、貢輸朝覲、倉糧軍政，以及議處議叙並命盗案件，較前實屬倍繁，所有現行則例，今昔情形既多不同，而例文律意亦多參差，允宜確定專條，方足以昭法守。前於道光十三年三月内，經臣院奏明開館纂修，請將歷年欽奉諭旨，及内外臣工條奏，並臣院酌改章程應行修改續纂者，詳加參考纂入則例，告竣之日，敬繕黄册進呈，恭候欽定。等因具奏。奉旨：依議。欽此。欽遵在案。臣等隨督率提調總纂各官分派供事，將自道光五年纂輯條例以後欽奉諭旨，及内外臣工各條奏有關蒙古、回部事宜者，悉心參考，縷晰條分。其有應率由舊章無可修改者，仍循其舊，宜刪減歸併者，酌加刪減歸併，詳加確定，分爲修改、修併。及增纂、續纂各條名目，開列本例之首，冠以年分，以别新舊，並於本例之下，逐加按語陳明原委。有原例者，先叙原例於前，次列修改新例於後，以清眉目。其回疆事宜，上屆辦理則例時，因值西陲不靖，未能及時修輯刻下，回疆底定多年，不特原存舊例均須修改，即兩次善後奏定章程亦須纂入。當經臣院咨行葉爾羌參贊大臣，將現在事宜有無更移裁改之處查明聲覆，嗣據葉爾羌參贊大臣將回疆事宜逐件查明，黏簽登覆前來，臣等詳加覆覈，與現行原例内有應行修改歸併者，均仍照原例體裁修纂，以免歧異。此外，如欽差大臣那彦成條陳善後各款，有議奏一事而分列數條者，諸多重複。今謹就情事相同者，悉皆歸併，即作爲續纂則例另彙一部，以便考查。統計：修改、歸併、續纂《蒙古》、《回疆則例》共四百六十七條。隨將漢字正本詳加校勘，敬謹繕寫黄册、裝潢成帙，恭呈御覽。俟欽定發下，再行添派熟悉滿、蒙繙譯之司員、筆帖式等，繙譯滿洲、蒙古字體則例，并請照此次纂修漢字則例章程，另派供事六十名，照依各部院衙門之例不動庫項，所有刊刻板片、紙張、工食需費，均令該供事等捐資趕辦，將滿、蒙、漢三體則例，刊刻板樣、刷印成帙、裝潢黄册，一並覽後，即陸續刷印，頒發各該處，以便遵行。其捐辦刊刻板片之供事等，果能奮勉從事，再行照例另案奏請賞給議叙。惟查此次修辦則例，蒙古、回疆一體同修，條例既多、卷帙繁冗，且臣院稿案多係清文，纂輯之時必須譯漢，及至纂成條例，又須繙譯滿、蒙兩體，而覈對文義、校勘字體，較之各衙門辦例，難易迥殊。所有此次承辦之司員、筆帖式等，臣等遵照吏部條奏不敢請給議叙，但查該司員、筆帖式等自開館以來，纂輯校對均能敬謹將事，應請援照成案，由臣院自行存記，隨時分别量加鼓勵。至在館供事陳天爵等六十名，亦係自備資斧在館當差，勤勉無誤，應請照各部院衙門則例告成之例，造册咨部，分别給予議叙，以示鼓勵。如蒙俞允，臣院遵照行文吏部，遵奉施行。謹

奏請旨。

再查道光十三年，臣院奏請修辦《蒙古》、《回疆則例》，當經揀派熟悉稿案，留館之議叙雙月間，用未入流供事孟芳，令其自備資斧常川在館收發一切文卷，並承繕正副底本，一手經理數載，辛勤始終不懈。若與各供事一體請予議叙，似未足以示區別。伏查：道光三年，禮部纂修清書則例告成，奏請議叙，各供事案內，曾將繕寫禮儀册檔之供事趙秀等，請於本班前先行選用。等因。奉旨允准在案。此次臣院修改續纂《蒙古》、《回疆條例》告竣，所有前派留館之議叙雙月間，用未入流供事孟芳在館承發一切文卷並承繕正副底本，一手經理，均能始終勤奮，較衆洵爲出力。合無仰懇聖恩俯准，將該供事孟芳可否援照從前禮部成案，請於本班前先行選用，以示鼓勵之處，出自皇上天恩，爲此附片，謹奏請旨。於道光十七年八月二十七日，由内閣抄出，奉上諭：理藩院奏續纂條例漢字正本告成，請將供事分别議叙一摺，並另片請將供事孟芳於本班前先行選用，俱著吏部議奏。欽此。

《清宣宗實録》道光十八年七月〔戊辰〕刑科給事中況澄奏請增修律例專條，下部議。尋議，擬將原例修改者一條。查竊盗改過緝盗，起除刺字之例，未定年限，獲盗亦未指明以若干名爲斷，應請嗣後竊盗刺字發落之後，如實能改悔，歷二三年無過，又經緝獲强盗二名以上，竊盗五名以上者，准其起除刺字。擬將原例通行畫一辦理者二條：一、嗣後審辦案件，凡應行刺字者，照例聲明刺臂刺面，或左或右，并所刺何字，以昭詳慎。一、凡有觸犯祖父母父母被呈之犯，如係民人，照例右面刺煙瘴改發四字。旗人毋庸刺字，以符定制。從之。

（清）林則徐《林則徐集》公牘六《頒發禁煙治罪新例告示道光十九年六月》爲頒發禁煙新例，再行剴切曉諭事：照得鴉片一物，久干例禁，惟從前流毒未甚，罪名尚輕，近則到處蔓延，以致上干聖怒。自上年特奉嚴旨查辦，咸知法在必行，第新例未頒之前，戒斷者固不乏人，而觀望者仍復不少。並因本年三月邸鈔中奉有上諭，剔除假造煙膏、煙槍朦混呈繳之弊，在聖意核實查辦，正係加倍從嚴。乃聞有一種奸民，轉敢揑播謡言，以爲現可免辦。獨不思假造者尚不許混，豈有真土、舊槍轉任存留之理乎？投首者尚不姑寬，豈有怙惡不悛，轉免拏辦之理乎？彼造謡言惑衆者，名爲誤會，實則矯誣，一經訪獲訊明，定當立行正法，而愚民被其摇惑，膽取抗違勸諭，甘蹈刑誅，是直舍生而就死地，何其愚妄至此！

本大臣、本部堂、本部院正在會同出示間，於五月二十六日承准軍機處咨行治罪新例，除將欽奉諭旨，敬謹刊刻謄黄，徧行曉諭外，所有治罪條款，恐爾等未能周知，合就例款出示曉諭。爲此，示諭闔省官商、士民、弁兵、丁役人等知悉，須知新例之嚴，總必永斷鴉片而後已。販賣者若不改業，立即斬梟，吸食者若不斷煙，難逃繯首。犯此則死，舍此即生，人皆惡死而好生，曷不懷刑而遠罪。況新例既經頒發，此後凡有獲案，即皆遵照問擬。爾等更當觸目驚心，如再觀望遷延，以身試法，則是孽由自作，死有餘辜，毋謂言之不早也。各宜懔遵毋違！特示。

治罪條例開列於左（共十七條）：

一、開設窑口，勾通外夷，潛買鴉片，囤積發賣，首犯擬斬立決，恭請王命，先行正法，傳首海口，懸竿示衆。爲從同謀接引護送之犯，並知情受雇之船户，均擬絞監候，居屋船隻一律入官。

一、海口員弁兵丁受賄故縱，無論贓之多寡，概擬絞立決。未得賄而知情徇縱者，發新疆。

一、合夥開設窑口興販，以造意者爲首。

一、寄囤夷船鴉片，照開設窑口從犯治罪，其尋常興販案内知情受寄之犯，減首犯一等治罪。

一、拏獲興販吸食之犯，得財賣放者，與本犯一體治罪。贓重者計贓，以枉法從重論。

一、禁卒人等買鴉片與犯人者，發極邊煙瘴充軍。解役、看役有犯前項情弊，發近邊充軍。贓重者計贓，以枉法從重論。

一、兵役人等並地方匪棍，假以查拏爲由，肆行搶奪，並挾讎圖詐栽煙誣賴審實，不分首從，俱照誣良爲盗例，發邊遠充軍。贓至百二十兩以上者爲首，擬絞監候。

一、鴉片案内問擬流罪以上人犯，概不准留養。

一、事未發而自首者，照律免罪。聞拏投首者，減一等科斷。首從復犯，加等治罪，不准再首。

一、私開煙館首犯擬絞立決，房屋入官。從犯及知情租給房屋之犯，

發新疆給官兵爲奴，房屋一律入官。兵役受賄包庇，與犯一體科罪。知情之地保、隣佑人等，俱杖一百，徒三年，有贓計贓，準枉法從重論。

一、內地奸民栽種罌粟花，收漿製造鴉片，熬膏售賣，及興販鴉片煙膏、煙土，發賣圖利，數至五百兩，或雖不及五百兩而興販多次者，在一年六箇月之内，首犯擬絞監候，爲從發極邊煙瘴充軍。若興販僅止一二次，並爲數不及五百兩，爲首發新疆給官兵爲奴，爲從發極邊足四千里充軍。至一年六箇月後，首從均擬絞監候。兵役受賄包庇，與首犯一體科罪。贓重者計贓，以枉法從重論。知情租給田房之業主，及知情受雇之船户，一年以外，發邊遠充軍。一年以内，杖□百，流二千里。半年以内，杖一百，徒三年。田地船隻房屋，一律入官。有能自行首告將犯指拏到官者免罪，田房船隻並免入官，首而無獲者，但准免罪，田房船隻仍行入官。隣佑、地保知而不首，各杖一百，有贓者計贓，準枉法從重論。

一、吸食鴉片人犯，在京奉旨之日爲始，各省以奉到部文之日爲始（廣東省係於道光十九年五月二十六日奉文，所有閤省各屬，均應照此計算），均予限一年六箇月，限滿不知悛改，無論官員軍民人等，一概擬絞監候。其在一年六箇月限內，犯者平民杖一百，流二千里。不能供出販賣之人，加一等，杖一百，流二千五百里。係旗人銷除旗檔，一體實發，在官人役，並官親幕友長隨。

《清宣宗實録》道光十九年九月 〔戊戌〕宗人府會同刑部覆奏：嗣後宗室除釀成命案，仍遵例問擬斬絞，或情罪重大，奉特旨革去宗室外，其因尋常案件酌擬革去宗室之條，覈與康熙八年例文不符，應由宗人府於續修則例時照前更正。又嗣後紅帶子、紫帶子除犯習教等重情，另行奏明辦理外，其犯尋常杖枷徒流軍及絞斬等罪，俱無庸照旗人銷除旗檔之例辦理。查旗人銷檔後例應編入民籍。以後有犯，照民人科罪。若將紅帶子紫帶子亦照此辦理，似與體制不協。應將紅帶子、紫帶子免其銷檔，令其仍係本身帶子，其罪名輕重，仍由刑部照旗人科斷。但此後不准仍食養贍錢糧，以及該旗一切優卹旗人之處，俱終其身不准照旗人給與，以示區別。從之。

《回疆則例·現修回疆則例原奏》 理藩院謹奏，爲臣院現修則例漢本黄册告成後，續有應行修改纂輯之案，現經一律趕辦，擬請彙入例册，歸併此次刊刻，恭摺奏聞，仰祈聖鑒事。竊查臣院爲蒙古、回疆事務總匯之所，所有内外扎薩克蒙古各旗，以及回部各城之體制、典體、法守、刑名，併呼圖克圖喇嘛事宜，咸歸職掌。其事理與內地不同，往往以因地制宜須隨時通變。臣等前因臣院節年恭奉諭旨、暨内外臣工條奏各案，多未載入例册，不足以昭信守。又臣院《回疆則例》向係另爲一部，上届開館時值西陲不靖，聲請緩修。今亦應並修輯，當經奏準，一律次第興辦。計修改《蒙古則例》二百零三條，續纂《蒙古則例》一百二十六條，並修改《回疆則例》全部，分別繕寫黄册，恭呈御覽。奉旨：依議。欽此。欽遵。正在繙譯滿洲、蒙古兩體例册，一俟繙出校妥，繕寫板樣，發刊間，又有續應入例之案三十九件，查歷次修例，凡漢本告成後，續有入例之案，均歸下届開館辦理。臣等以此次前進漢本黄册、繙譯滿洲、蒙古本竣事，尚須時日，而現在續應纂改之例又功課無多，盡可一面將續應入例各條纂出，歸併此次漢本翻譯刊刻，以期一手完結。當責成該提調官等趕辦去後，兹據將前項各案，逐一分別應否入例，纂出條例共二十三條呈閱。臣等公同覆核無舛，惟計篇頁爲數無多，請毋庸另進黄册，謹循照成案繕寫夾片摺二扣，恭呈聖鑒。如蒙允准，臣院再匯同前進漢本，一體繙譯滿洲、蒙古本發刊。謹此奏聞，伏乞皇上聖鑒訓示遵行。謹奏。於道光二十二年四月三十日具奏。本日奉旨：依議。欽此。

《清宣宗實録》道光二十五年三月 丙子，諭内閣：鄉會試爲掄才大典，應試士子懷挾入場，自應照例黜革，從嚴治罪。至誤帶書本，非本場應用之物，及誤帶前場所作文字，或以字紙包裹物件，情節各有不同，其作何分别辦理之處，必應詳明定例，以便遵循。現在科場條例内未經分晰聲敘，著該部將近年辦過成案，悉心參酌，畫一定議，即纂入條例，永遠遵行。其舊例内止係空言無從照辦者，著即酌量删除，俾從簡易，務使該士子等曉然於定例嚴明，無可避就，以歸覈實而革澆風。

（清）左宗棠《左宗棠全集·告示·諭回告示》 一、爲曉諭事。回民雜處中土，由來久矣。我朝二百餘年以來，一視同仁，未嘗區别。乾隆間，兩江總督部堂薩、江蘇巡撫部院朱奏回教不宜留於中國，高宗純皇帝天語訓飭，各省回寺恭奉諭旨，泐六石碑，且供奉萬歲牌以志感戴。是國家久宏覆幬之施，而回民於國家亦極深怙冒之感也。

二、唯祖父無不愛之子孫，而人間有不和之族姓，回民既自别於漢，漢民遂亦外視乎回。由是耦居相猜，各分氣類，争訟械鬥，嫌衅積深，而仇殺之端遂起。然漢民不過欺回而已，未嘗違抗官司自干憲典也。回之仇漢，則戕殺焚燒，慘無人理，而又因仇漢之故，抗拒官軍，因抗拒官軍之故，勾結寇盜。變亂以來，戕害大員，攻掠城邑，公行叛逆，自外生成。間有佯言乞撫者，往往包藏禍心，恣其詭譎。此等凶很嗜亂之民，即還質之回人教祖穆罕默德之靈，亦且罪在不赦！

三、本大臣奉命徂西，恭行天討，懔遵皇上諭旨，不分漢回，只論良匪，恪共將事，期與西土百姓相見以誠。爾回民涵濡聖化，八葉於兹，蕃衍生息，何可勝數。兹值種人變亂，自底滅亡，然惡木之上豈少良禽，亂蓬之中不掩芳草。如不早自别白，混迹亂門，誠恐大兵所臨，驟難分曉。兹特將良匪大致區爲兩端列示於後，良者撫，匪者剿，孰吉孰凶，何去何從，爾回民自擇之。

四、應撫良回：

回匪倡亂之時，有深明大義，潔身遠避，并曉示族黨，俾知安分守法，不與同亂者，此良回之尤良也。非但妥爲安輯，并請旌獎，以示優異。

其衣冠世族，富饒之家及素安本分有聲望者，被匪徒以同教迫脅，令其充當頭目，迨久負惡名，自恐難邀寬宥，不能不隱忍偷生。此輩罪雖可誅，情亦可憫，準其自拔來歸，免其治罪。更能縛獻著名匪回，并酌給獎賞。

其平日實係良善，與漢民素無嫌隙者，準取漢民保結，免其治罪。

其久懷反正無以自明者，或縛獻匪回，或臨陣作爲内應，均免治罪。

其能導引官軍剿捕首逆者，免其治罪，并酌給獎賞。盡繳馬械投誠者，免其治罪。

以上良回及悔罪自新之回民來歸後，各給予良民牌票，拊循安集，俾其得所，不準漢民欺凌。如漢民仍敢仇殺，即將漢民照故殺律抵罪。該回民仍當告官論理，不得尋仇鬥殺，再啓衅端。

五、應剿匪回：

攻毁城邑村莊者。

糾衆抗拒官軍者。

勾通匪盜肆行焚殺者。

搶奪官軍糧械者。

暗布謡言煽惑回民者。

糾衆焚殺藉稱報舊仇者。

藏匿匪回潛出焚殺者。

自知罪大惡極先殺其家小者。

詐降者。

就撫之後仍供應匪回糧草馬械暗與匪通者。

以上所犯情節，形同叛逆，怙惡不悛，應即剿辦！

（清）左宗棠《左宗棠全集・告示・禁種罌粟四字諭》　一、諭爾農民：勿種罌粟。外洋奸謀，害我華俗，藉言療病，實以縱欲。吁我華民，甘彼酖毒！廣土南土，吸食不足，蔓連秦、晋，施於隴、蜀。土敝不長，榮必肥沃，惡卉繁滋，廢我嘉穀。紅花白花，間以紫緑，劙果取漿，兼金一束。欹枕燃燈，俾夜作晝，可衣無棉，可食無肉，盎可無糧，棧可無豆，唯腥是聞，唯臭是逐。農輟耒耜，士休卷軸，工商游嬉，男婦瑟縮。小販零沽，蜷聚破屋。家敗人亡，財傾命促。

二、亂後年荒，民生愈蹙，俵賑督耕，散種給犢，移粟移民，役車接轂。言念時艱，有淚含目。勉搜顆粒，聊實爾腹，爾不謀長，自求饘粥，乃植惡卉，奸利是鶩。我行其野，異華芳鬱，五穀美種，仍憂不熟。亦越生菜，家嘗野蔌。葱韭葵莧，菘芥萊菔，宜食宜飼，如彼苜蓿，鋤種壅溉，饔飧可續。胡此不勤，而忘旨蓄？饑與饉臻，天靳爾禄。大命曷延？生聚曷卜？尚耽鴉片，槁死荒谷。乃如之人，寧可赦宥！

三、自今以往，是用大告：罌粟拔除，禍根永斸。張示郵亭，刊發村塾。起死肉骨，匪詛伊祝。聽我藐藐，則有大戮。發言成韵，其曰可讀。

（清）左宗棠《左宗棠全集・告示・諭回告示》　一、欽差大臣、太子太保、陝甘總督部堂、一等恪靖伯左爲曉諭事。照得本爵大臣督部堂奉命剿賊，師行十二省，凡情罪稍有可原者無不曲予矜全，以廣皇仁而安反側。惟首逆馬化漋父子兄弟以新教惑衆，勾結陝、甘各回，旋撫旋叛，自

刻僞印，僭號兩河大總戎，僞造王城東府、西府，抗拒官軍，戕害將士，日久稽誅，仍煩天討。迨上年鎖圍既合，無處逃生，始自縛來投。本爵大臣督部堂猶暫貸一死，勒令盡繳馬械、資財，觀其誠僞。乃該逆父子仍敢隱藏洋槍洋炮至一千二百餘杆，洋火藥二十餘箱。復經官軍挖掘呈繳，提犯研訊，無詞狡賴。實屬始終叵測，自取滅亡，業提該首逆父子兄弟盡法懲處。

二、查新教本是回教異端，自乾隆四十六年剿辦馬明心、蘇四十三，四十九年剿辦田逆後，馬化瀧之父馬二復以新教遺種惑衆斂錢，傳染數省。馬化瀧接稱總阿訇，凶焰更熾。是在朝廷爲必討之賊，在將士有必雪之憤，在回教亦爲必鋤之種。故飭前敵各軍將首逆元惡一并誅夷，助逆伙黨概行駢戮，非得已而不已也。

三、至於各處安分回民固無誅連波及之理，即從前誤被新教煽惑回民，如果真心悔悟，去匪爲良，亦準并蓄兼容，不咎既往。如敢仍行新教，聽從海裏飛等妖徒蠱惑，潛相勾煽，或妄造謠言，謂官軍將盡殲回族，盡滅教門，恐嚇愚民，藉端謀變，準爾等即時赴官呈控，審訊得實，定即立正刑誅。爾等試思，新教如有靈異，何以首逆元惡及親屬伙黨同歸浩劫，無一漏逸？官軍如肯肆行殺戮，何以爾等安分守己漢、回土民盡蒙寬恤，無一冤濫？若復稍涉驚疑，自生憂懼，必致終罹法網，枉送性命，看似可恨，亦覺可憐。爲此，剴切諭知軍民人等一體知悉，毋爲新教所誤，毋爲謠言所惑，永爲良善，可保無他。懔之，慎之，毋違！特示。

（清）左宗棠《左宗棠全集·告示·諭商騾幫運章程示》一、爲曉諭事。照得本爵大臣都部堂前因軍糧緊急，官車官騾不敷轉運，曾由蘭州省城雇到孫、姬、康各幫騾承運。凡行坐脚價均按民價發給，毫無抑勒，所過之處均派隊伍護送，亦無損失。

二、嗣值東、南兩路零匪漸除，該幫騾因往來客貨暢行，遂爾分幫逃散，其承運軍食者寥寥無幾。本爵大臣督部堂當飭各幫騾仍行聚集原幫，分起輪班，或承運軍需，或聽運客貨，以期軍民兩便。乃迄今日久，仍未歸幫。本應一律嚴拿重懲，姑念該騾户等多屬愚昧無知，必須再示定章，俾令有所遵守。除將新立章程分條開列，並分别行知外，爲此，示仰各騾户人等查照後開各條，一體知悉遵行，倘再故違，定行重究。切切。

一、見時商騾起卸貨物，以蘭州、秦州兩處爲總匯。嗣後各騾户無論大幫、小幫，凡自秦州至省運貨二次，由省車局令赴本爵大臣行營聽候指運軍裝軍糧一次。所運軍需，每百里百斤加成脚價銀五錢，坐空包並在内。

一、各幫騾户自示之後，均須即赴省局挂名登册，報明所管騾隻若干，以備稽查。每次出省，均照省車之例赴局領取本爵大臣護票，填明幫頭姓名、騾隻數目、卸貨地方，並載明係運第幾次客貨之樣。所過州縣軍營，但係查有護票，不獨不準拉扣，遇有零匪出没地方，並即派隊護送。如有疏失，着各防營照賠。

一、查名幫騾從前赴省，因恐拉扣支差，每於城外裝卸貨物，其在秦州亦然。商民因避釐税亦樂於從事。並於所過之處，相率繞避大道，來往潛行。不獨幫騾散漫難於稽查，且於釐税大有妨礙。應令此後省城、秦州差務，均不得强扣幫騾。凡幫騾在省城裝卸貨物者，該各行店須帶同幫頭先至省車局報明，由局寫給發票。在秦州裝卸貨物者，該行店亦須帶同幫頭先至秦州衙門報明，由秦州知州寫給發票。均以此票知會城門委員，方準貨物出入。其往返路經安定，該幫頭須持所領護票赴安定督催局呈驗，蓋用局印。到秦州時，亦須赴秦州衙門呈驗，蓋用州印。如有出省不領護票，及還省换繳護票時并無秦州、定安印驗，均將幫騾商貨一并充公。

一、幫騾領票驗票及出入省城，如司事書役人等故意羈延，稍有需索，由幫頭喊禀印委各員，立即痛懲。如各員徇庇，即禀本爵大臣一并嚴究。

（清）左宗棠《左宗棠全集·嗣後嚴禁非刑虐斃奴婢章程》一件通行事。同治十年九月十三日，奉巡撫部院王票開同治十年八月二十九日，准兼署閩浙總督部堂文咨，准刑部咨，准廣西司傳抄福建司案呈所有前事，等因，相應抄單行文該督，轉行福建巡撫福州將軍、臺灣鎮總兵一體遵照可也。計抄單一紙，等因到本，兼署部堂准此，除劄福臬司即便通飭遵照並移臺灣鎮道查照外，相應咨會查照。等因，到本。部院准此，合就飭行，爲此，仰司官吏立即移行各屬一體遵照，仍由司刊刷例本呈送備查毋遲。

計粘單一紙

內閣抄出廣西道監察御史李德源奏，爲嚴禁非刑虐斃奴婢，請酌更舊制以重人命一摺。同治九年十一月十八日內閣奉上諭：御史李德源奏嚴禁非刑虐斃奴婢請酌更舊制一摺，著刑部議奏。欽此。臣等查閱原奏，内稱竊查例載若奴婢有罪，其家長及家長之期親不告官而私自毆殺者，杖一百。若無罪而非理毆殺者，杖六十徒一年。婦女犯罪，軍流以下，准其收贖。例載本極詳明，惟近來非刑毆殺奴婢之案，不一而足。推原其故，皆由家長治家不嚴，遇奴婢小有過失，縱令婦女任性荼毒，非刑凌虐，水燙火烙，皮肉焦爛，一身幾無完膚。殘害致斃，事犯到官，類皆委之婦女，以婦女有罪例得收贖也。夫婦女犯罪收贖一條，原係法外之仁，今竟成避罪之路，有犯罪之名而無被罪之寔，無怪其愍不畏法也。我皇上恩周寰宇，澤被蒼生，凡一夫不得其所，莫不上厪聖懷。光天化日之下，豈容此等忍人肆行無忌，而不知嚴禁乎！查部臣辦案，婦女犯罪，其情節較重者，亦有不准收贖之時。相應請旨，飭下部臣妥定章程，嗣後似此案件，專歸在不准收贖條例之内，抑或竟坐罪家長，庶殘忍成性者知所畏懼，不敢肆行，其風不禁而自絶矣。等因。具奏前來。查律載，奴婢有罪，其家長及家長之期親不告官而私自毆殺者，杖一百。無罪而毆殺或故殺者，杖六十徒一年。又例載，官員將奴婢責打身死者，罰俸二年。故殺者降二級調用。刃殺者革職，不准折贖，杖一百。又家長殺傷白契所買奴婢，恩養年久配有室家者，以殺傷奴婢論。若甫經契買未配室家者，以殺傷傭工人論。又律載，家長及家長之期親毆傭工人致死者，杖一百，徒三年。故殺者，絞監候。又家長未生子女之妾毆殺隸身服役之婢女者，杖一百，流三千里。又例載，婦女犯徒流者，決杖一百，餘罪收贖。又例載，婦女犯軍流等罪，除例載寔發駐防爲奴及酌量監禁免其寔發各條外，若係積匪並窩留盜犯多名及屢次行兇訛詐罪應外遣者，寔發駐防給官兵爲奴。罪應軍流者，准其收贖一次，仍詳記檔案。如不知悛改，復犯前罪，即行寔發駐防，不准收贖。犯該徒罪以下者，仍准收贖，不得加重寔發。又律載，一家人共犯，止坐尊長。如婦人尊長與男夫卑幼同犯，雖婦人爲首，仍獨坐男夫。侵損於人者，以幾人首從論。註云：造意爲首，隨從爲從。侵謂竊盜財物，損謂鬬毆殺傷之類。如父子合家同犯，並依幾人首從之法，爲其侵損於人，是以不獨坐尊長各等語。兹據該御史以近來非刑毆殺奴婢之案，不一而足，推原其故，皆由家長治家不嚴，遇奴婢小有過失，縱令婦女任性荼毒，非刑凌虐，水燙火烙，皮肉焦爛，一身幾無完膚。殘忍致斃，事犯到官，類皆委之婦女，以婦女有罪例得收贖。夫婦女犯罪收贖一條，原係法外之仁，今竟成避罪之路，有犯罪之名而無被罪之寔，無怪其愍不畏法，豈容此等忍人肆行無忌，而不加嚴禁。查部臣辦案，婦女犯罪，其情節較重者，亦有不准收贖之時。請章程，嗣後似此案件專歸在不准收贖條例之内，抑或竟罪坐家長等因奏。奉旨：著臣部議奏。臣等查家長之期親毆故殺奴婢，律應分別有罪無罪，擬以杖徒。原以家主之於奴婢，名分攸關，有豢養之恩，亦有管束之義。如果恩養年久，遇有殺傷，律與子孫同科。即有心致死，亦不過擬以徒一年。例内始定有紅契白契之分，而白契又以是否恩養年久，分別照奴婢傭工人律科斷。蓋於治罪之收贖爲婦女避罪之路，擬欲獨坐家長，是以無辜之男夫因其治家不嚴即强科以殺人之條，而例應擬罪收贖之婦女轉得置身事外，顯與律意大相牴牾。設遇並無男夫，及雖有男夫而或係年老，或係殘廢，亦得照律收贖，仍屬法無可加，又將以何人坐罪耶？且殺斃奴婢，在本婦罪名或應擬絞，勢不能置本婦於不問，而轉科男夫以絞抵之條，辦理尤覺參差。該御史請將婦女致斃奴婢不准收贖或罪坐家長之處，均與定例不符，應毋庸議。伏查近年致斃奴婢之案，平人婦女尚少，而惟官員之家爲多。現據巡視北城御史咨送户部主事楊廷傳之妻梁氏，因年甫十三婢女來喜不聽管教，用通條等物將其毆烙身死一案，經臣部用查，契紙未到，尚未訊結。此等殘忍性成之婦，挾恃官員正妻，刑法所不能加，遇奴婢偶有過犯，輒任意凌虐，非刑致斃。迨犯案到官，不過虚擬罪名，照例收贖。若不稍示懲儆，誠如該御史所奏益將肆行無忌，終不足以生其畏法之心。例内官員致斃奴僕，係應分别毆殺、故殺，擬以罰俸降革，不與平人一律問擬寔徒。官員之妻有犯，應否照官員定擬，例無明文。在官員身列仕版，不能約束婦女，致將婢女虐斃，甚或知情故縱，即予以處分，予屬咎無可辭。惟究與自行犯罪不同，若一例擬以降革，未免無所區別。溯查康熙年間舊例，官員祖母、母、妻毆殺奴婢者，照伊夫及子孫官品罰俸一年。故殺者，罰俸一年，追人一口入官。如伊夫及子孫原有官職身故無俸者，仍照原官品級罰俸等語。後於乾隆五年修例時，將此條删除。今欲稍示懲創，似不若就從

前舊例叅酌變通，期歸允當。應請嗣後官員之家，婦女毆故殺奴婢僱工人等，除罪應擬抵及律止擬杖者仍照本律例定擬外，如罪應徒一年者，即照伊夫即家長品級罰俸一年，罪應徒三年者，罰俸二年，罪應擬流者，罰俸三年。如家長及夫身故無俸者，仍照原官品級追罰，並追奪本婦誥勑，不准再行濛混邀請封典。庶兇殘者稍知歛跡，而於各條律例亦不至有所牴牾矣。如蒙俞允，臣部通行内外問刑衙門一體遵照。其楊梁氏一案，臣部即照新章辦理。等因。同治十年三月十四日奉奏，本日奉旨：依議。欽此。

（清）沈家本《寄簃文存》卷六《通行章程序》 刑部《通行章程》，道光十三年以前，有江蘇刊本，祝氏《刑案彙覽》已分類編入。十四年至十七年，祝氏《續編》内亦采入無遺。道光十八年以後，距今五十年，通行各省案件，無歲不有。既已分布官司，而未有專書彙録，每虞其漏，鈔胥又苦其疲。友人因相與蒐羅編輯，起道光十八年，訖光緒十八年閏六月，除業經纂例無庸采入外，按年排比，次爲四卷。又輯刑部《遵行章程》，共計六條，附于其内。既成而序之曰：

律者，一成不易者也。例者，因時制宜者也。於律、例之外，而有通行，又以補律、例之所未盡也。或紬繹例意，或申明定章，或因比附不能畫一而折其衷，或因援引尚涉狐疑而申其議，或係酌量辦理而有成式可循，或係暫時變通而非永著爲例。更有經言官奏請，大吏條陳，因而酌改舊文，創立新例，尚未纂入條例者。凡此，剖析毫芒，決定疑似，重輕出入之際，皆反覆推詳而議始成。稽比亭疑，咸當遵守。蓋律、例之有通行，譬猶江沱漢潛，而非駢拇枝指也。夫天下之情僞萬變，遇一獄立一例，謂庶足以盡之矣。他日一獄出，而與所立之例又不相當，將必更變其例，以定斯獄。是已定之例有定，而未定之獄終無定也。《書》曰上下比罪。《傳》曰議事以制。是在決讞者之神而明之。

《大清法規大全·法律部》卷三《變通舊律例二·刑部奏議請將州縣自理刑名案内笞杖改為罰金一項酌提解部摺》 光緒三十一年四月初五日，軍機處抄交御史錢能訓奏請飭部亟籌辦公經費一片，奉旨：著刑部察核辦理。欽此。臣等伏念辦公固以籌款爲先，而籌款尤以經久爲要。現在户部庫帑支絀，既無專款之可撥，而臣部例禁需索，分文入署，即以贓論，無私可化，自不待言，於此而欲籌公費，其難可知。然安於苟且，任令困難，終非政策。不得不於無可籌措之中，預謀一經久之計。查新章笞杖改爲罰金，此項新案罰金，似可藉資挹注，以濟臣部要需。不特於國計民生兩無妨礙，抑且以公家之款辦公家之事，於言固順，於理亦安。臣等公同商酌，擬請將外省州縣自理刑名案内，笞杖改爲罰金一項，提解到部，以資辦公。酌定每一州縣每年解銀一百兩，按半年解銀五十兩，每年分爲兩次，由各該督撫彙齊解部。年清年款，不得蒂欠分釐，并不得藉口修改監獄及設立習藝所，留作地方之用。此係例應入官册報之款，無俟另籌，當不至有所推諉。至各州縣審理笞杖人犯，折罰銀兩，每年斷不止於此數，除解部一百兩外，其有餘之款以及奏咨案内笞杖折罰銀兩，應令各該省年終彙案，一併册報户部，并分咨臣部，以便互相稽核。似此明定章程，庶外省款歸核實，而臣部辦公不至無資，實於刑政大有裨益。如蒙俞允，恭俟命下，臣部即行文各該督撫、將軍、都統、府尹，一體遵照辦理。至臣部此次遵旨酌籌辦公經費，固以優給司員津貼爲大宗，其次則如原奏所稱，增加書役飯銀者是也。查臣部各司處所吏役，疊經裁汰，尚存三百五十餘名。以闔署之大，其任鈔胥供奔走者祇有此數，已覺日不暇給，未便再議裁酌。自整頓以來，明查暗訪，雖該書役人等尚無遇案需索之事，惟每月工食甚微，難資策勵。且若輩誰無事畜，抑且具有天良，果能贍其身家，斷不敢知法犯法，正本清源，莫要於此。其次，則又如原奏所稱，增加恤囚經費者是也。近年兩監恤囚經費，較之從前擴充一倍。圜扉之内，固已實惠均霑。惟查奏准新章，凡各省臬司府廳州縣各衙門監獄，飭令一律大加修改，屋宇務須廣潔，并優給口糧及冬夏調理各費，以示體恤。等因。臣部爲各省問刑衙門之表率，尤應採訪東西各國監獄成法，將南北兩監大加修改，一洗從前因陋就簡之習，作速改良，爲天下先。凡此款項之所需，實非敷衍所能成，亦非涓滴所能濟。是在各該督撫力顧大局，將此項罰金按年掃數歸部，則臣部辦公無虞支絀矣。謹奏。光緒三十一年六月初七日奉旨：依議。欽此。

《大清法規大全·法律部》卷三《變通舊律例二·理藩院刑部會奏議覆改減蒙古刑律摺》 竊維理藩院因蒙例專條與刑例不合，可否改減聲明請旨等因一摺，於光緒三十一年四月三十日具奏。奉旨：著會同刑部議奏。欽此。欽遵。由理藩院恭録諭旨，鈔録原奏，咨商刑部去後，旋准刑

部咨覆。前來查内外蒙古刑名案件向設有蒙例專條，原以蒙古風俗政教與内地不同，是以特立科條，較刑例罪名每多輕減，其重罪内僅有凌遲斬梟三條，其餘尋常斬絞監候均較刑例爲輕。即有一二條罪名同於刑例者，係蒙例從重之條。是以臣院奏請，可否改減。惟臣等伏查本年三月間經修訂法律大臣伍廷芳等奏定新章，所有現行律例内凌遲斬梟各條俱改爲斬決，其斬決各條俱改絞決，絞決改絞候秋審入實，斬監候改絞候，秋審時分別實緩，以及革除刺字、寬免緣坐各項，俱係將重法删減從輕，業經欽奉明降諭旨，宣示天下内外問刑衙門，俱應遵守。蒙古事同一律，所有蒙古專例内凌遲斬梟之條，自應遵照新章俱改斬決。其斬監候各條俱改絞候，秋審時分別實緩。其餘各條本較刑例罪輕，似可毋庸再行遞減。至蒙例未備者，如比引刑例應照新章辦理。倘遇交涉案件牽及蒙古，亦應概照刑例新章問擬，不得仍引蒙例，以免紛歧。謹奏。光緒三十一年月日。奉旨：依議。欽此。

《大清法規大全·法律部》卷一《新定專律·刑部議覆私鑄銀元僞造紙幣治罪摺》 據辦理財政事宜王大臣咨會同户部附奏私鑄銀元僞造紙幣飭議專條一片，光緒三十一年七月二十日奉旨：依議。欽此。抄録原奏知照到部。查原奏内稱：圜法之害，莫甚於私銷、私鑄，故例禁綦嚴。自銀元銅元創行以來，権算較精，配合有度，私銷無利，其弊自絶。而私鑄之弊，則防不勝防。蓋所值既多，罔利更易，奸民窺法，往往而有。至於通行紙幣，尤易作僞。國鈔爲圜法根本，斷不容作奸漁利，至妨要政。自非繩以峻法，不足以懲奸宄而便民生。惟查銀元、銅元，紙幣三項，花紋精細，頗難朦混，一經贋造，則子母相生，層出不已。凡敢於犯法作僞者，其機詐必深，其窟穴必密，較之尋常私鑄，其情罪似加一等。擬請嗣後拏獲私鑄銀銅元僞造紙幣之犯，如其數在十千以上，或數雖不及而私鑄不止一次者，均比照私鑄制錢例加等治罪，以昭炯戒。請飭下刑部，另議專條，著爲定例。等因。咨行前來，查例載各省拏獲私鑄之案，不論砂殼銅錢，核其所鑄數至十千以上，或雖不及十千而私鑄不止一次後經發覺者，爲首及匠人俱擬斬候，爲從及知情買使者俱發新疆給官兵爲奴。又受些微雇值挑水打炭，及停工散局之後貪其賤價偶爲買使者，照爲從遣罪上減一等，杖一百徒三年。其鑄錢不及十千者，首犯匠人俱發新疆給官兵爲奴。爲從及知情買使并受雇之犯，各照鑄錢十千以上從犯之罪遞減一等。其房主、鄰右、總甲、十家長，知而不拏獲舉首者，杖一百徒三年，不知情但失於查察者，杖一百等語。又光緒二十二年臣部議覆署兩江總督張之洞奏，廣東等省次第開鑄銀錢，請飭議私鑄罪名摺内奏准：嗣後私鑄銀錢之案，以制錢一千合銀一兩，核其所鑄之數至十兩以上，或雖不及十兩而私鑄不止一次後經發覺者，爲首及匠人俱擬斬監候，爲從俱發新疆給官兵爲奴。如受些微雇值在局傭工者，照爲從遣罪上減一等，杖一百徒三年。其所鑄不及十千及知情買使者，俱照用銅鐵錫鉛藥煎僞造假銀例治罪。又臣部議覆御史蔣式芬條陳僞造治罪摺内奏准，嗣後奸民奸商僞造官錢局蓋用印信錢票誆騙財物，數至十千以上，爲首者斬監候，爲從者杖一百流三千里。其不及十千，爲首雕刻者，杖一百流三千里，爲從及知情行用者，各減一等。各等因。先後通行各省遵照在案。臣等查匪徒私鑄僞造，罔民取利，暨爲圜法之害，即使盡法懲治，原不足惜。第律内私鑄銅錢爲首之犯及匠人罪止繯首，現行例内加重，但私鑄數至十千以上或私鑄不止一次，即問擬駢誅，懲治已不爲不嚴。至歷次奏定章程，私鑄銀錢比照私鑄制錢定罪，僞造官票比照僞造印信誆騙財物定罪。數在十兩十千以上，爲首均問擬斬候。固已無虞輕縱。茲據財政處會同户部奏請：嗣後拏獲私鑄銀元銅元僞造紙幣之犯，均比照私鑄制錢例加等治罪，自係爲維持圜法嚴懲奸宄起見。惟查銀元、銅元、紙幣三項，與制錢同爲國幣，私鑄僞造，同一骫法犯禁，情罪無甚區分。若將此項人犯比照私鑄制錢例上加等治罪，則爲首照例應擬斬候者勢必加至立決，不特彼此參差，恐有畸重畸輕之弊。且現在欽奉諭旨改定法律，俱係酌量從減，而此獨加重辦理，亦殊多窒礙。特是立法無妨變通，而防弊尤宜扼要。此等私鑄僞造之犯，類皆奸宄之尤，到案狡供避就是其慣技，或數至十兩十千以上應擬死罪者，仍供認不及十兩十千，或所犯已至多次應擬死罪者，乃供認僅止一次。設使案犯未能全獲，質證無憑，即不得不擬供定擬，照例監候待質。是死罪轉成虚設，而宵小反恃爲得計，實不可不杜其漸。原奏既請另議專條，自應不論銀數、錢數、次數，再行加嚴，以期辟以止辟。臣等公同商酌，擬請嗣後拏獲私鑄銀元銅元僞造紙幣之犯，但經鑄成造就，無論銀數錢數次數多寡，爲首及鑄造雕刻之匠人，俱擬斬監候，仍照新章改爲絞監

候，入於秋審情實案內。爲從俱發新疆給官兵爲奴。受雇之犯及知情買使行用者，俱照爲從遣罪上減一等，杖一百徒三年。若私鑄僞造未成畏罪中止者，爲首及匠人俱發極邊足四千里充軍。似此嚴定科條，永昭法守，庶匪徒咸知警懼，而圜法可期肅清矣。如蒙俞允，臣部即通行各省一體遵照辦理。謹奏。光緒三十一年九月初二日奉旨：依議。欽此。

《大清法規大全・法律部》卷一《新定專律・刑部奏嚴定僞造郵票并冒用舊票治罪章程摺》 光緒三十二年正月十九日准外務部咨稱，據總税務司赫德申稱，廣東省城近有鋪店六家，串通郵差，私將蓋戳之舊郵票洗去印跡復用，借籍混騙，并查出積存兩年未發出之郵信千餘封，當將犯事各店及郵差送案嚴辦。惟查冒用舊票私淹信件之案，如在西國，均有定律，罪與鑄造贋幣同科，是以犯者從不多見。今中國郵政章程中尚無此項條例，誠恐不免效尤。應請飭令各省，凡遇有洗用已印之郵票希圖冒用，漏納購買新票之資費，或故意積壓信件不遞者，從重比例懲治，申請核奪，示覆施行等語。查西國郵政，於舞弊等事定例綦嚴。中國郵務甫經推廣，尚未定有此項條例。此次廣州已出有洗用舊票及積壓信件兩事，嗣後若不嚴定專條，通飭各省，以儆將來，實於郵政新機大有妨損。請查照前因，比例酌定治罪專條等因，知照前來。臣等查郵政之設，將及十年，近日逐漸推廣，不特郵寄商民函件，頗見信從，即機密文報亦俱籍以郵傳，往還極稱便利。惟自來利之所在，日久弊生，非設法嚴防不足以導新機而維郵政。茲據外務部咨稱，轉據總税務司申稱，廣州已有洗用舊票及積壓信函等事，擬請嚴定治罪專條，係爲維持郵政以儆效尤起見。惟該總税務司所稱，此等案件在西國均有定律，罪與鑄造贋幣同科等語，則殊未盡然。檢查俄律，如僞造郵政封筒及信票，以僞造印信關防鈐記論，發往西伯利亞安插或交教養局習藝。故意積壓藏匿信函文牘者，罪同。德律，僞造郵票，處三月以下之禁錮。美律，凡僞造郵票及其底板，或知情使用、販賣，或持此以冀使用販賣，或擅造郵票及其底板，或授與不應受此之人者，科五百圓以下之罰金，或五年以下加苦役之囚獄，或囚獄與罰金併處。日本法律規仿泰西，其郵便法內載：僞造變造郵政信封印花及印片，或知情而行使者，處五月以上五年以下之重禁錮。將郵便物私用盜賣抑留隱匿或拋棄者，處一月以上二年以下之重禁錮。以上各國於郵政舞弊，俱未科以僞造貨幣之罪。良由貨幣通行全國，郵票僅印税之一端，僞造郵票與僞造貨幣作僞雖同，而被害區域或有廣狹之分，即科罪有輕重之判也。郵政關係極重，將來新律自必斟酌情形詳定條款，而現行例內并無治罪恰合專條。查郵政事隸税關，而郵票僅止蓋用局中戳記，與部頒之印信關防鈐記不同，若俄律竟以僞造郵信關防鈐記論，未免過重。若用德律僅處三月以下之禁錮，又覺太輕。惟僞造郵票之人其意止在欺騙圖利，與用計詐欺官司以取財貨者無異，計贓准竊盜論，核與美日之法不甚懸殊。至積壓信件雖與沈匿公文不同，第現在郵政已隸於官，即非尋常商局可比。且亦有公家文報在內，應一併酌定暫行章程，俾資遵用。臣等公同商酌擬請，嗣後僞造郵票及信片已成者，計贓准竊盜論，罪止流三千里。其僅止洗用舊票，減一等。爲從及知情行使者，又各減一等。若郵差將郵寄公私文報信件沈匿者，比依鋪兵沈匿公文律，一角杖六十，每一角加一等，罪止杖一百。事干軍情機密文書而沈匿者，不計角數，徒一年。有所規避者，從重論。以上徒流，照新章收入習藝所工作，杖罪罰金。似此明定治罪專條，俾奸宄知所儆畏，不敢舞弊，而郵政益推行盡利矣。如蒙俞允，即由臣部通行各省一體遵照，謹奏。光緒三十二年月日奉旨：依議。欽此。

《大清法規大全・法律部》卷三《變通舊律例二・刑部都察院會奏議覆虛擬死罪改為流徒摺》 光緒三十二年四月初二日，軍機處交出本日法律大臣沈家本等奏，現行律內虛擬死罪分別改爲流徒一摺，奉旨：著刑部都察院議奏。欽此。并鈔録原奏，知照前來。臣等查閱該大臣等原奏內稱：竊臣等奉命修訂律例，參酌各國刑法，以冀收回治外法權。是以上年三月間奏准，删除凌遲、梟示諸重刑等，并聲明尋常應入秋審各犯，將來應否變通，再行妥議等因。計自新章頒布，已届一年，各直省尚推行無阻。臣等復詳加考核，查有現行律例內其虛擬死罪而秋審例緩者，莫如戲殺、誤殺、擅殺三項。戲殺初無害人之心，死出意外，情節最輕。誤殺雖有害人之心，而死非互鬬之人，亦初意所不及。擅殺情節輕重不等，第死者究係有罪之人，故此數項罪犯，在各國僅處懲役禁錮之刑。考之唐律，戲殺誤殺，各按其當場情刑分別徒流，并無死罪。擅殺分勿論及徒流、絞四等，亦不概問死罪。中國現行律例，不分戲誤、擅殺，皆照鬬殺擬絞監候。秋審緩決一次，即准減流。其重者緩決三次減流。蓋雖名爲絞罪，實

與流罪無殊，不過虛擬死罪之名，多費秋審一番文牘而已。現當綜核名實併省繁重之際，與其空擬以絞，徒事虛文，何如徑改爲流，俾歸簡易。擬請嗣後戲殺改爲徒罪，因鬭誤殺旁人并擅殺各項罪人，現律應擬絞監候者，一律改爲流罪，均按照新章毋庸發配，歸入習藝所罰令工作。其現行例內，如誤殺其人之父兄母弟等項，并擅殺二命以上及謀故火器擅殺各項，不准一次減等，酌加二年。如遇情有可原或情節較重者，應俟臨時酌量辦理。其戲傷誤傷并擅殺，按例罪不至死者，均於本罪上遞減一等，以免窒礙。似此變通量減，不過去其虛擬死罪之名，仍於生死無關出入。等因。遵奉諭旨：交臣等議奏。仰見聖明睿照，於變通法典之中，仍寓矜慎刑章之意，欽佩莫名。臣等查律載因戲而殺傷人及因鬭毆而誤傷旁人者，各以鬭殺論。注云：死者并絞，傷者驗輕重定罪。又，罪人已就拘執及不拒捕而擅殺之或折傷者，各以鬭殺傷論。又例載：戲殺誤殺問擬絞候應入緩決之犯，朝審一次之後，刑部查核奏明，將戲殺誤殺之犯減爲杖一百流三千里。其誤殺案內，所殺係其人之祖父母、父母、叔伯父母、妻、兄弟、子孫、在室女者，俱俟查辦緩決時再行照例辦理。又擅殺問擬絞候，入於秋審緩決辦理之犯，除謀故、火器殺人，或連斃二命及各斃各命致斃人數在四名以上者，均不准一次減等外，其餘俱於緩決一次後，即予減等發落各等語。推原例意，戲、誤、擅三絞候人犯，雖核辦秋審時同一例應緩決，而准減不准減，則視情節之輕重以爲衡。蓋宏矜恤之惠，斯不能不預防殘殺之端，例內界畫秩然，至爲精當。兹據該大臣等請，將戲殺改爲徒罪，因鬭誤殺旁人并擅殺各項罪人現律因擬絞候者，一律改爲流罪。等因。臣等逐加查核，戲殺一項，唐律減鬭殺二等，罪止滿徒。今律雖照鬭殺擬絞，秋審向不議實，亦無緩決一次不准減等明文。誠以此等人犯，用力相戲，本無害心，不期而適戕其人之生，情與過失相近，律於過失殺人，准鬭殺罪收贖追銀後，便無餘罪，則戲殺似不當過嚴。若因鬭誤殺旁人，雖釁起鬭毆，已有害人之心，而死非互鬭之人，實出鬭者意外，核與同謀共毆，致被糾之人毆死，非其所欲謀毆之人，情事正復相等。查同謀共毆，如被糾之人毆死非其所欲謀殺之人，例於起意糾毆之犯得照原謀減徒，即被謀之人毆死其所欲謀毆之人，而起意糾毆之犯亦止照律滿流。以情言，則謀重而誤輕，以法言，則謀輕而誤重。比例參觀，似因鬭誤殺旁人一項，亦當詳核案情，量從輕典。至擅殺姦盜各項罪人，殺之者或激於一時之義忿，或出於臨事之追毆，此等應入秋審之犯，較之戲誤兩項人數稍多。若查其事非得已情有可原者，倘係合於緩決一次即予減等之例，似應一併略迹原心與戲殺誤殺各犯均毋庸虛擬死罪，用彰聖世寬仁之治。臣等參考例章，公同商酌，擬請嗣後戲殺、誤殺、擅殺三項人犯，凡秋審例緩決一次即予減等者，應准如該大臣等所奏，戲殺改爲杖一百徒三年，因鬭誤殺旁人并擅殺各項罪人現行律例應擬絞候者，一律改爲杖一百流三千里。均按照新章免其決杖，毋庸發配，歸入習藝所罰令工作。將來遇有此三項人犯案件，即由各該省專咨報部，仍由刑部核議，按季彙奏一次，俾昭鄭重。如有情傷不符避重就輕者，各以官司故出入罪論。其現行例內誤殺其人之父母兄弟等項，并擅殺二命以上及謀故火器擅殺各項，凡秋審不准一次減等情節較重，若遽將此項人犯亦復徑行改爲流罪，實不足以示懲儆，應請仍照向例辦理。該大臣等議，將誤殺擅殺情重人犯，一律徑改爲流酌加工作二年之處，應毋庸議。至戲傷誤擅并傷殺，例不至死者，核其情罪，尤可矜原，應均如該大臣擅殺情重犯，一律徑改爲流酌加工作二年之處，應毋庸議。至戲傷誤擅並傷殺，例不至死者，核其情罪，尤可矜原，應均如該大臣等所奏，各於本罪上遞減一等，以免窒礙，而示區別。再，擅殺案內餘人及擅傷別項罪人，均有應科罪名，原奏未經議及，亦應於本罪上遞減一等，庶免參差。如此量爲分別，庶新法逐漸變通，而舊制無虞偏重。如蒙俞允，由刑部將本年科審册內戲殺、誤殺、擅殺三項人犯例，准緩決一次減等者，一律扣除，先行開單奏請，改照新章辦理，并通行各直省督撫都統將軍一體遵照。謹奏。光緒三十二年閏四月初八日奉旨：依議。欽此。

《大清法規大全·法律部》卷一《新定專律·刑部議覆僞造外國銀圓科罪宜有區別摺》　光緒三十二年八月二十二日，准軍機處片交本日御史蔡金臺奏，僞造外國銀元科罪宜有區別一摺，奉旨：刑部議奏，欽此。當將原摺抄送到部。查閱原案內稱，上月十七日親赴朝審，查有直隸司絞犯滿姓一起，册載該犯僞造外國銀圓，部以例無治罪明文，按私鑄匠人科斷，擬以斬候，照章減爲絞候。等因。查奏定章程，私鑄銀圓，但經鑄成，雕刻之匠人擬斬監候。詳譯律意，蓋以鑄造銀圓，實爲國權所在，人

民私鑄銀幣，即爲干犯國權，故罪必至於斬候。至僞造金銀，則別有徒杖專條，尤可見律之所重在彼而不在此。今查此案，係僞造英屬站人銀圓，自與國幣有別，即不當與干犯國權同科。復查日本刑法，僞造内國之金銀貨及紙幣，處無期徒刑。僞造外國金銀幣者，處有期徒刑。是外國於此項私鑄，亦必以幣之内外分罪之重輕。今該部於此等關係名義之案，雖因例無明文，究應聲明請旨。乃牽引私鑄國幣定章，漫無區別，辦理似有未合。請飭部再行定擬，并推廣舊例，明定辦法。等因。欽奉諭旨：著臣部議奏。臣等查本年朝審册載，絞犯滿在田私鑄銀圓已成一案，原此案於上年十二月十七日奏結，其所定罪名，係查照上年九月間，臣部議覆財政處會同户部奏請私鑄銀銅圓、僞造紙幣照私鑄制錢加等治罪新章，擬將該犯審依私鑄銀銅圓之犯，但經鑄成，無論錢數多寡，爲首及鑄造雕刻之匠人俱擬斬監候，照章改爲絞監候，入於秋審情實。其時定章未久，復查財政處原奏聲稱，銀圓、銅圓、紙幣三項，花紋精細，頗難淆混，一經贋造，則子母相生，層出不窮。凡敢於犯法作僞者，其機兆必深，其窟穴必密，較之尋常私鑄爲重等語，而於僞造外國銀幣未經議及。臣部當以定章伊始，律例内既無治罪明文，亦無辦過，似此成案，自不得不照奏定章程科斷。原期秋讞衡情再行酌核辦理，嗣於本年四月間經修訂法律大臣奏，法俄英日各國，私造外國貨幣者，均較本國處刑爲輕。現在外國銀圓流通中國，并無歧視，惟究與國寶不同，如有僞造，擬罪自應略分輕重，以示區別。擬請嗣後凡僞造外國銀圓行使，無論贓數多寡，爲首及匠人均於奏定私鑄銀幣章程絞罪上減一等，擬以流三千里。其爲從及鑄造未成之犯，名於流罪上減一等等因，奏准通行在案。彼時以該犯滿在田結案在先，係應入本年朝審之犯，未便即照減等章程辦理，加以朝審期近，自應歸入實緩彙奏摺内聲明請旨。原以輕重各章均奉聖明裁定，臣部持平斷獄，既不敢於未定專條以前妄從輕比，亦何敢於得所依據之後故涉深文。是以臣等於七月二十五日率同秋審處司員集議以後，即於二十九日具奏實緩彙案摺内聲明，該犯確係僞造外國銀幣，與本國龍圓不同，既有本年新章可循，應將該犯滿在田酌擬緩決，并於朝審後一次減等，以昭平允。業經奉旨允准，并未一例入實。該御史隨班會審，僅據原案招册入告，蓋未知臣部已先期酌減也。且查臣部歷年辦理秋朝審案件，有外擬情實經臣部酌入緩決者，即入彙奏摺内請旨。有例應入實而衡情不無可原者，則出語黏簽聲敘。惟彙奏向在九卿上班以前，而聲敘又在進呈黄册之際，即如此案滿在田一起，如果無法律大臣奏准定章，臣部於進呈黄册時，亦當原情聲敘，以冀邀恩免勾。茲即有專章可引，是早以明定辦法，所有御史奏請將此案另行定擬及推廣舊例之處，應毋庸議。再該御史復稱，方今各國大同，交通必期無阻，就國權而論自應如此，且日本既顯有所分，我即應以此相報，擬與之開誠商〔改〕，將此項處分私鑄之律，彼此各照僞造本國貨幣一律從重辦理，使人民無所趨避。至歐美各國是否與日本刑律相同，亦應由我各駐使查明，一律商改等語。推原該御史之意，以爲如無私鑄外國銀幣從輕治罪明文，即應與各國商改畫一，俾得力益相均，籍以肅清幣政，即可保固法權。惟是洋圓自創行以來逐漸增多，其流通内地侵我利權者，勢力實較中國銀幣爲甚，以致僞造外國銀圓人犯所在皆有。既據法律大臣詳查法俄英日各國法律，凡私鑄一項，均以本國外國分別治罪，故特奏准定章以資引用。此後如遇似此案件，自不至與僞造本國銀幣同科，蓋即該御史宜有區別之意。茲復據稱與各國不分畛域，彼此商從重典，不惟宗旨前後剌謬，萬一吾民私鑄洋圓，彼此重罪，要之他族僞造龍幣，仍復以外國目之，口舌徒爭，紛憂立見。該御史聲言外國最重公德，臣恐私益未均而法權轉以寖失，似非計之得者也。所請將此項處分私鑄之律與各國商改，一律從重辦理，亦請毋庸置議。謹奏。光緒三十二年九月初三日奉旨：依議。欽此。

通例總部

職官犯罪部

論說

《尚書·伊訓》 制官刑，儆於有位。曰：敢有恒舞於宮，酣歌於室，時謂巫風。敢有殉於貨色，恒於游畋，時謂淫風。敢有侮聖言，逆忠直，遠耆德，比頑童，時謂亂風。惟茲三風十愆，卿士有一於身，家必喪；邦君有一於身，國必亡。臣下不匡，其刑墨，具訓於蒙士。

《漢書》卷四八《賈誼傳》 〔文帝時，賈誼上疏曰〕廉耻節禮以治君子，故有賜死而無戮辱。是以黥劓之罪，不及大夫，以其離主上不遠也。【略】今自王侯三公之貴，皆天子之所改容而禮之也，古天子之所謂伯父、伯舅也，而令與衆庶同黥、劓、髡、刖、笞、傌、棄市之法，然則堂不亡陛虖？被戮辱者不泰迫虖。【略】夫嘗已在貴寵之位，【略】今而有過，帝令廢之可也，退之可也，賜之死可也，滅之可也。若夫束縛之，係緤之，輸之司寇，編之徒官，司寇小吏詈罵而榜笞之，殆非所以令衆庶見也。

（明）丘濬《大學衍義補》卷一〇八《慎刑憲·謹詳讞之議》 章帝時，有兄弟共殺人者。帝以兄不訓弟，故報論也兄重而減弟死。中常侍孫章宣詔言兩報重。尚書奏：章矯制，罪當腰斬。帝問郭躬，躬對曰：法令有故誤，章傳令之謬，於是爲誤。誤者於文則輕，當罰金。帝曰：章與囚同縣，疑其故也。躬曰：周道如砥，其直如矢，君子不逆詐。且王法天刑，不可以委曲生意。帝善之。

臣按，郭躬謂王法天刑，不可以委曲生意，斯言也，可以爲讞獄者之格式。

（明）梅鼎祚《東漢文紀》卷二《和帝·舉吏詔五年三月》 選舉良才，爲政之本。科別行能，必由鄉曲，而郡國舉吏，不加簡擇，故先帝明敕在所，令試之以職，乃得充選。又德行尤異，不須經職者，別署狀上。而宣佈以來，出入九年，二千石曾不承奉，恣心從好，司隸刺史，訖無糾察，今新蒙赦令，且復申敕，後有犯者，顯明其罰。在位不以選舉爲憂，督察不以發覺爲負，非獨州郡也。是以庶官多非其人，下民被姦邪之傷，由法不行故也。

《南史》卷二一《王弘傳》 〔王〕弘博練政體，留心庶事，斟酌時宜，每存優允。與八座丞郎疏曰：同伍犯法，無人士不罪之科，然每至詰讁，輒有請訴。若常垂恩宥，則法廢不行，依事糾責，則物以爲苦。恐宜更爲其制。時議多不同，弘以爲：謂之人士，便無庶人之坐；署爲庶人，輒受人士之罰，不其頗歟？謂人士可不受同伍之讁，取罪其奴客，庸何傷邪？無奴客，可令輸贖。有修身閭閻，與羣小實隔，又或無奴僮，爲衆所明者，官長二千石便親臨列上，依事遣判。

《魏書》卷六二《李彪傳》 〔李彪又表曰〕其五曰：古者，大臣有坐不廉而廢者，不謂之不廉，乃曰簠簋不飾。此君之所以禮貴臣，不明言其過也。臣有大譴，則白冠氂纓，盤水加劍，造請室而請死，此臣之所以知罪而不敢逃刑也。聖朝賓遇大臣，禮同古典。自太和以降，有負罪當陷大辟者，多得歸第自盡。遣之日，深垂隱愍，言發悽淚，百官莫不見，四海莫不聞，誠足以感將死之心，慰戚屬之情。然恩發至衷，未著永制，此愚臣所以敢陳末見。昔漢文時，人有告丞相周勃謀反者，逮繫長安獄，頓辱之與皂隸同。賈誼乃上書，極陳君臣之義，不宜如是。夫貴臣者，天子爲其改容而體貌之，吏人爲其俯伏而敬貴之。其有罪過，廢之可也，賜之死可也。若束縛之，輸之司寇，榜笞之，小吏詈罵之，殆非所以令衆庶見也。及將刑也，臣則北面再拜，跪而自裁。天子曰：子大夫自有過耳，吾遇子有禮矣。上不使人抑而刑之也。孝文深納其言，是後大臣有罪，皆自殺不受刑。至孝武時，稍復入獄，良由孝文行之當時，不爲永制故耳。伏惟聖德慈惠，豈與漢文比隆哉。今天下有道，庶人不議之時，臣安可陳瞽言於朝，但恐萬世之後，繼體之主有若漢武之事焉。夫道貴長久，所以樹之風聲也；法尚不虧，所以貽厥孫謀也，焉得行恩當時，而不著長世之制乎？

（宋）王欽若等《册府元龜》卷六一二《刑法部·定律令》 〔武德

二年〕二月制，官人枉法受財及諸犯盜詐請倉庫隱藏官物者，罪無輕重，皆不得赦原。

（唐）杜佑《通典》卷一六七《刑法・雜議下》　永徽二年七月，華州刺史蕭齡之，前任廣州都督，受左智遠及馮盎妻等金銀奴婢，詔付羣臣議奏，上怒，令於朝堂處盡。御史大夫唐臨奏曰：臣聞國家大典，在於刑賞，古先聖王，惟刑是恤。今天下太平，合用堯、舜之典。比來有司多行重法，敍勳必須刻削，論罪務從重科，非是憎惡前人，止欲自爲身計。今議齡之事，有輕有重，重者至流、死，輕者除名。以齡之受委大藩，贓罰狼籍，原情取事，死有餘辜。然既遣詳議，終須近法。臣竊以律有八議，並依《周禮》舊文，務其異於衆臣，所以特制議法。《禮》王族刑於僻處，所以議親；刑不上大夫，所以議貴。明知重其親貴，議欲緩刑；非爲嫉其賢能，謀致深法。今議官必於常法之外，議令入重，正與堯舜相反，不可爲萬代法。臣既處法官，敢不以聞。詔遂配流嶺南。

（宋）李燾《續資治通鑑長編》宋太宗雍熙四年九月　判刑部張佖上言：望自今應斷奏失入死刑者，不得以官減贖，檢法官削一任，長吏並停見任。從之。張佖上言，本志在五月後，今移見於此。嘗有犯大辟者，詔特減，上謂佖曰：朕以小人冒法，原其情非巨蠹，故貸死流竄，亦足以懲艾之也。佖對曰：先王立法，蓋爲小人，君子固不犯矣。上以語宰相，且嘆賞佖，以爲知言。

（宋）李燾《續資治通鑑長編》宋仁宗慶曆三年九月　司徒呂夷簡固請老，戊辰，授太尉致仕，朝朔望及大朝會，並綴中書門下班。諫官歐陽修言：呂夷簡爲陛下宰相，而致四郊多壘，百姓內困，賢愚倒置，紀綱大隳，二十餘年間，壞亂天下。人臣大富貴，夷簡享之而去，天下大憂患，留與陛下當之。夷簡罪惡滿盈，事迹彰著，然而偶不敗亡者，蓋其在位之日，專奪主權，脅制中外，人皆畏之，不敢發擿。及其疾病，天下臣庶共喜姦邪難去之人且得已爲天廢。又見陛下自夷簡去後，進用賢才，憂勤庶政，聖明之德日新又新，故識者皆謂但得大姦已廢，不害陛下聖政，則更不得復言。所以使夷簡平生罪惡偶不發揚，正賴陛下終始保全，未污斧鑕。是陛下不負夷簡，夷簡上負朝廷。今雖陛下特推仁恩，厚其禮數，然臣料夷簡必不敢當，理須陳讓。臣乞因其來讓，便與寢罷，别檢自來宰相致仕祖宗舊例，與一合受官名。然臣猶恐夷簡不識廉恥，便受國家過分之恩澤。緣夷簡子弟，因父僥倖，恩典已極。今邊鄙多事，外面臣僚辛苦者，未嘗非次轉官，豈可使姦邪巨蠹之家，貪贓愚騃子弟不住加恩！其子弟，伏乞更不議恩典。

修又言：臣伏見國家每出詔令，常患官吏不能遵行，不知患在朝廷自先壞法。朝廷不能自信，則誰肯信而行之？然多因小人僥倖而不加抑絶，所與之恩雖少，所損之體則多。臣聞去年十月中，曾有臣僚上言，乞今後大臣厮僕不得奏薦班行。敕旨頒下，纔三四月已，卻用呂夷簡僕人袁宗等二人爲奉職。夷簡身爲大臣，壞亂陛下朝政多矣，苟有利於其私，雖敗天下事，尚無所顧，況肯爲陛下惜法，但朝廷自宜如何！今一法纔出，而大臣先壞之，則其次臣僚人豈可不與？不與，則是行法有二；與之，則近降敕旨今後又廢。有司爲陛下守，不思國家，但徇人情。或云二僕得旨與官在降敕前，奈何授官在降敕後。凡出命令，本爲釐革前弊，法家以後敕冲前敕，今袁宗等雖曾得旨，而未授命間，已該新制，自合釐革。夷簡不能止絶，而恣其僥求，朝廷又不與舉行近敕，而自隳典法，今後詔令何以遵行？其袁宗等，伏乞特追奉職之命，别與一軍將之類閑名目，足示優恩，不可爲無功之臣私寵僕奴而亂國法也。袁宗等授班行，不知何月，當考。去年十月降旨，不得用大臣僕厮爲班行。三四月後，卻授袁宗等，當考初降旨是何年十月。

修又言：風聞呂夷簡近日頻有密奏，仍聞自乞於御藥院暗入文字，不知實有此事否？但外人相傳，上下疑懼。臣謂夷簡身爲大臣，久在相位，尚不能爲陛下外弭兵革，內安百姓，致得二敵交結，中國憂危，兵民疲勞，上下困乏，賢愚失序，刑賞不中，凡百紀綱，幾至大壞。筋力已衰，神識昏耗，豈能更與國家事，據夷簡當此病廢，即合杜門自守，不交人事。縱有未忘報國之意，凡事即合公言，令外廷見當國政之臣，共擬可否，豈可暗入文書，眩惑天聽？況夷簡患攤風，手足不能舉動，凡有奏疏，必難自寫，其子弟輩又不肖，須防作僞，或恐漏泄，於體尤爲不便。雖陛下至聖至明，苟夷簡姦謀邪説，必不聽納，但外人見夷簡密入文書，恐非公論，若悮國計，爲患不輕。夷簡所入文字，伏乞明賜止絶。臣聞任賢勿貳，去邪勿疑，見今中外羣臣各有職事，苟有闕失，自可任責，不可

更令無功已退之臣，轉相惑亂。

（宋）李燾《續資治通鑑長編》宋仁宗至和二年七月　丙戌，權同判流内銓劉敞言：審官、三班院、流内銓注擬，或兄弟、伯叔、子姪自相爲代。若前人政惡，後人循之，則害政而損於義，如覆舉之，則傷恩而戾於教，二者俱不可。即令前人有吏民之怨，因以去位，後人懷親戚之恥，乘之報怨，爲害必多。請自今五服内許相容隱，皆不得相爲代，違者以私罪論。從之。

（宋）司馬光《傳家集》卷二三《章奏六・論以公使酒食遺人刑名狀嘉祐七年正月十九日上》　臣聞聖主之教，尚忠厚而貴愷悌，故《詩》有《鹿鳴》、《伐木》、《既醉》、《行葦》，美宴好之相樂，刺干餱之失德；禮有幣帛、饔餼行於邦國，贄獻飲酒施於鄉黨，是以風俗純和，協氣流通。漢景帝詔曰：吏受所監臨以飲食免，重。其更議著令。丞相廷尉議曰：吏及諸有秩受其官屬所監、所治、所行、所將飲食計償費，勿論。卓茂爲密令，民有言部亭長受其米肉遺者。茂曰：凡人所以貴於禽獸者，以有仁愛也，鄰里饋遺，此乃人道所以相親，汝獨不欲修之，寧能高飛遠走，不在人間邪。民曰：然則律何故禁之？茂曰：律設大法，禮順人情。今我以禮教汝，汝必無怨惡，以律治汝，汝一門之内小者可刑，大者可殺也。近歲以來，中外有司，喜以微文刺舉苛細，至於宴飲相從，酒食相饋，皆集累成過，詆以峻法，竊聞知鎮戎軍曹脩受鄰，州所送公用酒已而自首，法官處以贓罪。陜西都轉運使彭思永奏，據密院劄子賈漸起請，除舊例送酒食外，不得買置金帛作土風贈遺，並省司叅詳。今後以公使錢買置珍異等物及見錢送與人者，並從違制定斷，其收受人坐贓論。其有公使錢人受還荅之物入已準盜論。今曹脩因陳首雖免書罰，尚負贓名，使人疑惑，乞明立條約，朝廷命有司叅議，至今未決。臣竊詳舊條之意，明許以酒食相遺，其有公使錢人受還答之物，正謂珍異見錢。今曹脩所受，止於樽酒，隨而自首，已爲刻薄，法官又以贓罪加之，剖析一條以爲二事，不察人情，不顧大體。若朝廷因之遂爲著令，臣恐忠厚之俗益衰，媮薄之風遂長，百司庶尹無所措其手足，虧損聖朝堂堂之化，非細故也。臣今所言，非爲曹脩除雪贓名，欲望朝廷申明舊條，應以公使錢及財物贈遺人及受者，各坐贓論。其監臨之官受所監臨，或因使於使所，及經過處受取者，並準律文處分。即贈遺人而受其還答入己者，準盜論，並湏贓滿五疋以上，方得科罪，其不滿五疋，及以飲食之物相饋餉者皆勿論。如此，則人情有以相接，貪吏不能爲姦，百司有所循守矣。

（宋）江少虞《宋朝事實類苑》卷五《祖宗聖訓・神宗》　元豐五年五月，上謂輔臣曰：雖周之盛時，亦以爲才難，惟能以道汎觀，不拘流品，隨材任使，則取人之路廣。苟不稱職，便可黜退，不可爲已與之官禄，反以繫吝而難於用法。如臣下有勞、朝廷見知，雖有過失，亦當寬貸。如吴居厚使京東，治財數百萬，設有失陷官錢二三千緡，其功自可除過。故律有議賢、議勞之法，亦周之八柄，武王之遺意。然有司議罪自當守官，誅宥則繫主斷，如此，則用人之道無難矣。

（宋）李燾《續資治通鑑長編》宋神宗元豐七年十月　光禄卿吕嘉問言：近者，牛羊司典吏李璋犯乞取贓，已論決。竊惟朝廷捐數十萬緡，行一重法於天下，欲得吏清政平，待之固已至矣。而無忌憚之吏，已漸弛於法行之初，蓋由本法與錢之人纔減取錢之人二等。乞定河倉法，斷遣刑名，自陳告首之賞，與引領過度一切如舊外，其行用者止以不應得爲坐之。下刑部參詳：其與若許者依律得罪，或依在京請求非法公事條得罪重，并官員在京行用非請求曲法不坐，并輸稅人行用非覽納及行求枉法者不坐之類，並依本條外，乞如嘉問所定。從之。

（宋）司馬光《傳家集》卷五七《章奏四十・乞不帖例貸配劄子元祐元年十月二十日上》　臣勘會守法者，有司之職，揆道者，君相之權。伏見從來命官犯罪，大理寺既依法定斷，更令刑部檢例，或追官、或勒停、或衝替、或差替之類，朝廷依而行之，謂之特旨。凡人之罪犯千端而事體萬計，豈可求其比類能得正同，又既謂之特旨，當臨時斷在朝廷。若先令刑部帖例，朝廷依此施行。乃是輕重之權，返在有司也。欲今後應命官犯罪，大理寺既定斷，委刑部看詳，内有法重情輕或法輕情重，並具狀申中書省，更不帖例委中書省官相度情理輕重，同共商量。除依法外，自貸命編配至特放，臨時擬定，進呈取旨施行。其百姓犯大辟罪，諸州奏稱刑名疑慮及情理可憫者，大理寺依法定斷，委刑部看詳。委的有疑慮可憫之狀，即具狀申門下省，更不帖例委門下省官相度事理，同共商量。臨時擬定，或依法，或貸命編配，進呈取旨施行。

（宋）曾肇《曲阜集》卷二《奏議·上徽宗皇帝乞法仁宗下詔禁絶干求内降》〔元符三年十月肇爲翰林學士兼侍講〕臣伏見仁宗皇帝在位四十二年，屢下詔書約束臣下干求内降，令中書樞密院如内降與臣寮遷官及差遣者並具條執奏以聞，推劾干請之人，明正其罪，下御史臺閤門榜諭，仍著爲法。皇祐二年，因祀明堂肆赦，嘗諭輔臣曰：比有貴戚近習貪緣請託，以圖内降。雖頗抑絶，然未免時有侵撓，可於赦文中禁止之，庶澄清宿弊，示信天下。時輔臣對以載之赦條，恐未盡聖意，乃别爲手詔與赦書同降。蓋仁宗之仁如天，於人之欲有不能違。然一切徇情則侵紊紀綱，虧損刑政，故令執政大臣具條執奏。人主致恩，人臣守義，上下維持，交相儆戒。又令推劾干請之人，明正其罪，則人自不敢因緣請託。故一時朝廷號令肅清，間有干請之人，輒爲諫官御史所劾。仁宗雖有不忍人之心，而終不至於優柔牽制者，其術蓋出於此也。恭惟陛下天姿寬仁，正身率下，論者謂有仁宗之悳。夫寬則無所不容，仁則有所不忍。臣愚竊慮内外之人因此有干祈陛下，雖正身於上，而迫於請禱，無以却之，執政大臣又或不能一一執奏，日積一日，則侵紊紀綱，虧損刑政，其爲禍患有不可勝言者矣。臣愚伏願陛下監觀仁宗所以防制左右杜絶恩幸之意，特下詔書，戒飭内外之人，不得干求内降，如有内降旨揮非悳章所存者，令執政大臣具條執奏，推劾干請之人，明正其罪。仍責諫官、御史常加覺察，牓諭朝堂，著之於法，使内外明知聖意所在。如此，則聖治日新，朝無粃政，小人安分於私室，請謁不行於公家，以成陛下寬仁之悳，以稱陛下正身率下之意，垂之萬世，貽訓子孫，豈惟天下之幸，實社稷無疆之福也。惟陛下裁擇。

《金史》卷四五《刑志》　時后族有犯罪者，尚書省引八議奏，上曰：法者，公天下持平之器，若親者犯而從減，是使之恃此而横恣也。昔漢文誅薄昭，有足取者。前二十年時，后族濟州節度使烏林達鈔兀嘗犯大辟，朕未嘗宥。今乃宥之，是開後世輕重出入之門也。宰臣曰：古所以議親，尊天子，别庶人也。上曰：外家自異於宗室，漢外戚權太重，至移國祚，朕所以不令諸王、公主有權也。夫有功於國，議勳可也。至若議賢，既曰賢矣，肯犯法乎？脱或緣坐，則固當減請也。

（明）佘繼登《典故紀聞》卷三　洪武時，福建參政魏鑑、瞿莊笞奸吏至死，太祖賜璽書勞之曰：自古天下之治亂，在於君臣之能馭不能馭耳。若君能馭臣，臣能馭吏，故治由此始；若君不能馭臣，臣無以馭吏，則亂亦由此始。或云胥吏小人，何預治亂，是大不然。吏詐則蠹政，政既隳矣，民何由安？朕所以著爲令，欲使上官馭吏，嚴之以法，奈何貪官動爲下人所持，任其縱横，莫敢誰何！所以政弛而民受枉。今丞相奏福建兩參政致極刑於奸吏，朕聞茲事，當哉，故往諭之。尚慎終如始，乃能其官。

（明）解縉《文毅集》卷一《論袁泰奸黠狀》　臣謹按：袁泰本一奸兇，素無學術，謬登科甲，忝辱憲臺，居無鄉曲之譽，仕無州縣之聲，獲罪刑徒尚遺賄賂，侈然自安。陛下洗滌陞遷，不思補報，一恃權奸，肆無忌憚，廉恥蕩然，放僻尤甚，槩其大節則不忠，疏其細行則無禮，枉曲直之是非，縱喜怒爲輕重，法所當宥則深文巧詆必致其辜，法所當刑或匿重見輕而緩其獄，凡其罔上之語盡是人人之私，私賣恩惠於隱微，詐受公平於奏對，心毒口甘，陽助陰擠，伺察淵衷，轉意簧舌，包藏衆禍，傾巧百端，專行己意，莫可誰何？每有奏聞，恣其改削，衆庶銜寃，官僚蓄恨，君恩不得下施，輿情不得上達，此固天地不容，人神共怒者也，而况數其鄙猥尤可羞慚。久玷清華，大興怨謗，面目可憎，素乏温和之氣，語言難狀，絶無愷悌之詞，輕佻肆虐，躁怒發狂，出穢詈於朝堂，視同寅如奴隸，微而服食之驕吝，傳播兒童之笑言，貪黷穿窬，恬不知恥，皆奴輩小人之所不爲者，臣將悉數其罪，然不覺自慙汗心，伏望發自淵衷，退人以禮，解其機務，投置四夷，以稱唐虞之治。

（明）談遷《國榷》惠宗建文四年十二月　壬子，敕諭功臣曰：古人君以武功定天下者，必賴將臣之力，厥後往往不能保全，何哉？處高位者易驕縱，犯刑法者多怙終。人君代天理物，豈容私其間哉。所以罰加焉必也。高皇帝立法垂憲，欲世世行守。功臣有犯，罰戒再三，戒之不改，乃按誅之。至親至舊，不敢曲原。志人君子，莫不謂高皇帝英明果斷。上畏天命，下畏民情也。爾諸功臣昔受高皇帝厚恩，今事朕，朕欲爾等悠久共富貴，若復驕縱怙終，不問則違高皇帝成法，問而寘諸法，必謂朕寡恩，今録高皇帝戒敕，申明布告，尚永遵之，爾之不遵，後悔無及。

（明）談遷《國榷》成祖永樂元年四月　戊申，敕曰：朕賴天地宗社

之靈，父皇母后之佑，以有天下。凡更改父皇之成憲，濁亂天下之奸惡，悉就誅僇。其餘文武官仍用無疑。陞賞斥罰，從至公而已。昔唐太宗撥亂反正，貞觀盛治，近古罕倫。求其故則太宗善用人，釋王珪魏徵之嫌怨，舉李靖尉遲敬德於讎敵，用房玄齡、杜如晦於異代。宋太祖起甲胄，平列國，與世休息，開三百餘年洪基，亦惟其時信任前朝舊臣范質王溥石守信王審琦等。夫是二君尚借異代，況朕父皇之臣，非仇怨他人之比。近有尚懷疑慮，妄生異議，處事則不盡心，此不明朕推赤之意也。夫人君代天理物，故曰天子。奉行天命，故曰天吏。若無天命，有力者皆得爲矣。元有天下，廣土衆民，國富兵强，孰得勝之。天命一去，羣雄並起，受統一於我高皇，我高皇又用其才，釋怨録仇，所以創業垂統，身致太平。今朕豈敢違天命與父皇之德，盡忠於國雖仇必賞，心懷異謀，雖親必誅。今敢妄分彼此，懷疑怨謗，不安職事者，事發族滅。

（明）劉球《兩谿文集》卷二《奏疏・請刑獄依律問擬疏》 古者人君不親刑獄，而悉付之理官，《書》所謂予曰辟，爾惟勿辟，予曰宥，爾惟勿宥，惟厥中。蓋恐徇喜怒有所輕重於其間，以致刑失其中也。

近者法司所上獄狀，有奉敕旨減重爲輕，加輕爲重者，法司既不敢執奏，至於訊囚之際，又多有所觀望，以求希合聖意，是以不能無枉。

臣竊以爲：一切刑獄宜從法司所擬，設有不當，調問得情，則罪其原問之官。其運磚納米贖罪等項例，亦有古法，且使貪者得以倖免而廉者蒙辜？宜令法司，今後文武之臣除犯公罪許贖外，其餘俱依律問擬，則刑賞中而憲典彰矣。

《明英宗實録》正統七年十一月（甲申）監察御史時紀有罪下獄。上敕諭三法司、錦衣衛曰：朝廷以紀綱爲首，御史職紀綱之任，不可不慎擇也。如監察御史時紀因差往陝西，枉道回家，及與長垣縣丞蕭節之夤緣交結，挾勢娶民間女子爲妾，背違禮法，有玷風紀，已付法司問罪。自今爾等差官出外，必精選知禮義廉恥，明達大體，無貪污淫穢之行，然後遣之，仍嚴加戒飭，庶幾紀綱以正，不辱朝廷之使命。如所遣及在任敢有不遵戒飭違禮犯法者，爾堂上官即具實舉奏，以憑降黜，若堂上官徇情黨比，以致賢否混淆，曠職廢事，并罪不宥。

（明）陳子龍等《明經世文編》卷一八八霍韜《論内外官銓轉資格疏》

臣常伏讀太祖皇帝勅諭百僚曰：方今所用布政司、府州縣按察司官，多係民間起取秀才人材孝廉，各人授職到任之後，略不以到任須知爲重，公事不謀，體統不行，終日聽信小人浸潤，謀取贓私，酷害下民。以此仁義之心淪没，殺人之計日生。一旦繫獄臨刑，神鬼倉皇，至於哀告懇切，奈何虐民在先，當此之際，雖欲自新，不可得矣。如此者往往相繼而犯，上累朝廷，下辱鄉閭，悲哀父母妻子，孰曾有鑑其非而改過也哉。我太祖此勅，所以戒訓百官，保安元元者，最爲切至。邇年有司貨賂公行，割削百姓，貪黷之風，至是極矣。臣常伏讀律令：官吏受枉法贓八十貫，絞。今之有司身冒絞刑，不知其幾矣。乃無一人縊頸都市者，贖刑緩縱之弊也。昔者舜嗣堯位，先誅四凶，在堯之朝，皆公卿之列也。舜不以刑戮公卿爲嫌，何也？蓋公卿而賢，如夔、如契，尊禮之宜也。非舜尊之也，奉天道以尊之也。四凶居公卿之位，而甚不肖，即禽獸也。舜誅四凶，誅禽獸也，非誅公卿也。亦非舜誅之也，奉天道以誅之也。聖帝明王，執中立極，萬世君師之矩也。伏願陛下法太祖舊章，勅戒藩臬郡縣官吏，痛革舊習，毋縱貪風，以殘百姓。往年過失且不究治，責令更新。以勅旨到日爲始，至於三年，猶不改悔。遣御史巡行，凡有司犯贓滿八十貫，知縣以下便宜處斷，知府以上，逮繫上京，縊頸都市。貪跡彰聞者，死不償責，妻子家屬，編管化外。然後人懼死刑，貪心少息，憲度可正，萬民可安也。夫外任百官，既有格外拔擢，奬勵其向進之心；隱逸遺材，復有異禮聘徵，振作其廉恥之節。且敲切誨諭，俟之三年，然後行刑，則百官贓污者萬銼其身亦無怨矣。此帝王之道。

（明）陳子龍等《明經世文編》卷二〇七許相卿《論内侍納銀贖死》

臣聞令出惟行，弗惟反。又聞曰：有功不賞，有罪不刑，堯舜不能以爲治。信然哉！則臣於今日斷獄，不能無惑焉。而職司獻納，是謂得言，遭逢聖明，是謂可言，於此嘿嘿，無所逃罪，故敢陳其愚忠，幸陛下裁納。竊照犯人張鋭、張忠、於經、王欽等罪惡，臣不能徧以疏舉，其屢訊而具服者，載於刑書，渙於綸音，炳如也。有一於此，罪不容誅，衆惡畢彰，百死莫贖，又何議乎。方其憑寵靈、擅威柄，毒流怨積，以致神器幾危，逆藩乘隙。先帝憂勞崩逝，厲階禍本，實自帬兇。臣意孝廟神靈之震怒、兩宮慈愛之痛忿、天下臣子之悼恨，而舉欲甘心焉者，殆皆欝積磅

礴、無所於逞。臣又意典獻帝之在潛藩憂本根之將顛，思休戚之與共，切齒憤懣，何以爲情。陛下旦夕視膳，蓋常經於睹記矣。迺者登極，首逮兇邪，列聖格歆，薄海悦服，端始於此。而數月以來，天誅尚逋，明旨中革，元姦巨憝許之減死贖金。斯言一傳，羣望大駭，詎意正始渙號遽已，棄信失刑，神怒紓而再鬱，人怨解而復結。不知陛下何以對越孝廟，何以承顔慈壽，何以上慰興獻帝之靈，何以布大信於天下臣民。是以前日人心庶幾孝皇太平之望，比來識者慮有正德紛紜之漸矣。先帝已誤，陛下豈容再誤耶！且昔者不察而墮姦，法固在也。今也獄成而聽贖，并與法而亡之矣。祖宗勞神遠慮，立法爲千萬世之防。陛下秖博數十萬金以廢之，豈不甚可惜哉！政以賄成，法由近格。臣恐自今人皆不復畏法，惟務積金。有金而罪無不免。以必免之計，肆無涯之心。臣又恐將來禍亂，不但頃歲之幾危而已。然羣兇得肆於昔，所謂非一朝一夕之故猶可説也。彼於陛下無糞除之勤，無阿保之舊，而亦欲僥倖以釋愆釁，以贖要領，果何術也？侍左右者先爲之容也。左右之爲此，度己異日之將出於此，故力爲之地，所以自爲地也。刑部尚書張子麟，都察院右都御史張綸操三尺法司天下命，古皋陶之任也。干紀羣兇，不能亟議早決，故爾遷延，曲爲比附，雜然衆犯，概以大辟，原其意非欲援輕以入重，迺欲推重以附輕。俾得徐肆貪緣，巧惑聰聽。矧大獄未竟，堅疏乞歸，不圖始終，不聞執奏，避事保身，殊非大臣守職任怨之義。臣聞春秋治惡，必先黨與。子麟等尤可罪也，乞勅法司，將鋭等首惡悉照原擬，明正典刑。其餘某等殛竄放逐，并左右先容者，連坐黨惡，以謝天下。仍黜子麟等以爲舞法利姦之戒。

（明）陳子龍等《明經世文編》卷一九七潘潢《申明守令條格疏》

一、嚴旌舉。竊照旌異之典，不惟賢才進退所關，亦以立爲善者風聲，爲天下吏大勸，其機甚微，其用甚大。而近年以來，可否依違，是非大謬，至有薦剡未下，賄賂已章者。是雖人心難知，然既親按其行事，爲之表章，不明之誤，豈應至此。昔漢宣帝綜核名實，信賞必罰，徒以一不察膠東相之僞，是後俗吏竟爲虚名，今僞增授賞，不止膠東。綜核之政猶未信必，將來薦法大壞，豈啻虚名爲害而已哉。查得弘治十三年，本部奏准今後各處賢能官員歷任三年之上，方許撫按官旌舉，以後有犯貪淫事發，聽各問刑衙門，照出某人任內，曾該某人薦舉，徑自奏參，該申呈者，備抄招由，轉達部院參奏，坐以風憲失職，降調外任，其有隱匿不報，吏部查出作缺緣由，即將原問官吏參問，治以重罪。弘治十四年，又該本部會官議准：今後撫按官舉保官員，俱以旌舉日月爲主，若所舉之官，後有微疵小過，有礙公議者，本部自行黜陟，舉主勿論。若犯該貪淫革職重罪，仍查所犯在旌舉日月以前而發在後者，不拘陞遷改調別任，仍改外任，犯在旌舉後者，俱不連坐。其有循私作弊受囑等項，故違妄舉者，事發從重治罪。又查得嘉靖五年七月該給事中林士元奏，本部議得：今後撫按官舉保官員，職務不修及贓私敗露者，聽本部及科道查叅舉主，職務不修者，量爲罰俸，贓私敗露者，量爲降級，因此推避，不行薦舉者，以故違憲綱論罪。題奉聖旨：是。欽此。俱節行欽遵，著爲定例，緣未著實舉行。況奉旨薦舉連坐事例，前後不一，以此人不知戒，合無申勅天下，自今在京在外官，奉旨薦舉所知，於曾經一任以上，巡撫巡按官旌舉所屬，於歷俸二年上，各不拘何項出身，備開實行，奏下本部籍記，日後犯該貪淫革職重罪，查係保舉日月以前者，聽問刑衙門查出叅奏，或申呈部院轉參，俱降調，京官外任，外官別任。隱匿不報者，本部查參問罪。若犯在舉後，亦從問刑衙門舉後職業不修，及奉旨違限不舉，從本部，撫按官任內旌舉不及數，從都察院，俱查叅，請旨切責，止於罰俸，罰及三次者，罷不敘。其狥私受囑妄舉者，事發從重問罪。應查參而不查參，聽科道官劾奏，罪坐所由。若舉能其官，顯有卓異政績者，三年朝覲後，本部一次類查，奏請特旨褒諭或增秩賜金以寵之。如此，則自公卿以至百執事，人人勞心，求賢見善，惟恐不舉，舉惟恐不先，而所謂宦官宫妾不知名之人，與夫無書抵政府，皆將起而服在大僚，一切奔競諂諛之風，不禁而自息矣。

（明）林俊《見素集奏議》卷七《秋臺稿・論内臣犯法當付法司推讞疏》

題爲私開倉厫擅放料豆侵欺錢糧違法事。嘉靖元年十月，管牛房尚膳監左少監賈全，奉御王太安郭文王川、長隨段仲張仲堂姜輔閻川、内使任信等，侵盜喂養牛隻料豆三十九石，倉官徐鈞失於覺察。該本部浙江司問擬，賈全等俱雜犯斬罪，徐鈞減等杖罪具奏。送審，奉聖旨：是。賈全等送司禮監奏請發落，徐鈞等送大理寺審了來説，欽此。欽遵抄出送司案呈到部，看得刑部大理寺皆古刑官，虞謂之士師，周謂之司寇。我太祖

慎重刑獄，鞫於刑部而讞於大理，然後告成於天子而聽之，此成法也。近者内臣有犯，多付司禮，似無刑部也，今付刑部，又即付司禮，又似無大理也。竊意終非祖宗成法，伏望聖明將賈全等仍同徐鈞等送大理寺審録，然後付之司禮。庶成法具存，爲聖子神孫，萬世不易定守。臣等不勝願幸。緣係奉欽依是賈全等送司禮監奏請發落，徐鈞等送大理寺審了來説事理。嘉靖元年十月十五日具題，十八日奉聖旨：卿等説的是，賈全已發落了，欽此。

（明）卜世昌等《明通紀述遺》嘉靖十三年十月　輔國將軍成鍊上疏言：雲中叛軍之變，實貪官酷吏激而成之，乞清仕途、誅貪酷。疏甚剴切，下吏部，覆奏言：自今撫按考察各屬，務自行體訪，毋得假手雷同。所注考語必鑿鑿據實。如某貪必指其通賄科罰之足跡，某酷必指其非法虐害之刑，某賢必著其奉公守法之略，某老疾罷輭不及不謹，必書其誤事廢政之由，庶可得其實矣，得旨允行。

（明）陳子龍等《明經世文編》卷一九七張居正《陳六事疏》　《大學》所謂民之所好好之，民之所惡惡之者也。若狥情則不顧理之是非，事之可否，而惟人情之是便而已。振作者，謂整齊嚴肅，懸法以示民，而使之不敢犯。孔子所謂道之以德，齊之以禮者也。若操切，則爲嚴刑峻法虐使其民而已。故情可順而不可狥，法宜嚴而不宜猛。伏望皇上奮乾綱之斷，普離照之明，張法紀，以肅羣工，攬乾綱而貞百度，刑賞予奪，一歸之公道，而不必曲狥乎私情。政教號令，必斷於宸衷，而勿致紛更於浮議。法所當加，雖貴近不宥；事有所枉，雖疏賤必申。仍乞勅下都察院查照嘉靖初年所定憲綱事理，再加申飭，秉持公論，振揚風紀以佐皇上明作勵精之治，庶體統正、朝廷尊而下有法守矣。伏乞聖裁。

一、重詔令。臣聞君者主令者也，臣者行君之令而致之民者也。君不主令則無威，臣不行君之令而致之民則無法。斯大亂之道也。臣看得舊規，凡各衙門章奏奉旨有某部看了來説者，必是緊關事情，重大机務。有某部知道者，雖若稍緩，亦必合行事務，或關係各地方民情利病，該衙門自宜參酌緩急次第題覆。至於發自聖衷特降勅諭者，又與泛常不同，尤宜上緊奉行，事乃無壅。蓋天子之號令，譬之風霆，若風不能動而霆不能擊，則造化之机滯而乾坤之用息矣。臣竊見近日以來朝廷詔旨，多廢格不行，抄到各部概從停閣。或已題奉欽依，一切視爲故紙，禁之不止，令之不從。至於應勘應報奉旨行下者，各地方官尤屬遲慢，有查勘一事而數十年不完者。文卷委積，多致沉埋，干證之人，半在鬼録，年月既遠，事多失真。遂使漏網終逃，國有不伸之法，覆盆自告，人懷不白之冤，是非何由而明，賞罰何由而當。伏望勅下部院等衙門，凡大小事務，既奉明旨，須數日之内即行題覆。若事理了然明白易見者，即宜據理剖斷，毋但諉之撫按議處，以致躭延。其有合行議勘問奏者，亦要酌量事情緩急，道里遠近，嚴立限期，責令上緊奏報。該部置立號簿，登記註銷。如有違限不行奏報者，從寔查參，坐以違制之罪。吏部即以此考其勤惰以爲賢否，然後人思盡職而事無壅滯也。伏乞聖裁。

《明神宗實録》萬曆十三年六月　〔丁卯〕刑科給事中劉尚志言：律文投匿名文書告言人罪者論死，誠重禁之也。頃御史孫愈賢、蔡系周既論李植，乃有好事之人，造無名帖，假二御史名，大略謂：大學士許國謀去植等，蔓引數臣，展轉授意於二御史，使爲此奏。二御史明其不出己意，以自白者觀其句語藻麗，似不出市井之手。且是舉也，而豈徒哉。將以摇撼大臣，阻塞言路，不至於上惑天聽不止。況舊年改塗吏部尚書楊巍之春帖矣，今年又懸書於禮部尚書沈鯉之門矣，前後陰謀，必出一手。清明之世，豈宜有此，宜禁也。人臣事君，凡以僞爲真，以無爲有，皆欺也。即近日告病一事言之，一人病，即羣然病；一人告，即羣然告。陪客坐咲自如，而曰命醫不效，服藥罔功。此皆臣所謂以僞爲真，以無爲有，竊爲諸臣不取也。且聞之道路，不謂引咎自避，而謂擇官待遷，則要君也。欺之謂甚，況於要乎。宜禁也。夫搏虎者，既斃而加之刺，則不可言勇。故相張居正怙寵攬權，皇上洞燭其奸，而諸臣盡列其狀。處分已竟，乃有一輩言事之臣，粧綴舊聞，不曰交馮保，則曰不終喪。不曰杖言官，則曰毁書院。諸如丈田、鑄錢、捕盗、多殺之類，鼓己如簧之舌，而刺刺不休；嚼人屢唾之扭，而津津有味。豈欲將萬曆十年以前，凡居正共事之臣皆謂之黨，盡行罷斥而後已乎？可禁也。得旨：匿名文帖，厰衛、五城嚴緝。告病官奉有留旨，不得遷次。章疏就事直陳，不得摭拾舊事，煩言瀆憂。下所司知之。

《明神宗實録》萬曆四十八年八月　〔癸酉〕吏科給事中范濟世，上

懲貪疏言：近法度廢墜，其病根在藉口憐才，使吞舟漏網。如鄭之范以貪，令及於寛政。迨守開原，復賣放軍士，致陷重城。貪人見利，不惜人命，不惜國家。臣讀律至官吏受財枉法，贓至八十貫遣戍。故勘平人，致死者斬。今之求多者，太約卿科歲貢耳。一犯甲科二字，監司已預爲之地。即贓私狼狽，僅僅於降調，彼何憚而不恣肆？臣請自今已後，有御史糸人贓至五百兩者，或打死人至五命者，本下科臣抄糸，吏部行巡按御史提問。

（明）孫旬《明疏鈔》卷一〇戚元佐《議處宗藩事宜疏》　或曰：宗室有罪，例不加刑。今入仕受職與交易憤事一切貸之，則貪婪兇縱，凌弱暴寡，益多事矣。臣愚以爲宗室不加刑責，原非古道。即刑罰不加，則大亂之道也。夫人情有欲，所以平其情而不亂者，恃有司之法繩之耳。今宗室一有小過，不以有司治之，而動必奏請，苟以錙銖斤兩彼必忿爭而遽欲聞之，朝廷則往來勞費廢時妨業，彼小民者，豈願爲此哉。若復不較而姑縱之，則錙銖不治，千金可攫；斤兩不戒，則腴産可侵。故曰：有司之法不行，大亂之道也。夫常人之愛子弟者，必望師傅用夏楚以威之。今之有司皆士大夫，國朝之外傅也，今之宗黨皆皇家苗裔族屬之子弟也。與其姑息而養成惡德以就罪辟，孰若教戒而造就成才以歸於正之爲愈哉。且聞今之貧宗備傭工隸率無所不爲，匿名執役，甘心捶撻，是陽諱其名而陰忍其辱也。若顯拔縉紳之列而均受舉劾之公，分授四民之業，而平以市官之法。此大公至正之道，不足以言媿矣。臣嘗熟思而酌議如此。

（清）王夫之《船山遺書・噩夢》　問刑官故出入人罪，律以概論。然考之宋制，故出罰輕而故入罰重，此王政也。故出、故入，有受贓、不受贓之别，亦但當於故出項下分受贓、不受贓，而不受贓者從輕。其故入，則雖不受贓，自應與受贓者等。故出，則勿論已決遣未決遣，一例行罰。蓋雖已決遣，而覆核果當從重，不難補決，自不致逸元惡之誅。若故入，已決遣與未決遣者固應殊科。蓋故入決遣，死者不可復生，刑者不可復完，徒流已配者不可追償其已受之勞辱，已決遣之罰自應加重。其致死者，倍宜加等。即不抵罪，而終身禁錮，與大計貪官同處，不得朦朧起廢，及以邊材等項目濫與薦舉。則問刑之吏尚知所懲，而酷風衰止，貪亦無以濟矣。

贓以滿貫抵重罪，刻法繩人，此所謂一切之法也。抑貪勸廉，唯在進人於有恥，畫一以嚴劾之，則吏之不犯者鮮，更無廉恥之可恤，而唯思巧爲規避，上吏亦且重以錙銖陷人於重罰而曲爲揜蓋。上愈嚴而下愈匿，情與勢之必然也。且凡所受於下吏、部民者，乃至鷄鳧、扇帕、紙墨、油炭，皆坐價抵贓，繩人於交際之塗，且必開其掠奪之大焉。有出身事主而可如於陵仲子爭名於一鵝半李之間者乎？既不枉法矣，則何謂之贓？其枉法也，則所枉之大小與受贓之多少，孰爲輕重？假令一兵部官濫授一武職，以致激變喪師，或爲情面囑托，實所受賄僅得五十貫；令一吏部官濫授一倉巡河泊，其人無大過犯，而得賄二百貫；又令一問刑官受一誣告者之賄有而故入一人於死，僅得五十貫；其一受誣告者之賄而故入人於杖得二百貫；豈可以貫之多少定罪之重輕乎？則無如不論貫而但論其枉不枉，於枉法之中又分所枉之輕重，但除因公科斂，因所剥削之多少，分等定罪。其他黄白狼藉，累萬盈千者，苟非枉法，但付吏部記過，全士大夫之名節於竿牘飲食之中，而重之於箕斂漁獵之條。唯寛也，乃能行其嚴，惡用此一切之法爲？

（清）王明德《讀律佩觿》卷四下《黜革為民》　舉貢生監文武職官，以及吏農承辦，向皆民也。朝廷設科選舉，用收得人之效，或入黌序、太學課誦而爲士，或經嘗試特拔臨莅而爲仕，或入部寺州郡駿奔而爲吏。要皆頒以廪給俸食，崇其職役，服色而分别之，免其徭役税糧而優禮之。是其人業已異乎其爲民矣。此則或黜之，或革之，仍以同乎其爲齊民。故曰黜革爲民。然亦止於黜革其職役，聽其自回原籍而已，不爲押發也。此與原籍爲民之法有異，故律中特著而别之。其條有五，謹列於左：

吏

《職制》律濫設官吏條例内：凡撥到吏典，若舊吏索要頂頭錢事發，不分曾否得財者。

《職制》律選用軍職條例内：若文武職官，不由銓選，徑自朦朧奏請，希求進用，阻壞選法、文職者。

《職制》律擅離職役條例内：若監生私逃回籍半年以上者。

《職制》律前條例内：監生及辦事官吏承差，如請人代替者。

户（無）

禮（無）

兵（無）

刑

工（無）

《雜犯》律賭博條例內：其文職官有犯一等二等賭博者。

《清世宗實録》雍正六年三月 丙子，諭內閣：朕覽律例舊文，於名例內載有八議之條，曰議親、議故、議功、議賢、議能、議勤、議貴、議賓。此歷代相沿之文，其來已久。我朝律例，於此條雖具載其文，而實未嘗照此例行者，蓋有深意存焉。夫刑法之設，所以奉天罰罪，乃於下之至公至平，無容意爲輕重者也。若於親、故、功、賢等人之有罪者，故爲屈法以示優容，則是可意爲低昂而律非一定者矣，尚可謂之公平乎？且親、故、功、賢等人，或以效力宣勞，爲朝廷所倚眷，或以勳門戚畹，爲國家所優崇。其人既異於常人，則尤當制節謹度，秉禮守義，以爲士民之倡率。乃不知自愛而致罹於法，是其違理道而蹈愆尤，非蚩蚩之氓，無知誤犯者可比也。倘執法者又曲爲之宥，何以懲惡而勸善乎？如所犯之罪，果出於無心而情有可原，則爲之臨時酌量，特與加恩，亦未爲不可。若預著爲律，是於親、故、功、賢等人未有過之先，即以不肖之人待之，名爲從厚，其實乃出於至薄也。且使恃有八議之條，或任意爲非，漫無顧忌，必有自干大法而不止者。是又以寬容之虛文，而轉陷之於罪戾，姑息之愛，尤不可以爲優恤矣。今修輯律例，各條務俱詳加斟酌，以期至當。惟此八議之條，若概爲刪去，恐人不知其非理而害法，故仍令載入，特爲頒示諭旨，俾天下曉然於此律之不可爲訓，而親故人等亦各知儆惕而重犯法。是則朕欽恤之至意也。

（清）琴川居士《清奏議》卷八朱紱《課吏懲貪疏》 浙江道監察御史臣朱紱謹題，爲課吏宜嚴，舉薦懲貪務期確覈，併陳糾參詳訊之法，兼杜卸脱贓私之端，以清吏治事。竊惟親民之官，莫如守令，綜覈守令之貪廉而視爲勸懲者，莫要於督撫之舉劾。使舉一人而循良莫不知勉，劾一人而墨吏莫不回心，則吏治豈有不清者。無奈積習相蒙，激勸罔效，其故蓋有由然。舊例有司考滿給由，與督撫舉薦考語，率用四六駢詞，稱贊無寔，賢否易淆。前年曾經御史臣李敬題請申飭，而直省相沿未能盡革，似宜更勅督撫，今後凡有舉薦，必就各郡縣行過事件，如兵馬、錢糧、刑罰、防禦、開荒、撫流、清弊、剔蠹從寔開列數項，務俾一覽鑿鑿有據，庶可上告，以行彰癉，且令司道揭報，不敢偏狥扶同，屬吏聞風無由營私請託，此課吏之最大者也。至於貪官污吏不時糾參，輒奉旨該督撫究擬具奏，夫以督撫糾參，即行督撫提問，宜乎贓款確證，覆訊無不了然，應時速結，無疑情亦無滯牘矣，乃率有延久不結，即贓私百千，或云被害原未招承，或云衙蠹公行攤派，及至遇赦，不過免罪追贓。所以糾劾雖多，而貪風全不知警，且輒有跪門瀆擾，妄干聖聽者。今合令督撫糾參，互相質訊，如督臣所糾者，撫臣先行提審；撫臣所糾者，督臣先行提審，贓證明確，然後會稿具奏，下至司道府廳。凡係開送揭報之官，不得承問。凡係向來承問之官，不與駁審，必另批別道別廳，從公究擬。其直省地方，務酌量遠近，依期速完，不得遷延，幾倖恩赦，且滋囑托等弊，如此，庶不至於先重而後輕，彼枉而此縱。其與原參符也，則情真罪當，固非執成見而失於刻深。其與原參異也，則矜原末減亦非違初心而依狥情面矣。若夫有名衙蠹，多爲本官代認贓數者，意以爲犯官罷罪難以瓦全，而衙蠹則改名換劄，希圖復進，舞文弄法，故態愈狡。今恩詔一欵，凡貪官衙蠹俱在不赦，則凡熱審減等之例，衙蠹不得概援，即擬徒、擬流俱着本身充當，不許納贖，則必不敢輕爲犯官代認，而貪官吏脱卸衙蠹之計亦有所不行，貪墨之風庶幾永息矣。

綜述

《韓非子·外儲説右上》 荆莊王有茅門之法曰：羣臣大夫諸公子入朝，馬蹄踐霤者，廷理斬其輈，戮其御。

睡虎地秦墓竹簡整理小組《睡虎地秦墓竹簡·法律答問》 （可）〔何〕謂宫更人？宫隸有刑，是謂宫更人。

真臣邦君公有罪，致耐罪以上，令贖。（可）〔何〕謂真？臣邦父母産子及産它邦而是謂真。（可）〔何〕謂夏子？臣邦父、秦母謂殹〔也〕。

《漢書》卷一下《高帝紀》 〔七年〕春，令郎中有罪耐以上，請之。

民産子，復勿事二歲。

《漢書》卷一一《哀帝紀》　詔曰：諸侯王、列侯、公主、吏二千石及豪富民多畜奴婢，田宅亡限，與民爭利，百姓失職，重困不足。其議限列。有司條奏：諸王、列侯得名田國中，列侯在長安及公主名田縣道，關内侯、吏民名田，皆無得過三十頃。諸侯王奴婢二百人，列侯、公主百人，關内侯、吏民三十人。年六十以上，十歲以下，不在數中。賈人皆不得名田、爲吏，犯者以律論。諸名田畜奴婢過品，皆沒入縣官。

如淳曰：名田國中者，自具所食國中也，既收其租稅，又自得有私田三十頃。名田縣道者，令甲，諸侯在國，名田他縣，罰金二兩。今列侯有不之國者，雖遥食其國租稅，復自得田於他縣道，公主亦如之，不得過三十頃。

（清）薛允升《漢律輯存・漢書》　亡之諸侯，遊宦事人，及舍匿者，論皆有法。其在王所，吏主者坐。今諸侯子爲吏者，御史主；爲軍吏者，中尉主；客出入殿門者，衛尉大行主；諸從蠻夷來歸誼及以亡名數自占者，内史縣令主。相欲委下吏，無與其禍，不可得也。

按：後文張耆馮敬奏辭列厲王罪狀，有收聚漢諸侯人及有罪亡者，匿與居，爲治家室，賜與財物爵禄，即此書所言也。又按，奏所稱所犯不軌，請論如法，與《張湯傳》讞法義同。

（清）薛允升《漢律輯存・漢書》〔河平二年〕湖三老公乘興等上書訟尊治京兆功效日著。【略】任舉尊者，當獲選舉之辜，不可但已。任，保也。漢法選舉而其人不稱者與同罪。

（清）薛允升《漢律輯存・漢書》〔屬官有〕若盧。卷十九上《百官公卿表》

服虔曰：若盧，詔獄也。鄧展曰：舊洛陽兩獄，一名若盧，主受親戚婦女。如淳曰：若盧，官名也，藏兵器。品令曰若盧郎中二十人，主弩射。漢儀注有若盧獄令，主治庫兵將相大臣。　《文獻通考》載西漢獄名：

中都官獄，宣紀徐氏曰：按《後漢・百官志》云，孝武以下置中都官獄二十六所各令長名。

廷尉詔獄，周勃詣廷尉獄。

上林詔獄，《成紀》罷上林詔獄。師古曰：《漢舊儀》云，上林詔獄主治苑中禽獸宫館事。

郡邸獄，《宣紀》曾孫坐收郡邸獄。注云：《漢舊儀》郡邸獄治天下郡國上計者。

掖庭秘獄，劉戴繫掖庭秘獄。《三輔黄圖》云：武帝改永巷爲掖庭置獄焉。

共工獄，《劉輔傳》：徙繫共工獄。注《考工記》。

若盧詔獄，工商詣若盧詔獄。

都船獄，王嘉致都船獄。

都司空獄，竇嬰劾繫都司空。又《伍被傳》：爲左右都司空詔獄書。

居室，《灌夫傳》：劾夫繫居室。注云：後改爲保宫。

保宫，李陵母繫保宫。

内官，《東方朔傳》：昭平君獄繫内官。

請室，《爰盎傳》：絳侯反，繫請室。注：獄也。

道官，《張湯傳》：廷尉謁居弟繫導官。

暴室，《宣紀》注云：暴室，宫人獄。

水司空，《伍被傳》注云：上林有水司空。主囚徒官。

洪氏《容齋隨筆》曰：漢以廷尉主刑獄，而中都他獄亦不一，宗正屬官有左右都司空；鴻臚有別火令丞，郡邸獄。少府有若盧獄令、考工共工獄。執金吾有寺互、都船獄。又有上林詔獄，水司空掖受秘獄，暴室、請室，居室、徒官之名。《張湯傳》蘇林曰：《漢儀注》獄二十六所。《東漢志》云：孝武帝所置，世祖皆省之上。按，後世俱無如是之多。

（清）杜貴墀《漢律輯證》卷一　受二千石祿廩郡守之等受在下已成之獄官。《秋官・鄉士》獄訟成士師受中。注：若今二千石受其獄也。疏：漢時受二千石祿廩云云。【略】

先請。《秋官・司寇》注引漢法：宗室有罪，廉吏有罪，墨綬有罪先請。疏云：漢法中二千石金印紫綬，御史大夫二千石銀印青綬，縣令六百石銅印墨綬。高帝七年令，郎中耐以上請之。《東方朔傳》昭平君獄繫，内官以公主子，廷尉上請。宣帝黄龍元年詔，吏六百石位大夫有罪先請。平帝元始年令，公列侯嗣子有罪耐以上先請。《劉屈氂傳》，吏二千石有罪先請。光武建武三年詔，吏不滿六百石下至墨綬長相有罪先請。《後書・橋玄傳》，坐事爲城旦刑。太尉橋公神廟碑曰，臨淄令臧多罪正受鞫就刑沒齒無

怨，竟以不先請免官。《南匈奴傳》，中郎將張修與單于不相能，擅斬之，修以不先請而擅誅殺抵罪。《續漢書·百官志》，宗正卿歲因計上宗室名籍，若有犯法當髡以上，先上諸宗正，宗正以聞，乃報決。

（清）杜貴墀《漢律輯證》卷二　諸侯在國，名田他縣，罰金二兩。《哀帝紀》如淳注引《令甲》，有司條奏，諸王侯得名田國中，列侯在長安及公主名田縣道，關內侯吏民名田皆無得過三十頃。如淳曰，名田國中者，自其所食國中也，既收其租稅，又自得私田三十頃。名田縣道者，列侯有不之國者，雖遙食其國租稅，復自得田於他縣道，公主亦如之，不得過三十頃。又諸侯王奴婢二百人，列侯、公主百人，關內侯吏民三十人，年六十上、十歲下不在數中。賈人皆不得名田、爲吏，犯者以律論。名田畜奴婢過品，皆沒入縣官。按：以律論云云，可知漢律有名田畜奴婢過品皆沒入縣官之文。《食貨志》云，以丁傅董賢不便之，寢不行，是不復行此律也。《唐律》占田過限在《户婚二》，應輸課稅在《厩庫一》。

非始封十減二。《宣帝紀》復其後世疇其爵邑，張晏注引律。

（清）杜貴墀《漢律輯證》卷五　祕祝。蕭何律有此。《史記·孝文本紀》十三年夏，上曰，百官之非，宜由朕躬，今祕祝之官移過於下，以彰吾之不德，朕甚不取，其除之。

諸出入殿門車司馬門乘軺傳者皆下，不如令，罰金四兩。《史記·張釋之列傳》，如淳注引《宫衛令》。《外戚恩澤表》嗣侯魏宏嗣侯丙顯。甘露元年坐酎宗廟，騎至司馬門，不敬，削爵一級，爲關內侯。《韋元成傳》，以列侯侍祠孝惠廟，當晨入廟，天雨淖，不駕駟馬車而騎至廟下，有司劾奏，削爵爲關內侯。

諸使有制得行馳道中者，行帝道無得行中央三丈。《鮑宣傳》如淳注引令。

《三國志》卷四七《吴志·吴主傳》〔裴松之注〕《江表傳》曰：是歲〔黄武七年〕將軍翟丹叛如魏。〔孫〕權恐諸將畏罪而亡，乃下令曰：自今諸將有罪三，然後議。

《宋書》卷六四《鄭鮮之傳》　義熙六年，鮮之使治書侍御史邱洹奏彈毅曰：上言傳詔，羅道盛輒開箋，遂盗發密事，依法棄市，奏報行刑，而毅以道盛身有侯爵，輒復停宥。按毅勳德光重，任居次相，既殺之非已，無緣生之自由。又奏之於先，而弗請於後，閫外出疆，非此之謂。中丞鮮之於毅舅甥，制不相糾，臣請免毅官。詔無所問。時新制長吏以父母疾去官，禁錮三年。山陰令沈叔任父疾去職，鮮之因此上議曰：夫事有相權，故制有與奪，此有所屈，而彼有所申。未有理無所明，事無所獲，而爲永制者也。當以去官之人，或容詭託之事。詭託之事，誠或有之，豈可虧天下之大教，以末傷本者乎？且設法蓋以衆苞寡，而不以寡違衆，況防杜去官而塞孝愛之實。且人情趨於榮利，辭官本非所防，所以爲其制者，莅官不久，則奔競互生，故杜其欲速之情，以申考績之實。省父母之疾，而加以罪名，悖義疾理，莫此爲大。謂宜從舊，於義爲允。從之。於是自二品以上父母殁者，墳墓崩毁及疾病族屬輒去，並不禁錮。

《宋書》卷四二《王弘傳》〔昇明二年〕弘博練治體，留心庶事，斟酌時宜，每存優允。與八座丞郎疏曰：同伍犯法，無士人不罪之科，然每至詰謫，輒有請訴。若垂恩宥，則法廢不可行；依事糾責，則物以爲苦怨。宜更爲其制，使得優苦之衷也。又主守偷五匹，常偷四十匹，並加大辟，議者咸以爲重，宜進主偷十匹、常偷五十匹死，四十匹降以補兵。既得小寬民命，亦足以有懲也。想各言所懷。左丞江奥議：士人犯盗贓不及棄市者，刑竟，自在贓汙淫盗之目，清議終身，經赦不原。當之者足以塞愆，聞之者足以鑒誡。若復雷同羣小，謫以兵役，愚謂爲苦。符伍雖比屋鄰居，至於士庶之際，實自天隔，舍藏之罪，無以相關。奴客與符伍交接，有所藏蔽，可以得知，是以罪及奴客。自是客身犯愆，非代郎主受罪也。如其無奴，則不應坐。右丞孔默之議：君子小人，既雜爲符伍，不得不以相檢爲義。士庶雖殊，而理有聞察，譬百司居上，所以下不必躬親而後同坐。是故犯違之日，理自相關。今罪其養子、典計者，蓋義存戮僕。如此，則無奴之室，豈得宴安？但既云復士，宜令輸贖。常盗四十匹，主守五匹，降死補兵。雖大存寬惠，以紓民命，然官及二千石及失節士大夫，時有犯者，罪乃可戮，恐不可以補兵也。謂此制可施小人，士人自還用舊律。尚書王淮之議：昔爲山陰令，士人在伍，謂之押符。同伍有愆，得不及坐，士人有罪，符伍糾之。此非士庶殊制，實使即刑當罪耳。夫束修之胄，與小人隔絶，防檢無方，宜及不逞之士，事接羣細，既同符伍，故使糾之。於時行此，非唯一處。左丞議奴客與鄰伍相關，可得檢察，符中有犯，使及刑坐。即事而求，有乖實理，有奴客者，類多使役，東西分散，往家者少。其有停者，左右驅馳，動止所須，出門甚寡，典計者在家十無其一。奴客坐伍，濫刑必衆，恐非立法當罪本旨。右丞議士人犯偷，不及大辟者，宥補兵。雖欲弘士，懼無以懲邪。乘理則君子，

違之則小人。制嚴於上，猶冒犯之，以其宥科，犯者或衆。使畏法革心，乃所以大宥也。且士庶異制，意所不同。殿中郎謝元議謂：事必先正其本，然後其末可理。本所以押士大夫於符伍者，所以檢小人邪？可使受檢於小人邪？案左丞稱士庶天隔，則士無弘庶之由，以不知而押之於伍，則是受檢於小人也。然則小人有罪，士人無事，僕隸何罪，而令坐之。若以實相交關，責其聞察，則意有未因。何者？名實殊章，公私異令，奴不押符，是無名也。民乏資財，是私賤也。以私賤無名之人，豫公家有實之任，公私混淆，名實非允。由此而言，謂不宜坐。還從其主，於事爲宜。無奴之士，不在此例。若士人本檢小人，則小人有過，已應獲罪，而其奴則義歸戮僕，然則無奴之士，未合宴安，使之輸贖，於事非謬。二科所附，惟制之本耳。此自是辯章二本，欲使各從其分。至於求之管見，宜附前科，區别士庶，於義爲美。盜制，按左丞議，士人既終不爲兵革，幸可同寬宥之惠，不必依舊律，於議咸允。吏部郎何尚之議：按孔右丞議，士人坐符伍爲罪，有奴罪奴，無奴輸贖。既許士庶緬隔，則聞察自難，不宜以難知之事，定以必知之法。夫有奴不賢，無奴不必不賢。今多僮者傲然於王憲，無僕者怵迫於時網，是爲恩之所霑，恒在程、卓，法之所設，必加顔、原，求之鄙懷，竊所未愜。謝殿中謂奴不隨主，於名分不明，誠是有理。然奴僕實與閭里相關，今都不問，恐有所失。意同左丞議。弘議曰：尋律令既不分别士庶，又士人坐同伍罹謫者，無處無之，多爲時恩所宥，故不盡親謫耳。吴及義興適有許、陸之徒，以同符合給，二千石論啓丹書。已未間，會稽士人云十數年前，亦有四族坐此被責，以時恩獲停。而王尚書云人舊無同伍坐，所未之解。恐莅任之日，偶不值此事故邪。聖明御世，士人誠不憂至苦，然要須臨事論通，上干天聽爲紛擾，不如近爲定科，使輕重有節也。又尋甲符制，蠲士人不傳符耳，令使復除，亦得如之。共相押領，有違糾列，了無等衰，非許士人閭里之外也。諸議云士庶緬絶，不相參知，則士人犯法，庶民得不知。若庶民不許不知，何許士人不知。小民自非超然簡獨，永絶塵秕者，比門接棟，小以爲意，終自聞知，不必須日夕來往也。右丞百司之言，粗是其況。如衰陵士人，實與閭巷關通，相知情狀，乃當於冠帶小民。今謂之士人，便無小人之坐；署爲小民，輒受士人之罰。於情於法，不其頗歟？且都令不及士流，士流爲輕，則小人令使徵預其罰，便事至相糾，閭伍之防，亦爲不同。謂士人可不受同伍之謫耳，罪其奴客，庸何傷邪？無奴客，可令輸贖，又或無奴僮爲衆所明者，官長二千石便當親臨列上，依事遣判。又主偷五匹，常偷四十匹，謂應見優量者，實以小吏無知，臨財易昧，或由疏慢，事蹈重科，求之於心，常有可愍，故欲小進匹數，寬其性命耳。至於官長以上，荷蒙祿榮，付以局任，當正己明憲，檢下防非，而親犯科律，亂法冒利，五匹乃已爲弘矣。士人無私相偷四十匹理，就使至此，致以明罰，固其宜耳，並何容復加哀矜。且此輩士人，可殺不可謫，有如諸論，本意自不在此也。近聞之道路，聊欲共論，不呼乃爾難精。既衆議糾紛，將不如其已。若呼不應停寢，謂宜集議奏聞，決之聖旨。太祖詔：衛軍議爲允。

《魏書》卷一一一《刑罰志》〔北魏〕王初令官階九品，得以官爵除刑。

《魏書》卷七上《高祖孝文帝紀》〔延興二年〕十有二月庚戌，詔曰：《書》云：三載一考，三考黜陟幽明。頃者以來，官以勞升，未久而代，牧守無恤人之心，競爲聚斂，送故迎新，相屬於路，非所以固民志、隆治道也。自今牧守温仁清儉、克己奉公者，可久於其任，歲積有成，遷位一級；其貪殘非道，侵削黎庶者，雖在官甫爾，必加黜罰。著之於令，以爲彝準。

《北史》卷一一《隋本紀·高祖文帝》〔開皇十七年〕三月丙辰，詔諸司屬官有犯，聽於律令外斟酌決杖。

（宋）王溥《唐會要》卷四〇《君上慎恤》〔武德〕七年十二月十二日詔：三品已上，犯公罪流，私罪徒，送問皆不追身。

（唐）長孫無忌等《唐律疏議》卷一六《擅興·興造不言上待報》諸有所興造，應言上而不言上，應待報而不待報，各計庸，坐贓論減一等。

疏議曰：修城郭，築堤防，興起人功，有所營造，依《營繕令》：計人功多少，申尚書省聽報，始合役功。或不言上及不待報，各計所役人庸，坐贓論減一等。其庸倍論，罪止徒二年半。

即料請財物及人功多少違實者，笞五十；若事已損費，各並計所違贓庸重者，坐贓論減一等。本料不實，料者坐；請者不實，請者坐。

疏議曰：即料請財物及人功多少違實者，謂官有營造，應須市買，料請所須財物及料用人功多少，故不以實者，笞五十。若事已損費，或已損財物，或已費人功，各並計所費功、庸，準贓重者，坐贓論減一等。重者，謂重於笞五十，即五疋一尺以上，坐贓論減一等，合杖六十者爲贓重。本料不實，止坐元料之人。若由請人不實，即請者合坐。失者，各減三等。依《名例律》：以贓致罪，頻犯者，各倍論。此既因贓獲罪，功、庸出衆人之上，並通官物，即合累而倍論。若直費官財物，不損庸直，止據所費財科，不在倍限。雖費人功，倍並不重於官物，止從官物科斷，即是累並不加重者，止從重論。

（唐）長孫無忌等《唐律疏議》卷二《名例·應議請減》 諸應議、請、減及九品以上之官，若官品得減者之祖父母、父母、妻、子孫，犯流罪以下，聽贖。

疏議曰：此名贖章。應議、請、減者，謂議、請、減三章內人，亦有無官而入議、請、減者，故不云官也。及九品已上官者，謂身有八品、九品之官。若官品得減者，謂七品已上之官，蔭及祖父母、父母、妻、子孫；犯流罪以下，並聽贖。

若應以官當者，自從官當法。

疏議曰：議、請、減以下人，身有官者，自從官當、除、免，不合留官，取蔭收贖。

其加役流。

疏議曰：加役流者，舊是死刑，武德年中改爲斷趾。國家惟刑是恤，恩弘博愛，以刑者不可復屬，死者務欲生之，情軫向隅，恩覃祝網，以貞觀六年奉制改爲加役流。

反逆緣坐流。

疏議曰：謂緣坐反、逆得流罪者。其婦人，有官者比徒四年，依官當之法，亦除名；無官者，依留住法，加杖、配役。

子孫犯過失流。

疏議曰：謂耳目所不及，思慮所不到之類，而殺祖父母、父母者。

不孝流。

疏議曰：不孝流者，謂聞父母喪，匿不舉哀，流。告祖父母、父母者絞，從者流。呪詛祖父母、父母者，流。厭魅求愛媚者，流。

問曰：居喪嫁娶，合徒三年。或恐喝或强，各合加至流罪。得入不孝流以否？

答曰：恐喝及强，元非不孝，加至流坐，非是正刑。律貴原情，據理不合。

及會赦猶流者。

疏議曰：案《賊盜律》云：造畜蠱毒，雖會赦，并同居家口及教令人亦流三千里。《斷獄律》云：殺小功尊屬、從父兄姊及謀反、大逆者，身雖會赦，猶流二千里。此等並是會赦猶流。其造畜蠱毒，婦人有官無官，並依下文，配流如法。有官者，仍除名，至配所免居作。

各不得減贖，除名、配流如法。除名者，免居作。即本罪所應流配而特配者，雖無官品，亦免居作。

疏議曰：男夫犯此五流，假有一品已下及取蔭者，並不得減贖，除名、配流如法。三流俱役一年，稱加役流者役三年。家無兼丁者，依下條加杖、免役，故云如法。

注：除名者，免居作。即本罪不應流配而特配者，雖無官品，亦免居作。

疏議曰：犯五流之人，有官爵者，除名，流配，免居作。即本罪不應流配而特流配者，雖無官品，亦免居作，謂有人本犯徒以下，及有蔭之人本法不合流配，而責情特流配者，雖是無官之人，亦免居作。

其於期以上尊長及外祖父母、夫、夫之祖父母，犯過失殺傷，應徒。若故毆人至廢疾，應流。男夫犯盜謂徒以上及婦人犯姦者，亦不得減贖。有官爵者，各從除、免、當贖法。

疏議曰：過失殺祖父母、父母，已入五流，若傷，即合徒罪。故云期以上。其於期親尊長及外祖父母、夫、夫之祖父母，犯過失殺及傷，應合徒者，故毆人至廢疾應流，謂恃蔭合贖，故毆人至廢疾，準犯應流者；男夫犯盜徒以上，謂計盜罪至徒以上，强盜不得財亦同；及婦人犯姦者：並亦不得減贖。言亦者，亦如五流不得減贖之義。

注：有官爵者，各從除、免、當、贖法。

疏議曰：謂故毆小功尊屬至廢疾，及男夫於監守內犯十惡及盜，婦

人姦入内亂者，並合除名。若男夫犯盜，斷徒以上及婦人犯姦者，並合免官。其於期親以上尊長犯過失殺傷應徒，及故毆凡人至廢疾應流，並合官當。犯除名者，爵亦除，本犯免官、免所居官及官當者，留爵收贖。縱有官爵合減，亦不得減。故云各從除、免、當、贖法。

問曰：五流不得減贖。若會降，合減贖以否？

答曰：五流，除名、配流，會降至徒以下，有蔭，應贖之色，更無配役之文，即有聽贖者，有不聽贖者。止如加役流、反逆緣坐流、不孝流，此三流會降，並聽收贖。其子孫犯過失流，雖會降，亦不得贖。何者？又云：於期以上尊長犯過失殺傷應徒，不得減贖。此雖會降，猶是過失應徒，故不合贖。其有官者，自準除、免、當、贖之例。本法既不合例減，降後亦不得減科。其會赦猶流者，會降灼然不免。

（唐）長孫無忌等《唐律疏議》卷二《名例・婦人官品邑號》　諸婦人有官品及邑號，犯罪者，各依其品，從議、請、減、贖、當、免之律，不得蔭親屬。

疏議曰：婦人有官品者，依令，妃及夫人，郡、縣、鄉君等是也。邑號者，國、郡、縣、鄉等名號是也。婦人六品以下無邑號，直有官品，即媵是也。依《禮》：凡婦人，從其夫之爵命。故云：生禮死事，以夫爲尊卑。故犯罪應議、請、減、贖者，各依其夫品，從議、請、減、贖之法。若犯除、免、官當者，亦準男夫之例。故云各從議、請、減、贖、當、免之律。婦人品命既因夫、子而授，故不得蔭親屬。

若不因夫、子，別加邑號者，同封爵之例。

疏議曰：別加邑號者，犯罪一與男子封爵同：除名者，爵亦除；免官以下，並從議、請、減、贖之例，留官收贖。

（唐）長孫無忌等《唐律疏議》卷二《名例・五品以上妾有犯》　諸五品以上妾，犯非十惡者，流罪以下，聽以贖論。

疏議曰：五品以上之官，是爲通貴。妾之犯罪，不可配決。若犯非十惡，流罪以下，聽用贖論，其贖條内不合贖者，亦不在贖限。若妾自有子孫及取餘親蔭者，假非十惡，聽依贖例。

（唐）長孫無忌等《唐律疏議》卷二《名例・有人議請減》　諸一人兼有議、請、減，各應得減者，唯得以一高者減之，不得累減。

疏議曰：假有一人，身是皇后小功親，合議減；又父有三品之官，合請減；又身有七品官，合例減。此雖三處俱合減罪，唯得以一議親高者減之，不得累減。

若從坐減、自首減、故失減、公坐相承減，又以議、請、減之類，得累減。

疏議曰：從坐減者，謂共犯罪，造意者爲首，隨從者減一等。自首減者，謂犯法，知人欲告而自首者，聽減二等。故失減者，謂判官故出人罪，放而還獲，減一等；通判之官不知情，以失論，失出減判官之罪五等。又《斷獄律》云：斷罪，應決配之而聽收贖，應收贖而決配之，各減故、失一等。謂故減故一等，失減失一等，是名故失減。公坐相承減者，謂同職犯公坐，假由判官斷罪失出，法減五等，放而還獲，又減一等，通判之官減七等，長官減八等，主典減九等。若有議、請、減之類，各又更減一等，是名得累減。

（唐）長孫無忌等《唐律疏議》卷二《名例・以理去官》　諸以理去官，與見任同。解雖非理，告身應留者，亦同。

疏議曰：謂不因犯罪而解者，若致仕、得替、省員、廢州縣之類，應入議、請、減、贖及蔭親屬者，並與見任同。

注：解雖非理，告身應留者，亦同。

疏議曰：解雖非理者，謂責情及下考解官者；或雖經當、免、降所不至者，亦是告身應留者，並同見任官法。

贈官及視品官，與正官同。視六品以下，不在蔭親之例。

疏議曰：贈官者，死而加贈也。令云：養素丘園，徵聘不赴，子孫得以徵官爲蔭。並同正官。視品官，依《官品令》：薩寶府薩寶、祆正等，皆視流内品。若以視品官當罪、減、贖，皆與正官同。

注：視六品以下，不在蔭親之例。

疏議曰：視品稍異正官，故不許蔭其親屬。其薩寶既視五品，聽蔭親屬。

用蔭者，存亡同。

疏議曰：應取議、請、減蔭親屬者，親雖死亡，皆同存日，故曰存亡同。

若藉尊長蔭而犯所蔭尊長。

議疏曰：尊長謂祖父母、父母、伯叔父母、姑、兄姊是也。

及藉所親蔭而犯所親祖父母、父母者，並不得爲蔭。

疏議曰：所親，謂旁親，非祖父母、父母及子孫，但旁蔭已身者，尊長、卑幼皆是。假如藉伯叔母蔭而犯伯叔母之祖父母、父母，藉姪蔭而犯姪之父母之類，並不得以蔭論。文稱犯夫及義絶者，得以子蔭，婦犯夫既得用子蔭，明夫犯婦亦取子蔭可知。其子孫例别生文，不入所親之限。

即取子孫蔭者，違犯父、祖教令及供養有闕，亦得以蔭贖論。若取父蔭而犯祖者，不得爲蔭。若犯父者，得以祖蔭。

即毆告大功尊長、小功尊屬者，亦不得以蔭論。

疏議曰：大功尊長、小功尊屬，不睦條中已具釋訖。若其毆告，亦不得蔭贖。

其婦人犯夫及義絶者，得以子蔭。雖出，亦同。

疏議曰：婦人犯夫，及與夫家義絶，并夫在被出，並得以子蔭者，爲母子無絶道，故也。

其假版官犯流罪以下，聽以贖論。

疏議曰：假版授官，不著令、式，事関恩澤，不要耆年，聽以贖論，不以假版官當罪。其準律不合贖者，處徒以上，版亦除削。

（唐）長孫無忌等《唐律疏議》卷二《名例·無官犯罪》　諸無官犯罪，有官事發，流罪以下以贖論。謂從流外及庶人而任流内者，不以官當、除、免。犯十惡及五流者，不用此律。

疏議曰：無官犯罪，有官事發，流罪以下，皆依贖法。謂從流外及庶人而任流内者，其除名及當、免，在身見無流内告身者，亦同無官例。其於贖章内合除、免、官當者，亦聽收贖。故云不以官當、除、免。若犯十惡、五流，各依本犯除名及配流，不同此條贖法，故云不用此律。

問曰：無官犯罪，有官事發，流罪以下以贖論。雖稱以贖，如有七品以上官，合減以否？

答曰：既稱流罪以下以贖論，據贖條内不得減者，此條亦不合減。自餘雜犯應減者，並從減例。據下文：無蔭犯罪，有蔭事發，並從官蔭之法，故知得依減之例。

卑官犯罪，遷官事發，在官犯罪，去官事發，或事發去官，犯公罪流以下各勿論，餘罪論如律。

議疏曰：卑官犯罪，遷官事發者，謂任九品時犯罪，得八品以上事發之類。在官犯罪，去官事發者，謂在任時犯罪，去任後事發。或事發去官者，謂事發勾問未斷，便即去職。此等三事，犯公罪流以下，各勿論。遷官者，但改官者即是，非獨進品始名遷官。餘罪論如律者，並謂私罪及公坐死罪，皆據律科，雖復遷官去任，並不免罪。

問曰：依令：内外官勑令攝他司事者，皆爲檢校。若比司，即爲攝判。未審此等犯公坐，去官免罪以否？

答曰：律云：在官犯罪，去官事發，或事發去官，犯公罪流以下各勿論。但檢校、攝判之處，即是監臨，若有愆違，罪無減降。其有勑符差遣及比司攝判，攝時既同正職，停攝理是去官，公坐流罪亦從免法。若事関宿衛，情狀重者，録奏聽勑。其寺丞、縣尉之類，本非别司而權判者，不同去官之例。諸司依令當直之官，既非攝判之色，不在去官之限。

其有官犯罪，無官事發；有蔭犯罪，無蔭事發；無蔭犯罪，有蔭事發，並從官蔭之法。

疏議曰：有官犯罪，無官事發，謂若有九品官犯流罪，合除名，其事未發，又犯徒一年，亦合除名，斷一年徒，以九品官當，並除名訖，其流罪後發，以官當流，比徒四年，前已當徒一年，猶有三年徒在，聽從官蔭之律，徵銅六十斤放免。其官高應得議、請、減，亦準此。有蔭犯罪，無蔭事發，謂父祖有七品官時，子孫犯罪，父祖除名之後事發，亦得依七品子聽贖。其父祖或五品以上，當時準蔭得議、請、減，父祖除免之後事發，亦依議、請、減法。無蔭犯罪，有蔭事發，謂父祖無官時子孫犯罪，父祖得七品官事發，聽贖；若得五品官，子孫聽減；得職事三品官，聽請蔭更高，聽議。此等四事，各得從寬，故云並從官蔭之法。

（唐）長孫無忌等《唐律疏議》卷二《名例·以官當徒》　諸犯私罪，以官當徒者，私罪，謂私自犯及對制詐不以實、受請枉法之類。

疏議曰：私罪，謂不緣公事，私自犯者；雖緣公事，意涉阿曲，亦同私罪。對制詐不以實者，對制雖緣公事，方便吐不實情，心挾隱欺，故同私罪。受請枉法之類者，謂受人囑請，屈法申情，縱不得財，亦爲枉

法。此例既多，故云之類也。

五品以上，一官當徒二年；九品以上，一官當徒一年。

疏議曰：九品以上官卑，故一官當徒一年。五品以上官貴，故一官當徒二年。

若犯公罪者，公罪，謂緣公事致罪而無私、曲者。各加一年當。

疏議曰：私，曲相須。公事與奪，情無私、曲，雖違法式，是爲公坐。各加一年當者，五品以上，一官當徒三年；九品以上，一官當徒二年。

問曰：敕，制施行而違者，有公坐以否？

答曰：譬如制、敕施行，不曉敕意而違者，爲失旨；雖違敕意，情不涉私，亦皆爲公坐。

以官當流者，三流同比徒四年。

疏議曰：品官犯流，不合真配，既須當、贖，所以比徒四年。假有八品、九品官，犯私罪流，皆以四官當之；無四官者，準徒年當、贖。故云三流同比徒四年。

其有二官，謂職事官、散官、衛官同爲一官，勳官爲一官。

疏議曰：謂職事、散官、衛官計階等者，既相因而得，故同爲一官。其勳官，從勳加授，故别爲一官。是爲二官。若用官當徒者，職事每階各爲一官，勳官即正，從各爲一官。

先以高者當。若去官未叙，亦準此。

疏議曰：先以高者當，謂職事等三官内，取最高者當之。若去官未叙者，謂以理去任及雖不以理去任，告身不追者，亦同。並準上例，先以高者當。

問曰：律云：若去官未叙，亦準此。或有去官未叙之人而有事發，或罪應官當以上，或不至官當，别勑令解，其官當叙法若爲處分？

答曰：若本罪官當以上，别條云，以理去官與見任同，即依以官當徒之法：用官不盡，一年聽叙，降先品一等；若用官盡者，三載聽叙，降先品二等。若犯罪未至官當，不追告身，叙法依考解例，期年聽叙，不降其品。從見任解者，叙法在《獄官令》。先已去任，本罪不至解官，奉勑解者，依《刑部式》，叙限同考解例。本犯應合官當者，追毁告身。

次以勳官當。

疏議曰：假有六品職事官，兼帶勳官柱國以上，犯私罪流，例減一等，合徒三年。以六品職事當徒一年，次以柱國當徒二年之類。

問曰：假有人任三品、四品職事，又帶六品以下勳官，犯罪應官當者，用三品職事當訖，次以何官當？

答曰：律云：先以高者當，即是職事、散官、衛官中取最高品當訖。次以勳官當，即須用六品勳官當罪，不得復從四品職事當之。

行、守者，各以本品當，仍各解見任。

疏議曰：假有從五品，下行正六品，犯徒二年半私罪，例減一等，猶徒二年，以本階從五品官當徒二年，仍解六品見任。其有六品散官，守五品職事，亦犯私罪徒二年半者，亦用本品官當徒一年，餘徒收贖，解五品職事之類。

問曰：先有正六品上散官，上守職事五品，或有從五品官，下行正六品上，犯徒當罪，若爲追毁告身？

答曰：律云：行、守者，各以本品當，仍各解見任。其正六品上散官守五品者，五品所守，别無告身，既用六品官當，即與守官俱奪。若五品行六品者，以五品當罪，直解六品職事，其應當罪告身同階者，悉合追毁。

若有餘罪及更犯者，聽以歷任之官當。歷任，謂降所不至者。

疏議曰：若有餘罪者，謂二官當罪之外，仍有餘徒；或當罪雖盡而更犯法，未經科斷者，聽以歷任降所不至告身，以次當之。

其流内官而任流外職，犯罪以流内官當及贖徒一年者，各解流外任。

疏議曰：假有勳官任流外職者，犯徒以上罪，以勳官當之；或犯徒用官不盡，而贖一年徒以上者，各解流外任。

（唐）長孫無忌等《唐律疏議》卷二《名例·除名》 諸犯十惡、故殺人、反逆緣坐，

疏議曰：十惡，謂謀反以下，内亂以上者。故殺人，謂不因鬬競而故殺者；謀殺人已殺訖，亦同。餘條稱以謀殺、故殺論，及云從謀殺、故殺等，殺訖者皆準此。其部曲、奴婢者非，案《賊盗律》殺一家非死罪三人，注云：部曲、奴婢者非。其故殺妾，及舊部曲、奴婢經放爲良，

本條雖罪不至死，亦同故殺之例。反逆緣坐者，謂緣謀反大逆人得流罪以上者。

注：本應緣坐，老、疾免者亦同。

疏議曰：謂緣坐之中，有男夫年八十及篤疾，婦人年六十及廢疾，雖免緣坐之罪，身有官品者，亦各除名。

問曰：帶官應合緣坐，其身先亡，子孫後犯惡、逆，亦合除名以否？

答曰：緣坐之法，唯據生存。出養入道，尚不緣坐，既已先死，到遣除名。理務弘通，告身不合追毀。告身雖不合追毀，亦不得以爲蔭。

獄成者，雖會赦，猶除名。獄成，謂贓狀露驗及尚書省斷訖未奏者。

疏議曰：犯十惡等罪，獄成之後，雖會大赦，猶合除名。獄若未成，即從赦免。注云贓狀露驗者，贓謂所犯之贓，見獲本物；狀謂殺人之類，得狀爲驗。雖在州縣，並名獄成。及尚書省斷訖未奏者，謂刑部覆斷訖，雖未經奏者，亦爲獄成。此是赦後除名，常赦不免之例。

即監臨主守，於所監守内犯姦、盜、略人，若受財而枉法者，亦除名；姦，謂犯良人。盜及枉法，謂贓一疋者。獄成會赦者，免所居官。會降者，同免官法。

疏議曰：監守内姦，謂犯良人，盜及枉法，謂贓一疋者。略人者，不和爲略；年十歲以下，雖和亦同略法。律文但稱略人，即不限將爲良賤。獄成者，亦同上法除名。會赦者，免所居官。此是赦後仍免所居之一官，亦爲常赦所不免。

問曰：監守内略人，罪當除名之色。奴婢例非良人之限，若監守内略部曲，亦合除名以否？

答曰：據殺一家非死罪三人乃入不道，奴婢、部曲不同良人之例；强盜，若傷財主部曲，即同良人。各於當條見義，亦無一定之理。今略良人及奴婢，並合除名。舉略奴婢是輕，計贓入除名之法；略部曲是重，明知亦合除名。又，《鬬訟律》云：毆傷部曲，減凡人一等，奴婢又減一等。又令云：轉易部曲事人，聽量酬衣食之直。既許酬衣食之直，必得一疋以上，準贓即同奴婢，論罪又減良人。今準諸條理例除名，故爲合理。

又問：依律：共盜者，併贓論。其有共受枉法之贓，合併贓科罪否？

答曰：枉法條中，無併贓之語，唯云：官人受財，復以所受之財分求餘官，元受者併贓論，餘各依已分法。其有共謀受者，不同元受之例，不合併贓得罪，各依己分爲首從科之。

注：會降者，同免官法。

議疏曰：降既節級減罪，不合悉原，故降除名之科，聽從免官之法。假令降罪悉盡，亦依免官之例。即降後重斷，仍未奏畫，更逢赦降，猶合免所居之官。

其雜犯死罪，即在禁身死，若免死別配及背死逃亡者，並除名。皆謂本犯合死而獄成者。

疏議曰：其雜犯死罪，謂非上文十惡、故殺人、反逆緣坐、監守内姦、盜略人、受財枉法中死罪者。即在禁身死者，謂犯罪合死，在禁身亡。其免死別配者，謂本犯死罪，蒙恩別配流、徒之類。及背死逃亡者，謂身犯死罪，背禁逃亡者。此等四色，所犯獄成，並從除名之律，故注云：皆謂本犯合死而獄成者。背死逃亡者，即斷死除名，依法奏畫，不待身至。其下文犯流徒獄成逃走，亦準此。

會降者，聽從當、贖法。

疏議曰：雜犯死罪以下，未奏畫逢降，有官者聽官當，有蔭者依贖法。本法不得蔭贖者，亦不在贖限。其會赦者，依令解見任職事。

問曰：上文云：十惡、故殺人、反逆緣坐，會赦猶除名。雜犯死罪等，會降從當贖法。若有別蒙勑放及會慮減罪，得同赦、降以否？

答曰：若使普覃惠澤，非涉殊私，雨露平分，自依常典。如有特奉鴻恩，總蒙原放，非常之斷，人主專之，爵命並合如初，不同赦、降之限。其有會慮減罪，計與會降不殊，當免之科，須同降法，慮若全免，還從特放之例。

又問：加役流以下五流，犯者除名，配流如法。未知會赦及降，若爲處分？

答曰：會赦猶流，常赦所不免，雖會赦、降，仍依前除名、配流。其不孝流、反逆緣坐流，雖會赦，亦除名。子孫犯過失流，會赦，免罪；

會降，有官者聽依當、贖法。其加役流，犯非一色，入十惡者，雖會赦、降，仍合除名；稱以枉法論、監守内以盗論者，會赦免所居官，會降同免官之法，自餘雜犯，會赦從原，會降依當、贖法。凡斷罪之法，應例減者，先減後斷。其五流先不合減者，雖會降後，亦不合減科。

（唐）長孫無忌等《唐律疏議》卷三《名例·以官當徒不盡》 諸以官當徒者，罪輕不盡其官，留官收贖；官少不盡其罪，餘罪收贖。

疏議曰：假有五品以上官，犯私坐徒二年，例減一等，即是罪輕不盡其官，留官收贖。官少不盡其罪者，假有八品官，犯私坐一年半徒，以官當徒一年，餘罪半年收贖之類。

其犯除、免者，罪雖輕，從《例》除、免。

疏議曰：假有五品以上職事及帶勳官，於監臨内盗絹一疋，本坐合杖八十，仍須準《例》除名；或受財六疋一尺而不枉法，本坐徒一年半，亦準《例》免官；或姦監、臨内婢，合杖九十，亦準《例》免所居官。

罪若重，仍依當、贖法。

疏議曰：凡是除名、免官，本罪雖輕，從《例》除、免。罪重者，各準所犯，準當流、徒及贖法。假有職事正七品上，復有歷任從七品下，犯除名、流，不合例減者，以流比徒四年，以正七品上一官當徒一年，又以從七品下一官當徒一年，更無歷任及勳官，即徵銅四十斤，贖二年徒坐，仍準《例》除名；若罪當免官者，亦準此當、贖法，仍依《例》免官。此名罪若重，仍依當、贖法。

其除爵者，雖有餘罪，不贖。

疏議曰：爵者，既得傳授子孫，所以義同帶礪。令並除削，在責已深，爲其國除，故有殘罪不贖。

（唐）長孫無忌等《唐律疏議》卷三《名例·除免比徒》 諸除名者，比徒三年；免官者，比徒二年；免所居官者，比徒一年。流外官不用此律。謂以輕罪誣人及出入之類，故制此比。若所枉重者，自從重。

疏議曰：除名、免官、免所居官，罪有差降，故量輕重，節級比徒。流外之職，品秩卑微，誣告反坐，與白丁無異，故云不用此律。

注：謂以輕罪誣人及出入之類，故制此比。

疏議曰：假有人告五品以上官，監臨主守内盗絹一疋，若事實，盗者合杖八十，仍合除名，若虚，誣告人不可止得杖罪，故反坐比徒三年。免官者，謂告五品於監臨外盗絹五疋，科徒一年，仍合免官；若虚，反坐不可止科徒一年，故比徒二年。免所居官者，謂告監臨内姦婢，合杖九十，姦者合免所居官；若虚，反坐不可止得杖罪，故比徒一年。及出入之類者，謂不盗監臨内物，官人枉判作盗所監臨；或實盗監臨，官人判作不盗。即是官司出入除名，比徒三年；若出入免官者，比徒二年；出入免所居官，比徒一年之法。其藏匿罪人，若過致資給，或爲保、證及故縱等，有除、免者，皆從比徒之例，故云之類。

注：若所枉重者，自從重。

疏議曰：謂誣告及出入之罪，重於比徒之法者，自從反坐等重法科之，不復仍準比徒之法。

若誣告道士、女冠應還俗者，比徒一年；其應苦使者，十日比笞十；官司出入者，罪亦如之。

疏議曰：依格：道士等輒着俗服者，還俗。假有人誣道士等輒着俗服，若實，並須還俗；既虚，反坐比徒一年。其應苦使者，十日比笞十，依格：道士等有歷門教化者，百日苦使。若實不教化，枉被誣告，反坐者誣告苦使十日比笞十，百日杖一百。官司出入者，謂應斷還俗及苦使，官司判放；或不應還俗及苦使，官司枉入，各依此反坐徒、杖之法，故云亦如之。失者，各從本法。

（唐）長孫無忌等《唐律疏議》卷三《名例·免官》 諸犯姦、盗、略人及受財而不枉法。並謂斷徒以上。

疏議曰：姦、盗、略人，並謂監臨外犯罪。及受財而不枉法者，謂雖即因事受財，於法無曲。並謂斷徒以上者。

若犯流、徒，獄成逃走。

疏議曰：犯流、徒者，謂非疑罪及過失，此外犯流、徒者。獄成逃走，謂減訖仍有徒刑；若依令責保參對及合徒不禁，亦同。律既不注限日，推勘逃實即坐。

問曰：免所居官之法，依律比徒一年。此條犯徒、流逃走，即獲免官之坐，未知免所居官人逃亡，亦入犯徒免官以否？

答曰：免所居官之色，亦有罪不至徒。本罪若其合徒，逃者即當免

官之坐，若犯杖罪逃走，便異本犯徒、流，以其元是杖刑，不入免官之法。祖父母、父母犯死罪，被囚禁，而作樂及婚娶者：免官。謂二官並免。爵及降所不至者，聽留。

疏議曰：曾、高以下，祖父母、父母犯死罪，見被囚禁，其子孫若作樂者，自作、遣人作者並同，上條遣人與自作不殊，此條理亦無別。及婚娶者，止據男夫娶妻，不言嫁娶者，明婦人不入此色。自犯姦、盜以下，并合免官。

注：謂二官並免。爵及降所不至者，聽留。

疏議曰：二官爲職事官、散官、衛官爲一官，勳官爲一官。此二官並免，三載之後，降先品二等叙。爵及降所不至者，聽留。爵者，王及公、侯、伯、子、男。降所不至者，謂二等以外，歷任之官是也。若會降有餘罪者，聽從官當、減、贖法。

劉俊文《敦煌吐魯番唐代法制文書考釋・律疏・開元律疏卷第二名例殘卷》□（二官，勳官，即正從各爲一官）。

又云：先以高者當。注云：若去官未叙，亦準此。

議曰：先以高者當，謂職事等三官內，取最高者當之。去官未叙者，謂以理去任；及雖不理去任，□□□□□告身不追者，亦同。並準上例，先以高者當。

問曰：律云，若去官未叙，亦準此。或有去官未叙之人而有事發，或罪應官當以上，或不至官當，別勑令解，其官當叙法若爲處分？

答曰：若本罪官當以上，别條云以理去官與見任同，即依官當之法；若本罪不至官當，不追告身，叙法依考解例，周年聽叙，不降其品。從見解者，叙法在《獄官令》。先已去任，本罪不至解官，奉勑解者，依《刑部式》，叙限同考解例。本犯應合官當者，追毀告身。

又云：次以勳官當。

議曰：假有六品職事官，兼帶勳官柱國以下，犯私罪流，例減一等，合徒三年。以六品職事當徒一年，次以柱國當徒二年之類。

問曰：假有人任三品、四品職事，又帶六品以下勳官，犯罪應官當者，用三品職事當訖，次用何官當？

答曰：律云先以高者當，即是職事、散官、衛官中，取最高品當訖。次以勳官當，即須用六品勳官當罪，不得復用四品職事當之。

又云：行、守者，各以本品當，仍各解見任。

議曰：假有從五品，下行正六品，犯二年半私〔罪〕，例減一等，猶徒二年，以本階從五品當二年，仍解六品見任。其有六品散官，守五品職事，亦犯私罪二年半徒者，亦用本品當徒二年，餘徒收贖，解五品職事之類。

問曰：先有正六品上散官，上守職事五品，或〔有〕從五品官，下行正六上，犯徒當罪，若爲追毀告身？

答曰：律云，行、守者各以本品當，仍各解見任。其正六上散官守五品者，所守無别告身，既用六品官當，即與守官俱奪。若五品行六品〔者〕，□五品當罪，直解六品職事，其應當罪告身同階者，悉合追毀。

又云：若有餘罪及更犯者，聽以曆任之官當

注云：歷任，謂降所不至者。

議曰：若有餘罪者，謂二官當罪之外，仍有餘徒；或當罪雖盡而更犯法，未經科斷者：□以曆任降所不至告身，以次當之。

又云：其流内官而任流外職，犯罪以流内官當及贖徒年者，各解流外任。

議曰：假有勳官任流外職者，犯徒以上罪，以

勳官當之；或犯徒用官不盡者，而贖一年徒以上者，各解流外任。

諸犯十惡、故殺人、反逆緣坐，

議曰：十惡，謀反以下，内亂以上者。故殺人，謂不因鬭競而故煞者；謀殺人已殺訖，亦同。餘條稱以謀煞、〔〕故殺論，及云從謀煞、故殺等，殺訖者皆準此，其部曲、奴婢等非。案《賊盜律》：殺一家非死罪三人。注云：奴婢、部曲非。其故殺妾，及舊部曲、奴婢經放爲良，本條雖罪不至死，亦同故殺之例。反逆緣坐者，謂緣〔謀〕反及大逆人得流罪以上者。

注云：本應緣坐，老、疾免者亦同。

議曰：謂緣坐之中，有男夫年八十及篤疾，婦人年六十及廢疾，雖免緣坐之罪，身有官品者，亦各除名。

問曰：帶官應合緣坐，其身先亡，子孫後犯反逆，亦合除名以不？

答曰：緣坐之法，唯據生存。出養、入道，尚不緣坐，無宜先死，到遣除名。理務弘通，告身〔不〕合追毁。告身雖不合毁，不合爲廕。

又云：獄成者，雖會赦，猶除名。注云：獄成，謂贓狀露驗，及尚書省斷訖未奏者。

議曰：犯十惡等罪，獄成之後，雖會大赦，猶合除名。獄若未成，即從赦免。注云贓狀露驗者，贓謂所犯之贓，見獲本物；狀謂煞人之類，得狀爲驗。雖在州縣，併名獄成。及尚書省斷訖未奏者，謂刑部覆斷訖，雖未經奏，亦爲獄成。此是赦後除名，常赦不免之例。

又云：即監臨主守，於所監守内犯姧、盗、【略】，□若受財而枉法者，亦除名。注云：姧，謂犯良人。盗及枉法，謂贓一疋者。獄成會赦者，免所居官。

議曰：監守内姧，謂犯良人。盗及枉法，謂贓一疋者。略人者，不和爲略；十歲以下，雖和亦同略法。律文但稱略人，即不限將爲良賤。獄成者，亦同上法除名。會赦者，免所居官。此是赦後仍免所居之一官，亦爲常赦所不免。

問曰：監守内略人，罪當除名之色。奴婢例〔非良〕人之限；若監守内略部曲，亦合除名以不？

答曰：據殺一家非死罪三人乃入不道，奴婢、部曲不同人例；强盗，若傷財主部曲，即同良人。各於當條見義，亦無一定之理。今略良人及奴婢，并合除名。舉略奴婢是輕，計贓入除名之法；略部曲是重，明知亦合除名。又，《鬭訟律》：敺傷部曲，減凡人一等；奴婢，又減一等。又云令：轉易部曲事人，聽量酬衣食之直。既許酬衣食之直，必得一疋以上，準贓即同奴婢，論罪又減良【略】〔依己分法。其有共謀受者，不同無受之例，不合〕併贓得罪，各依己分爲首從科之。

注云：會降者，同免官法。

議曰：降既節級減罪，不全悉原，故降除名之科，聽從免官之法。假令降罪悉盡，亦依免官之例。即降後重斷，仍未奏盡，更逢赦、降，猶合免所居之官。

又云：其雜犯死罪，即在禁身死，若免死別配及背死逃亡者，並除名。注云：皆謂本犯合死而獄成者。

緣曰：其雜犯死罪，謂非上文十惡，故煞人，反逆緣坐，監守内奸、盗、略人、受財枉法中死罪者。在禁身死者，謂犯法合死，在禁身亡。免死別

配者，謂本犯死罪，蒙恩别配流、徒之類。及背死逃亡者，謂身犯死罪，背禁逃亡。此等四色，所犯獄成，並從除名之律。故注云：〔皆謂〕本犯合死而獄成者。其背死逃亡者，即斷死除名，依注法奏畫，不待身至。其下文犯流、徒獄成逃走，準此。

又云：會降者，聽從當、贖法。

議曰：雜犯死罪以下，未奏畫逢降，有官者聽官當，有蔭者依贖法。本法不得蔭贖者，亦不在贖限。其會赦者，依令解見任職事。

問曰：文云，十惡、故殺人、反逆緣坐，會赦猶除名；雜犯死罪等，會降從當、贖法。若有别蒙敕放，及會慮減罪，得同赦、降以不？

答曰：若使普覃惠澤，非涉殊私，雨露平分，自依恒典。如有特奉鴻恩，惣蒙原放，非常之斷，人主專之，爵命並合初，不同赦、降之限。其有會慮減罪，計與會降不殊，當免之科，須同降法。慮若全免，還從特放之例。

又問：加役流以下五流，犯者除名、配流如法，未知會及降若爲處分？

答曰：會赦猶流，常赦所不免，雖會赦降，仍依前除名、配流。其不孝流、反逆緣坐流，雖會赦，亦除名。子孫犯過失流，會赦，免罪，會降，有官者聽依當、贖法。其加役流，犯非一色，入十惡者，雖會赦、降，仍除名；稱以枉法論、監守内以盜論者，會赦免所居官，會降同免官法；自餘雜犯，會赦從原，會降依當、贖法。凡斷罪之法，應例減者，先減後斷。其五流先不合減者，雖會降後，亦不減科。

《律疏》卷第二〔名例〕

開元廿五年六月廿七日知刊定中散大夫御史中丞上柱國臣王敬從上，

刊定法官宣義郎行滑州酸棗縣尉明法直刑部武騎尉臣俞元杞，

刊定法官通直郎行衛州司户參軍事明法直中書省護軍臣陳承信，

刊定法官承議郎前行左武衛胄曹參軍事飛騎尉臣霍晃，

銀青光禄大夫守工部尚書同中書門下三品上柱國隴西郡開國公知門下省事臣牛仙客，

兵部尚書兼中書令集賢院學士修國史上柱國成紀縣開國男臣李林甫。

（唐）張九齡等《唐六典》卷六《尚書刑部》　迺立八議，以廣親親，以明賢賢，以篤賓舊，以勸功勤。其一曰議親，謂皇帝袒免以上親及太皇太后、皇太后緦麻以上親，皇后小功以上親。二曰議故，謂故舊。三曰議賢，謂有大德行。四曰議能，謂有大才藝。五曰議功，謂有大功勳。六曰議貴，謂職事官三品已上、散官二品已上及爵一品。七曰議勤，謂有大勤勞。八曰議賓。謂承先代後，爲國賓。八者犯死罪，所司先奏請議，得以減、贖論《周禮》以八辟麗邦法，附刑罰，即八議也。自魏、晉、宋、齊、梁、陳、後魏、北齊、後周及隋皆載於律。

（宋）王溥《唐會要》卷四〇《定贓估》　〔元和〕三年正月勑：今後應坐贓及他罪當贖者，諸道委觀察判官一人專勾當，及時申報。如蔽匿不申者，節級科貶加罪，不係奏官長量情處置者，其贓但準前申送御史臺，充本色給用。仍差御史一人，專知贓贖，不得以贓爲名。如罪名未正，妄罰其財，亦妄觀察判官勾當。差定後先，具名奏聞。

（宋）王溥《唐會要》卷四一《雜記》　元和三年四月勑：應勳官及六品以下階，宜準散、試官例，不得當罪。

（宋）王溥《唐會要》卷六九《縣令》　〔元和〕六年，中書門下奏：委御史臺諸道觀察使嚴加察訪，不得容貸。其諸道所舉官屬，及有狀論薦人，如有贓犯、過惡，亦請具名聞奏，量加殿罰。所冀人知戒懼，不敢妄行，爲官擇人，得賢報國。從之。

（宋）王溥《唐會要》卷三九《議刑輕重》　〔會昌〕五年正月三日制節文：據律，已去任者，公罪流已以下勿論。公罪之條，情有輕重。苟涉欺詐，豈得勿論？自後公罪，有情狀難恕，並不在勿論之限。

（元）馬端臨《文獻通考》卷一六六《刑考·刑制》　僖宗乾符四年

勑：法律有去任勿論之條，頗爲僥倖。今後應州、縣官更所犯諸罪，五年之後，去任勿論，五年内，同見任官例追收，據事定例。

《舊五代史》卷一四七《刑法志》 内外官當贖之法，梁、唐皆無定制，多示優容，或因時分輕重。晋天福六年五月，尚書刑部員外郎李象請：今後凡是散官，不計高低，若犯罪不得當贖，亦不得上請詳定院覆奏。應内外文武官，有品官者自從品官法，無品官有散試官者，應内外帶職廷臣賓從、有功將校等，並請同九品官例。其京都運巡使及諸道州府衙前職員、内外雜任鎮將等，並請準律，不得上請當贖。其巡司馬步司判官，雖有曾歷品官者，亦請同流外職。準律，杖罪以下，依決罰例，徒罪以上，仍依當贖法。至周顯德五年七月，新定《刑統》：今後定罪，諸道行軍司馬、節度副使、副留守，準從五品官例；諸道兩使判官、防禦團練副使，準從六品官例；節度掌書記、團判官、兩蕃營田等使判官，準從七品官例；諸道推巡及軍事判官，準從八品官例；諸軍將校内諸司使、使副、供奉、殿直，臨時奏聽勑旨。由是内外品官當贖之法，始有定制焉。

（宋）佚名《宋大詔令集》卷一九〇《政事·誡飭·誡飭百僚奉命諸道不得妄有請託詔建隆三年十一月癸亥》 奉使出疆，宣揚王命，如容私謁，是紊公朝。宜令中書門下宣示文武百僚，今後奉命諸道，不得妄有請託。如違，重寘其罪。

（宋）竇儀等《宋刑統》卷二《名例律·犯罪事發》 諸無官犯罪，有官事發，流罪以下以贖論。謂從流外及庶人而任流内者，不以官當除免。犯十惡及五流者，不用此律。卑官犯罪，遷官事發；在官犯罪，去官事發，或事發去官，犯公罪流以下各勿論，餘罪論如律。其有官犯罪，無官事發；有蔭犯罪，無蔭事發；無蔭犯罪，有蔭事發，並從官蔭之法。

疏：諸無官犯罪，有官事發，流罪以下以贖論。注云，謂從流外及庶人而任流内者，不以官當除免。犯十惡及五流者，不用此律。議曰：無官犯罪，有官事發，流罪以下，皆依贖法，謂從流外及庶人而任流内者，其除名及當免在身，見無流内告身者，亦同無官例。其於贖章内合除免官當者，亦聽收贖，故云不以官當除免。若犯十惡、五流，各依本犯除名及配流，不同此條贖法，故云不用此律。

問曰：無官犯罪，有官事發，流罪以下以贖論。雖稱以贖，如有七品以上官，合減以否？

答曰：既稱流罪以下以贖論，據贖條内不得減者，此條亦不合減，自餘雜犯應減者，並從減例。據下文無蔭犯罪，有蔭事發，並從官蔭之法，故知得依減之例。

又云，卑官犯罪，遷官事發；在官犯罪，去官事發，或事發去官，犯公罪流以下各勿論，餘罪論如律。議曰：卑官犯罪，遷官事發者，謂任九品時犯罪，得八品以上事發之類。在官犯罪，去官事發者，謂在任時犯罪，去官後事發。或事發去官者，謂事發句問未斷，便即去職。此等三事，犯公罪流以下各勿論。遷官者，但改官即是，不獨進品，始名遷官。餘罪論如律者，並謂私罪及公坐死罪，皆據律科，雖復遷官去任，並不免罪。

問曰：依令，内外官敕令攝他司事者，皆爲檢校，若比司即爲攝判。未審此等犯公坐，去官免罪以否？

答曰：律云，在官犯罪，去官事發，或事發去官，犯公罪流以下各勿論。但檢校、攝判之處，即是監臨，若有愆違，罪無減降。其有敕符差遣及比司攝判，攝時既同正職，停攝理是去官，公坐流罪亦從免法。若事關宿衛，情狀重者，錄奏聽敕。其寺丞、縣尉之類，本非别〔司〕而權判者，不同去官之例。諸司依令當〔直〕之官，既非攝判之色，亦不在去官之限。

又云，其有官犯罪，無官事發；有蔭犯罪，無蔭事發；無蔭犯罪，有蔭事發，並從官蔭之法。議曰：有官犯罪，無官事發者，謂若九品官犯流罪，合除名，其事未發，又犯徒一年，亦合除名，斷一年徒，以九品官當，並除名訖。其流罪後發，以官當流，比徒四年。前已當徒一年，猶有三年徒在，聽從官蔭之律，征銅六十斤放免。其官高應得議請減亦準此。有蔭犯罪，無蔭事發者，謂父祖有七品官時子孫犯罪，父祖除名之後事發，亦得依七品子聽贖。其父祖或五品以上，當時準蔭得議請減，父祖除免之後事發，亦依議請減法。無蔭犯罪，有蔭事發，謏父祖無官時子孫犯罪，父祖得七品官事發者，聽贖，若得五品官，子孫聽減，得職事三品官，聽請，蔭更高者，聽議。此等四事，各得從寬，故云從官蔭之法。

準唐會昌五年正月三日制節文，據律已去任者公罪流以下勿論。公罪之條，情有輕重，苟涉欺詐，豈得勿論。向後公罪有情狀難恕，並不在勿論之限。

（宋）竇儀等《宋刑統》卷二《名例律·以官當徒除名免官免所居官》 諸犯私罪以官當徒者，私罪謂私自犯及對制詐不以實、受請枉法之類。五品以上一官當徒二年，九品以上一官當徒一年。若犯公罪者，公罪謂緣公事致罪，而無私曲者。各加一年當。以官當流者，三流同比徒四年。其有二官，謂職

事官、散官、衛官同爲一官，勳官爲一官。先以高者當，若去官未叙亦準此。次以勳官當，行守者各以本品當，仍各解見任。若有餘罪及更犯者，聽以歷任之官當。歷任謂降所不至者。其流內官而任流外職犯罪，以流內官當，及贖徒一年者，各解流外任。

疏：諸犯私罪以官當徒者。注云，私罪謂私自犯及對制詐不以實、受請枉法之類。

議曰：私罪謂不緣公事私自犯者，雖緣公事，意涉阿曲，亦同私罪。對制詐不以實者，對制雖緣公事，方便不吐實情，心挾隱欺，故同私罪。受請枉法之類者，謂受人囑請，屈法申情，縱不得財，亦爲枉法。此例既多，故云之類也。

又云，五品以上一官當徒二年，九品以上一官當徒一年。議曰：九品以上官卑，故一官當徒一年，五品以上官貴，故一官當徒二年。

又云，若犯公罪者。注云，公罪謂緣公事致罪，而無私曲者。又云，各加一年當。議曰：私曲相須，公事與奪，情無私曲，雖違法式，是爲公坐。各加一年當者，五品以上一官當徒三年，九品以上一官當徒二年。

問曰：敕制施行而違者，有公坐以否？

答曰：譬如敕制施行，不曉敕意而違者，爲失旨，雖違敕意，情不涉私，亦皆爲公坐。

又云，以官當流者，三流同比徒四年。議曰：品官（配）〔犯〕流，不合真配，既須當贖，所以比徒四年。假有八品、九品官犯私罪流，皆以四官當之。官無四者，準徒年當贖，故云三流同比徒四年。

又云，其有二官。注云，謂職事官、散官、衛官同爲一官，勳官爲一官。議曰：謂職事、散官、衛官計階等者，既相因而得，故同爲一官。其勳官從勳加授，故別爲一官，是爲二官。若用官當徒者，職事每階各爲一官，勳官即正從各爲一官。

又云，先以高者當。注云，若去官未叙亦準此。議曰：先以高者當，謂職事等三官內取最高者當之。若去官未叙者，謂以理去任及雖不以理去任，告身不追者亦同，並準上例，先以高者當。

問曰：律云，若去官未叙亦準此。或有去官未叙之人而有事發，或罪應官當以上或不至官當，別敕令解其官當，叙法若爲處分？

答曰：若本罪官當以上，別條云，以理官與見任同，即依以官當徒之法。用官不盡，一年聽叙，降先品一等。若用官盡者，三載聽叙，降先品二等。若犯罪未至官當，不追告身，任在〔叙法〕依考解例〔内〕，期年聽叙，不降其品。從見任解者，叙法在《獄官令》。先已去任，本罪不至解官，奉敕解者，依《刑部式》，叙限同考解例。本犯應合官當者，追毁告身。

又云，次以勳官當。議曰：假有六品職事官兼帶勳官柱國以上，犯私罪流，例減一等，合徒三年，以六品職事當徒一年，次以柱國當徒二年之類。

問曰：假有人任三品、四品職事，又帶六品以下勳官，犯罪應官當者，用三品職事當訖，次以何官當？

答曰：律云，先以高者當，即是職事、散官、衛官中取最高品當訖，次以勳官當，即須用六品勳官當罪，不得復從四品職事當之。

又云，行守者各以本品當，仍各解見任。議曰：假有從五品下行正六品，犯徒二年半私罪，例減一等，猶徒二年，以本階從五品當徒二年，仍解六品見任。其有六品散官守五品職事，亦犯私罪徒二年半者，亦（有）〔用〕本品當徒一年，餘徒收贖，解五品職事之類。

問曰：先有正六品上散官守職事五品，或有從五品官下行正六品，犯徒當罪，若爲追毁告身？

答曰：律云，行守者各以本品當，仍各解見任。其正六品散官守五品者，五品所守別無告身，既用六品官當，即與守官俱奪。若五品行六品者，以五品當罪，直解六品職事。其應當罪告身同階者，悉合追毁。

又云，若有餘罪及更犯者，聽以歷任之官當。注云，歷任謂降所不至者。議曰：若有餘罪者，謂二官當罪之外，仍有餘徒，或當罪雖盡而更犯法，未經科斷者，聽以歷（在）〔任〕降所不至告身以次當之。

又云，其流內官而任流外職犯罪，以流內官當，及贖徒一年者，各解流外任。議曰：假有勳官任流外職者，犯徒以上罪，以勳官當之，或犯徒用官不盡而贖一年徒以上者，各解流外任。

準格，勳官、散試官不許贖罪。準律，以官當徒者，其有二官，謂職事官、散官、衛官同爲一官，勳官爲一官。先以高者當，次以勳官當。行守者各以本品當，仍各解見任。若有餘罪及更犯者，聽以歷任之官當。歷任謂降所不至者。準格，勳官、散試官不許贖罪。後來法司相承，有見任品卑於前任者，則於歷任內取高者當，仍解見任。近亦曾有不取歷任中高者，卻以見任卑官當罪。蓋緣不用勳散試官以來，未有定制。臣等參詳，今後有見任官高，即以見任官□□□□□以歷任中高官當，仍解□□□□□明

文免生差互。其餘並下缺。

準開成格，其犯十惡、殺人、監守内盗及略人、受財枉法並强盗、造僞頭首等情狀，蠹害不可與。會恩至流者，望請不在官當。下缺

準晋天福□□□十五日敕節文，應内外帶職廷臣、賓從、有功將校等，並請同九品官例。其京都軍巡使及諸道州府衙前職員、内外雜任、鎮將等，並請準律不得上請當贖。其巡司、馬步司、判官雖有歷品官者，亦請同流外職，準律杖罪以下依決罰例，徒罪以上仍依當贖法。

準周顯德五年七月七日敕條，今後定罪，諸道行軍司馬、節度副使、副留守欲準從五品官例，諸道兩使判官、防團副使欲準從六品例，諸道節度掌書記、支使防團判官、兩蕃營田等使判官準從七品例，諸道推巡及軍事判官準從八品官例，諸軍將校内諸司使、使副、供奉、殿直官臨時奏聽敕旨。

諸犯十惡、故殺人、反逆緣坐，本應緣坐，老疾免者亦同。獄成者，雖會赦猶除名。獄成謂贓狀露驗及尚書省斷訖未奏者。即監臨主守於所監守内犯姦盗略人，若受財而枉法者，亦除名。姦謂犯良人，盗及枉法謂贓一疋者。獄成會赦者，免所居官。會降者同免官法。其雜犯死罪，即在禁身死，若免死別配及背死逃亡者，並除名，皆謂本犯合死而獄成者。會降者聽從當贖法。

疏：諸犯十惡、故殺人、反逆緣坐。議曰：十惡謂謀反以下内亂以上者。故殺人謂不因鬭競而故殺者，謀殺人已殺訖亦同。餘條稱以謀殺、故殺論，及云從謀殺、故殺等殺訖者，皆準此。其部曲、奴婢非。案《賊盗律》，殺一家非死罪三人，注云，部曲、奴婢者非。其故殺妾及舊部曲奴婢經放爲良，本條雖罪不至死，亦同故殺之例。反逆緣坐者，謂緣謀反及大逆人得流罪以上者。

注云，本應緣坐，老疾免者亦同。議曰：謂緣坐之中有男夫年八十及篤疾，婦人年六十及篤疾，雖免緣坐之罪，身有官品者亦各除名。

問曰：帶官應合緣坐，其身先亡，子孫後犯反逆，亦合除名以否？

答曰：緣坐之法，惟據生存，出養入道，尚不緣坐，既已先死，豈可到遣除名。理務疏犯宣廟上一字廟諱爲疏。通，告身不合追毁。告身雖不合追毁，亦不得以爲蔭。

又云，獄成者，雖會赦猶除名。注云，獄成謂贓狀露驗及尚書省斷訖未奏者。議曰：犯十惡等罪，獄成之後，雖會大赦，猶合除名。獄若未成，即從赦免。注云贓狀露驗者，贓謂所犯之贓，見獲本物，狀謂殺人之類，得狀爲驗，雖在州縣，並名獄成。及尚書省斷訖未奏者，謂刑部覆斷訖，雖未經奏者，亦爲獄成。此是赦後除名，常赦不免之類。

又云，即監臨主守於所監守内犯姦盗略人，若受財而枉法者，亦除名。注云，姦謂犯良人，盗及枉法謂贓一疋者。又云，獄成會赦者，免所居官。議曰：監守内姦謂犯良人，盗及枉法謂贓一疋者。略人者，不和爲略，年十歲以下，雖和亦同略法。律文但稱略人，即不限將爲良賤，獄成者，亦同上法除名。會赦者，免所居官。此是赦後仍免所居之一官，亦爲常赦所不免。

問曰：監守内略人，罪當除名之色。奴婢例非良人之限，若監守内略部曲，亦合除名以否？

答曰：據殺一家非死罪三人，乃入不道，奴婢部曲不同良人之例。强盗若傷財主，部曲即同良人，各以當條見義，亦無一定之理。今略良人及奴婢，并合除名。舉略奴婢是輕，計贓入除名之法，略部曲是重，明知亦合除名。又《鬥訟律》云，毆傷部曲減凡人一等，奴婢又減一等。又令云，轉易部曲事人，聽量酬衣食之直。既許酬衣食之直，必得一疋以上，準贓即同奴婢，論罪又減良人。今準諸條理例除名，故爲合理。

又問：依律，共盗者併贓論，其有共受枉法之贓，合併贓科罪否？

答曰：枉法條中無併贓之語，惟云官人受財，復以所受之財分求餘官，元受者併贓論，餘各依已分法。其有共謀，受者不同元受之例，不合併贓得罪，各依已分爲首從科之。

注云，會降者同免官法。議曰：降既節級減罪，不合悉原，故降除名之科，聽從免官之法。假令降罪悉盡，亦依免官之例。即降後重斷，仍未奏畫，更逢赦降，猶合免所居之官。

又云，其雜犯死罪，即在禁身死，若免死別配及背死逃亡者，並除名。注云，(背)〔皆〕謂本犯合死而獄成者。議曰：其雜犯死罪，謂非上文十惡、故殺人、反逆緣坐、監守内姦盗略人、受財枉法中死罪者。即在禁身死者，謂犯罪合死，在禁身亡。其免死別配者，謂本犯死罪，蒙恩別配流徒之類。及背死逃亡者，謂身犯死罪，背禁逃亡者。此等四色，所犯獄成，並從除名之律，故注云皆謂本犯合死而獄成者。背死逃亡者，即斷死除名，依法奏畫，不待身至。其下文犯流徒獄成逃走，亦準此。

又云，會降者聽從當贖法。議曰：雜犯死罪以下，未奏畫逢降，有官者聽官當，有蔭者依贖法，本法不得蔭贖者亦不在贖限。其會赦者，依令解見任職事。

問曰：上文云，十惡、故殺人、反逆緣坐，會赦猶除名，雜犯死罪等，會降從當贖法，若有別蒙敕放及會慮減罪，得同赦降以否？

答曰：若使普覃恩澤，非涉殊私，雨露平分，自依常典。如有特奉鴻恩，總蒙

原放，非常之斷，人主專之，爵命並合如初，不同赦降之限。其有會慮減罪，計與會降不殊，當免之科，須同降法。慮若全免，還從特放之例。

又問：加役流以下五流，犯者降名配流如法，未知會赦及降，若爲處分？

答曰：會赦猶流，常赦所不免，雖會赦降，仍依前除名配流。其不孝流、反逆緣坐流，雖會赦亦除名。子孫犯過失流，會赦免罪，會降有官者聽依當贖法。其加役流犯非一色，入十惡者，雖會赦降，仍合除名。稱以枉法論、監守內以盜論者，會赦免所居官，會降同免官之法。自餘雜犯，會赦從原，會降依當贖法。凡斷罪之法，應例減者，先減後斷，其五流先不合減者，雖會降後亦不合減科。

準唐天寶七載七月二十八日敕節文，追奪官告，但刑部覆訖，即是獄成，便附簿進畫，注毀官甲。如違限不納，縱會非常之恩，亦不在原免之限。所由官如有寬容，並準法科罪。

準周顯德五年七月七日敕條，其諸道州府若所推刑獄贓狀露驗，及已經本判官斷訖未決者，並爲獄成。

諸犯姦盜略人及受財而不枉法，並謂斷徒以上。若犯流徒獄成逃走，祖父母、父母犯死罪被囚禁而作樂及婚娶者，免官。謂二官並免，爵及降所不至者聽留。

疏：諸犯姦盜略人及受財而不枉法。注云，並謂斷徒以上。議曰：姦盜略人並謂監臨外犯罪。及受財而不枉法者，謂雖即因事受財，於法無曲。並謂斷徒以上者。

又云，若犯流徒獄成逃走。議曰：犯流徒者，謂非疑罪及過失，此外犯流徒者。獄成逃走，謂減訖仍有徒刑，若依令責保參對及合徒不禁亦同。律既不注限日，推勘逃實即坐。

問曰：免所居官之法，依律比徒一年。此條犯徒流逃走，即獲免官之坐。未知免所居官人逃亡，亦入犯徒免官以否？

答曰：免所居官之色，亦有罪不至徒，本罪若其合徒，逃者即當免官之坐，若犯杖罪逃走，便異本犯徒流，以其元是杖刑，不入免官之法。

又云，祖父母、父母犯死罪被囚禁而作樂及婚娶者，免官。議曰：曾高以下祖父母、父母犯死罪，見被囚禁，其子孫若作樂者，自作、遣人作者並同。上條遣人與自作不殊，此條理亦無別。及婚娶者，止據男夫娶妻，不言嫁娶者，明婦人不入此色。自犯姦盜以下，並合免官。

注云，謂二官並免，爵及降所不至者聽留。議曰：二官謂職事官、散官、衛官爲一官，勳官爲一官。此二官並免，三載之後降先品二等敘。爵及降所不至者聽留，爵者王及公侯伯子男，降所不至者，謂二等以外歷任之官是也。若會降有餘罪者，聽從官當減贖法。

□□□□者二官並免，謂職事官、散官、衛官爲一官，勳官爲一官。準格，勳官、散試官不許贖罪，後來一衛內只有職事□□□□□者，亦聞法司更依次取前□□□□□官之數，若祇取職事一□□□□□官相類，更取前任充數，又與律意不同。然則事有相因，須從變例，免差倫理，以葉重輕。臣等參詳，其犯免官者，請依舊取見任及前任，計兩任告身以爲免官定例，其餘並從律敕。

諸府號官稱犯父祖名而冒榮居之，祖父母、父母老疾無侍，委親之官，在父母喪生子及娶妾，兄弟別籍異財，冒哀求仕，若姦監臨內雜户、官户、部曲妻及婢者，免所居官。謂免所居之一官，若兼帶勳官者，免其職事。

疏：諸府號官稱犯父祖名而冒榮居之。議曰：府號者，省臺府寺之類。官稱者，尚書、將軍、卿監之類。假有人父祖名常，不得任太常官，父祖名卿，亦不合任卿職。若有受此任者，是名冒榮居之。選司惟責三代官名，若犯高祖名者非。

又云，祖父母、父母老疾無侍，委親之官。議曰：老謂八十以上，疾謂篤疾。釋曰：篤疾具十二丁中老小疾。並依令合侍。若不侍委親，釋曰：謂委其親而之官者。其有才業灼然，要藉驅使者，令帶官侍，不拘此律。

問曰：親老疾合侍，今求選得官，將親之任，同委親之官以否？又得官之後，親始老疾，不請解侍，複合何罪？

答曰：委親之官，依法有罪，既將之任，理異委親。及先已任官，親後老疾，不請解侍，並科違令之罪。

又云，在父母喪生子及娶妾。議曰：在父母喪生子者，皆謂二十七月內而懷胎者。若父母未亡以前而懷胎，雖於服內而生子者不坐。縱除服以後始生，但計胎月是服內而懷者，依律得罪。其娶妾亦準二十七月內爲限。

又云，兄弟別籍異財，冒哀求仕。議曰：居喪不滿二十七月，兄弟別籍異財，其別籍異財不相須；冒哀求仕，謂父母喪禫制未除，及在心喪內者，並合免所居之一官，並不合計閏。

又云，若姦監臨內雜户、官户、部曲妻及婢者，免所居官。議曰：雜户者，謂前代以來配隸諸司職掌，課役不同百姓。依令，老免、進丁、受田依百姓例，各於本司上下。官户者，亦謂前代以來配隸相生，或有今朝配没，州縣無貫，惟屬

本司。部曲妻者，通娶良人女爲之。及婢者，官私婢亦同。但在監臨之內姦者，強、和並是。從府號官稱以下，犯者並合免所居官。

注云，謂免所居之一官，若兼帶勳官者，免其職事。議曰：謂免所居官者，職事、散官、衛官同階者，總爲一官。若有數官，先追高者。若帶勳官，免其職事。如無職事，即免勳官高者。

注云，即因冒榮遷任者，並追所冒告身。議曰：假有父祖名常，冒任太常之職，秩滿之後，遷任高官，事發論刑，先免所居高品，前得冒榮告身仍須追奪。

諸除名者，官爵悉除，課役從本色。六載之後聽敍，依出身法。若本犯不至免官而特除名者，敍法同免官例。婦人因夫子得邑號，犯除名者，年滿之後，夫子見在有官爵者，聽依式敍。免官者，三載之後降先品二等敍。免所居官及官當者，周年之後降先品一等敍。若本犯不至免所居官及官當而特免官者，敍法同免所居官。其免官者，若有二官，各聽依所降品敍。若勳官降一等者，從上柱國削授柱國，降二等者，削授上護軍之類。即降品卑於武騎尉者，聽從武騎尉敍。即免官、免所居官及官當，斷訖更犯，餘有歷任官者，各依當免法，兼有二官者，先以高者當。仍累降之。所降雖多，各不得過四等。各謂二官各降，不在通計之限。若官盡未敍，更犯流以下罪者，聽以贖論，敍限各從後犯計年。不在課役之限。雖有歷任之官，不得預朝參之例。

疏：諸除名者，官爵悉除，課役從本色。議曰：若犯除名者，謂出身以來官爵悉除。課役從本色者，無蔭同庶人，有蔭從蔭例，故云各從本色。又依令，除名未敍人免役輸庸，並不在雜徭及點防之限。

又云，六載之後聽敍，依出身法。議曰：稱六載聽敍者，年之與載，異代別名，假有元年犯罪，至六年之後，七年正月始有敍法，其間雖有閏月，但據載言之，不以稱年要以三百六十日爲限。一依出身法，犯除名人年滿之後敍法，依《選舉令》，三品以上奏聞聽敕，正四品於從七品下敍，從四品於正八品上敍，正五品於正八品下敍，從五品於從八品上敍，六品、七品於從九品上敍，八品、九品並於從九品下敍。若有出身品高於此法者，聽從高。出身謂藉蔭及秀才、明經之類。準此令文，出身高於常敍，自依出身法，出身卑於常敍，自依常敍，故云出身品高者聽從高。又《軍防令》云，勳官犯除名，限滿應敍者，二品於驍騎尉敍，三品於飛騎尉敍，四品於雲騎尉敍，五品以下於武騎尉敍。

又云，若本犯不至免官而特除名者，敍法同免官例。

議曰：本犯不至免官者，情在可責而特除名，矜其所犯先輕，故許同免官之例收敍。

問曰：本犯雖非免官，當徒用官並盡，依律當徒用官盡者，敍限同免官。未知當徒用官不盡，今被特責除名，敍法亦同免官以否？

答曰：凡稱除名、官當，不論本犯輕重，從例除免，不計徒年。罪不至免官而特除名者，止論正犯免官之法，當徒官盡不在其中。

注云，婦人因夫子得邑號犯除名者，年滿之後，夫子見在有官爵者，聽依式敍。議曰：婦人因夫子而得邑號曰夫人、郡君、縣君、鄉君等，其身犯罪而得除名，年滿敍日，計夫子見在有官爵，仍合授夫人、郡、縣、鄉君者，並依前授，不降其品。若夫子被降官者，並依降授法。如夫子進官者，聽依高敍。其婦人敍法，令備明文，爲因夫子官爵，故不依降減之例。

問曰：婦人不因夫子別加邑號，犯除名者，合敍以否？

答曰：律云，不因夫子別加邑號者，同封爵之例。爵無常敍之法，除名不合更敍。

又云，免官者，三載之後降先品二等敍。議曰：稱載者，理與六載義同，亦止取三載之後，入四年聽敍。降先品二等，正四品以下一階爲一等，從三品以上及勳官正從各爲一等。假有正四品上免官，三載之後得從四品上敍，上柱國免官，三載之後從上護軍敍，是爲三載之後降先品二等敍。

又云，免所居官及官當者，周年之後降先品一等敍。議曰：免所居官及官當，罪又輕，故至周年聽敍。稱周者，匝四時曰周，從敕出解官日至來年，滿三百六十日也。稱年者，以三百六十日，稱載者，取其三載六載之後，不計日月。

又云，若本犯不至免所居官及官當而特免官者，敍法同免所居官。議曰：本犯不至免所居官者，謂非府號官稱犯父祖名以下等罪。本犯不至官當者，謂九品以上犯私罪不至一年徒，公罪不至二年徒，五品以上私罪不至二年徒，公罪不至三年徒。特敕免官者，敍法一同免所居官，周年降先品一等敍，故云敍法同免所居官。

又云，其免官者，若有二官，各聽依所降品敍。注云，若勳官降一等者，從上柱國削授柱國，降二等者，削授上護軍之類。即降品卑於武騎尉者，聽從武騎尉敍。議曰：二官謂職事等帶勳官，前已釋訖。若犯免官，職事、勳官並免。假從正六品上職事免官，降至從六品上敍，又帶上柱國亦免，從上護軍敍，此是各聽依所降品敍。故注云，若勳官降一等者，從上柱國削授柱國，降二等者削授上護軍之類。即降品卑於武騎尉者，聽從武騎尉敍。

又云，即免官、免所居官及官當，斷訖更犯，餘有歷任官者，各依當免法。議曰：假有人犯免官及免所居官，或以官當徒，各用一官二官當免訖，更犯徒流，或犯免官、免所居官、官當，餘有歷任之官告身在者，各依上法當免。未斷更

犯，通以降所不至者當之。

注云，兼有二官者，先以高者當。議曰：此既重犯之人，明非見任職事，若有勳官、職事二官，先以高者當之。假有前任六品職事及五品勳官，先以勳官當。若當罪不盡，亦以次高者當，不限勳官、職事。

又云，仍累降之。所降雖多，各不得過四等。議曰：假有前犯免官，已降二等，又犯免官或當徒官盡，亦降二等，故云仍累降之。即雖斷訖更犯，經三度以上，敍日止依此律，再降四等法。其免所居官及當徒用官不盡，斷訖更犯，後敍各降一等，（及）〔乃〕至四度重犯，總降四等，後犯雖多，止以四等爲限。或頻犯免官訖，又再犯免所居官者，亦各計所犯，降四等敍之。故云所降雖多，各不得過四等。

注云，各謂二官各降，不在通計之限。議曰：職事、散官、衛官爲一官，所降不得過四等。勳官爲一官，所降亦不得過四等。此二官犯者，各降四等爲法，不在通計之限。

又云，若官盡未敍，更犯流以下罪者，聽以贖論。議曰：謂用官當免並盡，未到敍日，更犯流罪以下者，聽以贖論。以其年限未充，必有敍法，故免決配，聽依贖論。本犯不合贖者，亦不得贖。

問曰：此條内有毆告大功尊長、小功尊屬者，合以贖論否？

答曰：上條毆告大功尊長、小功尊屬，不得以蔭論。今此自身官盡，聽以贖論，即非用蔭之色，聽同贖法。

注云，敍限各從後犯計年。議曰：犯免官及免所居官未敍，更犯免官及免所居官、官當者，各依後犯計年聽敍。官盡更犯，聽依贖法。若犯當免官，更三載之後聽敍。免所居官者，更周年之後聽敍。其犯徒流不合贖而真配者，流則依令六載，徒則役滿敍之。雖役滿仍在免官限内者，依免官敍例。

又云，不在課役之限。雖有歷任之官，不得預朝參之例。議曰：不在課役者，謂有敍限，故免其課役。雖有歷任之官者，假有一品職事犯當免官，仍有歷任二品以下官，未敍之間，不得預朝參之例。其免所居官及以官當徒，限内未敍者，亦準此。

諸以官當徒者，罪輕不盡其官，留官收贖。官少不盡其罪，餘罪收贖。其犯除免者，罪雖輕，從例除、免。罪若重，仍依當贖法。其除爵者，雖有餘罪不贖。

疏：諸以官當徒者，罪輕不盡其官，留官收贖。官少不盡其罪，餘罪收贖。議曰：假有五品以上官犯私坐徒二年，例減一等，即是罪輕不盡其官，留官收贖。官少不盡其罪者，假有八品官犯私坐二年半徒，以官當徒一年，餘罪半年收贖之類。

又云，其犯除免者，罪雖輕，從例除免。議曰：假有五品以上職事及帶勳官，於監臨内盜絹一匹，本坐合杖八十，仍須準例除名。或受財六匹一尺，而不枉法，本坐徒一年半，亦準例免官。或姦監臨内婢，合杖九十，亦準例免所居官。

又云，罪若重，仍依當贖法。議曰：凡是除名、免官，本罪雖輕，從例除免，罪重者，各準所犯，準當流、徒及贖法。假有職事正七品上，復有歷任從七品下，犯除名流，不合例減者，以流比徒四年，以正七品上一官當徒一年，又以從七品下一官當徒一年，更無歷任及勳官，即徵銅四十斤贖二年徒坐，仍準例除名。若罪當免官者，亦準此當贖法，仍準例免官。此名罪若重，仍依當贖法。

又云，其除爵者，雖有餘罪不贖。議曰：爵者，既得傳授子孫，所以義同帶礪。今並除削，在責已深，爲其國除，故有殘罪不贖。

準唐上□□□月三日敕，自今以後，其流貶人等□□□□者，不得別有任用及爲奏官。

（宋）竇儀等《宋刑統》卷五《名例律·同職犯罪》 諸同職犯公坐者，長官爲一等，通判官爲一等，判官爲一等，主典爲一等，各以所由爲首。若通判官以上異判有失者，止坐異判以上之官。其闕無所承之官，亦依此四等官爲法。即無四等官者，止準見官爲罪。若同職有私連坐之官，不知情者以失論。即餘官及上官案省不覺者，各遞減一等。下官不覺者，又遞減一等，亦各以所由爲首。減謂首減首，從減從。檢句之官，同下從之罪。應奏之事有失勘讀，及省審之官不駮正者，減下從一等。若辭狀隱伏，無以驗知者勿論。

疏：諸同職犯公坐者，長官爲一等，通判官爲一等，判官爲一等，主典爲一等，各以所由爲首。議曰：同職者，謂連署之官。公坐謂無私曲。假如大理寺斷事有違，即大卿是長官，少卿及正是通判官，丞是判官，府史是主典，是爲四等。各以所由爲首者，若主典檢請有失，即以典爲首，丞爲第二從，少卿二正爲第三從，大卿爲第四從，即主簿、録事亦爲第四從。若由丞判斷有失，以丞爲首，少卿二正爲第二從，大卿爲第三從，典爲第四從，主簿、録事當同第四從。

注云，若通判官以上異判有失者，止坐異判以上之官。議曰：假如一正異丞所判有失，又有一正復同判，即二正同爲首罪。若一正先依丞判，一正始作異同，異同者自爲首科，同丞者便即無罪。假如丞斷合理，一正異斷有乖，後正直云依判，即同前正之罪。若云依丞判者，後正無辜。二卿異同亦各準此。其通判官以上，異

同失理應連坐者，準長官及檢句官得罪，以下並不坐。通判官以下有失，或中閒一是一非，但長官判從正法，餘者悉皆免罪。內外諸司皆準此。

問曰：假有判官處斷乖失，通判官異同得理，長官不依通判官斷，還同判官，各有何罪？

答曰：案若申覆唯通判官一人合理，卽上下俱得免科。如其當處斷訖，施行卽乖失者，依法得罪，唯通判長官合理，餘悉不論。

又云，其闕無所承之官，亦依此四等官爲法。卽無四等官者，止準見官爲罪。議曰：四等之內，但有闕官，雖一人處斷乖失，亦作四等爲坐。假如大理卿或丞正一人見在，判有乖失，判者自當首罪，句官仍同四等下從。卽無四等官者，爲關戍之類，無通判官，關丞卽至關令并主典，唯有三等。假主典檢請有失，丞爲第二從，令爲第三從，録事同爲第三從。下州縣市令唯與典二人，此等止準見官二等之罪。

又云，若同職有私，連坐之官不知情者，以失論。議曰：同職謂連判之官，及典有私；故違正理，餘官連判不知挾私情者，以失論。假有人犯徒一年，判官曲理斷免，餘官不覺，自依失出之法。有私者爲首，不覺者爲從，仍爲四等科之，失出減五等，失入減三等之類。自餘與奪之事，失者減三等。及云以失論之類，各從本條。

問曰：有主典增減文案，詐欺取贓五匹，判官不覺，依增減狀判訖，未知判官於詐欺贓失減，爲復於增減官文書失減？

答曰：但依律得罪，皆從所判爲坐。取贓事在案外，增減文案見行，止從增減科之，不可從贓而科。

問曰：判官、主典有私，故出流罪，通判及長官不知情，若爲科首從之罪？

答曰：假令主典爲首，還合流坐。判官爲從，合徒三年。不知情者，從公坐失法。公坐既有四等，通判官第三從論，減典二等，又失出減五等，從流減七等，合杖九十。長官又減一等，合杖八十。其有放而還獲及本應例減，仍各依本法。

又云，卽餘官及上官案省不覺者，各遞減一等。下官不覺者，又遞減一等，亦各以所由爲首。注云，減謂首減首，從減從。議曰：餘官者，謂比州比縣，釋曰：比猶近也。及省內比司，并諸府寺監不相管隸者。上官者，在京諸司非省臺，及諸州向尚書省，諸縣向州之類。如州上文書向尚書省有錯失，省司不覺者，省司所由之首，減州所由首一等，同職遞爲四等法首從減之。其餘官不覺亦準此。若省司下符向州錯失，州司不覺，州司所由首減省司所由首二等，同職遞爲四等首從法減之。

又云，檢句之官同下從之罪。議曰：檢者，謂發辰檢稽失，諸司録事之類。句者，署名句訖，録事、參軍之類，皆同下從。若有四等官，同四等從，有三等官，同三等從，有二等官，同二等從。其無檢句之官者，雖判官發辰句稽，若有乖失，自於判處得罪，不入句檢之坐。

又云，應奏之事有失勘讀，及省審之官不駁正者，減下從一等。議曰：尚書省應奏之事，須緣門下者，以狀牒門下省，準式依令，先門下録事勘，給事中讀，黄門侍郎、省侍中審，有乖失者，依法駁正，卻牒省司。若實有乖失不駁正者，録事以上減省下從一等。既無遞減之文，卽侍中以下同減一等。律以既減下從，得罪最輕，若更遞減，餘多無坐。駁正之法，唯在録事以上，故所掌主典，律無罪名。

又云，若辭狀隱伏，無以驗知者勿論。議曰：辭狀隱伏者，謂脱錯文字，增減事情，辭狀隱微，案覆難覺者，故云自餘官以下案省不覺，並得免罪，故云勿論。

（宋）李燾《續資治通鑑長編》宋太祖乾德四年三月　大理正高繼申，繼申未見。言准《刑統》，三品五品七品以上官，親屬犯罪，各用蔭減贖。伏恐年代已深，子孫不肖，爲先代曾有官品，不畏憲章。欲請自今犯罪人用祖父親屬蔭減贖者，卽須祖父曾任皇朝官，據品秩得使；前代官，卽須有功及國，有惠及民，爲時所推，官及三品以上者方可。從之。

（宋）孫奭《律音義・職制第三》　設官置職必以法度守之，晋本名違制，隋更曰職制。員數，色具切，後同。署，常恕切。置，陟吏切。從坐，才用切，下才卧切。德行，下孟切。得三，本或作得三，分分行字也。考校，古孝切。選官，息戀切。稱職，尺證切。負殿，音附下，都甸切，據令私坐一斤爲一負，公坐二斤爲一負，各十負爲一殿，又《漢書音義》下功曰殿。果毅，牛既切。不上，時掌切，注同。上下，胡駕切。因假，古訝切。邀要，如字。從駕，才用切，下同。豫，餘慮切。牲牢，音生。散齊，蘇旱切，下側皆切，下同。遞，時計切。祭享，許兩切，凡天曰祀，地曰祭，宗法廟曰享。弔喪，息郎切，下同。朝會，直遥切。諠囂，況爰切，下許嬌切。合和，音閤下，如字，調也。料治，音聊下，直之切，《爾雅》郭璞云，啖食治澤之名，唐避高宗諱之字爲理。簡，作揀者非，下同。穢惡，爲路切，又如字，下同。護，胡誤切。調習，徒彫切。駕馭，音御。不完，音桓。私借，子亦切，下及借同。若借，子夜切。漏泄，思列切。討襲，習音。蕃，方元切。使者，色吏切，下並同。傳，直專切，下同。卽轉，陟究切，下轉受同。讖，楚禁切，下同。曜，戈照切。緩，胡管切。騰，徒登切。被制，平義切。上書，時掌切，下及上尚並同。卽爲，如字。偏，音篇，作偏者訛。禹與雨並於知切。邱與區，去求切，下豈俱切。脱剩，佗活切，下時證切。案省，悉井切。出使，所

吏切，下同。而聽，佗定切，下聽裁同。及參七南。禫，徒感切，除服祭名。即爲，於僞切，下爲人爲請並同。齎，子兮切。長官，丁丈切，下長吏同。屬請，之玉切，作囑者俗。巳分，扶問切，下同。送遺，惟季切，後遺人同。經過，古禾切。糾彈，居助切，下徒丹切。諸貣，吐得切，又音待，下至卷末皆同。即借，資昔切，下至卷末皆同。未上，時掌切，後上表同。斷契，丁亂切。饋，巨愧切，下同。市易，音亦。縣欠，胡蠲切，本作懸，從俗。未離，力智切。挾，音協。乞牽，所百切。

（宋）李燾《續資治通鑑長編》宋太宗太平興國三年六月　上注意治本，深懲贓吏。己巳，詔自太平興國元年十月乙卯以後，京朝、幕職、州縣官犯贓除名配諸州者，縱逢恩赦，所在不得放還，已放還者，有司不得叙用。

（宋）李燾《續資治通鑑長編》宋太宗太平興國五年閏三月　己巳，詔品官公罪，徒以上去官，事發，所在鞫之以聞。

（宋）佚名《宋大詔令集》卷二〇〇《政事・刑法・文武常參官保舉人犯私罪減一等公罪減二等詔太平興國七年六月甲戌》　古者設進善之旌，下求材之詔，並命有位，各舉所知，蓋慮有被褐懷玉而不聞，拔茅連茹之靡及也。然而冒進者或出於僥幸，舉能者或因於請託，一言必召，倘爲其所窺，百里之賢，亦恐乎難致。爰徵舊典，式建新規。昔士伯之受田，蓋不避於賞。何忌之辭酒，恐必任其罰。故事彰灼，可舉而行。自今文武常參官所保舉人，犯私罪無輕重減一等論，公罪即減二等論，仍著於令。

（宋）李燾《續資治通鑑長編》宋太宗太平興國八年三月　丁巳朔，有司言：京諸司流外人選滿並授官。勒留及有歸司者，準律，品官任流外及雜任於本司，杖罪以下依決罰例，徒罪以上依當贖法。今諸司使副、三班使臣犯罪，比同品官具決罰、當贖取裁，而諸司職掌即依例當贖，非便。望自今流內品官任流外職事，準律文處分，諸司授勒留官及歸司人，犯徒、流等罪，公罪許當贖，私罪以決罰論。從之。

《宋史》卷六《真宗本紀》〔咸平二年春正月〕丙子，定諸司使以下至三班使臣有罪比品聽贖。

（宋）李燾《續資治通鑑長編》宋真宗景德四年八月　兵部員外郎邵曄嘗保薦光祿寺丞李隨遷著作佐郎，坐贓除名爲民，大理寺以曄連坐當奪一官，審刑院駁之云：當用正月德音減降。大理寺以隨事發雖在德音前，而官典受賕不在恩宥之限。審刑院言：是春刑部員外郎鄭文寶坐舉張舜舉當徒大理，引德音降從杖，曄當如其例。詔刑部尚書温仲舒等議其事，具言曄洎文寶皆不當減。知審刑院朱巽屢於上前自訴，上以語輔臣王旦等，旦曰：曄因隨得罪，隨不該減削，曄亦不在原降之例。今朝廷舉官者甚衆，若遇赦悉免，則是永無連坐之法矣。上以曄近自嶺表還，故從輕典，止詔停任，法官皆坐罰。

（宋）李燾《續資治通鑑長編》宋真宗景德四年九月　戊子，詔官吏因公事受賕，許爲曲法，及決遣之際，復用常科規避枉法之罪，自今證佐明白者以枉法論，至死者加役流。從知審刑院朱巽之請也。

（宋）李燾《續資治通鑑長編》宋真宗大中祥符元年三月　審刑院言，准端拱二年詔，軍事判官、節度推巡並依七品例，犯罪減等；正言、監察，皆臺省清資，而品第八，律不該減，望自今同雜五品例。從之。

（宋）李燾《續資治通鑑長編》宋真宗大中祥符六年正月　丙午，詔：使臣犯入己贓徒已上罪叙用已至本職降兩資者止；犯入己贓杖罪及元斷徒以上，該恩特停官者，叙用至元職降一等止。縱逢赦命，不得叙進。又詔援赦理選人，如曾犯贓及酷刑害命者，令流內銓責其再犯當永不叙用知委狀。先是，太宗時貶黜再用人，皆責改過狀，以示儆戒，於是申明之。

《宋史》卷二〇〇《刑法志》〔天聖三年〕時近臣有罪，多不下吏劾實，不付有司議法。諫官王贄言：情有輕重，理分故失，而一切出於聖斷，前後差異，有傷政體，刑法之官安所用哉？請自今悉付有司正以法。詔可。近臣間有干請，輒爲言官所斥。諫官陳升之嘗言：有司斷獄，或事連權幸，多以中旨釋之。請有緣中旨得釋者，劾其干請之罪，以違制論。許之。仁宗於賞罰無所私，尤不以貴近廢法。屢戒有司：被內降者，執奏，毋輒行。未嘗屈法以自徇也。

（宋）李燾《續資治通鑑長編》宋仁宗景祐四年十月　又詔三班差使、殿侍犯公罪者，聽以贖論。

（宋）李燾《續資治通鑑長編》宋仁宗慶曆六年八月　詔臣僚子孫恃廕無賴，嘗被真刑者，如再犯私罪，更毋得以贖論。時邵武軍言故祕書監

致仕龔曙之孫，屢犯屠牛法，當以廕免。上特命加真刑，而更著此條。

（宋）李燾《續資治通鑑長編》宋仁宗皇祐四年九月　詔文武官磨勘，私罪杖以下增一年，徒以上二年，雖犯杖而情重者奏聽裁贓罪杖以下增二年，徒以上三年。

（宋）李燾《續資治通鑑長編》宋仁宗至和元年八月　丁酉，詔前代帝王後，嘗仕本朝爲八品以下官，其祖父母、父母、妻子犯流以下罪聽贖，未仕而嘗受朝廷賜者，身所犯非兇惡亦聽以贖論。

（清）徐乾學《資治通鑑後編》宋仁宗至和二年夏四月　丙申，上封者言：有廕子孫犯杖以上私罪，情理重者，令州縣批所犯於用廕官誥之後；若三犯，奏聽裁。從之。

（宋）李燾《續資治通鑑長編》宋仁宗嘉祐四年十一月　乙未，天章閣待制兼侍講錢象先盧士宗、右司諫吳及定奪該恩叙雪人。自後每降赦，即命官定奪，事蓋始此。

（宋）李燾《續資治通鑑長編》宋仁宗嘉祐五年二月　庚辰，詔入內省內臣曾犯贓私罪勒停，雖經赦，毋得復隸入內省。

（宋）李燾《續資治通鑑長編》宋仁宗嘉祐五年冬十月　丙辰朔，詔：自今因恩奏舉改官及陞差遣，其所舉人各犯枉法自盜而會赦不原者，舉主亦毋得以赦論。

（宋）李燾《續資治通鑑長編》宋仁宗嘉祐六年三月　庚戌，詔大理寺：命官有不當書罪而摭拾文致者，其本處官吏並鞫罪以聞。從殿中侍御史裏行陳洙所奏也。

（宋）李燾《續資治通鑑長編》宋神宗熙寧七年二月　乙酉，詔：五品以上官之婢有子者，坐罪依律。五品以上妾聽贖，犯主情重者依常法。

（宋）李燾《續資治通鑑長編》宋神宗熙寧八年二月　中書言：堂後官王衮等編定命官四等過犯，乞付有司，更不置詳定命官過犯及看詳編配罪人所兩局，遇赦令刑部比例定奪，上中書施行。從之。

（宋）李燾《續資治通鑑長編》宋神宗熙寧八年十月　詔：今月壬寅赦前合叙用人，依該非次赦恩與叙京朝官、大小使臣。非因贓降監當者，後無贓私罪，到任及三年，牽復差遣。貶謫官未量移者，與量移。使臣未得與差遣者，聽於所屬投狀。軍員犯罪降配，委所屬具元犯以聞；軍員送軍頭司，未得與差遣者，後無過犯，却與差遣；應降配充殿侍及配衙前，並刺面；不刺面配本城牢城。編管羈管人等，在京委所屬官司，諸路委轉運使副使判官、提點刑獄以分定州軍。近經南郊赦，未該停放人並減三年，理爲簡放年限。南郊赦後，至今月壬寅赦前編配人，量元犯輕重簡放。命官、使臣，今刑部以經南郊人，各具已經赦數，並壬寅赦與理一赦，申中書、樞密院移放銜替。命官係事重者，減作稍重；稍重者減作輕；輕者與差遣。使臣比類施行。

（宋）李燾《續資治通鑑長編》宋神宗元豐五年二月　詔官品卑而任職事官品高，若議請減，隔一等者，聽從高品；隔二品以上，應議者請，應請者減。

（宋）李燾《續資治通鑑長編》宋神宗元豐六年四月　御史翟思言：法有漏泄察事者杖一百。臺分言、察，正欲使察官案法而治其稽違，而法所不及，理容可議，則責有在於言官。蓋言、察理勢相須，宜不與別司同體，況朝夕同見丞雜議事，豈有所不聞？則事勢之實，果亦不能自異。臣欲乞除見推司事雖言事官不許與聞外，其餘言事官通知，不爲漏泄。從之。

（宋）李燾《續資治通鑑長編》宋神宗元豐六年十月　詔：宰臣、執政官因罪降黜，守本官以下，應緣前兩府恩例，止依本官；候有遷除職名，即依舊例。

（宋）留正《中興兩朝聖政》紹興六年十一月　丙戌，起居舍人吕本中兼權中書舍人，時有監階州倉草場苗亘者，以贓獲罪，黥之。本中奏曰：近歲官吏犯贓，多抵黥罪，且既名士人行法之際，宜有所避。況四方之遠，或有枉濫，何由盡知。若遽施此刑，異時察其非辜，雖欲深悔，亦無所及矣。又此刑既用，臣恐後世不幸，奸臣弄權，必且借之以及無罪，使國家此刑不絕。則紹聖以來，憸人盜柄，縉紳遭此，殆無遺類矣。願酌處常罰，以稱陛下仁厚之意。疏再上，從之。

（清）畢沅《續資治通鑑》宋高宗紹興三十二年十一月　乙卯，臣僚言：祖宗時，贓罪削籍配流者，雖會赦不許放還叙用。近覩登極赦，命官除名追官資及勒停並永不收叙人，並與叙元官，甚失祖宗痛繩贓吏之意。請自今，官吏嘗經勘斷犯入己贓，並不許收叙，如有已放行收叙者，

即爲改正。從之。

（清）畢沅《續資治通鑑》宋孝宗乾道五年十二月　丙午，金制：職官犯公罪，在京已承伏者，雖去官猶論。

（宋）王明清《揮麈録後録》卷一　明清嘗謂本朝法令寬明，臣下所犯，輕重有等，未嘗妄加誅戮。恭聞太祖有約，藏之太廟，誓不殺大臣、言官，違者不祥。此誠前代不可跂及。雖盧多遜、丁謂罪大如此，僅止流竄，亦復北歸。自晉公之後數十年，蔡持正始以吳處厚訐其詩有譏訕語貶新州。又數年，章子厚黨論乃興，一時賢者，皆投炎荒，而子厚迄不能自免，爰其再啓此門。元祐間治持正事，一二三公不無千慮之一失。使如前代，則奸臣藉口，當喋血無窮也。明清嘗以此説語朱三十五丈希真，大以爲然。太祖誓言，得之曹勛，云從徽宗在燕山，面喻云爾。勛南歸，奏知思陵。

（宋）謝深甫等《慶元條法事類》卷六《職制門·權攝差委》　諸知州、通判、縣令闕及添差特差官有故，或任滿輒差寄居待闕官權攝并受差者，並以違制論。因而收受供給者，坐贓論。即繁難縣令闕應差權官，而輒差在本貫，及有產業并見寄居，若舊曾寄居處者，元差并受差官，罪亦如之。以上差權而犯人已枉法，自盜贓所差官與同罪。首先按舉者，非。

【略】

諸監司知州，輒將帶使臣之任，校、副尉、下班、祗應同。謂非朝省注授者。及到任旋行收留差充指使，或權攝場務之類，所差官及受差者，各杖一百。若受差之人請過請給，贓重者，坐贓論。

諸差罷任待闕官權攝職任，謂於法許差者。應批書到罷而不批者，杖一百。所差官替罷，未經批書而離任者，罪亦如之。

諸因進納及陣亡換給補授不理選限，將仕郎及助教輒差權攝職任。虛給文帖稱呼者，同。及被差者，各以違制論。即不應參選人，請託虛出文帖稱呼，及爲出給者，罪亦如之。

諸不釐務宗室不釐務散官同。而輒差權職任，或幹辦公事及不應差罷任待闕官而輒差者，徒二年。受差者，減三等。皆追請給。

諸倉場庫務已有正官，而巧作名色，謂如措置提點，同提點之類。差權攝及被差者，各以違制論，仍令監司按劾。諸司互察，其請給坐贓論，委御史臺覺察。

諸降授監當官，輒差別權職任者，杖一百。不妨本職者非。受差者，減一等。即歸明人任官輒差出，杖八十。

諸監司緣事，輒差置官屬，謂如催促綱運，剗刷錢帛，指教造酒，支收草料之類，於屬官外增差非見任官者。徒二年。受差者，罪亦如之。仍追請給。

諸緣公使庫職事，輒委縣令佐主管者，徒一年。

諸監司每歲詣所部點檢、催促、結絶見禁罪人，於令不應委官而輒委者，若被委官於所詣處及決獄未畢，緣路赴宴會者，各徒二年。

〔廐庫勑〕諸命官兼局若差權他官受公使供給於令有違者，杖一百。

諸場務監官輒差主管公使庫，及公使庫官輒差充受納糴買官并受差者，各以違制論。

（宋）謝深甫等《慶元條法事類》卷一〇《職制門·同職犯罪》　諸官司失入罪一名，爲首者，當職官勒停，吏人千里編管。第二從，當職官衝替，事理重，吏人五百里編管。第三從當職官衝替，事理稍重，吏人鄰州編管。第四從當職官差替，吏人勒停。二人各遞加一等，謂如第四從依第三從之類。爲首者當職官追一官勒停，吏人二千里編管。三人，又遞加一等，爲首者當職官追兩官勒停，吏人配千里。以上雖非一案皆通計。並不以去官赦降原減未決者，各遞減一等。謂第三從依第四從，第四從三人依二人之類。會赦恩及去官者，入遞減一等。以上本罪仍依律。其去官會恩者，本罪自依原減法。即事涉疑慮，若係强盗及殺人正犯各應配，或中散大夫以上及武官犯者，並奏裁。

（宋）謝深甫等《慶元條法事類》卷一〇《職制門·同職犯罪》　諸法司習學人連書者，犯公罪減本典一等。

（宋）謝深甫等《慶元條法事類》卷一〇《職制門·同職犯罪》　諸主典繫書人同與當職官共犯公罪而當職官特旨降罰者，降一資特旨，差者仍還舊役。差替。衝替者並勒停，勒停者千里編管，官員衝替勒停者，仍永不收敘。以上並謂爲首或與當職官同等坐罪者，其鞫獄檢法提點刑獄司詳覆。大辟不當，主典雖爲從，亦同。本罪雖會恩或已斷放而當職官後有特旨停替，並准此。

（宋）謝深甫等《慶元條法事類》卷一〇《職制門·同職犯罪》　紹興六年九月二十三日尚書省劄子：遇非次赦，或再遇大禮赦，既不以赦

降原減罪，許行原免。所有犯不以去官之罪，亦合原免。本所看詳上件，指揮在法不以赦降原減者，遇非次赦或再遇大禮赦，許行原免。所有犯不以去官之罪，亦合原免。竊慮州軍未盡通曉，引用差誤，今編入隨勑申明照用。

（宋）謝深甫等《慶元條法事類》卷一〇《職制門・吏卒接送》 諸大禮御禮已到，命官身亡，送還人擅自歸或逃亡及部轄職員將校節級并爲首率衆者，各不以大禮赦原減。

（宋）謝深甫等《慶元條法事類》卷一五《選舉門・舉辟》 諸舉官應坐，舉主若被舉人犯罪，後會恩雖不該原減，舉主聽減壹等，再會恩者聽從原減法。其被舉人以特旨及於法不以赦降原減者，舉主自依赦降。

【略】諸舉官不當不知情者爲公罪。

（宋）謝深甫等《慶元條法事類》卷一六《文書門・赦降》 諸命官犯罪事發逃亡未獲者，遇赦不原。大禮御札到後逃亡雖已獲，遇大禮赦，准此。

（宋）謝深甫等《慶元條法事類》卷四八《賦役門・税租帳》 諸公吏犯罪，謂於税租、簿帳，受乞作弊，罪至徒者。不在案問減等之例。雖已經決，亦不通計。

（宋）謝深甫等《慶元條法事類》卷七三《刑獄門・折杖減役》 諸公吏犯罪，謂受財枉法，及故出入人罪，或因差保正長，並於税租、簿帳，受乞作弊，及監臨主守盗貸官物入己，以上各罪，至徒者。不在案問減等之例。雖已經決，亦不通計。

（宋）謝深甫等《慶元條法事類》卷七三《刑獄門・折杖減役》 諸公吏犯罪，合該通計者，官司先行審實。委無情弊，方許依條通計。

（宋）謝深甫等《慶元條法事類》卷七六《當贖門・蔭贖》 紹興三年三月十五日勅應朝廷許便宜從事，實因功勞先次。擬補官之人有犯，依攝諸州助教法。犯贓私罪杖，公罪徒以下，並贖。

紹興九年七月二十日，尚書省批狀：宿州申明，借補官資之人犯罪，依攝諸州助教法。犯贓私罪杖，公罪徒以下，並贖。

（宋）謝深甫等《慶元條法事類》卷七六《當贖門・蔭贖》 諸宗室女謂非應議者之夫、子，若前代帝之後，經本朝録用有官者，祖父母、父母、妻、子孫，及雖不授官，經賜予者之身犯罪，依有蔭人法。

（宋）謝深甫等《慶元條法事類》卷七六《當贖門・總法》 諸爵及勳官，不在議、請、減、贖、當、免之例。

（宋）謝深甫等《慶元條法事類》卷七六《當贖門・追當》 諸未入官人校尉犯罪，依九品官法。應追官者，以所授文書爲一官。已授品官者，各不許爲歷任追當。若自進義校尉轉進武校尉，止以進武校尉爲一官當。具散應當免，而無歷任官者，追所授散官，仍奏裁。

（宋）謝深甫等《慶元條法事類》卷七六《當贖門・追當》 諸除名者，出身補授以來文書皆毁。當免者，計所當免之官毁之。斷後限十日追取批書毁抹，申納尚書刑部。將校應追毁所授文書者，准此。其印紙，亦據所追任數批書、用印、書字給還。

（宋）謝深甫等《慶元條法事類》卷七六《當贖門・蔭贖》 諸八品以上官，子孫之婦犯罪，蔭如其夫。即官品得請者之女使，曾經有子者，聽用蔭如五品妾。犯主情重者非。

（宋）謝深甫等《慶元條法事類》卷七六《當贖門・蔭贖》 諸少府監鑄仰副篆、文官太史局剋擇官、鐘鼓院司辰犯罪，依流外九品官法。應追官者，以所授文書爲一官。已入流外品者，不許爲歷任追當。

（宋）謝深甫等《慶元條法事類》卷七六《當贖門・總法》 諸品官及除免官當未敘者，犯五流，各依律。

（宋）謝深甫等《慶元條法事類》卷七六《當贖門・總法》 諸流外品官，聽以官品除免、官當、減贖。犯公罪徒，未該追官者，停流外任。

（宋）謝深甫等《慶元條法事類》卷七六《當贖門・蔭贖》 諸將校犯階級，及臨寇敵有犯，或監守内姦、盗、略人、受財入己，若放債者，不得以蔭論。御前忠佐准此。即兵級刺面人犯罪，人力女使犯主，人力姦主同。殿侍下班祗應同公人並無禄監臨主司，於卒職及監守内犯贓，或職事有犯若違慢者，准此。

（宋）謝深甫等《慶元條法事類》卷七六《當贖門・蔭贖》 諸攝州助教，犯公罪流，私罪徒，追毁補授文書。勑授者，批毁申納准除免法。

（宋）謝深甫等《慶元條法事類》卷七六《當贖門・總法》 諸以官品定罪者，令四品依律三品，六品依五品，八品依七品。謂議、請、減及官

當，若相毆之類。

（宋）謝深甫等《慶元條法事類》卷七六《當贖門・總法》　諸武翼大夫、翰林、良醫以上帶遥郡者，請、減、贖、當、免並同正任。

（宋）謝深甫等《慶元條法事類》卷七六《當贖門・追當》　諸應以官當者，追見任次歷任高官。免官者，免見任並歷任内一高官。免所居官者，止免見任。其帶職者，以所帶職别爲一官。謂任見學士、待制、修撰、直閣帶御器械、閤門舍人、宣贊舍人、閤門祇侯入内、内侍兩省都知、副都知、押班。或以官，或以職，奏裁。

《宋史》卷一四《寧宗本紀》　〔嘉定〕十六年春正月戊申，詔命官犯贓毋免約法。

《金史》卷四五《刑志》　興定元年八月，上謂宰臣曰：律有八議，今言者或謂應議之人即當減等，何如？宰臣對曰：凡議者先條所坐及應議之狀以請，必議定然後奏裁也。上然之，曰：若不論輕重而輒減之，則貴戚皆將恃此以虐民，民何以堪。

史金波等譯《天盛改舊新定律令》卷二《八議門》　八議者，帝之族、姻親及内外臣民中待命人有大功□□□是賓客等，議語内與九親和，外與□□□順，露雨恩者，所行雖爲公平□，然親及有功者等不累不邊若□□□□□失禮□□□及不論官等，不入此八減中，依法判斷，此外犯諸種罪時，對與帝同族節親減法以下另示以外，自帝之姻親至八等賓客一様，犯死罪時，奏議實行。自長期徒刑以下依次當減一等。

一者議親，爲帝之族、姻親。其中族親服一年喪服以上者，應如何減，當奏告實行。此外，當度節遠近順序減罪之法，明示如下：

帝之族親：服五個月至九個月喪服，當減四等，

服三個月喪服當減三等，

未入服當減二等。

帝之姻親：

皇太后之親：

先皇后及皇太后等之曾祖父之親兄弟姐妹，

皇太后祖父之一節伯叔、子、兄弟、姐妹。

皇太后父之二節伯叔、子、兄弟、姐妹。

皇太后身之三節伯叔、子兄弟、姐妹。

皇后之親：

皇后祖父之親兄弟、姐妹，

皇后父之二節伯叔、子、兄弟、姐妹，

皇后身之三節伯叔、子、兄弟、姐妹。

二者故人

長久待命，已測威力之謂。

三者智人

君子聰慧，有大德行，出言行爲，堪以取則之謂。

四者善能

藝能殊勝，能習兵馬，可判斷事，輔佐帝道，能教授有禮之謂。

五者有功

有大功勳，能斬將奪旗，能拓邊地，支撑國難，以及率軍一齊來投誠之謂。

六者尊上

有及御印以上官之謂。

七者勇勤

臣僚中行大勇勤，勤持官事，晝夜不忘，數度成功，及數次派出使他國，能勝職事之謂。

八者賓客

鄰國王、臣一齊來本國投誠，日過後子孫在之謂。昔周武王令夏帝之後裔在杞地爲諸侯，令湯帝之後裔爲宋地諸侯，作爲國賓等之謂。

史金波等譯《天盛改舊新定律令》卷二《罪情與官品當門》　一諸有官人及其人之子、兄弟，另僧人、道士中賜穿黄、黑、緋、紫等人犯罪時，除十惡及雜罪中不論官者以外，犯各種雜罪時與官品當，並按應減數減罪，其法按以下所定實行，勿施一種黥刑。

一等有官人犯雜罪時，在庶人獲杖罪、勞役、死罪上衡量，與官品當，判斷罪法：

庶人，有雜官等獲杖罪時，及品暗監官以上至拒邪官，一律七八杖交二緡錢，十杖交五緡錢，十三杖交七緡錢。

庶人獲十三杖，徒三個月時：

雜官十乘以上至勝監當受十三杖，應交十緡錢。

暗監以上至拒邪罰馬一。

庶人獲十三杖、徒六個月時：

十乘官至勝監官，十三杖，罰馬一。

暗監官至柱趣官罰馬二。

語抵官至拒邪官罰馬一。

庶人獲十三杖，徒一年時：

十乘官至勝監官降一官，受十三杖。

暗監官至柱趣官降一官，罰馬一。

語抵官至拒邪官罰馬二。

庶人獲十三杖，徒二年時：

十乘官至勝監官受十三杖，降二官。

暗監官至柱趣官，降二官，罰馬一。

語抵官至眞舍官降一官，罰馬二。

調伏官至拒邪官降一官，罰馬一。

庶人獲十五杖，徒三年時：

十乘官至勝監官當革除官、職軍職勿革，受十三杖，徒三個月，日滿依舊當往。

暗監官至戲監官，降五官，罰三馬。

頭主官至柱趣官降四官，罰馬二。

語抵官至眞舍官降三官，罰馬二。

調伏官至拒邪官降二官，罰馬二。

庶人獲十五杖，徒四年時：

十乘官至勝監官，官、職、軍皆當革除，徒六個月，日滿依舊當往。

暗監官至戲監官，官分兩半降一分，革職，勿革軍職，徒三個月，日滿依舊當往。

頭主官至柱趣官，降七官，罰馬四。

語抵官自眞舍官，降五官，罰馬二。

調伏官至拒邪官，降三官，罰馬二。

庶人獲十七杖，徒五年時：

十乘官至勝監官，官、職、軍皆革除，徒一年，日滿依舊往。

暗監官至戲監官，官、職、軍皆革除，徒六個月，日滿依舊往。

頭主官至柱趣官，官分兩半，降一分，革職，勿革軍職，徒三個月，日滿依舊往。

語抵官至眞舍官，降七官，罰馬四。

調伏官至拒邪官，降五官，罰馬三。

庶人獲十七杖，徒六年時：

十乘官至勝監官，官、職、軍皆革除，徒二年，日滿依舊往。

暗監官至戲監官，官、職、軍皆革除，徒一年，日滿依舊往。

頭主官至柱趣官，官、職革除，軍職勿革，徒六個月，日滿當依舊往。

語抵官至眞舍官降十官，罰馬四。

調伏官至拒邪官降七官，罰馬三。

庶人獲二十杖，徒八年長期時：

十乘官至勝監官，官、職、軍皆革除，徒三年，日滿依舊往。

暗監官至戲監官，官、職、軍皆革除，徒二年，日滿依舊往。

頭主官至柱趣官，官、職、軍皆革除，徒一年，日滿依舊往。

語抵官至眞舍官，革職，勿革軍職，降十五官，罰馬七。

調伏官至拒邪官，勿革軍職，降十官，罰馬五。

庶人獲二十杖，徒十年時：

十乘官至勝監官，官、職、軍皆革除，徒四年，日滿依舊往。

暗監官至戲監官，官、職、軍皆革除，徒三年，日滿依舊往。

頭主官至柱趣官，官、職、軍皆革除，徒二年，日滿依舊往。

語抵官至眞舍官，革職，勿革軍，降十七官，罰馬七。

調伏官至拒邪官，職、軍勿革，降十三官，罰馬五。

庶人獲二十杖，十二年長期、無期徒刑時：

十乘官至勝監官，官職、軍皆革除，徒六年，日滿依舊往。

暗監官至戲監官，官、職、軍皆革除，徒四年，日滿依舊往。

頭主官至柱趣官，官、職、軍皆地除，徒三年，日滿依舊往。

語抵官至眞舍官，降二十官，罰馬七，革職，軍職勿革。

調伏官至拒邪官，職、軍勿革，降十五官，罰馬七。

庶人獲二種死罪時：

十乘官至勝監官，官、職、軍皆革除，徒八年，日滿依舊往。

暗監官至戲監官，官、職、軍皆革除，徒五年，日滿依舊往。

頭主官至柱趣官，官、職、軍皆革除，徒三年，日滿依舊往。

語抵官至眞舍官，官分兩半，降一分，罰馬七，革職，軍，依舊往。

調伏官至拒邪官，官三分中降一分，罰馬七，革職，軍勿革，依舊往。

一等有官人自十乘官至柱趣官之子、兄弟犯罪時，依庶人法判斷以外，有語抵官以上官之祖父母、父母、伯、叔、姨、子、兄弟、侄、孫、重孫、姑、姊妹、女、妻子、媳、親侄母等，犯雜罪時，比庶人罪，及授官當減二等，自及御印官以上當減一等。所剩勞役，子、兄弟等本人有待命官則與待命官品相抵而減，此後獲何罪，當依法承受。其中婦人與他人行淫一種，不允依丈夫、公公、侄父官減除。

一等父、兄弟等依官品應減人中，自有及御印官，依八減法減一等，依前分別明示以外，犯罪者及節親父、兄弟等皆及授，則當奏告實行。若有及御印官父、兄弟，亦與自官品等及有大官等者，當減一等，是及授官者當減二等。

一等僧人、道士中賜黄、黑、緋、紫者犯罪時，比庶人罪當減一等。除此以外，獲徒一年罪時，賜緋、紫當革職，取消緋、紫，其中□依法按有位高低，律令、官品，革不革職以外，若爲重罪已減輕，若革職位等後，賜黄、黑徒五年，賜緋、紫及與賜緋紫職位相等，徒六年者，當除僧人、道士，所遺勞役有官與官品相抵，無官，則依法服勞役。日畢後，入原屬廟中爲行童。

一有官位人犯罪時，有及授以上官者，應獲何罪，一律當奏告實行。

一諸有官人犯罪與官品相當，降品後有獲勞役者，當與所遺官相當，當按應降革若何實行。

一前述依父、兄弟官品減法中，有或及御印，或及授等二、三以上官者，不須依每人分别減免，當依官大一人之官品而減。其減除法，亦不僅自現任臣僚以内，亦有及御印官，及父、兄弟中有及授官中，則共計減數不超四等。

一有官時已犯罪，革降職後事發，及無官時犯罪，得官任上事發，又先有小官時犯罪，後得大官時其罪事發等，一律按有官法，及後得官相當判斷。

一依父、兄弟官品應減時犯罪後，父、兄弟革降官時事發，以及父、兄弟無官時犯罪，後父、兄弟得官成爲應減時事發，皆當依應減法實行。

史金波等譯《天盛改舊新定律令》卷一七《供給交還門》 一諸種種庫執局分人，所交納、分用，屠宰之種種官畜、穀物，其收入、支出憑據等當速由庫局分人催促，自告納官畜、穀物之日起，十日以内當予之支出憑據，局分處計之，不許索賄。倘若違律，庫局分人不催促，所轄處局分人不予之，索賄，延誤而逾期時，所阻礙處之都案、案頭、司吏、食宿小監、庫主、出納司吏等之罪，一律依延誤公文法判斷。受賄則以枉法貪贓論，與延誤公文罪比較，從重者判斷。

史金波等譯《天盛改舊新定律令》卷一《失義門》 一諸司大人、承旨、司判等，被自己司各局分都案、案頭、司吏、所使用人，以及所屬事務中諸人因有所訴訟緣由等，打鬥而殺時，殺人者與屬司大人，承旨，司判等官品相等及官低等，則不論官，與庶人一樣以劍斬。若死者人官低，殺人者官大，則自語抵官以上官、職、軍皆革除，判無期徒刑。自柱趣官以下，官、職、軍皆革除，絞殺。

一官家所遣皇使，帶牌與不帶牌一樣，自伴隨局分都案、案頭、司吏，所使用人，及已遣派各地方局分所使用人已離開後，所屬職事已明，自己有訴訟緣由等，對此等皇使打鬥而殺者，依前與殺局分人所屬司大人、承旨之官罪相同。若雖已入地方中，但局分所派遣人未離開，非因故訴訟，後來往半道上被他人等將皇使以打鬥而殺時，與皇使官品相等及官低等，則與庶人一樣當絞殺。若殺人者官大於俗語抵以上者，官、職、軍革除，徒十二年。若爲自柱趣官以下者，官、職、軍革除，無期徒刑。

一弟子、學生等對官家所派師傅、先生打鬥而殺時，當與殺諸司局分人上屬大人、承旨之罪相同。

史金波等譯《天盛改舊新定律令》卷一〇《官軍敕門》 一諸人得職

位而未得官及軍獨誘種種牧農待命者中，大小首領無官之人犯罪時，當以律令上得官次第中應得末等官論，依有官法判斷。

一諸人應襲官未襲而犯罪時，與減罪次第相抵，以所應襲上論其罪。

史金波等譯《天盛改舊新定律令》卷一三《執符鐵箭顯貴言等失門》

一發各行監，盈能有兵符一種。若安定時失顯合者，依第十二卷上待命者失記名之刀，顯合法判斷。若地邊兵馬已動，其間本局分有所發兵，則大意失發兵兵符者，與發兵者執符失顯合時，所發之兵遲緩及未遲緩之罪情相同。

一派執符有期限者，派遣者當計地程遠近，以爲期限。若不計地程遠近，限期短而致延誤者往至處執符當分析，重行計量地程、期限。執符實誤，則依前所定罪。派遣者不計地程之遠而限期短，則執符勿坐罪，派遣者因計量地程失誤而限期短，所短限期與情急緩二種執符延誤罪狀同樣判斷。

一諸人不執符而執文書，因官出使，有限期，途中與執符相遇而捕騎時，當予之騎。彼人延誤時當分析。取畜之言是實，他事未住滯，則勿治罪。於彼虛詐，未取其畜而曰我取之，滯緩而逾期者，依已誤何限期，當承罪。若不予執符坐騎而爭鬥，執符亦住滯，自亦逾期，則以執符誤期及自之誤期比較，從重者判斷。

《元史》卷一六〇《王磐傳》〔王磐〕爲真定、順德等路宣慰使。衡水縣達魯花赤忙兀解貪暴不法，縣民苦之。有趙清者，發其罪，既具伏矣，適初置監司，其妻懼無以滅口，召家人飲酒至醉，以利啗之，使夜殺清，清逃獲免，乃盡殺其父母妻子。清訴諸官，權要蔽忙兀解，不爲理，又欲反其具獄。磐竟奏置諸法，籍其家貲，以半給清。

《元典章》卷三九《刑部・刑制・刑名・怯怜口官吏犯罪》 大德六年三月初十日，江西行省准中書省咨：中政院呈：大德五年十一月二十八日，本院官啓過事內一件：在先，中御府時分文卷，休別者。麽道懿旨有來。如今，中政院管着的怯怜口、呵塔赤、阿察赤、玉烈赤匠人每管民官吏等，但是俺管着，省裏、臺裏、內外衙門，俺根底不商量，做罪過來。麽道，拿將去問有。那般啓呵，您說得是有。家私的勾當有，但屬您管的，省裏、臺裏休問者。這裏側近有的，罪過做呵，您問者；外頭有的，做罪過呵，各路有的廉訪司官人每依体例問者。是实呵，您根底文書裏説將來者。重罪過的，啓者；輕罪過的，您依體例了者。麽道懿旨了也。欽此。

《元典章》卷五《臺綱・內臺・設立憲臺格例》 諸監臨之官，知所部有犯法不舉劾者，減罪人罪五等。糾彈之官知而不舉劾者，亦減罪人罪五等。

《元史》卷三三《文宗本紀》〔辛未〕中書省言：近籍没奇徹家，其子年十六，請令與其母同居；仍請繼今臣僚有罪籍没者，其妻、其子，他人不得陳乞没爲官口。從之。

《元史》卷一〇二《刑法志》 諸臺憲所察天下官吏贓污、欺詐、稽違，罪入於刑書者，歲會其數及其罪狀上之，藏於中書。

《元史》卷一〇二《刑法志》 議親：謂皇帝袒免以上親，及太皇太后、皇太后緦麻以上親，皇后小功以上親。

議故：謂故舊。

議賢：謂有大德行。

議能：謂有大才業。

議功：謂有大功勳。

議貴：謂職事官三品以上，散官二品以上，及爵一品者。

議勤：謂有大勤勞。

議賓：謂承先代之後，爲國賓者。

《元史》卷一〇二《刑法志》 諸蒙古人居官犯法，論罪既定，必擇蒙古官斷之，行杖亦如之。

《元史》卷一〇二《刑法志》 諸職官連犯二罪，輕罪已斷，重罪始發，罪從已斷，殿降從後發。諸有過被問，詐死逃罪者，杖六十七，有官者罷職不敘，贓多者從重論。

《元史》卷一〇二《刑法志》 諸職官被罪，理算殿年，以被問停職月日爲始。

（元）沈仲緯《刑統賦疏・第八韻》 士庶饋與猶坐於去官。原夫監臨之官方秩滿而遞受士庶饋與者又焉得無罪也。《職制律》：諸去官而受舊官士庶饋與，若乞取借貸之屬各減在官時三等科罪。注謂，家口未離本任

所者，蓋昔之造律既有已降而未上任受饋者之禁，所以防其始也，又立去官受乞之法以戒其終也。

直解。得代官家雖本任所受士庶饋與者，減在官三等科罪。

通例。至元三十一年部議，官吏在任得替其間並不得以酒食邀請部下官民人等斂錢物，違者治罪。外據下任官員者，百姓愛慕，自願以禮錢送者不拘此例。

（元）沈仲緯《刑統賦疏·第八韻》 公坐爲私者官當同公坐之法。

坐者罪有相連也，公坐者情無私曲因公坐罪也。官當者，《名例律》，諸犯私罪以官當徒者五品以上一官當徒二年，九品以上一官當徒一年，若犯公罪者注謂緣公事致罪而無私曲者各加一年，當五品以上一官當徒三年，九品以上一官當徒二年，以官當流者三流同比徒四年，官當徒者期年之後降先職一等敘。《詐僞律》，主司自有所避違式造立及增減文案，杖罪以下杖一百，徒以上各加所避罪一等。問曰，主司自有避違式造立文案，徒罪以上加所避罪一等，加罪有公有私，若官用當合併滿以否。答曰，主司若避公罪有所增減造立即坐本罪依公罪，加罪爲私罪，若應以官當者須以私併公，通所加私罪爲公坐當法。蓋先王造律以恕爲本，凡罪居輕重之間而可輕可重者必皆論之以輕焉，是以主司造立文案避公罪徒以上加所避罪一等，應言官當者以私並公爲公罪當法，而其情有輕重也，故以輕法論之宜矣。

直解。主司造立文案避私罪若應以官當者，須以私罪並入公罪，通公坐當法。

通例。延祐三年十二月欽奉聖旨條畫服免色等第上得兼下，下不得僭上，違者職官解見任期年後降一等敘，餘人決五十七下，違禁之物付告捉人充賞，有司禁治不嚴從監察御史廉訪司糾治，御賜之物不在此限，欽此。免官當罪從解任降敘折論。

《大明令·刑令》 八議：一曰議親。二曰議故。三曰議功。四曰議賢。五曰議能。六曰議勤。七曰議貴。八曰議賓。以上有犯罪者，條具所犯，奏請上裁。其犯十惡者，不用此令。

《大明令·刑令》 凡各衙門首領官，果有過犯，自有常憲，本衙門正官，毋得擅問。

《大明令·刑令》 凡職官犯罪，四十以下，標附過名，還職；五十，解任離職杖六十，降一等；七十，降二等；八十，降三等；九十，降四等，俱解見任。流官於雜職內敘用，雜職於邊遠敘用。其官吏犯公罪至九十者，不在解見任之限，止標附過名。杖一百者，無問公私罪犯，並不敘。

《大明令·刑令》 凡各處知府、知州、知縣，有犯公罪，笞四十以下者，許令贖銅。

《大明令·刑令》 凡犯罪應合籍没家産，除謀反叛逆外，其餘遇革者，革前未曾抄劄到官，革後原免；革前已抄劄者，没官。

《大明令·刑令》 凡親戚、勳舊、文武大臣之家，但號家人伴當犯罪，止坐犯人，諸衙門依律取問。占恡不發者，犯人於所犯罪上加一等斷罪，若係干重事不發者，聞奏。

《大明令·刑令》 凡軍官、軍人犯罪，該徒、流、刺字者，止決合斷杖數，並免徒、流、刺字，依舊充軍。如有犯該死罪者，議擬聞奏，取自上裁。

（明）何棟如《皇祖四大法》卷四《治法》 〔洪武五年六月〕乙巳作鐵榜申誡公侯，其詞曰：**【略】** 朕起布衣，賴股肱宣力，平定天下。既已論功行賞，封爲公侯，賜以鐵券，頒以重禄，令傳子孫，共享太平，尚慮公侯之家奴僕人等習染頑風，冒犯國典，今以鐵榜申明律令。朕諭卿等除親屬别議外，但凡奴僕一犯即用究治，於爾家無所問敢有恃功藏匿犯人者，比同一死折罪，爾等各宜謹守其身，嚴訓於家，以稱朕始終保全之意。其目有九：其一，凡内外各指揮千百户鎮撫并總旗小旗等，不得私受公侯金帛衣服錢物，受者杖一百，發海南充軍；再犯處死。公侯與者，初犯、再犯免罪附過，三犯准免死一次，奉命征討與者受者不在此限。其二，凡公侯等官非奉特旨不得私役官軍，違者，初犯、再犯免罪附過，三犯准免死一次，其官軍敢有輒便聽從者，杖一百發海南充軍。其三，凡公侯之家，强占官民山場、湖泊、茶園、蘆蕩及金銀銅場、鐵冶者，初犯、再犯免死附過，三犯准免死一次。其四，凡内外各衛官軍非當出征之時，不得輒於公侯門首侍立聽候，違者杖一百，發烟瘴之地充軍。其五，凡公侯之家管莊人等，不得倚勢在鄉欺毆人民，違者刺面劓鼻，家産籍没入

官，妻子徙置南寧，其餘聽使之人各杖一百，及妻子皆發南寧充軍。其六，凡功臣之家屯田、佃户、管莊、幹辦、火者、奴僕及其親屬人等，倚勢凌民侵奪田産、財物者，並依倚勢欺毆人民律處斷。其七，凡公侯之家，除賜定儀仗户及佃田人户已有名額，報籍在官，敢有私托門下影蔽差徭者，斬。其八，凡公侯之家倚恃權豪，欺壓良善，虚錢實契侵奪人田地、房屋、孳畜者，初犯免罪附過，再犯住支俸給一半，三犯停其祿，四犯與庶人同罪。其九，凡功臣之家不得受諸人田土及朦朧投獻物業，違者初犯免罪附過，再犯住支俸給一半，三犯停其祿，四犯與庶人同罪。

（明）談遷《國榷》太祖洪武十三年十月　諭吏部，有司舉士非人者，罰無貸。

（明）何楝如《皇祖四大法》卷五《治法》〔洪武十四年四月〕甲子。上謂刑部臣曰：善名，人之所慕。惡名，人之所恥。凡爲仕者，孰不欲保其爵祿，彰善譽而垂美稱。然或一時差謬，或爲人所詿誤罹於刑憲，雖悔無及。朕深知近時所犯多出於此。自今凡官吏有犯，宥罪復職，書其過榜示其門，使之自省。若果能省身改過，則爲除之。有不悛者則論如律。

（明）何楝如《皇祖四大法》卷七《治法》〔洪武十七年閏十月〕癸丑，雲南布政使司言，所屬大小土官有世襲者，有選用者，如景東府知府俄陶，阿迷州知州和寧則世襲者。雲南府羅次縣主簿趙和、姚安府普昌巡檢李智，則選用者。世襲者，世居本土，素有儲蓄，不資俸祿養廉可也。選用者多，因流寓本土爲衆所服，故一時用之，非給俸祿無以養廉。況律官吏受財有祿、無祿分爲二等，今土官犯罪律條無所據依，乞加定議。

上命六部官會議，凡土官選用者，有犯依流官律定罪，世襲者所司不許擅問，先以干証之人推得其實，定議奏聞，杖以下則紀録在職，徒流則徙之北平，著爲令。

《明太祖寶訓》卷二《尊儒術》　洪武十八年十月甲辰，太祖謂工部臣曰：孟子傳道，有功名教。歷年既久，子孫甚微，近有以罪輸作者，朕聞即命釋之，假令朕不知之或致死亡，則賢者之後，寖以微滅，是豈禮先賢之意哉，爾等宜加詢問，凡有聖賢之後在輸作者，依例釋之。

（明）談遷《國榷》太祖洪武二十三年二月　詔有司過悮一犯至三犯，皆記罪復職。

（明）何楝如《皇祖四大法》卷八《治法》〔洪武二十八年六月〕己丑，上御奉天門，勑諭文武羣臣曰：朕自起兵至今四十餘年，親理天下庶務，人情善惡眞僞無不涉歷，其中奸頑刁詐之徒情犯深重灼然無疑者，特令法外加刑，意在使人知所警懼，不敢輕易犯法。然此特權時處置，頓挫奸頑，非守成之君所用常法，以後嗣君統理天下，止守《律》與《大誥》，並不許用黥刺剕劓閹割之刑。蓋嗣君宫生内長，人情善惡未能周知，恐一時所施不當，誤傷良善。臣下敢有奏用此刑者，文武羣臣即時劾奏，處以重刑。又曰：自古三公論道，六卿分職，自秦始置丞相，不旋踵而亡，漢、唐、宋因之雖有賢相，然其間所用者，多有小人，專權亂政。我朝罷相設五府六部，都察院、通政司、大理寺等衙門，分理天下庶務，彼此頡頏不敢相壓，事皆朝廷總之，所以穩當。以後嗣君並不許立丞相，臣下敢有奏請設立者，文武羣臣即時劾奏，處以重刑。又曰：皇親國戚有犯，在嗣君自決，惟謀逆不赦，餘犯輕者，與在京諸親會議，重者與在外諸王及在京諸親會議，皆取自上裁，其所犯之家，止許法司舉奏，並不許擅自逮。問合議親戚如皇后家、皇妃家、東宫妃家、王妃家、郡王妃家、駙馬家、儀賓家、魏國公、曹國公、信國公、西平侯、武定侯之家，朕皆已著之祖訓，爾五府六部等衙門，以朕言刊梓揭于官署，永爲遵守。

（明）談遷《國榷》太祖洪武二十八年七月　工科給事中陳洽等言，大臣犯重罪蒙宥，宜降其班，從之，班九品後。

（清）查繼佐《罪惟録》紀卷三《太宗紀》〔永樂三年六月〕文官三犯杖者，如律正罪。

《明成祖實録》永樂五年六月　庚子，上諭都察院臣曰：自昔閹官弄權，假朝廷號令，擅調軍馬，私役人民，以逞威福，生事造釁，傾覆宗社者多矣。我太祖皇帝監前代之失，立綱紀，明號令，調發軍馬必以御寶文書。朕即位以來，一遵歷制，愛恤軍民，首詔天下，一民一軍不復〔許〕擅差。復命所司嚴切禁約。年曾命内使李進往山西採天花，此一時之過，後甚悔之，更不令採。近聞李進詐傳詔旨，僞作勘合，於彼召集軍民，復

以採天花爲名，假公營私，大爲軍民之害。及今炎署之日，亦不散遣。計李進所爲，與昔之弄權者何異，若後來倣效益多，朝廷威福之柄下移，嗣君何以統治天下。今進所爲，所在軍民官都不奏來，此亦與胡藍齊黄欲壞國家事何異爾。即差御史三員，徑詣山西，將李進一干爲非之人鞫問明白，械送京師，必寘重法。若都司布政司有干涉者并鞫治之。雖關皇親亦不恕。仍令御史用心推治，不可容縱。

（明）孫世芳《宣府鎮志》卷一九《法令考·明》 文皇帝永樂八年禁帥領私役軍卒。凡軍職除應用軍伴外，役占正軍五名者，降一級，六名以上降二級，十名以上降三級，其賣放及包納月錢者，照數降級，十名以上罷職充軍。若二罪俱發，賣放已至十名以上，役占不及數者，依賣放甚者事例罷職充軍。役占已至十名以上賣放不及數者，依役占甚者事例減降三級。賣放占役俱至十名以上者，從重發落，俱不及十名者，並數通論降級。役占軍人五名又占餘丁十名及包納月錢滿貫者，從重降級，仍發立功，滿日照所降品級，於原衛所帶俸差操。凡役占餘丁者，五名以上問罪，降一級，十名以上降二級，二十名以上降三級，三十名以上，奏請發落。賣放者，照前項名數分等降級。

《明英宗實録》正統七年冬十月 （壬辰）廣東按察使郭智言：在外文職官吏人等犯贓死、徒、流、杖并無贓流、徒諸罪，舊例俱送在京法司處之。廣東去京餘八千里，姦頑之徒不服管押，往往稽延道路，亦有枉道還家，經歲不行，遂使押者曠日持久，衣食不繼，至有中途死饑寒者。今廣東靈山、石城、信宜等縣俱新立軍堡，哨備官卒數多，亦需糧餉。乞繼今文職官吏人等犯無贓徒、流並有贓當杖者就遣靈山等縣倉納米，滿日各還職僕爲民。有贓當流者就遣沿海碣石等邊衛倉充斗級，滿日亦疏遣爲民，庶管押者免累，而邊用饒足矣。事下，刑部議以爲文職官犯贓雖微亦當除名，仍送法司奏處。其無贓諸罪可如所言。從之。

（明）陳子龍等《明經世文編》卷三一劉球《修省十事疏》 其六，慎刑罰以彰憲典。古者人君不親刑獄而悉付之理官，《書》所謂，予曰辟爾惟勿辟，予曰宥爾惟勿宥惟厥中。蓋恐狥喜怒，有所輕重於其間，以致刑失其中也。近者法司所上獄狀，有奉勑旨減重爲輕，加輕爲重者，法司既不敢執奏至於訊囚之際，又多有所觀望，以求布合聖意，是以不能無枉。臣竊以爲一切刑獄，宜從法司所擬，設有不當，調問得情，則罪其原問之官。其運磚納米贖罪等例，亦非古法，且使貪者得以幸免，而廉者蒙辜，宜令法司今後文武之臣，除犯公罪許贖外，其餘俱依律問擬，則刑罰中而憲典彰矣。

《明英宗實録》正統十二年閏四月 辛未，敕禮部曰：擅留閹者，朝廷具有著令。日者太監喜寧乃敢私收役使，縱令生事擾人，乞敕法司擒問如律。爾禮部其移文申諭内外一切官員人等，有私收者，許即連人首送，俱宥不問，匿而不舉及自後復俊者，或因事暴露，或爲人所覺，俱重罪不宥。

（明）戴金《明條法事類纂》卷六《名例類·化外人有犯·把事通事犯罪許該管司府州縣提問重者革職為民例》 成化二年二月十四日，刑部尚書陸等題，爲明法令以懲戒奸頑等事。雲南清吏司案呈，奉本部送刑科抄出雲南臨安府知府周瑛等奏，節該伏覩《大明律》内一款，在外五品以上官有犯，奏聞請旨，不許擅問。六品以下，聽分巡御史、按察司官並分（守）司取問明白，議擬奏聞〔區處〕。欽此。斯蓋祖宗成憲，萬世守之而不可易者也。照得本府所屬納樓、茶（句）〔甸〕等九長官司人民，俱係夷羅，不曉漢語，例選在城人諳曉夷語者，保爲把通事，以通傳言語，管（辨）糧差。中間有吏典保充者，有由農民保充者，後或納馬納粟冠帶〔榮〕身，照舊辦事。此等把通事，律不該載。比之職官，全無品級，不（通）〔適〕冠帶。民人如冠帶，旗軍、舍餘而已。豈（欺）〔期〕各該把通事有等奸頑之徒，倚稱冠帶，靡所不爲。有〔將〕長官司錢糧，侵欺入己而不納者，有撥置土官互相讎殺，攪擾地方者，有起滅詞訟，挾制有司，把持官府〔者〕，甚有管哨妄拿平人爲盜，擅殺死者。如此之類，不可悉舉。及至事發到官，輒稱冠帶，難以提問，（定）〔足〕見其刁潑而莫敢誰何！若不奏請處置，誠恐（怠）〔貽〕患地方，未（敢）〔便〕。如蒙乞敕法司計議，合無今後此等冠帶把通事有罪者，許令所在有司正官徑自提問。所犯輕者，依律問罪，還役辦事。所犯重者，問罪畢日，仍行合干上司革退，另選良民充當。如此，則法令昭明，人知警懼，官府不被其挾制，地方不被其攪擾，錢糧不被其侵欺，便益。具本。該通政使司官奏，奉聖旨：法司知道。欽此。欽遵，抄出送司，案呈到部。參照雲南臨安

府知府周瑛等奏稱：本府所屬納樓、茶〔句〕〔甸〕等官司人等係夷羅，不曉漢語，例選民人諳曉夷語〔者〕保爲把通事，管辦糧差。中間有由吏典、農民保充者，後或納馬納粟，冠帶榮身，照舊辦事。有等奸頑之徒，倚稱冠帶，靡所不爲。及至事發，輒稱冠帶，難以提問。要將前項冠帶把通事有犯事者，許令所在有司正官徑自提問。所犯輕者，依律問罪，還役辦事。所犯重者，問罪畢日革退，另選良民充當。臣看得前項把通事擾人，爲害多端，合行拿問，緣無指實姓名。其言把通事之設，俱是所屬吏民選充，後因納馬等等項冠帶，全無品級，犯罪許令所在有司正官徑自提問一節。緣此〔等〕冠帶之人，難比律定職，若令奏請提問，不無煩瀆，合無准〔其〕所言。今後各處長官司等衙門，但係〔由〕吏典、農民選充把通事，後雖納米等項冠帶，犯罪宜徒，該管司、府、州、縣提問明白，依律照例發落。如犯貪淫等項，例該革役者，革去爲民，另選良民補充。如此，則奸頑知所警懼，官府不致煩擾矣。緣係事例及奉欽依法司知道事理，未敢擅便，具題。次日奉聖旨：是。欽此。

（明）戴金《明條法事類纂》卷六《名例類・化外人有犯・土官六品以下徑自提問罪例》　成化八年四月十一日，都察院右副都御史李等題，爲禁約事。照得雲南、貴州、湖廣、四川、兩廣俱係土官各處，合無行令巡按御史並按察司官，今後土官有犯，係歸附從軍徑進得受土官，及納米等項文職並武職五品以上，仍奏請提問。其納米等項除授文職六品以下官員有犯，照例提問發落。奉聖旨：是。欽此。

《明憲宗實録》成化十二年十二月〔庚午朔〕四川按察司僉事李廷璋奏：刑部嘗奏：軍職有犯監守自盜，常人盜倉庫錢糧，受財枉法不滿貫，與求索科斂誆騙等項，計贓滿貫問該流罪減等，至杖一百徒三年者，照例運甎等項，完日還職，帶俸差操，不許管軍、管事，其餘減等徒罪，俱依常例發落，原係管軍、管事，仍舊行之。但此例止行兩京，請通行天下問刑衙門爲宜。事下刑部，議如所言，從之。

《明憲宗實録》成化十三年春正月〔辛酉〕刑部議覆整飭邊備，兵部右侍郎馬文升言，武職多不恤軍士，侵尅月糧，蓋以事發，止於帶俸差操，立功贖罪。故視以爲常，不知警戒。乞勅法司查照舊例，若都指揮、指揮侵欺軍士糧料二百石、大布一百疋、綿花一百斤者，依律議罪。立功滿日，俱降一級，帶俸差操，不許管軍事。若侵欺不及此數者，仍依見行事例。宜行遼東禁約指揮、千百户等官及通行天下。從之。

（明）孫世芳《宣府鎮志》卷一九《法令考・明》〔弘治〕十二年定職官避難之罪。凡官軍遇有徵調，點選已定，避難在逃者，依律問斷。若征期已過，發宣府獨石等處沿邊哨了半年，滿日回衛。若仍發出征及哨了而復逃者依從征私逃再犯者，律處絞。凡職官有犯避難因而在逃者，依律問擬罷職，不叙。其武職，或因貧難及上下凌逼等項，曠職三箇月者，問罪還職仍帶俸差操。半年以上者，發邊衛差操，若文武職官犯罪事發脱逃者，除真犯死罪，並例該充軍者，照本等律例問擬外，雜犯死罪。并徒流罪俱問發爲民，原該爲民者，發口外爲民，杖罪以下例應還職。暫時躲避，並已經問斷送發運炭等項，貧難無力因而在逃者，止問本罪，照原擬發落。

（明）孫世芳《宣府鎮志》卷一九《法令考・明》〔弘治十三年〕制武宣犯罪條令。凡軍職年七十以上，十五以下，及廢疾犯該雜犯死罪者運炭納米等項，發落免發立功。凡軍職宿娼及和娶樂人爲妻妾者，問調別衛帶俸差操。凡軍職犯姦除姦所捕獲及刁姦坐擬姦罪者，俱革職爲民，其指姦及非姦所捕獲者，仍擬還職。凡軍職有犯監守常人盜受財枉法滿貫，律該斬絞罪者，俱發邊方立功五年，滿日還職，仍於原衛所帶俸差操。其犯該竊盜掏摸盜官畜産，白晝搶奪姦宿所部妻女，行止有虧者，俱發原籍爲民，無原籍者，本衛所隨住，若監守常人盜枉法不滿貫，與求索科斂誆騙，計贓滿貫，問該流罪，減至杖一百徒三年者，俱許納米，完日還職，帶俸差操。其減至杖九十徒二年半以下，與別項罪犯俱照常發落。原管事者管事，原帶俸者帶俸。若犯前項流罪，遇例通減二等，至杖九十徒二年半者，仍帶俸差操。凡軍職有犯强盜人命等項，實犯死罪者，先行該管衙門拘繫，備由奏提，若軍職有犯別項罪名，散行拘審，果有干礙，然後參提。凡納粟軍職有犯，若原係總、小旗、千、百户、指揮等官，遇例納粟照見任軍職事例施行。若由白衣納粟者，止照常例發落，其犯姦盜詐僞説事過錢誆騙財物，行止有虧者，俱問罪革職。凡軍職衙門官吏旗舍軍餘人等，有因爲事問發，或爲民充軍，或罷職冠帶閑住，或降調出外，各潛居京師及他方者，事發將原係爲民者，發口外爲民，充軍者，發邊衛充軍，

冠帶閑住者，發回原籍爲民，口外爲民者，改發口外衛分充軍。凡各邊軍餘詞訟，除叛逆機密重事，許鎮守總兵參將守備等官受理外，其餘不許濫受，輒行軍衛有司問理，其軍衛有司不係掌印官，亦不許輒受詞訟。

（明）孫世芳《宣府鎮志》卷一九《法令考·明》〔正德元年〕詔有爲事問發，立功嘹哨運罰磚灰，追陪馬牛納米。擺站，例該枷號等項，原文武官吏罪犯。凡文武官吏、監生、生員、知印、承差、旗軍舍餘人等悉皆放免，各還職役寧家。其官吏監生生員知印承差，行止有虧敗倫傷化者，原籍爲民，原擬帶俸者，仍於原衛所帶俸差操。凡文武職官有因緣事，及公錯並公事詿誤等項，特旨降調，並爲民充軍者，該部通行查出。調者復還原職，降者俱照先任原品。各外邊爲民者，冠帶閑住充軍者，放回爲民。凡文武職官、監生、生員、吏典、承差、知印、軍民人等，爲事發遣充軍者，除失機搶奪，撥置喇唬侵盜係官錢糧，指以各衙門打點，誆騙財物，打死人命，及事干邊情，私役軍人甚者不宥外，其餘并□外爲民，初犯者悉放回原衛，原籍，寧家隨住，武職調衛帶俸差操。凡官吏人等，有被人告訐，若招攀贜私罪名，照提年久逃躲不出官者，悉免其罪，官者仍革職役爲民，其見行勘提情重者，贜證欠明，有礙歸結者，具實奏聞。區處。凡各邊武職，有因私役軍人不及五名，例前問擬降級者，守邊失誤被賊搶擄人民不及五名，情輕律重降級者，俱還原職，其軍人常川守哨者，亦免守哨。

（明）孫世芳《宣府鎮志》卷一九《法令考·明》〔嘉靖元年〕詔革濫陞職爵。凡宣府：賜姓人員，及見犯罪冒姓者各複本姓，其取到留用者，不分官職大小，各回原衛、原籍帶俸閑住。但因賜姓義子廕陞職爵兵部盡行查革，原係在邊官員罷閑，並原跟犯罪勢要無名籍，惡黨俱不許在京潛住，違者錦衣衛巡城御史挨拿，遞解窩家送問。凡近年軍職人等，在各邊不曾斬有首級，巧立當先衝鋒等項名色，及各處斬首不及數，該部照例擬賞，奉旨陞級，世襲者，兵部通行查革。凡近年節被宣府近幸之人，獻諂希恩，蓋造鎮國總督府、老兒院、皇店等項，便着撫按官逐一查勘，或拆毀，改正，或存留別用，或變賣還官。官匠人等有因蓋造陞官者，亦就查革改正。

（明）王世貞《弇山堂别集》卷九八《中官考九》〔嘉靖元年十一月〕大理寺卿鄭岳言：內臣賈全等侵盜倉庫，宜伏正法，而特蒙曲貸，使左右效尤，恣意侵盜，設至敗露，又圖幸免，其害不可勝言。且自皇上即位以來，如陵户任文舉、千户鞠王英等，輒以內臣奏請，事從中決，部臣執奏不聽，其他下司禮監處分者甚多。夫法者，所與天下共者也，事干近倖，輒有輕重，是法不信於天下矣。古人有言，法行自近始，又曰宮中府中，俱爲一體。故申屠嘉辱鄧通而文帝不以爲忤，韓琦安置任守忠而英宗不以爲專，前史書之，以爲美事。陛下宜遠鑒前代之規，近守祖宗之法，自今內官內使等有犯，悉聽部院問擬，發本寺審録，則可以昭聖朝平明之治。得報，有旨。

（清）嵇璜等《續通典》卷一一二《刑·雜議》〔嘉靖〕八年，刑部覆詹事霍韜疏言：官以贜敗，及故禁、故勘平人致死者，律當斬絞。後人惡其厲已，於贜罪得贖刑，而致人死者置之不問，以致贜暴之吏得肆。帝是其言，詔：今後，官吏犯枉法贜、酷刑致死人命及故禁、故勘者，論如律。

《明會典》卷五七《禮部·王國禮·過犯》凡過犯有重輕，輕者治其黨與，重者本身發高墻或閑宅，子孫降爲庶人，或俱禁住。其後或以慶恩子孫間得開釋云。

凡宗室過犯。洪武六年定，親王有過，重者遣皇親或內官宣召。如三次不至，再遣流官同內官，召之至京，天子親諭以所作之非，果有實跡，以在京諸皇親及內官陪留，十日之間，五見天子然後發放。雖有大罪亦不加刑，重則降爲庶人，輕則當因來朝面諭其非。或遣官諭以禍福，使之自新。弘治九年令，親王所行未善，長史等官從容諫正。至再至三不聽，事情重者密切具奏，其郡王所爲不合禮度者，教授勸正。如其不聽，啓親王密切戒勉。如再不聽，親王具奏，事情輕者降勅切責，若干宮壼重事，差內官皇親前去體勘，至日處治。親王有過，專罪輔導官。郡王有過，專治內使教授。其親王府輔導官。務日請王講讀經史，王子亦要讀書習禮，各府將軍，該府親郡王自行禁治，若互相容隱，不行禁治，許鎮巡等官，將所爲不法事，會本具奏，上請區處。正德四年議准，宗支罪犯深重，降革爵秩者，郡王將軍而下，不許代爲請復，違者罪坐輔導官。嘉靖十六年奏准，宗室有犯事情，輕者照常奏請，犯該殺死平人及事情重大者，從重奏

請定奪，投充撥置之人，查照見行事例問擬。四十四年議准，郡王以下有非法不道，怙惡違訓者，俱降爲庶人，押發高墻居住。又議准，宗室有罪，降革遷發省城内閑宅者，子孫不得瀆奏倖脱。

凡罪宗。萬曆十年議准罪宗庶人，止與名糧，見户部，凡男女婚嫁之資一概免給。其高墻閑宅正犯已故，所遺家屬許各該撫按官，奏請釋放送回本府居住，嘉靖四十四年例。仍備查先年所犯情由。如係黨逆干紀罪惡深重者，子孫止從寬釋，不許濫請名糧。若犯該敗倫傷化人命强盜等情，見在子孫許其請名，歲各給本色米十二石，身終即止。其有止犯越關訐奏等項，請名之後，亦各歲給本色米十二石，日後子孫如之。萬曆九年例。如止遺母妻無子孫可倚賴者，歲給養贍米各六石終身，私收妾媵，止許釋放，不在養贍之列。

凡庶人冠帶。萬曆十年議准，凡罪犯革爵及擅婚濫妾越關過期，各庶人准給口糧養贍，俾無失所已爲恩厚，更不許請乞冠帶，以濫朝廷名器，如違例瀆奏，一概立案不行。

禁例

洪武六年令，凡王國内，除額設諸職事外，并不許延攬交結奔競佞巧智謀之士，亦不許接受上書陳言，如有此等之人，王雖容之朝廷必正之以法，然不可使王驚疑，或有智謀之士，獻于朝廷勿留。洪武十二年議准，撫按并三司以下衙門，如遇各長史司傳道一切令旨，須看詳計議，當施行者，即爲施行。若事情重大，會奏請旨，其長史司官奉王令旨行事務要停當，有窒礙難行者，當竭忠諫止。如有懷姦倚勢，撥置親王以售私情害地方者，撫按三司等官，會同參奏治罪。十三年奏准，各處樂工縱容子女擅入王府，及容留各府將軍中尉在家行姦，并軍民旗校人等，與將軍中尉賭博，誆哄財物，及擅入府内教誘爲非者，俱問發邊衛充軍，該管色長革役。十六年，令各處軍民人等，不得私交王府，因而借索財物，誘請游宴撥置爲非，違者所在官司，體訪拿問，郡王以下教授等官，諫阻不從，啓親王奏聞區處。正德四年議准，王府如有無籍之徒，假以燒丹煉藥等項爲由，往來誆惑，以致壞事者，鎮巡等官從重問發。又令，王府不許僧尼女冠出入宮禁，及私自建立寺觀。十六年，詔各處無籍姦人遊食術士及無名内使，私自淨身人等，有托故擅入王府因而撥置害人，貽累宗室者，撫按官嚴加禁治。嘉靖十年題准，凡親王名諱，今後文武衙門，除備抄各王奏詞并各衙門題奏本内不諱外，其餘一應文移，係各該衙門自行出語者，止許稱爵不得書名。

（明）沈德符《萬曆野獲編》卷一一《吏部·考察訪單》　今制，匿名文書，禁不得行，唯内外大計，吏部發出訪單，比填注繳納，各不著姓名。雖開列穢狀滿紙，莫知出于誰氏，然尚無人御覽者。至己未外計，浙江參政丁此吕以不謹罷，會有人言其枉，吏部竟以訪單進呈，此吕遂追贓遣戍。人雖冤之，竟不曉單自何人。

（明）沈德符《萬曆野獲編》卷一八《刑部·罪臣孥戮》　國家故事，大臣伏法後，妻子俱流竄。在先朝有之，其後俱及寬政矣。惟世宗朝戊申年，輔臣夏言、督臣曾銑，以交結近侍官員，紊亂朝政律，本人處斬，妻子流一千里，則相嵩主其議也。庚戌年，樞臣丁汝夔、督臣楊守謙，以失誤軍機律，本人處斬，妻流三千里，子鐵嶺衛充軍，則相嵩給之，而聖怒不解也。癸亥年，督臣楊選，以接引奸細律，非時處斬梟示，妻子流二千里，則上以薊鎮失事怒之，刑官黄光昇阿上旨，重擬也。以上五臣，不爲無罪，至禍及骨肉，似稍過矣。若壬子年，咸寧侯仇鸞，以通虜戮屍，傳首九邊，父母妻子俱斬，妾女及孫，發功臣爲奴，雖謀判非實，然鸞稔惡窮凶，天下共恨，故不以爲濫刑，而遠近稱快焉。近日樞臣石星，以東事壞，上謂其媚倭誤國，論極刑，妻子亦坐流徙，則數十年來僅見者。嘉靖辛丑，翊國公郭勛得罪，法司擬本身坐斬，家産籍没。妻子發功臣之家爲奴，蓋用判臣事例也。疏入而留中不下，蓋上意法官承夏言旨，苛論之也。次年勛瘐死，而籍産爲奴，俱免矣。

（明）沈德符《萬曆野獲編》卷一八《刑部·罪臣家口異法》　叛臣妻女賜勳臣，此國初例，至今行之。若永樂初，將奸黨方、黄諸臣妻子，配象奴，發教坊司，發浣衣局，此文皇特典，非律令所有也。至正統十一年，大理寺丞羅綺以事忤王振，及振所寵任錦衣馬順，至籍没其家，綺充遼東廣寧軍，將家口付浣衣局，後雖赦還，亦慘辱極矣。天順初元，于謙愛將都督范廣，爲曹石羅織死，至以其家小賜降虜，然皆爲權臣所陷也。成化間，福建指揮楊華，故相楊文敏榮孫也，以殺人逮至京伏法矣，其妻因逃，捕發浣衣局，則亦以奸黨法處之，然華之罪止一身，榮之功可宥十

世，何至罹此慘禍哉。弘治以來，此等事不復聞矣。正統十四年五月，御史柳華以福建捕賊時，編夫民爲甲，製兵器自衛，致反賊鄧發七因以爲亂，上命籍其家，華因服毒死，其妻子俱送浣衣局，男子盡充鐵嶺軍，是時王振肆惡，諸淫刑類此者多。

黄彰健《明代律例彙編》卷一《名例律·文武官犯私罪》 凡文官犯私罪，笞四十以下，附過還職。五十，解見任別叙。杖六十，降一等。七十，降二等。八十，降三等。九十，降四等。俱解見任。流官於雜職内叙用。雜職於邊遠叙用。杖一百者，罷職不叙。若軍官有犯私罪，該笞者附過收贖。杖罪，解見任，降等叙用。該罷職不叙者，降充總旗。該徒流者，照依地里遠近，發各衛充軍。若建立事功，不次擢用。若未入流品官，及吏典，有犯私罪，笞四十者，附過，各還職役。五十，罷見役，別叙。杖罪，並罷職役不叙。

弘治問刑條例

一、文職犯贓，武職爲事，衆證明白，奏請提問者，文職行令住俸，武職支俸，俱聽提，不許管事。

一、文武職官，犯該充軍爲民枷號，與軍民罪同者，照例擬斷。應奏請者，具奏發落。

一、雲貴軍職及文職五品以上官，並各處大小土官，犯該笞杖罪名，不必奏提。有俸者照罪罰俸，無俸者罰米。其徒流以上情重者，仍舊奏提。

胡瓊集解附例

一、文職官吏監生生員冠帶官知印承差陰陽生醫生，但有職役者，犯贓犯姦，並一應行止有虧，俱發爲民。

一、軍職有犯贓罪，問擬減等，徒三年，或邊遠立功五年，滿日還職，例該帶俸差操，不許管軍管事，必待五年之内，改過自新，方許推委。各邊鎮守等官，不許假名暫委管事，及將立功人犯占爲頭目，縱令害人。違者許巡按御史指實劾奏。

一、護衛儀衛司軍職有犯私罪，杖以上者，奏行兵部，上請改調。

一、舍餘軍民人等納粟，授以都指揮等官，俱照今擬事例，止令原籍帶銜閑住，以榮終身。不許到任，開支月糧，及營求管事，希免差徭。亦不許乘坐四轎，張打茶褐涼傘，聚衆出入，擅作威福，生事害民。如有此等，被人告發，及訪察得出，就行提問如律。果礙行止，革去冠帶。

一、納粟軍職，加納一二輩者。各照原擬承襲，但本身並子孫有犯姦盗人命贓及敗倫傷化等情，問斷明白，即便革職。

一、内官内使小火者閹者等犯罪，與文職運炭納米等項，一例發落。但受財枉法滿貫，不擬充軍，俱奏請發落。

一、兩京長陵孝陵等陵祠祭署奉祀祀丞、太常寺典簿、神樂觀提點、協律郎，贊禮郎，司樂等官，並樂舞生，有犯姦盗詐僞，失誤供祀，並一應贓私罪名，不分輕重，俱各罷黜，仍照例發落。

一、僧道官受財枉法滿貫，亦問充軍。及僧道有犯姦盗詐僞，逞私爭訟，怙終故犯，一應贓私罪名，有玷清規，妨礙行止者，俱發還俗。

一、王府文職，希圖改調，故意犯贓，有礙行止等項，及犯該徒流以上者，俱解京，奏請改調邊遠叙用，重者從重論。

一、王府文職官員有犯贓私入己者，俱擬罷職。其不入己贓私，方照例擬奏上請改調。

一、遇例納王府候缺典膳引禮舍人等項名色，聽缺，未經補任，犯罪事發，府州縣衛所等衙門問該徒罪以上及例該革罷者，俱申呈合干上司，詳擬發落。

大明律直引所載問刑條例

一、查得問刑條例，凡王府文職若是希圖改調，故意犯贓，礙行止等項，及犯徒流以上者，俱解京奏請改調邊遠叙用。重者以重論。照得律内官吏犯贓罪罷職役不叙，切詳條例開稱故犯贓罪者，蓋指希改調之人，故令人誣告贓罪，或科斂不入己者，或受贓入己，自當依律罷職，照例從重論。近來有將王府官員受贓入己者，一概解京，擬作改調，不無網漏吞舟，貪官得志；抑且律例矛盾，人難遵守。合無通行内外法司：凡王府文武官員有犯贓私入己者，俱擬罷職。不入己贓私，方許照例議擬，奏請改調。庶使法律畫一，人可遵守。

萬曆問刑條例

一、文職官吏，舉人、監生、生員、冠帶者、義官、知印、承差、陰陽生、醫生，但有職役者，犯贓犯姦，並一應行止有虧，俱發爲民。

一、文武官吏人等犯罪，例該革去職役，遇革者，取問明白，罪雖有免，仍革去職役，各查發當差。

新頒條例

一、萬曆十四年九月本部題，奉聖旨：軍官軍人犯徒流罪，律免刺。以後文職官一體行。其餘但以盜論，及雜犯斬絞准徒的，俱盡本法刺字，著爲例。欽此。

黄彰健《明代律例彙編》卷一《名例律・文武官犯公罪》 凡内外大小軍民衙門官吏，犯公罪該笞者，官收贖，吏每季類決，不必附過。杖罪以上，明立文案，每年一考，記録罪名，九年一次，通考所犯次數重輕，以憑黜陟。

胡瓊集解附例

一、護衛儀衛司軍職，若犯因公笞杖罪名，俱照文職罰贖，還職管事。

一、僧道官吏及僧道犯公事失錯，因人連累，及過誤致罪，於行止戒規礙者，悉令運炭納米等項，各還職爲僧爲道。

一、兩京孝陵長陵等陵祠祭署奉祀祀丞、太常寺典簿、神樂觀提點、協律郎、贊禮郎、司樂等官，並樂舞生，有犯訐告詞訟，及因人連累，並一應公錯，犯笞杖者納鈔，徒罪以上者運炭等項，各還職着役。

一、王府文職，因人連累，並一應過誤，律該笞杖罪名者，議擬納鈔贖罪還職，不必解京，就彼奏請發落。

一、知印承差，犯笞杖公罪充吏。犯在革前，重歷。

《大清律例》卷四《名例律・八議》 律

一曰議親，謂皇家袒免以上親，及太皇太后、皇太后緦麻以上親，皇后小功以上親，皇太子妃大功以上親。

二曰議故，謂皇家故舊之人，素得侍見特蒙恩待日久者。

三曰議功，謂能斬將奪旗，摧鋒萬里，或率衆來歸，寧濟一時，或開拓疆宇有大勛榮銘功大常者。

四曰議賢，謂有大德行之賢人君子，其言行可以爲法則者。

五曰議能，謂有大才業，能整軍旅、治政事，爲帝王之良輔佐者。

六曰議勤，謂有大將吏，謹守官職，早夜奉公，或出使遠方，經涉艱難，有大勤勞者。

七曰議貴，謂爵一品及文武職事官三品以上、散官二品以上者。

八曰議賓，謂承先代之後爲國賓者。

條例

一、已革宗室之紅帶，已革覺羅之紫帶，犯事治罪，與旗人無異。交刑部照旗人例，枷號鎖禁完結。

《大清律例》卷四《名例律・應議者犯罪》 律

凡八議者犯罪，開具所犯事情，實封奏聞取旨，不許擅自勾問。若奉旨推問者，開具所犯罪名及應議之狀，先奏請議，議定，將議過緣由奏聞，取自上裁。

其犯十惡者，實封奏聞，依律議擬。不用此律。十惡，或專主謀反、叛逆言非也。蓋十惡之人，悖倫逆天，蔑禮賊義，乃王法所必誅。故特表之，以嚴其禁。

條例

一、凡應八議之人問鞫，不加考訊，皆據各證定罪。

一、三品以上大員革職拿問，不得遽用刑夾。有不得不刑訊之事，請旨遵行。

《大清律例》卷四《名例律・應議者之父祖有犯》 律

凡應八議者之祖父母、父母、妻及子孫犯罪，實封奏聞取旨，不許擅自勾問。若奉旨推問者，開具所犯及應議之狀，先奏請議，議定奏聞，取自上裁。

若皇親國戚及功臣八議之中，親與功爲最重。之外祖父母、伯叔父母、姑、兄弟、姊妹、女婿、兄弟之子，若四品、五品文武官之父母、妻未受封者。及應合襲廕子孫犯罪，從有司依律追問，議擬奏聞，取自上裁。其始難不必參提，其終亦不許擅決，猶有體恤之意焉。

其犯十惡、反逆緣坐及姦盜殺人受財枉法者，事發聽所在官司徑自提問。加常人罪一等。非倚勢而犯得概行加等。止坐犯人，不必追究其本主。不在上請之律。

若各衙門追問之際，佔吝不發者，并聽當該官司實封奏聞區處。謂有人于本管衙門告發，差人勾問。其皇親國戚及功臣佔吝不發出官者，并聽當該官司實封奏聞區處。

條例

一、凡滿洲、蒙古、漢軍官員軍民人等，除謀爲叛逆、殺祖父母父母、親伯叔兄及殺一家非死罪三人外，凡犯罪者，察其父祖并親伯叔兄弟及其子孫陣亡者，准免死一次。本身出征、負有重傷，軍前效力有據者，亦准免死一次。

一、響馬强盜雖曾出征負有重傷，及軍前效力有據，并父祖伯叔兄弟子孫陣亡，不得議免。

一、打死人命，雖已身出征負有重傷，及軍前效力有據，仍照律擬罪。

一、殺人重犯應擬死罪者，如伊祖父伯叔兄弟子孫陣亡，仍于本内叙明陣亡情由，具題。

一、强盜案内有護軍、披甲、閒散人等應正法者，如伊祖父伯叔兄弟子孫陣亡，并自身負有重傷及軍前效力有據，仍于本内叙明陣亡、效力情由，具題。

《大清律例》卷四《名例律·職官有犯》 律

凡在京在外大小官員，有犯公私罪名，所司開具事由，實封奏聞請旨，不許擅自勾問。指所犯事重者言，若事輕傳問，不在此限。若許准推問，依律議擬，奏聞區處，仍候覆准，方許判決。

若所屬官被本管上司非禮陵虐，亦聽開具陵虐實迹，實封徑自奏陳。其被參後，將原參上司列款首告者，不准行，仍治罪。

條例

一、各處大小土官有犯徒、流以上，依律科斷。其杖罪以下，交部議處。

一、廕生及恩拔歲副貢，監生有應題參處分者，聽各衙門題參。其例監生有事故應黜革者，不必題參，咨報國子監，國子監察明黜革，知照禮部。

一、給札歸農之人若恣肆虐民、占人廬舍、奪人田土、擾害地方者，該督撫掣回官札，照民例治罪。其人伍給札官員有犯，交部議處。

《大清律續纂條例》卷一《名例》 一、文武生員，犯該徒流罪以上等罪，地方官一面詳請斥革，一面即以到官之日，扣限審訊，不必俟學政批回，始行究擬。其情節本輕，罪止戒飭者，審明，移會該學教官，照例發落。詳報學政查覈。貢監生有犯同。

一、凡參革發審之案，查明被參之人。如係同知、遊擊以下等官，遴委道員審理，統令就近提齊款證，秉公確訊。其案内牽連被害之人，無關輕重者，該道府審明録供之後，即分別保釋。止將重罪要犯，帶至省内，由司覆勘，解院審擬完結。

《大清律例》卷四《名例律·文武官犯公罪》 凡一應不係私己，而因公事得罪者，曰公罪。

律

凡内外大小文武官犯公罪，該笞者，一十，罰俸一個月。二十、三十，各遞加一月。二十，罰二月；三十，罰四月。四十、五十，各遞加三月。四十，罰六月；五十，罰九月。該杖者，六十，罰俸一年。七十，降一級；八十，降二級；九十，降三級。俱留任。一百，降四級調用。如吏、兵二部《處分則例》，應降級革職戴罪留任者，仍照例留任。吏典犯者，笞杖決訖，仍留役。

條例

一、休職、病故旗員未完罰俸銀兩、無俸可扣者，照外省官員之例，概予免追。如本身係世襲官職，及休職有俸者，仍照數扣抵。

《大清律例》卷四《名例律·文武官犯私罪》 凡不因公事，己所自犯，皆爲私罪。

律

凡内外大小文官犯私罪，該笞者，一十，罰俸兩個月；二十，罰俸三個月；三十、四十、五十，各遞加三月。三十，罰六月；四十，罰九月；五十，罰一年。該杖者，六十，降一級；七十，降二級；八十，降三級；九十，降四級。俱調用。一百，革職離任。犯贓者不在此限。吏典犯者，杖六十以上，罷役。

條例

一、文武官員、舉人、監生、生員、冠帶官及吏典、兵役但有職役之人，犯姦、盜、詐僞并一應贓私罪名，俱發爲民。遇赦，取問明白，罪雖宥免，仍革去職役。

一、凡外任各官，遇有錢、糧、刑名事件，應行革職者，該督撫題參時即行摘印，委員署理，俟奉旨之日再行開缺。若有奉旨寬宥者，仍准復還原任。

《大清律例》卷四《名例律・以理去官》律　以理，謂以正道理而去，非有別項事故者。

凡任滿、得代、改除、致仕等官，與見任同。謂不因犯罪而解任者，若沙汰冗員、裁革衙門之類，雖爲事解任、降等，不追誥命者，并與見任同。封贈官，與其子孫正官同。其婦人犯夫及義絶不改嫁者，親子有官，止一體封贈。得與其子之官品同，謂婦人雖與夫家義絶，及夫在被出，其子有官者，得與子之官品同。爲母子無絶道故也。此等之人犯罪者，并依職官犯罪律擬斷。應請旨者請旨，應徑問者徑問，一如職官之法。

條例

一、子孫緣事革職，其父祖誥敕不追奪者，仍與正官同。若致仕及封贈官犯贓，與無祿人同科。

《大清律例》卷四《名例律・無官犯罪》律

凡無官犯罪，有官事發，所犯公罪笞杖以上，俱依律納贖。卑官犯罪，遷官事發，在任犯罪，去任考滿、丁憂、致仕之類事發，公罪笞杖以下，依律降罰，杖一百以上，依律科斷。本案黜革，笞杖以上，折贖俱免。若事干埋没錢糧、遺失官物，雖係公罪，事須追究明白。應賠償者賠償，應還官者還官。但犯一應私罪，并論如律。其吏典有犯公私罪名，各依本律科斷。

條例

一、無官犯贓，有官事發，照有官參提，以無祿人科斷。有官時犯贓，黜革後事發，不必參提，以有祿人科斷。

《大清律例》卷四《名例律・除名當差》律

凡職兼文武官犯私罪，罷職不叙，應追奪誥敕除名削去仕籍者，官階、勛爵皆除。不該追奪誥敕者，不在此限。僧道犯罪，曾經決罰者，追收度牒并令還俗。職官僧道之原籍軍民竈户，各從本色，發還原籍當差。

條例

一、凡失陷城池、行間獲罪，及貪贓革職，各官封贈俱行追奪，其別項革職者免追。

一、凡知縣以上及佐貳、雜職等官，因貪贓枉法革職者，任内有降罰案件，照例仍追編俸外，如佐雜等官實係因公挂誤，毋論任内降罰案件多寡，所有食過編俸，一概免其追賠。

《大清律例》卷五《名例律・同僚犯公罪》律

凡同僚犯公罪者，謂同僚官吏連署文案，判斷公事差錯，而無私曲者。并以吏典爲首，首領官減吏典一等，佐貳官減首領官一等，長官減佐貳官一等。官内如有缺員，亦依四等遞減科罪。本衙門所設官吏無四等者，止准見設員數遞減。若同僚官一人有私，自依故出入人罪私罪論，其餘不知情者，止依失出入人罪公罪論。謂如同僚連署文案官吏五人，若一人有私，自依故出入人罪論，其餘四人雖連署文案，不知有私者，止依失出入人罪論，仍依四等遞減科罪。

若下司申上司，事有差誤，上司不覺失錯准行者，各遞減下司官吏罪二等。謂如縣申州、州申府、府申布政司之類。若上司行下，事有差誤，而所屬依錯施行者，各遞減上司官吏罪三等。謂如布政司行府、府行州、州行縣之類。亦各以吏典爲首。首領、佐貳、長官依上減之。

《大清律例》卷五《名例律・公事失錯》律

凡官吏公事失錯，自覺舉者免罪。其同僚官吏同署文案，法應連坐者，一人自覺舉，餘人皆免罪。謂緣公事致罪而無私曲者，事若未發露，但同僚判署文案官吏一人能檢舉改正者，彼此俱無罪責。

其斷罪失錯于入已行論決者，仍從失入人罪論不用此律。謂死罪及笞杖已決訖，流罪已至配所，徒罪已應役，此等并爲已行論決，官司雖自檢舉，皆不免罪，各依失入人罪律減三等，及官吏等級遞減科之，故云不用此律。其失出人罪，雖已決放若未發露，能自檢舉貼斷者，皆得免其失錯之罪。其官文書稽程，官應連坐者，一人自覺舉，餘人亦免罪。承行主典之吏不免。謂文案小事，五日程；中事，十日程；大事，二十日程，此外不了是名稽程。官人自檢舉者，并得全免。惟當該吏典不免。若主典自舉者，并減二等。謂當該吏典自檢舉者，皆得減罪二等，官全免。

（清）沈書城《則例便覽》卷一一《虚懸城守》　官員因公事將城守倉獄事務交與不應交之人而去，及上司將城守官員不輸流傳喚盡行傳去，以致城空，或非緊要公件，將州縣官差調詳委者，雖於公事尚無貽誤，將

擅交之員并濫調之上司，俱罰俸一年。

（清）沈書城《則例便覽》卷一一《移駐規避》凡有委員駐劄地方，經督撫題準。該員仍戀居城邑不即移駐者，照規避例革職。該管地方官聽其規避不行詳報，及督撫司道不行揭參，被士民告發或科道糾參，將地方官，司道府降二，一級調用，督撫降一級留任。如該管官及司道府已經揭報，而督撫不行題參者，將督撫降一級調用，其揭報之官俱免議。如司道府等官不行揭報，經督撫糾參，將地方官，司道府降三，二級調用，督撫免議。

（清）沈書城《則例便覽》卷一一《九卿會議不齊》凡九卿、詹事、科道各官會議，秋審、朝審或有本衙門辦理要事，不能到班者，預行知會主稿衙門。如無故不到，照推諉事件例，罰俸一年。

（清）沈書城《則例便覽》卷一一《案件假手書吏》司道府等衙門一切案件，如不自作主張，假手書吏，致蠹書作奸者，照溺職例革職，督撫不行題參，降二級調用。

（清）沈書城《則例便覽》卷一一《推諉事件》官員將伊遲延事件推諉他人者，除按遲延月日處分外，因其推諉罰俸一年。若將應辦事件推諉他人者，罰俸一年。

（清）沈書城《則例便覽》卷一一《嚴禁宴游》在外官員居住各城有偷安，不早出堂理事，任意宴會嬉遊，事務叢積至夜辦理者，革職。

（清）沈書城《則例便覽》卷一一《經手事件遺漏》欽奉上諭竝特旨交辦事件，有遺失遺漏者，將經手之員降一級留任，再罰俸一年。如係平常事件，將經手之員降一級留任，該科給事中及稽察房侍讀中書，均罰俸一年。

（清）沈書城《則例便覽》卷一一《當月官公事錯誤》各部院衙門當月官掌管之事，如稽查上朝事件失誤，罰俸一個月。抄録上諭竝特交事件，不校對明確，致有舛錯，罰俸三個月。如奉傳不即赴抄，或抄出不即交發，以致遲延，罰俸三個月。呈送題奏本章，奏事録頭籤，皇上御門辦事及各衙門，該班奏事名單，致有污損，罰俸一個月。失誤者，罰俸一年。軍營夾板報匣掛號舛錯遺漏及呈送遲延，罰俸一年。交發報匣遲延錯誤，亦罰俸一年。接受文移知會竝應行文抄寫傳報，送交公務辦理遲延違誤及登記遺錯，罰俸三個月。收受假印文册不行，查出罰俸一年。收掌印信如有遺失，照遺失印信律議處，失誤請領鑰匙，擅開印封及遺失鑰匙，罰俸一年。監看印信如有詐爲文書，盜用印信，失於查察已行者，降一級調用。失察盜用印信，尚未施行，罰俸一年。漏用印信及全不用印，俱罰俸一年。庫門啓閉，不親身查驗封鎖，罰俸六個月。不實力稽查官兵皂役，以致竊失文書册籍存公銀兩者，罰俸一年。如係庫貯册寶祭器被竊，照遺失制書律議處，曠班員役，失於查出申報，罰俸三個月。署中失火，罰俸一年。失察賭博，罰俸三個月。閒人擅入竝牲畜損壞官署，及不能查察酗酒鬭毆，罰俸三個月。官員在署酗酒賭博，不行回堂，罰俸六個月。再各部院衙門章京筆帖式俱係輪流當月，如互相推諉以致曠班，將未經轉交離署之員，及推諉不接班之員，均罰俸一年。私離官署者，罰俸九個月。再各衙門有值宿官員，其各司署内有火燭、賭博、酗酒、鬭毆、竊失等項失於防範覺察，應將直宿官照當月官例議處，當月官免議，其各衙門設有管庫、管獄等官，一應庫獄地方，俱專責該管官經管，當月官應免查議。至各衙門公署損壞，以及皂役人等酗酒、鬭毆、賭博等事，俱係首領官專責，當月官止係夜間巡防約束，如係晝日失察，應將首領官議處。當月官免議，夜間失察，仍專責當月官。

（清）沈書城《則例便覽》卷一一《收文司員擅自駁回印文》各處印文到部，收文司員不行回堂，擅自駁回者，降三級調用，加級紀録不準抵銷。

（清）沈書城《則例便覽》卷一二《筆帖式臨考規避》現任筆帖式，遇三年應行考試之期，臨考規避，無故不到者，革職。

（清）沈書城《則例便覽》卷一二《官員調署別缺咨部彙奏》各省州縣佐雜，如有必須將實缺調署者，將緣由按季造册，咨報吏部，上季之册，務於下季到部，逾限不及一月，罰俸三個月。逾限一月以上，罰俸一年。竝查明通省實缺人員調署數在十分之二者，毋庸置議，至十分之三以外，將該督撫藩司照徇情例，降二級調用。

（清）沈書城《則例便覽》卷一三《謁見大臣》督撫司道府州縣等官赴任時，謁見在京大臣各官，或自任所差家人及子弟提塘人等來往者，革職。大臣官員不首者，亦革職。至家人子弟提塘往大臣各官家人家行

走，其主知者，革職。家人寬免，其主不知者，降二級。將兩家家人交刑部治罪，提塘斥革。其在京大臣各家拜見督撫司道府州縣等官，餽送裘馬等物，及差人至任所。若督撫司道府州縣等官不行舉出，將餽送差人之大臣各官，及不行舉出之督撫司道府州縣等官，亦俱革職。如督撫司道府州縣等官，向在京大臣各官因事營求或諂媚求譽餽送禮物者，將餽送收受之人，俱革職拿問。

（清）**沈書城《則例便覽》卷一三《州縣官員借送》** 欽差大臣官員下程，科歛百姓，照貪官例革職，提問督撫司道府廳等官，俱照失察貪官例處分。

（清）**沈書城《則例便覽》卷一三《餽送禮物》** 官員因事夤緣，餽送禮物與受，均革職，提問如雖未收受，不行出首者，將不首之官，罰俸一年。

（清）**沈書城《則例便覽》卷一三《申明憲綱》** 府州縣等官。並無公事謁見逢迎，竝赴省拜壽行賀夤緣通賄者，俱照餽送禮物例處分。

督撫差內使人等借訪事爲名，遍歷州縣竝督撫布按，自開便門，令官役出入傳事，俱革職。

督撫布按將遊客星卜及優伶人等，或留住省城，或轉送各府州縣抽豐，及在京官員貽書薦送者，俱照親友招搖撞騙例革職。

督撫布按，凡所應造册籍，投送各衙門。如有收取費用陋規，縱容屬員科歛累民，及任意灑派補庫變賣倉糧，而司道府不行揭報，督撫不行題叅者，俱照私派錢糧不行查出例，司道府官革職拿問，督撫革職。其有借稱錢糧準算部民子女者，將州縣官革職。提拿嚴審，司道府隱匿不報，或申報督撫不行題叅者，亦照私派錢糧不行查叅例議處。

修造兵械火藥船隻等項，捏報價值開銷者，革職提問，轉申官各降四級調用，奏銷督撫各降二級調用，如係通同多算者，俱革職提問。

官員有應追賠銀兩。分毫無完。該督撫代請豁免。及將官養驛馬擅發里民喂養。科取行户貨物等弊。庇縱不行題叅。將該督撫降三級調用。

（清）**沈書城《則例便覽》卷一三《官員與所屬紳衿私相交結》** 新選官員，有本處之人，在京餽送禮物，投拜門生者，係官革職。候選人員革去職銜，貢監生員革去衣頂，如新選官利其所贈，受其投拜者，革職。自行出首者，免議。若官員未入境時，本地紳衿差人持帖遠接交界，到公館排席迎風，到任後私相餽送，及拜爲門下，聯爲宗誼。本官不行禁革反收受禮物私相交結者，俱照在京交往餽送例查議，其上司與屬官私相交結往來餽送者，亦照此例處分。州縣道府各官著道府督撫兩司稽查如州縣官府道等官。有私相交往餽送情弊，而府道督撫兩司不行揭叅。將府道督撫兩司照徇庇例降三級調用。

（清）**沈書城《則例便覽》卷一三《告假回籍官員謁拜督撫有司》** 告假回籍之内外大員，翰詹科道等官，無端謁拜，與督撫有司結納，照不應重私罪律，降三級調用。督撫有司不行拒絶，亦照此例。

（清）**沈書城《則例便覽》卷一三《禁止遠迎遠送及供應勒索陋規》** 欽差大臣鄰境督撫，及本省各上司經過地方，概不許擅動驛馬探報。本省督撫司道等官，不許專差家人標弁迎送，有累驛馬，其經過地方離城一二里以内者，地方官即在城外迎送，總不得過一二里之數。如違將擅動驛馬，各員照私用驛遞夫馬例查議，違例遠出地方官，降一級調用。容隱不舉之上司，亦降一級調用。至新任上司入境，於風土民情應行詢問地方官，理應伺候登答。如督撫新蒞司道大員，許差役至本省境内迎接一次，府州縣官許於本管地方十里内躬迎，其竝不經由及經由離城十里以外之府州縣，概不準其迎接。如有迎接違例及上司容隱不舉，各照前例議處，司道府以下等官到任，屬員亦照此例遵行。倘地方各官有意諂媚，違例遠迎遠送，或因事營求，或乘便賄賂，照諂媚求譽例，革職拿問。各上司勒令迎送，照勒索下屬例，革職提問。地方官免議，至於安置公館，呈送下程酒席，及供應夫馬車船一切陋規，俱嚴行革除。如地方官仍有供應及各上司仍有勒索者，均照餽送禮物例，革職提問。督撫不行查叅，照徇情例降二級調用。上司隨役家人私自索取，本官不知情者，照失察衙役犯贓例，分別議處。如係知情故縱，則與本官求索無異，應革職治罪。其隨役家人一並交部究擬，併許被索之員據實詳揭，若濫行供應者，照濫給例降一級調用。倘上司因不遠迎遠送，備辦供應，别尋他事中傷者，降二級調用。

（清）**沈書城《則例便覽》卷一三《京官濫行結納》** 在京官員，濫行結納，照不謹例革職。

（清）**沈書城《則例便覽》卷一三《上司抑勒》** 凡上司藉訪事爲名，

家人衙役更番迭出，抑勒州縣，餽遺進奉者，革職。如州縣官揭報，而督撫不行題參，許該員開具實跡實封，徑達通政使奏聞事實，將該督撫照徇庇劣員例，降三級調用。

（清）沈書城《則例便覽》卷一三《激變衿民》 州縣官貪婪苛虐，激變衿民者，革職提問。督撫等徇情不行題參者，降二級調用。

（清）沈書城《則例便覽》卷一三《停止設法》 官員有以軍興急需爲名藉端設法科泒者，革職。侵欺入己者，革職提問。督撫不行題參，降三級調用。嗣後設法二字，永行停止。

（清）沈書城《則例便覽》卷一三《親友招搖》 官員縱容親友在任所招搖詐騙者，革職。失於覺察者，降一級調用。

（清）沈書城《則例便覽》卷一三《隨任子弟營私滋弊》 官員隨任子弟，借辦公事與人接見，致有營私滋弊等事，干涉本官者，即照應得罪名，革職治罪。如雖未營私滋弊，而聽其與人接見出入無忌者，照約束不嚴例，降一級調用。該管上司明知屬員信用子弟以致營私滋弊，不行查參，照徇庇例，降三級調用。僅止失察，降一級留任。兼轄各上司，俱罰俸一年。乾隆三十八年例

（清）沈書城《則例便覽》卷一三《勒薦幕賓長隨》 上司勒薦幕賓長隨，照將遊客優伶人等轉送各府州縣例革職，屬員徇隱不行揭報，照受囑不報例革職。若屬員營求上司，因所薦幕賓長隨有勾通行賄等弊，照貪緣餽送例議處。

上司將所交厚幕賓，令意所親厚之州縣代爲轉薦，照勒薦幕賓例議處，其代爲轉薦及明知轉薦延請之屬員，均照受囑不報例議處。

（清）沈書城《則例便覽》卷一三《嚴禁科道官員交結滋事》 科道官員，有希圖利己，及允受囑託引奏，結交朋黨，作奸誣陷者，照例革職。交與刑部，其告假、終養、丁憂之科道官員，有包攬錢糧、干預詞訟，竝遍遊各省生事，晋謁督撫，挾詐有據者，亦行革職。交與刑部，該地方官隱匿不報，降二級調用。督撫不行糾參，降一級留任。

（清）沈書城《則例便覽》卷一三《屬員與上司親戚子姪貪緣餽送》 屬員與上司親戚子姪，有乘便貪緣因事賄囑者，應按律分別革職治罪外，其上司之子姪親戚有官職者，經過屬員境內，拜候往來，屬員亦趨承供應餽送，均照不應重私罪律，降三級調用。上司之子姪等無官職者，照不應重律治罪，該上司自行查出，將親戚子姪並屬員參處者，免議。未經查出，照約束不嚴例，降一級調用。如係知而不舉，照徇庇例，降三級調用。如有貪緣賄囑等事，通同徇縱者，一併分別革職治罪。

（清）沈書城《則例便覽》卷一三《上司書役與屬員互相拜謁》 上司衙門書役拜謁屬員，該屬員不行舉報者，照應申上而不申上私罪律，罰俸九個月。如容隱不報，復私相往來者，照不應重私罪律，降三級調用。其該管書役之各上司不行訪察參揭拿究者，照約束不嚴例，降一級調用。

（清）沈書城《則例便覽》卷一三《上司衙役索銀屬員徇隱》 上司衙役索銀，屬員受囑徇隱者，革職。

（清）沈書城《則例便覽》卷一三《在籍吏員與州縣雜職往來請託》 州縣佐雜等官，與在籍候選之吏員往來請託事發，均照因事囑托例，革職。

（清）沈書城《則例便覽》卷一三《禁革坐省坐府聽差》〔修改〕 各省府州縣官。將坐省坐府聽差悉行革去，不許仍留省府，該上司亦不得差傳。如違將本官降一級調用，不準抵銷，該上司不嚴行禁革，降一級留任。

（清）沈書城《則例便覽》卷一三《嚴禁督撫等令屬員購買物件》〔續纂〕 各省督撫等衙門，如有交首縣中軍購買物件者，照違制私罪律革職。首縣中之軍，照溺職例革職。其有勒令屬員買送物件，及短發價值，或屬員亦藉此短領價值逢迎餽送者請旨革職治罪。藩臬以下官員有交所屬員弁買辦物件者亦照此辦理。

紀事

（清）陸增祥《八瓊室金石祛僞》第一編《未題朝代·嘉禾紀瑞刻石漢元狩二年》 永初六年，安帝下詔曰：建武元功二十八將，佐命虎臣，讖記有徵，蓋蕭曹紹封，傳繼於今，況此未遠，而或至乏祀，朕甚愍之，其條二十八將無嗣絶世，若犯罪奪國，其子孫當統後者，分別署狀上。將

及景風，章敘舊德，顯茲遺功焉。

《史記》卷一〇七《魏其武安侯列傳》 元朔三年，武安侯坐衣襜褕入宮，不敬。

《三國志》卷五九《吳志·孫霸傳》 基侍孫亮在內，太平二年，盜乘御馬，收付獄。亮問侍中刁玄曰：盜乘御馬罪云何？玄對曰：科應死。然魯王早終，惟陛下哀原之。亮曰：法者，天下所共，何得阿以親親故邪？當思惟可以釋此者，奈何以情相迫乎？玄曰：舊赦有大小，或天下，亦有千里、五百里赦，隨意所及。亮曰：解人不當爾邪！乃赦宮中，基以得免。孫晧即位，追和、霸舊隙，削基、壹爵土，與祖母謝姬俱徙會稽烏傷縣。

（宋）王欽若等《册府元龜》卷六一五《刑法部·議讞》 何尚之爲尚書令，時丞相、南郡王義宣、車騎將軍臧質反，義宣司馬竺超民、臧質長史陸展兄弟並應從誅。尚之上言曰：刑罰得失，治亂所繇。聖賢留心，不可不慎。竺超民爲義宣司馬，賊既遁走，一夫可禽，非惟免愆，亦可要不義之賞。而超民曾無此意，微足觀過知仁。且爲官保全城府，謹守庫藏，端坐待縛。今戮及兄弟，同之巨逆，於事爲重。臣豫蒙顧待自殊，凡隷苟有所懷，不敢自默。超民坐者，繇此得原。

蔡興宗爲廷尉，解士先告申坦昔與丞相義宣同謀。坦已死，子令孫時作山陽郡，自繫廷尉。興宗議曰：若坦昔爲戎首，身今尚存，累經肆眚，猶應蒙宥。令孫天屬，理相爲隱。況人亡事遠，追相誣訐，斷以禮律，義不合關。若士先審知逆謀，當時即應聞啓。苞藏積年，發因私怨，況稱風聲路傳，實無定主。而干黷欺罔，罪令極法。又有訟民嚴道恩等二十二人，事未洗正，勑以當訊，權繫尚方。興宗以訟民本在求理，故不加械。即若廣繫尚方，於事爲苦。又司徒前劾送武康令謝沈及郡縣尉還職司十一人，坐仲良鑄錢不禽，久已判結。又送郡主簿丘元敬等九人，或下疾假，或去職已久，又加執啓，事悉見從。

《南齊書》卷三九《陸澄傳》 建元元年，驃騎諮議沈憲等坐家奴客爲刼，子弟被劾，憲等晏然。左丞任遐奏澄不糾，請免澄官，澄上表自理曰：周稱舊章，漢言故事，爰自河雒，降逮淮海，朝之憲度，動尚先準。若乃任情違古，率意專造，豈謂酌諸故實，擇其茂典？案遐啟彈新除諮議叅驃騎大將軍軍事沈憲、太子庶子沈曠并弟息，勑付建康，而憲被使，曠受假，俱無歸罪事狀，臣以不糾憲等爲失。伏尋晋宋左丞案奏，不乏於時，其及中丞者，從來殆無。王獻之習達朝章，近代之宗，其爲左丞，彈司徒屬王濛憚罰自解，屬疾遊行，初不及中丞。桓祕不奔山陵，左丞鄭襲不彈祕，直彈中丞孔欣時，又云别攝蘭臺檢校，此徑彈中丞之謂。唯左丞庾登之奏鎮北檀道濟北伐不進，致虎牢陷沒，蕃岳宰臣，引咎謝侵，而責帥之劾，曾莫奏聞，議收治道濟，免中丞何萬歲。夫山陵情敬之極，北伐專征之大，祕霸季之貴，道濟元勲之盛，所以咎及南司，事非常憲，然祕事猶非及中丞也。今若以此爲例，恐人之貴賤，事之輕重，物有其倫，不可相方。左丞江奥彈段景文，又彈裴方明，左丞甄法崇彈蕭珍，又彈杜驥，又彈段國，又彈范文伯，左丞羊玄保彈蕭汪，左丞殷景熙彈張仲仁，兼左丞何承天彈吕萬齡，並不歸罪，皆爲重劾。凡茲十彈，差是憲曠之比，悉無及中丞之議。左丞荀萬秋、劉藏、江謐彈王僧朗、王雲之、陶寶度，不及中丞，最是近例之明者。謐彈在今龕暨之後，事行聖照。遠取十奏，近徵二案，自宜依以爲體，豈得捨而不遵。臣竊此人乏，謬奉國憲。今遐所糾，既行一時，若默而不言，則向爲來準，後人被繩，方當追請，素飡之責，貽塵千載。所以備舉顯例，弘通國典，雖有愚心，不在微躬。請出臣表付外詳議，若所陳非謬，裁邀天鑒。詔委外詳議。尚書令褚淵奏：宋世左丞荀伯子彈彭城令張道欣等，坐界刼累發不禽，免道欣等官。中丞王淮不糾，亦免官。左丞羊玄保彈豫州刺史管義之譙梁羣盜，免義之官。中丞傅隆不糾，亦免隆官。左丞羊玄保又彈兗州刺史鄭從之濫上布及加課租綿，免從之官。中丞傅隆不糾，免隆官。左丞陸展彈建康令丘珍孫、丹陽尹孔山士刼發不禽，免珍孫、山士官。中丞何勗不糾，亦免勗官。左丞劉矇彈青州刺史劉道隆失火燒府庫，免道隆官。中丞蕭惠開不糾，免惠開官。左丞徐爰彈左衛將軍薛安都屬疾不直，免安都官。中丞張永結免。澄謏聞膚見，貽撓後昆，上掩皇明，下籠朝識，請以見事免澄所居官。詔曰：澄表據多謬，不足深劾，可白衣領職。

《南齊書》卷四九《王奂傳》 〔永明十一年〕奂輒殺寧蠻長史劉興祖，上大怒，使御史中丞孔稚珪奏其事曰：雍州刺史王奂啟録小府長史劉興祖，虛稱興祖扇動山蠻，規生逆謀，誑言誹謗，言辭不遜。勑使送興

祖下都，奐慮所啟欺妄，於獄打殺興祖，詐啟稱自經死。止今體傷楗蒼黯，事暴聞聽。攝興祖門生劉倪到臺辨問，列興祖與奐共事，不能相和，自去年朱公恩領軍征蠻失利，興祖啟聞，以啟呈奐，奐因此便相嫌恨。若云興祖有罪，便應事在民間，民間恬然，都無事迹。去十年九月十八日，奐使仗身三十人來，稱勑録興祖付獄。安定郡蠻先在郡贓私，興祖既知其取與，即牒啟，奐不問。興祖後執録，奐仍令蠻領仗身於獄守視。興祖未死之前，於獄以物畫漆柈子中出密報家，道無罪，令啟乞出都一辨，萬死無恨。又云：奐駐興祖嚴禁信使，欲作方便，殺以除口舌。又云：奐意乃可，奐第三息彪隨奐在州，凡事是非皆干豫，扇構密除興祖。又云：興祖家餉糜中下藥，食兩口便覺，回乞獄子，食者皆大利。興祖大叫道糜中有藥，近獄之家，無人不聞。又云：奐治著興祖日急，判無濟理。十一月二十一日，奐使獄吏來報興祖家，道興祖於獄自經死。尸出，家人共洗浴之，見興祖頸下有傷，肩胛烏黯，陰下破碎，實非興祖自經死。家人及門義共見，非是一人。重攝檢雍州都留田文喜，列與倪符同狀。興祖在獄，嗛苦望下，既蒙降旨，欣願始遂，豈容於此，方復自經？勑以十九日至，興祖以二十一日死，推理檢迹，灼然矯假。尋勑使送下，奐輒拒詔，所謗諸條，悉出奐意。毀故丞相陳顯達，誹訕朝事，莫此之深。彪私隨父之鎮，敢亂王法，罪竝合窮戮。

《南齊書》卷四二《蕭誕傳》　誕字彦偉，永明中爲建康令，與秣陵令司馬迪之同乘行，車前導四卒。左丞沈昭略奏：凡有鹵簿官，共乘不得兼列騶寺，請免誕等官。詔贖論。

《南齊書》卷四四《徐孝嗣傳》　孝嗣奏曰：風聞山東羣盜剽掠列城，雖匪日而殄，要蹔干王略，郡縣闕攻守之宜，倉府多侵耗之弊，舉善懲惡，應有攸歸，吴郡所領塩官令蕭元蔚、桐廬令王天愍、新城令陸赤奮等，縣爲白刼破掠，竝不經格戰，委職散走。元蔚、天愍還臺，赤奮不知所在。又錢唐令劉彪、富陽令何洵，乃率領吏民拒戰不敵，未委歸臺。餘建德、壽昌，在刼斷上流，不知被刼掠不？吴興所領余杭縣被刼，破令樂琰乃率吏民徑戰不敵，委走出都。會稽所領諸暨縣，爲刼所破，令陵琚之不經格戰，委城奔走，不知所在。案元蔚等妄藉天私，作司近服，昧斯隱慝，職啟虔劉。會稽郡丞張思祖謬因承乏，總任是尸，涓誠勿效，終焉無紀。平東將軍吴郡太守文季、征虜將軍吴興太守西昌侯鸞，任屬關河，威懷是寄。輒下禁止彪、琰、洵、思祖、文季視事如故，鸞等結贖論。詔元蔚等免，思祖、鸞、文季原。

《南齊書》卷四一《孫緬傳》　〔張融〕請假奔叔父喪，道中罰幹錢敬道鞭杖五十，寄繫延陵獄。大明五年制，二品清官行僮幹杖，不得出十。爲右丞孫緬所奏，免官。

《梁書》卷一四《江淹傳》　少帝初，〔江淹〕以本官兼御史中丞時明帝作相，因謂淹曰：君昔在尚書中，非公事不妄行，在官寬猛能折衷。今爲南司，足以震肅百寮。淹答曰：今日之事，可謂當官而行，便恐才劣志薄，不足以仰稱明旨耳。於是彈中書令謝朏、司徒左長史王繢、護軍長史庾弘遠，並以久病不預山陵公事又奏前益州刺史劉悛、梁州刺史陰智伯，並贓貨巨萬，輒收付廷尉治罪。臨海太守沈昭畧、永嘉太守庾曇隆及諸郡二千石，并大縣官長多被劾治，内外肅然。

《梁書》卷九《曹景宗傳》　〔天監〕二年十月，魏寇司州，圍刺史蔡道恭。是魏攻日苦，城中負版而汲，景宗望門不出，但耀軍遊獵而已。及司州城陷，爲御史中丞任昉所奏，高祖以功臣寢而不治。

《梁書》卷一六《王亮傳》　〔天監四年〕夏，高祖讌於華光殿，謂羣臣曰：朕日昃聽政，思聞得失，卿等可謂多士，宜各盡獻替。尚書左丞范縝起曰：司徒謝朏本有虚名，陛下擢之如此，前尚書令王亮頗有治實，陛下棄之如彼，是愚臣所不知。高祖變色，曰：卿可更餘言。縝固執不已。高祖不悦。御史中丞任昉因奏曰：臣聞息夫歷詆，漢有正刑；白褒一奏，晋以明罰。況乎附下訕上，毀譽自口者哉。風聞尚書左丞臣范縝，自晋安還，語人云，我不諂餘人，唯諂王亮。不餉餘人，唯餉王亮。輒收縝白從左右萬休到臺辨問，與風聞符同。又今月十日，御餞梁州刺史臣珍國，宴私既洽，羣臣並已謁退，時詔留侍中臣昂等十人，訪以政道。縝不荅所問，而横議沸騰，遂貶裁司徒臣朏，褒舉庶人王亮。臣於時預奉恩留，肩隨並立，耳目所接，差非風聞。竊尋王有遊豫，親御軒陛，義深推轂，情均湛露酒闌宴罷，當扆正立，記事在前，記言在後，軫早朝之念，深求瘼之情，而縝言不遜，妄陳褒貶，傷濟之風，缺側席之望。不有嚴裁，憲準將頹，縝即主。臣謹案：尚書左丞臣范縝，衣冠緒餘，言

行舛駮，誇諧里落，喧詬周行，曲學諛聞，未知去代，弄口鳴舌，祇足飾非。乃者，義師近次，績丁罹艱棘，曾不呼門，墨縗景附，頗同先覺，實奉龍顏。而今黨協釁餘，翻爲矛楯，人亦無恒，成茲姦詖。日者，飲至策勳，功微賞厚，出守名邦，入司管轄，苞篚罔遺，而假稱折轅，衣裾所弊，讒激失所，許與疵廢，廷辱民宗。自居樞憲，糾奏寂寞，顧望縱容，無至公之議，惡直醜正，有私訐之談。宜寘之徽纆，肅正國典。臣等參議，請以見事免績所居官，輒勒外收付廷尉法獄治罪，應諸連逮，委之獄官，以法制從事。績位應黄紙，臣輒奉白簡。詔聞可。璽書詰績曰：亮少乏才能，無聞時輩，昔經冒入羣英，相與豈薄，晚節諂事江祏，爲吏部末，又協附梅蟲兒、茹法珍，遂執昏政。比屋罹禍，盡家塗炭，四海沸騰，天下横潰，此誰之咎！食亂君之禄，不死於治世。亮協固凶黨，作威作福，靡衣玉食，女樂盈房，勢危事逼，自相吞噬。建石首題，啟靡請罪，朕録其白旗之來，貰其既往之咎，亮反覆不忠，姦賄彰暴，有何可論？妄相談述，具以狀對。所詰十條。績答支離而已。

《梁書》卷一〇《蕭穎達傳》 御史中丞任昉奏曰：臣聞貧觀所取，窮視不爲。在於布衣，窮居介然之行，尚可以激貪厲俗，惇此薄夫，況乎伐冰之家，爭雞豚之利；衣繡之士，受賈人之服。風聞征虜將軍臣蕭穎達啟乞魚軍稅，輒攝穎達宅督彭難當到臺辨問，列稱尋生魚典稅，先本是鄧僧琰啟乞，限訖今年五月十四日。主人穎達，於時謂非新立，仍啟乞接代僧琰，即蒙降許登稅，與史法論一年收直五十萬。如其列狀，則與風聞符同，穎達即主。臣謹案，征虜將軍、太子左衛率作唐縣開國侯臣穎達，備位大臣，預聞執憲，私謁亟陳，至公寂寞。屠中之志，異乎鮑肆之求；魚飧之資，不俟潛有之數。遂復申茲文二，追彼十一，風體若茲，準繩斯在。陛下弘惜勳良，每爲曲法，臣當官執憲，敢不直繩。臣等參議，請以見事免穎達所居官，以侯還第。有詔原之。

《魏書》卷二一《趙郡王傳》 〔趙郡王〕幹貪淫不遵典法，御史中尉李彪將糾劾之。會遇幹於尚書下舍，因屏左右而謂幹曰：殿下，比有風聞，即欲起彈，恐損聖明委託之旨，若改往修來，彪當不言，脫不悛改，夕聞旦發。而幹悠然不以爲意。彪乃表彈之。高祖省之忿惋，詔幹與北海王詳，俱隨太子詣行在所。既至，詳獨得朝見，幹不蒙引接。密令左右察其意色，知無憂悔，乃親數其過，杖之一百，免所居官，以王還第。

《魏書》卷六二《高道悅傳》 〔孝文〕車駕南征，徵兵秦雍，大期秋季閱集雒陽。道悅以使者治書御史薛聰侍御主文中散元志等，稽違期會，奏舉其罪。又奏兼左僕射吏部尚書任城王澄位總朝政，任屬戎機，兵使會否，曾不檢奏，尚書左丞公孫良職維樞轄，蒙冒莫舉，請以見事免良等所居官。

《魏書》卷六二《李彪傳》 車駕南伐，彪兼度支尚書，與沖及任城王等參理留臺事。彪素性剛豪，與沖等議意乖異，遂形於聲色，殊無降下之心，自謂身爲法官，莫能糺劾己者，遂多專恣。沖積其前後罪過乃於尚書省禁止彪，上表曰：臣聞範國匡人，光化昇治，輿服典章，理無蹔失，故晉文功建九合，猶見抑於請隧；季氏藉政三世，尚受譏於璵璠。固知名器之重，不可以妄假。先王既憲章於古，陛下又經綸於今，用能車服有叙，禮物無墜。案臣彪昔於凡品，特以才拔，等望清華，司文東觀，綢繆恩眷，繩直憲臺，左加金璫，右珥蟬冕，東省宜感恩勵節，忠以報德，而竊名忝職，身爲違傲，負勢高亢，公行僭逸，坐於禁省，冒取官財，輒駕乘黄，無所憚懾，肆志傲然，愚聾視聽，此而可忍，誰不可懷，臣輒集尚書已下、令史已上，并治書御史臣酈道元等於尚書都座，以彪所犯罪狀告彪，訊其虛實，若或不知，須訊部下。彪答臣言：事見在目，實如所劾，皆彪所知，何須復召部下。臣今請以見事免彪所居職，付廷尉治獄。沖又表曰：臣與彪相識以來，垂二十載，彪始南使之時，見其色厲辭辨、才優學博，臣之愚識，謂是拔萃之一人。及彪位宦升達，參與言燕，聞彪評章古今，商略人物，興言於侍筵之次，啟論於衆英之中，賞忠識正，發言懇惻，惟直是語，辭無隱避。雖復諸王之尊，侍近之要，至有是非，多面抗折，酷疾矯詐，毒惡非違，厲色正辭，如鷹鸇之逐雀，懍懍然實似公清之操。臣雖下才，輒亦尚其梗概，欽其正直，微識其褊急之性而不以爲瑕，及其初登憲臺，始居司直，首復騶唱之儀，肇正直繩之體，當時識者僉以爲難，而彪秉志信行，不避豪勢，其所彈劾，應弦而倒。赫赫之威，振於下國；肅肅之稱，著自京師。天下改目，貪暴斂手。臣時見其所行，信謂言行相符，忠清內發，然時有私於臣云其威暴者，臣以直繩之官，人所忌疾，風謗之際，易生音謠，心不承信。往年以河陽事，曾與彪在領軍

府共太尉、司空及領軍諸卿等，集閱廷尉所問囚徒，時有人訴枉者，二公及臣少欲聽採，語理未盡，彪便振怒，東坐攘袂揮赫，口稱賊奴，叱叱左右，高聲大呼云，南臺中取我木手去，搭奴肋折。雖有此言，終竟不取。即言南臺所問，惟恐枉活，終無枉死，但可依此。時諸人以所枉至重有首實者多，又心難彪，遂各嘿爾。因緣此事，臣遂心疑有濫，審加情察，知其威虐，猶未體其採訪之由，訊簡之狀。商略而言，錯急小罪，肅禁爲大，會而言之，猶謂益多損少，故懷寢所疑，不以申徹，實失爲臣知無不聞之義。及去年大駕南行以來，彪兼尚書，曰夕共事，始乃知其言與行舛，是己非人，專恣無忌，尊身忽物，安己凌上，以身作之過，深劾他人，己方事人，好人佞己。聽其言，同振古忠恕之賢，校其行，是天下佞暴之賊。臣與任城，卑躬曲己，若順弟之奉暴兄，其所欲者，事雖非禮，無不屈從。依事求實，悉有成驗，如臣列得實，宜殛彪於有北，以除姦矯之亂政，如臣無證，宜投臣於四裔，以息青蠅之白黑。高祖在懸瓠，覽表歎愕曰：何意留京如此也！有司處彪大辟，高祖恕之，除名而已。

《魏書》卷一九《廣平王傳》　時世宗委政於〔高〕肇，朝廷傾憚，惟匡與肇抗衡。先自造棺，置於廳事，意欲輿棺詣闕，論肇罪惡，自殺切諫。肇聞而惡之。後因與太常卿劉芳議争權量，遂與肇聲色。御史中尉王顯奏匡曰：自金行失御，羣偽競興，禮壞樂崩，彝倫攸斁。大魏應期，奄有四海。高祖孝文皇帝以睿聖統天，克復舊典。乃命故中書監高閭，廣旌儒林，推尋樂府，依據六經，參諸國志，以黍裁寸，將均周漢舊章。屬雲構中遷，尚未云就。高祖睿思玄深，參考經記，以一黍之大，用成分體，準之爲尺，宣布施行。暨正始中，故太樂令孫公崇輙自立意，以黍十二爲寸，別造尺度，定律刊鍾，皆向成訖，表求觀試。時敕太常卿臣劉芳，以崇造既成，請集朝英，議其得否。芳疑崇尺度與先朝不同，察其作者，於經史復異，推造勘據，非所宜行。時尚書令臣肇、清河王懌等以崇造乖謬，與周禮不同，遂奏臣芳依周禮更造，成訖量校，從其善者。而芳以先朝尺度，事合古典，乃依前詔書，以黍刊寸，並呈朝廷，用裁金石。於時議者多云芳是。唯黄門侍郎臣孫惠蔚與崇扶同。二途參差，頻經考議。而尚書令臣肇以芳造。崇物故之後，而惠蔚亦造一尺，仍云扶。以比崇尺，自相乖背，量省二三，謂芳爲得。而尚書臣匡表云劉、孫二尺，長短相傾，稽考兩律，所容殊異，言取中黍，較比二家，云並參差，抑中無所，自立一途，請求議判。當時議者，或是於匡，兩途舛駁，未即時定。肇又云，權斛斗尺，班行已久，今者所論，豈喻先旨。宜仰依先朝故尺爲定。自爾以後，而匡與肇厲言都座，聲色相加，高下失其常倫，噂競無復彝序。匡更表列，據己十是，云芳十非。又云：肇前被敕旨，共芳營督，規立鍾石之名，希播製作之譽，乃憑樞衡之尊，藉舅氏之勢，與奪任心，臧否自己，阿黨劉芳，遏絶臣事。望勢雷同者接以恩言，依經案古者即被怒責。雖未指鹿化馬，移天徙日，實使蘊藉之士，聳氣坐端，懷道之夫，結舌筵次。又言：芳昔與崇競，恒言自作，今共臣論，忽稱先朝，豈不前謂可行，輙欲自取，後知錯謬，便推先朝。殊非大臣之體，深失爲下之義。復考校勢臣之前，量度偏頗之手，臣必刖足内朝，抱璞人外。囂言肆意，彰於朝野。然匡職當出納，獻替所在，斗尺權度，正是所司。若己有所見，能練臧否，宜應首唱義端，早辨諸惑，何故默心隨從，不關一言，見芳成事，方出此語？計芳才學，與匡殊懸，所見淺深，不應相匹。今乃始發，恐此由心，借智於人，規成虚譽。况匡表云：所據銅權，形如古誌，明是漢作，非莽别造。及案權銘云，黄帝始祖，德布於虞，虞帝始祖，德布於新。若莽佐漢時事，寧有銘偽新之號哉。又尋莽《傳》云：莽居攝，即變漢制度。考校二證，非漢權明矣。復云，芳之所造，又短先朝之尺。臣既比之，權然相合。更云：芳尺與千金堰不同，臣復量比，因見其異，二三浮濫，難可復準。又云：共構虚端，妄爲疑似，託以先朝，云非己製。臣按此欺詐，乃在於匡，不在於芳，何以言之？芳先被敕，專造鍾律，管籥優劣，是其所裁，權斛尺度，本非其事，比前門下索芳尺度，而芳牒報云：依先朝所班新尺，復應下黍，更不增損，爲造鍾律，調正分寸而已。檢匡造時，在牒後一歲，芳於爾日，匡未共爭，已有此牒，豈爲詐也。計崇造寸，積黍十二，羣情共知，而芳造寸，唯止十黍，亦俱先朝詔書。以黍成寸，首尾歷然。寧有輙欲自取之理，肇任居端右，百僚是望，言行動静，必副具瞻，若恃權阿黨，詐託先詔，將指鹿化馬，徙日移天，即是魏之趙高，何以宰物。肇若無此，匡既誣毁宰相，訕謗明時。豈應談議之間，便有指鹿之事；可否之際，輕生刖足之言。趙高矯感惑，事屬衰秦；卞和抱璞，時遇暴楚。何宜以濟濟之朝，而有斯

謗者哉！阻惑朝聽，不敬至甚，請以肇、匡並禁尚書，推窮其原，付廷尉定罪。詔曰可。有司奏匡誣肇，處匡死刑。世宗恕死，降爲光禄大夫。

《魏書》卷一九《任城王傳》澄又奏曰：臣聞賞必以道，用防淫人之姦，罰不濫及，以戒良士之困。刑者，侀也。每垂三宥，秉律執請，不得已而用之。是故小大之獄，察之以情，一人呼嗟，或虧王道，刑罰得失，乃興廢之所由也。竊聞司州牧高陽王臣雍栲殺奉朝請韓元昭、前門下録事姚敬賢，雖因公事，理實未盡，何者？太平之世，草不横伐，行葦之感，事驗隆周，若昭元等狀彰，死罪以定，應刑於都市，與衆棄之。如其疑似不分，情理未究，不宜以三清九流之官，杖下便死，輕絶民命，傷理敗法。往年州於大市鞭殺五人，及檢贓狀，全無寸尺。今復酷害，一至於此，朝野云云，咸懷驚愕，若殺生在下，虐專於臣，人君之權，安所復用。自開古以來，明明之世，未聞斯比也。武王曰，吾不以一人之命而易天下，蓋重民命也。請以見事付廷尉推究，驗其爲劫之狀，察其栲殺之理，使是非分明，幽魂獲雪。詔從之。

《魏書》卷三一《于栗磾傳》御史中尉元匡奏曰：臣聞事主不以幽貞革心，奉上不以趣捨虧節，是以倚秦宮而慟哭，復楚之功已多，陟盧龍而樹勣，廣魏之勳不淺。而中包避賞，君子於是義之；田疇拒命，良史所以稱美。竊唯宮車晏駕，天人位易，正是忠臣孝子致節之秋。前領軍將軍臣忠不能砥礪名行，自求多福，方因矯制，擅相除假，清官顯職，歲月隆崇。臣等在藩之時，乃心家國，書詣往來，憤氣成疚，傷禮敗德。臣忠即主。謹案臣忠世以鴻勳盛德，受遇累朝，出入承明，左右機近，幸國大災，肆其愚戇，專擅朝命，無人臣之心。裴郭受冤於既往，宰輔黜辱於明世。又自矯旨爲儀同三司、尚書令、領崇訓衛尉，原其此意，便欲無上自處。既事在恩後，宜加顯戮。請御史一人、令史一人就州行決。崔光與忠雖同受召，而謂光既儒望，朝之禮宗，攝心虚遠，不關世務，但忠以光聲望崇重故逼光，光若不同，又有危禍，伏度二聖欽明，深垂昭恕。而自去歲正月十三日，世宗宴駕以後，八月一日皇后未親覽以前，諸有不由階級而權臣用命，或發門下詔書，或由中書宣勅，擅相拜受者，已經恩宥，正可免其叨竊之罪。即非時望，朝野所知，冒階而進者，並求追奪。靈太后令曰：直繩所糾，實允朝憲。但忠事經肆眚，又蒙特原，無宜追罪，餘如奏。

《隋書》卷六六《郎茂傳》〔郎〕茂工法理，為世所稱。時工部尚書宇文愷、左翊衛大將軍于仲文競河東銀窟。茂奏劾之曰：臣聞貴賤殊禮，士農異業，所以人知局分，家識廉恥。宇文愷位望已隆，禄賜優厚，拔葵去織，寂爾無聞，求利下交，曾無愧色。于仲文大將，宿衛近臣，趨侍階庭，朝夕聞道，虞芮之風，抑而不慕，分銖之利，知而必争。何以貽範庶寮，示民軌物，若不糾繩，將虧政教。愷與仲文竟坐得罪。

《隋書》卷六二《趙綽傳》趙綽，河東人也，性質直剛毅。【略】高祖受禪，授大理丞。處法平允，考績連最，轉大理正。尋遷尚書都官侍郎，未幾轉刑部侍郎。治梁士彦等獄，賜物三百段，奴婢十口，馬二十匹。每有奏讞，正色侃然，上嘉之，漸見親重。上以盜賊不禁，將重其法。綽進諫曰：陛下行堯、舜之道，多存寛宥。況律者天下之大信，其可失乎！上忻然納之，因謂綽曰：若更有聞見，宜數陳之也。遷大理少卿。

（宋）王欽若等《册府元龜》卷六一九《刑法・深文》隋蘇威爲内史令，脩格令章程，並行於當世，然頗傷苛碎，論者以爲非簡久之法。趙仲卿爲簡較司農卿，蜀王秀之得罪，奉詔往益州窮案。秀之賓客經過處，仲卿必深文致法，州縣長吏坐者大半。文帝以爲能，賞奴婢五十口，黄金二百兩，米粟五千石，奇珍雜物稱是。劉子通爲大理寺丞，性愛深文，每隨牙奏獄，能承順帝意。

《舊唐書》卷一八五《李素立傳》武德初爲監察御史。時有犯法不至死者，高祖特命殺之，素立諫曰：三尺之法，與天下共之，法一動摇則人無所措手足。陛下甫創鴻業，遐荒尚阻，奈何輦轂之下，便棄刑書？臣忝法司，不敢奉旨。高祖從之。

《舊唐書》卷七〇《戴胄傳》〔戴胄〕貞觀元年，遷大理少卿，時吏部尚書長孫無忌嘗被召，不解佩刀入東上閣。尚書右僕射封德彝議以監門校尉不覺，罪當死；無忌誤帶入，罰銅二十斤。上從之。胄駁曰：校尉不覺與無忌帶入，同爲誤耳。臣子之於尊極，不得稱誤，準律云：供御湯藥、飲食、舟船，誤不如法者，皆死。陛下若録其功，非憲司所決；若當據法，罰銅未爲得衷。太宗曰：法者，非朕一人之法，乃天下之法

也，何得以無忌國之親戚，便欲阿之？更令定議。德彝執議如初，太宗將從其之議，冑又曰：校尉緣無忌以致罪，於法當輕。若論其誤，則爲情一也，而生死頓殊，敢以固請。帝嘉之，竟免校尉之死。

（宋）沈樞《通鑑總類》卷二下《公法門·唐太宗不私龐相壽》　貞觀三年，濮州刺史龐相壽，坐貪汚，解任。自陳嘗在秦王幕府，上憐之，欲聽還舊任，魏徵諫曰：秦府左右中外甚多，恐人人皆恃恩私，是使為善者懼。上欣然納之，謂相壽曰：我昔為秦王，乃一府之主，今居大位，乃四海之主，不得獨私故人，大臣所執如是，朕何敢違？賜帛遣之，相壽流涕而去。

《舊唐書》卷七七《劉德威傳》　貞觀初，歷大理、太僕二卿，加金紫光祿大夫。俄出爲綿州刺史以廉平著稱，百姓爲之立碑。尋檢校益州大都督府長史。十一年，復授大理卿。太宗嘗問之曰：近來刑網稍密，其過安在？德威奏言：誠在主上，不由臣下。人主好寬則寬，好急則急。律文失入減三等，失出減五等。今則反是，失入則無辜，失出便獲大罪。所以吏各自愛，競執深文，非有教使之然，畏罪之所致耳。陛下但捨所急，則寧失不經復行於今日矣。太宗深然之。

（宋）王欽若等《册府元龜》卷五八《帝王部·守法》　唐太宗貞觀中，吏部尚書侯君集，坐太子承乾事，帝謂百寮曰：往者家國未安，君集實展其力，不忍寘之於法，我將乞其性命，公卿許我乎？羣臣爭進曰：君集之罪，天地所不容，請誅之，以明大法。帝謂君集曰：與公長決矣，而今而後，但見公遺像耳！因欷歔下泣，遂斬于四達之衢，籍沒其家。

（清）王昶《金石萃編》卷四六《唐六·蓋文達碑貞觀十八年》　《新書》傳則進封燕國公，在晋王爲皇太子時，乃貞觀十七年事，則文當立於十八年，歸葬之時矣。碑每行四十四字，今拓本下截失搨四字，率讀不全，僅據其所存者考之，碑云：曾祖慶，仕魏。祖延，仕齊。父未，仕隋。魏齊隋書及北史俱無傳，公在隋除守國子助教，唐太宗初除國子博士，累授正議大夫，兼崇賢館學士，春秋六十有七薨於雍州開化坊里第，卽以其年十二月歸葬舊塋。末云世子國子主簿宏式，恐暑往寒來，鍾移律改云云。玩其語意，似係葬後逾久而始立碑也。《兩唐書》本傳叙官年數與碑參差，本紀書幸洛陽宫乃十一年事，碑稱十一年從駕洛陽宫補宏文館學士，則碑不誤。傳作十年者，誤也。碑云：今上以公學冠當時，除國子博士。傳則云：爲秦王文學館直學士。碑與傳俱不同。文學館，《百官志》亦無考。其後兼崇賢館學士，則《新書·百官志》云：貞觀十三年，置崇賢館。上元二年，避太子名，改曰崇文也。蜀王愔，太宗第六子，貞觀十年改封蜀王，轉益州都督，十三年除岐州刺史，數爲非法，削封并及國官之半。文達傳云：以王有罪坐免。

《新唐書》卷一一三《唐臨傳》　永徽元年，拜御史大夫。蕭齡之嘗任廣州都督，受賕當死，詔羣臣議，請論如法，詔戮于朝堂。臨建言：羣臣不知天子所以議之之意。在律有八。王族戮于隱，議親也；刑不上大夫，議貴也。今齡之貪贓狼扈，死有餘咎。陛下以異於它囚，故議之有司，又令入死，非堯、舜所以用刑者，不可爲後世法。帝然之。齡之，齊高帝五世孫，由是免死。

（宋）王欽若等《册府元龜》卷五八《帝王部·守法》　高宗麟德元年二月丙午，魏州刺史郇國公孝協坐贓賜死。宗正卿隴西王博文等奏稱：孝協父長平王叔良身死事者，孝協更無兄弟，繼嗣便絶，特望矜免其死。帝曰：時覽所司覆奏，孝協死罪，非不愴然，但國之枝戚，任寄爲重，不能廉慎遂及贓貨狼籍。且畫一之法，百王共貫。豈親疏異制，用舍殊途！若有利於百姓，皇太子亦所不赦，身之肌膚，朕亦不惜。今知孝協既有一子，令其主祭。其期功等親，並宜依舊，勿拘令式。孝協竟自盡於第。

《新唐書》卷一一七《李昭德傳》　〔李〕乾祐雖彊直，而昵小人。嘗爲書與所善吏，刺取朝廷事，迷隱其辭，爲吏所賣，〔褚〕遂良白發於朝，坐流驩州。

（宋）沈樞《通鑑總類》卷二下《法令門·狄仁傑奏權善才范懷義不應殺》　儀鳳元年九月壬申，大理奏左威衛大將軍權善才，右監門中郎將范懷義誤斫昭陵栢，罪當除名，高宗特命殺之。大理丞太原狄仁傑奏二人罪不當死，上曰：善才等斫陵栢，我不殺則為不孝。仁傑固執不已，上作色令出，仁傑曰：今瀍不至死而陛下特殺之，是法不信於人也，人何所措其手足，張釋之有言設有盗長陵一抔土，陛下何以處之，今以一株栢

殺二將軍，後代謂陛下為何如矣，臣不敢奉詔者，恐陷陛下於不道且羞見釋之於地下故也。上怒稍解，二人除名，流嶺南。

（宋）王欽若等《册府元龜》卷四六一《刑法部・平反》 左臺監察御史，長安中，詔頲案覆來俊臣等舊獄，頲皆申明其枉，雪冤者甚衆。

韋虛心爲侍御史，中宗景龍中，西域羌胡叛背時，並擒獲。有勅盡欲誅之，虛心論奏，但罪元惡，其所全者千餘人。

《舊唐書》卷一八九下《儒學傳・祝欽明》 景雲初，侍御史倪若水劾奏欽明及郭山惲曰：欽明等本自腐儒，素無操行，崇班列爵，實爲叨忝，而涓塵莫效，諂佞爲能，遂使曲臺之禮，圜丘之制，百王故事，一朝墜失。所謂亂常改作，希旨病君，人之不才，遂至於此。今聖朝馭曆，賢良入用，惟兹小人猶在朝列，臣請並依從黜放，以肅周行。於是左授欽明饒州刺史。

（唐）杜佑《通典》卷一六七《刑法・雜議下》 開元十年十一月，前廣州都督裴伷先下獄，中書令張嘉貞奏請決杖。兵部尚書張説進曰：臣聞刑不上大夫，以其近於君也，故曰士可殺，不可辱。臣今秋巡邊，中途聞姜皎朝堂決杖流。皎是三品，亦有微功，不宜決杖廷辱，以卒伍待之。且律有八議，勳貴在焉。今伷先不可輕行決罰。上然其言。嘉貞不悦，退而謂説曰：何言事之深也？説曰：宰相者，時來則爲，豈能長據？若貴臣盡當可杖，但恐吾等行當及之。此言非爲伷先，乃爲天下士君子也。

（宋）王欽若等《册府元龜》卷五八《帝王部・守法》 代宗大曆四年七月癸未，勅死罪降從流。時皇姨弟薛華因酒色忿怒，手刃三人，棄尸井中。事發，繫於京兆府，慮前一日，賜自盡。不以公法貸私恩也。

（宋）王欽若等《册府元龜》卷六一八《刑法部・平允》 劉延祐爲右司郎中。李敬業之亂，揚州初平，所有刑名，人莫能定。延祐奉使至軍所決之。時議者斷：受贓，五品官者，斬；六品官者，流。延祐以爲諸非元謀，迫脅從逆，即寘極刑，事傷枉濫。乃斷：受贓，五品者，流；六品已下，但除名而已。于時得全濟者甚衆。

袁仁敬爲大理卿，卒，繫囚聞之，皆慟哭悲歌。

劉晏爲吏部尚書。代宗大曆中，宰相元載、王縉得罪。詔晏與御史大夫李涵等鞫之。初，晏等承旨，載、縉亦處極法。晏謂涵等曰：重刑再覆，國之常典。況誅大臣，豈得不奏覆！又法有首從，二人同，亦宜重取進止。涵等咸聽命。及晏等覆奏，帝乃減縉罪從輕。

（宋）王欽若等《册府元龜》卷六一八《刑法部・平反》 竇參，代宗時爲監察御史，奉使按湖南判官馬彝獄。時彝舉屬令贓罪至千貫，爲得罪者之子因權倖誣奏彝。參意白彝無罪，彝實能吏也。參德宗初爲御史中丞，時神策將軍孟華有戰功，爲大將軍所誣，奏稱華謀反。有右龍武將軍李廷玉前陷吐蕃久之，自校爲部曲誣告，潛通吐蕃，皆當死。無以自白，參悉理出之，由是人皆屬望。

（宋）王欽若等《册府元龜》卷五一五《憲官・剛正》 薛存誠爲御史中丞，時有僧鑒虚盜爲姦濫，積財巨萬，事發獄成，中外掌權者更欲摇動之。帝初令什其罪，存誠不受詔。明日，帝又宣旨曰：吾要此僧面詰其事，非赦之也。存誠又奏曰：鑒虚罪狀已具，陛下將詔之。請先貶臣，然後可取。帝嘉其有守，遂令杖殺之。

（宋）王欽若等《册府元龜》卷五一五《憲官・剛正》 李元素爲侍御史。元和中，東都留守杜亞素惡大將令狐運，會盜發雒成之北，運適與其部下畋于北邙。亞意其爲盜，遂執訊之，逮繫者四十餘人。監察御史楊寧按其事，亞以爲不直，表陳之。寧遂得罪。命元素就覆，亞迎路，以獄成告。元素驗之。元素盡什其囚以還，亞大驚，且怒，親追送馬上責之。元素不答，又上疏論元素。元素還奏言未畢，上怒曰：出俟命。元素曰：臣未盡詞。帝又曰：且去。元素復奏曰：臣一出不復得見陛下，乞容盡詞。帝意稍緩，元素盡言運冤狀明白。帝乃悟曰：非卿，孰能辯之？後數月竟得真賊。

（宋）沈樞《通鑑總類》卷二下《法令門・柳公綽誅舞文吏》 長慶三年五月壬申，以尚書左丞柳公綽為山南東道節度使，公綽過鄧縣有二吏，一犯贓一舞文，衆謂公綽必殺犯贓者，公綽判曰：贓吏犯法，法在；姦吏亂法，法亡。竟誅舞文者。

（宋）沈樞《通鑑總類》卷二下《法令門・馬植奏不應減免重囚》 大中元年二月癸未，宣宗以旱故減膳、徹樂、出宮女、縱鷹隼、止營繕，命中書侍郎同平章事盧商與御史中丞封敖疏理京城繫囚。大理卿馬植奏

稱，盧商等務行寬宥，凡抵極法者一切免死，彼官典犯贓及故殺人，平日大赦所不免，今因踈理而原之，使貪吏無所懲畏死者，銜寃無告，恐非所以消旱災致和氣也。昔周饑克殷而年豐，衛旱討邢而雨降，是則誅罪戮姦式合天意，雪寃決滯乃副聖心也，乞再加裁，定詔兩省五品以上議之，張鷺等上言陛下以旱理繫囚，慮有寃滯，今所原死罪無寃可雪，恐凶險僥幸之徒常思水旱為災，宜如馬植所奏。詔從之，皆論如法。

（宋）沈樞《通鑑總類》卷二下《公法門・宣宗不以工藝廢法》 大中十一年，教坊祝漢貞滑稽敏給，上或指物使之口占摹詠有如宿構，由是寵冠諸優。一日在上前抵掌談諧，頗及外事，上正色謂曰：我畜養爾曹正供戲笑耳，豈得輒預朝政邪。自是踈之，會其子坐贓杖死，流漢貞於天德軍。樂工羅程善琵琶，自武宗朝已得幸，上素曉音律，尤有寵。程恃恩暴横以睚眦殺人，繫京兆獄，諸樂工欲為之請，因上幸後苑奏樂，乃設虚坐，置琵琶而羅拜於庭且泣，上問其故，對曰：羅程負陛下萬死，然臣等惜其天下絶藝不復得奉宴遊矣。上曰：汝曹所惜者羅程藝，朕所惜者，高祖太宗法。竟杖殺之。

（宋）沈樞《通鑑總類》卷二下《法令門・後梁彦卿殺人崔沂奏論如法》 開平四年三月，左金吾大將軍冦彦卿入朝，至天津橋，有民不避道，投諸欄外而死，彦卿自首於太祖，太祖以彦卿才幹有功，久在左右，命以私財遺死者家以贖罪，御史司憲崔沂劾奏：彦卿殺人，闕下請論如法。帝命彦卿分析，彦卿對令從者舉置欄外不意誤死，帝欲以過失論，沂奏：在法，以勢力使令為首，下手為從，不得歸罪從者，不鬬而故毆傷人，加傷罪一等，不得為過失。辛巳，責授彦卿遊擊將軍、左衛中郎將，彦卿揚言有得崔沂首者，賞錢萬緡，沂以白帝，帝使人謂彦卿，崔沂有毫髪傷，我當族汝，時功臣驕横，由是稍肅。

（宋）王溥《五代會要》卷九《議刑輕重》 後唐天成二年二月十五日，御史臺刑部大理寺奏：奉天成元年十二月二十日勅，越訴之條，本防虚妄，須用懲斷，以絶效尤。如或實抱深冤，無門上訴，其越訴律内不載杖數，仍令大理寺别具奏聞者，寺司準名例律諸斷罪而無正條，若或不經臺省，何得復讎，事在酌中，理難執律，其應出律者，則舉重以明輕，其應入罪者，則舉輕以明重。疏云，斷罪而無條，謂一部律内犯無罪名者，準雜律不應得爲而爲者，笞四十，謂律令無條理不可爲者，事理重者，杖八十。疏云，雖犯輕重，觸類宏多，金科玉條，包羅難盡，其有在律在令，無有正條，若不輕重相明，無文可以比附，臨時處斷，量情爲罪，庶補遺闕，故立此條，其情輕者笞四十，事理重者杖八十，奉勅宜依。其年七月，洛州平恩縣百姓高宏超，其父暉爲鄉人王感所殺，宏超挾刃殺感，攜其首自陳大理寺，以故殺論。尚書刑部員外郎李恩夢覆曰。伏以挾刃殺人，按律處死，投獄自首，降罪垂文，高宏超既遂報讎，固不逃法，戴天罔愧，視死如歸，歷代以來，事多貸命，長慶二年，有康買得父憲，爲力人張蒞乘醉拉憲，氣息將絶，買得年十四，以木鍤擊蒞，後三日致死。勅旨康買得尚在童年，能知子道，雖殺人當死，而爲父可哀，若從償命之科，恐失度情之義，宜減死罪處分。又元和六年，富平人梁悦，殺父之讎投縣請罪，勅旨復讎殺人，固有彝典，以其伸冤請罪，自詣公門，發於天性，本無求生，寧失不經，特宜減死。方今明時，有此孝子，其高宏超若使須歸極法，實慮未契鴻慈，奉勅忠孝之道，乃治國之大柄，典刑之要本，誅惡之深文，差若毫釐，係之理道，昔紀信替主赴難，尚青史之永刊，今高宏超爲父復讎，即丹書之不尚，人倫之□，法網宜矜，可減死一等。長興二年四月，大理寺劇可久奏：准開成格，應盗賊須得本贓，然後科罪，如有推勘因而致死者，以故殺論。臣請起今以後。若因而致死，無故即請減一等，别增病症而死者，從辜限正賊減本罪五等。中書門下覆奏。今後凡關賊徒。若推勘因而致死者，有故以故殺論，無故減一等，如拷決因增疾患，候驗分明，如無他故，雖辜内致死，亦以減一等論。從之。至晋天福六年五月十五日，尚書刑部員外郎李象奏：據刑法統類節文云，盗賊未見本贓，推勘因而致死者，有故者以故殺論，無故者減一等。又云，今後或有故者，以故殺論，或無故者，影迹顯然，支證不謬，堅持姦惡，不招本情，以此致死者，減故殺罪三等，其或妄被舉引，終是平人，以此致死者，減故殺罪一等。臣按上文云，有故殺者，以故殺論，此即是矣。其無故殺者，亦坐減一等罪，即恐未當，假如官司，或有判獄，未見本情，不可全不詰問，據言有故者，則是曾行拷掠，及違令式，或大勘棒，强相抑壓，以此致死者，並屬有故：無故者，即是推勘之司，不曾拷掠，又不違法律，亦不堅有抑壓，此則並屬無故，不坐罪，

假若有犯事人，舊患疾病，推勘之際，卒暴身亡，不可以坐推司減等之罪，又據斷獄律云：若依法使杖，依數拷決，而邂逅致死者，勿論，邂逅，謂不期致死而死，且彼言拷決，尚許勿論，此云無故，卻令坐罪，事實相背，理有未通，請今後推勘之時致死者，若實情無故，請依邂逅勿論之義。詳定院奏臣等參詳。若違法拷掠，即非關托故挾情，以致其死，但無情故者，依故殺論。若雖不依法拷掠，即非托故挾情，以致其死而無情故者，請減故殺一等。若本無情故，又依法拷掠，或未拷掠，或依詰問未詰問，及不抑壓，因他故致死，並屬邂逅勿論之義。從之。

晉天福三年八月大理寺奏：左街韓延嗣爲百姓李延暉冲者，本街使連喝不住，毆擊致死。準律，鬭毆者原無殺心，因相鬭毆而殺人者，依故殺人者斬，其韓延嗣準律合斬。准刑法統類節文：絞刑決重杖一百處死，勅法寺定刑，比不因鬭毆故傷人辜内死者，依殺人論。蓋微相類，且非本條，罪有可疑，法當在宥，徒二年半，刺面配華州，發運務收管。

（宋）王欽若等《册府元龜》卷五八《帝王部・守法》 後唐明宗天成三年七月，汴州倉吏七十二人定贓至死，分戮於三市。史彦弼爲汴州衙校舊將之子，石敬塘之戚屬，王建立奏希免死。帝曰：王法無親，豈可私狗！乃皆就戮。丁延徽爲供奉官監倉，與倉官共盜倉米三百五十石。延徽性纖巧，權貴多庇護之。禁係經年，比望至應聖節則釋放。乃至節前，取旨放繫囚。帝曰：除盜倉粟官典外，餘可疏放。時侍衛指揮使張從賓言事，帝多容之。因奏他事，從賓言及延徽，情非盜粟，意本賠填。帝曰：食我厚禄，偷我倉儲，期與決死。蘇秦説予不得，非但卿言。衆於是不敢言。異日，帝御中興殿，謂近臣曰：丁延徽禁係經年，竊盜倉儲，何須擁護？不然則合原則原，淹滯如此，復何計校耶！既知擁護不及，仍據法寺具獄斷決。

（宋）王欽若等《册府元龜》卷五八《帝王部・守法》 涇王從敏，明宗子也，爲成德軍節度使。鎮州有市人劉方遇，家富。方遇卒，無子。妻弟田令遵者，幼爲方遇治財，善殖貨。劉族乃同推令遵爲方遇子，親族共立券書，以爲信誓。累年後，方遇二女取資金於令遵，不如意。乃訟令遵冒姓奪没家財。劉氏二女以錢賂從敏之親吏，又姦通判官陸浣。從敏令浣鞫劉氏獄，而殺令遵。令遵没詣臺訴，又以成德軍節度副使符蒙、掌書記徐臺符鞫之。蒙本鎮人，備知姦狀。及詰二女，復行賂於節度副使趙環、代判高知柔、觀察判官陸浣，並捕下獄，具服贓污。事連從敏，從敏甚懼。乃令其妻趨雒陽，入宫告王淑妃。明宗知之，不令入，謂從敏婦曰：朕用從敏爲節度使，而枉法殺人取錢，我羞見百官。又令：新婦奔走不須見吾面，依法裁斷。然王妃頗庇之，趙環等三人棄市，從敏罰俸釋之。

（宋）王欽若等《册府元龜》卷六一八《刑法部・平允》 後唐韋寂，唐末爲鹽鐵巡官。韓建留守西都，擢爲司法參軍，推鞫平允，建頗重之。

王延，末帝清泰末爲御史中丞，臺中經年，處決平允，轉尚書右丞。

（宋）沈樞《通鑑總類》卷二下《公法門・後周太祖不私故吏》 廣順二年，葉仁魯帝之故吏也，坐贓絹萬五千匹、錢千緡，庚午賜死，帝遣中使賜以酒食曰：汝自抵國法，吾無如之何，當存恤汝母。仁魯感泣。

（宋）李燾《續資治通鑑長編》宋太宗端拱元年閏五月 御史中丞嘗劾奏開封尹許王元僖，元僖不平，訴於上曰：臣天子兒，以犯中丞故被鞫，願賜寬宥。上曰：此朝廷儀制，孰敢違之！朕若有過，臣下尚加糾擿，汝爲開封府尹，可不奉法耶？論罰如式。百官表載此事於端拱元年，不記中丞姓名及許王所坐何事，今附見李巨源貶後。

（宋）李燾《續資治通鑑長編》宋真宗咸平五年十月 初，左領軍衛將軍薛惟吉不能齊其家，妻柴氏無子，惟吉有子安上安民，素與柴氏不叶。柴既寡，盡蓄其祖父金帛，計直三萬緡，並書籍綸告，以謀改適。右僕射張齊賢定娶之，自京兆遣牙吏約車來迎，行有日矣。安上詣開封府訴其事，府以聞。上不欲寘於理，命有司即訊柴氏。柴置對與安上狀繆異，上不得已，下其事於御史獄。柴因擊登聞鼓，訟兵部侍郎、平章事向敏中賤貿惟吉故第，又嘗求娶己不許，以是教安上誣告母，且陰庇之。上以問向敏中，向敏中言實以錢五百萬貿安上居第，近喪妻，不復議姻，未嘗求婚於柴也。上亦不復問。柴又伐鼓，訟益急，遂並其狀下御史獄鞫之，乃齊賢子太子中舍宗誨教柴爲詞，遂驗問柴之臧獲，發取瘞藏，得金貝僅二萬計。安上兄弟素不肖，先是嘗爭競財貨，遂有詔不許其貿易父祖貲産，而向敏中乃違詔貿其居第，令安上日出息錢二千。御史獄索要契驗，向敏中所署字非一體。鹽鐵使王嗣宗素忌向敏中，因對，言向敏中議娶故駙馬

都尉王承衍女弟，密約已定而未納采。上詢於王氏，得其實，因面責向敏中以不直。丁亥，向敏中罷爲户部侍郎。張齊賢責授太常卿，分司西京。宗誨削一任，貶海州別駕。柴用蔭贖銅八斤。安上坐違詔貿居第，笞之，以所得瘞藏金貝贖還其居第，仍令臺府常糾察焉。既而上謂吕蒙正等曰：向敏中所負如此，騰於清議，不可不加黜免。朝廷進退宰輔，亦非細事，卿等更思持正守道，以輔朕躬。先是，翰林學士宋白嘗就向敏中假白金十鋌，向敏中靳不與。於是，白草向敏中制書，極力詆之，有云對朕食言，爲臣自昧，向敏中讀制泣下。

（宋）李燾《續資治通鑑長編》宋真宗大中祥符二年五月　三班借職、監汾州靈石縣礬務邊守信坐赴本縣令飲席，大理定杖一百私罪，上以其情輕可憫，特改爲公罪。因詔自今如此類者，具罪款刑名奏裁。

（宋）李燾《續資治通鑑長編》宋真宗大中祥符六年七月　壬子，詔：自今文武官特奉詔旨，專有處分，即爲躬親被受，犯者以違制論。自餘例受詔敕海行條約，非有指定刑名者，各論如律。無本條者，從違制失斷。先是違制之法，無故失率坐徒二年，翰林學士、知審刑院王曾建議，乃降是詔。未幾，有犯者，曾斷以違制失，帝不懌，曰：如是，無復有違制者。曾曰：天下至廣，豈人人盡知制書，儻如陛下言，亦無復有失者。上然之。自是決徒者差減。上嘗對近臣稱其協中。曾爲學士，一日，晚坐承明殿，召對久之。既退，使謁者諭曰：向思卿甚，故不及御朝服。其見禮如此。

（宋）李燾《續資治通鑑長編》宋真宗大中祥符六年十一月　都官員外郎、知成州劉晟，推官時羣，録事參軍孫汝弼，並勒停。初，同谷縣民勾知友妻張縊殺其夫，其子婦杜因省親言於其父，父以聞州。州鞫張伏辨，晟等論杜告其夫父母，罪流三千里，仍離之，張同自首，原其罪，轉運司移鄰州檢斷張準律處斷，杜無罪。詔劾晟等，法寺言當贖金。上曰：牧民之官，用刑乖當，一至於此。特命停官，仍暴其事狀戒飭諸道。

（宋）李燾《續資治通鑑長編》宋仁宗慶曆四年春正月　辛未，降刑部員外郎、天章閣待制、權知鳳翔府滕宗諒爲祠部員外郎、知虢州，職如故。引進使、並代副部署張亢爲四方館使、本路鈐轄。宗諒及亢皆置獄邠州，獄未具而有是命，從參知政事范仲淹言也。

先是，仲淹力辨宗諒、亢等非有大過，乞免下獄。及是，又言：臣聞議論太切，必取犯顔之誅；保任不明，豈逃累己之坐？彝典斯在，具僚式瞻。

臣自邊陲誤膺奬擢，授任不次，遇事必陳。竊見故監察御史梁堅，彈奏滕宗諒於慶州用過官錢十六萬貫，有數萬貫不明，必是侵欺入己，及邠州宴會並涇州犒設諸軍，乖越不公，致聖慈赫怒，便欲罷去。臣緣在彼目擊，雖似過當，別無切害，不曾有一兵一民詞訟，至於處置邊事，亦無疏虞。臣遂進諫，乞聖慈差官勘，逐一且與辯明，未消挫辱，恐誤朝廷賞罰。

又有上言張亢驕僭不公，臣亦乞根勘辯明，或無深過。如有大段乖越，侵欺入己，臣甘同受貶黜。臣所以激切而言者，非滕宗諒、張亢勢力能使臣如此竭力也，蓋爲國家邊上將帥中，未有曾立大功，可以威衆者。且遣儒臣，以經略、部署之名重之，又藉以生殺之權，使彈壓諸軍，禦捍大寇，不使知其乏人也。若一旦以小過動摇，則諸軍皆知帥臣非朝廷腹心之人，不足可畏，則是國家失此機事，自去爪牙之威矣。唐末藩鎮多殺害、逐去節度使，於軍中自立帥臣，而當時不能治者，由帥臣望輕，易於摇動故也。

今燕度勘到滕宗諒慶州一界所用錢數分明，並無侵欺。其毁却涇州前任公用，歷勘到干連人，只稱有送官員等錢物，亦不顯入己，又是元彈奏狀外事件，所有張亢借公用錢買物，事未發前，已還納訖。又因移任，借卻公用銀，卻留錢物準還，皆無欺隱之情。其餘罪狀，多未摭實。其干連人，當盛寒之月，久在禁繫，皆是非辜。若令燕度勘問二人，既事非確實，必難伏辨，或逼令認罪，又是陛下近臣，不可辱於獄吏。或至録問有辭，即須差官再勘，其干連人，當轉不聊生。兼邊上臣僚，見此深文，謂朝廷待將帥少恩，於支過公用錢内，搜求罪戾，欲陷邊臣。且塞下州郡，風沙至惡，觸目愁人，非公用豐濃，何以度日？豈同他處臣僚，優遊安穩，坐享榮禄。陛下深居九重，當須察此物情，知其艱苦，豈可使獄吏爲功，而勞臣抱怨？臣欲乞聖慈據燕度奏到事節，特降朝旨，差使臣二人賫去，取問滕宗諒、張亢。如實是己犯，便仰承認，當議量情親斷，如別有緣由，具分析聞奏。候到見得別無枉抑，便可取旨斷遣。如有異同，即

乞朝廷別選官勘鞫，免致冤滯。其干連人，且乞指揮放出。知在。臣則已有不合保此二人罪狀，乞聖慈先次貶黜，免令臣色羞於朝，受人指笑。儻聖慈念臣不避艱辛，尚留驅使，即於河東、河北、陝西乞補一郡，臣得經畫邊事，一一奏論。或補三輔近州，臣得爲朝廷建置府兵，作諸郡之式，以輔安京師。臣之此請，出於至誠，願陛下不奪不疑。況臣久爲外官，不知輔弼之體，本是菴材，秖堪犬馬之用。若令臣待罪兩府，必辱君命，且畏人言，不勝祈望激切。

仲淹又言：臣昨見樞密院進狀呈張亢所奏，曾將公用錢迴易到利息買馬，及交鈔乞與游索之人，自甘伏罪，乞不追究游索之人。取旨下燕度結案聞奏。臣伏覩編敕指揮，若將公使錢迴易到別物公用，但不入己，更不坐罪。其張亢所奏二事，若未有發露，乃是自首，縱已發露，亦不入己，合該上項編敕指揮。臣昨與韓琦在涇州，同使公用錢，曾爲慶州簽判，秘書丞馬倩身亡，本人家貧親老，與錢一百貫文。又涇州保定知縣、大理寺丞劉襲禮丁父憂，家貧起發不得，與錢一百貫文。又虢州推官、監環州入中陳叔度丁父憂，家貧無依，與錢五十貫文。又進士黃通來涇州相看，與錢五十貫文。並是一面將公使庫錢迴易到利息相兼使用，即不曾侵使着係省官錢。自來邊上，有公使錢處，爲有前項條貫，及有迴易利息，但不入己，各是從便使用。今來若依編敕施行，則張亢自首與游索人錢，不曾入己，又是燕度元勘外事節，朝廷自可指揮，不須卻送入案。兼恐追尋游索之人，或在遠方，何時結絶？若不用上件編敕指揮，則臣與韓琦，亦有上件與人錢物罪狀，須至自劾。昔人有言曰：法者，聖人爲天下畫一，不以貴賤親疏而輕重也。伏望聖旨送樞密院依詳編敕，及將臣與韓琦用錢事狀，並張亢所奏二事，一處定斷。以正典刑。宗諒及亢，乞免重劾。

《宋史》卷三四〇《蘇頌傳》〔治平二年〕召修起居注擢知制誥、知通進銀臺司、知審刑院。時知金州張仲宣坐枉法贓罪至死，法官援李希輔例，杖脊黥配海島。頌奏曰：希輔、仲宣均爲枉法，情有輕重。希輔知台，受賕數百千，額外度僧。仲宣所部金坑，發檄巡檢體究，其利甚微，土人憚興作，以金八兩屬仲宣不差官比校，止係違令，可比恐喝條，視希輔有間矣。神宗曰：免杖而黥之，可乎？頌曰：古者刑不上大夫，仲宣官五品，今貸死而黥之，使與徒隸爲伍，雖其人無可矜，所重者污辱衣冠耳。遂免杖黥，流海外，遂爲定法。

（宋）李燾《續資治通鑑長編》宋神宗熙寧三年五月　癸卯，上批：近以秀州軍事判官李定爲太子中允、權監察御史里行。知制誥李大臨、蘇頌累格詔命不下，乃妄引詔中丞薦舉條，絶無義理。而頌於中書面乞明降特旨方敢命辭，洎朝廷行下，反又封還，輕侮詔命，翻覆若此，國法豈容！大臨、頌可並以本官歸班。大臨及頌時皆爲工部郎中。

先是，宋敏求封還定辭頭，詔送別官，而頌當命辭。頌言：本朝舊制，進補臺官皆詔中丞、知雜與翰林學士於太常博士以上、中行員外郎以下，互舉曾任通判者，其未歷通判者，即須特旨，方許薦爲里行，倘非其人，或至連坐，所以重臺閣之選也。去歲詔旨專令中丞舉官，雖不限資品，猶以京秩薦授，緣已有前詔，故人無間言。今定自支郡幕職官，入居朝廷糾繩之任，超越資序，近歲未有。議者或曰，唐世多自諸侯幕府入登臺省。臣謂不然，在唐方鎮盛時，有奏辟郎官、御史以充幕府者，由此幕府增重。祖宗深鑒此弊，一切釐改，州郡僚佐皆從朝廷補授。大臣出鎮，或許辟官，亦皆隨資注擬，滿歲遷秩，並循銓格，非復如唐世之比。而今之三院，事任又重於昔時。況定官未終，更非時召對，不由銓考，擢授朝列，不緣御史之薦，直寘憲臺。雖朝廷急於用才，度越常格，然隳紊法制，必致人言，其除官制，未敢具草。詔再送舍人院，次至大臨，大臨亦封還。洎詔頌依前降指揮撰辭。頌又言：祖宗之朝或有起孤遠而登顯要者，蓋天下初定，士或棄草萊而不用，故不得不廣搜揚之路。自真宗、仁宗以來，雖幽人異行，亦不至超越資品。蓋承平之代，事有紀律，故不得不循用選授之法。今朝廷清明，俊乂並用，進任臺閣，動有成規。而定以遠州幕官，非有積累之資，明白之效，偶因召對，一言稱旨，即授御史，他日或有非常之人又過於此，奏對稱旨，則復以何官處之？寖漸不已，誠恐高官要秩，或可以歧路而致。謹案六典，中書舍人之職，凡詔旨制敕，皆案典故而起草，制敕既行，有誤則奏而正之。故前後舍人論列差除，用典故而蒙更正者非一。今三院御史須中丞、學士薦舉朝臣，乃典故也，或不應此，其敢無言？去歲以京官除授，所以無言者，以前有詔令故也。今若先立定制，許於幕職官中選擢三院，則臣等復有何言而敢違

拒？朝廷以定才實非常，則當特與改官，別授職任，隨資超用，無所不可，不必棄越近制，處之憲綱也。若臣上懼嚴誅，靦顏起草，誠慮門下封駁。縱門下不舉，則言事之臣必須重有論列。或定畏議，固執不敢只受，是臣一廢職事，而致論議互起，煩瀆聖聽，則臣之罪戾死有餘責。上曰：里行本不計官資，故令於御史里行，欲令止以判官出敕爲之。衆以爲不可。安石曰：已令改官，於義有何不可，而乃封還辭頭？若遂從之，即陛下威福爲私議所奪，失人君之道矣。既而安石進呈舉御史新條，並録初立條時奏對語白上曰：胡宗愈以此爲臣私意，蓋不知陛下立此法時德音故也。上曰：李定誥須令草之。安石曰：陛下特旨，雖妨前條亦當施行也。曾公亮曰：特旨固不當以條限，但不知定何如人，恐非常人，乃當不用常法耳。於是上批：檢會去年七月六日詔，今後臺官有闕，委御史中丞奏舉，不拘官職高下令兼權，如所舉非其人，令言事官覺察聞奏。自後別無續降條貫。頌、大臨等又言：臣等看詳，從前臺官須得於太常博士以上、中行員外郎以下舉充。後來爲難得資序相當之人，故朝廷特開此制。云不拘官職高下者，止是不限博士與中行員外郎耳，非謂選人亦許奏舉也。所謂兼權者，如三丞以下未爲監察，故且令上權前行員外郎以上不可爲侍御，故令下兼，皆不爲選人設文也。若不拘官職高下，並選人在其間，則是秀州判官亦可以權里行，不必更改中允也。以此言之，選人不可超授臺官明矣。至如程顥、王子韶已先轉京官，因中丞薦舉方遷中允，止權監察。今定是初等職官資序，若特改京官，已是優恩，更超授朝籍，處之憲臺，先朝以來，未有此比。臣等所以喋喋有言，不避斧鉞之誅者，非它也，但爲愛惜朝廷之法制，遵守有司之職業耳。大抵條例戒於妄開，今日行之，它日遂爲故事，若有司因循，漸致隳紊，誠恐幸門一啓，則仕途奔競之人，希望不次之擢，朝廷名器有限，焉得人人而滿其意哉！前世所以愛重爵賞，不以假人，雖有奇材異倫，亦須試以職事，俟有功效，然後超擢者，以此也。復詔頌依前降指揮撰辭，頌執奏如初，而又於中書白執政言：雖云特旨，而頌輩無以爲據，草制即必致人言。乞批降云特旨所除，不礙條貫。方敢草制。又詔所除李定是特旨，不礙近制，令頌疾速撰辭。頌又言：果出聖意拔擢，即須非常之人，名聲聞於時，然後厭服羣議，爲朝廷美事。昔馬周爲常何作奏，條陳得失二十餘事，皆當世切務，唐太宗拔於布衣。近世張知白上書言事，論議卓越，真宗拔於河陽職官。此二臣者，可謂有顯狀矣，逢時遇主，可謂非常矣。然周猶召直門下省，明年方用爲御史里行。知白召還奏對稱旨，亦命試舍人院，然後授以正言。非如定遠州職官，素無聲稱，偶因諫官論薦，一賜召對，便蒙拔授，誠恐天下才辯之士聞之，皆思趨走勢要，以希薦用，此門一開，未必爲國家之福也。欲望陛下採聽羣議，或詢訪近臣，若謂定之才果足以副陛下特旨之擢，則臣自當受妄言之罪；若臣言不虛，即乞別授一官，置之京師，俟它時見其實狀，進用未晚。如此，不惟臣等職事並舉，兼亦可以養成定之才資，免招異日之議論也。上即欲黜頌，別除知制誥令草制。安石乞且降旨令草，若更執奏乃施行。於是曾公亮乞批付大臨等同草。韓絳曰：止是頌建白，難付大臨等。公亮曰：頌意欲如此。安石曰：恐大臨不肯草，即便稽留聖旨。乃直付頌。而頌復辭以不當日，遂再送大臨，大臨又繳還，故有是責，大臨及頌之未責也，詔趣直舍人院蔡延慶等就職，及責大臨等，延慶遂草定制，既進草，又上奏乞罷之。知通進銀臺司孫固再封駁，卒行下。此據《司馬光日記》及《御集》。《御集》第一百五十二卷，知銀臺司兼門下封駁事孫固奏：竊聞有旨李大臨、蘇頌落知制誥，蔡延慶未敢命詞。大臨與頌昨以除選人李定爲監察御史里行，以故事開陳除命未當，不敢自爲反覆。欲望陛下寬大臨與頌之責，而特從延慶之請，不勝幸甚。御批：蔡延慶元不曾不肯命辭，兼蘇頌等亦不曾論李定，自是罪他反覆抗命，要卿知，可速發下。固又奏陳，御批：敕内著罪狀甚明，無可疑慮，可速發下。韓璀、劉安世《語録》云章衡草定制，誤也。衡八年十二月乃修注。案：宋敏求等三人之罷，天下謂之三舍人。然敏求之罷在四月，頌與大臨在五月，蓋同事而異時，《續綱目》及《宋史》敘次俱誤。

（宋）李燾《續資治通鑑長編》宋神宗熙寧四年六月　上批：賈蕃可令治其不奉法之罪，其他罪勿劾。昭示四方，使知朝廷用刑公正。王安石曰：臣亦嘗責趙子幾但案蕃違法壞助役事，勿治他事，子幾乃云：已得其罪狀不敢貸，若法當治，治之固不害朝廷用刑公正也。臣於蕃輩，未嘗與之計校，緣臣所爲盡是國事，蕃輩附下罔上，壞得陛下國事，臣有何喜愠？且小人衆多，安可一一與計校？孟子謂：政不足間，人不足適，一正君而國定。臣所以但欲開道聖心，庶幾感悟，若聖心感悟，不爲邪辭詖行所惑，則天下自定，小人自當革面順從，豈須臣區區每與計校？若聖心未能無惑，而臣一一與小人計校，亦何能勝其衆多！又言：朝廷立

法，惠在弱遠不知所以然之人，怨在强近能造作譏謗者，此陛下所當察。

按：林希《野史》載王安石納上批不行，今附注在十三日丙寅録繫囚後。

（宋）李燾《續資治通鑑長編》宋神宗熙寧五年十月　甲午，詔提舉陝西路常平等事沈披降一官，送審官東院，坐前爲兩浙路提舉官開常州五瀉堰不當也。初，法寺言披已去官，及會赦罪當釋之。上曰：壞田八百頃，民被害者衆，豈可以去官赦降之哉！

（宋）李燾《續資治通鑑長編》宋神宗元豐元年閏正月　詔大理寺丞王欽臣展磨勘四年，前降一官指揮更不施行，其轉太常丞及降太子中允敕並追毁。坐定奪解子平地界不實，案未上，年例當遷，已改太常丞，及案奏，特旨奪一官，而法當自未遷官時責降故也。

（宋）李燾《續資治通鑑長編》宋神宗元豐元年二月　上批：御史臺鞫相州法吏事，多逮繫品官，宜趣結絶，釋其無罪者；其雖有罪，非受贓及徒以上者，勿繫留。

（宋）李燾《續資治通鑑長編》宋神宗元豐二年七月　詔潤州制勘院，告示華申甫，如前案招通不實，不用並計，當議編管，内詞涉王安石，不得取問。時吕嘉問已坐報上不實、落職衝替，復乞再勘。朝廷以申甫所傳報與嘉問事狀已明，恐其潛相附會反覆。嘉問又妄引安石爲證，欲以自解，上察見其姦，故有是詔。

（宋）司馬光《傳家集》卷五六《章奏三十九·所舉孫準有罪自劾劄子元祐元年上》　臣先準詔書，舉文學政事行誼之臣可以充館閣之選者三人，臣舉通直郎孫準，近聞孫準與妻趙氏因爭女使與妻兄趙元裕相論訴狀，内有虚妄事罰銅六斤。臣昧於知人，所舉有罪，理當連坐，乞賜責降，取進止。

（宋）熊克《中興小紀》紹興二年夏四月　初，李光爲吏部侍郎，因上疏言：前知臨安府孔覿，受諸縣獻錢四萬貫，及盗取激賞庫金銀，並糴官米，受百姓財萬計。於是，以光疏作言章行出送大理寺，至是獄具，用衆證覿坐受錢一千八百貫，詔貸死，羈管象州。既而覿上書訢枉，久之得放還。

（宋）熊克《中興小紀》紹興二年閏四月　丁亥，責授中奉大夫，余深原任觀文殿大學士，該赦復原官。給事中程瑀言：深實蔡京心腹，使深官可復，則京儻未死，官亦可復也。夫曠蕩之澤，雖曲示於寬恩，而災眚之赦，難例施於巨蠹。乃詔寢前命。

（宋）熊克《中興小紀》紹興九年秋七月　先是，金國欲得趙榮、王威二人，已詔遣還之。於是，韓世忠以書與秦檜曰：榮、威不忘本朝，以身歸順，父母妻子，屢遭屠滅。相公尚忍遣之，無復中原望耶？乙亥，檜奏外間頗有異論，上曰：榮、威在僞朝，力捍官軍。金人已割還舊疆，宿壽乃腹心之地，榮、威輩避罪奔逃，貪功生事，無故驅掠西州之民，罪不容誅。宜牓諭此意。

《宋史》卷三四《孝宗本紀》〔淳熙三年〕九月癸亥，詔：自今犯公罪至死者，其蔭補具所犯奏裁，著爲令。

（明）何棟如《皇祖四大法》卷四《治法》〔洪武三年十二月〕戊辰，封右丞薛顯爲永城侯，賜文綺及帛六十疋。俾居海南。時顯有專殺之罪，上召諸將臣諭之曰：自古帝王有天下，必爵賞以酬功，刑罰以懲惡，故能上下相安，以致治也。朕倣古帝王以制爵命，卿等明聽朕言。昔漢高祖非有功不侯，所以重封爵也。而功臣不免於誅戮，侯君集有功於唐，犯法當誅，太宗欲宥之，而執法者不可，卒以見誅。非高祖、太宗忘功臣之勞，由其恃功驕恣，自冒于法耳。今右丞薛顯始自盱眙來歸，朕撫之厚而待之至，推腹心以任之，及其從朕征討皆著奇績。自後破慶陽追王保戰賀宗哲，其勇略意氣迥出衆中，可謂奇男子也。朕甚嘉之。然其爲性剛忍，朕屢戒飭，終不能悛，至于妄殺胥吏、殺獸醫、殺火者，及殺馬軍，此罪難恕。而又殺天長衛千户吴富，此尤不可恕也。富自幼從朕，有功無過，顯因利其所獲孳畜，殺而奪之，師還之日，富妻子服衰絰伺之於途，牽衣哭罵，且訴冤於朕，朕欲加其極刑，恐人言天下甫定，即殺將臣；欲宥之，則富死何辜。今仍論功封以侯爵，謫居海南，分其祿爲三，一以贍富之家，一以贍所殺馬軍之家，一以養其老母妻子，庶幾功過不相掩，而國法不廢也。若顯所爲卿等宜以爲戒，諸將臣皆頓首謝。

（明）談遷《國榷》太祖洪武五年六月　己丑，上御奉天門，諭羣臣。用法止守律與大誥減等，其請用黥、劓等刑及請設丞相者，處以極典。外戚以犯，除謀逆外，免逮。會議上報。

（明）談遷《國榷》太祖洪武十五年八月　壬午，諭禮部，以郡縣申

明亭概書雜犯小過，非懲惡之意。自今犯十惡，姦盜詐僞，有傷名義，贓至徒者，書於亭。餘非干風化，一切除之。

（明）談遷《國榷》太祖洪武二十年三月　丙辰，宜興縣丞張福生犯法，以國子生，宥之，諭曰：進士國子生，皆朝廷所培養，初仕即有麗法者，雖欲改過無繇，自今雖犯法，三宥之。

（明）談遷《國榷》太祖洪武二十一年四月　丙寅，命都察院戒諭江西御史花綸等，官吏事重始逮問，毋苛細興大獄。

（明）沈德符《萬曆野獲編》卷一八《刑部·籍没姦黨》　永樂初，逮至嘉興知縣李鑑。鑑言臣誠有罪，幸陛下矜恕。上問何罪，左都御史陳瑛言鑑受命籍奸黨姚瑄，瑄弟亨當連坐，而鑑不籍亨。鑑言初奉都察院文止瑄，未有亨姓名。上曰：罪至於籍不輕矣，雖當連坐而不籍，亦慎重之意，知縣無罪，其釋之。鑑爲吾邑令，治狀不知云何，但姚氏被其厚恩，幾以身殉之。賴上聖明得免。蓋瑛之虐焰已布聞，上亦稍厭之矣。至永樂七年，新進士王彦，自陳家與奸惡外親有連，今聞朝廷已下本貫籍臣家，臣雖中進士，實罪人，應就繫。上曰：學至中進士，亦成材矣。有罪能自陳可矜，並其家宥之。至十年，浙江送至奸惡鄭公智外親宋濂之孫，請如法罪之。上曰：濂，儒者。事皇考於開創有勞，其孫子雖奸惡之親，念濂當宥，可遣歸。是時上心已悟奸黨株連之濫，俱出陳瑛羅織，瑛旋以罪誅死。故解網之仁如此，李鑑旋召入爲御史。其冒重辟救無辜，直當於古人求之，吾邑宜尸而祝之者。永樂初，發教坊及浣衣局，配象奴。送軍營奸宿者，多黄子澄、練子寧、方孝孺、齊泰、卓敬親屬，而其他奸惡則稍輕矣，其逢迎上意，俱陳瑛一人，即赤族不枉也。

（明）沈德符《萬曆野獲編》卷一八《刑部·叛臣妻女没官》　正德初年，廣西田州土官岑濬妾，以叛逆家屬，當没官。時焦泌陽芳爲相，偵知其美，賂主者得之，嬖之專房。此妾厭其老，竊與焦之子、編修黄中通好，其父知之，爭鬬於室，時傳以爲笑。但故事第給功臣爲奴婢，泌陽文臣，何以給與。豈正閹瑾盗柄，紊亂典制耶。近年平播州，楊應龍媳田氏當没官，田亦有豔稱，諸勳戚爭先求懇。時申元渚用懋爲職方郎，主其事。乃置鬮令拈取，惠安伯張氏得之。尋亦喬梓並寵，乃翁病髓竭而殁。叛家尤物，陷人聚麀，前後一轍如此。

《明神宗實録》萬曆十四年四月　戊辰，刑部尚書舒化題覆大學士申時行條陳内一款，刑獄繁多之害，合行巡按御史道行所屬，毋濫受以長刁頑之風，毋多入以滋苛刻之弊，毋非法刑禁以殘民，毋任情科罰以便己。仍行見差恤刑官員，有覆盆之冤，亟爲昭雪。毋得引嫌避忌，以負朝廷任使之意。上報可。

〔丁丑〕刑科給事中胡時麟題：爲天譴頻仍，坤輿不靜，乞重祀典，慎時政，以回天意。事畧謂：鬼神不享非類。夫天子祭天地，諸侯祭山川，不相陵越，所謂類也。今使公侯而代天子之祭，其無乃非類也乎。又謂：陛下因旱録囚，小大皆慎。然而有罪官吏，遣官扭解。臣恐官旗之害，未必不甚于貪酷之吏也。操上之權，乘危徼利，無論有罪者，即所謂地方無不被其殘破，誰復敢以是告陛下者？伏願穆然深思，超然遠覽。威權所必親也，然或遇于操切則陽亢。恩澤所必施也，然或有所偏昵則陰盛。慎尊卑之序，惜頻笑之施，無以恩掩義，無以寵啓侮。念爲天守財，則賜予經費，必諮之部寺，而無徑自取用，以滋屑越之弊。念爲天守官，則恩賞爵級，必付之天曹，而無徑自銓注，以開倖進之端。上覽奏，怒曰：貪酷有司，害民叢怨，上干天和。間行拏問，以示懲警。差去官旗，若有騷擾，撫按官自當糾奏，如何便能致灾。胡時麟意欲救護，輒來瀆奏，姑罰俸二月。

中國第一歷史檔案館《雍正朝漢文諭旨》雍正五年十月十四日　兵部參送發往宣化修城，革職揔兵張殿臣并不興工，餙詞推諉一案，雍正五年三月初六日題，十七日奉旨，部議將張世臣資財解送宣化府抵補，伊兄張殿臣公項着不必行。張殿臣原係隆科多保舉之員，聯調來引見，看其人才具甚屬庸劣，必係鑽營，隆科多濫膺保薦，是以將伊革職，發往宣化府城工效力。今又復遲延推諉，本應即行治罪，但伊從前居官如何之處，未經確查，看行文湖廣督撫，將伊原任襄陽揔兵任内有無劣蹟一一據實查奏，若無劣蹟，尚可寬宥，若有劣蹟即據伊所犯之疑按例治罪。

中國第一歷史檔案館《雍正朝漢文諭旨》雍正七月二十一日　大學士伯鄂爾泰奉上諭，據大學士鄂爾泰奏稱，有原任總兵官馬覿伯令家人搶呈内稱，覿伯一門世受國恩，切思報効，祇因負罪監禁，効力無由，今請願隨征西陲，以贖從前罪譴等語，馬覿伯久歷戎行，於軍旅之事，尚能熟

□，若後寬免罪釋放，令往西路軍營交與大將軍酌量委用。

中國第一歷史檔案館《雍正朝漢文諭旨》雍正十年八月二十一日 朕念伊熟悉邊地情形，特召來京命爲副將軍，授以巴爾庫爾統兵之重任，料伊受朕深恩，必能黽勉宣力，爲將弁之表率。豈知伊苟且瞻顧，退縮不前，全無奮勵振興之氣，爲三軍之所鄙笑。既忝職任重負國恩，著革職交與署大將軍。查郎阿照總兵或副將之例，於領兵艱苦之處，派令効力贖罪。倘再有錯悮踈忽，即行參奏，在軍前正法。伊弟從前係叛案內牽連有名之人，朕免其重罪，昨劉世明奏請帶往軍前，今思此等不端之輩，豈可令其隨營行走，著押解來京，奏聞。

（清）席裕福《清朝政典類纂》卷三七七《刑九・名例律・舉用有過官吏》 事例

天命六年諭：凡有武功授職者，必行間獲罪，乃革其官，或他事獲罪勿議革俾自贖。

又定有罪之人修葺城樓，准其贖罪。

順治十二年覆准：犯人罪贖春夏二季照律例納銀，秋冬二季令有司收銀，照時價糴穀糴倉，年底將收納罪銀並糴穀數目彙造清册報户部、刑部查覈。

又覆准：道、府、州、縣折贖銀兩，設立循環簿逐件登報布政司彙報督撫積銀備賑，歲底彙報户部稽察。

又題准：文武官員有犯，除實犯死罪外，餘罪俱准折贖，衙蠹犯罪者，不准折贖。

十五年覆准：直省大小衙門贓贖銀兩逐項造册送按察司按季清查，有隱漏不報者，計贓論罪。儻該司通同容隱者，該撫案指名題參一並治罪。

十六年覆准：在京軍民人等犯流罪以上及姦盜强知情故縱罪囚，以卑犯尊，衙蠹犯贓等罪，仍不准收贖外，其犯徒罪以下有力者，俱照律例分別收贖。旗下婦女除犯姦盜逃走等情的決外，餘罪亦准照例收贖。

又題准：贖鍰定數，杖一百者，折銀三十五兩，杖九十者，折銀三十一兩二錢五分，杖八十者，折銀二十七兩五錢，杖七十者，折銀二十三兩七錢五分，杖六十者，折銀二十兩。

十八年題准：官員人等有犯流徙籍没等罪情願修造城樓營建贖罪者，呈明該原問衙門豫爲啓奏，下工部查議奏，聞請定奪。

又定官員仍聽折贖其無力小民犯杖罪者，即著的決不必折贖。

又議定官民人等犯杖六十徒一年者，折銀二十三兩七錢五分。杖七十徒一年半者，折銀二十九兩三錢七分五釐。杖八十徒二年者，折銀三十五兩。杖九十徒二年半者，折銀四十兩六錢二分五釐。杖一百徒三年者，折銀四十六兩二錢五分。杖一百流罪准徒四年者，折銀五十兩。雜犯死罪准徒五年者，折銀五十三兩七錢五分。

又議准：凡贖鍰由督撫按批行者，承問官通詳互相稽覈，解部司道府州縣官自理，贖鍰亦全數報部備賑。

康熙二年題准：犯人有願認工贖罪者，呈明刑部，移咨工部，會同將犯人情罪修建工程查覈情罪與工程相符奏聞請建造。

又定内外官員革職後犯杖罪者，仍准折贖。

六年覆准：旗下人犯罪有力情願折贖者，照民人例一體折贖。無力者，仍的決。

十六年議准：有出征之處殺人奉旨免死者，鞭一百，照律追埋葬銀二十兩，給付死者之家。將枷號兩月存案，令軍前效力贖罪，如效力有據及身受重傷者，免其枷號。若不行效力者，出兵回日，仍行枷號，將妻子家産人口一並發與辛者庫。其口外蒙古等有犯，亦鞭一百，以追銀二十兩折牲口一九給付死者之家。令軍前效力贖罪，如效力有據及身受重傷者，免其折枷號，牲口三九。若不行效力者，仍追牲口三九給付死者之家，妻子家産人口一並給與該管之主爲奴。□贖罪人犯之效力與否，該將軍並該管官登記明白，俟出兵回日送部查議。

十九年議准：革職處分等官及各項人犯有願認修葺京都城樓公署及倉庫牌樓贖罪者，除十惡等實犯死罪姦細、光棍，誣告叛逆放火等罪不准認贖外，其餘斬絞重罪並充軍流徙人犯，具呈工部查覈情罪輕重，與例相符，准其具題定限修理完日免罪。

又題准：認工復職贖罪人員，將原估銀兩定限赴工部交納，隨到即收，不得借端留難掯勒。

雍正十二年議准：凡犯罪例不准納贖而情有可原者，其捐贖之數，

斬絞罪三品以上官一萬二千兩，四品官五千兩，五六品官四千兩，七品以下官及進士舉人二千五百兩，貢監生員二千兩，平人一千二百兩。軍流罪各減十分之四，徒罪以下各減十分之六，枷號杖責照徒罪捐贖。

乾隆元年諭：贖罪一條原係古人金作贖刑之義，況在内由部臣奏請，在外由督撫奏請，皆屬斟酌情罪有可原者，方准納贖，其事尚屬可行，嗣後將贖罪一條仍照舊例辦理。

二年覆准：例載婦女犯姦杖罪的決枷罪准其收贖，查納贖圖内並未定有枷號如何收贖之文。惟名例犯罪發遣條内，徒一年者枷號二十日，每等遞加五日等語，則枷號三十日者，應折徒二年。查徒五年俱包杖在内，今於徒二年内除包杖八十應折銀六分外，其徒二年者，止應收贖銀一錢六分五釐。婦人犯姦既決杖一百，其枷號一月，應照徒二年，除包杖八十，折銀六分外，止應收贖銀一錢六分五釐。至於親屬犯姦應枷號四十日者，除決杖一百折銀七分五釐外，應照徒三年收贖銀二錢二分五釐，其和同誘拐犯姦應枷號兩月者，除決杖外，應照流三千里收贖銀三錢七分五釐。

九年議准：嗣後文武職官有實犯姦贓十惡不孝等罪律應的決者，照舊的決，其准枉法准不枉法論等贓律應納贖者，仍照原律納贖，免其的決。

又議准：嗣後命案死罪人犯有呈請捐贖情罪尚有可原奏准贖罪者，應照免死減流人犯追埋葬銀二十兩例，倍追銀四十兩，給付屍親收領。會典事例。

又定凡贖罪之案，每銀一兩改折稻穀二石覈算收納。

二十三年奉旨：斬絞各犯納贖之例，永行停止。俟遇有恩赦減等其憚於遠行者，再准收贖，而贖鍰則仍照原擬罪名不得照減等之罪。通典。

三十年議准：嗣後外結枷杖以下人犯，如有情願捐贖者，即將該犯原案全行抄録附咨送部覈覆，以免延滯以省案牘。

三十一年議准：查平常軍流人犯捐贖之例未到配者，捐銀七百二十兩，已到配者，捐銀六百兩，其中雖有分别而到配之軍流官犯則於乾隆二十一年奏明，仍照原官品級銀數捐贖，並不以到配議減至斬絞各犯捐贖之例，久經停止，前奉恩旨遇有恩赦減等者，再准收贖係屬格外皇仁是以此等人犯如有情願捐贖者，無論已未到配亦仍照原擬罪名銀數捐贖。

四十九年奏准：外遣軍流以下罪犯在部呈請贖罪者，俱開明案情分别似應准贖似不應准贖兩項按月彙奏，如一月僅止一件，歸入下月彙奏。會典事例。

嘉慶八年奏准：嗣後進士舉人捐復情有可原仍照舊核定奏明請旨外，其貢監生員捐復者，禮部咨查原案，如果情尚可原，酌量准加三倍捐復，其或事關倫紀或弊在科場，或賄賂有據或唆訟誣良，或豪覇横行，或釀成命案之類，仍應不准其三倍捐復，至武進士武舉捐復，由兵部咨查。原案如果情有可原，仍照舊核定附入彙題其武生捐復亦請一律辦理。

二十二年諭：嗣後各省凡係部議降革有旨送部引見之員，俱不准先行奏請捐復。若部議降革未經奉有送部引見之旨，如該員官聲素好熟悉地方情形准該督撫代爲奏請捐復，仍聲明將該員先行送部引見，俟引見奉旨准其捐復，再令該員交納捐款以原官補用。

二十四年諭：嗣後凡降調道員呈請改捐郎中降調知府呈請改捐員外郎者，吏部無庸奏請，俱照此例概行批駁。

道光五年議准：嗣後生監犯事總當以情節之公私爲斷，不得以杖不滿百概准納贖，所有應革應復並擬杖擬笞各案，均由該督撫學政將全案供招分咨報部，以憑核辦，毋再遺漏。彙案。

（清）席裕福《清朝政典類纂》卷三六九《刑一·名例律·應議者之父祖有犯》事例

天命六年諭：凡遇應死應笞應罰之罪，必追論其功，如係勤勞有功之人，則當死者贖，當罰者免，當笞者戒飭而釋之，功罪令其相準。

順治十二年覆准：旗下滿洲蒙古漢軍官員除謀爲反叛，殺親祖父母、父母伯叔、兄，殺一家非死罪三人外，其餘有犯死罪者，查伊親祖父、父、伯叔兄弟及其子孫有陣亡之功者，准免死一次。伊身出征負有重傷軍前效力有據者，亦免死一次。

十四年諭：凡强盗犯罪重大，雖有祖父、父、伯叔兄弟陣亡之功者，難以免死，嗣後强盗重罪不得援此議免。

十八年諭：向來死罪重犯因有論功免死之例，以致惡人希圖倖免，臨陣退縮殺人劫財，恣肆愈多，以後死罪犯人不得論功議免，著照其應得

之罪議擬，具題請旨定奪。

康熙七年定：凡死罪重犯論功議免，著照原定例行。

十年題准：論功之例不分旗下官員軍民人等，一體照定例行。

十七年議准：凡打死人命罪犯，雖於出征時負有重傷，軍前效力有據，仍照律擬定死罪。若有在出征之處犯此等罪者，令取供拘禁，俟同師旋之日，送部審結。

二十一年諭：嗣後殺人重犯，如有親祖父、父、兄弟陣亡者，止叙明情由，仍議死罪，不得論功議免。

二十六年諭：嗣後强盗案内有護軍披甲閒散人應正法者，著查其祖父、父輩陣亡並自身效力之處，繕寫奏摺附入本内具題。

四十五年覆准：凡經恩賜祭葬之子孫難廕出身之，不可使宗祀斷絶，如審擬大辟家無次丁，應緩決。令其妻妾入禁相聚，生有子息再行正法。

乾隆二十一年諭：本年秋審册内應擬情實之官犯紀樸刑部以伊兄陣亡例准免死一次，據情聲請，免死之例乃國家優卹死綏之典，正寓激厲戎行之意。今紀樸有心遲誤軍需，法無可貸，豈得與尋常監候之案一例辦理。該部援例聲請之處非是，嗣後酌量情罪請旨，不得一概援例請寬，將此通行傳諭知之。

二十九年諭：刑部所進情實官犯本内將齊凌扎布出兵得功，及雯基曾祖陣亡之處照例入於情實册内聲敘，甚屬非是，齊凌扎布之祖父從前若有陣亡者，朕不得而知，今伊本身亡事，則西陲用兵始末，朕日夜籌畫，何事朕不熟悉，又豈待部中按例問之該旗。該旗按例咨達部中，部中以代爲按例聲敘乎？嗣後遇有此等罪犯，在八旗則由刑部先咨本旗及兵部確查事績，在外緑旗則由督撫於審擬定案之始查明該犯祖父陣亡事實，列入秋審册内以憑覈定，著該部分晰規條，一一定議具奏。會典事例。

光緒二十年議准：嗣後秋審朝審内斬絞各犯，察有父祖子孫陣亡者，除例内載明十惡不赦及有情罪較重者，勿庸聲叙外，如所犯係尋常鬭殺及非常赦所不原各項死罪，核其情節應入情實者，俱准其聲敘入本辦理，勾到時於黄册内黏簽聲明，恭候欽定。其前項人犯應入緩決者，准其緩決一次，後即予減等，仍照定例一次。優免一次後，不准再行聲請。通行。

（清）席裕福《清朝政典類纂》卷三七〇《刑二・名例律・職官有犯》

事例

順治八年諭：大小臣工皆朝廷職官，職官有體，則朝廷體統益尊。朕觀在外文武官必經撫按參劾奉旨革職，然後提問。今在京滿漢諸臣犯罪，常有未奉旨革職問刑衙門輒提取審問，殊非待職官之體。自今以後，凡在京滿漢諸臣有犯，該衙門先將犯事緣由具奏請旨，應革職提審者，必奉旨革職然後送刑部提問，毋得徑行提審。著爲令。通考。

十年定：凡官員有犯貪惡重大事情應發刑部審問者，在部守候不必鎖拏送問，審有實據，奏請處分。

康熙九年題准：凡官員爲事聽理不候問結即回原籍者，罰俸六月。

十年定：文武官員犯罪鎖禁鎖拏永行禁止。

承審官將聽審官員人犯不候結案聽其回籍者，亦照此例議處。

雍正四年覆准：凡參劾人員蒙恩寬宥仍加録用者，若不實心報效又被參劾，加倍治罪。

八年諭：凡官員等始初被參革職發審及審係全虚，例應准其開復，該部往往但免其罪，而以已經革職無庸議覆奏，此乃含糊歸結，非情理之正。朕於江西高安縣知縣鄭勳之案，曾降諭旨。再於湖廣糧道張廷樞等内屢降諭旨矣。又有原參重罪審虚而該員尚有輕罪，應以降級罰俸歸結者，則應開復其官，按其所犯與以降級罰俸之處分，方於情法允協。

乾隆四年議准：生員除遇有過愆止應戒飭者，地方官應照例不得擅行杖責，必會同教官戒飭外，其有肆行不法等事，應令地方官一面查拏一面申詳，該督撫學政革退衣頂，候該督撫批示審理，如或地方官挾私妄報，經該督撫查出，將地方官照例分别參處，如果係生員等恃衿横行，即應嚴審，按律定擬，毋得將地方官一概參揭。

十八年諭：嗣後文職道府以上武職副將以上，仍照舊例於題參得旨部文到日再行提訊，部文亦著速行，其餘文武官員於具題日即將案内應質人犯拘齊審究，如督撫同駐省分一面具題一面行知承審衙門照例提審，庶是非早辨，案牘易清。著爲令。會典事例。

五十年奏准：嗣後廩生除行止不端恃符滋事者，照例斥革，若所犯本輕，爲人波累，既經誡飭即已結案，其俟充歲貢之時，仍照舊例一體考充。

嘉慶九年奏准：嗣後各省督撫學政凡地方官斥革貢監必以全案送部，不得草草數言不具端末，致啓胥吏删改隱匿之弊。凡學政斥革生員，亦必以全案送部，不得仍前但云緣事而不著事由，庶所犯過失輕重分明，准駁之間可期平允。

二十二年諭：嗣後凡先經奏請解任之員，有應革職審訊者，該督撫先將該員一面革職一面專摺奏聞，不必候旨，即行提訊，以杜因循而求信讞。

道光九年諭：嗣後凡官員宿娼以及挾妓、挾優、飲酒例，應降調者，均不准以教職降補改補。凡知縣以上之正印官，如有宿娼、挾妓、挾優等事降調者，祇准以對品之佐貳降補，不准補用正印，以肅官方。

十三年諭：嗣後各直省督撫概不准以本省屬員入幕審理，如再有以幕友濫行邀請議敘者，著吏部查明參奏。

十八年奉旨：嗣後各衙門遇有因案傳訊人員，應即時稟報該管官回堂交出，倘有隱匿不報以致遲誤者，即著嚴參懲辦。

咸豐八年諭：嗣後各直省遇有籍差潛回原籍，倚官滋事不受地方官約束者，無論曾在軍營出力得有保舉人員該將軍督撫一體嚴拏查訊明確，按律嚴辦以儆傚尤。

同治八年諭：前據御史范熙溥奏參湖北幕友徐翼夤緣招摇各款，諭令該省督撫查辦。茲據李鴻章查明具奏，此案候選知府徐翼在將軍巴揚阿署中辦理文案，雖無夤緣確據，惟既係幕友即不應干預處事，乃招致降人莫昌福等投効將軍衙門，查拏教匪莫昌福等遇事騷動，控案纍纍，皆徐翼引用匪人所致。該員訪聞河南教匪甚多，輒令莫昌福等勾至荆州，議欲誘入城中拴獲，不顧人心驚惶，實屬荒謬。惟念該員於拿獲教首劉漢忠案內，尚屬在事出力，著從寬撤銷前次知府花翎保案勒令回籍，不准在荆州逗遛，以示薄懲。千總莫昌福前以誘拴劉漢忠保得官職，乃不知檢束，輒敢藉端滋擾，情殊可惡，著即斥革提省審明被控各案，再行按律懲辦。荆州將軍巴揚阿保舉徐翼及飭拿教黨事屬因公，尚無廻護情事，著免其置議，惟查拏教匪並不由地方官解勘逕行審訊，殊屬非是。嗣後如訪有教匪潛匿，著知會督撫飭屬查拏解勘，毋庸將軍審辦，以符體制。

十年諭：曾國藩奏曾任提鎮大員尋仇搆釁據實參奏一摺，前任江南提督李世忠因事逗遛揚州，與前任浙江處州鎮總兵陳國瑞相遇，李世忠挾陳國瑞從前奪取鹽船銀物各仇，陽與交好，於四月十四日潛赴陳國瑞寓中，喝黨將陳國瑞捆縛赴船，行抵揚州四里鋪地方，遇陳國瑞之姪陳澤培等趕至呼救，一時各船水手人等蟻集來援，李世忠將陳國瑞藏匿自覓小舟逃走，落水遇救得生，輜重被搶一空，家屬亦遭毆辱，致有落水淹斃者。此案李世忠以提督大員轉行尋仇鬪狠，實屬不安本分，李世忠著即行革職，勒令回籍，交地方官嚴加管束。陳國瑞與李世忠往來日夜演戲，致生事端，亦屬性非安靜，著以都司降補，勒令速回湖北原籍，交地方官嚴加管束，李世忠、陳國瑞均不准在揚州逗遛。

十年奏准：嗣後軍營官兵致斃人命案件，無論案情輕重，悉照各本律定擬，均不准率行量減，亦不得遽請留營，庶足以飭法紀而昭憲典。彙案。

（清）席裕福《清朝政典類纂》卷三七七《刑九·吏律職制·貢舉非其人》事例

順治十五年諭：朝廷舉人材，科目最重，必主考同考官皆正直無私，而後眞才始得。昨因鄉試賄賂公行情罪重大，已將李振鄴田耜等特置重辟，家産籍没。會試大典尤當愼重，考試官同考官及天下舉人若不洗滌肺腸痛絶情弊，不重名器，不惜身命，仍敢交通囑託賄買關節等弊，或被發覺或經科道指參，即將作弊人等，俱照李振鄴田耜等重行治罪，決不姑貸，爾部即刊刻榜文通行嚴飭。使知朕取士釐姦至意，特諭。

雍正四年議准：文武生員除事關切己及未分家之父兄，許其出名告理外，如代人具控作證者，該地方官申詳學臣褫革之後，始行審理曲直，至告給衣頂必限十科之外，或實係年老病廢及進學時年已衰邁者，該教官出具印結具詳學臣覈驗准給。如給衣頂後有包攬詞訟者，加倍治罪。將出結之教官及學臣交部查議。至捐納貢監妄爲生事應行褫革者，地方官申報督撫學臣其事屬督撫者，移咨學臣。事屬學臣者，稱咨督撫。一面褫革一面報部，年底仍將審明緣由造册送部查覈，其考職吏員倚恃護符作姦犯科者，該地方官申報上司轉詳督撫咨部革去職銜，照所犯罪名加凡人一等治罪。會典事例。

六年奉旨：各省監生每於考職之時託在京之親戚朋友代爲應考，而

本人安坐原籍，濫叨職銜，陋習相沿已久，今准其自行出首，代考之人酌量寬免，託人代考者，但革監生，不治其罪。隱匿不首者，一經發覺，即行正法。通典。

乾隆二年諭：道府等官皆屬親民要職，必才幹素著，廉潔自持者方克勝任。是以皇考當日曾令督撫兩司各行保舉，朕今倣照此例，著於各省道府官内，令督撫藩臬各據所知保舉一二員，二三員，俱各密封具奏，不得會同商酌。如所保之人不當，日後劣蹟敗露，將保奏上司一並治罪。

嘉慶七年諭：嗣後步軍統領衙門遇有番役緝捕勤奮祇准量加獎賞，即實有拏獲要犯者，亦祇可從優加賞，毋許給與頂戴。儻再行濫請，即以違制論。

二十五年諭：嗣後各直省凡題請入祀名宦鄉賢者，該督撫務當確切查實，不得以名實符者濫竽陳奏。部臣尤應秉公覈議，不可稍涉瞻徇。庶揚清激濁，公議昭然。其有裨於世道人心者，非淺也。

又諭：各直省督撫所有兩司道府州縣以及營伍員弁内如實有才德兼優，認眞辦事者，著出具切實考語密摺保奏，歷任後除公罪不論外，若作姦犯科，身罹私罪惟所保之督撫是問。如有貪婪不法，以刻爲明，或年老昏憒不能辦事者，亦著據實奏參。

道光六年諭：嗣後各省預保武職，務須認眞遴舉，擇其年力精壯、才技優嫻，不得任意濫保。如再有將此等庸劣之人預保，必將該員即行革職。所保之上司交部嚴議。

十七年奉旨：嗣後關涉科場處分，無論大小官員俱著吏部照例議處，專摺具奏，將應否准其抵銷之處聲明請旨，毋庸具題，以昭慎重。

咸豐九年諭：本日據載垣等奏，會審科場案内已革大員並已革大員定擬罪名，先行擬結一摺，朕詳加披覽，反覆審定，有不能不爲在廷諸臣明白宣示者，科場爲掄才大典，交通舞弊，定例綦嚴，自來典試，大小諸臣從無敢以身試法，輕犯刑章者，不意柏俊以一品大員乃辜恩藐法，至於如是，柏俊身任大學士，在内廷行走有年，曾任内務府大臣、軍機大臣，且係科甲進身，豈不知科場定例，竟以家人求請輒即撤換試卷，若使靳祥尚在，加以夾訊，何難盡情吐露，既有成憲可循，朕即不爲已甚，但就所供情節詳加察覈，情有可原，法難寬宥，言念及此，不禁垂淚。柏俊著照王大臣擬即行處斬。派肅順、趙光前赴市曹監視行刑。已革編修溥安、已革舉人羅鴻繹、已革主事李鶴齡著照例斬決，以昭炯戒。副主考户部尚書朱鳳標，於柏俊撤換試卷闈中並未查訊，出場後又不即行參奏，著照舊例辦理。知情徇隱，即應治罪，即止於失察，亦應研訊。惟閱其供詞，尚無知情情弊，諒朱鳳標亦不致公然徇縱，著從寬即行革職。同考官降調編修鄒石麟爲已革職舉人，平齡更改硃卷，實屬違例，著革職永不敘用。其磨勘查出試卷，應行查辦之舉人余汝偕等十二名，並同考官徐桐、鍾琇、涂覺綱，何福咸對讀官鮑應鳴應得處分，著交禮部查照科場條例定擬，具奏。至墨卷内更改馬丞字樣，是否由外簾傳遞之處，著原派之監明白回奏，另片奏催。未經到案之謝森墀、熊元培、李旦華三名，著江蘇巡撫派員解京歸案審訊。嗣後科場大典秉文衡者，皆當潔己虛懷，杜絶干請。應試士子亦各立品自愛，毋蹈覆轍，則朕此次執法嚴懲，實爲士林維持風氣，爾在廷諸臣當能默喻朕衷也。

又諭：本日據載垣等奏科場案内審明，已革大員並已革職員等定擬罪名一摺，科場爲掄才大典，考試官及應試舉子有交通囑託賄買關節等弊，問實斬決，定例綦嚴，不得以曾否取中分別已成未成，此案已革工部候補郎中程炳采於伊父程庭桂入闈後竟敢公然接收關節條子交家人胡升轉遞場内，即係交通囑託關節，情罪重大，豈能以已中未中强爲區別。程炳采著照該王大臣等所擬即行處斬。已革二品頂戴左副都御史程庭桂身任考官，於伊子轉遞關節並不舉發，是其有心蒙蔽，已可概見，雖所收條子未經中式，而交通已成，確有實據，即立予斬決，亦屬罪有應得。惟念伊子程炳采已身罹大辟，情殊可憫，若將伊再置重典，父子概予駢首，朕心實有不忍。程庭桂著加恩發往軍臺效力贖罪，此係朕法外施仁，並非從死罪遞減，亦非因其接收關節未經中卷姑從未減也。其致送關節之謝森墀等，本應照科場專條治以死罪，惟與業經正法之羅鴻繹等尚屬有間，工部候補郎中謝森墀恩貢生報捐國子監學正學録王景麟均著革職，熊元培著革去附貢生。與已革候補郎中李旦華，已革候選通判潘敦儼，已革翰林院庶吉士潘祖同，已革刑部候選員外郎陳景彦，已於二月間加恩免其死罪，著照所擬均著發往新疆效力贖罪。李旦華之父前任刑部侍郎李清鳳現在原籍病故，著該部查明李旦華如家有次丁，即於百日後起解，如家無次丁，著俟

安葬伊父再行發遣。降調湖南布政使潘鐸平日訓子無方，著交部議處。其應議之監臨監試專司稽查及内外簾執事各員，並搜檢王大臣著禮部，按照科場條例據實查明。各該員所司何事應議之處，詳晰開列，銜名具奏，再降諭旨。另片奏未能究出冒名之人請旨議處等語，載端全陳著交宗人府吏部照例議處。至科場條例本有專條，刑部所擬程庭桂等罪名俱不在科場例内，輒將向辦各案以已成未成比擬，實屬不合，業於王大臣等摺内詳細批示，若照硃批給予處分，恐該堂官等難當此咎，著傳旨申飭科場一案前後所降諭旨，著即補入禮刑二部則例，永遠遵行。彙案。

（清）席裕福《清朝政典類纂》卷三七七《刑九·吏律職制·濫設官吏》事例

康熙十二年覆准：凡白役隨正身衙役嚇詐未經查出之官，罰俸六月。又官員於定數外留用白役承票差遣累民婪贓者，照失察衙役犯贓例議處。若正役犯贓事發，官員飾稱白役自圖脱卸失察之罪者，革職。

十八年覆准：凡督撫司道衙門各照定額供役，不許多設，司道互相揭報，督撫亦互相糾舉狥庇者，科道據實糾參，治以縱蠹殃民之罪。

又議准：凡蠹役害民司道府州縣不行舉報，督撫不行訪拏別經發覺者，狥庇之司道府州縣等官降二級調用，不題參之督撫罰俸一年，至訪拏衙蠹並贓私數目，年底造册題報。

雍正五年議准：凡直省書役年滿缺出遵例召募，務查該役本籍本姓取具鄰佑親族連名保結及地方官印結，方准著役。有暗行頂買索取税銀者，缺主照枉法受財律計贓定擬，至八十兩者絞。頂缺之人照以財行求律至五百兩者，杖一百，徒三年。出結人等依不應重律杖八十。該管官員及督撫俱交部分别議處。其年滿考職時於移咨内塡寫並無假姓冒籍字様，吏部方准收考。若有冒籍冒名等弊事發者，革去職銜，杖一百。不能稽查之該管等官，俱照失察例議處。至衙門一切案件，若書吏定稿以致高下其手，駮詰不已，有贓者，照枉法律科罪。無贓者，杖八十革役。該管官並督撫亦交部分别議處。

乾隆四年議准：嗣後一應在官人役於著役之日取具年貌塡寫印簿，如年至七十即令罷役不許充當，以杜恃老收贖之弊。

二十九年議准：嗣後各省州縣額設捕役，令該管道府存查，如有事故革除召募頂補之處，亦令隨時詳報備案，不得過十日之限。儻遇捕役有犯，各該上司按册可稽，州縣官不能巧爲開脱，以避處分，而捕役亦漸知斂戢。會典事例。

道光七年奏准：嗣後司道府廳衙門吏役不准過五十名，由本官酌定名數，造立卯簿。州縣衙役不准過八十名，教官佐雜衙門斗弓兵不准過二十名，由該道府酌量名數，造立循環卯簿，年終彙報。該管道府具報總督衙門查點，餘皆一概革退編入里甲當差。彙案。

（清）席裕福《清朝政典類纂》卷三六九《刑一·名例律·應議者犯罪》事例

雍正三年議准：嗣後覺羅等有應行僉妻發遣者，俱免其發遣，永遠拘禁於該旗高墻之内。

十二年諭：嗣後宗室覺羅若犯枷責之罪，應酌其罪犯輕重，即在宗人府或拘禁或鎖禁，分别年限期滿釋放，以抵其罪。庶覺羅處分與平人有别，而宗室亦知儆戒。其如何酌量罪犯輕重分定年限之處，著宗人府會同該部定議具奏。尋議有職宗室覺羅嗣後犯笞杖罪者，仍照定例會同各該部降罰治罪。其閒散宗室覺羅嗣後有犯鞭笞罪者，分别鞭笞之數，革去每月應領錢糧，以抵其罪。犯徒罪者，均照八旗人等折枷號日期分别拘禁。犯軍流等罪者，悉照旗人軍流應折枷號日期，在宗人府鎖禁，統俟滿日釋放，以抵其罪。

乾隆元年議准：嗣後覺羅有犯斬絞之罪者，仍入會審檔册以便復審，此内如有可疑可矜減等不致於死者，仍照原奏辦理外，如果係情實，仍禁高墻聽候。刑部具奏各犯情罪時繕入情實罪犯覺羅之名次具奏，奉旨予勾時亦照宗室例交本族人等即行辦理。

二十一年諭：將軍清保將詢問宗室長智戳傷民人宋天祥身死緣由具奏，宗室分極貴重迥非常人可比，理宜整飭行止顧惜體面，似此卑汚有玷宗室之人，應較常人加倍治罪，方屬允協，著交清保將長智帶子褫去，拏送來京，交宗人府請旨，仍曉諭彼處宗室等今因長智不顧體面，玷辱宗室，戳傷人命，將伊拏送京城治罪。嗣後有似此者，俱如此辦理。會典事例。

四十三年諭：嗣後承辦陵寢事務貝子公等，如有因私事罰俸者，仍

罰伊等貝子公俸外，如係因公，即照都統職任之俸於伊等俸内坐扣。

五十六年諭：嗣後凡兼職任之宗室王公等遇有案件應與同事大臣降級調用者，均著將兼職任實行議降，其加倍罰俸之例即停止。

嘉慶二十年諭：晋昌等奏查明移駐宗室喀勒明阿强姦良人婦女已成照例定擬一摺，宗室移駐盛京，原令其安分守法漸積清風乃喀勒明阿在彼恣欲游蕩，先經調姦羅洪氏未成，莊復將民婦閻汪氏踢傷强行姦污，實屬横肆不法，該將軍擬以絞候，此等兇淫之徒，若不立即懲辦，無以警衆，著晋昌即帶同管理宗室之文弼傑信禄康三人將喀勒明阿押赴本營監視，勒令自縊。以昭炯戒，德克金太隨同喀勒明阿硬進閻汪氏院内，見其毆打行强並不阻止亦屬不法，並著移駐吉林交富俊等嚴加管束，倘再滋事，奏明從重治罪。張七即張義係宗室逐出跟役，仍敢引誘喀勒明阿屢次游蕩，且據該犯供認，曾向羅洪氏威嚇，實屬兇惡，不必發伊伊犁即將該犯在於盛京營房前永遠枷號示懲，管理宗室之文弼等，平日漫無約束，至此有不法之案，均屬無能，即由文弼、傑信俱著降爲員外郎。主事禄康著降爲筆帖式，仍責令認眞管束，以贖前愆。將此旨通諭宗室覺羅知之。

道光十九年諭：嗣後凡遇宗室控告倉庫案件，不論是否曲直有無情弊，概置不問。亦毋庸會部，以免拖累。該衙門即將該宗室問以不應爲而爲。遵照道光九年所定條例按律擬罪。如有素不安分兼有綽號黄姓趙姓者，該管親郡王等酌量責懲，並究明引誘慫恿之人，嚴行懲辦，如係該宗室挾嫌妄供，審明加倍重責。如審明實係引誘爲匪之人，即將該宗室應行重責之處，核其情節輕重酌量辦理。其賭博鬭毆地畝案件，並被倉庫差役及商賈人等控告，照例應會部者，仍會部辦理。應由該衙門自行查辦者，照例查辦。若該宗室控告倉庫舞弊以及錢鋪小錢凡不干己事，稍涉訛詐不遂，藉端起釁等情，無論何處，俱將該宗室送交宗人府，按此次新定章程自行懲辦。若罪應發遣，亦由該衙門奏請奉旨後先行重責四十板，再交兵部起解。被告之人均毋庸傳訊，以息訟端。彙案。

光緒九年諭：嗣後宗室覺羅婦女具控案件，仍照例准令成丁弟兄子姪或母家至戚抱告。無親丁者，家人抱告，限十日到案，同被告一並送部，如逾限並無抱告投到或非例應抱告之人概不准理。並將被告即行開釋，以省拖累。通行。

（清）席裕福《清朝政典類纂》卷三七〇《刑二·名例律·文武官犯公罪》事例

雍正三年諭：嗣後降級留任官員，照有恩詔及議敘加級者，俱准以加一級抵銷降一級，庶人皆奮勵勉圖後效，亦鼓勵吏治之一道也。至降級後捐納加級者，不得抵銷前案。

乾隆七年諭：嗣後旗員應罰之俸不至銷去一次紀録者，照伊等紀録之例暫行注册，俟再遇罰俸案件合計抵銷。

八年諭：在京各衙門事務俱係滿漢堂司公同辦理，至遇罰俸處分，旗員則注册合算，漢員則照常罰俸，例未畫一。嗣後凡在京臣工有罰俸案件不至銷去紀録一次者，俱照旗員之例注册合算。

二十九年諭：前經降旨，各省離任候補之員有因前任案件掛悮降調者，令原隸之督撫出具考語送部引見，但此等人員離任事故不同，多有遲至二三年及數年後始行請咨赴部，其原隸上司早經更易，代任者又未悉其賢否，何從懸擬考覈，蓋由傳諭之後，部臣未經分晰條例殊多隔礙。嗣後著於該員等甫經請咨回籍時，該督撫將該員居官如何出具切實考語，即行咨明本籍督撫存案。俟例應引見時，徑由本籍督撫查照原咨考語敘入交内，無庸再赴原隸上司衙門請咨注考，以昭畫一。

三十三年諭：嗣後吏部兵部議處文武各官，一以公罪私罪爲斷，其被議之事本屬因公者，仍照例議抵外，其因犯私罪交部議處者，一概不准抵銷，庶辦公者得邀寬典，而營私者不致長姦，於澄敘官方之道，更爲允協。著爲令。

嘉慶五年諭：前經吏部奏刑部秋審遺漏處分，將自行檢舉司員降二級調用，别經發覺者，加等辦理一摺，已依議行矣。但秋讞大典，人命攸關，一經遺漏，定議綦嚴，至尋常案犯亦應分别輕重，以昭平允。嗣後刑部遺漏事件處分本案人犯在絞罪以上者，將遺漏自行檢舉各司員降二級調用。其罪不至死之案降二級留任，均准其抵銷。倘該員並未自行檢舉，經刑部堂官查出參處，别經發覺者，所有承辦司員應得降調、降留處分，不准其抵銷。著爲令。

十二年諭：初彭齡奏據懷遠、懷甯、建德、霍邱四縣士民先後呈懇代參令沙琛繳銀贖罪。初彭齡細訪該參令所蒞各邑，均著有循聲，應否准

予贖罪，據情奏聞一摺，沙琛前因署霍邱縣任內，于逆倫重案未能審出實情，問擬軍臺效力，本屬罪所應得，茲初彭齡懷遠第四縣士民均呈懇捐銀代贖，可見該參令所到之處俱有惠政及民，故獲罪後猶欲代爲贖罪。但其平日居官既好，此次獲罪之由只爲承審不實，尚非私罪，竟可免其納贖，所有該士民等情願捐繳銀兩，如尚未交納，即諭令停止。若已呈繳，著即行發還。所有參令沙琛著加恩免，其發往軍臺效力，伊雙親俱已年老，著該撫即飭令回籍侍養，以示朕孝治推恩至意。

道光元年奏准：嗣後官員公罪私罪案，照刑律分別定議。係公罪：笞一十者，罰俸一個月。笞二十者，罰俸兩個月。笞三十者，罰俸三個月。笞四十者，罰俸六個月。笞五十者，罰俸九個月。杖六十者，罰俸一年。杖七十者，降一級留任。杖八十者，降二級留任。杖九十者，降五級留任。杖一百者，革職留任。係私罪者：笞一十者，罰俸兩個月。笞二十者，罰俸三個月。笞三十者，罰俸六個月。笞四十者，罰俸九個月。笞五十者，罰俸一年。杖六十者，降一級調用。杖七十者，降二級調用。杖八十者，降三級調用。杖九十者，降四級調用。杖一百者，革職。

十年議准：嗣後凡官員加級請封，概令於請封時另捐新級，即作爲請封之級，並於呈內聲明現捐之級，專爲請封字樣，於請封後即行劄除其從前所捐之級。及隨時捐級原係爲抵銷處分之用，概令其留抵處分，不准用以請封，則捐級之界限分明，而辦理可無牽混。

二十七年咨准：嗣後在京堂司各官，遇有應行出考之處，如到任未及三月者，毋庸出考。遇有失察之案，如到任不及一月者，免其議處。彙案。

（清）席裕福《清朝政典類纂》卷三七〇《刑二・名例律・以理去官》

事例

雍正六年諭：嗣後督撫等倘有一時患病難以辦事者，不可勉强支持，即著一面奏聞，一面將印務酌量委人署理，俾得安靜調攝，則所患自然易於痊可，足以慰朕體恤臣工之至意。若兩司中似有此者，該督撫仰體朕心，亦酌量委員代辦，具摺奏聞。

乾隆十一年諭：今日吏部將郎中陳豫鵬年老乞休員缺題補，引見陳豫鵬於今年閏二月經朕點用湖南學政，謝恩時摺内稱年已七十有餘，朕因其年老恐不能勝任，另派員更易。今只隔數月，急以年老乞休，陳豫鵬自知年老衰邁，則未授學政以前便應告休，及點授學政之時，亦當據實陳情，何以寂無一言，今於朕降旨仍留部曹，後急爾告休，蓋伊自知嗣後無升遷之望，並非恬退本懷也。夫致身事君，始終不渝，乃分所當然，鞠躬盡瘁之義，凡爲臣子者，何人不當以此勉。昔皇祖時，漢臣中間有蹈此習者，曾蒙訓飭，今陳豫鵬於進退之際，少不如願即欲解組以鳴高，事君之道固如是乎？陳豫鵬著革職留京候旨，向例四品以下官員吏部入於彙題內開缺，嗣後告休人員内有與陳豫鵬相類者，著吏部具摺請旨，如徇情入於彙題，查出必加以處分。餘著仍照例彙題。朕君臨天下，向之所學，且不必論。即以歲計之十年於此矣，大小臣工居心行事，已無不洞悉其情僞。古帝王垂旒黈纊不以察察爲明，朕平日之包荒不可勝數，但如陳豫鵬之所爲，若不明白曉諭，則竟無以明事君之義矣。諸臣工其共凜之。

嘉慶十年議准：嗣後加級捐封因公革職未追者，准服用原任頂戴。

道光十四年諭：嗣後京外實缺人員，無論何項請假開缺，著該管上司詳查確實，並責成出給官出具，並無規避營私甘結，方准開缺。倘有揑飾情弊，或因事發覺，或經科道糾參，即將出給官照本員應得處分一律懲處，俾内外官員恪供乃職無所施其趨避，以昭覈實而肅官方。

同治四年諭：嗣後因降調之員，未奉旨拔去翎枝者，除一品至五品仍准帶用外，大員降至六品以下，以及革職各員，一概不准帶用。其開復原官者，必須本案開復，或奉特旨賞還及續有軍功，經大臣督撫奏請開復，翎枝方准照常帶用。倘因另案開復，或捐復原官，仍不准冒昧帶用。

（清）席裕福《清朝政典類纂》卷三七四《刑六・名例律・公事失錯》

事例

乾隆四十七年諭：嗣後各衙門有承辦錯誤應送該司員等職名時，將該司主稿及隨同畫稿，司員一並聲明咨送，分別議處。其有應行議敘之處，亦將闔司開送，庶於勸懲之道方爲平允。

嘉慶五年諭：嗣後刑部遺漏事件，處分本案人犯在絞罪以上者，將遺漏自行檢舉，各司員降二級調用。其罪不至死之案，降二級留任，均准其抵銷。倘該員並未自行檢舉，經刑部堂官查出參處別經發覺者，所有承辦司員應得降調、降留處分，不准其抵銷。著爲令。彙案。

（清）席裕福《清朝政典類纂》卷三七〇《刑二・名例律・文武官犯私罪凡不因公事己所自犯皆為私罪》條例

一、凡外任各官遇有錢糧刑名事件應行革職者，該督撫題參時，即行摘印委員署理。俟奉旨之日，再行開缺。若有奉旨寬宥者，仍准復還原任。謹案：此條乾隆五年改定。

事例

嘉慶四年諭：據吉慶陸有仁奏審擬已革英德縣知縣陳寅於應訊案件不即辦結，以致前後拖斃四十餘命，請將陳寅發往軍臺效力贖罪一摺，所擬實屬錯謬之極。知縣身膺民社，於承辦案件理應即時詳報，隨審隨結，俾案內人證無拘押守候之煩，庶得免於拖累。今陳寅在任於罪應軍流各犯並不照例監禁詳報，於被扳之人亦不早爲審明省釋，而於罪止枷杖，患病各犯復不及早取保，概行拘禁管押，以致前後拖斃四十五名之多，而此四十餘名中，並非罪應至死重犯，閱其所奏情節，致斃多人實爲可憫，是陳寅在任數年，怠玩偷安，任性乖謬，全不審理詞訟，節次押斃四十餘命，實非尋常疏玩可比，即律以抵償亦所應得。該督撫僅將陳寅擬發軍臺，殊爲輕縱，吉慶陸有仁俱著傳旨申飭，已革知縣，陳寅應於省城枷號三個月，即枷斃亦不足惜。滿日發往伊犁充當苦差，以爲玩視草菅人命者戒。其失察之該管上司，歷任道府臬司、督撫俱著查明交部議處。

道光九年諭：李鴻賓等奏革職留緝知縣懇捐復原官一摺，廣東原任歸善縣知縣陳星聯因謀命重犯張亞羣未能審出實情，率准取保，以致脫逃，參革留緝。茲據該督等奏稱該革員於被參後購線緝現獲另案盜犯五十名，內問擬斬梟、斬決者有二十名之多，雖於本案正兇未經弋獲，核其功過，尚足相抵，陳星聯著加恩准其開復原官，留於廣東補用。照例送部引見，仍責成該員將在逃亡正兇張亞羣嚴緝務獲究辦。朕因該員緝捕要犯多名，尚屬認眞，是以姑允所請，嗣後不得援以爲例。

（清）席裕福《清朝政典類纂》卷三七〇《刑二・名例律・無官犯罪》

事例

嘉慶八年諭：玉德等奏，審明窩娼局賭擾害良民之在籍知縣李維棠擬以發遣一摺，職官在籍守制，即妄爲婚娶，尚干例禁，今李維棠現丁母憂，仍招納姦婦在於空房居住，並令賣姦分得錢文，無恥已極，自此外尚有訛詐等情節，實屬可惡，李維棠著先枷號兩個月示衆，俟滿日再照該督等所擬發遣安置。彙案。

中國第一歷史檔案館《光緒宣統兩朝上諭檔》光緒元年十二月十三日

京外文職私罪案情較輕廢員，恭呈御覽。

全慶，前協辦大學士刑部尚書，因充順天鄉試正考官，經磨勘斥革，舉人一名，降二級調用，嗣經補授內閣學士。私罪。

胡家玉，前都察院左都御史，因充順天鄉試副考官，經磨勘斥革舉人一名，降二級調用，又因本籍有未完咸豐年間錢糧，及與江西巡撫劉坤一書信往來，降五級調用。私罪。

潘祖蔭，前户部左侍郎，因充順天鄉試副考官，經磨勘斥革舉人一名，降二級調用，先因任內有革職留任處分，照例革任，續經開復革留，仍照原議，降二級調用，現經補授大理寺卿。私罪。

童華，前吏部右侍郎，因充順天鄉試副考官，經磨勘斥革舉人一名，降二級調用，嗣經補授都察院副都御史。私罪。

劉有銘，前刑部左侍郎，因充癸酉科江南鄉試正考官，中式舉人楊輯經磨勘官籤出，照文體不正例，正考官降二級調。私罪。嗣經補授太常寺卿。

徐樹銘，前兵部左侍郎，因在浙江學政任內，具奏採訪儒修，輒為已革編修，俞樾乞恩，意存嘗試，並臚舉多人，遽請特予廷試，實屬私心自用，謬妄糊塗，欽奉諭旨，交部嚴加議處，部議降四級調用。私罪。嗣經補授太常寺少卿又經丁憂。

成琦，前倉場侍郎，因載垣被參案內，雖無與載垣等交通實據，而或與往返較密或由伊等保舉起官，革職。私罪。

毛震壽，前陝西布政使，因督辦漢南軍務，在營已及一年之久，一味遷延觀望，以致連失三城，厥咎甚重，先後兩次嚴議革職，欽奉諭旨，著即革職交劉蓉差遣委用，嗣於同治五年四月初八日奉旨，准其開復遺員。私罪。

中國第一歷史檔案館《光緒宣統兩朝上諭檔》光緒元年十二月十三日

謹將京外文職私罪案情較重廢員繕具清單恭呈御覽。

樂斌，前任陝甘總督，因提督成瑞等虛報戰功請獎，不行駁正，輒列

銜入奏，並失察使妾與屬員之妻往來，復以候選知縣為幕友，屢為保奏，並於家人盤踞把持不能覺察，實屬昏庸乖謬，有心欺飾，革職發往軍台效力贖罪，於同治四年正月初四日釋回。私罪。

張凱嵩，於同治六年簡放雲貴總督，因沿途逗遛，屢以病體未全奏請問缺，欽奉旨革職。私罪。

匡源，前吏部左侍郎，咸豐十一年十月初六日奉上諭宗人府會同大學士六部九卿翰詹科道等定擬載垣等罪名一摺，匡源焦佑瀛於載垣等竊奪政柄，不能力争，均屬辜恩溺職，著即革職，加恩兑其發遣等因，欽此。私罪。【略】

李榕，前湖南布政使，因任用優伶，始終遭其朦蔽，又將業經禁革之件任意批准，並於屬員妄定他規，漫無覺察，其辦理米捐雖無逼斃人命，兩濫委官紳以致不洽輿情，革職。私罪。

吴春焕，前任陝西布政使，因聽從伊父賃居民房，以致物議沸騰，據西安將軍托明阿等奏稱，該員被叅各款雖查無實據，其聲名平常鑽營納賄，不敢盡謂盡屬子虚，請交部議處。欽奉諭旨議處，不足蔽辜，着即行革職，嗣因捐輸銀兩賞給五品頂戴。私罪。

焦佑瀛，前太僕寺卿，咸豐十一年十月初六日，奉上諭理宗人府會同大學士六部九卿輪詹科道等定擬載垣等罪名一摺，匡源焦佑瀛於載垣等竄擾改柄，不能力爭，均屬辜恩溺職，着即革職，加恩免其發遣等因，欽此。

孫治，前直隸按察使，因賊匪滋擾所至，逗遛帶兵出省一月有餘，未聞與賊接伙，奉旨革職。同治十二年七月調赴軍營差委，三年三月奉旨賞給六品頂帶，隨同文煜前往甘肅慶陽糧台差遣。私罪。

張集馨，前陝西按察使，回署藩司任内，巧於逢迎，居心險詐，革職永不敘用。嗣因攻拔賊巢，克復鹽茶廳城，開復永不敘用，留營效力以觀後效。私罪。

金安清，前江蘇候補鹽運使，因藉捐肥己，聲名甚劣，先行革職，仍著吴棠派員押赴袁甲三軍營，覈算款項毋任延宕，嗣據吴棠奏金安清勒派病民，恣睢狡滑，衆口一詞，無不切齒。已派員將金安清解赴袁甲三軍營，著袁甲三督飭委員認真覈算，以重帑項，所有金安清原籍寓所及上海等處財産查抄備抵，毋任隱匿，嗣因捐助棉衣，開復原銜。私罪。

趙必達，甘肅道員，因河州鎮城被困，經恩麟奏叅奉上諭，該員帶兵救援，遷廷不進，畏葸無能，實堪痛恨，革去三品銜，仍革職留營等因。

高長紳，前江蘇常鎮道，因玩視職務，畏葸無能，甄别革職。私罪。

楊觀曜，前署四川永寧道，因操守不潔，甄别革職。私罪。

蕭宗幹，前甘肅補用道，因兼辦甘州營七局，遇事顢頇，任用匪人，於知縣杜輔仁等明謀漁利，狼狽相依，該員被其欺朦，漫無覺察，奏叅革職。私罪。

中國第一歷史檔案館《光緒宣統兩朝上諭檔》宣統元年六月初一日

京外文職公罪革職降調廢員，單開九十人，硃圈十人。

京外文職私罪較輕廢員，單開九十九人，硃圈四人。

京外文職私罪較重廢員，單開四百八十一人，未奉硃圈。

京外文職休致永不敘用廢員，單開二百七十人，未奉硃圈。

京外滿營一二品，暨各路大臣革職降調降補廢員，單開三十一人，硃圈三人。

各省綠營一二品革職廢員，單開三百七十人，硃圈九人。

京旗營三品以下革職廢員，單開二百一十人，硃圈七人。

京外滿營三品以下降調降補廢員，單開一百四十人，硃圈三人。

各省駐防三品以下革職廢員，單開一百九十二人，硃圈六人。

各省綠營四五品革職廢員，單開三百三十六人，硃圈一人。

各省綠營降調降補廢員，單一百六十九人，硃圈一人。

滿綠各營休致廢員，單開三十六人，未奉硃圈。

滿綠各營革職永不敘用廢員，單開八十四，未奉硃圈。

以上文職九百四十人，硃圈十四人，武職一千五百六十九人，硃圈三十人。

中國第一歷史檔案館《光緒宣統兩朝上諭檔》宣統元年六月初一日

謹將續查降補調革職，分别公罪私罪，及勒令休致永不敘用各廢員，開具簡明事由，開列於後。

計開，公罪降補降調六員，廣東肇慶協副將忠正，因所轄營兵滋事為匪，毫無覺察，光緒二十二年正月經兩廣總督譚鍾麟奏叅，降為遊擊。廣

州鑲白正藍旗滿洲協領連保，因甲兵槍傷福英疏縱於前又不能迅速拏獲，其平日不能約束可知，光緒二十四年經廣州將軍保年奏參，以佐領降補。

記名印務參領兼公中佐領文泉，因領米石兵丁在倉滋事，光緒二十五年五月經鑲白旗漢軍都統公桂祥奏參，部議降三級調用。

副參領公中佐領全年，因領米石兵丁在倉滋事，光緒二十五年五月經鑲白旗漢軍都統公桂祥奏參，部議降三級調用。

副參領公中佐領連凱，因領米石兵丁在倉滋事，光緒二十五年五月經鑲白旗漢軍都統公桂祥奏參，部議降三級調用。

花翎兩廣督標中營儘先都司黎興春，因崖州黎洞樂安地方黎匪擾亂，光緒二十四年十月經兩廣總督譚鍾麟奏參，以千總降補私罪降補降調八員。

慕陵翼長敬勝，因素有心疾，並不時赴府，摺奏文牘多出其手，光緒二十四年十二月經查辦事件大臣崑岡查覆奏參，部議降三級調用。

山東撫標左營候補遊擊嚴大璋，因春廂修掃事宜，糜費鉅款，諸多貽誤，光緒二十二年十二月經山東巡撫李秉衡奏參，以守備降補。

甘肅鎮羌營遊擊崔金魁，因辦事刻薄，所部士卒多有怨言，光緒二十六年正月經陝甘總督陶模奏參，以都司降補。

花翎河南撫標儘先補用遊擊羅文成，因步射生疏，光緒十七年五月經河南巡撫裕寬奏參，以都司降補。

遊擊銜廣東儘先補用都司陶烈武，因藉稱尚無銜署，久住江平，延不到防，且有藉端需索情事，光緒十六年三月經兩廣總督李瀚章奏參，以千總降補。

鑲白旗防禦蔚春，因含混接班，有意瞻徇，光緒十八年閏六月經東陵辦事大臣光裕奏參，部議降三級調用。

正紅旗防禦多存，因含混接班，有意瞻徇，光緒十八年閏六月經東陵辦事大臣光裕奏參，部議降三級補用。

河南考城中軍守備李得明，因聲名平常，光緒二十二年三月經河南巡撫裕寬奏參，以把總降補。

公罪革職六員，河南遊擊銜儘先都司王得著，因兵丁民人鬥毆，不知約束，光緒二十五年七月經河南巡撫裕長奏參，即行革職。

宣武門城門領兼神機營礮隊營總普壽，因葯庫失慎，光緒二十五年經慶親王奕劻奏參，部議革職現補六品壇官。

鳳凰城鑲紅旗防禦寶筠，因辦理減緩九旗兵等隨缺地租，光緒二十三年八月經該將軍依克唐阿查覆奏參，即行革職。

廣東陸路提標守備張武，因駐防江西勇丁離營滋事，約束不嚴，光緒二十一年三月經署兩江總督張之洞奏參，即行革職。

鳳凰城鑲黃旗蒙古驍騎校純玉，因九旗催徵兵官租，誤會徵免全數催收，光緒二十三年經奉天將軍依克唐阿查覆奏參，部議革職。

五品頂戴吉林驍校兼八品蔭監永林，因在三姓管理監獄疎防，監犯脫逃，光緒二十五年十二月經吉林將軍長順奏參，先行革職。

私罪革職二十二員。花翎總兵銜即補副將廣東撫標中軍參將鳳鳴，因收受陋規，所入不貲，光緒二十三年六月經廣東巡撫許振禕查覆奏參，即行革職。

頭等侍衛依勒洪阿，因剋扣車價，致車輛聞風逃避，幾誤兵運要需，又復任令兵勇勒換銀錢，種種擾累，實屬荒謬，光緒二十一年三月經督辦大臣劉坤一奏參，即行革職。

記名護軍參領恩鏞，因嗜好甚深，前管理槍營，諸多廢弛，又於應行文件，輒敢自行白文，光緒二十五年七月經鑲紅旗護軍統領公載卓奏參，部議革職。

甘肅提標中軍參將秀昌，因行止輕浮，不能整理營務，光緒二十三年八月經陝甘總督陶模奏參，即行革職。

山東候補遊擊吳玉崑，因勇數未能足額，發給薪水復多剋扣，光緒二十一年七月經山東巡撫李秉衡奏參，即行革職。

廣東潮州鎮標中軍遊擊寶瑞，因縱兵滋事，紀律毫無，光緒二十四年閏三月經兩廣總督譚鍾麟奏參，即行革職。

廣東高州營遊擊鄭鵬飛，因巧為彌縫有心徇庇，光緒二十五年八月經兩廣總督譚鍾麟奏參，即行革職。

長江水師湖口營遊擊黎受田，因罔利朋比，兵民怨咨，光緒二十六年五月經巡閱長江大臣李秉衡電奏參，即行革職。

副參領公中佐領驍騎營營總英俊，因酗酒任性不孚兵心，難勝營總之

任，光緒二十六年七月經莊親王載勛奏參，部議革職。
湖南協標儘先補用都司張慶祥，因被盗行劫，拒傷多人，復劫過往商船，得贓逸去，雖協緝要犯多名，實屬庸懦無能，光緒十八年七月經兩廣總督李瀚章等奏參，即行革職。
署江西袁州營都司胡經魁，因公事玩誤，聲名甚劣，光緒二十三年三月經江西巡撫德壽奏參，革職。現委辦南昌東鄉集益農務局。
廣東廣州協右營都司李朝福，因心地糊塗，性復粗鄙，光緒二十六年四月經兩廣總督李鴻章奏參，革職。
防禦增立，因借餉修房一案，意存侵蝕，辦公不實，光緒二十五年二月經查辦事件大臣大學士崑岡查覆奏參，即行革職。
防禦岳明，因借餉修房一案，意存侵蝕，辦公不實，光緒二十五年二月經查辦事件大臣大學士崑岡查覆奏參，即行革職。
儘先補用都司全州營守備魏橋貴，因人甚平庸，不知振作，光緒十六年四月經廣西巡撫馬丕瑶奏參，革職。
廣東高州鎮左營守備毛煥彩，因性情粗率，操守不謹，光緒二十二年正月經兩廣總督譚鍾麟奏參，革職。
山東兖右營守備楊晉階，因呈繳鈐記，擅離職守，光緒二十三年五月經山東巡撫李秉衡奏參，即行革職。
廣東南澳鎮標右營守備李國棟，因朦保積匪，荒謬已極，光緒二十四年九月經兩廣總督譚鍾麟奏參，即行革職。
四川松潘中營守備李春華，因任性妄為，幾釀事變，光緒二十五年十二月經四川總督奎俊奏參，革職。
吉林雲騎尉愛興阿，因派充庫差，私自曠班，光緒二十五年十二月經吉林將軍長順奏參，即行革職。
密雲駐防驍騎校崇慶，因夤緣躁進，物議沸騰，不知檢束，光緒二十二年四月經直隸總督王文韶查覆奏參，即行革職。
廣東新會營左營左哨千總戴顯章，因縱賭釀命，捕務廢弛，光緒二十五年八月經兩廣總督譚鍾麟奏參，即行革職。

特定人犯罪部

綜述

《周禮注疏》卷三六《秋官司寇・司厲》 凡有爵者，與七十者，與未齔者，皆不爲奴。有爵謂命士以上也，齔毀齒也，男八歲女七歲而毀齒。〔賈公彦疏〕注有爵至毀齒。釋曰云有爵謂命士以上也者，見典命公侯伯之士皆一命，天子之士皆三命，以下可知，云男八歲女七歲而毀齒者，《家語・本命篇》之文也。典禮云悼與耄雖有罪不加刑焉，是未齔不加刑，又不爲奴，若七十者雖不爲奴，俻加其刑，至八十始不加刑，以其八十九十始名耄故也。

（明）丘濬《大學衍義補》卷一〇七《愼刑憲・議當原之辟》 司厲，凡有爵者，與七十者，與未齔者，皆不爲奴。鄭玄曰：有爵，謂命士以上也。齔，毀齒也，男八歲，女七歲而毀齒。又曰：今之奴婢，古之罪人也。故《書》曰：予則孥戮汝。

臣按：先王之制刑，其貴貴、老老、幼幼有如此者。非獨不忍加之以刑辟，而亦不忍致之於卑辱，仁義兼盡矣。

（漢）荀悦《前漢紀》漢宣帝元康四年春正月 詔曰：朕惟耋老之人，髮齒墮落，血氣衰微，亦無暴虐之心。今或罹文法，拘執囹圄，不終天命，朕甚憐之。自今以來，諸年八十已上，非誣告、殺傷人，他皆勿坐。

（清）薛允升《漢律輯存・春秋公羊傳》 〔昭公二十有三年〕尹氏立王子朝。注云：尹氏貶，王子朝不貶者，年未滿十歲，未知欲富貴，不當坐，明罪在尹氏。惠棟《九經古義》：棟案漢律年未滿八歲，非手殺人，他皆不坐罪。尹氏者，漢律所謂率也。張斐律表曰：制衆建計謂之率。《漢書・萬石君傳》：上報石慶曰：孤兒幼年，未滿十歲，無罪而坐率。服虔曰：率，坐刑法也。如淳曰：率，家長也。《鹽鐵論》云：《春秋》刺譏不及庶人，責其率也。

（清）薛允升《漢律輯存・周禮》 小司寇，凡命夫命婦不躬坐獄訟。注云：不身坐者，必使其屬若子弟也。蓋今長吏有罪先驗吏卒之義。議親之辟，鄭司農曰：若今時宗室有罪先請是也。《漢書・平帝紀》：元始元年，令公列侯嗣子有罪，耐以上先請。《續漢書・百官志》云：宗室若有犯法，當髡以上，先詣宗正，宗正以聞乃報決。議賢之辟，注：鄭司農云：若今時廉吏有罪先請是也。宣帝黄龍元年詔曰：舉廉吏，誠欲得其眞也。吏六百石位大夫，有罪先請。議能之辟，《説文》曰：罷，遺有辠也。从网能，言有賢能而入网，而貰遣之，《周禮》曰：議能之辟。議貴之辟，鄭司農云：若今時吏墨綬有罪先請是也。蔡邕橋公碑云：遷齊相，臨淄令賂臧多罪，正受鞫就刑，竟以不先請免官。按宣帝紀曰：吏六百石位大夫，有罪先請。此漢舊法也。世祖建武三年始詔令吏不滿六百石，下至墨綬長、相，有罪皆得先請。（見《後漢紀》）前漢劉屈氂傳云：司直吏二千石當先請，奈何擅斬之。

（清）杜貴墀《漢律輯證》卷一 民年七十以上若不滿十歲有罪當刑者皆完之。孝惠即位詔。年未滿八歲八十以上，非手殺人，它皆不坐。《秋官・司刺》注鄭司農引今律令，年未滿七歲，賊鬬殺人及犯殊死者，上請廷尉以聞得減死。《刑法志》引成帝鴻嘉元年定令。

（清）杜貴墀《漢律輯證》卷一 年八十非誣告殺傷人它皆不坐。宣元康四年詔，惠棟《後書和帝紀補注》云：漢律四篇有告劾傳覆，告爲人所告也；劾爲人所劾也；傳，傳捕；覆，案也。見陳羣《新律序》。唐律八議請減老小在斷獄，一按後書來歷傳廷尉張皓議曰：年未滿十五過惡不在其身。年八十以上八歲以下及孕者未乳師朱儒鞫繫者頌繫之。孝景後三年著令，見《刑法志》，白帖引作訟繫。按唐律，老小廢疾在《名例四》，拷決孕婦在《斷獄二》。男子八十以上十歲以下及婦人從坐者自非不道詔所名捕皆不得繫，當驗問者即就驗。光武建武三年詔，平帝元始四年定著令，婦女非身犯法及男子年八十以上七歲以下非坐不道詔所名捕它皆無得繫，其當驗者即驗問。《魯恭傳》廉考非急逮捕一人罪延十數。

（清）杜貴墀《漢律輯證》卷一 蠻夷卒有頿。《説文・系部》頿下引漢律。

蠻夷戎狄有罪當殊之。《史記蘇秦列傳集解》《風俗通義》引漢令注，殊者死也，與誅同指。按《説文》引漢令作蠻夷長有罪當殊之。

親親得相首匿。《公羊傳》注引律，《鹽鐵論》文學曰：自首匿相坐之法立，骨肉之恩廢而刑罪多。宣帝地節四年詔，自今子首匿母父、妻匿夫、孫匿大父母皆勿坐，其父母匿子、夫匿妻、大父母匿孫罪殊死皆上請廷尉以聞。師古注，凡首匿者言爲謀首而臧匿罪人。《功臣表》元朔五年臨汝侯灌賢坐子傷人首匿免。孔穎達《尚書康誥

正義》今之律令大功以上得相容隱。按唐律同居相爲隱在《名例六》。

（清）張鵬一《漢律類纂·具律·請定刑例》 諸公，列侯平帝時二千石武帝時及不滿六百石，下至墨綬。《宣紀》黄龍元年光武紀三年詔。有罪先請公列侯嗣子耐罪以上同。《平紀》元始四年令。年未滿七歲，八十以上賊鬥殺人，及犯殊死者，上請廷尉以聞得減死。《成紀》鴻嘉元年定律令。案景帝著令，年八十以上，八歲以下，孕者未乳，師，侏儒當鞫繫者，頌繫。平帝詔婦女非身犯法及男子八十以上七歲以下，家非坐不道，詔所名捕他皆無得繫，則男子年八十以上，犯罪得上請，語有明證，故爲補入云。

縣道宮獄疑者，讞所屬二千石。二千官以其罪名當報，不能決者。皆移廷尉，當報之，廷尉不能決者，具爲奏，附所當比律令以聞。《高紀》七年令。

以上應請者。

諸列侯二千石重罪。及縣道獄疑者。皆上請。會列侯二千石博士議郎會議奏聞。

案西漢議請罪名，皆兼臣民犯事者言。東漢始有八議之説。《後書·孝明八王傳》樂成王萇不道，安帝詔曰：朕覺八王之議不忍致王於理。其貶爵爲臨湘侯。及親故賢能等名目。《應劭傳》。用《周禮》説，後世刑律因之。理多窒礙。未爲是也。

以上應議。

諸過誤罪非殺人不道，其有爵秩及老幼篤癃婦女。皆聽以金贖罪。《晉刑法志》。

案西漢文景武諸帝，有入粟入錢買爵贖死罪令。宣帝時西羌用兵，京兆尹張敞上書，願令諸有辠非盗受財殺人，及犯法不得赦者，皆得以差入穀八郡隴西以北安定以西。贖罪。又引《甫刑》金選贖罪以爲言。後世議贖刑者，可據以折衷其得失矣。

以上應贖者。

犯罪有爵秩，及非首惡。若從坐、自首、故失，皆得減等論。

以上應減者。見後律所引各條。

公私罪名

公罪減私罪一等，坐盗贓公負者，罪止徵徒。《魏志》王凌注：凌爲長遇事髡刑五歲，當道掃除，太祖車過，問此何徒，左右以狀對，太祖曰：此子師兄子也，所坐亦公耳，於是主者選爲主簿。《後書·第五種》傳坐盗賊臧公負者，罪至徵徒。唐律注：私罪謂私自犯及對制詐不以實受請枉法之類。同職犯公，坐者，長吏爲一等，屬吏丞尉爲一等，部吏《陳寵傳》注：督邦游徼之類。爲一等。各以所由爲首。《陳寵傳》强盗爲上官若他郡縣所糾覺一發，部吏皆正法，尉貶秩一等，令長三月俸贖，二發，尉免官令長貶秩一等。三發以上，令長免官。諸吏除名者，比三歲刑，《晉律序》。免所居官。比二歲刑，貶秩左遷。比一歲刑，其當除名。而所取飲食所用之物，非以爲財利者，應罰金四兩以下，物除。《晉律序》。其犯吏議，會赦免死者，仍貶秩一等。《趙廣漢傳》。

親屬得容隱

子首匿父母，妻匿夫，孫匿大父母，皆勿坐。其父母匿子，夫匿妻大父母匿孫，罪殊死，皆上請，廷尉以聞。《宣紀》地節四年令，公羊閔元年何注引律親親得相首匿。

大功以上親，得相容隱。《書康誥正義》引律。案後世五服定律，權輿於此。靈帝熹平六年，詔州郡吏考黨人門生故吏，父子兄弟其在位者。免官禁錮，爰及五屬。注斬衰齊衰大功小功緦麻也。光和二年，上祿長和海上言，禮從祖兄弟，别居異財，恩義已輕，服屬疎末，而今黨人錮及五族，既乖典訓之文，有謬經常之法，乃詔黨錮自從祖以下，皆得解釋。

（清）張鵬一《漢律類纂·具律·化外人有犯》 蠻夷長有罪當殊之。《説文》引令，段玉裁曰：漢詔云殊死者皆未死罪，首身分離也。此殊之者，絶之也。所謂别異蠻夷，而裴駰以來，皆謂殊之爲誅死。夫蠻夷有罪，非能必執而殺之也。而顧著爲令哉。蠻夷卒有罪當緐。《説文》引令絆搆兩足也。

案《馬援傳》，平九眞條奏越律與漢律駮者十餘事。與越人申明舊制，以約束之。蓋國地懸遠因其舊法以相羈縻。所謂殊之者，别於内地之人。唐律化外人同類自相犯，各依本俗法是也。

《魏書》卷一一四《釋老志》 延興二年夏四月，詔曰：比丘不在寺舍，游涉村落，交通姦猾，經歷年歲。令民間五五相保，不得容止。無籍之僧，精加隱括，有者送付州鎮，其在畿郡，送付本曹。若爲三寶巡民教化者，在外賫州鎮維那文移，在臺者賫都維那等印牒，然後聽行。違者加罪。

《魏書》卷一一四《釋老志》 世宗即位，永平元年秋，詔曰：緇素既殊，法律亦異。故道教彰於互顯，禁勸各有所宜。自今已後，衆僧犯殺人已上罪者，仍依俗斷，餘犯悉付昭玄，以內律僧制治之。

《魏書》卷一一四《釋老志》〔熙平〕二年春，靈太后令曰：年常度僧，依限大州應百人者，州郡於前十日解送三百人，其中州二百人，小州一百人。州統、維那與官及精練簡取充數。若無精行，不得濫採。若取非人，刺史爲首，以違旨論，太守、縣令、綱僚節級連坐，統及維那移五百里外異州爲僧。自今奴婢悉不聽出家，諸王及親貴，亦不得輒啓請。有犯者，以違旨論。其僧尼輒度他人奴婢者，亦移五百里外爲僧。僧尼多養親識及他人奴婢子，年大私度爲弟子，自今斷之。有犯還俗，被養者歸本等。寺主聽容一人，出寺五百里，二人千里。私度之僧，皆由三長罪不及已，容多隱濫。自今有一人私度，皆以違旨論。隣長爲首，里、黨各相降一等。縣滿十五人，郡滿三十人，州鎮滿三十人，免官，僚吏節級連坐。私度之身，配當州下役。時法禁寬褫，不能改肅也。

《北史》卷一一《隋本紀・高祖文帝》〔開皇二十年十二月〕辛巳，詔毀壞偷盗佛及天尊像、嶽鎮海瀆神形者，以不道論。沙門壞佛像，道士壞天尊像，以惡逆論。

（唐）長孫無忌等《唐律疏議》卷三《名例・工樂雜户及婦人犯流決杖》 諸工、樂、雜户及太常音聲人，

疏議曰：工、樂者，工屬少府，樂屬太常，並不貫州縣。雜户者，散屬諸司上下，前已釋訖。太常音聲人，謂在太常作樂者，元與工樂不殊，俱是配隸之色，不屬州縣，唯屬太常。義寧隋末年號以來，得於州縣附貫，依舊太常上下，別名太常音聲人。

犯流者，二千里決杖一百，一等加三十，留住，俱役三年。犯加役流者役四年。

疏議曰：此等不同百姓，職掌唯在太常、少府等諸司，故犯流者不同常人例配，合流二千里者，決杖一百；二千五百里者，決杖一百三十；三千里者，決杖一百六十；俱留住，役三年。犯加役流者，役四年。《名例》云：累徒流應役者，不得過四年。故三年徒上，止加一年，以充四年之例。若是賤人，自依官户及奴法。

若習業已成，能專其事，及習天文，並給使、散使，各加杖二百。

疏議曰：工、樂及太常音聲人，皆取在本司習業，依法各有程試。所習之業已成，又能專執其事。及習天文業者，謂在太史局天文觀生及天文生，以其執掌天文。依令，諸州有閹人，並送官，配内侍省及東宫内坊，名爲給使。諸王以下，爲散使。多本是良人，以其宫闈驅使，並習業已成。天文生等犯流罪，並不遠配，各加杖二百。

犯徒者，準無兼丁例加杖，還依本色。

疏議曰：工、樂及太常音聲人，習業已成，能專其事及習天文，並給使、散使，犯徒者，皆不配役，準無兼丁例加杖。若習業未成，依式配役。如元是官户及奴者，各依本法。還依本色者，工、樂還掌本業，雜户、太常音聲人還上本司，習天文生還歸本局，給使、散使各送本所。故云：「還依本色」。其有官蔭，仍依本法當贖。若以流内官當徒及解流外任，亦同前還本色。敘限各依常法。

其婦人犯流者，亦留住。造畜蠱毒應流者，配流如法。

疏議曰：婦人之法，例不獨流，故犯流不配，留住，決杖，居作。造畜蠱毒，所在不容，擯之荒服，絶其根本，故雖婦人，亦須投竄，縱令嫁向中華，事發還從配遣，並依流配之法，三流俱役一年，縱使遇恩，不合原免。婦人教令造畜者，只得教令之坐，不同身自造畜，自依常犯科罪。

流二千里決杖六十，一等加二十，俱役三年。

疏議曰：婦人流二千里，決杖六十，流二千五百里，決杖八十；流三千里，決杖一百。三流俱役三年。若加役流，亦決杖一百，即是役四年。既決杖之文在上，明須先決後役。

若夫、子犯流配者，聽隨之至配所，免居作。

疏議曰：婦人元不合配，以夫、子流故，所以聽隨，矜其本法無流，所以得免居作。從流無杖，不在決例。其有夫、子在路身死，婦人不合從流，既得却還，不復更令居作。

問曰：婦人先犯流刑，在身乃有官蔭，夫、子犯流，既聽隨去，未知官蔭合用以否？

答曰：律唯言至配所免居作，役既許免，更無罪名。若犯十惡、五

流者，各依除名之律。若別犯流以下罪，聽從官當減贖法。未知此注唯屬婦人，唯復總及工、樂以否？

答曰：案《賊盜律》造畜蠱毒者，雖會赦，不免。同居不知情，亦流。但是諸條犯流加杖、配徒之色，若有蠱毒，並須配遣，故於工、樂等留住下立例。注云：造畜者，配流如法。斯乃工、樂以下總攝，不獨爲婦人生文。

（唐）長孫無忌等《唐律疏議》卷四《名例·老小及疾有犯》 諸年七十以上、十五以下及廢疾，犯流罪以下，收贖。犯加役流、反逆緣坐流、會赦猶流者，不用此律；至配所，免居作。

疏議曰：依《周禮》年七十以上及未齔者，並不爲奴。今律：年七十以上、七十九以下，十五以下、十一以上及廢疾，爲矜老小及疾，故流罪以下，收贖。

問曰：上條贖章稱犯流罪以下聽贖，此條及官當條即言收贖。未知聽之與收有何差異？

答曰：上條犯十惡等，有不聽贖處，復有得贖之處，故云聽贖。其當徒，官少不盡其罪，餘罪收贖，及矜老小廢疾，雖犯十惡，皆許收贖。此是隨文設語，更無別例。

注犯加役流、反逆緣坐流、會赦猶流者，不用此律；至配所，免居作。

疏議曰：加役流者，本是死刑，元無贖例，故不許贖。反逆緣坐流者，逆人至親，義同休戚，處以緣坐，重累其心，此雖老疾，亦不許贖。會赦猶流者，爲害深重，雖會大恩，猶從流配。此等三流，特重常法，故總不許收贖。至配所免居作者，矜其老小，不堪役身，故免居作。其婦人流法，與男子不同，雖是老小，犯加役流，亦合收贖，徵銅一百斤。反逆緣坐流，依《賊盜律》：婦人年六十及廢疾，並免。不入此流。即雖謀反，詞理不能動衆，威力不足率人者，亦皆斬，父子、母女、妻妾並流三千里。其女及妻妾年十五以下、十一以上，亦免流配，徵銅一百斤；婦人犯會赦猶流，唯造畜蠱毒，並同居家口仍配。

八十以上、十歲以下及篤疾，犯反、逆、殺人應死者，上請。

疏議曰：《周禮》三赦之法：一曰幼弱，二曰老耄，三曰惷愚。今十歲合於幼弱，八十是老耄，篤疾惷愚之類，并合三赦之法。有不可赦者，年雖老小，情狀難原，故反逆及殺人，準律應合死者，曹司不斷，依上請之式，奏聽勑裁。

盜及傷人者，亦收贖。有官爵者，各從官當、除、免法。

疏議曰：盜者，雖是老小及篤疾，並爲意在貪財。傷人者，老小疾人未離忿恨。此等二事，既侵損於人，故不許全免，令其收贖。若有官爵者，須從官當、除、免之法，不得留官徵贖。謂毆從父兄姊傷，合除名；盜五疋以上，合免官；毆凡人折支，合官當之類。

問曰：既云盜及傷人亦收贖者，或强盜合死，或傷五服内親亦合死刑，未知並得贖否？

答曰：盜及傷人亦收贖，但盜既不言强竊，傷人不顯親踈，直云收贖，不論輕重，爲其老小，特被哀矜。設令强盜，傷親合死，據文並許收贖。

又問：既稱傷人收贖，即似不傷者無罪。若有毆殺他人部曲、奴婢及毆己父母不傷，若爲科斷？

答曰：奴婢賤隸，唯於被盜之家稱人，自外諸條殺傷，不同良人之限。若老、小、篤疾，律許哀矜，雜犯死刑，並不科罪，傷人及盜，俱入贖刑。《例》云：殺一家三人爲不道。注云：殺部曲、奴婢者。非即驗奴婢不同良人之限。唯因盜傷殺，亦與良人同，其應出罪者，舉重以明輕，雜犯死刑，尚不論罪，殺傷部曲、奴婢，明亦不論。其毆父母，雖小及疾可矜，敢毆者乃爲惡逆。或愚癡而犯，或情惡故爲，於律雖得勿論，準禮仍爲不孝。老小重疾，上請聽裁。

又問：八十以上、十歲以下，盜及傷人亦收贖，注云有官爵者，各從除免當贖法。未知本罪至死，仍得以官當贖以否？

答曰：條有收贖之文，注設除、免之法，止爲矜其老疾，非謂故輕其罪。但雜犯死罪，例不當贖，雖有官爵，并合除名。既死無比徒之文，官有當徒之例，明其除、免、當法，止據流罪以下。若欲以官折死，便是律外生文，自須依法除名，死依贖例。

餘皆勿論。

疏議曰：除反、逆、殺人應死，盜及傷人之外，悉皆不坐，故云餘皆勿論。

九十以上，七歲以下，雖有死罪，不加刑。緣坐應配没者不用此律。

疏議曰：《禮》云：九十曰耄，七歲曰悼，悼與耄雖有死罪不加刑。愛幼養老之義也。緣坐應配没者，謂父祖反逆，罪狀已成，子孫七歲以下仍合配没，故云不用此律。

即有人教令，坐其教令者。若有贓應備，受贓者備之。

疏議曰：悼耄之人，皆少智力，若有教令之者，唯坐教令之人。或所盜財物，旁人受而將用，既合備償，受用者備之；若老小自用，還徵老小。故云有贓應備，受贓者備之。

問曰：悼耄者被人教令，唯坐教令之者。未知所教令罪，亦有色目以否？

答曰：但是教令作罪，皆以所犯之罪，坐所教令。或教七歲小兒毆打父母，或教九十耄者斫殺子孫，所教令者，各同自毆打及殺凡人之罪，不得以犯親之罪加於凡人。

（唐）長孫無忌等《唐律疏議》卷四《名例・犯時未老疾》　諸犯罪時雖未老、疾，而事發時老、疾者，依老、疾論。

疏議曰：假有六十九以下犯罪，年七十事發，或無疾時犯罪，廢疾後事發，並依上解收贖之法，七十九以下犯反、逆、殺人應死，八十事發，或廢疾時犯罪，篤疾時事發，得入上請之條；八十九犯死罪，九十事發，並入勿論之色。故云依老、疾論。

問曰：律云：犯罪時雖未老、疾，而事發時老、疾者，依老、疾論。事發以後未斷決，然始老、疾者，若爲科斷？

答曰：律以老、疾不堪受刑，故節級優異。七十衰老，不能徒役，聽以贖論。雖發在六十九時，至年七十始斷，衰老是一，不可仍遣役身，此是役徒内老疾依老疾論。假有七十九犯加役流事發，至八十始斷，止得依老免罪，不可仍配徒流。又，依《獄官令》：犯罪逢格改者，若格輕，聽從輕。依律及令，務從輕，法若於老疾者，豈得配流。八十之人，事發與斷相連者，例從輕典，斷依發時之法。唯有疾人與老者理别，多有事發之後，始作疾狀，臨時科斷，須究本情：若未發時已患，至斷時成疾者，得同疾法；若事發時無疾，斷日加疾，推有故作，須依犯時，實患者聽依疾例。

若在徒年限内老、疾，亦如之。

疏議曰：假有六十九以下配徒役，或二年、三年，役限未滿，年入七十；又有配役時無病，役限内成廢疾，並聽準上法收贖。故云在徒限内老、疾，亦如之。又計徒一年三百六十日，應贖者徵銅二十斤，即是一斤銅折役一十八日，計餘役不滿十八日，徵銅不滿一斤，數既不滿，並宜免放。

犯罪時幼小，事發時長大，依幼小論。

疏議曰：假有七歲犯死罪，八歲事發，死罪不論，十歲殺人，十一事發，仍得上請；十五時偷盜，十六事發，仍以贖論。此名幼小時犯罪，長大事發，依幼小論。

（唐）長孫無忌等《唐律疏議》卷六《名例・官户部曲官私奴婢有犯》　諸官户、部曲、稱部曲者，部曲妻及客女亦同。官私奴婢有犯，本條無正文者，各准良人。

疏議曰：官户隸屬司農，州、縣元無户貫。部曲，謂私家所有。其妻，通娶良人。客女，婢婢爲之，部曲之女亦是。犯罪皆與官户、部曲同。官私奴婢有犯，本條有正文者，謂犯主及毆良人之類，各從正條。其本條無正文，謂闌入、越度及本色相犯，並詛詈祖父母、父母、兄姊之類，各准良人之法。若犯流、徒者，加杖，免居作。

疏議曰：犯徒者，准無兼丁例加杖：徒一年，加杖一百二十，一等加二十，徒三年加杖二百。准犯三流，亦止杖二百。決訖，付官、主，不居作。應徵正贓及贖無財者，准銅二斤各加杖十，決訖，付官、主。

疏議曰：犯罪應徵正贓及贖，無財可備者，皆據其本犯及正贓，准銅每二斤各加杖十。決訖，付官、主。銅數雖多，不得過二百。今直言正贓，不言倍贓者，正贓無財，猶許加杖放免。倍贓無財，理然不坐。其有財堪備者，自依常律。

若老小及廢疾，不合加杖，無財者放免。

疏議曰：謂以上應徵贖之人，若年七十以上、十五以下及廢疾，依律不合加杖，勘檢復無財者，並放免不徵。其部曲、奴婢應徵贓贖者，皆

徵部曲及奴婢，不合徵主。

即同主奴婢自相殺，主求免者聽減死一等。親屬自相殺者，依常律。

疏議曰：奴婢賤人，律比畜産，相殺雖合償死，主求免者，聽減。若部曲故殺同主賤人，亦至死罪，主求免死，亦得同減法。但奴殺奴是重，主求免者尚聽。部曲殺奴既輕，主求免者，亦得免。既稱同主，即是私家。若是官奴自犯（亦）〔不〕依此律。

注親屬自相殺者，依常律。

疏議曰：律云：各准良人，悉准良人爲法。既犯親屬，不依求免減例。

（唐）長孫無忌等《唐律疏議》卷六《名例·化外人相犯》　諸化外人，同類自相犯者，各依本俗法。異類相犯者，以法律論。

疏議曰：化外人，謂蕃夷之國，別立君長者，各有風俗，制法不同。其有同類自相犯者，須問本國之制，依其俗法斷之。異類相犯者，若高麗之與百濟相犯之類，皆以國家法律，論定刑名。

（唐）長孫無忌等《唐律疏議》卷六《名例·稱道士女官》　諸稱道士、女官者，僧、尼同。

疏議曰：依《雜律》云：道士、女官姦者，加凡人二等。但餘條唯稱道士、女官者，即僧、尼並同。諸道士、女官時犯姦，還俗後事發，亦依犯時加罪，仍同白丁配徒，不得以告牒當之。

若於其師，與伯叔父母同。

疏議曰：師，謂於觀寺之内，親承經教，合爲師主者。若有所犯，同伯叔父母之罪。依《鬬訟律》：詈伯叔父母者，徒一年。若詈師主，亦徒一年。餘條犯師主，悉同伯叔父母。

其於弟子，與兄弟之子同。

疏議曰：謂上文所解師主，於其弟子有犯，同俗人兄弟之子法。依《鬬訟律》：毆殺兄弟之子，徒三年。《賊盜律》云：有所規求，而故殺期以下卑幼者，絞。兄弟之子，是期親卑幼。若師主因嗔競毆殺弟子，徒三年。如有規求故殺者，合當絞坐。

觀寺部曲、奴婢於三綱，與主之期親同。

疏議曰：觀有上座、觀主、監齋，寺有上座、寺主、都維那，是爲三綱。其當觀寺部曲、奴婢，於三綱有犯，與俗人期親部曲、奴婢同。依《鬬訟律》：主毆殺部曲，徒（二）〔一〕年。又條：奴婢有犯其主不請官司而殺者，杖一百。注云：期親殺者，與主同。下條部曲準此。又條：部曲、奴婢毆主之期親者絞。詈者，徒二年。若三綱毆殺觀寺部曲，合徒一年。奴婢有罪，不請官司而殺者，杖一百。其部曲、奴婢毆三綱者，絞。詈者，徒二年。

餘道士，與主之緦麻同。犯姦、盜者，同凡人。

疏議曰：《鬬訟律》部曲、奴婢毆主之緦麻親，徒一年。傷重者，各加凡人一等。又條：毆緦麻部曲、奴婢，折傷以上，各減殺傷凡人部曲、奴婢二等。又條：毆傷、殺他人部曲，減凡人一等。奴婢，又減一等。即是觀寺部曲，毆當觀寺餘道士、女官、僧、尼等，各合徒一年。傷重，各加凡人一等。若毆道士等折一齒，即徒二年。奴婢毆，又加一等，徒二年半。是名於餘道士，與主之緦麻同。

注犯姦、盜者，同凡人。

疏議曰：道士、女官、僧、尼犯姦、盜，於法最重。故雖犯當觀寺部曲、奴婢，姦、盜即同凡人。謂三綱以下犯姦、盜，得罪無別。其奴婢、姦、盜，一準凡人得罪。弟子若盜師主物，及師主盜弟子物等，亦同凡盜之法。其有同財，弟子私取用者，即同同居卑幼私輒用財者，十疋笞十，十疋加一等，罪止杖一百。若不滿十疋者，不坐。

（宋）王溥《唐會要》卷四一《左降官及流人》　乾符二年九月十六日勅：應殘疾篤廢，犯徒、流罪，或是連累，即許徵贖。如身犯罪，不在免限。其年十五以下者，准律文處分。

（宋）竇儀等《宋刑統》卷四《名例律·老幼疾及婦人犯罪》　諸年七十以上、十五以下及廢疾，犯流罪以下收贖。犯加役流、反逆緣坐流、會赦猶流者，不用此律，至配所免居作。八十以上、十歲以下及篤疾，犯反逆、殺人應死者上請，盜及傷人者亦收贖，有官爵者各從官當除免法。餘皆勿論。九十以上、七歲以下，雖有死罪不加刑，緣坐應配没者不用此律。即有人教令，坐其教令者，若有贓應備，受贓者備之。

疏：諸年七十以上、十五以下及廢疾，犯流罪以下收贖。議曰：依《周禮》，年七十以上及未齔者，並不爲奴。今律年七十以上、七十九以下、十五以下、

十一以上及廢疾，爲矜老小及疾，故流罪以下收贖。

問曰：上條贖章稱犯流罪以下聽贖，此條及官當條即言收贖，未知聽之與收，有何差異？

答曰：上條犯十惡等有不聽贖處，復有得贖之處，故云聽贖。其當徒官少不盡其罪，餘罪收贖，及矜老小廢疾，雖犯十惡，皆許收贖，此是隨文設語，更無別例。

注云，犯加役流、反逆緣坐流、會赦猶流者，不用此律，至配所免居作。

議曰：加役流者，本是死刑，元無贖例，故不許贖。反逆緣坐流者，逆人至親，義同休戚，處以緣坐，重累其心，此雖老疾，亦不許贖。會赦猶流者，爲害深重，雖會大恩，猶從流罪。此等三流，特重常法，故總不許收贖。至配所免居作者，矜其老小，不堪役身，故免居作。其婦人流法，與男子不同，雖是老小犯加役流，亦合收贖，徵銅一百斤。反逆緣坐流，依《賊盜律》，婦人年六十及廢疾並免，不入此流。即雖謀反，詞理不能動衆，威力不足率人者，亦皆斬，父子母女妻妾並流三千里，其女及妻妾年十五以下、十一以上，亦免流配，徵銅一百斤。婦人犯會赦猶流，唯造畜蠱毒，並同居家口仍配。

又云，八十以上、十歲以下及篤疾，犯反逆、殺人應死者上請。議曰：《周禮》三赦之法，一曰幼弱，二曰老耄，三曰惷愚。今十歲合於幼弱，八十爲老耄，篤疾爲惷愚之類，并合三赦之法。有不可赦者，年雖老小，情狀難原，故反逆及殺人，准律應合死者，曹司不斷，依上請之式，奏聽敕裁。

又云，盜及傷人者亦收贖。注云，有官爵者，各從官當除免法。議曰：盜者，雖是老小及篤疾，並爲意在貪財。傷人者，老小疾人未離忿恨。此等二事，既侵損於人，故不許全免，令其收贖。若有官爵者，須從官當除免之法，不得留官徵贖，謂毆從父兄姊傷合除名，盜五匹以上合免官，毆凡人折支合官當之類。

問曰：既云盜及傷人亦收贖，若或强盜合死，或傷五服内親亦合死刑，未知並得贖否？

答曰：盜及傷人亦收贖，但盜既不言强竊，傷人不顯親疏，直云收贖，不論經重。謂其老小，特被哀矜，設令强盜、傷親合死，據文並許收贖。

又問：既稱傷人收贖，即似不傷者無罪。若有毆殺他人部曲奴婢，及毆己父母不傷，若爲科斷？

答曰：奴婢賤隸，唯於被盜之家稱人，自外諸條，殺傷不同良人之限。若老小篤疾，律許哀矜，雜犯死刑，並不科罪，傷人及盜，俱入贖刑。例云，殺一家三人爲不道。注云，殺部曲奴婢者非。即驗奴婢不同良人之限，唯因盜傷殺，亦與良人同。其應出罪者，舉重以明輕。雜犯死刑，尚不論罪，殺傷部曲奴婢，明亦不論。其毆父母，雖小及疾可矜，敢毆者乃爲惡逆，或愚癡而犯，或情惡故爲，於律雖得勿論，准禮仍爲不孝，老小重疾，上請聽裁。

又問：八十以上、十歲以下，盜及傷人亦收贖。注云，有官爵者，各從除免當贖法。未知本罪至死，仍得以官當贖以否？

答曰：條有收贖之文，注設除免之法，止爲矜其老疾，非謂故輕其罪。但雜犯死罪，例不當贖，雖有官爵，并合除名。既死無比徒之文，官有當徒之例，明其除免當法，止據流罪以下，若欲以官折死，便是律外生文。自須依法除名，死依贖例。

又云，餘皆勿論。議曰：除反逆、殺人應死，盜及傷人之外悉皆不坐，故云餘皆勿論。

又云，除九十以上、七歲以下雖有死罪不加刑。注云，緣坐應配没者不用此律。議曰：《禮》云：九十曰耄，七歲曰悼。悼與耄雖有死罪不加刑，愛幼養老之義也。緣坐應配没者，謂父祖反逆，罪狀已成，子孫七歲以下，仍合配没，故云不用此律。

又云，即有人教令，坐其教令者。若有贓應備，受贓者備之。議曰：悼耄之人，皆少智力，若有教令之者，唯坐教令之人。或所盜財物，旁人受而將用，既合備償，受用者備之。若老小自用，還徵老小，故云有贓應備，受贓者備之。釋曰：備猶償也。

問曰：悼耄者被人教令，唯坐教令之者，未知所教令罪，亦有色目以否？

答曰：但是教令作罪，皆以所犯之罪坐所教令。或教七歲小兒毆打父母，或教九十耄者斫殺子孫，所教令者各同自毆打及殺凡人之罪，不得以犯親之罪加於凡人。

諸犯罪時雖未老疾，而事發時老疾者，依老疾論。若在徒年限内老疾亦如之。犯罪時幼小，事發時長大，依幼小論。

疏：諸犯罪時雖未老疾，而事發時老疾者，依老疾論。議曰：假有六十九以下犯罪，年七十事發，或無疾時犯罪，廢疾後事發，並依上解收贖之法。七十九以下犯反逆、殺人應死，八十事發，或廢疾時犯罪，篤疾時事發，得入上請之條。八十九犯死罪，九十事發，並入勿論之色。故云依老疾論。

問曰：律云，犯罪時雖未老疾，而事發時老疾者，依老疾論。事發以後未斷決，然始老疾者，若爲科斷？

答曰：律以老疾不堪受刑，故節級優異。七十衰老，不能徒役，聽以贖論。雖發在六十九時，至年七十始斷，衰老是一，不可仍遣役身。此是役徒内老疾，依老疾論。假有七十九犯加役流，事發至八十始斷止，得依老免罪，不可仍配徒流。又依《獄

官令》，犯罪逢格改者，若格輕，聽從輕，依律及令務從輕法，至於老疾者，豈得配流。八十之人，事發與斷相連者，例從輕典，斷依發時之法。唯有疾人與老者理別，多有事發之後，始作疾狀，臨時科斷，須究本情。若未發時已患，至斷時成疾者，得同疾法。若事發時無疾，斷日加疾，推有故作者，准格仍依犯時，實患者聽依疾例。

又云，若在徒年限內老疾亦如之。議曰：假有六十九以下配徒役，或二年、三年，役限未滿，年入七十，又有配役時無疾，役限內成廢疾，並聽准上法收贖，故云在徒限內老疾亦如之。又計徒一年三百六十日，應贖者徵銅二十斤，即是一斤銅折役一十八日，計餘不滿十八日，徵銅不滿一斤，數既不滿，並宜免放。

又云，犯罪時幼小，事發時長大，依幼小論。議曰：假有七歲犯死罪，八歲事發，死罪不論。十歲殺人，十一事發，仍得上請。十五時偷盜，十六事發，仍以贖論。此名幼小時犯罪，長大事發，依幼小論。

准：《刑部式》，諸准格敕應決杖人，若年七十以上、十五以下及發疾，並斟量決罰。如不堪者覆奏，不堪流徒者亦准此。八十以上、十歲以下、篤疾，並放，不須覆奏。

准：唐天寶元年十二月十八日敕節文，刑部奏准律八十以上及篤疾，犯反逆、殺人，應死者上請，盜及傷人以贖，餘皆勿論。臣等衆議，八十以上及篤疾人有犯十恶、死罪、造僞、劫盜、妖訛等罪至死者，請矜其老疾，移隸僻遠小郡，仍給遞驢發遣。其犯反逆及殺人，奏聽處分。其九十以上、十歲以下，請依常律。敕旨依奏。

（宋）竇儀等《宋刑統》卷三〇《斷獄律·推斷懷孕婦人》　諸婦人犯死罪，懷孕當決者，聽產後一百日乃行刑。若未產而決者，徒二年。產訖限未滿而決者，徒一年。失者各減二等。其過限不決者，依奏報不決法。

疏義曰：婦人犯死罪，懷孕當應行決者，聽產後一百日乃行刑。若未產而決者，徒二年。產訖未滿百日而決者，徒一年。失者各減二等，未產而決，徒一年，產訖限未滿而決者，杖九十。即過限不決者，依奏報不決法，謂依下條，即過限不決者，違一日杖一百，二日加一等。

諸婦人懷孕犯罪，應拷及決杖笞，若未產而拷決者，杖一百。傷重者，依前人不合捶拷法。產後未滿百日而拷決者，減一等。失者各減二等。

疏義曰：婦人懷孕犯罪，應拷及決杖笞，皆待產後一百日然後拷決。若未產而拷及決杖笞者，杖一百。傷重者，謂傷損之罪，重於杖一百者。依前人不合捶拷法，謂依上條，監臨之官前人不合捶拷而捶拷者，以鬬殺傷論。若墮胎者，合徒二年，婦人因而致死者，加役流。限未滿而拷決者，減一等，謂減未產拷決之罪一等。失者各減二等，謂未產而失拷決，於杖一百上減二等，傷重於鬬傷上減二等，若產後限未滿而拷決者，於杖九十上減二等，傷重者於鬬傷上減三等。

（宋）李燾《續資治通鑑長編》宋真宗景德四年七月　詔婦人犯罪，杖以下非故爲者，量輕重笞罰，或贖銅釋之。

（宋）李燾《續資治通鑑長編》宋真宗天禧五年十一月　詔僧尼、道士、女冠、文武七品以上者，有罪許減贖。當還俗者自從本法。

（清）畢沅《續資治通鑑》宋孝宗淳熙十四年十二月〔金大定二十七年〕戊子，金禁女直人不得改稱漢姓、學南人衣裝，犯者抵罪。

（宋）謝深甫等《慶元條法事類》卷五〇《道釋門·總法》〔名例勑〕諸稱觀寺者，宮院同。稱僧道者，尼、女冠同。稱主首者，綱維同。諸僧道犯私罪杖以下，及僧道録犯贓私罪杖，以上稱私罪、贓罪，並謂非重害者。公罪徒以下，並贖。

諸應贖人爲僧道，而合還俗者，不在比罪收贖之例。諸僧道犯罪應還俗，而會恩原者，仍還俗。緣酒醉還俗者非。

諸僧道犯盜詐、恐喝財物，未得者同。若博賭及放歐傷人，並避罪逃亡，或犯私罪徒，公罪流，並編管。及再犯私罪杖，不以赦前後。並還俗。

（宋）謝深甫等《慶元條法事類》卷七四《刑獄門·老疾犯罪》〔斷獄令〕諸年七十以上，若廢疾，特勑決杖，或加犯役流，反逆緣坐流，會赦猶流。應決者，並量決。不任者，奏裁。

（宋）謝深甫等《慶元條法事類》卷七六《當贖門·罰贖》〔斷獄令〕諸年七十以上、十五以下，若廢疾時，勑法杖或犯加役流及逆緣坐流，會赦猶流。應決者，並量決。不任者，奏裁。

（宋）謝深甫等《慶元條法事類》卷七四《刑獄門·老疾犯罪》〔户令〕諸一目盲、兩耳聾、手無二指、足無三指、手足無大拇指、秃瘡無髮、久漏下重、大癭瘇之類爲殘疾。癡瘂、侏儒、腰脊、折一支廢之類爲廢疾、惡疾。癲狂、二支廢、兩目盲之類爲篤疾。

史金波等譯《天盛改舊新定律令》卷二《老幼重病減罪門》　一、諸

人老年至九十以上，年幼七歲以下者，有一種謀逆，當依時節奏告實行。其他犯各種罪，一律勿治。有教惡者則當承其罪。此外，老年七十歲以上至九十歲，幼年七歲以上至十四歲，及其他有重病等，謀逆、有意殺人、群盜、强盜等當依法承罪。此外犯各種罪者，依年齡、病輕重減免法，按以下所定實行：

一等老年七十歲至八十歲，幼年十一歲至十四歲，及有聾、啞、侏儒、腰折、手脚缺一肢等病者，自獨犯罪以及引導多人爲造意，則當減一等，從犯減二等。重犯兩次依法判斷。

一等老年八十歲以上至九十歲，幼年七歲至十歲，及長惡瘡、有瘋癲，手足中缺二肢，盲二目等重病者，自獨犯罪以及引導多人犯罪中，是造意，則減二等，是從犯則當減三等，重犯三次時，依法判斷。

一、前述老幼者、重病等之罪已減以後，而須服多少勞役數，能贖則贖，按五日交一斤鐵算。若確實不能贖，有擔保只闕者，則當全減。犯兩次、三次依法判斷。承全罪時，按邊等法應派何處當派。其中得做苦役者，當依法使做苦役。若未得做苦役，則使其住所派遣處。

一、若年幼未及壯以及染重病時犯罪，後長大、病愈時原犯罪事發，又未染重病以及人健壯時犯罪，已至老年，已染重病時事發，一律依前老幼重病減罪法施行。其中長大、病愈人應得所派勞役多少，依壯人法承受前往。

（清）嵇璜等《續文獻通考》卷一三五《刑考·刑制》 〔元仁宗延祐〕四年九月，禁僧道買民田，違者坐罪。

（清）嵇璜等《續文獻通考》卷一三五《刑考·刑制》 順帝元統二年七月，詔蒙古、色目人犯盜者，免刺。

《元史》卷一〇五《刑法志》 諸老廢篤疾，事須爭訴，止令同居親屬深知本末者代之。若謀反大逆，子孫不孝，爲同居所侵侮，必須自陳者聽。

《元史》卷一〇二《刑法志》 諸四怯薛及諸王、駙馬、蒙古、色目之人，犯姦盜詐僞，從大宗正府治之。

（元）沈仲緯《刑統賦疏·第三韻》 議親議故獨先於議賢。名例律八議。一曰議親，注謂皇家袒免以上親及太皇太后、皇太后、緦麻以上親皇后，小功以上親袒偏脱衣袖也免音問。禮記注，以布廣一寸從頂中而前交於額上也袒免者無服之親也。二曰議故，謂皇家故舊之人。三曰議賢，謂有大德行者。四曰議能，謂有大才業者。五曰議功，謂有大德功勳者。六曰議貴，謂爵一品及文武職事官三品以上，散官二品以上者，議曰依令有主掌者爲職事官，無主掌者爲散官爵謂國公以上。七曰議勤，謂大有勤勞王家者。八曰議賓，謂承先代之後爲國賓者。凡此八等之人，有犯死罪有司不敢正其刑名，必皆先條其所坐之罪及應議之狀奏請議其所犯，取自聖裁，是名八議。然八議之法，無輕重之别，而其序則有先後也，是故先之以親故，次之以賢能功貴勤賓焉，爲之序者，非不知賢能可尊可尚而親故先之者，尊主而已矣。蓋賢能者天下之所同親故者，一人之所獨仁莫大於親義莫大於故此律之所以八議親故居賢之先也。周禮大宰八統詔王馭萬民一曰親親，二曰敬故，三曰進賢，四曰使能者，其意亦此之類歟。

直解。律名八議： 親故賢能功貴勤賓，其親故獨先者尊主而已。

通例。親親至順三年六月初一日欽奉詔書節該太祖皇帝開天建極肇啓洪基，世祖皇帝周集大統禮樂刑政較然劃一，列聖相承繼述惟謨貴貴親親恩義備至，朕猶惇敘九族。欽此。敬故。延祐三年四月奉准封贈内父祖任三品以上官，亡殁生前有勳勞爲上知遇，孝子孫雖不仕赴所在官司保結申請。進賢。至治三年正月欽奉詔書内一款節該舉善薦賢爲治之要，今後監察御史肅政廉訪司官每歲各舉所知職官一員以備選用，欽此。使能。天曆二年八月十五日欽頒詔書節該蒙古老奴婢根底宜在禁衛仰各處爲選其材能優加培養以備選用，欽此。保功。至治四年正月欽奉詔書節該開國以來郊節功臣所封邑分有司立祠以時致祭。尊貴。至元七年十月禮部檢舊例，尊賢貴德懷孟路總管楊少中曾任參政係前執政申部文解合止署姓不書名。重勤。延祐三年四月封贈通例内應贈之官曾任三品以上有太節功勳在王室者，方許如功臣之號。禮賓。

（元）沈仲緯《刑統賦疏·第六韻》 稱人不及於奴婢。稟天地之氣生而靈者皆人也，何奴婢獨不得稱人耶。蓋人之賤莫甚於奴婢，故先王立相犯之法不得不異耳。賊盜律，故殺一家非死罪，三人及支解人者皆斬，妻子流二千里，疏謂殺一家三人内兼殺部曲奴婢者非。又名例律，諸犯十惡故殺人謂不因鬬競而故殺者，如殺部曲奴婢非。夫奴婢雖亦人類，在律

止當畜産財物，若與人相犯各有加減之法，有加入於死者，有減而雜犯者，所以諸條之中稱殺人傷人之類，奴婢皆不與焉，獨强盜傷者亦與良人同。故賊盜律謂，强盜殺傷奴婢亦同良人之坐也。

直解。奴婢在律止同畜生，皆不稱人，若被盜殺傷者亦是稱人。

通例。至元七年正月尚書省刑部呈蘇三十五因與周仲義驅男來的相爭，於本人不應處用曲睞招招瓦死，卽係良人因鬭毆殺他人奴婢，擬杖一百七下，仍追燒埋銀五十兩給付苦主，都省准擬。

（元）佚名《別本刑統賦解》 色目有異也，難乎一槩理。

辨貴賤別尊卑先王之禮也。法令之定或有未定者，教民之齊或有不齊者，蓋人有貴賤親有尊卑老幼疾殘則收贖免罪，皇親官爵則有加減之例，主殺奴婢尊毆卑幼皆罪輕也。故各有色目，難乎一槩論也。

留住本爲於工樂。

伎藝巧匠之謂工，太常音聲之謂樂，其習工樂未成者有犯徒流則依法流配，若習業已成歷諳其事能習天文并東宫給使散使而不可缺者，如犯流徒一例，役之則於事有妨，故加杖而留住也。

稱人不及於奴婢。

人之賤者莫甚於奴婢，雖係人類在律止同畜産，與良人相犯則有加減之例，惟盜賊殺傷奴婢者同殺傷事主之坐，其諸條之中但稱人者奴婢皆不與也。

部曲娶優於雜户。

部曲者私家奴婢得主放良之人也，雜户者係官奴婢，一免爲官户，再免爲雜户，三免爲良人，其部曲雖得免賤，即係私家奴婢，終身無良人之制，雜户雖未爲良乃官之奴，近乎良人，以此論之，雜户高於部曲矣。部曲不得受田，雜户則受之，部曲不得稱人，雜户則稱之，部曲毆傷良人加凡一等，雜户毆傷則無加法，然婚姻之法卻又反是，雜户不得與良人爲婚姻，部曲則通娶良人，蓋部曲人妻本夫身死則復爲良，雜户之妻終身屬官，非遇恩免不得爲良，故有此異也。今例奴婢不得與良人爲婚，則與不得通娶雜户良人之法一也。

《大明令·刑令》 凡僧尼道士犯罪經斷，並令還俗當差。

（明）余繼登《典故紀聞》卷五 國初，京師百福寺隱囚徒逋卒往往易姓名爲僧，遊食四方，無以驗其真僞。於是命僧録司造《周知文册》，自在京及在外府州縣寺院僧名，以次編之，其年甲、姓名字行及始爲僧年月與所受度牒字號，俱載於僧名之下。既成，頒示天下僧寺，凡遊方行脚至者，以册驗之，其不同者，許獲送有司，械至京，治重罪。容隱者罪如之。

《明太祖實録》洪武七年九月 癸未，詔鳳陽屯户有年老衰憊者，令於有司入籍爲民，篤廢殘疾者放還鄉里，其官吏犯公罪者仍取選用。

（明）談遷《國榷》成祖永樂二年二月 己丑，刑科奏强盜論死，有年十五以下者二人，上曰：耄悼不刑，二兒去悼不遠，其勿論。

（明）王恕《王端毅奏議》卷一《一件僧道犯罪事》 伏覩大明律内一款：僧道犯罪曾經決罰者，並令還俗。欽此。切照法司日逐問過僧道，但犯一應大小罪名不分故失并曾否決罰者悉令還俗。其僧道官有犯因見律不該載，止照常例運糧運灰等項發落，仍令還職。臣惟僧道官主典教門表率叢林，比之僧道戒行尤宜精嚴，持身尤宜端謹。僧道有犯，既令還俗，僧道官有犯，豈可仍令還職。且人誰能無過，若將過誤犯罪及因人連累致罪，并犯罪不曾決罰，僧道一槩令其還俗。竊恐禁網太密，下無全人。如蒙準言，乞勑該部三法司計議，除已發落外，合無將今後僧道官并僧道有犯公罪并過誤犯罪及因人連累致罪者，俱照常例運糧、運灰等項發落，仍令還職復業，其犯奸盜詐僞并一應故犯罪名俱照常例運糧運灰決罪等項發落，不分僧道官與僧道一體罷職還俗。如此，則事例得適中之宜，僧道無故犯之徒矣。景泰五年九月初日，題奉聖旨：三法司計議停當行。

（明）卜世昌等《明通紀述遺》嘉靖四十五年九月 詔：順天撫按官嚴禁僧尼戒壇説法，仍令廠衛巡城御史、通查勘京城内外、僧寺如有仍前受戒寄寓者，收捕下獄。四方游僧並聽所在有司遞回原籍當差。時白蓮教盛行，御史鮑承蔭以妖盜本爲一途，恐挾邪鼓衆釀成大患，遂令禁之。

《明神宗實録》萬曆三十一年十一月 癸酉，禮部覆康丕揚奏請禁僧道：一、禁止白蓮教、無爲教、羅道教。一、驅逐各寺觀遊士、山人。一、禁止婦女入寺觀。一、嚴緝集衆進香、擅造儀仗違禁之物。一、禁止四方來遊僧道及搭蓋茶房，街衢打坐，物幡張榜，身衣綺紈。詔悉依議行之。甲戌，兵部都給事中田大益，以妖書肆行，由姦人潜蜚觳，乞申飭法禁，

嚴城門守衛之法。不報。兵部奏請緝姦書，定於一箇月以裏，得獲回奏。上曰：造姦賊妖言，使朕一家大小不寧。你每大小臣工，只務延捱過日，不爲君父分憂，亂政長姦，紀綱安在？以前屢旨，着捕拏不法之人，都付空言。養成今日，好生可惡。陳汝忠及巡捕各官與五城兵馬，都着住俸挐賊，限外不得，重究。

黄彰健《明代律例彙編》卷一《名例律·工樂户及婦人犯罪》 凡工匠樂户犯流罪者，三流並杖決一百，留住，拘役四年。若欽天監天文生習業已成，能專其事，犯流及徒者，各決杖一百，餘罪收贖。犯謀反逆叛緣坐應流，及造畜蠱毒，採生折割人，殺一家三人，家口會赦猶流及犯竊盜者，不在流住之限。餘罪收贖，謂犯杖一百，流三千里者，決杖一百，贖銅錢三十貫。杖一百，徒三年者，決杖一百，贖銅錢一十八貫之類。餘條准此。其婦人犯罪應決杖者，姦罪去衣受刑，餘罪單衣決罰，皆免刺字。若犯徒流者，決杖一百，餘罪收贖。

弘治問刑條例

一、内府匠作犯該監守常人盜竊盜掏摸搶奪者，俱問罪，送發工部做工炒鐵等項。其餘有犯徒流罪者，拘役，住支月糧，笞杖准令納鈔。

一、在京軍民各色匠役，犯該雜犯死罪，無力做工，徒流罪拘役，俱住支月糧，笞杖納鈔，或的決。若犯竊盜掏摸搶奪，一應情重者，亦擬炒鐵等項發落，不在拘役之限。民匠仍刺字充警。

一、兩京工部各色作頭，犯該雜犯死罪，無力做工，與侵盜誆騙受財枉法徒罪以上者，依律拘役，滿日，俱革去作頭，止當本等匠役。若累犯不悛，情犯重者，監候奏請發落。杖罪以下與別項罪犯，拘役滿日，仍當作頭。

一、太常寺厨役，但係訐告詞訟，及因人連累，問該笞杖罪名者，納鈔，仍送本寺着役。徒罪以上，及姦盜詐僞，並有誤供祀等項，不分輕重，俱的決做工，改撥光禄寺應役。

按：此款係成化十年奏定，其案牘全文見《皇明條法事類纂》上册頁十九。

在奏定以前，因人連累致罪，均送光禄寺，致使太常寺缺人用，故改。

一、教坊司官俳精選樂工演習聽用。若樂工投託勢要，挾制官俳，及抗拒不服拘喚者，聽申禮部送問，就於本司門首，枷號一箇月發落。若官俳徇私聽囑，放富差貧，縱容四外逃躱者，參究治罪，革去職役。

一、各處樂工縱容女子擅入王府，及容留各府將軍中尉在家行姦，並軍民旗校人等與將軍中尉賭博，誆哄財物，及擅入府内，教誘爲非者，俱問發邊衛充軍，該管色長革役。

一、樂户雜犯死罪，無力做工；流罪依律決杖一百，拘役四年；徒杖笞罪俱不的決，止擬拘役，滿日著役。若犯竊盜掏摸搶奪等項，亦刺字充警。【略】

一、欽天監官爲事該爲民者，本監降用。該充軍者，備由奏請定奪。

一、天文生有犯徒流，依律決杖一百，餘罪收贖。笞杖，有力納鈔，無力的決。其犯竊盜掏摸搶奪等項，亦刺字充警，並雜犯死罪俱做工，不在收贖之限。

一、婦人有犯姦盜不孝，並審無力，與樂婦各依律決罰。其餘有犯笞杖，並徒流雜犯死罪該決杖一百者，審有力，與命婦軍職正妻，俱令納鈔。

胡瓊集解附例

一、欽天監官習業已成，保天文生出身，犯罪例該爲民者，送監，仍充天文生身役。【略】

一、太常寺厨役沒有犯問斷，徑送禮部轉發原籍爲民，在京有弟男子姪者，聽其告補。如無，行原籍官司，另行僉解。【略】

在京婦人餘罪收贖折錢例。

徒一年，贖罪鈔六貫，折錢三文。

一年半，鈔九貫，折錢四文半。

二年，鈔十二貫，折錢六文。

二年半，一十五貫，折錢七文半。

三年，一十八貫，折錢九文。

嘉靖問刑條例

一、凡天文生有犯，查係習業已成，能專其事者，徒流依律決杖一百，餘罪收贖。笞杖，有力納鈔，無力的決。雜犯死罪，拘役五年，滿日仍舊食糧充役。其該充軍者，將所犯徒杖，依律決杖收贖，仍定擬充軍衛

分，就於本監應役。其竊盜掏摸搶奪，應刺字充警，及習業未成，未能專事者，不分輕重罪名，悉照本等律條科斷。

一、凡欽天監官，爲事，請旨提問，與文職運炭等項，一例問斷。該爲民者，送監，仍充天文生身役。該充軍者，備由奏請定奪。其有不由天文生出身者，悉照例革職發遣。【略】

萬曆問刑條例

一、凡天文生有犯，查係習業已成，能專其事者，笞杖有力納鈔，無力的決。徒流依律決杖一百，餘罪收贖。雜犯死罪，拘役五年，滿日，照舊食糧充役。其例該充軍者，將所犯徒杖，依律決杖收贖，革去衣巾，量給月糧三分之一，拘役終身。如軍罪遇宥，亦照舊食糧充役。其竊盜、掏摸、搶奪、應刺字充警，並例該永遠充軍、及習業未成、未能專事者，不分輕重罪名，悉照本等律例科斷。

黄彰健《明代律例彙編》卷一《名例律・稱道士女冠》 凡稱道士女冠者，僧尼同。若於其受業師，與伯叔父母同。受業師，謂於寺觀之內，親承經教，合爲師主者。其於弟子，與兄弟之子同。

黄彰健《明代律例彙編》卷一《名例律・老小廢疾收贖》 凡年七十以上，十五以下及廢疾，犯流罪以下，收贖。其犯死罪，及謀叛緣坐應流，若造畜蠱毒，採生拆割人，殺一家三人，家口會赦猶流者，不用此律。其餘侵損於人，一應罪名，並聽收贖。八十以上，十歲以下及篤疾，犯殺人應死者，議擬奏聞，取自上裁。盜及傷人者，亦收贖。謂既侵損於人，故不許全免。亦令其收贖。餘皆勿論。謂除殺人應死者上請，盜及傷人者收贖之外，其餘有犯，皆不坐罪。九十以上，七歲以下，雖有死罪，不加刑。九十以上，犯反逆者，不用此律。其有人教令，坐其教令者。若有贓應償，受贓者償之。謂九十以上七歲以下之人，皆少智力。若有教令之者，罪坐教令之人。或盜財物，傍人受而將用，受用者償之。若老小自用，還着老小之人追徵。

弘治問刑條例

一、軍職年七十以上，十五以下，及廢疾，犯該雜犯死罪者，運炭納米等項發落，免發立功。

續例附考

一、弘治十七年五月十三日刑部等衙門會議。今後年七十以上，十五以下，及廢疾人犯，除真犯死罪，情可矜疑，奏奉欽發充軍外，其餘徒流以下，例該充軍人犯，務須查究。如果本身自犯，依律收贖。中間若有壯丁主使，罪坐所由。仍以造意者爲首。俱問擬如律，老幼收贖，壯丁照例充軍。奉聖旨：欽此。

胡瓊集解附例

一、老人年七十以上，十五以下，及廢疾，犯罪例該充軍者，如果本身自犯，依律收贖，免其發遣。若係壯丁主使者，就將主使之人，照例充軍。

老小廢疾并婦人收贖則例

一、笞杖共十等，每一下該鈔六分，自笞一十贖鈔六百文起，遞加至杖一百，該鈔六貫。

五徒。

一杖六十，徒一年，全贖鈔一十二貫。杖六十，該鈔三貫六百文；徒一年，該鈔八貫四百文。每月該鈔七百文。每日二十三文三分三釐。每一下該徒六日。十下六十日，六十下三百六十日，即一年也。

一杖七十，徒一年半，全贖鈔一十五貫；杖七十，該鈔四貫二百文；徒一年半，該鈔一十貫八百文。每月該鈔六百文。每日二十文。每一下該徒七日七時二刻三分。十下，七十七日一時。七十下，五百四十日，即一年半也。

一杖八十，徒二年。全贖鈔一十八貫。杖八十，該鈔四貫八百文；徒二年，該鈔一十三貫二百文。每月該鈔五百五十文，每日一十八文三分三釐三毫四絲。每一下，徒九日，十下九十日，八十下七百二十日，即二年也。

一杖九十，徒二年半，全贖鈔二十一貫，杖九十，該鈔五貫四百文，徒二年半該鈔一十五貫六百文。每月該鈔五百二十文，每日一十七文三分二釐三毫四絲。每一下，徒一十日。十下，一百日。九十下，九百日即二年半也。

一杖一百，徒三年，全贖鈔二十四貫，杖一百該贖鈔六貫，徒三年該贖鈔一十八貫。每月該鈔五百文，每日一十六文六分七釐。每一下徒十日八時。十下，一百八十日。一百下，一千八百日，即三年也。

三流。

一流二千里者爲一等。比徒三年上加鈔六貫，全贖鈔三十貫。若犯流止杖一百，准除六貫，餘贖鈔二十四貫。

一流二千五百里，以五百里爲一等，加鈔三貫，全贖鈔三十三貫。免流止杖一百，准除六貫，餘贖鈔二十七貫。

一流三千里，亦以五百里爲一等，又加鈔三貫，全贖鈔三十六貫，免流止杖一百，准除六貫，餘贖鈔三十貫。

一二死絞斬，比流俱加鈔六貫，共贖鈔四十二貫。

一遷徙，比流減半，准徒二年，贖鈔一十三貫二百文。

一充軍，比流二千里，贖鈔三十貫。

在京老疾折錢例。

笞一十至三十，折錢一文。笞四十至杖六十，折錢二文。杖七十至一百，折錢三文。杖六十徒一年，折錢六文。杖八十徒二年，折錢九文。杖一百徒三年，折錢十二文。【略】

嘉靖新例

一嘉靖陸年刑部題准：充軍人犯，除死並例該永遠充軍外，有年柒拾以上十五以下，及廢疾者，本身自犯，准收贖。若有壯丁主使，罪坐所由。

一嘉靖玖年大理寺奏准：凡老幼收贖人犯，例該枷號者，俱免其枷號，照常發落。

新例

一、嘉靖七年十二月刑部看得：巡撫湖廣都御史朱廷聲題稱：贖罪例鈔，先該本部查照先年尚書閔珪題准兼收錢鈔折銀事例通行，但稱收贖律鈔，亦照此例折收，似乎無別。要照估鈔舊例，銀一兩值鈔八十貫，計鈔一貫，折銀一分二釐五毫。合依擬行。等因。奉聖旨：是。贖罪收贖錢鈔則例，依擬行。欽此。

計開收贖律鈔。

老幼廢疾並婦人餘罪及律載一應收贖者。

笞一十，鈔六百文，折銀七釐五毫，二十，鈔一貫二百文，折銀一分五釐，三十，鈔一貫八百文，折銀二分二釐五毫，四十，鈔二貫四百文，折銀三分。五十，鈔三貫，折銀三分七釐五毫。杖六十，鈔三貫六百文，折銀四分五釐，七十，鈔四貫二百文，折銀五分二釐五毫，八十，鈔四貫八百文，折銀六分，九十，鈔五貫四百文，折銀六分七釐五毫，一百，鈔六貫，折銀七分五釐。

徒一年，鈔一十二貫，折銀一錢五分，年半，鈔一十五貫，折銀一錢八分七釐五毫，二年，鈔一十八貫，折銀二錢二分五毫，二年半，鈔二十一貫折銀二錢六分二釐五釐，三年，鈔二十四貫，折銀三錢。

流二千里，鈔三十貫，折銀三錢七分五釐，二千五百里，鈔三十三貫，折銀四錢一分二釐五毫，三千里，鈔三十六貫，折銀四錢五分。遷徙准徒二年，贖鈔一十三貫二百文，折銀一錢六分五釐。充軍比流二千里，贖鈔三十貫。

絞斬，鈔四十二貫，折銀五錢二分五釐。

贖罪例鈔

命婦軍職正妻，與例難的決之人，並婦人有力者。

笞一十，鈔二百，貫折銀一錢，二十，鈔三百貫，折銀二錢，三十，鈔四百五十貫，折銀三錢，四十，鈔六百貫，折銀四錢，五十，鈔七百五十貫，折銀五錢。

杖六十，鈔一千四百五十貫，折銀六錢，七十，鈔一千六百五十貫，折銀七錢，八十，鈔一千八百五十貫，折銀八錢，九十，鈔二千五十貫，折銀九錢，一百，鈔二千二百五十貫，折銀一兩。

嘉靖問刑條例

一、凡軍職犯該雜犯死罪，若年七十以上，十五以下，及廢疾，並例該爲民者，俱運炭納米等項發落，免發立功。

一、年七十以上，十五以下，及廢疾犯該充軍者，本身自犯，准收贖，免其發遣。若有壯丁主使，就將主使之人，照例充軍。其真犯死罪免死及例該永遠充軍者，不在此限。

一、凡老幼及廢疾犯罪，律得收贖者，若例該枷號，一體放免，照常發落。

律解附例

一、嘉靖七年十二月十四日，刑部題：今後除審有力、軍職正妻、與例難的決之人，遵照近年題准折銀外，其老幼廢疾婦人餘罪，其例內一應收贖鈔貫，如笞一十，贖鈔六百文，折銀七釐五毫。【略】

一、嘉靖三年九月初三日户部題准：查得先年會議過囚犯折工銀則例，每日追銀一分。

如笞一十，做工一個月，折銀三錢。笞二十，折銀四錢五分。笞三十，折銀六錢。笞四十，折銀七錢五分。笞五十，折銀九錢。杖六十，銀一兩二錢。杖七十，銀一兩三錢五分。杖八十，銀一兩五錢。杖九十，銀一兩六錢五分。杖一百，銀一兩八錢。徒一年，折銀三兩六錢。一年半，折銀五兩四錢。二年，折銀七兩二錢。二年半，折銀九兩三錢。三年，折銀十兩六錢。五年，折銀一十八兩。家道稍次者，多辦納不前。又查得見行納工食則例，徒罪每月納銀一錢。徒一年，該銀一兩二錢。徒一年半，該銀一兩八錢。徒二年該銀二兩四錢。徒二年半，該銀三兩。徒三年，該銀六錢。徒五年，該銀六兩。杖罪以下，每一十該銀一錢，杖一百該銀一兩。餘皆依數准折，俱照輕則折納工食。通行問刑衙門，問擬笞杖徒流並雜犯准徒罪者，除應該納贖並審有力，與凡十分無力及竊盜例皆擺站充徒哨瞭者，照舊外。其稍有力，折納徒五（？），並稍次有力，照輕則折收，俱令照依時估折穀上納，不許折收銀兩。仍於議罪減等項下，明開某人審稍有力，折納工價，某人稍欠（次？）有力，折納工食，糴穀上倉，以備賑濟，不許別項支銷。【略】

萬曆問刑條例

一、凡軍職犯該雜犯死罪，若年七十以上，十五以下，及廢疾，並例該革職者，俱運炭納米等項發落，免發立功。【略】

一、年七十以上，十五以下，及廢疾，犯該充軍者，准收贖，免其發遣。若有壯丁教令者，止依律坐罪。其真犯死罪免死，及例該永遠充軍者，不准收贖。【略】

一、凡老幼及廢疾犯罪律得收贖者，若例該枷號，一體放免，照常發落。【略】

新頒條例

一、萬曆二十三年三月十一日本部尚書趙等具題：爲議處詐冒篤疾重犯，以昭法紀，以杜姦欺事。題稱：查得問刑條例一款，凡奉欽依免死充軍人犯，及後逃回，仍照原擬死罪監決。夫以矜疑免死，有復坐原罪之條，而篤疾獨無者，以遣戍易至沈回，而篤疾難以復愈也。但人情狡僞，姦弊多端，各囚往往有故傷眼目，自殘肢體，希圖倖脱者。以後在京在外重犯，但有以篤疾釋放，生事犯法，驗非篤疾者，俱比照矜疑逃回事例，仍坐原擬死罪，庶特恩不至惠姦，而狡因無所飾詐。等因。於本月十三日奉聖旨：今後重犯稱篤疾的，務要查驗明實，方與題請。其釋放後，再有犯法者，俱照這例行。欽此。

黃彰健《明代律例彙編》卷一《名例律·犯罪時未老疾》 凡犯罪時雖未老疾，而事發時老疾者，依老疾論。謂如六十九以下犯罪，年七十事發，或無疾時犯罪，有廢疾後事發，得依老疾收贖。或七十九以下犯罪，八十事發，或廢疾時犯罪，篤疾時事發，得入上請。八十九犯死罪，九十事發，得入勿論之類。若在徒年限內老疾，亦如之。謂如六十九以下，徒役三年，役限未滿，年入七十。或入徒時無病，徒役年限內成廢疾，並聽准老疾收贖。以徒一年三百六十日爲率，驗該贖錢數，折役收贖。假如有人犯杖六十，徒一年，已行斷罪，拘役五箇月之後犯人老疾，合將杖六十徒一年，總該贖錢一十二貫，除已受杖六十，准錢三貫六百文，該剩徒一年，贖錢八貫四百文，計算每徒一月，該錢七百文，已役五箇月，准錢三貫五百文，外有未役七箇月，該收贖錢四貫九百文之類。其餘徒役年限，贖錢不等，各行照數折算收贖。犯罪時幼小事發時長大，依幼小論。謂如七歲犯死罪，八歲事發勿論。十歲殺人，十一歲事發，仍得上請。十五歲時作賊，十六歲事發，仍以贖論。

徒年限內老疾收贖則例

杖六十徒一年。已行斷役一箇月之後，犯人老疾，合計總贖該一十二貫。除已受杖六十，准三貫六百文，剩徒一年，該十二箇月，准贖八貫四伯文。計算每徒一月，該贖七百文，每日該二十三文三分。已役一箇月，准七百文外，有未役十一箇月，該收贖七貫七伯文。二箇月之後老疾，該收七貫。以後每過一月，除鈔七伯文，便見逐月之數。杖七十徒一年半。已行斷役一箇月之後，犯人老疾，合計總該贖一十五貫。除已受七十，准四貫二伯文，該剩徒一年半，計一十八箇月，准贖一十貫八伯文。計算每徒一月，該贖六伯文，每日該二十文。已役一月，准六伯文外，有未役一十七箇月，計收贖一十貫二伯文。二箇月之後老疾，該收九貫六伯文。以後每役過一月，除鈔六伯文。

杖八十徒二年。已行斷役一箇月之後，犯人老疾，合計總該贖一十八貫。除已受八十，准四貫八伯文，該剩徒二年，計二十四箇月，准贖一十三貫二伯文。計算每徒一月該贖五百五十文，每日該十八文三分，已役一月，准贖五百五十文外，有二十五箇月，該收贖一十二貫六百五十文。二箇月之後老疾，該收一十二貫一伯文。以後每役過一月，除鈔伍百五十

文。杖九十徒二年半。已行斷役一箇月之後，犯人老疾，合計總該贖鈔二十一貫。除已受九十，准五貫四伯文，該剩徒二年半，共三十箇月，准贖一十五貫六伯文。計算每徒一月，該贖五百二十文，每日該一十七文三分，已役一月，准贖五百二十文外，有未役二十九箇月，該贖一十五貫八十文，二箇月之後、老疾，該收贖鈔一十四貫五百六十文。以後每役過一月，除鈔五百二十文。

杖一百徒三年。已行斷役一箇月之後，犯人老疾，合計總該贖鈔二十四貫。除已受杖一百，准贖鈔六貫，該剩徒三年，計三十六箇月，准贖鈔一十八貫。計算每徒一月，該贖鈔五百文，每日該一十六文六分。已役一月，准贖鈔五伯文外，有三十五箇月未役，該贖鈔一十七貫五百文。二箇月之後老疾該贖鈔一十七貫。以後每役過一月，除鈔五百文，即是其數。如有役過年月并零日，並照數扣算。

總徒四年。准三流之數，並杖一百，折鈔三十六貫。〔瑣言貫下有除已受杖一百，准贖鈔六貫，徒十二字，是也。〕四年折鈔三十貫。每一年折鈔七貫五百文，每月折鈔六百二十五文，每日折鈔二十二文二分。〔瑣言作二十文八分〕已發充徒，若犯人限內年老或廢疾，除決過一百，准鈔六貫，役過年月日期，照前則例准算，未役年月，亦照數收贖，入官釋放。

雜犯死罪准徒五年。折鈔四十二貫。每年折錢八貫四伯文。每月折錢七伯文。每日折鈔二十三文三分。已發充徒，若犯人限內年老或廢疾，除役過月日，照前准算，未役年月，亦照數收贖釋放。

黃彰健《明代律例案彙編》卷一《名例律·化外人有犯》 凡化外人犯罪者，並依律擬斷。

弘治問刑條例

一、凡土官衙門人等詞訟，先從合干上司申告，勘問。應奏請者，具奏。若上司不與受理，許申巡撫巡按查究。若土官及土人夷人蓦越赴京奏訴，係土官所轄者，免問。係軍衛有司所轄者，問罪，俱給引照回聽理。所奏事情除叛逆機密並地方重事外，其餘户婚田土等項，俱行巡撫巡按等官，或都布按三司，審係干已事情，查提問斷，仍將越訴罪名並問。其妄捏叛逆重情，全誣十人以上，並教唆受雇，替人妄告，與盜空紙，用印奏訴者，俱照依土俗事例發落。若文書已到案候三個月之上，原告不行出官聽理者，將原詞立案不行，仍回報原行衙門知會。如再赴京奏告，查究明白，不分軍民夷人，遞回原籍官司問斷。奏詞除重事外，其餘不分虛實，俱立案不行。仍行巡撫等官查提究問。其漢人投入土夷地方，冒頂夷人親屬頭目名色，妄奏儀人報仇、占騙財産者，問發邊衛充軍。

中國第一歷史檔案館《滿文老檔》天命六年二月 初十日，汗曰：凡有三年内犯罪之葉赫人，分其罪爲三，免其二，罰其一。有職銜者三年以前犯罪不革其職。

中國第一歷史檔案館《滿文老檔》天命六年十一月 二十二日，汗降書諭曰：前曾諭令諸申人、漢人同居一屯，糧則共食，共以草料喂養牲畜。諸申人不得欺壓漢人，勿得搶奪漢人諸物。倘如搶奪侵奪侵害，漢人來訴，則治罪。漢人爾等亦勿得無中生有捏造浮言。倘造浮言，經雙方事主當面對質，確係僞造，則從重治罪也。諸申、漢人皆爲汗民。汗以金口教誨諸申和漢人皆爲一體，中正爲生。若有不從，違背此言而犯罪者，則罪必加重，咎由自取也。諸申、漢人不得糜費或買賣糧穀，倘知有買賣者等，則必治罪。開糧窖時，諸申、漢人合開。漢人、諸申每月每口給糧漢斗四斗。

《大清律例》卷五《名例律·老小廢疾收贖》 律

凡年七十以上十五以下，及廢疾，瞎一目、折一肢之類。犯流罪以下，收贖。其犯死罪，及犯謀反、叛逆緣坐應流，若造畜蠱毒，採生折割人，殺一家三人，家口會赦猶流者，不用此律。其餘侵損於人一應罪名，並聽收贖。

犯該充軍者，亦照流罪收贖。八十以上十歲以下、及篤疾，瞎兩目，折兩肢之類。犯殺人謀、故、鬬毆。應死一應斬絞者，議擬奏聞，犯反逆者不用此律。取自上裁；盜及傷人罪不至死者，亦收贖；謂既侵損於人，故不許全免，亦令其收贖。餘皆勿論。謂除殺人應死者，上請；盜及傷人者收贖之外，其餘有犯皆不坐罪。九十以上、七歲以下，雖有死不加刑；九十以上犯反逆者，不用此律。其有人教令，坐其教令者；若有贓應償，受贓者償之。謂九十以上七歲以下之人，皆少智力，若有教令之者，罪坐教令之人。或盜財物，旁人受而將用，受用者償之。若老小自用，還著老小之人追徵。

條例

一、凡老幼及廢疾犯罪，律該收贖者，若例該枷號，一體放免。應得杖罪，仍令收贖。

一、內外現審人犯不應具題者，若有老小廢疾，俱照律完結。其直隸各省審擬，具題案內人犯，果有老小廢疾者，該督撫察明，取具地方官印結，具題，照律收贖。如實非老小廢疾，徇情題免，事發者，將出結、轉詳官並督撫交部議處。其到部人犯有告稱年老及在中途成廢疾者，察明實係老疾，亦得收贖。

一、教令七歲小兒毆打父母者，坐教令者以毆凡人之罪。教令九十老人故殺子孫者，亦坐教令者以殺凡人之罪。

《大清律例》卷五《名例律·犯罪時未老疾》 律

凡犯罪時雖未老疾，而事發時老疾者，依老疾論。謂如六十九以下犯罪，年七十事發；或無疾時犯罪，有廢疾後事發，得依老疾收贖。或七十九以下犯死罪，八十事發；或廢疾時犯罪，篤疾時事發，得入上請。八十九犯死罪，九十事發，得入勿論之內。若在徒年限內老疾，亦如之。謂如六十九以下，徒役三年，役限未滿，年入七十；或入徒時無病，徒役年限內成廢疾，並聽准老疾收贖。以徒一年三百六十日爲率，驗該杖徒若幹，應贖銀若幹，俱照例折役收贖。犯罪時幼小，事發時長大，依幼小論。謂如七歲犯死罪，八歲事發，勿論。十歲殺人，十一歲事發，仍得上請。十五歲時作賊，十六歲事發，仍以贖論。

（清）席裕福《清朝政典類纂》卷三七〇《刑二·名例律·犯罪免發遣》 事例

國初定：旗下人有犯俱用鞭責。

順治元年定：悉遵舊例，仍不許用杖。

八年諭：自府佐領下至親王、郡王、貝勒、貝子、公侯伯諸臣等，若有投充之人生事害民者，本主及該佐領果係知情，問連坐之罪，除本犯正法外，妻孥家產盡行入官，若本主不知情，投充之人罪不至死者，本犯及妻孥不必斷出，至各該地方官遇投充之。

（清）席裕福《清朝政典類纂》卷三七三《名例篇·老小廢疾收贖》

事例

康熙十二年題准：直省人犯已經咨解到部，告稱年老殘疾概不准行。

雍正三年諭：嗣後年逾七十之人有罪犯發遣者，著另行具奏。

十年刑部議覆：丁乞三仔毆死丁狗子一案，奉旨丁乞三仔年僅十四，爲已死丁狗子欺陵拾石回擲，適傷損命，情有可原，著從寬發落。

乾隆十年議准：嗣後除老幼暨折一肢之廢疾仍照律收贖毋庸置議外，其瞎一目者，不得以廢疾論。

嘉慶八年諭：刑部具題彭啟良等行竊黃文盛家銀物贓逾滿貫一案，因彭啓良係屬癱疾，定擬絞候，請旨減等擬流，仍行收贖。所辦太覺輕縱。此案彭啓良係首先造意行竊復窩留分贓，數逾滿貫，因伊素患癱病，亦止可稍爲輕減，若竟由死罪減流，又復准其收贖，未免失之太寬，恐嗣後身爲篤疾之人，恃有寬典均得肆意妄行，冒干法紀。並恐將來賊犯中起意行竊者，捏稱篤疾之人爲首，既可照例減等收贖，而本犯轉得倖逃法網，適足啓推卸之漸。著大學士九卿將篤疾之人犯如何量減罪名予以限制，推廣律文，悉心妥議具奏。事例。

十六年議准：嗣後凡遇計歲定罪之案，均以現在年歲爲斷，毋庸扣足生年月日。彙案。

（清）席裕福《清朝政典類纂》卷三七三《刑五·名例律·老小廢疾收贖》 條例

一、凡老幼及廢疾犯罪，律該收贖者，若例該枷號，一體放免。應得杖罪，仍令收贖。謹案：此條乾隆五年改定。

一、內外現審人犯不應具題者，若有老小廢疾，俱照律完結，其直録各省審擬具題案內人犯，果有老小廢疾者，該督撫察明取具地方官印結具題，照律收贖。如實非老小廢疾，徇情題免事發者，將出結轉詳官並督撫交部議處。其到部人犯有告稱年老及在中途成廢疾者，察明實係老疾，亦得收贖。謹案：此條雍正三年定，乾隆五年增刪。

一、教令七歲小兒毆打父母者，坐教令者以毆凡人之罪。教令九十老人故殺子孫者，亦坐教令者以殺凡人之罪。謹案：此條乾隆五年定。

一、每年秋審人犯，其犯罪時年十五歲以下，及現在年逾七十經九卿擬以可矜蒙恩宥免減流者，俱准其收贖。朝審亦照此例。謹案：此條乾隆五年定。

一、凡瞎一目之人，有犯軍流徒杖等罪，俱不得以廢疾論贖。若毆人

瞎一目者，仍照律科罪。謹案：此條乾隆十年定。

一、凡年七十以上、十五以下，及廢疾犯流罪以下者，准其收贖一次，詳記檔案。若收贖之後復行犯罪，除因人連累過誤入罪者，仍准其照例收贖外，如係有心再犯，即各照應得罪名按律充配，不准再行收贖。謹案：此條乾隆二十四年定，原載老幼不拷訊律後，乾隆五十三年移入此門。

一、七歲以下致斃人命之案，准其依律聲請免罪。五十歲以下鬥毆斃命之案，如死者長於兇犯四歲以上，准其依律聲請。若所長止三歲以下，一例擬絞監候，不得概行雙請。至十五歲以下被長欺侮毆斃人命之案，確查死者年歲亦係長於兇犯四歲以上，而又理曲逞兇或無心戲殺者，方准援照丁乞三仔之例聲請，恭候。欽定。謹案：此條乾隆四十四年定例，嘉慶十五年修改。

一、凡篤疾犯一應死罪，各照本律本例問擬，毋庸隨案聲請。俱入於秋審分別實緩辦理。其緩決之犯，俟查辦減等時覈其情節應減軍流者，再行依律收贖。謹案：此條係嘉慶八年遵旨改定。

一、各直省審理年老廢疾翻控之案，實係挾嫌忿，圖詐圖賴或恃係老疾自行翻控，審明實係虛誣罪應軍流以上者，即行實發，一概不准收贖。倘訊明實因尊長被害並痛子情切，懷疑具控及聽從主使出名誣控，到官後供出主使之人，俱准收贖一次。若不將主使之人供明，不准收贖。謹案：此條道光元年續纂。

（清）席裕福《清朝政典類纂》卷三七三《刑五・名例律・犯罪時未老疾》事例

嘉慶十八年覆准：徒年限內老疾人犯詳請收贖，應自到配之日起，扣至出詳之日止，除已役過徒限，照未滿年限按律照數收贖。彙案。

（清）席裕福《清朝政典類纂》卷三七四《刑六・名例律・化外人有犯》條例

一、蒙古案件有送部審理者，即移會理藩院衙門，將通曉蒙古言語司官派出一員帶領通事赴刑部公同審理。除內地八旗蒙古應依律定擬者會審官不必列銜外，其隸在理藩院應照蒙古例科斷者，會審官一體列銜。如朝審案內遇有蒙古人犯知會理藩院堂官到班會審，遇有照蒙古例治罪者，亦一體列銜。謹按：此條雍正十一定，原例未及應否列銜之處。乾隆五年增。

一、青海蒙古人有犯死罪應正法者，照舊例在西寍監禁。其偷竊牲畜例應擬絞解京監候之犯，俟部覆後解赴甘肅按察使衙門監禁，於秋審時將該犯情罪入於該省招册，咨送三法司查覈。謹案：此條乾隆五年定。

一、蒙古與民人交涉之案，凡遇鬬毆拒捕等事。該地方官與旗員會訊明確，如蒙古在內地犯事者，照刑律辦理。如民人在蒙古地方犯事者，即照蒙古例辦理。謹案：此條乾隆二十六年定。

一、蒙古地方搶劫案件如俱係蒙古人，專用蒙古例。俱係民人，專用刑律。如蒙古與民人夥同搶劫，核其罪名，蒙古例重於刑律者，蒙古與民人俱照蒙古例問擬；刑律重於蒙古例者，蒙古與民人俱照刑律問擬。謹案：此條道光元年續纂。

一、熱河承德府所屬地方遇有搶奪之案，如事主係蒙古人，不論賊犯是民人是蒙古，專用蒙古例。如事主係民人，不論賊犯是蒙古是民人，專用刑律。倘有同時并發之案，如事主一係蒙古一係民人，即計所失之贓，如蒙古所失贓重，照蒙古例問擬。民人所失贓重，照刑律科斷。謹案：此條咸豐三年續纂。

（清）席裕福《清朝政典類纂》卷三七三《刑五・名例律・化外人有犯》事例

康熙四十年覆准：熟苗、生苗若有傷害人者，熟苗照民例治罪，生苗仍照苗人例治罪。

四十四年覆准：苗民犯輕罪者，聽土官自行發落外，若殺死人命强盗擄掠及捉拏人口索銀勒贖等情，被害之苗赴道廳衙門控告，責令土官將犯苗拏解，照律例從重治罪。藏匿不送者，將土官照例嚴加議處。

乾隆十三年諭：嗣後如遇民夷重案，務須按律究擬，庶使夷人共知畏罪奉法，不敢恣横滋事，地方得以寍謐。

二十五年諭：嗣後回人盗本處及內地人馬匹及內地人盗回人馬匹，俱照回疆例辦理。會典事例。

嘉慶九年諭：百齡奏江寍省遣回安南夷人阮恭等私帶僕人謝昌伶等分別贖留一摺，閉阮恭等從前安置江寍時身係夷人，即不應契買內地百姓爲僕，今遣還該國，豈可任其攜帶前往。百齡一經該州查禀後，即行截留，並照契買原價贖回，送還原籍，所辦甚是。嗣後陸續遣回之夷人，如

有似此私帶者，仍當一體照辦。

十二年諭：盛駐等奏拏獲圖財害命之回犯審明定擬一摺，此案胡圖魯克着即處斬，回疆非内地可比，嗣後遇有此等案件，情節較重者，於訊明正兇後即著立時懲辦，勿致久稽顯戮。彙案。

同治六年議准：凡係外國交出中國人犯，即由該督撫核其情罪輕重咨商總理衙門核覆奏明辦理。其非由外國交出之犯，均不在此例。

光緒二年咨准：凡遇内地各省地方或通商口岸有關係英人命盗案件，議由英國大臣派員前往該處觀審，此事應先聲敘明白，庶免日後另有異辭。威大臣即將前情備文照會，請由總理衙門照復，以便將來照辦緣由聲明備案。至中國各口審斷交涉案件，兩國法律既有不同，只能視被告者爲何國之人，即赴何國官員處控告，原告爲何國之人，其本國官員只可赴承審官員處觀審，倘觀審之員以爲辦理未妥，可以逐細辨論，庶保各無向隅，各按本國法律審斷，此即條約第十六款所載會同兩字本意。以上各情，兩國官員均當遵守。通行。

《刑部現行則例》卷上《名例》一、民人有犯徒罪已至配所遇赦者，亦照旗下人遇赦免罪釋放之例免徒釋放。一、凡旗下人犯罪俱依律杖責外，其犯徒罪一年者枷號二十日，一年半者二十五日，二年者一個月，二年半者三十五日，三年者四十日。若犯流罪二千里者枷號一個月二十日，二千五百里者一個月二十五日，三千里者兩個月。軍罪枷號三個月。雜犯死罪准徒五年者枷號三個月零十五日。

（清）西清《黑龍江外記》卷一　康熙二十八年，所立分界碑也。余嘗從土人得分界盟約清文，較世傳界碑漢文微有異同。昭代掌故所關，譯出以備參考。其文云：中國大聖皇帝欽差分界大臣、議政大臣、領侍衛内大臣索額圖，内大臣都統，一等公、舅舅佟國綱，都統郎談，都統班達爾善，鎮守黑龍江等處。將軍薩布素、護軍統領瑪喇、理藩院侍郎温達、會同俄羅斯察罕汗使臣俄昆尼等，在尼布楚地方公議得。一、將自北流入黑龍江之綽爾納即烏魯木河附近之格爾畢齊河爲界。沿此河口之大興安嶺至海，凡嶺陽，流入黑龍江之河道，悉屬中國。其嶺陰河道，悉屬俄羅斯，惟烏第河以南，興安嶺以北，中間所有地方河道，暫行存放，俟各還國察明後。或遣使，再行文，或行定議。一、將流入黑龍江之額爾古訥河爲界，南岸屬中國，北岸屬俄羅斯。其南岸墨里勒克河口，現存俄羅斯廬舍，著徙於北岸。一、雅克薩地方俄羅斯所築城垣，盡行拆毁，居民諸物，悉行撤回察罕汗處。一、分定疆界，兩國獵户，不得越過。如有一二宵小私行越境打牲偷竊者，拏送該管官，分别輕重治罪。此外十人或十五人合夥執伏殺人劫物者，務必奏聞，即行正法。其一二人誤犯者，兩國照常和好，不得擅動征伐。一、除從前一切舊事不議外，中國現有之俄羅斯人，及俄羅斯國現有中國之人，免其互相索還，著即存留。一、兩國既永遠和好，嗣後往來行旅，如有路票，聽其交易。一、自會盟日起，逋逃者不得收納，拏獲送還。一、兩國大臣相會，議定永遠和好之處，奉行不得違誤。

《大清律例》卷四《名例律·工樂户及婦人犯罪》律

凡工匠、樂户犯罪者，五徒並依杖數決訖，留住衙門照徒年限拘役。住支月糧，其鬥毆傷人，及監守常人盗、竊盗、掏摸、搶奪、發配、刺字，與常人一體科斷，不在留住拘役之限。其婦人犯罪應決杖者，姦罪去衣留褌受刑，餘罪單衣決罰，皆免刺字。若犯徒流者，決杖一百，餘罪收贖。

條例

一、和聲署官俳精選樂工，演習聽用。若樂工投托勢要，挾制官俳，及抗拒不服拘唤者，聽申禮部送問，就於本司門首枷號一個月發落。若官俳徇私聽囑，放富差貧，縱容四外逃躲者，參究治罪，革去職役。

一、婦人有犯姦、盗、不孝並審無力者，各依律決罰。其餘有犯笞、杖並徒、流、充軍、雜犯死罪該決杖一百者，審有力與命婦、官員正妻，俱准納贖。

《大清律例》卷五《名例律·化外人有犯》律

凡化外來降人犯罪者，並依律擬斷。隸理藩院者，仍照原定《蒙古例》。

條例

一、蒙古案件有送部審理者，即移會理藩院衙門。將通曉蒙古言語司官派出一員，帶領通事，赴刑部公同審理。除内地八旗、蒙古應依律定擬者，會審官不必列銜外，其隸在理藩院、應照《蒙古例》科斷者，會審官一體列銜。如朝審案内遇有蒙古人犯，知會理藩院堂官到班會審。遇有照

《蒙古例》治罪者，亦一體列銜。

《大清律例》卷五《名例律·稱道士女冠》 律

凡律稱道士女冠者，僧尼同。如道士女冠犯姦，加凡人罪二等，僧尼亦然。若於其受業師，與伯叔父母同。如俗人罵伯叔父母，杖六十，徒一年；道冠僧尼罵師，罪同。受業師謂於寺觀之内，親承經教合爲師主者。其於弟子，與兄弟之子同。如俗人毆殺兄弟之子，杖一百，徒三年；道冠僧尼毆殺弟子，同罪。

（清）沈書城《則例便覽》卷三七《外番入内地》 外國人私自進口，該地方官不行查報，降一級調用。該管上司罰俸一年。

（清）沈書城《則例便覽》卷三七《朝鮮國貢使來京沿途護送》 修改朝鮮國貢使入邊之時，沿途輪站。派官彈壓查點，護送來京。其於何口可至何處之處，各該驛丞預報。地方旗民各官核計日期，接至搭界處所，照料過界，更遞護送。若該驛丞不預爲報知，及地方官不接至搭界處所照料護送者，降一級調用。如將交接月日不行呈報，該管衙門者罰俸九個月。該使等交商載運銀兩貨物，有偷竊情事，該地方官照道路村莊失事例議處。該使等隨帶爭物有偷竊情事，該地方官及護送官，均照餉鞘被失例議處。所失銀物著地方官并兼統各上司按數賠還。道路村莊被刦及餉鞘被失，均詳載盜賊門內。至迎送通官，令其接待外藩，通其言語。朝鮮人衆有滋生事端者，令其嚴加約束。如有違犯，即據實具報該管衙門查辦。倘迎送官通官稍有疎忽，及扶同滋事者，降一級調用。地方官預備店舍不周，約束不嚴者。罰俸九個月。

《蒙古律例》卷九《捕亡·拿獲賊人解該旗收管就近令地方官監禁會審》 一、凡拿獲賊犯，解送賊之扎薩克旗分，令其收管。蒙古若在盛京、歸化城等處犯事，俱令犯事處收管，由該扎薩克等旗帶會審台吉等會審。乾隆二十五年，山西按察司索琳奏准：歸化城各同知通判承辦蒙古與蒙古交涉命盜等案，由該同知通判處驗訊通詳，呈請綏遠城將軍就近與土默特之參領等官會審起限，由將軍處咨院具奏完結。將蒙古與民人交涉命盜等案，亦呈請該將軍就近與土默特參領等官會審起限，由巡撫處咨會具奏完結。於各扎薩克等旗分行取會審官員之處，永行停止。結案後，將審擬之處，由歸綏道衙門行知該扎薩克等。其民人與民人交涉案件，仍照舊辦理。乾隆二十五年，刑部會同理藩院議覆山西巡撫鄂弼，奏定：山西省大同府屬豐鎮通判所轄民人處所，與察哈爾正黃、正紅旗連界，朔平府屬寧遠通判所轄民人處所，與察哈爾鑲紅、鑲藍旗連界，此四旗蒙古等，又與蘇尼特四子等諸扎薩克旗分連界。除四旗地方所出蒙古與蒙古交涉命盜等案，仍照舊例由該察哈爾旗分承辦報院完結外，將四旗地方所出蒙古與民人交涉命盜等案，並兩通判所轄境內所出蒙古與民人交涉命盜等案內，不論察哈爾旗下蒙古、諸扎薩克等之蒙古，俱按失事地方，令該通判等會同察哈爾四旗官員審定。亦停其於該扎薩克旗分行取會審官員。於結案後，將審擬之處由該通判處行知該扎薩克等。將察哈爾各旗蒙古等往歸化城各同知通判所屬地方與土默特蒙古並民人交涉命盜案件，停其由察哈爾旗分派會審官員，令就近會同歸化城土默特官員審定。乾隆二十五年，刑部等衙門將直隸總督方觀承所奏議覆。奏定：除將張家口、獨石口、多倫諾爾三同知與察哈爾旗分交涉案件，仍照舊會同各察哈爾旗下遊牧處部院章京定限審訊外，將八溝、塔子溝兩廳與扎薩克交涉案件，計其爲烏蘭哈達、三座塔駐劄部院章京所管之扎薩克旗分，交伊等就近會審，停其由扎薩克派員會審。將多倫諾爾同知與喀爾喀部落交涉案件，交察哈爾鑲白、正藍兩旗遊牧處理事部院章京就近會審，亦停其由諸扎薩克派員會審，仍交各廳官。若有蒙古等命盜案件，將案内蒙古人犯姓名、何屬下佐領之處開明，行令該扎薩克等拿解會審。結案後，將審擬之處由部院章京處行知各扎薩克等。其審擬具詳時，令用該廳官職名，詳文内將會同部院章京審過字樣叙明，令合體制。八溝、塔子溝與扎薩克交涉案件，多倫諾爾與喀爾喀部落交涉案件，與部員會審，自會審日起限。若過期不會審，以致遲延會審，不依限審結者，俱交該督將遲延逾限之處隨案附參。將過期不會審之官員照扎推諉例議處，將會審不依限審結之官員照承審遲延定例議處。將各扎薩克等内交涉案件，仍照舊會審。凡應擬斬絞監候蒙古人犯，若係科爾沁十旗、喀喇沁三旗、土默特兩旗、扎魯特兩旗、敖漢王吹木丕兒旗下、奈曼王阿咱拉旗下、喀爾喀貝勒噶爾桑旗下之人，令解送駐劄八溝蒙古民人理事同知衙門收監。若係巴林兩旗、翁牛特兩旗、烏珠穆秦兩旗、阿霸垓兩旗、蘇尼特兩旗、蒿齊特兩旗、阿霸哈納爾兩旗、阿禄科爾沁貝勒達克丹旗下、克西克騰扎薩克台吉齊巴克扎布旗下、並喀爾喀圖謝圖汗部落十九旗、喀爾喀車臣汗部落二十一旗、厄魯特額駙駙色布騰旺布旗下、貝子三

都布旗下之人，令解送駐劄多倫諾爾蒙古民人理事同知衙門收監。若係鄂爾多斯七旗、歸化城土默特兩旗、吴喇特三旗、厄魯特貝勒羅卜藏多爾濟旗下、喀爾喀貝勒拉旺多爾濟旗下、毛明安扎薩克台吉齊旺錫拉布旗下、四子王阿喇布坦多爾濟旗下、喀爾喀王額駙策凌部落二十旗、喀爾喀扎薩克圖汗部落十五旗下之人，令解送駐劄歸化城蒙古民人理事同知衙門收監。

《蒙古律例》卷一二《斷獄・未及十歲之子行竊不坐罪》 一、凡未滿十歲之子行竊者，免罪。十歲以上者坐罪。

《蒙古律例》卷一二《斷獄・蒙古人在内地犯事照内地律治罪》 民人在蒙古地方犯事，照蒙古律治罪。乾隆二十六年，刑部會同理藩院議覆山西按察司索琳所奏定例。一、蒙古等在内地犯事，照依《刑律》定擬； 民人在蒙古處犯事，照依《蒙古律》定擬。

《例案摘要・督捕則例・旗人逃走分别查辦章程計七項道光五年》

一、旗人初次逃走，實由病迷，於一月内投回者免罪，拿獲者鞭一百，俱仍准挑差。如逾限一月後，無論投回、拿獲，即行銷檔。

一、在京旗人及各省駐防，一切逃人，無論次數，如在一月以後，應照新定章程，毋庸緝拿，即行銷除旗檔。

一、旗人逃走，定限一月，即行銷檔。所有失察承緝各官處分，概行删除自可，毋庸造報彙題。惟限内投回拿獲，以及逾限銷檔者，應仍逐案報部核覆，於年終彙題。

一、發遣當差之旗，在配復行逃走，一月内投回拿獲，免其銷檔。外如一月後尚未投回拿獲，應即先行銷檔，仍照例緝拿。

一、旗人犯逃，於投回拿獲後，復行逃走，自應免其並計，仍以初次逃走，分别投回拿獲，照例辦理。

一、旗下家奴逃走，仍照例毋庸定限銷檔。

《宗室覺羅律例》卷下 道光十九年九月初六日，由府具奏，遵旨會同刑部議得，嗣後，除紅帶子、紫帶子有犯習教等重情，另行奏明辦理外，其有犯尋常杖、枷、徒、流、軍及絞、斬等罪名，仍應照向來刑部辦理旗人之例一體科斷。惟此内或有應照旗人銷除旗檔之例辦理者，查旗人銷檔後，即交縣編入民籍。以後有犯，照民人科罪。若將紅帶子、紫帶子亦照此辦理，似與體制不協。應將紅帶子、紫帶子免其銷檔，令其仍係本身帶子。其罪名輕重，仍由刑部照旗人科斷。但此後不准仍食養贍錢糧，以及該旗一切優卹旗人之處，俱終其身不問准照旗人給與。庶使其不得與旗人同邀國恩，亦足以示區别昭懲警而仍存表著矣。等因奉旨依議，欽此。（原案照刊，以備查覈）

《大清法規大全・法律部》卷一一《法典草案一・刑律草案》 第十二條：凡精神病者之行爲不爲罪，但因其情節，得命以監禁處分。

酗酒及精神病者之間斷時，其行爲不得適用前項之例。

沿革

按漢律，狂易殺人得減重論。見《後漢書・陳寵傳》狂易謂狂而易性也。《元典章》四十二諸殺表内，闘殺心風者上請。《元史・刑法志》諸病風狂毆，傷人致死，免罪，徵燒埋銀。唐明律無明文。本朝康熙年間，始定有瘋病殺人，追取埋葬銀十二兩四錢二分之例。並准過失殺辦理。乾隆二十年，定鎖錮之例，删去收贖，改照闘殺。

理由

本條係規定癡與瘋狂等精神病人，雖有觸罪行爲，全無責任。精神病人之行爲，非其人之行爲，乃疾病之作爲，故不應加刑，而應投以藥石。若於必要之時，可命以監禁。各國之規定，皆與本條同。

注意

第二項酗酒之人在病理上，祗屬一時之精神病。此種病係人力所自能裁抑，乃竟籍酗酒以逞非行，法律所不許也。若係全無意識之行爲，而非出於故意者，可援第十三條斷爲無罪，亦非以酗酒之故，遂爲無罪也。

有間斷之精神病人，其精神有時與平生無異。故其非行，亦非法律所許。其人爲精神病者與否，審判官當召醫生至法庭鑑定之。參考第一百七十八條之說。

紀事

(明)梅鼎祚《東漢文紀》卷三《安帝・貶樂成王萇詔萇本濟北王子嗣

為樂成王驕淫不道有司舉奏貶罪安帝詔》 萇有靦其面，而放逸其心，知陵廟至重，承繼有禮，不惟致敬之節，肅穆之慎，乃敢擅損犧牲，不脩苾芬，慢易大姬，不震厥教，出入顛覆，風淫於家，娉取人妻，饋遺婢妾，毆擊吏人，專己凶暴，愆罪莫大，甚可恥也。朕覽八辟之議，不忍致之於理，其貶萇爵為臨湖侯，朕無則哲之明，致簡統失序，罔以尉承大姬，增懷永歎。

（唐）王方慶《魏鄭公諫録》卷二《諫解薛仁方官加杖》 蜀王妃父楊譽，競婢爲都官郎中薛仁方留問，未及與奪，其子爲千牛，於殿庭自列云：五品已上，不合留身。以臣父是國親，故生節目，不肯斷決，淹歷歲年。太宗聞之大怒，曰：知是我之親戚，猶作如此艱難，不可容也。即令杖仁方一百，免所居官。公進諫曰：城狐社鼠，皆是微物，爲其所憑恃，除之不易，況外家公主，舊號難理。漢晋已來莫能禁御。武德之中，已多驕逸，陛下登極方已肅然。仁方既是職司，能爲國家守法，豈可横加嚴罰以成外戚之私乎。此源一開，萬端争起，後必悔之，將無所及。自古能禁此事，唯陛下一人。備預不虞，爲國常道，豈以水未横流便欲自毀堤防。臣竊思度，未見其可。太宗曰：誠如公言，向未思耳。然仁方專擅，禁不奏聞，雖不合重罪，宜少加懲肅。笞三十，放之。

（宋）李上交《近事會元》卷五《天下減廢佛寺及僧》 武宗會昌五年，併省天下佛寺，減僧教，銅像、鐘磬，納官鑄錢，鐵像置農器。由是天下拆寺四千五百餘所，還俗僧尼二百六萬五百，收充兩税户；拆招提蘭若四萬餘所，收膏腴上田數千萬頃；收奴婢為兩税户十五萬人，隸僧尼屬主客，顯明外國之教，勅大秦穆護，杖二千餘人還俗，不雜中華之風也。

（元）張光祖《言行龜鑑》卷六《政事門》 陳公泊初爲開封功曹參軍，時程琳尹開封。章獻太后臨朝，族人貴驕，自杖老卒死，人莫敢言。公當驗尸，即造府白琳，琳望見公來，迎謂曰：驗尸事畢乎？公曰：未也。琳遽起隱屏間曰：不得相見。公唯而出，適尸所，太后已遣中人至，曰：速視畢奏來。公起再拜曰：領聖旨。未畢，使者十輩督之，吏等皆懼，謂公應以病死聞。公怒曰：何以不實？吏等駭曰：公固不自愛，某曹不敢。公復怒曰：此卒冤死，待我而伸。爾曹依違懼禍，法不爾赦。即自實其狀詣琳。琳又迎問曰：如何？公曰：杖死。琳大喜，撫其背曰：如此陰德，官人必享前程。遽奏焉。入奏已，而太后族人有特旨原，公亦不及罪。公自此名顯。

《元典章》卷三九《刑部・刑制・刑名・蒙古人犯罪散收》 至元九年十二月，中書兵刑部承奉中書省劄付：今体知得：隨處官司，或因小事，便將正蒙古人每一面捉拿監禁。都省除外，合下仰照驗，遍行各路：拋正蒙古人，每除犯死罪，監房收禁，好生巡護，休教走了。不得一面拷掠，即便申覆合干上司，比及申覆明降，拋合喫底茶飯應付與者外，拋真奸真盜之人，達魯花赤與衆官人一同問當得實，將犯人繫腰、合鉢去了，散收，依上申覆。其余雜犯輕罪，依理對證，并不得一面捉拿監收。有盤問得委係逃走人呵，監收，亦具姓名、脚色，即便申覆上司，却不得因而縱放。奉此。

《元典章》卷三九《刑部・刑制・刑名・蒙古人自相犯重刑有司約會》

至元十二年二月，中書刑部拋平陽路申：准宋都歹奥魯萬户府関：蒙古軍人自行相犯婚姻、良賤、債負、鬭毆詞訟，和奸雜犯，不係官兵捕捉者，合從本奥魯就便歸斷；其餘干碍人命重刑、利害公事、强切盗賊、印造僞鈔之類，即係欽奉聖旨定立罪賞管民官應捕事理，合令有司約會，帰問完偹，從有司結案。乞明降。得此。議得：蒙古軍人自行相犯，若有蒙古奥魯人員，合与京兆、南京一体施行；如无管領奥魯頭目，止從官司帰問。具呈中書省照詳，批奉都堂鈞旨，送本部准呈施行。

《元典章》卷三九《刑部・刑制・刑名・僧人自犯重刑》 大德四年正月，江西行省准中書省咨：來咨：瑞州路申：准僧録司牒：行宣政院偹奉中書省劄付：僧人自相干犯重刑，依式結案事理。本省未曾准到都省明文。即係通例，請定奪。都省照得：先准雲南行省咨：大理路大和縣僧人段海長，將僧人連公歐傷致命。未審僧人自犯重刑，合無有司与僧司審問？止令有司結案？唯復全令僧司結案？係爲例公事，請定奪回示。准此。劄付宣政院照擬，回呈：欽奉聖旨節該：僧俗相犯重刑者，与管民官一處問了。是做重罪過來的，招伏了呵，分付管民官，輕罪過的，一處断者。和尚自己其間做罪過的，則教和尚每頭目断者。欽此。本院議得：僧人自相干犯重刑，欽依，合令僧司依例結案。回咨。

欽依去訖。今准前因，請欽依施行。

《元典章》卷三九《刑部・刑制・刑名・僧道做賊殺人管民官問者》

中書省劄付：大德七年二月二十四日，奏過事内一件：爲断僧人詞訟的上頭，商量者。麽道聖旨有來。俺照得在先行過的文卷呵，爲断僧道每詞訟上頭，世祖皇帝的聖旨、皇帝的聖旨明白有：犯奸的、殺人來的、做賊説謊的、犯罪過的僧道每，則交管民官問者。其餘與民相争地土、一切争訟勾當，管民官約會他每頭目，一同問者。聖旨有來。在後，宣政院官奏過：不揀甚麽勾當有呵，約會一同問者。爲那上頭，僧道做賊説謊、圖財因奸、致傷人命的僧道多者。似那般約會待問呵，他每約會不來：使人去呵，將使去人打了，更教賊人趓閃了有。因此迁調得訟詞長了，交百姓每生受有。爲那上頭，上位奏過，則教管民官問者。麽道，世祖皇帝根底、皇帝根底奏過的奏事聽讀了。奏呵，奉聖旨：既是那般呵，那般做賊説謊來的、致傷人命的僧道，依在先聖旨体例，則交管民官問者。欽此。

《元典章》卷三九《刑部・刑制・刑名・和尚犯罪種田》 大德八年正月十七日，欽奉聖旨：答失蛮爲頭宣政院官人每奏：薛禪皇帝時分教行聖旨：皇帝每的勾當裏，不揀是誰休侵犯者。是与不是呵，宣政院官人每提調着，咱每根底奏者。麽道教行來聖旨來。如今，多和尚每根底，外頭有的官人每搔擾的一般有。麽道奏來。從成吉思皇帝到今，教僧人祝壽者麽道道來。侣這般搔擾的体例那裏有？今後，衆和尚与税粮的勾當，省官人每并宣政院官人每奏來的上頭，依着羊兒年行來的聖旨体例裏行者。除這的外，僧人的不揀甚麽勾當有呵，依着薛禪皇帝定來的体例行者。又去年，宣政院并僧官每的文卷，照刷者。麽道道來。如今，御史臺并廉訪司官人每，休照刷者。僧人与俗人相争的言語有呵，僧官與管民官一処断着；傷了人命的僧人有呵，管民官依体例問了処断者。道來。這般宣諭了，和尚每的勾當其間裏，侵入來的人，不怕那甚麽？這的每却道：這般宣諭了也。麽道，釋迦牟尼佛道子裏，不行經文的，勾當裏不謹慎，别了行的每根底，依体例要了罪過。是那个寺里的和尚呵，只教做那寺裏的種田地裏者。和尚的勾當裏不謹慎，要了肚皮，覷面皮呵，宣政院官并僧官每，不怕那甚麽？聖旨。欽此。

《元典章》卷三九《刑部・刑制・刑名・先生每犯罪》 延祐四年正月二十九日，欽奉聖旨節該：先生每与俗人每有折証的言語呵，委付來的宫觀裏頭目每，与城子裏官人每一同理問歸断者。先生每体例不行，做歹勾當、説謊做賊，犯重罪的先生每，依在先聖旨体例，教管民官問者。先生别了教法体例，自家其間裏有的相争勾當呵，從張天師委付的宫觀裏住持提點每，依理歸断者。過犯的出去了的有呵，宫觀裏每，休教入來者。欽此。

《元典章》卷五七《刑部・諸禁・禁豪霸・禁富勢擅錮奴隸》 至大元年□月，行省准中書省咨，御史臺備監察御史呈：訪聞在都富勢之家，奴隸有犯，并不經官言理，往往用鐵枷釘項。凡奴僕之數，貴賤雖殊，亦皆人之子也。設有愆過，若本使不恕，理應送官懲戒，豈有法外凌虐傷殘之理？甚傷風俗，擬合禁止。本臺看詳：富勢之家，奴隸有犯，私置鐵枷釘項禁錮，又有擅自刺面者，誠非所宜。如蒙監察御史所言，遍行禁止相應。具呈照詳。送刑部議得：奴婢有罪，本使自當依理决罰。若擅自刺面者，即係不應。合准臺呈，遍行禁治相應。都省准擬，咨請依上施行。

《元典章》卷五七《刑部・諸禁・禁豪霸・禁治行凶潑皮》 至大三年正月，行省准尚書省咨：至大二年十一月二十六日奏：前者禁治行凶潑皮，交伯勝、乞失剌、撒都了、也了千這四個提調，上位奏來。如今撒都了説：有行凶的潑皮每一遍撒潑皮呵，要了罪過，它的門首泥寫紅粉壁；弟二遍、弟三遍撒潑皮呵，要了罪過，交拽車配役呵，怎生？奏呵，那般者。各處行文字曉諭者。麽道，聖旨了也。欽此。都省咨請欽依施行。

《元典章》卷五七《刑部・諸禁・禁豪霸・禁富户子孫根隨官員》

至大四年閏七月，行省准中書省咨，御史臺呈，行臺咨，御察御史呈：切惟江南三省所轄之地，民多豪富兼并之家，第宅居室、衣服器用，僭越過分，逞其私欲，靡所不至。重其財賄，結托上下，專令子孫、弟侄華裾駿馬，從朝至暮，相隨省官。窺伺所欲，競爲趍陷，要一奉百，侈其貪心。使之親愛如骨肉，出入無禁忌。舉動郎中、舍人之稱呼，求干省官咨保，充宣使、知印、譯史并院務、錢穀、站赤，名闘影避差徭，欺凌路

府州縣，倚仗權勢莫敢誰何。以致間諜同僚不和，官府失政，每每皆然。更有一等恃勢小人，挾舊仇，報私怨，致傷人命者有之。威福自事，豪强難制，侮弄省官，有同兒戲。遞相仿傚，漸以成風。蓋因官府不得其人，貪猥之所致也。若不禁止，實爲未便。如蒙朝廷將江南此等豪猾富上之家子孫、弟侄人等，遍行合屬，出榜嚴加禁治，今後不得見任官吏，影避門役，官吏亦不得結識税户爲根隨，親往來交私。委自各道廉訪司體察，如有違犯之家，痛行斷罪，發還元籍當差。若不悛改，再犯者，遷徙迤北屯種。其影占官吏，仍亦定罪。庶望各安其分，貴賤有章，風俗淳厚。此救弊之一端也。具呈照詳。得此。送刑部議得：除見任官員不得結識富家爲親，已有禁例外，據江南富户以財賄結托見任官員，令子孫、弟侄人等根隨勾當，究其本情，實恃權勢，影占差徭，或把持官府，欺壓善良，以私害公，使上下官府不和，莫不由此。在前屢嘗約束，終莫禁絶。以此參詳：合准御史臺所言，從監察御史、肅政廉訪司常切用心體察。如有違犯之人，除犯人痛行斷罪，發還元籍，再犯加等處斷。若因而影避差徭者，罪及家長。元引官員，臨時量事輕重，亦行治罪，仍標注私罪過名。如蒙準呈，遍行合屬，多出文榜，明白禁約，庶革此弊。具呈照詳。都省咨請依上施行。

（明）余繼登《典故紀聞》卷一一　英宗諭禮部尚書胡濙等曰：宗室國之至親，近聞内外官員有以事至王府者，多方需索，以致窘迫。自今使臣至者，止許待以酒饌，餘物一毫勿與之，若有仍前需索者，三司并巡按御史體實來聞，不分内外大小官員人等，正犯處死，全家發戍邊方。其三司御史知而容隱者，治以重罪。爾即移文各衙門官員人等，一體知悉。

（明）潘季馴《潘司空奏疏》卷七《宗室投賄疏》　題為：宗室無故暗投賄賂，乞賜查處以全名節事。據江西按察司呈前事内開。犯人吴廷貴，先年投充弋陽王府鎮國將軍拱椽下為家人。近因本王薨逝，本府輔國將軍拱栻等保舉拱椽管理府事具奏。行勘未到，廷貴思得此事，必經南昌府勘結就故違投充王府作為家人事干撥置情重者，問發邊衛充軍事例向拱椽撥説，何不將銀送府預先籠絡了他。【略】將銀壹百兩用罈貳箇裝，盛糟鴿糟蟹葢面，泥封揑作金華酒隱情，喚令家人彭春、袁忠扛擡，送赴本府知府王三錫處投下。本官開見前銀不勝慙忿，會同同知顧其志、通判張翼、陳子芳將銀封庫，備由通呈撫按衙門俱批，按察司究報。又該巡撫都御史潘椽得，宗室暗投賄賂必有棍徒，撥置行司嚴提究。詳行間，廷貴又撥置拱椽揑寫呈詞，内稱不知被何讎家暗計私投苞苴在内，彼此不知。況府侯清名素著白玉無瑕，貧宗無事干請毒遭暗陷等情具訴本院批司並行。隨拘廷貴等到官，究出前情，問擬廷貴軍罪彭春等，不應杖罪，照出拱椽候行總理府紀過戒飭，及查得見行事例。先該禮科給事中王旋，題為憲臣持法紀重名節，懇乞聖明特勅該部登記優待，以勵臣工，以杜鑚倖事。該吏部覆議以後，凡遇有却賄之官，便當記之善簿，而不得反用為瘢痕列之薦剡，而不得反指為瑕纇等。因題奉欽依續。又該都察院題為羣棍裝誣風憲事覆。山西巡按御史田樂本奉聖旨是田樂潔己奉公著照舊供職，今後内外各文武官員，但有姦徒於原籍賄囑弟男子姪有所營求者，許本官從實舉發，或其弟男子姪有能拏獲人贜送官的，俱準自首，罪坐營求之人，仍紀録叙用。若隱忍不舉，悉以贜論。欽此。欽遵俱經通行，遵照今知府王三錫秉法甚公持身甚正。於行賄之事，明言而不隱藏行賄之人，直指而不假借，清修美節正與前例相符合。應題請紀録以昭勸典等因，併具招由到臣。據此案照先據本官具呈前事已經批行及牌行該司查究去後，今據前因，臣恐中有隱情，又經密訪得，委因拱椽覬管府事，乘以新正節令，延請知府王三錫隨將席上果殽，并前揑酒罈投送本官看係銀兩，會官驗封舉發，別無他故。除將犯人吴廷貴等批行，該司查照撥定衛分發遣發落外。該臣看得官常之壞，必由於寵賂之彰而法紀之乖，每起於貪緣之輩，積弊浸淫非一日矣。幸廟堂之上風紀肅清，大小臣工皆知兢惕，豈意復有懷私挾詐如拱椽者，叅照弋陽王府鎮國將軍拱椽。會出天潢宜遵祖訓，乃因垂涎乎府事，遂甘投餌於郡衙，心知長吏之廉，曲聽小人之計，冀其一時之忍，以便後日之圖。豈意彰揚自干法紀，即行戒飭猶有餘辜。南昌府知府王三錫，防範素嚴，操持甚厲，却金於人所不知之地，全無曖昧之私，發姦於事所未形之時，綽有光明之度。即據本宗愬牒亦稱白玉無瑕，似應照例紀録，但却金亦臣子職分之常。臣不敢請再照宗藩為王室裔親，其分甚尊，而府縣為藩服，有司其禮宜恪。故於節序之間，宗藩每有相沿晏會之禮，拒之少峻，怨讟叢生。至有匿名投謗者，此貪緣請託之弊所由起也。臣竊謂宗藩不當下交於守土之官，守土之官不當上交於宗藩，皆所以明分

義而共臣節也。欲清其流必須先絶其囮，一切晏會問遺相應通行禁止。伏望勅下該部再加查議，如果臣言不謬將拱梜特賜戒飭。王三錫議請上裁，仍行申飭，各王府並各衙門官員，以後不得擅通交際。違者，聽撫按官指名參奏。如此庶姦慝不興而士風益厲矣。緣係宗室無故暗投賄賂，乞賜查處以全名節事理。未敢擅便，謹題請旨。

中國第一歷史檔案館《咸豐同治兩朝上諭檔》咸豐七年八月初五日

昨據御史尹耕雲奏，宗人府刑部會審行劫案内，有宗室忠能未經正法，請照嘉慶年間喀勒明阿之案，勒令自縊。當交惠親王等查議具奏。兹據查案進呈，喀勒明阿係移居宗室所犯强姦良婦之案，係屢次圖姦，復加毆逼，與忠能之人夥行强，並非疊劫者不同，宗室罪名止於絞候斬候。本無立決之條，今忠能已革去本身宗室，綁赴市曹，看視行刑，復加重責，發往黑龍江賓固監禁，已與斬絞人犯監候者無異。並諭令該將軍，如該犯不安本分，即行正法，實係準情酌理，務得其平，並未過爲寬縱。該御史所奏著毋庸議，嗣後宗室犯案無論罪名輕重，該問官按律定擬，毋得妄揣朕意，疑此案爲曲法施仁，致滋疎縱。

中國第一歷史檔案館《光緒宣統兩朝上諭檔》光緒元年四月十六日

將原撥軍流照例折圈之宗室，分別準減不準減開軍請旨事，同治十三年十一月十五日欽奉恩旨，所有刑部已經結案，監禁人犯除情罪重大及常赦所不原者，毋庸查辦外，其餘著軍機大臣會同刑部酌量案情輕重，分别減等，請旨發落。其軍流徒杖以下人犯，一併分晰減等，完結等因。欽此。當經刑部查照向辦章程，酌議條款，奏準通行在案。兹據宗人府查明，現有原犯軍流徒折圈之宗室松德等六名，咨送刑部核辦。臣部會同逐加詳覈，除文岑即文三鈺輅和昆聯照共四名，現已圈滿釋放，毋庸查辦外，查德明額係宗室，因拆毁衙署窗櫺，比依拆毁，申明亭板榜例，擬杖一百，流三千里，折圈禁三年，加責四十板。覈其情節較重，應不準其減等，仍照原擬辦理。松德係宗室，因和誘知情爲首，撥軍覈，其情節尚輕，應準減爲杖一百，徒三年，所有臣等會同覈辦。

定罪部

論說

《尚書正義》卷一九《呂刑》 上下比罪，無僭亂辭。勿用不行，惟察惟法，其審克之。上刑適輕，下服，下刑適重，上服，輕重諸罰有權。刑罰世輕世重，惟齊非齊，有倫有要。

正義曰：此又述斷獄之法。將斷獄訟，當上下比方其罪之輕重，乃與獄官衆議斷之。其囚有僭亂之虚辭者，無得聽之，勿用此辭斷獄。此僭亂之辭，言不可行也。惟當清察罪人之辭，惟當附以法理。其當詳審使能之，勿使僭失爲不能也。上刑適輕者，謂一人雖犯一罪狀，當輕重兩條，據重條之上有可以虧減者，則之輕條，服下罪也。下刑適重者，謂一人之身輕重二罪俱發，則以重罪而從上服，合之服上罪。或輕或重，諸所罪罰，皆有權宜，當臨時斟酌其狀，不得雷同。加罪刑罰，有世輕世重，當視世所宜權而行之。行罰者，所以齊。非齊者，有倫理。有要善，戒令審量之。【略】

正義曰：罪條雖有多數，犯者未必當條。當取故事，並之上下比方其罪之輕重。上比重罪，下比輕罪，觀其所犯當與誰同。獄官不可盡賢，其間或有阿曲，宜預防之。僭不信也。獄官與囚等或作不信之辭，以惑亂在上，人君無得聽此僭亂之辭，以自疑惑，勿即用此僭亂之辭以之斷獄。此僭亂之言，不可以行用也。【略】

正義曰：一人有二罪，則之重而輕並數者。謂若一人有二罪則應兩罪俱治。今唯斷獄以重條，而輕者不更別數，與重並數爲一。劉君以爲上刑適輕，下刑適重，皆以爲一人有二罪，上刑適輕者。若今律重罪應贖，輕罪應居作官當者。以居作官當爲重。是爲上刑適輕、下型適重者。謂若二者俱是贓罪，罪從重科。輕贓亦備。是爲而輕並數也。知不然者，案輕既言下刑適重上服，則是重上服而已。何得爲輕贓亦備？又今律云重罪應贖，輕重應居作官當者。以居作官當爲重者。此即是下刑適重之條，而以爲上刑適輕之例，實爲未允。且孔傳《下經》始云一人有二罪，則《上經》所云非一人有二罪者也。劉君妄爲其說，故今不從。【略】

正義曰：刑罰隨世輕重，言觀世而制刑也。刑新國用輕典，刑亂國用重典，刑平國用中典。《周禮・大司寇》文也。鄭玄云：新國者，新辟地立君之國。用輕法者，爲其民未習於教也。平國，承平守成之國。用中典者，常行之法也。亂國，篡弒叛逆之國。用重典者，以其化惡伐滅之也。

（清）孫星衍《尚書今古文注疏》卷二六《費誓》 汝則有無餘刑，非殺。

注：鄭康成曰：無餘刑非殺者，謂盡奴其妻子，不遺其種類，在軍使給厮役，反則入於罪隸舂槀，不殺之。疏：鄭注見《書》疏。云盡奴其妻子，不遺其種類者，以無餘刑，故言盡奴不遺也。云在軍使給厮役，反則入於罪隸舂槀者，《周禮・司厲職》云：其奴男子入於罪隸，女子入於舂槀。注鄭司農云：謂坐爲盜賊而爲奴者，輸於罪隸、舂人、槀人之官也。《周禮》又云：凡七十者與未齔者不爲奴。則此無餘刑亦有不爲奴之人，言其大略耳。云不殺之者，不供楨榦，法無死刑。

（清）孫星衍《尚書今古文注疏》卷五《湯誓》 爾不從誓言，予則孥戮汝，罔有攸赦。

注：史遷爾作女，孥作帑，戮作僇，罔作無。鄭康成曰：大罪不止其身，又孥戮其子孫。《周禮》云：其奴，男子入於罪隸，女子入於舂槀。疏：孥，俗字，當從《史記》作帑。戮者，《廣雅・釋詁》云：辱也。鄭司農説《周禮・司厲》甚是，見《甘誓》疏。《漢書・季布欒布傳》贊云奴僇苟活，謂奴隸僇辱之也。《説文》云：男有隸曰奴，奴曰童也。女曰妾。古無從坐之法。漢法因暴秦之舊，未能盡除。鄭用漢法説經，失之。罔有攸赦者，軍法無赦令，非常法也。常刑則有赦。《史記・秦始皇本紀》：二十六年，於是急法，久者不赦。是不赦者，亦秦法也。史公孥爲帑者，《説文》無孥字，有帑。云金幣所藏。《左傳》：秦人歸其帑。《詩》樂爾妻帑，皆作帑。戮爲僇者，僇，假借字。《表記》云：則刑戮之民也。《釋文》亦作僇。罔爲無者，《釋言》文。鄭注見《書》疏。云大罪不止其身，又孥戮其子孫者，蓋謂叛軍之法，故云大罪。然古之用刑，父子兄弟罪不相及。《史記・商君傳》，孝公以衛鞅爲左庶長，卒定變法之令，令民爲什伍，而相收司連坐。事末利及怠而實者，舉以爲收孥。《索隱》云：收録其妻子，没爲官奴婢。蓋其法特又重於古制也。然則鄭云奴戮其子孫，又注《周禮・司厲》以爲奴從坐而没入縣官者，皆暴秦商君之法，至漢除之未盡，不足爲經證也。

（宋）蔡沈《書經集傳》卷四《周書・康誥》 王曰：封，予惟不可不監。告汝德之説，於罰之行，今惟民不静，未戾厥心。迪屢未同，爽惟天其罰殛我，我其不怨。惟厥罪，無在大，亦無在多。矧曰其尚顯聞於天。戾，止也，又言民不安静，未能止其心之很疾。迪之者，雖屢而未能使之上同乎治，明思天其殛罰我，我何最怨乎。惟民之罪不在大，亦不在多。苟爲有罪，即在朕躬。况曰今庶羣腥穢之德，其尚顯聞於天乎。

（明）丘濬《大學衍義補》卷一〇八《愼刑憲・謹詳讞之議》《舜典》：眚災肆赦，怙終賊刑。

孔穎達曰：此二句承上文典刑之言，總言用刑之罪，過而有害。雖據狀合罪，而原心非故，如此者當緩赦之，小則恕之，大則宥之。怙恃姦詐，欺罔時人，以此自終，無心改悔。如此者當刑殺之，小者刑之，大者殺之。

臣按：《舜典》此二言，萬世讞刑之權度也。蓋無心失理爲過，眚災是也。人之有過誤，或不幸而入於罪者，讞之，知其非故也。當五刑者，則減而流；當鞭朴者，則減而贖，知其無心而誤犯也，非故也。有心失理，爲惡怙終是也。人之有所恃而又再犯者，讞之，知其非過也。當典刑者，則坐以典刑；當鞭朴者，則坐以鞭朴，知其有心而故犯也，非過也。世之讞刑者，以聖經二言爲權度，則讞獄道盡，而所處無不當之罪，而人自以爲不冤矣。

（明）丘濬《大學衍義補》卷一〇八《愼刑憲・謹詳讞之議》《吕刑》：上刑適輕，下服，下刑適重，上服。

其刑上備，有並兩刑。

蔡沈曰：其刑上備，有並兩刑者，言上其斷獄之書，當備情節。一人而犯兩事，罪雖從重，亦並兩刑而上之。言讞獄者，當備其辭也。

臣按：兩刑謂一人有兩罪，一罪有二法，並具上之，以聽命於上，不敢專也。

（清）皮錫瑞《今文尚書考證・吕刑》上刑適輕下服，下刑適重上服。今文適作挾。《後漢書・劉愷傳》愷議曰：《尚書》：上刑挾輕，下刑挾重。如今使臧吏禁錮子孫，以輕從重，懼及善人，非先王詳刑之義也。注云：今《尚書・吕刑篇》曰：上刑適輕，下服，下刑適重，上服。謂二罪俱發，原其本情，須有虧減，故言適輕、適重。此言挾輕、挾重，意亦不殊，與今《尚書》不同耳。段玉裁說：按：愷所用，今文《尚書》也。以策字隸多爲筴例之，適之爲挾，恐亦類此。

（清）皮錫瑞《今文尚書考證・吕刑》輕重諸罰有權，刑罰世輕世重。《荀子・正論篇》曰：刑稱罪則治，不稱罪則亂。故治則刑重，亂則刑輕。犯治之罪固重，犯亂之罪固輕也。《書》刑法時輕時重。此之謂也。錫瑞謹案：應說亦本荀子，應引《書》作時，蓋亦本是世字，時化之化，本是治字。唐人作注時，避唐諱，改治爲化、世爲時耳，非關今文之異。

（清）皮錫瑞《今文尚書考證・費誓》今惟淫舍牿牛馬，杜乃擭，斂乃穽，無敢傷牿。牿之傷，汝則有常刑。《大傳》曰：擭，捕獸機檻。《周禮・雍氏》：秋令塞阱杜擭。注云：阱，穿地爲塹，所以禦禽獸。其或超踰，則陷焉。世謂之陷阱。擭，柞鄂也。堅地阱淺，則設柞鄂於其中。《書・粊誓》曰：敜乃擭，斂乃阱。時秋也，伯禽以出師征徐戎。陳喬樅說：是鄭以《肹誓》在於秋時。《周禮・大司馬職》言：中秋教治兵，遂以獮田。《爾疋》亦云：秋獵爲獮。知鄭據今文《尚書》說，以此篇爲因秋獮治兵而誓衆也。錫瑞謹案：鄭說雖與今文合，而引《書》作《粊誓》，則所據之本與今文不同。引敜乃擭作敜，與孔本作杜異。《釋文》云：杜本又作敜。疑古文有此二本，未可決其孰爲今文。陳氏以爲今文作敜，又引鄭《易注》以爲今文作牿，皆無塙據。《史記》曰：無敢傷牿。《正義》曰：牿，牛馬牢也。令臣無傷其牢，恐牛馬逸。《說文・牛部》曰：牿，牛馬牢也。下引此經。張守節蓋本《說文》爲義。《書正義》引鄭《注》以牿爲桎梏之梏，施梏於牛馬之脚，使不得走失，與《史記》作牿不同，不得據爲今文也。

（清）皮錫瑞《今文尚書考證・費誓》我商賚汝。乃越逐，不復，汝則有常刑。無敢寇攘，踰垣墻。今文垣墻作墻垣。《史記》曰：無敢寇攘，踰墻垣。《集解》：鄭玄曰：寇，劫取也。因其失亡曰攘。竊馬牛，誘臣妾，汝則有常刑。

（清）皮錫瑞《今文尚書考證・費誓》峙乃糗糧，無敢不逮，汝則有大刑。魯人三郊、三遂。今文遂作隧。《大傳》曰：古者百里之國，三十里之遂，二十里之郊；七十里之國，二十里之遂，九里之郊，五十里之國，九里之遂，三里之郊。《史記》作隧。孫星衍說史公遂作隧者，隧即□省文。《大傳》說見《王制疏》，當爲此篇之《傳》。而《王制疏》引《尚書傳》，云《多士傳》。《周禮・典命疏》云《毋逸傳》，皆誤引也。魯國百里，則郊當在二十里之外，遂又在其外也。

（清）皮錫瑞《今文尚書考證・費誓》魯人三郊、三遂，峙乃芻茭，無敢不多，汝則有大刑。今文遂作隧，多作及。《史記》曰：魯人三郊、三隧，峙爾芻茭、糗糧、楨榦，無敢不逮。我甲戌築而征徐戎，無敢不及，有大刑。作此《肹誓》，遂平徐戎，定魯。《集解》：王肅曰：邑外曰郊，郊外曰隧。不言四者，東郊留守，故言三也。馬融曰：楨、榦皆築具，楨在前，榦在兩旁。大刑，死刑。孫星衍說：不及蓋不多之異文也。芻茭不至，牛馬不得食，不可以戰，故有大刑。若及而不多，不應云大刑也。當從《史記》。多字與及相似而誤。錫瑞謹案：《禮記・曾子問》注：伯禽，周公子，封於魯。時徐戎作難，喪卒哭而征之，争王事也。《正義》曰：周公致政之後，成王即位之時，周公猶在，則此伯禽卒哭者，爲母喪也。據《史記》，

此篇之作在周公居攝時。《正義》以爲母喪，是也；而以爲周公致政之後，則與《史記》不合。蓋亦惑於周公致政乃封伯禽之文，而不知公居攝時伯禽已就封也。江聲以爲當次亳姑，事在周公薨後，尤非是。

《周禮注疏》卷一〇《地官司徒·大司徒》 以鄉八刑糾萬民，一曰不孝之刑，二曰不睦之刑，三曰不婣之刑，四曰不弟之刑，五曰不任之刑，六曰不恤之刑，七曰造言之刑，八曰亂民之刑。糾猶割察也。不弟不敬師長，造言訛言惑衆亂民，亂名改作，執左道以亂政也。鄭司農云任謂朋友相任恤謂相憂，弟音悌注同。

賈公彥〔疏〕以鄉至之刑。釋曰，上設三物教萬民，民有不從教者，則設刑以刑之，故言以鄉八刑糾萬民也。云一曰不孝之刑者。有不孝於父母者，則刑之孝經，不孝不在三千者，深塞逆源，此乃禮之通教。二曰不睦之刑者。不相親睦亦刑之。三曰不婣之刑者。不親兼戒，凡品故不孝有刑也，於外親亦刑。之四曰不弟之刑者，謂不敬師長，亦刑之。五曰不任之刑者。謂不信任於朋友亦刑之。六曰不恤之刑者。謂見災危而不憂恤亦刑之。七曰造言之刑者。有造浮僞之言者，亦刑之。八曰亂民之刑者。謂執左道亂政則刑之。注糾猶至相憂。釋曰，云糾猶割察也者，謂察取鄉中八種之過，斷割其罪。云不弟不敬師長者，此不弟即上六行友是也。上文在睦婣之上，此變言，弟退在睦婣之下者，上言友專施於兄弟，此變言弟兼施於師長，故退在睦婣之下。云造言訛言惑衆者，案《王制》行僞而堅，言僞而辨，與此造言一也。是訛言惑衆也。云亂民亂名改作執左道，以亂政也者，亂名已下，皆《王制》文，案彼注亂名改作謂變易官與物之名，更造法度左道，若巫蠱及俗禁並是亂政之民也，上三物有六德六行六藝六德六藝，不設刑獨於六行。設刑者，鄭注，師氏云在身爲德施之，爲行德爲在身，不施於物，六藝亦是在身之能，一施於人，故二者不設刑，其行並是施之於人，故禁其恐有愆負，故設刑以防之也。造言亂民，民中特害，故六行之外，別加此二刑。

《周禮注疏》卷一四《地官司徒·調人》 曰：凡有鬥怒者成之，不可成者則書之，先動者誅之。鬥怒辨訟者也，不可成，不可平也，書之記其姓名，辨本也，鄭司農云成之謂和之也，和之猶令二千石以令解仇怨，後復相報，移徙之，此其類也，玄謂上言立證佐成其罪似非。復，扶又反。下不復聽同

賈公彥〔疏〕凡有至誅之。釋曰，言鬥怒則是言語忿爭，未至毆擊，故成之，若相毆擊則當罪之也。故鄭云鬥怒謂辯訟也。注玄謂至似非。釋曰，云上言立證者，即經云過而殺傷人者，以民成之。司農於彼注兩解之，初解成謂立證，佐成其罪，復一解成爲和平之義。此注先鄭復云成之謂和之，以和解成，則上文云立證佐成其罪，似非取以破前也。

《周禮注疏》卷一四《地官司徒·司市》 以刑罰禁虣而去盜。刑罰憲徇扑，虣，薄報反，去起吕反扑普卜反，下文同。

賈公彥〔疏〕以刑至去盜。釋曰，刑期於無刑，以殺止殺，故以刑罰禁虣亂之人又去其相盜竊也。注刑罰憲徇扑。釋曰，知刑罰是憲徇扑者，司市所施惟施於市中者。故下云小刑憲罰，中刑徇罰，大刑扑罰其附於刑者歸於士，故知惟有此三者也。

《周禮注疏》卷一四《地官司徒·司市》 曰：市刑，小刑憲罰，中刑徇罰，大刑扑罰，其附於刑者歸於士。徇舉以示其地之衆也，扑撻也。鄭司農云憲罰播其肆也，故書附爲柎。杜子春云：當爲附。柎，劉方符反，沈音附。

賈公彥〔疏〕市刑至於士。釋曰，附於刑者，歸於士者，此刑各有所對言之。市刑雖輕，亦名爲刑，若對五刑，則五種者爲刑，故云附於刑者，歸於士。士謂秋官士師、鄉士、遂士之屬。其人屬彼者各歸之。使刑官斷之也。注徇舉至爲附。釋曰，徇舉以示其地之衆也者，徇者，徇列之名，故知舉其人，以示其地肆之衆，使衆爲戒也。云扑，撻也者，《大射》云司射搢扑，《尚書》云扑作教刑，皆是笞撻爲扑，故云扑，撻也。先鄭云憲罰播其肆也者，憲是表顯之名，徇既將身以示之，則此憲是以文書表示於肆，若布憲之類也。

《周禮注疏》卷三四《秋官司寇·大司寇》 曰：二曰刑平國用中典。平國，承平守成之國也。用中典者，常行之法。

賈公彥〔疏〕注平國至之法。釋曰，云平國承平守成之國也者，謂先君受封，後君承前平安，守持成立之國，民已被化，則用常行之法以治之。

《周禮注疏》卷三四《秋官司寇·大司寇》 曰：三曰刑亂國用重典。亂國，篡殺叛逆之國。用重典者，以其化惡伐滅之。篡，初患反，殺音試，本亦作弑。

賈公彥〔疏〕注亂國至滅之。釋曰，云亂國篡弑叛逆之國也者，謂若州吁篡國崔杼弑君，臧紇叛魯，此皆逆亂之國。如此之國，民起惡心，故於常法之外爲惡者，則當伐滅之也。

《周禮注疏》卷三四《秋官司寇·大司寇》 曰：以五刑糾萬民。刑亦法也。糾猶察異之。

賈公彥〔疏〕注刑亦至異之。釋曰，此五刑，與尋常正五刑墨劓之等別，刑亦法也。此五法者，或一刑之中而含五，或此五刑全不入五刑者。云糾猶察異之者，謂萬民犯五刑，察取與之罪，使別異善惡《大司寇》則《尚書·畢命》云旌別淑慝表厥宅里是也。

《周禮注疏》卷三四《秋官司寇·大司寇》 大司寇之職，掌建邦之

三典，以佐王刑邦國，詰四方。典，法也。詰，謹也。《書》曰：王旄荒，度作詳刑，以詰四方。詰，起吉反。耗，莫報反，度待洛反。

賈公彥〔疏〕大司至四方。釋曰，《大司寇》云：佐王刑邦國，詰四方。不言刑王國，詰畿内者，王官不嫌不刑詰在内，故舉外以見内也。《大宰》云：以六典治邦國，今此更言建三典者，彼六典自是六官之典，此三典是刑之三典，與彼別，故司冦別施之。注典法至四方。釋曰，典法也，案《大宰》注云，典，法，則所用異，異其名也。故云，典法也，引《書》者《吕刑篇》文：吕侯訓夏贖刑，王耄荒，度作詳刑以詰四方。謂周穆王年老耄亂荒忽，猶能用賢量度詳審之刑，以詰謹四方，引之者，證詰爲謹義也。

《周禮注疏》卷三四《秋官司寇・大司寇》曰：凡害人者。寘之圜土而施職事焉，以明刑恥之。害人，謂爲邪惡已有過失麗於法者，以其不故犯法，寘之圜土，繫教之，庶其困悔而能改也，寘，置也。施職事，以所能役使之。明刑，書其罪惡於大方版著其背。寘，之豉反，又音示。邪，似嗟反，下同。著，丁略反，一音直略反。

賈公彥〔疏〕注害人至其背。釋曰，云害人謂爲邪惡，已有過失，麗於法者，案《司救職》云：凡民之有衺惡者，三讓而罰，三罰而士加明刑，恥諸嘉石，役諸司空。即此下文者，是也。此謂語言無忌，侮慢長老，過淺，直坐之嘉石，不入圜土者也。彼下文又云其有過失者，三讓而罰，三罰而歸於圜土。此謂抽拔兵劍，誤以傷人，罪重不坐嘉石，徑入圜土，晝日亦役之司空，夜入圜土者也。此罷民，本無故心，直是過誤此入五刑者爲輕，比坐嘉石者，爲重。故云，已麗於法。麗於法，是入圜土者也。

《周禮注疏》卷三五《秋官司寇・小司寇》曰：以八辟麗邦法，附刑罰。辟，法也。杜子春讀麗爲羅。玄謂麗，附也。《易》曰：日、月麗乎天故書附作付，附猶著也。

賈公彥〔疏〕以八至刑罰。釋曰，案《曲禮》云：刑不上大夫。鄭注云：其犯法則在八議，輕重不在刑書。若然此八辟爲不在刑書，若有罪當議，議得其罪，乃附邦法而附於刑罰也。注辟法至著也。釋曰，以闢爲法，謂八者之法。子春讀麗爲羅，後鄭不從，謂麗，附也，破子春爲羅。若作羅，則入羅網，當在刑書，何須更議之也。後鄭以不在刑書，故須議，議訖，乃附邦法。《易》曰，日月麗於天。但天自然無形而得附著者，天者自然之氣，日月本在虛空而附自然之氣，故得爲附著也。

《周禮注疏》卷三五《秋官司寇・小司寇》曰：一曰議親之辟。鄭司農云：若今時宗室有罪，先請是也。

賈公彥〔疏〕注鄭司至是也。釋曰，親謂五屬之内及外親有服者，皆是議限。親不假貴，故親賢能及功勤。若貴亦不假，餘賢能之等，各據一邊，則得入議。假令既有親，兼有餘事，亦不離議限。

《周禮注疏》卷三五《秋官司寇・小司寇》曰：二曰議故之辟。故謂舊知也。鄭司農云：故舊不遺，則民不偷。偷，他侯反，徐，吐豆反。

賈公彥〔疏〕注故謂至不偷。釋曰，此故舊，據王爲言，是以《大宗伯》注：故舊朋友謂共在學者。若《伐木》詩，亦是故友之類。先鄭引《論語》，故舊不遺，則民不偷。言民不偷，上行下傚，亦據人君而説，故引爲證議故也。

《周禮注疏》卷三五《秋官司寇・小司寇》曰：三曰議賢之辟。鄭司農云，若今時廉吏有罪，先請是也。玄謂賢有德行者。行，下孟反。

賈公彥〔疏〕注鄭司至行者。釋曰，先鄭舉漢廉吏爲賢，後鄭足成。故言賢有德行者，謂若鄉大夫興賢者、能者。賢，即有六德六行者也。

《周禮注疏》卷三五《秋官司寇・小司寇》曰：四曰議能之辟。注能謂有道藝者。《春秋傳》曰：夫謀而鮮過，惠訓不倦者，叔向有焉，社稷之固也。猶將十世宥之，以勸能者，今壹不免其身，以棄社稷，不亦惑乎？夫，音扶。鮮，息淺反，向，許亮反。

賈公彥〔疏〕注能謂至惑乎。釋曰：云：能謂有道藝者，此即《鄉大夫》興能者，能，有道藝，若《保氏》云，掌養國子以道，而教之六藝。是國子與賢者有德行兼道藝，若能者惟有道藝，未必兼有德也。引《春秋傳》者，左氏襄二十一年，叔向被囚，祁奚作此辭以晉侯，使赦小罪存大能。引之者，證以能議也。

《周禮注疏》卷三五《秋官司寇・小司寇》曰：五曰議功之辟。謂有大勳力立功者。

賈公彥〔疏〕注謂有至功者。釋曰，此即司勳所掌王功國功之等，皆入此功也，是以彼音皆言功爲首也。

《周禮注疏》卷三五《秋官司寇・小司寇》曰：六曰議貴之辟。鄭司農云：若今時吏墨綬有罪，先請是也。

賈公彥〔疏〕注鄭司至是也。釋曰，先鄭推引漢法墨綬爲貴，若據周，大夫以上皆貴也。墨綬者，漢法，丞相中二千石，金印紫綬。御史大夫二千石，銀印黄綬。縣令六百石，銅印墨綬。是也。

《周禮注疏》卷三五《秋官司寇・小司寇》曰：七曰議勤之辟。謂憔悴以事國。憔，昨遥反，悴，秦醉反。

賈公彥〔疏〕注謂憔悴以事國。釋曰，案《詩》云：或憔悴以事國。自此已上七者，雖以王爲主，諸侯一國之尊，賞罰自製，亦應有此議法，是以議能。鄭引叔向之

事，是其一隅也。惟八曰議賓，惟據王者而言，不及諸侯也。

《周禮注疏》卷三五《秋官司寇・小司寇》曰：八曰議賓之辟。謂所不臣者三恪二代之後與？與，音餘。

賈公彦〔疏〕注謂所至後與。釋曰，春秋襄二十五年，《傳》云虞閼父爲周陶正，而封諸陳，以備三恪之言，《郊特牲》云尊賢不過二代之語。故鄭云，三恪二代之後案《樂記》云：武王克殷及商，未及下車，而封黄帝之後於薊，封帝堯之後於祝，封帝舜之後於陳，下車而封夏后氏之後於杞，殷之後於宋。此皆自行當代禮樂，常所不臣，爲賓禮禮之，故爲賓也。言與者，經直云賓，不斥所據，約後同之。故云與以疑之也。

《周禮注疏》卷三五《秋官司寇・小司寇》曰：聽民之所刺宥。以施上服下服之刑。宥，寬也。民言殺，殺之。言寬，寬之。上服，劓墨也。下服，宫刖也。劓，魚器反。刖，音月，又五刮反。

賈公彦〔疏〕注宥寬至刖也。釋曰，墨劓施於面，故爲上服。宫刖施於下體，故爲下服。凡行刺必先以物規之，如衣服，乃施刑。故言服也。

《周禮注疏》卷三五《秋官司寇・士師》曰：士師之職，掌國之五禁之法，以左右刑罰，一曰宫禁，二曰官禁，三曰國禁，四曰野禁，五曰軍禁，皆以木鐸徇之於朝。書而縣於門閭。左右，助也。助刑罰者，助其禁民爲非也。宫，王宫也。官，官府也。國，城中也。古之禁盡亡矣。今宫門有簿籍，官府有無故擅入，城門有離載下帷，野有《田律》，軍有囂讙夜行之禁，其觕可言者。灋，音法。左右，音佐，下音又。注左右助也同。徇，似俊反。縣，音玄。觕，劉音粗，沈才古反。

賈公彦〔疏〕士師至門閭。釋曰，凡設五刑者，刑期於無刑，以刑止刑，以殺止殺，殺一人使萬人懲，是欲不使犯罪，令於刑外豫施禁，禁民使不犯刑，是左右助刑罰，無使罪麗於民也。云書而縣於門閭者，《爾雅》云巷門謂之閭，則縣於處處巷門，使知之。注左右至言者。釋曰，云宫，王宫也者，謂皐門也。云官，官府也者，謂廬，官人聽事之門。云國，城中者，若王城十二門。古之禁書亡矣者，謂在《儀禮》三千條内，而在亡中，故舉漢法以况之。云離載下帷者，謂在車離耦，耦載而下帷，恐是奸非，故禁之。云觕可言者，古之禁書具，不惟如此，故云觕可言也。

《周禮注疏》卷三五《秋官司寇・士師》曰：以五戒先後刑罰，毋使罪麗於民，一曰誓，用之於軍旅，二曰誥，用之於會同，三曰禁，用諸田役，四曰糾，用諸國中，五曰憲，用諸都鄙。先後猶左右也。誓誥於《書》，則《甘誓》《湯誓》《大誥》。《康誥》之屬。禁則軍禮曰，無干車，無自後射，比其類也。糾、憲，未有聞焉。誥，户報反。射，食亦反。

賈公彦〔疏〕以五至都鄙。釋曰，戒與禁謂典法則，亦是所用異，異其名耳。同是告語，使不犯刑罰。注先後至聞焉。釋曰，先後猶左右也者，皆是相助之義。異其名而已。云甘誓者，啓與有扈戰於甘之野，作《甘誓》。云湯誓者，湯將伐桀，以誓衆。云大誥者，武王崩，周公作以成王，令以大義告天下，以誅三監，以作誥。云康誥者，周公以成王命，封康叔於殷墟，誥康叔以治政之事，故作誥。云之屬者，仍有《泰誓》《費誓》《召誥》《洛誥》之等，故言之屬也。凡誥、誓皆因大會乃爲之，故用之於軍旅，用之於會同也。云禁則軍禮曰無干車，無自後射，比其類也者，《易・比》之九五曰：王用三驅，失前禽。注云：王因天下顯習兵於蒐狩焉，驅禽而射之，三則已，發軍禮。失前禽者，謂禽在前來者不逆而射，旁去又不射，惟其走者順而射之，不中亦已，是皆所失。用兵之法亦如之，降者不殺，奔者不禁，背敵不殺，以仁恩養威之道。若然，此不自後射，亦謂不中之後不重射，前敵不破，則有追法，《春秋》公追戎於濟西是也。

《周禮注疏》卷三五《秋官司寇・士師》曰：掌鄉合州黨族閭比之聯，與其民人之什伍，使之相安相受，以比追胥之事，以施刑罰慶賞。鄉合，鄉所合也。追，追寇也。胥讀如宿偦之偦，偦謂司搏盗賊也。比，毗志反。下同比追，如字，劉張類反。胥，如字。劉思敘反，注偦同。搏，音博，劉音付。

賈公彦〔疏〕掌鄉至慶賞。釋曰，士師掌鄉中合聚之法者，以爲有施刑罰也。五云州黨族閭比之聯，即是鄉合之事。云與其人民之什伍者，此即因内政寄軍令之類。五家爲比，比即一伍也，二伍爲什，據追胥之時。云使之相安相受者，宅舍有故，使當比當閭相受寄託，使得安穩也。云以比追胥者，以比什伍，使追胥二事也。云以施刑罰慶賞者，使鄰伍相及也。注鄉合至賊也。釋曰，云追，追寇者，即公追戎於濟西是也。胥讀如宿偦之偦者，時有夜宿逐賊謂之偦，即司搏盗賊是也。

《周禮注疏》卷三五《秋官司寇・朝士》曰：凡民同貨財者，令以國法行之，犯令者，刑罰之。鄭司農云：同貨財者，謂合錢共賈者也，以國法行之，司市爲節以遣之。玄謂同貨財者，富人蓄積者，多時收斂之，乏時以國服之法出之，雖有騰躍，其贏不得過。此以利出者與取者，過此則罰之。若今時加貴取息坐臧。共，如字。賈，音古，畜，勑六反。積，子賜反，又如字。出，尺遂反。劉，勑類反，又如字。坐，才卧反。

賈公彦〔疏〕凡民至罰之。釋曰，云同貨財者，謂財主出債與生利還主，期同有貨財。令以國法，國法即國服，爲之息利，故云國法行之。犯令者，違國法也。注鄭司至坐臧。釋曰，先鄭所解無所依據，後鄭不從。故：云雖有騰躍，其贏者，謂販易得利多少者，爲騰躍其贏，謂其贏利騰踴一躍而出，故晉灼曰：言市物賤，預買畜之，

物貴而出賣之，故使物騰躍。是其事。以利出者與取者，依常契獲利，取者又騰躍所贏，二者俱有利。物違國服，則爲犯令，得刑。

《周禮注疏》卷三六《秋官司寇·司刑》曰：司刑掌五刑之法，以麗萬民之罪，墨罪五百，劓罪五百，宫罪五百，刖罪五百，殺罪五百。

墨，黥也，先刻其面，以墨窒之。劓，截其鼻也。今東西夷或以墨劓爲俗。古刑人亡逃者之世類與？宫者，丈夫則割其勢，女子閉於宫中，若今官男女也。刖，斷足也。周改臏作刖，殺，死刑也。《書傳》曰：決關梁，踰城郭而略盗者，其刑臏。男女不以義交者，其刑宫。謂易君命，革輿服制度，奸軌盗攘傷人者，其刑劓。非事而事之，出入不以道義，而誦不詳之辭者，其刑墨。降畔寇賊，劫略、奪攘、撟虔者，其刑死。此二千五百罪之目略也。其刑書則亡。夏刑，大辟二百，臏辟三百，宫辟五百，劓墨各千。周則變焉。所謂刑罰世輕世重者也。鄭司農云：漢孝文帝十三年除肉刑。劓，魚器反。李，魚介反。又疑既反。刖，音月，又五刮反。李，音五骨反。黥，其京反。窒本又作涅，同乃結反。徐，丁吉反，又丁結反。與，音餘。斷，丁管反。臏，頻忍反。徐，方忍反。劉，符人反。攘，如羊反。降，户江反。撟，居兆反。

賈公彦〔疏〕注墨黥至肉刑。釋曰，案《尚書·吕刑》有劓、刖、墨、黥是苗民之虐刑。至夏改爲黥，則黥與墨别而云墨、黥者，舉本名也。云今東、西夷或以墨、劓爲俗，古刑人亡逃者之世類與者，墨劓之人亡逃向夷，詐云中國之人皆墨、劓爲俗，夷人亦爲之，相襲不改。故云墨、劓爲俗也。言與者，無正文鄭以意而言也。故言與以疑之。云若今官男女也者，即宫人婦女及奄人獲守内閤者也，云刖斷足也。周改臏作刖者，臏本亦苗民虐刑。咎繇改臏作腓，至周改腓作刖。《書傳》云：臏者，舉本名也。云男女不以義交者，其刑宫者，以義交，謂依六禮而婚者，云謂易君命者，觸君命令不行及改易之。云革輿服制度者，依《典命》，上公九命，國家、宫室、車旗、衣服、禮儀皆以九爲節，侯伯已下及卿大夫士，皆依命爲多少之節。是不革，今乃革之。革，改也，謂上僭也。制度，即宫室禮儀制度也。云奸軌者，案《舜典》云寇賊奸軌。鄭注云：强聚爲寇，殺人爲賊，由内爲姦，起外爲軌。案成十七年，長魚矯曰：臣聞亂在外爲姦，在内爲軌，御姦以德，御軌以刑。鄭與傳不同。鄭欲見在外亦得爲軌，在内亦得爲姦，故反覆見之。或後人轉寫誤，當以傳爲正。云降畔、寇賊，劫掠，奪攘，撟虔者，其刑死者。案《吕刑》：寇賊、奸軌，奪攘、撟虔。注云：有因而盗曰攘，撟虔謂撓擾。《春秋傳》：虔劉我邊垂，謂劫奪人物以相撓擾也。云此二千五百罪之目略也者，刑書已亡，以此《書傳》之文略言三五，故云罪之目略也。云夏刑以下，據《吕刑》而言，案《吕刑》，刖辟五百，宫辟三百。今此云：臏辟三百，宫辟五百。此乃轉寫者誤，當以《吕刑》爲正。云周則變焉者，夏刑三千，墨劓俱千，至周，減輕刑入重刑，俱五百，是夏刑輕，周刑重。云刑罰世輕世重者，《吕刑》文，故云所謂。先鄭云漢孝文帝十三年除肉刑者，案《文帝本紀》，十三年，大倉令淳於公有罪當刑，徙繫長安，無男，有五女，小曰提縈，遂泣上書，上赦肉刑。所赦者，惟赦墨、劓與刖三者，其宫刑至隋乃赦也。案文十八年，史克云，周公制禮，曰：則以觀德。作《誓命》，曰：毁則爲賊，竊賄爲盗，在九刑不忘。言九刑者，鄭注《堯典》云：正刑五，加之流宥、鞭、扑、贖刑，此之謂九刑者。賈、服以正刑一，加之以八議，昭六年云：周有亂政，而作九刑。而云周公作者，《鄭志》云，三辟之興，皆在叔世。受命之王所制法度，時不行耳。世末政衰，隨時自造刑書，不合大中，故叔向譏之，作刑書。必重其事，故以聖人之號，以神其書耳。若然，九刑之名是叔世所作，假言周公，其實非周公也。

《周禮注疏》卷三六《秋官司寇·司厲》曰：凡有爵者與王之同族，奉而適甸師氏，以待刑殺。適甸師氏，亦由朝乃往也。待刑殺者，掌戮將自市來也，《文王世子》曰：雖親不以犯有司正術也，所以體異姓也，刑於隱者，不與國人慮兄弟也。

賈公彦〔疏〕注適甸至弟也。釋曰，云甸師氏亦由朝乃往也者，上文庶姓等適市，文承適朝之下，彼此二者隔絶，恐不由朝，故鄭言之。必知此二者，亦由朝乃往者，《文王世子》，君之親有罪，雖然必赦之事，故知之。云待刑殺者，掌戮將自市來也者，凡行刑殺協支幹善日，有罪者同而行，故待掌戮也。引《文王世子》者，欲見雖親有罪，亦當刑殺之事。彼注體爲連結，若直刑異姓，不刑同姓，異姓怨生，則有逃散之事。同姓亦有刑，則異姓歸心。故云體異姓也。

《周禮注疏》卷三六《秋官司寇·掌戮》曰：掌戮掌斬殺賊諜而搏之。斬以鈇鉞，若今要斬也。殺以刀刃，若今棄市也。諜，謂姦寇反間者。賊與諜，罪大者，斬之。小者殺之。搏當爲膊諸城上之膊字之誤也。膊，謂去衣磔之。諜，音牒，搏，注作膊，同，普博反，磔也。鈇，音斧。要，一遥反，間，間厠之間。去，起吕反。

賈公彦〔疏〕掌戮至搏之。釋曰，自此經以至刑盗於市以下，皆據死罪而言。此經惟據賊諜二者而言。二者雖同大罪，仍擇大重者斬之。稍輕者，殺之。搏之則同也。注斬以至磔之。釋曰，知斬以鈇鉞者，鈇鉞是斬之物。按《魯語》云：温之役，晉人執衛成公，臧文仲言於僖公曰：夫衛君殆無罪矣，大刑有五，大刑用甲兵。注云，諸侯逆命，征討之，其次用斧鉞。注云，謂犯斬罪者，中刑用刀鋸。注云，用刀以劓之，鋸以笮之，如是刀中容棄市，其次用鉆笮。注云，鉆額涅墨。笮，割勢，謂宫刑也。薄刑用鞭扑，以威民。故大者，陳之原野，小者，致之市朝，是用鈇鉞之事。成二年，齊侯圍龍，頃公之嬖人盧蒲就魁門焉，龍人殺而膊之城上，齊侯親鼓之，遂滅龍。是膊諸城上之事也。

《周禮注疏》卷三六《秋官司寇·掌戮》曰：凡殺其親者焚之。殺王之親者辜之。親，緦服以内也。焚，燒也。《易》曰：焚如，死如，棄如。辜之言枯也，謂磔之。

賈公彦〔疏〕注親緦至磔之。釋曰，親謂五服。五服多，故云：凡殺其親。據人之親，與王之親，皆謂五服已内。知者，案僖二十五年，衛侯燬滅邢。《公羊傳》曰：何以名絶？曷爲絶之？滅同姓也。滅同姓尚絶之，况殺緦麻之親，得不重乎？以此而言，故知親謂緦已上也。《易》曰焚如死如棄如者，案《離卦》九四：突如其來如，焚如，死如，棄如。注云《震》爲長子，爻失正，又互體《兑》，《兑》爲附決。注：子居明法之家而無正，何以自斷其君父，不志也。突如，《震》之失正不知其所如，又爲《巽》，《巽》爲進退不知所從不孝之罪，五刑莫大焉，得用議貴之辟刑之，若如所犯之罪。焚如，殺其親之刑。死如，殺人之刑也。棄如，流宥之刑。引之者，證焚如是殺其親之刑也。

《周禮注疏》卷三六《秋官司寇·掌戮》曰：凡罪之麗於法者，亦如之，唯王之同族與有爵者，殺之於甸師氏。罪二千五百條，上附下附刑五而已，於刑同科者，其刑殺之一也。

賈公彦〔疏〕凡罪至師氏。釋曰，正刑有五科，條二千五百。麗，附也。上附下附。是罪附於法，法即五刑是也。云亦如之者，合入死者，亦踣之。合入四刑者，雖不踣，亦刑之在市，故總言亦如之。云唯王之同族與有爵者，殺之於甸師氏者，謂不踣。踣者，陳屍使人見之。既刑於隱處，故不踣之。注罪二至一也。釋曰，云罪二千五百條者，《司刑》文。云上附下附，刑五而已者。《禮記》云喪多而服五，罪多而刑五，上附下附是也。云於刑同科者，其刑殺之一也者，事雖異，各有五百同科，及其同科同殺一也。

《周禮注疏》卷三六《秋官司寇·禁暴氏》曰：禁暴氏掌禁庶民之亂暴力正者，撟誣犯禁者，作言語而不信者，以告而誅之。民之好爲侵陵、稱詐、謾誕，此三者，亦刑所禁也，力正，以力强得正也。撟，居表反。好爲，呼報反，下文則爲，下注皆爲同。謾誕武諫反，一音，亡半反，又免仙反，徐望山反，本或作慢，誕音但。

賈公彦〔疏〕注民之至正也。釋曰，云民之好爲者，此言爲下三事而發，皆是好爲。侵陵，釋經亂暴力正者也。稱詐，釋經撟誣犯禁者也。謾誕，釋經作言語而不信者也。謾誕，謂浮謾虚誕也。

《禮記·王制》司寇正刑明辟，以聽獄訟，必三刺。有旨無簡不聽，附從輕，赦從重。凡制五刑，必即天論，郵罰麗於事。凡聽五刑之訟，必原父子之親，立君臣之義，以權之意論輕重之序，慎測淺深之量，以別之，悉其聰明，致其忠愛，以盡之。疑獄，氾與衆共之，衆疑，赦之。必察小大之比以成之。成獄辭，史以獄成告於正，正聽之。正以獄成告於大司寇，大司寇聽之棘木之下。大司寇以獄之成告於王，王命三公參聽之。三公以獄之成告於王，王三又，然後制刑。凡作刑罰，輕無赦。刑者侀也，侀者成也，一成而不可變，故君子盡心焉。析言破律，亂名改作，執左道以亂政，殺。作淫聲、異服、奇技、奇器以疑衆，殺。行僞而堅，言僞而辯，學非而博，順非而澤以疑衆，殺。假於鬼神、時日、卜筮以疑衆，殺。此四誅者，不以聽。凡執禁以齊衆，不赦過。有圭璧金璋，不粥於市，命服命車，不粥於市，宗廟之器，不粥於市，犧牲不粥於市，戎器不粥於市。用器不中度，不粥於市；兵車不中度，不粥於市；布帛精麤不中數，幅廣狹不中量，不粥於市；姦色亂正色，不粥於市；錦文珠玉成器，不粥於市；衣服飲食，不粥於市；五穀不時，果實未熟，不粥於市；木不中伐，不粥於市；禽獸魚鼈不中殺，不粥於市。關執禁以譏，禁異服，識異言。

《禮記·月令》仲春之月，日在奎，昏弧中，旦建星中。其日甲乙，其帝大皞，其神句芒，其蟲鱗。其音角，律中夾鐘。其數八。其味酸，其臭羶。其祀户，祭先脾。始雨水，桃始華，倉庚鳴，鷹化爲鳩。天子居青陽大廟，乘鸞路，駕倉龍，載青旂，衣青衣，服倉玉，食麥與羊，其器疏以達。是月也，安萌牙，養幼少，存諸孤。擇元日，命民社。命有司省囹圄，去桎梏，毋肆掠，止獄訟。

《禮記·月令》立秋之日，天子親帥三公、九卿、諸侯、大夫以迎秋於西郊。還反，賞軍帥、武人於朝。天子乃命將帥，選士厲兵，簡練桀俊，專任有功，以征不義，詰誅暴慢，以明好惡，順彼遠方，是月也，命有司脩法制，繕囹圄，具桎梏，禁止姦，慎罪邪，務搏執。命理瞻傷，察創，視折，審斷，決獄訟，必端平，戮有罪，嚴斷刑。天地始肅，不可以贏。

《禮記正義》卷二〇《文王世子》公族之罪雖親，不以犯有司正術也，所以體百姓也。犯猶干也。術，法也。百姓，本或作異姓，非。刑於隱者，不與國人慮兄弟也，弗弔，弗爲服，哭於異姓之廟，爲忝祖，遠之也，素

服居外，不聽樂，私喪之也，骨肉之親無絶也，公族無宮刑，不翦其類也。翦，割截也，遠，於萬反。孔穎達〔疏〕：五廟至類也。正義曰，【略】公族之罪雖親，不以犯有司正術也者。此釋前第九條也。犯，干也，有司，獄官也，術，法也，公族之親有罪，公應宜放赦之，而猶在五刑者，國立有司之官，以法齊治一切。今不可以私親之罪，而干壞有司之正法也。所以體百姓也者。此解公所以不干有司正法義也。法無二制，故雖公族之親猶治之，與百姓爲一體，不得獨有私也。刑於隱者，不與國人慮兄弟也者。此覆釋上致刑於甸人之事。若異姓則刑之於市，此同姓刑於甸師隱僻之處者，不與國人謀慮兄弟也。弗弔，弗爲服，哭於異姓之廟，爲忝祖，遠之也者，此覆釋上無服及公親哭之事。所以不弔無服哭於異姓之廟者，爲其犯罪忝辱先祖，於公法合疏遠之也。素服居外，不聽樂，私喪之也，骨肉之親無絶也者，覆釋上君爲之素服爲之變之事。所以素服居在外寢不在內，又不聽樂爲之變常者，以其實是已親，私心喪之也。所以私喪之者，骨肉之親，雖犯刑戮，無斷絶之理故也。公族無宮刑，不翦其類也者，覆釋上公族無宮刑。所以無宮刑者，不可翦其同類也。上公族無宮刑在哭與素服之前，此在哭與素服之後。此覆説刑殺之後，君則哭之，及素服文相連接，待其事終，然後別釋公族無宮刑，故在後也。注翦，割截也。正義曰：公族既無宮刑，當髡去其發，故《掌戮》云髡者使守積，鄭康成注法云謂同族不宮者是也。

《禮記正義》卷一《曲禮》 八十、九十曰耄，七年曰悼，悼與耄雖有罪，不加刑焉。孔穎達〔疏〕：八十九十曰耄耄者，僻謬也。人或八十而耄，或九十而耄，故並言二時也。注耄惛至及之。正義曰，耄，惛忘也者。惛忘即僻謬也。所引《春秋》，案《左傳》昭元年，周景王使劉定公勞晉趙孟，定公勸趙，孟纂禹之續，廣樹之功。趙孟對云：老夫罪戾，朝不謀。夕劉子歸語王曰諺所謂老將知而耄及之者，其趙孟之謂乎？引之者，證老爲耄。七年曰悼者，悼，憐愛也。未有識慮，甚可憐愛也。年七歲而在九十後者，以其同不加刑，故退而次之也。悼與耄，雖有罪，不加刑焉者，幼與識慮，則可憐愛，老已耄而可尊敬，雖有罪而同不加其刑辟也。《周禮・司刺》有三赦，一曰幼弱，二曰老耄，三曰惷愚。鄭注云，若今時律令，未滿八歲，八十以上，非手殺人，他皆不坐。故司刺有三赦，皆放免不坐也。

《禮記正義》卷一一《王制》 爵人於朝，與士共之，刑人於市，與衆棄之。必共之者，所以審慎之也。《書》曰：克明德慎罰。是故公家不畜刑人，大夫弗養，士遇之塗，弗與言也，屏之四方，唯其所之，不及以政，亦弗故生也。

鄭元注：屏猶放去也，已施刑則放之、棄之。役賦不與，亦不授之以田，困乏又無賙餼也。《虞書》曰五流有宅，五宅三居是也，周則墨者使守門，劓者使守關，宮者使守內，刖者使守囿髡者使守積。畜，許六反，涂音徒，本又作塗，屏，必政反，去，羌吕反，賙音周，餼，許既反。有宅。王肅注《尚書》如字。鄭音知嫁反，懲艾也，下同。劓，魚氣反，刖，五刮反，又音月。囿音又。髡，五忽反。本又作完，音同，徐户官反。積，子智反。

（清）孫希旦《禮記集解》卷一四《王制》 析言破律，亂名改作，執左道以亂政，殺。作淫聲、異服、奇技、奇器以疑衆，殺。行僞而堅，言僞而辯，學非而博，順非而澤以疑衆，殺。假於鬼神、時日、卜筮以疑衆，殺。此四誅者，不以聽。

孫希旦集解：鄭氏曰：爲其爲害大而辭不可明。愚謂四誅，謂上所言亂政者一，疑衆者三。聽，即上文正聽之，司寇聽之，三公聽之，是也。不以聽者，爲其罪大而情必出於故，故誅之不疑，而不復聽也。

（清）孫希旦《禮記集解》卷一《曲禮》 曰：八十九十曰耄；七年曰悼。悼與耄，雖有罪，不加刑焉。

孫希旦集解云：人或八十而耄，或九十而耄，故並言二時也。悼者，幼無識慮，耄者可尊敬，雖有罪而同不加其刑辟也。《周禮・司刺》有三赦：一曰幼弱，二曰老耄，三曰惷愚。鄭注云：若今時律令，未滿八歲，八十以上，非手殺人，他皆不坐也。呂氏大臨曰：仕者，爲士以事人，治官府之小事也。服官政者，爲大夫以長人，治官府之大事也。材可用則使之仕，德成則命爲大夫，非無蚤成，夙知之才也。蓋養天下之材，至於成就而後用之，則收功博；如不待其成而用之，所謂賊夫人之子，以政學者也。耄者，老而知已衰，悼者，幼而知未及，二者雖有罪而情不出於故，故不加刑焉。

（清）孫希旦《禮記集解》卷四《曲禮》 曰：刑不上大夫。《釋文》：上，時掌反。

孫希旦集解云：鄭氏曰：不與賢者犯法，其犯法則在八議輕重，不在刑書。孔氏曰：五刑三千之科條，不設大夫犯罪之目。所以然者，大夫必用有德，若逆設刑，則是君不知賢也。張逸云：謂所犯之罪，不在夏三千、周二千五百之科，不使賢者犯法也，非謂都不刑其身也，其有罪則以八議議其輕重耳。陳氏澔曰：不制大夫之刑，猶不制庶人之禮也。《漢書》賈誼曰：刑不上大夫，所以厲寵臣之節也。遇之有禮，故羣

臣自憙；婴以廉恥，故人矜節行。

（清）孫希旦《禮記集解》卷一七《月令》 是月也，命有司修法制，繕囹圄，具桎梏，禁止姦，慎罪邪，務搏執。

孫希旦集解云：爲將順秋氣而斷刑也。繕亦脩也。法制傳之於古，則修而明之。囹圄，春之所省，桎梏，春之所去，則繕之具之，禁其姦以戒之於未然，罪其邪以治之於已犯。搏，若《周禮·司隸》搏盜賊之搏。搏執，謂搏擊而拘執之。罪邪言慎，懼其濫及於無辜；搏執言務，又戒其縱釋乎有罪也。孟秋之政，首言治兵，而繼以明刑，順天地肅殺之氣也。

（清）孫希旦《禮記集解》卷一七《月令》 乃命有司申嚴百刑，斬殺必當，毋或枉橈；枉橈不當，反受其殃。《釋文》：當，丁浪反。橈，女教反，又乃絞反。《字林》作撓，非。

孫希旦集解云：高氏誘曰：有司，理官。刑非一，故言百。軍刑斬，獄刑殺，皆重其事，故曰必當。凌弱爲枉，違彊爲橈。鄭氏曰：申，重也。當，謂值其罪。愚謂孟秋既命嚴斷刑矣，是月又命申嚴之，重民命也。於百刑中又特言斬殺必當，以大辟之刑尤宜慎也。枉則失入，橈則失出，二者皆謂之不當。人命至重，用刑不當，則反受其殃，明有國法，幽有天道，無可逃也。

（清）孫希旦《禮記集解》卷一七《月令》 蟄蟲咸俯在内，皆墐其户。乃趣獄刑，毋留有罪。《釋文》：墐，其靳反。趣音促，又七住反。《吕氏春秋》内作穴。

孫希旦集解云：墐，謂塗閉之。是月殺氣益成，而陽氣在下，故蟄蟲咸俯其首，以隨在下之陽氣；又塗閉其户穴，以辟地上之殺氣也。乃者，繼事之辭。以趣獄刑繼蟄蟲墐户言之者，葢蟄蟲墐户，因天地殺氣之盛，以明此月可順時而行殺也。斷刑之事，始於孟秋，申於仲秋，至是則獄辭皆具，而秦正建亥，歲首不可以行刑，故當刑者皆於此月趣決之也。

（清）王聘珍《大戴禮記解詁》卷三《保傅》 及秦不然，其俗固非貴辭讓也，所尚者告得也；固非貴禮義也，所尚者刑罰也。得，謂得賊。《左氏》襄二十八年《傳》曰：使諸亡人得賊者以告。《禮察》曰：秦王置天下於法令刑罰。故趙高傅胡亥，而教之獄，盧注云：趙高，宦者，秦車府令。胡亥，始皇少子，二世也。聘珍謂：《秦始皇本紀》云：趙高故嘗教胡亥書及獄律令法事。所習者，非斬劓人則夷人三族也。故今日即位，明日射人，《秦本紀》云：文公二十年，法初有三族之罪。《漢書·刑法志》云：秦用商鞅，造參夷之誅。又云：夷三族之令曰：當三族者，皆先黥，劓，斬左右趾，笞殺之，梟其首，菹其骨肉於市。其誹謗詈詛者，又先斷舌。《李斯傳》：有行人入上林中，二世自射殺之。忠諫者謂之誹謗，深爲計者謂之訞誣，盧注云：昔伊尹諫夏桀，桀笑曰：子爲訞言矣。莊辛諫襄王，襄王曰：先生爲楚國訞與。是也。其視殺人若芟草菅然。豈胡亥之性惡哉？彼其所以習道非其治故也。芟，刈也。《廣雅》云：菅，茅也。鄭注《儀禮·喪服》云：治，猶理也。鄙語曰：不習爲吏，如視已事。又曰：前車覆，後車誡。盧注云：視已事，觀前成事也。古諺云：前事之不忘，後事之師也。鄙，猶今言俗語然也。

（清）王聘珍《大戴禮記解詁》卷一三《本命》 大罪有五逆天地者，罪及五世；誣文武者，罪及四世；逆人倫者，罪及三世；《誣鬼》神者，罪及二世；殺人者，罪止其身。故大罪有五，殺人爲下。盧注云：逆天地，欺造化及要君者。誣文武，非聖人者。逆人倫，非孝者。此皆大亂之道也。《周書》曰：大命世，小命身。

《吕氏春秋·仲秋紀·八月紀》 是月也，【略】命有司申嚴百刑，斬殺必當，無或枉撓。枉撓不當，反受其殃。【略】行罪無疑。

《吕氏春秋·孟冬紀·十月紀》 是月也，命太卜禱祠，龜策占兆，審卦吉凶。於是察阿上亂法者則罪之，無有揜蔽。【略】工有不當，必行其罪，以窮其情。【略】是月也，乃命水虞漁師，收水泉池澤之賦。無或敢侵削衆庶兆民，以爲天子取怨於下，其有若此者，行罪無赦。

（清）黄奭《春秋緯》卷三《春秋元命苞》 刑字從刀從丼，丼以飲人，人入丼争水，陷於泉，以刀守之，割其情，慾人畏慎以全命也。故字從刀從丼也。《一切經音義分別業報略集》。又《阿毗達磨俱舍論》：命上脊身字。网言爲詈，刀詈爲罰，罰之言网，陷於害，廣韻十月。

（清）孫星衍《孫子十家注》卷一《計篇》 《孫子·計篇》：法令孰行，【略】賞罰孰明。

杜佑注云：設而不犯，犯而必誅。發號出令，知誰能施行也。賞善罰惡，知誰分明者。故王子曰：賞無度則費而無恩，罰無度則戮而無威。

（清）孫星衍《孫子十家注》卷一《計篇》《孫子·計篇》：法令孰行，【略】賞罰孰明。

杜牧注云：縣法設令，貴賤如一。賞不僭刑，刑不濫。

（清）孫星衍《孫子十家注》卷九《行軍》《孫子·計篇》：卒未親附而罰之，則不服，不服則難用也。

杜牧注云：恩信未洽，不可以刑罰齊之。

（清）孫星衍《孫子十家注》卷一《計篇》《孫子·計篇》：法令孰行，【略】賞罰孰明。

王晳注云：孰能法明令便，人聽而從。孰能賞必當功，罰必稱情。

（清）孫星衍《孫子十家注》卷一《計篇》《孫子·計篇》：賞罰孰明。

張預注云：當賞者雖讎怨必録，當罰者雖父子不舍。又司馬法曰：賞不逾時，罰不遷列，於誰爲明。

（清）孫星衍《孫子十家注》卷九《行軍》《孫子·計篇》：卒未親附而罰之，則不服，不服則難用也；卒已親附而罰不行，則不可用也。

張預注云：恩信未加於民，而遽以刑罰齊之，則怨恚而難用；恩信素洽，士心已附，刑罰寬緩，則驕不可用也。

（清）孫星衍《孫子十家注》卷一《計篇》《孫子·計篇》：法令孰行，【略】賞罰孰明。

梅堯臣注云：齊衆以法，一衆以令。賞有功，罰有罪。

（清）孫星衍《孫子十家注》卷九《行軍》《孫子·計篇》：卒未親附而罰之則不服，不服則難用也；卒已親附而罰不行，則不可用也。

梅堯臣注云：傳上世德以至之，恩以親之，恩德未敷，罰則不服。故怨而難使；恩德既洽，刑罰不行，則驕不可用。

（清）戴望《管子校正》卷九《問》審刑當罪，則人不易訟。易，猶交也。所刑皆當其罪，故人不交相訟，則人不易訟。陳先生云：易讀爲傷，傷，輕也。

《漢書》卷五《景帝紀》後元年春正月，詔曰：獄，重事也。人有智愚，官有上下。獄疑者讞有司。有司所不能決，移廷尉。有令讞而後不當，讞者不爲失。

《漢書》卷四四《淮南衡山濟北王傳》聞律先自告除其罪，【略】即先自告所與謀反者枚赫、陳喜等。【略】孝先自告反，告除其罪。

（明）丘濬《大學衍義補》卷一〇七《慎刑憲·議當原之辟》宣帝地節四年，詔曰，父子之親，夫婦之道，天性也。雖有禍亂蒙死，而存之誠愛結於心，仁厚之至也，自今子首匿父母，妻匿夫，孫匿大父母，皆勿坐，其父母匿子，夫匿婦，大父母匿孫，罪殊死，上以請，廷尉以聞。

臣按律文親屬得相爲容隱始此，然宣帝詔所匿者，止許父子夫婦祖孫。而於兄弟及從子之於世父季父闕焉，必若今律文凡有親屬，除謀反大逆外，雖奴婢雇工人爲家長，亦在勿論之限，深得先王以刑弼教之意。

《宋書》卷六〇《王韶之傳》有司奏東冶士朱道民禽三叛士，依例放遣，韶之啓曰：尚書金部奏事如右，斯誠檢忘，一時權制，懼非經國弘本之令典。臣尋舊制，以罪補士，凡有十餘條。雖同異不紊，而輕重實殊。至於詐列父母死，誣罔父母淫亂，破義反逆，此四條，實窮亂抵逆，人理必盡。雖復殊刑過制，猶不足以塞莫大之罪。既獲全首領，大造已隆，寧可復遂拔徒隸，緩帶當年，自同編户，列齒齊民乎？臣懼此制永行，所虧實大。方今聖化惟新，崇本棄末，一切之令，宜加詳改。愚謂此四條不合加贖罪之恩。侍中褚淡之，同韶之三條，却宜仍舊。詔可。

《魏書》卷七七《辛雄傳》初，廷尉少卿袁翻以犯罪之人，經恩競訴，枉直難明，遂奏曾染風聞者，不問曲直，推爲獄成，悉不斷理。詔令門下、尚書、廷尉議之。雄議曰：《春秋》之義：不幸而失，寧僭不濫。僭則失罪人，濫乃害善人。今議者不忍罪姦吏，使出入縱情，令君子小人薰蕕不别，豈所謂賞善罰惡，殷勤隱恤者也！仰尋周公不減流言之愆，俯惟釋之，不加驚馬之辟，所以小大用情，貴在得所。失之千里，差在毫釐。雄久執案牘，數見疑訟，職掌三千，願言者六。一曰：御史所糾，有注其逃走者。及其出訴，或爲公使，本曹給過所有指，不如推檢，文案灼然者雪之。二曰：御史赦前注獲見贓，不辨行賕主名。檢無賂以置直之主，宜應洗復。三曰：經拷不引，傍無三證，比以獄案既成，因即除削。或有據令奏復者，與奪不同，未獲爲通例。又須定何如得爲證人。若必須三人對見受財，然後成證，則於理太寬。若傳聞即爲證，則於理太急。今請以行賕後三人俱見，物及證狀顯著，準以爲驗。四曰：赦前斷事，或引律乖錯，使除復失衷，雖案成經赦，宜追從律。五曰：經赦除

名之後，或邀駕訴枉，被旨重究，或訴省稱冤，爲奏更檢，事付有司，未被研判，遂遇恩宥。如此之徒，謂不得異於常格，依前案爲定。若不合拷究，已復之流，請不追奪。六曰：或受辭下檢反覆，使鞫獄證占分明，理合清雪，未及告案，忽逢恩赦。若從占而雪，則違正格。如除其名，罪濫潔士。以爲罪須案成，雪以占定，若拷未畢格及要證一人未集者，不得爲占定。古人雖患察獄之不精，未聞知冤而不理。今之所陳，實士師之深疑，朝夕之急務，願垂察焉。詔從雄議。

（明）丘濬《大學衍義補》卷一〇八《慎刑憲·謹詳讞之議》 太宗嘗因録囚，見同州人房彊以弟謀反當從坐，謂侍臣曰，反逆有二：興師動衆，一也。惡言犯法，二也。輕重固異，而鈞謂之反，連坐皆死，豈定法耶。

臣按此言後世斷反逆獄者，宜以爲準。

太宗欲止姦，遣人以財物試賂之，有司門令史受饋絹一疋，上怒將殺之，裴矩諫曰，此人受賂，誠合重誅，但陛下以物試之，即行極法，所謂陷人於死，恐非道德齊禮之義。上納其言。

（明）丘濬《大學衍義補》卷一〇八《慎刑憲·謹詳讞之議》 穆宗長慶中，羽林官騎康憲男買得，年十四以其父被力能角觝有力之人。人張泚所拉，氣將絶，持木鍤擊其首見血死，有司當以死刑，刑部員外郎孫革奏買得救父難，非暴擊，《王制》稱五刑之理，必原父子之親，《春秋》之義，原心定罪，今買得幼孝，宜在哀矜，伏冀下中書門下商量，敕旨買得尚在童年，能知子道。雖殺人當死而爲父可哀，若從沈命之科，恐失原情之義，宜付法司減死罪一等處分。

臣按論罪者必原情，原情二字，實古今讞獄之要道也。

《文明判集殘卷·編號三八一三》 言往訴，寧許爾之無辜。且以罪之亡，將同不吊；非引而進，又奚爲服。玉帛徒施，何識禮云之意。緦麻有制，空明或曰之規。淫刑遂呈以革命鞭作。平

典有乖於極令。虔奉國章，誤入不應之罪；重惜人命，輕從致死之罰。

仁則不足，政其彌遠。宜有宅三居，更無勞於五聽。請依前斷，徒稱不伏。

（宋）呂中《宋大事記講義》卷二《太祖皇帝·去贓吏》 《傳》曰：刑不上大夫非，謂有罪而不刑也。為士大夫者當自愛其身，不至於刑也。我朝待臣下以禮，而贓吏者戕民之斧斤，害民之蟊賊，無惻隱羞惡辭讓是非之心，非人也，非人類則禽獸耳，明主在上則誅之絶之可也。熙寧大臣王安石欲法太祖之嚴，而獨以贓吏寬之。何仁於贓吏而不仁於無告之民？何仁於小人而不仁於君子邪？

（宋）李燾《續資治通鑑長編》宋真宗大中祥符三年三月 糾察刑獄司言：伏覩犯罪經赦後事發，準律有離之正之文，今法離正之外，仍科本罪，用法似深。帝曰：比行赦宥，事發不免其罪，理合商量，但此事行之已久。宰臣王旦曰：經赦不自陳首，非有發露，無由離之正之，所以律文有赦後不首之罪。且事有幽隱，而經赦既不自首，發則亦獲免罪，於理非便。遂令法寺參議以聞。

（宋）李燾《續資治通鑑長編》宋真宗大中祥符七年四月 丙寅，編敕所言：婺州、台州斷持仗强盜宋德、葉逸，并坐强盜殺人，絞斬各異。準唐建中敕，惡逆已上四等罪，準律用刑，其餘應當絞斬，並決重杖處死，以代極法。又景德元年詔處斬訖奏者即斬之。今二州同罪異罰，望申明舊制。從之。

（宋）李燾《續資治通鑑長編》宋仁宗嘉祐六年八月 司馬光言：臣竊以赦者害多而利少，非國家之善政也。《虞書》曰：眚災肆赦，怙終賊刑。謂過誤有害，則赦之；恃惡自終，則殺之。非不擇罪之有無，并赦之也。漢大司馬吴漢病篤，光武親臨，問所欲言，對曰：惟願陛下無赦而已。王符亦曰：今日賊良民之甚者，莫大於數赦贖，赦贖數，則惡人昌而善人傷矣。蜀人稱諸葛亮之賢，亦曰：軍旅屢興，而赦不妄下。然則古之明君賢臣，未嘗以赦爲美也。

國家承順天心，子愛百姓，發號出令，必先至仁，然數赦之弊，猶未能去。又古之赦者，其出無常，嚴謹周密，不可前知，姦民猶抵冒以待之。況今國家三年一郊，未嘗無赦，每歲盛夏，皆有疏決。猾吏貪縱，大爲姦利，悍民横暴，侵侮善良，百千之中，敗無一二。幸而發露，率皆亡匿，不過周歲，必遇赦降，則晏然自出，復爲平人，往往指望，謂之熱

赦。使願慤之民，憤悒惴恐，凶狡之羣，志滿氣揚。豈爲民父母勸善沮惡之意哉！

且疏決之名，本以盛暑之際，恐囹圄之中有滯積寃結，有司不爲申理，使無所告愬，故天子臨軒，親加慮問，平其枉直。無辜則赦，有罪則誅，使久繫之人，一朝而決，故能消釋沴氣，迎致太和。非謂不問是非，一切縱之也。祖宗之時，每歲不過一次疏決，死罪下皆遞降一等。近年以來，或至再三，自徒以下，一切赦之。今歲五月以前，疏決之令已再行矣。此所以使百職隳慢，姦邪恣睢者也。今縱未能盡革前弊，伏望陛下特降指揮下中書，令後每歲疏決不過一次，或早或晚，使外人不可豫期。其徒罪仍依舊降從杖。或遇親祀南郊之歲，更不疏決。永爲定制，庶幾爲惡之人，不敢指以自寬，有所戒懼。據光集，以八月十五日上言。乙丑，十五日也，今附見。

(宋)李燾《續資治通鑑長編》宋神宗元豐三年正月　中書堂後官周清言：準律，謀殺夫者皆斬。又條，妻毆夫死者斬，又十惡條，四曰惡逆，謂殺夫。議曰：自伯叔以下即據殺訖，若謀而未殺，自當不睦之條。八曰不睦，謂謀殺緦麻以下親。準敕，其十惡中，惡逆以上四等罪請準律用刑；其餘應合處絞、斬刑，並決重杖，一頓處死。審刑院、刑部自來奏斷妻爲從謀殺夫，已殺，案問自首變從故殺法者，引舉輕明重法，斷入惡逆斬刑。詳律議，妻謀殺夫，已殺，合入惡逆，以案問自首變從故殺法，合用妻毆夫死法定罪。緣妻毆夫死者斬，不言皆斬，乃係相因爲首從，合依首從法減死，止科流刑。蓋爲發心謀殺夫便得皆斬，所以舉謀殺未傷是輕，明故鬭已殺是重，理同謀而未殺之法。伏緣十惡條，謀與故鬭殺夫，方入惡逆者，若謀而未殺，止當不睦。既用舉輕明重，合從謀而未殺法，止入不睦條，非是惡逆以上四等罪，依敕當決重杖處死，恐不可復得殺夫全罪卻入惡逆斬刑。乞加詳議申明。下審刑院、刑部參詳，請如清議。從之。

(宋)劉一止《苕溪集》卷一二《論斷罪囚》　行簡又議斷罪囚疏曰：臣契勘州縣凡禁勘大辟公事，除深僻幽隱處行劫或謀殺外，其餘殺人自有一時知見之人，自合一面研窮根勘，務盡情實。其間却有豪强有力之家殺人，公事意在變易情節，囑託官司，或賂承勘胥吏，多以知證通説未明為由，以幸差官體究。而所差官亦止是一到地頭，呼集鄰社保甲訊問供析而已，然因此得變易情節出入人罪。又況豪右之家，所居鄉村宗族姻親佃客之屬，常居其半，宛轉為地符合供證，致使失實。臣除已行下所屬州縣約束，應今後承勘大辟公事，並責令當職官先將犯人根問一時知見之人，追取照勘，以驗囚辭，即不得輒差官體究外，深恐州縣不切遵依，欲望聖慈特降睿旨立法施行直。

(元)徐元瑞《吏學指南·諸説·獄訟説》　夫獄訟者，所以平曲直，雪冤枉也。若有財者勝，無財者負，有援者伸，無援者屈，豪强得志，貧弱啣冤，豈國家之福耶？愚願士大夫司聽斷者，在在持平如衡，事事至公如鑒，天下何患不太平。

(元)胡祗遹《紫山大全集》卷二三《雜著·折獄雜條》　體認所爭者何事人命、盗、奸、錢債、婚姻、良賤、斗毆。明察詳審元訴人辭理與事情有無相應。如不相應，且放從説過，俾再三復説，或差或否，理短者折之，情隱者鈎之，語言便利者勿便以爲是，蹇訥者勿便以爲非。膚受之訴，世俗所謂情理切害者，勿遽先入於心。察言觀色，詳情慮事，不出乎理，理明則情不能逃。

引問被論人，明告以被論之事，令一一縷細抵對。時曲直真僞自見，詳察，亦自辨明。

每事皆有根底旁證，來歷情由，當從實處一一推究。干證勸和人最爲緊切。君子善人畏避官司，中間别無偏向者其辭簡直明白。或關親戚，或圖錢物酒食，或挾讐怨，或避形勢，或受囑托，有一於此，不無偏向。辭理逆順輕重，不可不察，與元告事飾辭增減者有之，與被論人辭理或排或助者有之。聽訟者若便止憑干證，不無冤枉；不憑干證，無所依據。凡引干證人，便先窮問與元告被論人有無親戚故舊錢物交往，因何兩家指爲干證，則情過半矣。干證情實見，則事可立決。

仲弓問政，子曰：先有司。不先有司，則不惟越訴事繁，吏人因緣爲姦，抑實有不可隔越而問者。又曰：無情者不得盡其辭。若無情之辭便爲受理，雖有明斷之材，衙門必不能清簡。二者當從古人。凡人告狀，官人當先熟讀，其文有理無理，寫狀人中間有無潤飾，亦可見其過半。當

先引原告人當廳口説所告事理，一一與狀文相對，同則憑狀鞫問，不同則便引寫狀人與告狀人對辭。若有與口辭增減，便決寫狀人，亦減止無情妄告之一端耳。

上失其道，民散久矣。如得其情，則哀矜而勿喜。民情與政通，先知時政，然后知民情。夏尚忠，殷尚質，周尚文。至於後世政治雖不及古，豈無所尚乎？所尚者，民亦尚之。究其源之失，知其流之差，不可誣也。無或偏聽於獄之兩辭。

五聽之法當熟。知言、察情、明理、鍊事，四者胸中了然，且無一偏之喜怒，雖百冗坌集於前，皆可談笑而決，何必疲精勞神，怒罵揮斥，搒掠捶楚，然後爲得也。若夫情見勢屈而不聽命，先之以正言，申之以感悟，無不從者。柔能勝剛，弱能勝强，温言可以化人。理到之辭，不得不詘。聽獄之法，静則明，明則百姦不能逃其形。切忌躁急，躁急則己心先亂，譬如撓水摇鏡，焉能鑑物哉？細民之所争，若無異事，不過婚姻、良賤、錢債、土田、户口、鬬毆、奸盗而已。此皆縣令之職，令賢則必不至於上告至府，至府而又不能決，決不能服人，良可耻也。素餐之誚，孰大於是。

當置狀簿辭一册，便給縫印，府官押訖。每日新狀，當直司吏隨即當廳附籍，便令承發司布散合該人吏，既畢，隨手朱書吏人姓名於隨狀條下。次日便令覆説，無理者便退與原告人，有理者施行。但凡州、縣可決者，隨即批送，必不可決者，狀尾批令自勾。此亦減吏權而除冤滯也。府官五日十日一銷照。

十月一日務開，三月一日務停，首尾一百五十日。每月先除訖刑禁假日四日，計二十日；又除訖冬節年節前後各一日，計六日；兩月一小盡，除訖三日；立春節，除訖一日；進年節表一日；乙亥日三日；若遇二月清明節，又除訖三日；計三十七日。中間或遇同仕上官下任，吉凶慶吊，迎送上司使客，大約又除訖十餘日。總計五十日。餘外斷決詞訟者，止有一百日。或遇兩衙門約會相關，或干證不圓，或勘會不至，或吏人事故，轉按、疾病、上司勾追刷案之類。經兩吏人手，又虚訖十餘日，中間止有八九十日理問辭訟。又以監視造作、勸農、防送遞運、府州追勾、按察司差委，得問民訟多不過五六十日。聰明疏通、公勤廉干者能決幾事？若賦性愚鈍，禀心私徇，反爲姦吏愚弄，文字逗遛，倏忽之間，又復務停，所以有十年八九年不決之事。此蓋爲十月一日興辭到官者言也。若或正月二月才方告狀，務停三限，更甚迫促。推原務停之政本恐妨農，不知正墮奸吏倚法舞文之巧計。以此觀之，不若不立務停之限，止取稽遲不公之罪，必不敢至於數年之不決。今後品官得代，計在任月日經手事久不決者降黜責罰。得代之日，按無不決之事者升遷褒美。

不遇無法而亂，不見聖人之治功；不值叔世之苟且而徒法，不知聖人之防患而慮遠。姑以田制言之。三代經野有法，不惟務本，地著而民和，至於一切紛亂詞訟，皆無自而起。自經野無法，田不隸官，豪强者得以兼並，游手者得自貨賣，是以離鄉輕家，無父母之邦，無墳廬之戀，日且一日，千年田换八百主，交易若是之煩，因地推收税石之冗，官吏奸蔽，出入挑攪，獄訟萬端，繁文僞案，動若牛腰。一語抵官，十年不絶，兩家争田，連村受禍，廢奪農時，破壞産業，視骨肉爲仇讐，化鄰里爲盗賊，飲恨銜冤，死莫能解。一鄉一縣，雖素號淳厚者，亦皆變爲奸欺詭譎，頑嚚健訟，詐造契券，硬作佐證。府州司縣惟利是視，以曲爲直，以非爲是。上至臺省，濁亂尤甚。吁！人之積怨含怒，與日俱深，良可寒心。官府風俗敗壞至此，刀筆賤吏猶以刻剥徵求斂聚貨殖爲忠勤，簿書期會爲急務，爲明敏。此乃田訟之一端。至於科差之不均，軍旅驛站之偏枯，見在户代當逃户差發之冤抑，酒醋税課程之增額，利歸於姦貪之手，禍及於無告之小民。刑獄之淹滯略不詢問，赦恩之頻數縱放凶殘。内外百官賢不肖混淆，幹局廉潔者招謗惹禍，貪污委靡者歲得美除。出條款則虚文嚴密，責實效則百不一舉。軍籍、民籍點竄改抹，略不可憑，錢穀出入，漫不照算。官不知法，吏不識字，身爲軍卒而不識弓矢，名隸工匠而無一器具。僧道則有妻有妾，飲酒食肉，趨利無厭。醫藥者不知方論，素無學術，狠忍殺人。中選儒人不經不史，不文不詩，不修身齊家，澳涊無耻，冒虚名而求美官，尚口舌而無實學，標置自高，致行同市井。上下無正法，是非無公議，妍醜無明鏡，重輕無權衡，曲直無繩墨，棼絲沸羹，莫之分辨。具曰予聖，孰知烏之雌雄，唯此時爲然。

(元) 張光祖《言行龜鑑》卷六《政事門》　吕文靖公夷簡，當仁宗初莅政，問輔臣：四方奏獄來上，不知所以裁之，如之何則可？公進

曰：凡奏獄，必出於疑，疑則從輕可也。帝深以爲然。故終仁宗之世，疑獄一從於輕。

（元）張養浩《三事忠告》卷二《牧民忠告下·獄詰其初》 獄問初情，人之常言也。蓋獄之初發，犯者不暇藻飾，問者不暇鍛鍊，其情必眞而易見，威以臨之，虛心以詰之，十得七八矣。少萌姑息，則其勢將有百倍厥類者，故片言折獄，聖人惟與乎子路，其難可知矣。

（元）張養浩《三事忠告》卷三《風憲忠告·審録第五》 《書》曰：庶獄庶慎。又曰：非佞折獄，惟良折獄。《易》謂：君子明愼用刑，而不留獄。嗚呼！於以見聖人好生之心與天地等矣。夫飢寒切身，自非深知義理之人，不敢保其心之無他，況蚩蚩之氓，為守牧者教養之，不至窮而為盗，是豈得已哉。古人有以灼其然，故為制也恒寬而不亟促，恒哀矜而不忿疾。均之為盗也，而有長幼踈戚之分；均之為姦也，而有夫亡夫在之殊。有疾則醫藥之，疾革則釋梏人而侍之。夫彼冥迷凶險之徒既麗於理矣，何足綴意，而古人為制如此者，則其仁恕忠厚之情可見矣。昔歐陽公父治死囚之獄，求其生而不得，則掩卷而嘆，其言曰：夫常求其生，猶失之死，況世常求其死哉！後之殘忍者一切不務，而惟威刑之尚，謂其無茹冤而死者，吾不信也。夫涖官之法無他，口威心善而已矣。口威則欲其事集，心善則不欲會易害物。況久繫之囚，尤當示以慈祥，召之稍前，易其舊所卒吏，溫以善色，使自陳顛末，情無所疑，然後令之以按。若據按以求其情，鮮有不誤人者。蓋州縣無良吏，所以不敢信其已具之文，毫釐或差，生死攸繫。故聖人謂：與其殺不辜，寧失不經。又曰：功疑惟重，罪疑惟輕。論囚之道，盡於此矣。君子其慎諸。

《明史》卷九三《刑法志》 洪武元年諭省臣：鞫獄當平恕，古者非大逆不道，罪止及身。民有犯者，毋得連坐。尚書夏恕嘗引漢法，請著律，反者夷三族。太祖曰：古者，父子兄弟罪不相及，漢仍秦舊，法太重。卻其奏不行。民父以誣逮，其子訴於刑部，法司坐以越訴。太祖曰：子訴父枉，出於至情，不可罪。有子犯法，父賄求免者，御史欲並論父。太祖曰：子論死，父救之，情也，但論其子，赦其父。十七年，左都御史詹徽奏民毆孕婦至死者，律當絞，其子乞代。大理卿鄒俊議曰：子代父死，情可矜。然死婦係二人之命，犯人當二死之條，與其存犯法之人，孰若全無辜之子。詔從俊議。二十年，詹徽言：軍人有犯當杖，其人嘗兩得罪而免，宜並論前罪，誅之。太祖曰：前罪既宥，復論之則不信矣。杖而遣之。二十四年，嘉興通判龐安獲鬻私盐者送京師，而以盐賞獲者。户部以其違例，罰償盐入官，且責取罪狀。安言：律者萬世之常法，例者一時之旨意。今欲依例而行，則於律内非應捕人給賞之言，自相違悖，失信於天下也。太祖然其言，詔如律。

《大誥·頒行大誥》 朕出是《誥》，昭示禍福。一切官民、諸色人等，户户有此一本。若犯笞杖、徒流罪名，每減一等。無者每加一等。所在臣民，熟觀爲戒。

（明）薛瑄《從政録》 治獄有四要：公慈明剛。公則不偏，慈則不刻，明則能照，剛則能斷。

（明）倪岳《青谿漫稿》卷一四《奏議》 一、慎重刑獄，竊惟刑以輔治。自古帝王之治天下，未有不本諸此而爲治者，《易》曰：君子以明慎用刑而不留獄。《書》曰：欽哉，欽哉，惟刑之恤哉！是刑不可以不慎也。然則司刑獄者當存心以仁恕，持法以公平，庶幾刑不至於冤濫矣。臣等嘗見兩京法司推問，輕重罪囚悉發大理寺審録，情罪相當者評允施行，情不當罪者駁回再問，如此可謂慎用刑矣，而尚有稱冤不服罪囚，其在外諸司問理，刑獄秉公持正，而刑罰得中者固有其人，中間有等矯情干譽之徒，不能體皇上重愛民命之意，以苛暴爲能事，以刻剥爲盡職，讞獄之際視人命如草芥，煅煉成獄，問擬斬絞罪名監候呈詳，或有詞未明，或稱冤不服，恐其反異不便，及未成獄囚犯一槩輒令獄卒多方致死。殊不知古人用刑罪疑惟輕之意，冤枉所係誠可哀憐，上干和氣致生災變，未有不由於此。及法司奏行差官前去各處審録，重囚往往圖得便道過家，不及致詳刑獄，雖有審録之名，實爲虛應故事。如蒙伏望聖明擴天地好生之德，體日月照察之明，特勅法司，凡遇差官審録弗狥私情，務要南方刑獄擬差北方官員，北方刑獄擬差南方官員，其於審録之際仍要留心詳審，勿拘成案。情真罪當者監候奏請處決，其間情有可矜，罪有可疑，及情法不相當者，具緊關畧節招由奏請區處，其原問官員果有故出入人罪者，依律坐以故出故入之罪。如是失出入人罪者，坐以失出失入之罪。如此庶使在外問刑官員少知慎刑之意，不行慘刻之科，而刑獄亦得以清，冤抑亦得以雪，

人心和悅而災異消弭矣。

（明）孫旬《明疏鈔》卷一七黃訓《劉球修省十事疏》 其六，慎刑罰以彰憲典。古者人君不親刑獄，而悉付之理官。《書》所謂，予曰辟，爾惟勿辟。予曰宥，爾惟勿宥，惟厥中。蓋恐狥喜怒有所輕重於其間，以致刑失其中也。近者法司所上獄狀，有奉勅旨減重爲輕、加輕爲重者，法司既不敢執奏，至於訊囚之際，又多有所觀望，以求希合聖意，是以不能無枉。臣竊以爲一切刑獄，宜從法司所擬。設有不當，調問得情，則罪其原問之官。其運磚、納米贖罪等項，例亦非古法，且使貪者得以幸免，而廉者蒙辜。宜令法司，今後文武之臣除犯公罪許贖外，其餘俱依律問擬，則刑罰中而憲典彰矣。

《明穆宗實録》隆慶元年九月 刑科給事中王之垣、工科給事中王讜各上疏言：近來有司泥于詔書枉法誆騙之文，不論輕重，一切禁錮。請下法司詳定申明之。刑部覆言：枉法受財，必須得枉法者，方以枉法論而不宥。諸如求索之類，及坐贓準枉法論者，即當宥免。〔指〕（止）稱誆騙，必在京潛住，大肆姦惡，贓及千百〔兩〕以上者，乃以誆騙論而不宥。諸如在外詐欺局扣之類，情與贓不甚重者，即當宥免。他如充軍人犯，毋論已未着伍，但非款開不赦及減死謫發者俱許釋還。奏入，詔：誆騙財〔物〕係指稱官員名目〔及〕各衙門打點使用者，內外俱不赦。餘如擬。

《明穆宗實録》隆慶三年正月 甲戌，都察院左都御史王建再疏，覆刑部尚書毛愷、大理寺少卿王諍議言：買休賣休律，分到犯姦條下。上承縱容抑勒通姦之條，下接用計逼勒休棄之罪。會（意）〔議〕明屬姦情，但律文止〔曰〕本夫、本婦及（買）〔賣〕休之人，原無姦字，故部寺各執所見。大抵該部則謂夫婦大倫，不可俶賣，當一切裁之以法。〔該詩〕則〔以律〕用正條，罪難雜擬。欲將面財嫁賣者，問以不應量追財禮入官。其貧病嫁賣，及從夫用財買娶，別無此情者，不坐。於情雖使，頗屬紛吏。堆上加裁定。得首：買休賣休，本屬姦條。今後有犯（罪）〔非〕條有姦情者，不得引用。

《明熹宗實録》天啓三年三月 刑科給事中群學龍言：盛世兵與刑一，末世兵與刑二。有罪不誅，則法日弛人日玩。如招練道劉國縉朦盜賑金，鄆城縣知縣余子翼棄城逃遁，此二臣並應論治如法。又聞葉朗生之變，韓敬暗送六百金助軍，泉州一錢會之變，史八舍陰爲主蒙，此二人者，本亦當嚴提勘明。軍旅系興事變蜂涌，其於用刑尤急，然治之惟法，而用之惟人。百凡申飭，不如得一平章之宰。前刑部尚書王紀碩德亮節，乞亟下賜環之詔，必能表正百僚，裁決大務。得旨，奏內事多已奉旨，劉國縉賑銀曾否開報，該部察明具奏。

（明）佚名《新纂四六合律判語》卷下《刑律·老幼不拷訊》 君子明刑折獄，固不廢於鞭笞。仁人屈法申恩，則每寬於老稚。蓋衰殘之可憫，更孱弱以堪憐。惟深禹泣之辜，難入陽羅之密。今某祥非鸞鳳，勁比鷹鸇。棰楚肅於秋霜，罔恤二毛之老。鍛鍊炙於烈火，堪哀五尺之童。寧識杖國杖鄉，《禮》：六十杖於鄉，七十杖於國。已餘齡之無幾。不思舞勺舞象，真乳臭之具存。既違慈敬之盟，徒重旄倪之怨，使會稽之剖符。必不致大錢之送，喻老人也，劉寵爲會稽，當召，有耆老數百人，持百錢爲送。寵爲人選一大錢受之。縱并州行部，故難騎竹馬之迎。喻童子也，郭汲爲并州守，行部，兒童騎竹馬相迎，云云。坐以常刑，警乎酷吏。

（明）佚名《新纂四六合律判語》卷下《刑律·官司出入人罪》 刑必加於有罪，明刑允重於刑官。法貴執於無偏，執法斯稱於法吏。毋蹈任情之弊，當知折獄之公。蓋故出適以縱姦，若濫入真爲嫁禍。今某漫持丹筆，輒紊金科。藉口平反，赤族竟誅於郭解。肆言明察，殺人抵罪於曾參。《國策》：曾參之母方織，或告之曰：曾參殺人。母織自若。再告之，母猶織自若。告者三至，毋投杼而走。喜則開縱放之門，怒則投刻深之阱。陽羅頓解，萬錢自嘆於通神。吉網唐李林甫欲除不附己件，以吉溫爲侍御史，深刻鍛煉，時謂之。橫施，百計更深於偃月。李林甫家偃月堂，每欲中傷人，即坐此堂思之。安擬竹因之感德，堪憐梧鬼之含冤。合嚴反坐之條，用示司戒之戒。

（明）佚名《新纂四六合律判語》卷下《刑律·辯明冤枉》 憲臣屬意民情，杜奕既明於丹筆。法吏殫心官守，付章宜達於宸聰。蓋惟事必上裁，安可權由獨斷。故親屬連坐，祁奚進言而叔向蠲。乃黨錮拘囚，霍諝表請而范滂免。漢范滂起逮繫黨錮，霍諝上言極辨其罪，滂遂得免，禁錮終身。今某霜臺列職，風紀持衡。理抑伸冤，固已得情於怨井。陳巔具末，曾無入疏於明廷。徒矜平反之能，妄覬神明之譽。縱使覆盆司馬光曰：戴盆何以望

天。能照，獄未明而始明。不思行改自專，事應奏而不奏。欲嚴後戒，宜警明刑。

（清）琴川居士《清奏議》卷六魏琯《仰佐祥刑疏順治十年》　大理寺卿臣魏琯謹奏，爲敬循職掌察照舊例仰佐祥刑之治事。竊惟自古帝王，莫不以慎罰敬獄爲先，稽古建官，六卿分職，各領一事，法司獨設立三衙門，蓋以民命至重，死者不可復生，斷者不可復續，而獨斷或以成偏，師聽乃能曲盡，庶不致一時偶悮，貽日後之悔也。我皇上至仁性生，親政以來，刑獄尤爲慎重，厘上傳旨，不啻再三，即如天好生，不是過矣。臣職掌所關敢默默而處此，嘗考大理一官，與部院職掌不同。部院皆問刑衙門，大理則取其所問者而平反之也。載在會典，與大理事宜，除恤刑熟審，奉有明旨，欽遵在案，大略問刑衙門，凡係成招奏請者，連人并卷，送寺覆核，其情真無詞罪名合律者，具奏如議施行，如有罪不合律，中間招情未明者，依律照駁再擬再問。而月報有限，照駁番異有貳，寺押平允，始行發落。是持天下之平者，部也。執法糾正者，院也。辯理冤枉者，大理也。故決囚必差御史，恤刑則遣寺官，此其義固彰明皎著者。今大理雖備法司之末，而平反二字，向未申明，臣承乏斯所仕，正值皇上下詔清獄之時，其會審者一次，看議者不下數招矣，看議者率出看語於已成之案，會審者亦集衆目於俄頃之問，《書》曰，丕敝要囚。服念五六日至於旬時，誠慎之也。夫以成章累牘之案，決疑信於片言，兩造無稽之詞。聽供招於紙上。部擬誠無明允之事。臣則未盡了然於心，此臣之所大懼也。近見部覆有三法司均列看語者。非設官立法之初意矣。兹詳察典故，恭請聖裁，凡奉旨該部知道，自應刑部經覆，如奉旨下三法司，及至死罪者，似當與行舊典以備一王之大法也。然臣猶有説焉，久曠之典。驟舉易駭，言及番駁之例，恐涉掣肘之疑，更祈天語申飭，各矢虚公，臣衙門不得苛舉生事，部院無以異同爲嫌，共體欽恤之心，仰成刑措之盛，國法民生，未必無小補也。伏乞聖明，採擇施行。

（清）王明德《讀律佩觿》卷二《依》　依者，衣也。如人之有衣，大小長短各依其體。律有明條，罪實真犯，一本乎律文以定罪。故曰依。然依字用法有三：如名例內，工樂户及婦人犯罪條內云，在京工部各色作頭，該雜犯死罪，無力作工，與侵盜、誆騙、受財、枉法徒罪以上，依律拘役滿日，俱革去作頭，止當本等匠役。蓋作頭之藝，難以猝成，徒配不過用其力耳。故依拘役之律，而不得依乎正律，罪以配發革役之條。其所云依者，舍正律以依例律也。此一義也。

又名例內稱，凡本條別有罪名，與名例罪不同者，依本條科斷。其所云依者，略例律以依本律也。此一義也。又名例內稱，本應重罪而犯時不知者，依凡人論之類。其所云依者，原情定律。此經所謂輕重諸罰有權也。此又一義也。

（清）王明德《讀律佩觿》卷二《從》　從者，宗也，宗而主之也。蓋因罪人所犯，事有兩岐，情有各別，莫知所適，爲之不執己見，不泥初詞，不拘成例，更復不爲統計而概論。惟察其情理，遍查各律，斟酌妥便，以求其恰合。故曰從。蓋從，對舍言也。有舍此從彼之義焉。孟子曰：大舜有大焉，善與人同，舍己從人。孔子曰：三人行，必有我師焉。擇其善者而從之。《洪範》曰：三人占，則從二人之言，此即其義也。然律中用從字處，有三義。如名例二罪俱發以重論條內云，凡二罪以上俱發，以重者論罪。各等者，從一科斷。其所謂從者，蓋謂二事以上之罪，一時俱發，以律斷之，其罪各各相等，難分輕重，則竟舍其餘各案，止從其一者以科之。此一義也。刑律親屬相盗條內云，若有殺傷，各依殺傷尊長卑幼本律，從重論。其所謂從者，較量輕重，審定而從其重也。此一義也。若名例除名當差條後内云，軍民匠竈，各從本色，發還原籍當差。其所謂從者，各從其類也。此又一義也。

（清）王明德《讀律佩觿》卷二《罪同》　罪同者，厥罪惟均也。人雖不同，犯雖各別，而罪無輕重，故曰罪同。同則無弗同矣。故曰至死，不減等。如强盗條內，强盗得財皆斬下，以藥迷人圖財者，罪同。又禁經斷人充宿衛條內，凡犯罪被極刑之家，其家屬並一應經斷之人，並不得入充近侍，及宿衛，把守皇城，京城門禁，若朦朧充當者，斬。當該官吏，不爲用心詳審，或聽囑托，容令充當者，罪同之類。然所得同者律耳，若條例內所增，則又不得而同之。蓋律文監乎前代，酌定在前。而律中條例，則係故明續定，增入在後。故不容以條例中所有，同于正律中所無耳。律例不容並行，先後有分故也。詳見名例總注。

（清）王明德《讀律佩觿》卷二《同罪》　同罪者，同有罪也。按舊

律官吏犯贓，與受同罪。官吏計贓，照各本律致罪矣。若與者，則按以有事以財行求律，坐贓論，折半科罪。此律中所謂同罪也，新例改爲與受財人罪同，則有事以財行求之律，似乎可削矣。然又有斷斷不可削者，如犯罪人有事，以財行求，而有司官吏，舉首到官，則並無受財之人矣。其與財者，又將與何人罪同？是新例又有所不能行，則舍行求之律，別無所爲致罪之法矣。然律中同罪，亦有二義，當各以輕重別之，亦不可不于本律内，細爲留意。如名例内云，稱同罪者，止坐其罪，正犯至死者，同罪人，減一等，罪止杖一百，流三千里，不在刺字、絞斬之例，大約與准字義同，此一義也。又曰，若受財故縱，與同罪者，全科。至死者，絞。所別者，惟斬與絞而已，大約與監守盜、常人盜，分別之義相似。此又一義也，詳見舊注。

（清）王明德《讀律佩觿》卷二《併贓論罪》　併贓論罪者，將所盜之贓，合而爲一，即贓之輕重，論罪之輕重，人各科以贓所應得之罪，故曰併贓論罪。併與竝絶不同。竝者彼此相類，即其所犯之或異，同爲科等，以竝其罪者，曰竝。併並則不計人之多寡，盜之前後，及人各入己之輕重，惟以一時所犯皆算作一處。如傾銷金銀銅錫，不問妍媸纖微，砂礫塵土，皆鎔而化之爲一，止計分兩之輕重而已。此併贓論罪之大義也。然法雖如此，而論法，則又分兩途。如共盜之贓，非係一時所行，將其節次所盜，凡係一時俱發者，不問時日遠近，人數多寡，不分人各所分之輕重，共算計贓若干，就所合算之贓數，人各論以贓數所應科之罪。此監守盜、常人盜併贓論罪之法也。此一義也。

如所盜之贓，非止一主，一時俱發，止以一主之贓重者爲科，餘皆勿論，惟各盡其本法。亦不問人各所分多寡，惟就所盜一主贓物之重者，計兩科等，却以一人爲首，餘各減一等，論以應得之罪，此竊盜並贓論罪之論法也。此又一義也。

若官吏節次受各主枉法贓，一時俱發，亦皆合作一處科算，似亦無異乎併贓。然就一人之身而併之，未可概以論之他人，而律則又以通算全科爲分別，此則律義至精至微，令人不可思議處也。

或曰，監守盜、常人盜、竊盜名雖有異，若其侈心于盜也則一。且並贓論罪四字，三項盜律中，所著皆然。乃獨于竊盜，則曰，以一主爲重，罪分首從。而于監守盜、常人盜，則曷爲不分首從，且合節次多寡而併論之耶？此其中，亦各有説存焉？否耶？曰，財物藏于私家，珍惜慎秘，非人所易得，苟欲竊而盜之，必將先事爲之共謀，臨時爲之探聽，終焉爲之傳遞隱串，非有從而主之者，則不可必得，故分首、從。其以一主爲重，亦不過本乎二罪以上俱發，從重論之義云爾。

若倉庫錢糧之設，凡以爲民也，其中所有，雖云款項殊分，封貯各別，然合而論之，則皆公家財物也。明白顯然，貯之于外，從而盜之者，非監守，即常人矣。雖其盜有節次多寡之不同，而以倉庫言之則一。故不得以節次多寡輕重之各別，而不爲併論也。至于不分首從，則顯而易見。固所以重倉庫以重朝廷，示人以贓之未易輕爲或盜耳。蓋各盜罪有輕重之分，故併贓。亦有等殺之別，盜至竊盜，等居殺矣。等居其殺，則罪亦邀夫遞減。從減一等，固然寓有遞減之微義存焉。靜言思之，其亦共會于不言之外乎。

（清）王明德《讀律佩觿》卷二《折半科罪》　折半科罪者，計贓定罪之變法也。其條有二：一係不枉法，一係坐贓致罪。而各條内開載，俱係各主者，通算，折半科罪九字。折半者，折去其半。如計贓二兩，折算實贓一兩，概折其半也。科罪者，贓罪各有科條，計兩加等，必盈其科而後罪之。若贓不及乎科，則不得科以律所應得之罪，是即盈科而後進之義，故曰科罪。

或曰，折半之義何居？曰，財非一人之財，受非一日之事，頻年累月而漸積之，匯少成多而統計之。既非枉國法以虐民，不過僅同夫簠簋之不飭。倘一如夫枉法之條，爲之通算以全科，則人將曰，與其如此，毋寧如彼矣。將枉國法者，不愈衆乎。故法雖減，而贓亦折半以爲科，蓋陰寓累減之義于不言也。然各條通算折半科罪之上，皆有各主者三字，又不可不備極留意，讞獄君子，如遇應爲折半科罪之案，必先查明所受之財，是否各主。如所受止係一人之財，則又不得拘于折半之例，必爲計兩實科，方合律義。蓋不枉法，及坐贓各條，律法已從輕論，今此所受又止一人之財，爲贓無幾。若再爲折半，則爲罪愈輕，而法黷矣。人將玩之，將犯之者衆，得毋又將傍引他律以正之，以致律亂乎？法黷律亂，民無適從，非垂世之大法也。故前賢爲之加詳而添注焉。詳見不枉法注内。

或曰，不枉法條下，其注云，如止係一人之財，不折半之文，從何而增。曰：律貴簡嚴，備難周載，然其不半折之旨，即已包含于正文内各主者三字之中，不可共爲互見乎。如或不爲註明，是凡言折半者，已概令折半矣。各主者三字，又胡爲乎來哉。此讀法家，最爲易忽處，故特表而著之。若各條内，止有坐贓論三字者，則另爲一例，不得同乎此。愚故别而詳之于後。

（清）王明德《讀律佩觿》卷二《坐贓致罪》 贓非實有是贓，坐之以爲贓，故曰坐贓。致罪者，推而極之，以至于罪也。按律，凡計贓科等，類皆實計贓之多寡以爲衡，所以嚴貪恣也。而此條科法則異，必滿實數二兩，方算一兩，罪止杖一百，徒三年而已。減半爲科，而並輕其罪者，所以貸眚災也。如刑律在官求索借貸條内，于所部内買物，不即支價，及借衣服器玩之屬，各經一月不還者，并坐贓論之類。仍分入已不入已，是以注有不入已者擬還職役八字。

（清）王明德《讀律佩觿》卷二《坐贓論》 坐贓論者，一如坐贓致罪科法，計贓二兩，折算爲一兩。一兩以下，至十兩，笞二十。自笞二十起必滿十兩，方加一等。雖至五百兩以外，亦止于杖一百，徒三年。此坐贓立法之大概也。若論法，則各有不同，必各就各律本條下，上下文義，細爲玩味。惟以二兩，折算一兩，每十兩加一等爲主腦。却不拘執乎坐贓致罪定法，一以罪止杖一百，徒三年爲定衡。故曰論。蓋論字中，包有輕重各等在内。如盜賊窩主條内云，如知强竊盜贓，而故買者，計所買贓，坐贓論。此條論法，固一如坐贓之法論罪，罪止杖一百，徒三年矣。若造作律擅造作條内，又云，若營造計料，申請合用財物，及人工多少，不實，笞五十。若已損財物，已費人工，各並計所損物價及所費工錢，罪有重于笞五十，坐贓論，折半通算，罪止杖一百，流三千里，贓不照追。錢債律，費用受寄財産條内又云，凡受寄人財物畜，而輒費用，坐贓論，減一等，却是罪止杖九十，徒二年半。厩牧律，私借官畜産條内又云，凡監臨、主守，將係官馬、牛、駝、騾、驢私自借用或轉借與人，及借之者，不論久近多寡，各笞五十。驗計借過日期，追雇賃錢入官。若計雇賃錢，重于笞五十，各坐贓論。加一等，則又罪止杖六十而已。其中輕重不等，非同一致。諸如此類，難以備述。

要之，所云論法，則皆止以計銀二兩，折算一兩，自笞二十起。爲主，不分各主不各主而科之，故冠之以坐贓論三字。此固一義矣。至擅食田園瓜果條内亦云，凡于他人田園内，擅食瓜果之類，坐贓論。而其論法，則又係不以十兩爲科，乃自一兩，即笞二十起，計兩加等，二兩即笞二十，而罪則止于杖六十，徒一年。其所同者，惟折半科罪，二兩方算一兩。此又一義也。此其所以然者，蓋緣瓜果等物，産于田野，人易擅食，漸不可長，故嚴乎其爲細，而罪則止于杖六十，徒一年。若以計兩加等論罪至徒一年，則已出乎十兩之外，如合折半而匯計之，不已出乎二十兩而有餘耶？天下有瓜果價值，至數十兩以外，而猶爲人擅食者乎？故重之以計兩加等，所以重乎人之所易犯，而赦之以罪止，則又所以慎法律之衡。此又一義也。

或曰，坐贓致罪正條，係折半科罪，計贓二兩，方折算一兩矣。若律中各條，既一如其法以爲科，則當一如其名以示法，乃不概曰坐贓致罪，而更别其名，曰坐贓論，其義將何居？曰，坐贓致罪，六贓正律也。其科法，有各主不各主之分，故曰坐贓致罪。若律中所云坐贓論者，乃一如各贓内之准律，因其稍有異于正律，則皆不分各主不各主，一惟以二兩實算一兩，折半科之而已。故不得概指曰坐贓致罪，而特别之曰坐贓論。此則論與致罪之所以分也。惟讀法者，慎别而慎詳之。

（清）王明德《讀律佩觿》卷三《剩罪餘罪》 剩罪者，折除計算反坐之實數也。皆就所告之事，虚實輕重，細爲較量，除實計虚，除輕計重，衡量而計算之，凡所多者，皆曰剩罪。如以現在之衣度算布帛，其長短闊狹，一如夫衣之尺寸而止。舉凡布帛之有所贏，則皆曰剩，與餘罪有别。蓋餘罪，係就一人本身一事上所得之罪，除算而計之；若剩罪，則係彼此相較，兼他人與各事在内，故不得概曰餘罪，而别之曰剩罪。查律中剩罪，惟誣告及官司故失出入人罪，並限内老疾收贖内有之，而誣告爲尤著。若其贖法，各律中即已各具一説，皆未見其井井。是以共爲擬議，終於莫知所决定。

謹按誣告條内剩罪計算之法有三，一爲以所告二事相較，除實計虚，而罪其剩。如趙甲告錢乙二事：一係和姦有夫婦女，審實，錢乙應杖九十；一係盜園陵樹木，審虚。若使所告盜園陵樹木是實，則照《名例》

二事俱發，從重論科斷，錢乙應坐杖一百徒三年。乃審係趙甲誣告，律應反坐趙甲。然又不得以全誣坐之，蓋因有告實之和姦有夫婦女一事，錢乙犯該九十杖在也。是以即於所誣之杖一百、徒三年上，折還其元數。五等徒，原包杖一百，合之杖一百，共計應得二百杖。除所告和姦有夫婦女是實，錢乙犯該九十杖外，計所多誣之一百一十杖而反坐之，曰剩罪。

一爲就所告一事，輕重相較，除輕計重，而罪其剩。如孫丙告李丁係庫吏盜銀四十兩以上，如所告是實，李丁係監守自盜，按四十兩律應雜犯斬，準徒五年。及審李丁不係庫吏，止盜銀十兩，應照常人盜十兩律，杖九十。而以孫丙原詞所告計之，則審實者輕，而所誣者重，即照所誣監守自盜四十兩律，於雜犯五年，原包折杖二百，徒二年，又折杖六十上除去審實李丁犯該之九十杖。計所多誣之一百七十杖，而反坐之，曰剩罪。

一爲合計所誣之笞杖徒流年限，均折爲杖。若所誣之人，已經決配，則實杖以一百杖；其一百杖之外仍有未盡者，準令，照律收贖，亦曰剩罪。

然此亦就一人之身論，似應亦曰餘罪。殊不知餘者，已所贏餘也；若剩，則如以物抵還他人，必先盡數以還其原欠，而後存其所有以歸己，則所存者，固難以有餘論矣。蓋剩者，不盡之詞也，故於抵還各杖之外，則不曰餘，而曰剩。是以律於己所應得之罪爲之除算而收贖者，曰餘；惟於誣告及出入人罪二條通爲折除計算、彼此抵扣之外，則曰剩，蓋彼已實有異體。故先賢制律，亦爲異其名以別之。至官司故失出入人罪條内贖法，則又不同，另於以笞杖從徒等項下詳切著明，兹不復贅。若限内老疾，乃就一人一事上計算，又何以亦曰剩罪？蓋限内老疾之人，杖已身受，配已着役，而其未滿之年與月，則不得曰餘。譬之凡物分派初定，其未盡者曰餘；若已用訖而返回者，則曰剩而已。律之用剩，蓋此義也。但查誣告條内三項剩罪贖法，據各律所載，皆就所折之杖，每十杖照七厘五毫收贖。此從《唐律》中摘出之例也，若王肯堂《箋釋》則云，全抵剩罪，無力的決，做工、擺站、哨瞭，有力納米等項，贖罪亦如例，不在折杖收贖之限，遂與律中圖説迥異。愚以時考之，似乎是又嘉、隆時所行之例，其古例不行，想非一日矣。而細查《大清律》内誣告贖罪條下所開，則云仍依古制收贖，而《收贖圖》説又云用例贖，每一十杖贖銀一錢。然近日所行，絶亦未之概見。大約似乎多用全抵之例，而實則逐出免供，全未爲之抵算者居多，固亦因仍明末之例，而葫蘆以行之。是此剩罪收贖之例，置而不講，固不自今日爲然矣。愚爲細思，非置之也，蓋業科目者惟工帖括，數學其所深耻也。攬端揆者包舉大綱，纖悉所不屑問也。執刑憲者務簡約以臻上理，期速結而絶塵囂，反覺論彼此而計輕重、審權量而較錙銖，不免失於拘文墨而事煩苛矣。誠如曹魏衛覬所云，刑法者，國家之所重，而私議之所輕。王政之敝，未必不由乎此，云云。誠哉其見道之論，此律中剩罪收贖之文，所以竟成虚具，以致故明二百餘年以迄我清定鼎以來，遂無有過而問之者。而國初制律君子，乃仍備存其文而不削，更復明著以仍依古制收贖一語，以係於後，其亦殆有欲存餼羊之微意也歟？

《清聖祖實録》康熙四十五年十月 丁卯，大學士等以秋審情實罪犯七十人請旨。上將招册逐一詳閲，反覆審定勾決者二十五人。諭大學士等曰：四輔臣時每年勾決動至百餘人，朕親政從，數十年來，每遇勾決，凡有一線可原者，未嘗不從寬宥，直至萬無可疑，始予勾決。至於光棍及有關主僕之分者，其罪斷不可寬也。

《清世宗實録》雍正八年四月 庚申，諭内閣：向因各省員缺需人，朕於部選之外，特旨命往甚多，恐其中賢愚不等，或有倚恃特用而生縱佚恣肆之心者。又或該管上司不知朕心，以其爲特用之員而存瞻狥姑容之見者。是以曾有特用人員深負朕恩，則加倍治罪之旨。蓋欲其知所儆惕以圖上進也。然必其所犯之罪果係貪婪不法，不可寬宥，方行加倍懲治。非謂因公詿誤一切叅罰案件，皆以其爲特用之員而概行加倍也。從前屢降諭旨甚明，近來該部及各省督撫尚有不問事之輕重，概以加倍議罪者，甚非朕立法之本意。至於盜案越獄，亦曾有加倍治罪之旨。蓋因朕整飭吏治，於地方事務不許隱匿，是以有司不敢諱盜諱命，每有案件，即行詳報，以致監禁之犯未免較多。而姦宄兇惡之徒，往往乘間越獄，冀脱重罪。又有罪本不至於死亦乘機越逃者，尤爲逞姦玩法，藐視憲典。是以有加倍治罪之條，以懲頑慝。又恐罪犯等不知此例，誤蹈重辟，特令各地方官刊木榜置於獄中，使身係囹圄之人莫不知悉，免致一時誤犯。以上加倍治罪一條，係朕曾經降旨者，乃内而法司外而督撫，往往比照此例，以加倍定擬具題。又有將本犯輕罪議以加倍，而抵之於死者，尤非平允之道。且國家立

法，原一定而不可易。其有應行從重加倍者，亦必待朕酌其情罪特頒諭旨，非臣工所可擅定者也。嗣後凡有議處議罪之條俱照本律定擬。其有負恩犯法、情罪重大應從重定擬者，必須折衷平允，不得擅用加倍字樣，開蒙混苛刻之端，負朕立法牖民警省防閑之至意。

《清高宗實録》乾隆十四年六月〔己丑〕理藩院奏，請改定民人蒙古等偷竊牲畜例。得旨：理藩院奏請更定民人行竊蒙古律文，甚是。向來蒙古與民人互相偷竊治罪之案，定例原未周詳。蒙古行竊，從重治罪者，蓋因蒙古居住，並無墻垣防衛，易於被竊，是以從重定擬。若民人在蒙古地方，偷竊蒙古牲畜，其易於行竊與蒙古何異？現今蒙古偷竊民人牲畜治以重罪，而民人偷竊蒙古牲畜，止從輕杖責發落，殊未平允。況竊匪巧詐，蒙古因見民人治罪甚輕，或賄令民人承認者有之。民人或教令蒙古行竊，而代爲承認者有之。凡在蒙古地方行竊之民人，理應照蒙古律治罪。如謂新定例不無過重，則蒙古之竊蒙古照蒙古例，蒙古之竊漢人照漢人例，始爲允當。但蒙古地方遼闊，部落蕃孳，俱賴牲畜度日，不嚴加治罪，何所底止。今將漢人之竊漢人，仍照漢人例，漢人之竊蒙古，照蒙古律則竊盜自必漸少，而立法亦屬平允。著照理藩院所奏，將律文更定，即行文沿邊駐劄界，連蒙古地方之督、撫、將軍等。令其通行曉諭。嗣後民人有在蒙古地方行竊者，即照現定律文，從重治罪。

（清）琴川居士《清奏議》卷四六熊學鵬《請慎改律令疏乾隆十五年》

太僕寺卿臣熊學鵬謹奏：爲敬抒愚忱密請聖鑒事，奉上諭：今春入夏以來，京畿附近地方雨澤未能普遍，深切憂勞乃者，十七日望月食既，雖春秋不書，月食未爲災異，然垂象示儆，惟應省愆修政，以仰格天心。其令九卿科道等悉心體究，或朕躬有闕，或時政失宜，據事直陳，毋有隱諱，仰見皇上敬天求言，省愆勤政乾惕靡寧之聖意。臣聞感格天心，惟應之以至寔，而維持治道，必慎之於至微。堯有九年之水，湯有七年之旱，水旱之災並不由堯湯所致，然必堯湯而後成至聖者，以其圖治未然，咨儆勾責，固不待政事之有闕失，早已炳燭，幾先勤修，體察用能，轉災爲福，以迓天庥也。欽惟我朝定鼎以來，百有餘年，海宇久安，飲和食德，自唐虞三代而後，治道之隆，未有倫比。其所以致此者，寔由列聖相承，深仁厚澤，久道化成。皇上如天好生仁恩湛歲洵，爲前代帝王之所莫能企及。惟是爲政之道，寬猛貴乎相濟，過寬則有廢馳之患，過猛則有刻覈之傷，二者各有流弊，皆當先事預防，以期政歸平允。上年秋審，勾決較前數年覺多，臣體察案情，如虧空人犯，身爲職官，貌視憲典，侵帑累公，軍機獲罪之人，僨事失律，又如雲南省母白舊案，乃淫兇惡機之徒，皆爲法所莫貸，此殺一人，正以安衆人，捧讀頒發諭旨。宸衷愷惻，原係辟以止辟，何嘗有意從嚴？乃臣見近年臣工條奏更改刑名律例者，大概多尚嚴厲，在諸臣急思整頓，雖不盡有成心，然禮載刑平國用中典，現在法度章程，燦然明備，但使守而勿替，即不流於廢弛，何必將法令漸改漸急，浸至滋章，有傷治道。夫治道之賴維持也，如人身培養元氣，當元氣充足之時，偶因寒暑失節，用一迅厲藥劑，一時非不快然，即有過當，未見大害。然暗中之傷損已多，所以用藥止求當可，而矯枉不宜過正。仰賴聖朝重熙累治，仁德覃敷，酷吏不聞於世。今若不預爲節制，設不治獄之吏不能仰體聖天子，刑期無刑之心，謬存以刻爲明之念，以爲治遒所繫，專尚刑威。或遇事生風，或文致定罪，迨至奏當之成，縱蒙聖明昭雪，已不勝拖累於先。況又覆盆不見日月者哉。夫天地之大德曰生，聖人之守位曰仁，清理刑獄者，乃祈求雨澤之方，崇尚寬仁者，是帝王經世之要。近聞徒罪以下人犯，業經奉有恩旨勅部分別減等、釋放矣。臣謹密請我皇上特降諭旨，曉示内外臣工，嗣後辯理一切刑名案件，務秉虚公常存忠厚，固不可姑息爲懷，致有廢馳之忠，更不可刻覈相尚，致傷寬大之仁。至於律令既定，遵守不易，非大不便不可輕議增改。況物情萬有不齊焉，能事事定一條例。查名例内開斷罪無正條者，引律比附，應加應減，定擬罪名，議定奏聞等語，是律令該載不盡事理。原有此條可遵，似毋庸多設科條，致滋煩擾。臣請嗣後臣工條奏刑名案件，有於舊典外請增科條者，概行禁止。其有於舊典中斟酌損益，或從寬改嚴，或從嚴改寬者，亦令該部將舊典與現在事勢細加確核，果寔有格礙難行之處，然後議改。將情節詳細聲明進呈恭候欽定，其言之一時似覺可聽，而行之日久不能無弊者，俱不得濫議更張，以重法守。如此庶綱紀定而刑罰清，自足以召時和而臻至治。臣伏念列祖世宗積德累仁之厚，皇上御極以來仁漸義摩之深，惟恐臣工内漸尚嚴苛，有累聖朝德化，是以鰓鰓過計防慮未然，不揣昧冒瀆聖明。

《清高宗實録》乾隆五十八年八月〔甲子〕諭曰：蔣兆奎奏，查明

秋審人犯擬議錯誤一摺。初閱奏摺，以爲必係罪名出入，定擬錯誤。及閱其所奏，乃係佈蘭毆斃濟成一案。因布蘭與濟成同係正藍旗，誤以被毆之蒙古濟成，亦屬滿洲，照例擬入情實，今查係錯誤，應改爲緩決。請與按察使祖之望一並交部議處等語。所奏不特拘泥，竟成笑柄矣。向來定例，滿洲殺死滿洲例文本未妥協，自應以旗人殺死旗人載入例條。則蒙古漢軍，皆可包括。況此例不過嚴禁旗人相殺之意，雖入情實，數年以來，朕酌其情不勾，改爲監候者甚多。今該撫誤會例意，以被毆之濟成係屬蒙古，誤擬情實，請改爲緩決。試思八旗俱有蒙古、漢軍，豈蒙古、漢軍獨非旗人，而滿洲殺死蒙古、漢軍，竟可毋庸抵償。如是異視，豈公道乎？蔣兆奎係初任巡撫，於刑名例案，或有未能諳悉之處。至臬司祖之望，係刑部出色司員，向在部中辦理刑名事件，稱爲能事，於律例自應諳悉，乃亦如是拘牽舛謬，所謂能事者安在？除本案仍照原擬辦理外，蔣兆奎、祖之望俱著傳旨，嚴行申飭，仍交部議處。至各省辦理此等案件，恐亦有似此拘迂者，並著通諭知之。

《十朝聖訓》 嘉慶十五年庚午二月庚寅，上諭內閣給事中葉紹楏奏請申明投遞匿名揭帖例禁，以靖刁風一摺：朕惟爲政之道，首正人心。不肖姦徒，隱匿姓名，挾嫌控告，意圖傾陷他人，而已則置身事外。居心陰險，誣上行私，其關係世風者，實非淺鮮。不經嚴行懲辦，則愈趨愈甚，流弊何窮？然懲治之法，惟在隨案究治，方爲辟以止辟之道。舊例，隱匿姓名告言人罪者，絞。見者，即便燒燬。送入官司，亦不爲審理。固爲禁絕刁風起見，殊不知此等刁惡之徒，近年益多。若不查拏懲創，不但鬼域伎倆可以幸逃憲綱，而罪狀不曉然衆著，又何以儆愓頑愚。近年來，此等案犯屢見叠出，豈燒燬不辦所能化導？朕於各衙門具奏之後，從未將所告之人立予訊辦。問或傳令到案，亦不過示筆跡，詢其平素往來嫌怨之人，藉得識其根由，便於縱跡。此正爲踹拏正犯，昭雪被誣。而設迨於獲犯之後，即所控容有得實，而投遞匿名者，仍必按律問絞，未賞稍予末減。如近日辦理莊親王太監李耒喜以奴告主一案，覈其情罪更重，則竟予絞決。並傳集諸王府太監在彼環視，使人人怵目驚心，共知斂戢。若將其所控文件即行燒燬，在莊親王則甘心受誣，家奴幸逃其刑憲，豈成政體？況此等狡黠之徒，或以前此所告不足聳聽，又復添砌重款，污衊百端，亦復何所忌憚乎？聯辦理庶獄，覈實秉公，從不好爲察察爾年大案。如廣與英綸倉案、庫案，其敗露發覺，並不由匿名控告。設或匿名揭帖中竟有此等巨案，亦必將告訐者治以本罪，誠以懲姦禁僞，兩不相妨。況告案無論虛實，皆當究辦。設因匿名所告多虛，概勿陳奏，則各衙門遇有控案，亦可意爲壓擱，不行奏請申理，民隱何由上聞？其中實有冤抑受害者，又將何從昭雪乎？該給事中此奏，爲正人心、息姦詐起見，而不知不如此則人心不靖，姦詐益不能戢也。將此通諭知之。

（清）王又槐《辦案要略·論命案》 毒藥殺人，有故買制和秘密謀害者，有備毒禽蟲獸物，收藏不妥，因而誤殺者。此乃罪名輕重攸關，秉鈞者當虛衷審辦，握管者須細心酌核。

痧脹及陰症不治而死者，《洗冤録》載：手足指甲皆青黯或青紫，甚則頭面及遍身紫黯。此因血敗成色，不可錯認服毒。

傷風身死者，醫書載明：無論何處傷風，其頂必腫。如口眼喎斜，牙關緊閉，傷處及頂浮腫，手足拘攣，是傷風一定情形也。文內須聲説受風形狀，並取醫生切供，文免駁詰。

保辜限內、限外死者，罪名輕重攸分。逾限一刻，即爲限外，須查明死者時刻，分別定案。

（清）王又槐《辦案要略·論命案》 鬥毆之案，見證有人，器械有據，兇手不能狡脱，即使傷痕不明，情節不合，而正兇到底不錯。惟謀殺人命，以及昏夜械鬥，並一切曖昧案件，若不執有確據，只憑犯供數語，安知非畏刑而誣認，難保不翻供而呼冤。即反覆刑訊，部院照供成獄，而清夜問心，終難自信。幸而法得其當，可無慚於衾影，設使罪非其人，恐難質諸鬼神矣。

（清）王又槐《辦案要略·論命案》 疑難之案，若無真正兇犯，切實供據，只可詳報緝兇，俟訪獲明確，再行審辦。不可捕風捉影，懸揣刑求。倘率混詳報，一經翻駁，措手不及。抑或別處拿獲真兇，失入之咎難辭。即使始終屈抑成招，而天良何在？冤枉必報，秉筆者不可不慎也。

（清）王又槐《辦案要略·論命案》 檢驗自縊者，手足俱垂，血氣凝注，牙齒、手指尖骨俱帶赤色；或血氣墜下不均，則十指尖骨赤白不同；若俱白色，非縊死也。又有將帶先係項頸，然後登高吊掛八字不交

者，頭向左側，傷在左耳根骨；頭向右側，傷在右耳根骨；如纏繞係有一道交匝者，傷在項頸骨，皆須酌看形勢。被勒者，多有制縛磕碰等傷，或牙齒脱落，指尖骨白色無血暈。凡自縊與被勒、被搭死者，頂心及左右骨有血暈。或又云：縊死者無血暈。如有查辦自盡命案，屍親不到，一面審詳，一面關傳；如屍親後到，亦可以供補詳結案。或有屍親圖詐挾制，故意避匿者，須訪緝唆訟把持之人，根尋到案。若真正命案，屍親實在遠出，不能即到者，驗訊明確，亦須先行詳報。

（清）王又槐《辦案要略·論命案》 律稱：犯罪官司差人追捕，有拒捕者，於本罪上加二等。若罪人持仗拒捕，其捕者格殺勿論等語，乃指本犯應該拘訊，本官因而差遣，方爲應捕之人，律得勿論。非凡有罪之犯，無論何人，皆可捕殺，概得勿論也。若捕者非應捕人，則拒傷者不得爲罪人。既非罪人，則不得援格殺勿論之律矣。

（清）王又槐《辦案要略·論犯姦》 有本係和姦，姦婦因人窺破而諱和爲强，以圖掩飾者；有已通姦，姦婦後自愧悔拒絶，而姦夫仍圖續好，用强逼勒者；有先與甲姦後與乙姦，受乙拒甲而指爲强者；有本夫先已縱姦，商謀訛詐而捏爲强者；又有僅以語言調戲，手足勾引，而本夫、本婦憤恨告强者；有因瓜李未避，疑其圖姦者；並有淫婦貪色，被男子拒絶而淫婦恐其泄露，先以强姦，調姦誣指者；亦有姦夫懼罹重罪，而詐强爲和者，此皆告姦案中變態，不可不察。

白晝一人行强，雖在曠野幽僻，人迹罕到之處，姦多不成。若告成姦，便以强合以和成也，或僅調戲而成姦者有之。

白日圖姦，多在孤村曠野，邂逅相遇，淫念頓起，其事多係一人。十五歲以下之幼女，或可强合，十六歲以上之少婦難成。但婦女孤行無伴，多非貞節，其姦後泄露者，非因許給資財被其詐騙，即思恐嚇訛詐，諱和爲强也。抑或有田舍婦女，一人獨處，偶爾失依，遇年少惡徒，結伴同行，見而强合成姦者。若一老一小同行，則無是事。

兩人行强，自必輪姦。如有一人尚未成姦，必係因人撞退，捉獲，若云因有别故，多不可信。

黑夜一人行强而成姦者，果係貞節烈婦，雖不能抵禦强暴於當時，必不肯忍垢蒙耻於過後。本婦姦夫身上定受有傷，傍人得以聞知。若以刀槍禁嚇，手足架壓，畏而不言，忍而成姦，膚體毫無損傷，過後不尋自盡者，仍是以强合以和成，非强論也。但黑夜一人而行强，亦多不成。

有等貪眠婦人，因夫在近處未回，掩門先睡，被姦徒窺伺，冒認入室而偷姦者，或經當時覺察，或被捉獲，或於過後覺悟者，此等案件最易捏混，須細心體察。再此項情罪，例無明文，臨時比照酌議。如冒姦屬實，即照强姦辦理。向有成案。增注。

婦人因姦自盡，於實係强姦、圖姦威迫者恒少，而因和姦、縱姦敗露者居多，屍屬因礙顔面，每多諱和爲强，迭控不已。此等案件，全在審詳之初把握折服，俾刁徒無所施其伎矣。

和姦之案，姦婦因姦敗露，羞憤自盡，姦夫滿徒，乃指本夫不知情者而言。若本夫縱容妻妾與人通姦，姦婦因其敗露而自盡者，比照本夫縱姦自盡之例，本夫、姦夫各杖九十。有成案。

（清）王又槐《辦案要略·論犯姦》 强姦者，律注載明：須有强暴之狀，婦人不能掙脱之情，亦須有人知聞，及損傷膚體、毁裂衣服之屬，方坐絞罪。若以强合以和成，猶非强也。夫姦情最易誣捏，强與和罪名輕重懸殊，若不審辯察核，分晰清楚，則淫婦冒認貞節，烈婦徒死溝壑矣。

（清）王又槐《辦案要略·論命案》 命案有並未報官私自掩埋者，或經訪聞，或屍親告發。如審有謀、故、鬥毆重情，則先開棺驗明屍傷。若屍久糜爛，無從相驗，即叙明兇犯證佐各供，通詳請檢。如審無别故，屍親狡供不服，即令屍親指明傷痕、器械，取具切供甘結，然後開棺驗屍。有傷則究明正兇詳報，無傷則將屍親坐誣。至死者年久，無憑相驗，或係原被在外張揚以致訪聞，則將原由叙明，訊取切實各供，詳明開檢。如檢出有傷，固無妨礙；即檢出無傷，在官訪聞亦屬有因，庶能立身於無過之地也。

（清）王又槐《辦案要略·論命案》 誤食毒物而死者，須查明毒藏何處，買自何人，有無同食之人及餘剩之物，取驗作證。銀針試毒，必須用真紋銀打成方可信用。銀匠每多抽真换假，或以低色搭配，即當面目擊，亦能弄弊，有司不知而誤用，難以辯傷。惟有多發紋銀，飭令成造二、三條，另换工匠，抽出一條入爐傾熔，仍成原色，其針纔可備用。

自盡命案，每有先被毆而後自盡者，亦有既服毒而又溺水或投繯者，

又有自戕不死而復自縊或投水者，甚至有勒斃假作自縊者，此等案件，若不勘酌妥辦，必干駁詰。全在臨時變化，不留疑竇耳。輕生自盡之案，若不將致死根由察核較勘，間有細故，誤成大獄。全部律例不可不熟籌於胸中也。

輕生自盡並無威逼者，即可加看，隨詳議結。若因威逼致死，必待復審再詳，方可結案。稍不酌核案情，驟欲詳結，多干批飭再審也。至自盡案中，或有争角別情，與死無涉，應擬笞杖者，亦可隨詳議結，不必先報後審，臨時裁酌。

自盡命案從中調處，並無得賄情事者，照私和公事律，笞五十。

自盡病斃等案，一經呈報，務必驗訊明確，詳報立案。或遞攔詞，概不可準。若呈而不驗，驗而不報，事後告發，則屍自腐爛，無傷亦稱有傷，心懷疑懼，難以剖辨。上司或委員查審復檢，幸而驗審無故，亦不免跋涉費用之苦，兼難辭怠惰廢弛之咎。萬一驗有別故，則諱命之參處立至，雖有準告免檢之例。無如人情刁詐，變幻百出，不可不置身於無過之地也。

自盡等案，準告免檢例内原云：官司詳審明白。所謂詳審明白者，似宜親詣屍所相視情形，並訊取衆供，確鑿毫無疑義。如屍親懇求免驗，亦不妨當場準結，以順下情，仍一面通詳立案。若甫經報官，忽遞攔詞，又或於中途攔驗，則不可準行也。

輕生自盡命案，屍親借爲居奇。其家稍有貲財，百般窘辱，挾制訛詐，鄉民慮其控官施累，勢不得已，曲從濟欲。既埋之後，内有屍親一、二族人素行無賴，未遂慾壑，赴官首告者，每每有之。凡遇輕生之案，若非死者的親之人出頭控告，先須訊明因何首告實情，從重責處押帶，再傳屍屬人等，核訊取具供結，酌量辦理。

（清）王又槐《辦案要略・論命案》　戲殺者，本無争競之心，偶將堪以殺人之事爲戲是也。若因戲謔而致争角，則是鬥殺，非戲殺也。倘有幾人共相嬉戲，並無争奪，内有一人失誤自戕，孽由自作，亦非戲殺。但同戲之人均有不合，當問不應重杖。同謀共毆與威力主使爲從，擬罪各別，彼此情節若不分晰清楚，似乎主使。

（清）王又槐《辦案要略・論命案》　威力制縛、拷打、監禁致死者，惟毆打一項，律例有主使之條，分別首、從議罪。以死由於傷，傷有輕重可分也。若縛禁原不致於斃命，其因而致死者，非由凍餓，定有別情。如係威力主使，其聽從縛、禁之人，臨時酌看情節擬斷，倘因捆縛而當時勒斃者，當以謀殺論，又非威力制縛也。

（清）王又槐《辦案要略・論犯姦》　和姦者，乃姦夫姦婦兩人苟合成姦，本夫與父母不知情也。若一知情而不禁其往來，不加以防閑，則爲縱容通姦；或本夫與父母知先有姦，而後受姦夫之賄，任其出入，亦曰縱姦；或夫與父母希圖姦夫資助，商諸妻女賣姦，而妻女樂從者，則曰賣姦；若妻女先不願與人姦，夫與父母貪財，因而抑勒强勉以從者，則爲抑勒通姦；而姦夫往來人多，肆無忌憚者，則爲通娼、土妓；如携帶妻女遍處賣姦者，則爲流娼；見人行姦而挾制宜淫者，則爲刁姦，均當分辯。

綜述

（明）丘濬《大學衍義補》卷一〇五《慎刑憲・明流贖之意》　帝曰：皋陶，汝作士，五流有宅，五宅三居。

孔安國曰：謂不忍加刑則流放之，若四凶者。五刑之流，各有所居，五居之差，有三等之居。大罪四裔，次九州之外，次千里之外。

臣按：後世之律，犯流罪者，或三千里，或二千里，或千里，有遠近之差者，原蓋出於此。

（清）孫星衍《尚書今古文注疏》卷二《吕刑》　大辟疑赦，其罰千鍰。閲實其罪。

〔孫星衍〕注：大傳説：降、畔、賊、劫、略、奪、攘、矯、虔者，其刑死。又説：夏后氏不殺不刑，死罪二千饌。

〔疏〕大辟者，《文王世子》云其死罪。則曰某之罪在大辟，是即大傳之死刑也。大傳説見上。又云夏后不殺不刑，死罪二千饌者。下云禹之君民也，罰弗及强而天下治，一饌六兩。鄭注云：所出金鐵，死罪出三百七十五斤，用財少爾。此鄭從今文説也。

（明）丘濬《大學衍義補》卷一〇七《慎刑憲・議當原之辟》 以八辟。法也。麗附也。邦法，附刑罰。一曰議親之辟，二曰議故之辟，三曰議賢之辟，四曰議能之辟，五曰議功之辟，六曰議貴之辟，七曰議勤之辟，八曰議賓之辟。

鄭玄曰，親若今時宗室有罪先請是也，故謂舊知也。賢謂有聽行者，若今廉吏有罪先請是也。能謂有道藝者，功謂有大勳力立功者，貴若今吏墨綬有罪先請是也。勤謂憔悴以事國，賓謂所不臣者，三恪二代之後。

臣按：王之親故，不可與衆人同例，有罪議之，所以教天下之人，愛其親族，厚其故舊。國之賢能，不可與庸常同科，有罪議之，所以教天下之人尚乎德行，崇乎道藝。有功者，則可以折過失，有罪議之，則天下知上厚於報功而皆知所懋。有位者，不可以輕摧辱，有罪議之，則天下知上之重於貴爵，而皆知所敬。有勤勞者，不可以沮抑，有罪則議之，使天下知上之人不忘人之勞。爲國賓者，宜在所優異，於有罪則議之，使天下知上之人有敬客之禮。先儒謂八者天下之大教，非天子私親故而撓其法也。人倫之美莫斯爲大。

（清）嚴可均《全上古三代文》卷九 僕區之法：盜所隱器，與盜同罪。《左傳》昭七年，芋尹無宇引吾先君文王作僕區之法。注：《僕區》刑書名。

（清）嚴可均《全上古三代文》卷三 誓命：毀則爲賊，掩賊爲藏，竊賄爲盜，盜器爲姦。主藏之名，賴姦之用，爲大兇德。有常無赦，在九刑不忘。《左傳》文十八年注：誓命以下皆《九刑》之書。《九刑》之書今亡。

（清）嚴可均《全上古三代文》卷四 習射令：人之有狐疑之訟者，令之射的，中之者勝，不中者負。《韓非子・内儲説上》李悝爲上地守，欲人之善射也，乃下命云云，令下，而人皆疾習射。與秦人戰大敗之。

（清）嚴可均《全上古三代文》卷八 〔齊滑王〕令：殺人者死，傷人者刑。《吕氏春秋・正名》尹文曰王之令。

（唐）杜佑《通典》卷一七〇《刑法・囚繫》 〔《周官・司寇》〕凡害人者，寘之圜土，弗使冠飾，而加明刑焉。任之以事，而收教之。能改者，上罪三年而舍，中罪二年而舍，下罪一年而舍。其不能改而出圜土者，殺。雖出，三年不齒。害人，爲百姓害者。寘，置也。弗使冠飾者，著黑幪，若古之象刑。明刑者，書其罪於大方版，著其背。任之以事，若今罰作也，舍，釋也。出，謂逃亡也。反於中國者，舍之還鄉里也。凡囚者，上罪梏拲而桎，中罪桎梏，下罪梏。王之同族拲，有爵者桎，以待弊罪。凡囚者，謂非盜賊，自以他罪拘者。拲者，兩手共一木。桎梏者，兩手各一木，在手曰梏，在足曰桎。中罪不拲，手足各一木；下罪又去桎。王同族及命士以上，雖有上罪，或拲或桎而已。弊，斷也。拲音居勇反。弊音必勢反。

（元）馬端臨《文獻通考》卷一二《職役考・歷代鄉黨版籍職役》 秦用商鞅變法，令民爲什伍，而相牧司連坐。告姦者，與斬敵首同賞，不告姦者，與降敵同罰。

《漢書》卷四《文帝紀》〔文帝紀注引〕應劭曰：秦法，一人有罪，并其室家。

（清）薛允升《漢律輯存・後漢書》 建武三年。詔曰：吏不滿六百石，下至墨綬長、相，有罪先請。男子八十以上，十歲以下，及婦人從坐者，自非不道，詔所名捕，皆不得繫。當驗問者即就驗。女徒雇山歸家。（卷一上・光武帝紀上）。

詔書有名而特捕者。

（清）薛允升《漢律輯存・後漢書》 二年。詔曰：律十二月立春，不以報囚。月令冬至之後，有順陽助生之文，而無鞫獄斷刑之政。朕咨訪儒雅，稽之典籍，以爲王者生殺，宜順時氣。其定律，無以十一月、十二月報囚。卷三・肅宗孝章帝紀。報猶論也。

（清）薛允升《漢律輯存・經義・春秋公羊傳》 莊公十年二月。公侵宋。傳曷爲，或言侵，或言伐。觕者曰侵，精者曰伐。戰不言伐，圍不言戰，入不言圍，滅不言入，書其重者也。

注曰：明當以重者罪之，猶律一人有數罪，以重者論之。惠棟《九經古義》：律一人有數罪，以重者論之。案昭卅一年傳，與此同。蓋漢律也。孫星衍《尚書今古文注疏》：《吕刑》有并兩刑者。鄭注《大傳》云：二人俱罪，吕侯之説刑也，犯數罪，猶以上一罪刑之，言犯二罪以上止科一罪也。鄭注此條雖佚，亦必云然。《大傳》注見《御覽・刑法部一》。

（清）薛允升《漢律輯存・經義・春秋公羊傳》 閔公元年，春，正月。傳公何以不言即位？繼弑君，不言即位。孰繼？繼子般也。孰弑子般？

慶父也。殺公子牙，今將爾？季子不免。慶父弒君，何以不誅？將而不免，遏惡也。既而不可及，因獄有所歸，不探其情而誅焉，親親之道也。

注曰：論季子當從議親之辟，猶律親親得相首匿，當與叔孫得臣有差。惠棟《九經古義注》云：律親親得相首匿。《漢書》，地節四年，詔曰：父子之親，夫婦之道，天性也，雖有患禍，猶蒙死而存之。誠愛結于心，仁厚之至也，豈能違之哉？自今子首匿父母，妻匿夫，孫匿大父母，皆勿坐。其父母匿子，夫匿妻，大父母匿孫，罪殊死，皆上請廷尉以聞。

（清）薛允升《漢律輯存·禮記尚書》《禮記》：文王世子，告于甸人。

注云：告讀爲鞫，讀書用法曰鞫。〔按〕依字當作鞫。《正義》云：讀書，讀囚人之所犯罪狀之書。用法，謂以法律平斷其罪。

案秋官小司寇讀書用法，先鄭云：如今時讀鞫，已乃論之。賈公彦曰：鞫謂劾因之要辭，讀已乃行刑。

說文作𥷚，窮治罪人也。段曰：文王世子云云，《漢書·功臣表》坐爲太常鞫獄不實。如淳曰：鞫者，以其辭決罪也。《張湯傳》訊鞫論報。張晏曰：鞫，一吏爲讀狀，論其報行也。《刑法志》：遣廷史與郡鞫獄。如淳曰：以因辭決獄事爲鞫，謂疑獄也。段曰：按鞫者，俗𥷚字，譌作鞫。古言鞫，今言供語之轉也。今法具犯人口供於前，具勘語擬罪於後，即周之讀書用法，漢之以辭決罪也。鞫與窮一語之轉，故以窮治罪人釋鞫，引申爲凡窮之偁。《谷風·南山小弁》傳曰窮也，《公劉》傳曰究也，《節南山》傳曰盈也，究盈亦窮之意。《采芑》傳曰鞫告也，此則謂鞫即告之叚借字，文王世子告於甸人亦是叚告爲鞫也。〔按〕此字隸作鞫，俗改爲鞠大誤。

（清）薛允升《漢律輯存·周禮》凡士之治有期日，期内之治聽，期外不聽。

鄭司農云：若今時徒論決，滿三月不得乞鞫。鄧展曰：漢律有故乞鞫。司馬貞案晉令云：獄結竟，呼囚鞫語罪狀，因若稱枉欲乞鞫者，許之也。《新律序》云：二歲刑以上，除以家人乞鞫之制，省所煩獄也。二歲刑，謂耐以上，此魏世所改。

凡有責者，有判書以治，則聽。若今時辭訟，有券書者爲治之。

（宋）王應麟《玉海》卷六五《詔令·律令》《說文》引漢令曰：趆張百人蠻夷長有罪當殊之，蠻夷卒有額。

《晉書》卷三《武帝紀》〔泰始八年〕二月乙亥，禁雕文綺組非法之物。

（明）丘濬《大學衍義補》卷一〇五《慎行憲·明流贖之意》明帝永平八年，詔三公募郡國中都官死罪繫囚減罪一等勿笞，屯朔方五原之邊縣，後又詔詣邊者妻子自隨。

臣按：此後世謫囚徒戍邊始此。

《晉書》卷二六《食貨志》孝武太元三年，詔曰：錢，國之重寶，小人貪利，銷壞無已，監司當以爲意。廣州夷人寶貴銅鼓，而州境素不出銅，聞官私賈人皆於此下貪比輪錢斤兩差重，以入廣州，貨與夷人，鑄敗作鼓。其重爲禁制，得者科罪。

《南史》卷三〇《何尚之傳》義熙五年，吴興武康縣人王延祖爲劫，父睦以告官。新制：凡劫身斬刑，家人棄市。睦既自告，於法有疑。時叔度爲尚書，議曰：設法止姦，必本於情理，非謂一人爲劫，闔門應刑。所以罪及同産，欲開其相告，以出造惡之身。睦父子之至，容可悉共逃亡，而割其天屬，還相縛送，解腕求存，於情可愍。并合從原。從之。

（宋）司馬光《資治通鑑》宋文帝元嘉八年九月初，魏昭成帝始制法令：什翼犍謚昭成帝。反逆者族；其餘當死者聽入金、馬贖罪；殺人者聽與死家牛馬、葬具以平之；盜官物，一備五；私物，一備十。

（宋）司馬光《資治通鑑》宋順帝昇明二年五月魏禁皇族、貴戚及士民之家不顧氏家族，下與非類婚偶；犯者以違制論。

（宋）司馬光《資治通鑑》齊武帝永明三年春正月戊寅，魏詔曰：圖讖之興，出於三季，三代之季也。讖，楚譖翻。既非經國之典，徒爲妖邪所憑。自今圖讖、秘緯，一皆焚之，於遥翻。緯，於貴翻。留者以大辟論！律，凡言以論者，罪同真犯。辟，毗亦翻。又嚴禁諸巫覡及委巷卜筮非經典所載者。直曰街，曲曰巷。委，卽曲也。鄭玄曰：委巷，猶街里委曲所爲也。覡，刑狄翻。

《南史》卷四《齊本紀·武帝》〔武帝永明七年正月辛亥〕，申明不舉子之科。

（清）朱銘盤《南朝齊會要·刑·律令雜禁令附》〔永明〕七年四月戊寅，詔：婚禮宜爲節文，頒之士庶。如故有違，繩之以法。十月己丑詔：以吉凶奢靡，動違矩則。可明爲條制，嚴勒所在，悉使畫一。如復違犯，依事糾奏。本《紀》。

《南齊書》卷五六《呂文度傳》 永明中，敕親近不得輒有申薦，人士免官，寒人鞭一百。

《南齊書》卷三《武帝本紀》〔武帝永明十一年七月戊寅詔〕自今公私皆不得出家爲道，及起立塔寺，以宅爲精舍，並嚴斷之。

《南史》卷五《齊本紀·明帝》〔明帝建武元年十一月〕甲申，斷官長貢獻及私餉遺。

《南史》卷六《梁本紀·武帝》〔天監〕十一年春正月壬辰，詔自今逋謫之家，及罪應質作，若年有老小，可停將送。

《梁書》卷二《武帝本紀》〔十七年正月丁巳，詔〕逋叛之身，罪無輕重，並許首出，還復民伍。

（唐）許嵩《建康實録》梁高祖武皇帝中大同元年七月 甲子詔今已後有犯罪，非大逆及殺父母已下，並勿坐。

《梁書》卷三《武帝本紀》 詔曰：史蕭淵明爲大都督。王師北伐，以南豫州刺〔太清元年〕八月乙丑，今汝南新復，嵩潁載清。瞻言遺黎，有勞釁痍，宜覃寬惠，與之更始。應是緣邊初附諸州部内百姓，先有負罪流亡，逃叛入北，一皆曠蕩，不問往釁，並不得挾以私仇而相報復。若有犯者，嚴加裁問。

《魏書》卷五《高宗文成帝紀》〔和平四年八月〕壬申，詔曰：前以民遭飢寒，不自存濟，有賣鬻男女者，盡仰還其家。或因緣勢力，或私行請託，共相通容，不時檢校，令良家子息仍爲奴婢。今仰精究，不聽取贖，有犯加罪。若仍不檢還，聽其父兄上訴，以掠人論。

《北史》卷三《魏本紀·高祖孝文帝》〔魏延興二年〕二月乙巳，詔曰：頃者，淮徐未賓，尼父廟隔非所，致令祠典寢頓，禮章殄滅，遂使女巫妖覡淫進非禮。自今有祭孔廟，制用酒脯而已，不聽婦女雜合，以祈非望之福。犯者以違制論。其公家有事，自如常禮。

《北史》卷三《魏本紀·高祖孝文帝》〔魏太和〕七年春正月庚申，詔曰：朕每思知百姓疾苦以增修寬政，故具問守宰苛虐之狀於州郡使者。今秀孝計掾對多不實，甚乖朕虚求之意。宜案以大辟，明罔上必誅。然情猶未忍，可恕罪聽歸，申下天下，使知後犯無恕。

《魏書》卷一一四《釋老志》〔元象元年〕冬，又詔：天下牧守令長，悉不聽造寺。若有違者，不問財之所出，並計所營功庸，悉以枉法論。

《舊唐書》卷七七《劉德威傳》〔貞觀〕十一年，〔劉德威〕復授大理卿。太宗嘗問之曰：近來刑網稍密，其過安在？德威奏言：誠在主上，不由臣下。人主好寬則寬，好急則急。律文失入減三等，失出減五等。今則反是，失入則無辜，失出便獲大罪。所以吏各自愛，競執深文，非有教使之然，畏罪之所致耳。陛下但捨所急，則寧失不經復行於今日矣。太宗深然之。

（唐）長孫無忌等《唐律疏議》卷一《名例·十惡》 疏議曰：五刑之中，十惡尤切，虧損名教，毁裂冠冕，特標篇首，以爲明誡。其數甚惡者，事類有十，故稱十惡。然漢制《九章》，雖並湮没，其不道、不敬之目見存，原夫厥初，蓋起諸漢。案梁陳已往，略有其條。周齊雖具十條之名，而無十惡之目。開皇創制，始備此科，酌於舊章，數存於十。大業有造，復更刊除，十條之内，唯存其八。自武德以來，仍遵開皇，無所損益。

一曰謀反。謂謀危社稷。

疏議曰：案《公羊傳》云：君親無將，將而必誅。謂將有逆心，而害於君父者，則必誅之。《左傳》云：天反時爲災，人反德爲亂。然王者居宸極之至尊，奉上天之寶命，同二儀之覆載，作兆庶之父母。爲子爲臣，惟忠惟孝。乃敢包藏兇慝，將起逆心，規反天常，悖逆人理，故曰謀反。

注：謂謀危社稷。

疏議曰：社爲五土之神，稷爲田正也，所以神地道，主司嗇。君爲神主，食乃人天，主泰即神安，神寧即時稔。臣下將圖逆節，而有無君之心，君位若危，神將安恃。不敢指斥尊號，故託云社稷。《周禮》云左祖右社，人君所尊也。

二曰謀大逆。謂謀毀宗廟、山陵及宮闕。

疏議曰：此條之人，干紀犯順，違道悖德，逆莫大焉，故曰大逆。

注：謂謀毀宗廟、山陵及宮闕。

疏議曰：有人獲罪於天，不知紀極，潛思釋憾，將圖不逞，遂起惡心，謀毀宗廟、山陵及宮闕。宗者，尊也。廟者，貌也。刻木爲主，敬象尊容，置之宮室，以時祭享，故曰：宗廟。山陵者，古先帝王因山而葬，黄帝葬橋山即其事也。或云，帝王之葬，如山如陵，故曰山陵。宫者，天有紫微宮，人君則之，所居之處故曰宮。其闕者，《爾雅・釋宮》云：觀謂之闕。郭璞云：宮門雙闕也。《周禮・秋官》：正月之吉日，懸刑象之法於象魏，使人觀之，故謂之觀。

三曰謀叛。謂謀背國從僞。

疏議曰：有人謀背本朝，將投蕃國，或欲翻城從僞，或欲以地外奔，即如莒牟夷以牟婁來奔，公山弗擾以弗叛之類。

四曰惡逆。謂毆及謀殺祖父母、父母，殺伯叔父母、姑、兄姊、外祖父母、夫、夫之祖父母、父母者。

疏議曰：父母之恩，昊天罔極。嗣續妣祖，承奉不輕。梟鴟其心，愛敬同盡，五服至親，自相屠戮，窮惡盡逆，絶棄人理，故曰惡逆。注：梟鴟犯翼祖，廟諱改爲鴟。

注：謂毆及謀殺祖父母、父母，殺伯叔父母、姑、兄姊、外祖父母、夫、夫之祖父母、父母者。

疏議曰：毆謂毆擊，謀謂謀計。自伯叔以下，即據殺訖，若謀而未殺，自當不睦之條。惡逆者，常赦不免，決不待時，不睦者，會赦合原，唯止除名而已。以此爲别，故立制不同。其夫之祖父母者，夫之曾、高祖亦同。案喪服制，爲夫曾、高服緦麻；若夫承重，其妻於曾，高祖，亦如夫之父母服期。故知稱夫之祖父母，曾、高亦同也。

問曰：外祖父母及夫，據禮有等數不同，具爲分析。

答曰：外祖父母，但生母身，有服、無服，並同外祖父母，所以如此者，律云不以尊壓及出降故也。若不生母身者，有服同外祖父母，無服同凡人。依禮，嫡子爲父後及不爲父後者，並不爲出母之黨服，即爲繼母之黨服，此兩黨俱是外祖父母，若親母死於室，爲親母之黨服，不爲繼母之黨服，此繼母之黨無服，即同凡人。又，妾子爲父後及不爲父後者，嫡母存，爲其黨服；嫡母亡，不爲其黨服。《禮》云：所從亡則已。此既從嫡母而服，故嫡母亡，其黨則已。夫者，依禮，有三月廟見，有未廟見，或就婚等三種之夫，並同夫法。其有克吉日及定婚夫等，唯不得違約改嫁，自餘相犯，並同凡人。

五曰不道。謂殺一家非死罪三人，及支解人，造畜蠱毒、厭魅。

疏議曰：安忍殘賊，背違正道，故曰不道。

注：謂殺一家非死罪三人，及支解人。

疏議曰：謂一家之中，三人被殺，俱無死罪者。若三人之内，有一人合死及於數家各殺二人，唯合死刑，不入十惡。或殺一家三人，本條罪不至死，亦不入十惡。支解人者，謂殺人而支解，亦據本罪合死者。

注：造畜蠱毒、厭魅。

疏議曰：謂造合成蠱。雖非造合，乃傳畜，堪以害人者，皆是。即未成者，不入十惡。厭魅者，其事多端，不可具述，皆謂邪俗陰行不軌，欲令前人疾苦及死者。

六曰大不敬。謂盗大祀神御之物、乘輿服御物；盗及僞造御寶；合和御藥誤不如本方及封題誤；若造御膳，誤犯食禁；御幸舟船，誤不牢固；指斥乘輿，情理切害及對捍制使，而無人臣之禮。

疏議曰：禮者，敬之本。敬者，禮之輿。故《禮運》云：禮者君之柄，所以别嫌明微，考制度，别仁義。責其所犯既大，皆無肅敬之心，故曰大不敬。

注：謂盗大祀神御之物、乘輿服御物。

疏議曰：大者，依《祠令》：昊天上帝、五方上帝、皇地祇、神州、宗廟等爲大祀。《職制律》又云：凡言祀者，祭、享同。若大祭、大享，並同大祀。神御之物者，謂神祇所御之物。本條注云：謂供神御者，帷帳几杖亦同。造成未供而盗，亦是。酒醴饌具及籩、豆、簠、簋之屬，在神前而盗者，亦入大不敬；不在神所盗者，非也。乘輿服御物者，謂主上服御之物。人主以天下爲家，乘輿巡幸，不敢指斥尊號，故托：乘輿以言之。本條注云：服通衾、茵之屬，真、副等。皆須監當之官部分擬進，乃爲御物。

注：盜及僞造御寶。

疏議曰：《説文》云：璽者，印也。古者尊卑共之，《左傳》云：襄公自楚還，及方城，季武子取卞，使公冶問，璽書，追而予之。是其義也。秦漢以來，天子曰璽，諸侯曰印。開元歲中，改璽曰寶。本條云：僞造皇帝八寶，此言御寶者，爲攝三后寶並入十惡故也。

注：合和御藥誤，不如本方，及封題誤。

疏議曰：合和御藥，雖憑正方，中間錯謬，誤違本法。封題誤者，謂依方合訖，封題有誤，若以丸爲散，應冷言熱之類。

注：若造御膳，誤犯食禁。

疏議曰：《周禮》：食醫掌王之八珍。所司特宜敬慎，營造御膳，須憑食經，誤不依經，即是不敬。

注：御幸舟船，誤不牢固。

疏議曰：帝王所之，莫不慶幸，舟船既擬供御，故曰御幸舟船。工匠造船，備盡心力，誤不牢固，即入此條。但御幸舟船以上三事，皆爲因誤得罪，設未進御，亦同十惡。如其故爲，即從謀反科罪。其監當官司，準法減科，不入不敬。

注：指斥乘輿，情理切害。

疏議曰：此謂情有觖望，發言謗毀，指斥乘輿，情理切害者。若使無心怨天，唯欲誣構人罪，自依反坐之法，不入十惡之條。舊律云言理切害，今改爲情理切害者，蓋欲原其本情，廣恩慎罰故也。

注：及對捍制使，而無人臣之禮。

疏議曰：奉制出使，宣佈四方，有人對捍，不敬制命，而無人臣之禮者。制使者，謂奉勑定名及令所司差遣者是也。

七曰不孝。謂告言、詛詈祖父母、父母，及祖父母父母在，别籍異財，若供養有闕。居父母喪，身自嫁娶，若作樂，釋服從吉。聞祖父母父母喪，匿不舉哀，詐稱祖父母父母死。

疏議曰：善事父母曰孝。既有違犯，是名不孝。

注：謂告言、詛詈祖父母父母。

疏議曰：本條直云：告祖父母父母，此注兼云：告言者，文雖不同，其義一也。詛，猶呪也。詈，猶駡也。依本條：詛欲令死及疾苦者，皆以謀殺論，自當惡逆。唯詛求愛媚，始入此條。

問曰：依《賊盜律》，子孫於祖父母父母求愛媚而厭、呪者，流二千里。然厭魅、呪詛，罪無輕重。今詛爲不孝，未知厭入何條？

答曰：厭、呪雖復同文，理乃詛輕厭重。但厭魅凡人，則入不道；若呪詛者，不入十惡。《名例》云：其應入罪者，則舉輕以明重。然呪詛是輕，尚入不孝，明知厭魅是重，理入此條。

注：及祖父母父母在，别籍異財。

疏議曰：祖父母父母在，子孫就養無方，出告反面，無自專之道。而有異財，别籍。情無至孝之心，名義以之俱淪，情節於茲並棄，稽之典禮，罪惡難容。二事既不相須，違者併當十惡。

注：若供養有闕。

疏議曰：《禮》云：孝子之養其親也，樂其心，不違其志。以其飲食而敬養之。其有堪供而闕者，祖父母父母告，乃坐。

注：居父母喪，身自嫁娶，若作樂，釋服從吉。

疏議曰：居父母喪，身自嫁娶，皆謂首從得罪者。若其獨坐主婚，男女即非不孝。所以稱身自嫁娶，以明主婚不同十惡故也。其男夫居喪娶妾，合免所居之一官。女子居喪爲妾，得減妻罪三等，並不入不孝。若作樂者，自作遣人等。樂，謂擊鐘、鼓，奏（絲竹）、匏、磬、塤、篪，歌舞，散樂之類。釋服從吉，謂喪制未終，而在二十七月之内，釋去衰裳而著吉服者。

注：聞祖父母父母喪，匿不舉哀。及詐稱祖父母父母死。

疏議曰：依《禮》：聞親喪，以哭答使者，盡哀而問故。父母之喪，創巨尤切，聞即崩殞，擗踴號天。今乃匿不舉哀，或揀擇時日者，並是。其詐稱祖父母父母死，謂祖父母、父母見在而詐稱死者。若先死而詐稱始死者，非。

八曰不睦。謂謀殺及賣緦麻以上親，毆告夫及大功以上尊長、小功尊屬。

疏議曰：《禮》云：講信修睦。《孝經》云：民用和睦。睦者，親也。此條之内，皆是親族相犯，爲九族不相叶睦，故曰不睦。

注：謂謀殺及賣緦麻以上親。

疏議曰：但有謀殺及賣緦麻以上親，無問尊卑長幼，總入此條。若

謀殺期親尊長等，殺訖即入惡逆。今直言謀殺，不言故、鬭，若故鬭殺訖，亦入不睦。舉謀殺未傷是輕，明故鬭已殺是重，輕重相明，理同十惡。賣緦麻以上親者，無問强、和，俱入不睦。賣未售者，非。

注：毆告夫及大功以上尊長、小功尊屬。

疏議曰：依《禮》：夫者，婦之天。又云：妻者，齊也。恐不同尊長，故別言夫號。大功尊長者，依禮，男子無大功尊，唯婦人於夫之祖父母及夫之伯叔父母是大功尊。大功長者，謂從父兄姊是也。以上者，伯叔父母、姑、兄姊之類。小功尊屬者，謂從祖父母、姑，從祖伯叔父母、姑，外祖父母，舅，姨之類。

九曰不義。謂殺本屬府主、刺史、縣令、見受業師，吏、卒殺本部五品以上官長，及聞夫喪匿不舉哀，若作樂，釋服從吉及改嫁。

疏議曰：禮之所尊，尊其義也。此條元非血屬，本止以義相從，背義乖仁，故曰不義。

注：謂殺本屬府主、刺史、縣令、見受業師。

疏議曰：府主者，依令，職事官五品以上，帶勳官三品以上，得親事、帳內，於所事之主，名爲府主。國官、邑官於其所屬之主，亦與府主同。其都督、刺史，皆據制書出日，六品以下，皆據畫訖始是。見受業師，謂伏膺儒業，而非私學者。若殺訖，入不義，謀而未殺，自從雜犯。

注：吏、卒殺本部五品以上官長。

疏議曰：吏，謂流外官以下。卒，謂庶士衛士之類。此等色人，類例不少，有殺本部五品以上官長，並入不義。官長者，依令，諸司尚書，同長官之例。

注：及聞夫喪匿不舉哀，若作樂，釋服從吉及改嫁。

疏議曰：夫者，妻之天也。移父之服而服，爲夫斬衰，恩義既崇，聞喪即須號慟。而有匿哀不舉，居喪作樂，釋服從吉，改嫁忘憂，皆是背禮違義，故俱爲十惡。其改嫁爲妾者，非。

十曰内亂。謂姦小功以上親，父祖妾及與和者。

疏議曰：《左傳》云：女有家，男有室，無相瀆，易此則亂。若有禽獸其行，朋淫於家，紊亂禮經，故曰内亂。

注：謂姦小功以上親。

疏議曰：姦小功以上親者，謂據《禮》，男子爲婦人着小功服而姦者。若婦人爲男夫雖有小功之服，男子爲報服緦麻者，非謂外孫女於外祖父及外甥於舅之類。

注：父祖妾及與和者。

疏議曰：父祖妾者，有子、無子並同，媵亦是。及與和，謂婦人共男子和姦者，並入内亂。若被强姦，後遂和可者，亦是。

（唐）長孫無忌等《唐律疏議》卷四《名例·彼此俱罪之贓》 諸彼此俱罪之贓，謂計贓。爲罪者。

疏議曰：受財枉法、不枉法及受所監臨財物，并坐贓罪。依法，與財者亦各得罪。此名彼此俱罪之贓，謂計贓爲罪者。

及犯禁之物，則没官。若盜人所盜之物，倍贓亦没官。

疏議曰：謂甲弩、矛矟、旌旗、幡幟及禁書、寶印之類，私家不應有者，是名犯禁之物。彼此俱罪之贓以下，並没官。

注：若盜人所盜之物，倍贓亦没官。

疏議曰：假有乙盜甲物，丙轉盜之，彼此各有倍贓，依法並應還主。甲既取乙倍備，不合更得丙贓，乙即元是盜人，不可以贓資盜，故倍贓亦没官。若有糾告之人應賞者，依令與賞。

問曰：私鑄錢事發，所獲作具及錢、銅，或違法殺馬牛等肉，如此之類，律、令無文，未知合没官以否？

答曰：其肉及錢，私家合有，準如律、令，不合，没官。作具及錢，不得仍用，毁訖付主，罪依法科。其鑄錢見有別格，從格斷。餘條有別格見行破律者，並準此。

取與不和。雖和，與者無罪。

疏議曰：取與不和，謂恐喝、詐欺、强市有剩利、强率斂之類。雖和，與者無罪，謂去官而受舊官屬、士庶饋與，或和率斂，或監臨官司和市有剩利，或雇人而告他罪得實，但是不應取財而與者無罪，皆是。

若乞索之贓，並還主。

疏議曰：强乞索、和乞索，得罪雖殊，贓合還主。稱並者，從取與不和以下，並徵還主。

即簿斂之物，赦書到後，罪雖決訖，未入官司者，並從赦原。

疏議曰：簿斂之物，謂謀反、大逆人家資合没官者。赦書到後，罪人雖已決訖，其物未入官司者，並從赦原。若簿斂之物已入所在官司守掌者，並不合放免。

若罪未處決，物雖送官，未經分配者，猶爲未入。

疏議曰：若反、逆之罪仍未處決，罪人雖已斷訖，其身尚存者，物雖送官，但未經分配者，並從赦原。

即録坐家口，雖已配没，罪人得免者，亦免。

疏議曰：謂反逆人家口合緣坐没官，罪人於後蒙恩得免，緣坐者雖已配没，亦從放免，其奴婢同於資財，不從緣坐免法。

問曰：但是緣坐遇恩，罪人得免，其有罪人不合免者，緣坐亦有免法以否？

答曰：謀反、大逆罪極誅夷，污其室宅，除惡務本。罪人既不會赦，緣坐亦不合原，去取之宜，皆隨罪人爲法。其謀反已上道及殺一家非死罪三人，支解人，緣坐雖及家口，其惡不同反、逆。又，律文特顯反逆緣坐，爲與十惡同科，不得請，減及贖，自同五流，除名，配流如法。自餘緣坐流，並得減、贖，不除名。雖云合流，得減、贖，明即與反、逆緣坐不同。赦書若十惡不原，非反、逆緣坐人仍從恩免，以其身非十惡，又非反、逆之家故也。

（唐）長孫無忌等《唐律疏議》卷四《名例·以贓入罪》 諸以贓入罪，正贓見在者，還官、主。轉易得他物及生産蕃息，皆爲見在。

疏議曰：在律，正贓唯有六色：强盗、竊盗、枉法、不枉法、受所監臨及坐贓。自外諸條，皆約此六贓爲罪。但以此贓而入罪者，正贓見在未費用者，官物還官，私物還主。轉易得他物者，謂本贓是驢，迴易得馬之類。及生産蕃息者，謂婢産子，馬生駒之類。

問曰：假有盗得他人財物，即將興易及出舉，別有息利，得同蕃息以否？其贓本是人、畜，展轉經歷數家，或有知情及不知者，如此蕃息，若爲處分？

答曰：律注：云生産蕃息，本據應産之類而有蕃息。若是興生、出舉而得利潤，皆用後人之功，本無財主之力，既非孳生之物，不同蕃息之限，所得利物，合入後人。其有展轉而得，知情者，蕃息物並還前主；不知情者，亦入後人。

又問：有人知是贓婢，故買自幸，因而生子，合入何人？

答曰：知是贓婢，本來不合交關，違法故買，意在姦僞。贓婢所産，不合從良，止是生産蕃息，依律隨母還主。

已費用者，死及配流勿徵。别犯流及身死者，亦同。

疏議曰：因贓斷死及以贓配流，得罪既重，多破家業，贓已費用，矜其流、死，其贓不徵。若未經奏畫，會赦免流，死者，徵贓如法。畫訖會恩，即同免例。注云别犯流及身死者，謂雖不因贓配流，别爲他罪流配及雖非身被刑戮，而别有死亡者，本犯之贓費用已盡，亦從免例。

餘皆徵之。盗者，倍備。

疏議曰：除非身死及已配流，其贓見在，並已費用，並在徵限，故曰餘皆徵之。盗者，倍備，謂盗者以其貪財既重，故令倍備，謂盗一尺，徵二尺之類。

若計庸、賃爲贓者，亦勿徵。

疏議曰：庸，謂私役使所監臨及借車馬之屬，計庸一日爲絹三尺，以受所監臨財物論。賃，謂碾磑、邸店、舟船之類，須計賃價爲坐。既計庸、賃爲贓，其贓元非正物，故雖非會赦，其贓並亦不徵。餘條庸、賃皆準此。

會赦及降者，盗、詐、枉法猶徵正贓。

疏議曰：謂會赦及降，唯盗、詐、枉法三色，正贓猶徵，各還官、主，盗者免倍贓。故云猶徵正贓。謂赦前事發者。若赦後事發，捉獲見贓，準《鬭訟律》徵之。

問曰：枉法會赦。正鬭猶徵。未知此贓還官、還主？須定明例。

答曰：彼此俱罪之贓，例并合没，雖復首得原罪，正贓猶徵如法。其贓追没於法何疑。

餘贓非見在及收贖之物，限内未送者，並從赦降原。

疏議曰：餘贓非見在，赦前已費用盡，若非轉易得他物及生産蕃息者，皆非見在之贓。及收贖之物者，謂犯罪徵銅，依令節級各依期限。限内未送，並從赦、降原；過限不送，不在免限。稱限内不送，唯據贖銅，餘贓舊無限約，逢赦並皆放免。其犯罪應贖徵銅，送有期限，違限不納，會赦不原。故云限内未送者，唯爲贖銅生文，不爲餘贓立制。

問曰：收贖之人，身在外處，雖對面斷罪，文牒本貫徵銅，未知以牒到本屬爲期，即據斷日作限？

答曰：依令：任官應免課役，皆據蠲符到日爲限。其徵銅之人，雖對面斷訖，或有一身被禁，所屬在遠，雖被釋放，無銅可輸，符下本屬征收，須據符到征日爲限。若取對面爲定，何煩更牒本屬。

故依當時賃直，不可準常賃爲估。邸店者，居物之處爲邸，估賣之所爲店。稱之類者，鋪肆、園宅，品目至多，略舉宏綱，不可備載，故言之類。

庸、賃雖多，各不得過其本價。

疏議曰：假有借驢一頭，乘經百日，計庸得絹七疋二丈，驢估止直五疋，此則庸多，仍依五疋爲罪。自餘庸、賃雖多，各準此法。

（唐）長孫無忌等《唐律疏議》卷四《名例·平贓及平功庸》　諸平贓者，皆據犯處當時物價及上絹估。

疏議曰：贓謂罪人所取之贓，皆平其價直，準犯處當時上絹之價。依令，每月，旬别三等估。其贓平所犯旬估，定罪取所犯旬上絹之價。假有人蒲州盜鹽，嶲州事發，鹽已費用，依令懸平，即取蒲州中估之鹽，準蒲州上絹之價，於嶲州斷決之類。縱有賣買貴賤，與估不同，亦依估價爲定。

問曰：贓若見在犯處，可以將贓對平。如其先已費損，懸平若爲準定，又有獲贓之所，與犯處不同，或遠或近，并合送平以否？

答曰：懸平之贓。依令準中估，其獲贓去犯處遠者，止合懸平；若運向犯處，準估其物，即須脚價，生産之類，恐加瘦損，非但姦僞斯起，人糧所出無從。同遣懸平，理便適中。

又問：在蕃有犯，斷在中華。或邊州犯贓，當處無估，平贓定罪，從何取中？

答曰：外蕃既是殊俗，不可牒彼平估，唯於近蕃州縣，準估量用合宜。無估之所而有犯者，於州、府詳定作價。

平功、庸者，計一人一日爲絹三尺，牛馬駝騾驢車亦同。

疏議曰：計功作庸，應得罪者，計一人一日爲絹三尺。牛馬駝騾驢車計庸，皆準此三尺，故云亦同。

其船及碾磑、邸店之類，亦依犯時賃直。

疏議曰：自船以下，或大小不同。或閑要有異，

（唐）長孫無忌等《唐律疏議》卷六《名例·稱日午及衆謀》　諸稱日者，以百刻。計功庸者，從朝至暮。役庸多者，雖不滿日，皆並時率之。

疏議曰：《職制律》：官人無故不上，一日笞二十。須通晝夜百刻爲坐。計功庸者，《職制律》：監臨之官，私役使所監臨者，各計庸以受所監臨財物論。從朝至暮，即是一日，不須準百刻計之。注：役庸多者，雖不滿日，皆並時率之。

疏議曰：計庸多者，假若役二人，從朝至午爲一日功。或從六人，經一辰，亦爲一日功。縱使一時役多人，或役一人經多日，皆須並時率之。

稱年者，以三百六十日。

疏議曰：在律稱年，多據徒役。此既計日，不以十二月稱年。稱人年者，以籍爲定。

疏議曰：稱人年處，即須依籍爲定。假使貌高年小，或貌小年高，悉依籍書，不合準貌。籍既三年一造，非造籍之歲，通舊籍計之。

問曰：依《户令》：疑有姦欺，隨狀貌定。若犯罪者年貌懸異，得依令貌定科罪以否？

答曰：令爲課役生文，律以定刑立制。恤刑是恤，貌即姦生。課役稍輕，故得臨時貌定。刑名事重，止可依據籍書。律、令義殊，不可破律從令。或有狀貌成人而作死罪，籍年七歲，不得即科。或籍年十六以上而犯死刑，驗其形貌，不過七歲。如此事類，貌狀共籍年懸隔者，犯流罪以上及除免官當者，申尚書省量定。須奏者，臨時奏聞。議籍年十五或貌年入歲，並依籍定。

稱衆者，三人以上。稱謀者，二人以。

疏議曰：稱衆者，《斷獄律》云：七品以上，犯罪、不拷，據衆證定刑，必須三人以上始成衆。但稱衆者，皆準此文。稱謀者，《賊盜律》云：謀殺人者徒三年，皆須二人以上。餘條稱謀，各準此例。議奴婢諸條，雖不同良人，應充支証，亦同良人例。

注：謀狀彰明，雖一人同二人之法。

疏議曰：假有人持刀仗入他家，勘有讎嫌，來欲相殺，雖止一人，亦同謀法。故云雖一人同二人之法。

(唐)長孫無忌等《唐律疏議》卷四《名例·略和誘人等赦後故蔽匿》 諸略、和誘人，若和同相賣。

疏議曰：不和爲略，前已解訖。和誘者，謂彼此和同，共相誘引，或使爲良，或使爲賤，限外蔽匿，俱入此條。輕重之制，自從本法。若和同相賣者，謂兩相和同，共知違法。

及略、和誘部曲奴婢，若嫁賣之，即知情娶買。

疏議曰：上文皆據良人，此論部曲、客女、奴婢等。略、和誘，義並與上同。或得而自留，或轉將嫁賣，或乞人，亦同。其知情娶買者，謂從略、和誘以下，不問良賤，共知本情，或娶或買，限外不首，自爲蔽匿。

及藏逃亡部曲奴婢。

疏議曰：藏匿無日限。謂知是部曲、奴婢逃走，故將藏匿者。

署置官過限及不應置而置。

疏議曰：在令，置官各有員數。員外剩置，是名過限。案《職制律》：官有員數，而署置過限及不應置而置。注云：謂非奏授者。在此雖有奏授，亦同蔽匿。於格、令無員而置，是名不應置而置。

詐假官、假與人官及受假者。

疏議曰：詐假官者，身實無官，假爲職任。流內、流外，得罪雖别，詐假之義並同。或自造告身，或雇倩人作，或得他人告身而自行用，但於身不合爲官，詐將告身行用，皆是。其假與人官者，謂所司假授人官，或僞奏擬，或假作曹司判補，及受假者，謂知假而受之。

若詐死，私有禁物。謂非私所應有者及禁書之物。

疏議曰：詐死者，或本心避罪，或規免賦役，或因犯逃亡而遂詐死之類。私有禁物者，注云謂非私所應有者，謂甲弩、矛矟之類。及禁書，謂天文、圖書、兵書、七曜曆等，是名禁書。稱之類者，謂玄象器物等，既不是書，故云之類。

赦書到後百日，見在不首故蔽匿者，復罪如初。媒、保不坐。

疏議曰：赦書原罪，皆據制書出日，昧爽以前，並從赦免。惟此蔽匿條中，乃云赦書到後百日，此據赦書所至之處，别取百日爲限。見在不首故蔽匿者，謂人、物及所假官等見在，故蔽隱藏而不首出，並復罪如初。初者，謂如犯罪之初，贓物應徵及倍，悉從初犯本法。若人有轉易在他所，但其人見在不首，皆爲故蔽匿。其媒、保不坐者，謂嫁娶有媒，買賣有保，既經赦原，無問百日內外，雖不自首，並皆不坐。

其限內事發，雖不自首，非蔽匿。雖限內，但經問不承者，亦爲蔽匿。

疏議曰：從略、和誘以下，私有禁物以上，謂赦書到後，事發之所百日內發者，雖不自首，亦非蔽匿。以其限尚未充，故得無罪。

注：雖限內，但經問不承者，亦爲蔽匿。

疏議曰：上云限內事發，雖不自首，非蔽匿，謂限內事發，經問即承，爲無隱心，乃非蔽匿。其經問不承，雖在限內，仍同蔽匿之法。

即有程期者，計赦後日爲坐。

疏議曰：程者，依令，公案，小事五日程，中事十日程，大事二十日程。及公使，各有行程。如此之類，是爲有程期者。律有大集校閱，違期不到之條，亦有計帳等，在令各有期限。此等赦前有違，經恩不待百日，但赦出後日仍違程期者，即計赦後違日爲坐。赦後並須準事給程，以爲期限。

其因犯逃亡，經赦免罪，限外不首者，止坐其亡，不論本罪。謂赦書到後，百日限外計之。

疏議曰：謂赦前犯罪，因即逃亡，會赦之後，罪皆原免，赦後百日，仍不自首，止有逃亡之坐，更不論其本罪。又如征防逃亡，會赦免罪，計百日限外，征防仍自未還，須計征防之日，以爲逃亡定罪。限內流例若還，即同在家。亡法即軍人上番，因犯逃走，經赦當下，亦同常亡之律。

注：謂赦書到後，百日限外計之。

疏議曰：上論蔽匿，既以百日之外爲限，此逃亡之坐，亦以百日限外計之。

(唐)長孫無忌等《唐律疏議》卷五《名例·犯罪未發自首》 諸犯罪未發而自首者，原其罪。正贓猶徵如法。

疏議曰：過而不改，斯成過矣。今能改過，來首其罪，皆合得原。若有文牒言告，官司判令三審，牒雖未入曹局，即是其事已彰，雖欲自

新，不得成首。

注：正贓猶徵如法。

疏議曰：稱正贓者，謂盜者自首，不徵倍贓。稱如法者，同未首前法，徵還官、主。枉法之類，彼此俱罪，猶徵沒官；取與不和及乞索之類，猶徵還主。

其輕罪雖發，因首重罪者，免其重罪。

疏議曰：假有盜牛事發，因首鑄錢，鑄錢之罪得原，盜牛之犯仍坐之類。

即因問所劾之事而別言餘罪者，亦如之。

疏議曰：劾者，推鞫之別名。假有已被推鞫，因問，乃更別言餘事，亦得免其餘罪，同因首重罪之義。故云亦如之。

即遣人代首，若於法得相容隱者爲首及相告言者，各聽如罪人身自首法。緣坐之罪及謀叛以上本服期，雖捕告，俱同自首例。

疏議曰：遣人代首者，假有甲犯罪，遣乙代首，不限親疏，但遣代首即是。若於法得相容隱者，謂依下條同居及大功以上親等，若部曲、奴婢爲主首，及相告言者，此還據得容隱者。縱經官司告言，皆同罪人身首之法。其小功、緦麻相隱，既減凡人三等，若其爲首，亦得減三等。

注：緣坐之罪及謀叛以上本服期，雖捕告，俱同自首例。

疏議曰：緣坐之罪者，謂謀反、大逆及謀叛已上道者，并合緣坐。及謀叛以上本服期者，謂非緣坐，若叛未上道、大逆未行之類，雖尊壓、出降無服，各依本服期。雖捕告以送官司，俱同罪人自首之法。

其聞首告，被追不赴者，不得原罪。謂止坐不赴者身。

疏議曰：謂犯罪之人，聞有代首、爲首及得相容隱者告言，於法雖復合原，追身不赴，不得免罪。謂止坐不赴者身，首告之人及餘應緣坐者，仍依首法。

即自首不實及不盡者，以不實不盡之罪罪之，至死者，聽減一等。自首贓數不盡者，止計不盡之數科之。

疏議曰：自首不實，謂强盜得贓，首云竊盜贓，雖首盡，仍以强盜不得財科罪之類。及不盡者，謂枉法取財十五疋，雖首十四疋，餘一疋，是爲不盡之罪。稱罪之者，不在除、免、倍贓、監主加罪、加役流之例。假有人强盜二十疋，自首十疋，餘有十疋不首，本法尚合死罪，爲其自有悔心，罪狀因首而發，故至死聽減一等。

問曰：謀殺凡人，乃云是舅；或謀殺親舅，復云凡人，姓名是同，舅與凡人狀別。如此之類，若爲科斷？

答曰：謀殺凡人是輕，謀殺舅罪乃重，重罪既得首免，輕罪不可仍加。所首姓名既同，唯止舅與凡人有異，謀殺之罪首盡，舅與凡人狀虛，坐是不應得爲從輕，合笞四十。其謀殺親舅，乃云凡人者，但謀殺凡人，唯極徒坐；謀殺親舅罪，乃至流。謀殺雖已首陳，須科不盡之罪。三流之坐，準徒四年，謀殺凡人合徒三年，不言是舅，首陳不盡，處徒一年。

又問：一家漏十八口，並有課役，乃首九口，未知合得何罪？

答曰：律定罪名，當條見義。如户内止隱九口，告稱隱十八口，推勘九口是實，誣告者不得反坐，以本條隱九口者，罪止徒三年，罪至所止，所誣雖多，不反坐。今首外仍隱九口，當條以不盡之罪罪之，仍合處徒三年。

又問：乙私有甲弩，乃首云止有稍一張，輕重不同，若爲科處？

答曰：甲弩不首，全罪見在。首稍一張，是別言餘罪。首稍之罪得免，甲弩之罪合科。既自首不實，至死聽減一等。

又問：假有監臨之官，受財不枉法，贓滿三十疋，罪合加役流。其人首云：受所監臨，其贓並盡，合科何罪？

答曰：律云：以不實不盡之罪罪之，至死聽減一等。但不枉法與受所監臨，得罪雖別，贓已首盡，無財可科，唯有因事、不因事有殊，止從不應爲重，科杖八十。若枉法取物，首言受所監臨，贓亦首盡，無財可坐，所枉之罪未首，宜從所枉科之；若枉出入徒、流，自從故出入徒、流爲罪；如枉出入百杖以下，所枉輕者，從請求施行爲坐。本以因贓入罪，贓既首訖，不可仍用至死減一等之法。

注：自首贓數不盡者，止計不盡之數科之。

疏議曰：假有竊盜十疋，止首五疋，五疋不首，仍徒一年，是名止計不盡之數科之。科之之義，是復上文，亦與罪之之義不殊。不盡贓多，至死者減一等。

其知人欲告及亡叛而自首者，減罪二等坐之。

疏議曰：犯罪之徒，知人欲告及案問欲舉而自首陳，及逃亡之人，並叛已上道，此類事發歸首者，各得減罪二等坐之。

即亡叛者雖不自首，能還歸本所者，亦同。

疏議曰：雖不自首，謂不經官司首陳，能還歸本所者，謂歸初逃叛之所，亦同自首之法，減罪二等坐之。若本所移改，還歸移改之所，亦同。

其於人損傷，因犯殺傷而自首者，得免所因之罪，仍從故殺傷法。本應過失者，聽從本。

疏議曰：損，謂損人身體。傷，謂見血爲傷。雖部曲、奴婢傷損，亦同良人例。

注：因犯殺傷而自首者，得免所因之罪，仍從故殺傷法。本應過失者，聽從本。

疏議曰：假有因盗故殺傷人，或過失殺傷財主而自首者，盗罪得免，故殺傷罪仍科。若過失殺傷，仍從過失本法。故云本應過失聽從本。

於物不可備償，本物見在首者，聽同免法。

疏議曰：稱物者，謂寶印、符節、制書、晷文書、甲弩、旌旗、幡幟、禁兵器及禁書之類，私家既不合有，是不可償之色。本物只在首者，謂不可備償之類。本物見在，聽同首法。

即事發逃亡，雖不得首所犯之罪，得減逃亡之坐。

疏議曰：假有盗罪合徒，事發逃走，已經數日而復陳首，犯盗已發，雖首不原，逃走之罪，聽減二等。

若越度關及姦。私度亦同。姦，謂犯良人。

疏議曰：度關有三等罪，越度，私度，冒度。其私度，越度，自首不原，冒度之罪，自首合免。若姦良人者，自首不原。

並私習天文者，並不在自首之例。

疏議曰：天文玄遠，不得私習。從於人損傷以下，私習天文以上，俱不在自首之例。

（唐）長孫無忌等《唐律疏議》卷五《名例·共犯罪本罪别》 諸共犯罪而本罪别者，雖相因爲首從，其罪各依本律首從論。

疏議曰：謂五服内親，共他人毆、告所親及侵盗財物，雖是共犯，而本罪各别。假有甲勾他外人乙共毆兄，甲爲首，合徒二年半，乙爲凡鬭從，不下手，又減一等，合笞二十。又有卑幼勾人盗已家財物十疋，卑幼爲首，合笞三十，他人爲從，合徒一年，又減常盗一等，猶杖一百。此是相因爲首從，其罪各依本律首從論。此例既多，不可具載，但是相因爲首從，本罪别者，皆準此。

若本條言皆者，罪無首從。不言皆者，依首從法。

疏議曰：案《賊盗律》：謀殺期親尊長、外祖父母，皆斬。如此之類，本條言皆者，罪無首從。不言皆者，依首從法科之。又，《賊盗律》云：謀殺人者，徒三年。假有二人共謀殺人，未行事發，造意者爲首，徒三年；從者徒二年半。如此之類，不言皆者，依首從法。

即强盗及姦，略人爲奴婢，犯闌入，若逃亡及私度、越度關棧垣籬者，亦無首從。

疏議曰：强盗之人，各肆威力；姦者，身並自犯，不爲首從。略人爲奴婢者，理與强盗義同。闌入者，謂闌入宫殿及應禁之所，各自身犯，亦無首從。逃亡者，假使十人皆征，身各闕事。私度者，謂無過所，從關門私過。越度者，謂不由門爲越。關謂檢判之處，棧謂塹栅之所，垣謂宫殿及府廨垣墻，籬謂不築墻垣，唯以藩籬爲固之類。從强盗以下，皆以正犯科之，故云亦無首從。

（唐）長孫無忌等《唐律疏議》卷五《名例·共犯罪有逃亡》 諸共犯罪而有逃亡，見獲者稱亡者爲首，更無證徒，則決其從罪。

疏議曰：假有甲乙二人，共詐欺取物，合徒一年，甲實爲首，當被捉獲，乙本爲從，遂即逃亡，甲被鞫問，稱乙爲首，更無證徒，即須斷甲爲從，科杖一百。是名決其從罪。

後獲亡者，稱前人爲首，鞫問是實，還依首論，通計前罪，以充後數。

疏議曰：後捉獲乙，稱甲爲首，鞫問甲，稱是實，還依首坐，科徒一年。甲是庶人，前已决杖一百，即須以杖、笞贖直，準減徒年：一年徒贖銅二十斤，一百杖贖銅一十斤，以十斤杖銅，減半年徒罪，餘徒半年，依法配役。甲若單丁，前已決杖一百，今既處徒一年，合杖一百二十，即更決二十，通計前杖，以充後數。

問曰：有甲乙二人犯盜，準罪合流，甲元造意，乙是隨從，然乙事發逃亡，甲遂稱乙是首，官司斷甲爲從，處徒三年，已役訖，然始獲乙，甲承是首，又甲是白丁，若爲處分。

答曰：流罪準徒四年，又云：從徒入流，比徒一年爲剩，累徒流應役者，不得過四年。其人雖復詐冒官司，不合更科流罪，止合徒一年。若犯加役流，自合三年配役，三年雖已役訖，仍須更配遠流，即是通計前罪配所爲折居作。

若前輸贖物，後應還者，還之。

疏議曰：假令甲有九品官，犯徒一年，詐爲從罪，前斷處杖一百，徵銅十斤，今依首論，斷作一年徒坐，以九品一官當徒坐盡，前徵銅十斤者還之，是名前輸贖物，後應還者，還之。

其增減人罪，令有輕重者，亦從此律。

疏議曰：此設判官之罪。增人罪者，有人犯徒一年，止有九品一官，官司增罪，科徒二年，官當一年，餘徒收贖，後更審問，止合徒一年，前增一年贖物即合追還。減人罪者，若有一人身居兩職，並是九品以上，犯徒二年，官司減爲一年半，用一官當徒一年，餘有半年，官當不盡，贖銅十斤，檢知前失，還用兩官當徒二年，前輸半年贖物亦合還主。又有白丁犯徒三年，官司斷徒一年，役訖事發，更須科徒二年，前一年役訖，後更配二年之類。

若枉入人徒年者，即計庸，折除課役及贖直。每枉一年，折二年。雖不滿年，役過五十日者，折一年。即當年無課役者，折來年。其有軍役者，折役日。

疏議曰：稱枉入人徒年，未必皆是無罪，但不應徒役，而徒役，即是枉入徒年。若是全年枉入，子注具有明文。如不滿五十日役，即計枉役：二十日以下，各計日折丁庸；若枉三十五日，並折調；不滿五十日者，更不合折。及贖直者，假有七品以上子，被枉徒一年，即以役身之庸，折其贖直。計庸折銅，不盡，更徵餘贖，或折銅已盡，仍有餘庸，更亦不計。若有課役，依上法折除。其判官得罪，自從故失，或有中男十六以上應贖，犯杖一百，官司處徒一年，亦以役日計庸，折充贖直。盡與不盡，皆同上解。

注：每枉一年，折二年。雖不滿年，役過五十（日者），折一年。

疏議曰：枉徒一年，通折二年課役。若枉三年，通折六年課役。雖不滿年，役過五十日，亦除一年者，依令：丁役五十日，當年課、役俱免。故五十日役者，得折一年。其稱折一年、二年者，皆以三百六十日爲斷。

注：即當年無課役者，折來年。其有軍役者，折役日。

疏議曰：被枉徒之年，或遇恩復，或遭水旱而無課役者，聽折來年。其有軍役者，折上番之日，若枉一年，亦通折二年番役。

問曰：律稱折來年者，脱或來年旱澇及遇恩復無課役者，得折以後來年以否？

答曰：律稱當年無課役，折來年。律矜枉入徒役，聽折來年課輸。來歲既無課役，將來亦是來年。年與課役相須，本欲爲其準折。若普蒙恩復及遭霜旱，依令課役並免，豈合即計爲年？亦如已役已輸，聽折來年課役。後年無者，更折有課役之年。此理既同，不可别生異議。

其本應徒，已決杖、笞者，即以杖、笞贖直，準減徒年。

疏議曰：假有本坐合徒一年，官司決杖一百，決訖事發，還合科徒。前已決杖一百，不可追改，準徒一年贖銅二十斤，即是十八日徒當銅一斤，準笞十。前決一百，總合減徒一百八十日，即當銅十斤，折徒半年。若一年徒罪已笞五十，即以五斤之銅，減徒役九十日，減外殘徒，各依式配役。

（唐）長孫無忌等《唐律疏議》卷六《名例·二罪從重》　諸二罪以上俱發，以重者論。謂非應累者，唯具條其狀，不累輕以加重。若重罪應贖，輕罪應居作、官當者，以居作、官當爲重。

疏議曰：假有甲任九品一官，犯盜絹五疋，合徒一年。又私有矟一張，合徒一年半。又過失折人二支，合贖流三千里。是爲二罪以上俱發。從有禁兵器斷徒一年半，用官當訖，更徵銅十斤。既犯盜徒罪，仍合免官。是爲以重者論。

注：謂非應累者，唯具條其狀不累輕以加重。

疏議曰：以上三事，並非應累斷者，雖從兵器處罪，仍具條三種犯狀，不得將盜一年徒罪，累於私有禁兵器一年半徒上，故云不累輕以加重。所以具餘其狀者，一彰罪多，二防會赦。雜犯死罪，經赦得原。蠱毒

流刑，逢恩不免故也。

注：若重罪應贖，輕罪應居作、官當者，以居作、官當爲重。

疏議曰：謂甲過失折人二支，應流，依法聽贖。私有禁兵器合徒，官當，即以官當，爲重。若白丁犯者，即從禁兵器徒一年半，即居作爲重罪。若更多犯，自依從重法。

問曰：有七品子犯折傷人，合徒一年，應贖。又犯盜，合徒一年，家有親老，應加杖。二罪俱發，何者爲重。

答曰：律以贖法爲輕，加杖爲重，故盜者不得以蔭贖。家有親老，聽加杖放之，即是加杖爲重罪。若贖一年半徒，自從重斷徵贖，不合從輕加杖。

等者，從一。

疏議曰：假有白丁，犯盜五疋合徒一年。又鬬毆折傷人，亦合徒一年。此名等者，須從一斷。若一罪先發，已經（論決），餘罪從發，其輕若等，勿論。

重者更論之，通計前罪，以充後數。

疏議曰：假有甲折乙一齒，合徒一年，又折丙一指，亦合徒一年。折齒之罪先發，已經配徒一年，或無兼丁及家有親老，已經決杖一百二十，有折指之罪後發，即從等者勿論。重者更論之，通計前罪，以充後數者，甲若毆丙，折二指以上，合徒一年半，更須加役半年。甲若單丁，又加杖二十。是爲重者更論之，通計前罪之法。

以贓致罪，頻犯者並累科。

疏議曰：假有受所監臨，一日之中，三處受絹一十八疋，或三人共出一十八疋，同時送者，各倍爲九疋而斷。此名以贓致罪，頻犯者並累科。

若罪法不等者，即以重贓並滿輕贓，各倍論。累，謂止累見發之贓。倍，謂二尺爲一尺。不等，謂以强盜、枉法等贓，並從竊盜、受所監臨之類。即監臨主司因事受財而同事共與，若二事頻受反於監守頻盜者，累而不倍。

疏議曰：罪法不等者，爲犯强盜、枉法、不枉法、竊盜、受所監臨等，並是輕重不等。即以重贓並滿輕贓，假令縣令受財，枉法六疋，合徒三年，不枉法十四疋，亦合徒三年。又監臨外竊盜二十九疋，亦徒三年。强盜二疋，亦合徒三年。受所監臨四十九疋，亦合徒三年。準此以上五處贓罪，各合徒三年，累於受所監臨，總一百疋，仍倍爲五十疋，合流二千里之類。

注：累，謂止累見發之贓。倍，謂二尺爲一尺。

疏議曰：假有官人枉法，受甲乙丙丁四人財物，各有八疋之贓，甲乙二人先發，贓有一十六疋，累而倍之，止依八疋而斷。依律科流，除名已訖，其丙丁二人贓物於後重發，即累見發之贓，別更科八疋之罪。後發者與前既等，理從勿論，不得累並前贓作一十六疋，斷作死罪之類。

問曰：有人枉法受一十五疋，七疋先發，已斷流訖，八疋後發，若爲科斷？

答曰：枉法之贓，若一人邊而取，前發者雖已斷訖，後發者還須累論，並取前贓，更科全罪，不同頻犯止累見發之贓。通計十五疋，斷從絞坐。無祿之人，自依減法。

又問：脱有十人共行，資財同在一所，盜者一時將去，得同頻犯以否？

答曰：律注云：監臨主司因事受財而同事共與，若一事頻受及於監守內頻盜，累而不倍。除此三事，皆合倍論。十人之財，一時俱取，雖復似非頻犯，終是物主各別，元非一人之物，理與十處盜同，坐同頻犯，贓合倍折。若物付一人專掌，失即專掌者陪，理同一人之財，不得將爲頻盜。

注：不等，謂以强盜、枉法等贓，並從竊盜、受所監臨之類。

疏議曰：强盜、枉法，計贓是重。竊盜、受所監臨，準贓乃輕，故名不等。假如强盜並從竊盜者，謂如有人諸處頻犯竊盜，已得八十二疋，累贓倍論，得四十一疋，罪合流三千里。復於諸處頻犯强盜，得財一十八疋，累贓倍得九疋，亦合流三千里。今將强盜九疋，並於竊盜四十一疋上滿五十疋，處加役流。其枉法並從受所監臨者，假如官人頻受所監臨財物，倍得二十一疋二丈，合徒一年半。復頻受枉法贓，倍得二疋二丈，亦合徒一年半。今將枉法贓二疋二丈，並於受所監臨物二十一疋二丈，總爲二十四疋，科徒二年。其有强盜並入受所監，枉法並從竊盜，如此之類，倶以重贓並從輕贓者，皆同並滿之法。

注：即監臨主司因事受財而同事共與，若一事頻受及於監守頻盗者，累而不倍。

疏議曰：假有十人，同爲鑄錢，官司於彼受物，是爲因事受財。十人共以錢物行求，是爲同事共與。或斷一人之事，頻受其財，是爲一事頻受，若當庫人於所當庫内，若縣令於其所部頻盗者，此等三事，各累而不倍。若同事别與，或别事同與，各依前倍論，不同此例。

其一事分爲二罪，罪法若等，則累論。

疏議曰：一事分爲二罪者，假將私馬直絹五疋，博取官馬直絹十疋，依律：貿易官物，計其等準盗論，計所利以盗論。須分官馬十疋出兩種罪名。五疋等者，準盗論，合徒一年。五疋利者，以盗論，亦合徒一年。累爲十疋，處徒一年半是也。此爲庶人有兼丁作法。若是官人、品子應贖及單丁之人，用法各别。假有品官貿易官物，五疋是利，即合免官。其八品、九品，止有一官者，免官訖，仍徵銅十斤。若六品以下監臨官司，便同自盗。若將以盗五疋，累於準盗五疋，上從準盗作法，合徒一年半。累並既不加重，止從一重論，直取以盗五疋，加凡盗二等，處徒二年，仍除名。其品子應贖者，直取五疋利，徒一年真役爲重。

罪法不等者，則以重法並滿輕法。罪法等者，謂若貿易官物，計其等準盗論，計所利以盗論之類。罪法不等者，謂若請官器仗，以亡失並從毁傷，以考校不實並從失不實之類。

疏議曰：假有官司，非法擅賦斂於一家，得絹五十疋。四十五疋入官，坐贓論，合徒二年半。五疋入私，以枉法論，亦合徒二年半。即以入私五疋，累於入官者，爲五十疋，坐贓致罪，處徒三年。

注：罪法等者，謂若貿易官物，計其等准盗論，計所利以盗論之類。

疏議曰：貿易官物，已從上解。或有判事枉法後，受絹十疋。五疋先許，是真枉法。五疋先未許，得枉法後然始總送。更有如此等事，并合累論。故云之類。

注：罪法不等者，謂若請官器仗，以亡失並從毁傷。

疏議曰：謂軍防之所，請官器仗，假有一千事，亡失二百事，合杖八十。毁傷四百事，亦合杖八十。故《雜律》云：請官器仗，以十分論。亡失二分，毁傷四分，各杖八十。亡失三分，毁傷六分，各杖一百。今以亡失二百事，累於毁傷四百事，同毁傷六分之罪，合杖一百。

注：以考校不實，並從失不實之類。

疏議曰：《職制律》貢舉非其人，一人徒一年，二人加一等，罪止徒三年。若考校不實，減一等。失者，各減三等。假有考校九人，二人故不實，合科杖一百。七人失不實，亦合科杖一百。須以故不實二人，並從失不實七人之上，爲九人失不實，合徒一年。又《户婚律》：脱口以免課役，一口徒一年，二口加一等，罪止徒三年。其漏無課役口，四口爲一口。假令脱有課役二口，合徒一年。漏無課役十口，亦合徒一年。須以有課役二口，並於無課役十口之上，爲無課役十二口，處徒一年半之類。

累並不加重者，止從重。

疏議曰：假有以私物五疋，貿易官物直九疋，五疋準盗，合徒一年。計所利四疋，合杖九十。罪法等者則累論，以四疋累於五疋上，總爲九疋，不加一年徒坐，止從準盗，處徒一年。並者，如前器仗，亡失一分，毁傷二分，俱合杖六十。以亡失一分，並毁傷二分之上，止是三分，未滿四分，不合加罪，止從亡失一分之類。

其應除、免、倍、没、備償、罪止者，各盡本法。

疏議曰：假有八品官，枉法受財五疋，徒二年半。不枉法受財十二疋，亦徒二年半。竊盗二十四疋，亦徒二年半。監臨受財三十九疋，亦徒二年半。又詐欺取財二十四疋，亦徒二年半。又坐贓四十九疋，亦徒二年半。倍得七十六疋二丈。又請稍十張，亡失一張，合杖六十。其贓總累爲坐贓五十疋，合徒三年，餘贓罪止不加。據枉法，合除名。不枉法，合免官。盗者，倍備，枉法、不枉法、受所監臨及坐贓等，並没官。亡失官稍，備償。坐贓，罪止徒三年之類。如有二罪以上俱發者，即先以重罪官當，仍依例除、免，不得將爲二罪唯從重論。

（唐）長孫無忌等《唐律疏議》卷六《名例・斷罪無正條》 諸斷罪而無正條，其應出罪者，則舉重以明輕。

疏議曰：斷罪無正條者，一部律内，犯無罪名。其應出罪者，依《賊盗律》：夜無故入人家，主人登時殺者，勿論。假有折傷，灼然不坐。又條：盗緦麻以上財物，節級減凡盗之罪。若犯詐欺及坐贓之類，在律雖無減文，盗罪尚得減科，餘犯明從減法。此並舉重明輕之類。

其應入罪者，則舉輕以明重。

疏議曰：案《賊盜律》：謀殺期親尊長，皆斬。無已殺、已傷之文。如有殺、傷者，舉始謀是輕，尚得死罪，殺及謀而已傷是重，明從皆斬之坐。又例云：毆告大功尊長、小功尊屬，不得以蔭論。若有毆告期親尊長，舉大功是輕，期親是重，亦不得用蔭。是舉輕明重之類。

（唐）長孫無忌等《唐律疏議》卷六《名例·本條别有制》 諸本條别有制，與例不同者，依本條。

疏議曰：例云：共犯罪以造意爲首，隨從者減一等。《鬭訟律》：同謀共毆傷人，各以下手重者爲重罪，元謀減一等，從者又減一等。又例云：九品以上，犯流以下聽贖。又《斷獄律》：品官任流外及雜任，於本司及監臨犯杖罪以下，依決罰例。如此之類，並是與例不同，各依本條科斷。

即當條雖有罪名，所爲重者自從重。

疏議曰：依《詐僞律》：詐自復除，徒二年。若丁多以免課役，即從《户婚律》脱口法。一口徒一年，二口加一等，罪止徒三年。又《詐僞律》：詐增減功過年限，因而得官者，徒一年。若因詐得賜，贓重，即從詐欺官私以取財物，準盜論，罪止流三千里之類。

其本應重而犯時不知者，依凡論。本應輕者，聽從本。

疏議曰：假有叔姪，别處生長，素不相識。姪打叔傷，官司推問始知，聽依凡人鬭法。又如别處行盜，盜得大祀神御之物。如此之類，並是犯時不知，得依凡論，悉同常盜斷。其本應輕者，或有父不識子，主不識奴，毆打之後，然始知悉，須依打子及奴本法，不可以凡鬭而論。是名本應輕者，聽從本。

（唐）長孫無忌等《唐律疏議》卷二八《名例·隣里被强盜不救助》

諸隣里被强盜及殺人，告而不救助者，杖一百；聞而不救助者，減一等。力勢不能赴救者，速告隨近官司，若不告者，亦以不救助論。其官司不即救助者，徒一年。竊盜者，各減二等。

疏議曰：依《禮》：五家爲隣，五隣爲里。既同邑落，隣居接續，而被强盜及殺人者，皆須遞告，即救助之。若告而不救助者，杖一百。雖不承告，聲響相聞，而不救助者，減一等，杖九十。力勢不能赴救者謂賊强人少，或老小羸弱，不能赴救者，速告隨近官司，若不告者，亦以不救助罪科之。其官司不即救助者，依《捕亡令》有盜賊及殺傷者，即告隨近官司、村坊、屯驛。聞告之處，率隨近軍人及夫，從發處追捕。若其所在官司知而不即救助者，徒一年。竊盜，各減二等，謂隣里被竊盜，承告而不救助者，從杖一百上減；聞而不救助者，從杖九十上減，官司承告不即救助者，從徒一年上減。

（唐）長孫無忌等《唐律疏議》卷二七《雜律·不應得為》 諸不應得爲而爲之者，笞四十；謂律、令無條，理不可爲者。事理重者，杖八十。

疏議曰：雜犯輕罪，觸類弘多，金科玉條，包羅難盡。其有在律在令無有正條，若不輕重相明，無文可以比附，臨時處斷，量情爲罪，庶補遺闕，故立此條。情輕者，笞四十；事理重者，杖八十。

《新唐書》卷一一三《徐有功傳》 俄起爲左肅政臺侍御史，辭曰：臣聞鹿走山林而命繫庖厨者，勢固自然。陛下以法官用臣，臣守正行法，必坐此死矣。后固授之。天下聞有功復進，洒然相賀。時有詔：公坐流、私坐徒以上會赦免，逾百日不首者，復論。有功奏曰：陛下寬殊死罪，已發者原之，是通改過之心、自新之路。故律，告赦前事，以其罪坐之。若無告言，所犯終不自發；如告言赦前事，則與律乖。今赦前之罪，不自言者，還以法論，即恩雖布天下，而一罪不能貸，臣竊爲陛下不取。后更詔五品以上議可。

（唐）杜佑《通典》卷一六九《刑法·守正》 長壽二年，有敕：公坐流，私坐徒以上，會赦應免死罪者，皆限赦後百日内自首。如其不首，依法科罪者。有功以爲，犯罪未發，許首而原。豈有未發之罪，要令百日自首，不首依法科辜？深以爲不便。乃奏曰：《周易》云：雷雨作，解，君子以赦過宥罪。《論語》云：人誰無過，過而能改，善莫大焉。今陛下播非常之恩，寬殊死之罪，已發覺者，咸赦除之，是啓其改過之心，通其自新之路。何容赦前未發覺之罪，赦後必須令其自首？且《鬬訟律》云：以赦前事告言者，以其罪罪之。若使無人告言，所犯終無自發。如告赦前之事，準律以罪罪之。今赦前之事，罪不首者，還依律法論科，即國家肆眚之恩，徒自頒於天下，便是萬萬有罪，一罪不霑。雖密雲有霭於四郊，甘雨莫滋於南畝。臣愚，竊爲陛下不取。經圖長久，深爲未便。臣

忝當耳目之地，謬處駁正之司，知無不爲，正在今日。特乞天恩，將臣所見，付羣官集議，商榷利害之狀，具行藏之理奏聞。庶刑獄不煩，人無怨黷。太后曰：前代帝王可即，能達道理，自我作古，所奏不須。有功奏曰：陛下聖斷，所稱自我作古，臣即不敢。然臣請付羣臣集議，未知許議以不？太后曰：令五品以上議奏。時人皆歎其忠諫。

劉俊文《敦煌吐魯番唐代法制文書考釋·格·神龍散頒刑部格殘卷》

略及和誘，和同相賣爲奴婢自首者，非追得賣人，並不得成首。其略良人，仍先決杖一百，然後依法。若於羈縻及輕稅州自首者，雖得良人，非本州者亦不成首。

劉俊文《敦煌吐魯番唐代法制文書考釋·格·神龍散頒刑部格殘卷》

一、僞造官文書印，若轉將用行，並盜用官文書印及亡印而行用，並僞造前代官文書印，若將行用，因得成官，假與人官情受假，各先決杖一百。頭首配流嶺南遠惡處，從配緣邊有軍府小州並不在會赦之限。其同情受用僞文書之人，亦準此。

一、官人在任緣贓賄計罪成殿已上，雖非贓賄罪，至除免會恩及別勅免，並即録奏。量所犯贓狀貶授嶺南，惡處及邊遠官。

一、流外行著州縣雜任，於監主犯贓一匹以上，先決杖六十。滿五匹以上，先決一百，並配入軍。如當州無府，配側近州，斷後一月內即差綱領送所配府，取領報訖，申所司贓。不滿匹者，即解却雖會恩並不在免軍及解免之限。在東都及京犯者，於尚書省門對眾決。在外州縣者，長官集眾對決。贓多者，即依本法。

一、法司斷九品以上官罪，皆録所犯狀進內。其外推斷罪定於後雪免者，皆得罪及合雪所由並元斷官同奏事。若在外以狀申省司，亦具出入之狀奏聞。若前人失錯縱去官，經赦亦宜奏。若推斷公座者，不在奏限。應雪景跡狀，皆於本使勘檢。如灼然合雪，具狀牒考選司。若使司已停，即於刑部大理陳牒問取，使人合雪之狀，然後爲雪。仍牒中書省並録狀進內，訖然後注。

一、盜及詐請兩京及九城宮庫物，贓滿一匹已上，首處斬，從配流。若盜司農諸倉及少府監諸庫物並軍糧軍資，贓滿五匹以上，首處死，從處流。若一匹以上，首處流，從徒三年。所由官人不存檢校失，數滿卅匹已上者，奏聞。

一、詃誘官奴婢及藏隱並替換者，並配流嶺南。無官蔭者，於配所役三年。有官蔭者，不得當贖官。奴婢犯者，配遠州苦使。

一、盜計贓滿一匹以上，及詃誘官私奴婢並恐喝取財，勘當知實，先決杖一百，仍依法與罪。

一、私鑄錢人，勘當得實，先決杖一百，頭首處盡，家資沒官，從者配流，不得官當蔭贖，有官者仍除名。勾合頭首及居停主人，雖不自鑄，亦處盡，家資亦沒官。若家人共犯，罪其家長，資財並沒。家長不知坐其所由者，一房資財其鑄錢處，隣保處徒一年，里正、坊正各決杖一百。若有人糺告，應沒家資並賞糺人，同犯自首告者免罪，依例酬賞。

一、略及和誘和同相賣爲奴婢自首者，非追得賣人並不得成首。其略良人仍先決杖一百，然後依法。若於羈縻及輕稅州自首者，雖得良人。非本州者，亦不成首。

一、但有告密，一準令條受告官，司盡理推鞫。如先有合決笞杖者，先決本笞杖，然後推逐狀內。不當密條者，不須勘當密條。灼然有逗留者，即準律，掩。捕馳驛聞奏。如無指的不須□追，及奏。若推勘事虛，先決杖一百，然後依法，科罪仍不得減贖。若責狀不吐確稱有密者，即令自抄狀，自封長官。重封如不解盡，推勘官人爲抄。長官封印署馳驛進奏，仍禁身待進。止有不肯抄狀並不受推勘者，即與無密宜便準前決杖及科本罪。若死囚□□已到，有告密者，不須爲受。其有相知，遣人數頭分告及取人文狀，或稱聞人傳説，或稱疑有如此，或云恐如此，即告並重告他人，所告之密勘當虛事。其杖及反坐無密等罪，一準告人科決。其告密人雖抄封進狀內所告非密，及稱狀有不盡妄請面見者，亦同無密科罪。縱別言他事，並不須爲勘當。或緣鬥競，或有冤嫌，即注被奪密封，事恐漏洩，官司不爲追即攝，即云黨助逆徒，有如此色者，並不須爲勘當。仍令州縣録勅於所在村坊要路榜示，使人具知，勿陷入罪。

一、光火劫賊必藉主人兼倚鄉豪助成影援，其所獲賊各委州縣長官盡理評覆，應合死者奏聞。其居停主人，先決杖一百，仍與賊同罪降。保里

正坊正村各決杖六十，並移貫邊州。其有捉獲賊，應合賞準强盜法其賞。出賊家及居停主人，其賊賞有能密告官司，因而擒獲者，免其罪，仍同賞例。如有賊發，州縣專知官及長官隱蔽不言，及勾官不能糾舉者，並解御。若捉賊不獲，貶授遠惡官。限內捕獲過半以上，即免貶責。如擒獲外境五人以上，與中上考應貶者，聽功過相折。御史巡察使出日仍訪察奏聞。

一、盗及殺官駝馬一匹以上者，先決杖一百，配流嶺南，不得官當贖。其知情博換賣買及過致人居停主人知情者，並準此人有糾告者，每糾得一匹賞物廿匹。糾數雖多，不得過一百匹。其賞物並出隱殺盗駞馬人，告數滿十匹以上者，衛士免軍，百姓免簡，點户奴放從良。所由官□□縱者，與下考受財求者，準盗入科罪。

（唐）杜佑《通典》卷一六七《刑法·雜議下》 神龍元年正月，趙冬曦上書曰：臣聞夫今之律者，乃有千餘條。近有隋之姦臣，將弄其法，故著律曰：犯罪而律無正條者，應出罪則舉重以明輕，應入罪則舉輕以明重。立夫一言，而廢其數百條。自是迄今，竟無刊革，遂使死生罔由乎法律，輕重必因乎愛憎，賞罰者不知其然，舉事者不知其犯。臣恐賈誼見之，必爲慟哭矣！夫立法者，貴乎下人盡知，則天下不敢犯耳，何必飾其文義、簡其科條哉？夫條科省則下人難知，文義深則法吏得便。下人難知，則暗陷機穽矣，安得無犯法之人哉！法吏得便，則比附而用之矣，安得無弄法之臣哉！臣請律令格式，復更刊定，其科條言罪，直書其事，無假飾文；其以準、加減、比附、原情及舉輕以明重，不應爲而爲之類，皆勿用之。使愚夫愚婦聞之必悟，則相率而遠之矣，亦安肯知而故犯哉！苟有犯者，雖貴必坐，則宇宙之內，肅然咸服矣。故曰：法明則人信，法一則主尊。《書》曰：刑期於無刑。誠哉是言。

（宋）王溥《唐會要》卷三九《議刑輕重》 開元十年十一月，前廣州都督裴伷先下獄，中書令張嘉貞奏請決杖。兵部尚書張説進曰：臣聞刑不上大夫，以近於君也。故曰：士可殺不可辱。臣今秋巡邊，中途聞姜皎朝堂決杖流。皎是三品，亦有微功，不宜決杖廷辱，以卒伍待之。且律有八議，勲貴在焉。今伷先既不可輕，豈可決罰。上然其言。

天寶六載正年正月十三日勅，自今已後，所斷絞斬刑者，宜削除此條，仍令法官約近例詳定處分。

（元）馬端臨《文獻通考》卷一六六《刑考·刑制》 〔唐玄宗開元〕十六年，御史中丞李林甫奏：天下定贓估，互有高下。如山南絹賤，河南絹貴。賤處計贓，不至三百，即入死刑。貴處至七百以上，方至死刑。即輕重不侔，刑典安寄？請天下定贓估，絹每匹計五百五十價爲限。勅依。其應徵贓入公私，依常式。至上元時，敕：先準格例，每例五百五十價，估當絹一匹。自今以後，應定贓數，宜約當時絹估，並準實錢，庶叶從寬，俾在不易。

（唐）張九齡等《唐六典》卷六《尚書刑部》 乃立十惡，以懲叛逆，禁淫亂，沮不孝，威不道。其一曰謀反，謂謀危社稷。二曰謀大逆，謂謀毁宗廟、山陵及宫闕。三曰謀叛，謂謀背國從僞。四曰惡逆，謂毆及謀殺祖父母、父母，殺伯、叔父母、姑、兄、姊、外祖父母、夫、夫之祖父母、父母。五曰不道，謂殺一家非死罪三人，支解人，造畜蠱毒，魘魅。六曰大不敬，謂盗大祀神御之物、乘輿服御物，盗及僞造御寶，合和御藥誤不如本方及封題誤，若造御膳誤犯食禁，御幸舟船誤不牢固，指斥乘輿情理切害及對捍詔使而無人臣之禮。七曰不孝，謂告言、詛詈祖父母、父母；及别籍異財，若供養有闕；居父母喪身自嫁娶，若作樂、釋服從吉；聞祖父母、父母喪匿不舉哀；詐稱祖父母、父母死。八曰不睦，謂謀殺及賣緦麻已上親，毆、告夫及大功已上尊長。九曰不義，謂謀殺本屬府主、刺史、縣令、見受業師。十曰内亂。謂姦小功已上親、祖，父妾。此十者，常赦之所不原。初，北齊立重罪十條爲十惡：一、反逆，二、大逆，三、叛，四、降，五、惡逆，六、不道，七、不敬，八、不孝，九、不義，十、内亂，犯此者不在八議論贖之限。隋氏頗有益損，皇朝因之。

（宋）王溥《唐會要》卷四一《雜記》 至元年建丑月二十一日，京兆尹魏少游奏：令長職在親人。丞簿尉有犯，無不委悉。比來各相蒙蔽，悉徇人情。百姓艱辛，職由於此。今以後丞簿尉有犯贓私，連坐縣令。其罪減所犯官二等。冀遞相管轄，不得爲非。勅旨：依，天下諸州準此。

（宋）王溥《唐會要》卷四〇《定贓估》 元和三年正月勅：今後應坐贓，及他罪當贖者，諸道委觀察判官一人，專勾當及時申報，如蔽匿不申者，節級科貶加罪。不係奏官長，量情處置者，其贓但準前申送御史臺，充本色給用。仍差御史一人，專知贓贖，不得以贓罰爲名。如罪名未

正，妄罰其財，亦委觀察判官勾當，差定後先，具名聞奏。

（宋）王欽若等《册府元龜》卷六一二《刑法部・定律令》〔元和〕九年五月壬申，命京兆尹禁諸色人不得與商人私有便換，犯者没入，賞罰有差。

（宋）王溥《唐會要》卷三九《議刑輕重》 大和四年十二月，刑部員外郎張諷、大理少卿崔玘等奏議親議貴事。其一議親曰：皇帝至太皇太后、皇后親，有内外服同者，皆在議條，伏以親疎之序，既有等衰，即雨露之恩，皆宜沾洽，此實皇王大猷。自家刑國，親九族，協萬邦之旨也。近者，絳州刺史裴鋭，所犯贓罪至深，陛下以太皇太后之親，下尚書省集議，此乃陛下知刑賞之理重，與衆共之。伏請今後，親有任刺史監臨主守，犯贓罪，得蒙減死者，必重其過，直以贓罪爲汙累，定刑流決外，其後子孫，並不得任理人官，及爲監臨主守，庶得家知其恥，人革非心。其一議貴曰：謹按禮經，貴謂近於君也，非獨高秩厚俸之爲貴，今後刺史非在朝文武職事三品官任者，於所部犯贓抵死罪，並不得以刺史品秩議貴。徵司議條，免所犯罪。如先任在朝三品，合在議條者，即准議親條決流外，子孫皆未得任理人官及監臨主守。如有法官及本官推官，不詳官品，妄有引議，請科違勑罪。其功勤賓故等，有犯贓罪同者，並請准親貴之法。勑：官必任賢親貴，無宜輕授，罰不及嗣，經訓具有明文，若坐子孫，慮傷事理，此一節宜且仍舊，餘依。

（宋）王溥《唐會要》卷四〇《定贓估》 大和九年十月，大理丞周太元奏：準制條云，雜物依工估絹結贓。所犯若干匹，並無估定計折字者，伏以監利物與兩税物。好惡有殊，一例科決，慮憂有屈。今請盗換兩税綢綾絹等物，請依元盗換匹數結罪科斷，更不估定。如盗換監利物雜麻布、焦葛、匹段、絲線、紙及諸色進貢物，不是兩税匹段等，請準法式估定數，依上絹結贓科斷。 勑旨依奏。

（宋）王溥《唐會要》卷三九《議刑輕重》 〔會昌〕五年正月三日制節文，據律已去任者，公罪流已下勿論。公罪之條，情有輕重，苟涉欺詐，豈得勿論？自後公罪有情狀難恕，並不在勿論之限。

（元）馬端臨《文獻通考》卷一六六《刑考・刑制》 〔唐宣宗〕大中五年勑：今後，有官典犯贓及諸色取受，但是全未發覺以前，能經官陳首，即準律文與減等。如知事發已有萌肇，雖未被追捕勘問，亦不許陳首之限。

（宋）王溥《唐會要》卷四〇《定贓估》 大中六年閏七月勑：應犯贓人，其平贓定估等，議取所犯處及所犯月上絹之價。假有蒲州盗監，嶲州事發，鹽已費使，依令懸平。即蒲州中估之鹽，準蒲州上絹之價，於嶲州決斷之類。縱有賣價貴賤，所估不同，依估爲定。其年十月，中書門下奏：其犯贓人，平贓定估等其外州、府，比者雖準律文，取當處上估絹定贓平估，或有不出土絹處。縱有出處，亦慮結獄之時，須爲勘估，因其貴賤，便生異端。兼以州、府絹價，除果閬州外，無貴於宋亳州上估絹者。則外州、府不許有土絹及無土絹處，並請一例取宋亳州土絹估，每匹九百交結計。如所取得絹已費使，及不記得當時州土色目，即請取犯處市肆見貨當處中估絹價平之。如不出絹處，亦請以當處見貨雜州中估絹價平之。庶推勘有準，斷覆無疑。從之。

（元）馬端臨《文獻通考》卷一六六《刑考・刑制》 〔唐宣宗大中〕八年勑：估絹結贓，天下一例，依上都以一千一百九十文爲陌，計贓絹一匹。

（宋）王欽若等《册府元龜》卷六一三《刑法部・定律令》 〔後唐明宗長興〕四年五月，獲嘉縣令盧嵩拖曳户民致死，其盧嵩減死配流。今據所司引減死配天德五城流人，格文内只言兩京、關内、河南、河東、北、淮南、山東、西等道州府繫囚，並不言荆南、湖南、江南、嶺南、浙江東、西福建等道，亦不言劍南、黔南、隴右、河西等道。又云京兆府界内持杖强盗，不論有贓、無贓及竊盗贓三疋以上並依前後格勑處分。此又酷秦中之人資海内之盗，既兹有二，豈曰大同？況天下府、州，凡竊盗贓滿三疋，皆處極法，並不以律内十五疋加役流定罪，亦不減死配流。據所司斷盧嵩以故殺定罪，又不該此條。今或却將此條旋舉定刑憲，以愛惡於人，教之上下其手。今日已後，所司凡有刑獄，據罪欵准後勑文案。律、令、格、式、條法，詳斷，不得引此減死條格惑人，其間，或有情非巨蠹，繫勑命處分。

《舊五代史》卷一一〇《周書・太祖本紀》 廣順元年春正月丁卯【略】制曰：【略】古者用刑，本期止辟，今兹作法，義切禁非。蓋承弊

之時，非猛則姦宄難制；及知勸之後，在寬則典憲得宜。相時而行，庶臻中道。今後應犯竊盜賊贓及和姦者，並依晋天福元年已前條制施行。應諸犯罪人等，除反逆罪外，其罪並不得籍没家産、誅及骨肉，一依格令處分。

《宋史》卷四《太宗本紀》〔太平興國三年六月〕癸未，詔：太平興國元年十月乙卯以來諸職官以贓致罪者，雖會赦不得敘，永爲定刑。

（宋）竇儀等《宋刑統》卷一《名例律·十惡》 一曰謀反。謂謀危社稷。

二曰謀大逆。謂謀毁宗廟、山陵及宫闕。

三曰謀叛。謂謀背國從僞。

四曰惡逆。謂毆及謀殺祖父母、父母，殺伯叔父母、姑、兄、姊、外祖父母、夫、夫之祖父母、父母者。

五曰不道。謂殺一家非死罪三人，及支解人，造畜蠱毒厭魅。

六曰大不恭。謂盗大祀神御之物，乘輿服御物，盗及僞造御寶，合和御藥誤不如本方，及封題誤。若造御膳，誤犯食禁，御幸舟船誤不牢固，指斥乘輿，情理切害，及對捍制使而無人臣之禮。

七曰不孝。謂告言詛詈祖父母、父母，及祖父母、父母在，别籍異財，若供養有闕，居父母喪，身自嫁娶，若作樂，釋服從吉，聞祖父母、父母喪匿不舉哀，詐稱祖父母、父母死。

八曰不睦。謂謀殺及賣緦麻以上親，毆告夫及大功以上尊長、小功尊屬。

九曰不義。謂殺本屬府主、刺史、縣令、見受業師，吏卒殺本部五品以上官長，及聞夫喪匿不舉哀，若作樂，釋服從吉及改嫁。

十曰内亂。謂姦小功以上親、父祖妾，及與和者。

疏議曰：五刑之中，十惡尤切，虧損名教，毁裂冠冕，特標篇首以爲明誡。其數甚惡者，事類有十，故稱十惡。然漢制九章，雖並湮没，其不道、不敬之目見存。原夫厥初，蓋起諸漢。案梁、陳已往，略有其條，周、齊雖具十條之名，而無十惡之目。開皇創制，始備此科，酌於舊章，數存於十。大業有造，復更刊除，十條之内，惟存其八。自武德以來，仍遵開皇，無所損益。

一曰謀反。議曰：案《公羊傳》云：君親無將，將而必誅。謂將有逆心而害於君父者，則必誅之。《左傳》云：天反時爲災，人反德爲亂。然王者居宸極之至尊，奉上天之寶命，同二儀之覆載，作兆庶之父母。爲子爲臣，惟忠惟孝，乃敢包藏兇慝，將起逆心，規反天常，悖逆人理，故曰謀反。

注云：謂謀危社稷。議曰：社爲五土之神，稷爲田正也。所以神地道，主司嗇。君爲神主，食乃人天。主泰即神安，神寧即時稔。臣下將圖逆節，而有無君之心，君位若危，神將安恃。不敢指斥尊號，故託云社稷。《周禮》云：左祖右社，人君所尊也。

二曰謀大逆。議曰：此條之人，干紀犯順，違道反德，逆莫大焉，故曰大逆。

注云：謂謀毁宗廟、山陵及宫闕。議曰：有人獲罪於天，不知紀極，潛思釋憾，將圖不逞，遂起惡心，謀毁宗廟、山陵及宫闕。宗者尊也，廟者貌也，刻木爲主，敬象尊容，置之宫室，以時祭享，故曰宗廟。山陵者，古先帝王因山而葬，黄帝葬橋山，即其事也。或云，帝王之葬，如山如陵，故曰山陵。宫者，天有紫微宫，人君則之，所居之處故曰宫。其闕者，《爾雅·釋宫》云：觀謂之闕。郭璞云：宫門又闕也。《周禮·秋官》，正月之吉日，縣形象之法於象魏，使人觀之，故謂之觀。

三曰謀叛。議曰：有人謀背本朝，將投蕃國，或欲翻城從僞，或欲以地外奔，如莒牟夷以牟婁來奔，公山弗擾以費叛之類。

四曰惡逆。議曰：父母之恩，昊天罔極，嗣續妣祖，承奉不輕。梟鴟其心，愛恭同盡，五服至親，自相屠戮，窮惡盡逆，絶齊人理，故曰惡理，故曰惡逆。注：梟鴟，犯翼祖廟諱，改爲鴟。

注云：謂毆及謀殺祖父母、父母，殺伯叔父母、姑、兄、姊、外祖父母、夫、夫之祖父母、父母者。議曰：毆謂毆擊，謀謂謀計。自伯叔以下，即據殺訖，若謀而未殺，自當不睦之條。惡逆者，常赦不免，決不待時。不睦者，會赦合原，惟止除名而已。以此爲别，故立制不同。其夫子之祖父母者，夫之曾高宜亦同。案喪服制，爲夫曾高服緦麻，若夫承重，其妻於曾高祖亦如夫之父母服周。故知稱夫之祖父母，曾祖亦同也。

問曰：外祖父母及夫，據禮有等數不同，具爲分析。

答曰：外祖父母，但生母身，有服無服，並是外祖父母。所以如此者，律云不以尊壓及出降故也。若不生母身者，有服同外祖父母，無服同凡人。依禮，嫡子爲父後及不爲父後者，並不爲出母之黨服，即爲繼母之黨服。此兩黨俱是外祖父母。若親母死於室，爲親母之黨服，不爲繼母之黨服。此繼母之黨無服，即同凡人。又妾子爲父後及不爲父後者，嫡母存，爲其黨服；嫡母亡不爲其黨服。《禮》云：所從亡者則已。此既從嫡母而服，故嫡母亡，其黨則已。夫者，依《禮》有三月廟見、有未廟見或就婚等三種之夫，並同夫法。其有克吉日及定婚夫等，惟不得違約改嫁，自餘相犯，並同凡人。

□□□□□□□□□□逆以上者州縣是□□□□□□□事參軍糾察聞□□□□□□□□□有犯惡逆以上罪者，今後刺史以上附表自劾，以敦風教，責與不責，並聽敕裁。

五曰不道。議曰：安忍殘賊，背違正道，故曰不道。

注云：謂殺一家非死罪三人，及支解人者。議曰：謂一家之中三人被殺，俱無死罪者。若三人之内有一人合死，及於數家各殺二人，惟合死刑，不入十惡。或殺一家三人，本條罪不至死，亦不入十惡。支解人者，謂殺人而支解，亦據本罪合死者。

注云：造畜蠱毒厭魅。議曰：謂造合成蠱，雖非造合，乃傳畜堪以害人者皆是。即未成者，不入十惡。厭魅者，其事多端，不可具述，皆謂邪俗陰行不軌，欲令前人疾苦及死者。

六曰大不恭。議曰：禮者恭之本，恭者禮之與，故《禮連》云：禮者君之柄，所以別嫌明微，考制度，別仁義。責其所犯既大，皆無肅恭之心，故曰大不恭。

注云：謂盗大祀神御之物、乘輿服御物。議曰：大祀者，依《祠令》，昊天上帝、五方上帝、皇地祇、神州、宗廟等爲大祀。《職制律》又云，凡言祀者，祭享同。若大祭、大享並同大祀。神御之物者，謂神祇所御之物。本條注云，謂供神御者，帷帳、(凡)〔几〕杖亦同。造成未供而盗亦是。酒醴饌(昊)〔具〕及籩豆簠簋之屬，在神前而盗者，亦入大不恭，不在神所盗者非也。乘輿服欲物者，謂主上服御之物。人主以天下爲家，乘輿巡幸，不敢指斥尊號，故計乘輿以言之。本條注云，服通衾茵之屬，真、副等，皆須監當之官部分擬進，乃爲御物。

注云：盗及僞造御寶。議曰：《説文》云：爾者，印也，古者尊卑共之。《左傳》云：襄公自楚還，及方城，季武子取卞，使公冶問爾書，追而予之。是其義也。秦、漢以來天子曰璽，諸候曰印。開元歲中改璽曰寶。本條云，僞造皇帝八寶，此方御寶者，爲攝三后寶並入十惡故也。

注云：合和御藥誤不如本方，及封題誤。議曰：合和御藥雖憑正方，中間錯謬，誤違本法。封題誤者，謂依方合訖，封題有誤，若以丸爲散，應冷言熱之類。

注云：若造御膳誤犯食禁。議曰：《周禮》食醫掌王之三珍，所司特宜恭慎。營造御膳，須憑食經，誤不依經，即是不恭。

注云：御幸舟船誤不牢固。議曰：帝王所之，莫不慶幸。舟船即擬供御，故曰御幸舟船。工匠造船，備盡心力，誤不牢固即入此條。但御幸舟船以上三事，皆爲因誤得罪，設未進御，亦同十惡，如其故違，即從謀反科罪。其監當官司準法減科，不入不恭。

注云：指斥乘輿，情理切害。議曰：此謂情有觖望，發言謗毀，指斥乘輿，情理切害者。若使無心怨天，惟欲誣構人罪，自依反坐之法，不入十惡之條。舊律云言理切害，今改爲情理切害者，盡欲原其本情，廣恩慎罰故也。

注云：及對捍制使而無人臣之禮。議曰：奉制出使，宜布四方，有人對捍，不恭制命，而無人臣之禮者，制使者，謂奉敕定名，又令所司差遣者是也。

七曰不孝。議曰：善事父母曰孝，既有違犯，是名不孝。

注云：謂告言詛詈祖父母、父母。議曰：本條直云告祖父母、父母，此注兼云告言者，文雖不同，其義一也。詛猶呪也，詈猶駡也。依本條，詛欲令死及疾苦者，皆以謀殺論，自當惡逆，惟詛求愛媚，始入此條。

問曰：依《賊盗律》，子孫於祖父母、父母求愛媚而厭呪者，流二千里。然厭魅呪詛，罪無輕重，今詛爲不孝，未知厭入何條？

答曰：厭呪雖復同文，理乃詛輕厭重。但厭魅凡人，則入不道，若呪詛者，不入十惡。《名例》云，其應入罪者，則舉輕以明重。然呪詛是輕，尚入不孝，明知厭魅是重，理入此條。

注云：及祖父母、父母在，别籍異財。議曰：祖父母、父母在，子孫就養無方，出告反面，無自專之道。而有異財别籍，情無至孝之心，名義以之俱淪，情節於兹並棄，稽之典禮，罪惡難容。二事既不相須，違者併當十惡。

注云：若供養有闕。議曰：《禮》云：孝子之養其親也，樂其心不違其志，以其飲食而奉養之。其有堪供而闕者，祖父母、父母告乃坐。注：而奉，犯翼祖廟諱改爲奉。

注云：居父母喪，身自嫁娶，若作樂，釋服從吉。議曰：居父母喪身自嫁娶，皆謂首從得罪者。若其獨坐主婚，男女即非不孝，所以稱身自嫁娶，以明主婚不同十惡故也。其男夫居喪娶妾，合免所居之一官。女子居喪爲妾，得減妻罪三等，並不入不孝。若作樂者，自作、遣人等。樂謂擊鍾鼓，奏絲竹匏聲塤篪，歌舞、散樂之類。釋報從吉謂喪制未終，而在二十七月之内，釋去衰裳而著吉服者。

注云：聞祖父母、父母喪匿不舉哀及詐稱祖父母、父母死。議曰：依《禮》，聞親喪，以哭答使者，盡哀而問。故父母之喪，創巨尤切，聞即崩殞，擗踴號天。今乃匿不舉哀，或揀揀時日者並是。其詐稱祖父母、父母死，謂祖父母、父母見在，而詐稱死者。若先死，其詐稱始死者非。

八曰不睦。議曰：《禮》云：講信修睦。《孝經》云：人用和睦。睦者親也。此條之内，皆是親族相犯，爲九族不相叶睦，故曰不睦。

注云：謂謀殺及賣緦麻以上親。議曰：但有謀殺及賣緦麻以上親，無問尊卑長幼，總入此條。若謀殺周親尊長等，殺訖即入惡逆。今直言謀殺，不言故圖。若故圖殺訖，亦入不睦。舉謀殺未傷是輕，明故圖已殺是重輕重相明，理同十惡。賣緦麻以上親者，無問强和，俱入不睦。賣未售者非。釋曰：賣了爲售。

注云：毆告夫及大功以上尊長、小功尊屬。議曰：依《禮》，夫者婦之天。又云：妻者齊也。恐不同尊長，故別言夫號。大功尊長干，依《禮》，男子無大功尊，惟婦人於夫之祖父母及夫之伯叔父母，是大功尊。大功長者，謂從父兄姊是也。以上者，伯叔父母、姑、兄、姊之類。小功尊屬者，謂從祖父母姑、從祖伯叔父母姑、外祖父母舅姨之類。

九曰不義。議曰：禮之所尊，尊其義也。此條元非血屬，本止以義相從，背義乖仁，故曰不義。

注云：謂殺本屬府主、刺史、縣令、見受業師。議曰：府主者，依令，職事官五品以上，帶勳官三品以上，得親事帳内，於所事之主名爲府主。國官邑官於其所屬之主亦與府主同。其都督、刺史皆據制書出日，六品以下皆據畫訖始是。見受業師，謂服膺儒業而非私學者。若殺訖，入不義，謀而未殺，自從雜犯。

注云：吏卒殺本部五品以上官長。議曰：史謂流外官以下，卒謂庶士、衛士之類。此等色人，類例不少，有殺本部五品以上官長，並入不義。官長者，依令，諸司尚書同長官之例。

注云：及聞夫喪匿不舉哀，若作樂、釋服從吉及改嫁。議曰：夫者，妻之天也。移父之服而服，爲夫斬衰，恩義既崇，聞喪即須號慟。而有匿哀不舉居喪，作樂、釋服從吉、改嫁忘憂，皆是背禮違義，故俱爲十惡。其改嫁爲妾者非。

十曰内亂。議曰：《左傳》云：女有家，男有室，無相瀆，易此則亂。若有禽獸其行，朋淫於家，紊亂禮經，故曰内亂。

注云：謂姦小功以上親。議曰：姦小功以上親者，謂據《禮》男子爲婦人著小功而姦者，若婦人爲男夫雖有小功之服，男子爲報服緦麻者，非謂外孫女於外祖父及外甥於舅之類。

注云：父祖妾，及與和者。議曰：父祖妾者，有子無子並同，媵亦是。及與和，謂婦人共男子和姦者，並入内亂。若被强姦後遂和可者亦是。

（宋）竇儀等《宋刑統》卷四《名例律·犯罪已發已配更為罪》 諸犯罪已發及已配而更爲罪者，各重其事。即重犯流者，依留住法決杖，於配所役三年。若已至配所而更犯者亦准此。即累流徒應役者，不得過四年。若更犯流徒罪者，準加杖例。其杖罪以下，亦各依數決之。累決笞杖者，不得過二百。其應加杖者亦如之。

疏：諸犯罪已發及已配而更爲罪者，各重其事。議曰：已發者，謂已被告言，其依令應三審者，初告亦是發訖。及已配者，謂犯徒已配。而更爲笞罪以上者，各重其後犯之事而累科之。

又云：即重犯流者，依留住法決杖，於配所役三年。議曰：犯流未斷或已斷配訖，未至配所而更犯流者，依工樂留住法，流二千里決杖一百，流二千五百里決杖一百三十，流三千里決杖一百六十，仍各於配所役三年。通前犯流應役一年，總役四年。若前犯常流，後犯加役流者，亦止總役四年。

又云：若已至配所而更犯者亦準此。議曰：已至配流之處而更犯流者，亦准上解留住法，決杖配役。其前犯處近，後犯處遠流，即於前配所科決，不復更配遠流。

又云：即累流徒應役者，不得過四年。若更犯流徒罪者，准加杖例。議曰：有犯徒役未滿，更犯流役，流役未滿，更犯徒役，或徒流役内復犯徒流，應役身者，並不得過四年。假有元犯加役流，後又犯加役流，前後累徒雖多，役以四年爲限。若役未訖更犯流徒罪者，准加杖例。犯罪雖多，累決杖笞者亦不得過二百。

問曰：有人重犯流罪，依留住法決杖，於配所役三年。未知此三年之役，家無兼丁，合準無兼丁例決杖以否？

答曰：流人雖無兼丁，而無加杖之例。三年之役，本替流罪，雖無兼丁，不合加杖。唯有元犯之流，至配所應役者，家無兼丁，得準徒加杖。

又云：其杖罪以下，亦各依數決之。累決笞杖者，不得過二百。其應加杖者亦如之。議曰：累流徒應役四年，限内復犯杖笞者，亦依所犯杖笞數決。或初犯杖一百，中間又犯杖九十，後又犯笞五十，前後雖有二百四十，決之不得過二百。其犯徒應加杖者亦如之。假如工樂、雜户、官私奴婢等并合加杖，縱令重犯流徒，累決杖笞亦不得過二百。

（宋）竇儀等《宋刑統》卷四《名例律·贓物没官及徵還官主並勿徵平贓》 諸彼此俱罪之贓，謂計贓爲罪者。及犯禁之物，則没官。若盜人所盜之物，倍贓亦没官。取與不和，雖和，與者無罪。若乞索之贓，並還主。即簿斂之物，赦書到後，罪雖決訖，未入官司者，並從赦原。若罪未處決，物雖送官，未經分配者，猶爲未入。即緣坐家口雖已配没，罪人得免者亦免。

疏：諸彼此俱罪之贓。注云：謂計贓爲罪者。議曰：受財枉法，不

枉法及受所監臨財物，并坐贓罪。依法，與財者亦各得罪。此名彼此俱罪之贓。謂計贓爲罪者。

又云：及犯禁之物，則没官。議曰：謂甲弩、矛矟、旌旗、幡幟及禁書、寶印之類私家不應有者，是名犯禁之物。彼此俱罪之贓以下，並没官。

注云：若盜人所盜之物，倍贓亦没官。議曰：假有乙盜甲物，丙轉盜之，彼此各有倍贓，依法並應還主。甲既取乙倍備，不合更得丙贓。乙即元是盜人，不可以贓資盜，故倍贓亦没官。若有糾告之人應賞者，依令與賞。

問曰：私鑄錢事發，所獲作具及錢銅，或違法殺馬牛等肉，如此之類，律令無文，未知合没官以否？

答曰：其肉及錢，私家合有，準如律令，不合没官。作具及錢不得仍用，毁訖付主，罪依法科。其鑄錢見有別格，從格斷。餘條有別格見行破律者，並準此。

又云：取與不和。注云：雖和，與者無罪。議曰：取與不和，謂恐喝詐欺、强市有賸利、强率斂之類。雖和與者無罪，謂去官而受舊官屬士庶饋與，或和率斂，或監臨官司和市有勝利，或雇人而告他罪得實，但是不應取財，而與者無罪皆是。

又云：若乞索之贓並還主。議曰：强乞索、和乞索得罪雖殊，贓合還主。稱並者，從取與不和以下，並徵還主。

又云：即簿斂之物，赦書到後，罪雖決訖，未入官司者，並從赦原。議曰：簿斂之物，謂謀反大逆人家資合没官者。赦書到後，罪人雖已決訖，其物未入官司者，並從赦原。若簿斂之物已入所在官司守掌者，並不合放免。

又云：若罪未處決，物雖送官，未經勿配者，猶爲未入。議曰：若反逆之罪仍未處決，罪人雖已斷訖，其身尚存者，物雖送官，但未經分配者，並從赦原。

又云：即緣坐家口雖已配没，罪人得免者亦免。議曰：謂反逆人家口合緣坐没官，罪人於後蒙恩得免，緣坐者雖已配没，亦從放免。其奴婢同於資財，不從緣坐免法。

問曰：但是緣坐遇恩，罪人得免，其有罪人不合免者，緣坐亦有免法以否？

答曰：謀反、大逆，罪極誅夷，污其室宅，除惡務本。罪人既不會赦，緣坐亦不合原，去取之宜，皆隨罪人爲法。其謀叛已上道，及殺一家非死罪三人、支解人，緣坐雖及家口，其惡不同反、逆。又，律文特顯反逆緣坐，爲與十惡同科，不得請減及贖，自同五流，除名配流如法。自餘緣坐流並得減贖，不除名。雖云合流得減贖者，明即與反逆緣坐不同。赦書若十惡不原，非反逆緣坐人仍從恩免，以其身非十惡，又非反逆之家故也。

諸以贓入罪，正贓見在者，還官、主，轉易得他物及生産蕃息，皆爲見在。已費用者，死及配流勿征，別犯流及身死者亦同。餘皆徵之。盜者倍備。若計庸賃爲贓者，亦勿徵。會赦及降者，盜、詐、枉法猶徵正贓。餘贓非見在及收贖之物，限内未送者，並依赦降原。

疏：諸以贓入罪，正贓見在者，還官主。注云：轉易得他物及生産蕃息，皆爲見在。議曰：在律，正贓唯有六色，强盜、竊盜、枉法、不枉法、受所監臨及坐贓，自外諸條，皆約此六贓爲罪。但以此贓而入罪者，正贓見在未費用者，官物還官，私物還主。轉易得他物者，謂本贓是驢，迴易得馬之類。及生産蕃息者，謂婢産子，馬生駒之類。

問曰：假有盜得他人財物，即將興易及出舉，別有息利，得同蕃息以否？其贓本是人畜，展轉經歷數家，或有知情及不知者，如此蕃息，若爲處分？

答曰：律注云生産蕃息，本據應産之類，而有蕃息。若是興生出舉而得利潤，皆用後人之功，本無財主之力，即非生之物，不同蕃息之限，所得利物，合入後人。其有展轉而得，知情者，蕃息物並還前主。不知情者，亦入後人。

又問：有人知是贓婢，故買自幸，因而生子，合入何人。

答曰：知是贓婢，本來不合交關，違法故買，意在姦僞。贓婢所産，不合從良，止是生産蕃息，依律隨母還主。

又云：已費用者，死及配流勿徵。注云：別犯流及身死者亦同。議曰：因贓斷死，及以贓配流，得罪既重，多破家業，贓已費用，矜其流死，其贓不徵。若未經奏畫，會赦免流，死者徵如法。畫訖會恩，即同免例。注云別犯流及身死者，謂雖不因贓配流，別爲他罪流配，及雖非身被刑戮而別有死亡者，本犯之贓，費用已盡，亦從免例。

又云：餘皆徵之。注云：盜者倍備議曰：除非身死已配流，其贓見在並已費用，並在徵限，故曰餘皆徵之。盜者倍備，釋曰：備猶償也。謂盜者以其貪財既重，故令倍備，謂盜一尺徵二尺之類。

又云：若計庸賃爲贓者，亦勿徵。議曰：庸謂私役，使所監臨及借車馬之屬，計庸一日爲絹三尺，以受所監臨財物論。賃謂碾磑、邸店、舟船之類，須計賃價爲坐。既計庸賃爲贓，其贓元非正物，故雖非會赦，其贓並亦不徵。餘條庸賃皆準此。

又云：會赦及降者，盜、詐、枉法猶徵正贓。議曰：謂會赦及降，唯盜、詐、枉法三色，正贓猶徵，各還官主。盜者免倍贓，故云猶徵正贓。謂赦前事發者，若赦後事發，捉獲見贓，準《鬥訟律》徵之。

問曰：枉法會赦，正贓猶徵，未知此贓還官還主，須定明例。

答曰：彼此俱罪之贓，例并合没。雖復首得原罪，正贓猶徵餘如法。其贓追没，於法何疑。

又云：餘贓非見在及收贖之物，限内未送者，並從赦降原。議曰：餘贓非見在，赦前已費用盡，若非轉易得他物及生産蕃息者，皆非見在之贓。及收贖之物者，謂犯罪徵銅，依令節級各依期限，限内未送，並用盡，若非轉易得他物及生産蕃息者，皆非見在之贓。及收贖之物者，謂犯罪徵銅，依令節級各依期限，限内未送，並從赦降原。過限不送，不在免限。稱限内不送，唯據贖銅。餘贓舊無限約，逢赦並皆放免。其犯罪應贖徵銅，送有期限，違限不納，會赦不原，故云限内未送者，唯爲贖銅生文，不爲餘贓立制。

問曰：收贖之人，身在外處，雖對而斷罪，又牒本貫徵銅，未知以牒到本屬爲期，即據斷日作限？

答曰：依令，任官應免課役，皆據屬符到日爲限。其徵銅之人，雖對面斷訖，或有一身被禁，所屬在遠，雖被釋放，無銅可輸，符下本屬徵收，須據符到徵日爲限。若取對而爲定，何煩更牒本屬。

準律，正贓見在，各還官主。已費用者，死及配流勿徵，並皆徵之。注云：盜者倍備。疏云：盜者倍備，謂盜一尺徵二尺之類。臣等參詳，近來盜贓多不徵倍，倍備之律，伏請不行。

諸平贓者，皆據犯處當時物價及上絹估。平功庸者，計一人一日爲絹三尺，牛馬駝騾驢車亦同。其船及碾磑、邸店之類，亦依犯時賃直。庸賃雖多，各不得過其本價。

疏　諸平贓者，皆據犯處當時物價及上絹估。議曰：贓謂罪人所取之贓，皆平其價直，準犯處當時上絹之價。依令，每月旬别三等估。其贓平所犯旬估，定罪取所犯旬上絹之價。假有人蒲州盜鹽，嶲州事發，鹽已費用，依令懸平，即取蒲州中估之鹽，準蒲州上絹之價，於嶲州斷決之類。縱有賣買貴賤，與估不同，亦依估價爲定。

問曰：贓若見在犯處，可以將贓對平，如其先已費捐，懸平若爲準定？又有獲贓之所與犯處不同，或遠或近，并合送平以否？

答曰：懸平之贓，依令準中估，其獲贓去犯遠者，止合懸平。若運向犯處準估其物，即須脚價，生産之類，恐加瘦損，非但姦僞斯起，人糧所出無從，同遺懸平，理便適中。

又問：在蕃有犯，斷在中華，或邊州犯贓，當處無估，平贓定罪，從何取中？

答曰：外蕃既是殊俗，不可牒彼平估，唯於近蕃州縣準估，量用合宜。無估之所而有犯者，於州府詳定作價。

又云：平功庸者，計一人一日爲絹三尺，牛馬駝騾驢車亦同。議曰：計功作庸，應得罪者，計一人一日爲絹三尺，牛馬駝騾驢車計庸皆準此三尺，故云亦同。

又云：其船及碾磑、邸店之類，亦依犯時賃直。議曰：自船以下，或大小不同，或閑要有異，故依當時賃直，不可準常賃爲估。邸店者，居物之處爲邸，沽賣之所爲店。稱之類者，鋪肆、園宅品目至多，略舉宏綱，不可備戰，故言之類。

又云：庸賃雖多，各不得過其本價。議曰：假有借驢一頭，乘經百日，計庸得絹七匹二丈，驢估止直五匹，此則庸多，仍依五匹爲罪。自餘庸賃雖多，各準此法。

（宋）竇儀等《宋刑統》卷四《名例律·會赦不首故蔽匿及不改正徵收》　諸略、和誘人，若和同相賣，及略和誘部曲奴婢，若嫁賣之，即知情娶買，及藏逃亡部曲奴婢，署置官過限，及不應置而置，詐假官、假與人官及受假者，若詐死，私有禁物，謂非私所應有者及禁書之類。赦書到後百日，見在不首，故蔽匿者，復罪如初，媒、保不坐。其限内事發，雖不自首，非蔽匿。雖限内，但經問不承者，亦爲蔽匿。即有程期者，計赦後日爲坐。其因犯逃亡，經赦免罪，限外不首者，止坐其亡，不論本罪。謂赦書到後百日限外計之。

疏　諸略、和誘人，若和同相賣。議曰：不和爲略，前已解訖。和誘者，謂彼此和同，共相誘引，或使爲良，或使爲賤，限外蔽匿，俱入此條。輕重之制，自從本法。若和同相賣者，謂兩相和同，共知違法。

又云：及略、和誘部曲、奴婢，若嫁賣之，即知情娶買。議曰：上文皆據良人，此論部曲、客女、奴婢等，略和誘義並與上同。或得而自留，或轉將嫁賣，或乞人亦同。其知情娶買者，謂從略和誘以下，不問良賤，共知本情，或娶或買，限外不首，亦爲蔽匿。

又云：及藏逃亡部曲奴婢。議曰：藏匿無日限，謂知是部曲、奴婢逃走，故將藏匿者。

又云：署置官過限，及不應置而置。議曰：在令，置官各有員數，員外賸置，是名過限。案《職制律》，官有員數，而署置過限，及不應置而置，注云：謂非奏授者。在此雖有奏授，亦同蔽匿，於格令無員而置，是名不應置而置。

又云：詐假官、假與人官及受假者。議曰：詐假官者，身實無官，假爲職任，流內、流外，得罪雖別，詐假之義並同。或自造告身，或雇倩人作，或得他人告身而自行用，但於身不合爲官，詐將告身行用皆是。其假與人官者，謂所司假授人官，或僞奏擬，或假作曹司判補。及受假者，謂知假而受之。

又云：若詐死，私有禁物。注云：謂非私所應有者及禁書之類。議曰：詐死者，或本心避罪，或規免賦役，或因犯逃亡，而遂詐死之類。私有禁物者，注云：謂非私所應有者，謂甲弩。矛矟之類。及禁書，謂天文圖書、兵書、七曜曆等，是名禁書。稱之類者，謂玄象器物等，既不是書，故云之類。

又云：赦書到後百日，見在不首，故蔽匿者，復罪如初，媒、保不坐。議曰：赦書原罪，皆據制書出日，昧爽以前，並從赦免。唯此蔽匿條中，乃云赦書到後百日，此據赦書所至之處，別取百日爲限。見在不首故蔽匿者，謂人物及所假官等見在，故蔽匿隱藏而不首出，並復罪如初。初者，謂如犯罪之初，贓物應徵及倍，悉從初犯本法。若人有轉易在他所，但其人見在不首，皆爲故蔽匿。其媒、保不坐者，謂嫁娶有媒，賣買有保，既經赦原，無問百日內外，雖不自首，並皆不坐。

又云，其限內事發，雖不自首，非蔽匿。議曰：從略、和誘以下，私有禁物以上，謂赦書到後，事發之所百日內發者，雖不自首，亦非蔽匿，以其限尚未充，故得無罪。

注云：雖限內，但經問不臣者，亦爲蔽匿。議曰：上云限內事發，雖不自首，非蔽匿。謂限內事發，經問即承，爲無隱心，乃非蔽匿。其經問不臣，釋曰：臣猶承也。雖在限內，仍同蔽匿之法。

又云：即有程期者，計赦後日爲坐。議曰：程者，依令，公案小事五日程，中事十日程，大事二十日程，及公使各有行程，如此之類，是爲有程期者。律有大集校閱，違期不到之條，亦有計帳等，在令各有期限。此等赦前有違，經恩不待百日，但赦出後日仍違程期者，即計赦後違日爲坐。赦後並須準事給程，以爲期限。

又云：其因犯逃亡，經赦免罪，限外不首者，止坐其亡，不論本罪。議曰：謂赦前犯罪，因即逃亡，會赦之後，罪皆原免，赦後百日仍不自首，止有逃亡之坐，更不論其本罪。又如征防逃亡，會赦免罪，計百日限外，征防仍自未還，須計征防之日，以爲逃亡定罪。限內流例若還，即同在家亡法。即軍人上番，因犯逃走，經赦當下，亦同常亡之律。

注云：謂赦書到後百日限外計之。議曰：上論蔽匿，既以百日之外爲限，此逃亡之坐，亦以百日限外計之。

諸會赦應改正、徵收，經責簿帳而不改正、徵收者，各論如本犯律。謂以嫡爲庶，以庶爲嫡，違法養子，私入道，詐復除，避本業，增減年紀，侵隱園田，脱漏户口之類，須改正。監臨主守之官私自借貸，及借貸人財物、畜産之類，須徵收。

疏：諸會釋曰：會猶遇也。赦，應改正、徵收，經責簿帳而不改正、徵收者，各論如本犯律。議曰：前條以百日爲限，此據赦後經責簿帳，即須改正、徵收，仍有隱欺不改從正者，皆如本犯得罪。其應改正、徵收，具如子注。

注云：謂以嫡爲庶，以庶爲嫡，違法養子。議曰：依令，王公侯伯子男皆子孫承嫌者傳襲，無嫡子立嫡孫，無嫡孫以次立嫡子同母弟，無母弟立庶子，無庶子立嫡孫同母弟，無母弟立庶孫，曾玄以下準此。若不依令文，即是以嫡爲庶，以庶爲嫡。又準令，自無子者，聽養同宗於昭穆合者，若違令養子，是名違法。即工樂、雜户當色相養者，律令雖無正文，無子者理準良人之例。

注云：私入道，詐復除，避本業。議曰：私入道，謂道士、女冠、僧尼同。不因官度者，是名私入道。詐復除者，謂課役俱免，即如太原元從，給復終身；没落外蕃，投化給復十年；放賤爲良，給復三年之類。其有不當復限，詐同此色，是爲詐復除。避本業，謂工樂、雜户、太常音聲人各有本業，若迴避改入他色之類，是名避本業。

注云：增減年紀，侵隱園田，脱漏户口之類須改正。議曰：增減年紀，謂增年入老，減年入中小者，其有增減，雖不免課役亦是。侵隱園田，謂侵他人園田，及有私隱盜貿賣者。脱漏户口者，全户不附爲脱，隱口不附爲漏。稱之類者，謂增加疾狀，脱漏工樂、雜户之類。會赦以後，經責簿帳，即須改正，若不改正，亦論如本犯之律。

注云：臨監主守之官，私自借貸，及借貸人財物、畜産之類，須徵收。議曰：監臨謂於臨統部內，主守謂躬親保典之所者，以官財物、畜産私自借貸，及將官物、畜産私借貸人者，其車船之屬同財物，鷹犬之屬同畜産，故言並須徵收。

問曰：上條會赦以百日爲限，下文會赦乃以責簿爲期。若有上條赦後百日內，責簿帳隱而不通者，下條未經實簿帳，經問不臣，合得罪否？

答曰：上條以罪重，故百日內經問不臣，罪同蔽匿。限內雖責簿帳，事終未發，縱不吐實，未得論罪。後條犯輕，赦後經責簿帳不通，即得本罪。經年不經責簿帳，據理亦未有辜，雖復經問不臣，未合得罪。

又問：蔽匿之事，限內未首，及應改正，簿帳未通，乃有非是物主，旁人言告，未知告者得罪以否？

答曰：赦前之罪，各有程期，限內事發，律許免罪，終須改正、徵收，告者理不合坐。

（宋）竇儀等《宋刑統》卷五《名例律·犯罪已發未發自首於財主首露》　諸犯罪未發而自首者，原其罪。正贓猶徵如法。其輕罪雖發，因首重罪者，免其重罪。即因問所劾之事而別言餘罪者，亦如之。即遣人代首，若於法得相容隱者，爲首及相告言者，各聽如罪人身自首法。緣坐之罪及謀叛以上本服周，雖捕告，俱同自首例。其聞首告被追不赴者，不得原罪。謂止坐不赴者身。即自首不實及不盡者，以不實不盡之罪罪之，至死者聽減一等。自首贓數，不盡者，止計不盡之數科之。其知人欲告及亡叛而自首者，減罪二等之坐之。即亡叛者，雖不自首，能還歸本所者亦同。其於人損傷，因犯殺傷而自首者，得免所因之罪，仍從故殺傷法。本應過失者，聽從本。於物不可備償，本物見在首者，聽同免法。即事發逃亡，雖不得首所犯之罪，得減逃亡之坐。若越度關及姦，私度亦同，姦謂犯良人。並私習天文者，並不在自首之例。

疏：諸犯罪未發而自首者，原其罪。議曰：過而不改，斯成過矣。今能改過，來首其罪，皆合得原。若有文牒，言告官司，判令三審，牒雖未曾入曹局，即是其事已彰，雖欲自新，不得成首。

注云：正贓猶徵如法。議曰：稱正贓者，謂盜者自首，不徵倍贓。稱如法者，同未首前法，徵還官主。枉法之類，彼此俱罪，猶徵沒官。取與不和及乞索之類，猶徵還主。

又云：其輕罪雖發，因首重罪者，免其重罪。議曰：假有盜牛事發，因首鑄錢，鑄錢之罪得原，盜牛之犯仍坐之類。

又云：即因問所劾之事，而別言餘罪者亦如之。議曰：劾者，推鞫之別名。假有已被推鞫，因問乃更別言餘事，亦得免其餘罪，同因首重之義，故云亦如之。

又云：即遣人代首，若於法得相容隱者，爲首及相告言者，各聽如罪人身自首法。議曰：遣人代首者，假有甲犯罪，遣乙代首，不限親疏，但遣代首即是。若於法得相隱者，謂依下條同居及大功以上親等，若部曲、奴婢爲主首。及相告言者，此還據得容隱者，縱官司告言，皆同罪人身首之法。釋曰：首猶陳告也。其小功緦麻相隱，既減凡三等，若其爲首，亦得減三等。

注云：緣坐之罪及謀叛以上本服周，雖捕告，俱同自首例。議曰：緣坐之罪者，謂謀反大逆及謀叛已上道者，并合緣坐。及謀叛以上本服周者，謂非緣坐，若叛未上道，大逆未行之類。雖尊壓出降無服，各依本服周，雖捕告以送官司，俱同罪人自首之法。

又云：其聞首告被追不赴者，不得原罪。注云：謂止坐不赴者身。議曰：謂犯罪之人聞有代首，爲首及得相容隱者告言，於法雖復合原，追身不赴，不得免罪。謂止罪不赴者身，首告之人及餘應緣坐者，仍依首法。

又云：即自首不實及不盡者，以不實不盡之罪罪之，至死者聽減一等。議曰：自首不實，謂强盗得贓，首云竊盗，贓雖首盡，仍以强盗不得財科罪之類。及不盡者，謂枉法取財十五匹，雖首十四匹，餘一匹是爲不盡之罪。稱罪之者，不在除免、倍贓、監主加罪、加役流之例。假有人强盗二十匹，自首十匹，餘有十匹不首，本法尚合死罪，爲其自有悔心，罪狀因首而發，故至死聽減一等。

問曰：謀殺凡人，乃云是舅，或謀殺親舅，復云凡人。姓名是同，舅與凡人狀別，如此之類，若爲科斷？

答曰：謀殺凡人是輕，謀殺舅罪乃重。重罪既得首免，輕罪不可仍加。所首姓名既同，唯止舅與凡人有異。謀殺之罪首盡，舅與凡人狀虚，坐是不應得爲從輕，合笞四十。其謀殺親舅，乃云凡人者，但謀殺凡人，唯極徒坐，謀殺親舅，罪乃至流。謀殺雖已首陳，須科不盡之罪。三流之坐，準徒四年。謀殺凡人，合徒三年。不言是舅，首陳不盡，處徒一年。

問曰：一家漏十八口，並是有課役，乃首九口，未知合得何罪？

答曰：律定罪名，當條見義。如户内止隱九口，告稱隱十八口，雖勘九口是實，誣告者不得反坐。以本條隱九口者，罪止徒三年。罪至所止，所誣雖多，不反坐。今首外仍隱九口，當條以不盡之罪罪之，仍合處徒三年。

問曰：乙私有甲弩，乃首云止有矟一張，輕重不同，若爲科處？

答曰：甲弩不首，全罪見在。首矟一張，是別言餘罪。首矟之罪得免，甲弩之罪合科。既自首不實，至死聽減一等。

又問：假有監臨之官受財，不枉法贓滿三十匹，罪合加役流。其人首云，受所監臨，其贓並盡，合科何罪？

答曰：律云，以不實不盡之罪罪之，至死聽減一等。但不枉法與受所監臨，得罪雖別，贓已首盡，無財可科。唯有因事不因事有殊，止從不應爲重，科杖八十。若枉法取物，首言受所監臨，贓亦首盡，無財可坐，所枉之罪未首，宜從所枉科之。若枉出入徒流，自從故出入徒流爲罪。如枉出入百杖以下，所枉輕者，從請求施行爲坐。本以因贓入罪，贓既首訖，不可仍用至死減一等之法。

注云：自首贓數不盡者，止計不盡之數科之。議曰：假有竊盗十匹，止首五匹，五匹不首，仍徒一年，是名止計不盡之數科之。科之之義，是覆上文，亦與罪之之義不殊。不盡贓多，至死者減一等。

又云：其知人欲告及亡叛而自首者，減罪二等坐之。議曰：犯罪之徒，知人欲告，及案問欲舉而自首陳，及逃亡之人並叛已上道，此類事發，歸首者各得減罪二等坐之。

又云：即亡叛者，雖不自首，能還歸本所者亦同。議曰：雖不自首，謂不經官司首陳，能還歸本所者，謂歸初逃叛之所，亦同自首之法，減罪二等坐之。若本所移改，還歸移改之所亦同。

又云：其於人損傷。議曰：損謂損人身體，傷謂見血爲傷。雖部曲、奴婢傷損，亦同良人例。

注云：因犯殺傷而自首者，得免所因之罪，仍從故殺傷法。本應過失者，聽從本。議曰：假有因盜故殺（人傷）〔傷人〕，或過失殺傷財主而自首者，盜罪得免，故殺傷罪仍科。若過失殺傷，仍從過失本法，故云本應過失，聽從本。

又云：於物不可備償。注云：本物見在首者，聽同免法。議曰：稱物者，謂寶、印、符、節、制書、官文書、甲弩、旌旗、幡幟、禁兵器及禁書之類。私家既不合有，是不可償之色。本物見在首者，謂不可備償之類，本物見在，聽同首法。

又云：即事發逃亡。注云：雖不得首所犯之罪，得減逃亡之坐。議曰：假有盜罪合徒，事發逃走，已經數日，而復陳首。犯盜已發，雖首不原，逃走之罪，聽減二等。

又云：若越度關及姦。注云：私度亦同。姦謂犯良人。議曰：度關有三等罪，越度、私度、冒度。其私度，越度，自首不原。冒度之罪，自首合免。若姦良人者，自首不原。

又云：並私習天文者，並不在自首之例。議曰：天文玄遠，不得私習。從於人損傷以下、私習天文以上，俱不在自首之例。

准：唐大中五年十月六日敕節文，今後應有官典犯贓及諸色取受，但事全未發覺以前，能經官陳首，即准律文與減等。如事發已有萌兆，雖未被追捕勘問，亦不在許陳首之限。

諸犯罪共亡，輕罪重罪首，重者應死，殺而首者亦同。及輕重等，獲半以上首者，皆除其罪。常赦所不原者依常法。即因罪人以致罪，而罪人自死者，聽減本罪二等。若罪人自首及遇恩原減者，亦準罪人原減法。其應加杖及贖者，各依杖贖例。

疏：諸犯罪共亡，經罪能捕重罪首。議曰：犯罪事發，已囚、未囚及同犯、别犯而共亡者，或流罪能捕死囚，或徒囚能捕流罪者，如此之類，是爲輕罪能捕重罪首。

注云：重者應死，殺而首者亦同。議曰：律稱應死，未須斷訖，準犯合死逃走，輕者殺而來首，亦同捕首法。其流罪以下逃亡，輕者能捕重罪首者，捕法自準《捕亡律》。若死罪之囚，不必捕格，方便殺得亦是。

又云：及輕重等，獲半以上首者，皆除其罪。議曰：假有五人俱犯百杖，相共逃走，有一人心悔，更獲二人而首，即是獲半以上。及從共亡以下，本罪及亡罪並得從原，故雲皆除其罪。

注云：常赦所不原者，依常法。議曰：常赦所不原者，謂雖會大赦，猶處死及流，若除名，免所居官及移鄉之類。此等既赦所不原，故雖捕首，亦不合免。

問曰：假有犯百杖者十人，同共逃走，六人歸首，又捕得逃者二人，得同獲半以上除罪以否？

答曰：律開相捕之法，本爲少能捕多，輕能捕重，輕重等者，猶須獲半。今六人共獲二人，便是（多以）〔以多〕捕少，依如律義，不合首原，亡罪首減二等，本犯仍依法斷。若輕能捕重，所獲雖少合原。如輕重罪同，不可首多獲少，亦須首獲數等，然可得原。

又問：甲乙二人輕重罪等，俱共逃走，甲捕乙首，甲免罪否？

答曰：律稱獲半以上首者，皆除其罪。甲乙共亡者，甲能獲乙，逃罪已盡，更無亡人，獲半尚得免辜，況其逃亡全盡，甲合從原。假有十人合死，俱共逃亡，五人捕得五人，亦是首獲相半。既開首捕之路，此類各合全免。

又問：緦麻以上犯罪共亡，得同捕首法以否？

答曰：緦麻以上親屬，有罪不合告言，藏亡尚許減罪，豈得輒相捕送。此捕爲凡人發例，不與親戚生文。若捕親屬首者，得減逃亡之坐，本犯之罪不原，仍依傷殺及告親屬法。其犯謀叛以上，得依捕者之律。

又云：即因罪人以至罪，而罪人自死者，聽減本罪二等。議曰：因罪人以致罪，謂藏匿罪人或過致資給及保證不實之類。今罪人非被刑戮而自死者，又聽減罪二等。

又云：若罪人自首及遇恩原減者，亦準罪人原減法。議曰：謂因罪人以得罪，罪人於後自首及遇恩原減者，或得全原，或減一等、二等之類，一依罪人全原減降之類。

又云：其應加杖及贖者，各依杖贖例。議曰：其應加杖，假有官户、奴婢犯流，而被過致資給，捉獲官户、奴婢等，流罪加杖二百，過致資給者，並依杖二

百罪減之，不從流減。其罪人本合收贖，過致資給者亦依贖法，不以官當加杖配役。

問曰：官户等犯流加杖二百，過致者應減幾等而科？

答曰：犯徒應加杖者，一等加二十，加至二百。當徒三年，乃至流刑，杖亦二百。即加杖之流應減，在律殊無節文，比附刑名，止依徒減一等，加杖一百八十。

諸盜詐取人財物，而於財主首露者，與經官司自首同。其於餘贓應坐之屬，悔過還主者，聽減本罪三等坐之。即財主應坐者，減罪亦準此。

疏：諸盜詐取人財物，而於財主首露者，與經官司自首同。議曰：盜謂强盜、竊盜，詐謂詐欺。取人財物而能悔過，於財主首露，與經官司首同。若知人將告而於財主首者，亦得減罪二等。

問曰：假有甲盜乙絹五匹，經乙自首，乙乃取甲十匹之物，爲正倍等贓，合當何罪？

答曰：依律，首者唯徵正贓。甲既經乙自首，因乃臟取其物，既非監主；而乃因事受財，合科坐贓之罪。

又云：其於餘贓應坐之屬，悔過還主者，聽減本罪三等坐之。議曰：餘贓，謂盜詐之外，應得罪者並是。雖不於官司陳首，能悔過還主者，聽減本罪三等。假有枉法受財十匹合流，悔過還主，得減三等，處徒二年之類。既云坐之，自依下例。

又云：即財主應坐者，減罪亦準此。議曰：財主應坐，謂受財枉法、不枉法、受所監臨及坐贓，與財人各亦得罪。若取人悔過還主，得減三等，財主亦減本坐三等科之。

問曰：貿易官物，復以本物卻還，或本物已費，別將新物私替，如此悔過，得免罪否？

答曰：若以本物卻還，得免計贓爲罪，仍依盜不得財科之。若其非官本物，更以新物替之，雖復私自陪備，貿易之罪仍在。

(宋)竇儀等《宋刑統》卷五《名例律·公事失錯自舉》 諸公事失錯自覺舉者，原其罪。應連坐者，一人自覺舉，餘人亦原之。其斷罪失錯已行決者，不用此律。其官文書稽程應連坐者，一人自覺舉，餘人亦原之，主典不免。若主與自舉，並減二等。

疏：諸公事失錯，自覺舉者，原其罪。議曰：公事失錯，謂緣公事致罪而無私曲者。事未發露而自覺舉者，所錯之罪得免。覺舉之義，與自首有殊。首者知人將告，減二等。覺舉既無此文，但未發自言，皆免其罪。

又云：應連坐者，一人自覺舉，餘人亦原之。議曰：應連坐者，長官以下，主典以上，及檢勾官在案同判署者。一人覺舉，餘並得原。其檢勾之官舉稽，及事涉私者，曹司依法得罪。唯是公坐，情無私曲，檢勾之官雖舉，彼此並無罪責。

又云：其斷罪失錯已行決者，不用此律。議曰：斷罪失錯已行決者，謂死及笞杖已行決訖，流罪至配所役了，徒罪役訖，此等並爲已行。官司雖自覺舉，不在免例，各依失入法科之，故云不用此律。假有人枉被斷徒二年，已役一年，官司然始自覺舉者，一年示役者自從舉免，已役一年者，從失入減三等，科杖八十之類。

又云：其官文書稽程應連坐者，一人自覺舉，餘人亦原之，主典不免。若主典自舉，並減二等。議曰：文書謂公案，小事五日程，中事十日程，大事二十日程，徒罪以上辯定後三十日程。此外不了，是名稽程。官人自覺舉者，並得全原，唯主典不免。若主典自舉，並減二等者，以官司不舉，故長官以下並減二等。如官人、主典連署者，官人並得免罪，主典仍減二等科之。其制敕案成以後頒下，各給鈔寫程，二百紙以下限二日程，過此以外，每二百紙以下加一日程一。所加者，不得過五日。注云：其赦書計紙雖多，不得過三日。此等抄寫程，既云案成以後，據令：成制敕案不別給程，即是常日成了，違令限日，皆是有稽。稽而自舉者，同官文書法，仍爲公坐，亦作四等科斷，各以所由爲首。若涉私曲故稽，亦同私坐之法。

問曰：公坐相連，節級得罪，一人覺舉，餘亦原之，稽案既是公罪，勾官亦合連坐，勾檢之官舉訖，餘官何故得罪？

答曰：公坐失錯，事可追改，一人舉覺，餘亦原之。至於行事稽留，不同失錯之例，勾官糾出，故不免科。

(宋)竇儀等《宋刑統》卷五《名例律·共犯罪分首從及不分首從》 諸共犯罪者，以造意爲首，隨從者減一等。若家人共犯，止坐尊長。於法不坐者，歸罪於其次。尊長，謂男夫。侵損於人者，以凡人首從論。即共監臨主守爲犯，雖造意，仍以監主爲首，凡人以常從論。

疏：諸共犯罪者，以造意爲首，隨從者減一等。若家人共犯，止坐尊長。議曰：共犯罪者，謂二人以上共犯，以先造意者爲首，餘並爲從。家人共犯者，謂祖父伯叔子孫弟姪共犯，唯同居尊長獨坐，卑幼無罪。

注云：於法不坐者，歸罪於其次。尊長謂男夫。議曰：於法不坐者，謂八十以上、十歲以下及篤疾。歸罪於其次者，假有尊長與卑幼共犯，尊長老疾，依律不坐者，即以共犯次長者當罪，是名歸罪於其次。尊長謂男夫者，假有婦人尊長，共男夫卑幼同犯，雖婦人造意，仍以男夫獨坐。

又云：侵損於人者，以凡人首從論。議曰：侵謂盜竊財物，損謂門毆殺

傷之類。假令父子合家同犯，並依凡人首從之法，爲其侵損於人，是以不獨坐尊長。

又云：即共監臨主守爲犯，雖造意，仍以監主爲首，凡人以常從論。議曰：監臨主守具如後解。假有外人發意，共左藏司主典盜庫絹五匹，雖是外人造意，仍以監主爲首，處徒二年，外人依常盜從，合杖一百。

諸共犯罪而本罪別者，雖相因爲首從，其罪各依本律首從論。若本條言皆者，罪無首從。不言皆者，依首從法。即强盜及姦略人爲奴婢，犯闌入若逃亡及私度、越度關棧垣籬者，亦無首從。

疏：諸共犯罪而本罪別者，雖相因爲首從，其罪各依本律首從論。議曰：謂五服内親，共他人毆告所親，及侵盜財物，雖是共犯，而本罪各別。假有甲勾他外人乙共毆兄，甲爲首，合徒二年半，乙爲凡所從，不下手又減一等，合笞二十。又有卑幼句人盜己家財物十匹，卑幼爲首，合笞三十，他人爲從，合徒一年，又減常盜一等，猶杖一百。此是相因爲首從，其罪各依本律首從論。此例既多，不可具裁，但是相因爲首從，本罪別者，皆準此。

又云：若本條言皆者，罪無首從。不言皆者，依首從法。議曰：案《賊盜律》，謀殺周親尊長、外祖父母皆斬，如此之類。本條言皆者，罪無首從，不言皆者，依首從法。又《賊盜律》云，謀殺人者，徒三年。假有二人共謀殺人，未行事發，造意者爲首，徒三年，從者徒二年半，如此之類。不言皆者，依首從法。

又云：即强盜及姦略人爲奴婢，犯闌人，若逃亡及私度、越度關棧垣籬者，亦無首從。議曰：强盜之人，各肆威力，姦者身並自犯，不爲首從。略人爲奴婢者，理與强盜義同。闌入者，謂闌入宮殿及應禁之所，各自身犯，亦無首從。逃亡者，假使十人皆征，身各闕事。私度者，謂無過所，從關門私過。越度者，謂不由門爲越。關謂檢料之處，棧謂塹柵之所，垣謂宮殿及府廨垣墻，籬謂不築墻垣，唯以藩籬爲固之類。從强盜以下，皆以正犯科之，故云亦無首從。

（宋）竇儀等《宋刑統》卷五《名例律·共犯罪逃亡已獲未獲分首從》

諸共犯罪而有逃亡，見獲者稱亡者爲首，更無證徒，則決其從罪。後獲亡者，稱前人爲首，鞫問是實，還依首論，通計前罪，以充後數。若前輸贖物，後應還者，還之。其增減人罪，令有輕重者，亦從此律。若枉入人徒年者，即計庸折除課役及贖直。每枉一年折二年。雖不滿年，役過五十日者折一年。即當年無課役者，折來年。其有軍役者，折役日。其本應徒已決杖笞者，即以杖笞贖直準減徒年。

疏：諸共犯罪而有逃亡，見獲者稱亡者爲首，更無證徒，則決其從罪。議曰：假有甲乙二人共詐欺取物，合徒一年，甲實爲首，當被捉獲，乙本爲從，遂即逃亡。甲被鞫問，稱乙爲首，更無證徒，即須斷甲爲從，科杖一百，是名決其從罪。

又云：後獲亡者，稱前人爲首，鞫問是實，還依首論，通計前罪以充後數。議曰：後捉獲乙，稱甲爲首，鞫問甲稱是實，還依首坐，科徒一年。甲是庶人，前已決杖一百，即須以杖笞贖直，準減徒年。一年徒贖銅二十斤，一百杖贖銅一十斤，以十斤杖銅減半年徒罪，餘徒半年，依法配役。甲若單丁，前已決杖一百，今既處徒一年，合杖一百二十，即須更決二十，通計前杖，以充後數。

問曰：有甲乙二人犯盜，準罪合流。甲元造意，乙是隨從。然乙事發逃亡，甲遂稱乙是首，官司斷甲爲從，處徒三年，已役訖，然始獲乙，甲即自承是首。又甲是白丁，若爲處分？

答曰：流罪準徒四年，又云從徒入流，比徒一年爲剩。累徒、流應役者不得過四年。其人雖復詐冒官司，不合更科流罪，止合徒一年。若犯加役流，自合三年。配役三年，雖已役訖，仍須更配遠流，即是通計前罪，配所爲折居作。

又云：若前輸贖物，後應還者，還之。議曰：假令甲有九品官，犯徒一年，詐爲從罪。前斷處杖一百，徵銅十斤。今依首論，斷作一年徒坐，以九品一官當從坐盡，前徵銅十斤者還之，是名前輸贖物，後應還者還之。

又云：其增減人罪，令有輕重者，亦從此律。議曰：此設判官之罪，增人罪者。有人犯徒一年，止有九品一官，官司增罪，科徒二年，官當一年，餘徒收贖。後更審問，止合徒一年。前此一年贖物，即合追還。減人罪者，若一人身居兩職，並是九品以上，犯徒二年，官司減爲一年半，用一官當徒一年，餘有半年，官當不盡，贖銅十斤。檢知前失，還用兩官當徒二年，前輸半年贖物，亦合還主。又有自丁犯徒三年，官司斷徒一年，役訖事發，更須科徒二年，前一年役訖，後更配二年之類。

又云：若枉入人徒年者，即計庸折除課役及贖直。議曰：稱枉入人徒年，未必皆是無罪，但不應徒役而徒役，即是枉入徒年。若是全年枉入，子注具有明文。如不滿五十日役，即計枉役，二十日以下，各計日折丁庸。若枉三十五日，並折調。不滿五十日者，更不合折。及贖直者，假有七品以上子被枉徒一年。即以役身之庸折其贖直，計庸折銅不盡，更徵餘贖。或折銅已盡，仍有餘庸，更亦不計。若有課役，依上法折除。其判官得罪，自依故失。或有中男十六以上應贖，犯杖一百，官司處徒一年，亦以役日計庸，折充贖直，盡與不盡，皆同上解。

注云：每枉一年折二年。雖不滿年，役過五十日者折一年。議曰：

枉徒一年，通折二年課役。若枉三年，通折六年課役。雖不滿年，役過五十日，亦除一年者，依令，丁役五十日，當年課役俱免，故五十日役者，得折一年。其稱折一年二年者，皆以三百六十日爲斷。

注云：即當年無課役者，折來年。其有軍役者，折役日。議曰：被枉徒之年，或遇恩復或遭水旱而無課役者，聽折來年。其有軍役者，折上番之日。若枉一年，亦通折二年番役。

問曰：律稱折來年者，脱或來年旱澇及遇恩復無課役者，得折以後來年以否？

答曰：律稱當年無課役，折來年。律矜枉入徒役，聽折來年課輸。來歲既無課役，將來亦是來年。年與課役相須，本欲爲其準折。若曾蒙恩復及遭霜旱，依令課役並免，豈合即計爲年。亦如已役已輸，聽折來年課役。後年無者，更折有課役之年。此理既同，不可別生異議。

又云：其本應徒，已決杖笞者，即以杖笞贖直準減徒年。議曰：假有本坐合徒一年，官司決杖一百。決訖事發，還合科徒。前已決杖一百，不可追改，準徒一年贖銅二十斤，即是十八日徒當銅一斤，準笞十。前決一百，總合減徒一百八十日，即當銅十斤，折徒半年。若一年徒罪已笞五十，即以五斤之銅減徒役九十日，減外殘徒，各依式配役。

（宋）竇儀等《宋刑統》卷六《名例律・二罪以上俱發及累並倍法》

諸二罪以上俱發，以重者論。謂非應累者，唯具條其狀，不累輕以加重。若重罪應贖，輕罪應居作、官當者，以居作、官當爲重。等者從一。若一罪先發，已經論決，餘罪後發，其輕若等勿論，重者更論之，通計前罪以充後數。即以贓致罪，頻犯者並累科。若罪法不等者，即以重贓並滿輕贓各倍論。累謂止累見發之贓，倍謂二尺爲一尺，不等謂以强盜、枉法等贓並從竊盜、受所監臨之類。即監臨主司因事受財，而同事共與，若一事頻受，及於監守頻盜者，累而不倍。其一事分爲二罪，罪法若等，則累論。罪法不等者，則以重法並滿輕法。罪法等者，謂若貿易官物，計其等準盜論，計所利以盜論之類。罪法不等者，謂若請官器仗以亡失，並從毀傷，以考校不實，並從失不實之類。累並不加重者，止從重。其應除、免、倍没、備償，罪止者，各盡本法。

疏：諸二罪以上俱發，以重者論。議曰：假有甲任九品一官，犯盜絹五匹，合徒一年，又私有稍一張，合徒一年半，又過失折人二支，合贖流三千里，是爲三罪以上俱發。從有禁兵器斷徒一年半，用官當訖，更徵銅十斤，既犯盜徒罪，仍合免官，是爲以重者論。

注云：謂非應累者，唯具條其狀，累輕以加重。議曰：以上三事，並非應累，斷者雖從兵器處罪，仍具條三種犯狀，不得將盜一年徒罪累於私有禁兵器一年半徒上，故云不累輕以加重。所以具條其狀者，一彰罪多，二防會赦，雜犯死罪經赦得原，蠱毒流刑逢恩不免，故也。

注云：若重罪應贖，輕罪應居作、官當者，以居作、官當爲重。議曰：謂甲過失折人二支應流，依法聽贖，私有禁兵器，合徒官當，即以官當爲重。若白丁犯者，即從禁兵器徒一年半，即居作爲重罪。若更多犯，自依從重法。

問曰：有七品子犯折傷人，合徒一年應贖，又犯盜合徒一年，家有親老，應加杖，二罪俱發，何者爲重？

答曰：律以贖法爲輕，加杖爲重，故盜者不得以蔭贖。家有親老聽加杖放之，即是加杖爲重罪。若贖一年半徒，自從重斷徵贖，不合從輕加杖。

又云：等者從一。議曰：假有白丁犯盜五匹，合徒一年，又圖毆折傷人，亦合徒一年，此名等者，須從一斷。

又云：若一罪先發，已經論決，餘罪後發，其輕若等勿論，重者更論之，通計前罪以充後數。議曰：假有甲折乙一齒，合徒一年，又折丙一指，亦合徒一年。折齒之罪先發，已經配徒一年，或無兼丁及家有親老，已經決杖一百二十，有折指之罪後發，即從等者勿論。重者更論之，通計前罪以充後數者，甲若毆丙折二指以上，合徒一年半，更須加役半年。甲若單丁，又加杖二十。是爲重者更論之，通計前罪之法。

又云：即以贓致罪，頻犯者並累科。議曰：假有受所監臨，一日之中三處受絹一十八匹，或三人共出一十八匹，同時送者，各倍爲九匹而斷，此名以贓致罪，頻犯者並累科。

又云：若罪法不等者，即以重贓並滿輕贓各倍論。議曰：罪法不等者，爲犯强盜、枉法、不枉法、竊盜、受所監臨等，並是輕重不等，即以重贓並滿輕贓。假令縣令受財枉法六匹，合徒三年，不枉法十四匹，亦合徒三年，又監臨外竊盜二十九匹，亦徒三年，强盜二匹，亦合徒三年，受所監臨四十九匹，亦合徒三年。準此以上五處贓罪，各合徒三年，累於受所監臨總一百匹，仍倍爲五十匹，合流二千里之類。

注云：累謂止累見發之贓，倍謂二尺爲一尺。議曰：假有官人枉法受甲乙丙丁四人財物，各有八匹之贓，甲乙二人先發，贓有一十六匹，累而倍之，止依八匹而斷，依律科流除名已訖，其丙丁二人贓物於後重發，即累見發之贓，別列科八匹之罪。後發者與前既等，理從勿論，不得累並前贓作一十六匹，斷作死罪之類。

問曰：有人枉法受一十五匹，七匹先發，已斷流訖，八匹後發，若爲科斷？

答曰：枉法之贓若一人邊而取，前發者雖已斷訖，後發者還須累論，並取前贓，

更科全罪，不同頻犯止累見發之贓，通計十五匹，斷從絞坐。無禄之人自依減法。

又問：脱有十人共行，資財同在一所，盜者一時將去，得同頻犯以否？

答曰：律法云，監臨主司困事受財，而同事共與，或一事頻受，及於監守内頻盜，累而不倍。除此三事，皆合倍論。十人之財一時俱取，雖復似非頻犯，終是物主各別，元非一人之物，理與十處盜同，坐同頻犯，贓合倍折。若物付一人專掌，失即專掌者陪，理同一人之財，不得將爲頻盜。

注云：不等謂以强盜、枉法等贓並從竊盜、受所監臨之類。議曰：强盜、枉法計贓是重，竊盜、受所監臨準贓乃輕，故名不等。假如强盜並從竊盜者，謂如有人諸處頻犯竊盜，已得八十二匹，累贓倍論，得四十一匹，罪合流三千里。復於諸處頻犯强盜，得一十八匹，累贓倍得九匹，亦合流三千里。今將强盜九匹並於竊盜四十一匹上，滿五十匹，處加役流。其枉法並從受所監臨者，假如官人頻受所監臨財物，倍得二十一匹二丈，合徒一年半，復頻受枉法贓倍得二匹二丈，亦合徒一年半。今將枉法贓二匹二丈並於受所監臨物二十一匹二丈，總爲二十四匹，科徒二年。其有强盜並入受所監臨，枉法並從竊盜，如此之類，俱以重贓並從輕贓者，皆同並滿之法。

注云：即監臨主司因事受財，而同事共與，若一事頻受，及於監守頻盜者，累而不倍。

議曰：假有十人同爲銅錢，官司於彼受物，是爲因事受財。十人若以錢物行求，是爲同事共與。或斷一人事，頻受其財，是爲一事頻受。若當審人於所當審内，若縣令於其所部頻盜者。此等三事，合累而不倍，若同事別與，或別事同與，各依前倍論，不同此例。

又曰：其一事分爲二罪，罪法若等，則累論。議曰：一事分爲二罪者，假將私馬直絹五匹，博取官馬直絹十匹，依律貿易官物，計其等準盜論，計所利以盜論，須分官馬十匹，出兩種罪名。五匹等者，準盜論，合徒一年。五匹利者，以盜論，亦合徒一年，累爲十匹，處徒一年半是也。此爲庶人有兼丁作法，若是官人品子應贖，及單丁之人用法各別。假有品官貿易官物，五匹是利，即合免官。其八品九品止有一官者，免官訖，仍徵銅十斤。若六品以下監臨官司，便同自盜，若將以盜五匹累於準盜五匹上，從準盜作法，合徒一年半。累並既不加重，止從一重論，直取以盜五匹加凡盜二等，處徒二年，仍除名。其品子應贖者，直取五匹利，徒一年真役爲重。

又云：罪法不等者，則以重法並滿輕法。議曰：假有官司非法擅賦斂於一家，得絹五十匹，四十五匹入官，從賦論，合徒二年半，五匹入私，以枉法論，亦合徒二年半，即以入私五匹累於入官者爲五十匹坐贓致罪，處徒三年。

注云：罪法等者，謂若貿易官物，計其等準盜論，計所利以盜論之類。議曰：貿易官物已從上解。或有判事枉法後受絹十匹，五匹先許，是真枉法，五匹先未許得，枉法後然始總送，更有如此等事，並合累論，故云之類。

注云：罪法不等者，謂若請官器仗以亡失，並從毁傷。議曰：謂軍防之所請官器仗，假有一千事亡失二百事，合杖八十，毁傷四百事，亦合杖八十。故《雜律》云，請官器仗以十分論，亡失二分，毁傷四分，各杖八十。亡失三分，毁傷六分，各杖一百。今以亡失二百事，累爲毁傷四百事，同毁傷六分之罪，合杖一百。

注云：以考校不實，並從失不實之類。議曰：《職制律》，貢舉非其人，一人徒一年，二人加一等，罪止徒三年。若考校不實，減一等，失者各減三等。假有考校九人，二人故不實，合杖一百，七人失不實，亦合杖一百，須以故不實二人並從失不實七人之上，爲九人失不實，合徒一年。又《户婚律》，脱口以免課役，一口徒一年，二口加一等，罪止徒三年。其漏無課役口，四口爲一口。假令脱有課役二口，合徒一年，漏無課役十口，亦合徒一年，須以有課役二口並於無課役十口之上，爲無課役十二口，處徒一年半之類。

又云：累並不加重者，止從重。議曰：假有以私物五匹貿易官物直九匹，五匹準盜，合徒一年，計所利四匹，合杖九十。罪法等者，則累論，以四匹累五匹上，總爲九匹，不加一年徒作，止從準盜處徒一年。並者，如前器仗亡失一分，毁傷二分，俱合杖六十，以亡失一分並毁傷二分之上，止是三分，未滿四分，不合加罪，止從亡失一分之類。

又云：其應除、免、倍没、備償，罪止者，各盡本法。議曰：假有八品官枉法受財五匹，徒二年半，不枉法受財十二匹，亦徒二年半，竊盜二十四匹，亦徒二年半，監臨受財三十九匹，亦徒二年半，詐欺取財二十四匹，亦徒二年半，又坐贓四十九匹，亦徒二年半，倍得七十六匹二丈，又請稍十張，亡失一張，合杖六十。其贓總累爲坐贓五十匹，合徒三年，餘贓罪止不加。據枉法合除名，不枉法合除名，盜者倍備，枉法、不枉法、受所監臨及坐贓等，並没官，亡失官稍備償，坐贓罪止徒三年之類。如有二罪以上俱發者，即先以重罪官當，仍依例除免，不得將爲二罪唯從重論。

（宋）竇儀等《宋刑統》卷六《名例律·斷罪本條別有制與例不同舉重明輕》

諸本條別有制與《例》不同者，依本條。即當條雖有罪名，所爲重者，自從重。其本應重而犯時不知者，依凡論，本應輕者，聽從本。

疏：諸本條別有制與《例》不同者，依本條。議曰：《例》云，共犯罪以造意爲首，隨從者減一等。《鬥訟律》，同謀共毆傷人，各以下手重者爲重罪，元謀減一等，從者又減一等。又《例》云，九品以上犯流以下，聽贖。又《斷訟律》，品官任流外及雜任，釋曰：雜任解在《雜令》。於本司及監臨犯杖罪以下，依決罰例。如此

之類，並是與例不同，各依本條科斷。

又云：即當條雖有罪名，所爲重者，自從重。議曰：依《詐僞律》，詐自復除徒二年。若丁多以免課役，即從《户婚律》脱口法，一口徒一年，二口加一等，罪止徒三年。又《詐僞律》，詐增減功過年限，因而得官者，徒一年。若因詐得賜，贓重即從詐欺官私以取財物，準盜論，罪止流三千里之類。

又云：其本應重而犯時不知者，依凡論，本應輕者，聽從本。議曰：假有叔姪别處生長，素未相識，姪打叔傷，官司推問始知，聽依凡人鬬法。又如别處行盜，盜得大祀神御之物。如此之類，並是犯時不知，得依凡論，悉同常盜斷。其本應輕者，或有父不識子，主不識奴，毆打之後，然始知悉，須依打子及打奴本法，不可以凡鬬而論。是名本應輕者，聽從本。

諸斷罪而無正條，其應出罪者，則舉重以明輕，其應入罪者，則舉輕以明重。

疏：諸斷罪而無正條，其應出罪者，則舉重以明輕。議曰：斷罪無正條者，一部律内犯無罪名。其應出罪者，依《賊盜律》，夜無故入人家，主人登時殺者勿論，假有折傷，灼然不坐。又條，盜緦麻以上財物，節級減凡盜之罪。若犯詐欺及坐贓之類，在律雖無減文，盜罪尚得減科，餘犯明從減法，此並舉重明輕之類。

又云：其應入罪者，則舉輕以明重。議曰：案《賊盜律》，謀殺周親尊長皆斬，無已殺已傷之文。如有殺傷者，舉始謀是輕，尚得死罪，殺及謀而已傷是重，明從皆斬之坐。又《例》云：毆告大功尊長、小功尊屬，不得以蔭論。若有毆告周親尊長，舉大功是輕，周親是重，亦不得用蔭，是舉輕明重之類。

（宋）李燾《續資治通鑑長編》宋太宗太平興國三年八月　丙辰，詔諸道轉運司指揮所屬州府，自八月一日後，吏民所犯並論如法，不在恩赦之限。

（宋）李燾《續資治通鑑長編》宋真宗大中祥符二年十一月　廣州蕃商湊集，遣内侍趙敦信馳驛撫問犒設之。即詔知州馬亮等定蕃商犯罪決罰條，亮等請應大舶主及因進奉曾受朝命者有罪責保奏裁，自餘悉論如律，從之。

《宋史》卷一九九《刑法志》　天禧四年乃詔：天下犯十惡、劫殺、謀殺、故殺、鬬殺、放火、强劫、正枉法贓、僞造符印、厭魅咒詛、造妖書妖言、傳授妖術、合造毒藥、禁軍諸軍逃亡爲盜罪至死者，每遇十二月，權住區斷，過天慶節即決之。餘犯至死者，十二月及春夏未得區遣，禁錮奏裁。

（宋）李燾《續資治通鑑長編》宋仁宗慶曆五年秋七月〔戊申〕　詔：自今罪殊死，若祖父母年八十以上及篤疾無期親者，以其所犯聞。

《宋史》卷二〇一《刑法志》　明年〔熙寧二年〕二月庚子，詔：今後謀殺人自首，並奏聽敕裁。是月，除安石參知政事，於是奏，以爲：律意，因犯殺傷而自首，得免所因之罪，仍從故殺傷法；若已殺，從故殺法，則爲首者必死，不須奏裁；爲從者自有編敕奏裁之文，不須復立新制。與唐介等數争議帝前，卒從安石議。復詔：自今並以去年七月詔書從事。判刑部劉述等又請中書、樞密院合議，中丞吕誨、御史劉琦、錢顗皆請如述奏。下之二府。帝以爲律文甚明，不須合議。而曾公亮等皆以博盡同異、厭塞言者爲無傷，乃以衆議付樞密院。文彦博以爲：殺傷者，欲殺而傷也。即已殺者不可首。吕公弼以爲：殺傷於律不可首。請自今已殺傷依律，其從而加功自首，即奏裁。陳升之、韓絳議與安石略同。會富弼入相，帝令弼議，而以疾病，久之弗議。至是乃決，而弼在告，不預也。【略】

又詔審刑院、大理寺議重贓並滿輕贓法。審刑院言：所犯各異之贓，不待罪等而累並，則於律義難通，宜如故事。而大理寺言：律稱，以贓致罪，頻犯者並累科。若罪犯不等者，即以重贓並滿輕贓各倍論。累並不加重者，止從重。蓋律意以頻犯贓者，不可用二罪以上之法，故令累科；爲非一犯，故令倍論。此從寬之一也。然六贓輕重不等，若犯二贓以上者，不可累輕以從重，故令並重以滿輕。此從寬之二也。若以重並輕後加重，則止從一重，蓋爲進則改從於輕法，退亦不至於容姦。而《疏議》假設之法，適皆罪等者，蓋一時命文耳。若罪等者盡數累並，不等者止科一贓，則恐知法者足以爲姦，不知者但繫臨時幸與不幸，非律之本意也。帝是大理議，行之。

（宋）李燾《續資治通鑑長編》宋神宗熙寧四年十月　樞密副使吴充言：竊見在京及諸路州軍斷配軍民，其中多爲寒餒所迫，冒犯刑辟，竄伏他所。或遇冬寒上道，被創露肌膚，得活者十無一二。國家緣情立法，重輕具有常科。苟元犯，止於配流，而必置之死地，殆非聖朝好生、欽卹庶獄之意。欲乞自今雜犯配軍所坐不至巨蠹者，每遇十一月後斷刺訖，且

留本處工役，至二月即遞送所配州軍。其已配未發，遇恩降，並依元斷。如願便之配所者，亦聽。首獲逃軍，當遞還本所者，準此。從之。

（宋）李燾《續資治通鑑長編》宋神宗熙寧七年五月　賜鳳翔百姓趙懷懿錢三百千。懷懿有女嫁何氏，女歸，言夫之弟巨源謀反。懷懿以其事告官，巨源論法當斬，懷懿乞行賞。有司以何氏告其夫弟之罪，法告有服親不當賞。懷懿訴於登聞檢院，下刑部，刑部言：五服許相容隱，雖謀逆許告，於法無賞。特賜之。

（宋）李燾《續資治通鑑長編》宋神宗熙寧十年十一月　戊申朔，詔知審刑院崔台符録問浚河司公事，命官不以輕重，吏人徒以上皆不以赦原。

（宋）李燾《續資治通鑑長編》宋神宗元豐二年八月　權提點梓州路刑獄穆珣言：資州、廣安軍，有子爲人所殺，而父母受財私和者，皆決以親屬被殺私和期親徒二年半律。案《刑統》稱子孫之於祖父母，皆有祖父子孫之名，其有相犯，多不據服而斷。《賊盗律》有所規求而故殺期以下卑幼者，絞。《鬬訟律》子孫違犯教令而祖父母毆殺者，徒一年半，故殺者加一等。今子孫被殺，父母乃坐私和徒二年半，則是私和之罪重於自殺，舉重明輕難從旁期之法，止當用不應得爲輕重法，乞下有司申論天下。從之。

（宋）李燾《續資治通鑑長編》宋神宗元豐四年六月　權判湖南路轉運副使朱初平言：徽、誠州歸明團峒，應未建城寨以前有相讎殺及他訟，並令以溪峒舊法理斷訖，乞自今有侵犯，並須經官陳訴，如敢擅相讎殺，並依漢法處斷。其有逃避，即官司會合擒捕，及本處收捉施行。從之。

（宋）李燾《續資治通鑑長編》宋神宗元豐八年四月　戊子，尚書省言：諸處獲盗，有已經殺人、强姦及元犯强盗貸命斷配之人，再犯捕獲，有司以事發涉疑，例用知人欲告或按問自首減免法。且律文知人欲告及按問欲舉自首之類，減等斷遣者，爲其情非巨蠹，有改過自新之心，故行寬貸。今以上情理與餘犯不同，難以一例減等。欲乞請：强盗已殺人，並强姦或元犯强盗貸命，若持仗三人以上，知人欲告、按問欲舉而自首，及因人首告應減者，並不在減等之例。從之。《舊録》云：先是，熙寧初，王安石引知人欲告減等律無巨蠹不減之文，與司馬光争議久之，其後卒從安石議，全貸者衆。至是，奸臣欺罔改焉。《新録》辯曰：臣下各以所見爲朝廷議法耳，非欺罔也。先是熙寧至欺罔改爲五十字並删去。明年二月末范純仁奏，當考。

（宋）李燾《續資治通鑑長編》宋哲宗元祐五年七月　〔乙亥〕刑部言：佃客犯主，加凡人一等。主犯之，杖以下勿論，徒以上減凡人一等。謀殺盗詐，及有所規求避免而犯者，不減。因毆致死者不刺面，配鄰州本城，情重者奏裁。從之。

（宋）李燾《續資治通鑑長編》宋哲宗元祐五年八月　〔甲寅〕吏部言：官員犯私罪，若老疾差替者，依近敕便令罷任外，其公罪差替願罷者聽。從之。

（宋）李燾《續資治通鑑長編》宋哲宗元祐五年八月　丁巳，刑部言：犯罪會恩，及去官應原，而特旨猶推者，雖又會恩及去官，推奏如旨。從之。又言：捕盗官比折條内，强盗及殺人，如係朝廷專立賞收捉者，除徒黨外，其爲首及以次兇惡之人，並許理賞，仍不願比折者聽。從之。

（宋）李燾《續資治通鑑長編》宋哲宗元祐五年十二月　〔乙卯〕樞密院言：知瀘州張克明奏請，應瀘州新投降、招附生界夷人，今後如與漢人相犯，並乞依漢法施行。若是同類相犯，乞比附黔州見行蠻人條制，以五刑立定錢數，量減數目斷罰入官。應笞罪三貫，杖罪五貫，徒罪十貫，流罪二十貫，死罪三十貫。如無見錢送納，即乞以器甲或畜産，並土産物竹木之類估價折納入官。從之。

（宋）李燾《續資治通鑑長編》宋哲宗元祐六年九月　〔甲寅〕兵部請：應蕃官去失付身告敕文書之類，不礙遷轉照使者，借職以上展四年磨勘，差使以下展七年磨勘。礙磨勘者，借職以上七年，差使以下十二年。其貨賣典當並受買典當，各以違制論。許諸色人告，賞錢二百貫，以犯人家財充。應蕃兵諸事故，子孫弟姪等承襲，並令本城寨一季内取索保明申舉，若限内不爲申舉，許合承襲人陳告，干繫官吏杖一百。而別致欺弊詐冒承襲者，其詐冒人以違制論，干繫官吏減二等。知情與同罪。許人告，賞錢二百貫，以犯人家財充。其合承襲人若過七年内陳乞，更不受理。蕃官蕃兵承襲，並將合繳録白，委官對讀真命，具無差漏狀連申。從之。

（宋）李燾《續資治通鑑長編》宋哲宗元祐六年十月　丙子，樞密院言：招軍並委提刑司催捉按舉，遇出巡，據新招到人逐名點檢及保明酬賞。內禁軍不及元等様者，改刺充以次軍分；不堪披帶者，充廂軍；有手藝者試驗，改刺充工匠，更不支例物。即不堪征役者，廂、禁軍並給公憑，放令逐便。每歲終，逐司類聚轄下招到人數，各申所隸官司。就糧禁軍闕額，委都總管、安撫、鈐轄司選官，與當職官員於廂軍兵級揀選年四十以下者，依等様添填，仍須年終揀徧。其曾犯徒經決，或曾刺逃走字，或見係十將以上若工匠，或元係官員、將校，蕃部、溪峒化外兩地供輸，及元犯事干機密妖術訛言，或因不入贓並强盜配到者，並不在揀限。即官司隱庇，占留合揀選人者，徒二年。

（宋）李燾《續資治通鑑長編》宋哲宗元祐八年正月　〔巳亥〕刑部言：外州軍人逃亡，於幾京首獲條，輕重有差。從之。

（宋）李燾《續資治通鑑長編》宋哲宗元祐八年正月　〔辛丑〕刑部言：配軍逃亡捕獲者，元犯情重，依上禁軍法，情理不至兇惡者，依下禁軍法。從之。

（宋）李燾《續資治通鑑長編》宋哲宗元符元年正月　〔丁亥〕刑部言：急脚馬鋪兵級並五人爲一保，如犯盜，及殺人、强姦、略人、放火、發塚，或棄屍水中，若博賭財物，藏匿犯盜之人，或盜匿、棄毁、私折遞角，同保人及本轄節級知而不告者，各減犯人罪一等，不知情者減三等。及沿汴無主死屍，地分官司避申報而棄屍河中者，許人告，賞錢五貫文。又沿汴裝卸河清及馬遞鋪兵級，應閉營鋪門後，擅離營鋪者，各杖一百。本轄節級及同保人知而不問，與同罪；不知情者，減三等。許人告，賞錢五貫文。又遭喪本家不葬埋而棄屍於汴河中者，杖八十。係尊長者，加三等。從之。

（宋）李燾《續資治通鑑長編》宋哲宗元符元年六月　〔丙戌〕大理寺言：防送已決編配、流移、羈管人而有縱失者，準其亡罪，論如縱失囚法。不以日久，坐亡罪輕有縱失者，準其亡罪，論如縱失囚法。不以日者刺配，準起徒二年，餘準杖一百。故縱元犯、强盜、配軍，軍人配鄰州，公人配本城，仍不以赦降原減。配軍逃亡捕獲者，元配沙門島及元犯持杖强盜，謀殺人，並罪至死。貸命並會降及因親屬或得相隱者，首告減等，並依上禁軍法。如逃亡後不曾别作罪犯，或雖有罪犯而情理不至兇惡罪至死者，並奏裁。不持杖强盜罪至死，貸命並會降或因親屬得相隱者，首告減等，並餘元配廣南及遠惡處者，並依下禁軍法。元配三千里以下，及指定州軍或路分配者，依廂軍法。即逃亡後曾歸本州縣係捕獲者，元配本州，即配鄰州，鄰州配五百里，五百里配千里，千里配二千里，二千里配三千里，三千里及廣南，並配遠惡處。其指定軍州或路分配軍，無元配地里者，並配重役處。以上應行而未至配所逃亡者，準此。即比犯罪不該配而特行刺配，或比元犯特增減地里刺配者，並以特配地里爲法。從之。

（宋）李燾《續資治通鑑長編》宋哲宗元符元年七月　庚申，刑部言：犯罪會赦合原而止，有離正停降還俗者。其同犯及干連人，非赦後有罪，不許首告，官司亦不得受理，仍於大理前一月檢舉曉諭。從之。

《宋史》卷二〇一《刑法志》　崇寧五年，詔：民以罪麗法，情有重輕，則法有增損。故情重法輕，情輕法重，舊有取旨之令。今有司惟情重法輕則請加罪，而法重情輕則不奏減，是樂於罪人，而難於用恕，非所以爲欽恤也。自今宜遵舊法取旨，使情法輕重各適其中，否則以違制論。宣和六年，臣僚言：元豐舊法，有情輕法重，情重法輕，若入大辟，刑名疑慮，並許奏裁。比來諸路以大辟疑獄決於朝廷者，大理寺類以不當劾之。夫情理巨蠹，罪狀明白，奏裁以幸寬貸，固在所戒；然有疑而難決者，一切劾之，則官吏莫不便文自營。臣恐天下無復以疑獄奏矣。願詔大理寺並依元豐法。從之。

（清）徐松《宋會要輯稿·刑法七·軍制》　〔建炎三年〕九月二十七日，御營使司言：訪聞江南東西及兩浙路，統兵官並不鈐束兵衆，致攘奪村民財物，虜掠婦女，拘占舍屋作過，深屬不便。詔令江南東西、兩浙路防江統制等官嚴加鈐束，縱令有犯，其統制等官先行軍法，犯人不以多寡，並行處斬。

十五日，詔諸軍擅入川，依軍法。以利州路轉運司言：興州準辛企宗牒，先得旨發送行在帶領家屬人馬，經由本路興、洋等州，前去。緣本司不曾承準關報，本官特帶人馬七人界前來。竊慮陝西將兵援例入川，不唯侵耗歲計，萬一本司應副不前，以致生事，乞立法約束。有旨令樞密院立法至是上言。

紹興元年十二月二十四日，詔諸軍出師并合嚴切鈐束一行，沿路不得

秋毫騷擾作過。仍從樞密院採訪覺察，大將察統制官，察統領官，統領官察將副，將副察部隊將使臣，部隊將使臣察擁押隊旗頭，擁押隊旗頭察隊下人。如敢違犯之人，並行軍法。家人有犯而知情者，與同罪。若失覺察，別因敗露，其次序合覺察人，併當重寘典憲。所有見在諸處屯泊出師軍馬，令依此遵守，各具知稟聞奏。

以右司諫方孟卿上言：比年草寇蠭起爲民久害，陛下遣師，命將掃蕩妖氛。然軍政久壞，士無紀律，凡大兵起發，其燒制官不各給印歷付部隊將排，日書所過地分宿食去處，覺察作過之人便行軍法。更委本處監司州縣覺察，如有軍兵作過，而將佐容縱，即時申大將根究，仍具一般事狀，申朝廷檢察。如大將蒙蔽，監司州縣有失覺察，致朝是訪聞或因人陳訴，別乞重寘典刑嚴行黜責。故有是詔。

〔紹興二年〕十月九日，兵部言：乞應今後統領兵官使臣等經由州縣，於守倅令如屯駐法。或輒以請受爲名，執縛笞撻命官，許州郡監司按劾以聞，重加典憲。州郡監司庇而不發，因而暴露，例行黜責。乞立法。詔令限三日立法，申尚書省。本部欲依諸軍違犯階級上軍法，州縣監司庇而不發，因事暴露，依律文内，諸監主首如所部有犯法不舉劾者，減罪人三等科罪。從之。

《宋史》卷二八《高宗本紀》〔紹興六年九月辛卯〕立賊徒相招首罪賞格。

（宋）熊克《中興小紀》紹興九年五月　丙申，上謂宰執曰：鋪翠銷金之飾，屢詔禁止。今宮中雖無敢犯，而有司奉行不虔，市肆公然爲之。可重立告賞，務在必行。秦檜等曰：陛下以儉德理天下，而風俗尚習故態。官吏格詔，宜痛加繩治。

（宋）徐夢莘《三朝北盟會編》卷二二九《炎興下帙》〔紹興三十一年六月〕二日癸卯，以淵聖皇帝昇遐憂感之情詔告天下，詔曰：朕惟孝慈淵聖皇帝恭儉孝友，根於天性，毓德春宮，天下屬心，遭時多難，粤受内禪，臨御未幾，播遷異域，寢食安否，敻隔不聞者，三十餘年矣。自朕纂承，申講和好，幾以奉迎回御，歸燕便朝。乃使命之來，遽承凶訃，痛悼之劇，攀號莫從，嗚呼！恩莫隆於兄弟，義莫篤於君臣，朕之大欲，蓋在乎此。天不我與，其又何尤，痛自克責，以俟上帝之悔禍而已。諒爲四方同朕憂感，詔書到日，應見禁罪人，除犯謀殺鬬殺、並爲已殺人者，並十惡强盜、僞造符印、放火，官典犯入已贓將校軍人公人枉法，監主自盜贓及雜犯死罪，並依法内門殺，情理輕者，減一等，刺配千里外，牢賊斷訖録案聞奏。其餘死罪，情理輕者，奏取指揮流罪降從杖，杖罪以上放，咨爾四方，咸體至意。

（宋）謝深甫等《慶元條法事類》卷一六《文書門・赦降》〔名例勑〕諸赦降稱枉法自盜及入己贓者，並謂已入己。應斷私罪者非。稱劫謀故鬭殺者，謂正犯。即以邪法藥物與人服食，及爲人合藥、題疏、鍼刺故不如本方，造厭魅符書呪詛並謂欲以疾苦人，或故令畜産及猛獸殺傷人，或故屏去人服用飲食之物，或脯肉有毒故與人食，或有所規避將本宗或緦麻以上親遺棄，或誣告人死罪或詐陷人，或捕罪人已就拘執別挾讎恨若有所規避而謀殺，或尊長犯死罪被囚禁不遣雇倩及辭未窮盡而殺，或故入人死罪，或挾情託法，或故爲慘毒各致殺人者，皆同正犯。諸犯罪會降，稱死罪降從流者，流叁阡里。本條罪不至死有編配法者依不至死編配例。稱流罪降從徒者，加役流，流叁阡里，並徒叁年。其餘以次降之。謂流貳阡伍佰里降徒貳年半之。類。婦人若諸軍或刺面人名更降一年。應配者並降杖一百，稱徒罪降從杖者，徒叁年，降杖一伯。餘亦以次除之。流以下放者，編配並免徒以下放者，沙門島遠惡處者，配如法。餘應配者，廣南配叁阡里。貳阡里以上配阡里，伍佰里以配鄰州，鄰州配本州，本州配本城。已係牢城者配本州壹等軍，無即配鄰州。應配本城者不刺面，應不刺面配者鄰州編管，應降配移配者，並移壹等軍。降配者仍充下名。應編管者，免。

諸會赦應改正拘收雖未經責簿帳，但經問不承者，論如本犯法。不承謂經當職官立案者

（宋）謝深甫等《慶元條法事類》卷一六《文書門・赦降》〔職制令〕諸赦降發運監司及州縣並置庫，餘官司於本聽封鎖，法司掌之。無法司者，選吏兼掌，縣選二人專管，二年一替，不得差出。替日對簿交受。

（宋）謝深甫等《慶元條法事類》卷一六《文書門・赦降》斷獄勑諸大禮御札已到而犯强盜、持伏竊盜、强姦、謀殺人、毆人折傷以上，謀殺折傷謂至死應爲正犯者。各罪至徒。官吏犯入已贓。急脚馬遞鋪兵級曹司盜匿、棄毀、私拆遞角，或將帶逃亡。官司故稽緩刑獄公事命官亡身送還人丁憂不解官，所差送喪柩人同。擅自歸。或逃亡，及部轄職員將校節級並爲

首率衆者，各不以大禮赦原減。其故出入人徒以上罪，或容庇罪人拖延及妄爲疏駁會問不圓公案致會大禮赦者，謂不妨結案或檢斷而故爲方便者。官司及罪人各準此。即罪人故不承伏、若飜異，家屬稱冤同。或故自毀傷，及詐稱瘡病産孕、老幼有蔭告身在遠，或虚稱更會别作過犯，官司信憑會問各妨結斷而致會大禮赦者，雖赦前已承，但斷決不及皆是。亦不得原減。若因駁問飜異，而改斷從輕，或刑名不移而罪名改輕，若刑名雖加而當敘遺闕從輕，謂如贓罪改從私罪或私罪杖改從公罪徒之類。或干連未經取勘及不會飜異之人，自從會赦法。

諸大禮御札已到，而犯徒以上罪情理切害，或殺人罪至死，各會大禮赦應原者，奏裁。

（宋）謝深甫等《慶元條法事類》卷一六《文書門·赦降》〔鬬訟勑〕諸大禮御札已到而飜論公事不實者，不以大禮赦原。

（宋）謝深甫等《慶元條法事類》卷一六《文書門·赦降》〔職制令〕諸大禮御札已到，提點刑獄司具録，於法不以大禮赦原事。謂飜論公事不實及强盗之類。偏下州縣鄉村牓諭。

（宋）謝深甫等《慶元條法事類》卷一六《文書門·赦降》〔辭訟令〕諸赦内許陳言事限百日外勿受，即一時指揮事已經後赦降。謂壹年外降者。而陳訴者，準此。行未結絶者，非。以上元有日限者不拘此令，仍各以赦降到日爲始。

（宋）謝深甫等《慶元條法事類》卷一六《文書門·赦降》〔斷獄令〕諸州被受赦降，先報屬縣鎮停決，遞限依赦降法。即大禮已肆赦其日昧爽以前犯罪者，雖赦未到，未得論決。若奏案已降及提點刑獄司詳覆案牒報論決而計程應斷者，不用此令。若非次赦降雖未到而佗處遞已過者，應罪人亦未得論決。

（宋）謝深甫等《慶元條法事類》卷一六《文書門·赦降》〔職制令〕諸赦降計程過叁日未到者，牒比州即時謄寫委官，校勘畢報州得報準赦降行，仍以違滯下所屬究治，及申尚書刑部。【略】

諸被受赦降應謄報者，謄訖當職官校讀，仍具頒降被受月日行下民間通知者，所屬監司印給牓要會處，仍每季檢舉其赦書德音，州以黄紙印給縣鎮寨鄉村曉示，非外界所宜聞而在緣邊者，並密行下。

（宋）謝深甫等《慶元條法事類》卷一六《文書門·赦降》〔斷獄勑〕諸罪人已降斷勑批狀劄子或省符備降朝旨同。餘條稱斷勑或勑斷準此。未到而遇赦降者，於勘所計程，謂赦降日行伍佰里斷勑日行肆佰里各以入遞日時爲始。應在赦降前到者，不得原減，應死者奏裁。其斷勑雖應前到而罪人未應行決，謂有瘡病孕禁刑日之類及或應與赦降同日到者，依會恩法。即諸路提點刑獄司覆畢案牒報論決未到而遇赦降者，並準此。

（宋）謝深甫等《慶元條法事類》卷一六《文書門·赦降》〔賊盗勑〕諸犯惡逆以上及殺人應入不道，若劫殺、謀殺、已殺人各罪至死者，雖會大赦得原，大赦謂常赦所不原，咸赦除之者。餘條稱大赦，準此。皆配貳阡里，殺人應移鄉者，亦移鄉。

（宋）謝深甫等《慶元條法事類》卷一六《文書門·赦降》〔斷獄勑〕諸罪人身在佗所而犯罪或事發，若首獲處被赦降者，與身遇赦降同。

命官佗處犯罪願就四京及幾內聽勑，非鄉貫或舊住家處者遇疎，決不在原減之類。

（宋）謝深甫等《慶元條法事類》卷一〇《職制門·同職犯罪》〔名例勑〕諸發運監司，經略、安撫、總管、鈐轄司應制置、提點、提舉之類同。緣公事致罪，其屬官爲一等，吏人爲一等，各以所由爲首。諸家人以職事共犯罪者，依凡人首從法。私名書手、軍典習學人與正行吏人共犯，雖造意，仍以吏人爲首。

（宋）謝深甫等《慶元條法事類》卷三〇《財用門·上供》〔厩庫勑〕紹興六年九月二十三日，尚書省劄子：遇非次赦，或再遇大禮赦，既不以赦降原減罪，許行原免。所有犯不以去官之罪，亦合原免。

本所看詳上件指揮，在法不以赦降原減者，遇非次赦，或再遇大禮赦，許行原免。所有犯不以去官之罪，亦合原免。竊慮州軍未盡通曉，引用差誤。今編入隨勑，申明照用。

（宋）謝深甫等《慶元條法事類》卷五〇《道釋門·總法》諸童行與師相犯，論如師弟子律，不入十惡。即違法爲童行，已度爲僧道者同。以凡論。其師罪致死者，奏裁。犯時於法無違者，依本法。

（宋）謝深甫等《慶元條法事類》卷七三《刑獄門·折杖減役》乾道六年十月十八日勑刑部看詳大理寺奏請，今後有犯罪該赦，於法不合申

奏之人，輒作情重申奏，並令刑寺將官吏貼説取旨。其赦後猶合收坐，及勒停還俗之類，欲乞將本犯贓罪及私罪徒以上，作情理深重外，其餘並作非理深重，依赦施行。今看詳所乞犯贓及私罪徒以上，作情理深重。所有僧道犯公罪流，並公人犯公罪至死，亦合作情理深重外，其餘依所乞施行，奉聖旨依。

（宋）謝深甫等《慶元條法事類》卷七三《刑獄門·檢斷》　元祐七年七月六日，尚書省劄子：檢會編勑，諸赦降稱劫、謀、故、鬭殺正犯，所載詳備。其不載者，即係雜犯。緣以鬭殺以故殺論，並鬭毆、誤殺傍人等，既非編勑與正犯同，即係雜犯，不得便引律文，以者與真犯同定斷。

本所照得上件指揮，昨係淳熙七年六月十三日指揮看詳，止係解釋法意。竊慮州軍檢斷，疑誤。今隨門編入隨勑，申明照用。

（宋）謝深甫等《慶元條法事類》卷七三《刑獄門·出入罪》　〔斷獄勑〕諸大禮、御禮已到，而犯强盜，不以大禮赦原減，其故出入人徒以上罪，準此。

（宋）謝深甫等《慶元條法事類》卷七三《刑獄門·出入罪》　〔鬭訟勑〕諸於法不得受理之事，輒受而爲理者，以入人罪論。

（宋）謝深甫等《慶元條法事類》卷七三《刑獄門·出入罪》　〔斷獄勑〕諸鞫獄，若前推及録問官吏有不當者，一案推結。入死罪者，檢斷簽書官吏準此。入流以下罪，而已替移事故，即將犯人先次結斷。其不當官吏，並於案後收坐。雖遇恩，亦取伏辯。簽書官吏遇恩，依去官法。即大情已正，而小節不圓，或雖有不同，而刑名決罰不異者，並免。

（宋）謝深甫等《慶元條法事類》卷七三《刑獄門·出入罪》　〔名例勑〕諸赦降稱故殺者，謂正犯。故入人死罪，同正犯。

（宋）謝深甫等《慶元條法事類》卷七四《刑獄門·犯罪更為》　〔名例勑〕諸犯二罪以上事發更爲重罪至死，如會恩免死，因災傷減等，同。還依各重其事法。

諸犯罪已發，而更爲罪，應各重其事者，依逐犯別科。其編配，止以一重論。

諸事發未論決，間因緣犯罪者，以二罪俱發論。謂如請求及詐妄之類，其上書理訴不實，已奏者非。

諸二罪以上，合以重論，而重罪應贖，輕罪應決，則決其輕罪之數，餘以贖論。

（宋）謝深甫等《慶元條法事顥》卷七四《刑獄門·犯罪更為》　〔斷獄勑〕諸重犯罪，事發應配，或降別軍，已獲未斷，而更犯罪者，依所降所配軍法。法重者，聽從輕。

令：斷獄令，諸罪已發，而更爲應別科者，先決重罪。

（宋）謝深甫等《慶元條法事類》卷七四《刑獄門·犯罪更為》　〔考課令〕諸犯罪應理遺闕者，特旨重而本犯輕，依本犯。本犯重而特旨輕，依特旨。其免勘，特放之類，各不在理限。

（宋）謝深甫等《慶元條法事類》卷七五《刑獄門·移鄉》　〔斷獄令〕諸兵級刺面人，理逃亡度數者，以赦後爲坐。會降減等不盡，亦理爲數。若捕獲未斷下罪名，再逃亡捕獲者，罪雖別科，止理爲一度。其首身之數不通計，事未發而案問自首者同。止以捕獲爲數。謂如累會逃亡，未經捕獲而首身者，計數，止依第一度首身法。若一經捕獲，而又逃亡首身，依第二度首身法之類。移鄉人逃亡，準此。

《宋史》卷三八《寧宗本紀》　〔開禧二年正月〕辛亥，詔坑户毁錢爲銅者不赦，仍籍其家，著爲令。

《宋史》卷三九《寧宗本紀》　〔嘉定四年閏二月〕辛亥，詔諸路帥臣監司守令，格朝廷振恤之令及盗發不即捕者，重罪之。

（清）嵇璜等《續文獻通考》卷一三五《刑考·刑制》　〔宋寧宗嘉定〕十六年二月，制，凡檢驗不實或失當，不許用覺舉原免例，並依舊法施行。

臣等謹按：王圻《續通考》載，太學博士許應龍奏請删定近制，略曰：臣聞有法之弊，有例之弊。法之弊易見，例之弊難革。夫著而爲律，疏而爲令，條目截然不易。若例者，或出於特恩，或一時權宜，或徇情親故，或迫於勢要。開創是例，揆之於法，大相牴牾。今百司庶府積習之弊，舍法用例，非不知三尺之皆違也，執而不行，恐召衆怨。遂使胥吏得以執柄容私，厚賂以買之，則有例可行。請求之未至，則匿而不用。長吏知之而不能禁，天下交病之而不敢言。昔韓琦目擊其弊，取其可用者，而

刪其冗謬，是以吏無所容其姦。今莫若明詔有司，搜求前後已用之例，公同參酌去留，編爲成書，據此施行。若書所不載者，皆抑而不予。庶幾權不在吏，而奔競妄求者無所容其巧矣。

《宋史》卷四五《理宗本紀》〔景定三年秋〕七月丙辰，詔州縣官廩録不時給者，御史臺覺察，或以他物折支，計贓論罪。

（清）嵇璜等《續文獻通考》卷三六《選舉・舉官》 景定四年正月，詔侍從、臺諫、給舍、卿監、郎官以上及制總監司，各舉所知，不拘員限。不如所舉，行連坐法。次年，詔侍從、兩省於内外官舉堪監司郡守者，疏其實以聞，令中書籍記。遇有官闕，精加審察，取旨擢用。如犯贓私，坐以謬舉之罰。

（宋）陳元靚《羣書類要事林廣記》卷一〇《辛集詞狀新式上》 刑案，掌鞫獄刑法，督捕盜賊，糾察非違，財估没入奴婢，死隸門户管籥事。

凡欲陳詞年七十已上，十五已下，篤廢疾法，内不合加刑令，以次少壯人陳告，若實無代替，訴身自告，婦人若有身孕，聲説分明，告人明記，月日指稱端的去處，不得朦朧陳訴，其間陳理簡當，官吏易察俗言長詞短狀，此之謂也。

（清）李有棠《遼史紀事本末》卷二一《埒克等之叛》〔神册元年〕秋七月丙申朔，有司上諸帳族與謀逆者三百餘人罪狀，皆棄市。太祖嘆曰：致人於死，豈朕所欲！若止負朕躬，尚可容貸。此曹恣行不道，殘害忠良，塗炭生民，剽掠財産，有國以來所未嘗有。實不得已而誅之。

〔考異〕《刑法志》云，太祖初年，庶事草創，犯罪者量輕重決之。其後治諸弟逆黨，權宜立法：親王從逆，不磬諸甸人，或投高崖殺之；淫亂不軌者，五車轘裂之；逆父母者視此；訕詈犯上者，以孰鐵錐㨝其口殺之。從坐者，量罪輕重杖決。杖有二：大者重錢五百，小者三百。又爲梟磔、生瘞、射鬼箭、砲擲、支解之刑。歸於重法。閑民使不爲變耳。歲癸酉，下詔曰：朕自北征以來，四方獄訟，積滯頗多，今休戰息民，羣臣其副朕意，詳決之，無或冤枉！乃命北宰相蕭敵魯等分道疏決。有遼欽恤之意，（昭）〔昉〕（據《遼史》卷六一《刑法志》改）見於此。神册六年，克定諸夷，詔大臣定治契丹及諸夷之法，漢人則斷以《律令》，仍置鍾院，以達民冤。至太宗時，治渤海人，一依漢法，餘無改焉。

（清）嵇璜等《續文獻通考》卷一三七《刑考・徒流》 聖宗統和二十九年，詔：自今世家子孫犯死當黥，與齊民同科。舊法：宰相、節度使世選之家，子孫犯罪，徒杖如齊民，惟免黥面。至是詔，但犯罪當黥，即、準法同科。

（宋）劉時舉《續宋編年資治通鑑》金大定十三年五月 甲辰，金尚書省奏鄧州民范三毆殺人當死，而親老無侍，金主曰：在醜不争謂之孝，孝然後能養。斯人以一朝之忿忘其身，而有事親之心乎！可論如法。其親，官與養濟。

（清）嵇璜等《續通典》卷一一九《刑・舞紊》 金熙宗朝，參酌隋唐遼宋律令，以爲《皇統制》，頒行中外。海陵虐法，率意變易，有續降制書，與《皇統制》並行。或同罪異罰，或輕重不倫，或共條重出，或虚文贅意。是非淆亂，莫知適從，姦吏因得貪録舞法。世宗大定十九年，始命大理正伊喇慥等更定焉。宣宗貞祐四年，參知政事李革奏：有司各以情見，引用斷例，牽合傅會，實啓幸門。凡斷例勅條，特旨奏斷，不爲永格者，不許引用。悉準律文，以杜紊亂。報聞。哀宗即位，詔曰：國家已有定制，有司往往以情破法，使人枉遭刑憲。今後有本條而不遵者，以故入人罪罪之。

史金波等譯《天盛改舊新定律令》卷二《不奏判斷門》 一、諸人原罪雖應獲死，但若應贖，若至減罪應減等，依律法不應斬殺時，不奏而作斬殺判斷者，局分大小是誰之罪，當與有意殺人罪情相同。

一、犯十惡者中依律雖應殺，但不奏擅自殺時，朝廷之有何疑慮未明。先擅自殺時，殺人者不論官，當絞殺。

一、諸人因雜罪，依律應殺。不奏擅自判斷時，庶人當絞殺。

一、無期徒刑及三種長期徒刑等，諸司人判決有名以外，而後判決各不有名者，應奏不奏，擅自判斷時，不應贖及應贖未合贖等，已承黥杖者，一律當算，當依人數多寡，罪狀高低，有人徒三年，二人徒五年，三人以上一律徒六年。若有官，以官品當。若父兄已算，有大官任待命職之内，若爲應贖，使已贖判斷，則當變爲徒一年。其中若中書、樞密諸司遣人令審問公事等時，應告不告判斷者，此前述不奏判斷之不同罪情所示高低，依次當減一等。又經略使所屬諸司，應告經略處而不告判斷時，當再減一等判斷。

一、諸司所判斷中，原罪雖應獲死，然而若按應減，有官等減除後不及死，而應得長期、短期徒刑，有能與官職相抵者，一律當告奏。若違律不奏而判斷時，徒一年。

一、軍馬政事，官畜穀物等，應奏不奏時，罪情一一分白以外，因旁人有異語奏不奏時，徒一年。

史金波等譯《天盛改舊新定律令》第一五《收納租門》 一、無官方論文，不許擅自於租户家主收取錢物、花紅、麻皮等種種及攤派雜事。若違律攤派時，已納官庫内，則依納租法判斷。自食之則與枉法貪贓罪比較，從重判斷。若國家内臨時修繕佛塔、寺院，建造大城、官地墓，爲碑誌等時，應不應於〔租户〕家主攤派〔雜事〕，當告中書、樞密，計量奏報實行。

史金波等譯《天盛改舊新定律令》第一五《收納租門》 一、地租之繳納與稽查【略】都磨勘司當引送，所屬郡縣管事□、司吏等當往磨勘。自臘月一日始至月末，一個月期間當磨勘完畢，所遺尾數當明之。正月一日轉運司當引送，令催促所屬郡縣人，令至正月末畢其尾數。若其中有遺尾數者，二月一日當告中書，遣中書内能勝任之人，視地程遠近，所催促多少，以爲期限。因緩交逾期，當令一倍上多納半倍。若庫門開遲時，當告於局分推求之。是真實言，則當視庫門遲開幾日，再求爲期限時當予之，勿算逾期。所屬郡縣人於期事未畢，轉運司、磨勘司引送磨勘遲而住滯等時，無受賄，罪依所定判斷。受賄則量其錢，以枉法貪贓罪法。與無受賄罪比較，從重者判斷。

史金波等譯《天盛改舊新定律令》第一五《催租罪功》 一、官私地中治穀。農田監、地主人等不知，農主人隨意私自賣與諸人而被舉時，賣地者計地當比偷盜罪減一等。買者明知地主人，則以從犯法判斷。爲賣方傳語、寫文書者等知覺，有無受賄，罪依買盗物知覺有賄無賄之各種罪狀法判斷。未知，則勿治罪。舉賞，十分中當得一分，由犯罪者出，勿過百緡。原地官私誰屬及價錢等，當還前屬者。

史金波等譯《天盛改舊新定律令》卷六《行監溜首領舍監等派遣門》

一、諸首領所領軍數不算空缺，實有抄六十以上者，掌軍首領可與成年兒孫共議，依自願分撥同姓類三十抄給予。若違律分與外姓類及不足六十抄而分時，則據轉院法判斷，當回歸原軍。局分人等知情者，受賄則將同等罪與枉法貪贓罪依其重者判斷。不知者不治罪。其中有舉告者，則據第五卷當與披、甲、馬，能賠償而不賠償之舉告人得功法相同。

一、其他各部軍首領，定員盈能等人衆弱，數甚少時，按部溜盈能相同順序，允許自願則結合爲班。總計不過十抄。其首領廢止爲他人以下者，印當交頭字，有官者當與自寄名。若合爲班爲他人下者中勇健强悍，力能破敵，有大功，主管正副將所深知，衆皆折服，經擔保只關，則不須合爲班，應賜賞多少，當按時節奏告實行。軍衆少者本人不欲合，及合班總額逾十抄等，則據轉院法論處。受賄則與枉法貪贓罪比較，依其重者判斷。

史金波等譯《天盛改舊新定律令》卷六《軍人使親禮門》 一、國中諸人轉送筵禮，親戚禮物法：殿上坐節親主、宰相等三十緡，諸節親主、次、中等臣僚等二十緡，此外任職有官者十緡，庶人五緡，同品價者贈筵禮時，依此法之内計量送。上位者爲下位者餽送及下位者爲上位者餽送，一律按下位法實行，不許超過。違律時，舉告者當得五緡賞錢，應由收取者共出。其中婚姻彩禮，食物饋贈及本族至親互相幫助等，勿算轉送筵禮。

一、除前述轉送筵禮，親戚禮物法明確以外，諸文武官員，大小軍首領等死亡、生育、嫁女、兒子分家、設筵祭神，不允助工修蓋房舍，於春種秋收索用牛力，以私馬騎馱，捎帶攤派。若違律計工賠償，一日男人，駱駝、馬七十緡，婦女、牛、驢等五十緡，此外其他各物於彼處依現賣法則計價，非所願而有威逼者，以枉法貪贓處。若情願，則以未受賄罪法判斷。

史金波等譯《天盛改舊新定律令》卷六《官披甲馬門》 一、諸人領有官馬，堅甲中爲無室貧男，無力養治者，應稟報所屬首領處，與人根已斷，披、甲、馬有所遺，當一同於院中變易。畜品次不及，可請勇健剛强堪勝人能養治披、甲、馬者。若應換堅甲、馬之無室貧男尚屬勇健能戰者，則披、甲、馬毋須移換，可於原地就近官廩穀物支撥若干，以資助養治。若所屬首領不令請勇健强者而請弱者時，徒一年。換者雖自能畜治，但當與披、甲分離，請領者亦對達畜品級未選擇披、甲、馬等受賄全變換

時，與首領等自請領同罪判斷。所屬大小首領、末驅、舍監等知聞時，不論有無受賄，一律首領以從犯減一等論處，小首領、末驅、舍監等罪當減三等。若變換者實屬貧弱理當變換，請者應依畜品次，選擇堅甲、馬，因請不當請者，其請者依偷盜律治罪，變換者當比從犯罪減二等。不知有何畜物者，不治罪。首領等知情，則與前述不當請變換堅甲，馬面請，首領等知情罪當減二等，小首領、末驅、舍監等當依次罪減三等。

史金波等譯《天盛改舊新定律令》卷六《官披甲馬門》 一、諸人與官馬、堅甲一齊入敵軍中，火燒水漂，其軍抄後繼者已斷，無人賠償者，大小軍首領同不同院當使三人擔保注銷。若違律以有繼者入無繼者注銷，則依偷盜律論處，當賠償堅甲、馬。

史金波等譯《天盛改舊新定律令》卷六《軍人使親禮門》 一、諸人設筵祭神、喪葬、生育、嫁女、分家時，自謂我有筵禮親物者，不允取狀過問。若違律者有官罰馬一，庶人十三杖。

史金波等譯《天盛改舊新定律令》卷六《節上下對他人等互賣門》

一、節下人略賣其節上人中親祖父母、父母者，其罪狀另明以外，略賣喪服以內節上親者，一律造意當絞殺，從犯徒十二年。

一、節上親略賣節下親時：

一、等略賣當服喪三個月者，造意徒十二年，從犯徒十年。

一、等略賣當服喪五個月者，造意徒十年，從犯徒八年。

一、等略賣當服喪九個月者，造意徒八年，從犯徒六年。

一、等略賣當服喪一年者，造意徒六年，從犯徒五年。

一、等略賣當服喪三年者，造意徒五年，從犯徒四年。

史金波等譯《天盛改舊新定律令》卷一七《物離庫門》 一、掌庫局分人已任職三年遷轉者，邊中經略所在地方內各司職及經略本人處之六庫錢物各由誰管轄、置於何處，管事處監軍司、府、軍、郡、縣，經略等依次已磨勘，來去已明時，送京師來隸屬處磨勘。不隸屬於經略之邊中諸司地方內各住家，直接派遣來至京師管事處磨勘，依次送磨堪司。磨勘法如下：

一司司計其日數，磨勘期限一共與五個月相抵，何已爲除依以下所定實行外，庫局分一司司次弟磨勘，期限長短所示不許逾之。若違律，期限以內磨勘不畢而逾之時，所延誤處之大人、承旨、習判、都案、案頭、司吏等之罪，依前述庫局分不派遣之罪情法判斷。

一、官之當鋪內，諸人典當種種物時，經計量本利相抵時可使典之，不計量不許典。若違律時，受賄則以枉法貪贓論，未受賄則有官罰馬一，庶人十三杖。本利錢未足之數由掌當鋪者償之。若鋪小監及節親、宰相諸大人及他人等倚勢强行，不計官當鋪內之本利，因錢多而典當，亦當令强行典當者本人償其本利錢，罪依前述法實行。【略】

一、諸種種掌庫小監，出納犯持取官物罪時，罪門人處共事者當推尋供給支出憑據，取而判斷。人已獲死及勞役等，已死無繼，然後不許於磨勘處謂我已得文書，當以損失論，則現在人償之。彼獲罪人以及已死者之輔主有子弟同居，則當繼之，當掌局分遷轉，損失一並計而償之。倘若犯罪人門□畜物皆失，另已注册，及已死而實無子弟繼之，則使不同居者掌庫職，不須入償坐中，依已死人先年日所掌而計之，當減除損失。【略】

一、在諸司所屬種種庫局分中之地居者，交典册磨勘可入損失中。掌鑰匙者、案頭、司吏等者，納典册磨勘中依法當有，勿入損失中。其中盜抽者，依邊等庫局分持取盜抽官物法判斷。

史金波等譯《天盛改舊新定律令》卷三《盜賠償返還門》 一、諸人所竊官私之畜、穀、物、人等，盜竊時，畜、物屬者自告，及有舉報者，及以問解明等，一律現有則當送回，現無則償其所盜，依價量還給。告賞亦當出自盜者。其中或有不能賠償、出告賞者，當找相爲盜者，各盜者畜、人、物、舍房、地疇計價賠償。無所還，則自己所在同居家門內之媳婦、未嫁女等當出工。若盜人畜、物家門確無有，則有知盜而分、買、抵債、典當畜物者，及接狀相賣中捐客等，則家門以外上述人，何有畜物當償還。其亦不能償還，則於不知盜中接狀、賣問捐客者償還。抵債、典當者，未知盜畜物者，勿使賠償、出告舉賞。前述各種人不能還，則當罰屬者何未得者。

一、使軍、奴僕盜竊他人，償還、告賞等能自辦則當自由畜、物中出，若自不能，則獲死罪及長期徒刑、無期徒刑罪者，當罰畜物屬者，而犯有短期徒刑者做苦役期滿，回歸頭監處時，當於畜物屬者處做工，頭監需用人則出錢賠償，並依人工價計量自當離去，使軍之家門人勿因償還、出告賞而去出力做工。

一、使軍、奴僕對頭監行竊，將畜、物賣掉、使用、典當等時，物現屬有者當還回。買主、使典當者知其畜物非私人自有，是頭監之物，則與知他人盜而典當罪相同。未知勿治罪。價錢者，使軍自己有畜物，能賠償，則當回歸還，不能則當罰使典當者。若物現已無，不能償還，則當與前述盜竊他人不能償還，由買者等償還法相同。

一、前述因償還盜價、付告償，爲官私人出工所示辦法：年七十以上及十歲以下等，依老幼當減出工。十歲以上，七十以下者，當物主人處不需出工，亦應令於其他需用處出工。價格：大男人七十緡，一日出工價七十錢；小男及大婦等五十緡，一日五十錢；小婦三十緡，一日三十錢算償還。錢少，則與工價相等時，可去。若很多，亦令所量人價，錢數當完畢，則當依舊只關，盜人之節親親戚中有贖取者，亦當依工力價格贖取。

史金波等譯《天盛改舊新定律令》卷六《抄分合除籍門》　一、諸種待命者犯條下所示各罪中，除十惡以外，犯各種盜雜罪時，不論有無官，一律當減一等，免黥刺，所剩勞役，有官者當與官品當。與官品當及按待命等已減以外，猶應服五年勞役者，則當革待命職，其法當依所定實行。

一、等三類人革職則當轉院：前宮侍革職入轉內宮侍中；帳門後宿□□□入轉內宿；閣門革職者入轉下官。

一、等九類人革職者轉爲同抄之輔主：部上內宿、後衛、神策、內宮侍、臣僚、神官、巫、陰陽、醫者。

一、等前所革待命職者，若係獨人，當轉同院中族式甚少處爲輔主。

一、上述待命者因罪革職及分抄時輔主轉他抄者，爲正軍者，可遣同姓五服最近親爲繼。若無，則遣同姓輔主或不同姓輔主誰最勇健强悍者爲繼抄。有使軍已納輔主中注册者，不得爲正軍，同類族式甚少處他人處當爲輔主。其有在籍堅甲、馬應於本院遷請者當令遷請。

一、群牧司、農田司、功德司等三司所有屬下人、馬所有當注銷者，當經由所屬司，每隔三月報送殿前司一次，其中不按時報送延誤者，其大小局分人等有住滯，則依遲誤文書罪判斷。

一、諸人犯逆罪，節親當連坐以外，同抄□□□中不當連坐者，依官分用請官員之□□□賜及有工巧技藝，別有用處分遣者，當依法施行以外，種種任重軍職中原正軍代替當續抄。其有官馬、堅甲者亦當寄名爲種種大小臣僚、待命所屬，可於同類院中族式甚少處爲他人之輔主。其寄名披、甲、馬當使於本院應轉處請領。

一、諸人游離，自説管處不明，有狀告者，問訊三次當使受杖。若管處明，則當委托管處。若管處不明屬實，則當發往近處牧農主及相郡中樂意去處，併當註册。辦理處明確以後，説管處明，有告狀訴訟者時，按全隱法判斷。

史金波等譯《天盛改舊新定律令》卷四《棄守大城門》　一、守大小城，營壘、軍寨等者，全放棄及不召集人等罪情另明以外，其中管事者因有所恐疑而避，雖有全放棄心，然不允可治罪人□往，地方上不做。少許留者，全部多少應在名册上，現有、無數相等，及現在多，實無有甚少，有多少不召集，則當依前所定法承罪。若現所無多，則依有無受賄，人數多少等，當在原各罪狀上增加二等□判斷。所增當不及於死。

史金波等譯《天盛改舊新定律令》卷四《邊地巡檢門》　一、大小檢人住地段上及退轉等，失於監察，逃者□入敵界未覺者，與敵人、盜賊進入，畜、人、物未入手，依人數承罪法比較，檢主管、檢人等減罪二等。及官事軍溜、盈能等，邊檢校、正副統等，各自依次減一等判斷。若其逃者中有大人□□有執職位者通過時，應比前有罪增加多少，依時節奏報實行。

一、檢主管在檢所，局分檢人中部分不來，未貪贓而不向局分報告，一部分貪贓放逸，在期限中敵軍進寇者通過，避逃者穿過，有住滯時，檢主管之罪當計贓量，按貪贓枉法罪判斷，及有何住滯罪等，依其重者判斷。未出住滯，未貪贓，則徒六個月。

一、大小檢人在地段上住，巡檢日畢，未待交接先往，新遣檢人未按日來到，所管屬地敵人進攻者穿越，避逃者通過，有住滯者，新檢人當依有何住滯承罪，舊檢人當比新檢人減一年。其中舊檢人日畢，未相交接而仍住任上，敵軍詐盜來，先監察者，當依法得功，有住滯者則當比新檢人罪減二等。新檢人未來，依住滯罪判斷。

一、首領、派出等派遣檢主管、檢人時，現在人中不派遣，不在有名人通知未至，檢所上不往者，有住滯及無住滯等，通告未至，檢人勿治

罪。派遣者首領、派出等與前述檢主管、檢人等擅自不往檢所，有無住滯，相同判斷。通告者已派出，而未通告，則通告者當承罪，派遣者勿治罪。

一、大小檢人在兩相接處，大小檢人當與旁檢人相接，互相當回應，其中已檢，檢地派遣時，旁檢人相接，當立便告於局分處，若已派遣檢人，知而不告，及旁檢未接，回應者未派遣，檢人已放未知覺等，無住滯則檢主管有官罰馬一，庶人十三杖。其已派放，在檢所屬地避逃者通過，敵人放寇者穿過，有住滯者，與旁檢相接主管之罪比地底派放檢主管當減輕，死罪當減二年，長期當減一年，短期到三個月者當獲十三杖。其中所派遣檢人，旁檢於相接處往回應而未遇，及未至地界上，而說我與歸來檢人已遇者，往者檢人依前述已通告者，按未往通告法判斷。檢主管勿治罪。

一、大小檢人對敵人盜寇者來已監察。當告先所屬軍溜及兩相接旁檢人等，其相接旁檢人亦當告自己營壘堡城軍溜等。若先邊檢人已告知自屬營壘等，未告兩上相接旁巡檢，而敵人盜賊入寇者等穿過未告所屬檢地，可見處檢主管依自局分屬地處敵越過多少，當比失於監察之罪狀減少一等。又已派遣，告知者未往，傳語中斷，有住滯者，其告各者□當依檢主管失於監察法承罪。檢主管勿治罪。

史金波等譯《天盛改舊新定律令》卷四《邊地巡檢門》 一、大檢人於其地未放逸已監察，先派告者，小檢人已於其地派遣，無告處者，其告知者當往告軍溜等，檢人當於地界上監視□□整個軍頭，當一等等遣放報者。若先小檢人報者，未往報軍溜等，後檢人又未重派遣報者，敵軍穿過地界，有住滯者，小檢因於地界放逸，與大檢失於監察相同判斷。報者住滯時，檢人依法判斷。檢人本身因未重派遣報者，勿得功，不治罪。其中重派遣報軍溜等，則依法當得功，大檢於地界放逸，小檢監察，先報軍溜等之功，依法當得，大檢按有何住滯承罪。

一、我方家主人遷居未全往，單獨行，彼處與敵盜入寇者遇，而失敗，畜、人已入他人之手，因畜主人先□溜中未來，所丟失畜皆當罰，勿得罪。邊管、檢校，因在彼人遷溜中未禁止，未受賄，十三杖，受賄則徒六個月。守更口者依法判斷。

一、邊境地遷家，牲畜主當在各自所定地界中牧、耕、住家，不許超過。若違律往地界之外住家、牧、耕，敵人入寇者來，入他人之手者，遷溜、檢校、邊管，依前述法判斷。在地段中之家，敵人入寇者來，因入他人之手，遷溜、檢校、邊管勿治罪。

一、不允遷家牲畜主越地界之外牧、耕、住家。【略】

軍溜、邊檢校、檢主管等當使返回，令入地段明確處，按所屬遷溜、檢校等只關。若邊檢校等知見不令返回，超越地界，入他人手時，與先前敵、盜寇者來，檢人等失於監察，畜、物入於他人手，計物量罪狀相同。不入他人手，無住滯，則邊管、檢校等，按遷全部人不禁制法判斷。

史金波等譯《天盛改舊新定律令》卷四《敵軍寇門》 一、沿邊盜賊入寇者來，守檢更口者知覺，來報堡城、營壘軍溜等時，州主、城守、通判、邊檢校、營壘主管、軍溜，在上正、副溜等，當速告相鄰城堡、營壘軍溜，及鄰近家主、監軍司等，當相聚，我方畜、人已入，未入他人之手，對敵軍入寇者力能勝則當打敗，力不堪勝，則視其軍頭。各家當轉移，當監視軍頭。若不報告鄰近城堡營壘軍溜、家主、監軍司等，已派報者而不往，傳話中斷，敵人、盜賊攻入，畜、人入他人手者，依攻入多少，邊檢校、營壘主管、州主、溜正等，及報告語中斷者等，與檢主管失於監察及與城守、通判、副將佐等對檢人失於監察等罪相同判斷。其中已派遣報者，傳話中斷時，州主、城守、通判、邊檢校、營壘主管、將佐等勿治罪。

一、邊地敵軍、盜賊入寇者來，守更口者先監察，報告局分處，已派遣監視軍頭者，及說敵軍動向，來處，水、陸、道口，地名等使明時，所派監視軍頭者，不好好監視軍頭，大意，失於監察，先水、陸、道口、地名等使明時，敵軍來，失於監察，而使穿入地面者，按穿入多少，與大檢主管失於監察罪相同判斷。

史金波等譯《天盛改舊新定律》卷六《抄分合除籍門》 一、種種大小臣僚、待命者、軍卒、獨誘等，正軍有死、老、病、弱時，以其兒子長門者當爲繼抄。若爲幼門，則當爲抄宿。輔主强，正軍未長大，當以此代爲正軍。待彼長成，則本人當掌職，其案頭、司吏之兒子長門不識文字，則當以本抄中幼門節親通曉文字者承襲案頭、司吏抄官。若違律應襲抄官

而不使襲抄官時，則襲者、命襲者有官罰馬一，庶人十三杖。其應襲抄者襲抄。

一、軍卒一種孤人，正軍本處自願，當允許二人結合爲一抄，何勇健者當爲正軍。不允比其人數超出，及使非自願結合爲抄。若違律時，有組合成抄者處，首領、局分人等使不願組合成抄，則徒一年。若其超出人數組合成抄，則徒二年。此外，不允種種待命組合爲抄。

一、諸種類不應入弱中，年老，有疾病，有與長門轉抄者時，所借甲衣肩當轉換，籍上册爲正職，不須註銷原不官堅甲已失或已宰殺者，已償，正軍、輔主已死等當除籍時，其所屬軍首領於五個月内報局分處除籍抽出。若於限期内不除籍抽出，及後應請，注册註銷，納籍日不於籍上改正，不給折減而取等，有官罰馬一，庶人十三杖。若非原屬官馬，堅甲，應依官新請注册註銷時，所請處司人當往職管殿前司、監軍司等，其人名及披，甲、馬等數量，顔色均應注明於籍。若局分人等懈怠不往時，則當以遲緩典册罪加一等。領者不如此報請局分處。不求注册注銷時，徒一年。其堅甲、馬當著籍。

史金波等譯《天盛改舊新定律令》卷一九《管職事門》 一、等盈能於本場償還之罪當依法收之，勿入他場之償還中。所屬牧監、牧人等無力償之者不償時，盈能一局分自一至百勿治罪。百以上至五百，十三杖；五百以上至千，徒一年；一千以上一律徒二年。其中以本場之償還住滯罪及前述不償之罪比較，從重者判斷。

史金波等譯《天盛改舊新定律令》卷五《季校門》 一、校驗各種披、甲、馬及種種雜物時，如有損毁，式樣不合及官馬肥瘦等因，正軍、輔主，當事人之罪，使與校驗缺短罪狀高低相同判斷。其中有當修整者，按所屬再給當事人限期。如其所修整式樣不合，及全未修整等，一律當於季校時計量，按高下當承杖罪。

一、軍首領自有及屬下軍卒所有披、甲、馬、雜物、武器現無有，應補償，其力能補償而未補，致校驗缺短者，先未曾給限期，則按缺短罪法承罪，當給限期命補償。若不補償，後季校時無有而住滯時，屬者之罪應依校驗缺短法判斷。此外，其首領未受賄及受賄少，依披、甲、馬、各種雜物兩等罪狀高低使明白，見條下。其兩種皆有住滯，則依其重者判斷。受賄多則當以貪贓枉法論。

一、等披、甲、馬三種力能補償而未使補償時，全部賠償多少總合，首領之承罪法及舉發者得功法：

一、上述披、甲、馬及各種雜物應補償，力能補償而未使補償，其首領之罪狀分别已示明，若所分不足，已補償半份，不足一整份，當按未補償一整份法承罪。

一、前述披、甲、馬、雜物、武器中若膘弱，式樣不合，校驗缺短實無，力能補償而未使補償等，小首領、舍監、末驅等，按自身軍中有何住滯之罪，依正首領之從犯判斷。

一、前述披、甲、馬、雜物中，有住滯時，其溜、行監等連坐承罪法：屬下首領甚多，已住滯犯重罪，一人，溜者應減一等，行監當依次再減一等。若爲彼等自身軍中有住滯，則按其重者判斷。

一、前述各種部類所屬箭數，校驗實無有，缺短時，應以十枝算一種論。

一、諸首領下屬人披、甲、馬、雜物、武器因校驗缺短而已革官軍職，服勞役時，其代替人自其屬軍中派。其法：軍一種以同司院中有先越敵城頭，斬殺敵軍，有大功，有記録者任之。若無如此者，則以屬下小首領、舍監、末驅中有七種以上功及屬下舍□有超十次以上功者，何人功階高當任之。若其二種人互相功階相等，則由何人勇健强勁族父樂意者任之。若無如此者，則在同城溜舊首領中有五次以上功者任之。若其功階相同，亦應選其何人勇健族父樂意者任之。此外，其他各部類革軍職代替者，當派其屬下按自己本職相同順序，何人有功，勇健强勁及有匠作工巧堪任之首領。

一、軍頭監中因公命主其他事或在溜更口不同處，代替軍上權檢校在，則所當罪當由其人承受，被代替者不治罪。

史金波等譯《天盛改舊新定律令》卷五《季校門》 一、諸院軍卒、大小巡檢人於旁監巡者，因不在，屬實，則由所在首領當只關分析，其官馬、堅甲、雜物、武器可由輔主校驗。

一、諸軍卒季校及行軍時，其各種堅甲、馬、武器、雜物等校驗缺短、按罪狀記下，所承大杖一杖可代以笞五，以小杖行之。

一、大小軍首領校驗時，對軍卒總計攤派，自取食者，以枉法貪贓罪判斷。若自□□以給大校高分人等者，則以從犯判斷。

一、舉告校軍時對軍卒攤派者，舉告人求官、職、軍，所告言實，當依舉告雜罪得賞法獲賞，所舉告言虛，則與第十三卷舉告雜罪是虛承罪法相同。

史金波等譯《天盛改舊新定律令》卷四《修繕城垣和戰具門》

一、【略】□□等，州主、城守、通判等當記録在案，年年□□□，冬時當告監軍司□□監軍□□□人當往，城戰往追□鐵索繩□□□□等已爲□，壘殘已爲線，軍糧戰器□□□□□□等聚集不聚集一齊當□□□□□ □□□□草炭等勿棄量棄□□□□□□□當計量，爾後戰□□□□□□等當數算，聚集不聚集□□□□□□當令明，當先告監軍司，城監司者説聚集人，與記録總計變告□，及其中城戰盾、石暴等毀壞，準備修理，準備依□時，使無飲食，對諸賣給借貸時，按所定判斷。□州主、城守、通判□□□經略當計量，監軍司大人中一人□□當往，各種準備放多少數續轉人及□□□等，當令傳之面前，應相互只關□□□□□當與前典册比較應磨勘□□□□□□□大小種種準備中，未記於陞册上未□□自已飲食入手，使用，賣給諸人，□比偷盜罪，州主、城守、通判□□□及都案、案頭、司吏、庫局分等□□□□□當增加，買取者未給錢，則偷□□□及已給錢，知是官物則□□□□□依法判斷。又加於簿册上以外，諸人□已借貸者，借貸者局分大小，取借貸者一律依賣官物者法判斷。若種種應用簿上雖增，但擅自家中使用，與借貸他人行用之借貸者相同，當比偷盜罪減二等。取借貸者知覺是官物，則當比知盜罪再減一等。前述買、取借貸者等，未知是官物，勿治罪。實物□□當交庫中，其中已有損壞，則當换新好【略】

史金波等譯《天盛改舊新定律令》卷四《敵動門》 一、守邊境更口者本軍馬另向引誘【略】人弱馬瘦，所駐地上敵軍大出【略】將依烽火次序相告，因怯駭懈怠住滯罪【略】大小巡檢軍將等先已監察，依次相【略】怯駭，敵軍已抗拒，少許有住滯者，軍將巡檢言過處將首領、遷將監等，勿治罪。

一、邊境守烽火，敵軍來立便迅速出擊時，鄰近依續軍將接烽火遷家，告牲畜主等處烽火語中斷者，使與敵人軍情大小有多少越過，大小巡檢失於臨察相同判斷。

史金波等譯《天盛改舊新定律令》卷四《敵動門》 一、邊境上敵人投誠者已出，消息已説是實，則守城溜、更口者，現在軍馬力總計□□□爲者，依法實行以外，增力新軍□□□□説者本人、刺史、監軍司當□□□□□□，應計量，共當議語□□□□□□□□□顯合當【略】

史金波等譯《天盛改舊新定律令》卷一九《貧牧逃避無續門》 一、諸牧人中之實無主貧兒持取畜而損失時，無力償之，各牧主所屬牧人户勝任，當明各無主貧兒，以告群牧司計之。總計畜類，駱駝、馬、牛等自十五、二十以上，羖攊羊自七十以上，當令勝任户之牧人領取，實爲牧人中無主貧兒者，當予勝任户之牧人爲牧助。若違律，大小牧監以勝任入不勝任，以不勝任入勝任中，及群牧司未收齊時，大小牧監、群牧司大人、承旨，都案、案頭、司吏等有官罰馬一，庶人十三杖，受賄則以枉法貪贓罪法及前述罪等比較，從重者判斷。

一、官之牧人隨從諸臣僚大人，於牧事不經心，不做活業，不聽牧監管事者之指揮言語者，無力償而住滯，則依承計審罪次第實行。此外隨從處人比隨從者之罪狀減五等判斷。依賠償法交納，無住滯有□，管計審處人知爲他人隨從，隨從處人、隨從者一律有官罰馬一，庶人十三杖。若管計審處人未知，則依逃人法判斷。其中牧監、管計審處等怨恨誣陷，則同樣判斷。

一、官牧場之獲罪婦人已入官牧場中者，不許另過。倘若違律時，賣者以偷盜法判斷。買者知覺，則當依盜之從犯法承罪，並罰價，交與官方。未知，勿治罪，價當取之。婦人因自不告則十三杖，依舊當還牧場。自告，則勿治罪，當予之同場牧中情願處。直接屬牧人寡婦一種另過法，依第八卷上所述實行。

一、諸牧人牧四種公母畜法，本人當明之。實接手之畜中，不許牧公牧母自相調換，及與不同畜記名等。若違律時，尋安逸者、遣者，大小局分等一律徒二年。受賄當以枉法貪贓論，與前述罪比較，從重者判斷。無理所遣，則牧人勿治罪。

史金波等譯《天盛改舊新定律令》卷一九《管職事門》 一、牧場於

種種官畜上管畜者，已在一起者，末善當止。牧首領、末驅，各自當頭監，於鄰近二百户至二百五十户牧首領中遣勝任人一名爲盈能，當領號印檢校官畜。死亡時應償之數，當依律令緊緊催促先前盈能處之牧人、牧監等，當令償優純者。應自四月一日開始，於盈能處置號印時，盈能面前置號印於駱駝、馬、牛之耳上，及羖䍽、羊之面頰。十月一日大校之前當置號印畢。實無力償，則當令於盈能處置命，預先當告群牧司及諸司大時日，群牧局分處當過問。年年十月一日大校者，當於群牧司而送知狀，依人、承旨，前内侍之空閒臣僚等中遣真能勝任之人。諸司稱職之案頭、司吏文字計量引道。至往場中時，有償號記之畜當與畜齒册校而印之，不許不實齒償還。先盈能處已置命，每人於大校當面應再好好問之。無力償而已置命是實言，則同場不同場人當擔保，當依律令承罪。若違律時，罪依所定判斷。

史金波等譯《天盛改舊新定律令》卷八《燒傷殺門》　一、諸人上吊、斷喉、自投水火中，或避自身有罪，或與他人妻淫亂已分離欲分離，心存死意而未鮮潔，以及待命中，有執職位等當革，官職革去有苦役，則不須依待命減，可與官當。待命者入輔主中，一律不許出入内宮。若思另有異疑，無□□、疾病、癲狂、酒醉、不自主上吊、斷喉、自投水火中者，待命職位等不革，先昔内宮出入暫勿住留。後謂疾病已愈，則當於職管處來狀，醫人看視。疾病實愈，病根已絶，則依前法，可不可出入内宮中，依時節舉奏實行。其中出入内宮時，先有疾病垂犯不止，而後病根未絶，未爲實愈，有所疑等，一律不許出入内宮。有待命執事者，有襲抄者則襲，無襲抄省則當派遣與任職位人以外一同任職，罪狀依以下所定判斷：

一、等與他人妻上吊、斷喉、自投水火中雙雙死者，婦人住於父母家則其父母連坐，庶人十三杖，有官罰馬一，夫主之婚價依數償還，拋擲其人屍分别五里之外，死拋擲後有收去者則收去。其中與未嫁女上吊、斷喉、自投水火中者，與許配他人住於其父母家上吊、斷喉，自投水火中者一樣判斷。

一、等諸人男女上吊、斷喉、自投水火中，男女人其一死者，未亡人十二年，雙雙未亡則一律三年。

一、等諸人獨自上吊、斷喉，自投水火中而不死者，免去有罪，則依所有罪法判斷。先無罪則有官罰馬一、庶人十三杖。其中疾病、癲狂、酒醉而自心無主不覺者不擔罪。

一、諸人傷後母從子時，比他人罪，同居則減二等，異居則減一等。殺者同居異居一樣，依他人相殺法判斷。

史金波等譯《天盛改舊新定律令》卷一四《誤毆打門》　一、諸司大人、承旨、習判等，爲自己職管地方内所屬家民毆打致傷等時，比不相屬之有官、庶人等上下位毆打致傷之一種種罪狀依次當加三等。其中所屬局分都案、案頭、司吏、差人、都監，其餘所派遣之庫局分，又有被告分析者等毆打自己所屬大人、承旨、習判等時，於前述所屬家民毆打職管大人之罪當加一等。其所屬家民之職管及職管次第差别當明之。

一等邊中、京師諸司爲列爲一類之内，各自己地方内家民□當以所屬家民論。其中有司位，依一種上下位相毆打法施行。

京師界：中興府，南北二縣，五州各地縣司。

邊中：經略司，府、軍、郡、縣。刺史，監軍司，城、寨、堡。

一等除前述所示以外，另有諸司家主一種，勿以所屬家民論。

史金波等譯《天盛改舊新定律令》卷一七《供給交還門》　一、等諸人有應領取官錢、穀、物者，局分大小彼此欺瞞，拖延不使領取，延長時日而使離之，隨意本人領之者，局分大小依持取官物法判斷。他人舉之，亦當依法得偷盜舉賞，原物當還應領人。其中局分大小予價而買之，則當計所買之物及所予之價，數等相抵，無所損失，則有官罰馬一，庶人十三杖。比之多而求利，則所多獲幾何當計量，依枉法貪贓罪法判斷，所超之數當還屬者，舉賞亦依舉諸人雜罪得賞得次第當得之。

（清）嵇璜等《續文獻通考》卷一三五《刑考・刑制》　〔元世祖至元〕二十四年，制憲臣有貪惏敗度者，付法司增條科罪。時御史中丞葉李奏：憲臣以繩愆糾繆爲職，苟不自檢，於擊搏何有？其有貪惏敗度之人，宜付法司，增條科罪，以懲欺罔。制曰：可。

（清）嵇璜等《續文獻通考》卷一三五《刑考・刑制》　〔元成宗大德〕二年七月，詔諸王駙馬諸近侍，自今奏事不經中書，輒傳旨付外者，罪。

《元典章》卷三九《刑部・刑制・刑名・和尚犯罪種田》 大德八年正月十七日，欽奉聖旨，答失蠻爲頭，宣政院官人每奏，薛禪皇帝時分教行聖旨，皇帝每的勾當裏，不揀是誰，休侵犯者，是與不是呵。宣政院官人每提調着咱每根底奏者麽道教行來，聖旨來，如今多和尚每根底，外頭有的官人每搔擾的，一般有麽道？奏來。從成吉思皇帝到今，教僧人祝壽者麽道道來。似這般騷擾的體例，那裏有？今後衆和尚與税糧的勾當，省官人每並宣政院官人每奏來的，上頭依着羊兒年行來的聖旨體例裏行者。除這的外僧人的，不揀什麽勾當有呵，依着薛禪皇帝定來的體例行者。又去年宣政院並僧官每的文卷照刷者麽道道來。如今御史臺並廉訪司官人每休照刷者，僧人與俗人相争的言語有呵。僧官與管民官一處斷着，傷了人命的僧人有呵。管民官依體例問了處斷者道來。這般宣諭了和尚每的勾當，其間裏侵入來的人，不怕那什麽這的每，却道這般宣諭了也，麽道釋迦牟尼佛，道子裏不行經文的勾當裏，不謹慎別了行的每根底，依體例要了罪過，是那個寺裏的和尚呵，只教做那寺裏的種田地裏者，和尚的勾當裏不謹慎要了肚皮、覷面皮呵，宣政院官並僧官每不怕那什麽聖旨。欽此。

（清）嵇璜等《續文獻通考》卷一三五《刑考・刑制》 〔元仁宗延祐〕七年五月，時英宗已即位。禁宗戚權貴作姦犯科。

（清）嵇璜等《續通志》卷一四七《刑法略・歷代刑制》 〔元泰定元年〕泰定帝即位詔：凡有罪自首者，原其罪。

《元典章》卷三九《刑部・刑制・刑法・五刑訓義》 〔笞〕義曰：笞者，擊也。又訓爲耻。言人有小愆，法須懲戒，微加棰撻以耻之。〔一十〕七下。〔二十〕、〔三十〕十七下。〔四十〕、〔五十〕二十七下。〔杖〕義曰：杖者，持也，而可以擊人也。《國語》云：薄刑用鞭朴。《書》云：鞭作官刑。猶今之杖刑也。〔六十〕、〔七十〕三十七下。〔八十〕、〔九十〕四十七下。〔一百〕五十七下。〔徒〕義曰：徒者，奴也。蓋奴辱之。《周禮》云：其奴，男子入於罪隸。又任之以事，寘以圜土，而收教之。令一年至五年，並徒刑也。〔一年〕、〔一年半〕六十七下。〔二年〕、〔二年半〕七十七下。〔三年〕八十七下。〔五年〕一百七下。〔流〕義曰：《書》云：流宥五刑。謂不忍刑殺，宥於遠也。〔二千里〕比徒四年。〔二千五百里〕比徒四年半。〔三千里〕比徒五年。〔死〕義曰：絞斬之坐，刑之極也。《春秋元命包》云：黄帝斬蚩尤於涿鹿之野。故云：斬自軒轅，絞興周代。即大辟之刑也。〔絞〕、〔斬〕二罪皆至死。

（元）沈仲緯《刑統賦疏・第一韻》 能舉綱而不紊用斷獄以何疑，綱，捕魚綱上綱繩也。紊，亂也。捕魚者布綱必先提其綱繩，然後綱目不亂。此喻執法之士，若能舉刑統十二律之綱要則七百一十一條自然知之明白，用此斷獄有何疑焉。

直解。若能詳其名例，内之總要則律之諸條自然可省，用之斷獄有何疑難。

通例。舉綱斷獄，大德八年五月刑部呈，拯治刑名鞫囚之官先須窮究證驗，後參以五聽察辭觀色，喻之以禮俾自吐實情，罪至死者推勘得實結案詳讞。

（元）沈仲緯《刑統賦疏・第二韻》 著而有定者律之文，變而不窮者法之意。著，明也。明著輕重不可易者，律之文也。變，通也。變通不窮隨乎事者，律之意也。議法者雖知律之文，要知律之意。雖知律之意，要知律之變。若徒守其文而不知其意，知其意而不知其變，則膠於一定之體而終無用也。蓋律文明著者易見，法意變通者難窮。觀其刑統諸條中，或加或減，或重或輕，或輕罪變而徒重，或重罪變而徒輕，則可以見法之意變而不窮也，姑舉律内七殺一事明之。殺人者斬，此是一定之律文。若執守其文，但殺人者皆處斬刑，則又不可。蓋殺人之情輕重不同，故例有七色是名七殺：謀殺、故殺、劫殺、鬭殺、誤殺、戲殺、過失殺。一曰謀殺。《賊盗律》：諸謀殺人者徒三年，已傷者絞，已殺者斬，從而加功者絞，不加功者流三千里，造意者雖不行，仍爲首，即從者不行，減行者一等，稱謀者，二人以上，謀狀彰露，雖一人同二人之法。二曰故殺。《鬭訟律》：諸故殺人者斬，謂非鬭争無事而殺，或彼毆者原無忿争止辯已事因而殺者，是名故殺。三曰劫殺。《賊盗律》：諸劫囚者流在千里，傷人及劫死囚者絞，殺人者皆斬。若竊囚而亡，與囚同罪，竊而未得，減二等。以故殺傷人者，從劫囚法。此三者皆責其情重，故法所以從重論也。四曰鬭殺。《鬭訟律》：諸鬭毆殺人者絞，謂其原無殺心，因相鬭毆以致殺人，故法所以從輕而論也。又云，雖因鬭而用兵刃殺人者與故殺

同，謂其鬭而用刃，即有害心。故又變而從重也。五曰誤殺。《鬭訟律》：鬭殺而誤殺傷傍人者，以鬭殺論。疏義謂鬭毆而誤殺傷傍人者，假如甲共乙鬭，用刀仗欲擊乙，誤中於丙，或死或傷，以鬭殺傷論，不從過失者。謂其原有害心，故法所以從重論也。又云，若有故僵仆而致死傷者，以戲殺傷論。《疏議》云謂共人毆打失手足跌，而致殭仆，誤殺傷傍人者，謂其原無殺心，故又變而從輕也。六曰戲殺。《鬭訟律》：諸戲殺傷人者，減鬭殺傷二等。注謂以力共戲致死和同者，謂其素無仇怨，事出不意，故法所以從輕論也。又云，雖和以刃止減一等，謂其金刃非共戲之物，故又變而從重也。七曰過失殺。《鬭訟律》：諸過失殺傷人者，各依其狀以贖論，謂其耳目所不及，思慮所不到，共舉重物力所不制，若乘高履危足跌，及因擊禽獸以致殺傷之屬，故法所以從輕而論也。又條部曲奴婢過失殺傷舊主者依凡論，不依過失殺傷以贖例，謂其奴婢於主皆當致謹於事之未然，豈宜有思慮所以不到、耳目所不及之失哉，故又變而從重也。然其古先哲王緣情立法變通不窮，苟守其文而不知其變者，則其法易弊而難行也。律學博士傅霖云，見於文者按文而可知，不見於文者求意而後得，所以變者因人情變耳，非法之意變也，蓋人情變而不窮，法之意亦變而不窮也，議刑之士當深思遠慮，按律之文以求法之意可也。

(元) 沈仲緯《刑統賦疏·第三韻》 加減之例或後而或先。尚論罪法有加減有後先，先減後加則其罪重，先加後減則其罪輕。《名例律》云諸稱加者就重，次稱減者就輕，次惟二死三流各同爲一減。《疏議》曰，甲造意共乙故毆九品丙折支，甲合流三千里，乙合流二千里，爲先定凡人故折支罪，然後計毆九品各從其品上加。蓋甲乙同謀故毆九品官折支，依凡人法，甲流二千里，乙爲從減二等徒二年半，品官加二等，甲合流三千里，乙若於罪上加二等亦科徒二年半，則是故毆品官之與凡人等矣。故必於凡人罪上減之，然後用官品加等，處流二千里。又《職制律》，監臨主司受贜而枉法者一尺杖一伯，一匹加一等，十五匹加絞，不枉法者一尺杖九十，二匹加一等，三十匹加役流，無祿人者各減一等。蓋監臨主司犯枉法贜八匹一尺合流三千里，無祿減一等，科徒三年，則是無祿主司受財枉法非徒則死而無流罪故，必先於一尺杖一百上減爲杖九十，然後計匹加等處流二千五百里。此二條先減後加之法也。若其擅興律私有禁兵器者徒一年半，弩一張甲一領或弩三張流二千里，私造者各加一等，造未成減二等，若先以未成減而後以私造加，則減意乃在私造之前故必先定私罪本罪合流二千五百里，然後以未成減之徒二年半。又《職制律》，貸所監臨財物者坐贜論，若百日不還以受所監臨財物論。又監臨之官受所監臨財物者八匹徒一年，八匹加一等，五十匹流二千里。蓋强貸所監臨財物五十匹百日不還，以受所監臨財物論，合流二千里，强加二等，按問首減二等，先用首減，然後以强加，則强意乃在按問之後必先定本罪，强加二等至流三千里，然後引用按問自首減之處徒二年半。此二條先加後減之法也。原其罪不可憫而後加，而加者所以就重，情有可矜而後減，而減者所以就輕。凡以稱情而已。

(元) 沈仲緯《刑統賦疏·第三韻》 罪因搜檢而得者許推於狀外。《斷獄律》，諸鞫獄者皆依所告，狀鞫之若於本狀之外別求餘罪者，以故人人罪論。《疏議》曰，鞫獄者謂推鞫皆須依所告本狀，推之若於本狀之外，傍更推問求得笞杖徒流及死罪者同故人入罪之類，若因其告狀，或應掩捕搜檢，因而檢得別罪者，亦得推之。是故，《廄庫律》云，若有告人盗殺馬牛搜檢得卻有私造軍器之類，雖是狀外亦聽推鞫，蓋所告之事應掩捕搜檢，因其事搜檢而得是以亦得鞫之也。如或監臨舉劾之欲劾狀外人罪者，又必須別舉行牒方可施行。

直解。鞫問之法狀外不求餘事，若因搜檢得罪，雖是狀外亦許推之。

通例。皇元八年九月，部檢舊例訴訟人皆不得於本争事外別求餘事，摭拾見對人及本勘官吏，若實有干已候本宗事結絶，別行陳告狀外，不求餘事。

大德五年正月，江浙省咨紹興路金孟二竊盗許尚錢物，内將至元鈔二十貫，收買私鹽一擔，在家被獲，招伏。刺斷七十七下，合從私鹽爲重，取到本路推官違錯招伏。部議金孟二竊盗錢物，收買私鹽二罪俱發，合從私鹽爲重，科決計已到斷，別無定奪搜檢得罪合同。

(元) 沈仲緯《刑統賦疏·第五韻》 條不必正也，舉類而可明。條者條法，《刑統》有七百十一條是也。《名例律》云，若斷罪而無正條，應出罪者舉重以明輕，其應入罪者舉輕以明重。舉重以明輕者，假有父亡而母已改嫁他人，身死合葬夫家，其前夫之子盗母屍靈於父墳内埋葬，事發

到官，罪無正條，可比附《賊盗律》，諸盗佛像天尊供養者杖一百。蓋雖是親母終與前夫義絶不合，盗於伊墳内埋葬情類頗同，合量情減之科罪是也。舉輕以明重者，假有奴婢放火燒主罪無正條，可比附《鬬訟律》，奴婢詈主者絞。其有放火燒主者情重於詈，合令處死是也。蓋事有輕重而無明文者舉類以明之，則法無廢矣。

直解。凡斷罪不必俱有正條，可舉類而明輕重。

通例。至元七年閏十一月，尚書省刑部，濟南路申孫平告妻阿楊先與董重一爲妻生男拾得，其夫身死，改嫁與平爲妻，次後本婦病故殯埋，有前夫子董拾得所犯，擬決四十七下。阿楊骨殖於孫平墳内埋葬，舉類可期。

（元）沈仲緯《刑統賦疏·第七韻》　文無失減者必依減三等之法，罪有强加者不準加二等之强。人之所犯情有不同，故法難以一定，有强有和，有故有失，以和者得罪如此則强者不可不加，故者得罪如此則失者不可不減。故《職制律》云，諸貢舉非其人及應貢舉者徒一年，二人加一等罪，止徒一年，若考較課試不以實及選官乖於舉狀故不稱職者減一等，失才各減三等，注餘條失者準此。《疏議》曰，謂一部律内公事失錯本條無失減之文者并準此減三等。又條，貸所監臨財物者坐贓論，若百日不還，以受所監臨財物論，强者各加二等，注餘條强者準此。《疏議》曰，謂如下條私役使借及騾駝驢馬之類，强者各加二等，但一部律内本條無强取罪名，并加二等，故於此立例也。

《元史》卷一〇二《刑法志》　謀反：謂謀危社稷。

謀大逆：謂謀毁宗廟、山陵及宫闕。

謀叛：謂謀背國從僞。

惡逆：謂毆及謀殺祖父母、父母，殺伯叔父母、姑、兄、姊、外祖父母、夫、夫之祖父母、父母者。

不道：謂殺一家非死罪三人，及支解人、造畜蠱毒、魘魅。

大不敬：謂盗大祀神御之物、乘輿服御物；盗及僞造御寶；合和御藥，誤不如本方，及封題誤；若造御膳，誤犯食禁；御幸舟船，誤不牢固；指斥乘輿，情理切害，及對捍制使，而無人臣之禮。

不孝：謂告言詛詈祖父母、父母，及祖父母、父母在，別籍異財，若供養有闕；居父母喪，身自嫁娶，若作樂、釋服從吉；聞祖父母、父母喪，匿不舉哀；詐稱祖父母、父母死。

不睦：謂謀殺及賣緦麻以上親，毆告夫及大功以上尊長、小功尊屬。

不義：謂殺本屬府主、刺史、縣令、見受業師，吏卒殺本部五品以上官長，及聞夫喪匿不舉哀，若作樂釋服從吉及改嫁。

內亂：謂姦小功以上親、父祖妾，及與和者。

《元史》卷一〇三《刑法志》　諸犯罪，二罪俱發，以重者論，罪等從一。若一罪先發，已經論決，餘罪後發，其輕若等，勿論；重者，更論之，通計前罪，以充後數。

《明會典》卷一七九《刑部·計贓時估》　洪武元年令，凡計贓者，皆據犯處當時物價。若計傭賃器物爲贓者，亦依犯時價值。其傭賃雖多，不得過其本物之價。

一、金銀銅錫之類。

金一兩四百貫。

銀一兩八十貫。

銅錢一千文八十貫。

生熟銅一斤四貫。

鐵一斤一貫。

錫一斤四貫。

黑鉛一斤三貫。

一、珠玉之類。

玉一片長二寸闊一寸厚五分八十貫。

珍珠一顆重一分一十六貫。

寶石一粒重一分八貫。

翠一箇一十貫。

一、羅段布絹絲綿之類。

紗一疋八十貫。

綾一疋一百二十貫。

紵絲一疋二百五十貫。

羅一疋一百六十貫。

改機一疋一百六十貫。

錦一尺八貫。

高麗布一疋三十貫。

大青三梭布一疋五十五貫。

大白三梭布一疋四十貫。

中細白綿布一疋二十貫。

麤綿布一疋一十貫。

麤苧布一疋一十二貫。

細苧布一疋二十四貫。

麤褐一疋四十貫。

綿紬一疋五十貫。

大綿布一疋二十貫。

麻布一疋八貫。

葛布一疋二十貫。

大絹一疋五十貫。

小絹一疋二十貫。

細絨褐一疋二百四十貫。

氊段一假五十貫。

氆氌一假五十貫。

絲綿一斤二十四貫。

浄綿花一斤三貫。

麻一斤五百文。

一、米麥之類。

粳糯米每一石二十五貫。

小麥一石二十貫。

大麥一石一十貫。

芝蔴一石二十五貫。

蕎秫一石一十二貫。

黄黒緑豌豆每一石一十八貫。

粟米黄米每一石一十八貫。

麫一斤五百文。

一、畜産之類。

馬一匹八百貫。

驘一頭五百貫。

驢一頭二百五十貫。

駝一頭一千貫。

水牛一隻三百貫。

黄牛一隻二百五十貫。

大豬一口八十貫。

羊一隻四十貫。

鹿一隻八十貫。

小豬一口一十二貫。

犬一隻一十貫。

獐一隻二十貫。

猫一箇三貫。

兎一隻四貫。

虎豹皮每張四十貫。

馬皮一張一十六貫。

牛皮一張二十四貫。

鹿皮一張二十貫。

馬驘牛驢豬羊獐鹿肉一斤一貫。

鵝一隻八貫。

鴨一隻四貫。

雞野雞每一隻三貫。

鴿鵪鶉每一隻五百文。

天鵞一隻二十貫。

魚鱉鰕蟹每斤一貫。

一、蔬果之類。

核桃榛子每一斤一貫。

棗栗柿餅每一斤一貫。

菱芡一斤一貫。
松子一斤一貫。
葡萄一斤一貫。
楊梅一斤一貫。
西瓜一十箇四貫。
桃梨每一百箇二貫。
杏李林檎每一百箇一貫。
柑橙橘石榴每二十箇一貫。
柿子每三十箇一貫。
菜一百斤二貫。
薑一十斤一貫。
藕一十支二貫。
蓮房二十箇一貫。
冬瓜一箇五百文。
蒜頭一百箇五百文。
一、巾帽衣服之類。
紗帽一頂二十貫。
胡帽一頂八貫。
貂鼠披肩一頂四十貫。
椶草帽一頂八貫。
儒吏等巾每一頂八貫。
紵絲羅帽每一頂六貫。
氈帽一頂四貫。
絛一條一貫。
氈襪一雙四貫。
氈衫一領四十貫。
鹿皮靴一雙二十四貫。
麂皮靴一雙四十貫。
牛皮靴一雙一十貫。
鞥鞋一雙二貫。
靸鞋一雙一貫五百文。
紵絲羅荷包每一個一貫。
包頭一方一貫。
手帕一方二貫。
網巾一頂三貫。
綿紵絲被每一牀一百貫。
綾被一牀四十貫。
紬絹被每一牀二十貫。
氈條一條四十貫。
花毯一條八十貫。
綿紵絲褥一牀八十貫。
布褥一牀一十六貫。
細布綿花被一牀三十貫。
麤布綿花被一牀二十貫。
舊紵絲衣服一件三十貫。
新紵絲衣服一件八十貫。
舊羅衣服一件二十四貫。
新羅衣服一件七十貫。
舊紗衣服一件二十貫。
新紗衣服一件六十貫。
舊綿布衣服一件五貫。
新綿布衣服一件一十六貫。
舊紵絲小襖一件二十貫。
新紵絲小襖一件四十貫。
舊羅紗小衫每一件一十貫。
新羅紗小衫每一件三十貫。
舊紵絲裙一條二十五貫。
新紵絲裙一條五十貫。
舊羅紗裙每一條二十貫。
新羅紗裙每一條四十貫。

綾紬衣服每一件二十貫。
綾紬小襖每一件一十貫。
絨褐衣服一件五貫。
舊夏布衣服一件五貫。
新夏布衣服一件一十貫。
綿布小衫一件五貫。
綿布裙一件五貫。
綿布袴一腰四貫。
一、器用之類。
門一扇五貫。
板壁一扇一十貫。
窗一扇三十貫。
木板一片闊一尺長五尺厚五寸四貫。
桌一張一十貫。
凳一條四貫。
杌一面二貫。
交椅一把二十四貫。
琴一張六十貫。
扇一把一文。
木箱一個八貫。
大屏風一個二十四貫。
竹簾一個二貫。
棕蓑衣一件三十貫。
笠一頂一貫。
雨傘一把一貫。
雨籠一個一貫。
墻壁籬笆一丈一十貫。
大瓷瓶一個一貫。
大瓷缸一個一十貫。
漆盤一個四貫。
漆楪椀每一個一貫。
烏木筯十雙四貫。
竹筯十雙五百文。
瓷楪椀每十個二貫。
大木桶一只五貫。
大木盆一個三貫。
斛一張五貫。
斗一量二貫。
升一個五百文。
大鐵鍋一口八貫。
銅鍋一口二十貫。
鐵鋤一把三貫。
鐵犂一把二貫。
鐵鍬一把三貫。
大車一輛三百貫。
小車一輛三十四貫。
船一隻計料一百石五百貫。
馬鞍一副六十貫。
鼓一面五貫。
碾磨每一副三十貫。
女轎一頂八十貫。
秤一把五百文。
鐵索一條一貫。
鎖頭一個五百文。
弓一張八貫。
箭一十千支四貫。
鎗一根四貫。
大刀一把五貫。
小刀一把二貫。
弩一張八貫。

魚叉一把一貫。
禾叉一把一貫。
大磬一口二十貫。
鐃鈸一副四貫。
柴草一小車一十五貫。
木柴一百斤八貫。
灰炭每十斤一貫。
煤一石八貫。
瓦一百片一十貫。
甎一百個一十六貫。
木一根圍一尺長一丈六貫。
椽一根四貫。
猫竹一根二貫。
蘆蓆一領一貫。
筆竹一根五百文。
秫稭穀草每一大車四十貫。
白蠟一斤一十貫。
黄蠟一斤二貫。
香油一斤一貫。
茶一斤一貫。
酒醋每一瓶一貫。
真粉一斤五百文。
鹽每十斤二貫五百文。
蜂蜜沙糖每斤一貫。
蘇木一斤三貫。
胡椒一斤八貫。
花椒一斤一貫。
銀硃一斤一十貫。
礬一斤五百文。
硃砂一兩四貫。
硫黄一斤一貫。
榜紙一百張四十貫。
中夾紙一百張一十貫。
奏本紙一百張一十六貫。
手本紙一百張七貫。
各色大箋紙一百張二十貫。
墨一斤八貫。
筆一十枝二貫。

《明太祖實録》洪武四年十二月 乙未，上諭大都督府臣曰：朕以海道可通外邦，故嘗禁其往來。近聞福建興化衛指揮李興、李春，私遣人出海行賈，則濱海軍衛豈無如彼所爲者乎。苟不禁戒，則人皆惑利而陷於刑憲矣。爾其遣人諭之，有犯者論如律。

《明太祖實録》洪武五年春正月〔癸丑〕上謂禮部臣曰：近代以來，舉人不中程式。爲有司所黜者，多不省己自脩，以圖再進。往往摭拾主司細故，謗毁以逞私忿，禮讓廉耻之風不立。今後有此者罪之。

《明太祖實録》洪武五年九月 癸亥，先是，上諭中書省臣曰：凡犯贓罪者，罪已赦，仍徵其贓。如赦文内有云，已發覺、未發覺、已結正、未結正之類，何者宜赦，何者不宜赦，其詳定以聞。至是，刑部議：凡謀反大逆，謀殺祖父母、父母，妻妾殺夫，奴婢殺本使，殺人及强盗、蠱毒、厭魅不赦處，其餘罪無輕重，咸赦除之。有以赦前事相告言者抵罪，若係官錢糧事，須追究。罪雖遇原，依律改正徵收。民間歸附之後，户婚、田産、錢債雖已經赦，應合改正歸還者，並聽追理。凡今後官吏受贓，遇赦免罪，贓並追納其在赦前犯贓，事發懼罪逃避，及革後發露，依律追究。奏上，制從之。

《明太祖實録》洪武十一年秋七月 丁酉，命禁謫戍人，不得上封事。時官吏軍民犯法，謫戍邊及輸作屯種者，多上封事，以希進用，考其言，皆虚誕無實，故命禁止，俱不得上封事、陳情建言，及借用有司印信。違者，皆坐重罪。

（明）談遷《國榷》太祖洪武十四年九月 辛丑，敕刑部尚書胡楨等曰：唐虞之世，罪疑惟輕。四兇之誅，止於流竄。有司既不能宣明教化，

使民無犯，及小過或加苛刻，朕甚閔焉。自今十惡真犯決如律，餘皆減死論。

（明）談遷《國榷》太祖洪武十五年十月　壬寅，刑部尚書開濟言：諸司奏劄，輒千萬言，難省。上然之，禁煩文出入人罪。

（明）談遷《國榷》太祖洪武十九年五月　丙辰，命四民各守本業，醫卜安土，其遊惰匿他所者，謫徙。

（明）談遷《國榷》太祖洪武二十三年十二月〔太祖洪武二十三年〕〔己未〕朔，諭刑部尚書楊靖：犯十惡併殺人論死，餘皆輸粟北邊自贖。力不及者，或二人三人並輸，令還家備資以行。

《明太祖實録》洪武二十四年秋七月　戊申，禁罪人誣引良善。上謂刑部尚書楊靖曰：善與惡異趨，廉者必不同貪，公者必不濟私。然惡或誣善，事雖可白，不免受辱，宜嚴禁之，使有所勸感。繼令紀法者，不許誣引良善。違者，所誣雖輕，亦坐以重罪。爾刑部其榜諭之。

《明太祖實録》洪武二十六年六月　壬辰，申嚴皇陵禁令。凡車馬過陵，及守陵官民入陵者，百步外下馬，違者，以大不敬論。

（明）談遷《國榷》太祖洪武二十八年二月　戊子，命罪人罰役死者，免父兄追捕。

《明太祖實録》洪武三十年六月　己酉，命右軍都督府，凡陝西都司、行都司、軍民馬匹，不許出潼關、藍田、武關，違者罪之。

《大明令・刑令》　十惡：一曰謀反。二曰謀大逆。三曰謀叛。四曰惡逆。五曰不道。六曰大不敬。七曰不孝。八曰不睦。九曰不義。十曰內亂。【略】

凡犯罪者，二罪俱發，以重者論。罪相等者，從一科斷。【略】

凡犯罪未發而自首告，免其罪。輕重雖發，因首重罪者，止坐輕重。自首有不盡、不實者，坐以不盡、不實之罪。至死者，減一等。其於人損傷，於物不可賠賞，事發逃亡及姦者，不在自首之例。【略】

凡强、竊盜賊，未發而自首及於事主處首露者，免罪。若能捕獲同伴者，依常人一體給賞。再犯及侵損於人者，不準首。【略】

凡以赦前事告言人罪者，以其罪罪之。若係干錢糧、婚姻、田土，事須追窮，雖已經赦，必合改正徵收者，不拘此例。

凡取受未發覺，悔過還主者，即同自首。【略】

凡今後若遇國家赦恩，除見禁未曾斷決罪囚，該赦者並行釋放。其有已經斷決徒、流及遷徙烟瘴地面安置之人，即係已絕事理，除徒役候年滿放回外，其餘流遠安置之人並不許放還。【略】

凡殺人償命者，徵燒埋銀一十兩。不償者，徵銀二十兩。應償命而遇赦原者，亦追二十兩。同謀下手人，驗數均徵，給付死者家屬。【略】

凡計贓者，皆據犯處當時物價。若計傭賃器物爲贓者，亦依犯時價值。其傭賃雖多，不得過本物之價。

凡以贓致罪者，彼此俱罪之贓没官，用强生事逼取之贓給主。【略】

凡犯罪自首之人，若法許容隱，親代首者，與自首同。其罪人不自首，而父首子、弟首兄、尊長首有服卑幼，皆如罪人身自首法。卑幼告訐尊長者，與犯人自首同，仍依干名犯義例，科卑幼罪。

（明）談遷《國榷》太祖洪武三十一年七月　詔行寬政。赦有罪。蠲逋租。

《明太祖實録》洪武三十五年秋七月　乙酉，上謂刑部臣曰：朕清内雖有罪者既已伏誅，無罪者各安賦業。而内外軍民屢執無罪之人，以希幸賞。惡不可長，速諭止之，違者抵罪。

《明太祖實録》洪武三十五年秋七月〔丙申〕上謂兵部臣曰：朕初舉義旅，清君側之惡，罪止奸臣數人而已。故將士入城之日，市不易肆，軍民按堵。今爲衆所推戴，嗣承大統，罪人皆已伏誅，嘉與萬方同樂至治。比聞在京軍民，猶有□喻朕心者，謂有復行誅戮之意，轉相扇惑，何其愚也。吾爲天下君，則天下之民皆吾赤子，豈有害之之心。且帝立刑法，豈當濫及無罪。爾兵部亟出榜曉諭，令各安心樂業，勿懷疑懼。敢復有妄言惑衆，許諸人首告。犯人處死，家産給賞告人。知而不告，與犯人同罪。

《明太宗實録》永樂元年二月　丁丑，命刑部：自今能捕獲强盜者，賞銀五十兩，彩幣四表裏，鈔二千貫，仍給犯人財産。兩隣知而不首與同罪，盜能自首者免其罪，仍依例給賞。

《明太宗實録》永樂元年夏四月　丁卯，上以代王桂擅興土木，疲勞軍民，命所司：自今王府，非得朝命，不許擅役一軍一民，及斂一錢一

物。聽從者，有罰。

《明英宗實録》正統三年三月〔乙巳〕江西按察司僉事夏時言：切惟今之守令冒牧民之美名，乏循良之善政，往往貪泉一酌，而邪念頓興，非深文以逞，即鈎距是來。或假公營私，或誅求百計。經年置人於犴獄，濫刑恒及於無辜。甚至不任法律，而顛倒是非。高下其手者有之，刻薄相尚而避己小嫌、人人大辟者有之。不貪則酷，不怠則姦。或通吏胥以賈禍，或縱主案以肥家。殃民蠹政，莫敢誰何。遂枉者含冤於囹圄，結忿於桎梏。其傷和氣，乖國憲，莫此之甚。乞令巡按御史、按察司官，躬詣所部點視。罪囚有冤滯者，即爲辯釋，仍逮違枉官吏，悉問如律。庶副朝廷欽恤之意。上是其言，即命司行之。

《明英宗實録》正統四年八月〔戊子〕監察御史陳祚言：乃者法司論獄，多違定律，務爲深刻。且如户部侍郎吴璽舉淫行，主事吴軏宜坐貢舉非其人罪，乃加以奏事有規避律斬。及軏自經死，獄官卒罪明有遞減條，乃援不應爲事理重者槩杖之。其所以巧織人罪，惟恐不重。耳目所及知尚爾，餘可推矣。天時不順，災沴數夙，未必非此。夫律原事情輕重以定。我太祖高皇帝所以斟酌至當，防範至周，而法司乃部輕從重如此，甚非所以廣聖明之仁厚也。今後有妄援重律，違立注本意者，請以變亂成注罪之。大理寺職評允，刑科職叅駁，如有徇情，請與同罪。疏入。上嘉納其言，即示所司，各警戒之。

《明英宗實録》正統四年十二月〔丁丑〕禁各衛所指揮、千百户與所管旗甲、軍餘互結婚姻，徇情廢事。違者，比親民官娶部民婦女律論罪。從山海衛指揮同知周俊言也。

《明英宗實録》正統五年春正月　甲子，巡撫河南、山西侍郎于謙，籍河南、山西、南北直隸流民，已從撫定寄籍者三萬四千二百三十户上之，且言：逃移之民，遞年躲避糧差，以爲得計。即令寄籍之數，既有鄉貫來歷而易於察理，又有主保收領而難於復逃，比之往年，頗有次弟。鎮之以静，待之以寬，固可無慮。而此輩動以萬計，中間豈無兇頑姦詐、脱逃軍囚、來歷不明之人。所宜設法防閑，以爲久遠之計。上覽奏稱善，諭都御史陳智曰：朕主宰天下，務使民庶安生樂業，永享大平。比者有貧民困乏，迫於科差，遂致逃移。已曾選官，撫招復業。又有詔書，寬宥厥罪。許於隨處附處附籍，納糧當差。其願復業者，復其糧差二年。今省謙所奏，恐尚有潛匿山林，拘留豪勢之家者，不知朝廷招撫，尚未復業。似此者，除令有司招撫存卹，其已復業者，所在官司如例優卹。中間敢有展轉復逃，團聚山林湖濼，授托官豪勢要之家，藏躲抗拒官府，不服招撫者，正犯處死，户下編發邊遠充軍。里老窩家知而不首，及仍前占悋者，同罪，該管官吏，一體論罪。於是，都察院以上意備榜曉諭禁約，遍行河南、山西、南北直隸各處。

《明英宗實録》正統五年二月〔戊寅〕行在户科給事中舒瞳言：邇來徒、流逃犯，刁詐百端。或冒勲戚家人，或託内外大官親屬，或詐稱事故官員，或假作行事校尉到處州縣，説誘官吏，擾害良善，誆騙財物，强占田地，索娶子女。宜備榜禁約，俾所在官司，詰無文憑者，即械繫問理。仍行各該炒鐵、煎鹽、擺站處所，察各犯姓名，逐一開坐籍貫，移文挨拏着役。如或官吏容情，事覺，一體治罪。事下，行在都察院覆奏，以瞳所陳誠有之，但欲出榜似爲繁瑣，止行各該官司爲便。從之。

《明英宗實録》正統五年三月　壬子，都察院右副都御史朱與言二事：一、南京各衛所官軍，將原關馬疋馱載糧料，且騎坐其上，以致傷倒者多。乞勑總兵鎮守等官，各委官巡視。如有違者，旗軍執送法司問罪，追罰馬疋。若軍官先追罰馬，然後類奏提問。一、天下鋪舍司兵，將公文稽遲擅開，窺泄事情，及截棄增減，其弊多端。乞勑巡按御史，及按察司分巡官，往來挨查。如有不悛者，鞫問治罪，發戍邊衛。從之。

《明英宗實録》正統十年三月　甲申，上御左順門，召禮部尚書胡濙等諭之曰：洪武以來，寺院庵觀已有定額。近年往往私自創建，勞擾軍民，其嚴加禁約。除以前盖造者，遇有損壞，許令修理，今後不許創建。敢有故違者，所在風憲官執問，治以重罪。若縱容不問，一體究治不宥。

《明英宗實録》正統十一年春正月〔乙未〕浙江右叅政高峻言：朝廷發官軍坐襍死及徒流者於各邊立功贖罪，柰到衛所未幾即逃。宜令官必有功始復職，軍即定伍其處。奏下，法司以爲，如此則法太重，將逃者愈衆，不若仍舊例便。遂寢，不行。

《明英宗實録》正統十三年秋七月〔壬子〕四川察司副使李匡奏：四川民散居山澤，三五家爲村，爲盗者會其不覺則竊，覺焉則强。且今旱

饑連年，盜賊尤衆。《周官》荒政十二有曰：除盜賊。謂凶年賊多，當嚴刑除之也。近有一家兄弟，數竊鄉人牛者，事發，法當刺臂充囚兵。其人雖曰初犯，而其未發者屢矣。請毋槩治以當例，須重加之罪，用懼其餘。事下，都察院以爲匡先欲以四川軍民擅訐奏者，無惜僞槩發松潘充軍，誣十人以上並原告在逃者無論軍民改發疊溪充軍。議奏已不允。乃今復欲加徒罪竊盜以重罪，而妄援荒政嚴刑之説。況四川連年未以荒報，而盜牛者又未嘗聚衆爲亂，匡故不守成規，執偏見，逞小才，如此其言不可從也。上是之。

《明英宗實録》正統十四年三月　丁酉，上諭兵部臣曰：朕臨御以來，祇體天地、祖宗之心，誕敷寬恤仁民之政，輕徭役，慎刑罰，蠲逋負，一切不急之務悉已停止，期所司敷宣德，撫字黎元，臻於治化。邇者浙江處州等處小民嘯聚劫掠，已命將率兵征勦，今御史具以小民所訴不得已結聚之情來聞，朕覽之惻然。聖人用法，寧失不經。仁義之師，脅從罔治。爾兵部其榜諭小民，除首惡兇犯不赦外，其餘脅從及爲官吏豪民激變爲盜者，各回原籍，悉宥前罪，其户下一切逋欠税糧課皆與蠲免，仍復其徭役三年，公私債負不許逼抑徵索。敢有挾私陷害者，必重罪之。所司務奉法循理，推恩存恤，俾各安生業，副朕一視同仁之心。如復冥頑弗悛，嘯聚爲非，聽大軍勦捕不宥。兵部備榜揭於處州諸縣。

《明英宗實録》景泰元年秋七月　戊辰，禁邊城無得徵私員。時宣府等處屯堡，田稼、牛畜等物爲虜蹂踐，刼掠殆盡。而富室徵索私員，甚至逼其市鬻子女，致軍士竄避，守備失人。宣府右衛官以爲言，都察院請通行宣府、大同等處，及順天等八府經虜地方禁約，俱俟兵急歲稔乃償。違者罪如律。從之。

《明英宗實録》景泰二年秋七月　〔丙午〕慶府伴讀王琰言：僧道遊方，已有定制。今有假以遊方爲由，或縱慾爲非，或迴避罪責，或肆爲偷盜，或邪言亂衆。宜在京令五城兵馬，在外令巡按監察御史體訪，止許於出家寺觀内居住。如違，治罪。從之。

《明英宗實録》景泰二年八月　〔丙戌〕吏科給事中毛玉言：傳用妖書妖言，私習天文禁書，俱律有常禁。邇者遇民因此，潛謀不軌，多罹顯戮。如趙才興、吴伯通是也。夫輦轂之下尚有此，誠慮四外無籍之輩，收藏天文星象之圖，左道讖緯之術，指以天象垂戒，妄論氣運興衰，以扇惑人心。及其自罹刑辟，何殊赤於入井。宜敕法司，通行天下榜諭，有收藏及知而不發覺者，重罪之。都察院謂：正統十四年已有榜諭，今宜更申諭天下。從之。

《明英宗實録》景泰三年二月　〔丙戌〕先是，岷府廣通、陽宗二王，縱家人並乳母夫，私通苗寨爲叛。至是，右都御史李實，請通行禁之。詔各王府内官、内使、家人、小厮，審其年貌鄉貫，造册付長史司。凡有出入，給與文憑執照，各王世子、郡主既長，自能飲食，乳母不許復入。若軍民人等，投充家人，影射差役，將窩藏同正犯一體治罪。

《明英宗實録》景泰三年六月　〔辛巳〕命刑部出榜，禁約福建沿海居民，毋得收販中國貨物，置造軍器，駕海交通琉球國招引爲寇。時有言黄蕭養之亂，多因海寇嘯聚。故禁之也。

《明英宗實録》景泰三年十二月　〔壬辰〕協贊軍務山西右叅政葉盛奏：萬全都司各衛所，折俸胡椒、蘇木、鈔錠，每歲委官赴京庫關領。近聞在京有等無賴者，名爲攬頭，積年邀攬各衛所委官於家，通同庫官，並開食店之人。遇庫中關出官物，俱各以贋易真。鈔則易以軟爛，蘇木則易以淺淡嫩小，胡椒則與店户煮去辣味，及以麵糊攪入鐵屑砂土以增斤兩。物雖出於官庫，利則歸於姦貪。衛所官軍不蒙實惠。若不痛加禁革，恩澤豈能下流。户部議：今後各衛關支折俸官物，本部遣主事督領各衛委官，並本部辦事官，同關鈔内取十錠，椒内取一斤，如法封識，蘇木用印烙記。令委官等領運，赴各邊處總督邊儲。都御史並管糧叅政處看驗無弊，轉發各衛，唱名給散。如有仍前作弊，即拏攬頭委官等執送法司，追究明白悉發戍邊遠。兩隣知情而不舉者，罪同。從之。

《明英宗實録》景泰六年六月　辛未，巡按直隸監察御史楊言奏：天下各府、州、縣，納來旌表義民中，有倚朝廷旌表爲由，門立三門，中門常杜人不令往來。又刱立高樓峻閣，刻畫龍鳳，名爲御書樓、勑書閣。況有酷害良善，暴横鄉曲，乘轎引道者。乞通行天下禁約，今後有不悛前非者，執問如律。仍將旌表門並立石俱革去，原賜勑書亦追之。章下，法司覆奏，從之。

《明英宗實録》景泰六年八月　〔辛未〕湖廣按察司副使吕永等奏：

湖廣地方，多有外處民寄居。或違禁取利，或强佔田地，倚恃刁頑挾持官府。稍不遂意，構詞興訟。上司以其原告難監，發聽候，輒逃去。至於提人已到，因無人原告對理，監候久之，事無完結，良善被害。誠恐各處亦有此弊。乞勅法司，通行天下問刑衙門，若原告在逃將近及一年者，聽將事內證佐人犯對問推理，依律發落。如告實，原告免提。如虚，別行挨執問罪。庶使姦計不行，獄無淹滯。從之。

《明英宗實録》景泰七年秋七月　甲申，帝召禮部尚書胡濙等，諭之曰：近聞民間自宫者甚多。洪熙、宣德年間，已有禁例，爾禮部其榜諭多人，自今敢有自宫求進，及投入王府並官員勢要之家者，俱如舊例，處以不孝死罪。該管旗甲、里老、隣人知而不首及隱藏者，俱罪之。

《明英宗實録》天順八年夏四月　〔乙未〕太子少保、兵部尚書馬昂等奏：近良鄉、涿州、真定、保定、天津、武清等處，直抵南京一帶，水陸二路，盗賊成群。夜則明火持杖，刼掠居民財物。晝則阻截路道，肆爲强劫，商旅不通。甚至殺傷人命，無所忌憚。所在巡捕官，略不加意緝捕，禁令廢弛，莫此為甚。乞行沿途一帶官司專委老成官率領旗軍機兵民快人等，分巡要害，用心訪緝。遇有賊盗出劫，務多方議策擒拿，鞠問贓仗明白，具奏處治，不許坐視，重貽民患。庶法令嚴，而人知警懼。上以爲然。

（明）查繼佐《罪惟録》紀卷九《憲宗紀》　〔天順八年十二月〕湔除文武犯贓以外罪名。

《明憲宗寶訓》卷二《明刑》　〔成化元年〕十一月壬申，三法司會奏：竊觀新頒詔條内開人命不赦，然人命有故殺、故勘、故禁、鬬毆、並屏去人衣服，及威力制縛人致死等，絞斬罪該載不盡。又十惡條内有徒流杖罪問發運磚守哨等類，未完滿者應否釋放。及文職官吏有犯貪淫，事有顯跡，固合除名。然中有事發而無實跡，其於赦例應否宥免。其邊遠爲民者數内有年久已成家業者，請定自何年爲始。内外法司問完罪囚已蒙赦宥，其該追贓物多有未完。伏乞聖斷。

上曰：人命故殺者，不宥。其餘皆宥之。犯在十惡者罪雖輕亦不可宥。官吏貪淫、事無顯跡證佐者，具奏裁處。爲民者，自天順元年爲始，於謫所成家業不願回者，聽。其犯贓有追未完者，悉免之。仍命通行各處知會。

《明憲宗實録》成化九年五月　〔辛卯〕刑部奏：刑科給事中趙良建言事，謂在外司有州、縣官，不親理民間爭訟，以致里甲、耆老夤緣作弊，誠如其言。宜通行禁約，自後告户婚、田土、債負、鬬毆等事，有文卷可稽、衆證已白者，官司當躬自問理。如人命、刼奪、誅逆重情，方委里甲、耆老人等從公保勘。不遵者，並治以罪。從之。

《明會典》卷一七四《刑部·罪名》　弘治十年定，真犯死罪決不待時，凌遲處死。

謀反及大逆，但共謀者，不分首從。

謀殺祖父母、父母，及期親尊長外祖父母、夫、夫之祖父母、父母已殺者。

奴婢及雇工人，謀殺家長及家長之期親外祖父母，已殺者罪與子孫同。

妻妾因姦同謀殺死親夫者。

妻妾謀殺故夫祖父母、父母已殺者。

殺一家非死罪三人，及支解人者。

採生折割人者。

妻妾故殺夫者。

雇工人故殺家長，及家長之期親，若外祖父母者。

奴婢毆家長者，若故殺家長之期親，及外祖父母者。

弟妹故殺兄姊，若姪故殺伯叔父母姑，及外孫故殺外祖父母者。

收父祖妾，及伯叔母。

斬罪

謀反大逆，祖父子孫兄弟，及同居之人，不分異姓，及伯叔父兄弟之子，不限籍之同異。年十六以上，不論篤疾廢疾。

謀反大逆，知情故縱隱藏者。

謀叛，但共謀者，不分首從。

逃避山澤，拒敵官兵者。

盗大祀神祇御用祭器等物，及享薦玉帛之屬者。

盗制書及起馬御實聖旨，起船符驗者。

盜乘輿服御物。

强盜得財者，不分首從。

以藥迷人圖財者，罪同强盜，不分首從。

强盜窩主造意分贓者，若共謀者，行而不分贓，及分贓而不行。

謀殺人，因而得財者，同强盜，不分首從。

部民謀殺本屬知府知州知縣，軍士謀殺本管指揮千户百户，吏卒謀殺本部五品以上長官，已殺者。

謀殺緦麻以上尊長，已殺者。

謀殺祖父母，父母，及期親尊長外祖父母、夫、夫之祖父長，父母，已行者。

奴婢及雇工人，謀殺家長，及家長之期親、外祖父母，已行者若緦麻以上親，已殺者，罪與子孫同。

妻妾謀殺故夫之祖父母、父母，已行者。

殺一家非死罪三人，及支解人爲從者。

採生折割人爲從者，若行而未會傷人者。

造畜蠱毒殺人，及教令者。

造魘魅符書呪詛殺人者。

部民毆本屬知府知州知縣，軍士毆本管指揮千户百户，吏卒毆本部五品以上長官死者。

毆受業師死者。

奴婢毆家長死者。

雇工人毆家長死者。

妻妾毆夫死者。

卑幼毆本宗小功大功兄、姊，尊屬死者。

弟妹毆兄姊，若姪毆伯叔父母姑，及外孫毆外祖父母死者。

子孫毆祖父母、父母，及妻妾毆夫之祖父、父母者。

妻妾毆夫之期親以下尊長死者，與夫毆同。

妻妾毆故夫之祖父母、父母者。

姦小功以上親强者。

姦從祖祖母姑，在室從祖伯叔母姑、從父姊妹、母之姊妹、兄弟妻兄弟子妻，强者。

姦父祖妾、伯叔母、姑、姊妹、子孫之婦、兄弟之女，及與和者。

奴及雇工人。姦家是妻女者。

絞罪

兄亡收嫂，弟亡收弟婦者。

謀叛知情，故縱隱藏者，若謀而未行，爲首者。

逃避山澤不服追喚者。

部民謀殺本屬知府知州知縣，軍士謀殺本管指揮千户百户，吏卒謀殺本部五品以上長官，已傷者。

謀殺緦麻以上尊長，已傷者。

奴婢及雇工人，謀殺家長之緦麻以上親，已傷者，罪與子孫同。

妻妾毆夫至篤疾者。

卑幼毆本宗小功大功兄姊尊屬篤疾者。

弟妹毆兄姊，若姪毆伯叔父母姑，外孫毆外祖父母，刃傷及折肢瞎一目者。

罵祖父母、父母，及妻妾罵夫之祖父母、父母者。

妻妾罵故夫之祖父母、父母者。

子孫告祖父母、父母，妻妾告夫之祖父母、父母，誣者。

姦從祖祖母姑，在室從祖伯叔母姑，從父姊妹，母之姊妹，及兄弟妻，兄弟子之妻，及與和者，真犯死罪，秋後處決。

斬罪

凡官員大臣專擅選用者。

大臣親戚，非奉特旨，除授官職者。

文官非有大功勳，所司朦朧，奏請封公侯爵者，當該官吏及受封之人。

姦邪進讒言，左使殺人者。

犯罪該死，巧言諫免，暗邀人心者。

在朝官員，交結朋黨紊亂朝政者。

刑部及大小各衙門官吏，不執法律，聽從上司官主使，出入人罪者。

諸衙門官吏，及士庶人等，上言宰執大臣德政者。

諸衙門官吏，與內官，及近侍人員，互相交結，漏泄事，夤緣作弊，符同奏啓者。

官吏人等，挾詐欺公妄生異議變亂成法者。

棄毁制書，及起馬御寶聖旨，起船符驗。各衙門印信，及夜巡銅牌者。

奏事及當該官吏，若有規避，增減緊關情節，朦朧奏準施行者。

聞知調兵討襲外番，及收捕反逆賊徒，機密大事，漏泄於敵人者。

近侍官員，漏泄機密重事於人者。

增減官文書，因而失誤軍機者，無問故失漏使印信，因而失誤軍機者。

販私鹽拒捕者。

儀禮司將應朝見官員人等，留難不即引見者。

百工技藝之人，應有可言之事，亦許奏聞各衙門，但有阻當者。

向太廟，太社及宫殿，射箭放彈，投擲磚石傷人者。

文武官，內官，廚子校尉，牌面僞造者。

在京被極刑家屬並經斷人，朦朧充當近侍及宿衛守把皇城京城門禁者，當該官司聽囑，及受財容令充當者。

貪取來降人財物，因而殺傷人，及中途逼勒逃竄者。

飛報軍情隱匿不速奏聞，因而失誤軍機者。

邊將取索軍器錢糧等物，不即奏聞，及不依式申報，因而失誤軍機者。

軍器糧草，臨敵缺乏，及承調遣不依期策應，告報軍期違限，因而失誤軍機者。

軍臨敵境，托故違期三日不至者。

邊將不固守，及守備不設，因而失陷城寨者。

與賊臨境，望高巡哨之人，失於飛報，以致陷城損軍者。

官軍臨陣先退，及圍困敵城而逃者。

軍人私出外境，擄掠傷人爲首者。

於已附地面擄掠者，不分首從。

守御官致有所部軍人反叛，棄城而逃者。

牧民官激變良民，失陷城池者。

軍器輒棄毁者，二十件以上。

犯夜拒捕，及打奪因而毆人致死者。

境內奸細，走透消息於外人，及境外奸細入境內，探聽事情，接引起謀之人。

將人口軍器出境，及下海因而走漏事情者。

實對公文中途邀截取回者。

出使馳驛違限，因而失誤軍機者。

調遣軍馬，及報軍務軍情文書，故不遣使給驛，因而失誤軍機者。

軍需管送違限，以致臨敵缺乏，誤軍機者。

造讖緯妖書妖言及傳用惑衆者。

盜各衙門印信及夜巡銅牌者。

竊盜拒捕及殺傷者，因盜而姦者。

刼囚者。

私竊放囚人逃走，因而殺人者。

官司差人，追徵錢糧，勾攝公事，及捕獲罪人，聚衆打奪，因而殺人，及聚至十人爲首者。

白晝搶奪傷人者。

略誘略賣良人，因而殺人者。

卑幼發尊長墳塚，開棺槨見屍者，若棄屍賣墳地者。

毁棄緦麻以上尊長死屍者。

子孫毁棄祖父母，父母，及奴婢，雇工人，棄毁家長死屍者。

謀殺人造意者。

奉制命出使，而官吏謀殺，已殺者。

因姦同謀殺親夫者，姦夫。

用毒藥殺人者。

故殺者。餘條以故殺論者依此。

故用蛇蝎毒蟲咬傷人，因而致死者。

庸醫故違本方，詐療疾病取財，因而致死，及因事故用藥殺人者。

因姦盜而威逼人致死者。

皇家袒免以上親，而毆死者。
奉制命出使，而官吏毆之至死者。
吏卒毆本部六品以下長官、佐貳官、首領官，死者。
官司差人，追徵錢糧勾攝公事。而毆死者。
奴婢毆良人死者。
奴婢毆家長之期親，及外祖父母，傷者。
奴婢毆家長緦麻小功大功親死者。
雇工人毆家長之期親，若外祖父母死者。
雇工人毆家長之緦麻小功大功親，死者。
妾毆正妻死者。
毆妻之父母死者。
卑幼毆本宗緦麻，及外姻緦麻小功大功兄姊尊屬死者。
妻妾毆夫之緦麻尊長，至死者。
毆繼父，至死者。
告謀反叛逆，官司不即受理掩捕，以及聚衆攻陷城池，及刼掠人民者。
詐爲制書及增減者。
詐傳詔旨者。
各衙門當該官吏，將奏準合行事理，妄稱奉旨追問者。
僞造諸衙門印信及曆日，符驗夜巡銅牌，茶鹽引者。
僞造寶鈔，不分首從，及窩主若知情行使者。
詐假官，假與人官者。
詐稱內使及都督府四輔諫院等官，六部監察御史、按察司官，在外體察事務，扇惑人民。
近侍之人，在外詐稱私行體察事務，扇惑人民者。
姦緦麻親及妻，若妻前夫之女，及同母異父姊妹，强者。
姦從祖祖姑出嫁從祖姑，强者。
男婦誣執親翁，及弟婦誣執夫兄，欺姦者。
姦家長緦麻以上親及妻妾，强者。
放火延燒官民房屋，及積聚之物，因而盗取財物者。
放火延燒官民房屋，及公廨倉庫，係官積聚之物者。
犯罪拒捕殺人者。
罪人反獄在逃者。
故勘平人，因而致死者。
死囚令人自殺，子孫爲祖父母、父母，奴婢雇工人爲家長者。

絞罪

棄毀官文書，事干軍機錢糧者。
强奪良家妻女，姦占爲妻妾者，配與子孫弟姪家人者。
背夫逃走，因而改嫁者。
以私債强奪人妻妾子女，因而姦占婦女者。
稅糧違限一年之上不足，提調部糧官吏。
師巫假降邪神。
一應左道亂正之術，扇惑人民，爲首者。
擅入御膳所，及御在所。
不係宿衛應直，合帶兵伏之人，但持寸刃入宮殿門內者。
從軍駕行而逃，百户以上。
在宮殿內營造，至申時分照數點出，其不出者，
至夜持伏入殿門者。
內使私將兵器入宮殿門內者。
向太廟及宮殿，射箭放彈，投磚石者。
越皇城者。
皇城門非時擅開閉者。
文武官、內官、廚子校尉牌面詐帶朝參及在外詐稱官員名號，有所求爲者。
私役軍人出境，因而致死者，或被賊拘執至三名者。
官軍征討，私逃再犯。
軍人在逃三犯。
犯夜拒捕及打奪，因而毆人，至折傷以上者。
越度沿邊關塞，因而出外境者。
將人口軍器出境，及下海者。

盗各衙門官文書，事干軍機錢糧者。

私盗放囚人逃走，因而傷人者。

官司差人追徵錢糧，勾攝公事，及捕獲罪人，聚衆打奪因而傷人，及聚至十人，下手致命者。

竊盗三犯掏摸罪同。

略誘略賣良人，因而傷人者。

發塚開棺槨見屍者。

子孫於祖父母、父母，奴婢雇工人於家長墳墓，因薰狐狸燒屍者。

謀殺人從而加功者，若傷而不死，造意者。

奉制命出使而官吏謀殺，已傷者。

姦夫自殺其夫，姦婦雖不知情。

鬬毆殺人者。餘條以鬬毆論者依此。

同謀共毆人，因而致死，下手者。

以他物置人耳鼻並孔竅中，及屏去人服食至死者。

威逼期親尊長，致死者。

皇家袒免以上親，而毆之篤疾者。

奉制命出使而官吏毆之，及部民毆本屬知府、知州、知縣，軍士毆本管指揮千户百户，吏卒毆本部五品以上長官，折傷者，若毆六品以下長官、佐貳官、首領官，篤疾者。

首領官及屬官毆長官篤疾者。

官司差人追徵錢糧，勾攝公事。而毆至篤疾者。

以威力制縛人，及私家拷打監禁，因而致死者。

奴婢毆良人，至篤疾着。

良人毆他人奴婢若死，及故殺者。

故殺緦麻小功親奴婢者。

毆緦麻小功大功親雇工人，至死，及故殺者。

奴婢過失殺家長者，若毆家長之期親，及外祖父母者。

雇工人毆家長，及家長之期親，若外祖父母折傷者。

家長，及家長之期親，外祖父母，故殺雇工人者。

妾毆正妻至篤疾者。

夫毆妻至死者。

毆妻之父母，至篤疾者。

卑幼毆本宗緦麻，及外姻緦麻，小功大功，兄姊尊屬至篤疾者。

尊長毆卑幼，緦麻小功大功。至死者，故殺同堂弟妹堂姪，及姪孫者。

嫡繼慈養母，殺子孫致令絶嗣者。

妻毆卑屬至死者。

故殺夫之兄弟子者。

尊長毆卑幼之婦妾，至死者。

毆妻前夫之子，至死者。

奴婢罵家長者。

投匿姓名文書，告言人罪者。

誣告人，因而致死，隨行有服親屬一人者。

詐爲制書及增減未施行者。

詐爲將軍總兵官、五府、六部、都察院、都指揮使司、内外各衛指揮使司，守衛千户所，文書套畫押字，盗用印信，及空紙用印者。

詐傳皇后懿旨，皇太子親王，令旨者。

私鑄銅錢。

强姦者。

姦從祖祖姑，出嫁從祖姑者。

姦親屬妾，强者。

奴及雇工人姦家長之期親，若妻者。

失火延燒宗廟，及宫闕者。

犯罪拒捕毆人，至折傷以上者。

官吏懷挾私讎，故禁平人，因而致死者。

獄卒淩虐罪囚，剋減衣糧，因而致死者。

獄卒以金刃反物與囚，致囚反獄，及殺人者。

雜犯死罪

斬罪

内府承運，交割餘剩之物，朦朧擅將出外者。

稱訴冤枉，借用印信封皮，入遞、借者及借與者。

盗内府財物者。

監守自盗倉庫錢糧等物，不分首從，並贓論罪，四十貫。餘條以監守自盗者依此。

絞罪

軍官犯罪，不請旨，輒上議當該官吏。

車駕行處，軍民冲入儀仗内者。

冲入儀仗内，訴事不實者。

在京守禦官軍，遞送逃軍妻女，出京城者。

常人盗倉庫錢糧等物，不分首從，並贓論罪八十貫。餘條以常人盗官物論者依此。

塚先穿陷，及未殯埋，開棺槨見屍者。

官吏受財枉法，有禄人八十貫，無禄人一百二十貫。餘條以枉法論者依此。

嘉靖二十九年定。附三十一年續增。

真犯死罪

斬罪

盗沿邊沿海糧四百石，草八千束，銀二百兩，錢帛等物直銀二百兩以上者。

鹽徒聚衆十人以上撑駕大船擅用兵仗響器，拒敵官兵，殺傷人至三命者，比强盗得財律。

迤北小王子等差來使臣人等赴京朝貢，官軍人等，將兵器並違禁銅鐵等物交易者。

虜寇犯邊，官軍將被虜人口妄殺，冒作賊級，或虜寇近邊劄營，猶未入境，官軍覘知寡弱，乘機擣穴，斬獲老弱婦女，妄作犯邊，以圖功將次陞賞者。

打造違式海船，賣與夷人圖利者，比將應禁軍器下海，因而走泄事情律。

將應禁軍器賣與夷人圖利者，比將軍器出境走泄事情者律。

擅造違式大船，將帶違禁貨物，往番國買賣，潛通海賊，同謀結聚，及爲嚮道劫掠良民者，正犯極刑。

都司衛所，自住一城，及與府州縣同住一城，遇賊攻城不行固守，或先期避出，或臨時棄去，致賊入城，及守備不設，被賊掩襲殺虜焚燒者。都司並各該城分衛所，掌印，與專一捕盗官同住，府文州縣掌印，與專一捕盗官，若兩縣同城，以賊從所管城分入城，掌印與專一捕盗官，及原無衛所，而府州縣職守專城，各掌印與專一捕盗官，俱比失陷城寨律。

盗乘輿服御物者，仍作真犯死罪。

鳳陽、皇陵，泗州、祖陵，南京、孝陵，天壽山、列聖陵寢，承天府、顯陵，山前山後禁限内，若有盗砍樹株者，比盗大祀神御物律。若取土取石，開窯燒造放火燒山者，俱照前擬斷。

同居卑幼，將引他人盗己家財物，係强刦者，比各居親屬行强盗，卑幼犯尊長律。

各處無籍之徒，引賊劫掠，探報消息致賊逃竄者，比奸細律。

子孫威逼祖父母、父母，妻妾威逼夫之祖父母、父母，至死者，俱比毆者律。

各邊海總兵，副參游擊守備都司，衛所官員，但有科斂，及扣減入己贓私，至四百兩以上者。

若盗及棄毁僞造總督巡撫審録勘事，提學兵備屯田水利等官，欽給關防，與印信同科。

廣西雲貴湖川等處，冒籍生員，食糧起貢及，買到土人，倒過所司起送公文，頂名赴吏部投考，若已授者職依作詐假官律。

私自浄身，本身並下手之人。

充軍人犯逃回，原問真犯斬罪免死充軍者。

絞罪

强奪良家妻女，賣與他人爲妻妾者，比强奪良家妻女，姦占爲妻妾律。

鹽徒聚衆止十人以下，原無兵仗響器，遇有追捕拒敵傷人，至二命者，下手之人，比罪人聚衆打奪下手者律。

軍官軍人征調起程避難在逃，編發宣府獨石等處，沿邊墩臺哨瞭半年

還職著役若仍出征及哨瞭在逃者，依從征私逃，再犯者律。

在京在外守禦城池軍人，在逃三次者。

私自販賣硫黄焰硝，賣與外夷者，不拘多寡，比私將軍器出境律。

盗内府財物，及監守常人盗倉庫錢糧等物，三次犯罪者，不分革前革後，俱比竊盗三犯律並論。

搶奪至三次犯罪者，不分革前革後，俱比竊盗三犯律。

將腹裏人口，用强略賣與境外峒寨去處，圖利，除殺傷人，律該處死外，中間罪不至死者，比將人口出境律。

鬬毆傷人，辜限内不平復，延至限外而死，情真事實者。

誣告人，因而致死，被誣之人，委係平人，及因拷禁身死者，比誣告人因而致死隨行有服親屬律。

充軍人犯逃回，原問真犯絞罪免死充軍者。

萬曆十三年定

真犯死罪

斬罪

鹽徒聚衆十人以上，撑駕大船擅用兵仗響器拒敵官兵，若殺人及傷三人者，比照强盗得財律。

聚衆十人以下，原無兵仗響器，拒敵傷至二人以上，爲首者。

擅殺平人及被虜逃回人口，冒作賊級報功者，以故殺論。

各府州縣與衛所，同住一城，遇賊攻圍，不行固守，及守備不設，被賊攻陷城池，劫掠焚燒者，衛所掌印與專一捕盗官，俱比照守邊將帥失陷城寨者律。若原無設有衛所，但有專城之責者，掌印捕盗官，亦照前律。

私賣硝黄與外夷，及邊海賊寇爲首者，比私將軍器出境，因而走泄事情者律。

盗沿邊沿海銀二百兩，糧四百石，草八千束，錢帛等值銀二百兩以上，漕運錢糧銀三百兩，糧六百石以上，係監守者。

强盗傷人，而未得財，比照搶奪傷人律。

糾衆發塚起棺索財取贖者，比依强盗得財律。

絞罪

强奪良人妻女，賣與他人爲妻妾，及投獻王府，並勳戚勢豪之家者，比强奪良家妻女姦占爲妻妾者律。

盗沿邊沿海銀二百兩，糧四百石，草八千束，錢帛等值銀二百兩以上，漕運錢糧銀三百兩，糧六百石以上，係常人者。

因事威逼本管官致死，爲首者，比威逼期親尊長致死律。

充軍人犯逃回三次，通係著伍以後者，依守禦官軍律。

（明）孫旬《明疏鈔》卷六四何喬新《陳脩省議刑罰疏》 節該太監韋常傳奉聖旨：近日京城雨水爲灾，南京又奏大風雷雨之異，朕當檢身飭行，祇謹天戒。爾文武百官，尤當各加脩省，勉圖報稱，毋事因循。各衙門政事有缺失，當舉行改正的，斟酌停當來説。欽此。欽遵。臣等備員法司，所掌者刑，所講者律，不敢泛及他事。竊惟刑律之制，肇自虞之象刑，其後夏有政典，商有官刑，周之三典，以及漢、唐、宋，而律書日繁。我太祖高皇帝肇造區夏，本諸欽恤之心，旁採漢唐之制，定《大明律》以爲輔治之具，輕重適中，度越前代矣。列聖相承，因時制宜，又有事例以輔律之不及，内外法司，遵守惟謹，迨今百有二十餘年，罔敢違越。然律文深奥，百司官吏講解未明，或以一字之文，而害一條之義，及其引律斷罪，往往有乖律意，承訛踵謬，不知其非，此乃有司因襲之弊，非聖祖制律之本意也。夫律意不明，則刑罰不當。刑罰不當，則民有不得其死者矣。臣等謹條今之擬罪有當改正者於後，伏乞聖明裁處，參酌輕重，著於典章，頒行天下，永爲遵守，臣民幸甚。等因具本，奉聖旨，這本恁還會都察院、大理寺詳議停當來説。欽此。欽遵。會同都察院右都御史屠等，大理寺卿馮等詳議得：凡告子孫及子孫之婦不孝，並監臨官因公毆人至死，及因事威逼人致死，律例甚明。近來有司遇有告子孫及婦不孝者，不問虛實，即坐重罪。因公毆人致死者，雖不曾用慘酷刑具，俱作酷刑，官員起送，吏部奏請降調。愚民或因忿爭小故，致令自盡者，俱坐以威逼致死。此皆有司因襲之弊，殊失律意。合依本部所改正，通行内外法司，永爲遵守，庶幾不失聖祖制律之意。其邊遠充軍，江南等處，發西北衛分，江北等處，發東南衛分，律有坐定地方。但近年奏稱，内外法司問該充軍人犯，俱要就近編發，以便勾取。合無照依見行事例，發遣中間。有係戎虜種類者，或發兩廣、雲、貴衛分充軍，以防意外之虞。其言國初定律之時，鈔重而物輕，經今百有餘年，鈔輕而物重。要將銀每一

兩、銅錢每一千文，各估鈔四十貫揆之，時估固爲有理，但銀錢估鈔行之已久，合仍依原估。其他一應實物，委有估計失當，臣等再行斟酌計議，務在輕重得中，另行具奏定奪。緣節該奉欽依，還會都察院、大理寺詳議停當來説事理，未敢擅便，今將議過緣由開具謹題。

一、節該伏覩《大明律》内一款：凡罵祖父母、父母，及妻妾罵夫之祖父母、父母者並絞。注云：須親告乃坐。又一款：其祖父母、父母誣告子孫、孫之婦者各勿論。欽此。竊詳律意，蓋謂祖父母之於孫，父母之於子，天性之至親也，子孫悖戾至於毀罵，故坐以絞；然恐人誣告致罪，故曰，須親告乃坐。謂之親告乃坐者，以見他人雖告不坐也。近見問刑衙門遇有祖父母、父母告子孫、及子孫之婦罵者，不問虛實，輒坐以絞。是乃親告即坐，非親告不坐矣。使凡親告即坐，何以有誣告子孫之律乎？凡人之誣告子孫及子孫之婦者，多出於愛憎之偏：因有後妻之譖而憎前妻之子者，有溺愛少子而惡其長子者，有欲奪孫之貲産以歸其子者，有憎其孫遂及其婦者。使親告即坐，則雖恭順如薛包，孝友如王祥者，父母一有誣告，將不免於死，況其他乎？合無通行内外問刑衙門，今後若祖父母、父母告子孫、及子孫婦不孝者，必須追究得實，然後坐罪如律。若祖父母、父母偏私誣告，仍依誣告子孫律擬斷。庶無乖聖朝制律之意，而克全天性之恩矣。前件會議得合，依所擬。

一、節該伏覩《大明律》内一款：凡官司決人不如法者，笞四十，因而致死者，杖一百，均徵埋葬銀一十兩。若監臨官因公事於人虛怯去處，非法毆打，及自以大杖或金刃、手足毆人至折傷以上者，減凡闘傷罪二等，至死者杖一百，徒三年，追埋葬銀一十兩。若於人臀腿受刑去處，依法決打，邂逅致死及自盡者，各勿論。欽此。查得見行事例，各處有司及問刑官，有用腦箍、夾棍烙鐵、闌馬棍等項酷刑，官員問罪，起送吏部，奏請定奪，或降雜職，或廢爲民，蓋所以懲戒殘忍之徒也。近見内外官司，或因督理公事，或因考訊獄囚，依法決打致死人命者，問刑衙門一槩議作酷刑黜罷，殊與律例不合。且鞭作官刑，朴作教刑，自古有之，但不當肆爲殘忍，以毒其民耳。若因公事決打致死輒爲民，非律例之意也。合無通行内外問刑衙門，今後有犯除腦箍、夾棍、烙鐵、闌馬棍等項慘酷刑具，及於虛怯去處毆打致死者，照例問罪爲民，其餘如因公事或笞或杖於臀腿去處決打致死者，各依本律科斷，不在起送降調之例。庶於情法得中。前件會議得合，依所擬。

一、節該伏覩《大明律》内一款：凡因事威逼人致死者，杖一百，追埋葬銀一十兩。欽此。竊詳律意，蓋謂諸色人等，或逼取田園，或强索財物，或見愚弱而恐之以罪，或因其卑賤而脅之以威，其人畏威懾勢，以致自殺者，坐以前罪，仍追埋葬之貲，給與死者之家。近見街市愚夫愚婦，或一時語言忿爭，或偶因酒醉戲罵，本無用威挾勢淩逼情由，而愚民輕生輒便自盡者，官司往擬威逼罪名，追給銀兩，殊非律意。其罪雖止於杖，然監追銀兩，有力者隨即送官，貧窘者淹禁連月，甚至於鬻子女、典房屋而後納完，深爲可憫。合無通行内外問刑衙門，今後遇有此等囚犯，研審明白，果係因事威逼人致死者，依本律科斷。若因一時忿爭，或因酒戲謔互闘等項致人輕死自盡，别無逼迫之情者，止依不應毆罵人等項律條科斷，不必追銀。庶幾情法相當，而死生無憾。前件會議得合，依所擬。

一、伏覩《大明律》邊遠充軍條，内開：江南並浙江、江西等布政司、府分發定遼東、山西等都司所轄衛分充軍。江北、山西、陝西等布政司、府分發廣東、廣西等都司所轄衛分充軍。竊見近來編發充軍囚犯，不分南北，多發西北邊衛充軍。蓋以西北近虜，故欲填邊衛也。然此等囚犯多是原問斬絞罪名。饒死及一應姦頑梗化。輕於犯法之徒，往往隨到隨逃，仍復爲惡，雖有仍問死罪處決之例，然逃者接踵，終不知警。況中間又有原係戎虜種類，諳知邊情，慣習夷語，恐其乘隙逃入虜中，爲之謀主，啓釁邊陲，不可不防。漢之衛律，宋之張元可爲永鑑。合無今後編發充軍囚徒，仍照律内所定地方，原係北人者，編發江南衛分，原係南人者，編發江北衛分。庶可革其屢逃之弊，亦可免意外之虞。前件會議得充軍囚犯就近編發，照兵部見行事例，中間係戎狄者，發兩廣雲南、貴州充軍。

一、伏覩《大明律》凡四百六十條，其間計贓科罪者，律也，律一定而不易，以贓估鈔者，例也，所以輔律可隨時損益之。但國初制律之時，每銀一兩值鈔一貫，今則值鈔八十貫。是國初常人盜銀八十兩，方得絞罪；監守盜銀四十兩，方得斬罪。今常人盜銀一兩，監守盜銀五錢，即坐絞斬罪名。雖曰民俗澆漓，恐人易犯，故重以繩之，然非祖宗制律之本

意。查得正統成化年間，都御史陳智、監察御史李志剛等各有論奏：或欲照依國初估鈔，常人盗銀八十兩方坐絞罪，或欲照今時估，常人盗銀一兩即坐絞罪。合而論之，贓輕罪重者，似過於刻，贓重罪輕者，似失於縱。況陳智等擬奏時，估止稱銀兩銅錢，而貨物因之，及其後估計貨物，雖有定規一向遵行，就中輕重失倫者亦多。如綿被一件，值銀不過七八錢，乃估以一百貫。金一兩，值銀不下五六兩，止估以一百六十貫。大車一輛，值銀不下十餘兩，而以七十貫估之。柴草一大車，值銀五六錢，而以一百貫估之。其他估計失常者不可枚舉。依此論罪，刑罰豈能得中？合無今後估計鈔貫，銀每一兩、銅錢每一千文各值鈔四十貫，其餘馬騾等畜並諸般貨物。本部會同都察院、大理寺從公斟酌估計，務在合乎人情，宜於時俗。定擬停當通行內外，問刑衙門，遵依折錢擬罪。庶幾得輕重之中，而不失制律之意矣。前件會議得銀錢估鈔照舊，其餘貨物另行估計。

《明會典》卷一七五《刑部·罪名·充軍》 按律充軍，凡四十六款，而諸司職掌內二十二款，則洪武年間例。皆律所不載者其嘉靖二十九年奏定條例內，充軍凡二百十三款，與今所奏定大略相同。諸例已附載各律之下，永爲遵守，今仍類次於後，其職掌所載，仍列於前，以備參考。

洪武二十六年定

販賣私鹽　詭寄田糧　私充牙行
私自下海　閑吏　土豪
應合抄劄家屬　積年民害官吏　誣告人充軍
無籍户　攬納户　舊日山寨頭目
更名易姓家屬　不務生理　遊食
斷指誹謗　小書生　主文
野牢子　幇虎　伴當
直司

嘉靖二十九年定

五府舍人受財賣放軍犯，犯徒以下及無贓者若酷害軍犯搜檢財物縱不脱放者。

僧道官受財，枉法滿貫。

錦衣衛將軍校尉，犯姦盗、搶奪、詐騙、恐嚇、求索等罪者。

錦衣衛旗校軍士，在逃再犯。

老幼廢疾，犯該充軍壯丁主使者。

强盗聚衆十人以上行劫累次，係大功以上親首者。

謀故殺死總小旗者，户內壯丁抵充軍數。

别姓詐冒替補校尉者。

主文書算快皂人等久戀衙門，説事過錢起滅詞訟，及賣放强盗，誣執平民，爲從者民並軍丁。

里頂正軍入場看守屬有司者。

里書人等將軍户捏作丁盡户絶回申者。

各部派到物料，豪猾買囑該吏承攬害民者，驛遞入役巡司弓兵，用强包攬害人，攪擾衙門，民並軍丁人等。

用强包攬南北直隸山東等處馬驛馬頭，民並軍丁人等。

勢豪大户，不納秋糧五十石以上者。

越境興販官私引鹽二千斤以上者。

私茶興販夾帶五百斤者。

私茶在西寧甘肅洮河，販買一百斤以上者。

守備把關巡捕等官，興販私茶，在西寧甘肅洮河至三百斤者。

行茶地方冒頂番名將老弱不堪馬，二匹以上，中納支茶，民並舍餘人等。

商販做造假茶五百斤上以者，店户窩頓一斤以上者。

甘肅西寧等處勢豪主使弟男人等，將番夷貨馬包收，逼令減價及將麤重拘收，取覓用錢者聽使之人。

客商輻輳去處牙行人等，詐賒貨物，年久無還累死客商者。

內官使令上直校尉，出百里外，營干私事者，頂替軍丁正身起解，及賣放長解頂名執批前來者長解受雇之人。

備倭貼守把總等官，縱容舍餘人等，代替正軍者舍餘人等就收該衛。

擅殺平人報功，本管將官頭目，失於鈐束者。

臨陣斬獲賊級，用錢買賣民並軍丁人等。

强奪他人首級報功，民並舍餘人等官旗降原職役一級。係京衛者調外衛。

輪操軍在逃三次，係京衛者調外衛。

大同三路，民舍人等，將不堪馬匹收買俵與軍士，作弊多支官銀者。

各鋪司兵，用强包攬多取工錢，致公文稽遲沈匿民並軍丁人等。

客商人等空身附搭黄船者。

將自己及他人騎操官馬，盗賣三匹以上，及再犯屬有司者。

養馬人户，將官馬盗賣，三匹以上者。

發掘王府將軍夫人、郡縣主、及匿代帝王、名臣、先賢墳墓，未至棺槨爲首者。

各處大户家人佃僕，結構爲盗，殺官劫庫，劫獄放火，若大户知情故縱，犯徒流杖罪，屬有司者。故殺妾及弟姪子孫與子孫之婦，及故將妻妾男婦等項，打傷墮胎圖賴人，屬有司者。

假以建言爲由挾制官府及將曖昧不明，姦贓事情，污人名節，報復私讎者民。

文職官吏監生知印承差受財枉法，至絞罪者。

雲南兩廣川湖等處流官，擅科土官財物，贓至滿貫者。

起解軍士，捏買僞印批迴者，除真犯死罪外解人。

私鑄銅錢爲從民匠舍餘。

姦緦麻以上親及緦麻以上親之妻，若妻前夫之女，同母異父姊妹者。

故決盗決南旺等湖，有干漕河禁例。爲首者閘官人等，用草捲閣閘板，盗洩水利，串同取財，犯徒以上者。

河南地方盗決故決防，致害人家漂失財物，渰没田禾。犯徒以上，旗舍餘丁民人。

强包運河閘夫二名撈淺鋪夫三名之上人民以上俱附近終身。

王府設謀，撥置旗校舍餘人等。

郡王將軍中尉，有奏請不啓王參詳者，齊奏人及故違祖訓，親身赴京奏擾者，跟隨人。

棍徒誆挾，各府財物，來京打點，例不該行事務者。

王府軍解受財賣放，犯該枉法絞罪者。

保勘王親文職隱情正犯邊衛保看之人，屬軍衛者。

王府選婚，營求撥置之人。

王府人役，假勢占奪財産，犯徒以上者。

王府旗校人等，撥置折收，多收録米及擅差人下所司。催徵騷擾者。

投充王府及勢要，嚇騙財物撥置害人者。

樂工縱容女子，擅入王府，及容留將軍中尉在家行姦，並軍民人等與賭博教誘爲非者。

强盗聚衆十人以上，及行劫累次，係小功以上親首者。

不由銓選推舉，徑自奏請乞恩沮壞選法者，旗軍舍餘。

軍職刁徒不與考還輒教唆陷害已選官員者。

軍職應襲勘明到部，原告又行捏控詞奏告，屬單衛者。

應襲舍人，父在，詐稱死亡，襲職者。

主文書算門庫等役，久戀衛門説事過錢，起滅詞訟及賣放强盗，誣執平民，爲從者係旗軍。

里書飛詭税糧，二百石以上者。

文武試場旗軍受財，代替夾帶、傳遞，及縱容不舉察捉拏者。若留頂正軍入場，屬軍衛者。

軍民人等與朝貢夷人，私通撥置害人，因而透漏事情者。

漢人冒詐番人者。

旗軍用强包攬馬頭。

旗軍用强包攬驛夫、弓兵，多取工錢害人，攪擾衙門者。

會同館夫，五年以上不替役，及近館軍民，用强攬當者。

光棍將馬頭正身姓名，捏寫虚約，托勢要，前去原籍妄拏正身家屬，逼勒取財者。

屯田人等將屯田典賣與人，至五十畝以上。與典買主各不納子粒者。

西山一帶地方内外官豪之家，私自開窯賣煤，鑿山賣石，立廠燒灰者。

將親女並姊妹拐帶婦女及妻妾嫁賣與人，騙財之後，托故領去或瞰起程聚衆邀搶者。

在外官員，通同勢要賣納户口等課鈔賣鈔之人。

大户不納秋糧二百石以上。

包攬誆騙糧草軍需經年不完者。

沿邊軍民，那移盜耕營堡草場，及越出邊墻種田者。

各處解到布絹錢鈔等項，赴部指稱權貴名色勒掯解户，誆詐財物者。

各邊召商上納糧草勢要家人，詭名占窩轉賣取利者。

鹽徒聚衆至十人以上擅用兵仗，拒敵官兵，不曾殺傷人，爲從者。

越境興販官私引鹽至二千斤以上，原係腹裏衛所者。

巡捕官乘機興販，至二千斤以上者。

僞造鹽引印信填寫引轉賣爲從者。

各運司總催買囑官吏，指倉指囤，符同作弊者。

各處鹽場，無借之徒，把持官府，詐害客商犯徒及再犯杖以下者。

私茶興販夾帶，五百斤以上者。

私茶在西寧甘肅洮河，販賣三百斤以上者。

守備把巡捕等官自行興販私茶通番者。

做造假茶五百斤以上本商並轉賣之人，及店户窩頓一斤以上，屬軍衛所者。

勢豪强將官糧，準還私債屬軍衛者。

會同館内外四隣人等，代夷收買違禁貨物，牙行及棍徒，誆賒貨物，年久無還累死客商，屬軍衛者。

楊村等處，用强攔截民運糧船，包雇車輛，逼勒多出脚錢者。

僧道軍民人等，於寺觀神廟，刁姦婦女，因而誘逃誆財者。

妄稱諳曉左道邪術，來京扇惑爲從者。

左道惑衆之人爲從，及稱爲善友，求討布施至十人以上，與容留之人，施與應禁鐵器屬軍衛者。

皇城各門鋪上直守衛官旗容情故縱，及受財賣放軍人，並直宿官軍點視不到，三次以上者。

聖駕出郊衝突儀仗，妄行奏訴，主使教唆，捏寫本狀之人。

直宿軍職，及内官使令上直軍校出百里外，營干私事者。軍人校尉。

臨陣斬獲賊級，用錢買者賣者，及强奪冒報功次者，原係軍，俱邊衛官旗降一級，外衛調邊衛。

輸操軍人軍丁，在途劫奪人財，殺傷人命等項，犯徒以上。

軍職賣放軍人，包納月錢，至二十名以上者。

軍職役占賣放餘丁，三十名以上者。

軍職賣放役占，二罪俱發，其賣放至十名以上，役占不及數者，依賣放甚者例。

守備等官，將備邊壯勇賣放者。

官吏旗校人等問發充軍來京潛住者。

居庸、山海等關引送口外邊衛逃軍過關，並守把盤詰賣放者。

合成火藥賣與鹽徒者。

擅造大船，將帶違禁貨物，下海潛通海賊，同謀劫掠，正犯極刑，全家發邊衛。若止將大船轉雇，分取番貨，及雖無大船，糾通接買與，番貨到岸私下收買販賣，若蘇木胡椒至二千斤以上者，本身。

有司起解馬匹，馬販交通官吏人等，兜攬作弊者。

宰殺耕牛並私開圈店，販賣牛隻，與宰殺再犯累犯者，及盜而宰殺賣，不分初犯再犯。

旗軍用强，包攬鋪兵，多取工錢致將公文稽遲沈匿者。

指稱近侍官員家人，擾害有司驛遞，勒要財物，爲首及同惡之人。

盜砍山陵樹株，爲從者。

孝陵神烈山鋪舍外去墻二十里内開山取石，安插墳墓，築鑿臺池者。

盜掘礦砂，係山洞捉獲，持仗拒捕者，及聚衆三十人，分礦三十斤以上者。

官司差人追徵錢糧勾攝公事，並捕獲罪人，但聚衆十人以上，中途打奪爲從者，若異姓同惡相濟之人，及槌師打手。

號稱喇唬等名，及總甲快手應捕人等，毆人奪財，初犯屬軍衛者，雖係初犯，若節次搶奪，及再犯累犯，笞杖以上者。

盜御馬者。

冒領太僕寺官馬，至三匹者。

將自己及他人騎操官馬，盜賣三匹以上，及再犯不拘匹數，屬軍衛者。

指稱官員名色，並衙門打點，誆騙財物，犯徒以上者。

略誘良人，與略賣良人子女，及略賣三口以上，與婦人犯罪坐夫男。

發掘王府將軍夫人、郡縣主及歷代帝王名臣、先賢墳塚，開棺爲從，

及發見棺槨者不分首從。

各處大户家人佃僕結構爲盜，殺官劫庫，劫獄放火，大户知情故縱，屬軍衛者。

皇親功臣佃僕人等，及大户窩藏强盜二名以上，竊盜五名以上，坐家分贓者。

知强竊盜贓，而接買受寄三犯以上與知盜後而分贓至滿貫者。

同謀共毆人，審係執持兇器，有致命傷痕者。

故殺妻婦子孫，及故將妻婦等項，打傷墮胎，圖賴人者。

因事威逼，一家二命致死者。

因事毆打威逼人致死，及成殘廢者。

婦人夫亡願守志，用强求娶逼受聘財，因而致死者。

兇徒忿争執持兇器傷人，與剜瞎人眼睛，折壞人肢體，全抉人耳鼻口脣，斷人舌毀敗人陰陽者。

卑幼毆期親尊長，執有刀刃者。

兄與伯叔，謀奪弟姪財産官職，故行殺害屬軍衛者。

漢人投入土夷，冒頂名色妄奏代人報讎，占騙財産者。

假建言爲由，挾制官府，及將曖昧姦贓污人名節者，旗軍人等。

刁徒口稱奏訴，挾制官吏官司拏問，係不干己事情，並主使之人。

驀越赴京及赴撫按奏告叛逆等重事不實全誣十人以上，屬軍衛者。

代人捏寫本狀，教唆扛幇奏告不實者。

棍徒捏寫本詞，聲言奏告恐嚇得財，贓滿貫者，不分首從。

妄指宫禁親藩爲詞，誣告平人者，不分首從。

將本狀用財雇寄人，赴京奏訴者，並受雇寄人，屬軍衛者。

職官索取土官、夷人財物，犯徒三年以上者。

詐爲察院布按府州縣，及各衙門文書，誆騙科斂財物者。

起解軍士捏買僞印批迴，除真犯死罪外，軍士。

私鑄銅錢爲從者，旗軍。

詐冒内宫，恐嚇官司，誆騙財物者，除真犯死罪外，

廣西雲貴湖廣四川等處，冒籍生員，食糧起貢，及買土人，起送公文，頂名赴吏部投考者。

詐冒皇親族屬黨家人，挾制財物買錢鈔，私鹽，擅搭橋梁漁利，及往來河道，需索勒要車船者。

假充大臣家人，豪横鄉村，强佔田土房屋，招集流移住種者。

詐冒錦衣衛校尉巡捕名色，妄拏平人，嚇取財物，扇惑擾害者。

親屬犯姦至死罪者，若强姦未成。

先所净身人，曾經發遣，私自來京圖謀進用者。

放火故燒人田場積聚物，及延燒人房屋者。

法司問過進本等項人犯，發遞押解人役逼致死傷及受財故縱並聽憑猾徒，買求殺害者。

衛所官旗人等，侵欺軍器物料，虚數開報及三年不行造册奏繳者。旗軍人等。

故決盜決南旺等湖，各隄岸並阻絶泉源有干漕河禁例，爲首係軍，其閘官人等，用草捲閘板盜泄水利，串同取財，犯徒以上。

河南地方盜決故決河防，毁害人家，渰没田禾者，爲首係軍。

運河一帶强包閘溜夫二名、淺鋪夫三名之上旗軍。以上俱邊衛終身。

王府軍校逃回，在京潛住者窩藏，及兩隣知而不首者極邊。

誘賣各邊軍丁者極邊。

通事人等撥置土官，親族争襲劫奪讎殺者，極邊煙瘴。

軍户子孫另户與人贅寄籍及賣囑，捏作丁盡户絶回，申者煙瘴。

緣邊官旗軍民擅將應禁林木，砍伐販賣者煙瘴。

興販私茶潛與番夷交易，及在腹裏賣與進貢，回還夷人並知情歇家牙保俱煙瘴。

洮河等處冒頂番名，將不堪馬二匹以上，中納支茶者，係軍調別處極邊。

聽選官吏，借債與債主同赴任所取償，至五十兩以上者，連債主俱口外。

遼東馬市通事交易人等將各夷欺侮、偷盜及撥置詐騙，縱放夷人入城，及容官軍人等交通透漏邊情者，俱兩廣煙瘴。

文職官吏，父母見在詐稱死亡者，口外。

臨陣强奪他人首極報功，旗降原役一級，係邊衛者極邊。

備倭把總等官，縱容舍餘人等，代替正軍調沿海衛分。

賊衆入寇，官軍卒遇交鋒不會虜去大衆或被賊白晝僉夜突入境內，搶掠頭畜衣糧數多，不曾殺虜軍民。若損傷虜數四五人，搶去頭畜衣糧不多者，邊遠。

各處鎮總官，額外餘軍號主文干預書辦者，極邊。

官吏軍民人等，問發爲民來京潛住者，發口外。

各邊將領私役軍及軍私出境外，釣豹、捕鹿、砍木、掘鼠等項者，與知情故縱扶同隱蔽者，俱調煙瘴地面，軍丁充軍。

各邊夜不收，出境探賊與夷人私易貨物者，除真犯死罪，調廣西煙瘴。

司府州縣起解馬匹，馬販交通官吏人等兜攬作弊，再犯累犯者，極邊。

大同三路旗軍將不堪馬通行收買，俵與軍士，多支官銀者，調極邊。

各處解軍若長解縱容在家違限一年之上，正犯原係邊衛者極邊。

馬快船隻，附搭客貨及挾帶私物者，小甲客商人等俱口外。

府州縣掌印捕盜，與衛所同城，因防禦不固失陷者，若兩縣同城，以賊所從入論，邊遠。

衛所府州縣佐貳首領官，分有守城信地，致賊於所守處掩襲入城者邊遠。

各城原無都司衛所，而府州縣失事，佐貳守領官，並各州縣原無城池被賊攻入，劫殺焚燒者邊遠。

守巡兵備官駐劄該城，先期托故遠出，臨時潛避，以致失陷者邊遠。

誆騙聽選官吏監生人等財物，及官員人等央說營求者煙瘴。

發塚開棺槨見屍爲從者煙瘴。

引賊劫略復讎，探報消息致賊逃竄者，正犯梟首，全家煙瘴。

因事聚衆將本管官毆打綁縛，不分首從，及止是毆打，爲首者極邊。

無借之徒，投托勢要誘引生事，綁縛平民私家拷打，脅騙財物者煙瘴。

擅入午門，長安等門內叫訴冤枉，擄拾原問官員，勘問涉虛者，口外。

充軍爲民人犯遇革放回，仍起滅詞訟挾制官府極邊。

私自浄身，並下手人處斬，全家邊遠。

軍犯逃回，原犯雜犯死罪以上充軍者極邊。以上俱極邊煙瘴邊遠沿海口外。

管莊佃僕人等，占守水陸關隘，抽分挾制，把持害人者邊衛永遠。

撥置王府軍民人等充軍逃回再犯者，煙瘴永遠。

罷閒官吏在京潛住，擅出入禁門交結者，煙瘴永遠。

沿邊軍民人等躲避差役，逃入土夷峒寨潛住者，邊衛永遠。

軍民人等將爭競不明，並賣過及民間起科，僧道將寺觀，各田地投獻王府，及內外官豪勢要，捏契典賣及山東河南北直隸例聽民開耕，永不起科田土，若占奪投獻者，俱邊衛永遠。

各邊倉庫錢糧監守盜糧二十石，草四百束，銀一十兩，錢帛等值銀一十兩以上常人盜加一倍者。

兩京衙門，漕運各倉並腹裏節差科道查盤去處侵盜，比各邊加一倍者。

其餘腹裏節差巡守官查盤去處侵盜，京漕又加一倍者俱邊衛永遠。

在京在外，並各邊收放糧草積棍人等，搶奪占堆，打攪倉場，挾詐財物者屬軍衛邊衛永遠。屬有司附近永遠。

在京刁徒訪知鋪行與解户交關價銀，輒集黨指稱攬納，索取厚賂者照打攪倉場例。

捏稱皇店在京城內外邀截客商指勒財物者，極邊永遠。

漢人交結夷人，引惹邊釁及潛住苗寨教誘爲亂者，邊衛永遠。

海防武職聽受分利，私通番貨，貽害地方，及引惹海寇戕殺居民者，除真犯死罪外，邊衛永遠。

黄船附搭客貨，及夾帶私貨，小甲客商人等俱邊衛永遠。

盜賣騎操官馬至五匹及三犯以上。軍極邊，民邊衛各永遠。

誣指良民爲盜，及指贓搶奪淫辱者，不分首從，邊衛永遠。

用强略賣人口，與境外土夷爲從者，邊衛永遠。

聚衆執持兵器傷人，及圍繞搶奪姦淫者，除真犯死罪，其餘不分首從，邊衛永遠。

沿邊總副參游衛所等官科斂及扣減入己贓私二百兩以上者，邊衛永遠。

描摸印信，誆騙財物，犯徒以上，邊衛永遠。以上俱邊衛永遠。

萬曆十三年定

充軍

文職官員人等，會經考察問革，年老事故，買求選用，未除授者，及起送官吏知情受賄者。

勢豪大户，逼軍私兑，五十石以上，比照不納秋糧者。

越境興販官私引鹽至三千斤以上者。

客商收買餘鹽買求掣，至三千斤以上者。

權豪無藉之徒結黨把持，攬擾商税，徒罪以上者。

僧道軍民人等，於寺觀神廟刁姦婦女，因而誘逃誆財者。

宰殺耕牛私開圈店，及知情販賣再犯累犯者，若盜而宰殺貨賣者。

發掘王府、將軍、中尉、郡縣主，歷代帝王名臣、先賢。墳塚見棺槨爲從，與發而未至棺槨爲首者。

發常人塚開棺見屍爲從與發見棺槨爲首者。

酷刑官員，致死三命以上者文官。以上俱附近終身。

軍職異姓買襲之人，比照乞養子冒襲律。

文職官員人等，會經考察問革，年老事故，買求選用，已除授者。

勢豪大户，逼軍私兑，二百石以上，比照不納秋糧者。

内府錢糧倉場糧草等項，包攬誆騙銀一百兩，糧二百石以上者。

漕運跟官書算，科索軍人，贓至二十兩以上者。

軍職賣放王軍，二十名除丁三十名以上，及賣放紀録幼軍者照餘丁例，賣放備邊壯勇者，照正軍例。

打造海船，賣與夷人圖利爲從者。

私賣硝黄與外夷，及邊海賊寇爲從者。

私將應禁軍器，賣與進貢夷人圖利，爲從者。

發掘王府、將軍、中尉、郡縣主及歷代帝王名臣、先賢墳塚，開棺爲從與發見棺槨爲首者。

因事威逼人，致死一家三命，及非一家，但至三命以上者。

因事威逼本管官，致死爲從者。

軍旗赴别衙門，挾告運官詐財者。

姦徒假以訪察挾制官府，陷告良善名爲窩訪者。

酷刑官員致死三命以上者武官。以上俱邊衛終身。

誆騙聽選官吏人等財物，指稱買官賣缺，及買求中式等項，不分首從，其央浼營幹，致被誆騙者俱煙瘴。

各府州縣被賊攻陷城池，劫掠焚燒，與衛所同住一城及設有守備官駐劄本城者，府州縣掌印捕盗官，比照守邊將帥，被賊侵入境内，虜掠人民律。

各邊武職科斂財物，扣減月糧，計贓二百兩以上者。以上邊遠終身。

充軍人犯，原問雜犯死罪以下逃回再犯者。

問發自在安樂二州爲民人犯，逃回再犯者。以上俱極邊終身。

漕運官軍將船放失漂流乘機侵匿者。

内府財物監守銀三十兩，錢帛等值銀三十兩以上，常人盜銀六十兩，錢帛等值銀六十兩以上者。

各邊倉庫錢糧監守盜糧四十石，草八百束，銀二十兩，錢帛等值銀二十兩以上，常人盜加一倍者。

兩京衛門漕運各倉監守糧六十石，草一千二百束，銀三十兩，錢帛銀三十兩以上，常人盜加一倍者。

其餘腹裏節差巡守官查盤去處，監守盜糧一百石，草二千束，銀五十兩，錢帛等值銀五十兩以上，常人盜加一倍者。

因事威逼人，致死一家三命以上者。以上俱邊衛終身。

各邊武職，科斂財物，扣減月糧至三百兩以上者。

宗室越關奏擾，同行撥置之人。

略誘良人，與略賣良人子女，三犯者。以上極邊永遠。

編發囚軍

律例所定，合編充軍者，詳見罪名，其編發事例載此。

洪武二十六年定，凡本部問有應合充軍者，必須照依律與大誥内議擬明白。大理寺審無冤枉，開付陝西部，本部置立文簿。注寫各人姓名年籍鄉貫住址明白，照依南北籍。編成排甲，每一小甲，管軍一十二名，總甲

管軍五十名，每百户該管一百一十名，一樣造册二本。將各總小甲軍人姓名年籍鄉貫住址，並該管百户姓名，充軍衛分，注寫明白。一本進赴内府收照，一本同總小甲軍人，責付該管百户，領去充軍仍咨呈該府作數。如浙江、河南、山東、陜西、山西、北平、福建，並直隸應天、廬州、鳳陽、淮安、揚州、蘇州、松江、常州、和州、滁州、徐州，發雲南、四川屬衛。江西、湖廣、四川、廣東、廣西，並直隸太平、寧國、池州、徽州、廣德、安慶人，發北平、大寧、遼東屬衛，其軍人遇有逃故，該管百户具呈，合干上司照籍勾補。

三十五年令，罪人應發充軍者，皆從給事中，及行人編次隧伍，然後發遣。

弘治十三年奏定，凡問該充軍者，在京行兵部定衛，在外係巡撫有行者，巡撫定衛，巡按有行者，巡按定衛。其所屬自問者，有巡撫處申呈巡撫，無巡撫處，巡按定撥，仍抄招行兵部知會。其問該口外爲民者，亦抄招解送户部編發。

嘉靖元年題準，兩京法司，問充軍犯，照例送兵部編發。

二年題準，雲南地方，犯邊遠充軍人犯，發貴州缺軍衛所，貴州發雲南缺軍衛所。

五年奏準，南京法司並直隸撫按等衙門，問發附近充軍人犯，係應天淮鳳常鎮五府者，皆發新江口，係徽寧池太安慶州六府者，皆發安慶衛操備。

黄彰健《明代律例彙編》卷一《名例律·十惡》 一曰謀反。謂謀危社稷。

二曰謀大逆。謂謀毁宗廟山陵及宫闕。

三曰謀叛。謂謀背本國，潛從他國。

四曰惡逆。謂毆及謀殺祖父母父母、夫之祖父母父母，殺伯叔父母姑兄姊、外祖父母及夫者。

五曰不道。謂殺一家非死罪三人，及支解人，若採生造畜蠱毒魘魅。

六曰大不敬。謂盗大祀神御之物，乘輿服御物，盗及僞造御寶，合和御藥，誤不依本方，及封題錯誤，若造御膳誤犯食禁，御幸舟船誤不堅固。

七曰不孝。謂告言呪罵祖父母父母。夫之祖父母父母。及祖父母父母在，别籍異財，若奉養有缺。居父母喪，身自嫁娶，若作樂釋服從吉。聞祖父母父母喪，匿不舉哀。詐稱祖父母父母死。

八曰不睦。謂謀殺，及賣緦麻以上親，毆告夫，及大功以上尊長小功尊屬。

九曰不義。謂部民殺本屬知府知州知縣，軍士殺本管指揮千户百户，吏卒殺本部五品以上官長，若殺見受業師，及聞夫喪，匿不舉哀，若作樂釋服從吉及嫁娶。

十曰内亂。謂姦小功以上親，父祖妾及與和者。

黄彰健《明代律例彙編》卷一《名例律·流囚家屬》 凡犯流者，妻妾從之。父祖子孫，欲隨者聽。遷徙安置人家口，亦準此。若流徒人身死，家口雖經附籍，願還鄉者放還。其謀反逆叛，及造畜蠱毒，若採生拆割人，殺一家三人，會赦猶流者，家口不在聽還之律。

黄彰健《明代律例彙編》卷一《名例律·常赦所不原》 凡犯十惡殺人，盗係官財物，及强盗、竊盗、放火、發塚、受枉法不枉法贜、詐僞、犯姦、略人略賣、和誘人口、若姦黨，及讒言左使殺人、故出入人罪，若知情故從，聽行藏匿引送，説事過錢之類，一應真犯，雖會赦並不原宥。謂故意犯事得罪者，雖會赦，皆不免罪。其過誤犯罪謂過失殺傷人，失火，及損毁遺失官物之類。及因人連累致罪，謂因别人犯罪連累以得罪者。如人犯罪，失覺察，關防，鈐束，及干連聽使之類。若官吏有犯公罪，謂官吏人等，因公事得罪，及失出入人罪，若文書遲錯之類。並從赦原。謂會赦皆得免罪。其赦書臨時定罪名特免，謂赦書不言常赦所不原，臨時定立罪名寬宥者，特從赦原。及減降從輕者，謂降死從流，流從徒，徒從杖之類。不在此限。謂皆不在常赦所不原之限。

弘治問刑條例〔二款〕

一、在京囚犯，遇蒙恩例，通減二等者，罪雖遇例減等，若律應仍盡本法，及例該充軍爲民立功調衛等項者，仍依律例，一體擬斷發遣。

一、文武官吏人等，犯罪例該革去職役爲民，遇革者，取問明白，罪雖有免，仍革去職役，爲民。【略】

新例（一款，大明律疏附例）

一、嘉靖十年七月刑部等衙門會議，看得：五刑之中，死罪爲重。死罪之内，雜犯爲輕。雜犯準徒，大誥不減。近奉明詔，五年審録之期，始得減去一年。但每年朝審熱本，其真犯死罪，俱有矜疑，徒流以下，各得減等，獨於雜犯不減。今南京刑部尚書周倫，查有前項明旨，欲行比照

議處，相應依擬。合無今後兩京法司並錦衣衛，凡遇每年熱本審録之期，一應雜犯死罪準徒五年者，一體減去一年，永爲定例。等因。奉聖旨：都準擬行。欽此。

黄彰健《明代律例彙編》卷一《名例律·徒流人在道會赦》 凡徒流人在道會赦，計行程過限者，不得以赦放。謂如流三千里，日行五十里。合該六十日程。若未滿六十日，會赦，不問已行遠近，並從赦放。若從起程日，總計行過路程，有遠限者，不在赦限。有故者不用此律。有故謂如沿路患病，或阻風被盗，有所在官司保勘文憑者。皆聽除去事故日數，不入程限。故云，不用此律。若曾在逃，雖在程限內，亦不放免。其逃者身死，所隨家口願還者聽。遷徙安置人準此。

其徒流遷徙安置人，已至配所，及犯謀反逆叛緣坐應流，若造畜蠱毒，採生拆割人，殺一家三人，會赦猶流者，並不在赦放之限。

黄彰健《明代律例彙編》卷一《名例律·徒流人又犯罪》 凡犯罪已發，又犯罪者，從重科斷。已徒已流而又犯罪者，依律再科後犯之罪。其重犯流者，依留住法。三流並決杖一百，於配所拘役四年。若犯徒者，依所犯杖數，該徒年限，決訖應役。亦總不得過四年。謂先徒三年，已役一年，又犯徒三年者，止加杖一百，徒一年之類，則總徒不得過四年。三流雖並杖一百，拘役四年，若先犯徒年未滿者，亦止總役四年。其杖罪以下，亦各依數決之。其應加杖者，亦如之。謂工樂户及婦人犯者，亦依律科之。

弘治問刑條例〔四款〕

一、先犯雜犯死罪運炭納米等項未完，及做工等項未滿，又犯雜犯死罪者，決杖一百。除杖過數目準鈔六貫，再收贖鈔三十六貫；又犯徒流笞杖罪者，決其應得杖數，五徒三流名依律收贖鈔貫，仍照先擬發落。

若三次俱犯雜犯死罪者，奏請定奪。

一、先犯徒流罪運炭做工等項，未曾完滿，又犯雜犯死罪，除去先犯罪名，止擬後犯死罪運炭做工等項。

若又犯徒流罪者，依已徒而又犯徒，將所犯杖數，或的決，或納鈔，仍總徒不得過四年。又犯笞杖者，將後犯笞杖，或的決，或納鈔，仍照先擬發落。

一、先犯笞杖運炭做工等項未曾完滿，又犯徒流罪，將先犯罪名或的決，或的決，或納鈔，止擬後犯徒流罪。又犯雜犯死罪，除去先犯笞杖，止擬後犯死罪，各運炭做工等項。又犯笞杖罪，或先重後輕，或先輕後重，將輕者或的決，或納鈔，仍將重者，令其運炭做工等項發落。

一、在京法司問擬囚犯，有已徒而又犯徒，律該決訖所犯杖數，總徒四年。有大誥及遇蒙恩例，通減二等者，俱照三流同爲一減律例，減徒一年。其餘徒罪運炭納米做工擺站等項者，俱照舊例免杖。

嘉靖問刑條例〔五款，内四款見前〕

一、兩京法司，每年熱審之期，一應雜犯死罪準徒五年者，一體減去一年。其在外遇審録年分，審録官入境之日，亦照此例行。

萬曆問刑條例〔四款〕【略】

一、在京在外問擬一應徒罪，俱免杖。其已徒而又犯徒，該決訖所犯杖數。總徒四年者，在京遇熱審，在外遇五年審録，俱減一年。若誣告平人死罪未決，杖一百，流三千里，加役三年者，比照已徒而犯徒，總徒四年者，雖遇例不減。

黄彰健《明代律例彙編》卷一《名例律·犯罪自首》 凡犯罪未發而自首者，免其罪，猶徵正贓。謂如枉法不枉法贓，徵入官，用强生事，逼取詐欺，科斂求索之類，及强竊盗贓，徵給主。其輕罪雖發，因首重罪者，免其重罪。謂如竊盗事發，自首又會私鑄銅錢得免鑄錢之罪，止科竊盗罪。若因問被告之事，而别言餘罪者亦如之。謂因犯私鹽，事發被問，不加考訊，又自别言曾竊盗牛，又曾詐欺人財物，止科私鹽之罪，餘罪俱得免之類。

其遣人代首，若於法得相容隱者，爲首及相告言者，各聽如罪人身自首法。其遣人代首者，謂如甲犯罪，遣乙代首，不限親疏，亦同自首免罪。若於法得相容隱者爲首，謂同居及大功以上親，若奴婢雇工人爲家長首，及相告言者，皆與罪人自首同，得免罪。其小功緦麻親首告，得減凡人三等。無服之親，亦得減一等。如謀反逆叛未行，若親屬首告，或捕送到官者，其正犯人，俱同自首律，免罪。若已行者，正犯人不免。其餘應緣坐人，亦同自首律免罪。若自首不實，及不盡者，以不實不盡之罪罪之。至死者，聽減一等。自首贓數不盡者，止計不盡之數科之。其知人欲告，及逃叛而自首者，減罪二等坐之。其逃叛者雖不自首，能還歸本所者減罪二等。

其損傷於人，因犯殺傷於人而自首者，得免所因之罪，仍從故殺傷法。本過失

者，聽從本法。於物不可陪償，謂如印信官文書，應禁兵器及禁書之類。私家既不合有，是不可償之物，不準首。若本物見在首者，聽同首法，免罪。事發在逃，雖不得首所犯之罪，得減逃走之罪二等。若私越度關，及姦並私習天文者，並不在自首之律。

若强竊盜詐欺取人財物，而於事主處首服，及受人枉法不枉法贓，悔過回付還主者，與經官司自首同，皆得免罪。若知人欲告，而於財主處首還者，亦得減罪二等。其强竊盜，若能捕獲同伴，解官者，亦得免罪，又依常人一體給賞。

嘉靖新例〔二款〕

一、嘉靖肆年奉聖旨：商福自首免罪後，又不改前非，肆惡打劫，其情可惡，饒死發邊衛充軍。如再逃回，仍問死罪。今後有强盜再犯自首的，照這例行。欽此。【略】

一、嘉靖柒年刑部題準：凡竊盜自首不盡，及知人欲告，而於財主處首還，律應減等擬罪者，俱照常免刺。

嘉靖問刑條例〔二款〕

一、內外問刑衙門，凡遇强盜，係親屬首告到官，審其聚衆不及十人，及止行劫一次者，依律免罪減等等項，擬斷發落。若聚衆至十人，及行劫累次者，係大功以上親首告，發附近；小功以下親首告，發邊衛，各充軍。其親屬本身被劫，因而告訴到官者，徑依親屬相盜律科罪，不在此例。【略】

一、竊盜自首，不實不盡，及知人欲告而於財主處首還，律該減等擬罪者，俱免刺。【略】

萬曆問刑條例〔三款〕

一、凡强盜係親屬首告別到官，審其聚衆不及十人，及止行劫一次者，依律免罪減等等項擬斷發落。若聚衆至十人，及行劫累次者，係大功以上親首告，發附近；小功以下親首告，發邊衛，各充軍。其親屬本身被劫，因而告訴到官者，徑依親屬相盜律科罪，不在此例。【略】

一、凡自首强盜，除殺死人命，姦人妻女，燒人房屋，罪犯深重，不準外。其餘雖曾傷人，隨卽平復不死者，亦姑準自首，照兇徒執持兇器傷人事例，問擬邊衛充軍。其放火燒人空房，及田場積聚之物者，依律充徒。若計所燒之物，重於本罪者，亦止照放火延燒事例，俱發邊衛充軍。【略】

黃彰健《明代律例彙編》卷一《名例律·二罪俱發以重論》 凡二罪以上俱發，以重者論。罪各等者，從一科斷。若一罪先發，已經論決，餘罪後發，其輕若等勿論，重者更論之。通計前罪，以充後數。謂如二次犯竊盜，一次先發，計贓一十貫，已杖七十。一次後發，計贓四十貫，該杖一百，合貼杖三十。如有禄人節次受人枉法贓，八十貫，內四十貫先發，已杖一百，徒三年。四十貫後發，難同止累見發之贓。合併取前贓，通計八十貫，更科全罪，斷從處絞之類。其應入官陪償刺字罷職罪止者，各盡本法。謂一人犯數罪，如枉法不枉法贓合入官，毁傷器物合陪償，竊盜合刺字，職官私罪，杖一百以上，合罷職。不枉法贓，一百二十貫以上，罪止杖一百流三千里之類，各盡本法擬斷。

黃彰健《明代律例彙編》卷一《名例律·犯罪共逃》 凡犯罪共逃亡，其輕罪囚能捕獲重罪囚而首告，及輕重罪相等，但獲一半以上首告者，皆免其罪。謂同犯罪事發，或各犯罪事發，而共逃者。若流罪囚能捕死罪囚，徒罪囚能捕流罪囚首告，又如五人共犯罪在逃，內一人能捕二人而首告之類，皆得免罪。若損傷人及姦者，不免，仍依常法。其因人連累致罪，而罪人自死者，聽減本罪二等。謂因別人犯罪連累以得罪者，如藏匿引送，資給罪人，及保勘供證不實，或失覺察，關防，鈐束，聽使之類。其罪人非被刑殺而自死者又聽減罪二等。若罪人自首告，及遇赦原免，或蒙特恩減罪收贖者，亦準罪人原免減等贖罪法。謂因罪人連累以得罪，若罪人在後自首告，或遇赦恩全免，或蒙特恩減一等，二等，或罰贖之類。皆依罪人全免減等收贖之法。

黃彰健《明代律例彙編》卷一《名例律·同僚犯公罪》 凡同僚犯公罪者，謂同僚官吏，連署文案，判斷公事差錯，而無私曲者。並以吏典爲首。首領官減吏典一等，佐貳官減首領官一等，長官減佐貳官一等。四等官内如有缺員，亦依四等官遞減科罪。本衙門所設，無四等官者，止準見設員數遞減。

若同僚官一人有私，自依故出入人罪論。其餘不知情者，止依失出入人罪論。謂如同僚連署文案，官吏五人，若一人有私，自依故出入人罪論。其餘四人，雖連署文案，不知有私者，止依失出入人罪論。仍依四等遞減科罪。

若申上司，不覺失錯，準行者，各遞減下司官吏罪二等。謂如縣申州，州申府，府申布政司之類。若上司行下所屬，依錯施行者，各遞減上司官吏罪三等。謂如布政司行下府、府行下州、州行下縣之類。亦各以吏典爲首。

黄彰健《明代律例彙編》卷一《**名例律·公事失錯**》 凡公事失錯，自覺舉者免罪。其同僚官吏應連坐者，一人自覺舉，餘人皆免罪。謂緣公事致罪，而無私曲者。事若未發露，但同僚判署文案，官吏一人能檢舉改正者，彼此俱無罪責。

其斷罪失錯已行論決者，不用此律。謂死罪及笞杖已決訖，流罪已至配所，徒罪配已役訖，此等並爲已行論決。官司雖自檢舉，皆不免罪。各依失入人罪律，減三等。及官吏等級遞減科之。故云不用此律。其失出人罪，雖已決放，若未發露，能自檢舉貼斷者，皆得免其失錯之罪。

其官文書稽程，應連坐者，一人自覺舉，餘人亦免罪，主典不免。謂文案小事五日程，中事十日程，大事二十日程，此外不了，是名稽程。官人自檢舉者並得全免。惟當該吏典不免。若主典自舉者，並減二等。謂當該吏典自檢舉者，皆得減罪二等。

黄彰健《明代律例彙編》卷一《**名例律·共犯罪分首從**》 凡共犯罪者，以造意爲首，隨從者減一等。

若家人共犯，止坐尊長。若尊長年八十以上，及篤疾，歸罪於共犯罪以次尊長。謂如尊長與卑幼共犯罪，獨坐尊長，卑幼無罪。如尊長年八十以上，及篤疾，於例不坐罪。即以共犯罪，次長者當罪。又如婦人尊長與男夫卑幼同犯，雖婦人爲首，仍獨坐男夫。侵損於人者，以凡人首從論。侵，謂竊盜財物。損，謂鬬毆殺傷之類。如父子合家同犯，並依凡人首從之法。爲其侵損於人，是以不獨坐尊長。若共犯罪而首從本罪各別者，各依本律首從論。謂如甲引他人共毆親兄，甲依弟毆兄，杖九十，徒二年半，他人依凡人鬬毆論，笞二十。又如卑幼引外人盜己家財物二十貫，卑幼以私擅用財加二等，笞四十，外人依凡盜從論，杖七十之類。

若本條言皆者，罪無首從。不言皆者，依首從法。

其犯擅入皇城宮殿等門，及私越度關，若避役在逃，及犯姦者，亦無首從。謂各自身犯，是以亦無首從，皆以正犯科罪。

黄彰健《明代律例彙編》卷一《**名例律·犯罪事發在逃**》 凡二人共犯罪，而有一人在逃，見獲者，稱逃者爲首，更無證佐，則決其從罪。後獲逃者，稱前人爲首，鞫問是實，還依首論。通計前罪，以充後數。若犯罪事發而在逃者，衆證明白，即同獄成，不須對問。

黄彰健《明代律例彙編》卷一《**名例律·親屬相為容隱**》 凡同居，同謂同財共居親屬，不限籍之同異，雖無服者亦是。若大功以上親，謂另居大功以上親屬。及外祖父母，外孫妻之父母，女壻若孫之婦，夫之兄弟，及兄弟妻，有罪相爲容隱，奴婢雇工人爲家長隱者，皆勿論。

若漏泄其事，及通報消息，致令罪人隱匿逃避者亦不坐。謂有得相容隱之親屬犯罪，官司追捕，因而漏泄其事，及暗地通報消息與罪人，使令隱避逃走，故亦不坐。

其小功以下相容隱，及漏泄其事者，減凡人三等，無服之親減一等。謂另居小功以下親屬。

若犯謀叛以上者，不用此律。謂雖有服親屬犯謀反謀大逆謀叛，但容隱不首者，依律科罪，故云不用此律。

黄彰健《明代律例彙編》卷一《**名例律·殺害軍人**》 凡殺死軍人者，依律處死。仍將正犯人餘丁，抵數充軍。

弘治問刑條例（一款）

一、凡謀故殺死總小旗者，就於犯人户內，勾取壯丁，抵充軍數。其旗役仍令本户餘丁補當。【略】

嘉靖問刑條例（一款，同前）

萬曆問刑條例（一款）

一、凡謀故殺死總小旗者，正犯抵死，旗役仍令本户餘丁補當。若無本户餘丁，勾取犯人户內壯丁，抵充軍數。【略】

黄彰健《明代律例彙編》卷一《**名例律·在京犯罪軍民**》 凡在京軍民，若犯杖八十以上者，軍發外衛充軍，民發別郡爲民。

嘉靖新例（一款，嘉靖二十七年刊本嘉靖新例）

一、嘉靖柒年刑部題准：法司見問人犯，自奉有熱審因例，至陸月終止，笞罪议免，徒流以下擬審，減等發落。仍將各犯姓名，通類奏知，及行南京法司，一體施行。

黄彰健《明代律例彙編》卷一《**名例律·本條別有罪名**》 凡本條自有罪名，與名例罪不同者，依本條科斷。

若本條雖有罪名，其有所規避罪重者，自從重論。

其本應罪重而犯時不知者，依凡人論。謂如叔姪別處生長，素不相識，姪打叔傷，官司推問，始知是叔，止依凡人鬬法。又如別處竊盜，偷得大祀神御之物，如此之類，並是犯時不知，止依凡論，同常盜之律。因輕者，聽從本法。謂如父不識

子，毆打之後，方始得知，止依打子之法。不可以凡毆論。

黄彰健《明代律例彙編》卷一《名例律·加減罪例》 凡稱加者，就本罪上加重，謂如人犯笞四十，加一等，即坐笞五十。或犯杖一百，加一等，則加徒減杖，即坐杖六十，徒一年。或犯杖六十，徒一年，加一等，即坐杖七十，徒一年半。或犯杖一百，徒一年，加一等，即坐杖一百，流二千里。或犯杖一百流二千里，加一等，即坐杖一百，流二千五里之類。稱減者，就本罪上減輕。謂如人犯笞五十，減一等，即坐笞四十。或犯杖六十，徒一年，減一等，即坐杖一百。或犯杖一百，徒三年，減一等，即坐杖九十，徒二年半之類。惟二死三流，各同爲一減，二死謂絞斬。三流，謂流二千里，二千五百里，三千里，各同爲一減。如犯死罪，減一等，即坐流三千里。減二等，即坐徒三年。犯流三千里，減一等，亦坐徒三年。加者數滿乃坐。謂如贓加至四十貫，縱至三十九貫九百九十文，雖少一十文，亦不得科四十九貫罪之類。又加罪止於杖一百，流三千里，不得加至於死。本條加入死者，依本條。加入絞者，不加至斬。

萬曆問刑條例〔一款〕

一、兩京法司每年熱審，在京以命下之日爲始，至六月終止。南京以咨文到日爲始，扣二箇月止，其在外五年審録，以恤刑官入境日爲始，出境日止。雜犯準徒五年者，減去一年，徒杖以下俱減等，枷號並笞罪俱釋放，悉遵照勅旨施行。【略】

黄彰健《明代律例彙編》卷一《名例律·稱與同罪》 凡稱與同罪者，止坐其罪，至死者減一等。罪止杖一百，流三千里，不在刺字絞斬之律。若受財故縱與同罪者，全科。至死者絞。其故縱謀反逆叛者，皆依本律。

稱準枉法論、準盜論之類，但準其罪，亦罪止杖一百，流三千里，並免刺字。

稱以枉法論，及以盜論之類，皆與真犯同。刺字絞斬，皆依本律科斷。

題準事例〔一款〕（《大明律例》王藻刊本）

一、萬曆五年刑部題準：查得一應與同罪人犯，除例應凌遲斬絞者，罪止擬絞外，其餘充軍，不分永遠終身，俱照例擬斷。

萬曆問刑條例〔一款〕

一、凡受財故縱與因同罪人犯，該凌遲斬絞，依律罪止擬絞者，俱要固監緩決，候逃囚得獲審豁。其賣放充軍人犯者，即抵充軍役。若係永遠同罪者，止終本身，仍勾原犯應替子孫補伍。【略】

黄彰健《明代律例彙編》卷一《名例律·稱監臨主守》 凡稱監臨者，內外諸司統攝所屬，有文案相關涉，及雖非所管百姓，但有事在手者，即爲監臨。稱主守者，該管文案吏典，專主掌其事，及守掌倉庫獄囚雜物之類，官吏、庫子、斗級、攢攔、禁子，並爲主守。其職雖非統屬，但臨時差遣管領提調者，亦是監臨主守。

黄彰健《明代律例彙編》卷一《名例律·聞有恩赦而故犯》 凡聞知有恩赦而故犯罪者，加常犯一等。雖會赦，並不原宥。若官司聞知有恩赦，而故論決囚罪者，以故入人罪論。

黄彰健《明代律例彙編》卷二六《刑律九·雜犯·不應爲》 凡不應得爲而爲之者，笞四十。謂律令無條，理不可爲者。事理重者杖八十。

《大明律》直引所載問刑條例

一、正法令。照得近年軍民人等，或挾勢豪用强邀奪，而包攬錢糧；或彼威力拿人私家而威逼錢債；或因地土相連而姦頑改名投畝；或因風水有利而强行平挖墳座；或乘勢侵奪田園，或低貫□强買物貨，甚至業佃人等，殺死平人，而任意焚毀；窩藏盗賊，而坐地分贜，以此弊端，難以□舉。及至士〔事〕發，法司追勘，則憑文成，□而官司不敢（矣）〔挨〕拿。雖文移往復，又□□占悋不發。以致被害之人，冤苦莫申。而歷年受禁，官士稽遲，而案責不絕。雖累有通行禁約事例，視之蔑如，略無警□。合無今後軍民有被勢家侵害，及勢要衙門人役有札委，經行文，占悋，不服拘審者，所承行衙門，具實參奏。乞勅錦衣衛將犯人擒拿送官，從重罪治，庶幾法令平而軍民無冤滯之苦，事易結而官府免案牘之順〔煩〕。【略】

《明孝宗實録》弘治十五年六月〔丙午〕 管理德州等處河道右通政韓鼐，請增（漕河）之禁。凡盗決山東河防者，比罪如河南例；故決屬山、安山湖堤者，如南旺湖例，俱充軍。其包充淺夫至二人以上者，亦如冒充溜夫、閘夫充軍例。刑部覆奏，從之。

（明）卜世昌等《明通紀述遺》嘉靖三年初 壽寧人張廣犯斬且以矜

疑免死，發充邊衛永遠軍。未遣，死獄中。例當遣其子以鳳頂補。御史簡霄言：廣以情輕減死，今係死，已足其罪。又勾丁補解，是罪及子孫也。請免鳳發遣。刑部覆以聞，上是其言，著爲令。

《明世宗實録》嘉靖四十二年十二月〔戊申〕撫治鄖陽都御史吴桂芳言：盗礦之罪，得無正條，惟見《問刑條例》，又不分别首從。故有司引用，往往乖錯。乞下法司詳定。刑部議覆：自今凡盗掘礦砂者，俱比盗無人看守物。準竊盗每金沙一斤，折鈔二十貫；銀沙一斤，折鈔四貫；銅錫水銀等沙一斤，折鈔一貫；並贓分首從論罪。凡在山洞捕獲者，分爲三等。以持杖拒捕爲一等。不論人贓多寡、輕重及初犯、再犯，首從俱成邊；殺傷人，爲首者斬。雖不拒捕，若聚衆至三十人，盗贓至三十斤以上，爲二等。不分初再犯，爲首者成邊，爲從枷號三月，論罪發落。如人已及數，礦雖不及，亦坐此例。若人與礦俱不及數，或礦雖及數而人未及，爲三等。爲首初犯，枷號三月，照罪發落；再犯，亦戍邊。爲從者，止照罪發落。其非山洞捕獲，止是私家收藏，道路負背者，惟據見獲論罪，不許展轉指攀。仍刊入條例，永爲遵守。報可。

《明史》卷九三《刑法志》隆慶三年，大理少卿王諍言：問刑官每違背律例，獨任意見。如律文所謂凡奉制書，有所施行而違者杖一百，本指制詔而言。今則操軍違限，守備官軍不入直，開場賭博，概用此例。律文犯姦條下，所謂買休、賣休、和娶人妻者，本指用財買求其妻，又使之休賣其妻，而因以娶之者言也。故律應離異歸宗，財禮入官。至若夫婦不合者，律應離異；婦人犯姦者，律從嫁賣；則後夫憑媒用財娶以爲妻者，原非姦情，律所不禁。今則概引買休、賣休、和娶之律矣。所謂不應得爲而爲者，笞四十，重者杖八十。蓋謂律文該載不盡者，方用此律也。若所犯明有正條，自當依本條科斷。今所犯毆人成傷，罪宜笞，而議罪者則曰除毆人成傷，律輕不坐外，合依不應得爲而爲之事理重者律，杖八十。夫既除毆人成傷，律輕不坐，則無罪可坐矣。而又坐以不應得爲，臣誠不知其所謂。刑部尚書毛愷力争之。廷臣皆是諍議。得旨：買休、賣休，本屬姦條，今後有犯，非係姦情者，不得引用。他如故。

《明穆宗實録》隆慶四年七月〔戊寅〕都察院覆大學士陳以勤條陳處贓吏一事，請令各撫按官精覈司府以下，嚴禁貪墨，犯者即逮問參奏如法。吏部於見劾貪官，更加裁酌。贓係入己者，追出濟邊，受賕枉法者，依律例問遣，毋得庇護。上曰：禁貪屢有明旨，各撫按官未見遵奉，縱怠殊甚。茲所議俱如擬，務從實舉行。有徇情庇護者，部院劾治。

《明穆宗實録》隆慶六年三月〔辛亥〕兵科都給事中梁問孟言：國家所恃以振刷天下者，獨法耳。法一廢，則犯上作亂，其勢不可收拾，故漸弗可弗防也。頃安慶之變，雖由官軍挾憤，而蔑視法則非一朝一夕之故矣。臣請以往事證之：昔南京振武營諸軍，始以小釁致殺大臣，當時少事姑息，未經盡法，遂致稔惡不悛，當事者至今憂之。山西處撫稽覈單餉稍嚴，乃中夜鼓噪圍劫督府。浙江東陽縣催徵稍急，即聚衆歃血，震驚居民。處州生員請托不遂，毆及方面。松江童生考不與選，奪及府官。傚効成風，恬不知法，皆緣當事者曲爲掩蔽，以避己罪，而不知姑息之弊一至此極也。惟陛下鑒於往事，勑下法司，將安慶官軍盡法究治，以明憲典。仍誡天下，有違法倡亂者，所司即以實聞，勿泥激變良民之律，相率欺蔽，以隳國法。兵部覆奏，上是之，詔：今後官員軍民，有徇私挾仇，違法倡亂者，所司即擒覆奏聞，朝廷憲典具存，必不輕貸。其容隱掩飾者，聽兵部及該科參究。

《明神宗實録》萬曆六年七月〔癸酉〕刑部覆議御史崔廷試疏：今在外各處捕盗官，平時不能謹嚴，以消未形之患。及至失事，多方羅訪，刻意追求，止圖免罪邀功，不顧事之有無，人之真僞，但有捉獲，即便比刑拷訊，飾假爲真，殘命傷和，莫此爲甚。今後有强盗初獲，不得私自拷訊，擅取供辭。止將所獲人贓，呈送正官研審。除情罪真確外，如有冤抑，即與辯釋，不必候詳。若係捕役冒功，讎家攀陷者，仍將冒功攀陷之人治罪。獄成之後，司道撫按官若復有故辯明查後報情辭與原報大相矛盾可疑者，並原官一體治罪。上允行之。

《明神宗實録》萬曆八年十二月〔戊申〕工科給事中傅來鵬條上四事：嚴法制以遏貪黷。謂貪縱有司，自知贓私狼藉，多納交緊關衙門書屬。撫按、司府曲爲庇護，致舉劾不公，不肖者皆得倖免。宜嚴加申禁，犯者必懲，餘若均久任，以興吏治，專責成以惠窮民，酌積穀以修實政，皆有裨於察吏安民者。該部如議覆，上是之。

《明神宗實録》萬曆十二年二月丁卯，都察院覆蕭彥條議：一、撫

按各有職掌，巡撫主拊循，巡按主糾察。除重大事情照舊會行外，餘各舉其職，不得復相侵越。一、墨吏害民，罪贖科罰，賄賂其顯者也。而錢糧之加耗，里甲之支應，則人人被毒。其撫按叅論貪酷等官，巡按即當勘結。如官已離任，一行原任巡按究問，一行原籍巡按督發。過限不到，即據被害及干證人等研審定罪，轉行原籍追贓發落。衆證即同獄成，不許本官奏辯。得旨，允行。

《明神宗實録》萬曆十四年三月〔辛亥〕禮部覆御史徐大化題：凈身男子，不候收選，輒敢叩闕控訴。已蒙聖明洞鑒，嚴令驅逐。今後合將見在凈身人數，收管著籍。仍將年貌籍貫造用，俟内府缺人，奉旨取用。其有私自凈身者，炤例處以重典。請命司禮監，逐一清查，除額設員數炤舊外，如條新增，有缺不補。俟其漸次消減以後，非遇緊急缺人，勿輕收選。或亦可以清宫禁而杜覬覦。上從之。

《明神宗實録》萬曆十七年六月 丙申，南京吏科給事中杜華光言：盜賊竊發，有司不以時聞者，請罪有司。兵部覆：隱匿之弊，往往有之。甚至有怒失主而罪失主，怒保甲而罪保甲。又有盜已輸供，而令失主不許認證者。盜知官之必不追捕，無所忌憚，是避捕盜之條，而實貽滋盜之害。應行撫按，如有隱匿，指名叅究，旨：以盜賊行劫，有司避叅不報，撫按亦未覺察，今後該科一並叅治。

《明神宗實録》萬曆十七年八月 丙寅，詔，嚴禁匿名投揭造謗者。是時南都有傳流一書，名曰《逐客鳴冤》，中多指斥朝政之語。南給事中杜麇、徐桓以爲言，故摹茲諭云。

《明神宗實録》萬曆二十一年十一月〔戊寅〕山西巡撫吕坤條陳宗藩二要：曰嚴騙嚇之禁，曰重輔導之臣。部覆：嚴禁騙嚇，如外衙門之姦胥猾吏，嚴督易清。惟各王府差人詣闕，先有津遣之費，後又指索勒求，動至不訾。宜行知會王府各宗，將走京游棍，指稱使用名色，送官重處。則減差役之槖，即省賄騙之局矣。其重輔導之臣，在吏部慎選其人，開陞擢之途始得。上從之。

《明神宗實録》萬曆二十五年二月 乙酉，山東撫按官以該省逃犯五名，年久難獲，請將考成註銷。部覆，姑限二十五年七月以裏完銷。過限，該科叅奏以後，欽依。緝捕强盜未及十年不獲者，各撫按毋濫槩請註銷。得旨：越獄强犯，嚴行督捕，依限報完。仍通行。各撫按官，不許輕與註銷。

《明史》卷九三《刑法志》 萬曆中，左都御史吴時來申明律例六條：

一、律稱庶人之家不許存養奴婢。蓋謂功臣家方給賞奴婢，庶民當自服勤勞，故不得存養。有犯者皆稱雇工人，初未言及縉紳之家也。縉紳之家，存養奴婢，勢所不免。合令法司酌議，無論官民之家，立券用值、工作有年限者，以雇工人論；受值微少、工作計日月者，以凡人論。若財買十五以下，恩養日久，十六以上，配有室家者，視同子孫論。或恩養未久，不曾配合者，庶人之家，仍以雇工人論；縉紳之家，視奴婢律論。

一、律稱僞造諸衙門印信者斬。惟銅鐵私鑄者，故斬。若篆文雖印，形質非印者，不可謂之僞造，故例又立描摸充軍之條。以後僞造印信人犯，如係木石泥蠟之類，止引描摸之例，若再犯擬斬。僞造行使止一次、而贓不滿徒者，亦準竊盜論。如再犯引例，三犯引律。

一、律稱竊盜三犯者絞，以曾經刺字爲坐。但贓有多寡，即擬有輕重。以後凡遇竊盜，三犯俱在赦前、俱在赦後者，依律論絞。或赦前後所犯並計三次者，皆得奏請定奪。録官附入矜疑辨問疏内，並與改遣。

一、强盜肆行劫殺，按贓擬辟，決不待時。但其中豈無羅織雠扳，妄收抵罪者，以後務加參詳。或贓證未明，遽難懸斷者，俱擬秋後斬。

一、律稱同謀共毆人，以致命傷重，下手者論絞，原謀餘人各得其罪。其有兩三人共毆一人，各成重傷，難定下手及係造謀主令之人，遇在監斃者，即以論抵。今恤刑官遇有在家病故，且在數年之後者，即將見監下手之人擬從矜宥。是以病亡之軀，而抵毆死之命，殊屬縱濫。以後毋得一概準抵。

一、在京惡逆與强盜真犯，雖停刑之年，亦不時處決。乃兇惡至於殺父，即時凌遲，猶有餘憾。而在外此類反得遷延歲月，以故事當類奏，無單奏例耳。夫單奏，急詞也；類奏，緩詞也。如此獄在外數年，使其瘐死，將何以快神人之憤哉！今後在外，凡有此者，御史單詳到院，院寺單奏，決單一到，即時處決。其死者下府州縣戮其屍。庶典刑得正。

旨下部寺酌議，俱從之。惟僞造印文者，不問何物成造，皆斬。報

可。

《明神宗實録》萬曆二十九年九月〔丙午〕嚴旨申飭嚴貪官問遣之例，重道府連坐之條，遵行一年，可救民間無名之供二十餘萬。從之。

《明神宗實録》萬曆三十一年十二月〔辛卯〕刑部覆御史康丕揚條議：

一、訪獲姦徒。

一、謀害親王者，例有明條。

一、登聞鼓，非有異常冤枉者，不得擅擊。

一、山人游客，已經奉旨驅逐，不許客留。

一、罷閒官吏及亡命亡賴，訪拏正法。

一、投匿名文書，律應重辟。詔悉如議。

《明神宗實録》萬曆三十五年二月庚戌，定磨勘律，申前割卷論罪之令也。其法以鄉會試卷揭曉畢日，本生自簡續，將中式卷送部科勘封。如有誆騙人財物，割卷包許中式情弊者，俱等問，重枷三箇月，發極邊烟瘴地方充軍。其央浼營幹之人，被誆騙者，無論知情不知情，中式不中式，俱一體同罪。

《明神宗實録》萬曆三十七年六月丙子，武定推白明通之從賊脅印也，法司公訊，律文未備。於是具疏，增一死律，以爲明通罪案。疏久不下，至是，刑部復以爲請。

《明熹宗實録》天啓五年八月〔戊子〕又諭内閣：朕自去歲以來，屏逐兇邪，廓清朝寧，勵精國治，雅意中興，念國步之維艱，憫民生之日蹙，霄衣旰食，焦心勞思。而秉軸大臣，莫肯爲朕分猷共念者。且軍興告匱，斟酌何方，疆埸未寧，安攘何策？即如楊漣、左光斗等移宫一事，背先帝之深恩，陷朕躬於不孝。又熊廷弼喪遼辱國一案，便寸斬尚有餘辜，而楊漣等各納其重賄，巧求出脱。此皆天地之所不容，人臣之所切齒，即五刑不足以伸其法，九死不足以盡其愆。肆諸市朝，用彰憲典。而在朝大臣，持禄養交，徇私避禍，但顧子孫之計，不圖社稷之安。朕方率循舊章，而曰朝政日亂。朕方祖述堯舜，而曰大不相侔。以致言路各官，承望風旨，緘口結舌，無敢直明其罪者。國家養士，竟何賴焉？卿等可傳示大小官員，自今以後，務要改過自新，共維國是，掃清門户，專力封疆。敢有陰懷觀望，暗弄機關，或巧借題目，代人報讎；或捏寫飛言，希圖翻案者，朕按祖宗所立紅牌，俱治以説謊欺君之罪，必不食言。

《明熹宗實録》天啓六年六月〔己亥〕文書房傳出聖旨：照得内外各衙門官員，并書役雜色人等，所穿靴韈等件，自來恪遵祖制舊規，務宜本等，孰敢濫逾。近有無知，擅穿短臉靴韈，寬襪雲履，惟面華麗，不思禁門森嚴，原非所穿之物。自後敢有違玩不遵故蹈前轍者，該門官並巡衙巡視長隨，隨時擒拏前來奏，逸聞，從重治罪。

《刑部現行則例》卷上《名例》一、十惡案内，除謀反、謀叛犯人妻妾子女，家産應入官，父母祖孫兄弟及牽連犯人應流徙者，不準援赦，雖過熱審亦不減等，仍照律擬罪。其干連强盗謀殺故殺等罪者，軍、流、徒、杖人犯俱遵赦豁免。

一、反叛干連流罪人犯，俱流徙寧古塔。其叛案牽連流犯身故，妻子免其流徙。反案牽連流犯身故，有子者仍流徙，無子者免其流徙。

一、叛犯之孫，如有年幼不便與伊父母拆離流徙者，交與總管内務府。

一、刑部將叛犯侯滿英家僕張興等交送總管内務府等因具題。奉旨：張興等不必交與内務府，著交與户部入官。此後除叛逆旗下人口照例交與該管衙門外，其此等奴僕交與户部入官，餘依議。

《刑部現行則例》卷上《名例》一、凡謀反、謀叛之罪，照律連坐籍没。其餘情罪詳載律内，俱照律擬議。至存心陷害，借言情罪重大，誣以朋黨，妄議株連父母兄弟妻子、籍没家産者，永行禁止。若承審之人，於本罪外捏造此等言語，株連父母兄弟妻子、籍没家産者，即照故入人死罪律治罪。

《刑部現行則例》卷上《名例》一、滿州、蒙古、漢軍官員軍民人等，謀爲叛逆，殺親祖父母、父母、伯叔、兄，殺一家非死罪三人外，凡犯死罪者，查伊親父祖、伯叔、兄弟陣亡者，免死一次，及伊身出征負有重傷，軍前出征效力有據者，亦免死一次。又爲拏獲響馬强盗事具題。奉旨：强盗犯罪重大，雖有父祖、伯叔、兄弟陣亡，難以免死。嗣後强盗重罪，不得援此議免。

《刑部現行則例》卷上《名例》一、凡有軍罪之犯，果有祖父母、

父母係老疾家無以次成丁者，應責四十板。其軍罪照依流罪收贖，存留養親。

一、現審人犯內，若有年老殘疾及家無以次成丁者，俱照律完結外，其直隸各省督撫審擬具題，案內果有年老殘疾及家無以次成丁者，該督撫即行查明，取具該地方官印結，將人犯不必解部，具疏題明之日，照律收贖，免其發遣。如有非係年老殘疾及家無以次成丁者，該督撫徇情取結題免，或經科道題參，或經傍人首告，將出結地方官並該督撫一並交與該部議處。其人犯咨解到部之後，告稱年老殘疾家無以次成丁者，概不準行。

一、凡免死流犯祖父母、父母老疾無依家無以次成丁控告者，移文該地方官，確查取具印結，將流罪照旗下人例枷號兩個月責四十板，準其存留養親。如已具題案內干連軍、流、徒罪犯人，準其存留養親者，不必具題，亦照此發落。若該管官不行詳查，所報不真者，或被苦主訐告，或被傍人舉首，將本地方該管官交與該部議處。再，部題完結、部內審結及直隸各省督撫具題完結，照常審結所擬軍、流人犯、免死減等流犯，有以祖父母、父母老疾無倚無以次成丁控告者，行查該管官員、鄉約地方、十家長、兩鄰，將此等罪犯如果有祖父母、父母老疾無倚無以次成丁者，地方官出具印結前來，仍行照例準其養親外，若將無年老祖父母、父母者稱有，將有以次成丁者稱無，隱匿徇庇出結者，或原被告之人控告，或科道官指名糾參，或被傍人出首，將出結鄉約地方俱責四十板，十家長並兩鄰之人徒三年，到配所責四十板。地方各官俱交與該部議處。將有以次成丁稱無，受銀出結説事之總甲衙役俱照出結兩鄰之例徒三年，到配所責四十板。

《刑部現行則例》卷上《名例》一、盛京所招之民有犯徒流罪者，照民人例分別責治。其徒流，照旗下人分別枷號。

《刑部現行則例》卷上《名例》一、凡移來盛京、新滿洲等，若犯法，因未熟識，照新滿洲定例，著將軍審理。如過五年，仍照舊人治罪。

《刑部現行則例》卷上《名例》一、發遣流徒人犯，開寫省分、州縣、年歲及妻子年歲發遣。其直隸各省解部人犯冊內，開明省分、州縣、年歲及妻子年歲。如有旗人，並開明旗色、佐領、年歲送部。

《刑部現行則例》卷上《名例》一、雲南徒罪人犯，發本省多羅、松林等十二驛擺站。罪重者，迤東各府人犯，擬發諸鄧等井煎鹽。迤西各府人犯，擬發個舊等廠熬鉛。流罪人犯擬發四川、廣東二省安置。軍罪人犯有極邊字樣者，擬充廣西都司。無極邊字樣者，擬充貴州新添、永寧二衛守哨。其發遣人犯，年終造冊報部。

《清高宗實録》乾隆四年五月〔甲戌〕刑部議覆：巡察黑龍江等處員外郎德敏奏請頒發黑龍江默爾根城律例一部，徒罪以下，照例擬結。軍流等犯，擬定移咨將軍，覆核報部。不符提訊至斬絞重案，照例定擬解審。寧古塔、伯都訥、三姓副都統衙門一體遵行。從之。

（清）席裕福《清朝政典類纂》卷三七五《刑七・名例律・斷罪依新頒律》條例

一、律例頒佈之後，凡問刑衙門敢有恣任喜怒，引擬失當，或移情就例，故入人罪，苛刻顯著者，各依故失出入律坐罪。謹案此條乾隆五年改定。

《理藩院則例》卷四二《首告犯罪自首》一、凡犯罪自首者，照刑例分別辦理。

《宗室覺羅律例》卷下 一、紅帶子、紫帶子犯案，照旗人治罪，免其照旗人銷檔。

凡革退宗室紅帶子，革退覺羅紫帶子犯案，除係習教等重情，應另行奏明請旨辦理外，其有犯尋常罰金、徒、流、軍以及絞、斬等罪者，均由大理院照旗人之例科斷。惟遇有應照旗人之例銷除旗檔案件，應免其銷檔，仍準繫束紅帶、紫帶。但此後不準給與養贍錢糧，並一切優卹旗人之典，均不準給與。乾隆四年議準，革退宗室紅帶子，革退覺羅紫帶子，議罪俱由刑部照旗人例。

《大清律例》卷四《名例律・十惡》一曰謀反，謂謀危社稷。

二曰謀大逆，謂謀毁宗廟、山陵及宫闕。

三曰謀叛，謂謀背本國，潛從他國。

四曰惡逆，謂毆及謀殺祖父母、父母，夫之祖父母父母，殺伯叔父母、姑、兄、姊、外祖父母及夫者。

五曰不道，謂殺一家非死罪三人及支解人，若採生折割，造畜蠱毒、魘魅。

六曰大不敬，謂盗大祀神御之物、乘輿服御物，盗及僞造御寶，合和御藥誤不依本方及封題錯誤，若造御膳誤犯食禁，御幸舟船誤不堅固。

七曰不孝，謂告言咒罵祖父母、父母、夫之祖父母父母，及祖父母、父母在別籍異財，若奉養有缺，居父母喪身自嫁娶，若作樂，釋服從吉，聞祖父母、父母喪匿不舉哀，詐稱祖父母、父母死。

八曰不睦，謂謀殺及賣緦麻以上親，毆告夫及大功以上尊長、小功尊屬。

九曰不義，謂部民殺本屬知府、知州、知縣，軍士殺本管官，吏卒殺本部五品以上長官，若殺見受業師，及聞夫喪匿不舉哀，若作樂，釋服從吉及改嫁。

十曰内亂。謂姦小功以上親、父祖妾，及與和者。

《大清律例》卷三四《刑律·雜犯·私和公事》律

凡私和公事，各隨所犯事情輕重。減犯人罪二等，罪止笞五十。若私和人命、姦情，各依本律，不在此止笞五十例。

《大清律例》卷四《名例律·犯罪免發遣》律

凡旗人犯罪，笞、杖各照數鞭責。軍、流、徒免發遣，分別枷號。徒一年者，枷號二十日，每等遞加五日。總徒、準徒，亦遞加五日。流二千里者，枷號五十日，每等亦遞加五日。充軍附近者，枷號七十日；近邊者，七十五日；邊遠、沿海、邊外者，八十日；極邊、烟瘴者，九十日。

條例

一凡移來盛京、新滿洲等，若有犯法，著該將軍照新滿洲例辦理。如過五年，仍照舊人治罪。

一盛京所招之民有犯徒流軍罪者，照旗人例分別枷號。應得笞杖，仍照民例分別折責。

《大清律例》卷四《名例律·軍籍有犯》律

凡軍籍人犯罪，該徒流者，各依所犯杖數決訖。徒五等，依律發配，徒限滿日，仍發回原衛所並所隸州縣。流三等，照依地里遠近，發直省衛所並所隸州縣。附籍犯該充軍者，依律發遣。

《大清律例》卷四《名例律·犯罪得累減》律

凡一人犯罪應減者，若爲從減，謂共犯罪，以造意者爲首，隨從者減一等。自首減，謂犯法，知人欲告而自首者，聽減二等。故失減，謂吏典故出人罪，放而還獲，止減一等；首領官不知情，以失論，失出減五等，比吏典又減一等，還獲又減一等，通減七等。公罪遞減之類，謂同僚犯公罪，失於入者，吏典減三等。若未決放，又減一等，通減四等。首領官減五等，佐貳官減六等，長官減七等之類。並得累減而復減。如此之類，俱得累減科罪。

《大清律例》卷四《名例律·常赦所不原》律

凡犯十惡、殺人、盜係官財物，及强盜、竊盜、放火、發塚、受枉法不枉法贓、詐僞、犯姦、略人、略賣、和誘人口，若姦黨及讒言左使殺人、故出入人罪，若知情故縱聽行、藏匿、引送，說事過錢之類一應實犯，皆有心故犯。雖會赦並不原宥。其過誤犯罪，謂過失殺傷人、失火及誤毀、遺失官物之類。及因人連累致罪，謂因别人犯罪，連累以得罪者，如人犯罪失覺察、關防、鈐束，及干連、聽使之類。若官吏有犯公罪，謂官吏人等因公事得罪及失出入人罪，若文書遲錯之罪，皆無心誤犯。並從赦宥。謂會赦皆得免罪。其赦書臨時欽定實犯等罪名特賜宥免，謂赦書不言常赦所不原，臨時定立罪名寬宥者，特從赦原。及雖不全免減降從輕者，謂降死從流、流從徒、徒從杖之類。不在此限。謂皆不在常赦所不原之限。

條例

一、凡殺死本宗緦麻以上尊長及外姻小功尊屬者，俱不準援赦。

一、番役誣陷無辜，妄用腦箍及竹簽、烙鐵等刑致斃人命者，以故殺論，不準援赦。

一、誣告叛逆，被誣之人已決者，誣告之人擬斬立決；被誣之人未決者，擬斬監候，不準援赦，俱不及妻、子、家産。

一、誣告平民，因而拖累致死三人以上者，以故殺論，不準援赦。

一、凡關係軍機、兵餉事務，俱不準援赦寬免。關係行間兵餉者乃坐。

一、以赦前事告言人罪者，以其罪罪之。若干係錢、糧、婚姻、田土等項罪，雖遇赦寬免，事須究問明白。應進取者仍行進取，應改正者仍行改正。

一、捕役誣拿良民及曾經犯竊之人，威逼承認，除被誣罪名遇赦尚準援免者，其反坐之番役亦得援赦免罪外，若將平民及犯竊之輕罪人犯，逼認爲謀殺、故殺、强盜者，將捕役照例充軍，遇赦不準援免。

一、凡遇恩詔内開有軍、流俱免之條，其和同誘拐案内係民人改發烟瘴少輕地方者，既準寬免，係旂下家人於誘拐案内發遣爲奴，人犯亦許一體援免。

《大清律例》卷四《名例律·流犯在道會赦》律

凡流犯在道會赦，赦以奉旨之日爲期，必於程限内未至配所會赦者，方準赦回。若雖未至配所，計行程過限者，不得以赦放。恐姦徒有意遷延，謂如流三千里，日行五十里，合該六十日程，未滿六十日會赦，不問已行遠近，並從赦放；若從起程日至奉旨日，總計有違限者，不在赦限。若在道有故者，不用此律。有故謂如沿途患病或阻風、被盗，有所在官司保勘文憑者，皆聽除去事故日數，不入程限，故云不用此律。若於途中曾在逃，雖在程限内，遇赦亦不放免。其逃者身死，所隨家口願還者聽。遷徙安置人準此。軍罪亦同。

其流犯及遷徙安置人已至配所，及犯謀反、叛逆緣坐應流，若造畜蠱毒、採生折割人、殺一家三人會赦猶流者，並不在赦放之限。

其徒犯在道會赦及已至配所遇赦者，俱行放免。流犯加徒者，亦免加徒。

《大清律例》卷五《名例律·犯罪自首》 律

凡犯罪未發而自首者，免其罪，若有贓者，其罪雖免，猶徵正贓。謂如枉法、不枉法贓，徵入官。用强生事逼取、詐欺、科斂、求索之類及强竊盗贓，徵給主。其輕罪雖發，因首重罪者，免其重罪。謂如竊盗事發，自首又曾私鑄銅錢，得免鑄錢之罪，止科竊盗罪。若因問被告之事，而別言餘罪者，亦如上科之。止科見問罪名，免其餘罪，謂因犯私鹽事發被問，不加拷訊，又自別言曾竊盗牛，又曾詐欺人財物，止科私鹽之罪，餘罪俱得免之類。

其犯人雖不自首，遣人代首，若於法得相容隱者之親屬爲之首，及彼此詰發互相告言，各聽如罪人身自首法。皆得免罪。其遣人代首者，謂如甲犯罪，遣乙代首，不限親疏，亦同自首免罪。若於法得相容隱者爲首，謂同居及大功以上親，若奴婢僱工人爲家長首及相告言者，皆與罪人自首同得免罪。卑幼告言尊長，尊長依自首律免罪，卑幼依干犯名義律科斷。若自首不實及不盡者，重情首作輕情，多贓首作少贓。以不實不盡之罪罪之；自首贓數不盡者，止計不盡之數科之。至死者，聽減一等。其知人欲告及逃如逃避山澤之類。叛是叛去本國之類。而自首者，減罪二等坐之。其逃叛者，雖不自首，能還歸本所者，減罪二等。

其損傷於人，因犯殺傷於人而自首者，得免所因之罪，仍從本殺傷法。本過失者，聽從本法。損傷於物不可賠償，謂如棄毀印信、官文書、應禁兵器及禁書之類，私家既不合有，是不可償之物，不準首。若本物見在首者，聽同首法免罪。事發在逃，已被囚禁越獄在逃者，雖不得首所犯之罪，但既出首，得減逃走之罪二等，正罪不減。若逃在未經到官之先者，本無加罪，仍得減本罪二等。若私越度關及姦者，並不在自首之律。

若强竊盗詐欺取人財物，而於事主處首服，及受人枉法、不枉法贓，悔過回付還主者，與經官司自首同，皆得免罪。若知人欲告，而於財主處首還者，亦得減罪二等。其强竊盗若能捕獲同伴解官者，亦得免罪，又依常人一體給賞。强竊盗自首免罪後再犯者，不準首。

條例

一、小功緦麻親首告，得減罪三等。無服之親減一等。其謀反、叛逆未行，如親屬首告或捕送到官者，正犯俱同自首律免罪。若已行者，正犯不免，其餘緣坐人亦同自首律免罪。

一、在監斬絞重囚有因變逸出旋即投歸者，除不準自首之犯仍照原擬治罪外，餘俱免死，杖一百發落。其自行越獄及看守通同賄縱者，雖投歸，不在此例。

一、被擄從賊不忘故土、乘間來歸者，俱著免罪。

一、凡遇强盗係親屬首告到官，審其聚衆不及十人及止行劫一次者，依律免罪，減等擬斷發落。若聚衆至十人及行劫累次者，係大功以上親屬首告，發附近；小功以下親屬首告，發邊衛各充軍。其親屬本身被劫，因而告訴到官者，依親屬相盗律科罪，不在此例。

一、竊盗自首不實、不盡，及知人欲告而於財主處首還，律該減等擬罪者，俱免刺。

一、凡强盗，除殺死人命、姦人妻女、燒人房屋，罪犯深重不準自首外，其餘雖曾傷人隨即平復者，亦姑準自首，照兇徒執持兇器傷人例，問邊遠充軍。其放火燒人空房及田場積聚之物者，依律問流。若計所燒之物重於本罪者，發近邊充軍。若事主傷重，雖幸未死，不準自首。

一、凡强盗行劫數家而只首一家者，除所劫數家内若係盗首及殺死人命、姦人妻女、燒人房屋等項例不準自首者，仍分別定擬外，如俱係例準自首之罪，將本犯免死，應發黑龍江給新滿洲披甲之人爲奴者，照徒流遷徙地方條下分別發遣之例問發。

一、强盗爲首並窩綫於未經到官之先，自行陳首，請旨酌其情罪，量從寬減。若跟隨爲盗、並未傷人之犯自行出首，將伊應得之罪悉行寬免。

一、不論强、竊盗犯，有捕役帶同投首者，除本犯不準寬減外，仍將捕役嚴行審究，倘有教令及賄求、故捏情弊，將捕役照受財故縱律治罪。

一、强盗同居之父兄伯叔與弟，明知爲非或分受贓物者，許其據實出首，均準免罪。本犯亦得照律減免發落。

《大清律例》卷五《名例律·二罪俱發以重論》　律

凡二罪以上俱發，以重者論。罪各等者，從一科斷。若一罪先發，已經論決，餘罪後發，其輕若等，勿論。重者，更論之，通計前所論決之罪，以充後發之數。謂如二次犯竊盗，一次先發，計贓一十兩，已杖七十；一次後發，計贓四十兩，該杖一百，合貼杖三十。如有禄人，節次受人枉法贓四十兩，內二十兩先發，已杖六十，徒一年；二十兩後發，合併取前贓通計四十兩，更科全罪徒三年。不枉法贓及坐贓，不通計全科。其應贓入官、物賠償、盗刺字、官罷職、罪止者，罪雖勿論，或重科、或從一，仍各盡本法。謂一人犯數罪，如枉法、不枉法贓，合入官；毁傷器物，合賠償；竊盗，合刺字；職官私罪杖一百以上，合罷職；無禄人不枉法贓一百二十兩以上，罪止杖一百，流三千里之類，各盡本法擬斷。

《大清律例》卷五《名例律·犯罪共逃》　律

凡犯罪共逃亡，其輕罪囚能捕獲重罪囚而首告，及輕重罪相等但獲一半以上首告者，皆免其罪。以上指自犯者言，謂同犯罪事發，或各犯罪事發，而共逃者，若流罪囚能捕死罪囚，徒罪囚能捕流罪囚首告；又如五人共犯罪在逃，內一人能捕二人而首告之類，皆得免罪。若損傷人及姦者不免，仍依常法。其因他人犯罪連累致罪，而正犯罪人自死者，連累人聽減本罪二等。以下指因人連累而言，謂因别人犯罪，連累以得罪者，如藏匿引送資給罪人，及保勘供證不實，或失覺察關防鈐束聽使之類，其罪人非被刑殺而自死者，又聽減罪二等。若罪人自首告得免，及遇赦原免，或蒙特恩減罪、收贖者，連累人亦準罪人原免減等贖罪法。謂因罪人連累以得罪，若罪人在後自首告，或遇恩赦全免，或蒙特恩減一等、二等或罰贖之類，被累人本罪亦各依法全免、減等、收贖。

《大清律例》卷五《名例律·共犯罪分首從》　律

凡共犯罪者，以先造意一人爲首，依律斷擬。隨從者，減一等。

若一家人共犯，止坐尊長。若尊長年八十以上及篤疾，歸罪於共犯罪以次尊長。如無以次尊長，方坐卑幼。謂如尊長與卑幼共犯罪，不論造意，獨坐尊長，卑幼無罪，以尊長有專制之義也。如尊長年八十以上及篤疾，於例不坐罪，即以共犯罪次長者當罪。又如婦人尊長與男夫卑幼同犯，雖婦人爲首，仍獨坐男夫。侵損於人者，以凡人首從論。造意爲首，隨從爲從。侵謂竊盗財物，損謂鬥毆殺傷之類，如父子合家同犯，並依凡人首從之法，爲其侵損於人，是以不獨坐尊長。若共犯罪而首從本罪各别者，各依本律首從論。仍以一人坐以首罪，餘人坐以從罪，謂如甲引他人共毆親兄，甲依弟毆兄，杖九十，徒二年半；他人依凡人鬥毆論，笞二十。又如卑幼引外人盗己家財物一十兩，卑幼以私擅用財加二等笞四十，外人依凡盗從論杖六十之類。

若本條言皆者，罪無首從；不言皆者，依首從法。

其同犯擅入皇城宫殿等門，及同私越度關，若同避役在逃，及同犯姦者，律雖不言皆，亦無首從。謂各自身犯，是以亦無首從，皆以正犯科罪。

《大清律例》卷五《名例律·犯罪事發在逃》　律

凡二人共犯罪而有一人在逃，現獲者稱逃者爲首，更無人證佐，則但據其所稱決其從罪。後獲逃者稱前獲之人爲首，鞫問是實，還將前人依首論，通計前決之罪，以充後問之數。

若犯罪事發而在逃者，衆證明白，或係爲首，或係爲從。即同獄成，將來照提到官，止以原招決之。不須對問。仍加逃罪二等，逃在未經到官之先者，不坐。

條例

一、凡該斬絞之犯事發到官，負罪潛逃被獲者如原犯情罪重大，至秋審時無可寬緩者，改爲立決。若原犯情罪尚有可原，懼罪潛逃，仍照本罪擬爲監候。其知情藏匿罪人者，照律治罪。知情之鄰保甲長，俱杖八十。該地方官稽查不力者，交部議處。如有屬員藏匿罪人、該管上司不行糾參者，亦交部議處。

一、各處將軍每年派官二員、驍騎校二員，帶領領催、兵丁，專緝逃人。除明知故縱、受賄賣放者交部治罪外，其不實力緝拿者，另委能員追緝。仍將發遣人犯並八旗家人私自逃走者每月造册報部。每於歲底將已獲幾名、未獲幾名，或並無脱逃、或脱逃後盡數全獲，應行議處、議敘之處，逐一分晰，匯行具奏。刑部會同兵部核覆具題，恭候欽定。

一、免死減等發遣人犯，如不服伊主管束，脱逃後復犯行兇爲匪者，照原犯死罪即行正法。如非不服伊主管束，或因覓食，或因思親等事潛逃，並無行兇爲匪之處，遞回發遣處，枷號三個月，鞭一百。其平常發遣人犯如逃走後復行兇爲匪，即照現在所犯定擬。如犯該斬候者，改爲立斬；犯該絞候者，改爲立絞；犯該軍流發遣者，改爲絞監候；犯該徒罪者，遞回發遣處，枷號三個月；罪止笞杖者，遞回發遣處，枷號兩個

月，並無行兇爲匪者，遞回發遣處，枷號一個月，俱鞭一百。其例應立決者，拿獲之日，令該地方官審明該犯原犯情罪、逃走年月，並分給爲奴之旗色佐領及伊主姓名，照例定擬，詳報督撫具題，該部逐一查覈確實，會議題覆，將該犯即在拿獲地方正法。仍行文發遣處，出示曉諭。

《大清律例》卷五《名例律·充軍地方》律

凡問該充軍者，附近，發二千里；近邊，發二千五百里；邊遠，發三千里；極邊、煙瘴，俱發四千里。定地發遣充軍人犯，在京，兵部定地；在外，巡撫定地，仍抄招知會兵部。

直隸布政司府分發山東附近、山西附近、近邊、江南附近、近邊、邊遠、湖廣附近、近邊、邊遠、陝西附近、近邊、邊遠、極邊、浙江近邊、邊遠、極邊、江西極邊、廣東煙瘴地方。

江南布政司府分發湖廣附近、山東附近、近邊、浙江附近、近邊、陝西附近、近邊、邊遠、極邊、直隸附近、近邊、邊遠、山西近邊、極邊、廣東邊遠、極邊、煙瘴地方。

山東布政司府分發登州府附近、直隸附近、近邊、江南附近、近邊、邊遠、山西附近、近邊、邊遠、浙江附近、近邊、邊遠、極邊、陝西近邊、邊遠、極邊、廣東煙瘴地方。

山西布政司府分發山東附近、近邊、江南附近、近邊、邊遠、陝西附近、近邊、邊遠、極邊、湖廣附近、近邊、邊遠、極邊、浙江邊遠、極邊、江西邊遠、廣東極邊、煙瘴地方。

河南布政司府分發山東附近、山西附近、近邊、湖廣附近、近邊、直隸附近、江南附近、近邊、邊遠、極邊、陝西附近、近邊、邊遠、極邊、浙江附近、近邊、邊遠、極邊、廣東邊遠、極邊、煙瘴地方。

陝西布政司府分發寧夏衛、河州衛附近、直隸附近、山西附近、本都行都司附近、近邊、邊遠、山東附近、近邊、邊遠、極邊、湖廣附近、近邊、邊遠、極邊、江南近邊、邊遠、極邊、廣東邊遠、極邊、煙瘴地方。

浙江布政司府分發附近、近邊、邊遠、山東附近、近邊、邊遠、湖廣附近、近邊、邊遠、直隸近邊、邊遠、極邊、山西極邊、陝西極邊、廣東煙瘴地方。

江西布政司府分發山東附近、浙江附近、湖廣附近、近邊、廣東附近、近邊、邊遠、直隸近邊、邊遠、極邊、山西極邊、陝西極邊、四川極邊地方。

湖廣布政司府分發襄陽府附近、江西附近、近邊、浙江附近、近邊、邊遠、四川附近、邊遠、江南附近、近邊、邊遠、極邊、山西附近、近邊、邊遠、極邊、陝西附近、近邊、邊遠、極邊、直隸近邊、邊遠、廣東附近、近邊、邊遠、極邊、煙瘴地方。

福建布政司府分發浙江附近、江西附近、江南附近、近邊、邊遠、廣東附近、近邊、邊遠、湖廣附近、極邊、山東近邊、邊遠、極邊、直隸邊遠、極邊、四川極邊地方。

廣東布政司府分發潮州府附近、湖廣附近、近邊、邊遠、極邊、山西極邊、四川極邊、山東極邊地方。

廣西布政司府分發江西附近、近邊、邊遠、湖廣附近、近邊、邊遠、四川近邊、邊遠、極邊、山西極邊、陝西極邊、浙江極邊、廣東附近、近邊、邊遠、極邊、煙瘴地方。

四川布政司府分發越嶲衛附近、陝西附近、近邊、邊遠、極邊、湖廣附近、近邊、邊遠、極邊、江南近邊、邊遠、極邊、山西極邊、浙江極邊、廣東近邊、邊遠、極邊、煙瘴地方。

貴州布政司府分發四川附近、江西附近、近邊、湖廣附近、近邊、陝西附近、近邊、邊遠、極邊、江南近邊、邊遠、極邊、浙江近邊、邊遠、極邊、山西極邊、廣東附近、近邊、邊遠、極邊、煙瘴地方。

雲南布政司府分發廣東附近、近邊、邊遠、極邊、煙瘴、湖廣近邊、邊遠、陝西邊遠、極邊、江西極邊地方。

條例

一、凡問發邊外爲民者，僉妻起發。如原係邊外、邊境民人，俱發別處邊外。

一、凡充省及邊外爲民人犯，屬軍衛者，軍衛僉解；屬有司者，有司僉解。

一、凡各省充軍人犯，除發現在各衛所外，其有應發之衛所已改設州縣者，亦照舊發遣。仍注軍籍當差，以該州縣爲專管，該府爲統轄。如有脫逃，疏縱，將該府、州、縣職名查參。

一、犯該邊衛永遠充軍者，改爲邊遠充軍。犯該邊遠充軍者，改爲煙瘴充軍。若該犯離家四千里外並無煙瘴，即發極邊充軍。犯該極邊、煙瘴

永遠充軍者，亦止發極邊、煙瘴充軍。

《大清律例》卷三四《刑律・雜犯・不應為》 律

凡不應得爲而爲之者，笞四十；事理重者，杖八十。律無罪名，所犯事有輕重，各量情而坐之。

（清）席裕福《清朝政典類纂》卷三七四《刑六・名例律・親屬相為容隱》 條例

一、父爲母所殺，其子隱忍，於破案後始行供明者，照不應重律杖八十。如經官審訊猶復隱忍不言者，照違制律杖一百。若母爲父所殺，其子仍聽依律容隱免科。謹按：此條乾隆五十三年遵旨定例。

（清）席裕福《清朝政典類纂》卷三七五《刑七・名例律・加減罪例》 條例

一、凡例應枷責之犯，奉旨改爲發遣者，俱免其枷責之罪。謹按：此條乾隆五年遵照雍正三年諭旨纂定。

一、審擬罪名，除奉特旨發遣黑龍江、新疆等處外，其餘罪應軍流徒杖人犯，悉照本條律例問擬，不得用不足蔽辜、無以示懲、從重加等及加數等字樣，擅擬改發新疆等處，並不準用雖、但字樣抑揚文法，其案情錯出，律無正條，應折衷至當，援引他律例比附酌核。或實在案情重大，罪浮於法，仍按本律例擬罪，均於疏内聲明，恭候聖裁，至律例内如拒捕脱逃等項，載明照本罪加等者，仍各遵照辦理。嘉慶六年修改，十九年復奉頒修。

（清）嵇璜等《清朝通志》卷七六《刑法略・刑制》 刑制律綱凡明刑敕法，其文有二，曰律，曰例。律以定罪，例以輔律。律編爲六，曰吏、户、禮、兵、刑、工。吏律二，曰職制，曰公式。户律七，曰户役，曰田宅，曰婚姻，曰倉庫，曰課程，曰錢債，曰市廛。禮律二，曰祭祀，曰儀制。兵律五，曰宫衞，曰軍政，曰關津，曰廄牧，曰郵驛。刑律十一，曰賊盗，曰人命，曰鬥毆，曰罵詈，曰訴訟，曰受贓，曰詐僞，曰犯姦，曰雜犯，曰捕亡，曰斷獄。工律二，曰營造，曰河防。總律之大，凡別爲一編，曰名例，首列律目及律母八字之義，曰以。以者，與實犯同。謂如監守貿易官物，無異正盗，故以枉法論，以盗論，並除名刺字，罪至斬絞並全科。曰準。準者，與實犯有間，謂如準枉法，準盗論但準其罪不在除名刺字之例，罪止杖一百，流三千里。曰皆。皆者，不分首從一等科罪。謂如監臨主守職役同情，盗所監守官物並贓論數滿皆斬之類。曰各。各者，彼此同科此罪。謂如各色人匠撥赴内府工作。若不親自應役，雇人冒名。私自代替及替之人各杖一百之類。曰其。其者，變於先意。謂如論八議罪犯，先奏請議其犯十惡不用此律之類。曰及。及者，因類而推。謂如彼此皆罪之贓及應禁之物則入官之類。曰即。即者，意盡而復明。謂如犯罪事發在逃者，衆證明白即同獄成之類。曰若。若者，文雖殊而會上意。謂如犯事未老疾，事發時老疾，以老疾論。若在徒年限内老疾者，亦如之之類。次列六贓、納贖、收贖、五刑及獄具、喪服諸圖。次曰十惡：一謀反，二謀大逆，三謀叛，四惡逆，五不道，六大不敬，七不孝，八不睦，九不義，十内亂。次曰八議：一議親，二議故，三議功，四議賢，五議能，六議勤，七議貴，八議賓。凡應議者犯罪，實封奏聞，取旨不許擅自勾問。若奉旨推問者開具所犯及應議之狀，先奏請議定，奏聞取自上裁，其犯十惡者不用此律，應議者之祖父母、父母、妻及子孫犯罪亦如之。若皇親國戚及功臣之外祖父母、伯叔父母、姑、兄弟、姊妹、女壻、兄弟之子，若四五品官之父母、妻及應合襲廕子孫犯罪，從有司依律追問，議擬上請。其犯十惡録坐及姦盗、殺人、受財、枉法者，不用此律。其餘親屬、奴僕、管莊、佃甲倚勢虐害良民，凌犯官府者，加常人罪一等，止坐犯人，不在奏請之律。若各衙門追問之際，占恡不發者，並聽當該官司實封奏聞區處。凡已革宗室之紅帶，已革覺羅之藍帶，犯事治罪與旗人無異，刑部照例枷號鎖禁完結。其宗室覺羅犯事時身繫黄紅帶者，依宗室覺羅例。若繫藍帶及不繫帶者，即照常人例治罪。凡毆宗室覺羅者，雖無傷，杖六十，徒一年。傷者杖八十，徒二年。折傷以上，本罪有重於杖八十徒二年者，加凡鬥毆二等，止杖一百，徒三年。緦麻以上各遞加一等。篤疾者，絞監候。死者，斬監候。除審明宗室覺羅並未與人争較，而常人尋釁擅毆者，仍照律治罪外，如輕入茶坊、酒肆滋事召侮，或與人鬭毆先行動手毆人者，不論曾否腰繫黄紅帶，其相毆之人即照尋常鬭毆律一體定擬。其宗室覺羅應得罪名，刑部按律定擬。犯該軍流徒罪者，照例鎖禁拘禁。犯該杖笞應否折罰錢糧之處，宗人府量其情節，如情罪可惡者，在宗人府的決，不準折罰，其應圈禁者，即革去四品頂帶。凡内外文武大小官有犯公私罪名，所司開具事由，實封奏請，不許擅自勾問。若許推問，依

律議擬，奏聞區處，仍候覆準，方許判決。若所屬官被本管官司非理凌虐，亦聽開具實蹟實封，徑自奏陳。官犯公罪應笞者一十罰俸一月，二十、三十各遞加一月，四十、五十各遞加三月，應杖者六十，罰俸一年，七十降一級，八十降二級，九十降三級，皆留任，一百降四級調用，吏典犯者，笞杖決訖，仍留役。官犯私罪應笞者，一十罰俸兩月，二十罰俸三月，三十、四十、五十各遞加三月，應杖者六十降一級，七十降二級，八十降三級，九十降四級，皆調用，一百革職離任。吏典犯者，杖六十以上，罷役。凡任滿、得代、改除、致仕等官，與見任同。封贈官與其子孫，正官同婦人，犯夫及義絶者，得與其子之官品同犯罪者，各依職官犯罪律擬斷。無官犯罪，有官事發，公罪笞杖以上，依律納贖。卑官犯罪，遷官事發，在任犯罪，去任事發，公罪笞以下，依律降罰，杖一百，以上依律科斷。本案黜革、笞杖以上折贖皆免。若事於埋没錢糧，遺失官物，雖屬公罪，事須追究明白，但犯一應私罪，並論如律。其吏典有犯公私罪名，各依本律科斷。文武官犯私罪，罷職不叙，追奪誥敕，削去仕籍，除名者官爵皆除。僧道犯罪曾經決罰者，追收度牒，並令還俗。軍民竈户各從本色，發還原籍，當差定加減之法，加者就本罪上加重，減者就本罪上減輕，惟二死三流，各同爲一減，加者數滿乃坐。又加罪止於杖一百，流三千里，不得加至於死，本條加入死者依本條。凡同僚犯公罪者，並以吏典爲首，首領官減吏典一等，佐貳官減首領官一等，長官減佐貳官一等。若同僚官一人有私，自依故出入人罪論，其餘不知情者止依失出入人罪論。若下司申上司事有差誤，上司不覺失錯準行者，各遞減下司官吏罪二等。若上司行下所屬依錯施行者，各遞減上司官吏罪三等，亦各以吏典爲首。凡一人犯罪，其於律應減者，若爲從減、自首減、故失減、公罪遞減之類，並得累減。凡共犯罪以先造意者爲首，隨從者減一等。若一家人共犯罪，止坐尊長，尊長年在八十以上及篤疾，則歸罪以次尊長，如無以次尊長，方坐卑幼。婦人有犯，罪坐男夫。侵損於人者，以凡人首從論。若共犯罪而首從本罪各别者，各依本律首從論。本條言皆者罪無首從，不言皆者依首從法。其同犯擅入皇城宫殿等門及同私越度關，同避役在逃及同犯姦者，律雖不言皆，亦無首從。二人共犯罪而有一人在逃，現獲者稱逃者爲首，更無證佐，則決其從罪。後獲逃者稱前獲人爲首，鞫問得實，還將前人依首論，通計前決之罪以充後問之數。若犯罪事發，而在逃者衆證明白，或係爲首或係爲從，即同獄成將來照提到官，止以原招決之，不須對問。凡二罪以上俱發，以重者論，罪各等者從一科斷。若一罪先發，已經論決，餘罪後發，其輕若等勿論，重者更論之，通計前所論決之罪以充後發之數。其贓應入官，物應賠償，盗應刺字，官應罷職，罪止者各盡本法。犯罪已發未論決又犯罪者，從重論，已徒已流而又犯罪者，依律再科，後犯之罪不在從重科斷之限。其重犯流者，三流並決杖一百，於配所拘役四年。若已徒而又犯徒者，依後所犯杖數決訖，照徒年限應役，亦總不得過四年。又犯杖罪以下，亦各依數決之，其應加杖者亦如之。本條别有罪名與名例不同者，依本條科斷。若本條雖有罪名，其心有所規避罪重者，自從所規避之罪論。其本應罪重而犯時不知者，依凡人論。本應輕者聽從本法。以五服參情法，故具喪服圖。凡親屬有得相容隱之條，同居不限籍之同異，雖無服者皆是。若别居大功以上親及外祖父母、外孫、妻之父母、女壻，若孫之婦、夫之兄弟及兄弟妻有罪，彼此得相爲容隱，奴婢雇工人爲家長隱者，皆勿論。若漏洩其事及通報消息，致令罪人隱匿逃避者，亦不坐。其小功以下相容隱及漏洩其事者減凡人三等，無服之親減一等。若犯謀叛以上者，不用此律。定讀律之準。凡律令垂爲法守，内外諸司百執事不得妄生意見，變更成法，歲終各從上司考校，有不能講解律義者，論罰有差。律中稱乘輿車駕御物者，尚方服御之物並同。稱制者，懿旨令旨並同。稱期親祖父母者，曾高同。稱孫者，曾元同。適孫承祖與父母同緣坐者，各依祖孫本法。其適母、繼母、慈母、養母，與親母同。稱子者，男女同。緣坐者，女不同。稱與同罪者，止坐其罪。正犯至死者，同罪之人得減一等，不在刺字、斬絞之律。若受財、故縱，與同罪者全科，其故縱、謀反、叛逆者皆依本律。稱罪同者，至死不減等。稱監臨者，内外諸司統攝所屬文案相涉及别處駐劄衙門看管兵糧水利之類，雖非牧民官，但有事在手者，即爲監臨。稱主守者，内外各衙門該管文案吏典，專主掌其事及守掌倉庫、獄囚、雜物之類，官吏、庫子、斗級、攢攔、禁子並爲主守。其職非統屬，但臨時差遣、管領、提調者皆是。稱一日者，以百刻計工者，從朝至暮不以百刻爲限，稱年者以三百六十日，稱人年者以籍爲定，稱衆者三人以上，稱謀者二人以上，謀狀顯著明白者一

人同二人之法，稱道士女冠者僧尼同。若於受業師與伯叔父母同贓有六項罪，分四等，曰監守盜，曰常人盜，曰枉法，曰不枉法，曰竊盜，曰坐贓。監守自盜最重，常人盜枉法贓次之，竊盜不枉法又次之，坐贓爲輕。監守人盜所監守之物故曰自盜，不分首從並贓論罪，一兩以下杖八十，每二兩五錢加一等，至流則每五兩加一等，遞加至三十兩，杖一百，流三千里。雜犯三流總徒四年，數滿四十兩斬，雜犯準徒五年。若盜漕糧入己滿六百石及盜倉庫錢糧入己一千兩以上者，均擬斬候。常人盜官之財，枉法盜官之法，情同而罪亦同，一兩以下杖七十，每五兩加一等，二十兩至四十兩俱五徒，遞加至五十五兩杖一百，流三千里。常人盜雜犯三流，總徒四年，贓至八十兩絞。雜犯準徒五年，枉法贓至八十兩，有禄人實犯絞，無禄人至一百二十兩亦實犯絞。常人盜漕糧入己滿六百石並盜餉至一百兩以上者，始擬絞候。不枉法與竊盜同科，謂均非其有而取之，故其罪同。一兩以下杖六十，每十兩加一等，遞加至一百二十兩以上，絞。不枉法贓，無禄人減一等，罪止杖一百，流三千里。有禄人贓至一百二十兩以上始實犯絞，與竊贓滿貫分首從同坐贓致罪，謂本非入己之贓而坐以致主者通算全科，各計入己之數，不枉法折半科罪，各計入己之數。竊盜贓之，一兩以下笞二十，每十兩加一等，至徒罪則每百兩加一等，遞加至五百兩，罪止杖一百，徒三年。監守盜、常人盜皆不分首從並贓論枉法贓各以一主爲重並贓論罪，而分首從，坐贓各主者通算折半科罪。凡彼此俱罪之贓及犯禁之物則入官，若取與不和，用强生事，逼取求索之贓，並還主，以贓入罪。正贓見獲者，官物還官，私物給主，已費用者，若犯人身死勿征，餘皆征之。

（清）蔣超伯《爽鳩要録》卷一　凡職官犯至大辟，無論罪名情節輕重，俱入情實。嘉慶四年，刑部奏官員一項，必須身列仕版現食俸禄者，若僅係戴榮身，有職無任，並未經食俸之員，有犯，仍分情節輕重，定擬實緩以常犯論。

凡有關服制等項，如毆死期親尊長及刃傷期親尊長並子孫妻妾奴婢，過失殺祖父母、父母、夫家長等案，係立決改監候者，俱另歸服制册，擬入情實。其尊長僅令毆打，卑幼輒疊毆，多傷致死，問擬斬候之案。嘉慶四年奏明，亦歸服制辦理。又刃傷期親尊長案內訊非有心干犯，及悞傷者。嘉慶八年，始定絞候之例，亦入服制册。又子孫妻妾違犯數令，致祖父母、父母、夫抱忿自盡，及逼迫期親尊長，致令自盡之案。十四年奏準，亦入服制册辦理。

凡殘毁有服尊長死屍者，應入情實。不入服制册。

凡誤傷期功尊長，犯時不知，照鬭殺者應擬緩決。盜官物等項，犯時不知者仿此。

凡毆死本宗緦麻尊屬之案，刃傷者向俱入實。如救親情切，或致斃蔑倫尊長，並情急搪抵傷輕，及戳止一傷，死非徒手者，雖屬刃傷，亦可酌量入緩。若理直及手足他物傷輕者，應入緩決，若鐵器傷重，及他物傷多者，雖釁起理直，亦不輕擬緩決。再親屬重姦不重盜。若毆死行竊尊長，並因錢債細故而行毆，情兇傷重者，俱不應率行入緩。

凡毆本宗緦麻尊長至篤疾之案，究無人命，與刃傷期親尊長不同。其情節略有可原者，似應緩決。

凡毆死外姻緦麻親，視常人只差一間，不得與本宗並論。如刃傷及他物傷多，俱應核其情傷輕重，分别實緩。設常鬭略加兹。

凡毆死同居繼父母及毆死小功母舅之案，應入情實，如係救父救母，並傷近於誤，及情同抵格，適傷致斃者，亦可緩決。

凡毆死妻父母之案，如係負恩昧良，逞忿行兇者，應入情實，其餘理直情急，金刃一二傷，及他物傷，無損折者，亦可緩決。

凡因姦盜致縱容之祖父母、父母被人殺死者，俱入情實。致翁姑被殺者，近亦有酌緩成案。

凡因姦致本夫羞忿自盡者，俱入情實。

凡姦夫謀故及拒捕致斃本夫，姦婦不知情之案，如事後仍與姦夫續姦，或跟隨同逃，並以戀姦忘仇論，被逼同逃，並非戀姦，近多緩案。此外又致其父兄被殺及另釀多命者，俱入情實。其餘畏罪支飾不首，或被姦夫恐嚇隱忍，無前項戀姦忘仇情事，及僅釀旁人一命，無關服制者，均可緩決。

凡因姦殺死子女滅口之案，親母不論有無子嗣，入於緩決，永遠監禁。嫡母、繼母、嗣母如致夫絕嗣者，俱入情實。未絕嗣者，入於緩決，永遠監禁。其嫡母、繼母、嗣母非理毆殺庶生及前妻之子，致夫絕嗣，應絞候

者，俱入緩決。如係故殺及爲已子圖占財產官職而殺，嫡母緩決，繼母情實，例內已有明文，應查例照辦。

凡姑抑媳，同陷邪淫，致斃媳命者，應入情實。

凡謀故殺期親以下卑幼及卑幼之婦各案。如圖詐圖賴，爭繼爭產，畏累憎嫌，並因錢債田土，口角細故，逞忿殘殺，或非理欺淩者，俱入情實。若情因管教，一時觸忿，並死者理曲情兇，及致斃爲匪玷辱祖宗卑幼者，俱可緩決。其毆死功緦卑幼，應絞候者，非情節實在慘忍，不必遽行議實。

凡謀故殺義子並僱工及白契所買恩養未久奴婢，如有圖詐圖賴，憎嫌畏累等情。及死太幼穉，或恩養未久者，應入情實。其餘俱可緩決。

凡妻謀故殺妾之案。如無圖詐圖賴及妒慘重情者，俱可緩決。

凡婦女毆死夫緦麻以上尊長之案，理直情急，或傷輕者，俱可入緩決。不入服制册

凡婦女謀故殺夫卑幼之案，如圖詐圖賴，憎嫌畏累，並細故非理殘殺者，應入情實。若釁起管教，及死者理曲犯尊，亦可緩決。

凡夫故殺妻之案。如圖詐圖賴及圖姦他人，因妻礙眼而殺。逼妻賣姦不從而殺，憎嫌病妻而殺，並妻無大過，逞忿殘殺者，俱應情實。其餘無前項殘忍情事，或係事後圖賴者，應入緩決。

凡僧尼及諸色匠藝人等，優伶不在內，毆死弟子之案，如有因姦挾嫌情事，逞忿殘殺者，俱入情實。其釁起管教，無殘暴重情者。可以緩決。

凡服制以凡斬定罪之案。如毆死功緦以下尊長尊屬，因本犯興死者，並祖父出繼，降爲無服。又賣休買休等項，妻妾毆死夫與翁姑，又毆死繼母，係伊父賣休買休之妻，此等人犯，定罪雖同兄鬥，秋審則不可概以凡論，非實在理直情輕，不得輕議緩決。至毆死賣休之妻，一則曾有夫妻名分，一則既有夫妻之情，似應較毆死尋常婦女稍寬。

凡各項殺人自首，得免所因。及强盜自首，改監候者，俱入情實。

凡各項立決人犯，或奉旨改監候，或原情奏請改爲監候者，俱入情實。有情節實可矜宥，臨時酌量入緩。

凡謀故殺，俱應情實。

凡謀殺加功之案。無論被逼勉從，或僅幫同揿按，並只代爲買藥，或未曾下手，俱應情實。凡聽從伊妻，謀死前夫子女，仍同凡論擬絞，及毆死案內，傷多情慘死，死太幼穉者，俱應情實。

凡謀故殺，而誤殺旁人者，應入情實。

凡因姦，聽從姦婦，同謀殺死本夫之案。無論僅止代爲買藥買刀，及代爲僱人幫殺，並未在場下手者，俱入情實。

凡火器殺人之案。無論疑賊誤殺，因鬭誤殺，俱入情實。間有情切救親，及無心點放，如被死者追逐攜動火體之類，酌入緩決。嘉慶十八年，刑部議駁，嵩侍御條奏，一概入實。其間有情節可原之案，於黃册出語聲敘。至火器捕賊誤斃，及當場致斃，應抵正兇。並未經報部，巡役致斃監匪之類。道光三年及十八年，曾經奏明，酌入緩決，應查照通行核辦。

凡拒姦無據審無起釁別情，仍照謀故鬭殺定擬之案。例內已載明入緩，應查例照辦。

凡非應許捉姦之人殺死姦夫，仍依謀故鬭殺定擬。各案經刑部奏明，果係本宗，情好索密，實出一時義忿，並無起釁別情，仍入緩決。如有挾嫌訛詐等情，應照尋常謀故鬭殺，酌核情節，分別實緩。

凡爲父母報仇，故殺國法已仰人犯之案。乾隆五十八年，定例入於緩決，永遠監禁，係專指謀故殺致死伊父正兇而言。後又有因尋殺伊父正兇未遇，適逢正兇兄弟，即係彼時在場同毆伊父，餘人被其惡言毒罵觸忿，故殺之案，雖殺非正兇，報仇之心則一，亦酌入緩決，監禁。爲兄報讎殺死正兇者亦同。嘉慶三年、十八年，俱有案，二十二年秋審河南馬蔚子，係故殺毆死伊父，遇赦援免之，餘人擬緩，永遠監禁。

凡謀殺人，雖傷而未死，其謀已行，應入情實。

凡圖財害命案，內應斬絞監候者，俱入情實。

凡各項罪人拒捕，殺所捕人者，俱入情實。

凡連斃二命之案，無論一故一鬭，及二命俱鬭殺，並內有一命，即係當場殺人之犯，或係正餘，限外身死，律不應抵者，俱應入情實。如內有一命，係姦盜罪人兇犯，有應捕之責，只應核其另斃一命之情節輕重，分別實緩。倘死者俱係姦盜罪人兇犯，無應捕之責，或僅係追趕落河，或追逐致令跌斃，以及其餘各案，理直情輕，實可矜原者，間有酌核入緩。

凡連斃二命之案，如毆溺一人，又一人因撈救溺斃者，亦或入實。惟

此項一命係毆跌所致，一命則非其意料，似只可以另釀一命論究，與連斃二命者有間。如另釀一案係死者之父子、夫妻、兄弟、叔姪，因非毆死一家二命，仍依鬭殺絞候者，自應入情實。

凡瘋病連斃二命之案，俱入情實。如內有一命，不應抵者，如殺死子姪類，可以緩決。若連斃二命，俱不應抵，係由瘋發無知，可入緩決。

凡擅殺二三命及火燒、活埋者，酌入緩決。若至四五命以上，情節實在慘忍者，亦擬情實。凡聽糾鬭斃一家二命，下手傷重，從犯應絞候者，不論傷之多寡輕重，俱入情實。

凡各斃一命之案，從前無論情節輕重，俱入情實。近年則仍按其起釁曲直，兩造人數之多寡，分別辦理。

凡各斃一命之案，有彼此鬭不同地，先後鬭不同時者，各就尋常鬭毆，分別實緩。惟廣東等省，常有遇事爭鬭，實係釁相因者，若至四命以上，不可輕議緩決。

凡毆斃人命後，復另釀一命，亦可按當場之起釁曲直，毆情輕重，分別實緩。比當鬭稍爲加嚴，不必盡入情實。若釀至二命以上，則應酌入情實。

凡毆斃人命後，故殺子女，圖賴卸罪者，應入情實。如無詐賴別情，亦只就其當場之鬭情輕重，分別實緩。

凡奴婢毆死良家，仍照常鬭，核其情節，分別實緩。

凡毆斃人命後，或焚屍滅跡，或致屍身漂沒無獲，或賄囑仵作，匿傷揑報，或誣卸他人，或狡供不認，致屍遭蒸檢，此與誣告致屍遭蒸檢者不同。並賄囑頂兇未成等項，有一於此，訊係畏罪起見，仍按其當場鬭情輕重，分別實緩。倘狡供致屍一再蒸檢，又有賄囑舞弊，誣賴圖卸，種種狡詐情節，並釀成巨案，即鬭情尚輕，酌入情實。

凡毆死祖妾、父妾，仍分別有無子女，及是否年老，並情傷輕重，酌定實緩。

凡殺人免死赦回，或在配復行殺人之案，嘉慶十六年奏準，如兩犯均係共毆鬭殺，無論情節輕重，概入情實。若前案係鬭殺共毆，後犯係擅殺、戲殺、誤殺、毆死妻及卑幼，或前係擅殺等項，後犯鬭殺共毆，實係理直情輕者，酌入緩決。至前後兩犯中或有一案係竊盜等項，並非殺人，只按其後犯情節，定擬實緩。

凡造軍流徒各犯在配殺人，及赦回復行殺人者，究與免死復犯不同，無論殺死，或係同配罪犯，或係在配在籍平人，均照常鬭，略爲加嚴。其理直傷輕，無兇暴情形者，俱可緩決。

凡尋常毆殺案內，用熱水湯潑致斃者，核其情節，分別實緩。此等情傷較慘，如係伏時候有心用水澆淋，連片傷多者，不可輕議緩決。

凡毆斃人命後，或乘便刃取財物，或臨時起意，移屍圖詐鬭賴，仍按其當場鬭情輕重，分別緩實。

凡在押人犯毆斃人命，仍核其本案情傷輕重，分別實緩。

凡尋常鬭毆殺人之案，最難畫一。有金刃一二傷，而應入實者，如洞胸貫脅情近於故之類。有金刃過十傷，而尚可緩者，如身受多傷，理直情急，及非徒手，死近罪人之類。有他物二三傷，而應入實者，知理曲逞兇，鐵器傷在要害，骨斷骨折之類。有他物二十餘傷，而尚可緩者，如受傷抵毀，理直情急，並傷無損折，死近罪人之類。起釁情節，有以索欠負欠分曲直者，亦未平允。如先係重利盡剝，後復强取牲畜什物，則索欠者，反理曲矣。如窮民尾欠無幾，央緩不允，被債主淩逼不堪，因而抵毆致斃，則負欠者其情大有要原矣。又倒地疊毆，情節固重，然亦不可概入情實。北方風氣剛勁，其一按一毆，並架至空地，扳倒行毆之案，不一而足。倘起釁理直，尚無兇殘情狀者，亦可酌量入緩。大絶鬭殺之案，或理曲情兇，刀斃徒手，或倒地疊毆，迭扎至死方休。或死未還手，肆行毒毆狠砍，或姦盜賭匪，逞兇行毆，此等之類，情無可原，俱應放實。其餘理直情急傷輕者，入緩無疑。但係理直情急，傷雖多，金刃他物在內，或僅止一二傷，損折穿透，並僅係手足傷，俱可略傷而衡情擬入緩決。論傷痕鐵器比他物爲重，金刃比鐵器爲重。若用大石砸壓，並用竹簽、木桿等物插入耳鼻穀道致斃，及雖不用器械，或以毒物置入口鼻，或用鹽滷灌入口內致斃，此等之類，情近於故，亦雖擬緩。

凡原謀其毆，下手傷重之案，如理曲人眾，情兇傷重者，多入情實。若釁起理直，尚無兇暴情形，亦可酌入緩決。

凡聽糾共毆致死之案，多係事不干己，如黨惡兇殘，刀械毆扎多傷，死未還手者，應入情實。其餘以後下手擬抵，若同時區毆之人，亦有重傷

者，罪疑惟輕，本犯尚可入緩。

凡尋常共毆人致死之案，如非原謀，亦非聽糾，係釁起一時，並無心撞遇，拉勸幫護，因而爭毆。須看兩比之人數，多寡强弱，傷之多少輕重，共毆之是否同時，此造之有無受傷，一一詳核比較。如死者先被餘人毆傷，兇犯未曾目覩，迨後經見幫毆，傷痕無多，只應就本傷論。或兇犯先毆數傷，即行歇手，餘人後復幫毆，非其所及知，或兇手及餘人，身受多傷，或死者持有刀械，毆有抵禦，勢非得已；或餘人亦有致命重傷，以該犯後下手，並比較分寸擬抵；或義忿激於衆怒，或死類棍徒，本不足惜。此等類，既有可原可疑情節，均應緩決。若同時刀械交加，鱗傷遍體，並數人揿按一人，毒毆傷多，或目覩餘人已攢毆多傷，而又肆加毆砍。傷痕獨重，以及倒地迭毆，死係徒手，死未還手，情節種種兇橫者，俱應入實。

凡尋常共毆之案定案時，共毆傷輕之餘人有病故者，亦屬命有一抵，雖正兇情傷略重，亦可酌量入緩。

凡亂毆不知先後，罪坐初鬭，及原謀未動手，罪坐原謀之案，皆罪疑惟輕，俱應緩決。如原謀首先下手，情勢兇暴，並原謀而又當場喝令者，應入情實。

凡威力主使毆人至死之案，較凡鬭爲重，如釁起理直，傷亦不多，無恃强兇暴情形者，可以緩決。

凡威力制縛人，拷打致死之案，較之威力主使尤重，如挾嫌借事拷打，或非刑淩虐，或妄拷平人，一切兇暴不法情節，俱入情實。其餘釁起理直，並疑竊有因，及制縛而未拷打，或邂逅傷輕致斃者，亦可緩決。

凡弩箭殺人，照鬭殺者，應入情實。

凡一死一傷，及二三傷，並另又傷一人成廢之案，如係情急抵禦，或被傷之人係奪刀致劃，俱不必因此加重入實。如一死而又另傷四人以上，則不可輕議緩決。

凡金刃傷穿透之案，如係胸前透背脊，肚腹透腰眼，左脇透右肋，及一切要害致命處，所穿透者，皆情兇近故，應入情實。如死者撲攏勢猛，收手不及，及理直情急，受傷回抵僅止一二傷之案，雖至洞胸貫脇，亦可緩決。其餘腿腳胳膊等處穿透者，照尋常鬭殺傷痕，分別緩實。

凡扳倒割筋剜眼致斃人命之案，多入情實，如釁起理直，死非善類，示可緩決，意止欲令成廢者，亦可入緩。

凡旂人殺死旂人之案，從前俱入情實。嘉慶八年，刑部奏明，照民人鬭毆一律，分別情傷輕重，定擬實緩。

凡致斃老人幼孩之案，有欺淩情狀者，俱應入情實。如事本理直，傷由抵格，及手足他物傷輕並金刃一二傷，情輕者，亦可入緩。

凡十五歲以下幼孩殺人之案，除謀故等項，應入情實。如係鬥殺，必實有兇暴情節，傷多近故，無一可原，及死更幼穉，死係雙瞽篤疾，理曲欺淩，迭毆多傷者，方入情實，餘俱緩決。至老人殺人，有彼此强弱不同，如以弱抵强，雖傷多亦可緩決。若犯本强健，而死者懦弱衰邁，或係幼孩篤疾，輒肆行疊毆，情傷俱重者，自應入實。其謀故殺等項，亦與凡人同。

凡致斃婦女之案，如恃强欺淩，情兇傷重，及他物疊毆，七八傷以上，金刃四五傷以上者，俱應入實。其餘尋常互鬭，理直情輕者，可以緩決。

凡致斃兄妻之案，例以凡論，亦與致斃尋常婦女，一律分別實緩。略爲加嚴。至弟妻究與兄妻有間，應同尋常婦女論。

凡毆死雙瞽篤疾及病人之案，情傷稍重者，多入情實。至篤疾殺人，稍有可原情節，即入緩決。

凡僧人致斃人命之案，向多入實。如理直傷輕，及止金刃一二傷者，亦可緩決。若犯姦而又犯殺，不可議緩。

凡竊匪姦匪，致斃人命之案，如係爭贓爭姦，毆戳多傷者，俱應入情實。其餘釁非因姦因盜，係尋常口角爭毆，或係死者懷妒忿爭等類，情急傷輕者，亦可緩決。至姦匪毆死縱姦本夫一項，死者亦屬無恥，如非因姦起釁，亦可與當鬭一律辦理。

凡續姦不遂，毆死悔過拒捕之姦婦者，應入情實。如死者並非悔過拒絶，因他故不允續姦而殺，及非因姦起釁，致斃姦婦者，照尋常毆斃婦女之案，略爲加嚴。回民毆斃人命之案，如結夥持械，情兇傷重者，應入情實。若僅係尋常鬭毆，不必加重。

凡兵丁差役及糧船水手毆斃人命之案，如案詐案索賄，倚勢滋事，情

節兇暴者，俱應入實。其餘亦照常鬭，分別實緩。

凡毆斃兵丁差役之案，如情同拒捕者，俱應入實。其餘照常分別實緩。

凡官司差人追徵錢米，勾攝公事，抗拒不服，毆差致死之案，原以該犯非有罪之人，故不以拒捕殺人論，秋審亦分別情傷，以定實緩。

凡因鬭殺而釀成重案，如起邊釁之類。情傷雖輕，俱應酌入情實。

凡乞丐斃命並賭匪致斃賭匪之案，俱照常鬭，分別實緩。若賭匪因賭起釁，致斃平人，應略爲加嚴。

凡乳母悶死幼孩之案，例無明文，定案俱照乾隆二十六年諭旨擬絞，致僱主絶嗣者情實，未絶嗣者緩決。

凡屏去人服食致死之案，如情節不甚兇暴者，酌量擬緩。

凡以他物置入耳鼻孔竅致死，情同故殺者，應入情實。

凡部民毆本管官，折傷刃傷者，俱擬情實，其非本管官，以凡鬭論之案。如死者理曲，自取淩辱，情傷俱輕者，可以緩決，餘俱入實。

凡與人鬭毆後，尋釁報復，遷怒於其父母，毒毆致斃者，應入情實。

凡鬭殺共毆，並各項命案，或父母肇釁，或父母囑令毆打，致斃人命。父母因被毆氣忿，及畏罪，畏累，痛悔等情自盡，並非子孫犯罪，致父母愁急輕生，仍照各本律例定擬者，既不在加擬立決之例，應核其本案情節，分別實緩。

（清）蔣超伯《爽鳩要録》卷二　凡姦職官妻子，姦夫姦婦，俱應入實。如姦婦再醮者，將姦婦入緩。至姦夫係平人，姦婦亦係再醮，則姦夫亦可酌緩。

凡輪姦爲從，及强姦已成，無論有無傷人，並誘姦幼童幼女，雖和同强之案，俱應入情實。若冒姦已成之案，究與强姦不同，可以緩決。

凡因盗而强姦未成者，應入情實。

凡因姦因盗，威逼人致死者，俱入情實。

凡因姦盗毆斃無辜平人，情傷較重者，俱入情實。

從語言調戲，致婦女及良人子弟，羞忿自盡，並污衊姦情，致婦女忿激自盡者，俱入情實。

凡穢語利辱婦女，致令輕生，又致其夫痛妻自盡者，例內載明入緩，應遵照辦理。

凡男子被調姦羞忿自盡，比照强姦未成，或比照本婦羞忿自盡例定擬，僅止空言調戲者可緩。

凡與夫弟兄通姦者，應入情實。如始終俱係被逼無奈，亦可酌擬緩決。嘉慶二十二年，山西司秋審，到得一起，係緩從父命，收故兄妻爲妻，實緩。

凡誣執夫弟欺姦者，應入情實。

凡姦夫圖脱拒捕刃傷折傷者，亦與竊盗圖脱一律，分別實緩，特不以姦所加重。如係强姦輪姦未成，因而拒捕刃傷者，應入情實。

凡强姦未成，刃傷本婦者，俱入情實。

凡因姦拒殺捕人案內，或致姦女被殺，或致姦婦自盡，該犯本罪，俱止擬徒者，仍核其拒捕情形，分別實緩，不必加重。

凡圖財强賣疏遠親屬，如圖吞産業，並致釀命，强嫁孀婦與人爲妻妾，致被姦污者，俱應入實。若僅圖財，尚未釀命，及被賣之人未被姦污，可以緩決。

凡誘拐不知情，及强略人口賣與境外人之案，如非用藥迷拐，雖被誘之人尚無下落，或僅有下落，尚未追出，給親完聚者，入緩，監禁十年，方準減等。道光十九年，奏準通行，或誘拐二三案同時并發，内有一人尚無下落，並拐回姦宿，暨轉賣爲娼，及拐後又從而毆迫者，俱應入情實。如無前項情節，雖誘拐一二次，被誘之人均已給親完聚，尚可緩決。凡略賣因而殺人，或致令被殺者，俱應情實。

凡誘拐致其人親屬自盡之案，有仍照誘拐不知情擬絞者，有照略賣人擬斬者，俱應情實。凡搶奪良家婦女，姦占爲妻妾之案，如本婦先經願嫁，從中被人阻撓，搶回姦污者，酌入緩決。若無前項可原情節，係毆逼成姦者，應入情實。

凡夥衆搶奪婦女爲從，及搶奪路行婦女爲從之案，道光五年奏定草程，嗣後聚衆夥謀搶奪婦女，已成案內從犯如業經入室，或雖未入室，而事後姦污，或幫同架拉，或夥搶不止一次或被搶救致三人，或係致釀人命案內，幫同逼近之犯，或係拒捕殺人案內，在場助勢之犯，或本犯自行拒捕傷人，或由本犯領賣，致被搶之人尚無下落者，擬入情實。其無前項情事，擬入緩決。至聚衆搶獲路行婦女已成之從犯，則以曾否動手爲斷，但經動手搶奪之犯，均入情實。其未動手搶奪，而有姦污及前項情事者，亦

入情實。如無前項情事，擬入緩決，其並未夥眾。搶奪强賣首犯，如無實在可原情節，無論曾否被污，俱入情實。

凡聚眾搶奪婦女未成，爲首擬絞之犯，亦應酌入情實。

凡川匪攔搶案內，無論殺人傷人，爲首爲從，應斬絞監候者，俱入情實。

凡搶奪逾貫雖未至五百兩，俱應情實。如係一人乘間搶奪，尚無兇暴情狀者，可以緩決。凡搶奪有服親屬，計贓逾貫，及先經借貸不遂，糾搶有因者，可入緩決。

凡搶奪拒捕，刃傷及折傷，無論傷之多寡輕重，俱應情實。惟被揪毆脫情急，金刃帶劃止一二傷者，可以緩決。

凡行竊庫銀餉鞘滿數，爲首，並行刦管帑，在外瞭望接贓從犯，及糾竊衙署官物，計贓逾貫，雖未至五百兩，俱應情實。

凡用藥迷竊，未得財者，應入情實。

凡竊贓滿貫之案。乾隆五十七年，刑部堂官，面奉諭旨，逾五百兩者情實。未至五百兩者緩決。

凡竊贓滿貫，未至五百兩，有持刀嚇禁事主，跡近於强者，應入情實。

凡跟踪行竊逾貫之案，從前不論是否贓逾五百兩，俱入情實。十六年奏準，如獨自起意，及僅一二人，暫時跟隨，乘便攢取者，仍與尋常鼠竊一體，分別實緩。若糾眾已至三人，或假辦客商，晝則同行，夜則同住，志在必得者，但經滿貫，雖未至五百兩，亦入情實。

凡夥眾去包行竊，例應照搶奪定罪之案，但經逾貫，雖未至五百兩，俱應情實。如係潛踪掉竊，並非公然攫取，應照竊盜辦理者，仍與尋常鼠竊，以是否贓逾五百兩，分別實緩。其有跟踪情事者，亦照跟踪行竊例，分別跟踪久暫，夥犯多寡辦理。

凡竊贓兩三次滿貫，同時并發，及積匪行竊一次逾貫，俱未至五百兩者，亦可緩決。

凡糾竊未至五百兩，而夥賊臨時行强，該犯仍照滿貫擬緩者，亦可緩決。

凡窩竊滿貫之案，例係並贓論罪，俱應情實。若係暫時窩竊，非同積匪巨窩者，亦可酌入緩決。

凡前犯竊贓滿貫，及三犯擬絞，免死減釋，或在配復行竊滿貫，及三犯擬絞之案，又前後兩犯，均係刃傷事主，或前犯刃傷事主，後犯滿貫，及三犯或前犯滿貫，及三犯後犯刃傷事主。此等類均係怙終不悛。雖竊贓未至五百兩，傷止一二處，俱應入情實。

凡竊盜得免並計後三犯，計贓擬絞，免死減釋。或在配復行竊，計贓五十兩以上，仍以三犯擬絞之案，與竊犯免死後，復至三犯者不同，可入緩決。

凡因竊問擬遣軍流徒赦回，並別項遣軍流徒赦回，復行竊逾貫。或至三犯，及刃傷事主者，仍按贓數，及刃傷多寡辦理，不必加重。

凡首犯贓逾五百兩，從犯由三犯擬絞者，仍入緩決。

凡回民糾夥三人以上，如內有民人，即不以三人論。持械行竊逾貫，雖未至五百兩，俱入情實。如糾夥未及三人，或雖糾夥三人，並未執器械，贓亦未至五百者，均可酌予緩決。凡船夫、車夫、店家，有主客相依之義，但經行竊逾貫，雖未至五百兩，實屬爲害商旅，俱應入實。如係船上水手、店內傭工及一切挑腳人等，乘間鼠竊者，贓未至五百兩者，有勾引外人夥竊情事，入實餘俱緩決。

凡行竊官員公寓逾貫，究與行竊衙署不同，未至五百兩者，亦入緩決。

凡船戶等項，盜賣客貨逾貫，雖贓未至五百兩，俱應情實。如蓄計盜賣，故意將船撞破，及有心放火，燒燬船隻、車輛、店屋者，俱實無疑。

凡偷竊蒙古四項牲畜三十匹及二十匹以上，爲首入於情實，爲從入於緩決，十匹以上，爲首入於緩決，例內已有明文。搶奪牲畜，照偷竊分別辦理。道光二年奏定章程。至內地民人盜牛二十匹以上，定例以有妨農務故，不論贓數，擬以絞候，原較凡盜爲重。如秋審再行情實，則較之尋常盜馬四等項，輕重大相懸遠，似應入緩決。凡奴婢行竊主財逾貫，未至五百兩，如係負恩勾引外賊肆竊者，應入情實。一人乘間鼠竊可以緩決。至傭工長隨，及兵役水火夫人等，行竊本主本管官財物逾貫，亦照此分別實緩。

凡竊贓滿貫，未至五百兩。此外仍有圖騙拒捕，或將事主推跌，或他

物一二傷，情節不甚兇暴者，俱屬輕罪，乃以未至五百兩入緩。

凡竊盜，臨時盜所拒捕，刃傷事主，俱入情實。亦間有因止刃劃一傷入緩之案。查此項情節，亦有不同，如一聞事主聲喊，即持刀相向，情近於强，雖止一劃傷，自應入實。係被拉被抱，劃由圖脱，似可酌量入緩。

凡竊賊圖脱拒捕，致斃事主，無論情傷輕重，俱入情實。

凡竊賊冒捕，嚇詐拷斃竊賊者，應入情實。

凡親屬相盜，拒斃捕人，仍依鬬殺絞候者，應入情實。此指無服親屬而言。若有服親屬相盜，相殺卑幼，定案時依毆殺卑幼律擬絞者，不在此例。

凡竊盜已離盜所，拒捕刃傷事主，如護賊護夥，情同格鬬者入實。其餘無前項情形，實係圖脱情急，刃戳至二三傷者，俱入緩決。內劃傷及他物傷不計。若金刃戳扎三傷以上者，仍入情實。又被追而未被獲，無急情可原，輒糾夥轉身迎拒，情事兇横者，僅止金刃一二傷，亦不可輕議緩決。

凡行竊遺失火煤，以致延燒，不期將事主燒斃，照因盜威逼人致死，問擬斬候之例，係道光三年奏定。原奏聲明，將遺火燒斃事主一命，及二命而非一家者，酌入緩決。燒斃事主一家二命及三命而非一家者，入於情實。迨道光四年，纂修條例時，復聲明秋審案件，應俟臨時酌核辦理，毋庸將入於情實緩決之處，纂入例内。查此項竊賊遺火，事出無心，遇有燒斃一命者，自可酌入緩決。若至二命以上，則死者之情較慘，似不應率行入緩。竊剝事主衣服致令凍斃，本犯殺首免因，照屏去人服食致死擬絞者，亦間有酌緩成案。

凡竊賊圖脱拒捕，除他物另傷一人不計外，如刃傷事主，至二人者雖僅止一二傷，俱入情實。若二人内有一劃傷，及二人俱係劃傷者，尚可酌入緩決。

凡竊盜圖脱拒捕，僅止金刃一二傷，亦無兇暴情形，此外或事主追逐，自行跌斃者，亦可入緩。

凡竊盜圖脱拒捕，他物毆事主至篤疾廢疾者，較刃傷平復爲重，應入實。若折傷平復，僅止骨節參差，或斷一指，折一齒，事主不至貽累終身者，亦可緩決。

凡兩賊同時拒一事主，及各自拒傷事主，各科各罪。如實係圖脱情急，無彼此護夥兇横情節，金刃未至三傷以上者，可緩決。

凡竊賊兩次刃傷事主，同時并發，雖各止一二傷，亦入情實。

凡竊賊刃傷事主，聞拏投畏懼，將原贓送還，除確有證據者，依例減流外。若係一面之詞，别無證佐，仍擬絞候者，照例入於緩決。

凡搶竊殺人，爲從幫毆之犯。自乾隆四十六年，定例不分金刃他物，俱擬絞候，以後俱入情實。嘉慶六年新例，金刃及他物折傷者擬絞，傷非金刃，未至折傷者擬遣，其例前定案之犯，於秋審上班後奏明。刃傷及他物折傷者情實，他物未至折傷者緩決。八年，四川馮大勇一起，係竊匪圖脱拒捕，僅止刃劃一傷，另他物三傷，曾經奏明入緩。嗣後此等從犯，係竊案圖脱，一傷甚輕，無護贓護夥，及倚衆兇暴别情，俱入緩決。至搶奪殺人從犯，情急圖脱，刀劃一二傷，與首犯拒不同場，定案時照爲從問擬者，亦可原情入緩。

凡竊賊發塚開棺見屍，剝取屍衣，及盜未殯未埋屍棺三次者，俱應情實。此例重在見屍，如因屍腐爛無存，及剝衣未得，被人撞遇逃逸者，亦入情實。

凡貪圖吉壤，發塚致壞人屍棺骸礶者，亦以見屍科罪，應入情實。如係山地被人盜葬，及心疑盜葬，出於有因，而發塚壞人屍棺骸礶者，亦可酌入緩決。

凡發塚三次爲從，僅止在外瞭望者，緩決。若幫同開棺，及爲從至三次以上情實，例内已有明文。其盜未殯未埋屍棺，爲從三次以上，應絞候者，僅在外瞭望，酌入緩決。

凡指稱旱魃，刨墳毁屍爲首，如有挾仇洩忿情事，例應入實。訊無嫌隙者，緩決。

凡回民行竊窩竊，發遣在逃，行竊計贓逾貫，及行竊時，另犯應死罪名者，秋審概入情實。凡犯罪事發，官司差人持票拘捕，毆差成廢之案，當酌量有無兇横情節，分别實緩。道光二十年，山東孟傳忠實，奉天聶成沅緩。二十二年，直隸申三老虎實，湖廣張老幺緩。若毆所捕人至篤疾者，應入情實。

凡僞造印信，如冒支錢糧，及誆騙得贓者，俱應入實。其餘誆騙未成者，尚可入緩。

凡實受傷劄，詐假官者，應入情實。如假官並未造有憑劄，罪係計

賊，從重加入絞候，可以緩決。

凡私鑄錢十千以上，爲從工匠人等應擬死罪者，俱入情實。

凡左道惑眾，及邪教爲從者，俱入情實。

凡邪術醫病，致斃人命者，應入情實。

凡光棍爲從者，應入情實。

凡投遞匿名揭帖者，應入情實。

凡誣告叛逆，被誣之人未決者，入於情實。

凡誣告人致死，並致死其有服親屬之案，如挾嫌圖詐，或假捏姦贓，或事犯到官，誣扳平人，或唆賊硬證，或賄囑妄拏，圖洩私忿，累斃無辜及拖累案外一二命者，俱應入實。其餘因事本可疑，一時誤認，死由追拏跌溺，並非被逼自盡，及死者本非善類，無前項刁惡慘毒情形者，酌入緩決。

凡挾仇誣告謀命，致屍遭蒸檢之案，無論係平人尊長之屍，俱應入實。如起釁本係妄疑，並未固執求檢，或原驗傷痕，本有遺漏錯誤，及蒸檢卑幼之屍，無實在狡詐重情，尚可酌入緩決。

凡刁徒空訛詐釀命之案，如釀至二命，及串差倚勢，並假捏姦贓，一切刁惡兇橫，入於情實。其餘情有可原者，俱入緩決。

凡誣良爲竊，逼斃人命者，應入情實。其事出有因，並非有心誣捏，及死本舊匪，可以緩決。

凡捕役私拷嚇詐，致斃人命，應入情實。如事係因公，無圖詐邀功情事，又死非無辜者，雖擬斬亦有緩案。

凡姦役詐贓，致斃人命，無論贓數多寡，已未入手，俱擬情實。

凡假差嚇詐，致被詐之人自盡，或拷打致死者，俱入情實。其本係舊匪，或並非無辜，死由自盡者，可以緩決。

凡差役釀命，比照誣告致死，及一切比照此例定擬之案，如挾嫌圖賴，及嚇逼詐財，致斃無辜者，俱應情實。其餘妄疑誤聽，事出有因，並死本舊匪者，亦可緩決。

凡强盜免死，發遣在配，犯該徒罪以上者，應入情實。如非怙惡逞兇，後犯係擅殺罪人之類，及尋常遣犯在配，犯該軍流以上擬絞者，果無別項不法情事，亦可酌入緩決。

凡賄買案外之人頂兇，已成者，應入情實。如係案內餘人，代忍重傷，頂兇之犯，應照正犯減一等治罪者，本犯僅止避重就輕，尚非脫然中外可以緩決。

凡監犯越獄，如糾夥三人以上，原犯斬絞監候，俱改立決。原犯軍流，俱改絞候。爲首入實，爲從入緩。原犯徒罪，爲首改絞候入緩。若僅止一二人乘間脫逃，原犯斬絞監候，應情實者，即行立決。應緩決者，即行情實。原犯軍流，爲首改絞候，入於緩決。例內已有明文，應查例照辦。

凡殺人在逃年久，始行就獲之案，既非例內所指應行正法條款，仍依本例監候。只應照尋常鬬殺，分別實緩，不必因此加重。

凡犯一切應死，事發在逃，復犯死罪，應入情實。若逃後犯軍流等罪，或先犯軍流，後犯死罪，本案及另犯俱情輕者，可入緩決。

凡監犯拒捕傷人案內，首從各犯，罪應斬絞者，俱入情實。

凡聚眾奪犯傷差者，應入情實。未傷差者，例係由流加入絞候，可以緩決。如另有不法重情及數至十人以上，雖未傷差，亦入情實。

凡賊犯事發，經官差人拘捕，因而逞兇，殺死捕役，爲首者斬決，爲從者原例止於發遣，後改絞候，由輕加重。歷年秋審，從犯量毆刃傷折者，俱入情實。其他物傷輕者，亦從緩決。

凡挾嫌放火之案，俱入情實，如誤燒他人者，亦可酌擬緩決。

凡圖財放火延燒之案，俱入情實。

凡伏草捉人勒贖者，俱入情實。

凡疏縱罪囚，如係得贓賣放無獲者，應入情實。其餘一時疏忽，並無受賄，及逃犯已經拏獲者，尚可緩決。

凡枉法贓實犯死罪者，俱入情實。

凡結拜弟兄，未至四十人，年少居首，並無歃血焚表等情，罪應絞候者，俱入情實。

凡斬絞等犯，因變逸出被獲，並未起意越獄仍照原擬者，仍核其本案情節，分別實緩。凡僱工刃傷家長，及家長期親，總以名分爲重，多入情實。如實係被毆被揪，理直情急圖脫，傷由失誤者，可以緩決。

凡兄收弟妻，弟收兄妻之案，有因父母主婚，男女勉從，並無先行通姦情事，核其情節定擬，多入緩決。

凡毆故殺詈罵，及頂撞翁姑，不孝有據之妻，向俱問擬可矜，減二等發落。至妻犯姦，並未縱容，及毆夫成傷者，如無謀故慘殺重情，亦可入矜，但不能與毆死不孝之妻減二等辦理。

凡例載救親情切，傷止一二處，秋審應入可矜等語。向來救親之案，如父母已受傷跌地，復被騎壓按毆，事在危急，例得隨本減流。其情切救護，而矜非危急，仍照本律擬絞者，應入可矜。倘所毆已至三傷，或父母僅被拉抱，並未被毆，或釁雖救護，死者業已歇手，向兇犯毆打，即屬互鬭。或本係兇犯理曲肇釁，累父母被毆，已復逞兇斃命。或父子共毆，或各斃一命。此等情節，俱無可矜，只應緩決。

凡被拉並未還手，同跌落河岩，兇犯幸而得生之案，應入可矜。如互拉至跌，已有鬭情，並理曲肇釁者，俱仍緩決。

凡鬭殺之案，如被揪被推，並未還手，死由自行栽跌，或痰壅致斃，及因恐其栽跌向拉，致令撞磕，實無鬭毆情形者，俱應酌入可矜。

凡十五歲以下幼孩殺人之案，如死者年長四歲以上，而又恃長其淩，理曲逞兇，力不能敵，回抵適傷者，酌擬可矜。倘死亦幼孩，應遵乾隆四十四年貴州李子相案監禁。

凡戲殺並誤殺旁人，及誤殺其人功緦以下親屬，俱得一次減流，不必入矜。

凡擅殺姦夫姦婦及圖姦罪人之案，如本夫婦父母與有服親屬例得捉姦者，無論登時事後，傷之多寡輕重，均以義忿入矜。若謀故殺併殺死二命，及非應捉姦之外人，聽從本夫親屬糾往，無義忿可言，俱應緩決。

凡母犯姦拒絕，姦夫復登門尋釁，其子一時義激，拒毆致斃者，應入可矜，照免死減等例，再減一等發落。例有明文，應遵照辦理。

凡男子拒姦殺人，照擅殺律絞候之案，如無謀故別情，應入可矜。其先被雞姦，悔過拒絕，復因逼姦而殺者，因相姦在先，止入緩決。

凡擅殺搶竊罪人之案，係毆死拒捕成傷賊匪者，擬入可矜，若謀故殺，及拒捕無據，及所殺非下手拒捕之人，或殺死二命，俱係應抵，俱仍緩決。親屬相盜，殺死拒捕成傷之卑幼及無服族人，亦似不入矜。至差役擅殺，亦循照分别辦理。

凡各項擅殺，如死者拒捕，成傷有據，亦可仿照殺賊之例，酌擬可矜。

凡老人幼孩擅殺竊賊，雖未拒捕成傷，亦應酌入可矜。

凡救親毆死有服卑幼之案，無論是否互鬭，概入可矜。

凡毆致命，而非重傷，越八九日因風身死者，擬入可矜，越七日者，亦有矜案。其非致命，又非重傷，越四日因風身死者亦同。

凡篤疾殺人之案，如釁起理直，回毆適斃者，應入可矜。

凡擅殺威逼，及共毆致死未犯父母案內，國法未伸之餘人，此等情切天倫，較之别項擅殺更可矜原，如無謀故重情，應入可矜。

凡擅殺罪人案件，如查係謀故，並火器殺人，連斃二命，均應絞抵。若各斃各命，致死彼造四命以上者，均俟緩決，三次後，再行查辦減流。其無前項重情，及應入可矜各犯，仍照舊例緩決，一次後，即行減等。

（清）何耿繩《學治一得編·民間易犯科條示》爲申明定例，諄切曉諭事。照得小民犯法由於不知律例，而不知律例由於未經見聞。順屬州縣爲首善之區，情本屬淳厚，但其中亦有良莠不齊。良者心能向善，自必恪守王章，莠者妄逞無知，每致輕罹法網。本廳涖任以來，採訪輿情，往往有無識愚民廢耕廢賈，聚賭宿娼，既無恒心，亦無恒業，日久習爲無賴，因而尚氣打降，釀成人命。並有鼠竊狗偷，流於盜賊，通姦誘拐，竟成匪徒。更有因口角細故，聽信訟棍挑唆，訐告無休，甚至干名犯義，毆詈尊長，以及惑於邪教，拜師傳徒。凡此風俗人心之害，殊堪痛恨，第不教而殺，有所未忍。茲特摘列律法數十條，遍示曉諭，以儆刁頑而正人心，爲此示仰軍民人等知悉。此後務須安分守法，革面洗心，勿犯尊長，勿習邪教，勿效盜賊訟棍，勿萌克念姦心，父訓其子，兄勉其弟，賢者道愚，善者化惡。俾人人均爲良民，本廳有厚望焉。倘敢愍不畏法，肆意妄爲，律條具在，國法難逃，各宜凛之，毋貽後悔。特示。

一、子孫罵祖父母、父母，並絞，妻妾有犯罪同。如罵緦麻以至期親尊長，分别問擬杖徒。

一、子孫毆祖父母、父母，皆斬殺者，淩遲處死，妻妾有犯罪同。如毆期親尊長，分别折傷、刃傷、篤疾，問擬杖、流徒、絞。其緦麻以至大功，亦有由杖罪加至絞罪之條。如毆尊長致死，又有斬決淩遲之律。

一、傳習各項邪教，如有謀逆重情，不分首從，皆淩遲處死。正犯親

屬男丁斬決，婦女緣坐，財産入官。

一、傳習白蓮、白陽、八卦等邪教，習念荒誕不經咒語，拜師傳徒惑衆，爲首擬絞立決，爲從發遣充軍。其紅陽教及各項教會名目，並無傳習咒語，但供有飄高老祖及拜師授徒者，罪應發遣。即雖未傳徒，或曾供奉邪神及收藏經卷，罪充軍，坐功運氣亦擬杖罪。至真空家鄉，無生父母，從前林清教案，因此坐問重罪，尤不可犯。

一、軍民僧道人等妄稱諳曉扶鸞禱聖，書符咒水，或燒香聚徒，夜集曉散，並捏造經咒邪教，傳徒斂錢，一切左道異端，煽惑人民，首犯擬爲從發遣，並軍民人等。寺觀住持，不問來歷，窩藏接引容留，披剃冠簪至十人以上者，罪應充軍。鄰甲知情不舉，擬杖。

一、平人鬬毆成傷，罪應笞杖。如係刃傷及成廢並至篤疾，則罪應徒流。若至死，罪應疑絞。謀故殺害，又當擬斬。

一、兇徒因事忿爭，執持腰刀、樸刀、順刀、鐵槍、弓箭並銅鐵簡劍、鉞斧、扒頭、流星等項兇器，及並非民間常用之物，但傷人者俱擬充軍。如回民糾夥共毆，但有一人執械，不分首從，充軍。

一、威逼人致死，傷重者充軍，傷輕者問徒，私和人命者擬杖。知情隱藏罪人，各減罪人之罪問擬。

一、强盜已行得財者，不分首從，皆斬。殺人、放火、姦淫者，斬梟。白晝搶奪得財者，擬徒。贓多並有拒捕情形者，分别問擬軍、絞。竊盜滿貫者絞，三犯，擬流。積猾，充軍。窩藏强盜竊匪者充軍。窩竊三名擬軍。鄰右知而不首者擬杖。

一、盜民間馬驢等畜，計贓以竊盜論罪。如盜牛只，仍於本罪上加枷號。

一、盜田野穀麥菜果及無人看守器物者，並贓準竊盜論罪。

一、恐嚇及誆騙人財物者，計贓準竊盜論，分别加等不加等治罪。

一、軍民犯姦罪應杖枷，因而拐逃，又應充軍。夥衆强姦良家子弟並輪姦婦女，首犯斬決，爲從絞候。調姦圖姦未成，分别枷號。縱容妻妾與人通姦，本夫擬杖，婦離異歸宗。

一、親屬相姦，分别服制遠近，問擬枷號、充軍、絞、斬。

一、兄亡收嫂，弟亡收弟婦，俱絞。平人買休賣休，各杖，離異財禮入官。

一、居父母喪及僧尼道士犯姦者，各加凡姦罪二等治罪。

一、宿娼者杖罪，如買良爲娼，並窩留娼妓者，治罪分别徒流。

一、犯賭者枷杖，開場抽頭者擬徒，造買賭具充軍。

一、放火故燒人房屋，搶奪財物者，斬決。懷挾私仇放火燒燬房屋者，絞候。如係空地閑房及場園堆積柴草等物者，滿流。

一、犯無引私鹽，杖徒。越境興販，充軍。聚衆擅用兵仗拒敵官兵，殺人者斬梟，爲從擬絞。私販硝磺，杖徒，窩藏囤販及知情賣與私販，俱照私販例治罪，硝磺入官。合成火藥賣與鹽販以及匪人者，充軍。鄰右知而不首者，杖。

一、積慣訟棍，播弄鄉愚，教唆扛幫詞訟者，罪應擬軍。誣告人者，加所誣三等治罪。越訴者，笞五十。又訟詞只準一告一訴，所告必須實犯實證，不準波及無辜。及陸續投詞，牽連原狀内無名之人者，一概不準，仍從重治罪。

一、栽種鴉片煙及賣土、煎熬、售買、興販多次者，絞候。其知情租給田地、房屋之業主，及知情受雇之船户，但在二年以外者，充軍一年，以内者，流半年。以内者杖徒，田地房屋船隻入官。吸食鴉片煙，罪問絞候。

《大清法規大全·法律部》卷一一《法律草案一·刑律草案》 第十四條及第十五條總説

此二條指明，凡以正當行爲之故，雖外形與犯罪相同，其性質實非犯罪。

第十四條 凡依律例或正當業務之行爲，或不背於公共秩序及善良風俗習慣之行爲，不爲罪。

理由

本條所揭之行爲，皆係正當，故不爲罪。但實際上，刑律與其餘律例相衝突之時，或刑律與律例、與律例上準許之業務上行爲相衝突之時，及刑律與習慣上準許之行爲相衝突之時，究應先從何者，以斷定其罪之有無，不無疑義。故特設本條，以斷其疑。

注意

依律例不以爲罪之行爲者，如死傷敵兵、執行死刑、逮捕監禁人犯、没收財産，係出於從本屬長官之命令，盡自己之職務者；或此種行爲係本於律例上直接所與之權限者；總之，據律例規定不以爲罪之一切行爲是也。依正當業務不以爲罪之行爲者，如醫師以診外科之病，斷人手足，不得謂爲傷害罪之類。不背公共秩序及習慣不以爲罪之行爲者，如因習慣於一定日期，在路間開設商市，不得爲妨害往來罪之類。不背善良風俗不以爲罪之行爲者，如祭日、祝日，雖終夜施放爆竹，不得爲妨害安眠罪之類是也。其餘以此類推。

第十五條　凡對於現在不正之侵害，出於防衛自己或他人權利之行爲，不爲罪。

逾防衛程度之行爲，得減本刑一等至三等。

沿革

按唐律諸夜無故入人家，笞四十。主人登時殺者勿論。若知非侵犯而殺傷者，減鬬殺傷二等。其已就拘執而殺傷者，各以鬬殺傷論。至死者，加役流。明律於笞四十改爲杖八十，加役流改爲滿徒。現行律同。又現行律例，擅殺、姦、盜、兇徒各條，散見各門，亦含有正當防衛之意。

理由

對於不正之加害，防衛自己或他人之權利所必要之行爲，刑律不得而罰之。本條之規定，以此學術上此種行爲謂之正當防衛。

注意

正當防衛一層，在中國舊制，亦往往散見於各種規則之中。法國刑法及日本現行刑法等，惟遇有殺傷情事，乃照特别不論罪之例辦理。然苟使防衛行爲出於至當，則一切皆應不問其罪。故本案纂入總則之中，且不以何等行爲爲限。凡係防衛所必要之行爲，於審判上一切皆不論罪。

若他人遇有不正之加害，將致損失權利者，發見之人不問其人繫親族知交與否，即得代爲執行防衛之勞。是爲公許之義，蓋將以奬勵義俠也。

雖然其防衛不論爲己爲人，若所用方法逾越防衛所必要之程度者，是以暴易暴，仍屬不正之行爲。其刑雖得減輕，而不必一定減輕。例如他人之兒童，將竊採瓜果，是即加以嚴斥已足逐去，乃竟濫加殺傷，仍應照尋常之例，受殺傷之刑。倘其情節實係可恕，乃得從本條第二項減輕之例。

第十六條　凡爲避現在之危難，及其他不能抗拒之强制，而出於不得已之行爲，不爲罪。但加過度之害時，得減本刑一等至三等。

於公務上或業務上有特别義務者，不得適用前項之規定。

理由

本條所規定，係不得已之行爲，或放任之行爲，與前條正當防衛情形不同，非由於驅斥他人侵害，乃由於水火雷震及其餘自然之厄，或由於自己力所不能抵抗之人力强制，不得已而爲之者。刑律即不加以罰，蓋本於法律不責人所不能之原則也。

本條第二項之制限，例如軍人臨戰脱逃，及船長見船將近覆没，自先脱逃上陸之類。此爲違背職務、業務上特别業務之行爲，不得以不得已之理由謂爲無罪。

注意

遇水火雷震及其餘變故，竄身避免，使他人死傷，如因强盜以死傷相脅迫，乃道至財物所在之處之類，皆屬本條之範圍。本條所揭之行爲，無論出於故意與否，凡一切被不能抵抗之强力所强制者，皆賅於其中。其雖出故意者，仍得因本條之故不論其罪，以非法之力所能及也。

第三章　未遂罪

未遂罪者，即分則所定之犯罪行爲著手而未完結，或已完結而未生既遂之結果者是也。

第十七條　凡謀犯罪已著手，因意外之障礙不遂者，爲未遂犯。其不能生結果之情形時，亦同。

未遂犯之爲罪以分則各條定有明文爲斷。

未遂罪之刑得減既遂罪之刑一等或二等。但褫奪公權及没收不在減等之限。

沿革

現行律所載，有謀殺已行未傷，及傷而未死，强竊盜未得財，强姦未成等，皆屬未遂罪之規定。惟散見各門，並不例諸名例。隋唐以降，後先一軌。然此固不應僅屬二三種犯罪，實係通乎全體之規則。本案故列於總則之中，歐美各國及日本之法殆莫不然也。

理由

未遂罪若於著手實行之後，因意外障礙以致不遂者，其罪仍爲成立。本條第一項前半，即聲明此義，而限定未遂罪成立之要件者也。第一項後半，在於不能生結果之情形者，如用少量之毒物不至於死，及探囊而未得財物之類，在學術上謂之不能犯。其爲罪與否，頗屬疑問，學者之所争論而未決之問題也。然此實應與一般未遂罪同論，故特設規定。

未遂罪者，照原則皆在應罰之列，然各分則之規定中，即含有事不確實，或事甚輕微，可以不罰之義，故特設本條第二項之制限。

未遂罪致罰之主義有二：一、未生既遂之結果，損益尚屬輕微，於法律必減輕一等或二等。一、犯人因遭意外障礙，乃至不得遂，而止其危及社會，與既遂犯無異，故刑不必減。惟各按其情節，亦或可以減輕。此二主義，前者謂之客觀主義，後者謂之主觀主義。客觀主義已屬陳腐，爲世所非。近時學説及立法例，大都偏於主觀主義。本案亦即採此主義，本條第三項即此義也。惟其罪當褫奪公權或没收者，在其規定之性質上，已無從再爲減輕故亦附揭於此。

注意

本條第一項所謂意外之障礙者，不問出於自然，抑由於人力，苟非因犯人自己意思而中止者，皆包於此。

第十八條　凡謀犯罪已著手，而因己意中止者，得免除本刑或減一等或二等。

理由

本條定學術上中止犯之名，及處分中止犯者，犯罪著手實行之際，雖無障礙足以阻止之，而因自己意思不再續行，或自阻止其結果之發生，此其性質與未遂犯不同，故必須定其處分。關於中止犯有二例：一、以奬勵自止之意純爲無罪者。一、以自止中有可恕者，有不可恕者。如其人爲欲待時而動，忽而自止，即無可恕之理。故有免除其刑，或僅減輕者，然後例較前例於理爲優，本案故採用之。

《大清法規大全·法律部》卷一一《法律草案一·刑律草案》第六章　共犯罪

共犯罪之處分，於現行律例無甚差異。故就其間有從犯之刑比正犯之刑得減一等，或得減二等。各變更或增加之處，揭其理由。餘從略。

第二十九條　凡二人以上共同實施犯罪之行爲者，皆爲正犯，各科其刑。

加功於實施犯罪之行爲中者，準正犯。

第三十條　凡教唆他人實施犯罪之行爲者，爲造意犯，照正犯之例處斷。

教唆造意犯者，準造意犯。

第三十一條　凡於實施犯罪之行爲以前幫助正犯者，爲從犯。其造意犯亦同。

幫助從犯者，準從犯。

從犯之刑減正犯之刑一等或二等。

理由

從犯之刑，比正犯之刑減一等，此本中國現行律例之原則。然從犯仍有應科主刑者，如典覆巨艦，非一人之力所能及，當其圖謀之際，從犯之人忽給以水雷。即事前供給器具之從犯。其情節不得謂輕於正犯，甚或事前幫助之人情節重於正犯者，亦頗有之。第一百零三條之類。故本案對於後者，則就分則設物别處分，而同時認此種從犯爲不得照一般從犯減輕之例。

各國刑法多數皆同，然恒有不過幫助以一二無足輕重之語言者，情節究輕，儻照減一等或得減一等，未能適合本案。故特定得減一等或二等之例。

第三十二條　凡於前教唆或幫助，其後加入實施犯罪之行爲者，照其所實行者處斷。

第三十三條　凡因身分成立之罪，其加功者雖無身分，仍以共犯論。因身分致罪有輕重時，其無身分者，以通常之罪論。

注意

因身分成立之罪者，謂其身分爲犯罪構成之一要件也。如第一百三十九條、第一百四十條、第一百四十三條、第一百四十七條之罪，居於附從之列者，雖無身分，仍以共犯論。故例如常人教唆吏員收受賄賂，其教唆與吏員處分相同。其贈賄之人，另據分則有特别之處分。

因身分致罪有輕重，無身分以通常之罪論者，例如常人與吏員共同探

聽被選舉人姓名，則對於常人援用第一百六十一條第一項，對於吏員援用本條第二項之類。中國現行之律例，其原則亦然。

第三十四條　凡知情共同者，本犯雖或不知共同之情事，仍以共犯論。但於分則有特别規定者，不在此限。

理由

本條定學術上，稱爲一方共犯之處分也。此項若無專例，疑議滋多，於實際殊多未便。本案設立之意以此。

注意

例如甲謀侵入乙某之室，意圖殺乙。鄰室之丙雖未與甲通謀，而心頗贊成之，乃爲自户外鎖扉，防乙脱走。甲並不知丙之爲助，然竟以殺乙。丙應屬犯與否，各國學説及判決例皆未有定論。兹有本條之明文則丙仍爲甲之共犯。蓋揆諸事理，亦應爾也。

第三十五條　凡關於過失犯，有共同過失者，以共犯論。

理由

過失罪之有無共犯，各國學説與判決例亦多有不同。本案取積極之論，例如二人共弄火器，致人於死傷或肇火災，應照過失殺傷或失火之共犯處分也。

第三十六條　凡值犯人故意犯罪之際，因過失而助成其結果者，如按本條應罰以過失時，則過失幫助之人亦，準前條之例。

理由

前條雖定有過失罪之共犯，然故意之犯罪與過失罪二者是否得爲共犯，未甚明晰。故本條特設積極之規定，例如甲故意放火，乙因過失注之以油，致火勢張威。又如甲謀殺人乙，醫師以過失傳毒於所謀之人，至斃其命。此在各本條，亦應任失火及過失殺之責，但其性質究非共犯，故以本條有應科過失罰爲限，準前條予以過失共犯之處分也。

紀事

《後漢書》卷三四《梁商傳》（永和四年，中常侍張逵等）矯詔收縛騰、賁於省中。帝聞震怒，勑宦者李歙急呼騰、賁釋之，收逵等，悉伏誅，辭所連染及在位大臣。商懼多侵枉，乃上疏曰：春秋之義，功在元帥，罪止首惡，故賞不僭溢，刑不淫濫，五帝三王所以同致康乂也。竊聞考中常侍張逵等，辭語多所牽及，大獄一起，無辜者衆，死囚久繫，纖微成大，非所以順迎和氣，平政成化也。宜早訖竟，以止逮捕之煩。帝乃納之，罪止坐者。

（明）楊士奇等《歷代名臣奏議》卷二一五《慎刑》　烏程侯建衡二年，陸抗加拜都護，聞武昌左都督薛瑩徵下獄，抗上疏曰：夫俊義者，國家之良寶，社稷之貴資，庶政所以倫敘，四門所以穆清也。故大司農樓玄、散騎中常侍王蕃、少府李勗，皆當世秀穎，一時顯器，既蒙初寵，從容列位，而並旋受誅殛，或圮族替祀，或投棄荒裔。蓋《周禮》有赦賢之辟，《春秋》有宥善之義。《書》曰：與其殺不辜，寧失不經。而蕃等罪名未定，大辟以加，心經忠義，身被極刑，豈不痛哉！且已死之刑，固無所識，至乃焚爍流漂，棄之水濱，懼非先王之正典，或甫侯之所戒也。是以百姓哀聳，士民同感，蕃勗永已，悔亦靡及。誠望陛下赦召玄出，而頃聞薛瑩卒見逮録，瑩父綜納言先帝，傅弼文皇。及瑩承基，内厲名行，今之所坐，罪在可宥。臣懼有司未詳其事，如復誅戮，益失民望。乞垂天恩，原赦瑩罪，哀矜庶獄，清澄刑網，則天下幸甚。

《晋書》卷六九《劉隗傳》　（西晋愍帝）建興中，丞相府斬督運令史淳於伯而血逆流，（丞相司直劉）隗又奏曰：古之爲獄必察五聽三槐九棘以求民情。雖明庶政，不敢折獄。死者不得復生，刑者不可復續。是以明王哀矜用刑。曹參去齊，以市獄爲寄，自頃蒸荒，殺戮無度，罪同斷異，刑罰失宜。謹按行督運令史淳于伯刑血著柱，遂逆上終極柱末二丈三尺，旋復下流四尺五寸，百姓誼譁，士女縱觀，咸曰其寃。伯息忠訴辭稱枉，云伯督運訖去二月，事畢代還，無有稽乏。受賕使役，罪不及死。軍是戌軍，非爲征軍，以乏軍興論，於理爲枉。四年之中，供給運漕，凡諸徵發租調百役，皆有稽停，而不以軍興論。至於伯也，何獨明之。捶楚之下，無求不得。囚人畏痛，飾辭應之。理曹，國之典刑，而使忠等稱寃明時。謹按從事中郎周莚、法曹參軍劉胤屬、李匡幸荷殊寵，並登列曹，當思敦奉政道，詳法慎殺，使兆庶無枉，人不稱訴，而令伯枉同周青，寃魂

哭於幽都，訴靈恨於黃泉，嗟嘆甚於杞粱，血妖過於崩城，故有隕霜之人，夜哭之鬼，伯有晝見，彭生爲豕，刑殺失中，妖眚並見，以古況今，其揆一也。皆由莚等不勝其任，請皆免官。於是右將軍王導等上疏引咎，請解職。帝曰：政刑失中，皆吾闇塞所由。尋示愧懼，思聞忠告，以補其闕。而引過求退，豈所望也。

《宋書》卷六六《何尚之傳》 義熙五年，吴興武康縣民王延祖爲劫，父睦以告官，新制凡劫，身斬刑，家人棄市。睦既自告，於法有疑。時叔度爲尚書，議曰：設法止姦，本於情理，非謂一人爲劫，闔門應刑。所以罪及同産，欲開其相告，以出爲惡之身。睦父子之至，容可悉共逃亡，而割其天屬，還相縛送，螫毒在手，解腕求全，於情可愍，理亦宜宥。使凶人不容於家，逃刑無所，乃大絶根源也。睦既糾送，則餘人無應復告，並合從原。從之。

《宋書》卷六六《何尚之傳》〔宋孝武帝時〕丞相南郡王義宣、車騎將軍臧質反，義宣司馬竺超民、臧質長史陸展兄弟並應從誅，〔尚書令何〕尚之上言曰：刑罰得失，治亂所由，聖賢留心，不可不慎。竺超民爲義宣司馬，賊既遁走，一夫可禽，若反覆昧利，即當取之，非唯免愆，亦可要不義之賞，而超民曾無此意，微足觀過知仁。且爲官保全城府，謹守庫藏，端坐待縛。今戮及兄弟，與向始末無論者，復成何異？陸展盡質復灼然，便同之巨逆，於事爲重。臣豫蒙顧待，自殊凡隸，苟有所懷，不敢自默。超民坐者由此得原。

《宋書》卷八一《顧凱之傳》〔顧凱之爲吏部尚書〕時沛郡相縣唐賜往比邨朱起母彭家飲酒還，因得病，吐蠱蟲十餘枚。臨死語妻張，死後刳腹出病。後張手自破視，五臟悉糜碎。郡縣以張忍行刳剖，賜子副又不禁駐，事起赦前，法不能決。律傷死人，四歲刑，妻傷夫，五歲刑，子不孝父母，棄市。並非科例。三公郎劉勰議：賜妻痛遵往言，兒識謝及理，考事原心，非存忍害，謂宜哀矜。覬之議曰：法移路屍，猶爲不道，況在妻子，而忍行凡人所不行。不宜曲通小情，當以大理爲斷，謂副爲不孝，張同不道。詔如覬之議。

《宋書》卷五五《傅隆傳》 時會稽剡縣民黄初妻趙打息載妻王死亡。遇赦，王有父母及息男稱，息女葉，依法徙趙二千里外。隆議之曰：原夫禮律之興，蓋本之自然，求之情理，非從天墮，非從地出也。父子至親，分形同氣，稱之於載，即載之於趙。雖云三世，爲體猶一，未有能分之者也。稱雖創巨痛深，固無讎祖之義。若稱可以殺趙，趙當何以處載，將父子孫祖，互相殘戮，懼非先王明罰，咎繇立法之本旨也。向使石厚之子，日磾之孫，砥鋒挺鍔，不與二祖同戴天日，則石碏、秺侯何得流名百代，以爲美談者哉。舊令云，殺人父母，徙之二千里外。不施父子孫祖明矣。趙當避王朞功千里外耳。令亦云，凡流徙者，同籍親近欲相隨者，聽之。此又大通情體，因親以教愛者也。趙既流移，載爲人子，何得不從。載從而稱不行，豈名教所許？如此，稱、趙竟不可分。趙雖内愧終身，稱當沈痛没齒，孫祖之義，自不得永絶，事理固然也。從之。

《宋書》卷六〇《王韶之傳》 有司奏東冶士朱道民禽三叛士，依例放遣。韶之啓曰：尚書金部奏事如右，斯誠檢忘一時權制，懼非經國弘本之令典。臣尋舊制，以罪補士。凡有十餘條，雖同異不紊，而輕重實殊。至於詐列父母死，誣罔父母淫亂，破義反逆，此四條，實窮亂抵逆，人理必盡。雖復殊刑過制，猶不足以塞莫大之罪。既獲全首領，大造已隆，寧可復遂拔徒隸，緩帶當年，自同編户，列齒齊民乎。臣懼此制永行，所虧實大。方今聖化惟新，崇本棄末，一切之令，宜加詳改。愚謂此四條不合加贖罪之恩，侍中褚淡之同韶之三條，郤宜仍舊，詔可。

《宋書》卷六四《鄭鮮之傳》 義熙六年，鮮之使治書侍御史邱洹奏彈毅曰：上言傳詔羅道盛輒開箋，遂盜發密事，依法棄市。奏報行刑，而毅以道盛身有侯爵，輒復停宥。按毅勳德光重，任居次相，既殺之非己，無緣生之自由。又奏之於先，而弗請於後，閫外出疆，非此之謂。中丞鮮之於毅舅甥，制不相糾。臣請免毅官，詔無所問。時新制長吏以父母疾去官，禁錮三年。山陰令沈叔任父疾去職，鮮之因此上議曰：夫事有相權，故制有與奪，此有所屈，而彼有所申，未有理無所明，事無所獲，而爲永制者也。當以去官之人，或容詭託之事，詭託之事，誠或有之。豈可虧天下之大教，以末傷本者乎。且設法蓋以衆苞寡，而不以寡違衆。況防杜去官，而塞孝愛之實。且人情趨於榮利，辭官本非所防，所以爲其制者，莅官不久，則奔競互生，故杜其欲速之情，以申考績之實。省父母之疾，而加以罪名，悖義疾理，莫此爲大。謂宜從舊，於義爲允。從之。於

是自二品以上，父母歿者，墳墓崩毀及疾病族屬輒去，並不禁錮。

《宋書》卷六四《何承天傳》 撫軍將軍劉毅鎮姑孰，版爲行參軍。嘗出行而焉陵縣史陳滿射鳥，箭誤中直帥。雖不傷人，處法棄市。承天議曰：獄貴情斷，疑則從輕。昔驚漢文帝乘輿馬者，張釋之劾以犯蹕，罪止罰金，何者？明其無心於驚馬也。故不以乘輿之重，加以異制。今滿意在射鳥，非有心於中人。按律過誤傷人，三歲刑，況不傷乎？微罰可也。

《宋書》卷六四《何承天傳》 吴興餘杭民薄道舉爲劫。制同籍期親補兵。道舉從弟代公，道生等並爲大功親，非應在補謫之例，法以代公等母存爲期親，則子宜隨母補兵。承天議曰：尋劫制，同籍期親補兵，大功不在此例。婦人三從，既嫁從夫，夫死從子。今道舉爲劫，若其叔尚存，制應補謫，妻子營居，固其宜也。但爲劫之時，叔父已没，代公、道生並是從弟，大功之親，不合補謫。今若以叔母爲期親，令代公隨母補兵，既違大功不謫之制，又失婦人三從之道。由於主者守期親之文，不辨男女之異，遠嫌畏負，以生此疑，非聖朝恤刑之旨。謂代公等母子並宜見原。

《宋書》卷一〇〇《自序》 民有盗發冢者，罪所近村民，與符伍遭劫不赴救同坐。亮議曰：尋發冢之情，事止竊盗，徒以侵亡犯死，故同之嚴科。夫穿掘之侣，必銜枚以晦其跡，劫掠之黨，必讙呼以威其事。故赴囚凶赫者易，應潛密者難。且山原爲無人之鄉，邱壠非恒塗所踐。至於防救，不得比之村郭，督實劾名，理與劫異，則符伍之坐，居宜降矣。又結罰之科，雖有同符伍之限，而無遠近之斷。夫冢無村界，當以比近坐之。若不域之以界，則數步之内，與十里之外，便應同罹其責。防民之禁，不可頓去，止非之憲，宜當其律。愚謂相去百步，同赴告不時者，一歲刑，自此以外，差不及罰。

《南史》卷二六《袁彖傳》 後拜盧陵王諮議。時南郡江陵縣人苟蔣之弟胡之婦爲曾口寺沙門所淫，夜入苟家，蔣之殺沙門，爲官司所檢。蔣之列家門穢行，欲告則恥，欲忍則不可，實己所殺。胡之列又如此，兄弟爭死。江陵令宗躬啟州，荆州刺史盧江王求博議。彖曰：夫迅寒急節，乃見松筠之操，危機迴構，方識貞孤之風。竊以蔣之、胡之殺人，原心非暴，辯讞之日，友于讓生。事憐左右，義哀行路。昔文舉引謗，獲漏疏網，蔣之心迹，同符古人，若陷以深刑，實傷爲善。由是蔣之兄弟免死。

（明）楊士奇等《歷代名臣奏議》卷二一五《慎刑》 戴州刺史賈崇以所部有犯十惡者，被御史劾奏。太宗謂侍臣曰：昔陶唐大聖，柳下惠大賢，其子丹朱甚不肖，其弟盗跖爲巨惡。夫以聖人之訓，父子兄弟之親，尚不能使陶染變革，去惡從善。今刺史化被下人，咸歸善道，豈可得也？若令緣此，皆被貶責，或恐遞相掩蔽，罪刑斯失。今後諸州有犯十惡者，刺史不須坐罪，明加糾訪科罪，庶使刑罰適中，肅清姦惡。乃謂大理卿孫伏伽曰：夫作甲者欲其堅，恐人之傷，作箭者欲其鋭，恐人不傷。何則？各有司存利在稱職故也。朕問法官刑罰輕重，每稱法網寬於往代，仍恐主獄之司利在殺人危人自達以釣聲價。今之所憂，正在此耳。深宜禁止，務在寬平。伏伽對曰：此陛下之至仁也，安敢不從？

《新唐書》卷一四五《竇參傳》 宣武劉士寧餉參絹五千，湖南觀察使李巽故與參隙，以狀聞，又中人爲之驗左，帝大怒，以爲外交戎臣，欲殺參。〔陸〕贄雖怨，然亦以殺之太重，乃貶驩州司馬，逐其息景伯于泉州，女尼于郴州，没入貲産奴婢。帝又欲殺申、則之及屬人榮，贄固爭：法有首從，首原則從減。榮與參雖善，然初無邪僻，數激憤有直言，晚頗疏忌，請貶榮遠官，申、則之除名流嶺南。詔可。

（宋）李燾《續資治通鑑長編》宋神宗熙寧五年十月 詳定編敕所、開封府奏：定奪沂州軍賊李則，依條合斬刑，上從按問，欲舉自首減二等。奉旨，依其沂州官吏失入李則死罪，審刑院、大理寺、御史臺定奪不當官，並取勘聞奏。此據《密院時政記》十月五日事。十一月二十二日丁卯，張商英責官，當考。

《元典章》卷四九《刑部·諸盗一·評贓·賊贓詳審本物》 大德三年四月，江西行省照得賊盗之獄，以贓物爲先。承捕弓兵緝探未明，限期已到，却乃捉捕疑似之人。贓物無可追索，或勒取於被盗之家，或責辦於頭目之手，甚至捕人自爲收買，捏合以爲正賊真贓。誣服之人，已經煅煉，何敢不承？苦主之家，但圖得贓，亦復妄認。憑此結案，以致無辜之人枉遭誅滅，淹禁身死者不可勝計。議得各路仰遍行，合屬今後捕盗官司，凡遇受理被劫詞狀，須要審問所失物件備細件目，令事主封記，用印

關防，迴避捕人，不令知會。將元告被失物件，發下捕人根索，直候根到贓物，然後令元告、事主當官一同開封下驗。如與元告相同，即是真贓，如有差异，别行根索。似望不至泛濫。省府除外，合下仰照驗施行。

《元典章》卷四九《刑部·諸盗一·評贓·遇格免征倍贓》　大德四年四月，江西行省準中書省咨：來咨：肇慶路高要縣申：朱聰招伏：不合於大德二年九月二十四日，糾合鄧宥一同偷盗陳成中様黄牛母一只宰殺，各人罪犯。大德三年二月二十九日，欽遇詔書，减輕决遣，不曾全免本罪。據陪贓牛只，未審合無征給？又兼不曾刺字。係爲例事理，咨請回示。準此。送刑部。照得中統五年八月初四日，欽遇聖旨條畫二款云云，見警迹人類。又至元三十一年十一月奉省劄：河南行省咨：賊人張和盗馬一疋，正贓已行追給，將本人刺斷，陪贓追徵間，欽遇詔書。檢會到：至元二年三月欽奉云云，見前無償折庸類。議得張和盗馬一疋，照依欽奉聖旨條畫，合追正贓，已行追給。所據陪贓，擬合欽依革撥。如已追給本主者，别無定奪。都省準呈了當。所據賊人朱聰、鄧宥偷盗事主陳成黄牛一只宰殺，罪經欽遇詔赦，减輕决遣。本郡參詳科斷盗賊，皆據所盗正贓斷罪，仍追陪贓，蓋爲情理難容。今既遇恩，本罪得减，正贓無問，費用見在，全追給主，不曾隨罪减征外，據陪贓即非元盗之數，如蒙免徵，依例刺字，相應都省準擬，仰依上施行。

《元典章》卷三九《刑部·刑制·刑法·犯法度人有司决斷》　至大元年六月，江浙行省準中書省咨：大德十一年十二月二十六日，奏過事内一件，刑法如權衡一般，不可偏了。世祖皇帝以來定到的斷例，後頭自元貞元年以來，因做好事，正好生失的寬了。有中間至當了的。也有因著法度不均平的，上頭管民官無所遵守。如今内外但是犯著法度的人，都經由有司歸問，依體例决斷呵，怎生？奏呵，奉聖旨：那般者，欽此。

《元典章》卷四一《刑部·諸盗一·評贓·贓依犯時估價》　至大元年，江浙行省準中書省咨：浙東道宣慰司都元帥府呈：温州路申：盗賊贓罪，已有斷例。見獲賊人所招物内，有金銀器皿、首飾之物，若依民間時估，即與元定官價争懸，恐涉太重。合無照依官價定例，緣爲例事理，請定奪事。準此。送據刑部回呈：與户部郎中邸朝阮一同議得：强切盗賊盗訖事主金銀，必須估贓定罪。既是金銀開禁，官無平準定價，聽從民便買賣。所估價直，擬合照依賊人犯處當時估價定罪，相應。具呈照詳。都省準擬，咨請照驗施行。

（元）張鉉《至大金陵新志》卷三下《金陵表》　五年辛丑，招各路風水灾重去處差發税糧，並行除免缺食之家計口賑濟，諸處罪囚廉訪分司審理，輕者决之，寃者辨之，滯者糾之，疑不能决者，中臺呈省詳讞，在江南者經由行臺，永爲定例。小吏犯贓除斷罪外，並罷不叙。重建廟學郡人王進德建明德堂，本路獲犯界煮酒，都省議得既有决罪，追罰定例，其酒擬合給主朝省行下。

（明）余繼登《典故紀聞》卷五　洪武時，嚴交通外夷之禁。永嘉民有買暹羅使臣沈香等物者，爲里人所訐，按察官論當棄市。太祖曰：永嘉乃暹羅所經之地，因其經過，與之貿易，此常情耳，非交通外夷比也。釋之。**【略】**

洪武間，日照縣民江伯兒以母病，割脅食之，不愈，乃禱於神，如愈，請殺子以祀，母果愈，遂殺三歲兒以祀神。有司以聞，太祖大怒，曰：父子天倫，百姓無知，乃殺其子，滅絶倫理。遂捕伯兒，杖之百，謫海南。仍令自於割股卧冰者，不在旌表之例。

（明）何棟如《皇祖四大法》卷七《治法》　〔洪武二十年四月〕己酉，都察院左都御史詹徽奏：有軍人犯罪當杖，其人嘗兩得罪，幸宥免矣。今復不悛，信非良善，宜並論前罪誅之，以懲其餘。上曰：前罪即宥，今復論之則不信矣。用刑而不信使人何所措手足？且其罪至死而縱之，則爲縱惡。不至死而誅之，則爲濫刑。今罪未至於死而輒欲殺之，在爾有故人之罪，在朕無恤刑之仁，皆不可也。杖而遣之。

（明）談遷《國榷》太祖洪武二十四年九月　嘉興府通判龐安獲私鹽，以其鹽勞捕者，户部以違例責狀。安奏：律信於萬世，例出於一時，詎以時例壞萬世法，若依例，則非律所云應捕人給賞之言。上是之，詔論如律。

（明）余繼登《典故紀聞》卷六　永樂時，御馬監有索白象食穀者，户部以聞。成祖曰：此所謂率獸食人者，勿聽。因召御馬監官，責之曰：汝輩坐食膏粱，衣輕煖，豈知百姓艱難？計象一日所飼穀，當農夫數口之家一日之食，朕爲君，職在養民，汝輩不令朕知而爲此事，是欲朕

失天下心。如復敢爾，必誅不宥。

（明）余繼登《典故紀聞》卷八　仁宗聞京城軍民私宰牛者甚衆，因歎曰：愚人苟圖目前之利，更不卹刑罰，命三法司自今私宰牛者，十倍時直追鈔，仍治私宰之罪。【略】

仁宗謂刑部尚書金純曰：自宫以求用者，惟圖一身富貴，而絶其祖宗父母不顧，古人求忠臣於孝子，彼於父母尚不顧，豈有誠心事君？朕已決意不用此等人，然其不孝之罪須懲治，今後有自宫者，必不貸。

《明英宗實録》景泰元年冬十月（庚寅）順天府宛平縣丞向先奏：宛平、大興二縣軍民匠户，有姦詐之徒濫結近侍、官豪校尉，凡遇科差買辦，浼其囑托，務令準免。執法不從者，被其揑詞，付行事校尉奏之。法司雖知其枉，又畏權勢，依文加罪。是以凡遇囑托，不敢不從。其弊不可勝言，乞勅都察院禁約。奏下，刑部尚書俞士悦謂，宜行錦衣衛禁約。從之。

《明英宗實録》天順五年六月（丁亥）時各處告訐並採訪事情重者，皆即遣錦衣衛官校籍其家。内閣臣李賢于上前言其多枉，因勅法司，情重者奏請，餘悉發巡按御史並所司問理，不許枉人。違者，重罪不宥。

《明憲宗實録》成化六年二月　己巳，有自宫求進者，共二百六名。禮部以聞，上命姑宥其罪，俱發回原籍當差，不許投托王府勢家潛住，違者，論死。隱匿之家，發邊遠充軍。仍出榜禁約，後有自宫者，一體治罪不宥。

（明）楊廷和《楊文忠三録》卷一《請免妖言人犯連坐疏》　臣等看得都察院本内妖言謀反，首賊段鋹，家屬連坐，於法相應，其潘依道、孫爵本内明開無運謀顯跡，欲量從末減，合無俱免連坐。惟復止將伊妻王氏、孔氏同王滿堂等，俱送浣衣局，其餘免坐，及大理寺二本犯人王豸等，並徐通等，本内原無開有家屬連坐之文。况各犯情罪比之段鋹等，尤有不同，今欲將家口俱送浣衣局，似乎太重。臣等各加斟酌擬票封進，通乞聖裁，正德十六年正月三十日。

《明熹宗實録》天啓元年正月　乙酉，先是有詔，選浄身男子三千人入宫。時民間求選者至二萬餘人，蜂擁部門，喧嚷無賴。禮科都給事中李若圭恐其生變，上疏乞勅部院設法善處，令之早散。仍頒示順天等處，以後嚴自宫之禁。兵科給事中尹同臯復言：此輩進不得選，退無别門，情窘勢窮，多致自盡。誰非人子而令至此？臣意自額選外，見今三王桐封隨用若干，稍廣其途，以開生路。仍詔撫按，嚴行地方，禁止閹割。但有犯者，即坐以殺人之罪。然臣又有説焉：成周内官不過百人，皆統於冢宰，有所制而不敢爲惡。至漢唐宋，人數遞增，禍亦遞烈。我朝洞知其弊，勅不得興政。二百年來，内外肅清。即間有黠猾，旋就芟除。今皇上神聖，文武操縱，自有妙用。惟是中旨不時，恐有煬灶之患。皇上獨處深宫，即不能離却此輩，但須每事審察老成諳練、口無妄言、行無妄動者，擇置左右。至猾稽閃爍、好言他人之短長、好阻朝廷之德意者，痛加斥逐，無生厲階。得旨，令該部擬議具奏。

上隨諭禮部曰：朕御極之初，典禮浩繁。見今各衙門，缺人數多，委不敷用。昨覽兵科給事中尹同臯所奏，朕心憫惻，准再收一千五百名。禮部左侍郎周道登奏言：我皇上浩蕩之恩，人人沾被。第自宫之禁不嚴則私割之禍更慘。乞將先朝禁例嚴爲申飭。上然之。

（明）張肯堂《䜒辭》卷四《張守領開州人》　開州人張守領者，年已七十餘矣。其子殺人論死，而守領乃挾詐不休。張情其親婿也，且訟之東明，逼錢五千。對簿之時，兩泣莫能仰視，白君進之被毒，不待言矣。同惡相濟，爲黨實煩，行關破調，徒煩往返。守領以老不加訊爲護身，長策拄杖之外，手不持一錢。方欲傳食公役之家，以終餘年。稍羈禁之，一朝霧露，殊不可必。若是者真法所必窮矣。其心近死，天刑固將及之，故自一杖收贖而外，未易據律而定其爰書也。

（明）張肯堂《䜒辭》卷六《徐應婁東明人》　徐應婁等無一而非無賴人也。先是有老娼徐一者，爲水户丁尚賢妻，與其女丁二姐賣笑東明。應婁扭身執爨，呼徐一爲母。後爲尚賢逐出，其人可知已。未幾徐一别昵李詩教，亦貳於尚賢，率女另居杜勝馬頭，應婁聞之，復往依焉。居一年而徐一病甚，自度不起，遂以女許應婁爲婿，然此女倚門如故也。一日有開州人孫學魁者，携飲劉古郡酒樓，日久情密，挐之宵遁。而徐一適死於是時，此應婁先發，而尚賢之詞所繇繼起乎。學魁久逃不至，近因本府親提，始出對簿。詰以此妓踪跡，詭云：尚在商丘店家。然琵琶别舟，殊未可必，恐非學魁所能致也。柳絲無力，容易隨風；敗雨殘雲，奚必究

其何人收拾。特是此數人者，倏聚倏離，佹得佹失，始如窟營之兔，終成羶盡之蠅，亦大堪咀噱矣。尚賢雖非親女，尚有葛藤。應婁業有徐一許婚，名義稍正。乃誘徐一以背尚賢者，詩教也；誘丁二以並背應婁者，學魁也。兩人均從一杖，量於學魁名下追銀十兩，二與尚賢，八與應婁。本府定案，本縣莫贊一詞矣。

（明）張肯堂《㽦辭》卷七《張良才長垣人大辟求釋》 張良才一獄，爲姚仨聘償也。兇棍血衣，久成鐵案，所可少留一綫者，姚召原詞，以良才居姚光前師宗明之後。今光前天刑已故，宗明免脱莫逭，而以三人之罪盡叢厥身，雖明知法無可逃，而哀祈乞命，希解網於萬一。正如魚游沸鼎，尚思撥刺求生耳。惟是前審頗費推敲，其舍二兇而獨坐良才，要必自有確見，即近會審監候詳決，憲批與星日同炳，殄戮開釋均能用勸。若良才者謂宜於爰書中微開生路，爲日後矜疑張本耳。

（明）張肯堂《㽦辭》卷一〇《孫守節大名縣人》 大名縣孫守節嫁女張筵，姚之望者，爲之供金奏之役，醉後墜車，被輾而死。曾爲姚之漢所訟，該縣斷令爲之買棺成殮矣。然之望止有一弟之華，方糊口於外。之漢特之望族兄耳，姚節枝雖屬同宗，又加遠焉。稍厭其欲，輒已歡然，寧顧死者之親鳥鳶而仇螻蟻乎。之華此訟，亦自有情不容已者。斷令守節給銀三兩爲送死費，而守節則予以一杖。蓋縱飲無度，主者亦與有過焉。節枝既無同氣之痛，且左袒守節而攻之華甚力，何其舛也。薄加一杖，且勿論其此中之不净矣。

（明）蕭良泮《重刻釋音參審批駁四語活套》卷二《參語》 趙甲、錢乙、孫丙，性禀鴟梟，行同鬼蜮。惟知異端之可尚，不顧憲典之有違。趙甲等削髮爲僧，豈容左道惑衆。錢乙等妄言禍福，輒傷母子二命。孫丙等圖財不遂，敢殺主僕二人。若非寺犬悲嘷，則鄭庚幾斃於九泉之下，而二三之冤莫洩矣。一犬且有不平之義，何以人而不如禽獸乎？似此冤惡異常，均服上刑不枉。再照太監李丁貪得無厭，容留煉丹之匪人。門官周戊守御不嚴，縱放姦徒之出入。俱干明例，法應參究。

趙甲、錢乙，官分州衛，均係安危。平時既乏禦敵之策，臨事復疏應變之機，以致各賊披猖，孤城遂失。且當破陷之時，又昧效死之義，奉身潛逃，弁髦法紀。鄭庚任本專征，才非統馭。羣情已解，屬外患內訌之際，正一發千鈞之秋。苟使撫馭得全，何至各兵叛亂？陳癸孤軍寡援，當互有損傷。若非大兵迅臨，流患未有寧已。揆情定罪則錢乙失陷城守，當服上刑。趙甲賊入而逃，終非先期避出，與鄭庚、陳癸俱應擬戍。蔣子等脱巾一潰，不加重典，曷警三軍。

爲照王氏，正執攸鍾，天資暗合，夫亡而誓不再嫁，志固可取。因逼而捐軀就義，人所難能。相應旌表，以别淑慝。移咨禮部，具奏施行。

千户徐大，巡捕雖有獲賊之微能，見利已著克贓之苟得。功既可取，罪亦難原。趙正出自薦紳，《五帝紀》：薦紳先生難言之。薦紳，猶謂薦笏於紳帶間也。罔循禮法，惟知次兄之懦，固可欺制。不思一命之榮，奚宜僭紊亂，相應追奪，用警强梁。知縣馮五，聽從勢豪之囑托，甘犯革職之明條。然李四之戳死趙大也，一時之見未真，過失之咎安辭？其趙正原襲官職，仍令改正趙二承襲，庶足繼浩盪之恩，可杜刁悍之風。

王辛素性好勇，暴横鄉間。以私忿毆人致死，於公法實難輕縱。卜十與人不和，投匿之詞，貽禍生靈，傷天理之甚。均擬重辟，庶快公憤。

陳一穿窬狗行，法所當懲。但先役徒年，實出非辜。相應准抵後數，庶於情法適中。

趙一關津置渡，本爲善計。斂衆造橋，贓積倍常。律既有違，法所難原。守和爲之勸募，豈可以利成心，而克餘剩之銀充盈私囊？例當還俗。錢大聽許約之金，而忍燒弟屍。梅氏懷痛夫之恨，而擅刃夫兄。固未成傷，罪懲莫逭。李仲、李富以子侄而戕毁父叔之屍，豈人子之所宜也？按律斬首，猶難盡辜。孫仁因利堂弟之家而張絶嗣之謀，是可忍也，孰不可爲？鄭庚棄失他屍，自罹徒刑。周戊橋樑工作不行堅固，雖謂有干重典，實乃出自無心。相應照例收贖，給爲埋葬之資。

趙温叨膺民牧，質昧通方。念同姓故出罪人，自干不職之典。吴良署篆開請託之門，聽囑縱羣姦之計。民冤不恤，瘝曠奚辭？李氏淫賊失身，揆情可惡，害夫篤疾，律法難容。吴恭均犯憲章，罪難矜宥。孫儉因姦而毒人雙瞽，存心尤啻於蛇蝎。周讓恃威而割人兩耳，賦性有甚於豺狼。照法定刑，分别遣戍。鄭貌但知父命之可遵，罔顧朝廷之盛典。倫序既乖，徒刑難免。馮言四體不勤，穿窬成性。兩次不能自新，三犯奚逃於死？陳視因盜而姦，惡狀昭著。今據重辟，以明憲典。王思聽苞苴於事至之

初，雖曰私囊未入，圖賄賂於獄成之後，寧堪穢跡死聞。

（明）蕭良泮《重刻釋音參審批駁四語活套》卷三《審語類》 趙金酗酒撒潑，鼠竊狗偷，贓跡雖無，穿窬情實。錢木不究實跡，妄首盜情，意雖無他，罪均難免。

趙甲官族儒流，不自愛惜，恣行非義，甘比匪人。所以來不韙之名，韙音諱，即不美之名也。而指爲窩盗也。情雖被誣，不應當治。

錢乾挾忿而欲嫁害於人，蠢蠢愚民方自以爲得計，而詎其爲禍胎也。

錢乙改經之楚，改其所習之經，往湖廣遊學。適游羣盗之藪。音叟。買婦回家，符合訪單之言。且宦室之與小民，書生之與劇盗，勢亦懸矣。借無往來交際之歡，焉有平日扯扳之理？行檢既喪，相應重究。

王辛父子既出，義難獨留，況秀英久受夫家之聘，而今適當歸妹之期，《易》曰：歸妹，言當嫁之時也。領還出嫁，以定窮民室家之願。

褚子告衛丑等，各與案賊情聯親屬，素相往來。細加鞫究，絶無贓仗可憑。重覆結勘，須有黨里甘保。不約同辭，誣害可知。

周子游手之民，吴巳傭工之夫，終日飲酒。一旦蓋樓，從何布置？才賣一弟，即娶兩妻，從何得來？盗情斯顯，烏容其强辯哉！

鄭庚見趙甲家因居水陸之便，言往水路、陸路兩相便也。輒蠱劫殺之謀。八月賣弟，十月娶妻，當何神速？先止傭藝，後即商販，財豈天來？趙甲多財，鄰居久起覬覦之心。有欲望曰覬覦。鄭庚傭工賣碓，稔知門路之便。遂使平生所積，一劫無餘。擬以重辟，情屬不枉。

何巳等翻誣捕役，抵飾真情。若非細加體訪，不惟諸賊漏網，而各快亦不免受禍。

趙甲改名趙角，冀飾劫盗之非。告縣批照，圖免後患，尤黠賊之深情也。夫自首不實不盡者，尚有明條。況未首明同劫者，豈容輕縱？

錢乙、孫小，行劫屢次，贓證俱真。孫小口尚乳臭，漢高以韓信擊魏王豹，問酈食其：魏大將誰？對曰：柏真。漢王曰：是口尚乳臭，安能當吾韓信？些言尚爲童稚之氣也。只緣錢乙契父之由，遂以髫年而陷不赦之辟。髫年，幼小也。今人童時束髮，謂之髫年。情雖可憫，罪亦無辭，均應擬斬。

周戊寄跡市廛，市〔廛〕，街市之上。托名藝業。窮人浪費，雖父母亦訝其何得來？訝，驚訝也。嗜賭貪嫖，凡黨里共知其所行非義，所以側目而不舉者，着緣贓跡未露，懼貽反噬之禍故也。茲因慣習穿窬，穿，穿壁。窬，窬墻。言小人穿壁窬墻以盗財物。故語云：譬諸小人，其猶穿窬之盗也與。輒敢垂涎於帑庫，許願盟神，志不在小。先期探脚，慮亦孔周。借非天遣其敗，竊恐羣姦構釁，其貽禍於地方者，尚不知所終也。終，止也。鞫究明實，相應刺配。

褚甲疾貧慣竊，彼不劫人亦已足矣，人安得而劫之也？始因盗鄭巳之樹，被告成仇。既而聽衛乙之唆，架詞誣劫。擬以反坐，似亦無虧。

趙甲不分清濁，搬搶在船之物。錢乙假稱捕役，詐騙無辜之民。亦宜重懲，用安善類。孫丙慮弟被捉，密報致逃。李丁一船四賊，往返半載。其間情跡，難免不知。周戊雖同設騙，實未得贓。通合量擬不應，以示懲戒。

趙甲只貪微利，輒忍殺人。約伴之時，兇謀已定，無人之徑，無人之徑，偏僻之小路也。毒手遂施。錢乙見屍横於原野之間，面貌可認，刀刺於咽喉之内，衣網足憑，何其慘也！原伊初意，不過謂幼弟無知，深山無證，可以徑殺而無忌也。不知其四伴同行，一人遇害，責將誰諉？曉出王辛之門，午殺荒山之上，咎亦奚逃？且當鞫審之時，而自甘心輸服，意者天道難欺，冤魂未散，冥冥之中若陰有以使之然耶。不然何其謀之工而洩之遽也。均應按法論死，庶地方窮兇不致逃刑，幽遠隱冤可得而白矣。言幽魂之含冤者，可得甘心於地下矣。

（明）蕭良泮《重刻釋音參審批駁四語活套》卷四《駁語》 婦人無知，能輕生而不知忍忿。故王氏投水於先，而夏氏自縊於後。然投水人所共見，故獲救而生。自縊人所不知，故無救而死。雖致死之故未必無因，而威逼之情實所未有。

陳癸夜間聞控門之聲，呼眾趕賊。趙甲惟慮追者之躡趕也。後，而不虞錢乙之在前。不虞，未防範之謂也。傾跌地上，木杷亂打，趙甲之死，不旋踵矣。陳癸佃户窮民，何賊可劫？趙甲救死不贍，贍，足也。孟云：救死不贍，奚暇治禮義。豈暇傷人？不過假劫殺爲辭，以抵毆死之罪而已。

（明）蕭良泮《重刻釋音參審批駁四語活套》卷四《駁語》 周戊固執吴巳拒捕傷人，謂其勢均力敵也。賊止一人，打稱眾手，則無拒捕之勢可見矣。既云執有兇器，首縣之時，何不執器而告諸官？既云戮傷周小，

事露之時何不指傷而驗其實？跡涉虛誣，法不容貸。

尹丑等共事同辭，雖有他情而莫吐。何乙妻亡子幼，雖有隱恨而誰伸？况夜半無知，兇毀無跡。竊恐未究之情，終不可得而究也。

劉甲無妻子之親，雖含冤而誰訴？劉二罔手足之分，或受賄而買和。遽難允服，生者之計得矣，比化者寧無憾然乎？人死謂之化。

審據各犯，情辭不一，剖決尤難。以事理揆之：孫丁死於王族門内，去家未甚遠也。據檢屍傷頗多，非一手一足即制其命也。當其對毆之時，豈無呼號之聲？王族是時聚衆搬戲，安得寂然無聞？且寺僧毆死人於大族之内，豈容不加經究而縱其潛散？及至死後，親男女環屍而號，通都黨里因經投而看。即於斯時，密遣一人往寺捕之，僧法净可坐而執也，何延至日出之後，始徐徐令人覓之哉？安知非陰縱而陽捉之，以掩人之耳目也。今人死於王族門内，欲貽罪於無籍逃僧，然則孫丁之死，將置之不償乎？竊謂王辛雖有百喙，亦難辭其責矣。若竟以抵死之罪罪之，則法净因姦構讎，人人共知。法净同徒觀戲，人人共見。矧昏黑混亂之時，尤乘機報怨之會，則王族之謂法净毆死，亦非鑿空之説也。

趙戊死於三兇之手，兩檢既明，衆證俱真，按律抵命，無復疑矣。然欲定致死重傷，須俟兇身面認。即令兇犯三人，錢丑之子居其二焉。子雖懼罪遠逃，父無不知下落之理。原錢丑之意，特以孫甲待斃之人，豈能久存而終訟？伊二子趁利於外，足以贍父而久羈。兹所以甘心縲絏，而不忍出其一子。此謂甘坐於囹圄之中，而不忍出於受罪。豈知人命至重，王法難歟。使人皆庇其子而逃罪，庇，遮庇也。彼毆死者，夫非盡人之子歟！

（明）毛一鷺《雲間讞略》卷三《一件恤刑事》 恤部丁批駁强犯莊文昌等

前件審得：莊文昌等一夥盗情甚確，無容置喙。即盧騰、王阿成，細鞫亦非冤坐。周應魁以初八出首，而勝即與許彩同獲於本日。王阿成與文昌並獲於初十。謂非盗夥，何若是湊集之巧？况阿成又糾高忠同行，且唆忠攀陷王國明。此等情形，何莫非同盗左券也。第二盗無贓，尚留一綫生路。此必當日起贓定招之時，草草塗塞，便開疑竇，使二犯得支吾展辯耳。今審失主，俱棄鄉無拘。而原首應魁又已物化，無從質對。必欲求其典賣寄匿之處以實之，越年既多，何從踪迹？蓋不能得情於獲審之日，而欲核贓於屢結之後，必不得之數也。至若讎扳之説，固彼所加於王國明者。而二犯初招，曾未言及。豈當時欲冤陷人，遂不暇自鳴其冤耶？二盗似難開釋，應從原擬。

（明）毛一鷺《雲間讞略》卷七《一件恤刑事》 恤部丁發問强犯顧良等

前件審得：顧良一夥首自同黨，認皆真贓，並斬似不爲冤。但王雲係銀匠，所起即錠銀，已無確據，至若以首飾爲煎餅可解也，以煎餅爲銀錠不可解也。彼既係銀匠，銀到手，倏錠倏餅，當如弄丸，何至覓人轉煎，又覓人轉傾，若蠢人莫措也。顧良與雲向固識面，曾托雲煎鎔首飾，以故爐底起自雲家，此項雲自無辭，至謂與雲同傾吴良瑞家，則良死不肯認，而原起錠銀，又極口稱爲雲囊中物，非盗資也。總之，贓起惟銀，銀又非失主故物，自不得爲確案。微獨王雲，即何三之贓果得爲真贓乎？紅紬半疋、紅裙一件又陸奎所持，而首者曰某贓是某某名下頓之奎家者也，果得爲確贓乎？王雲之銀，須拘吴良瑞一質，何三之贓，須拘陸奎一對。始得於生死關頭不大差繆。及拘提而良瑞以闖地寫遠，陸奎又踪迹飄萍，無可拘質，必待二證口質，終無完局。竊謂此二囚者，宜總附矜疑，不失爲解網之仁，且不至殊死不辜也。王胡子是否王雲，無可究，亦不必論。招呈本部。詳批：王雲代顧良煎銷盗飾，致陷同夥，準改杖，候附入應天府疏内帶題。何三之贓雖出自陸奎，然已經主認矣，似難槩爲解網，仰行縣照舊監候。繳。

（明）毛一鷺《雲間讞略》卷九《一件恤刑事》 恤部丁發問强犯吴阿招等

前件審得：吴阿招慣賊也。起有真贓，證有同夥，即百口何能爲解。第謂其强劫陸義之家，則未必然。何也？據招，諸承孝夥黨爲盗，所盗者共計七主。然前後皆止鼠竊，即張二家八盗同行，亦未嘗言强，而獨以陸義家爲强劫者，無非以阿咬被戳而死也。不知盗止五人，主家頗衆，即行强，豈至讎及黄口嬰兒。咬既稚年，鎗傷復重，當立死當日，焉能延至旬餘。即使果爲劫殺，陸義又何不急於告捕而速請驗傷耶？大都阿招與承孝等同竊是真，咬被承孝窘傷警怖成疾而死。該縣初審，意蓋謂盗而殺人，法不可縱，故槩坐以斬耳。第竊盗傷人，本律亦皆論斬，蓋指同謀同

下手者言也。今阿招雖與承孝同盗，至咬之被戳，原招内初未言阿招有一指一臂之助，焉得改竊爲强而槩斬之？前許知府參駁亦見及此，唯該縣難於番異故，仍原擬詳覆耳。今參鄰證口詞，當改擬竊盗傷人未曾助力之律，庶爲得情。至阿咬是否親生，鎗眼有無流血，可置勿論已。詳批：吴阿招既審改擬，準附入鎮江府疏内帶題，仍監候，聽文至發落。

(明)毛一鷺《雲間讞略》卷九《一件恤刑事》 恤部丁發問賊犯李良

前件審得：李良以逐奴盗主，贜真事確，原無可疑。即歷參各院部所駁，總不若擄良、構曲二事爲良疑關。夫以些須之銀，舉網可獲，誠爲可咤。乃細鞫之，則有銀包在外，此疑自不難解。至若構曲瀕危，則無籍狂奴調弄唇舌，亦自真景。若謂良於盗露時不應有此，則妝點良獄者，何罪不可加，何贜不可誣，乃構一曲以點良也？良之自構與別構以構良，俱不可解，然自是良自構也。觀其臨審時，援趙盾、岳武穆故典自狀，則當日構曲腔調尚隱然在口角間。夫是二可疑者尚不必爲良疑，則良之死案定矣。至若當夜之識認不的，轉關之前後互異，此不過招情疏密，描模失真，未足爲良生路也。應照原擬。詳批：李良既覆審情真，照舊監候。繳。

(清)王明德《讀律佩觿》卷二《附記》 康熙九年五月，刑部陝西司一件係科抄。有陝西番僧國師張巴麻藏，以騾二頭，銀五十兩，行賄臨鞏按察陳諱秉直，隨經陳按察司，舉發題參。初擬照現行例，與受財人罪同。後以受財人舉首，無罪可同，仍照律擬斷。遂沿爲例，有案可稽。

(清)王明德《讀律佩觿》卷二《附記》 刑部福建司有某旗某公下某莊頭，生二子，皆已娶媳。適長子亡，次子之媳亦亡，父母遂爲主婚匹配，親友稱賀，並延長媳之父共飲，其父耻甚，告于本部，送福建司。及審，子則稱係父命不敢違，而父又稱係奉包衣大之命。及唤包衣大審問，則云，並無是事。以律論罪，坐主婚無疑矣。但于違律二字，滿漢莫知所適，共議累月而不决。因以此議對，適河南司滿洲掌印。庫公而康，素攻苦漢文，執前出妻條下所注，期親以上，杖一百，流三千里之説相難。愚以律中出妻完娶，各爲分條，各有義意，反復陳説。庫公大爲稱快，遂以是説呈堂，滿漢堂共是而可之。奈其時值熱審，凡係笞刑，例皆盡免。本司掌印滿洲宜公成格，謂亂倫大事，既經陳告大部，乃一人不爲懲責，竟爲完結，恐愚人不知，視爲應然，無以警後，議于本罪，則照律以違令笞四十，援熱審減免。但其子不應謊稱奉伊父命，照説謊定例，鞭一百。父更不應謊稱包衣大傳主之命，亦照定例，鞭一百。雖所議介乎兩岐，于法未爲盡洽。然其維持風化之意，則最善。此經所謂輕重之權也。即其議以呈堂。滿漢堂更曰善甚。一如司議鞭責，離異發落，立案而結。此康熙九年五六月内現行事件也。

(清)席裕福《清朝政典類纂》卷三七四《刑六·名例律·犯罪自首》

事例

順治四年定：凡曾經爲盗之人，無論犯罪輕重，有能赴所在官司或徑赴兵部將正賊姓名及居住地方詳悉陳首者，除本身免罪外，仍將賊贜酌議給賞。如脇從多人同心歸正首告賊渠者，罪止賊渠，來首人悉免究治，仍以賊渠贜物分賞。

十七年諭：據奏徐元善寇亂縱出賊去遵法投監，情有可矜，著免流徒，杖一百發落。以後重囚有這等因變逸出投歸者俱免死，照此發落，永著爲例。其自行越獄及看守通同賄縱者，不在此例。

十八年題準：凡山林有名大盗率衆投首來歸者，本犯免罪，其餘賊犯免死，係旗下人鞭一百，係民責四十板。

康熙十年覆準：凡强盗首後再犯又首者，照律不準自首，治以强盗之罪。

二十三年議準：强盗殺人除下手主謀者不準自首外，若未曾下手殺人自首者，將本犯監候，俟拏獲同夥之人審明果無下手主謀情由準免死發遣邊衛充軍。

二十八年題準：凡事發後查拏時自首之强盗内如有傷人不死者，照律擬戍。如不曾傷人者，照知人欲告而自首減二等律擬徒。

三十年覆準：强盗未經放火及姦污妻女，則與不曾傷人之盗無異。如未發投首，照事未發自首免罪。事已發投首，照知人欲告自首減二等杖徒。

四十四年覆準：凡自首强盗行刼數家而止首出一案者俱免死發黑龍江給與新滿洲披甲之人爲奴。

雍正三年議準：嗣後如竊盜已經改過，被夥盜仍行挾制令其入夥行竊不顧同行，將挾制情由即行自首者，免其前罪。若夥賊自行偷竊事發之日誣扳挾制不從之人爲同夥者，將誣扳之人照誣告律加一等治罪。如被逼已經入夥行竊即能拖贓出首者，亦應免罪，至於强逼同竊從之恐罹法網不從，又慮扳害將强逼之人殺死而未經出首者，事發之日該地方官查明果係同夥犯竊有案可據，並有挾制實情者，將殺人之人照例免死減等杖一百流三千里。如將强逼之人殺死之後，即能自首者，照知人欲告而自首者，減罪二等杖一百徒三年，各追埋葬銀兩。以上減流徒之犯發配之後盜心復萌，又行偷竊者，查明原案所犯之罪治之。若有别故殺人牽引竊案投首者，仍照殺人律定擬。其强盜案内若本係良民被積盜挾制入夥雖同行並未得贓將挾制之人殺死隨行自首者，應比照罪人本犯應死之罪而擅殺律杖一百，若被挾入夥雖同行並未得贓將挾制之人殺死未經出首者，止照强盜已行而不得財律杖一百流三千里，不得更擬殺人之罪。至强竊盜案内將同夥之人謀死滅口、或奪分贓物因而致死者，仍照律定擬，不得濫行減等。儻承審官不行審情，濫行開脱，以致兇犯漏網者，將承審官照故出人罪議處。

四年議準：嗣後凡屬員有以財行求上司保送題陞並大計軍政卓異薦舉者，如受財之上司果於事後據實盡首者，免其治罪，並免追贓，止治以財行求並説事過錢人之罪。如以財行求之屬員有於事後據實出首者，免其治罪，於受財之上司照原贓數加倍追給，止治受財及説事過錢人之罪。若説事過錢之人據實首明者，免其追贓治罪，仍將與受之贓追出，賞給一半，止治與受人之罪至有贓多首少者，仍照律以不實不盡科之。其有贓少首多者，以訛詐律治罪。儻有怙惡不悛仍復匿不首明者，一經發覺，討贓照律加倍治罪。

嘉慶二年四川總督奏賊匪攻犯東鄉縣時斬犯符曰學等三名及絞犯楊思進逃出□禁，自行投回，可否量予末減。奉旨：符曰學等即無從逆情事，又不借此達颺，尚屬畏法，自應加恩減等發落。會典事例

六年覆準嗣後分别盜犯自首與關拿投首之處，無論事主會否報官，總以盜犯之已未。

（清）席裕福《清朝政典類纂》卷三七四《刑六・名例律・共犯罪分首從》事例

乾隆七年奏準：嗣後如有父子共犯罪，按律應坐其父而子願代者，酌其情罪輕重，果無侵損於人，將代罪情由奏明請旨。

四十年，江蘇巡撫審題宿遷縣民劉俊强搶良家之女，姦占爲妻，將劉俊之父劉殿臣照爲從律擬以杖流，奉旨：明刑所以弼教，豈有坐父兄爲子弟從犯之理。此乃風化所繫，讞獄者不可掉以輕心。夫父兄之教不先，已難辭不能約束之咎，今明知其子强暴横行，反親往增勢，以成其惡，此即敗類之尤，不可不示懲儆，而律以爲從則斷不可。著刑部按本犯科條分别定罪。會典事例

（清）席裕福《清朝政典類纂》卷三七四《刑六・名例律・二罪俱發從重論》事例

雍正二年諭：嗣從具題案内官員人等有一人於兩案犯罪而前案罪輕，先行題結，俟後案審明，從重歸結者，至後案從重題結之日，仍將前案所擬輕罪敘入，然後就本案所犯重罪按律定擬。如前案已擬重罪，後案之罪輕於前案者，至後案題結之日，亦必將前案重罪聲明仍歸前案定擬。如有數案犯罪者，亦必將各案所擬應得之罪，俱簡明敘入，最後題結本章内。

三年諭：嗣後枷責之犯奉旨改爲發遣者，律不重科，俱免其枷責之罪。若有情罪可惡雖令發遣仍應枷責者，臨時請旨。會典事例

道光二十八年覆準：查銷毁刺字例應枷杖至徒，因於限内脱逃，按律雖罪至滿杖，惟仍應依原犯徒役年限從新拘役，係屬徒罪人犯較之僅予枷杖者，罪名篇重。自應照二罪俱發之律從重依逃徒本律科斷，未便再行枷號，致罪有重科。

（清）席裕福《清朝政典類纂》卷三七四《刑六・名例律・絞監候改立決條款》事例

雍正七年諭：凡擬罪潛逃之犯應絞者，改爲立絞，應斬者，改爲立斬，必看該犯本案情罪可惡至秋審時無可寬絞而又有脱逃之罪，方改爲即行正法，以懲兇頑。若本來所犯情罪尚有可原或因愚昧無知或因不知新定之例一時起意懼罪潛逃，此等之人當仍照本罪擬爲臨候。

乾隆二十八年刑部議覆：參革衛千總朱振清侵用旗丁銀米畏罪脱逃一案，將朱振清依平人犯罪脱逃例於本罪上加二等具奏。奉旨：職官與

常人地分迥殊，常人因逃加等，示懲於法已足，若既身叨一命，即不得藉口不知功令，其愧懼當萬倍常人。即有大戾，亦惟束身歸罪而已，乃竟悍然，竄蹟藐視刑章，若不分別差等，俾共知儆惕，則君子懷刑之義何在。嗣後職官犯罪脱逃，應準情定律比照平人加重治罪。

嘉慶元年諭：向來各省遇有糾衆搶奪及共謀共毆等案，於獲犯後如遇有首犯在逃者，俱係先將爲從各犯按例擬結發落，其爲首之犯於獲日另結。但夥衆之案人數衆多，各犯恃有在逃之人往往推有在逃之人，往往諉卸罪，避重就輕，殊非核實定讞之道。嗣後各省辦理此等案件，於獲犯審訊時遇有首犯在逃，即將從犯按例擬罪監禁，俟逸犯就獲後，質訊明確，再行定地起解。會典事例

八年覆準：監候守質人犯分別罪名定以年限，以準咨定案之日爲始遇有援減，仍應按原犯罪名照原定年限羈禁，未便遞。予遞減，致滋寬縱。

二十年咨準：監候待質各犯如監侯年限内恭遇恩赦，例得減免者，即各照所減罪名按限查辦。

二十一年覆準：嗣後遣軍流徒杖罪人犯監候待質之案，無論題奏咨結，統以接準部覆之日起限，按其原定罪名照例扣滿年限，分别發配保釋。

道光元年覆準：嗣後情有可原監候待質盜犯恭逢大赦，如監禁已逾二十年者，重責二十板即行保釋。如未及二十年者，俟扣滿年限，再行援赦保釋。仍俟緝獲逸犯再行提質釋赦，至閩粵等省係奏明不準援免者，俟監禁二十年後仍行發配。其犯事在大赦以後，監候待質者，仍不準寬免，以符定例。

十年覆準嗣後審理實在刁健，堅不承招之案，如犯該徒罪以上者，仍照例奏請定奪。其罪應杖笞以下，除本應具奏之案仍照例奏請外，其餘壽常咨行事件，如果訊無屈抑，經該督撫親提審究，實係逞刁狡執意存拖累者，即據衆證表狀咨部完結。

十三年奏準：嗣後監禁待質人犯如有結案時並未擬定罪名者，準其照杖罪人犯監禁。已過三年取保釋放之例，酌減爲監禁已過二年取旨的保釋放，以昭平允。彙案。

咸豐元年覆準：近來各省所報咨部展限未擬罪名之犯，不一而足，往往監禁已閱十餘年或二十餘年之久。現逢大赦，凡擬定罪名待質之犯，均得查辦該犯等只因從前未經聲明待質，業已縲絏半生，殊堪憫惻，若不酌量辦理，未免向隅。應查明該犯監禁已在十年以上者，如例應待質十年，酌減爲待質五年，例應待質五年，應酌減爲三年，例應待質三年，應酌減爲二年，例應待質二年，即行取保釋放。其有應監禁二十年之案，亦照此酌減爲待質十年，分别核辦。至監禁未及十年之犯，仍照應待質年限辦理，不準酌減。再查此等人犯内如所避係應死罪名，秋審應入緩決者，將該犯照遣軍流罪之例，待質十年即行保釋。若所避死罪係謀故等項應擬立決或秋審應入情實者，將該犯照免死盜犯之例，待質二十年再行保釋。

光緒三年議準：嗣後審辦命盜等案，務須仍照例定審限，迅速完結，即有獲犯稱逃者爲首，旁無證佐，恐有避重就輕情弊者，亦必訊取供詞，按例定擬罪名，再行監候待質，不得借犯供狡居，懸案莫結，致命久羈囹圄。倘有前項情弊，即由該管上司立即查參。通行。

（清）席裕福《清朝政典類纂》卷三七四《刑六·名例律·親屬相為容隱》事例

乾隆五十三年諭：刑部題覆四川省馮龔氏毆傷伊夫馮青身死，將馮龔氏問擬斬決一本，馮龔氏著即處斬。至此，案馮青之子馮克應於伊母馮龔氏在途毆傷伊夫殞命時，因取火轉回瞥見，當即哭喊。龔氏嚇勿聲張，令其一同潛逃，該部以馮克應業經該督審明不知父母爭毆，是以未及往救，請免置議。人子之於父母，原有容隱之例，但父之於母，尊親雖屬相等，然父爲子綱，夫爲妻綱，禮經有母出與廟絶之文。是人子於父母恩同，而分則有間。此案馮克應於伊父被伊母毆死，到案時如即行供出實情，自可免議，儻並未供明，前項案情皆係審訊馮龔氏而得，馮克應即不得爲無罪，亦應酌加薄罰，以示人道大倫。該督原題及部議皆於此處未經聲敘明晰，著刑部遵旨行文駁飭。令該督將馮克應到案曾否即行供出之處訊明，覆到再行核辦。會典事例

（清）席裕福《清朝政典類纂》卷三七四《刑六·名例律·本條别有罪名》事例

嘉慶二十四年覆準：嗣後毆死緦麻尊長，如係疑賊誤毆或因鬭誤斃

者，悉照毆死尊長本律擬罪，毋得率引犯時不知之律。

道光十七年覆準：族人本無服制，遇有犯時不知誤毆致斃之案，自應與犯時不知毆死卑幼依凡人定擬，以昭畫一。匯案

（清）席裕福《清朝政典類纂》卷三七四《刑六·名例律·犯罪得累減》事例

嘉慶十一年奉旨：吏部本日具題議處户部堂司官等失察直隸監生劉姓捐名未協一本，係司官自行檢舉罰俸減等，輒將該堂官照例免議，所辦非是。此事户部堂司等官於捐生命名未協，不即飭令更名，雖係自行檢舉，其疎忽之咎，究有難辭，是以户部前次奏請議處時，即並未將堂官處分寬免。今吏部即因檢舉舊例，堂官有免議之條，亦只當於本内聲明請旨，何得遽爾免議。此與昨日都察院議處吏部之本正同，所有户部出結不慎之司官，著罰俸一年。失察檢舉之司官，著罰俸六個月。其堂官等均著罰俸一個月。吏部堂率行定議，亦著罰俸一個月。均準其抵銷。

道光二十二年欽奉諭旨：辦理事件錯誤查出檢舉時，該員已經離任並未隨同具奏，著照例議罰。嗣後均著照此辦理。

（清）席裕福《清朝政典類纂》卷三七五《刑七·名例律·加減罪例》事例

雍正八年諭：嗣後凡有議處議罪之條，俱應照本律定擬。其有負恩犯法情罪重大，應從生定擬者，必須折衷於法之至平允，不得擅用加倍字樣。會典事例

乾隆九年咨準：歷來辦理枷號俱以五日加減爲一等，則加枷而不加杖。今例有枷杖並加者，減則枷杖並減。如拒捕脱逃應加入徒者，則減杖。加徒不能又行枷號加不至徒者，仍酌情加等。

道光十九年覆準：嗣後辦理枷號各案，除本例載明首從等犯應如何加減者，仍照本例辦理外，其餘一切案件，無論首犯枷號月日多寡，爲從之犯均於首犯枷罪上量減五日，以照畫一。

（清）席裕福《清朝政典類纂》卷三七五《刑七·名例律·稱與同罪》事例

乾隆二十九年議準：凡有受賄頂兇之案，悉照本犯斬絞之罪一律全科，應擬軍流以下者，即照軍流等罪律科斷。此係專指平人賄買頂兇而言，至父子之間，倫常所係，嗣後如有子犯罪而父認兇者，即照本犯所犯罪名科斷。除原犯斬決絞決者無庸置議外，其本犯斬候者，其子即擬以斬決；本犯絞候者，其子即擬以絞決。軍流徒杖，各照例遞加。

四十八年諭：刑部核擬徐剛毆傷張文耀身死一案，率照雲南巡撫劉秉恬擬將頂兇之唐二照本犯絞罪全科，其正兇之弟徐山系踏傷田内荳苗起釁之犯，恐到官連累，許給銀兩央求唐二頂兇。該部亦照依説合人減等擬以杖流，所辦殊欠平允，著將徐三一犯暫行擬絞監候，俟拏獲徐剛到案，審明正兇及起意央求頂兇情節，另行定擬。具奏。至唐二貪賄頂兇罪由自取，刑部於頂兇之犯向皆入情實，無所分别，亦屬疎漏，因思頂兇者其本案亦自有輕重。如謀逆强盜謀故鬭毆本屬不同，其應如何分别條款，著另行詳議具奏。遵旨議準：嗣後本犯有服親屬肇釁起意，賄囑頂兇，希圖免累，本犯並不知情者，暫擬殺監候，俟拏獲正兇，另行定擬。至受賄頂兇之犯從前止計贓科罪，嗣因此等愍不畏死之徒貪利冒認，反使正兇脱累，死者含冤。是以乾隆二十七年議定：凡得受賄賂，照禁卒解役賄縱罪囚例，按本犯斬絞之罪一律全科。其謀逆强盗罪干凌遲斬梟決不待時者，頂兇之犯應照本犯一律全科。即謀故等案本例應擬監候者，其情罪重大，亦屬顯然。正兇若復行賄頂兇，按例即應改爲立決。若貪賄之徒膽敢惟利是趨，挺身代罪，舍命而不顧，將何事不可爲。秋審時亦當仍照舊例入於情實。至鬭毆等内如行賄之正兇原犯理曲情兇應入情實照例改爲立決，以及受賄頂兇之人或本係在場幫毆，以刃傷多傷重，又或受賄贓至滿貫，種種以身試法，無可寬宥者，仍列入情實以示懲儆。其行賄之正兇原犯情節本應緩決照例改爲情實者，受賄頂替之犯或僅止事後貪賄頂認，並無别項情事贓數，亦屬無多，正兇又未漏網。此等案犯實屬冥頑無知，情節稍輕，俱酌議緩決，以示一綫可原之意。會典事例

（清）席裕福《清朝政典類纂》卷三七五《刑七·名例律·斷罪依新頒律》事例

順治元年定：問刑衙門準依明律治罪。先是國初律令重罪有斬，而輕罪用鞭責，至是始有用明律之制。

又奏準：故明律令當斟酌損益，刊定成書，俾中外知所遵守。

是年奉旨：當司會同廷臣詳釋明律，參酌時宜，詳議允當，以便裁

定成書，頒佈天下。

二年奉旨：令修律官參酌滿漢條例，分別輕重差等，□集進呈。

四年，律書名曰《大清律集解附例》，御制序文，頒行天下。計書十卷，共四百五十八條律，編爲六：曰吏律、户律、禮律、兵律、刑律、工律，總律之大，凡别爲一編，曰名例律。其目首列律母八字之義。一曰以。以者，與實犯同，謂如監守貿易官物，無異正盜，故以枉法論，以盜論，並除名刺字，罪至斬絞並全科。二曰準。準者，與實犯有間。謂如準枉法，準盜論，但準其罪，不在除名刺字之例，罪止杖一百流三千里。三曰皆。皆者，不分首從，一等科罪。謂如監臨主守職役同情，盜所監守官物，並贓滿數皆斬之類。四曰各。各者，彼此同科此罪。謂如各色人匠撥赴内府工作，若不親自應役，雇人冒名代替，及代替之人各杖一百之類。五曰其。其者，變於先意。謂如論八議罪犯先奏請議，其犯十惡不用此律之類。六曰及者，因類而推。謂如彼此俱罪之贓，及應禁之物則入官之類。七曰即。即者，意盡而復明。謂如犯罪事發在逃者衆證明白，即同獄成之類。八曰若。若者，文雖殊而會上意。謂如犯罪未老疾，事發時老疾以老疾論，若在徒年限内老疾者，亦如之之類。

康熙六年，奉旨：刑部酌定現行則例詳悉分款，陸續進覽。

九年，刑部將律例繙譯，清書進呈。

又諭：國家設立法制，原以禁暴止奸，安全良善，故律例繁簡，因時制宜，總期合於古帝五欽恤民命之意。其定律之外所有條例，如罪不至死而新例議死，或情罪原輕而新例過嚴者，應云應存，著九卿、詹事、科道會同詳加酌定，議奏，欽此。遵旨，將更改條例繕册奏準，刊刻通行，名曰《現行則例》。

四十六年，輯成大清律例四十二本，勝繕清漢文進呈。

雍正元年奏準，自康熙四十七年起至六十一年止，現在遵行定例一百十有五條，内有應删應改者，令律例館總裁速行審定，並前纂成四十二本，一並交與九卿互相參酌，考訂畫一，勝繕進呈。

二年諭：嗣後本内援引新例之處，不可用新例字樣，係何年所定之例，只將年分寫出。爾等即傳諭内閣，交各部院衙門通行各省。

三年，頒行大清律集解附例凡三十卷，通計律文四百三十六條。律有總注，或標舉大意，或逐節分疏，或釋正文而兼及小注，或詮本條而旁通别義，異同條貫，眉目井然。律後附例共八百二十四條，分爲三項，曰原例：係歷代相沿舊例，凡三百二十一條。曰增例，係康熙年間現行例，凡二百九十九條。曰欽定例，係欽奉上諭及内外臣工條奏，凡二百有四條。

乾隆元年奏準：世宗憲皇帝遺詔，惓惓於條例之寬嚴有宜，再加斟酌之訓諭。原例、增例、欽定例三項，自刊刻後至今，前例又多酌改，恐内外問刑官援引舛錯，吏胥因得高下其手，應請特簡大臣爲總裁官，將所刊刻律例並自刊刻後至今通行各例，統加檢核。除律文、律注仍舊外，其刊入之例，必將某條附載某律之處，確切不移，務使宏綱細目，折衷盡善，纂輯成書，恭請欽定，刊刻頒行。

又覆準：纂修律例必詳慎無遺，而後可垂永久。督撫臬司等各有刑名之責，其輕重詳略之間，儻有所見，據實敷陳，勅交該館，以資採擇。

五年，頒行大清律例，凡四十七卷律文四百三十六條，悉仍舊本，删律總注，其注内有於律義有所發明，實可補律之所不逮者，則竟别立一條，著爲成例。附例千有四十二條，以次附列，删原例增例各名目。

又奏準：乾隆四年十二月以前之例，已經逐條奏準通行。其乾隆五年以後例依乾隆元年奏準，仍定限三年一次編輯，附律例之後，頒行直省，永著爲例。

十一年奏準：刑部律例雖奏明三年一次纂修，而三年内或酌改無多，不必拘定三年之限，以五年爲期，纂修一次。會典事例。

量刑部

論説

（明）丘濬《大學衍義補》卷一〇五《慎刑憲·明流贖之意》 《周禮》：職金，掌受士之金罰、貨罰，入於司兵。

鄭玄曰：貨，泉布也，罰，罰贖也，入於司兵，給治兵及工直也。故曰金作贖刑。

賈公彦曰：掌受士之金罰者，謂斷獄訟者有疑，即使出贖。既言金罰，又言貨罰者，出罰之家時或無金，即出貨以當金也。

臣按：《周禮》職金受士之金罰、貨罰，入於司兵。蓋因人之有罪犯於師士者，當罰金與貨以贖罪，則入其金於司兵，以爲治兵之工直。後世有罪者往往歸之内藏，以爲泛用，或以爲繕脩營造之費，非古制也。

（清）孫希旦《禮記集解》卷一四《王制》 凡制五刑，必即天論，郵罰麗於事。《釋文》論音倫。郵音尤。鄭注：即，或爲則。論，或爲倫。今按：論如字。

鄭氏曰：制，斷也。即，就也。必即天論，言與天意合。郵，過也。麗，附也。過人，罰人，當各附於其事，不可假他以喜怒。孔氏曰：制五刑之時，必就上天之意，論議輕重。郵，謂斷人罪過，罰，謂責罰其身，皆依附於所犯之事，不可離其本事，别假他事以爲喜怒。愚謂天者，理而已矣。五刑皆天討，故其出入輕重，必就天理以論之，而不可與以私意也。五刑不簡，正於五罰，五罰不服，正於五過。郵罰雖輕於五刑，亦必附於事，以求當其實罪也。

（宋）李昉等《太平御覽》卷六四五《刑法部·誅》 《家語》曰孔子爲魯司寇，七日而誅亂政大夫少正卯，戮之於兩觀之下。子貢曰：少正卯魯之聞人也，今夫子爲政而始誅之，或者爲失乎？孔子曰：天下有大惡者五，而竊盜不與焉。一曰心逆而險，二曰行僻而堅，三曰言僞而辯，四曰記醜而博，五曰順非而澤。此五者有一於人，則不免君子之誅。而少正卯皆兼有之。居處足以撮徒成黨，談説足以褒飾榮衆，强御足以反是獨立。此乃人之奸雄，不可不除。夫湯誅尹諧，文王誅潘正，周公誅管蔡，太公誅華士，管仲誅傅乙，子産誅尹何，此七子皆異世而同誅者，七子異世而同惡，故不可赦也。吾始誅之，不亦可乎。

《後漢書》卷三《肅宗孝章帝紀》 （元和三年二月）乙丑，勑侍御史、司空曰：方春，所過無得有所伐殺。車可以引避，引避之。騑馬可輟解，輟解之。《詩》云：敦彼行葦，牛羊勿踐履。禮，人君伐一草木不時，謂之不孝。俗知順人，莫知順天。其明稱朕意。

《宋書》卷五七《蔡廓傳》 （蔡廓）建議以爲：鞫獄不宜令子孫下辭明言父祖之罪，虧教傷情，莫此爲大。自今但令家人與囚相見，無乞鞫之訴，便足以明伏罪，不須責家人下辭。朝議咸以爲允，從之。

《宋書》卷四二《王弘傳》 （王）弘博練治體，留心庶事，斟酌時宜，每存優允。與八座丞郎疏曰：同伍犯法，無士人不罪之科，然每至詰謫，輒有請訴。若垂恩宥，則法廢不可行；依事糾責，則物以爲苦怨。宜更爲其制，使得優苦之衷也。又主守偷五匹，常偷四十匹，並加大辟，議者咸以爲重，宜進主守偷十匹、常偷五十匹死，四十匹降以補兵。既得小寬民命，亦足以有懲也。想各言所懷。

左丞江奥議：士人犯盜贓不及棄市者，刑竟，自在贓汙淫盜之目，清議終身，經赦不原。當之者足以塞愆，聞之者足以鑒誡。若復雷同羣小，謫以兵役，愚謂爲苦。符伍雖比屋鄰居，至於士庶之際，實自天隔，舍藏之罪，無以相關。奴客與符伍交接，有所藏蔽，可以得知，是以罪及奴客。自是客身犯愆，非代郎主受罪也。如其無奴，則不應坐。

右丞孔默之議：君子小人，既雜爲符伍，不得不以相檢爲義。士庶雖殊，而理有聞察，譬百司居上，所以下不必躬親而後同坐。是故犯違之日，理自相關。今罪其養子、典計者，蓋義存戮僕。如此，則無奴之室，豈得宴安。但既云復士，宜令輸贖。常盜四十匹，主守五匹，降死補兵。雖大存寬惠，以紓民命，然官及二千石及失節士大夫，時有犯者，罪乃可戮，恐不可以補兵也。謂此制可施小人，士人自還用舊律。

尚書王准之議：昔爲山陰令，士人在伍，謂之押符。同伍有愆，得不及坐，士人有罪，符伍糾之。此非士庶殊制，實使即刑當罪耳。夫束脩之胄，與小人隔絶，防檢無方，宜及不逞之士，事接羣細，既同符伍，故使糾之。於時行此，非唯一處。左丞議奴客與鄰伍相關，可得檢察，符中有犯，使及刑坐。即事而求，有乖實理。有奴客者，類多使役，東西分散，住家者少。其有停者，左右驅馳，動止所須，出門甚寡，典計者在家十無其一。奴客坐伍，濫刑必衆，恐非立法當罪本旨。右丞議士人犯偷，不及大辟者，宥補兵。雖欲弘士，懼無以懲邪。乘理則君子，違之則小人。制嚴於上，猶冒犯之，以其宥科，犯者或衆。使畏法革心，乃所以大宥也。且士庶異制，意所不同。

殿中郎謝元議謂：事必先正其本，然後其末可理。本所以押士大夫於符伍者，所以檢小人邪？爲使受檢於小人邪？案左丞稱士庶天隔，則士無弘庶之由，以不知而押之於伍，則是受檢於小人也。然則小人有罪，士人無事，僕隸何罪，而令坐之。若以實相交關，責其聞察，則意有未因。何者？名實殊章，公私異令，奴不押符，是無名也，民乏貲財，是私賤也。以私賤無名之人，豫公家有實之任，公私混淆，名實非允。由此而言，謂不宜坐。還從其主，於事爲宜。無奴之士，不在此例。若士人本檢小人，則小人有過，已應獲罪，而其奴則義歸戮僕，然則無奴之士，未合宴安，使之輸贖，於事非謬。二科所附，惟制之本耳。此自是辯章二本，欲使各從其分。至於求之管見，宜附前科，區別士庶，於義爲美。盜制，按左丞議，士人既終不爲兵革，幸可同寬宥之惠，不必依舊律，於議咸允。

吏部郎何尚之議：按孔右丞議，士人坐符伍爲罪，有奴罪奴，無奴輸贖。既許士庶緬隔，則聞察自難，不宜以難知之事，定以必知之法。夫有奴不賢，無奴不必不賢。今多僮者傲然於王憲，無僕者怵迫於時網，是爲恩之所沾，恒在程、卓，法之所設，必加顔、原，求之鄙懷，竊所未愜。謝殿中謂奴不隨主，於名分不明，誠是有理。然奴僕實與閭里相關，今都不問，恐有所失。意同左丞議。

弘議曰：尋律令既不分別士庶，又士人坐同伍罹謫者，無處無之，多爲時恩所宥，故不盡親謫耳。吳及義興適有許、陸之徒，以同符合給，二千石論啓丹書。已未間，會稽士人云十數年前，亦有四族坐此被責，以時恩獲停。而王尚書云人舊無同伍坐，所未之解。恐莅任之日，偶不值此事故邪。聖明御世，士人誠不憂至苦，然要須臨事論通，上干天聽爲紛擾，不如近爲定科，使輕重有節也。又尋甲符制，蠲士人不傳符耳，令史復除，亦得如之。共相押領，有違糾列，了無等衰，非許士人閭里之外也。諸議云士庶緬絶，不相參知，則士人犯法，庶民得不知。若庶民不許不知，何許士人不知。小民自非超然簡獨，永絶塵粃者，比門接棟，小以爲意，終自聞知，不必須日夕來往也。右丞百司之言，粗是其況。如衰陵士人，實與里巷關接，相知情狀，乃當於冠帶小民。今謂之士人，便無小人之坐。署爲小民，輒受士人之罰。於情於法，不其頗歟？且都令不及士流，士流爲輕，則小人令使徵預其罰，便事至相糾，閭伍之防，亦爲不同。謂士人可不受同伍之謫耳，罪其奴客，庸何傷邪？無奴客，可令輸贖，又或無奴僮爲衆所明者，官長二千石便當親臨列上，依事遣判。又主偷五匹，常偷四十匹，謂應見優量者，實以小吏無知，臨財易昧，或由疏慢，事蹈重科，求之於心，常有可愍，故欲小進匹數，寬其性命耳。至於官長以上，荷蒙禄榮，付以局任，當正己明憲，檢下防非，而親犯科律，亂法冒利，五匹乃已爲弘矣。士人無私相偷四十匹理，就使至此，致以明罰，固其宜耳，並何容復加哀矜。且此輩士人，可殺不可謫，有如諸論，本意自不在此也。近聞之道路，聊欲共論，不呼乃爾難精。既衆議糾紛，將不如其已。若呼不應停寢，謂宜集議奏聞，決之聖旨。太祖詔：衛軍議爲允。

（清）董誥《全唐文》卷七五七李明《平贓定估議》　贓謂罪人所取之贓，皆平其價直，準犯處當時土絹之價。依令，每月旬別立三等估其贓，平所犯旬估定罪，所取犯月旬土絹之價。假有蒲州盜鹽，嶲州事發，鹽已費使，依令懸平。即取蒲州中估之鹽，準蒲州土絹之價，於嶲州決斷之。縱有賣價貴賤，所估不同，亦依估爲定。

（宋）李燾《續資治通鑑長編》宋真宗咸平五年十一月　庚申，河陽節度判官清池張知白上疏曰：臣聞創王業期於無窮者，必政事爲基。是以王業盛者，其政事必經久可取，遠大可法，然後速見治平之運。竊以古今之言事者，鮮不以防邊爲急務，故多舉西北二隅攻守之事，以獻方略，

由是奇兵之謀，紛然競興。夫五行之中，金爲兵，以五事配之，則金爲義，兵之爲用，實不可去也。乃知言弭兵者，罪莫大焉。窮兵者，亦罪莫大焉。夫史籍所載，京師爲陽，而諸夏爲陰，蓋取諸内外之義也。夫陽主生物，陰主殺物，故知四夷擾邊，不足異也，在制之有道爾。又和樂爲陽，愁苦爲陰，王者必先内和人心，而後制四夷，此崇陽抑陰之義也。臣伏見去春大雪，今夏暴雨，稽《洪範》之書，則繫乎咎惡之文。伏惟陛下自即大位，日謹一日，而復温厚恭肅，祗畏勤儉，討論方册，思廣治道，聖德無缺，則咎惡何從而起，豈非政令之間有不便於天時者乎？今夫春者，發生之月也，可生而不可殺也。國家每歲春夏將交之時，禁止採捕，是仁及鳥獸，而不聞禁決死罪。夫人者，萬物之靈，豈不重於鳥獸？今建寅之月，三元之始，孟夏乃是正陽之月，於卦爲乾。況《正律》所載，有秋分已前不決死罪之制，《月令》當春，則曰無肆掠，謂不可以陰政犯陽，又曰宜行仁而不可以舉義事，及夏則曰挺重囚，出輕繫，並無決死刑之文。唐朝悉依此制。若罪在十惡，尤爲巨蠹者，則決不待時。

自唐氏失馭，政事多隳。今《刑統》内惟存晋天福七年敕：立春、立夏兩日不決死罪，蓋以天福之間，方爲戰國，天下生靈，犯罪戾抵淫刑者，不可勝紀，殺戮之刑，僅無虚日，故不可全避春夏盛德之月，止取其兩日以代兩季。今天下每歲所決大辟至鮮。一歲之中，凡有二十四氣，各主十五日。臣以爲天下列郡，每歲所決死罪，雖不可禁，春夏兩季，亦可於立春立夏氣至之時，各禁十五日，以應一孟之節，全發生之陽氣。若罪在十惡，決不待時者，亦可改斬爲絞，以免流血之刑。自餘雜犯死罪，若有已斷具獄，可取半月外行決。其邊防屯兵之地，以軍法從事者，不在此限。

又按《禮經》：季夏中氣之後十五日不可興土功，爲土將用事，氣欲静也。請詔天下每歲起季夏中氣後至立秋節半月内，非邊陲防警，捍敵浚城，及完治隄防，以禦水害，餘並不得起創土功，其整葺隳頹者，不在此限。

臣又聞《周禮》六官，其一曰秋官，主刑。又《月令》孟秋中氣之後，則命有司繕囹圄，具桎梏，斷薄刑，決小罪，秋分則申嚴百刑，斬殺必當，無留有罪，無或枉撓。此並順上天，行肅殺之令也。命使決獄，多不拘於此時，或在三春，或當九夏，雖勤恤庶獄，慮有滯留，其如未順四時之令也。欲望自今除盛夏仍舊降詔恤刑外，每歲自孟秋中氣後，秋分前，遴選周行，分道決獄。如此，則順天行刑，萬務必乂。而又四方之風謡，因之得以知，列郡之綱條，因之得以振。且一歲之中，必順令決獄，與其行之於别季，不若行之於此辰。臣又聞先王垂訓，重德教而輕刑罰，所以見王道之盛也。今法令之文，大爲時所推尚，自中及外，由刑法而進者甚衆，雖有循良之吏，亦改節而務刑名也。然則刑法者治世之具，而不可獨任，必參之以德教，然後可以言善治矣。夫德教之大，莫若孝悌，若捨此而欲使民從化，是猶釋利檝而求濟於無涯之津也。故宜旌勸孝悌，以厚風俗。

臣伏見朝廷明有詔命，優恤孤窮無告之民，令異其姓名，别爲一簿，每遇有科徭賦斂，則令去重就輕，蠲勞爲逸，斯則蘇疲羸療疾瘵之一術也。其如官吏鮮能奉行成制，鄉縣之内，因而别致慘舒。若令佐盡得其人，則孤窮無告之民，皆得上簿。不得其人，則委之吏人，責自鄉胥，徇私任情，移易貧富，嗷嗷之民，孰敢吐一言以伸訴，散爲流離，委棄溝壑。是故將欲興禮義，在紓民心，將欲紓民心，先在均貧富，欲均貧富，先在正簿書。然養民之道，郡疏而縣親，故在百里之長，不可不精採擇。蓋列郡之牧，數至少，而睿鑒可以周知，邑宰之任，官至卑，而朝廷難以偏察。夫親民之官，廉而不明者，則失於馭下，明而不廉者，則失於徇私，必待廉明兼備，中和在躬者，然後可用。是故備其位者則多，中乎選者彌少。邦國至大也，庶官至衆也，有人而置諸散地，未可知也。當其位而不能使盡其心，亦未可知也。臣是以夙夜爲國家思求人之術，宜歷選周行，有經公舉者擢而用之，使先莅大邑，試其政事，朞年之間，較其成績。苟能正其簿書，均其户籍，而孤窮之民得庇者爲上，然後酬之以不次之恩。

臣又聞聖人居守文之運者，將欲清化源，在乎正儒術。古之學者，簡而有限，其道粹而有益。今之學者，書無涯，其道非一，是故學彌多，性彌亂。至於經史子集，其帙殆萬。在於前者，悉謂之古法，在於編者，悉謂之古書。殊不知法有可法不可法也，書有可傳不可傳也。若盡使知之，則可謂勞而少功，博而寡要，當年不能究其學，累世不能窮其業。今進士

之科，大爲時所進用，其選也殊，其待也厚。進士之學者，經史子集也，有司之取者，詩賦策論也。故就試者懼其題之不曉，詞之不明，惟恐其學之不博，記之不廣。是故五常、六藝之意，不遑探討，其所習泛濫而無著，非徒不得專一，又使害生其中，何爲其然。且羣書之中，真僞相半，亂聖人之微言者既多，背大道之宗旨者非一。若使習而成功，得不糅淳粹之性，蕩中正之氣。其爲吏也，安能分挈治柄，使教令不黷哉！《中庸》曰率性之謂道，修道之謂教，孔子曰性相近也，習相遠也，是知爲儒不可不重其所習。董仲舒曰：《春秋》大一統者，天地之常經，古今之通誼。今夫師異道，人異論，百家殊方，指意不同，是以上無以持一統。法制數變，下不知所守。此仲舒譏漢之失，引《春秋》大一統之説，言諸經統於天子，不得自專，亦猶百家之説，不得與聖教並進，懼乎亂皇王之大道也。今之世望漢之世，其章句之學彌盛，而異端之書又滋多乎數倍矣，安可不定其成制哉。況夫儒者之術，不以廣記隱奥爲博學，不以善攻奇巧爲能文。若使明行制令，大立程式，每至命題考試，不必使出於典籍之外，參以正史。至於諸子之書，必須輔於經、合於道者取之，過此並斥而不用。然後先策論，後詩賦，責治道之大體，捨聲病之小疵。如此，則使夫進士之流，知其所習之書簡而有限，知其所學之文正而有要，不施禁防，而非聖之書自委棄於世矣，不加賞典，而化成之文自興行於世矣。上覽而嘉之，召知白赴闕，試舍人院，除左正言。此疏當刪修，正傳又太略，今姑存之。

（宋）李燾《續資治通鑑長編》宋真宗大中祥符五年二月　甲辰，兩浙轉運使陳堯佐言：部内諸州民以飲博頻犯法者，有司籍其名，每有爭訟，不計曲直，即重行決罰，使民無由改過。自今望令諸州察其易行自親者，依理區分，犯三次以上，情重奏裁。從之。

（宋）李燾《續資治通鑑長編》宋真宗天禧二年三月　乙卯，上封者言：伏以信賞以勸善，明罰以懲惡，古人用此，堅如金石，信如四時，無私如天地。今斷天下之獄，皆是大理，詳天下之法，總在審刑，二者海内之準繩也。且今之律令則具有明文，制敕則常有更改。凡定罪之要，言敕則多指故失，言罪則皆坐公私。四者定刑，重輕殊邈。酌情輕而用法重，則近侮文，按狀重而處條輕，則爲失實。此之審克，尤在盡心。入私則犯徒追官，爲公則贖金記過，稱故則不得末減，稱失則例有降差。承前斷公私故失之名，止是法官臨時裁處，既無著定，深慮差殊。欲望令應經歷刑法司同定公私罪名，參詳畫一，其違制稱失者亦須審詳，失錯情輕者明件條奏，使不能因緣爲姦，輕重其法，杜其萌漸，實在於斯。詔審刑院、大理寺、刑部、開封府同議定以聞。

既而法官參詳：自今捕盜、掌獄官不稟長吏而捶囚，不甚傷而得情者，止以違制失公坐。過差而不得情，挾私拷決有所規求者，以違制私坐。又捕盜官承前有捕捉稽時不聞州者，咸以違制論。準至道元年敕，小可盜失，令村耆了絶，今例以違制科罪，似涉太重。望令犯者以違制失論。又律分公私罪，云私謂不緣公事，私自犯者。雖緣公事，不吐實情，心挾隱欺，亦同私罪。公謂緣公事致罪而無私者，雖私曲相須，公事得正，違法猶以公坐。望令斷獄並以上文審定。又律有被制書有所施行而違者，徒二年，失錯者，杖一百。今請法官斷罪，除海行條貫元勅指定違制外，自餘情輕失錯者止從違制失論，其公私相半而私情重者奏裁。從之。

（宋）李燾《續資治通鑑長編》宋仁宗天聖六年七月　開封府推官、監察御史王沿爲河北轉運副使沿上言：本朝制兵刑，未幾於古。自北人通好三十年，二邊常屯重兵，坐耗國用，而未知所以處之。請教河北彊壯，以代就糧禁卒之闕，罷招廂軍，以其冗者隸作屯田，行之數年，漸成銷減，而彊壯悉爲精兵矣。古者刑平國，用中典，而比者以敕處罪，多重於律。律以絹直代之，律坐髡鈦而役者，敕黥竄以爲卒。經諸州上言，謫卒太多，衣食不足，願勿復謫者七十餘州。以律言之，皆不至是，是以繁文罔之而寘於理也。誠願削深文而用正律，以錢定罪者悉從絹估，黥竄爲卒者止從髡鈦，此所謂勝殘去殺，無待百年者也。此疏附見，不必在初除漕時，當考。

（清）畢沅《續資治通鑑》宋仁宗嘉祐五年夏四月　庚申，權同判尚書刑部李綖言：刑部一歲中，殺父母、叔伯、兄弟之妻，殺夫、殺妻、殺妻之父母，凡百四十，劫盜九百七十。夫風俗之薄，無甚於骨肉相殘，衣食之窮，莫急於盜賊。令犯法者衆，豈刑罰不足以止姦，而教化未能道其爲善歟？願令刑部類天下所斷大辟罪，歲上朝廷，以助觀省。從之。

（清）畢沅《續資治通鑑》宋理宗淳祐十一年　〔蒙古憲宗元年〕蒙

古主更新庶政，姚樞、張文謙、僧子聰，每擇時務所急者白於皇弟呼必賚，因得入告。

天下之民，未聞教化，見在囚人，宜從赦免，明施教令，使之知畏，則犯者自少。教令既設，則不宜繁，因我朝舊例，增益民間所宜設者十餘條足矣。教令既施，罪不至死者，皆提察然後決，犯死刑者，覆奏然後聽斷。笞棰之制，宜會古酌今，均爲一法，無得私置牢獄。嚴禁鞭背之刑，以彰好生之德。

（宋）彭大雅《黑韃事略》 其賞罰則俗以任事爲當然，而不敢以爲功。其相與以告戒，每曰其主遣我火裏去，或水裏去，則與之去。言及飢寒艱苦者，謂之觧觧者不好之謂，故其國平時無賞，惟用兵戰勝則賞以馬或金銀牌，或竹絲緞，陷城則縱其擄掠子女玉帛，擄掠之前後，視其功之等差，前者插箭於門，則後者不敢入，有過則殺之，謂之按打奚，不殺則充八都魯軍，猶漢之死士，或三次然後免，其罪之至輕者没其貲之半。霆見其一法最好：說謊者死。

《遼史》卷六一《刑法志》 故事，樞密使非國家重務，未嘗親決，獄訟惟離畢主之。及蕭和卓、蕭樸相繼為樞密使，專尚吏才，始自聽訟。時人轉相效習，以狡智相高，風俗自此衰矣。故太平六年下詔曰：朕以國家有契丹、漢人，故以南、北二院分治之，蓋欲去貪枉，除煩擾也；若貴賤異法，則怨必生。夫小民犯罪，必不能動有司以達於朝，惟內族、外戚多恃恩行賄，以圖苟免，如是則法廢矣。自今貴戚以事被告，不以事之大小，並令所在官司按問，具申北、南院覆問得實以聞，其不按輒申，及受請託爲奏言者，以本犯人罪罪之。

《明太祖實訓》卷五《恤刑》 〔吳元年六月甲戌〕太祖謂憲臣曰：任官不當，則庶事不理，用刑不當，則無辜受害。譬之嬦草萊者，施鎛不謹，必傷良苗，繩姦慝者，論法不當，必傷善類。故刑不可不慎也。夫置人於桎楚之下，屈抑頓挫，何事不伏，何求不得。古人用刑，蓋不得已。懸法象魏，使人知而不敢犯。夫水火能焚溺人，狎之則必傷，遠之則無害。水火能生人，亦能斃人，刑本以生人，非求殺人也。苟不求其情而輕用之，受枉者多矣。故欽恤二字，用刑之本也。

《明太祖實訓》卷五《恤刑》 〔吳元年十月乙卯〕太祖謂臺憲官劉基、章溢、周禎等曰：紀綱法度，爲治之本。所以振紀綱，明法度者，則在臺憲。凡揭紀綱法度以示百司，猶射者之有正鵠也。百司庶職，操弓矢以學射者，以臺憲乎取法，故審已不可以不慎。苟不知其本，察於小物而昧於大體，終非至正之道。爾等執法，上應天象，少有偏曲，則紀綱法度廢壞，而民不得其安，況或深文以爲能，苛察以爲智，若甯成、郅都、周興、來俊臣之徒巧詆深文，恣爲酷虐，終亦不免。若於公陰德，子孫乃致貴顯。天道昭然，深可畏也。

《明太祖實訓》卷三《守法》 〔吳元年十二月甲辰〕太祖諭群臣曰：讀書所以窮理，守法所以持身，故吏之稱循良者，不在於威嚴，在於奉法循理而已。卿等既讀書，於律亦不可諳達，大抵人之犯法者，違理故也。君子守理，故不犯法，小人輕法，故蹈重刑。今卿等各有官守，宜知所謹。

《明太祖實訓》卷五《恤刑》 〔洪武元年正月辛丑〕太祖謂宰臣曰：朕每燕居，思天下之事，未嘗一日自安。蓋治天下猶治絲，一絲不理，則衆緒棼亂。故凡遇事必精思而後行，惟恐不當，致生姦弊，以殃吾民，以此不敢頃刻安逸。至於刑法，尤所關心，然此非一人所能獨理，卿等皆須究心，庶幾民無冤抑，刑獄清省。漢宣帝言獄者所以禁暴止姦，養育羣生，甚得用法之意，卿等宜體之無忽也。

《明太祖實訓》卷五《恤刑》 洪武二年八月戊子，監察御史睢稼言：《周官》懸法象魏之文，《禮經》載鄉飲讀法之説，皆道民知禮法而遠刑辟也。今新律頒佈天下，鄉井細民猶有不通其説者，宜倣古人吉讀法之典，命府州縣長吏凡遇月朔，會鄉之老少，令儒生讀律，解析其義，使之通曉，則人皆知畏法而犯者寡矣。

太祖曰：威人以法者，不若感人以心。敦信義而勵廉耻，此化民之本也。故羞惡之心生則非僻之私格，外防之法密則苟免之行興。卿言讀律固可禁民爲非，若謂欲使民無犯，要當深求其本也。

《明太祖實訓》卷五《恤刑》 〔洪武二年〕十二月己酉，復以廣東行省叅政周禎爲刑部尚書。太祖諭之曰：刑以輔治，唐虞所不免，觀舜命臯陶之辭，始雖曰明刑，終期於無刑。臯陶告舜亦曰：與其殺不辜，寧失不經。當時君臣莫不以恤刑爲重，而民亦自不犯，所以能致雍熙之

治。朕嘗觀此，深有所契，爾其體之。

《明太祖寶訓》卷五《恤刑》 洪武四年二月戊午，以刑部郎中劉惟謙爲尚書，太祖諭之曰：膏粱所以充飢，藥石所以療病，使無病之人舍膏粱而餌藥石，適足以害身。仁義者，養民之膏粱也。刑罰者，懲惡之藥石也。故爲政者若舍仁義而專務刑罰，是以藥石毒民，非善治之道也。今擢爾爲刑官之長，爾於用法之際，常體古人欽恤之意，則張釋之、于定國皆可爲矣。爾其勉之。

《明太祖寶訓》卷四《仁政》 〔洪武四年〕五月辛巳，太祖與廷臣論刑法，御史中丞陳寧對曰：法重則人不輕犯，吏察則下無遁情。

太祖曰：不然，法重則刑濫，吏察則政苛。鉗制下民，而犯者必衆。鉤索下情，而巧僞必滋。夫壘石之岡，勢非不峻而草木不茂，金鐵之溪，水非不清而魚鱉不生。古人立法置刑，以防惡衛善，故唐虞畫衣冠，異章服以爲戮，而民不犯，秦有鑿顛、抽脅之刑，參夷之誅，而囹圄成市，天下怨叛。所謂法正則民慤，罪當則民從。今施重刑而又委之察吏，則民無所措其手足矣。朕聞帝王平刑緩獄而天下服，從未聞用商韓之法可致堯舜也。寧慚而退。

《明太祖寶訓》卷四《仁政》 洪武六年三月乙卯，廣西衛卒王昇因差遣還沂州，受親舊私遺，衛官以違法並逮其親舊三十四人，送都督府奏罪之。

太祖曰：人歸故鄉，孰無親故，慰勞餽贈，人情之常。命皆釋之。因謂侍臣曰：近來諸司用法，殊覺苛細，如大河衛百户姚旺，因運糧偶見舊日僮僕，收之。至濟寧，民有言是其生，不見已十年，百户即以僕還之，因受絹一匹。此皆常情，法司亦以論罪，用法如此，使人舉動即罹刑網，甚失寬厚之意。

《明太祖實録》洪武十五年八月 乙酉，上諭禮部臣曰：天下郡邑申明，亭本以書記犯罪者姓名，昭示鄉里，以勸善懲惡，使有所警戒。今有司概以百姓雜犯小罪書之，使良善一時過誤者，爲終身之累，雖欲改過自新，其路無由。爾禮部詳議來言。於是，禮部議上。自今犯十惡、姦盜、詐僞、干名犯義、有傷風俗及犯贓至徒者書於亭，以示懲戒。其餘雜犯公私過誤，非干風化者，一切除之，以開良民自新之路。其有私毁亭舍，除所懸法令，及塗抹姓名者，監察御史、按察司官以時按視，罪如律。制可。

《明太祖實録》洪武十六年春正月 壬子，上諭刑部尚書開濟，都御史詹徽等曰：凡論囚須原其情，不可深致人罪。蓋人命至重，常存平恕之心，猶恐失之，况深文乎。昨民有子犯法當死者，其父行賄求免，御史執之並欲論罪。朕以父子至親，其死而救，人之情也，故但論其子而赦其父。自今凡有論決，必再三詳讞，覆奏而行，毋重傷人命。

《明太祖寶訓》卷五《恤刑》 洪武十九年十二月戊申，都察院左都御史詹徽上言：陛下之於刑獄，每存欽恤之意，蓋故期於無刑。而頑民狎玩，犯者不止。臣愚以爲，莫若嚴刑以制之，使知所畏而重犯法。

太祖覽之曰：刑不可使縱弛，亦不可使過嚴。縱弛則爲惡者無所畏，過嚴則爲善者或濫及。用刑之道但貴得中，得中則刑清，失中則刑亂，刑亂而政衰矣。如爾所言，鞏流於濫，其可哉？

《明太祖寶訓》卷五《恤刑》 洪武二十年四月己酉，都察院左都御史詹徽奏有軍人犯罪當杖，其人嘗兩得罪，幸宥免矣，今復不悛，信非良善，宜並論前罪誅之，以懲餘者。

太祖曰：前罪既宥，今復論之，則不信矣。用刑而不信，使人何所措手足。且其罪至死而縱之，則爲縱惡，不至死而誅之，則爲濫刑。今罪未至於死而輒欲殺之，在爾有故入之罪，在朕無恤刑之仁，皆不可也。仍杖而遣之。

（清）龍文彬《明會要》卷六六《刑・寬恕》 〔洪武〕二十二年，更定《大明律》，書成。帝諭太孫曰：此書首列《二刑圖》，次列《八禮圖》者，重禮也。顧愚民無知，若於本條下即注寬恤之令，必易而犯法。故以廣大好生之意，總列名例律中。善用法者，會其意可也。《刑法志》

（明）談遷《國榷》太祖洪武二十八年九月 庚戌，頒祖訓條章於内外文武諸司。敕曰：自古國家立建法制，皆在始受命之君，子孫遵守而已。蓋始受命君起自側微，備歷周知，恐後世守成之主未諳世故，山林初出之士，自矜己長。至有姦賊之臣徇權利，作聰明。上不能察而信任之，變更祖法，以貽禍敗。是以日夜精思，永垂典則。朕少遭亂離，賴天之眷，翦除混一。即位以來，勞神焦慮，與海内期乎平治。作祖訓一篇，開

道我後人，世爲家法。禮部其頒條章於天下，後有言更者，以奸臣論殺無赦。

《明太宗實録》永樂元年二月　癸丑，禮部尚書李至剛上言，以爲論道經邦，必求賢才。興利除害，必開言路。昔太祖皇帝勵精圖治，聽納無遺，三十年間，化行俗美。皇主即位以來，悉遵成憲，廣開言路，博採群謀，凡有可行，無不聽納。然無知小人，往往假此爲名，或搜求細事，拑制諸司。或懷挾私讎，陷害良善。或妄稱奏訴，躲避差徭。或馳騁小才，希求進用。甚者無稽之言，煩瀆聖聽。雖稱興利除害，其實假公營私。誠宜榜示天下，果有益國使民之事，雖百工技藝之人，皆許具實陳奏。若官吏人等貪污，顛倒曲直，酷虐良善，及婚姻、田土、軍役等事，必命自下而上陳告。若有假以實封建言，驀越上司，徑赴朝廷，干冒者治以重罪。上可之。

《明太宗寶訓》卷三《體群情》〔永樂四年〕五月丙辰，吏部尚書蹇義等引奏，齊府教授葉垣等三人，謂齊王所爲不道，坦等不能輔導爲善，匡救其過，宜寘於法。

上曰：齊王兇悖，出於天性，如暴虎雖檻之不馴，曲木雖楺之不直，皆性然也。中人以上，聞善則從，下愚之資，雖教不善。齊王朕弟，於屬至親，拔於艱危困苦之中，納諸富貴安樂之地，恩亦不薄。及聞其所爲之非，誠心以告之，溫辭以戒之，反覆諄切，至於六七，尚無一毫聽納之意，况肯從其下人之言乎。刑法之施，爲惡者不使幸免，無惡者不以妄加，庶幾有所勸懲。前日齊府僚屬從王來京者，朕已察其姦邪，數人寘之於法。坦等皆先自歸，朝廷陳告，毋一概論之。

（清）龍文彬《明會要》卷六四《刑·律令》　永樂十年十二月癸酉，行在刑部奏決囚，其間有律輕而情重者，請置重法。上曰：律者，法之平。今欲輕重之，罰雖當，民弗信矣，其如律。《世法録》。

（明）談遷《國榷》成祖永樂二十二年十二月　庚戌，法司奏刑名畢召諭曰：朕未嘗敢以喜怒損刑法，卿等明信莅之。如朕一時嫉惡過中，須執正，毋慮乖忤。

《明英宗實録》正統六年春正月　〔乙卯〕兩浙巡鹽御史張淑等奏：臣先奉勅：凡獲鹽徒，究問如律固禁，具奏定奪。今臣前後所問，多者不過萬斤，少者或止百斤。若一概俟請發落，不免淹禁艱難。臣愚以爲，果係權豪勢要之人，聚船成䑸，列兵拒捕，其鹽多至二千斤以上者，如所奉勅。餘依律取問，照例發落爲便。從之，仍命各處巡鹽官，皆如淑奏施行。

《明英宗實録》正統六年八月　〔丁丑〕上御奉天門，諭行在都察院臣曰：朝廷優養士卒，常給之衣食，又時練習，以備用。奈何爲將者署不存恤，或役以佃牧，或役以興販，或役以治私第，建祠廟，積歲月不得少息。其緣邊士卒艱苦尤甚，每操備屯種甫暇，輒令之捕野味，治薪炭，虐害多端。又有勾至補伍者，所隸官旗盡索其所攜，以致貧窘復逃。此豈朝廷優養之意，將領爲國之忠爾。都察院其榜諭中外，戒以無得復爾，敢復爾者，法司執治無赦。

《明英宗實録》景泰元年二月　〔丙戌〕刑部署郎中王概言：舊例，告義子女、義婦、義孫、妻子，前妻、前夫之子不孝者，必審其四鄰，益欲挾私冤抑也。其義子女，又必驗其年歲。如過房在十五歲前，曾受義父母鞠養，則坐以不孝。不然，但以雇工人毆罵家長律坐之。比奉詔革條例，臣以爲此例不宜去。從之。

《明憲宗實録》成化十年六月　〔壬戌〕兵科給事中祝瀾言：我祖宗酌古準今，制《大誥》，定《律》《令》及《諸司職掌》、《洪武禮制》等書，頒佈中外，俾臣民遵守。然民生日繁，庶事百出，制書有未備載者，或朝廷有所施行，臣下有所建請，遂因之以爲條例故事，同而授引，或異罪一而議擬各殊。官司得以任情遷就，吏胥得以高下其手。如文武官品級同，而其父、母、妻葬祭殊例，愬寃之人同，而給引與遞送殊科。乞勅在京文武大臣，備查內外新舊條例，務歸至當，以類相從，細集奏聞，取旨裁決，定爲見行條例，刊板印行，則天下皆可遵守而無惑矣。詔下所司議行。禮部覆奏：今後文武官員，父、母、妻亡者，一遵成化七年奏例。見任受封品級，應祭葬者，如例祭葬。應祭者止與祭，其不應祭葬者不與。庶事例歸一，不致紛擾。從之，仍命以禮致仕者，與見任例同。都察院覆奏：愬寃之人給引遞送不一者，以自奏，與抱愬者情犯輕重不同，且瀾奏內誤寫囚人姓名，宜治其罪。上宥之。

（明）戴金《明條法事類纂》卷四八《刑部類·斷罪引律令·問囚犯

擬罪不該載引律比附明白方許奏請》 成化十二年二月十九日，刑部等衙門尚書等官董等題爲建言事。計開：

一件：申比附。伏睹成化九年九月十七日，節該欽奉敕諭內有曰：有以知陛下明慎用刑之或擬罪之間，觀望逢迎，比附不當。欽此。欽遵。有以知陛下明慎用刑之盛心也。竊見本寺審録囚犯，有情罪明白，全合正律者；有情罪稍穩，摘取律文議擬者；又有招服情辭，律無明條，可彼可此，僉無定見，疑似之間，援引比附者。《釋文》謂兩物相並曰比，依憑爲則曰附。其與正律治有間矣。又伏睹《大明律》例分八字之義，有所謂以者，與真犯同，並除名刺字罪至絞斬者。全科準者，與真犯有間，俱準其罪，不在除名刺字之類。其比附云者，猶準之義也。具罪擬情輕，陛下大德，姦生其於真犯。重刑每於霜降之後，尤命廷臣會審，情可矜疑者，具奏聖斷，發還充軍，俾得全生。欽恤之仁可謂至矣！比附之罪，亦疑無定律，後行議擬者，可不尤加欽恤之意哉？如蒙乞敕法司會議，今後內外問刑衙門，凡問比附律條罪囚，務在詳審。果於律令相應準依憑比，並權衡適中，不至偏輕偏重。而情罪免當者，方許比擬，奏請定奪。倘或原問官吏，偏執己見，深文妄行，中間情罪不同，致有出入者，亦坐以罪。庶幾不負陛下欽論之盛心。

前件，臣等伏睹《大明律》內一款：凡律令該載不盡事理，若斷罪無正條者，依律比附，應加應減，定擬罪名，轉達刑部議定奏聞。若輒決斷致罪有出入者，以故失論。欽此。欽遵。查得洪熙元年二月十五日，節該欽奉詔書內一款開：律令之制，善善長惡惡短，罰之輕重減適厥中，顧執法之吏不能皆平。有虛實其情，至死罪比附謬妄，尤甚枉人。朕甚憫之。欽此。又查得成化九年九月十七日，節該欽奉敕諭：我朝酌古準今制爲刑部律，至精至密，尤爲令典。近者法司多不遵守，或聽訟之際，鹵莽滅裂，推鞫不明。或擬罪之間，期望逢迎，比附不當，法司宜加警省。欽此。緣今法司凡問罪囚，中間律有該載不盡事理，斷死而無正條者，一向欽遵前項律例，斟酌情罪明白，應加應減，引律比附，轉發大理寺詳擬。內有不當者駁回，再擬允當者具奏，取自上裁，無擅自定擬發落囚犯。今左評事馬銓奏，要將內外問刑衙門，凡問比附律條罪囚，務在詳審比擬適中，方許奏請定奪一節。查有前項律條，俱各見行。但頒降條例有限，人之所犯不一。誠恐各該問刑衙門，或有斟酌欠當，奉行未至。合再申明通行內外問刑衙門，今後凡問囚犯，擬罪不該載引律比附者，務要斟酌情罪明白後，用相應律條比擬停當，方許奏請發落。其原問官吏若有偏執己見，徇私枉人，事發以故失論罪。

（明）黃訓《名臣經濟録》卷一八何喬新《題修省事》 計開：一、伏覩《大明律》內一欵，凡罵祖父母、父母及妻妾罵夫之祖父母、父母者，並絞。注云：須親告乃坐。又一欵，其祖父母，父母誣告子孫子孫之婦者，各勿論。欽此。竊詳律意，蓋謂祖父母之於孫，父母之於子，天性之至親也。子孫婦悖戾至於毀罵，故坐以絞。然恐人誣告致罪故曰須親告乃坐。謂之親告乃坐者，以見他人雖告乃坐也。近見問刑衙門遇有祖父母、父母告子孫及子孫之婦罵者，不問虛實輒坐以絞，是乃親告即坐，非親告不坐矣。使親告即坐何以有誣告子孫之律乎。凡人之誣告子孫及子孫之婦者，多出於愛憎之偏。有因後妻之譖而憎前妻之子者，有溺愛少子而惡其長子者，有欲奪孫之貲産以歸其子者，有憎其孫遂及其婦者，使親告即坐，則雖恭順如薛包，孝友如王祥者，父母一有誣告，將不免於死，況於其他乎。合無通行內外問刑衙門今後若祖父母、父母告子孫及子孫婦不孝者，必須追究得實，然後坐罪如律，若祖父母、父母偏私誣告，仍依誣告子孫律擬斷，庶無失聖明制律之意，而克全天性之恩矣。

一、伏覩《大明律》內一欵，凡官司決人不如法者，笞四十，因而致死者，杖一百，均追埋葬銀一十兩。若監官因公事於人虛怯去處非法毆打，及自以大杖或金刃手足毆人至折傷以上者，減凡鬥傷罪二等。致死者，杖一百、徒三年，追埋葬銀一十兩。若於人臀腿受刑去處依法決打，邂逅致死及自盡者，各弗論。欽此。查得見行事例各處有司及問刑官有用腦箍、夾棍、烙鐵、欄馬棍等項酷刑。官員問罪，起送吏部，奏請定奪，或降雜職，或發爲民，蓋所以懲戒殘忍之徒也。近見內外官司，或因督理公事，或因考訊獄囚，依法決打致死人命者，問刑衙門一概議作酷刑黜罷，殊與律例不合。且鞭作官刑、扑作教刑，自古有之，但不當肆爲殘忍以毒其民耳。若因公事決打致死，輒黜爲民，非律例之意也。合無通行內外問刑衙門，今後有犯，除腦箍、夾棍、烙鐵、欄馬棍等項慘酷刑具，及於虛怯去處毆打致死者，照例問罪爲民，其如因公事或笞或杖於臀腿去處

決打致死者，合依本律科斷，不在起送降調之例，庶於情法得中。

一、伏覩《大明律》內一欵，凡因事威逼人致死者，杖一百，追埋葬銀一十兩。欽此。竊詳律意，蓋謂諸色人等或逼取田園，或强索財物，或見其愚弱而箝之以罪，或因其卑賤而脅之以威，其人畏威懾勢以致自殺者，坐以前罪，仍追埋葬之貲給與死者之家。近見街市愚婦或一時語言忿爭，或偶因酒醉戲罵，本無用威挾勢凌逼情由，而愚民輕生，輒便自盡者，官司往往擬威逼罪名，追給銀兩，殊非律意。其罪雖止於杖，然監追銀兩，有力者隨即送官，貧窘者淹禁連月，甚至於鬻子女，典房屋而後完納，深爲可憫。合無通行內外問刑衙門，今後遇有此等囚犯，研審明白，果係因事威逼人致死者，依本律科斷，若因一時忿爭，或因醉戲謔互鬭等項，致人輕生自盡，别無逼迫之情者，止依不應並毆罵人等項律條斷，不必追銀，庶幾情法相當，而死生無憾。

一、伏覩《大明律》邊遠充軍條，內開：江南並浙江、江西等布政司府分發定遼，山西等都司所轄衛分充軍。竊見近來編發充軍囚犯，不分南北，多發西北邊衛充軍，蓋以西北近虜，欲其填實邊衛也。然此等囚犯多是原問斬絞罪名饒死，及一應姦頑梗化輕於犯法之徒，往往隨到隨逃，仍復爲惡，雖有仍問死罪處決之例，然逃者接踵，終不知警。况中間又有原係戎虜種類，諳知邊情，慣習夷語，恐其乘隙逃入虜中，爲之謀主，啓釁邊陲，不可不防。漢之衛律，宋之張元，可爲永鑑。合無今後編發充軍囚徒仍照律內所定地方，原係北人者，編發江南衛分，原係南人者，編發江北衛分。庶可革其屢逃之弊，亦可免意外之虞。

一、伏覩《大明律》凡四百六十條，其間計贓科罪者，律也，律一定而不易。以贓估鈔者，例也，所以輔律，可隨時損益之。但國初制律之時，每銀一兩值鈔一貫，今則值鈔八十貫，是國初常人盜銀八十兩方得絞罪，監守盜銀四十兩方得斬罪。今常人盜銀一兩，監守盜銀五錢即坐絞斬罪名。雖曰民俗澆灕，恐人易犯，故重以繩之，然非祖宗制律之本意。

（明）孫旬《明疏鈔》卷一七王恕《同南京吏部等衙門應詔陳言奏狀》

合無吏部通查數年以來，有因言事或降調外任，或冠帶閑住，悉令復職，俾圖自効。如有政令缺失，俱許直言無隱，及令都察院行委巡城御史、五城兵馬嚴加禁治，如有姦妄之徒或執巧技，或挾邪術者，不許潛住京師，希求進用，敢有窩藏隱匿者，罪及隣佑。如此則異端不至横流，正道可免榛莽。

（明）孫旬《明疏鈔》卷二三李鳳來《因變陳言以實修省疏》

何謂慎刑獄，古人以刑期無刑爲上策，以刑措不用爲善政，至於我國家大明，有律有令，問刑有條有例，甚盛典也。近年天下軍民負屈冤者，不得已具狀告申，具本奏鳴，往往被經管衙門阻抑不行，遂使强梁肆惡，柔懦吞聲，有傷和氣，及其收問在獄者，審實明白，已知事出無妄，一時不肯釋放。其罪所當決者，又奉恩命而暫停。夫生者生之，死者死之，王道也。使生不能遂，死不能決，當夫盛暑隆寒之時，饑饉凍餒之形，咨嗟愁怨之氣，何時已也。在仁人固不忍聞，在天道亦或厭聽，此切於民瘼而爲今日之急務者，四也。合無勅下內外各該問刑衙門，遇有軍民告訴，即便施行，以明伸冤，抑如事在不疑，則明正典刑，以泄神人之憤。係非其罪，即照今日明詔恩旨作急釋放，以安良善之心。夫天之於物，生之以春固仁也，肅之以秋，亦仁也。聖人治天下，亦法諸天而已，善善惡惡，蓋欲並行而不悖耳。願陛下留意焉。

（明）孫旬《明疏鈔》卷三四夏鍭《釋言罪以明納諫疏》

臣伏見主事李文祥，庶吉士鄒智，中書舍人吉人，監察御史湯鼐、任儀、姜綰、劉遜、繆樗，給事中方向等，皆以言事放棄於外。臣前處遠，不知朝廷之上，以爲陛下嘗從言納諫，能進退大臣，乃大有爲之君，文祥等又盡一時聰明有節氣，亦不可棄之材，何不相合如此也。自問不喻有疑於心。自今年來始知陛下之意，以爲此輩徒欲逞己，無益人國，是以困苦而不佑，棄置而不惜，蓋有由也。然臣正以是而勸陛下，昔者趙簡子無過而納諫，曰：吾將以來諫者。唐太宗不罪德參，更加優賜，曰：朕罪此人，誰復敢言者。皆見於載籍，至今稱之。使文祥等其言有益於國，而陛下容之，此未見陛下之大，儻其言無益於國，而陛下能容，此見陛下之難耳。如文祥等，臣亦不論，但人臣因言得罪，又久在外，恐非朝廷之宜。盛德之事，蓋人主之體，每行一事，要可以示天下爲先，發人心之悦，然後稱人主之舉動，以廣教化而保鴻名也。如今之事，未見有此。陛下本有納諫之實，而小臣在外反成陛下却諫之名，又爲陛下舉動之累。此愚臣因置後害爲陛下言也。憂明主而恐善道之不終，不敢復顧也。方今陛下之臣，恃陛

下在上皆有以自樂，獨文祥等十數小臣，顛頓貶所，漂泊海邦，或觸瘴毒，親夷獠，犯魑魅，皆有憂虞而無歡愜，則不特陛下有不得其所之人，而群臣亦有向隅之泣。天生陛下，又生聖子，天之爲民，豈欲湛恩之中，更覩此輩哉。此又仁主所宜動心也。且言者無流竄之禍，則不足以彰其譽，有竄徙之苦，則愈足以見其難。罪愈重而名愈高，是言者之得罪雖今日之苦，亦後時之利，但非人主之福耳。人主者知此之故，轉而容之，則言者無其禍亦無其名，罪愈輕而名愈鮮，而名者並歸於人主之一身矣。是以忠臣者固喜薄其名，非但樂其身之無事而已也。夫臣之愛君，愛其身則愛其德，愛其德則愛其名，豈願己之完好而遺主上以疵詬哉，是大不得已也。此尤人主所當深察而致思者也。然臣聞之，如陛下之意，未必有今日之事，爲此事以遺陛下者，陛下之柱石大臣劉某者誤陛下也。蓋時有直士既非小人之利，尤於權臣不便。彼見文祥等既彈萬某，又論尹某，懼其一旦及己也。於是有助之攘袂，操戈自逐，如魏某者出焉，使人至此，豈不愈有跡乎。天下之人皆知，而惟陛下不知，臣是以不敢止也。如某者不能引天下賢士使共事其主，乃反陰讐言者，置之遠地，以彰其主之不容。且事非不得已，而聽言路自爲阻塞，致主上不深察，以申其邪謀，又重以累主上。只此一事，所壞已多，況其他貪放可中數之罪，臣不欲明以疏舉。今但舉要爲陛下言之，則輿論所棄，實不減萬某、尹某也。伏乞陛下宸衷自定，特勑吏部追取文祥等還其舊官，及凡前後因言去國之臣，不論義近，一體加恩。及被魏某等以私過告訐去位者，亦乞加察，然後罷劉某還某家，以儆有位。適今陽生陰退之月，臣願陛下行此二事，以應天道，以順陰陽。陛下誠然乎，則大聖人之作爲，固耳目所未有，簡册所未載，人心大回，宗社獲福，不足以言其應也。臣本無知識，又無言責，今將遠去，恩見陛下而無由，是故一著狂直，以附傳言之義，行古之道也。

（明）孫旬《明疏鈔》卷三四儲巏《赦言官以光聖德疏》　臣等竊見都給事中龐泮等，監察御史劉紳等，頃因上言免差官校提解武岡州知州劉遜，皇上震怒，俱下之錦衣衛獄。數日以來，內而臣工，外而軍民，莫不私憂竊嘆，以爲龐泮等不諳事體，觸忤聖心。即其所言不爲無罪，所可惜者皇上之盛德，國家之大體，不可因此一事而有所損爾。仰惟皇上即位以來，明目達聰，用言聽諫，狂直者每賜優容，牴牾者未嘗斥逐，虛心從善，以義斷恩，有古帝王所不及者，聖德昭彰，已十年矣。今反因其言事一有不當，舉六科十三道盡下之獄，此雖泮等有以自取，然以皇上十年納諫之美，而遽然有此，傳之四方，不能無議，書之史策，不能無疑。因一事以掩前功，以小故而妨大德，此臣等所以竊爲皇上惜也。且泮等建言亦其職業，但以所論劉遜之事，意傷於急遽，詞失於婉曲。然原其心，蓋仰賴聖明在上，素有以聽用其言，是以隨事納忠，不避煩數，則其情固可矜，而罪亦可畧也。況科道官乃朝廷之耳目，凡國家之利害，生民之休戚，時政之得失，百官之邪正，皆得言之。是以古之帝王及我祖宗建是言官，必選天下直諒敢言之士，以充厥職。有一言之善者，即賜施行。雖多言不當者，亦不加罪。所以奬異而優容之者，惟以養其敢言之氣，使之森然立於殿陛之前，於以扶持正論，消沮邪謀，爲廟社之福。若摧折之，囚繫之，中人之資守道狥義者少，趨利避害者多，彼惟知緘默觀望，持録保位而已。他日脱有大事，誰復爲皇上言哉。由是論之，摧辱言官，蓋非人主之利也。自泮等下獄，科道一空，攝事署印盡委之人，糾儀侍班皆曠其職，惟此異常之事，豈宜清明之朝。皇上臨御之時，視瞻所及，燕閑之處，思慮所經，未必不惻然有動於宸衷也。昔唐太宗嘗謂侍臣曰：比見人來奏事，多有怖慴，言語致失次第，尋常奏事，情猶如此，況欲諫諍，必當畏犯逆鱗。所以每有諫者，縱不合朕心，朕亦不以爲忤，若即嗔責，深恐人懷戰懼，豈肯更言。貞觀六年，陝縣丞皇甫德參上書忤旨，太宗以爲訕謗。侍中魏徵進言曰：自古上書率多激切，否則不能起人主之聽，激切則似訕謗，惟詳其可否。太宗曰：非公無能道此者，令賜德參帛二十疋。臣等嘗謂唐太宗非惟能容人之諫，又導人而使之諫，非惟不怒人之諫，又賞人而使之諫。故貞觀之治，庶幾成康，寔其屈己納諫所致也。欽惟我朝列聖尤喜諫諍，臣等不能悉舉，謹具一二事以言。洪武初年，朝臣有上疏萬餘言者，太祖厭其迂，怒欲罪之。群臣有阿意者，指其疏曰：此不敬，此誹謗，罪當誅。上怒未解。宋濂對曰：彼應詔上疏，其心爲朝廷耳，烏可深罪乎。上覽疏中有足採者，召阿意者罵曰：吾怒時若等不能諫，乃激吾誅之，何異以膏沃火，向非宋濂之言，幾不誤罪言者耶。洪熙初，大理少卿弋謙數言事，有言其賣直沽名者。楊士奇對曰：主聖則臣直，惟陛下容之，不然進言者將懼矣。仁宗雖不罪謙，然免其朝參，

令專坐司視事，自是一月餘言事者少。仁宗諭士奇曰：自免弋謙朝，言者不至，豈果無事可言。遂令士奇就前草勑引過，命弋謙仍舊朝參，令百官言無以謙爲戒，此祖宗之聖德明訓，皇上所當祖述憲章者也。今麗泮等不識事體，縲絏下獄，已示之罰矣。伏望皇上廓天地之量，霽雷霆之威，沛發明詔，不日而赦之，則豈惟泮等心懷感愧，益圖報稱，而內外大小之臣、六軍萬姓之衆，莫不歌詠聖德，歡忻交通，四方傳之以爲盛事，史策書之以爲美談，德業之盛，名譽之美，真可以匹休祖宗，而貞觀之治有不足言矣。然此豈高遠難行哉？惟在聖心獨斷一轉移之間爾。臣巏等冒瀆天威，無任殞越之至。

（明）楊廷和《楊文忠三録》卷一《請免妖言人犯連坐疏》

臣等看得都察院本內，妖言謀反首賊段鋹家屬連坐於法，相應其潘依道孫爵本內，明開無運謀顯跡，欲量從末減，合無俱免連坐，惟復止將伊妻王氏、孔氏同王滿堂等俱送浣衣局，其餘免坐。及大理寺二本，犯人王豸等並徐通等本內原無開有家屬連坐之文。況各犯情罪比之段鋹等尤有不同，今欲將家口俱送浣衣局，似乎太重。臣等各加斟酌，擬票封進，通乞聖裁。正德十六年正月三十日。

（明）楊廷和《楊文忠三録》卷二《請正大獄疏》

縣官臣楊廷和等謹題爲正大獄，伸國法，從公論以順人心事。先該科道官劾奏張鍄等罪惡，陛下赫然震怒，下之法司，天下聞之，交相喜慶，謂是大有爲之君，乃有此等舉指，嘉靖之治，寔基於此。既而法司議上，再命會官詳審，臣等擬稾進呈，俱從上改，竟至寬貸，聞者莫不喪氣解體，以爲不誅此則國法不正，公道不明，九廟之靈不妥，萬民之心不服，禍亂之機未息，太平之治未臻。《語》曰：上無失政，下無私議。殺一人而千萬人懼，天下之大政也。縱姦長惡，而使亂臣賊子無所懲戒，此行政之大失也，所以科道與刑部司屬相繼言之，或交章或獨奏，入則議於朝，出則議於巷，遠臣小吏亦將有聞風而言者，不意新政之初，有此等舉措也。自古帝王制刑三千餘條，曰元惡大憝不待教而誅。我皇祖《大明律》一書首之以十惡大罪不待時而決，如張鋭等正所謂誅不待教，殺不待時者也。堯時四兇之罪，不過巧言令色，治水無功而已，舜帝即位，先誅殛之，而後天下咸服。今張鋭等之罪，萬倍於四兇，而其罰止於充軍，何以服天下之人心乎。姑以近日之事，校之張鋭等所犯，與錢寧、江彬相同，皐真王綸等又在其下，錢寧等既伏誅，而張鋭等乃保其首領，罪同罰異，使錢寧等遊魂有知，亦當不服於地下矣。此輩縱不一一皆誅，而張鋭、張雄、張忠三人決不可赦。今執奏者未已，若陛下仍以有旨答之，使中不發，今幸聖明嗣統，光復舊章，勑修先朝實録，前項章疏事皆已往新政以來，亦多施行，不用發抄覆議，俱乞發出，該科徑送史館，則事雖不得正於當時，猶可示戒於後世。忠雖不得效於先帝，猶可顯白於今日，豈不足爲皇上新政之助，具後來臣子之勸哉。今將查過見在八十六本並批紅五十六本逐年開具，謹題請旨。

正德十六年十一月二十日。

（明）應檟《讞獄稿》卷一《明律例以甦民命以隆聖治疏》

臣等奉命審録江南，自陛辭之後，夙夜孜孜，不敢寧處，迄今雖亦了事，深惟知識短淺，不能仰承德意爲懼，俟造册完日，謹當回京叩頭闕廷。茲先以耳目所見知切於民瘼者，上塵聖覽，蓋懲既往之愆，用爲將來之防，伏惟聖明詳賜垂察。我太祖高皇帝定《大明律》以防姦，孝宗敬皇帝輯《問刑條例》以輔律，二書者蓋治獄之準繩規矩，講解貴精，引用貴當，使輕輕重重，各得其情。夫然後可以禁姦軌，安良善，上稱陛下慎刑之意。今臣等經歷江南九府一州，審録輕重罪囚亦至千數，見其中多背戾，民不聊生，每切疚心，姑舉一二論之。律凡準竊盜贓，止並論一主之重，餘弗計也。今則有通計其各主之數而並論之，出杖入徒，而追贓三四年者枉法，不枉法贓止計入已之數，不入已者，弗論也。今則有通計其不入已之贓，而並論之，由笞入徒而追贖於一二年者。準枉法、準不枉法贓，罪止杖一百，流三千里而已，今則有加至絞，準徒五年者。受財枉法謂受有事，人之財而曲法以斷其事，蓋法枉於受財之後，非枉於受財之前也。今則有以不當受而受，遂謂之枉，而輒加以徒五年者。鹽法止理見獲，獲人不獲鹽，鹽不獲人不問，所以息誣告之風，杜爭端也，今則有論於二三年之後，而監追其餘利於三四年者。鹵可作鹽，猶銅可鑄錢，錢法有銅禁，鹽法無鹵禁，犯銅者不可以錢治，則犯鹵者不可以鹽治明矣。今則有招犯鹵之情加私鹽之罪者。車船頭匹並入官見於拒捕之下，不見於挑擔、馱載之後，則挑擔、馱載之車船頭匹不入官也明矣。今則有一概入官，至於沒入附搭熖硝船隻者。刼囚者皆斬，蓋在獄之囚，非在途之囚也，今則有中途打奪徒

犯，而擬以刼囚皆斬者。誣告抵充軍役，蓋誣人以律中之軍。如私賣軍器、私出外境擄掠爲從者，倶杖一百，發邊遠充軍，誣告人以此則抵充也。今則有誣告人以例中之軍而亦抵充者。强盜窩主分贓必有造意共謀之情者斬，所以誅其謀也。若去造意共謀四字，則非律意矣。今則有招盜後分贓之情，摘窩主分贓之文，而處以死者。私鹽拒捕者斬，原無皆字之文，則爲從者固得生也，而例稱鹽衆拒捕殺傷倶梟首示衆者，亦必指律該處斬之人未有去律從例梟生人之首者。今則有泥例倶梟首之文，忘律分首從之法，而概處以死者。守掌在官之物，雖未入倉庫而已至於官與在倉庫同，故有侵欺者，以監守自盜論也。今則有經收糧里誆自民間，亦引前例治罪，甚至有引沿邊腹裏盗銀一十兩事例而發邊遠充軍者。例稱府州縣衛所主文、書筭、快手、皂隸、總甲、門禁、庫子人等久戀衙門者，亦必有說事、過錢、把持、飛詭、起滅、陷害等事，方發附近充軍，然又必待其事發有顯跡情重者，則充軍。情輕者則枷號，未嘗泛以加諸人，立例之意甚厚也。今則止摘久戀衙門四字，或泛加害民二字，而遂問以充軍者。指稱打點，誆騙財物者，則官負及衙門之人，皆不得知，以其有玷各官負名節、衙門體面，幫發邊遠充軍，若過錢克落者，則罪已在官吏不得以此例論。今則有受錢者，引受財枉法之律，過錢者引指稱誆騙之例而發配邊衛者。雜犯徒流等罪照例充軍，止終本身，而軍政有子孫補當一輩之例，以其逃回得終於家故也。其逃回老疾者，則止當解其本身，不當解其子孫。若憫其老疾，欲免其枷號改發，亦必奏有明旨而後可，如嘉靖八年大理寺奏免犯人楊永者，可考也。今則有因其老疾而遂勾補其子孫者。清解軍丁，若將長解正身賣放在家，執批自到兵部，或該衛地方雇人冒頂長解姓名應官者，正軍則調發長解及受雇之人，方發附近充軍，所以嚴逃亡也。今則有長解自相貼解，受雇於長解，不曾受雇於正軍，而輒引前例，監死於過赦之。初者越境興販私鹽二千觔以上，發附近或邊衛充軍，惡其越境也。今則有摘去越境二字，但至二千觔遂至充軍，不知其幾者。凡此數者，皆民所易犯，法家所常用之文，而繆戾舛錯如此，其他又豈臣等所能盡述哉。推究弊源，蓋因律文深奥，例文簡略，而各該官司得以隨意講解，任情引用，政非畫一，官無定守。漢人治獄，所欲活予生議，所欲陷出死比，尤有二門也。今則有死之比，無生之議矣。彼作姦犯科者，固不可恤，獨不念無知而罹乎法網者乎？又況移情就獄，輕重一因於喜怒，出入罔分乎曲直，在於律例之外者乎。又況動淹歲月，性命多死於禁勘，妻子每鬻於供費，非律例所能防者乎。孔子曰：刑罰不中，則民無所措手足，誠非細故也。臣等雖嘗仰遵聖議，考據律例，每有辯論，不敢避忌，然徒救其尚存，不能救其已亡。今聖明在上，有好生之德，泣罪之仁，慎罰之政。體國大臣又皆有爲民之實，及今不爲區處，將來終難料理，雖日勤聖慮，歲每差官，亦何補於民。因嘗考之，古者趙冬曦有曰：立法貴乎合，下人盡知，則天下自不敢犯，何必飭其文義，簡其科條哉。科條省則下人難知，文義深則法吏得便。下人難知則暗陷機穽矣，安得無犯法之人。法吏得便，則比附而用之矣，安得無弄法之臣。斯言也切中今日治獄之弊。臣等請命法司大臣假以歲月，將律例二書條爲之什，句爲之解，直陳其事，顯明其義，推原律例之意，分附於各條之下，纂集成書，待聖心裁定之後，頒示天下。使政出畫一，官有定守，一開卷而意義暸然，雖有玩法之臣，不敢隨意講解，任情引用。庶幾輕重出入，各當其情，而小民無知者，亦得曉知其義，易避而不敢犯矣。然臣等又有見焉，自陛下登極以來，該撫按建議法司覆題，所以申明律例通行中外，不爲不多，今臣等於聚録之時，詢之有司，多不周知，索之文移，或亦無存。遠且不論，只如申明越境興販私鹽一例，不及四年未見有越境而得免軍者。此無他奉行之意，輕官吏之更換不常故也。由已然觀之，則文移之往來亦虛焉而已矣。此臣等之愚所以必欲注釋成書，庶幾有司奉行，不敢怠久遠而無失也。立律例以治民，猶《五经》、《论》、《孟》以取士。我太宗文皇帝命儒臣修《五經四書大全》以教天下，而天下士者家傳人誦，經明行修，卒成文明之治。迨我皇上崇尚儒術，表章經籍，有加無已，況律例所司，則萬民之命，萬世之成憲在焉。雇闕而不講，豈非重於詞章而輕於律法哉。於踈之見，徜或以爲可採，乞即下法司會議奏請施行，以爲千萬世生民之防。

（明）應檟《讞獄稿》卷一《廣天恩以惠無辜疏》　臣等倶以庸劣誤蒙，付以審録重寄，夙夜孜孜，惟恐無以將順德意，有負任使，玆審録松蘇二府罪囚，切見内有無罪之民凡壹百伍拾肆名，止因其父或祖生前爲事問充終身軍役，到衛之後逃回病故，中間亦有解至中途未及到衛病故者，

又有到衛之後遇赦放回病故者，俱有五六年及十四五年之上，甚至有三四十年者有之。近該清軍衙門查行正犯逃回病故，勾取子孫一輩補伍事例，府縣過於奉行，一概監解。臣等審録之時，皆身囚項鎖，夫泣妻啼，接踵而訴。曰：今蒙按臨奉宣朝廷德意，凡身自犯罪充軍者，悉得照例放免，小民無罪，反不得寬恤，實切虧枉，望爲主張。臣等每聞此言，不勝動心，除其祖父原委解至中途及遇例放回病故，驗有印信文案明白者，共貳拾伍名，俱經從宜辯理釋放外，惟有祖父原實逃回身故，無文可憑者，共壹百貳拾玖名，則以前例難於區處，不得不上煩聖聽。臣等謹按此例之行蓋始於成化二十三年都督同知李俊之奏，其後《大明會典》删而不存，在外諸司亦各停格年久，必有所爲。清軍衙門追行此例，固亦實戎伍修武備之意，但臣等之愚仰惟我皇上肇報圜丘，遂渙恩詔，凡近年充軍到衛不係情重者，不分永遠終身，俱得放回寧家。近該刑部尚書許等題準，凡未到衛未問結者，又皆一體放免。且又勅令臣等分行審録，剔援冤抑，雖死罪情可矜疑者，亦許奏請從輕發落。陛下此心，蓋欲下固人心，上答天眷，以爲祈天永命之本。頃自行事以來，辯問過斬絞，並釋放過充軍徒流等項罪囚，僅止伍百餘人，驟脱桎梏之苦，謫戍之勞，莫不感激聖恩，市歌巷誦，歡聲如雷，所謂人心和於下，天心和於上，固可略見於此矣。然此皆身自犯罪之人，陛下處之如此，若此輩者，果何罪哉。當此滿堂燕笑之時，獨以其祖父在逃之故向隅而泣，竊意陛下必有所不忍者。古者罪人不孥，罰弗及嗣，雖以肆兇之惡，止於入逐終其身而已矣。今制有永遠充軍之例，然多加於真犯死罪之人，蓋貸其祖父之死，雖辱及其子孫亦不爲過，而其子孫亦安受之，而不敢怨。若止終本身者。其情與罪相去遠甚，雖其到衛逃回，亦其自身犯之終其身亦可已矣，豈宜復累其子孫，而其子孫亦豈肯安受之而無怨哉。況此輩之民，安土樂業，不知其祖父之有軍久矣，一旦使之鬻事産以賫裹糧，離鄉井以即戎伍，若墜湯火，易生愁怨。其間又有舉室廢業之苦，比户朋解之擾，凡愁而且怨者，動以千百計，舉二府則江南可知矣。此皆足以干和氣，致灾異，不可不慮。又我國家之財賦，出於東南，一粒半銖，皆生於民，當此民力既竭之時，豈宜興此不急之役。古人有言，寬一分則民受一分之賜，此又不可不盡力之時也。夫厚下所以安宅，容民亦以畜衆，又奚必驅此無罪之民以實軍旅哉。伏望皇上推一視之仁，廣再造之德，採諸廷議，斷自宸衷，速將此輩均賜除免，仍乞通行天下，自嘉靖九年十一月二十三日詔書以前，凡有逃回身故者，悉免其子孫補伍，以廣陛下一時之恩。以後有犯充終身軍役到衛逃回病故，仍拘其子或孫補當一輩，以存陛下萬世之法，則恩與法並行而不悖。民心益固，天眷愈隆，天下幸甚。

（明）應檟《讞獄稿》卷一《遵恤典廣聖德以疏滯獄以活民命疏》

臣等連據應天、直隸疏徽、寧、池、蘇、松、常、鎮、廣德等府州，鎮江衛各將查勘贓犯監追年月，家産有無緣由，陸續開呈到。臣等案照先該本部爲恤刑事，查得五年差官審録追贓人犯，亦係舊規劄付，臣檟一體審録奏請等因，臣檟奉此會同臣壬通行各該衙門查勘去後今連據前因。臣等又行酌量其贓數多寡，監追久近，情罪重輕，若正犯贓數過五十兩監追未及三年，過一百兩監追未及六年，家屬監追雖久而贓數以千百計，或雖不及千百而原有助惡之情者，雖稱産已盡絶，似於法難容，縱不敢輕議，尚俟後行。數内劉秉、賈倉、陸英、張秀、黄海、蕭雄、婁忠、蘇俊賢、程憲、許寬、黄鳳、丘廷用、王宏、張棟、舒琥、周鵬、張亢、張宙、張良、張元、曾希明、楊錦、陸丘早、趙臻、金佩、蔣晨、萬忠、卞倖、張玉、陳瓚、金貴、程冏，監追雖近，贓數則少。高榮、張寵、唐尚倫、詹昇、洪瑞夫、吴廷昇、吴廷玘、吴廷芳、曹仁、劉詔、陸衣、歸昇、雇冕雇岳、姚鬆、錢山、雇鈿、陳蘭、陳雷、朱經、曹明，贓數雖多，監追則久。詹潭、詹轅、張軒、張昂、唐太、唐鉞、陸容、梁申、顧亮、謝鸞、鐘昂、陸帖、孫奎、李潮、周溢、蔡儀、王瑾、王禎、殷溱、趙宗鎬、盧相吴、金拾捌，贓數既少，監追亦久。馮夢蛟、胡氏、王坡、曹珊、餘楷、鄭欽、沈悌、張帖、顧惠、陸多郎、徐潭、趙良、趙約、唐憲、步軒、潘廷胡伯祥、王釗、湯衫、王昆、鄭傑、徐招弟，雖贓數多寡不一，監追久近不同，然皆以正犯身故家屬受累，原無助惡之情。内徐潭、湯衫本不同爨，例難陪納。胡氏既無兒男，情又特甚，緣今家産俱已盡絶，贓數卒無完期，歲月淹累，囹圄苦楚，病饑交侵，只有待斃於獄而已。臣等竊惟我祖宗朝五年差官録，凡追贓人犯，多從寬貸，今且不敢遠論，只如陛下登極以來，初該郎中蔣彬等，次該郎中葛木等奏免人以百計，贓以千數，事例既在，德澤猶新。今陛下肇行分祀之體，遂有録罪之詔，比之五

年差官事體尤重，恩賚宜異。況臣等奉命以來，奏請矜疑重囚，亦以百計，多蒙允納，尚得生全。惟此數人者，非有必死之罪不過爲此數兩之贓，若復械係如故，未免相繼待斃，徒傷民命，無補國課，甚非所以仰承陛下欽恤之盛心。如蒙乞勑法司再加詳議，速賜裁處，特蠲此六千餘兩不可完之贓，以長活此九十餘人可生之命，通行各該衙門俱與除豁，正犯止照原擬罪名發落，家屬就行釋放，如此則人心事體亦爲相應，而聖恩廣大，當與昊天無極矣。

（清）龍文彬《明會要》卷六六《刑・寬恕》〔嘉靖〕三十七年十一月，諭法司曰：朕念人命至重，惓惓矜恤。近來司牧者未盡得人，任情立威，顛倒是非。湖廣幼民楊一魁二命枉刑，母又就捕，情迫無告，萬里叩閽。以此推之，冤抑者不知其幾？爾等宜亟體朕心，加意矜恤。仍通行天下，咸使諭之。《明政統宗》。

《明神宗實録》萬曆八年閏四月甲寅，刑科都給事中李選等，因熱審届期，條列明慎之本。一曰嚴緝訪之實。廠衛之設，專主緝捕。但爾來多假以報功，希圖陞賞。且因而復私讎，傷善類者，法司衙門勿得偏聽，以致冤濫。二曰嚴奏辯之實。伸冤理枉，雖係仁育，但爾來奏辯，俱支吾隱飾，希圖報復。部院衙門，須嚴究是非，以爲行止，一嚴刑禁之實。兵馬司官，止訪拏盜賊，拘提人犯，而當刑當禁，非彼得專。至簡驗一節，尤當遵《會典》。委宛、大二縣，勿委坊司，以忽人命。上下之所司。

《明熹宗實録》天啓元年五月〔辛酉〕未幾，寧夏援遼騎兵復潰於三河。兵部尚書王象乾疏言：戰，死地也。驅人就死地而不敢避者，恃吾有不赦之法。在軍法有犯即斬，不論衆寡。承平既久，諱言誅殺，養成驕軍懦將之氣。臣部再不敢〔以〕以招撫待逃兵，再不敢以戴罪待逃兵之將。將兵兵逃者，將可斬。調兵兵逃者，兵可斬。果有情屬可原，自投請罪，願赴遼殺賊者，待以不死。如其甘心捍網，糾衆狂奔，即令所在官軍及地方鄉兵嚴緝緊捕。敢拒傷官兵者，即行梟斬，懸首藁衛。其束手待擒，或勢窮力盡，被縛到部，另行處分。一面行寧夏巡撫，逃歸者，盡行拶捕。有家屬者，拘攣務獲正丁，究治正法。蓋時當調募，正各兵觀望之始。軍律不肅，從此再無到遼之兵，國家再無滅奴之日矣。乞敕下法司，將見獲叛丁莊免先行正法，其首惡麻猛克等，懸賞嚴緝。仍行申飭各路領兵官，以後援兵在途脱逃人衆者，即行逮問正律。督撫衙門刊榜，脱諭施行。得旨：援兵多逃，總緣法弛。見獲莊免，著法司當決梟示。首惡麻猛克等，懸賞嚴緝。並其餘逃丁，仍行本類並沿途巡撫官拶捕務獲。領兵官分别議處，各路一體申飭。

《明熹宗實録》天啓元年七月戊申，兵部覆南京兵部尚書衛一鳳，南御史游鳳翔疏言：歷朝勑諭内監，嚴禁貢船並鰣魚、菓品、鮮味。櫃數，船隻各有限數，具載《會典》。今貢船人夫，動增數倍。上供十無二三，夾帶十嘗六七。宜勑該部，於進貢某項，移會嘗船主事，明開數之多寡，船之大小。仍會兵科掛號上水，止填二十名。私貨附黄船、馬快船者，依律問遣，貨物入官。庶祖制可復，民力可寬。得旨：貢船不得夾帶私貨，仍嚴行申飭。有不遵者，依律寬擬。

《明熹宗實録》天啓二年六月庚寅，協理戎政兵部尚書黄克纘，因奉旨會議，具揭送家臣張問達，具述進藥始末，爲方從哲昭雪。吏科給事中薛文周疏劾黄克纘言：君父之讎，不共戴天。克纘滅絶綱常，昵私交而忘大義。克纘疏辯謂：文周主禮臣之説，引許世子不嘗藥以弑君罪。從哲自謂天不共戴矣。臣竊謂其欲附於忠，而友陷於不忠者，以五嘗中無禮與信也。凡《春秋》書法，外國之君見弑，則直書某弑其君。如宋督弑其君，與夷齊無知弑其君，諸兒是也。內君見弑，則諱其事，而但書薨，不書地書葬。如魯隱公見弑於子翬，而書曰：冬十一月壬辰，公薨。魯閔公見弑於慶父，而書曰：秋八月辛丑，公薨。是也。夫君弑不書，正以臣子所不忍言。胡安國所謂示臣子於君父，有隱避其惡之禮。不書地，示臣子於君父有不没其實之忠。不書葬，示臣子於君父有討賊復讐之義。夫魯君果弑於其臣，孔子猶且諱之，況非被弑，而可强名以弑乎？即許世子止之事，乃外國事也，孔子書以弑君。左丘明爲素臣，其書於傳曰：夏，許悼公瘧。五月戊辰，飲世子止之藥卒。夫瘧，非速死之疾，藥出於世子之手而卒，即在飲藥之日。儼事直書，止將何以自解？然《公羊傳》又曰：許世子止弑其君，買是君子之聽止也。葬許悼公，是君子之赦止也。猶以用藥偶誤，得從末減。今李可灼進藥罔效，不無僥倖嘗試之罪。而先帝疾革呼問，自其急迫求生之心。而必欲以人臣之不嘗藥，概坐爲弑，則在宮在官人人可論矣。夫先帝以天年終，今已葬矣。一月御天，千

秋稱聖。臣子不能歌誦盛德，傳之無窮，則亦已矣。而强誣以見弑之名，是同皇考於漢質帝也。孝和皇太后未嘗被毆，而權璫媚臣至以毆死播告天下，是以孝和皇太后爲許皇后也。臣於李可灼，明言其輕易進藥，無所逃罪，何嘗有所私庇？而文周恃勢妄言，罔思臣子之於君父，嘗保全其令名，信口污衊，不知忠孝二字爲何物。伏乞皇上爲先帝雪此誣，明以當日侍湯藥，啓手足真情。勑九卿科道中有經誼學術者具議，以聽聖裁。得旨：卿據見具揭，以備會奏，心跡自明，朕已悉知。

(清) 琴川居士《清奏議》卷二朱鼎延《請崇寛厚以御下疏順治二年》

雲南道監察御史臣朱鼎延謹題爲國宜崇寛厚御下自有大禮敬陳末議以佐治平事。竊開尊賢禮士，帝王之休風。故從來享國祚之長者，無過於成周，而當時著之方策者，親親而下，即曰敬大臣，體羣臣，以故至今誦美太和在成周宇宙間。夫敬非徒高爵厚禄已也，平時則師保以尊之，即有過尚有八議以宥之，至於羣臣，則如股肱之捍，元首勿忍剪傷，勿忍蔑辱，非極貪惡敗類，斷無輕付刑曹者。我皇上求賢若渴，俊乂盈廷，亦云盛矣。而獨其一掛彈章，無問事之大小，無論爵之尊卑，悉付秋曹鞫審。夫雷霆雨露，合之皆君父之恩，臣亦何敢言用法之過當，而獨計古帝王所云敬之體之者，當不若是也。夫既在貴寵之位，天子亦嘗改容而禮之矣，吏民嘗俯伏以敬畏之矣。忽值有過，輕則付考功，可也。重則或廷議，亦可也。而乃概付刑曹，與囚隸爲伍，亦何顔再立於吏民之上哉。不惟非所以作忠，亦非所以尊朝廷名器也。漢臣有言曰：廉恥節禮以治君子，黥劓之罪不及大夫，以其離主上不遠也。故履雖鮮不加於枕，冠雖敝不以苴履。似此刑曹有權而師濟無色，不亦深可太息乎哉。在我皇上不過曰：法者天下之公，廷尉天下之平也。今刑曹已不堪問矣。律令未頒，而只聽通事之口傳上下其手，陰陽其術，無辜者或以貧乏而罹法網，巨惡者或以重貲而漏誅殛，舉國知之而不敢言，將來未知結何局也，可令人痛罵流涕者，此也。懇乞皇上養教大之休，遇臣下以禮，且律令速頒，令通事無所闞其手，庶卜年卜世，成周不得專美於前矣。伏惟聖明採宥施行。

(清) 王明德《讀律佩觿》卷一《八字廣義》 律有以、准、皆、各、其、及、即、若八字，各爲分注，冠于律首，標曰八字之義，相傳謂之律母。

宋儒蘇子瞻曰，讀書不讀律，致君堯舜終無術。若先賢指示讀律之法。又云，必于八字義，先爲會通融貫，而後可與言讀法。心竊誌之，未敢學也。職以納言散秩，循俸填補，仰承曹務，憒然如盲。急取八字之義讀之，率多言簡而意未悉。師心推廣，志存乎心，卒未敢遑臆以屬筆墨，蓋恐有干聖訓，貽譏賢士大夫也。辛亥秋初，奉堂諭，特令詳推，以廣其義，退不自揣，妄爲懸擬，既而服念，竊議八字者，五刑之權衡，非五刑之正律也。五刑各有正目，而五刑所屬，殆逾三千，中古已然，况末季乎？漢唐而下，世風日薄，人性變態，一如其面。若爲上下比罪，條析分隸，雖汗牛充棟，亦不足概輿情之幻變。故于正律之外，復立八字，收屬而連貫之。要皆于本條中，合上下以比其罪，庶不致僭亂差忒，惑于師聽矣。此前賢制律明義之大旨也。然即刑書而詳別之，正律爲體，八字爲用。而即八字細味之，則以、准、皆、各四字，又爲用中之體。其、及、即、若四字，更爲用中之用。蓋引律者，摘取以、准、皆、各四字，固無事乎取用于其、及、即、若，而摘取其、及、即、若四字時，則舍以、准、皆、各，別無所爲引斷以奏爰書矣。此讀律者，斷斷不容于八字之義，不敬爲詳審也。或謂八字之用，律載甚備，無容更爲擬議，但比類曠觀，輕重懸殊，乃並以一字爲權衡，得毋非所以明等威，示有別歟？曰好惡不嫌同詞，《春秋》之義也。《春秋》者，無象之刑書也。律也者，威用之麟經也。故其命義同也。謹述《大清律》本注，並故明舊注，備載于前，謬參鄙見，各爲截取律例數條，以廣其義。凡各律原注所已載者，概不再述，以眩觀覽。一得管窺，未知當否。

(清) 王明德《讀律佩觿》卷一《以》 《大清律》本注：以者，與真犯同。謂如監守貿易官物，無異真盜，故以枉法論，以盜論，並除名刺字，罪至斬絞，並全科。

《明律》舊注：以字有二義。其曰以盜論，以監守自盜論，以枉法論，以常人盜倉庫錢糧論，以謀叛論者，惡其迹而深治之也。如《廄馬律》曰，如馬拴繫不如法，因而傷人者，以過失論。《鬭毆律》曰，因公務急速，而馳驟傷人者，以過失論，則矜其失而輕貸之也。

王肯堂《箋釋》注：同前。

明德謹按，以者，非真犯也。非真犯，而情與真犯同，一如真犯之罪

罪之，故曰以。乃律中命意，備極斟酌，有由重而輕，先爲寬假而用以者，如謀叛條内所附逃避山澤，不服追喚，此等之人，未叛于君，先叛于所本管之主矣。與叛何異？而律則以謀叛未行論。若拒敵官兵，實有類于反，而律則以謀叛已行論，按其跡，似用以之意極嚴。而詳其實，則實仁愛之至也。有由輕而重，示人以不可犯。而用以者，如私借錢糧條内，凡監臨、主守，將官錢糧等物，私自借用，或轉借與人，雖立有文字，並計贓，以監守自盗論。夫立有文字借用，及轉借與人，非盗也。乃私自爲之，則漸不可長矣。蓋監守之人，易于專擅，非重其法，無以示警，故罪非其罪，而以其罪罪之。若以過失殺諸條，則又充類致義之盡，以行其權之妙也。

總之，大義所解，即同真犯四字最妙，以則無所不以矣。然所以者不過律而已。若律外條例，則又不得而概以之。蓋律例有後先之分，而以爲正律中之文，非條例中之文也。讀律者，又不可不重爲留意。

（清）王明德《讀律佩觿》卷一《准》 《大清律》本注：准者，與真犯有間矣。謂如准枉法，准盗論，但准其罪，不在除名刺字之例，罪止杖一百，流三千里。故明舊注：准字，亦二義。其曰准竊盗論，准盗論，准凡盗論，此則但准其罪，不在除名刺字之例也。又如《人命律》，過失殺傷人者，各准鬬毆殺傷人罪，依律收贖，則但准其罪名，不加刑法，止令如數收贖而已，此又一例也。

王肯堂《箋釋》注：同前。

明德謹按：准者，用此准彼也。所犯情與事不同，而跡實相涉，算爲前項所犯，惟合其罪，而不概如其實，故曰准。如以米柴准算布帛，惟取價值相當，實不可以米柴代布帛之用。其罪異于真犯。故贓雖滿貫，亦罪止杖一百，流三千里。乃注中不曰減等，但曰不在除名刺字之例，何耶？蓋官吏犯此，雖贓逾滿貫，亦止于革其職役爲民，而不追奪誥敕，若未至滿貫，官則止于革職，而不至永不叙用也。若本朝定例，但遇革職，則盡爲追奪，恐非所以懲貪之法，似當題請改正。是在主持國是者之大君子耳。

（清）王明德《讀律佩觿》卷一《皆》 《大清律》本注：皆者，不分首從，一等科罪，謂如監臨主守，職役同情，盗所監守官物，並贓滿貫，皆斬之類。

故明舊注：皆字，有三義。其曰皆絞，皆斬，皆杖，皆徒，皆凌遲處死之類，則是不分首從也。又如犯罪自首條曰，餘皆徵之。增減官文書條曰，若無規避錯誤者，皆勿論之類。是又一例也。

王肯堂《箋釋》注：同前。

明德謹按：皆者，概也，齊而一之，無分别也。人同，事同，而情同，其罪固同。即事異，人異，而情同，其罪亦無弗同也。蓋緣全律中，其各罪科法，原分首從、餘人、親疏、上下、尊卑、倫序、同姓、異姓、老幼、廢疾、篤疾、監守、常人，並物之貴賤，輕重，贓之多寡，分否，以及事情之大小，同異，各爲科斷以著其罪。此則不行分别，惟概一其罪而同之，故曰皆。

如謀反條内，正犯皆凌遲處死，緣坐男子，年十六以上，皆斬。謀叛條内，正犯皆斬，緣坐男女，皆流二千里安置。造妖書妖言條内，凡造讖緯妖書妖言，及傳用惑衆，皆斬監候之類。然律中用皆字處，亦各有異義。如謀反、謀叛二條，凡所云皆者，對人言也，所謂不分親疏、上下、尊卑、倫序、老幼、廢疾、篤疾、同姓、異姓，以及餘人，是也。妖書妖言條内，其所云皆者，對事言也。造與或傳，或用，其事不一，唯歸根于惑衆。衆字最要緊。所謂不分事之大小，同異，是也。强盗條内，其所云皆者，對贓言也。所謂不分曾否分贓，不分贓，及贓之輕重，多寡，是也。若盗大祀神御物，盗制書，盗印信，及盗乘輿服御物，仍作真犯死罪等條，其所云皆者，則又對物與人，而更兼夫贓言者也。所謂不分物之貴賤，輕重，監守，常人以及贓之多寡，是也。

若其概爲不分首從，則各律中，業已各爲明著，又不必言矣。然以上各條，雖云同爲一視，其實則亦各有微異焉者存。讞獄君子，又未可因其各著以皆焉，遂不細爲詳察以通之。蓋律所最重，莫如反逆，是以雖係老幼，廢疾，篤疾，亦皆不爲稍貸，惡之至也。外乎此者，則又當准名例以互參，方不失全律之旨。蓋凡遇老幼，廢疾，篤疾，除反逆二項外，又有俱准擬議奏聞，取自上裁。及罪坐教令之例，此等人犯，其罪雖在皆律之中，而實出乎皆律之外，是又皆律之有微異處，不可不敬爲留意者耳。若盗乘輿服，御物，及犯姦條内，又俱未及乎皆，亦似乎未可概爲一視，必

當爲之分別。然細爲詳按，實則亦係不分首從，與不分監守、常人，及贓之多寡，物之輕重也。蓋物莫重于乘輿服御等物，既已仍作真犯死罪矣。其中寧復有所分耶？觀于盜大祀神御等條內，且並著以皆斬焉，豈于御用乘輿服御等項而反寬之。蓋盜內府財物條內所著，係皆雜犯斬。此即本條後之例也。是就盜內府財物上，申明而嚴重之，其皆字之義，已全具于仍作二字之中矣。此定例者，蒙上以省其文，非漏也。至于犯姦，則各自身犯之，難容致其分別。苟欲爲之分焉，將以孰先孰後爲定案乎？恐未易著此讞法以奏爰書耳。各作正犯，又何疑耶？若夫皆徵，皆勿論，則顯明易見，前人不過特舉以明皆之一例云爾。

（清）王明德《讀律佩觿》卷一《各》

《大清律》本注：各者，彼此同科此罪，謂如諸色人匠，撥赴內府工作，若不親自應役，雇人冒名，私自代替，及代替之人，各杖一百之類。

故明舊注：各字爲義不一，有以人對人爲各者，如漏使印信條，當該吏典，對同首領，並承發，各杖八十。有以物對物爲各者，如盜賣田宅條，盜賣過田價，並花利，各還官，給主。有以事對事爲各者，如《厩牧律》，放犬殺傷他人畜產者，各笞四十之類。又如各杖一百，從重論。各遞減等，各加凡人罪一等。亦俱以人對人爲各者也。

王肯堂《箋釋》注，同前。

明德謹按：各者，各從其類，義取乎別也。萬類不齊，流品各別，比類而觀，實同一致。故用各字以別之。各字用義多端。

有因所犯之事同，其情同，而其人有不同者，則以各字別之。如選用軍職條內，凡守御處所，千户，百户，鎮撫，有闕奏聞選用，若先委人權管，希望實授者，當該官、吏，各杖一百，罷職役充軍。舉用有過官吏條內，凡官吏，曾經斷罪，諸衙門違禁，朦朧保舉者，舉官及匿過之人，各杖一百，罷職不叙。發冢條內，若卑幼，發五服以內尊長墳塚者，同凡人論。開棺見屍者，斬。若棄屍，賣墳地者，罪亦如之。買地人、牙保、知情者，各杖八十。犯姦條內，和姦、刁姦者，男女同罪。姦生男女，責付姦夫收養。姦婦，從夫嫁賣。其夫願留者，聽。若嫁賣與姦夫者，姦夫本夫各杖八十之類。

有因所犯之事異，其人異，而其情實同者，則以各字別之。如無故不朝參公座條內，凡大小官員，無故在內不朝參，在外不公座，及官吏假滿，無故不還職役者，一日，笞一十，每三日，加一等，各罪止杖八十，並附過還職。縱容妻妾犯姦條內，若用財，買休賣休，和娶人妻者，本夫、本婦及買休人，各杖一百之類。

亦有所犯之情同事異，情異事同。法無分別，人非齊等，條難共貫，而義實同辜者，則亦以各字別之。如親屬相姦條內，姦內外緦麻以上親，及緦麻以上親之妻，若妻前夫之女，同母異父姊妹者，各杖一百，徒三年。私借官畜產條內，凡監臨，主守，將係官馬、牛、駝、騾、驢，私自借用或轉借與他人，及借之者，各笞五十之類。

更有所犯之事與人，大小攸分，科條不一，而情則無分。或法應累加，而律難該載，或罪無死律，而法應齊等。又或各有科條，而文難復述者，則亦以各字別之。如謀殺祖父母父母條內，其尊長，謀殺卑幼，已行者，各依故殺減二等。已傷者，減一等，依故殺法。誣告條內，凡誣告笞罪者，加所誣罪二等，流徒杖罪，加所誣罪三等，各罪止杖一百，流三千里。略買人、略賣人條內，和略賣妻爲婢，及賣大功以上尊卑親爲奴婢者，各從凡人和略法。發塚條內，若于他人墳墓，爲薰狐狸，因而燒棺椁者，杖八十徒二年。燒屍者，杖一百，徒三年。若緦麻以上尊長，各遞加一等之類。

（清）王明德《讀律佩觿》卷一《其》

《大清律》本注：其者，變于先意，謂如論八議犯罪，先奏請議。其犯十惡，不用此律之類。

故明舊注：其字，律內有其子歸宗，其養同宗之人，其遺棄小兒三歲之類，是也。

王肯堂《箋釋》注，同前。

明德謹按：其者，更端之詞也。然詞雖更端，而事與情，實不離乎本條。舉凡明白顯然，可爲指實共見之事，承乎上文，爲之更端而竟本條所未盡。則用其字以發揮之，與後若字，似同而實異。如謀叛條內，所附逃避山澤，不服拘唤，以謀叛未行論。其拒敵官兵者，以謀叛已行論。盜大祀神御物條內，凡盜大祀神祇，御用饗薦饌具等物，皆斬。其未進神御，未造成，及其餘官物，皆杖一百，徒三年。强盜條內，竊盜臨時拒捕，及殺傷人者，皆斬監候。其竊盜事主知覺，棄財逃走，事主追逐因而

拒捕者，自依罪人拒捕律科斷。親屬相盜條內，其同居雇工、奴婢盜家長財物，減凡盜一等。盜賊窩主條內，其知人略賣和誘，準竊盜爲從論。其不知情，誤買、受寄，俱不坐之類。皆承上以起下，蓋詞氣雖涉于更端，而事實不離乎本文。或罪，或否，則皆以其字爲分別。然亦有事非本律而欲附于本條之下，則亦用其字以附入之者。如《職制律》內，大臣專擅選官條後內云，其見任在朝官員，面諭差遣，及改除，托故不行者，並杖一百，罷職不叙。此條與大臣專擅選官何與，而欲附入本條之下？則亦用其字以收束之。此又一義也。

（清）王明德《讀律佩觿》卷一《及》 《大清律》本注：及者，事情連後，謂如彼此俱罪之贓，及應禁之物，則没官之類。

故明舊注：及字，律内有及因人連累，及其役目滿，及有過之人，及久占在家之類，是也。

王肯堂《箋釋》注，同前。

明德謹按：及者，推而及之也。有因親以用及者，如謀反條內，父、祖、兄、弟、子、孫及伯叔父、兄弟之子，皆斬之類，罪由緣坐。此一義也。有因物以用及者，如盜印信條內，凡盜各衙門印信及夜巡銅牌，皆斬之類。有因情以用及者，如略買略賣條內，和同相誘，及兩相情願，賣良人爲奴婢者，杖一百，徒三年之類。有因事以用及者，如强盜條例內，强盜殺傷人，放火等項，及干係城池，衙門，並集至百人以上，皆奏請梟示。白晝搶奪條內，凡白晝搶奪傷人，若因失火，及行船遇風着淺，乘時搶奪及拆毁船隻之類。又有因人以用及者，如搶奪條例內，凡號稱喇唬，白晝在街撒潑，口稱聖號，及總甲、快手、應捕人等，指以巡捕勾攝，各毆打衆人，搶奪財物之類。以上皆係正犯。此又一義也。大約凡係人與事，各有不同，而罪無分別者，則皆以及字聯屬之。

（清）王明德《讀律佩觿》卷一《即》 《大清律》本注：即者，意盡而復明。謂如犯罪，事發在逃者，衆證明白，即同獄成之類。

故明舊注：即字，律内有即時救護，即放從良，即是姦黨之類，是也。

王肯堂《箋釋》注，同前。

明德謹按：即者，顯明易見，不俟再計之意。如《儀制律》內，凡朝參近侍，病嗽者，許即退班。禁止迎送條內，凡軍民人等，遇見官員引導經過，即時下馬躲避，此一義也。共謀爲盜條內，凡共謀爲盜，臨時不行，而行者爲竊盜，其不行者，若不分贓，但係造意，即爲竊盜從。《名例》內，犯罪事發而在逃者，衆證明白，即同獄成，不須對問。《職制律》內，凡諸衙門官吏，及士庶人等，上言宰執大臣，美政才德者，即是姦黨之類。此一義也。若《名例》內，賣放充軍人犯，即抵充軍。則又一義也。

（清）王明德《讀律佩觿》卷一《若》 《大清律》本注：若者，文雖殊，而會上意，謂如犯罪未老疾，事發時老疾，依老疾論。若在徒年限內老疾者，亦如之之類。故明舊注：若字，律内有若奉旨推問，若庶民之家，若追問詞訟之類，是也。

王肯堂《箋釋》注，同前。

明德謹按：若者，亦更端之詞，乃設爲以廣其義，雖意會乎上文，而事變無窮，欲更端以推廣之，連類以引伸之，則不得不設爲以竟其意，故用若。律内用若字處最多。有自本律而特及于輕者，如謀反條內，若女許嫁已定，歸其夫，子孫過房與人，及聘妻未成者，俱不追坐。謀叛條內，凡謀叛，但共謀，不分首從，皆斬。若謀而未行爲首者，絞。爲從者，杖一百，流三千里。造妖書妖言條內，造讖緯妖書妖言，及傳用惑衆者，皆斬。若私有妖書，隱藏不送官者，杖一百，徒三年。盜大祀神御物條內，若已奉祭祀之物，及其餘官物，皆杖一百，徒三年。盜賊窩主條內，凡係强盜窩主，造意，身雖不行，但分贓者，斬。若不行，又不分贓者，杖一百，流三千里之類。有自本律而特入于重者，如謀殺人條內，謀殺人，若因而得財者，同强盜不分首從論，皆斬。謀殺祖父母條內，若奴婢及雇工人，謀殺家長，及家長之期親，外祖父母，若緦麻以上親者，罪與子孫同之類。

《清聖祖實録》康熙三十九年三月 通政使司左通政張格等以差往審理蒿齊忒等旗盜案並教養蒙古請訓旨。

上曰：蒙古性情怠惰愚蠢，貪得無厭，不可以内地之法治之，順其性以漸導，方能有益。初到時，亦不可即行給助，始若過優，恐後不繼。宜視其困乏，漸行補助。且蒙古惟信喇嘛，一切不顧，此風亟宜變易。倘

喇嘛等有犯法者，爾等即按律治罪，令知懲戒。

《清世宗實録》雍正七年八月 丙辰，諭九卿等。嘗見繼母於前母之子其相待之刻，有在尋常情理之外者。夫子之於繼母，其奉養承順服制禮節，一切與本生之母無異，此倫常之道也。則爲繼母者，亦當視如親生，顧復撫養，方爲交盡其道。乃有一等婦人悍惡性成，不明大義，常存分別之心，偏愛其所生之子，而薄待前母之子。若己未有子者，又或懷嫉妬之念而憎惡前母之子，或顯加之以凌虐，或陰中之以計謀，以致其子不得其死，甚至絶其夫之宗祀而不恤，是不但母子之恩已絶，並視其夫如仇讎矣。向以名分所在，故律無擬抵之條，事既出於情理之外，所當酌量立法，以防人倫之變。朕意若繼母於前母之子有凌逼謀害等情至於身死者，將情由審訊確實，以其所生之子議令抵償。若繼母未生子者，則令歸其母家，不得承受夫家產業。如此，庶使秉性兇悍不顧大義之婦人有所儆戒，消其殘忍之心，而保全其母子之恩誼，似屬有益。著九卿悉心詳議具奏。尋議，嗣後除繼母將前母之子毆殺、故殺致令其夫絶嗣者，仍照律擬絞外，如有父故之後，繼母將前母之子任意凌虐，毆殺故殺者，地方官務將情由審確，不必坐其繼母以收贖之虛罪，即將繼母所生偏愛之子議令抵償，擬絞監候。如肆行凌逼，致前妻之子情急自盡者，將繼母之子杖一百流三千里。若未生有子者，勒令歸其母家，不得承受其夫之產業。所遺財產，俱歸死者之凡弟及死者之子均分。庶悍惡之繼母有所忌憚，不敢肆爲殘忍之行矣。從之。

《清世宗實録》雍正十一年六月 壬申，諭刑部。獨子留養之條，乃國家法外之仁，而兇惡之徒往往恃有恩例，肆意妄行，或衆人共毆而推諉於一人，或一人獨承以脱衆人之罪。在無識之有司，又以姑息爲寬大，遷就具獄。種種弊端，難以悉數。是以每年奏請獨子留養之案甚多。凡殺人者抵償，乃天理人情之正，或其中情有可原，而曲從寬典，此又體古帝王罪疑惟輕之意，隨事酌量者。若不論情罪輕重，而但以獨子概令從寬，已非情理之當。況其間未必盡係獨子乎。有罪之人僥幸漏網，恐成長姦之漸，但定例已久，朕不便遽行改易，且不教而殺，有所不忍。著通行曉諭内外軍民人等，己身既爲獨子，更當思念父母無依，謹身奉法，以遠刑辟。若好勇鬬狠，怙惡不悛，數年之後，獨子傷人之案，仍復不減，朕惟有執法抵罪，以懲兇頑，不能曲爲寬假也。此旨著通行宣佈，務令遠鄉僻壤之人咸使聞知。

《清高宗實録》乾隆十三年十月 〔甲辰〕諭。朕今年辦理情實勾到案件，於侵貪人犯及關係軍務者，皆按其本罪，不少假借，較之前次勾到，則爲從重辦理，然實有不得已之苦心。蓋立法而不行，則人心無由知警。向來侵貪之犯，人人皆知其必不正法，不過虛擬罪名，是以侵漁之案日積而多。若不亟爲整頓，則營私蠹國之風，由茲日長，漸至釀成錮習。朕之有此一番辦理者，皆前此之相蒙人於緩決有以致之也。至軍旅之事，賞罰務在必行，方足以肅紀綱而振士氣。若使畏葸退縮之輩，幸全首領，則當衝鋒冒險之時，孰肯捐軀用命。國家之優爵録、厚糧餉以養之於平日者何用。即近年之領兵大帥之敢於偷安僨事，誤國負恩，亦皆因昇平日久，軍律不嚴，有以致之也。朕以大公禦天下，事事求協於理之至當，至用刑之際，尤必再三詳審，稍有情節，必加研究原減。

《清高宗實録》乾隆四十三年六月 〔壬辰〕刑部宗人府奏：民人寶通、高二毆傷覺羅赫蘭泰實興，照例擬以杖徒。赫蘭泰實興照例擬杖折罰一折得旨此案刑部宗人府會審。將寶通、高二照毆傷覺羅律，擬以杖徒。覺羅赫蘭泰實興照不應重律，擬杖折罰，所辦尚未允協。常人毆辱宗室覺羅，律有專條者。固欲使齊民之不敢輕褻天潢，亦隱示宗支之各當律身自重也。若宗室覺羅並不與人爭較，而常人輒敢毆及，自當照律科罪。若宗室覺羅先已尋釁毆人，其人因而還手，則是宗室覺羅不知愛惜，自取其辱，即當以鬬毆論。彼此同科，不應更爲區別。且宗室覺羅各有養贍錢糧，尤宜在家安分。若輕入茶坊酒肆，已自失其尊貴體面，本爲不足惜之人，倘復滋事召侮，行同無賴，又豈可曲加優異乎。至向以曾否拴係黄紅腰帶爲分，雖亦別嫌明微之意，但恐宗室覺羅因有此例，轉恃黄紅腰帶爲護符，動輒毆人肆横，毫無顧忌。所謂愛之適以害之也。況宗室覺羅犯該笞杖者，例當準以折罰錢糧，已存議親之典，更何必多其條例，導之犯法乎。嗣後審擬此等案件，如宗室覺羅並未生事，常人擅行毆及者，自當照例杖徒問擬。若係宗室覺羅先行動手者，即照尋常鬬毆論。其曾繫黄紅腰帶與否，竟不必論。庶共知儆畏，各以禮義自閑，期無負朕教誨成全之意。著交刑部會同宗人府另行妥議條例具奏。此案即照新例行。尋議：

宗室覺羅輕入茶坊酒肆，滋事召侮，或與人鬥毆，不論曾否腰繫黄紅帶子，其相毆之人，照尋常鬥毆一體定擬。其宗室覺羅應得罪名，亦按例定擬。寶興赫蘭泰、寶通、高二，即照新例更正。從之。

（清）袁枚《隨園尺牘・與吳令某論罰鍰書》 漢張敞以三輔谷貴，請民入粟請罪。肖望之等以爲粟可以贖罪，是貧富異情而法不一也，争之甚力。考其時張敞寬民罪以活民，非取民財以利己，然望之以爲事當權其輕重，不宜以苟且計損萬世法。今聞足下治吳郡，凡富人有過，輒鍛煉拘繫之，逼令出家財佐公費，一日之間，凡六、七輩，此大不可也。冉有説：既庶矣，又何加焉？孔子曰：富之。孟子曰：易其田疇，薄其税斂，民可使富也。古之聖賢求貧民之富，今之有司求富民之貧。不知富民者貧民之父母也，其能施與者無論矣。縱紈袴驕奢，未嘗不病於己而利於民也。被綺縠，食珍羞，而鬻販者利。婚喪僭侈，好歌舞博弈，而方外、雜技與肩摩負者利，今使之畏首畏尾，動觸機阱，富民累貧民傷矣。説者曰：爲富不仁，孅嗇傲上，致其罪，罰其鍰，足以儆之。夫爲富不仁，陽貨爲作吏者言之也，非爲百姓言之也。我不取之，何以知其吝？我不接之，何以知其傲乎？誠有罪焉，是富人之恃財而爲惡也，恃財者使之百萬其財而莫贖，然後天下之爲富者懼。若以財肆，復以財免，小富之人或傾其性命，大富之人未損其毫毛。設有狡獪豪猾，捐一、二年租爲罰費，便可恣縱無所不至，是罰鍰非禁惡也，乃助惡也。謝安曰：陶公雖用法，恒得法外意。不知公之罰，法外當是何意？今夫貪吏之取贓也，避其賓朋，胠篋暗投，其羞惡之心猶然存也。能吏之行罰也，明目張膽，持籌而算之，其羞惡之心淡然忘矣。彼富人者，明知其意不在罪也，一有風聞，便賣貨鬻産，治具而待，匍匐棘槐，不辨其罪之有無，而但訴其家之有無，勒增丐減，形同賈販，旁觀之士，心竊鄙之。上有好者，下必有甚焉者矣。在官則胥吏强索，在鄉則無賴詐取，自上而下，相緣爲姦，而況所罰者大半不出於告發，而出於訪聞。於是，鈎距者，誣陷者，設局而羅織者，朝稟乍入，暮符已下，官爲訟魁，吏爲佐證，所謂無幾，而徒使中飽之人雲翔而四布，荆棘滿眼，殊覺寒心。或曰：罰鍰非入己也，置之公所充公用耳。審是則足下之爲此拙矣。夫君子之廉爲潔己也，小人之貪爲肥己也。今足下故入人罪以取利，其不爲君子也明矣。復不橐存之，而以公同官，是污己而肥人，既爲君子所悲，重爲小人所笑，足下又何樂於此。或曰：此大府意也，故不得不爾。是更不然。繩愆糾謬，方稱賢僚。大府果有罰鍰之明文，君子尚抗詞而争，今絶無明文，而以爲不師其令而師其意，一旦敗露，爲上所知，恐大府今日借君以集事，未必異日不劾君以解謗，明者不可不察也。再拜。

《清仁宗實録》嘉慶十六年七月 戊辰。諭軍機大臣等，松筠等奏籌議安輯首民章程一摺。粤省節次首民，經朕法外施仁，貸其一死。本屬一時權宜之道。從前伊等在洋所犯重罪，除尋常竊劫，及罪不至死之案，自應一並肆赦。至其出洋之前，或曾有逞兇斃命之案。若被害之家，苦主現在，伊等父母之讎，豈能强其隱忍。況殺人者死，律有明文。儻殺人之後，旋即下洋爲匪，一經自首，即可免死。則匪徒視下洋爲得計，而人命競可不償，豈不因此廢法。似此控告之案，仍當按律辦理。該督撫等若慮該處民人與首民尋釁無已，或至釀成事端，或將該首民安插他處，使其彼此隔絶，自可相安無事，是亦一道。惟在該督撫等隨宜妥辦，此事亦難明定章程也。將此諭令知之。

《清宣宗實録》嘉慶二十五年九月 〔乙卯〕諭内閣：軍機大臣會同户部、刑部議覆御史袁銑條奏賦課、刑罰、教化三款，所議俱是。國家惠愛黎元，惟恐一夫失所，地方偶遇偏災，無不立沛恩施。而應蠲應緩，則視其成災分數以爲區别，成災有輕重之分，故賦課有蠲緩之異。若如該御史所奏，謂積欠之弊，多在緩徵。災重則全行蠲免，災輕則照常徵收。無論。國課常蠲，難以爲繼。當旱潦爲患之時，即薄有所收，仍復比户追呼，小民其何以糊口乎。是弊未去而所傷實多矣。嗣後過有緩徵之處，責成地方官實力辦理，務使小民得沾實惠。其各省鹽課正雜款項，積壓繁多，年年展緩，實屬不成事體。著各該鹽政力加整頓，删除浮費。所務者惟將國課按額完繳，並將舊欠依限清釐，不得借一報效之名，即開一乞恩之路。勿虚文而虧實課也。至各省命案，罪名出入攸關，州縣初審，最宜詳慎。該上司覆審提審，尤當虚衷推勘，不可意爲準駁。著該督撫留心查察，務期明允，以重民命。若夫教化爲安民之急務，州縣爲布化之初基，惟循良之吏，乃能教民，而民亦服其教。是在督撫大員、察吏以實不以文，擇牧令之清廉、慈惠、通達政體者，薦舉優擢，以爲衆倡；罷貪汙

巧黠，寡廉鮮恥者，以挽頽風。勸懲明而吏治清，教化行而風俗美。朕實有厚望焉。

《清文宗實録》**咸豐九年十月**〔丙午〕刑部奏遵議直隸總督恆福奏定：天津鍋匪罪名，請照强盜律科罪。殺傷人命之案，並參照閩粤等省械鬬斃命，及回民結夥傷人各例科罪辦理。該督所稱聚數十人及百人以上，持械殺傷人命，照拏辦土匪正法之處。應毋庸議。得旨該督所擬，是爲因時制宜起見，原爲嚴懲於一時。刑部所議，太覺寬縱。著仍照恆福所擬，以儆刁風。刑部所議，不準行。著御前大臣，軍機大臣閱看。足見刑部堂司各官惑於習氣，不肯爲任怨之人也。

《清德宗實録》**光緒四年三月**〔庚戌〕又諭，翰林院代遞檢討王邦璽奏，請禁民間溺女一摺。據稱民間生女，或因撫養維艱，或因風俗浮靡，難於遣嫁，往往有溺斃情事。此風各省皆有，江西尤甚。該省舊有救溺女六文會章程，行之多年，全活不少。無如地方官奉行不力，致良法未能徧行。請飭責成州縣勸辦等語。民間溺女本干例禁。若如所奏各情，亟應設法拯救。著劉秉璋查照該檢討所遞章程，因地制宜，量爲變通，責成所屬州縣實力勸辦。仍隨時督催訪查，不得視爲具文。一面曉諭居民，嫁娶務從簡儉以清其源。並著咨行各直省督撫，一體查照辦理。原摺暨章程，均著鈔給閱看。將此諭令知之。

（清）張之洞《張文襄公全集》卷二〇五《電牘·嚴日禁濫刑》 照得各牧令身任地方矜恤罪囚清釐庶獄，乃其本職應辦之事。士大夫應盡之心，果能勤求民隱，何難感召天和。方今亢旱連旬，三農失望，毋亦囹圄，多所係累，獄訟有所未平。歟大抵近來州縣視部民有如路人，視罪囚直如異類，以致鎖繫纍纍，經月不訊詞訟細故，羈及多人。刑責苛濫，拘繫嚴酷，冤氣抑揚，怨聲流聞。官民久已隔閡，痛苦了不相關，興言及此，本兼署部院實所疚心蹙額者矣。兹特切實申戒，凡各該州縣等所管監獄，及待質各所羈押人犯，當兹夏令，務宜用心清理。其有情罪重大無可減免者，雖照例囚禁，仍應設法體恤，勿得凌虐法外。若軍流以下人犯，例無死罪，應即早日議結，分別發遣安置，以免長此羈繫。若候審待質各所均屬尋常詞訟，不難隨時判結，即立予省釋。即有屢犯不悛難於開除者，亦宜選擇寬敞地基建設遷善習藝等所，選匠教習，振其懶惰之心，予以自新之路。將來學藝成就，可以自食其力，亦準取具切實保狀，一並開釋。凡問案訊供總以不用刑求爲正理，如有萬不能不用刑嚇者。及姦徒强暴有不能不懲儆示衆者，亦宜審慎斟酌。哀矜勿喜，適可而止，萬不準用非刑重枷濫責酷禁，令其血肉狼籍呼號冤慘，罪不至死者死於刑禁之虐，罪止於死者，多受法外之苦。憫惻毫無滅絶人理，自失爲民父母之職，致拂上蒼仁愛之心。其監獄待質各所地板，務宜昇高溝道，務期通濬，並嚴飭管獄家丁看役禁卒人等，隨時打掃潔净。毋令穢氣上蒸，並捐廉多備，藥料不時焚薰，以防疾疫，似此清獄省刑，實爲修政之大端。即爲格天之實際各宜激發天良，切實辦理，毋得視爲尋常文告。如敢漠然不理，仍前有苛繫拖累濫責酷刑等事，查出定即參劾，斷不姑寬。

綜　述

（明）丘濬《大學衍義補》卷一〇五《慎刑憲·明流贖之意》 漢文帝肉刑除，定律曰：諸當髡者，完爲城旦旦起行治城，四歲刑也。舂。婦人舂作米。當黥者，髡鉗爲城旦舂。罪人獄已決，完爲城旦舂，滿三歲爲鬼薪、取薪以給宗廟。白粲。擇米使正白，三歲刑。鬼薪、白粲一歲爲隸臣妾。隸臣妾一歲免爲庶人。

臣按：虞廷五刑之下，有流而無徒。漢世除肉刑，完爲城旦舂，鬼薪白粲之類，皆徒刑也。而無流。所謂隸臣妾，後世罰囚徒爲皂隸膳夫，亦此意。

（明）丘濬《大學衍義補》卷一〇八《慎刑憲·謹詳讞之議》 成帝時，淳于長坐大逆誅，小妻乃始等六人皆以事未發覺時棄去或更嫁，及長事發，丞相翟方進等議欲坐之。廷尉孔光駁議，以爲大逆無道，父母妻子同産無少長皆棄市，欲懲後犯法者也。夫婦之道，有義則合，無義則離。長自未知當罪大逆，而乃始等棄去或更嫁，義已絶。而欲以爲長妻論殺之，名不正不當坐。有詔，光議是。

臣按：婦人從夫者也。在室之女，當從父母，已醮之婦，則當從夫家，況夫婢妾之屬。事未發前已離主家，豈有從坐之理哉。孔光之議誠是

也。

（唐）歐陽詢《藝文類聚》卷四《歲時部·寒食》 魏武帝《明罰令》曰：聞太原、上黨、四河、鴈門，冬至後百五日皆絶火寒食，云爲介子推。且北方沍寒之地，老少羸弱，將有不堪之患。令到，人不得寒食。若犯者，家長半歲刑，主吏百日刑，令長奪一月俸。

《三國志》卷一《魏志·武帝紀》 〔建元八年四月己酉，令曰〕《司馬法》：將軍死綏。故趙括之母，乞不坐括。是古之將者，軍破於外，而家受罪於内也。自命將征行，但賞功而不罰罪，非國典也。其令諸將出征，敗軍者抵罪，失利者免官爵。

《三國志》卷二《魏志·文帝紀》 □□〔黄初〕四年春正月，詔曰：喪亂以來，兵革未戢，天下之人，互相殘殺。今海内初定，敢有私復讎者皆族之。

《三國志》卷二四《魏志·高柔傳》 是時，殺禁地鹿者身死，財産沒官，有能覺告者厚加賞賜。

（三國魏）曹丕《魏文帝集》卷一《禁復讎詔》 喪亂以來，兵革縱橫。天下之人，多相殘害者，昔田横殺酈商之兄，張步害伏湛之子。漢氏二祖下詔，使不得相讎。今兵戎始息，宇内初定。民之存者，非流亡之孤，則鋒刃之餘當相親愛，養老長幼。自今以後，宿有讎怨者，皆不得相讎。

（明）丘濬《大學衍義補》卷一〇八《慎刑憲·謹讞之議》 魏夷毌丘儉族，儉孫女適劉氏當死。以孕繫廷尉。司隷主簿程咸議曰：女適人者若已産育則成他家之母。於防不足以懲姦亂之原，於情則傷孝子之恩。男不遇罪於他族，而女獨嬰戮於二門，非所以哀矜女弱均法制之大分也。臣以爲在室之女，可從父母之刑。既醮之婦，則從夫家之戮。朝廷從之，著於律令。

臣按：有虞之世，罪人不孥。矧女之適異姓者乎。程咸之議，魏人著於律令，後世宜準以爲法。

《晉書》卷六《明帝紀》 〔太寧三年春二月〕戊辰，復三族刑，惟不及婦人。

（清）張鵬一《晉令輯存》卷六《贖令》 失贖罪囚罰金四兩，以金罰相代者率金一兩，以罰當十。《書鈔》

諸應收贖者，皆月入中絹一匹，老小女人半之，贖死金二斤。《書鈔》四十四引《晉律》：其贖五歲以下一等減半，四歲以下一等減半。

《宋書》卷三《武帝本紀》 〔宋武帝永初元年七月〕壬子，詔曰：往者軍國務殷，事有權制，刼科峻重，施之一時。今王道惟新，政和法簡，可一除之，還遵舊條。反叛淫盜三犯補冶士，本謂一事三犯，終無悛革。主者頃多並數衆事，合而爲三，甚違立制之旨，普更申明。【略】

〔宋武帝永初二年〕冬十月丁酉，詔曰：兵制峻重，務在得宜。役身死叛，輒考傍親，流遷彌廣，未見其極。遂令冠帶之倫，淪陷非所。宜革以弘泰，去其密科。自今犯罪充兵合舉户從役者，便付營押領。其有户統及讁止一身者，其有户統及讁止一身者户統，《元龜》二〇九作科户絶不得復侵濫服親，以相連染。【略】

〔宋武帝永初三年〕三年春正月甲辰朔，詔刑罰無輕重，悉皆原降。

《宋書》卷八《明帝本紀》 〔宋明帝泰始四年九月〕戊辰，詔曰：夫愆有小大，憲隨寬猛，故五刑殊用，三典異施。而降辟次網，便暨鉗撻，求之法科，差品滋遠。朕務存欽卹，每有矜貸。尋刼制科罪，輕重同之大辟，即事原情，未爲詳衷。自今凡竊執官仗，拒戰邏司，或攻剽亭寺，及害吏民者，凡此諸條，悉依舊制。五人以下相逼奪者，可特賜黥刖，投畀四遠，仍用代殺，方古爲優，全命長户，施同造物。庶簡惠之化，有孚羣萌，好生之德，無漏幽品。

（宋）司馬光《資治通鑑》宋蒼梧王元徽二年六月 乙卯，魏詔曰：下民兇戾，不顧親戚，一人爲惡，殃及闔門。朕爲民父母，深所愍悼。自今非謀反大逆外叛，罪止其身。於是始罷門、房之誅。門誅者，誅其一門；房誅者，誅其一房。

（宋）司馬光《資治通鑑》齊武帝永明五年至六年春正月 乙未，魏詔：犯死刑者，父母、祖父母年老，更無成人子孫，旁無期親者，具狀以聞。期親，爲之服期者。

（宋）司馬光《資治通鑑》梁武帝天監十年至十一年 上敦睦九族，優借朝士，有犯罪者，皆屈法申之。百姓有罪，則案之如法，其緣坐則老幼不免，一人逃亡，舉家質作，質，音致，又如字。質作，質其家屬而罰作之。

民既窮窘，姦宄益深。嘗因郊祀，有秣陵老人江南以建康、秣陵爲赤縣；隋廢秣陵、建康併爲江寧縣。窘，渠隕翻。宄，音軌。遮車駕言曰：陛下爲法，急於庶民，緩於權貴，非長久之道。誠能反是，天下幸甚。上於是思有以寬之。十一年壬辰、五一二。

春，正月，壬辰，詔：自今逋讁之家及罪應質作，若年有老小，可停將送。所謂寬庶民者，如此而已。而不能繩權貴以法，君子是以知梁政之亂也。

《梁書》卷三《武帝本紀》〔中大同元年秋旨〕甲子，詔曰：禽獸知母而不知父，無賴子弟過於禽獸，至於父母並皆不知。多觸王憲，致及老人。耆年禁執，大可傷愍。自今有犯罪者，父母祖父母勿坐。唯大逆不預今恩。

《北史》卷二《魏本紀·高宗文成帝》〔魏太安四年〕夏五月壬戌，詔曰：比年以來，雜調減省，而所在州郡咸有逋懸，非在職之官綏導失所，貪穢過度，誰使之然？自今常調不充，人不安業，宰人之徒，加以死罪。

《魏書》卷一一四《釋老志》〔延興〕三年十二月，顯祖因田鷹獲鴛鴦一，其偶悲鳴，上下不去。帝乃惕然，問左右曰：此飛鳴者，爲雌爲雄？左右對曰：臣以爲雌。帝曰：何以知？對曰：陽性剛，陰性柔，以剛柔推之，必是雌矣。帝乃慨然而歎曰：雖人鳥事別，至於資識性情，竟何異哉！於是下詔，禁斷鷙鳥，不得畜焉。

《北史》卷三《魏本紀·高祖孝文帝》〔魏太和十四年〕十二月壬午，詔依準丘井之式，遣使與州郡宣行條制。隱口漏丁，即聽附實。若朋附豪勢，陵抑孤獨，罪有常刑。

《北史》卷三二《崔挺傳》〔北魏孝文帝太和二十年〕時以犯罪配邊者多有逃越，遂立重制，一人犯罪逋亡，闔門充役。挺上書，以爲《周書》父子罪不相及，以一人犯罪，延及闔門，豈不哀哉！辭甚雅切，帝納之。

《魏書》卷一一四《釋老志》〔永平〕四年夏，詔曰：僧祇之粟，本期濟施，儉年出貸，豐則收入。山林僧尼，隨以給施；民有窘弊，亦即賑之。但主司冒利，規取贏息，及其徵責，不計水旱，或償利過本，或翻改券契，侵蠹貧下，莫知紀極。細民嗟毒，歲月滋深。非所以矜此窮乏，宗尚慈拯之本意也。自今已後，不得專委維那、都尉，可令刺史共加監括。尚書檢諸有僧祇穀之處，州別列其元數，出入贏息，賑給多少，並貸償歲月，見在未收，上臺録記。若收利過本，及翻改初券，依律免之，勿復徵責。或有私債，轉施償僧，即以丐民，不聽收檢。後有出貸，先儘貧窮，徵債之科，一準舊格。富有之家，不聽輒貸。脱仍冒濫，依法治罪。

《北史》卷四《魏本紀·肅宗孝明帝》〔魏熙平二年〕五月庚辰，重申天文禁，犯者以大辟論。

《北史》卷一〇《周本紀·高祖武帝》〔建德六年〕八月壬寅，議權衡度量，頒於天下。其不依新式者，悉追停之。詔曰：以刑止刑，以輕代重，罪不及嗣，皆有定科。雜役之徒，獨異常憲，一從罪配，百代不免。罰既無竊，刑何以措？凡諸雜户，悉放爲百姓。配雜之科，因之永削。

《隋書》卷二五《刑法志》〔煬帝即位，下詔革前制曰：〕罪不及嗣，既弘至孝之道。恩由義斷，以勸事君之節。故羊鮒從戮，彌見叔向之誠。季布立勳，無預丁公之禍。用能樹聲往代，貽範將來。朕虛己爲政，思遵舊典，推心待物，每從寬政。六位成象，美厥含弘，一眚掩德，甚非謂也。諸犯罪被戮之門，朞已下親，仍令合仕，聽預宿衛近侍之官。

（宋）司馬光《資治通鑑》隋煬帝大業九年十二月 是歲，詔爲盜者籍没其家。時羣盜所在皆滿，郡縣官因之各專威福，生殺任情矣。

（唐）長孫無忌等《唐律疏議》卷三《名例·流配人在道》 諸流配人在道會赦，計行程過限者，不得以赦原。謂從上道日總計，行程有違者。

疏議曰：行程，依令：馬，日七十里；驢及步人，五十里；車，三十里。其水程，江、河、餘水沿泝，程各不同。但車馬及步人同行，遲速不等者，並從遲者爲限。

注：謂從上道日總計，行程有違者。

疏議曰：假有配流二千里，準步程合四十日，若未滿四十日會赦，不問已行遠近，並從赦原。從上道日總計，行程有違者，即不在赦限。

有故者，不用此律。

疏議曰：故謂病患、死亡及請粮之類。準令：臨時應給假者及前有

阻難，不可得行，聽除假。故不入程限。故云不用此律。

若程内至配所者，亦從赦原。

疏義曰：假有人流二千里，合四十日程，四十日限前已至配所，而遇恩赦者，亦免。

逃亡者雖在程内，亦不在免限。即逃者身死，所隨家口仍準上法聽還。

疏義曰：行程之内逃亡，雖遇恩赦，不合放免。即逃者身死，所隨家口雖已附籍，三年内願還者，準上法聽還。

（唐）長孫無忌等《唐律疏議》卷三《名例・犯死罪非十惡》 諸犯死罪非十惡，而祖父母、父母老疾應侍，家無期親成丁者，上請。

疏義曰：非謂謀反以下、内亂以上死罪，而祖父母、父母，通曾、高祖以來，年八十以上及篤疾，據令應侍。户内無期親年二十一以上、五十九以下者，皆申刑部，具狀上請，聽勑處分。若勑許充侍，家有期親進丁及親終，更奏。如元奉進止者，不奏。家無期親成丁者，律意屬在老疾人期親，其曾高於曾、玄非期親，縱有，亦合上請。若有曾、玄數人，其中有一人犯死罪，則不上請。

犯流罪者，權留養親。謂非會赦猶流者。

疏義曰：犯流罪者，雖是五流及十惡，亦得權留養親。會赦猶流者，不在權留之例。其權留者，省司判聽，不須上請。

不在赦例。仍準同季流人未上道，限内會赦者，從赦原。

疏義曰：權留養親，動經多載，雖遇恩赦，不在赦限。依令：流人季別一遣。同季流人，若未上道而會赦者，得從赦原。

課調依舊。

疏義曰：侍丁，依令免役，唯輸調及租。爲其充侍未流，故云課調依舊。

問曰：死罪囚家無期親，上請，勑許充侍。若逢恩赦，合免死以否？

答曰：權留養親，不在赦例，既無各字，止爲流人。但死罪上請，勑許留侍，經赦之後，理無殺法，况律無不免之制，即是會赦合原。又，斷死之徒，例無輸課，雖得留侍，課不合徵，免課霑恩，理用爲允。

又問：死罪是重，流罪是輕。流罪養親，逢赦不免；死罪留侍，却得會恩。則死刑何得從寬，流坐乃翻爲急，輕重不類，義有惑焉。

答曰：死罪上請，唯聽勑裁。流罪侍親，準律合住。合住者，須依常例；勑裁者，已沐殊恩。豈將恩許之人，比同曹判之色？以此甄異，非爲重輕。

若家有進丁及親終期年者，則從流。計程會赦者，依常例。

疏義曰：本爲家無成丁，故許留侍，若家有期親進丁及親終已經期年者，並從流配之法。計程會赦者，一準流人常例。

即至配所應侍，合居作者，亦聽親終周年，然後居作。

疏義曰：流人至配所，親老疾應侍者，並依侍法。合居作者，亦聽親終周年，然後居作。

問曰：犯死罪聽侍，流人權留養親，中間各犯死罪以下，若爲科斷？

答曰：依下文：犯罪已發及已配而更爲罪者，各重其事。若死囚重犯死罪，亦同犯流加杖法。若本坐是絞，重犯斬刑，即須改斷從斬；準前更犯絞者，亦依加杖例。若依前應侍，仍更重。諸若犯流、徒者，各準流、徒之法。杖罪以下，依數決之。流人聽侍者，犯死罪上請。若犯流，依留住法加杖；侍親終，於配所累役。犯徒應役亦準此。應蔭贖者，各依本法。

（唐）長孫無忌等《唐律疏議》卷三《名例・徒應役無兼丁》 諸犯徒應役而家無兼丁者。注云：妻年二十一以上，同兼丁之限。婦女家無男夫兼丁亦同。

疏義曰：應役者，謂非應收贖之人，法合役身。而家無兼丁者，謂户内全無兼丁。妻同兼丁，婦女雖復非丁，據《禮》與夫齊體，故年二十一以上同兼丁之限。其婦人犯徒，户内無男夫年二十一以上，亦同無兼丁例。言以上者，謂五十九以下。其殘疾，既免丁役，亦非兼丁之限。

問曰：家内雖有二丁，俱犯徒坐，或一人先從征防，或任官，或逃走及被禁，並同兼丁以否？

答曰：家無兼丁，免徒加杖者，矜其糧餉乏絕，又恐家内困窮。一家二丁，俱在徒役，理同無丁之法，更須決放一人。征防之徒，遠從戍

役，及犯徒罪以上，獄成在禁，同無兼丁之例，據理亦是弘通。居官之人，雖非丁色，身既見居榮禄，不可同無兼丁。若兼丁逃走在未發之前，既不預知，得同無兼丁之限。如家人犯徒，事發後，兼丁然始逃亡，若其許同無丁，便是長其姦詐，即同有丁之限，依法役身。

又問：二人俱徒，許決放一人。若三人俱犯徒坐，家内更無兼丁，若爲決放？

答曰：律稱家無兼丁，本謂全無丁者。三人決放一人。即是家有丁在，足堪糧餉，不可更放一人。若一家四人徒役，決放二人，其徒有年月及尊卑不等者，先從見應役日少者決放；役日若停，即決放尊長。其夫妻並徒，更無兼丁者，決放其婦。徒一年加杖一百二十，不居作；一等加二十。流至配所應役者亦如之。

疏義曰：徒一年，加杖一百二十，一等加二十。即是半年徒加杖二十。不居作既已加杖，故免居作。流至配所應役者，謂流人應合居役，家無兼丁，應加杖者，亦準此。

若徒年限内無兼丁者，總計應役日及應加杖數，準折決放。

疏義曰：徒限未滿，兼丁死亡，或入老、疾，或犯罪、征防，見無兼丁者，若犯徒一年，三百六十日合杖一百二十，即三十日當杖十。若犯一年半，五百四十日合杖一百四十，即是三十八日當杖十。若犯二年徒，七百二十日合杖一百六十，即是四十五日常杖十。若犯二年半徒，九百日合杖一百八十，即五十日當杖十。若犯三年徒，一千八十日合杖二百，即五十四日當杖十。若犯三年半徒，一千二百六十日亦杖二百，即六十三日當杖十。若犯四年徒，一千四百四十日亦合杖二百，即七十二日當杖十。其役日未盡，不滿杖十者，律云：加者，數滿乃坐。既不滿十，據理放之。盜及傷人者，不用此律。親老疾合侍者，仍從加杖之法。

疏義曰：盜及傷人，徒以上并合配徒，不入加杖之例。諸條稱以盜論及以故殺傷論、以鬬殺傷論者，各同真盜及真殺傷人之法。親老疾合侍者，謂有祖父母、父母年八十以上及篤疾合侍，家無兼丁者，雖犯盜及傷人，仍依前加杖之法。

（唐）長孫無忌等《唐律疏議》卷四《名例·犯罪已發》 諸犯罪已發及已配而更爲罪者，各重其事。

疏義曰：已發者，謂已被告言，其依令應三審者，初告亦是發訖。及已配者，謂犯已配而更爲笞罪以上者，各重其後犯之事而累科之。即重犯流者，依留住法決杖，於配所役三年。

疏義曰：犯流未斷，或已斷配訖、未至前所，而更犯流者，依工、樂留住法，流二千里，決杖一百；流二千五百里，決杖一百三十；流三千里，決杖一百六十；仍各於配所役三年，通前犯流應役一年，總役四年。若前犯常流，後犯加役流者，亦止總役四年。

若已至配所而更犯者，亦準此。

疏義曰：已至配流之處而更犯流者，亦準上解留住法，決杖、配役。其前犯處近，後犯處遠，即於前配所科決，不復更配遠流。即累流、徒應役者，不得過四年。

若更犯流、徒罪者，準加杖例。

疏義曰：有犯徒役未滿更犯流役，流役未滿更犯徒，或徒、流役内復犯徒、流，應役身者，並不得過四年。假有元犯加役流，後又犯加役流，前後累徒雖多，役以四年爲限。若役未訖，更犯流、徒罪者，準加杖例。犯罪雖多，累決杖、笞者，亦不得過二百。

問曰：有人重犯流罪，依留住法決杖，於配所役三年。未知此三年之役，家無兼丁，合準無兼丁例決杖以否？

答曰：流人雖無兼丁，而無加杖之例。三年之役，本替流罪，雖無兼丁，不合加杖。唯有元犯之流，至配所應役者，家無兼丁，得準徒加杖。其杖罪以下，亦各依數決之，累決笞杖者，不得過二百。其應加杖者，亦如之。

疏義曰：累流、徒應役四年限内，復犯杖、笞者，亦依所犯杖、笞數決。或初犯杖一百，中間又犯杖九十，後又犯笞五十，前後雖有二百四十，決之不得過二百。其犯徒應加杖者，亦如之。假如工、樂、雜户、官私奴婢等，并合加杖，縱令重犯流、徒，累決杖、笞，亦不得過二百。

（唐）長孫無忌等《唐律疏議》卷五《名例·犯罪共亡》 諸犯罪共亡，輕罪能捕重罪首。重者應死，殺而首者，亦同。

疏義曰：犯罪事發，已囚、未囚及同犯、别犯而共亡者，或流罪能捕死囚，或徒囚能捕流罪首，如此之類，是爲輕罪能捕重罪首。

注：重者應死，殺而首者，亦同。

疏義曰：律稱應死，未須斷訖。準犯合死，逃走，輕者殺而來首，亦同捕首法。其流罪以下逃亡，輕者能捕重罪首者，捕法自準《捕亡律》。若死罪之囚，不必捕格，方便殺得者，亦是。

及輕重等，獲半以上首者，皆除其罪。常赦所不原者，依常法。

疏義曰：假有五人俱犯百杖，相共逃走，有一人心悔，更獲二人而首，即是獲半以上。及從共亡以下，本罪及亡罪並得從原，故云皆除其罪。

注：常赦所不原者，依常法。

疏義曰：常赦所不原者，謂雖會大赦，猶處死及流，若除名，免所居官及移鄉之類。此等既赦所不原，故雖捕首，亦不合免。

問曰：假有犯百杖者十人，同共逃走，六人歸首，又捕得逃者二人，得同獲半以上，除罪以否？

答曰：律開相捕之法，本爲少能捕多，輕能捕重，輕重等者猶須獲半。今六人共獲二人，便是以多捕少。依如律義，不合首原，亡罪首減二等，本犯仍依法斷。若輕能捕重，所獲雖少，合原。如輕重罪同，不可首多獲少，亦須首、獲數等，然可得原。

又問：甲乙二人，輕重罪等，俱共逃走，甲捕乙首，甲免罪否？

答曰：律稱獲半以上首者，皆除其罪，甲乙共亡者，甲能獲乙，逃罪已盡，更無亡人，獲半尚得免辜，況其逃亡全盡，甲合從原。假有十人合死，俱共逃亡，五人捕得五人，亦是首、獲相半。既開首捕之路，此類各合全免。

又問：緦麻以上犯罪共亡，得同捕首法以否？

答曰：緦麻以上親屬，有罪不合告言，藏亡尚許減罪，豈得輒相捕送。此捕爲凡人發例，不與親戚生文。若捕親屬首者，得減逃亡之坐，本犯之罪不原，仍依傷殺及告親屬法。其犯謀叛以上，得依捕首之律。

即因罪人以致罪，而罪人自死者，聽減本罪二等。

疏義曰：因罪人以致罪，謂藏匿罪人，或過致資給及保證不實之類。今罪人非被刑戮而自死者，又聽減罪二等。

若罪人自首及遇恩原減者，亦準罪人原減法。

疏義曰：謂因罪人以得罪，罪人於後自首及遇恩原減者，或得全原，或減一等、二等之類，一依罪人全原、減、降之法。

其應加杖及贖者，各依杖贖例。

疏義曰：其應加杖，假有官户、奴婢犯流而爲過致資給，捉獲官户、奴婢等，流罪加杖二百，過致資給者並依杖二百罪減之，不從流減。其罪人本合收贖，過致資給者亦依贖法，不以官當加杖配役。

問曰：官户等犯流，加杖二百。過致者應減幾等而科？

答曰：犯徒應加杖者，一等加二十，加至二百，當徒三年。乃至流刑，杖亦二百。即加杖之流應減，在律殊無節文，比附刑名，止依徒減一等，加杖一百八十。

（唐）長孫無忌等《唐律疏議》卷五《名例·盜詐取人財物》 諸盜、詐取人財物而於財主首露者，與經官司自首同。

疏義曰：盜，謂强盜、竊盜。詐謂詐欺取人財物。而能悔過，於財主首露，與經官司首同。若知人將告而於財主首者，亦得減罪二等。

問曰：假有甲盜乙絹五疋，經乙自首，乙乃取甲十疋之物，爲正、倍等贓，合當何罪？

答曰：依律，首者唯徵正贓。甲既經乙自首，因乃剩取其物，既非監主，而乃因事受財，合科坐贓之罪。

其於餘贓應坐之屬，悔過還主者，聽減本罪三等坐之。

疏義曰：餘贓，謂盜、詐之外，應得罪者，並是。雖不於官司陳首，能悔過還主者，聽減本罪三等。假有枉法受財十疋，合流，悔過還主，得減三等，處徒二年之類。既云坐之自依下例。

即財主應坐者，減罪亦準此。

疏義曰：財主應坐，謂受財枉法、不枉法，受所監臨及坐贓，與財人各亦得罪，若取人悔過還主，得減三等，財主亦減本坐三等科之。

問曰：貿易官物，復以本物却還，或本物已費，別將新物相替，如此悔過，得免罪否？

答曰：若以本物却還，得免計贓爲罪，仍依盜不得財科之。若其非官本物，更以新物替之，雖復私自陪備，貿易之罪仍在。

（唐）長孫無忌等《唐律疏議》卷五《名例·共犯罪造意為首》 諸

共犯罪者，以造意爲首，隨從者減一等。若家人共犯，止坐尊長。於法不坐者，歸罪於其次尊長。尊長，謂男夫。

疏議曰：共犯罪者，謂二人以上共犯，以先造意者爲首，餘並爲從。家人共犯者，謂祖、父、伯、叔、子、孫、弟、姪共犯，唯同居尊長獨坐，卑幼無罪。

注：於法不坐者，歸罪於其次尊長，尊長，謂男夫。

疏議曰：於法不坐者，謂八十以上，十歲以下及篤疾。歸罪於其次者，假有尊長與卑幼共犯，尊長老、疾，依律不坐者，即以共犯次長者當罪，是名歸罪於其次尊長尊長。謂男夫者，假有婦人尊長，共男夫卑幼同犯，雖婦人造意，仍以男夫獨坐。

侵損於人者，以凡人首從論。

疏議曰：侵，謂盜竊財物；損，謂鬭毆殺傷之類。假令父子合家同犯，並依凡人首從之法，爲其侵損於人，是以不獨坐尊長。

即共監臨主守爲犯，雖造意，仍以監主爲首，凡人以常從論。

疏議曰：監臨主守，俱如後解。假有外人發意，共左藏官司、主典盜庫絹五疋，雖是外人造意，仍以監主爲首，處徒二年；外人依常盜從，合杖一百。

（唐）長孫無忌等《唐律疏議》卷六《名例·稱反坐罪之等》 諸稱反坐及罪之、坐之、與同罪者，止坐其罪。死者，止絞而已。

疏議曰：稱反坐者，《鬭訟律》云：誣告人者，各反坐。及罪之者，依例云：自首不實、不盡，以不實、不盡之罪罪之。坐之者，依例：餘贓應坐，悔過還主，減罪三等坐之。與同罪者，《詐僞律》：譯人詐僞致罪，有出入者，與同罪。止坐其罪者，謂從反坐以下，並止坐其罪，不同真犯。故死者止絞而已。

稱準枉法論、準盜論之類，罪止流三千里，但準其罪。

疏議曰：稱準枉法論者，《職制律》云：先不許財，事過之後而受財者，事若枉，準枉法論。又條：監臨内强市，有剩利，準枉法論。又稱準盜論之。類者，《詐僞律》云：詐欺官私以取財物，準盜論。《雜律》云：棄毁符、節、印及門鑰者，準盜論。如此等罪名，是準枉法、準盜論之類並罪止流三千里。但準其罪者，皆止準其罪，亦不同真犯。

並不在除、免、倍贓、監主加罪、加役流之例。

疏議曰：謂從反坐以下，並不在除名、免官、免所居官，亦無倍贓，又不在監主加罪及加役流之例。其本法雖不合減，亦同雜犯之法減科。

稱以枉法論及以盜論之類，皆與真犯同。

疏議曰：以枉法論者，《户婚律》云：里正及官司妄脱漏增減以出入課役，贓重入己者，以枉法論。又條：非法擅賦斂入私者，以枉法論。稱以盜論之類者，《賊盜律》云：貿易官物，計所利，以盜論。《廄庫律》云：監臨主守以官物私自貸，若貸人及貸之者無文記，以盜論。所犯並與真枉法真盜同，其除免、倍贓悉依正犯。其以故殺傷、以鬭殺傷及以姦論等，亦與真犯同。故云之類。

（唐）長孫無忌等《唐律疏議》卷六《名例·同居相為隱》 諸同居，若大功以上親及外祖父母、外孫、若孫之婦、夫之兄弟及兄弟妻，有罪相爲隱，疏議曰：同居，謂同財共居，不限籍之同異，雖無服者，並是。若大功以上親，各依本服。外祖父母、外孫，若孫之婦、夫之兄弟及兄弟妻，服雖輕，論情重。故有罪者並相爲隱，反報俱隱。此等外祖不及曾、高，外孫不及曾、玄也。

部曲、奴婢爲主隱，皆勿論。

疏議曰：部曲、奴婢、主不爲隱，聽爲主隱。非謀叛以上，並不坐。

即漏露其事，及擿語消息，亦不坐。

疏議曰：假有鑄錢及盜之類，事須掩攝追收，遂漏露其事。及擿語消息，謂報罪人所掩攝之事，令得隱避逃亡。爲通相隱，故亦不坐。

其小功以下相隱，減凡人三等。

疏議曰：小功、緦麻，假有死罪隱藏，據凡人唯減一等，小功、緦麻又減凡人三等，總減四等，猶徒二年。

若犯謀叛以上者，不用此律。

疏議曰：謂謀反、謀大逆、謀叛，此等三事，並不得相隱。故不用相隱之律，各從本條科斷。

問曰：小功以下相隱，減凡人三等。若有漏露其事，及擿語消息，亦得減罪以否？

答曰：漏露其事，及擿語消息，上文大功以上共相容隱義同，其於

小功以下理亦不別。律恐煩文故，舉相隱爲例，亦減凡人三等。

（唐）長孫無忌等《唐律疏議》卷六《名例・乘輿車駕》 諸稱乘輿、車駕及御者，太皇太后、皇太后、皇后並同。

疏議曰：乘輿者，案《賊盜律》：盗乘輿服御物者，流二千五百里。若盗太皇太后、皇太后、皇后服御物者，得罪並同。車駕者，依《衛禁律》：車駕行，衝隊者徒一年。若衝三後隊，亦徒一年。又條：闌入至御在所，斬。至三后所，亦斬。是名並同。

稱制、敕者，太皇太后、皇太后、皇后、皇太子令減一等。

疏議曰：依《公式令》：三后及皇太子行令。《職制律》：制書有所施行而違者，徒二年。若違三后及皇太子令，各減一等之類。

若於東宫犯、失及宫衛有違，應坐者，亦同減例。本應十惡者，雖得減罪，仍從本法。

疏議曰：於東宫犯者，謂指斥東宫及對捍皇太子令使，車馬之屬不調習，駕馭之具不完牢，並闌入東宫宫殿門，宫臣宿衛冒名相代，兵仗遠身，輒離職掌，别處宿之類，謂之爲犯。失者，謂合和皇太子藥誤不如本方及封題誤，並守衛不覺闌入東宫宫殿門。如此之類，謂之爲失。犯之與失，得罪並減上臺一等科斷。

注：本應十惡者，雖得減罪，仍從本法。

疏議曰：謂於東宫犯、失，準上臺法罪當十惡者，今雖減科，仍從十惡本法。

（唐）長孫無忌等《唐律疏議》卷三《名例・犯流應配》 諸犯流應配者，三流俱役一年。本條稱加役流者，流三千里，役三年。役滿及會赦免役者，即於配處從户口例。

疏議曰：犯流，若非官當、收贖、老疾之色，即是應配之人。三流遠近雖別，俱役一年爲例。加役流者，本法既重，與常流理别，故流三千里，俱役三年。

注：役滿及會赦免役者，即於配處從户口例。

疏義曰：役滿一年及三年，或未滿會赦，即於配所從户口例，課役同百姓。應還者，須滿六年，故令云：流人至配所，六載以後聽仕。反逆緣坐流及因反、逆免死配流，不在此例。即本犯不應流而特配流者，三載以後亦聽仕。

妻妾從之。

疏義曰：妻妾見已成者，并合從夫。依令：犯流斷定，不得棄放妻妾。

問曰：妻有七出及義絶之狀，合放以否？

答曰：犯七出者，夫若不放，於夫無罪。若犯流聽放，即假僞者多，依令不放，於理爲允。犯義絶者，當遣離之，違法不離，合得徒罪。義絶者離之，七出者不放。

父祖子孫欲隨者，聽之。

疏義曰：曾高以下，及玄孫以上，欲隨流人去者，聽之。

移鄉人家口，亦準此。

疏義曰：移鄉人，妻妾隨之，父祖子孫欲隨者聽，不得棄放妻妾，皆準流人，故云：亦準此。

若移、流人身喪，家口雖經附籍，三年内願還者，放還。

疏義曰：籍謂三年一造，申送尚書省。流人若到配所三年，必經造籍，故云：雖經附籍，三年内聽還。既稱願還，即不願還者聽住。

即造畜蠱毒家口，不聽還之例。下條準此。

疏義曰：依本條，造畜蠱毒，並同居家口雖會赦，猶流。況此已至配所，故云：不在聽還之例。

注：下條準此。

疏義曰：謂下條云：流人逃者身死，所隨家口仍準上法聽還。上有下條準此之語，下有：準上法之文，家口合還及不合還，一準上條之義。

（宋）王溥《唐會要》卷四一《雜記》 神龍三年八月七日：反逆緣坐人，應沒官者，年至十六以上，並配嶺南遠惡州爲城奴。

（宋）王溥《唐會要》卷四一《雜記》 〔開元〕二十二年十月九日敕：犯罪逃走者，其贓即先徵納，後捉獲推勘，贓數減少，不在卻還之限。

（宋）王溥《唐會要》卷四〇《定贓估》 天寶六年四月八日敕節文：其贖銅，如情願納錢，每觔一百二十文。若欠官物，應徵正贓，及贖物無財，以備官役折庸，其物雖多，止限三年。一人一日，折絹四尺。

若會恩旨，其物合免者，停役。

上元二年正月勑：《名利律》評贓者，皆據犯處當時物價，及上絹估評功庸者，計一人一日，爲絹三尺。牛馬驢騾車亦同。其船及碾磑、邸店之類，各依當時賃直。庸雖多，不得過其本價。自今已後，應定贓數，宜約當時絹估，並準實錢。

（唐）張九齡等《唐六典》卷六《尚書刑部》　凡應減者，下就輕次焉；凡應加者，上就重次焉；五刑皆累加，雖二死、三流，俱從一減。凡應加者，上就重次焉；五刑皆累加，雖數盈，不得至於死。凡律法之外有殊旨、別敕，則有死、流、徒、杖、除、免之差。謂有殊旨、別敕；宜殺卻、宜處盡、宜處死、宜配遠流、宜流卻、配流若干里，及某處宜配流卻遣、宜徒、宜配徒若干年，至到與一頓、與重杖一頓、與一頓痛杖、決杖若干，宜處流、依法配流、依法配流若干里，宜處徒、依法配徒、與徒罪，依法處徒若干年，與杖罪、與除名罪、與免官罪、與免所居官罪，皆刑部奉而行之。【略】

凡犯流罪已下應除、免、官當未奏身死者，免其追奪。謂不奪告身。若奏時不知身死，奏後云先死者，依奏定。其常赦所不原者，不在免限。流移之人皆不得棄放妻妾及私遁還鄉，若妻子在遠，預爲追喚，待死同發。配西州、伊州者，送涼府；江北人配嶺南者，送桂、廣府；非劍南人配姚、嶲州者，送付益府，取領即還。其涼府等各差專使領送。所領送人皆有程限，不得稽留遲緩。至六載然後聽仕。其犯反逆緣坐流及免死役流不在此例。即本犯不應流而特配流者，三載以後聽仕。有資者各依本犯收叙法。其解見任及非除名、移鄉者，年限、叙法皆準考解之例。

其應徒則皆配居作。在京送將作監，婦人送少府監縫作；外州者，供當處官役及修理城隍、倉庫及公廨雜使。犯流應住居作者亦準此，婦人亦留當州縫作及配舂。諸流、徒罪居作者皆著鉗，若無鉗者著盤枷，病及有保者聽脱，不得著巾、帶。每旬給假一日，臘、寒食各給二日，不得出所役之院。患假者，倍日役之。凡禁囚皆五日一慮焉。慮，謂檢閲之也。斷決訖，各依本犯具發處日、月别，總作一帳，附朝集使申刑部。

（宋）王溥《唐會要》卷三九《議刑輕重》　官必任賢親，貴無宜輕授。罰不及嗣，經訓具有明文。若坐子孫，慮傷事理。此一節宜且仍舊，餘依。

（宋）王溥《唐會要》卷四一《左降官及流人》　〔開成〕其年十月五日勑節文：今後流人，宜準《名例律》及《獄官令》。有身名者，六年以後聽赦。無官爵者，六年滿日放歸。

（宋）王溥《唐會要》卷四〇《君上慎恤》　近日用刑，皆瞭舊例，多黷斧鑕，鮮行鞭笞。今後應天下州縣，科斷罪人，切須明干格律，不得以軍法戮人。

（唐）徐堅《初學記》卷二〇《政理部·刑罰第九》　〔叙事〕《春秋元命苞》曰：刑者，侀也。《説文》曰：刀守井也。飲之人入井陷於川，刀守之，割其情也。罔言爲詈，刀守詈爲罰，罰之爲言内也，陷於害也。井飲人，則人樂之不已，則自陷於川。故加刀謂之刑，欲人畏懼以全命也。罰以刀守之，則不動矣。今作罰用寸。寸，丈尺也，言納以繩墨之事。古之用刑者，畫象而不犯。蓋上刑赭衣不純，中刑雜屨，下刑墨幪。以居州里而人耻之。見《尚書大傳》。故《白虎通》曰：五帝畫象者，其服象五刑也。犯墨者蒙巾，犯劓者赭其衣，犯臏者以墨幪其臏處而畫之，犯宫者履扉，犯大辟者布衣無領。《尚書》云：五刑有服，此之謂矣。一云：以畫跪當黥，草纓當劓，以履扉當刖，以艾韠當宫。凡斬人之支體，鑿其刑膚曰刑。畫衣冠，異章服曰戮之義也。見《慎子》。後世嚴刑而人不禁，故大刑用甲兵，其次用斧鉞，中刑用刀鋸，其次用鑽鑿，薄刑用鞭朴。見《國語》。故《尚書·吕刑》云：惟敬五刑，以成三德。五刑者，墨罰之屬千，劓罰之屬千，剕罰之屬五百，宫罰之屬三百，大辟之屬二百。五刑之屬三千。又《周官》：大司寇之職，以五刑糾萬民。一曰野刑，上功糾力。二曰軍刑，上命糾守。三曰鄉刑，上德糾孝。四曰官刑，上能糾職。五曰國刑，上愿糾暴。鄭注：糾謂察異也。至秦用商鞅，又設連坐之法，造參夷之誅，加肉刑大辟者，有鑿顛、抽脅、鑊烹之法。見《漢書》。蓋德多刑少者，五帝也。刑德相半者，三王也，刑多德少者，五霸也。純用刑而亡者，秦也。見桓範《世要論》。〔事對〕明罰　致刑《易》曰：雷電噬嗑，先王以明罰勑法。又曰：雷電皆至，豐，君子以折獄致刑。五辭　三讓《尚書》曰：兩造備具，師聽五辭。《周禮·秋官》曰：凡民有邪惡者，三讓而罰。折獄　要囚折獄見致刑注。《尚書》曰：要囚服念，五六日至於旬時。孔安國注云：要囚，謂其要辭以折獄也。天罰　國刑《尚書》曰：今予惟恭行天罰。《周禮》曰：五刑，五曰國刑。甲兵　鞭策《國語》曰：臧文仲言僖公曰：大刑用甲兵，其次用斧鉞，中刑用刀鋸，其次用鑽鑿，薄刑用鞭朴，以威民也。《白虎通》曰：五刑，五帝之鞭策也。六典　三章《周禮》曰：大司徒職掌建邦之六典，以佐王刑邦

國。《漢書》曰：高祖初入關，約法三章。約法　省刑約法見三章注。《續漢書》曰：建武二年詔曰：與中二千石諸大夫博士議郎省刑罰也。棄灰　救火《韓子》曰：殷之法，棄灰於街者刑。子貢以重問之仲尼，仲尼曰：棄灰於街必燔人，人必怒，怒則鬬，鬬則三族相殺。然則雖刑之可也。又曰：魯燒積澤，天北風，火南向，恐燒國。哀公自將衆趣救火者，人盡逐獸而火不救。乃召仲尼而下令曰：不救火者罪，逐獸者比入禁之罪。令下未徧，火遂救矣。刑書　政典《尚書》曰：哀敬折獄，明啓刑書。又曰：政典曰：先時者殺無赦。不及時者殺無赦。孔安國云：政典，夏后氏爲政之典。燁電　積陰《詩・含神霧》曰：燁燁震電，不寧不令，此應刑政之太暴，故震電驚人，使天下不安。《漢書》董仲舒云：陽爲德，陰爲刑，陽常居大夏，而生育養長爲事。陰居大冬，而積於虛空不用之處。以此見天之任德不任刑者也。赤衣　丹筆《漢名臣奏事》曰：唐林云：秦設重刑而羣盜盈山，赤衣半道。謝承《後漢書》曰：盛吉爲廷尉，每至冬節，罪囚當斷，妻夜執燭，吉持丹筆，夫妻相對，垂泣決罪。明察　平反《漢書》曰：于定國爲廷尉，明察寬恕。黄霸等以爲公平明察。雋不疑爲京兆尹，每行得囚徒，其母輒問不疑有所平反，活幾何人。不疑云多所平反，其母乃喜也。晝斷　秋讞《漢書》曰：秦始皇專任刑罰，躬操文墨，書斷獄，夜治書。《漢書》于定國爲廷尉，季秋後請讞時，上常幸宣室，齋居而決事。刑獄號平反也。樹槐　叢棘《春秋元命苞》曰：樹棘槐，聽訟於其下。棘赤心有刺，言治人者原其心不失赤。實事所以刺人，其情令各歸實。槐之言歸也，情見歸實。《周易》曰：習坎上六云、係用徽纆，寘于叢棘。三歲不得兇。王弼注曰：險峭之極，不可升也。嚴法峻整，難可犯也。宜其囚執，寘于思過之地。〔詩〕虞世南《賦得慎罰》詩帝圖光往册，上德表鴻名。道冠二儀始，風高三代英。樂和知化洽，訟息表刑清。罰輕猶在念，勿喜尚留情。明慎全無枉，哀矜在好生。五疵過亦察，二辟理彌精。幪巾示廉耻，嘉石務詳平。每削繁苛性，常深惻隱誠。政寬思濟猛，疑罪必從輕。于張懲不濫，陳郭憲無傾。刑措諒斯在，歡然仰頌聲。〔詔〕梁沈約使四方士民陳刑政詔徑寸之寶，或隱泥沙。以人廢言，君子斯惑。朕聽朝晏罷，思闡政術，雖百辟卿士，有懷必聞，而蓄響邊遐，未臻魏闕。或屈以貧陋，或間以山川，頓足延首，無因奏達，豈所謂沉浮靡陋，遠邇兼得者哉？四方士民，若有欲陳刑政，倫擬幽遠，不能自通者，各在條布所懷於刺史二千石。有可申採，大小以聞。又立左降詔刑乖政失，其源已久。罰罪之奏，日聞於早朝，弊獄之書，亟勞於晏寢。免黜相係，補代紛紜。一離愆囚，乃永歲月，非所以棄瑕録用，隨分盡才者也，是故減秩居官，前代通則，貶職左遷，往朝繼軌。自今內外群司有事者，可開左降之科。又降死罪詔朕樹洪業，光宅區宇。而本枝之慶，未廣椒掖。滕衛之地，猶闕蕃屏。言念弓韣，不能忘懷。策二子始有盤石之資，於焉彌固，慶雖自已，恩加覃及。凡死罪可降一等，五歲刑降二等，三歲刑以下，並悉原放。

（宋）王溥《唐會要》卷四〇《定贓估》應犯贓人，其平贓定估等，取所犯處及所犯月上絹之價。假有蒲州盜監，嶲州事發，監以價使，依令懸覈。即蒲州中估之監，準蒲州上絹之價，於嶲州決斷之類。縱有賣價貴賤，所傳不同，亦依估爲定。

《舊唐書》卷五〇《刑法志》諸斷罪而無正條，其應出罪者，則舉重以明輕；其應入罪者，則舉輕以明重。稱加者，就重次；稱減者，就輕次。惟二死三流，同爲一減，不得加至於死。斷獄而失於出入者，以其罪罪之。失入者，各減三等；失出者，各減五等。

（清）徐松《宋會要輯稿・刑法四・冤獄》太祖建隆二年九月詔，幕職、州縣官、檢法官，因引問檢法雪活得人命。乞酬奬者，自今須躬親覆推，方得叙爲功勞，餘準唐長興四年、晋開運二年勑施行。若引問檢法雪活，不在叙勞之限。自後凡雪活者，須元推勘官枉死已結案。除知州繫書官駁正本職不爲雪活外，若檢法官或轉運但他司經歷官舉駁別勘，因此駁議，從死得生，即理爲雪活。若從初止作疑似，不指事狀，或因罪人翻異別勘雪活者，即覆推官理爲雪活，仍勘元推官一案斷遣。或逢赦，亦須招罪狀。其雪活得人者，替罷日刑部給與優牒，許非時參選。若雪活一人者，幕職循一資。州縣官幕職二人以上加章服。已有章服，加檢校官。檢校至五品以上，及合賜章服，並京朝官雪活，並許比附奏裁。或覆推官妄欲變移，希冀酬奬，却爲元推勘官對衆憑者，其元駁議及覆推官各以出入人罪論。真宗咸平六年十二月，初應自今叙雪活及捉賊勞績文武官等，合與不合該酬奬者，並令審刑院詳覆斷奏。景德二年五月二十一日，詔自今後雪活得人性命者，理爲勞績。先是，著作佐郎曹定奏，長吏雪活，乃其職分，不當更論課最。至是，判部慎從吉復上言，以爲長吏誤失用刑，率皆受責。雪活冤獄，曾不霑恩。懲勸之間，未協於理。故有是詔。

（清）嵇璜等《續通典》卷二八《刑・寬恕》宋太祖建隆三年，寬竊盜贓錢法。詔曰：禁民爲非，乃設法令。臨民以簡，必務哀矜。竊盜之生，本非巨蠹。近朝立制，重於律文，非愛人之旨也。自今竊盜，贓滿五貫者死。開寶八年，廣州言：前詔竊盜贓至死者，奏裁嶺南遐遠。覆

奏稽滯，請不俟報。帝覽奏惻然曰：海隅習俗貪獷，穿窬固其常也。因詔嶺南民犯竊盜贓滿五貫至十貫者，決杖黥面。十貫已上乃死。太宗端拱二年，始令雜犯至死貸命者，勿流沙門島，配隸初制，具刑制篇。止隸諸州牢城。婦人有罪至流者，免執鍼配役。淳化二年，京江浙大饑，强民相率持杖刦人倉廩，坐强盗棄市者甚衆。蔡州民張緒等二百《文獻通考》作三百一十八人皆當死，知州張榮、《文獻通考》作張策推官江嗣宗議取爲首者杖脊，餘悉論杖罪。帝下詔褒之，遣使巡撫諸道，因諭之曰：平民艱食，强取餱糧，以圖活命，爾不可槩從盗法科之。其兇暴難制，爲患閭里者，固便宜從事，務於除惡。由是全活者甚衆。按《宋史·刑法志》載，爲真宗時事。今從《文獻通考》。真宗咸平間，曹州民蘇莊蓄兵器，匿亡命，豪奪民産，積贓至四十萬。御史臺請籍其家，帝曰：暴横之民，國有常典，籍之斯過矣。論如律。御史臺嘗鞫殺人賊，獄具，知雜事王隨請臠剮之。帝曰：五刑自有常制，何必爲此。況此賊本情已見，一死足矣。入内供奉官楊守珍使陝西，督捕盗賊，因請獲盗至死者，望付臣處以凌遲，用戒兇惡。詔捕賊送所屬，依法論決，毋爲慘毒之刑。大中祥符六年，詔審刑院、大理寺、三司詳定配隸之刑。取犯茶、鹽、礬、麴、私鑄軍器、市外蕃香藥、挾銅錢、誘漢口出界、主吏盗貨官物、夜聚爲妖，比舊法咸從輕減。仁宗天聖初，詔免軍士妻有罪，配隸南北作坊者聽自便。婦人應配，則以妻窑務，或軍營致遠務。卒之無家者，著爲法。知益州薛田言，蜀人配徒他路者，請雖老疾，勿得釋。帝曰：遠民無知犯法，終身不得還鄉里，豈朕意哉？察其情可矜者許放還。後復詔：罪狀獷惡者，勿許。有司嘗奏，盗刦米傷主。帝曰：饑刦米可哀，盗傷主可疾。然無知迫於食不足耳，命貸之。五年，陝西旱，因詔民刦倉廩非傷主者，減死刺隸他州。非首謀，又減一等。自是，諸路災傷即降敕，飢民爲盗多蒙矜宥。帝嘗御邇英閣，經筵講《周禮》大荒大札薄征緩刑。楊安國曰：緩刑者，乃過誤之民耳。當歲歉則赦之，憫其窮也。今衆持兵杖刦糧廩，一切寬之，恐不足以禁姦。帝曰：不然。天下皆吾赤子也。一遇饑饉，州縣不能賑恤，饑殍所迫，遂至爲盗。又捕而殺之，不亦甚乎。按司馬光諫疏具《雜議篇》，與安國此奏持論俱正。飢民嘯聚，執械刦奪富家，甚至傷主，情雖可矜，法殊難宜。若不分首從，盡與減等斷放，已爲縱弛失刑，乃或則置之不問，甚且豫降敕文，許其寬貸，安得有此政體。審如是，則窮民亦何畏而不刦盗，而良善富民又何辜而獨被其殘害也。仁宗初政，既不能藏富於民，俾家給人足，及饑饉薦臻，又不聞曲加賑恤，使一夫必獲其所，而徒以姑息惠姦，是亦不揣其本，而齊其末耳。寬强竊盗計贓論罪法。具《刑制篇》祖宗朝重盗剥桑柘之禁。枯者以尺計，積四十二尺爲一功，三功以上抵死。殿中丞于大成，請得以減死論。下法官議，謂當如舊。帝意欲寬之，詔死者上請。知虢州周日宣詭奏水災，有司論請如上書不實法。帝曰：州郡多言符瑞，至水旱之災，或抑而不聞。今守臣自陳墊溺官私廬舍，意實在民，何可加罪？慶曆五年，詔罪殊死者，若祖父母、父母年已八十，及篤疾無期親者，列所犯以聞。時寧州有童子，年九歲，毆殺人當棄市。帝以童孺爭鬭，無殺人心，止命罰金入死者家。開封民聚童子教之，有因夏楚死者，父母訟之府獄。上當減死，宰相以爲可矜，帝命杖脊捨之。六年，詔曰：如聞百姓抵輕罪，而長吏擅刺隸他州，朕甚憫焉。自今毋得於法外從事。神宗元豐二年，詔：川陝絹疋估贓，增其參之一。具《刑制篇》時元絳知通州海門縣，淮民多盗販鹽。制置使建言，滿二十觔者坐徒。絳曰：海濵之人，恃鹽以爲命，非羣販比也。笞而縱之。徽宗崇寧五年，詔曰：民以罪麗法，情有輕重，則法有增損。故情重法輕，情輕法重。舊有取旨之令，今有司惟法輕情重則請加罪，而法重情輕則不奏減。是樂於罪人，而難於用恕，非所以爲欽恤也。自今宜遵舊法取旨，使情法輕重各適其中。否則以違制論。大觀元年，詔：近時絹價增貴，視舊制每疋增錢二百估算定罪。具《刑制篇》高宗性柔懦，用法每過從寬厚。即位之初，治王時雍等賣國之罪，洪芻、餘大均、陳冲、張卿才、李彝、王及之、周懿文、胡思文並下御史臺獄。獄具，刑寺論芻納景王寵姬，大均納喬貴妃侍兒，及之苦辱寧德皇后女弟，當流。冲括金銀自盗，與宫人飲，當絞。懿文、卿才、彝與宫人飲，卿才、彝當徒，懿文當杖。思文以推擇張邦昌狀内添諂附之詞，罰銅十斤，並該赦。帝閲狀，大怒。李綱等共解之，帝以新政重於殺士大夫，乃詔芻、大均、冲各貸命，流沙門島，永不放還。卿才、彝、及之、懿文、思文並以別駕，安置邊郡。詔雜犯死罪有疑及情理可憫者，撫諭官同提刑司酌情減降，先斷後聞。知常州周杞擅殺人，帝曰：朕日請聽斷，豈不能任情顧非理耳。即命削杞籍。同知樞密院事李回，嘗奏强盗之數。帝曰：皆吾赤子也，

豈可一一抵法。誅其渠魁三兩人足矣。後復申嚴真決贓吏法令，三省取具祖宗故事，有以舊法棄市事上者。帝曰：何至爾耶。但斷遣之足矣。貪吏害民，雜用刑威，有不得已。然豈忍置縉紳於死地耶。紹興二十四年，詔諸路州軍，有編管之人願充廂軍者聽。帝復諭大臣曰：朕昨在元帥府，見河朔州軍，將編管人穿鎖，傳送旅店，三五相聯，乞丐於市。蓋緣不給之食，以至於此。深可憫惻。可申嚴約束行下。時著作郎張九成上言：我宋家法曰仁而已。仁之發見，尤在於刑。陛下以省刑爲急，而理官不以恤刑爲念，欲詔理官活幾人者，與減磨勘。從之。

（清）徐松《宋會要輯稿·刑法七·軍制》 太祖建隆三年七月，詔：搜索内外諸軍不逞者，悉配隸登州沙門島。先是，雲捷逊卒李興，僞刻侍衛司印，捕得斬之，故有是命。乾德三年十一月，斬雄武軍卒百人。先是，詔諸道籍號勇兵送闕下，太祖親團結爲雄武軍，命王繼勳主之，仍給緡錢俾娶妻。繼勳從其軍白日掠人妻女於都下，街使不能禁，里巷驚擾，半日方止。帝聞之，大怒，即命捕而戮之。小黄門閻承翰見而不奏，亦杖數十。四年閏八月，搜索殿前諸軍亡賴者，得數十人，悉黥配通州義豐監。太宗太平興國九年二月，釋軍人被鉗者。先是，去年冬，有軍人夜入人家刼盗，捕之經時不獲。太宗欲必得之，令厚其講賞，果有告者，乃軍人數輩結約，夜踰壘垣而出，盡獲而戮之。因編索軍中累有罪罰老愚無賴者，得百餘人。不忍殺，以鐵鉗頸，羈於本軍。至是，並釋之，仍各賜錢三千。至道二年，詔：自今沿邊城寨諸軍内，有故自傷殘冀望棟停者，仰便處斬訖奏。

真宗咸平五年五月十四日，詔西路將士，臨陣巧詐退避者，即按軍令，不須以聞。六年七月四日，詔：陝西振武軍，有願依河東廣鋭例，官給價直市戰馬者，聽。先是，帝曰：河東廣鋭，元是州兵官給中金充價，其兵各立社，馬亡醵錢同市以補之者，自然用心養飼，官亦爲利。關西振武，亦可依廣鋭例處分，令立社市馬。十八日，帝曰：累有臣僚言，邇來軍旅之間，若不懔畏都將。蓋緣此輩爲過犯，自抵科懲，即生怨恨，紀拾論訴，乞行極斷。朕熟思之，便依此行，復有妨礙。如近者繼有論訴本軍人員非理不公事皆得實，若論者不報，覆加嚴刑。或有他謀，亦不敢告，即所繫大矣。只可降宣命。今後諸軍，因人員科責，挾恨論事，鞫勘虚妄者，並禁錮取旨。

景德四年四月，詔諸軍廂主至員僚，今後各依職一階一級，全歸伏事之儀，違者處斬。其御前忠佐軍，見排陣使総管，亦準此。

七月如京使何士宗言：詔書條貫禁軍將士等，各依舊等級並行伏事之理，違者按軍令。其廂軍將士等，未立條制，欲望約前詔，減一等定令。帝曰：禁衛兵士無他役，唯習戎藝耳，且廪給優厚。欲其整肅，有所懔畏，故設此條禁令。以廂軍約此施行，必恐滋彰，難於經久。況尊卑相犯，自有條律，不行可也。

是月，詔北面諸路駐泊兵馬使臣等，自今監陣之際能率先用命殺賊者；與賊鬬戰，生擒獲賊者；臨陣擒獲賊首領者；偷侵營寨，能驚賊令擾亂及擒獲人畜者；諸偏裨下軍士與戎人鬬敵，能用命榮應殺退賊者；戎人與誘兵翼張，受命掩擊，能破走之者；賊遊騎往來或近大軍，受命掩襲而擒賊者；用命深入被傷者；臨陣能用命，入賊斫刺其首領，分散其旗鼓者；並賞之。其擒賊首領酋渠者，並奪得旗鼓者，悉加等焉。如賊已敗走，所奪車帳、生口、資財、牛羊、什物等，給與立功者。斬獲首級及奪得馬，如前詔給以金帛。仍令都総管等，依此條制，差其功伐，或承制遷其資級，或賜以錦袍、銀帶、金帛。内遷職十將，已十補置，訖以聞。副総頭、副兵馬使已下，即給牒以俟朝旨。使臣等，亦給文據，仍具功狀來上。若克日會戰不齊者，夜喧衆者，不俟賊稍前而遥箭亂射者；軍陣既列，如都監軍員、使臣於步騎兵内擅簡取一卒一騎者，欄後馬有犯者，陣既成列而不齊者，旗鎗交錯隊仵者；賊兵至，可以出軍而不出者；方戰鬬而觀望不救者；兵器不預修理，致臨陣不堪施用者；巧詐以避征役者；臨陣先退者；貪争貲畜而不負殺賊者；當遣入賊境，規避不去，既復命言不以實者；被遣斥候而不覺賊來者；臨陣不射賊及有餘箭輒棄之者；遺失鎧甲兵器者；既賊伏降而輒殺者；分布軍號及傳軍中令不慎密而漏泄者；受命逐賊只至某處而輒過者；総管下衙隊軍員並左右指揮使臣忠佐及隨從當直人等，及使臣軍員下押前隊員僚軍頭十將並隨從當直人等，臨陣輒離左右及不受節度者；並斬。

二年二月，詔：開封府，自今殿前侍衛司軍人，合追攝證對公事者，如舊制。其軍人身死，犯杖罪，送本司施行。若將校及軍人犯徒罪已上者，未得直牒追攝，奏聞取裁。時前侍衛司言，開封府多直行捕逐禁軍兵士，並不開報本司，事恐非便。故有是詔。三年八月，帝問知樞密院王欽若等曰：每

發禁軍及補戰馬，其數或有異同者，何也？欽若等對曰：騎步諸軍，樞密院但按籍而遣，本軍於在處旋取見數以言。帝曰：若然，則不惟有所闕誤，亦且不得的確。可下殿前侍衛馬步軍，自今後據諸班直，並禁軍具逐指揮見管將校姓名、所轄人數。內差出者具言見在某處，離營若干年月、何處替回。或是新添配到內馬軍，亦令具逐指揮已有闕馬之數。其營在京者，逐月具實封奏狀，於次月五日赴樞密院通進。外處就糧者，每兩月一奏，依此分析。仍令逐處各選知次第典級。令密切主掌，非奉宣取索不得輒供。

十月，帝宣示御史臺：所勘神衛率斂，訪聞內外諸軍，常有此事，緣條法甚重。朕慮諸軍見此處斷，各懷憂疑。可速降宣遍諭之。自今年十月十日已前，應曾率斂請求者，並特放罪。如有率斂物色見在者，並給還本主。今後尚敢踰違，其造意及行用受贓者，並當極斷。人員知情者，同坐，不知情者，決杖配隸，仍令逐營置版榜示之。

四年十二月，詔：廂軍及諸州本城犯，所部決杖訖，並移隸他軍內情理重及緣邊隨軍，奏裁。先是，法寺言：請與禁軍同等。帝以軍秩既有差降，故犯者亦從末減。

大中祥符元年三月，詔：應諸道、州、府、軍、監、廂軍及本城指揮，自都指揮使已下至長行，對本轄人員有犯階級者，並於禁軍斬罪上減等，從流三千里，上定斷。副兵馬使以上勘罪，具案聞奏。廂軍軍頭已下至長行，準勑。犯流，免配役，並徒三年，上定斷，只委逐處決訖。節級已上配，別指揮，長行上、名長行，決訖，配別指揮下，名收管。如本處別無軍分指揮，即配鄰近州、府、軍、監指揮收管內有別犯重者，自從重法。其諸司庫務人員、兵士有犯上件罪名者，並依前項廂軍條例施行。

十一月，詔：內外諸軍勿得科率部下，盛爲軍裝及錦繡之飾。初，興元府寧朔戍將，課軍中服錦繡，以壯戍容。士伍稟給不充其費，因相與謀亡命爲盜。帝知之，故有是詔。

三年十月，殿前侍衛親軍、馬步軍等司言，分析到諸軍累作過犯員僚、節級、兵士。帝宣示知樞密院王欽若等曰：俱是無賴不逞之輩，本營畏懼，不敢申陳。然一概行之，失於輕重。可分作四等：一等配海島，一等配遠處牢城，一等降配遠處本城，一等降配，並依例刺面，仍中書樞密院籍之。遇赦，不得放遠。逐處只在差使，不得諸處屯駐。是月，詔皇城司奏：察訪御龍直班院副指揮使呂遇日暮歸歸，馳馬奔逸不能制，百姓石謙爲馬踐傷甚。又言：常時本班將士無故不出，今不能禁。帝曰：可下開封府按問。因謂王旦等曰：禁軍將士，無故不令出本班，故每班置市買二人。太祖朝法令嚴肅，無敢犯者。大宗時，稍從寬貸，亦安敢醉酒馳馬以歸？旦等言，此皆驍勇之士，正當因事誡約。帝然之。四年九月詔，殿前侍衛司、宣徽院、三司、軍頭司，自今以請託爲名，率斂軍頭士緡錢者，其同謀及受贓並處斬。軍校知情者，連坐。不知情者，決配。

十月，宣示：大凡國家詔令，每論中書樞密院，常須執守施行，無議輕改。朕素聞軍中不便之事，其兵士人員所得戰馬稍良者，則有勢力者及將校等以弱馬豪易之。其人但飲忿含怨，不敢伸理。累降宣命鈐轄，如敢輙借改易軍員兵士戰馬者，當寘極典，猶有犯者，朕準貸死而懲之。自三五年來，衆皆爲便，人無敢違。數日前，有臣僚自邊上來，言緣路驍捷、驍武、兵士脚下鞍馬，復有爲人易者。察之，蓋因入契丹界臣僚所給借馬或有病患，乞於緣路諸軍納換。曾降宣命因其奏，自此緣邊州爲朝廷馳禁，倣效犯之。可降宣命，應差赴契丹界持禮臣僚，並選擇準備馬同行，不得更於沿路州軍輙借回易。仍明以此意曉諭。五年二月，內殿崇班閤門祇候錢昭厚言：河清卒有惰役者，以鎌斧自斷足指，例於徒隣州牢城。自有此類，望決訖復隸本軍。從之。九月，殿前司言：諸軍訴本軍校長斂錢飾營舍仗物，數少者，望令皷司勿受之。帝曰：軍民訴事，有瑣細非切害者，朕常寢而不行。若明諭有司，則下情壅塞，而人有冤滯矣。不許。六年三月，帝曰：京師每遇冬至寒節假日，許士庶賭博。其禁軍違犯，一例捨之。可再降宣命，曉示軍人，仍舊禁。犯者，論如律。五年，詔一應軍人，出九和合而賭錢者，與同罪，民伍，論如律。先是，軍人賭博，以違制徒二年，仍降其名次。律有博戲賭博財物者，杖一百。出九和合如之，而無軍人出九條格。鳳州威邊軍健閻晏以己錢借韓興賭戲，州坐興徒。晏第從杖科，因以上言。狀下刑寺，請自令同其罪。從之。

二月，詔隨駕衛殿前司所管諸班直、諸軍，如有過犯情理難原者，並申取樞密院指揮。其行宮內外庫務諸色人等，如公然爲非理重者，申取宣徽使馬知節指揮，仍仰量其所犯，嚴行斷遣。內情重者，即便斬決，不候

勑裁。八年三月詔河北諸州，自令差防送兵士，不得以馬軍充。初，河朔州郡，每臣僚經由，多以驍武雲翼軍防送。所給官馬，第令其家飼餵，而厄者幾半。至是，有司上言故也。

六月，詔：忠翊六軍人員、十將，今後不得輒有取受本指揮兵士及諸色配役人等錢物。其執役處，並仰置簿，次第均匀差遣。仍各用心部轄，常須齊整，無致別作過犯。如違，許人陳告，勘逐不虚，犯當行決配。被取受却錢物人，免罪。陳告人若係忠靖六軍，常與優輕處執役。如是被取受却錢物人並不陳告，致別有彰露，亦當重斷。仍令各置板榜鈔録宣念，於本營張掛。先是，以忠靖六軍所軍校，凡受其貨賂者則優假之，無所賂者則委之重役，頗非均濟。故條約之。

閏六月，詔殿前侍衛軍司，如非時宣取兵士，候見御寶文字乃得交付。如無，則畫時奏取進止。所降宣命，仍仰本官躬親收掌，不得傳付所司。每遇轉遷，遞相交受。先是，宫城遣爐夕宣詔，諸軍皆即時奔赴。帝以王旅之衆，非時召集宜有符驗，因條約之。九月，詔諸路轉運司、殿前侍衛馬步軍軍頭司、三司、宣徽院、開封府，諸司庫務等處人員兵士等，如内有殺賊得功及諸般使唤得力者，或因官中取索之時，具詣實結罪，供申所轄去處，委得詣實，保明申奏，不得更受僥倖虚妄及有隱落。

九年正月，詔樞密院，逐月進兵馬都數，每季易之。天禧元年八月，詔：樞密院，所録諸班、諸軍兵籍，並令整備，無容主史漏泄。

十月，詔：如聞諸班直、諸軍坊監庫務官健飲博無賴，或部分稍峻，即招誘興訟。仰今後所訴事，並須干己，證佐明白，官司乃得受理。違者，坐之。或情理巨蠹，即具案以聞。

二年十一月詔，環、慶、寧，三州，禁兵犯罪至死者，委本州依條區斷訖，申総管司。罪狀切害者，依舊例。先是，上封者言：環、慶、寧三州禁兵犯極刑者，獄既具，先以案牘申総管司以俟裁斷，往復近十日，致留滯。故條約之。

三年五月，詔自今放停軍士，願還鄉里者，並依大中祥符五年詔，驗認得實即遣之，時編敕止用大中祥符元年八月十三日敕，放停軍士、願還鄉者，移牒會問其骨肉，仍奏取進止方遣之，而不録五年敕文。至是，知河陽孫奭言不便，乞改用五年敕，故從之。

乾興元年十二月，詔：今後差發諸軍人員兵士赴逐處，本州長吏讀示宣命，不得斂掠錢物與本押使臣、殿侍，仍責知委結罪文狀管係訖起發。如稍有違，因事詈罵、或人陳告人員，都將並當決配。元造意掠錢物人，處斬。管押使臣、殿侍只於兵士側近安泊，不得入館驛。

仁宗天聖三年七月，詔：應有歸遠指揮處，密降約束，自今節級、兵士内有作過者，本管人員區分後致死，若事不挾情，其人員不得收禁，具事由奏裁。初，象州戍兵譚州歸遠指揮使尹元等，以本營卒莊成喫酒，作決臀杖七十餘身死。轉運使王湛，以成累犯兇惡，奏乞於免元等。太宗令元無干繫人並特放。故有是詔。

十二月，詔自今軍人犯私置兵器等，其本路人員連累負犯者，並從杖罪斷遣，即更不等第，降職。

四年四月，審刑院言：准敕，軍員節級等因公事，情不涉私，行小杖決人十五已上，因而致死者，具奏取裁。自來法寺檢斷，依諸色官員因公事小杖決人，杖數過多致死律條，考因數過，以致死者，徒二年定斷取旨。緣軍法務嚴，與他官不同，若依上條，似未允當。欲乞自今應軍節級，因所管人有過，情理難恕，須合區分，情不涉私行小杖決十五已上，因而致死者，並從律文決罪。不如法，以故致死徒一年上，失減三等，杖八十定斷。仍具情理取旨。從之。

五年四月，樞密院言：諸歸遠指揮係雜犯配軍人揀充，先曾密降宣命，如有賭博、喫酒、刼盗、恐喝，不受約束者，便行處斬。訪聞近日，軍伍漸有倫序，慮其間有因輕罪配軍，今來再犯小過，逐處盡從極斷。欲降宣就糧，並屯泊州軍。如歸遠節級、兵士不改前非，再作過犯，先詳前犯。如是貸命決配之人，又作過者，即依宣命施行。若前罪稍輕，再作過犯者，止依法決斷。仍此宣命不得下司，令長吏慎密收掌。從之。

七年，審刑院、大理寺言：准敕定奪軍人隨身裝着衣物與軍號法物，立定名目，開坐聞奏。寺司檢會前後條貫，並無諸軍軍號與隨身裝着名件明文。尋牒殿前侍衛、馬步軍司會問到諸軍兵士，合屬軍號與隨身裝着衣物名姓。殿前司捧日天、武拱衛驍騎、驍勝、寧朔、龍猛、飛猛、神勇、宣武、虎翼衛聖緋紬衫子、渤海紫紬衫子、吐渾紫絁衫子，諸軍指揮緋小綾，卓畫帶甲背子（冬）〔各〕一領，緑軍號，請到春冬衣賜製造軍裝。

隨身裝着衣物，即不係軍號。春衣：馬軍七事：皂紬衫、白絹汗衫、白絹袜袴、紫羅頭巾、緋絹勒帛、白絹襯衣、麻鞋；步軍七事：皂紬衫、白絹汗衫、白絹袜袴、紫羅頭巾、藍黄搭膊、白絹襯衣、麻鞋。冬衣：馬軍七事：皂紬綿披襖、黄絹綿襖子、白絹綿襪頭袴、紫羅頭巾、緋絹勒帛、麻鞋；步軍六事：皂紬綿披襖、黄絹綿襖子、白絹夾襪頭袴、紫羅頭巾、藍黄搭膊、麻鞋。侍衛馬軍司員僚，直龍衛雲騎、武騎帶甲剩負紫絁衫子各一領，係軍號，請到春冬衣賜軍裝。隨身裝着衣物，不係軍號。春衣七事，冬衣七事，與前殿司並同。侍衛步軍司神衛、神衛水軍、奉節床子弩、雄武、飛山雄武各紫衫，虎翼、水軍虎翼各緋衫子，諸軍指揮使緋卓畫揹子，係軍號，請到春冬衣賜製造軍裝。隨身裝着衣物，不係軍號。春衣七事，冬衣六事，並與殿前司同。殿前司諸班直、馬軍諸班直、殿前指揮使左右班内殿直散員、指揮散都頭、散祗候、金槍東西班、鈞容直長行舊例，自初伏班時，請到例物銀束帶各一條，至出職及轉班，並隨身帶去。内有病死者，亦付本家。若正身犯事該決配已上罪，即例納官。其諸班直錦襖子、背子、銀鞍轡，步人御龍四直渾銀、度金腰帶、錦襖子、背子、皂羅真珠頭巾及旗號等，並係儀注物色。寺司看詳，殿前司諸班直、馬軍長行等，所有儀注物色，亦合係屬軍號法物。乞自今諸軍兵士，將軍號法物轉賣典當者，並依至道元年並大中祥符七年六月二十四日敕，從違制本條定罪。若將衣賜製造到隨身衣物，非時破貨典賣，即依天禧四年四月二十五日敕，從不應爲重杖八十上定斷。從之。

明道四年五月，詔禁軍料錢五百，犯階級者斬。先是，開封府言編敕禁軍料錢三百，犯階級者斬，刑名大重，故易之。

七月，益州路鈐轄司言：自今兩川配隸軍籍之人，其元犯兇惡者，不得放還鄉里。從之。

景祐元年九月，樞密院言：陝西沿邊戍兵，多爲近上將臣選置麾下。及臨行陣，而裨將鮮得精兵自隨。請自今以全軍隸逐將下，不得擅有占留。從之。

寶元二年十月，臣僚上言：邊地用兵之際，悉籍全其隊伍。熟其將守，多被帥臣挑揀，以爲防衛。是致餘殘冗怯之衆，每臨行陣，屢先挫衄。其精擇者，雖驍勇强梁，然而部伍不成，軍分錯雜，既無本轄將領，致使人心携貳。乞今後每差衙隊，只得於全指揮内勾充，不得於逐指揮内揀選抽差。如違，並科違制之罪。從之。

十一月十五日，范雍言：今後臨陣，有退却走洎，妄言賊勢，扇摇軍伍者，只於隨處處斬。詔如有所犯者，仰押赴經畧使，依軍法處置。是月，韓琦等言：鎮戎軍昨來戰賊敗狀雖是主將素不經歷軍員，亦責部分其如兵士等方布行陣，纔被賊兵呼譟來逼，即已不能駐足，一槩奔潰。今或只坐主將、軍校之罪，雖有所動，即恐兵士等以法不加衆，向去臨陣戰，又即依前退却。且謂自有主將被刑，復免一時鋒刃之害，唯求生路，豈有鬬心。兼聞諸路士卒往往如此，不唯膽勇將佐動爲兵衆所誤，深慮軍氣不振，上損國威。欲乞今後主兵官員與賊接戰，手下兵士並令軍員已下至節級，依次約束。如有不用命，退却之人，便令軍員等於陣前處斬。若軍員不能部轄，致部伍錯亂，却亦令主將即時處斬。所貴士卒畏法，以取勝功。從之。

康定元年八月二十四日，端明殿學士李淑等言：叅酌古制，定到銅符、木契，傳言牌刑制及施用條件。銅符之制，上面刻篆字曰某處發兵符，下面鑄虎豹爲飾，而中分之。右符五，左旁作虎豹頭四。左符一，右旁開四竅爲勘合之處。又以上面篆文相向於側畔，刻十干字，爲號。第一符勘甲巳字，第二符勘乙庚字，第三符勘丙辛字，第四符勘丁壬字，第五符勘戊癸字。左符全刻十干字半，右符止刻甲巳等兩半字。右五符留京師，左符降逐處総管鈐轄知州軍官高者掌之。凡發兵，樞密院下符第一至第五，周而復始。全指揮三百人至五千人，用一虎一豹符。五千人以上，用雙虎雙豹符。下符日，樞密院以右符第一爲始，盛以匣，封以樞密院印，差使臣賫宣命同下，宣頭内言下第一符發兵若干。本處將佐符勘訖即發兵，與使臣復封右符，傳使臣還，仍急遞以聞。本處置薄，録下符次第月日及兵數，不得下司。其木契，上下而並題某處，契中剖之。上三段中爲魚形，並題一二三次第。下二段中刻空魚，爲勘合之處，左側題云左魚合，右側題云右魚合。上三段留総管鈐轄司官高者掌之，下一段付諸州軍城寨主掌之。每総管鈐轄司發兵馬日，千人以上，先發上契第一段，以皮囊對以本司印，差指使並牒賫往逐處，驗下契與上契合即發兵，却封上契付去人還，仍報総管鈐轄司。其發第二、第三契，亦如之。掌契司各置

簿，抄録發契次第月日及兵數，互照驗之。其傳信牌，中爲池槽藏筆，令主將掌之。每臨陣傳言，語寫紙上置牌中，持往報兵官，復寫事宜牌中而還，仍臨時密以字號爲驗，其字號只令主將旋定，毋得漏軍中。詔有司製造，仍淑領其事。

慶曆元年十二月二十一日，中書、樞密院並言：欲令諸路將帥，各置親兵。選有武藝膽勇充，每月特給錢二百。應出師臨敵，援護本官。如陷没者，親兵並皆處斬。詔陝西、河東諸路総管，許置親兵百五十人。招討鈐轄百人，招討都監等七十人，餘並如所請施行。時陝西用師，或陷没將官。而麾下大率以罪不加衆，或援護不謹。故特嚴其制，而有是命也。

二年二月十四日，詔今後與賊兵戰之後，内有兵士在身别無傷損，只是割却耳鼻，或遺失器甲，剥脱衣服者，顯是一向怯懦，全不曾鬬敵。仰主將當面驗認委當，集衆處斬訖奏。仍令於教場上曉示知委。

四年三月二十三日，詔禁軍科錢滿伍百，有犯階級者，自令毋得作情理可憫奏裁。

十一月十一日，詔主兵之官，皆有牙隊，帶器械以從護之。其遇賊不用命，而致陷没主將者，自今人雖衆，並以軍法論。苟能顯立功効，亦當優拔之。其令諸路総管司，嚴申飭戒。

五年六月，詔諸軍將卒，如經戰鬬，敢僞入箭頭在身，欲希功賞者，以違制論。軍中失覺察者，坐之。是月，詔殿前馬步軍，自今内外禁軍，非武藝優者，毋得入優輕差遣。十一月，詔河北安撫司，如聞自保州兵叛，多務姑息，恐軍情益驕。其密諭主兵臣僚，常加撫御之。如敢輒犯軍律者，亦聽法外施行。

七年正月十二日，樞密言：陝西四路兵馬，自來分在主兵官員及都司巡檢下，洎外城堡寨，防守當邊，上事宜之時，裹外兵馬，辛苦頗均。今邊事漸寧，諸將下兵馬絶少出入。比之巡檢下及城寨諸軍，不唯勞逸不同，兼恐漸成慵惰。欲令逐路經畧司，將裹外兵馬，定日分作番次，輪牙差撥，務要均一。慣習披帶，定奪聞奏。從之。

皇祐元年六月，詔管軍臣僚，自令麾下軍士，非有戰功，毋得請遷隸上軍。四年八月，詔川陝四路配軍元犯，情輕合揀放者，押送本軍。其不願者，亦聽之。

英宗治平元年二月，樞密院言：請河北、河東、陝西就糧禁軍，年五十以上者，子孫、弟姪、異姓骨肉年二十以下，雖短本指揮等様一兩指，但壯健任征役之人，許以爲代。無親戚即召外人爲代，皆不支例物。即雖年五十以上，無病樂在軍者，射弓七斗、弩兩石，聽依舊。從之。

四年五月三日，神宗已即位，未改元。樞密院言：國家置兵，本備戰守。而主兵之官，率多冗占雜使。欲令逐路帥臣安撫使詳此事節，嚴行約束。轄下州郡及主兵之官，今後犯者，奏乞法外重斷，仍每季舉行訖奏。及下本路轉運使、提點刑獄官，每因巡歷，覺察奏聞，庶幾除去宿弊，稍減冗費。邊備兵政，漸有倫理。詔每年春首，令樞密院舉行此制。

是月，詔奉園兵士等様例物請受，即依奉先指揮招置。其諸班違犯及改配等，并合作禁軍。舊制，奉先兵士犯杖以下情輕者，斷訖仍舊。犯徒以上及杖罪情理重者，杖訖配千里外牢城。

八月十八日，殿前侍衛馬步軍司言：准詔相度知辰州張宗義上言，諸軍每年一次造年額簿，上謄録舊簿鄉貫，唯加起一歲。欲乞應係諸軍年額簿，令後開坐軍人投軍時鄉貫、歲數、庚甲，括定年幾，更不別造新簿。當司檢會，准嘉祐編敕，内外諸軍，逐指揮置年甲簿二道，鈔寫軍員兵級鄉貫姓名的實年幾，並投事到營年月日，委総管鈐轄主兵當職官員點檢印押，一於住營處兵官廳收掌，一付本營指揮使廳封録，照使其新收人數，並依此抄上。若遷補移配，入別指揮，即仰互相關報。内軍員、節級仍於補充文字開坐。今勘會在京諸班直、諸軍指揮，久來已有年甲版簿卷歷據，每歲首即不曾飜換。竊慮外州軍有承例每年飜換處，自今並令止絶。敢有違犯，準敕科罪。從之。

神宗熙寧元年正月，樞密院言：諸路州軍，多差兵級，營置雜物，以助公用。分給官員，及至犒設將士，全然踈簿。蓋縁上下利於供給，致違條貫。所差兵士，打柴燒炭，不仕重役，往往投賊。兼先有保州燒炭軍員，以納課不充逃走，並宜禁止。從之。

二年九月，審刑院言：應諸路州軍人犯罪，情重法輕難恕者，仰逐處具所犯，申本路經畧安撫或総管鈐轄司詳酌情理，法外斷遣。詔無經畧安撫、総管司，方許申鈐轄司施行。

三年五月十四日，詔諸廂軍指揮兵士依禁軍例，分五都管轄。

四年十月二十八日，樞密使吳充言：應雜犯軍，所坐不至巨蠹者，每十一月後至明年正月終，並依法斷，刺訖且留於本工役。候至二月，即差人遞送所配州軍。其已配未發，雖遇恩降，並依元斷。如願便之配所者，亦聽。首獲逃軍合遞還本所者，準此。從之。

五年閏七月四日，詔諸廂軍係教閱者，不在教閱之上。

十二月，詔今後諸路屯戍迴引見，諸軍力曾有功勞，所在不爲酬奬，或輕重未當功狀者，許於軍頭司自陳。本司抄劄所訴事理，責指實結罪文狀，並隨身公據以聞。

六年九月二十一日，詔：自今樞密院降宣差撥諸路州軍役兵，先契勘本州，合均定使役人數就差外，有剩合差那者，即先自近及遠差撥。如本州合役人未足，不得分擘應副別州，虛致交互往來。

十月四日，詔諸軍排連長行充節級，應取功勞人者，取兩次以上人，若功勞等即分先後，先後等即分輕重，輕重均即以所傷多者爲先。

元豐元年正月一日，提舉修閉澶州曹村决口所總管燕達言：士卒有犯無禮及呼萬歲，乞豁口斬訖以聞。若有扇摇軍人，掠奪財物，及叫呼動衆爲首者，亦乞處斬。爲從者，則減等配千里外牢城。從之，毋得下司。

八月，斬内殿崇班机榔縣巡防坊地分陳嵩，刺配三班差使、机榔縣守把胡清沙門島，坐無故棄城寨也。

閏正月十四日，福建路體量安撫司言：捕獲廖思黨龍騎卒李負、楊禪，乞法外重斷。所冀元刺充軍之人，有所畏憚，不敢竄走。上批並處斬，梟首示衆。

三月二十一日，詔應諸軍軍員等，與管軍臣僚同姓名者，並令改名。

二年十一月二十六日，詔禁軍教閱廂軍，毋得以爲作院工匠。

四年正月九日，詔曰：韓存寶總領重兵，往討小蠻，不能擒戮首惡，虛有暴露士卒。使忠勇之士，無所効命。不候朝旨，輒自退軍，逗撓怯避。韓永式同商量軍事，輒敢符同。今遣侍御史知雜事何正臣、幹當御樂院梁從政於軍前告諭存實、永式罪狀，當正典刑。曉告將校士卒，並由存實節制，不任退軍之罪。其所立功，依例推賞。

二十六日，樞密院擬令彭遜討瀘州夷賊，隨行軍兵約束。上批：彭遜所部多彊人，難繩以常法，須特簡嚴爲一約束付遜，令據所犯隨宜處斷，勿令拘制送州縣。遂詔應所部兵，令彭遜知其甘苦，無令失所。如有罪犯，量輕重行罰。仍令經歷路分轉運司指揮，隨處州縣密覺察。如有擾，具以聞。

六月十六日，李憲言：准宣發廣勇石二十指揮駐熙河，令臣將之，以往廣勇，刱置未常出軍。乞於宣武、神勇殿前虎翼，差指揮爲臣親兵。詔改差殿前虎翼右一四指揮，所乞親兵牙隊管軍，方許劄與憲知管。

七月六日，經畧司走馬承受麥時昞言：乞梓、夔兩路入蠻界人夫，令轉運司刺其額。如諸將獲將委，官看驗。詔：如入蠻界，殺人夫以充級，其主將重行朝典。

十一月九日，种諤言：將來諸路兵乘水渡河，竊慮推寵相先，爭奪財貨，將佐不易禁止。乞早降約束。詔諸路總兵官，將來得賊府庫，應當日同有功士卒並主將，親檢校均給。如金帛浩瀚，宜量留充將來置帥供饋之用。若賊逋竄，尚有繫顧返據巢穴之心，即焚其所居。

五年正月二十三日，詔彭遜追供奉官趙福，斬訖奏。先是，遜、福隨涇原兵進討，隸將下。至靈州糧道斷絶，中路逢賊鬬戰。大軍夜相失潰走，盧秉奏，已得旨放罪。福在秉幕下用事，見遜不爲禮，遜固以惡語奏福在軍中不入賊故也。

三月二日，詔環慶路經畧司，昨出界將領官所部兵，除死事及因傷而死外，會計已及數。如及二分追一官，二分半二官，三分三官，五分半、四分五官，四分半六官，免勒停，差遣依舊。其降官至奉職，各罷將副差遣。令曾布據出界時分隸將領官所部及失亡數，並應奪官人名位以聞。其鄜延路、涇原路、秦鳳、熙河、河東路，取會亡失數准此。十八日，詔鄜延路經畧司，聞沿邊防拓將下士卒，頗有逃歸者，勘會是實，嚴行收捕。爲首人，陵遲處斬。餘並斬訖，具人數以聞。

五月十一日，河東經畧司言：豐州屯駐神鋭指揮千餘人，薛義所部，照應修葭蘆寨至府州百十寨。王安等百餘人，鼓動軍衆擅還豐州，及恐喝指揮使張臻言不遜，内捕獲十六人。張世規已陵遲處斬，其餘人見捕逐。詔續獲人但嘗逼嚇指揮使，出不遜語，證佐明者，並處斬。餘更不得推究。爲首人家屬應緣坐者，押赴豐州處斬。其同居骨肉、依編配法。其後經畧司言：安等已斬，莫知爲首者。而安有母年六十。上特貸之。

六月十六日，詔將下諸軍從軍走回，並特免，押赴軍前配逐處。本城

人員降一資。七月廿九日，詔熙河路：自今如不用條詔擅役將下兵，毋得應副。以李浩擅役令般木踏塹故也。

八月九日，詔鄜延路，招納歸順蕃部壯人十人、老小、婦女四十人，並遷一資。十歲以下，不許累遷。不得過三資。即不及與，減磨勘一年。不及減年及遷資，止每一壯人支絹四匹，老小、婦女一匹。殺降人者，許人告，每人賞錢二十千至百千。上告殺五人以上者，仍遷一資。殺降人者，斬。

六年三月二十六日，上批：早來擬奏，配罪畫一法，内稱刺流某指揮，恐於上軍稱呼有嫌，可諭修法官，改云某指揮雜役。時犯罪法應配流者，其罪得輕免配行，盡以隸禁軍營爲雜役。然禁卒素憚配法，當耻言之故也。上於人情至微，無不曲盡。

四月二十三日，熙河蘭會路制置司言：准詔劾李浩罷蘭州猶帶本路鈐轄擅奏赴闕罪狀。浩自言雖嘗奏赴闕，未離任。詔浩於法當以擅去官守論，以來離本路及近出塞有功，罰銅二十斤。

五月一日，涇原路經略司言：第五將申熙寧寨硝坑堡巡檢王世隆追賊，至水東口戰死，弓箭手十將王和等十四人各傷中。詔世隆擅領兵過壕，又不能策知伏兵，致傷折人衆。如其生全，朝廷必重加責，可更不推恩。其輕重傷人，依格。陣亡人，依陣不勝例。

六月十一日，河東經略司言：葭蘆寨巡防兵逢賊，以衆寡不敵陷没，未敢依陣不勝法施行。詔陣亡人，惟將官、使臣等分陣勝、陣負。諸軍用陣勝例，一等推恩。十四日，彭遜言：涇原路蕃兵皆富有，出入止差顧人僕從軍。蓋舊無正官管轄，遇軍行即差將副，人心不相諳，故難指呼。乞差蕃官兩員，及詣事將官，同管轄處置，貴皆得素養之兵爲用。詔經畧司看詳立法。

七年正月二十七日，詔葭蘆寨居山，形勢嶮絶，非出兵便地。縱賊大至，不過城守。兼本寨城圍，止千餘步。步立一人，止千餘人。加倍計之，二千人足矣。經畧司都不卹邊費，視朝廷財用輕泥沙，無故輒屯重兵，情不可赦。其王居卿雖已離任，令提點刑獄司追止按罪以聞。

六月十一日，建寧軍言：軍居河流之間，隄防之内，應有違犯，若自大城越至本軍，或自本軍越過河東之類，並依已至越所未度法，併越兩河，自依私渡法。從之。

九月二十一日，鄜延路走馬承受李元嗣言：軍士崔臯，自截手規避出戰。崔臯配本處禁軍雜役，令劉昌祚體量，軍中如此者，勘酌施行。

【略】

元祐四年十一月十六日，刑部言：諸軍率衆對本轄不唱喏，法上軍處斬，下軍及廂軍徒三年，配廣南。對本轄將、校節級，依犯階級及立告賞法。從之。

（宋）李燾《續資治通鑑長編》宋太祖乾德元年三月　癸酉，吏部尚書張昭等上言：準詔徒、流、笞、杖刑名應合該除免當贖上請外，據法書輕重等第用常行杖施行，令臣等詳定可否聞奏者。伏以五刑之制，百代所遵，雖沿革之不同，貴重輕之無撓，仰承睿旨，别定明文，俾官吏之依憑，絶刑名之出入，請宣付有司頒行。凡流刑四：加役流，杖二十，配役三年；流三千里，杖二十，配役一年；二千五百里，杖十八，配役一年；二千里，杖十七，配役一年。徒刑五：徒三年，杖二十；二年半，杖十八；二年，杖十七；一年半，杖十五；一年，杖十三。杖刑五：杖一百，爲杖二十；九十，爲十八；八十，爲十七；七十，爲十五；六十，爲十三。笞刑五：笞五十，爲笞十；四十、三十，爲八；二十、一十爲七。舊據獄官令用杖，至是定折杖格，常行官杖長三尺五寸，大頭闊不過二寸，厚及小頭徑不過九分。小杖不過四尺五寸，大頭徑六分，小頭徑五分。徒、流、笞、杖，通用常行杖。流罪決訖，役一年；加役流決訖，役三年。徒罪決而不役。徒流皆背受，笞、杖皆臀受，訊杖如舊制。

《宋史》卷二《太祖本紀》　〔乾德四年五月〕丁丑，詔蜀郡敢有不省父母疾者罪之。

（宋）竇儀等《宋刑統》卷六《名例律·雜條》　諸稱乘輿、車駕及御者，太皇太后、皇太后、皇后並同。稱制敕者，太皇太后、皇太后、皇后、皇太子令減一等。若於東宮犯失，及宮衛有違應坐者，亦同減例。本應十惡者，雖得減罪，仍從本法。

疏：諸稱乘輿、車駕及御者，太皇太后、皇太后、皇后並同。議曰：乘輿者，案《賊盗律》，盗乘輿服御物者，流二千五百里。若盗太皇太后、皇太

后、皇后服御物者，得罪並同。車駕者，依《衛禁律》，車駕行衛隊者，徒一年，若衛三后隊，亦徒一年。又條，闌入至御在所斬，至三后所亦斬，是名並同。

又云：稱制敕者，太皇太后、皇太后、皇后、皇太子令減一等。議曰：依《公式令》，三后及皇太子行令。《職制律》，制書有所施行而違者，徒二年。若違三后及皇太子令，各減一等之類。

又云：若於東宮犯失，及宮衛有違應坐者，亦同減例。議曰：於東宮犯者，謂指斥東宮及對捍皇太子令使，車馬之屬不調習，駕馭之具不完牢，並闌入東宮宮殿門，宮臣宿衛冒名相代，兵仗遠身，輒離職掌，別處宿之類。謂之爲犯失者，謂合和皇太子藥誤不如本方，及封題誤，並守衛不覺，闌入東宮宮殿門，如此之類，謂之爲失，犯之與失，得罪並減上臺一等科斷。

注云：本應十惡者，雖得減罪，仍從本法。議曰：謂於東宮犯失，准上臺法。罪當十惡者，今雖減科，仍從十惡本法。

諸稱周親及稱祖父母者，曾高同。稱孫者，曾玄同。嫡孫承祖，與父母同。緣坐者，各從祖孫本法。其嫡、繼、慈母若養者，與親同。稱子者，男女同。緣坐者，女不同。稱袒免以上親者，各依本服論，不以尊壓及出降。義服同正服。

疏：諸稱周親及稱父母者，曾高同。議曰：稱周親者，《户婚律》，居周親喪而嫁娶者，杖一百。即居曾高喪，並與周同。及稱祖父母者，《户婚律》云，祖父母、父母在，別籍異財，徒三年。即曾高在，別籍異財罪亦同。故云稱周親及稱祖父母者，曾高同。

又云：稱孫者，曾玄同。議曰：《鬭訟律》，子孫違犯教令，徒二年，即曾玄違犯教令，亦徒二年。是爲稱孫者，曾玄同。

又云：嫡孫承祖，與父母同。議曰：依《禮》及令，無嫡子立嫡孫，即是嫡孫承祖。若聞此祖喪，匿不舉哀，流二千里，故云與父母同。

注云：緣坐者，各從祖孫本法。議曰：依《賊盜律》，反逆者，父子年十六以上皆絞，祖孫沒官。若嫡孫承祖，沒而不死，故云各從祖孫本法。

又云：其嫡、繼、慈母若養者，與親同。議曰：嫡謂嫡母，《左傳》注云：元妃始嫡夫人，庶子於之稱嫡。繼母者，謂嫡母或亡或出，父再娶者爲繼母。慈母者，依《禮》妾之無子者，妾子之無母者，父命爲母子，是名慈母。非父命者，依《禮》服小功，不同親母。若養者，謂無兒養同宗之子者。慈母以上，但論母，若養者，即並通父，故加若字以別之，並與親同。

又云：稱子者，男女同。注云，緣坐者，女不同。議曰：稱子者，《鬭訟律》，子孫違犯教令，徒二年。此是男女同。緣坐者，謂殺一家三人之類，緣坐及妻子者，女並得免，故云女不同。其犯反逆、造畜蠱毒，本條緣坐及女者，從本法。

又云：稱袒免以上親者，各依本服論，不以尊壓及出降。義服同正服。議曰：皇帝蔭及袒免以上親。《户婚律》，嘗爲袒免親之妻而嫁娶者，杖一百。假令皇家絶服旁周，及婦人出嫁，若男子外繼，皆降本服一等。若有犯及取蔭，各依本服，不得以尊壓及出降，即依輕服之法。義服者，妻妾爲夫，妾爲夫之長子，及(父)〔婦〕爲舅姑之類。相犯者，並與正服同。

諸稱反坐及罪之、坐之、與同罪者，止坐其罪。死者止絞而已。稱准枉法論、准盜論之罪，止流三千里，但准其罪。並不在除免、倍贓、監主加罪、加役流之例。稱以枉法論及以盜論之類，皆與真犯同。

疏：諸稱反坐及罪之、坐之、與同罪者，止坐其罪。注云，死者止絞而已。議曰：稱反坐者，《鬭訟律》云，誣告人者，各反坐。及罪之者，依《例》云，自首不實不盡，以不實不盡之罪罪之。坐之者，依《例》，餘贓應坐，悔過還主，減罪三等坐之。與同罪者，《詐僞律》，譯人詐僞致罪，有出入者與同罪，止坐其罪者，謂從反坐以下，並止坐其罪，不同真犯。死者止絞而已者，假若甲告乙謀殺周親尊長，若實，乙合斬刑，如虛，甲止得絞罪，故云死者止絞而已。議反坐、罪之、坐之、與同罪，流以下止是雜犯，不在除免、加役流之例。若至絞，即依例除名。

又云：稱准枉法論、准盜論之類，罪止流三千里，但准其罪。議曰：稱准枉法論者，《職制律》云，先不許財，事過之後而受財者，事若枉，准枉法論。又條，監臨内强市有賸利，准枉法論。又稱准盜論之類者，《詐僞律》云，詐欺官私以取財物，准盜論。《雜律》云，棄毁符節印及門鑰者，准盜論。如此等罪名，是准枉法、准盜論之類，並罪止流三千里。但准其罪者，皆止准其罪，亦不同真犯。

又云：並不在除免、倍贓、監主加罪、加役流之例。議曰：謂從反坐以下，並不在除名、免官、免所居官，亦無倍贓，又不在監主加罪及加役流之例。其本法雖不合減，亦同雜犯之法減科。議七品以上犯在枉法，仍合減科。男夫犯准盜，仍合用蔭收贖。

又云：稱以枉法論及以盜論之類，皆與真犯同。議曰：以枉法論者，《户婚律》云，里正及官司妄脱漏增減，以出入課役，贓重入己者，以枉法論。又條，非法擅賦斂入私者，以枉法論。稱以盜論之類者，《賊盜律》云，貿易官物，計所利以盜論。《廄庫律》云，監臨主守以官物私自貸，若貸人及貸之者無文記，以盜論。所犯並與真枉法、真盜同，其除免、倍贓悉依正犯。其以故殺傷、以鬭殺傷及以姦論等，亦與真犯同，故云之類。議稱以盜、以鬭減一等處(囗)〔與〕同真犯。

諸稱監臨者，統攝、案驗爲監臨。謂州縣、鎮戍、折衝府等判官以上，各於所部之内總爲監臨。自餘唯據臨統本司及有所案驗者，即臨統其身而不管家口者，姦及取財亦同監臨之例。稱主守者，躬親保典爲主守。雖職非統典，臨時監主亦是。

疏：諸稱監臨者，統攝、案驗爲監臨。議曰：統攝者，謂内外諸司長官統攝所部者。案驗謂諸司判官判斷其事者是也。議案驗者，雖非所管百姓，但有事在手，即爲監臨。

注云：謂州縣、鎮戍、折衝府等判官以上，各於所部之内總爲監臨。議曰：此謂州縣、鎮戍、折衝府等判官以上，雖有曹務，職掌不同，但於部内總爲監臨之例。鎮戍、折衝府唯統攝身，不管家口。議於部内寄住及權居止興販等，有文簿名曆在州縣者，即爲監臨。其百姓雖不附籍帳，亦同監臨之例。

注云：自餘唯據臨統本司及有所案驗者，即臨統其身而不管家口者，姦及取財亦同監臨之例。議曰：自餘爲除州縣、鎮戍、折衝府以外百司總是，若省臺寺監及諸衛等，各於臨統本司之内，名挂本司者，並爲監臨。若是來參事者，是爲案驗。尚書省雖管州府文案，若無關涉，不得常爲監臨。内外諸司皆准此。即臨統其身而不管家口者，姦及取財亦同監臨之例。假若諸衛管府吏身官司姦府吏家口，及於府吏家内取財，或折衝官人唯管衛士，若姦衛士家口，及於衛士家内取財，皆同監臨之法。内外不管家口之司，姦及取財皆准此。

問曰：假有主帥於所部衛士家盜物，得同於監臨内取財以否？

答曰：主帥於所部衛士，統攝一身，既非取受之財，盜乃律文不攝，止同常盜，不是監臨。議州行參軍、小録事有事在手，即同監臨，無事同在官非監臨。若監統其身，姦家内良賤，俱依監臨法。遣百性喚得外婦人而姦者，同姦。

又云：稱主守者，躬親保典爲主守，雖職非統典，臨時監主亦是。議曰：主守謂行案典吏，專主掌其事，及守當官家倉庫、獄因、雜物之類。其職非統典者，謂非管攝之司，臨時被遣監主者亦是。議別有人夫及主典，其親監當者爲監臨。主司無人夫，主典身自主當者爲主守。

諸稱日者，以百刻計。功庸者，從朝至暮。役庸多者，雖不滿日，皆並時率之。稱年者，以三百六十日。稱人年者，以籍爲定。稱衆者，三人以上。稱謀者，二人以上。謀狀彰明，雖一人同二人之法。

疏：諸稱日者，以百刻計。功庸者，從朝至暮。議曰：《職制律》，官人無故不上，一日笞二十，須通晝夜百刻爲坐。計功庸者，《職制律》，監臨之官私役使所監臨者，各計庸以受所監臨財物論，從朝至暮，即是一日，不須准百刻計之。議謂功庸准律科罪者，若私家雇賃，自依私斷契。

注云：役庸多者，雖不滿日，皆並時率之。議曰：計庸多者，假若役二人，從朝至午爲一日功，或役六人，經一辰亦爲一日功。縱使一時役多人，或役一人經多日，皆須並時率之。議從朝至暮，計一日六辰，假役十二人，各經半辰，亦爲一日之類。

又云：稱年者，以三百六十日。議曰：在律稱年，多據徒役，此既計日，不以十二月稱年。議稱年，閏月亦計爲日。稱載，不論閏，須經正月以後，始是一載。

又云：稱人年者，以籍爲定。議曰：稱人年處，即須依籍爲定。假使貌高年小，或貌小年高，悉依籍書，不合准貌，籍既三年一造，非造籍之歲，通舊籍計之。

問曰：依《户令》，疑有姦欺，隨狀貌定。若犯罪者年貌懸異，得依令貌定科罪以否？

答曰：令以課役生文，律以定刑立制，惟刑是恤。貌即姦生，課役稍輕，故得臨時貌定。刑名事重，止可依據籍書。律令義殊，不可破律從令。或有狀貌成人而作死罪，籍年七歲，不得即科。或籍年十六以上，而犯死刑，驗其形貌不過七歲。如此事類，貌狀共籍年懸隔者，犯流罪以上及除免、官當者，申尚書省量定，須奏者，臨時奏問。議籍年十五或貌年八歲，並依籍定。

又云：稱衆者，三人以上。稱謀者，二人以上。議曰：稱衆者，《斷獄律》云，七品以上犯罪不拷，皆據衆證定刑，必須三人以上始成衆。但稱衆者，皆准此文。稱謀者，《賊盜律》云，謀殺人者徒三年。皆須二人以上，餘條稱謀者各准此例。議奴婢諸條，雖不同良人，應充支證，亦同良人例。

注云：謀狀彰明，雖一人同二人之法。議曰：假有人持刀仗入他家，勘有讎嫌，來欲相殺，雖止一人，亦同謀法，故云雖一人同二人之法。議但勘有欲謀殺蹤由，縱無刀仗亦是。

諸稱加者就重次，稱減者就輕次，唯二死、三流各同爲一減。加者數滿乃坐，又不得加至於死。本條加入死者，依本條。加入絞者，不加至斬。其罪止有半年徒，若應加杖者，杖一百，應減者，以杖九十爲次。

疏：諸稱加者就重次，稱減者就輕次。議曰：假有人犯杖一百，合加一等，處徒一年，或應徒一年，合加一等，處徒一年半之類，是名就重次。又有犯徒一年，應減一等，處杖一百，或犯杖一百，應減一等，決杖九十，是名就輕次。議婦人犯

累徒四年，自請求加本罪一等，流二千里，卻是就輕次。爲至流止役三年。杖六十。仍從已施行杖一百，役四年。

又云：唯二死、三流各同爲一減。議曰：假有犯罪合斬，從者減一等，即至流三千里。或有犯流三千里，合例減一等，即處徒三年。故云二死、三流各同爲一減。其加役流應減者，亦同三流之法。議甲造意，共乙故毆九品丙折支，甲合流三千里，乙合流二千五百里，爲先定凡人故折支罪，然後計毆九品，各從本品上加。

又云：加者數滿乃坐，又不得加至於死。本條加入死者，依本律。議曰：加者數滿乃坐，假令犯盜少一寸不滿十匹，依《賊盜律》，竊盜五匹，徒一年，五匹加一等，爲少一寸，止徒一年。又不得加至於死者，依《捕亡律》，宿衛人在直而亡者，一日杖一百，二日加一等，雖無罪止之文，唯合加至流三千里，不得加至於死。本條加入死者，依本條，《鬬訟律》，毆人折二支流三千里，又條云，部曲毆傷良人者，加凡人一等，加者加入於死。此是本條。議流徒因亡，亦罪止流三千里，部曲奴婢毆主緦麻以上作傷，遞加凡人，亦加入死。

注云，加入絞者，不加至斬。議曰：部曲毆良人折二支，已合絞坐，若故毆折，又合加一等。今既加入於絞，不合更加至斬。議若判至斬，徒一年，失減二等。

又云：其罪止有半年徒，若應加杖者，杖一百，應減者，以杖九十爲次。議曰：假有縣典故增囚狀，加徒半年，縣尉知而判入，即以典爲首，合徒半年，典若單丁，決杖一百，縣尉應減一等，處杖九十，徵銅九斤之類。議降慮以下放，其半年亦免。

諸稱道士、女冠者，僧尼同。若於其師，與伯叔父母同。其於弟子，與兄弟之子同。觀寺部曲奴婢於三綱，與主之周親同，餘道士與主之緦麻同。犯姦盜者同凡人。

疏：諸稱道士、女冠者，僧尼同。議曰：依《雜律》云，道士、女冠姦者，加凡人二等。但餘條唯稱道士、女冠者，即僧尼並同。諸道士、女冠時犯姦，還俗後事發，亦依犯時加罪，仍同白丁配徒，不得以告牒當之。

又云：若於其師，與伯叔父母同。議曰：師謂於觀寺之內親承經教，合爲師主者。若有所犯，同伯叔父母之罪。依《鬬訟律》，詈伯叔父母者，徒一年。若詈師主者，亦徒一年。餘條犯師主，悉同伯叔父母。議殺師主入惡逆。

又云：其於弟子，與兄弟之子同。議曰：謂上文所解師主，於其弟子有犯，同俗人兄弟之子法。依《鬬訟律》，毆殺兄弟之子徒三年。《賊盜律》云，有所規求而故殺周以下卑幼皆絞。兄弟之子是周卑幼，若師主因嗔競毆殺弟子，徒三年。如有規求故殺者，合當絞坐。

又云：觀寺部曲奴婢於三綱，與主之周親同。議曰：觀有上座、觀主、監齊，寺有上座、寺主、都維那，是爲三綱。其觀寺部曲奴婢於三綱有犯，與俗人周親部曲奴婢同。依《鬬訟律》，主毆殺部曲徒一年。又條，奴婢有犯，其主不請官司而殺者，杖一百。注云，周親殺者，與主同。下條部曲准此。又條，部曲奴婢毆主之周親者絞，詈者徒二年。若三綱毆殺觀寺部曲合徒一年，奴婢有罪，不請官司而殺者，杖一百。其部曲、奴婢毆三綱者絞，詈者徒二年。議部曲、奴婢謂寺觀之內衆常住者，若道士、僧尼私奴婢、部曲同凡良賤法，曹主、師主同主之周親法。

又云：餘道士與主之緦麻同。議曰：《鬬訟律》，部曲奴婢毆主之緦麻親徒一年，傷重者各加凡人一等。又條，毆緦麻部曲奴婢折傷以上，各減殺傷凡人部曲奴婢二等。又條，毆傷殺他人部曲，減凡人一等，奴婢又減一等。即是觀寺部曲毆當觀寺餘道士、女冠、僧尼等，各合徒一年，傷重各加凡人一等。若毆道士等折一齒，即徒二年，奴婢毆又加一等，徒二年半，是名於餘道士與主之緦麻同。議若放從良，毆三綱同毆舊主周親法，准疏同凡人。

注云：犯姦盜者同凡人。議曰：道士、女冠、僧尼犯姦盜，於法最重，故雖犯當觀寺部曲奴婢姦盜，即同凡人。謂三綱以下犯姦盜得罪，無別其奴婢，姦盜一准凡人得罪。弟子若盜師主物，及師主盜弟子物等，亦同凡盜之法。其有同財弟子私取用者，即同同居卑幼私輒用財者，十匹笞十，十匹加一等，罪止杖一百。若不滿十匹者不坐。議姦者謂僧寺有婢及客女，尼寺有奴及部曲，良賤相姦者，道士、女冠觀亦同。

准：建隆三年三月十一日敕節文，今後同財弟子盜師主物，一准律文，以私用財物論。

臣等參詳，今後其有本非親承經教，慕義迴禮，爲師服勤多年，常同財物，私有取用，情非偷盜者，請加卑幼私輒用財一等。其偶然迴禮，故意規財，顯行偷盜者，請同凡盜之法。其律稱親承經教，合爲師主者，並准律文處分。

（宋）竇儀等《宋刑統》卷二《名例律·枉法贓不枉法贓》 諸監臨主司受財而枉法者，一尺杖一百，一匹加一等，十五匹絞。不枉法者一尺杖九十，二匹加一等，三十匹加役流。無祿者各減一等，枉法者二十匹絞，不枉法者四十匹加役流。

疏：諸監臨主司受財而枉法者，一尺杖一百，一匹加一等，十五匹絞。議曰：監臨主司謂統攝案驗及行案主典之類，受有事人財而爲曲法處斷者，一尺杖一百，一匹加一等，十五匹絞。

又云：不枉法者一尺杖九十，二匹加一等，三十匹加役流。議曰：雖受有事人財，判斷不爲曲法，一尺杖九十，二匹加一等，三十匹加役流。又云：無禄者各減一等，枉法者二十匹絞，不枉法者四十匹加役流。議曰：應食禄者，具在《禄令》。若令文不載者，並是無禄之官。受財者各減有禄一等，枉法者二十匹絞，不枉法者四十匹加役流。

准：唐天寶元年二月二十日敕節文，官吏應犯枉法贓十五匹合絞者，自今以後，特宜加至二十匹，仍即編諸格律。

准：唐長興四年六月十四日敕節文，起今後贓名條內有以准加減及同字者，並陪贓累贓，並宜准律令格式處分。

准：唐應順元年三月二十日敕節文，刺史、縣令、丞尉得替，自今後如是見任官將已分錢物資送得替人，即請勿論。其或率斂吏民，以受所監臨財物論，加一等。如以威刑率斂，以枉法論。其去任受財人請減二等。

准：周顯德五年七月七日敕條，今後無禄人犯枉法贓者，特加至二十五匹絞。

准：周顯德五年七月七日敕條，不枉法贓今後過五十匹者奏取敕裁。臣等參詳，今後應緣檢括田苗，差役、定稅，送帳過簿，了末稅租，團保捉賊，供造僧帳，因以上公事率斂人錢物入己，無所枉曲者，諸以不枉法論，過五十匹者奏取敕裁。若不入己，轉將行用，減二等，過一百匹者奏取敕裁。若率斂財物有所枉曲，及强率斂人錢物入己者，並以枉法論。

諸有事先不許財，事過之後而受財者，事若枉，准枉法論。事不枉者，以受所監臨財物論。

疏議曰：官司推劾之時，有事者先不許物，事了之後而受財者，事若曲法，准前條枉法科罪。既稱准枉法，不在除免、加役流之例。若當時處斷不違正理，事過之後而與之財者，即以受所監臨財物論。

（宋）李燾《續資治通鑑長編》宋太宗太平興國二年八月　知資州成肅言：準開寶六年詔，川陝諸州犯竊盜計銅鐵錢滿萬，强盜滿六千者，並棄市。川、陝鐵錢四直銅錢一，願均定其法。事下有司。請以銀一兩爲强。竊盜贓銅錢一千、襍犯絹一匹論罪，從之。

（宋）李燾《續資治通鑑長編》宋太宗太平興國二年十二月　甲申，詔：先募民斷買場、務，或有羨利，即收入己。屬已差監臨之官，其主吏犯者，法司處以監主自盜，或至棄市，殊非中典，良用惻然。自今準盜論，罪止流。又詔：持刃穿窬，法當强盜。近者多雲棄刀於外，空手入室，既難覆驗，實啓姦心，自今以强盜論。並從權大理少卿趙齊之請也。齊，未見。

（宋）李燾《續資治通鑑長編》宋太宗太平興國三年正月　令川、峽諸州犯罪當贖者，每銅一斤輸鐵錢四百八十。

（明）丘濬《大學衍義補》卷一〇五《慎刑憲·明流贖之意》　太宗太平興國四年，詔配役者分隸鹽監亭役使。臣按後世發囚徒煎鹽本此。

（明）李燾《續資治通鑑長編》宋太宗太平興國五年閏三月　丁卯，令荊湖、嶺南等處以絹計贓，如江、浙之制。

（清）徐松《宋會要輯稿·刑法四·配隸》　國朝凡犯罪，流罪決訖，配役如舊條。杖以上情重者，有剌面不剌面，配本州牢城，仍各分地里近遠，五百里千里以上，及廣南、福建、荆湖之別。京城有配窑務，忠靖六軍等，亦有自南配河北屯田者。如免死者，配沙門島、松崖、儋萬州，又有遇赦不還者。國初有配沙門島者，婦女亦有配執鍼者，後皆罷之。太祖建隆二年五月一日，詔應有配流人及流貶官，在邊遠處者，並與移置近地。如見在近地者，不在更移之限。所有移置處所，申奏取裁。應配流人，除刺面及□任職官人別行指揮外，其餘不刺面及配役婦人，並放逐便。其後赦書德音，約此著條。八月二十六日，詔刑部應諸道州府有犯監者之人，合役配者祇令本州充役。二年七月十九日，詔搜索內外諸軍不選者，悉配隸登州沙門島。先是，雲捷軍逃卒李典，僞刻侍衛司印，捕得斬之，故有是命。乾德四年八月二十一日詔搜索殿前諸軍亡賴者，得數十人，悉黥面配通州義豐監。五年二月十四日，御史壹言：伏見大理寺斷徒人，非當官罰銅之外，送將作監役者，其將作監舊兼充內作使。又有左校右校局，比來工役，並在此司。今雖有其名，無復役使。或遇祠祭供水火，則有本司供官。欲望令大理寺，依法斷遣徒罪人後，並送付作坊應役。從之。自後，命官犯罪當隸者，多於外州編管，或隸牙校。其坐死特貸者，決杖黥面配遠州牢城。經恩量移，即免軍籍。大凡命官犯罪，多有

特旨，或勒停或令釐務。贓私罪重，即有配隸，或處散秩，自遠移近者，經恩三四，或放從便。所以禁貪濫，而肅諸品也。四月十六日，閲殿前承旨不逞者，百二十六人，往隸鄆、齊、冀、博、滄等州。太宗太平興國二年正月二十八日，詔曰：先是，罪人配西北邊者，多亡投塞外，誘羌戎爲寇。自今當徒者，勿復隸秦州、靈武、通遠軍及沿邊諸郡。自江南湖廣平後，罪人皆配南房。五年二月四日，温州言：捕獲養猫鬼呪詛殺人賊郡翁，並其親族，械繫送□下腰斬。鄧翁親族，悉配隸惡處。

（清）徐松《宋會要輯稿·刑法四·配隸》　雍熙四年十二月十三日，詔應諸道擒獲劫賊獄成遇赦者，隸本城軍，仍稟給之。先是，江南轉運使許驤上言，劫盗遇赦得原，還本鄉，讎告捕者多行殺害，請以隸軍。故也。淳化元年十一月十八日，詔竊盗、强盗至徒以上，並劫賊罪在赦前而少壯者，並黥面配本城。

（宋）佚名《宋大詔令集》卷二〇〇《政事·刑法·禁鼠彈箏詔端拱元年正月乙酉》　典獄之官，理資於欽恤，經國之道，政尚於寬仁。庶洽時雍，用期刑措。如聞酷吏，頗恣兇威。慮致陷於冤人，必有傷於和氣，宜行禁止，以示哀矜。應天下刑獄罪人，内有合行訊問者，只得一依律令。其鼠彈箏非理殘忍之類，並禁之。

（清）徐松《宋會要輯稿·刑法五·親決獄》〔端拱〕三年十月二十三日，命翰林學士王欽若、知制誥梁灝爲西川峡路安撫使，仍詔所至，録問繫囚。除十惡至死、官典犯正枉法贓至殺人、劫殺、謀殺、故殺、鬭殺並爲已殺人不降外，餘死罪徒、流，流已下遞降等，杖已下釋之。死罪合該減降，情理難恕者，疾置以聞。**【略】**

景德元年正月二十五日，平虜城上言：軍營遺火，焚居人廬舍甚衆。遣閤門祇候謝德權，乘驛至寧邊軍。會孫全照同往，窮詰其故。軍民謀剽財物者，並按軍令。軍校不知情者，決杖隸別州。員僚直餘，並論如律。

（清）徐松《宋會要輯稿·刑法四·配隸》〔淳化四年〕七月六日詔凡婦人有罪至流者免配役。閏十月四日，詔今後應諸色罪犯人配衙前者，並不得與本貫州府。

真宗咸平元年十二月二十日，詔雜犯至死貸命者不須配沙門島並永配諸軍牢城。兇惡情重者，審刑院奏裁。四年七月五日，詔福建、廣南、江淛、荊湖，遠地應强盜及持杖不至死者，依法決訖，刺配本處五百里外充軍。先是，並其家部送上京，多殞於道途，特有是命。

景德元年正月一日，詔川廣犯事人解送赴闕，配逐處及已逐便者，正身已亡，兒幼小無以存濟者，委逐處勘會，給與公憑，放還鄉里。又所送罪人赴闕，多是與一房老幼同來，拋廢田園，流散道路。自今止得押送本身，並妻知骨肉，願從者亦聽。**【略】**

〔景德二年〕九月二十九日，詔：廣南西路州軍，有縱火焚人廬舍，情理兇蠹者，依法決訖，刺配五百里外牢城。十月二十一日，詔今後應盗賊合刺配牢城者，並配千里外。其河北、河東州軍並配過黄河南，陝西州軍配潼關東，荊湖南路州軍配嶺南，北路州軍配過漢江，江南、兩浙並配江北，川峽州軍配出川界，廣南州軍近嶺者配嶺北，不近嶺者東西路交互移配，福建路亦配廣南、江浙。其同火人，量遠近散配。三年六月一日，詔川峽民爲盗配軍者，如再犯至徒及情理難恕，並部送出川峡界，配諸州軍牢城。

（宋）李燾《續資治通鑑長編》宋真宗咸平四年二月　屯田郎中楊覃上言：春初方盛，時雨稍愆，輦轂之下繫囚，望詔有司，未得論決死罪，竢降雨乃復常典。又請凡決重囚日，減膳撤樂，以應古義，且彰至仁之德焉。此事不知其月日，今附見慮囚之前。

（宋）李燾《續資治通鑑長編》宋真宗景德二年八月　先是，大理寺斷禁軍逃亡，在赦限内捉獲者斬，赦限外即準律減等。上曰：此刑名殊非允，當令赦限内不首者重，去赦遠不首者輕。乃詔詳議。己亥，詔：亡命軍士及劫盗，赦限内捕得，罪至死者，奏裁；限外劫盗，準法。亡命軍士罪至死者，杖脊黥面，流沙門島，情理重者奏裁，罪不至死者，不以赦限内外，並依常法。

（清）徐松《宋會要輯稿·刑法四·配隸》〔大中祥符元年〕十月二十六日東封赦應配罪人，先委逐處決配五百里外州軍者，今後秖配本州。情理重者，配隸隣近州府。**【略】**

〔三年〕閏二月七日，詔江南福建路罪人，配廣南充軍，至配所逃歸者，自今止委逐處勘罪，差人押送元配州軍，依法決訖收管。舊條應配廣南罪人逃歸者，逐州奏裁。工部郎中袁煒以謂繫獄淹久，故有是命。五

月，知昇州張詠言：當州水陸要衝，多有兇惡之輩放火爲盜。準詔刺配潭賀州充軍。訖檢會舊條，累犯惡跡者，禁身奏裁。請應自來兇惡之人，犯杖罪十次，徒罪七次，或犯徒杖罪，作賊遠戾父母者五次，及廂界與兇惡通情，搔擾侵凌人者，所犯杖罪三次，及犯侵擾人至徒一次者，並許刺配登、萊、沂、密、福建路州軍充軍。詔須累犯兇惡合申奏者，及放火盜財，杖訖刺面，配一千里外牢城。【略】

〔五年四月〕十六日，雄州言：邊人越入北界賭博者，望準法決訖，徒隸向南軍籍。從之。

六月二十九日，詔諸軍故斷手足指以避征役及圖徙便郡者，自今決訖，並隸本軍下名。罪重者，從重。斷傷殘甚者，決配本鄉五百里外牢城。從知昇州張詠之請。

十月一日，帝謂宰臣曰：天下犯罪配牢城者，多非。令總括其數，非盡朝廷配去。蓋外州承準宣勅，犯罪情重，不可留於鄉邑者，以故移配稍多。時久承平，所宜斂恤。遂詔法寺：取開封府殿前侍衛軍頭司等處見用宣勅，凡干配隸罪名，悉送樞密院，詳所犯量行寬恤，改易配牢城罪名。內軍人須合配者，並降填以次。禁軍及本諸色人，情重須配者，量所犯輕重，更不刺面，配定官役年限，令本處使役。如遇赦，不以役滿、未滿，咸釋之。俟詳定訖，進納入內。朕自省審訖，付中書門下，與法寺再加詳度。如皆允當，即降指揮。閏十月，詔京城盜賊該決杖配隸者免，其令衆即送配所，情理重者奏裁。

六年正月八日，詔曰：配隸之人，刑科至重。屬膺善貺，交舉鴻儀，載念黎氓，益懷欽恤。其先降宣勅，罪不至死，配隸逐州五百、千里外牢城及沙門島。憫甚稍重，特議從寬。宜令審刑部、大理寺、三司，將前後條貫編類以聞。既而取犯茶、鹽、礬、麯，私鑄錢，造軍器，市外蕃香藥，帶銅錢誘漢口出界，至吏貸官物，馬遞卒盜官物，夜聚爲妖，皆比舊法，咸從輕減。

二月一日，詔廣南福建川峽路軍民，兇惡爲患者，依法斷訖，並家眷械送赴闕。其非兇惡者，令轉運司散隸部內牢城。三司開封府殿前侍衛軍頭引見司應配人，除奉宣大刺面外，餘並依招軍例小刺。諸處已刺指揮字者，止添所配處。應押赴闕及配隸諸處者，並家眷並給口食。川峽路贓錢斷罪者，以小鐵錢十當一。

（宋）佚名《宋大詔令集》卷二〇一《政事·刑法·誡約治獄法外用刑詔大中祥符二年四月壬寅》 萬方之廣，百姓爲心。期獄訟之無冤，庶刑罰之必中。嘗頒明詔，深戒有司，冀盡公平，以副欽恤。然具獄之來上，猶非理而居多。且狴牢之中，已屈吏議，捶楚之下，何難自誣。倘五聽之或乖，則三章之有濫，無辜致罪，和氣用傷，言之惻然，有足哀憫。眷庶邦之授任，皆共治以分憂，所宜振舉教條，糾察寮吏。凡於聽訟，無失原情。合械繫者，自有常科，至拷訊者，勿復乖當。如或公然踰矩，法外用刑，致枉橫之有聞，在殿黜而無捨。布告有位，知予意焉。

（宋）佚名《宋大詔令集》卷二〇一《政事·刑法·邊守信改公罪詔大中祥符二年五月乙丑》 乃眷刑名，期於審慎，雖法官詳讞，宜執於祥刑，而朕意哀矜，務從於輕典，庶臻至當，更示明文。邊守信已改爲公罪，宜令審刑院刑部大理寺，自今比類據罪款刑名奏裁。

（宋）佚名《宋大詔令集》卷二〇一《政事·刑法·令西北緣邊不得法外行刑詔大中祥符三年閏二月丁巳》 西北緣邊兵興已來，軍民有罪，情重者斷支體而戮之，其罪不至死，亦鞭之過數。自今不得法外行刑。

（清）徐松《宋會要輯稿·刑法四·配隸》 〔大中祥行〕三年二月二十四日詔：如聞兩京諸路隸忠靖徒役人刺配者，即給衣糧。不刺配者，止給囚人日食。各有家眷，或至匱乏，宜令依例給之。【略】

〔三年〕十二月二十二日詔：沙門島流人量給口糧。初使至，言其多殍死，請粗給菽粟。樞密副使馬知節曰流人無稟食之理。帝憫之，特有是詔。

（宋）佚名《宋大詔令集》卷二〇一《政事·刑法·減令衆日詔大中祥符四年十月甲寅》 明罰之典，姑務於懲違宥過之仁，亦先於善貸。念其淹繫，宜示寬恩。自今決杖令衆者，舊十日減爲三日，半月已上者勿過五日，暑月免之。

（宋）李燾《續資治通鑑長編》宋真宗大中祥符五年二月 詔貢舉人但曾預南省試者，公罪聽贖。

（宋）李燾《續資治通鑑長編》宋真宗大中祥符五年八月 辛酉，詔應保舉官有誤犯私罪非故違者，自今勿連坐舉主。六月末李説事可考。

（宋）李燾《續資治通鑑長編》宋真宗大中祥符八年閏六月　詔廣南路，自今不逞之民五犯法者，依法決杖，刺配嶺北州軍牢城，内未滿五次而情理切害者，亦準此。

（清）徐松《宋會要輯稿·刑法四·配隸》〔大中祥符〕七年二月一日詔：負犯人刺面者，多大刺文字，毀傷既甚，深可哀務。自今官吏點檢，如有違越，委所司覺察聞奏，永爲定制。【略】

八年閏六月八日詔：廣州自今不逞之民五犯罪者，依法決杖刺配嶺南州軍牢城。内未滿五次而情理切害者，亦准此。八月十九日，知密州孫奭言：本州累有强劫賊結案遇赦，或赦後捉獲，准詔配本城。據官吏衆稱，准例配本城者，並配牢城。朝廷以本城牢城分爲輕重，今若一槩處斷，慮失詔意。請下法官衆議。詔自今准詔刺配牢城者，並止配本城。有軍額指揮，不得例配牢城。【略】

九年七月十九日，詔强劫賊人，罪當死以德音降從流者，決訖仍隸本城。初，磁州賊逯憲，持杖行刼，德音降罪免配，州疑刑輕，狀下法寺詳定，而有是詔。

（清）徐松《宋會要輯稿·刑法四·配隸》天禧元年七月二十一日，上封者言：江南有因事配軍人，悉兇惡之徒，既不許差出，又無役使，望檢會元犯罪名輕重，升隸廂軍。從之。【略】

九月，詔命今軍人曹司賭錢罪犯，並依法決刺面配外處牢城。二年三月十七日詔：諸班殿直，諸軍妻坐姦者，決訖即放，不須隸作坊鍼工。其見役百五十七人，皆釋之。閏四月十九日詔：諸州該四月二十七日赦文，刼盜至死，降從流。傷人者，刺配沙門島。内廣南路配瓊、崖、儋、萬州，益梓路配商、虢，均、金、襄、鄧等州，利夔路配荆湖南路州軍，並隸牢城。不傷人者，刺面配千里外牢城。罪不至死，並刺面配本州牢城。先是赦書，强刼盜不殺人者，悉奏裁。濱隸巡檢趙繼昌言：如此等人，朝廷若配本州，慮不悛革。故條約之。

（清）徐松《宋會要輯稿·刑法四·配隸》〔天禧二年九月〕二十八日，起居舍人吕夷簡言：按編勑配罪人父母、妻子不欲同行者，亦聽。其有并一房家累部送赴闕者，未有著令。極有老幼馳走，以至夭殁。望自今當配送者，長吏召問，如不願同行者，聽。若不至强梁者，止決配近州。情重與鄉里爲患不可留者，部送京師。奏可。

（清）徐松《宋會要輯稿·刑法四·配隸》〔天禧三年〕八月九日詔自今京城内犯盜賊人合刺配忠靖者，並配外州軍牢城。其人力偷盜，并京城外竊盜，贓數合刺配武肅、武和者，分配京東西、淮南州軍。先是，開封府言：承前竊盜等第決配忠靖六軍，慮於輦轂聚集稍多，望分配外州牢。臣寇準請止配京東西淮南州軍。仍下是詔。

十八日詔謀殺故殺刼殺人，罪至死，用今月三日赦原者，諸州並依强刼賊例配本城。情重不可宥者，部送京師。自今用爲定式。

十月十四日，中書門下言：准詔犯銅鍮石，私酒麴，並免極刑。令參詳罪至死者，請令所在杖脊黥面，配五百里外牢城。從之。

四年六月十六日，益州路安撫吕夷簡言淳化五年，西川有從草寇，刺面充應運雄軍。百姓請擇罪重者，分配潼關以東州府牢城。從之。

十二月，知開封府吕夷簡言：請今後應賊人竊盜，持杖穿牆五貫以上，强盜滿三貫，及持杖罪不至死者，更不部送赴闕，只委逐處依法決脊杖二十。内身首强壯者，刺配五百里外牢城。兇惡難恕者，刺配千里外遠惡州軍牢城。若老小疾病，久遠不堪充軍役者，依法施行。事下法寺，既而言：舊條皆押赴闕，今請如夷簡所奏。詔可，仍候斷訖，刺指揮二字，取轉運使指揮移配。

（清）徐松《宋會要輯稿·刑法四·配隸》〔仁宗天聖元年閏九月〕二十一日，詔南北作坊，見管配到諸軍家口充鍼工，並裁造院先召到女工，並放逐。今後更不配充鍼工。如有犯此刑名者依斷訖配窑務及致遠務，無家累兵士。二年二月，開封府言：應斷訖賊情重兇惡者，乞字樣稍大，仍於兩面分刺。所責與招募之人稍異，難爲逃走，燒炙塗藥。詔如委寔兇惡巨蠹，只一面刺稍大字樣。

四月，開封府言：准近詔，應過犯軍士，合移配者，並配鄭州賈谷山採造務。今得車營務狀，本務軍士，故要配採造，以故多有叫反，以冀移配。請自今後軍人合移配者，依原舊條外，應不喫酒、叫反及叫萬歲，並刺配商州坑冶務。奏可。八月，開封府言：醋庫刺面曹司徐政，坐逃走，該赦捕獲。按格條，即無諸軍刺面不刺面曹司逃走捉獲之文，今欲依廂軍逃走三年已上，不曾取却字號，杖一百，刺配千里外牢城。自今應諸

軍諸司庫務刺面曹司，不以有無料錢，逃走並依廂軍條。其不刺面曹司，亦乞明降條制。事下法寺，請不刺面曹司不以有無料錢，如逃走三年内捉到者，第一次杖七十，首身杖六十，再犯捉獲首身，並於逐次上遞加一等，仍舊收管。至第三次及逃走三年已上，決訖刺配五百里外州軍。近軍分首身，決訖仍舊，皆以赦後爲坐。奏可。

（清）徐松《宋會要輯稿·刑法四·配隸》〔天聖三年〕七月，詔：自今馬遞鋪軍士，受贓窩盤劫賊，供食指導，偵探巡捕者，所在具事狀聞奏，當遠配。時嵩嵐軍郵鋪軍士，有爲賊嚮導者，配沙門島，逢恩不放，因有是命。

十月，開封府言：百姓陳文政及妻阿宗，坐誘虎翼兵士妻傭雇得錢法，當徒一年半。夫妻皆雙瞽，應原。文政恃瞽爲惡，乞送外州編管。自今有恃老疾不任決，故作過犯情難恕者，勘罪取旨，送外州編管。奏可。

（清）徐松《宋會要輯稿·刑法四·配隸》〔天聖〕四年正月二十二日，益州薛田言：先準詔，西川犯罪配牢城人，如遇赦，委寔老病不任征役者，放停，許於所配州軍居住，不放歸鄉。今得卭州狀，有係宰牛配軍之人，即非老疾，未敢放停，奏取旨。帝曰：遠方細民犯罪，雖不至重，遇赦歸農亦是寬恩。然田意欲羈縻，又非欽恤之旨。

二月，開封府言：檢會條貫，凡作賊三犯徒軍人，示喫酒叫反，喫酒再犯，因與人相争忿叫萬歲，舊例決訖，並刺配商州坑冶務及配西京南山、鄭州賈谷山採造務。近準詔，並權住配。自今有合配罪人，乞指定去處。詔合配坑冶務罪人，並配廣南遠處牢城。八月，開封府言：東窰務軍士儲慶等各不飲酒呼萬歲，準格當配廣南本務工役最重。又江浙人務求決配家鄉，規免重役。望自今犯者，依法杖訖，却送本務。再犯，刺配沙門島。奏可。

（清）徐松《宋會要輯稿·兵三·廂巡》〔仁宗天聖〕四年三月詔開封府勘得親從兵士裴達、御輦院節級唐政，百姓丁遂、田從等，各詐作後殿巡察親事官，並火下恐喝倉場所專典及官員、僧道、客旅金銀錢物。已斷達、政處死，遂從決配沙門島、遇赦不還。宜令開封府每季一度出榜曉示在京倉場庫務，自今有犯罪未發，並無罪之人，如有稱巡察公事，恐喝却錢物，許畫時經官陳首。及收捉元犯人，勘罪嚴斷，更不根勘被恐喝人，因依情罪，並特放免。如不陳首，因事彰露，或察訪得知，其被恐喝人一例依法施行。

（清）徐松《宋會要輯稿·刑法四·配隸》〔天聖四年〕九月，殿前司言：秦州勘斷駐泊渤海軍士郝斌，杖配白州牢城。州牒發遣，妻子付本夫，尋轉遞往彼，續準本處牒所配軍。不到根究，稱在道病死。欲乞自今犯事配軍，委逐處相度。如所配處路從京師，不至迂遠，即令押就本營，搬取妻男。路遠，即問本人。如要妻男，即發遣前去。不要，即放逐便。詔從之。其妻男同往者，仍據數給沿路口食。

（清）徐松《宋會要輯稿·刑法四·配隸》〔天聖四年〕十月二十六日，户部副使王博文言：陝西沿邊蕃族捕送逃軍，頗有因差勾當，或遠探伏路，伐木採柴，偶逢蕃賊，拒敵不下，被虜掠前去。蕃部利於賞給，經涉年月，返捕送官。有司勘鞫，但招背漢投蕃之罪，依條處死。請降赦邊臣，不令下司。自今如有蕃部捕到兵士，根勘但如此類，稍有憑據，情理分明者，特與貸命，減死一等，決配遠惡州軍牢城。詔自今但不是故投蕃部，詳酌稍有證據，根勘分明者，特與貸命，決配外州牢城訖奏。情至輕者，奏裁。

（清）徐松《宋會要輯稿·刑法四·配隸》〔天聖五年九月〕十九日，臣僚言：嶺外雜犯，配軍至多，皆兇强頑狡，積惡難改，聚之遠方黨扇非便。如所犯切害，合配遠惡處外，自餘請稍減去，以安遠方。如江淮篙工、水手使過水脚錢之類，但於嶺北重役皆可移配。望除元條明言配嶺南外，今後毋得擅配往彼。合移配者，止於嶺北量地里有役處。情理切害，須配遠惡以誡衆者，奏裁。從之。六年正月，勾當汴口康德輿言：沿汴河清軍士盗伐榆柳，自來杖配西京開山指揮，緣比便河功役憂輕，故要移配。欲望自今後止配汴口廣濟指揮。奏可。三月二日，開封府言：準詔軍人作賊，不以廂禁軍逃亡捉獲，曾持杖剽牆，罪皆至流者，並決訖配千里外牢城。犯徒者，配五百里外牢城。即不言刺面與否，欲請該上條移配者，悉刺面。奏可。

（清）徐松《宋會要輯稿·刑法四·配隸》〔天聖六年〕七月四日，知滑州秀若谷言：河清軍士盗伐提埽榆柳，準條：凡盗及賣知情者，贓不滿千錢，以違制失論，軍士刺配西京開山軍，諸色人決訖縱之千錢已

上，繫獄裁。如持杖門敵，以持杖竊盗論。臣所部州多此輩，葢提埽重役，故圖徒配。欲望自今河清軍士，盗不滿千錢者，決訖仍舊充役。千錢以上及三犯者，決訖刺配廣南遠惡州牢城。諸色人準舊條施行。事下法寺，請如所奏，凡京東西、河北、淮南瀕河之所，悉如滑州例。從之。

（清）徐松《宋會要輯稿·刑法四·配隸》〔仁宗天聖六年〕七月二十二日，開封府言：今後京城內，偷盗牛馬駝驢宰殺爲首者，並刺配廣南本城。又府司每勘該赦（疆）〔强〕劫賊，並配武肅、武和指揮，人數已多。今後應罪人配上件軍者，散配遠處本城。並從之。八月，知永興軍姜遵言：關中之民，性多剛愎，鮮勤耕鑿。村落之間，貧者恃强攘竊，敗獲止是決杖縱去，兇頑不畏刑責。請應陝西捉獲强盗賊，贓及一貫已上，永配牢城。一貫已下，再犯及竊盗，不計赦前後，但經三犯，並配軍。庶令悛改，肅清關輔。奏可。

（清）徐松《宋會要輯稿·兵四·弓箭手》〔仁宗天聖七年〕十一月，涇原路鈐轄兼知鎮戎軍王仲寶言：准宣鎮戎軍弓箭手，自今拋下地土，逃走避罪，三五日首身者，依格法區分却給舊地土。逃走一月以上，地土已別招人種蒔，即永不得收録姓名。近准宣令所招弓箭手，並於手背上刺弓箭手指揮字號，欲乞自今如有未刺手背弓箭手逃走，一月内首身從獲者，決訖亦刺字號，收管差使。一月以上，止依舊例，永不收録姓名，將地土別招人請射。其已刺手背，正身逃走，權令本家少壯兒孫弟侄承替應役。如無得力人丁，及全家逃走者，限三月内首身，決杖十三。捉獲，決杖十五。依舊收官差使。限外不首身，本家却令兒孫弟侄情願投代，本指揮人員保明押領，令赴官呈驗得中，依例刺手背收管，却給元舊地土耕種。如限外不首及捉獲，又無人代名者，即將地土納官別招人。如元逃弓箭手却來首身者，決杖十七。捉獲，決二十。其地土如本家已有人承替，及別招到人請射，其逃人少壯有武勇者，亦乞却勒依舊，別給空地土耕種。如刺手背人員弓箭手年老病患，令兒孫弟侄承替。及逃走首身捉到，其中亦有年老軟弱病患者，當官呈驗委的不任征役，即乞給與公憑，放令逐便。或刺手背人往別州軍界逃避，及出取却字號驗認，有瘢痕隨身，別無公憑，捉送所屬州軍勘斷施行。從之。

（清）徐松《宋會要輯稿·刑法四·配隸》〔天聖〕八年四月，法寺言：請今後陝西犯青塩，罪至加役流者，決訖内少壯堪披帶者，配蕃落指揮給與請受。自來販青塩，經徒罪願充軍者，委自長吏，選少壯堪披帶者，亦配蕃落。事下涇原、環慶、鄜延路相度。既而，諸路言：蕃指揮係禁軍招填，皆選人材弓力有勇猛者。今犯塩百姓，皆遊惰之輩。既加徒罪，豈惜行止。不惟紊瀆軍法，兼慮間變蕃情。欲乞自今罪至加役流，決訖取少壯堪披帶，配近裏州軍牢城。犯塩經徒之人，願投軍者，亦不收充蕃落。奏可。八月七日，詔如聞犯罪配流廣南、福建、荆湖，有帶妻子者，本身道死，妻子無託。自今願回鄉里者，逐處遞送還鄉，仍給口券。如本犯罪於律，妻子不合還鄉者，自如律。九年二月二十二日，詔曰：朕以禋燔潔祀，雷雨推恩。念兹配隸之人，特示矜寬之典。或許歸田里，或移近鄉園。用推在宥之仁，咸啓自新之路。惟彼均輸之寄，逮於牧守之權。宜盡詳明，庶符委屬。宜令廣南東西、荆湖南北、江南東西、淮南、兩浙、京東、京西路轉運使副，親往本路諸州、軍、監，取赦前見管雜犯刺面不刺面配軍，與逐州長吏兵官，同共取索配犯，因依勘會配到後有無違犯。看詳揀選，就近體量移配。其廣東西、荆湖南北、福建並移江浙州軍，江南、兩浙並移配淮南州軍，淮南並移京東京西，亦與量移側近州軍牢城及本城無料錢軍分。元不刺面人，不得刺面，亦依此移配。元係廣南、荆湖、福建配江北州軍，即量移往近南州軍，不得移過嶺南及大江。仍相度大小州軍，合銷人數均配。其年老病患者，看驗委寔不堪醫治充役，即給公憑放停，遞歸本貫州縣，知在係帳編管。元奉宣敕，永不放停，及情理巨蠹，累行惡跡，攪擾州縣，豪彊欺壓良善，恐嚇錢物，並借詞論訴不忤已事，僞造符印，或持杖驚刧，傷殺人命，及不受尊長教訓，父母陳首人等，不得移配，亦不得以老患爲名放停。其餘雜犯人中，少壯堪披帶者，即押赴闕，送軍頭司揀選，分配諸軍安排。如不願量移及赴闕者，亦聽從便，仍具分析聞奏。當量遷改軍分，不得將赦後配及經赦已量移人一例揀選。自來選遷，至威邊騎射及本城有料錢人，相度本處合銷執役數外，分配於事務多處州軍一般軍分諸雜差使。候了日，具析都數開坐驛置以聞。

閏十月八日，三司塩鐵判官蕭律上言：廣州每歲押雜犯罪人配嶺北福建者，其數甚衆，皆不計赦前後，但杖罪三次，悉不黥面徒配。又不給

日食，所過麋以鐵索，求丐口糧。苦痛如此，有惻行路。竊以遠方之民，魚塩自給。縱犯笞杖，未爲巨蠹。本因一時奏請，累經赦宥，未滌宿負。望除此勑，以惠遐陬。詔自今犯徒，並赦前二次犯杖，赦後五次者，委本州審度情理移配嶺北州軍，或止羈管。

十年六月十二日，詔自今鄉書手移減税務，雖決杖，亦黥面配五百里外本城，犯徒奏裁。

（清）徐松《宋會要輯稿・刑法四・配隸》〔天聖十年六月〕二十七日，右諫議大夫趙賀請：自今配罪，姦惡之人，本房老小若病不願行，亦聽從便。奏可。七月三日，益州路鈐轄司言：西川決配充軍之人，奏乞停者，自今望下本路，閲元犯保委聞奏，免縱兇惡還鄉，復爲騷擾。從之。十月十六日，侍御史李紘上言：前領陝西轉運沿邊，有老病軍士，多是川峽配到，蹇瘦甚多。蓋元配一房日食不足，深可憫傷。望自今川陝配軍牢城之人，如女年十五以上已定婚，及子婦不欲從，乞放逐便。從之。

（清）徐松《宋會要輯稿・刑法四・配隸》明道二年五月十四日，詔刼盗在今年二月丁酉及三月庚寅赦書以前，合刺面隸五百里外州者，有司不須具奏，並按赦文施行。刼盗傷人，仍隸千里外。疎決以前，諸罪人追逮未至，須至具欵，準疎決施行。若欵獄及死罪者，聽奏取指揮。軍籍逃亡能自歸，若獲者更不刺面，許還舊籍。

十一月三日，龍圖閣直學士狄棐言：廣州雜犯罪人，五犯杖罪，不以赦前赦後，決訖配嶺北州軍本城。近改更赦後五犯，方行刺配。欲乞並依元勑。詔五犯杖罪、赦前者，送隣州編管。赦後者，即依前降指揮施行。

景祐元年三月十八日，京東轉運使張存言：點檢兗、沂、萊、密四州，見管配役三百餘人，乞今後竊盗犯流人權免配役。詔見配役人，並放還歸農。今後如有情理輕者，特免配役，候豐稔日依舊。

四月二十九日，中書門下言：諸路州軍，明道二年三月赦前配軍人，除十惡、殺人、放火、父母陳首及元是軍人作過配到者依舊外，自餘雜犯配軍人，並放逐便。

五月二日，中書門下言：檢會編敕，應配軍該恩放逐便後，有恃憑兇惡，不務農桑，盗竊資財，恐嚇民户，罪不致死者，並決訖刺配牢城。詔應合該放停人，以此告示，仍責誡勵文狀。

二十二日，提點京東路刑獄崔有方言：應灾傷州軍，捉獲强刼賊人，有因飢困，與家人共犯，俱合重斷者，乞數内勘會一名。元不是行兇惡，情理輕者決放。詔從之，仍決徒刺配本州牢城，候豐稔日依舊。

（宋）李燾《續資治通鑑長編》宋仁宗景祐四年八月　丙申，詔關中舊俗豪縱，凡衣冠子弟，自今一犯罪而情涉兇悖者，並繫獄聽裁。

（清）徐松《宋會要輯稿・刑法四・配隸》康定元年七月六日，中書門下言：開封府京東西、河北、淮南應罪人，合配千里、五百里外牢城者，請並配永興軍。仍令本軍，自今取爲盗貸命並雜犯罪人，候及三二百人，團作指揮，以威捷爲額，選軍校教閲，分隸逐路。如遇戰鬥，令于陣前驅使。果能用命立功，保明聞奏，當議酬獎。内貸命刼賊人，本以情理可憫，及有疑慮貸命者，若至配所，更作過犯罪法至徒，情理兇惡者，處斬訖奏。其餘非貸命配到者，如有過犯，加常法一等斷遣。詔可。

十月二十三日，權知開封府吴遵路言：乞今後京城内，偷盗犯贓錢十貫以上，並配永興軍，或二千里外牢城。詔京城内偷盗贓錢十貫已上，年五十已下無病，並決配永興軍牢城。年五十已上，並決配二千里外牢城。

二十五日，詔應諸處捉到彊刼賊人，並依法施行，不得解赴開封府乞降朝旨，却納中書。其合配五百里、千里外牢城者，刺配永興軍牢城。

二年八月三日，知儀州禮賓副使曹僖言：應開櫃坊停留軍伍樗博之人，乞依法決訖，刺配清邊弩手。從之。

慶曆元年八月二十日，詔沿邊弓箭手，於近裏州軍別置産業以避役者，決配近南州軍本城。

（清）徐松《宋會要輯稿・刑法四・配隸》〔康定二年〕五月十八日，陝西轉運使卞咸言：所部民有累犯罪而其理兇悍者，請籍其姓名，毋令出外。從之。

十一月十八日，詔罪人累犯爲盗，及諸兇惡，依法決訖，並黥面徒以逐州遠近差次，籍爲役兵。【略】

〔康定三年七月〕二十五日，詔廣南轉運司，諸配軍有累犯情涉兇惡

者，許便宜處斬以聞。

四年四月二日，詔廣南東西、荆湖南北路轉運司、提刑司，比者郡盗結集，未盡捕滅。其體量逐路配軍，及編管人内，有兇惡不可存者，徒配近裏州軍。仍令諸路罪人權住，配往四路。【略】

七月十六日，法寺言：自今差出屯駐、駐泊禁軍，妻口在營及諸處犯姦，各加姦罪二等，軍人改配隣州，一般軍分下名收管。父兄子弟並刺面，諸色人不刺面，配隣州本城。從之。

五年十一月十二日，審刑院、大理寺言：參詳乞諸處不刺面配本城牢城人願從軍者，當職看驗。如人材少壯，别無疾病，與刺面充之下廂軍，不支例物。如充軍後不犯徒罪，依條遷補官司，不得抑勒充軍。從之。

（清）徐松《宋會要輯稿·刑法五·親決獄》　慶曆四年三月十四日，開封府言：酸棗縣吏受賕，拷掠平人，事發而逃。帝曰：吏人舞文受賕，雖仲夏疎理，勿以常例原之。

皇祐五年五月十三日，御崇政殿，録在京諸司繫囚。雜犯死罪已下，遞減一等。徒已下，釋之。至和元年正月二十五日，二年四月二十三日，嘉祐元年四月二十三日，二年二月三日，八月二十六日，三年二月十三日，閏十二月十六日，四年四月二十八日，五年二月三日，五月十九日，六年二月十二日，六月十七日，並同此制。嘉祐七年五月八日，詔自今疎決罪人，以降指揮所至時刻爲限，在編排後者，每得以減論。【略】

神宗熙寧九年六月十五日，上御崇政殿，録在京諸司繫囚。除犯謀報，鬬殺者，並爲已殺人者，並十惡、彊盗、僞造符印、放火、官貪犯人已贓、將校軍人公人犯枉法贓，監主自盗贓，並依法。其餘犯死罪，降從流。流降從徒，徒降從杖，杖已下並放。内鬬殺情理輕者，減一等。並雜犯死罪情理重者，依所降決訖，並刺面配千里外牢城，斷訖録案聞奏。彊盗罪至死情理輕者，減一等，刺配本住處三千里外牢城。開封府界諸縣見禁罪人，一依上項疎決。指揮到時以前應犯徒罪，並降從杖。杖罪已下，只委本縣斷放。徒已下罪，即解府依疎決施行。

元豐三年四月十七日，審刑院、刑部言：宣州民葉元，有爲同居兄亂其妻，縊殺之。又殺兄子而彊其父。與嫂爲約契，不訟於官。憐里發其事，州爲上請，上批：同居兄亂其妻，或彊、或和既本無證左，又罪人今皆已死，則二者同出於葉元一口，不足以定罪。然以妻子之愛，既罔其父，又殺其兄，繼戕其侄，背逆天理，傷敗人倫，宜以毆兄至死律論。

元符三年十二月九日，徽宗即已元民立詔：皇太后服藥，宜施恩宥，以速康和。御崇政殿，疎決在京見禁罪人。徽宗崇寧元年閏六月八日，上御崇政殿，疎決罪人如故事。

（清）徐松《宋會要輯稿·刑法五·親決獄》　〔慶曆〕四年六月二十二日，詔天下刑禁，或多冤滯。況當炎暑，須行疎決。其下三京諸疎委長吏，據見禁囚，除十惡、四殺、强竊盗、放火、僞印、官典正贓外，雜犯死罪情可憫者，具案驛奏。餘罪遞降一等，至杖並放。侵損於人情難恕者，各依本法科斷訖奏。在京諸縣，令開封府依此施行，無得出入人罪。【略】

至和三年正月八日，詔開封府畿内及輔近郡，繫雜犯死罪以下，遞降一等。杖已下釋之。鬬殺情可憫者，聽奏裁。

輕者仍聽奏裁。八月一日，詔開封府畿内及輔郡繫囚，雜犯死罪已下，遞降一等。杖已下釋之。二日，太平興國寺奉安祖宗神御禮畢，詔在京並輔郡見禁罪人，除犯十惡，四殺，官典正枉法贓，監主自盗，僞造符印、放火不赦外，其餘雜犯死罪降從流，流罪降從徒，徒罪已下並放。如鬬殺情理可憫者，奏裁。限赦到日，仰長吏已下，當面决遣訖，具事狀以聞。

（清）徐松《宋會要輯稿·刑法四·配隸》　至和二年七月二十日，詔蕃部犯青白塩，坐法當死者，自今並配沙門島。若群黨爲民害者，聽奏裁。

（清）徐松《宋會要輯稿·刑法四·配隸》　嘉祐七年九月七日，明堂赦：陝西路北犯青白塩配逐處充軍者，如經一赦，並押送本路安撫司。以人材壯健者，改配原住州軍、蕃落或保捷指揮。小弱者，止隸本城。經今赦者，且與量移。編管人年七十已上或篤疾者，不以赦數，並放逐便。在京雜犯配軍隸步軍司者，自來不得量移揀放，今並與量移揀放。八年五月十三日，詔赦前雜犯編管人，除情理兇惡並吏受贓徒以上，川峽人編管在銅錢地分，依嘉祐七年十月十八日指揮不移放外，命官使臣即具元犯以

聞，餘量重輕及赦數移放。

（清）徐松《宋會要輯稿・刑法五・省獄》　英宗治平元年三月十一日，帝親録繫囚。十惡、四殺、官典犯正枉法贓、監主自盜、僞造符印、放火，論如法，餘死罪降從流，内情理重及鬭殺可憫者，依降刺配五百里外牢城。强盜當死，亦依降刺配廣南牢城。情理重者，配廣南遠惡州軍。流降從徒，徒降從杖，杖已下並放。命權御史臺推直官向宗道等三人，疎決開封府諸縣罪人。

二年二月十七日，帝親録繫囚。除十惡、四殺、官典犯贓、監主自盜、僞造符印、放火外，鬭殺可憫及刼盜至死，決訖刺配牢城。餘犯死罪，徒，各降一等。杖已下，釋之。命權御史臺推直官張公度、郡牧判官裴煜，疎決府界諸縣罪人。京東西、淮南轉運使、提點刑獄疎決災傷州軍罪人。

六月四日，帝親録在京繫囚。除十惡、四殺、官典犯贓、監主自盜、僞造符印、放火不降，餘罪死降從流，流從徒，徒從杖，杖已下放。餘罪情重及鬭殺可憫者，依降決配五百里外牢城。强盜罪死者，廣南牢城。情理重者，廣南遠惡州軍。命直集賢院王廣淵、秘閣校理錢藻與開〔封〕府界提點，疎開封府諸縣罪人。

《宋史》卷一三《英宗本紀》　〔治平三年〕夏四月丙午，詔有司察所部左道、淫祀及賊殺善良不奉令者，罪毋赦。

（清）徐松《宋會要輯稿・刑法五・省獄》　〔治平三年〕六月二十六日，帝親録在京繫囚。除十惡、四殺、官典犯贓、監主自盜、僞造符印、放火依法外，死罪降流。情理重並鬭殺可憫者，各刺配五百里外州軍牢城。强竊盜罪死者，配沙門島。流者，配廣南牢城。餘罪遞降一等。杖已下釋之。命都官郎中張公度、屯田郎中范道鄉與開封府界提點，分詣諸縣疎決。治平四年，神宗即位未改元四月十九日，上親録在京繫囚。除十惡、四殺、官典犯贓、監主自盜、僞造符印、放火依法施行外，應雜犯死罪，並降從流。内情理並鬭殺情理可憫者，依減降決訖，各配五百里外牢城。强刼該死賊人，亦依減降決訖，配沙門島。罪至流，依減降刺配廣南牢城。其餘流罪降從徒，徒罪降從杖，杖罪已下並釋之。仍命集賢校理劉瑾、孫洙往開封府界諸縣，依在京指揮疎決。

《宋史》卷二〇一《刑法志》　〔熙寧三年〕樞密使文彦博亦上言：唐末、五代，用重典以救時弊，故法律之外，徒、流或加至於死。國家承平百年，當用中典，然猶因循，有重於舊律者，若僞造官文書，律止流二千里，今斷從絞。近凡僞造印記，再犯不至死者，亦從絞坐。夫持杖强盜，本法重於造印，今造印再犯者死，而强盜再犯贓不滿五匹者不死，則用刑甚異於律文矣。請檢詳刑名重於舊律者，以敕律參考，裁定其當。詔送編敕所。

（清）徐松《宋會要輯稿・刑法四・配隸》　神宗熙寧三年正月二十四日，審刑院、大理寺斷通州百姓仇承廣等九人，持杖彊刼，贓滿合處死，特貸命決脊杖二十，刺面配廣南東西路逐州牢城。御批：可分折移配，仍今後應持杖彊盜、群隊賊人，不要全火置在一路州軍。於是承廣等分配廣南、陝西、河北諸州軍。三月四日，詔今後彊刼賊，合該刺配廣南者，如同火五人以上，不得同配一路州軍，並須分擘兼配河北、河東、陝西邊遠州軍。如係河北等三路賊人，即分配廣南、福建州軍。

〔熙寧〕四年四月十二日，詔慶州叛軍已就戮，其同居骨肉配充奴婢，及年二十以上刺配京西牢城者，令永興軍路安撫司勘會。内有服紀於法，不該緣坐者，即放令遂便。内充軍者，仍給與公據。所有元係軍人配往湖北牢城者，即今依舊收管，更不改配。

《宋史》卷一五《神宗本紀》　〔熙寧五年春正月己亥〕置京城邏卒，察謗議時政者收罪之。

（清）徐松《宋會要輯稿・兵三・廂巡》　〔神宗熙寧〕十年正月十三日，詔諸巡捕人不覺察本地分内有停藏、透漏、貨易私茶、鹽、香、礬、銅、錫、鉛，被佗人告捕獲者，量予區分。本犯人罪至徒杖八十至流杖一百，同保知情杖六十，不知情並保長不覺察者，各不坐。

（宋）李燾《續資治通鑑長編》　宋神宗熙寧十年十月　詔福建轉運司：本路槍仗手强勇出衆爲人所推者，給口券差人押赴闕，當等第收録。即兇惡暴犯而未該編配者，再犯情重，皆配充鄰路本城卒。

（清）徐松《宋會要輯稿・刑法五・省獄》　〔元豐元年三月八日〕同知諫院黄履言：近遣官禱雨，今又降釋罪囚。聞三司罪人七十餘火，而免者四。開封府百餘火，而免者五。由二者推之，則淹延未決者蓋多

矣。乞令隨其罪之輕重，立限結絶。庶乎被澤者衆矣。十二月四日，詔開封府界提點司、諸路監司，分決繫囚。內干照及事輕者，先斷遣。

（宋）李燾《續資治通鑑長編》宋神宗元豐三年十二月 詔：軍士若係在公之人招捕及因亡匿首獲在大禮降御札後者，賞賜減半給。招捕及首獲去肆赦一月內者，勿給。從知保州張利一請也。

（清）徐松《宋會要輯稿·刑法四·配隷》 元豐三年八月十四日，詔知成都府張詵，覺姦盜存撫人户，務令安静。應犯罪情涉兇惡，法不至編配者，聽編配出州，俟瀘州事平日如故。【略】

六年二月二十五日，种諤言：自今捕獲侵犯邊界西人，依朝旨施行外，若諸處捕子捕獲非作過西界人，並乞刺配荆湖或京西本城。從之。

五月十二日，詔降配禁軍營雜役卒，在京可輪月刺配。先殿前司，次馬軍司，次步軍司，周而復始。

閏六月二十三日，詔尚書、刑部，應移鄉人，情理輕者十年，稍重者二十年，遇赦檢舉，放令逐便。令刑部著爲令。八月七日，兩浙轉運司言：犯盜徒五百里外州軍，無放還法。乞比移鄉人例放。從之。八年九月四日，三省樞密院言：該配合從本府及軍馬司斷遣者，並依法配行。無軍名者，五百里以上並配牢城，鄰州本府並配本城。强盜或三犯竊盜因盜配軍後更犯罪，若謀殺並以刃故傷人、放火、强姦或人力姦主已成，造畜蠱毒及教令人並傳習妖教，故況有人居止舟船，拒捕已上，於法合配者，並諸軍犯階級，及逃亡應配千里以上，並依法配行。無軍額，五百里以上配牢城，隣州或本州配本城，已係本城配牢城，已係牢城配重役。從之。十月八日，詔改新配法。初，神宗以流人離去鄉邑，或疾死於道。而護送禁卒失教習，有往來勞費。故做古法，犯罪應流者，加決刺隨所在配處諸軍重役。至是，中丞黄履有言，故令改應配者，悉配行並如舊法。

（清）嵇璜等《續通典》卷一〇九《刑·雜議》 （元豐）八年尚書省言：諸獲盜，有已經殺人，及原犯强姦、强盜貸命斷配之人，再犯捕獲者，有司例用知人欲告，或按問自首減免法。且律文，知人欲告及按問者欲舉自首之類減等斷遣者，爲其情非巨蠹，有改過自新之心，故行寬貸。至於姦盜，與餘犯不同，難以例減。請强盜已殺人並强姦，或原犯强盜貸命，若持杖三人以上，知人欲告、按問欲舉而自首，及因人首告應減者，並不在減等例。詔從之。按熙寧朝，王安石與司馬光爭議按問自首法，卒從安石議。雖累問不承者，亦得爲按問。或兩人同爲盜劫，吏先問左，則按問在左。先問右，則按問在右。獄之生死，在問之先後，而非盜之情。至元豐八年，光復爲門下侍郎，申前議改焉。馬氏《通考》誤作熙寧八年。司馬光言：殺人不死，傷人不刑，堯舜不能以致治。近刑部奏鈔兖、懷、耀三州之民有鬥殺者，皆當論死。今乃妄作情理可憫，或刑名疑慮奏裁。刑部即引舊例，一切貸之。凡律令勑式，或不盡載，則有司引例以決。今鬥殺當死，自有正條，而刑部不問可否，盡免死決配，作奏鈔施行。是殺人者不死，其鬥殺條律，無所用也。請自今諸州所奏大辟，情理無可憫，刑名無疑慮，令刑部還之，使依法處斷。實有可憫、疑慮，令刑部具其實於奏鈔後，先擬處斷，令門下省審覆。如或不當，及用例破條，即令門下省駁，奏取旨勘。從之。

（清）嵇璜等《續通典》卷一〇九《刑·雜議》 哲宗元祐元年，給事中范純仁奏言：熙寧按問欲舉條，並得原減。以容姦太多，元豐八年別立條制。竊詳已殺人、强姦，於法自不當首，不應更用按問減等。至於貸命及持杖强盜，亦不減等，深爲太重。按《嘉祐編敕》，應犯罪之人，因疑被執，贓證未明，或徒黨就擒，未被指説，但詰問便承，皆從律按問欲舉首減之科。若已經詰問，隱匿本罪，不在首減之例。此敕當理，當時用之天下，號爲刑平。請於法不當首者自不得原減。其餘取《嘉祐編敕》定斷，則用法當情。上以廣好生之德，下則無一夫不獲之寃。詔從其請。純仁又言：前歲四方奏讞大辟凡二百六十四，死者止二十五人，所活垂及九分。自去年改法，至今未及百日，所奏按凡一百五十四，死者乃五十七人，所活纔及六分以上。臣故知未改法前，全活數多，其間必有曲貸。然猶不失罪疑惟輕之仁。自改法後，所活數少，其間必有濫刑，則深虧寧失不經之義。請自今四方奏大辟案，並令刑部、大理寺再行審覆略具所犯及原奏因，依令執政取旨裁斷。或所奏不當，亦原其罪。如此則無寃濫之獄。因詔大辟刑名疑慮，情理可憫，令刑部看詳，無得枉濫。而是年尚書省言：遠方奏讞待報，淹繫甚衆。請川廣福建荆南路罪人，情輕法重當奏斷者，申按撫或鈐轄司，酌情決斷訖乃奏。詔從之。門下侍郎韓維又言：天下奏案，必斷於大理，詳議於刑部，然後上之中書，決於人主。近歲有司，昧於知法，便文自營。但因州郡所請，依違其言，即上中書，

貼例取旨。故四方奏讞，日多於前，欲望刑清事省難矣。自今大理寺受天下奏案，其有刑名疑慮、情理可憫，須具情法輕重條律。否則指所斷之法，令刑部詳審次第上之。詔刑部立法以聞。是時中丞劉摯奏言：元豐編修勅令，舊載勅者多移之令。蓋違敕法重，違令罪輕。此足以見神宗仁厚之德。而有司不能推廣，乃增多條目，離析舊制，用一言而立一法，因一事而生一條，意苛文晦，不足以該事物之情。行之幾時，蓋已屢變。今所續降者，半歲一頒，無慮數帙。宜選經術儒臣明於治體練達民情者，取慶曆、嘉祐以來新舊敕，參照去取刪正，以成一代之典。右諫議孫覺亦言：元豐編敕，細碎煩多，難以檢用。乃詔摯等刊修。五年，有詔：命官犯罪，事干邊防軍政，文臣申尚書省，武臣申樞密院。中丞蘇轍言：舊制，文臣吏民斷罪公案歸中書，武臣軍士歸樞密，而斷例輕重，悉不相知。元豐更定官制，斷獄公案，並由大理、刑部申尚書省，然後上中書省取旨。自是斷獄輕重比例，始得歸一，天下稱明焉。今復分隸樞密，必有罪同斷異，失元豐本意。請並歸三省。其事干邊防軍政者，令樞密院同進取旨，則事體歸一。而兵政大臣，各得其職。六年，乃詔文武官，有犯同案干邊防軍政者，刑部定斷，仍三省樞密院同取旨，紹聖元年，權刑部侍郎杜紘言：諸州大辟，本非疑慮，其間有因奏裁，遂獲免死。而已決者不得蒙宥。是囚之生死，惟奏與否而已。詔刑部、大理寺申明立法。三年，刑部侍郎邢恕等言：藝祖初定天下，主典自盜贓滿者，往往抵死。仁宗之初，尚不廢也。其後用法稍寬，官吏犯自盜罪至極法，率多貸死。然甚者猶決刺配島。錢仙芝帶館職，李希甫歷轉運使，不免也。比朝廷用法益寬，主典人吏軍司有犯，例各貸死，略無差別。欲望講述祖宗故事，凡自盜計贓多者，間出睿斷，以肅中外。詔從之。

（宋）李燾《續資治通鑑長編》宋哲宗元祐元年四月　詔：保正、長受乞財物依差夫團頭法編配條更不施行。有犯，依常法。其緣上條已編配過人，並特與放還。從宣義郎劉誼之請也。

（清）徐松《宋會要輯稿・刑法四・配隸》　哲宗元祐元年六月十四日，詔雜役配軍，諸路州軍，並配本州牢城。在京者，元犯配廣南，分配東西密務。三千里者，配車營務。二千里者，分配廣固指揮。自今犯杖以下罪，並依元犯配行。

十二月二十一日，刑部言：赦書節文，應赦書該載不盡事，所屬看詳比類條析聞奏。看詳開封府界諸路，向來違犯常平法編配之人，比違犯重祿法事理尤輕，其經今赦未合放逐便者，欲乞比類推行重祿法。編配之人，並具元犯，保明聞奏。從之。二年六月十七日，開封府言：續降朝旨，河北、河東、陝西、京東西、淮南路、開封府界，竊盜贓滿五百文以上，並強盜不該刺配內，杖罪免決，徒減從杖，並給招軍例物，刺填本處或隣州廂軍。看詳在京犯盜一貫至徒，即無編管，六貫已合刺配。行此重法，尚無畏懼。欲請本府界有犯，更不行減免，並準法斷罪，給例物刺充廂軍。詔開封府界，竊盜贓滿一貫以上，並強盜不該刺配，從所請。

（清）徐松《宋會要輯稿・刑法五・親決獄》　〔哲宗元祐元年〕九月十七日，權知開封府謝景溫言：明堂大赦，乞差推官一員，將帶人吏及法司一名，與府界提刑分詣諸縣，催促決遣該赦不合原免公事。如內有久被禁繫，根究未見本末，正左在遠，所犯該徒刑以正罪，令申解赴府斷遣。杖已下，即一面結絶。及乞今後，每遇非次疎決，并冬夏仲季月盛暑嚴寒，在京差官催促結絶之時，本府亦依此施行。從之。

（清）徐松《宋會要輯稿・刑法四・配隸》　〔元祐三年〕四月二十一日，監察御史趙屼言：元豐勅，重法地分劫盜者，妻子編管。元祐新勅，一切削去，前此編管者宜不少，請令從便。從之。四年十月十九日，刑部言：開封府奏：元降權宜指揮，欲乞將竊盜至徒刺填一節，先往往罷外，其强盜不刻刺配之人，乞依舊存留，刺填廂軍，欲依所奏。從之。

（清）徐松《宋會要輯稿・刑法五・親決獄》　〔元祐四年三月〕二十七日，詔諸路監司，除近便州軍躬親外，餘各於轄下選官，分詣諸州軍，將見禁公事與當職官，逐一躬親引問。除死罪於法合聽旨及重傷守辜外，餘並疾速斷訖以聞。

（宋）李燾《續資治通鑑長編》宋哲宗元祐五年　刑部言：佃客犯主，加凡人一等。主犯之，杖以下勿論，徒以上減凡人一等。謀殺盜詐有所規求避免而犯者，不減。因毆致死者，不刺面，配鄰州。本城情重者奏裁。從之。

《宋史》卷一九九《刑法志》　〔元祐五年〕左道亂法，妖言惑衆，先王之所不赦，至宋尤重其禁。凡傳習妖教，夜聚曉散，與夫殺人祭祀之

類，皆著於法，訶察甚嚴。故姦軌不逞之民，無以動摇愚俗。間有爲之，隨輒報敗，其事不足紀也。

（清）徐松《宋會要輯稿·刑法四·配隸》〔元祐六年〕閏八月十七日，大理寺言：配軍並不許特行投換。在京已投换者，但犯杖已上罪，並依元犯里數配出。若自首並已投换充作坊工匠，而犯杖以上罪，非犯盗及餘犯非情重者，聽免。從之。十一月十九日，刑部言：配沙門島人，强盗親下手或已殺人、放火，計贓及五十貫，因而强姦、親毆人折傷，兩犯至死；或累贓滿三百貫，贓滿二百貫以上，謀殺人造意或加功，因而致死，十惡本罪至死，造畜蠱毒藥已殺人，不移配，並遇赦不還。而年六十已上，在島五年，移配廣南牢城。在島十年，依餘犯格移配。篤疾或年七十，在島三年已上，移配近鄉州軍牢城。犯狀應移而老疾者同，其永不放還者，各加二年移配。從之。

（宋）李燾《續資治通鑑長編》宋哲宗元祐七年七月　甲午，詔在任官員並繫公人，不得買諸軍馬糧草、旁歷，違者徒二年，許人告，物没官。以尚書省言：元祐敕，罪當杖太輕，致有冒犯，無以懲戒。故立是法。

（宋）謝深甫等《慶元條法事類》卷一六《文書門·赦降》　元祐七年七月六日，尚書省劄子檢會編敕諸赦降稱劫謀故鬬殺正犯，所載詳備，其不載者，即係雜犯。緣以鬬殺以故殺論，并鬬毆誤殺傍人等，既非編敕與正犯同。即係雜犯，不得便引律文以者，與真犯同定斷。

（宋）李燾《續資治通鑑長編》宋哲宗元符元年正月　刑部言：綱運綱梢兵級雇到火兒，同於本綱倉庫兵級，於本倉庫謂無監官處，清酒務雖有監官亦同。犯笞罪，許押綱人及專副以小杖行決，不得過十五。過數者，依前人不合棰律。以故致死，或因公事毆致折傷以上者，奏裁。又綱運内雇夫違犯押綱官員，杖一百；詈者，徒一年。餘押綱人，杖八十；詈者，杖一百。毆者，各徒二年。即毆官員至折傷者，徒三年，配五百里。從之。

（清）徐松《宋會要輯稿·刑法四·配隸》　元符元年十二月二十六日，詔應犯罪合配本州、隣州，身手强壯而願免决配，填逐路軍者，聽。輒抑勒者依故入人罪法。【略】

〔三年〕九月十六日，陝西轉運司奏：準刑部符都省送下保平章奏，勘會陝西州縣多盗賊，内有逃軍者。見今虢州賊徒，驚擾一方，皆緣諸路賊人免決配到，工役辛苦，因逃走恣爲不法。伏乞指揮，天下應免決刺配陝西諸路罪人内，有元係犯强盗情理稍重者，並鑄錢之人，不得配陝西州軍。本部下逐路相度，本可相度陝西申請，委是允當，兼諸司亦相度得穩便。唯鄜延路要兩色人依舊刺配。詔元符元年九月七日，犯罪該配免決，次配陝西、河東逐路廂軍指揮，更不施行。【略】徽宗崇寧三年三月十四日，尚書省言：比年强盗累犯，習知案問，皆能巧法求免。或累十犯，猶入生議。又配流者，盡往東南諸路，歲無慮千計。至配所者則聚爲寇掠。中道亡命者，復暴横鄉閭，爲良民害。今欲倣《周官》司圜土之法，令諸州築圜土，以居强盗貸死者，晝則役作，夜則拘之。視罪之輕重，以爲久近之限。許出圜土日充軍，無過者縱釋之。從之。五年正月十九日，詔罷圜土。

（宋）謝深甫等《慶元條法事類》卷一六《文書門·赦降》　建中靖國元年十二月七日，勑主毆人力女使有愆犯因決罰邂逅致死，若遇恩品官民庶之家并合作雜犯。

本所照得逐件指揮非係淳熙七年六月十三日指揮看詳止係解釋法意竊慮州軍檢斷疑誤今隨門編入，隨勑申明。

（清）徐松《宋會要輯稿·刑法四·配隸》〔政和三年〕閏四月五日，權提轄措置陝西路坑冶蔣彝奏：昨來本路錢監招刺人匠未足，間係諸處降配到罪人充諸監人數。後因減廢錢監，並行住罷。今來乞仍舊下刑部，遍下諸路合配二千里以上，本路千里以上牢城情重人，並乞轉押付本司，分擘刺填入監，候將來人匠足日住罷。並從之。

（清）徐松《宋會要輯稿·刑法四·配隸》〔政和〕八年五月二十三日，陝西河東河北路宣撫使童貫奏：檢會昨鄜延路經畧使賈炎奏乞，今後城寨官、公使庫官員使臣，收買漢蕃弓箭手、廂禁軍馬遞鋪之類，諳受文旁興販轉放違犯之人，仍乞朝廷不以入已各依本罪外，不論有無戰功，並不以去官赦降原減，一例重行廢斥。内寔有膽勇戰功，禦邊得力之人，乞委帥臣相度奏留，充本路準備使唤，或充効用，候立到奇功與甄叙。詔從之。契勘鄜延路第二將張安元係鄜延路蕃弓箭手長行，累立戰

功，轉至武功大夫。昨因買文旁事追官，詔州編管。其人委有膽勇，緩急可以驅使，乞依前項賈炎申明，許留自效。從之。

（清）徐松《宋會要輯稿·兵二·鄉兵》 宣和元年六月二十一日，詔提舉保甲官督察州縣都保，有不如條令者，並限一月改正。如奉行違戾，不依法差使，並以違詔論。保内有犯及匿盜三日，皆須究治，依法科罪。即匿强盜十人以上及十日，加二等。本縣當職官不覺察，以違制論。知通監司不按劾，與同罪。並仰廉訪使者以聞，當議重行黜陟。廉訪使者不得直，許監司互察當議遠竄。

（清）徐松《宋會要輯稿·刑法四·配隸》 宣和三年十月三日，翰林學士趙野奏：竊詳犯罪應編配之人，在法皆以本犯情罪輕重，立定地分遠近。依令不得過應配地里三百里，蓋欲刑當其罪也。昨大觀元年因白波輦運司等處申請，將諸路合配千里以上，及本路、鄰路合配鄰州五百里罪人，並配西京白波窑務，及汜水輦運司廣濟重役。其間有增加地里大段不同者，謂如京西鄰路數内，京東路登州犯罪合配鄰州或五百里之人，若配窑務廣濟，係配及二千里以上。又加餘路瀘州有合配千里之人，即係配及四千餘里者，委是情法未稱。乞應諸路合配罪人，並以地里相當。依令不得過應配處所三百里，方得配所。所貴遠近得宜，少副陛下恤刑愛民之意。詔從之。

十二月十八日，中書省、尚書省言：勘會命官犯罪編配，過赦應量移者，自來止是刑部以地里、赦數，量移近鄉州軍，即未有立定紐計地里遠近，隨赦數量移條，至有遠近輕重不倫之弊。除見行條法自合遵依外，今擬修下條：諸命官犯罪編配，遇赦應量移者，以編配地里，隨所犯情理輕重，依移放格赦數紐計爲分，元編配地里外剩數不計。每赦量移一分。謂如合二赦放，元係三千里，以一千五百里爲一分；合三赦放，以千里爲一分之類。若所移地里内無州者，移以次近鄉州徙之。元犯編配鄰州，或量移已至鄰州，若遇赦未該放逐便，合量移者，即移近鄉州。如不願移者聽，仍理爲赦數。以上奏抄内擬定合移地里州軍，並取到刑部狀，稱所修條下，別無未盡便。從之。

（清）徐松《宋會要輯稿·兵十二·捕賊上》 〔宣和三年正月〕二十五日，詔諸路州縣，如有劫盜三人以上，州郡監司晝時具奏。逐州仍月具境内劫盜竊發月日，已未獲火數申廉訪提舉司類聚，保明聞奏。如敢欺隱不舉，或申奏不以寔，並以違御筆論。監察廉訪互察，御史臺彈劾，若有司匿不以聞亦當重行竄黜。仍申嚴條令行下。【略】

〔二月〕二十三日，都省言：契勘諸縣弓手，多者不過百餘人，其間不無老弱疾病。近來諸縣因循弛慢，多有違法差使。其所差弓手，又計會干求，幹當詞訟公事，緩急賊發，闕人擒捕，遂至滋蔓，甚非設法之意。詔並依元豐法。今後如違法差占，以違制論，仍不以去官赦降原免。諸路施行。

二十八日詔，應盜賊嘯聚，訪聞其間，多係驅虜負從之人，可並與放罪，各令自新歸業。内軍人，許令所在官司陳首免罪，仍舊軍分收管。百姓願充軍者聽。如强盜罪至死，徒中能自殺並告官，並與免罪，仍隨元得指揮補官給賞。如赦後不能改過，尚敢爲盜，並復罪如初，令所屬依專降嚴切收捕。

同日，詔訪聞縣鎮小竊邇來妄稱賊徒姓名，貼寫文字，意在作姦詐惑，農民不得安居，仰逐處守倅及憲司官，嚴切督責捕盜官屬收捉，及許諸色人告捕。若勘鞫得寔日，下給賞錢一百貫文，犯人當行重斷。

（清）徐松《宋會要輯稿·刑法四·配隸》 〔宣和〕五年六月五日，大理少卿聶宇奏：伏覩政和勅，祖父母、父母老疾應侍養，家無期親成丁者，犯配沙門島、遠惡州及廣南，並配千五百里以上，配鄰州而雜犯移鄉者，初未有損減之法。乞將殺人會赦應移鄉者，如合給丁侍親，許依法犯量移隣州。庶使配移之人，均不失其養親之心。從之。

七年五月九日德音：京東、河北路州縣，應兩路編管、羈管及配到人並與減三年移放，命官理爲一赦。如元犯係杖已下，特旨編配，並開具元犯，申尚書省，當議特與移放。

十一月十九日南郊制：應犯流罪配役人，並放逐便。應刺面、不刺面配軍、編管人等，除謀叛以上、緣坐人强盜已殺人外，並特與減三年，理爲檢放年限。在京委所屬開封府步軍司，在外委諸州當職官，量元犯輕重，依條揀選移放訖，節署犯由，在京申尚書刑部，諸路申提刑司審覆訖，類聚申刑部。其配軍、編管、羈管人，係永不移放者，年五十五以上，至今及十二年，年六十以上及七十；其餘緣坐、編管、羈管人，至

今及七十，並具元犯聞奏，當議量輕重移改，或放逐便。若篤疾並年七十以上，編配及五年，驗寔特與放逐便。雖年限未足，而祖父母、父母年及八十以上，無兼侍或篤疾者，具元犯因依奏裁，當議看詳情理罪犯，特與量移。應罪人元犯止係杖罪，因官司奏請特旨，編配、羈管人者，除依條合放與諸州當職官限一季內，具元犯申刑部，看詳情理輕重聞奏，當議特與移放。應諸色人，因殺傷，强竊盜併殺人賊及合捕死罪人，而編管及刺面、不刺面在逐州軍者，除赦前依條合放外，餘候編配到及三年，具元犯因依聞奏。

（清）徐松《宋會要輯稿·刑法五·親決獄》 高宗建炎二年六月十一日，疎決行在揚州並屬縣及行在大理寺、御史臺、殿前馬步三司見禁罪人，除犯刼殺、謀殺、故殺、鬭殺，並爲已殺人者，並十惡、僞造符印、放火、官員犯入己贓，將校軍人、公人犯枉法贓，監主自盜贓，並依法。其餘雜犯死罪，降從流。流罪降從徒，徒罪降從杖，杖罪已下並放。內鬭殺情理輕者，減一等。並雜犯死罪情理重者，依所降決訖，並刺配千里外牢城，斷訖録案聞奏。强盜罪至死，依所降決訖，情理重者，刺配廣南遠惡處。情理輕者，刺配二千里外並牢城。又詔東京、大理寺、御史臺、殿前馬步三司、開封府、京畿、西京、南京、北京及諸縣準此。

（清）徐松《宋會要輯稿·刑法四·配隸》 〔高宗建炎二年〕十一月二十二日，赦應刺面、不刺面配軍、編管、羈管人等，除謀叛已上緣坐人强盜已殺人外，並特與減三年，三歲理爲揀放年限。其係永不移放，而祖父母、父母年及八十以上或篤疾者，具元犯因依奏裁。以上情理巨蠹及蕃部溪洞人，具元犯因依及自到後有無過犯，開折奏議，當議看詳情犯時量移。

（清）徐松《宋會要輯稿·刑法四·配隸》 紹興元年五月二十四日，詔自今後州縣如有合科催物色須管，明以印榜開坐寔數若干，仍具一般印榜申監司。監司因出巡視行按察，不得更似日前，先多科其數，然後輕重出入。違者竄嶺表，人吏決配，仍許民户越訴。嘉祐勑，一宣勑言當行極斷、決配、除名之類，本犯輕者，並以違制論，仍具案奏聽勑裁。大觀尚書六曹寺監庫務通用勑，諸稱配及編管，少言地理者，並五百里外。其前立定決配明文，庶使承用官司有以遵守。勑令所看詳，犯罪之人，情狀輕重不一。本罪刑名，自有等差。決配之法，不得不異。若謂前項，元無立定決配之文，立爲定法，恐或罪不稱情。今欲申明，如於逐項指揮有違犯之人，除依法定斷本罪外，取旨量輕重決配施行。從之。

（宋）留正等《中興兩朝聖政》 紹興元年十二月丁亥，言者請贓吏當死者勿貸。上曰：朕本心欲專尚德化，顧贓吏害民，有不得已者。然亦豈忍遽置縉紳於死地，如前詔杖遣足矣。

（清）徐松《宋會要輯稿·刑法五·親決獄》 紹興二年五月二十五日，上御後殿，疎決臨安府並屬縣、行在諸司繫囚。除犯四殺、十惡、僞造符印、放火、官員犯入己贓，將校軍人公人犯枉法贓，監主自盜贓，並依法。其餘雜犯死罪，遞降一等。杖罪已下，釋之。內鬬殺情理輕者，減一等。並雜犯死罪情理重者，依所降決訖，刺配千里外牢城，斷訖録按聞奏。强盜罪至死，依所降決訖，情理重者，刺配廣南遠惡處。情理輕者，刺配二千里外並牢城。

《宋史》卷二〇〇《刑法志》 〔紹興二年〕舊以絹計贓者，千三百爲一匹，竊盜至二十貫者徒。至是，又加優減，以二千爲一匹，盜至三貫者徒一年。三年，復詔以三千爲一匹，竊盜及凡以錢定罪，遞增五分。

（清）徐松《宋會要輯稿·刑法四·配隸》 紹興三年二月十五日，詔部送罪人，所至州軍不差人交替，如通並從徒一年科罪。仍差職官一員專一主管。令詳定一司勑令所立法，申尚書省。【略】〔四年〕三月二十日，大理寺言：決配指揮，紹興元年正月十四日勑行在見任官，三省、樞密院，六曹、百司人吏等，並不得於五軍並諸頭項統兵官下兼帶差遣，及諸軍人不得互換相兼。今後有犯被差，又差之者，有官人除名勒停，無官人決配。

（清）徐松《宋會要輯稿·刑法二·禁約》 紹興三年四月十五日，申嚴收捕徽、嚴、衢州傳受魔法人。四年五月四日，詔令諸路措置，禁止喫菜事魔。六年六月八日，詔結集五願斷絶飲酒爲首人，徒二年，鄰州編管，從者，減二等，並許人告，賞錢三百貫。巡尉廂耆巡察人並鄰保失覺察，杖一百。七年三月二十四日，禁東南民喫菜。有妄立名稱之人，罪賞並依事魔條法。九年七月八日，以臣僚言：喫菜事魔，立法太重，刑部遂立非傳習妖教，除爲首者依條處斷，其非徒侶而被誑誘不曾傳受他人

者，各杖一百斷罪。十一年正月九日，臣僚乞黜責婺州東陽縣官吏，以不能擒捕事魔之人。詔自今州縣守令，能悉心措置，許本路監司審覈以聞。除推賞外，量加奬擢。十一年正月十七日，尚書省檢會紹興敕諸喫菜事魔，或夜聚曉散，傳習妖教者，絞；從者，配三千里，婦人千里編管。託幻變術者，減一等，皆配千里，婦人五百里編管。情涉不順者，絞。以上不以赦降原減。情理重者，奏裁。非傳習妖教，流三千里，許人捕。至死，財産備賞有餘，没官。其本非徒侶而被誑誘，不曾傳授他人者，各減二等。又紹興九年七月八日，刑部看詳臣僚劄子，喫菜事魔，本非徒侶而被誑誘，不曾傳授他人者，各從徒二年半，委是立法太重，請各杖一百斷罪。詔依紹興勅斷罪。其紹興九年七月八日指揮更不施行。十二年七月十三日，詔喫東事魔，夜聚曉散，傳習妖教，情涉不順者，及非傳習妖教，止吃菜事魔，並許諸色人或徒中告。首獲者，依諸色人推賞，其本罪並同原首。自今指揮下日，令州縣多出印榜曉諭。限兩月出首，依法原罪，限賞錢三百貫。

今後不得採捕翡翠並造作鋪翠銷金爲首飾、衣服及造貼金、縷金、間金、圈金、剔金、陷金、解金、明金、泥金、楞金、背金、影金、盤金、織金、線金、鋪蒙金、描金、撚金線、真金紙。應以金泥爲粧飾之類。若令人製造及爲人造作並買賣及服用之人，並徒二年，賞錢三百貫，許諸色人告，婦人並夫同坐。無夫者，坐家長命官婦申奏取旨，仍並下諸路州軍，嚴行禁止。每季檢舉，巡捕官當職官常切覺察。如違，仰監司按劾。從之。

（宋）留正等《中興兩朝聖政》紹興三年十二月　己丑，詔四川諸州，犯私茶鹽人，並不用赦蔭原免。自是，天下茶鹽，皆用重法矣。

（清）徐松《宋會要輯稿・兵十三・捕賊下》〔紹興四年正月〕六日刑部言：臨安府城内犯彊盗之人，緣有紹興二年三月四日已降指揮，並依開封府條法斷罪。其本府城内，知欲爲彊盗之情而藏匿，過致資給，令得爲盗，令得隱避者，即未有許依開封府條法指揮。若有似此犯人，亦乞引用開封府條法。餘非犯彊盗者，即知情藏匿、過致資給之人，自不合一例引用開封府條法。從之。【略】

〔五月〕二十七日，臣僚言：鄉村被盗巡尉遣弓兵根捕，類皆捶縛四鄰，乞覓搔擾正賊未嘗獲。欲申嚴法禁，杜絶前弊。刑寺看詳：因緝捕，知非本犯之人，輒毆縛以取財物者，依許稱官遣追捕毆縛人取財法，以不持杖彊盗論罪，止流三千里，流罪皆配千里。乞坐條行下及違法之人，許人户於本路帥司越訴。從之。【略】

〔七月〕十五日，臣僚言：乞將紹興敕犯盗以錢定罪者，遞增其數。刑寺看詳：在法不止竊盗一事，其餘計錢定罪者，理合一體措置。今欲權宜將敕内應以錢定罪之法，各與遞增五分斷罪，謂如犯竊盗三貫徒一年之類。候邊事寧息，物價平日，依舊。從之。

（宋）謝深甫等《慶元條法事類》卷七五《刑獄門・部送罪人》　紹興四年三月二十日勑節文：大理寺申明契勘，若指揮内止稱決配，緣犯罪之人情狀輕重不一，即合定斷本罪外取旨，量輕重決配施行。諸路州軍合奏裁，依此施行。

（清）徐松《宋會要輯稿・刑法四・配隸》〔紹興〕五年七月二十一日，臣僚言：竊聞前此朝廷之議，以宣州勘黄大本及充州勘應問二人所犯。候其獄具，中取一人尤甚者，用祖宗舊制，真決刺配，以警贓吏。今大本既依法論決，而應問贓罪貫盈，止從編置。自去年九月十二日，在秀州準刺編管化州。十七日至平江府，即作在道會赦量移。且應問贓罪，百倍大本。吴中士庶，皆能言之。而經斷五日之内，便用赦量移。何應問之幸，而大本之不幸也。望特降指揮，不許用今赦量移之文。差人管押，前去化州編管。庶幾貪贓之吏，知不可以計免，或少懲艾。從之。九年正月五日，新復河南州軍申，應配及編管、羈管人，並特與減三年，三歲理爲揀放年限。永不量移或不放還者，若篤廢疾及年七十以上，仰所屬驗寔，特與放還。配軍年五十以上，到本處已及十年；年六十以上，五年；編管羈管人情重及五年，稍重及三年，情輕及一年，亦與放還。仰所屬限一月，疾速依赦移放施行。若元係緣坐及所犯情理巨蠹，事干邊界蕃部溪洞人，仰所屬開析元犯因依。其配吉陽、昌化、萬安軍、瓊州罪人，雖永不量移，或永不放還者，限赦到十日内，所屬各具元犯人到配所有無過犯聞奏，當議量輕重，特與移放。

（宋）留正等《中興兩朝聖政》紹興六年五月　丙申詔：諸州縣禁囚，監司每季親慮，不能徧行者，聽差官即檢察不盡，致誤歲終賞罰者，

徒一年。著爲令。

（清）徐松《宋會要輯稿·刑法四·冤獄》〔高宗紹興〕七年十月九日，知信州永豐縣事李景山上書：見黄岡彊盗，初無事發之回，後無被盗之人，彼警捕之官，貪功妄作，悉繫平民二十有五八，違法鍛鍊，致誣服者十有三人。有司觀望，肆其慘毒，卒成其罪。審問之吏，屬之武人，既不能辨其冤濫。議法之官，公事誕慢，又不能條其可否。而姦吏得以舞文，不俟聞而誅戮，實而流竄。斯民抱冤茹苦，籲天莫聞。朝廷移送九江辨正，其事昭然，殊無盗迹。既得其情，悉以上聞，朝廷以九江所推，與黄岡不同，移鄰路別勘。悉監司親鞫，果背平人而釋之。然黄岡冤濫，以漁爲業，以船爲居。遽爲捕人，盡驅而繫之。所居八舟，與夫舟中生生之具、衣物、錢米之屬，悉拘納於公帑。臣願黄岡盡以元舟錢米、衣物歸之，可乎？一時追捕者十有三人，而家屬無應十數人。閲歲之久，必有流離轉徒，或適他人，或爲奴婢，皆願下元勘鞫郡，尋訪家屬盡歸之，可乎？黄岡既誣以爲兇惡，流外凌遲者二人。臣願下黄岡，訪其親屬，官給錢米以□撫之，可乎？凡此數端，實幽明之急務。從之。

二十六年六月二十一日，秘書省正字張孝祥言：乞將去歲郊祀以前，官吏犯贓私罪，除州縣監臨之官，因民論訴，監司按劾，即依條看詳審實外，如係取怒故相並緣文，致有司觀望，鍛鍊成罪之人，乞免審實便與改正。上宣論曰：近來如此雪正者甚，已令刑部施行。

（清）徐松《宋會要輯稿·刑法四·配隸》〔紹興〕十九年八月二十二日，刑部看詳，捕獲沿海刼盗，並係持杖兇惡徒衆，理宜措置關防。今欲將合該刺配廣南及三千里之人斷訖，權行刺配鄂州都統制軍下。二千三百里以下之人斷訖，量地里遠近，權行刺配池州、鄂州、建康府都統制軍下。並收管重役使喚。其刺字，欲以配州府屯駐軍重役字爲文。候盗賊衰息日，依舊法。從之。

（清）徐松《宋會要輯稿·刑法四·配隸》〔紹興〕二十六年閏十月十七日，大理寺丞莫蒙言：竊見江西及浙東沿海强盗應配者，並分配諸軍重役。蓋以江西之與沿海，乃盗賊素之處，故犯盗之强劫者，然後配以重役，而犯竊盗初不與焉。比於紹興二十四年，因臣寮建請：凡諸路應犯盗合配之人，不分强竊，悉從重役之配。竊謂諸路强盗，俾同於江西及沿海去處，增重其配可也。至於竊盗穿窬之徒，其情理豈可與兇惡强悍者同日而語哉。乞更加參詳，使輕重各適其當。刑部看詳：除正犯强盗之人，照應已降指揮。其犯竊盗之人，並仰依見行條法。從之。

《宋史》卷二〇〇《刑法志》〔紹興〕二十七年，詔：四川以錢引科罪者，準銅錢。

（清）徐松《宋會要輯稿·兵二·鄉兵》 孝宗隆興元年六月十日，詔沿海州軍專委巡尉，將管下諸鄉人户，從本都保正副重別編排住處比隣。每五家給爲一甲，內選一名爲甲頭。五甲結爲一保，內選一名爲保長。五保結爲一隊，內選物力高、並人丁强壯之家一名爲隊首。置籍統率彈壓，各從便置弓箭槍刀之類。如保正副受財編排不當，許人户越訴，依條斷罪。如遇盗賊竊發，令隊首鳴鼓鼓集並力擒捕。內有托故不伏入隊之人，許令隊首申官勾追，從杖一百斷遣。若能擒捕，依格法給賞。

（清）畢沅《續資治通鑑》宋孝宗乾道三年秋七月 戊申，金禁服用金線，其織賣者皆抵罪。

《宋史》卷三四《孝宗本紀》〔乾道四年〕夏四月乙未，置漢陽軍收發馬監。詔公吏非犯公罪，毋得引用並計案問法。

（清）徐松《宋會要輯稿·刑法四·配隸》〔乾道〕五年八月四日，龍神衛四廂都指揮使、廣州觀察使充鄂州駐制御前諸軍都統制趙撙言：强盗減死配隸屯駐軍人，近日人數漸多，其間有累犯不悛，相結逃竄者，若不措置收捕，竊慮聚集爲害。乞自今如有擒獲似此等人，將爲首結連者，依軍法處斬。自餘徒黨，並嚴行斷遣。詔依從來軍中條法施行。**【略】**

〔六年〕九月十七日，詔刑部行下外路駐劄諸軍將，諸處犯强盗貸命配到重役之人，如今後輒敢逃亡，捕獲勘證，情犯本軍，可徑依軍法施行。

《宋史》卷二〇〇《刑法志》〔乾道〕六年，詔：以絹計贓者，更增一貫。以四千爲一匹。議者又言：犯盗，以勅計錢定罪，以律計絹。今律以絹定罪者遞增一千，勅內以錢定罪，亦合例增一千。從之。

（宋）謝深甫等《慶元條法事類》卷七三《刑獄門·決遣》 乾道七年六月二十七日，勑勑令所狀刑部申大理評事晏湀劄子：比來州軍，多以情重法輕具聞，未聞作情輕法重奏裁。謂如鬥殺至死，內有困被人先侵

損田苗，及因理索欠負，並被人詈及父母，及被人先犯尊長。如此等類，不該恩者，皆蒙勑斷貸命，決脊配五百里或三百里。至鄰州以次，有止編管之例。若遇赦降稱鬥殺罪至死，情理輕者，減一等刺配千里外牢城。官司往往更不具奏，並依赦降斷配千里，致使遇恩比不遇恩反得重刑。今後遇恩似此之色，及應有犯罪情輕法重之人，並依條奏裁。本所看詳，欲依刑部所申事理，仍令各路提刑司常切遵守，覺察施行，奉聖旨依。

（清）徐松《宋會要輯稿·刑法四·配隸》淳熙元年五月三十日，詔自今走失强盗配軍，依犯流已決未役、已役未滿，而主守不覺亡罪，杖一百斷遣。或有妄作緣故，放停强盗配軍，比附取配軍充宣借，被差官司輒遣，徒二年斷罪。違戾去處，委本路安撫提刑司按劾。以知隆興府龔茂良言，斷配罪囚，未到配所，中路託病，爲之寄留，往往更不發遣，乞立法禁。故有是命。

（清）徐松《宋會要輯稿·刑法四·出入罪》淳熙元年六月四日，敕令所言：大辟飜異，後來勘得，縣獄失實，乞止依乾道敕條科罪。如係故增減情狀，合從出入法施行。從之。乾道敕增立縣以杖、笞及無罪人作徒、流罪，或以徒、流罪作死罪送州，杖一百。若以杖、笞及無罪人作死罪送州者，科徒一年刑名。先是，臣僚言：縣獄失實，當將官吏一等推坐出入之罪。刑寺謂縣獄與州獄刑禁不同，故是看詳之。六年十二月十六日，詔命官犯贓至死，後因理雪，特與減降，而元勘鞫官吏，應坐失入死罪者，止從犯人所得流罪，理爲失入施行。

（清）徐松《宋會要輯稿·刑法四·配隸》〔淳熙三年〕十一月十二日，南郊赦應刺面配軍、編管、羈管人等，除謀叛以上緣坐人，及事干邊界或强盗已殺人，及貸配重役人外，並特與減三年，理爲揀放年限。令諸州當職官，量元犯輕重，依條揀選移放訖，節畧犯由，申提刑司審覆。類刑部内命官，具元犯聞奏。其永不移放人，祖父母、父母年八十以上或篤疾者，保明以聞。情理巨蠹及溪洞蠻人等，並録元犯並後來有無過犯，開析奏裁。自後郊赦同。同日，敕編管、羈管人，如無保識人，鎖閉廂房，別無口食，其間飢餓疾病死亡。自今編管羈管人，無保識者，本州日支米二升、錢二十文贍養。如有疾病，即時差人醫治，無致死亡。自今郊祀赦同。

（宋）謝深甫等《慶元條法事類》卷七三《刑獄門·決遣》淳熙四年七月二十三日，勑今後遇有決遣指揮，自合比照疎決指揮體例，將贓罪依法施行。

（清）徐松《宋會要輯稿·刑法四·配隸》〔淳熙八年〕五月十六日，詔自今强盗抵死特貸命之人，並爲額上刺强盗二字，餘字分刺兩臉。若額上曾經刺字者，即元係貸命之人，不須更行追會。以浙西提刑司言：强盗内有逃軍已經貸命斷配之人，避免再犯重刑，到官不寔通元犯及元配去處。追會有至數四，終不得寔。故有是命。

十一月五日，詔泉州駐劄殿前司左翼軍，前後所收諸州軍刺配强盗重役人，有長大少壯者，到官稱本寺何由引用蔭減不遇，只據見任之官約法。申上注擬之際，利害非輕。乞令吏部四選，今後合約法之人，須開具四代官稱，一併行下刑寺，依條約法施行。庶使九品之官被罷免者，得以改過自新。吏部勘當，若蒙許從所請，乞行下諸州軍，日後遇有刑獄，奏案文字即開具前項四代姓名官稱，就案内一併具申刑部施行。從之。

（清）徐松《宋會要輯稿·刑法四·配隸》紹熙二年三月八日，詔諸路州軍，將登極赦以前所配摧鋒等軍，並諸州係將不係將禁軍重役人，自到配所，如不曾經逃走被獲，別無過犯，並元犯不係情理深重巨蠹之人，即開具元犯事因，結罪保明，具申樞密院，取旨特免重役。【略】

三年三月二十一日，臣僚言：朝廷立法，犯入已贓公吏，並强刼盗等人，配至所在州軍，自有限方許放停逐便。近年以來，州軍更不照應，一二年間，隨即放停，是致人皆玩法。以配面爲或經三五刺刺配者，再到所竄州軍，更不悛改，不過易地居處，愈肆其惡，寔爲民害。乞行下諸路，應犯法刺配人，如至本州，須依條限，方許放停。如限内再有所犯，乞撥入屯駐軍中重役，永不許逐便。從之。【略】

四年十一月二十八日，知温州孫楙言：本州士人胡袓，恃勢把持詐取錢物，究勘皆是寔跡，姦贓狼籍，爲害一方。偶以祖蔭聽贖，送鄰州編管，尚慮他日還鄉，復讎報怨，爲害愈多。乞行下建寧府，將胡袓牢固拘管，雖經赦宥，或年限已滿，不許放還。庶幾永嘉一郡生靈，稍獲安居。詔特不移放。

五年二月三日，樞密院言：已降指揮，將强盗貸命罪人，並配隸摧

鋒軍等處，並諸路州軍，係將不係將禁軍重役。候及五年無過犯，與免重役。命來節次有已免重役人，據所在州軍，申乞改剌軍額收管，並已有改剌充禁軍去處，緣上件重役人充犯情理深重，所以配充重役，今既以年限，與免重役，便得改剌充禁軍，不惟正禁軍恥與爲伍，又且永遠得支給禁軍衣糧，及在犯配牢城人上，竊惡輕重失當。詔將諸軍並諸路州軍，已得指揮免重役之人，自今後並與改剌，充本州牢城收管，支破牢城衣糧。內有係韶州摧鋒軍、泉州左翼軍、江陵府神勁軍、潭州隆興府、建康府、安撫司親兵、成都飛山軍、雄邊軍，並改剌元駐劄處本州牢城收管。餘依節次已降指揮施行。

（清）徐松《宋會要輯稿·刑法四·配隸》 慶元元年正月二十六日，詔令刑部鏤版，遍下諸路州軍，將犯配僞造會子人須管，責令本營，每日酉點，嚴切關防，常令存在，不得差出借事，致令走逸。如有違犯，即將兵官合干人等重行降責。

五年三月二十八日，臣僚言：遠方豪民，一罹大辟傾其家貲，請求附會，作疑獄奏，多得減死，幸僥已甚。使到配所，居作如法，不許還鄉，猶云可也。又復計囑防送，中途縱逸，公私通知，恬不爲怪。乞行下諸道，今後有疑獄，已經奏減者，仰差得力之人防送，具起離日分申刑部。仍令刑部行下所隸州軍，候罪人到日，即便繳申照會。如或遇限不見申到，許刑部檢舉，送本路監司根究，按覈以聞，重寘典憲。從之。

五月二十三日，臣僚言：乞行下諸路州軍，應貸命配軍罪人，令沿路選差軍兵，牢固管押傳遞。取各州交管公文回照，不得容令管押人受囑作弊。如有走透知通兵官各坐以罪。及配隸州軍，須管牢固關防，不得作借事公文縱放。違者，并坐知通當職官之罪。令所在州軍，專委巡尉，根捉見今逃竄在管下搔擾作過之人，解赴所司，押歸元配去處。所有胥吏犯贓，罪至徒之人，永不許放叙，亦令各州縣根刷。如有衷私存留，在役日下逐出，大字具姓名，用版牓揭於州縣之門，不許復入。如有違戾，其州縣容縱官司亦各坐罪。並令監司常切覺察，御史臺體訪彈劾。從之。

六年十月二十二日，臣僚言：大辟奏讞，貸以重役。在法，再犯必加銖戮。今此徒既獲貸死，又無官役。至配所未幾，乃委身求託於貪婪士夫之當官者，强所隸之州，給之以放停之據，而遂蓄之於私家，或使之自便。彼無以自養，復嘯聚以害人。乞舉行條法，重役之人，州縣不許放停。與之經營給據，留於私家，許人告首，重寘典憲。從之。

（宋）謝深甫等《慶元條法事類》卷七三《刑獄門·決遣》 慶元二年十一月十八日，勑刑部：今措置，除曾犯强盜斷配，謂非貸命者。再犯行劫兩次以上，合依已降指揮處斷外，其初犯，百姓行勑欲增作四次以上，謂未曾事發者，方許照應。淳熙十三年指揮施行，如不及今來所增欠數，即聽依乾道六年三月二十五日指揮施行，奉聖旨依。

（清）徐松《宋會要輯稿·刑法四·配隸》 嘉泰元年四月二十七日，詔令諸州軍各將見管强刼盜配軍，並日後似此配到之人約束，當職吏常切鈐束，不得輒行差撥。如違，從監司按劾重作施行。若因事敗露，其守臣並議責罰。

八月九日，臣僚言：逃軍，非爲盜則嘗殺人者也。黥隸之後，或傳送之不專，或拘繫之不謹，或寅緣而差出，或計幸而脫放散處鄉落，長惡不悛。又有富家巨室，囊槖其姦，則自竊而盜，自結集而嘯聚，爲民之害，蓋不少矣。乞戒飭有司，申嚴條令，縣則責之令尉，嚴立保五，有犯同坐。州則責之守臣，明行關報旬存否。凡兇惡强盜，並令牢固拘管。一路刑委提刑司，每遇巡歷，按籍閱視。如有違戾，覺察以聞。從之。

三年六月十八日，臣僚言：竊惟人之犯罪，有流配者，罪未至死，故至配所。仍俾著役，猶有自新之路。近緣州郡匱，以黥卒溢額，申聞省部，乞令住配，纔得指揮。初，未當遍牒諸州軍，每遇他郡罪人押到，則以住配却之，甚至一二千里之遥，竟以牒回。其間嚴寒極暑，疾患所侵，斃於非命者不一。況已配之人，又復押還，不知本州軍置之何所。若易他郡，則先以剌定州軍之名，豈容再改剌乎。乞明詔有司，今後諸路州軍，有申到配軍溢額去處先委本路監司差官，從寔勘會。果係溢額，方許住配，仍疾速遍牒諸州軍照會。或有已配未到之人，所配州軍雖是溢額，具與收管，不得再行傳押回歸。仍乞遂路提刑司常切糾察，毋得違戾。從之。【略】

四年正月二十三日，臣僚言：後世衣食之路日蹙犯法者既衆。配隸之人中路多逸。及到配所，州郡憚於瞻養，往往故縱、不捕。此徒雖幸脫免，而其身寔無所容於天地間。飢寒切身，若非郡衆販賣私商，即是聚爲

强盜。配隸之人，蓋有二種。其間鄉民一時鬥毆殺傷，及胥吏犯贓貸命流配等人，設使逃逸，未必皆是强勇，能爲大過。欲止從徒，配本州牢城重役，立爲赦限，限滿給據，復爲良民。至於累犯强劫，及聚衆販賣私商，曾經殺傷捕人之人，皆能跳梁山溪，運動兵仗，非村民胥吏之比。欲並配屯駐軍，立爲年限，限滿改刺，從正軍衣糧。此外更有前後逃亡未獲之人，該遇今郊，亦並許出首，投充正軍。不惟人有改過之門，而軍伍之中，亦得强壯之助，誠爲利便。從之。

（清）徐松《宋會要輯稿·刑法四·配隸》 嘉泰三年五月二十一日，右正言李景和言：大辟之獄，在縣則先以結解，在郡則申以審勘罪狀明白，刑法相當，郡申憲司，以聽論決。是謂詳覆。情輕法重，情重法輕，事有疑慮，理可矜憫，憲司具因，依繳奏朝廷。將上取旨，率多從貸。是謂奏案著在令典，二者皆屬憲司之職，初無許令諸司自奏之文。比年以來，詳覆之獄固已絶無，而僅有奏案一事，乃委諸郡。冒法自爲漫不復問，其事皆起於提刑失職，縱吏受贓，以致於此。乞行下諸路提刑，悉令條具故違典憲，嚴爲之法，以警其失職之罪。從之。

開禧元年二月十五日，新權發遣無爲軍張穎言：乞下監司州郡，應今後有殺人、强盜罪案須管，督責獄官從公盡情勘結。即不許憲司肆意姑息，妄廢祖宗成法，不行詳覆，致令州郡妄指疑慮可憫之類具奏。如或委是疑慮可憫，合行具奏罪案，先從當職官吏，次第守臣，契勘得寔，因共結罪，保明奏上，庶幾論決當理，姦謀絶幸。管牢固拘管事理重害之人，如有走逃逸，將守倅當職官吏及監管兵官取旨責罰。

（清）徐松《宋會要輯稿·刑法四·配隸》 開禧元年閏八月十九日，臣僚言：配隸羈編管之僚，非姦贓、强盜、殺人貸命、與夫鬥殺情重者，不以是罪之。酷虐之吏，曾不是思，創爲押出外界之例，稽之《刑統》、《新書》無是法。欲嚴飭中外，自配隸編羈管之外，惟他郡作過之人，許勒還本貫。其餘悉從本條科罪，不得輒將土著之人並家屬押出外界。從之。

《宋史》卷三九《寧宗本紀》 〔嘉定四年二月〕閏月丁未，大風。辛亥，詔：諸路帥臣、監司、守令格朝廷振恤之令及盜發不即捕者，重罪之。

《宋史》卷二〇〇《刑法志》 嘉定四年詔：以絹計贓定罪者，江北鐵錢依四川法，二當銅錢一。

（清）嵇璜等《續文獻通考》卷一三七《刑考·徒流》 宋寧宗嘉定六年，時鈔法楮令行，告訐繁興，抵罪籍沒者衆，莫敢上聞。起居舍人真德秀奏言，自此籍沒之産，以漸給還。

奏略曰：頃者，朝廷以楮幣日輕，行新令慮民之虧減牟利，儆之以沒人家貲之法。中外有司，苟能體朝廷之意，擇其甚者而加懲，則人孰不畏。乃有胥吏，利其多貲，而因以傾奪者。有閭巷平時睚眦，而因以中傷者。夫估籍之禍，甚於刑誅。刑誅雖酷，痛止其身。貲財一空，盡室溝壑。今乃不量其輕重而輒施之，是豈朝廷立法之本意耶？當此郊霈之餘，伏望明敕監司守令，自今民間有違犯約束諭告勿悛者，止當嚴置憲典，不許更籍其家，亦足以廣聖朝維新之澤。

理宗紹定五年五月，詔自今齊民有罪，監司守臣毋輒籍沒其家，必具聞俟命。

淳祐六年五月，命自今官吏贓狀敗露，經臺諫監司奏劾分明者，即下所屬州郡拘贓，聽朝廷議罰，或移爲他用，並籍其家。

從右正言何琮奏請也。

《大學衍義補》曰：宋人承五代爲刺配之法，既杖其脊，又配其人，而且刺其面。是一人之身，一事之犯，而兼受三刑也。且聚罪廢無聊之人於牢城之中，使之合羣以搆怨。其憤憤不平之心，無所於洩。心中雖欲自新，而面上之文已不可去。其亡去爲盜，挺起爲亂，又何怪哉？宋江以三十六人横行河朔，迄不能制，皆刺配之徒在在有爲之耳目也。

（清）徐松《宋會要輯稿·刑法四·配隸》 〔嘉定〕九年三月二十七日，新知南恩州翟昀言：乞應羈管編配之人，不得仍前巧作名色借事。非遇恩赦，不得給據放令還鄉。從之。十四年九月十日，明堂赦應有犯罪，除從條合行編管並情理重害，及曾經奏斷特旨施行外，其餘或因州軍一時任意，非法編管人，自今赦到日，仰提刑司取索元犯看詳。如見得情理稍輕，給據放令逐便。十二月一日，臣僚言：民之犯罪，至於流放者，其去死刑無幾，蓋欲使天下爲惡者有所戒懼。今流放未幾，皆得因緣而返。此輩本非良善，况復刑餘，何所顧籍，一旦得還，寧復安靜，乞行下

諸路州郡，自令以往凡刺配罪人，須押至竄所，嚴故縱逋逃之禁，絕借事截留之弊。其已逃亡而歸，復恣睢於閭里者，則申嚴舊制，毋爲丈具。從之。

《宋史》卷四三《理宗本紀》〔淳祐十年冬十月〕辛酉，詔諸主兵官，今後行罰，毋杖脊以傷人命。

《宋史》卷四四《理宗本紀》〔寶祐四年十一月癸丑〕詔戒群臣洗心飭行，毋縱於貨賄，其或不悛，舉行淳熙成法。

（宋）謝深甫等《慶元條法事類》卷一三《職制門・理賞》 諸兵犯罪而非造意，或知情及干繫應得罪人，事未發能告捕獲者，推償如法。謂告捕人本罪應原者，有專法者從專法。即被侵害者獲所侵害人，准此。

（宋）謝深甫等《慶元條法事類》卷一三《職制門・理賞》 諸告捕罪人應賞而係二人以上者，分受功力不等者，量輕重給之，不可分者，謂如轉資之類。比類均給。

（宋）謝深甫等《慶元條法事類》卷一六《文書門・赦降》 諸罪人會降者，但事已發雖未追，或不禁，並同見禁。事發逃亡或逃亡後事發者非。

（宋）謝深甫等《慶元條法事類》卷一六《文書門・文書》 諸詔勑紙高壹尺叁寸，長貳尺者，餘官私紙高長不得至此。及寫宣紙各不得私造及賣，違者，紙仍没官。

（宋）謝深甫等《慶元條法事類》卷七三《刑獄門・決遣》 諸罪人遇聖節杖以下，情輕者聽免，稍輕者聽贖。

（宋）謝深甫等《慶元條法事類》卷七三《刑獄門・決遣》 諸罪人，情輕法重，情重法輕，應斷笞、杖罪者，非。奏裁。

（宋）謝深甫等《慶元條法事類》卷七三《刑獄門・決遣》 諸事干邊防或機速，機，謂事干機會，理須從權。速，謂不可淹留待報。餘條機速，准此。並諸軍犯罪，事理重害，難依常法，而不可待奏報者，許申本路經略或安撫司，酌情斷遣訖以聞。罪不致死者，不許特處死。餘犯情重，自依奏裁法。

（宋）謝深甫等《慶元條法事類》卷七四《刑獄門・比罪》 諸罪應減等或爲從，若反坐罪之、坐之與同罪，準枉法準竊盜論者，不在編配之例。誣告出入之類應比罪者，自依本法。

（宋）謝深甫等《慶元條法事類》卷七四《刑獄門・過犯遺闕》 諸命宮殿侍下班祗應同犯罪，理遺闕者，以笞、杖、徒、流、死爲五等。該原免勿論者，准格降之。其贓罪會赦，若自首以降。至罪名理爲私罪、公罪，降至笞。及自首若覺舉原免，或犯罪會大赦者，皆不理遺闕。

（宋）謝深甫等《慶元條法事類》卷七四《刑獄門・比罪》 諸累犯者，謂再犯、三犯之類。一犯徒、流比兩犯杖，並以赦後經斷有文案者爲數。雖無文案，有衆證可驗者，同。具稱不以赦前後者，止謂常赦。

（宋）謝深甫等《慶元條法事類》卷七四《刑獄門・比罪》 諸應比罪者，謂犯編配應當、贖及誣告出入之類。配沙門島，比流二千里，餘刺面配，比徒三年。不刺面配，比徒二年。配軍配沙門島者，比徒三年。餘刺面配者，比徒二年。編管移鄉，比徒一年。其本罪徒以上，仍通比。滿四年者，比流二千里。每半年，加五百里。滿六年者，比加役流。聽用官當、減、贖，不在除名之例。官當者，准徒六年。應贖者，理銅百斤。命官勒停、衝替，舉人永不得應舉，流外品官勒停。公人係職級，及衙前職負若副尉，亦同。將校節級降補諸軍降配，僧道還俗。本罪杖以下，雖無本罪，同。各比徒一年。

（宋）謝深甫等《慶元條法事類》卷七五《刑獄門・編配流役》 諸罪應減等或爲從，若反坐罪之、坐之與同罪，准枉法、准盜論者，不在編配之例。誣告出入之類應比罪者，自依本法。即以累犯，或情理兇惡，應編配及本條言皆編配者，不以從免，其以罪名定編配。應減者，依減至罪名編配法。謂如徒罪配，杖罪編管者，罪雖減等，徒罪仍配。減至杖者，編管之類。

（宋）謝深甫等《慶元條法事類》卷七五《刑獄門・編配流役》 諸犯罪應編管者，將校奏裁，兵級刺面，人降配。婦人應編配者免。

（宋）謝深甫等《慶元條法事類》卷七五《刑獄門・部送罪人》 諸配軍逃亡捕獲者，元配沙門島及元犯持仗强盜、謀殺人，各罪至死貸命，若會降，及因親屬或得相隱者，首告減等，依上禁軍法。逃亡後，雖有罪犯而情理不至兇惡。罪至死者，奏裁。不持仗强盜，罪至死貸命，若會降及因親屬或得相隱者，首告減等，並其餘。元配二千里以上，或廣南及遠惡州者，依下禁軍法。元配千里以下，及指定州或路分配者，依廂軍法。以上揀入別軍，而本軍法重者，依本軍法。即逃後曾歸本州、縣捕獲者，元配本州即配鄰州，鄰州配五百里，五百里配千里，千里配二千里，二千里、二千五百里並配三千里，三千里及廣南配遠惡州。其指定州或路分配，軍

無元配地里者，配重役處。不在按問自首免配之例。以上應行而未至配所，或已量移而逃亡者，各准元配遞加。未至配所者，仍不以赦降原減。即犯罪不該配而特刺配，或比元犯特增減地里刺配者，以特配地里爲法。配沙門島、廣南及遠惡州，亦以所配處爲法。其已允剩員者，不用此制。

（宋）謝深甫等《慶元條法事類》卷七五《刑獄門·編配流役》　諸重役或錢監兵級犯配，除沙門島與廣南，若遠惡州外，並勒充本指揮下名。其不可存留者，配他處重役及別監。

（宋）謝深甫等《慶元條法事類》卷七五《刑獄門·編配流役》　諸應配而不任征役者，配小分。元非諸軍，而不任小分者，鄰州編管。

（宋）謝深甫等《慶元條法事類》卷七五《刑獄門·編配流役》　諸犯流應配，及婦人犯流者，並決脊杖二十，免居作。餘依本法。

（宋）謝深甫等《慶元條法事類》卷七六《當贖門·總法》　諸犯盗，以勑計錢定罪，以律計絹除免，即應當贖，而罪至加役流，依律。

（宋）謝深甫等《慶元條法事類》卷七六《當贖門·罰贖》　諸吏人，雖已入流外品，而於本司及監臨，犯杖以下罪，依決罰例。

（宋）謝深甫等《慶元條法事類》卷七《職制門·保官》〔名例勑〕　諸保事不當不知情者，爲公罪。

（宋）謝深甫等《慶元條法事類》卷七《職制門·監司巡歷》　告獲監司巡按州縣官及屬官差出幹辦公事同。隨行公吏兵級於所部受乞財物，笞罪，錢二十貫；杖罪，錢三十貫；徒罪，錢五十貫；流罪，錢一百貫。

（宋）謝深甫等《慶元條法事類》卷八《職制門·漏泄傳報》　告獲聽探傳報漏泄朝廷機密事，若差除，差除謂未出尚書省樞密院者。每人錢五百貫。係公人仍轉一資。

告獲傳報實封申奏應密文書，并撰造事端謄報惑衆者，錢三百貫。

告獲發運監司依監司例人凡可按制刺州縣者同。經略安撫總管鈐轄司人吏漏泄本司公事者，錢三十貫。重害者五十貫。

告獲聽探倉庫見在及綱運錢物名數傳報致他司截攔占取者，錢五十貫。

獲傳寫漏泄軍器様制，堠模法式同。錢三百貫。

告獲神臂弓若官司置藏不密致私傳習并私習學制造者，錢一百貫。

獲以國家事宜若重害文書及于邊防報化外者，每人錢三百貫。已通報者，不以人數仍轉兩資。

（宋）謝深甫等《慶元條法事類》卷一〇《職制門·差借監臨》　告獲馬鋪以遞馬私借賃與人及借賃之者，每匹錢五貫。

（宋）謝深甫等《慶元條法事類》卷一三《職制門·理賞》　諸應給財産折充賞而有同居親者，准分法給已分，即子孫有犯其父祖若祖母、母之寡者，各准一子分法留之。

（宋）謝深甫等《慶元條法事類》卷一三《職制門·理賞》　諸賞格令不分告捕人者，共給之告人七分，捕人三分。設方略或鬭敵者，告人四分，捕人六分。若因所獲人通出徒伴別遣人捕獲者，元告捕人依法告。無告人者並給原捕人。

（宋）謝深甫等《慶元條法事類》卷一三《職制門·理賞》　諸賞，若犯人應贖或因捕逐知不獲免而自殺、或已獲而遇恩，雖强盗已獲遇恩，須候案成録問畢知通當職官再行審實無飜異斷訖本州結罪，保明申提點刑獄司覈賞保奏。及案問欲舉自首減等，或身死强盗身死自從比折人數法。或貸命者，備受各依本法。

（宋）謝深甫等《慶元條法事類》卷一三《職制門·理賞》　諸給賞者，以犯人財産充，無或不足者，知情及干繫若保人之類應均備而無或不足者同。以官錢代支。即獲姦細强盗，竊盗罪至流同。發冢、放火、劫因、私鑄錢，製造賣借若與人鑄錢作具同。禁物，配軍逃歸本州縣，誘略販賣人口與溪洞蕃夷，蕃商船般載人入化外，溪洞蕃夷在化内略誘收買人口，及其買人引領人，故決、盗決隄堰，僞造度牒紫衣師號，僞造交鈔，并公據，未成未行用同。詐冒首級求功賞重禄，公人因職事受乞詐欺借便賣買有剩利賒欠放債收息部送人故縱已決，編配人逃亡，諸軍管轄人及曹司私收他處兵級、冒承逃亡名額、請給若給散捕取蟲蝗穀而減尅私有，若私造禁兵器，修合墮胎藥及賣買罪至徒，如事狀明白當日以官錢借支，其罪人入於法勿論。及應贖或杖以下不應編配者，不在代支借支之例。配軍逃歸本州縣者非。

《遼史》卷七《穆宗本紀》〔遼穆宗應曆十六年〕秋七月壬午，諭有司：凡行幸之所，必高立標識，令民勿犯，違以死論。

（清）嵇璜等《續通典》卷一一八《刑·寬恕》　遼聖宗沖年嗣位，

睿智皇后稱制，留心聽斷，嘗勸帝宜寬法律。帝壯，益習國事。凡更定法令十數條，多合人心。其用刑，尤能詳慎。定契丹、漢人相毆致死一律科斷法。著令叛逆之家，兄弟不知情者無連坐。五院部民，有自壞鎧甲者，其長博諾杖殺之。上怒其用法太峻，詔奪官，吏以故不敢酷。興宗時，有羣牧人竊易官印、以馬與人者，法當死。帝曰：一馬殺二人，不亦甚乎？減死論。又有兄弟犯强盗當死，以弟從兄，且俱無子，特原其弟。道宗咸雍三年，有司奏新城縣民楊從謀反，僞署官吏。帝曰：小人無知，此兒戲爾。止流其首惡，餘並釋之。

金熙宗天眷三年，復取河南地，乃詔其民，約所用刑法，皆從律文。罷獄卒酷毒刑具，以從寬恕。世宗大定四年，尚書省奏，大興府民男子李十、婦人李仙哥，並以亂言，當斬。帝曰：愚民不識典法，有司亦未嘗丁寧告誡，豈可遽加極刑？以減死論。十年，議禁網捕走獸法，罪或至徒。帝曰：以禽獸之故，而抵民以徒，是重禽獸而輕民命也。詔自今有犯者，杖。十三年，尚書省奏，南客車俊等，因榷場貿易，誤犯邊界。帝曰：本非故意，可免罪發還，毋令彼國知之，恐復治其罪。十五年，寬竊盗贓滿貫論死之法。十六年，諭左丞相良弼曰：海陵非理，殺戮臣下，甚可哀憫。其博勒珠等遺骸，仰逐處訪求，官爲收葬。初，帝嘗論天德間事，諭良弼曰：武靈時，領省秉德、左丞相言，皆有能名。然爲政不務遠圖，止以苛刻爲事。言及可喜等，在會寧時，一月之間，杖而殺之者二十人，罪皆不至死，於理可乎？海陵爲人如虎，此輩尚欲以術數要之。以至賣直取死，安得爲能？十七年，諭宰臣曰：故廣寧尹高禎爲政尚猛，小過有杖而殺之者。即罪至於死，而情或可恕，猶當念之。况小過乎人之性命，安可輕哉？二十三年，又諭宰臣曰：帝王之政，固以寬慈爲德。然如梁武帝專務寬慈，以至綱紀大壞。朕嘗思之賞罰不濫，即是寬政，餘復何爲？帝嘗幸金蓮川，始出中都，親軍二蒼頭縱馬食民田，詔大興尹曹王永功，蒼頭各杖一百彈壓，百户失覺察勒停。帝次望京淀，永功奏曰：親軍人止一蒼頭兩彈壓，服勤爲日久矣。臣昧死違詔，量决蒼頭令彈壓待罪，可使償其田直。惟陛下憐察。許之。大懷貞爲彰國軍節度使，縣尉獲盗得一旗，上圖亢宿詰之有謀叛狀，株連幾萬人。懷貞當以亂民之刑，請誅其首亂者十八人，餘皆釋之。王庭筠判恩州軍事，臨政有聲。郡民鄒四者謀爲不軌，事覺，逮捕千餘人，而鄒四竄匿不能得。朝廷遣大理司直王仲軻治其獄，庭筠以計獲鄒四，分别詿誤，坐預謀者十二人而已。宣宗元光元年，尚書右丞圖克坦思忠以病馬輸官，冒取高價。御史劾之，有司以監主自盗論死。帝顧惜大體，降授陳州防禦使。哀宗正大元年，尚書左丞張行信言：先帝詔，國初制刑，不上大夫，治以廉恥。丞相果勒齊所定職官犯罪的决百餘條，乞改依舊制。詔可。

《遼史》卷二五《道宗本紀》〔大安四年五月〕丁巳，詔免役徒終身者，五歲免之。

（清）嵇璜等《續通典》卷一〇七《刑·刑制》 金國舊俗，輕罪笞以柳葼，殺人及盗刦者，擊其腦殺之。没其家貲，以十之四入官，其六償主。併以家人爲奴婢。其親屬欲以馬牛雜物贖者，從之。具《贖刑篇》 其獄，則掘地深廣數丈爲之。太祖天輔三年正月，東京人爲質者永吉等五人結衆叛，誅其首惡，餘皆杖百，没入在行家屬、貲産之半。詔知東京事沃稜繼，有犯者並如之。五月，詔自收寧江州以後，同姓爲婚者，杖而離之。太宗天會二年二月，詔有盗發遼諸陵者，罪死。三年七月，詔權勢之家，毋買貧民爲奴。脅買者一人，償十五人。詐買者一人，償二人。並杖一百。七年，詔凡竊盗，但得物，徒三年。十貫以上，徒五年，刺字充下軍。二十貫以上，徒終身，仍以贓滿，盡刺字於面。五十貫以上，處死，徵償如舊制。【略】

〔大定十九年〕十月，制知情服内成親者，雖自首，仍依律坐之。二十年，詔定踐蹂禾稼罪。初，帝如春水，見民桑多爲牧畜所踐，詔親王公主及勢要家，牧畜犯民桑者，許所屬縣官立加懲斷。至是，見有踐蹂田禾者，復詔自後踐民田，杖六十。盗人穀，杖八十。並償其值。

《金史》卷四五《刑志》〔大定〕十五年，詔有司曰：朕惟人命至重，而在制竊盗贓至五十貫者處死，自今可令至八貫者處死。

《金史》卷九《章宗本紀》〔大定二十九年九月〕甲子，制諸盗賊聚集至十人，或騎五人以上，所屬移捕盗官捕之，仍遞言省部，三十人以上聞奏，違者杖百。

（清）嵇璜等《續文獻通考》卷一三七《刑考·徒流》〔金章宗明昌〕五年，定徒二年以下者杖六十，二年以上杖七十，婦人犯者並决五

十。著於敕條。時尚書省奏，在制名例內，徒年之律無決杖之文，便不用杖。緣先爲流刑，非今所宜。且代流役四年以上，俱決杖。而徒三年以下，難復不用。婦人比之男子。雖差輕，亦當例減。遂有此令。

臣等謹按：大定間，濟南尹梁肅上疏曰：刑罰世輕世重，自漢文除肉刑，罪至徒者，帶鐐居役，歲滿釋之。家無兼丁者，加杖準徒。今取遼季之法，徒一年者杖一百，是一罪二刑也。刑罰之重於斯爲甚。今太平日久，當用中典。有司猶用重法，臣實痛之。自今徒罪之人，止宜居作，更不決杖。朝廷以爲今法已輕於古，恐滋姦惡，不從。是金制徒刑決杖，其來已久，何待明昌五年始議定制。意大定後，中間別有變更，至是復之，稍從輕減，特史文未詳耳。

《金史》卷一二《章宗本紀》〔泰和六年三月〕甲辰，敕尚書省：祖父母、父母無人侍養，而子孫遠游至經歲者，甚傷風化，雖舊有徒二年之罪，似涉太輕。其考前律，再議以聞。

（清）嵇璜等《續文獻通考》卷一三五《刑考·刑制》〔金宣宗興定〕三年十月，定贓吏計罪以銀爲則。

先是，貞祐三年五月，有司輕重謀罰，率以錢贖，而當罪不平。遂命贖銅計贓，皆以銀價爲準，至是，省臣奏：向以物重錢輕，犯贓者計錢論罪則太重。於是以銀爲則，每兩爲錢二貫。有犯通寶之贓者，直以通寶論。如因軍興調發，受通寶及三十貫者，已得死刑，準以金銀價，纔爲錢四百有奇，罪止當杖，輕重懸絶如此。遂命准犯時銀價論罪。後參政李復亨言，近制犯通寶贓者，並以物價折銀定罪，每兩爲錢二貫。而法當贖銅者，止納通寶見錢，乞亦令輸銀。既足懲惡，又有補於官。詔省臣議，遂命犯公錯過誤者，止徵通寶見錢。贓污故犯者，輸銀。

史金波等譯《天盛改舊新定律令》卷二《親節門》　一、族、姻二種親節，依上下服五種喪服法不同而使區分，其中婦人喪服法應與丈夫相同。

應服三年喪：子對父母，妻子對丈夫，父死長孫對祖父、祖母，養子對養父母，子對庶母，未出嫁在家之親女及養女。

應服一年喪：對祖父、祖母、兄弟、伯叔姨、親侄，父母對子女，在家之姑、姐妹，在家之親侄女，丈夫對妻子，父死對改嫁母，祖父長子死對長孫，父母對養子，養子對原來處父母，父死改嫁庶母對往隨子，改嫁母對原家主處所遺子，親女及養女等出嫁後對父母。

應服九個月喪：對一節伯叔姨，伯叔子兄弟及其在家之姐妹，孫子，在家之孫女，出嫁姑、姐妹女，出嫁侄女，養子對所來處姑、姐妹、兄弟，侄之妻子，對兄弟、侄子等到他處爲養子者，母對與原丈夫分離處在家女，親兒媳，女出嫁後對伯叔姨、姑姐妹、兄弟、甥等。

應服五個月喪：

族親：對曾祖父母，二節伯叔姨、姑，從祖父、姐妹及妻子，兄弟之孫，伯叔侄子，二節伯叔子兄弟、姐妹，伯叔子出嫁姐妹，出嫁孫女，曾孫，兄弟之妻，養子對所來處出嫁姑、姐妹及伯叔子兄弟等，祖父、祖母長子死對長孫妻子，出嫁女對自己兄弟和兄弟之子爲他人養子，及兄弟子等之妻子，出嫁女對伯叔子兄弟。

姻親：對母之父母，舅、姐妹之子，母子姐妹以及其子，同母不同父姐妹，庶母之父母，兄弟、姐妹。

應服三個月喪：

族親：對高祖父母，三節伯叔及姑，曾祖之姐妹，及兄弟以及其妻子，三節伯叔子兄弟、姐妹，兄弟之曾孫，祖父之伯叔子兄弟及其妻子並姐妹，伯叔子兄弟之孫，二節伯叔侄子及住家未嫁女，玄孫，伯叔子出嫁侄女，兄弟之出嫁孫女，出嫁女對祖父之伯叔子兄弟、妻子並姐妹，孫媳，伯叔子兄弟之妻子，兄弟之孫媳，出嫁女兄弟之孫，出嫁女對伯叔子兄弟之子，母隨嫁子與後父家門內同。

姻親：對女之子，姐妹等兒子姐妹，舅之子，姑之子，妻子之父母，子蓋，女兒子之妻子，姐妹兒子之妻子，婿，姐妹子之妻子。

雜死：岳母，伯叔之妻，侄女，孫媳，孫女，重孫女媳。

史金波等譯《天盛改舊新定律令》卷八《行非禮門》　一、行非禮於一種節親之罪，十惡門內不屬寬宥以外，節內親戚中行淫亂之罪，依以下所定判斷，家門一種不治。

十二年長期：祖父之姐妹，父伯叔兄弟之妻，伯叔未婚姐妹，母之親姐妹，侄媳。

六年：伯叔子侄女媳，兄弟之侄女媳，舅之妻子，高祖兄弟之妻子，

高祖之姐妹。

五年：兄弟之曾孫女媳、二節伯叔子女、二節姑姐妹、祖父之叔子兄弟之妻、祖父之伯叔子姐妹。

四年：親侄母、伯叔子兄弟之妻、二節伯叔子兄弟之妻、三節伯叔子姐妹、三節伯叔子兄弟之妻、伯叔子侄之妻、二節伯叔子侄之妻。

後母從子之妻子與母之夫同居。

後母從女與母之夫同居。

爲繼子者父之女、姐妹、姐妹之女、繼子繼父之兒子及親侄等淫於繼子之妻子。

繼子爲父者之親侄妻子、同母不同父姐妹、同母不同父兄弟之妻子、侄女之女、子蓋、甥之妻、女之兒子之妻。

三年：雖不屬明確宗親，然而爲各遠節行非禮以及同姓婚姻。

史金波等譯《天盛改舊新定律令》卷一三《舉虛實門》 一、諸人自叛逃以上三種舉言虛者，判斷已至，則本人不論主從，不論官，依謀逆法判斷，家門當連，節親親戚者因與謀逆者不同，故勿連。判斷未至，則受未受問杖一樣，舉虛造意當劍斬之，家門當連，從犯不論官，當絞殺，家門勿連。

一、諸人十惡及餘種種雜罪等舉虛者，被告人已被縛制，則受未受問杖一律與所舉罪相當。舉人爲二三人以上人數衆多，當接狀者承罪法：已舉爲虛，本罪不論主從，則各舉人亦不論主從，家門勿連。若本罪可論主從，則首舉者當爲造意，其餘以從犯論。若已舉之，言告司內，已只關，知證，被告人雖被逼迫然未被縛制，此時舉人自改口認虛，則比前述罪依次當減一等。其減法：謀逆罪，不論官獲死罪連家門，減爲無期徒刑，雜死罪減爲徒十二年。若已告未敢只關，則有官罰馬一，庶人十三杖。

一、諸人舉十惡罪是實，應得何舉賞者，視舉人如何、言狀如何、全知不知情狀等，依時節奏量實行。

一、諸人告舉，謂官畜、穀、錢物種種中有爲虛雜時，三萬緡以內舉實之舉賞依强盗執武器法。三萬緡以上舉實者，其舉人中，人堪遣用，則應得某大小職位。人不堪得職位，則前述舉賞上應如何賞等，依時節，視所舉情狀及人況等，奏量實行。

一、諸人舉他人，予舉賞法一一分明以外，犯餘種種雜罪時，獲死罪賞五十緡，三種長期、無期等賞四十緡，自徒四年至徒六年賞三十緡，自徒一年至徒三年賞二十緡，月勞役十緡，杖罪五緡，當由犯罪者予之舉賞。

一、諸人舉他人中，或舉一人，或舉自二人以上等，原罪輕重，或全實，或有虛有實，或虛實相等，其得功承罪法依以下所定實行。

一、舉一人中：

一等全實者依法當得舉賞。重罪爲實，輕罪爲虛者，得前述全實舉賞之三分之二。罪虛實相等，告舉中功罪相抵。及或一種爲實而甚多爲虛，或一種爲虛而甚多爲實者，因所虛實罪相等，功罪相抵，勿得舉賞。

一等重罪爲虛，輕罪爲實時，舉者之罪分別二等中：

一種舉杖罪實，勞役罪虛，又舉勞役爲實，長期爲虛，舉長期爲實，死罪爲虛時，判斷已至，則依此等罪名不同次第，與舉虛使重部分相同判斷。以下微言爲實，亦勿得舉賞及功。判斷未至，則因舉半爲實而減一等。

二種杖罪總數已明時，又舉而加杖數，又短期勞役中暗自舉而加勞役年數，三種長期中依次延長之，同罪名中加之而舉虛等者，當以已實杖罪、勞役等及所虛加等校之，虛實數等則功罪當抵。實甚多者依法當得功，虛數多則所加之杖罪或勞役數由舉者承之。

一、舉自二人以上人數甚多，訴訟次第不同，原罪不共者，其於數人有罪中，或舉實，或舉虛等時，舉實之處依法當得功，舉虛之處當令校承同罪。其中説二人、三人共犯原罪，二種、三種不同供詞，訴訟推問時，舉共犯小罪者爲實，比之重者一人二人爲實而一人二人爲虛時，亦於所舉爲實人處當得功，所舉爲虛人處當承同罪，其下因小罪爲實，勿得功。

一、諸人自身有罪，已爲訴訟推問中，有另舉他人之種種罪，告狀而求以功抵罪者時，舉報自叛逃以上三種事則允許取狀問之，爲實時功罪可抵。其中另因十惡、五逆及盗語等而告之，曰彼已犯罪過，告舉狀來時，當取狀推問，勿入功罪相抵中，依邊等法當得舉賞。彼亦舉一次之後，又反覆狀上增狀，及於此下又有種種言語，則不許取狀推問。若違律無理取

狀問之時，以有無受賄，依無理問攬公事之罪情法實行。

一、不知放火者爲誰，而他人告舉時，當量所燒物，於有人之帳舍放火者，依執武器强盗法，於無人之帳舍放火則依不執武器强盗法，於草捆等中放火時依偷盗法，以三種盗之人數、錢量分别依次予之舉賞，依法由放火者交納予之。

一、相恨放火者，同謀以外之他人知曉而不告舉，受賄者與分盗畜物相當；未受賄則死罪、長期徒刑十三杖，短期徒刑十杖。未知，罪勿治。

一、諸人相恨放火，已議，復心悔而止者，告於司，言於所屬，則當釋罪。不告於司，不言於所屬，他人告舉，則依第八卷上放火已議而未動手之罪狀法判斷。

一、諸人知實情將舉，他人止之，其後又另人舉實中，除自叛逃以上三種語分明之外，其餘大小罪應舉，受賄徇情而塞舉口、隱罪者，塞舉口者及止之者等，與知盗而分物同樣判斷，受賄則與枉法貪贓罪比較，從其重者判斷。

一、諸人互相檢舉中，獨人舉自罪，及多人爲罪皆接狀，舉自罪等不許赦罪，當依法推問判斷。若多人爲罪中，皆不爲接狀，允許自相舉，一年期間告舉，則當赦罪。其中盗者實無力償盗物，則可入舉人償畜物中。爲雜罪有已受賄者，當交官。逾一年告舉，則當比前罪減二等。其中盗及轉賣敕禁等罪，減罪、償還依赦罪、減半法，及盗而侵凌婦人、傷人、殺人罪不赦法，依第三卷上罪狀實行。

一、諸人於敵界轉賣錢及毁錢等，所得勞役總數□舉賞法，依下述實行，爲罪者當出予。若犯者不能出，則當由官方予之。

獲三個月徒刑，賞四十緡。六個月徒刑，賞五十緡。徒一年，賞六十緡。徒二年，賞七十緡。徒三年，賞八十緡。徒四年，賞九十緡。徒五年，賞一百緡。徒六年，賞一百十緡。

三種長期中：

徒八年，賞一百三十緡。徒十年，賞一百五十緡。徒十二年，賞一百七十緡。獲死罪，賞二百緡。

一、諸人有應告舉語，他人勸説使告舉時，虚則勸説者罪依舉之從犯法判斷，舉語實則勸説者當入分得舉賞中。

一、諸人犯種種罪，同門節親人仍使軍、奴僕等相議知覺，諸人告舉時，自叛逃以上三種事及殺父母等以外，知覺其犯其餘種種罪，無論應不應告舉，一律全勿坐罪。若屬爲罪相議，則自己門下釀麴酒、制私麴、屠自有大畜，門下爲非禮，及其他相似而不傷損諸人者，户頭監、領犯者當承罪，相議人勿治。此之下又有毆打争鬥、盗得官畜穀物、食賄，及其他相似而傷損諸人者，則依法當承相議之罪。

一、諸人犯十惡及大小他罪等，不同門，自己媳、使軍、奴僕、節親、他人等聞覺時，未明是虚是實，及是門下人等不應告舉者，未告舉而他人舉爲重實時，聞覺者罪勿治。其中自叛逃以上三種事者，因是情重，聞覺者或犯罪者之子及親父母，或他人有親戚、彼此有恩者等，未明孰是，除視彼時罪情重虚而奏量實行以外，不論官獲死亦是重情，因知覺應舉而未告舉，此犯罪者之罪狀當減三等。其餘自杖罪至雜死罪者，一律當減四等。若知覺者與犯罪之人有親及彼此有恩而欲減其罪，對犯罪者説減罪之諫言，則當比前述徑不告舉之罪狀再減一等。

一、諸人爲罪，他人告舉，爾後司中局分人、其他人等導助有罪人尋愛樂、行賄、徇情而入舉告人中時，是局分人則與枉法同，與枉法貪贓罪比較，從重者判斷。是他人則當比局分人枉法罪減一等。

史金波等譯《天盛改舊新定律令》卷一三《功抵罪門》 一、諸人有捕逃人功抵罪者中，自十五人以上逃走已行，引導隊列，同時捕得之，及其數以上有各遷部，諸人告舉是重情，可與有大小雜逆罪相抵。其餘門數非多，拘捕十五人以内時，功罪抵法：犯十惡及犯戰場逃叛軍旅罪，於敵界賣敕禁時，不論有官庶人，造意獲死，又雜罪中造意獲死等，不許抵。犯以下其餘種種罪，當允許功抵罪。則彼亦捕自一人至五人，庶人獲死者爲長期，長期者承徒六年，至六年當減二等，自二年以内當全抵。捕五人以上至十人時，死罪、長期徒刑減二等，短期至六年者當減三等。捕十人以上至十四人時，死罪、長期徒刑二種當減三等，至六年以下當減四等，所剩勞役當依法承之。其中人數非多，雖是一二，然是朝廷之須用得力之人，此等如何量之，又是有位臣僚，則量其現時等級如何，執何職位，捕返者之罪應全抵、應減半，依時節奏量實行。

一、諸犯罪人拘於司中，擅自越出牢獄，然後欲捕逃人，捕得亦勿判

斷以功論。若因罪爲苦役中，發配途中拘捕逃人，則依法可抵。避苦役脱逃及趨職何在中捕逃人，勿入功抵罪中。

一、諸司推問公事中，若諸人知證已聚集，理應伏罪行，而問者大小局分人受賄徇情，故意無理假釋擔保，使逃人避捕時，大小局分與有罪人同等判斷，逃人當返回，亦不許抵之。

一、有罪人實已伏罪，欲判斷中，行方便而欲捕逃人，未得手，在此之後因賄而變欺詐語，轉司局分再問時，前問者應於枉問未準罪中減。不伏言是實，則拘捕逃人時依邊等法功罪可抵。若未枉之，與前所伏相同，則當依口供虚法承罪，拘捕逃人亦不許功抵罪。

史金波等譯《天盛改舊新定律令》卷一三《許舉不許舉門》 一、允許舉：子女可舉高祖及祖父、祖母、父母、庶母等之罪：謀逆、失孝德禮，叛逃，親祖父、祖母、父、母、庶母等爲子、孫、媳所殺。

妻子、媳可舉公公、婆母、丈夫等，及自己自九個月至一年喪服節上下可互相舉：謀逆，失孝德禮，叛逃，内宫淫亂，對帝隨意口出惡言，殺及主謀殺親祖父、父母、庶母等，詆毁國家，撒放毒藥，咒人死，盗中殺人，有意殺人，對親母、岳母、庶母、姑、姐妹、女、媳等行不軌。

使軍、奴僕可舉頭監之罪：十惡中獲死、長期徒刑及他罪中獲不論官死罪。

雜罪中：親手盗取官畜穀物，軍人匿官馬鎧甲而賣之，鑄錢斂錢等，種種中獲死罪，盗及變賣敕禁，私制麯等中獲長期徒刑及死罪。正軍年十五歲已納册而未註册，十人以上獲長期徒刑，匿逃人中十門以上獲死罪。

一、使軍、奴僕於前述所示允許告舉中，舉言實時，告舉造意一人及彼之父母、妻子、子女、媳，同居兄弟等可往所願處，其他相議舉、接狀不許往。

一、院下軍士告舉往轉院次第，亦告舉頭，造意實同一抄，可往所願處，其他相議舉，接狀不得往。

一、前述事中妻子、媳、使軍、奴僕、院下軍士等允許告舉中，舉事確實時，謀逆、失孝德禮，背叛等告舉頭造意不真，相議舉，接狀中若全知發起情狀，又另獲解新言論等者，因是要言，可往願處。若其所舉未知情由，相口傳而相議舉，接狀時，往來言之，如此作僞人者，當依法承罪，不得往所願處。

一、諸人犯罪中，因要言可相告舉一類，當一一分明。除此之外，犯其餘種種罪時，節上下允許相隱罪，不許告舉。違律告舉時，罪情依條下所定實行。

一等子孫等不可告舉祖父母及父母等，告舉時不許推問，準舉。所告人倘若有父母等與他人共犯罪，則當依法推問，父母之罪，子因準舉而勿治，他人罪當依法承之，子孫之罪亦當依不許告舉父母法判斷，他人處依法當得舉賞。父母等告舉子孫，亦不許取狀、準舉，子孫等與他人共同有罪，則推問次第依前述法實行，子孫罪及父母舉罪等勿治。

一等至九個月以上喪服節上下不許相告舉。若節下舉節上時，犯罪者應得徒二年以内罪，則不論大小，舉者之罪徒二年。若舉情重於彼，則當比有罪人減一等。若節上舉自己節下者時，當比前述節下舉節上罪減一等，犯者罪勿治。與他人共同犯罪，則當推問，他人當依法承罪，節親不連坐法依前述法實行。有所償者，節親人及他人共同犯罪者當償。舉者之罪，因有他人，依次再減一等，對他人依法當得舉賞。此外，五個月喪服以下允許相告舉，依法當推問。

一等諸人罪已出時，父子相爲説項，行賄者因允許相隱罪，勿治。是九個月以上喪服節上下，則當比他人相説項，行賄、取賄、傳賄依次減一等。

一、前述不許節上下相舉之外，若自相有大争執，或有相毆鬥等，則允許取狀推問。

一、使軍、奴僕不應舉頭監而告舉者，與前述節下舉節上中九個月以上喪服時推問承罪法相同。

一、國境内種種公事推問應區别時，謀逆、失孝德禮，叛逃，故意殺傷人，種種盗及盗而殺人，殺親高祖、祖父母、父母、庶母等，媳殺公公婆母，妻子殺丈夫，使軍奴僕殺頭監等，此數種，謂我疑心而未見，因訴訟告舉，有只關者，則雖無知見亦當依法推問。實則當得功，虚時舉人之承罪次第依另所定實行。其下又告舉種種諸事者，有相互訴訟者時，知證顯明則當依法推問，無知證，僅謂我疑心未見者，雖舉亦不許取狀審問。

一、前述因有疑心而未見語，應推問傳至時，倘若節親及使軍、奴僕

等中有能爲知證者時，其使軍、奴僕、節親等爲自己應告舉犯罪人中，則允許相爲知，以知者論。其中不應告舉及因其餘種種情狀等，同居中節親親戚至喪服及未至喪服，僕、奴婢及不同門節親親戚中自九個月以上喪服内等，不許爲知證。

一、前述種種公事應不應問，允許不允許爲知證等之分别當明中，因疑心未見不應推問而問之，及節親門下人等不應爲知證而爲知證等，局分大小不應違律推問者，判斷已至則與承罪者相當，判斷未至則當減一等。局分大小中謂應問，有先前語者當爲造意，其餘以從犯論。當事人已承罪，亦因難定虚實，當赦之。舉者因無知證而不應告，有官罰馬一，庶人十三杖。若局分大小不置惡意，無受賄徇情，僅僅思見失誤，則比前述判斷已至未至之罪情當減三等。

一、門下人、節親等不應爲知證，爲知證不真而應另行爲知證時，與爲知證一齊傳訊者，因不應推問門下人、節親等爲知證，比所訴訟之罪情當減三等。情狀他人有知之，應推問則當依法推問。

一、前述因疑心未見而有告舉者，推問時，謂所訴訟人腹心清净，未曾犯罪，不肯招承者，當三番拷問。受杖畢，無所説詞，則舉者當受拷杖。彼亦不伏其虚時，應何爲，當奏報尋諭文。其中所訴訟人不似他人，文武業顯，有大人言義，上下共堪信用，不須妄加苦楚。舉者亦人況微，無慚愧，不嫌病醜，不速所見信，如此則應如何推問，當視人況語情如何等，報察斟酌實行。

史金波等譯《天盛改舊新定律令》卷二〇《罪則不同門》 一、節親主犯種種罪時，除謀逆、失孝德禮、背叛、殺傷父母等依法判斷外，其餘犯十惡及不論官罪時，死命黥杖等應□□地當受，所應持處應持，□□處拘管□依犯雜罪之拘管法當拘管之。

一、節親主犯罪時，減免之法當明之。其中應受大杖者當轉受細杖，應受七杖者笞三十，八杖笞四十，十杖笞五十，十三杖笞六十，應受十五杖者笞七十，十七杖笞八十，二十杖笞一百。勞役者，屬能贖應贖類，則可依邊等法贖之。若屬不應贖及無力贖等，則節親主言提點局分當於房舍周圍設一周而拘管之。應派監者時當派，當阻其門口，□□□當開其門，監時當允其行百步以内，勞役日畢時當放之，不許比之超過。違律時節親主笞四十，監者有官罰馬一，庶人十三杖。

一、諸人因罪受罰馬者，自馴舊馬至有齒好馬當交。倘若不堪罰馬是實，則當令尋擔保者，罰一馬當折交二十緡錢。彼亦不堪，則依司品，有俸禄者當於俸禄中減除，未有俸禄，則罰一馬折算降官一級。不願降官而曰受杖，則因罰一馬受十三杖，罰二馬十五杖，罰三馬十七杖，自罰四馬以上一律二十杖。

一、諸人有受罰馬者，當交所屬司，隸屬於經略者當告經略處。經略使當行所屬司，軍卒無馬者當令申領，於殿前司導送，册上當著爲正編。若軍卒無馬者不申領，則當就近送於官之牧場，群牧司當行之，牧册上當著。不隸屬於經略，當交判斷處有司，當送殿前司。殿前司人依前述法□□□□。

一、諸方不同族之投歸者中有犯罪時，犯十惡及種種他罪中不論官獲死、犯軍令罪，毆打争鬥中殺人、盗、賣敕中獲死等，此等重大言情，罪無減免，當依法判斷。此外犯與彼不同之以下種種罪者，投歸者中前已在及此後新來時，自來日起五年内者，初犯一次一律減二等，重犯二次減一等，杖罪一種當全免，勿入抵校論減之中。超過五年及犯三次以上等不須免，當依法判斷。其中已置送西界者，□□□一等。沿邊風梁至遮面等，雖分别居住，隸屬我方，然不與我爲敵者中，有犯罪時，依時節奏報實行。

一、邊中、京師畿内等諸司人判斷公事時，獲重勞役已出時，爲苦役中應如何派，預先當告中書、樞密。中書、樞密大人當量之，遣送處已明時，當遣送所示處。倘若諸司局分大小人不尋中書、樞密諭文，擅自遣送有事處時，有官罰馬一，庶人十三杖。

一、諸人告狀，索私人田地、房舍憑據者，當問其本人及田地、房舍接邊者。當遣人視之，明其界限，置土堆，無參差，非軍典争逃人，則當予之憑據。若有官方所予諭文，舊有憑據而失之等，亦依邊等法，官家當再予憑據，諭文。

一、大小臣僚由官家予之詔書敕券者，若有他人持取亡失時，須推尋檢視。此後予之詔書敕券時，中書内人當興板簿而置言狀，當註册，有已亡失，京當對其察奏，依所出諭文實行。

一、作錯之義者，未受賄，非懈怠，因貯藏失誤而損毀散落之官畜穀物中已超，入於官庫，其餘與此相同，因無貪意而治罪之謂。當依罪情語義次第，雖自己身上已示，然其中當曰與作錯同。一種罪情未列數，以物□□，承罪次第依以下所定實行。

自一緡至五緡，七杖。

五緡以上至十緡，八杖。

十緡以上至十五緡，十杖。

十五緡以上至二十緡，十三杖。

二十緡以上至二十五緡，徒三個月。

二十五緡以上至三十緡，徒六個月。

三十緡以上至三十五緡，徒一年。

三十五緡以上至四十緡，徒二年。

四十緡以上一律徒三年。

一、供給官之種種食穀中，不許損減斤丙。若違律損減時，量其錢價，以偷盜法判斷。

一、父母、丈夫等應服三年喪服者已死，聞之而不哭泣時，徒三年。孝禮未畢而除喪服，忘哀尋樂時，徒六個月。遊戲、聽樂歌，坐他人筵上時，十三杖。又服一年喪服之節上死而不哭泣時，徒三個月，除喪服、忘哀尋樂□□□□□又服自九個月至三個月喪服死不哭泣時，於前述服一年喪服之罪上，服者是節上則當減二等，是節下則當減一等。孝日以內下葬，則當除喪服。若無主貧兒無力服之，及依土地法無麻布等，不須服，勿治罪，當爲自然孝禮。

一、諸人犯種種罪時，依五刑義輕重不同次第，各自名事當明之。本罪初始時爲大杖七八杖始，依次續加一等：十杖及十三杖，勞役三個月、六個月、一年，其上以一等論，短期所至爲六年。自此以上，始於八年，取名長期。八年、十年及十二年三種長期者，期滿依舊可回院中。此外其上無期者爲十三年勞役，則苦役期滿亦當住無期處。本罪已至絞殺及劍斬。其中獲勞役之受杖次第者，獲自三個月以上至二年者十三杖，獲三四年十五杖，獲五六年十七杖，獲三種長期、無期等當受二十杖。

一、依五刑義獲斬絞二種死，及三種長期、其上無期等承罪法雖已明之，然若已及當減，則減二種死時當爲十二年長期，減無期及三種長期等時一律獲六年勞役。六年以下者，一年當以一等計，獲一年者當爲六個月，六個月者當獲三個月。其應減中亦有主從，則依次一等□當□而減。

一、執諸司位□人不奏，與法律不合，不許擅自予諸人職位。若違律時，應得何罪，當依時節奏報實行。

一、不聽御前指揮者，依卷一傳聖旨時不行臣禮之造意法，不論官，當劍斬之，家門勿連坐。

一、諸人敵□□不許，若其如人□□□有時□□□□□□正□等□□□處□□□當尋，應買則當買，管事□□不尋論文而□□買時，徒二年。其中我方人逃亡，已穿敵界，敵人□爲，賣我方人者，已告諸司，則勿治罪，依逃人罪法判斷。諸司舉告，有親戚而有隱其逃罪之語，則以從犯判斷。

一、諸人自屬□□□行淫而生子女者，其□妻子作□□□□下□故□已爲□□□已爲□則其奴僕及彼之子女□□□妻眷子女□當算，畢□□□□已□□□□未行爲□□則勿以□□子女論。

一、諸人所屬使軍、奴僕喚之不來，不肯爲使者，徒一年。

一、諸司大人、承旨、習判等多枉公事，家主□爲，又官□□□□□□等中持取，很多□□□□如此罪使□□□□依□□□應有□□□□當視情節輕重，應令職位全失或降位別任，應如何，依時節奏量實行。若有位臣僚等與前所示犯大罪不同，兩種受賄而非於家民衆多之礙時，持取官畜、穀、物，本罪□獲死、長期，有依律令、官品不應黜職時，除一番可依律令所定實行，再犯死及長期重罪黜職以外，此後與之不同。按重複犯罪不止，□□□爲別等應如何時，奏量實行。

一、諸人無上諭，不許於內宫行大杖。若違律時無論有官、庶人，一律當罰交三緡。

一、諸司院有當修舊爲新時，作物價錢及笨工、食糧價等，所屬司所有罰贖畜，則當置其中修造。如彼無，則當告管事處以尋論文，使計量所需作物數，皆當由三司出供修造。

一、毀聖旨者，當於懈怠聖旨罪上加一等。

一、不許漏泄一種密語於外。若違律將內宫頭項大小密事漏泄於外

時，徒三年。其中繫内外大語而使漏泄大語者，有種種密事，爾時視其時節、情節奏報實行。

一、諸人監軍司之刺史者，當坐所隸屬大人以上位，所轄地方有位有尊之人等，不聞敕書、律條，與官事相背，曲量律法，懈怠公事，貪飲食物，判斷不公，獄囚瘦死，又倚勢凌弱，無理攤派，若有疑公事不好好□□□□怒時，無罪罰判而喜時，無功□□，又有位有尊人等之□□勢力□□，於諸局分處□□□□地方内□□相現，另有其他未置語等，一等等何所聞見數，隸屬於經略使者當告經略使，不隸屬經略使者，當依文武分別告中書、樞密。當分別依律法遣送，應遣行本人則遣行本人，應奏報則奏報。其中經略使本人已涉錯惡，有所説謂，則刺史當親自於六個月以内來奏京師。

一、諸方監軍司以外，其他與其同類諸司之刺史在，其巡檢告奏法亦使與監軍司刺史人遣行法相同。

一、前述刺史處都案以外，二案頭、三司吏等可於諸司空閒勝任人中借遣之，當於監軍司内爲相連案。

一、諸人設筵、下葬、家來大□客等，其間行飲食時，不許將臀部尻骨全置。若違律置者，當出錢五緡，以予舉報者，食者勿治。其中主人不願，食者强以令置之者，舉賞當由食者出，主人勿治。

一、諸人以漢筵熟食爲喪葬筵等，準備食饌，心口菜十五種以内，唇喉二十四種以内，又樹菓品共二十四道以内行之，依不同次第，一種種分別計算，不許使過之。若違律諸人舉報時，舉賞錢五緡，當由設筵者出予舉者。

一、諸人任職時犯罪，已遷轉後，前罪出，或罪已出後遷其任上，非屬故意，是無心失誤，則自長期徒刑以下應獲罪者勿推問。有屬故意，則依法當推問施行。其中有遣行爲正職者，當經局分處過問，乃可實行。

一、諸人犯不同罪，一種先出，判斷畢，然後一種種再出時，先所出罪重及相等，則依前判斷實行。若後出之罪重於先所判斷，則從後出之罪判斷。前□□有部分，亦當於後判斷，自職別中減免。前罪從輕判斷時，有以官品而黜落者，當依有全官法再當之。

一、獲罪人中行大杖，因是大人，受細杖者時，大杖一杖□□受五細杖。

一、諸人父母不情願，不許强以謂我分居另食。若違律時徒一年，父母情願則勿治罪。

一、諸司判斷公事時，未合於所定律令，有缺失語，當舉語情，當引送中書内定之，别情依法興板簿註册。倘若中轉處不引送中書，及中書局分人不過問等，當依延誤公文法承罪。

一、沿諸司所在院子、侍管帳之司監等，依所在班次於司内註册，則每夜當於司案屋舍將文字與其他需用種種放置，當監護，不允盗持、火起、生住滯。若生住滯時，與庫局分住滯罪同樣判斷。

一、沿諸司司吏當值多寡，依法一二輪值，在屬司内住，公事軍馬消息、官畜穀物，取所□，因語急當待文書。如彼文字了畢時，當予何局分處，當速爲處理，同時司監於管帳者、院子等處當檢校，當令守護，不許住滯。若當值已告而不來時，未生住滯則十杖，已生住滯則徒三個月。當值已來，不經心，檢校不妥而出住滯，則十三杖。當值告者□傳□□告遣，則依當值已告而不往，已生未生住滯之各各罪狀法判斷。

一、諸人犯罪時，獲得罪□次第一一雖然顯明，但種事不小，令集□□而問之。其中除前所明述之外，前所無時，同樣判斷。當量於□□□，輕者於重當量之，一等等情□□□上當量，奏報實行。

一、諸人因冒犯王位、失孝德禮、其他繫於朝廷而逃等，偏問處已問，命已赦，黑水等諸處已遣送，爲苦役無期，及犯罪人之同門節親子弟等已連坐，地方已轉，於邊中守城□牧農主等中註册記名者，偏問、儲典册勾管者當令明之，當行板簿而入册。若殿前司引送一册，殿前司人亦所斂行板簿一卷到來，其板簿上送爲録册，註册處明而行之，當註册爲正職，爲典庫□位之人中間當送殿前司磨堪。若違律應註册而不註册時，當依未録册上、不註册之人數比一一罪狀之舉賞加一等判斷。

一、諸人犯種種逆罪，失畜、穀、寶物、田地、房舍等，理應爲官方所有者，問處司人當依時節過問。爲抄丁者當派勝任之人推問，爲抄丁畢時，應爲何，當奏而明以斂之。

一、國家内諸人犯種種罪，爲苦役之遣送法除分明以外，守邊堡、城、州、寨者正軍、輔主因棄城一種而獲勞役時，所屬城内修造，□□壘

□道斷，有圮缺堵之城頭樓，□□庫房等之修造正事當爲之。有何轉運種種用度等時，令於勞役變處爲苦役。於彼未足，則執所屬另外守城軍中應行時當行，合力修造。若城遣人等城內苦役無所爲，則當遣送城□頭尾之官方採金、熔銀鐵，爲其他苦役處令爲苦役。

一、諸人自己故意於親父母、庶母實有時謂其已死而索假期時，與當面出惡語爭吵同等判斷。

一、諸人因大小語鬥毆中，俗民無位之人怨怒急，對相鬥人及他人等謂我與當朝萬歲御壽同長等時，徒三年。謂我是天子國王，以尊名顯耀，則徒四年。若有位臣僚相鬥，於他人等謂我與萬歲御壽同長等時，徒六年。若謂我是天子國王，以尊名顯耀，則八年。若已說前述語，其見證人不告管事處時，當比說者之一一罪狀減三等。

一、諸種種□□擅自放棄職事而逃離時，自一日至十日笞四十，十日以上至二十日笞五十，二十日以上至一月笞六十，一月以上至四十日笞七十，四十日以上至五十日笞八十，五十日以上至兩個月笞九十，兩個月以上至七十日笞一百。七十日以上至八十日徒六個月，八十日以上至三個月徒一年，三個月以上至一百日徒二年，一百日以上一律徒三年。局分人徇情釋放時同之，受賄則與枉法貪贓罪比較，從重者判斷。

一、諸有軍人選拔臣僚中所遣，不許軍上院下尋派首領。

一、諸臣僚舊有軍，及因城顯□□斷軍務，於敕上有而得軍等，依法本人當有之。本人樂意，欲遣檢校未至之子弟及遣權檢校等，當允許遣之。此外臣僚不許與官方索軍、賜軍等。

一、□檢軍畜偏問磨堪者，大小局分之禄食當依以下所定而成。其中所增一種，由群牧司出，其餘禄食當由三司出。所遣人非迅速起行，尋斷語論文及時者，遣人之司當限日行於前官畜、穀、錢、物管轄處，依次當於所應出予處尋論文，依其法當取之。若因京師遣人急速，而未及時尋使人馬食出予之論文，及經略使人因斂官畜、穀、錢、物，磨堪問公事，他要語有疑等，當奏報京師，依聖旨上諭，於彼處遣人推問。有所遣行，經略使局分司所在處三司所屬有罰贖，則當於其中予之。若無，則於所屬地方內三司、群牧司所屬之官畜、穀、錢、物中如數出予，當明之而行登錄。畢時，京師遣處司及官畜、穀、物隸屬之司等之管事處當導送，人註銷中。彼大人偏問軍畜者中，有掌大事，此當明之。有大於原司品之禄食，則當受其高者。其中大人檢畜偏問磨勘者等之燈油、燃料，由所轄處予之，校軍磨勘者□□□禄食依法當由三司局分中抽予。□緩地少，尋論文及時不及時，穀物抽予次第等，依前述抽予禄食次第，與所示相同。問難者遣行文書所用紙，當由犯罪當事人、分析者均攤而取之，所需時當取，不許一併超額分取。

問難磨勘者等局分大小有禄食次第：

大人十日一屠，每日米穀四升，二馬中一馬七升，一馬五升，一童子米一升。

□監司寫者等一律各自十五日一屠，每日米一升，一馬食五升，童子一人每日米一升。

案頭、司吏二人共二十日一屠，各自每日米一升，共一童子及行杖者一人，各自米一升。

大校驗畜者大小局分之有禄食次第一律：

大人七日一屠，每日米穀四升，中有米一升。四馬食：一馬七升，三馬五升，三童子每日米一升。

□監司寫者等一律各十五日一屠，每日米一升，一馬食五升，童子一人每日米一升。

二人案頭、司吏共十五日一屠，各自一馬五食升。每日各自米一升，其一童子，米一升。

二人各自每日米一升：

一人行杖者。

一人執器械者。

一、自京師畿北至富清縣等十五行宮一□□上所派檢溜者、下臣、臣僚、外內侍、神策、閤門等於正軍、輔主得一樣職門能辦時□□上二種共事，當告樞密而遣之。

一、牧、農、車、舟主，相軍、樂人、種種工匠等犯十惡，罪本獲死而獲長期，因盜犯大罪當獲死而獲長期中，依有官及減免等法判斷，當遣送爲苦役處。此外犯種種罪時，不遣送爲苦役處之法，依以下所定實行，應黥之則當依法黥之。

一等牧、農、車、舟主、相軍等應獲短期徒刑者，正軍、輔主一律應黥之則當黥之，應置鐵枷當留入院中。

一等番漢樂人及工匠中，需用方一□條下當明之，應黥之則當黥之，正軍□當留。未諳正軍之事，則當入遣送中。監工中諳活業，當初有任權職者，當依邊等法入留中。不任權職，則當遣送，被應留諸人每日當在工院及習業院等□上□□，匠人者有食糧則當減之。□□於所屬司內及有看守等各處當令看守。若閒在，則所屬司有何修造，内宮頭項雜役處，當入笨工中。

番漢樂人、弓箭匠、披鎧匠、鐵匠、槍柄匠、箭袋匠、砲工、秤工、玉工，比前述工不常用，因非實須用，依半減配用者以下已明之，此外其餘□□中當入。

自□匠人院以上。

自金銀工人院以上。

醫人中自方御以上。

自卜算大典小監以上。

一、諸司都案、案頭、司吏等者，犯條下一等已明之重罪時，依法爲苦役中當遣送。犯其以下種種罪時，應黥杖之，則依法當受而留之。每日發送文書，每夜須於所屬司内看守，雖是正軍，然不曉文字，則當遣送。輔主中有曉文字，當初任權職者，則當入留中。

十惡，本罪獲死獲長期徒刑，賣敕禁、人馬鎧甲轉院、殺牛駱駝馬、私造麯，鑄損錢，盜、種種詐騙，持取畜穀物。

一、□□□□有罪人釋放，又公事未斷而死於司中□□□□有罪人處取賄而延緩之，判寫□□□繼分析條理等無。

一、□□種種反覆犯罪時，盜一種罪總□□另明以外，又獲種種罪之長短勞役已判斷中，再犯一次至短期六年以下者，應黥之則黥而留之。犯三次長短勞役，則一律當遣送爲苦役，新舊勞役日數當從長判斷。

一、前述已獲勞役等時，除牧、農、舟主等以外，□人工匠類案頭、司吏等已留職上，依文書次第當告中書、樞密。判斷處司及所屬司、中書、樞密等，分別當行板簿而聚集之。不聚集，當遣人中間檢校。若放棄職事及局分人釋放等時，當依律令判斷。

一、□□各自納册前内侍等本人正軍願□□允許。人律留過次第邊等□□：□□□□□以外，不願則正軍之□□□□□□不須釋，當留之。

史金波等譯《天盛改舊新定律令》卷一九《畜利限門》 一、大食之駱駝數依所成幼仔交納。

一、母馴駱駝、母馴馬、母牛、母羖䍽羊之有孕者，勿計入幼仔中。

一、四種畜中，牛、駱駝、羖䍽等之年年應交毛、酥者，預先當由群牧司於畜册上算明，斤兩總數、人名等當明之而入一册，預先引送皇城、三司、行宮司所管事處。各牧監本人處放置典册，當於盈能處計之，數目當足。本人院中大小牧監中當派小監，與告狀接，依匯聚數進之，不許住滯一斤一兩。小監者，於大小牧監中本人不親自來所派處時，有官罰馬二，庶人十五杖。其所納毛、酥當經群牧司，交送三司等局分處，當予之收據，牧人當往其處院中驗之。大人往至時，當總計收據，依法入磨勘中。有未足及日期内全未交等，一併當引送群牧司催促，所遺尾數，不許住院中予之寬限。小監者，其處當令償京師。盈能等牧。【略】

一等大食之駱駝毛絨、酥不須交納，牧者持之。

【略】

一、御用等年供給乳畜，依先群牧司人計議能定之用度，母牛、母羖䍽、母羊者，應使笨工牧人中出多少，不許於牧監、大小首領等中派遣。彼牧乳畜者所在之處當奏報，當求諭文判寫，直接供應酪脂、乳酥等，勿與諸牧場同，勿交羖䍽毛絨，牧者當得之。酥者，酪脂、乳酥等交，則爲大校之酥勿計，其上羖䍽圈、羊圈等依法死減，肉價錢、皮等勿交，當缺之。其年年圈之利仔中，公者當分出，母已生仔者勿分離，不許□分。老弱者當依前法交納，分捨需用之處。羸瘦死等當償之，入牧人所承擔派雜事中，遣分母畜，不分公畜，及圈牧者多所超抽，又於牧監大小首領中派人等時，群牧司大人、承旨、都案、案頭，司吏等之罪依所定判斷。

史金波等譯《天盛改舊新定律令》卷一七《庫局分轉派門》 管何畜、穀物等，當告經略使人轉□。不隸屬經略之邊中、京師、五州地等各司□，自己本司人各自帳册有所告納聚集，與文書接校之，磨勘司當引送告納，一面同日告知中書、樞密所管事處。告納處各司及來告知處當分別爲板簿，註册而藏之。都庫局分三年畢遷轉，來磨勘時，當入抵校磨勘

中。若帳册有半送半不送，則磨勘司自己人應行當行，於中書內所管事處應告則告。中間互相當行推察，有何障礙，速當行遣，局分大小應伏罪則令伏罪，所行遲緩住滯，各自罪情明，依法判斷。

京師界內執局分人三個月、諸轉賣庫六個月、種種匠一年期間一番當告納本處帳册。

地中執局分人各自六個月一番當告納帳册。

地邊執局分人各自一年一番當告納帳册。【略】

一、邊中諸司各自所屬種種官畜、穀物，何管事所遣用數，承旨人當分任其職，所屬大人當爲都檢校以爲提舉，所借領、供給、交還，及償還、催促損失等，依各自本職所行用之地程遠近次第，自三個月至一年一番當告中書、樞密所管事處。附屬於經略者，當經經略使處依次轉告。不附屬於經略使處，當各自來狀。所催促磨勘幾何，遇何諸司已行處，當有言狀，一年完畢。中書內所管事者當告先後諸司，總計種種文書，所有延誤住滯當棄之。邊中司所屬本局分所磨勘催促之全部分爲十分，遣用九分，一分未交而住滯者，勿治罪。一分以上住滯而所納無多者，何住滯之一等等罪次第，及地程遠近上告次第等，依以下所定施行。大人、承旨當同承正頭罪，彼人以下都案、案頭、司吏等，以大人、承旨之從犯法論，按任職高低，依次當減一等。經略上有管事司及本人處六庫等，依地程遠近次第轉告，及磨勘催促住滯之局分大小承罪次第等，依前述法實行。其中已借領置諸處供給中，交還而不登録，邊中往他國買賣未畢等，分析有路程者，勿入分等住滯罪中。

二種一年一番當告：沙州，瓜州。

十六種六個月一番當告：肅州，黑水，西院，囉龐嶺，官黑山，北院，卓囉，南院，年斜，石州，東院，南地中，北地中，西壽，韋州，鳴沙。

京師界內、五州地、中興府，山中後面、大都督府等，一律三個月一番當告。

一、諸司應磨勘催促之官錢穀物數十分中，九分納一分未納者，勿治罪。八分納二分未納，徒六個月，三分未納徒一年，四分未納徒二年，五分未納徒三年，六分未納徒四年，七分未納徒五年，八分未納徒六年，九分未納徒八年，十分未納則當獲十年長徒。

一、前述官物所轄諸司所行用、催促何有何無，一年畢時，當先後告於中書、樞密所管事處，當總計種種文書，有何延誤住滯當言之。若中書、樞密局分人不過問，應磨勘而不磨勘，延誤住滯時，依邊等有無上論延誤文書法判斷。【略】

一、邊中諸司人於自己所轄庫局分已磨勘，來到京師諸司及經略等所管轄處時，已妥未妥，當再一番細細磨勘。典册官物等中粗粗經過，造典册未妥、不分明，則當棄之。若此二種未妥，已入住滯△，往至都磨勘司時，依前述法當再好好校驗磨勘。就此各次各方所棄虛雜，當告中書、樞密所管事處，有住滯處當令伏罪，應判斷則判斷，應奏則奏。

(元) 陶宗儀《南村輟耕録》卷二《五刑》 國初立法以來，有笞、杖、徒、流、死之制。凡七下至五十七下用笞，六十七下至一百七下用杖。徒之法，徒一年，杖六十七，一年半，杖七十七，二年，杖八十七，二年半，杖九十七，三年，杖一百七，此麗徒者杖數也。鹽徒既決而又鐐之，使居役也，數用七者，建元以前，皆用成數，今匿稅者笞五十，犯私鹽茶者杖七十，私宰馬牛者杖一百，舊法猶有存者。大德中，刑部尚書王約數上言，國朝用刑寬恕，笞杖十減其三，故笞一十減爲七，今之杖一百者，宜止九十七不當反加十也，議者憚於變更，其事遂寢。流則南之遷者之北，北之遷者之南，死則有斬有凌遲而無絞。

(清) 嵇璜等《續通典》卷一〇八《刑·刑制》 元太祖頒條畫，刑獄惟重罪處死，其餘雜犯，量情笞決。太宗六年五月，大會諸王百僚，諭以條令。凡當會不赴而私宴者，斬。軍中凡十人置甲長，聽其指揮專擅者，論罪。其甲長以事來宫中，即置權攝一人、甲外一人，二人不得擅自往來。違者罪之。諸公事非當言而言者，拳其耳。再犯笞，三犯杖，四犯論死。諸千户越萬户前行者，隨以木鏃射之。百户甲長諸軍有犯，其罪同。不遵此法者斥罷，凡來會用善馬，五十四爲一羈，守者五人，飼羸馬三人，守乞烈思三人。盜馬一二者即論死。諸婦女制貴孫燕服不如法及妬者，乘以騾牛狗部中論罪即聚財爲更娶。世祖中統元年，禁私商不得越境，犯者死。二年，諭諸王駙馬，凡民間詞訟，毋得私自決斷，皆聽朝廷處置。四年，詔諸路私造軍器者，處死。凡民間所有不輸官者，與私造

同。至元二年正月，申嚴越界販馬之禁，違者處死。五月，令軍中犯法，不得擅自誅戮。罪輕斷遣，重者聞奏。六月，勅行院及諸軍將校，卒伍須正身應役，違者罪之。十月，詔隨路私商曾入南界者，首實免罪充軍。五年三月，申禁民間兵器，犯者驗多寡定罪。十二月，詔諭四川行省，沿邊屯戍軍士逃役者處死。禁市烏頭砒霜諸毒藥，及不通醫理妄行鍼灸，或爲婦人墮胎，戕害人命者，加等治罪。八年，勅凡訟而自匿及誣告人罪者，以其罪罪之。禁用金泰和律。元初，新格未行，猶用金律，至是禁之。十年五月，詔主守失陷官錢者，杖而釋之。十月，勅巴延和爾果斯，以史天澤、姚樞所定新格參考行之。十二年二月，禁民間賭博，犯者流之北地。十月，中書省臣議斷死罪，詔自後殺人者死。罪狀已白，不待時行刑。奴婢殺主者，具五刑論。十四年五月，申嚴大都酒禁，犯者籍其家貲，散之貧民。七月，勅犯盜者皆棄市。符寶郎董文忠言：盜有强竊，贓有多寡，難以悉寘於法。帝遽命革之。十一月，詔僞造寶鈔，同情者並處死，分用者杖之。十五年正月，禁官吏軍民賣所娶良家子女及爲娼者，賣買者兩罪之。官沒其直，人復爲良。復勅官吏，擅易馬匹、私配婦人者，沒其家。軍官不能撫治軍士，及役擾致逃亡者，沒其家貲之半。五月，定諸職官犯罪，受宣者聞奏，受勅者從行臺處之，受省札者按察司治之。其宣慰司官吏姦邪非法，及文移案牘，從本道提刑按察司磨刷。應有死罪，有司勘問明白，提刑按察司覆審無寃，依例結案，類奏待命。十六年三月，勅中書省，凡掾史文移稽緩，一日二日者杖，三日者處死。八月，詔漢軍出征，逃者罪死，籍其家。十一月，勅諸路所捕盜，初犯贓多者死，再犯贓少者從輕治罪。十七年十一月，詔有罪配役者，量其程遠近。十八年，立登聞鼓院，許有寃者撾鼓以聞。先是，十二年四月，諭中書省議立登聞鼓。如爲人殺，其父母、兄弟、夫婦寃無所訴，聽其來擊。其或以細事妄擊者，論如法。至是，始立焉。十九年九月，勅官吏受賄，及倉庫官侵盜，臺察官知而不糾者，驗其輕重罪之。中外官吏贓罪，輕者杖決，重者處死。言官緘默與受贓者一體論罪。十月，耶律鑄言：前奉詔，殺人者死，仍徵燒埋銀五十兩，復止徵鈔二錠。其事太輕，請依蒙古人例，犯者沒一女入仇家。無女者，徵鈔四錠。從之。又令天下重囚，除謀反、大逆、殺祖父母、父母、妻殺夫、奴殺主並正典刑外，餘犯死罪者，充日本、占城、緬國軍。二十年正月，令自今以匿名書告事，重者處死，輕者流遠方。能發其事者，給犯人妻子，仍以鈔賞。四月，申嚴酒禁。有私造者，財産女子沒官，犯人配役。尋以歲登開其禁。十二月，令凡盜爲首及同謀者死，餘屯田淮上。二十一年四月，括天下私藏天文、圖讖、太乙雷公式、七曜歷、推背圖、苗太監歷，有私習及收匿者，罪之。二十三年四月，中書省臣言：比奉旨，凡爲盜者，毋釋。竊鈔數貫及佩刀微物與童幼竊物者，悉令配役。今議一犯者，杖釋。再犯者依法配役爲宜。帝曰：朕以漢人徇私，用金泰和律處事，致盜賊滋衆，故有是言。今後非詳讞者，勿輒殺人。二十四年，詔憲臣有貪婪敗度者，付法司增條科罪，以懲欺罔。二十八年，頒行至元新格。元刑制，名例四條，衛禁八條，職制三百七條，祭令五條，學規十三條，軍律十二條，户婚六十九條，食貨三十六條，大惡五十一條，姦匪五十九條，盜賊一百十四條，詐僞五十條，訴訟二十二條，鬥毆四十二條，殺傷一百六條，禁令一百十一條，雜犯十四條，捕亡九條，恤刑十五條，平反四條。五刑之制，笞刑六，自七下遞加十，至五十七。杖刑五，自六十七遞加十，至一百七。徒刑五，自一年遞加半年，至三年。凡徒一年者，杖六十七。遞加十至一百七。流刑三，曰遼陽，曰湖廣，曰迤北。死刑二，曰斬，曰凌遲處死。獄具制，枷長五尺以上，六尺以下，闊一尺四寸以上，一尺六寸以下。死罪重二十五斤，徒流二十斤，杖罪十五斤，皆以乾木爲之。長闊輕重，各刻誌其上。手杻長一尺六寸以上，二尺以下，横三寸，厚一寸。鎖長八尺以上，一丈二尺以下，鐐連環重三斤。笞大頭徑二分七釐，小頭徑一分七釐。罪五十七以下用之。杖大頭徑三分二釐，小頭徑二分二釐，罪六十七以下用之。訊杖大頭徑四分五釐，小頭徑三分五釐，長三尺五寸，並刊削節目無，令筋膠諸物裝釘。應決者，並決小頭。其決笞及杖者臀。受考訊者臀。若股分受，務令均停。二十九年二月，申禁鞭背法。三月，中書省、御史臺奏定贓罪十三等。枉法者五，不枉法者八。罪人死者以聞。制可。三十年二月，以江南豪右，多庇匿盜賊，令爲首者誅，餘徙内縣。成宗即位，御史臺言：先朝決獄，隨罪輕重，笞杖異施。今止用杖，乞如舊制。不允。元貞元年，定職官坐贓論斷，再犯者加二等。倉庫官吏盜所守錢糧，一貫以下笞之，至十貫杖之，二十貫加一等，一百二十貫徒一年，每三十貫加半年，二百

四十貫徒三年，滿三百貫者死。計贓以至元鈔爲則。二年正月，諭諸王、公主、駙馬，非奉旨毋罪官吏。先是，中統二年及成宗時，屢詔諸王以下，毋私決有罪，而風猶未格。至是，復申前禁。二月，禁軍將擅易侍衛軍蒙古軍，以家奴代役者，罪之。又詔軍卒，擅更代及逃歸者死。六月，御史臺臣言：官吏受賂，初旣辭伏，繼以審核，而有司徇情，致有異辭者，乞加等論罪。從之。十月，詔職官坐贓，經斷再犯，加本罪三等。大德元年五月，詔强盜姦傷事主者，首從悉誅。不傷事主，止誅爲首者，從者刺配，再犯亦誅。六月，詔僧道犯姦盜重罪，聽有司鞫問。二年二月，詔僧人犯姦盜詐僞，聽有司專決。輕者與僧官約斷，約不至者罪之。七月詔諸王、駙馬及諸近侍，自今奏事不經中書，輒傳旨付外者，罪之。三年三月，命何榮祖等更定律令。四年正月，申嚴京師惡少不法之禁。犯者黥刺，杖七十拘役。五年正月，令官吏犯贓及盜官錢，事覺避罪逃匿者，事同獄成。雖經原免，亦加降黜。七月，詔禁畏吾兒僧、陰陽巫覡、道人呪師，自今有大祠禱，必請而後行。違者罪之。十一月，禁軍士萬户以下，毋令私代。犯者，斷罪有差。十二月，定强竊盜條格。凡盜人孳畜者，取一償九，然後杖之。六年正月，詔千户、百户等，自軍逃歸，先事而逃者罪死，敗而後逃者杖而罷之，沒入其男女。七年正月，定諸改補鈔罪例。爲首者杖一百七，從者減二等。再犯，從者杖罪與首同，爲首者流。復詔凡爲匿名書，詞語重者誅之，輕者流配。首告人賞鈔有差，籍沒犯人妻子充賞。三月，定大都南北兵馬司姦盜等罪。六十七以下付本路，七十七以上付伊克扎爾古齊。復定凡子孫，或因貧困，或信師巫邪說，擅發祖父墳墓，移棄屍骸，貨塋地者，與惡逆同罪。十一月，命依十二章，斷僧官罪。八年三月，詔軍官擅離所部者，悉遣還翼。違者論如律。軍人不告所部私歸者，杖而還之。十一月，詔內郡江南人，凡爲盜黥三次者，謫戍遼陽。諸色人及高麗人，俱免黥謫戍湖廣。盜禁籞馬者，初犯謫戍，再犯者死。武宗至大元年四月，詔凡匿鷹犬者，沒家貲之半，笞三十。二年六月，皇太子言宣政院先奉旨，毆西番僧者，截其手。詈之者，斷其舌。此法昔所未聞，有乖國典。僧俗相犯，已有明憲，乞更其令。從之。三年十月，勅省部官勤恪署事，晨集暮散。苟或怠弛，不必以聞，便宜罪之。其到任，或一再月辭以病者，杖罷不敘。仁宗皇慶二年十二月，命中書更定略賣良人罪例。延祐元年十一月，詔省部官，有晚至早退、政務廢弛者，視其輕重杖責之。如更不悛，則罷不敘。二年六月，勅大辟罪，臨刑敢有橫加刲割者，以重罪論。四年十一月，諭諸宿衛，入直非有旨不得上殿，闌入禁中者坐罪。五年九月，勅軍官犯罪，行省咨樞密院議擬，毋擅決遣。英宗至治二年三月，禁捕天鵝，違者籍其家。漳州路推官上言：律，徒者不杖。今杖而又徒，非恤刑意，宜加徒減杖。遂定爲令。三年二月，成《大元通制》。先是，仁宗時，取格例條畫有關風紀者，類集成書，號曰《風憲宏綱》。至是，復命宰執儒臣，取前書而損益之。其大綱有三：曰詔制，曰條格，曰斷例。凡詔制爲條九十四，條格爲條一千二百五十一，斷例爲條七百十七，頒行天下。此據《元史、刑法志》，與《英宗紀》稍異。紀中詔制作詔赦又有令類五百七十七條，凡二千五百三十九條。泰定帝即位，詔凡有罪自首者，原其罪。泰定元年六月，禁蒙古流民，毋擅離所部，違者斬。八月，勅武官坐罪，制授者以聞，勅授者從行省處決。二年八月，勅諸王部曲私入京者，罪之。九月，禁飢民結扁擔社。傷人者，杖一百。著爲令。四年九月，禁僧道買民田，違者坐罪，沒其直。命職官贓汙者，流放廣南。先是，流遠囚徒，惟女直、高麗二族流湖廣，餘並流奴兒干及青海。至是，御史言：廣海，古流放之地，請令贓吏處之，以示懲戒。從之。致和元年正月，詔百司，凡不赴任及擅離職者，奪其官。避差遣者笞之，五月，禁流民聚至千人者，杖一百。文宗天歷元年十月，以罪人既籍家貲，又役妻子，非古者罪人不孥之意。詔自今凡罪人，妻子勿役。三年正月，令自今臣僚有罪致籍沒者，其妻子他人不得陳乞，亦不得沒爲官口。六月，更定遷徙法。先是北人徙南，南人徙北，去家萬里，往往道死。至是，始命應徙者，驗所居遠近，不過千里。在道遇赦，皆得放還。如不悛再犯，徙之本省不毛之地。十年無過，則量移之所遷。人死，妻子聽歸土著。八月，勅自今有以朝賀爲名，歛鈔入己者，依枉法論罪。至順元年七月，令各宿衛，復有容匿漢、南、高麗人及奴隸濫充者，集賽官與其長，杖五十七。犯者與典給散者，皆杖七十七，沒家貲之半。以籍入之半，爲告者賞。仍令監察御史察之。九月，勅諸人非其本俗，敢有弟收其嫂，子收庶母者，坐罪。十月，令自今內外官吏家人受財，悉依十二章，計贓多寡論罪。二年六月，詔諸官吏在職役，或守代未任，爲人行賕關

説，即有所取者，官如十二章論贓，吏罷不敘終其身。雖無所取，訟起滅由己者，罪加常人一等。寧宗即位，定婦人犯私鹽罪。初，英宗時，王克敬爲兩淮鹽運使，温州逮犯鹽者，以一婦人至。怒曰：豈有逮婦人千里外，與吏卒雜處者？汙教甚矣。自今毋得逮婦人，建議著爲令。至是，始定其罪。順帝元統二年七月，詔蒙古、色目人，犯盜者免刺。至元元年六月，中書省員外郎陳思謙言：强盜但傷事主者，皆得死罪。而故殺從而加功之人，與門而殺人者，例杖一百七十，得不死，與私宰牛馬之罪無異。是視人與牛馬等也，法應加罪。因姦殺夫，所姦妻妾同罪。律有明文，今止坐所犯，似失推明。宜令法曹，議著爲定制。二年八月，詔强盜皆死，盜牛馬者劓，盜驢騾者黥額，再犯劓。盜羊豕者墨項，再犯黥，三犯劓，劓後再犯法者死。盜諸物者，照其數估價。省院臺五府官，三年一審決。三年七月，詔除人命重事之外，凡盜賊諸罪，不須候五府官審録，有司照例決之。四年六月，令自今處決重囚，五府官斟酌地理遠近，預選官分行各道涖其事。六年九月，詔今後有罪者，毋籍其妻女以配人。至正五年十一月，新修至元條格成。六年四月，頒行之。

（清）嵇璜等《續通典》卷一一七《刑・赦宥》 元太宗初，中原甫定，民多誤觸禁網，而國法無赦令。耶律楚材議請赦宥，衆以爲迂。楚材獨從容爲帝言。詔自庚寅正月朔日前事勿治。世祖混一區寓以天下獄囚滋多，至元十年勅諸路，自死罪外縱遣歸家，期至秋八月，悉來京師聽決。囚如期至，帝惻然憐之，盡原其罪。二十一年春，册上尊號，議大赦天下。參知政事張雄飛諫曰：古人言，無赦之國，其刑必平，赦者，不平之政也。聖明在上，豈宜數赦？帝嘉納之，止降輕刑之詔。時始定刑制條格，開載諸疑獄。在禁五年已上，不能明者，遇赦釋免。諸盜賊聞赦故殺捕盜之人者，不赦。其先竊後强，會赦惟下手殺傷事主者，不赦。餘仍刺面，釋之。諸流囚中途遭亂而逃，不再犯及已老病，並會赦者，釋之。若奉旨流遠，雖會赦，非奏請不得放還。諸應徒流，未行及已行未至者，會赦並釋之。諸囚徒配役，役所停罷者，會赦免放。元貞而後，肆眚之典，亦代行之。其詔書節目，除謀殺祖父母、父母，妻妾殺夫，奴僕殺主，謀故殺人，但犯强盜，印造僞鈔，蠱毒魘魅，犯上者不赦外，其餘罪無輕重，悉予原免。仁宗即位，興聖太后既受尊號，廷臣請因肆赦。翰林直學士元明善曰：數赦非善人之福，宥過可也。英宗至治元年，帝享太廟，廷臣或言，祀事畢宜赦天下。帝諭之曰：恩可常施，赦不可屢下。使殺人獲免，則死者何辜？遂命中書陳便宜行之。順帝至正四年，蓋苗爲刑部尚書。初，盜殺河南省憲官，延坐五百餘家。已有詔除首罪外，餘從原宥。至是，宰臣追復欲盡誅戮，苗堅持不可。御史趣具獄，苗曰：肆赦復殺，在法所無。御史獨宜劾苗，其敢累朝廷之寬仁乎？卒用苗議，罷之。

（清）嵇璜等《續文獻通考》卷一九《征榷考・鹽鐵》 世祖中統二年六月，定鹽課法。先是，憲宗三年，割河東解州鹽池，以供軍食。又募民受鹽入粟，轉漕嘉陵，皆從帝所奏也。至是，又詔諭十路宣撫使並管民官，定鹽税課等法。

臣等謹按《元典章》，是時恢辦課程凡十二條。其定爲鹽法者，一、犯私鹽徒二年，杖七十財産没官，發下鹽司帶鐐居役，滿日疎放。告捕得獲於没官物内一半充賞。如犯界鹽，減私鹽罪一等。提調官禁治不嚴，致私鹽犯界鹽生發，初犯笞四十，再犯杖八十，三犯具奏定罪。若獲犯人，依上給賞。如鹽司監臨司與竈户私賣鹽者，與私鹽同科。一、鹽場買納及支客鹽，毋許留難。或勘合號簿，批鑿引鈔，違限及不依次給受與秤盤不平者，並徒二年。關津渡口，妄行邀阻者，杖一百。因而乞取財物者，徒二年。官司故縱者，同罪。失覺察者，笞五十。如有遮當客旅，拘買取利者，徒二年，鹽付本主，買價没官。仍禁隨處官民，毋得開決運鹽河道澆溉稻田，以致悮運虧課，違者治罪。一、運鹽綱船，諸人不得拘撮應副。一、沿河舊立樁橛官役等，不盡行拔出致壞鹽船，一切損失，官司賠償治罪。一、回回通事諸色人等，不得將巡鹽弓手騎坐馬及販鹽車船頭匹奪取走遞，以致停滯客旅，虧兑鹽課，違者奏治。一、煎鹽燒草，每有延損草地，及斫伐柴薪之人，以致闕用，管民官專一禁防。但犯決八十。一、達達民户支取食鹽，因而夾帶私鹽貨賣者，把隘官以巡察不嚴，與犯人同罪。凡七條。《食貨志》又載，僞造鹽引者斬，籍其家産付告人充賞。《刑法志》又載，商賈販鹽，到處不呈引發賣，及引數外夾帶，鹽引不相隨，並同私鹽法。鹽已賣五日内，不赴司縣批納引目，杖六十、徒一年，因而轉用者，同賣私鹽法。捕獲私鹽，止理見發之家，勿聽攀指平民。巡捕非

承告報明白，不得輒入人家搜檢。被獲拒捕者，斷罪流遠。因而傷人者，死。巡鹽軍官受財脱放者，以枉法計贓論罪。私鹽再犯，加等斷徒，如初犯，三犯杖斷同再犯流遠。元代鹽禁，大略如此也。

（清）嵇璜等《續文獻通考》卷一三七《刑考·徒流》〔元世祖至元〕十五年正月，敕官吏隱匿，及擅易馬匹，私配婦人者，沒其家。軍官不能撫治軍士，及兵擾至逃亡者，沒其家貲之半。

趙天麟上策曰：竊見方今，或因贓濫，或陷逆流，例皆籍沒其財，歸諸内府，散於宗室，班於外家。彼犯罪之家，非刻剥下民，則兼并於貧人以得之。今而釁彰孽露，干我常刑，是因利以賈害也。但國家不患無財貨之用，右族不患有飢寒之窘，豈賴夫籍沒貪污之財，以周所用乎？今未免此事者，亦因循而不以爲意故也。伏望陛下，留心細慮。當籍沒之財，則於一所明立簿記，待儲積之多，散於無告之人可也。

〔元世祖至元〕十七年十一月，詔有罪配役者，量其程遠近。

配役之法不一，有配隸淘金者。至元二十四年，扎爾古齊奏，去歲審囚官所録囚數，南京、濟南兩路應死罪，已一百九十人。若總校諸路爲數必多。宜留扎爾古齊數人，分道行刑。帝曰：囚非羣羊，豈可遽殺耶？宜悉配隸淘金。【略】

二十年四月，申嚴酒禁。有私造者，財産女子入官，犯人配役。

先是，十四年五月，申嚴大都酒禁，犯者籍其家貲，散之貧民。至是，又有是令。後二十六年十月，禁内外百官受人饋酒食者，沒其家貲之半。

二十三年四月，定竊物者配役之例。

中書省臣言：比奉旨，凡爲盗者，毋釋。今竊鈔數貫，及佩刀微物，與童幼竊物者，悉令配役。臣竊議，一犯者杖釋，再犯者依法配役爲宜。帝曰：朕以漢人徇私，用金泰和律處事，致盗賊滋衆，故有是言。人命至重，今後非詳讞者，勿輒殺人。

《元史》卷一二《世祖本紀》〔元世祖至元十九年十一月〕壬申，以勢家爲商賈者阻遏官民船者，立沿河巡禁軍，犯者沒其家。

《元史》卷一二《世祖本紀》〔至元十九年〕中書省臣言：天下重囚，除謀反、大逆、殺祖父母、父母，妻殺夫，奴殺主，因姦殺夫，並正典刑外，餘犯死罪者，令充日本、占城、緬國軍。從之。

（明）葉子奇《草木子》卷三下《雜制篇》 元世祖定天下之刑，笞杖徒流絞五等。笞杖罪既定，曰天饒他一下，地饒他一下，我饒一下，自是合笞五十，止笞四十七，合杖一百十，止杖一百七。天下死囚，審讞已定，亦不加刑，皆老死於囹圄，自後惟秦王伯顔出天下囚始一加刑，故七八十年之中，老稚不曾覩斬戮，及見一死人頭，輒相驚駭，可謂勝殘去殺，黎元在海涵春育之中矣。

（清）畢沅《續資治通鑑》元成宗大德十一年正月 中書省言：刑法者，譬之權衡，不可偏重。世祖已有定制，自元貞以來，以作法〔佛〕事之故，放釋有罪，失於太寛，有司無所遵守。今請凡内外犯法之人，悉歸有司依法裁決。

（清）嵇璜等《續通典》卷一一〇《刑·雜議》 武宗初御史大夫塔思布哈言：凡受贓爲御史所劾者，不得託言事入覲，以避其罪。從之。至大元年正月，中書省臣言：近百姓艱食，盗賊充斥。苟不嚴治將至滋蔓。宜遣使巡行，遇有罪即行決遣。與隨處官吏，共議弭盗方略，明示賞罰。或匿盗不聞，或期會不至，或踰期不獲者，官吏連坐。仁宗延祐六年九月，御史臺臣言：諸犯贓罪已欵伏及當鞫而幸免者，悉付原問官以竟其罪。英宗至治二年，臣寮言：五刑者刑異五等。今黥杖徒役於千里之外，百無一生還者。是一人身被五刑，非五刑各底於一人也。法當改。時朝議雖是之，卒不果行。

（清）嵇璜等《續文獻通考》卷一九《征榷考·鹽鐵》〔元仁宗〕延祐五年，議違限不納退引者，比例科罪，免其籍配。

時兩浙運司申錢塘縣靈隱寺僧心玘違限不納引，部議若依私鹽法斷罪籍配，終非真犯，止比例科其罪。

六年八月，頒鹽法通例。

一、私鹽事發，依律科斷。婦人有犯，單衣受刑免徒。一、首獲私鹽，依例給賞，其展轉指出者不準。賞外不及引者，即同一引。一、關津渡口縱放私鹽，與犯人同罪。一、諸犯私鹽淹浥魚蝦竹笋等，貨買或自行食用及博易諸物者，照私鹽法科斷。一、掃刮鹹土，食用及採賣穗草燒灰淋滷者，難同私鹽量笞三十七。挑擔撑載，受寄爲牙引領之人減一等。

一、掃取鹹打納官零鹽食用，爲笞一十七。其拾得無主私鹽不即首告，自行食用者，笞二十七。一、挑擔撑載受寄爲牙引領貨賣私鹽干犯人，各比私鹽正犯減等予杖。一、軍官軍人恃勢求取官鹽，私下貨賣，依私鹽法。食用及與鹽之人，遞減等斷決。一、軍民、捕盜、提點等官獲到私鹽，有受賄脱放、虚稱在逃，除克斤重往往止作無犯人私鹽申解，更不追究。今後但獲有犯人私鹽，依例給賞。無犯人者，依竊盗例三限捉獲，以革姦弊。至十月，以發賣魚鹽久，有定例，其淹浥魚鮝，聽從民便不拘。行鹽之地，許各處興販。至至順三年十月，寧宗即位，定婦人犯私鹽罪，著爲令。

《元史》卷二九《泰定帝本紀》〔泰定二年九月〕甲寅，禁飢民結扁擔社，傷人者杖一百。著爲令。

《元史》卷三二《文宗本紀》〔天曆元年〕勑軍中逃歸及京城遊民敢攘民財者斬。

《元史》卷三二《文宗本紀》〔天曆元年冬十月〕中書省臣言：凡有罪者，既籍其家貲，又没其妻子，非古者罪人不孥之意。今後請勿没人妻子。制可。

（清）嵇璜等《續文獻通考》卷一三七《刑考·徒流》元徒法五，年數杖數相附麗爲加減。鹽徒盗賊既決，而又鐐之。流則南人遷於迤北之地，北人遷於湖廣之鄉。

諸徒囚，晝則帶鐐居役，夜則入囚牢房。其流罪，發各處屯種者，止令監臨關防屯種。諸流遠囚徒，惟女直、高麗二族流湖廣，餘並流尼嚕罕及取海青之地。泰定間，又從御史言，以職官贓汚者，流放廣南。

臣等謹按：元制流罪，北人徙南，南人徙北，去家萬里，往往道死。文宗天曆二年，始更遷徙法。凡應徙者，驗所居遠近，移之千里。在道遇赦者，皆得放還。如不悛再犯，徙之本省不毛之地。十年無過，則量移之。所遷人死，妻子聽歸土著。順帝元統初，從翰林學士王結言，移鄉者，改過聽還其鄉。著爲令。

《元史》卷四〇《順帝本紀》〔至元六年九月〕丙寅，詔：今後有罪者，毋籍其妻女以配人。

《元史》卷一四〇《鐵木兒塔識傳》〔至正〕五年，拜御史大夫。務以静重持大禮，不爲苛嬈以立聲威。建言：近歲大臣獲罪，重者族滅，輕者籍其妻孥。祖宗聖訓，父子罪不相及。請除之。著爲令。

《元史》卷一〇四《刑法志》諸竊盗應徒，若有祖父母、父母年老，無兼丁侍養者，刺斷免徒；再犯而親尚存者，候親終日，發遣居役。

《元史》卷一〇三《刑法志》諸有司因公依理決罰，邂逅身死者，不坐。諸累過不悛，年七十以上，應罰贖者，仍減等科決。

《元史》卷一〇三《刑法志》諸父有罪，不坐其子；兄有罪，不坐其弟。

《元史》卷一〇四《刑法志》諸杖罪以下，府州追勘明白，即聽斷決。徒罪，總管府決配，仍申合干上司照驗。流罪以上，須牒廉訪司官，審覆無冤，方得結案，依例待報。其徒伴有未獲，追會有不完者，如復審既定，贓驗明白，理無可疑，亦聽依上歸結。

《明太祖寶訓》卷五《恤刑》〔吴元年〕九月戊寅太祖謂中書省臣李善長、傅瓛、楊憲等曰：法有連坐之條，謂侵損傷人者。吾以爲鞫獄當平恕，非大逆不道則罪止及其身。先王之政，罪不及孥，罰弗及嗣，忠厚之至也。自今民有犯法者，毋連坐。叅政楊憲對曰：先王用刑，世輕世重，自元政姑息，民輕犯法，非重治之則犯者益衆。太祖曰：民之爲惡譬猶衣之積垢，加以澣濯則可以復潔，汙染之民以善導之，則可以復新。夫威以刑戮而使民不敢犯，其爲術也淺矣。且求生於重典，是猶索魚於釜，欲其得活，難矣。

（明）陳子龍等《明經世文編》卷一宋濂《進大明律表》臣聞天生烝民，不能無欲，欲動情勝，詭僞日滋，强暴縱其侵陵，柔懦無以自立，故聖人者出，因時制治，設刑憲以爲之防，欲使惡者知懼而善者獲寧。《傳》所謂獄者萬民之命，所以禁暴止邪，養育群生者也。譬諸禾黍，必刈稂莠而後苗始茂；方於白粲，必去沙礫而後食可飡。苟梗化敗俗之徒不有以誅之，雖堯舜不能以爲治。夫自軒轅以來，代有刑官。而五刑之法漸著其詳弗可復知。逮魏文侯師於李悝，始採諸國刑典造《法經》六篇。漢蕭何加以三篇通號《九章》。曹魏劉劭又衍漢律爲十八篇。晋賈充又叅《魏律》爲二十篇。唐長孫無忌等又取漢魏晋三家，擇可行者定爲十二篇，大概皆以《九章》爲宗。歷代之律至於唐亦可謂集厥大成矣。洪惟皇帝陛

下，受億兆君師之命登大寶位，保乂臣民孳孳弗怠。其訓迪群臣，諄復數千言唯恐其有犯。慈愛仁厚之意，每見於言外，是大舜惟刑之恤之義也。矜憫愚民無知陷於罪戾，法司奉讞輒惻然弗寧，多所寬宥。是神禹見辜而泣之心也唯貪墨之吏承踵元獘不異白粲中之沙礫禾黍中之稂莠也乃及不得已。假峻法以繩之，是以臨御以來屢詔大臣更定新律至五六而弗倦者，凡欲生斯民也。今又特敕刑部尚書劉惟謙重會衆律以協厥中，而近代比例之繁姦吏可資爲出入者咸痛革之。每一篇成輒繕書上奏揭於西廡之壁，親御翰墨，爲之裁定。由是仰見陛下仁民愛物之心，與虞夏帝王同一哀矜也。《易》曰山上有火旅，君子以明慎用刑而不留獄，言獄不可不謹也。《書》曰刑期於無刑，言辟以止辟而民自不敢犯也。陛下聖慮淵深，上稽天理，下揆人情，成此百代之準繩。實有《易》《書》之奥旨行見好生之德，洽於民心。凡日月所照霜露所墜，有血氣者莫不上承神化，改過遷善，而悉臻雍熙之治矣。何其盛哉！臣惟謙以洪武六年冬十一月受詔，明年二月書成，篇目一準之於唐曰名例曰衛禁曰職制曰户婚曰厩庫曰擅興曰賊盗曰鬬訟曰詐僞曰雜律曰捕亡曰斷獄。采用已頒舊律二百八十八條，續律百二十八條，舊令改律三十六條，因事制律三十一條，掇唐律以補遺一百二十三條，合六百有六，分爲三十卷。其間或損或益，或仍其舊，務合重輕之宜云。謹俯伏闕廷，投進奉表以聞，臣等誠惶誠懼稽首頓首謹言。洪武七年月日具官臣等上表。

《大明令・刑令》〔一〇六〕凡犯籍没者，除反叛外，其餘罪犯，止没田産、孳畜。【略】

〔一〇八〕凡減罪之法，三死、三流，各同一減。如犯死罪減一等，即坐流三千里；減二等，即坐徒二年；犯流三千里者減一等，亦坐徒三年之類。【略】

〔一〇〇〕凡計贓，以銅錢四百文爲一貫。

〔一一〇〕凡同居大功以上親，及外祖父母、外孫，若孫之婦、夫之兄弟及兄弟妻有罪，許相容隱。或奴婢爲本使者，亦勿論。其小功以下相隱，減凡人三等。犯謀反、惡逆，不用此令。【略】

〔一一九〕凡家人共犯，止坐尊長，侵損於人，各依凡人首從論。【略】

〔一二〇〕凡籍没犯人家産、田地，内有祖先塋墳者，不在抄劄之限。

〔一三二〕凡特旨臨時處決罪名，不著爲律令者，大小衙門，不得引比爲例。若輒引比律，致令罪有輕重者，以故入人罪論。【略】

〔一三三〕凡諸姦邪，進讒言左使殺人者，雖遇大赦，不在原免。【略】

〔一三四〕凡律令自頒降日爲始，若犯在以前者，並依新律議斷。【略】

〔一三六〕凡犯罪時未老疾而事發時老疾者，依老疾論。犯罪幼小，事發時長大，依幼小論。【略】

〔一三九〕誣告合杖罪爲徒罪，或誣告合杖、徒罪爲流者，或誣告合近流爲遠流者，皆反坐所剩。徒一年，折杖二十，半年加一等；流三等，亦各折杖二十。誣告合杖、徒、流爲死罪者，反坐以死。

《明太祖實録》洪武五年春正月〔壬子〕詔：今後犯罪當謫兩廣充軍者，俱發臨濠屯田。

（清）龍文彬《明會要》卷六四《刑・刑制》 初，洪武五年二月，令各府州縣建申明亭。十五年八月，禮部議：自今犯十惡、姦盜、詐僞、干犯名義、有傷風俗及犯罪至徒者，書於亭，以示懲戒。其餘雜犯，公、私過誤，非干風化者，除之以開良民自新之路。其有私毁亭舍，除所懸法令及塗抹姓名者，御史、按察司官以時按視，罪如律。

《明太祖實録》洪武八年二月〔甲午〕勑刑官：自今凡雜犯死罪者，免死，輸作終身徒、流罪，限年輸作。官吏受贓，及雜犯私罪當罷職役者，謫鳳陽屯種。民犯流罪者，鳳陽輸作一年，然後屯種。上復諭刑官曰：天道好生，人情好生惡死。朕御天下，夙夜靡寧，常懼刑罰失中，以乖天道，所以特降寬宥之典。凡雜犯死罪，皆令輸作屯種，以全其生，且冀其悔罪改過，復爲善人。爾等宜體朕此意，務求公平，使刑罰得中，下無冤抑，則不負朕委任矣。

《明太祖實録》洪武十四年三月〔癸卯〕勑刑部：自今官吏受賂者，必求通賄之人併罪之，徙其家于邊。著爲令。

《明太祖實録》洪武十四年九月 辛丑，勑刑部尚書胡禎等曰：帝王撫臨百姓，皆欲其從化。至于刑罰，不得已而用之。故唐虞之法，罪疑惟輕。四兇之罪，止於流竄。今天下已安，法令已定，有司既不能宣明教

化，使民無犯，及有小過，或加以苛刻，朕甚閔焉。夫上有好生之德，則下有爲善之心。改過者多，則輕生者少。自今惟十惡真犯者決之如律，其餘雜犯死罪皆減死論。

《明太祖實録》洪武十五年春正月　己丑，上諭刑部曰：方春萬物發生，而無知之民，乃有犯法至死者。雖有決不待時之律，然於朕心有所不忍。其犯大辟者，皆減死論。復諭工部臣曰：曩以邊境未寧，兵甲未弛，故集天下工匠，隸事京師。其中有以疾病致死者，不能歸葬，深可憫也。爾工部即遣人收其遺骸，函送其家，各以鈔七錠給其妻子瘞之。著爲令。

《明太祖實録》洪武十五年閏二月　甲辰，上謂刑官曰：五刑惟笞、杖罪輕，然或肌膚傷殘，因而致死，朕甚憫焉。自今犯者，悉送滁州種苜蓿，笞十者十日，杖十者二十日，滿日釋之。

《明太祖實録》洪武十六年春正月　丁卯，命刑部：凡十惡、真犯死罪者，處決如律。餘徒、流、笞、杖者，令代農民力役，以贖其罪。在京犯者役十日，准笞二十，杖十徒、流各計年准之，雜犯死罪者罰戍邊。在外犯笞、杖者，就決役、流。死罪，送京師詳讞。

（明）何棟如《皇祖四大法》卷七《治法》　洪武二十年春正月壬子朔癸丑，焚錦衣衛刑具。先是天下官民有犯者，俱命屬法司，其有重罪逮至京者，或令收繫錦衣衛，審其情辭，用事者因而非法凌虐。上聞之怒曰：訊鞫者，法司事也，凡負重罪來者，或令錦衣衛審之，欲先得其情耳，豈令其鍛錬耶，而乃非法如是，命取其刑具悉焚之。以所繫囚送刑部審理。

（明）余繼登《典故紀聞》卷五　洪武二十一年，敕刑部都察院，凡罪人當籍其家者，如謀叛、姦黨、造僞鈔之屬則沒其貲産丁口，餘者止收貲産而不孥，仍以農器耕牛還之，俾爲衣食之本。

《明太祖實録》洪武二十一年夏四月　丙寅，命都察院遣人，往諭按治江西監察御史花綸等：自今惟官吏貪墨鬻法及事重者如律逮問，輕者但録其過，毋毛舉細事以興大獄。如府縣官俱當逮問，必存署事者一人，俟代者至，然後逮之。時綸初至江西，欲張威名，有司受逮者衆。上聞之，故有是命。

《明太祖實録》洪武二十三年七月　辛亥，勑法司，凡在外死罪真犯者，令具其罪狀申刑部，刑部詳議既定，然後遣官審決，若徒流雜犯免死者，俱送京師輸作。

《明太宗實録》永樂元年五月　〔辛丑〕五軍都督府同三法司言：官吏以罪謫戍，有死於道者皆應補役，然罪有輕重。上曰：輕者免之，重者追補。若先嘗逃竄，今復不悛，遷其家於邊。

《明太宗實録》永樂三年十二月　都察院奏：奉命詳定原議笞、杖、徒、流罪條例，勘酌適中以聞。今議徒、流罪發充恩軍者，於長安左右門造守衛官軍飯，於漢、趙二府牧馬。不充軍者，充國子監膳夫、將軍軍件土工，或於北京爲民種田，於遵化炒鐵，或自買船遞運，或擺站運鹽。笞、杖罪，止鑄錢准工。從之。

《明太宗實録》永樂七年冬十月　癸卯，勑甘肅總兵官寧遠侯何福曰，軍官有犯，除謀反大逆及重罪不赦，其雜犯死罪及宥死充軍並徒流杖罪者，俱令充爲事官，聽候隨徵。勑江陰侯吴高，寧陽伯陳懋亦如之。

《明太宗實録》永樂九年春正月　甲子，上謂兵部尚書方賓等曰，建文時賦役繁重，兩江廣西福建多有嘯聚作亂，爲害鄉里。朕初即位，不忍捕戮，遣官招諭，悉能聽從，各還生業。今天下平寧，朝廷紀綱法度已定，尚慮愚昧者不知爲善之樂，或因有司暴虐，或爲豪富凌偪，乘其小忿，輒入山林，嘯聚刼掠，於法必應勦捕。然兵戈所加，傷及善人，此徒豈無良心，當預爲開導。爾兵部即榜諭之，自今務須遵守朝廷法度賦役一體，應當以盡爲民之分。如有司分外科徵，非理虐害，或豪勢之家恃强凌弱，許赴所在官司，自下而上陳告。若不準理，許賚《大誥》赴京陳訴。如鄉里有頑惡無賴之人扇誘作耗，其良善者能擒之解官，朝廷量加賞賜，豈不勝於脅從受禍。果能遵守朕訓，永遠安吉，違則有禍，悔將無及。

（明）談遷《國榷》成祖永樂九年九月　庚辰，黄巖人告豪民以建文時士人包彝古所上楚王書稿示同輩。書語多指斥，請下法司。上曰：此必報私忿耳。凡告建文時語言干犯，皆勿聽。

《明仁宗寶訓》卷二《明刑》　永樂二十二年十月戊申，通政使司引興化縣民奏知縣李遜苛刻苦民，且有子貪黷不可堪録，其贓有金銀數百兩，錦綺數百疋，他物稱是皆赦後所犯，並執以聞。上命付都察院鞫之，諭都御史劉觀曰：朝廷擇守令使養民，乃厲民如此，父爲之不足又縱其

子，民何以堪。且赦後不改，是終不改矣。必論之如律。又曰近年人情敢肆行犯法者恃有罰工作之令，故有財者，悉得倖免。自今凡有罪者，死生輕重，一斷如律，庶幾有所懲勸。

《明史》卷八《仁宗本紀》〔洪熙元年三月〕己丑，詔曰：刑者所以禁暴止邪，導民於善，非務誅殺也。吏或深文傅會，以致冤濫，朕深憫之。自今其悉依律擬罪。或朕過於嫉惡，法外用刑，法司執奏。五奏不允，同三公、大臣執奏，必允乃已。諸司不得鞭囚背及加人宫刑。有自宫者以不孝論。非謀反，勿連坐親屬。古之盛世，採聽民言，用資戒儆。今姦人往往摭拾，誣爲誹謗，法吏刻深，鍛煉成獄。刑之不中，民則無措，其除誹謗禁，有告者一切勿治。

（清）龍文彬《明會要》卷六四《刑·刑制》 洪熙元年十月，行在吏部郎中陳叔剛上言：吏犯杖罪，律斷決爲民。近時吏胥謀欲求去，則私約相訐，多以杖罷去，乞命法司，自今吏犯杖罪以下，依舊例的決復役；徒罪以上，準工滿日安置別郡；死罪如律，公罪附過。則姦狡之塗可以漸塞。命法司議行。

宣德三年八月，監察御史鄭道寧言：犯姦婦女，律當去衣受刑，以勵風俗。今法司亦聽納米贖罪。其間無米輸納者，拘繫於獄，益縱淫穢。乞敕治之如律。從之。

（明）沈德符《萬曆野獲編補遺》卷一《内監·禁自宫》 仁宗初即位，長沙府民，有自宫求爲内侍者。上曰：遊惰不孝之人，忍自絶於父母，豈可在左右，發爲卒戍邊。未幾興州左屯衛軍徐翊奏有子自宫，今爲内豎，乞除軍籍。上曰：爲父教子，爲子養親。爾有子不教，自傷其禮，背親恩，絶人道，皆原於爾，出其子使代軍役。又諭刑部尚書金純等曰：今後有自宫者死不貸。若加宫刑者，朕亦惡之。宫刑下死刑一等，須嚴禁止。因顧學士楊士奇等曰：此事須以詔書行之。其禁止自宫，並宫刑如此。然洪熙元年，宣宗登極，赦書内又云：在京工人犯罪被刑，劓刺已成殘疾者，即與開除差役。是年行在工部奏舊經閹刺銀匠周阿佛等七十六人，自陳老疾乞免役。上曰：刑餘之人，其稱老疾必不妄，令免役閑住。則肉刑在太宗朝未除也。至本年有軍民任本等數人，自宫求用。上曰：皇考時，有自宫者皆發戍交趾，此人尚敢爾耶。即循例發遣，以上兩朝兩年事也。未幾宣宗又下太僕卿戴希文子懷恩，及前翰林庶吉士成敬於蠶室，豈僅禁自宫，而腐刑仍用耶。宣德以後始廢論腐，英宗禁自宫尤嚴，犯者俱戍極邊。正統十三年，江西鄱陽民樊侃，陝西盩厔民李回漢自宫，詭云病疳，及墜馬損傷求用，上以故違禁令，俱發遼東鐵嶺充軍，仍著爲令。景泰三年七月，景帝諭禮部尚書胡濙，聞民間自宫者甚多，可榜諭敢犯者及投王府勢宦之家，俱如舊例處以不孝。然天順二年七月，命宫監徒四十四名，女口八十人，送浣衣局又何也。此後不復用宫刑，而禁自宫加厲。弘治六年五月，軍人馬英妻羅氏，自宫其幼男馬五。事覺，羅氏坐下手之人當斬律，刑部郎王嘉慶等三人改議杖罪。上怒，謫嘉慶於外，羅氏坐死如律。以孝宗仁恕，而痛嫉此事乃爾。正德二年九月申嚴自宫之禁。但有潛留京師者論死。時宦官寵盛，愚民盡閹其子孫以圖富貴，有一村至數百人者，雖禁之莫能止。是月即審録重囚，有自宫坐罪者十二人，擬以可矜，上謂年幼，姑繫之勿釋。至八年三月，又嚴自宫論斬之法。武宗最任内臣，亦力禁如此，嘉隆而後，自宫者愈禁愈多，其入内與宫婢配偶不必言，乃出外恣游狹邪，即妓女亦願與結好，倡家所云守死哭嫁走者，靡不有之。昔南宋大璫陳源，得宫人菊部頭爲婦，爲高宗再宣入禁中，源結恨而死，豈此曹之前茅歟。古人以宫者守内，今雖宫不足以止淫矣，餘謂都下椓人之鬧坊曲，江南髡牝之溷閨房，違男女之性，變交接之具，真宇宙間兩大妖孽。若其中每伏勾引奇禍，則髡牝之毒尤烈矣。自宫之禁，惟今上壬辰年處滇事用律文，先是黔國公沐昌祚以縱下人貪虐，爲撫按所參，内有私閹男子李時孝名，上命立斬之。按楊用修云，黔公府舊有内使二十人名到坐。

《明宣宗寶訓》卷一《寬仁》 宣德元年八月，上親徵樂安州，癸未駐蹕城南。上諭户部尚書夏原吉曰：今高煦就擒，與之同謀者數人，罪不可赦。其餘軍民被脇從者，一切不問。其榜諭安業勿有疑畏。仍命陽武侯薛禄，兵部尚書張本，及御史給事中等官撫安軍民。

上諭之曰：今罪人已得，除同謀首惡外，其餘一切不問，民有兵器者，令送官免罪。

《明宣宗寶訓》卷二《正風化》 宣德四年二月丁酉，上諭三法司曰：致理之道，人倫爲先。五刑三千，不孝最大。今在外有司往往貪受

賕賂，寬縱不孝，吏之壞法，莫甚於斯。自今但犯不孝及烝父妾，收兄弟之妻爲妻，凡敗倫傷化者，在外有司毋擅決斷，悉令送京師如律鞫治。若武官及其子弟有犯此者，不許復職承襲，永爲定例。

《明宣宗寶訓》卷五《正法》〔宣德四年六月〕庚子，兵部等衙門議，凡軍人犯罪應調者，不拘地里遠近，仍調本都司極邊衛所餘丁發充軍。

上曰：法不可偏重，若嚴於下而不嚴於上，則下將有受其害者。管軍官亦須禁約，庶幾公平。於是法司議軍官若害軍及抗拒上司不服差遣，或因他事犯徒流者，服里衛分調，邊衛調極邊。雜犯死罪依例降一等調用。從之。

（明）談遷《國榷》宣德四年六月〔庚子〕定官軍有罪，内衛調邊，邊衛調極邊，雜犯依例降調一等。

《明宣宗寶訓》卷五《恤刑》 宣德六年正月丙戌，直隸常州府知府莫愚言本府監繫强盗爲從者二人，皆從父兄行劫得財，律應斬，臣詢察其祖父皆以捕魚爲業，父兄行劫時年皆十二，非能助盗，今父兄皆死，二人情有可矜。

上謂行在刑部侍郎施禮等曰：虞舜罰弗及嗣，文王罪人不孥，我皇考嘗詔天下，非謀反大逆，父子毋連坐，况事發時尚幼宜得寬減，命釋之。

《明宣宗寶訓》卷四《恤將士》〔宣德六年〕五月初，各衛餘丁赴工而逃者，例發口外充軍。

上諭兵部尚書許廓曰：朕素知軍士艱難，嘗有命，凡軍士皆免餘丁一人差使，俾得生理，供給正軍。所司不遵朕言，已是重役。若又發遣充軍，人何以堪。止罰工一年，其有已發充軍者，皆取回。

（明）沈德符《萬曆野獲編》卷五《勳戚·左右券内外黄》 公、侯、伯封拜，俱給鐵券，形如覆瓦，面刻制詞，底刻身及子孫免死次數。質如緑玉，不類凡鐵。其字皆用金填，券有左右二通。一付本爵收貯，一付藏内府印綬監備照。所謂免死者，除謀反大逆，一切死罪皆免。然免後即革爵革禄，不許仍故封，蓋貸其命耳。此即問之世爵諸公，其言皆如此。至於世職，則自指揮使以下，皆屬兵部，武選司選官俱以黄爲據，黄分内外，舊官新官，各有黄簿。每官一員，名下注寫功陞世次，會同尚寶監、尚寶司、兵科，於奉天門請用御寶鈐記。外黄印綬監收掌，内黄送内庫銅匱中收貯。後遇襲替，官選簿迷失者，許赴内府查外黄，如外黄可驗，則已。如或不明，再查内黄。蓋事之重，而防之密如此。凡軍職非失機重情，及大逆不道，罪止及身，子孫仍許襲承。然必身首異處者，方揭黄停襲。以故軍職，有願笞死、絞死，得免斬刑，尚肯出重賂者以此。

（明）沈德符《萬曆野獲編補遺》卷一《内監·内臣罪譴》 内臣得罪，祖宗時俱下法司。近代以來多自内批出。其輕者云，降作奉御私宅閑住，蓋猶爲六品官也。又降奉御者，或云發南京新房閑住，或云往鳳陽祖陵司香，其重者降作小火者，發去南京孝陵司香，則無官矣。又重者，則云降充净軍，發去南京孝陵衛種菜。其更甚者，至云夾四夾，拶四拶，打一百，發南海子常川打更，則示意殺之，十無一存者矣。聞之中官輩云，種菜者至南京，其守備大璫坐堂皇，喝云取職事來，則净軍肩一糞桶並構趨過前而去。雖司禮首璫得罪亦然，又晝夜居菜圃，非赦不得越寸步。

《明英宗實録》正統元年九月 甲寅，行在禮部尚書胡濙等議：評事尹弼所言：刑部、都察院於調問罪囚，多不詳鞫，第逼其引伏如原詞。請革其弊，則負枉者得盡其情。天下觧送囚犯失期者，請都察院如刑部即杖遣之，不許罰其守獄。南京編户日削，請如大興、宛平，實以天下富民，而以江南罪當贖死者補之。此皆宜行。弼又謂：今坐偷盗當徒、杖者刺字，而絞、斬得贖死者不刺，是罪輕者終身有玷，罪重者反得脱免。宜於贖死者槩施黥刑。此非律意，恐垂仁厚之典。上以濙等議是，從之。戒諭法司，囚不報辯，敢抑徇原訊者，必罪無赦。

《明英宗實録》正統四年八月〔己卯〕都察院右副都御史朱與言奏：洪武初，鈔貴物賤，故律以鈔計贓。今者，鈔輕物重，而法司計贓論罪，復如定律。請以今特物直，酌洪武初鈔直論罪如律。三法司議不可行，從之。

（清）龍文彬《明會要》卷六四《刑·刑制》 正統四年，御史陳祚言：法司論獄多違定律，專務刻深，如户部侍郎吴璽舉淫行主事吴輒，宜坐貢舉非其人罪，乃加以奏事有規避律，斬。及輒自經死，獄官卒之罪明有遞減科，乃概杖之。夫原情以定律，祖宗防範至周。而法司乃抑輕從

重至此，非所以廣聖朝之仁厚也。今後有妄援重律者，請加以罪。從之。

景泰中，大理少卿薛瑄言：法司發擬罪囚，多加參語奏請，變亂律意。詔法官問擬一依律令，不許妄加參語。從之。

成化元年三月，遼東巡撫滕昭言：《大明律》乃一代定法，而決斷武臣，獨舍律用例。武臣益縱蕩不檢，請一切用律。從之。

十五年閏十月，南直隸巡撫王恕言：《大明律》後，有《會定見行律》百有八條，不知所起。如《兵律》多支廩給，《刑律》罵制使及罵本管長官條，皆輕重失倫。流傳四方，有誤官守。乞追板焚燬。一命即焚之。有依此律出入人罪者，以故論。

《明英宗實録》正統五年春正月 丁卯，巡撫大同宣府僉都御史盧睿奏：臣切見法司，今定囚犯，自備糧米贖罪。隆慶等州縣，赴萬全都司龍門所倉交納。無米者，除笞杖的決外，餘解京。大同州縣，赴大同府大有倉交納。無米者，除笞杖的決外，餘發山西撈鹽。內徒、流堪充斗級者，發大同各倉收糧。緣臣所管地方，係臨極邊，人民艱苦，往往規避糧差，越山逃躲，見今稀少。若犯罪無力者，一槩解京撈鹽，誠恐姦頑之徒，因而在彼延住，邊境愈加缺人種納糧草。臣請今後前項州縣，有犯雜犯死罪以下其情重者，照舊奏請定奪。有力者，仍前納米充斗級。其貧難者，死及徒、流，宜止杖一百。餘罪依律收贖，笞杖的決爲便。上以其章示法司，都御史陳智等請暫準所言，從之。

《明英宗實録》正統五年二月 丁亥，定天下罪囚無力輸贖者事例。先是，湖廣按察司奏：本司囚犯，例該徒、流、雜犯死者，多無力納米贖罪。欲照正統元年八月事例，笞、杖的決，徒罪依所徒年限，流罪四年，死罪五年，旗軍舍餘俱發沿邊衛分備御哨瞭，民發附近遞運所擺站，文職官吏承差知印解京發落，軍職發總兵官處立功，滿日還職。事下，行在都察院右都御史陳智以爲，前後事例不一，宜命三法司集議，務求至當。至是，刑部尚書魏源等議：凡罪囚無力輸贖者，沿海邊衛，旗軍舍餘，照舊的決，還役隨住。陝西民雜犯死罪，文職官吏知印承差贓罪滿貫，照舊發莊浪等衛、安遠等遞運所充軍擺站。其餘各處軍職、旗軍、舍餘，笞、杖的決，雜犯，死罪五年，流罪四年，徒罪照依所徒年限。福建、浙江、山東發本處沿海，貴州、四川、廣西、雲南、陝西、湖廣發本處沿邊，廣東發廣西沿邊，江西、南直隸發浙江金山等沿海，北直隸、河南發宣府。俱送總兵官處，定撥衛所立功，備禦哨瞭滿日發回衛所，還職着役。民人、陰陽人等，俱發附近衝要去處擺站，滿日疎放。文職官吏知印承差犯贓私徒、流罪，俱解京，照例運甎、運米、做工等項。贖罪，完日有贓者爲民，無贓者各還職役。從之。

《明英宗實録》正統五年六月 癸己，上以內外管軍官員侵欺糧賞，致軍士逃匿，命兵部、刑部、都察院議禁例以聞。右都御史陳智等議：今後克減糧至五十石、布至五十匹、綿花至一百斤以上者，擬死罪。官充軍主功，總小旗充軍守哨五年，滿日還役。其計贓四十貫以下者，擬徒、流罪。官稱爲事官主功，總小旗充軍守哨，流罪四年，徒罪照年限，滿日各復職役，調遣衛差操。詔出榜禁約。從之。

《明英宗實録》正統五年冬十月 甲戌，行在刑部言：舊例：軍丁力士犯盜者，皆戍邊。屯者詔從律斷，但令輸作復役，以是人輕於犯盜。此輩徒加以恩，不知感激，不宜以常律治。請復舊例，庶使如懼。從之，仍令揭榜曉諭。

《明英宗實録》正統五年十一月 〔乙卯〕初，有勑：凡官吏人等，犯枉法贓者，不分南北，俱發北方邊衛充軍。至是，行在刑部、都察院、大理寺議稱：洪武初年，定律之時，鈔貴物賤，所以枉法贓至一百二十貫者，免絞充軍。即今鈔賤物貴，若以物估鈔至一百二十貫枉法贓俱發充軍，不無輕重失倫。今後文職官吏人等，受枉法贓比律該絞者，有禄人估鈔八百貫之上，無禄人估鈔一千二百貫之上者，俱發北方邊衛充軍。其受贓不及前數者，照見行例發落。從之。

《明英宗實録》正統五年十二月 〔己巳〕行在大理寺右寺正季從智奏：洪熙、宣德間，詔罪人妻子通坐法，第以處謀逆者。今法司不體祖宗仁厚恩典，往往施於非謀逆者。法司議謂：此乃太祖高皇帝定律。今從智紊亂舊章，請治其罪。上曰：置之。

《明英宗實録》正統六年春正月 〔丙寅〕巡按浙江監察御史李奎言：近日新例：旗軍舍餘人民有犯，無力納米者，俱送總兵官處主功哨備。例後者固所當遵，而例前者尚未定奪。請不分前後，俱照新例爲便。從之。

《明英宗實録》正統六年秋七月〔丙午〕巡按江西監察御史李俊言：天下各衛所軍士多援例詭稱老病亡歸，其補伍又不以壯丁，第以幼者紀録，圖附近地。又有募異姓以代希脱免者，有妄指親族或良民者，有不聽官吏里老勾觧者。究其原，皆各處漕運諸船軍士受賂載歸，沿河巡司不加詰察所致。請勑都察院出榜禁約。各衛所軍士果老疾者，勾丁得代始釋。逃卒及載歸者俱調邊衛，巡司失於結察者罪如律。章下，行在兵部以爲逃卒之禁已有著令，不必榜示，宜以俊言諭諸天下清軍者。上從之。

《明英宗實録》正統六年八月〔癸巳〕行在刑科給事中廖莊言：陝西各遞運所問發充牛夫犯人役滿，本所官必待撥人更替，然後釋放。有守候一二年者，乞勑兵部移文各處預先三月之間申達上司撥人，及期代役爲便。從之。

《明英宗實録》正統七年五月〔甲申〕右副都史丁睿言：金齒西南極邊，洪武時屯守漢軍不下二萬人，土軍不下千餘。今逃亡太半，漢軍僅餘三千，土軍僅餘六百。宜勑法司於真犯免死者概發充軍金齒。法司議真犯免死俱自宸斷，非臣下敢定議，難如睿言。舊例總小旗軍吏侵削軍糧至五十石、布至五十疋、綿花至百斤律當斬者，俱發邊衛充軍。今宜發金齒填缺伍。上曰：侵削軍糧至百石、布至百疋、綿花至二百斤及文職犯枉法贓者，但南人俱發充金齒軍。

《明英宗實録》正統七年冬十月〔癸巳〕陝西延安府知府陳蚪言：陝西邊衛軍旗、舍餘坐竊盜、搶奪、誣告當徒流者，舊例俱杖遣還役隨住。比者亡賴輩以所坐輕，殆不可禁。乞行邊衛今後軍旗、舍餘有犯此者，俱送鎮守總兵等官處，徒流罪發要害墩臺寨堡，流四年，徒如本限守瞭，死罪發極邊守瞭五年，滿日還役隨住。如此則情罪相符，姦頑罔肆，而良善獲安矣。事下，刑部集議宜如所言。從之。

《明英宗實録》正統八年三月〔戊午〕上諭户部臣曰：各處逃民先因水旱窘於衣食，又爲官府科徵無藝，不得已流移外境。朝廷屢詔宥其罪愆，聽令報籍。近聞有司慮有遷徙無常，遺下税役，負累平民，不容占報。其中有願回原籍者，又以久離土著，恒産無存，公私逋負纏結，不能容身，以致展轉流徙，安養無由。爾户部即榜諭天下，限半年之内，願報籍者聽其報籍，務令安插得所，仍免役三年。願復業者，官記其名，秋成遣之，如例優恤，公私逋負悉與蠲除。軍匠囚徒在逃者，首免其罪，罪重者奏聞末減。若展轉觀望，不順招撫者，照南北地方量發充軍。軍匠囚徒不首者，邊遠充軍。官吏里老憐佑窩藏之家匿不以聞者，連坐不宥。

《明英宗實録》正統八年六月〔己酉〕兵部奏：浙江海寧等衛所千百户旗軍姚端等犯絞、斬、徒、杖等罪，已先勑户部右侍朗焦宏提問，解京發落，今蒙赦宥，應否免罪？上曰：此俱是積年貪暴刁潑害人者，雖照常例宥免，仍令連妻子解京，官去邊衛聽調殺賊，軍旗守墩瞭望，視丁餘丁發口外衛分充軍。但逃，處死不宥。

《明英宗實録》正統八年十一月〔庚辰〕湖廣按察司請如詔宥未獲强盜。上以問法司，法司謂强盜有殺人及反獄者，罪重，難槩施恩，宜第宥其攀引窩匿者，庶恩不濫。從之。

《明英宗實録》正統九年二月〔癸未〕湖廣長沙府攸縣知縣吴貴奏：長沙衛軍多繫籍本縣，倚屬衛所，肆暴鄉曲，輒將病亡人命誣民告衛所，其官衛所者往往不諳法律，徑委軍職勢迫府縣，百計索賂，民不勝虐。乞勑法司禁約，庶姦弊可革，良民可安。事下，刑部尚書金濂等謂軍職不得理人命有成令，第久未申明，請如貴奏榜諭，其有仍蹈前非，先收治誣告者，事涉軍職，具聞請罪。從之。

《明英宗實録》正統九年三月〔己未〕府軍前衛指揮僉事鹿麟受枉法贓，賣放操軍三十九名，事覺。上命以百斤枷枷於教場號令，仍發遼東鐵嶺衛充軍，後有犯者，悉準此例。

《明英宗實録》正統九年五月〔壬戌〕大理寺左評事王亮奏：凡坐偷盜充軍邊衛者，率多逃亡，無益邊備，乞改内地。刑部議此類如充軍内地，是待以姑息，餘無警懼，亮言難從。上是之。

《明英宗實録》正統九年六月〔戊戌〕京民有受財教唆捏寫詞狀誣告平人者，刑部奏雖稱教唆，不係越訴。上命充軍，後有犯者，悉準此例。

《明英宗實録》正統九年秋七月〔己未〕刑部奏：有口外民犯受財枉法，例當充儀從。緣口外民多坐罪遷居者，苦其地寒，常潛居京師。如以例處之，適中其姦。宜發充鷂兒嶺諸處巡司馬驛兵夫，雜犯死五年，流四年，徒如所徒之期，俱滿日寧家。著爲例。從之。

《明英宗實録》正統九年閏七月〔庚寅〕初，有軍職停軍人役，貴輸錢者，法司擬贖絞還職。上特命充軍，定爲例。至是，有計贓少者，法司請輕之。上不從，仍命充軍。

《明英宗實録》正統九年八月〔甲寅〕大理寺卿俞士悦等言：例：文職受財枉法，滿貫當絞者充軍，其不滿貫者，俱贖罪爲民。武職出百死一生得官，今坐流、徒、杖者槩充軍，則前功盡棄，而罪及重於文職。乞令武職受贓，私縱操卒，滿貫當死者充軍，其餘不滿貫當流、徒、杖者，如舊贖罪還職。則不惟優待武臣，抑且寬卹刑典。從之。

《明英宗實録》正統九年十二月〔己酉〕户部言：民間芻草，歲用不給。請令法司囚犯，以四分爲率，二分仍舊運磚、運糧，二分輸草。二死罪納草一千八百束，三流並徒三年一千四百束，徒二年半以下，每等自一千二百遞減二百束，笞、杖罪每一十四十束。從之。

《明英宗實録》正統十年二月〔癸亥〕時朝廷嚴官旗尅糧之禁，多謫戍邊衛。軍士因而捃摭告訐，詞訟紛紜。刑部以爲言，上詔：自今官旗尅減軍人月糧、布花者，戍邊。其尅減鈔、絹、蘇木、胡椒等物者，止運灰運米，復還職役，在本衛所聽調殺賊，不許管軍。情重者，仍具實奏請。

《明英宗實録》正統十年二月〔甲子〕刑部請申驀越誣告之禁：誣十人以上者，軍發邊衛民遷口外。從之。

《明英宗實録》正統十年二月〔辛未〕刑部奏：右都御史陳鎰請令法司論囚當充軍者，悉發莊浪，抵肅州衛所。靖遠伯王驥等，又請發鎮番衛。然罪人編伍，舊有定制，不可盡改。宜止令陝西三司及巡按御史，論遣如所言。其文職官吏，仍須械送京。上曰：河南亦令論遣如陝西。其文職官吏，不必械來。

《明英宗實録》正統十年三月〔戊子〕有四人共盗一驢殺之者，法司以禁例俱當死，並以其户丁充邊遠軍。大理卿俞士悦等謂：律：同謀共毆人致死者，爲首死，餘從者俱杖。今以一驢殺四人，則是驢命反重於人矣。請勅法司，今後遇二、三人或四、五人共殺馬、牛、驢、騾者，止坐其爲首者一人死。從之。

《明英宗實録》正統十年夏四月〔乙巳〕浙江、福建各銀場，先有詔罷之。後遣户部右侍郎焦宏往勘，宏言：銀場宜復開，但姦弊百出，須遣廉幹御史一員巡閘。又言：諸場礦脈，多寡不同，消長無時。其少得宜量減，多者宜量增，俱令巡閘及該管官以實具聞。上命監察御史曹祥往浙江，京衛帶俸都指揮僉事沈轔任浙江都司，同布按司堂上委官巡閘提督浙江各銀場；監察御史馮傑往福建，調四川都指揮僉事吴剛任福建行都司，同布按司堂上委官巡閘提督福建各銀場。都御史王文言：往者銀場不開，諸坑首匠作糾合亡賴，千百成羣盗採，甚至相讎殺，劫掠鄉邨。有司捕之輒肆拒，誅之不勝。及聞開銀場，冀復舊役，始忻然退散。若此徒者，使與諸提督官吏通弊，將無不至矣。宜嚴禁之，不許其復舊役。除公用器具給於民，凡提督官吏，諸坑首匠作，有仍稱課不及額，掊斂民財，及侵盗官銀者，一切治之如律。徒、流以福建、浙江易地充驛遞夫，徒如本限，流四年期滿，民寧家，官吏黜爲民。死罪亦易地充沿海邊衛軍。庶姦頑知警，良善獲安。從之。

（清）龍文彬《明會要》卷六四《刑·刑制》侍講劉球疏：古者人君不親刑獄，悉付之理官。蓋恐徇喜怒妄有輕重，以致刑失其中也。近者法司所上獄狀，有奉敕旨減重爲輕，加輕爲重者。法司既不敢執奏，至於訊囚之際，又多有所觀望，以求苟合聖意，是以不能無枉。臣竊以爲一切刑獄，宜從法司所擬。設有不當，調問得情，則罪其原問之官，其運甎納米贖罪等項，亦非古法，且使貪者倖免，而廉者蒙辜。宜令法司，今後文武臣，除犯公罪許贖外，其餘俱依律問擬。

《明英宗實録》正統十一年春正月〔己卯〕參贊寧夏軍務右僉都御史盧睿奏：寧夏等五衛旗軍餘遇見操哨差使多逃避別處，乞勅總兵鎮守等官今後若此者俱執問明白，發沿邊墩堡立功，哨瞭一年。從之。

《明英宗實録》正統十一年春正月〔戊子〕勅錦衣衛指揮同知王山、千户鄧宣曰：比聞在京口外官員軍民人等往往通諸匠作私造軍器等物，侯瓦剌使臣回日於閒僻之處私相交易，甚至將官給軍器俱賣出境，該管官司縱而不問。又所在頭目有假以送禮爲名，將箭頭貯於酒罎，弓張裹以他物送與使臣，此等論罪，悉當誅戮。今使臣將回，特命爾等領旗校自居庸關至宣府大同凡使臣經過去處巡緝，敢有似前潛將軍器與之交易者，即擒解京，有干應奏官員具實奏聞逮問。如爾巡捕不密，事發皆重罪不宥。仍

須嚴禁帶去旗校人等，不許依勢作威，誆索官民財物，但有犯者，即爾之罪。

《明英宗實録》正統十一年三月〔戊子〕有謀欲殺縣官者，罪應徒。法司以恩例請減之。上曰：此等兇惡豈可輕縱，其杖一百，發戍遼東。

《明英宗實録》正統十一年冬十月　丙申，直隸潼關衛奏：先因右都御史陳鎰言本衛雜犯、死、流、徒罪於陝西藺縣納米，笞杖罪於河南納米。乞令笞杖罪亦止於本衛納米爲便。從之。

《明英宗實録》正統十一年冬十月〔壬子〕命法司論斷罪囚有力者，於通州運米赴龍門、開平二衛上納贖罪。從户部奏請也。

《明英宗實録》正統十二年春正月〔戊寅〕上御奉天門，謂工部臣曰：官民服飾皆有定制，今聞有僭用織繡蟒龍、飛魚、斗牛及違禁花樣者，爾工部其通諭之。此後敢有仍蹈前非者，工匠處斬，家口發充邊軍，服用之人亦重罪不宥。

《明英宗實録》正統十三年五月　丙午，巡按廣東監察御史等官楊剛等言：廣東爲事官軍近年發去廣西立功哨瞭，懼遠多逃，不得其用。今廣東雷、廉、高、肇等府被廣西賊侵邊界，見勅署都指揮僉事陳德把總守備，正乏人用。乞置法司行移廣東，遇有官軍先發立功哨瞭在逃與今後有犯者，一體俱發陳德處就近主功哨瞭。庶法不虚行，人得實用。從之。

《明英宗實録》正統十三年五月〔壬子〕順天府懷柔縣民劉廣、江西鄱陽縣民樊侃、陝西盩厔縣民李肆漢皆自凈身，謬言病疳及墜馬損傷，詣闕自陳求用。上以其故違禁令，俱謫戍遼東鐵嶺衛。著爲例。

《明英宗實録》正統十三年六月〔甲戌〕四川按察司副使李匡奏：四川軍民爭訟不自下而上，往往至京，駕虚詞，煩瀆聖聽，及遣人遞回，中途又多脱逃，負累遞送之人。舊例：擅動實封者發遼東充軍，誣告十人以上並原告發回中途在逃者軍餘調發邊衛充軍，民人發遣口外爲民。切緣四川遠在萬里，此等囚徒雖經起解，屢見逃亡，勘合行提，連年不絶，非惟彼處不得人用，抑且長解被其負累。四川松潘衛並疊溪守禦千户所極遠地方，番蠻不時出没，係急用人守備去處。乞勅法司計議將四川軍民人等擅動實封告訐詞訟者，無分虚實，俱改發松潘衛充軍，其誣告十人以上並原告發回中途在逃者，無分軍民，俱改發疊溪千户所充軍，填實邊方，控制番蠻，實爲便益。都察院右都御史陳鎰等奉詔議：臣所奏除機密重事許奏及於例不應充軍者雖準外，其餘例該充軍者宜準所言。今後四川軍民人等果係擅動實封及雇人遞狀，驀越訴告並主使教唆，捏詞寫本狀者，決杖一百，改發松潘衛充軍，其軍餘人丁驀越赴京誣告十人以上並原告發回中途在逃者改發疊溪千户所充軍，民人仍發口外爲民。從之。

《明英宗實録》正統十三年九月〔庚子〕上諭禮部尚書胡濙等曰：宗室，國之至親。近聞内外官員有以事至王府者多方需索，以致窘迫。自今使臣至者止許待以酒饌，餘物一毫勿與之。若有仍前需索者，三司並巡按御史體實來聞，不分内外大小官員人等，正犯處死，全家發戍邊方。其三司、御史知而容隱者治以重罪。爾即移文各衙門官員人等一體知悉。

《明英宗實録》正統十三年九月　乙巳，命法司，今後罪囚應贖者，俱於通州倉關領糧料運赴開平等處，以備邊餉。

《明英宗實録》正統十四年三月　辛丑，上諭吏部尚書王直等曰：近聞各處放回官吏多有挾制官府，交結害民，及誘人爲非，以致盜賊生發。爾吏部查禁約事例來聞。直等悉疏永樂、宣德間禁約例上之。上覽畢，諭之曰：放回官吏挾制官府，交結害民者發口外充軍，誘人爲非以致盜賊生發者本身梟首，家屬發邊遠充軍。爾吏部移文内外法司衙門，遍諭有衆，使知所警。

《明英宗實録》正統十四年冬十月〔壬子〕勅諭大營總兵官及大小把總、頭目、軍士人等：國家用兵，所以禁暴誅亂，衛國安民。若賞罰不嚴，則士氣不猛。大凡有奇功者陞職三級，賞銀二十兩。頭功陞職一級，賞銀五兩，官軍臨陣殺賊死者，子孫襲陞二級，賞銀二十兩，其頭目同所領官軍全隊以殺賊而死者，陞賞準奇功，半隊死者準頭功，十人以下死者準常功，其頭目亦死者，陞賞子孫。每隊伍中立公正、掌令官二人，務令頭目軍士死生相顧，臨陣務在有進無退，有勇無怯。若頭目不顧軍士，先自退怯者，許掌命官即斬其首，別選頭目代領。若軍士不顧頭目，先自退怯者，許後隊斬前隊，準常功陞賞。軍士不勇不進，致頭目失陷者，斬其全隊，若有能立奇功，可贖前罪。頭目不勇不進，致軍士失陷十人者，斬首示衆；失陷至二十人者，斬首，不與承襲；失陷三十人以上至全隊者，斬首，籍没其家，但有奇功，量與贖免。其總兵官申令不明不

嚴，致十隊退怯者，罰俸一年；至三十隊者，降職二等；至五十隊以上者，罷其職；全軍退怯者，斬頭目。軍士但降敵者，全家斬首，籍没財産。行軍之際，軍士敢有搶虜民財至十貫以上者，斬首示衆。頭目縱容軍士搶虜至十人者，罷職充軍；二十人以上至全隊者，梟首營門，軍士並皆處死。軍中及諸召募等項新來之人，半日不知軍法，敢有造言惑亂人心，撓阻號令，致壞事者，凌遲處死，籍没其家。頭目官軍臨陣在逃及不聽總兵官號令者斬。

（明）余繼登《典故紀聞》卷一一　正統十四年，刑部奏定各處生員若犯受贓姦盜、冒籍科舉、挾妓飲酒、居喪取妻妾等罪者，南、北直隸發充兩京國子監膳夫，各布政司發充鄰近儒學齋夫膳夫，滿日籍爲民。

《明英宗實録》景泰元年閏正月　〔丁卯〕兩浙都轉運鹽使司奏：往者鹽禁甚嚴，人莫敢犯。近時稱寬，私販者衆。乞勑法司，今後但干鹽法，罪應徒者如律，應流者限四年，應雜犯死罪者限五年。灶丁調别場煎塩，仍取户丁補其本役，軍調沿邊守瞭，民發江北擺站，各滿日疏放，則人知所警。俱從之。

《明英宗實録》景泰元年二月　壬寅，定貴州囚犯減輕納米例。三司及所屬衛所府州縣官吏、軍民、舍餘人等，除真犯死罪、强盗外，其餘笞、杖、徒、流、雜犯死罪，俱比舊減輕，納米贖罪。雜犯死罪納米三十五石，流罪二十石，徒五等遞減二石，杖一百九石，餘四等遞減一石，笞五十三石五斗，餘四等遞減五斗。從按察司王憲奏，以本地米貴，各衛缺糧故也。

《明英宗實録》景泰元年夏四月　〔丙子〕三法司奏：説事過錢人，比受錢人律例減罪，有禄減一等，無禄減二等。今兵科給事中豐慶請重罪過錢者，發充邊衛軍。援洪武説事過錢處斬、籍没爲言。請何從？詔但遵已行律例毋更。

《明英宗實録》景泰元年六月　〔甲戌〕先是，四川軍民，官吏人等，笞、杖、徒、流、雜犯死罪，俱輸米松潘等處以贖。左副都御史王來以各處修理軍器，奏乞當輸米一石者，輸鐵二十五斤。既而松潘等處邊餉不足，四川三司白刑部，請如舊例輸米。刑部爲奏，從之。

《明英宗實録》景泰元年秋七月　〔丁未〕修倒馬關卒二百餘人逃歸自首，刑部論例發邊衛守瞭，卒皆稱冤，言逃由食盡。尚書俞士悦等奏：律設大法，禮順人情。此卒食盡而逃，又能自首，論情可矜。請自今卒逃不自首，爲人發覺者，宜處如本例。其能自首，宜定限使守瞭，期滿發還原役。庶刑法適中，人情允愜。帝曰：立法所以治姦，寛恩所以矜情。其發各關守備二年，期滿放還原役。著爲令。

《明英宗實録》景泰元年秋七月　〔辛酉〕巡撫貴州大理寺右寺丞王恂奏：貴州龍里等衛，被賊攻圍日久，將士饑餒。請令湖廣、四川、雲南、貴州罪人，俱發貴州各衛納米，以濟一時之用。事下，户部議：貴州囚犯，已有減輕納米則例。宜令湖廣、四川、雲南囚犯，俱準例赴貴州納贖。從之。

《明英宗實録》景泰元年冬十月　〔癸酉〕嚴私宰耕牛禁，犯者於常律外，仍罰鈔五千貫。本管並隣里，不首及買食者，各罰鈔三千貫。

〔戊寅〕命内外法司今後問擬笞、杖罪囚，其有力當輸贖者，免其運糧，悉納鈔。笞一十二百貫，餘以二百貫遞加，至笞五十一千貫，杖六十一千八百貫，餘以三百貫遞加，至杖一百三千貫。其貪贓官吏，除金銀珠寶仍追本色，餘物亦照今例折鈔。每疋羅叚八百貫，綾紗三百貫，大絹一百貫，小絹、三梭布各三十貫，大綿布二十貫，小綿布八貫。以鈔法不行，從户科給事中李錫請也。

《明英宗實録》景泰二年春正月　〔甲子〕兵部奏：先奉旨：將在京、在外各衛所官軍舍餘取勘造册。今已造完。宜將應襲子孫盡令操練。其餘弟男子姪，選其精壯年四十以上者操練。若有自願報效者，亦聽操練，俱給與口糧。其餘丁宜查勘有隊伍空缺者，選取補數操練。其餘俱聽生理，仍再移文各府衛。如有漏報舍餘，許令首告改正。有隱匿者，發京衛充軍。從之。

《明英宗實録》景泰二年二月　〔丙戌〕鎮守天壽山都督、同知王通奏：去歲虜寇入境，侵犯三陵，官軍驚散。今城垣已修完，乞命都察院轉行巡按、監察御史、五城兵馬司逐一挨究。但係三陵等衛官軍及餘丁家人，俱限本年三月終回衛。若潛遁不回者，發口外充軍。從之。

《明英宗實録》景泰二年夏四月　〔丁丑〕以懷來衛倉缺糧，命内外法司囚犯於通州領糧，運赴懷來交納。雜犯死罪五十石，三流並徒三年四

十石，餘四等遞減五石，杖一百五石，餘四等遞減一石，笞五十三石，餘四等遞減六斗。

《明英宗實録》景泰二年秋七月〔丙午〕先是，廣東右叅政戴弁奏：官吏犯職者解京，其他罪於欽州並靈山縣納米贖罪。朝議從之。至是，遞按監察御史錢昕又奏：邊儲不足，請官吏犯枉法贓滿貫應死者解京，其犯贓不應死者，亦於二處納米，完日發遣原籍爲民。從之。

《明英宗實録》景泰二年秋七月〔辛亥〕刑部左侍郎羅綺奏：臣奉命於四川督運糧儲二十萬，往貴州餉軍。切見四川之民，勞瘁已極。請先令挽運十萬，其他宜別區畫。欲令各司典吏，有能運米七十石赴播州，或運三十石赴貴州者，送吏部授以冠帶，照資格選用。軍民能如例運米者，授以冠帶，俾榮終身。文臣無贓犯者，運米二十石赴貴州，給與誥勑。僧道赴彼納米五石者，給與度牒。外境客商年久潜住四川者，各令運米一石赴播州。四川各司收叅、知印、承差、典吏及起送陰陽醫生、僧道赴部者，俱令納米運米有差。文臣犯罪者，除有贓解京，其他悉令運米贖罪。自成都府支米運赴播州者，雜犯死罪二十五石，三流二十石，徒三年十八石，餘四等遞減二石，杖五等俱八石，笞五等俱六石。自重慶府運至貴州者，雜犯死罪十八石，三流十六石，徒五等遞減二石，杖四石，笞二石。從之。

《明英宗實録》景泰二年八月〔辛巳〕禁廣東、福建、浙江等處軍民之家不得私藏兵器。匿不首者，全家充軍。造者，本身與匠俱論死。其知情者，亦連坐之。從鎮守浙江兵部左侍郎孫原貞奏請也。

（明）談遷《國榷》景泰二年八月〔癸巳〕刑部員外郎陳金言律例未便三事。曰婦人真犯徒流笞杖罪概的決，則廉恥道喪。宜依男子例減半贖之。曰軍民私債例不追索，則貧民無控。宜聽其理取。曰軍官敗倫傷化者革職不襲。今姦徒多誣告，宜依繼母並義父母告子孫例，集鄰右勘實。從之。

《明英宗實録》景泰二年八月〔癸巳〕刑部員外郎陳金言：律設大法，例因時宜。我朝自太祖高皇帝憫前古五刑之慘，易之以笞、杖、徒、流、絞、斬之法，實所以全小過，施至仁。而於律之外，又有所謂例，以斟酌損益，因時制宜。然律之大法，永不可易。而例之權宜，弊則當更。謹條列未便者以聞：一、例婦人真犯徒、流、笞、杖槩的決，此於廉耻待人之道，似有未及。宜依男子例，減半贖之。一、軍民私債，例不得追索，俟豐稔歸其本息，以此貧民有急，徧叩富室，不能救濟。宜聽其理取。一、軍官及子孫輩，有犯不孝，並烝父妾，妻兄弟之妻，凡敗倫傷化者，俱革職，不許承襲。今姦宄者多假是誣告圖其官職。請依繼母並義父母告子孫例，集其鄰佑勘之。如妄則發所告者原籍爲民，不得仍於衛所騷擾。章下，三法司以其言皆可行，從之。

《明英宗實録》景泰二年九月〔壬戌〕禮部奏：近日首自宫者，率多軍役。即今邊方未寧，誠恐一槩倣效，以致軍伍缺人。今後軍餘自宫者，請將全家發遼東充軍。從之。

《明英宗實録》景泰二年冬十月〔乙酉〕命囚徒輸米赤城等邊堡。時赤城等堡復立，召商納米中塩。以道塗險阻，輸直湧貴，無至者。户部乃奏：以在京法司囚徒，原擬宣府並新興倉輸米者，俱量減原例，令領米運輸赤城等堡。事下，法司奏減例：斬絞輸四十石，三流並徒三年三十二石，徒二年半二十七石，二年二十二石，一年半十八石，一年十三石，杖每一十輸米八斗。從之。

《明英宗實録》景泰二年十二月〔癸酉〕命萬全都司並巡按直隸監察御史問擬囚犯，贖罪者，俱於隆慶倉領米，運赴龍門衛。二死罪運四十石，三流并徒三年三十二石，徒二年半二十七石，二年二十二石，一年半十八石，一年十三石，杖一百十石，以下四等遞減一石，笞五十四石，以下四等遞減八斗。從管理邊儲郎中李秉請也。

《明英宗實録》景泰三年二月〔庚寅〕命法司論斷罪囚于京倉運米，赴宣府宣德倉贖罪。雜犯死罪四十五石，三流並徒三年三十五石，餘四等遞減五石，杖石十石，餘四等遞減一石。

《明英宗實録》景泰三年夏四月〔戊寅〕命法司及巡按直隸監察御史，令後永平、山海至密雲一帶関寨營堡，操守官旗，有犯輕重罪名，俱於本處自備粮米，上倉贖罪。雜犯死罪九十石，三流並徒三年七十石，其餘四等徒遞減十石，杖罪每等二石，笞罪每等壹石。以各倉缺糧，從提督軍務右叅都御史鄒來學奏請也。

《明英宗實録》景泰三年六月〔戊子〕命申明塩禁。户部奏：國家

邊計，專仰於塩。邇歲以來，私塩盛行而興販者多，官塩價輕而中納者少。且知廣東、海北二提舉司行塩之地，迤北止於南雄。今乃自梅嶺、羊角水等處，而越至江西、湖廣。河東陝西運司行塩之地，迤南止於南陽。今乃自潼關内鄉等處，而越至湖廣襄陽。又如直隸揚州地名狼山、了角觜等處，路當衝要，其土豪糾合勢要，持兵挾矢，勢如强賊。寅夜貿易，動以萬計。若不禁治，恐邊方缺糧，召商不願，有悮邊備。乞移文各處，嚴督緝捕。但越境貨賣者，送官究問，發遼東鐵嶺衛充軍，妻子隨住。有司受賕故縱者，亦發邊衛充軍。捕獲之人，量加給賞。從之。

《明英宗實録》景泰三年九月（戊午）命山東諸司罪囚，除真犯死罪，有贓官吏外，餘俱赴修河處納椿木贖罪。

《明英宗實録》景泰三年十一月（己卯）鎮守陝西刑部右侍郎耿九疇奏：陝西比歲旱傷無收，邊糧不足，乞命陝西三司並所屬，自今所問罪人，有文職官吏、知印、承差、舍人犯贓應擺站者，俱發涼州倉納米贖罪。以給邊儲。事下，户部覆奏，從之。

《明英宗實録》景泰四年正月（戊辰）刑科言：法司論笞、杖罪遣運糧、運石、運灰，俱以笞、杖數多寡定所運物多寡。惟輸作者，不論多寡。五笞槩輸作三月，五杖槩輸作六月，輕重未當。及比者，刑部有同論杖罪，而或令納鈔，或令運糧、運石，輕重亦未盡愜輿論。章下，三法司議：當輸贖者，笞罪納鈔無力者輸作。雜犯死罪及流、徒、杖罪運糧、運石，無力者煎塩、炒鐵，輸作。死罪，五年，流四年，徒如本限，杖一百六月，笞五十三月，杖自九十笞自五十而下，每降一等遞減，俱以半月爲差。其在京守衛操備官旗軍校，例難的決者俱納鈔，無力納鈔者，住俸輸作。婦人坐詿誤等輕罪，願納鈔贖者聽。俱從之。

《明英宗實録》景泰四年二月（壬寅）巡撫淮安等處右僉都御史王竑先奏：徐州廣運倉糧，除給官軍俸廩外，今欲發賑河南、山東並徐州等處被災飢民，計不及三月而盡。乞勑户部會議，將内外問刑衙門犯笞、杖、徒、流、雜犯死罪，如例納米贖罪。山東定與濟寧倉，河南定與被災地方倉，南京並江南、江北，直隸定與徐州倉。至是，户部議：宜從竑請，定其則例。死罪八十石，三流並從三年六十石，餘徒四等遞減五石，杖罪每一十三石，笞罪每一十二石。從之。

《明英宗實録》景泰四年四月（丙午）提督宣府軍務右僉都御史李秉奏：龍門倉粮米缺少，赤城倉豆亦不敷，乞命户部定擬在京法司及巡按直隸御史等官所問罪人，令運米、豆於二處交納。事下，户部議：在京法司所問罪人，令於通州倉支豆運赤城，巡按直隸御史並萬全都司等處所問罪人，令隆慶衛倉支米運龍門。所運多寡數目，各因其罪之輕重而等第焉。從之。

《明英宗實録》景泰五年五月（戊午）户部奏：直隸保安州所屬宣人等倉糧儲缺乏，請暫令在京法司囚犯，於通州運米三萬石赴彼備用，斬、絞罪四十石，三流並徒三年三十二石，餘四等遞減五石，杖罪每一十八斗。

《明英宗實録》景泰五年九月（辛亥）詔南京刑部、都察院等衙門，罪囚笞、杖、徒、流、雜犯死罪者，納米贖罪。從南京兵部尚書張純奏請也。

《明英宗實録》景泰六年七月（甲午）户部先奏，准在京法司並北直隸囚米運米贖罪例則，永平、山海一帶關塞城堡官吏官民，於喜峯口倉上納。保定、真定、順天府衛所屬，於倒馬關倉上納。河間、大名、廣平府衛所屬，並順天府霸等州縣，於紫荆關上納。其後，歲歉米貴，逋負連年。至是，巡按監察御史吴中以爲言。命減其則例，雜犯死罪九十石，三流並徒三年七十石，俱減二十石。杖九十徒二年半六十石，減其十五石。杖八十徒二年五十石，杖七十徒一年半四十石，杖六十徒一年三十石，俱減其十石。杖罪每一十二石，減作一石五斗。笞罪不減。

《明英宗實録》景泰七年三月　乙亥，詔：官吏坐贓，當絞徒者，俱宥之，黜爲民。

《明英宗實録》景泰七年九月（甲戌）刑部、都察院、錦衣衛奉詔疏，見監輕重罪囚以聞。命罪死者如律，罪應死而情輕者發戍邊衛，其餘笞、杖並輸作者俱釋之。

（明）余繼登《典故紀聞》卷一二　景泰間，南京守備平江伯陳豫等奏：永樂年間例，一家被盜劫，四鄰十家助擒之，即獲人，賞銀五十兩，文綺四表裏，鈔二千貫，各給以盜者貲産。如坐視，四鄰各十家均償所劫，且枷示之，必得盜乃釋。都察院謂其太重，奏遂寢。

《明英宗實録》天順元年六月〔癸卯〕刑部請寬減内外輕重罪囚。上命坐死可矜疑者以聞，雜犯死及徒、流遞減三等，杖以下悉宥之。

《明英宗實録》天順四年三月〔辛卯〕詔雲南三司，審見問囚人，雜犯死罪並徒、流罪，有力者納米，無力者觧發各場煎銀。死罪五年，流罪四年，徒罪各依所犯年限，滿日疎放。著爲令。從雲南按察司奏請也。

《明英宗實録》天順五年六月〔壬午〕命法司具真犯死罪囚徒以聞，餘雜犯死罪及流、徒者減等論決，笞杖者宥之。

《明英宗實録》天順五年十二月〔丁卯〕刑部、都察院、大理寺議定贖罪則例。守衛操備官旗、將軍、校尉、邊軍、邊民犯笞、杖，婦人犯笞、杖、徒，文官監生犯笞，俱令納鈔。若官員與有力之人，仍如前例運磚、炭等物。笞一十，運灰一十二百斤，磚七十箇，碎磚二千八百斤，水和炭二百斤，石一千二百斤，納鈔二百貫。餘四笞五杖，灰各遞加六百斤，磚各遞加三十五箇，碎磚各遞加一千四百斤，水和炭各遞加一百斤，石各遞加六百斤，鈔各遞加一百貫。至杖六十，鈔增爲一千四百五十貫。餘四杖，各遞加二百貫。徒一年，運灰一萬二千斤，磚六百箇，碎磚二萬四千斤，水和炭一千七百斤，石一萬二千斤。餘四徒三流，灰各遞加六千斤，磚各遞加三百箇，碎磚各遞加一萬二千斤，水和炭遞加九百斤，石各遞加六千斤。惟三流，水和炭同減爲加六百斤。雜犯二死，各運灰六萬四千二百斤，磚三千二百箇，碎磚一十二萬八千斤，水和炭九千斤，石六萬四千二百斤。疏入，上曰：可，其著爲令。初，右都御史李實言：法司贖罪，輕重不一，刑官得以爲私。宜定則例，以革其弊。故有是議。

《明英宗實録》天順六年五月〔壬寅〕禁在外大小衙門，不許增置夾棍等件刑具酷虐軍民。從浙江冠帶典吏黄鎮言也。

《明英宗實録》天順七年二月〔辛未〕命法司論斷罪囚，應徒者於獨石倉納豆贖罪。徒一年者十石，餘四等遞加五石。

《明英宗實録》天順七年二月〔癸酉〕陝西按察使項忠奏：連歲災傷，民多缺食，請各司論斷罪囚，俱令納米贖罪，以備賑濟。從之。笞一十納米五斗，餘四等遞加五斗。杖六十納米三石，餘四等亦遞加五斗。徒一年納米十石，餘四等遞加五石。流三等俱納米三十五石，雜犯死罪視流加五石。

《明憲宗實録》成化元年九月辛未，巡撫陝西都御史項忠言：陝西終南山接連河南盧氏、永寧等處，俱有銀礦，常爲本地奸民聚衆竊取。雖封閉之固，守護之嚴，巡視之謹，而愚民重利罔畏典刑。接踵徒、流，略無忌憚。將恐見利忘身，所聚益衆，其患有不可勝言者。乞勑法司擬議，通行陝西、河南及有礦去處，更加禁約。有竊取者，依律問罪，仍枷號三月，以示衆。若三犯，則奏請裁處。其傷人或聚衆不散者，於法當死，不在枷號之條。庶幾奸民少懲，而後患可弭。上是其言，令該部即與施行。

《明憲宗實録》成化二年三月〔庚午〕巡撫左僉都御史葉盛奏：獨石急缺料豆，請如先年贖徒法，將雜犯死罪以下，一體定例納豆。其法死罪五十石，三流三十五石，徒三年三十石，二年半二十五石，二年二十石，一年半一十五石，一年一十石，杖一百者六石，九十者五石五斗，八十者五石，七十者四石五斗，六十者四石，笞五十者三石五斗，四十者三石，三十者二石五斗，二十者二石，一十者一石五斗。户部覆奏，從之。

《明憲宗實録》成化六年十二月甲寅，户科給事中李森言：往年陝西等處民饑，許問刑衛門問過杖罪以上官吏人等，定擬則例，納米賑濟。今宜照此例，令刑部、都察院問過犯人，免其運炭，量罪輕重，定例於順天等府缺糧之處納米，仍嚴限完納，不許遲悮。從之。

《明憲宗實録》成化八年三月〔丁未〕命婦人犯法，納鈔贖罪。廣東按察司奏：婦人犯笞、杖並罪者，例俱單衣的決。但其問所犯，多緣連累。且素懷廉耻之人，一被刑辱，終身莫雪，甚爲可憫。乞依在京納鈔事例爲便。奏下法司，議以其言宜從，仍通行在外刑官，並巡按御史。自後婦人所犯，除姦盜不孝並審，無力與樂婦的決，餘悉納鈔贖罪。著爲令。

《明憲宗實録》成化八年六月〔辛巳〕刑部郎中劉秩，奉命會巡按御史戴縉，審録罪囚於北直隸。辨死罪之有寃者六人，情可矜疑者三人，以具獄上請。詔：有寃者，準辯，釋之。情可矜疑者，免死，謫充邊衛軍。

《明憲宗實録》成化十年夏四月〔甲子〕刑部尚書王槩，上處置條例十事。一、在京軍民人等有告官吏者，及具奏提問，或彼此逃匿，貽累證左，久不得釋，宜令原告逃者，被告免提，已提，亦令復還職役，惟提

原告治罪。若被告逃者，即係告實，亦令原告復還職役，惟擒被告治罪。一、本部見問軍職，多因告争俸糧財産等事。其有服之親，因兵部奏有敗倫傷化革職事例，欲謀官職，往往誣奏毆駡等情。及收鞫對，多有柔弱及畏懼逼迫，不得已而招承者，遂致革職，受屈無辜。宜令伯叔父母、兄姊及伯叔祖同堂伯叔父母、兄姊奏告弟、姪人等毆駡者，俱照義父母、繼母、嫁母告子不孝事例，以衆證爲實，依律問斷。若有誣枉，即與辯理。一、本部罪囚納紙，已有定例。近例該操官軍旗校人等，多以在逃罰紙，各因貧窘久不完納，或行原籍追理，甚爲擾害。宜照逃軍、逃民事例免納。一、在逃該操軍官舊例，本部問擬贖杖遠職補操。近例有以犯三次者，發邊方立功五年，回衛差操。且軍職犯法，問擬斬、絞罪者，尚得援例立功五年。今逃官亦與同罪，似爲太重。宜令逃三次者，俱發邊方立功一年，回衛差操。一、子孫毆駡祖父母，及妻妾毆駡夫之祖父母、父母，坐斬、絞罪。後祖父母、父母或告息詞，奏蒙决杖，發回養親。不孝之徒，恃此以免，滅倫敗俗，莫此爲甚。宜令初犯，許準息詞。再犯，難有息詞，不與奏請。其中若有執私故害者，不拘數次，亦與辯理。一、在京軍官多因乏用借貸于人，約以俸米銀絹償之。至關領之際，以所負太多，避匿不出。及債主自領，反誣以盗關之罪，輒坐常人盗倉庫錢糧贖絞立功，甚乖律意，宜止問杖罪。一、軍職有犯監守自盗、常人盗倉庫錢糧、受財枉法不滿貫與求索、科斂、誆騙等項，除杖罪以下，照依常例還職管事外，其犯徒罪，但係杖六十、徒一年以上，俱照運甎等例，完日還職，帶俸差操。及舊例軍職犯贓，問該徒、流罪者，俱照常例發落，復職管事。今以近例，致將受銀不及一兩，鈔不至百貫，錢不滿千文者，俱令帶俸差操，未免輕重失倫。宜令犯前項重罪，計贓滿貫，問該流罪，減等至杖一百。徒三年者，照舊運甎等項，完日還職，帶俸差操，不許管軍管事。其餘減等徒罪，俱依常例發落。原係管事者，或係帶俸者，照舊行之。一、文職官吏，有爲事問發爲民者，或已結、未結，往往赴京奏辯，或令家人抱訴。先例俱行原問衙門，或調别衙門鞫理。近例但有問過，招由在卷，及不親齎奏疏者，俱置不問以。致累訴不已，或有寃枉不申。宜依先例，仍與辯理。如果無寃，發原籍爲民。若再奏擾，從重處治。一、三犯竊盗並强盗人命等罪囚，有累訴寃枉及情可矜疑，或蒙饒死，編充陝西榆林等衛軍。本處爲無關隘，多逃回爲盗。及獲，止問徒、杖的決，遞發本處，巡哨著役，隨發隨逃，有至五六次者，自後宜各杖一百，調發極邊衛分，守整哨瞭。若犯竊盗、掏摸、人命等項，充軍逃回者，亦杖一百，調發遼東邊衛。徒罪，照徒年限守哨。杖罪，著役其各邊無関隘處，但係問發充軍逃回者，俱照此例。一、軍職姦宿軍妻樂婦例，單職并調外衛。其中有指姦者，依律勿論，擬坐贖杖，完日送兵部收查發落。緣有通姦招伏，多革職爲民。切詳律内，非姦所捕獲及指姦勿論。雖姦婦亦不去衣受刑。似此問斷，有乖律意。自後指姦及非所捕獲，止坐不應杖罪者，仍擬還職爲是。奏上，從之。

《明憲宗實録》成化十年五月 戊申，上諭都察院臣曰：曩因愚民捏造妖言，扇惑人心，屢犯刑憲，雖已榜禁，而冥頑之徒不改前非，犯者愈衆。宜申明禁例，再揭榜示衆。今後官吏、軍民、僧道人等，但有收藏妖書勘合等項，榜文到日，限一月以裏盡行燒毁，與免本罪。敢有仍前捏造、收藏、傳用惑衆者，許諸人赴官首告，正犯處死，全家發煙瘴地方充軍。首告得實之人，官量給官錢充賞，侵免雜泛差役三年。

《明憲宗實録》成化十一年六月 丁酉，調河南都指揮僉事高福，於湖廣都司帶俸差操，坐犯姦貪罪也。舊例軍職宿娼調衛，原奏止是指揮以下而無都指揮以上例，至是兵部以請，遂著為令。

《明史》卷九三《刑法志》 正德二年定錢鈔兼收之制。如杖一百，應鈔二千二百五十貫者，收鈔千一百二十五貫，錢三百五十文。嘉靖七年，巡撫湖廣都御史朱廷聲言：收贖與贖罪有異，在京與在外不同，鈔貫止聚於都下，錢法不行於南方。故事，審有力及命婦、軍職正妻，及例難的決者，有贖罪例鈔；老幼廢疾及婦人餘罪，有收贖律鈔。贖罪例鈔，錢鈔兼收，如笞一十，收鈔百貫，收錢三十五文，其鈔二百貫，折銀一錢。杖一百，收鈔千一百二十五貫，收錢三百五十文，其鈔二千二百五十貫，折銀一兩。今收贖律鈔，笞一十，止贖六百文，比例鈔折銀不及一釐；杖一百，贖鈔六貫，折銀不及一分，似爲太輕。蓋律鈔與例鈔，貫既不同，則折銀亦當有異。請更定爲則，凡收贖者，每鈔一貫，折銀一分二釐五毫。如笞一十，贖鈔六百文，則折銀七釐五毫，以罪重輕遞加折收贖。帝從其奏，令中外問刑諸司，皆以此例從事。

（明）楊廷和《楊文忠三録》卷四《視草餘録》 正德十六年五月十二日予與同官恭詣武英殿。【略】是日蕭司禮又言及張邵夏蔣四皇親家人輩時有訟楊四家强佔人房屋地土、搶奪人財物畜産者。法司鞫之，其家人輩皆擬枷號充軍，奏下閣中文書房傳諭上意欲貸之，予與同官執不可，往反再四，至是蕭復以爲言予曰：數年以來，權姦擅政，法守盡廢，外戚家因而怙寵生事，新天子嗣位，如初日照耀，萬方皆仰光采。各皇親家正當奉法循禮以助新政，張氏二侯尤當痛自檢制以爲之倡率，顧乃首欲犯之邪，往年無籍之徒指稱二侯名目在外害人，京師人怨入骨髓，二侯恐不及知，未能禁約，遂使錢寧、張鋭輩得以籍口構於大行前，姦人曹組肆爲誣奏，重賂寧、鋭輩至十數萬兩，事乃得解。尚不許朝謁，杜門不出者數年，太后在内多有不安，亦不知外家之事至於如此。前日已誤，今日可再誤邪？重治此輩，正爲衆皇親家增福也。蕭附耳語云：各宮掌宮太監及各監局掌印多在此，恐聞之。既而予曰：正欲揚言於大庭，使之轉聞於内，戒諭外家，自求多福也。既而各家人輩皆發遣充軍，但免枷號耳。新政之善如此。

（明）陳子龍等《明經世文編》卷一四一劉玉《申明律意疏》 祖宗之治天下，定律明刑以繩姦宄，百五十餘年，臣民遵守，教化大行，罔敢踰越。夫何承平既久，民僞日滋，犯刑憲者，有法外之姦；而掌刑憲者，無畫一之論？故或子糾他人而刼其父，或弟糾他人而刼其兄。敗倫傷化，莫此爲甚。若不講明律意，恐犯法者無所於戒，而司刑者無所於守。將來之弊，曷可勝言。近者，刑部湖廣司發審犯人王保，招稱在官吕莒糾同保等打刼伊父，將母拏住，用棍亂打，刼出銀兩衣服等件。將王保等問擬同居卑幼將引他人盜己家財物者減凡强盜罪一等律杖一百、流三千里，吕莒依卑幼私擅用財罪止律杖一百，此則子糾他人而刼其父者也。又據該司發審犯人高鑾招稱在官彊義糾同鑾等打刼伊兄彊預，將兄拏住，用尖刀放伊項下，刼出金銀首飾等件。將高鑾等問擬同居卑幼將引他人盜己家財物者減凡强盜罪一等律杖一百、流三千里，彊義比依弟毆兄者律杖九十、徒二年半，此則弟糾他人刼其兄者也。俱經本寺駁問未結。臣等伏讀《大明律》内一款，同居卑幼，將引他人盜己家財物者，卑幼依私擅用財物，加二等罪，止杖一百，他人減凡盜一等，免刺。若有殺傷者，自殺傷尊長卑幼本律科罪，他人縱不知情，亦依强盜論。若他人殺傷人者，卑幼縱不知情，亦依殺傷尊長卑幼本律從重論。謹詳律文曰：將引者，謂竊盜則藏踪隱跡，密竊而行，所以用將引也。曰免刺者，則專指竊盜而言也。曰亦依强盜論者，謂竊盜有殺傷，亦依强盜坐罪也。意甚明矣。引律者不知犯强盜者，他人自有本律。乃於凡盜之間，加一强字。遂欲減等。且如前條各居親屬相盜既遞減。凡人免刺，而又别言若行强盜者，則凡人不兼强盜明矣。此條所謂凡盜亦不免刺，豈得兼强盜乎？或者又疑有殺傷者坐强盜，遂以爲無殺傷者不當坐强盜，殊不知强盜之爲强盜，不在殺傷。故强盜本條不言殺傷，而竊盜臨時拒捕，乃言殺傷也。又按《名例律》犯罪首從各别者，依本律首從論。註云如卑幼引外人盜己家財物二十貫，卑幼依私擅用財加二等、笞四十，外人依凡盜爲從論杖七十，亦是專指竊盜，乃有首從，安可引之以斷强盜之獄乎？且各居卑幼，雖是異財，實係親屬，非他人比。其行强盜且以凡人論，豈得他人反不以凡人論乎？若同居卑幼，則雖同財，而倫理爲重，所以竊盜之罪可減，而强盜之罪不可減。况刼父刼兄窮兇極惡，較之罵父毆兄者，輕重何如？此皆人倫之大變，律文所未該，亦當權輕重以正法。援比附以上請若如前項擬斷，則是倫理置而不論，盜賊肆而不禁。將來姦詐之徒，欲行强盜者，計挾本家一男一弟在内俱可免死。且子可以犯其父，弟可以犯其兄，亦何憚而不爲哉？恐於刑期無刑辟以止辟之義有乖也。

（明）卜世昌等《明通紀述遺》嘉靖五年七月 副都御史張潤言：國朝甲令，自叛逆盜賊機密帑藏外，軍民訟牒連株攟拾，全誣十人以上者，俱有厲禁。近來官司不恤民隱，不思一人被繫一家皆哭，輕忽者不肯理，庸劣者不知理，怠緩者不能理，貪暴者恣其科索、衒其威福、快其羅織，因而廢人生業，破人常産，陷人軀命，干和召災，職此之由，乞行禁勑，以福生民。從之，著爲令。

（明）談遷《國榷》世宗嘉靖十年七月 〔庚辰〕刑部尚書許贊，覆南京刑部沿書周倫推《明律例》七事。酌估贓以適輕重，據鈔法估贓不便宜如舊。去深文以釋連累，軍解連累鄰里，概戍。明律意以便法守。誣人至死反坐，未決如律徒二年。嚴隱蔽以均力役，義勇投勢隱役許自首。處罰贖以卹官軍，軍犯納贖等罪。或貧苦先還伍扣除月糧。議追贓以便發遣，寬雜犯以廣恩

例。從之。

《明世宗實録》嘉靖三十四年二月（辛巳）刑部尚書何鰲等奏上律例九事：一、凡姦緦麻以上親之妻，若妻前夫之女、同母異父姊妹者，罪如律。姦夫發附近衛充軍，婦女離異歸宗，並聽夫嫁賣。一、凡用財冒襲軍職者，若係乞養異姓及抱養遠族者，或受人財物賣與替襲者，又賂本衛所原勘官首先保結已經到部襲替者，俱依成祖欽定妄告冒襲不實之官並保勘官俱罷職揭黃，永不得襲。其保勘官將原衛所首先保結官各一員罷職揭黃，衛所並都司掌印僉書連名保結者，俱依律末減。若有贓，並以枉法論。其朦朧保送遠礙子孫弟姪者，俱照常發落，仍不許襲。一、凡宗室悖遠祖訓，出城越關赴京者，即奏請先降爲庶人送回。其奏詞應行勘者，行巡按查勘。若非有迫切事情，不啓王轉奏，又不與告撫按守巡，輒聽信撥置徑赴京，及犯有別項情罪，應合降革送發高墻等項，悉照前題，準事例施行。一、宗室互相訐奏，行勘未結而輒誣奏勘官，及不干己事，揑奏撫按者，不論事情重輕，俱寢不行。一、軍職犯該人命、失機、强盗、真犯死罪，及減死充軍者，不論典刑監故，子孫俱不許襲。沿邊地方總兵、副叅、遊擊、守備，都司、衛所官員，但有科斂入己，贓私至二百兩以上，永戍邊衛。四百兩以上，梟示。一、凡沿邊、沿海及內府、州、縣，與衛所同往一城者，及衛所自住一城者，若遇寇至，不能固守，致賊陷入，殺擄三十人以上，燒燬官民房屋，衛所掌印官與捕盗官，俱比照守邊將帥失陷城寨者，律斬。其府、州、縣掌印官及捕盗官，不能竭力協守，俱起送吏部降一級別用。其府、州、縣原無衛所任專城之責者，若有前項失事，不分邊腹，掌印、捕盗官，俱比照牧民官激變良民，因而失陷城池，律斬。一、凡搶奪至三次犯罪者，不論革前革後，俱比竊盗三犯絞罪，奏請定奪。一、凡軍職有犯倚勢役占，並受財賣放餘丁至三十名以上，致廢防守，俱比軍職賣放正軍，包納月錢。至二十名以上事例，罷職戍邊。議入，俱允行。

《明神宗實録》萬曆七年五月（戊辰）刑部題：廣東珠池之盗，有司因無律例，槩以强盗坐之，似屬過重。今議提獲盗珠賊犯，俱比常人盗官物所併贓論罪，免刺仍分爲三等。持杖拒捕者爲一等，不論人之多寡，珠之輕重，不分初犯再犯，首從俱遠戍。若殺傷人，爲首者斬。雖不曾拒捕，但聚至二十人以上，珠值銀二十兩以上者，爲二等。不分初犯再犯，爲首若遠戍，爲從者枷號三月，照罪發落。人及數而珠未及數者，亦坐此例。若其人與珠，俱不及數，或珠雖及數，而人未及數，爲三等。爲首者，初犯枷三月，照罪發落。若假以盗珠爲由，在海劫客商船隻，或登岸劫人財物者，各依强盗論。依擬，着爲令。

《明神宗實録》萬曆七年十月（己丑）總督兩廣侍郎劉堯誨上言：邇來賊盗繁興，皆由官箴不飭，上下相傚，賄賂公行。查《問刑條例》：凡衛所職官賣放正軍，包攬月糧至二十石以上者，罷職發邊衛守禦。凡沿邊地方總副叅遊、守備、都司、衛所官員，但有科斂及扣減入己贓私至二百兩以上者，發邊衛永遠充軍。四百兩以上者，斬首示衆。事例一體，通行沿海地方。以後總叅等官有犯此贓數者，俱照例究處。兵部覆奏，允其議。

《明神宗實録》萬曆八年十月（乙巳）刑科給事中常居敬條上祥刑五事曰：慎初審，禁濫獄，戒科罰，速歸結，明律例。部覆如議，報可。

《明神宗實録》萬曆十二年二月（丙寅）先是，户科給事蕭彦言：侵欺錢糧，律有明禁。徒、戍、大辟，詳且當矣。頃議者謂腹裏與邊海不同，尚宜計贓多寡酌論。上深然之，下部議。至是，刑部酌議以請。上曰：侵欺人犯，未發遣而先故者，依擬拘的親子孫解補，毋累踈屬。正犯應追財産，撫按官督有司確查追進，不得寬縱，攀及無辜。

《明神宗實録》萬曆十四年九月（癸巳）刑部尚書舒化題：爲申明刺字事例，以一法守事。竊惟刺字之法，專爲懲盗而設。故凡盗賊犯該徒罪以下者，不問贓數多寡，並從刺字。監守、常人盗二條，據律各載刺字之文。而滿貫罪至斬、絞者，向來並無刺字之例。蓋以刑入于死，無所事刺耳。祖宗二百餘年以來，內外問刑衙門，遵守無二。近年前項罪犯頗多，而諸官意見不無少異，若不申明畫一，非所以慎刑獄而正法紀也。今后除各盗犯該徒罪以下刺字外，其雜犯斬、絞準徒者，俱照舊免刺。庶法守可一，而刑罰得中矣。奉旨：軍官、軍人犯該徒、流律，並免刺。以復大職，炤軍官一體行，其餘但以盗論。及雜犯斬、絞準徒的，俱盡本法刺字。著爲例。

《明神宗實録》萬曆十五年八月（己未）河南南陽府鎮平縣已故民

趙臣妻白氏奏，豪惡訾國久致死夫男三命。上以各處軍民赴京陳奏，固有刁猾姦徒驀越訴辯者，亦有實係冤枉，地方官不爲伸理者。本内有名人犯，着撫按官拏解來京，問證佐，無干者不必濫及。都察院左都御史吴時來覆奏行本處撫按簡勘。上命撫按勘實具招，仍解京問。兵科給事中和震言：拏解未便，恐長刁風。上曰：朕哀小民，惟恐匹夫匹婦不得其所。此本内事情，或有寃抑未伸，撫按問理未當者，特令解京鞫審，以示詳慎。若姦徒越訴，自有正律，原無偏徇。仍遵前旨行。

《明神宗實録》萬曆十六年正月（庚戌）刑部尚書李世達、都察院左都御史吴時來、大理寺卿孫龍等題，申明律例未盡條款凡六事：一、奴婢官民之家，凡倩工作之人，立有文券，議有年限者，以雇工論。只是短雇，受值不多者，以凡人論。其財買義男，恩養年久，配有室家者，同子孫論。恩養未久，不曾配合者，士庶家以雇工論，縉紳家以奴婢論。一、竊盗三犯中，有贓數不多，或赦前一次，赦後二次，或赦前二次，赦後一次者，俱入矜疑，奏請改遣。一、强盗審有贓，證明確當時見獲者，照例即決。其夥賊供證明白，年久無獲，贓亦花費。夥賊已決無證者，俱候秋後處決。一、共毆下手絞犯，未結之前遇有□□主使，共毆重傷之人，在監與解審在途病故者，准抵。若配發事結，在家病亡者，不得準抵，仍將下手之人一並處決。一、子孫謀殺祖父母、父母者，單具即決，斃獄仍戮其屍。一、僞造印文者斬，不問何物成造。上允行。

《明神宗實録》萬曆二十一年九月（戊午）刑部尚書孫丕揚，條陳省刑約束：一、律例原無，宜省刑四條：勿用磨骨釘、寸寸緊、夾棍，勿用數百斤三四人立枷，勿用帶根板、水缸杖、生樹棍，勿用腦箍、竹簽、嘴掌、背花。二、論理當重，宜省刑四條：父子、兄弟告者，恕父兄刑。夫妻、尊長告者，恕夫與尊長刑。子弟替父兄誣告者，省子弟刑。妻妾替夫誣者，省妻妾刑。三、刑流防過，省刑四條：先枷撻者，後莫枷撻。人枷撻者，我莫枷撻。已刑下體，莫刑上體。已撻輸家，莫撻贏家。四、情偏防過，省刑四條：勿偏聽原被告加刑，勿過疑證佐加刑，勿出我聰明加刑，勿怒人彊項加刑。五、避天時，省刑四條：早晨宜省刑，寒暑宜省刑，霜雪宜省刑，節令宜省刑。六、體人情，省刑四條：屍親宜省刑，口訥宜省刑，救尊長者宜省刑，訴冤枉者宜省刑。七、人可矜者，省刑四條：老少者宜省刑，飢寒者宜省刑，病初愈者宜省刑，殘廢篤疾者宜省刑。八、人可矜者，省刑四條：官員宜省刑，生儒宜省刑，婦女宜省刑，贓情曖昧宜省刑。又省罰約束：一、省罪内罰四條：勿輕罪已擬而又罰，勿重罪輕擬而加罰，勿改無力贖爲有力贖，勿改輕罪贖爲重罪贖。二、省罪外罰四條：勿因事白罰富民，勿費短明取罪民，勿罰紙穀暗收折價，勿受賄賂故出人罪。三、省錢糧罰四條：勿取常例寬限，勿取重收秤頭，勿染投櫃拆封，勿留多派大户。四、省里甲罰四條：勿明徵會銀、暗用里甲，勿里長輪支、又派殷實，勿用銀多而累管支包補，勿用銀少而令行户出物。五、省指公費罰四條：勿指迎送科罰，勿指來朝科罰，勿指士夫科罰，勿指截糧科罰。六、省指上司罰四條：勿指上司取無礙銀罰，勿指上司送長夫銀罰，勿指上司發獎勵銀罰，勿指上司送壽節禮罰。七、省尅扣罰四條：勿尅扣船車官銀，勿尅扣各役工食，勿尅扣各行税銀，勿派取地方土宜。八、省紙穀罰四條：勿尅上司官銀倉穀抵數，勿尅自理贖銀餘穀作正，勿尅賑濟銀兩發倉欺人，勿尅修理公銀勸借肥己。上下詔褒之曰：卿等言是。朝廷設官養民，豈容貪酷吏法外刑罰，上干天和。即行各該撫按官，通行出榜禁約。以後復命考滿日，嚴查有無違犯，以論賢否，不得朦朧姑息。

《明神宗實録》萬曆二十四年二月（辛亥）原任大理寺少卿江東之題：乞勑刑部申明治獄律例。在内十三司，毋風厲殺人。在外十三省，巡按御史清查所屬郡邑，申報其罪不致死者，許令保出。章下部院。

《明神宗實録》萬曆三十五年十二月（丁卯）刑部右侍郎沈應文請申明律例，重囚病故不係梟首者，不必戮屍。從之。

《明神宗實録》萬曆三十七年四月　辛未，公訊滇城諸失陷罪，巡撫陳用賓總兵沐睿、知府陳典、知縣毛文彩並論斬。推官曰：明通從賊，律無正條，刑部尚書沈應文等，共議增定律例。凡大小文武官員，被賊攻陷城池，不即抗敵而輒法死。從賊導引焚劫有顯跡者，斬，秋後處決。請旨。

黄彰健《明代律例彙編》卷一《名例律・軍官軍人犯罪免徒流》　凡軍官、軍人犯罪，律該徒流者，各決杖一百。徒五等，皆發二千里内衛分充軍。流三等，照依地里遠近，發各衛充軍。該發邊遠充軍者，依律發

遣，並免刺字。若軍丁、軍吏及校尉犯罪俱準軍人擬斷，亦免徒流刺字。軍丁謂軍官、軍人餘丁。軍吏，謂入伍請糧軍人，能識字。選充軍吏者，犯罪與軍人同。若係各處吏員，發充請俸司吏者，與府州縣司吏，一體科斷。

弘治問刑條例

一、皇陵户、皇陵衛軍、旗守衛軍，與守衛上直操備官旗舍餘將軍校尉勇士力士，運糧駕送黃馬快船官旗，犯笞杖罪，俱令納鈔。

一、沿邊沿海旗軍舍餘，犯該監守常人盜、竊盜、掏摸、搶奪，至徒罪以上者，俱送總兵官處，查撥缺人墩臺守哨，年限滿日疎放。若總兵官截殺等項不在，就行本處巡撫巡按或分巡官一體查撥，仍行總兵官處知會，其別項徒罪以上，有力納米等項，無力巡哨。

一、凡各衛所舍人、舍餘、總小旗，犯笞杖者，有力運炭納米等項外，或令納鈔，無力的決。

一、凡應解軍丁，除真犯死罪外，若犯監守常人盜、竊盜、掏摸、搶奪，至徒罪以上者，牢固釘解，該衛收伍，轉發守哨，年限滿日著役。其犯別項徒罪以上，俱止杖一百，解發著役。

一、上班京操及運糧官員旗軍人等，犯該人命、强盜等項重罪者，官拘繫奏提，旗軍人等就便提問外，其餘一切小事，候下班回還交糧畢日，官參奏，與旗軍人等各提問。

一、錦衣衛總小旗並將軍，犯該一應姦盜、搶奪、誆騙、恐嚇、求索、枉法、不枉法等項罪名，但係行止有虧者，俱各調衛。總小旗仍充原役，將軍充軍。

一、凡校尉，犯該一應姦盜、搶奪、誆騙、恐嚇、求索、枉法、不枉法等項罪名，但係行止有虧者，俱各調衛充軍。

一、養牲官軍有犯姦盜、詐僞、失誤供祀，並一應贓私罪名，不分輕重，官黜罷，照例發落，軍發原伍。若訐告詞訟，及因人連累一應公錯，犯該笞杖罪名者，納鈔。並犯徒罪以上，不礙行止者，運炭等項，各還職著役。

一、養象軍奴犯該雜犯死罪，無力做工，徒流罪決杖一百，俱住支月糧，各照年限，常川養象，滿日仍舊食糧養象，笞杖的決。

一、凡王府旗軍、舍餘、匠校人等，犯該笞杖者納鈔。及徒罪以上無力者，在京俱做工，在外俱發將軍中尉儀賓府，充當儀從。

續例附考

一、法司問擬操備舍餘勇士人等，犯該笞杖罪名，俱令照例納鈔。中間多有無力不能納鈔者，法司因無別項發落事例，不肯改擬，往往監追累月，不得完結。查得逃操事例，官旗無力納鈔者，就任原問衙門決打，及衛所舍人舍餘總小旗無力，亦許的決。惟獨操備舍餘人等，乃欲不分有力無力，一概納鈔。非惟監追人難，反致耽誤操備。今後凡問操備舍餘人等，除有力仍照舊例納鈔，無力納鈔者，悉照衛所舍人、舍餘、總小旗事例，的決發落。

一、弘治十七年正月刑部題準：校尉犯該行止有虧，調衛充軍，自是校尉正條。其户內人丁有犯，不在此例。今後內外問刑衙門，條須詳察。若王府人役及户丁人等，除撥置害人外，其餘户婚田産私忿之事，問斷明白，依律議擬，照常施行。

一、凡問操備舍餘人等，除有力仍舊納鈔。其無力納鈔者，悉照各衛所舍人舍餘總小旗事例，的決發落。

一、運糧官軍有犯，查糧完足，奏請收問。有中途棄糧逃來奏告者，仍發漕運官處問結。

嘉靖條例

嘉靖九年該都察院題稱：凡問軍職立功，除無力不願贖罪者照舊外，其餘俱許納米，每年一十石，完日，免立功，回衛閑住。待年限滿日，方許帶俸。等因題奉聖旨：是。軍職有力納米，免立功的，著回衛閑住。待年限滿日，方許帶俸。欽此。

一、軍職强盜自首免罪，及犯該充軍遇蒙恩宥者，俱不得復還原職，發原籍爲民。若無原籍者，本衛所隨住。仍候身故之日，保送應襲之人，赴部襲替。

一、軍職宿娼，及和娶樂人爲妻妾，與盜娶有夫之妻者，俱問調別衛，帶俸差操。

一、凡由將軍歷陞千百户，犯該徒罪以上，行止有虧者，革去見任，冠帶閑住。

一、舍餘軍民人等，遇例納授都指揮等官，犯罪徑自提問。干礙行

止，革去冠帶。

一、錦衣衛總小旗並將軍校尉，犯該一應姦盜、搶奪、誆騙、恐嚇、求索、枉法、不枉法等項罪名，但係行止有虧者，俱各調衛，總小旗仍充原役，將軍校尉充軍。

一、凡錦衣衛旗校軍士，在逃一年之內者，聽其首告，初犯復役，再犯調衛充軍。其有侵欺拐騙及爲事避難情弊，各從重科斷。若一年之內，曾經造册清勾者，不準首補，另勾户丁補役。

一、軍職有犯監守常人盜，受財枉法滿貫，律該斬絞罪者，俱發邊方立功五年，滿日還職，仍於原衛所帶俸差操。若監守常人盜、枉法不滿貫，與嚇詐求索、科斂誆騙等項，計贓滿貫，問該流罪，減至杖一百徒三年者，具運炭納米等項，完日還職，帶俸差操。其減至杖九十，徒二年半以下，與別項罪犯，俱照常發落。原係管事者，照舊管事。原係帶俸者，照舊帶俸。若犯前項流罪，遇例通減二等，至杖九十，徒二年半者，仍帶俸差操。

一、軍職犯該竊盜，掏摸，盜官畜產，白晝搶奪，並縱容抑勒女及妻妾、子孫之婦妾與人通姦，或典與人，及姦内外有服親屬、同僚部軍妻女，一應行止有虧，敗倫傷化者，俱問革，隨本衛所舍餘食糧差操。

一、在京五軍都督府，選差官舍，押解充軍犯人，若受財賣放犯該枉法絞罪者，官發立功，滿日還職，調外衛帶俸差操。徒罪以下，照徒年限，立功滿日還職，帶俸差操。舍人抵充軍役，候拏獲替放。中間有犯姦淫囚犯婦女者，官發守哨，滿日革職，隨本衛所舍餘食糧差操。舍人枷號三箇月發遣。若酷害軍犯，搜檢財物，縱不脱放，各問罪。官調外衛，舍人發外衛充軍。其該府原選差掌印首領官吏，參究治罪。

一、武職有犯容止僧尼在家與人姦宿者，公侯伯問擬住俸，戴平頭巾閑住。都督、都指揮、指揮、千百户、鎮撫，住俸閑住。若有犯挾妓飲酒者，公侯伯罰俸一年，不許侍衛管軍管事。都督以下，革去見任管事，帶俸差操。原係帶俸者，常川帶俸。

一、凡各衛所舍人、舍餘、總小旗，犯該笞杖罪名，有力運炭納米等項外，或令納鈔，無力的決。其操備舍餘勇士人等犯前罪者，有力俱令納鈔。若無力納鈔，亦的決發落。

一、凡軍職犯該立功，如有力者，許納米，每年一十石，邊方準折雜糧一十五石，完日免立功，發回原衛所閑住。待年限滿日，方許帶俸。

大明律例致君奇術

一、軍職有犯監守常人盜、受財枉法滿貫，律該斬絞罪者，俱發邊方立功，五年滿日還職，仍於原衛所帶俸差操。其犯該竊盜、掏摸，盜官畜產，白晝搶奪，姦宿所部内軍妻女，行止有虧者，俱問革，隨本衛所舍餘食糧差操。若監守常人盜、枉法不滿貫，與嚇詐求索、科斂誆騙，計贓滿貫，問該流罪，減至杖一百者，徒三年者，俱納米還職，帶俸差操。

一、軍職縱容抑勒女及妻妾並子孫之婦妾與人通姦，及姦内外有服親屬，典雇妻女與人，並姦同僚妻小，一應行止有虧，但係敗倫傷化者，俱問革，隨本衛舍餘食糧差操。

黄彰健《明代律例彙編》卷一《名例律·犯罪得累減》 凡一人犯罪應減者，若爲從減。謂共犯罪，以造意者爲首，隨從者減一等。自首減，謂犯法知人欲告而自首者，聽減二等。故失減，謂吏典故出人罪，放而還獲，止減一等。首領官不知情，以失論。失出減五等。比吏典又減一等，通減七等。公罪遞減之類，謂同僚犯公罪，失於人者，吏典減三等。若未決放，又減一等，通減四等。首領官減五等，佐貳官減六等，長官減七等之類。並得累減。如此之類，俱得累減科罪。

嘉靖新例

一、嘉靖元年伍月刑部題準：即今天氣炎熱，比之肆月尤甚。合查照累年題準事例，將各犯暫免枷號，依擬發落。其續問例該枷號人犯，扣至陸月終止，亦就一體暫免。待後暑氣漸平，仍照舊例施行。

一、嘉靖肆年肆月刑部題準：行南京法司，照依在京恩例行。該暫免枷號的，俱照原擬發落，不必具奏。

一、嘉靖拾年捌月刑部題準：每年熱審並伍年審録之期，一應雜犯死罪準徒伍年者，一體減去壹年。

黄彰健《明代律例彙編》卷一《名例律·無官犯罪》 凡無官犯罪，有官事發，公罪亦得收贖紀録。卑官犯罪，遷官事發，在任犯罪，去任事發，犯公罪，笞以下，勿論；杖以上，紀録通考。爲事黜革，笞杖以上，皆勿論。若事干理没錢糧，遺失官物。罪雖紀録，勿論，事須追究明白。但犯一應私罪，並論如律。遷官者，謂改除，及差委權攝，鄰近官司得代。去任

者，謂考滿丁憂致仕之類。其吏典有犯公私罪名，亦依上擬斷。

弘治問刑條例

一、舍人、舍餘無官之時，犯該雜犯死罪，有官事發，運炭納米等項，完日還職，仍發原衛所帶俸差操。若犯該流罪，減至杖一百徒三年者，俱令運炭納米等項還職，原管事者照舊管事，原帶俸者照舊帶俸。其舍人犯竊盜、掏摸、盜官畜産、白晝搶奪、姦宿本衛本所軍妻女，行止有虧，敗倫傷化者，不分曾否受官，俱問革爲民。

續題事例

嘉靖四十一年吏部題準：凡內外官員被告被劾，干礙枉法，贓有指證可覆實者，無問官職崇卑，聽本部遵照節奉欽準事例，俱先行革職，在內，行法司，在外，行巡按御史盡數追完，然後發遣。其不完者，仍行原籍賣産，並追入官。

萬曆問刑條例

一、舍人、舍餘無官犯罪，有官事發，若犯該雜犯死罪運炭納米等項，完日還職，仍發原衛所帶俸差操。若犯該流罪，減至杖一百，徒三年者，俱令運炭納米等項還職。原管事者，照舊管事。原帶俸者，照舊帶俸。其犯該竊盜、掏摸、盜官畜産、白晝搶奪，及一應姦罪，行止有虧，敗倫傷化者，俱問革，隨本衛所舍餘食糧差操。

黄彰健《明代律例彙編》卷一《名例律·除名當差》 凡職官犯罪，罷職不敘，追奪除名者，官爵皆除。僧道犯罪，曾經決罰者，並令還俗。軍民匠竈，各從本色，發還原籍當差。

黄彰健《明代律例彙編》卷一《名例律·犯罪存留養親》 凡犯死罪，非常赦所不原者，而祖父母父母老疾應侍，家無以次成丁者，開具所犯罪名奏聞，取自上裁。若犯徒流者，止杖一百，餘罪收贖，存留養親。

新頒條例

一、題爲酌議養親之律，以廣聖孝事。該四川司呈，本部題：以後問刑衙門，遇有徒流人犯，查果祖父母、父母老疾應侍，家無以次成丁者，審果得實，徒罪即三年以上，除引例充軍者，不許援例輕縱外，其餘照萬曆三年題準事例。係民者，在本州縣擺站做工。軍竈，本場煎鹽，本境哨瞭。甚至於在京，無論軍年，俱送兩京府，發會同館擺站，俱滿放。等因具題，奉聖旨：這所議情法得中。今後內外問刑衙門，通著照這議行。但當嚴立禁約。如有犯該重刑，及不係親老單丁者，不許一概援例。欽此。【略】

給没贓物

凡彼此俱罪之贓，謂犯受財枉法不枉法，計贓爲罪者。及犯禁之物，謂如應禁兵器及禁書之類。則入官。若取與不和，用强生事，逼取求索之贓，並還主。謂恐嚇詐欺，强買賣有餘利，科斂，及求索之類。其犯罪，應合籍没財産，赦書到後，罪雖決訖，未曾抄劄入官者，並從赦免。其已抄劄入官守掌，及犯謀反逆叛者，並不放免。若罪未處決，物雖送官，未經分配者，猶爲未入。其緣坐人家口，雖已入官，罪人得免者，亦從免放。若以贓入罪，正贓見在者，還官主。謂官物還官，私物還主。又若本贓是驢，轉易得馬，及馬生駒，羊生羔，畜産蕃息，皆爲見在。已費用者，若犯人身死勿徵，別犯身死者亦同。餘皆徵之。若計雇工賃錢爲贓者，亦勿徵。其估贓者，皆據犯處當時中等物價，估計定罪。若計雇工錢者一人一日爲銅錢六十文。其牛馬駝驘驢車船碾磨店舍之類，照依犯時雇工賃直。賃錢雖多，各不得過其本價。謂船價值銅錢一十貫，却不得追賃錢一十一貫之類。其贓罰金銀，並照犯人原供成色，從實追徵入官給主。若已費用不存者，追徵足色。謂人原盜或取受正贓，金銀使用不存者，並追足色。

弘治問刑條例

一、在京在外問完囚犯，但有入官還官給主贓物，值銀一十兩以上，監追年久，儘其家産變賣陪納。若賣盡，並全無家産變賣，雖是未盡，止遺不堪家産，無人承買者，各勘實，具本犯情罪輕重，監追年月久近，贓數多寡，奏請定奪。若該追贓物，止值銀八九兩以下，及埋葬銀，監追一年之上，勘實全無家産變賣者，俱照本犯原擬發落，仍召保營辯完納。

一、軍官旗軍，但有監追入官還官給主贓物，值銀八九兩以下，一年之上不能完納者，將犯人暫發立功納鈔等項，各完滿日，還職著役。仍將各人俸糧月糧，照贓數扣除入官，還官給主。

一、在外問刑衙門，以贓入罪，除估價以定，照舊施行外，若有貨物估價，該載未盡，及原估粗舊等物，今係新美者，許令量照時值擬斷。

黄彰健《明代律例彙編》卷二《吏律一·職制·上言大臣德政》 凡

諸衙門官吏，及士庶人等，若有上言宰執大臣美政才德者，即是姦黨。務要鞫問，窮究來歷明白，犯人處斬，妻子爲奴，財産入官。若宰執大臣知情，與同罪。不知者不坐。

黄彰健《明代律例彙編》卷一《名例律・斷罪依新頒律》 凡律自頒降日爲始，若犯在已前者，並依新律擬斷。

黄彰健《明代律例彙編》卷一《名例律・斷罪無正條》 凡律令該載不盡事理，若斷罪而無正條者，引律比附。應加應減，定擬罪名，轉達刑部，議定奏聞。若輒斷決，致罪有出入者，以故失論。

黄彰健《明代律例彙編》卷一《名例律・徒流遷徙地方》 徒役各照所徒年限，並以到配所之日爲始。發鹽場者，每日煎鹽三斤。鐵冶者，每日炒鐵三斤。另項結課。

直隸府州

江南，發山東鹽場。

江北，發河間鹽場。

福建布政司府分發兩淮鹽場。

浙江布政司府分發山東鹽場。

江西布政司分發泰安萊蕪等處鐵冶。

湖廣布政司府分發廣東海北鹽場。

河南布政司分發浙東鹽場。

山東布政司府分發浙東鹽場。

山西布政司府分發鞏昌鐵冶。

北平布政司府分發平陽鐵冶。

陝西布政司府分發大寧綿州鹽井。

廣西布政司府分發兩淮鹽場。

廣東布政司府分發浙西鹽場。

海北海南府分發進賢新喻鐵冶。

四川布政司府分發黄梅興國鐵冶。

流三等，照依地里遠近，定發各處荒蕪及瀕海州縣安置。

直隸府州，流陝西。

福建布政司府分流山東北平。

浙江布政司府分流山東北平。

江西布政司府分流廣西。

湖廣布政司府分流山東。

河南布政司府分流福建。

山東布政司府分流福建。

山西布政司府分流福建。

北平布政司府分流福建。

陝西布政司府分流福建。

廣西布政司府分流廣東。

廣東布政司府分流福建。

四川布政司府分流廣西。

邊遠充軍

直隸府州

江南發：

定遼都指揮使司。

北平都指揮使司所轄永平衛。

山西都指揮使司。

陝西都指揮使司所轄蘭州衛、河州衛。

江北發：

廣東都指揮使司所轄海南衛。

四川都指揮使司所轄貴州衛、雅州千户所。

福建布政司府分發北平都指揮使司所轄永平衛。

浙江布政司府分發定遼都指揮使司。

江西布政司分發山西都指揮使司。

湖廣布政司府分發山西都指揮使司。

河南布政司府分發廣西都指揮使司所轄南寧衛、太平千户所。

山東布政司府分發廣東都指揮使司所轄海南衛。

山西布政司分發廣東都指揮使司所轄海南衛。

北平布政司分發廣西都指揮使司所轄南寧衛、太平千户所。

陝西布政司府分發廣西都指揮使司所轄南寧衛、太平千户所。

廣西布政司府分發陝西都指揮使司所轄蘭州衛、河州衛。

廣東布政司府分發山西行都指揮使司。

四川布政司府分發廣西都指揮使司所轄南寧衛、太平千户所。

弘治問刑條例

一、凡真犯死罪免死，並叛逆家屬子孫，及例該永遠充軍者，止在本房勾補，盡絶即與分豁。其餘雜犯死罪，並徒流等罪，照例充軍及口外爲民者，俱止終本身。

一、凡問發充軍及口外爲民者，免其運炭納米等項，並律該決杖，就拘發當房家小起發隨住。其餘人口，存留原籍，辦納糧差。若發邊外充軍者，原係邊衛，發極邊。原係極邊，常川守哨。發口外爲民者，原係口外並邊境民人，發別處極邊。

一、凡問該充軍者，在京行兵部定衛，在外係巡撫有行者，巡撫定衛。巡按有行者，巡按定衛。其所屬自問者，有巡撫處，申呈巡撫；無巡撫處，巡按定撥。仍抄招，行兵部知會。其問該口外爲民者，亦抄招，解送户部編發。

續例附考

一、竈丁有犯徒流雜犯，俱免納米，死罪五年，流罪四年，徒罪照徒年限帶鐐煎辦。除本等課外，每日帶辦三斤，另項結課。【略】

嘉靖新例

一、嘉靖叁年拾壹月刑部題準：充軍人犯，除叛逆家屬子孫外，其餘免死例該永遠充軍囚犯，若未經發遣，監故者，俱免其勾補。

一、嘉靖肆年兵部題準：凡遇軍民有犯，例該充軍等項，屬有司者，有司僉解。屬軍衛者，軍衛僉解。不許偏累有司。違者，徑自禁革參究。

一、嘉靖捌年湖廣按察司布政司會議呈允：凡王府軍校人等犯罪充軍及口外爲民，應用長解，遵照前項勘合事例，各於護衛儀衛司僉取相。應人役管解。不許偏累有司。違者，查提究問。若無護衛府分，許臨時呈請布按貳司清軍道詳奪。

一、嘉靖陸年陸月刑部題奉聖旨：充軍下死罪一等。近年官司多有輕聽風聞指扳，淫刑濫擬，非惟情輕，法重，因而致死，抑且僉取妻解，累及平人。今後務要嚴究實跡。如果情真罪當，方許引例充軍。亦不許指以訪察風聞，聽信讐攀牽扯，强比嚴刑逼招，致有誣枉，陷人死地。有似這等的，聽撫按官劾奏，及許被害之人陳訴，與他分辯。欽此。

一、嘉靖陸年捌月兵部題準：編發新軍，南人發南，北人發北。内有極邊字樣，方發極邊。如無極字者，遠不過叁千里，程限不過壹貳月。

一、嘉靖柒年拾貳月兵部題準：肅州孤懸西北境外，四面受敵。委爲第壹緊要重地。近年逃亡數多，行伍空虚，合行山西、山東、河南、陝西、北直隸大小問刑衙門，今後但係例該發遣邊衛充軍人犯，俱申各該撫按，定發肅州衛充軍。

一、嘉靖貳拾貳年貳月兵部題準：山西地方，連年虜患，比之各鎮，緩急尤爲不同。將山西應解河南、山東、四川、湖廣、浙江、江西、福建、廣東、雲南、廣西、貴州等處軍人，免其清勾，撥發附近衛所，就便食糧操練。精壯者盡行責付新設肆處參將統領，多餘之數，分發守城邊操等項應用。其宣大各鎮亦照例施行。事完，各該巡撫仍將存留軍人姓名文册貳本，壹本奏繳，壹本送部，轉發各該衛所開豁原伍。以後並不許勾擾。

嘉靖問刑條例

一、凡問發充軍及口外爲民者，免其運炭納米等項，並律該決杖，就拘當房家小，起發隨住。其餘人口，存留原籍，辦納糧差。若發邊衛充軍者，原係邊衛，發極邊。原係極邊，常川守哨。其無極邊字樣者，遠不過三千里，程限不過一二月。發口外爲民者，原係口外並邊境民人，發別處極邊。前二項人犯，雖有共犯，本例不言不分首從者，仍依首從法科斷。爲從者照常發落。

一、凡真犯免死，並或奉有欽依，處發叛逆家屬子孫，及例該永遠充軍者，止在本房勾補，盡絶即與開豁。若未經發遣，身監病故者，免其勾補。其餘雜犯死罪並徒流等罪，照例充軍，及口外爲民者，俱止終本身。

一、凡充軍及口外爲民人犯，屬軍衛者軍衛僉解。係王府軍校人役，於護衛司僉解。不許偏累有司。違者查提究問。若各王府，或無護衛者，仍行原問衙門議處，不在此限。

萬曆問刑條例

一、凡問該充軍者，在京行兵部定衛。在外係巡撫有行者，巡撫定

衛。巡按有行者，巡按定衛。其所屬自問者，有巡撫處，申呈巡撫。無巡撫處，巡按定撥。若係通詳撫按者，聽從巡撫定撥。俱抄招，行兵部知會。其問該口外爲民者，亦抄招，解送户部編發。

一、凡永遠充軍，或奉有特旨，處發叛逆家屬子孫，止於本犯所遺親枝内勾補，盡絶即與開豁。若未經發遣，在監病故，免其勾補。其真犯死罪免死充軍者，以著伍後所生子孫替役，不許行勾原籍子孫。以萬曆十三年親例頒行到日爲始，已前勾補過者，不得混行告脱。其餘雜犯死罪並徒流等罪，照例充軍，及口外爲民者，俱止終本身。

一、凡充軍，及口外爲民人犯，屬軍衛者軍衛僉解。係王府軍校人役，於護衛司僉解。無護衛者，行長史司於本犯親屬，或本府人役内僉解。不許偏累有司。違者查提究問。如無親屬，或本府人役數少，難以僉解，仍行原問衙門議處。

新例

崇禎拾壹年正月拾肆日令：一、凡文武軍民人等，有私販烟酒，賣通外夷者，不拘多寡，不分首衆，奏請梟斬。腹裡但有販者，十斤以上，發邊衛充軍。成斤以上，分別站徒。著爲令。欽此。

黄彰健《明代律例彙編》卷二《吏律一・職制・大臣專擅選官》 凡除授官員，須從朝廷選用。若大臣專擅選用者，斬。若大臣親戚，非奉特旨，不許除授官職。違者，罪亦如之。其見任在朝官員，面諭差遣及改除，不問遠近，託故不行者，並杖一百，罷職不叙。

弘治問刑條例

一、文職本身，並族屬有女爲王妃、或爲夫人，男爲儀賓等項，俱各見在，及有子孫者，本身不許陞除京職。如已亡故，及無子孫者，行京官，或原籍官司，保勘是實，一體除授轉陞。若保勘隱情，及雖開報，以存作亡，以有作無，扶同申結者，正犯問發邊衛充軍。保勘之人，屬有司者，發口外爲民；屬軍衛者，發邊衛充軍。

附録讀法新例

嘉靖八年二月吏部題奉聖旨：王府姻親，還查正德四年題準分別族屬遠近事例來看。長史等官果有才行可補的，與別衙門官一體叙選擢用，欽此。又該吏部題覆，奉聖旨：只照舊行。

續題事例

一、萬曆五年閏八月内，該吏部題準：以後應該廻避官員，除巡按御史照依題準事例，從方面官廻避外，其餘内外官員，俱以官職卑者具奏廻避，永爲遵守。

一、内外管屬衙門官吏，有係父子兄弟叔侄者，皆須從卑廻避。

黄彰健《明代律例彙編》卷二《吏律一・職制・姦黨》 凡姦邪進讒言左使殺人者，斬。若犯罪律該處死，其大臣小官巧言諫免，暗邀人心者，亦斬。若在朝官員交結朋黨紊亂朝政者，皆斬，妻子爲奴，財産入官。若刑部及大小各衙門官吏不執法律，聽從上司官主使，出入人罪者，罪亦如之。若有不避權勢，明具實跡，親赴御前執法陳訴者，罪坐姦臣。言告之人，與免本罪，仍將犯人財産均給充賞。有官者，陞二等。無官者，量與一官，或賞銀二千兩。

黄彰健《明代律例彙編》卷二《吏律一・職制・交結近侍官員》 凡諸衙門官吏，若與内官，及近侍人員互相交結，漏泄事情，夤緣作弊，而符同奏啓者，皆斬，妻子流二千里安置。

弘治問刑條例

弘治元年四月初二日節該欽奉聖旨：罷閑官吏在京潛住，有擅出入禁門交結的，各門官子細盤詰，拏送錦衣衛，著實打一百，發烟瘴地面，永遠充軍。欽此。

嘉靖新例

一、嘉靖貳拾肆年禮部題準：各該巡按御史，行令有王府去處，查照先年事例，出榜禁約，並行各長史教授，啓王知會：今後郡王、將軍、中尉、儀賓以下，不得與文武官員往來交結，及歲時宴會，亦不許有事逼脅，非禮凌辱。違者，聽親王及撫按官參奏處治。

（清）嵇璜等《清朝通志》卷七九《刑法略・刑制》 天命六年諭：凡應死笞罰諸罪，必追論其功，有功則當死者贖，當罰者免，當笞者戒飭而釋之。功罪宜令相準，其由武功授職者，必行間獲罪乃革其官。他罪皆贖。若不由武功授職者，視罪之輕重爲斷，著爲令。

順治元年諭：人命至重，豈容一概誅戮。以後在京重大獄情詳審明確奏請正法，在外仍明律斷罪，如有恣意輕重等弊，指參重處。又定卹刑

官五年一差，慎選廉明者往。八年諭：方今天時向熱，宜行熱審之例。令刑部通察刑獄五城司坊順天府京縣察監犯有無干牽連者，即日釋放，笞、杖、徒、流次第減免，死罪情可矜疑者，奏請定奪。十二年諭：朕曰覽三法司章奏議決重囚，一日必五六人，或十餘人。念兹愚民兵戈災祲之後，復罹法網，深可憫惻。稽古有虞之世民不犯於有司，漢文帝、唐太宗亦幾致刑措。今犯法者衆，豈果風俗日偷，民盡愍不畏死與？抑朝廷德教未敷，故百姓從化無路歟？或讞獄諸臣膠執爰書輕於失人歟？又或所在有司不肯留心化導，以致扞網紛紛歟？干和召戾，皆朕之責，今後爾等問刑衙門遵奉此諭，即將見在未結獄案悉心清理，原情準法，務求平允，但不得故縱市恩。仍傳諭各直省督撫申戒所屬慎重刑獄，不得羅織刻覈。郡邑長吏亟昌明教化，使小民明於親遜之誼，各愛身家，毋輕抵罪，自然獄案漸減，囹圄可空，以仰符天心，漸至太平，未必不由於此。若奉行不力，負朕好生之意，必不輕貸。

康熙十一年諭：刑獄重地，人命攸關，天氣火熱，亟宜清理，雖熱審見有定例，但已結大案，見在監禁各犯，久淹羈禁，朕心惻然。其令詳加審鞫。有情可矜疑者，即與察明事由，開列具奏。十八年因旱遣官卹刑諭：朕因久旱，軫懷誠恐，外省罪犯中或多冤抑，特選爾等體朕矜卹庶獄之意，凡事務推勘確實，從公審斷，勿徇私見，顛倒是非。仍宜兼程遄往，作速清結，倘遲延時日，恐無賴之徒藉端生事，捏詞妄訐，所累貧民。至所審案件或當或否，朕無不洞悉，爾等慎之。又諭：遣閣臣會同三法司，將已結大案在監者，詳加審理無使冤滯。直省監候重犯，選賢能司官會同該撫將大小刑名事件不論已結未結逐一詳審，其重罪内情可矜疑者，奏請定奪，小罪即行完結，造册報部。二十三年諭：軍流人犯甫離刑獄一綫僅存，今皆停遣。二十五年諭：獄訟重情關繫民命，今天氣炎熱恐有情可末減者，淹斃囹圄，朕心不忍。特遣大臣會同三法司詳審具奏，直省督撫一體遵行。五十年停止熱審諭：爲政惟以真誠爲尚，徒博矜憫之虚名。遇熱而審，遇寒而審，不時遣官卹刑，將督撫審讞案牘頻飭駮改，則貽累滋多，互訐之端，何所底止。夫有司簡清辭訟，速結案件，即爲良吏。雖不熱審，亦無所害。著通行問刑衙門知之。

雍正元年仍復熱審諭：熱審減等，舊有成例，迨日久弊生，罪人妄希巧脱，胥吏因緣爲姦，故延日期，致逃法網，是以停止。我聖祖仁皇帝如天好生，每歲夏月，必特沛恩綸監候者，免其刑具，枷責者緩至秋涼，雖停熱審之例，仍寓減等之心，澤至渥也。朕仰體聖慈時深欽卹，仍復熱審減等舊例，其監禁重犯亦量加寬卹，至情罪可疑及牽連待質人等，暫予保釋。竢秋後再行拘禁，凡内外一體詳慎遵行，其有故意遲延希圖漏網者，本犯不準減等，官吏嚴加議罪。二年諭：刑名重務，未能清理，下傷民命即足上干天和。朕於讞獄再三詳慎，法外從寬者，不可勝數，並未冤抑一人，此亦可自信者。爾等執法之官，固宜外示嚴明，亦須中存仁恕，凡案件易結者，毋執定限，速行審理，使輕罪早脱囹圄，無辜亦免牽連。倘任意耽延，雖所告得伸，亦多含怨。即訊鞫罪人，亦不可輕用重刑，若云非夾訊不能定案，此尤爾部之大謬矣。録囚之際，但求平允，不可過當。爾等訊獄動刑，習爲常事，當思無負重任，亦須自念子孫，豈可疎忽致有後悔乎。尚其同寅協恭速爲辦理，毋恃才偏執，毋推諉瞻徇，以體朕心，以卹民命。五年諭：刑名關係民命，死者不可復生。朕於刑名更加慎重，《書》曰：天討有罪，五刑五用哉。必輕重悉當，天理乃爲欽承天道。若應嚴而寬，便是逆天。寬且不可，而況嚴乎？朕爲人君尚不可稍失其平，況人臣居法司之任乎？蓋鴟鴞不除，無以致鸞鳳；稂莠不翦，無以植嘉禾。姑息養姦，則小人無懲戒，必不能改惡以從善。故刑者，使人遷善遠罪，所以輔教化者也。居法司之任者，務操至公至平之心，時懍天監在兹之懼，使寬嚴悉當，輕重允孚，則不媿明允之司，而成無刑之治矣。九年諭：清理刑獄，除重罪候決人犯外，凡牽連待質及候審輕罪，著刑部覆明，速行完結，或暫予保釋，八旗高墻拘禁人犯，亦照此辦理。枷示人犯，除永遠枷示者不宥外，其有限期未滿者，照例保釋。於處暑後補枷，外省已經到部之案，有擬徒杖準折贖者，悉寬免之。十年諭：凡疑獄監候待質人犯，除强盗案件外，如人命等案有正犯未獲，將牽連餘犯監候已過三年者，著取的保釋放。有私自逃匿者，將本犯重治其罪，令直省一例遵行。

乾隆二年諭：小民之犯杖責者，其罪本輕，而盛暑之中，量減其敲朴之數，乃國家寬卹之仁。八折之例，由來已久，不當輕爲改易。八年

諭：今歲天氣炎熱甚於往年，省刑之典，允宜舉行。著刑部於在京徒杖以下輕罪查明減釋，其重犯雖法無可寬，際此炎天，著添蓋席棚，給與冰湯藥餌，無致病暍。十五年諭：國家欽卹民命，德協好生，至於鰥寡孤獨，尤所矜憫，是以定有獨子留養之例，凡屬情輕皆已霑恩減等。惟是愚民無知，往往輕身鬬狠，不知留養爲格外施仁，或轉恃此爲倖免之路，以致罹於法網因其案情稍重，或理曲釁金刃重傷。雖經督撫聲請，仍以原罪定擬，不準留養，固屬該犯罪所應得。但聲請之案不過尋常鬬毆等類，斷不至人於情實，徒使淹禁囹圄，不得侍養，而窮老孤霜無所倚賴，深可軫惻。朕思此等罪犯，本非有謀，故重情爲常赦所不原，既經定擬本罪拘繫，逾時已足馴其桀驁之氣，應量爲末減，俾得自新。上年秋審此等案犯經九卿定擬矜減者，止有二起，餘仍監候。著該部察明各犯祖父母，父母見存果無次丁侍養，概可以矜減等請旨發落。嗣後獨子犯罪未邀寬減者，該督撫於秋審朝審冊內聲明，九卿覆覈時照此辦理，以昭軫雪無告之至意，著爲令。十七年諭：朕命刑部察奏命盜等案因贓跡未明監候待質者，其五十四案內，康熙年間一案，雍正年間十一案，而自乾隆元年至十七年統計已未入秋審者積至四十二案。雖年遠之案漸消，少近者則積而見多，然使於辦理之初，即能詳慎研究，務在得情，則監候之案，何至如此。即此亦可見近來辦理諸臣，不如從前之實心振作矣。此非使無辜之人久繫囹圄，即使應辟重犯，久羈顯戮。而犴狴之中淹禁多人亦非所宜，皆因承審各官不能實力辦理，又或刑部司員以有遵駁改正議叙之例，多尋罅漏，外省無以登答，轉成疑案。一經題明監候待質，即束之高閣，而接任之員又以非本任之事，率多因循，殊非明慎用刑而不留獄之意。著刑部將此沈案速行清理，嗣後內外問刑衙門，於一切命盜重案，各宜留心迅速辦理，應緝拏者上緊緝拏，應定擬者即行定擬，勿致塵案日積。若本非難結之案，承審各官不能審出實情，惟以監候待質爲遷延時日之計，且籍得邀免處分，希冀録叙，該堂官督撫察出，即嚴行參處。此亦清理庶獄之一法，可通行曉諭知之。是年以天氣炎蒸命熱審減等，展至處暑日爲止，越旬日雨澤尚未霑足，復諭刑部仍行減等，俟雨足後照舊辦理。十九年諭：將乾隆十五年以前親老丁單之犯，原題未經聲叙者，傳諭各該督撫據實覈明，一例入册量予末減，以示矜卹。三十八年諭：例載獨子養親一條，必先查覈死者並非獨子，而兇犯實在家無次丁，方準聲請。亦須核其情節，本輕又毫無別故者，始可照例援請。至其中案情稍重，雖經聲請不準留養者，前經朕以此等尚非謀故重情常赦不原，曾降旨俟其拘繫經年量爲末減，亦不必於定案時將命案正犯遽行開釋，是於明慎用刑之中，更寓法外施仁之意。第恐愚民無知，恃有留養之例，凡係獨子動輒輕身鬬狠，易罹法網，是隨案辦理留養，非惟無益，而且害之。與其急於縱釋而民輕犯，何如稍加慎重之轉得矜全乎？嗣後內外問刑衙門遇此項案情，務須確核罪由，審酌至當，妥協辦理，毋得意存姑息，將此通諭中外知之。

《清太宗實録》天聰八年春正月〔庚寅〕上召集外藩各蒙古貝勒，諭之曰：爾蒙古諸部落，向因法制未備，陋習不除。今與諸貝勒約，凡貝勒奪有夫之婦，配他人者，罰馬五十匹，駝五隻。其納婦之人，罰七九之數，給與原夫。姦有夫之婦，拐投別貝勒下者，男婦俱論死。取其妻子牲畜，盡給原夫。如貝勒不執送者，罰馬五十匹，駝五隻。至盔甲、綿甲，與馬鬃尾，無牌印，及盔纓、纛纓、纛幅不遵我國制度者，俱罪之。

《刑部現行則例》卷中《儀制》 一、凡生員越關赴京，在各衙門謊捏控告或跪牌並瀆奏者，將所奏告事件不準，仍即革去生員，照違制律杖一百。【略】

一、恩詔所廕及恩拔歲副監生，有題參處分之處，應聽各部、院衙門題參外，其捐納監生，有事故應黜革者，照學臣黜革生員例，不必題參，咨報該監。該監查明，應黜革者，徑行黜革，仍咨禮部知照。

《刑部現行則例》卷中《儀制》 一、凡官民人等用線纓者，笞五十。

一、黃色、秋香色、五爪龍緞、立龍緞團補服，原經禁止官民不許穿用。應將無金四爪之四團、八團補服緞紗及無金照品級織造補服，官民不許穿用。其桃鶴等花團補服緞紗，許照常穿用。似秋香色之香色，米色亦應不許穿用。其大臣官員有御賜五爪衣服，許其穿用。若賞給五爪龍緞、立龍緞，俱令挑去一爪穿用。御賜緞匹無論色様，許其穿用。官民家下奴僕，皂隸等役，應許穿用細綾、紡絲等項。狐皮、沙狐皮、貂皮、羊皮等物做帽，圍脖許染黃鼠皮、狐皮、沙狐皮，其腰刀、靴不許鑲録。皮腰刀、撒袋、鞦轡等物，不許用金。其妻亦照丈夫穿用。違定制濫用者，仍照康熙十一年定例處分。康熙十一年違定例越分穿用者，該管官查出，將

越分穿用之人，若係官交與該部革職，係旗下之人交與該部枷號一個月，不準折贖，鞭責一百，若民枷號一個月，不準折贖，責四十板，將越分之物入官。如有越分穿用之人，該管官不行查出，被傍人捉拿到衙門審實，將越分穿用之物給與所拿之人。將佐領、驍騎校，每事罰俸三個月。將小撥什庫不準折贖，鞭責五十。其參領，如本參領内越分穿之事犯二次罰俸三個月。都統、副都統本旗内犯三次罰俸三個月。其官員、軍民家下奴僕，有越分穿用者，其奴之主，若官交與該部罰俸三個月，如閒人不準折贖，鞭責五十，民責二十板。越分穿用之人，係旗下之人枷號一個月，不準折贖鞭責一百。若民枷號一個月，責四十板。其五城屬民，將該司坊官，每事罰俸三個月。總甲不準折贖，責二十板。越分穿用之事犯二次，將該城滿、漢監察御史各罰俸三個月。巡捕營兵越分穿用，將所管把總，每事罰俸三個月。犯二次，將參將、遊擊罰俸三個月。内府佐領人越分穿用，佐領家長亦照外佐領、驍騎校治罪。小撥什庫亦不準折贖，鞭責五十。直隸各省軍民越分穿用，該督撫、提鎮照都統、副都統治罪。藩、臬二司道副將、參將照參領治罪。府、州、縣官並游手等官照佐領、驍騎校治罪。

《刑部現行則例》卷上《名例》　一、凡各項應追贓銀，承追各官如限内追不完者，交與該部議。再，借逆賊本銀者，限六個月内全完。如不完者，借銀之人，係官交與該部，係平人照不應重律責治。如仍不完，六個月一次，照此例行。

一、凡交與八旗所追贓罰等銀，其承追不力之官指名送部時，刑部停其具題，開明咨送兵部議覆。刑部仍八十日彙題案内具題。**【略】**

一、凡各部衙門具題交與刑部議者，軍罪以下之事不行題覆，即在刑部完結，十日彙題。其凡革職交與刑部議罪等事仍行題覆完結。其直隸各省督撫具題軍罪以下之事亦停其題覆，刑部即行擬議，移咨發落，仍八十日彙題内具題。**【略】**

一、凡應籍没家產者，律内所載之款，遵照律行。其犯軍機籍没家產之内，除妾婢外，照依兵丁，仍給人口三雙、馬三匹、牛三隻，器械。**【略】**

一、就撫强賊，所有日前爲盜時擄掠民人婦女，若被原夫認識，堅執不與，絶人伉儷，聽原夫向該管官控告，將婦女仍斷與原夫。**【略】**

一、刑部等衙門題爲遵旨再審具奏事具題。奉旨：據徐元善寇亂縱出賊去，遵法投監，情有可矜。著免流徙，杖一百發落。以後重囚有這等因變逸出投歸者，俱免死，照此例發落，永著爲例。其自行越獄及看守通同賄縱者，雖投歸不在此例。

一、如有潛匿山林有名大盜投歸來者，免罪。**【略】**

一、九卿、詹事、科道會議軍流人犯存留養親之例，其原疏内未經聲明及發遣時有控告者，該督撫嚴行確查，並取該管官印結，或具題或咨部，俱照例準其存留養親。若有假捏情弊，將該督撫並地方官俱交與該部照例議處。其人犯咨解到部之後，如有控告年老殘疾及無以次成丁者，仍照例不準行。具題，奉旨依議。

一、刑部一應查擬審擬流犯之妻，將犯人先發順天府羈候。行文該地方官查取妻定。起解之時務僉選的當衙役解送，勿致沿途苦累。有親戚情願隨送者，聽其隨送。俟解到之日發順天府，夫妻一同發遣。解役中途有將犯人妻室措勒者，照定例治罪。

一、流徙寧古塔、尚陽堡及各省解京等犯，若押解人役擅加杻鐐，毆打逼勒銀財者，依律治罪外，押解犯人之兵丁、驛夫如將犯人之妻並女姦污者，照依姦囚婦者律，杖一百，徒三年。押送之官雖不知情，交該部嚴加議處。如押送之官將犯人之妻姦污及擅加杻鐐，毆打逼勒銀財者，亦交該部從重議罪。若有此等事件，流徙寧古塔、尚陽堡犯人準於盛京户部控告，外省解送人犯，仍準刑部控告。

《理藩院則例》卷四三《審斷·蒙古例無專條引用刑例》　一、凡辦理蒙古案件，如蒙古例所未備者，準照刑例辦理。

《理藩院則例》卷四四《罪罰·罰九定額》　一、罰罪九數，馬二匹、犍牛二隻、乳牛二隻、三歲牛二隻，兩歲牛一隻。七數，馬一匹、犍牛一隻、乳牛一隻、三歲牛二隻、兩歲牛二隻。五數，犍牛一隻、乳牛一隻、三歲牛一隻、兩歲牛二隻。三數，乳牛一隻、三歲牛一隻、兩歲牛一隻。

《理藩院則例》卷四四《罪罰·罰九定限》　一、凡犯案應罰牲畜，均於案結奉文之日，每九限三十日完交，各予五日餘限。屆限不交者，臺吉、官員不計牲畜數目，但短交即革去頂戴。展限勒交，展至三限，實在

無力完交者，革去臺吉三年，無過開復，免其追交。罪止革去臺吉，官員徑行革職。平人短交牲畜一、二數者，鞭二十五；三、四數者，鞭五十；五、六數者，鞭七十五；七數至九數者，鞭一百；九數以上，加枷號一個月，免其追交。罪止鞭二百，枷號一個月。

《理藩院則例》卷四四《罪罰·罰九牲畜賞給獲賊之人》　一、凡失察屬下人行竊之該管臺吉、官員等所罰牲畜，均賞給獲賊之人。若係事主拿獲，所罰牲畜存公備賞。如該管臺吉、官員自行拿獲者，免罰。

《理藩院則例》卷四四《罪罰·牲畜存公備賞》　一、凡罪罰牲畜交該盟長、扎薩克等，照數追取，存公備賞，給其內實心效力之人。仍將賞過牲畜數目，年終報院查覈。

《理藩院則例》卷四四《罪罰·喀爾喀四部落應出差使不準擅請更張》　一、喀爾喀四部落一切應出差使，不準擅行私議更張。違者，照不應重私罪分別議處。如實因災歉，力有不支者，準由四部落會報該管將軍、大臣，聽候查實報部覈辦。

《清世宗實録》雍正七年六月　諭刑部：前因直隸盜案往往多於他省，是以降旨，令將直隸盜案仍照舊例，不分首從皆斬。後因定例伊始，鄉僻愚民未必人人盡知，若一概置之重辟，於心實爲不忍，是以將直隸盜案亦暫照各省盜案分別斬決發遣二項歸結。原冀愚頑之輩感恩畏法，遷善改惡，共爲良善之民也。乃年來直隸盜案雖似畧減，而仍復不少，且有所得贓物甚微。非積盜行劫數次之人而甘心罹於重法者。朕推原其故，必係地方有司未將從前首從皆斬之諭旨愷切詳明，通行曉諭。是以伊等罔知儆懼，復蹈前轍，用是再頒此旨。著直隸總督徧行宣諭，自庚戌年爲始，直隸境內再有爲盜劫之事者，定照首從皆斬之舊例行。如地方官仍踈忽從事，不明白徧行曉諭，將來事發，一并嚴加治罪。

《大清律例》卷四《名例律·流囚家屬》　律

凡犯流者，妻妾從之；父、祖、子、孫欲隨者，聽。遷徙安置人隨行。家口，妻、妾、父、祖、子、孫。亦準此。若流徙人正犯身死，家口雖經附入配所之籍，願還鄉者放還。軍犯亦準此。其謀反、叛逆及造畜蠱毒，若採生折割人、殺一家三人會赦猶流者，家口不在聽還之律。

條例

一、叛逆案內奉特旨免死，僉妻發遣，給與盛京寧古塔等處新滿洲爲奴者，永不許贖身。律應籍設家產者，仍行籍設。

一、凡軍流徒犯，俱開明籍貫、年歲，行文配所。其軍流犯之妻及有子願隨者，亦開明年歲。若解部發遣人犯，造册送部。如係旗人，並開明旗色佐領。

一、軍流人犯身故，除妻、子不願回籍並會赦不準放還外，其餘令該地方官給咨回籍。若婦人無子及子幼者咨明本省督撫，令本犯親戚領回原籍。仍令原配地方官將回籍妻、子每名每日給米一升，計其程途遠近，先行按數折給。年終於司庫公項銀兩內請領。仍將給過人口米石造送刑部，轉咨户部覈銷。

一、凡發遣當差人犯之妻、子，原係隨往遣所者，如本犯身故，妻、子情願携骸回籍，該管官查明確實，令其回籍。其力不能來者，俱入於本處檔內，令其披甲。若係奉旨發遣，或部議僉遣，及發遣打牲烏喇人犯身故，其妻、子有願携骸回籍者，令該將軍、督撫按情罪之輕重，分別具奏，請旨遵行。

一、凡律應定擬僉遣之犯，承審官於審訊時，即議取本犯確供，將伊妻姓氏、年貌即於招詳內聲明。如無妻室，即取具鄰族甘結，加具印結，隨招申送。若係隔屬、隔省，一面於招內申報，一面移查原籍取結。俟結到之日，即行加結申送，不得俟結案後再行查僉。如有因妻患病留養，將本犯先行發遣者，俟伊妻病痊補解時，令伊親屬隨同差役解赴遣所，交與本犯收領。若伊妻年過六十以上，並原係有疾不能隨行，及患病留養後成篤、廢不能補解者，該地方官取具鄰族甘結，加具印結，申詳各上司，行文本犯遣所，俾令知之。其有應行報部者，報部查覈。倘有揑結情弊，將具結之鄰族照軍流人犯揑報留養例，杖一百。犯妻立即補解。其不行詳察之地方官，並轉詳之該上司，交部分別議處。

一、犯軍流等罪之土司，例發近省安插者，本犯身故，或無子及雖有子而幼小者，其妻、子並許回籍。

一、遣犯除有妻室者，例應僉發外，至遣犯之子女願隨，聽。其不願隨者，不得同妻僉發。若妻已故，有子女者，無論子女願隨與否，只將該犯改發內地，不得因既有子女同有妻之犯僉發外地。

一、除强盗減等及情罪重大、僉妻發遣外，其他軍流人犯，如父母年已衰邁，家無次丁，願留其妻侍養父母者，取具地方官印結，咨部，免僉。

《大清律例》卷四《名例律·犯罪存留養親》律

凡犯死罪非常赦不原者，而祖父母、高曾同。父母老七十以上。疾篤廢。應侍，或老或疾。家無以次成丁。十六以上者，即與獨子無異，有司推問明白。開具所犯罪名，並應侍緣由。奏聞，取自上裁。若犯徒流而祖父母、父母老疾無人侍養。者，止杖一百，餘罪收贖，存留養親。軍犯準此。

條例

一、凡犯罪有兄弟俱擬正法者，存留一人養親，仍照律奏聞，請旨定奪。

一、凡部内題結軍流、徒犯，及免死流犯未經發配以前，告稱祖父母、父母老疾，家無以次成丁者，如屬宛、大二縣民人，該縣出結府尹確察報部；如屬五城民人，掌印兵馬司指揮出結，巡城御史確察報部；如屬外省民人，州縣官出結，督撫確察報部，軍流徒犯照數決杖，徒犯枷號一個月，軍流枷號四十日，免死流犯枷號兩個月，俱準存留養親。其各省題結人犯不必解部，該督撫照此例發落。若知情捏出印結，以故出論。如有受賄情弊，以枉法論。失察者，交該部議處。其鄰、保、族長等，内有假捏出結者，杖一百；受財出結者，以枉法從重論。若地方官出結後，上司復令察出，或原官察出，及鄉約人等首送者，除本犯仍行發配外，官員及鄰保人等俱免議。其在外人犯咨解到部之後，告留養者，不準。

一、凡鬥毆殺人之犯，以傷至數處，及金刃致死者，爲重傷。以傷非金刃，又止一、二處，並戲殺、誤殺，爲輕傷。如有祖父母、父母老疾應侍者，照例開具所犯情由，請旨。如準其存留養親，將該犯照免死流犯例，枷號兩個月，責四十板，仍令該地方官酌量該犯情由輕重。如係有力之家，情重者，追銀五十兩；情輕者，追銀三十兩。如係貧難無力之人，情重者，追銀二十兩；情輕者，追銀十兩，給與死者家屬養贍。該督撫先將該犯情重、情輕、有力、無力之處於應侍疏内一並聲明，仍照軍流留養例，取具鄰、保、族長等甘結，並地方官印結報部。倘有知情捏結等弊，照捏報軍流留養例分別議處治罪。

一、殺人之犯有奏請存留養親者，查明被殺之人有無父母，是否獨子，於本内聲明。如被殺之人亦係獨子，親老無人奉侍，則殺人之犯不準留養。

一、夫毆妻致死，並無故殺别情者，果係父母已故，家無承祀之人，承審官據實查明，取具鄰、保、族長甘結，並地方官印結，將應行承祀緣由於疏内聲明，請旨。如準其承祀，將該犯枷號兩個月，責四十板，存留承祀。倘有捏稱家無承祀之人，希圖脱罪者將本犯照律治罪，承審、出結各官及鄰保人等照例分别議處治罪。

一、凡旗人犯斬、絞、外遣等罪，例合留養者，照民人一體留養。

《大清律例》卷四《名例律·天文生有犯》律

凡欽天監天文生，習業已成，明於測驗推步之法。能專其事者，犯軍流及徒，各決杖一百，餘罪收贖。仍令在監習業。犯謀反、叛逆，緣坐應流，及造畜蠱毒、採生折割人、殺一家三人家口，會赦猶流，及犯鬥毆傷人、監守常人盗、竊盗、掏摸、搶奪，編配、刺字，與常人一體科斷，不在留監習業之限。

條例

一、凡欽天監官，爲事請旨提問，與職官一例問斷。該爲民者，送監内仍充天文生身役。該徒流充軍者，備由奏請定奪。有不由天文生出身者，悉照例革職發遣。

一、養象軍奴犯該雜犯死罪及徒流罪，決杖一百，俱住支月糧，各照年限，常川養象。滿日，仍舊食糧養象。笞杖的決。

《大清律例》卷五《名例律·親屬相為容隱》律

凡同居，同謂同財共居親屬，不限籍之同異，雖無服者亦是。若大功以上親，謂另居大功以上親屬，係服重。及外祖父母、外孫、妻之父母、女婿、若孫之婦、夫之兄弟，及兄弟妻，係恩重。有罪彼此得相爲容隱；奴婢僱工人，義重。爲家長隱者，皆勿論。家長不得爲奴婢僱工人隱者，義當治其罪也。若漏洩其事，及通報消息，致令罪人隱匿逃避者，以其於法得相容隱，亦不坐。謂有得相容隱之親屬犯罪，官司追捕，因而漏洩其事，及暗地通報消息與罪人，使令隱避逃走，故亦不坐。其小功以下相容隱，及漏洩其事者，減凡人三等；無服之親減一等。謂另居小功以下親屬。

若犯謀叛以上者，不用此律。謂雖有服親屬，犯謀反、謀大逆、謀叛，但容隱不首者，依律科罪。故云不用此律。

《大清律例》卷五《名例律·律處決叛軍》律

凡邊境重地城池，若有軍人謀叛，守御官捕獲到官，顯迹證佐明白，鞫問招承，申報督撫提鎮審問無冤，隨即依律處治，具由奏聞。如在軍前有謀叛，能臨陣擒殺者，事既顯明，機係呼吸。不在此委審公審之限。事後亦須奏聞。

《大清律例》卷五《名例律·本條別有罪名》律

凡本條自有罪名，與《名例》罪不同者，依條科斷。

若本條雖有罪名，其心有所規避罪重者，又不泥於本條。自從所規避之重罪論。

其本應罪重，而犯時不知者，依凡人論；謂如叔姪別處生長，素不相識，姪打叔傷，官司推問，始知是叔，止依凡人鬥法。又如別處竊盜，偷得大祀神御之物。如此之類，並是犯時不知，止依凡論，同常盜之律。本應輕者，聽從本法。謂如父不識子，毆打之後，方始得知，止依打子之法，不可以凡毆論。

《大清律例》卷五《名例律·稱乘輿車駕》律

凡律中所稱乘輿車駕及御者，如御物、御膳所、御在所之類，自天子言之，而太皇太后、皇太后、皇后並同。稱制者，自聖旨言之，而太皇太后、皇太后、皇太子令並同。有犯毀失制書、盜及詐爲制書、擅入宮殿門之類，皆當一體科罪。

《大清律例》卷五《名例律·稱期親祖父母》律

凡律稱期親及稱祖父母者，曾高同。稱孫者，曾元同。嫡孫承祖，與父母同。緣坐者，各從祖孫本法。其嫡母、繼母、慈母、養母，皆服三年喪，有犯與親母律同。改嫁義絶，及毆殺子孫，不與親母同。稱子者，男女同。緣坐者，女不同。

《大清律例》卷五《名例律·稱監臨主守》律

凡律稱監臨者，內外諸司統攝所屬，有文案相關涉，及別處駐札衙門帶管兵糧、水利之類。雖非所管百姓，但有事在手者，即爲監臨。稱主守者，內外各衙門該管文案，典吏專主掌其事；及守掌倉庫、獄囚、雜物之類，官吏、庫子、斗級、攢攔、禁子並爲主守。其職雖非統屬，但臨時差遣管領提調者，亦是監臨主守。

《大清律例》卷五《名例律·斷罪依新頒律》律

凡律自頒降日爲始，若犯在已前者，並依新律擬斷。如事犯在未經定例之先，仍依律及已行之例定擬。其定例內有限以年月者，俱以限定年月爲斷。若例應輕者，照新例遵行。

條例

一、律例頒佈之後，凡問刑衙門敢有恣任喜怒，引擬失當，或移情就例，故入人罪，苛刻顯著者，各依故失出入律坐罪。

《大清律例》卷五《名例律·斷罪無正條》律

凡律令該載不盡事理，若斷罪無正條者援引他律比附，應加應減，定擬罪名，申該上司議定奏聞。若輒斷決，致罪有出入，以故失論。

條例

一、引用律例，如律內數事共一條，全引恐有不合者，許其止引所犯本罪。若一條止斷一事，不得任意刪減，以致罪有出入。其律例無可引用，援引別條比附者，刑部會同三法司，公同議定罪名，於疏內聲明律無正條，今比照某律某例加一等、減一等科斷，詳細奏明，恭候諭旨，遵行。若律例本有正條，承審官任意刪減以致情罪不符，及故意出入人罪，不行引用正條，比照別條以致可輕可重者，該堂官查出，即將承審之司員指名題參，書吏嚴拿憲審，各按本律治罪。其應會三法司定擬者，若刑部引例不確，許院、寺自行查明律例改正。倘院、寺駁改猶未允協，三法司堂官會同妥議。如院、寺扶同朦混，或草率疏忽，別經發覺，將院、寺官員一並交部議處。

《大清律例》卷五《名例律·徒流遷徙地方》律

凡徒役，各照應徒年限，並以到配所之日爲始，限滿釋放。流犯，照依本省地方，計所犯應流道里，定發各處荒蕪及瀕海州縣安置。應遷徙者，遷離鄉土一千里外。

徒五等：發本省驛遞。

流三等：直隸布政司府分流陝西，江南布政司府分流陝西，安徽布政司府分流山東，山東布政司府分流逝江，山西布政司府分流陝西，河南布政司府分流浙江，陝西布政司府分流山東，甘肅布政司府分流四川，浙

江布政司府分流山東，江西布政司府分流廣西，湖北布政司府分流山東，湖南布政司府分流四川，福建布政司府分流廣東，廣東布政司府分流福建，廣西布政司府分流廣東，四川布政司府分流廣西，貴州布政司府分流四川，雲南布政司府分流四川。

條例

一、凡軍流及外遣人犯，十月至正月終及六月俱停其發遣，餘月照常發遣。

一、凡各省民人在京犯該應流並免死減等流犯，如無妻室及無應追埋葬銀兩者，順天府定地發配；如有妻室及應追銀兩，順天府轉發原籍地方，令其追銀、僉妻，各照本省所定應流地方發配。追完銀兩，解部分别給主。不在本籍犯流者，亦照此例科斷。

一、雲南徒罪人犯，發本省多羅松林等十二驛擺站。罪重者，迤東各府人犯發諾鄧等井煎鹽，迤西各府人犯發因舊等廠熬鉛。

一、軍流、徒犯俱至配所照應杖之數折責。惟緣坐流罪不加杖。

一、各旗將家奴吃酒行兇，送部發遣者，令該旗都統確查，用印文送部發遣。如將應行發遣之奴，該旗故爲留難，不行送部者，許伊主赴部遞呈。該部審明應行發遣者，發遣。將留難官員交部查議。至於行止不端之人欲行佔奪家人妻女、捏以吃酒行兇送部者，不準發遣，交與該佐領，將伊妻室子女轉賣，身價給主。倘被賣之後捏告原主，希圖報復者，仍照誣告家長律治罪。其各省將軍處有送家奴吃酒行兇發遣者，該將軍審明，照此遵行。

一、凡土司有犯徒罪以下者仍照例遵行外，其改土爲流之土司，本犯係斬、絞者，仍於各本省分别正法監候。其家口應遷於遠省者，係雲南遷往江寧，係貴州遷往山東，係廣西遷往山西，係湖南遷往陝西，係四川遷往浙江，在於各該省城安插。如犯軍流罪者，其土司並家口應遷於近省安插。係雲南、四川遷往江西，係貴州、廣西遷往安慶，係湖南遷往河南，在於省城及駐札提督地方分發安插。該地方文武各官不時稽查，毋許生事、擾民出境。如疏縱土司本犯及疏脱家口者，交部分别議處。其犯應遷之土司及伊家口，該督撫確查人數多寡，每親丁十口帶奴婢四口，造具清册，一並移送安插之省。仍具册，並取該地方官並無隱漏印結，諮報刑部。其安插地方，每十口撥給官房五間，官地五十畝，俾得存養獲所，官地照例輸課。於每年封印前，將安插人口及所給房産數目造册，送户部查覈。

一、凡土蠻、瑶、僮，有讎殺、劫擄及聚衆捉人勒禁者，所犯係死罪，將本犯正法，一應家口父母兄弟子姪俱令遷徙。如係軍流等罪，將本犯照例枷責，仍同家口父母兄弟子姪一並遷徙。係流官所轄者，發六百里外之營縣安插。其兇惡未甚者，初犯照例枷責，姑免遷徙。若仍不改惡，將本人仍照原擬枷責，親屬家口亦遷徙别地安插。仍嚴飭文武官稽查約束，出具印結，並年貌清册於年底報部。如安插十年後，果能改惡遷善，有情願回籍者，查明咨部，準予回籍。若本犯並各家口仍在安插地方行兇生事，照已徒、已流而又犯罪律，再科後犯之罪。倘地方官不盡心約束，以致疏脱者，即將該管文武各官照例參處。其本犯審無别情，照例治以逃罪。如有生事不法情由，照平常遣犯逃後爲匪例，分别治罪。至瑶、僮頭目犯法，必根究勾引之人，審明確實，照誘人犯法律加等治罪，遇赦不宥。失察勾引之地方官，交部議處。

一、各省流寓之人犯徒者，即在所犯地方充徒。犯流者，仍依本省應發地方僉發。

一、奉天、寧古塔、黑龍江等處有犯枷責發遣者，令該將軍等查明，或係另户滿州，或係開户奴僕，逐一聲明，送部，照例枷責。滿日咨送兵部，將另户滿州發西安、荆州、杭州、成都等處滿州駐防之省城當差。若開户奴僕，發西安等處給滿洲駐防之兵丁爲奴。其同案之犯，不得共發一處。

一、各省軍流人犯在本地未經起解者，遇冬月，仍照例停遣。若已至中途，初冬十月，經過州縣照常接遞，至十一月初一日，方準停遣。俟次年奏融時轉解。如抵配所不遠，本犯情願前進者，將不行停遣緣由移咨，前途州縣一體接遞，仍報明刑部。其從配所逃回被獲者，照逃人之例分别刺字，押解原發配所照例治罪，雖遇隆冬，不準停遣。

一、分發流罪，如計算該犯原籍府屬至分流省分、有未及應流里數者，將該犯分撥遠處之府屬安插。如已逾應流里數者，即於本省府屬内，計道里足數之地方安插。

一、旗人犯該發遣者，分發黑龍江、寧古塔、吉林、烏喇等處當差。旗人家奴暫發三姓地方，給與八姓一千兵丁爲奴。俟數滿一千之後，仍發遣黑龍江等處爲奴。若民人犯該發遣案内强盗免死減等者，行劫數家止首一家者，伙盗供出首盗即時拿獲者，竊盗臨時拒捕殺人爲從者，偷盗墳墓二次者，民人謊稱賣身在旗者，民人謊稱八旗逃人者，民人假稱逃人具告行詐者，民人賣逃買逃者，如查有妻室，俱僉發寧古塔、黑龍江等處，分給披甲之人爲奴。其查無妻室者，如係强盗免死及窩留强盗三人以上之犯，分發雲、貴、川、廣極邊烟瘴地方。其餘查無妻室並别項遣犯之有妻室者，俱分發雲、貴、川、廣烟瘴少輕地方。均交與地方官嚴行管束，仍照例分别刺字。如有逃走爲匪及生事不法者，俱照發遣黑龍江等處之例，分别治罪。

一、直隸、江南、浙江、江西、湖廣、福建、山東、山西、河南、陜西人犯應發黑龍江等處者，俱發四川、廣東、廣西、雲南、貴州烟瘴地方。其雲、貴、川、廣五省人犯應發黑龍江等處者，照軍衛道里表内所編極邊地方足四千里僉發。

一、漢人犯該發遣者，如係舉、貢、生、監，及曾爲職官之人，俱酌發雲、貴、川、廣烟瘴少輕地方，交與地方官管束。

《大清律續纂條例》卷二《名例》 一、起解軍流人犯，除應遣府州仍照《軍流道里表》指定發解外，其府州所屬之州縣，聽督撫查明各該地方在配軍流多寡，均勻發配。至廣東瓊、連二屬，俱照四川、湖南有苗省分之例，令巡撫酌量派撥。其改發廣東煙瘴少輕人犯，不必拘定東莞、香山等二十縣，亦俱解赴巡撫衙門，酌量地方分撥。各省有烟瘴者，均照此例。

一、部發外遣人犯，該將軍於黑龍江、吉林、寧古塔三姓等處，均勻發撥，分别安插。仍於年底將三處安插人犯，各數彙題。

一、八旗逃人匪類，犯該發遣者，令黑龍江、吉林、寧古塔將軍，酌量各該處所屬地方大小分發安插，嚴行約束。如有不知改悔，即照例報部，改發雲貴、兩廣等處。仍將每年有無改發之處，於年終彙奏。至民人有犯外遣内如强盗免死減等者，强盗已行而不得財者，開窑誘取婦人子女勒賣爲縱者，造讖緯妖書傳用惑人不及衆者，師巫假降邪神並一應左道異端之術煽惑人民爲從者，聚衆十人以上帶有軍器興販私鹽拒捕傷人爲從者，叛案緣坐應給兵丁爲奴者，照例俱發黑龍江等處外，餘俱照名例，改發雲南等省烟瘴地方管束。

一、軍流遣犯，如强盗窩主造意不行又不分贓者，竊盗臨時拒捕傷非金刃，傷輕平復者，搶奪傷人爲從者，發掘他人墳冢見棺槨爲首及開棺見屍爲從者，竊贓數多罪應滿流者，兇徒因事忿争執持軍器毆人至篤疾者，三次犯竊罪應充軍者，此等匪犯，除老疾殘廢不能耕作之人仍照原例辦理外，餘均改發巴里坤等處，給種地緣旗兵丁爲奴。其前項人犯，從前已照原例應配地方充發者，如有在配爲匪脱逃，拿獲之日，亦照前例改發。如起解在途及到配之後，有脱逃及不服拘管者，獲日請旨即行正法。其尋常過犯酌量嚴行懲治。

一、捕役豢賊一二名至五名者，搶竊擬絞三次緩決以上者，私鑄鉛錢不及十千者，積匪猾賊爲害地方者，俱發雲貴兩廣極邊烟瘴充軍，交地方官嚴行管束。

一、改發巴里坤等處種地人犯，如旗人曾任職官，及另户正身，民人舉監生員以上並職官子弟，俱發往當差。餘俱給與種地緣旗兵丁爲奴。

一、凡苗疆地方，如軍流徒遣等内民人，有捏稱土苗，希圖折枷免徒者，事發之日，除按其本律治罪外，仍先於本地方枷號一個月，再行充發。其捏結之鄰、保人等，審明有無賄縱徇隱，分别治罪。失察官員即視本犯之罪分别察議。

《大清律例》卷四《名例律·徒流人又犯罪》 律

凡犯罪已發未論決又犯罪者，從重科斷。已徒已流而又犯罪者，依律再科後犯之罪。不在從重科斷之限。其重犯流者，三流並決杖一百，於配所拘役四年。若徒而又犯徒者，依後所犯杖數，該徒年限，議擬明白，照數決訖，仍令應役，通前亦總不得過四年。謂先犯徒三年，已役一年，又犯徒三年者，止加杖一百。徒一年之類，則總徒不得過四年。三流雖並杖一百，俱役四年。若先犯徒年未滿者，亦止總役四年。其徒流人又犯杖罪以下者，亦各依後犯笞杖數決之，充軍又犯罪，亦準此。其應加杖者，亦如之。謂天文生及婦人犯者，亦依律科之。

條例

一、先犯雜犯死罪納贖未完，及準徒年限未滿，又犯雜犯死罪者，決

杖一百，除杖過數目準銀七分五釐，再收贖銀四錢五分。又犯徒流笞杖罪者，決其應得杖數，五徒三流，各依律收贖銀數，仍照先擬發落。若三次俱犯雜犯死罪者，奏請定奪。

一、凡在京，在外已徒而又犯徒，總徒四年，及原犯總徒四年，準徒五年者，若例應減等，俱減一年。其誣告平人死罪未決，應杖一百，流三千里，加徒役三年者，若例應減等，減爲總徒四年。若再遇例，仍準減一年。

一、免死減等發遣寧古塔、黑龍江等處盜犯，在配所殺人者，該將軍諮報刑部，查明原案，仍照原犯之罪，定擬斬決。具題。行文該將軍，於衆人前即行正法。若平常發遣人犯在配所殺人者，仍分別謀故、鬬毆律定擬。

一、凡發遣人犯，酌定名數，分起解送。如案內人犯衆多，至五名以上者，每五名作一起，先後解送。至起解時，務必如法鎖銬。將年貌、鎖銬填注批內。接遞官必按批驗明鎖銬完全，於批内註明完全字様，鈐蓋印信，轉遞前途。倘解役人等有受賄開放者，計贓照枉法律治罪。若轉解之該地方官因前途未曾鎖銬，不復行查，不補加鎖銬，聽其散行，將該地方官與前途未曾鎖銬官均按罪犯輕重，交部分別議處。如該犯於經過處所辱官詐財生事不法者，無論滿漢軍民，如係原擬斬罪，免死減等人犯，該地方即行羈禁嚴審，通詳該上司核明，具題，將不法解犯即於經過處所照原犯斬罪正法示衆。倘州縣官隱匿不報，或該管上司不行轉揭題条者，俱交部照例分別議處。如係平常發遣人犯，俱照徒流人又犯罪律，分別治罪。

一、發遣黑龍江等處爲奴人犯，有被伊主圖占其妻女因而致斃者，將伊主照故殺奴婢例治罪。倘爲奴人犯有誣蔑挾制伊主者，照誣告家長律治罪。

《大清律例》卷五《名例律·給没贓物》 律

彼此俱罪之贓，謂犯受財枉法不枉法，計贓，與受同罪者。及犯禁之物，謂如應禁兵器及禁書之類。則入官。若取與不和，用强生事，逼取求索之贓，並還主。謂恐嚇、詐欺、强買賣有餘利、科斂及求索之類。其犯罪應合籍没財産。赦書到後，罪人雖在赦前決訖，而家産未曾抄劄入官者，並從赦免。其已抄劄入官守掌，及犯謀反、叛逆者，財産與緣坐家口，不分已未入官。並不放免。若除謀反謀叛外。罪未處決，籍没之物雖已送官，但未經分配與人守掌者，猶爲未入。其緣坐應流人及本犯家口，雖已入官，若罪人遇赦得免罪者，亦從免放。若以贓入罪，正贓見在者，還官主。謂官物還官，私物還主。又若本贓是騾，轉易得馬，及馬生駒，羊生羔，畜産蕃息，皆爲見在。其贓已費用者，若犯人身死勿徵，別犯身死者，亦同。若不因贓罪，而犯別罪，亦有應追財物，如埋葬銀兩之類。餘皆徵之。若計雇工賃錢私役弓兵、私借官車船之類。爲贓者，死亦勿徵。其估贓者，皆據犯處地方當時犯時中等物價估計定罪。若計雇工錢者，一人一日爲銀八分五釐五毫，其牛馬駝驘騾車船碾磨店舍之類，照依犯時雇工賃值計算，定罪追還。賃錢雖多，各不得過其本價。謂船價值銀錢一十兩，却不得追賃值一十一兩之類。

其贓罰金銀，並照犯人原供成色，從實追徵，入官給主。若已費用不存者，追徵足色。謂人原盗或取受正贓，金銀使用不存者，並追足色。

條例

一、在京、在外問過囚犯，但有還官贓物值銀一十兩以上，及入官贓二十兩以上，給主贓三十兩以上，監追一年之上，勘實力不能完者，開具本犯情罪輕重，監追年月久近，贓數多寡，每於歲底彙題，請旨定奪。若不及前數，及埋葬銀監追一年之上，勘實力不能完者，俱免追，各照原擬發落。

一、凡州縣自理贖鍰，歲底造册，申報按察司。布按自理贖鍰，歲底册報督撫。督撫歲底彙造清册，題報刑部察核。其承問各官，應開明罰贖人姓名及所罰數目，曉示各該地方。如有以多報少及隱漏者，督撫条奏，以貪贓治罪。

一、凡八旗應入官之人，令入各旗辛者庫。其内務府佐領人送入官者，亦照此例，入辛者庫。辛者庫人犯入官之罪者，照流罪折枷責結案。

一、凡官役犯贓案内，有虧短價值等項，追給原主。其詐騙逼勒者，被害人自行首告，亦追給原主。督撫科道条發者，概追入官。

一、歸旗人員内有應追贓者，限五箇月内，該督撫察明家産人口，造册，並人解部，轉交該旗追贓。其任所有無私置房産，再限地方官六個月察明，結報後有隱匿發覺者，交部議處。

一、斷付死者之財産，遇赦不得免追。

一、虧空貪贓官吏，一應追賠銀兩。該督撫委清查官産之員，會同地方官，令本犯家屬將田房什物呈明時價，當堂公同確估，詳登册記，申報上司。仍令本犯家屬眼同售賣完項。如有侵漁、需索等弊，許該犯家屬並買主首告。將侵漁、需索之官吏照侵盜錢糧及受枉法贓律治罪。

一、地方官吏有將入官田房私租於人者，除照數追賠外，仍照侵盜錢糧例治罪。其未經定例以前官吏有私租之處，免其治罪，按年照數賠補。其一應變賣什物，俱勒限一年，眼同本犯家屬照數變賣。如逾限未變，器皿衣服仍於本地方勒變。一應金銀珠玉等物，兑明分兩數目，造具清册，眼同本犯家屬封固，出具並無更換印甘各結，解交藩庫。遇有便員，附搭解部，轉交崇文門變價。若有竊換等弊，許家人及旁人首告，加倍追賠，仍照侵盜錢糧例治罪。

一、田房産業一經入官，即令本犯家屬將契券呈堂出業。該管官眼同原主秉公估定，開明價值，出示速售。有願買者，即給與印照，不許原主勒索找價。仍令買主出具並無假冒、影射甘結，存卷。如該管官縱容原主據占，影射，將據占之家屬，影射之父兄，俱照隱瞞入官財物律，坐贓治罪。該管官並該上司俱照例分别議處。如並無影射等弊，首告之人編詞陷害，按律反坐。至所典房地及質當物件，勒限令原主取贖，歸還原本。如逾限不贖，即開明原本價值，出示招賣。

一、八旗催追侵貪銀兩，如逾限不完，將伊家産變價交官。若承變限滿，尚無售主，照虧欠之數將家産估價，入官抵項。其家産不能抵完者，該叅佐領等據實呈報管旗都統等，具奏，將本犯交部照原擬發落。現在家産盡行入官。

一、凡盜犯到案審實者，即將盜犯家産封記。候題結之日，將盜犯家産變賠。如該犯之父兄弟伯叔知情分贓者，審明治罪，亦著落伊等名下追賠。倘有並無家産，以及外來之人無從封記開報者，將案内各盜之家産，仍照例將除應賠本身贓物外，或有餘剩，概行變價代賠。其有窩家之案，仍照例將窩家之財産一並賠補。取具事主領狀，報部。倘有將無干之親族及並未分贓之親屬株連賠累者，該督撫查出，即行題叅，交部議處。

《大清律續纂條例》卷一《名例》　一、州縣有盜劫庫項，除失事之員照數補還者無庸另議外，或本人身故産絶，力難完繳者，即照州縣虧空之例，令該管各上司分賠。

《大清律例》卷五《名例律・加減罪例》　律

凡稱加者，就本罪上加重。謂如人犯笞四十，加一等，即坐笞五十。或犯杖一百，加一等，則加徒減杖，即坐杖六十，徒一年。或犯杖六十，徒一年，加一等，即坐杖七十，徒一年半。或犯杖一百，徒三年，加一等，即坐杖一百，流二千里。或犯杖一百，流二千里，加一等，即坐杖一百，流二千五百里之類。稱減者，就本罪上減輕。謂如人犯笞五十，減一等，即坐笞四十。或犯杖六十，徒一年，減一等，即坐杖一百。或犯杖一百，徒三年，減一等，即坐杖九十，徒二年半之類。惟二死三流，各同爲一減。二死謂絞、斬，三流謂流二千里、二千五百里、三千里，各同爲一減。如犯死罪減一等，即坐流三千里；減二等，即坐徒三年。犯流三千里者，減一等，亦坐徒三年。加者，數滿乃坐。謂如贓加至四十兩，縱至三十九兩九錢九分，雖少一分，亦不得科四十兩罪之類。又加罪止於杖一百，流三千里，不得加至於死；本條加入死者，依本條。加入絞者，不加至斬。

條例

一、應擬枷號杖笞之盜犯，時遇熱審，俱不準減免。

一、凡例應枷責之犯奉旨改爲發遣者，俱免其枷責之罪。

一、議處、議罪，俱照本條律例定擬。其有情罪重大、應從重定擬者，必折衷於法之至平、至允，援引比照，不得擅用加倍字樣。

《大清律續纂條例》卷一《名例》　一、笞罪人犯，如係鬥毆傷人，雖遇熱審，不準寬免。

《大清律例》卷五《名例律・稱與同罪》　律

凡稱與同罪者，謂被累人與正犯同罪，其情輕。止坐其罪。正犯至死者，同罪者減一等，罪止杖一百，流三千里。正犯應刺，同罪者免刺，故曰不在刺字、絞、斬之律。若受財故縱與同罪者，其情重。全科。至死者絞。其故縱謀反、叛逆者，皆依本律。斬絞。凡稱同罪者，至死減一等；稱罪同者，至死不減等。稱準枉法論、準盜論之類，事相類，而情輕。但準其罪，亦罪止杖一百，流三千里，並免刺字。稱以枉法論及以盜論之類，事相等，而情並重。皆與正犯同，刺字、絞、斬，皆依本律科斷。然所得同者，律耳。若律外引例充軍爲民等項，則又不得而同焉。

條例

一、凡受財故縱與囚同罪人犯，該凌遲斬絞、依律罪止擬絞者，俱要固監緩決，候逃囚得獲審豁。仍依本律科其減等、受財枉法從重之罪。

《大清律例》卷五《名例律·稱日者以百刻》 律

凡律稱一日者以百刻，犯罪違律，計數滿乃坐。計工者，從朝至暮。不以百刻爲限。稱一年者，以三百六十日。如秋糧違限，雖三百五十九日，亦不得爲一年。稱人年者，以籍爲定。謂稱人年紀，以附籍年甲爲準。稱衆者，三人以上。稱謀者，二人以上。謀狀顯跡明白者，雖一人，同二人之法。

《清高宗實録》乾隆三年七月 刑部議準：內閣學士凌如焕奏稱，謀殺、故殺、强盗等案，俱係情罪重大，不應援赦之犯。如番捕將平民犯竊之輕罪，逼認爲謀殺、故殺、强盗者；或經承審官訊出實情，而反坐之番捕，罪止擬軍，援赦仍免。立法似屬太寬。請酌量加嚴，照例充軍，不準援赦免罪。從之。

《清高宗實録》乾隆五年十二月 刑部左侍郎張照奏：律例纂本告成，若待刊頒，尚需時日，請將副本先送過部，以便查照遵行。再各省撫臬擬罪。有舊例本輕，而新例改重者，仍待本省奉到之日遵行。至舊例本重，而新例改輕者，應令刑部聲明，即行改正。得旨：著照所請行。

《清高宗實録》乾隆四十八年十月 乙酉，諭曰：刑部議駁四川總督李世傑條奏：川省褌刀殺人，請照鳥槍殺人例治罪之處，毋庸議一摺。所駁甚是，已依議行矣。褌刀不過金刃中之一類，前因金刃傷人，較手足他物爲甚，降旨內外問刑衙門。於秋審時，覈其情近故殺者，列入情實。嚴示創懲，以期辟以止辟。若以褌刀比照鳥槍，概從故論，則小刀、菜刀等類，亦可殺人，何能逐物定例，致滋繁擾。况該省褌刀等項，原非日用應有之具，本宜嚴禁。該督如果督飭府州縣，實力嚴查，將各該州縣城市店鋪，私行打造售賣之處，重加懲治。遇有攜帶褌刀犯案，即照匪徒辦理。此等兇器，不患不銷燬净盡，如此方爲正本清源。又何必多立科條，以致故殺本律，轉多淆混乎。此奏朕初以李世傑爲戢除兇暴起見，所言似爲近理，批交部議。部臣並不因批示，有意迎合，即切實指駁。今閱所駁，於情理實爲允協。應依議行，朕斷不肯因有嘉獎之批，稍有迴護。朕辦理庶務，鑒空衡平，惟求其理之所是，從不稍存成見。各部院堂官，皆朕倚任之人。當仰體此意，遇事各抒所見，不可略有瞻顧。至司員中，亦當如此實心辦事，務求事理之平，不可迎合堂官。爲堂官者，亦當虚心採擇。我君臣如此虚心集益，則庶政何患不理，政治何患不當耶？朕臨御四十八年以來，諸弊肅清，萬幾就理，皆一秉大公至正，不肯稍存意見，各內外大臣，其敬體朕懷，交切勉勵，以副朕孜孜求治，諄切訓誡之意，將此通諭知之。

《清仁宗實録》嘉慶四年二月 刑部奏：請馳私賣玉器例禁，並酌定關東私刨人葠，除五十兩以上爲首財主照例科罪外，如係隻身潛往，應以得葠多寡，分別杖徒一摺。得旨：葉爾羌和闐等處出産玉石，向聽民間售買，並無例禁明文，因高樸串通商販採買玉石案內，始行定例。凡私赴新疆偷販玉石，即照竊盗例計贓論罪，原非舊例所有。况仍有偷帶貨賣者，今查前案因此拖累多人。朕心殊爲不忍，著照刑部議，嗣後販賣新疆玉石，無論已未成器者，概免治罪。其從前辦過販玉案內各犯，準其報部覈釋。至私刨人葠之案，爾係隻身潛往者，向例不論葠數多寡，概擬滿流，未免無所區別，此後即照所擬計贓論罪，以昭平允。

《清仁宗實録》嘉慶二十年三月 又諭：蔣攸銛等奏，酌定《查禁鴉片煙章程》，請於西洋貨船到澳門時，先行查驗，並明立賞罰，使地方官知所懲勸等語。鴉片煙一項，流毒甚熾，多由夷船夾帶而來。嗣後西洋貨船至澳門時，自應按船查驗，杜絶來源。至粵省行銷鴉片煙，積弊已久，地方官皆有失察處分，恐伊等瞻顧因循，查拏不力。嗣後有拏獲鴉片煙之案，除查明地方委員等，有得規故縱情事，應嚴參辦理外，其僅止失察者，竟當概行寬免處分。至所請拏獲興販煙斤，自二百斤至五千斤以上，分別紀録加級及送部引見，並軍民人等拏獲獎賞，以及誣良治罪之處，俱著照該督等所請行。

《宗室覺羅律例》下卷 一、盛京宗室覺羅包庇棍徒者，應分別由盛京酌加圈禁。

凡盛京宗室覺羅，如經外來棍徒投託，知情爲之護庇；或任令横河攔緶擾累，肆行搶奪；或在河溝道口借搭橋爲名，把持地方，向過往車輛任意訛索，如宗室覺羅知情護庇，主使棍徒不法，均應由盛京加圈禁二年。**【略】**

道光二十一年五月初七日，內閣鈔出盛京將軍宗室耆英等片奏棍徒擾

害明定章程一摺，奉硃批該部議奏，欽此。遵旨會議，得查例載。兇惡棍徒，屢次生事行兇，無故擾害良人。人所共知，確有實據者，發報邊足四千里安置。凡係一時一事，實在情兇勢惡者，亦照例擬發。又宗室覺羅，犯至遣戍之罪者，擬實發黑龍江各等語。茲據該將軍奏稱，奉天地方，遇有外來棍徒，特其兇惡，横河攔綆，詐索擾累，肆行搶奪，或勾結本地旗民，爲之羽翼；或投託宗室覺羅，爲之護庇。稍不遂意，即逞兇鬥毆，致釀人命，肆無忌憚。請嗣後除實犯死罪外，其餘無論是否屢次生事行兇，不分首從，俱照棍徒擾害例，發報邊足四千里安置。旗人有犯，銷除本身旗檔，一體發遣。宗室覺羅在盛京地方犯事者，即照犯至遣戍之例，實發黑龍江。至土棍在河溝道口，借搭橋爲名，把持地方，向過往車輛任意訛索，雖較横河攔綆，肆行搶奪情節稍輕，而其擾累行旅，亦屬爲害地方，亦請照棍徒擾害例，分別首從辦理。等因係爲懲匪徒以安地方起見，自應即如所請，以昭懲創。惟查該將軍所稱，棍徒勾結旗民，或投託宗室覺羅，特兇詐搶，請照棍徒擾害例，不分首從，一體擬軍一節，原因該匪徒等同惡相濟，聚衆滋擾，厥罪維均，故當無分首從辦理。即如例内豫省並安徽潁州府等，屬兇徒及回民毆竊諸條，亦必聚至三人以上，始無分首從，一體懲創。若聚衆未及三人，自應仍照共犯罪分首從之律，分別問擬，以示區別。應請嗣後盛京地方，如有外來棍徒勾結旗民，或投託宗室覺羅，聚至三人以上，横河攔綆，詐索擾累，肆行搶奪者，除實犯死罪外，其餘無論贓數次數，不分首從，俱照棍徒擾害例，發報邊足四千里安置，面刺烟瘴改發四字。如並未聚衆，及雖經聚衆，但在河溝道口，借搭橋爲名，把持地方，向過往車輛任意訛索，並無横河攔綆，肆行搶奪重情者，爲首亦照棍徒擾害例擬軍，爲從各犯俱杖一百、徒三年。旗人有犯，銷除本身旗檔，與民人一體辦理。宗室覺羅，但經外來棍徒投託，知情爲之護庇，或任令横河攔綆擾累，肆行搶奪，俱照棍徒擾害，發極邊足四千里例，不分首從，均請實發黑龍江，嚴加管束。其在河溝道口，借搭橋爲名，把持地方，向過往車輛任意訛索，雖非横河攔綆搶奪，但宗室覺羅知情護庇，主使棍徒不法即與爲首情罪相同，亦情照棍徒擾害例，實發黑龍江，嚴加管束。如此明定章程，庶匪徒知所警畏，而地方可期肅清矣。如蒙俞允，由刑部行文該將軍遵照辦理。並於下届修例時，纂入例册，以昭遵守。等因具奏，奏旨依議欽此。

（清）何耿繩《學治一得編·例案簡明·保辜》　凡保辜者，先驗傷之輕重，或手足，或他物，或金刃，各明白立限。手足及以他物傷輕者，限二十日。金刃及湯火傷者，限三十日，餘限各十日。折跌肢體及破骨墮胎者，無論手足他物，皆限五十日，餘限二十日。或平復，或成廢，或身死，或因傷不因傷，分别正限内外論罪，照一日九十六刻扣限，聲明大建小建時刻。

例載，凡遇有鬬毆傷重，不能動履之人，聞報即行帶領仵作驗看，不許扛擡赴驗。

例載，正印官親詣驗看外，其離城窵遠之區及繁冗州縣，委係不能遂起驗看，許委佐貳巡捕等官驗報，仍聽印官定限保辜。

謀殺傷不準保辜，過失傷不責保辜。又例載，毆大功以下尊長，雖死於餘限外，不論保辜，夾簽聲明。

（清）何耿繩《學治一得編·例案簡明·人命一》　凡勘問謀殺人犯，果有詭計陰謀者，方以造意論斬。助毆傷重者，方以加功論絞。謀而已行，人贓現獲者，方與强盜同辟。毋得據一言爲造謀，指助勢爲加功，坐虚贓爲得財，一概擬死，致傷多命。

凡同謀共毆人犯，除下手擬絞外，必實係造意首禍之人，方以原謀擬流。毆有重傷而又持有兇器者，方合例發遣。其但曾謀與而未造意，並有重傷而無兇器，有兇器而無重傷者，毋得概擬流戍。

注：臨時有意欲殺，非人所知，曰故。輯注曰，若先前有意，不在臨時，則是獨謀於心矣。若欲殺之意有人得知，則是共謀於人矣。臨時爲鬬毆共毆之時也，故殺之心必起於毆時，故殺之事即在於毆内。凡審故殺情節，關鍵盡於此數語。

戲殺注：謂以堪殺人之事爲戲，如比較拳棍之類，此語最明。若非以堪殺人之事，則爲過失殺矣。

誤殺中分謀，故毆。又分凡人、親屬、尊長、卑幼。

過失殺注：耳目所不及，思慮所不到，二語最要，即如下文彈射磚瓦等，尚非可以一概論也。

弓箭傷人，問是否城市及有人居止其放彈投擲磚瓦，鳥鎗等亦如之。

車馬殺傷人，問是否街市鎮店，或鄉村曠野，及因公急馳。

庸醫殺人，問是否故違本方。

窩弓殺人，問是否樹立竿索。

以上各條，分謀、鬭、故、戲、誤、過六項，雖人命情節，變態百出，而大約不出乎此。此外則有窮兇極惡，如殺一家非死罪三人及三人以上者，支解人者。又有妖術殺人，如採生折割造畜蠱毒者，事非常事，另著於篇。其同是人命，別有名色者，亦另著於篇。

（清）何耿繩《學治一得編·例案簡明·人命二》 凡殺一家，非死罪三人，必係謀殺、故殺，及放火行盜而殺者，乃照律凌遲。若係鬭殺共毆，另看例定各條。一家注：謂同居，雖奴婢僱工人皆是；或不同居，果係本宗五服至親，亦是。非死罪注：加實犯二字，則如準盜準枉法者，亦不論也。

支解人當照例問，係殺前殺訖。若系殺後，是否欲求避罪，割碎棄藏，抑係勢力不遂，凌遲人處斬之分，極宜詳慎。

採生折割造畜蠱毒者，當究其方術得自何人，同學引進何人，自己得後，又曾傳授何人，方術如何煉制，試過幾次，害過幾人。雖蠱毒不必殺人，亦斬，亦須嚴究明確。

（清）何耿繩《學治一得編·例案簡明·人命三》 威逼人致死，須看注中威之氣燄難當，逼之窘迫難受三句情節，但此最不易引，重則可以引光棍惡棍等例，輕則可以酌擬不應。其有別項情節，如索詐則引恐嚇，誣蔑則引誣告，又各有本條不得用此。蓋此條以其人命，則情重而罪止，滿杖則法輕，故須善酌。因姦盜而威逼人致死，其强姦未成，但經調戲一聞穢語各條，並載例內。而因盜則亦最難引，此盜字是竊盜無强盜。

威力制縛，拷打監禁，人因而致死，威力主使毆打人致死，制縛必實係一時逞忿，並無欲殺之心，方合律。主使必實有可畏之威，有不敢不從之勢，方可坐爲首，與同謀共毆不同。

罪人已就拘執而擅殺罪人，不拒捕而擅殺，分別罪應死不應死。擅殺罪人不論謀故，均以鬭毆殺論。謀殺者，其爲從加功，依餘人論。

（清）何耿繩《學治一得編·例案簡明·强盜》 凡盜案報到，即會營往勘，係城中或係鄉村，營汛遠近，有無鄰居，事主住屋幾間，坐落方向。從何處入門，何處搜贓，何處出去；或係明火執杖，撞門毀户；抑係踰墻撬壁，臨時驚覺行强。入室幾人，曾否塗面，如何言語禁嚇，有無捆縛毆打，初時事主可曾喊叫，鄰右可曾聞聲，去時可曾挾架事主，道路可曾遺有器械油捻。取供估贓勒緝通詳。

例載，事主失單如繁多，一時失記，準於五日內續報。凡强盜不許捕官私行審，不許捕役私拷。初審時既先驗有無傷痕，於招內開明並無私拷傷痕字樣。强盜問有無父兄伯叔與弟同居，及有無知情分贓，竊盜與窩主皆同禁約例。

盜以贓獲爲定，贓以事主確認爲定，最關緊要，最防捕役囑令混認，其弊非輕。例載，起贓須差委捕員，眼同起認，不可使捕役私起，以滋諸弊也。

凡盜犯到案審實，先將各犯家産封記，俟題結之日，變賣賠贓，或無家産及外來人無從封記者，將案犯及窩家有家産者賠本身外，或有餘剩，概行變價代賠。

凡事主報盜，只許到官聽審一次，認贓一次，所認贓即給主釋回，不許往返拖累。

凡獲盜有供出他省犯劫者，研審明確，毋許解往質審，有例。如果有贓跡未明，夥盜待質，必須解往者，亦有例。竊盜另例亦同。

州縣印官公出，遇有失事，佐貳捕官一面會同汛弁查驗緝捕，一面申請鄰邑印官覆驗申報。

凡問强盜，固不得有心姑息，曲爲開脱，但一字爰出，駢首就戮，預謀行强者，不足惜，其臨時行强者，倘非有强形顯著，要當存求其生而不得之心。乾隆二十五年，湖南段乃香案，言語禁嚇似强，而縛豬情形仍竊。乾隆二十二年浙江羅三案，臨去揚言近於暗進明出而嚇禁，由於畏追，逃逸並未拒捕。但有一綫，即屬生機。又如乾隆六年江西胡廷秀案，指駁入細，不科强劫而科搶奪，皆可類推也。

搶奪

搶奪之案與强劫相似，人少而無兇器，搶奪也。人多而有兇器，强劫也。然亦不可拘泥，有人少而有兇器爲强劫者，有人多而無兇器爲搶奪者，總以情形爲憑，不在人多人少。

例載，在白晝爲搶奪，在夜間爲竊盜。在途截搶者，雖昏夜仍同，搶奪止去白晝二字。纂注曰：謂搶奪必在白晝可也。謂凡在白晝者，皆係搶奪不可也。合此諸説參之。

（清）何耿繩《學治一得編・例案簡明・竊盜》　凡審竊盜，須驗有無刺字，三犯竊盜須查犯後曾否遇赦，其得免併計後，再犯各條載新例。凡竊盜贓，五十兩以上，州縣同捕官帶同捕役搜驗。四十兩以下，捕官帶同捕投前往搜驗。

竊盜須以一主爲重。若一家內有兩家之物，一船內有數人之物，客店內有眾客商之物，均作一主論。臨時行强，臨時拒捕，只分在得財前後拒捕。各自殺傷，各自主當，各盡本法，不得分首從論。

（清）何耿繩《學治一得編・例案簡明・窩家》　凡窩主自當嚴辦，以清盗賊之源，但今人以容留即爲窩主，非也。例載，有窩主窩藏之别，必須審有造意共謀實情，方以窩主論斬。若止是勾引容留往來住宿，並無造意共謀情狀，但得以窩藏例發遣，毋得又致概坐。其存留幾人，並載例內。

竊盜窩主當統計各主贓，科罪不得照竊盜以一主爲重。

（清）何耿繩《學治一得編・例案簡明・放火》　放火不外謀財、挾仇二端，謀財必有人助同搶奪，其事易明；挾仇必獨自匿跡潛蹤，其情難見。然而當場攫物者，火未必定由伊起，而旁觀漏網者，反係巨兇。情罪至重，不可不慎。律注：須放火處捕獲有顯跡證驗明白者乃坐。顯跡謂如硫磺紙撚引火柴草之類，證驗如火起之初，實有多人共見，其在旁引燒遇人，始行逃去者，或其謀有漏洩者之類。

律中首載，放火燒自己房屋。此語鶻突之甚，如果自燒則又必有别故，自當另擬矣。熟思皆無一可通，自不必爲律所護。

失火例載典商一條，此放火自燒中所有情弊，所謂當另擬者也。

（清）何耿繩《學治一得編・例案簡明・發塚》　發塚律分見棺、見屍例，分一次二次至三次以上，並糾眾索財取贖各條。又新增發塚見棺，鋸縫、鑿孔、抽取衣物，並非顯露屍身一條。按，此輯注所言。見字，去聲，顯也，露也。必開露方坐本罪，假如發而未至棺，僅於穴旁去指大一磚，便可窺見棺槨，即坐見棺槨之罪乎？今例正合。殘毁棄失移屍，並載發塚律內。輯注曰：凡人發塚之罪，重於毁棄親屬。毁棄之罪重於發塚。

（清）何耿繩《學治一得編・例案簡明・失囚》　劫囚者，變自外人。反獄者，變自內出。劫囚不須得囚，但劫即坐。反獄以打開監門，殺傷禁卒爲據。雖未逃出亦坐。脱監者從門出。越獄者踰垣出，此二者所謂主守不覺失囚也。若反監罪減，若劫囚罪免。

劫囚兼途中曰私竊。放囚者，非劫也。既曰打奪，則似與劫同。而又立中途打奪一條，何也？凡罪人已經到官科訊拘禁曰囚，其犯事尚未到官，初就捕者，則曰罪人。罪人者，重輕未可定之詞也。其追徵錢糧，勾攝公事，則並不必其有罪者也。故其事與劫囚不同，而其聚眾則可惡，故特立此條。不然則罪人拒捕與拒毆，追緝人已各有律，何須此條。

已就勾捕則爲奪，未就勾捕則爲拒。注云：不於中途，在家打奪，是雖來捕而尚未捕去。然或已有拘縶將行情形，則打奪尚有可通。至云打奪之人即係所勾捕之人，以己奪己，於義何居，引用當酌。

（清）何耿繩《學治一得編・例案簡明・賭博》　凡賭博，問係偶然聚會，有無經旬累月，開場放頭，聚集無賴各情形，並訊明賭具來歷，賭具例尤嚴。

窩賭家之兩鄰，容留造置賭具之房主，並有例。

例載，凡無藉之徒及生監衙役兵丁，窩頓流娼土妓，引誘局騙及得受窩頓娼妓之家財物，挺身架護者，照窩賭例治罪。

又按，官吏宿娼，杖六十，而民人宿娼，律無明文，或謂當從杖六十，上量減爲此，當是不應輕。

（清）何耿繩《學治一得編・例案簡明・誘拐》　凡誘拐之案，當分略誘、和誘。略者，罔其所不知和者，因其情願，或先被哄騙，事出不得已，而始行曲從，則方略已行，即不得謂之和誘矣。所誘者，不論良人奴婢，不論已賣未賣，但誘取已行即坐，何人同謀，何人窩頓，牙保買主是否知情，婦人有無先後姦情，幼孩有無施用藥術，十歲以下雖和同略。收留迷失及在逃子女，與此不同者，彼乃有因而攘之義也。所當參看者，譬如因人迷路而誑引相隨，乘人離怨而誘引出外，則即是略誘和誘矣。

（清）何耿繩《學治一得編·例案簡明·私鑄》 凡私鑄分別銅錢鉛錢，數在十千以上，或不及十千而私鑄不止一次，或甫經安爐設碓製造錢模，尚未開鑄，分別首犯與匠人，及爲從買使受僱，並房主鄰右等定擬。私銷重於私鑄，凡拏獲案犯，必先嚴究，有無銷毁翦邊情事。翦邊尚未私銷，照私銷例量減，乾隆三十年案。

私鹽

私鹽例，凡事發止理現獲人鹽，如獲鹽不獲人，不追，獲人不獲鹽，不坐。此律重誣扳寧縱毋枉之意。輯注曰：如私鹽人多，應捕人少，當場止獲一人，餘者獲鹽遁去，不得謂獲人不獲鹽不坐。又如現獲之犯供出同販脱逃姓名，及至捕獲，供證明白，豈得謂獲鹽不獲人不追？又如同販拒捕，下手殺傷人，脱逃未獲，有顯跡者，仍須追究。豈可使兇徒漏網乎？就律而酌以情理，不可拘執。

凡管理鹽務及有巡緝私鹽之責文武各衙門，巡獲私鹽，即發有司歸勘，各衙門不許擅問。

（清）何耿繩《學治一得編·例案簡明·私雕假印》 僞造印信，分雕刻描摹造成造而未成，已行使未行使，係關軍機錢糧假官諸弊。抑止圖騙財，爲數無多，凡不及十兩十千爲無多，凡篆文模糊不全者，即造而未成也。

詐爲文書，重在盜用印信，不在有無押字，蓋文書非印信，不能行也。例極明白，非盜用則僞造矣，兩條相爲表裏。

（清）何耿繩《學治一得編·例案簡明·犯姦》 凡犯姦，曰和姦，曰捉姦，曰殺姦，曰調姦。和姦問有夫無夫，刁姦不論，强姦有已成有未成。有强合而和成，有雖和以强論，刁姦無强，輪姦無和，輪姦亦分刁姦，而刁姦者仍分悔過。縱姦與買姦相同而有異。縱姦男婦，皆屬同心。賣姦婦女，或由抑勒，拒姦或先和而後拒，問確由愧悔而拒，準拒抑有別故而拒，不得以拒論。捉姦有得捉，有不得捉，得捉之人不皆即得殺之人。得殺仍問登時問姦所，或止殺一人，名有例，調姦分手足勾引，言語調戲，其致死則另有律。

凡親屬相姦，皆不分尊卑長幼，彼此罪等。

凡婦女犯姦到案，和姦孽由自作，其强姦者有部議云：或鄰有聞聲救護，或奪下衣帽，或當時拏獲，或聲喊逃跑之時，有人見聞，多有確據者，原不必本婦到官，斯亦仁厚之一端也。

（清）何耿繩《學治一得編·例案簡明·犯贓》 凡科贓，有枉法贓，有不枉法贓，有虛贓坐贓，有竊盜贓，有監守自盜，常人倉庫錢糧盜贓，有併贓論罪，有通算全科，有通算折半科。凡併贓止計一主爲重，一主不一次皆併計。然亦有統合各主而併計，併贓首不計入己，通算者計入己。惟各已入己，故無首從可分。不計入己，故仍分首從。然而監守常人，既併贓仍不分首從。枉不枉不專指有祿人，坐贓無枉，虛贓仍論枉不枉，不因事曰坐贓，不入己曰虛贓，坐贓亦曰虛，虛贓亦曰坐，同不同竊盜贓凡稱準稱以者皆併計，枉法重在贓。然而所枉法重於所計贓，則計罪不計贓。此其大較也。贓滿罪止枉法，滿八十兩不枉法，滿一百二十兩坐贓，滿五百兩竊盜，滿贓亦一百二十兩。三犯律不計贓，例定五十兩，監守盜律滿四十兩，罪止例。至一千兩以上，乃止常人。盜律滿八十兩，罪止例。至一百兩以上乃止，凡贓之起不必兩。

（清）何耿繩《學治一得編·例案簡明·誣告》 凡誣告者，全誣全抵無剩罪，或誣輕爲重，或二事以上輕實重虛，乃有剩罪，已決全抵，未決折杖。其有例該罪止律從一科斷者，雖誣亦免。若告二人，一人實一人虛，雖輕不免大要律重，全誣尤嚴。致死故有加三等加三等斷財産之條。但若輕者得實，即已非盡無因。故剩罪止於杖一百，餘皆收贖也。其罪名則以所誣爲定律，惟載實封彈事罪囚冤枉二條，例載有屍遭蒸檢，捕役誣良，姦徒串結衙門棍徒，聲言奏告以及舉首詩文，捏造姦贓，寫揭字帖，編造歌謡，挾仇誣蔑，以致自盡等條，皆其大端，不同剩罪。又律載，誣人而人反誣，亦可謂極情僞之變。

教唆詞訟，誣告之源也。例載，地方官不能查拏禁緝，失於覺察，照例議處。若明知不報，經上司訪拏，將地方官照姦棍不行查拏例，交部議處。

原告告而輒逃，並無疾病事故，兩月不到案聽審，即將所誣人等釋放，不與審理，專拏治原告作誣，有例。

（清）何耿繩《學治一得編·例案簡明·囚禁》 凡徒罪以上，應禁。婦人犯死罪及犯實發不準收贖者，禁。凡竊賊，無論罪名輕重，皆收禁。

官犯公私罪，軍民輕罪，老幼廢疾，皆散禁。

凡侵欺錢糧至一千兩以上，挪移錢糧至五千兩以上者，鎖禁監追。其侵欺在一千兩以下，挪移不及五千兩者，散禁看守。

凡遞回原籍人犯，如係奉特旨及犯徒罪以上，援免解交地方官管束之犯，經過州縣，仍照例收監外，其笞杖等輕罪遞回安插者，承審衙門於遞解票內注明不應收監字樣，前途接遞州縣，即差役押交坊店歇宿，取具收管。

凡解審軍流以上人犯，令各州縣酌量地方情形，如有相距在五十里以外不及收監者，先期撥役傳齊地保，知會汛兵，支更巡邏。

凡州縣自理之案，不得擅用夾訊。其申報事件有曾經夾訊者，將夾訊幾次，或未曾夾訊之處，於招册內據實聲明，上司於解訊時察驗，至佐貳奉上司批審，有應夾訊者，許請改委印官審理。若係印官批發者，仍請印官掣回自審，違例用者參處。

凡强盗十惡謀故殺重犯，用鐵鎖扭鐐各三道，其餘鬬毆人命等案罪犯，以及軍流徒罪等犯，止用鐵鎖扭鐐各一道，笞杖等犯止用鐵鎖一道。

凡部發遞解及外省解部並解別省軍流徒罪，發回安插人犯，預差官員務選有家業正役解送。如人犯中途患病者，原解取結方免議處，即報明所在官司驗明出結，即著該地方留養，候病痊起解，仍將患者日期報部。

凡徒罪以下人犯患病者，獄官報明驗看，取具的保保出調治。其外解人犯無人保出，令其散處外監調治。若病斃，督撫題報將本犯所犯何罪名，所患病症，及有無淩虐，曾否保釋，逐一聲明。

凡軍流徒罪以奉文日爲始，定限兩箇月起解。如實係患病，亦不得過一百日限。

凡獲犯到案並解審發回之時，當堂細加搜檢，有無夾帶金刃等物，並嚴禁禁卒，不許將磚石樹木銅鐵器之類混行取入。如有買酒入監者，將禁卒嚴行責治。

凡拏獲越獄人犯，務究與剃頭並代爲銷毁刺字之人。

凡鄰省遞籍人犯，一面發遣，一面關會原籍，併知照經過地方官，無論長解短解，遵例加差轉遞。

（清）何耿繩《學治一得編・例案簡明・捕緝》　凡脫逃要犯，務將該犯年貌、籍貫、有無鬚痣，詳細開明，行文通緝各州縣，於文到之日，差捕認緝。一面填寫印票，分給各鄉總甲訪察。如果無蹤，年底取結轉詳咨部。

凡廣緝重犯，不得濫給緝票，先將該犯年貌、案由併差役年貌、籍貫及所差名數，一面詳明督撫知照各該省，一面改用通關給與差役攜帶在身，密行偵緝，如有蹤跡，即將通關呈報地方官，添差拏解。如緝無蹤跡，仍投換回文，以爲憑驗。毋任差人僱倩白役代緝，以及藉端勒索諸弊。

凡逃回原籍之軍流人犯，本籍地方官於咨緝文到日，即傳該犯親屬鄰保人等，逐一審問根由下落。如果未逃回，即取確實供結詳請咨送刑部，及配所省分存案，仍不時偵緝。

凡交界地方失事探實贓盜之處，無論隔縣隔府隔省，一面差役拘執印票即行密拏，一面移文關會。拏獲之後，仍報明地方官，添差移解。其一應竊匪窩賭窩娼等類，有竄入鄰境者，亦照此例辦理。

若係尋常對質人犯，則須關會地方添差，不得用此例擅拏。

凡鄰縣關提人犯，限文到二十日拏解，若逾限不發，議處。若聽信地保差役捏稱並無其人，並久經出外空文回覆，揞不發人者，議處。凡關提日月通報各上司稽考，如屢關不到者，稟請本上司行關移督發。

（清）何耿繩《學治一得編・例案簡明・命盜審限》　凡尋常命案，限六個月。盜劫及情重命案，奉部事件並搶奪發掘墳墓及一切雜案，俱定限四個月。其限六個月者，州縣三個月解府州，府州一個月解司，司一個月解督撫，督撫一個月咨題。其限四個月者，州縣兩個月解府州，府二十日解司，司二十日解督撫，督撫二十日咨題。如案內正犯及要證未獲，情事未得確實者，題明展限。按察司自理事件，限一個月完結，府州縣自理事件，俱限二十日審結。上司批審事件，限一個月審報。若隔屬提人及行查者，以人文到日起限，遲延察參。

凡承審命盜及奉部事件，至限滿不結，督撫照例咨部，即於限滿之日截算。二參再限四個月，仍令州縣兩個月解府州，府州臬司、督撫各分限二十日。如逾限不結，督撫將易結不結情由題參，至承審官內有升任、革職、降調及因公他往。委員接審者，如前官承審未及一月者，準其按審過

日期展扣一月以上，離任者準其展限一個月，分限三個月。兩個月事件，前官承審歷限過半，離任者準其扣半加展。如前官於二參限内離任者，接任官準其以到任之日起，無論六個月、四個月事件，俱扣限四個月審結。至原問官審問未當，及犯供翻異情節，督撫另委賢員，或會同原問官審理，委審之員扣限一個月，該管各上司亦統限一個月，核辦具題，總以兩個月完結。如承審官借端掩飾不速結者，督撫題參。如下屬已經解審，混行駁飭，以致承審官違限，併知屬官例，限將滿借端故爲派委，希圖展限者，一併交部議處。

凡盗案獲犯到官，無論首夥緝獲幾名，如供證確鑿，贓迹顯明者，一經獲犯，限四個月完結。如果虚實情形未分，盗贓未確，限内不能完結者，承審官立即據實詳報，逐細聲明。該管上司核明預行咨部，準其展限兩個月審結。倘承審官有將易結之盗案，濫請展限，督撫漫爲咨部者，並交部議處。

凡卑幼擅殺期功尊長，及屬下人妻妾奴婢謀故等案，承審官限一月内審解，府司督撫各限十日審轉具題。如州縣於正限屆滿尚未審結，即於限滿之日接扣，二參限期，州縣限二十日，府司督撫仍各限十日完結。如有遲延，分别初參、二參照例議處。至殺死三命四命之案，請督撫即提至省城，督同速辦，其限期悉照殺期功尊長之例。

凡審理命盗欽部事件及一切雜案，内有餘犯到案，因正犯及要證未獲，情詞未得，或盤獲賊犯，究出多案，事主未曾認贓，必須等候方可審擬，或因隔省行查，限内實難完結者，承審官將此等情由預行申詳督撫，分别題咨展限。若正犯要證及盗竊案内首從人犯已經到案，間有餘犯未獲者，即將現獲之犯據情研審，按限完結，不得藉詞展限，亦不得延至日久，應就現犯審結之日起限。若承審期内遇有續獲之犯，如到案在州縣分限以内者，即行一併審擬，毋庸另展限期。如到案已在州縣分限以外不能併案審擬者，將續獲人犯，另行展案扣限，四個月完結。如間有獲犯到案，時在州縣分限將滿者，亦不得逾違統限。如該上司不遵定例嚴加查核，聽其揑詞扣展者，均議處。

凡讞獄時，令招房書吏照供録寫，當堂讀與兩造共聽。果與所供無異，方令該犯畫供，有司親自定稿，不得假手胥吏，致滋出入情弊。如有司將供輒交經承，致有增删改易者，許被害人首告題參。

紀 事

（唐）杜佑《通典》卷一六九《刑法·守正》 周代，晋悼公之弟揚干亂行於曲梁，行，陣次也。魏絳戮其僕。僕，御。晋侯怒，謂羊舌赤曰：合諸侯，以為榮也。揚干為戮，何辱如之？必殺魏絳。言終，絳至，授僕人書，僕人，晋侯僕御。曰：日君乏使，使臣斯司馬。斯，此也。臣聞師衆以順為武，順，莫敢違。軍事有死無犯為敬。守官行法，雖死不敢有違。君合諸侯，臣敢不敬？君師不武，執事不敬，罪莫大焉。臣懼其死，以及揚干無所逃罪，懼自犯不武、不敬之死。不敢致訓。至於用鉞，用鉞，斬揚干之僕也。臣之罪重，請歸死於司寇。致死於司寇，使戮也。公跣而出，曰：寡人之言，親愛也；吾子之討，軍禮也。寡人有弟，不能教訓，使干大命，寡人之過也。子無重寡人之過。聽絳死，為重過。晋侯以魏絳為能以刑佐民矣，反役與之禮食，使佐新軍。羣臣旅會，今欲明絳，故為特設禮會。

秦商鞅著刑名書，大畧曰：晋文將欲明刑，於是合諸卿大夫於冀宫。顛頡後至，吏請其罪，遂斷顛頡之脊。人皆懼曰：顛頡之有寵也，斷脊以狗，而况於我乎！乃無犯禁者，晋國大治。昔周公誅管叔，放蔡叔，流霍叔，曰：犯禁者也。天下皆曰：親屬昆弟有過不違，而况疎遠乎？故外不用甲兵於天下，内不用刀鋸於周庭，而海内治。故曰：明刑之猶，至於無刑也。

漢文帝嘗行中渭橋，有一人閩蹕，匿橋下。久，以為蹕過，走出，乘輿馬驚。廷尉張釋之奏：犯蹕，當罰金。帝怒曰：賴吾馬和柔，他馬已傷敗我，廷尉乃罰金耶？釋之曰：法者，天子所與天下公共。且方其時，上使使誅之則已。既下廷尉，廷尉，天下之平也，為之輕重，民安所措手足乎？是法不信於民也。帝良久曰：廷尉當是。後有盗高廟坐前玉環，釋之奏：當棄市。帝大怒曰：此人無道，吾欲族之。君以法奏之，非吾所以恭承宗廟意也。釋之曰：議法者，以逆順為本。今盗宗廟器而族之，假令愚人取長陵一抔土，抔，音步侯反，謂手掬之。不忍言毁徹，故云取

土耳。陛下何以加其法乎？帝許之。【略】

後漢光武為蕭王時，在河北。祭遵為軍市令，帝舍中兒犯法，格殺之。帝怒，收遵。主簿陳副諫曰：明公常欲衆之整齊，今遵奉法不避，是教令也。帝乃貰之，以為刺姦將軍。乃謂諸將曰：當避祭遵。吾舍中兒犯法尚殺之，必不私公等。其餘重刑慎法執正御人類如是。

光武建武中，董宣為洛陽令。湖陽公主家奴蒼頭白日殺人，因匿主家，吏不能得。及主出，以奴驂乘，宣數主之失，叱奴下車，因格殺之。主訴於帝，帝怒，召宣，欲箠殺之。宣曰：陛下聖德中興，而縱奴殺良人，將何以為治天下乎？臣請得自殺！即以頸擊楹，流血被面。帝令黃門持之。使宣叩頭謝主，不從。帝强頓之，宣兩手據地，終不肯俯。主曰：文叔為白衣，時藏亡匿，死吏不敢至門。今為天子，威不能行一令乎？帝笑曰：天子不與白衣同。因勑：强項令出！賜錢三十萬。時為吏者，趨於法矣。

明帝時，奉車都尉竇固出擊匈奴，騎都尉秦彭為副。彭在別屯，而輒以法斬人。固奏彭專擅，請誅之。帝問郭躬曰：軍征，校尉一統於督。督，謂大將。彭無斧鉞，何得殺人？躬曰：一統於督，謂在部曲也。《前漢書音義》曰：大將軍行有五部，部有曲。今彭專軍別將，有異於此。兵事呼吸，不容先關督帥。且漢制棨戟爲斧鉞。有衣之戟曰棨。帝從躬議。又有兄弟共殺人者，帝以兄不訓弟，故報兄重，報，論也。重，死刑。而減弟死。中常侍孫章宣詔，誤言兩報重，尚書奏章矯制，罪當腰斬。帝問郭躬，躬曰：法令有故、誤，章傳命之謬，於事為誤，誤者其文則輕，當罰金。帝曰：章與囚同縣，疑其故也。躬曰：周道如砥，其直如矢。君子不逆詐。且王法天，刑不可以委曲生意。帝善之。遷躬廷尉。

章帝時，侍御史寒朗與三府掾共按楚獄，顏忠、王平辭引隧鄉侯耿建、朗陵侯臧信、濩澤侯鄧鯉、曲成侯劉建等四人。四人辭未嘗與忠、平相見。時帝怒甚，吏恐，諸所連及，一切陷之，無敢以情恕者。朗試以建等物色問忠、平二人，錯愕不能對。朗知其詐，乃上言建等無罪，為忠、平所誣，疑天下無辜類多如此。帝曰：四侯無事，何不早奏，而久繫至今邪？朗曰：臣恐海内別有發其姦者，故未敢時奏。帝怒罵曰：吏持兩端，促提下。捶之左右方引去，朗曰：願一言而死。小臣不敢欺，欲助國耳，誠冀陛下一覺悟爾。臣見拷囚者，咸共言妖惡大故，臣子所宜同嫉，今出之不如入之，可無後責。是以拷一連十，拷十連百。又陛下問公卿得失，皆言舊制大罪禍九族，大恩裁止於身，天下幸甚。及其歸舍，仰屋竊歎知其多冤。臣今所陳，誠死無悔。帝意解，詔朗出。後二日，車駕幸洛陽獄，録囚徒，理出者千餘人。

隋文帝開皇中，大理掌囚來曠上封事，言大理官司恩寬。帝以曠為忠直，遣每朝於五品行中參見。曠又告少卿趙綽濫免囚徒，帝使信臣推驗，初無阿曲。帝又怒曠，命斬之。綽固争，以為曠不合死。帝乃拂衣入閤，綽又矯言：臣更不理曠，自有他事未及奏聞。帝命引入閤，再拜請曰：臣有死罪三。臣為大理少卿，不能馭掌囚，使曠觸挂大刑，死罪一也。囚不合死，而臣不能死爭，死罪二也。臣本無他事，而謬言求入，死罪三也。帝解顏。會獻皇后在坐，命賜綽二金杯酒，飲訖，并以杯賜之。曠因免死，配徙廣州。

《三國志》卷二四《魏志·高柔傳》 舊法，軍徵士亡，考竟其妻子。〔魏〕太祖患猶不息，更重其刑。金有母妻及二弟皆給官，主者奏盡殺之。柔啓曰：士卒亡軍，誠在可疾，然竊聞其中時有悔者。愚謂乃宜貸其妻子，一可使賊中不信，二可使誘其還心。正如前科，固已絶其意望，而猥復重之，柔恐自今在軍之士，見一人亡逃，誅將及己，亦且相隨而走，不可復得殺也。此重刑非所以止亡，乃所以益走耳。太祖曰：善。即止不殺金母、弟，蒙活者甚衆。【略】

〔魏〕文帝踐阼，以〔高〕柔爲治書侍御史，賜爵關内侯，轉加治書執法。民間數有誹謗妖言，帝疾之，有妖言輒殺，而賞告者。柔上疏曰：今妖言者必戮，告之者輒賞。既使過誤無反善之路，又將開兇狡之群相誣罔之漸，誠非所以息姦省訟，緝熙治道也。昔周公作誥，稱殷之祖宗，咸不顧小人之怨。在漢太宗，亦除妖言誹謗之令。臣愚以爲宜除妖謗賞告之法，以隆天父養物之仁。帝不即從，而相誣告者滋甚。帝乃下詔：敢以誹謗相告者，以所告者罪罪之。於是遂絶。校事劉慈等，自黄初初數年之間，舉吏民姦罪以萬數，柔皆請徵虚實；其餘小小挂法者，不過罰金。

《三國志》卷一三《魏志·王朗傳》 魏國初建，以軍祭酒領魏郡太守，遷少府、奉常、大理。務在寬恕，罪疑從輕。鍾繇明察當法，俱以治

獄見稱。

《三國志》卷二一《魏志·何夔傳》 干寶《晋紀》曰：曾字穎考。正元中爲司隸校尉。時毌丘儉孫女適劉氏，以孕繫廷尉。女母荀，爲武衛將軍荀顗所表活，既免，辭詣廷尉，乞爲官婢以贖女命。曾使主簿程咸爲議，議曰：大魏承秦、漢之弊，未及革制。所以追戮已出之女，誠欲殄醜類之族也。若已產育，則成他家之母。於防則不足懲姦亂之源，於情則傷孝子之思，男不御罪於他族，而女獨嬰戮於二門，非所以哀矜女弱，均法制之大分也。臣以爲在室之女，可從父母之刑，既醮之婦，使從夫家之戮。朝廷從之，乃定律令。

《宋書》卷三《武帝本紀》 六月壬寅，詔曰：杖罰雖有舊科，然職務殷碎，推坐相尋。若皆有其實，則體所不堪。文行而已，又非設罰之意。可籌量觕爲中否之格。車駕又於華林園聽訟。甲辰，制諸署敕吏四品以下，又府署所得輒罰者，聽統府寺行四十杖。

(宋)司馬光《資治通鑑》宋孝武帝大明二年正月 丙午朔，魏設酒禁，釀、酤、飲者皆斬之；釀者、酤者、飲者皆斬。吉凶之會，聽開禁，有程日。魏主以士民多因酒致鬥及議國政，故禁之。

(宋)司馬光《資治通鑑》宋孝武帝大明二年六月 南彭城民高闍、晋氏南渡僑，立南彭城郡於晋陵界。闍，視遮翻。沙門曇標以妖妄相扇，曇，徒含翻。妖，於遥翻。與殿中將軍苗允等謀作亂，立闍爲帝。事覺，甲辰，皆伏誅，死者數十人。於是下詔沙汰諸沙門，設諸科禁，嚴其誅坐；自非戒行精苦，並使還俗。行，下孟翻。而諸尼多出入宫掖，此制竟不能行。

(宋)司馬光《資治通鑑》宋孝武帝大明五年二月 是歲，詔士族雜婚者皆補將吏。雜婚，謂與工商雜户爲婚也。將，即亮翻。士族多避役逃亡，乃嚴爲之制，捕得即斬之，往往奔竄湖山爲盗賊。水則入湖，陸則阻山，皆依險而爲盗賊。

《魏書》卷一一四《釋老志》 世祖即位，富於春秋。既而鋭志武功，每以平定禍亂先。雖歸宗佛法，敬重沙門，而未存覽經教，深求緣報之意。及得寇謙之道，帝以清淨無爲，有仙化之證，遂信行其術。時司徒崔浩，博學多聞，帝每訪以大事。浩奉謙之道，尤不信佛，與帝言，數加非毁，常謂虚誕，爲世費害。帝以其辯博，頗信之。會蓋吴反杏城，關中騷動，〔世祖〕帝乃西伐，至於長安。先是，長安沙門種麥寺內，御騶牧馬於麥中，帝入觀馬。沙門飲從官酒，從官入其便室，見大有弓矢矛盾，出以奏聞。帝怒曰：此非沙門所用，當與蓋吴通謀，規害人耳！命有司案誅一寺，閲其財產，大得釀酒具及州郡牧守富人所寄藏物，蓋以萬計。又爲屈室，與貴室女私行淫亂。帝既忿沙門非法，浩時從行，因進其說。詔誅長安沙門，焚破佛像，敕留臺下四方，令一依長安行事。又詔曰：彼沙門者，假西戎虚誕，妄生妖孽，非所以一齊政化，布淳德於天下也。自王公已下，有私養沙門者，皆送官曹，不得隱匿。限今年二月十五日，過期不出，沙門身死，容止者誅一門。

時恭宗爲太子監國，素敬佛道。頻上表，陳刑殺沙門之濫，又非圖像之罪。今罷其道，杜諸寺門，世不修奉，土木丹青，自然毁滅。如是再三，不許。乃下詔曰：昔後漢荒君，信惑邪僞，妄假睡夢，事胡妖鬼，以亂天常，自古九州之中無此也。夸誕大言，不本人情。叔季之世，暗君亂主，莫不眩焉。由是政教不行，禮義大壞，鬼道熾盛，視王者之法，蔑如也。自此以來，代經亂禍，天罰亟行，生民死盡，五服之內，鞠爲丘墟，千里蕭條，不見人迹，皆由於此。朕承天緒，屬當窮運之弊，欲除僞定真，復羲農之治。其一切盪除胡神，滅其蹤迹，庶無謝於風氏矣。自今以後，敢有事胡神及造形像泥人、銅人者，門誅。雖言胡神，問今胡人，共云無有。皆是前世漢人無賴子弟劉元真、吕伯强之徒，接乞胡之誕言，用老莊之虚假，附而益之，皆非真實。至使王法廢而不行，蓋大姦之魁也。有非常之人，然後能行非常之事。非朕孰能去此歷代之僞物！有司宣告征鎮諸軍、刺史，諸有佛圖形像及胡經，盡皆擊破焚燒，沙門無少長悉坑之。是歲，真君七年三月也。

《魏書》卷五七《崔挺傳》 時以犯罪配邊者多有逃越，遂立重制，一人犯罪逋亡，合門充役。挺上書，以爲《周書》父子罪不相及。天下善人少，惡人多，以一人犯罪，延及合門。司馬牛受桓魋之罰，柳下惠嬰盗跖之誅，豈不哀哉！辭甚雅切，高祖納之。

(宋)王欽若等《册府元龜》卷六一八《刑法部·平允》 後周裴政爲少司憲，用法寬，平無有寃濫。囚徒犯極刑者，乃許其妻子入獄，就之至冬。將行決，皆泣曰：裴大夫致我於死，死無所恨。其處法詳平如此。

(宋)王欽若等《册府元龜》卷六一八《刑法部·枉濫》　隋楊遠、劉子通，高祖時並爲大理寺丞。子通等性愛深文，每隨牙奏獄，能承順帝意。帝大悦，並遣於殿廷三品行中供奉。每有詔獄，專使主之。候帝所不快，則案以重抵，無殊罪而死者，不可勝原。遠又能附楊素，每於途中接候，而以囚名白之，皆隨素所爲輕重。其臨終赴市者，莫不途中呼枉，仰天而哭。

(宋)王欽若等《册府元龜》卷六一八《刑法部·枉濫》　裴蘊，煬帝時爲御史大夫。楊玄感之反也，帝遣蘊推之。其黨與謂蘊曰：玄感一呼，而從者十萬，益知天下人不欲多，多即相聚爲盗耳。不盡加誅，則後無以勸。蘊由是以峻法治之，所戮者數萬人，皆籍没其家。

(唐)杜佑《通典》卷一六九《刑法·守正》　大唐貞觀初，太宗務止姦吏，乃遣人以財物試之。有司門令史受饋絹一疋，上怒，將殺之。民部尚書裴矩諫曰：此人受賄，誠合重誅。但陛下以物試之，即行極法，是為之入罪，恐非道德齊禮之義。上納其言，謂百僚曰：矩廷折，不肯面從，天下何憂不治。其年，溫州司户參軍柳雄於隋資妄加階級，人有言之者，上令其自首，不首與爾死罪。雄固言是眞，竟不肯首，大理推得其偽，將處雄死罪。少卿戴胄奏：公法止合徒。上曰：我已與斷當，與死罪。胄曰：陛下既付臣法司，罪不至死，不可酷濫。上作色遣殺，胄言之不已，至於四五，然後赦之。仍謂之曰：胄但能為我如此守法，豈畏濫有誅夷也。七年，貝州縣令裴仁軌私役門夫，上欲斬之。殿中侍御史李乾祐奏曰：法令者，陛下制之於上，率土遵之於下，與天下共之，非陛下獨有也。仁軌犯輕罪而致極刑，是乖畫一之理。臣守職憲司，不敢奉制。九月八日，吏部尚書、權檢校左武衛大將軍長孫無忌被召，不解佩刀入東上閤。右僕射封德彝議以監門校尉不覺，合罪死；無忌誤帶刀入，徒二年，罰銅二十斤。大理卿戴胄駁之曰：校尉不覺與無忌帶入，同為誤耳。臣子之於君父，不得稱誤。準律云：供御湯藥、食飲、舟船，誤不如法者，皆死。若録功捨過，非憲司所決，若當罪據法，罰銅未為得衷。太宗曰：法者，非朕一人法也。何得以無忌一人國戚，便欲阿之。更令重議。德彝執議如初，胄又駁之曰：校尉緣無忌致罪，於法當輕。若論其過誤，則其情一也，而死生頓殊，敢以請。乃免校尉死刑。其年九月，盛開選舉，或有偽為資蔭者，上令自首，不首者死。俄有詐偽事洩，大理少卿戴胄斷流。上曰：朕下勅不首者死，今斷從流，是示天下以不信。卿擬賣獄乎？胄曰：陛下既付所司，臣不敢虧法。上曰：卿自守法，而令我失信邪？胄曰：法者，國家所以布大信於天下；言者，當時喜怒之發耳。陛下發一朝之忿而許殺之，既知不可而寘之於流，此乃忍小忿而存大信。若順忿違信，臣竊為陛下惜之。上曰：法有所失，公能正之，朕何憂也。十一年五月，内上問大理卿劉德威曰：近來刑網稍密，何也？對曰：誠在君上，不由臣下，主好寬則寬，好急則急。律文失入減三等，失出減五等。今則反是，失入則無辜，失出則獲大罪，所以吏各自愛，競執深文，畏罪之所致耳。太宗然其言。由是失入者各依律文。十八年九月，茂州童子張仲文忽自稱天子，口署其流輩數人為官司。大理以為指斥乘輿，雖會赦猶斬。太常卿攝刑部尚書韋挺奏：仲文所犯，止當妖言。今既會赦，準法免死。上怒挺曰：去十五年，懷州吴法良亦浪入先置鈎陳，口稱天子，大理、刑部皆言指斥乘輿，羣斷處斬。今仲文稱妖，同罪異罰。卿作福於下，而歸虐於上邪？挺拜謝，趨退出。自是，憲司不敢以聞。數日，刑部尚書張亮復奏：仲文請依前以妖言論。上謂亮曰：日者，韋挺不識刑典，以重為輕。朕時怪其所執，不為處斷。卿今日復為執奏，不過欲自取剛正之名耳！曲法要名，朕所不尚。亮黙然就列。上因謂之曰：爾無恨色，而我無猜心。夫人君含容，屈在於我。可申君所請，屈我所見。其仲文宜處於妖言。

上元三年九月，左武衛大將軍權善才、右監門中郎將範懷義並為斫昭陵柏，大理奏遂欲破其産除名，上特令殺之，大理丞狄仁傑執奏，稱不當死。上引入，謂曰：善才斫陵上柏，是我不孝，必須殺之。仁傑又執奏，上作色令出，仁傑進曰：臣聞逆龍鱗，忤人主，自古以為難，臣愚以為不難。居桀紂時則難，堯舜時則易。臣今幸逢堯舜，不懼比干之誅。昔漢文帝時，有盗高廟玉環，張釋之廷爭，罪止棄市；魏文帝將徙冀州士家十萬户，辛毗引裾而諫，亦見納用。且明主可以理奪，忠臣不可以威懼。今陛下不納臣言，瞑目之後，羞見釋之、辛毗於地下也。陛下作法，懸之象魏，徒、流、死罪，具有差等。豈有犯非極刑，即令賜死？法既無恒，則萬姓何所措手足！陛下必欲變法，請從今日為始。古人云：假使盗長

陵一抔土，陛下何以加之？今陛下以昭陵一株柏殺一將軍，千載之下，謂陛下為何主？此臣所以不敢奉詔殺善才，陷陛下於不道。上意乃解，謂仁傑曰：既能為善才正我，豈不能為我正天下也。

武太后時，徐弘敏，字有功，延載初為司刑寺丞。時魏州人馮敬同告貴鄉縣尉顔餘慶與博州刺史虺沖同反。餘慶，博州人，沖先放粟債於貴鄉百姓，遣家人斂索，託餘慶為徵，所得徵錢，沖家人自買弓箭。餘慶兼修啓狀於沖，直叙寒温，并言債負不可徵得。敬同遂以此狀論告。武太后令殿中侍御史來俊臣就推，俊臣所推徵債是實，其弓箭非餘慶為市，遂奏餘慶與沖同謀反。曹斷緣會永昌赦，稱其與虺貞同惡魁首並已伏誅，其支黨未發者將從原放，遂準律改斷流三千里。侍御史魏元忠奏：餘慶為沖徵債，叶契兇謀，又通書啓，即非支黨。請處斬，家口籍没。奉勅依。有功執奏曰：謀反大逆，罪極誅夷，殄其族未可以謝愆，汙其宮寧可以塞責。今據餘慶罪狀，頗與虺沖交涉，為沖理債，違勅是情，於沖致書往反為驗。既屬永昌恩赦，在餘慶罪即合原狀。據永昌元年赦曰：其與虺貞等同惡徒黨，魁首既並伏誅，其支黨事未發者，特赦原。謹詳魁首兩文，在制非無所屬。《尚書》曰：殲厥渠魁。《名例律》曰：造意為首。魁即其帥，首乃原謀。魁帥首謀已露者，既並伏法；支派黨與未發者，特從原宥。伏請既標並字，足明魁首無遺。餘慶赦後被言發覺，即為支黨。必餘慶是魁首，當時尋已伏誅。若從魁首逃亡，亦應登時追捕。進則不入伏誅之例，退則又異捕亡之流，將同魁首結刑，何人更為支黨？況非常之恩，千載罕遇；莫大之罪，萬死蒙生。豈令支黨之人，翻同魁首；應生之伍，更入死條。嫉惡雖臣子之心，好生乃聖人之德。今赦而復罪，即不如無赦；生而又殺，則不如無生。竊謂聖朝決不當爾。餘慶請當依律斷為支黨，處流。有功、玉階具奏，太后大怒，抗聲謂有功曰：若為喚作魁首？有功對曰：魁是大帥，首是原謀。太后曰：餘慶可不是魁首？有功又對曰：若是魁首，虺沖敗日，並合伏誅。今赦後事彰，只是支黨。太后又謂曰：違勅徵債，與虺沖買弓箭，何為不是魁首？有功又對曰：違勅徵債，誠如聖旨；所買弓箭，狀不相關。太后又謂曰：二月與沖徵債，八月又通書，此豈不是同謀？有功又對曰：所通之書，據狀是寒温。其書搜檢不獲，餘慶先經奏訖。通書徵債，只是支黨。太后怒少解，乃謂曰：卿更子細勘問，是支黨不是支黨奏來。當時百僚供奉及仗衛二三百人，莫不股慄，而有功神色不變，奏對無差，人皆服其膽力，直而不撓。

左相蘇良嗣亡後被告反，男踐言、踐忠、踐義，推事使金吾、將軍丘神勣奏稱請被法絞刑者，奉勅依。頃又有勅：蘇良嗣往者頻被言告，指驗非虚。朕以其年逼桑榆，情敦簪履，掩其惡迹，竟不發揚。洎乎歸壤之辰，爰備飾終之禮。不謂因子重發逆蹤，所司執法論科，請申毀柩之罰。朕念勞志切，惟舊情深，是於囚殺之科，特降非常之霈。式延恩於朽骼，俾流德於幽魂。特免斲棺之刑，寬其籍没之典者。少卿郭奉一等所奏：蘇良嗣作逆先死，準勅免斲棺，矜其籍没，其男踐言等緣坐，既在勅無文，請準法處絞刑。奉依者。有功斷執奏曰：踐言、踐忠，良嗣之子，緣其父逆，合坐絞刑。但為勅稱：屈法申恩，特降非常之霈。又言：念勞志切，惟舊情深，特免斲棺之刑，寬其籍没之典。兩節皆具特字，信知恩是非常。父免斲棺之刑，子無緣坐之死；既寬籍没之典，理免收録其家。按《名例律》：因罪人以致罪，若罪人遇恩原減，亦準罪人原減法。又云：即緣坐家口雖配没，罪人先死者，亦免。斲棺為其父逆，因父致其絞刑，父既得遇殊恩，子便不拘常律。踐言等並即不合緣坐。盡録奏者。奉勅：踐言等緣坐合死，朕好生惡殺，不忍加刑，宜特免死配流。

逆人丘神勣弟神鼎并男晙，被奴羊羔告反。司刑司直劉志素推案，奏稱：神鼎身居文職，黑襖子即是武夫之衣，若不夙懷叛心，擬投豫州，無故不合輒造。文燒却反狀分明，請付法者。曹斷：神鼎處斬，家口籍没者。有功批云：邱神鼎，丘神勣之弟。兄先反，弟合没官。憑狀以推，事跡可驗，在於斷結，理固難踰。羊羔稱投豫州，作兩箇皂襖。假令是實，終在赦前，況乃涉虚，何以為據？往時縱犯，今日方告，準赦據勅，不合推科。使人為鼎著皂衣，將為叛逆，曹司以燒却文狀，處以叛謀。切尋此途，頗傷苛酷。且衣之五採，隨人好尚。武夫一着，豈限玄黃。燒書雖匪赦前，推勘須窮窟穴，或言《周易》，或道卜書，既云拋着厠中，又云鼎自裂破。書既著標，便非反書；必是反書，書論何事？為是簿帳，為是讖圖，竟不甄明，遂無承款，即處以斬，乃籍没其家。請更詳審，務令允當者。劉志素又批：神鼎反逆，夙蘊苞藏，非只一途，豈惟今日。

虺貞豫州作逆之歲，於時秩滿神泉，準其家在西京。言旋即合歸舍，為與虺貞相應，迂水道下嘉州，更至荆、襄，路過淹留，遂經一歲。當聞豫州起逆，星夜即向唐州。接荆河界首，於懸泉館，遂共男晙俱作黑褐襖子，擬充戰服，即明事相應接。及聞貞敗，星夜走來神都，即將襖子布施天宫寺。明知原來所造縁反，近以兄勣反彰之後，復燒却反逆文書。此反不誅，誰反合殺？況又聖澤哀矜，重令來中丞推覆，追奴問鼎，勘接逾明。論其本愆，辜當萬死。徐丞内縱姦慝，外詐平反。奉勅令推反人得實，寧敢隱默者。又曹依前斷者，舉申秋官詳議者。符下，員外鄭思齊判：凡斷刑名，須得指實。朦朧作狀，斟酌結刑，司刑此申，過為非理。欲令集議，須審議由，狀未指歸，遣議何事？仰尋所推之按，取堪憑信之由，處分訖申者。曹斷又依前者。有功又批：赦前縱實合免，恩後謀狀未分。不反何為燒書，法家無文臆度。使人的知是反，鞫按何不具言？當時按狀朦朧，奏後方便□畧。人命至重，一死不可再生；王法須平，居輕無宜入重。恐乖泣辜之惠，方虧祝網之慈。在愚所窺，請更商度者。劉志素又批：神鼎謀反，與虺族同謀，苞藏日深，又共逆黨連結。有功侮文弄法，黨逆不忠，批退欲縱反人，每事唯希僥倖，不尋按狀，孟浪即批。批即不據科條，法外豈得依允。惟據志素所批之狀，與有功意故縱逆人之平，即請申秋官及臺，集衆官議。奉勅依。得春官員外郎楊思雅等一百十七人依志素議，以縁坐為允；又得夏官尚書楊執柔等百二十二人等議，並無反狀，準更差明使推。準議狀，奏請差五品使。推事使杜無二奏無反狀，準赦例處分釋放。

汾州司馬李思順，臨川公德懋之子也。被韋秀告稱：思順、共秀竊語云，汾州五萬户，管十一府，多尚宿宵，好設齋解。《大雲經》上道：理復思順好，李三五年少。思順恰第三，兄弟五箇者。監察御史李恒等奏稱：

據思順潛謀逆節，苞藏禍心，研覈始引唐興辯占，復承齋讖。請從極法。奉勅依奏者。司直裴談斷：處斬刑，家口籍没者。主簿程仁正批：合從妖處絞。只向韋秀一人道狀，當不滿衆，合斷三千里者。裴談又判：請依前斷録奏者。焦元亶判：退司寺官却議者。有功議曰：謀危社稷，罪合反條。自述休徵，坐當妖例。反依斬法，妖從絞論。律著成文，犯標定狀。狀在事難越狀，文存理無棄文。若違狀以結刑，舍文而斷獄，譬乘馬不俟銜勒，遏流不用隄防？今判官處以反謀，司直批從妖說；不恥下問，竊欲當仁。李思順解《大雲經》，韋秀稱共竊語私解，明非衆說。竊語不合人知，虚實唯出秀辭，是非更無他證。縱解三五年少，只是自述休徵。既異結謀之蹤，元非背叛之事。即從叛逆，籍没其家，便是狀外棄文，豈曰文中據狀。請依程仁正批，妖不滿衆，處流三千里。

【略】

長壽二年，有勅：公坐流，私坐徒以上，會赦應免死罪者，皆限赦後百日内自首。如其不首，依法科罪者。有功以為，犯罪未發，許首而原。豈有未發之罪，要令百日自首，不首依法科罪？深以為不便。乃奏曰：《周易》云：雷雨作，解，君子以赦過宥罪。《論語》云：人誰無過，過而能改，善莫大焉。今陛下播非常之恩，寬殊死之罪，已發覺者，咸赦除之，是啓其改過之心，通其自新之路。何容赦前未發覺之罪，赦後必須令其自首？且《鬭訟律》云：以赦前事告言者，以其罪罪之。若使無人告言，所犯終無自發。如告赦前之罪，準律以罪罪之。今赦前之事，罪不自首者，還依律法論科，即國家肆眚之恩，徒自頒於天下，便是萬萬有罪，一罪不霑。雖密雲有靄於四郊，甘雨莫滋於南畝。臣愚，竊為陛下不取。經圖長久，深為未便。臣忝當耳目之地，謬處駁正之司，知無不為，正在今日。特乞天恩，將臣所見，付羣官集議，商推利害之狀，具行藏之理奏聞。庶刑獄不煩，人無怨讟。太后曰：前代帝王可即，能達道理，自我作古，所奏不須。有功奏曰：陛下聖斷，所稱自我作古，臣即不敢。然臣請付羣臣集議，未知許議否？太后曰：令五品以上議奏。時人皆歎其忠諫。

有功前後執正大獄，凡有六七百家，以此頻被推彈，亦經數四，對答並是理直，咸得無罪。時周唐革命，將相陰謀，非其父兄，即其子弟，往往事洩，多被論告，差使推勘，獲日即酬官賞。由是告密之輩，推覈之徒，因相誣搆，共行深刻。新開總監之内，洛州牧院之中，遞成祕獄，互為峻網，塞户墐牖，粗杖大枷，追攝掩捉，匪朝伊夕，炬火圍宅，刀棒闌門，苦楚掠拷，非罪亦承。

來俊臣既便決雲弘嗣，亦手刄張虔勗。郭弘霸傳李思徵之首，王弘義亦梟毛元素之元。朝野屏氣，道路以目。於斯時也，誰敢忠正？遂於羣

邪之側，衆諂之傍，孑然介立，守法不動，抑揚士伍，慷慨朝端，始卒不渝，險易如一。於是酷法之吏，誣告之人，見嫉甚於仇讐矣。徐公事跡，並潘好禮纂録。中宗神龍元年三月制，以執法平恕，追贈越州都督，授一子官。【略】

神龍元年正月，韋月將上變，告武三思謀逆。中宗大怒，命斬之。大理卿尹思貞以發生之月，執奏以為不可行刑，竟決杖流嶺南。三思令所司因以非法害之，思貞又固爭之。三年，節愍太子之誅、武三思事變之後，其詿誤者並配流，未行，有韋氏黨密奏請盡誅之。上令鞫斷，大理卿鄭惟忠奏曰：今大獄始決，人心未寧，若更改推，必遞相驚恐，反側之子無由自安。遂令依舊斷。

開元二年八月，監察御史蔣挺有所犯，勅朝堂杖之。黄門侍郎張廷珪執奏曰：御史，司憲清望，耳目之官。有犯流當即流，不可決杖，可殺而不可辱也。十年八月，冀州武强縣令裴景仙犯乞取，贓積五千疋。事發，上大怒，令集衆殺之。大理卿李朝隱奏曰：景僊緣是乞贓，罪不至死。又景僊曾祖故司空寂，往昔締構，首參元勳。載初年中，家陷非罪，凡其兄弟，皆被誅夷，唯景僊獨存，今見承嫡。據贓未當死坐，準犯猶入議條。十代宥賢，功實宜録；一門絕祀，情或可哀。願寛暴市之刑，俾就投荒之役，則舊勳不棄，平典斯允。手詔不許。朝隱又奏曰：輕重有條，臣下當守。枉法而取，十五疋便抵死刑；乞覓為贓，數千疋止當流坐。今若乞取得罪，便處斬刑，後有枉法當科，當加何辟？所以為國惜法，期守律文，非敢以法隨人，曲矜僊命。射兔魏苑，驚馬漢橋，初震皇赫，竟從廷議，豈威不能制，而法貴有恒。又景僊曾祖寂，定為元勳，恩倍恒數。若寂勳都棄，僊罪特加，則叔向之賢何足稱者，若敖之鬼不其餒而？捨罪念功，乞垂天聽。遂決一百，流配。

（唐）皮日休《文藪》卷七《惑雷刑》 彭澤縣鄉曰：黄花有農户曰逢氏，田甚廣，己牛不能備耕，嘗僦他牛以兼其力，逢氏之猾惡為一鄉之師焉。得他牛則晝役夕歸箠耕於烈景，笞耨於晦晐，未嘗一息容其殆忽。一日猝雷發山，逢氏震死。日休曰：逢氏之猾惡，天假雷刑絕其命，信矣。夫生民之基不過乎稼穡之功，皆不為是畜之力哉。則天之保牛，齊乎民命也宜矣。今逢氏苦其力，天則震死，如燕趙無賴少年椎之以私享，烹之以市貨。法不可戢，刑不可威。則天之保牛，皆不降於雷刑哉。則逢氏之死吾不知是天地也。

（清）王昶《金石萃編》卷七四《唐三十四·御史臺精舍碑開元十一年》 蓋自武氏稱制，告密之法熾，羅織之經行，日殺無辜，如刲羊豕。其後周興、侯思止、來俊臣之徒，相繼伏誅，用刑稍平。而歲繫臺獄者，猶以千計，於是執法之吏於獄旁作精舍，假佛法以懺之。

（宋）王溥《五代會要》卷九《定贓》 後唐長興四年六月十四日，準勅枉法贓十五匹絞，準格加至二十匹，乃自喪亂以來，廉恥者少，舉律行令，誡人遠財，國家常切好生，上下頗能知，禁犯既漸寡，法亦宜輕，起今後犯枉法贓者，宜準格文處分，贓名條內，有以準加減及同字者，並倍贓累贓，並宜準律令格式處分。凡有告事者，除鹽麴條流外，宜據輕重，依理施行，不在格賞之限。

清泰元年九月大理寺奏所用法書竊盜條，準建中年贓滿三匹以上，決殺；不及三匹，量情決杖。本朝以量情之文不定，詔御史中丞龍敏等議，贓滿三匹，準舊法；一匹已上，決徒一年半；一匹已下，量罪以杖。大理寺又以量罪之文不定申奏，集寺重議，今議定贓滿一匹，徒二年半；不及一匹，徒一年半；不得財，杖七十，從之。

二年五月中書門下奏，刺史位列公侯，縣令爲人父母，只合倍加乳哺，豈可自致瘡痍。一昨張宗胤胥吏訟論，合當極典，法司援律，罪止徒流。臣聞立法稍嚴，則人不敢犯。其見行法律，望下所司更加斟酌，御史臺、刑部、大理寺同議曰：準律枉法贓十五匹絞，天寶元載加至二十匹，請今後枉法贓十五匹，準律絞，不枉法贓準三十匹，加徒流受所監臨贓五十匹，流二千里。今請依統類下枉法贓過三十匹，受所監臨贓過五十匹，從之。

晉天福五年十月勅，今後竊盜贓滿五匹者處死；三匹已上，決杖配流；以盜論者依律文處分。

晉天福十二年八月勅，應天下凡關强盜捉獲，不計贓物多少，按驗不虚，並宜處死。

周廣順三年二月中書門下奏，今後應犯竊盜贓及和姦者，並依晉天福元年以前條制施行，應諸處犯罪人等，除反逆外，其餘罪並不得籍没家産，誅及骨肉，一依格令處分請再下明勅，頒示天下。乃下詔曰：赦書

節文，明有釐革，竊慮邊城遠近，未得審詳，宜使更申明，免至舛誤。其盜賊若强盜，並準向來格條斷遣，其犯竊盜者，計贓絹滿三匹者，並準律決殺。其絹以本處工估價爲定，不滿三匹者，第等決斷。應有夫婦人被强姦者，男子決殺，婦人不坐其犯和姦者，男子婦人，並準律科斷，罪不至死，其餘姦私，準格律處分。

（唐）錢易《南部新書》癸卷 忠懿王在錢塘，顯德中，有民沈超者，負罪逃匿。禁其母，凡百日不出，及追妻鞫之，當日來。首判之曰：母禁十旬，屢追不到，妻繫半日，不召自來。倚門之義稍輕，結發之情太重，領於市心，軍令處分。又大貂曹公鎮青海，有盜魁累犯當死，皆會赦。至公在任又犯，有司以赦文舉之。公判曰：三遇赦文，天子之恩合免；屢爲民患，將軍之令必行。乃從極典。

《宋史》卷一《太祖本紀》〔建隆三年秋七月丁卯〕索內外軍不律者，配沙門島。

《宋史》卷四六六《宦者傳》 宋世待宦者甚嚴。太祖初定天下，掖庭給事不過五十人，宦寺中年方許養子爲後。又詔臣僚家毋私蓄閹人，民間有閹童孺爲貨鬻者論死。去唐未遠，有所懲也。

（宋）李燾《續資治通鑑長編》宋太宗太平興國三年七月 先是，李飛雄敗，逮捕李氏親黨。右贊善大夫李若拙，與飛雄父若愚以同宗款昵，又連名，上疑其昆弟，及鞫之，乃故與若愚通家，非其親，且不知謀，得免於戮。丁酉，削籍流沙門島。若拙，萬年人也。

（清）徐松《宋會要輯稿·刑法四·斷獄》 太宗雍熙三年五月，刑部言：果州、達州、密州、徐州官吏枉斷死罪，雖已駁舉，而人命至重，死者不可復生，非少峻條貫，何以責其明慎？按《斷獄律》從徒罪失入死罪者，減三等，當徒二年半，公罪分四等。望自今斷奏失入死刑者，不得以官減贖。檢法官削一任，更贖銅十斤。本州判官削一任，本吏並勒見任。從之。

真宗景德二年七月五日，上封者言：刑部舉駁外州官吏失入死罪，準《斷獄律》從流失入死罪者，減三年，徒二年半，公罪分四等。定斷官減外，徒二年。爲首者，追官。餘三等從罪，並止罰銅。伏以法之至重者，死。人之所保者，生。儻官司不能盡心，則刑辟乃有失入。蓋幕職州縣官，初歷宦途，未諳吏事。長吏明知從坐，因循不自詳究。雍熙三年七月勑，權判刑部張佖起請，失入死罪，不許以官當贖，知州、通判勒停。咸平二年，編勑之時，輒從删去。臣以爲，若依格法舊條，似虧懲勸。或準張佖起請，又未酬中欲望。自今失入死罪至追官者，斷官衝替，候放選日。注僻遠小處官，係書幕職。州縣官，注小處官。景朝官任知州、通判知令録，幕職授遠處監當，其官高及武品內職，奏裁。詔可。

大中祥符七年九月十二日，權知開封府王曉洎判官等，坐斷獄失誤，罰金。初，法寺準詔，長吏爲部民訟，罰訖代之。帝以京府事繁，與外郡異，止命增贖銅十斤，而復其任。

八年八月二日，開封府判官、國子博士韓允，殿中丞權大理少卿閻允恭並除名，允授岳州文學，允恭授復州文學。百姓崔白杖脊，配崖州牢城。白子端决杖配江州本城。白家於京師，素無賴，凌脅羣小，取材以致富。先有滿子路，强狠任俠，名聞都下。又有趙諫，以豪横伏法。白謂人曰：滿子路，吾之流輩也。趙諫，吾門人爾。餘不足筭也。百姓梁文蔚與白鄰居，白素欲强買其舍，文蔚未之許，屢加詬辱。會文蔚死，妻張與二子皆幼，白日夕遣人投瓦石以駭之。張不得已徙去，即以其舍求質錢百三十萬，白固以九十萬，因市之，張訴於京府，白遂增錢三十萬。因濳减賃課，以己僕爲證，詣府訟張，且厚賂胥吏。白素與允恭善，遂從允恭達其事於允，坐張妄增屋課，杖之。白因大言□其事於□閭，皇城司廉知以聞。詔捕白付御史臺，鞫問得實，故並及罪責。

九年三月八日，免給事中慎從吉，削一任，翰林學士給事中知制誥錢惟演罷職守本官。初，咸平縣民張賓妻盧訴姪質被酒□悖。張，豪族也。質，本養子。而證左明白。質納賄胥吏，從吉子大理寺丞鋭時督運石塘河，往來咸平，爲請求縣宰。本縣斷復質劉姓，而弟令與盧同居。質洎盧迭爲訟，縣聞於府，會從吉權知府事，命户曹參軍吕楷就縣，推問盧之從叔號署尉昭一納白金三百兩於楷，楷久而不决，且以俟遺劉族爲名即還府。盧兄太子中舍文質，又因進士吳及納錢七十萬於從吉長子大理寺丞鈞，以其事白父，而隱其受賄之狀。盧又詣府列訴，即下右軍巡院。昭一兄澄嘗以手書達惟演，云寄語從吉，事連鈞、鋭，請緩之。時及已亡命，軍巡請搜捕，且曰未得及則獄不具。從吉亟召軍巡判官祝坦至聽事後應詢

之，毀所請狀。又令鋭密問坦獄情若何，頗自疑懼。因密作奏請付御史臺。未報，糾察刑獄，王曾、趙稹詣便殿以聞，且言事涉從吉，慮軍巡顧避，稹方知雜請不以付臺。乃命殿中侍御史王奇、三司户部判官、著作郎直史館梁固鞫治，仍遣中使譚元吉監之，逮捕者百餘人。獄成，奪楷、鈞二官，配隸衡、鄆州。鋭坦、文質皆奪一官，坦貶豪州司户參軍。盧澄本陳留縣大豪也，常入粟得曹州助教，殖貨射利，侵牟細民，頗結貴要，以是益橫。劉綜知府，日常犯法，綜憤其豪縱，重繩之，奪官配鄆州，仍請後有過不以贖論。詔可其奏。至是，與昭一並決杖，澄配隸江州，昭一特除名，從吉、惟演并坐責，餘責罰有差。情重者，配隸外州軍。

二十一日，右諫議大夫慎從吉追一任官，著作佐郎高清杖脊，黥面，配沙門島。清知太康縣，民有詣府訴家産者，清納其賄。時以罷任，即逃避所知家。慎從吉請對，言其子鋭先假清白金七十兩，望傳詔捕繫，仍别置獄。遂命駕部員外郎劉宗古、監察御史江仲甫推劾。清匿於進士丁禹家，禹白官捕得之，且搜其家，獲財貨甚衆，衣服有侈靡違禁者。因揭榜許民户告首，並得他贓狀。獄具，法寺以其所受贓，不分枉直，改命屯田員外郎丁慎脩覆按。清枉法當死，帝命貸之。清，庫部郎中士宏之子，景德中進士，宰相寇準以弟之女妻之。寇死，故相李沆家復取爲婿，歷官以賄聞，頗恃姻援。以是欺蠹小民，務自奢縱，被服如公侯家。初，慎、鋭就清假貸，清以多納賕賄事將敗，遂諾之，求其爲助。時方鞫盧氏獄，從吉發此事，欲以自鮮。鋭素狡獪，始假清銀，欲爲庇護。及聞有訟，即以還之。前以盧氏事奪一任，至是又坐請求削衛尉寺丞。從吉坐首露在已發，又奏報不實，用官減當罰金。詔以從吉累奉憲章，合當黜竄，特追右諫議大夫，免其安置。鋭配單州。自餘决罰配隸者數十人。宗古、仲甫以鞫獄失實，並黜監物務。府界提點虞部員外郎姚潤之、内殿崇班閤門祇候王承僅坐不能察舉，復保任清，並免所居官。

仁宗天聖九年十二月十五日，刑部言：漣水軍鞫僧處，照僞爲公驗抵死。省司詳覆，按處照始與人鬬，巡邏者白官，乃持公驗，顯是未嘗行用，失入死罪。望下轉運使選官詳案牘，具當否聞奏。從之。

十年五月十一日，審刑院言：虞部員外郎知睦州劉宗諒，坐誤以犯杖因杖脊，配軍人决杖釋放，法應罰銅二十斤，特紬遠處監當。

明道二年十二月六日，刑部言：潭州四月旬禁狀内，弓手雷遂因根捉賊人，摑打婦人阿劉身死，該赦合移鄉千里，不合刺配漳州牢城。詔改配潭州本城，其檢斷官吏免勘特放。

景祐三年正月七日，中書、門下言：今據臣僚進狀洗雪罪犯，尋送别司定奪，屢有改正元斷罪名，顯是前來斷奏及定奪官不切審詳，或有徇私，是致定斷不得盡公。欲令審刑院、大理寺、刑部，今後命官使臣披雪犯罪，經别定奪，顯是不當者，元奏斷、定奪、簽書官員，不以赦前赦後，並具姓名聞奏。從之。

四月九日，法寺奏斷泉州録事參軍張尋失吴皓死罪，徒二年半公罪定斷，合追一任勒停，支使施收罰銅三十斤勒停，通判張大冲二十斤，知州蘇壽十斤，各與監當。權司法吕喬卿權南安主簿，準條去官，詔特衝替。

八月十五日，知蘄州虞部員外郎王蒙正責洪州别駕，坐故入林宗言死罪，合追三官勒停，特有是命。判官尹奉天、司理參軍劉涣并坐隨順，奉天追兩任官。涣曾有議狀，免追官，監酒。借職崔克明將酸黄酒入己，特免除名，追官勒停。通判張士宗隨順蒙正虚妄申奏，追見任官。黄州通判潘衢不依指揮再勘林宗言雛訴事，罰銅三十斤，特勒停。權蘄（州）水主簿鄭照搜求宗言事，罰銅九斤。蘄春知縣蘇諲録問不當，罰銅十斤，並特衝替。宗言將官麻入己，罰銅八斤，特勒停。殿直皇甫振借銀與蒙正，合罰銅七斤。録事參軍尹化南、司法參軍胡揆不駁公案，各罰銅五斤。轉運使蔣當、吴遵路以勾當發運勞績免勘，優與知州。提刑徐越、趙日宣爲勾提到蒙正，特免勘，越近便知州，日宣近從便，合入差遣。

十一月十日，梓州路提刑司言：法司人吏，失出入徒罪二人以上，及二人以下再犯，乞求不差充法司。詔可。

寶元二年十二月十四日，就徙知盧州祠部郎中集賢校理王質監舒州靈仙觀，前通判比部員外郎陳執方通判潭州，并坐失入囚死罪，自餘幕官曹掾連坐五人。先是執方已去官不坐，又例當知州，帝覽其案，曰：執方雖去官，乃知樞密院執中之兄也。外方不知者，見其獨免，謂朝廷因執中而私之，可且更令通判大郡一任，亦非降也，但欲均其罰爾，兼與執中免多言之謗。宰臣以處斷詳允，皆常意所不及，乃奉詔施行。

二十五日，屯田郎中知閬州張保之言：縣司解送公事，若犯死罪只

作徒以上或本犯徒却作死罪解送赴州，州司勘正，縣司官吏乞申明合與不合成故失入罪論。事下法寺，衆官看詳：諸縣申解公事，州與縣解罪名差互不同者，縣司官吏依令文更不問罪；或解徒以上，到州推勘，却至杖罪及平人，即從違制失定。如挾私故意增減，即以故入人罪論。從之。

至和二年二月五日，廣州司理參軍陳仲約特勒停。仲約任廣州司理參軍，鞫囚失入死罪，從公坐贖銅放。帝謂知院張揆曰：死者不可復生，而獄吏它日猶得叙用。豈可不重其罰也。乃特〔勒停〕仍遇恩，未得叙用。

嘉祐六年十月十八日，詔磨勘選人歷任内，曾失入死罪〔未〕決者，俟再任與王應格聽引見。已決者，三次乃許之。若失入二人以上者，雖得旨改官，仍與次等京朝官。

治平四年十一月二十六日，英宗已即位未改元。詔新判大理寺、太常少卿親諮，依舊與提刑差遣。右司諫劉庠言：諮同任少卿斷銀沙獄，失入大辟七八十人。賴朝廷疑其冤，覆於御史臺，皆得減等。諮之用法不詳，見於已試，豈可復主天下之平。故罷之。

神宗熙寧二年九月七日，詔審刑院、大理寺元簽書斷蘇州百姓張朝法官，並命御史臺取勘奏聞。以張朝因堂兄張念六行搶殺朝父死。後走却，被朝提見，打死張念六。審刑院、大理寺用法，斷朝犯十惡不睦，當死奏案。而參知政事王安石引律奏，朝父爲房兄所殺，則於法不得與之私和，則無緣責其不睦，合依條得加役流罪，會赦合原。上得是奏，乃詔依安石所議施行。其審刑院等法官，以用法不當，故有劾也。

十二月十一日，詔今後失入死罪，已決三名，爲首者手分刺配千里外牢城，命官除名編管。第二從除名，第四從追官勒停。二名爲首者，手分遠惡處編管，命官除名。第二從追官勒停，第三、第四從勒停。一名爲首者，手分千里外編管，命官追官勒停。第二從勒停，第三、第四從衡替。以上赦降、去官不免。後合磨勘酬獎轉官，取旨。未決者，比數遞減一等，赦降、去官又遞減一等。内使相宣徽使前兩府，取旨。大卿監、閤門使以上，以類上條降官。降官、落職、分司或移差遣。其武臣知州軍，自來不習刑名者，取旨施行。

三年六月十八日，詔審刑院、大理寺官坐失入秦州百姓曹政死罪未決，判審刑院韓維、齊恢已去官。及會熙寧二年十一月二十六日德音勿論，斷官李逵、胡澤，並衡替。權大理少卿蔡寃卿與小處差遣，權判大理寺許遵、議官朱大簡、韓晋卿、趙文昌、馮安之並與移一般差遣。

四年四月十二日，詔開封府、河東轉運使，取勘太原府及經略司、審刑院、大理寺勘斷王育等刑名不當以聞。刑房申：太原太谷縣尉王育權本縣，斷高福行姦，因謀合人白雅，并妻阿程隱庇不通，捶拷至死。本府官吏以阿程爲有罪之人，將王育爲失減。法寺又引律，稱所拷數不過，合無罪，並依比司攝判去官勿論外，只將令手分族寫獄子申報及拆粘公案，從不應爲重杖八十私罪，贖銅八斤。今詳阿程係與夫同犯，於法止坐尊長及不合隱庇，既阿程身死，顯是官司於法不應捶拷。準律同殺傷論，至死加役流。今王育合於加役流，上定斷。會降徒三年追一官，更罰銅十二斤，勒停。所有太原府應干官吏，河東經略司、審刑院、大理寺主判官，並各有上項減誤斷罪名不當故也。

（宋）李燾《續資治通鑑長編》宋太宗淳化四年閏十月　己亥，上謂輔臣曰：朕嘗聞孟昶在蜀日，亦躬親國政。然於刑獄之事，優遊不斷，錯用其心。每有大辟，罪人臨刑之時，必令人偵伺其言，苟一言稱屈者，即移司覆勘，至有三五年間遲留不決者，以爲夏禹泣辜，竊欲效之，而不明古聖之旨。朕歷覽前書，必深味其理，蓋大禹止能行王道，自悲不及堯、舜，致人死法，所以下車而泣。犯罪之人，苟情理難恕者，朕固不容爾。參知政事蘇易簡、趙昌言對曰：臣等俱曾於江南效官，聞李煜有國之日亦如此。每夏則與罪人張紗以禦蚊蚋，冬則給與衾被恣其晏眠，遂至滋蔓淹延，以爲矜恤。如犯大辟者，仍令術士然燈以卜之，苟數日間燈不滅者，必移司勘劾，恐其寃枉。至有冬月罪人戀其温燠，而不願疎放者。上笑曰：庸暗如此，不亡何待！

（清）徐松《宋會要輯稿・刑法五・親決獄》〔淳化〕五年正月十六日，遣京朝官十七人分詣諸州，決遣刑獄。因饑持伏劫奪藏粟，止誅爲首者，餘悉減死論。

（宋）李燾《續資治通鑑長編》宋太宗淳化五年五月　戊寅，上署一幅，曰：公務刑政，惠愛臨民，奉法除姦，方可書爲勞績，本官月俸並給實錢。又別書三十餘幅，賜大理正尹玘等人，一通皆京朝官之選也。召

知審官院錢若水等謂曰：中有奉法除姦之語，恐不曉者因而生事。可語之曰：除姦之要，在乎奉法，故有是言也。若水出，召尹玘等一一諭之。

（宋）呂中《宋大事記講義》卷七《真宗皇帝·察刑獄 蠲逋負》

咸平元年四月旱，遣使分諸路察獄，蠲逋負，用三司判官王欽若之言也。凡除逋欠二千餘萬，釋繫囚三千餘人，上前後所蠲三司逋負不一，又謂輔臣曰：宜悉取民弊著為條目，大事隨宜減省，小者即為除免。

（宋）呂中《宋大事記講義》卷七《真宗皇帝·察刑獄 蠲逋負》

咸平五年正月，以丁謂為夔州路轉運使時，洞溪蠻入寇。謂至，即命罷兵，自入其所居，從吏不過二三人，蠻人服其恩信，請歸所掠漢民男女萬餘人。峽之諸州地尤近蠻，食常不足而道狹難饋，有鹽井之利而亦難致，故售者少，謂迺每三十里置舖舖卒三十人，使往者負粟以次達施州，返者負鹽以次達巫山，於是施州得粟與他州等矣。

漢唐之小人易知，我朝之小人難見；熙寧以後之小人易知，熙寧以前之小人難識，蓋自古小人之所以誤國者，聚斂也，嚴刑也，用兵也。而我朝之指目為小人者，自欽若、丁謂始。然欽若則請蠲負釋繫囚，丁謂則請罷兵撫蠻寇。自今觀之，與君子之處事何異，惜其入政府以後患得患失之心生，而改節易行矣。故為判官之時一欽若也，為參政之時一欽若也，為轉運之時一丁謂也，為宰相之時一丁謂也，欽若、丁謂始為君子，終為小人。故當時知二子之奸也，王旦、李沆而已。上欲用王欽若，王旦言祖宗朝未嘗使南人當國，寇準屢言丁謂才，李沆曰：如斯人才則才矣，可使之在人上乎？

（宋）李燾《續資治通鑑長編》宋真宗景德二年十月 駙馬都尉石保吉不時請對，言僕人張居簡掌私財，有所侵盜，願賜重責。上曰：自有常典，豈可以卿故法外加刑。保吉又請於私第決罰，亦不許。保吉好治生射利，尤吝嗇，居常命僕人買針縷、脂澤、櫛沐猥細雜物，置肆第中，家人有所須，則令就市之，冀緡錢不出於外。其鄙近如此。

（宋）李燾《續資治通鑑長編》宋真宗景德四年七月 審刑院言神勇軍校岳榮戍延州，弋射矢傷人至死，法止贖銅。上曰：軍校非閱習而傷人，若處常法，何以爲誡？特詔罰俸錢五十千付被傷家。

（宋）李燾《續資治通鑑長編》宋真宗景德四年十一月 癸未，殿前司驍騎小校張信棄市。信訴指揮使蓋贇御下嚴急，鞭撻過當。陳堯叟曰：都虞候李繼和言士伍不禀所部，合從軍令。上曰：如罪在士伍，可以嚴斷；若捶撻過當，安可不盡其理耶？馬知節曰：太祖朝每命將校，必取剛方有斷，士伍畏威者。上曰：此蓋彼時所宜爾。即下吏案劾，信款云：贇乘醉教習，決責部下。信遂以弓弰擁卒四十餘，厲聲曰：我輩終爲指揮使乘醉所鞭殺。即徑詣馬軍司陳告。贇云：雖日飲酒，而所鞭卒皆有過者。繼和請斬告者十餘人，餘配沙門島，罰指揮使、都虞候。詔誅信，餘決杖配隸外州，輕者復隸本州，贇決杖配許州，其都虞候不能覺察、副指揮使不能裨贊，並下本司決罰。

《宋史》卷七《真宗本紀》 〔景德四年〕十一月戊辰，曹利用等言招安賊黨，其饋賊食物者，請追捕減死論，詔釋不問。

（宋）李燾《續資治通鑑長編》宋真宗景德四年十二月 京城河南草場遺火，城外都巡檢、步軍副都指揮使王隱命殿前虎翼都虞候高鸞以近便營兵救撲之。殿前司言鸞等非本屬，當俟詔旨，請劾之。上以救焚之急，隱得便宜從事，因命釋鸞等罪，仍戒自今各遵往制。

（宋）李燾《續資治通鑑長編》宋真宗大中祥符三年正月 壬申，權判吏部銓王嗣宗等言：吉水縣尉范世昌在任，户長彭昉告縣典王雅受贓，世昌連杖昉三次致死，顯庇下吏，不容論訴，吉州止坐公罪，贖銅九斤。望自今幕職、州縣官非理決人致死，并具案奏裁，仍令本路轉運、提點刑獄司察舉，責懲殘暴之吏。詔可，世昌仍不得與官。

（宋）李燾《續資治通鑑長編》宋真宗大中祥符五年四月 三司請民有販茶違法者，許家人告論。上曰：此犯教義，非朝廷所當言也。不許。《本紀》云以利而壞風俗，非國體也，不許。今從《實録》。

（宋）李燾《續資治通鑑長編》宋真宗大中祥符五年十月 詔：聖祖名，上曰玄、下曰朗，不得斥犯。以七月一日爲先天節，十月二十四日爲降聖節，並休假五日。兩京、諸州，前七日建道場設醮，假内禁屠、輟刑，聽士民宴樂，京城張燈一夕。

（清）徐松《宋會要輯稿·刑法四·配隸》 〔大中祥符七年〕十二月三日詔：諸路部送罪人赴闕及他州者，並所在爲券，給以口糧。仍令依程而行，不得非理縶朴，倍道起發。有疾，牒所至州縣醫治。死者雖檢視無他故，即給公憑，赴部送人。違者，所在官司劾罪以聞。先是，淄州

遣牙校送罪人赴闕，塗中致斃者多，懲其懈慢，因條約之。

〔九年〕十一月八日，河西軍節度使、知許州石普，坐私習天文，妄言日蝕，除名配賀州，詔聽其挈族從行。先是，帝聞普在禁所思幼子，輒泣下，謂宰臣曰：流人有例攜家否？王旦等曰：律令無禁止之文。乃有是詔。

（宋）李燾《續資治通鑑長編》宋仁宗天聖六年七月　開封府言：有民馮懷信，嘗放火，其妻力勸止之。他日，又令盜摘鄰家果，不從，而脅以刃，妻懼，告夫。準律，告夫死罪當流，而懷信乃同日全免。上曰：此豈人情耶？乃詔懷信杖脊刺配廣南牢城，其妻特釋之。

（宋）呂中《宋大事記講義》卷一一《仁宗皇帝・弭盜賊》　慶曆三年五月，沂州卒王倫叛，討，平之。獲於和州，斬之。歐陽修言：近日四方盜賊寖多，可為腹心之疾。為今計者，必先峻法令。法令峻則人知所畏，余靖亦乞嚴為督責賞罰等。法從之。

慶曆八年正月，討貝州賊王則，平之。初，王則未平，文彥博請行初以明鎬宣撫夏靖惡鎬所奏，多從中沮之，惟恐其成功，至是彥博請以便宜從事。韓琦戢定州兵。初，明鎬引諸州兵平貝賊，獨定州兵邀賞出怨語。琦用兵律裁之，察其橫軍中尤不可赦者斬軍門外，士卒死次圍賞其家，恩威既信，倣古兵法教習，由是定州可用人，視山中隱然雄鎮聲動虜人。時京師發龍猛卒戍保州，在道竊奪至定留不遣，曰保州極塞，豈可雜以驕兵，易素教者數百人以往，而所留卒未數日亦皆就律，裨佐如狄青輩熟聞公曰：見其施為後可為名將。

慶曆八年閏正月，禁衛叛卒伏誅。是夕崇政殿從卒四人謀變，為衛兵所誅。司馬光疏曰：竊以國家治亂本於禮，風俗善惡係於習，赤子之啼無有五方，其聲一也。及其長也，言語不通，飲食不通，有至死莫能相為者，是無他，所習異也。是故上行下效謂之風，薰蒸漸漬謂之化，淪胥委靡謂之流，衆心安定謂之俗，及夫風化已失，流俗已成，則雖有辨智弗能諭也，强毅不能制也，重賞不能勸也，嚴刑不能懲也。三代習民於禮，及其衰也，雖以秦楚之强，不能蔑視王室。晉平公之世以公子服囬曰：晉之公室將遂卑矣，六卿强而奢傲因是以習。習實為常，能無卑乎？其後韓魏趙氏卒分晉國，習於君臣之分不明故也。今自景德以來，務行姑息之政，胥吏誼譁斥逐，中丞輦官悖慢廢退，丞相有一夫流言於道路而為之變。今推恩者多矣，於是元帥畏偏裨，偏裨畏將校，將校畏士卒。懦怯之臣，至有簡省教閱使之驕惰，保庇羸老使之繁冗，屈撓正法使之縱恣，詆詈粟帛使之憤惋。彼既為之，則此效之；下既言之，則上從之；前既行之，則後襲之。長此不已，日滋月益，民之耳目習而安之，此何異於唐之季世乎？後魏姑息軍人，而高歡密結客。祖宗苦身焦思，以變衰唐之俗，而陛下高拱熟視，以成後魏之風。温公之言，其箴砭當時之良劑乎？夫慶曆嘉祐之間，天下至今號為太平，亦烏覩盜賊之能為患，而范、富諸公不憂外寇而憂內寇，不憂夷狄而憂盜賊，誠以天下之習於玩者，不可不畏也。四夷敵國猶鄰人之侮也，盜賊姦宄猶僮僕之侮也，此曷為而至哉？是固諸公之所畏也，以司馬温公《謹習疏》發明。仁祖時，盜賊習於為姦者，以積寬積弱之過。任一狄青而嶺南平。拔青於行伍者，執政龐公籍也。擢一种世衡而西師捷。置世衡於募府者，參政范仲淹也。得一明鎬而貝州平。薦明鎬以討賊者，相臣文彥博也。

皇祐四年五月，儂智高陷邕州，圍廣州。六月，以狄青為樞密副使。九月，命狄青討智高。初命孫沔，余靖猶以為憂，於是青上表請行。五年，狄青敗智高於邕州，或以為智高已死，賊屍有金龍衣者，青曰安知非詐乎，寧失智高不敢誣朝廷以貪功。會至上喜謂龐籍曰：青破賊皆卿執議之力。貝州之役以明鎬不能成功者，以夏靖居中有以撓之也。智高之敗雖曰狄青之功，而亦莊敏執議之力也。蓋有張仲孝友於內，然後方叔能任征伐於外。而趙高用事於中，則章邯雖握重兵而長史奏事三日不得入見矣。

（宋）李燾《續資治通鑑長編》宋仁宗慶曆三年十月　諫官歐陽修言：臣昨風聞張子奭未有歸期，賊昊又別遣人來，必恐子奭被賊拘留。西人之來，其意未測，邊鄙之事，不可不憂，正是要藉將帥效力之秋。近來傳聞燕度勘鞫滕宗諒事，枝蔓勾追，直使盡邠州諸縣枷杻，所行拷掠，皆是無罪之人，囚繫滿獄。邊上軍民將吏，見其如此張皇，人人嗟怨，自狄青、种世衡等並皆解體，不肯用心。朝廷本爲臺官上言滕宗諒用錢過多，未明虛實，遂差燕度勘鞫，不期如此作事，搖動人心。若不早止絕，則恐元昊因此邊上動搖，將臣憂恐解體之際，突出兵馬，誰肯爲朝廷用命

向前？

臣忝爲陛下耳目之官，外事常合採訪，三五日來，都下喧傳邊將不安之事。亦聞田況在慶州日，見滕宗諒別無大段罪過，並燕度生事張皇，累具奏狀，並不蒙朝廷報答；又遍作書，告在朝大臣，意欲傳達於聖聽，大臣各避嫌疑，必不敢進呈況書。臣伏慮陛下但知宗諒用錢之過，不知邊將驚嗟騷動之事，只如臣初聞滕宗諒事發之時，獨有論奏，乞早勘鞫行遣。臣若堅執前奏，一向遂非，則惟願勘得宗諒罪深，方表臣前來所言者是；然臣終不敢如此用心，寧可因前來不合妄言，得罪於身，不可今日遂非，致誤事於國。

臣竊思朝廷於宗諒，必無愛憎，但聞其有罪，則不可不問。若果無大過，則必不須要求瑕疵，只恐勘官希望朝廷意旨，過當張皇，騷動邊鄙。其滕宗諒，伏望速令結絕。仍乞特降詔旨，告諭邊臣以不枝蔓勾追之意，兼令今後用錢，但不入己外，任從便宜，不須畏避，庶使安心放意，用命立功。其田況累次奏狀，並與大臣等書，伏望聖慈盡取詳覽。田況是陛下侍從之臣，素非姦佞，其言可信，又其身在邊上，事皆目見，必不虛言。

修又言：臣昨風聞燕度勘滕宗諒事，枝蔓張皇，邊陲騷動，曾有論奏，乞降詔書，安慰邊臣。今日又聞度輒行文牒，劾問樞密副使韓琦議邊事因依，不知燕度實敢如此否？若實有之，深可驚駭。竊以韓琦是陛下左右大臣，繫國家事體輕重，今燕度敢爾無故意外侵陵，乃是輕慢朝廷，舞弄文法。每見前後險薄小人，多爲此態，得一刑獄，勘鞫踴躍，以爲奇貨，務爲深刻之事，以邀强幹之名，自謂陷人若多，則進身必速，所以廣張聲勢，肆意羅織。今燕度本令只勘滕宗諒使過公用錢，因何劾問大臣議邊事？顯是節外生事，正違推勘敕條。況樞密副使是輔弼之任，宣撫使將君命而行，本藉重臣，特行鎮撫。今若無故遭一獄吏侵欺，而陛下不與主張，則今後奉君命出使者，皆爲邊鄙所輕，爲大臣而作事者，反畏小人所制。故燕度論於國體，便合坐以深刑，責其俗吏，亦自違於條制，罪須行遣，情不可容。今樞密副使尚被侵陵，則以下將帥，無辜遭其枝蔓者不少，據其如此作事，此獄必無平允。其滕宗諒一宗刑獄狀，乞別選差官，取勘結絕。其燕度亦乞別付所司，勘罪行遣。明年正月，不俟燕度奏獄具，責宗諒知虢州，度訖無行遣。

修又言：臣風聞邊臣張亢，近爲使過公使錢，見在陝西置院根勘，其勘官所取干連人甚衆。亦聞狄青曾隨張亢入界，見已勾追照對。臣伏見國家兵興以來，五六年所得邊將，惟狄青、种世衡二人而已，其忠勇材武，不可與張亢、滕宗諒一例待之。臣料青本武人，不知法律，縱有使過公用錢，必非故意偷慢，不過失於檢點，致誤侵使而已。方今議和之使，正在賊中，苟一言不合，則忿兵爲患，必致侵邊。謹備邊防，正藉勇將，況如青者無三兩人，可惜因些小公用錢，於此要人之際，自將青等爲賊拘囚，使賊聞之，以爲得計。伏望特降指揮委元勘官，只將張亢一宗事節，依公根勘，不得枝蔓勾追。其狄青縱有干連，仍乞特與免勘。臣於邊臣，本無干涉，豈有愛憎？但慮勘官只希朝廷意旨，不顧邊上事機，將國家難得之人，與常人一例推鞫，一旦乏人誤事，則悔不可追，伏乞朝廷特賜寬貸。邊臣知無功之將，犯法必行；要藉之人，亦能贖過，則人人自勵，將見成功。亢七月甲戌，自渭州徙並代部署，明年正月，不俟獄上，亢奪引進使，降本路鈐轄；青訖無行遣。

知渭州尹洙言：臣竊見自來武臣，將所賜公使錢，諸雜使用，便同己物。其狄青於公用錢物，即無毫分私用。況本路自西事以來，所添兵數，主兵臣僚、指使、使臣等，數倍於舊。又狄青多與衆官躬親提舉教閱，軍中將校，每有犒設，以此所費益多。若不別將錢物回易，即無由充用。狄青素來謹畏小心，其實武人未曉朝廷憲法，自聞推究公用錢物，謂制院須來追攝照對，臣雖日夕曉譬，終是內懷憂懼。兼言先在延州，初授涇原部署，曾告龐籍，言不願主領公使錢，恐未知次第。今來累遭詈罵，詞意感切，深可軫惻。臣以謂朝廷擢青自殿直，不三年至刺史，委以一路兵柄，此必其忠力材智有過於人，又欲其奮勵自效，以報不次之用。今乃以細微詿誤，令其畏懼如此。今邊上日有探到事宜，萬一賊兵驟至，若須領兵出外，似此憂疑之中，竊慮不能主理軍政，別致闕事。伏望聖慈垂察，特降朝旨，曉諭狄青，庶令安心，專慮邊事。

（宋）吕中《宋大事記講義》卷一二《仁宗皇帝·明國法 嚴賞罰》

景祐二年二月，王曾平章事。先是楊崇勛常進，王曾白事直登階曾劾之，上請釋之，太后問其故，曰：崇勛武人不知朝廷之儀，舉劾者柄臣所以振綱紀，寬釋者人君所以示恩德。王曾之劾崇勛，猶申屠嘉之折鄧

通，所以正朝儀也。仁宗之請釋其罪，猶文帝之持節赦通，所以重相權也。然崇勛武人猶可恕，而鄧通宦者豈可不正其罪哉。

直史官葉清臣上疏曰：王者之所以掾制六合，撫有萬民者，在握刑賞之權不授人以柄而已，故舉一善有爵禄之賜，黜一惡有斧鉞之誅，使人尊如天，親如地，仰如日月，畏如雷霆。今則不然，有一進擢則曰：宰相，某人之親舊也，常遊其門而善者也。被一廢黜則曰：宰相，某人之嫌隙也，跡疎而不被其遇者也。爵賞刑罰不自陛下出，而由宰相得，非臣陰之盛而易天地之序者乎？

（宋）李燾《續資治通鑑長編》宋仁宗皇祐五年閏七月　甲戌，贈祕書監致仕胡旦爲工部侍郎，仍賜其家錢三十萬，令襄州爲營葬事。衛尉少卿、知州馬尋言旦家貧，久不克葬，故卹及之。

尋，項城人，以明習法律稱。其在襄州，會歲饑，或群入富家掠囷粟，獄吏鞫以强盗，尋曰：此迫於饑爾，其情與强盗異。奏得減死論，遂著爲例。尋事附見，或自有月日。

（宋）李燾《續資治通鑑長編》宋仁宗至和二年三月　己卯，邇英閣講《周禮》大罍，王洙曰：祠天地之器，以質信爲本。帝曰：曹操不事質信而多詐忌，何以事上帝乎？洙曰：天地之德，非至誠之道，至質之器，何以動之？張揆讀《後漢書》應劭議刑，揆曰：當漢獻帝亂世，有司猶能守法，今天下奏獄，或違法出罪，負冤不伸。水旱之災，未必不由此也。帝曰：祖宗以來，多用中典，奏讞者往往貸之，豈欲刑罰之濫乎！

（宋）李燾《續資治通鑑長編》宋英宗治平三年九月　皇城司嘗捕銷金衣送開封府，推官竇卞上殿請獄。會有以内庭爲言者，上疑之。卞曰：真宗禁銷金自掖庭始，今不正以法，無以示天下，且非祖宗立法禁之意。上曰：然。文王刑於寡妻，至於兄弟，以御於家邦，正謂此爾。詔率如卞請。此事與李珣不同時，今附見馬默罷御史之後，當存考。

《宋史》卷二〇一《刑法志》　熙寧元年七月，詔：謀殺已傷，按問欲舉，自首，從謀殺減二等論。初，登州奏有婦阿云，母服中聘於韋，惡韋醜陋，謀殺不死。按問欲舉，自首。審刑院、大理寺論死，用違律爲婚奏裁，敕貸其死。知登州許遵奏，引律因犯殺傷而自首，得免所因之罪，仍從故殺傷法，以謀爲所因，當用按問欲舉條減二等。刑部定如審刑、大理。時遵方召判大理，御史臺劾遵，而遵不伏，請下兩制議。乃令翰林學士司馬光、王安石同議，二人議不同，遂各爲奏。光議是刑部，安石議是遵，詔從安石所議。而御史中丞滕甫猶請再選官定議，御史錢顗請罷遵大理，詔送翰林學士吕公著韓維、知制誥錢公輔重定。公著等議如安石，制曰可。於是法官齊恢、王師元、蔡冠卿等皆論奏公著等所議爲不當。又詔安石與法官集議，反覆論難。

明年二月庚子，詔：今後謀殺人自首，並奏聽敕裁。是月，除安石參知政事，於是奏以爲：律意，因犯殺傷而自首，得免所因之罪，仍從故殺傷法；若已殺，從故殺法，則爲首者必死，不須奏裁；爲從者自有編敕奏裁之文，不須復立新制。與唐介等數争議帝前，卒從安石議。復詔：自今並以去年七月詔書從事。判刑部劉述等又請中書、樞密院合議，中丞吕誨、御史劉琦、錢顗皆請如述奏，下之二府。帝以爲律文甚明，不須合議。而曾公亮等皆以博盡同异、厭塞言者爲無傷，乃以衆議付樞密院。文彥博以爲：殺傷者，欲殺而傷也，即已殺者不可首。吕公弼以爲：殺傷於律不可首。請自今已殺傷依律，其從而加功自首，即奏裁。陳升之、韓絳議與安石略同。會富弼入相，帝令弼議，而以疾病，久之弗議，至是乃決，而弼在告，不預也。

《宋史》卷三一一《吕公弼傳》　〔熙寧二年〕韓絳議復肉刑，公弼力陳不可，帝皆爲之止。

（宋）李燾《續資治通鑑長編》宋神宗熙寧三年十月　庚午，判延州郭逵言，破西界新修堡寨畢，有保捷軍士王青，以所獲首級與副指揮史劉興易取金釵，未得，自首。上批：賣首級罪論如法，仍復與當得酬奬。

（宋）李燾《續資治通鑑長編》宋神宗熙寧四年三月　己丑，遣内侍李舜舉往環慶路詔經略司曰：兩營軍士必非盡同謀，父兄子弟難盡監守，宜止推究首謀者家屬處置，其餘父子兄弟毋得監守，其務安存慰諭之。應被協從如能歸首皆免其罪，如能執殺元結連之人，當議厚賞。其已擒獲即具得賊之人馳驛以聞，當於例外行賞。

（宋）李燾《續資治通鑑長編》宋神宗熙寧四年四月　丙寅，環慶路經略使王廣淵言：昨慶州兵變，臣以權宜牓諭，應緣坐家屬皆特免罪。

今準朝旨，具人數、軍分、姓名，竊慮別有處置，欲望少假臣閫外之權。詔：柔遠寨作過軍士緣坐骨肉，依廣淵所奏。其慶州叛軍已就戮，同居骨肉配充奴婢，及年二十已上刺配京西者令勘會，内有服紀於法不當緣坐即釋之，充軍者給公據，已隸軍而配湖北者更不改配。

《宋史》卷一五《神宗本紀》〔熙寧四年〕六月丁巳，河北飢民爲盜者，減死刺配。

（宋）吕中《宋大事記講義》卷一七《神宗皇帝·謗法者罪之》熙寧五年正月，置京城邏卒察謗議時政者，罪之。此商鞅議令之罰，而安石亦為之，只今未可輕商鞅，商鞅能令必行，觀此時則知其心矣。蓋當是之時士大夫之議論少，而民之怨讟多，安石不有以平其怨反有以抑其怨，天下之口可遏而天下之心其可遏歟。

（宋）吕中《宋大事記講義》卷一七《神宗皇帝·嚴刑獄以報私讎》熙寧五年七月，治秀州獄貶祖無澤，安石以私怨諷監司，誣其過，自後多舉詔獄矣。四年，富弼阻格青苗，而亳州之獄起。七年，詔臺獄竄鄭俠，八月詔臺獄又竄鄭俠。惠卿曰：上鄭俠前後所言皆馮京使安國道之，乞付獄窮治京罷政事，安國勒歸田里。元豐元年，詔臺獄停陳安民等官，初曾充在執政府數乘間言政事非便，安石罷充遂相欲便更，會堂後官駁相州殺賊徒三人為失入死罪，安民為相州判官求救於充之壻及甫，而充之子受囑。蔡確窮治其事。獄成，確嫌充之子罪太輕，上曰：子弟為親戚請託，不得已而應之，此亦相州事，卿等但欲攻吴充，此何意也？祖宗不以言罪臣子，不以責加勲舊，不輕用一刑，不妄興一獄，蓋其家法如此。自安石嚴刑峻法之意一行其禍，遂至於紹聖崇寧之極也，幸而神宗聖心寬裕，每不俯從安石，而安石欲違祖宗之大意，則雖屢言而不聽，甚至挾持摇撼以必其聽，而上意屹然不動也。安石請重貶純仁，而上命予之大郡；欲重貶富弼，而上命落使相。熙寧士大夫貶逐之禍，豈安石之無意哉？神宗之盛德至矣，使安石得其行。至於熙寧則章蔡而下又當何如？幸而若此，他日猶不勝其禍，使熙寧嘗殺一人，則元祐、元符之人無遺育矣。此皆神宗之賜也。

《宋史》卷三三六《吕公著傳》未幾，同知樞密院事有欲復肉刑者，議取死囚試劓、刖，公著曰：試之不死，則肉刑遂行矣。乃止。

（宋）李燾《續資治通鑑長編》宋神宗元豐元年閏正月庚寅，福建路體量安撫司言：捕獲廖恩黨龍騎卒李員、楊禪，乞法外重斷，所冀元刺充軍之人有所畏憚，不敢走竄。上批：並處斬，梟首示衆。

（宋）程顥等《二程集·河南程氏遺書》卷二上《二先生語·元豐己未吕與叔東見二先生語》正叔謂子厚：越獄，以謂卿監已上不追攝之者，以其貴朝廷。有旨追攝，可也；又請枷項，非也。不已太辱矣？貴貴，以其近於君。子厚謂：若終不伏，則將奈何？正叔謂：寧使公事勘不成則休，朝廷大義不可虧也。子厚以爲然。

（宋）吕中《宋大事記講義》卷二〇《哲宗皇帝·小人誣君子有調停之説》元祐四年二月，吕公著薨。六月，范純仁罷僕射，司諫吴安詩、正言劉安石交章攻純仁，黨蔡確。十一月，范祖禹與劉安石上疏言宫中求乳母，皇帝年十四未納后，無溺所愛而忘所戒。後章惇、蔡卞誣元祐大臣嘗有廢立議，指二人之言為根。元祐五年八月，解梁燾、朱光庭、劉安石等言職當，以翰林承旨召鄧温伯故也，時大防與劉摯欲引元豐黨人以平舊怒，謂之調停，蘇轍言謝安之於諸桓，亦用之於外，未嘗引之於内，又謂此人若返必將戕賊，正人漸復舊事以快私忿，人臣被禍不足言所惜者，宗廟朝廷也，自是兼用小人之説。稍息，是年六月也岩叟言，自古君子小人無參用之理，元祐之所以為紹聖者，始於朋黨而成於調停，夫以君子而攻君子，固必為小人所乘，以君子而與小人共事，終必為小人所攻。當時梁燾論用人曰：臣等累奏邪正不可並用，陛下深以為然，是知邪正之必相攻也。今並用矣，臣等又謂：使邪人在外，正人在内，則可治。陛下亦以為然，是知邪人在内則害正也。今邪人在内矣，臣等又謂：使邪人少，正人多，則可治。陛下亦以為然，是知邪人之多交相朋黨損正人之道也。今邪人多矣，以在内衆多之邪人，在外已寡之正人，並用勢自不敵，豈能久安乎？其言發於元祐六年六月某日則紹述之，不待紹聖而後見也。

（宋）吕中《宋大事記講義》卷二〇《哲宗皇帝·小人廢復法例》紹聖元年，復元豐免役法。初，蔡京、司馬光行差役法，至是京白曰：臣取熙寧元豐法施行之尚何議焉？閏四月，復常平提舉等官罷十科，六月除字説禁，七月復免役錢，九月廢廣惠倉、罷制科，十二月河東鹽復官賣法，二年四月置律學博士，四年罷春秋科。安石之法自行其所學之偏，

所見之蔽猶有素定之規模，至紹聖諸人不過借紹述之名以報私怨耳。初不知熙豐元祐之法，孰非孰是孰利孰害也。然安石變法之罪小，引用小人之罪大，使其罪止於變法，則安石之身既去，安石之法皆可得而變，為其罪在於引用小人，則引用之人無窮，而法亦與之無窮，雖其身已退，於元豐之末而其人未嘗不用於紹聖之後也。紹聖元年正月，罷進士習賦、立宏詞科。自豐寧以經義選士也，固患天下為習詞賦之浮華，而不適乎實用。紹聖號為追述熙寧既禁其未仕者，不為詞賦而反以美官誘其已仕者，使為宏詞士何所折衷哉。

（宋）熊克《中興小紀》建炎二年冬十月　李成之敗也，獲其黨之家屬，詔分養於真、泰、楚之三州。至是，江淮制置使劉光世，具上男女六百餘人。上謂宰執曰：此曹身且不顧，豈卹其家。朕念作亂，非其家屬之罪，故令分養之。黄潛善曰：臣聞光世凱旋過楚州，降卒見家屬無恙，皆感泣仰戴聖恩。朱勝非曰：郊赦中可載此，以見陛下德意。上又曰：昨於光世處得李成所用持刀一，重七斤。成能左右手運兩刀，所向無前。惜也，惑於陶子思邪説，使朕不得用之。潛善曰：陛下英武大度，惜人才如此。

（宋）熊克《中興小紀》建炎三年春正月　初，臺諫官馬伸，嘗論黄潛善、汪伯彥之過。而太學生陳東、進士歐陽澈，於二人秉政日，以言被刑。上曰：以言責人朕甚悔之。乃詔以衛尉少卿召伸，而東、澈並贈京秩。

（宋）熊克《中興小紀》建炎三年春正月　時羣臣準詔論防邊事，皆送御史臺。辛丑詔，有警見任官輒般家者徒二年，因而動摇人情者流二千里。故一時間皆未敢動。此據張澂説黄潛善等疏修入。

（宋）熊克《中興小紀》建炎四年秋七月　權知三省樞密院盧益，令權綴宰執班，今後奏事取旨。時同折知三省樞密院李回，獲六宮在道尚未至，而寧遠軍節度使孟忠厚，扈從先還。乃乞蠲太后所過秋税。丙戌，宰執奏夏税已放，若更免秋税，恐州縣經費有闕，郤至横斂。上愀然曰：常賦外横斂，及贓吏害民，最宜留意。祖宗雖崇好生之德，而贓吏罪未嘗末減。自今雖未欲誅，杖脊流之，不可貸也。

（宋）留正等《中興兩朝聖政》紹興三年十一月　丁丑，詔宣諭官所劾贓吏，罪至死者，令刑寺摘出情理巨蠹之人三兩名，令所在留禁俟旨。時議舉祖宗杖黥之制，故有是命。

（宋）熊克《中興小紀》紹興九年八月　時金人法苛賦暴，加之饑饉，民不聊生。又下令欠債者，以人口折還。及藏逃亡而被告者，皆死。至是，將相大臣如宗磐、達蘭之徒，皆誅死。二帥久握重兵，向者植黨滋衆。今則悉爲亡命，故所在蜂起，平定威勝遼州，道不通行。一旦太行山義士入，懷州萬善鎮州人大恐，中原盛傳大駕親征。民皆陰備軍器，晝而罷市。

（宋）熊克《中興小紀》紹興十四年十月　先是，趙鼎在潮州，有編管人王文獻，與鼎相見，歷問行朝事宜，因及禮部侍郎高閌。閌，鼎所厚也。鼎又嘗語守臣龔寬，稱文獻切直，令縱其自便。鼎復以錢米饋之。初，閌患近世禮學不明，凶禮尤甚，嘗著《厚終禮》。鼎因以書寓文獻，達閌求所作《厚終禮》。文獻至行朝，閌已罷去。文獻偶坐事，送臨安府鞫之。獄具，文獻與寬皆已行遣於是，中丞詹大方請竄鼎以御魑魅，使天下曉然，知其終身不齒。壬申，上謂宰執曰：可遷之遠地。庶其門生故吏，知不復用。於是移鼎吉陽軍安置。寬，建陽人也。時鼎子汾力乞侍行，鼎不使之。以無事而俱死瘴地，手批付之曰：紹聖初，吕微仲丞相謫嶺南，惟一子曰景山，愛之，不令同行，而景山堅欲隨去，不可却。既至虔，將過嶺，吕顧其子泣曰：吾老矣，罪如此，萬死何惜？汝何罪？欲俱死瘴鄉耶？我不若先死，使汝護喪而歸，吾猶有後也。吕遂縱飲而死，吾不令汝侍行，亦吕之意。微仲，大防字也。

《宋史》卷三五《孝宗本紀》　〔淳熙十年〕九月乙丑，長溪、寧德縣大水。丙寅，嚴盜販解鹽法。

（元）宇文懋昭《大金國志》卷二八《文學翰苑》　〔蕭貢〕自〔涇州〕觀察判官召補省掾，不四五月，拜監察御史，累遷右司郎中。預修《泰和律令》，所上條畫，皆委曲當上心，興陵嘉歎曰：漢有蕭相國，我有蕭貢，刑獄吾不憂矣。又奏：死因獄雖已具，仍責家人伏辯，以伸冤抑。詔從之。遷刑部侍郎，入謝曰：臣願因是官廣陛下好生之德。主大悦。凡貢所平反，多從之。

《元典章》卷五三《刑部·訴訟·約會·諸色户計詞訟約會》　至元

二年二月，欽奉聖旨，立摠管府條畫内一款節該：投下并諸色户計，遇有刑名詞訟，從本處達魯花赤、管民官約會本管官斷遣。如約會不至，就便斷遣施行。

《元典章》卷三九《刑部·刑制·刑名·都省不催重刑》至元八年三月，御史臺承奉中書省劄付：近於二月初七日，奏讀御史臺照刷稽遲聖旨檢目，其每歲類奏重刑，并磨問囚徒，不拘此例。奉聖旨：既不拘此例呵，這聖旨上，索甚麽要！欽此。所據尚書省節次應系咨到隨路申部結案重囚内，除完備者類擬聞奏外，據文案不完，或有稱冤移推等事，回咨照勘磨問。若有未經回報去處，尚書刑部依驗地里遠近，比附舊例催舉。其本宗文卷，御史臺已行照刷。外路州府案牘，本道提刑按察司巡行照磨。都省不系結案衙門，不須催舉。仰照驗施行。

《元典章》卷三九《刑部·刑制·刑名·重刑不待秋分》至元八年四月，尚書省三月二十一日，欽奉聖旨宣諭：聽得您每如今斷底公事，也疾忙斷有。今後斷底公事，合打底，早打者；合重刑底，早施行者。欽此。回奏：在先，重囚待報，直至秋分已後施行有來。此上，罪囚人每半年内多趲下淹住有。議得，今後有重罪底罪人，省、部問當了呵，再教監察重審無冤，不待秋分，逐旋施行呵，宜底一般。奉聖旨：您底言語是底一般。欽此。

《元典章》卷三九《刑部·刑制·刑名·刑名備申招詞》至元二十年十一月，中書省咨：據刑部呈：各處凡有到省刑名事理，多送本部照勘擬定，呈省。今來照得：事發官司元呈，止是節略犯人招語，不見備細情犯詞因。準憑短招議罪，中間恐有差池。若便疏駁不完呈省，却緣地里懸遠，不惟往復文繁，致使囚人坐禁未便。參詳：今後遇有須合申明裁決事理，令事發官司，開寫犯人所招一干備細詞因完備，申覆合干上司，先行議擬，咨呈都省區處，或送本部復擬。庶望易爲照勘，不致差池。都省咨請依上施行。

《元典章》卷三九《刑部·刑制·刑名·重刑司縣略問》至元二十四年，江西行省照得：隨路申到見禁罪囚數内，各司、縣官多有見禁合待報重刑，一二年不解本路、府、州起數。省府公議得：應有重刑，司、縣略問是實，即合解赴各路、州、府，推問追勘結案。司、縣别無慘酷牢獄，又無囚糧，有合追會公事，關涉近上衙門，又難追攝；有合摘斷罪人，亦不敢擅便與决，是以淹禁數年，不得杜絶，及致凍餓死者，往往有之。蓋是府、州官吏不爲用心，以致若此。仰遍下司、縣，今後將應干重刑，略問是實，申解各路、府、州，追會結案。

《元典章》卷五三《刑部·訴訟·停務·年例停務月日》至元二十四年，尚書省咨：户部呈：照得：先欽奉聖旨節文：年例，除公私債負外，婚姻、良賤、家財、田宅，三月初一日住接詞狀，十月初一日舉行。若有文案者，不須追究，及不關農田户計，隨即受理歸問。欽此。本部具呈。都省除外，移咨欽依施行。

又大德三年十月，湖廣行省準中書省咨：御史臺呈：山東肅政廉訪司申：本司經歷張璘呈：切見方今百姓争論田宅、婚姻、良賤之事，至甚繁多，有經十余年未得結絶者。今後，合無將應争告前事，止令務停一次，十月務開，即要了畢，已後再不停務。若有故遲其事，不即歸結，廉訪司隨加究治。得此。都省議得：今後，應告前項公事，須自下而上，先從本處官司歸理，比及務停，須要了畢。若事關人衆，依例入務，才至務開，即便舉行。如地遠事難，又復不能了畢，明立案驗，要見施行次第，所以不了情節，再許務停一次，本年農隙必要結絶，不許更入務停。其有見問未斷，輒亂陳告，本管上司、廉訪司并不得受理。如已斷訖，陳詞告冤，須追元問文卷，參照衆詞。若擬斷情款别無不完，中間所見不同，從公改議。如緊關情節未問，便行擬斷，可取元問官吏招伏，别聽委官推理。若事可歸結，不應務停，及多經入務而不了，本管上司、廉訪司官隨事治罪。若事見問而受理，并已斷相應而改斷者，罪亦如之。都省除外，咨請遍行合屬，依上施行。

《元典章》卷五三《刑部·訴訟·約會·儒道僧官約會》至元三十年正月，福建行省準中書省咨：據樞密院呈：至元三十年正月初九日，奏過事内一件：脱脱義木等行宣政院官人每與將文書來：這里的和尚每、先生每、秀才每一處有争差的言語有呵，和尚每的爲頭兒的、先生每的爲頭兒的、秀才每的爲頭兒的一同不問。先生、秀才每，管民官根底私地下告，管著先生每的、秀才每爲頭兒一同不問，管民官與管和尚的頭目一同問有。如今和尚每的、先生每底、秀才每一處若有争差言語呵，和尚

每爲頭兒的、先生每爲頭兒的、秀才每爲頭兒的一同問者。麼道，與將聖旨來的説將來有。俺商量的：去年，俗人與和尚每有争差的言語呵，和尚每的爲頭兒、管民官一同問了斷者。民官，和尚每根底休教斷者。麼道，聖旨與將去了來。如今和尚一處先生每、秀才每有争差的言語呵，管民官一處休交問，和尚每的爲頭兒的、先生每的爲頭兒的、秀才每的爲頭兒的一同問者。麼道聖旨與將去呵，怎生？麼道，奏呵，那般者。麼道。欽此。

《元典章》卷五三《刑部·訴訟·約會·醫户詞訟約會》元貞元年六月，欽奉聖旨節該：醫人、百姓每一處有争差的詞訟時節，管民官、醫人每頭目一處歸問斷者。欽此。

《元典章》卷三九《刑部·刑制·刑名·執結罪斷非通例》元貞元年九月，行臺準御史臺咨：準來咨備浙東海右道、嶺北湖南道肅政廉訪司申：粗杖子打人并執結之罪，并計論斷例，此常法之外添重，恐人死於杖下。粗杖子例，已蒙革去，執結之罪，即系一體。咨請照詳。準此。施行間，承奉中書省劄付：江浙行省咨：鎮江路備江南浙西道肅政廉訪司監治常鎮江陰分司牒：爲徐安國告王龍登取要對證，多與元告不實，理合將徐安國照依本人元與甘結，依例斷罪。若便照依廉訪司牒内，闊里吉思奏奉聖旨，累斷廣西李都事與執結罪例，一體歸斷，本省元準都省咨内，别無坐到前項事理，未知是否通例，請定奪事。準此。送刑部議得：闊里吉思元止奏李都事罪犯，不曾聞奏通例。都省除外，合下仰照驗施行。

《元典章》卷五三《刑部·訴訟·約會·樂人詞訟約會》大德三年七月初二日，中書省奏奉聖旨：樂人每根底，管民官每的勾當遲誤。説哏教生受有。有問的勾當呵，管樂人的頭目與管民官每一同問者。欽此。

《元典章》卷五三《刑部·訴訟·約會·投下詞訟約會》中書省劄付：大德四年十二月二十一日，奏過事内一件：不憐吉久等河南省官人每説將來：探馬赤每、百姓每根底，不揀有甚麽争競呵，與探馬赤每頭目一處歸問者。麽道，按的忽兒的哈等官人每把執著聖旨的上頭，似這般勾當的，管民官約會他每呵，不肯來，告訟的百姓每生受勾當也誤了。去年，開讀詔書，問民疾苦，整治不便勾當，差去的人每也説來：軍站、各投下等與百姓相争詞訟呵，約會他每頭目每一處問者。麼道多也者。他每的無體例呵，管民官每數遍家約會不來，相告的人每□生受。麼道説有。世祖皇帝即位之後，至元三年省官人每商量，遍行文書來：合死的重罪過，并强盜、切盜、造僞鈔等，更做重罪過的，各投下里，也不須約會，是管民官的勾當，只教管民官依體例歸斷者。除這的，斗毆争、驅良、婚姻、家財、債負等這般勾當，約會各投下官人每一處斷者。三遍約會不來呵，管民官就便依體例歸斷者。麼道，這般行了來。那體例至今行有。近年，與投下頭目每一處約會問者，麼道來的多了也。約會呵，不肯來的上頭，百姓每生受，勾當窒礙多有。依在先行來的體例里，皇帝根底明白奏了，從新多人根底省諭的，省里行文書呵，怎生？奏呵，奉聖旨：是也。依在先行來的體例，教行者。欽此。

《元典章》卷五三《刑部·訴訟·約會·畏吾兒等公事約會》大德五年七月二十一日，欽奉聖旨：在先易都護爲頭畏吾兒每的、斤迭林爲頭哈迷里每，畏吾兒每、漢兒每、河西每、蠻子每、哈剌張根底，回回田地里，不揀那個諸王、公主、駙馬每根底、各投下每根底。有的畏吾兒每、哈迷里每，軍站差役，不揀甚麽的對證的，合問的勾當每，他每的若有呵，脱因納、長壽、答失帖木兒、伯顔、買住、帖童等都護府的官人每管着；外頭城子里有的畏吾兒每、哈迷里每，和别個的百姓每一處對證的，合問的勾當他每的有呵，委付了的他每的頭目，與城子里官人每一處交對證著，問了斷者，道來。這般宣諭了呵，自意問的人每，他每不怕那甚麽？

《元典章》卷五三《刑部·訴訟·約會·竈户詞訟約會》大德六年八月十四日，行臺準御史臺咨：承奉中書省劄付：來呈：山東廉訪司申：照刷山東鹽運司文卷内，但凡竈户人等争告一切相關詞訟，本司止委書吏奏差無職人員，與各處官司一同歸問。具呈照詳。送刑部照得：欽奉聖旨條畫内一款：諸投下并諸色户，遇有詞訟，從本處達魯花赤、管民官約會本管官斷遣。如約會不至，及不服斷者，申部究問。欽此。本部議得：竈户與軍民相關詞訟，理合所委鹽司官與管軍民官一同取問歸結，相應。都省準擬，仰照驗施行。

《元典章》卷五三《刑部·訴訟·停務·争田詞訟停務》大德六年，

御史臺咨：奉中書省劄付：河南行省咨：應告田宅、婚姻、良賤事理，若事關人衆，一次務停，務開舉行。如地遠事難，再許務停一次。本年農隙，有司又不能結絶，陳告到官，照卷相同，除當該官吏取問責罰外，據本宗公事，終是屈直未分，務停時月，合無理會。及比準通例之前告發到官，在先累經務停者，未審照依前例入務。咨請定奪。準此。送禮部議得：務停之法，本欲恤民。今告田宅詞訟，年深不絶，甚衆。原其所由，有司背公徇私，奸弊滋甚，貧民被抑縱恣富勢得安。以此參詳：二次農隙之間而不結絶，所屬官司擬合治罪，必要本年杜絶。又例前告發者，累經務停不絶，難準入務，即與結絶。如違，從本管上司、廉訪司治罪，相應。都省議得：地内收到子粒，合納官糧，依例征納。余有數目，官爲收貯，擬候斷定，隨地給付。余準所呈，除外，仰遍行合屬，依上施行。

《元典章》卷五三《刑部・訴訟・告攔・田土告攔》 大德十一年五月，江浙行省準中書省咨：近據汴梁路封丘縣王成與祈阿馬相争地土，差委前臨江路總管李偶歸斷。回呈：行據汴梁路申：解到一干人證，對問間，有元告人王成、被告人祈阿馬及干證人等連名狀告：緣爲成等遞相赴上司陳告見争地一頃一十六畝半，蒙中書省委官前來歸斷，將成等勾到官。欲行歸結問，在外有知識人鄭直等將成等勸和，即目冬天寒冷，連累人衆，以此成等自願商議休和，義將見争地土，各除地段，對衆另立私約合同文字分張外，并不是官司上下抑勒。如此攔告，已后各不番悔。如有番悔之人，成等情願甘當八十七下，更將前項地土盡數分付與不悔之人，永遠爲主，再不赴官争告。乞施行。得此。卑職照得：王成、祈阿馬相争地土，自至元三十年四月内，祈阿馬與王成自願將地均分，於延津縣劉縣甲處告攔。在后王成番告，汴梁路却行受理，改委蘭陽縣李主簿歸問，致使各人互相争理一十余年，紊亂官府，不得杜絶。以此參詳：民間詞訟甚多，肯自休和者十無一二。縱有元告、被論初到自願告攔，在后稍有違意，却稱抑勒爲由，復興訟端。有司不詳元斷，便行接狀歸問，不惟使僥幸之徒欺心違理，恣意違非，實是官府不爲明辨，使之然也，致令興訟不絶，深爲未便。今王成又自休和，如蒙準呈，遍行禁止。凡告婚姻、地土、家財、債負外，不違法者，若已攔告，所在官司不許輕易再接詞狀歸問。如違，從廉訪司照刷究治，相應。送禮部參詳：王成與祈阿馬所争地土，如準省委官所擬，準令各人告攔均分，相應。令后凡告婚姻、地土、家財、債負，如元告、被論人等自願告攔休和者，準告之后，再興訟端，照勘得别無違錯事理，不許受狀，庶革繁擾官府。具呈照詳。都省議得：王成與祈阿馬見争地土，準擬告攔。今后，凡告婚姻、田宅、家財、債負，若有願告攔，詳審别無違枉，準告已后，不許妄生詞訟，違者治罪。除外，咨請照驗施行。

《元典章》卷五三《刑部・訴訟・約會・軍民詞訟約會》 至大元年，行省準中書省咨至大元年五月十八日，奏過事一件：軍民相犯的勾當有呵，賊情、人命等重罪過的，交管民官歸問。其余家財、田土、鬪打相争等輕罪過的，軍民官約會着問者。麽道，世祖皇帝、完澤篤皇帝時分那般行來。樞密院官人每奏過，與俺文書：蒙古軍人自其間里相告的勾當有呵，院官人每問者。其余軍民相犯，不揀甚麽勾當有呵，約會着問者。麽道奏了，俺根底與文書來。俺商量來：人命、賊情等重罪過的，交約會着問呵，他每的頭目知自底無體例，推調着約會處不來，遷延月日，逗遛詞訟，中間窒礙多有。爲甚？麽道説呵，不揀那個田地里被殺死或被傷人呵，或强盗劫奪錢物，將錢主殺死、打傷呵，隨即合檢驗有。若約會處早不來到呵，天氣熱時尸首變爛，人命的勾當干落後了。不揀甚麽做罪説謊，那其間對付有。縱來呵，護向自己。久禁着人呵，哏生受有。可憐見呵，依先世祖皇帝時分行來的體例，重罪過的，交管民官歸問；輕罪過的，約會省歸問。若三遍約會不來呵，交管民官就便歸斷了呵，怎生？奏呵，奉聖旨：那般者。欽此。

又行臺劄付：御史臺咨：至大元年六月二十二日，只兒哈郎大夫等奏過事内一件：樞密院官人每與將文書來，爲軍民詞訟相争的上頭，樞密院官人每奏著：蒙古軍相犯呵，管軍官、樞密院官歸結者。軍民相犯呵，交民官、軍官約會歸問。誰不到呵，交所屬官司處告了，要罪過者，更交廉訪司體察。若是廉訪司官覷面皮呵，樞密院、御史臺里説，將來呵，取問者。麽道奏著，交行了聖旨有來。俺商量來：在先省家官人每薛禪皇帝根底奏着：軍民相争，犯重罪過的、奸盗詐僞的，并其余重罪犯過的人每，只交管民官斷者。相争婚姻、驅良、田土、錢債等事，約會各枝兒頭目每一處歸斷。三遍約會不來呵，管民官依體例歸斷者。前後幾

遍行聖旨來。如今若依着樞密院官每奏，奏的交行呵，大勾當里窒礙有。依着在先薛禪皇帝已行了的聖旨體例里交行呵，怎生？奏呵，奉聖旨：那般者。欽此。

又延祐六年七月，江浙行省準樞密院咨：準中書省照會：河南行省咨：廬州路備和州烏江縣申：準縣尹王承務關照得至元三十一年定例，管民官、奧魯官、運司并投下相關公事，管民官與各管官司約會，一同歸結。如行移三次不至，止從管民官勾攝一干人等，依例歸結，重者申部詳斷外，切照本縣所管諸色等處軍屬家小，與民相參住坐，今後莫若除在營軍人與民相關，依例約問。據離營軍屬余丁争鬭等事，聽管民官勾問，庶得事體歸一。本省若依所擬，凡遇軍民相干詞訟，在營軍人，依例約問。離營軍屬余丁，若依腹里管民官就問，緣迤南路、府、州、縣衙門俱無兼管奧魯職名，伏慮未應，宜令合干部分定擬，相應。咨請照驗。準此。送據刑部呈：議得河南行省咨稟：軍民相關詞訟，除犯奸盜、詐僞刑名重事，例從有司歸斷外，據兩争地土、鬭毆、婚姻、良賤、家財、債負、宗族繼絶等事，合行約問。三遍不來，管民官歸斷。已有欽奉聖旨通例，行之已久，别難更議。具呈照詳。得此。都省除已移咨河南行省依上施行外，可照會依上施行。

《元典章》卷五三《刑部·訴訟·約會·投下并探馬赤詞訟約會》

至大四年三月十八日，欽奉登寶位詔書内一款：各投下并探馬赤人等與民訟相干者，奸盜刑名，有司依例理斷。其余約會事理，三次不至，有司就便歸結，仍申本道廉訪司究治。

《元典章》卷三九《刑部·刑制·遷徙·豪霸凶徒遷徙》 皇慶元年十二月，江西行省準中書省咨該：刑部呈：欽惟聖朝之治天下也，以好生惡殺爲心。《書》曰：明德慎罰，惟政之恤。《語》云：刑罰不中，則民無所措手足。舊例：殺人特與原免，不在移鄉。今之牧民官吏，或因喜怒，生出好惡。喜怒好惡之不同，刑法輕重之失當；高下其手，出入任情。若此所爲，而望治安刑措，則未聞也。照得：近承奉尚書省判送議擬事内：如江西行省胡光弼等，結成群黨，起滅詞訟，凌犯官府，欺虐良民，遷徙廣東。又熊雲翔騙要民財，風聞公事，濫充貼書，毁駡縣官，杖斷六十七下，遷徙廣東。御史臺呈：張德安告松州官吏不公，本州挾讎，執羅張德安不孝爲名，枉斷八十七下，遷徙遼陽，沿路杖瘡潰發身死等事。除另行議擬外，本部照得：大德七年十一月初三日，中書省據江西福建道奉使宣撫呈：巡行江西，據諸人言告，一等驟富豪霸之家，内有曾充官吏者，亦有曾充軍役雜職者，亦有潑皮凶頑，皆非良善，以强凌弱，以衆害寡，妄興横事，羅摭平民，騙其家資，奪占妻女，甚則害傷性命，不可勝言，交結官府，視同一家。小民既受其欺，有司亦爲所侮，非理害民，從其奸惡，亦由有司貪猥，馴致其然。莫若嚴禁各處行省已下大小官吏，非親戚，不得與所部豪霸等户往來交通，受其饋獻一切之物。如有違犯官吏，依取受不枉法例科斷。其豪霸、茶食、安保人等，似前違犯，取問是實，初犯，於本罪上，比常人加二等斷罪，紅土粉壁，標示過惡。再犯，痛行斷罪移徙。接連三犯，斷罪移徙邊遠。如此少革侵漁細民之弊。已經遍行合屬去訖。以此參詳：今後各處豪霸、凶徒、歹人，摭羅平民、把持官府者，敗露到官，罪狀明白，合依奉使宣撫所言，痛行斷決。中間果有累犯不悛，必合移徙之徒，宜令事發官司，開具情犯緣由，斷訖杖罪，明白申稟，候獲省、部明降，至日方許發遣。如蒙準呈，遍行合屬照會，相應。具呈照詳。得此，都省咨請依上施行。

《元典章》卷五三《刑部·訴訟·約會·都護府公事約會》 皇慶二年三月日，欽奉聖旨都護府官人每奏：薛禪皇帝時分、完者秃皇帝時分、曲律皇帝時分，亦都護爲頭畏吾兒每、的斤迭林爲頭哈迷里每、漢兒、河西、蠻子、哈刺章、回回田地里，不揀那里，諸王、公主、駙馬、各投下有的畏吾兒每、哈迷里每，軍站差發，不揀怎生。合對證的、合問的勾當他每有呵，秃魯不花爲頭都護府官人每識者。外頭城子里有的畏吾兒每、哈迷里每，共别個的百姓一處合對證的、合問的勾當他的有呵，所委的頭目、城子里官人每一同約會問者，交對證了斷者。一面問的人，不怕那甚麽？更這都護府官人每，這般宣諭了呵，無體例勾當做呵，交百姓生受呵，他每不怕那甚麽？聖旨。鼠兒年七月十六日，上都有時分寫來。

《元典章》卷三九《刑部·刑制·遷徙·遷徙會赦不原》 延祐四年閏正月，江西行省準中書省咨：來咨：龍興路申：經歷司呈：檢舉到本路司吏路克敏承行黄州路關：爲童慶七、童庚二，爲崇法院僧游慧元拐借錢穀不還，挾讎用挑牙篦子，故將游慧元刺損雙睛。蒙本處官司將童

慶七、童庚二斷罪，遷徙遼陽迤東屯種，遞發到於黄州路，欽遇釋放。切詳：童慶七、童庚二情犯，擬合依已行遷徙遼陽屯種，庶使凶頑之民，知畏刑憲。本省除已劄付龍興路，將童慶七、童庚二牢固監收聽候外，咨請照詳。準此。送刑部照得：延祐三年九月初六日，承奉中書省劄付：奏準將馮子振欽依斷訖罪犯，將本人遷徙遼陽行省。今據順德路申：長押官縣尉高彬申：將馮子振管押，到來大都，知得欽遇詔赦，回還等事。本部議得：今之遷徙，即古移鄉之法，比之流囚，事例不同。參詳：馮子振所犯，雖是在途遇赦，合依已行遷徙，相應。都省準擬。今奉前因，本部議得：童慶七、童庚二，既系凶惡十虎之徒，無故將慧元雙目刺瞎不明，以致本人終身殘患，不分道路。罪已經斷，遷徙遼陽。雖是在途欽遇赦恩，擬合比依馮子振例，移咨江西行省遷徙，相應。具呈照詳。都省咨請依上施行。

（清）嵇璜等《續通典》卷一一〇《刑·雜議》 泰定帝泰定元年六月，以災異詔百官集議。中書平章政事張珪等議略曰：前宰相特們德爾，姦狡險深，誣殺蕭楊，以快私怨。一令發口，上下股栗。稍不附己，其禍立至。由是羣邪並進，搆成弑逆。其子索諾木，親與逆謀，雖剖棺戮屍，夷滅其家，猶不足以塞責。今復回給所籍家産，諸子再入宿衛。臣等議，宜遵成憲，仍籍原産，遠竄其子孫，以懲大姦。君父之讎，不共戴天。特克實之黨，結謀弑逆，天下之人，所不忍聞。比奉旨，以逆黨脅從者衆，不可盡誅，言者其勿復舉。臣等議，古法弑逆，凡在官者，殺無赦。宜盡誅額特布哈之徒，以謝天下。生殺，天子之大權，臣下何敢盜用。遼王托克托位冠宗室，覬幸赦恩，報復讎忿，殺親王妃主百餘人，分其資産。聞者切齒。今不之罪，乃復原賜遣還，仍守爵土。臣等議，累朝憲典聞赦，殺人罪在不原。宜削其爵土，置之他所，以彰天威。刑以懲惡，國有常憲。武備卿濟里、前太尉布哈，以累朝待遇之隆，不思補報，專務姦欺，詐稱奉旨，令鷹師强收鄭國寶妻果哈，貪其家人畜産。事聞之官，刑曹逮鞫服實，竟原其罪。輦轂之下，肆行無忌，遠在外郡，何事不爲？臣等議，宜以濟里、布哈付刑曹治罪。太廟神主，祖宗之所妥靈比者，盜利其金而竊之，至今未獲。斯乃非常之事，而捕盗官兵不聞杖責。臣等議，庶民失盗，應捕官兵，猶有三限之法。監守失官物，有不行知覺之罪。今失神主，宜罪太常，請揀其官屬免之。人有寃抑，必當昭雪。平章政事蕭拜珠、中丞楊多爾濟，枉遭誣陷，籍没其家。比奉明詔，還給原業，子孫修葺苟全。復以其家財，仍賜舊人。止酬以直，即與再罹籍沒無異。臣等議，宜如前詔，以原業還之，量其直以酬後所賜者，則人無寃憤矣。刑罰不立，姦宄滋長。比者額森特穆爾之徒，遇朱太醫妻女於故省門外，强拽以入姦宿館所。事聞有司，以扈從上都爲解，竟弗就鞫。輦轂之下，肆惡無忌，京民憤駭。臣等議，宜遵世祖成憲，以姦人命，有司鞫之。又天下囚繫，不無寃滯。方今盛夏，宜命臺省選官審録結正。重刑疏決輕係，疑者申聞詳讞。善良死於非罪，國法當爲昭雪。特克實弑逆之變，學士布哈等皆以無罪死；特們德爾專權之際，御史徐元素等以言事死，皆未申理。臣等議，宜追贈死者，叙其子孫。僧道出家，宜以清净絶俗爲心。比年，僧道往往畜妻子，無異常人。如蔡道泰班講主之徒，傷人逞欲，壞教干刑。俾奉祠典，豈不褻天瀆神。臣等議，僧道之畜妻子者，宜罪以舊制，罷遣爲民。按，是時下詔疏決繫囚，張珪等因上此議，而泰定與成逆謀，特克實之徒皆其逆黨，故不從其議。

（元）盛如梓《庶齋老學叢談》卷下 里人周竹坡守産閒居頗涉獵方册爲佃客告其私酒，簽廳照條擬罪。公判云：私醞有禁，不沽賣者其罪輕。然告主之罪大，此風不可長。周某杖八十贖銅，佃者杖一百，聞者快之。

（元）黄溍《文獻集》卷七上《蘇御史治獄記》 至順二年冬十有一月，趙郡蘇公天爵由翰林為御史南臺。時方用中書奏遣官審覆論報天下獄囚。三年春正月，公甫就職，即分涖湖北。湖北所統地大以遠，其西南諸郡民獠錯居，俗素獷悍，喜鬭爭，獄事為最繁。公不憚山谿之阻，瘴毒之所侵，加徧履其地，雖盛暑猶夜篝燈閱文書無少勌。囚有言其寃狀者，公曰：憲司歲再至，不言何也？囚皆曰：前此慮囚者應故事耳，聞公至，當受刑，故不得不言。公為之太息，事無鉅細必盡心焉。辰之沅陵民文甲無子，育其甥雷乙，後乃生兩子而出乙，乙伺兩子行賣茶，即舟中取析薪之斧，並斮殺之，既沉斧水中而血漬其衣，跡故在。事覺，乙具服。部使者顧以為三年之疑獄而釋之。公曰：是事二年半耳，不殺人何以衣有血污？何以知斧在水中？且其居去殺人處甚近，何謂疑獄？遂復寘於理。

有龍光祖者買官得同知，某州事用例奪官家居，其子及家奴言胡孫豀有吾家故所，請射官地，而宋某來耕其上。今宋已死，宜募佃者。光祖從其言。而宋之子乙來爭此地，光祖以牛米鹽遺洞蠻使與佃人夜持兵圍宋所居，盡縛其家人以去，佃人指乙兄甲，謂洞蠻曰：不殺此人恐走出洞事洩。遂射殺之，而散賣其妻子於諸洞，甲既死，乙竟脱歸訴其事，吏受賕止以占田坐其佃人，寘光祖不問。公曰：殺人而坐以占田，可乎？迺論洞蠻悉出宋家人，而正殺人者罪。沅之麻陽民張甲、彭乙爭溉田水交惡，張以禾方熟，夜往視之，彭適過其處，張因殺之而誣以盗禾，取其家竹，稟實禾為驗。吏以為所殺者，真盗也，將貰其罪，公曰：彼盗汝禾用手取之耶，抑用鐮也？曰：用鐮耳。公問：鐮安在？不能對，乃論。如法有黄天發者，兄子四人仲獨富，而其季性剛愎，與諸兄數有爭，且陵侮天發。仲欲殺季，乃告於天發，而以錢與謝某者使共殺之。季妻發其事，仲謂天發曰：兄殺弟則罪重，叔承之則罪不至死，叔婦子某能衣食之。天發許諾尋就逮，自言實出錢與龔某者使殺之。龔蓋仲之舅，而其妻則謝之母也。仲賂吏如其言，文到成獄，公疑有寃，訊之，果然，迺以始謀者為罪首。常德之桃源民盧甲、莫乙、江丙同出求傭工於人，甲誤墮水死，甲弟之為僧者，欲私甲妻不得，訴甲妻與乙通而殺其夫，乙不能自明，言實與丙同擊之至死，慮其復甦斷首棄草間，而棄尸與杖於譚某家溝中。吏往視之，果得髑髏，而尸與仗皆無有，公曰：尸與仗縱存今已八年，未有不腐者。呼譚問之，則甲未死時其目已瞽，而謬云曾見一尸為水所漂去，公知其誣語，吏曰：此迺疑獄，且不止三年也。卒釋之。楊乙者始娶而得悶風疾，其妻惡之，逃歸父母家，乙往追取其聘財，婦翁以訴於官，事未决而乙於屠者燕甲家見其妻，因與甲鬬毆既去，而至屠者燕丙家，責所貸又與丙鬬毆而去，中路病發死，其母知無它而恐官以前事來索之，故極以聞吏不察，迺捕繫兩屠者治殺人事，公問其母得乙風□狀，兩屠者賴以免。印社子者，問同里民家女為妻，未及娶，而周某者耻與為婭婿，止婦翁使勿嫁社子，恨周而殺之。楊惠孫、黄文德皆里中，大家故有怨，社子本受傭惠孫所，又適僦文德屋以居。文德因嗾社子，援楊父子造謀使殺周惠孫。彊服而不能言其故，初言周捕其子姦事而殺之，次言周通其妾而殺之，後徙其獄龍陽，則又言過洞庭遇風，禱於神許採生以祭而殺周取心肝祭之。公閲其牘曰：前二説既非是使，如後説有尸可驗，猶未足信，況無尸乎。及詢，得其實則教之自誣者衛推官也，於是社子已瘦死迺出楊父子破械遣之。州人劉文貴死，妻弟同郡朱德來省其姊，文貴養子飲以酒數日而患腹脹。文貴次子與養子爭家財有隙，因謂德曰：得非中蝦蟇毒乎？擣烏桕根和酒飲之得暴下視之無它毒而病愈劇。德歸具以養子言告其母，其母以聞於官，未及逮問而德死，録事及武陵縣官來驗其尸，皆以銀釵探口中，色不變定為病死。衛推官者，先以他事怒録事，欲假定驗不實為其罪，更命龍陽知州聚檢，作中毒死辭，連三十餘人，養子已誣服。公疑有寃，為訪諸路人且諭使吐實，衆皆曰：獄辭盡衛推官教我云。然公既反其獄，併按衛推官罷之。凡此皆死獄，公所平决未有不得其情者也。富者以佃客家人死而實非辜，公則直其寃。貧者以年飢取他人穀因擊傷之，而傅重議，公則薄其罪，所活又數十百人。澧之齊氏，沅之曹氏、駱氏，靖之唐氏，並曾於貲而善持吏短長為民害，齊因湖泊官不聽其撲買而汙以他事，曹與駱有罪，例當施粉壁著其過惡，遂藏去省檄以滅其跡。唐以白身為黄平府判官，追奪之令下而拒不納公，至吏始克舉其法無所避。有以婚田來訴者，公雖歸其事於有司，後必詢所處當否，即有未當折以片言莫不心服而去，公既召還兩入臺為御史，湖北之人思之不寘，而士之有文學者大祝周君歷叙其事焉。昔者於定國嘗為御史矣，而其為廷尉也，居十八歲乃遷。夫以十八歲之久事之可書者，宜不一而足。史僅存其父於公爭孝婦，不殺姑事而於定國之事，一無所登載。第稱之曰：民自以不克而已，豈非當時軼其傳而史家無述，歟竊用是有感於公之事，輒因周君所叙删取大畧為之，記以慰其人之思，後之載史筆者或尚有考也。公今由中書禮部侍郎出為江北淮東道肅政廉訪使云。

（明）姚士觀等《明太祖文集》卷一〇《問刑賞》 朕聞三皇五帝之治，天下其用刑也甚簡，及其行也甚嚴，民擊壤而歌不知有兵，何如是之樂哉？今莫知其法，何自周明五刑，享年八百，君三十世，將比三皇五帝，何孰隆而何孰夷？至秦用法倍加五刑，舉巨罟張密網，絶於二世。漢高帝除秦苛，法約以三章，稽歲棄市者五十人。文帝去肉刑，使民無憂稽歲棄市者五百人。至景帝而亦去重刑，而以笞杖代之，稽歲之棄市者千人。享年四百，君有二十四帝。唐宋之法比漢輕之，而當洪休是也，享國

弗果三皇五帝、周，而唐宋各止三百年，帝共三十七人而已。又古封建有功德列國，天下民無爭位，不篡君或讓焉，於斯刑賞使民憂而憂，樂而樂，致國短長者，朕不知何。特諭諸儒比論，可得而聞乎。

（明）鄭真《滎陽外史集》卷一〇《明慎齋記》 上在位十有三年，命舉賢良方正之士，於是明郡有司以宋君廷臣應詔授鳳陽府推官，賜衣帶入拜闕下，對揚丕顯休命，既到官，默自念曰：推讞，古秋官之屬也。刑獄，民命所關。非明察而慎重者，不克爲眇，予小子其足以稱斯任否耶？於是即郡第西偏治爲齋居，扁曰：明慎。以予同鄉，斯文之契，俾爲之記。於是諾而言曰：公庶幾克求之於心矣。夫不以一毫自蔽其心者，謂之明。不以一息自怠其心者，謂之慎。惟明斯慎，慎則無不明矣。昔者聖人作《易》於火山旅卦之象，曰：先王以明慎用刑而不留獄。而武王之誥康叔亦曰：明德慎罰至於他所。論刑不曰惟明克允，則曰慎因其類；不曰明於刑之中，則曰茲式有慎明，則是非曲直無不公慎，則小大輕重無敢忽我。思古人有若皋陶、仲出，漢張釋之于定國，唐徐有功之流，可以企及，而近世若宋歐陽崇國所謂求其生而不得，則死者與我皆無憾者，亦庶幾矣。廷臣學古入官，鳳陽帝鄉戚里九州二十四縣，獄訟之煩何啻千百？廷臣盡心焉，若鏡之照而無不見也，若玉之執而弗克勝也，可謂明且慎也已。以是而往刑，豈有失者哉？雖然天下之事惟聖賢克盡，其至中人以下過與不及有不能免者焉，差之毫厘謬以千里。刑獄之重或制於事勢，或扼於權力，則明不能以常明，慎不得而久慎必也。敬以持之，使無撓於中，斯可矣。大舜嘗曰：欽哉，欽哉，惟刑之恤哉。穆王作《吕刑》亦曰：惟敬五刑以成三德。蓋聖人好生之德有如此者，然則廷臣其以敬爲主，姑書以爲之記。廷臣家明之甬東江水上，嘗學於宋參政樓宣獻諸孫子史先生内附入京，預修禮書，既上銓部，將奏以官，力辭歸養。今在鳳陽未及朞歲，名聲著聞，縉紳君子稱爲能官云。

《大誥續編·如誥擒惡受賞》 前者《大誥》一出，民有從吾命者。惟常熟縣陳壽六爲縣吏顧英所害，非止害己，害民甚衆。其陳壽六率弟與甥三人擒其吏，執《大誥》赴京面奏。朕嘉其能，賞鈔二十錠，三人衣各二件，更勅都察院榜諭市村，其陳壽六與免雜役差役三年，敢有羅織生事擾害者，族誅。若陳壽六因而倚恃，凌辱鄉里者，罪亦不赦。設有捏詞誣陷陳壽六者，亦族誅。陳壽六倘有過失，不許擅勾，以狀來聞，然后京師差人宣至，朕親問其由。其陳壽六其不偉歟！

（明）卜世昌等《明通紀述遺》洪武二十年四月 左都御史詹徽奏，有軍人犯罪當杖。其人嘗兩得罪宥免，宜并論前罪誅之。上曰：前罪既宥，今復論之，則不信矣，使人何所措手足。且其罪至死而縱之，則爲縱惡。不至死而誅之，則爲濫刑。今罪未至於死，而輒欲殺之，在爾有故入之罪，在朕無恤刑之仁，皆不可也。杖而遣之。

《明太宗寶訓》卷一《明決》 〔永樂四年三月乙未〕禮科引奏都察院逮至嘉興縣知縣李鑑，鑑叩頭言：臣誠有罪，幸陛下矜恕。上問：鑑何罪？左都御史陳瑛言：鑑受命籍奸黨姚瑄，瑄弟亨當連坐而鑑不籍。鑑言：初奉都察院文止籍瑄，未有亨姓名。上曰：罪止於籍非輕矣，無上司文雖當連坐不籍亦是慎重之意，知縣無罪，其釋之。

《明太宗實録》永樂五年五月 〔辛未〕上聞河南饑，有司匿不上聞，命刑部悉隸寘於法。又勅都察院左都御史陳瑛等曰：國之本在民，而民無食，是傷其本。朕自嗣位以來，夙夜以安養生民爲心，每歲春初及農隙之時，勅郡縣浚河渠，脩築圩岸陂池，捕蝗蝝，遇有饑荒即加賑恤。比者河南郡縣薦罹旱澇，有司匿不以聞。又有言雨暘時若禾稼茂實者，及遣人視之，民所收有十不及四五者，有十不及一者，亦有掇草實爲食者，聞之惻然。亟命發粟賑之，已有饑死者矣，此亦朕任用匪人之過。已悉置於法，其榜諭天下，有司自今民間水旱灾傷不以聞者，必罪不宥。

《明太宗實録》永樂八年三月 〔壬申〕勅鎮守大同江陰侯吴高曰，軍士隨征者，苟有畏避及强刼人財，皆斬以徇。

《明太宗實録》永樂八年六月 丙申朔，車駕次凝翠岡。下令將士毋掠人口孳重及馬駝牛羊，違者斬。

《明英宗實録》正統五年九月 甲子，行在都察院右都御史陳智等，論福建盗採銀礦者，以徒、杖罪。時有新例：盗爲首者，即其處斬以徇。從者，發戍雲南。智等所論與例異，上命查例以聞，智等覆奏：犯者在例前。行在刑科都給事中郭瑾等，劾奏智等擅出囚罪，且奏不輸情，乞正以法。上特宥之，第命犯者悉從新例。

《明英宗實録》正統十三年三月 〔乙未〕四川都指揮僉事魏英坐索

所部賄巡按御史張洪，鞫驗當贖徒。是時有例：貪酷，都指揮贖既，送兵部調緣邊。洪因奏：松潘等處番賊出没，請令英及自今四川都指揮有犯，俱輸贖，謫爲事官，立功松潘等處。事下，都察院謂：洪奏違著令，宜仍送京注調。從之。

《明英宗實録》正統十四年十二月壬子，帝御奉天門，謂左都御史陳鎰曰：洪武、永樂間，官員出入儀從、水陸驛遞俱有定制。頃者内外官員不體朝廷恤民之意，或私自往還，附帶貨物，或假公行私，虚張聲勢，水陸迎送，所至騷然，甚至科斂財物酒食。爾都察院其即揭榜水滏要冲處所禁約，犯者謫邊遠充軍，風憲官知而不理者，一禮治罪不宥。

《明英宗實録》景泰二年九月〔己未〕命巡撫廣東兵部左侍郎揭稽，弄廣東布、按二司，於肇慶等府税糧内，撥運一十萬石於廣西桂林府官倉，轉輸柳州等處，供給軍餉。其廣東納米囚犯，改發平樂府倉納米，以備接濟。三流罪并納米八十石，徒罪三年者七十石，餘四等遞減十石，杖罪一百者二十石，餘四等遞減二石，笞罪五十者十石，餘四等遞減二石。

《明英宗實録》景泰二年十一月〔甲辰〕廣西按察司奏：比聞廣東文職官，笞、杖、徒、流并監守自盜罪，俱納米欽州等倉，踈放爲民。今廣西慶遠等府缺糧供軍，乞如廣東事例，納米贖罪。從之。

《明英宗實録》景泰七年九月〔己卯〕巡按江西監察御史鄭時言：江西地方，自景泰四年以來，水旱災傷，民多貧窮。其文職官吏，犯大小罪者，俱依舊例，差人械京發落。所差之人，艱於路費。宜除情重應充軍者械京，雜犯死罪以下，例應爲民者，悉照例發落。候歲豐之時，仍依舊例。其各處有被災傷地方，乞亦照此例，以蘇民困。從之。

《明英宗實録》天順三年冬十月〔戊辰〕命山西都、布、按三司所屬，及順天、保定等府州，今后囚犯，俱送宣府、大同二處納草贖罪。笞、杖罪每等三十五束，徒罪一年四百束，半年加五十束，三流俱八百束，雜犯死罪一千束。

《明憲宗實録》天順八年五月〔辛未〕三法司會奏巡撫宣府都御史言：沿邊墩臺，缺人守了。命法司計議，申明囚徒守了之法。死罪五年，流四年，徒照律條年限，每月仍以糧三斗給之。著爲令。

《明憲宗實録》成化十六年二月〔甲戌〕陝西扶風縣義官王全，以燒煉術游行於外，所至多誆人財物及奸人婦女，已而事發。刑部奏：近奉詔旨，義官義民已給與散官及立石旌異者在外，刑官多不論所犯輕重，悉革去冠帶，追奪有孤旌勸之意。自后除重罪外，其餘徒、流以下，止依所犯科罪，不在除名追奪之限。今全所犯情重，若復令冠帶玷辱名器，有負恩典，宜依律科罪後，仍發爲民。仍通行天下，凡義官、義民犯罪情重，如全者依此處治。奏上，從之。

（明）商輅《商文毅疏稿・止盜疏》 題爲止盜事。臣等近聞京城内外累有强賊，早夜之間十數成羣，公然明火執杖打刧人家財物，或殺死人，致使軍民之家不敢睡眠，有終夜坐守者，此風漸不可長。臣等聞得比先年間爲因京師强盜數多，已曾出榜曉諭，令賊黨中有能指陳同類姓名，并同打刼實迹赴通政司或兵馬司或巡捕官處先行密首者，即免本身罪犯，仍給各犯贓物一半充賞，出首之人官司不得生事拘留，即放自便。此榜一出，衆賊必自互相猜疑，恐同類有人出首，再不許糾率人恣行相劫，此亦止盜之良法也。如獲準題，乞降聖旨榜文一道，發都察院令遵依謄寫，於京城内外各處張挂曉諭，一面差人用心緝捕，如此則盜賊可息，軍民獲安。緣系止盜事理，未敢擅便謹題。

（明）商輅《商文毅疏稿・乞恩辨誣辭職疏》 題爲乞恩辯誣辭職事。臣由進士正統十年三月欽除翰林院修撰，十二年二月進經筵講官，十四年八月入内閣辦事，臣自供職以來，未嘗不以正道輔君，亦未嘗不以忠義自許，中間事緒頗多，系人臣職分當爲不敢備開。今御史林誠等有言，伏蒙皇上寬宥，但臣心實不安，畧因其言分析一二。景泰三年三月間，一日早朝退後，内臣將本來閣下令衆人議，臣因看長男病回家，宣喚後到，看系廣西逆賊黄玹所言易儲事，臣言這是大事，有上聖皇太后在上，爲臣子的誰敢議這事，設若依這本豈不傷了母后的心。當時内臣將本收去，臣謂此事必寢。不料，次日禮部尚書胡濙來言，會多官東閣議事，臣等隨同到彼，足未及門已聞衆有合準所言之論，當就寫本封進。御史身爲言官，彼時十三道不下五六十人，曾無一人有言。臣於内閣資次第六，又何能獨沮其事？況臣前項勸止之言天知神知，同官皆知，當時内臣無有不知。天順元年正月，被誣之時，已將此言伸訴，有本可查，即非今日杜撰。今林誠等乃以此獨坐臣罪，實爲誣枉。又如天順元年正月十四日，郕王有疾不

朝，太監興安召臣與陳循等至右順門內言，上面病重，萬幾大事付托何人？你每與文武大臣急計議來。臣言：付托何人，事屬含糊，不如明言請立東駕，使人心有所歸向，倘有不諱請東駕率百官往南內迎請，父子之間自有處置，豈不是順事？興安喜云：你也說得是，本上且說得宛轉些，終要這等行。臣等回至閣下，著人報禮部。當有侍郎姚夔、鄒干到來，臣等說知此意，令轉報各衙門。姚夔等喜曰：這却好，本部胡尚書病在家，我急著人扶他進來。及各衙門到，議定寫本封進，不料批出不準。十六日擬寫二本，伏闕投進本稿，係臣在禮部朝房內寫主事俞欽抄謄本內有云，陛下爲宣宗章皇帝之子，當復立宣宗章皇帝之孫，正位東宮助理庶政等語。姚夔、鄒干等皆稱善。因寫二本，大小官員僉名數多封進不及。伏遇先帝順天應人復正大位，退御文華殿首召臣，并高轂至前再三慰諭，云：我在南宮，你兩箇有忠義的心，我都知道，如今正要用你好生用心辦事。臣等受命而退，自此以后讒言競進，誣以重罪，荷蒙先帝知臣本心，特從寬宥，放歸田里。況前二本係多官僉名，禮部必然存留，伏乞聖明吊查及審問原寫本稿，俞欽等便見虛實。緣臣平生愚忠，揆之於心自知頗亦無愧，但才識果然疎淺，前后無所建明，虛負朝廷任用之意，委的有妨賢路。伏望皇上曲賜保全，將臣罷歸田里。當此災異之來，宜精選賢才與之共治，庶可上回天意，下慰人心。如臣者斷然不可委任。臣不勝惶懼，待罪之至，謹具題以聞。伏候勅旨。成化四年九月十五日奉聖旨：往事朝廷已明，再不必辯，所辭不允。欽此。

（明）商輅《商文毅疏稿·弭盜疏》　題爲弭盜事。切見京城內外近來强盜數多，官民之家至有遇夜坐守不敢歇臥者，此雖巡捕之法不嚴，亦由賭博之風太甚。近日大街小巷無處無賭博之人，乞勅錦衣衛五城兵馬嚴加禁約緝捕，以杜塞其源。又强盜非一二人能爲，必須糾合徒衆，若出榜曉諭今後强盜之中有能出官首告者，與免本身罪犯，所得贓物亦不追取，如此則人各懷疑不敢公然糾合，是亦弭盜之一方也。臣謹陳愚見，伏乞聖明裁度施行。

（明）商輅《商文毅疏稿·計開》　一、舊設行事人員，專一緝訪謀反妖言，强盜人命及盜倉庫錢糧等項大事。今西廠專却搜尋細故，凡街市斗毆罵詈爭鷄縱犬及一時躲避不及者，或加捶楚或煩瀆聖聽，致干重法以致在城軍民驚惶不安。

一、職官有犯緝訪得出，請旨挐送經該衙門問招，明白有罪者奏請發落，供明者請旨還職，係是定制。今聞西廠將廣西勘事郎中武清自通州聽選方面官劉福自歇家，俱挐到廠監禁數日，輒又釋放，且武清係五品官，劉福係正三品官，擅挐擅放恣意所爲，紊亂朝政莫大於此。

一、官員犯罪追贓者，法司自有成規。今西廠自擅封兵部武選司門，以后遇官員有犯正身，未曾問招，先將本家門封閉，或賁夜越墻進入搜檢財物，或將命婦剝去衣服用刑辱打，被害之家有同抄剳以致各衙門大小官員驚惶不安。若從此不止，日后或有奸人强盜假名害人者，真僞何由而辨？

（明）徐溥《重編瓊臺稾》卷七《乞嚴禁自宮人犯奏》　臣等竊惟自古帝王爲治，必防微杜漸，恐生禍階。今淨身人敢於宮闕之前聚衆，至于各持木石趕打執政大臣，兹豈小變哉？考之史册，自古所未有也。惟北魏時羽林軍士以征西將軍張彝子仲瑀建言抑武人害彝父子，魏朝姑息，不窮治其罪，其臣高歡素有異志，因此知其紀綱不振，歸而起兵，天下因之大亂。設使魏之君臣稍有知識，痛懲其人，則紀綱立矣。奸雄自然帖服，豈至倡一時之亂，貽萬世之笑哉？且今千人之中舉皆畿甸之產，又聞不止此也，此外尚有數千百人村落之間無處無有。若今將用此一起人，則彼同類之已淨身者接迹而來趨，未淨者，聞風而倣效。八郡之中，其民幾何？非徒不得其一身之用，并與其子孫皆不得其用矣。是豈太宗皇帝起山西無田之民，發天下爲事之吏，填實京畿以壯固根本之意哉？今一人入內府一家免差役，而又推及其親鄰，自此以後京民免役者日多，應役者日少，若不痛爲禁止，日積日多，賦役積壓，平民何以克堪？且自漢罷肉刑之後，朝廷官府不用宮刑，而閭里街市之間乃擅自行用，自戕其身體，自絕其種類，而在天日之下照臨所及之地，夫豈美事哉？夫人生有血肉之軀，有骨肉之親，孰不欲保其身？孰不欲延其類？此輩生太平之時，無夭閼之患而甘爲此者。彼但見今內諸司侍從之臣，爲朝廷所任，意欲倣效，彼殊不思受異數者固多，而淹常調者亦不少，况其人遭家不造不幸爲人所詿誤，緣事所系累，受朝廷罔極之恩，死中得生以有。今日是以鞠躬盡瘁，一心王室，以報再生之恩。且皆以童稚之年進入掖庭，不與外

人交接，心純而志篤，間有一二年稍長者，或出於隱宫，或不得已顛撲傷損，所至非有所覬望而然也。非若此輩處心積慮要叨富貴，然國家錢糧有限，職任有數，豈能一一皆如所願？一旦所願不遂，安知其不悔前失而肆無忌憚哉？夫五刑之中，宫刑最重，大辟雖曰身首異處，然止於一身一時，而宫刑則上閼先傳下絶後繼，非止一人一世而已也。伏覩皇明祖訓有曰：以後子孫做皇帝時，止守律與《大誥》，并不許用黥刺，剕劓、閹割之刑。臣下敢有奏用此刑者，文武羣臣即時劾奏，將犯人凌遲，全家處死。聖祖之訓，雖以天子受天之命，人臣禀君之命，亦不許用此不仁之刑。而彼小人處閭里之中，爲國臣民者，以刀鋸而戕朝廷之生靈，爲人子孫者用非法而戕父母之遺體，果何心哉？伏望皇上體天地好生之德，憐小民蚩蠢之愚，遵太祖非法用刑之戒，廣太宗填實京畿之政，不追咎其既往，惟限制其將來，嚴爲禁制。自今有自宫其子弟，罪其父母及其户首，全家戍邊隣保，知情重加罰贖其用力下手之人，許諸人首告得實者給賞，以死罪人梟首示衆，被害之人果年十五以下無知識者，量留備用，十五以上分送藩府。如有不服使令私自逃回者，罪坐引誘窩藏之人，經過地方官司仍行各處巡檢司，嚴加盤詰有捉獲者，考滿得與軍囚一例陞用臣，叨以凡庸爲朝廷所任用，係國家大計不敢緘默，爲此不恤後患，謹具題知，伏乞聖恩保旨，使臣等不受張彝之禍，不勝大幸。

《明孝宗實録》弘治十一年正月 己未，陝西宜川縣民有馮子名者，兄亡妻其嫂。巡按監察御史以草後不改正坐杖。上以事關風化，特命法司會議。於是刑部尚書閔珪等覆奏，以：違逆天道，壞人倫，定擬絞罪。仍乞通行中外，有犯此類及親屬相奸者，并依此例擬斷。從之。

《明孝宗實録》弘治十二年九月 丙子，升湖廣按察司副使陳寓爲山西按察使。禮部以烏思藏并長河西宣慰使司各遣人來貢，一時至者凡二千八百餘人，俱應給賞，所費不貲。請行四川鎮巡等官以後不許濫送，務查先年勅旨及本部勘合事例，有礙者徑自阻回，無礙者奏請定奪。其今次濫起送官吏，請令巡按監察御史逮問，從之。

《明孝宗實録》弘治十七年八月 〔辛未〕刑部、大理寺奏：天文生張璽犯罪，律宜發邊衛充軍。但璽習業已成，請如例發附近衛分充軍。仍於欽天監應役。今後兩京法司問刑，如天文生犯罪當充軍者，果習業已成，請俱從此例。其習業未成者，仍發邊衛充軍。從之。

（明）沈德符《萬歷野獲編》卷二〇《言事・郭希顔論廟制》 嘉靖二十三年甲辰，禮部集議廟建同堂異室之制，於是庶子江汝璧、贊善郭希顔各獻議。江陵用朱熹三昭三穆列前，成祖、睿宗翼乎左右。郭之議乃欲列太廟居中祀太祖，世室居左祀成祖，而虚其右以立四親廟。四親爲皇高祖、皇曾祖、皇祖考、皇考，所以明未有無父之國。而二宗不在四親之列，則姪不祀伯，弟不祀兄故也。孝宗宜廟於成祖之右，武宗宜廟於昔祀皇祖之宫，或祀或祧，以待他日。蓋明道上以棄統孝、武二宗也。其説甚悖，其心甚險。禮臣駁之，言官劾之，上命宥之。至二十八年己酉，孝烈皇后大祥，議祔未定，時希顔已貶兩浙運副，又申前説，謂同堂一日，則弗安一日。況九室各已有主，五世又不忍祧，將來孝烈不識祔於何所。時上未有意祧仁宗，而希顔窺見上旨，篤念孝烈，必欲先祔，而弘、正兩朝又上所簡薄，因妄意逢君，必欲於孝、武二廟中祧其一，猶前不祀伯不祀兄之議也。上責其牽引，謬論瀆擾，仍貰其罪。至三十九年，則郭已罷官久，居家無聊，恨首揆分宜公，乃其鄉人不爲援，密布流言於京師，云嵩欲害裕王爲景王地，而身釣奇以取大功，乃疏請安儲，而以建帝爲名，欲令上召二王及相嵩，面諭以安之。且請二王分封留京，内外各守，永無猜防。上怒甚，摘疏中建帝立儲四字，且謂不忠不義之民，皆以君相久位不睹新政，不攻君即攻相爲言，蓋入嵩先譖也。法司坐以大逆不道，妖言惑衆律。上命巡按官即家斬首傳示天下。是年十月忽傳諭嵩等，命所司具禮遣景王之國，於是中外人情始曉然知上意，蓋雖殺希顔之身，實陰用其言矣。郭之初意在擠嵩而自求富貴，本非爲宗社起見。況頻議廟制，揣摩迎合，既不得售，再出此險計，一旦誅死，天下不以爲冤。其後裕邸龍飛，追卹死事諸臣，以赴市者爲首，杖死及斃獄者次之，戍歿者又次之，於是以希顔同楊繼盛等，僅四人置第一等，贈翰林學士，賜祭葬，及廕甚備。其他忠臣著聞如太僕卿楊最、御史楊爵、修撰楊慎、學士豐熙、中允羅洪先等，褒進反出其下，士論皆惜當軸之謬云。今細讀郭疏。首止云聖諭建帝立儲，其後疏語絶不及之，乃世宗聖旨拈出此二字，以爲無君，坐極刑。按聖諭本無二字，希顔必不妄自添入，或謂疏中亦初無建帝，分宜銜恨，密賂用事内臣宫嬪洗改，以激聖怒，理亦宜有之。然郭徼幸一擲，亦

其自取。今建白諸公有爲之請謚者，何冬烘至此。今細讀郭疏至冬烘至此共一百一十三字。據寫本補。

（明）崔銑《洹詞》卷二《喻刑》　劉將軍拜錦衣指揮鎮撫司理刑，崔子告之曰：凡衛必有鎮撫，司理其衛之刑而已。錦衣鎮撫司爲上所親信，故凡廷臣將有重譴者、民之妖言者、盜者，皆命治之獄具，雖法司大臣無敢出入。故朝之大獄鎮撫治之，朝之裔獄法司治之。夫人主之勢，霆也；刑法之威，熠也。霆之所擊，無堅不枯；熠之所煽，靡濡不焦。夫臣之有諍也，而激則可罪矣；守典也，而泥則可罪矣。民之喜訛言而窘於生也，而犯、而攘，而有敵則可罪矣。苟急於獄之成而暗於其自嚴於法之遂，而略於其情，勇於令之從，而弱於其平，則獄之當也，或寡矣。夫治大熱者必以黄，治大寒者必以附，故言：去害之功者，莫加焉。然非以甘脆參術繼而調之，則元氣縮。若投黄於寒，投附於熱，則人之危也，必至，是故大獄者，國之所忌也。昔漢楚藩之獄，袁安能寬之？安之子孫顯匹其國，是故推其仁以體其情，緩於成以待其察，善於辭以掩其缺，委其事以解其忿，四者平獄全忠之道也。正德丙子仲秋初吉崔銑著。

（明）韓邦奇《苑洛集》卷一五《擒斬賊徒地方已寧事》　謹題爲擒斬賊徒地方已寧事，據山西按察司分巡冀南道兼理潞安兵備僉事方日乾呈，問得犯人賈得鳳等招由，并參呈到臣。卷查嘉靖十五年八月初五日，該山西按察司分巡河東道兼理兵備僉事王世隆呈，爲宗室謀害父叔，放火殺人事。臣會同前巡按山西監察御史趙元夫具題前事，隨委山西都司都指揮使紀振統兵前去，相機剿捕。及行山西守巡冀寧等道，嚴督府衛州縣隄備并陽曲等王府教授查各宗室因何事故興此逆謀，又恐賊勢窮促奔逸鄰省，隨即會行陝西河南北直隸撫按衙門，遇有侵犯一體剿捕，并明立賞格曉示催督該道等。官追剿間本年八月十六日，僉事王世隆呈稱賊徒張世朝等擒斬地方已安，仍該臣會同巡按山西監察御史趙元夫巡按山西等處，監察御史沈鐸各具本題知，及坐委山西按察司整飭石隰兵備僉事朱旒親詣地方，查勘有功失事人員未報。本年九月初三日，又準兵部咨職方清吏司案呈奉本部，送兵科抄出。臣等題前事奉聖旨該部知道，欽此。欽遵該本部看得山西撫按等官，都御史韓某等題稱山西陽曲王府鎮國中尉知□等，因與父叔有讐要行謀害，潛養强盜逯得儒等，糾同西河王府奉國將軍表寨，并指揮張世朝等四十餘人進入伊父府内，打開軍器房搶出盔甲，放火燒毁官民房屋，殺傷軍民人等，府衛軍兵隨即追捕。已獲知燋及擒獲逯得儒等拘系監候。内有宗室及指揮張世朝等奪門而出一節，爲照前事干係宗室及地方重情，除巡按官查勘明白徑自具奏定奪。但内稱各賊奪門而出，况平陽地方連年荒歉，若勢迫利誘則人心易摇。所據前奏相應議處，合候命下之日，本部差人馬上賫文，與巡撫都御史會同巡按御史督同該道守巡等官，并都司紀振整率軍兵民快隨賊向往，設法剿捕，務在目下，盡絶以靖地方。慮恐宗室在内衆賊假借位號，官軍畏法不敢擒剿，必須先降明旨處分，庶爲便益，等因覆題奉聖旨，是便差人馬上賫文，與撫按等官著整搠兵，快隨賊向往，設法剿捕，務在目下盡絶，以靖地方。宗室在内的一體擒拏，不許畏避誤事，欽此。欽遵又經會行委官僉事朱旒與該道僉事王世隆查勘間，十月二十日，據委官僉事朱旒與該道僉事王世隆各將查過前項事情，招參前來，臣恐事情未悉，并行僉事方日乾覆勘間。今據前因會同巡按山西監察御史覆詳明白，除首惡宗室知□、知燋，指揮張世朝生前猖亂俱各死斬，再難别議外，參照强盜犯人見在，賈得鳳等三十六名俱以狠惡之性，陰助亂逆之謀，聚衆殺人肆行無忌，焚倉刼庫極其凶殘，俱問斬罪，照例梟首。但李景堂等雖各監故，若不嚴伸乎，國法何以警戒於將來？合將各犯斬首，與張世朝、周名、馬亢兒首級一體梟挂，情法相應，人心稱快。及照充軍犯人劉江等一十四名，擅入王府教誘爲非，設局開場騙財賭愽，揆於見行條例俱當邊衛充軍。西河王府奉國將軍表寨叨居宗室罔知祖訓之遵，陽曲王府信都鄉君儀賓鄭志海濫厠王賓甘作逆儔之黨，且各助成虐燄拒敵乎？官兵鼓舞羣凶殺傷乎？民快情犯深重，人心怨憤，但表寨於被執之後，揚言投首原非悔悞之本心，鄭志海於事敗之餘，棄馬奔逃特爲苟免之私，計宜坐惟均之典，難同末減之條，相應恭奏查照重典施行，再照巡按山西監察御史趙元夫警報一聞會發官軍以剿捕，而兼出招安之策。巡按山西等處監察御史沈鐸，賊衆猝至，督發官快以應援而遂致斬獲之功，二臣者風紀振揚法令，清肅分布於關山津渡，而把截之甚周傳報於本省，鄰封而防御之極密，以是各賊戰則不能，奔則無地，原賊之就擒，則二臣之功賞宜從厚者也。先任山西布政司左參政，今陞湖廣按察司按察

使，高叔嗣親臨戢理反側，以安山西都司都指揮使紀振直抵搜除亂孽俱盡平。陽府知府李檟督率官兵以應敵，并力防御而成功。本府通判陳實冒鋒向往而義不辭艱。運司副使張雲鵬發兵應援而勢因振舉。臨汾縣知縣趙統以義倡民市人爲之樂戰，以身應敵餘賊因之克平，平陽衛指揮僉事崔憲戚銘身當士卒之先，斬獲凶魁之首。本衛指揮使王鉞閑住指揮同知孫廷相并奮敵愾之勇，均收野戰之功。曲沃縣主簿劉廷瑚、安邑縣縣丞郭守中、臨汾縣典史黃誥，臨事不避艱危，捕賊俱多得獲。以上各官，勞績可嘉，亦當重賞以勸有功者也。太原左等衛指揮同知等官劉勝、陳彬、李承祖、陳價頓登竹勳，平陽衛指揮同知崔崇引兵赴調而搜捕未盡之奸，平陽衛右所正千户李滄、王廷臣，副千户王鈺，前所副千户楊遇先、盧桂，後所正千户李賢、百户李俊，因事効勤而阻遏方張之勢，以上各官亦應量賞以酬有事者也。又照巡捕平陽衛指揮同知錢鍾、平陽府檢校李大綸、臨汾主簿高桂，職膺巡捕事欠防閑，既蹈興戎之變，難辭失事之愆。陽曲王府教授見任田鳳、去任劉沄，登牒不審冒亂宗枝，又與西河王府今丁憂教授安睿、署印典膳楊杲，輔導無方，深負職業。平陽衛守門鎮撫丁鸞、後所百户何大寧、右所百户孫富，專司啓閉之責，全乏譏察之嚴，賊入而不知防，賊出而不能拒，俱屬有違律合提問。但錢鍾、李大綸、高桂陣前，各有微勞，限内舉見捕獲，以功論罪，似應準贖。又與田鳳等俱犯革前，及劉沄安睿在任，犯罪去任事發，緣表寨係宗室鄭志海，係儀賓高叔嗣等，俱有功官員。田鳳等俱王府官，錢鍾等俱軍職，均乞聖裁强賊賈得鳳等，俱重刑，牢固監候，待報施行。已斬獲强賊張世朝、周名、馬亢兒首級，并監故李景堂等俱梟首示衆，已解散。未獲李良等。行令各該府衛州縣嚴限巡捕，官兵緝拏外。緣係節奉欽依是便差人馬上齎文，與撫按等官差整搠兵，快隨賊向往，設法勦捕，務在目下盡絕，以靖地方。及并擒斬賊徒，地方已寧事理。臣等未敢擅便，爲此具本專差親齎謹題請旨。嘉靖十五年閏十二月二十五日。

（明）楊廷和《楊文忠三録》卷一《請處決重囚疏》 具官臣楊廷和等，謹題爲處決重囚事。近該司禮監官傳諭聖意，欲將今年該決重囚，曾經刑科三覆奏者，俱押赴市曹示將處決，以警凶惡之徒。隨即傳旨取回，仍送各該原問衙門照舊監禁。此固皇上用刑警衆，而又慎重人命，不輕殺戮之意，但臣等竊謂聖駕既遠臨邊境，凡齎去一應題奏事理往返動經旬日，然後得會批出行下所司。今乃不出半日之内，概將該決重囚方欲處決，隨即取回，則人心孰不驚，疑以爲是何衙門頃刻之間便從何處得奉旨意。如此之速，不知將何辭以解之。況重囚臨刑，其親屬有擊鼓訴冤者，直鼓給事中，於校尉手上批字走赴市曹，暫免行刑。具本連鼓狀封進侯旨裁決，或殺。或留，皆在臨時有難預處。此係祖宗舊制，累朝遵行，孰敢輕變。所以臣等前日，擬票欲將各項該決重囚，俱且監著，留待明年秋後，審録畢日照舊，三覆具奏，依律處決。伏望仍依原票批出，庶事體允當，人心不至驚疑，而於祖宗立法之意、朝廷欽恤之仁亦兩全矣。伏惟聖明鑒納。正德十二年十一月二十三日。

（明）楊廷和《楊文忠三録》卷二《請正大獄疏》 具官臣楊廷和等，謹題爲正大獄，伸國法，從公論，以順人心。事先該科道官劾奏張鋭等罪惡。陛下赫然震怒，下之法司，天下聞之交相喜慶，謂是大有爲之君乃有此等舉措。嘉靖之治，寔基於此，既而法司議，上再命會官詳審。臣等擬票進呈，俱從上改，竟至寬貸，聞者莫不喪氣解體，以爲不誅此，則國法不正，公道不明，九廟之靈不妥，萬民之心不服，禍亂之機未息，太平之治未臻。語曰：上無失政，下無私議，殺一人而千萬人懼，天下之大政也。縱奸長惡，而使亂臣賊子無所懲戒，此行政之大失也。所以科道與刑部司屬相繼言之，或交章，或獨奏，入則議於朝，出則議於巷，遠臣小吏亦將有聞風而言者，不意新政之初，有此等舉措也。自古帝王，制刑三千餘條，曰：元惡大憝不待教，而誅我皇祖。《大明律》一書首之以十惡大罪，不待時而決。如張鋭等，正所謂誅不待教，殺不待時者也。堯時四凶之罪，不過巧言令色，治水無功而已。舜帝即位，先誅殛之，而後天下咸服。今張鋭等之罪，萬倍於四凶，而其罰止於充軍，何以服天下之人心乎。姑以近日之事，校之張鋭等所犯，與錢寧江彬相同，畢真、王綸等，又在其下錢寧等，既伏誅。而張鋭等乃保其首領，罪同罰異，使錢寧等游魂有知，亦當不服於地下矣。此輩縱不一一皆誅，而張鋭、張雄、張忠三人，決不可赦。今執奏者，未已。若陛下仍以有旨答之，使紛紛之議，上及於宮闈，下連於左右，又以罪夫臣等。臣等與左右固不足惜，竊恐天下之人謂陛下不忍於元惡而忍使謗議。及於宮闈，似亦非得萬國之歡心以事

親之大孝也。伏望俯納羣言，即賜宸斷，追回張銳、張雄、張忠三人，仍依原擬監後處決，則大法以正，而人心皆服，人言可止，天下傳之史册，書之直可與舜之誅四凶，千古并美矣。臣等不勝激切懇請之至。正德十六年十月二十八日。

（明）楊廷和《楊文忠三録》卷二《請一法令以息羣議疏》 具官臣楊廷和等，謹題爲一法令以息羣議事。近日巡城御史劉巘題參，并工部作頭宋鈺等，具告被革投充軍匠李陽鳳等，撥置科斂事情已。該刑部將各犯行提到官，問理間續。該太監崔文題節奉欽依，宋鈺、李陽鳳等，拏送鎮撫司打問，既而刑部尚書林俊等，具奏要將李陽鳳等，仍從本部問理。復奉欽依，宋鈺、李陽鳳等，還送鎮撫司問。臣等聞之，切恐法令不一，異議紛起，有傷治體，大爲聖德之累。夫朝廷設三法司衙門，凡大小刑獄之事，皆其職掌，間有機密奸宄重情，則令鎮撫司追問，及其問畢，俱送法司擬罪發落。此乃祖宗舊制，行之百餘年，法有定守，事咸歸一，莫之敢變。未有法司，提問人犯事未歸，結而復改，送鎮撫司問者。蓋雖正德年間，權奸亂政，亦無此事。今聖政維新，可復有此舉措乎？且其事之虚實，罪之輕重，自有公道。固不容以一人之私，而遂廢天下之大法也。今林俊等，特具奏本至以去就爲決，蓋欲以此感悟聖心正其法守，亦甚不得已之情也。皇上若加省覽，則其是非可否，必能洞見，而聖意於此，猶未釋然者。豈鎮撫司可信，而法司獨不可信乎？況前日崔文之本不蒙發下，旨從中出，臣等既未得與聞昨林俊等之奏。臣等擬票欲將各犯俱送法司究問，而不復商確徑從中改，豈一人之言可聽，而衆人之言顧不可聽乎？此事甚微，所損甚大。臣等心知其非不容緘默，輒敢冒昧言之。伏望聖明俯賜鑒納，亟將李陽鳳等并陳泰等，仍令法司一并問擬，自取上裁，庶幾法令均一，事體允當，而天下之議自息矣。臣等不勝惓惓之至。嘉靖二年閏四月。

（明）楊廷和《楊文忠三録》卷二《請處决重囚疏》 臣等看得刑部本內題稱欲將會審過重囚何明等速正典刑，一節切惟天道，有生長而無肅殺，則不能以成萬物。人君有德禮，而無政刑，則不能以治萬民。蓋人君奉天命，以治天下。其道不得，不然也。前項囚犯，俱係叛逆奸黨强盗人命等項重情，中間如李琮等黨，比江彬同謀反逆罪大惡極，神人共憤，乃常赦之，所不宥者，已經多官累次會審情真，該三覆具奏，所宜速正典刑。以上順天道，下快人心。今乃無故連年不決，致緩天誅。其何以示天下之大戒乎？陰盛陽微，災異迭見，未必不由於此。雖曰天子以好生爲德，然惡者不去，則善者不安。去惡人正所以安善人。《大學》所謂，惟仁人能好人，能惡人，正此意也。且我朝祖宗以來，每歲秋後處決重囚成憲，具在百五十餘年，未之有改。先朝或有一二年不決囚，蓋因當時偶有妨礙，如上年孝惠之喪，暫爾停刑，猶之可也。況當時罪人，豈有黨逆如李琮之所犯者乎。近者科道官連章舉奏，臣等擬票欲照前旨處決，未蒙俞允。今法司又以爲言。伏望皇上俯從衆論，仰守舊規，大張乾斷，仍令所司將前項重囚押赴市曹處決，以懲亂逆，以彰國法，天下幸甚。嘉靖二年十一月初一日。

（明）王恕《王端毅奏議》卷四《奏解詐僞犯人奏狀》 據守江東等門指揮李隆等呈，開成化十四年九月十六日盤獲男子一名金玉，并紅油勑書箺黄布包袱等件，呈送到官。審據金玉供年五十六歲，係河南懷慶府河內縣，在城第一保民籍，於正統八年正月初八日是玉不合私自浄身，具告本縣起送赴京，該通政使司奏送司禮監，將玉責打八十，發南海子收，充浄軍。成化九年五月內轉發看守皇庄。成化十三年七月內爲盗賣官田事被錦衣衛校尉姬剛首送刑部，河南清吏司將玉問擬雜犯罪死，發吉王府做工，該燕山前衛批差軍餘王信等解送。成化十四年正月內到府長史司收管着役。本年七月內玉因窺見本司紅油描龍箺一箇，及有本司據奉祀所典吏曹廸告行原籍蘇州府吴縣優免差役印信公文二紙，玉不合偷取在手，私將殘缺舊大誥半本裝在勑書箺內，又將玉姓名寫在前項公文之後，欲往蘇州圖取銀兩。本年九月十六日經過南京又不合，進入外城江東門被守門官軍跟至城里，三山門叫同本門官軍將玉盤獲呈送前來，據供得此。臣等會同南京守備太監安寧等議得，金玉所供前情未委虚的，緣係擅入京城門禁，中間恐有隱下別情，今將本犯鎖鐐并印封原帶公文等件差舍人王淳管解赴京，爲此開坐，謹題請旨。

（明）楊一清《關中奏議》卷六《巡撫類·一為分理誣枉事》 題爲分理誣枉事。據陝西按察司呈，問得犯人孟統，招係陝西西安府咸陽縣知縣。弘治十五年九月，失記的日，有在京錦衣衛周指揮帶領旗校前來陝西

地方勘事。因遇冬寒，各旗校共輳銀五兩，央浼先任本布政司左布政使文貴，要買羊羔皮襖。有文布政訪得咸陽縣出産羔皮，自合差人照依時價兩平收買爲當，不合輒差已發落承差王機將前銀牌發本縣責令。統亦不合要得奉承上司，就拘今在官皮行王禄、并欽等一十九名到縣，并欽亦不合將今在官一般皮行王名并伊父王志善、弟王泰姓名俱供報在内。統與先問發、今未到工房典吏淡友智，各明知彼時時估大羔皮一張值銀二分以上至二分五釐，小羔皮一張值銀一分五釐以上至二分，大小不等，約計每張值銀二分，統等各不合估作一分。王機亦又揀要一色大皮，每張各值銀二分五釐，以致王禄等買皮二百張，每張賠銀一分五釐，除給前銀二兩，仍共賠銀三兩。本年十月内，統將買完前皮并剩銀三兩，差今在官老人高俊解送文布政處，驗得皮好價輕，仍將剩銀三兩令高俊帶回本縣，給與王禄等領補原賠銀兩訖。弘治十六年正月，失記的日，文布政又因本家要做皮襖，亦明知係監臨官，不該發價下縣買物。因查已問革、今在本司候缺吏魏勝係本縣人，不合就差本役賫銀一十兩，仍發與統易買不拘大小羔皮五百張。統不合又拘皮行王禄等二十三名并先問發、今在官皮匠晁安到縣，驗皮大小給價，照數買完。大約每張用銀二分，不曾賠價。魏勝在縣親收，不合每皮一張，乘機索要王禄等銀一分，共索銀五兩入己。統不合不行具申究治，仍差高俊同魏勝將皮解送文布政收用。本年五月初八日，文布政因前買皮張破壞數多，不敷做用，不合又將銀二兩付與先問革、今已故候缺吏竇景暘賫送與統，不合仍照前價行拘王禄等二十四名給買羔皮一百張。竇景暘在縣親收，亦不合倣效魏勝，於王禄等名下，每皮一張索要銀一分，共索銀一兩入己。統亦不合不申究，就差今在官醫生邊錫同竇景暘將皮解送文布政收用。訖本年十二月初二日，有按察司見任僉事胡經，出巡不在，伊未到官義男胡清，不合將銀一兩四錢差已問發、今未到皂隸姚旺。并弘治十七年四月，失記的日，有本布政司右布政使、今陞貴州左布政使致仕陳孜未到官男陳大綱，不合將銀二兩使令先問發、今未到皂隸吕岩，各亦不合依聽將銀賫送統處。又不合仍拘王禄等二十四名，各照前價，將胡清銀一兩四錢買大小羔皮七十張，令差在官老人王昶送與胡清；陳大綱銀二兩，買大小羔皮一百張，亦差王昶送與陳大綱，各收用。彼時，胡經、陳孜，各亦不合失於鈐束。本年閏四月内，又有不知姓名二人，稱係吏部馬尚書舍人馬須、巡撫大同都御史舍人劉瓚，各來本縣收買筏木。因無皮襖，不合共將銀三兩央浼統，不合依聽，替伊亦拘王禄等收買羔皮三百張，每張虧價銀一分，共虧銀三兩。本年六月二十九日，王志善思得父子三人俱充皮行，負累不過，將情告蒙巡按季御史，將統等行提取供。案發按察司掌印副使張黻究問，行提王機等到司。王禄、并欽等各因上司節次發價買皮，要得乘機阻絶，不合將各起皮價任意高擡。内將先次每張值銀二分五釐擡作三分五釐，妄招文布政虧價五兩。後次每張值銀二分擡作五分或四分，妄招文布政一次虧價一十五兩，一次虧價二兩，陳大綱虧價三兩等虚詞。在官副使張黻亦不合失於詳審，輒便依供問罪。呈蒙季御史先將統與魏勝等各依擬發落，次將文布政等備招參奏間，文布政先已陞任都察院右副都御史、巡撫延綏等處地方。聞知前情，不甘，要得改行隔别衙門吊取布政司所收時價册籍，查審分辯。又不合不行從實奏訴，添揑先買羔皮之時，訪得民間出賣每張不過價銀半分，及查咸、長二縣時估每羔皮一張值銀二分，據此給價。今聞御史季春勢逼孟統等取供，似有羅織之意。及訪得季春舉止浮躁，行事妄爲，動輒作威沽名等項虚詞，混同具本。奏行間，又該通政使司連狀送據吏部馬尚書家人馬浦告稱：本族各門并無馬須名字，亦無差人陝西買木等情，俱送都察院連季御史參奏。前情并行督理馬政、今巡撫陝西楊都御史處勘問。蒙行布政司及轉行西安府并咸、長二縣，各查無弘治十五九等年月分時估册籍，止將以後各月時估文册并行陝西按察司提解問，遇蒙弘治十八年五月十八日赦宥，蒙將統等解送本院，查無羔皮一張值銀二分時估在册。及審據王禄等各供前情，當將承差王機供明省發，馬須、劉瓚另行外，將統等取供連人劄發本司，再行審問明白。如果所供是實，依律議擬，備招回報，干礙應參官員，具實參呈前來。依蒙將統等連日查審，與供相同。取問罪犯王禄等二名，招同魏勝等八名供同。議得孟統、王禄、并欽所犯，合依不應得爲而爲之事理重者律減等，各杖七十。孟統系官，王禄、并欽俱民，俱犯在革前，免科，與先問結魏勝，供明王志善、王泰、王名、高俊、邊錫、王昶、晁安，各發還職，寧家生理。照出供明高俊等七名與先問結魏勝俱免納紙。孟統官紙，王禄、并欽俱民紙各一分，照到折米發咸陽縣追送預備倉上納，以備賑濟，取實收附卷。文貴、陳孜、張黻、胡經、陳大綱、

胡清俱遇革人，合免參提，備招連人呈解到臣。查得先爲官買擾民事，該巡按陝西監察御史季春奏稱：都御史文貴，節次低價易買羊羔皮張數多，致累小民賠價二十餘兩。右布政使陳孜、僉事胡經，各縱家人低價於部內買物，畧無禁止。所據各官，俱合有罪，等因奏本。該通政使司奏奉欽依：都察院知道。欽此。續該都御史文貴奏，爲分理誣枉事，開稱：御史季春勢逼孟統等取供，似有羅織之意。及訪得季春舉止浮躁，行事妄爲，動輒作威沽名等情。亦該通政使司奏奉欽依：法司看了來説。欽此。又該吏部尚書馬文升家人馬浦告爲分豁事，開稱：本族各門并無馬須名字，亦無差人陝西買木等情。俱該都察院議擬覆奏，并行臣提調參奏內有干人卷到官，從公審勘，務要的確明白，有罪人犯，依律照例施行。馬須、劉瓚如已回還，宜從移文河南巡撫衙門，追勘各犯正身，是否假充詐取，備由連人解報歸結。果礙應參官員，重別據實具奏究問等因。題奉欽依：是。欽此欽遵。備行前來。除馬須、劉瓚移文河南巡撫衙門追勘正身歸結，及行據陝西按察司呈解犯人孟統等到臣，審取供詞，發仰問報去後。今問前罪，除查相同及將孟統等準擬發落外，參照陝西布政司先任左布政使、今陞巡撫延綏都察院右副都御史文貴，明知係是監臨官員，不合節次發價於所部內易買羊羔皮張數多，事發，却又奏辯不實。本布政司先任右布政使、今陞貴州左布政使致仕陳孜、陝西按察司僉事胡經，各不合失於鈐束，以致家人在于按屬買物。本司署印副使張濊既承勘問事情，亦不合失於詳審，致不輸服，俱屬違法，律合提問。但文貴、陳孜俱在任犯罪，去任事發，與張濊、胡經又俱系遇革人數，伏乞聖明裁處。緣文貴系在京堂上官，陳孜致仕，與張濊、胡經俱系方面官，及該奏奉欽依，行令審勘，據實具奏事理，未敢擅便，謹題請旨。

（明）楊一清《關中奏議》卷一六《提督類・一為反獄事》　題爲反獄事。嘉靖四年十一月二十九日，據陝西按察司呈，準本司署印副使張宏關稱：嘉靖四年九月內，捉獲逆賊樊紳等一百四十三名口，公同都、布二司掌印官會問明白，通行呈詳，奏請發落。因見事干反逆，惟恐疎虞，做效刑部式樣，做成木籠一十二箇，將各犯分置其中，又用枷杻、滚肚、腦鞦肘鐐。凡可治囚死命者，無不用心。每日下監，躬親點閱，日取獄卒官吏，不致疎虞，重甘結狀在卷。至十一月十七日，又親下監點視停當，分付每放風一遭，止許二名，放畢枷上，再放二名，叮嚀再三，回堂理事。本日申時分，據本司廵風吏周鎮禀稱：有司獄史高、獄典侯仲先及獄卒雷厚等放風，將樊紳、楊朴、張合、李儒、張萬良、樊綬、樊緯一籠七名，一時放風，被樊紳、楊朴等將別起重犯魏剛、周鸞、任九子、李鎮、圓惠等肘鐐磕打脱卸。各執骨朶，將史高并禁子張成、謝端、穆直、惠泰、王佐、閻保、彭隆打倒在內，侯仲先被傷奔走，亦來告禀。本職當時，鳴鼓召集闔司吏、農承、差門隸家衆人等，各執器械，急去邀捕。正遇羣賊將禁子趕打，內一賊已出監門，本職親督皂隸劉江等亂棍打死，斬首以滅，餘賊不敢出監。隨喚本司門前防護官軍，見在止有軍人四名，張得山、張濟甫、王回兒、王來與同各役入監撲捕。進入二門，至吞口門，被賊衆冲突前來，將軍人張得山等俱打傷重，奪去弓箭一副、刀二把，遂將皂隸王連射訖一箭，各役亦不得入，賊衆亦不能出。本職慮恐突出，隨令各役掀揭壓堦石頭，將吞口門壘砌牢固。及分投差人走報鎮、巡衙門，督令該道守、廵及調陝西都司西安左等四衛，咸、長二縣官軍民快地方人等，各執器械，在於監外圍繞。地方總甲周仲其上監墻窺探，失脚跌入監內，當被各賊亂棍打死。各賊計窮，隨即舉火燒毁監房，至天明，又將監內不肯順從輕罪人犯詹兆等趕打成傷。恐傷無辜，嚴督官軍把鉞等各率軍兵人等一齊下監，樊紳等與官軍格鬭。西安左衛指揮使把鉞部下擒獲一名楊大學，斬獲賊級八顆。本衛掌印指揮使任傑部下斬獲賊級二顆。城操指揮張鵬部下斬獲賊級九顆。榆林城領班指揮僉事田鑑部下斬獲賊級一十一顆。指揮田滋等斬獲賊級一顆。西安前衛掌印指揮使康壽部下擒獲一名王河，斬獲賊級三顆。本衛城操指揮僉事魏鎮部下斬獲賊級三顆。千户王相部下斬獲賊級五顆。本衛千户徐衡、任威等擒獲一名侯瓚。西安後衛掌印指揮僉事劉啓部下擒獲張合、李洪、李廷甫三名，斬獲賊級一十一顆。指揮楊茂、劉紳擒獲賊首一名樊紳，部下斬獲賊級二顆。本衛指揮高應祥等斬獲賊級一顆。西安右點衛指揮僉事陸鑄部下斬獲賊級二顆。長安縣巡捕主簿楊元明部下擒獲一名薛添雲，斬獲賊級二顆。本縣皂隸周鋭等斬獲賊級一顆。咸寧縣民快皂隸康廷周、鄭守己、馬四等擒獲一名趙廷美，斬獲賊級二顆。禁子趙景雲等斬獲賊級一顆。城操軍人陳貴等擒獲一名趙顔。承差王平、吏張仲文、張天錫擒獲一名趙世傑。軍人尹政等將婦女劉氏、

張氏、丘氏、鄒氏等捉獲。并首級賊犯俱送本職，躬親審驗明白。將生擒樊紳等一十一名分發西安府、衛，牢固監候，首級用椢裝盛，各題寫真正姓名貯庫。又將各尸骸埋藏空便地内，亦用木牌題寫姓名訖。隨即下監，查得反獄賊犯樊紳、楊朴等俱已斬獲，并無一名得脱。及查監簿别卷輕重囚犯詹兆等亦無疎虞妄殺情故。緣係反獄事理，合關本司，煩爲轉達施行等因。準此，擬合通行呈詳。爲此，今將前項緣由并擒斬獲各犯姓名，理合開坐，伏乞照詳施行，等因。到臣案查，先據陝西都、布、按三司呈，爲萬分緊急賊情事，將審問過賊犯樊紳等招詞呈詳。到臣會得各犯除原謀首惡樊紳等外，其餘或係脅從之人。情有輕重，則法有全減，今一槩坐以極典，恐三司官員倉卒鞫問，未得其真，將貽多殺之悔。已經具題，乞差給事中、刑部郎中前來，會同巡撫、巡按再行審鞫，分别輕重議擬。中間若有讐攀妄指，及審無實跡者，亦要從公開釋去後。今據前因，叅照陝西按察司署印副使張宏，明知逆賊樊紳等係凌遲斬罪重犯，不行分發各該衙門牢固收監，却將原謀首惡并臨時從逆及各犯家屬聚處一監；又不督令司獄、吏典、禁子人等如法肘鐐，釘椢嚴切關防，以致凶犯結謀反獄，俱合有罪。【略】彼凶狠拼命之人，若果勢猛力齊，則格鬭之際，官兵禁卒，豈無所傷？束手待斃之狀，昭然可見。且始既疎於禁防，終乃恣夫屠戮，既非臨敵對陣之比，浪稱斬獲首級之功。其拒敵傷人之輩，固所宜然，而駢首就戮之徒，豈無冤濫？中間縱有可矜疑當開釋之人，死者不可復生，有乖朝廷欽恤之意。推原各官之心，不過以前項人犯黨類寔繁，存之恐生他患，故欲乘機殺之無遺，庶使將來可免防範。原情本爲防變，論法則有未宜。但事在陝城，臣相離地遠，莫究其詳，鎮、巡官員必有所處。緣臣先有論奏，今不得不言。如臣伏乞勑下法司，叅詳前後招報情詞，奏行陝西巡撫、巡按等官，將各該有罪人員，依法叅究，其斬獲首級者應否論功，徑自奏請定奪。緣係反獄事理，爲此具本，專差承差馬廷璋親齎，謹題請旨。

《明穆宗實録》隆慶三年正月〔癸丑〕兵部覆巡撫甘肅都御史王輪條陳二事：一言令甲邊臣贓至二百兩者戍邊。四百兩者斬，法至嚴也。惟論效〔劾〕無實，遂使聽鞫者疑信半而罰不行。宜取詔令制律，刊爲一書，以給將士，使論效〔劾〕者必核其實以正法。若有冤者，特爲昭雪。一言莊浪土官，以赴京遥遠，應襲而未襲者，七十餘人。而凉永山〔甘〕等處，至自乞爲軍，尤爲可憫。請許以順□□□二貝□□公差赴京，因使襲替。從之。

《明神宗實録》萬曆四年四月　癸卯，江西撫按潘季馴、張簡，以寧州、奉新、靖安、武寧、新昌、萬載六州縣萬山聯絡中多盜藪，條上彌盜七事：一、謂大溈山横界六州縣，向爲賊窟。近移兵道於寧州，而將領未設。請於銅鼓石添設守備一員，即以潘陽守備鄧子龍加銜改注，撥以千兵，附近官兵，悉聽調度。一、請將弋陽縣主薄丁景方，調陞寧州判官，專管捕盜。一、謂新昌之黄岡，萬載之黎源，奉新之百丈，靖安之雙坑，武寧之黄竹，諸洞俱潛通大溈山，宜各立一哨，哨撥營兵百名，領以千百户，分操踐更，聽守備遇警調馭。其黎源洞屯田七十二户，聽該哨營理。一、謂黄岡洞山深民少，宜移置定江。巡簡司弓兵二十四名於該洞，改隸新昌，與哨官并力防守。一、謂大營并伍哨及守備哨官家兵通共一千九十名。查寧州僅得三百名，撥選瑞、袁二府各精兵二百名，再募三百九十名，其糧餉即於裁革浙江存餉内支給。一、謂江湖接壤，此馭彼逸。約兩省一遇賊警，即互移文夾馭，推諉者叅處。一、謂籍豪族巨姓尚義服人者爲義總，免本身差徭。凡一方寇盜及窩隱，即聽統馭。若寧謐至五六年，給以冠帶，憑藉武斷者，治以法。兵部言：該省措置甚當。湖廣界連州縣，既盜賊出没而竟不設兵，如日者賊逸平江，非江西兵力能殄滅乎？先年興國、瑞昌頑民讎殺，至凡奏勘凡以無兵故也。宜并行酌議。報可，詔撫按官務在致行，不許虚文了事。

（明）談遷《國榷》神宗萬歷七年三月　辛酉，先是隆慶末，盜殺錦衣指揮周世臣，其婢荷花、蒼頭王奎等論死，於萬歷丙子十月磔於市。至是獲真盜朱國世等，自吐其實。刑科都給事中周良寅追論刑部左侍郎翁大立等失入，大立除名，把總張國維遣戍，郎中潘志伊鐫一級，王三錫、徐一忠調外。初，大立署部事，信國維之誣，語志伊速其獄。志伊言三人冤，大立怒，移他署，郎中王三錫、徐一忠等趣之，急勉上其獄。及盜露，尚書嚴清恐大立得罪，謀於張居正。居正曰：刑有故入，有失入，前殺荷花，第失耳，非故也，坐失入足矣。嚴清如指論奏。慈聖欲抵大立死，居正言：法如是而止，不可加也。從之。

《明神宗實録》萬曆十二年七月〔丙戌〕刑部覆：吴定請酌議恤刑免死軍例。從之。

《明神宗實録》萬曆二十年四月〔甲寅〕刑部覆奏：侵盗漕糧事例，已經擬議停當。請纂入《會典》遵守。從之。

《明神宗實録》萬曆二十九年四月〔丙戌〕刑科都給事中楊應文言：舊制，鎮撫司囚犯，幾經打問過者，俱送法司□罪，奏聞發落。自税璫開鉗結之禍，而緹綺四出，爲藩司，爲守令，爲推官、經歷、舉人、生員，爲武弁。齊民被逮者，不下百五十餘人。雖打問，未經送過法司。犴禁森嚴，水火不入。疫厲之氣，充斥囹圄。上干和氣，莫甚於此。乞賜矜恤，以回天意。不報。

（明）沈德符《萬曆野獲編補遺》卷三《婦女·命婦以妒受杖》 禮部致仕左侍郎楊宣妻王氏，素妒悍，杖殺侍婢十餘人，宣不能制。東廠上其事，命逮治，刑部擬贖如律，宣則贖杖仍致仕。上曰：王氏雖命婦，例應納贖，但肆意殘酷，仍命刑部杖之五十，使知所儆。此成化末年事也。此例若行於今，足使士紳之妻慚懼不敢恣，但恐貴臣如楊宣，隱忍不敢發耳。宣，直隸新城人，進士起家，天順初爲御史。時更化之初，宣建白多可採，上目屬之，立拜鴻臚少卿，歷憲宗朝，甚被眷注。上作連環詩以賜之，以今官致仕。歸家後，妾生子，匿之鄰家，其妻又來搜之不獲，子始得全。此其妻被杖以後事也。宣至弘治十年始卒。弘治十一年，泗州知州許琬妻孫氏，妒妾朱氏有娠，以藥毒之不死，用鐵椎擊其腦，朱懼自縊死。復以石壓其腹，羊毛塞其口鼻，以棺載出復活，事發。上命杖孫氏八十離異。宣德六年，御史傅敬妻，毆妾中其要害，妾自縊死，當治罪，有司以敬妻曾受封爲疑。上曰：婦妒已是惡行，況以妒殺人，其惡甚矣。命罪之如律。成化十二年十月，朝審諸囚，有毆妻死者坐抵償。時禮部侍郎尹直獨曰：人以無子娶妾，遭妻悍妒，毆之初恐絶嗣。今顧絶其命，世之妒婦長氣矣。衆翕然書可矜，遂得不死。元太宗時，命婦人有妒者，乘以驏牛徇部中，論罪，即聚財爲更娶。

《明熹宗實録》天啓元年閏二月〔丙子〕雲南道御史魏光緒，爲原任刑部主事王之寀、李俸、郎中陸大受、張庭等昭雪，言：張差挺擊之謀，蓋有奸人爲之煽禍。當時釁起宫掖，舉朝袖手，而三臣奮不顧身，抗疏奮筆。諸奸恨不附己，先後斥逐，張庭竟以憂死。今聖明在御，恩及林藪。凡建言受杖之臣，并荷賜環，而三臣去國，孤蹤未蒙昭雪。此忠臣義士所以感憤而不平也。上曰：前事已明，其存没各官，該部照恩詔例召用卹録。

《明熹宗實録》天啓五年六月〔丁酉〕户科給事中薛國觀，再疏參游士任中軍、胡維寧侵盗餉銀外，仍有不法六事。得旨：游士任、胡維寧，查照《會典》萬曆年間事例，凡侵欺邊海錢糧千兩以上者，斬。著盡數追贓，從重擬罪，以彰法紀，不得輕縱。

《明熹宗實録》天啓七年七月〔壬申〕聖諭内閣：自奴酋作孽以來，事踰十載，恥歷三朝。近賴心膂重臣發縱指示，及卿等謀畫運籌，是以克奏錦寧屢捷，俘獲數多，朕甚嘉焉。該欽天監擇於本月初九日獻俘稱賀，朕欲臨期勉往，以遠慰内外勞臣之心，用彰從來未有之捷。奈見今尚在調攝，間有小愈，更宜慎重。朕是日暫免臨御，卿等可傳與祭告郊廟，大臣務各竭虔行禮，仍即傳示各該衙門，徑將解俘囚押赴市曹，照例會官處決，梟示施行。特諭。

（清）葉晟《求芻集·嚴禁刁訟以安民生事》 照得：時值農忙，正當停訟之時，但本縣涖任伊始，不得不循舊例暫放一告。然示期一出，勢必有種刁徒，妄冀新官喜怒不測，希報舊讎，或將年遠無稽之事，稱訴久寃；或將并不相干之人，牽連影射。雖是非曲直審理自明，而被害者已廢時失業矣。本縣奉命之日，即撫心自矢，期與爾民休息，但奸惡不剪，良民不安，如有仍前此等，審虚必按律反坐。本縣疾惡如讐，斷不姑容此輩害我良善。然恐有種愚民，本無識見，或因一時忿怒，妄聽棍徒教唆，架捏虚辭，又或代書不顧利害，張大事端，原告所本無之心，竟爲紙上所必有之事。及至審虚受懲，方知墮人術中。如此愚民，殊屬可憐。今特發出狀式，依事直書，不許架捏。一狀祇告一事，不得牽扯他件。狀後須填代書姓名，倘涉虚罔，立拿代書重究。庶棍徒知有法紀，而愚民亦不至受無知之累也。

（清）葉晟《求芻集·再行勸諭息訟以安本業事》 照得：奉縣自下車以來，屢行示諭爾民各安本分，毋以小忿輒起訟端。每於爾等具告之時，當堂婉言勸導，又因爾邑凋殘之餘，民生困苦，凡有審理俱從寬政，

即十分理屈者，不過量責數板，旋行逐釋，不科一辠，不罰一紙，兩年以來，始終如一，共覩共聞，此本縣一片愛民血誠，欲爾等羣享無事之福也。其如爾民全不體本縣之意，以爲本縣衙門好進，刑法頗寬，一紙虚辭，遂可輕投，紛紛瀆控，恒無虚日。觀其情狀，似乎負屈，審出事節，都屬細故，不但可以不準，且并可以不告。獨不思爾等自罹兵燹以來，從萬死一生中留得幾條性命，博得今日受享，還有何事不可忍耐。且一紙入公門，雖隨到隨審，亦耽擱了幾日工夫。即衙門無使費，央人寫狀，亦費却幾文錢財，究竟抵不得飯吃，當不得衣穿，何如將這幾日工夫畊種田園，省這幾文錢財買米過活，還博得個清閑自在，留得個忠厚好人之名。本縣一片婆心，盡情吐露，勿以予言爲迂回。至於一種奸惡之徒，恃其伶牙利齒，無影興波：縊死也而曰人命，斗毆也而曰打搶，酗酒賭錢也而曰劫殺，叫冤喊屈，一若不共戴天。及準後審理，都是滿紙虚無，似此情節，更爲可惡！嗣後如果有屈情萬不得已者，許用格眼狀據事直書，不得牽扯别故。隨帶原告自拘牌一紙，自填注語，原、被、證佐、年月附於狀内，次日當堂領牌，自行拘换。如審係虚妄，定照誣告律究治。

（清）葉晟《求芻集・停止辭訟事》 照得：三春以來，雨澤鮮少，夏禾已薄。本縣前者虔誠齋戒，徒步入山，敬求神水。到壇一日，雨降未足，三日後方連降時雨。爾民正宜趁此土膏潤澤，急安秋禾，極力畊種以接夏歉。豈可因無益小忿，動輒興辭，失時廢業。且二麥成熟在即，雖薄亦忙，合行示諭停止，爲此示，仰闔屬軍民人等知悉。除真正人命賊盗照常准理外，其餘一切婚姻田土睚眦細故，俱不准收。即以前準過原告，自拘未經投到者，亦俱於忙後赴審，慎勿以不急之務致悮農業。如有不遵，定行懲戒。

（清）葉晟《求芻集・註銷自理辭訟事》 照得：邑内無命案奸盗諸訟，凡有雀角，不過户婚田糧細故，本縣以爾等一時之忿，過後必有悔心，故不輕准。蓋一經準理，而爾等必致廢時失事故也。多有因本縣之不准而釋然中止者，自屬可與爲善之民。間有再三控訴，不得不爲准理者，俱差原告自拘。原告拘换不出者，方行添役，凡以休養吾民耳。今歲次將終，人宜受福，一切辭訟已經條示停止存案。所有准過之件，或因犯證未齊，未曾投到者，今封印在即，一槩注銷。值此嚴寒之時，爾民宜塞向瑾户，安居樂業，不許生事啓畔，到本縣衙前自取寒冷之苦。倘有差役借催審爲由，勒逼原、被至縣者，查出定行重究，其所差原告自拘之票，俱於開印後赴縣投銷可也。

（清）葉晟《求芻集・嚴禁賭博以靖地方以安民生事》 照得：賭博之禁，律例甚嚴，歷奉憲行，不啻三令五申。尚有愚民不知法度，仍行糾朋引類，晝夜嘷盧。殊不知己欲勝人，反爲人勝。逞一時之豪俠，竟爲終身之餓莩，饑弗得食，寒弗得衣，由是放辟邪侈，非禮非法之事，無所不爲；及至身遭陷阱，牿桎桁楊，皆由一賭肇之也。而爾民曾不省悟，反樂此不疲，豈非愚之甚耶！本縣下車以來，訪聞有素，本欲立拿痛處，然未經嚴諭一番，未免近於不教而殺。爲此示諭，闔屬人等知悉，各守本分，努力經營，辛勤稼穡，熙熙穰穰，共樂升平。如再執迷不悟，仍蹈前轍，定行嚴拿，照依新例重處。地鄉保甲人等，知而不報，并行究治，法在必行，各宜猛省。

（清）葉晟《求芻集・嚴禁里什包收錢糧分外勒索以除積弊》 照得：本縣自下車以來，迄今將已期季，從前陋規弊竇，禁絶不留絲毫，始終如一，爾民所在周知。至於征收錢糧，革去向來火耗，惟令納户遵照司頒法馬自封投櫃。間有爾民封納或數兩而多數分，或十兩而多錢餘者，拆封秤出，必爲示諭，赴領給還。此蓋本縣仰體上憲愛民之德，下盡區區保赤之懷也。但包收之弊不除，則本縣之惠終不下究。夫包收之弊，其爲民害有三：一則包攬之人無利，斷不百爲，勢必托言使費，横加勒索，正供之外，多所誅求，其弊一也；有種不肖之徒，銀入伊手任其浪費，飲酒、賭錢，并不代納，花户完欠不知，及至水落石出，依然重爲賠累，其弊二也；花户之銀自應納花户名下，乃奸猾里什，包收到手，叢納於伊身後借花户之銀，以掩己身之欠，花户按簿有糧，流水無銀，收執無票，及至比急，則稱爲花户之欠，流水無可查對，復稟開火票，不准則謂頑户催督不前，准則墮其術中，其弊三也。更聞有一種愍不畏殮之徒，每糧一石，勒要花户私幫二三錢不等；每銀一兩，勒取耗費加一二不等。種種背勒，花户甘心受之，是本縣刻意勵行而不能偏及窮簷編户，止爲里什一身一家計也，烏乎可除。一面密訪拿究外，合行嚴禁。爲此示諭一十九里里什花户人等知悉：嗣後納糧，悉照花户糧簿，親身赴櫃，照司法

自行封投，什則無許叢攬，單户須有的名。本縣逐日設櫃，不論限期，隨便上納，以免守候。爾民近者不過十餘里，遠者亦僅數十里，清晨至縣，晚晌即可回家，何惜此一日之往返而甘受他人之魚肉也。如有阻撓，仍前勒索包收者，許爾花産指名陳告以憑，按律究治，斷不曲狥。如爾花户隱忍不言，查出一并重究。

（清）葉晟《求芻集·編審為經等事》 照得：五年審編，原爲稽查户口，增加新丁，開除老故，但有一事，輒生一弊。爾鄜每遇編審時，官以察院爲審局，三班六房門皂俱跟隨入内，床席鋪陳，器皿俱皆里長安置，跟隨人役飯食俱皆里長供給。一日有一日之費，一月有一月之費，更有奸胥猾役，指稱造册使費心紅紙張等項名色，任意苛求，重爲里民之累。本縣二十五年下車之初，即遇編審，察知其弊，遂於大堂公審，不另設局，諸弊頓除，爾民素所見聞。今奉文編審，誠恐仍蹈前弊，合行申示，爲此示諭十八里五衛所軍民人等知悉，除審期另示外，所有審規仍照二十五年之法，不費爾里民一紙一筆。如有奸徒指名借端，許爾里民登時喊稟以憑，按法重究。至於五年以來，各里生聚不爲不多，里長逐户挨查，户首逐家稽察，但有幼丁，悉行舉報添入，毋得隱漏。紳衿除本身優免外，如有豪强冒免及詭寄丁糧、不當差役等弊，即於編審時許諸色人等各得公舉，以憑清釐：至二十五年編審後開收地畝，某年、某甲、某户，開若干、收若干；或係買賣，據契過割；或係承糧，提糧官批可，憑各書手限三口内盡送清册，以憑查對影射丁糧之弊。如此册送遲及有隱漏壯丁不報者，一經查出，里生長户首人等俱照律究治。

（清）葉晟《求芻集·革除積弊事》 照得：僉報里什，例所以必取歇保者，止恐不肖之徒侵收花户錢糧，致虧課額耳，非爲保歇作一番生涯也。近訪得有等胥役，愍不畏死，串通原差，非歇保而冒歇保，招摇欺騙。更或有等積歇，每歲當里什任事之際，厚索保禮，每里每甲，數兩不等。里什求其保認，不得不與。本縣聞之，不勝發指！從前積弊，自本縣下車以來，洗除殆盡，惟此一節，尚未訪確，未行釐剔。今當僉報明年新役里什之際，急宜禁革，爲此示諭三鄉十八里里什花户人等知悉：嗣後僉報里什，務要端方殷實之人，里長即以三鄉爲保，各什即以本里里長爲保，如敢有本衙門人役及向來積歇踵習舊弊，妄行指保勒索保禮者，一有訪聞，或經告發，定行計贓論辜。至於花户納糧，原令自封投櫃，小許里什包收；花名流水具在，查對自見。如將花户錢糧叢納什則名下者，即係包攬，定當按律重究，决不姑貸。包收之弊絶則侵欺之弊自除，又何用爾等光棍作保，徒多一番擾害，無益錢糧也！

（清）葉晟《求芻集·再申禁約事》 照得：爾鄜向來陋規，號馬草料，俱係里下供應，不領價值。本縣下車伊始，即行禁革，一切草、豆、繮繩、藥、油、鞍、屜俱行動支額項買備，不累爾民分毫，歷今兩年，爾民素所見聞，毋待贅説矣。昨年新豆上市之時，本縣即爲一年之計，自行採買足用，間有草束，市上無多，採買不足，不得不籍里長代買者，俱皆先發現銀，諭令平買，取領在案。即今年錢糧全蠲，夫馬工料未蒙撥給，本縣多方那借，以應馬食，并不要爾等一莖一粒，致違本縣革弊初心，但恐里什中賢愚不等，或有愍不畏死之徒，指稱錢糧蠲免，號馬無食，欺罔詐騙，亦未可定。除一面密訪外，合行申曉。爲此示諭一十九里民人知悉：如有前項棍徒，借名派索，許爾等即時赴稟，以憑嚴究，如隱忍不發，一經訪聞，與受一體同辜，慎勿瞻狥，有負本縣愛民血誠！

（清）葉晟《求芻集·再行曉諭以杜借名影射事》 照得：本縣素性淡泊，隨從不過數人，除日用菜薪俱發現錢平買外，間有所用紙張，一月一算，即照市價給發。至於零星布綫之類，一面給銀，從不賒取分文，亦不虧短絲毫價值，所以杜當官之陋規，亦以絶幫貼之紛擾。自下車以來，至今已兩年矣，但恐日久弊生，或有衙門人役借稱宅内需用名色，妄行賒取，更恐有種奸宄之徒，指稱當官，欺騙愚民，猶沿幫貼陋習，亦未可定。合行申諭，爲此示，仰城鄉集鎮買賣人等知悉：凡本縣所買需用之物，俱至宅門，高聲擊梆，照例當面説價給銀，公平易買，如有虧短、賒取及阻撓爾等不至宅門者，即係借名，許爾等當堂扭稟，以馮重究。至於本縣既公平易買，又何官之可當？倘奸徒指稱當官名色，希圖誆騙愚民，需勒幫貼者，許被害人等不時擊鼓，指名稟明，以憑嚴拿，立弊杖下，爾等慎勿聽其魚肉也！

（清）盧崇興《守禾日紀》卷二《一件条酌保甲之法申明連坐之條以靖盗源事記》 照得：保甲有長，稽察牌鄰，歷奉成規，豈非良法？迨日久弊生，遂致紳衿豪右，衙役兵弁，得以勢力鑽營，偷安倖免。而菜傭

臺隸，市井窮民，誰充當甲長，結甲之後，稍有事端，捕官必致吹求，差役每多需索。立法不善，頓成厲階。本府承乏是邦，務與爾民安輯。若不恭酌變通，則富者坐擁素封，貧者代爲守望，勞逸不均，莫此爲甚。合行出示曉諭，爲此示，仰闔屬官吏士民人等知悉：嗣後鄉城村鎮，無論紳衿，大小人户，每各十家設立門牌一面，上書十户姓氏，摘刊本府告諭，逐日輪流收掌，懸挂十日一周。不立保長、甲長名色，以杜偏累，以禁把持。若一甲之中，有孤兒寡婦，及經商遠出，止存妻女，并無以次成丁者，不使輪值，一體填明人口數目，列於十户之後，謂之畸零户。其間死徙減增，務須改注。孤村僻巷，不容隱漏一家。至僧居道院，最易藏奸，小者編入保甲，叢林古刹，行脚往來，蹤跡莫辨，自爲一甲。各房輪流值日，一體挨查。凡係輪牌值日之家，每至酉時，挨門查問。遠出者詢其去向；忽至者詰其從來。如有面生之人，作何可疑之事，十家商同報官。倘或隱匿不舉，事發之日，十家連坐。至首報到官，該衙門立刻審明，甲户既經舉首，即與無干，登時釋放。上司詳解文移，即注開除，不致牽連拖累。經承差役，敢有故違擾害，許赴府控告，嚴拿重究。倘遇大盜生發，鳴鑼接應，協力擒拿，一齊撲救。或盜艘突犯水鄉，先將近附河港多投水車柴木，横截去路，各執農具櫓棍，并力堵禦。其有躲避不出者，攻詰到官，定以通同論罪。至於平時，彼此相顧，富者周人緩急，有無相通，貧者并力齊心，協同防禦。衛人即以自衛，又在爾等自保身家，以副本府結甲安民之意。以上各欵，皆係衆酌舊章，畧爲通變，務清盜賊根株，以安良善。慎勿視爲具文，致滋燎原，後悔無及。

（清）盧崇興《守禾日紀》卷三《一件申嚴除盜之法以靖地方事》

照得：嘉禾一郡，襟帶具區，接連苕、霅，四衢五達，伏莽滋多。本府視事之初，便已飭行屬縣，加意巡防，嚴行督緝。豈期各屬奉行不力，盜警頻聞，甚或隱匿不報，諱强爲竊，希圖脱漏，倖免處分。窺其意見，不過以報盜之後，緝拿既有限期，弋獲驟難滿數，文移往返，經年不决，是真盜未加顯戮，而官長先受處分矣。至若坊保居鄰，明知其係窩家，其係盜夥，不敢舉報，誠恐株連，廢農失業；又虞漏網，反噬復讐。坐此因循，盜風日熾。本府再四躊躕，唯有立刻處分之法，庶使官民不累，地方得安。爲此示，仰闔屬人等知悉：嗣後鄉城村鎮，盜賊所居，許爾左右四鄰以及坊保密報本縣，即刻擒拿，印捕各官，不時遴差干役，密行緝訪，勒限督比。拿獲之日，登時訊鞫，贓真盜確，先加責治，星飛呈解本府，立刻嚴訊。或强或竊，一槩斃之杖下。官無爰書駁覆之煩，民無漏網復讐之患，豈不徑捷，上下快心。至於盜夥出没，尤重窩家，本府業有訪聞，姑聽爾等密報。倘復因循舊章，畏首畏尾，本府一面密差巡緝，一有訪拿，印捕各官，即以徇諱之條，飛揭報衆，捕役鄰保，即以連坐之法，嚴提重究。法在必行，毋貽後悔！

（清）盧崇興《守禾日紀》卷三《一件嚴禁兑换低假潮銀以除民害事》

照得：傾使假銀，歷奉旨憲，嚴行拆毁舖面招牌，永除傾銷行使。敢有違犯，立拿如律。煌煌禁令，亹亹告誡，愛民之意非不深，除害之念非不切。夫何奸舖狡匠，嗜利忘法，陽奉一時，不過暫避數日，陰違三尺，仍然流毒萬民。屬縣正佐，雖非容隱，慢不覺察，保長同於首鼠，鄰右等於寒蟬，以致若輩營營逐逐，肆行無忌。藏匿招牌，公然兑换。當此軍興旁午，需餉孔亟，地丁漕截，徵納方殷，小民賣米輸將，急公恐後，奸徒愍不畏死，乘其倉迫，混搭低潮，甚有成錠假銀，行使交易。嗟此鄉愚，一墮其術，不惟銀米兩空，而且軍餉無納，違旨觸禁，病國害民，莫此爲甚。除一面行縣查飭外，合行示禁。爲此示，仰官吏軍民人等知悉：嗣後該地方如有兑换銀舖及傾鎔低假，銀匠即刻拿解，以憑按律究處，以舒本府除奸愛民之至念。鐵面霜威，斷不爲此輩少寬。官吏毋蹈容隱之愆，地方毋蓄因循之惑。各宜猛省，慎之毋忽！

（清）盧崇興《守禾日紀》卷三《一件嚴禁南糧解費使用以杜奸弊事》

照得：南糧一項，乃存留本省隻銷之米，向無解費併雜項使用。其一切陋規，久奉藩憲飭禁在案。近有愍不畏死之徒，陽奉陰違，仍需索解費及雜用等項，正供之外，加派多端。嗟此窮黎，每歲所收之籽粒有限，而各項之苛斂無窮。民力安得不匱且詘也！除現在查訪拿究外，合行出示嚴禁。爲此示，仰闔屬糧户人等知悉：凡交納南糧，止按應納正數交倉。正數之外，並無顆粒多派，起解脚費及銀錢雜費。如有多派雜費，即係蠹役私徵。或本府臨倉親行查出，或受害人等控禀本府，立刻拿究處死，該管官以庇縱揭衆，决不輕貸。慎之毋忽！除出示嚴禁外，合就飭行。爲此仰嘉、秀等七縣官吏，凡交納南糧，止令糧户按應納正數交倉。正數之

外，不許蠹役人等多收顆粒及指解費、雜費索騙銀錢。如有前項等弊，即申報本府，以憑拿究。若徇隱不報，或本府臨倉親行查出，或受害人等控禀，本府定將該縣以庇縱揭条，蠹役立行處死，決不輕貸。勿謂本府言之不預也！先具遵依報查毋遲。

（清）盧崇興《守禾日紀》卷三《一件嚴禁刁誣嚚訟以杜拖害以安民生事》 照得：伸冤理枉，固小民不得已之情，亦地方官爲民雪恨、鋤奸之責。獨是刁棍、訟師，夥串扛幫，或窺弱肉易啖，或因殷實可圖，非借命居奇，即假抄聳聽，甚至以數十載年遠人亡之田房，及契明界正之墳地，誣以謀吞，捏以强占。紙上血泪千行，庭審百無一實，雖經重創，而受害者已不禁好肉生瘡之痛矣！本府深恨此習，業經屢次申嚴。除牌行各縣，不得濫準呈詞，及佐貳官不許擅受一切呈禀外，合行再申飭禁。爲此示，仰闔屬軍民人等知悉：嗣後敢有仍前借命抄搶，及遠年墳産等項虛詞，拖害善良者，審實并拿訟師一體先行枷號，仍按律究擬，決不輕貸。慎之！

（清）盧崇興《守禾日紀》卷三《一件嚴禁旗丁勒索以速兑運事》 照得：運丁領兑漕糧，每船給有漕截行折銀兩以及行月餼米。朝廷之優恤運丁，何等篤摯！凡在領運弁丁，自宜仰遵功令，以保身家。詎愍不知畏，額外索貼，或借名米色，希圖折乾，更或不遵官兑之法，率同綱司頭舵人等，入倉攙混，魚肉看夫，大爲不法。今據各縣收糧，漸次報足，現在催船到次，開廒候兑外，誠恐不法旗丁，借口今歲漕截奉裁不敷運用，巧爲勒索，敗壞漕規，合行一并申嚴曉諭。爲此示，仰在漕官役、旗丁、看夫人等知悉：如有前項弁丁，不遵禁約，仍前恣肆横索，本府察訪得實，定將運官以徇縱例揭恭，旗丁鎖拿解院，按以漕法重處，各宜痛改，毋貽後悔。

《清世宗實録》雍正七年五月 刑部議覆署江蘇巡撫尹繼善疏奏：盜犯陸佛自行投首，但係行三案以上之犯，不便準其減等，應如所請。得旨：劫盜之許令自首減等者，既可開愚民自新之路，且使案件易於清結。若以行刧三次，雖自首不準減等，則爲盜多次之人，豈復肯自行首報乎。似此等罪案，外省定以重律固當，然既交部議，該部自應兩請，候朕揆其情罪輕重，頒發諭旨，不應遽定斬決。陸佛有別案未結，著俟別案審結再聲明具奏。

丙子，諭曰：書麟等奏審擬溧水縣知縣陳璜於縣民陶仁廣在無服叔祖陶宇春典鋪内，爲夥竊物潛逃，該縣將陶仁廣之兄陶仁慶及同店之周記爽輒用刑求一案，將陶仁廣依竊盜贓一百二十兩以上絞，無服之親減一等律，擬杖一百、流三千里。陳璜訊無嚇詐故勘情事，已經条革，應毋庸議。所擬均未允當。夫律設大法，理順人情。親屬相盜，較之尋常竊，得邀末減者原因，孝友睦婣任恤之道，本應賙急。如果嫡近卑幼貧乏不能自存，而尊長置之膜外，其卑幼因而竊取尊長財物者，律以親屬相盜免議之例，情屬可原，自應末減其罪。今陶仁廣係陶宇春無服族姪孫，支屬甚遠。陶宇春令其在典管理首飾，并非素無照應者可比。乃陶仁廣輒竊取金珠銀兩，潛逃楚者，以致同典商夥周記爽及伊胞兄陶仁慶均被嚴刑。況村鎮典鋪貲本不過千餘金。而陶仁廣所竊，估贓竟多至三百餘兩，致累陶宇春照數賠補，又遭訟累。中人之産，不因此而蕩盡耶。此而尚得照律減流，其何以懲竊盜而安善良。嗣後親屬相竊，五服以内者，自應照律末減。其五服以外，而贓數逾貫者，仍應按律問擬絞候。但念其究屬本支，秋審時入於免勾，情理實當。所有陶仁廣一犯，即應照此辦理。蓋明刑所以弼教，朕之所以從嚴辦理者，正恐愚民無知，恃有親屬議減之條，肆意攘竊。如陶仁廣之贓數逾貫，累及尊長受刑，并至破家，不得不加重懲治，正以維持孝友睦婣任恤之道。而定擬絞罪後，秋審時復予免勾，是於懲創奸宄之中，仍不失孝友睦婣任恤之義，庶情法兩得其平。著刑部即將期功緦麻以及無服相盜之案，另行分別等差，并按照贓數妥議具奏。不得仍照舊例概予減等免議。至該縣陳璜，於陶宇春被竊一案，事主并未控告到案，而該縣以無據風聞，輒將無辜之陶仁慶及周記爽疊事刑求，自因陶宇春係開設典鋪之人，意圖訛索情節顯然。該督撫折内所稱，事干人命，跡涉可疑。是以該縣用刑訊問，實無嚇詐故勘等語，不過曲爲開脱，殊不可信。此等貪酷劣員，僅予革職不足蔽辜。陳璜著發往軍臺効力贖罪，餘著照所擬完結。尋議：尊長與卑幼同居及各居，如卑幼貧不能自存，尊長置之膜外，以致竊財，非卑幼之變生覬覦，自不可重加其罪，仍各按例辦理。若尊長素有周恤，或托以心腹經管田産財物，而尚敢肆竊肥己，貽累尊長受定者，則卑幼之昧良負義法不容寬。有服親屬，應照各減等本

例，遞加一等治罪。無服之親，即以凡竊盜計贓科斷。從之。

（清）席裕福《清朝政典類纂》卷三七六《刑七・名例律・稱日者以百刻》 事例

嘉慶十六年，刑部議：駁直隸總督奏新安縣民謝張來謀殺現年十一未足十整歲之馮九兒問擬斬決一案，查律載稱一年者以三百六十日。注云：如秋糧違限雖三百五十九日亦不得爲一年。又稱人年者，以籍爲定。注云：謂稱人年犯以附籍年甲爲準。又雍正三年，《欽定大清律解》內載：計年論罪者，如追贓緝盜之類不滿日者，不得以限滿論。計年齒論罪者，如老幼收贖存留養親之類，恐其增減捏報，故以附籍入册之年歲爲準，各等語是三百六十日爲一年之律，係專指各項限期而言。若稱人年紀則只以年甲爲準，律文既云稱一年者以三百六十日，又云稱人年者以籍爲定，可見以三百六十日爲一年者，不稱人年紀。稱人年者，不以三百六十日。兩律分載詳明，援引不容牽混。該督將三百六十日爲一年期限之律指爲稱人年紀實屬會。至七十以上十五以下犯罪收贖亦應以現在犯事年歲爲準，不得扣算生年月日等因具發。奉旨：部駁甚是嗣後遇有計年論罪之案，仍照舊例以年甲爲準，用昭畫一。《會典事例》。

《清高宗實録》乾隆十四年十月 諭：秋審爲要囚重典。輕重出入，生死攸關。直省督撫，俱應詳慎推勘，酌情準法，務協乎天理之至公，方能無枉無縱，各得其平。朕於情實招册，皆反覆省覽，再三究極情狀，毫不存從寬從嚴之成見。所勾者必其情之不可恕，所原者必其情之有可原。惟以一理爲權衡。而於其人初無愛憎好惡之見者存也。今年各省招册，經九卿改定之案甚多，俱屬允當。其中由緩決改入情實者，四川省則有八名，湖北則有四名，江蘇則有八名，河南、山東各有五名，山西則有六名，直隸則有七名，或謀殺，或故殺，或拒捕，或誣良致死，或威逼致死，或奸民悍卒聚衆不法，或邪術迷拐，或强奸幼女，或羞忿自盡，或連砍數人，或毆死服制尊屬，皆情罪較重，萬無可貸。雖各省情實人犯臨勾之時，稍有可原必加寬宥，而此等凶徒斷不應擬以緩決。設非九卿改正，經朕裁酌寘之典刑，則奸凶幸免，死傷屈辱者，寃無可伸，而刑罰於是乎失中，豈所謂詰奸止辟之義耶？此於法紀倫常風化，所係甚重。督撫身任封疆，爲國家明罰勅法，豈宜出此。所有審擬不當之該督撫策楞、彭樹葵、雅爾哈善、鄂容安、準泰、阿里衮等，俱著嚴行申飭。

《清高宗實録》乾隆四十七年十一月 丙申。諭：朕昨閲《蘭州紀畧》，於賊匪蘇四十三肆逆時，蘭州府知府楊士璣，前往查辦，在白莊被賊殺害。署河州知州周植，因城失守，自縊身死。因思該二犯於捏災冒賑案內，俱侵蝕銀在四萬兩以上，例應斬決，發遣子嗣。若其身尚在，自應按律正法，將伊子發遣，但念楊士璣被賊戕害，周植城亡與亡，究係歿於王事。彼時與楊士璣同被賊害之副將新柱，身係武職，緣并無冒賑捏災之罪，現已加恩，給與難廕。且從前守城著有微勞之謝桓等各犯，俱邀恩宥，免死發遣。楊士璣、周植，自應一體加恩。其應得冒賑之罪，以不予難廕折之。至該二犯之子，業經發遣者，著赦回原籍。其年未及歲，現在監禁者，亦一併釋放。俾身任地方之責者，知有罪必懲，有功必録，益當感發天良，力圖報効，庶不負朕軫念微勞，格外施仁之至意。

《清仁宗實録》嘉慶十八年四月 丁未，諭軍機大臣等，據賽冲阿奏，原犯邪教會匪各犯，到配後往往執迷不悟，可否仍將此項遣犯發往新疆免其爲奴，到彼均勻安插。庶杜故智復萌之弊等語，所奏非是，意存推請諉邪教會匪各犯。如果執迷不悟，則隨處皆可滋事，隨處皆可辦理。豈一經改發新疆，即比之在吉林、黑龍江配所，頓能安静？國家法律具在，如在配所不安本分，故智復萌，何難按律懲辦。該將軍等，惟當嚴加約束，有犯必懲。不得以其桀驁難馴，但文請改發新疆，即爲了事。此時章程已定，若再議紛更，亦屬不成政體。所奏不準行，將此諭令知之。

U1071260